तुलनात्मक राजनीति एवं राजनीतिक संस्थाएं

BY THE SAME AUTHOR

आधुनिक राजनीतिक सिद्धान्त
(संशोधित संस्करण)
तुलनात्मक राजनीति

तुलनात्मक राजनीति एवं राजनीतिक संस्थाएं

(COMPARATIVE POLITICS AND POLITICAL INSTITUTIONS)

(विभिन्न भारतीय विश्वविद्यालयों के बी० ए० (ऑनर्स) एवं एम० ए० के निर्धारित पाठ्यक्रमानुसार)

सी० बी० गेना
राजनीति-शास्त्र विभाग
राजस्थान विश्वविद्यालय, जयपुर

विकास पब्लिशिंग हाउस प्रा० लि०

विकास® पब्लिशिंग हाउस प्राइवेट लिमिटेड
ई.28, सेक्टर-8, नोएडा-201301 (यू पी), भारत
फोन: +91-120-4078900 • फैक्स: +91-120-4078999
VIKAS® रजि. ऑफिस: A-27, द्वितीय मंजिल, मोहन को-ऑपरेटिव इंडस्ट्रियल एस्टेट,
नई दिल्ली-110044
E-mail: helpline@vikaspublishing.com • Website: www.vikaspublishing.com

शाखाएँ:

चेन्नई	:	Ph: 23632120, chennai@schandpublishing.com
गुवाहाटी	:	Ph: 2738811, 2735640 guwahati@schandpublishing.com
हैदराबाद	:	Ph: 40186018, hyderabad@schandpublishing.com
जालंधर	:	Ph: 4645630, jalandhar@schandpublishing.com
कोलकाता	:	Ph: 23357458, 23353914, kolkata@schandpublishing.com
लखनऊ	:	Ph: 4003633, lucknow@schandpublishing.com
मुम्बई	:	Ph: 25000297, mumbai@schandpublishing.com
पटना	:	Ph: 2260011, patna@schandpublishing.com

तुलनात्मक राजनीति एवं राजनीतिक संस्थाएं
ISBN: 978-07069-8514-6 Product Code: V5TRS41PLSC10HIAA05O

प्रथम हिंदी संस्करण, 2005
पुनर्मुद्रण अनेक बार
पुनर्मुद्रण, 2022 (द्वितीय), 2023
पुनर्मुद्रण, 2024

PRINTED IN INDIA
विकास पब्लिशिंग हाउस प्राइवेट लिमिटेड, प्लाट नं. 20/4, साइट-4, इंडस्ट्रियल एरिया साहिबाबाद, गाजियाबाद-201010 और द्वारा मुद्रित एवं विकास पब्लिशिंग हाउस प्राइवेट लिमिटेड, ई-28, सेक्टर-8, नोएडा - 201301

भूमिका

द्वितीय विश्वयुद्ध के बाद की पेचीदा राजनीतिक परिस्थितियों ने राजनीति-विज्ञान में तुलनात्मक राजनीति को एक महत्त्वपूर्ण उप-अनुशासन के रूप में प्रतिष्ठित कर दिया है। सामाजिक विज्ञानों के सामने प्रस्तुत नई चुनौतियों के कारण व्यवहारवादी क्रान्ति और मूल्य-मुक्त प्रत्ययों का राजनीतिक विश्लेषणों में प्रचलन होने लगा। इससे तुलनात्मक राजनीति के अध्ययन का क्षेत्र सुनिश्चित हुआ और इसकी उपयोगिता स्पष्ट होने लगी। कुछ ही वर्षों में तुलनात्मक राजनीति का अध्ययन-अध्यापन राजनीति-शास्त्र के पाठ्यक्रम का अनिवार्य विषय बन गया। अब लगभग सभी हिन्दी-भाषी विश्वविद्यालयों में तुलनात्मक राजनीति एम० ए० के राजनीति-शास्त्र के विद्यार्थियों को एक अनिवार्य विषय के रूप में पढ़ाया जाने लगा है।

प्रस्तुत पुस्तक **तुलनात्मक राजनीति एवं राजनीतिक संस्थाएं** विभिन्न भारतीय विश्वविद्यालयों के एम० ए० तथा बी० ए० (ऑनर्स) के विद्यार्थियों के लिए लिखी गई है।

तुलनात्मक राजनीति एक उभरता हुआ अनुशासन है। इस विषय पर उपलब्ध अधिकांश पुस्तकें अंग्रेजी में होने के कारण, हिन्दी माध्यम से परीक्षा देने वाले विद्यार्थियों के लिए यह विषय अत्यन्त कठिन-सा प्रतीत होता है। अंग्रेजी में उपलब्ध पुस्तकें इतनी अधिक और विषय से सम्बन्धित सामग्री इतनी बिखरी हुई है कि परिश्रमी विद्यार्थी के लिए भी उपयुक्त सामग्री एकत्र कर पाना दुष्कर हो जाता है। विद्यार्थियों की इसी कठिनाई को दूर करने के लिए ही मैं यह पुस्तक लिखने के लिए प्रेरित हुआ हूं।

पुस्तक में मौलिकता लाने से कहीं अधिक प्रयास विद्यार्थियों के लिए विषय को समझने तथा उसे उपयोगी बनाने का प्रयत्न किया गया है। पुस्तक में सम्मिलित विभिन्न विषयों को परम्परागत ढांचे से हटकर कुछ नये रूप में सरल एवं सुबोध शैली में प्रस्तुत किया गया है। विषय की दुरूहता से बचने के लिए हिन्दी के कठिन शब्दों के साथ-साथ उनके अंग्रेजी पर्याय भी दे दिए गए हैं। उदाहरणों एवं रेखाचित्रों की सहायता से कठिन तथा विवादग्रस्त विषयों को सरल रूप में प्रस्तुत किया है। अधिकांश उदाहरण 'तीसरे विश्व' की राजनीतिक व्यवस्थाओं और विशेषकर दक्षिण एशिया और भारत से लिये गए हैं। पाठक को जहां-तहां स्वयं के मूल्यांकनात्मक निष्कर्ष निकालने के लिए भी प्रेरित किया गया है। इससे विद्यार्थी को विषय की गहराई में जाने की प्रेरणा मिल सकेगी।

तुलनात्मक राजनीति में नये आयाम विकासशील देशों की तेजी से बदलती हुई राजनीतिक घटनाओं ने ही जोड़े हैं। साम्यवादी जगत से तुलना के नये सन्दर्भ प्रस्तुत हुए हैं। इस कारण पुस्तक के हर अध्याय में 'विकासशील देशों' और 'साम्यवादी व्यवस्थाओं' के पृथक शीर्षकों के अन्तर्गत सम्बन्धित विषय का विवेचन अनिवार्यतः सम्मिलित किया गया है। इस दृष्टि से पुस्तक में मौलिकता की झलक मिलती है।

कुल मिलाकर पुस्तक में हर विषय का विवेचन आलोचनात्मक एवं विश्लेषणात्मक दृष्टिकोण से करके भी अनावश्यक विवादों से बचने का प्रयास किया गया है। अतः विषय का अध्ययन करने वाले विद्यार्थियों के लिए यह पुस्तक उपयोगी सामग्री जुटाने का माध्यम बन सकेगी, ऐसी मेरी मान्यता है।

मैं पिछले एक दशक से स्नातकोत्तर विद्यार्थियों को 'तुलनात्मक राजनीति एवं राजनीतिक संस्थाएं' विषय पढ़ा रहा हूं। मुझे पढ़ाते हुए विद्यार्थियों को जिन कठिनाइयों का सामना करना पड़ा, उन्हें पुस्तक में सर्वथा ध्यान में रखा गया है। अगर यह पुस्तक हिन्दी-भाषी विद्यार्थियों की आवश्यकता को पूरा कर सकी तो मैं अपना प्रयास सार्थक समझूंगा।

सहयोगी प्राध्यापकों एवं विद्यार्थियों के सुझावों का सहर्ष स्वागत है।

सी० बी० गेना

विषय-सूची

खण्ड 1

तुलनात्मक राजनीति
(COMPARATIVE POLITICS)

खण्ड 2

राजनीतिक संस्थाएं
(POLITICAL INSTITUTIONS)

खण्ड 1

तुलनात्मक राजनीति

(COMPARATIVE POLITICS)

अध्याय 1

तुलनात्मक राजनीति—महत्त्व, उद्देश्य एवं समस्याएं
(Comparative Politics—Importance, Objectives and Problems)

राजनीति सर्वव्यापी गतिविधि है। यद्यपि इसकी सर्वव्यापकता पर अनेक राजनीति-शास्त्री आपत्ति उठाते हैं। फिर भी यह सत्य है, कि चाहे संयुक्त राष्ट्र संघ हो या भारत के किसी गांव की पंचायत या कोई अन्य व्यक्ति समूह, जहां पर निर्णय लिये जाते हैं, कम या अधिक मात्रा में राजनीतिक क्रिया का प्रत्यक्ष या अप्रत्यक्ष समावेश रहता है। क्योंकि राजनीति एक प्रकार की क्रिया है, एक विशेष प्रकार का मानव व्यवहार है, विशेष रूप से व्यवहार का वह सामाजिक रूप है, जिसमें कम-से-कम दो व्यक्तियों की निर्णयात्मक अन्तःक्रिया होती है। परन्तु यह अन्य प्रकार की सामाजिक क्रियाओं से इस रूप में भिन्न है कि इसमें जब निश्चित जन समुदाय के लिए एक-सी नीति या निर्णय की आवश्यकता होती हो तथा समुदाय के सदस्यगण इस समान व एक-सी नीति और निर्णय के लिए विभिन्न प्रकार के नीति विकल्पों की मांग करते हों और इस प्रकार की अवस्था में कोई एक प्रकार का निर्णय लिया जाता हो, तो इस प्रकार के निर्णय की विशेष प्रक्रिया को 'राजनीति' कहा जाता है। इस अर्थ में, 'राजनीति' का प्रारम्भ हम उस समय से ही मान सकते हैं, जब से व्यवस्थित समाज में यह निर्णय की प्रक्रिया दो या इससे अधिक व्यक्तियों व व्यक्ति-समूहों में आरम्भ हुई। राज्य के प्रादुर्भाव ने राजनीति के अर्थ में क्रांतिकारी परिवर्तन ला दिया, परन्तु यह परिवर्तन संदर्भ सम्बन्धी ही है, तत्त्व सम्बन्धी नहीं। अब भी राजनीति किसी निश्चित व्यक्ति समूह के लिए निर्णय-विशेष की प्रक्रिया ही मानी जाती है। परन्तु अब इस निर्णय प्रक्रिया का सम्बन्ध राज्य नामक संस्था से जुड़ गया है। इसलिए ही अब राजनीति से अभिप्राय शासित होने की प्रक्रिया से सम्बन्धित क्रिया से माना जाता है।

मोटे तौर पर एक प्रकार की राजनीतिक क्रिया की अन्य प्रकार की, उसी क्रिया के समान या उससे भिन्न, राजनीतिक क्रियाओं से तुलना कर उनको क्रियाशील बनाने वाले कारकों का व्यवस्थित विश्लेषण कर सम्पूर्ण राजनीतिक व्यवहार को समझने के लिए सामान्यीकरण (generalization) का प्रयत्न ही तुलनात्मक राजनीति कहा जाता है। तुलनात्मक राजनीति का अर्थ, प्रकृति, क्षेत्र तथा समस्याओं का विवेचन करने से पूर्व यह समझ लेना आवश्यक है, कि तुलनात्मक राजनीति का अध्ययन करना क्यों आवश्यक

है ? इसके अध्ययन का क्या महत्त्व है ? क्यों राजनीतिक व्यवस्थाओं और प्रक्रियाओं की तुलना की जाय ? एक-सी या भिन्न-भिन्न राजनीतिक संस्थाओं की तुलनाओं की क्या उपयोगिता है ? इन प्रश्नों का समुचित उत्तर तुलनात्मक राजनीति के अन्य आयामों (dimensions) के विवेचन से पहले देना आवश्यक है, जिससे तुलनात्मक राजनीति की प्रेरक पृष्ठभूमि स्पष्ट समझी जा सके तथा इसका राजनीति-विज्ञान में योगदान समझा जा सके। वैसे भी इन्हीं प्रश्नों के उत्तर के सन्दर्भ में तुलनात्मक राजनीति का विवेचन करना अधिक वैज्ञानिक व व्यवस्थित और उपयुक्त होगा। संक्षेप में तुलनात्मक राजनीति के अध्ययन की उपयोगिता व महत्त्व इस प्रकार है।

तुलनात्मक राजनीति के अध्ययन का महत्त्व
(IMPORTANCE OF COMPARATIVE POLITICS)

राजनीति-विज्ञान में तुलनात्मक अध्ययन कोई नवीन व क्रान्तिकारी मोड़ नहीं है। जब से राजनीतिक व्यवहार व राजनीति का अध्ययन आरम्भ हुआ, तभी से तुलनात्मक अध्ययन किया जाता रहा है। इसलिए ही कहा गया है कि "तुलनात्मक सरकारों का अध्ययन प्राचीनतम, अत्यन्त कठिन और अत्यधिक महत्त्वपूर्ण है और प्रारम्भ से ही मानव के ध्यान का आकर्षक रहा है।"[1] परन्तु, तुलनात्मक राजनीतिक अध्ययन का व्यवस्थित प्रारम्भ अरस्तू से ही माना जाता है। सर्वप्रथम, अरस्तू ने ही तत्कालीन राजनीतिक व्यवस्थाओं में विद्यमान निरंकुशतन्त्रों (tyranny), श्रेणीतन्त्रों (oligarchy), तथा लोकतन्त्रों की विशिष्ट विशेषताओं व विविधताओं तथा भिन्नताओं का विस्तृत विवेचन तुलनात्मक दृष्टिकोण से किया था। अरस्तू से लेकर अब तक अनेक राजनीतिशास्त्रियों ने राजनीतिक व्यवहार को समझने व समझाने के लिए राजनीतिक व्यवस्थाओं का अध्ययन, विश्लेषण व वर्गीकरण किया है और दिन-प्रति-दिन नये-नये शोध उपकरणों की खोज से नवीन दृष्टिकोणों व उपागमों (approaches) का प्रतिपादन किया है। इससे स्पष्ट है, कि तुलनात्मक राजनीति का अध्ययन विशेष महत्त्व रखता है। संक्षेप में यह महत्त्व निम्नलिखित शीर्षकों के अन्तर्गत इस प्रकार दर्शाया जा सकता है।

राजनीतिक व्यवहार को समझना (Understanding of Political Behaviour)

साधारणतया जनसाधारण के लिए तुलनात्मक राजनीति के अध्ययन का महत्त्व इस बात में निहित है कि तुलनात्मक अध्ययन से देश की, बाहर के देशों की तथा अन्तर्राष्ट्रीय राजनीति व राजनीतिक व्यवहार को समझने में सहायता मिलती है। यह सर्वविदित है कि एक स्थान की राजनीतिक प्रक्रिया दूसरे स्थान की राजनीतिक प्रक्रिया की ऊपरी परिस्थितियों के समान होने के उपरान्त भी समान नहीं होती। सर्वसाधारण यद्यपि

[1]Jean Blondel, *Comparative Government: A Reader*, (Eds.) Macmillan, London, 1969, p. XI.

राजनीतिक प्रक्रियाओं की इन समानताओं-असमानताओं से न केवल अनभिज्ञ ही रहता है, वरन उनमें विशेष रुचि भी नहीं रखता, फिर भी लोकतान्त्रिक प्रणालियों के प्रचलन ने जनसाधारण का राजनीतिकरण (politicization) किया है। अब राजनीति कुछ लोगों या विशेष वर्गों तक सीमित क्रिया ही नहीं रह गयी है। अब इसमें लाखों-करोड़ों व्यक्ति अनिवार्यतः सम्मिलित रहते हैं। इसके अलावा राजनीतिक गतिविधियां हर व्यक्ति को न केवल प्रभावित ही करती हैं वरन उसको एक विशेष प्रकार का व्यवहार करने के लिए बाध्य भी करती हैं। इस कारण व्यक्ति हर प्रकार की राजनीतिक व्यवस्था में, राजनीतिक क्रिया-कलापों में साधारण से अधिक रुचि रखने लगा है। फलस्वरूप वह विभिन्न राष्ट्रीय व अन्तर्राष्ट्रीय राजनीतिक घटनाओं के बारे में न केवल जिज्ञासा ही रखता है, वरन उनसे सम्बन्धित कारणों को जानने को भी उत्सुक दिखाई देता है। तुलनात्मक राजनीतिक अध्ययन सर्वसाधारण को मोटे तौर पर विभिन्न स्तरों पर घटने वाले राजनीतिक घटना-चक्रों का ज्ञान कराता है।

हर समाज में सर्वसाधारण के अलावा अभिजनों (elite) व बुद्धिजीवियों का विशेष स्थान व महत्त्व होता है। यही नवीन राजनीतिक विचारों का प्रचलन, परीक्षण व मूल्यांकन करके उनको जनमानस में घुला-मिलाकर राजनीतिक जीवन को विशेष रंग देते हैं। यह राजनीतिक समाज में नवीन विचारों को सुदृढ़ता से स्थापित करते हैं और राजनीतिशास्त्रियों व राजनीतिक नेताओं को विशेष सतर्कताओं का संकेत देते हैं। यह तभी सम्भव होता है जब अभिजन अन्य राज्यों की सरकारों के बारे में अध्ययन कर स्वयं की शासन व्यवस्था के बारे में सही विचार प्राप्त करते हुए, उन राजनीतिक व्यवहारों व दृष्टिकोणों को, जो अब तक सर्वमान्य बने हुए थे, पुनः परखते हैं तथा एक प्रकार से राजनीतिक संस्थाओं व व्यवस्थाओं को भी पुन: जांचते हैं, जिससे राजनीतिक व्यवहार के परीक्षण व मूल्यांकन की सही व तर्क-सम्मत आदत बनती है। इससे अभिजन देश, समाज व मुख्यतया राजनीतिक व्यवहार के सच्चे सचेतक व मार्गदर्शक बने रहते हैं। यह सब इन अभिजनों को राजनीतिक व्यवहार के तुलनात्मक अध्ययन से ही प्राप्त हो सकता है। इससे तुलनात्मक राजनीति के अध्ययन का, राजनीति की सम्पूर्णता को समझने में विशेष महत्त्व स्पष्ट परिलक्षित होता है।

हर समाज में राजनीतिशास्त्री की विचित्र स्थिति होती है। क्योंकि इन्हें न केवल सरकारों के संगठनों व व्यवहारों का परीक्षण व विशेष राजनीतिक आचरण व प्रक्रिया का कारण समझाना होता है वरन जैसेकि अनेक उनसे अपेक्षा रखते हैं, सरकारी व्यवहार व ढांचे को श्रेष्ठतर बनाने के उपचार भी सुझाने होते हैं।[2] राजनीतिशास्त्रियों का विशेष उत्तरदायित्व व उनसे राजनीतिक समाज की यह विशेष अपेक्षा उनके लिए यह आवश्यक बना देती है कि वे राजनीतिक प्रक्रियाओं का वैज्ञानिक विश्लेषण कर राजनीतिक व्यवहार के सम्बन्ध में सामान्यीकरण प्रस्तुत करें, जिससे राजनीति के विशेषज्ञ के नाते वे जनसाधारण, अभिजनों व राजनीतिज्ञों के लिए राजनीतिक व्यवहार

[2] Jean Blondel, *An Introduction to Comparative Government*, Weidenfeld and Nicolson, London, 1969, p. 3.

के निष्पक्ष व निडर मार्गदर्शक रहें। परन्तु समाज के प्रति यह अपेक्षित उत्तरदायित्व राजनीतिशास्त्री तभी निभा सकते हैं, जबकि वे राजनीतिक संस्थाओं, व्यवस्थाओं व प्रक्रियाओं में जो विविधता व भिन्नता है उसका तुलनात्मक विश्लेषण करके न केवल स्वयं समझने का प्रयत्न करें, वरन सर्वसाधारण तथा सम्बन्धित राजनीतिक संस्थाओं से सम्बद्ध व्यक्तियों के समझने योग्य सुझावों में प्रस्तुत करें। यही कारण है कि राजनीतिक विचारक का चिन्तन व अध्ययन शून्य में नहीं ठोस तथ्यों के सन्दर्भ में अधिकाधिक होता रहा है, जिससे वह राजनीतिक वास्तविकताओं से उन्मुख न हो और उनके ज्ञान की व्यावहारिक लाभप्रदता बनी रहे। इसलिए ही आज तक "सरकारों व शासन व्यवस्थाओं के अध्ययन में तुलनाओं की खोज केन्द्र-बिन्दु रही है, तथा सरकारों के शास्त्रीय, परिशुद्ध व वैज्ञानिक (rigorous and scientific) अध्ययन के लिए तुलनात्मक राजनीति आधार स्तम्भ है।"[3]

इस प्रकार, तुलनात्मक राजनीति का महत्त्व प्रत्ययकारी या प्रवर्तक (persuasive) विद्यार्थी, शिक्षक व नागरिकों के लिए ही नहीं वरन, जागरूक जनसाधारण के लिए भी है। राजनीति का तुलनात्मक अध्ययन विदेशों में पर्यटन के समान है। इससे विदित होता है, कि किस प्रकार विभिन्न समाजों में रहने वाले मनुष्यों का राजनीतिक व्यवहार भिन्न होता है ? तुलनात्मक राजनीति, विभिन्न समाजों के व्यक्तियों के मूल्य जो उन्हें प्रिय हैं, विधियां जिनका वे एक-दूसरे को व बाहरी विश्व को समझने में प्रयोग करते हैं, तथा एक-सी राजनीतिक समस्याओं को हल करने के लिए भिन्न साधन व समस्याओं को अपनाते हैं, इत्यादि को समझने में सहायक होती हैं।[4]

राजनीतिक संस्थाओं, व्यवस्थाओं व प्रक्रियाओं की विविधताएं सहजतः ही यह प्रश्न सामने लाती हैं कि क्यों एक राजनीतिक व्यवस्था और संस्था एक समाज में सफल और अन्य स्थान पर असफल होती है ? क्यों मार्क्सवाद रूस में ही सर्वप्रथम गहरी जड़ें जमा पाया ? क्यों एशिया-अफ्रीका के अनेकों राज्य अधिनायकवादी प्रवृत्तियों से युक्त हो रहे हैं ? क्यों संसदीय प्रणाली ब्रिटेन में सरकार में स्थायित्व ला सकी पर फ्रांस में ऐसा नहीं कर सकी ? क्यों भारत में एक दलीय-प्रभुत्व (one party dominance) बना हुआ है ? क्यों कुछ समाज उत्पादन व वितरण के साधनों पर राज्य का स्वामित्व लोकतन्त्र व स्वतन्त्रता के लिए घातक मानते हैं, जबकि दूसरे नहीं ? क्यों कुछ राज्यों में लोकतान्त्रिक समस्याओं व प्रतिनिधात्मक (representative) विधियों से घृणा की जाती है, जबकि अन्य समाजों में इनके लिए बड़े-से-बड़ा बलिदान करने के लिए हर व्यक्ति तैयार रहता है। इन प्रश्नों का उत्तर देने के लिए विविधताओं को स्वीकार करके इन अन्तरों की, जिससे एक राजनीतिक व्यवस्था दूसरी से अलग लगती है, सूची बनाना मात्र काफी नहीं है। यद्यपि इन अन्तरों को समझने के लिए यह भी आवश्यक है पर पर्याप्त नहीं। इसके लिए यह जरूरी है कि राजनीतिक व्यवहार की निरन्तरता (regularity) की

[3] *Ibid.*, p. 3.

[4] Ward and Macridis, *Modern Political Systems : Asia*, Eaglewood, Cliffs, New Jersey, 1968, p. 5.

खोज की जाय और उसके कारकों का स्पष्टीकरण हो। इसके लिए आवश्यक है कि तुलनात्मक अध्ययन हो जिससे राजनीति पर वैज्ञानिक दृष्टिकोण का विकास किया जा सके और राजनीति को समग्र रूप में समझा जा सके।

निष्कर्ष रूप में यही कहा जा सकता है कि तुलनात्मक राजनीतिक अध्ययन का महत्त्व इस बात में निहित है कि इससे ही राजनीतिक व्यवहार की जटिलताओं को समझा व स्पष्ट किया जा सकता है। यही कारण है कि विभिन्न राजनीतिक संस्थाओं, व्यवस्थाओं और प्रक्रियाओं का तुलनात्मक विश्लेषण उत्तरोत्तर महत्त्व ग्रहण करता जा रहा है।

राजनीति को वैज्ञानिक अध्ययन बनाना (Making Politics a Scientific Study)

राजनीति-शास्त्र के विद्वानों का अरस्तू के समय से ही यह प्रयत्न रहा है कि राजनीतिक व्यवहार से सम्बन्धित ज्ञान को विज्ञान का रूप किस प्रकार दिया जाय? तुलनात्मक राजनीतिक अध्ययन इसी प्रयत्न में विशेष सहायक प्रतीत होता है। राजनीति को विज्ञान की श्रेणी में लाने के प्रयत्न का मूल उद्देश्य ही निरन्तरताओं की तथा सामान्यीकरणों की तलाश कर सुनिश्चित या सम्भावित व्यवहारों का संकेत देना है। इस खोज में तुलनात्मक राजनीतिक अध्ययन ही अधिकतम सहायक हो सकता है। क्योंकि विज्ञान में नियम प्रतिपादन न केवल राजनीतिक प्रक्रियाओं की अनेकता से सम्भव है वरन, परस्पर प्रतिकूल व विविधताओं वाले राजनीतिक आचरण से ही उपलब्ध प्रचुर सामग्री से सम्भव है। तुलनात्मक राजनीतिक अध्ययन इसलिए भी महत्त्वपूर्ण बन जाता है कि विविधता व अनेकतायुक्त राजनीतिक तथ्य व आंकड़े (data) विभिन्न राजनीतिक प्रक्रियाओं की तुलना से प्राप्त हो सकते हैं। 1955 के बाद, जब से व्यवहारवादी (behaviouralistic) दृष्टिकोण का प्रचलन हुआ, तब से आज तक, राजनीति-शास्त्र की वैज्ञानिकता की खोज की आधुनिकतम अभिव्यक्ति हम तुलनात्मक राजनीतिक अध्ययन में ही पाते हैं। वास्तव में व्यवहारवाद के विकास ने तुलनात्मक राजनीति को इतना महत्त्वपूर्ण बना दिया है कि यही विज्ञान के रूप में राजनीति-शास्त्र के व्यापक विकास का प्रथम चरण बन गई है।

तुलनात्मक राजनीतिक अध्ययन का राजनीति-शास्त्र को राजनीति-विज्ञान के स्तर पर लाने में जो महत्त्व रहा है, उसका विवेचन करने से पहले एक प्रश्न जो सामने आता है, वह है कि हम किस ज्ञान को वैज्ञानिक ज्ञान कहें? किसी अध्ययन की कौन-सी स्थिति को वैज्ञानिक स्थिति कहा जाय? इस प्रश्न के उत्तर के सन्दर्भ में ही तुलनात्मक राजनीति के उस योगदान का मूल्यांकन किया जा सकता है जो इसने राजनीति-शास्त्र को वैज्ञानिकता के स्तर पर पहुंचाने में दिया है। इसलिये यह आवश्यक है कि वैज्ञानिक स्थिति का कुछ विस्तार से उल्लेख किया जाय।

जब किसी शास्त्र के अध्ययन में व्यवस्थितता (systematization) का इतना समावेश हो जाय कि प्रामाणिक सामान्य नियमों के प्रतिपादन की स्थिति उत्पन्न हो जाय और उन सामान्य नियमों (general laws) से हम किसी विशेष स्थिति का अध्ययन

करने में समर्थ हों और सामान्य भविष्यवाणियां की जा सकें तो वह विषय विज्ञान की श्रेणी में सम्मिलित किया जा सकता है। इस प्रकार, किसी अध्ययन में प्रामाणिक सामान्य नियम, जो विशेष स्थितियों (particular situations) में लागू होते हों तथा जिनसे भविष्यवाणियां सम्भव होती हों तो, यह उसमें वैज्ञानिक स्थिति का संकेत माना जाता है। इसी प्रकार, राजनीति-शास्त्र में वैज्ञानिक स्थिति भी उस स्थिति की ओर इंगित करती है जिसमें सामान्य नियमों की उत्पत्ति हो सकती हो और राजनीतिक व्यवहार के बारे में भविष्यवाणी सम्भव बनती हो और यह प्रामाणिक सामान्य नियम (valid general laws) विशेष राजनीतिक स्थिति पर लागू ही नहीं हों, वरन उसकी व्याख्या भी करते हों, तो यह स्थिति राजनीति-शास्त्र की वैज्ञानिकता की स्थिति होगी।

परन्तु किसी भी शास्त्र में जो सामाग्य नियम बनाये जाते हैं उनका स्रोत क्या है? यह सामान्य नियम किसी अध्ययन में कैसे उत्पन्न होते हैं? अवश्य ही यह नियम शून्य की उपज तो नहीं हो सकते हैं। वास्तव में जब एक ही स्थिति बार-बार घटित व पुनरावृत्त होती है, तो इस बार-बार घटित घटना-चक्र के सन्दर्भ में ही सामान्य नियम उत्पन्न होते हैं। इस प्रकार, इन बार-बार घटित होने वाली सामान्य स्थितियों के सुव्यवस्थित अध्ययन से जो निष्कर्ष निकलते हैं वही सामान्य नियम हैं। परन्तु इस प्रकार के सामान्य नियम स्वयं में उचित होने चाहिए तथा विशेष परिस्थितियों में लागू व भविष्यवाणी करने की क्षमता से युक्त होने चाहिए। अन्यथा इनसे सम्बन्धित शास्त्र को विज्ञान नहीं कहा जा सकता।

एक ही स्थिति की घटना का जब दूसरी स्थिति में, फिर तीसरी स्थिति में, एक-सा परिणाम दिखाई देता है तो इस आधार पर सामान्य नियम निकाले जा सकते हैं। यह एक-सी स्थिति की घटना का दूसरी और तीसरी स्थिति में एक-सा परिणाम तुलनात्मक अध्ययन के आधार पर ही हो सकता है। यह तुलनात्मक अध्ययन, एक देश के अन्तर्गत जैसे श्री नेहरू, श्री शास्त्री व श्रीमती इन्दिरा गांधी व श्री देसाई के नेतृत्व में कर सकते हैं, अथवा दो देशों के बीच या बहुत से देशों के बीच की राजनीतिक संस्थाओं, व्यवस्थाओं या प्रक्रियाओं में किया जा सकता है।

एक राजनीतिक व्यवहार व क्रिया या घटना पहले दिन व प्रथम बार तो विचित्र (unique) दिखाई देगी परन्तु अगर वह कुछ दिन तक लगातार होती रहेगी तो वह निरन्तर (regular) बन जायेगी। यही निरन्तरता वाला राजनीतिक व्यवहार अगर लम्बी अवधि तक विविधता वाले सन्दर्भ में भी पुनरावृत्त होता रहे तो इसे बारम्बारता (frequency) कहा जाता है। सामान्य नियमों के लिए राजनीतिक व्यवहार की आवृत्ति या बारम्बारता ही पर्याप्त नहीं, वरन निरन्तरताओं का अभिज्ञान या पहचान भी (identification of regularities) होनी चाहिए। अर्थात एक घटना (राजनीतिक) बार-बार होनी चाहिए जिससे कि उसका तुलनात्मक अध्ययन किया जा सके। ये निरन्तरताएं जो समयान्तर पर आवृत्तियां बनती हैं अगर स्थायित्व के लक्षणों से युक्त हो जाती हैं तो इन्हें प्रतिमान (patterns) कहते हैं और इन्हीं प्रतिमानों से सामान्यीकरण (generalizations) प्रतिपादित हो सकते हैं। किसी शास्त्र के सम्बन्ध में यह सामान्यी-

करण की स्थिति ही उस शास्त्र को वैज्ञानिकता का स्थान उपलब्ध कराती है। परन्तु राजनीतिक व्यवहार व घटनाक्रमों की केवल गिनती (enumeration) या जोड़-बाकी से ही सामान्य नियम नहीं बनाये जा सकते हैं। इससे केवल यही समझा जा सकता है कि ऐसा राजनीतिक व्यवहार होता है, पर यह नहीं समझा जा सकता कि ऐसा राजनीतिक व्यवहार क्यों होता है ? किसी बार-बार घटने वाले घटनाक्रम के पीछे सक्रिय कारणों की खोज केवल परिमाणात्मक (quantitative) अध्ययन से ही सम्भव नहीं, वरन उसका गुणात्मक (qualitative) अध्ययन भी करना होगा जिससे हम उन तत्त्वों को अलग कर सकें, जिनके कारण यह स्थिति बार-बार आ रही है और उन तत्त्वों की पहचान या अभिज्ञान के सहारे, हम विज्ञान की प्रमुख व आधारभूत आवश्यकता, सामान्यीकरण निकाल सकते हैं।

उपरोक्त विवेचन से स्पष्ट है कि तुलनात्मक राजनीति का राजनीति-शास्त्र को विज्ञान बनाने में अत्यधिक महत्त्व है। वास्तव में राजनीति-शास्त्र विज्ञान की श्रेणी में केवल तुलनात्मक अध्ययन के आधार पर ही आ सका है, इसलिए ही शायद अरस्तू के बाद से आज तक श्रेष्ठतम विचारक राजनीति के तुलनात्मक विश्लेषण में संलग्न रहे हैं।[5]

राजनीति में सिद्धान्त निर्माण (Theory Generation in Politics)

तुलनात्मक राजनीति का महत्त्व इस बात में भी परिलक्षित होता है कि तुलनात्मक अध्ययन से ही किसी शास्त्र में सिद्धान्तों का निर्माण व नियमों का निरूपण सम्भव होता है। राजनीति-शास्त्र में ऐसे व्यापक सिद्धान्तों की तलाश की जाती रही है जो सम्पूर्ण विश्व के राजनीतिक व्यवहार को मोटे रूप से समझने में सहायता करें। वैसे हर शास्त्र का अन्तिम उद्देश्य सिद्धान्त उत्पन्न करना है। तुलनात्मक राजनीति भी प्रामाणिक सामान्यीकरण (valid generalization) तक पहुंचने में सहायता करती है।

मोटे तौर पर राजनीतिक सिद्धान्तों को दो श्रेणियों में विभक्त करते हैं। प्रथम आदर्शी सिद्धान्त (normative theory) तथा दूसरे आनुभविक सिद्धान्त (empirical theory) कहे जाते हैं। आदर्शी सिद्धान्तों में राजनीतिक व्यवस्थाओं के बारे में कोई कल्पना मस्तिष्क में कर ली जाती है और फिर उस कल्पना को रचनात्मक रूप दिया जाता है। जैसे प्लेटो ने दार्शनिक राजाओं (philosopher kings) की कल्पना की और फिर उस कल्पित आदर्श के आधार पर आदर्श राज्य की संरचना की। इस प्रकार की चिन्तन क्रिया आदर्शी सिद्धान्तों के निर्माण में सहायक होती है। इसका सामान्यतया ठोस तथ्यों से विशेष सम्बन्ध नहीं होता।

आनुभविक सिद्धान्तों में राजनीतिक व्यवहार के वास्तविक तथ्यों को समझकर सिद्धान्तों का निर्माण होता है। इसमें राजनीतिशास्त्री स्वयं तथ्यों के संकलन के लिए राजनीतिक व्यवहार के क्षेत्र में जाकर राजनीतिक व्यवहार का अवलोकन करता है।

[5]Peter H. Merkel, *Modern Comparative Politics,* Holt, Rinehart Winston, New York, 1970, p. 1.

आंकड़े एकत्र कर, ठोस तथ्यों के आधार पर सिद्धान्त प्रतिपादन का कार्य करता है। इस प्रकार स्थापित सिद्धान्तों को आनुभविक सिद्धान्त कहते हैं और इनका सीधा सम्बन्ध प्रचलित राजनीतिक वास्तविकताओं (prevalent political reality) से रहता है।

तुलनात्मक राजनीति का आदर्शी सिद्धान्तों के निर्माण में तो कोई योगदान नहीं हो सकता परन्तु आनुभविक सिद्धान्त तो केवल इसी के सहारे सम्भव होते हैं। क्योंकि यथार्थ राजनीतिक व्यवहार की तुलना करना ही एक तरह से आनुभविक सिद्धान्तों का निर्माण करना है। इसी से सामान्य तथ्यों को एकत्रित किया जाता है, यथार्थ सामान्य नियम बनते हैं और इनके आधार पर सामान्य सिद्धान्त प्रतिपादन सम्भव होता है।

इस प्रकार तुलनात्मक राजनीति के अध्ययन का महत्त्व राजनीतिक व्यवहार के सम्बन्ध में सिद्धान्त निर्माण में सर्वाधिक है। आनुभविक अध्ययन या कार्य-क्षेत्रीय अध्ययन (field studies) तो केवल मात्र तुलनात्मक राजनीति की ही उपयोगिता व महत्त्व दर्शाते हैं।

प्रचलित राजनीतिक सिद्धान्तों की पुनः प्रामाणिकता (Re-validification of Existing Political Theories)

तुलनात्मक राजनीति का सर्वाधिक महत्त्व इस बात में निहित है कि इसी की सहायता से प्रचलित राजनीतिक सिद्धान्तों का, चाहे वे आदर्शी सिद्धान्त हों या आनुभविक सिद्धान्त, पुनः परीक्षण किया जाता है और उनकी प्रामाणिकता (validity) जांची जाती है। तुलनात्मक राजनीतिक अध्ययन से ही यह निष्कर्ष निकाला जाता है कि अतीत में स्थापित राजनीतिक सिद्धान्त वर्तमान की परिवर्तित परिस्थितियों में भी मान्य हैं या नहीं और अगर यह उचित हैं तो कितने उचित हैं? इस प्रकार तुलनात्मक राजनीति, प्रचलित राजनीतिक सिद्धान्तों को पुनः परखने के लिए नवीन उपकरण (new tools) व नवीनता-युक्त विविध तथ्य उपलब्ध कराती है जिससे उनकी प्रामाणिकता का पुनः परीक्षण सम्भव हो। किसी भी शास्त्र में, समाज-शास्त्रों में हीं नहीं, भौतिक शास्त्रों में भी, परम सिद्धान्त (absolute theories) नहीं हो सकते हैं। जब भौतिक विज्ञानों में भी परम सिद्धान्त नहीं पाये जाते तब सामाजिक विज्ञानों में तो परम सिद्धान्तों का प्रश्न ही नहीं उठता। यही कारण है, कि राजनीति-शास्त्र में प्रचलित सिद्धान्तों की प्रामाणिकता का पुनः परीक्षण व पुनः मूल्यांकन करना अनिवार्य है। तुलनात्मक राजनीति का इस परीक्षण व परख में विशेष योगदान इसके महत्त्व को स्पष्ट करता है।

उपरोक्त विवरण से स्पष्ट है कि तुलनात्मक राजनीति का महत्त्व, राजनीतिक व्यवहार को समझने में, राजनीति-शास्त्र को विज्ञान बनाने में, आनुभविक अध्ययनों के आधार पर सिद्धान्त निर्माण तथा प्रचलित राजनीतिक सिद्धान्तों की औचित्यता व प्रामाणिकता परखने में निहित है। यहां यह भी समझ लेना आवश्यक है कि तुलनात्मक राजनीतिक अध्ययन का महत्त्व लोकतान्त्रिक व लोक-कल्याणकारी राज्य व्यवस्थाओं के कारण और भी बढ़ गया है। आज हर राज्य का नागरिक राजनीतिक दृष्टि से विशेष महत्त्व प्राप्त करता जा रहा है। राज्य की हर गतिविधि का केन्द्र अब 'राजनीतिक व्यक्ति' (political man) बन गया है। वह हर राजनीतिक प्रक्रिया में प्रत्यक्ष या परोक्ष

रूप से सहभागी है। इसलिए यह आवश्यक हो जाता है कि इस प्रकार के सर्वव्यापी राजनीतिक व्यवहार को न केवल समझा ही जाय, वरन इसको समझने व स्पष्ट करने के सामान्य नियम भी विकसित किये जायं, जिससे हर स्तर का राजनीतिक आचरण, व्यावहारिक सीमाओं की परिधि में समझा जा सके। यही कारण है कि तुलनात्मक राजनीति का महत्त्व दिनोदिन वृद्धि पर है।

तुलनात्मक राजनीति के उद्देश्य
(OBJECTIVES OF COMPARATIVE POLITICS)

तुलनात्मक राजनीतिक अध्ययन के महत्त्व को स्पष्ट करने के बाद तुलनात्मक राजनीतिक विश्लेषण के प्रमुख उद्देश्य व निमित्त (motives) समझ लेना आवश्यक है। क्योंकि इन उद्देश्यों की महत्ता के सन्दर्भ में ही तुलनात्मक राजनीति में क्रान्तिकारी विकास और इस विकास का इतिहास तथा इसके विभिन्न अध्ययन दृष्टिकोण समझे जा सकते हैं। संक्षेप में तुलनात्मक राजनीतिक अध्ययन के उद्देश्य व लक्ष्य इस प्रकार हैं—

दार्शनिक गन्तव्य (Philosophical Goals)

तुलनात्मक राजनीतिक अध्ययन का अत्यधिक व्यक्तिगत और शायद श्रेष्ठतम लक्ष्य दार्शनिक स्व-ज्ञान (philosophical self-knowledge) प्राप्ति रहा है जिससे व्यक्तिगत प्रवृद्धता (personal growth) व परिपक्वता में वृद्धि हो।[6] हमेशा से ही मानव प्रकृति के एक महत्त्वपूर्ण पहलू को, राजनीतिक समझ (political understanding) व राजनीतिक सहभागिता (political participation) में विशेष सन्तुष्टि प्राप्त होती रही है। राजनीति की प्रकृति में मनुष्य की अन्तर्दृष्टि का गहरा होना मानव को पूर्ण व अधिक परिपक्वता-युक्त बनाता है। यही कारण है कि प्राचीन समय से आज तक मानव राजनीतिक क्रिया की ओर न केवल आकर्षित ही हुआ है, वरन उसने राजनीतिक संस्थाओं, व्यवस्थाओं और प्रक्रियाओं पर गहन चिन्तन, मनन व अध्ययन और राजनीतिक व्यवहार का अवलोकन भी किया है। प्लेटो व अरस्तू से लेकर आज तक के सभी राजनीतिक दार्शनिकों ने बताया है कि मनुष्य अपनी स्वतन्त्रता की खोज की पूर्णरूपेण प्राप्ति अपने समाज, देश और विश्व के अच्छे नागरिक के रूप में, अन्य नागरिकों के साथ राजनीतिक गतिविधियों में संयुक्त, सक्रिय और प्रज्ञावान सहभागिता (intelligent participation) से ही कर सकता है।

तुलनात्मक राजनीतिक अध्ययन का दार्शनिक गन्तव्य मानव स्वतन्त्रता की खोज में मानव का मननशील रहना ही कहा जा सकता है। यही कारण है कि हर काल व समाज में, 'राजनीति' चिंतन का विशेष विषय रही है तथा सम्पूर्ण लिखित इतिहास (recorded history) में राजनीतिक दार्शनिकों का राजनीतिक प्रक्रियाओं से सम्बन्धित दर्शन अन्ततः दार्शनिक स्व-ज्ञान, व्यक्तित्व की प्रवृद्धता व परिपक्वता में ही दिखायी देता है।

[6] *Ibid.*, p. 2.

वैज्ञानिक लक्ष्य (Scientific Goals)

आनुभविक व वैज्ञानिक स्तर पर तुलनात्मक राजनीतिक विश्लेषण का विश्व के बारे में हमारे आनुभविक व सैद्धान्तिक ज्ञान को एकत्रित, व्यवस्थित व विस्तृत करने का लक्ष्य महज ज्ञान के लिए कहा जा सकता है। राजनीति-विज्ञान के जनक अरस्तू द्वारा किये गये तुलनात्मक अध्ययन व दार्शनिक चिन्तन के पीछे यही प्रमुख ध्येय था। इस प्रख्यात दार्शनिक द्वारा प्रयुक्त तुलनात्मक राजनीतिक शोध के आधारभूत चरण, दो हजार से अधिक वर्षों बाद आज भी विशेष ध्यान देने योग्य हैं। अरस्तू का तर्क (reasoning) आज भी न्यायसंगत लगता है। अरस्तू ने अपने अध्ययन का लक्ष्य उन क्रान्तियों के कारणों की खोज बनाया जिनसे यूनानी नगर-राज्यों की 'राजनीति' अस्थिर और अशान्त (turbulent) रहती थी। इसके पीछे उसका मन्तव्य यह जानना था कि कौन-सा संविधान या किस प्रकार की राजनीतिक व्यवस्था तात्कालिक सन्दर्भ में स्थायित्व के सर्वाधिक लक्षण रखती है। अरस्तू और उसके बाद के अनेक राजनीतिक विचारकों के तुलनात्मक राजनीतिक अध्ययन में वर्तमान विश्व के बारे में केवल अधिक व्यवस्थित राजनीतिक ज्ञान प्राप्त करने का ही लक्ष्य परिलक्षित होता है। परन्तु पिछली कुछ दशाब्दियों में राजनीतिक व्यवस्था क्रान्तिकारी उथल-पुथल से युक्त हो गयी है। लोकतन्त्र, लोक कल्याणकारी राज्य का विचार, साम्यवादी व्यवस्था का बढ़ता प्रभाव व नवोदित राज्यों में व्याप्त राजनीतिक अस्थिरताओं और सामाजिक उथल-पुथल ने तुलनात्मक राजनीतिक अध्ययन के नूतन और अधिक व्यावहारिक लक्ष्य सामने ला दिये हैं। लम्बी अवधि तक राजनीति कुछ विशिष्ट लोगों व वर्गों तक ही सीमित थी। मानव का राजनीतिकरण नहीं हुआ था। राज्य व सरकार से व्यक्ति का दूर का ही सम्बन्ध था और इस कारण तुलनात्मक राजनीतिक अध्ययन का लक्ष्य विश्व की राजनीतिक व्यवस्थाओं के बारे में ज्ञान-वर्धन ही रहा, यद्यपि ज्ञान की यह प्यास व खोज वैज्ञानिक पद्धतियों द्वारा ही की गयी, फिर भी अध्ययनकर्ता व चिन्तक का प्रमुख ध्येय ज्ञान-अर्जन और ज्ञान-वर्धन ही रहा। आज भी यह लक्ष्य तुलनात्मक राजनीतिक अध्ययन का बना हुआ है परन्तु इसके साथ अन्य लक्ष्य भी राजनीतिक व्यवस्थाओं में महत्त्वपूर्ण परिवर्तनों ने आवश्यक बना दिये हैं।

व्यावहारिक उपयोग के गन्तव्य (Goals of Practical Application)

राजनीतिक विश्व के बारे में आनुभविक ज्ञान की खोज अकसर इस ज्ञान की व्यावहारिक उपयोगिता के उद्देश्य से युक्त रही है। जिस प्रकार भौतिक विज्ञानों ने भौतिक वातावरण की निरन्तरता व शक्ति का न केवल भौतिक विश्व के बारे में ज्ञान प्राप्ति के लिए अध्ययन किया, वरन इनको मानव उपयोग के लिए बन्धित (harness) भी किया। उसी प्रकार, तुलनात्मक राजनीतिक विश्लेषण का लक्ष्य भी राजनीतिक विश्व के बारे में ज्ञान-अर्जन के साथ ही साथ अधिक समुचित राजनीतिक व्यवस्थाओं का विकास व पेचीदा राजनीतिक समस्याओं का श्रेष्ठतर समाधान करना भी है। तुलनात्मक राजनीतिक अध्ययन का यह उद्देश्य शताब्दियों से रहा है। अरस्तू द्वारा किये गये 158

संविधानों के तुलनात्मक अध्ययन से लेकर वर्तमान के विकासशील राज्यों से सम्बन्धित अध्ययनों में यह लक्ष्य विद्यमान रहा है कि विविधतायुक्त सामाजिक व राजनीतिक प्रतिमानों में कौन-सी राजनीतिक प्रक्रियाएं, व्यवस्थाएं व संस्थाएं देश विशेष के अधिकतम विकास व स्थायित्व में सहयोगी होती हैं।

आनुभविक राजनीतिक ज्ञान के सीमा-विस्तार से शायद ही तुलनात्मक राजनीतिक अध्ययन के व्यावहारिक लक्ष्य को अलग किया जा सकता है। जब दल व्यवस्थाओं या विभिन्न सामाजिक व्यवस्थाओं के राजनीतिक प्रतिमानों पर प्रभाव की तुलना, राजनीतिक अस्थिरता की समस्या या श्रेष्ठ राजनीतिक व्यवस्था की स्थापना के लक्ष्य से की जाती है तब नये सिद्धान्त व नये सैद्धान्तिक प्रतिमान उभरते हैं, जिनसे वर्तमान राजनीतिक ज्ञान को और व्यवस्थित या पुन: वर्गीकृत करने में सहायता मिलती है और राजनीतिक प्रक्रियाओं, राजनीतिक सम्बन्धों व संस्थाओं के बारे में यह नवीन ज्ञान फिर से राजनीतिक प्रक्रियाओं को परिवर्तित करने, नये संविधानों व संस्थाओं को बनाने के प्रयत्नों को प्रभावित करता है। इस प्रकार यह चक्र चलता रहता है और तुलनात्मक राजनीतिक अध्ययन, राजनीतिक विश्व के बारे में ज्ञान-वर्धन, और इस अर्जित ज्ञान से राजनीतिक संस्थाओं, व्यवस्थाओं व प्रक्रियाओं में संशोधन, परिवर्तन व परिवर्धन करता है। वास्तव में राजनीतिकृत मानव की राजनीतिक समस्याओं के समाधान की मांग से ही तुलनात्मक राजनीतिक अध्ययन की प्रेरणा प्राप्त होती है और इस अध्ययन का लक्ष्य प्रधानत: ऐसे ज्ञान के व्यावहारिक उपयोग से युक्त रहता है।

शासन नीति में प्रयोग के लक्ष्य (Goals of Applications in Government Policy)

तुलनात्मक राजनीतिक अध्ययन का उद्देश्य सरकारों की नीति निर्धारण में योगदान भी है। सभी समाज शास्त्र अब नीति-विज्ञान (policy sciences) के रूप में देखे जाते हैं। इनमें भी राजनीति-शास्त्र का नीति-विज्ञान के रूप में देखा जाना स्वाभाविक है। राजनीति-विज्ञान की अध्ययन सामग्री का सम्बन्ध राजनीतिक व्यवस्था से है जो आज सभी अन्य व्यवस्थाओं की नियन्त्रक, निर्देशक और निरीक्षक बनती जा रही है। विदेशों की 'राजनीति' के अवलोकनकर्ता तुलनात्मक राजनीति के ज्ञान का प्रयोग घटना-प्रवाहों (trends) के बारे में विस्तृत व व्यापक भविष्यवाणियां करने में करते हैं। इतना ही नहीं, अन्तर्राष्ट्रीय क्रान्तिकारी आन्दोलन—राष्ट्रवाद, फासीवाद व साम्यवाद, अपने समर्थन में घटना-प्रवाहों की भविष्यवाणियां भी तुलनात्मक राजनीतिक पर्यवेक्षण व अनुभव के आधार पर करते रहे हैं। इसी प्रकार सम्पूर्ण विश्व में सरकारों के विदेश या प्रतिरक्षा मन्त्रालयों या व्यवस्थापिकाओं की, इनसे सम्बन्धित समितियों की रुचि राजनीति के विशिष्ट (detached) अवलोकन व अध्ययन के स्थान पर राजनीतिक गतिविधियों में जोड़-तोड़ करने में होती है। हर सरकार के विदेश मन्त्री या रक्षा मन्त्री, विदेश नीति या प्रतिरक्षा नीति के निर्माण व संचालन के लिए विदेशी राज्यों की कमजोरी और उनकी शक्ति का ज्ञान प्राप्त करना चाहते हैं। इसके लिए हर सरकार

व्यवस्थित व व्यापक शोध व तुलनात्मक अध्ययन का सहारा लेती है। तुलनात्मक राजनीतिक अध्ययन का यह उपयोग अवश्य ही कूटनीतिक नीति, सैनिक नीति या विदेशी सहायता या तोड़-फोड़ की गतिविधियों इत्यादि में होता है और सत्ता-अभिमुखी (power oriented) राजनीतिज्ञ, सरकारें, राजनीतिक दल व समूह या वैचारिक आन्दोलन इस ज्ञान का सीमित स्वार्थ-पूर्ति के लिए प्रयोग करते रहे हैं। पर इससे यह नहीं समझना चाहिए कि शासन-नीति सम्बन्धी लक्ष्य केवल संकुचित दायरे में सीमित रहते हैं। सरकारें सर्वत्र ही तुलनात्मक राजनीतिक अध्ययन का विदेश-नीति व रक्षा-नीति निर्धारण में प्रयोग करती रही हैं। तुलनात्मक राजनीतिक अध्ययन का यह उपयोग या दुरुपयोग, तुलनात्मक राजनीति के शासन-नीति सम्बन्धी प्रयोग के लक्ष्य में कोई अन्तर नहीं लाता है। राजनीति केवल कलंकित खेल ही नहीं है, इसमें वैज्ञानिक नियमों का उपयोग और राजनीति के सामान्य सिद्धान्तों के अनुरूप व्यवहार भी होने लगा है। अब सरकार केवल गोपनीयता के कुहरे से ढकी नहीं रहती। जन सामान्य की राजनीति में सहभागिता ने राजनीतिक खेल को अधिक से अधिक नियमबद्ध कर दिया है। ऐसी अवस्था में तुलनात्मक राजनीतिक अध्ययन विशिष्ट नीतियों को समझने व बनाने में विशेष उपयोगी होने लगा है, और इसलिए भी आजकल तुलनात्मक राजनीति अपने आप में एक अलग विषय बनता जा रहा है।

निष्कर्ष में यही कहा जाना चाहिए कि तुलनात्मक राजनीतिक अध्ययन के उद्देश्य, सैद्धान्तिक ज्ञान प्राप्ति और इस ज्ञान का व्यावहारिक प्रयोग दोनों ही हैं। सैद्धान्तिक दृष्टि से तुलनात्मक राजनीति, दार्शनिक स्व-ज्ञान व राजनीतिक विश्व के बारे में मानव ज्ञान में वृद्धि का ध्येय रखती है। व्यावहारिक दृष्टिकोण से इस अध्ययन का उद्देश्य राजनीतिक समस्याओं और संस्थाओं की कार्य-विधि समझने और राजनीतिक प्रक्रियाओं के प्रवाह को इच्छित दिशा में ढालने का रहा है। राज्यों की सरकारों की नीति-निर्धारण क्रिया में भी इस अध्ययन का विशेष योगदान होने के कारण इसका लक्ष्य शासन नीतियों के निर्माण में प्रयोग से भी सम्बन्धित हो जाता है।

अन्ततः सभी सामाजिक विज्ञानों के अध्ययन का लक्ष्य श्रेष्ठतम मानव का निर्माण व विकास करना है। तुलनात्मक राजनीति का इसमें सर्वाधिक योगदान कहा जा सकता है। इससे ही विविध व विरोधी विचारधाराओं का ज्ञान प्राप्त होता है, जिससे श्रेष्ठतर राजनीतिक व्यवस्था विकसित होती है। जैसे कोई भारतीय विदेश में स्वयं का सांस्कृतिक अभिज्ञान (identity) विदेशियों के सम्पर्क में आने से भिन्न जीवन पद्धतियों व संस्कृतियों को सहन करना और उनकी प्रशंसा करना सीखता है तो वह न केवल विश्व का श्रेष्ठतर नागरिक बनता है, वरन श्रेष्ठतर मानव भी बनता है। यह विविध विभिन्न व्यवस्थाओं के सन्दर्भ में ही सम्भव होता है। एक भारतीय का विदेश जाना उसे वास्तव में तुलनात्मक अध्ययन की अवस्था में ला देता है। इसलिए अगर यह कहा जाय कि तुलनात्मक राजनीतिक अध्ययन का अन्ततः लक्ष्य, श्रेष्ठ मानव का निर्माण करना है तो कोई अतियोक्ति नहीं होगी।

तुलनात्मक राजनीति की समस्याएं
(PROBLEMS OF COMPARATIVE POLITICS)

सरकारों का अध्ययन, उनके व्यवहारों का विश्लेषण व उनको बुद्धिगम्य बनाना मुख्यतः इसलिए कठिन बन जाता है क्योंकि, हर समाज की केवल एक ही सरकार होती है और यह सरकार भी अन्य सभी सरकारों से हर प्रकार से अनोखी व विचित्र ही नहीं होती वरन इसी राजनीतिक समुदाय की अतीतकालीन सरकारों से भी यह अलग व विशिष्ट होती है। ऐसी एक राजनीतिक व्यवस्था से सम्बन्धित सरकार का अध्ययन ही अपने आप में अत्यन्त पेचीदगियां उत्पन्न करता है। फिर सरकारों में तो इतनी विविधताएं हैं, उनकी राजनीतिक विरासतें व संस्थाएं इतनी जटिल व भिन्न होती हैं और उनके अध्ययन व विश्लेषण के लिए उपयुक्त सामग्री व निपुणताएं (skills) इतनी बिखरी हुई व विविधताओं वाली हैं कि उनका तुलनात्मक अध्ययन में उपयोग अत्यन्त कठिन है। इसलिए कुछ लेखकों ने तो यहां तक कहा है कि इतनी व्यापकतम राजनीतिक व्यवस्थाओं का परिशुद्ध व समान विषय परिधि (rigorous common frame of reference) में तुलना करना वास्तव में तुलना में सम्मिलित हर राजनीतिक व्यवस्था की विचित्रता को अनदेखा करना है।[7]

इस प्रकार तुलनात्मक राजनीतिक अध्ययन राजनीति के विद्यार्थी के लिए एक तरफ तो चुनौती बन जाता है और दूसरी तरफ निराशा का कारण बनता है। हर राजनीतिक व्यवस्था की अपनी ही कुछ ऐसी विशिष्ट विचित्रताएं होती हैं जिनको अन्यत्र प्रतिरूपित (duplicate) नहीं किया जा सकता और इसलिए अध्ययन केवल इसी का ही हो सकता है। इसकी किसी और राजनीतिक व्यवस्था से तुलना सम्भव दिखायी नहीं देती। वास्तव में राजनीतिशास्त्री को हर अध्ययन-चरण पर यह आभास होगा कि वह राजनीतिक व्यवहार के सम्बन्ध में कल्पित किसी भी परिकल्पना (hypothesis) को प्रमाणित (verify) नहीं कर सकते हैं और न ही ऐसे निश्चित सामान्यीकरण का विकास कर सकते हैं जो सभी राजनीतिक व्यवस्थाओं पर सर्वत्र, हर समय में लागू होता हो। ऐसी अवस्था में राजनीतिशास्त्री राजनीतिक व्यवहार की अनुपमता (uniqueness) का उल्लेख करके ही घटना विशेष का स्पष्टीकरण कर पाता है। कभी-कभी तो ऐसा लगता है कि तुलनात्मक राजनीतिक अध्ययन सही रूप में राजनीतिक व्यवहार की विविधताओं का सन्तोषजनक स्पष्टीकरण कर ही नहीं सकता क्योंकि, राजनीतिक क्रिया में अनिश्चितता (indeterminancy) की मात्रा का इतना आधिक्य होता है कि सामान्यीकरण करीब-करीब असम्भव सा प्रतीत होता है।[8]

उपरोक्त विवेचन से स्पष्ट है कि तुलनात्मक राजनीतिक अध्ययन मे समस्याएं न केवल अनेक हैं वरन गम्भीर भी हैं तथा तुलनात्मक राजनीति के वर्तमान विचारक व

[7] Ward and Macridis, *op. cit.*, 5. 5.
[8] *Ibid.*, p. 7.

लेखक इन समस्याओं पर भी विविध मत रखते हैं। वे इनके समाधान के अलग-अलग उपाय प्रस्तुत करते हैं। परन्तु, अधिकांशतः लेखक इस बात पर सहमत हैं कि तुलनात्मक राजनीति में कुछ आधारभूत समस्याएं हैं तो कुछ सामान्य समस्याएं हैं। संक्षेप में ये समस्याएं निम्नलिखित हैं।

प्रत्ययों की रचना एवं परिभाषा (Concept Construction and Definition)

सुनिश्चित तुलना के लिए यह आवश्यक है कि तुलना में प्रयुक्त होने वाले प्रत्ययों (concepts) की स्पष्ट व्याख्या व परिभाषा की जाय। शब्दावली की अस्पष्टता तुलनात्मक राजनीति की कमजोरी ही नहीं है वरन यह तुलनात्मक राजनीति की आधारभूत समस्या है। जी० सारटोरी[9] (G. Sartori) की मान्यता है कि तुलनात्मक राजनीति में केवल यही समस्या आधारभूत है क्योंकि प्रत्यय दोहरी भूमिका निभाते हैं। प्रथम तो यह तुलनात्मक राजनीति के सिद्धान्तों की इकाई होते हैं और दूसरे यह तुलनात्मक आंकड़ों के धारक होते हैं। प्रत्यय यह दोहरा कार्य तभी कर सकते हैं जबकि यह सुनिश्चित रूप से परिभाषित तथा एक दूसरे से उचित वर्गीकरण योजना (taxonomic scheme) में आबद्ध हों। इसलिए, प्रत्ययीकरण (conceptualization) विवेचन, तुलना, माप (measurement) सैद्धान्तीकरण और सिद्धान्त-परीक्षण से पूर्व की अवस्था है। प्रत्ययीकरण की रचना की समस्या इसलिए और भी पेचीदा बन जाती है क्योंकि, प्रत्यय शून्य में या नये सिरे से नहीं बनाये जा सकते हैं। अतीत का अनुभव, सांस्कृतिक प्रभाव, प्रचलित सिद्धान्त व प्रत्यय संरचनाएं (concept constructs) इत्यादि सभी इनको प्रभावित करते हैं। इसके अलावा भी यह समस्या है कि प्रत्ययों का अधिक से अधिक अवस्थाओं में व्यापक प्रयोग, जो तुलना के लिए अनिवार्य है, इनके अर्थ में उतनी ही अस्पष्टता ला देता है। जैसे 'राज्य', 'दल', 'लोकतन्त्र', 'क्रान्ति', 'फासीवाद' व 'विचारधारा' शब्दों का राजनीति-विज्ञान की शब्दावली में प्रयोग कोई सुस्पष्ट अर्थबोधन नहीं करता, उसी प्रकार 'राजनीतिक व्यवस्था' या 'राजनीतिक संस्कृति' इत्यादि भी प्रयोग की विस्तृतता के साथ-साथ अस्पष्टता से युक्त हो जाते हैं। यह अर्थ की अस्पष्टता, प्रत्यय विशेष की तुलनात्मक राजनीति में प्रयुक्तता अर्थहीन बना देती है। इसलिए तुलनात्मक राजनीति में, राजनीति-विज्ञान में प्रचलित प्रत्ययों की अनुपयुक्तता के कारण, नवीन प्रत्ययों की रचना व विकास अनिवार्य हुआ है। राजनीति-विज्ञान में सदियों से प्रचलित 'राज्य', 'शक्तियों,' 'पदों', 'संस्थाओं,' 'लोकमत' व 'नागरिक प्रशिक्षण' (citizenship training) इत्यादि प्रत्ययों का तुलनात्मक राजनीति ने परित्याग कर इनके स्थान पर क्रमशः 'राजनीतिक व्यवस्था', 'क्रियाओं', 'भूमिकाओं' (roles), 'संरचनाओं' (structures)', 'राजनीतिक संस्कृति' व 'राजनीतिक समाजीकरण' इत्यादि की रचना व प्रयोग प्रारम्भ किया।

परन्तु नवीन प्रत्ययों का तुलनात्मक राजनीति में प्रयोग, इनकी सुनिश्चित, अधिकृत

[9]G. Sartori, 'Concept Misformation in Comparative Politics', *American Political Science Review,* 1970, Vol. LXIV, No. 4, pp. 1033-53.

व सर्वमान्य परिभाषा की समस्या सामने ला देता है। प्रत्ययों की क्रियात्मक या परिचालनात्मक (operational) परिभाषा आवश्यक ही नहीं अनिवार्य है। पर ऐसी परिभाषा कर पाना अत्यधिक कठिन है क्योंकि, प्रत्यय स्वयं विकास की अवस्था में हैं और हमेशा विकासोन्मुख रहते हैं जिससे उनकी सुस्पष्ट सीमा (boundary) अंकित नहीं की जा सकती। यही कारण है कि तुलनात्मक राजनीति के विद्वान आज भी नये प्रत्ययों की रचना व परिभाषा की समस्या के समाधान में उलझे हुए हैं। राजनीतिक व्यवहार की बढ़ती हुई अनुपमता, नये-नये प्रत्ययों का प्रयोग अनिवार्य बना देती है और इससे उनकी सुनिश्चित परिभाषाएं तुलनात्मक राजनीतिक अध्ययन में आधारभूत समस्या उत्पन्न करती हैं।

इसी प्रकार, तुलनात्मक राजनीति में प्रयुक्त शब्दावली की परिभाषा की समस्या यद्यपि विशेष मौलिक मतभेद तो उत्पन्न नहीं करती फिर भी यह समस्या इसलिए बन जाती है कि शब्दावली पर सहमति का आज भी अभाव है। वैसे हर विकासोन्मुख शास्त्र में यह समस्या रहती है, पर तुलनात्मक राजनीति में इस पर साधारण से अधिक विवाद दिखायी देता है। राजनीतिक व्यवहार की अनुपमता ही शायद यह शब्दावली सम्बन्धी विवाद बनाए हुए है। आज भी तुलनात्मक राजनीति में प्रयुक्त होने वाले अनेक शब्द, जैसे 'राजनीतिक सम्प्रेषण', 'उत्संस्करण (acculturation)', 'राजनीतिकरण' व 'राजनीतिक समाजीकरण' ऐसे हैं जिनकी अर्थ-भिन्नता समस्या उत्पन्न करती है और तुलनात्मक राजनीति के विकास में बाधक बनती है।

अमूर्तीकरण के स्तर एवं वर्गीकरण (Levels of Abstraction and Classification)

तुलनात्मक राजनीति में अमूर्तीकरण के स्तर एवं वर्गीकरण की समस्या प्रत्ययों की समस्या से ही सम्बद्ध है। इसलिये तुलनात्मक राजनीति में नये प्रत्ययों की खोज में यह ध्यान अनिवार्यतः रखना होता है कि यह प्रत्यय सर्वव्यापी सिद्धान्तों के निर्माण के लिए आवश्यक, विस्तृत व विश्वव्यापी तुलनाएं सम्भव बनायें। कोई प्रत्यय अगर ऐसा है कि उससे सीमित सूचना मिलती है या एक ही राजनीतिक व्यवस्था से सम्बद्ध है तो उसका तुलनात्मक उपयोग निरर्थक होगा क्योंकि ऐसे प्रत्यय के आधार पर की गयी तुलना से विश्वव्यापी सिद्धान्त का निर्माण सम्भव नहीं होगा। इस प्रकार, एक तरफ तो ऐसे प्रत्यय, जो सम्पूर्ण विश्व की राजनीतिक व्यवस्थाओं पर समान रूप से लागू होते हों, सम्भव नहीं, और दूसरी तरफ, अमूर्तीकरण विश्वव्यापी स्तर पर ऐसे ही प्रत्यय अनिवार्य बना देता है। ऐसी अवस्था में प्रत्ययों के अमूर्तीकरण के विभिन्न स्तरों की व्यवस्था करना ही एक मात्र मार्ग रह जाता है। जी० सारटोरी ने इस समस्या के समाधान-स्वरूप प्रत्ययों के अमूर्तीकरण के तीन स्तरों की विवेचना की है। प्रथम, उच्च-स्तरीय प्रवर्ग (high level categories), जिसे वह सर्वव्यापी प्रत्ययीकरण (universal conceptualization) कहते हैं और इन्हें विश्वव्यापी सिद्धान्तों (global theory) के निर्माण में सहायक मानते हैं। दूसरे, मध्य-स्तरीय प्रवर्ग, जिसे वह मध्य-स्तरीय प्रत्ययीकरण कहते हैं और इन्हें

मध्य-स्तरीय सिद्धान्तों के निर्माण में सहायक मानते हैं। और तीसरे, सीमित-स्तरीय व समनुरूपात्मक (configurative) प्रवर्ग, जिसे वह सीमित-स्तरीय प्रत्ययीकरण कहते हैं और इन्हें सीमित-स्तरीय सिद्धान्तों के निर्माण में सहायक मानते हैं।

इस प्रकार, तुलनात्मक राजनीति में प्रत्ययों के अमूर्तीकरण के तीन स्तर उपयोगी होंगे। तुलनात्मक राजनीतिक ज्ञान की वर्तमान अवस्था में सीधे विश्वव्यापी सिद्धान्तों के निर्माण का प्रयत्न करना निरर्थक है। इसलिए ही तुलनात्मक राजनीति के विद्वान सीमित-स्तरीय सिद्धान्तों (narrow-gauge theory) से प्रारम्भ कर, मध्य-स्तरीय सिद्धान्त (middle-range theory) और विश्व-व्यापी सिद्धान्त (global theory) निर्माण का लक्ष्य रखते प्रतीत होते हैं।

तुलना के लिए राजनीतिक व्यवस्थाओं का सुनिश्चित आधार पर वर्गीकरण भी अनिवार्य है। परन्तु राजनीतिक व्यवस्थाएं अपने आप में इतनी विचित्र व अनन्य होती हैं कि उनका वर्गीकरण या तो हो नहीं सकता और अगर किया जाता है तो उनकी विचित्रता को उतना ही नजरन्दाज करना पड़ता है। इतना ही नहीं, अरस्तू द्वारा किया गया वर्गीकरण तुलनात्मक राजनीति में उपयोगी नहीं क्योंकि इसकी स्पष्टीकरण क्षमता अत्यधिक सीमित है। इसलिए तुलनात्मक राजनीति में राजनीतिक व्यवस्थाओं के ऐसे वर्गीकरण की आवश्यकता होती है जो सर्वव्यापी हो। तुलनात्मक राजनीति में वर्गीकरण, प्रत्यय निर्माण व सिद्धान्त निर्माण तीनों ही परस्पर सम्बन्धित हैं। इसलिए तुलनात्मक राजनीति में सर्वव्यापी सिद्धान्त निर्माण का लक्ष्य, सर्वव्यापी वर्गीकरण आवश्यक बना देता है। यही कारण है कि तुलनात्मक राजनीति के विद्वानों ने वर्गीकरण के प्रयास ही नहीं किये वरन ऐसे अनेकों वर्गीकरण प्रस्तुत भी किये हैं और आज भी सन्तोषजनक वर्गीकरण की तलाश जारी है। ज्यों-ज्यों तुलनात्मक राजनीतिक अध्ययन के नये-नये उपकरण (tools) सामने आते जाते हैं वैसे ही वर्गीकरण के नये व सुनिश्चित आधार प्रस्तुत होते हैं और शायद निकट भविष्य में एस० ई० फाइनर[10] द्वारा किये गये वर्गीकरण का परिमार्जन कर उसे सर्वव्यापी रूप देना सम्भव हो।

तथ्य-एकत्रीकरण या संकलन की समस्या (Problems of Data Collection)

तुलनात्मक अध्ययन के लिए न केवल सरकार विशेष के बारे में सही, विस्तृत व व्यापकतम जानकारी उपलब्ध हो वरन अधिक से अधिक शासन व्यवस्थाओं के बारे में तथ्य प्राप्त हों। तभी इन विविधतायुक्त विभिन्न तथ्यों में समानताओं और असमानताओं के लिए उत्तरदायी परिस्थितियों का विश्लेषण व स्पष्टीकरण सम्भव है। इससे स्पष्ट है कि तुलनात्मक राजनीति में शासन व्यवस्थाओं, राजनीतिक संस्थाओं, प्रक्रियाओं व राजनीतिक व्यवहार के बारे में अधिकाधिक तथ्यों का संकलन अनिवार्य है। विभिन्नता-युक्त व व्यापक जानकारी के अभाव में व्यवस्थित ढंग से तुलनात्मक अध्ययन सम्भव नहीं। इसलिए राजनीतिक व्यवहार से सम्बन्धित तथ्यों, आंकड़ों व जानकारी का संकलन

[10] S. E. Finer, *Comparative Government*, Allen Lane, London, 1970, pp. 574-89.

तुलनात्मक राजनीति की प्रमुख व प्रथम आवश्यकता है। हर राजनीतिक व्यवहार के बारे में यह जानकारी प्राप्त करना सरल नहीं, अत्यन्त कठिन है। राजनीतिक आचरण की प्रकृति ही ऐसी है कि इसके बारे में सुनिश्चित तथ्य आसानी से एकत्र नहीं किये जा सकते। इसलिए तुलनात्मक राजनीति में मौलिक व जटिल समस्या सरकारों के व्यवहार के बारे में आंकड़ों के संकलन की है। आंकड़ों व जानकारी (information) के संकलन के विभिन्न आयामों (dimensions) व पहलुओं के कारण यह समस्या और भी गम्भीर बन जाती है। संक्षेप में जानकारी प्राप्त करने में निम्नलिखित कठिनाइयां इस समस्या को तुलनात्मक राजनीति की प्रमुख समस्या बना देती हैं।

(क) **तथ्यों तक पहुंच की सीमाएं** (Access to data is limited)—राजनीतिक व्यवहार के सम्बन्ध में तथ्य सुगमता से उपलब्ध नहीं होते हैं। निरंकुश शासन व्यवस्थाओं में तो इन तक पहुंच की आज्ञा ही नहीं होती है। वहां पर नीति निर्धारकों का व्यवहार गोपनीयता के आवरण में ही लुप्त रहता है। लोकतान्त्रिक व्यवस्थाओं में भी कई कारणों[11] से महत्त्वपूर्ण तथ्यों को चिरकाल तक प्रकाश में नहीं आने दिया जाता। यद्यपि लोक-तान्त्रिक व्यवस्थाओं में ऊपर से देखने में राजनीतिक व्यवहार खुला (open) व उन्मुक्त दिखायी देता है पर वास्तव में वस्तुस्थिति ऐसी नहीं होती। गोपनीयता का पर्दा उन सब महत्त्वपूर्ण तथ्यों पर लम्बी अवधि तक पड़ा रहता है जिनकी तुलनात्मक राजनीति में अनिवार्य आवश्यकता होती है। ऐसी अवस्था में ऐसी महत्त्वपूर्ण जानकारी (vital information) का स्रोत समाचारपत्र और राजनीतिक नेता स्वयं ही होते हैं। पर समाचारपत्रों से प्राप्त तथ्यों की विश्वसनीयता की अपनी सीमाएं होती हैं और राजनीतिक प्रक्रियाओं से प्रत्यक्ष रूप में सम्बन्धित व्यक्तियों द्वारा साधारणतया वही जानकारी प्राप्त हो सकती है जो विशेषकर विवाद रहित हो या विशेष महत्त्वपूर्ण नहीं हो।

उपरोक्त बातों से यह नहीं समझना चाहिए कि राजनीतिक व्यवहार से सम्बन्धित जानकारी प्राप्त हो ही नहीं सकती। क्योंकि पूर्ण गुप्तता उतनी ही असम्भव है जितना पूर्ण खुलापन। यहां तक कि निरंकुश से निरंकुश व्यवस्थाओं में भी, जो छानबीन व अन्वेषण के लिए पूर्णतया बन्द हों, उनमें भी कुछ तथ्य अवश्य ही ज्ञात हो जाते हैं। लोकतान्त्रिक शासन व्यवस्थाओं में भी उन क्षेत्रों का विस्तार अत्यधिक रहता है जिनमें जानकारी या तो बहुत कम या बिलकुल प्राप्त नहीं हो पाती क्योंकि 'जनहित की आड़ में प्रतिरक्षा, विदेश सम्बन्ध, आन्तरिक सुरक्षा व सरकारों के निर्णयों के सम्बन्ध में अनेकों तथ्य जान-बूझकर नहीं बताए जाते हैं। परन्तु फिर भी शोधकर्ता की जानकारी उपलब्ध साधनों से इतनी अधिक हो सकती है कि वह तथ्यपूर्ण निष्कर्ष निकालने में सफल हो सकता है। जैसा कि जे० ब्लोण्डेल ने लिखा है कि "सरकार के विभिन्न क्षेत्रों के सम्बन्ध में जो जानकारी राजनीति-शास्त्री प्राप्त कर सकता है अगर उसकी ही तुलना करें तो

[11]Even in democratic countries like UK or India, information is denied to the researcher, on the plea of 'Public Interests' or 'National Interests' or 'Internal Security' considerations.

यह वास्तव में अभिव्यक्तक होगी और इस जानकारी से अगर 'बन्द-खुले निरन्तर रेख' (closed-open continuum) पर विभिन्न राज्यों को अंकित करने का प्रयास करें तो स्पष्ट होगा कि स्वयं निरंकुश तन्त्रों व उदार लोकतन्त्रों में ही व्यापक अन्तर पाये जाते हैं।[12] फिर भी सामग्री तक पहुंच की कठिनाई कई बार तुलनात्मक राजनीतिक अध्ययन में गतिरोध की अवस्था ला देती है।

(ख) आंकड़ों के माप में कठिनाई (Measurement of data is difficult)—राजनीतिक व्यवहार से सम्बन्धित तथ्यों का संकलन इसलिये और भी कठिन हो जाता है कि आंकड़ों व व्यवहार को मापा नहीं जा सकता। अनेकों राजनीतिक निर्णय सुनिश्चित नाप से परे होते हैं और इसलिये तुलनात्मक विश्लेषण के लिए अनुपयुक्त होते हैं। तुलनात्मक अध्ययन के लिये तथ्यों का सुनिश्चित होना अनिवार्य है। अन्यथा निष्कर्ष गलत हो जाएंगे। कुछ क्रियाएं तो ऐसी हैं कि उनको नापा ही नहीं जा सकता। जैसे अगर हम यह देखना चाहें कि विभिन्न देशों में राजनीतिक व्यवस्था के सम्बन्ध में महत्त्व-पूर्ण निर्णय लेने में व्यवस्थापिकाओं की क्या भूमिका व प्रभाव रहता है तो इसको नापना और फिर तुलना करना अत्यन्त कठिन होगा। अक्सर ऐसा कहा जाता है कि कार्य-पालिकाओं का बीसवीं सदी में प्रभाव व भूमिका बहुत बढ़ गयी है। अब अगर इसको तथ्यों पर आधारित करके जांचना हो तो कितनी व्यावहारिक कठिनाई होगी यह स्वयं स्पष्ट है। इस प्रकार जानकारी प्राप्ति की यह दूसरी कठिनाई भी एक समस्या बन जाती है।

(ग) राजनीतिक घटनाओं की विचित्रता (Uniqueness of political events)—आंकड़ों का संकलन इसलिए भी कठिन हो जाता है कि हर राजनीतिक घटना व व्यवहार विचित्र व अनुपम होता है, और इनकी अनुपमता इन सबको एक दूसरे से भिन्न व विशिष्ट बना देती है, जिनका तुलनात्मक विश्लेषण अनुपयुक्त प्रतीत होता है। क्योंकि तुलना के लिए कुछ मोटी समानता, सामान्य सन्दर्भ सम्भव बनाने के लिए आवश्यक होती है। यह राजनीतिक क्रिया की विशेषता है कि ज्यों-ज्यों 'शक्ति-केन्द्रों' (centres of power) की ओर अग्रसर होते हैं त्यों-त्यों निर्णय लेने की प्रक्रिया विचित्र बनती दिखायी देती है। करोड़ों मतदाताओं, हजारों उम्मीदवारों व सैकड़ों विधायकों में से केवल एक ही प्रधान मन्त्री या राष्ट्रपति क्यों बन पाता है? इसका अगर अध्ययन करना हो और तुलनात्मक आधार पर कुछ सामान्यीकरण का प्रयास किया जाए तो हर घटना का अनुपमपन या हर व्यक्ति की विशेष परिस्थिति उसे सम्भव नहीं होने देगी। अगर ऐसे ही कार्यपालिकाओं की प्रति-राष्ट्रीय (cross-national) स्तर पर तुलना करें तो राजनीतिशास्त्री हर परिस्थिति, व्यक्तित्व, संस्था तथा प्रक्रिया को अनुपम पाएं और इस कारण शायद कार्यपालिकाओं की निर्णय प्रक्रिया व उनकी सही प्रकृति पर कुछ भी अर्थपूर्ण प्रकाश नहीं पड़ेगा।

इससे यह स्पष्ट है कि तुलनात्मक प्रकृति के आंकड़े संकलित करना तुलनात्मक राजनीति के विद्यार्थी की प्रमुख समस्या है, तथा इसका अध्ययन पद्धति के प्रश्नों के

[12] Jean Blondel, *Comparative Government : A Reader* (Eds), Macmillan, London, 1969, p. XIV.

साथ गठजोड़ इनको और भी उलझा देता है। परन्तु तुलनात्मक राजनीतिक अध्ययन के लिए तथ्य सकलन में इस 'अनुपमता' व तथ्यों के आधारों की विचित्रता की समस्या का तो हमेशा सामना करना ही होगा क्योंकि, यह तो इस 'शास्त्र' के संरचनात्मक बन्धन (structural constraints) है।

पृष्ठभूमि परिवर्त्यों की समस्या (Problem of Background Variables)

राजनीतिक जीवन में करोड़ों व्यक्तियों की गतिविधियां सम्मिलित रहती हैं। यह गतिविधियां व उन सब व्यक्तियों का व्यवहार-प्रतिमान (behaviour pattern) अनेकों तत्त्वों से प्रभावित रहता है। आर्थिक स्थितियों से लेकर जलवायु तक, भौगोलिक विशेषताओं से ऐतिहासिक दुर्घटनाओं तक का प्रत्यक्ष या अप्रत्यक्ष प्रभाव शासकों व सरकारों के व्यवहार पर पड़ता है किसी राजनीतिक व्यवस्था को स्थायी अथवा अस्थायी बनाने वाले प्रभाव अथवा किसी राजनीतिक संस्था तथा प्रक्रिया को प्रभावित करने वाले तत्त्व परिवर्त्य कहलाते हैं। तुलनात्मक राजनीतिक अध्ययन में इन परिवर्त्यों की समस्या अत्यधिक जटिल है क्योंकि राजनीतिक व्यवहार, हर स्तर पर हर क्षण इनसे प्रभावित होता रहता है। इसलिए राजनीतिक व्यवहार की वास्तविकताओं को समझने के लिए इन पृष्ठभूमि परिवर्त्यों की न केवल जानकारी ही आवश्यक है वरन इनकी पहचान भी जरूरी है। यह परिवर्त्यों की जानकारी व पहचान निम्न कारणों से न केवल कठिन बन जाती है वरन तुलनात्मक राजनीतिक अध्ययन में गम्भीर रुकावटें उत्पन्न करती है। संक्षेप में यह कारण इस प्रकार हैं—

(क) **परिवर्त्यों की असंख्यता** (Wide range of variables)—राजनीतिक व्यवहार से सम्बन्धित परिवर्त्यों की संख्या इतनी अधिक है कि इनकी गिनती करना या इन सबका तुलनात्मक अध्ययन में ध्यान रखना अत्यधिक कठिन है। जैसे एक मतदाता, चुनाव में मत देते समय, जाति, धर्म, भाषा, शिक्षा, आर्थिक अवस्था जैसे अनेकों तथ्यों से प्रभावित हो सकता है परन्तु, इनमें से कितना किस का प्रभाव रहा यह जांच सकना कठिन है? इसी प्रकार, सरकारों के व्यवहार, ऐतिहासिक, सामाजिक, सांस्कृतिक, धार्मिक, नैतिक इत्यादि अनेकों प्रभावों से विशिष्ट बनते हैं। तुलनात्मक राजनीति का विद्यार्थी इनकी अनेकता से न तो आंख बन्द कर सकता है और न ही इन सभी परिवर्त्यों को अपने अध्ययन में आधार बना सकता है। इस प्रकार, तुलनात्मक राजनीति में राजनीतिक व्यवहार को प्रभावित करने वाले परिवर्त्यों की असंख्यता एक बड़ी समस्या है, क्योंकि कोई भी मानव मस्तिष्क इन सबकी गणना तो दूर, कल्पना तक नहीं कर सकता है।

(ख) **परिवर्त्यों की जटिलता** (Complexity of variables)—परिवर्त्यों की अनेकता तुलनात्मक राजनीतिक अध्ययन में उतनी जटिलता उत्पन्न नहीं करती जितनी कि इनकी स्वयं में पारस्परिक गठबन्धिता। परिवर्त्य एक दूसरे से इतने गुथे होते हैं कि इस कारण इनमें से महत्त्वपूर्ण की पहचान व उनका प्रभाव नाप पाना तुलनात्मक राजनीति की एक समस्या बनी हुई है।

(ग) परिवर्त्यों की पहचान की कठिनाई (Difficulty in identification of variables)—राजनीतिक प्रक्रियाओं को वास्तव में मोड़ देने वाले तथ्यों व परिवर्त्यों को पहचानना राजनीतिक व्यवहार की गहराई से खोज सम्भव बनाता है। परन्तु नवीनतम शोध उपकरणों की उपलब्धि के बावजूद ऐसा कोई साधन नहीं निकल पाया है जिससे यह निष्कर्ष निकाला जा सके कि अमुक राजनीतिक व्यवहार केवल इस परिवर्त्य के प्रभाव से ही इस प्रकार विशिष्ट बना। जब कभी इस प्रकार एक परिवर्त्य को अलग कर, इसी आधार पर तुलनात्मक अध्ययन से सिद्धान्तों का प्रतिपादन किया गया है तो ऐसे एक परिवर्त्य सिद्धान्त (single variable theories) विभिन्न राजनीतिक अन्तरों के एक अंश को ही सुस्पष्ट नहीं कर पाये हैं। इससे स्पष्ट है कि परिवर्त्यों में केवल महत्त्वपूर्ण की पहचान न कर पाना ही सम्पूर्ण निष्कर्ष को गलत बना सकता है।

(घ) परिवर्त्यों के माप की कठिनाई (Problem of measurement of variables)—जिस प्रकार राजनीतिक तथ्यों का नापना कठिन है, इसी प्रकार परिवर्त्यों का नाप भी एक चुनौती है। प्रमुखतया उन परिवर्त्यों को, जिनका सम्बन्ध मूल्यों, आस्थाओं, मान्यताओं व विश्वासों से है, नापना सहज नहीं। इनके नाप में कठिनाई, इनका तुलना में प्रयोग असम्भव बना देती है। यही कारण है कि जहां राजनीतिक व्यवहार पर प्रभावों का अंकन करना हो तो विशेष सावधानियों से ही लाभप्रद तुलना सम्भव हो सकती है।

(च) परिवर्त्यों का बदलता प्रभाव (Varying influence of variables)—परिवर्त्यों में एक विचित्रता यह भी है कि एक ही परिवर्त्य, एक-सी परिस्थिति में भी अलग-अलग प्रभाव डालता देखा गया है। इससे इन परिवर्त्यों को भारित (weightage) करना आवश्यक हो जाता है। जैसे भारत में एक दलीय प्रभुत्व, स्वतन्त्रता संग्राम की प्रवृत्तियों से, या सामाजिक विविधता या भारतीयों की निरक्षरता के परिवर्त्य के कारण से है ऐसा निश्चयात्मक रूप से कहना असम्भव ही है।

इस प्रकार तुलनात्मक राजनीति में परिवर्त्यों की समस्या ने ही अनेकों को इस बात से सहमत कर दिया कि तुलनात्मक अध्ययन में बहु-परिवर्त्य विश्लेषण (multivariate analysis) ही उपयुक्त है। इसी आधार पर यह स्पष्ट किया जा सका है कि विकासशील राज्यों में सैनिक शासकों की स्थापना क्यों अधिक सम्भावित रही है। निष्कर्ष रूप में यही कहा जा सकता है कि राजनीतिक व्यवहार की पृष्ठभूमि में परिवर्त्यों की समस्या तुलनात्मक राजनीति में आज भी विशेष जटिलताएं बनाये हुए है और इसी कारण से अनेकों राजनीति-शास्त्रियों ने एक ही देश की व्यवस्था के अध्ययन पर ध्यान केन्द्रित रखना उसे अच्छी तरह से समझने के लिए श्रेष्ठतर माना है।[13] इस प्रकार के अध्ययन में परिवर्त्यों की समस्या उतनी पेचीदा नहीं बनती जितनी विभिन्न व्यवस्थाओं व राजनीतिक व्यवहारों की तुलना के सन्दर्भ में बन जाती है। पर इस प्रकार के अध्ययन की उपयोगिता-सीमाएं (utility limitations) हैं और इस कारण परिवर्त्यों की समस्या

[13]The reference is to the country by country studies, peculiar to the traditional approach of comparative politics.

से तुलनात्मक राजनीति का विद्यार्थी मुंह नहीं मोड़ सकता वरन इनके वैज्ञानिक अध्ययन के उपाय खोजता रहता है।

मानकों-संस्थाओं व व्यवहार में अन्त:-सम्बन्ध की समस्या (Problem of Inter-connection between Norms, Institutions and Behaviour)

तुलनात्मक सरकारों के अध्ययन का लक्ष्य यह समझाना है कि क्यों सरकारों के कुछ प्रकार कुछ परिस्थितियों में ही विद्यमान रहते हैं ? उत्तर में यहां भले ही यह कह दिया जाय कि इन सरकारों की प्रकृति का लोगों ने विभिन्न सरकारों के अध्ययन या अवलोकन के बाद निर्णय लिया है। पर इसमें वास्तविकता यह दिखायी देती है कि सरकारी तन्त्रों के सम्बन्ध में मूल्यों, मान्यताओं व आदर्शों का तत्त्व, कि सरकार को क्या करना चाहिए या क्या नहीं करना चाहिए, निर्णय का आधार होता है ? यह बात यह प्रश्न उभारती है कि राजनीतिक सिद्धान्तों, राजनीतिक संस्थाओं और राजनीतिक आचरण में क्या सम्बन्ध है व क्या सम्बन्ध होना चाहिए ? कई बार राजनीतिक समाज जिन मूल्यों, आदर्शों व आस्थाओं को सिद्धान्त के रूप में अपनाकर उनको व्यवहार में प्राप्त करने के लिए जो संस्थागत रचनाएं करते हैं उनके अनुसार शासकों व जनसाधारण का आचरण नहीं रहता है। इससे यह समस्या प्रमुख बन जाती है कि तुलनात्मक राजनीतिक अध्ययन में क्या संविधानों में प्रतिपादित सिद्धान्तों का अध्ययन किया जाय या संविधानों द्वारा स्थापित राजनीतिक संस्थाओं के विश्लेषण तक सीमित रहा जाय या वास्तविक राजनीतिक व्यवहार का प्रमुखतया अध्ययन हो ? इन तीनों का परस्पर सम्बन्ध, जो कम या अधिक हो सकता है, इनके ऊपर आधारित तुलनात्मक अध्ययन को और भी पेचीदा बना देता है।

हर राजनीतिक व्यवस्था को समझने के लिए मोटे रूप से इससे सम्बद्ध तीन पहलुओं की पारस्परिकता का सन्दर्भ रखना होता है। राजनीतिक मानकों या मूल्यों, राजनीतिक संस्थाओं और राजनीतिक व्यवहार को एक दूसरे से अलग नहीं किया जा सकता ।

तुलनात्मक राजनीति के विद्यार्थी को इन तीनों पहलुओं में सम्बन्ध स्थापित करने में विशेष कठिनाई होती है। यह तीनों एक दूसरे को प्रभावित करते हैं और औपचारिक ढंग से तो एक दूसरे पर आधारित दिखायी देते हैं परन्तु व्यवहार में इन तीनों में कई बार, कई राज्यों में, मुख्यतया साम्यवादी व निरंकुश शासन व्यवस्थाओं में, अत्यधिक अन्तर दिखायी देता है और यह अन्तर हर राजनीतिक अभिनेता (political actor) के परिवर्तन के साथ बदलता दिखायी देता है। इस समस्या की गहनता का संकेत इन तीनों के अर्थ व विस्तृत महत्त्व और इनकी पारस्परिकता के विवेचन से ही सम्भव है। इनका संक्षिप्त विवेचन इस प्रकार है।

(क) **मानक या मूल्य** (Norms or values)—इसके अन्तर्गत वह राजनीतिक दर्शन, मूल्य, मान्यताएं व आस्थाएं आती हैं जिन पर किसी समाज की राजनीतिक व्यवस्था आधारित होती है। यह मूल्य संविधानों में, कानून के रूप में, नियमों या राजनीतिक व्यवहार की प्रक्रिया व परम्पराओं के रूप में प्रकट रूप लेते हैं। परन्तु

तुलनात्मक राजनीति में इन मूल्यों की समस्या तब भीषण बनती है जब इन्हें जबरदस्ती किसी राजनीतिक समाज पर लाद दिया जाता है। इसलिए तुलना से पहले यह प्रश्न उठता है कि मानक स्वतः स्थापित है या समाज को इन्हें अपनाने के लिए मजबूर किया जा रहा है। यहां विभिन्न मानकों का विश्लेषण अलग-अलग करके तुलनात्मक राजनीति में इन विभिन्न मानकों द्वारा उत्पन्न कठिनाइयों को समझना सरल होगा। इसलिए संक्षेप में विभिन्न प्रकार के मानकों का विवेचन करना आवश्यक है जो इस प्रकार है। मोटे तौर पर मानक तीन प्रकार के होते हैं—

(i) प्राकृतिक या स्वाभाविक मानक (natural norms)
(ii) आरोपित या लादे गये मानक (imposed norms)
(iii) संवैधानिक मानक (constitutional norms)

किसी राजनीतिक व्यवस्था में चाहे संविधान हो या नहीं, कुछ राजनीतिक आचरण स्वतः ही विकसित होता रहता है। यह व्यवहार धीरे-धीरे ठोसता प्राप्त कर परम्परा बन जाता है। यह परम्पराएं इतनी स्वाभाविक होती हैं और इनमें समाज का राजनीतिक दर्शन इतना परिलक्षित होता है कि राजनीतिक समाज का हर सदस्य, हर अन्य सदस्य से यह अपेक्षा करता है कि उसका आचरण इन स्वतः विकसित परम्पराओं के अनुरूप हो। ऐसे मानक जहां हों उस समाज में सिद्धान्त, संविधान व राजनीतिक व्यवहार में साम्य (harmony) रहता है। ऐसी राजनीतिक व्यवस्था तुलनात्मक राजनीतिक अध्ययन में विशेष कठिनाई पैदा नहीं करती ।

दूसरी प्रकार के मानक राजनीतिक समाज पर जबरदस्ती लाद दिये जाते हैं। समाज इन मूल्यों से सहमत हो या नहीं, तानाशाह या समाज सुधारक शासक इन्हें समाज पर बलपूर्वक लागू कर देते हैं क्योंकि वे या तो उस व्यवस्था को, जो समाज को मान्य नहीं, बनाये रखना चाहते हैं, या राजनीतिक समाज की इच्छाओं के प्रतिकूल समाज के ढांचे का पुनर्गठन करना चाहते हैं। 'ऐसी अवस्था में समाज का चाहे कितना ही विरोध हो, राजनीतिज्ञ बलपूर्वक यह मानक व्यवस्था पर स्थापित करने का प्रयास करते हैं। इनको आरोपित या निर्मित मानक कहा जाता है क्योंकि इन्हें न समाज स्वीकार करता है और न ही स्वेच्छा से इनके अनुरूप आचरण करता है। तुलनात्मक राजनीति में ऐसे मानक अत्यन्त पेचीदगियां उत्पन्न करते हैं क्योंकि राजनीतिक आचरण के यहां दो रूप होते हैं तथा प्रकट रूप से इच्छित आचरण हमेशा विपरीत बन जाता है।

संवैधानिक मानक उपरोक्त दोनों प्रकारों के मध्य की अवस्था में होते हैं। यह सामान्यतया संविधान में निहित रहते हैं और इन्हें सामान्यतया समाज स्वीकार करता है या जो अनुनयन (persuasive) साधनों द्वारा स्वीकार कराये जाते हैं। तुलनात्मक राजनीति में इनसे भी कठिनाई उत्पन्न नहीं होती परन्तु यह प्रथम से भिन्न है क्योंकि यहां कुछ अंश तक शक्ति के कारण राजनीतिक आचरण संचालित होता है।

तुलनात्मक राजनीति में यह मानक सामान्यतया समस्या इसलिए बन जाते हैं कि तुलनात्मक अध्ययन में अगर इनका ध्यान नहीं रखा जाता है तो राजनीतिक आचरण के आंकड़े गलत हो जायेंगे। इसलिए राजनीति के विद्यार्थी को मानकों का ध्यान अवश्य

रखना होगा। अगर ऐसा नहीं किया गया तो परिणाम पूर्णरूप से भ्रमात्मक हो सकते हैं। जैसे रूस में मतदान प्रतिशत के आधार पर नागरिकों के राजनीतिकरण (politicization) का निष्कर्ष निकाला जाय और इसकी भारत के मतदान प्रतिशत या अमरीका के मतदान प्रतिशत से तुलना की जाय तो भारत व अमरीका का नागरिक रूस के नागरिक के मुकाबले में बहुत कम राजनीतिकृत दिखायी देगा। परन्तु यह निष्कर्ष कितना गलत व भ्रामक है यह स्वयं में स्पष्ट है। यह गलत निष्कर्ष मानकों की भिन्नता के कारण ही है। इससे स्पष्ट है कि तुलनात्मक राजनीति में मानकों के विभिन्न प्रकार की गहराई तक जाना आवश्यक है।

(ख) राजनीतिक समस्याएं (Political Institutions)—आदर्शों या मूल्यों को व्यावहारिक बनाने के लिए हर समाज उनका संस्थाकरण (institutionalization) करता है। यह इनका मूर्तीकरण (concretization) है। वास्तव में हर समाज के मूल्य, संरचनाओं (structures) व संस्थाओं को जन्म देते हैं। इससे राजनीतिक आदेश, जो विधियुक्त होते हैं, व्यावहारिक बनकर राजनीतिक व्यवस्थाओं को प्रक्रियात्मक रूप देते हैं। राजनीतिक संस्थाएं तुलनात्मक राजनीति में आधारभूत मानी जाती हैं क्योंकि सम्पूर्ण राजनीतिक व्यवस्था में आचरण का इन्हीं द्वारा नियमन होता है। परन्तु संस्थाएं भी भिन्न-भिन्न प्रकार की हो सकती हैं। इनकी भिन्नता का ज्ञान प्राप्त करना आवश्यक है क्योंकि, इनके कुछ प्रकार तुलनात्मक राजनीति में पेचीदगियां उत्पन्न करते हैं। संक्षेप में संस्थाओं के भी मानकों की तरह तीन प्रकार या रूप हो सकते हैं। जैसे—

(i) विकसित या प्राकृतिक राजनीतिक संस्थाएं,

(ii) आरोपित या लादी गयी राजनीतिक संस्थाएं, और

(iii) संवधानिक संस्थाएं।

राजनीतिक संस्थाएं ऐतिहासिक घटनाक्रम में स्वतः ही विकसित हो सकती हैं। समाज के मूल्यों या मानकों के व्यवहारीकरण के लिए, इनके अनुरूप, राजनीतिक संस्थाओं का विकास होता है। जैसे ब्रिटेन व स्विट्ज़रलैण्ड में अधिकांश राजनीतिक संस्थाओं का विकास हुआ है। परन्तु राजनीतिक संस्थाओं का आरोपण भी हो सकता है जैसे साम्यवादी राज्यों में हुआ है। यहां राजनीतिक संस्थाओं का आरोपण नेताओं या विचारधारा (ideology) के आधार पर होता है। निरंकुशतन्त्रों में सामान्यतया ऐसी ही संस्थागत व्यवस्था होती है। जैसे पाकिस्तान में राष्ट्रपति अय्यूबखां ने बुनियादी लोकतन्त्र (basic democracy) की संस्थाओं का पाकिस्तान के समाज पर आरोपण किया। संवैधानिक संस्थाएं केवल उन्हें ही कहेंगे जिनके निर्माण में समाज का कम या अधिक योगदान रहा हो, जैसे भारत या श्रीलंका में ऐसा संस्थाकरण समाज के प्रतिनिधियों ने संविधान बनाकर किया है।

उपरोक्त तीनों प्रकार की संस्थाएं राजनीतिक व्यवस्थाओं की प्रकृति में भिन्नता ला देती हैं। इनमें से कुछ आयातित (imported) या अनुकृत (imitated) हो सकती हैं। यह संस्थाओं का मानकों के अनुरूप या प्रतिकूल होना तुलनात्मक राजनीतिक अध्ययन में विशेष समस्याएं उत्पन्न करता है। संस्थाएं अगर साधन हैं तो मानक साध्य हैं तथा यह साधन व साध्य का साम्य तुलनात्मक राजनीति में विशेष महत्त्व का है। क्योंकि इसी

आधार पर राजनीतिक व्यवस्था की सही प्रकृति समझी जा सकती है।

(ग) राजनीतिक व्यवहार (Political behaviour—किसी भी राजनीतिक व्यवस्था पर दृष्टिपात करने पर देखा जाता है कि हमेशा ही मानकों व संस्थाओं में साध्य-साधन का सम्बन्ध नहीं रहता। कई बार व्यवहार में मूल्य एक दिशा में जाते दिखायी देते हैं तो संस्थाएं दूसरी दिशा में। ऐसी अवस्था में राजनीतिक व्यवहार, इन दोनों की दिशाओं से भिन्न दिशा में जाता देखा जाता है। यह अवस्था राजनीतिक संकट का संकेत है। इसलिए इन तीनों का ही तुलनात्मक राजनीतिक अध्ययन में विशेष महत्त्व है। परन्तु इनका पारस्परिक सम्बन्ध सरल नहीं होता। यहां तक कि संस्थाओं का भी मानकों (norms) से प्रत्यक्ष व एकरूप (unifrom) सम्बन्ध नहीं होता है, तो फिर राजनीतिक व्यवहार की मानकों व संस्थाओं से गठबन्धिता तो और भी जटिल मानी जायेगी। यही पारस्परिक सम्बन्धों में पेचीदगियां तुलनात्मक राजनीति में पेचीदगियां उत्पन्न करती हैं।

वैसे तुलनात्मक राजनीति की समस्या यह नहीं है कि संस्थाओं व राजनीतिक आचरण में साम्य है या नहीं। क्योंकि उसकी दोनों ही अवस्थाओं का अध्ययन-विश्लेषण कुछ हद तक सुनिश्चितता से किया जा सकता है। वास्तविक समस्या तो मानक व व्यवहार के सम्बन्ध की है। इन दोनों का सम्बन्ध न केवल सामान्य है पर अत्यधिक क्लिष्ट (complex) भी है। संस्थाएं तो एक माध्यम हैं जो बदली या सुधारी या समाप्त की जा सकती हैं पर राजनीतिक व्यवहार व मूल्यों में इच्छित परिवर्तन एक सीमा के बाद सम्भव नहीं होते।

अगर एक राजनीतिक समाज में मानक व मूल्य एक ही प्रकार के होते और उन्हीं की अनुकृति अन्य समाजों में होती तो शायद तुलनात्मक राजनीति में मानकों व व्यवहार का सम्बन्ध स्थापित करने में व मानकों व व्यवहार को समझने में कोई विशेष कठिनाई नहीं होती। पर समस्या इस कारण उत्पन्न होती है कि कई प्रकार के मानक विविध राजनीतिक समाजों में विद्यमान होते हैं। अगर ऐसा नहीं होता तो केवल संवैधानिक मानक ही होते और सरकारों के प्रतिमानों (patterns of government) का अध्ययन दो स्तरों पर तुलना से सम्भव हो जाता। संवैधानिक व व्यवहार का विश्लेषण करके दोनों का सम्बन्ध-सूत्र स्थापित किया जा सकता है। परन्तु, मानकों की राजनीतिक व्यवस्थाओं में भिन्नता कठिनाइयां उत्पन्न कर देती है। एक ही राजनीतिक समाज में तीनों ही प्रकार के मानक अगर एक ही साथ विद्यमान हों तो हर संस्था का अलग अर्थ व अलग मूर्त रूप होगा और उसी के अनुरूप या प्रतिकूल राजनीतिक व्यवहार होगा और इससे तुलना में नयी जटिलताएं आ जायेंगी।

उपरोक्त विवेचन से स्पष्ट है कि तुलनात्मक राजनीतिक अध्ययन, विशेष समस्याओं से ग्रस्त है। प्रत्ययों की रचना व परिभाषा से लेकर परिवर्त्यों की पेचीदगियों का ही ध्यान नहीं रखना होता वरन मानकों, संस्थाओं व राजनीतिक व्यवहार की पारस्परिकता को भी अध्ययन में देखना होगा। कठिनाइयों की यह सूची यह संकेत अवश्य देती है कि तुलनात्मक राजनीति में सर्वव्यापी सिद्धान्तों का विकास क्यों कठिन है? परन्तु, इसका

यह अर्थ नहीं है कि राजनीति का तुलनात्मक अध्ययन असम्भव है। राजनीतिशास्त्रियों को कोई एक ऐसा मापदण्ड (yard-stick) खोजना होगा, जिससे अलग-अलग सरकारें या शासन व्यवस्थाएं मापी जा सकें और उनकी तुलना हो सके। परन्तु ऐसे मानदण्ड के लिए यह आवश्यक है कि एक तो यह काफी हद तक सुनिश्चित हो और दूसरे, इसे मानकों व मूल्यों से स्वतन्त्र होना होगा अन्यथा इसका प्रयोग उन्हीं मानकों वाली व्यवस्थाओं में हो सकेगा जिससे यह गठबन्धित है।

तुलनात्मक राजनीति की समस्याओं की उपरोक्त सूची पूर्ण नहीं कही जा सकती; क्योंकि इसमें समस्याएं इतनी अधिक हैं कि सबकी सूची बनाना सम्भव ही नहीं है। समस्याओं के इस विवेचन से यह निष्कर्ष भी नहीं निकलता है कि यही समस्याएं आधारभूत हैं और अन्य गौण हैं। जी० के० राबर्ट्स[14] ने तुलनात्मक राजनीति की समस्याओं में निम्नलिखित को भी महत्त्वपूर्ण माना है।

(i) तुलना एवं माप की भाषा।

(ii) अनुवाद एवं संस्कृति की पारिभाषिक शब्दावली।

(iii) अध्ययन व तुलना की विधियां।

(iv) अध्ययन के दांवपेच (strategies)।

जी० सारटोरी[15] की भी मान्यता है कि जब तक बृहत्तर स्तर पर कुछ ऐसे प्रत्ययों, जिनका आधार विस्तृत जानकारी (information) तथा तुलनीयता हो, का निर्माण नहीं होगा, तब तक राजनीति में तुलनात्मकता सम्भव नहीं होगी। गुन्नार हेक्शर[16] (Gunnar Heckscher) भी ऐसा ही विचार व्यक्त करते हैं। उनकी मान्यता है कि राजनीति में तुलना की न्यूनतम आवश्यकता, कम से कम, व्यापक स्तर पर प्रत्ययी संरचना (concept constructs) है।

तुलनात्मक राजनीति की महत्त्वपूर्ण समस्याओं का विस्तृत विवेचन यह स्पष्ट करता है कि इसके अध्ययन में कठिनाइयां कितनी अधिक और जटिल हैं। परन्तु इन सबके बावजूद यह शास्त्र अपनी भाषा और शैली का निर्माण करते हुए विकास करता जा रहा है तथा सामान्यीकरण के अनेकों प्रयत्न हो रहे हैं। ज्यों-ज्यों नवीन शोध उपकरण (tools of analysis) उपलब्ध होते जाते हैं त्यों-त्यों तुलनात्मक राजनीतिक अध्ययन अधिक वैज्ञानिक व व्यवस्थित बनता जा रहा है, या यों कहा जाय तो ठीक होगा कि तुलनात्मक राजनीति में नवीन उपकरणों के प्रयोग से एक क्रान्ति-सी आ गयी है। तुलनात्मक राजनीतिक अध्ययन की आधारभूत अध्ययन विधियों में नये आयाम (dimensions) समाविष्ट हुए हैं। एक ही व्यवस्था के आनुभविक अध्ययन के स्थान पर सुस्थिर व व्यवस्थित सिद्धान्तों के आधार पर तुलना की जाने लगी है[17] तथा तुलनात्मक

[14]G. K. Roberts, *Comparative Politics Today, Government and Opposition,* Vol. VII, No. 1, Winter 1972, pp. 48-55.

[15]G. Sartori, *op. cit.*, p.1040.

[16]Gunnar Heckscher, *The Study of Comparative Government and Politics,* George Allen and Unwin, London, 1957, p. 69.

[17]Peter H. Merkl, *op. cit.*, p. 9.

राजनीतिक अध्ययन से विश्व में होने वाली राजनीतिक घटनाओं का अधिक अच्छी तरह से स्पष्टीकरण करना सम्भव है। इससे किसी देश विशेष की राजनीति व राजनीतिक संस्थाओं को सही सन्दर्भ में समझना सम्भव होता है तथा अन्य देशों की शासन पद्धतियों के तुलनात्मक विश्लेषण से अन्ततः हर राज्य की शासन व्यवस्था को श्रेष्ठतर रूप में संचालित करने का मार्गदर्शन प्राप्त होता है।

तुलनात्मक राजनीति की समस्याओं के विवेचन में यह बात मौलिक रूप से उभरी थी कि हर दृष्टि से विचित्र व तेजी से परिवर्तनशील प्रकृति की राजनीतिक घटनाओं की तुलना कर कुछ सामान्य सिद्धान्तों का निर्माण करना कितना कठिन कार्य है? इनमें भी प्रमुख समस्या यह बनी रहती प्रतीत होती है कि परिवर्त्य (variables) इतने अधिक होते हैं कि इन सबको तुलनात्मक राजनीतिक अध्ययन में न तो सम्मिलित किया जा सकता है और न ही इनको किसी व्यवस्थित अध्ययन में तुलना की परिधि से बाहर रखा जा सकता है। तुलनात्मक राजनीति की समस्याओं के विवेचन के साथ ही इनके समाधान के सामान्य संकेत भी सम्मिलित किये गये थे। परन्तु इन समस्याओं की गम्भीरता को देखते हुए यह आवश्यक है कि इनके समाधान का भी कुछ विस्तार से विवेचन किया जाय। यहां अरेण्ड लिजफार्ट[18] द्वारा विवेचित समाधानों का उल्लेख करना उपयोगी होगा। इन्होंने तुलनात्मक राजनीति की समस्याओं के समाधान के लिए निम्नलिखित सुझाव दिये हैं—

(i) तुल्य स्थितियों की संख्या में हर सम्भव वृद्धि की जाय (Increase the number of comparable cases as much as possible)

(ii) विश्लेषण के गुण-अन्तराल में कमी की जाय (Reduce the property space of the analysis)

(iii) तुलनात्मक विश्लेषण को तुलना योग्य स्थितियों पर ही केन्द्रित किया जाय (Focus the comparative analysis on comparable cases)

(iv) तुलनात्मक विश्लेषण को प्रमुख परिवर्त्यों पर केन्द्रित किया जाय (Focus the comparative analysis on the 'Key' variables)

यद्यपि विचित्र दशाओं के प्रतिमानों (patterns) की संख्या बढ़ाना अत्यधिक कठिन है फिर भी अध्ययन निदर्शन (study sample) का विस्तार, जो चाहे कितना ही कम हो, नियन्त्रण की कुछ सम्भावनाएं तो रखता ही है। आधुनिक तुलनात्मक राजनीति ने इस दिशा में बहुत प्रगति की है। विशेषकर पार्सन्स (Parsons) व आमण्ड (G. Almond) के उपागमों (approaches) से सर्वव्यापी प्रत्ययों (universal concepts) व आधारभूत शब्दावली का विकास हुआ है। अब तक जो परिवर्त्य तुलनात्मक विश्लेषण के लिए प्राप्य नहीं थे अब इन परिवर्त्यों की तुलनात्मक रूप में पुनः व्याख्या से यह तुलनात्मक विश्लेषण के लिए न केवल उपलब्ध ही होने लगे हैं वरन उपयोगी भी बन गये प्रतीत होते हैं।

[18]Arend Lijphart, 'Comparative Politics and the Comparative Method', *American Political Science Review,* Vol. LXV, No. 3, September, 1971, pp. 682-693.

इससे तुलनात्मक विश्लेषण का एक तरह से भौगोलिक विस्तारीकरण (geographical extension) सम्भव हुआ है। क्योंकि परिवर्त्यों की तुलनात्मक रूप में व्याख्या से अनेक देशों का तुलनात्मक राजनीतिक अध्ययन सम्भव बनता है।

तुलनात्मक विश्लेषण के भौगोलिक विस्तार द्वारा राजनीतिक तुलना की स्थितियों (cases) में वृद्धि होती है और इससे देशान्तरीय (longitudinal) व प्रति-ऐतिहासिक (cross-historical) तुलना के प्रयत्नों का मार्ग खुल जाता है। तुलना के लिए विभिन्न देशों से सम्बद्ध स्थितियों को ही नहीं वरन विभिन्न ऐतिहासिक स्थितियों को प्रति-ऐतिहासिक सन्दर्भ से अध्ययन में सम्मिलित कर उपयोगी निष्कर्ष निकालना सम्भव है। यद्यपि ऐतिहासिक स्थितियों (historical cases) की संख्या में वृद्धि करना कठिन है और अनेकों व्यवस्थाओं के बारे में जानकारी भी उपलब्ध नहीं होती फिर भी विश्वव्यापी (global) व देशान्तरीय तुलनाओं से राजनीतिक व्यवहार के सम्बन्ध में सर्वव्यापी सिद्धान्तों का निर्माण सम्भव है।

जब निदर्शन स्थितियों (sample cases) में तुलनात्मक अध्ययन के लिए वृद्धि नहीं की जा सकती तो भी यह सम्भव हो ही सकता है कि दो या अधिक परिवर्त्य, जो एक ही अन्य परिवर्त्य में निहित, एक-सी विशेषताएं प्रदर्शित करते हों तो, उनको संयुक्त (combine) कर दिया जाय जिससे परिवर्त्यों के सम्बन्धों को प्रदर्शित करने वाले ढांचे (matrix) में कोष्ठकों (cells) की संख्या कम की जा सके और हर कोष्ठक में इस प्रकार स्थितियों या अवस्थाओं (cases) की संख्या उसी के अनुरूप बढ़ जाय। 'फैक्टर' विश्लेषण (factor-analysis) इस उद्देश्य प्राप्ति में सहायक प्रविधि (technique) हो सकती है। इस प्रकार परिवर्त्यों के न्यूनीकरण (reduction) को लेज़रर्सफेल्ड[19] 'गुण-अन्तराल' (property-space) के नाम से पुकारते हैं। इससे और अधिक प्रति-अंकन (cross-tabulation) की न केवल सम्भावनाएं बढ़ जाती हैं वरन निदर्शन (sample) में विस्तार किये बिना ही अधिक नियन्त्रणयुक्त परिवर्त्यों का समावेश अध्ययन में सम्भव बनता है। वैसे कुछ अवस्थाओं में वर्गों की संख्या में, जिनमें विभिन्न परिवर्त्य वर्गीकृत किये गये हैं, कमी करके भी यही उद्देश्य, अर्थात हर कोष्ठक में स्थितियों की वृद्धि करना, पूरा किया जा सकता है। परन्तु इस विधि का तुलनात्मक राजनीतिक अध्ययन में उपयोग सावधानी से व कभी-कभी ही करना चाहिए क्योंकि इसमें शोधकर्ता के पास उपलब्ध कुछ महत्त्वपूर्ण जानकारी (vital information) का शायद उपयोग नहीं हो सके।

तुलना योग्य स्थितियों पर ही तुलनात्मक विश्लेषण को केन्द्रित करके भी अल्प सामग्री से ही निष्कर्ष निकाले जा सकते हैं। यहां तुलना योग्य स्थितियों (comparable cases) का अर्थ, उन अनेकों महत्त्वपूर्ण परिवर्त्यों, जिन्हें प्राचल (constant) रखना हो, में समानता तथा जिनमें सम्बन्ध सूत्र स्थापित करना हो, उनमें भिन्नता से है। अगर ऐसी तुलना योग्य स्थितियों की खोज की जा सके तो इससे तुलनात्मक पद्धति का उपयोग विशेषकर इसलिए लाभप्रद बन जाता है कि इससे कुछ परिवर्त्यों में सम्बन्ध स्थापना सम्भव हो

19. Lazarsfeld and Rosenberg, *The Concept of Property Space in Social Research.*

जाती है जबकि अनेकों प्राचल परिवर्त्य नियन्त्रित रह जाते हैं। इससे परिचालक परिवर्त्यों (operative variables) की संख्या में कमी ही नहीं होती वरन अनेकों परिवर्त्यों को प्राचल रखते हुए परिचालक परिवर्त्यों का तुलनात्मक अध्ययन सम्भव होता है। क्षेत्रीय उपागम[20] (area approach) में तुलनात्मक विधि का इसी प्रकार का प्रयत्न किया जाता है। इसमें एक से क्षेत्र में व्याप्त विशेषताओं का समुच्चय (cluster) तुलनाओं में एक प्रकार से नियन्त्रकों का काम करते हैं जबकि अन्य परिवर्त्यों की आपस में तुलना से सम्बन्ध स्थापना होती है।

परिवर्त्यों की अनेकता के कारण राजनीतिक व्यवहार के तुलनात्मक विश्लेषण में नियन्त्रित सम्बन्धों की खोज ही असम्भव नहीं हो जाय इसके लिए आवश्यक है कि सावधानी व सतर्कता से केवल वास्तव में महत्त्वपूर्ण व प्रमुख परिवर्त्यों तक ही विश्लेषण सीमित रखा जाय व अन्य कम महत्त्व के परिवर्त्यों की अवहेलना कर दी जाय। अगर ऐसा नहीं किया गया तो परिवर्त्यों की अनेकता सम्पूर्ण विश्लेषण में व्याप्त रहेगी और इससे कोई तथ्यपूर्ण निष्कर्ष शायद ही सम्भव हो सकेगा।

उपरोक्त सुझावों का यह अर्थ नहीं है कि तुलनात्मक राजनीतिक विश्लेषण की समस्याओं का पूर्णतया समाधान सम्भव है। सामाजिक विज्ञानों में सामान्यतया व राजनीति विज्ञान में विशेषतया अनेक समस्याएं व रुकावटें अध्ययन के हर स्तर पर उभरती हैं और उनका सुनिश्चित व स्थायी समाधान सम्भव नहीं दिखायी देता। यही बात तुलनात्मक राजनीतिक विश्लेषण पर लागू होती है। इसलिये निष्कर्ष रूप में यही कहा जा सकता है कि उपरोक्त समाधानात्मक सुझाव, समस्याओं के रहते हुए भी किस प्रकार लाभप्रद तुलनात्मक विश्लेषण किया जा सकता है, इसका संकेत मात्र है।

तुलनात्मक राजनीति के महत्त्व, उद्देश्यों, विभिन्न समस्याओं व उनके समाधान के विस्तृत विवेचन से स्पष्ट है कि तुलनात्मक राजनीति की प्रकृति व वर्तमान स्थिति के सम्बन्ध में जीन ब्लोण्डेल (Jean Blondel) ने ठीक ही कहा है कि, "तुलनात्मक सरकारों का अध्ययन अत्यधिक प्राचीन, सर्वाधिक कठिन और बहुत ही महत्त्वपूर्ण है और आरम्भ से ही मानव के ध्यान का आकर्षक रहा है।"[21] यही कारण है कि राजनीतिक संस्थाओं के साथ ही श्रेष्ठतम चिन्तकों का ध्यान तुलनात्मक राजनीतिक अध्ययन की ओर आर्काषित हुआ है और इसके अध्ययन में आने वाली कठिनाइयों को दूर करने के बहुत कुछ सफल प्रयास सम्भव हुए हैं।

[20]Opinions on the utility of 'Area Approach' differ sharply: Gunnar Heckscher stated that, 'Area studies are of the very essence of comparative government;' and points that, 'The number of variables, while frequently very large, is atleast reduced in the case of a happy choice of area.' Roy C. Macridis and Richard Cox also point out the utility of this approach. But Rustow declares that area study is, 'almost obsolete' for 'manageable comparative study.'

[21]Jean Blondel, *Comparative Government : A Reader* (Eds.), Macmillan, London, 1969, p. XI.

अध्याय 2

तुलनात्मक राजनीति—अर्थ, प्रकृति एवं विषय-क्षेत्र
(Comparative Politics—Meaning, Nature and Scope)

इस अध्याय में तुलनात्मक राजनीति का अर्थ, प्रकृति व विषय-क्षेत्र का विस्तृत विवेचन प्रस्तुत किया गया है। आरम्भ में ही, तुलनात्मक राजनीति, तुलनात्मक सरकार, तुलनात्मक राजनीतिक विश्लेषण व तुलनात्मक विधि में अन्तर को स्पष्ट करते हुए, तुलनात्मक राजनीति की परिभाषा प्रस्तुत की है। तुलनात्मक राजनीति की प्रकृति व विषय-क्षेत्र पर विभिन्न दृष्टिकोणों व मतभेदों का उल्लेख करके मान्य मत का संकेत दिया है। अन्त में तुलनात्मक राजनीतिक अध्ययन के विविध अध्ययन आधारों का संक्षिप्त वर्णन करके यह बताने का प्रयास किया है कि तुलनात्मक राजनीति, राजनीति-विज्ञान से पृथक एक स्वायत्त अनुशासन (discipline) बनता जा रहा है।

तुलनात्मक राजनीति का अर्थ
(MEANING OF COMPARATIVE POLITICS)

आधुनिक राजनीतिशास्त्रियों (political scientists) का यह दावा है कि उन्होंने राजनीतिक प्रक्रिया के सिद्धान्त व प्रतिरूप (model) निर्माण की ओर प्रथम चरण के रूप में राजनीतिक विश्लेषण (political analysis) की नवीन अवधारणाओं (concepts) के सुझाव प्रस्तुत किये हैं। इनकी मान्यता है कि 'राज्य की अवधारणा' विश्लेषण के उपकरण (tool of analysis) के रूप में, उन राजनीतिक व्यवस्थाओं की तुलना व उपयोगी अध्ययन करने में विशेष सहायक नहीं, जिनमें आकार, संगठन, संस्थाओं व संस्कृति की आधारभूत भिन्नताएं हों। इसलिये राजनीति-विज्ञान में शताब्दियों से प्रचलित राज्य, सरकार, संस्था, शक्तियों व जनमत की अवधारणाओं के स्थान पर नयी अवधारणाओं का प्रचलन व प्रयोग अनिवार्य माना जाने लगा जिससे राजनीतिक क्रिया की गहराइयों व वास्तविकताओं में झांका जा सके और उसके सम्बन्ध में तुलनात्मक आधार पर कोई सामान्यीकरण (generalization) सम्भव हो। इसलिए आधुनिक राजनीतिशास्त्रियों द्वारा राजनीतिक अध्ययन में, राजनीतिक व्यवस्था (political system), भूमिका (roles), राजनीतिक संस्कृति (political culture), राजनीतिक संरचना (political structure) व राजनीतिक समाजीकरण (political socialization) इत्यादि नयी अवधारणाओं का प्रयोग किया जाने लगा। इन नयी अवधारणाओं में भी आधारभूत अवधारणा (basic concept) 'राजनीतिक व्यवस्था' को माना जाने लगा

क्योंकि, अन्य सभी अवधारणाएं इसी से सम्बद्ध दिखायी दीं। इस 'राजनीतिक व्यवस्था' से सम्बन्धित राजनीतिक प्रक्रिया के विभिन्न स्तरों पर तुलनात्मक अध्ययन के आधार पर, राजनीतिक व्यवहार सम्बन्धी सिद्धान्त निर्माण के लक्ष्य से युक्त शास्त्र ही तुलनात्मक राजनीति कहा जाता है।

तुलनात्मक राजनीति के अर्थ का विस्तृत विवेचन करने से पहले इसका 'तुलनात्मक सरकार' (comparative government) से अन्तर समझ लेना आवश्यक है। सामान्यतथा, तुलनात्मक राजनीति को 'तुलनात्मक शासन' या 'तुलनात्मक सरकार' का पर्याय समझ लिया जाता है। दोनों का ही सम्बन्ध 'राजनीति' से होने के कारण इनका एक दूसरे के लिए अदल-बदल कर प्रयोग करना कुछ स्वाभाविक ही है। परन्तु राजनीति-विज्ञान में इनका सुनिश्चित अर्थ किया जाता है। **जी० के० रॉबर्ट्स** ने तुलनात्मक सरकार व तुलनात्मक राजनीति को अलग-अलग माना है। उन्होंने तुलनात्मक सरकार की परिभाषा इस प्रकार की है।

"तुलनात्मक सरकार, राज्यों, उनकी संस्थाओं व सरकारों के कार्यों का अध्ययन है जिसमें शायद राज्य क्रिया से अत्यधिक निकट का सम्बन्ध रखने वाले पूरक समूहों—राजनीतिक दल व दबाव समूहों, का भी अध्ययन सम्मिलित है।"[1]

जीन ब्लोण्डेल ने भी तुलनात्मक सरकार का अर्थ रॉबर्ट्स द्वारा किये गये अर्थ से मिलता-जुलता किया है। इन्होंने तुलनात्मक सरकार की परिभाषा करते हुए लिखा है—

"तुलनात्मक सरकार समकालीन विश्व में राष्ट्रीय सरकारों के प्रतिमानों का अध्ययन है।"[2]

तुलनात्मक सरकार की उपरोक्त परिभाषाओं से स्पष्ट है कि इसमें राज्य से सम्बन्धित औपचारिक संस्थाओं का ही मुख्यतः तुलनात्मक अध्ययन होता है। इसमें राजनीतिक व्यवहार से सम्बन्धित सभी प्रक्रियाओं व अन्य गैर-सरकारी संस्थाओं का अध्ययन सम्मिलित नहीं किया जाता। यद्यपि वर्तमान में राजनीतिक दल व दबाव समूहों की हर राज्य में महत्त्वपूर्ण भूमिका के कारण इनका अध्ययन भी तुलनात्मक सरकारों में सम्मिलित किया जाने लगा है। परन्तु मुख्य जोर शासन की संस्थाओं के तुलनात्मक विश्लेषण पर रहता है। इससे यह निष्कर्ष निकलता है कि तुलनात्मक शासन में सम्पूर्ण राजनीतिक व्यवहार का अध्ययन नहीं किया जाता। राजनीतिक व्यवहार के अनेक पहलू व अनेकों गैर-शासकीय संस्थाएं, जिनसे सरकारों का व्यवहार ढलता व बदलता है, तुलनात्मक सरकार में सम्मिलित नहीं की जाती हैं।

[1]Geoffrey K. Roberts, *Comparative Politics Today, Government and Opposition*, Vol. VII, No. 1, Winter 1972, pp. 38-39.

[2]Jean Blondel, *An Introduction to Comparative Government*, Weidenfeld and Nicolson, London, 1969, p. 6.

तुलनात्मक राजनीति का सम्बन्ध राजनीतिक व्यवहार की सम्पूर्णता (totality of political behaviour) के अध्ययन से है। इसमें सरकारों व राजकीय संस्थाओं का तुलनात्मक अध्ययन तो स्वतः ही सम्मिलित रहता है। क्योंकि, राजनीतिक व्यवहार, राजनीतिक संस्थाओं व मुख्यतः सरकारी संस्थाओं के इर्द-गिर्द घूमता है। परन्तु, इसके अलावा तुलनात्मक राजनीति में उन प्रभावों व प्रक्रियाओं का अध्ययन भी सम्मिलित किया जाता है जिससे सरकारों का व्यवहार इस या उस प्रकार का बनता है। **जी० के० रॉबर्ट्स** ने तुलनात्मक राजनीति का अर्थ स्पष्ट करते हुए लिखा है—

"तुलनात्मक राजनीति बृहत्तर क्षेत्र का संकेतक है जिसमें तुलनात्मक सरकारों व गैर-शासकीय राजनीति—कबीलों, सम्प्रदायों (communities) व गैर-राजकीय संगठनों की राजनीति—का भी अध्ययन किया जाता है।"[3]

एडवर्ड ए० फ्रीमैन (Edward A. Freeman) भी तुलनात्मक राजनीति के विस्तृत क्षेत्र की बात करते हैं। इनकी मान्यता है कि तुलनात्मक राजनीति में केवल सरकारों के विभिन्न रूपों का ही तुलनात्मक अध्ययन सम्मिलित नहीं होता वरन विविध राजनीतिक प्रक्रियाओं व उनसे सम्बद्ध राजनीतिक व गैर-राजकीय संस्थाओं का भी तुलनात्मक अध्ययन सम्मिलित होता है। तुलनात्मक राजनीति की व्याख्या करते हुए फ्रीमैन ने लिखा है, "तुलनात्मक राजनीति सरकारों के विविध प्रकारों व विभिन्न राजनीतिक संस्थाओं का तुलनात्मक विश्लेषण है।"

तुलनात्मक राजनीति की उपरोक्त व्याख्या से स्पष्ट है कि तुलनात्मक राजनीति व तुलनात्मक शासन समान-अर्थी नहीं हैं। तुलनात्मक शासन, राजनीति के केवल शासन सम्बन्धी संस्थागत पहलुओं के अध्ययन तक सीमित है। जबकि तुलनात्मक राजनीति उससे एक कदम आगे बढ़कर उन सभी शक्तियों (forces) व प्रभावों का भी अध्ययन करती है जो राजनीतिक संस्थाओं, राजनीतिक प्रक्रिया व राजनीतिक व्यवहार को प्रत्यक्ष व अप्रत्यक्ष रूप से विशेष प्रकार का बनाने के लिए उत्तरदायी हैं।

तुलनात्मक राजनीति, तुलनात्मक राजनीतिक विश्लेषण व तुलनात्मक विधि से भी भिन्न है। तुलनात्मक राजनीतिक विश्लेषण (comparative political analysis) मुख्यतः राजनीति-विज्ञान से सम्बद्ध तुलनात्मक विश्लेषण को कहते हैं और इस कारण यह सुव्यक्त (explicit) या अव्यक्त (implicit) रूप से राजनीति-विज्ञान में राजनीतिक स्पष्टीकरण (political explanation)करने में केन्द्री-भूत रहता है। तुलनात्मक विधि, सामान्य आनुभविक प्रस्थापनाओं (propositions) की स्थापना की मौलिक विधियों में से प्रमुख विधि है। यह केस विधि (case method) की विलोम है।

इस प्रकार तुलनात्मक राजनीति, विभिन्न शासन व्यवस्थाओं, राजनीतिक प्रक्रियाओं व राजनीतिक व्यवहार का तुलनात्मक ढंग से अध्ययन व विश्लेषण है। **राल्फ**

[3]Geoffrey K. Roberts, *op. cit.*, p. 39.

ब्रेबन्ती ने तुलनात्मक राजनीति की व्यापक परिभाषा की है। इन्होंने लिखा है—

"तुलनात्मक राजनीति सम्पूर्ण सामाजिक व्यवस्था में उन तत्त्वों की पहचान व व्याख्या है जो राजनीतिक कार्यों व उनके संस्थागत प्रकाशन को प्रभावित करते हैं।"[4]

तुलनात्मक राजनीति की संक्षिप्त व शायद सबसे स्पष्ट परिभाषा एम० कर्टिस ने दी है। उनके अनुसार—

"तुलनात्मक राजनीति का सम्बन्ध राजनीतिक संस्थाओं की कार्यविधि व राजनीतिक व्यवहार की महत्त्वपूर्ण निरन्तरताओं, समानताओं और असमानताओं से है।"[5]

तुलनात्मक राजनीति इस प्रकार राजनीतिक संस्थाओं व राजनीतिक व्यवहार की समानताओं-असमानताओं के अध्ययन से सम्बद्ध है। इसमें अर्थपूर्ण विश्लेषण के लिए आवश्यक व्याख्यात्मक परिकल्पनाएं (explanatory hypothesis) होती हैं। कथनों का परीक्षण व आनुभविक तथ्यों (empirical data) के संवर्ग व वर्गीकरण किये जाते हैं। अवलोकन व जहां सम्भव हो परीक्षण कर, शोध प्रविधियों का प्रयोग करके तुलनात्मक राजनीतिक अध्ययन, राजनीति के बारे में ज्ञान वर्धन करता है।

तुलनात्मक राजनीति की उपरोक्त परिभाषाओं व व्याख्या से स्पष्ट है कि यह एक स्वतन्त्र अनुशासन है। तुलनात्मक राजनीति में, एक स्वतन्त्र अनुशासन के लिए आवश्यक सुस्पष्ट एवं निश्चित विषय-क्षेत्र है। इसकी भी अध्ययन सम्बन्धी स्वविकसित पद्धतियां व प्रविधियां हैं। इसकी प्रकृति व विषय-क्षेत्र के विवेचन से यह और भी स्पष्ट हो जायेगा कि तुलनात्मक राजनीति एक स्वतन्त्र अनुशासन (independent discipline) है।

तुलनात्मक राजनीति की प्रकृति
(THE NATURE OF COMPARATIVE POLITICS)

तुलनात्मक राजनीति की प्रकृति को लेकर विद्वानों में विचार-विभेद हैं। मोटे तौर पर इसकी प्रकृति सम्बन्धी विचारों को दो प्रमुख धारणाओं में विभक्त किया जाता है। राजनीति-शास्त्र के विद्वान व तुलनात्मक राजनीति के अग्रणी कम या अधिक मात्रा में दोनों में से किसी एक धारणा के समर्थक दिखायी देते हैं। यह दो धारणाएं हैं—

(क) तुलनात्मक राजनीति लम्बात्मक तुलना है। (it is vertical comparative study)

[4]Ralph. Braibanti, *Comparative Political Analytics Reconsidered*, Journal of Politics, No. 39, Feb. 1968, p. 36.

[5]Michael Curtis, *Comparative Government and Politics*, Harper and Row, London, 1968, p 6.

(ख) तुलनात्मक राजनीति अम्बरान्तीय तुलना है। (it is horizontal comparative study)

उपरोक्त दोनों धारणाओं के विस्तृत विवेचन के बाद ही तुलनात्मक राजनीति की प्रकृति सम्बन्धी सही विचारधारा का निरूपण सम्भव है इसलिये इनका अलग-अलग व विस्तार से वर्णन करना आवश्यक ही नहीं, अनिवार्य है।

तुलनात्मक राजनीति लम्बात्मक तुलना है (Comparative Politics is Vertical Comparative Study)

इस विचार के समर्थकों के अनुसार तुलनात्मक राजनीति एक ही देश में स्थित विभिन्न स्तरों पर स्थापित सरकारों व उनको प्रभावित करने वाले राजनीतिक व्यवहारों का तुलनात्मक विश्लेषण व अध्ययन है। इसके विचारक यह मानते हैं कि प्रत्येक राज्य में कई स्तरों पर सरकारें होती हैं। मोटे रूप से उन्होंने इन सरकारों को दो प्रकार की बताया है। प्रथम सर्वव्यापक या सार्वजनिक या राष्ट्रीय सरकार तथा दूसरी आंशिक, स्थानीय या व्यक्तिगत (private) सरकार।[6]

इन विचारकों के अनुसार तुलनात्मक राजनीति का सम्बन्ध इस प्रकार की एक ही देश में स्थित विभिन्न सरकारों—सर्वव्यापक व आंशिक—की आपस में तुलना से है। इस धारणा के विचारक मानते हैं कि यद्यपि एक ही देश में सर्वव्यापक या राष्ट्रीय सरकार तो एक ही होती है परन्तु आंशिक सरकारें अनेकों होती हैं और इसलिये इनसे सम्बन्धित राजनीतिक प्रक्रियाओं व संस्थाओं की तुलना करके निश्चित निष्कर्ष निकालना सम्भव है। जैसे अगर एकात्मक राज्य है तो उसमें एक राष्ट्रीय सरकार होगी और कई स्थानीय सरकारें या निगम (corporation) होंगे। अगर राज्य व्यवस्था संघात्मक है, तो राष्ट्रीय, प्रान्तीय व स्थानीय सरकारें होंगी। इस धारणा के समर्थक यह मानते हैं कि एक ही राज्य में विभिन्न स्तरों की विविध सरकारों की तुलना करना 'लम्बात्मक तुलना' कहलाता है और तुलनात्मक राजनीति इन्हीं की पारस्परिक तुलना करने से सम्बद्ध शास्त्र है। इस प्रकार की मान्यता रखने वालों ने इसलिये ही तुलनात्मक राजनीति की परिभाषा इस आधार पर की है और कहा है कि "तुलनात्मक राजनीति एक ही देश की विभिन्न सरकारों की लम्बात्मक तुलना है।" (comparative politics deals the vertical comparison of various governments within the same country.)

तुलनात्मक राजनीति की उपरोक्त परिभाषा नहीं की जा सकती। इस परिभाषा का आधार ही तर्कसंगत नहीं लगता। क्योंकि राष्ट्रीय सरकार एवं आंशिक सरकारों के बीच दृष्टिगोचर होने वाली समानता सतही ही है। वैसे भी इन समानताओं की गहराई में जायें तो इनमें असमानताएं ही अधिक दिखायी देंगी और ऊपर से केवल मात्रा का अन्तर दिखायी देने वाला वास्तव में प्रकार का अन्तर भी प्रतीत होगा। इन सतही

[6]Jean Blondel, *op. cit.*, p. 3.

समानताओं का, जो एक ही देश की विभिन्न सरकारों में दिखायी देती हैं, विस्तृत विवेचन करके ही इनमें व्याप्त असमानताओं को समझा जा सकता है। और इस के सन्दर्भ में ही यह निष्कर्ष निकालना सम्भव होगा कि तुलनात्मक राजनीति एक ही देश की विभिन्न सरकारों की लम्बात्मक तुलना नहीं है। संक्षेप में राष्ट्रीय व आंशिक या स्थानीय सरकारों में निम्नलिखित समानताएं स्पष्ट दिखायी देती हैं।

(क) **आर्थिक साधनों की समानता**—यद्यपि ऊपर से देखने पर राष्ट्रीय व आंशिक सरकारों में आर्थिक साधनों की समानता लगती है, क्योंकि आर्थिक साधन दोनों ही प्रकार की सरकारों के पास होते हैं, फिर भी यह आर्थिक साधनों की समानता अपने में कोई तुलनात्मक अध्ययन के लिए उपयोगी नहीं हो सकती। यह सही है कि दोनों के ही आर्थिक साधनों का उत्थान-पतन होता रहता है और उनमें तुलना की सम्भावनाएं भी निहित दिखायी देती हैं पर वास्तव में ऐसा सम्भव नहीं है। यदि राष्ट्रीय सरकार के आर्थिक साधनों को, स्रोत (resources), आकार व सम्भावनाओं की दृष्टि से देखें तो यह बहुत व्यापक दिखायी देते हैं जिनका सम्बन्ध प्रत्यक्ष या अप्रत्यक्ष रूप में राज्य के हर व्यक्ति व स्थान से है। जबकि आंशिक सरकारों के साधन इतने व्यापक नहीं होते। इसके अलावा दोनों के आर्थिक साधनों में वृद्धि का प्रक्रियात्मक अन्तर भी स्पष्ट लगता है। इससे तुलना में जो समानता लगेगी वह आधारभूत नहीं होगी। क्योंकि इनकी कोई एक-सी विषय-परिधि (common frame of reference) नहीं हो सकती। इसलिये जब ऐसी विभिन्न सरकारों की तुलना की जाय तो यह तुलनात्मक विश्लेषण किसी सामान्यीकरण की सम्भावना तक नहीं ले जाता और दोनों की समानता प्रकारात्मक (qualitative) नहीं, मात्रात्मक (quantitative) ही रह जायेगी जिसका तुलनात्मक राजनीति में विशेष उपयोग सम्भव नहीं।

(ख) **नियमों या विधियों की समानता**—हर प्रकार की सरकार में, चाहे वह राष्ट्रीय हो या आंशिक हो, संगठन व संचालन के लिए नियमों व विधियों का पाया जाना अनिवार्य है। इन नियमों की समानता के आधार पर उनकी तुलना भी की जा सकती है। परन्तु, जब राष्ट्रीय सरकार के कानूनों व नियमों तथा आंशिक सरकार के नियमों व विधियों का अध्ययन करते हैं तो दोनों में ऊपर से समानता दिखायी देते हुए भी गहराई में जाने पर असमानता अधिक और समानता कम दिखायी देगी।

राष्ट्रीय सरकार के नियम व कानून अधिक दृढ़ होते हैं और उनका पालन भी अधिक दृढ़ता से कराया जाता है। उनका आकार न केवल बृहत्तरता-युक्त होता है वरन उनमें जटिलता भी अधिक होती है। उनके पीछे राष्ट्रीय शक्ति होती है जिससे उनका सामान्यतया उल्लंघन नहीं किया जा सकता। दूसरी तरफ, आंशिक सरकार के नियमों में उतनी दृढ़ता व व्यापकता नहीं होती। उनके पीछे सम्प्रभु (sovereign) शक्ति का नहीं होना उनकी सुरक्षा व्यवस्था ही में कमी नहीं लाता वरन उनके पालन (obedience) में भी ढीलता का तत्त्व समाविष्ट कर देता है। अतः दोनों ही प्रकार की सरकारों में नियमों की इस समानता या असमानता के आधार पर कोई अर्थपूर्ण तुलना सम्भव नहीं। ऐसी तुलना से दोनों की प्रकृति समझने में भले ही कुछ सहायता मिले परन्तु इस तुलना

से सरकारों के बारे में कोई ऐसे सिद्धान्त नहीं बनाये जा सकते, जो हर देश व स्थान की ऐसी ही सरकारों के सम्बन्धों व विशिष्टताओं के स्पष्टीकरण में सहायक हों।

(ग) **शक्ति की समानता**—हर प्रकार की सरकार के संगठन को बनाये रखने के लिए कुछ न कुछ शक्ति अनिवार्य होती है और इसलिए हर सरकार शक्ति का कम या अधिक मात्रा में प्रतीक होती है। यह शक्ति राष्ट्रीय व व्यक्तिगत या आंशिक सरकारों में भी विद्यमान होती है। परन्तु इनकी तुलना करते हैं तो विदित होता है कि राष्ट्रीय सरकारों की शक्ति में अवपीड़न (coercion) का तत्त्व प्रमुख रूप से पाया जाता है और इस शक्ति के कारण राष्ट्रीय सरकार न केवल श्रेष्ठतर और उच्चतर होती है वरन अधिक स्थायित्व व दृढ़तायुक्त भी होती है। यह बात व्यक्तिगत सरकारों के बारे में सही नहीं दिखायी देती।

उपरोक्त विवेचन से, ऊपरी समानताओं के बावजूद, राष्ट्रीय व आंशिक सरकारों के सम्बन्ध में, असमानताओं का ही अधिक आभास होता है। इसलिये तुलनात्मक राजनीति में एक ही देश की विभिन्न-स्तरीय सरकारों का तुलनात्मक विश्लेषण सम्भव दिखायी देते हुए भी सामान्यीकरण (generalization) की सम्भावनाएं नहीं रखता। अतः निष्कर्ष रूप में यह कहा जा सकता है कि तुलनात्मक राजनीति की व्याख्या एक लम्बात्मक अध्ययन व तुलना के रूप में नहीं की जा सकती। एक-जैसी विषय-परिधि के अभाव के कारण इसके निष्कर्ष प्रामाणिक (valid) नहीं होंगे और इससे जो सिद्धान्त बनाये जायेंगे उनको भी किसी संवर्ग (category) में रखकर उनसे अन्य देशों की सरकारों को समझना सम्भव नहीं होगा। साथ ही इस प्रकार की सरकारों की तुलना केवल संस्थाओं की औपचारिकता तक सीमित दिखायी देती है। राजनीतिक व्यवहार की वास्तविकताओं को समझने में इससे कोई सहायता मिलती प्रतीत नहीं होती। इसलिए अंत में यही निष्कर्ष निकलता है, कि तुलनात्मक राजनीति की यह धारणा अब मान्य नहीं और इस कारण, इस आधार पर तुलनात्मक राजनीति की परिभाषा करना तुलनात्मक राजनीति की सही प्रकृति का चित्रण नहीं करता।

तुलनात्मक राजनीति अम्बरान्तीय तुलना है (Comparative Politics is Horizontal Comparative Study)

तुलनात्मक राजनीति की प्रकृति सम्बन्धी दूसरी धारणा के अनुसार यह राष्ट्रीय सरकारों का अम्बरान्तीय तुलनात्मक अध्ययन है। आधुनिक राजनीति-शास्त्रियों में से अधिकांशतः इस धारणा से सहमत हैं। क्योंकि तुलनात्मक राजनीति के उद्देश्यों की पूर्ति इसी प्रकार की तुलना से होती है। ऐसी तुलना का महत्त्व भी रहता है। इससे ही ऐसे सामान्यीकरण सम्भव होते हैं जिससे हर सामान्य व विचित्र राजनीतिक व्यवहार को समझा व विश्लेषित किया जा सकता है। इसलिए तुलनात्मक राजनीति की यह धारणा इसकी सही प्रकृति का चित्रण करती हुई मानी जा सकती है।

अगर तुलनात्मक राजनीति राष्ट्रीय सरकारों की अम्बरान्तीय तुलना है तो इसमें दो सम्भावनाएं सम्मिलित दिखायी देती हैं। पहली तो यह कि यह तुलना, एक ही देश की

विभिन्न कालों में विद्यमान राष्ट्रीय सरकारों की आपस में हो सकती है, तथा दूसरी, उन राष्ट्रीय सरकारों में, जो आज सम्पूर्ण विश्व में विद्यमान हैं, हो सकती है। तुलनात्मक राजनीति की इस धारणा की इन दोनों ही सम्भावनाओं का विस्तृत विवेचन कर इसकी प्रकृति का स्पष्टीकरण करना सरल होगा। संक्षेप में यह निम्न प्रकार हैं—

(क) एक देश की राष्ट्रीय सरकारों की ऐतिहासिक तुलना (Historical comparison of national governments within a country)—एक ही देश में विद्यमान राष्ट्रीय सरकारों की ऐतिहासिक तुलना, तुलनात्मक राजनीति में होनी चाहिए। इस प्रकार की तुलनाओं से तुलनात्मक राजनीति का विचार-क्षितिज विस्तृत होता है। हर राज्य की वर्तमान राजनीतिक व्यवस्था की लम्बी ऐतिहासिक पृष्ठभूमि होती है। वर्तमान की राजनीतिक संस्थाओं, प्रक्रियाओं और राजनीतिक व्यवहारों का तुलनात्मक विश्लेषण अतीत के सन्दर्भ में ही व्यवस्थित ढंग से किया जा सकता है। एक ही देश में जो विभिन्न राष्ट्रीय सरकारें हुई हैं, उनका तुलनात्मक अध्ययन आवश्यक भी है। इसी अतीत के ज्ञान के सन्दर्भ में वर्तमान राजनीतिक व्यवहार की प्रकृति को समझना सम्भव है। इसमें यदि इतिहास को एक अम्बरान्तीय निरन्तर रेख (horizontal continuum) के रूप में रखें तो भारत के सन्दर्भ में यह तुलना प्राचीन भारत की राष्ट्रीय सरकारों, मध्यकालीन भारत व ब्रिटिश कालीन भारत की राष्ट्रीय सरकारों तथा आधुनिक स्वतन्त्र भारत की राष्ट्रीय सरकारों में की जा सकती है। इसे चित्र 2.1 में स्पष्ट किया गया है।

ऐतिहासिक निरन्तर रेख
(Historical Continuum)

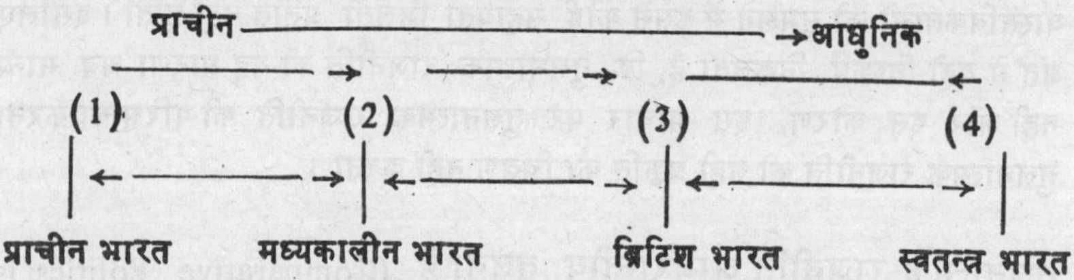

चित्र 2.1: एकदेशीय राष्ट्रीय सरकारों की ऐतिहासिक तुलना

उपरोक्त चित्र 2.1 से स्पष्ट है कि स्वतन्त्र भारत की वर्तमान राष्ट्रीय सरकार के व्यवहार की विशेषताओं को, अतीत की राष्ट्रीय सरकारों से तुलना करके अधिक स्पष्ट किया जा सकता है। यह तुलना उपरोक्त चित्र में अंकित एक व दो, या दो व तीन, या तीन व चार की राष्ट्रीय सरकारों के बीच की जा सकती है, या एक की तीन या एक की चार या दो की चार पर दिखायी गयी राष्ट्रीय सरकारों के बीच की जा सकती है।

इस प्रकार का तुलनात्मक अध्ययन तुलनात्मक राजनीति में अधिक उपयोगी बन जाता है। क्योंकि इतिहास में जो घटनाएं हुई हैं, उनका क्रमिक विकास व प्रभाव दिखायी देता है। इस प्रकार के विकास की सामग्री इतिहास से उपलब्ध होती है और किसी देश की राजनीतिक संस्कृति का आधार बनती है। इस सामग्री के आधार पर किसी सरकार का

'समय-निरन्तर' (time-continuum) पर अंकन करके उनमें तुलना की जा सकती है। इस प्रकार के तुलनात्मक अध्ययन को अगर आवश्यक हो तो अधिक गहन भी बनाया जा सकता है। नीचे चित्र 2.2 व 2.3 में इस प्रकार की तुलनाओं को दर्शाया गया है—

ऐतिहासिक निरन्तर रेखा—स्वतन्त्र भारत

(Historical Continuum—Independent India)

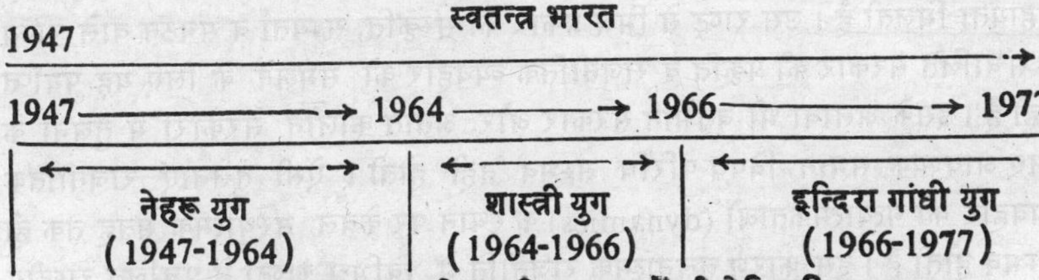

चित्र 2.2. स्वतन्त्र भारत की राष्ट्रीय सरकारों की ऐतिहासिक तुलना

ऐतिहासिक निरन्तर रेखा—इन्दिरा गांधी युग

(Historical Continuum—Indira Gandhi Era)

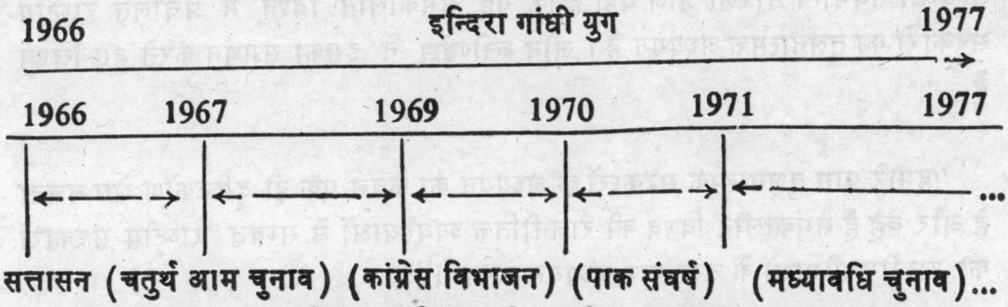

चित्र 2.3. इन्दिरा गांधी युग की राष्ट्रीय सरकारों की तुलना

राष्ट्रीय सरकारों की यह समस्तरीय तुलना अवश्य ही ऐतिहासिक सन्दर्भ में की जा सकती है परन्तु इसके लिए यह जरूरी है कि हर काल की राष्ट्रीय सरकार के बारे में समान जानकारी व तथ्य उपलब्ध हों। अगर ऐसा नहीं होगा तो तुलना सम्भव नहीं होगी। तुलना के लिए केवल तथ्य ही काफी नहीं, वरन इन तथ्यों के सुस्पष्ट आधार भी हों। यहां यह समस्या उत्पन्न होती है कि क्या पहले तथ्यों के आधार निश्चित किये जायें या तथ्य एकत्रित करके आधार खोजे जायं? पहले आधार निश्चित कर तथ्य एकत्रित करना व्यावहारिक नहीं लगता। इससे तो तथ्यों का संकलन ही सम्भव नहीं होगा। जो आंकड़े आधारों की कसौटी पर ठीक नहीं उतरेंगे उनको ऐसी अवस्था में एकत्र ही नहीं किया जा सकता है। इसलिए आंकड़े पहले संकलित करके बाद में आधार देखे जायें। इस प्रकार राष्ट्रीय सरकारों की ऐतिहासिक आधार पर तुलना विभिन्न तथ्यों

को सुस्थिर आधार प्रदान करके करनी चाहिए जिससे एक-सी विषय-परिधि (common frame of reference) में की गयी तुलना, राजनीतिक व्यवहार के बारे में कुछ सामान्यीकरण सम्भव बनाये।

इस प्रकार, तुलनात्मक राजनीति में ऐतिहासिक सन्दर्भी राष्ट्रीय सरकारों की समस्तरीय तुलना की जाती है। इस प्रकार की तुलना का अपना अलग महत्त्व भी है। परन्तु तुलनात्मक राजनीति में यही काफी नहीं। इसकी इस शास्त्र में सीमित उपयोगिता ही है। इससे केवल एक राज्य की राष्ट्रीय सरकारों को विभिन्न कालों में समझने में ही सहायता मिलती है। उस राष्ट्र से भिन्न प्रकार की संस्कृति, सभ्यता व संगठन वाले राज्य में संचालित सरकार की प्रकृति व राजनीतिक व्यवहार को समझने के लिए यह पर्याप्त नहीं है। इसके अलावा भी वर्तमान सरकार और अतीत कालीन सरकारों में तुलना के लिए आवश्यक समान विषय-परिधि सम्भव नहीं होती। ऐसी तुलनाएं राजनीतिक व्यवहार की गत्यात्मकताओं (dynamics) के स्थान पर केवल संस्थात्मक सतह तक ही सम्भव होती हैं। इस कारण तुलनात्मक राजनीति में विभिन्न राष्ट्रों में प्रचलित राष्ट्रीय सरकारों से सम्बन्धित राजनीतिक व्यवहारों की तुलना करना अधिक उपयोगी होगा।

(2) **समकालीन विश्व में व्याप्त राष्ट्रीय सरकारों की अम्बरान्तीय तुलना है** (Horizontal comparison of national governments across national boundaries within contemporary world)––तुलनात्मक राजनीति की प्रकृति सम्बन्धी सर्वमान्य धारणा आज यही है कि यह समकालीन विश्व में प्रचलित राष्ट्रीय सरकारों का तुलनात्मक अध्ययन है। **जीन ब्लोण्डेल** ने इसका समर्थन करते हुए लिखा है—

"हमारे पास तुलनात्मक सरकारों के अध्ययन का केवल एक ही दृष्टिकोण शेष बचता है और वह है समकालीन विश्व की राजनीतिक व्यवस्थाओं से सम्बद्ध राष्ट्रीय सरकारों का राष्ट्रीय सीमाओं के आर-पार अध्ययन करना।"[7]

वास्तव में इसी प्रकार की तुलना से न केवल सामान्यीकरण सम्भव है, वरन राजनीतिक व्यवहार के सम्बन्ध में ऐसे सिद्धान्तों का प्रतिपादन भी किया जा सकता है जिनसे हर देश की राजनीतिक व्यवस्था को समझा जा सके। इनसे हर विचित्र राजनीतिक घटना का स्पष्टीकरण किया जा सकता है। इनसे राजनीतिक संस्थाओं और व्यवस्थाओं की प्रकृति व कार्यविधि को भी समझा जा सकता है।

तुलनात्मक राजनीति की प्रकृति के उपरोक्त विवेचन से स्पष्ट है कि तुलनात्मक राजनीति एक स्वतन्त्र अनुशासन है जो राजनीति-विज्ञान में एक महत्त्वपूर्ण शाखा बन गया है। यद्यपि इसका अध्ययन भी राजनीतिक संस्थाओं से सम्बन्धित राजनीति से है फिर भी यह राजनीति-विज्ञान से इस अर्थ में भिन्न है कि इसमें राज्य व गैर-शासकीय

[7] *Op. cit.*, p. 5.

राजनीति, दोनों का ही अध्ययन सम्मिलित होता है। जबकि राजनीति-विज्ञान, गैर-शासकीय राजनीति से प्रत्यक्ष रूप में सम्बन्धित नहीं होता। इस प्रकार, तुलनात्मक राजनीति, एक ही देश की राष्ट्रीय सरकारों का ऐतिहासिक सन्दर्भ व राष्ट्रीय सीमाओं के आर-पार तुलनात्मक अध्ययन ही नहीं है; यह इसके साथ, राजनीतिक प्रक्रियाओं व राजनीतिक व्यवहार तथा सरकारी तन्त्रों को प्रभावित करने वाली गैर-सरकारी व्यवस्थाओं का भी तुलनात्मक अध्ययन है।

तुलनात्मक राजनीति का विषय-क्षेत्र
(SCOPE OF COMPARATIVE POLITICS)

तुलनात्मक राजनीति का विषय-क्षेत्र अभी भी सीमांकन (demarcation) की अवस्था में है। इसके विषय-क्षेत्र की निर्माण-अवस्था के कारण ही जी० के० राबर्ट्स (G. K. Roberts) ने अपने एक नवीन लेख 'Comparative Politics Today' में यहां तक लिखा है कि, "तुलनात्मक राजनीति सब कुछ है या वह कुछ भी नहीं है।"[8] इसके विषय-क्षेत्र में एक सीमा के बाद बिस्तृतता इसे राजनीति-विज्ञान के अनुरूप बना देती है तथा दूसरी तरफ, इसके क्षेत्र की अत्यधिक संकुचित अवधारणा इसे स्वतन्त्र अनुशासन (independent discipline) की अवस्था से ही वंचित कर देती है। इसलिए इसके विषय-क्षेत्र की प्रमुख समस्या यह बन जाती है कि तुलनात्मक राजनीति में क्या-क्या सम्मिलित किया जाय और क्या-क्या इसके अध्ययन से बाहर रखा जाय? साथ ही यह प्रश्न भी आता है कि राजनीति सम्बन्धी किसी पहलू को इसके अध्ययन में सम्मिलित करने या नहीं करने का आधार क्या हो? यह विषय-क्षेत्र के सीमांकन की समस्या इस कारण और भी उलझी हुई लगती है कि इसके विचारक, अध्ययन पद्धतियों परिवर्त्यों, विश्लेषण के उपागमों (analytical approaches), सिद्धान्तों के प्रकारों व विश्लेषण की इकाई पर भी एकमत नहीं हो पा रहे हैं। यहां **हेरी एक्सटीन** (Harry Eckstein) का तुलनात्मक राजनीति के विषय-क्षेत्र के सम्बन्ध में यह कथन उद्धृत करना इस विवाद की गम्भीरता का स्पष्टीकरण करने के लिए पर्याप्त होगा। एक्सटीन ने लिखा है—

"सबसे अधिक आधारभूत बात तुलनात्मक राजनीति के बारे में यह है कि आज यह एक ऐसा विषय है जिसमें अत्यधिक विवाद हैं क्योंकि यह संक्रमण-स्थिति में है—एक प्रकार की विश्लेषण शैली से दूसरे प्रकार की शैली में प्रस्थान कर रहा है।"[9]

इससे स्पष्ट है कि तुलनात्मक राजनीति की परिभाषा व प्रकृति की तरह इसका

[8]Geoffrey K. Roberts, *op. cit.*, p. 38.
[9]Eckstein and Apter (Eds.), *Comparative Politics: A Reader*, Free Press, New York, 1963, p. 6.

विषय-क्षेत्र भी विवाद का विषय है। इसके क्षेत्र को लेकर परम्परावादियों व आधुनिक राजनीति-शास्त्रियों में गहरा मतभेद है। जीन ब्लोण्डेल (Jean Blondel) ने यह विवाद दो बातों से सम्बन्धित बताया है। पहला है तुलनात्मक राजनीति की सीमा सम्बन्धी व दूसरा है मानकों व व्यवहार के पारस्परिक सम्बन्धों सम्बन्धी विवाद।[10] इन दोनों का विस्तृत विवेचन करके ही तुलनात्मक राजनीति के विषय-क्षेत्र का निर्धारण कर सकना सम्भव होगा।

सीमा सम्बन्धी विवाद (Controversy over the Boundary)

तुलनात्मक राजनीति में सीमा सम्बन्धी विवाद अध्ययन के दृष्टिकोण से सम्बन्धित है। सभी राजनीतिशास्त्री इस बात पर तो सहमत हैं कि तुलनात्मक राजनीति का सम्बन्ध राष्ट्रीय सरकारों से है और इसमें भी केवल सरकारी ढांचों (governmental structures) का ही अध्ययन नहीं अपितु सरकारों के कार्यकलापों व गैर-राजकीय संस्थाओं के राजनीतिक कार्यों का भी अध्ययन आवश्यक रूप में सम्मिलित रहता है। लेकिन उनमें विवाद इस बात को लेकर है कि तुलना से सम्बन्धित राजनीतिक कार्य-कलापों से क्या अर्थ समझा जाय? अर्थात सरकार की क्रियाओं की व्याख्या किस ढंग से की जाय? इस सम्बन्ध में दो दृष्टिकोण प्रचलित हैं। इनमें से कौन-सा दृष्टिकोण तुलनात्मक राजनीतिक अध्ययन के लिए अपनाया जाय तथा किसी दृष्टिकोण ही को क्यों अपनाया जाए, यह विवाद का विषय रहा है? यह दृष्टिकोण हैं—कानूनी दृष्टिकोण व व्यावहारिक दृष्टिकोण। इन दोनों दृष्टिकोणों का अर्थ स्पष्ट करके ही इस विवाद को समझा व इस सम्बन्ध में निष्कर्ष निकाला जा सकता है। संक्षेप में इनका विवेचन इस प्रकार है।

(क) कानूनी या संस्थागत दृष्टिकोण (Legalistic or Institutional Approach)—इस दृष्टिकोण के अनुसार तुलनात्मक राजनीति में केवल संविधान द्वारा स्थापित सरकारी संरचना का, तथा संविधान द्वारा नियत किये गये राजनीतिक व्यवहार का तुलनात्मक अध्ययन ही किया जाना चाहिए। इस विचार के समर्थकों की मान्यता है कि संविधान ही सरकार के ढांचे का संग्रठन करता है और इसी के द्वारा हर संस्था के कार्यों का नियमन होता है। इसलिए तुलना राष्ट्रीय सरकारों के आधार, संविधान व इनके द्वारा नियत कार्यकलापों की ही होनी चाहिए। उनके अनुसार इसके अलावा अन्य किसी भी आधार पर राजनीतिक व्यवहार का अध्ययन न केवल असम्भव होगा, वरन अव्यावहारिक भी होगा। संविधान द्वारा नियत कार्य अगर कोई संस्था विशेष किसी परिस्थिति विशेष के कारण नहीं करती तो इस विचित्र व्यवहार का अध्ययन तुलनात्मक राजनीति में उपयोगी नहीं होगा। इस प्रकार के विचित्र व्यवहार को अध्ययन का आधार बनाना निरर्थक होगा। यह सामान्य तथा संविधान द्वारा व्यवस्थित व्यवहार से विचलन (deviation) है और अस्थायी होता है। इसलिए तुलनात्मक राजनीति में ऐसे व्यवहारों का अध्ययन सम्मिलित

[10] **Jean Blondel**, *op. cit.*, p. 6.

नहीं होना चाहिए। इन व्यवहारों से सामान्यीकरण में भी कोई सहयोग नहीं मिलता। इसलिए कानूनी दृष्टिकोण के अनुसार तुलनात्मक राजनीति में केवल उसी राजनीतिक व्यवहार की तुलना होनी चाहिए जो संविधान में कानून द्वारा स्थापित राजनीतिक संस्थाओं से सम्बद्ध हो।

कानूनी दृष्टिकोण की आलोचना की गयी है। आलोचकों की मान्यता है कि इस प्रकार की तुलना केवल सतही व दिखावटी होगी। यह राजनीतिक व्यवहार के औपचारिक पहलू का ही अध्ययन होने के कारण, इससे राजनीतिक प्रक्रियाओं की वास्तविकताओं को समझने में अधिक सहायता नहीं मिलती। जैसे सोवियत रूस के संविधान व संविधान द्वारा नियत राजनीतिक कार्यकलापों का अध्ययन रूस की राजनीतिक व्यवस्था की सच्ची प्रकृति का कोई संकेत नहीं देता। यही बात ब्रिटेन के बारे में कही जा सकती है जहां संवैधानिक दृष्टि से आज भी निरंकुश राजतन्त्र (absolute monarchy) विद्यमान है। भारत के उदाहरण से यह और भी स्पष्ट हो जायेगा। भारत में संविधान द्वारा एक सहकारी संघ (co-operative federalism) की स्थापना की गयी है। परन्तु एक ही राजनीतिक दल का प्रभुत्व व राज्यों में भी इसी का बहुमत सम्पूर्ण संघात्मक व्यवस्था को व्यवहार में एकात्मक के समान बना देता है। उक्त उदाहरणों से स्पष्ट है कि तुलनात्मक राजनीति के सीमा सम्बन्धी विवाद का यह दृष्टिकोण अध्ययन व तुलना के लिए विशेष उपयोगी नहीं है।

(ख) व्यवहारवादी दृष्टिकोण (Behavioural Approaches)—इस दृष्टिकोण के समर्थकों को व्यवहारवादी (behaviouralists) कहा जाता है। उनके अनुसार तुलनात्मक राजनीति में केवल कानूनी व्यवस्था का औपचारिक अध्ययन व तुलना पर्याप्त नहीं है। वास्तव में राजनीतिक व्यवस्था किस प्रकार व्यावहारिक बनती है, तथा राजनीतिक संस्थाओं का वास्तविक व्यवहार क्या है, यह प्रमुख बात है। जीन बलोण्डेल ने तो राजनीति के व्यावहारिक पक्ष को आधारभूत व मौलिक (substantive) माना है। उसके अनुसार तुलनात्मक राजनीति को कानूनी परिधि में न बन्धकर उससे बाहर निकलना है। व्यवहारवादियों के अनुसार तुलनात्मक राजनीति में राष्ट्रीय संस्थाओं व गैर-राजकीय (non-governmental) संस्थाओं के राजनीतिक व्यवहार से सम्बन्धित सब तथ्य एकत्रित करके विभिन्न राजनीतिक व्यवस्थाओं में तुलना करनी चाहिए। राज्य सरकार व संस्थाओं के कार्य व कार्यविधि का अवलोकन कर उनकी तुलना करना राजनीतिक व्यवस्था की गत्यात्मकता (dynamism) को सही अर्थों में समझना है।

व्यवहारवादी दृष्टिकोण को और अच्छी तरह से समझने के लिए इसका अर्थ करना लाभदायक होगा। व्यवहारवादी अपने आपको विशुद्ध वैज्ञानिक बनाने और सिद्ध करने में प्रवृत हैं। राजनीति-विज्ञान में यह आन्दोलन समाज-विज्ञानों पर प्राकृतिक विज्ञानों के प्रभाव का परिणाम है। यह प्राकृतिक एवं सामाजिक विज्ञानों के बीच में एक गुणात्मक निरन्तरता की पूर्वधारणा लेकर चलता है। व्यवहारवादियों की मूल मान्यता यह है कि समाज-विज्ञानों की अवधारणाएं एवं सिद्धान्त, प्राकृतिक विज्ञानों के समान हो सकते हैं। राजनीति-विज्ञान पर प्राकृतिक विज्ञानों व अन्य समाज-विज्ञानों के प्रभाव को ही

'व्यवहारवादी क्रान्ति' (behavioural revolution) कहा जाता है। राजनीति-विज्ञान में यह एक मोड़ है, जिसने राजनीति-विज्ञान में, विषय-वस्तु, अन्य अनुशासनों से सम्बन्ध, पद्धतियों और प्रविधियों (techniques), एवं मूल्यों इत्यादि की दृष्टि से आमूल परिवर्तन कर दिए हैं।

हींज युलाउ[11] की मान्यता है कि 'राजनीतिक व्यवहार' का तात्पर्य केवल प्रत्यक्ष या अप्रत्यक्ष रूप से पर्यवेक्षणीय (observational) राजनीतिक क्रियाओं से ही नहीं है, अपितु व्यवहार के उन बोधात्मक (perceptual), अभिप्रेरणात्मक (motivational) तथा अभिवृत्यात्मक (attitudinal) घटकों से भी है जो कि मानव के राजनीतिक अभिज्ञानों (identifications), मांगों और आशाओं तथा उसके राजनीतिक विश्वासों, मूल्यों एवं लक्ष्यों की व्यवस्था का निर्माण करते हैं। उसमें संस्कृति और सामाजिक व्यवस्था के विभिन्न स्तर भी सम्मिलित हैं। इन सबका अभिमुखीकरण (orientation) अनेक कारणों व आयामों से सम्बद्ध तत्त्वों से होता है, इसलिए स्वभावतः राजनीतिक व्यवहार का अध्ययन अन्य समाज-विज्ञानों से अलग-थलग नहीं रह सकता है। संक्षेप में वे सभी व्यवहारात्मक प्रक्रियाएं, जो मनुष्य के राजनीतिक अभिज्ञान, मांगों, आकांक्षाओं और उसके लक्ष्यों, मूल्यों और राजनीतिक विश्वासों की व्यवस्थाओं का निर्माण करती हैं, तुलनात्मक राजनीति का अध्ययन-क्षेत्र बन जाती हैं।

व्यवहारवादी दृष्टिकोण का तुलनात्मक राजनीति में महत्त्व और स्पष्ट करने के लिए, व्यवहारवादियों द्वारा दी गई राजनीति-विज्ञान की परिभाषा का उल्लेख करना आवश्यक है। डेविड ईस्टन ने राजनीति-शास्त्र की परिभाषा करते हुए लिखा है—"राजनीति-शास्त्र समाज में मूल्यों के अधिकृत वितरण से सम्बन्धित ज्ञान है।"[12] हर राजनीतिक समाज में मूल्यों का 'अधिकृत वितरण' केवल सरकारें ही करती हैं। अन्य व्यक्तियों व संस्थाओं द्वारा मूल्यों का वितरण व प्रचलन अवश्य होता है, परन्तु यह अधिकृत नहीं हो सकता; क्योंकि यह बाध्यकारी शक्ति का प्रयोग नहीं कर सकते। इसलिए हर समाज में 'शासन-तन्त्र' का विशेष महत्त्व होता है। सरकार ही वह तन्त्र है, जिससे मूल्यों का अधिकृत वितरण होता है। जो आवश्यकता पड़ने पर इसके लिए बाध्य भी करती है। इस प्रकार, हर राजनीतिक समाज में हर प्रकार की राजनीतिक गतिविधि 'शासन-तन्त्र' के इर्द-गिर्द ही चक्कर लगाती है, और इसी के सन्दर्भ में हर राजनीतिक व्यवहार समझा व स्पष्ट किया जा सकता है। इसलिए जीन ब्लोण्डेल, तुलनात्मक राजनीति में इन मूल्यों के वितरण की व्यवस्था की विभिन्न राजनीतिक समाजों के सन्दर्भ में तुलना आवश्यक मानते हैं। उनके अनुसार तुलनात्मक राजनीति का विषय-क्षेत्र 'शासन-क्रिया' के तुलनात्मक विश्लेषण से सम्बद्ध है। स्वयं उन्हीं के शब्दों में—

[11]Heinz Eulau, 'Segments of Political Science Most Susceptible to Behaviourlistic Treatment,' in *Contemporary Political Analysis,* Edited by James C. Charlesworth, 1967.

[12]David Easton, *The Political System,* New York, Knopf, 1953, p. 129.

"तुलनात्मक सरकार (राजनीति) के अध्ययन में, उन तरीकों का, जिनसे समाज में मूल्यों का अधिकृत विवरण होता है, परीक्षण किया जाता है।"[13]

शासन-क्रिया या मूल्यों का अधिकृत वितरण या आवंटन दो-तरफी क्रिया है। पहले हर शासन-तन्त्र को क्रियाशील बनाना होता है। फिर यह सरकारी तन्त्र, इस प्रेरण (activation) के कारण अनुक्रियात्मक (responsive) बनता है। हर राजनीतिक समाज में शासन-तन्त्र पर चारों तरफ से प्रभाव व दबाव पड़ते रहते हैं। यह प्रेरण तथ्य शासन तन्त्र को संवेदनशील बनाते हैं जिससे यह अनुक्रिया करता है। इसे चित्र 2.4 से और भी स्पष्ट समझा जा सकता है।

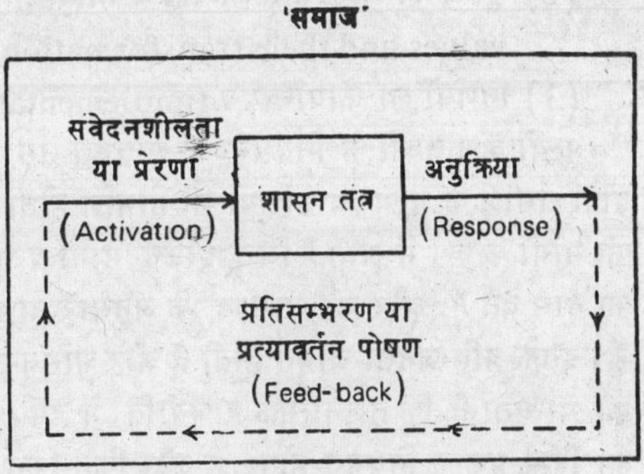

चित्र 2.4. शासन की संवेदनशीलता व अनुक्रियात्मकता का सम्बन्ध

हर राजनीतिक व्यवस्था में शासन-तन्त्र पर पड़ने वाले प्रभावों व दबावों से यह संवेदनशील बनकर तुरन्त अनुक्रिया करता है और इस अनुक्रिया से प्रत्यावर्तन पोषण होता है, और सम्पूर्ण राजनीतिक प्रक्रिया इस चक्र में चलती रहती है। इसमें संस्थाओं के दोनों ही प्रकार—राजनीतिक व गैर-राजकीय—महत्त्वपूर्ण स्थान रखते हैं और तुलनात्मक राजनीति में इन दोनों ही का अध्ययन अनिवार्य है। ब्लोण्डेल ने तुलनात्मक राजनीति को उन सब प्रभावों के तुलनात्मक अध्ययन से सम्बद्ध माना है जो शासन-तन्त्र की संपदन-शीलता के पीछे रहते हैं। उनके अनुसार—

बहुत अधिक सुनिश्चितता से यह व्याख्या करने के बजाय कि, यह 'वस्तुएं' सरकार से सम्बन्धित हैं और वह सरकारों से सम्बन्धित नहीं हैं, यह देखना अधिक उपयोगी होगा कि शासन-तन्त्र किन-किन तथ्यों व मार्गों (channels) से संवेदनशील बनकर अनु-क्रियात्मक होता है।"[14]

इस प्रकार, तुलनात्मक राजनीति का सम्बन्ध प्रमुखतया शासन-क्रिया के इर्द-गिर्द घूमते राजनीतिक व्यवहार के तुलनात्मक अध्ययन से है। परन्तु शासन-क्रिया तीन स्तरों पर संचालित होती है या यों कहें कि मूल्यों का अधिकृत आवंटन तीन स्तरों पर परि-चालित होता है। इसलिए, "तुलनात्मक राजनीति में परिचालनता (operation) के इन

[13]Jean Blondel, *op. cit.*, p. 6.
[14]*Ibid.*, p. 6.

स्तरों का, जिनसे मूल्यों का आवंटन होता है, परीक्षण करना महत्त्वपूर्ण है।" यह तीन स्तर हैं—

(1) मूल्यों व गन्तव्यों का नियमन (formulation of values and goals)

(2) मूल्यों को आत्मसात करना व निर्दिष्ट निर्णयों में रूपान्तरण (digestion of values and their transformation in goal decisions)

(3) निर्णयों का कार्यान्वयन (implementation of decisions)

मूल्यों व गन्तव्यों के नियमन के अन्तर्गत उस प्रक्रिया का अध्ययन होता है, जिसके द्वारा समाज के मूल्य व उद्देश्यों का निर्माण होता है और जो सरकार के सामने जनता की मांगों के रूप में आते हैं जिन्हें ईस्टन 'मांगों व समर्थनों' (demands and supports) का नाम देते हैं और जो आमण्ड के अनुसार राजनीतिक व्यवस्था के निवेश (inputs) हैं। इनके प्रति जनता जागृत होती है और शासन-तन्त्र को भिज्ञ बनाती है। जीन ब्लोण्डेल की मान्यता है कि तुलनात्मक राजनीति में हमें "सर्वप्रथम यह देखना चाहिए कि मूल्यों का किस प्रकार नियमन होता है और किन-किन तरीकों से सरकार इनसे भिज्ञ बनती है।"[15] इस प्रकार व्यवहारवादियों के अनुसार उन मूल्यों व उद्देश्यों के नियमन की प्रक्रिया का तुलनात्मक राजनीति में अध्ययन व तुलना की जानी चाहिए जो समाज में से मांगों के रूप में उभर आते हैं।

मूल्यों को आत्मसात करने व निर्दिष्ट निर्णयों में रूपान्तरण से तात्पर्य यह देखने से है कि विभिन्न मांगों व मूल्यों को 'शासन-तन्त्र' किस प्रकार ग्रहण करता है, और इनको सम्पूर्ण समाज पर लागू होने वाले निर्णयों में किस प्रकार रूपान्तरित करता है? यहां यह देखना होता है कि शासन-तन्त्र के सामने प्रस्तुत होने वाली असंख्य मांगों में से यह किसको आत्मसात करता है और किन मूल्यों को ग्रहण करने से प्रत्यक्ष या अप्रत्यक्ष रूप से इनकार करता है?

निर्णयों का कार्यान्वयन सरकारी क्रिया का तीसरा और अंतिम स्तर है। सरकार जनता के जिन उद्देश्यों व मूल्यों को स्वीकार कर निर्णयों का रूप देती है, उन्हें नियमों या विधियों में बदलकर लागू करती है। यह शासन क्रिया, नियम निर्माण, नियम क्रियान्विति और नियम निर्णय की तीन क्रियाओं से सम्बन्धित होती है।

व्यवहारवादी राजनीतिक व्यवस्था को एक इलेक्ट्रोनिक (electronic) यन्त्र के रूप में देखते हैं। शासन-यन्त्र द्वि-मार्गी प्रचालन है। यह एक ऐसी मशीन है, जो संकेत (signals) ग्रहण करती है और इनका अन्य संकेतों में रूपान्तरण करती है। तुलनात्मक राजनीति का सम्बन्ध शासन-तन्त्र द्वारा ग्रहण किये गये संकेतों व उनके रूपान्तरण की प्रक्रिया से है। इस प्रकार तुलनात्मक राजनीति के अध्ययन-क्षेत्र में, राजनीतिक समाज में मूल्यों व गन्तव्यों के नियमन की प्रक्रियाओं, इन मूल्यों को शासन-तन्त्र द्वारा आत्मसात करना व निर्दिष्ट निर्णयों में रूपान्तरण और स्वीकृत निर्णयों के कार्यान्वयन से सम्बद्ध प्रक्रियाएं सम्मिलित की जाती हैं। व्यवहारवादी हर सरकार के कार्यों के यह तीन पहलू

[15] *Ibid.*, p. 6.

मानते हैं और तुलनात्मक राजनीति का क्षेत्र इन तीनों प्रक्रियाओं से सम्बन्धित राजनीतिक व्यवहार के तुलनात्मक विश्लेषण तक मानते हैं।

व्यवहारवादियों द्वारा राजनीतिक व्यवस्था की संकल्पनात्मक सरलता व शासन-क्रिया से सम्बन्धित तीन प्रक्रियाओं की तुलना तक तुलनात्मक राजनीति के क्षेत्र को सीमित रखना इस शास्त्र को स्वतन्त्र अनुशासन की अवस्था से वंचित रखना है। इससे राजनीतिक व्यवहार के सम्बन्ध में सामान्य सिद्धान्तों का सर्वव्यापक स्तर पर निर्माण नहीं होता। अतः तुलनात्मक राजनीति का विषय-क्षेत्र, शासन-क्रिया के उपरोक्त तीन स्तरीय तुलनात्मक अध्ययन तक सीमित करना और इस आधार पर राष्ट्रीय सरकारों के व्यवहार को समझने का प्रयास एक सीमा के बाद सम्भव नहीं है।

मानकों व व्यवहार के सम्बन्धों का विवाद (Controversy over the Relationship of Norms and Behaviour)

तुलनात्मक राजनीति का विषय-क्षेत्र सम्बन्धी दूसरा विवाद अधिक जटिलताओं का जनक है। मानक (norms) की अभिव्यक्ति कानून, प्रक्रियाओं (procedures) व नियमों (rules) में होती है। परन्तु राजनीतिक व्यवहार कई बार इन कानूनों के प्रतिकूल होता है और यही तुलनात्मक अध्ययन में पेचीदगियां उत्पन्न करता है। अगर राजनीतिक आचरण नोर्म्स के अनुरूप रहे तो तुलना करना सरल होगा। पर साधारणतया ऐसा हमेशा नहीं होता। या होता है तो बाध्यकारी शक्ति के जोर पर होता है। इससे यह समस्या उत्पन्न होती है कि यह राजनीतिक व्यवहार तुलना में सम्मिलित करके अगर निष्कर्ष निकाले गये तो वे निष्कर्ष स्वतः ही अशुद्ध होंगे। साथ ही इसको तुलना से बाहर रखना राजनीतिक व्यवस्थाओं की वास्तविकताओं से दूर रहना है। इसलिए तुलनात्मक राजनीति में यह भी देखा जाना चाहिए कि राजनीतिक व्यवहार मानकों के अनुकूल है या प्रतिकूल। अर्थात राजनीतिक क्रिया से सम्बन्धित व्यक्तियों द्वारा मानकों के अभिव्यक्त कानूनों का कितना पालन और कितना उल्लंघन होता है ?

यहां यह ध्यान रखना आवश्यक है कि नोर्म्स व व्यवहार दोनों ही अचल नहीं रहते। यह आवश्यक नहीं कि जो मानक व व्यवहार आज है वह आगे आने वाले समय में भी रहे। यह दोनों ही गत्यात्मक हैं। इनमें साम्य (harmony) ब गतिरोध दोनों ही हो सकता है। सामान्यतया इनमें पारस्परिकता रहती है और दोनों एक दूसरे को प्रभावित करते रहते हैं। नोर्म्स में परिवर्तन, व्यवहार में भी परिवर्तन लाता है, और स्वयं व्यवहार भी नवीन नोर्म्स की स्थापना का कारण बन सकता है। इसलिए तुलनात्मक राजनीति में नोर्म्स व व्यवहार के राजनीतिक पहलुओं का अध्ययन भी सम्मिलित होना चाहिए। जीन ब्लोण्डेल ने भी लिखा है—

"जबकि आधारभूत दृष्टि से तुलनात्मक राजनीति का सम्बन्ध सरकार की संरचना से होना चाहिए पर साथ ही उसका सम्बन्ध व्यवहार के स्फटित (crystallized) प्रतिमानों व आचरणों (practices) से भी होना चाहिए क्योंकि, वे सरकार की जीवित

संरचना का अभिन्न अंग हैं।"[16]

तुलनात्मक राजनीति के अध्ययन-क्षेत्र के बारे में उपरोक्त विवादों के विस्तृत विवेचन से यह स्पष्ट है कि इसमें न केवल शासनतन्त्रों व संगठनों की तुलना की जाती है और न ही मानक व व्यवहारों के सम्बन्धों का विश्लेषण मात्र ही किया जाता है, वरन इसके क्षेत्र में इन दोनों का ही समावेश आवश्यक है। अतः निष्कर्ष रूप में यह कहा जा सकता है कि तुलवात्मक राजनीति के विषय-क्षेत्र में विभिन्न राजनीतिक व्यवस्थाओं की शासन-संरचनाओं (governmental structures), शासन-व्यवहार प्रतिमानों (governmental behaviour patterns) व गैर-राजकीय संस्थाओं के राजनीतिक व्यवहार प्रतिमानों का अध्ययन सम्मिलित है। इस प्रकार तुलनात्मक राजनीतिक अध्ययन, कानून-निर्माण, कानून-प्रयोग और विभिन्न राजनीतिक व्यवस्थाओं के अंगों से सम्बन्धित निर्णयों और राजनीतिक दलों व दबाव-समूहों जैसे संविधानातिरिक्त अभिकरणों (extra-constitutional agencies) के अध्ययन तक ही सीमित नहीं रहता, वरन इससे आगे भी बढ़ता है। इसमें उन तथ्यों का अध्ययन भी एक विशिष्ट तरीके से करना होता है जो सामान्यतया अर्थशास्त्र, समाजशास्त्र और मानवशास्त्र (anthropology) के क्षेत्र में आते हैं। **सिडनी वर्बा** (Sydney Verba) ने तुलनात्मक राजनीति के अध्ययन-क्षेत्र की व्यापकता का संकेत देते हुए लिखा है—

"तुलनात्मक राजनीति में क्रान्ति का श्रीगणेश अनेकों साहसी सिद्धान्तों के कारण हुआ—इनमें कहा गया कि केवल वर्णन से आगे बढ़कर सैद्धान्तिक दृष्टि से अधिक संगत समस्याओं की ओर देखिए, एक मामले से आगे बढ़कर अनेक मामलों की तुलना की ओर देखिए, सरकार की औपचारिक संस्थाओं के अध्ययन से आगे बढ़ते हुए राजनीतिक प्रक्रियाओं और राजनीतिक कार्यों की ओर देखिए, तथा केवल पश्चिमी यूरोपीय देशों का अध्ययन न करके एशिया और अफ्रीका एवं लेटिन अमरीका के नवोदित राष्ट्रों की ओर देखिए।"[17]

इसका तात्पर्य यह है कि राजनीतिक अनुभवों, संस्थाओं, व्यवहारों और सरकारों की मुख्य व्यवस्थाओं की प्रक्रियाओं का व्यापक रूप से अध्ययन करते समय तुलनात्मक राजनीति में सजग व सचेत तुलनाओं का विशिष्ट महत्त्व है। तुलनात्मक राजनीति में उन संविधानातिरिक्त अभिकरणों (agencies) का अध्ययन भी सम्मिलित होता है जिनका औपचारिक सरकारी संस्थाओं से प्रत्यक्ष या अप्रत्यक्ष रूप में निकट का सम्बन्ध होता है। जैसा कि एम० कर्टिस ने भी स्पष्ट लिखा है कि, "राजनीतिक संस्थाओं और राजनीतिक व्यवहार की कार्य-प्रणाली में महत्त्वपूर्ण नियमितताओं, समानताओं और

[16] *Ibid.*, p. 11.

[17] S. Verba, *Some Dilemmas in Comparative Research,* World Politics, Vol. XX (1967-68), No. 1, p. 3.

असमानताओं से तुलनात्मक राजनीति का सम्बन्ध है।"[18]

अन्त में तुलनात्मक राजनीति के विषय-क्षेत्र के सम्बन्ध में निष्कर्षतः यही कहा जा सकता है कि इसका सम्बन्ध शासन प्रणालियों की विभिन्नता एवं समानता दोनों से ही है। परन्तु, समानताओं से अधिक महत्त्व असमानताओं का है। ऐसा इसलिए है कि आधारभूत दृष्टि से तुलनात्मक राजनीति में राजनीतिक समाज और शासन-तन्त्र की पारस्परिकता व विविध राजनीतिक व्यवहारों से सम्बन्धित प्रक्रियाओं की तुलना की जाती है, और यह प्रक्रियाएं विभिन्न देशों में विभिन्न प्रकार की होती हैं। यह सामाजिक ढांचे व राजनीतिक व्यवस्था दोनों से सम्बद्ध रहती है। यह सामाजिक व राजनीतिक व्यवस्था का संस्थागत प्रकाशन भिन्न-भिन्न देशों में भिन्न-भिन्न प्रकार का होने के कारण राजनीतिक व्यवहार व उससे सम्बन्धित प्रक्रियाओं को भी भिन्न-भिन्न प्रकार का बना देता है। इसी विविधता-भिन्नता व विषमतायुक्त राजनीतिक व्यवहार के तुलनात्मक अध्ययन से तुलनात्मक राजनीति का सम्बन्ध है।

तुलनात्मक राजनीति में तुलना के आधार
(BASES OF COMPARISON IN COMPARATIVE POLITICS)

तुलनात्मक राजनीति की प्रकृति, परिभाषा व विषय-क्षेत्र के विवेचन से यह सामने आता है कि राजनीतिक प्रक्रियाओं, सरकारों की संरचनाओं व राजनीतिक व्यवहारों की समानताओं और विभिन्नताओं का अध्ययन किस प्रकार किया जाय? अर्थात तुलना व वैषम्य (contrast) के क्या सुनिश्चित आधार हों? तुलना के आधारों को प्रारम्भ में ही स्पष्ट नहीं किया गया तो अत्यधिक जटिल विषय, जो आज भी बहुत ही अस्थिर (fluid) है, और भी कठिन बन जाएगा। इसलिए तुलनात्मक राजनीति की प्रकृति व विषय-क्षेत्र के साथ इसके अध्ययन के आधारों का विवेचन भी उपयुक्त होगा। **एस० ई० फाइनर** (S. E. Finer) ने तुलनात्मक राजनीतिक अध्ययन का चौमुखी आधार बताया है।[19] यह आधार है—

(1) सहभागिता-अपवर्जन या विलगन आयाम (Participation-exclusion dimension)

(2) अवपीड़न-अनुनयन आयाम (Coercion-persuation dimension)

(3) व्यवस्थात्मक-प्रतिनिधात्मक आयाम (Order-representativeness dimension)

(4) वर्तमान-भावी गन्तव्य आयाम (Present goals-Future goals dimension)

फाइनर की मान्यता है कि अगर 'शासन' करने का अर्थ नीति का श्रीगणेश करने, नीति के निर्णय करने व नीतियों को लागू करने से लिया जाय तो सर्वत्र यही दिखाई देगा कि 'कुछ' के द्वारा 'बहुतों' पर शासन किया जाता है। इसलिए शासन व्यवस्थाओं से सम्बन्धित राजनीतिक व्यवहारों की तुलना इस आधार पर नहीं हो सकती

[18]Michael Curtis, *op. cit.*, p. 5.

[19]S. E. Finer, *Comparative Government*, Allen Lane, London, 1970, p. 40

और उपरोक्त चौमुखी आधार ही तुलना के लिए उपयोगी तथ्य प्रस्तुत कर सकता है। इन विभिन्न आधारों के विस्तृत विवेचन से ही तुलनात्मक राजनीतिक अध्ययन में 'तुलना आधारों' की महत्ता स्पष्ट होगी।

प्रथम आधार में यह देखा जाता है कि शासन प्रक्रिया में जनता को कितना सम्मिलित किया गया है और कितना उसे इस प्रक्रिया से वंचित रखा गया है? **दूसरे** आधार में यह देखा ज़ाता है कि जनता शासकों के आदेशों का पालन कितनी स्वेच्छा से करती है और कितना भय के कारण करती है? **तीसरे व चौथे** आधारों में यह पता लगाया जाता है कि राजनीतिक व्यवस्था जनता की वर्तमान आकांक्षाओं, मूल्यों व इच्छाओं का कहां तक प्रकाशन करती है और भविष्य के मूल्यों व व्यवस्था को बनाए रखने के लिए शासक कहां तक इनकी उपेक्षा करते हैं ?[20] इन आधारों का विस्तार से विवेचन करके ही तुलना व वैषम्य को व्यवस्थित ढंग से समझा जा सकता है। इसलिए इनका विस्तार से विवेचन किया जा रहा है।

सहभागिता-अपवर्जन या विलगन आयाम (Participation-Exclusion Dimension)

एस० ई० फाइनर की मान्यता है कि राजनीतिक व्यवस्था की प्रकृति चाहे कैसी भी हो, उसमें एक विशिष्ट वर्ग अभिजनों (elites) का होता है, जो राजनीतिक प्रक्रिया में प्रमुख भूमिका अदा करता है, तथा जनसाधारण सामान्यतया राजनीतिक प्रक्रिया से सक्रियता (active) का सम्बन्ध नहीं रखते हैं। इस प्रकार अभिजनों की भूमिका हर राजनीतिक समाज में—निरंकुश तन्त्रों से लेकर लोकतन्त्रों तक में, जनता की भूमिका से अपेक्षाकृत अधिक होती है। यद्यपि जनतान्त्रिक व्यवस्थाओं में जनता को प्रत्यक्ष या अप्रत्यक्ष रूप से शासन प्रक्रिया (governing process) में कम या अधिक मात्रा में सम्मिलित करना ही होता है, फिर भी सभी जनतन्त्र एक-से नहीं होते। इसमें भिन्नता का कारण जनता की शासन में भागीदारी की मात्रा है। इसलिए इस आधार पर शासन व्यवस्थाओं की तुलना की जा सकती है। जनता की शासन प्रक्रिया में यह भूमिका तुलना का एक श्रेष्ठ व वैज्ञानिक आधार कही जा सकती है। क्योंकि, इस आधार पर शासन व्यवस्थाओं की प्रकृति का स्पष्टीकरण होता है। तुलना के लिए सुनिश्चित व माप-योग्य तथ्य उपलब्ध हो जाते हैं। जैसे किसी राजनीतिक व्यवस्था की लोकतान्त्रिकता या निरंकुशता का ज्ञान इसी आधार पर किया जा सकता है कि शासन-क्रिया में कितने लोग सम्मिलित हैं या इससे वंचित रखे गए हैं? इसके अन्तर्गत दो शासन व्यवस्थाओं या राजनीतिक व्यवस्थाओं की तुलना करने पर यह स्पष्ट हो जाता है कि इन देशों में शासन प्रक्रिया में अभिजनों का कितना भाग है और जन-सामान्य की कितनी भागीदारी (involvement) है। इस प्रकार की तुलना के निम्नलिखित उदाहरण इस आधार को और स्पष्ट कर सकेंगे। जैसे यह तुलना—

[20]*Ibid.*, p. 40.

(1) एक देश के अभिजनों व अन्य देश के अभिजनों के बीच,

(2) एक देश के जनसाधारण व अन्य देशों के जनसाधारण के राजनीतिक व्यवहारों के बीच,

(3) एक देश के अभिजनों व जन-समुदाय की अन्त:क्रिया (inter-action) व अन्य देशों के अभिजनों व जन समुदायों की अन्त:क्रियाओं के बीच की जा सकती है।

उपरोक्त तुलनात्मक अध्ययन करते समय इनके बारे में कुछ बातों का विशेष ध्यान रखने से तुलना और भी अधिक उपयोगी बन सकेगी। जैसे अभिजनों व जन-समुदाय की संरचनाएं (structure of elite and masses), इनकी शासन प्रक्रिया में भूमिकाएं तथा इनका वास्तविक राजनीतिक व्यवहार, ध्यान में रखना आवश्यक है।

इसके अलावा यह भी देखना तुलना में उपयोगी रहेगा कि अभिजनों व जन-सामान्य के शैक्षणिक, सामाजिक, सांस्कृतिक व आर्थिक आधार क्या हैं? इस प्रकार, एक देश के अभिजनों की, अन्य देश के अभिजनों से, उनकी संरचना, भूमिका व वास्तविक राजनीतिक व्यवहार तथा उनकी शैक्षणिक, सामाजिक व आर्थिक पृष्ठभूमि के आधार पर तुलना कर न केवल उनका राजनीतिक व्यवस्था में स्थान-अंकन सम्भव है, वरन इस आधार पर राजनीतिक व्यवस्थाओं की प्रकृति सम्बन्धी सिद्धान्त भी प्रतिपादित किये जा सकते हैं। यही बात जनसाधारण के बारे में भी लागू होती है। परन्तु इनका इस प्रकार का तुलनात्मक अध्ययन ही काफी नहीं। इससे राजनीतिक व्यवस्था की गत्यात्मक शक्तियों (dynamic forces) का सही चित्रण नहीं होता है। इसलिए एक ही देश में अभिजनों व जनसाधारण की अन्त:क्रिया का अन्य देशों में इनकी अन्त:क्रियाओं से तुलनात्मक विश्लेषण भी आवश्यक है। इससे ही यह स्पष्ट होता है कि राजनीतिक प्रक्रिया में कौन कितना सम्मिलित है और कितना इससे वंचित रखा गया है?

हर देश की शासन-प्रक्रिया में अभिजन तो औपचारिक व प्रत्यक्ष रूप में सम्मिलित रहते ही हैं, पर जनसाधारण को शासन-प्रक्रिया में भागीदार बनने के अवसर कम ही प्राप्त होते हैं। जैसे जनमत-संग्रह, लोकनिर्णय, प्रतिनिधित्व व्यवस्था या राजनीतिक दलों की व्यवस्था, जनसाधारण के राजनीतिक व्यवस्था में सक्रिय सहयोग के कुछ ही अवसर प्रदान करती है। जनमत-संग्रह (plebiscite) या लोकनिर्णय (referendum) में, किसी भी विशिष्ट नीति सम्बन्धी या अन्य शासन सम्बन्धी महत्त्वपूर्ण प्रश्न पर जनसाधारण की प्रत्यक्ष व सीधी राय ली जाती है और जनता मतदान के माध्यम से इस प्रकार के प्रश्नों पर अपना निर्णय देती हुई शासन-क्रिया में भागीदार बनती है। जैसे स्विट्ज़रलैण्ड व फ्रांस में व्यवस्था है कि जनता कुछ मामलों में अपना निर्णायक मत रखती है।

परन्तु सामान्यतया लोकतान्त्रिक व्यवस्थाओं में यह अपने विचारों का प्रतिनिधित्व करने वाले प्रतिनिधियों के चुनाव से ही अधिक होता है, जो वास्तव में जनता को शासन-प्रक्रिया में सम्मिलित करना नहीं, पर जनता को इससे, अपने शासनकर्ताओं को चुनने व हटाने के अधिकार से शासकों को नियन्त्रित करने या उनकी नीतियों पर निषेधाधिकार (veto power) का प्रयोग करने का अवसर प्राप्त हो जाता है। यह जनता की शासन-

क्रिया में सहभागिता (participation) शासकों पर नियन्त्रण की व्यवस्था द्वारा ही व्यावहारिक बनती है।

राजनीतिक दलों के माध्यम से भी जनसाधारण शासन-प्रक्रिया में सम्मिलित होता है। इन्हीं के माध्यम से जनता को अपनी आकांक्षाओं (aspirations) व मूल्यों को व्यावहारिक रूप देने का अवसर मिलता है क्योंकि दल ही प्रतिनिधित्व प्रणाली में सरकारों के आधार होते हैं। कार्ल डायच (Karl W. Deutsch) ने अपनी एक पुस्तक *Newer Governments* में अनौपचारिक ढंग से जनता के शासन-प्रक्रिया में सम्मिलित रहने की बात कही है। कई शासन व्यवस्थाओं में, मुख्यतया लोकतान्त्रिक राज्यों में, जनता शासन-प्रक्रिया में हर समय सहभागी नहीं बनाई जाती पर स्वयं जागरूकता के कारण भागीदार बनने के साधन अपनाती है। यह साधन संवैधानिक और संविधानातिरिक्त (extra-constitutional) या कहीं-कहीं असंवैधानिक भी हो सकते हैं। सामान्यतया सभी शासन व्यवस्थाओं में इन तीनों साधनों का प्रयोग किया जाता है। यह साधन, दबाव-दांवपेच (pressure-tactics), लोकप्रिय आन्दोलन या जन-आन्दोलन इत्यादि हो सकते हैं। इनसे ही नहीं, जनता समाचारपत्रों के माध्यम से भी शासन-प्रक्रिया में सम्मिलित होने का प्रयत्न करती है। 'मंच' (public-platform) द्वारा भी जनता लोकतन्त्री व्यवस्थाओं में शासन-तन्त्र का सजीव अंग बन जाती है।

उपरोक्त विवेचन से स्पष्ट है कि जनसाधारण शासन-प्रक्रिया में औपचारिक व अनौपचारिक, प्रत्यक्ष व अप्रत्यक्ष ढंग, दोनों से ही सम्मिलित हो सकता है। यहां जनसाधारण की कितनी सहभागिता है यही देखना काफी नहीं वरन यह भी देखना आवश्यक है कि जनता किस मात्रा में स्वाभाविक ढंग से सरकार की आज्ञा या आदेश मानती है और कितना डर के कारण आदेश पालन होता है? अर्थात 'शासकों' व 'शासितों' का सम्बन्ध क्या है? एस० ई० फाइनर ने शासक-शासित सम्बन्धों (ruler-ruled relationship) को इस आधार पर चार श्रेणियों में विभक्त माना है।[21] और इन्हें शासक-शासित वर्णपट्ट (spectrum)-पर चित्र 2.5 में दिखाया गया है।

शासक-शासित सम्बन्ध वर्णपट्ट

निकटता ——————————————→ दूरी

(1)	(2)	(3)	(4)
↓	↓	↓	↓
(लोकप्रिय सहभागिता)	(लोकप्रिय नियन्त्रण)	(लोकप्रिय मौन-स्वीकृति)	(लोकप्रिय अर्पण)

चित्र 2.5..शासक-शासितों का सम्बन्ध व जनता की सहभागिता

चित्र 2.5 से स्पष्ट है कि शासक व शासितों की सम्पर्कता या असम्पर्कता उनकी शासन-प्रक्रिया में सहभागिता का संकेत करती है। ज्यों-ज्यों शासकों व शासितों के सम्बन्ध

[21] *Ibid.*, p. 42.

निकटता के होते जायेंगे त्यों-त्यों जनसाधारण की सहभागिता बढ़ती जायेगी और इनके सम्बन्धों में दूरी, सहभागिता से विलगन की अवस्था लाती जायेगी। इन सम्बन्धों को सहभागिता-विलगन निरन्तर' (participation-exclusion continuum) पर चित्रित करके भी यह स्पष्ट किया जा सकता है कि शासन-प्रक्रिया में जनसाधारण की कितनी सहभागिता है ?

सहभागिता-विलगन निरन्तर

पूर्ण सहभागिता ————————————————→ पूर्ण विलगन

| (1) (2) (3) (4) |

↓ ↓ ↓ ↓

(लोकप्रिय सहभागिता) (लोकप्रिय नियन्त्रण) (लोकप्रिय मौन-स्वीकृति) (लोकप्रिय अर्पण)

चित्र 2.6. जनता की राजनीतिक प्रक्रिया में सहभागिता व विलगन चित्रण

किसी भी शासन व्यवस्था में हर समय सम्पूर्ण जन-समुदाय को पूरी तरह सम्मिलित रखना उसी प्रकार सम्भव नहीं जिस प्रकार सबको शासन-प्रक्रिया से पूर्णतया अलग रखना सम्भव नहीं होता है। सभी शासन व्यवस्थाएं 'सहभागिता-विलगता निरन्तर' पर पूर्ण सहभागिता व पूर्ण विलगता के दो छोरों के बीच में ही पाई जाती है तथा पूर्ण सहभागिता (total participation) व पूर्ण विलगता (total exclusion) की अवस्थाएं केवल काल्पनिक ही होती हैं। उपरोक्त चित्र से यह स्पष्ट है और इनके संक्षिप्त विवेचन से और अधिक स्पष्ट हो जायेगा।

(क) लोकप्रिय सहभागिता (Popular participation)—लोकाप्रय सहभागिता में जनता को शासन-प्रक्रिया में सम्मिलित होने के अनेक व प्रत्यक्ष अवसर प्राप्त रहते हैं। यह अवसर सामान्यतया निर्णायक होते हैं परन्तु निर्णायक नहीं भी हो सकते हैं। इनके परिणाम अनिवार्यत: शासक मानते हों या नहीं मानते हों इस पर निर्णायकता निर्भर करती है। जैसा जनमत-संग्रह व लोकनिर्णय में होता है। जनमत-संग्रह जनता का मत संकेत प्राप्त करने के लिए कराया जा सकता है जो निर्णायक इसलिए नहीं कहा जा सकता कि शासक इसके परिणाम को मानने के लिए बाध्य नहीं होते पर लोकनिर्णय (referendum) सामान्यतया निर्णायक ही माना जाता है।

(ख) लोकप्रिय नियन्त्रण (Popular control)—लोकप्रिय नियन्त्रण में शासन-प्रक्रिया से सम्बन्धित अन्तिम निर्णय जनता में रहता है। यह अन्तिम निर्णय चुनावों के माध्यम से व्यावहारिक रूप लेता है जब जनता शासकों व उनकी नीतियों को उन्हें चुनकर या नहीं चुनकर स्वीकृत या अस्वीकृत करती है।

(ग) लोकप्रिय मौन स्वीकृति (Popular acquiescence)---इसमें जनता शासकों के निर्णयों को किसी परिस्थितिवश स्वीकार करती है। जनता पर परिस्थितियों का इतना दबाव हो सकता है कि सरकारी निर्णयों पर वह सहमत होने के अलावा और कोई विकल्प नहीं पाती हो।

(घ) लोकप्रिय-अर्पण या समर्पण (Popular submission)—लोकप्रिय अर्पण में जनता को शासकों द्वारा जो कहा जाता है वह करना होता है। यहां जनता को बने-बनाये (ready made) निर्णय दिये जाते हैं जिन्हें वह मानने के लिए मजबूर होती है। यह निरंकुश व्यवस्थाओं में प्रमुखतया देखा जाता है पर कभी-कभी लोकतन्त्र में भी इसका कुछ अंश प्रवेश पा लेता है। विशेषतया संकट की अवस्थाओं में लोकतन्त्र में ऐसा होता है।

उपरोक्त विवेचन से स्पष्ट है कि शासकों व शासितों के सम्बन्ध क्रमिक रूप से पूर्ण सहभागिता व पूर्ण विलगता के दो ध्रुवों के बीच सभी शासन व्यवस्थाओं को अंकित करने में सहायक होते हैं। इनमें जनता की सहभागिता की स्थिति, जनता के नियन्त्रण की स्थिति, जनता द्वारा दबाव में स्वीकृति की स्थिति और अन्त में शासकों के सामने जनता के झुकने की स्थिति प्रमुख है।

इस से स्पष्ट है कि तुलनात्मक राजनीति का यह 'तुलना प्रमाप' (comparison critarion) न केवल शासन-प्रक्रिया में जनसाधारण की सहभागिता या विलगन स्पष्ट करता है, वरन इससे शासकों व शासितों के सम्बन्धों का भी चित्रण होता है और इससे यह भी संकेत मिलता है कि शासन व्यवस्था की प्रकृति लोकतान्त्रिक है या अलोकतान्त्रिक। यह चित्र 2.7 में नीचे दिखाया गया है।

लोकतन्त्र-निरंकुश तन्त्र निरन्तर

लोकतन्त्र ← ———————————————— → निरंकुश तन्त्र

(अप्रत्यक्ष लोकतन्त्र) (प्रतिनिधात्मक लोकतन्त्र) (निर्देशित लोकतन्त्र) (निरंकुश तन्त्र)

(1) (2) (3) (4)

↓ ↓ ↓ ↓

(लोकप्रिय सहभागिता) (लोकप्रिय नियन्त्रण) (लोकप्रिय मौन-स्वीकृति) (लोकप्रिय अर्पण)

चित्र 2.7. जनता की सहभागिता व शासन व्यवस्था की प्रकृति का सम्बन्ध

एस० ई० फाइनर का कहना है कि हर शासन व्यवस्था में जनता की शासन-प्रक्रिया में सहभागिता ज्यों-ज्यों कम होती जाती है त्यों-त्यों राजनीतिक व्यवस्था की प्रकृति में परिवर्तन आता जाता है। फाइनर ने पूर्ण सहभागिता की स्थिति को सर्वोत्तम तथा पूर्ण अपवर्जन की स्थिति को बुरा माना है। यहां अच्छे-बुरे के विवाद में नहीं पड़कर इतना ही जानना काफी है कि उपरोक्त आधार राजनीतिक अवस्थाओं की तुलना की कई सम्भावनाएं व दृष्टिकोण प्रस्तुत करता है। इस प्रकार की तुलना में तथ्यों को आसानी से मापा जा सकता है जिससे सुनिश्चित परिणाम निकाले जा सकते हैं। केवल इसी आधार पर शासन व्यवस्थाओं व प्रक्रियाओं की व्यवस्थित ढंग से तुलना कर राजनीतिक व्यवहार के बारे में सामान्यीकरण की अवस्था तक पहुंचा जा सकता है।

अवपीड़न-अनुनयन आयाम (Coercion-Persuation Dimensions)

तुलनात्मक राजनीति में तुलना का एक आधार अवपीड़न व अनुनयन का भी हो सकता है। वैसे तो हर शासक अपनी प्रजा द्वारा आज्ञा पालन, अवपीड़न व अनुनयन के सम्मिश्रित प्रयोग से कराते हैं। परन्तु इन दोनों में मिश्रण-मात्रा एक राज्य से दूसरे राज्य में प्रचुर भिन्नता रखती है। एक राजनीतिक व्यवस्था में एक की प्रचुरता, उसे अन्य राजनीतिक व्यवस्था से, जिसमें दूसरे की प्रचुरता हो, अलग प्रकार का बना देती है। इस आयाम व आधार में फाइनर ने यह बताने का प्रयास किया है कि राजनीतिक व्यवस्थाएं इस आधार पर भी अलग-अलग की जा सकती हैं कि वहां शासक किस मात्रा में अपने आदेशों का पालन कराने के लिए दबाव डाल रहे हैं और कितना आदेश पालन अनुनयन से हो रहा है? इसको दूसरे शब्दों में इस प्रकार व्यक्त किया जा सकता है कि शासक, शासक बने रहने का वैधीकरण (legitimization) किस प्रकार स्थापित करते हैं? वे जनता को कितना अपने साथ ले चलने में समर्थ हैं? अर्थात शासक जनता की आकांक्षाओं व मूल्यों की कितनी अभिव्यक्ति करते हैं? शासकों के शासक के रूप में बने रहने का औचित्य, शक्ति है अथवा जन-इच्छा है। वैसे तो कोई भी शासक केवल शक्ति या केवल जन-इच्छा पर वैधता प्राप्त नहीं कर सकता फिर भी इन दोनों की मात्रा कितनी है इस आधार पर वैधता (legitimacy) का परीक्षण कर इस आधार पर शासन व्यवस्थाओं की तुलना की जा सकती है। परन्तु यहां यह समस्या उत्पन्न होती है कि हर राजनीतिक व्यवस्था में दोनों का ही अनिवार्यतः मिश्रण विद्यमान रहता है तो फिर शासन व्यवस्थाओं को इस आधार पर अलग कैसे किया जाए? अगर शासन व्यवस्थाएं अलग नहीं की जा सकतीं तो उनमें तुलना कैसे हो?

इस आधार पर शासन व्यवस्थाओं को समझने के लिए अवपीड़न व अनुनयन के अनुपात का माप आवश्यक हो जाता है। शक्ति व सहमति के मानदण्ड से शासन व्यवस्थाएं अलग-अलग की जा सकती हैं। जहां अवपीड़न व दबाव-शक्ति का आधिक्य है, वह एक प्रकार की तथा जहां अनुनयन व सहज सहमति की अधिकता है, वह दूसरी प्रकार की व्यवस्था होगी। प्रथम निरंकुश तो दूसरी लोकतान्त्रिक अधिक कही जाएगी। परन्तु एक ही देश में इनकी मात्रा विभिन्न कालों में भिन्न-भिन्न हो सकती है। जैसे नेहरू युग में इनके मिश्रण का जो अनुपात था वह श्रीमती इन्दिरा गांधी के युग के अनुपात से भिन्न हो सकता है। इस प्रकार की भिन्नता तुलना के लिए प्रचुर तथ्य उपलब्ध कराती है। इस अवपीड़न व अनुनयन के मिश्रण व मिश्रण के अनुपात के आधार पर एस० ई० फाइनर ने शासन व्यवस्थाओं को चार वर्गों में विभक्त पाया है।[22] उनके अनुसार हर शासक अपनी राजनीतिक सत्ता की वैधता के लिए मुख्यतया अवपीड़न, छल साधन, जकड़न व अनुनयन या सौदेबाजी में से कोई एक या अनेक साधन अपना सकता है। वैसे शासकों के इनमें से किसी एक साधन का प्रयोग करने के उद्देश्य भिन्न-भिन्न हो सकते हैं। अर्थात वे आधारभूत उद्देश्य अलग-अलग हो सकते हैं जिनके लिए वे जनता से अपनी

[22] *Ibid.*, p. 44.

आज्ञाओं का पालन करवाना चाहते हैं। जैसे शासकों का उद्देश्य जनता में कोई नवीन प्रवृत्ति जागृत करना हो सकता है या यदि ऐसी प्रवृत्ति समाज में पहले से ही विद्यमान है तो उसके बारे में जनता में जागरूकता लाने का लक्ष्य हो सकता है। शासकों द्वारा अपनाए गए अवपीड़न अथवा अनुनयन के साधन व उससे सम्बन्धित जनता के मानसिक दृष्टिकोण 'अवपीड़न-अनुनयन निरन्तर' (coercion-persuation continuum) पर अंकित करके स्पष्ट किये जा सकते हैं। यहां अवपीड़न के छोर पर भय को अंकित किया गया है तथा अनुनयन के छोर पर प्रज्ञान (cognition) या हितों (interests) का अंकन किया गया है। इन दोनों को ही एक 'निरन्तर' पर अंकित करके इनकी पारस्परिकता व गठबन्धित्ता का संकेत दिया गया है।

अवपीड़न-अनुनयन निरन्तर

अवपीड़न ← ————————————————— → अनुनयन

केवल अवपीड़न | केवल अनुनयन

↑ −1 (1) (2) (3) (4) +4 ↑

(C++) ↓ ↓ ↓ ↓ (P++)

(1) अवपीड़न (2) छल-साधन (3) जकड़न (4) अनुनयन या सौदेबाजी

(C+) $\begin{pmatrix} C \\ P- \end{pmatrix}$ $\begin{pmatrix} C- \\ P \end{pmatrix}$ (P+)

(1) भय (2) श्रद्धा (3) भावना (4) प्रज्ञान या हित

चित्र 2.8. अवपीड़न-अनुनयन व इससे सम्बन्धित जनता के मानसिक दृष्टिकोणों की पारस्परिकता-चित्रण

चित्र 2.8 में (C++) व (P++) जो निरन्तर रेख पर क्रमशः (−1) व (+4) स्थानों पर अंकित है 'केवल अवपीड़न' या 'केवल अनुनयन' की अवस्थाएं हैं जो काल्पनिक ही कही जा सकती हैं। क्योंकि किसी भी राजनीतिक व्यवस्था में शासकों का ऐसा व्यवहार नहीं पाया जाता। (C+) अवपीड़न व (P+) अनुनयन के आधिक्य का संकेत है। जिस व्यवस्था में (C+) है वहां अनुनयन कुछ अंश में ही तथा जहां (P+) है वहां दबाव या अवपीड़न कुछ मात्रा में ही देखा जाएगा। तथा $\begin{pmatrix} C \\ P- \end{pmatrix}$ व $\begin{pmatrix} C- \\ P \end{pmatrix}$ ऐसी अवस्थाएं हैं जिनमें (C) व (P) दोनों ही पाये जाते हैं पर एक में (C) अधिक है व (P) कम है। जबकि दूसरी व्यवस्था में (P) अधिक व (C) कम पाया जाता है। यहां (C) से अवपीड़न (coercion) व (P) से अनुनयन (persuation) का तात्पर्य है। इस प्रकार की उपरोक्त चार श्रेणियों का संक्षेप में अलग से वर्णन करना इन्हें समझने में सहायक होगा।

अवपीड़न की स्थिति में शासक करीब-करीब भौतिक शक्ति पर ही निर्भर रहते हैं और इस भौतिक शक्ति के आधार पर वैधता प्राप्त करना चाहते हैं। अतः यहां वे शक्ति पर आधारित रहते हैं। यहां जनता को भयभीत करना होता है। उसे इतना डरा देना कि वह शासक के विरुद्ध उठने का प्रयत्न ही न कर सके। यहां शासक सोचता है कि जनता को भौतिक शक्ति से डराया जा सकता है। यहां मानव का स्वार्थ कि वह जीवित रहना चाहता है उसे डराए रखता है। इस प्रकार डर की नकारात्मक भावना को वह सकारात्मक रूप से पूरा करता है। इस प्रकार की व्यवस्थाएं सैनिक तानाशाही कही जा सकती हैं।

छल-साधन (manipulation) में शासक डराने-धमकाने का तन्त्र प्रयोग में नहीं लाते। यद्यपि यह तत्त्व व्यवस्था में विद्यमान रहते हैं लेकिन उनकी पूर्णतया सहायता नहीं ली जाती, अपितु शासक चतुरता से ऐसा कुछ करता है जिससे शासकों के प्रति जनता में श्रद्धा व्याप्त रहे और वैधता प्राप्त हो जाय। इसमें दबाव व शक्ति का प्रयोग कर जनता को जरूरत के अनुसार ही धमकाया जाता है। इसका उद्देश्य है जनता को अवपीड़न से अनभिज्ञ रखते हुए अधीन बनाया जाय। यहां शक्ति व दबाव का उपयोग कम और जनता की आस्थाओं व भावनाओं से प्रमुख रूप से खेला जाता है। जैसे धर्म में विश्वास रखने वाली जनता में शासक धर्म-संरक्षक (protector of faith) के रूप में सामने आएगा जैसे पाकिस्तान में राष्ट्रपति अय्यूब खां ने किया। भारत में 1962 के आम चुनावों में भी राजा-महाराजाओं के प्रति आस्था की भावना का कई राजा-महाराजाओं ने सफलतापूर्वक प्रयोग किया है।

नियन्त्रण (regimentation) में जनता की भावना को जकड़ा जाता है। यह जकड़-शृंखलाएं, विचारधारा (ideological) की, अन्धविश्वासों या जातीय श्रेष्ठता (racial superiority) की हो सकती हैं। इनका स्वरूप कुछ भी हो इनमें जनता का समर्थन एक-सी आस्था या विचारधारा की जकड़न भावना के आधार पर प्राप्त होता है। जैसे नाज़ी जर्मनी में जातीय श्रेष्ठता के आधार पर जनता को आज्ञा पालन के लिए तैयार किया गया था। रूस व चीन में साम्यवादी विचारधारा में आस्था शासकों की शक्ति की वैधता का स्रोत रहती है।

अनुनयन की अवस्था में शासक व जनता में व्यापक सहमति का आभास मिलता है। यहां शासक जनता के मूल्यों व मान्यताओं को पहचानने का प्रयत्न करता है और इन मूल्यों को व्यावहारिक बनाकर या व्यावहारिक बनाने का विश्वास दिलाकर वैधता प्राप्त करता है। ऐसी शासन व्यवस्थाओं में शासक व शासित में वैधता के लिए एक तरह का समझौता-सा लगता है, जिसका शासक कई बार सौदेबाजी करने में भी प्रयोग कर सकते हैं। ऐसी व्यवस्थाओं में जनता के हितों का सन्धियोजन (interest articulation) व समूहीकरण (aggregation) करने का यत्न किया जाता है। यह कार्य लोकतान्त्रिक व्यवस्थाओं में विशेषकर राजनीतिक दल करते हैं। दल शासक व शासितों के बीच की कड़ी बनकर जनमूल्यों को शासकों तक पहुंचाने व उन्हें वैधता दिलाने की भूमिका अदा करते हैं। चित्र 2.8 में दिखाई गई शासन की उक्त चार अवस्थाओं में लोगों का

मानसिक दृष्टिकोण क्रमशः डर (fear), श्रद्धा (deference), भावना (sentiments) व प्रज्ञान (cognition) या हित (interests), शासकों की वैधता का आधार होता है। यहां यह उल्लेख करना अनुपयुक्त नहीं होगा कि अगर 'अवपीड़न-अनुनयन आयाम' को 'सहभागिता-अपवर्जन आयाम' से मिलाया जाए तो अपवीड़न अपवर्जन के व अनुनयन सहभागिता के समीप होंगे। अगर इसे राजनीतिक व्यवस्था की प्रकृति से जोड़ा जाए तो 'अवपीड़न-अपवर्जन' निरंकुश व्यवस्था का संकेतक व 'अनुनयन-सहभागिता' लोकतान्त्रिक व्यवस्था का प्रतीक पाया जाएगा।

राजनीतिक व्यवस्थाओं की तुलना का उपरोक्त आधार न केवल शासन व्यवस्थाओं के वर्गीकरण में सहायक है वरन इस आधार पर शासन व्यवस्था की प्रकृति, शासकों व शासितों के सम्बन्धों और शासकों की शक्ति की वैधता के स्रोतों का सही-सही ज्ञान प्राप्त किया जा सकता है। वास्तव में तुलना का यह आधार राजनीतिक व्यवस्थाओं व राजनीतिक व्यवहारों की गहराइयों में झांकने का उपकरण प्रदान करता है।

व्यवस्थात्मक-प्रतिनिधात्मक आयाम (Order-Representativeness Dimension)

तुलना के व्यवस्थात्मक-प्रतिनिधात्मक आधार पर भी विभिन्न सरकारों की तुलना की जा सकती है। परन्तु तुलना का यह आधार उतना सरल नहीं है। तुलना के इस आधार में साधारणतया यह देखा जाता है कि राजनीतिक व्यवस्था में शासक प्रतिनिधि रूप रखते हैं या नही। अर्थात शासक जनता का प्रतिनिधित्व करते हैं या नहीं। यहां यह प्रश्न उत्पन्न होता है कि 'जनता' का क्या अर्थ लिया जाए? क्या जनता में केवल अभिजनों (elites) को, या सामान्य जनसाधारण को, या दोनों को ही सम्मिलित माना जाए? हर समाज में अल्पसंख्यक (minority) भी होते हैं। इन अल्पसंख्यकों व बहुसंख्यकों के आपसी सम्बन्ध भी उस समय जटिलताएं उत्पन्न करते हैं जब राजनीतिक व्यवस्था में अल्पसंख्यकों के विकास की कोई सम्भावनाएं व साधन नहीं रहते। इस प्रकार, इस आधार में इस बात का, कि शासक सबका प्रतिनिधित्व सही अर्थों में करते हैं, ध्यान रखकर ही तुलना का प्रयास करना चाहिए अन्यथा तुलना सतही रह जाएगी और उससे शासन प्रक्रियाओं व राजनीतिक व्यवहार को समझने में सहायता नहीं मिलेगी। जैसे एक शासन व्यवस्था में शासक 40 प्रतिशत का मत प्राप्त करके ही सब पर शासन का वैधानिक अधिकार प्राप्त कर लेते हैं तो यह प्रतिनिधित्व का एक प्रकार हुआ और दूसरा 70 प्रतिशत का मत वाला प्रकार हो सकता है। दोनों में ही चुनावों के आधार पर शासक संगठित हुए हैं पर इनमें अन्तर प्रतिनिधात्मकता में अन्तर ला देता है।

व्यवस्था को बनाए रखना या बनाए रखने की शासकों से अपेक्षा इसमें और पेचीदगी का समावेश करती है। प्रतिनिधात्मक प्रकृति वाले शासक अधिक वैधता-युक्त होने के कारण व्यवस्था को बनाए रखने का औचित्य प्राप्त कर लेते हैं। यह व्यवस्था लोकतान्त्रिक सरकारों से निरंकुश व्यवस्थाओं में श्रेष्ठतर होती है फिर भी प्रतिनिधात्मकता प्राप्त करने के लिए राजनीतिक समाज कुछ न कुछ व्यवस्था (order) का ही बलिदान

करना श्रेयस्कर समझते हैं। इससे स्पष्ट है कि तुलना करते समय राजनीतिक समाजों में शासकों की प्रतिनिधात्मकता व व्यवस्थात्मकता की अपेक्षाओं का ध्यान रखना होता है।

वर्तमान-भावी गन्तव्य आयाम (Present Goals-Future Goals Dimension)

तुलना का यह आधार उतना सरल नहीं है जितने पहले तीन आधार हैं। इस आधार पर राजनीतिक व्यवस्थाओं की तुलना करते समय किसी राजनीतिक व्यवस्था के न केवल वर्तमान मूल्यों व उनकी अभिव्यक्ति व पूर्ति के लक्ष्यों का वरन समाज की आकांक्षाओं पर आधारित अपेक्षित व भावी मूल्यों का भी ध्यान रखना होता है। कई राजनीतिक व्यवस्थाओं में इन दो प्रकार के मूल्यों—वर्तमान व अपेक्षित, में गतिरोध की अवस्थाएं दिखाई देती हैं। इसमें जटिलता उस समय और भी बढ़ जाती है जब राजनीतिक व्यवस्था में शासकों से यह अपेक्षा भी रखी जाती है कि वे मूल्यों में निरन्तरता व क्रमिकता बनाए रखने का प्रयास भी करें।

इस आधार पर तुलना करते समय यह भी नहीं भूलना चाहिए कि सरकारों में विद्यमान विशिष्टताएं अत्यधिक जटिल होती हैं तथा कई विशेषताएं आपस में बेमेल (inconsistent) भी होती हैं। राजनीतिक व्यवस्थाओं की प्रकृति की जटिलताओं के कारण एक राजनीतिक समाज, एक तरह से किसी भी अन्य राजनीतिक समाज के समान नहीं होता। सरकार की संरचना केवल स्पष्ट तथा अभिव्यक्त (expressed) मूल्यों का ही प्रतिनिधित्व नहीं करती वरन भावी मूल्यों की प्राप्ति की संस्थागत व्यवस्था भी हो सकती है। इसलिए मूल्यों व गन्तव्यों के आधार पर तुलना अत्यधिक कठिन कार्य है। कारण मूल्य व गन्तव्य स्वाभाविक भी हो सकते हैं तथा यह आरोपित भी हो सकते हैं। ऐसी अवस्थाओं में तुलना दुष्कर बन जाती है। जैसे भारत में 'समाजवाद' का गन्तव्य स्वाभाविक लगता है पर रूस में साम्यवाद द्वारा स्थापित गन्तव्यों में इतनी स्वाभाविकता परिलक्षित नहीं होती है।

तुलना के उपरोक्त आयामों के विवेचन से स्पष्ट है कि राजनीति में सुनिश्चित, माप योग्य (measurable) व विश्वसनीय (reliable) तथ्य प्राप्त करना कठिन है। राजनीतिक व्यवहार इतने प्रभावों से युक्त होता है कि उसकी तुलना के सर्वव्यापी आधार सम्भव ही नहीं हैं। एस० ई० फाइनर द्वारा विवेचित उपरोक्त आधार अवश्य ही इस दिशा में मार्गदर्शक हैं तथा मोटे तौर पर तुलना की सम्भावनाओं का संकेत करते हैं। परन्तु इन आधारों का प्रयोग करते समय शोधकर्ता को सतर्क रहना आवश्यक है। अन्त में यही कहा जा सकता है कि उपरोक्त आधारों पर तुलना की जाए तो राजनीतिक व्यवस्थाओं, शासन-तन्त्रों, राजनीतिक व्यवहार के बारे में सामान्यीकरण की सम्भावनाएं हो जाती हैं।

अध्याय 3

तुलनात्मक राजनीति—विकास के प्रमुख सीमाचिह्न

(Comparative Politics—Landmarks in its Evolution)

तुलनात्मक राजनीति स्वतन्त्र अनुशासन की अवस्था में अचानक नहीं पहुंच गई है। इसके विकास का न केवल लम्बा इतिहास रहा है वरन, यह इतिहास अनेकों उतार-चढ़ावों से परिपूर्ण भी रहा है। इसलिए तुलनात्मक राजनीति की प्रकृति, परिभाषा व अध्ययन-क्षेत्र के विवेचन के बाद यह देखना आवश्यक है कि इसका विकास किस प्रकार हुआ? इस ऐतिहासिक सन्दर्भ में ही यह समझना सम्भव है कि इस अनुशासन में क्या विवाद रहे हैं और उनका इसके विकास पर क्या प्रभाव पड़ा है। यह कहा जाता है कि आज तुलनात्मक राजनीति एक संक्रमण की अवस्था में है। इसके परम्परागत आधार, दृष्टिकोण, पद्धतियों व शैली के प्रति आज राजनीतिशास्त्रियों में असन्तोष की प्रवृत्ति है। जैसा दूसरे अध्याय में स्पष्ट किया गया है, आज भी तुलनात्मक राजनीति की प्रकृति व क्षेत्र को लेकर उकताहट व असहमति की स्थिति दिखाई देती है। आज तुलनात्मक राजनीति के आधुनिकीकरण का प्रश्न प्रमुख बना हुआ है। ऐसा लगता है कि आज तुलनात्मक राजनीति उस संस्था या व्यक्ति की तरह है जो परम्परागत व आधुनिकता के अलग-अलग संसारों में एक साथ रह रहा हो। यह वह स्थिति है, जिसमें तुलनात्मक राजनीति परम्परा को पूर्णतया छोड़ नहीं पा रही है, और पूरी तरह आधुनिक भी नहीं बन सकी है। इसलिए तुलनात्मक राजनीति में आज मतभेद, गतिरोध व चुनौतियों की बहुलता है। तुलनात्मक राजनीति के विद्वान पुराने सिद्धान्तों और पद्धतियों को छोड़कर नवीन सिद्धान्तों व शैलियों को अपनाने का प्रयत्न कर रहे हैं। परन्तु कई कारणों[1] से यह पुरातन से नवीन की ओर का चरण अत्यन्त कठिन बन रहा है, तथा आधारभूत बातों पर अभी भी विवाद और मतभेद दिखाई देते हैं।

प्रस्तुत अध्याय में इन विवादों का संक्षिप्त विवेचन करके तुलनात्मक राजनीति के विकास के प्रमुख सीमाचिह्नों का वर्णन किया गया है। अरस्तू व शास्त्रीय परम्परा के संक्षिप्त विवेचन के बाद पुनः जागरण काल में मैकियावली, व बुद्धिवाद युग में मोन्टेस्क्यू के तुलनात्मक अध्ययनों की चर्चा की गई है। फिर इतिहासवाद के योगदान तथा राजनीतिक विकासवाद के काल में तुलनात्मक राजनीति की अवस्था का विवेचन किया

[1]For these reasons refer to the chapter I of this book wherein the various problems of comparative politics have been discussed.

गया है। संक्षेप में, प्रारम्भिक समाजशास्त्रियों की देन का भी वर्णन किया गया है। अन्त में दूसरे महायुद्ध के बाद तुलनात्मक राजनीतिक अध्ययन में आये क्रान्तिकारी व युगान्तर परिवर्तनों का आलोचनात्मक परीक्षण करके आज की स्थिति का संकेत दिया है।

तुलनात्मक राजनीति के विकास के प्रमुख चरणों का विवेचन करने से पहले कुछ विवादों की संक्षिप्त चर्चा आवश्यक है। क्योंकि, इन विवादों के सन्दर्भ में ही तुलनात्मक राजनीति का विकास समझना सम्भव है। इन विवादों में दो विवाद प्रमुख हैं—पहला विवाद है, अधि-सिद्धान्तीय (Meta-Theoretical) व दूसरा है, पूर्व-सिद्धान्तीय (Pre-Theoretical) विवाद। इन विवादों का संक्षिप्त विवेचन इस प्रकार है।

अधि-सिद्धान्तीय विवाद, सिद्धान्तों के सिद्धान्त (Theory of Theories) से सम्बन्धित है। तुलनात्मक राजनीति में इससे तात्पर्य उस विवाद से है जिसमें तुलनात्मक राजनीतिक अध्ययन के आधार-सिद्धान्त पर मत-विभेद है। तुलनात्मक राजनीति के कुछ विद्वान, इस आधारभूत सिद्धान्त, जिस पर इसकी अध्ययन पद्धतियां व विश्लेषण शैली आधारित हैं, को उचित नहीं मानते हैं। यह न केवल इसको चुनौती दे रहे हैं, वरन इसका परित्याग करना चाहते हैं। आधुनिक राजनीतिशास्त्रियों की मान्यता है कि इस आधारभूत सिद्धान्त को छोड़ना आवश्यक है। जब तक यह आधारभूतता बनी रहेगी, तब तक तुलनात्मक राजनीति में नवीन पद्धतियों व प्रविधियों का प्रयोग सम्भव नहीं होगा। यह विद्वान तुलनात्मक राजनीति के आधार, इस आधारभूत सिद्धान्त को, गलत मानते हैं। इससे जटिल राजनीतिक व्यवहार को समझने के लिए आवश्यक नवीन अभिमुखीकरण (orientation) व पद्धतियों के विकास में रुकावटें आती हैं। इस प्रकार, एक तरफ, परम्परावादियों द्वारा इस सिद्धान्त की सार्थकता व उपयोगिता की बात कही जाती है, और दूसरी तरफ, आधुनिक राजनीतिशास्त्री इन्हें न केवल अस्वीकार करते हैं, वरन इन्हें निरर्थक मानते हैं। यह विद्वान तुलनात्मक राजनीति में नये आयाम ढूंढ़ रहे हैं जिनकी अपनी पद्धति, अपने दृष्टिकोण व आधार हों।

इस प्रकार, आधुनिक राजनीति-विद्वान नकारात्मक ढंग से तो तुलनात्मक राजनीति में लम्बी अवधि से प्रचलित सिद्धान्तों को गलत बता रहे हैं और सकारात्मक ढंग से नये आयामों के नये आधार, जिनकी पद्धति व दृष्टिकोण भिन्न हों, प्रस्तुत कर रहे हैं। यह सिद्धान्तों का विवाद मौलिक है। इससे ही तुलनात्मक राजनीति की पुरातन से आधुनिक में प्रवेश की अड़चनों का आभास मिलता है। यह विवाद आज भी बना हुआ है। एक तरफ, राजनीतिक प्रक्रियाओं की विभिन्नताएं व राजनीतिक व्यवहार की विचित्रताएं, तुलनात्मक विश्लेषण को चुनौती दे रही हैं, और परम्परागत अध्ययन दृष्टिकोण को ही, ज्ञान की वर्तमान सीमाओं में सर्वश्रेष्ठ ठहरा रही हैं तो दूसरी तरफ, इन चुनौतियों का सामना करने के लिए नई अवधारणाएं, नई अध्ययन पद्धतियां व नवीन दृष्टिकोण और उपागम प्रस्तुत किए जा रहे हैं। यह सिद्धान्तों का विवाद ही अधि-सिद्धान्तीय विवाद कहा जाता है।

पूर्व-सिद्धान्तीय विवाद से तात्पर्य उस स्थिति से सम्बन्धित विवाद से है, जो सिद्धान्त से पूर्व की स्थिति से सम्बद्ध है। किसी भी शास्त्र में सिद्धान्त निर्माण की तीन अवस्थाए

या स्तर होते हैं। यह तीन स्तर हैं—परिकल्पनाकरण (hypothesisation) सामान्यीकरण व सैद्धान्तीकरण। पूर्व-सिद्धान्तीय विवाद का सम्बन्ध पहले व दूसरे स्तरों से है। आधुनिक तुलनात्मक राजनीति अभी तक परिकल्पनाकरण व सामान्यीकरण से आगे नहीं बढ़ पाई है। इन स्तरों के सम्बन्ध में भी अनेकों विवाद हैं। हेरी एक्सटीन ने इन विवादों के कारणों पर टिप्पणी करते हुए लिखा है कि "तुलनात्मक राजनीति के बारे में सबसे अधिक आधारभूत बात यह है कि आज यह ऐसा अनुशासन है जिसमें अत्यधिक विवाद है, क्योंकि यह शास्त्र एक प्रकार की विश्लेषण शैली से दूसरे प्रकार की शैली में संक्रमण की अवस्था में है।"[2]

उपरोक्त विवेचन से स्पष्ट है कि तुलनात्मक राजनीति में विवाद ही विवाद हैं। इस अनुशासन का कोई सरल व सीधा विवेचन सम्भव नहीं। इसकी वर्तमान अवस्था को समझने के लिए हेरी एक्सटीन के अनुसार तीन बातें करनी होंगी। **प्रथम** तो इसके विकास का ऐतिहासिक विवेचना करना होगा। **दूसरे**, यह समझाना होगा कि यह अनुशासन वर्तमान मतभेदों की अवस्था में कैसे आया ? और **तीसरे**, इसके वर्तमान विचारकों में व्याप्त प्रमुख विवादों व उनकी इस शास्त्र से अपेक्षाओं की व्याख्या करनी होगी। इन तीनों प्रश्नों के उत्तर परस्पर गठबन्धित हैं और इस शास्त्र के विकास का ऐतिहासिक विवेचन करने पर बहुत कुछ स्पष्ट हो सकेंगे। इसलिए तुलनात्मक राजनीति के विकास पर दृष्टिपात करना आवश्यक है। संक्षेप में तुलनात्मक राजनीति के विकास के प्रमुख सीमाचिह्नों का विवेचन इस प्रकार है।

तुलनात्मक राजनीति की परम्परागत धारणा
(THE CLASSICAL TRADITION OF COMPARATIVE POLITICS)

तुलनात्मक राजनीति का इतिहास लगभग उतना ही प्राचीन है जितना राजनीतिक चिन्तन का इतिहास है। सम्पूर्ण लिखित इतिहास ही तुलनात्मक राजनीति का इतिहास कहा जा सकता है। इसके सर्वप्रथम चिन्तक व लेखक होने का श्रेय अरस्तू को ही प्राप्त है। अरस्तू की भूमिका तुलनात्मक राजनीति को ठोस आधार देने में न केवल महत्त्वपूर्ण मानी जाती है, वरन कई कारणों से मौलिक भी कही जा सकती है। अरस्तू ने जिन समस्याओं को तुलनात्मक विश्लेषण के लिए चुना व जिन पद्धतियों का राजनीतिक अध्ययन में प्रचलन किया, वे आज भी तुलनात्मक राजनीति में प्रचलित हैं। अरस्तू ने राजनीतिशास्त्र को अनुशासन के रूप में प्रधानता दी, और इस बात पर बल दिया कि राजनीति का अध्ययन इस प्रकार होना चाहिए जिससे राजनीति सम्बन्धी ज्ञान का विकास एक शास्त्र के रूप में किया जा सके। जब किसी अध्ययन को शास्त्र का रूप देना होता है तो सबसे पहले उसकी अध्ययन पद्धतियों की खोज की जाती है जिससे यह पता लगाया जा सके कि वह कौन-कौन सी पद्धतियां हैं जो उसे शास्त्र बनाने में अधिक से

[2]Eckstein and Apter (Eds.), *Comparative Politics: A Reader*, Free Press, New York, 1963, p. 6.

अधिक सहायक होंगी ? अरस्तू ने सर्वप्रथम उन पद्धतियों को बताया और तुलनात्मक राजनीतिक अध्ययन को शास्त्र के रूप में विकसित करने का प्रारम्भिक प्रयास किया।

अरस्तू ने तुलनात्मक राजनीति को केवल सैद्धान्तिक बल ही नहीं दिया, अपितु तत्कालीन विश्व में प्रचलित 158 संविधानों का तुलनात्मक विश्लेषण करके राजनीतिक अध्ययन को सुनिश्चित तथ्यों पर आधारित किया। आनुभविक विश्लेषण का यह सर्वप्रथम प्रयोग था। अरस्तू ने अपनी पुस्तक **पोलिटिक्स** में राजनीति की अध्ययन पद्धतियों सम्बन्धी प्रश्न उठाये और अनेकों प्रश्नों का स्वयं ही इस पुस्तक में उत्तर भी दिया। अरस्तू ने प्लेटो द्वारा प्रयुक्त निगमनात्मक पद्धति (deductive method) को राजनीतिशास्त्र में पर्याप्त नहीं मानकर आगमनात्मक पद्धति (inductive method) पद्धति पर बल दिया। पद्धतियों के प्रति अरस्तू का यह विशेष लगाव **पोलिटिक्स** को एक पद्धति सम्बन्धी पुस्तक बना देता है, जिसमें सर्वत्र पद्धतियों सम्बन्धी प्रश्न उठाये गये हैं। अन्त में यह कहना उपयुक्त होगा कि अरस्तू 'तुलनात्मक पद्धति' के प्रवर्तक होने के कारण 'तुलनात्मक राजनीति' के संस्थापक भी थे। उन्होंने सरकारों के वर्गीकरण के लिए सुनिश्चित आधार बताए और तुलनात्मक पद्धति को प्रचलित किया। इसलिए अरस्तू का तुलनात्मक राजनीति में विशेष स्थान व महत्त्व है।

मैकियावली व पुनःजागरण काल
(MACHIAVELLI AND RENAISSANCE)

तुलनात्मक राजनीति का आधुनिक अध्ययन, पुनःजागरण काल के राजनीतिक चिन्तन से आरम्भ हुआ माना जाता है। इस काल में राज्य को 'दैवी' (divine) नहीं 'मानवकृत' माना गया और इसलिए इसके पुनर्गठन या नव-निर्माण का या यों कहें इसमें सुधार का मार्ग प्रशस्त हुआ।[3]

मैकियावली पन्द्रहवीं-सोलहवीं शताब्दी के इस सांस्कृतिक पुनःजागरण काल का ही शिशु था। उसने राजनीति-शास्त्र में पद्धति सम्बन्धी प्रश्न फिर उठाए और राजनीतिक अध्ययन को वैज्ञानिक स्वरूप प्रदान करने का अप्रत्यक्ष प्रयास किया। तुलनात्मक राजनीति को तो मैकियावली की महत्त्वपूर्ण देन रही है, क्योंकि उसके राजनीति सम्बन्धी सभी निष्कर्ष विभिन्न शासन व्यवस्थाओं के तुलनात्मक अध्ययन पर ही आधारित हैं। उसकी पुस्तक **प्रिन्स** (Prince) के अध्ययन से, तुलनात्मक राजनीतिक अनुशासन को उसकी देन का संकेत मिलता है। इस पुस्तक में मैकियावली ने यह व्यक्त किया है कि राजनीति का व्यवस्थित व तुलनात्मक अध्ययन क्यों आवश्यक है ? उसके चिन्तन व लेखन से यह स्पष्ट होता है कि राज्य मनुष्य द्वारा निर्मित संस्था है और राजनीति का उद्देश्य सामाजिक अभियन्त्रण (social engineering) है।

मैकियावली ने बताया कि राज्य मनुष्य द्वारा निर्मित है इसलिए इनमें भिन्नताएं पाई

[3] *Ibid.*, p. 6.

जाती हैं। इन विविध राजनीतिक व्यवस्थाओं के तुलनात्मक अध्ययन से श्रेष्ठतर व्यवस्था का ज्ञान प्राप्त किया जा सकता है। विभिन्न प्रकार से रचे गए राज्य विभिन्न प्रकार से कार्य करते हैं। इनमें से कुछ अच्छे तो कुछ बुरे हो सकते हैं। यह अच्छे व बुरे राज्य का ज्ञान किसी शासन व्यवस्था में सुधार करने से पहले होना आवश्यक है। यह ज्ञान विविध शासन व्यवस्थाओं के तुलनात्मक अध्ययन से ही सम्भव है। इस प्रकार मैकियावली द्वारा प्रस्तावित तुलनात्मक अध्ययन के आधार पर राजनीतिक व्यवहार के बारे में प्रारम्भिक सामान्यीकरण कर सकना सम्भव है।

मैकियावली समाज को सम्बन्धों का प्रतीक बताकर इन सम्बन्धों की भिन्नता का संकेत देता है। यह सम्बन्ध एक देश में ही भिन्न-भिन्न प्रकार के नहीं होते, वरन हर देश में अलग-अलग प्रकार के होते हैं। इससे यह प्रश्न सामने आता है कि किस समाज में सम्बन्ध श्रेष्ठतर है? मैकियावली ने श्रेष्ठतर समाज व्यवस्था का ज्ञान भी तुलनात्मक अध्ययन से ही सम्भव माना है।

मैकियावली के राजनीतिक चिन्तन से एक बात यह भी उभरती है कि राजनीति का उद्देश्य सामाजिक अभियन्त्रण है। प्रत्येक राष्ट्र यह चाहता है कि उसके राजनीतिक कार्यकलापों के फलस्वरूप श्रेष्ठतम समाज की रचना हो। समाज की ऐसी रचना के लिए राजनीतिज्ञ भिन्न-भिन्न मार्ग अपनाते हैं। इस कारण, उनके कार्यों के प्रतिमान भी भिन्न-भिन्न हो जाते हैं। इस सम्बन्ध में यह प्रश्न उत्पन्न होता है कि कौन-सा प्रतिमान सर्वोत्तम है? इसके उत्तर के लिए अनेकों देशों के शासकों के कार्यकलापों के प्रतिमानों का तुलनात्मक अध्ययन आवश्यक हो जाता है। यही मैकियावली ने भी किया और इस कारण वह तुलनात्मक राजनीति का प्रेरक बना।

मैकियावली ने सर्वोत्तम राजनीतिक व सामाजिक व्यवस्था के ज्ञान के लिए विभिन्न प्रकार की व्यवस्थाओं की तुलना को अनिवार्य माना है। स्वयं उसने शासकों को परामर्श देने के लिए विभिन्न देशों की राजनीतिक व्यवस्थाओं व शासकों के कार्यों का अध्ययन किया और उनकी परस्पर तुलना कर निष्कर्ष निकाले। यह निष्कर्ष **प्रिन्स** नामक पुस्तक में शासक को सुझाव के रूप में व्यक्त हुए। उदाहरण के रूप में उसने बताया कि शासक को 'किराये के सैनिकों' (mercernary soldiers.) पर निर्भर नहीं रहना चाहिए। इस सामान्यीकरण की प्रामाणिकता के लिए मैकियावली ने विभिन्न देशों के शासकों के तुलनात्मक आधार पर ही एकत्रित किए उदाहरण दिए। तुलनात्मक राजनीति को यह उनकी अप्रत्यक्ष देन है। उसने तुलनात्मक राजनीति पर कोई पुस्तक तो नहीं लिखी, परन्तु अपनी पुस्तक **प्रिन्स** में विभिन्न शासन व्यवस्थाओं के तुलनात्मक अध्ययन के आधार पर निकाले गए निष्कर्ष सम्मिलित करके, तुलनात्मक राजनीतिक अध्ययन का महत्त्व स्पष्ट किया।

हेरी एक्सटीन ने **प्रिन्स** का तुलनात्मक पद्धति की दृष्टि से मूल्यांकन करते हुए लिखा है कि यह निम्न स्तर की पुस्तक है। इसके निष्कर्ष भी सुव्यवस्थित या उच्चकोटि के नहीं हैं, और इन पर आधारित सिद्धान्त भी अस्तव्यस्त से ही हैं व इन सिद्धान्तों को जो

शास्त्रीय रूप दिया है वह भी विकृत ही है।[4] लेकिन एकसटीन यह स्वीकार करते हैं कि यदि मैकियावली ने इतने विकृत ढंग से तुलनात्मक पद्धति का प्रयोग न किया होता तो आज तुलनात्मक राजनीति में प्रयुक्त शुद्ध पद्धतियों की खोज नहीं हो पाती। इसलिए मैकियावली द्वारा प्रस्तुत पद्धतियां, तुलनात्मक अध्ययन की वर्तमान की परिशुद्ध शैलियों की पृष्ठभूमि मानी जा सकती है। इस प्रकार, यह कहना उचित होगा कि मैकियावली की तुलनात्मक राजनीति को अप्रत्यक्ष देन भी अत्यन्त महत्त्व की है।

मोन्टेस्क्यू व बुद्धिवाद युग
(MONTESQUIEU AND THE ENLIGHTMENT)

बुद्धिवाद के युग में तुलनात्मक राजनीति की पद्धतियों को छोड़ जिन समस्याओं को उठाया गया तथा जो सिद्धान्त प्रतिपादित किए गये वे आधुनिक ही नहीं वरन अधिक परिशुद्ध भी दिखाई देते हैं। इनमें मोन्टेस्क्यू की कृति **दि स्पिरिट आफ दी लॉज** (The Spirit of the Laws) आश्चर्यजनक रूप में आधुनिक है।

मोन्टेस्क्यू भी, मैकियावली की तरह ही अपने चिन्तन का लक्ष्य मूलतः राजनीतिज्ञता तक सीमित रखता है। परन्तु उसका उद्देश्य यह बताने के बजाय कि सरकारें किस प्रकार व्यवहार करें, यह बताना अधिक था कि सरकारों का संगठन किस प्रकार किया जाए? उसने आगमनात्मक पद्धति का प्रयोग संवैधानिक अभियन्त्रण (constitutional engineering) में किया। मोन्टेस्क्यू, संविधान निर्माण की कला को न केवल विकसित ही करना चाहता था, वरन उसे वज्ञानिक आधार भी प्रदान करना चाहता था। उसकी मान्यता थी कि अगर राजनीतिक व्यवस्था, सामाजिक व्यवस्था व वातावरण में सन्तुलित सम्बन्ध स्थापित किया जाए तो उचित संविधान का निर्माण सम्भव होगा। उसका यह भी कहना था कि सामाजिक व्यवस्था स्वयं मानव द्वारा निर्मित है। यह सामाजिक व्यवस्था, मोन्टेस्क्यू के अनुसार, सम्बन्धों व संगठनों का ही प्रतीक है। यह सम्बन्धों और संगठनों की प्रकृति मनुष्यों द्वारा बदली जा सकती है। वह सामाजिक परिवर्तन को एक तकनीक कहता है और इसे मनुष्यों द्वारा संचालित मानता है।

इन दार्शनिक विचारों को पुस्तक रूप देते समय मोन्टेस्क्यू को तुलनात्मक पद्धति का प्रयोग अनिवार्य दिखाई दिया। तुलनात्मक पद्धति के द्वारा ही वह देख सकता था कि विभिन्न समाजों में से कौन से समाजों के संगठन श्रेष्ठतर हैं? इसी के द्वारा ही, वह देख सकता था कि इन सम्बन्धों व संगठनों को मनुष्य ने बदलने का किस प्रकार प्रयत्न किया है और यह प्रयत्न कहां तक सफल हुए हैं? अगर सफल हुए हैं तो क्यों और नहीं हुए हैं तो क्यों नहीं हुए हैं? इन सब प्रश्नों के उत्तरों की तलाश ने उसे तुलनात्मक पद्धति का प्रयोग करने की अवस्था में अनिवार्यतः ला दिया। इस प्रकार तुलनात्मक अध्ययन में उसके विचारों का मुख्य बिन्दु तुलनात्मक पद्धति पर बल देना बन गया। इसके अलावा भी मोन्टेस्क्यू की तुलनात्मक राजनीति को विशेष रूप से यह देन रही है—

[4] *Ibid.*, p. 7.

(क) राजनीतिक व्यवस्थाओं का संरचनात्मक प्रकार्यात्मक विश्लेषण (A structural-functional analysis of political systems)—मोन्टेस्क्यू ने यह बताया कि राजनीतिक व्यवस्थाओं को न केवल संगठनों की तुलना से समझा जा सकता है, और न ही केवल कार्यों के सन्दर्भ में इन्हें समझना सम्भव है। इनमें से किसी एक आधार से राजनीतिक व्यवस्थाओं की वास्तविकताओं को नहीं समझा जा सकता। इसलिए उन्होंने बताया कि राजनीतिक व्यवस्थाओं को समझने के लिए उनके संगठनों व क्रियाओं का विश्लेषण करना आवश्यक है। उसने यह भी बताया कि यह विश्लेषण राजनीतिक व्यवस्थाओं का अलग-अलग करना उपयोगी नहीं होगा। यह विश्लेषण तुलनात्मक करना होगा। मोन्टेस्क्यू द्वारा संरचनाओं और कार्यों, दोनों ही को तुलनात्मक विश्लेषण में सम्मिलित करना वास्तव में राजनीतिक व्यवस्थाओं के आधुनिकतम उपागम, संरचनात्मक-प्रकार्यात्मक, का संकेत देना है।

(ख) राजनीतिक व्यवस्थाओं की प्रकारणा (Typology of political systems)—मोन्टेस्क्यू ने स्पष्ट किया कि राजनीतिक व्यवस्थाओं के संगठनों व प्रक्रियाओं का तुलनात्मक अध्ययन अपने आप में पूर्ण नहीं है। उसने कहा कि राजनीतिक व्यवस्थाएं, तुलनात्मक विश्लेषण के आधार पर वर्गीकृत की जायें और इस बात का भी ध्यान रखना चाहिए कि उनके संवर्ग बनाए जा सकें। उसने विभिन्न शासन व्यवस्थाओं के वर्गीकरण के साध्य को प्राप्त करने के साधन के रूप में तुलनात्मक पद्धति को अपनाया। इस प्रकार मोन्टेस्क्यू द्वारा तुलनात्मक पद्धति हर प्रकार के राजनीतिक विश्लेषण के लिए अपरिहार्य मानी गई।

(ग) राजनीतिक व्यवस्था, समाज, अर्थव्यवस्था व परिवेश में सम्बद्धता (Linkages between polity, society, economy and ecology)—प्रत्येक राज्य में, समाज, राजनीतिक व्यवस्था, अर्थव्यवस्था और परिवेश में अटूट सम्बन्ध होता है। यह सम्बन्ध भिन्न-भिन्न देशों में भिन्न-भिन्न प्रकार का हो सकता है। इसलिए तुलनात्मक पद्धति से ही इन सम्बन्धों की श्रेष्ठता का ज्ञान प्राप्त किया जा सकता है। मोन्टेस्क्यू ने तुलनात्मक राजनीति के विषय-क्षेत्र का भी संकेत दिया कि इसमें केवल राजनीतिक व्यवस्था ही नहीं, कुछ अंशों में सामाजिक, आर्थिक व परिवेश के राजनीतिक व्यवस्था पर पड़ने वाले प्रभावों का भी अध्ययन सम्मिलित किया जाना चाहिए।

(घ) राजनीतिक गत्यात्मकता के यान्त्रिकी सिद्धान्तों का प्रतिपादन (A set of mechanistic theories of political dynamics)—मोन्टेस्क्यू का विचार था कि राजनीतिक गतिविधियों के विषय में सिद्धान्त निर्माण करते समय प्रमुख बात यह ध्यान में रखनी चाहिए कि सिद्धान्तों का आधार मनुष्यों की गतिविधियां या मानव-क्रिया ही रहे। राजनीतिक प्रक्रियाओं का उसने इस प्रकार अध्ययन करने का सुझाव दिया कि उसमें मनुष्य ही केन्द्र रहे। यह भी तुलनात्मक ढंग से होने पर ही, राजनीतिक व्यवहार की वास्तविक गत्यात्मकताओं की तह तक पहुंचा सकेगा। इससे स्पष्ट है कि मोन्टेस्क्यू ने तुलनात्मक राजनीति को प्रत्यक्ष रूप से पोषित किया व विशेषकर तुलनात्मक पद्धति को परिष्कृत करके तुलनात्मक राजनीति का म[illegible] प्रणेता बना।

इतिहासवाद की प्रावस्था या युग
(THE PHASE OF HISTORICISM)

इतिहासवाद तुलनात्मक राजनीति के विकास को उन्नीसवीं शताब्दी में ले आता है। इस काल की राजनीतिक विचारधाराओं की भूमिका तुलनात्मक राजनीतिक अध्ययन के सम्बन्ध में नकारात्मक ही रही है। इससे यह अभिप्राय है कि इस युग में तुलनात्मक पद्धति के विकास को या तुलनात्मक अध्ययन के विचार को प्रत्यक्ष रूप में प्रोत्साहन नहीं मिला। परन्तु इतिहासवाद के दर्शन के रूप में जो परिस्थिति उत्पन्न हुई वह तुलनात्मक राजनीतिक विचार का विरोध नहीं कही जा सकती। वैसे मोन्टेस्क्यू की तुलनात्मक राजनीतिक अध्ययन के क्षेत्र में जो उपलब्धियां थीं वह सब समाप्त हो गई; इसलिए इसे युग के विचारों की नकारात्मक देन ही कहा जाता है। वैसे तो कुछ विचारकों ने इसे तुलनात्मक राजनीति का खुला निषेध तक कहा है। परन्तु इतिहासवादी युग के दर्शन के परिणामस्वरूप कुछ ऐसी विरोधी प्रवृत्तियां निकलीं जिन्होंने अप्रत्यक्ष रूप में आगे चलकर तुलनात्मक पद्धति को प्रोत्साहन दिया। इतिहासवाद के दर्शन से उत्पन्न इन विरोधी प्रवृत्तियों के उत्तर में बाद में ऐसी सामग्री सामने आई जिस पर आज की तुलनात्मक राजनीति खड़ी हुई है। इसलिए इस युग का तुलनात्मक राजनीति के विकास में अपना योगदान है। यद्यपि यह योगदान नकारात्मक ही रहा, परन्तु बिना इसे समझे तुलनात्मक राजनीति में आगे के विकास को नहीं समझ सकते। इस प्रावस्था के योगदान का विवेचन करने से पहले यह समझना आवश्यक है कि इतिहासवाद से क्या तात्पर्य लिया जाता है?

इतिहासवाद से तात्पर्य उस मान्यता से लिया जाता है जिसमें यह माना जाता है कि सर्वत्र मानव का एक ही दिशा में, क्रमिक, सुव्यवस्थित व केवल आगे की ओर ही विकास हो रहा है। इस काल में एक-रुखी सिद्धान्त (unilinear principle) की मान्यता सामने आई, जिसमें यह माना गया कि मानव के विकास का केवल एक ही मार्ग है और मानव इसी मार्ग पर निरन्तर आगे की ओर प्रगति कर रहा है। इतिहास की यह प्रवृत्ति सार्वभौमिक है, और हर देश में, हर काल में, समान रूप से चलती है। इस विचार के मानने वालों का कहना है कि इतिहास-क्रम का अन्तिम उद्देश्य एक है, जो विश्वव्यापी है। इस धारणा से एक और धारणा जुड़ी हुई है। यह धारणा इतिहास के विकास-क्रम के प्रेरक कारकों के बारे में है। इसमें माना गया है कि इतिहास-क्रम के विकास की एक दिशा की तरह, इस विकास-क्रम के मौलिक आधारभूत प्रेरक कारक भी एक से हैं। इन्हीं के कारण, सारा विश्व एक ही ओर विकसित हो रहा है जिसमें सार्वभौमिकता व सर्व-व्यापकता पाई जाती है।

लेकिन इतिहासवाद के विचारकों में, अन्ततः मंजिल व आधारभूत कारणों पर मतभेद है। यद्यपि वे विकास-क्रम की एक दिशा व एक उद्देश्य को मानते हैं फिर भी यह अन्ततः मंजिल व आधारभूत कारणों पर मतभेद इसको तुलनात्मक राजनीति के लिए महत्त्वपूर्ण बना देते हैं। वैसे तो जब सब व्यवस्थाओं की मंजिल एक हो, उद्देश्य एक से हों और विकास के एक से कारण हों तो उनमें तुलना का कोई प्रश्न नहीं उठता है। पर मंजिल पर

मतभेदों में से मान्य का प्रतिपादन या किसी एक की श्रेष्ठता का निष्कर्ष तुलनात्मक आधार पर ही सम्भव होने के कारण, इतिहासवादी राजनीतिक चिन्तन, तुलनात्मक राजनीति का खुला विरोध (open negation) होते हुए भी, इसका महत्त्वपूर्ण प्रेरक बन गया। इन मतभेदों से सम्बन्धित वार्तों का उल्लेख करके इसके योगदान का संकेत दिया जा सकता है। इतिहासवादी विचारकों में अन्ततः मंजिल, मौलिक व आधारभूत कारकों को लेकर मतभेद मुख्यतया हीगल (Hegel) व कार्ल मार्क्स (Karl Marx) में है।

हीगल जर्मन दार्शनिक था। उसके अनुसार आत्मा का मोक्ष मानव जीवन का अंतिम उद्देश्य है। मानव का विकास एक नैतिकता की दिशा में हो रहा है, और अंतिम वास्तविकता का ज्ञान प्राप्त करना (realization of ultimate reality) ही मोक्ष प्राप्त करना है। उसके अनुसार जो अंतिम विवेक (reason) है, वह भिन्न-भिन्न प्रकार के रूप में पृथ्वी पर अवतार लेता है और उसका एक रूप स्वयं मनुष्य है। राज्य भी एक ऐसा ही अवतरित स्वरूप है। जब ईश्वर मनुष्य के रूप में अवतरित होता है तो पूर्ण ईश्वर (ultimate reason) न होकर उसका एक अंश मात्र होता है। जब यह अंश रूप ईश्वर से अलग हो जाता है तो इसकी प्रवृत्ति पुनः ईश्वर रूप में विलय की होती है। हीगल की मान्यता है कि मनुष्य यह ईश्वर में पुनः विलय राज्य के माध्यम से ही कर सकता है। दूसरे शब्दों में मनुष्य का फिर से ईश्वर में विलय ही मोक्ष है और यह मोक्ष राज्य के द्वारा ही सम्भव बनाया जा सकता है।

हीगल इसलिए ही "राज्य को ईश्वर का पृथ्वी पर विचरण" कहता है। इस आधार पर वह एक सर्वशक्तिमान राज्य की कल्पना करता है, जिसमें मनुष्य पूर्णतया राज्य के अधीन रहता है। हीगल के अनुसार मनुष्य की राज्य के अधीन होने की अवस्था वास्तव में स्वतन्त्रता है। व्यक्ति जितना अधिक राज्य के अधीन होता जाता है, उतना ही मोक्ष की ओर अग्रसर होता जाता है, और मोक्ष की ओर अग्रसर होना वास्तव में स्वतन्त्र होना है। इस प्रकार हीगल की यह धारणा व मान्यता, तुलनात्मक अध्ययन की महत्ता को अस्वीकार करना है। उसकी कल्पना के राज्य में समता है और विषमता का कोई प्रश्न ही नहीं उठता। एक से लक्ष्यों में हर राज्य व हर व्यक्ति का व्यस्त होना इतनी समता राज्यों में ला देता है कि वह केवल एक ही तरह के होते हैं। तब तुलनात्मक अध्ययन का ऐसे राज्यों में कोई भी स्थान नहीं दिखाई देता है।

कार्ल मार्क्स के अनुसार वास्तविकता, भौतिक पदार्थ है, और इन भौतिक तत्त्वों से इतिहास को विकास के लिए प्रेरणा मिलती है। इस विकास का अंतिम उद्देश्य भौतिक दृष्टि से वर्गहीन व राज्य विहीन समाज की ओर अग्रसर होना है। इस विकास के पीछे प्रेरक तत्त्व भौतिक है और यह वर्ग-संघर्ष के माध्यम से अंतिम मंजिल की ओर अग्रसर होता रहता है। मार्क्स के अनुसार भी सभी समाजों में आधारभूत तत्त्व एक हैं और उद्देश्य एक से हैं इसलिए इनमें तुलना निरर्थक है।

गहराई से देखने पर ज्ञात होता है कि यद्यपि यह विचारक तुलनात्मक पद्धति में विश्वास नहीं रखते थे फिर भी उन्होंने अपने विचारों के पुष्टीकरण के लिए तुलनात्मक आधार का सहारा लिया। इसी आधार पर वे यह बता सके कि उनके द्वारा प्रतिपादित

अंतिम मंजिल व विकास के प्रेरक कारक न केवल सर्वश्रेष्ठ हैं, बरन केवल वही सत्य व तथ्य-युक्त हैं। इस प्रकार इनके राजनीतिक दर्शन में कुछ ऐसे बिन्दु उभरे जिनका आगे चलकर तुलनात्मक पद्धति में प्रयोग हुआ और इस प्रकार इतिहासवादी चिन्तक तुलनात्मक राजनीति को आगे बढ़ाने में सहायक हुए। संक्षेप में इनकी तुलनात्मक राजनीतिक अध्ययन में देन का उल्लेख करके इसे स्पष्ट समझा जा सकता है।

इतिहासवाद की तुलनात्मक राजनीति और तुलनात्मक विश्लेषण को देन
(Contribution of Historicism to Comparative Politics and Comparative Analysis)

इतिहासवाद के दार्शनिक चिंतकों द्वारा प्रतिपादित कुछ प्रत्यय या अवधारणाएं तुलनात्मक राजनीति में आधारभूत बन गए हैं। कार्ल मार्क्स का 'वर्ग' का प्रत्यय इसका उदाहरण है। यह प्रत्यय आगे चलकर तुलनात्मक राजनीतिक अध्ययन के लिए बहुत उपयोगी सिद्ध हुआ। यह राजनीतिक व्यवस्थाओं की व्याख्या का एक प्रमुख आधार बना और एक विश्लेषण-संवर्ग (analytical category) बन गया है।

इतिहासवाद की तुलनात्मक राजनीति को दूसरी देन कुछ समस्याओं के रूप में है। इनमें से प्रमुख समस्या, राजनीति, इतिहास, संस्कृति व धर्म के परस्पर सम्बन्धों की है। आज यह प्रश्न मुख्य रूप से उठाया जाने लगा है कि इतिहास व राजनीति का आपस में क्या कोई सम्बन्ध है? संस्कृति व धर्म का राजनीति से सम्बन्ध तो तुलनात्मक अध्ययन में सामान्यतया, व तुलनात्मक राजनीति में प्रमुखतया आधारभूत बन गया है। इस प्रकार इतिहासवादी दर्शन में उठी यह समस्या तुलनात्मक राजनीति की आधुनिक समय में प्रमुख सामग्री बन गई है।

इतिहासवाद की ही यह देन है कि अब तुलनात्मक अध्ययनों में विकास-क्रम की ओर भी ध्यान दिया जाने लगा। विकास-क्रम की सामाजिक गत्यात्मकता (social dynamics) का पहलू विशेष रूप से रुचिकर बन गया तथा यह समझा जाने लगा कि मानव के विकास का इतिहास ही सामाजिक गत्यात्मकता का प्रतीक है। आगे चलकर यह बात भी तुलनात्मक राजनीति की विषय-सामग्री में एक महत्त्वपूर्ण तत्त्व बन गया।

इतिहासवाद ने ही तुलनात्मक राजनीति के विद्वानों में सर्वव्यापी व सार्वभौमिक सिद्धान्तों के प्रति मोह उत्पन्न किया है। हीगल और मार्क्स दोनों ने ही एक ऐसे सार्वभौमिक सिद्धान्त (grand theory) का विचार सामने रखा जो सब व्यवस्थाओं पर, सब देशों में, हर समय, समान रूप से लागू होता हो। यद्यपि उन्होंने यह बहुत कुछ कल्पना के सहारे प्रतिपादित किया, परन्तु इससे ऐसा आदर्श व लक्ष्य तुलनात्मक राजनीति में आया जो किसी राज्य, संस्था या व्यवस्था विशेष से ही बंधा हुआ नहीं हो। इसी से प्रेरित होकर तुलनात्मक राजनीति में भी अब यह प्रयत्न होने लगा कि इसमें भी ऐसे सिद्धान्त बनाने का लक्ष्य हो जो सर्वव्यापी व सार्वभौमिक हों तथा जो कल्पना के स्थान पर यथार्थ के अध्ययन व तथ्यों पर आधारित हों।

इस प्रकार, इतिहासवाद तुलनात्मक राजनीति का निषेध होते हुए भी इस अनुशासन

के लिए अत्यन्त लाभप्रद रहा है। आधुनिक समय में तुलनात्मक राजनीति ने इसी के द्वारा प्रचलित बहुत सारे प्रत्यय, समस्याएं व सिद्धान्त अपना लिए हैं, और उनको आनुभविक आधार पर स्थापित करने के प्रत्यन होने लगे हैं। परन्तु इतिहासवाद इस देन के बावजूद भी आलोचना का शिकार हुआ है। संक्षेप में आलोचना निम्न बिन्दुओं को लेकर की जाती है।

इतिहासवाद की आलोचना (Criticisms of Historicism)

जो विचारधाराएं इतिहासवाद के आवरण में पनपीं वे केवल कल्पनात्मक ही थीं। इसलिए प्रथम आलोचना में यही कहा जाता है कि इतिहासवाद में कल्पना का जीवन की वास्तविकताओं से सम्बन्ध टूट गया। तुलनात्मक राजनीति ने इस टूटी कड़ी को बाद में जोड़कर राजनीतिक अध्ययन में यथार्थ को पुन: प्रवेश दिलाया।

आलोचना में दूसरी बात यह कही गई है कि इतिहासवादी चिन्तकों ने इतिहास की प्रकृति को ठीक प्रकार से नहीं समझा। इतिहास के घटनाचक्रों के विभिन्न कारण होते हैं क्योंकि, विविध देशों में मनुष्यों के उद्देश्य अलग-अलग प्रकार के होते हैं। इस कारण यह कहना गलत है कि इतिहास की एक ही मंजिल है और इसमें परिवर्तन के कारण भी एक समान हैं। इस प्रकार, इतिहासवादियों ने मानव की मंजिल को एक मानकर इतिहास-चक्र की एक-सी कल्पना से, इतिहास को ही निर्जीव बना दिया। इसने सब कुछ अपने आप होता मानकर, मानव को निराश व हताश बनाने का मार्ग प्रशस्त किया।

इतिहासवादी, सर्वव्यापी सिद्धान्त (global theories) में विश्वास करते थे। वे ऐसे सिद्धान्त की खोज में व्यस्त रहे, जो हर काल, हर समय व हर स्थान पर समान रूप मे लागू हों। परन्तु आलोचकों के अनुसार सार्वभौमिक व सर्वव्यापी सिद्धान्त निर्माण से पहले यथार्थता पर आधारित मध्य-स्तरीय सिद्धान्त बनाए जाने आवश्यक हैं। सर्वव्यापी सिद्धान्त की इस स्थिति को प्राप्त करने में मध्य-स्तरीय सिद्धान्तों का प्रतिपादन आवश्यक होता है। ऐसे सिद्धान्तों की आवश्यकता होती है जो सम्पूर्ण विश्व के बजाय काफी देशों पर समान रूप से लागू होते हों, जो हर समय व हमेशा लागू नहीं हों पर काफी समय तक लागू होते हों। इतिहासवादियों ने ऐसे मध्य-स्तरीय सिद्धान्त-प्रतिपादन का प्रयत्न ही नहीं किया और सीधे सार्वभौमिक-सिद्धान्त निर्माण में लग गए। उनकी इसमें विफलता तुलनात्मक राजनीति के लिए वरदान सिद्ध हुई अन्यथा तुलनात्मक राजनीति के विचार भी इसी प्रकार का प्रयत्न सीधे ही करने लगते। क्योंकि लक्ष्य की दृष्टि से तुलनात्मक राजनीति भी अन्ततः सर्वव्यापी सिद्धान्त बनाने का स्वप्न रखती है।

इस प्रकार, निष्कर्ष रूप में यह कहा जा सकता है कि इतिहासवादियों ने "बहुत जल्दी इतना कुछ करने का प्रयत्न किया कि अन्त में उनकी देन नगण्य ही रही और वह केवल कुछ रोचक समस्याओं व सैद्धान्तिक उपागमों और व्यापक गलत जानकारी के रूप में ही कही जा सकती है।"[5] इन कमियों के कारण इतिहासवाद के विचारों का धीरे-धीरे पतन

[5] *Ibid.*, p. 9.

हो गया। उसके पतन के कारणों का संक्षिप्त विवेचन करके इसके कमजोर पक्ष का और अधिक स्पष्टीकरण किया जा सकता है। इसके पतन के लिए निम्नलिखित विकास उत्तरदायी हैं—

इतिहासवाद के पतन के कारण (Causes of decline of historicism)—इतिहासवाद का दार्शनिक पक्ष धीरे-धीरे कमजोर पड़ने लगा था। इसका प्रभाव कम करने में एक तरफ तो वास्तविकतावाद (positivism) और दूसरी तरफ दार्शनिक बहुलवाद (philosophic pluralism) ने योग दिया। वास्तविकतावाद यथार्थ पर आधारित तथ्यों पर जोर देता है। कल्पना का इसमें कोई स्थान नहीं होता। इस कारण यह कल्पना प्रधान इतिहासवादी धारणाओं का सजीव विरोध बन गया। दार्शनिक बहुलवाद का नारा है, उद्देश्यों व साधनों की बहुलता। इसके अनुसार मानव के उद्देश्य भिन्न-भिन्न हो सकते हैं, और इन उद्देश्यों की ओर अग्रसर होने के मार्ग व साधन भी अलग-अलग होते हैं। इन मान्यताओं के कारण, एक तरफ तो वास्तविकतावाद व दार्शनिक बहुलवाद ने इतिहासवाद के ह्रास का आधार प्रस्तुत किया और दूसरी तरफ तुलनात्मक राजनीति को प्रोत्साहित किया। यह दोनों ही, तथ्यों की विविधता का संकेत देते हैं, और तुलनात्मक राजनीति में तथ्य और विविधता महत्त्वपूर्ण होती है। राष्ट्रवाद व राष्ट्रीय राज्यों के उदय ने इतिहासवाद की सार्वभौमिक व सर्वव्यापक सैद्धान्तिक मान्यताओं को आघात पहुंचाया। राष्ट्रीय राज्यों की स्थापना से हर राज्य ने अपने पृथक व्यक्तित्व पर, अपने अनोखेपन पर तथा अलग व विशेष प्रकार की राजनीतिक व्यवस्था पर बल दिया। इससे यह विचार सबल बना कि हर राज्य का अपना मार्ग और अलग गन्तव्य है। इस प्रकार राष्ट्रवाद एक दर्शन के रूप में और राष्ट्रीय राज्य एक संरचना के रूप में इतिहासवाद के लिए एक चुनौती बन गए और इसके पतन का मार्ग तैयार किया।

सांस्कृतिक सापेक्षवाद (cultural relativism) की दार्शनिक प्रवृत्ति के उदय से भी इतिहासवाद का विचार-क्षितिज धुंधला पड़ा। इतिहासवादियों की यह मान्यता, कि राजनीति संस्कृति से बन्धित है और राजनीति सांस्कृतिक संस्कारों से निर्धारित होती है, अब धीरे-धीरे बदलने लगी और यह विचार उभरा कि संस्कृति का राजनीति पर प्रभाव तो पड़ता है पर वे एक-दूसरे से बन्धित हों यह आवश्यक नहीं है; संस्कृति राजनीति से अलग भी हो सकती है और इनमें पारस्परिकता भी रह सकती है। इससे यह स्पष्ट हुआ कि संस्कृति आंशिक रूप से ही राजनीति को प्रभावित करती है, और राजनीति का अपना स्वतन्त्र अस्तित्व होता है। इतिहासवाद इसके विपरीत सांस्कृतिक परमवाद (cultural absolutism) की बात कहता है जो व्यवहार में तर्कसम्मत नहीं पाया गया। इस धारणा—सांस्कृतिक सापेक्षवाद—के विकास ने तुलनात्मक राजनीति को प्रोत्साहित किया और विभिन्न देशों की संस्कृति का वहां की राजनीति पर प्रभाव तुलनात्मक राजनीतिक विश्लेषण का महत्त्वपूर्ण अंग बन गया।

इसके अलावा भी इतिहासवाद की दो प्रमुख धारणाओं—आदर्शवाद व मार्क्सवाद के प्रति शंकाएं उत्पन्न होने लगीं। इनसे व्यक्ति पूर्णतया राज्य के अधीन होता दिखाई

दिया और इनकी आड़ में निरंकुश व तानाशाही व्यवस्थाएं पनपने लगीं। फलस्वरूप इतिहासवादी धारणाओं का व्यावहारिक परिणाम खतरनाक होने से इनको शंका की दृष्टि से देखा जाने लगा और इससे यह कमजोर पड़ती गई। निष्कर्ष रूप में यही कहा जा सकता है कि उन्नीसवीं शताब्दी के उत्तरार्द्ध में कई शक्तियों के सम्मिलित प्रभाव से इतिहासवाद बदनाम हुआ। इनमें वास्तविकतावाद, दार्शनिक बहुलवाद, राष्ट्रवाद तथा सांस्कृतिक सापेक्षतावाद का उदय इसके पतन के कारणों में प्रमुख बना।[6]

यद्यपि इतिहासवाद का पतन उसकी मान्यताओं में ही निहित था, फिर भी इसकी रचनात्मक व संस्थागत प्रतिक्रियाएं तुलनात्मक राजनीति के विकास में विशेष योगदान कर सकीं। इतिहासवादियों ने तुलनात्मक राजनीति के विद्यार्थी को बहुत कुछ गन्तव्य के रूप में प्राप्त करने के लिए दिया। उन्होंने अनुकृति करने व अनेकों बाधाओं को पार करने की प्रेरणा भी दी। इतना ही नहीं, इतिहासवादियों ने जिन प्रत्ययों का प्रयोग किया, वे आज भी तुलनात्मक राजनीति में प्रयोग किए जाते हैं। उन्होंने जो प्रश्न उठाए वे अभी भी उठाए जाते हैं, यद्यपि विश्लेषण की शैली में बहुत कुछ परिवर्तन आ गया है। इतिहासवादियों के दर्शन की मान्यताओं के विरुद्ध प्रतिक्रियाओं का संक्षेप में विवेचन करके यह समझने का प्रयत्न करना उपयोगी होगा कि इनसे तुलनात्मक राजनीतिक अध्ययन कैसे समृद्ध बना।

इतिहास के विरुद्ध प्रतिक्रियाएं (Reactions against Historicism)

ऐसा माना जाता है कि इतिहासवादी दर्शन का तुलनात्मक राजनीति के विकास में महत्त्वपूर्ण योगदान रहा है। इतिहासवाद की धारणाओं से असहमति के कारण राजनीतिक चिन्तन में कई प्रतिक्रियाएं हुईं, जिनका तुलनात्मक राजनीति में विशेष महत्त्व है। इन प्रतिक्रियाओं के रूप में तुलनात्मक राजनीति को व्यवस्थित सामग्री प्राप्त हुई तथा इस अनुशासन के नये आयाम व दृष्टिकोण उभरे। इतिहासवाद के विरुद्ध निम्नलिखित प्रतिक्रियाओं को तुलनात्मक राजनीति में अधिक प्रेरक माना गया है। इनका संक्षेप में विवेचन, इनके योगदान को समझने में सहायक होगा। यह विवेचन इस प्रकार है—

(क) अमूर्त सिद्धान्तों पर बल (Emphasis on abstract theory)—इतिहासवाद के विरुद्ध प्रतिक्रियास्वरूप पहली धारणा पूर्ण काल्पनिक राजनीतिक सिद्धान्त की पनपी। मुख्यतया लोकतन्त्र का पक्ष व विपक्ष, आध्यात्मिक (metaphysical) तात्त्विकीय (ontological), मनोवैज्ञानिक व कानूनी आधारों पर पुष्ट किया जाने लगा। इसने तुलनात्मक राजनीति को सार रूप में ही प्रभावित किया क्योंकि, अब वह अध्ययन, जो तथ्यों पर आधारित थे, उन अध्ययनों से अलग होने लगे जो तथ्यों के स्थान पर कल्पनात्मक थे। इतिहासवादियों की चाहे कुछ भी कमियां रही हों पर इन्होंने तथ्यों व विचारों में अवश्य ही सम्बन्ध बना दिया था। पर इस प्रतिक्रिया के कारण तथ्यों व चिन्तन में सम्बन्ध विच्छेद ही हो गया और अब दो अलग-अलग अध्ययन—एक राजनीतिक

[6] *Ibid.*, p. 9.

विचारों का व दूसरा राजनीतिक संस्थाओं व व्यवहार का अध्ययन बन गया। यह दूसरी धारा ही, तुलनात्मक राजनीतिक अध्ययन कहा गया, क्योंकि तुलनात्मक राजनीति में विभिन्न राजनीतिक संस्थाओं व व्यवहारों का तुलनात्मक विश्लेषण प्रमुख रूप से होता है।

(ख) औपचारिक-कानूनी अध्ययनों पर बल (Emphasis on formal-legal studies)—तथ्यों व चिन्तन का पृथक्करण, इतिहासवाद के विरुद्ध दूसरी प्रतिक्रिया के विकास के लिए उत्तरदायी है। यह प्रतिक्रिया औपचारिक व संविधान द्वारा स्थापित कानूनी व्यवस्या के अध्ययन के रूप में हुई। इसके विचारक मुख्यत: यही देखते हैं कि कानूनी व्यवस्था किस प्रकार की है ? इन्होंने तुलनात्मक राजनीति के विकास में सकारात्मक योगदान दिया। इस प्रतिक्रिया में कानूनी पक्ष पर अधिक बदल देने के कारण यह प्रश्न उठ खड़ा हुआ कि कानूनी सत्य व्यवहार में भी सत्य है या नहीं। अगर कानूनी व्यवस्था से व्यवहार भिन्न प्रकार का है तो इस भिन्नता के कारणों की खोज होनी चाहिए। यह खोज केवल तुलनात्मक आधार पर ही सम्भव थी। इस प्रकार औपचारिक-कानूनी अध्ययनों ने तुलनात्मक राजनीति को नया क्षेत्र प्रदान किया और इसका वैज्ञानिक रूप में विकास किया। क्योंकि, केवल औपचारिक कानूनी तुलना राजनीतिक व्यवस्थाओं के बारे में संतोषजनक स्पष्टीकरण नहीं दे पा रही थी इसलिए औपचारिक-कानूनी पक्ष के साथ ही साथ व्यावहारिक पक्ष को भी देखा जाने लगा। यह राजनीतिक व्यवहार के अध्ययन की प्रवृत्ति तुलनात्मक राजनीति में एक महत्त्वपूर्ण विकास कही जा सकती है। इसी से संस्थागत अध्ययन से व्यावहारिक अध्ययन की ओर कदम बढ़ाया जा सका।

(ग) समनुरूपात्मक या संरूपण अध्ययन (Configurative studies)—तीसरी प्रतिक्रिया वास्तव में तुलनात्मक राजनीति से अलग हटने का सा प्रभाव रखती प्रतीत होती है। यह प्रतिक्रिया संरूपण अध्ययन के रूप में प्रकट हुई, जिसमें प्रत्येक देश की राजनीतिक व्यवस्था को अनोखी (unique) मानकर उसका अलग से अध्ययन किया जाने लगा। इस प्रतिक्रिया के विचारकों की यह मान्यता थी कि प्रत्येक देश की राजनीतिक व्यवस्था अपने आप में विचित्र होती है। हर राज्य का अपना समाज, अपनी संस्कृति और राष्ट्रीय चरित्र होता है। हर राज्य की अलग राजनीतिक व्यवस्था, मूल्य, आकांक्षाएं व नीतियां होती हैं, जो हर राज्य से भिन्न होतीं हैं। इसलिए प्रत्येक राज्य का अलग व्यक्तित्व होता है जो स्वयं में मौलिक दिखाई देता है। इसलिए प्रत्येक राज्य को अध्ययन की पृथक इकाई मानना आवश्यक है और ऐसी विचित्र व अलग इकाई को समझने के लिए इसका पृथक अध्ययन अनिवार्य ही दिखाई देता है। हर राज्य की राजनीतिक व्यवस्था उसकी भौगोलिक स्थिति, इतिहास व दार्शनिक परम्परा से सम्बद्ध होती है। इसलिए हर राज्य का अलग ही अध्ययन आवश्यक है। इस धारणा के समर्थकों ने हर राजनीतिक व्यवस्था के कानूनी व संरचनात्मक ढांचे का अलग-अलग अध्ययन ही उपयोगी माना।

संरूपण अध्ययनों में राजनीतिक व्यवस्थाओं के व्यावहारिक स्वरूप की अवहेलना हुई, जिससे तुलनात्मक राजनीतिक अध्ययन प्रारम्भ में कमजोर हुआ। यह धारणा भी जोर

पकड़ती गई कि तुलनात्मक अध्ययन की कोई आवश्यकता ही नहीं है, क्योंकि प्रत्येक राष्ट्र स्वयं अपना अलग प्रतिमान रखता है। परन्तु जैसे-जैसे संरूपण अध्ययन अधिक मात्रा में उपलब्ध होने लगे, त्यों-त्यों यह दिखाई देने लगा कि राष्ट्र स्वयं में इतने अनोखे नहीं हैं, जितना उन्हें समझा जाता है। इससे यह धारणा बनी कि यदि इन राज्यों का तुलनात्मक अध्ययन किया जाए तो हो सकता है कि इनके बीच काफी समानताएं मिलें। यह समानताओं की खोज या असमानताओं को समझने की प्रवृत्ति तुलनात्मक अध्ययन को ही अपनाने का प्रोत्साहन देने लगी। इस प्रकार संरूपण अध्ययनों का प्रभाव प्रारम्भ में तुलनात्मक पद्धति को निरर्थक मानकर भी अंत में इसके पक्ष को मजबूत बनाने लगा। ऐसा इसलिए भी हुआ कि संरूपण अध्ययनों ने इतने तथ्य व सामग्री जुटा दी कि इस आधार पर राजनीतिक व्यवस्थाओं का तुलनात्मक अध्ययन सम्भव था। अतः तुरन्त ही ऐसा प्रतीत होने लगा कि राज्यों के व्यक्तिगत अध्ययन या स्वतन्त्र व अलग अध्ययन से आगे का चरण केवल तुलनात्मक अध्ययन ही है। संरूपण अध्ययनों में व्यष्टि-सिद्धान्त (micro-theory), जो एक निश्चित स्थान या राजनीतिक व्यवस्था विशेष रूप से सम्बन्धित सिद्धान्त है, प्रतिपादित होने लगे, जिनसे आगे का चरण स्वतः ही मध्य-स्तरीय सिद्धान्तों का प्रतिपादन बना और यह तुलनात्मक आधार पर ही सम्भव दिखाई दिया। इससे स्पष्ट है कि समनुरूपात्मक अध्ययनों ने तुलनात्मक राजनीति को ठोस आधार, विविधतायुक्त व व्यापक सामग्री प्रदान करके दिया।

(घ) **समन्वयात्मक अध्ययन** (Synthetical studies)—उपरोक्त प्रतिक्रियाओं ने ऐसी परिस्थितियां उत्पन्न कर दीं जिनमें समन्वयात्मक अध्ययन अनिवार्य हो गया। कानूनी व संरचनात्मक अध्ययन के साथ-साथ व्यावहारिक पक्ष का अध्ययन भी आवश्यक प्रतीत होने लगा। कानूनी व संरचनात्मक अध्ययन औपचारिक तो था ही, यह राजनीतिक व्यवस्थाओं को वास्तविकताओं की तह में भी न ले जा सका। इस कारण समन्वयात्मक अध्ययनों का मार्ग तैयार हुआ। इनमें हर राज्य के पृथक-पृथक अध्ययन के स्थान पर उनके समूहीकरण पर बल दिया गया। जो-जो राज्य एक प्रकार की शासन व्यवस्थाओं वाले थे, उन सबको एक समूह में सम्मिलित करके अध्ययन किया जाने लगा। अर्थात जो राजतन्त्रीय राज्य हैं, उनका एक समूह व प्रजातन्त्रीय राज्यों का दूसरा समूह, उनके लक्षणों की समानता के आधार पर बनाकर, इन समूहों का अध्ययन करने का प्रचलन हुआ। यहां समान लक्षणों के आधार पर राज्यों के वर्गीकरण पर बल दिया गया और प्रकारणों (typology) का आधार बनाया जाने लगा, और यही आगे चलकर तुलनात्मक राजनीतिक अध्ययनों का एक महत्त्वपूर्ण उद्देश्य बना। राज्यों का समूहीकरण कुछ समान लक्षणों पर आधारित था और यह समान लक्षणों की खोज तुलनात्मक अध्ययन के आधार पर ही सम्भव थी। इस प्रकार, समन्वयात्मक अध्ययनों का राजनीतिक व्यवस्थाओं को समूहों में विभक्त करना तुलनात्मक राजनीतिक अध्ययन का प्रेरक बना।

इतिहासवाद के विरुद्ध प्रतिक्रिया के रूप में प्रचलित उपरोक्त सभी अध्ययन प्रत्यक्ष या अप्रत्यक्ष रूप में तुलनात्मक राजनीति का विकास करने में सहायक रहे हैं। इन अध्ययनों ने न केवल तुलनात्मक विधि का प्रयोग सम्भव बनाने के लिए विपुल व विविध

सामग्री प्रस्तुत की वरन तुलनात्मक अध्ययनों की अनिवार्यता को भी स्पष्ट किया। यह सभी अध्ययन अन्ततः तुलनात्मक राजनीति का आधार बन गए और इसका विकास सम्भव बनाया। इस प्रकार इतिहासवादी मान्यताओं के फलस्वरूप तुलनात्मक राजनीतिक अध्ययन आगे बढ़ा और उसके नये आयाम सामने आए।

राजनीतिक विकासवाद की प्रावस्था या युग
(THE PHASE OF POLITICAL EVOLUTIONISM)

राजनीतिक विकासवाद का युग, इतिहासवाद के काल के अनुरूप ही कहा जा सकता है। इस समय के अध्ययनों व चिन्तनों में इतिहासवादी धारणाओं का सा संकेत मिलता है। इसके अनुयायी भी यह जानना चाहते थे कि राजनीतिक समाज का अन्तिम उद्देश्य क्या है? यह भी उस मंजिल की तलाश में व्यस्त रहे, जिस तक राज्य विकास करता हुआ पहुंचना चाहता है। इनकी इतिहासवाद से निकटता इससे भी स्पष्ट झलकती है कि यह भी उनकी तरह ही विकास के पीछे प्रेरक कारणों को जानना चाहते थे। पर इस निकटता का यह अर्थ नहीं कि विकासवादी विचारक उनसे कोई भिन्नता नहीं रखते थे। वास्तव में इन दोनों में असमानताएं ही अधिक थीं। विकासवादी, इतिहासवादियों की तरह, कल्पना में आस्था नहीं रखते थे। वे वास्तविक जीवन के तथ्यों के आधार पर राजनीतिक व्यवस्थाओं का विकास-क्रम समझना चाहते थे। उन्होंने अपने अध्ययन का सम्बन्ध राज्य की उत्पत्ति व विकास तक सीमित रखा जबकि इतिहासवादी सम्पूर्ण सृष्टि की उत्पत्ति व विकास का अध्ययन-लक्ष्य रखते थे। विकासवादी विचारकों ने केवल मध्य-स्तरीय सिद्धान्तों में रुचि ली जबकि इतिहासवादी चिन्तक सर्वव्यापी व सार्वभौमिक सिद्धान्तों के प्रतिपादन में व्यस्त रहे। इन्होंने यह समझने का प्रयत्न किया कि राज्य के विकास के प्रमुख चरण क्या रहे हैं? इन्होंने विकास के प्रेरक कारण भी खोजे। इससे तुलनात्मक राजनीति ऐसे समय में जीवित रह सकी जब इसे सभी दिशाओं से दबाया जा रहा था।[7] विकासवादियों ने सीमित समस्याओं पर ध्यान केन्द्रित करके केवल व्यापक राजनीतिक ढांचों की उत्पत्ति से सम्बद्ध कारणों को ही समझने का प्रयास किया। विभिन्न समाजों में एक-सी राजनीतिक संस्थाओं के लिए एक से स्रोत मालूम करने का प्रयत्न करके तुलनात्मक राजनीति का महत्त्व बनाए रखा। इसलिए ही यह कहा जाता है कि तुलनात्मक राजनीति विकासवादी धारणाओं रूपी पुल (bridge) से आगे बढ़ सकी।

सर हेनरी मैन (Sir Henry Maine) की दो पुस्तकें, *Ancient Law* (1861) व *Early History of Institutions* (1874) राजनीतिक विकासवाद की प्रारम्भिक आधारशिलाएं कही जा सकती हैं। उन्होंने इन पुस्तकों में यह समझाने का प्रयत्न किया है कि राज्य कुटुम्ब का ही बृहत्तर रूप है। समाज के आदिकाल में पिता-प्रधान कुटुम्ब थे, और पिता का इन कुटुम्ब के सदस्यों पर पूर्ण अधिकार था। यही अधिकारों की

[7] *Ibid.*, p. 10.

परम्परा कुटुम्ब से परिवार, कुल व कबीले में चलती रही और अन्तत: राज्य की जनक बनी। ऐडवर्ड जेन्क्स (Edward Jenks) की भी इस दिशा में महत्त्वपूर्ण देन रही है। इन्होंने अपनी पुस्तकों, *A Short History of Politics* (1900) व *The State and the Nation* (1919) में राज्य के विकास की बात कही है और यह माना है कि समाज के छिन्न-भिन्न होने से अन्तत: राज्य का विकास हुआ। राजनीतिक विकासवादियों में किसी ने विकास का प्रमुख कारण धर्म माना[8] तो किसी ने इसकी प्रेरक, शक्ति[9] को ठहराया। कुछ विद्वानों ने इस प्रकार के विकास की परिस्थितयां सामाजिक विभेद में खोजीं[10] तो कुछ ने राज्य का प्रसरण स्वीकार किया।[11] विकास के लिए उत्तरदायी इन विविध कारकों को समन्वयात्मक ढंग से मैकाइवर *(MacIver)* व ई० एम० सैट (E.M. Sait) ने क्रमश: *The Modern State* (1926) व *Political Institutions; A Preface* (1938) नामक पुस्तकों में प्रस्तुत किया।

इस प्रकार राजनीतिक विकासवादियों ने राज्य की उत्पत्ति व उसके विकास को समझाने के लिए जो तथ्य एकत्रित किए उनसे तुलनात्मक राजनीति को बहुत बल मिला। उन्होंने व्यवस्थित ढंग से ऐतिहासिक तथ्य एकत्र करके उनका मध्य-स्तरीय सिद्धान्तों के प्रतिपादन के लिए प्रयोग किया। उनके अध्ययन पाश्चात्य व गैर-पाश्चात्य सभी राजनीतिक व्यवस्थाओं से सम्बन्धित थे तथा उन्होंने कानूनी-औपचारिक ढांचों के साथ ही साथ व्यावहारिक पक्ष का भी ध्यान रखा और राजनीतिक व्यवस्था व सामाजिक व्यवस्था को घनिष्ठ रूप से सम्बन्धित बताया। यह सब बातें तुलनात्मक राजनीति के लिए प्रेरक बनीं।

प्रारम्भिक राजनीतिक समाजशास्त्रियों की देन
(THE CONTRIBUTION OF EARLY POLITICAL SOCIOLOGISTS)

विकासवादी विचारकों की श्रेणी से अलग कुछ समाजशास्त्रियों का तुलनात्मक राजनीतिक अध्ययन में विशेष योगदान रहा। सही अर्थों में यह राजनीतिक समाजशास्त्री तुलनात्मक राजनीति को सुव्यवस्थित वैज्ञानिक अध्ययन बनाने में सहायक रहे हैं। आज की तुलनात्मक राजनीति के प्रमुख अध्ययन-बिन्दुओं पर इन्हीं समाजशास्त्रियों ने प्रारम्भिक प्रकाश डाला जो आगे चलकर तुलनात्मक अध्ययन के आधार बने। मैक्स वेबर (Max Weber), परेटो (Pareto), माइकल्स (Michels) व मोस्का (Mosca)[12] ने मुख्य रूप से अपना अध्ययन राज्य तक सीमित नहीं रखा। उन्होंने सभी प्रकार की राजनीतिक प्रक्रियाओं, राजनीतिक दलों व अन्य गैर-राजनीतिक समूहों व संस्थाओं की

[8] The supporters of the *'Divine Ortigin of State.*
[9] The supporters of the 'Force Theory' of the *Origin of State.*
[10] The supporters of the 'Social Contract Theory' of the *Origin of State.*
[11] The supporters of the 'Evolutionary Theory' of the *Origin of State.*
[12] Eckstein and Apter, *op. cit.*, p. 11.

संरचना को तुलनात्मक विश्लेषण में सम्मिलित किया तथा इन सब पर परिवेश का प्रभाव स्वीकार किया। इससे तुलनात्मक राजनीति में विश्लेषण के नये दृष्टिकोण प्रस्तुत हुए और नई अवधारणाओं का प्रतिपादन हुआ। उन्होंने तुलनात्मक राजनीति को विश्लेषण की नई पद्धतियां दीं, नई अवधारणाओं व नवीन सिद्धान्तों से युक्त किया। इस प्रकार, प्रारम्भिक राजनीतिक समाजशास्त्रियों ने आधुनिक तुलनात्मक राजनीति के तीन प्रमुख विचार-बिन्दुओं—अवधारणा सम्बन्धी, पद्धति सम्बन्धी व सिद्धान्त सम्बन्धी, पर विस्तृत प्रकाश डाला और इस अध्ययन को नये दृष्टिकोण प्रदान किए।

तुलनात्मक राजनीति में युद्धोपरान्त विकास
(POST-WAR DEVELOPMENTS IN COMPARATIVE POLITICS)

द्वितीय विश्वयुद्ध के अन्त तक तुलनात्मक राजनीति में कई महत्त्वपूर्ण विकास हुए परन्तु यह सब बहुत ही मन्थर गति से इस अनुशासन को आगे बढ़ा पाए। अब तक की राजनीतिक व्यवस्थाओं की चुनौतियां ही इसके लिए उत्तरदायी कही जा सकती हैं। परन्तु, द्वितीय महायुद्ध के बाद राजनीतिक व्यवस्थाओं में आई उथल-पुथल ने तुलनात्मक राजनीति में क्रान्तिकारी परिवर्तन अनिवार्य बना दिए। इन युगान्तरकारी परिवर्तनों को समझने से पहले यह देखना उपयोगी होगा कि द्वितीय विश्वयुद्ध के अन्त तक तुलनात्मक राजनीतिक अध्ययन किन-किन लक्षणों से युक्त हो चुका था। हेरी एक्सटीन के अनुसार तुलनात्मक राजनीति में महायुद्ध की समाप्ति तक निम्नलिखित विशिष्टताएं आ गई थीं—

(1) बृहत्तर राजनीतिक तुलनाओं में पुनः रुचि बढ़ने लगी।

(2) राजनीति की प्रकृति की विस्तृत व सामान्य अवधारणाओं पर व उसकी विषय-सामग्री पर सुस्पष्टता आ गई।

(3) कुछ प्रकार के राजनीतिक व्यवहार के निरूपकों से सम्बन्धित मध्य-स्तरीय सैद्धान्तिक समस्याओं के समाधान पर अधिक जोर दिया जाने लगा।

(4) कुछ प्रकार की राजनीतिक संस्थाओं की अपेक्षित शर्तों की खोज में रुचि बढ़ी।

इस प्रकार द्वितीय महायुद्ध के अन्त तक तुलनात्मक अध्ययन में अत्यधिक रुचि उत्पन्न हो गई। परन्तु अभी भी तुलनात्मक राजनीतिक अध्ययन में कई कमियां थीं। बदली हुई राजनीतिक परिस्थितियों के कारण यह कमियां उभरकर ऊपर आ गईं। संक्षेप में यह इस प्रकार हैं —

(1) तुलनात्मक विश्लेषण के तकनीकी पक्ष का विकास नहीं हो पाया था।

(2) राजनीतिक घटनाओं व स्थितियों के कानूनी-औपचारिक आधारों पर ही तुलना की जाती रही व अनौपचारिक व व्यावहारिक पहलू की अवहेलना होती रही।

(3) तुलनाएं केवल कानूनी संस्थाओं व प्रभुसत्ता-सम्पन्न राज्यों के बीच ही की जाती थीं व गैर-राजकीय संस्थाओं की अवहेलना ही की गई।

(4) तुलनाओं के सुनिश्चित आधारों का अभाव था व तुलनाएं पाश्चात्य व्यवस्थाओं

तक सीमित थीं।

इस प्रकार तुलनात्मक राजनीतिक अध्ययन में तथ्यों का प्रयोग तो होने लगा था परन्तु इन तथ्यों को एकत्रित करने की वैज्ञानिक प्रविधियों का विकास नहीं हुआ था। अभी तक जोर तथ्यों पर था, तथ्यों को एकत्रित करने की तकनीकों को विशेष महत्त्व नहीं दिया गया। इसी तरह राजनीतिक संस्थाओं के व्यवहार की अवहेलना करके केवल औपचारिक व कानूनी पहलुओं तक अध्ययन सीमित था पर द्वितीय महायुद्ध के बाद तुलनात्मक राजनीति में एक निश्चित मोड़ आया और यह अनुशासन अधिक व्यवस्थित व वैज्ञानिक बन गया। संक्षेप में, तुलनात्मक राजनीति में युद्ध के बाद निम्नलिखित विकास हुए।

(क) **तुलनात्मक राजनीति के आनुभविक परिसर का विस्तारीकरण** (Enlargement in the empirical range of the field of comparative politics)—तुलनात्मक राजनीति का आनुभविक परिसर विस्तार, युद्ध से पहले व युद्ध से बाद की राजनीतिक परिस्थितियों के कारण हुआ था। इसको समझने के लिए इन विशेष राजनीतिक परिस्थितियों का उल्लेख आवश्यक है। वास्तव में तुलमात्मक राजनीति का सीमा-विस्तार इन परिस्थितियों द्वारा प्रस्तुत चुनौतियों के कारण ही हुआ है। संक्षेप में, राजनीतिक परिस्थितियों का विवेचन इस प्रकार है।

युद्ध से पहले तुलनात्मक राजनीति का अध्ययन केवल पश्चिमी लोकतान्त्रिक राजनीतिक व्यवस्थाओं तक सीमित था। क्योंकि उस समय यह मान्यता प्रबल थी कि प्रतिनिधात्मक लोकतन्त्र ही सम्भव, इच्छित व अपरिहार्य है। लोकतन्त्र ही भविष्य की राजनीतिक व्यवस्थाओं में प्रचलित होगा ऐसी दृढ़ आस्था थी। इसलिए लोकतन्त्र व्यवस्थाओं का अध्ययन होता था। परन्तु पश्चिमी यूरोप में लोकतन्त्र का संकट, जर्मनी व इटली में अधिनायकवाद का उदय व स्टालिन के नेतृत्व के समय रूस में निर्दय व हिंसक अत्याचारों के कारण यूरोप की राजनीतिक व्यवस्थाएं इतिहास में पहली बार आन्तरिक विरोधों से परिपूर्ण दिखाई दीं। युद्ध से पहले के इन राजनीतिक विकासों के कारण अब तुलनात्मक राजनीति, लोकतन्त्रों के साथ ही साथ अधिनायकवादी व साम्यवादी व्यवस्थाओं के अध्ययन तक विस्तृत होने पर मजबूर हुई और इस प्रकार युद्ध से पहले की विशेष राजनीतिक परिस्थितियों ने तुलनात्मक राजनीति के अध्ययन-क्षेत्र का विस्तार किया।

तुलनात्मक राजनीति के आनुभविक परिसर में विस्तार का प्रमुख कारण युद्ध के बाद की राजनीतिक परिस्थितियां हैं। युद्ध तक तुलनात्मक राजनीति पश्चिमी राजनीतिक व्यवस्थाओं के तुलनात्मक अध्ययन तक सीमित थी पर युद्ध की समाप्ति के साथ ही एक नया विश्व, जिसे तृतीय विश्व (Third World)[13] कहा जाता है, जाग उठा। इस विकास से तुलनात्मक राजनीति आंख बन्द नहीं कर सकती थी। इस विश्व के राज्य ने केवल स्वतन्त्र हुए, वरन उनमें से अधिकांश 'असंलग्नता' (non-aligment) के रास्ते पर चलने

[13]The countries of Asia, Africa and Latin America are sometimes referred as the countries of the 'Third World.'

लगे। इसी समय 'शीतयुद्ध' का जोर-शोर से जन्म हुआ व अन्तर्राष्ट्रीय तनाव अपनी पराकाष्ठा पर पहुंच गए। ऐसी राजनीतिक तनाव-पूर्ण राजनीतिक व्यवस्थाओं के उदय के कारण, तुलनात्मक राजनीतिक अध्ययनों में, उन सब विचित्र व विविध राजनीतिक व्यवस्थाओं को सम्मिलित करना अनिवार्य हो गया। निष्कर्ष रूप में यह कहा जा सकता है कि तुलनात्मक राजनीति का सीमा-विस्तार, युद्ध से पहले व युद्ध के बाद की विशिष्ट राजनीतिक परिस्थितियों से उत्पन्न चुनौतियों के कारण हुआ। अब तुलनात्मक राजनीति में लोकतन्त्र, अधिनायकतन्त्र व साम्यवाद तथा विकसित व विकासशील और पश्चिमी व नवोदित सभी राज्यों की राजनीतिक व्यवस्थाओं को सम्मिलित किया जाने लगा। इस प्रकार तुलनात्मक राजनीति का न केवल क्षेत्रीय विस्तार हुआ वरन उसमें विविध राजनीतिक व्यवस्थाओं के अध्ययन के सम्मिलन से उसका विचार-क्षितिज भी विस्तृत हुआ।

(ख) वैज्ञानिक परिशुद्धता पर अधिक जोर (Greater emphasis on scientific region)—वैज्ञानिक परिशुद्धता पर अधिक बल देने से तात्पर्य वैज्ञानिक व प्रविधिक पक्ष का महत्त्व स्वीकार करता है। अब तक सामान्य बुद्धि (commonsense) के आधार पर प्रमेय (propositions) स्थापित किए जाते थे और इसी आधार पर तथ्यों की परीक्षण विधियां विकसित की गईं, पर अब परिवर्तित राजनीतिक परिस्थितियों ने मध्य-स्तरीय सिद्धान्तों का प्रतिपादन आवश्यक बना दिया। इसके लिए, परम्परागत अवधारणाओं के स्थान पर, अपरम्परागत (unconventional) अवधारणाएं अनिवार्य हो गईं। परिशुद्ध प्रविधियों व नवीन उपागमों की आवश्यकता पड़ी। इसके अलावा, राजनीति-विज्ञान में सैद्धान्तिक सामग्री की कमियों के कारण तुलनात्मक राजनीति नवीन प्रविधियों की तलाश में व्यस्त हुई और इस अनुशासन में वैज्ञानिक परिशुद्धता पर अधिक जोर दिया जाने लगा।

वैज्ञानिक परिशुद्धता को महत्त्व देने का एक और कारण भी है। इस समय सभी समाजशास्त्रों में व्यवहारवादी क्रांति का बोलवाला था। व्यवहारवादी कठोर, परिशुद्ध व मुख्यतया सुव्यक्त सैद्धान्तिक-विषय-परिधि के प्रयोग से ऐसे मध्य-स्तरीय सिद्धान्त निर्मित करने का प्रयत्न करने लगे जिन्हें परिमाणात्मक विधियों से परखा जा सके। इस क्रांति से न राजनीति-विज्ञान अछूता रहा और न ही तुलनात्मक राजनीति बच सकी। व्यवहारवादियों द्वारा प्रस्तुत यह दृष्टिकोण तुलनात्मक राजनीति के लिए वरदान था। इससे तुलनात्मक राजनीति को अधिक वैज्ञानिक बनाने में सहयोग मिला व राजनीतिक व्यवहार की गहराइयों में झांकने की सुनिश्चित प्रविधियां प्रयुक्त होने लगीं। इसके अलावा भी समाजशास्त्र व मानवशास्त्र में अध्ययन-दृष्टिकोणों के नवीन आयाम आए और इनसे तुलनात्मक राजनीति को बहुत कुछ सीखने व अनुकृति करने को मिला।

(ग) राजनीति के सामाजिक परिवेश पर बल (Greater emphasis on social setting of politics)—राजनीतिक व्यवहार व राजनीतिक संस्थाओं की प्रकृति का निरूपण सामाजिक परिवेश में ही होता है। सामाजिक अनुलक्षण (phenomena) परस्पर कई अन्य परिवेशों से सम्बन्धित होता है। राजनीतिक व्यवहार को गैर-

राजनीतिक समूह प्रभावित व सीमित करते हैं। कई बार तो राजनीतिक व्यवहार का विनिश्चय भी सामाजिक व सांस्कृतिक पर्यावरण द्वारा होता है। इसलिए तुलनात्मक राजनीति इन प्रभावों के प्रति जागरूक बनी और राजनीतिक समाजीकरण की संस्थाओं को भी अध्ययन में सम्मिलित किया जाने लगा। साथ ही सामाजिक, सांस्कृतिक व अन्तर्राष्ट्रीय वातावरण के प्रभाव को स्वीकार किया। इस प्रकार तुलनात्मक राजनीति में, अब राजनीतिक व्यवहार को सम्पूर्णता अर्थात उसके परिवेश में समझने पर जोर दिया जाने लगा। अभिजनों, दबाव समूहों, राजनीतिक दलों, नौकरशाही, नेतृत्व व प्रतिनिधित्व को अध्ययन में सम्मिलित करके सामाजिक परिवेश, जिसमें राजनीति क्रियाशील रहती, का महत्त्व माना गया।

(घ) **तुलनात्मक विश्लेषण के नवीन उपागमों का प्रयोग** (Adoption of new approaches of comparative analysis)—द्वितीय महायुद्ध के बाद तुलनात्मक राजनीति में एक महत्त्वपूर्ण विकास अध्ययन दृष्टिकोण व उपागमों का है। अब नये-नये उपागम व दृष्टिकोण प्रतिपादित होने लगे। राजनीतिक व्यवहार की गत्यात्मकताएं व राजनीतिक व्यवस्थाओं का अन्य व्यवस्थाओं के साथ घनिष्ठ सम्बन्ध जो जटिलताएं उत्पन्न करते हैं उनको समझने में परम्परागत दृष्टिकोण—औपचारिक-कानूनी, सहायक नहीं रहे और इसलिए नये दृष्टिकोण प्रतिपादित हुए इनमें संरचनात्मक-प्रकार्यात्मक, व्यवस्थात्मक, राजनीतिक संस्कृति, राजनीतिक विकास व मार्क्सवादी-लेनिनवादी दृष्टिकोण प्रमुख हैं। परन्तु दृष्टिकोणों की दृष्टि से तुलनात्मक राजनीति आज भी अनिश्चय की अवस्था में है। उपरोक्त सभी दृष्टिकोण इस रूप में अपूर्ण हैं कि इनमें से कोई भी पूर्ण राजनीतिक व्यवहार की व्याख्या करने में समर्थ नहीं है। यही कारण है कि तुलनात्मक राजनीति में अध्ययन-दृष्टिकोणों की खोज जारी है।

इस प्रकार, द्वितीय महायुद्ध के बाद की राजनीतिक परिस्थितियों ने तुलनात्मक राजनीति में ऐसी नवीन प्रवृत्तियों (trends) को जन्म दिया कि यह अनुशासन अधिक व्यवस्थित व सुनिश्चित हो गया। अब इसमें गैर-पाश्चात्य व्यवस्थाओं का अध्ययन होने लगा। वैज्ञानिक परिशुद्धता का समावेश हुआ व राजनीति के सुविस्तृत परिवेश के प्रति चिन्ता बढ़ी और नवीन अध्ययन-दृष्टिकोण अपनाए जाने लगे।

तुलनात्मक राजनीति की वर्तमान अवस्था
(COMPARATIVE POLITICS TODAY)

द्वितीय विश्वयुद्ध की समाप्ति के बाद करीब एक दशाब्दी तक विकासशील राजनीतिक व्यवस्थाओं को तुलनात्मक राजनीतिक अध्ययन में सही अर्थों में सम्मिलित नहीं किया गया था। नवोदित राज्यों के सम्बन्ध में, "प्रथम अध्ययन तुलनात्मक नहीं होकर, नवीन राजनीतिक व्यवस्थाओं के आंतरिक संघटकों पर प्रकाश डालने वाले रहे।"[14] कोलमैन

[14] **Eckstein and Apter, *op. cit.*, p. 12.**

(Coleman), ऐप्टर (Apter) ने अफ्रीका, जार्ज मेक्काहिन (George Mekahin), माइरन वीनर (Myron Wenior), ल्यूशियन पाई (Lucian Pye), कीथ कैलार्ड (Kaith Callard), लियोनार्ड बिंडर (Leonard Binder) और कुछ अन्यों ने दक्षिण एशिया, दक्षिण-पूर्वी एशिया व निकट पूर्व (Near-East) के राज्यों में से कुछ राज्यों के बारे में ऐसे ही अध्ययन किए। इन अध्ययनों से द्वितीय चरण के अध्ययन, जो तुलनात्मक थे, प्रोत्साहित हुए।

अधिकांश विकासशील राज्यों (इनकी सूची बहुत लम्बी है बर्मा, इण्डोनेशिया, सूडान, घाना, नाइजीरिया, पाकिस्तान, कांगो, सीरिया, इराक़, अलजीरिया, इनमें से कुछ हैं) में सैनिक क्रांतियों ने नई सरकारों का तख्ता पलट दिया और काफी समय बाद यह भी अध्ययन का आकर्षण बने। जोन जोनसन (John Johnson), विलियम गट्टरिज (William Gutteridge), एस० ई० फाइनर (S.E. Finer), मोरिस जेनोविट्ज़ (Morris Janowitz), गी पौकर (Giey Pauker), विलसन सी० मेकविलियम्स (Wilson C. Mcwilliams), व ऐडविन लियूवेन (Edwin Lieuwen) ने इस प्रकार के सैनिक शासनों का विवेचन किया और इन्हें सामाजिक विकास की अधिक सामान्य प्रक्रियाओं के साथ जोड़ने का प्रयास किया। सैमुअल हटिंगटन (Samual Hutington) फ्रेडरिक फ्रे (Frederic Frey) व डंकवार्ट रुस्टोव (Dankwart Rustow) ने मुख्यतया इस प्रकार के अध्ययनों से विकास की अनिवार्यताओं के सन्दर्भ में सैनिक शासनों का विश्लेषण किया।

नवोदित राजनीतिक व्यवस्थाओं से सम्बन्धित यह अध्ययन मूलत: तुलनात्मक नहीं थे पर इन्होंने 'दूसरे चरण' के अध्ययनों को तुलनात्मक बनाने में सहयोग दिया। विकासशील राज्यों में व्याप्त राजनीतिक अस्थिरताओं और विविधताओं-विचित्रताओं ने आंकड़ों व तथ्यों की भरमार कर दी। विविधायुक्त व परिमाणित तथ्यों के उपयोग के लिए तुलनात्मक राजनीतिक विश्लेषण में पुन: अवधारणाकरण (re-conceptualization) अनिवार्य हो गया। इस दिशा में प्रयत्न होते रहे और साथ ही परिमाणात्मक तथ्यों व आनुभविक प्रविधियों में प्रत्यक्ष रूप से रुचि बढ़ती गई। कार्ल डायच (Karl Deutsch) ने इस दिशा में पहल की और मौलिक व आधारभूत परिमाणित तथ्यों का प्रमुख परिवर्त्यों को गुणनखण्डित करने में तुलनात्मक प्रयोग किया। इन नवीन परिमाणात्मक प्रविधियों ने तुलनाओं की व्यापक सम्भावनाएं प्रस्तुत कीं। इन विकासशील राज्यों की कुछ प्रवृत्तियों—राष्ट्रवाद की उभरती शक्ति, शासक-शक्ति की वैधता, उप-व्यवस्थाओं का प्रभाव, सेना का आधिपत्य, विश्लेषण के लिए नवीन अवधारणाएं व परिमाणात्मक तथ्यों व नयी आनुभविक प्रविधियों का प्रयोग, अब तुलनात्मक राजनीतिक विश्लेषण का नवीनतम क्षेत्र व आकर्षण-केन्द्र (focus) बन गया। अब तुलनात्मक राजनीतिक विश्लेषण, आधुनिकीकरण व सामाजिक-राजनीतिक विकास के इर्द-गिर्द किया जाने लगा और सम्प्रेषण की प्रक्रियाओं, राजनीतिक संगठन और विकास का ही इन राज्यों में तुलनात्मक अध्ययन नहीं हुआ वरन पुराने विकासशील राज्यों (जापान) व नये विकासशील राज्यों में तुलना के प्रयत्न होने लगे। विकास के साम्यवादी प्रतिमान व

साम्यवादी चिन्तन का विकासशील देशों पर प्रभाव भी तुलनात्मक राजनीतिक विश्लेषण की परिधि में सम्मिलित कर लिये गये। इस प्रकार तुलनात्मक राजनीति में, विश्वयुद्ध के बाद दूसरी क्रांति या मोड़, विकासशील राज्यों की राजनीतिक प्रक्रियाओं व राजनीतिक विचित्रताओं के तुलनात्मक विश्लेषण के प्रयत्नों के साथ ही प्रारम्भ माना जाता है।

इस पृष्ठभूमि को ध्यान में रखते हुए, नए राज्यों से सम्बन्धित तुलनात्मक अध्ययनों की नई प्रवृत्तियों का परीक्षण, तीन नवीन विश्लेषण दृष्टिकोणों—आदर्शों, संरचनात्मक व व्यवहारवादी, को ध्यान में रखकर किया जाने लगा। इनमें हर नई व्यवस्था व हर राजनीति को पसन्द की व्यवस्था (system of choice) के रूप में देखा गया है तथा आदर्शी, संरचनात्मक व व्यवहारवादी, पसन्द के ऐसे पहलू हैं जो व्यवस्था के अंगों के रूप में छांटे जाते हैं। इनमें आदर्शी दृष्टिकोण (normative approach) का सम्बन्ध मूल्यों, मानकों व आदर्शों से है, जिनका प्रभाव किसी भी प्रकार की पसंदों के निर्णय में होता है। संरचनात्मक दृष्टिकोण में, सामाजिक क्रिया के प्रतिमानों व व्यक्तियों में परस्पर सम्बन्धों को ध्यान में रखा जाता है जैसे सामाजिक संरचनाओं से, मूल्यों व मानकों से व्यक्तियों के पसंद-चुनाव किस प्रकार सीमित व प्रतिबन्धित होते हैं? व्यवहारवादी दृष्टिकोण में, व्यक्तियों की वास्तव में इस या उस प्रकार की क्रिया तथा वे ऐसा ही क्यों करते हैं, इसे देखा जाता है? इसमें मानव व्यक्तित्व से सम्बद्ध परिवर्त्यों को देखा जाता है जिससे यह निष्कर्ष निकल सके कि किस प्रकार की सामाजिक संरचनाएं किसी के व्यक्तित्व के विभिन्न पहलुओं को निरूपित करती हैं?

इस प्रकार विकासशील राज्यों के उदय ने तुलनात्मक राजनीति में, नये अध्ययन-दृष्टिकोण, नये आयाम व नवीन अवधारणाओं का प्रचलन किया। तुलनात्मक विश्लेषण की नई प्रविधियां प्रतिपादित हुईं और यह अनुशासन अनेक उतार-चढ़ावों व अस्त-व्यस्तताओं के बाद व्यवस्थित हो गया। अब सम्पूर्ण विश्व की राजनीतिक व्यवस्थाओं, राजनीतिक संरचनाओं व राजनीतिक आचरणों की व्यापक व बृहत्तर परिवेश में तुलनाएं की जाने लगी हैं। इससे तुलनात्मक राजनीति का विषय-क्षेत्र विस्तृत हुआ और इसका विचार-क्षितिज व्यापकतम बन गया। यद्यपि तुलनात्मक विधि, तुलनात्मक विश्लेषण व तुलनात्मक राजनीति सामान्य रूप से राजनीतिक विश्लेषण के ही भाग दिखाई देते हैं फिर भी औचित्यता, तर्कसम्मतता और शिक्षा-शास्त्रीयता की दृष्टि से अध्ययन के उचित क्षेत्र के रूप में तुलनात्मक राजनीति स्वतन्त्र अनुशासन बन गया है। परन्तु यहां यह ध्यान रखना आवश्यक है कि तुलनात्मक राजनीति का अध्ययन-क्षेत्र केवल देशों, संस्थाओं, संरचनाओं, व्यवहारों, क्रियाओं या समस्याओं के सन्दर्भ में ही परिभाषित नहीं करना है। यह तो इन सबको सम्पूर्णता में तुलनात्मक विश्लेषण से समझने का प्रयास करता है। इससे यही निष्कर्ष निकलता है कि तुलनात्मक राजनीति प्रारम्भिक निराशाओं के बाद स्वतन्त्र अनुशासन की अवस्था प्राप्त कर गयी है। इसमें विवादों का अभी भी होना इसकी परिपक्वता का सूचक है, क्योंकि यह तो हर समाजशास्त्र की विशेषता होती है कि उसमें विषय-क्षेत्र, अध्ययन-पद्धतियों व विश्लेषण-दृष्टिकोणों पर

पूर्ण सहमति का अभाव रहा है और भविष्य में भी शायद यह असहमति बनी रहेगी।

तुलनात्मक राजनीति के विकास के प्रमुख सीमाचिह्नों के संक्षिप्त विवेचन के बाद यही निष्कर्षतः कहा जा सकता है कि अनेकों उतार-चढ़ावों, आशा-निराशाओं व प्रारम्भिक कठिनाइयों के बाद आज यह एक स्वतन्त्र अनुशासन की अवस्था में पहुंच गई है जिसमें अवधारणाओं, अध्ययन-पद्धतियों व विश्लेषण-दृष्टिकोणों पर व्यापक सहमति है।

अध्याय 4

तुलनात्मक राजनीति–परम्परागत व आधुनिक परिप्रेक्ष्य
(Comparative Politics—Traditional and Modern Perspectives)

राजनीति-विज्ञान में राजनीतिक संस्थाओं, संविधानों व सरकारों के तुलनात्मक अध्ययन का अत्यधिक लम्बा व गौरवमय अतीत है।[1] राजनीतिक संस्थाओं का सामान्य विश्लेषण, उनके प्रकारों का वर्गीकरण, उनके विभिन्न रूपों के विकासों का अध्ययन तथा अनेकों प्रचलित राजनीतिक व्यवस्थाओं की विभिन्न किस्मों का अवलोकन उतना ही प्राचीन है जितना कि विचारों का लिखित इतिहास है। मानव किसी न किसी रूप में राजनीतिक संस्थाओं की स्थापना संगठित समाज की व्यवस्था के प्रारम्भ से ही करता रहा है। भिन्न-भिन्न राजनीतिक संस्थाओं की अलग-अलग स्थानों पर स्थापना व विकास ने, दार्शनिकों व राजनीतिक चिन्तकों को यह विचार करने के लिए प्रेरित किया है कि विभिन्न राजनीतिक संस्थाओं व व्यवस्थाओं में से कौन-सी व्यवस्था सर्वश्रेष्ठ है? किसी राजनीतिक संस्था की श्रेष्ठता, या किसी राज्य विशेष के लिए अनुकूलता का ज्ञान प्राप्त करने के लिए राजनीतिक विचारकों ने प्रारम्भ से ही एक राजनीतिक व्यवस्था व संस्था की, उससे भिन्न राजनीतिक व्यवस्था से तुलना कर निष्कर्ष निकालने का प्रयत्न किया है।

व्यवस्थित ढंग से व सही अर्थ में, राजनीति-विज्ञान के जनक अरस्तू द्वारा किए यूनान के नगर-राज्यों के 158 संविधानों के तुलनात्मक अध्ययन से ही राजनीतिक संस्थाओं के तुलनात्मक अध्ययन का आरम्भ माना जाता है। सर्वप्रथम अरस्तू ने ही तत्कालीन राजनीतिक व्यवस्थाओं में विद्यमान निरंकुशतन्त्रों, श्रेणीतन्त्रों, तथा लोकतन्त्रों की विशिष्ट विशेषताओं व विविधताओं तथा भिन्नताओं का विस्तृत विवेचन, तुलनात्मक दृष्टिकोण से किया था। अरस्तू द्वारा नगर-राज्यों के संविधानों का अध्ययन जिन विधियों द्वारा किया गया तथा जिन समस्याओं को उसने अध्ययन के लिए उठाया, वे आज भी राजनीतिक अध्ययन के क्षेत्र में बहुत कुछ मान्य हैं।

अरस्तू के बाद, अनेकों विचारकों ने राजनीतिक संस्थाओं व व्यवस्थाओं के अध्ययन में तुलनात्मक पद्धति का प्रयोग कर तुलनात्मक राजनीति का सीमा-विस्तार किया और

[1]Eckstein and Apter, (Eds.), *Comparative Politics: A Reader*, Free Press, New York, 1963, p. 3.

उसे अधिक व्यवस्थित अध्ययन बनाया। सिसरो, पोलिबियस, मैकियावली, मोन्टेस्क्यू, मार्क्स, मिल तथा बेजहाट आदि अनेकों राजनीतिक विचारकों ने राजनीतिक व्यवस्थाओं व संस्थाओं का सामान्य अध्ययन किया तथा उनके प्रकारों का वर्गीकरण कर, उनके विकास के स्तरों व विभिन्न अवस्थाओं का तुलनात्मक विश्लेषण किया। इनमें से कुछ ने तो प्रचलित व अतीतकालीन राजनीतिक व्यवस्थाओं व सरकारों के विभिन्न रूपों का निरीक्षण व परीक्षण कर राजनीतिक संस्थाओं व सरकार के प्रकार विशेष की श्रेष्ठता व उपयोगिता का उल्लेख किया।

राजनीतिक विचारक आरम्भ से ही इस मूल प्रश्न का उत्तर ढूंढने में व्यस्त रहे हैं कि एक प्रकार की राजनीतिक व्यवस्था व संस्था क्यों एक समय व समाज विशेष में सफल व उपयोगी तथा अन्य समाज में असफल रहती रही है? यह जानने के लिए हर शासन व्यवस्था का ही अध्ययन काफी नहीं है। उसकी इसी प्रकार की व इससे भिन्न शासन व्यवस्थाओं से तुलना भी जरूरी हो जाती है। तुलना से ही किसी संस्था, सरकार व राज्य की श्रेष्ठता का ज्ञान सम्भव होता है। राजनीतिक विचारक, संस्था विशेष की श्रेष्ठता के ज्ञान तक ही सीमित नहीं रहे हैं। उनका लक्ष्य कुछ ऐसे सामान्य निष्कर्ष निकालने का रहा है, जो अधिकांशतः सभी सरकारों को, उनके गुणों ब अवगुणों को समझने में सहायक हों। यही कारण है कि राजनीतिक व्यवस्थाओं का तुलनात्मक अध्ययन, राजनीतिक व्यवस्थाओं के विश्लेषण और अध्ययन की प्रमुख पद्धति बनता गया है।

तीसरे अध्याय में तुलनात्मक राजनीति के विकास के प्रमुख सीमाचिह्नों का विवेचन करते समय भी यह स्पष्ट हुआ कि तुलनात्मक राजनीतिक अध्ययन में, दूसरे विश्वयुद्ध के बाद की राजनीतिक परिस्थितियों के कारण, क्रांतिकारी परिवर्तन आ गये। विषय-क्षेत्र से लेकर परिवर्त्यों व अवधारणाओं तक में मौलिक अन्तर आ गये। तुलनात्मक राजनीति के पुराने अध्ययन-दृष्टिकोण निरर्थक हो गए और विश्लेषण की नई प्रविधियों का प्रचलन हुआ। ज्यों-ज्यों राजनीतिक व्यवस्थाएं जटिल बनती गईं, त्यों-त्यों तुलनात्मक राजनीतिक अध्ययन के सम्मुख नई चुनौतियां प्रस्तुत होती गईं और इनके कारण तुलना के उपकरण व तकनीकें बदलती गईं। तुलनात्मक अध्ययनों में इन आधारभूत परिवर्तनों के बाद तुलनात्मक राजनीति को आधुनिक व परम्परागत नामों से पुकारा जाने लगा है।

इस अध्याय में तुलनात्मक राजनीति के परम्परागत व आधुनिक परिप्रेक्ष्यों का विवेचन किया गया है। परम्परागत परिप्रेक्ष्य की पृष्ठभूमि का संक्षिप्त विवेचन करके, परम्परागत व आधुनिक तुलनात्मक राजनीति में अन्तर के आधार स्पष्ट किए गए हैं। इसके बाद परम्परागत तुलनात्मक राजनीति की विशिष्टताओं का विवेचन करते हुए इसका आलोचनात्मक मूल्यांकन किया गया है तथा आधुनिक तुलनात्मक राजनीति की सामान्य विशेषताओं के उल्लेख के पश्चात इसके विभिन्न दृष्टिकोणों के प्रतिपादन की परिस्थितियों का विवेचन किया गया है। अंत में इन दृष्टिकोणों में परिलक्षित विचार-बिन्दुओं को, राजनीतिक व्यवहार की विचित्रता समझने की क्षमता के आधार पर आंकने

का प्रयास किया गया है।

परम्परागत व आधुनिक तुलनात्मक राजनीति की विशेषताओं का विवेचन करने से पहले यह समझ लेना आवश्यक है कि इन दोनों में कोई सुनिश्चित विभाजक रेखा खींचना सम्भव नहीं है। आज भी अनेक विचारक परम्परागत दृष्टिकोण को ही उचित व उपयोगी मानते हैं, जबकि ब्राइस की पुस्तक *Modern Democracies* (1924) ऐसा तुलनात्मक अध्ययन है जो तत्कालीन लेखकों की विश्लेषण शैली से कहीं आगे कहा जा सकता है। इससे स्पष्ट है कि परम्परागत तुलनात्मक राजनीति व आधुनिक तुलनात्मक राजनीति में स्पष्ट सीमा-रेखा खींचना सम्भव नहीं है। अर्थात यह कहना कठिन है कि इस समय तक परम्परागत व इसके बाद आधुनिक तुलनात्मक राजनीतिक परिप्रेक्ष्य आरम्भ होता है। लम्बी अवधि तक परम्परागत व आधुनिक दृष्टिकोणों का एक साथ ही प्रयोग इस प्रकार के विभाजन को और भी असम्भव बना देता है। वैसे भी इन दोनों को 'समय-निरन्तर' (time-continuum) पर निश्चित बिन्दु पर अंकन करने की कोई आवश्यकता ही नहीं है क्योंकि इन दोनों में अन्तर अध्ययन-दृष्टिकोणों को लेकर ही है।

परम्परागत व आधुनिक तुलनात्मक राजनीति के विवेचन से पहले दूसरी बात, इन दोनों में अन्तर के आधारों के स्पष्टीकरण से सम्बद्ध है। वैसे तो दोनों में अन्तर के सुनिश्चित आधार बना पाना कठिन है फिर भी दोनों में कुछ मौलिक अन्तर ऐसे हैं जिनके कारण तुलनात्मक राजनीति का परम्परागत परिप्रेक्ष्य, आधुनिक से अलग हो जाता है। संक्षेप में यह निम्नलिखित हैं—

(1) अध्ययन के दृष्टिकोण का आधार; (2) अध्ययन क्षेत्र का आधार; (3) विश्लेषण पद्धति का आधार; (4) अध्ययन-उद्देश्य का आधार।

(1) परम्परागत तुलनात्मक राजनीति व आधुनिक तुलनात्मक राजनीति में मौलिक अन्तर अध्ययन-दृष्टिकोण का है। परम्परागत राजनीति का अध्ययन-दृष्टिकोण औपचारिक-कानूनी व संस्थात्मक था। इसमें संविधान द्वारा स्थापित संस्थाओं का ही तुलनात्मक अध्ययन होता था जबकि आधुनिक तुलनात्मक राजनीति में इनका अध्ययन तो सम्मिलित है ही, इसके साथ ही साथ उन राजनीतिक व्यवहारों का भी अध्ययन सम्मिलित होता है जो संविधान द्वारा स्थापित संस्थागत व्यवस्था में होते हैं। उसमें औपचारिक व अनौपचारिक दोनों ही पहलुओं का अध्ययन सम्मिलित है।

(2) इसी प्रकार परम्परागत तुलनात्मक राजनीति का अध्ययन-क्षेत्र भी आधुनिक तुलनात्मक राजनीति से भिन्न है। परम्परागत राजनीति में केवल पाश्चात्य राजनीतिक व्यवस्थाओं को ही अध्ययन में सम्मिलित किया जाता था। इससे भी पहले केवल लोकतान्त्रिक व्यवस्थाओं के शासन ढांचों का अध्ययन होता था। यद्यपि जर्मनी व इटली में अधिनायकवाद व रूस में साम्यवाद के उदय से, इनको भी अध्ययन में सम्मिलित किया जाने लगा था। परन्तु फिर भी यह अध्ययन, पाश्चात्य विश्व की शासन व्यवस्थाओं तक ही सीमित रहे। आधुनिक तुलनात्मक राजनीति का विषय-क्षेत्र बृहत्तर है, इसमें सम्पूर्ण विश्व की व प्रमुखतया नवोदित राज्यों की राजनीतिक व्यवस्थाओं को भी अध्ययन में सम्मिलित किया जाता है। इस प्रकार दोनों में अध्ययन-क्षेत्र के आधार पर भी अन्तर

किया जाता है।

(3) इन दोनों में विश्लेषण पद्धति का भी अन्तर है। परम्परागत तुलनात्मक राजनीति का शासन व्यवस्थाओं व सरकारों के केवल विवेचन मात्र से सम्बन्ध था। इसमें संविधान द्वारा स्थापित शासन-तन्त्र का औपचारिक वर्णन मात्र किया जाता था। आधुनिक तुलनात्मक राजनीतिक अध्ययन विवेचन मात्र तक सीमित नहीं रहे। यह विश्लेषणात्मक हैं। इनमें राजनीतिक व्यवस्थाओं के व्यवहारों का विश्लेषण प्रमुखतया राजनीतिक व्यवहारों को समझने के लिए किया जाता है।

(4) परम्परागत तुलनात्मक राजनीतिक अध्ययन सरकारों व संस्थाओं की व्याख्या तक ही सीमित रहे। इनमें विचित्र राजनीतिक व्यवहार की प्रकृति को समझने के लिए, इनकी व्याख्या ही काफी समझी गई। पर आधुनिक तुलनात्मक राजनीतिक अध्ययनों का तो प्रमुख ध्येय ही समस्याओं के समाधान का रहा है। इस प्रकार यह मुख्यतया समस्या-समाधानात्मक अध्ययन है।

उपरोक्त विवेचन से स्पष्ट है कि तुलनात्मक राजनीति के परम्परागत व आधुनिक परिप्रेक्ष्य सुनिश्चित आधार पर अलग-अलग नहीं होने पर भी दोनों में, अध्ययन-दृष्टिकोण, अध्ययन-क्षेत्र, विश्लेषण-पद्धति व अध्ययन-उद्देश्य की दृष्टि से काफी अन्तर है और इस कारण इन दोनों का अलग-अलग विवेचन व अध्ययन इन दोनों परिप्रेक्ष्यों की सही प्रकृति को समझने में सहायक होगा। इसका विवेचन आगे किया जा रहा है।

तुलनात्मक राजनीति का परम्परागत परिप्रेक्ष्य
(THE TRADITIONAL PERSPECTIVE OF COMPARATIVE POLITICS)

राजनीतिक संस्थाओं व सरकारों के अध्ययन के प्रारम्भिक प्रयासों को तथा उसके बाद के कुछ अध्ययनों को परम्परागत तुलनात्मक राजनीति का नाम दिया जाता है। जिन विद्वानों के राजनीतिक अध्ययनों को परम्परागत परिप्रेक्ष्य से सम्बन्धित किया जाता है उनमें बार्कर, लास्की, कार्ल जे० फ्रैड्रिक व हरमन फाइनर प्रमुख हैं। इनके अलावा ऑग व जिक तथा मुनरो के नाम भी उल्लेखनीय हैं। इन लेखकों ने तुलनात्मक पद्धति का प्रयोग कर, यूरोप की संवैधानिक संस्थाओं की तुलनात्मक व्याख्या की। परन्तु मुख्य रूप से यह अध्ययन अपने ढंग में विवरणात्मक ही रहे हैं। इन्होंने अपनी तुलनाओं का उद्देश्य, समस्या समाधानात्मक, व्याख्यात्मक अथवा विश्लेषणात्मक नहीं बनाया। इन विद्वानों ने अपने आपको सिद्धान्तों के विकास में या परिकल्पनाओं के परीक्षण तथा आनुभविक तथ्यों के संकलन में नहीं लगाया था। इनके अध्ययन केवल विदेशी राजनीतिक व्यवस्थाओं की सरकारों के स्वरूपों के वर्णन तक ही सीमित थे। इसी तरह परम्परागत तुलनात्मक राजनीतिक अध्ययन मुख्यतः पाश्चात्य राजनीतिक व्यवस्थाओं के अध्ययन तक ही सीमित थे। इस सीमित क्षेत्र में भी मुख्यतः प्रतिनिधात्मक प्रजातन्त्रों का ही अध्ययन किया गया था और अलोकतान्त्रिक व्यवस्थाओं को, प्रजातान्त्रिक आदर्शों

से पथभ्रष्ट या विचलित कहकर उन्हें अपने अध्ययन-क्षेत्र से अलग ही रखा गया।

इस प्रकार, परम्परागत तुलनात्मक राजनीतिक अध्ययनों से जिन लेखकों को सम्बद्ध किया जाता है, उन्होंने अप्रजातान्त्रिक पाश्चात्य राजनीतिक व्यवस्थाओं तथा औपनिवेशिक व्यवस्थाओं के सुव्यवस्थित अध्ययन में रुचि नहीं दिखाई और दूसरे पिछड़े हुए, परन्तु राजनीतिक दृष्टि से अत्यन्त महत्त्वपूर्ण क्षेत्र भी, अध्ययन से अलग ही रखे गए। इन विद्वानों ने राजनीतिक व्यवहार के अराजनीतिक तत्त्वों पर विशेष ध्यान नहीं दिया। इस कारण शासन संस्थाओं के अराजनीतिक आधार उपेक्षित रहे। तुलना केवल पाश्चात्य राजनीतिक व्यवस्थाओं, औपचारिक संवैधानिक पहलुओं अर्थात संसदों, मुख्य कार्यपालिकाओं, नागरिक सेवाओं तथा प्रशासकीय तन्त्रों में की जाती थी। इस प्रकार, परम्परागत तुलनात्मक राजनीतिक अध्ययन अपने आप में बहुत सीमित ही कहे जा सकते हैं। इनका अध्ययन-क्षेत्र अत्यधिक संकुचित था। इस परिप्रेक्ष्य को भली भांति समझने के लिए इसकी सामान्य विशेषताओं का उल्लेख करना आवश्यक है। यह विशेषताएं निम्नलिखित हैं—

परम्परागत तुलनात्मक राजनीति की विशेषताए (General Characteristics of Traditional Comparative Politics)

उपरोक्त विवेचन में परम्परागत तुलनात्मक राजनीति की विशेषताओं का संकेत सामान्य रूप में ही दिया गया है। यद्यपि इसमें सम्मिलित किए जाने वाले लेखकों के द्वारा किए गये तुलनात्मक अध्ययनों के आधार में कई भिन्नताएं रही हैं फिर भी उक्त राजनीतिक विद्वानों ने राजनीतिक संस्थाओं के अध्ययन की जो पद्धतियां अपनाईं उनसे इस परिप्रेक्ष्य की कुछ सामान्य विशेषताएं उभरती हैं जो संक्षेप में इस प्रकार हैं—

(क) प्रधानतः अतुलनात्मक अध्ययन (Essentially non-comparative studies)—रॉय सी० मैक्रीडिस की मान्यता है कि परम्परागत तुलनात्मक राजनीतिक अध्ययन प्रधानतः अतुलनात्मक ही थे। यद्यपि इन अध्ययनों में जिन राजनीतिक संस्थाओं व व्यवस्थाओं का वर्णन किया गया वे कई राज्यों से सम्बद्ध थीं, फिर भी यह तुलनात्मक नहीं कहे जा सकते। क्योंकि, इस वर्णन को तुलनात्मक ढंग से प्रस्तुत ही नहीं किया गया था। मैक्रीडिस इन अध्ययनों को निम्नलिखित कारणों से तुलनात्मक नहीं मानते।

प्रथम, यह अध्ययन एक-दो देशों के ही अध्ययन (country by country) थे। इनमें अध्ययन की इकाई एक देश की राजनीतिक व्यवस्था ही होती थी। यह माना जाता था कि 'एक देश' अपने आप में अध्ययन की पूर्ण इकाई है। परम्परागत राजनीति के विद्वान यह मानते थे कि केवल एक देश का अलग अध्ययन ही सम्भव है तथा उस देश विशेष की राजनीतिक संस्थाओं को समझने के लिए यह पर्याप्त है। इसलिए यह अध्ययन एकदेशीय ही रहे और तुलना का प्रश्न ही नहीं उठा।

दूसरे, यह अध्ययन समानान्तर संस्थाओं के अध्ययन (parallel institutional studies) तक सीमित रहे। एक ही राजनीतिक संस्था का अनेक देशों में अध्ययन करना समानान्तर संस्थाओं का अध्ययन माना जाता है। जैसे ब्रिटेन, फ्रांस व अमरीका

की व्यवस्थापिकाओं का या कार्यपालिकाओं का वर्णन करना। इनमें एक देश की संस्था का विस्तृत विवेचन करके अन्य देशों की वैसी ही संस्थाओं का वर्णन भी उसके साथ कर दिया जाता था। ऐसे अध्ययनों से उभरने वाली समानताओं-असमानताओं की तुलना को ही तुलनात्मक अध्ययन कह दिया जाता था। इनका उद्देश्य एक ही पुस्तक में अनेक देशों की एक प्रकार की संस्था के सम्बन्ध में हर सम्भव जानकारी प्रस्तुत कर देना था। मैक्रीडिस इस प्रकार के तथ्य संकलन को तुलनात्मक अध्ययन नहीं मानते हैं।

तीसरे, यह अध्ययन अनेक देशों के संवैधानिक आधारों के (study of constitutional foundations) वर्णन में ही व्यस्त रहे। इन लेखकों ने अलग-अलग राज्यों व संवैधानिक व्यवस्थाओं का पृथक-पृथक अध्ययन ही किया। एक राज्य के संवैधानिक आधारों का अलग से वर्णन व विवेचन करने के बाद, अन्य राज्य की व्यवस्था का वर्णन किया और इस प्रकार के विवेचन को ही काफी माना गया। जैसे ब्रिटेन की राजनीतिक संस्थाओं का वर्णन करके, उनकी फ्रांस की राजनीतिक संस्थाओं के विवेचन के साथ तुलना करना। वास्तव में इस प्रकार का वर्णन भी सही अर्थों में तुलनात्मक नहीं था और इसलिए मैक्रीडिस का कहना है कि "अब तक के तुलनात्मक अध्ययन केवल नाम से ही तुलनात्मक थे।"[2]

(ख) प्रधानतः वर्णनात्मक अध्ययन (Essentially descriptive studies)—परम्परागत तुलनात्मक अध्ययन, अपने ढंग में विवरणात्मक रहे हैं न कि समस्या-समाधानात्मक, व्याख्यात्मक अथवा विश्लेषणात्मक। परम्परागत राजनीति के लेखकों की मान्यता थी कि संस्थाओं का वर्णन ही उनकी व्याख्या के लिए पर्याप्त है। इसलिए इन विद्वानों ने शासन व्यवस्थाओं का वर्णन करके विभिन्न शासन-तन्त्रों के बीच समानताओं और असमानताओं का स्पष्टीकरण ही किया पर इस बात की परवाह नहीं की कि यह समानताएं या असमानताएं किन कारणों से हैं ? इन्होंने सिद्धान्तों के विकास में या परिकल्पनाओं के परीक्षण अथवा महत्त्वपूर्ण राजनीतिक तथ्यों के संकलन में अपने आपको नहीं उलझाया। यह राजनीतिक व्यवस्थाओं, सरकारों के स्वरूपों व संस्थाओं के वर्णन से आगे नहीं बढ़े।

वर्णन के लिए भी या तो ऐतिहासिक विधि का प्रयोग किया या कानूनी दृष्टिकोण का उपयोग किया गया। इनका उद्देश्य किसी संस्था विशेष या एक-सी संस्थाओं के विकास व उत्पत्ति का वर्णन करना था, जैसे ब्रिटेन या फ्रांस की संसद की उत्पत्ति व विकास का वर्णन करना। इसी तरह वर्तमान संस्थाओं का कानूनी दृष्टिकोण से संवैधानिक परिधि में वर्णन काफी माना गया; क्योंकि इससे ही विभिन्न संस्थाओं के पारस्परिक सम्बन्धों का स्पष्टीकरण हो जाता था। इसलिए परम्परागत तुलनात्मक राजनीति मूलतः वर्णनात्मक ही कही जाती है।

(ग) प्रधानतः संकीर्ण अध्ययन (Essentially parochial studies)—परम्परागत राजनीति के लेखकों की विशेषता रही है कि इनके अध्ययन प्रमुखतया पाश्चात्य राज्यों

[2]Roy C. Macridis, *The Study of Comparative Government*, Doubleday, New York, 1955, p. 7.

की शासन व्यवस्थाओं की संकीर्ण परिधि में बंधे रहे। सांस्कृतिक या भाषाई समानता के आधार पर ही यह लेखक एक राज्य से आगे बढ़कर दूसरे या तीसरे राज्य को सम्मिलित अध्ययन के लिए लेते थे। मुख्यतया यह यूरोप व अमरीका तक ही सीमित रहे। एक्सटीन व ऐप्टर ने इस दृष्टिकोण का सार इन शब्दों में व्यक्त किया है—"परम्परागत दृष्टिकोण पाश्चात्य राजनीतिक व्यवस्थाओं तक सीमित रहा और प्रमुखतया एक संस्कृति संरूपण या समूह का ही इसमें अध्ययन किया गया।"[3]

पाश्चात्य राज्यों की परिधि में रहते हुए इन लेखकों ने केवल लोकतान्त्रिक शासन व्यवस्थाओं को ही अध्ययन-बिन्दु बनाया। अलोकतान्त्रिक राजनीतिक व्यवस्थाएं, जैसे जर्मनी व इटली या पुर्तगाल, अध्ययन के लिए निरर्थक मानी गईं। उनकी लोकतन्त्र में इतनी आस्था थी कि बाकी सभी संस्थाएं या व्यवस्थाएं लोकतन्त्र के प्रतिमान से कुछ समय के लिए विचलन मात्र मानी गईं और ऐसी क्षणिक पथविमुख व्यवस्थाओं का अध्ययन अनावश्यक माना गया। इस तरह परम्परागत तुलनात्मक राजनीति प्रधानतः पाश्चात्य लोकतन्त्र-सन्दर्भी ही रही।

(घ) प्रधानतः निश्चल या गतिहीन अध्ययन (Essentially static studies)—सामान्यतया परम्परागत परिप्रेक्ष्य में उन गत्यात्मक तत्त्वों की, जिनसे विकास व परिवर्तन होता है, अवहेलना की गई। सभी अध्ययन, कानूनी सन्दर्भ में, शासन शक्तियों के विभिन्न राजनीतिक संस्थाओं में वितरण की बात करते रहे और उन सब तत्त्वों की अवहेलना की जो विकास की समस्याओं व दिशाओ से सम्बन्धित होते हैं। इसमें राजनीतिक व्यवस्थाओं को सामान्य निश्चलता की अवस्था में देखा गया और शासकों की अदला-बदली के पीछे गत्यात्मक शक्तियों को समझने का कोई प्रयत्न नहीं किया गया। इससे ही इन अध्ययनों को गतिहीन अध्ययन कहा जाता है।

(च) मुख्यतया प्रबन्ध सम्बन्धी अध्ययन (Essentially monographic studies)—परम्परागत तुलनात्मक अध्ययनों की एक विशेषता प्रबन्ध सम्बन्धी भी है। विदेशी व्यवस्थाओं पर जो महत्त्वपूर्ण अध्ययन हैं उनमें से अनेक में किसी एक राजनीतिक व्यवस्था की संस्थाओं का अथवा उस व्यवस्था में किसी खास संस्था का विवेचन किया गया है। मैक्रीडिस के अनुसार जॉन मेरियट, आर्थर कीथ, जोसेफ बार्थेलेमी, जेम्स ब्राइस, आइवर जेनिंग्ज, लास्की, डायसी, फ्रैंक गुडनाओ, रोब्सन, एबट एल०, लावेल्स, वुडरो विल्सन आदि की रचनाएं आम तौर पर किसी एक देश अथवा किसी एक देश में किसी विशेष संस्थात्मक विकास से सम्बन्धित हैं। कुछ पुस्तकें ऐसी रची गईं जिनमें संस्थाओं का वर्णन सदैव किसी एक सामान्य विषय से सम्बन्धित था अथवा जिसमें इन बातों का वर्णन मुख्य रूप से रहा कि कार्यपालिका व व्यवस्थापिका के मध्य क्या सम्बन्ध हैं? प्रशासकीय कानून और प्रशासन की संस्थाओं का विकास कैसे हुआ है? राष्ट्रीय विशेषताओं और विचारधारा में क्या सम्बन्ध है, आदि? इस प्रकार सभी अध्ययन एक-एक संस्था या एक ही व्यवस्था पर विस्तृत निबन्ध के समान थे।

[3]Eckstein and Apter, *op. cit.*, p. 47.

(छ) मुख्यतया आदर्शी अध्ययन ((Predominatly normative studies)—परम्परागत राजनीतिक अध्ययनों में से कुछ की एक विशेषता यह भी रही है कि इनमें लेखक अपनी स्वयं की मान्यताएं मानकर ही नहीं चलते, वरन राजनीतिक संस्थाओं व शासन संरचनाओं को इन मान्यताओं की कसौटी पर ही परखते हैं। 'लोकतन्त्र श्रेष्ठ शासन व्यवस्था है' व 'लोकतन्त्र वहीं सफल रहेगा जहां दो राजनीतिक दल होंगे' की मान्यताओं के आधार पर ही इसके लेखक शासन व्यवस्थाओं को सफल या असफल, अच्छी या बुरी की संज्ञा देते हैं। जहां-जहां इन मान्यताओं के अनुरूप संस्थाएं, राजनीतिक व्यवस्थाएं प्रचलित रही हों वही इनके अध्ययन का आकर्षण बनीं। यही कारण है कि प्रारम्भिक लेखकों ने यूरोप की उन राजनीतिक संस्थाओं को अपना अध्ययन बिन्दु नहीं बनाया जो लोकतान्त्रिक नहीं थीं। इनके अनुसार अलोकतान्त्रिक व्यवस्थाएं प्रजातान्त्रिक आदर्शों से पथ-भ्रष्ट या विचलित हैं इस कारण उनका अध्ययन निरर्थक है।

(ज) प्रमुखतया कानूनी औपचारिक-संस्थागत अध्ययन (Excessively legal-formal-institutional studies)—इस दृष्टिकोण में विधि-सम्मत औपचारिक संस्थाओं का ही प्रमुख रूप से वर्णन व विश्लेषण किया गया था। जहां लिखित संविधान थे वहां संविधान में तथा जहां लिखित संविधान नहीं थे वहां कानूनों के द्वारा, शासन व्यवस्था का क्या रूप रखा गया है, केवल उक्त बात को विस्तृत रूप में दर्शाना इस परिप्रेक्ष्य के अध्ययनों का उद्देश्य व लक्ष्य रहा है। इनके समक्ष यह उद्देश्य नहीं था कि संविधान द्वारा निरूपित शासन व्यवस्थाएं व्यवहार में कैसे कार्य करती हैं? डायसी, मुनरो, ऑग व जिक ने अपने अध्ययन केवल औपचारिक संस्थागत व्यवस्थाओं के विवेचन तक ही सीमित रखे हैं। इस प्रकार सभी तुलनात्मक अध्ययन औपचारिक संस्थाओं का केवल औपचारिक वर्णन ही रहा।

परम्परागत तुलनात्मक राजनीति की यह विशेषताएं इसकी सीमाओं और कमियों की ओर संकेत करती हैं। इस परिप्रेक्ष्य के अध्ययनों की इन विशेषताओं के सन्दर्भ में ही आलोचना की गई है।

परम्परागत तुलनात्मक राजनीति की आलोचना (Criticisms of Traditional Comparative Politics)

राजनीतिक प्रक्रियाओं की जटिलताओं ने यह स्पष्ट कर दिया कि केवल राजनीतिक संस्थाओं का तुलनात्मक वर्णन तथा वह भी केवल लोकतान्त्रिक सन्दर्भ में विशेष उपयोगी नहीं होता है। इस प्रकार की तुलनात्मक विवेचना से राजनीतिक संस्थाओं व व्यवस्थाओं की वास्तविक प्रकृति का ज्ञान नहीं होता है। अब यह स्पष्ट होने लगा कि सम्पूर्ण वर्णनात्मक अध्ययन राजनीतिक व्यवहारों की गत्यात्मकताओं को समझने में असमर्थ हैं। अब इस परिप्रेक्ष्य के अध्ययनों की कमियां उभरकर स्पष्ट होने लगीं। इन कमियों के आधार पर इन अध्ययनों की आलोचना हुई है। यह आलोचना सामान्य व विशिष्ट दोनों ही रूपों में की गई है। इनका अलग विवेचन इस प्रकार है—

(क) परम्परागत तुलनात्मक राजनीति की सामान्य आलोचना (General criticisms of traditional comparative politics)—सामान्य आलोचना प्रमुखतया अध्ययन के दृष्टिकोण के आधार पर की गई है। आलोचक कहते हैं कि तुलनात्मक राजनीति के परम्परागत अध्ययनों में सही अर्थों में तुलनाओं की उपेक्षा ही की गई है। राजनीतिक व्यवहार के अराजनीतिक तत्त्वों की इसमें अवहेलना हुई तथा राजनीतिक आचरण का विश्लेषण करने या व्याख्या करने का प्रयत्न ही नहीं किया गया है। इन आलोचनाओं का कुछ विस्तार से उल्लेख ही इन्हें समझने में सहायक होगा।

अध्ययन-दृष्टिकोण के आधार पर **प्रथम** आलोचना यह की जाती है कि इनमें सही अर्थों में तुलनाओं का प्रयास ही नहीं किया गया। इसको स्पष्ट करते हुए आमण्ड व पावैल ने लिखा है कि, "परम्परागत तुलनात्मक राजनीति, अलग-अलग राजनीतिक व्यवस्थाओं की विशिष्ट विशेषताओं पर प्रकाश डालने तक ही सीमित रही और व्यवस्थित तुलनात्मक विश्लेषण नाम मात्र का ही था।"[4] मैक्रीडिस ने इस सन्दर्भ में लिखा है कि, "तुलनात्मक राजनीतिक संस्थाओं का अध्ययन अब तक केवल मात्र नाम से ही तुलनात्मक रहा है। अब तक यह केवल विदेशी सरकारों, उनके ढांचे तथा औपचारिक संगठन का ऐतिहासिक, वर्णनात्मक वैधानिक अध्ययन ही रहा है, जबकि तुलनात्मक राजनीति को सिद्धान्तों, ढांचों और वास्तविक व्यवहार से भी अपना सम्बन्ध जोड़ना चाहिए।"[5] इस प्रकार तुलनात्मक राजनीति प्रमुखतया अतुलनात्मक ही रही।

तुलनात्मक राजनीति पर **दूसरा** आक्षेप यह लगाया जाता है कि इसमें राजनीतिक व्यवहार के अराजनीतिक तत्त्वों की उपेक्षा की गई। शासन-तन्त्र की रचना, कार्यों व कानूनी व्यवस्थाओं तक ही यह अध्ययन सीमित रहे। इनमें शासन संस्थाओं की वास्तविक क्रियाओं, उनमें पारस्परिक अन्त:क्रियाओं व उनके व्यवहार की गत्यात्मकताओं को देखने व समझने का प्रयत्न ही नहीं किया गया। आर्थिक, सामाजिक, सांस्कृतिक व परम्परागत प्रवृत्तियों व प्रभावों का राजनीतिक संस्थाओं व व्यवस्थाओं पर इतना अधिक दबाव होता है कि इनके सन्दर्भ में ही राजनीतिक प्रक्रियाओं को समझकर सामान्य विश्लेषण को अर्थपूर्ण बनाया जा सकता है। इसलिए आलोचक इन अध्ययनों को दृष्टिकोण की दृष्टि से अत्यधिक औपचारिक कहकर पुकारते हैं। आमण्ड व पावैल ने ठीक ही लिखा है कि, "इनका मुख्य जोर संस्थाओं, कानूनों, विधियों व राजनीतिक विचारों तथा विचारधाराओं पर ही था और उनके कार्य, अन्त:क्रिया, व्यवहार व उपलब्धियों की उपेक्षा की गई।"[6]

तीसरी आलोचना में कहा गया है कि यह अध्ययन न तो विश्लेषणात्मक थे और न ही व्याख्यात्मक, वरन केवल वर्णनात्मक थे। यद्यपि औपचारिक राजनीतिक संस्थाओं का वर्णन भी राजनीतिक प्रक्रियाओं को समझने के लिए महत्त्वपूर्ण है और इस प्रकार तुलनात्मक अध्ययन की दिशा में ले जाने वाला है, तथापि जो ग्रंथ लिखे गये हैं, उनमें वैज्ञानिक और व्यवस्थित तुलनात्मक दृष्टिकोण का अभाव है। वे उन राजनीतिक संस्थाओं के मूल में अन्तर्निहित राजनीतिक प्रक्रियाओं, दबाव एवं हितसमूहों, और व्यवहारों का अपने

[4]Almond and Powell, *Comparative Politics: A Developmental Approach*, Little Brown, Boston, 1966, p. 2.

[5]Roy C. Macridis, *op. cit.*, p. 7.

[6]Almond and Powell. *op. cit.*, p. 3.

अध्ययनों में सम्मिलित नहीं करते हैं तो फिर इनमें तुलना का तो प्रश्न ही नहीं उठता है। यही नहीं, इन ग्रंथों में किसी एक सामान्य धारा का संकेत नहीं मिलता और इस बात का उल्लेख नहीं मिलता कि फ्रांस, रूस, स्विट्जरलैंड, ब्रिटेन या जर्मनी, इन देशों को ही अध्ययन के लिए क्यों चुना गया है ? साथ ही उन तत्त्वों के विवेचन की भी उपेक्षा पाई जाती है जो समानताओं और असमानताओं के मूल कारण होते हैं। जेम्स टी० शॉटवेल द्वारा सम्पादित *Government of Continental Europe*, ऑग व जिंक द्वारा लिखित *Modern Foreign Government*, फ्रिट्ज एम० मार्क्स की *Foreign Government*, डेनियल विट्स की *Comparative Political Institutions* व हरमन फाइनर की *Theory and Practice of Modern Government*, आदि सभी विख्यात पुस्तकों का यही परम्परागत ढांचा देखने को मिलता है। इन ग्रंथों में एक-एक राजनीतिक व्यवस्था को दूसरी से जोड़ने वाली कड़ी और इनको ही अध्ययन में सम्मिलित करने की कसौटी का कोई संकेत नहीं मिलता है।

उपरोक्त पुस्तकें अपने विषय पर अधिकारी ग्रन्थ हैं लेकिन इनमें मुख्यतः **राजनीतिक रूपवर्णना** *Political Morphology* ही की गई है। अर्थात, उनमें केवल राजनीतिक ढांचे का मोटा वर्णन दिया गया है, आधुनिक तुलनात्मक दृष्टिकोण नहीं अपनाया गया है। इनमें विभिन्न राजनीतिक संस्थाओं का वर्णन किया गया है और उनकी परस्पर तुलना की उपेक्षा कर दी गई है। और जो कुछ भी तुलना की गई है उसमें संघीय व एकात्मक व्यवस्था, संसदीय व अध्यक्षात्मक व्यवस्था अथवा प्रजातन्त्र व अधिनायकवाद आदि के गुण-दोषों और उनके बीच समानताओं-असमानताओं को दर्शाया गया है।

उपरोक्त विवेचन से यह स्पष्ट है कि परम्परागत तुलनात्मक राजनीति में अपनाया गया अध्ययन-दृष्टिकोण ही इस परिप्रेक्ष्य के अध्ययनों में अनेक कमियों के लिए उत्तरदायी है। अध्ययन-दृष्टिकोण की विशेष प्रकृति के कारण परम्परागत अध्ययन प्रधानतः अतुलनात्मक, अधिकांशतः औपचारिक व बहुत अधिक वर्णनात्मक हो गए।

(ख) परम्परागत तुलनात्मक राजनीति की विशिष्ट आलोचना (Specific criticisms of traditional comparative politics)—विशिष्ट आलोचना मुख्यतः अध्ययन-क्षेत्र, अध्ययन-पद्धतियों व अध्ययन के उद्देश्यों के आधार पर की जाती है। आलोचकों की मान्यता है कि परम्परागत तुलनात्मक राजनीति का अध्ययन-क्षेत्र अत्यधिक संकुचित रहा है। उसके अध्ययनों में सुनिश्चित वैज्ञानिक प्रविधियों का अभाव पाया जाता है और सभी लेखकों के ग्रन्थ अध्ययन-उद्देश्य की दृष्टि से वर्तमान से आगे देखने की दक्षता प्रदान नहीं करते हैं। इन तीनों आधारों पर की गई आलोचना का अलग-अलग वर्णन संक्षेप में इस प्रकार है।

अध्ययन-क्षेत्र की दृष्टि से परम्परागत राजनीति के लेखकों ने अलोकतान्त्रिक व्यवस्थाओं, गैर-पाश्चात्य राजनीतिक व्यवस्थाओं, राजनीतिक व्यवस्थाओं के अराजनीतिक आधारों और राजनीतिक व्यवहारों की अवहेलना की है। विदेशी राजनीतिक व्यवस्थाओं पर लिखी गई अधिकतर पुस्तकों में लोकतान्त्रिक व विशेषकर पश्चिमी यूरोपीय संस्थाओं का ही वर्णन है। उनमें भी, अध्ययन के किसी 'क्षेत्र' का निर्माण

करने वाली श्रेणियों को विश्लेषणात्मक रूप में परिभाषित करने का कोई प्रयास नहीं मिलता। बहुधा सामान्य विचारधारा के अस्तित्व की बात अनेक देशों के सन्दर्भ में कही गई है, लेकिन यह बताने की चेष्टा नहीं की गई कि 'सामान्य' क्या है और विचारधारा किस रूप में राजनीतिक संस्थाओं से सम्बन्धित है ? कार्ल फ्रैड्रिक ने भी अपने को विचारधारा और संस्थाओं के बीच अन्तःक्रियाओं से ही सम्बन्धित रखा है। उनकी पुस्तक *Constitutions Government and Democracy* और कुछ अन्य ग्रन्थों को छोड़कर इन पश्चिमी यूरोपीय देशों के तुलनात्मक विश्लेषणों में सामाजिक और आर्थिक समूहों या संगठनों, राजनीतिक विचारधाराओं, संस्थाओं आदि को परस्पर एक व्यवस्था में गूंथा अथवा परस्पर सम्बन्धित नहीं किया गया है। पर कार्ल फ्रैड्रिक की रचना में भी राजनीतिक व्यवस्थाओं के गुणों, विशेषताओं या लक्षणों का कोई व्यवस्थित समन्वय अथवा संश्लेषण (synthesis) नहीं पाया जाता है। फ्रैड्रिक व हरमन फाइनर की पुस्तकों के अलावा उल्लेखनीय अपवादों के रूप में, माइकेल व मोरिस डुवर्जर द्वारा राजनीतिक दलों के संगठन और संरचना, तथा संरचना और विचारधारा के बीच सम्बन्ध आदि का तुलनात्मक विश्लेषण, और इसी तरह के कुछ अन्य अध्ययन हैं। इनके बावजूद भी परम्परागत तुलनात्मक राजनीति का अध्ययन क्षेत्र संकुचित व सीमित ही रहा और इसमें अलोकतान्त्रिक व्यवस्थाओं, गैर-पाश्चात्य राजनीतियों, राजनीतिक प्रक्रियाओं के अराजनीतिक आधारों और व्यवहारों को आवश्यक स्थान नहीं दिया गया।

अध्ययन-पद्धतियों के परिष्करण की उपेक्षा भी आलोचकों के आक्षेप का मुख्य बिन्दु है। परम्परागत राजनीति में तथ्यों का तो ढेर हर लेखक की पुस्तक में पाया जाता है, परन्तु इन तथ्यों के संकलन, माप व विश्लेषण के पक्षों का विकास नहीं किया गया। मैक्रीडिस के अनुसार राजनीतिक संस्थाओं के वर्णनात्मक अध्ययन में दो विशिष्ट दृष्टिकोण काम करते हैं—ऐतिहासिक और वैधानिक। ऐतिहासिक पद्धति कतिपय संस्थाओं के उदय और विकास के अध्ययन पर केन्द्रित रहती है। इस पद्धति में ऐसी किसी विश्लेषणात्मक योजना के विकास का प्रयत्न नहीं किया जाता, जिसके अन्तर्गत किसी विशेष राजनीतिक घटना या विकास की क्रमबद्धता से भिन्न किसी अन्य पूर्वगामी तत्त्व का सम्बन्ध प्रकट किया गया हो। वैधानिक ढंग के दृष्टिकोण में मुख्यतः सरकार के विभिन्न अंगों की शक्तियों और प्रचलित संवैधानिक और वैधानिक ढांचे के अन्तर्गत उनके आपसी सम्बन्धों आदि का अध्ययन प्रस्तुत किया जाता है। स्पष्ट है कि इनमें ही यह लेखक उलझे रहे, और इनकी कमियों के उभरने पर भी, नई पद्धतियों व विश्लेषण प्रविधियों के प्रयोग का प्रयत्न नहीं किया गया। आनुभविक तथ्यों पर जोर नहीं दिया गया और परिमाणन (quantification) का अभाव ही रहा। अन्तः-अनुशासनीय विश्लेषण, जो समाजशास्त्र और मानवशास्त्र में प्रचलित था, तुलनात्मक राजनीति की अध्ययन प्रवृत्तियों में प्रवेश नहीं ले पाया और वैज्ञानिक पद्धतियों को या उपयोग में आ रही पद्धतियों को ही, परिष्कृत करने का विशेष प्रयास नहीं किया गया।

परम्परागत तुलनात्मक राजनीतिक अध्ययन उद्देश्य की दृष्टि से व्याख्या करने में ही व्यस्त रहे। इनमें समस्या-समाधान या विस्तृत सामान्यीकरण व सिद्धान्त-निर्माण का

लक्ष्य नहीं रखा गया। आलोचकों की मान्यता है कि राजनीतिक व्यवस्थाओं व व्यवहारों की जटिलता व्यापक उद्देश्य अनिवार्य बना देती है परन्तु फ्रैड्रिक, फाइनर, माइकेल व डुवर्जर को छोड़ अन्य सभी लेखक तुलनाओं का लक्ष्य व्याख्या तक ही सीमित रखते रहे। इससे तुलनात्मक राजनीतिक अध्ययन संकुचित उद्देश्य की प्राप्ति में ही उलझे रह गए।

उपरोक्त आलोचनाओं से स्पष्ट है कि परम्परागत तुलनात्मक राजनीतिक अध्ययन में अनेक कमियां थीं। राज्य की प्रकृति, कार्यों व महत्त्व में क्रान्तिकारी परिवर्तनों ने परम्परागत दृष्टिकोण को निरर्थक नहीं तो अपर्याप्त अवश्य बना दिया। अब राज्य न केवल लोकराज्य हैं वरन लोककल्याणकारी भी बन गए हैं। अब राज्य व व्यक्ति में शत्रुता नहीं पारस्परिकता है। सरकार के कार्यों में अत्यधिक वृद्धि हुई है और यह कार्य अधिकाधिक वास्तविक व रचनात्मक बन गए हैं। राजनीतिक व्यवस्थाओं में आए इन परिवर्तनों के कारण परम्परागत दृष्टिकोण की उपयोगिता परिसीमित हो गई और तुलनाओं के नये आयाम व नई पद्धतियां खोजी जाने लगीं।

जनतन्त्र के उदय के प्रारम्भिक चरणों में जनता में विशेष जागृति नहीं थी पर धीरे-धीरे जनता में जागृति आई। जनसाधारण की जागरूकता से जनता की राजनीतिक प्रक्रियाओं में सहभागिता में वृद्धि हुई जिससे राजनीतिक व्यवहारों में जटिलता आ गई और इनको वर्णन मात्र से समझना सम्भव नहीं रहा। यही कारण है कि परम्परागत पद्धति पुरानी पड़कर छूटती गई। बहुलतावादियों ने भी परम्परागत राजनीतिक अध्ययनों को राजनीतिक व्यवहार को समझने में अपर्याप्त माना है। इन्होंने आस्टिन व बोदां द्वारा प्रतिपादित सम्प्रभुता सिद्धान्त का खंडन किया और राजनीतिक संस्थाओं को समाज की अन्य संस्थाओं की तरह माना तथा राजनीतिक व्यवस्था की सर्वोच्चता को अस्वीकार किया। इनके अनुसार राजनीतिक व्यवस्था सामाजिक व्यवस्था का ही एक भाग है। बहुलतावादियों का मत है कि राजनीतिक व्यवस्था की संस्थाओं को अन्य संस्थाएं व तत्त्व प्रभावित करते हैं और इस कारण इन सबका सम्मिलित प्रभाव अध्ययन की परिधि में अनिवार्यतः समाविष्ट होना चाहिए। केवल संवैधानिक तन्त्र का अध्ययन करने वाले दृष्टिकोण में, इस कारण, राजनीतिक व्यवहार का सतही अध्ययन मात्र ही रहा।

परम्परागत तुलनात्मक राजनीति का महत्त्व या देन (Importance or Contribution of Traditional Comparative Politics)

यद्यपि तुलनात्मक अध्ययन का परम्परागत दृष्टिकोण बदली हुई राजनीतिक परिस्थितियों व प्रक्रियाओं को समझने में एक सीमा के बाद सहायक नहीं रहा, फिर भी तुलनात्मक राजनीति में इसका विशेष योगदान रहा है। राजनीतिक अध्ययन की प्रारम्भिक अवस्था में, संस्थाओं का विवेचन ही उनकी प्रकृति को समझने के लिए काफी था। लोकतान्त्रिक प्रक्रियाएं भी अत्यधिक सरल थीं और उनका अध्ययन वर्णन मात्र से सम्भव हो जाता था। राजनीतिक व्यवस्थाओं में सामान्य सरलता के कारण लम्बी अवधि तक इसी दृष्टिकोण को राजनीतिक व्यवस्थाओं के अध्ययन के लिए पर्याप्त माना जाता

रहा। वैसे भी परम्परागत तुलनात्मक राजनीतिक अध्ययनों का आधुनिक राजनीतिक अध्ययनों के लिए विशेष महत्त्व रहा है। प्रथम तो, इन अध्ययनों ने इतने राजनीतिक तथ्य संकलित किए कि उनसे बाद में उपयोगी विश्लेषण सम्भव हुए। दूसरे, इन्हीं अध्ययनों के कारण राजनीतिक व्यवस्थाओं की जटिलताओं का आभास मिला। इनसे ही यह स्पष्ट हुआ कि राजनीतिक व्यवस्था को केवल मात्र औपचारिक व वैधानिक दृष्टिकोण से नहीं समझा जा सकता है। परम्परागत तुलनात्मक राजनीतिक अध्ययनों से जिन प्रवृत्तियों को प्रोत्साहन मिला वही आगे चलकर आधुनिक अध्ययनों का आधार बनीं। संक्षेप में यही कहा जाना चाहिए कि तुलनात्मक राजनीति का परम्परागत दृष्टि-कोण, आधुनिक अध्ययनों का प्रेरक व कुछ सीमा तक मार्गदर्शक बना।

तुलनात्मक राजनीति का आधुनिक परिप्रेक्ष्य
(MODERN PERSPECTIVE OF COMPARATIVE POLITICS)

परम्परागत राजनीतिक अध्ययनों की प्रकृति व विशेषताओं के विवेचन से यह निष्कर्ष निकलता है कि राजनीतिक प्रक्रियाओं को इस दृष्टिकोण के लेखकों ने सरल तथा अपने आप में सीमित-सा मान लिया है, जबकि वास्तव में, शासन-तन्त्र व राजनीतिक प्रक्रियाएं न केवल अत्यन्त जटिल ही होती हैं, वरन सामाजिक, आर्थिक व सांस्कृतिक प्रभावों से और भी पेचीदा बन जाती हैं। इस कारण परम्परागत पद्धति द्वारा किए गए वर्णन मात्र, राजनीतिक व्यवस्थाओं, प्रक्रियाओं और संस्थाओं की वास्तविकताओं को समझने में व सर्वमान्य सिद्धान्तों के प्रतिपादन में सहायक नहीं हुए और नवीन प्रविधियों व उपागमों की खोज होने लगी। यह नवीन अध्ययन-दृष्टिकोण ही तुलनात्मक राजनीति का आधुनिक परिप्रेक्ष्य कहा जाता है।

एक राजनीतिक व्यवस्था में परस्पर विरोधी व विभिन्न दावों और मांगों को सर्वमान्य निर्णयों में परिवर्तित किया जाता है। इन स्वीकृत निर्णयों में, विविध सामाजिक समूहों, दलों, संघों, हित-संगठनों और क्षेत्रों के परस्पर विरोधी विचारों में सामंजस्य निहित होता है। एक ओर तो व्यवस्थापिका, कार्यपालिका, न्यायालय तथा नौकरशाही के रूप में सरकारी अंग होते हैं, तथा दूसरी ओर सामाजिक व आर्थिक व्यवस्थाएं व समूह होते हैं तथा वे विश्वास व मूल्य होते हैं, जो समाज के आधार-स्तम्भ का कार्य करते हैं। इन सरकारी अंगों—सामाजिक, सांस्कृतिक, आर्थिक, नैतिक समूहों तथा विचारधाराओं के बीच की अन्त:क्रियाओं के आधार पर ही राजनीति की गत्यात्मक या संचालक शक्ति का निर्माण होता है। अर्थात निर्णय करने की स्थिति में पहुंचा जाता है। विभिन्न सामाजिक, आर्थिक और नैतिक समूह अथवा अन्य हित-संगठन सरकार पर अपने दावों के सम्बन्ध में दबाव डालते रहते हैं। हित-समूह और राजनीतिक दल, सरकारी निर्णयों तथा हित-दावों के बीच सम्प्रेषण पट्टियों (conveyor belts) का कार्य करते हैं। राजनीतिक नेतृत्व, बहुधा इन दावों और मांगों में समन्वय स्थापित करने और इन्हें निर्णयों के रूप में स्पष्टता प्रदान करने की चेष्टा करता है। ऐसी निर्णयकारी क्षमता में ही राजनीतिक

व्यवस्था की कुशलता व सफलता निहित है। अर्थात राजनीतिक व्यवस्था विरोधी मांगों में से ऐसा समन्वयात्मक निर्णय निकाले जिसे व्यापक रूप में मान्यता मिले और अधिकांश लोग उनका पालन करें।

आज के युग में एक राजनीतिक व्यवस्था को शक्तिशाली चुनौतियां आर्थिक और तकनीकी आधुनिकीकरण से हैं। अविकसित देशों के आधुनिकीकरण में समाज के पुनर्निर्माण का तत्त्व निहित है। इन देशों में नये प्रतिमानों, कुशल नौकरशाही के प्रशिक्षण, जन-स्थापित लक्ष्यों के आधार पर क्रांतिकारी निर्णय आदि का पर्याप्त महत्त्व होता है। राजनीतिक स्तर पर आधुनिकीकरण में इन उद्देश्यों में बड़ी संख्या में लोगों के विचारों की अनुरूपता आवश्यक होती है। ऐसी राजनीतिक व्यवस्थाओं में उपलब्ध साधनों की कमी के कारण विकास के लक्ष्यों की प्राप्ति के लिए अनुशासित प्रयत्न का भारी महत्त्व होता है और सबसे अधिक, मानव-श्रम पर निर्भर करना पड़ता है जिसकी प्रभावकारी उपयोगिता बलिदान तथा अथक परिश्रम की मांग करती है। ऐसे समाज, विचारधाराओं और मूल्यों में परिवर्तन के दौर से गुजरते हैं। आर्थिक दृष्टि से विकासशील व्यवस्थाओं में सबसे मुख्य और विकट समस्या आर्थिक विकास की दर को निरन्तर बनाए रखना, श्रम की उत्पादिता में वृद्धि के लिए तकनीकी ज्ञान का शीघ्र एवं प्रभावकारी विकास करना तथा लोगों के कल्याण और रहन-सहन व जीवन स्तर को निरन्तर उन्नत बनाए रखने के लिए वृद्धिगत उत्पादिता के लाभों को सभी लोगों को उपलब्ध कराना है। अब सरकारों के लिए यह आवश्यक है कि वे आय-वितरण के विभिन्न उपायों से सेवाओं के व्यापक प्रसार और सामाजिक न्याय के अधिकाधिक विस्तार से समाज में संतोष बनाए रखें।

वर्तमान में राजनीतिक व्यवस्थाओं और प्रक्रियाओं की जटिलता उपरोक्त विवेचन से स्पष्ट है। मैक्रीडिस का मत है कि उपरोक्त बातों, कर्तव्य निर्देशों और राजनीतिक व्यवहार की जटिलताओं की भली प्रकार से परीक्षा करने के लिए परम्परागत अध्ययन-दृष्टिकोण के वर्णन, तक ही सीमित रहना काफी नहीं है। इसके लिए, तुलनात्मक वर्णन और अध्ययन एक-सी राजनीतिक व्यवस्थाओं, शासन अंगों और संस्थाओं तक सीमित रखकर उपयोगी निष्कर्ष नहीं निकाले जा सकते हैं। इसके लिए नवीन दृष्टिकोण आवश्यक हुआ। इन विश्लेषण, निरीक्षण और परीक्षण की नवीन पद्धतियों को आधुनिक उपागम का नाम दिया गया है। राजनीतिक संस्थाओं व राजनीतिक व्यवहार के तुलनात्मक अध्ययन को अधिक 'वैज्ञानिक' स्वरूप प्रदान करने के लिए विद्वानों ने परम्परागत तुलनात्मक राजनीति के लेखकों से भिन्न जो पद्धति या दृष्टिकोण अपनाया है, उसे तुलनात्मक राजनीति के आधुनिक परिप्रेक्ष्य की संज्ञा दी जाती है।

आधुनिक परिप्रेक्ष्य की विशेषताओं व लक्षणों का विवेचन करने से पहले यह जानना आवश्यक है कि राजनीतिक व्यवस्थाओं में जटिलताओं का उद्भव कैसे हुआ? अचानक ही ऐसा क्या हुआ कि राजनीतिक अध्ययन में लम्बी अवधि से प्रचलित पद्धतियां पुरानी पड़ गईं और नये अध्ययन उपागमों की आवश्यकता हुई? आमण्ड व पावेल के अनुसार परम्परागत तुलनात्मक राजनीति की सर्वत्र लोकतन्त्र के प्रसार में आस्था धूमिल हो गई।

लोकतान्त्रिक विकास की सीधी-सादी अवधारणा और उस पर आधारित तथा उसके द्वारा उत्पन्न तुलनात्मक राजनीति की बौद्धिक रचना विगत महायुद्ध के बाद अमान्य हो गई। आमन्ड व पावेल इसके लिए प्रमुखतया तीन विकासों को उत्तरदायी मानते हैं। यह इस प्रकार हैं—

(1) एशिया, अफ्रीका व मध्यपूर्व में राष्ट्रीय विस्फोट, जिसने नाना प्रकार की संस्कृतियों, सामाजिक संस्थाओं व राजनीतिक विशेषताओं वाले अनेकों राष्ट्रों का राज्यों के रूप में उदय हुआ।

(2) अटलांटिक समुदाय के राष्ट्रों के प्रभुत्व का अंत और अन्तर्राष्ट्रीय शक्ति व प्रभाव का उपनिवेशों व अर्द्ध-उपनिवेशी क्षेत्रों में प्रसार व विस्तार।

(3) साम्यवाद का राष्ट्रीय राजनीतिक व्यवस्था की संरचना व अन्तर्राष्ट्रीय व्यवस्था को बदलने के संघर्ष में एक शक्तिशाली प्रतियोगी के रूप में उभरना।

उपरोक्त परिवर्तनों ने परम्परागत राजनीति की सीधी-सादी आशावादिता के स्थान पर निराशा, संदेह व भ्रम उत्पन्न कर दिया। नवीन परिस्थिति की अनिश्चतताओं, धमकियों, भयावह अस्थायित्वों व राजनीतिक रूपों की विविधता के भ्रमजाल ने तुलनात्मक राजनीति के परम्परागत दृष्टिकोण को डांवाडोल कर दिया। अब यह अध्ययन दृष्टिकोण, बदली हुई राजनीतिक परिस्थितियों की उलझी हुई प्रक्रियाओं को स्पष्ट करने में सहायक नहीं रहा। अब लोकतान्त्रिक व्यवस्थाओं के साथ ही साथ निरंकुश व्यवस्थाएं प्रमुख चुनौतियां बन गईं। विकसित, अर्द्ध-विकसित व अविकसित राजनीतिक व्यवस्थाओं को पूंजीवादी, साम्यवादी व समाजवादी विचारधाराओं के दबावों के साथ ही साथ सैनिक तानाशाही के खतरों का सामना करना पड़ा। इससे तुलनात्मक राजनीति के परम्परागत दृष्टिकोण निरर्थक बन गये। क्योंकि, इनसे नवीन राजनीतिक यथार्थ की गत्यात्मक शक्तियों को समझने में कोई सहायता नहीं मिल पाई और नई पद्धतियों, प्रविधियों व दृष्टिकोणों का प्रयोग अनिवार्य हो गया। अब तुलनात्मक राजनीतिक शोध के नये गन्तव्य व नवीन अभिमुख खोजे जाने लगे। इस नये अध्ययन दृष्टिकोण पर आधारित तुलनात्मक राजनीति को तुलनात्मक राजनीति के आधुनिक परिप्रेक्ष्य में सम्मिलित माना जाता है।

मैक्रोडिस का विचार है कि तुलनात्मक राजनीति का आधुनिक दृष्टिकोण, अधिक परीक्षण करने वाला, अधिक खोजबीन करने वाला और अधिक व्यवस्थित है। यह दृष्टिकोण अधिक अथवा गहन निरीक्षक इस बात से है कि इसमें राजनीतिक संस्थाओं, प्रक्रियाओं और व्यवहारों के मूल में जाकर उन्हें समझने का प्रयत्न किया जाता है। यह मुख्यत: सामाजिक संरूपणों, हित समूहों, राजनीतिक दलों, विचारधाराओं से प्रभावित राजनीतिक व्यवहारों व शासन-तन्त्रीय औपचारिक संरचनाओं के वास्तविक आधारों आदि का विशेष अध्ययन करता है। क्योंकि, इनसे ही राजनीतिक व्यवस्था के स्वरूप का निर्धारण होता है, और जनमत तथा विशिष्ट शासक वर्ग व अभिजन वर्ग का ढांचा स्पष्ट होता है। यह दृष्टिकोण अधिक व्यवस्थित व वैज्ञानिक इस रूप में है कि यह राजनीतिक व्यवस्था व अन्य व्यवस्थाओं के बीच वास्तविक सम्बन्धों की सुनिश्चित व परिमाणात्मक

आनुभविक तकनीकी से खोज करता है।

एक राजनीतिक व्यवस्था तभी जीवित रह सकती है जब वह कुछ अत्याज्य और अनिवार्य कार्य करती रहे। इन कार्यों के सम्पादन के लिए कुछ संस्थाएं अनिवार्य संरचना हैं। ये संरचनाएं एक राजनीतिक व्यवस्था से दूसरी राजनीतिक व्यवस्था में भिन्न-भिन्न होती हैं और युद्ध, औद्योगीकरण, आर्थिक परिवर्तन, नव प्रेरणाओं और नई मांगों के विभिन्न कारणों से प्रभावित होकर संशोधित परिवर्द्धित होती रहती हैं। राजनीति का अध्ययन, इस प्रकार एक व्यवस्था का, जो कि सावयवी रूप से सामाजिक संरचना, परम्पराओं और विचारधाराओं, संस्कृति एवं उस पर्यावरण से जिसमें वह संचारित होती है, का अध्ययन बन जाती है और ऐसा होने पर उन महत्त्वपूर्ण समानताओं तथा अन्तरों का भलीभांति ज्ञान किया जा सकता है जिनका पता राज्य के केवल वैधानिक रूपों के वर्णन से नहीं चल पाता है। राजनीतिक, आर्थिक, सांस्कृतिक तथा सामाजिक घटनाओं के बीच सह-सम्बन्धों की स्थापना एक ऐसा व्यापक क्षेत्र प्रदान करती है जिसमें परिवर्तनों की गतिशीलता को भली प्रकार समझा जा सकता है और विस्तृत सामान्यीकरण प्राप्त किए जा सकते हैं। ऐसा करना वास्तव में राजनीतिक घटनाओं के अध्ययन में वैज्ञानिक ढंग को लागू करना है। वैज्ञानिक ढंग में राजनीतिक प्रक्रियाओं के बारे में परिकल्पनाओं और सिद्धान्तों का एक बौद्धिक व्यवस्था (intellectual order) के रूप में विस्तरण किया जाता है और उपलब्ध प्रमाणों के प्रकाश में उनकी आलोचनात्मक परीक्षा की जाती है। यह अध्ययन शैली, परम्परागत तुलनात्मक राजनीति को आधुनिक तुलनात्मक राजनीति के परिप्रेक्ष्य में ले आती है।

आमन्ड व पावेल के अनुसार तुलनात्मक राजनीति का आधुनिक परिप्रेक्ष्य मोटे रूप से नई पेचीदगियों को समझने, नवीन बौद्धिक प्रवर्तन लाने और एक नई बौद्धिक व्यवस्था की स्थापना की प्रवृत्तियों से युक्त है। प्रवर्तन के इन प्रयत्नों की संक्षेप में व्याख्या करके ही आधुनिक तुलनात्मक राजनीति की विशेषताओं व नये आयामों को समझा जा सकता है। संक्षेप में यह इस प्रकार हैं—

आधुनिक तुलनात्मक राजनीति की प्रमुख प्रवृत्तियां (The Major Tendencies in Modern Comparative Politics)

आमन्ड व पावेल का विचार है कि तुलनात्मक राजनीति में बदली हुई परिस्थितियों के अनुरूप प्रवर्तन के प्रयत्नों को मोटे तौर पर चार श्रेणियों में विभक्त किया जा सकता है। यह प्रवृत्तियां ही आधुनिक तुलनात्मक राजनीति को परम्परागत तुलनात्मक राजनीति से अलग करती हैं क्योंकि इनका परम्परागत दृष्टिकोण में अभाव था यह प्रवृत्तियां हैं—

(क) अधिक व्यापक विषय-क्षेत्र की खोज (The search for more comprehensive scope) —आधुनिक तुलनात्मक राजनीति में अधिक व्यापक विषय-क्षेत्र की तलाश तुलनात्मक राजनीति को संकीर्णता के दायरे से निकालकर व्यापकता के संदर्भ में लाना है। बदली हुई राजनीतिक परिस्थितियों में लोकतान्त्रिक व्यवस्थाओं के अध्ययन

तक तुलनात्मक राजनीति को सीमित रखना चारों तरफ हो रही क्रांतिकारी राजनीतिक उथलों-पुथलों से आंख बन्द करना है। अब लोकतन्त्रों की नहीं, उनकी चुनौतियां देने वाली राजनीतिक व्यवस्थाओं की गत्यात्मकताओं को समझना आवश्यक हो गया। इस कारण आधुनिक तुलनात्मक राजनीति में अध्ययन-क्षेत्र व्यापकतम बनाने की प्रवृत्ति दिखाई देती है। लोकतान्त्रिक व्यवस्थाओं के साथ ही साथ, निरंकुश व्यवस्थाओं को तथा विकासशील राजनीतियों को, वर्तमान व अतीत के संदर्भ में देखकर राजनीतिक व्यवहार की गतिशीलता को समझने का प्रयास होने लगा है। अब तुलनात्मक राजनीति अमरीकी या यूरोप संदर्भी न रहकर नवोदित राज्यों को विशेष रूप से अध्ययन में सम्मिलित करके विश्व संदर्भी बन गई है। तुलनात्मक राजनीति के शोधकर्ताओं व लेखकों ने सम्पूर्णता के संदर्भ में राजनीतिक व्यवहारों को समझने का प्रयास किया। आमन्ड व पावेल की *Comparaive Poliitics : A Developmental Approach*, आमन्ड व कोलमैन की *The Politics of Developing Areas*, फ्रैडरिक की *Constitutional Government and Democracy* तथा मैक्रीडिस, एक्सटीन, ऐप्टर, हेक्शचर, ईस्टन और डाहल द्वारा इस दिशा में किए गए प्रयत्न तुलनात्मक राजनीति के व्यापक क्षेत्र की तलाश का संकेत हैं।

(ख) यथार्थवाद की खोज (The search for realism)--तुलनात्मक राजनीति में यथार्थवाद की खोज की प्रवृत्ति, परिवर्तित राजनीतिक परिस्थितियों का सीधा परिणाम है। यह औपचारिकता से दूर हटना है। यह कानून, विचारधारा, सरकारी संस्थाओं व संवैधानिक संरचनाओं के अध्ययन से आगे बढ़कर, उन सब संरचनाओं व प्रक्रियाओं का परीक्षण करना है, जो राजनीति और नीति-निर्धारण में अपना प्रभाव डालती हैं। अब औपचारिक राजनीतिक संस्थाओं के अध्ययन के साथ, राजनीतिक प्रक्रियाओं, राजनीतिक दलों, हित समूहों, निर्वाचन प्रणालियों, राजनीतिक संचार, राजनीतिक समाजीकरण व अन्य अ-राजनीतिक प्रभावों का अध्ययन व विश्लेषण भी किया जाने लगा है। अब राजनीतिक व्यवस्थाओं को सर्वांगीणता के संदर्भ में देखा जाने लगा है जिससे राजनीति की गत्यात्मक शक्तियों को, सामाजिक वर्ग में, संस्कृति में, आर्थिक व सामाजिक परिवर्तनों में, राजनीतिक अभिजनों या अन्तर्राष्ट्रीय वातावरण में, या जहां कहीं भी वह विद्यमान हो, पहचाना जा सके।

तुलनात्मक राजनीति में यह यथार्थवादी —आनुभविक प्रवृत्ति वास्तव में 'व्यवहार-वादी' दृष्टिकोण कही जाती है। इसका बहुत सीधा सा अर्थ है कि इसमें राजनीतिक भूमिका के पदाधिकारियों या अदाकर्ताओं के वास्तविक राजनीतिक व्यवहार का अध्ययन किया जाता है और उनके कानूनी या विचारधारा-प्रतिमान को वहीं तक देखा जाता है जहां तक वे उनके राजनीतिक व्यवहार को प्रभावित करते हैं। इससे स्पष्ट है कि तुलनात्मक राजनीति के आधुनिक परिप्रेक्ष्य में यथार्थता का विशेष महत्त्व है तथा औपचारिक कानूनी संरचना का उपयोग सीमित ही होता है।

(ग) परिशुद्धता की खोज (The search for precision)--यह प्रवृत्ति वैज्ञानिक व तकनीकी ढंग के सामान्य वितरण या प्रसार के कारण राजनीतिक अध्ययनों में आने लगी

है। वैसे यह प्रवृत्ति सभी सामाजिक शास्त्रों में आ गई है परन्तु तुलनात्मक राजनीति में कुछ कारणों से इसका प्रचलन कुछ देरी से हुआ है। सुनिश्चित निष्कर्षों की आवश्यकता ने अध्ययन की परिशुद्धता अनिवार्य बना दी है। इसलिए अब तुलनात्मक अध्ययनों में परिशुद्ध वैज्ञानिक विधियों का प्रयोग जोर पकड़ता जा रहा है। अब निदर्शन सर्वेक्षण (sample survey) द्वारा राजनीतिक व्यवस्थाओं के लक्षणों, राजनीतिक संस्कृतियों, समाजीकरण व राजनीतिक प्रक्रियाओं को, परिमाणात्मक तथ्यों का संकलन, वर्गीकरण करके समझने का प्रयास किया जाता है। मत-व्यवहार को माप योग्य तथ्यों से समझा जाने लगा है। कुल मिलाकर यह कहा जा सकता है कि तुलनात्मक राजनीति में परिशुद्धता की प्रवृत्ति ही इसे आधुनिक बनाने में महत्त्वपूर्ण भूमिका अदा कर रही है।

(घ) बौद्धिक अनुक्रम की खोज (The search for intellectual order)—अधिक व्यापक विषय-क्षेत्र, यथार्थवाद और परिशुद्धता की प्रवृत्तियों के कारण राजनीति के सैद्धान्तिक विचारबंध व अवधारणात्मक शब्दावली, राजनीतिक शोध की नवीन अन्तर-दृष्टियों को आत्मसात करने या विधिबद्ध (codify) करने में असफल रही है। राज्य, संविधान, प्रतिनिधित्व, नागरिकों के अधिकार व कर्तव्य की अवधारणाओं से राजनीतिक दलों, दबाव समूहों व जन-सम्प्रेषण के साधनों की गतिविधियों व प्रभावों को विधिबद्ध करने में सहायता नहीं मिलती है और इसलिए नई अवधारणाओं व विचारबंधों की आवश्यकता हुई। आज तुलनात्मक राजनीति में नई अवधारणाओं की तलाश ही इसलिए हो रही है कि इससे राजनीति का नया बौद्धिक अनुक्रम स्थापित किया जा सके।

इन प्रवृत्तियों के कारण राजनीति के एकीकृत सिद्धान्त प्रतिपादन की दिशा का संकेत मिलता है और शायद तुलनात्मक राजनीति व राजनीतिक सिद्धान्त में पुनः सम्बन्ध स्थापित हो जाएं। यह तो दूर भविष्य की बात है। पर आधुनिक तुलनात्मक राजनीति में राष्ट्रीय राजनीतिक व्यवस्थाओं के विश्व समुदाय को स्वयं में एक राजनीतिक व्यवस्था मानकर, उस पर राष्ट्रीय राजनीतिक व्यवस्थाओं के अध्ययन व तुलना के लिए प्रयुक्त सैद्धान्तिक संवर्गों का प्रयोग कर, उनकी राष्ट्रीय राजनीतिक व्यवस्थाओं से तुलना करने की एक और प्रवृत्ति प्रचलित होने लगी है। इसके अलावा भी ज्यों-ज्यां अन्तर्राष्ट्रीय राजनीतिक व्यवस्था का राष्ट्रीय राजनीतिक व्यवस्थाओं की आंतरिक प्रक्रियाओं और गतिविधियों पर प्रभाव स्वीकार किया जाने लगा है, त्यों-त्यों तुलनात्मक राजनीति व अन्तर्राष्ट्रीय राजनीति का अलगाव कम करने की प्रवृत्ति बढ़ती दिखाई देती है। इसी तरह, राष्ट्रीय राजनीतिक व्यवस्थाओं की विशेषताओं का, अन्तर्राष्ट्रीय राजनीतिक व्यवस्था की कार्यविधि पर पड़ने वाले प्रभावों का भी व्यवस्थित तुलनात्मक अध्ययन आधुनिक दृष्टिकोण में एक विशेष आकर्षण बन गया है। अन्त में, राजनीति-विज्ञान के संरचनात्मक उप-अनुशासन-नौकरशाही का अध्ययन, व्यवस्थापिकाएं, राजनीतिक दल, हित समूह, जनमत इत्यादि भी व्यापक रूप से तुलनात्मक बनते जा रहे हैं जो आधुनिक तुलनात्मक राजनीति में नई प्रवृत्तियों के सूचक ही कहे जाने चाहिए।

इस प्रकार युद्धोत्तर काल में, जिसे तुलनात्मक राजनीति का आधुनिक परिप्रेक्ष्य कहा जाता है, तुलनात्मक राजनीति के क्षेत्र में पहले मन्थर और फिर अपेक्षाकृत तीव्र गति

से कुछ नई प्रवृत्तियों का सवावेश हुआ है। इनमें कुछ का वर्णन ऊपर किया गया है तथा हेरी एक्सटीन ने कुछ प्रवृत्तियों को प्रमुख रूप से आधुनिक तुलनात्मक राजनीति में परिलक्षित माना है। यह संक्षेप में इस प्रकार है।

तुलनात्मक राजनीति के क्षेत्र की अनुभववादी अभिसीमा बहुत बढ़ गई है, विशेषत: इसलिए कि अ-पाश्चात्य व्यवस्थाओं का अब गहन अध्ययन किया जाने लगा है, और कुछ इसलिए भी कि राजनीति के उन पहलुओं में अधिक खोज की जाने लगी है जिनका पहले बहुत ही कम अध्ययन हुआ था। इनमें बहुत से पहलू तो लगभग अछूते से थे। एशिया, अफ्रीका व लैटिन अमरीका (Latin America) के देशों में राजनीतिक अध्ययन के विशाल क्षेत्र अब उपेक्षा की सामग्री नहीं रहे हैं। अब तुलनात्मक अध्ययन एक बृहत्तर संदर्भ में होने लगे हैं।

इसी तरह युद्ध-पूर्व अवस्था में राजनीति के क्षेत्र में परिशुद्धता व व्यवस्था की जो कमी थी, उसे दूर करने के विशेष प्रयत्न किए जाने लगे और अध्ययन को अधिकाधिक वैज्ञानिक बनाने का प्रयास किया जाने लगा है। इसके अलावा, सामाजिक समूहों के राजनीतिक कार्यों के अध्ययन पर तथा उन सामाजिक संस्थाओं के अध्ययन पर, जो राजनीतिक मूल्यों को ढालने में विशेष भूमिका अदा करती हैं, अधिक बल दिया जाने लगा है। राजनीतिक व्यवस्थाओं की विश्लेषणात्मक रूप से शल्य-क्रिया सी की जाने लगी है तथा अन्य सामाजिक विज्ञानों से अधिकांशत: आयातित अवधारणात्मक योजनाओं के संदर्भ में राजनीतिक व्यवस्थाओं के बारे में विविध प्रश्न उठाकर उनके समाधान खोजने की चेष्टा की गई है। निष्कर्षत:, यह कहा जा सकता है कि बदली हुई राजनीतिक परिस्थितियों से उत्पन्न चुनौतियों के परिणामस्वरूप आधुनिक तुलनात्मक राजनीति में अनेकों नई प्रवृत्तियों का अनिवार्यत: प्रचलन होता गया है। तुलनात्मक राजनीति के आधुनिक परिप्रेक्ष्य में आई इन प्रवृत्तियों के कारण यह परम्परागत दृष्टिकोण से भिन्न बन गया और इसमें अनेक विशेषताएं परिलक्षित होने लगीं। संक्षेप में यह इस प्रकार हैं।

आधुनिक तुलनात्मक राजनीति की विशेषताएं (Characteristics of Modern Comparative Politics)

आधुनिक तुलनात्मक राजनीतिक अध्ययनों में कई सामान्य विशेषताएं परिलक्षित होती हैं। इनका यत्र-तत्र विवेचन पहले के अध्यायों में हुआ है। यहां संयुक्त रूप में व्यवस्थित ढंग से इन विशेषताओं का उल्लेख किया जा रहा है।

(क) अध्ययन दृष्टिकोण में अधिकांशत: तुलनात्मक (Largely comparative in approach)—परम्परागत तुलनात्मक राजनीति केवल नाम से ही तुलनात्मक कही जाती है, परन्तु आधुनिक तुलनात्मक राजनीति अधिकांशत: तुलनात्मक है। परिवर्तित राजनीतिक परिस्थितियों का अध्ययन तुलनात्मक ढंग से ही उपयोगी हो सकता है। क्योंकि, हर राजनीतिक व्यवस्था की प्रकृति विचित्र व अनुपम होती है। इन अनुपम राजनीतिक व्यवस्थाओं के तुलनात्मक विश्लेषण से ही राजनीतिक व्यवहार के बारे में

मोटे सामान्यीकरण की अवस्था में पहुंचा जा सकता है। राजनीतिक व्यवस्था में हर जगह अनोखापन होता है। परन्तु कुछ समानताएं भी परिलक्षित होती हैं, कहीं किसी व्यवस्था में कुछ प्रभाव महत्त्वपूर्ण होते हैं तो कहीं कुछ अन्य प्रभाव राजनीतिक व्यवहार को विशेष रंग में रंगते हैं। इन व्यवस्थाओं की गहराइयों में झांकने के लिए आवश्यक है कि इन सबका तुलनात्मक अध्ययन हो। यही कारण है कि आधुनिक तुलनात्मक राजनीति प्रधानतः तुलनात्मक है।

(ख) **विषय-क्षेत्र में व्यापकतम** (Extensive in scope)—आधुनिक तुलनात्मक राजनीति का अध्ययन क्षेत्र व्यापक है। इसमें औपचारिक-वैधानिक शासन अंगों व संस्थाओं के अलावा राजनीतिक प्रक्रियाओं, राजनीतिक व्यवहारों व राजनीति को प्रभावित करने वाले अ-राजनीतिक तत्त्वों का अध्ययन भी किया जाता है। यह वर्तमान राजनीतिक व्यवस्थाओं के अध्ययन तक ही सीमित नहीं है। वर्तमान राजनीतिक संस्थाओं को ऐतिहासिक संदर्भ में समझने का प्रयास भी आधुनिक तुलनात्मक राजनीति में किया जाता है। इतना ही नहीं, राष्ट्रीय राजनीतिक व्यवस्थाओं को एक अन्तर्राष्ट्रीय राजनीतिक व्यवस्था से सम्बद्ध मानकर इनका एक दूसरे पर प्रभाव व इनकी पारस्परिकता भी तुलनात्मक अध्ययनों में देखी जाने लगी है। अब तुलनात्मक राजनीतिक अध्ययन केवल लोकतान्त्रिक व्यवस्थाओं तक ही सीमित नहीं रहे हैं। राजनीतिक व्यवस्था की प्रकृति, कि वह लोकतान्त्रिक है या अधिनायकवादी, समाजवादी है या पूंजीवादी, तुलनात्मक राजनीतिक अध्ययनों में अध्ययन का आधार नहीं रही है। अब सभी प्रकार की राजनीतिक व्यवस्थाओं को, चाहे उनकी प्रकृति कैसी ही हो, अध्ययनों में सम्मिलित किया जाता है। इस प्रकार तुलनात्मक राजनीति का अध्ययन क्षेत्र सम्पूर्ण विश्व की राजनीतिक व्यवस्थाओं की सभी अवस्थाओं तक विस्तृत है।

(ग) **विश्लेषणात्मक व व्याख्यात्मक** (Analytical and explanatory)—मैक्रीडिस की मान्यता है कि राजनीतिक व्यवस्थाओं के विवरण मात्र से न तो राजनीतिक संस्थाओं की सही प्रकृति समझना सम्भव है और न ही इस प्रकार के अध्ययन से राजनीतिक समस्याओं का समाधान हो सकता है। इसलिए राजनीति का अध्ययन विवरणात्मक के स्थान पर समस्या समाधानात्मक, व्याख्यात्मक अथवा विश्लेषणात्मक ढंग से किया जाना चाहिए। तुलनात्मक राजनीति के आधुनिक परिप्रेक्ष्य में परिकल्पनाएं की जाती हैं, परीक्षण व तथ्यों का संकलन कर उनका, व्यापक सामान्यीकरण करने के उद्देश्य से, तुलनात्मक ढंग से विश्लेषण किया जाता है। विश्लेषणात्मक मार्ग किसी भी राजनीतिक व्यवस्था को समझने में सहायता करता है, और उन महत्त्वपूर्ण संरचनाओं का परिचय देता है जिनके माध्यम से एक राजनीतिक व्यवस्था कार्य करती है और अन्य व्यवस्था के समान अथवा असमान बनती है। विश्लेषणात्मक पद्धति से परिकल्पनाओं की जांच की जाती है और जांच के आधार पर उन परिकल्पनाओं का धारण, संशोधन या खण्डन किया जा सकता है। आधुनिक तुलनात्मक राजनीति स्थल-कार्य तथा अनुभववादी पर्यवेक्षण पर अधिक बल देती है। सभी प्रकार के वैज्ञानिक अन्वेषणों में विश्लेषण का यह ढंग अनिवार्य है। क्योंकि, इससे उन दशाओं अथवा प्रतिबन्धक तत्त्वों का समुचित ज्ञान-अर्जन

सम्भव है जिनकी उपस्थिति या अनुपस्थिति परिकल्पनाओं की वैधता या खण्डन के लिए उत्तरदायी है। विश्लेषणात्मकता, आधुनिक तुलनात्मक राजनीति की केवल प्रमुख विशेषता ही नहीं है, बल्कि इसे अधिक व्यवस्थित बनाने वाली और राजनीतिक व्यवस्थाओं की वास्तविकताओं का ज्ञान कराने वाली पद्धति बनाने की दृष्टि से भी महत्त्वपूर्ण है।

(घ) व्यवस्था-अभिमुखी अध्ययन (System oriented study)— इस परिप्रेक्ष्य में, संवैधानिक तन्त्र के अध्ययन को विशेष महत्त्व नहीं दिया जाता है। इसमें राजनीतिक व्यवस्था के इर्द-गिर्द अध्ययन केन्द्रित रहता है। व्यवस्था को ही आधार मानकर राजनीतिक प्रक्रियाओं और संस्थाओं का तुलनात्मक अध्ययन किया जाता है। इस प्रकार का अध्ययन ही समस्याओं की तह तक पहुंचने में सहायक होता है। आधुनिक विद्वानों ने हर राजनीतिक व्यवस्था में तीन विशेषताएं स्वीकार की हैं। हर राजनीतिक व्यवस्था में बाध्यकारी शक्ति या सामर्थ्य होती है। इसी तरह उसमें शक्ति का एकाधिकार व शक्ति के प्रयोग की साधनयुक्तता भी होती है। इन तीनों में से किसी एक अथवा तीनों का संदर्भ एक राजनीतिक व्यवस्था को अन्य राजनीतिक व्यवस्था अथवा राजनीतिक व्यवस्थाओं से भिन्न बनाता है और इन्हीं के आधार पर किसी राजनीतिक व्यवस्था की वैधता या अवैधता अथवा अपरिनिष्ठता का ज्ञान होता है। राजनीतिक शक्ति का धारक कोई भी, किसी भी साधन के प्रयोग से बन सकता है, परन्तु राजनीतिक व्यवस्था में उसकी शक्ति की वैधता या औचित्य का होना या न होना राजनीतिक व्यवस्था की प्रकृति का निर्धारण करता है। इस प्रकार शासन-तन्त्र की यथार्थता का ज्ञान सम्पूर्ण राजनीतिक व्यवस्था के संदर्भ में ही किया जा सकता है। राजनीतिक व्यवस्था में हर संस्था या प्रक्रिया की वास्तविकता को तभी समझा जा सकता है जब राजनीति का अध्ययन सम्पूर्ण राजनीतिक व्यवस्था के दृष्टिकोण से किया जाए। राजनीतिक व्यवहार की वास्तविक गत्यात्मक शक्तियों को समझने की आवश्यकता व अनिवार्यता के कारण ही आधुनिक तुलनात्मक राजनीतिक अध्ययन अधिकाधिक व्यवस्था संदर्भी या व्यवस्था अभिमुखी बनता जा रहा है।

(च) सामाजिक संदर्भ अभिमुखी (Social context oriented study)—तुलनात्मक राजनीति के आधुनिक लेखक राजनीतिक प्रक्रियाओं का सामाजिक शक्तियों की अन्त:क्रिया से गहरा सम्बन्ध स्वीकार करने लगे हैं। इससे राजनीतिक प्रक्रियाओं का अध्ययन सामाजिक अन्त:क्रिया के संदर्भ में ही किया जाने लगा है। अब तुलनात्मक राजनीति के लेखक उन सब सामाजिक संस्थाओं, शक्तियों और परम्परागत बन्धनों का, जो राजनीतिक व्यवस्था पर दबाव या प्रभाव डालते हैं, अध्ययन राजनीतिक दृष्टिकोण से करने लगे हैं। व्यक्ति अनेक समुदायों का सदस्य होता है और इसलिए कई बार ऐसी स्थिति पैदा हो जाती है कि व्यक्ति राज्य की आज्ञा का पालन करे या सामाजिक संस्थाओं के निर्देश माने ? क्योंकि कई बार, राज्य की आज्ञाओं और सामाजिक संस्थाओं के निर्देशों में विरोध हो सकता है। तब व्यक्ति, कभी-कभी राज्य के आदेशों का ध्यान नहीं रखकर सामाजिक संस्थाओं के निर्देशों के अनुरूप व्यवहार करता है। ऐसी स्थिति में राजनीतिक व्यवस्था की प्रकृति सामाजिक संदर्भ में ही सही रूप में समझी जा सकती है। यही कारण है कि

कानूनी आधार पर सही दिखाई देने वाला व्यवहार, वास्तव में, व्यवस्था विशेष की आन्तरिक गत्यात्मकताओं से अनभिज्ञ ही रखता है। इसलिए तुलनात्मक राजनीति के आधुनिक दृष्टिकोण में, राजनीतिक प्रक्रियाओं, संस्थाओं और व्यवहारों को सामाजिक पर्यावरण के संदर्भ में ही समझने की प्रवृत्ति प्रमुख बन गई है।

(छ) **व्यवहारवादी अध्ययन-उपागम** (Behavioural approach of study)—आधुनिक तुलनात्मक राजनीति की सबसे प्रमुख विशेषता 'व्यवहारवादी अध्ययन दृष्टिकोण' का अपनाना है। व्यवहारवाद राजनीतिक तथ्यों की व्याख्या एवं विश्लेषण का विशेष ढंग है। यह राजनीति के संदर्भ में मुख्यतः अपना ध्यान राजनीतिक व्यवहार पर केन्द्रित करता है। 'राजनीतिक व्यवहार' के अध्ययन से यह राजनीति, उसकी संरचनाओं, प्रक्रियाओं आदि के बारे में वैज्ञानिक व्याख्याएं प्रस्तुत करने का प्रयास करता है। इसमें दूसरी अनुशासनात्मक अवधारणाओं, सिद्धान्तों व उपागमों को ग्रहण कर अन्तर-अनुशासनात्मक शोध व विश्लेषण पर जोर दिया जाता है। यह अनुभवात्मक एवं क्रियात्मक है, तथा इसमें व्यक्तिनिष्ठ मूल्यों, मानकीय विवरणों, कल्पनाओं आदि का कोई स्थान नहीं है। इस दृष्टि से यह आधुनिक तुलनात्मक राजनीति को परम्परागत राजनीति से सर्वथा अलग कर देता है। यह राजनीतिक अध्ययन को कानूनी व औपचारिक सीमाओं से मुक्त करता है। यह तुलनात्मक राजनीति को अधिक वैज्ञानिक बनाता है।

हींज यूलाउ (Heinz Eulau) के अनुसार 'राजनीतिक व्यवहार' का तात्पर्य केवल प्रत्यक्ष या अप्रत्यक्ष रूप से पर्यवेक्षणीय राजनीतिक क्रियाओं से नहीं है अपितु व्यवहार के उन बोधात्मक, अभिप्रेरणात्मक तथा अभिवृत्त्यात्मक घटकों से भी है जो कि मनुष्य के राजनीतिक अभिज्ञानों, मांगों और आकांक्षाओं तथा उसके राजनीतिक विश्वासों, मूल्यों एवं लक्ष्यों की व्यवस्था का निर्माण करते हैं। उसमें संस्कृति और सामाजिक व्यवस्था के विभिन्न स्तर भी सम्मिलित रहते हैं। इन सबका अभिमुखीकरण अनेक कारणों व तथ्यों से होता है, इसलिए स्वभावतः राजनीतिक व्यवहार का अध्ययन अन्तः-अनुशासनात्मक ही होना आवश्यक है।[7]

किर्कपैट्रिक ने व्यवहारवाद की चार विशेषताएं बताई हैं—(i) यह शोध में राजनीतिक संस्थाओं को मौलिक इकाई के रूप में अस्वीकार करता है और राजनीतिक परिस्थितियों में स्थित व्यक्तियों के 'व्यवहार' को विश्लेषण की मौलिक इकाई के रूप में स्वीकार करता है। (ii) सामाजिक विज्ञानों को 'व्यवहारवादी विज्ञानों' के रूप में देखता है और राजनीति-विज्ञान की अन्य सामाजिक विज्ञानों के साथ एकता पर बल देता है। (iii) यह तथ्यों के पर्यवेक्षण, वर्गीकरण व माप के लिए अधिक परिशुद्ध प्रविधियों के विकास और उपयोग पर बल देता है और जहां तक सम्भव हो, सांख्यिकीय या परिमाणात्मक सूत्रीकरणों के उपयोग का आग्रह करता है, तथा (iv) राजनीति-विज्ञान

[7]Heinz Eulau, *The Behavioural Persuation in Politics,* New York : Random House, 1963, p. 125.

के लक्ष्य को एक व्यवस्थित आनुभविक सिद्धान्त के रूप में परिभाषित करता है।[8]

व्यवहारवाद मनुष्य के केवल बाह्य कार्यों से ही सम्बन्ध नहीं रखता है, अपितु वह उसकी भावनात्मक, ज्ञानात्मक तथा मूल्यांकनात्मक प्रक्रियाओं से भी सम्बद्ध है। व्यवहारवाद की 'राजनीतिक व्यवहार' की धारणा में प्रत्यक्ष या अप्रत्यक्ष रूप से पर्यवेक्षणीय राजनीतिक कार्यों के अतिरिक्त व्यवहार के अवबोधनात्मक, अभिप्रेरणात्मक तथा अभिवृत्तात्मक घटक भी आते हैं। इसमें वे सभो व्यवहारात्मक प्रक्रियाएं, जो मनुष्य के राजनीतिक अभिज्ञान, मांगों, आकांक्षाओं और उसके लक्ष्यों, मूल्यों और राजनीतिक विश्वासों की व्यवस्थाओं का निर्माण करती हैं, राजनीतिक व्यवहारवाद का अध्ययन-क्षेत्र बन जाती हैं।

व्यवहारवादी अध्ययन उपागम ने तुलनात्मक राजनीति को न केवल आधुनिक रूप ही प्रदान किया अपितु इससे तुलनात्मक राजनीतिक अध्ययन अधिक व्यवस्थित व वैज्ञानिक बन गया है। तुलनात्मक राजनीति में व्यवहारवादी दृष्टिकोण की महत्त्वपूर्ण व क्रांतिकारी देन रही है। इससे तुलनात्मक राजनीति में नवीन प्रवृत्तियों व लक्ष्यों का समावेश हुआ है। संक्षेप में यह इस प्रकार हैं—

(1) तुलनात्मक राजनीति में, राजनीतिक घटनाओं की जहां तक सम्भव हो व्याख्या व भविष्यवाणी करने की क्षमता उत्पन्न करना।

(2) सैद्धान्तिक विचारबन्ध पर ही आधारित शोध का प्रयोग करना जिससे तुलनात्मक राजनीति में संश्लेषता व आकृति आए।

(3) तुलना की ऐसी इकाई की खोज करना जो मूर्त रूप में पहचानी जा सके जिससे व्यापक तुलनाएं सम्भव हों।

(4) सभी सैद्धान्तिक प्रमेयों को सतथ्य सामग्री के संकलन के बाद विश्लेषण से परखना।

(5) केवल उन्हीं सैद्धान्तिक प्रमेयों का ही प्रयोग करना जो सतथ्य सामग्री के संकलन व विश्लेषण से परखे गए हों।

(6) सभी यान्त्रिकी सुविधाओं व विकसित प्रविधियों—जैसे, कम्प्यूटर, सांख्यिकीय व गणितीय विश्लेषण इत्यादि का प्रयोग करना।

(7) 'राजनीतिक व्यवहार' सर्वत्र व्याप्त है, केवल शासन-तन्त्र से ही सम्बद्ध नहीं, इस बात पर बल देना अर्थात यह मानना कि सभी संस्थागत गतिविधियां विभिन्न मनुष्यों द्वारा अदा की गई विविध राजनीतिक भूमिकाओं का समुच्चय है।

उपरोक्त विवेचन से स्पष्ट है कि व्यवहारवादी उपागम ने तुलनात्मक राजनीति में अध्ययन के नये आयामों को प्रचलित किया। इससे तुलनात्मक राजनीतिक अध्ययन अधिक व्यवस्थित व वैज्ञानिक बन गया है। तुलनात्मक राजनीति में व्यवहारवाद का प्रभाव क्रांतिकारी परिवर्तनों के लिए उत्तरदायी है। इससे सम्पूर्ण अध्ययन ही आधुनिक व व्यवस्थित बन गया है। परन्तु व्यवहारवाद आज तुलनात्मक राजनीति पर इतना

[8]Evron M. Kirkpatric, 'The Impact of Behavioural Approach on Traditional Political Science,' in *Essays on the Behavioural Study of Politics*.

छा सा गया है कि इसमें प्रचलित नवीन प्रवृत्तियों की आलोचना की जाने लगी है।

आधुनिक तुलनात्मक राजनीति की आलोचना (Criticisms of Modern Comparative Politics)

आधुनिक तुलनात्मक राजनीति में विषय-क्षेत्र का विस्तार व परिष्कृत प्रविधियों की खोज तथा नये-नये अध्ययन-दृष्टिकोणों का उपयोग और नई-नई अवधारणाओं का निर्माण अनुशासन को राजनीति-विज्ञान के अनुरूप बना देता है। जी०के० राबर्ट्स इसी कारण यहां तक चेतावनी देते हैं कि "तुलनात्मक राजनीति सब कुछ है या यह कुछ भी नहीं है।"[9] इसके विषय-क्षेत्र का एक सीमा के आगे विस्तार इसे राजनीति-विज्ञान बना देता है और बहुत संकुचित क्षेत्र से इसमें कोई भी उपयोगी निष्कर्ष नहीं निकाले जा सकते हैं। इसमें आनुभविक तथ्यों के संकलन व परिमाणित आंकड़ों को इतना महत्त्व दिया जाने लगा है कि अन्य सभी तथ्यों की अवहेलना होने लगी है। इसमें नई-नई अवधारणाओं की इतनी बहुलता है कि उनके अर्थ पर सहमति ही नहीं हो पाती है। राजनीतिक व्यवहार की बारीकी से जांच, उसमें इतनी विचित्रता व अनुपमता परिलक्षित करती है कि उसकी तुलना ही असम्भव प्रतीत होने लगती है। यही कारण है कि अनेक राजनीतिक विचारक परम्परागत दृष्टिकोण को ही अपनाने की बात कहने लगे। यह आधुनिक से फिर परम्परागत तुलनात्मक राजनीति की बात इसकी कमियों का संकेत करती है। संक्षेप में यह कमियां निम्नलिखित हैं—

(क) **विषय-क्षेत्र में अत्यधिक दुःसाध्य** (Unwieldy in scope)—राजनीतिक व्यवहार व प्रक्रियाएं इतने अधिक प्रभावों व दबावों से ढलती व बदलती हैं कि उन सबको अध्ययन में सम्मिलित करना ज्ञान की वर्तमान सीमाओं में सम्भव नहीं है। परन्तु, इन प्रभावों व दबावों को अध्ययन से अलग रखना वास्तविकताओं की तह में जाने का प्रयास नहीं करना है। इस तरह, तुलनात्मक राजनीति एक ऐसी दुविधा के दौर से गुजरती दिखाई देती है जिसमें एक तरफ, विषय-क्षेत्र को सीमित रखना आवश्यक लगता है जबकि दूसरी तरफ, नये-नये आयामों व अध्ययन-दृष्टिकोणों को अपनाना, राजनीतिक व्यवहार की उलझी गुत्थियों को सुलझाने के लिए, अनिवार्य हो जाता है। इससे आधुनिक तुलनात्मक राजनीति का विषय-क्षेत्र तो इतना व्यापक व दुःसाध्य बन गया है कि आलोचक इसकी व्यवस्थित ढंग से समझना सम्भव नहीं मानते हैं। उनका कहना है कि, सरकारी संस्थाओं की गतिविधियों व सरकारी प्रक्रियाओं से आगे बढ़ना व सभी व्यवहारों को, जो शासन-क्रियाओं को प्रत्यक्ष या अप्रत्यक्ष रूप से प्रभावित करते हैं, अध्ययन में सम्मिलित करना, जटिल अन्तःक्रियाओं के ऐसे समुद्र में गोते लगाना है जिसका कोई ओर-छोर नहीं।

विषय-क्षेत्र की अत्यधिक व्यापकता के प्रति तुलनात्मक राजनीति के लेखक अचानक ही सजग नहीं हुए हैं। 1970 तक इस तरफ विशेष ध्यान नहीं गया पर अब ऐप्टर, ब्लोन्डेल, एस० ई० फाइनर आमण्ड व कोलमैन तथा राबर्ट्स इत्यादि लेखक इसके

[9] G. K. Robberts, 'Comparative Politics Today,' *Government and opposition*. Vol. VII, No. 1, Winter, 1972, p. 38.

विषय-क्षेत्र को एक बार फिर शासन-तन्त्र व राजनीतिक व्यवस्था की परिधि में ही रखने की बात करने लगे हैं।

(ख) नई अवधारणाओं की अस्पष्टता (Vagueness of new concepts)—आलोचकों का कहना है कि आधुनिक तुलनात्मक राजनीति में पुरानी अवधारणाओं के स्थान पर जिन नई अवधारणाओं को अपनाया गया है उन पर सहमति नहीं है। हर अवधारणा का अलग-अलग अर्थ लगाया जाता है। जैसे राजनीतिक व्यवस्था, राजनीतिक संस्कृति, समाजीकरण, राजनीतिक विकास इत्यादि पर इतना अर्थ-विभेद है कि हर लेखक ने इनका अपनी आवश्यकता के अनुसार प्रयोग किया है। अन्य समाजशास्त्रों से आयातित अवधारणाओं पर तो यह अस्पष्टता और बढ़ जाती है। एक ही अवधारणा का राजनीति-विज्ञान, समाजशास्त्र, मानवशास्त्र या मनोविज्ञान में एक ही अर्थ नहीं किया जाता है। आलोचक इसलिए ही नई अवधारणाओं की उपयोगिता पर शंका करते हैं। उनके अनुसार, अस्पष्ट अवधारणाओं के प्रयोग से तुलनात्मक राजनीति का आधुनिक परिप्रेक्ष्य अभी भी संक्रांति की अवस्था में बना हुआ है।

इस आलोचना में काफी सत्यांश है। अगर तुलनात्मक राजनीति को स्वतन्त्र अनुशासन की अवस्था में लाना है तो उसके लिए सर्वमान्य व समान अर्थी अवधारणाओं की रचना करनी होगी। अवधारणाओं पर सहमति से ही तुलनात्मक राजनीति का विषय-क्षेत्र सीमांकित हो सकेगा। आज तुलनात्मक राजनीतिक अध्ययनों में सब प्रकार की अवधारणाओं का प्रचलन है। इन्हें सुनिश्चितता प्रदान करना आवश्यक है।

(ग) अत्यधिक व्यवहारवादी (Excessively behavioural) —आधुनिक तुलनात्मक राजनीति का व्यवहारवादी दृष्टिकोण एक प्रमुख विशेषता है। व्यवहारवादी दृष्टिकोण की अपनी विशेषताएं हैं और इससे तुलनात्मक राजनीतिक अध्ययन बहुत कुछ समृद्ध बने हैं। परन्तु आलोचक इस बात को लेकर आक्षेप करते हैं कि व्यवहारवाद, तुलनात्मक राजनीति पर इतना छा गया है कि इस दृष्टिकोण से लाभ की अपेक्षा हानि हो रही है। यह कहना कि राजनीतिक व्यवहार ही सब कुछ है व सभी संस्थागत गतिविधियां विभिन्न मनुष्यों द्वारा अदा की गई विविध राजनीतिक भूमिकाओं का समुच्चय हैं, तर्कसंगत नहीं लगता। इसके अलावा भी, केवल माप योग्य तथ्यों के आधार पर ही विश्लेषण पर जोर, उन सभी मूल्यात्मक या परिमाणन से परे तथ्यों को, जो अत्यधिक महत्त्वपूर्ण हो सकते हैं, अध्ययन व तुलना से अलग रखना है। इस प्रवृत्ति को आलोचक घातक मानते हैं और व्यवहारवाद में निहित कमियों का अपने पक्ष को पुष्ट करने में प्रयोग करते हैं।

आधुनिक तुलनात्मक राजनीति में व्याप्त असंतोष, उकताहट व संक्रान्ति अवस्था से स्पष्ट है कि व्यवहारवाद एक सीमा के बाद हानिकारक लगता है। मानव-व्यवहार का सुनिश्चित परिमाणन अपने आप में कठिन ही नहीं, एक सीमा के बाद निरर्थक भी है। व्यवहारवाद में पद्धतियों पर अत्यधिक जोर दिया जाता है जो अधिकतर वैज्ञानिकता की तलाश का प्रयास कहा जाता है। परन्तु तुलनात्मक राजनीति को अति विकसित यान्त्रिकी प्रविधियों का सतर्कता से ही प्रयोग करना होगा अन्यथा इन प्रविधियों में ही खो जाने की आशंका रहेगी और सिद्धान्त प्रतिपादन के लक्ष्य से विमुख होना पड़ेगा।

(घ) **विकासशील राजनीति पर अनावश्यक बल** (Excessive emphasis upon developing politics)—विगत महायुद्ध के बाद तुलनात्मक राजनीतिक अध्ययनों में क्रान्तिकारी परिवर्तन आए हैं। इन परिवर्तनों का प्रमुख आधार नवोदित राजनीतिक व्यवस्थाओं की विविधता कही गई है। एशिया और अफ्रीका में राजनीतिक संरचनाओं की विविधता, राजनीतिक व्यवस्थाओं की अस्थिरता और राजनीतिक व्यवहारों में तेजी से हेर-फेर से उत्पन्न चुनौतियों के कारण तुलनात्मक राजनीति का झुकाव इनकी तरफ होता गया है। पिछली एक दशाब्दी में यह झुकाव इतना बढ़ गया है कि तुलनात्मक राजनीति विकासशील राजनीतिक व्यवस्थाओं के ही तुलनात्मक अध्ययन में उलझती गई लगती है। आज अधिकांश अध्ययन इसी संदर्भ में हो रहे हैं। नये प्रत्ययों व अध्ययन-दृष्टिकोणों का इन्हें ही समझने के लिए प्रयोग हुआ है। आलोचक इस विकास को स्वस्थ व अधिक उपयोगी नहीं मानते हैं।

विकासशील राजनीतिक व्यवस्थाओं में अस्थिरताएं इतनी अधिक हैं कि इनके प्रति अनावश्यक जागरूकता ठीक नहीं है। इसका यह अर्थ नहीं कि इनके प्रति उदासीन रहा जाए। इनका अध्ययन आवश्यक है परन्तु इनकी सभी विशेषताओं व जटिलताओं को समझने का प्रयास एक सीमा के बाद निरर्थक है। क्योंकि, नवोदित राज्यों में राजनीतिक उथल-पुथल कई अनिश्चित प्रभावों व दबावों से होती रही है। इनमें इतनी तेजी से परिवर्तन हो रहे हैं कि यह संक्रमणकाल के अध्ययन किसी उपयोगी निष्कर्ष तक नहीं ले जा सकेंगे। यद्यपि पाश्चात्य व प्रमुखतया अमरीकी राजनीतिशास्त्री विकासशील राजनीतिक व्यवस्थाओं में स्वाभाविक से अधिक रुचि दिखा रहे हैं, पर इसका कारण इन व्यवस्थाओं के राजनीतिक व्यवहारों के द्वारा, उनके सुस्थापित सैद्धान्तिक विचार-बन्धों को प्रस्तुत चुनौतियां हैं। स्वयं विकासशील राज्य-व्यवस्थाओं के राजनीतिक अध्ययनकर्ताओं को यह ध्यान रखना चाहिए कि वे क्षणिक राजनीतिक उथल-पुथल के भ्रमजाल से अलग रहकर राजनीतिक व्यवस्थाओं में मोटी निरन्तरताओं को ही खोजें। इसके लिए विकासशील राजनीतिक व्यवस्थाओं जैसी ही विकसित व्यवस्थाओं का महत्त्व है।

उपरोक्त विवेचन से स्पष्ट है कि तुलनात्मक राजनीति का आधुनिक परिप्रेक्ष्य भी आलोचनाओं से मुक्त नहीं है। परन्तु इस परिप्रेक्ष्य में हो रहे तुलनात्मक अध्ययनों का विशेष महत्त्व है, तथा इनको आधुनिक तुलनात्मक राजनीति को स्वतन्त्र अनुशासन बनाने में निर्णायक माना जाता है।

आधुनिक तुलनात्मक राजनीति का महत्त्व (Importance of Modern Comparative Politics)

राजनीतिक व्यवहारों का तुलनात्मक विश्लेषण छात्र के लिए चुनौती-भरा और साथ ही निराशा पैदा करने वाला है। शायद कभी ही हम राजनीतिक व्यवस्थाओं के बीच पाई जाने वाली भिन्नताओं का संतोषजनक सामान्यीकरण दे सकेंगे। व्यवहार में हम यह असम्भव पाएंगे कि किसी परिकल्पना अथवा किसी सामान्यीकरण को इस रूप में

प्रमाणित कर सकें जो सभी राजनीतिक व्यवस्थाओं के लिए वैध अथवा मान्य हो। इसके लिए शायद हर राजनीतिक व्यवस्था के अनुकूल तत्वों की शृंखला को लम्बा करना सहायक हो। वैसे कुछ पर्यवेक्षकों का विचार है कि सार्वभौमिक रूप से वैध अथवा मान्य नियम या सिद्धान्त कोरी कल्पना है। निराशा में वे यह निष्कर्ष निकालते हैं कि अनिश्चितता और राजनीतिक व्यवहार का अनोखापन, सामान्यीकरण की स्वीकृति नहीं देता है। आधुनिक तुलनात्मक राजनीति में, इस प्रकार की निराशाओं को समाप्त करने का प्रयत्न, इसके महत्त्व को दर्शाता है। आधुनिक राजनीति के विचारक यह मानते हैं कि जब तक हम सामान्य धारणाओं और परिकल्पनाओं से शुरू नहीं करेंगे तब तक हम अनोखेपन का भी पता नहीं लगा पाएंगे। यह स्वाभाविक है कि जब तक हमें यही मालूम नहीं है कि सामान्य क्या है तब तक हम कैसे कह सकते हैं कि अद्वितीय अथवा अनूठी घटना क्या है? आधुनिक तुलनात्मक राजनीति ने सामान्य व अनूठे सभी राजनीतिक व्यवहारों को समझने का प्रयास किया है। इससे स्पष्ट है कि आधुनिक तुलनात्मक अध्ययन, राजनीतिक व्यवहारों के बारे में सुनिश्चित स्पष्टीकरण व व्याख्या करने का प्रयत्न करता है।

तुलनात्मक राजनीति का आधुनिक परिप्रेक्ष्य इसलिए भी महत्त्वपूर्ण है कि इसने तुलनात्मक राजनीति की अनुभववादी अभिसीमा का विस्तार किया तथा अध्ययन के ढंग को परिष्कृत कर उसे अधिक व्यवस्थित व परिशुद्ध किया है। अध्ययन में नये प्रत्ययों का प्रचलन कर नये दृष्टिकोण प्रतिपादित किए हैं। कुल मिलाकर आधुनिक तुलनात्मक अध्ययनों ने राजनीतिक व्यवस्थाओं के अध्ययन में रुचि बढ़ाई और राजनीतिक अध्ययन के क्षितिज का सीमा में विस्तार किया है।

आधुनिक तुलनात्मक राजनीति के विभिन्न उपागम (Various Approaches in Modern Comparative Politics)

राजनीतिक व्यवस्थाओं की विविधताओं और राजनीतिक व्यवहारों की बढ़ती हुई जटिलताओं और अनोखेपन के कारण तथा एशिया और अफ्रीका में नवीन राज्यों के उदय के कारण तुलनात्मक राजनीति में औपचारिक व वैधानिक दृष्टिकोण का प्रयोग अधिक उपयोगी नहीं रहा और नये दृष्टिकोणों की खोज होने लगी। इनमें से मुख्य-मुख्य इस प्रकार हैं—

(1) मार्क्सवादी-लेनिनवादी उपागम या दृष्टिकोण,
(2) संरचनात्मक-प्रकार्यात्मक उपागम,
(3) व्यवस्थात्मक उपागम,
(4) आधुनिकीकरण का उपागम,
(5) राजनीतिक विकास का उपागम,
(6) राजनीतिक संस्कृति का दृष्टिकोण।

इन दृष्टिकोणों का अगले अध्यायों में विस्तार से वर्णन किया गया है। इस कारण यहां इनका विवेचन नहीं दिया जा रहा है।

अध्याय 5

तुलनात्मक पद्धति—अर्थ, प्रकृति, विषय-क्षेत्र एवं उपयोगिता

(Comparative Method--Meaning, Nature, Scope and Utility)

किसी देश की राजनीतिक व्यवस्था की वास्तविक प्रकृति को समझने के लिए यह जानना ही पर्याप्त नहीं है कि उसमें विभिन्न राजनीतिक संस्थाएं किस प्रकार कार्य करती हैं। इसके लिए यह जानना भी आवश्यक है कि राजनीतिक व्यवस्था में संस्थाएं इस प्रकार ही कार्य क्यों करती हैं। इसके लिए उन तथ्यों और कारकों को भी जानना होता है जिनसे राजनीतिक संस्थाएं विशेष प्रकार के कार्य सम्पादित करती हैं या नहीं करती हैं। यह सब केवल व्यवस्था विशेष का अलग-थलग परन्तु व्यापक और गहराई से अध्ययन करने से ही सम्भव नहीं हो सकता है। ऐसे अध्ययन से यह समझना भी सम्भव नहीं होता कि किसी राजनीतिक व्यवस्था में कोई संस्था-विशेष, सुचारु रूप से वह भूमिका निभा रही है या नहीं जिसके लिए उसको स्थापित किया गया है। इसके लिए तो उस संस्था विशेष की भूमिका की अन्य राज्यों की ऐसी ही संस्थाओं की भूमिका से तुलना करना आवश्यक हो जाता है।

इसके अलावा भी कौन-सी राजनीतिक व्यवस्था श्रेष्ठतर है, या ऐसी नहीं होने पर किस प्रकार श्रेष्ठतर बनाई जा सकती है, इसके लिए भी उस राजनीतिक व्यवस्था की अन्य राजनीतिक व्यवस्थाओं से तुलना करनी होती है। विभिन्न राजनीतिक व्यवस्थाओं की परस्पर तुलना से ही यह समझना सम्भव हो पाता है कि क्यों कोई राजनीतिक व्यवस्था सुचारु रूप से कार्य कर रही है तथा दूसरी ऐसी ही व्यवस्था ठीक ढंग से काम नहीं कर रही है। राजनीतिशास्त्री यह भी जानना चाहता है कि क्यों अमुक देश में एक प्रकार की राजनीतिक घटना घटती है और उसी प्रकार की व्यवस्था वाले अन्य देश में नहीं घटती है ? वह घटनाक्रमों का स्पष्टीकरण मात्र देने से ही संतुष्ट नहीं होता है। उसका प्रयत्न घटनाओं के स्पष्टीकरण से अधिक इनकी सम्भावनाओं का संकेत व चेतावनी देने से रहा है। इस सबके लिए देश की राजनीतिक संस्थाओं, प्रक्रियाओं तथा राजनीतिक व्यवहार का अध्ययन काफी नहीं होता है। यह तो तभी सम्भव हो सकता है जब एक देश की राजनीतिक व्यवस्था की अन्य देशों की व्यस्थाओं से तुलना की जाए। वास्तव में किसी भी राजनीतिक व्यवस्था को भली प्रकार तभी समझा जा सकता है जब दूसरी राजनीतिक व्यवस्थाओं का अध्ययन करके उससे उनकी तुलना की जाए। अतः केवल तुलनात्मक अध्ययन और विश्लेषण के द्वारा ही राजनीतिक व्यवस्थाओं के

बारे में ऐसे सामान्य निष्कर्ष निकाले जा सकते हैं जो अधिकांश व्यवस्थाओं के बारे में स्पष्टीकरण देने की क्षमता से युक्त होते हैं।

राजनीतिक व्यवस्थाओं की आपस में तुलना से ही यह जानना सम्भव है कि क्यों कोई राजनीतिक व्यवस्था विशेष प्रकार की प्रकृति से युक्त है ? इसी से ही यह समझाया जा सकता है कि क्यों एक व्यवस्था स्थिरता के लक्षण रखती है और दूसरी में आए दिन उथल-पुथल होती रहती है ? यही सब समझने और समझाने के लिए, जब से राजनीतिक व्यवहार व राजनीति का अध्ययन आरम्भ हुआ तभी से तुलनात्मक अध्ययन किए जाते रहे हैं। जीन ब्लोण्डेल ने इस सम्बन्ध में ठीक ही कहा है कि "तुलनात्मक सरकारों का अध्ययन प्राचीनतम, अत्यन्त कठिन और अत्यधिक महत्त्वपूर्ण है और प्रारम्भ से ही मानव के ध्यान का आकर्षक रहा है।"[1] यही कारण है कि अरस्तू ने भी, तत्कालीन यूनानी राजनीतिक व्यवस्थाओं में विद्यमान निरंकुशतन्त्रों, श्रेणीतन्त्रों तथा लोकतन्त्रों की विशिष्ट विशेषताओं, विविधताओं तथा भिन्नताओं को समझने के लिए 158 संविधानों की परस्पर तुलना की थी। इस सबसे स्पष्ट है कि राजनीतिक अध्ययनों में तुलना का अत्यधिक महत्त्व है। एक राजनीतिक व्यवस्था की अन्य राजनीतिक व्यवस्थाओं से तुलना करने की विधि ही सामान्य अर्थों में तुलनात्मक पद्धति कही जाती है।

तुलनात्मक पद्धति का अर्थ
(THE MEANING OF COMPARATIVE METHOD)

तुलनात्मक पद्धति का प्रयोग राजनीतिशास्त्र के अध्ययन में राजनीतिशास्त्र के जनक अरस्तू के समय से होता आया है। सिसेरो, पोलीबियस टेसीटस, मैकियावली, मोन्टेस्क्यू, टाक्कविल, बेजहाट, सर हेनरी मेन तथा ब्राइस इत्यादि अनेकों राजनीतिक दार्शनिकों व राजनीतिशास्त्रियों ने अपने अध्ययनों में इस पद्धति का उपयोग किया है। इस पद्धति के प्रयोग से अध्ययनकर्ता, विभिन्न राज्यों, उनके संगठनों, उनकी नीतियों एवं कार्यकलापों का तुलनात्मक अध्ययन करता है और इस प्रकार की तुलनाओं के आधार पर राजनीतिक निष्कर्ष निकालने का प्रयत्न करता है। परन्तु, दूसरे विश्वयुद्ध से पहले के राजनीतिशास्त्रियों द्वारा, तुलनात्मक पद्धति का प्रयोग अतीत व प्रचलित राजनीतिक व्यवस्थाओं की परस्पर तुलना करके 'आदर्श प्रकार' या राजनीतिक इतिहास की प्रगतिशील शक्तियों की खोज करने तक ही सीमित रहा था। उन्होंने इस पद्धति का प्रयोग ऐसी सामान्य धारा (general current) की खोज करने में किया जो सभी संविधानों में प्रवाहित होती हो और जिस पर अनुभव के अनुमोदन की छाप लग गई हो। इस प्रकार 1945 तक इस पद्धति का प्रयोग, राजनीतिक व्यवस्थाओं की औपचारिक, कानूनी व संवैधानिक तुलनाओं तक ही सीमित रहा। यद्यपि युद्ध के बाद के तुलनात्मक विश्लेषणों में भी तुलनात्मक पद्धति का मूलतः वही तार्किक (logical) क्रम

[1]Jean Blondel, *Comparative Government: A Reader,* (Eds.), Macmillan, London, 1969, p. 11.

प्रयोग में आता है, फिर भी, एशिया व अफ्रीका के नवोदित राज्यों के कारण, राजनीतिक व्यवस्थाओं की अनेकता, विचित्रता ने तथा तुलना के प्रत्ययों और विश्लेषण उपकरणों के परिस्करण (sophistication) ने तुलनात्मक पद्धति को परिमार्जित कर दिया है।

अब तुलनात्मक पद्धति, किसी राजनीतिक व्यवस्था को किसी अन्य राजनीतिक व्यवस्था से यान्त्रिकी तुलना (mechanical comparison) मात्र नहीं मानी जाती है। अब इसका प्रयोग सर्जनात्मक प्रक्रिया (creative process) के रूप में इस प्रकार से होता है जिससे तुलनाएं अधिक अर्थपूर्ण बनाई जा सकें। सामाजिक विज्ञानों में यान्त्रिकी तुलनाएं किसी अर्थपूर्ण निष्कर्ष तक नहीं पहुंचा सकती हैं। जैसे भारत के प्रधान मन्त्री की, भारत के किसी गांव की पंचायत के सरपंच से तुलना की जाए तो यह तुलना केवल यान्त्रिकी ही हो सकती है और ऐसी तुलना से न तो प्रधान मन्त्री के बारे में और न ही सरपंच के बारे में कोई अर्थपूर्ण निष्कर्ष निकाला जा सकता है। अब तुलनात्मक पद्धति का प्रयोग विशेष अर्थों में होने लगा है। यह एक सृजनात्मक प्रक्रिया के रूप में देखी जाने लगी है। पर इस नये अर्थ में इसका प्रयोग बहुत कठिन बन गया है, क्योंकि सामाजिक विज्ञानों में तुल्य घटनाओं की अपनी इच्छा व 'मानस' होता है। यही कारण है कि सामाजिक विज्ञानों में इस पद्धति का उपयोग अधिक प्रेरक, चुनौती वाला पर साथ ही फलदायक बन गया है।

तुलनात्मक राजनीति में तो तुलनात्मक पद्धति आधारभूत है। तुलनात्मक राजनीति का सम्बन्ध राजनीतिक संस्थाओं की कार्यविधि व राजनीतिक व्यवहार की महत्त्वपूर्ण निरन्तरताओं, समानताओं और असमानताओं से होने के कारण, इस पद्धति के द्वारा ही यह निरन्तरताएं, समानताएं और असमानताएं समझी व खोजी जा सकती हैं। यही कारण है कि कई बार तुलनात्मक राजनीति और तुलनात्मक पद्धति को समान-अर्थी (synonyms) या एक-दूसरे का प्रयास मान लिया जाता है। यह वास्तव में एक-दूसरे का प्रयास नहीं है। तुलनात्मक पद्धति की परिभाषा करके यह स्पष्ट किया जा सकता है।

अरेण्ड लिज़फार्ट ने इस पद्धति की परिभाषा करते हुए लिखा है कि "तुलनात्मक पद्धति, अन्य सभी परिवर्त्यों को स्थिर रखते हुए, दो या अधिक परिवर्त्यों के बीच सामान्य आनुभविक सम्बन्ध की स्थापना करने की विधि है।" अर्थात तुलनात्मक पद्धति सामान्य आनुभविक प्रस्थापनाएं स्थापित करने की आधारभूत पद्धतियों में से एक है। आर्थर एल० कालबर्ग ने इस पद्धति की संक्षिप्त परिभाषा की है। वह तुलनात्मक पद्धति को मापन का एक रूप (form of measurement) मात्र मानता है। लासवेल और आमण्ड ने तुलनात्मक पद्धति को वैज्ञानिक पद्धति कहकर परिभाषित किया है। लासवेल के अनुसार, "तुलनात्मक पद्धति, वैज्ञानिक पद्धति से भिन्न हो ही नहीं सकती है।" उसकी मान्यता है कि राजनीतिक घटनाओं पर वैज्ञानिक दृष्टिकोण रखने वाले किसी भी व्यक्ति के लिए एक स्वतन्त्र व पृथक तुलनात्मक पद्धति अनावश्यक है। अतः इनके अनुसार तुलनात्मक पद्धति, वैज्ञानिक पद्धति की तरह ही सामान्य नियमों की खोज के लक्ष्य की प्राप्ति की विधि है।

कालबर्ग, लासवेल व आमण्ड द्वारा किया गया तुलनात्मक पद्धति का अर्थ, इस पद्धति की प्रकृति का सही चित्रण नहीं करता है। यह मापन का एक रूप मात्र नहीं कहा जा सकता है। मापन से ही तुलनाएं नहीं हो जाती हैं। यद्यपि यह सही है कि मापन में तुलना अन्तर्निहित है, पर मापन एक घटना के बारे में सामान्य निष्कर्ष से आगे नहीं ले जा सकता है। उदाहरण के लिए, यह मापन या निष्कर्ष कि किसी देश में संसदीय लोकतन्त्र सफल है, अवश्य ही किसी अन्य संसदीय लोकतन्त्र से जो सफल नहीं है, स्वतः ही तुल्य हो जाता है। पर इससे संसदीय लोकतन्त्र के बारे में सामान्यीकरण नहीं निकाले जा सकते हैं। इससे यह तो बताया जा सकता है कि संसदीय लोकतन्त्र ऐसा है पर इसके बारे में यह स्पष्ट नहीं किया जा सकता कि ऐसा क्यों है ? इसलिए कालबर्ग की परिभाषा, कि तुलनात्मक पद्धति मापन का एक रूप है, सही नहीं माना जा सकती है।

लासवेल व आमण्ड द्वारा इसे वैज्ञानिक पद्धति ही मान लेना भी ठीक नहीं है। वैज्ञानिक पद्धति तो एक मनोवृत्ति है। यह व्यवस्थित पर्यवेक्षण, वर्गीकरण और आंकड़ों की व्यवस्था है जिसमें तुलना भी होती हो यह आवश्यक नहीं है। जैसे, किसी देश की व्यवस्थापिका का वैज्ञानिक पद्धति से अध्ययन किया जा सकता है पर केवल एक ही व्यवस्थापिका का तुलनात्मक पद्धति से अध्ययन सम्भव नहीं है। इस पद्धति के द्वारा अध्ययन तभी होगा जब किसी अन्य देश की व्यवस्थापिका से इसकी तुलना की जाए। अतः तुलनात्मक पद्धति व वैज्ञानिक पद्धति को एक ही नहीं माना जा सकता है। इन दोनों पद्धतियों के अन्तर का इसी अध्याय के अन्त में और विस्तार से विवेचन किया जाएगा इसलिए यहां इतना ही लिखना काफी है कि यह दोनों पद्धतियां एक-सी नहीं हैं।

निष्कर्ष में यही कहा जा सकता है कि तुलनात्मक पद्धति किसी राजनीतिक व्यवस्था, संस्था, प्रक्रिया व राजनीतिक व्यवहार से सम्बन्धित दो या अधिक परिवर्त्यों में परस्पर आनुभविक सम्बन्ध स्थापित करने की ऐसी विधि है जिसमें तुलना की सभी इकाइयों से सम्बन्धित अन्य सभी परिवर्त्यों को स्थिर रखा जाता है। जैसे, किसी निर्वाचन क्षेत्र में जाति व मतदान आचरण (voting behaviour) का सम्बन्ध मालूम करने के लिए अन्य निर्वाचन क्षेत्रों में मतदान आचरण से इसकी तुलना की जाएगी। यहां जाति के अलावा सभी निर्वाचन क्षेत्रों में बाकी सब बातें समान मानकर चला जाएगा अर्थात जाति व मत-व्यवहार के अलावा सभी परिवर्त्य स्थिर माने जाएंगे। उदाहरण के लिए सभी निर्वाचन क्षेत्र ग्रामीण होंगे, सभी में एक सी शिक्षा होगी, सभी में मतदाताओं की आर्थिक सम्पन्नता भी समान होगी। इसी प्रकार शिक्षा, धर्म, भाषा इत्यादि परिवर्त्यों का मत व्यवहार से सम्बन्ध स्थापित किया जा सकता है और परस्पर अनेक निर्वाचित क्षेत्रों में इन सम्बन्धों की तुलना करके मत व्यवहार के सम्बन्ध में सामान्यीकरणों तक पहुंचा जा सकता है। उपरोक्त निवेचन से स्पष्ट है कि तुलनात्मक पद्धति की निम्नलिखित विशेषताएं होती हैं—

(1) यह निश्चित रूप से एक पद्धति है। (2) यह वैज्ञानिक पद्धतियों में एक है, स्वयं वैज्ञानिक पद्धति नहीं है। (3) यह परिवर्त्यों के बीच आनुभविक सम्बन्ध-सूत्रता की खोज करने की विधि है। (4) यह तुलनात्मक विश्लेषण की विधि है, प्रविधि,

प्रक्रिया या तुलना का दृष्टिकोण नहीं है।

तुलनात्मक पद्धति के अर्थ व परिभाषा से यह स्पष्ट है कि तुलनात्मक राजनीति में इस पद्धति का विशेष महत्त्व ही नहीं है बल्कि विशेष अर्थ भी है। इस पद्धति की प्रकृति के विवेचन से यह और स्पष्ट हो जाएगा।

तुलनात्मक पद्धति की प्रकृति
(THE NATURE OF COMPARATIVE METHOD)

तुलनात्मक पद्धति की प्रकृति का स्पष्टीकरण इसके प्रयोग की पूर्व शर्तों के विवेचन द्वारा किया जा सकता है। यह इस अध्याय के प्रारम्भ में ही देखा जा चुका है कि तुलनात्मक पद्धति किसी भी एक वस्तु की किसी अन्य वस्तु से तुलना करना नहीं है। यह सर्जनात्मक प्रक्रिया है। इसका तुलनाओं में प्रयोग तभी किया जा सकता है जबकि तुलना की इकाइयों में कुछ लक्षण अनिवार्यतः विद्यमान हों अर्थात तुलनात्मक पद्धति द्वारा तुलना करने की कुछ पूर्व शर्तें हैं। संक्षेप में यह पूर्व शर्तें इस प्रकार हैं—

तुलनात्मक पद्धति के प्रयोग की पूर्व शर्तें (Pre-requisites of Comparative Method)

तुलनात्मक पद्धति के प्रयोग की कुछ विशिष्ट पूर्व शर्तें हैं। इनके पूरा हुए बिना तुलनात्मक पद्धति के प्रयोग से की गई तुलनाएं सामान्यीकरण की अवस्था तक नहीं ले जा सकती हैं। वास्तव में, यह वे विशिष्ट शर्तें हैं जिनसे तुलनात्मक अध्ययनों को अर्थ-पूर्ण बनाने में सहायता मिलती है। इन शर्तों की पूर्ति के अभाव में भी तुलनात्मक विश्लेषण तो किया जा सकता है पर तुलना की इकाइयों के बारे में उपयोगी निष्कर्ष निकालना सम्भव नहीं होता है। जैसे किसी देश की सर्वोच्च न्यायालय की एक गांव की न्याय-पंचायत से तुलना करने पर भी तुलना की उन दोनों इकाइयों के बारे में भी हमारी जानकारी अवश्य बढ़ेगी, पर इससे दोनों इकाइयों में से किसी के बारे में भी कोई सामान्य नियम नहीं बनाया जा सकेगा। यहां इन इकाइयों में प्रत्ययी अन्तर होने के कारण तुलना ही निरर्थक होगी। अतः तुलनात्मक पद्धति का किसी भी इकाई की किसी भी अन्य इकाई से तुलना करने में उपयोग सार्थक नहीं होता है। इसकी सार्थकता के लिए कुछ पूर्व शर्तों का पूरा होना आवश्यक है। यह विशिष्ट पूर्व शर्तें निम्नलिखित हैं—

(क) तुलना की इकाई के चयन के कारक के रूप में प्रत्ययी ढांचा या विचारबन्ध (Conceptual framework as a factor in unit selection)—तुलनात्मक पद्धति के प्रयोग में तुलना की इकाइयों का प्रत्ययी ढांचा एक-सा होना आवश्यक है। एक-से प्रत्ययी ढांचे से यहां यह तात्पर्य है कि सभी इकाइयां एक ही प्रत्यय से सम्बन्धित हों। उदाहरण के लिए, भारत की संसद की तुलना, ब्रिटेन की संसद से करने पर, तुलना की दोनों इकाइयां— भारत व ब्रिटेन की संसदें, समान प्रत्ययी ढांचे वाली इकाइयां कही जाएंगी। यहां यह ध्यान रखना है कि तुलना की इकाइयों का एक-सा प्रत्ययी ढांचा

दोनों की एकरूपता या समानता का संकेतक नहीं है। इस उदाहरण में दोनों की संसदों में विभिन्नता और विचित्रता होने पर भी प्रत्यय की दृष्टि से दोनों का विचारबन्ध एक समान है। अर्थात दोनों ही राष्ट्रीय संसद हैं, पर अगर राजस्थान की विधान सभा की अमरीका की कांग्रेस (व्यवस्थापिका) से तुलना की जाए तो दोनों इकाइयों का प्रत्ययी ढांचा अलग-अलग हो जाएगा और तुलना तो की जा सकेगी, पर यह सर्जनात्मक नहीं हो सकेगी। यहां राजस्थान की विधान सभा व अमरीका की कांग्रेस प्रत्ययी ढांचे की समानता नहीं रखती हैं। इसलिए इन दोनों की तुलना तो हो सकेगी तथा कुछ निष्कर्ष भी निकालना सम्भव होगा पर उससे आगे इस तुलना के आधार पर, इन दोनों इकाइयों में से किसी के बारे में भी सामान्य सिद्धान्त नहीं बनाए जा सकेंगे और न ही दोनों के बारे में कोई स्पष्टीकरण देना सम्भव होगा। अतः तुलनात्मक पद्धति के प्रयोग के लिए तुलना की इकाई के चुनाव में एक-सा प्रत्ययी ढांचा होना आवश्यक ही नहीं अनिवार्य भी होता है।

(ख) अन्वेषण के केन्द्र के रूप में तुल्य प्रत्ययी विषय (Comparable conceptual issue as focus of enquiry)— तुलनात्मक पद्धति के प्रयोग की एक पूर्व शर्त यह भी है कि अन्वेषण के केन्द्र के रूप में तुलना योग्य व समान प्रत्ययी विषय ही तुलनात्मक अध्ययनों के लिए चुने जाएं अन्यथा अध्ययन के सम्बन्ध में परिकल्पना करना ही कठिन हो जाएगा। समान प्रत्ययी विषय से तुलना की विषय-वस्तु की एकरूपता का अर्थ नहीं है बल्कि विषय वस्तुओं में मोटी समानता से है। इससे शोध कार्य में दिशाई एकता (directional unity) रहेगी और अर्थपूर्ण तुलनात्मक विश्लेषण सम्भव हो सकेगा।

(ग) तुलना की प्रत्ययी इकाइयों की परिभाषितता (Definationally conceptual units of comparison)—तुलनात्मक पद्धति के प्रयोग में केवल ऐसी ही प्रत्ययी इकाइयों का चयन करना चाहिए जिनकी परिभाषा की जा सके। इकाइयों के चुनाव में यह ध्यान रखना जरूरी है कि उनसे सम्बन्धित प्रत्यय समय, स्थान और संस्कृति के बन्धनों से मुक्त हों तथा सभी अवस्थाओं व परिस्थितियों में लागू होने वाले हों। इससे केवल यही तात्पर्य है कि प्रत्ययी इकाइयां ऐसी हों जिनकी मान्य परिभाषा सम्भव हो। जैसे 'राजनीतिक व्यवस्था', 'राजनीतिक विकास' या 'राजनीतिक समाजीकरण' की परिभाषा करना सम्भव है। तुलना की इकाइयों से सम्बन्धित प्रत्यय ऐसे नहीं होने चाहिए कि या तो उनकी परिभाषा ही नहीं की जा सके और अगर उनको परिभाषित करना सम्भव हो तो भी हर शोधकर्ता की परिभाषा, हर दूसरे शोधकर्ता की परिभाषा से भिन्न हो। 'समाजवाद' व 'लोकतन्त्र' आज ऐसे ही प्रत्यय बन गए लगते हैं। अतः तुलना में ऐसे ही प्रत्ययों का प्रयोग किया जाए जिनकी परिभाषा की जा सके तथा जो विचारधारा, स्थान और मूल्यों के बन्धनों से मुक्त हों। ऐसा होने पर ही तुलनात्मक विश्लेषण अर्थपूर्ण निष्कर्षों तक ले जा सकेगा।

(घ) शोध के केन्द्र की सुनिश्चितता (Definiteness of the focus of enquiry)— तुलनात्मक विश्लेषणों में तुलनात्मक पद्धति के प्रयोग उपयोगी बनाने के लिए अध्ययन

का सुनिश्चित ध्येय या मन्तव्य होना चाहिए। इससे निरर्थक तथ्यों की तुलना से बचना सम्भव होता है। अगर शोध के केन्द्र की सुनिश्चितता नहीं होगी तो अनावश्यक आंकड़ों के संकलन का खतरा रहेगा। सुनिश्चित उद्देश्य से अध्ययन की इकाइयों के बारे में परिकल्पना करना भी सरल हो जाता है।

(च) प्रत्ययी इकाई के कम से कम दो उदाहरणों की अनिवार्यता (Necessity of atleast two cases of conceptual units)—तुलना करने का तात्पर्य ही यह है कि कम से कम दो उदाहरण तो उपलब्ध हों। अगर दो या दो से अधिक उदाहरण नहीं होंगे तो तुलना सम्भव ही नहीं होगी। जहां केवल एक ही घटना या उदाहरण है वहां तुलनात्मक पद्धति का प्रयोग नहीं किया जा सकता है।

उपरोक्त पूर्व शर्तें इस पद्धति के उपयोग में आधार-महत्त्व रखती हैं। तुलनाओं को सृजनात्मक बनाने के लिए इन शर्तों की आवश्यकता स्वतः स्पष्ट है। इनमें से एक का भी अभाव अन्य शर्तों की पूर्ति को असम्भव बना देता है। अतः यह कहा जा सकता है कि तुलनाओं को अर्थपूर्ण बनाने के लिए तुलनात्मक पद्धति की यह शर्तें पूरी होनी ही चाहिए अन्यथा तुलनाएं केवल यान्त्रिकी बन कर रह जाएंगी।

तुलनात्मक पद्धति के प्रयोग की पूर्व शर्तों के विवेचन से इस पद्धति की प्रकृति का स्पष्टीकरण हो जाता है। इससे यह भी समझ में आ जाता है कि किसी भी प्रकार की इकाइयों की परस्पर तुलना करना तुलनात्मक पद्धति का अनुसरण नहीं कहा जा सकता है। इन शर्तों के विवेचन के बाद उन चरणों का उल्लेख करना आवश्यक है जो इस पद्धति के प्रयोग में प्रयुक्त होते हैं। यह संक्षेप में निम्नलिखित हैं—

तुलनात्मक पद्धति का परिचालनात्मक विचार (Operational View of Comparative Method)

तुलनात्मक पद्धति की पूर्व शर्तों के विवेचन से यह संकेत मिलता है कि इस पद्धति का प्रयोग विशिष्ट प्रकार से ही हो सकता है। इसके प्रयोग के कुछ निश्चित चरण हैं जिनका अनुगमन करते हुए ही तुलनाएं सृजनात्मक बन पाती हैं। सामान्यतया इस पद्धति के प्रयोग के निम्नलिखित चरणों का पालन होने पर ही यह पद्धति क्रियात्मक रूप ले सकती है।

(क) प्रत्ययी ढांचे के आधार पर तुलना की इकाइयों का चयन (Selection of units of comparison on the basis of conceptual framework)—यह पहले ही देखा जा चुका है कि तुलना की इकाइयों का चुनाव करते समय प्रत्ययी ढांचे का आधार क्यों लिया जाना चाहिए। यहां इतना ही याद रखना पर्याप्त रहेगा कि अगर तुलना की इकाइयों का आधार, एक ही प्रकार का प्रत्यय नहीं रहा तो तुलनाएं सामान्य निष्कर्ष निकालने में सहायक नहीं हो सकेंगी। उदाहरण के लिए किसी देश की कार्यपालिका की अन्य देश की न्यायपालिका से तुलना करना दो भिन्न-भिन्न प्रकार के प्रत्ययों के कारण, सम्भव होते हुए भी उपयोगी नहीं होगा। यहां यह भी ध्यान देने योग्य बात है कि वैसे तो इस पद्धति के लिए दो ही उदाहरण होने पर भी तुलना की सकती है पर निष्कर्षों को

सामान्यीकरण का रूप देने के लिए जितने अधिक उदाहरण होंगे उतनी ही परिशुद्धता बढ़ती जाएगी। उदाहरण के लिए, अगर संसदीय शासन व्यवस्था और दलीय व्यवस्था की प्रकृति का परस्पर सम्बन्ध जानना हो तो संसदीय शासन व्यवस्थाओं के अनेक उदाहरण होने पर शुद्धता-युक्त निष्कर्ष निकालने में सहूलियत रहेगी। उदाहरणों की अधिकता तुलना को व्यापकतम बनाने का अवसर प्रदान करती है। इसलिए प्रत्ययी इकाइयों का अध्ययन उतना ही श्रेष्ठतर होगा जितनी कि उदाहरणों की संख्या, जिन्हें तुलना में सम्मिलित किया गया है, होगी।

(ख) **तुलना की इकाइयों का वर्गीकरण** (Classification of the units of comparison)—तुलना के लिए चुनी गई प्रत्ययी इकाइयों का वर्गीकरण करके ही तुलनात्मकता की अवस्था में पहुंचा जा सकता है। वर्गीकरण से तुलना का क्षेत्र व इकाइयों के वर्ग का सीमांकन हो जाता है। इससे तुलना का क्षेत्र सुनिश्चित व सुस्पष्ट हो जाता है। उदाहरण के लिए, अगर 50 राजनीतिक व्यवस्थाएं तुलनात्मक अध्ययन में सम्मिलित की गई हों तो इनका सम्भावित परिकल्पना को ध्यान में रखते हुए वर्गीकरण करना उपयोगी रहता है। अगर परिकल्पना लोकतन्त्र के किसी पहलू से सम्बन्धित है और केवल लोकतान्त्रिक व्यवस्थाओं की तुलना ही करनी हो तब इन 50 राजनीतिक व्यवस्थाओं का दो वर्गों में विभक्त होना आवश्यक है। एक वर्ग लोकतान्त्रिक व्यवस्थाओं का तथा दूसरा निरंकुश व्यवस्थाओं का करना होगा। वर्गीकरण से परिकल्पना करना सरल हो जाता है तथा व्यर्थ के आंकड़ों के संकलन से बचा जा सकता है।

(ग) **तुलना की सभी इकाइयों के सम्बन्ध में परिकल्पनात्मक प्रस्थापनाओं की स्थापना** (Formulation of hypothetical propositions about all the units under comparison)—परिकल्पनात्मक प्रस्थापनाओं की स्थापना को लेकर विवाद है कि यह इकाई के चयन के पहले होनी चाहिए या उसके बाद में। कुछ लोगों का विचार है कि इनकी स्थापना पहले होती है तथा इनको ध्यान में रखकर ही अध्ययन की इकाइयों का चयन किया जा सकता है। दूसरे वर्ग के लोगों का कहना है कि परिकल्पना बिना आधार के नहीं की जा सकती है इसलिए इकाई का चयन पहले होना चाहिए। सामान्यतया दूसरा विचार ही मान्य है। क्योंकि इकाइयों के चयन के बाद प्रस्थापनाओं की स्थापना में अधिक छूट मिल जाती है। चुनी गई इकाइयों को लेकर हर सम्भव परिकल्पना की जा सकती है और उनमें से एक या कुछ या सभी की तुलनात्मक-ढंग से परख की जा सकती है।

(घ) **तुलना की हर इकाई को लेकर परिकल्पनात्मक प्रस्थापना की वैधता की परख** (Testing the validity of hypothetical proposition about each instance of comparison)—परिकल्पनात्मक प्रस्थापनाओं की वैधता की परख इकाइयों से सम्बन्धित आंकड़ों के संकलन के द्वारा की जाती है। सभी आवश्यक आंकड़ों का, आंकड़े एकत्रित करने की विविध विधियों में से कुछ का या अनेक का प्रयोग करके, संकलन करके तुलना की हर इकाई के सम्बन्ध में प्रस्थापनाओं की वैधता परखी जाती है। प्रस्थापनाओं की वैधता की यह परख आंकड़ों की परस्पर तुलना करके की जाती है।

(ङ) परिणामों के अनुसार प्रस्थापना का सत्यापन त्याग अथवा परिमार्जन-संशोधन करना (Confirming, abandoning or refining the proposition according to results)—प्रस्थापनाओं का आंकड़ों द्वारा परख करके सत्यापन, त्याग या परिमार्जन किया जाता है। अगर संकलित आंकड़े प्रस्थापना की पुष्टि करते हों तो प्रस्थापना स्थापित हो जाती है। विपरीत आंकड़े होने पर इसका त्याग या परिमार्जन करके उसको आंकड़ों के अनुसार संशोधित कर लिया जाता है।

(च) अमूर्तीकरण या सिद्धान्त निर्माण (Abstraction or theory building)—जब एक अध्ययन के सामान्य निष्कर्ष प्राप्त हो जाते हैं तो उनकी तुलना अन्य अध्ययनों के निष्कर्षों से की जाती है और अगर अनेकों उदाहरणों में एक ही प्रकार के निष्कर्ष निकलते हैं तो इस आधार पर सामान्यीकरण किए जा सकते हैं। इन सामान्यीकरणों के द्वारा सिद्धान्त निर्माण में सहायता मिलती है। जब अनेक प्रकार की अवस्थाओं, व्यवस्थाओं तथा भिन्न-भिन्न संस्कृतियों में भी तुलनात्मक विश्लेषण के निष्कर्ष एक से पाए जाते हों तो सिद्धान्त बन जाते हैं जो समय, स्थान और विचारधाराओं के बन्धनों से मुक्त और हर राजनीतिक व्यवस्था में खरे उतरते हैं। अगर तुलनात्मक विश्लेषण व्यापक पैमाने पर अनेकों विविधता वाली परिस्थितियों में कार्यरत रहने वाली इकाइयों को लेकर किए गए हों तो विश्वव्यापी सिद्धान्त बनाए जा सकते हैं, अन्यथा मध्य-स्तरीय (middle-range) या निम्न-स्तरीय (low-level) सिद्धान्त बन पाते हैं।

तुलनात्मक पद्धति के प्रयोग में सामान्यतया उपरोक्त चरणों के अनुसार तुलनात्मक विश्लेषण किया जाता है। एक उदाहरण के द्वारा इसका स्पष्टीकरण इस प्रकार किया जा सकता है। मान लिया जाए कि तुलनात्मक पद्धति के प्रयोग से संसदीय प्रणाली तथा दलीय व्यवस्था के परस्पर सम्बन्ध का अध्ययन करना है। तब यह आवश्यक है कि ऐसे अध्ययन से सम्बन्धित सभी इकाइयों के द्वारा इस पद्धति की सभी पूर्व शर्तें पूरी होनी चाहिए। यहां तुलना की प्रत्ययी इकाई संसदीय प्रणाली से सम्बन्धित है जिसको परिभाषित किया जा सकता है तथा दलीय व्यवस्था से इसका सम्बन्ध शोध का केन्द्र सुनिश्चित कर देता है। इसके बाद यह पद्धति तभी प्रयुक्त हो सकती है जब संसदीय प्रणाली के अनेक उदाहरण हों। यह विभिन्न व्यवस्थाओं का, जो अनेक हो सकती हैं, संसदीय और अध्यक्षात्मक व्यवस्थाओं में वर्गीकरण करके किया जाता है। अगर इस वर्गीकरण में केवल एक ही उदाहरण ऐसा है जहां पर संसदीय प्रणाली है तब तुलनात्मक पद्धति का इस अध्ययन में प्रयोग नहीं हो सकता। मान लें कि इस अध्ययन में अनेक संसदीय प्रणालियों के उदाहरण हैं। इसके बाद परिकल्पनात्मक प्रस्थापना या प्रस्थापनाएं करनी होती हैं। जैसे इस उदाहरण में यह प्रस्थापना की जा सकती है कि संसदीय प्रणाली वहीं सफल होती है जहां द्विदलीय व्यवस्था हो। इस प्रस्थापना के बाद, हर देश की संसदीय प्रणाली की सफलता के संकेतक, (indicator) जो पहले ही निर्धारित किए हुए होते हैं, आंकड़ों के रूप में संकलित किए जाते हैं तथा इन्हें विभिन्न संसदीय प्रणालियों—एकदलीय व्यवस्था, एकदलीय प्रधान व्यवस्था (one party dominance system), द्विदलीय व्यवस्था और बहुदलीय व्यवस्था वाली संसदीय प्रणालियों के सम्बन्ध में

प्रस्थापना की वैधता को परख के लिए प्रयोग किया जाता है। जैसे इस उदाहरण में यह देखा जाएगा कि संसदीय लोकतन्त्र जहां-जहां सफल है वहां कौन-सी दलीय व्यवस्था है ? अगर तुलनात्मक आंकड़े यह संकेत दें कि हर सफल संसदीय लोकतन्त्र में द्विदलीय व्यवस्था है तब प्रस्थापना की सत्यता की पुष्टि हो जाएगी और यह सामान्यीकरण किया जा सकेगा कि संसदीय लोकतन्त्र की सफलता के लिए द्विदलीय व्यवस्था आवश्यक है। परन्तु अगर आंकड़े यह स्पष्ट करें कि हर सफल संसदीय प्रणाली में बहुदलीय व्यवस्थाएं पाई जाती हैं तो ऐसी अवस्था में प्रस्थापना का सत्यापन नहीं हो सकता और इसका संशोधन करना आवश्यक होगा। अगर सभी या अनेक उदाहरणों में आंकड़े यह स्पष्ट करें कि हर उदाहरण में संसदीय लोकतन्त्र सफल है अर्थात, सभी प्रकार की दलीय व्यवस्थाओं में संसदीय लोकतन्त्र सफलतापूर्वक कार्य कर रहा है तो ऐसी अवस्था में परिकल्पनात्मक प्रस्थापना का त्याग करना होगा और यह सामान्यीकरण बनाया जा सकेगा कि संसदीय लोकतन्त्र की सफलता या असफलता का दलीय व्यवस्था की प्रकृति से कोई संबंध नहीं है। जब अनेक उदाहरण, कई प्रकार की परिस्थितियों व अलग-अलग समय में अध्ययन के लिए लिये जाएं और हर समय सामान्यीकरण एक ही प्रकार के हों तो इनके द्वारा सिद्धान्त निर्माण हो सकता है अर्थात यह सिद्धान्त हर परिस्थिति, हर प्रकार की राजनीतिक व्यवस्था व दलों की अवस्था में हर देश की संसदीय प्रणाली पर लागू किया जा सकेगा। इस उदाहरण से यह स्पष्ट है कि तुलनात्मक पद्धति को सृजनात्मक प्रक्रिया के रूप में तभी प्रयुक्त किया जा सकता है जब कुछ निश्चित शर्तें पूरी हों और कुछ विशिष्ट चरणों का अनुसरण किया जाए।

उपरोक्त विवेचन से इस पद्धति की प्रकृति का स्पष्टीकरण हो जाता है। इससे यह भी समझ में आ जाता है कि किसी भी प्रकार की इकाइयों की चाहे किसी प्रकार से तुलना करना तुलनात्मक पद्धति का प्रयोग नहीं कहा जा सकता है। इसकी प्रकृति के इस वर्णन से इस पद्धति के विषय-क्षेत्र का संकेत भी मिलता है। अतः अब इसके विषय-क्षेत्र का विवेचन करना सरल होगा। संक्षेप में यह इस प्रकार है।

तुलनात्मक पद्धति का विषय-क्षेत्र
(SCOPE OF COMPARATIVE METHOD)

तुलनात्मक पद्धति का विषय-क्षेत्र व्यापकतम है। इसमें तुलना की इकाई की कोई सीमा निर्धारित नहीं की जा सकती है। इस पद्धति की सीमा, शोधकर्त्ता के उद्देश्यों, साधनों व सामग्री की उपलब्धियों से ही निर्धारित होती है। अगर साधन और समय हो तो गुन्नार मिर्डाल की पुस्तक **एशियन ड्रामा** को लिखने के लिए की गई प्रति-संस्कृतियों (cross-cultural) वाली तुलनाएं और अध्ययन तक किए जा सकते हैं। वैसे मोटे तौर पर इस पद्धति का दो स्तरों की तुलनाओं में प्रयोग होता है। यह दो स्तर हैं—(1) समष्टि या वृहत-स्तरीय (Macro-level), (2) व्यष्टि या लघु-स्तरीय (Micro-level)।

दोनों ही स्तरीय तुलनाओं में तुलनात्मक पद्धति का प्रयोग एक समान ही होता है।

परन्तु दोनों इस बात में भिन्न हैं कि दोनों में तुलना की प्रत्ययी इकाई क्षेत्र व व्यापकता की दृष्टि से एक ही तरह की नहीं होती है अर्थात वृहत व लघु-स्तरीय तुलनाओं में प्रत्ययी अन्तर होता है। अगर किसी देश की राजनीतिक व्यवस्था की किसी अन्य देश की राजनीतिक व्यवस्था से तुलना की जाए तो यह वृहत स्तरीय प्रत्यय 'राजनीतिक व्यवस्था' के कारण वृहत-स्तरीय तुलना होगी। इसमें शोध का केन्द्र सम्पूर्ण राजनीतिक व्यवस्था रहती है। अगर किसी देश की कार्यपालिका की वैसी ही अन्य कार्यपालिकाओं से तुलना की जाए तो प्रत्ययी ढांचा लघु-स्तरीय होने के कारण तुलना लघु-स्तरीय कही जाएगी। वैसे वृहत व लघु दोनों ही स्तर के प्रत्यय सापेक्षता रखते हैं। इसलिए ऐसी सीमा-रेखा खींचना सम्भव नहीं है जिसके आधार पर यह कहा जा सके कि अमुक तुलना वृहत या लघु-स्तरीय है। सामान्यतया सम्पूर्ण राजनीतिक व्यवस्थाओं की तुलनाओं से सम्बन्धित अध्ययन वृहत-स्तरीय तथा उनके भागों से सम्बन्धित अध्ययनों को लघु-स्तरीय नाम दिया जाता है। वैसे एक संदर्भ में एक तुलनात्मक विश्लेषण लघु-स्तरीय कहा जाएगा और दूसरे संदर्भ में यही वृहत-स्तरीय माना जाएगा। अतः स्तर के विवाद में नहीं पड़कर यहां इतना ही कहना काफी रहेगा कि तुलनात्मक पद्धति का विषय-क्षेत्र व्यापक है।

तुलनात्मक पद्धति का प्रयोग चाहे समष्टिवादी या व्यष्टिवादी अध्ययनों में से किसी के लिए हो, तुलना के चरण एक समान ही होंगे। केवल अन्तर होगा तो अध्ययन की व्यापकता या सीमितता का ही होगा। इन चरणों का उल्लेख पहले ही किया जा चुका है इसलिए यहां उनकी पुनरावृत्ति नहीं की जा रही है। परन्तु यहां यह देखना आवश्यक है कि इन दोनों स्तरों में से किस स्तर पर अध्ययन करना उपयोगी रहता है। क्या हर परिस्थिति में दोनों स्तरों में से किसी भी स्तर पर अध्ययन किया जा सकता है? सैद्धान्तिक दृष्टि से देखा जाए तो यह सम्भव है पर व्यवहार में इनमें से किसका प्रयोग किया जाए इस पर कई प्रतिबन्ध (constraints) हैं। संक्षेप में इन प्रतिबन्धों का उल्लेख करके इन दोनों स्तरीय तुलनाओं की मर्यादाओं को समझा जा सकता है।

(क) तुलना का उद्देश्य—इन दोनों में से किस स्तर पर तुलना की जाए यह बहुत कुछ तुलना के उद्देश्यों पर निर्भर करता है। अगर तुलना के उद्देश्यों को देखा जाए तो यह किसी राजनीतिक घटना के स्पष्टीकरण से लेकर विश्वव्यापी सिद्धान्त निर्माण तक के हो सकते हैं। सिद्धान्त निर्माण भी निम्न-स्तरीय या विश्वव्यापी स्तर पर किया जा सकता है। कई बार उद्देश्य केवल किसी परिकल्पनात्मक प्रस्थापना के सत्यापन या परख तक ही सीमित रहता है। अतः अध्ययन उद्देश्य बहुत कुछ यह संकेत दे देते हैं कि तुलनात्मक विश्लेषण के लिए किस स्तर पर तुलनाएं की जाएं? उदाहरण के लिए, अगर किसी घटना विशेष की व्याख्या करना हो तो व्यष्टि-स्तर पर अध्ययन व तुलनाएं पर्याप्त रहेंगी, पर शोध का उद्देश्य विश्वव्यापी सिद्धान्त बनाने का होने पर समष्टि-स्तरीय अध्ययन अनिवार्य हो जाएगा। इस तरह, तुलनात्मक अध्ययन के उद्देश्य से यह निर्धारित होता है कि अध्ययन की कौन-सी इकाई व स्तर अपनाया जाए?

(ख) शोधकर्ता के साधन—सभी शोध कार्यों पर सबसे बड़ा प्रतिबन्ध साधनों का

है। साधनों में सामान्यतया तीन प्रमुख साधन माने गए हैं। यह हैं, शोध करने वाले व्यक्ति, शोध की सामग्री तथा वित्तीय व्यवस्था। संक्षेप में इन्हें तीन 'M' कहा जाता है। यह तीन 'M' हैं : men, material and money। अगर शोधकर्ताओं की पूरी टीम है तो शोध का स्तर व्यापकतम बनाया जा सकता है। इसी तरह शोध की सामग्री और उपकरण (tools) भी महत्त्वपूर्ण सीमाएं लगाने वाले होते हैं। परन्तु सबसे बड़ा प्रतिबन्ध वित्तीय साधनों का है। अनेकों तुलनात्मक अध्ययन धन के अभाव में सीमित उद्देश्यों वाले ही रह जाते हैं। यहां यह भी ध्यान देने की बात है कि केवल अनेक व्यक्तियों का होना मात्र शोध के क्षेत्र का विस्तार करने की सम्भावनाएं नहीं ला देता है। व्यक्तियों का प्रशिक्षण बहुत महत्त्व रखता है। केवल प्रशिक्षित व्यक्ति ही शोध कार्य में उपयोगी आंकड़ों का संकलन कर सकते हैं। यह सही है कि आंकड़ों का संकलन हर कोई व्यक्ति कर सकता है पर तुलनात्मक पद्धति के प्रयोग में केवल आंकड़े ही नहीं चाहिए बल्कि ऐसे आंकड़े चाहिए जो विश्वसनीय (reliables) और तुल्य हों। इससे स्पष्ट है कि शोध कार्यों में तुलनात्मक पद्धति का प्रयोग शोधकर्ता के साधनों के कारण सीमित या व्यापक स्तरीय बनाना होता है।

(ग) **समय की पाबन्दी**—शोध व तुलनात्मक विश्लेषण की इकाई का समय भी निर्णायक कहा गया है। कोई अध्ययन करने के लिए कितना समय उपलब्ध है, उस पर ही यह निर्भर करेगा कि शोध का क्षेत्र व्यापक रहेगा या सीमित। सामान्यतया, मतदान सर्वेक्षण समय की पाबन्दियों से इतने जकड़े रहते हैं कि एक सीमा के बाद उनमें तुलनात्मक विश्लेषण का विस्तार नहीं किया जा सकता है। इसी तरह चुनाव अध्ययन (election studies) भी समय या अवधि के तथ्य से सीमित रहते हैं। अतः शोध की अवधि, तुलना के स्तर की निर्णायक प्रतिबन्धक कही जा सकती है।

(घ) **अध्ययन की प्रकृति**—अध्ययन की प्रकृति विशिष्ट या सामान्य प्रकार की हो सकती है। विशिष्ट प्रकृति वाले तुलनात्मक विश्लेषणों का स्तर अधिकतर लघु-स्तरीय ही होता है अन्यथा अध्ययन विशिष्ट नहीं रह पाएगा। क्योंकि ज्यों-ज्यों लघु-स्तर से वृहत-स्तर की ओर अग्रसर होते हैं त्यों-त्यों अध्ययनों की प्रकृति विशिष्ट से सामान्य होती जाती है। अतः तुलनात्मक अध्ययन में निष्कर्षों की वैधता का विशिष्टपन या सामान्यपन, अध्ययन का स्तर भी निर्धारित कर देता है। सामान्य वैधता (general validity) के निष्कर्ष लघु-स्तरीय विश्लेषणों से सम्भव नहीं हो सकते हैं। इसके लिए वृहत-स्तरीय अध्ययन व तुलनाएं आवश्यक होती हैं। इस प्रकार अध्ययनों की प्रकृति भी एक प्रतिबन्ध बन जाती है।

उपरोक्त विवेचन से स्पष्ट है कि तुलनात्मक विश्लेषणों में तुलना की अभिसीमा (range of comparison) का निश्चय साधारणतः सैद्धान्तिक योजना (theoretical scheme) एक प्रदत्त क्षेत्र विशेष (a given area) के द्वारा होता है। इसलिए इन दोनों को हम आधारभूत प्रतिबन्ध कहेंगे। अध्ययन के स्तरों का निश्चय बहुत कुछ इन दोनों के द्वारा ही होता है। उदाहरण के लिए, किसी समस्या के रूप में राजनीतिक अस्थिरता का अध्ययन सामान्यीकरण के एक उच्च स्तर पर किया जाएगा। यहां वृहत

स्तर पर तुलना आवश्यक है। दूसरी ओर संसदीय व्यवस्थाओं में राजनीतिक अस्थिरता का अध्ययन करने में अपेक्षाकृत कम विस्तृत अवधारणाओं और संकल्पों का सहारा लिया जाएगा तथा पर्यवेक्षण बहुत कुछ संसदीय व्यवस्थाओं तक ही सीमित रहेगा। जब कि सामान्य राजनीतिक अस्थिरता के अध्ययन में यह व्यापक रहेगा।

तुलनात्मक पद्धति की प्रकृति व विषय-क्षेत्र के विवेचन से यह स्पष्ट होता है कि पद्धति के प्रयोग में अनेक सावधानियां रखनी होती हैं। इनको ध्यान में रखकर ही तुलनात्मक पद्धति का प्रयोग तुलनात्मक विश्लेषणों में अर्थपूर्ण बनाया जा सकता है। क्योंकि इस पद्धति के प्रयोग में दो कठिन प्रश्नों का सामना करना पड़ता है—प्रथम, हम तुलना कैसे करें? दूसरा, हम किन बातों की तुलना करें? इनमें से प्रथम का उत्तर तुलनात्मक पद्धति की प्रकृति के विवेचन में मिलता है तथा दूसरे प्रश्न का उत्तर उसके विषय-क्षेत्र से स्पष्ट होता है। परन्तु एक तीसरा प्रश्न इन दोनों प्रश्नों से उत्पन्न होता है और वह है तुलना करते समय किन-किन सावधानियों का ध्यान रखना आवश्यक है? अब हम इन सावधानियों का संक्षेप में विवेचन करेंगे।

इस पद्धति के प्रयोगकर्ता के लिए यह आवश्यक है कि वह अपने अध्ययन के विषय मनुष्य की प्रकृति का ध्यान रखे। क्योंकि परिवर्तनशील मनुष्य द्वारा निर्मित जिस राजनीतिक समाज का वह अध्ययन करता है वह देश, काल, विचारधारा व मूल्यों से परे नहीं होता है। अतः यह ध्यान रखना जरूरी है कि कभीं-कभी एक-सी राजनीतिक परिस्थितियों में विभिन्न प्रकार की घटनाएं घटित होती हैं, तो कभी-कभी असमान परिस्थितियों में एक प्रकार की घटनाएं घटती हैं। यहां घटना से सम्बद्ध मनुष्य महत्त्वपूर्ण होते हैं। उदाहरण के लिए, भारत व ब्रिटेन की संसदीय प्रणाली को लिया जा सकता है। अगर हम दोनों को ही सफल मानें तो भी दोनों की सफलता के कारण और परिवर्त्य बहुत भिन्न होंगे। अतः यह ध्यान रखना जरूरी है कि राजनीतिक समाज का आधारभूत घटक—मनुष्य व उसकी शिष्टताएं, तुलनात्मक विश्लेषणों में ध्यान से परे न रह जाएं, अन्यथा निष्कर्ष सतही ही रह जाएंगे और स्पष्टीकरण गलत तक होने की अवस्था आ जाएगी।

तुलनात्मक पद्धति के प्रयोग में सर्वाधिक सावधानी इस बात की रखनी होती है कि सैद्धान्तिक योजना, अध्ययन का प्रदत्त क्षेत्र विशेष, साधनों व उद्देश्यों में सावयवी (organic) सम्बन्ध-सूत्रता बनाई रखी जाए, अन्यथा तुलनाएं निरर्थक हो जाएंगी। यह सब एक दूसरे पर आश्रित है और इस कारण यह नहीं हो सकता कि इनमें से कोई एक इनके प्रतिकूल बना दिया जाए। उदाहरण के लिए, अगर सैद्धान्तिक योजना व्यापक स्तर की है तो अध्ययन का प्रदत्त क्षेत्र विशेष भी व्यापक होना चाहिए। जैसे राजनीतिक अस्थायित्व का अध्ययन और संसदीय व्यवस्थाओं में राजनीतिक अस्थायित्व का अध्ययन सैद्धान्तिक योजना व अध्ययन क्षेत्र को भिन्न-भिन्न प्रकार का बना देता है। प्रथम के अध्ययन के लिए व्यापक क्षेत्र अनिवार्य है जबकि दूसरे के लिए सीमित क्षेत्र ही काफी रहेगा।

परिवर्तित परिस्थितियों में तुलना का आधार अब स्थान (space) ही नहीं, काल

(period) भी हो गया है। अतः तुलना आजकल विविध स्थानों की राजनीतिक व्यवस्थाओं की ही न होकर विविध कालों की राजनीति की भी होने लगी है। अब तुलनात्मक पद्धति के प्रयोग से राजनीति की गत्यात्मकताओं (dynamics of politics) को समझने का प्रयास किया जाता है। इसलिए इस पद्धति के प्रयोग में अधिक सावधानी रखनी होती है। अब यह भी ध्यान रखना होता है कि तुलना केवल संवैधानिक, कानूनी व औपचारिक स्तर तक ही सीमित नहीं रहे, वरन गहराइयों में भी जो राजनीतिक गत्यात्मकताओं का स्पष्टीकरण करने में सहायक हो।

राजनीति-विज्ञान में व्यवहारवादी क्रान्ति ने अध्ययन के नये आयाम (dimensions) ही प्रस्तुत नहीं किए हैं बल्कि नये परिशुद्ध उपकरण भी उपलब्ध कराए हैं। इस कारण तुलनात्मक पद्धति का प्रयोग अधिक कठोरता (rigorous) से किया जाने लगा है। अब यह पद्धति सृजनात्मक प्रक्रिया के रूप में देखी जाने लगी है इसलिए यह सावधानी रखना आवश्यक है कि अध्ययनों के उद्देश्यों तक पहुंचने के लिए पद्धति के प्रयोग का हर चरण सख्ती के साथ प्रयुक्त हो।

तुलनात्मक पद्धति के अर्थ, प्रकृति और विषय-क्षेत्र के वर्णन से यह स्पष्ट हो जाता है कि राजनीतिक व्यवस्थाओं की वास्तविक गत्यात्मकताओं को समझने में इस पद्धति का आधारभूत योगदान है। वास्तव में तुलनात्मक पद्धति राजनीतिक व्यवहार को स्पष्ट करने में अत्यधिक महत्त्व रखती है। इसकी उपयोगिता का विवेचन करने से उसकी भूमिका का स्पष्टीकरण हो जाएगा।

तुलनात्मक पद्धति की उपयोगिता
(UTILITY OF COMPARATIVE METHOD)

राजनीतिक अध्ययनों व विशेषकर तुलनात्मक राजनीति में तुलनात्मक पद्धति की बहुत उपयोगिता है। दूसरे विश्वयुद्ध के बाद राजनीतिक व्यवस्था की तुलनाओं में क्रान्तिकारी परिवर्तन आ गया है। अब राजनीतिक व्यवस्था को विभिन्न परस्पर विरोधी दावों और मांगों को स्वीकृत निर्णयों में परिवर्तित करने की व्यवस्था कहा जाने लगा है। इस प्रकार के निर्णयों तक पहुंचने में बहुरूपी सामाजिक समूहों, दलों, संघर्षों, हित-संगठनों और क्षेत्रों के परस्पर विरोधी विचारों में सामंजस्य स्थापित करना होता है। एक राजनीतिक व्यवस्था में एक तरफ तो कार्यपालिका, व्यवस्थापिका, न्यायपालिका व नौकरशाही के रूप में सरकारी संरचनाएं (structure) होती हैं तथा दूसरी तरफ सामाजिक एवं आर्थिक प्रक्रिया से सम्बन्धित समूह होते हैं। इन दोनों की संयोजन-कड़ी समाज के सदस्यों के वे विश्वास और मूल्य होते हैं जो वे राजनीतिक व्यवस्था के बारे में रखते हैं। विभिन्न सरकारी अंगों—आर्थिक, सामाजिक, सांस्कृतिक समूहों और विचारधाराओं के बीच अनवरत अन्तःक्रियाएं होती रहती हैं। इन्हीं अन्तःक्रियाओं के आधार पर राजनीति की गत्यात्मक शक्ति का निर्माण होता है और यही शक्ति व्यवस्था में निर्णय की स्थिति लाती है। इन सभी में स्थायित्व के साथ ही साथ लगातार परिवर्तन

और उथल-पुथल होते रहते हैं। यह एक कुशल और प्रभावशील राजनीतिक व्यवस्था नहीं है जो परिवर्तनों और स्थायित्व के बीच संतुलन बनाए रखे। दूसरे शब्दों में राजनीतिक व्यवस्था की प्रभावशीलता की कसौटी इस बात में निहित है कि वह सम्भावित परिवर्तनों और वर्तमान स्थायित्व के बीच संतुलन रखने में कहां तक सफल होती है ? तुलनात्मक पद्धति के प्रयोग से वर्तमान में राजनीतिक व्यवस्थाओं की ऐसी प्रभावशीलता या इसके अभाव के कारकों को समझाने व समझने में सहायता मिलती है ? इसलिए ही तुलनात्मक पद्धति का प्रयोग महत्त्वपूर्ण बन गया है। क्योंकि, एक राजनीतिक व्यवस्था की अन्य राजनीतिक व्यवस्था से तुलना करते ही दोनों व्यवस्थाओं में परिवर्तन या जड़ता के कारकों का संकेत मिलने लगता है। यही कारण था कि अरस्तू ने राजनीतिक स्थायित्व व क्रान्तियों के कारणों को समझने के लिए ही यूनान के नगर-राज्यों के 158 संविधानों की तुलना की थी। इसलिए ही अरस्तू को तुलनात्मक पद्धति का प्रवर्तक कहा जाता है। अतः तुलनात्मक पद्धति, राजनीतिक व्यवहार की गहराई तक पहुंचने के लिए आवश्यक है। तुलनाओं के माध्यम से ही राजनीतिक समझ बढ़ती है। संक्षेप में तुलनात्मक पद्धति के प्रयोग की उपयोगिता को निम्नलिखित बिन्दुओं से स्पष्ट कर सकते हैं—

(1) राजनीतिक व्यवहार को समझने में सहायक है।

(2) राजनीति को वैज्ञानिक अध्ययन बनाने में सहायक है।

(3) राजनीति में सिद्धान्त निर्माण करने में सहायक है।

(4) प्रचलित राजनीतिक सिद्धान्तों की पुनः प्रामाणिकता सिद्ध करने में सहायक है।

प्रथम अध्याय में तुलनात्मक राजनीति के महत्त्व का वर्णन करते समय इन्हीं बिन्दुओं के इर्द-गिर्द विवेचन हुआ है। जो बातें तुलनात्मक राजनीति का महत्त्व स्पष्ट करती हैं वही तुलनात्मक पद्धति की राजनीतिक अध्ययनों में उपयोगिता का भी संकेत देती हैं। इसलिए यहां इनका अलग से विस्तार में वर्णन अनावश्यक है। यहां केवल इतना ही ध्यान रखना है कि आजकल सामाजिक विज्ञान और विशेषकर राजनीति-विज्ञान, नीति-विज्ञान (policy science) के रूप में देखा जाने लगा है। अब तुलनात्मक पद्धति का प्रयोग घटना-प्रवाहों (trends) के बारे में विस्तृत व व्यापक भविष्यवाणियां करने की अवस्था तक पहुंचने के लिए भी किया जाने लगा है। अब दलीय व्यवस्थाओं या विभिन्न सामाजिक व्यवस्थाओं के राजनीतिक प्रतिमानों पर प्रभाव की तुलना, राजनीतिक व्यवस्थाओं में अस्थिरता की समस्या या श्रेष्ठ राजनीतिक व्यवस्था की स्थापना के लक्ष्य से की जाने लगी है, जिससे सरकार व समाज को सम्भावित खतरों से आगाह किया जा सके। इसमें तुलना ही आधारभूत है। तुलना करके ही ऐसी चेतावनियां दी जा सकती हैं। इस तरह तुलनात्मक पद्धति की तुलनात्मक राजनीति में ही नहीं, सभी सामाजिक विज्ञानों में उपयोगिता बढ़ती जा रही है।

तुलनात्मक पद्धति की प्रकृति का विवेचन तथा इसकी परिभाषा करते समय हम यह ज्ञान कर चुके हैं कि अनेक विद्वान वैज्ञानिक पद्धति और इस पद्धति में कोई अन्तर नहीं

करते हैं।[2] उस समय हमने इन दोनों के अन्तर की बात कही थी, यहां इन दोनों के अन्तर को विस्तार से स्पष्ट करके यह समझने का प्रयास किया जाएगा कि दोनों पद्धतियां क्या मौलिक भिन्नताएं रखती हैं।

तुलनात्मक पद्धति व वैज्ञानिक पद्धति
(COMPARATIVE METHOD AND SCIENTIFIC METHOD)

वैज्ञानिक पद्धति और तुलनात्मक पद्धति का अन्तर समझने के लिए यह आवश्यक है कि वैज्ञानिक पद्धति का अर्थ समझ लिया जाए। इसका अर्थ करते समय ही यह स्पष्ट हो जाएगा कि यह तुलनात्मक पद्धति से कुछ भिन्नताएं रखती है या नहीं रखती। संक्षेप में इसका वर्णन इस प्रकार है—

सामान्यतया वैज्ञानिक पद्धति को दो अर्थों में प्रयुक्त किया जाता है। व्यापक अर्थों में इसे विश्व के प्रति एक मनोवृत्ति कहा गया है। इसे सत्यापनीय ज्ञान का व्यवस्थित निकाय और खोज करने का एक तरीका माना है। इस अर्थ में वैज्ञानिक पद्धति ज्ञान की सभी शाखाओं में सर्वत्र एक-सी है। विशिष्ट अर्थ को स्पष्ट करने के लिए आर०एन० थाउलेस[3] द्वारा दिए गए अर्थ का उल्लेख किया जा सकता है। उसके अनुसार "वैज्ञानिक पद्धति सामान्य नियमों की खोज के लक्ष्य की प्राप्ति हेतु प्रविधियों की एक व्यवस्था है।" इस अर्थ में वैज्ञानिक पद्धति का लक्ष्य पर्यवेक्षण द्वारा तथ्यों को जानना, उनको संकलित एवं वर्गीकृत करना है। इससे परिवर्त्यों से सम्बन्धित आंकड़ों के बीच अन्तःसम्बन्धों की खोज करके सामान्यीकरण बनाने का प्रयास किया जाता है।

वैज्ञानिक पद्धति में भी प्रयोग के कुछ प्रमुख चरण होते हैं। रोनाल्ड यंग[4] ने वैज्ञानिक पद्धति द्वारा सत्यता तक पहुंचने के लिए निम्न स्तरों व चरणों को आवश्यक माना है—

(1) कार्यकारी परिकल्पना का निर्माण करना,
(2) तथ्यों का पर्यवेक्षण, संकलन तथा आलेखन (recording),
(3) आंकड़ों का अनुक्रमों या श्रेणियों में बर्गीकरण,
(4) वैज्ञानिक सामान्यीकरण,
(5) नियमों का प्रतिपादन।

वैज्ञानिक पद्धति में अध्ययन की किसी भी इकाई को लिया जाता है और उसके बारे में कार्यकारी (working) परिकल्पना कर ली जाती है। उसके बाद इस इकाई से सम्बन्धित तथ्यों का अवलोकन करके आंकड़े एकत्रित किए जाते हैं। इन आंकड़ों की परिकल्पना को ध्यान में रखते हुए वर्गीकरण करके उनके आधार पर सामान्यीकरण बनाए जाते हैं।

[2]Particularly Lasswell and G. Almond equates comparative method with scientific method.

[3]R. N. Thouless, *The Study of Society*, 1956, p. 28.

[4]Ronald Young, (Eds.), *Approaches to the Study of Politics*, Evaston, III. North Western University Press, 1958, p. 128.

अगर अनेकों इकाइयों का वैज्ञानिक पद्धति से किया गया अध्ययन उपलब्ध हो, तो इनके आधार पर सिद्धान्त बनाए जाते हैं। इन चरणों के विवेचन से यह लगता है कि वैज्ञानिक पद्धति तुलनात्मक पद्धति के समान ही है। क्योंकि मोटे तौर पर तुलनात्मक पद्धति में भी ऐसे ही चरणों का प्रयोग होता है। परन्तु गहराई से देखा जाए तो दोनों में बहुत अन्तर है। कुछ अन्तर प्रक्रियात्मक हैं तो कुछ तार्किक कहे जा सकते हैं। इनका अलग-अलग शीर्षकों के अन्तर्गत उल्लेख करना इन्हें समझने में सहायक होगा।

(क) **तुलनात्मक पद्धति व वैज्ञानिक पद्धति में प्रक्रियात्मक अन्तर** (Procedural differences between scientific and comparative method)—यह दोनों पद्धतियां प्रक्रियात्मक दृष्टि से काफी भिन्नता रखती हैं परन्तु इनमें से निम्नलिखित प्रमुख हैं : **प्रथम** अन्तर अध्ययन की इकाई को लेकर है। वैज्ञानिक पद्धति में अध्ययन की केवल एक इकाई ही पर्याप्त है। इस इकाई का व्यापकतम अध्ययन इस पद्धति से किया जा सकता है और अन्य इकाइयों की अनिवार्यता नहीं होती। परन्तु, तुलनात्मक पद्धति का प्रयोग ही तब हो सकता है जबकि कम से कम अध्ययन की दो इकाइयां हों। यही कारण है कि जब किसी घटनाक्रम का केवल एक ही उदाहरण हो तो वैज्ञानिक पद्धति का तो उसके अध्ययन में प्रयोग किया जा सकता है परन्तु तुलनात्मक पद्धति का प्रयोग सम्भव नहीं है। **दूसरा** अन्तर तुलना की इकाई के चुनाव से सम्बन्धित है। तुलनात्मक पद्धति में एक से अधिक इकाइयों की अनिवार्यता, इकाइयों के चुनाव का आधार भी एक समान हो, यह आवश्यक बना देती है। यही कारण है कि तुलनात्मक पद्धति चुनी गई इकाइयों का आधार प्रत्ययी ढांचा या विचारबंध (framework) होना चाहिए। जबकि वैज्ञानिक पद्धति में एक ही इकाई के कारण ऐसी आवश्यकता नहीं है। **तीसरा** अन्तर शोध के ढांचे से सम्बद्ध है। तुलनात्मक पद्धति के प्रयोग के लिए यह आवश्यक है कि अन्वेषण का ढांचा सुनिश्चित हो अन्यथा तुलनाएं करना ही कठिन हो जाएगा। परन्तु वैज्ञानिक पद्धति के प्रयोग में ऐसा कोई बन्धन नहीं है। इस तरह दोनों विधियां, प्रक्रियात्मक अन्तर रखती हुई दिखाई देती हैं।

(ख) **तुलनात्मक पद्धति व वैज्ञानिक पद्धति में तात्त्विक अन्तर** (Substantive differences between scientific method and comparative method)—तुलनात्मक पद्धति तात्त्विक दृष्टि से भी वैज्ञानिक पद्धति से भिन्न दिखाई देती है। इनमें **पहला** तात्त्विक अन्तर तुलना सम्बन्धी है। वैज्ञानिक पद्धति में तुलना गौण होती है और कई वैज्ञानिक अध्ययनों में तुलनाओं का सहारा बिल्कुल ही नहीं लिया जाता अर्थात वैज्ञानिक पद्धति में कई बार तुलना करने की आवश्यकता ही नहीं पड़ती है। जबकि तुलनात्मक पद्धति में तुलना आधारभूत होती है। तुलनात्मक पद्धति का तो प्रयोग ही तुलना करने के लिए होता है। **दूसरा** अन्तर अध्ययन के उद्देश्य को लेकर है। वैज्ञानिक पद्धति के प्रयोग का प्रमुख उद्देश्य सिद्धान्त निर्माण से सम्बद्ध होता है। वैज्ञानिक पद्धति सिद्धान्त निर्माण के लिए ही अपनाई जाती है। परन्तु तुलनात्मक पद्धति का प्रयोग सिद्धान्त निर्माण का उद्देश्य मात्र लेकर नहीं किया जाता है। इसमें 'तुलना' केन्द्रीय लक्ष्य रहती है और तुलनाओं के आधार पर सामान्य निष्कर्ष निकाले जाते हैं। इस पद्धति के

प्रयोग से तुल्य इकाइयों के बीच समानताओं और असमानताओं का स्पष्टीकरण होता है पर तुलनाएं सिद्धान्त निर्माण के लक्ष्य से ही प्रेरित नहीं रहती हैं। यह दूसरी बात है कि तुलनाओं से प्राप्त सामान्य निष्कर्षों का उपयोग सामान्यीकरण या सिद्धान्त निर्माण में कर लिया जाए, पर यह गौण लक्ष्य ही रहता है।

इस प्रकार वैज्ञानिक पद्धति तुलनात्मक पद्धति से काफी भिन्न है। इन दोनों में उपरोक्त भिन्नताओं के अलावा भी कुछ अन्तर हैं। वैज्ञानिक पद्धति में परिकल्पना के आधार पर ही अध्ययन इकाइयों का चयन किया जाता है। परन्तु तुलनात्मक पद्धति में परिकल्पना इकाई के चयन के बाद की जाती है। वैज्ञानिक पद्धति का हर प्रकार की अध्ययन इकाई में प्रयोग सम्भव है। जबकि तुलनात्मक पद्धति का प्रयोग तब ही किया जा सकता है जब सभी इकाइयां प्रत्ययी ढांचे की दृष्टि से एक समान हों। इस सबसे यह स्पष्ट है कि वैज्ञानिक पद्धति व तुलनात्मक पद्धति दो भिन्न-भिन्न प्रकार की पद्धतियां हैं जिनमें समानता से अधिक भिन्नताएं ही हैं।

तुलनात्मक पद्धति के वैज्ञानिक पद्धति से अन्तर समझने के बाद इसका प्रयोगात्मक विधि व सांख्यिकी विधि से अन्तर समझना उपयोगी रहेगा। पहले हम इसके व प्रयोगात्मक पद्धति के अन्तर का उल्लेख करेंगे और बाद में सांख्यिकी विधि से इसकी समानता व भिन्नता का विवेचन करेंगे।

तुलनात्मक पद्धति व प्रयोगात्मक पद्धति
(COMPARATIVE METHOD AND EXPERIMENTAL METHOD)

तुलनात्मक पद्धति की तरह ही प्रयोगात्मक पद्धति में भी दो या दो से अधिक परिवर्त्यों के बीच आनुभविक सम्बन्ध स्थापित किया जाता है। हमने तुलनात्मक पद्धति की परिभाषा करते समय यह देखा था कि यह दो या अधिक परिवर्त्यों के बीच सामान्य आनुभविक सम्बन्धों की स्थापना करने की विधि है। तब क्या यह दोनों विधियां एक ही समान हैं? दोनों के अर्थ से तो यही तात्पर्य निकलता है कि दोनों पद्धतियां एक-सा ही लक्ष्य प्राप्त करने से सम्बद्ध हैं। परन्तु वास्तव में दोनों में बहुत अन्तर है। प्रयोगात्मक पद्धति के संक्षिप्त विवेचन से यह स्पष्ट हो जाएगा।

प्रयोगात्मक पद्धति में दो या दो से अधिक परिवर्त्यों में सम्बन्ध स्थापित करने के लिए विशेष चरणों का प्रयोग किया जाता है। सबसे पहले दो एक-से समूहों (equivalent groups) का चयन किया जाता है। इसमें से एक समूह को प्रयोगात्मक समूह (experimental group) तथा दूसरे को नियंत्रित समूह (control group) बनाया जाता है अर्थात एक समूह पर प्रयोग किए जाते हैं और दूसरे को प्रयोग के प्रभाव से मुक्त रखा जाता है। समूहों के चुनाव के बाद परिकल्पना या जिन परिवर्त्यों में सम्बन्धों की खोज की जाती है उसके अनुसार दोनों समूहों से सम्बन्धित आंकड़ों का संकलन कर लिया जाता है। तीसरे चरण में एक समूह को नियंत्रित कर दिया जाता है अर्थात उसको बाहरी उद्दीपक या प्रेरकों (stimuli) से बचाकर रखा जाता है तथा दूसरे समूह

पर बाहरी उद्दीपक का प्रभाव पड़ने दिया जाता है। कुछ समय तक दूसरे समूह पर बाहरी प्रभाव पड़ने से उसमें परिवर्तन आने की सम्भावनाएं हो जाती हैं। एक निश्चित अवधि के बाद इस समूह से उन्हीं परिवर्त्यों के सम्बन्ध में, जिनके लिए प्रभाव से पहले आंकड़े एकत्र किए गए थे, दुबारा आंकड़े एकत्र किए जाते हैं और इन आंकड़ों का पहले वाले आंकड़ों से मिलान किया जाता है और इनमें अन्तरों को बाहरी उद्दीपक के प्रभाव से उत्पन्न माना जाता है। इससे दो या दो से अधिक परिवर्त्यों का सम्बन्ध मालूम हो जाता है। उदाहरण के लिए, मतदान-आचरण और चुनाव प्रचार के बीच सम्बन्ध स्थापित करना हो तो प्रयोगात्मक पद्धति का उपयोग इस प्रकार किया जाएगा।

चुनावों से बहुत पहले दो एक ही तरह के आर्थिक, सामाजिक, राजनीतिक व शैक्षणिक समानता वाले व्यक्तियों के निर्वाचन क्षेत्र अध्ययन के लिए चुन लिए जाएंगे। निर्वाचन क्षेत्रों का चयन करते समय यह ध्यान रखना जरूरी है कि दोनों निर्वाचन क्षेत्र अधिकतम समानता वाले हों क्योंकि प्रयोगात्मक पद्धति के लिए दो समान समूह आवश्यक होते हैं। अब दोनों निर्वाचन क्षेत्रों में प्रश्नावली पद्धति से मतदान सम्बन्धी आंकड़े एकत्र किए जाते हैं। मान लें कि दोनों निर्वाचन क्षेत्रों में मतदाताओं के 30 प्रतिशत ने कांग्रेस दल को तथा 70 प्रतिशत ने जनसंघ को वोट देने का विचार व्यक्त किया। अब इनमें से एक निर्वाचन क्षेत्र को चुनाव प्रचार के प्रभाव में आने दिया गया अर्थात यहां चुनाव प्रचार होने दिया गया तथा दूसरे निर्वाचन क्षेत्र में चुनाव प्रचार बिल्कुल बंद रखा गया। कुछ समय बाद उन दोनों निर्वाचन क्षेत्रों से मतदान सम्बन्धी आंकड़े फिर एकत्र किए गए और उनका पहले वाले आंकड़ों से मिलान किया गया। मान लें कि नियंत्रित निर्वाचन क्षेत्र में इस बार भी 30 प्रतिशत मतदाताओं ने कांग्रेस दल को तथा लगभग 70 प्रतिशत ने जनसंघ को वोट देने का विचार व्यक्त किया। परन्तु दूसरे निर्वाचन क्षेत्र में आंकड़े कुछ भिन्न हो गए। मान लें कि उस निर्वाचन क्षेत्र में अब मतदाताओं के 80 प्रतिशत ने कांग्रेस को तथा 20 प्रतिशत ने जनसंघ को वोट देने का विचार व्यक्त किया। इससे मतदान आचरण पर चुनाव-प्रचार का प्रभाव समझना सम्भव हो जाता है अर्थात मतदान आचरण व चुनाव-प्रचार के बीच आनुभविक सम्बन्ध स्थापित करना सरल हो जाता है। मतदान आचरण के इन आंकड़ों को वास्तविक चुनाव परिणामों से और पुष्ट किया जा सकता है।

उपरोक्त उदाहरण से स्पष्ट है कि प्रयोगात्मक पद्धति भी दो या दो से अधिक परिवर्त्यों के बीच आनुभविक सम्बन्ध स्थापित करने में सहायक है परन्तु इस पद्धति का राजनीतिक व्यवस्थाओं से सम्बन्धित परिवर्त्यों के बीच सम्बन्ध स्थापित करने में प्रयोग करना सम्बन्ध नहीं है। इस पद्धति के प्रयोग की शर्तें व्यवहार में कभी भी पूरी नहीं की जा सकती हैं। जैसे एक ही प्रकार के दो समूह व्यवहार में सम्भव नहीं हैं। उपरोक्त उदाहरण में दोनों निर्वाचन क्षेत्र एक से हों तो तात्पर्य होगा कि दोनों निर्वाचन क्षेत्रों में मतदाता एक-से लक्षणों से मुक्त हो। अर्थात दोनों में एक-सी शिक्षा हो, एक-सा आर्थिक स्तर हो, एक-सी जातीय व्यवस्था हो, एक-सी राजनीतिक जागरूकता हो, एक-से संचार के साधन उपलब्ध हों। दूसरे स्तर पर एक समूह को पूरी तरह नियंत्रित रखना होता है

अर्थात इसको पूरी तरह चुनाव प्रचार से मुक्त रखना आवश्यक है। व्यवहार में यह कितना कठिन होगा। तीसरे स्तर पर जब उद्दीपक प्रभाव के बाद निर्वाचन क्षेत्र में मतदान आचरण सम्बन्धी आंकड़े फिर से इकट्ठे करने होते हैं तो मतदाता पहले वाले उत्तर को भूला नहीं होता है और फिर वही उत्तर दे देता है। इससे सारे निष्कर्ष ही गलत हो जाते हैं।

इस तरह प्रयोगात्मक पद्धति के राजनीतिक व्यवहार से सम्बन्धित परिवर्त्यों के बीच आनुभविक सम्बन्ध स्थापित करने की सैद्धान्तिक दृष्टि से आदर्श विधि होते हुए भी व्यवहार में प्रयुक्त नहीं हो सकती है। क्योंकि, राजनीति-शास्त्र का विद्यार्थी अपने प्रयोग की वस्तु मनुष्य के साथ नियंत्रित प्रयोग नहीं कर सकता है। मनुष्य स्वयं विचारशील होता है, वह भावनाओं का पुतला है और साथ ही जिन विचारों, धारणाओं तथा भावनाओं के प्रभाव में उसका राजनीतिक जीवन चलता है, उसकी गहराई नापना कठिन ही नहीं असम्भव भी होता है। राजनीतिक व्यवहार से सम्बन्धित प्रयोग दोहराए भी नहीं जा सकते हैं। ऐसे प्रयोगों के परिणामों में काल एवं स्थान के अन्तर के कारण भी विभिन्नता आ जाती है। स्वयं प्रयोगकर्ता की मान्यताएं, धारणाएं व कुंठाएं प्रयोग के परिणाम को प्रभावित किए बिना नहीं रह सकती हैं। इसलिए प्रयोगात्मक पद्धति तुलनात्मक पद्धति का न तो स्थान ले सकती है और न ही दो या दो से अधिक परिवर्तनों में सम्बन्ध स्थापित करने की व्यवस्था कर सकती है। इसकी व्यावहारिक सीमाएं इतनी हैं कि राजनीतिक व्यवहार को समझने में यह सहायक नहीं हो सकती है।

तुलनात्मक पद्धति व सांख्यिकी पद्धति
(COMPARATIVE METHOD AND STATISTICAL METHOD)

सांख्यिकी पद्धति में भी तुलनात्मक पद्धति के समान ही दो या दो से अधिक परिवर्त्यों के बीच सम्बन्ध स्थापित किए जाते हैं। परन्तु इस विधि में अध्ययन में सम्मिलित परिवर्त्यों को छोड़कर अन्य सभी परिवर्त्यों को, उनमें आंशिक सह-सम्बन्ध (partial correlations) स्थापित करके अचल या नियंत्रित किया जाता है। उदाहरण के लिए राजनीतिक सहभागिता (political paiticipation) शिक्षा के स्तर में सम्बन्ध जानने के लिए उम्र या धर्म के परिवर्त्य को अनेक संवर्गों (categories) में विभक्त करके नियंत्रित कर लिया जाता है। आयु के कई संवर्ग बनाए जा सकते हैं। 21 वर्ष की आयु तक का संवर्ग 22-30 वर्ष, 31-45 वर्ष तथा 45 वर्ष से ऊपर की आयु का वर्ग। अब राजनीतिक सहभागिता व शिक्षा के स्तर में सम्बन्ध जानते समय आयु का परिवर्त्य तब अचल या नियंत्रित हो जाएगा जबकि सभी उदाहरण एक ही उम्र के वर्ग के लोगों के ही सम्मिलित किए जाएंगे। इससे आयु राजनीतिक सहभागिता को इस अवस्था में प्रभावित करने वाला परिवर्त्य नहीं रहेगा क्योंकि सभी व्यक्ति एक ही आयु-वर्ग के हैं। इस तरह राजनीतिक सहभागिता व शिक्षा के स्तर के बीच सम्बन्ध विदित किए जा सकेंगे। इतना ही नहीं, शिक्षा के विभिन्न वर्ग बनाकर इन सम्बन्धों को और अधिक गहराई से जानना

सम्भव होगा। इसी तरह धर्म के परिवर्त्य को भी नियंत्रित रखा जा सकता है।

उपरोक्त विवेचन से स्पष्ट है कि सांख्यिकी पद्धति में भी वही लक्ष्य प्राप्त किया जाता है जो तुलनात्मक पद्धति में प्राप्त किया जाता है। परन्तु यह पद्धति तुलनात्मक पद्धति का स्थान नहीं ले सकती है क्योंकि, इस विधि का प्रयोग तभी किया जा सकता है जबकि अनेक उदाहरण या आंकड़े उपलब्ध हों। जितने अधिक आंकड़े होंगे उतना ही परिणाम परिशुद्ध होता जाएगा। परन्तु राजनीतिक संस्थाओं व व्यवस्थाओं के अनेक उदाहरण उपलब्ध नहीं होते हैं। उदाहरण के लिए, संसदीय प्रणाली की सफलता के साथ दलीय व्यवस्था की प्रकृति का सम्बन्ध जानने के लिए संसदीय प्रणाली के बहुसंख्यक उदाहरण होने चाहिए अन्यथा परिवर्त्यों को उनमें आंशिक सह-सम्बन्ध स्थापित करके स्थिर रखना सम्भव नहीं हो सकेगा। राजनीतिक व्यवस्थाओं के तो कभी-कभी दो-तीन उदाहरण ही मिल पाते हैं। ऐसी अवस्था में इस पद्धति का उपयोग सम्भव नहीं हो सकता।

तुलनात्मक पद्धति व अन्य पद्धतियों के विवेचन से यह स्पष्ट हो जाता है कि तुलनात्मक पद्धति अपने आप में एक स्वतन्त्र पद्धति है तथा कोई अन्य पद्धति इसका अनुकल्प (substitute) नहीं हो सकती है। राजनीति-विज्ञान में व विशेषकर तुलनात्मक राजनीतिक अध्ययनों में इस पद्धति का आधारभूत महत्त्व है। परन्तु राजनीतिक प्रक्रियाएं अत्यन्त जटिल होती हैं। उनमें इतने परिवर्त्य उलझे होते हैं कि सबकी तुलना करना सम्भव नहीं होता तथा अनेक परिवर्त्यों को अचल बनाया ही नहीं जा सकता है। अतः तुलनात्मक पद्धति के प्रयोग में भी कई समस्याओं का सामना करना पड़ता है। संक्षेप में इनका विवेचन करके इनकी गम्भीरता का अंदाज लगाया जा सकता है।

तुलनात्मक पद्धति की समस्याएं
(PROBLEMS OF COMPARATIVE METHOD)

राजनीतिक व्यवहार से सम्बन्धित तुलनात्मक विश्लेषणों में तुलनात्मक पद्धति का प्रयोग प्रमुखतया दो कारणों से कठिन हो जाता है। एक तो पृष्ठभूमि परिवर्त्यों (background variables) की संख्या की समस्या रहती है तथा दूसरी समस्या एक-से प्रत्ययी ढांचे के आधार पर ही उदाहरणों के चयन के कारण केसेज (cases) की संख्या में बहुत कमी की है। राजनीतिक जीवन में करोड़ों व्यक्तियों की गतिविधियां सम्मिलित रहती हैं। यह गतिविधियां व उन सब व्यक्तियों का व्यवहार प्रतिमान अनेक तत्त्वों से प्रभावित होता है। आर्थिक स्थितियों से लेकर जलवायु तक व भौगोलिक विशेषताओं से ऐतिहासिक दुर्घटनाओं तक का प्रत्यक्ष या अप्रत्यक्ष प्रभाव शासकों व सरकारों के व्यवहार पर पड़ता है। तुलनात्मक पद्धति के प्रयोग में इन परिवर्त्यों की समस्या अत्यधिक जटिल है क्योंकि राजनीतिक व्यवहार, हर स्तर पर हर क्षण इनसे प्रभावित होता रहता है। इसलिए तुलनाओं को यथार्थवादी बनाने के लिए इन पृष्ठभूमि परिवर्त्यों की न केवल जानकारी ही आवश्यक है वरन इनकी पहचान भी जरूरी है। यह परिवर्त्यों की असंख्यता, जटिलता, इनके माप की कठिनाई इत्यादि इनकी जानकारी सम्भव ही नहीं

होने देती है। दूसरी कठिनाई उदाहरणों की संख्या की है। तुलनात्मक पद्धति के प्रयोग के लिए अनेक नहीं तो भी काफी उदाहरण आवश्यक हैं। इन समस्याओं का उन्मूलन तो सम्भव है ही नहीं। परन्तु इनसे बचने के लिए सामान्यतः दो उपाय किए जाते हैं। एक तो तुलनात्मक विश्लेषण को तुलनात्मक स्थितियों पर ही केन्द्रित किया जाए तथा दूसरा, तुलनात्मक विश्लेषण को प्रमुख परिवर्त्यों पर आधारित रखा जाए। इससे उपरोक्त समस्याओं का आंशिक रूप से समाधान हो जाएगा तथा तुलनात्मक विश्लेषण करने में सरलता रहेगी।

तुलनात्मक पद्धति के अर्थ, प्रकृति तथा क्षेत्र के वर्णन से स्पष्ट हो जाता है कि यह पद्धति राजनीतिक अध्ययनों में अधिकाधिक प्रयुक्त होगी। इस पद्धति की वैज्ञानिक, प्रयोगात्मक तथा सांख्यिकी विधियों से श्रेष्ठता के कारण तुलनात्मक राजनीति के अध्ययन में इसका उपयोग बढ़ता जा रहा है।

अध्याय 6

तुलनात्मक राजनीति के उपागम : राजनीतिक व्यवस्था और संरचनात्मक-प्रकार्यात्मक उपागम

(Approaches in Comparative Politics : Political System and Structural, Functional Approach)

तुलनात्मक राजनीति के परम्परागत और आधुनिक परिप्रेक्ष्यों का चौथे अध्याय में विवेचन किया गया है। इस वर्णन से यह स्पष्ट हुआ है कि परम्परागत और आधुनिक परिप्रेक्ष्यों में अन्तर का प्रमुख आधार अध्ययन विधियों और अध्ययन के दृष्टिकोण का ही है। पांचवें अध्याय में तुलनात्मक पद्धति के विवेचन में भी यही बात स्पष्ट हुई है। इन विवेचनों में अनेक बातों के अलावा प्रमुख बात यह उभरी थी कि तुलनात्मक राजनीति का परम्परागत अध्ययन दृष्टिकोण प्रधानतः संस्थागत, मूल्य-प्रधान, व्यक्तिपरक, असत्यापनीय व चिन्तनात्मक ही रहा, जबकि आधुनिक परिप्रेक्ष्य में नवीन अवधारणाओं पर आधारित, नये-नये अध्ययन दृष्टिकोण अपनाए जाने लगे। बदली हुई परिस्थितियों में परम्परागत दृष्टिकोण के अनुसार किए गए संस्थाओं के अलग-अलग अध्ययनों से जटिल राजनीतिक प्रक्रियाओं की वास्तविक प्रकृति को समझने में तथा सामान्य सिद्धान्तों के निर्माण में सीमित सहायता भी नहीं मिल सकी थी। अतः तुलनात्मक राजनीतिक अध्ययनों में ऐसे अध्ययन उपागमों व प्रत्ययों की खोज की जाने लगी जिनसे दूसरे विश्व युद्ध के बाद की जटिल राजनीतिक व्यवस्थाओं को समझने में सहायता मिले। अब राज-नीति-शास्त्र में प्रचलित राज्य, संविधान, सरकार और कानून आदि प्रत्ययों के आधार पर की जाने वाली राजनीतिक तुलनाओं से सतही ज्ञान से आगे बढ़ना असम्भव-सा हो गया था। क्योंकि, विकासशील राजनीतिक व्यवस्थाओं ने एक तरफ तो परम्परागत अध्ययनों व तुलनाओं को निरर्थक बना दिया। इनमें तेजी से होने वाले राजनीतिक परिवर्तनों को पुराने ढर्रे की पद्धतियों व प्रत्ययों से समझना सम्भव ही नहीं रहा। दूसरी तरफ, नवोदित राज्यों में होने वाले अस्तव्यस्त घटनाक्रमों और नाटकीय परिवर्तनों ने राजनीति-शास्त्र के विद्वानों, विशेषकर तुलनात्मक राजनीति के अध्येताओं के सामने नई चुनौतियां और तुलना के विविध और व्यापक संदर्भ प्रस्तुत कर दिए। अतः तुलना-त्मक राजनीतिक अध्ययनों को यथार्थवादी बनाने के लिए उन सब प्रत्ययों व परिप्रेक्ष्यों को त्यागना आवश्यक हो गया जो राजनीतिक प्रक्रियाओं की वास्तविकताओं तक ले जाने में असमर्थ थे। इनके स्थान पर नये प्रत्ययों का सृजन करना और अधिक उपयुक्त

प्रविधियों का प्रयोग अनिवार्य-सा हो गया। 'तीसरे विश्व' में आए दिन नये-नये राष्ट्र स्वतन्त्र राज्यों के रूप में आते जा रहे थे। इससे तुलनात्मक राजनीतिक अध्ययनों में नये प्रत्ययों या ऐसे प्रत्ययों की आवश्यकता महसूस होने लगी जो स्थान, समय और विचार-धारा की सीमाओं से परे, सब प्रकार के राज्यों पर समान रूप से लागू हों और जिनमें राजनीतिक घटनाओं का स्पष्टीकरण देने की क्षमता हो। अतः तुलनात्मक राजनीतिक अध्ययनों में नवीन प्रत्ययों पर आधारित दृष्टिकोणों का विकास हुआ। ऐसे ही दो अध्ययन दृष्टिकोणों--राजनीतिक व्यवस्था और संरचनात्मक-प्रकार्यात्मक, का प्रस्तुत अध्याय में विवेचन किया जा रहा है।

राजनीतिक व्यवस्था उपागम 'राजनीतिक व्यवस्था' के नये प्रत्यय पर आधारित है, जबकि संरचनात्मक-प्रकार्यात्मक दृष्टिकोण 'संरचनात्मकता' और 'प्रकार्यात्मकता' के दो प्रत्ययों पर आधारित है। अध्ययन और तुलना के इन उपागमों से तुलनात्मक राजनीति के अनुशासन को न केवल वैज्ञानिक बनाने में सहायता मिली है, अपितु, राजनीतिक व्यवहार के बारे में सर्वव्यापी नहीं तो कम से कम 'मध्य-स्तरीय' सिद्धान्तों के निर्माण की ओर अग्रसर होने का मार्ग भी खुला है। 'नवोदित राज्यों' ने इन उपागमों की उपयोगिता परखने का व्यापक क्षेत्र प्रस्तुत कर दिया है। इस कारण, पश्चिमी विचारकों ने पाश्चात्य राजनीतिक व्यवस्थाओं से हटकर, नवीन राजनीतिक व्यवस्थाओं के अध्ययन पर अपना ध्यान केन्द्रित करना शुरू कर दिया। पाश्चात्य राजनीतिक व्यवस्थाओं में दूसरे विश्व युद्ध के बाद अनेक जटिलताएं आने लगी थीं। सोवियत रूस विश्व की दूसरी 'महान शक्ति' बन गया। पूर्वी यूरोप में साम्यवाद का आरोपण हो चुका था, और 1949 में चीन भी साम्यवादी धारा में सम्मिलित हो गया। इससे पश्चिमी जगत और नये राज्यों में तुलना के नये मार्ग खुल गए। अब लोकतन्त्र के सम्पूर्ण विश्व में प्रसार और विस्तार की अनिवार्यता का स्वप्न समाप्त हो गया और राजनीतिशास्त्री विविधता वाली जटिल और तेजी से बदलती राजनीतिक व्यवस्थाओं के सामने खड़े थे। उनके लिए, इनकी अनेक समस्याएं उलझती गुत्थियां बन रही थीं। ऐसे ही राजनीतिक वातावरण में राज-नीतिक व्यवस्था और संरचनात्मक-प्रकार्यात्मक अध्ययन दृष्टिकोण प्रतिपादित हुए थे।

तुलनात्मक राजनीति में सर्वव्यापी सिद्धान्तों के निर्माण की दृष्टि से इन नवीन प्रत्ययी उपागमों का विशेष महत्त्व है। डेविड ईस्टन ने तो राजनीति-विज्ञान में प्रचलित उपागमों (तुलनात्मक राजनीति में इन दो उपागमों के अलावा चार उपागम—राजनीतिक विकास उपागम, राजनीतिक आधुनिकीकरण उपागम, राजनीतिक संस्कृति और मार्क्सवादी-लेनिनवादी उपागम और प्रचलित हैं) से आगे बढ़कर, अन्य अनुशासनों में प्राप्य दृष्टि-कोणों को भी तुलनात्मक राजनीति में अपनाने की बात कही है। ओरेन आर० यंग ने तो उपागम की अवधारणा को ही तुलनात्मक राजनीतिक विश्लेषण के लिए एक नवीन दृष्टिकोण माना है। क्योंकि, इन उपागमों के प्रयोग से तुलनात्मक राजनीति के विषय-क्षेत्र को क्रमबद्ध एवं विशेष परिप्रेक्ष्य में प्रस्तुत करने में सहायता मिलती है। इन उपागमों से विश्लेषण के तथ्यों के चयन का आधार तथा उनकी संगति (relevance) का मानदण्ड मिलता है। इनसे विश्लेषण और तुलना की दृष्टि से महत्त्वपूर्ण प्रश्नों, समस्याओं तथा

तथ्यों के मध्य आनुक्रमिक तारतम्य स्थापित करने में भी सहायता मिलती है। 'राजनीतिक व्यवस्था' का प्रत्यय राजनीतिक घटनाक्रमों एवं उनसे सम्बद्ध तथ्यों के चुनाव का सुनिश्चित आधार प्रस्तुत करता है। इससे तुलनात्मक राजनीतिक अध्ययन अधिक परिशुद्ध और वैज्ञानिक व अध्ययन पद्धतियों की दृष्टि से परिष्कृत होने की अवस्था में आने लगेंगे ऐसी आशा बंध गई। राबर्ट के० मर्टन तुलनात्मक राजनीति के सभी अध्ययन उपागमों की परिवर्तित राजनीतिक परिस्थितियों के संदर्भ में बात करते हुए यह मानते हैं कि तुलनात्मक राजनीति में संवर्गीकरण (categorization), वर्गीकरण तथा तथ्यों का अनुक्रमीकरण (ordering) या व्यवस्थीकरण (systematization), इन नवीन उपागमों के प्रयोग से ही सम्भव हुआ है। राजनीतिक व्यवस्था उपागम और संरचनात्मक-प्रकार्यात्मक उपागम इस प्रकार, तुलनात्मक राजनीतिक विश्लेषण में विशेष महत्त्व के बन जाते हैं। इन उपागमों का विस्तार से पृथक-पृथक विवेचन करके तुलनात्मक राजनीति में इनका महत्त्व और भी स्पष्ट किया जा सकता है। अतः इनका विस्तार से विवेचन किया जा रहा है।

तुलनात्मक राजनीति का राजनीतिक व्यवस्था उपागम
(THE POLITICAL SYSTEMS APPROACH IN COMPARATIVE POLITICS)

तुलनात्मक राजनीति में 'राजनीतिक व्यवस्था उपागम' 'राजनीतिक व्यवस्था' की नई अवधारणा या प्रत्यय पर आधारित दृष्टिकोण है। डेविड ईस्टन का अभिमत है कि राजनीतिक व्यवहार के बारे में सामान्य आनुभविक सिद्धान्त का निर्माण तभी सम्भव है जबकि समाज में आधिकारिक निर्णय लेने और उन्हें क्रियान्वित करने में सम्मिलित प्रत्यक्ष और अप्रत्यक्ष प्रभावों को ध्यान में ही नहीं रखा जाए अपितु उनको अध्ययन में महत्त्वपूर्ण परिवर्त्यों के रूप में सम्मिलित भी किया जाए। वैसे तो राजनीतिक जीवन को, इसके विभिन्न पहलुओं में अलग-अलग लेकर समझने का प्रयास किया जा सकता है किन्तु, ऐसे प्रयास की सीमित उपयोगिता ही रहेगी इसमें कोई शंका नहीं हो सकती है। उदाहरण के लिए, राजनीतिक दलों, हितों और दबाव समूहों, शासन संरचनाओं और राजनीतिक प्रक्रियाओं का पृथक-पृथक अध्ययन करके, सम्पूर्ण राजनीतिक व्यवस्था, राजनीतिक प्रक्रियाओं इत्यादि की प्रकृति और उनके परिणामों—छल-योजन, जोड़-तोड़, प्रचार व हिंसा आदि के बारे में थोड़ा बहुत ज्ञान प्राप्त किया जा सकता है। किन्तु, यह ज्ञान राजनीतिक व्यवस्थाओं और राजनीतिक व्यवहार के बारे में सामान्यीकरण करने की स्थिति में नहीं पहुंचा सकता है। अतः सम्पूर्ण राजनीतिक व्यवस्था का संदर्भ अधिक सहायक माना जाने लगा और किसी भी संरचनात्मक व्यवस्था को सम्पूर्णता के संदर्भ में समझने का प्रयास उपयोगी और यथार्थवादी समझा जाने लगा। इससे 'राजनीतिक व्यवस्था' जैसी व्यापक अवधारणा पर आधारित उपागम की आवश्यकता महसूस होने लगी। अतः हम पहले राजनीतिक व्यवस्था उपागम की आवश्यकता का विवेचन करके, इसके अर्थ, प्रकृति और महत्त्व पर प्रकाश डालेंगे।

व्यवस्था विश्लेषण की आवश्यकता (The Necessity of Systems Analysis)

व्यवस्था विश्लेषण, राजनीतिक विज्ञान और विशेषकर तुलनात्मक राजनीतिक विश्लेषण में अनेक कारणों से आवश्यक व उपयोगी बन गया है। अगर हम किसी समाज व्यवस्था को संरचना के स्तर पर देखें तो यह स्पष्ट रूप से चार संरचनात्मक स्तरों से मिलकर बनी हुई व्यवस्था कही जा सकती है। यह चार स्तर हैं—(क) सांस्कृतिक, (ख) सहभागिता, (ग) राजनीतिक और (घ) आर्थिक स्तर।

वर्तमान विवेचन में हमारा मुख्य सरोकार केवल राजनीतिक स्तर की समाज की संरचना से ही होने के कारण हम इसी पर अपना ध्यान केन्द्रित करेंगे। राजनीतिक स्तर पर संरचना का तात्पर्य यह है कि राजनीतिक संरचनाएं समाज की संरचना व्यवस्थाओं में उप-संरचनाएं हैं, जिनमें एक ऐसी विशिष्टता होती है जो अन्य स्तरों की संरचनात्मक व्यवस्थाओं और स्वयं समाज में भी नहीं पाई जाती हैं। राजनीतिक स्तर की संरचनात्मक व्यवस्था की यह विलक्षणता है कि यह समाज की अन्य स्तरों की संरचनाओं को आदेश प्रदान करती है। निर्णयों और नियमों के रूप में इसको अन्य सभी व्यवस्थात्मक निकायों को आदेश देने का अधिकार होता है। इन आदेशों का सभी निकायों द्वारा पालन कराया जा सके इसके लिए राजनीतिक व्यवस्था के पास अवपीड़क शक्ति होती है, जिससे यह सबको वही करने के लिए बाध्य कर सकती है जो उनको करने के लिए कहा जाए। इस प्रकार की संरचनात्मक व्यवस्था को समझने के प्रयास अरस्तू से लेकर आज तक होते रहे हैं। समाज के विकास के साथ ही राजनीतिक क्षेत्र में भी जटिलताएं आ गई, जिनको समझने का प्रयत्न ही नहीं करना था, अपितु जिनको वैज्ञानिक विधि से समझकर उनके सम्बन्ध में सामान्य सिद्धान्त बनाने का प्रयत्न भी करना था। इसके लिए किसी ऐसी अवधारणा का सृजन आवश्यक हो गया जो परिवर्तित राजनीतिक परिस्थितियों में जटिल राजनीतिक प्रक्रियाओं की गत्यात्मक शक्तियों को समझने और उनके सम्बन्ध में सामान्यीकरण करने में सहायक हो सके। इसके लिए डेविड ईस्टन ने एक नई अवधारणा को, जो प्राणी-विज्ञानों और समाज-शास्त्र में पहले से ही प्रयुक्त हो रही थी, राजनीति-शास्त्र में प्रयुक्त करने का विचार रखा और तब से राजनीतिक अध्ययनों में इस अवधारणा पर आधारित व्यवस्था विश्लेषण प्रमुख दृष्टिकोण बन गया है। तुलनात्मक राजनीति में इसकी आवश्यकता निम्नलिखित कारणों से महसूस की जाने लगी।

(क) आधुनिक तुलनात्मक विश्लेषणों में पुराने प्रत्ययों की अनुपयुक्तता (The inadequacy of old concepts in modern comparative analysis)—दूसरे विश्व युद्ध के बाद राजनीतिक संरचनाओं और प्रक्रियाओं में अनेक कारणों से जटिलताएं आ गईं। अनेक राष्ट्रों के राज्यों के रूप में उदय ने राजनीतियों में इतनी भिन्नता ला दी कि इनमें संविधान में व्यवस्था कुछ और प्रकार की बनाई गई और वह व्यवहार में कुछ अन्य ही प्रकार से सक्रिय होने लगी। इस कारण ऐसी राजनीतियों को 'राज्य', 'राष्ट्र' और 'संविधान' जैसे परम्परागत प्रत्ययों के आधार पर समझना एकदम असम्भव हो गया क्योंकि, यह परम्परागत प्रत्यय अनेक प्रकार की कठिनाइयां और सीमाएं प्रस्तुत करने लगे थे। संक्षेप में, इन प्रत्ययों की तुलनात्मक राजनीतिक अध्ययन में निम्नलिखित

कारणों से कोई उपयोगिता नहीं रह गई थी—

(i) यह प्रत्यय कानूनी और संस्थागत अर्थों द्वारा मर्यादित और सीमित थे।

(ii) इन प्रत्ययों का प्रयोग हर राज्य में भिन्न-भिन्न प्रकार से किया जाता रहा था।

(iii) इनकी भूमिका और प्रभावकारिता को नियमित करने वाले, अनौपचारिक व अराजनीतिक समूहों, संगठित हितों, दबाव समूहों, व्यक्तियों की राजनीतिक अभिवृत्तियों और अन्तःवैयक्तिक सम्बन्ध की यह अवहेलना करते रहे थे। और

(iv) इन प्रत्ययों के प्रयोग पर आधारित अध्ययनों से राजनीति के सैद्धान्तिक और औपचारिकता वाले पक्षों का ही ज्ञान सम्भव था तथा राजनीति की वास्तविकताओं की तह तक पहुंचना कठिन हो गया था।

इन कारणों से तुलनात्मक राजनीति में 'राज्य', 'सरकार' आदि प्रत्ययों की कोई विशेष उपयोगिता नहीं रह गई थी। इसलिए ऐसे प्रत्ययों की आवश्यकता महसूस की जाने लगी जो इन कमियों से मुक्त हों और राजनीति की वास्तविकताओं को समझने में सहायता कर सकें। उदाहरण के लिए, अगर सोवियत रूस की शासन व्यवस्था का 'संविधान' के प्रत्यय के आधार पर अध्ययन किया जाए तो यह श्रेष्ठतम लोकतान्त्रिक राज्य के रूप में दिखाई देगी। किन्तु, वास्तविकता इससे पूर्णतया विपरीत है। अतः 'राजनीतिक व्यवस्था की अवधारणा के आधार पर तुलनात्मक अध्ययन दृष्टिकोण विकसित करने की आवश्यकता पड़ी।

(ख) तुलनात्मक विश्लेषण के अधिक व्यापक ढांचे की आवश्यकता (The need for a more comprehensive framework of comparative analysis)—परम्परागत अध्ययन और तुलनात्मक विश्लेषण केवल कानूनी संस्थात्मक ढांचों पर आधारित थे। इनमें कानूनी या संस्थात्मक व्यवस्थाओं की तुलना और विश्लेषण पर ही बल दिया जाता था, जिससे अध्ययन केवल औपचारिकता के आवरण में ही ढके रह जाते थे। कानूनी संस्थात्मक दृष्टिकोण में राजनीति के अराजनीतिक समूहों और शक्तियों को सम्मिलित करके अध्ययन नहीं किए जाते थे। जबकि, परिवर्तित राजनीतिक परिस्थितियों में राजनीतिक संस्थाओं व व्यवहारों की सबसे महत्त्वपूर्ण नियामक शक्तियां, राजनीति के बाहर ही रहकर प्रभावकारी ढंग से सम्पूर्ण राजनीतिक सक्रियता पर आधारित रहने लगी थीं। अतः आधुनिक तुलनात्मक विश्लेषणों में उन सब शक्तियों को सम्मिलित करना आवश्यक हो गया जिनसे राज्यों की कानूनी व संवैधानिक गतिविधियां नियमित, सीमित और नियंत्रित होती हैं। कई बार तो ऐसा देखा जाता है कि राजनीतिक सस्थाओं की कार्य-प्रणाली इन्हीं अनौपचारिक, अराजनीतिक और राजनीति से बाहर रहने वाली शक्तियों से निश्चित होती है। उदाहरण के लिए, व्यवस्थापिका सभाएं क्या कार्य, किस प्रकार और कितनी स्वतन्त्रता से करती हैं, इसके नियामक राजनीतिक दल और कार्यपालिका बन गए जो स्वयं सब निर्णय करके व्यवस्थापिका की औपचारिक छाप या मोहर लगवाने के लिए विधेयकों को विधान मण्डलों में प्रस्तुत करने और उनसे पारित कराने का दिखावा करते हैं। राजनीतिक दलों की ऐसी भूमिका सरकार की शक्तियों के पृथक्करण को ही बेकार करने लगी है। उदाहरण के लिए, अमरीका में इस वक्त राष्ट्रपति कार्टर का कांग्रेस से अपने दल के बहुमत के माध्यम से पूर्ण नियंत्रण ही

नहीं है अपितु कार्यपालिका व व्यवस्थापिका का संसदीय प्रणालियों से अधिक विलयन भी देखने को मिलता है। अतः तुलनात्मक राजनीति में ऐसी अवधारणा की आवश्यकता महसूस की जाने लगी जो राजनीति के अराजनीतिक तथ्यों को अध्ययनों में सम्मिलित करने में सहायक हो। राजनीतिक व्यवस्था की अवधारणा ऐसी ही आवश्यकता को पूरा करती है।

(ग) तुलनात्मक राजनीति में विचारधारा से मुक्त दृष्टिकोण की आवश्यकता (The need for an ideologically free approach in comparative politics)—वर्तमान शताब्दी में राजनीतिक व्यवस्थाएं राजनीतिक विचारधाराओं के टकराव की मंच बनी हुई है। हर देश में परस्पर विरोधी विचारधाराओं के प्रचार के और प्रसार प्रयत्नों के कारण, राजनीतिक व्यवस्थाओं पर आंतरिक और बाहरी दृष्टि से भारी दबाव पड़ रहे हैं और विभिन्न राजनीतिक व्यवस्थाएं विशिष्ट विचारधारा के रंग में रंग गए हैं। अब लोकतन्त्र, तानाशाही, साम्यवादी और पूंजीवादी व्यवस्थाओं में भी इनके अर्थ-वैविध्य हो गए हैं। अतः कानूनी संस्थागत अध्ययन विचारधारा से जुड़ जाने के कारण उपयोगी नहीं रहे और ऐसी अवधारणा की आवश्यकता हुई जो विभिन्न विचारधाराओं से त्रस्त राजनीतिक व्यवस्थाओं का, इन सबसे मुक्त रहकर अध्ययन सम्भव बना सकें अर्थात, ऐसा दृष्टिकोण आवश्यक हो गया जो राजनीतिक व्यवस्थाओं को विचारधारा के कोण (angle) से नहीं देखे और तटस्थ व निष्पक्ष रूप से उनकी व्याख्या करने में सहायक हो। राजनीतिक व्यवस्था की धारणा ऐसी ही धारणा है जिसका समय, स्थान और विचारधारा विशेष से कोई सम्बन्ध नहीं होता है।

(घ) तुलनात्मक राजनीति में यथार्थवादी दृष्टिकोण की आवश्यकता (The need for a realist approach in comparative politics)—तुलनात्मक विश्लेषणों का प्रमुख उद्देश्य राजनीति की वास्तविकताओं को समझकर राजनीतिक व्यवहार के बारे में सिद्धान्त निर्माण करने का है। इसके लिए राजनीतिक व्यवहार को प्रभावकारी ढंग से नियमित और निरूपित करने वाले कारकों को जानने में तुलनात्मक राजनीति की अधिक दिलचस्पी है। तुलनात्मक राजनीति में केवल यही जानने का प्रयत्न नहीं किया जाता है कि राजनीतिक जगत में क्या हो रहा है, अपितु, विशेष रूप से यह जानने का प्रयास भी किया जाता है कि ऐसा क्यों और किन कारणों से हो रहा है? वे कौन-सी शक्तियां हैं जो इस व्यवहार को इस प्रकार का बनाती हैं? यह सब यथार्थ तक पहुंचने के लिए जानना आवश्यक है। इसलिए वास्तविकताओं तक पहुंचाने में सहायक अवधारणा का उपयोग तुलनात्मक विश्लेषणों में आवश्यक हो गया। राजनीतिक व्यवस्था की अवधारणा तुलनात्मक विश्लेषणों को यथार्थवादी अध्ययन में सहायक मानी जाने के कारण आवश्यक हो गई।

(च) तुलनात्मक राजनीति को वैज्ञानिक अध्ययन बनाने के लिए (The need to make comparative politics a scientific study)—राजनीति-शास्त्र के विद्वानों का अरस्तू के समय से ही यह प्रयत्न रहा है कि राजनीति से सम्बन्धित ज्ञान को विज्ञान का रूप किस प्रकार दिया जाए? तुलनात्मक राजनीतिक अध्ययन इस प्रयत्न में विशेष

सहायक माना जाता है। तुलनात्मक राजनीति को विज्ञान की श्रेणी में लाने का मूल उद्देश्य ही निरंतरताओं तथा सामान्यीकरणों की तलाश कर सुनिश्चित या सम्भावित व्यवहारों का संकेत देना है। राजनीति के इस उप-अनुशासन को वैज्ञानिक बनाने में परम्परागत प्रत्यय सहायक नहीं हो पाए थे। यह प्रत्यय तुलनात्मक राजनीति को वैज्ञानिक बनाने में किस प्रकार सहायक नहीं रहे इसको समझने के लिए हमें यह समझना होगा कि किसी अध्ययन की कौन-सी स्थिति को वैज्ञानिक स्थिति कहा जाए ? इसके उत्तर में यह कहा जा सकता है कि जब किसी शास्त्र के अध्ययन में व्यवस्थितता का इतना समावेश हो जाय कि उचित सामान्य नियमों के उत्पादन की स्थिति उत्पन्न हो जाए और उन सामान्य नियमों से हम किसी विशेष स्थिति का अध्ययन करने में समर्थ हों और भविष्य-वाणियां की जा सकें तो वह विषय विज्ञान की श्रेणी में सम्मिलित किया जा सकता है।

इस प्रकार, किसी अध्ययन में प्रामाणिक सामान्य नियम, जो विशेष स्थितियों में लागू होते हों तथा जिनसे भविष्यवाणियां सम्भव होती हों, तो यह उसमें वैज्ञानिक स्थिति का संकेत माना जाता है। इसी प्रकार, तुलनात्मक राजनीति में वैज्ञानिक स्थिति भी उस स्थिति की ओर इंगित करती है जिससे सामान्य नियमों की उत्पत्ति होती हो और जिससे राजनीतिक व्यवहार के बारे में भविष्यवाणी सम्भव बनती है, तथा यह प्रामाणिक सामान्य नियम विशेष राजनीतिक स्थिति पर लागू ही नहीं हो, अपितु उसकी व्याख्या भी करते हों। ऐसी स्थिति तुलनात्मक राजनीति की वैज्ञानिकता की स्थिति कही जा सकती है इसके लिए नये प्रत्ययों की आवश्यकता महसूस हुई। राजनीतिक व्यवस्था का प्रत्यय इसी प्रकार का प्रत्यय है और इस कारण तुलनात्मक राजनीति-शास्त्र को वैज्ञा-निकता के स्तर पर लाने में इसकी उपयोगिता इसको तुलनात्मक विश्लेषण में आवश्यक बना देती है।

इस विवेचन से स्पष्ट है, कि तुलनात्मक राजनीति में राजनीतिक व्यवस्था उपागम की विशेष उपयोगिता और आवश्यकता है। अब तक तुलनात्मक विश्लेषणों में जिन प्रत्ययों का उपयोग होता रहा था उनसे तुलनात्मक राजनीति को न वैज्ञानिकता के स्तर तक लाया जा सका था और न ही इनसे अध्ययनों को यथार्थवादी बनाने में विशेष सहायता मिल पा रही थी। परिवर्तित राजनीतिक संदर्भ में तुलनात्मक राजनीतिक विश्लेषणों के सामने नई चुनौतियां प्रस्तुत हो गई थीं और इनके अनुरूप राजनीतिक अध्ययन बने रह सकें इसके लिए नये दृष्टिकोणों की आवश्यकता महसूस की जाने लगी थी। राजनीतिक व्यवस्था का दृष्टिकोण इस आवश्यकता की पूर्ति के लिए ही इसमें प्रयुक्त किया जाने लगा।

सामान्य व्यवस्था सिद्धान्त : संक्षिप्त व्याख्या (The General Systems Theory : A Brief Review)

'राजनीतिक व्यवस्था' की अवधारणा का अर्थ समझने के लिए यह आवश्यक है कि हम सामान्य व्यवस्था सिद्धान्त का अर्थ समझ लें। 'व्यवस्था' की अवधारणा पर ही 'राजनीतिक व्यवस्था की धारणा आधारित है, अतः राजनीतिक व्यवस्था का अर्थ तब

तक समझना कठिन होगा जब तक कि हम सामान्य व्यवस्था सिद्धान्त को नहीं समझ लें। अतः हम संक्षेप में पहले सामान्य व्यवस्था सिद्धान्त की व्याख्या करेंगे।

विकास की दृष्टि से देखा जाए तो 'व्यवस्था' की अवधारणा, विभिन्न अनुशासनों में विद्यमान कठोर विभक्तीकरण, शोध प्रयासों के अनावश्यक आवृत्तिकरण, प्रति-अनुशासनात्मक के अभाव से उत्पन्न परिस्थिति का मुकाबला करने के लिए प्रस्थापित हुई कही जा सकती है। विज्ञानों की ऐसी स्थिति में एक विज्ञान में शोध कार्य से प्राप्त अन्तर्दृष्टि व ज्ञान का उपयोग अन्य किसी भी विज्ञान में नहीं किया जा सकता था। विभिन्न विज्ञानों या अनुशासनों के बीच स्वतः ही दीवारें खड़ी होने लगी थीं, जिससे ज्ञान का एक अनुशासन से दूसरे अनुशासन की तरफ प्रवाह नहीं हो पा रहा था। इस स्थिति से निपटने के लिए अनेक विद्वान विभिन्न विज्ञानों के एकीकरण की बात करने लगे। इन लोगों की मान्यता थी कि विविध अनुशासनों में अनेक सामान्य बातें समान रूप से पाई जाती हैं। अतः इनको एक तारतम्य में पिरोने के लिए कोई ऐसा अमूर्त ढांचा निर्मित करना आवश्यक समझा गया जिससे कोई सामान्य सिद्धान्त बनाया जा सके और जो सभी अनुशासनों में समस्याओं को समझने में सहायक हो सके। ऐसे सामान्य सिद्धान्त के निर्माण में प्रयत्नशील विद्वानों ने सामान्य व्यवस्था सिद्धान्त का विचार विकसित किया जो 'व्यवस्था' की अवधारणा पर आधारित है।

'व्यवस्था' की अवधारणा पर आधारित सामान्य व्यवस्था सिद्धान्त का प्रारम्भिक विवेचन 1920 में जीवशास्त्री वॉन बर्टलेन्फी द्वारा किया गया था किन्तु, इस पर गहनता से चिन्तन दूसरे विश्व युद्ध के बाद ही शुरू हुआ। इस सिद्धान्त का अमूर्त रूप तो जीवशास्त्र से प्रस्थापित हुआ। किन्तु, इसका सामाजिक विज्ञानों में परिचालनात्मक रूप सबसे पहले मानव-शास्त्र और बाद में समाज-शास्त्र, मनोविज्ञान और राजनीति-विज्ञान में स्थापित हुआ। यहां हम इस अवधारणा के विभिन्न अनुशासनों में विद्वानों द्वारा किए गए प्रयोग की चर्चा नहीं करके केवल सामान्य व्यवस्था सिद्धान्त का विवेचन करना ही प्रासंगिक समझते हैं। अतः इसी का संक्षेप में वर्णन किया जा रहा है।

सामान्य व्यवस्था सिद्धान्त विभिन्न अनुशासनों में एकता लाने वाली अवधारणाओं की खोज से सम्बन्धित है। ऐसी ही एक अवधारणा, जिसके इर्द-गिर्द सामान्य व्यवस्था सिद्धान्त निर्मित किया गया है, 'व्यवस्था' की है। व्यवस्था की विभिन्न प्रकार से परिभाषा की गई है। बर्टलेन्फी व्यवस्था की परिभाषा करते हुए लिखते हैं कि "यह अन्तःक्रियाशील तत्त्वों का समूह है।"[1] (a set of elements standing in interaction) हॉल एवं फैगन के अनुसार यह "वस्तुओं में परस्पर तथा वस्तुओं और उनके लक्षणों के बीच सम्बन्धों सहित वस्तुओं का समूह है।"[2] (a set of objects together with relationships between the objects and between their attributes) इसी तरह की व्याख्या करते

[1]Ludwig Von Bertallanfy, 'General Systems Theory', *General Systems*, Vol, I, 1956, p. 3.

[2]A. Hall and R. Fagen, 'Definition of a System', *General Systems*, Vol. I, 1956, p. 18.

हुए कोलिन चेरी ने लिखा है कि व्यवस्था "एक ऐसा सम्पूर्ण है जो संघटक लक्षणों के विभिन्न निर्माणक भागों से सम्मिश्रित रहता है।"[3] A whole which is compounded of many parts—an ensemble of attributes)। इन परिभाषाओं के बारे में डा० एस० पी० वर्मा ने लिखा है कि "इन सबमें वस्तुओं या तत्त्वों के ऐसे समूह का विचार संविहित है जो विशिष्ट संरचनात्मक सम्बन्धों और निश्चित प्रक्रियाओं के आधार पर एक दूसरे के साथ अन्तःक्रियाशील और सम्बन्धित रहती है।"[4] इन्होंने इसका स्पष्टीकरण करते हुए आगे लिखा है कि 'व्यवस्था' को स्वीकार कर लेने से यह प्रश्न उत्पन्न होता है कि इन संबंधों की गहराई या तीव्रता तथा इस अन्तःक्रिया की मात्रा कितनी होने पर ही इनको 'व्यवस्था' का नाम दिया जाए ? अर्थात तत्त्वों के बेतरतीब एकत्रण से 'व्यवस्था' को किस प्रकार भिन्न किया जाए ? इसके उत्तर में दो दृष्टिकोण अपनाए गए हैं, किन्तु इस विवेचन में हमें उनके उल्लेख की आवश्यकता नहीं लगती है। अतः यहां हमें सामान्य व्यवस्था के बारे में इतना ही जानना आवश्यक है कि यह अवधारणा दो प्रकार के अर्थों में प्रयुक्त की जाती है। इन दोनों का संक्षिप्त विवेचन करके ही इस सम्बन्ध में सही निष्कर्ष निकालना सम्भव है। अतः इनका अलग से वर्णन किया जा रहा है।

(क) प्रथम प्रकार के अर्थ के अनुसार 'व्यवस्था' शब्द का प्रयोग तभी करने की बात कही गई है जबकि वस्तुएं महत्त्वपूर्ण ढंग से परस्पर सम्बद्ध हों तथा उनकी अन्तर्निभरता का स्तर काफी ऊंचा हो। इस अर्थ में, व्यवस्था, समय एवं स्थान के संदर्भ में द्रष्टव्य और उसका अस्तित्व अनेक अनुशासनों द्वारा स्वीकृत होना चाहिए। साथ ही साथ इस अर्थ में व्यवस्था से सम्बन्धित संरचनाएं और प्रक्रियाएं समय-क्रम के अनुसार बदलती रहने वाली होनी चाहिए। इस अर्थ में व्यवस्था की परिचालनता ही प्रमुख मानी गई है तथा अनेक वस्तुओं के बेतरतीब समूहीकरण से इसको भिन्न माना गया है।

(ख) व्यवस्था का दूसरा अर्थ पहले वाले अर्थ से एक तरह से अत्यधिक भिन्नता वाला कहा जा सकता है। ईस्टन की तरह अन्य विचारकों द्वारा भी व्यवस्था का सृजनात्मक पक्ष महत्त्वपूर्ण माना गया है। इस अर्थ के समर्थक यह मानते हैं कि व्यवस्था का पहला वाला दृष्टिकोण न सही है और न ही व्यावहारिक बन सकता है। अतः वे व्यवस्था का वह पक्ष ही स्वीकार करते हैं जिसमें शोध के लिए तथ्य-संकलन और विश्लेषण में सहायता व निर्देशन मिल सके। इस अवधारणा का उपयोग शोध में हो सके इसका यही अर्थ राजनीति-शास्त्र में ईस्टन द्वारा प्रचलित किया गया है।

सामान्य व्यवस्था सिद्धान्त की इस संक्षिप्त व्याख्या में हमने यह देखा है कि व्यवस्था सिद्धान्त सामाजिक विज्ञानों में जीव-शास्त्र से आया है। मानव-शास्त्र, समाज-शास्त्र और मनोविज्ञान में इसके प्रचलन से प्रेरित होकर इस अवधारणा को राजनीति-शास्त्र में भी प्रयुक्त करने का सर्वप्रथम प्रयास डेविड ईस्टन ने किया था। यद्यपि समाजशास्त्रियों ने

[3]Colin Cherry, *On Human Communication,* New York, Wiley, 1961, p. 507.

[4]S. P. Varma, *Modern Political Theory,* Delhi, Vikas Publishing House, 1975, p. 154.

व्यवस्था की अवधारणा का प्रयोग मुख्यतया सामाजिक यथार्थ को समझने में ही किया, किन्तु राबर्ट के० मर्टन एवं टालकोट पारसन्स ने इस सिद्धान्त का राजनीति-शास्त्र में प्रयोग करने का सर्वाधिक प्रोत्साहन दिया है। इन्हीं के प्रभाव से व्यवस्था सिद्धान्त का राजनीति-शास्त्र में प्रचलन और प्रयोग होने लगा है। व्यवहारवादी क्रांति के बाद, व्यवहारवादी अध्ययन दृष्टिकोण की कमियों को दूर करने के लिए, व्यवस्था विश्लेषण का प्रचलन बढ़ता ही गया और आज राजनीतिक अध्ययनों में 'व्यवस्था' की अवधारणा मौलिक बन गई है जो अनेक कमियों के बावजूद अपना महत्त्व बनाए हुए है। व्यवस्था सिद्धान्त का राजनीतिक अध्ययनों में विशेष अर्थ में ही प्रयोग होता है। इन अध्ययनों में व्यवस्था की उप-व्यवस्था के रूप में 'राजनीतिक व्यवस्था' की अवधारणा का प्रयोग होता है। अतः इसका अर्थ करके ही इसके राजनीति-विज्ञान में विशेष प्रयोग को समझा जा सकता है।

राजनीतिक व्यवस्था का अर्थ व परिभाषा (The Meaning and Definition of Political System)

1953 में डेविड ईस्टन ने 'व्यवस्था सिद्धान्त' के समाज-शास्त्रीय अध्ययनों में उपयोगी प्रयोग से प्रभावित होकर, **दि पोलिटिकल सिस्टम** पुस्तक प्रकाशित की "जिसमें उन्होंने कहा कि वह सब सामाजिक विज्ञानों को एक सूत्र में बांधते हुए एक सिद्धान्त निर्माण का प्रयास करेंगे। उन्होंने न केवल इस प्रक्रिया से सम्बन्धित पक्षों के विषय में बल्कि सम्पूर्ण राजनीतिक प्रक्रिया से सम्बन्धित सिद्धान्तों के प्रतिपादन की आवश्यकता पर बल दिया। तब से उन्हें राजनीति-शास्त्र में 'सामान्य व्यवस्था' सिद्धान्तों को लागू करने वाले विद्वानों में प्रमुख माना जाता है।"[5] ईस्टन से पहले मर्टन और पारसन्स ने सामान्य व्यवस्था सिद्धान्त को राजनीतिक अध्ययनों में उपयोगी बताते हुए इसके आधार पर राजनीतिक विश्लेषण भी किए, किन्तु वे मौलिक रूप से समाजशास्त्री थे और इस कारण, सामान्य व्यवस्था सिद्धान्त का उन्होंने राजनीतिक अध्ययनों में प्रयोग तो किया पर यह सब समाज-शास्त्रीय ढंग से ही निष्पादित हुआ। डेविड ईस्टन पहले ऐसे राजनीति-शास्त्री थे जिन्होंने इस सिद्धान्त का राजनीतिक विश्लेषण में केवल राजनीतिक संदर्भ प्रमुख माना। एलेन बाल ने इस सम्बन्ध में ठीक ही लिखा है कि "साथ ही उनकी गिनती उन थोड़े से विद्वानों में होती है जो मुख्य रूप से राजनीतिशास्त्री हैं और जिनका अन्य सामाजिक विज्ञानों से गौण सम्बन्ध है। संक्षेप में ईस्टन अपना ध्यान राजनीतिक व्यवस्था पर यानी एक दूसरे पर आश्रित और एक दूसरे से सम्बन्धित राजनीतिक तत्त्वों के प्रतिरूप पर केन्द्रित करते हैं।"[6] मर्टन और पारसन्स के बारे में इससे बिल्कुल विपरीत स्थिति पाई जाती है। वे मुख्य रूप से समाजशास्त्री हैं और उनका राजनीति-शास्त्र के

[5]W. J M. Mackenzie, *Politics and Social Science*, Baltimore, Penguin Books, 1967, pp. 227-28.

[6]Alan R. Ball, *Modern Politics and Government*, London, Macmillan, 1971, p. 31.

साथ अन्य सामाजिक विज्ञानों की तरह केवल गौण सम्बन्ध है। इस कारण मर्टन और पारसन्स की राजनीति-शास्त्र में व्यवस्था सिद्धान्त का प्रचलन करने में महत्त्वपूर्ण भूमिका होते हुए भी ईस्टन के मुकाबले में यह भूमिका गौण ही कही जानी चाहिए। आमण्ड और पावेल ने इस सम्बन्ध में ठीक ही लिखा है कि "डेविड ईस्टन पहले राजनीतिशास्त्री हैं जिन्होंने राजनीति को स्पष्टतया व्यवस्था के रूप में विश्लेषित किया।"[7] इस प्रकार राजनीति-शास्त्र में व्यवस्था विश्लेषण का प्रयोग विशेष रूप से डेविड ईस्टन के द्वारा ही प्रारम्भ हुआ कहा जा सकता है।

सामान्य अर्थों में राजनीतिक व्यवस्था का तात्पर्य राजनीतिक व्यवस्था के विभिन्न तत्त्वों में या भागों में सुव्यवस्था से लिया जाता है। इस सुव्यवस्था से यह अर्थ लिया जाता है कि राजनीतिक व्यवस्था के विभिन्न अंगों के प्रतिमानित सम्बन्धों में एक नियमितता विद्यमान रहती है। राजनीतिक व्यवस्था कोई स्वतंत्र इकाई नहीं होती है। समाज व्यवस्था की अनेकों उप-व्यवस्थाओं में से एक उप-व्यवस्था राजनीतिक व्यवस्था की है, जो अन्य सभी उप-व्यवस्थाओं—आर्थिक, सांस्कृतिक और धार्मिक से भिन्न प्रकार की ही नहीं है अपितु, उन सबसे इस बात में विचित्र है कि यह सब उप-व्यवस्थाओं और सामाजिक व्यवस्था से पारस्परिकता रखते हुए और अन्त:क्रियाशील रहते हुए भी बहुत अधिक मात्रा में स्वायत्तता रखती है। यह उन सब व्यवस्थाओं को आदेश ही नहीं देती वरन उनको नियंत्रित करने की बाध्यकारी शक्ति भी रखती है। अत: राजनीतिक व्यवस्था समाज की एक उप-व्यवस्था होते हुए भी एक विलक्षण प्रकार की उप-व्यवस्था है। इसकी विलक्षणता का स्पष्टीकरण इसकी परिभाषाओं से सम्भव होगा। अत: इसके लिए यहां इसकी कुछ प्रमुख परिभाषाएं दी जा रही हैं।

ईस्टन ने राजनीतिक व्यवस्था की परिभाषा करते हुए लिखा है कि "किसी समाज में पारस्परिक क्रियाओं की ऐसी व्यवस्था को, जिससे उस समाज में बाध्यकारी या अधिकारपूर्ण नीति-निर्धारण होते हैं, राजनीतिक व्यवस्था कहा जाता है।"[8] ईस्टन के द्वारा दी गई यह परिभाषा बहुत सामान्य है तथा राजनीतिक व्यवस्था की मौलिक प्रकृति का ही स्पष्टीकरण करती है। इससे राजनीतिक व्यवस्था के लक्षणों का व्यापक विश्लेषण करने में कोई विशेष सहायता नहीं मिलने के कारण स्वयं ईस्टन ने बाद में इसकी अधिक सुस्पष्ट परिभाषा दी है। उसने राजनीतिक व्यवस्था की अधिक सुस्पष्ट परिभाषा इन शब्दों में की है—"राजनीतिक व्यवस्था स्वयं में परिपूर्ण सत्ता है जो उस वातावरण या परिवेश, जिससे वह घिरी हुई होती है और जिसके अन्तर्गत वह प्रचलित होती है, स्पष्टत: पृथक्नीय रहती है।"

आमण्ड और पावेल ने राजनीतिक व्यवस्था की परिभाषा करते हुए लिखा है कि "राजनीतिक व्यवस्था से इसके अंगों की अन्तर्निर्भरता और इसके पर्यावरण में किसी न

[7]Gabriel A. Almond and G. Bingham Powell (Jr.), *Comparative Politics: A Developmental Approach*, Boston, Little Brown and Co., 1966, p. 25.

[8]David Easton, *A Framework for Political Analysis*, New Jersey, Englewood Cliffs, Prentice-Hall, 1965, p. 21.

किसी प्रकार की सीमा का बोध होता है।[9] आमण्ड ने राजनीतिक व्यवस्था के अंगों की अन्तर्निर्भरता को स्पष्ट करते हुए लिखा है कि "पारस्परिक निर्भरता से हमारा आशय है कि जब किसी व्यवस्था में किसी अंग के गुणों या लक्षणों में परिवर्तन होता है तो इससे सभी अंग और सम्पूर्ण व्यवस्था प्रभावित होती है।"[10]

राजनीतिक व्यवस्था की इन परिभाषाओं से स्पष्ट है कि राजनीतिक व्यवस्था एक ऐसी उप-व्यवस्था है जिसके विभिन्न भागों में ऐसी सम्बन्धसूत्रता होती है कि व्यवस्था के किसी भी भाग में हुआ कोई भी परिवर्तन अन्य अन्तःक्रियाशील अंगों तथा सम्पूर्ण राजनीतिक व्यवस्था में भी अनुकूल परिवर्तन ला देता है। इन परिभाषाओं से यह भी स्पष्ट होता है कि राजनीतिक व्यवस्था स्वयं में एक परिपूर्ण सत्ता है जो किसी परिवेश में ही सक्रिय होती है। इस पर्यावरण से यह प्रभावित होती है, किन्तु इस पर्यावरण की दास नहीं होती। इतना ही नहीं, वह इस पर्यावरण को निर्णायक रूप से निरूपित भी करती है। राजनीतिक व्यवस्था की इन परिभाषाओं से इसके लक्षणों का संकेत मिलता है। इन लक्षणों का विवेचन करने से राजनीतिक व्यवस्था के अर्थ को अधिक अच्छी तरह समझना सम्भव होगा। अतः संक्षेप में राजनीतिक व्यवस्था के प्रमुख लक्षणों का वर्णन किया जा रहा है।

राजनीतिक व्यवस्था के आधारभूत लक्षण (Basic Features of Political System)

राजनीतिक व्यवस्था का अर्थ करते समय हमने यह उल्लेख किया है कि यह समाज की अनेक उप-व्यवस्थाओं में से एक उप-व्यवस्था है। समाज की इन उप-व्यवस्थाओं की यह विशेषता होती है कि इन सबसे अन्तःक्रिया होती रहती है। एक का दूसरी पर प्रभाव पड़ता रहता है और एक दूसरी पर स्वतः पास्परिकता के कारण नियमित और सीमित होती रहती हैं। इसी संदर्भ में हमने यह भी विवेचम किया है कि राजनीतिक व्यवस्था एक विचित्र उप-व्यवस्था है जिसकी विलक्षणता इस बात में है कि यह अन्य उप-व्यवस्थाओं की सीमाओं का आधिकारिक ढंग से निर्धारण कर सकती है तथा सभी उप-व्यवस्थाओं को आदेश देने की बाध्यकारी शक्ति रखती है। इससे स्पष्ट है कि राजनीतिक व्यवस्था के कुछ आधारभूत लक्षण होते हैं जिनके आधार पर यह अन्य उप-व्यवस्थाओं में से एक होते हुए भी उनसे भिन्न और विलक्षण बन जाती है। आमण्ड और पावेल ने इसके कुछ लक्षण इस प्रकार बताए हैं।

(क) भागों की अन्तर्निर्भरता या अन्तःसम्बन्धित गतिविधियां (Interdependence of parts or Interrelated activities)—आमण्ड का अभिमत है कि हर व्यवस्था की तरह ही राजनीतिक व्यवस्था के विभिन्न भागों या अंगों में भी एक-दूसरे पर निर्भरता की स्थिति रहती है। इसको स्पष्ट करते हुए आमण्ड ने यह कहा है कि राजनीतिक व्यवस्था के अंगों में पारस्परिक निर्भरता से हमारा आशय इस बात से है कि

[9] G. A. Almond and G. B. Powell (Jr.), *op. cit.*, p. 19.
[10] *Ibid*, p. 19.

जब व्यवस्था में किसी अंग के लक्षणों में परिवर्तन आता है तो इस परिवर्तन के कारण अन्य सभी अंग और स्वयं सम्पूर्ण व्यवस्था प्रभावित होती है। इसका तात्पर्य यह है कि हर राजनीतिक व्यवस्था में अन्तःसम्बन्धित क्रियाएं या भागों की अन्तःनिर्भरता यह अर्थ सन्निहित रखती है कि हर राजनीतिक व्यवस्था में—(i) अनेक अंग या भाग होते हैं (कार्यपालिका, व्यवस्थापिका इत्यादि), (ii) विभिन्न अंगों में प्रकार्यात्मक सम्बन्ध होता है, (iii) हर अंग की सम्पूर्ण व्यवस्था में निश्चित भूमिका रहती है, और (iv) हर अंग की भूमिका समान नहीं होती है।

इससे स्पष्ट है कि राजनीतिक व्यवस्था एक सावयवी रचना के समान मानी गई है, जिसमें पारस्परिकता की दृष्टि से अंग ठीक उसी प्रकार का सम्बन्ध रखते हैं जैसा कि प्राणी शरीर के विभिन्न भागों के बीच सम्बन्ध होता है। उदाहरण के लिए, जिस प्रकार शरीर में कुछ अवयव जैसे—दिल, मस्तिष्क आदि ऐसे भाग हैं जिनके बिना प्राणी शरीर जीवित ही नहीं रह सकता (यहां अगर दिल (heart) को न लेकर केवल मस्तिष्क को ही लें तब यह बात और भी अधिक स्पष्ट हो सकेगी) है। ऐसा ही अंग राजनीतिक व्यवस्था में कार्यपालिका का है। राजनीतिक व्यवस्थाएं लम्बी अवधि तक व्यवस्थापिका या न्यायपालिका के न होने पर भी चल सकती हैं, किन्तु कार्यपालिका के अभाव में एक क्षण भी नहीं चल सकतीं। यही कारण है कि कार्यपालिका का स्थान रिक्त होते ही उसको तुरन्त भरने की व्यवस्था की जाती है। राष्ट्रपति केनेडी की मृत्यु के आठ मिनट के बाद ही उप-राष्ट्रपति जौनसन ने राष्ट्रपति के पद का कार्यभार सम्भाल लिया था। भारत में प्रधान मंत्री नेहरू और लालबहादुर शास्त्री की मृत्यु के समाचार मिलने पर तुरन्त ही तत्कालीन राष्ट्रपतियों द्वारा दोनों ही बार गुलजारी लाल नन्दा को कार्यवाहक प्रधान मंत्री नियुक्त किया गया था। यह पद राजनीतिक व्यवस्था का ऐसा भाग है कि हर व्यवस्था में इस स्थान के रिक्त होते ही इसके भरने की व्यवस्था रहती है। इन उदाहरणों को और बढ़ाया जा सकता है। जैसे प्रणाली शरीर में हाथ या पैर की भूमिका के समान राजनीतिक व्यवस्था में भी संसद, न्यायपालिका होती है जिनके होने पर व्यवस्था का काम अधिक सुचारु रूप से चलता है। जैसे किसी व्यक्ति के हाथ न हों तो भी व्यक्ति जीवित रहेगा पर वह उस प्रकार सुचारु कार्य नहीं कर सकेगा जिस तरह हाथ होने पर करता है। अतः हर राजनीतिक व्यवस्था के अंगों में पारस्परिकता होती है। यह प्रकार्यात्मक रूप रखती है तथा हर अंग कुछ न कुछ भूमिका अन्य अंगों व सम्पूर्ण व्यवसाय के लिए अवश्य निभाता है, जो परिस्थिति और आवश्यकता के अनुसार परिवर्तनशील रहती है। इस प्रकार, हम इस पहले लक्षण से यह निष्कर्ष निकाल सकते हैं कि हर राजनीतिक व्यवस्था में तीन तरह के हिस्से अन्तःक्रियाशील रहते हैं। यह तीन हिस्से हैं—

(1) राजनीतिक व्यवस्था के प्राणधारी भाग (Vital parts),
(2) राजनीतिक व्यवस्था के पूरक भाग (Supplementary parts), और
(3) राजनीतिक व्यवस्था के मानार्थी भाग (Complimentary parts)

राजनीतिक व्यवस्था के विभिन्न अंगों में अन्तःनिर्भरता का बहुत महत्त्व होता है और

इसके कारण सम्पूर्ण राजनीतिक व्यवस्था की सक्रियता का नियमन होता है। अतः संक्षेप में हम व्यवस्था के विभिन्न अंगों की अन्त:क्रियात्मकता से निकलने वाले परिणामों पर प्रभावों का विवेचन प्रासंगिक समझते हैं। अर्थात राजनीतिक व्यवस्था के एक अंग में होने वाले परिवर्तनों से सम्पूर्ण व्यवस्था पर कई प्रभाव हो सकते हैं। इनमें से कुछ प्रभाव इस प्रकार हैं—

(1) अन्य अंगों या भागों पर इससे दबाव, खिचाव या तनाव आ सकता है जो सामान्य से लेकर आत्यन्तिक तक हो सकता है। उदाहरण के लिए, अचानक सैनिक शासन की स्थापना से हर राजनीतिक व्यवस्था में कार्यपालिका अंग का यह रूप परिवर्तन अन्य सभी अंगों पर जबरदस्त दबाव उत्पन्न करता है।

(2) इससे अन्य अंगों का रूपान्तरण तक हो सकता है। जैसे, उपरोक्त उदाहरण में सैनिक शासन से, न्यायपालिका का एक तरह से रूपान्तरण ही हो जाता है।

(3) इससे सम्पूर्ण व्यवस्था की निष्पादन शैली या प्रतिमानों में आमूल नहीं तो भी मौलिक परिवर्तन आ सकते हैं।

(4) इससे व्यवस्था टूट सकती है या उसमें और मजबूती आ सकती है।

इस प्रकार, राजनीतिक व्यवस्था के अंगों की इस पारस्परिकता से किसी अंग की भूमिका, व्यवस्था को बनाए रखने में सहायक भी हो सकती है अर्थात इससे व्यवस्था की कार्य-क्षमता व प्रभावकारिता बढ़ सकती है, जबकि दूसरी तरफ, इससे व्यवस्था टूट भी सकती है। अतः हर राजनीतिक व्यवस्था के विभिन्न अंग दो प्रकार की भूमिका निभाते हैं। इनमें से कौन-सी भूमिका निभाई जाएगी, यह कई परिस्थितियों और कारकों पर निर्भर करता है। इसका अर्थ यह है कि व्यवस्था का हर अंग सम्पूर्ण व्यवस्था के लिए (1) प्रकार्यात्मक (functional) भूमिका और (2) विकार्यात्मक (dys-functional) भूमिका निभाता है। "प्रकार्यात्मक भूमिका में व्यवस्था को बनाए रखने की भूमिका सन्निहित होती है जबकि विकार्यात्मक भूमिका में व्यवस्था को तोड़ने की प्रवृत्तियों को प्रोत्साहन मिलता है।"[11] आमण्ड की मान्यता है कि सामान्यतया राजनीतिक व्यवस्थाएं टूटती नहीं हैं। वे बड़े से बड़े झंझावातों को भी झेल लेती हैं। उदाहरण के लिए, 'वाटरगेट कांड' की महत्त्वपूर्ण घटना से अमरीका में राजनीतिक व्यवस्था केवल हिलकर रह गई पर टूटी नहीं। इसका कारण राजनीतिक व्यवस्था में ही कुछ नियमितकारी संरचनाओं या यंत्र-रचनाओं का होना है जो कि व्यवस्था की सामान्य अवस्था में अप्रत्याशित विचलन (deviation) को स्वतः ही सक्रिय होकर ठीक कर देते हैं। उदाहरण के लिए, राजनीतिक दल, हित समूह, लोकमत या नियतकालिक चुनावों की व्यवस्था इत्यादि ऐसी ही संरचनात्मक व्यवस्थाएं हैं। इसलिए ही तो राजनीतिक व्यवस्था को 'स्वतः नियंत्रित व्यवस्था' तक कहा जाता है।

(ख) राजनीतिक व्यवस्था की सीमा (The boundary of a political system)—आमण्ड और पावेल का मत है कि 'एक व्यवस्था कहीं से शुरू होती है और कहीं न कहीं

[11]Robert C. Bone, *Action and Organization: An Introduction to Contemporary Political Science*, New York, Harper and Row, 1972, p. 48.

खत्म हो जाती है' (a system starts somewhere and stops somewhere) इसका यही आशय है कि राजनीतिक व्यवस्था का एक निश्चित सीमांकन रहता है। इसकी सामान्य व्यवस्था और अन्य उप-व्यवस्थाओं से स्वायत्तता रहती है। यह उनसे अन्तः-सम्बन्धित होते हुए भी उनसे स्वायत्त रहती है। यहां राजनीतिक व्यवस्था की सीमा का अर्थ समझ लेना आवश्यक है। इसकी सीमा राज्य की सीमा की तरह नहीं होती है। इसकी सीमा व्यक्तियों, संस्थाओं या भू-भाग से सम्बन्धित नहीं होती है। इसकी सीमा अन्तःक्रियाशील राजनीतिक भूमिकाओं के संदर्भ में मानी जाती है। इस अर्थ में राज-नीतिक व्यवस्था की अवधारणा महत्त्वपूर्ण बनती है और समय, स्थान और विचारधारा से उन्मुक्त हो जाती है। उदाहरण के लिए, परिवार के सदस्य एक विशेष प्रकार की भूमिका व पारस्परिक अन्तःक्रियाशीलता वाले व्यक्तियों के समूह को ही कहा जाएगा। कोई एक स्त्री, एक पुरुष और दो-तीन बच्चे एक साथ खड़े होने पर परिवार नहीं बनते हैं। अतः परिवार एक ऐसा व्यक्ति समूह है जो इसके सदस्यों के लिए विशेष अन्तः-क्रियाशील भूमिका से ही सम्बन्धित होता है। राजनीतिक व्यवस्था भी इसी प्रकार की भूमिकाओं की सीमा रखती है। एक किसान हल जोतते समय राजनीतिक व्यवस्था के भाग या उसकी सीमा में नहीं आता, किन्तु वोट देते समय या राजनीतिक विषयों पर चर्चा करते समय वह राजनीतिक व्यवस्था की सीमा में समाविष्ट हो जाता है। अतः राजनीतिक व्यवस्था की सीमा का अर्थ राजनीतिक व्यवस्था के भागों की राजनीतिक भूमिकाओं से लिया जाता है।

राजनीतिक व्यवस्था की सीमा के इस अर्थ से व्यवस्था की सीमा सम्बन्धी अवधारणा के कई लक्षण उभरते हैं जिनसे हम राजनीतिक व्यवस्था की अवधारणा के अर्थ के बारे में और अधिक समझ प्राप्त करने में समर्थ होते हैं। संक्षेप में राजनीतिक व्यवस्था की सीमा के इस अर्थ से यह विशेषताएं परिलक्षित होती हैं—

(i) राजनीतिक व्यवस्था की सीमा लचीली होती है। इसकी सीमा में कमी या वृद्धि होती रहती है। उदाहरण के लिए, चुनावों या जन-क्रांति के समय इसकी सीमा अत्यधिक बढ़ जाती है, किन्तु, पूर्ण शांति व सुव्यवस्था की अवस्था में इसकी सीमा सिकुड़ जाती है क्योंकि, अनेक लोग राजनीतिक भूमिकाओं से हट जाते हैं।

(ii) सीमा से राजनीतिक व्यवस्था अपने आप में परिपूर्ण सत्ता बन जाती है। इसका अर्थ यह है कि राजनीतिक व्यवस्था को बनाए रखने और उसकी सजीवता व गत्यात्मकता के लिए आवश्यक तत्त्व व्यवस्था के अन्दर ही विद्यमान रहते हैं। उदाहरण के लिए, व्यवस्थाओं में आए दिन संकट आते रहते हैं, किन्तु राजनीतिक व्यवस्था उन सबका सफलतापूर्वक मुकाबला करती रहती है। कभी-कभी अभूतपूर्व अवस्थाओं में भी वह डांवाडोल होकर पुनः सुस्थापित हो जाती है। टूटने के अवसर तो बहुत ही कम होते हैं। क्योंकि, व्यवस्था स्वयं में परिपूर्ण सत्ता होती है और अपने आप में टूटने से बचाव के साधन संजोए रहती है।

(iii) राजनीतिक व्यवस्था को, सीमा के माध्यम से ही अन्य व्यवस्थाओं से पृथक करना सम्भव होता है। राजनीतिक व्यवस्था के समान ही समाज में और अनेक

व्यवस्थाएं—आर्थिक, सांस्कृतिक होती हैं उनसे इसकी पृथक्ता और स्वायत्तता सीमा के आधार पर ही निर्धारित होती है।

इस प्रकार, राजनीतिक व्यवस्था की सीमा, भूमिका के आधार पर निश्चित होती है और इस कारण यह अवधारणा गत्यात्मक बन जाती है। राज्य की अवधारणा में हर व्यक्ति जो राज्य का नागरिक है, जिसने चाहे सरकार के बारे में कभी सुना भी नहीं हो तो भी वह उसका सदस्य रहता है, किन्तु, राजनीतिक व्यवस्था के बारे में यह बात नहीं है। इसमें यह मानकर चला जाता है कि व्यक्ति की अलग-अलग भूमिकाएं होती हैं और राजनीतिक व्यवस्था में व्यक्ति तभी सम्मिलित होता है जब वह राजनीतिक भूमिका निभाता है। राजनीतिक भूमिका को स्पष्ट करते हुए आमण्ड ने लिखा है कि उस भूमिका को, जिससे राजनीतिक व्यवस्था की सक्रियता पर प्रभाव पड़ता है, राजनीतिक भूमिका कहा जाता है।

(ग) राजनीतिक व्यवस्था का पर्यावरण (Environment of a political system)—राजनीतिक व्यवस्था अपने आप में ऐसी स्वतन्त्र व्यवस्था नहीं है जो किसी भी प्रकार के पर्यावरण में क्रियाशील नहीं रहती हो। ईस्टन की मान्यता है कि राजनीतिक व्यवस्था कई प्रकार के पर्यावरणों से घिरी रहती है और उनके द्वारा प्रस्तुत परिवेश के अन्तर्गत ही सक्रिय रहती है। ईस्टन ने परिस्थितिकीय, आर्थिक, सांस्कृतिक, राष्ट्र के व्यक्तित्व और जन-सांख्यिकीय (demographic) पर्यावरणों का विशेष रूप से उल्लेख किया है। हर राजनीतिक व्यवस्था के पर्यावरण में सक्रिय रहने से सम्बन्धित महत्त्वपूर्ण पक्ष इस प्रकार विवेचित किये जा सकते हैं—(क) राजनीतिक व्यवस्था चारों तरफ से वातावरण या पर्यावरण से घिरी रहती है। (ख) राजनीतिक व्यवस्था उस पर्यावरण में ही परिचालित होती है जिससे वह घिरी रहती है। (ग) राजनीतिक व्यवस्था इस पर्यावरण से प्रभावित होती है, और (घ) राजनीतिक व्यवस्था इस पर्यावरण को स्वयं भी प्रभावित करती है।

इस प्रकार, राजनीतिक व्यवस्था और उसके पर्यावरण के बीच निरन्तर अन्तःक्रिया और लेन-देन होता रहता है। राजनीतिक व्यवस्था में निवेश (inputs) पर्यावरण से ही आते हैं, जिनको वह रूपान्तरण करके, निर्गतों के रूप में पुनः पर्यावरण में ही पहुंचा देती है। निवेशों और निर्गतों के बीच प्रति-सम्भरण (feedback) भी पर्यावरण में ही संचालित रहता है। अतः पर्यावरण से ही राजनीतिक व्यवस्था में मांगों के रूप में निवेश आते हैं और निर्णयों के रूप में वापस उसमें ही निर्गत जाते हैं।

(घ) वैध भौतिक अवपीड़क या बाध्यकारी शक्ति का प्रयोग (Use of legitimate physical coercion by the political system)—राजनीतिक व्यवस्था अन्य सभी व्यवस्थाओं से इस विशेषता के आधार पर ही अलग और अनोखी बनती है। अन्य व्यवस्थाओं के पास औचित्यपूर्ण बाध्यकारी शक्ति नहीं होती है। इस शक्ति के कारण ही राजनीतिक व्यवस्था अन्य व्यवस्थाओं को आदेश देने वाली तथा उनसे सर्वोपरि बनती है। इसी कारण से ईस्टन ने राजनीतिक व्यवस्था को 'मूल्यों का आधिकारिक वितरक कहा है'। लासवेल और केपलन ने इस लक्षण के कारण ही राजनीतिक व्यवस्था को 'गम्भीर वचनों'

(severe deprivations) की संज्ञा दी है तथा डाहल ने राजनीतिक व्यवस्था को 'सत्ता, कानून और अधिकार' (power, rule and authority) से जोड़ा है। इस विशेषता के कारण राजनीतिक व्यवस्था दण्ड देने की अधिकारपूर्ण शक्ति से ही युक्त नहीं बनती है, अपितु, कानूनों को लागू करने वाली बाध्यकारी शक्ति से भी युक्त बन जाती है।

इस विशेषता को लेकर आमण्ड और पावेल ने मैक्स वेबर से सहमति प्रकट करते हुए लिखा है कि "वैध शक्ति वह सामान्य धारा या धागा है जो राजनीतिक व्यवस्था के कार्यों में प्रवाहित या पिरोया रहता है जो इसे इसका विशिष्ट लक्षण और महत्त्व तथा व्यवस्था के रूप में संगति या सामंजस्य प्रदान करते हैं।"[12] अतः राजनीतिक व्यवस्था ही एक ऐसी सत्ता है जिसके पास औचित्य-युक्त शक्ति रहती है और जो इस शक्ति का प्रयोग दण्ड देने, नियमों या निर्णयों को लागू करने और लोगों को उन्हें मानने के लिए बाध्य करने में कर सकती है।

इस प्रकार, हर राजनीतिक व्यवस्था का यह विशिष्ट लक्षण है कि उसके अन्तर्गत राजनीतिक सत्ताओं को ही केवल सामान्य स्वीकृति-युक्त शक्ति के प्रयोग और उस आधार पर आज्ञाकारिता प्राप्ति का अधिकार होता है। इसी कारण, राजनीतिक व्यवस्था का तात्पर्य उन सभी अन्तःक्रियाओं से है जो वैध भौतिक बाध्यता की शक्ति का प्रयोग या प्रयोग करने की धमकी का नियमन करती है। अतः हर राजनीतिक व्यवस्था के अंगों के रूप में राजनीतिक संरचनाएं और भूमिकाएं इसकी औचित्यपूर्ण अवपीड़क या बाध्यकारी शक्ति के इर्द-गिर्द ही घूमती हुई दिखाई देती हैं।

राजनीतिक व्यवस्थाओं के इन लक्षणों के विवेचन से स्पष्ट है कि जब हम राजनीतिक व्यवस्था की बात करते हैं तो इसमें उन सभी अन्तःक्रियाओं को सम्मिलित करते हैं जो न्यायसंगत भौतिक बाध्यकारिता की शक्ति से सम्बन्धित होती हैं। इसमें भूमिकाओं का आधार होने के कारण, केवल व्यवस्थापिकाएं, कार्यपालिकाएं, न्यायपालिकाएं और प्रशासकीय अभिकरणों को ही इसमें सम्मिलित नहीं किया जाता है अपितु, उन सब संरचनाओं और प्रक्रियाओं को भी सम्मिलित किया जाता है जिनका राजनीतिक भूमिकाओं से सम्बन्ध हो। अंत में यही निष्कर्ष निकलता है कि राजनीतिक व्यवस्था एक विशेष प्रकार की व्यवस्था होती है। जिसके भागों में अंतःनिर्भरता रहती है, जिसकी सुनिश्चित किन्तु लचीली सीमा होती है, जिसका पर्यावरण होता है और जिसके पास औचित्यपूर्ण बाध्यकारी शक्ति होती है। इन लक्षणों के कारण यह सभी व्यवस्थाओं से अन्तःक्रियाशील रहते हुए भी स्वायत्तता व सर्वोपरिता रखती है।

राजनीतिक व्यवस्था की सामान्य विशेषताएं (General Characteristics of Political System)

राजनीतिक व्यवस्थाएं अनेक प्रकार के पर्यावरणों से घिरी रहती हैं और इन्हीं के अन्तर्गत सक्रिय होती हैं। अतः इस प्रकार के पर्यावरणी परिवेश में राजनीतिक व्यवस्था

[12] *Ibid.*, p. 17.

के परिचालन से यह व्यवस्था कुछ विशेषताओं से युक्त हो जाती है। डाहल ने इसकी अनेक विशेषताओं का वर्णन किया है और यह माना है कि यह विशेषताएं अधिकांश राजनीतिक व्यवस्थाओं में सामान्य रूप से पाई जाती हैं। संक्षेप में यह इस प्रकार हैं—

(क) राजनीतिक स्रोतों का असमान नियंत्रण (Uneven control of political resources)—डाहल का मत है कि हर राजनीतिक व्यवस्था में राजनीतिक विकास के कारण संरचनात्मक विभिन्नीकरण के साथ ही साथ विशेषीकरण आ जाता है। इस विशेषीकरण के कारण राजनीतिक स्रोत—धन, शक्ति, सामाजिक स्तर और राजनीतिक कार्य, समान रूप से सब व्यक्तियों में विद्यमान नहीं रह सकते हैं। इन स्रोतों पर किसी का अधिक तो किसी का कम नियंत्रण होता है। विशेषीकरण इसके बिना व्यावहारिक बन ही नहीं सकता। अत: राजनीतिक स्रोत, जिनके द्वारा एक व्यक्ति दूसरे व्यक्ति के व्यवहार को प्रभावित कर सकता है, सबमें समान रूप से बंट ही नहीं सकते। वैसे भी व्यक्तियों में मौलिक अन्तर होते हैं, लोगों के अलग-अलग लक्ष्य होते हैं और कार्य के लिए उनमें पहल करने की क्षमताएं भी भिन्न-भिन्न प्रकार की होती हैं। इस कारण, राजनीतिक स्रोतों पर व्यक्तियों का समान नियंत्रण हो ही नहीं सकता। डाहल ने लोगों में चार प्रमुख अन्तरों के कारण यह असमानता अनिवार्य मानी है। यह चार अन्तर हैं—(1) लोगों का विशेषीकरण, (2) लोगों में जन्म से ही मौलिक अन्तर, (3) लोगों के लक्ष्यों और प्रेरकों में अन्तर, और (4) लोगों में कार्य की पहल करने की भिन्न-भिन्न क्षमताएं। इन कारणों से राजनीतिक व्यवस्था के साधनों पर लोगों का नियंत्रण उसी प्रकार का हो सकता है जिसके अनुरूप उनमें सामर्थ्य होती है।

(ख) राजनीतिक प्रभाव की खोज या तलाश (Search or quest for political influence)—राजनीतिक व्यवस्था में हर व्यक्ति राजनीतिक प्रभाव प्राप्त करना चाहता है, हर व्यक्ति के कुछ उद्देश्य और लक्ष्य होते हैं। अपने स्वार्थों को वह पूरा करना चाहता है। इनको पूरा करने में राजनीतिक प्रभाव सबसे अधिक सहायक होता है। अत: हर व्यक्ति राजनीतिक शक्ति को किसी न किसी रूप में अपने उद्देश्यों की प्राप्ति में प्रयुक्त कराने की कोशिश करता रहता है। इससे प्रशासन को प्रभावित करना बहुत सरल हो जाता है और इस प्रभाव में बाध्यकारिता का तत्त्व होने से व्यक्ति के स्वार्थ पूरा करने में यह प्रभाव निर्णयकारी भूमिका निभाता है। अत: राजनीतिक व्यवस्था की यह विशेषता होती है कि इसमें हर व्यक्ति अपने साधनों, स्थितियों और अवसरों के अनुकूल राजनीतिक प्रभाव प्राप्त करने के लिए प्रयत्नशील रहता है।

(ग) राजनीतिक प्रभाव का असमान वितरण (Uneven distribution of political influence)—लोकतान्त्रिक शासन व्यवस्थाओं में सब व्यक्ति बराबर होते हैं, किन्तु यह समानता केवल अधिकारों के सम्बन्ध में ही होती है। जहां तक राजनीतिक प्रभाव का प्रश्न है सब व्यक्ति इस दृष्टि से बराबर नहीं हो सकते हैं। किसी व्यक्ति की राजनीति में अधिक रुचि होती है तो कोई राजनीति से बिल्कुल उदासीन हो सकता है। कोई राष्ट्र का नेता होता है तो कोई ग्राम पंचायत में ही नेतृत्व प्राप्त करके सन्तुष्ट हो जाता है। अत: राजनीतिक प्रभाव तक सबकी समान रूप से पहुंच नहीं हो सकती है।

समाज में कई प्रकार के और कई लक्षणों वाले व्यक्ति होते हैं। उनका रातनीति के प्रति, राजनीतिक शक्ति और प्रभाव के प्रति, अलग-अलग दृष्टिकोण होता है। इस कारण हर व्यक्ति का राजनीतिक प्रभाव भिन्न-भिन्न प्रकार का ही होता है। इसी तरह राजनीतिक व्यवस्था में शासक वर्ग और शासित वर्ग में भेद स्थापित हो जाता है तथा शासक वर्ग उन्हीं को राजनीतिक प्रभाव प्राप्त करने देते हैं जो उन्हें सत्ता में बनाये रखने में सहायक होते हैं। इसलिए भी हर राजनीतिक व्यवस्था में राजनीतिक प्रभाव एक तरह से असमान रूप से वितरित होता है।

(घ) संघर्षपूर्ण उद्देश्यों का समाधान (Resolution of conflicting aims)—राजनीतिक व्यवस्था में अनेक हितों और उद्देश्यों वाले व्यक्ति होते हैं। इन हितों और उद्देश्यों में समरूपता या दिशाई एकता हो यह आवश्यक नहीं है। सामान्यतया हितों में संघर्ष ही होता है। समाज ऐसे ही संघर्षपूर्ण हितों का एक ऐसा सामंजस्यमय रूप है जिसमें इन सबके होते हुए भी एक स्थिरता रहती है। कई बार यह संघर्षपूर्ण हित अपनी सीमाओं से बाहर निकल जाते हैं और समाज इनका समाधान नहीं कर पाता है। ऐसी अवस्था में विभिन्न हितों, स्वार्थों और उद्देश्यों में सन्तुलन बिगड़ कर अस्थायित्व की स्थिति पैदा कर देता है। इसी अवस्था में राजनीतिक व्यवस्था को हस्तक्षेप करना होता है। अपनी बाध्यकारी शक्ति के प्रयोग से राजनीतिक व्यवस्था यह करने में समर्थ होती है। अतः हर राजनीतिक व्यवस्था का प्रमुख कार्य और विशेषता यह होती है कि उसको विभिन्न संघर्षपूर्ण उद्देश्यों का समाधान करना होता है।

राजनीतिक व्यवस्था में विविध प्रकार की मांगें आती रहती हैं। सभी मांगों का समाधान कर सकना किसी भी व्यवस्था के लिए सम्भव नहीं होता है। कई बार मांगें परस्पर विरोधी और अतिवादी होती हैं। ऐसी मांगों का रूपान्तरण करके हर अवस्था में निर्णय लेना ही होता है। यह निर्णय आधिकारिक होने के कारण मांगों के संघर्ष को समाप्त करने में सक्षम होते हैं, किन्तु आवश्यकता पड़ने पर बाध्यकारी शक्ति का भी प्रयोग राजनीतिक व्यवस्था कर सकती है। अतः यह संघर्षरत उद्देश्यों का समाधान करने का प्रमुख लक्षण रखती है।

(च) वैधता या औचित्यता की प्राप्ति (The acquisition of legitimacy)—राजनीतिक शक्ति के धारकों के बारे में जनता की यह भावना कि वे इस शक्ति को उनके भले के लिए प्रयुक्त करते हैं तथा उनमें जनता की आस्था है, इसकी वैधता की कसौटी होती है। वास्तव में, राजनीतिक व्यवस्था की वैधता लोगों के शासकों के प्रति ऐसे ही विश्वास से बनी रहती है। राजनीतिक व्यवस्था में नेताओं का यह प्रयास रहता है कि समाज में विद्यमान विभिन्न संघर्षों के समाधान के लिए सरकारी शक्ति का प्रयोग किये जाने पर उसका आधार यथासम्भव हिंसा, दमन अथवा दण्ड का भय न होकर यह विश्वास हो कि यह सब जनता के हित के लिए आवश्यक ही नहीं अनिवार्य हैं। अतः शासकों में जनता का सहज विश्वास ही राजनीतिक व्यवस्था को औचित्यता प्रदान करता है। यही कारण है कि हर राजनीतिक व्यवस्था में राजनीतिक शक्ति के धारक इस शक्ति का इस प्रकार से प्रयोग करते हैं जिससे जनता की आस्था उनमें बनी रहे। यही कारण है कि

तानाशाही व्यवस्थाओं में सैनिक तानाशाहों द्वारा भी चुनाव कराना, व्यवस्थापिका और न्यायपालिका को बनाए रखना इत्यादि सब राजनीतिक शक्ति की वैधता को प्रस्थापित करने के लिए ही किया जाता है। अगर जनता राजनीतिक शक्ति के धारकों को औचित्यतायुक्त नहीं मानती है तो व्यवस्था अधिक दिन नहीं बनी रह सकती । अतः हर राजनीतिक व्यवस्था का यह प्रयास रहता है कि वह वैधता-युक्त रहे। जनता उसकी सत्ता को स्वीकार करे और उसके आदेशों का स्वाभाविक रूप से पालन करे। क्योंकि, जनता को डंडे के जोर से कोई भी शासक लम्बी अवधि तक नियंत्रित नहीं रख सकता। इसलिए राजनीतिक व्यवस्था वैधता के आधार पर ही सुव्यवस्थित और स्थिर रह सकती है। इस कारण, वैधता की प्राप्ति इसका प्रमुख लक्षण बन जाता है।

(छ) एक विचारधारा का विकास (The development an ideology)—आधुनिक समय में विचारधारा ही समाज के विभिन्न सदस्यों को एक सूत्र में पिरोये रखने का महत्त्वपूर्ण साधन बनती जा रही है। राष्ट्रीयता के साथ एक विचारधारा को जोड़कर हर राजनीतिक व्यवस्था अपने विकास-पथ और गन्तव्यों का निश्चित संकेत देने का प्रयास करती है। आधुनिक समाज में व्यक्तियों को आपस में बांधने वाली शक्ति केवल अमूर्त ही नहीं हो सकती है। आज का मानव ठोस बातों के आधार पर ही एकता के सूत्र में पिरोकर रखा जा सकता है। अतः हर राजनीतिक व्यवस्था को अपनी विचारधारा का विकास करना होता है जिससे विकास पथ, दिशा, उद्देश्यों और साध्यों का निश्चय हो सके। लोगों को केवल न समझ में आने वाली अमूर्त अवधारणाओं के आधार पर जोड़कर रखना अब सम्भव नहीं रहा है। इसके लिए अधिक विश्वसनीय व स्पष्ट अवधारणा, विचारधारा का विकास आवश्यक होता है।

हर राजनीतिक व्यवस्था का अपना व्यक्तित्व, अहम् और अलगपन बना रहे इसकी व्यवस्था विचारधारा के आधार पर ही सम्भव होती है। एक अन्य कारण से भी विचारधारा का विकास अनिवार्य है। अनेक विरोधी विचारधाराओं में से राजनीतिक व्यवस्था किस विचारधारा को स्वीकार करती है, इसका स्पष्टीकरण हो जाने पर व्यक्तियों की आस्था सरकार में विचारधारा के आधार पर रहने लगती है। वर्तमान समय में विचारधारा के आधार पर राजनीतिक दल बनते हैं तथा जनता इसी आधार पर दल विशेष को समर्थन देती है। अतः हर राजनीतिक व्यवस्था के लिए विचारधारा का विकास करना आवश्यक है। यही कारण है कि डाहल विचारधारा का विकास हर राजनीतिक व्यवस्था की प्रमुख विशेषता मानते हैं।

(ज) अन्य राजनीतिक व्यवस्थाओं से अन्तःक्रिया (Interaction with other political systems)—वर्तमान युग में राजनीतिक व्यवस्थाएं अपने आप में सिमट कर नहीं रह सकती हैं। संचार साधनों के विकास के कारण एक राजनीतिक व्यवस्था को दूसरी राजनीतिक व्यवस्था से सम्पर्क स्थापित करने में कोई कठिनाई नहीं होती है। वर्तमान परिस्थितियों में ऐसा सम्पर्क आवश्यक ही नहीं अनिवार्य हो गया है। इसका प्रमुख कारण वैज्ञानिक और तकनीकी प्रगति है। आज सम्पूर्ण विश्व एक समाज बन गया है। एक स्थान पर होने वाली घटना का दूसरे स्थान पर अनिवार्यतः प्रभाव पड़ता

है। आजकल राजनीतिक व्यवस्थाएं समाज के पर्यावरण से कहीं अधिक अन्तर्राष्ट्रीय पर्यावरण से प्रभावित रहने लगी हैं। इस कारण हर राजनीतिक व्यवस्था की अन्य राजनीतिक व्यवस्थाओं से अन्तःक्रिया बढ़ गई है, इसलिये हर राजनीतिक व्यवस्था की यह विशेषता हो गई है कि वह अन्य राजनीतिक व्यवस्थाओं से अन्तःक्रियाशील रहती है।

(झ) गत्यात्मकता और तेजस्विता या सजीवता (Dynamism and vitality)—राजनीतिक व्यवस्थाएं परिवर्तनशील होती हैं। यह प्राणवान बनी रहना चाहती हैं। इसका कारण है कि व्यक्तियों की आकांक्षाएं और आवश्यकताएं बदलती रहती हैं और इन बदलती परिस्थितियों के अनुरूप व्यवस्था का ढलना और अनुरूप होना ही राजनीतिक व्यवस्थाओं को गत्यात्मक या सजीव बनाये रखता है। हर व्यवस्था में निरर्थक संरचनाएं समाप्त होती रहती हैं। इसी तरह पुरानी भूमिकाओं के स्थान पर नई भूमिकाओं का निष्पादन आवश्यक हो जाता है। राजनीतिक व्यवस्था का बना रहना ही इस बात पर निर्भर करता है कि वह परिवर्तनों के प्रति कितनी सचेत और सजग है। यह सचेतता और सजगता ही राजनीतिक व्यवस्था की गत्यात्मकता और सजीवता है। राजनीतिक व्यवस्था का जड़ होना उसके टूटने की स्थितियां उत्पन्न करता है। अतः यह हर राजनीतिक व्यवस्था की विशेषता होती है कि वह गत्यात्मक बनी रहे।

उपरोक्त विशेषताएं ऐसी सामान्य विशेषताएं हैं, जो डाहल के अनुसार हर राजनीतिक व्यवस्था में पायी जाती हैं। इनमें मात्रात्मक अन्तर होते हैं, किन्तु प्रकार के अन्तर नहीं हो सकते। उदाहरण के लिए, ऐसी कोई राजनीतिक व्यवस्था—साम्यवादी व्यवस्थाएं भी इसमें सम्मिलित हैं—नहीं हो सकती है, जिसमें राजनीतिक स्रोतों या प्रभावों का असमान रूप से वितरण नहीं हो। इसी तरह लोकतान्त्रिक, स्वेच्छाचारी और सर्वाधिकारी शासन व्यवस्थाओं में सभी के द्वारा वैधता प्राप्त करना अनिवार्य है। अन्यथा इसके अभाव में राजनीतिक व्यवस्था टिक नहीं सकेगी। अतः हर राजनीतिक व्यवस्था में उपरोक्त लक्षण व विशेषताएं पाई जाती हैं। इनके अलावा भी और अनेक विशिष्टताएं राजनीतिक व्यवस्थाओं में पायी जाती हैं, किन्तु डाहल ने केवल उन सामान्य विशेषताओं को ही लिया है जो कम या अधिक मात्रा में हर राजनीतिक व्यवस्था में विद्यमान रहती हैं।

राजनीतिक व्यवस्था की क्रियात्मकता (The Functioning of a Political System)

राजनीतिक व्यवस्था की क्रियात्मकता से हमारा आशय इसके कार्य करने की विधि से है। हर राजनीतिक व्यवस्था में अपने अन्दर उठने वाली मांगों या निवेशों के रूप में आने वाली बातों के बारे में क्रियाशील बनकर उन्हें निर्गतों में रूपान्तरित करने की व्यवस्था होती है। इसी प्रक्रिया को राजनीतिक व्यवस्था की क्रियात्मकता कहा जाता है। हर राजनीतिक व्यवस्था के कार्य निष्पादन के तीन स्तर होते हैं— (क) प्रबोधक-प्रक्रिया स्तर, (ख) रूपान्तर-प्रक्रिया स्तर, और (ग) प्रतिसम्भरण-प्रक्रिया स्तर।

(क) राजनीतिक व्यवस्था की क्रियात्मकता का प्रबोधक-प्रक्रिया स्तर (The stage of monitoring process of the functioning of political system)—राजनीतिक

व्यवस्था को स्पन्दनशील या प्रबोधक बनाने के लिए कुछ प्रबोधक तत्त्वों या कारकों की आवश्यकता होती है। यह प्रबोधक पर्यावरण या स्वयं राजनीतिक व्यबस्था में से आ सकते हैं। इनको निवेश या मांगें और समर्थन कहा जाता है। इसके सम्बन्ध में डेविड ईस्टन और आमण्ड एवं पावेल ने अलग-अलग निवेशों की बात की है। इनका वर्णन पृथक से, राजनीतिक व्यवस्था विश्लेषण के शीर्षक के अन्तर्गत किया जाएगा, इसलिए यहां इतना ही जानना पर्याप्त रहेगा कि हर राजनीतिक व्यवस्था को क्रियाशील बनाने के लिए प्रेरक शक्ति चाहिए। यह निवेशों के रूप में इसको प्राप्त होती है, जिनमें प्राथमिकताओं इत्यादि का निर्धारण करने के साथ ही राजनीतिक व्यवस्था की क्रियात्मकता का यह स्तर समाप्त हो जाता है। इसका कार्य तो केवल राजनीतिक व्यवस्था को सक्रिय करने की शक्ति प्रदान करना है। उदाहरण के लिए, एक मशीन को कार्य करने की अवस्था में लाने के लिए सबसे पहले आवश्यक वोल्टेज की बिजली तथा अन्य कच्ची सामग्री इत्यादि उपलब्ध करनी होगी। राजनीतिक व्यवस्था की प्रबोधक प्रक्रिया में पर्यावरण से मांगें आती हैं। यह मांगें व्यवस्था के बाहर और अन्दर दोनों ही जगह से आ सकती हैं।

(ख) राजनीतिक व्यवस्था की क्रियात्मकता का रूपान्तर-प्रक्रिया स्तर (The stage of conversion-process of the functioning of political system)—राजनीतिक व्यवस्था में प्रबोधक-प्रक्रिया के रूप में जो भी निवेश आते हैं उन पर राजनीतिक व्यवस्था को विचार करके उनका निर्णयों या निर्गमों में रूपान्तर करना होता है। किन्तु राजनीतिक व्यवस्था में आने वाले निवेश कई तरह के—उचित, अनुचित या बेहूदा भी हो सकते हैं। कई मांगें केवल राजनीतिक सत्ता धारकों को परेशान करने के लिए भी रखी जाती हैं। ऐसी मांगों को रखने वाले स्वयं यह जानते हैं कि इनको पूरा करना सम्भव नहीं है फिर भी दलीय या राजनीतिक उद्देश्यों से ऐसी ऊटपटांग मांगें भी निवेशों के रूप में राजनीतिक व्यवस्था में प्रवेश पा लेती हैं। इसलिये राजनीतिक व्यवस्था की सक्रियता के रूपान्तर-स्तर पर राजनीतिक व्यवस्था हर मांग पर विचार करे यह आवश्यक नहीं है। वह अपने साधनों, व्यवस्था के साध्यों, मांग के समर्थकों की संख्या, मांग के उचितपन और उसकी उग्रता आदि को ध्यान में रखकर उसका रूपान्तरण करती है। अर्थात उसको स्वीकार या अस्वीकार या उसमें संशोधन इत्यादि करके निर्णय व नीति बनाती है जो निर्गत के रूप में पुनः पर्यावरण में आते हैं। यह निर्गत कई प्रकार के हो सकते हैं। यह तथ्यात्मक से लेकर प्रतीकात्मक रूप में या लाभों के आवंटन तक से सम्बन्धित हो सकते हैं। यह कानूनों, नीतियों और निर्णयों के रूप में पुनः पर्यावरण में आते हैं और यह राजनीतिक व्यवस्था की क्रियात्मकता का दूसरा स्तर समाप्त होना है।

(ग) राजनीतिक व्यवस्था क्रियात्मकता का प्रतिसम्भरण प्रक्रिया स्तर (The stage of feedback process of the functioing of political system)—राजनीतिक व्यवस्था में मांगों के रूप में जो निवेश आते हैं अगर उनका रूपान्तरण उस प्रकार नहीं हुआ है जिस प्रकार मांग करने वाले चाहते हैं तो उससे सम्बन्धित नीति, निर्णय या

निर्गत से प्रतिसम्भरण (feedback) प्रक्रिया के माध्यम से मांग को और अधिक शक्तिशाली बना सकते हैं या मांग रखने वाले चुप होकर बैठ सकते हैं। मांग के पूरा होने पर सरकार का समर्थन व उससे सहयोग बढ़ सकता है अन्यथा विरोध भी हो सकता है। राजनीतिक व्यवस्थाओं की क्रियात्मकता को इस प्रकार चित्र 6.1 से समझा जा सकता है।

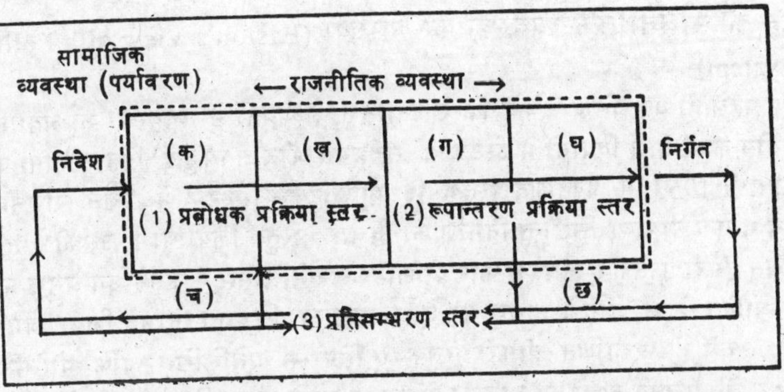

चित्र 6.1. राजनीतिक व्यवस्था की क्रियात्मकता के स्तरों का रेखाचित्र

चित्र 6.1 में राजनीतिक व्यवस्था की क्रियात्मकता के विभिन्न स्तरों को दिखाया गया है। प्रबोधक-प्रक्रिया का स्तर सामाजिक व्यवस्था के पर्यावरण और राजनीतिक व्यवस्था के एक अंश से सम्बन्धित होता है। क्योंकि, प्रबोधक शक्ति के रूप में निवेश समाज से भी आते हैं। चित्र में यह 'क' के द्वारा दिखाया गया है जो पर्यावरण का वह भाग है जो प्रबोधक-प्रक्रिया को प्रेरित करता है। किन्तु, निवेश राजनीतिक व्यवस्था के अन्दर से भी आ सकते हैं। इसको राजनीतिक व्यवस्था के 'ख' भाग द्वारा दिखाया गया है। अत: प्रबोधक-प्रक्रिया का स्तर 'क' और 'ख' से मिलकर बनता है। दूसरे स्तर पर रूपान्तरण, राजनीतिक व्यवस्था के 'ग' भाग और सामाजिक पर्यावरण के 'घ' भाग में होते हैं। अतः रूपान्तर की प्रक्रिया का स्तर 'ग' और 'घ' से मिलकर बनता है। यह निर्गमों के रूप में पर्यावरण में आता है जो प्रतिसम्भरण का तीसरा स्तर है। यहां राजनीतिक व्यवस्था 'ख' और 'ग' भाग से मिलकर बनती है।

रूपान्तर-प्रक्रिया को केवल राजनीतिक-व्यवस्था के अन्दर चित्रित करने का प्रचलन या प्रथा गलत है। क्योंकि, राजनीतिक निर्णय प्रक्रिया में अब अनेक अराजनीतिक तत्त्व सम्मिलित होने लग गये हैं। अतः निवेशों का रूपान्तरण केवल राजनीतिक व्यवस्था के अन्दर ही मानना गलत है। इसी तरह, निवेश केवल पर्यावरण से ही आते हों यह भी अब सही नहीं है। तथ्य तो यह है कि अधिकांश निवेश स्वयं राजनीतिक व्यवस्था के अन्दर ही उत्पन्न होने लगे हैं। लोककल्याणकारी शासन व्यवस्थाओं में तो यह बहुत अधिक होने लगा है। अतः निवेशों का भी केवल पर्यावरण से ही आना मानना गलत है।

यही कारण है कि यह चित्र 6.1 ईस्टन और आमण्ड द्वारा दिये गये निवेश-निर्गत माडलों के चित्रण से कुछ भिन्न है। इसी प्रकार, प्रतिसम्भरण के बारे में कहा जा सकता है कि यह निर्गतों और निवेशों के बीच ही नहीं अपितु, प्रबोधक-प्रक्रिया और रूपान्तर-प्रक्रिया स्तर के बीच भी होने लगा है जो रेखाचित्र में 'च' और 'छ' से दिखाया गया है। इस तरह, राजनीतिक व्यवस्था की क्रियातमकता बहुत जटिल होती है। यह इतनी सरल नहीं होती जितनी कि चित्र 6.! द्वारा प्रस्तुत की गई है।

ईस्टन की राजनीतिक व्यवस्था की व्याख्या (Easton's View of a Political System)

हम पहले ही यह लिख चुके हैं कि राजनीतिक अध्ययनों में व्यवस्था की अवधारणा का प्रयोग करने वाले विद्वानों में ईस्टन ही सर्वप्रथम और सर्वप्रमुख विद्वान माना जाता है। उसकी 1953 में प्रकाशित पुस्तक **दि पोलिटिकल सिस्टम** में उसने राजनीतिक विज्ञान में एक सामान्य सिद्धान्त निर्माण का विचार प्रस्तुत किया था। उसकी 1965 में प्रकाशित दूसरी पुस्तक **ए फ्रेमवर्क फॉर पोलिटिकल एनेलिसिस** में उसने उन प्रमुख प्रवर्गों को प्रस्थापित किया जिनके आधार पर ऐसा सामान्य सिद्धान्त निर्मित किया जा सके, तथा 1965 में ही प्रकाशित तीसरी पुस्तक **ए सिस्टम्स एनेलिसिस ऑफ पोलिटिकल लाइफ** में उन प्रत्ययी ढांचों को व्यवहार में प्रयुक्त करके आनुभविक स्थितियों पर लागू करने का प्रयास किया है।

ईस्टन ने राजनीतिक व्यवस्था की व्याख्या करते हुए लिखा है कि उन अन्त.क्रियाओं को, जिनसे समाज में मूल्यों का आधिकारिक निर्धारण होता है, राजनीतिक व्यवस्था कहते हैं। उसके अनुसार—राजनीतिक व्यवस्था एक खुली और स्वयं-समंजनीय (self-adjustable) व्यवस्था है, जो कि एक वातावरण में कार्य करती है। राजनीतिक व्यवस्था का पर्यावरण ईस्टन के अनुसार दो प्रकार का होता है—(1) अन्तःसमाजीय पर्यावरण जिसमें परिस्थितिकीय, जीवशास्त्री, व्यक्तित्व और सामाजिक व्यवस्था इत्यादि सम्मिलित किए जाते हैं, और (2) अतिरिक्त समाजीय पर्यावरण जिसमें अन्तर्राष्ट्रीय राजनीतिक, अन्तर्राष्ट्रीय परिस्थितिकीय और अन्तर्राष्ट्रीय सामाजिक व्यवस्था का पर्यावरण सम्मिलित किया जाता है।

ईस्टन यह मानता है कि हर राजनीतिक व्यवस्था के दो विशेष अनुलक्षण होते हैं। एक तरफ तो, राजनीतिक व्यवस्था आदानों-प्रदानों और कार्य-सम्पादनों की प्रक्रिया है। दूसरी तरफ, राजनीतिक व्यवस्था उत्पातों या गड़बड़ों और दबावों की इतनी वशीभूत है कि इनसे इसका संतुलन भी विखंडित हो सकता है। जहां तक राजनीतिक व्यवस्था की आदान-प्रदान प्रक्रिया का प्रश्न है यह दो-तरफा होती है तथा राजनीतिक व्यवस्था और पर्यावरण के बीच चलती है। जबकि कार्य-सम्पादनता, राजनीतिक व्यवस्था के अन्दर ही एक दिशा से दूसरी दिशा की तरफ चलती है। जहां तक राजनीतिक व्यवस्था की गड़बड़ों और दबावों की वशीभूतता का प्रश्न है, इसको रोकने के लिए व्यवस्था के अन्दर ही इसके मुआवजे की प्रक्रियाएं होती हैं, जो राजनीतिक व्यवस्था को टुकड़े-टुकड़े होने से

बचाए रखती हैं। ईस्टन की मान्यता है कि उत्पात हमेशा ही पर्यावरण से आते हैं। जो अनुकूल भी हो सकते हैं या जो व्यवस्था में तनाव भी ला सकते हैं। यह तनाव व दबाव आंतरिक प्रभाव वाले होते हैं और व्यवस्था के आवश्यक परिवर्त्यों को एक सीमा के आगे धकेल देने से उत्पन्न होते हैं। इस प्रकार, ईस्टन राजनीतिक व्यवस्था को आदान-प्रदान और कार्य-निष्पादन की ऐसी व्यवस्था मानता है जो पर्यावरण के द्वारा उत्पन्न उत्पातों और व्यवस्था के अन्दर की अतिवादी गतिविधियों से उत्पन्न दबावों के वशीभूत रहती है। ईस्टन द्वारा राजनीतिक व्यवस्था की व्याख्या में निम्नलिखित बातों पर जोर दिया गया है—

(i) आदान-प्रदान या विनिमय की प्रक्रिया के रूप में राजनीतिक व्यवस्था में पर्यावरण से व्यवस्था और व्यवस्था से पर्यावरण की तरफ आदान-प्रदान चलता रहता है।

(ii) कार्य-सम्पादन की प्रक्रिया के रूप में राजनीतिक व्यवस्था में कार्य सम्पादन-व्यवस्था के अन्दर ही एक दिशा से दूसरी दिशा की तरफ चलता रहता है।

(iii) राजनीतिक व्यवस्था में उत्पातों या गड़बड़ों की वशीभूतता पर्यावरण के कारण होती है क्योंकि, इस प्रकार के उत्पात हमेशा पर्यावरण से ही आते हैं। अतः यह व्यवस्था से बाहर के प्रभावों से व्यवस्था का वशीभूत रहना है जो अनुकूल और प्रतिकूल दोनों ही प्रकार के हो सकते हैं। इनकी अनुकूलता व्यवस्था को सुदृढ़ करती है जबकि प्रतिकूलता व्यवस्था को विखंडित करने की स्थिति में धकेल सकती है।

(iv) राजनीतिक व्यवस्था में दबावों और खिचावों की वशीभूतता व्यवस्था के अन्दर ही व्यवस्था के आवश्यक परिवर्त्यों के संकटपूर्ण सीमा के आगे धकेले जाने पर उत्पन्न होती है। अतः यह व्यवस्था के अन्दर ही उत्पन्न होने वाले कारकों से उत्पन्न दबावों की वशीभूतता है तथा हमेशा प्रतिकूल बनने की ही इसकी प्रवृत्ति होती है किन्तु, इसको रोकने के लिए व्यवस्था के अन्दर ही उसके मुआवजे की प्रतिक्रियाओं का होना आवश्यक है अन्यथा व्यवस्था विखंडित हो जाती है। सामान्यतया हर व्यवस्था में ऐसी मुआवजे की प्रतिक्रियाएं विद्यमान रहती हैं।

राजनीतिक व्यवस्था की उपरोक्त व्याख्या को और अधिक स्पष्ट करने के लिए ईस्टन ने राजनीतिक व्यवस्था के तीन संघटकों (components) का विस्तार से विवेचन किया है। उसके अनुसार हर राजनीतिक व्यवस्था में तीन महत्त्वपूर्ण संघटक सन्निहित रहते हैं जिनसे राजनीतिक व्यवस्था सक्रियता प्राप्त करती है। यह तीन संघटक (क) राजनीतिक व्यवस्था के निवेश, (ख) मांगों का रूपान्तरण, और (ग) राजनीतिक व्यवस्था के निर्गत हैं।

(क) राजनीतिक व्यवस्था के निवेश (Inputs of a political system)—ईस्टन राजनीतिक व्यवस्था के निवेश में मांगों (demands) और समर्थनों (supports) को सम्मिलित करता है। मांगों को ईस्टन ने शासकों को सम्बोधित विन्यासित आकांक्षाएं या अपेक्षाएं कहा है। हर राजनीतिक व्यवस्था में हर क्षण असंख्य आवश्यकताए और अपेक्षाएं विद्यमान रहती हैं। किन्तु, इनमें से केवल कुछ को छोड़कर अधिकांश, प्रभावकारी विन्यासन का सामाजिक स्तर प्राप्त ही नहीं कर पाती हैं। जो ऐसा स्तर प्राप्त कर

विन्यासित हो जाती हैं वे ईस्टन के अनुसार राजनीतिक व्यवस्था में मांगें बन जाती हैं। राजनीतिक व्यवस्था में इस प्रकार की मांगें व्यवस्था में दबावों के सम्भावित स्रोत होती हैं। व्यवस्था का दबाव दो प्रकार का हो सकता है। पहला आयतनी दबाव (volume stress) और दूसरा मात्रात्मक दबाव (content stress) होता है। आयतनी दबाव उस समय उत्पन्न होता है जब व्यवस्था की मांगों की संसाधन-क्षमता से मांगों की संख्या बढ़ जाती है। मात्रात्मक या तत्त्व-दबाव उस समय उत्पन्न होता है जब राजनीतिक व्यवस्था के पास मांगों का संसाधन करने का समय ही नहीं होता है। मांगें उस अवस्था में भी दबाव उत्पन्न कर देती हैं जब उन पर ध्यान देना कठिन हो जाता है, क्योंकि, वे व्यवस्था के ही प्रतिकूल पड़ती हैं या व्यवस्था के अन्दर विद्यमान लक्षणों के विपरीत जाती हैं या उनसे राजनीतिक व्यवस्था के सीमित साधनों का क्षय होता है। कई बार मांगें अपनी पेचीदगी के कारण भी दबाव उत्पन्न कर सकती हैं। उनमें जटिलता, अन्य मांगों से उनके टकराव या व्यवस्था से बेमेलता के कारण उत्पन्न हो सकती है। इस तरह मांगें राजनीतिक व्यवस्था में दबावों के निवेश कही जा सकती हैं।

ईस्टन के द्वारा निवेश का दूसरा पक्ष समर्थन माना गया है। समर्थन राजनीतिक वस्तुओं की तरफ अभिमुखी होते हैं। यह समर्थन सकारात्मक या नकारात्मक, अभिवृत्तात्मक या सक्रिय तथा खुल्लमखुल्ला अर्थात प्रकट या अप्रकट प्रकार के हो सकते हैं। समर्थन शासकों, शासन व्यवस्था और स्वयं राजनीतिक व्यवस्था के प्रति राजनीतिक समुदाय की नकारात्मक या सकारात्मक प्रतिक्रिया की अभिव्यक्ति होते हैं। समर्थन शासकों, सत्ता व मूल्य व्यवस्था और सम्पूर्ण राजनीतिक व्यवस्था के प्रति राजनीतिक समुदाय की इनके अनुकूल या प्रतिकूल प्रतिक्रिया की अभिव्यक्ति करते हैं।

इस प्रकार, ईस्टन राजनीतिक व्यवस्था के निवेश, मांगों और समर्थनों को मानता है। इनमें पहला व्यवस्था पर दबाव डालना है और दूसरा राजनीतिक व्यवस्था, सत्ता-व्यवस्था एवं शासकों के प्रति जनसमुदाय की अनुकूल-प्रतिकूल प्रतिक्रियाओं की अभिव्यक्ति है। मांगों की तरह ही समर्थन भी अनेक प्रकार के होते हैं और सबका प्रभाव राजनीतिक व्यवस्था को सक्रिय बनाने वाला होता है। यह सक्रियता, समर्थनों के अनुकूल होने पर व्यवस्था की पोषक और समर्थनों के प्रतिकूल होने पर व्यवस्था की शोषक बन जाती है।

(ख) मांगों का रूपान्तरण (The conversion of demands)—मांगों के रूपान्तरण की प्रक्रिया उन तरीकों को कहा जाता है जिनसे राजनीतिक व्यवस्था अपने समर्थनों और साधनों का प्रयोग, सत्ताओं या शासकों को सम्बोधित मांगों को अस्वीकार करने, उनको पूरा करने या उनमें हेर-फेर करने के लिए करती है। ईस्टन का अभिमत है कि शासकों की सम्बन्धित मांगों को भिन्न-भिन्न तरीकों से सम्बोधित किया जा सकता है। उसने इसमें से चार विधियां प्रमुख मानी हैं—

(i) कुछ मांगें प्रत्यक्ष रूप से, नकारात्मक या सकारात्मक ढंग से पूरी कर दी जाती हैं। जैसे नौकरी दे दी जाती है या इसके लिए मना कर दिया जाता है।

(ii) अधिकांश मांगें पहले एक सामान्य मांग में बदली जाती हैं और उसका सामान्य नियम बनाकर सामाम्य समाधान कर दिया जाता है।

(iii) कई मांगों को सामान्य हित के मुद्दों में परिवर्तित कर दिया जाता है जिससे वे सामान्य नियम बनाने के स्तर तक महत्त्व प्राप्त कर सकें और उसके बाद सामान्य नियम बनाकर उनका सामान्य समाधान कर दिया जाता है।

(iv) मांगों की पहले संख्या कम की जाती है और फिर उन्हें लोक कल्याण की अपेक्षाओं और आकांक्षाओं में परिवर्तित करके पूरा कर दिया जाता है।

सामान्यतया मांगों को पूरा करने के लिए मांगों का न्यूनीकरण किया जाता है। न्यूनीकरण के कई तरीके और रूप हो सकते हैं किन्तु, उनमें से प्रमुख तीन ही माने जाते हैं। प्रथम में, मांगों का समूहीकरण और संयुक्तीकरण किया जाता है। एक-सी मांगों को या तुलनीय मांगों को एक साथ करके उन सबका सामान्य उपचार कर दिया जाता है। मांगों के न्यूनीकरण की दूसरी विधि अन्तर-व्यवस्थाई है। इसमें मांगों को कुछ दरवाजे पार करके ही आगे बढ़ने देने के कारण, अनेक मांगें, द्वारपालों द्वारा रोक दी जाती हैं। इन द्वारों से मांगों के पार होने के लिए कुछ शर्तें होती हैं। इन शर्तों को पूरा करने पर ही मांग व्यवस्था में रूपान्तरण के लिए आगे बढ़ सकती है। ऐसे दरवाजे हर राजनीतिक व्यवस्था में संसदों, न्यायपालिकाओं या प्रशासकों के रूप में होते हैं। जो मांगें केवल इन द्वारों से गुजरकर ही निर्णय सत्ताओं के पास आने के लक्षणों वाली होती हैं उनको अनिवार्यत: इन्हीं मागों से आगे बढ़ना होता है, और इस प्रक्रिया में मांगों की संख्या कम हो जाती है। उदाहरण के लिए, कोई मांग केवल संसद द्वारा स्वीकार होने पर ही पूरी की जा सकती है और संसद में इस मांग का पर्याप्त समर्थन नहीं हो तो यह मांग संसद रूपी द्वार पर ही रुक जाएगी और आगे नहीं बढ़ पाएगी। इस तरह के दरवाज़ों पर वह सब मांगें रोक दी जाती हैं जो व्यवस्था या साधनों के अनुरूप नहीं होती हैं। मांगों को कम करने की तीसरी विधि में मांगों को मुद्दों में बदलना होता है अर्थात मांग को महत्त्व की दृष्टि से ऊपर उठना है। यह काम स्वयं शासक कर सकते हैं या राजनीतिक समुदाय भी ऐसा कर सकता है। इससे मांग सामान्य महत्त्व प्राप्त कर लेती है जिससे उसका सकारात्मक या नकारात्मक समाधान करने के लिए सामान्य नियमों का निर्माण करना आसान हो जाता है। कभी-कभी ऐसा मांग को अनुचित ठहराने के लिए भी किया जा सकता है।

मांगों की रूपान्तरण प्रक्रिया बहुत महत्त्व रखती है। क्योंकि, इसके द्वारा शासकों का समर्थन बढ़ या घट सकता है। उस अवस्था में मांगों की रूपान्तरण प्रक्रिया समर्थन में घटाव लाती है जबकि (1) राजनीतिक समुदाय के किसी महत्त्वपूर्ण व्यक्ति की मांग को पूरा करने में शासक असफल हो जाते हों। (2) मांगों में से उचित मांग को पहचान कर उसको पूरा करने में असफल हों तथा (3) शासकों का मांगों के बारे में किया गया निर्णय ही ठीक नहीं हो, तब मांगों की रूपान्तरण प्रक्रिया शासकों के समर्थन में कमी ला सकती है। समर्थनों में कमी के कारण अभिवृत्तियों में फूट पड़ने लगती है और समूहों में ऐसे संघर्ष होने लगते हैं जो व्यवस्था की एकता और ठोसता के लिए खतरनाक हो सकते हैं। ईस्टन का अभिमत है कि राजनीतिक व्यवस्था के समर्थन में कटाव या कमी सम्पूर्ण व्यवस्था के लिए घातक हो सकती है। सारी व्यवस्था इससे डांवाडोल होने लग सकती

है। इसलिए हर राजनीतिक व्यवस्था में समर्थनों के कटाव या कमी को रोकने के लिए कई साधन अपनाए जाते हैं। सामान्यतया ये साधन तीन प्रकार के होते हैं—

(i) फूट और विभेदों को सीधे कम करने से समर्थन कम करने वाला कारण दूर हो जाता है। इसके लिए राजनीतिक व्यवस्था में संरचनात्मक परिवर्तन लाए जा सकते हैं। राजनीतिक व्यवस्था को अधिक लचीला बनाया जा सकता है या व्यवस्था का विभिन्नीकरण कर दिया जाता है। अनेक बार फूट या मतभेदों को दूर करने के लिए दमनकारी उपाय भी अपनाए जाते हैं। फूट या मतभेद उत्पन्न करने वाले अल्पसंख्यक या छोटे समूह को दबा कर यह किया जाता है।

(ii) समर्थनों के भण्डार बनाकर भी कम होते समर्थन पर रोक लगाई जा सकती है। यह सबसे प्रभावी साधन माना जाता है। इसमें राजनीतिक श्रेय देकर पहले से ही समर्थक भण्डार रखे जाते हैं जो आवश्यकता पड़ते ही जोर-शोर से समर्थन के लिए आगे आ जाते हैं।

(iii) समर्थकों को पुरस्कृत करके भी समर्थनों का कटाव रोका जाता है। इसमें सत्ता के समर्थकों को प्रत्यक्ष प्रोत्साहन दिया जाता है। ऐसा सामान्यतया सरकार को राजनीतिक व्यवस्था की कीमत पर ही करना पड़ता है। अतः यह अधिक लोकप्रिय होते हुए भी राजनीतिक व्यवस्था के समग्र संदर्भ में हानिकारक होता है। फिर भी, सर्वाधिक उपयोग इसी का किया जाता है।

इस प्रकार, समर्थनों में कटाव को रोकने का सर्वाधिक स्थायी माध्यम समर्थनों के भण्डार बनाना ही माना जाता है। यह एक तरह से विसरित समर्थन माना जाता है जिसमें विचारधाराओं, संरचनात्मक अभिकरणों और व्यक्तिगत गुणों का योगदान होता है। उदाहरण के लिए, नेताओं में से कोई चमत्कारिक व्यक्तित्व वाला नेता सीधे जनता से शासन और राजनीतिक व्यवस्था का समर्थन करने का अनुरोध करके अचानक ही जन-सहानुभूति और समर्थन प्राप्त कर सकता है। इसी तरह, विचारधारा भी समर्थन प्राप्त करने का एक महत्त्वपूर्ण माध्यम है। संक्षेप में, मांगों का रूपान्तरण इस तरह करना होता है जिससे समर्थन बढ़े और अगर समर्थन में कुछ मांगों के कारण कटाव आता है तो उसको रोकने के विविध साधनों में से किसी एक को या तीनों को अपनाकर समर्थन में वृद्धि की जा सके।

(ग) राजनीतिक व्यवस्था के निर्गत (The outputs of a political system)—ईस्टन की राजनीतिक व्यवस्था की व्यांख्या में तीसरा महत्त्वपूर्ण संघटक निर्गतों का है। यह सत्ता-धारकों के वे कार्य हैं जिनके द्वारा शासक राजनीतिक समुदाय की मांगों को या स्वयं उन्हीं के द्वारा प्रस्तावित मांगों को रूपान्तरण प्रक्रिया के माध्यम से पूरा करने का प्रयत्न करते हैं। यह निर्गत दो प्रकार के हो सकते हैं। प्रथम को सत्तात्मक या आधिकारिक (authoritative) निर्गत कहते हैं। दूसरे प्रकार के निर्गत सह या सम्बद्ध (associated) निर्गत होते हैं। प्रथम प्रकार के निर्गत सत्तात्मक या बन्धनकारी निर्णय होते हैं जो सामान्य कानूनों से लेकर न्यायालय के विशिष्ट निर्णयों के रूप में भी होते हैं। सह या सम्बद्ध निर्गत बाध्यकारी नहीं होते हैं और इनका उपयोग केवल संदर्भी या निर्देशात्मक

होता है। यह नीतियों, प्रतिबद्धताओं और तर्कसंगतताओं से सम्बन्धित होते हैं। इनके माध्यम से शासक अपने उद्देश्यों, लक्ष्यों या कार्यक्रम को समझाने का प्रयत्न करते हैं, जिससे उनके शासन और कार्यक्रमों के लिए समर्थन जुटाया जा सके।

अगर निर्गतों को दूसरे दृष्टिकोण से देखें तो यह पर्यावरण से उत्पन्न उत्पातों या मांगों, दबावों या विभेदों से उत्पन्न राजनीतिक व्यवस्था में आने वाले तनावों के प्रति शासकों की प्रतिक्रिया है। इस अर्थ में निर्गत, निवेशों और निर्गतों के बीच प्रतिसम्भरण की अवधारणा को खींच लाते हैं। क्योंकि, निर्गतों का यह अर्थ निर्गतों के परिणामों को निवेशों के निरन्तर आगम (continuous inflow) के साथ जोड़ता है। इस प्रकार, राजनीतिक व्यवस्था में एक जटिल तथा चक्रीय प्रक्रिया स्थापित हो जाती है। ईस्टन एक तरह से दोहरे प्रतिसम्भरण की संकल्पना प्रस्तुत करता है। उसके द्वारा प्रस्तावित यह दोहरा प्रतिसम्भरण इस प्रकार है—

(i) एक प्रतिसम्भरण तो उस जानकारी का होता है जिसके द्वारा शासक अपने निर्गतों की प्रभावकारिता को जांचने या अपने निर्गतों को पुन: समायोजित या ठीक करने का प्रयत्न करते हैं।

(ii) दूसरा प्रतिसम्भरण निर्गतों के परिणाम का होता है। यह राजनीतिक समुदाय, राजनीतिक व्यवस्था के निवेशों, पर्यावरण इत्यादि के ऊपर प्रभाव से सम्बन्धित होता है। इस प्रतिसम्भरण से राजनीतिक व्यवस्था का, परिस्थितियों के अनुरूप अनुकूलन, या परिस्थितियों को इस तरह परिवर्तित करने से सम्बन्ध है जिससे निर्गत राजनीतिक व्यवस्था के अधिक समरूप या उसके पक्ष में हो जाएं।

इस प्रकार, ईस्टन ने निर्गतों में ही प्रतिसम्भरण की धारणा को सम्मिलित कर लिया

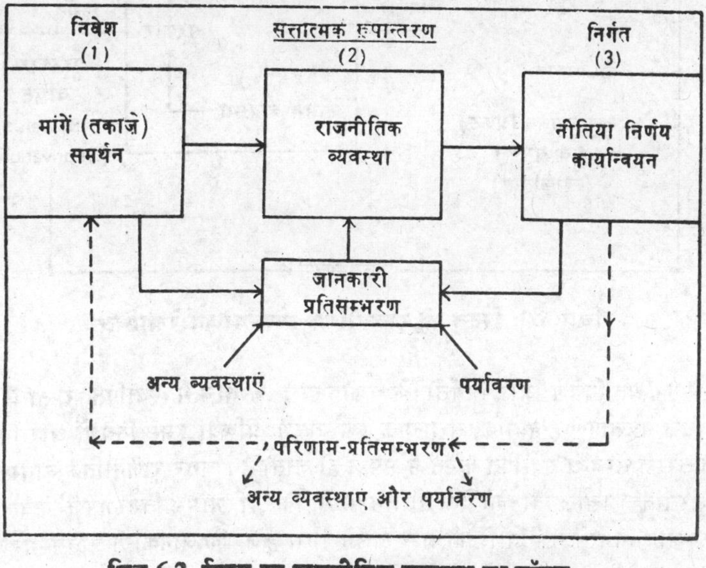

चित्र 6.2. ईस्टन का राजनीतिक व्यवस्था का मॉडल

है। ईस्टन द्वारा इसका पृथक उल्लेख न करके निर्गतों के साथ ही जोड़कर विवेचन करना इस बात की पुष्टि है कि प्रतिसम्भरण प्रक्रिया का सीधा सम्बन्ध निर्गतों से है। यह निवेशों, पर्यावरण और राजनीतिक व्यवस्था को प्रभावित करते हैं, किन्तु, इसकी उत्पत्ति सीधे निर्गतों से ही होती है। निर्गत रूपान्तरण से जुड़े होने के कारण इससे एक प्रकार का चक्र राजनीतिक व्यवस्था में स्थापित हो जाता है, जिससे निवेश, सत्तात्मक रूपान्तरण और निर्गतों को प्रतिसम्भरण द्वारा सम्बोधित कर दिया जाता है। ईस्टन के इस निवेश-निर्गत मॉडल को चित्र 6.2 के द्वारा समझा जा सकता है।

चित्र 6.2 ईस्टन के राजनीतिक व्यवस्था के मॉडल के सामान्यतया दिये जाने वाले चित्रों से एक बात में भिन्नता रखता है और यह भिन्नता प्रतिसम्भरण के दोहरेपन में निहित है। ईस्टन निर्गतों का प्रभाव जानने के लिए 'जानकारी प्रतिसम्भरण' का विचार प्रस्तुत करता है जो 'परिणाम प्रतिसम्भरण' से इस बात में भिन्न है कि परिणाम प्रतिसम्भरण केवल मांगों व समर्थन के रास्ते ही राजनीतिक व्यवस्था तक पहुंचता है, जबकि जानकारी प्रतिसम्भरण सीधा निगतों, निवेशों, अन्य व्यवस्थाओं और पर्यावरण से राजनीतिक व्यवस्था तक पहुंचता है या दूसरे शब्दों में, सरकार स्वयं यह सब जानकारी के रूप में प्राप्त करती है। अतः जानकारी प्रतिसम्भरण में हम यह विशेषता

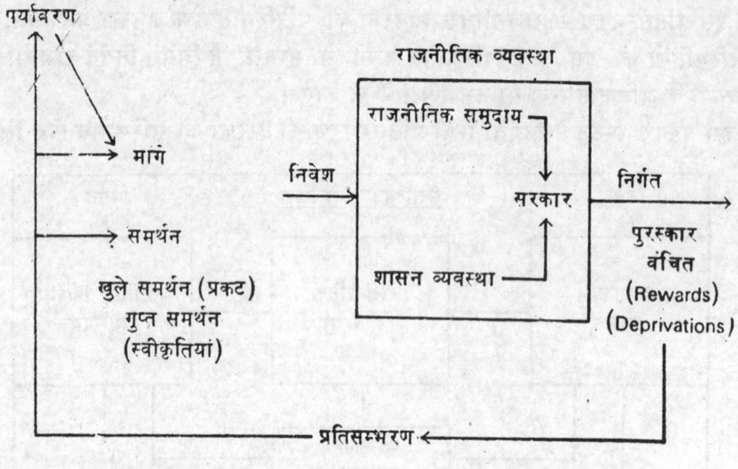

चित्र 6.3. ईस्टन की राजनीतिक व्यवस्था का रेखाचित्र

पाते हैं कि यह निवेश और निर्गतों के चक्रीय ढांचे के बीच में स्थापित रहता है और अत्यधिक महत्त्वपूर्ण है क्योंकि, सत्तात्मक रूपान्तरण प्रक्रिया इससे निवेशों और निर्गतों से दो तरफा सम्बन्ध स्थापित करने में सफल हो जाती है। अगर राजनीतिक व्यवस्थाओं की वास्तविक प्रचालनता को देखें तो हम पाएंगे कि परिणाम-प्रतिसम्भरण केवल एक तरफा और निर्गतों से निवेशों की ओर चलने वाला है जबकि जानकारी प्रतिसम्भरण—(क) राजनीतिक व्यवस्था के निवेशों, (ख) अन्य व्यवस्थाओं, (ग) पर्यावरण और

(घ) राजनीतिक व्यवस्था के परिणाम निर्गतों से सम्बन्धित होता है। इन सबसे जानकारी का सरकार की तरफ निरन्तर आगम (continuous inflow) होता रहता है और इससे व्यवस्था जनता के प्रति अनुक्रियाशील बनी रहती है।

ईस्टन के द्वारा प्रस्थापित राजनीतिक व्यवस्था के इस मॉडल की आलोचना या मूल्यांकन अलग से नहीं करके, व्यवस्था उपागम के सामान्य मूल्यांकन के साथ ही करना उपयुक्त होगा। तब शायद हम मूल्यांकन को व्यापक संदर्भ में देख सकेंगे। यहां हम ईस्टन के व्यवस्था मॉडल का राबर्ट सी० बोन द्वारा दिया गया चित्र 6.3 देकर ईस्टन की राजनीतिक व्यवस्था की अवधारणा को और अधिक स्पष्ट करना उपयुक्त समझते हैं।

आमन्ड और पावेल की राजनीतिक व्यवस्था की व्याख्या (Almond and Powell's View of Political System)

राजनीतिक व्यवस्था की अवधारणा के ईस्टन द्वारा दिये गये मॉडल को निवेश-निर्गत मॉडल कहा जाता है तथा आमन्ड और पावेल द्वारा दिये गये मॉडल को संरचनात्मक प्रकार्यात्मक मॉडल कहा जाता है। आमन्ड और पावेल ने राजनीतिक व्यवस्था के बारे में मौलिक रूप से ईस्टन की ही व्याख्या को स्वीकार किया है, किन्तु, इन्होंने राजनीतिक व्यवस्था के संघटकों को लेकर ईस्टन से बहुत आगे बढ़ने का प्रयत्न किया है। वे राजनीतिक व्यवस्था अन्तर्वस्तु (contents) को इसके प्रकार्यात्मक पहलुओं (functional aspects) से पृथक करके समझने का प्रयत्न करते हैं। अन्तर्वस्तु की दृष्टि से भी वे ईस्टन से कहीं अधिक विस्तार में जाते हैं और राजनीतिक व्यवस्था की तीन अन्तर्वस्तु के संघटक प्रतिपादित करते हैं। यह संघटक—(क) राजनीतिक संरचनाओं, (ख) राजनीतिक संस्कृति, और (ग) राजनीतिक अभिनेताओं के हैं।

इसी तरह, आमन्ड ने राजनीतिक व्यवस्था के प्रकार्यात्मक दृष्टि से चार महत्त्वपूर्ण पहलू प्रतिपादित किये हैं। यह पहलू या संघटक—(क) व्यवस्था की क्षमता या सामर्थ्य, (ख) रूपान्तरण प्रक्रिया, (ग) व्यवस्था के अनुरक्षण (रख-रखाव), और (घ) व्यवस्था के अनुकूलन के हैं।

एक प्रकार, आमन्ड और पावेल ने राजनीतिक व्यवस्था को निवेश-निर्गत के रूप में देखने के बजाय संरचनाओं और प्रकार्यों के रूप में समझने का प्रयत्न किया है। इसलिये इसका राजनीतिक व्यवस्था उपागम के अन्तर्गत विवेचन नहीं किया जा रहा है। इसको संरचनात्मक-प्रकार्यात्मक विश्लेषण के उपागम में विस्तार से विवेचित किया जाएगा। उसी विवेचन के साथ हम यह भी देखने का प्रयत्न करेंगे कि आमन्ड और पावेल ने राजनीतिक व्यवस्था की ईस्टन की अवधारणा में संशोधन और परिवर्द्धन करके उसको तुलनात्मक विश्लेषण के लिए किस प्रकार अधिक उपयोगी बनाया है।

राजनीतिक व्यवस्था के कार्य (Functions of a Political System)

किसी भी राजनीतिक व्यवस्था के कार्यों को लिया जाए तो यह सामान्यतया दो स्तरों

पर निष्पादित होते हुए पाए जाएंगे। प्रथम स्तर पर्यावरण से सम्बन्धित है। इस पर्यावरण से ही राजनीतिक व्यवस्था को निवेश प्राप्त होते हैं और इसी पर्यावरण में राजनीतिक व्यवस्था के निर्णय या नीतियां निर्गतों के रूप में आते हैं। इस प्रकार, राजनीतिक व्यवस्था का प्रचालन राजनीतिक व्यवस्था और अन्य व्यवस्थाओं की अन्तःक्रिया के स्तर पर होता है, इसको अन्तःव्यवस्थाई प्रचालन स्तर कहते हैं। दूसरा स्तर, स्वयं राजनीतिक व्यवस्था के अन्दर की क्रियाओं से सम्बन्धित होता है। इसको मांगों के रूपान्तरण या सत्तात्मक रूपान्तरणों का स्तर कहा जाता है। इस स्तर पर निवेशों के रूप में आने वाली मांगों का संसाधान होता है। राजनीतिक व्यवस्था इन दोनों स्तरों पर एक साथ सक्रिय रहते हुए कई कार्य निष्पादित करती है। व्यवस्थावादियों ने ऐसे चार कार्यों का उल्लेख किया है। उनके अनुसार हर राजनीतिक व्यवस्था को कम या अधिक मात्रा में यह चार कार्य अनिवार्यतः करने होते हैं। इन कार्यों का ठीक प्रकार से निष्पादन न होने पर राजनीतिक व्यवस्था विखंडित होने की स्थिति में पहुंच सकती है। उनके अनुसार यह कार्य हैं—(क) चयन और संयुक्तीकरण के कार्य, (ख) रूपान्तरण या निर्गत कार्य, (ग) व्यवस्था अनुरक्षण के कार्य, और (घ) व्यवस्था अनुकूलन के कार्य।

राजनीतिक व्यवस्था के कार्यों की दृष्टि से आमन्ड और ईस्टन में कोई विशेष अन्तर नहीं दिखाई देता है। ईस्टन भी राजनीतिक व्यवस्था के ऐसे ही कार्यों का उल्लेख करता है। किन्तु ईस्टन का मॉडल संरचनात्मक-प्रकार्यात्मक न होकर निवेश-निर्गत का होने के कारण वह राजनीतिक व्यवस्था के कार्यों को अन्य प्रकार से देखता है जिसका हम ऊपर विवेचन कर आये हैं। अतः यहां राजनीतिक व्यवस्था के सामान्य कार्यों का ही विस्तार से विवेचन किया जा रहा है।

(क) चयन और संयुक्तीकरण का कार्य (The selection and combination functions)—राजनीतिक व्यवस्था को समाज में उत्पन्न होने वाले संघर्षों और विभेदों को ऐसी सीमाओं में रखना होता है जिससे वे राजनीतिक व्यवस्था के लिए घातक नहीं बन सकें। इसके लिए राजनीतिक व्यवस्था को उन मांगों पर ध्यान देना होता है जो राजनीतिक समुदाय राजनीतिक व्यवस्था के समाधान के लिए पेश करता है। हर राजनीतिक समाज में उठने वाली मांगे या तकाजे असंख्य या अनगिनत होते हैं। अतः राजनीतिक व्यवस्था को इन सब पर विचार करने से पहले इन मांगों को लेकर दो कार्य करने होते हैं। पहला कार्य मांगों के चयन का है और दूसरा कार्य इस प्रकार चुनी या छांटी गई मांगों को संयुक्त करने का होता है।

राजनीतिक व्यवस्था को मांगों का चुनाव या छंटनी इसलिये करनी होती है क्योंकि, हर राजनीतिक व्यवस्था में कुछ ही मांगों को पूरा करने की सामर्थ्य और केवल कुछ ही मांगों को पूरा करने की आवश्यकता होती है। राजनीतिक व्यवस्था को मांगों का अभिज्ञान हो इसके लिये मांगें रखने वाले कई साधन अपना संकेता हैं जिनमें हड़तालों, तोड़-फोड़ तथा हिंसात्मक प्रदर्शनों तक का सहारा लिया जा सकता है। स्वयं राजनीतिक नेताओं के द्वारा मांग विशेष के चयन का दबाव डाला जा सकता है। अतः विविध मांगों में से कुछ को संसाधन के लिए छांटना राजनीतिक कारणों से लेकर व्यवस्था के साधनों

तक पर निर्भर करता है। वैसे, सामान्यतया मांगों के चयन में राजनीतिक व्यवस्था के मूल्य, नॉर्म्स (norms) परम्पराएं, साधन और मांगों की उग्रता तथा समर्थन का आधार प्रमुखतया देखा जाता है। मांगों के चयन में इनके उचितपन और उनके पूरा करने से उत्पन्न होने वाली सम्भावित प्रतिक्रियाओं का भी ध्यान रखा जाता है।

इस प्रकार चुनी या छांटी हुई मांगों का संसाधन एक-एक करके करना हर व्यवस्था के लिए असम्भव होता है। इस कारण, मांगों के सम्बन्ध में दूसरी क्रिया इनके संयुक्तीकरण की होती है। मांगों में एक से तत्त्व निहित होने पर या एक से लक्ष्यों से सम्बन्धित मांगों को एक साथ करके विशिष्टता के स्तर से सामान्यता के स्तर पर लाया जाता है। यह प्रक्रिया यहीं समाप्त नहीं हो जाती है। ऐसी मांगों में समय, साधनों और प्रक्रियाओं की दृष्टि से प्राथमिकताओं का निश्चय करना होता है, जिससे मांगों में कोई अनुक्रम स्थापित किया जा सके। इसके बाद मांगों को रूपान्तरण या सत्तात्मक निर्णय के लिए राजनीतिक व्यवस्था अपने विचाराधीन रख लेती है।

मांगों का चयन व संयुक्तीकरण राजनीतिक व्यवस्था में एक समय या काल विशेष में प्रचलित संरचनाओं और मूल्य व्यवस्थाओं के आधार पर ही किया जाता है। इसका यह अर्थ नहीं है कि संरचनात्मक व्यवस्था को बनाये रखने वाली मांगों का ही चयन किया जाता है। कई बार ऐसी मांगें भी स्वीकार की जाती हैं जो राजनीतिक व्यवस्था में क्रांतिकारी संरचनात्मक परिवर्तन लाने वाली होती हैं। यह इसलिये आवश्यक है कि इसी से तो राजनीतिक व्यवस्था सजीव रखी जा सकती है। कई बार संरचनाओं में परिस्थितियों के अनुकूल परिवर्तन करना आवश्यक होता है। अतः समय विशेष में राजनीतिक व्यवस्था की संरचनाओं का ध्यान रखकर ही मांगों का चयन करना विशेषकर संकट के समयों में सम्भव नहीं होता है।

आमन्ड की मान्यता है कि हर व्यवस्था में चाहे उसकी प्रकृति किसी भी प्रकार की क्यों न हो, मांगों के चयन व संयुक्तीकरण की क्रिया सब जगह इसी तरह निष्पादित होती है। इस रूप में यह कार्य सर्वव्यापी किन्तु राजनीतिक व्यवस्था के मूल्यों, संरचनाओं और लक्ष्यों से सम्बन्धित होने के कारण सापेक्ष होता है। इस सम्बन्ध में यह बात ध्यान देने की है कि मांगों का चयन और संयुक्तीकरण हर राजनीतिक व्यवस्था में भिन्न-भिन्न ढंग से हो सकता है। अतः इस सम्बन्ध में आमन्ड से ईस्टन का विवेचन अधिक उपयुक्त लगता है। आमन्ड 'हित-स्वरूपीकरण' और 'हित-समूहीकरण' की बात कहते हैं जो अधिक यथार्थवादी नहीं कही जा सकती। क्योंकि, हित-स्वरूपीकरण से यह आशय निकलता है कि राजनीतिक व्यवस्था निष्क्रिय है और उन सभी मांगों को छांट लेती है जो उसमें उठती हैं। जबकि ईस्टन केवल उन्हीं मांगों के चयन की बात करते हैं, जो समय की पाबन्दियों, साधनों, सामान्य नीति से अनुरूपता, संरचनाओं और प्रतिक्रियाओं का रूप, मूल्य व्यवस्था तथा मांगों की उग्रता इत्यादि का ध्यान रखकर छांटी जाती हैं। इसी तरह, संयुक्तीकरण का अर्थ है कि मांगों को व्यवस्था के विचारबंध में व्यवस्थित करके ही नियमित किया जाए, जबकि हित-समूहीकरण में ऐसे विचारबंध का ध्यान नहीं रखा जाता। अतः राजनीतिक व्यवस्था के इस कार्य की व्याख्या ईस्टन की संकल्पना

के अनुसार अधिक उपयुक्त लगती है।

(ख) रूपान्तरण कार्य या निर्गत कार्य (The conversion or output function)—जीन ब्लोन्डेल के अनुसार ईस्टन और आमन्ड द्वारा बताये गये राजनीतिक व्यवस्था के कार्यों में रूपान्तरण का कार्य वास्तव में मांगों का संसाधन और सत्तात्मक निर्णय का कार्य है जो आमन्ड ने अधिक अच्छी तरह समझाया है। इसलिये ब्लोन्डेल इस कार्य में ईस्टन के 'निर्णय' और 'नीतियों' से कहीं अधिक आमन्ड द्वारा दिये गये निर्गतों को उपयुक्त मानता है। ब्लोन्डेल ने राजनीतिक व्यवस्था के रूपान्तरण या निर्गत कार्य तीन प्रकार के माने हैं। उसके अनुसार राजनीतिक व्यवस्था के निर्गत—(i) आदर्शी निर्गत (normative outputs), (ii) विशिष्ट निर्गत, (particular outputs) और (iii) आदर्शी विशिष्ट निर्गत (normative particular outputs) होते हैं।

(i) आदर्शी या नियामक निर्गत, जिन्हें आमन्ड के अनुसार नियम निर्माण निर्गत (rule making outputs) कहा जाता है, सामान्य निर्गत होते हैं तथा जो आदर्शों के रूप में ही रहते हैं और परिचालन के स्तर पर नहीं आते हैं। उदाहरण के लिए, समाजवादी समाज की स्थापना का निर्णय राजनीतिक व्यवस्था का ऐसा ही निर्गत है जो सही अर्थों में आमन्ड की धारणा में 'नियम निर्माण' से बेमेल नहीं होते हुए भी उसका कुछ अंश ही कहा जा सकता है। यह निर्गत समाज के मूल्य, आदर्श और गन्तव्य निर्धारण सम्बन्धी होते हैं। इनमें सामान्यता तथा आदर्शता का लक्षण परिलक्षित होता है जो हर सरकार समय-समय पर सामान्य रूप से घोषित करती है। यह अत्यधिक व्यापक और सामान्य तथा केवल घोषणाओं ही का रूप रखते हैं। यह व्यवस्था के अन्दर के ही उत्पादन या निर्गत हैं और यह व्यवस्था से बाहर नहीं आते।

(ii) विशिष्ट उत्पादन कई प्रकार की मात्रात्मक निर्णयों की स्थिति को कहा जाता है जो प्रथम प्रकार के निर्गतों से ही उत्पन्न व प्रेरित रहते हैं। क्योंकि, उन्हीं के द्वारा निर्धारित सीमाओं में यह बनते हैं। यह आमन्ड के नियम-क्रियान्वयन के अनुरूप माने जा सकते हैं। इन निर्गतों में विशिष्ट स्थितियों पर सामान्य नियमों को लागू करना सम्मिलित रहता है। अतः यह आंतरिक उत्पादनों से प्रेरित और नियमित रहते हैं।

(iii) आदर्शी-विशिष्ट निर्गत वास्तव में पहले दो निर्गतों पर नियंत्रण का कार्य करते हैं जो आमन्ड के नियम-अधिनिर्णय के समान माने जा सकते हैं। किन्तु उससे क्षेत्र की दृष्टि से अधिक व्यापक है क्योंकि, सरकार स्वयं अपनी नियम-क्रियान्वयन प्रक्रिया को नियंत्रित करना चाहती है जबकि नागरिक नियमों को अपने पक्ष में ही क्रियान्वित होते देखना चाहते हैं।

इस प्रकार, राजनीतिक व्यवस्था के रूपान्तरण या निर्गत कार्यों को ब्लोन्डेल, ईस्टन और आमन्ड दोनों ही के द्वारा प्रतिपादित निर्गत कार्यों से अधिक व्यापक मानता है। उसके अनुसार राजनीतिक व्यवस्थाओं के निर्गत कार्य यही तीन होते हैं। किन्तु, इनका क्षेत्र आमन्ड द्वारा बताए गए तीन कार्यों से कहीं अधिक बृहत्तर प्रभाव रखता है। निर्गत और यह तीन रूपान्तरण कार्य सर्वव्यापी पर सापेक्ष हैं। यह सब राजनीतिक व्यवस्थाओं में तो पाए जाते हैं किन्तु व्यवस्था में प्रचलित मानकों (norms) के प्रकारों से गठबन्धित

रहते हैं। ब्लोन्डेल यह मानता है कि किसी राजनीतिक व्यवस्था के निर्गत दो प्रकार के प्रेरकों से अपनी प्रकृति प्राप्त करते हैं। अगर निर्गतों का प्रेरक या आधार आदर्श या 'नॉर्म्स' हैं तो यह सामान्य प्रकार की प्रकृति वाले होंगे। अगर इनका आधार व्यवहार है तो यह विशिष्ट प्रकार की प्रकृति के होंगे। इस तरह, अगर निर्गतों को सामान्य और विशिष्ट तथा आदर्श और व्यवहार से सम्बन्धित बनाकर चित्रित किया जाए तो तीन प्रकार के निर्गत इस प्रकार चित्रित होंगे—

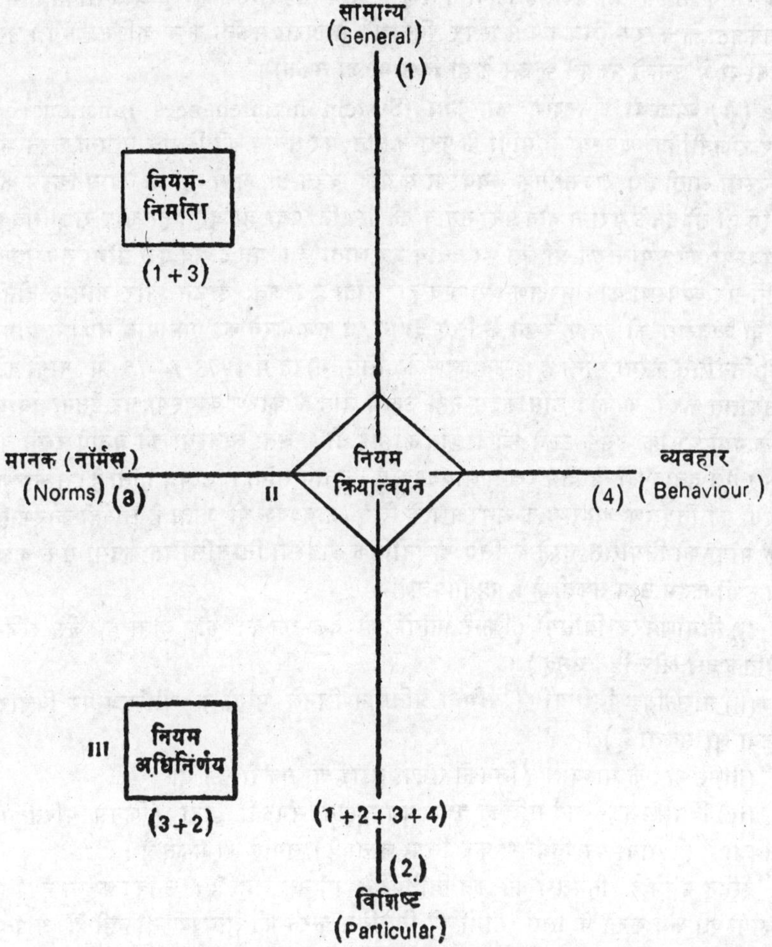

चित्र 6.4. राजनीतिक व्यवस्था के निर्गत कार्यों व आदर्श व्यवहार में सम्बन्ध

चित्र 6.4 में पहला निर्गत आदर्शी है इस कारण सामान्य का लक्षण रखता है अर्थात सम्पूर्ण समाज पर समान रूप से लागू होता है। यह हमेशा सामान्य और आदर्शी नॉर्म्स (1+3) होगा। दूसरा निर्गत, विशिष्ट निर्गतों का है जो न केवल आदर्श के आधार

पर और न केवल व्यवहार के आधार पर आधारित होता है। अगर नियम-क्रियान्वयन के रूप में देखें तो इसकी स्थिति चित्र में (1+2+3+4) वाली होगी। तीसरा निर्गत, नियम-अधिनिर्णय का अर्थात आदर्शी-विशिष्ट निर्गत है जो घटना या व्यक्ति विशेष से सम्बन्धित होता है, तथा इसका सन्दर्भ समाज के नियम होते हैं इसलिए यह (3+2) होगा।

चित्र 6.4 में ब्लोन्डेल द्वारा बताए गये निर्गतों को आमन्ड के द्वारा प्रतिपादित निर्गतों के समान मानकर ही चित्रित किया गया है। अन्यथा ब्लोन्डेल द्वारा प्रतिपादित निर्गत सापेक्षता के कारण चित्र रूप में स्थिर बिन्दुओं से दिखा सकना कुछ कठिन होगा। उस अवस्था में उनको प्रवाहों के रूप में ही दिखाया जा सकता।

(ग) व्यवस्था अनुरक्षण का कार्य (System maintenances functions)—हर राजनीतिक व्यवस्था में मांगों के पूरा न होने पर तनाव की स्थिति उत्पन्न करने की अवस्था आती है। राजनीतिक व्यवस्था में यदि बहुत-सी मांगें हों या खास किस्म की मांगें हों तो इनके पूरा न होने पर तनाव की स्थिति पैदा हो जाती है और राजनीतिक व्यवस्था की रूपान्तरण प्रक्रिया पर दबाव बढ़ जाता है। यह दबाव एक सीमा से अधिक होने पर व्यवस्था का अनुरक्षण असम्भव हो जाता है। अतः ईस्टन और आमन्ड दोनों ने ही व्यवस्था को बनाए रखने के लिए दबाव को कम करने का एक मात्र माध्यम मांगों को नियंत्रित करना माना है। उदाहरण के लिए, भारत में 1973-74-75 में मांगों को नियंत्रित करने के कोई ठोस कदम नहीं उठाये जाने के कारण व्यवस्था पर इतना दबाव बढ़ गया था कि उसके टूटने की स्थिति आ गई थी। अतः व्यवस्था को बनाए रखने के लिए ऐसे दबाव को न्यूनतम रखना आवश्यक है। दबाव मांगों से उत्पन्न होता है इस कारण मांगों का नियंत्रण व्यवस्था के अनुरक्षण के लिए आवश्यक हो जाता है। यही कारण है कि मांगों को नियंत्रित करने के लिए राजनीतिक व्यवस्था निम्नलिखित कदमों में से कुछ या सभी कदम उठा सकती है। यह नियंत्रण—

(i) निर्माणपरक विधियों (जिनसे मांगों की देख-रेख का काम होता है, जैसे राजनीतिक दल और हित समूह)।

(ii) सांस्कृतिक विधियों (विभिन्न प्रतिमान जिनसे मांगों के औचित्य पर विचार किया जा सकता है)।

(iii) संचार के माध्यमों (जिनकी संख्या बढ़ाई जा सकती है) या

(iv) विधायिका, कार्यपालिका तथा प्रशासकीय संगठनों द्वारा (जिनसे परिवर्तन प्रक्रिया में ही मांगों पर नियंत्रण कर लिया जाता है) लगाए जा सकते हैं।

ईस्टन मांगों के नियंत्रण की इन विधियों से सहमत नहीं हैं। उनका कहना है कि दबावों को कम करने के लिए मांगों को नियंत्रित करने की आवश्यकता नहीं है, अपितु मांगों को न्यूनतम बनाना आवश्यक है। इसके लिए उसने सुझाव दिया है कि मांगों को तीन प्रकार से न्यूनतम बनाए रखा जा सकता है—

(i) प्रथम विधि में मांगों का समूहीकरण या संयुक्तीकरण किया जाता है। एक-सी या एक-से लक्ष्य वाली मांगों को एक साथ करके उनको विशिष्ट से सामान्य स्तर पर

लाकर उनका सामान्य उपचार कर दिया जाता है।

(ii) मांगों के न्यूनीकरण की दूसरी विधि व्यवस्थान्तरीय है। इसमें मांगों को कुछ संरचनात्मक द्वार पार करके ही आगे बढ़ने देने के कारण, अनेक मांगें, नियम या विधियों रूपी द्वारपालों द्वारा रोक दी जाती हैं। क्योंकि, इन संरचनात्मक या संस्थागत द्वारों से पार होने के लिए कुछ शर्तें होती हैं। इन शर्तों के पूरा होने पर ही मांग द्वार पार कर व्यवस्था में रूपान्तरण के लिए आगे बढ़ सकती है। ऐसे संस्थागत द्वार हर राजनीतिक व्यवस्था में विधान मण्डलों, मंत्रिमण्डलों, न्यायपालिकाओं या प्रशासन अंगों के रूप में होते हैं। जो मांगें केवल इन द्वारों से गुजरकर ही निर्णय सत्ताओं के पास आने के लक्षणों वाली होती हैं, उनको अनिवार्यतः इन्हीं मार्गों से आगे बढ़ना होता है। इस प्रक्रिया से मांगों की संख्या में बहुत कमी आ जाती है।

(iii) मांगों को कम करने की तीसरी विधि में मांगों को सामान्य मुद्दों का रूप दिया जाता है अर्थात मांग को विशिष्ट से सामान्यता के स्तर पर ऊपर उठाया जाता है जिससे मांग सामान्य महत्त्व प्राप्त कर लेती है। इससे उसका सकारात्मक या नकारात्मक समाधान (हां या ना में समाधान) करने के लिए सामान्य नियम या नीति का निर्माण करना आसान हो जाता है।

उपरोक्त विवेचन से यह स्पष्ट है कि व्यवस्था, व्यवस्थित अनुरक्षण तभी बनाए रख सकती है जब उस पर दबाव कम हो। मांगों द्वारा उत्पन्न दबाव कम करने के लिए या तो मांगों को नियंत्रित करने की विधि अपनाई जा सकती है या ईस्टन द्वारा प्रतिपादित न्यूनीकरण की विधियां अपनाई जा सकती हैं। व्यवस्था की सामर्थ्य से अधिक मांगों को बढ़ने दिया गया तो अनिवार्यतः व्यवस्था को इस मांग वृद्धि के भार से दबकर टूटना होगा और उसका अनुरक्षण नहीं हो सकेगा। अतः हर राजनीतिक व्यवस्था, अपने अनुरक्षण के लिए मांगों को सीमाओं में रखने की विधियों में से कुछ या अनेक का प्रयोग करके अपने अनुरक्षण का कार्य करती है।

(घ) **व्यवस्था अनुकूलन का कार्य** (System adaptation function)—राजनीतिक व्यवस्था एक मशीन की तरह ही मानी जा सकती है। जिस प्रकार यन्त्र के सुचारु कार्य करने के लिए आवश्यक है कि उसके भागों को चिकनाए (lubricated) रखा जाए, उसके हिस्सों की आवश्यकता पड़ने पर मरम्मत की जाए, और अगर मरम्मत से काम न चले तो उस हिस्से को बदल दिया जाए। यही बात राजनीतिक व्यवस्था पर लागू होती है। व्यवस्था अनुकूल बनी रहकर अपने कार्य निष्पादन करती रहे इसके लिए उसको चिकनाए रखना जरूरी है। राजनीतिक व्यवस्था को इस अवस्था में राजनीतिक समाजीकरण के द्वारा रखा जाता है। आवश्यकता पड़ने पर नये लोगों की राजनीतिक व्यवस्था में भर्ती भी की जाती है। अतः राजनीतिक व्यवस्था का एक महत्त्वपूर्ण कार्य सम्पूर्ण व्यवस्था को रूपान्तरण कार्य निष्पादन की अवस्था के अनुकूल बनाये रखना है। इससे रूपान्तरण प्रक्रिया पर सीधा प्रभाव पड़ता है। व्यवस्था के अनुकूलन के अभाव में रूपान्तरण प्रक्रिया में शिथिलता आ सकती है। इसकी कार्यकुशलता कम हो सकती है और कभी-कभी अत्यान्तक स्थितियों में सम्पूर्ण रूपान्तरण प्रक्रिया ठप्प हो सकती है।

अतः राजनीतिक व्यवस्था में समाजीकरण की प्रक्रिया का निरंतर चलते रहना आवश्यक है। राजनीतिक व्यवस्था के अनुरक्षण के लिए भी समाजीकरण व व्यवस्था का अनुकूलन अनिवार्य है।

राजनीतिक व्यवस्था के उपरोक्त कार्यों की सामान्य व्यवस्था के द्वारा निष्पादित होने वाले कार्यों से तुलना करें तो इन दोनों में कोई विशेष अन्तर नहीं दिखाई देगा। इनकी मौलिक समानता को समझने के लिए टालकोट, पारसन्स और समेलसर[13] द्वारा प्रतिपादित सामाजिक व्यवस्था के कार्यों का उल्लेख करना प्रासंगिक ही होगा। पारसन्स और समेलसर ने सामाजिक व्यवस्था के चार कार्यों का विवेचन किया है। यह चार कार्य—(क) प्रतिमान अनुरक्षण और तनाव प्रबन्ध (pattern maintenance and tension management), (ख) गन्तव्य उपलब्धि (goal attainment), (ग) अनुकूलन कार्य (adaptation function), और (घ) एकीकरण (integration) के हैं।

इस प्रकार राजनीतिक व्यवस्था और सामाजिक व्यवस्था के अपने-अपने स्तर पर कार्य एक समान ही हैं। केवल अन्तर इन कार्यों की निष्पादन शैलियों का है। राजनीतिक व्यवस्था के पास सत्तात्मक रूपान्तरण का अधिकार ही नहीं है अपितु, मूल्यों का आधिकारिक वितरण करने की सत्ता व साधन भी होते हैं जबकि सामाजिक व्यवस्था इन कार्यों के निष्पादन में केवल अनुनयन का ही मार्ग अपना सकती है। दूसरी विशेष बात इन कार्यों के सम्बन्ध में यह लगती है कि राजनीतिक व्यवस्था उप-व्यवस्था के रूप में होने के कारण सामाजिक व्यवस्था से अधिक अन्तःक्रियाशील रहती है जबकि सामाजिक व्यवस्था अपनी उप-व्यवस्थाओं के अलावा पर्यावरण से भी अन्तःक्रियाशील रहती है।

राजनीतिक व्यवस्था के कार्यों के विवेचन के अन्त में यही कहा जा सकता है कि राजनीतिक व्यवस्थाएं सर्वत्र उपरोक्त कार्य निष्पादित करती हैं। कार्यों में मात्रात्मक अन्तर अवश्य पाए जाते हैं क्योंकि, यह सभी कार्य राजनीतिक व्यवस्था के सामान्य मूल्यों, आदर्शों या नॉर्म्स से सापेक्ष रहते हैं। इस प्रकार, एक स्वेच्छाचारी व्यवस्था में भी व्यवस्था यही चारों कार्य करेगी किन्तु, 'नॉर्म्स' के अलग होने के कारण इनकी निष्पादन शैली व मात्रा में लोकतान्त्रिक व्यवस्था से भिन्नता पाई जाएगी। इन कार्यों को अधिक अच्छी तरह से समझने के लिए ईस्टन की व्यवस्था विश्लेषण की व्याख्या को ध्यान में रखना उपयोगी होगा।

राजनीतिक व्यवस्था उपागम के लाभ (Advantages of Political System Approach)

राबर्ट सी० बोन का मत है कि राजनीतिक व्यवस्था उपागम से तुलनात्मक विश्लेषण का सर्वश्रेष्ठ साधन प्रस्तुत हुआ है। इससे तुलनाएं करना आसान और उपयोगी बना है। राजनीतिक व्यवस्था की अवधारणा के तुलनात्मक विश्लेषणों में उपयोग का स्पष्टीकरण

[13]Peter H. Merkl, *Modern Comparative Politics*, New York, Holt, Rinehart and Winston, Inc., 1970, p. 16.

देते हुए उसने लिखा है कि 'यह तुलनात्मक विश्लेषण की श्रेष्ठतम प्रविधि है क्योंकि, यह सम्पूर्ण राजनीतिक व्यवस्था के अवलोकन पर केन्द्रित है और इसके अन्तर्वेशी (inclusive) प्रत्यय और प्रवर्ग तुलना में सहूलियत ला देते हैं।[14] उसने इस उपागम की उपयोगिता के बारे में दूसरा गुण इसका प्रतिमान अनुरक्षण की समस्याओं के प्रति गत्यात्मक दृष्टिकोण माना है।

एस० पी० वर्मा ने ईस्टन की राजनीतिक विश्लेषण पद्धति की दो विशिष्टताओं[15] का उल्लेख किया है। प्रथमतः इस विश्लेषण पद्धति में सन्तुलन दृष्टिकोण से आगे तक जाकर व्यवस्था में होने वाले परिवर्तनों और गत्यात्मकताओं पर ध्यान दिया गया है। ईस्टन ने स्पष्टतया व्यवस्था के अनुरक्षण और व्यवस्था की सततता (persistence) में अन्तर किया है। उसकी व्यवस्था सम्बन्धी व्याख्या में परिवर्तन और स्थायित्व दोनों की बात कही गई है। वह व्यवस्था को एक ऐसी निरन्तरता मानता है जिसमें और पर्यावरण में बराबर आदान-प्रदान होता रहता है तथा इससे व्यवस्था की अनुकूलन क्षमता बढ़ती रहती है। इस सम्बन्ध में स्वयं ईस्टन ने लिखा है कि "यह एक तथ्य है कि सततता या अवस्थिति में परिवर्तन का विचार सन्निहित है जो इसे महत्त्वपूर्ण बनाता है और व्यवस्था अनुरक्षण की अवधारणा से इसे अलग करने के लिए आवश्यक है।......व्यवस्था विश्लेषण, राजनीति के सामान्य सिद्धान्त की खोज करता है जो व्यवस्था की सततता की सामर्थ्यों का स्पष्टीकरण करना है, अपने आपको (व्यवस्था) बनाये रखने का विवेचन करना नहीं है जैसा कि इससे सामान्यतया समझा जाता है। यह सततता के सिद्धान्त की तलाश नहीं है न कि स्व-अनुरक्षण या सन्तुलन (साम्यावस्था) के सिद्धान्त की खोज करता है।"[16] इससे स्पष्ट है कि ईस्टन का व्यवस्था विश्लेषण गत्यात्मक और व्यवस्था की सततता का सिद्धान्त निर्मित करने की ओर उन्मुखी है।

एस० पी० वर्मा ने इसकी दूसरी उपयोगिता तुलनात्मक राजनीति में इसके द्वारा प्रस्थापित प्रत्ययों, प्रविधियों और अवधारणों के माध्यम से सम्पूर्ण राजनीतिक व्यवस्था का तुलनीय अवलोकन मानी है। इस तरह, बोन और एस० पी० वर्मा ने ईस्टन के व्यवस्था विश्लेषण को तुलनात्मक राजनीति में पर्याप्त उपयोगी माना है। इस प्रारम्भिक विवेचन के बाद हम राजनीतिक व्यवस्था विश्लेषण के गुणों को सूचीबद्ध कर सकते हैं। संक्षेप में यह इस प्रकार हैं—

(क) राजनीतिक व्यवस्था विश्लेषण सम्पूर्ण राजनीतिक व्यवस्था पर ध्यान केन्द्रित करता है, यह केवल उसके भागों या उपभागों पर ही बल नहीं देता है। इससे तुलनात्मक विश्लेषण सम्पूर्ण राजनीतिक व्यवस्था के अवलोकन पर आधारित हो जाते हैं।

(ख) राजनीतिक व्यवस्थाओं के गत्यात्मक विश्लेषण का मार्ग खोल देता है। क्योंकि, इसमें प्रयुक्त प्रत्यय और प्रविधियां स्थैतिकता नहीं रखती हैं।

[14]Robert C. Bone, *op. cit.*, p 27.

[15]S. P. Varma, *op. cit.*, p. 182.

[16]David Easton, *A Systems Analysis of Political Life*, New York, John Wiley, 1965, p. 384.

(ग) राजनीतिक व्यवस्था की सततता पर विशेषकर ईस्टन ने बल देकर इसको साम्यावस्था और आत्म-संधारण तक ही सीमित नहीं रखा है।

(घ) राजनीतिक व्यवस्था उपागम पर आधारित अध्ययन सभी प्रकार की विचार-धाराओं की ओर अभिमुखी राजनीतिक व्यवस्थाओं पर समान रूप से लागू होते हैं। इस दृष्टिकोण का सम्बन्ध किसी विचारधारा से नहीं होने के कारण, हर राजनीतिक व्यवस्था की इस दृष्टिकोण के प्रयोग द्वारा तुलना और विश्लेषण करना सम्भव है।

(ङ) इस अवधारणा से तुलनात्मक राजनीति शायद राजनीति के सामान्य सिद्धान्त के निर्माण में कुछ और आगे बढ़ सकेगी।

(च) राजनीतिक व्यवस्था की अवधारणा के आधार पर किए गए विश्लेषणों से राजनीतिक व्यवस्था की क्षमता या सामर्थ्यों का संकेत मिल जाता है। इससे व्यवस्था की सततता या उसके अन्दर आने वाले सम्भावित अस्थायित्वों का संकेत मिल सकता है।

(छ) राजनीतिक व्यवस्था विश्लेषण राजनीतिक व्यवस्था की गत्यात्मकता व जीवन-शक्ति का स्पष्टीकरण देने में समर्थ है। इस अवधारणा के आधार पर यह निष्कर्ष निकालना सम्भव हो जाता है कि कौन से तथ्य राजनीतिक व्यवस्था को गतिशील बनाते हैं।

(ज) इससे राजनीतिक व्यवस्था में आने वाले उत्पातों, अस्थिरताओं और उसकी डांवाडोलता का ज्ञान प्राप्त करने में सहायता मिलती है तथा उनसे बचने और राजनीतिक व्यवस्था को बनाए रखने की कार्रवाई कर सकना सम्भव हो सकता है।

(झ) इससे राजनीतिक व्यवस्था में परिवर्तन और विकास की दिशा का अंदाज लगाया जा सकता है। इतना ही नहीं, राजनीतिक व्यवस्था की अवधारणा विकास की गति का भी संकेत देने में समर्थ है।

राजनीतिक व्यवस्था की अवधारणा ने राजनीतिक अध्ययनों में तो क्रांतिकारी परिवर्तन किए ही हैं, किन्तु, तुलनात्मक राजनीतिक अध्ययनों में भी इसका आधारभूत महत्त्व है। वास्तव में, तुलनात्मक राजनीति को परम्परागतता से निकालकर आधुनिक बनाने में 'राजनीतिक व्यवस्था' की अवधारणा की आधारभूत देन मानी जाती है। इस प्रत्यय के राजनीतिक अध्ययनों में प्रचलन से पहले जिन प्रत्ययों का तुलनात्मक राजनीति में प्रयोग होता था उनसे राजनीति की वास्तविकताओं की गहराई में पहुंचना सम्भव नहीं था। अब तुलनात्मक राजनीतिक अध्ययन, राजनीतिक व्यवस्था की अवधारणा के आधार पर समष्टि स्तर की तुलनाएं कर सकने की स्थिति में आ गये हैं। इससे राजनीति के सामान्य सिद्धान्त के निर्माण में काफी प्रगति की सम्भावनाएं बढ़ी हैं।

राजनीतिक व्यवस्था विश्लेषण में अनेक लाभ परिलक्षित होते हैं, किन्तु इससे यह निष्कर्ष नहीं निकालना है कि अब राजनीति के बारे में सामान्य सिद्धान्त 'कोने के मोड़' तक आ गया है। यह सही है कि इस अवधारणा में अनेक गुण हैं तथा इसके उपयोग से राजनीतिक व्यवस्थाओं के बारे में काफी जानकारी प्राप्त हो जाती है किन्तु, इसमें धीरे-धीरे कमियां भी दृष्टिगोचर होने लगी हैं। इस अवधारणा के व्यावहारिक उपयोग में कई कठिनाइयां आती हैं जो इसको केवल सैद्धान्तिकता के स्तर पर प्रस्थापित मानने के लिए

मजबूर करती हैं। एक लेखक ने इसके बारे में यहां तक लिख दिया है कि इसका व्यवहार में प्रयोग हो ही नहीं सकता है। इस प्रकार के विचार को हम अतिवादी विचार ही कहेंगे। पर इतना जरूर है कि इस सिद्धान्त में कुछ दोष भी परिलक्षित हुए हैं। अतः संक्षेप में इसकी कमियों की चर्चा करना प्रासंगिक होगा।

राजनीतिक व्यवस्था उपागम की आलोचना (The Criticisms of Political System Approach)

राजनीतिक व्यवस्था उपागम की आलोचनाओं के सामान्यतया दो आधार अधिक प्रमुख कहे जा सकते हैं। एक तो, विद्वान व्यवस्था और राजनीतिक व्यवस्था का अभी भी सर्वमान्य अर्थ नहीं कर पाए हैं। इस अर्थ-विभेद और मतभेदों के कारण इस अवधारणा का तुलनात्मक विश्लेषणों में विशेष उपयोग सम्भव नहीं हो पा रहा है। आलोचना का दूसरा आधार इस अवधारणा का अत्यधिक परिष्करण है। एक लेखक ने ठीक ही लिखा है कि "व्यवस्था दृष्टिकोण इतना अधिक सूक्ष्म या नियमनिष्ठ है कि यह करीब-करीब अव्यावहारिक और अनुपयुक्त या अप्रयोज्य बन गया है।" इस कथन में सत्यांश काफी माना जा सकता है। स्वयं ईस्टन ने अपनी प्रथम पुस्तक **दि पोलिटिकल सिस्टम** में जो अवधारणात्मक विचार रखा था उसको बाद में प्रकाशित होने वाली दो पुस्तकों में इतना परिमार्जित कर दिया कि वह परिशुद्धता के उस स्तर तक पहुंच गया जहां उसका समझना ही कठिन हो गया। ऐसी अवस्था में उसका आनुभविक उपयोग केवल काल्पनिक ही कहा जा सकता है। आमन्ड और पावेल ने इसकी संरचनात्मक-प्रकार्यात्मक व्याख्या करके इसमें और जटिलताएं उत्पन्न कर दी हैं। अन्ततः तुलनात्मक राजनीति में इस अवधारणा को अन्य अवधारणाओं—राजनीतिक विकास, राजनीतिक संस्कृति, राजनीतिक आधुनिकीकरण और राजनीतिक समाजीकरण, के साथ सम्बन्धित करके प्रयुक्त करना आवश्यक हो गया। अतः राजनीतिक व्यवस्था उपागम सिद्धान्त की खोज में स्वयं ही इतना जटिल बन गया कि अनेक विद्वान इसकी उपयोगिता पर ही शंका करने लगे हैं। इन विद्वानों ने इसकी अनेक कमियों की तरफ ध्यान आकर्षित किया है। यहां पर इसकी प्रमुख आलोचनाओं को ही दिया जा रहा है। इनमें से कुछ इस प्रकार हैं—

(क) आमन्ड और ईस्टन ने राजनीतिक व्यवस्था को अत्यधिक स्वायत्तता प्रदान करके इस अवधारणा को आलोचना का शिकार बना दिया है। आलोचक यही कहते हैं कि राजनीतिक व्यवस्था को अभूतपूर्व रूप से स्वायत्त मानना, व्यवस्थाओं और उप-व्यवस्थाओं की अन्तःक्रिया और पारस्परिकता की अनदेखी करना है। राजनीतिक व्यवस्था समाज की चार उप-व्यवस्थाओं में से एक है। अतः यह भी समाज की अन्य तीन व्यवस्थाओं—सामाजिक व्यवस्था, आर्थिक व्यवस्था और सांस्कृतिक व्यवस्था—से बहुत अधिक भिन्न नहीं हो सकती है। जबकि व्यवस्थावादियों ने इसको इतना स्वायत्त मान लिया है कि यह अन्य उप-व्यवस्थाओं और पर्यावरण से स्वतंत्र और उनकी एक नियामक व्यवस्था बन जाती है। अतः इसको इस प्रकार स्वायत्त मानना तथ्यों व वास्तविकताओं

के अनुरूप नहीं है।

(ख) राजनीतिक व्यवस्था को मूल्य व्यवस्था या नॉर्म्स के साथ इतना जोड़ दिया गया है कि इसकी व्यावहारिक उपयोगिता ही सीमित हो जाती है। क्योंकि, राजनीतिक व्यवस्था की विशेषता इसकी कार्य निष्पादन शैली में निहित है। यह सत्तात्मक रूपान्तरण कर सकती है अन्यथा इसमें और अन्य उप-व्यवस्थाओं में कोई मौलिक अन्तर नहीं रह जाता है। जबकि ईस्टन ने इसको मूल्यों के साथ जोड़कर विचित्र रूप देने का प्रयत्न किया है जिसे अनेक विचारक उचित व तर्कसम्मत नहीं मानते हैं।

(ग) राजनीतिक व्यवस्था विश्लेषण की सबसे बड़ी कमजोरी इस बात में है कि यह क्रांतिकारी परिवर्तनों का स्पष्टीकरण देने की बहुत कम क्षमता रखता है। क्योंकि, व्यवस्था की अवधारणा में यह अर्थ सन्निहित माना गया है कि राजनीतिक व्यवस्था हमेशा ही पहचान में आने लायक पृथक्ता रखती है और कोई भी परिवर्तन जो राजनीतिक व्यवस्था में आएंगे वे सब विकासवादी प्रकृति के ही होंगे।

(घ) इसका प्रमुख जोर इस संदिग्ध प्रस्थापना पर है कि राजनीतिक व्यवस्था की सततता से सम्बन्धित समस्याएं राजनीतिक विश्लेषण के सर्वाधिक महत्त्व के विषय हैं। यह तथ्य-युक्त प्रस्थापना नहीं कही जा सकती है। राजनीति शास्त्र में व्यवस्था की सततता से कहीं अधिक महत्त्वपूर्ण समस्याएं परिवर्तन और अप्रत्याशित उथलों-पुथलों से सम्बन्धित होती हैं।

(च) राजनीतिक व्यवस्था की अवधारणा का सम्बन्ध केवल राष्ट्रीय स्तर की राजनीतिक व्यवस्था से ही है। स्वयं ईस्टन ने इस सम्बन्ध में लिखा है कि "संगठनों और समूहों की आंतरिक राजनीतिक व्यवस्थाओं को मैं 'पर-राजनीतिक व्यवस्थाएं' (para-political systems) कहूंगा तथा राजनीतिक व्यवस्था की अवधारणा को समाज के अन्दर अन्तर्निहित राजनीतिक जीवन के विश्लेषण तक सीमित रखूंगा पर-राजनीतिक व्यवस्थाओं का सम्बन्ध तो समूहों के अन्दर ही सत्तात्मक वितरणों से सम्बन्धित समस्याओं से रहता है।" इससे इस अवधारणा के आधार पर व्यष्टि-स्तर के अध्ययन करने की बात व्यवस्थावादियों ने स्वीकार नहीं करके तथा केवल समष्टि-स्तर की बात करके असम्भव को सम्भव बनाने से ही अध्ययन शुरू करने की बात स्वीकार की है। इससे तुलनात्मक विश्लेषण आन्तरिक राजनीतिक अध्ययनों तक ही सीमित रह जाते हैं तथा यह दृष्टिकोण राष्ट्रीय राजनीतिक व्यवस्था की अन्य राजनीतिक व्यवस्थाओं से अन्तःक्रिया की अनदेखी करता है जिससे अन्तर्राष्ट्रीय व्यवस्थाओं के अध्ययन में इस अवधारणा की उपयोगिता नगण्य ही रह जाती है।

(छ) निवेश-निर्गत विश्लेषण में केवल राजनीतिक दृष्टि से सक्रिय व्यक्तियों पर ही बल दिया जाता है, जिससे सम्पूर्ण व्यवस्था विश्लेषण अभिजनों के प्रति उन्मुखी बन जाती है और इस कारण यह राजनीति का सामान्य सिद्धान्त बनाने के प्रयत्न से स्वतः ही कट जाता है। क्योंकि, इसका संबंध समाज के अभिजनों से ही रह जाता है।

(ज) इसकी एक कमी यह भी मानी गई है कि व्यवस्था-विश्लेषण अभिजन-अभिमुखी होने के कारण यथास्थिति के प्रति स्वतः और स्वचालित ढंग से पक्षपाती बन जाता है।

यद्यपि इसमें व्यवस्था के गन्तव्यों के पुनः दिशाकरण को स्वीकार किया गया है तथा क्रांतिकारी परिवर्तनों को छोड़कर व्यवस्था के परिवर्तन और व्यवस्था की गतिशीलता के सभी पहलुओं को स्वीकार भी किया गया है, किन्तु, इस सबके पीछे अभिजनों को रखकर यह यथास्थिति का पोषक बन जाता है। क्योंकि, अभिजन ही सब कुछ करने के लिए राजनीतिक व्यवस्था के प्रचालन में प्रमुख भूमिका निभाते हैं जो अपने स्वार्थों या अपनी यथास्थिति को आंच नहीं आने देने की व्यवस्था करके राजनीतिक व्यवस्था को यथास्थिति वाली स्थिति में ला देते हैं।

(झ) निर्गत-निवेश विश्लेषण इतना अधिक सैद्धान्तिक हो गया है कि व्यवहार में यह अप्रयोज्य बन गया है।

इन आलोचनाओं का मूल्यांकन करते समय यह ध्यान रखना होगा कि राजनीति-विज्ञान में आदर्श तो दूर रहा आदर्श के करीब पहुंचने वाला या उसके इर्द-गिर्द ले जाने वाला अध्ययन उपागम असम्भव ही है। इस प्रकार, निर्गत-निवेश या राजनीतिक व्यवस्था उपागम भी कोई आदर्श अध्ययन दृष्टिकोण नहीं है। किन्तु इतना सही है कि इन कमियों के बावजूद राजनीतिक व्यवस्था की अवधारणा पर आधारित विश्लेषणों ने राजनीतिशास्त्र को एक वैज्ञानिक अध्ययन बनाने में बहुत सहायता की है। इससे एक ऐसा प्रत्यय प्रस्तुत हुआ है जो पुराने प्रत्ययों के सैद्धान्तिक और व्यावहारिक अन्तरों से अध्ययनों को मुक्त बनाता है और इसी बात में इसकी अच्छाई या विशेषता निहित है।

राजनीतिक व्यवस्था उपागम का परिचालनात्मक विचार (The Operational View of Political System Approach)

राजनीतिक व्यवस्था उपागम का तुलनात्मक राजनीतिक अध्ययनों में उपयोग करते समय हम वास्तव में राजनीतिक व्यवस्था से संबंधित लक्षणों की आपस में ही तुलना करके कुछ निष्कर्ष निकालते हैं। उदाहरण के लिए, हम राजनीतिक व्यवस्थाओं की तुलना नीचे लिखी विशेषताओं के आधार पर कर सकते हैं—(क) राजनीतिक व्यवस्था की सामर्थ्य या क्षमताएं, (ख) राजनीतिक व्यवस्थाओं की रूपान्तरण प्रक्रिया, (ग) राजनीतिक व्यवस्था की संधारण या अनुरक्षण व्यवस्था, और (घ) राजनीतिक व्यवस्था की अनुकूलनता।

यह सब कार्य अन्त.सम्बन्धित हैं। अतः राजनीतिक व्यवस्था के सिद्धान्त का अर्थ इन परस्पर सम्बन्धित स्तरों और प्रकार्यों के आपसी सम्बन्धों की खोज करना मात्र है। इसके लिए कई प्रकार से तुलनात्मक विश्लेषण किया जा सकता है। यहां हम उदाहरण के लिए कुछ तुलनाओं के आधार प्रस्तुत कर रहे हैं।

(क) संरचनाओं और प्रकार्यों के बीच संबंध खोज (Discovery of relations between structures and functions)—किसी राजनीतिक व्यवस्था में किसी काल विशेष में 'क' कार्य 'ख' प्रकार की संरचना के द्वारा किया जाता है। अब अगर 'क' में परिवर्तन आता है तो 'ख' में भी परिवर्तन आ जाएगा। इस प्रकार, विभिन्न संरचनाओं की तुलना करके सम्भावित घटनाक्रमों का संकेत दिया जा सकता है। हमने राजनीतिक

व्यवस्था की विशेषताओं के विवेचन में यह देखा है कि राजनीतिक व्यवस्था के किसी एक भाग में परिवर्तन आने से अन्य भागों में और सम्पूर्ण व्यवस्था में भी परिवर्तन आ जाते हैं या यह सब प्रभावित हो जाते हैं। इस कारण कुछ परिवर्त्यों के आधार पर विभिन्न राजनीतिक व्यवस्थाओं की तुलना की जा सकती है। अर्थात संरचनाओं और प्रकार्यों के बीच सम्बन्ध मालूम किए जा सकते हैं। उदाहरण के लिए, अगर व्यवस्थापिका में संरचनात्मक परिवर्तन आ जाता है तो यह अपना कार्य उस प्रकार नहीं कर सकेगी जिस प्रकार इन परिवर्तनों से पहले करती थी। इस प्रकार के संरचनात्मक परिवर्तन का कार्यपालिका व अन्य राजनीतिक संरचनाओं के कार्यों पर भी प्रभाव पड़ेगा। अत: यह अवधारणा संरचनाओं और प्रकार्यों के बीच सम्बन्ध खोजने में सहायक हो जाती है।

(ख) राजनीतिक व्यवस्थाओं की विकास दिशा की खोज (Discovery of direction of the development of political systems)—राजनीतिक व्यवस्थाओं में विकास की प्रेरणाएं अन्तर्राष्ट्रीय पर्यावरण या बाहरी पर्यावरण से, समाज की अन्य तीन उप-व्यवस्थाओं—सामाजिक, आर्थिक और सांस्कृतिक से, या राजनीतिक व्यवस्था के अन्दर से ही, अभिजनों और जनसाधारण से आ सकती हैं। इसी तरह, राजनीतिक व्यवस्थाओं में विकास की परिस्थितियां तब उत्पन्न होती हैं जब राजनीतिक व्यवस्था में विद्यमान संरचनाएं उन समस्याओं और चुनौतियों का सामना नहीं कर पाती हैं जिनका उन्हें समुचित समाधान करना होता है। इस तरह, राजनीतिक व्यवस्थाओं की सामर्थ्य में परिवर्तन, विकास की दिशा का संकेत दे देता है। अत: इस आधार पर भी राजनीतिक व्यवस्थाओं को समझा जा सकता है। और उनकी इस आधार पर तुलना करके सामान्यीकरण निकालना सम्भव हो जाता है।

(ग) राजनीतिक व्यवस्था की समस्याओं व चुनौतियों की खोज (Discovery of the problems and challenges to political system)—राजनीतिक व्यवस्था उपागम का राजनीतिक व्यवस्थाओं की समस्याओं और चुनौतियों की खोज करके उनकी अन्य व्यवस्थाओं से तुलना करने में भी प्रयोग किया जा सकता है। सामान्यतया हर प्रकार की राजनीतिक व्यवस्थाओं के सामने चार प्रमुख समस्याएं होती हैं। इन्हीं समस्याओं से सम्बन्धित अध्ययन उपयोगी निष्कर्ष निकालने में सहायक हो सकते है। हर राजनीतिक व्यवस्था के सामने ये समस्याएं रहती हैं—(i) राष्ट्र निर्माण की समस्या, (ii) राज्य निर्माण की समस्या, (iii) सहभागिता की समस्या, (iv) लाभों के वितरण या लोक कल्याण की समस्या।

(i) राष्ट्र निर्माण का सम्बन्ध सांस्कृतिक व्यवस्था से होता है। यह राजनीतिक विकास के सांस्कृतिक पहलू पर बल देता है। इसमें समाज के लोगों की अभिवृत्तियों में ऐसा परिवर्तन आना होता है जिससे वे स्थानीय, क्षेत्रीय परम्परागत या सजातीय संगठनों से अपनी निष्ठा और प्रतिबद्धता को बृहत्तर केन्द्रीय या राष्ट्रीय राजनीतिक व्यवस्था को हस्तान्तरित करने लगते हैं। हर राजनीतिक व्यवस्था में एकता और ठोसता इसी आधार पर आती है और इस कारण यह समस्या हर राजनीतिक व्यवस्था में विद्यमान रहती है। इस आधार पर तुलनात्मक विश्लेषण कर सकना उपयोगी रहता है।

(ii) राज्य निर्माण की समस्या उस समय उत्पन्न होती है जब (क) राजनीतिक व्यवस्था के अस्तित्व को अन्तर्राष्ट्रीय पर्यावरण से खतरा उत्पन्न हो जाए, (दूसरे देश के द्वारा आक्रमण से यह स्थिति आती है) (ख) समाज में से ही क्रांतिकारी दबाव-चुनौतियां राजनीतिक व्यवस्था के स्थायित्व या अस्तित्व को खतरा उत्पन्न कर दें या (ग) राजनीतिक व्यवस्था के अभिजन राजनीतिक समाज के नये गन्तव्यों का निर्धारण करके उन्हें प्राप्त करने का प्रयास करें और समाज उसका विरोध करें। ऐसी स्थिति में, राजनीतिक व्यवस्था राज्य निर्माण का कार्य करती है। इसका आशय है कि राज्य में नई संरचनाओं का निर्माण इस तरह किया जाए जिससे राज्य का समाज में प्रवेशन में अधिक होने लगे तथा इस प्रवेशन से जनता का व्यवहार नियमित व नियंत्रित किया जा सके। राजनीतिक व्यवस्था इसी तरह, अधिक स्रोतों का निर्माण करके या समस्याओं के समाधान के लिए राज्य को संरचनात्मक दृष्टि से मजबूत बनाने का कार्य करके, राज्य निर्माण का कार्य करती है।

(iii) मांगों की मात्रा व तीव्रता के बढ़ने पर सहभागिता की समस्या उत्पन्न होती है। जब लोग अधिकाधिक संख्या में निर्णय-प्रक्रिया में सहभागिता प्राप्त करना चाहते हैं तब राजनीतिक व्यवस्थाओं को अनेकों संरचनाएं और संगठन बनाकर इसे सम्भव बनाने की व्यवस्था करनी होती है।

(iv) लाभों के वितरण की मांग राजनीतिक व्यवस्था के अन्दर से आती है। इसमें लोग, विशेषकर वो लोग जो राजनीतिक व्यवस्था द्वारा वितरित लाभों से वंचित रहते रहे हों, यह चाहते हैं कि राज्य की बाध्यकारी शक्ति को आमदनी, सम्पत्ति, अवसरों और सम्मानों (honours) को न्यायोचित ढंग से वितरित करने में प्रयुक्त किया जाए। इसमें लोग यही चाहते हैं कि धन-संचय के साधनों व वितरण की व्यवस्थाओं पर राज्य का नियंत्रण रहे जिससे इनका सत्तात्मक वितरण किया जा सके। यह मूल्यों का आधिकारिक वितरण ही कहा जाता है।

इस विवेचन से स्पष्ट है कि राजनीतिक व्यवस्था उपागम का प्रयोग राजनीतिक समस्याओं के समाधान और व्यवस्था पर आने वाली चुनौतियों का मुकाबला करने में भी किया जा सकता है। विभिन्न राजनीतिक व्यवस्थाओं में इनका समाधान कैसे होता है तथा उसके क्या परिणाम रहते हैं, इस सबकी तुलनाएं व अध्ययन राजनीतिक व्यवस्था की अवधारणा के प्रयोग से किया जा सकता है।

(घ) **राजनीतिक व्यवस्था की अनुक्रियात्मकता की खोज** (Discovery of the responses of political systems)—राजनीतिक व्यवस्थाएं मांगों, चुनौतियों और दबावों के प्रति किस प्रकार की अनुक्रियाएं और सक्रियताएं रखती हैं, यह तथ्य अध्ययन व तुलना का बहुत उपयोगी आयाम हो सकता है। सामान्यतया राजनीतिक व्यवस्थाओं की अनुक्रियात्मकता के कई नियामक होते हैं, किन्तु, उनमें से प्रमुख इस प्रकार हैं—(i) राजनीतिक व्यवस्था का स्थायित्व, (ii) व्यवस्था के स्रोत व साधन, (iii) अन्य सामाजिक व्यवस्थाओं और उप-व्यवस्थाओं में होने वाले विकास, (iv) राजनीतिक व्यवस्था की स्वयं की कार्य-प्रणाली और प्रतिमान, और (v) राजनीतिक व्यवस्था का नेतृत्व करने

वाले अभिजनों का चुनौतियों के बारे में रवैया इत्यादि। इनके आधार पर राजनीतिक व्यवस्थाओं का अध्ययन किया जा सकता है।

उपरोक्त विवेचन से यह स्पष्ट हो जाता है कि राजनीतिक व्यवस्था उपागम व्यवहार में कई प्रकार से शोध व अध्ययन में प्रयुक्त किया जा सकता है। इससे यह अर्थ नहीं निकलता कि इस उपागम से हर प्रकार की तुलनाएं की जा सकती हैं। वैसे यह उपागम राजनीतिक व्यवस्था को समग्रता में देखने के प्रयत्न के कारण, राजनीतिक गत्यात्मकताओं की खोज करने में पर्याप्त सहायता कर सकता है। उपरोक्त उदाहरण लेकर इसे कुछ स्पष्ट करने का प्रयास किया गया है। ऐसे और अनेक आयाम और पहलू तुलनाओं के लिए लिये जा सकते हैं।

राजनीतिक व्यवस्था उपागम : एक मूल्यांकन (Political System Approach : An Evaluation)

राजनीतिक व्यवस्था उपागम के गुणों, आलोचनाओं व परिचालनात्मक विचार के विस्तृत विवेचन से इसका मूल्यांकन करना आवश्यक ही नहीं रह जाता है। इसलिए हम यहां बहुत संक्षेप में इतना ही कहना पर्याप्त समझेंगे कि राजनीतिक व्यवस्था उपागम में प्रयुक्त राजनीतिक व्यवस्था की अवधारणा को अमूर्तीकरण के रूप में देखते हुए ऐसी क्या मूर्त व्यवस्था की बात की जा सकती है? ईस्टन जब अमूर्त राजनीतिक व्यवस्था (abstract political system) की प्रस्थापना प्रस्तुत करते हैं तो इससे वास्तव में मूर्त राजनीतिक व्यवस्था (concrete political system) की भी प्रस्थापना हो जाती है। अत: व्यवस्था का या तो राष्ट्रीय व्यवस्था से ही आशय लेना है, अन्यथा ईस्टन की तरह इसे अमूर्तीकरण के स्तर पर ले जाने पर यह व्यावहारिक उपयोग की अवधारणा नहीं रह जाएगी तथा सिद्धान्तों की खोज में सिद्धान्त केवल काल्पनिक स्तर पर अध्ययन को ले जाने वाले बन जाएंगे। अत: राजनीतिक व्यवस्था की अवधारणा को आसमान पर ले जाने से श्रेष्ठतर यही रहेगा कि इसको धरातल (राष्ट्रीय धरातल) पर ही रहने दिया जाए जिससे इसकी उपयोगिता बनी रहे। इसको अमूर्तीकरण के स्तर (आसमान) से नीचे लाने से अवश्य ही इसकी सैद्धान्तिक परिशुद्धता में अन्तर आएगा पर आनुभविक अध्ययनों में इसको उपयोगी बनाए रखने के लिए यह कीमत तो चुकानी ही होगी।

तुलनात्मक राजनीति का संरचनात्मक-प्रकार्यात्मक उपागम
(THE STRUCTURAL-FUNCTIONAL APPROACH IN COMPARATIVE POLITICS)

व्यवस्था विश्लेषण की तरह ही संरचनात्मक-प्रकार्यात्मक विश्लेषण भी राजनीति-विज्ञान में समाज शास्त्र के रास्ते से ही आया है।[17] यद्यपि इसका प्रयोग मानव शास्त्र में इस शताब्दी के प्रारम्भिक काल में ही होने लगा था किन्तु राजनीति-विज्ञान में इस प्रकार

[17]Ludwig Von Bertallanfy, *op. cit.*, p. 3.

का विश्लेषण व्यवस्था की अवधारणा के प्रचलन के बाद ही अधिक लोकप्रिय हुआ है। इसका प्रमुख सम्बन्ध तुलनात्मक राजनीति से जोड़ा जाता है। तुलनात्मक राजनीति का आधुनिक रूप ही राजनीतिक व्यवस्था की संरचनात्मक-प्रकार्यात्मक व्याख्या से बनाया जा सका है। व्यवस्था विश्लेषण का एक मॉडल ईस्टन द्वारा प्रतिपादित किया गया है। इसको सामान्यतया राजनीतिक व्यवस्था की निवेश-निर्गत व्याख्या कहा जाता है। व्यवस्था विश्लेषण का दूसरा मॉडल आमन्ड के द्वारा प्रतिपादित किया गया है तथा इसको राजनीतिक व्यवस्था की संरचनात्मक-प्रकार्यात्मक व्याख्या कहा जाता है। अतः संरचनात्मक प्रकार्यात्मक उपागम व्यवस्था विश्लेषण का एक विशिष्ट रूप में प्रयोग है। इसमें राजनीतिक व्यवस्था को सरंचनाओं और प्रकार्यों के रूप में परिभाषित करके समझने का प्रयत्न किया गया है किन्तु, प्रमुख अवधारणा राजनीतिक व्यवस्था की ही रहती है। इसलिए ही इसे तुलनात्मक राजनीति में व्यवस्था विश्लेषण के अन्दर ही दूसरा उपागम माना जाता है।

इस अध्याय के प्रथम भाग में हमने व्यवस्था विश्लेषण की सरल सी व्याख्या की है, पर यथार्थ में यह इससे कहीं अधिक जटिल है। फिर भी, इस प्रकार की विश्लेषण अवधारणा का इतना विवेचन काफी है, क्योंकि, इससे हमारी जानकारी को संगठित करने तथा तुलनात्मक विश्लेषणों में इसके प्रयोग के प्रयत्नों का आवश्यक ज्ञान हो जाता है। व्यवस्था विश्लेषण के मूल्यांकन और आलोचना में हमने यह कहा है कि इसकी व्यापक आलोचना इस कारण हुई है कि यह राजनीतिक शक्ति जैसी संकल्पनाओं की पूर्ण व्याख्या नहीं कर पाता है और उससे मतदान जैसे व्यावहारिक राजनीति के पहलुओं की भी पकड़ नहीं हो सकती है।[18] फिर भी, इतना अवश्य है कि राजनीतिक व्यवस्था विश्लेषण राजनीति-शास्त्र के अन्तर्गत सामान्यतया तथा तुलनात्मक राजनीति में विशेषकर सिद्धान्त सम्बन्धी आधारभूमि के निर्माण का एक बड़ा और महत्त्वपूर्ण प्रयास है। कई विचारक तो इसे तुलनात्मक राजनीति में क्रांतिकारी मोड़ तक का नाम देते हैं।

सामान्य व्यवस्था सिद्धान्त के फलस्वरूप तुलनात्मक राजनीति में संरचनात्मक-प्रकार्यात्मक विश्लेषण अस्तित्व में आया। यह अन्वेषण या विश्लेषण का एक ऐसा उपकरण है जिसके माध्यम से इस बात की व्याख्या की जा सकती है कि राजनीतिक व्यवस्था में कौन-सी राजनीतिक संरचनाएं कौन से बुनियादी कार्य करती हैं? यही कारण है कि इसको तुलनात्मक राजनीति के अध्ययन के लिए व्यापक रूप से अपनाया गया है। आमन्ड ने यह मत अभिव्यक्त किया है कि संरचनात्मक-प्रकार्यात्मक अवधारणा से ही एक दूसरे से मेल न खाने वाली विभिन्न राजनीतिक व्यवस्थाओं के लिए तुलना के प्रतिमान प्रस्तुत किए जा सकते हैं। अतः सरंचनात्मक-प्रकार्यात्मक उपागम व्यवस्था विश्लेषण की परिधि में रहते हुए भी राजनीतिक व्यवस्था की विशेष रूप से व्याख्या और उसका तुलनात्मक राजनीति में उपयोग सम्भव बनाता है। इस कारण, हम इसका अर्थ समझें, इससे पहले इसकी तुलनात्मक राजनीति में, व्यवस्था विश्लेषण की 'निवेश-निर्गत व्याख्या'

[18] W. J. M. Mackenzie, *op. cit.*, p. 102.

के रहते हुए आवश्यकता क्यों महसूस की गई इसकी पृष्ठभूमि स्पष्ट करना उपयुक्त समझते हैं।

संरचनात्मक-प्रकार्यात्मक उपागम की आवश्यकता (The Necessity of Structural-Functional Approach)

तुलनात्मक राजनीति में व्यवस्था विश्लेषण का संरचनात्मक-प्रकार्यात्मक उपागम ईस्टन के निवेश-निर्गत विश्लेषण से उत्पन्न असंतोष के कारण ही अस्तित्व में आया यह कहना तो अतिश्योक्ति होगी। फिर भी, इस उपागम के प्रचलन का एक कारण, व्यवस्था विश्लेषण को ईस्टन द्वारा अमूर्तीकरण के ऐसे स्तर पर पहुंचा देना है जहां उसका व्यावहारिक प्रयोग कठिन सा हो जाता है। किन्तु, तुलनात्मक राजनीति में इसका उपयोग केवल इसी कारण से हुआ हो ऐसा नहीं कहा जा सकता। व्यवस्था विश्लेषण राजनीति-विज्ञान में राजनीति का सामान्य सिद्धान्त खोजने में प्रमुख प्रयत्न माना जाता है। किन्तु, ईस्टन के द्वारा राजनीतिक व्यवस्था के निवेश और निर्गतों का विश्लेषण राजनीति शास्त्र को सामान्य सिद्धान्त निर्माण में बहुत आगे तक नहीं ले जा पाया है। तुलनात्मक राजनीतिक विश्लेषणों में ईस्टन का मॉडल और भी सीमित उपयोगिता रखता है। अतः आमन्ड ने राजनीतिक व्यवस्थाओं को संरचनाओं और प्रकार्यों के रूप में समझने के प्रयत्न का विचार प्रस्तुत किया। उसका मत है कि राजनीतिक व्यवस्थाएं, संरचनाओं और प्रकार्यों के आधार पर समझी जाएं तो परिवर्तन और विकास की दिशाओं का स्पष्टीकरण करना आसान हो जाएगा। अतः तुलनात्मक राजनीति में संरचनात्मक-प्रकार्यात्मक अवधारणा का प्रयोग आवश्यक माना जाने लगा।

इस उपागम की आवश्यकता का प्रमुख कारण इसके द्वारा प्रयुक्त होने वाले प्रवर्ग (categories) और प्रत्यय हैं। परम्परागत तुलनात्मक राजनीति में जिन प्रत्ययों का प्रयोग किया जाता था जैसे राज्य, राष्ट्र और संविधान, वे सब तुलनात्मक विश्लेषणों में विशेष उपयोगी नहीं थे। क्योंकि, अर्थ की दृष्टि से इनका प्रतिमानित रूप स्थिर नहीं था। संरचनात्मक-प्रकार्यात्मक दृष्टिकोण में जिन प्रत्ययों और विश्लेषण-प्रवर्गों का प्रयोग किया जाता है वे प्रतिमानित और मानकीय (standardized) होने के कारण राजनीतिक व्यवस्था को एक माध्यम से समझने का मार्ग खोल देते हैं। अतः एक सा अर्थ रखने वाले प्रत्ययों और प्रवर्गों का तुलनात्मक विश्लेषणों में प्रयोग सम्भव बनाने के लिए कोई नया दृष्टिकोण आवश्यक हो गया। संरचनात्मक-प्रकार्यात्मक दृष्टिकोण इसे सम्भव बनाने में उपयोगी और आवश्यक कहा जा सकता है।

तुलनात्मक राजनीति के विद्वान यह महसूस करते रहे हैं कि न केवल सम्पूर्ण राजनीतिक व्यवस्था पर ध्यान केन्द्रित किया जाए अपितु, इसकी प्रमुख गतिविधियों की विभिन्न संरचनाओं के साथ सम्बन्ध-सूत्रता का ज्ञान भी प्राप्त किया जाए। ईस्टन ने सम्पूर्ण राष्ट्रीय व्यवस्था पर ध्यान केन्द्रित करने की बात तो की, किन्तु, इस व्यवस्था की संरचनाओं और उनसे सम्बन्धित प्रक्रियाओं में सम्बन्ध स्थापित करने का प्रयास नहीं किया। इसलिये ऐसा प्रयास आवश्यक हो गया जो राजनीतिक व्यवस्था की संरचनात्मकता

और उसके प्रकार्यों का ज्ञान करा सके। इस उपागम में ऐसा प्रयास सम्मिलित है। इस कारण यह उपागम तुलनात्मक विश्लेषण में आवश्यक बन गया।

राजनीतिक व्यवस्थाओं की सामर्थ्य या क्षमता ही एक ऐसा लक्षण है जो तुलनात्मक विश्लेषणों में विशेष तौर से जानना आवश्यक समझा जाने लगा है। ईस्टन ने इसकी बात तो की है किन्तु, इससे अधिक उसकी चिन्ता व्यवस्था की सततता से थी और इसलिये ऐसे प्रवर्ग के आधार पर तुलना करने की जरूरत महसूस की जाने लगी जो राजनीतिक व्यवस्था की जीवित रहने की दशाओं तक ही सीमित न रहकर यह भी समझा सके कि इसको जीवित रखने के लिए किन-किन तत्त्वों की आवश्यकता है? संरचनात्मक-प्रकार्यात्मक विश्लेषण, राजनीतिक व्यवस्था के ढांचे अथवा संरचना के गठन और उसके कार्यों की प्रक्रियाओं के बीच तालमेल के कारणों तथा परिणामों को पहचानने का प्रयत्न करके उन तत्त्वों का ज्ञान कराने में, जिनसे व्यवस्थाओं में गत्यात्मकता और जीवित रहने की सामर्थ्य बनी रहती है, सहायता करता है। अतः ऐसे उपागम के रूप में यह आवश्यक माना जाने लगा।

तुलनात्मक राजनीति में भी राजनीति का सामान्य सिद्धान्त बनाने का लक्ष्य रहता है। अतः इसमें भी ऐसी अवधारणाओं की आवश्यकता महसूस की जाती रही है जो ऐसे सिद्धान्त के निर्माण में सहायता कर सकें। तुलनात्मक राजनीति में ईस्टन का 'निवेश-निर्गत' विश्लेषण सिद्धान्त निर्माण में बहुत सहायक न होने के कारण ऐसी वैकल्पिक अवधारणा की आवश्यकता महसूस की जाने लगी जो ईस्टन के विश्लेषण से अधिक उपयोगी और सिद्धान्त निर्माण में सहायक हो। आमन्ड का संरचनात्मक-प्रकार्यात्मक विश्लेषण इस दृष्टिकोण से तुलनात्मक अध्ययनों में अधिक आवश्यक हो गया और यही कारण है कि इसका सबसे अधिक उपयोग तुलनात्मक राजनीति में ही किया जाने लगा है।

इस प्रकार, संरचनात्मक-प्रकार्यात्मक उपागम, एक तरफ तो ईस्टन के द्वारा प्रयुक्त व्यवस्थाई विश्लेषण (systemic analysis) की व्याख्या में उभरी कमियों को दूर करने के लिए, और दूसरी तरफ, तुलनात्मक राजनीति में राजनीतिक व्यवस्था की अवधारणा को अधिक यथार्थवादी ढंग से प्रयुक्त करने के लिए आवश्यक माना गया। सामान्य दृष्टि से देखा जाए तो इसकी आवश्यकता उन सब तथ्यों से भी स्पष्ट की जा सकती है जिनसे व्यवस्था विश्लेषण की राजनीतिक विश्लेषणों में आवश्यकता महसूस की गई थी। इनको यहां विवेचित नहीं किया जा रहा है क्योंकि, इसी अध्याय के आरम्भ में राजनीतिक व्यवस्था उपागम की आवश्यकता के शीर्षक के अन्तर्गत इनका विस्तार से उल्लेख किया जा चुका है। अतः संक्षेप में इस उपागम की आवश्यकता के बारे में यही कहा जा सकता है कि व्यवस्था की अन्तर्वस्तु (contents) से उसके कार्यात्मक पक्ष को अलग करके समझने के लिए संरचनात्मक-प्रकार्यात्मक उपागम अधिक उपयुक्त दिखाई देता है। इसकी आवश्यकता का स्पष्टीकरण इसके अर्थ और व्याख्या से और अधिक अच्छी तरह हो सकेगा। इसलिये अब इसके अर्थ व व्याख्या का विवेचन करेंगे।

संरचनात्मक-प्रकार्यात्मक का अर्थ (The Meaning of Structuralism-Functionalism)

संरचनात्मक-प्रकार्यात्मक विश्लेषण दो प्रत्ययों के प्रयोग पर आधारित है। पहला प्रत्यय संरचना का है और दूसरा प्रत्यय 'प्रकार्य' का है। अतः संरचनात्मक-प्रकार्यात्मक का अर्थ इन दो प्रत्ययों का अर्थ करके समझा जा सकता है। वैसे इनका उद्‌भव प्रकार्यवाद से हुआ है जिसका अर्थ करते हुए फ्लेनिगन और फोगलमैन ने अपने एक प्रबन्ध 'फंकशनल ऐनेलिसिस' में लिखा है, "अपने वृहत्तर रूप में प्रकार्यवाद का साधारण सा यह अर्थ है कि राजनीतिशास्त्री किसी तथ्य अथवा घटना का विश्लेषण करते समय अन्य बातों के अलावा उन प्रकार्यों का, जो उस तथ्य द्वारा निष्पादित होते हैं, ध्यान रखेगा।"[19] प्रकार्यवाद का यह अर्थ प्रकार्य के उस अर्थ का स्पष्टीकरण नहीं करता है, जिसमें इस प्रत्यय का तुलनात्मक राजनीति के संरचनात्मक-प्रकार्यात्मक उपागम में प्रयोग होता है। स्वयं प्रकार्य शब्द के अनेक अर्थ किये गये हैं। अर्नेस्ट नागेल ने इसके छः अर्थों की चर्चा की है। किन्तु, इन अर्थों में प्रकार्य शब्द का प्रयोग तुलनात्मक राजनीति में नहीं होता है। अतः हम 'प्रकार्य' के तुलनात्मक राजनीति में प्रचलित अर्थ तक ही सीमित रहना उपयुक्त समझते हुए इसका इसी से सम्बन्धित अर्थ करेंगे।

आरोन यंग ने प्रकार्य का अर्थ करते हुए लिखा है, "प्रकार्य, क्रिया प्रतिमान का व्यवस्था के लिए, जिससे यह परिचालित होती है, एक वस्तुनिष्ठ परिणाम है।" इस प्रकार, प्रकार्य का सम्बन्ध अन्ततः व्यवस्था के लिए क्रिया-प्रतिमान के वस्तुनिष्ठ या वस्तुगत परिणामों से होता है। इसको साधारण शब्दों में अन्तःसम्बन्धित भूमिकाओं का प्रतिमान कह सकते हैं। अर्थात प्रकार्य राजनीतिक व्यवस्था की पर्यवेक्षणीय गतिविधियां ही कहा जा सकता है। राबर्ट सी० बोन ने इसकी अधिक तर्कसंगत परिभाषा करते हुए लिखा है कि "एक प्रकार्य व्यवस्था को बनाये रखने और उसको विकसित करने के लिये किया जाने वाला ऐसा क्रिया-प्रतिमान है जो नियमित रूप से होता रहता है।[20] प्रकार्य का यह अर्थ विकार्य (dysfunction) का संकेत भी देता है, जिससे उस क्रिया प्रतिमान का आशय होता है जो व्यवस्था के अस्तित्व और विकास के लिए घातक होता है। इससे स्पष्ट है कि हर राजनीतिक व्यवस्था में प्रकार्यों के साथ विकार्य स्वतः ही निष्पादित होते रहते हैं। उदाहरण के लिये, व्यवस्थापन कार्य का निष्पादन कई स्थितियों में विकार्य बन जाता है। अतः प्रकार्य के अर्थ में विकार्य का बोध भी सन्निहित मानना होगा। इसका यही अर्थ है कि एक क्रिया-प्रतिमान, राजनीतिक व्यवस्था के स्तर पर प्रकार्य, किन्तु प्रादेशिक या समूह व व्यक्ति के स्तर पर विकार्य बन सकता है। अतः प्रकार्य का अर्थ संदर्भ सापेक्ष ही कहा जा सकता है। एक स्थिति में एक प्रकार्य, उससे भिन्न स्थिति में विकार्य बन सकता है। इस कारण, प्रकार्य के अर्थ में यह सतर्कता रखना आवश्यक है कि केवल उन्हीं क्रिया प्रतिमानों को प्रकार्य कहना है, जो राजनीतिक

[19] W. Flanigan and E. Fogelman, 'Functional Analysis,' in C. Charlesworth, ed., *Contemporary Political Analysis*, New York, Free Press, 1967, p. 72.
[20] Robert C. Bone, *op. cit.*, p. 43.

व्यवस्था को बनाये रखने, उसे विकसित करने तथा नियमित रूप से उसमें घटित होते रहते हैं। इस सम्बन्ध में मर्टन ने प्रकार्य का अर्थ इस तरह से किया है कि उसको विकार्य से अलग कर सकना सम्भव हो जाता है। मर्टन ने प्रकार्य उन पर्यवेक्षणीय परिणामों को कहा है जो राजनीतिक व्यवस्था के अनुकूल और समायोजन (adjustment) में सहायक होते हैं। इसके विपरीत, विकार्य राजनीतिक व्यवस्था के अनुकूलन और समायोजन को कम करने वाली प्रक्रियाएं हैं। इस संदर्भ में मर्टन यह स्पष्ट करता है कि प्रकार्य और विकार्य भिन्न-भिन्न क्रिया-प्रतिमानों द्वारा उत्पन्न होते हैं ऐसी धारणा भ्रमात्मक है। एक क्रिया-प्रतिमान, एक स्तर पर प्रकार्य और दूसरे स्तर पर विकार्य बन सकता है। अत: हमें प्रकार्य का अर्थ ऐसे क्रिया-प्रतिमान से ही लेना है जो व्यवस्था का पोषक या अनुरक्षक हो।

प्रकार्य की इस अवधारणा में यह अर्थ भी सन्निहित है कि यह प्रकट (manifest) या गुप्त (latent) दोनों ही प्रकार के हो सकते हैं। मर्टन ने इसका उल्लेख करते हुए लिखा है कि प्रकट प्रकार्यों का सम्बन्ध केवल ऐसे क्रिया प्रतिमानों से होता है जिनके परिणामों को उनके करने वाले चाहते हैं तथा मान्यता देते हैं, जबकि गुप्त विकार्य उन क्रिया-प्रतिमानों को कहा जाता है जिनके परिणामों को उनके करने वाले न तो मान्यता देते हैं और न ही जिनकी आकांक्षा रखते हैं। मर्टन उनमें यह अन्तर इसलिये बहुत महत्त्वपूर्ण मानता है कि इससे राजनीतिक व्यवस्था की वास्तविकताओं को समझना सम्भव है। उसके अनुसार प्रकट से अधिक महत्त्वपूर्ण भूमिका अप्रकट प्रकार्यों की होती है। डा० एस० पी० वर्मा ने मर्टन के अभिमत को और अधिक स्पष्ट करते हुए लिखा है कि "शोधकर्ता या अन्वेषक के लिए अप्रकट प्रकार्यों को, जो अत्यधिक जटिल और जिनको पहचानना कठिन होता है, प्रकट प्रकार्यों से, जो स्पष्ट और सुस्पष्ट रूप से स्वीकृत होते हैं, पहचानना अधिक महत्त्वपूर्ण है।"[21]

प्रकार्य के अर्थ के इस विवेचन से यह स्पष्ट होता है कि हर क्रिया-प्रतिमान या गतिविधि को तुलनात्मक राजनीति में प्रकार्य नहीं माना जाता है। इसमें केवल उन्हीं क्रियाओं को प्रकार्य कहा जाता है जिनमें निम्नलिखित लक्षण होते हैं—

(क) क्रिया राजनीतिक व्यवस्था की अनुरक्षक या उसे बनाए रखने वाली हो।

(ख) क्रिया राजनीतिक व्यवस्था को विकसित करने वाली हो।

(ग) क्रिया प्रतिमानित हो अर्थात् यह नियमित रूप से घटित होती रहने वाली हो।

किसी भी क्रिया को तब तक प्रकार्य नहीं कहा जाता है जब तक कि वह नियमितता का लक्षण नहीं रखती हो। उदाहरण के लिए, किसी क्रिया के एक दिन या काल विशेष में राजनीतिक व्यवस्था का अनुकूलन करने से वह प्रकार्य नहीं बन जाती, क्योंकि, वही क्रिया-प्रतिमान बाद में किसी अन्य काल विशेष में राजनीतिक व्यवस्था को विखण्डित करने वाली हो सकती है। अत: प्रकार्य का तुलनात्मक राजनीति में विशेष अर्थ ही लिया जाता है और इसमें इसके प्रकट रूप से अधिक इसके गुप्त या अप्रकट रूप पर बल दिया

[21]S. P. Varma, *op. cit.*, p. 163.

जाता है।

संरचनात्मक-प्रकार्यात्मक उपागम में दूसरा महत्त्वपूर्ण प्रत्यय 'संरचना' का है। संरचना राजनीतिक व्यवस्था में प्रकार्यों के निष्पादन की व्यवस्थाओं को कहा जाता है। हर राजनीतिक व्यवस्था में प्रकार्यों की क्रिया जिस व्यवस्था के द्वारा की जाती है उस व्यवस्थात्मक संगठन को संरचना का नाम दिया जाता है। इससे यह स्पष्ट हो जाता है कि संरचनाओं का अर्थ प्रकार्यों के अर्थ के साथ जुड़ा हुआ है। इस अर्थ में, कोई संगठन प्रकार्य विशेष का निष्पादन करने पर ही संरचना कहा जाएगा। उदाहरण के लिए, विधानमंडल केवल निर्वाचित या मनोनीत सदस्यों की सामूहिकता को नहीं कहकर उस अवस्था में ही व्यवस्थापन संरचना कही जाएगी जब यह व्यवस्था को बनाए रखने की क्रिया को नियमित रूप से निष्पादित करती हो। अतः संरचनाओं को प्रकार्यों के आधार पर परिभाषित किया जाता है। हर कोई संगठन 'संरचना' नहीं कहा जाता है। प्रकार्य विशेष के आधार पर ही कोई संगठन संरचना माना जाता है। अतः संरचना, क्रिया, परिचालतता या सुव्यवस्थित सम्बन्धों का प्रतिमान है। इस सम्बन्ध में यह बात ध्यान में रखनी आवश्यक है कि एक संरचना केवल एक ही प्रकार्य तक सीमित रहती हो यह आवश्यक नहीं है। मर्टन यह विचार स्वीकार नहीं करता कि एक संरचना केवल एक प्रकार्य ही करती है या कर सकती है। एक ही प्रकार्य अनेक संरचनाओं के समूह के द्वारा निष्पादित हो सकता है। इसी तरह, एक ही संरचना अनेक प्रकार्य निष्पादित कर सकती है। इससे इस बात का खण्डन हो जाता है कि एक संरचना या हर संरचना द्वारा अनिवार्यतः सुनिश्चित प्रकार्य निष्पादित होता है। इसके स्थान पर मर्टन ने जिस अवधारणा का प्रतिपादन किया है उसे 'संरचनात्मक प्रतिस्थापन्नता' का नाम दिया जाता है।

यंग के अनुसार संरचनात्मक-प्रकार्यात्मक उपागम की सबसे महत्त्वपूर्ण विशेषता इस बात में निहित है कि इसमें संरचनात्मक प्रतिस्थापन्नता (structural substitutibility) की बात को स्वीकार किया गया है। यह इस आधारभूत प्रस्थापना को तो स्वीकार करता है कि किसी व्यवस्था को बनाए रखने के लिए आवश्यक रूप से कुछ प्रकार्यों का निष्पादन होना जरूरी है। किन्तु, उन साधनों या संरचनाओं को, जिनसे यह प्रकार्य निष्पादित होते हैं, एक-सी मानने के बजाय, अलग-अलग व्यवस्थाओं में उनमें अन्तर व विधिता की बात को स्वीकार करता है। इसके पीछे आधारभूत मान्यता यह है कि विभिन्न राजनीतिक व्यवस्थाओं में सांस्कृतिक अन्तर, संरचनाओं में भी अन्तर अनिवार्य बना देता है। अतः साम्यवादी शासन व्यवस्थाओं की राजनीतिक संस्कृति की विभिन्नता के कारण एक ही प्रकार्य, जो लोकतान्त्रिक व्यवस्थाओं में एक संरचना द्वारा निष्पादित होता है, इस संदर्भ में किसी अन्य संरचना द्वारा निष्पादित हो सकता है। इस बात से यह निष्कर्ष निकलता है कि संरचनाओं का एक से प्रकार्यों के निष्पादन के लिए हर राजनीतिक व्यवस्था में एक-सा होना आवश्यक नहीं है।

इस प्रकार, राजनीतिक व्यवस्थाओं में प्रकार्यों की तरह ही संरचनाओं का भी विशेष

महत्त्व होता है। वैसे प्रकार्यवादियों ने 'प्रकार्यों' पर अधिक जोर देने की बात कही है किन्तु, तुलनात्मक राजनीतिक विश्लेषण में इस मत को स्वीकार नहीं किया जाता है। इसी तरह, अनेक विद्वान संरचनाओं पर जरूरत से अधिक बल देने की बात भी कहते हैं। उनका कहना है कि प्रकार्यों का प्रमुख आधार संरचनाएं होती हैं, अतः संरचनाओं को ही प्रमुखता दी जानी चाहिए। रिग्स ने इस मत के समर्थन में लिखा है, "प्रकार्यों के विरुद्ध संरचनाओं पर जोर नहीं दिया जाता है तो विश्लेषण गुमराह करने वाला और अविश्वसनीय हो सकता है।" यह दोनों ही विचार अतिवादी हैं। लापालोम्बारा ने संरचनाओं और प्रकार्यों को समान महत्त्व देने की बात को प्रस्तावित करते हुए लिखा है कि तुलनात्मक राजनीतिक विश्लेषणों में अनेक भ्रमों और कठिनाइयों का उस अवस्था में स्वतः ही समाधान हो जाएगा। जब हम राजनीतिक व्यवस्थाओं की संरचनाओं पर भी उतना ही ध्यान देंगे जितना हम उनके प्रकार्यात्मक पक्षों पर देते हैं।

तुलनात्मक राजनीति में संरचनात्मक-प्रकार्यात्मक विश्लेषण विशेष अर्थ में ही प्रयुक्त होता है। यह 'संरचना' और 'प्रकार्य' के दो प्रत्ययों के इर्द-गिर्द गूंथा गया अध्ययन उपागम ही नहीं है वरन्, यह इन दोनों प्रत्ययों की विशेष रूप से व्याख्या भी करता है। एस० पी० वर्मा[22] की मान्यता है कि इस अध्ययन दृष्टिकोण में तीन आधारभूत प्रश्न सन्निहित हैं। अर्थात् संरचनात्मक-प्रकार्यात्मक विश्लेषण में मुख्यतया तीन तथ्य देखने का प्रयत्न किया जाता है कि (i) किसी व्यवस्था में कौन से आधारभूत प्रकार्य पूरे किए जाते हैं, (ii) यह प्रकार्य किन संरचनाओं द्वारा पूरे होते हैं, और (iii) यह प्रकार्य किन परिस्थितियों में पूरे किए जाते हैं?

इन तीन प्रश्नों के उत्तर में संरचनात्मक-प्रकार्यात्मक विश्लेषण, संरचनाओं और प्रकार्यों के प्रत्ययों को विशिष्ट अर्थ में प्रयुक्त करके, राजनीति के सामान्य सिद्धांत निर्माण में प्रयत्नशील माना जा सकता है। राजनीतिक यथार्थ का प्रकार्यात्मक स्पष्टीकरण विधिक स्पष्टीकरण से इसी कारण अलग और अधिक सही हो जाता है कि इसमें स्थिर तत्त्वों का उपयोग नहीं करके गत्यात्मक प्रत्ययों का प्रयोग किया जाता है।

इससे स्पष्ट है कि संरचनात्मक-प्रकार्यात्मक उपागम में सामाजिक यथार्थ के चुनिन्दा (selective) पहलू राजनीतिक व्यवस्था को लिया जाता है और उसकी व्याख्या, स्पष्टीकरण और उसके सम्बन्ध में भविष्यवाणी करने का प्रयत्न संरचनाओं और उन संरचनाओं की प्रकार्यात्मकता के आधार पर किया जाता है।

संरचनात्मक-प्रकार्यात्मक उपागम की विशेषताएं (The Characteristics of Structural-Functional Approach)

राजनीतिक व्यवस्था की आधारभूत विशेषताएं ही संरचनात्मक-प्रकार्यात्मक उपागम में स्वीकार की गई हैं। इसमें भी राजनीतिक व्यवस्था की अवधारणा का आधार बनाए रखा गया है। इसलिए ही एलेन बाल ने लिखा है कि "सामान्य व्यवस्था सिद्धांत के

[22] *Ibid.*, p. 163.

फलस्वरूप संरचनात्मक-प्रकार्यात्मक अध्ययन उपागम अस्तित्व में आया।" तुलनात्मक राजनीतिक अध्ययनों में इस उपागम का विशेष रूप से प्रयोग आमन्ड और पावेल ने किया है और उन्होंने ईस्टन की तरह ही राजनीतिक व्यवस्था के चार लक्षण माने हैं। इनका विस्तार से विवेचन किया जा चुका है इसलिए यहां इन्हें केवल संक्षेप में ही विवेचित किया जा रहा है—(1) राजनीतिक व्यवस्था के भागों में अन्तर्निर्भरता, (2) राजनीतिक व्यवस्था की सीमा, (3) राजनीतिक व्यवस्था का पर्यावरण, और (4) वैध बाध्यकारी (मौलिक) शक्ति का प्रयोग।

राजनीतिक व्यवस्था के इन लक्षणों को लेकर ईस्टन और आमन्ड समान विचार रखते हैं। किन्तु, ईस्टन ने राजनीतिक व्यवस्था की 'मांगों-समर्थनों' तथा 'नीतियों-निर्णयों' के रूप में समझने का प्रयास किया है, जबकि, आमन्ड इससे आगे जाकर संरचनाओं और प्रकार्यों के आधार पर इसे समझते हैं। इस कारण, संरचनात्मक-प्रकार्यात्मक उपागम की विशेषताएं राजनीतिक व्यवस्था उपागम से कुछ भिन्न प्रकार की हो जाती हैं। संक्षेप में यह इस प्रकार हैं।

(क) **विश्लेषण की इकाई के रूप में सम्पूर्ण राजनीतिक व्यवस्था पर बल** (Emphasis on the whole political system as the unit of analysis)—इस लक्षण की दृष्टि से संरचनात्मक-प्रकार्यात्मक विश्लेषण निवेश-निर्गत विश्लेषण के समान ही माना जा सकता है। ईस्टन की तरह ही आमन्ड भी संरचनाओं और प्रकार्यों को विश्लेषित करने में राजनीतिक व्यवस्था का ही आधार रखता है। यद्यपि, संरचनाओं को सम्पूर्ण व्यवस्था के आधार पर ही समझने की बात पर बल दिया गया है, फिर भी यह दृष्टिकोण इस बात में अधिक आगे बढ़ गया है कि इसने उन सब संरचनाओं की ओर ध्यान केन्द्रित किया है जो राजनीतिक व्यवस्थाओं को विशेष प्रकृति प्रदान करती है। अतः इसमें भी विश्लेषण की इकाई के रूप में अवश्य ही सम्पूर्ण राजनीतिक व्यवस्था पर बल दिया गया है, किन्तु राजनीति की गत्यात्मक शक्तियों की खोज में यह उससे बाहर भी जाने का प्रयास करता है।

(ख) **व्यवस्था के अनुरक्षण के लिए विशिष्ट कार्यों की शर्त का प्रतिपादन** (Postulation of particular functions as requisite to the maintenance of the whole system)—संरचनात्मक-प्रकार्यात्मक उपागम में यह मानकर चला जाता है कि राजनीतिक व्यवस्था को बनाए रखने के लिए व्यवस्था की संरचनाओं द्वारा कुछ कार्य या विकार्य अनिवार्यतः निष्पादित होने चाहिए अन्यथा राजनीतिक व्यवस्था बनी नहीं रह सकती है। इन प्रकार्यों की अनिवार्यता का यह अर्थ नहीं है कि सभी राजनीतिक व्यवस्था में इनकी संरचनाएं एक ही प्रकार की होती हैं। यहां बल केवल इस बात पर दिया गया है कि व्यवस्था में संरचनात्मक विभिन्नीकरण या विविधता हो सकती है। अर्थात, किसी राजनीतिक व्यवस्था में प्रकार्यों का सम्पादन 'क' प्रकार की संरचनाओं के द्वारा हो सकता है तो किसी अन्य व्यवस्था में इन्हीं प्रकार्यों का निष्पादन 'ख' प्रकार की संरचनाएं कर सकती हैं। यहां संरचनाओं की समानता मौलिक नहीं है किन्तु, व्यवस्था के बने रहने के लिए प्रकार्यों का एक-सा निष्पादन अनिवार्य है। उदाहरण

के लिए, किसी राजनीतिक व्यवस्था में व्यवस्थापन कार्य किस संरचना के द्वारा किया जाता है, यह तथ्य विशेष महत्त्व नहीं रखता है। किन्तु, इस बात का महत्त्व होता है कि व्यवस्था के बने रहने के लिए व्यवस्थापन कार्य का किसी न किसी संरचना के द्वारा निष्पादन अनिवार्यतः हो।

(ग) **व्यवस्था की विविध संरचनाओं में प्रकार्यात्मक अन्तर्निर्भरता** (Functional interdependence of diverse structures within the whole system)—इस उपागम की यह विशेषता है कि यह राजनीतिक व्यवस्था में विद्यमान संरचनाओं में अन्तर्निर्भरता की प्रकार्यात्मक आधार पर व्याख्या करता है। इसका यह अर्थ है कि यह संरचनाओं को प्रकार्यों के आधार पर परिभाषित करने का प्रयत्न करता है। इसी आयाम को लेकर इस उपागम को राजनीति-विज्ञान से कहीं अधिक तुलनात्मक राजनीति में प्रयुक्त किया जाता है। इससे राजनीतिक व्यवस्था की गत्यात्मक शक्तियों को खोज निकालना सम्भव हो जाता है। इसी तरह, इससे यह भी स्पष्ट हो जाता है कि राजनीतिक संरचनाओं में आया अन्तर राजनीतिक व्यवस्था के लिए खतरा नहीं माना जा सकता है। अगर परिवर्तित संरचना वह कार्य कर रही है जो राजनीतिक व्यवस्था में इससे पहले किसी अन्य संरचना के द्वारा किया जाता था तो यह संरचनात्मक परिवर्तन राजनीतिक व्यवस्था के टूटने का कारण नहीं बन सकता है। इसलिए ही यह दृष्टिकोण अधिक यथार्थवादी और तुलनात्मक राजनीति में विशेष रूप से लोकप्रिय हो गया है। इस सम्बन्ध में ऐप्टर और एक्सटीन ने ठीक ही लिखा है कि "विश्व युद्ध के बाद के वर्षों में और विशेष रूप से अभी हाल ही के वर्षों में, तुलनात्मक राजनीति के विद्यार्थियों ने संरचनात्मक-प्रकार्यात्मक विश्लेषण के प्रवर्गों और परिप्रेक्ष्यों का अधिकाधिक प्रयोग किया है।"[23]

(घ) **संरचनात्मक प्रतिस्थापन्नता की मान्यता** (Recognition of structural substitutibility)—हम पहले ही यह लिख चुके हैं कि संरचनात्मक-प्रकार्यात्मक विश्लेषण में संरचनात्मक-प्रतिस्थापन्नता की अवधारणा को मान्यता प्राप्त है। यंग ने ठीक ही लिखा है कि इस उपागम की सबसे महत्त्वपूर्ण विशेषता इस बात में निहित है कि इसमें संरचनात्मक प्रतिस्थापन्नता की बात को स्वीकार किया गया है। आमन्ड यह मानते हैं कि हर व्यवस्था में सांस्कृतिक विविधताएं पाई जाती हैं। इस कारण, संस्कृति विशेष के अनुसार संरचनाओं में अन्तर हो सकते हैं। अतः एक से प्रकार्यों के निष्पादन के लिए एक-सी संरचनात्मक व्यवस्था होना आवश्यक नहीं है। विकासशील राज्यों में संस्कृति की भिन्नताओं के कारण ही पाश्चात्य जगत की राजनीतिक संरचनाओं के होते हुए भी ये संरचनाएं वे कार्य करने में असफल रही हैं जो इनके द्वारा पाश्चात्य जगत की व्यवस्थाओं में निष्पादित होते हैं। अतः संरचनात्मक एकरूपता या समानता के स्थान पर इस उपागम में यह स्वीकार किया गया है कि संस्कृति विशेष के अनुसार संरचनाओं

[23]Harry Eckstein and David E. Apter (Eds.), *Comparative Politics: A Reader*, London, The Free Press of Glancoe, 1963, p. 26.

में हेर-फेर या इनका रूप परिवर्तन या उनके स्थान पर नई प्रकार की संरचनाओं का निर्माण या प्रतिस्थापना हो सकती है।

(च) प्रकार्यात्मक और विकार्यात्मक संरचनाओं को मान्यता (Recognition of functional and dysfunctional structures)—संरचनाएं हर समय केवल प्रकार्य ही करती हों ऐसा इस उपागम में नहीं माना गया है। संरचनाओं के कार्य सापेक्ष और संदर्भी होते हैं। एक ही संरचना एक समय में प्रकार्य और दूसरे समय में विकार्य करने की स्थिति में धकेली जा सकती है। प्रकार्य का अर्थ हम पहले ही कर चुके हैं फिर भी इसका पुनः अर्थ करना इस तथ्य को समझने के लिए आवश्यक है कि कोई संरचना किस प्रकार का कार्य कर रही है। जो क्रिया-प्रतिमान राजनीतिक व्यवस्था को बनाये रखने और उसको विकसित करने में सहायक हो उसको प्रकार्य तथा जो क्रिया-प्रतिमान इसके विपरीत राजनीतिक व्यवस्था को कमजोर करने और उसको तोड़ने से संबंधित हो उसको विकार्य कहा जाता है। संरचनात्मक-प्रकार्यात्मक उपागम में केवल यही नहीं माना जाता है कि हर राजनीतिक संरचना केवल एक ही प्रकार का कार्य अर्थात प्रकार्य ही करती है। यह परिस्थिति पर निर्भर करता है तथा सापेक्ष होता है। इससे यह उपागम संरचनाओं के प्रकार्यों और विकार्यों को स्वीकार करने वाला बन गया है।

यहां संरचनात्मक-प्रकार्यात्मक उपागम की कुछ सामान्य विशेषताओं का उल्लेख ही हमने किया है। इस उपागम पर आमन्ड और पावेल के विचारों का विस्तार से विवेचन करते समय इनके राजनीतिक व्यवस्था और संरचनात्मक-प्रकार्यात्मक के लक्षणों पर विचार करने से इस दृष्टिकोण का विशिष्ट ज्ञान करना सम्भव होगा। अतः हम अब आमन्ड और पावेल द्वारा की गई इस उपागम की व्याख्या और इसके प्रयोग सम्बन्धी विचारों का विवेचन करेंगे।

आमन्ड और पावेल के संरचनात्मक-प्रकार्यात्मक पर विचार (Almond and Powell's Views on Structuralism-Functionalism)

आमन्ड का राजनीतिक व्यवस्था के सम्बन्ध में आधारभूत विचार ईस्टन के विचार से भिन्न नहीं है। किन्तु, उसके द्वारा अपनाई गई व्यवस्था विश्लेषण की पद्धति ईस्टन की पद्धति से राजनीति शास्त्र में अधिक प्रतिनिधात्मक मानी गई है। उद्देश्य की दृष्टि से वह ईस्टन की तरह ही राजनीति का प्रकार्यवादी सिद्धान्त निर्मित करना चाहता है, किन्तु उसका मुख्य ध्येय यह जानना है कि राजनीतिक व्यवस्था परम्परागत प्रकृति से आधुनिक रूप किस प्रकार प्राप्त करती है? आमन्ड ने राजनीतिक व्यवस्था की परिभाषा में वेबर से प्रेरणा ली है और ईस्टन की परिभाषा को भी स्वीकार किया है। किन्तु, वह वेबर की परिभाषा को पर्याप्त नहीं मानता है। उसको वेबर की राजनीतिक व्यवस्था की परिभाषा वास्तव में राज्य की परिभाषा के समान लगती है। वेबर अपनी परिभाषा में निश्चित भू-भाग की बात करता है, इस कारण आमन्ड उसकी परिभाषा को संशोधित करके अपनी ही परिभाषा देता है।

आमन्ड के अनुसार राजनीतिक व्यवस्था सभी स्वतन्त्र समाजों में अन्तःक्रियाओं की

ऐसी व्यवस्था है जो बहुत कुछ वैध भौतिक बाध्यता का प्रयोग करके या प्रयोग करने की धमकी देकर एकीकरण और अनुकूलन के कार्यों का निष्पादन करती है।[24] आमन्ड की यह परिभाषा मेक्स वेबर की राज्य की परिभाषा, ईस्टन की आधिकारिक आवंटन या वितरण की अवधारणा और पारसन्स के इस विचार का कि राजनीतिक व्यवस्था समाज की उप-व्यवस्था के रूप में कार्य करती है, सम्मिश्रण कही जा सकती है। इस परिभाषा से स्पष्ट है कि आमन्ड भी ईस्टन की तरह ही राजनीतिक व्यवस्था को खुली, स्वयं समायोजित (self-adjustable) तथा आंतरिक और बाह्य पर्यावरण से घिरी हुई मानता है। अतः आमन्ड की परिभाषा में राजनीतिक व्यवस्था के संरचनात्मक और प्रकार्यात्मक लक्षण अलग-अलग हो जाते हैं।

संरचनात्मक दृष्टि से आमन्ड राजनीतिक व्यवस्था के तीन संरचनात्मक लक्षणों को प्रमुख मानता है। उसका मत है कि हर राजनीतिक व्यवस्था को अन्तर्वस्तु की दृष्टि से देखने पर उसमें तीन विशेषताएं दृष्टिगोचर होती हैं, अर्थात् हर राजनीतिक व्यवस्था में—(1) राजनीतिक संरचनाएं, (2) राजनीतिक संस्कृति और (3) राजनीतिक अभिनेता होते हैं।

राजनीतिक संरचनाओं से उसका आशय किसी राजनीतिक समाज में विद्यमान अन्तः सम्बन्धित भूमिकाओं के पुंज से है। उसकी मान्यता है कि हर राजनीतिक समाज में राजनीतिक संरचनाएं होती हैं किन्तु, उनको भूमिकाओं के आधार पर ही परिभाषित करना आवश्यक है अन्यथा राजनीतिक व्यवस्था की संरचनात्मक व्याख्या संस्थात्मक बन कर रह जाएगी। इसलिये वह राजनीतिक व्यवस्था की संरचनात्मक व्यवस्था को अन्तः सम्बन्धित भूमिकाओं का पुंज कहकर उनकी व्याख्या करता है।

राजनीतिक संस्कृति आमन्ड की सबसे महत्त्वपूर्ण प्रत्ययी देन है तथा राजनीतिक व्यवस्था में विद्यमान प्रवृत्तियों के रूप में समझी जा सकती है। यह त्रिमुखी अभिमुखीकरणों का सेट है। इसमें ज्ञानात्मक अभिमुखीकरण, जिसका अर्थ है कि व्यक्ति राजनीतिक वस्तुओं, घटनाओं, क्रियाओं और विभिन्न राजनीतिक मुद्दों पर कितना और किस प्रकार का ज्ञान रखता है, अर्थात, राजनीतिक समुदाय के लोग राजनीति के बारे में क्या विश्वास रखते हैं ? इसमें दूसरा तत्त्व भावात्मक अभिमुखीकरण का है, जिसका सम्बन्ध व्यक्ति की उन भावनाओं से होता है जिनके कारण वह राजनीतिक गतिविधियों से लगाव या अलगाव, उसके बारे गें पसंदगियां या नापसंदगियां रखने लग जाता है। तीसरा अभिमुखीकरण मूल्यांकनात्मक होता है। इससे राजनीतिक समुदाय का व्यक्ति, राजनीतिक प्रश्नों, समस्याओं और मुद्दों पर अपना मत या निर्णय करता है। आमन्ड का कहना है कि व्यक्ति राजनीति को जिस रूप में समझता है उसी के अनुरूप उसकी राजनीतिक व्यवस्था में सक्रियता बन जाती है।

राजनीतिक व्यवस्था की तीसरी संरचनात्मक विशेषता का सम्बन्ध राजनीति के

[24]G. A. Almond, in Almond and Coleman, (Eds.), *The Politics of Developing Areas*, New Jersey, Princeton, 1960, p. 6.

अभिनेताओं से है। इससे आमन्ड का आशय राजनीतिक संरचनाओं द्वारा निर्धारित नेताओं की उस भूमिका से है जिससे वे राजनीतिक संस्कृति में प्रतिबिम्बित विभेदों और संघर्षों में समायोजन या समन्वय स्थापित करने की विभिन्न विधियों का प्रयोग करते हैं।

इस प्रकार, आमन्ड ने राजनीतिक व्यवस्था के संरचनात्मक दृष्टिकोण में वृहत्तर परिप्रेक्ष्य अपनाया है। उसने संरचनाओं, संरचनाओं की भूमिका की आधारभूत नियामक राजनीतिक संस्कृति में उत्पन्न विभेदों और संघर्षों के समाधान में संरचनाओं द्वारा निर्धारित भूमिका सीमाओं में राजनीतिक अभिनेताओं की गतिविधियों को सम्मिलित किया है, जो इस अवधारणा की व्यापकता की पुष्टि करती हैं।

आमन्ड ने प्रकार्यात्मक दृष्टिकोण से भी राजनीतिक व्यवस्था के चार पहलू माने हैं। आमन्ड कहता है कि सभी राजनीतिक व्यवस्थाओं में स्थायित्व और परिवर्तन की प्रक्रिया सतत चलती रहती है। इस परिवर्तन और स्थायित्व की स्थिति में प्रमुख भूमिका संरचनाओं की प्रकार्यात्मकता निभाती है। अतः हर राजनीतिक व्यवस्था के क्रियात्मक पहलू एक निश्चित नमूना प्रस्तुत करते हैं और सर्वव्यापक रूप में हर जगह पाए जाते हैं। यह ईस्टन के द्वारा प्रतिपादित पहलुओं से भिन्न न होकर उसके समान ही हैं। यह प्रकार्यात्मक पहलू या लक्षण इस प्रकार हैं—

(1) व्यवस्था की क्षमता या सामर्थ्य (the systems capability)
(2) रूपान्तरण प्रक्रिया (the conversion process)
(3) व्यवस्था का अनुरक्षण (the systems maintenance)
(4) व्यवस्था का अनुकूलन (the systems adaptation)

राजनीतिक व्यवस्था के यह प्रकार्यात्मक पहलू वास्तव में राजनीतिक व्यवस्था के कार्यों से सम्बन्धित हैं। इनका हमने 'राजनीतिक व्यवस्था' उपागम में, राजनीतिक व्यवस्था के कार्यों के शीर्षक के अन्तर्गत इसी अध्याय के प्रारम्भिक भाग में विवेचन किया है, इसलिये इनको हम यहां पुनः दोहराना उपयुक्त नहीं मानते हैं। ईस्टन जिसे व्यवस्था की क्षमता कहता है उसे आमन्ड सामर्थ्य कहना अधिक ठीक मानता है। आमन्ड राजनीतिक व्यवस्था की उन संरचनात्मक सहूलियतों का आशय लेता है जिनसे राजनीतिक व्यवस्थाएं अपने प्रमुख कार्य निष्पादित करती हैं। आमन्ड ने राजनीतिक व्यवस्था की सामर्थ्य के चार प्रकार माने हैं। यह इस प्रकार हैं—

(i) नियामक या नियंत्रणता की सामर्थ्य (regulative capability)
(ii) निकालने या लेने की सामर्थ्य (extractive capability)
(iii) वितरण क्षमता या सामर्थ्य (distributive capability)
(iv) अनुक्रियात्मक सामर्थ्य (responsive capability)

नियामक सामर्थ्य का सम्बन्ध व्यवस्था की उस क्षमता से है जिससे वह अपने राजनीतिक समुदाय को व्यवस्थित करती है। निकालने या लेने की सामर्थ्य का सम्बन्ध व्यवस्था की उस क्षमता से हैं जिससे वह जन-समुदाय से 'कर' और अन्य सेवाएं प्राप्त करती है। वितरण सामर्थ्य का सम्बन्ध व्यवस्था की उस क्षमता से है जिससे वह समाज

के लाभों को समाज के एक प्रकार के वृत्तों या खण्डों (sectors), समूहों और व्यक्तियों से समाज के अन्य खण्डों, समूहों और व्यक्तियों को हस्तांतरित कर सकती है। अनुक्रियात्मक सामर्थ्य का सम्बन्ध राजनीतिक व्यवस्था की उस सामर्थ्य से है जिससे वह मांगों का संसाधन करके वास्तव में प्रतीकात्मक निर्गत उत्पन्न कर सके। इस तरह, आमन्ड की मान्यता में राजनीतिक व्यवस्था की सामर्थ्य ही उसके कार्य निष्पादन में नियामक होती है।

आमन्ड और पावेल ने राजनीतिक व्यवस्थाओं के संरचनात्मक तत्त्वों और प्रकार्यात्मक पहलुओं को समझने के लिए यह स्वीकार किया है कि हर राजनीतिक व्यवस्था में मुख्यतया चार विशेषताएं पायी जाती हैं। उनका अभिमत है कि व्यवस्था का संरचनात्मक या प्रकार्यात्मक प्रकृति-प्रतिमान हर जगह एक-सा होता है अगर राजनीतिक व्यवस्था में संरचनाएं वह प्रकार्य नहीं करती या कर पाती हैं जो कि उनको करने हैं तो इससे राजनीतिक व्यवस्था की ब्याधि का बोध होता है। इसी तरह, हर राजनीतिक व्यवस्था में कुछ सामान्य लक्षण होते हैं जिनको आमन्ड और पावेल ने संरचनात्मक-प्रकार्यात्मक दृष्टिकोण से चार प्रकार का माना है। यह लक्षण हैं—

(क) राजनीतिक संरचनाएं (political structures)
(ख) समान प्रकार्य (same functions)
(ग) बहु-प्रकार्यात्मक राजनीतिक संरचनाएं (a structure performing many functions)
(घ) मिश्रित व्यवस्थाएं (mixed systems)

(क) आमन्ड यह मानता है कि हर राजनीतिक व्यवस्था में, चाहे उसकी कैसी ही प्रकृति हो और चाहे विकास पथ पर वह कहीं भी क्यों न हो, कुछ संरचनाएं अनिवार्यतः विद्यमान होती हैं। इनमें मात्रा और आकार की विशिष्टता हो सकती है पर ऐसी व्यवस्था की वह कल्पना नहीं कर सकता जिसमें कुछ भी संरचनाएं नहीं हों। यहां तक स्वेच्छाचारी व्यवस्थाओं में भी यह संरचनाएं पाई जाती हैं। आमन्ड की यह मौलिक संकल्पना राजनीतिक व्यवस्थाओं के विकास की परख का प्रमुख आधार है। वह राजनीतिक संरचनाओं के विभिन्नीकरण और विशेषीकरण के आधार पर ही राजनीतिक व्यवस्थाओं को विकसित या अविकसित मानता है।

(ख) आमन्ड राजनीतिक व्यवस्था का दूसरा प्रमुख लक्षण सभी व्यवस्थाओं के द्वारा एक से कार्य या प्रकार्य निष्पादित होना मानता है। प्रकार्यों की आवृत्ति (frequency) मात्रा, शैली में विभिन्न संरचनाओं और सांस्कृतिक विविधताओं के कारण अन्तर हो सकते हैं, किन्तु हर व्यवस्था के द्वारा, राजनीतिक व्यवस्थाओं के चार कार्य—मांगों का चयन और संयुक्तीकरण, मांगों का रूपान्तरण, व्यवस्था का अनुरक्षण तथा व्यवस्था का अनुकूलन, निष्पादित होना आवश्यक है। राजनीतिक व्यवस्था का विकास इन कार्यों के निष्पादन से ही निर्धारित होता है। आमन्ड समान कार्यों का अर्थ समरूप कार्यों से नहीं लेते हैं। उदाहरण के लिए, हर व्यवस्था को मांगों का रूपान्तरण करने का प्रकार्य करना ही होता है। अतः हर राजनीतिक व्यवस्था के द्वारा समान कार्यों का निष्पादन अनिवार्यतः

होता है।

(ग) संरचनात्मक-प्रकार्यात्मक अवधारणा की यह प्रमुख विशेषता है कि यह राजनीतिक व्यवस्थाओं की संरचनाओं के द्वारा अनेक प्रकार के कार्यों का निष्पादन स्वीकार करती है। अगर इस विशेषता को आधुनिक व्यवस्थाओं में देखें तो यह समझना सरल हो जायेगा कि किस प्रकार लोकतांत्रिक शासन प्रणालियों में कार्यपालिकाएं व्यवहार में व्यवस्थापन का कार्य निष्पादित करने लगी हैं। यह अध्ययन दृष्टिकोण इसी बात में आधुनिक है कि यह राजनीतिक यथार्थ पहचानने की क्षमताएं प्रस्तुत करता है। अतः परम्परागत विचार, कि एक संरचना एक ही कार्य कर सकती है, की बात इस दृष्टिकोण में मान्य नहीं है। आधुनिक समय में सभी राजनीतिक संरचनाएं बहु-प्रकार्यात्मक बनती जा रही हैं।

(घ) आमन्ड सभी राजनीतिक व्यवस्थाओं को मिश्रित प्रकृति का मानते हैं। इससे उनका आशय इस तथ्य से है कि हर राजनीतिक व्यवस्था में कुछ लक्षण आधुनिकता और कुछ लक्षण परम्परागत या आदिवासिता (primitive) के विद्यमान रहते हैं। इसका प्रमुख आधार सांस्कृतिक होता है। संस्थाएं और संरचनाएं परिवर्तित होती रहती हैं, या जबरदस्ती परिवर्तित की जा सकती हैं। यहां तक कि तानाशाही व्यवस्थाओं में सम्पूर्ण संरचनात्मक व्यवस्था आरोपित हो सकती है। किन्तु, इससे व्यवस्था आधुनिक नहीं बन जाती। कारण, राजनीतिक व्यवस्था से संबंधित लोगों की अभिवृत्तियों में लम्बे कालान्तर के बाद भी परिवर्तन नहीं आ पाते हैं। उदाहरण के लिए, ब्रिटेन में, लॉर्ड सभा का बना रहना आधुनिकता की निशानी नहीं है। यही कारण है कि सभी राजनीतिक व्यवस्थाओं को आमन्ड मिश्रित प्रकार की मानता है। यह तथ्य साम्यवादी जगत की राजनीतिक व्यवस्थाओं पर भी लागू दिखाई देता है। अतः आमन्ड का यह कहना, कि राजनीतिक व्यवस्थाएं मिश्रित रूप की ही होती हैं तर्कसंगत कहा जा सकता है। आमन्ड इस मिश्रितता को संरचनाओं और प्रकार्यों में भी विद्यमान पाते हैं। हर व्यवस्था में आधुनिक व परम्परागत संरचनाएं पाई जाती हैं।

आमन्ड और पावेल ने संरचनात्मक प्रकार्यात्मक उपागम का तुलनात्मक विश्लेषण में प्रयोग करने के लिए ईस्टन का ही निवेश-निर्गत मॉडल स्वीकार किया है तथा उसी प्रकार के तीन चरण (steps) अपनाए हैं। वह ईस्टन से निवेशों में समानता रखता है किन्तु, रूमान्तरण और निर्गतों में मौलिक मतभेद नहीं रखते हुए भी इनको विश्लेषणात्मक और अवधारणा की दृष्टि से पर्याप्त व्यापकता प्रदान कर देता है। इसका विस्तार से विवेचन करके इन दोनों में समानता और असमानता को समझा जा सकता है। अतः हम आमन्ड की राजनीतिक व्यवस्था को विस्तार से विवेचित करना आवश्यक मानते हैं।

आमन्ड एवं पावेल की राजनीतिक व्यवस्था की संरचनात्मक-प्रकार्यात्मक व्याख्या (Almond and Powell's Views on Structural-Functional Analysis of Political Systems)

आमन्ड और पावेल ने राजनीतिक व्यवस्था की संरचनात्मक-प्रकार्यात्मक व्याख्या में

ईस्टन के समान ही तीन चरण स्वीकार किये हैं। यह चरण (क) राजनीतिक व्यवस्था के निवेश, (ख) रूपान्तरण प्रक्रिया, और (ग) राजनीतिक व्यवस्था के निर्गत हैं।

(क) **राजनीतिक व्यवस्था के निवेश** (The inputs of a political system)—राजनीतिक व्यवस्था के निवेशों के सम्बन्ध में आमन्ड भी ईस्टन की तरह ही दोहरा विभाजन--मांगों और समर्थनों, का स्वीकार करता है तथा मांगों और समर्थनों को करीब-करीब उसी अर्थ में लेता है। किन्तु, आमन्ड ने राजनीतिक व्यवस्था के प्रकार्यों का अधिक संरचनात्मक विचार अपनाया है इसलिए वह मांगों को ईस्टन से अधिक व्यापक अर्थ देते हुए इनको चार प्रकार की श्रेणियों में विभक्त करता है। उसके अनुसार निवेशों के रूप में आने वाली मांगों की मोटे रूप से चार श्रेणियां हो सकती हैं। यह हैं—(1) वस्तुओं और सेवाओं के वितरण या आवंटन सम्बन्धी मांगें, (2) व्यवहारों को नियन्त्रित करने सम्बन्धी मांगें, (3) राजनीतिक सहभागिता सम्बन्धी मांगें, और (4) संचार से सम्बन्धित मांगें।

प्रथम प्रकार की मांगों में तनख्वाह बढ़ाने या शिक्षा की व्यवस्था करने जैसी मांगें होती हैं। दूसरी प्रकार की मांगों का सम्बन्ध सार्वजनिक व्यवहार को नियन्त्रित करने के लिए सुरक्षात्मक व्यवस्थाएं करने से है। तीसरी में मत देने का अधिकार या अन्य प्रकार से निर्णय प्रक्रिया में सम्मिलित होने सम्बन्धी मांगें आती हैं तथा चौथे प्रकार में सूचनाएं और जानकारी प्राप्त करने या सूचनाएं देने सम्बन्धी मांगें होती हैं। इस तरह, आमन्ड मांगों की व्याख्या में ईस्टन से कहीं अधिक विस्तार में गया है। उसका अभिमत है कि सभी मांगों को इनमें से किसी एक श्रेणी में रखा जा सकता है। ईस्टन ने मांगों के इस तरह के वर्गीकरण का प्रयास नहीं किया है।

मांगों की तरह ही आमन्ड ने निवेश के दूसरे पक्ष, समर्थनों को भी चार श्रेणियों में विभक्त किया है। उसके अनुसार समर्थन भी मोटे तौर पर हर राजनीतिक व्यवस्था में चार प्रकारों में से किसी एक रूप में प्रकट होता है। समर्थनों का अर्थ आमन्ड ने वही स्वीकार किया है जो ईस्टन ने किया है। यह चार प्रकार के समर्थन इस प्रकार हैं—(i) द्रव्यात्मक समर्थन (material supports), (ii) आज्ञाकारिता के समर्थन (supports for obedience), (iii) सहभागिता समर्थन (participation supports), और (iv) श्रद्धात्मक समर्थन (deference supports)।

द्रव्यात्मक समर्थन में कर इत्यादि देना सम्मिलित होता है, जबकि आज्ञाकारिता समर्थन में सरकार के कानून के पालन को लिया जा सकता है। सहभागिता समर्थन मत देकर या मत अभिव्यक्त करके दिया जाता है। श्रद्धात्मक समर्थन में शासकों का सम्मान करना या देश के सरकारी प्रतीकों जैसे राष्ट्रध्वज, राष्ट्रगान या राष्ट्रप्रतीक को सम्मान देना आता है। आमन्ड की यह मान्यता है कि मांगों और समर्थनों के आकार-प्रकार की निर्णायक राजनीतिक संस्कृति होती है। लोगों की अभिवृत्तियों से इनका सम्बन्ध होता है। यहां आमन्ड निवेशों की आधारभूमि तैयार करने में राजनीतिक संस्कृति की भूमिका को विशेषकर राजनीतिक समाजीकरण और राजनीतिक भर्ती को महत्त्वपूर्ण मानता है। उसका अभिमत है कि मांगें किस प्रकार की होंगी तथा समर्थनों में जनता की सक्रियता

की मात्रा कितनी होगी इसका नियामक जनता का राजनीतिक समाजीकरण और राजनीतिक भर्ती ही होती है।

राजनीतिक समाजीकरण स्वयं में निवेश नहीं है। यह निवेशों की प्रकृति, उग्रता और मात्रा का नियामक है। राजनीतिक समाज में व्यक्तियों का जितना राजनीतिक समाजीकरण होगा उतनी ही उनकी राजनीतिक सक्रियता और सहभागिता घट या बढ़ जाएगी तथा उसी के अनुसार मांगों की प्रकृति में परिवर्तन आ जायेगा। उदाहरण के लिए, किसी राजनीतिक समाज में बेहूदा मांगें बहुसंख्या में पेश होती हैं तथा दूसरे समाज में ऐसा नहीं होता है इसको राजनीतिक समाजीकरण के आधार पर ही समझा जा सकता है। अतः यहां पर राजनीतिक समाजीकरण का संक्षिप्त विवेचन करना प्रासंगिक होगा।

राजनीतिक व्यवस्था के सम्बन्ध में कुछ धारणाओं का होना और उनका विकास तथा व्यवस्था से सम्बन्धित विश्वास ही राजनीतिक समाजीकरण है। यह प्रक्रिया राष्ट्र और राजनीतिक व्यवस्था के प्रति निष्ठा तथा विशिष्ट मूल्यों को अपनाने या पनपने में सहायता दे सकती है और इससे व्यवस्था के लिए समर्थन या उससे दुराव बढ़ या घट सकता है। समूहों तथा राजनीतिक समाज के व्यक्तियों से किस अंश तक राजनीतिक जीवन में भाग लेने की आशा की जाती है, इस पर इस प्रक्रिया का महत्त्वपूर्ण प्रभाव पड़ता है। राजनीतिक समाजी५रण को लोग सामान्यतया ऐसी प्रक्रिया मान लेते हैं जिसका बचपन के उन वर्षों से ही सम्बन्ध हो, जिनमें बालक पर शीघ्रता से प्रभाव पड़ता है। वास्तव में यह प्रक्रिया व्यक्ति के वयस्क होने पर भी नहीं रुकती है। एक तरह से इसे जीवन भर चलने वाली प्रक्रिया कह सकते हैं। व्यक्ति के विश्वास, निष्ठाएं और राजनीतिक सत्ताओं के सम्बन्ध में उसकी अभिवृत्तियां दिन-प्रतिदिन निर्मित होती रहती हैं. इसलिये हम एलेन बाल के व अनेक अन्य लेखकों के इस विचार से सहमत नहीं हो सकते कि "राजनीतिक समाजीकरण की प्रक्रिया वयस्क जीवन तक ही चलती रहती है।" इसके बारे में यही कहा जा सकता है कि यह एक ऐसी प्रक्रिया है जिसके द्वारा राजनीतिक संस्कृति के मूल्य, विश्वास. आस्थाएं और भावनाएं वर्तमान और आगामी पीढ़ियों को प्रदान किये जाते हैं। इसको हम जीवन के प्रारम्भिक वर्षों से अधिक प्रभावी मान सकते हैं, क्योंकि यह वह काल होता है जब बालक राजनीतिक जीवन के बारे में या राजनीतिक व्यवस्था के बारे में अपने विचार बनाता है। एक तरह से यह प्रक्रिया ही व्यक्ति को राजनीतिक प्राणी बनाती है। इस प्रक्रिया से व्यक्ति के मानस में राजनीति के ज्ञानात्मक नक्शे (मानचित्र) बनते हैं। राजनीति के सम्बन्ध में बने इन विचारों के आधार पर वह राजनीतिक घटनाओं के प्रति अपनी प्रतिक्रिया व्यक्त करता है और राजनीतिक जगत में होने वाली सब बातों का मूल्यांकन करता है। अतः राजनीतिक समाजीकरण, व्यक्ति और व्यक्तियों के समूहों की राजनीतिक मनोवृत्तियों तथा मूल्यों का निर्धारण करता है और इसी से व्यक्ति, राजनीतिक व्यवस्था में निवेशक की भूमिका निभाने के लिए तैयार होता है।

राजनीतिक समाजीकरण संयोग से ही होता हो ऐसा नहीं माना जा सकता है। राज-

नीतिक व्यवस्था के विषय में विभिन्न मूल्यों एवं अभिवृत्तियों के विकास और स्थापना के अनेक अभिकरण हो सकते हैं। यह हर व्यक्ति पर समय, स्थान, परिस्थितियों और राजनीतिक व्यवस्था की प्रकृति के कारण अलग-अलग प्रकार से प्रभाव डाल सकत हैं। सामान्यतया परिवार, शिक्षण संस्थाएं, पड़ोस, स्वयं-सेवक समूह; जन सम्पर्क माध्यम, सरकार, दबाव समूह और राजनीतिक दल व्यक्ति के राजनीतिक समाजीकरण में प्रभावी भूमिका निभाते हैं। इनसे ही व्यक्ति को राजनीतिक जगत के बारे में प्रथम पाठ सीखने को मिलता है जो जीवन भर संशोधित, परिवर्तित और परिवर्द्धित होता रहता है। राजनीतिक समाजीकरण की प्रक्रिया पर अन्य अभिकरणों का प्रभाव भी पड़ता है। यहां हमारे लिए इतना ही जानना पर्याप्त है कि राजनीतिक व्यवस्था में मांगों और समर्थनों का निरूपण राजनीतिक समाजीकरण से ही होता है। इसलिये ही आमन्ड ने राजनीतिक समाजीकरण को सम्पूर्ण राजनीतिक व्यवस्था की सक्रियता को प्रभावित करने वाली प्रक्रिया माना है। इसी से राजनीतिक संस्कृति को रूप मिलता है जो राजनीतिक व्यवस्था की सक्रियता का आधार होती है।

राजनीतिक भर्ती और राजनीतिक समाजीकरण दोनों साथ-साथ चलने वाली प्रक्रियाएं नहीं होते हुए भी दोनों परस्पर गठबन्धित हैं। राजनीतिक समाजीकरण की सन्धि-रेखा पर ही हम राजनीतिक भर्ती का प्रकार्य निष्पादित होता मान सकते हैं। राजनीतिक भर्ती से तात्पर्य व्यक्ति की राजनीतिक समाजीकरण के आधार पर राजनीतिक सक्रियता से है। हर एक व्यक्ति राजनीतिक व्यवस्था में एक-सी भूमिका नहीं निभाता और न ही ऐसी समान भूमिका निभा सकता है। क्योंकि, उसका राजनीतिक समाजीकरण भिन्न-भिन्न प्रकार का होता है और उसी के अनुरूप उसकी राजनीतिक भर्ती होती है। अतः इन दोनों में घनिष्ठ सम्बन्ध स्वाभाविक है।

राजनीतिक समाजीकरण और राजनीतिक भर्ती का सीधा सम्बन्ध राजनीतिक व्यक्ति से होता है, अर्थात राजनीति में व्यक्तियों की सक्रियता का नियमन इन्हीं से होता है। राजनीतिक व्यवस्था में मांगों और समर्थनों का सम्बन्ध व्यक्ति की राजनीतिक सक्रियता से रहता है। अतः इसको हम इस प्रकार प्रस्तुत कर सकते हैं कि राजनीतिक समाजीकरण, राजनीतिक भर्ती का प्रेरक होता है और इन दोनों से व्यक्ति का राजनीतिकरण और राजनीतिक व्यवस्था में उसकी सक्रियता का नियमन होता है जो अन्ततः मांगों और समर्थनों को प्रभावित करती है। इसलिये मांगों की मात्रा, उग्रता, तीव्रता और प्रकृति तथा इसी तरह, समर्थकों की मात्रा, उग्रता, तीव्रता और प्रकृति का निर्धारण बहुत कुछ राजनीतिक व्यवस्था से सम्बन्धित मानव-समुदाय के राजनीतिक समाजीकरण और भर्ती द्वारा होता है। यही कारण है कि राजनीतिक व्यवस्थाओं के निवेश, हर व्यवस्था में अलग-अलग ढंग से प्रस्तुत होते हैं। यहां इस तथ्य का ध्यान रखना है कि राजनीतिक समाजीकरण, राजनीतिक भर्ती तथा मांगों और समर्थनों की प्रकृति तथा राजनीतिक व्यवस्था के निवेशों में गहरा सम्बन्ध रहता है।

(ख) **रूपान्तरण प्रक्रिया** (The conversion process)—आमन्ड और पावेल की राजनीतिक व्यवस्था विश्लेषण की प्रमुख देन रूपान्तरण प्रक्रिया से ही सम्बन्धित है।

इसमें इन्होंने रूपान्तरण का ईस्टन का विचारबन्ध अपनाते हुए भी उसमें विश्लेषणात्मक और प्रत्ययी दोनों ही ढंग से बहुत अधिक विस्तार कर दिया है। आमन्ड ने रूपान्तरण प्रक्रिया को नया सूत्रीकरण (formulation) दिया है। उसके नवीन रूपान्तरण प्रतिपादन को हम रूपान्तरण प्रक्रिया को प्रकार्यात्मक दृष्टि (functional vision) देना कह सकते हैं। उसका मत है कि रूपान्तरण प्रक्रिया दोहरी होती है। एक तरफ, रूपान्तरण, में अनेक ऐसे परिचालन या क्रियाएं होती हैं, जिनसे मांगों का ऐसा संसाधन किया जाता है कि वह निर्णय या सत्तात्मक रूपान्तरण के लिए सत्ताओं द्वारा ध्यान देने लायक बनाई जाती हैं। दूसरी तरफ, विशिष्ट क्रियाएं हैं, जिनके माध्यम से सत्ताओं द्वारा ध्यान देने योग्य बनाई गई मांगों पर वास्तव में ध्यान दिया जाता है जिससे उन पर सत्तात्मक निर्णय किया जा सके।

आमन्ड का अभिमत है कि मांगों की रूपान्तरण प्रक्रिया उतनी सरल नहीं है जितनी कि ईस्टन ने मान ली है। आधुनिक राजनीतिक व्यवस्थाओं से लेकर विकासशील राजनीतिक व्यवस्थाओं में आमन्ड ने यह पाया कि मांगों के रूपान्तरण में दो विशिष्ट और नयी बातें उत्पन्न हो गई हैं। प्रथम बात तो यह है कि अधिकांश मांगों पर ध्यान देने की शर्तें विचित्र और विशिष्ट विधियों के द्वारा लगाई जाने लगी हैं। उदाहरण के लिए, किसी मांग को, इस प्रकार इस अवधि में पूरा किया जाए अन्यथा इसका यह परिणाम होगा इत्यादि शर्तें मांगों के साथ लगाई जाने लगी हैं। ऐसी शर्तबद्ध मांगें रूपान्तरण के लिए आने के कारण, रूपान्तरण प्रक्रिया को बृहत्तर रूप में देखना अनिवार्य हो जाता है। दूसरी बात का सम्बन्ध मांगों पर वास्तव में ध्यान देने से सम्बन्धित है। आमन्ड का अभिमत है कि ध्यान देने योग्य बनाई गई मांगों पर भी सत्ताओं द्वारा विचित्र व अनेक प्रकार की विधियों से ध्यान दिया जाने लगा है। उदाहरण के लिए, अगर किसी मांग के अनुसार कोई कानून बनाना है तो इसका अनौपचारिक किन्तु, वास्तविक निर्णय कहां और किनके द्वारा किया जाता है यह हर व्यवस्था में अलग-अलग हो सकता है। अतः मांगों के संसाधन और रूपान्तरण को, आमन्ड ने दो भागों में विभक्त करके, प्रकार्यात्मकता के प्रवर्गों में बांटा है। यह दो प्रकार के प्रकार्य-प्रवर्ग इस प्रकार हैं—(i) मांगों के रूपान्तरण के राजनीतिक प्रकार्य-प्रवर्ग, और (ii) मांगों के रूपान्तरण के शासकीय प्रकार्य-प्रवर्ग।

प्रथम में, मांगों को संसाधित करके रूपान्तरण योग्य बनाया जाता है। इसमें केवल सरकार की संरचनाएं ही सम्मिलित नहीं होती हैं अपितु, राजनीतिक दृष्टि से गैर-सरकारी राजनीतिक संरचाएं भी सम्मिलित होती हैं। आमन्ड तो यह मानते हैं कि इसमें मुख्यतया गैर-सरकारी राजनीतिक संस्थाएं, संगठन, संरचनाएं और प्रक्रियाएं ही प्रमुख भूमिका निभाती हैं। राजनीतिक दल, दबाव समूह और हित समूह या अन्य ऐसे ही संगठन इस स्तर पर मांगों के संसाधन व रूपान्तरण में सरकारी संरचनाओं के साथ अन्तःक्रियाशील रहते हैं। इस स्तर पर, मांगों से सम्बन्धित पक्ष और सरकार के बीच मध्यस्थता करने वाले निकाय भी सक्रिय रहते हैं। इसलिये आमन्ड इस प्रक्रिया को रूपान्तरण प्रक्रिया में सम्मिलित मानता है तथा इसे विशेष महत्त्व देता है।

दूसरे में, मांगों को सत्तात्मक या आधिकारिक निर्णयों की स्थिति तक पहुंचाने की औपचारिकताएं सम्मिलित होती हैं। इसमें प्रमुखतया शासन संरचनाएं सम्मिलित होती हैं। किन्तु, इस स्तर पर भी वे तत्त्व सक्रिय रहते हैं, जिन्होंने मांगों को संसाधिन करके सत्ताओं के ध्यान देने की स्थिति तक धकेला होता है। यह मांगों के रूपान्तरण का नाजुक स्तर होता है। यहां मांग के बारे में पक्ष या विपक्ष में, उसके संशोधित या परिवर्तित या वैसे ही रूप में, सत्तात्मक निर्णय होता है। इस कारण वे सब पक्ष जो मांग से प्रत्यक्ष या अप्रत्यक्ष रूप से सम्बन्ध रखते हैं, इस स्तर पर भी सक्रिय रहते हैं, जिससे मांग का रूपान्तरण उसी प्रकार हो जाए जिस प्रकार उन्होंने चाहा है। अतः आमन्ड के अनुसार रूपान्तरण प्रक्रिया दो-स्तरीय मानी जा सकती है। आमन्ड ने एक को राजनीतिक रूपान्तरण स्तर तथा दूसरे को सरकारी रूपान्तरण स्तर कहा है। हर स्तर पर अनेक रूपान्तरण प्रवर्ग सम्मिलित होते हैं। इनका विस्तार से विवेचन करना उपयुक्त होगा।

(i) **राजनीतिक स्तर पर रूपान्तरण प्रक्रिया** (Conversion process at the political level)—राजनीतिक स्तर पर रूपान्तरण प्रक्रिया में आमन्ड और पावेल ने तीन प्रकार्यात्मक प्रवर्गों को प्रमुख माना है। यह तीन प्रवर्ग हैं—(क) हित-स्वरूपीकरण, (ख) हित-समूहीकरण, और (ग) राजनीतिक संचार।

हित-स्वरूपीकरण वह प्रकार्य है जिसमें व्यक्ति और समूह अपनी चाहों और अपेक्षाओं को सरकार या राजनीतिक व्यवस्था के ध्यान-योग्य बनाने के लिए आरम्भिक रूप प्रदान करके सत्ताओं को अपने उद्देश्यों के अनुरूप विधियों से सम्बोधित करते हैं। यह मांग के रूपान्तरण का प्रथम चरण है। आगे के चरण इस पर बहुत आश्रित हो जाते हैं। इस चरण में मांग को किस प्रकार का रूप प्रदान किया जाएगा, उसके साथ क्या-क्या शर्तें जोड़ी जाएंगी तथा किन विधियों का प्रयोग करके उसको राजनीतिक व्यवस्था में रूपान्तरण के दूसरे स्तर तक पहुंचाया जाएगा इत्यादि बहुत महत्त्व रखता है। इससे राजनीतिक व्यवस्था की सीमाओं का निर्धारण होता है। यह राजनीतिक संस्कृति व राजनीतिक समाजीकरण पर निर्भर करता है कि किस प्रकार के व्यक्तिगत हित या मांगें आदि इस स्तर पर उठाये जाएंगे। रूपान्तरण का यह प्रकार्य राजनीतिक व्यवस्था की सीमाओं पर अनेक संरचनाओं द्वारा निष्पादित होता है। इसमें हित समूह और स्वयं के प्रतिनिधित्व से लेकर संस्थाओं तक को सम्मिलित पाया जाता है। संचार के साधनों के द्वारा भी यह किया जाता है। जिसमें प्रदर्शनों और जन-सम्पर्क साधनों को लिया जा सकता है। इस स्तर पर संचार या सम्प्रेषण की शैलियों का भी महत्त्वपूर्ण योगदान हो सकता है। यह अनेक प्रकार की तथा विचित्र रूप की हो सकती हैं। विकासशील राज्यों में मांगों की सम्प्रेषण-शैलियां विचित्रतम रूपों में देखी गई हैं। उदाहरण के लिए, लेखक को श्रीलंका में एक विचित्र शैली का प्रयोग देखने का अवसर मिला। एक ट्रेड यूनियन के नेता द्वारा अपनी मांग को प्रभावी ढंग से प्रस्तुत करने में सफलता नहीं मिलने के कारण वह एक बहुत ऊंचे नारियल के पेड़ पर चढ़ गया और वहां से कूदकर मरने की धमकी के द्वारा अपनी ट्रेड यूनियन की मांग को राजनीतिक व्यवस्था के पास संसाधन के

लिए सम्प्रेषित करने में इस रूप में सफल हो गया कि सब लोग इस मांग के बारे में अचानक ही जान गये और मांग को व्यापक प्रचार व समर्थन मिल गया।

हित-स्वरूपीकरण को रूपान्तरण प्रक्रिया में इसलिए सम्मिलित रखना होता है क्योंकि, यह निवेश या मांग का ऐसा स्वरूपीकरण है जो राजनीतिक व्यवस्था के अन्दर होता है। यद्यपि मांग निवेश से रूपान्तरण स्तर पर कब आई हुई मानी जाएगी इसकी सीमा-रेखा खींच सकना संभव नहीं है, किन्तु, जब मांग सत्ताओं की किसी भी शैली से सम्बोधित हो जाती है तो वह निवेश से रूपान्तरण के पहले स्तर पर आ जाती है। आमन्ड ने इस कारण ही हित-स्वरूपीकरण को मांगों का प्रतिपादन या सूत्रीकरण कहा है, जो राजनीतिक व्यवस्था की रूपान्तरण प्रक्रिया का प्रथम चरण है।

हित-समूहीकरण को आमन्ड विकल्पों के रूप में मांगों का संयुक्तीकरण कहता है। ईस्टन के मांगों के न्यूनीकरण को आमन्ड के हित-समूहीकरण के समान माना जा सकता है। इसमें अनेकों मांगों को एक सामान्य मांग में रूपान्तरिक करके उसका एक सामान्य निर्णय के माध्यम से समाधान कर दिया जाता है। यह रूपान्तरण प्रक्रिया का दूसरा चरण है। आमन्ड रूपान्तरण के इस चरण में हित-समूहीकरण की प्रक्रिया के विभिन्न पहलुओं और अभिकरणों पर बल देता है, और उसने इनमें से इन तीन का विशेष रूप से उल्लेख किया है— (a) हित-समूहीकरण के अभिकरण, (b) हित-समूहीकरण की शैलियां, और (c) हित-समूहीकरण के परिणाम।

(a) हित-समूहीकरण के अभिकरणों में राजनीतिक दल, दबाव-समूह, हित-समूह, संस्थाएं और अन्य संगठन आते हैं। इनका जनता के बिखरे हुए हितों को समूहीकृत करने का कार्य होता है। वास्तव में मांगें इन अभिकरणों के द्वारा ही ठोस रूप से अनेक क्रिया-विकल्प बनाकर रूपान्तरण की अवस्था में लाई जाती हैं। इन अभिकरणों का राजनीतिक समाज की रूपान्तरण प्रक्रिया में विशेष महत्त्व होता है।

(b) हित-समूहीकरण की शैलियों में सौदेबाजी, परम-मूल्य अभिमुखीकरणों पर आधारित शैली या परम्परागत शैलियां हो सकती हैं। सौदेबाजी में वास्तविक स्थितियों व तथ्यों के आधार पर हितों का समूहीकरण होता है, जबकि मूल्यों के अभिमुखीकरण के आधार पर या एक मूल्य या एक ही प्रकार के मूल्यों के आधार पर भी यह हो सकता है। आमन्ड परम्परागत शैली को विकासशील राज्यों में बहुत महत्त्वपूर्ण मानते हैं।

(c) हित-समूहीकरण के अभिकरणों और शैलियों के प्रकार के ऊपर ही परिणाम निर्भर करते हैं। राजनीतिक दलों के स्थान पर हित-समूहीकरण का अभिकरण उग्र व प्रतिक्रियावादी हित-समूह है तो इससे रूपान्तरण करने वाली व्यवस्था पर बोझ बढ़ सकता है। इसी प्रकार से परम्परागत शैली के द्वारा सम्बोधित मांग को सत्ताओं द्वारा संसाधन व रूपान्तरण प्रक्रिया में सम्मिलित ही नहीं किया जाये ऐसी स्थिति आ सकती है।

आमन्ड और पावेल की यह मान्यता है कि हित-समूहीकरण सही अर्थों में क्रिया के लिए या रूपान्तरण के लिए मांगों के संयुक्तीकरण के माध्यम से अनेक विकल्प प्रस्तुत करना है। इससे रूपान्तरण प्रक्रिया में बहुत सहूलियत हो जाती है। क्योंकि, राजनीतिक

व्यवस्था के सामने रूपान्तरण के लिए इससे अनेक विकल्प प्रस्तुत हो जाते हैं। इस कारण, रूपान्तरण प्रक्रिया में हित-समूहीकरण का विशेष महत्त्व माना जाता है। इन विकल्पों की अनेकता राजनीतिक व्यवस्था के खुलेपन का सबूत मानी जाती है। इससे भी इसका महत्त्व अधिक हो जाता है।

राजनीतिक संचार हर प्रकार की राजनीतिक अन्तःक्रियाओं में होता है। वैसे किसी भी प्रकार की मानव प्रक्रिया संचार के बिना सम्भव नहीं हो सकती है। राजनीतिक व्यवस्था की रूपान्तरण प्रक्रिया में संचार-प्रकार्यों का विशेष स्थान होता है। संचार प्रक्रिया की संरचनाएं ही समाज और अन्य व्यवस्थाओं को आपस में जोड़ती हैं। इन्हीं से राजनीतिक व्यवस्था में अन्तःक्रियाएं सम्भव होती हैं। आमन्ड और पावेल का कहना है कि रूपान्तरण प्रक्रिया को संचार सम्बन्धी तीन तथ्य प्रभावी ढंग से निरूपित करते हैं। यह तथ्य हैं—(1) संचार की संरचनाओं की उपस्थिति या उनका अभाव, (2) सूचना, या जानकारी की मात्रा जो संचार की संरचनाओं में से गुजरती हैं या उनके द्वारा दी जाती हैं, तथा (3) संचार की संरचनाओं की स्वतंत्रता या इसका अभाव।

आमन्ड का अभिमत है कि संरचनात्मक दृष्टि से अनेकों संरचनाएं हो सकती हैं, किन्तु उनमें से कुछ को वह रूपान्तरण प्रक्रिया से गठबन्धित मानता है। इनमें से पांच को उसने विशेष रूप से महत्त्वपूर्ण माना है। यह हैं—(1) अनौपचारिक, प्रत्यक्ष, व्यक्तिगत सम्पर्क जो कि अन्य संरचनाओं से अलग और स्वतंत्र रूप से संचालित होते हैं; (2) परम्परागत सामाजिक संरचनाएं जैसे परिवार और धार्मिक समूह या संगठन; (3) राजनीतिक निर्गतों से संबंधित संरचनाएं जैसे व्यवस्थापिकाएं और नौकरशाहियां; (4) राजनीतिक निवेश संरचनाएं जैसे राजनीतिक दल, हित और दबाव समूह और (5) जन-सम्पर्क और जन-संचार साधन, जैसे रेडियो, टेलीविज़न, समाचारपत्र मंच, सिनेमा और साहित्य आदि।

संचार की संरचनाओं से ही रूपान्तरण प्रक्रिया के लिए मांगें और समर्थन राजनीतिक व्यवस्था में आते हैं और इन्हीं के माध्यम से राजनीतिक रूपान्तरण, राजनीतिक व्यवस्था में निर्गतों के रूप में पहुंचते हैं। अतः संचार की संरचनाएं निवेशों को रूपान्तरण के लिए ले जाने और रूपान्तरणों को निर्गतों के रूप में राजनीतिक व्यवस्था और अन्य व्यवस्थाओं तथा पर्यावरण में पहुंचाने का कार्य करती हैं। इस कारण, रूपान्तरण प्रक्रिया, संचार संरचनाओं के ऊपर लिखे तीन लक्षणों से बहुत कुछ सीमित और नियमित होती है। इन तीनों का पृथक-पृथक विवेचन कर इससे रूपान्तरण प्रक्रिया पर पड़ने वाले प्रभावों को जांचा व आंका जा सकता है।

(a) रूपान्तरण प्रक्रिया में वैसे तो संचार की पांचों संरचनाओं का कम या अधिक योगदान रहता है किन्तु, इनमें सबसे अधिक महत्त्व अन्तिम तीन संरचनाओं का रहता है। अतः अगर किसी राजनीतिक व्यवस्था में इन संचार संरचनाओं का अभाव है या इनमें से कुछ ही हैं, बाकी नहीं हैं, तो इससे रूपान्तरण प्रक्रिया पर अच्छा या बुरा प्रभाव पड़ सकता है। इन सबमें भी विशेष महत्त्व जन-संचार के साधनों का है। यह सब संरचनाएं परस्पर एक दूसरे पर आश्रित होने के कारण एक साथ ही प्रभावी हो सकती

हैं तथा इनका अभाव भी इसी तरह एक साथ ही होता है। उदाहरण के लिए, जन-सम्पर्क के साधनों के अभाव में बाकी सभी संरचनाएं अपनी भूमिका का ठीक प्रकार से निष्पादन नहीं कर सकती हैं। अतः रूपान्तरण प्रक्रिया में इन संरचनाओं का होना या नहीं होना विशेष महत्त्व रखता है।

(b) संचार की संरचनाओं का होना मात्र ही रूपान्तरण प्रक्रिया के लिए काफी नहीं है। रूपान्तरण प्रक्रिया इस बात से प्रभावित होती है कि इन संरचनाओं से वास्तव में कितनी मात्रा में जानकारी गुजरती है। विकासशील राज्यों में इनमें से करीब-करीब सभी संरचनाएं विद्यमान रहती हैं किन्तु, वे जानकारी देने की स्थिति में या तो संरचनात्मक विरोधी (constaraints) के कारण नहीं होती हैं या उनकी जानकारी देने की क्षमताओं का विकास न होने के कारण ऐसी हो सकती हैं। अतः संचार की संरचनाओं के द्वारा जानकारी की मात्रा या आयतन के आधार पर ही इनका रूपान्तरण प्रक्रिया पर प्रभाव नियमित होता है। एक संरचना सब प्रकार की तथा बहुत अधिक मात्रा में जानकारी देने वाली हो सकती है जबकि दूसरी संरचना केवल अस्तित्व ही रखती हो ऐसी स्थिति हो सकती है। जानकारी देने की ऐसी संरचना का हर दृष्टि से यह केवल औपचारिक अस्तित्व ही कहा जाएगा।

(c) संचार की संरचनाओं के प्रथम दो लक्षण तीसरे लक्षण द्वारा प्रभावी या अप्रभावी बनते हैं। संचार की सब संरचनाएं किसी राजनीतिक व्यवस्था में विद्यमान हो सकती हैं तथा उनके द्वारा जानकारी और सूचनाएं भी बहुत अधिक मात्रा में दी जाती हों तो भी इनका रूपान्तरण प्रक्रिया में विशेष योगदान नहीं हो सकता है। इसके लिए इनका नियंत्रण रहित व स्वतंत्र होना आवश्यक है। उदाहरण के लिए, साम्यवादी या स्वेच्छाचारी शासन व्यवस्थाओं में यह सभी संरचनाएं होती हैं तथा इनसे भारी मात्रा में जानकारी सम्प्रेषित होती है किन्तु, वह सब नियंत्रित या तोड़ी-मरोड़ी जानकारी होती है। इससे रूपान्तरण प्रक्रिया इसलिए प्रभावित होती है कि संचार संरचनाएं निवेश, रूपान्तरण और निर्गतों में सम्पर्क और सम्बन्ध-सूत्रता की स्थापक होती हैं। अगर यह सम्पर्क स्वतंत्र नहीं हैं तो हर स्तर पर, चाहे वह मांगों व समर्थनों से सम्बन्धित हो या रूपान्तरण प्रक्रिया से या निर्गतों से सम्बन्धित हो, संचार संरचनाएं वह भूमिका अदा नहीं कर सकेंगी जिसकी उनसे अपेक्षाएं होती हैं।

इस प्रकार, राजनीतिक रूपान्तरण के स्तर पर ही नहीं, संचार संरचनाओं का प्रभाव शासकीय रूपान्तरण के स्तर पर भी पड़ता है। इनसे निवेश और निर्गत आपस में जुड़ते हैं। ईस्टन जिस प्रतिसम्भरण की बात करते हैं वह निर्गतों से निवेशों की तरफ ही माना जाता है। इस बात में आमन्ड ईस्टन से कहीं आगे निकल जाते हैं और यह प्रतिवादन करते हैं कि संचार निवेशों से रूपान्तरण की ओर या निर्गतों से निवेशों की तरफ न होकर सम्पूर्ण राजनीतिक व्यवस्था की रूपान्तरण प्रक्रिया में व्याप्त रहता है और इस कारण सम्पूर्ण राजनीतिक व्यवस्था पर आच्छादित हो जाता है। इसी के माध्यम से राजनीतिक व्यवस्था के विभिन्न संरचनात्मक भाग अन्तःक्रियाशील होते हैं तथा राजनीतिक व्यवस्था और पर्यावरण में सम्बन्ध-सूत्रता स्थापित होती है। इसको आगे एक रेखाचित्र

में विशेष रूप से समझाने का प्रयास किया जाएगा कि किस प्रकार वह निवेशों, रूपान्तरण प्रक्रिया, निर्गतों तथा पर्यावरण को परस्पर जोड़ता है ?

राजनीतिक स्तर पर रूपान्तरण प्रक्रिया के विवेचन से यह बात स्पष्ट है कि राजनीतिक व्यवस्था में मांगों का संसाधन और रूपान्तरण केवल शासकीय संरचनाओं के द्वारा ही नहीं होता है। सही बात तो यह है कि रूपान्तरण प्रक्रिया का राजनीतिक स्तर ही विशेष रूप से महत्त्वपूर्ण होता है वास्तविक रूपान्तरण इसी स्तर पर होता है। यह अनौपचारिक होने के कारण लचीलापन लिए होता है तथा इसमें शासकों के मान-सम्मान के मुद्दे नहीं उलझे होते हैं। आमन्ड और पावेल ने इसी कारण मांगों के संसाधन और रूपान्तरण का राजनीतिक स्तर अत्यधिक महत्त्व का माना है। यह ऐसी रूपान्तरण प्रक्रिया है जहां मांगों के बारे में सब कुछ निश्चित हो जाता है, जिससे शासकीय स्तर पर रूपान्तरण की प्रक्रिया केवल औपचारिक बनकर रह जाती है। शासकीय स्तर के रूपान्तरण, इन्हीं रूपान्तरणों को विधिक रूप देना मात्र हो जाते हैं। अतः आधुनिक राजनीतिक व्यवस्थाओं में, विशेषकर विभिन्नीकृत और विशेषीकृत व्यवस्थाओं में जहां संचार या सम्प्रेषण साधन स्वतन्त्र रहते हैं, रूपान्तरण का राजनीतिक स्तर आधारभूत महत्त्व रखता है।

(ii) **शासकीय स्तर पर रूपान्तरण प्रक्रिया** (Conversion process at the governmental level)—सरकारी स्तर पर रूपान्तरण प्रक्रिया में आमन्ड और पावेल ने तीन प्रकार्यात्मक प्रवर्गों को सरकार के परम्परागत तीन कार्यों के अनुरूप ही माना है। वे यह मानते हैं कि यह निर्गत नहीं हैं वरन सरकारी रूपान्तरण हैं जिनको आधिकारिक या सत्तात्मक रूपान्तरण कहा जा सकता है। उनका अभिमत है कि इन रूपान्तरणों से कुछ निर्गत सामने आते हैं। यह रूपान्तरण निम्नलिखित हैं—(क) नियम-निर्माण (formulation of authoritative rules making), (ख) नियम-प्रमुक्ति (enforcement and application of rules-rule application), (ग) नियम-अधिनिर्णय (determination of rule application by law-rule adjudication).

सरकारी स्तर के रूपान्तरण वैधता की परिधि में निष्पादित होते हैं। इनमें औपचारिकता तथा विधिकता इतनी अधिक होती है कि इनका रूपान्तरण, राजनीतिक स्तर के रूपान्तरण से बहुत अधिक बेमेल नहीं हो सकता है। इनमें भी राजनीतिक रूपान्तरण प्रक्रिया की तरह क्रम या एक निश्चित प्रतिमान-प्रक्रिया की प्रधानता होती है। नियम-निर्माण के बाद ही नियम-प्रयुक्ति और नियम-अधिनिर्णय की स्थिति आती है। आमन्ड और पावेल यह मानते हैं कि आजकल की जटिल व्यवस्थाओं में शासकीय रूपान्तरण में परम्परागत सरकारी कार्यों की औचित्यता नहीं रह गई है। शक्ति पृथक्करण का सिद्धान्त व्यावहारिक नहीं रह गया है और अब व्यवस्थापन, कार्यपालन और न्यायपालन के कार्य सुनिश्चित संरचनात्मक व्यवस्थाओं के द्वारा निष्पादित नहीं होते हैं। यही कारण है कि आमन्ड ने सरकार के तीन परम्परागत कार्य सरकारी स्तर पर निष्पादित माने हैं, किन्तु उसने इनको संरचनात्मक दृष्टि से न देखकर

प्रकार्यात्मक दृष्टि से देखने का प्रयास किया है। इसलिए ही वह परम्परागत सरकारी कार्यों को नये नाम देता है जो नया अर्थ रखते हैं तथा भिन्न प्रकार की संरचनाओं द्वारा निष्पादित होते हैं। उसने (1) व्यवस्थापन कार्य के स्थान पर नियम-निर्माण का कार्य माना है, (2) कार्यपालिका कार्य के स्थान पर नियम-प्रयुक्ति का कार्य माना है, और (3) न्यायपालिका कार्य के स्थान पर नियम-अधिनिर्णय का कार्य माना है।

संरचनात्मक-प्रकार्यात्मक विश्लेषण की व्याख्या करने वाले अधिकांश भारतीय लेखकों ने आमन्ड और पावेल के द्वारा विवेचित सरकारी स्तर के रूपान्तरणों को लेकर दो भ्रान्तिपूर्ण निष्कर्ष निकाले हैं। प्रथम भ्रान्तिपूर्ण निष्कर्ष इन रूपान्तरणों को राजनीतिक व्यवस्था के निर्गत मानना है। डा० एस० पी० वर्मा ने अभी हाल ही में प्रकाशित पुस्तक **मॉडर्न पोलिटिकल थ्योरी** (1975) में भी इन रूपान्तरणों को निर्गत माना है।[25] इनके सम्बन्ध में दूसरा भ्रांतिपूर्ण निष्कर्ष तो संरचनात्मक-प्रकार्यात्मक विश्लेषण को ही नकारना है। इसमे आमन्ड और पावेल द्वारा सरकारी स्तर के रूपान्तरणों की तीन श्रेणियों या प्रकारों को सरकार के परम्परागत त्रिमुखी कार्यों—व्यवस्थापन, कार्यपालन और न्यायपालन के समान मानना सम्मिलित है। आमन्ड और पावेल ने अपनी पुस्तक **कम्पेरेटिव पोलिटिक्स : ए डेवेलपमेन्टल अप्रोच** में इन दोनों के बारे में स्पष्ट रूप से लिखा है कि सरकारी स्तर के रूपान्तरण निर्गत नहीं हैं। इसी तरह, व्यवस्थापन कार्य और नियम-निर्माण का कार्य पूर्णतया एक समान नहीं होकर व्यापकता की दृष्टि से बहुत कुछ भिन्न प्रकार के हैं। उनके निष्पादन की संरचनात्मक व्यवस्था भी अलग-अलग प्रकार की कही जा सकती है। इसी तरह की तीसरी भ्रांति का संकेत हमने मांगों और समर्थनों के विवेचन में दिया है। आमन्ड और पावेल ने ईस्टन की ही तरह राजनीतिक व्यवस्था के निवेश, मांगों और समर्थनों को माना है, जबकि भारतीय लेखकों ने राजनीतिक समाजीकरण, हित-समूहीकरण और राजनीतिक भर्ती और सम्प्रेषण को राजनीतिक व्यवस्था के निवेश मानकर विवेचित किया है। एस० पी० वर्मा ने भी इनको निवेश ही माना है तथा इसी तरह व्यवस्थापन, कार्यपालन और न्यायपालन कार्य को नियम-निर्माण, नियम-प्रयुक्ति और नियम-अधिनिर्णय के समान मानकर उनका विवेचन करना तक आवश्यक नहीं माना है।[26] जबकि आमन्ड और पावेल स्पष्ट रूप से इन तीन रूपान्तरणों में अन्तर करते हैं। इनका संक्षेप में विवेचन करने से इनमें आमन्ड द्वारा किया गया अन्तर समझना सम्भव होगा।

(a) 'नियम-निर्माण' शब्दावली का प्रयोग 'व्यवस्थापन' के स्थान पर संयोग की बात नहीं है। आमन्ड और पावेल ने जानबूझकर इन शब्दों का प्रयोग किया है क्योंकि संरचनात्मक-प्रकार्यात्मक विश्लेषण में संरचनाओं की व्याख्या प्रकार्यों के आधार पर की है तथा एक ही संरचना के द्वारा अनेक प्रकार्यों के निष्पादन तथा प्रकार्यों के निष्पादन में संरचनाओं की प्रतिस्थापन्नता की अवधारणा (concept of structural substitutibility) स्वीकार की है। इस सम्बन्ध में उन्होंने लिखा है, "हमने 'व्यवस्थापन' के

[25]S. P. Varma, *op. cit*., p. 171.
[26]*Ibid*., p. 171.

स्थान पर 'नियम-निर्माण' शब्दों का प्रयोग इस सीधे से कारण से किया है कि 'व्यवस्थापन' शब्द किसी विशेषीकृत संरचना और स्पष्ट प्रक्रिया का अर्थ रखता हुआ प्रतीत होता है जबकि, अनेकों राजनीतिक व्यवस्थाओं में नियम-निर्माण का प्रकार्य ऐसी प्रक्रिया है जो सम्पूर्ण राजनीतिक व्यवस्था में फैली होती है और जिसको सुस्पष्ट और अलग करना कठिन होता है।"[27] आमन्ड का यह विचार कि व्यवस्थापन कार्य और नियम-निर्माण में पर्याप्त अन्तर है, सही अर्थों में संरचनात्मक-प्रकार्यात्मक अध्ययन दृष्टिकोणों की मौलिक मान्यताओं से ही उत्पन्न होता है।

आधुनिक और विकसित राजनीतिक व्यवस्थाओं की संरचनाओं में जो अभिवृद्ध, विभिन्नीकरण और विशेषीकरण परिलक्षित होता है उससे यह भ्रांति उत्पन्न हो जाती है कि एक संरचना एक ही विशेष कार्य निष्पादित करने लगती है। संरचनावादी यह नहीं मानते हैं। उनका मत है कि संरचनाओं का विभिन्नीकरण और विशेषीकरण प्रकार्यात्मक संदर्भ में लिया जाता है और इस कारण विभिन्नीकृत और विशेषीकृत संरचना अनेक प्रकार्य निष्पादित करती है। आमन्ड ने इसी कारण से 'नियम-निर्माण' शब्द को 'व्यवस्थापन कार्य' से अधिक व्यापक और अधिक उपयुक्त तथा यथार्थ स्थितियों के अनुरूप पाया है। आधुनिक समय में नियम-निर्माण रूपान्तरण, सम्पूर्ण राजनीतिक व्यवस्था में व्याप्त हो गया है। इस सम्बन्ध में कई बार यह देखा जाता है कि हित-समूह अपनी मांग से सम्बन्धित विधेयक पूरी तरह तैयार करके संसाधन और सत्तात्मक रूपान्तरण के लिए भेजने से पहले, कार्यपालन संरचनाओं या आमन्ड की शब्दावली में नियम प्रयुक्ति संरचनाओं से सीधे या राजनीतिक दल के माध्यम से पूरा निर्णय कराके, जो सामान्यतया सौदेबाजी या लेन-देन (give and take) पर आधारित होता है, ही भेजते हैं, जो सरकारी रूपान्तरण के स्तर पर विधिक रूप प्राप्त करने की औपचारिकता से गुजरना ही माना जा सकता है।

आमन्ड और पावेल नियम-निर्माण की रूपान्तरण प्रक्रिया में प्रदत्त व्यवस्थापन (delegated legislation) तथा कार्यपालिका संरचनाओं द्वारा अध्यादेशों (ordinances) आदि का जारी करना और न्यायिक पुनरावलोकन से नियम-अधिनिर्णय प्रक्रियाओं में भी, नियम-निर्माण को सन्निहित मानते हैं। अतः 'नियम-निर्माण' एक प्रकार्यात्मक प्रवर्ग है जबकि 'व्यवस्थापन' केवल एक संरचनात्मक प्रवर्ग ही होता है। उदाहरण के लिए, सोवियत रूस या अनेक विकासशील देशों में 'व्यवस्थापन' का प्रकार्य तो संसदें करती हैं किन्तु, इनमें नियम-निर्माण रूपान्तरण प्रक्रिया और नियम-निर्माण प्रकार्य अन्यत्र ही निष्पादित होता है। अतः नियम-निर्माण को 'व्यवस्थापन कार्य' कहना न केवल भ्रांतिपूर्ण है, अपितु संरचनात्मक-प्रकार्यात्मक दृष्टिकोण की दृष्टि से गलत भी है।

(b) आमन्ड और पावेल ने नियम-प्रयुक्ति रूपान्तरणों को भी विशेष रूप से 'कार्यपालिका कार्य' से अधिक व्यापक और यथार्थवादी माना है। राजनीतिक विकास

[27] Almond and Powell, *op. cit.*, pp. 87-88.

के साथ ही नियम प्रयुक्ति संरचनाओं में भी विभिन्नीकरण आता गया है। इससे नियम प्रयुक्ति रूपान्तरण भी सम्पूर्ण राजनीतिक व्यवस्था में व्याप्त हो गए हैं। इसके कारणों पर प्रकाश डालते हुए आमन्ड और पावेल ने लिखा है, "ज्यों-ज्यों राजनीतिक व्यवस्था का आकार बढ़ता है या इसको अत्यधिक पेचीदा बनते जा रहे पर्यावरण का सामना करना होता है या कार्यों के वृहत्तर क्षेत्र का सामना करना पड़ता है, त्यों-त्यों उसे नियमों प्रयुक्ति संरचनाओं के विशेषीकृत विकास के दबावों को भी पूरा करना होता है।[28] नियम को लागू करने की संरचनाओं को आमन्ड और पावेल ने नियम-निर्माण की संरचनाओं के साथ सम्बन्धित करते हुए आगे लिखा है कि "जिन नियमों को लागू करना है उनकी मात्रा या आकार, उनके लिए आवश्यक साधनों को (एकत्रीकरण) जुटाना और जानकारी, जिसका संसाधन कर सम्प्रेषण करने के लिए नियम-निर्माण संरचनाओं को नियम-प्रयुक्ति में भी सहायता करनी होती है, के लिए यह आवश्यक हो जाता है कि व्यवस्था नए गन्तव्यों या दबावों का मुकाबला करने की नई क्षमताओं का विकास करे, जिसके लिए प्रभावी नियम-प्रयुक्ति एक आवश्यक शर्त बन जाती है।"[29] इससे स्पष्ट है कि नियम-प्रयुक्ति रूपान्तरण और कार्यपालिका कार्य एक ही समान नहीं माने जा सकते। आमन्ड और पावेल नियम-प्रयुक्ति में अनेकों संरचनाओं को विशेषकर नौकरशाही को प्रमुख भूमिका अदा करती मानते हैं, जबकि कार्यपालिका-कार्य में केवल कार्यपालिका अपने सीमित अर्थों में ही नियमों को लागू करने वाली एक मात्र संरचना रह जाती है।

नियम-प्रयुक्ति अत्यधिक व्यापक संरचनात्मक क्षेत्र से सम्बन्धित है और इस कारण इसे कार्यपालिका कार्य से वृहत्तर व यथार्थवादी रूपान्तरण कहा जाता है। इस सम्बन्ध में आमन्ड और पावेल नियम-प्रयुक्ति में सहायक अनौपचारिक या गैर-सरकारी संरचनाओं, जैसे राजनीतिक दल, दबाव-समूह हित-समूह और अन्य ऐच्छिक समूहों की भूमिका को विशेष महत्त्व देते हैं। नौकरशाही तो नियमों की औपचारिकता में इतनी जकड़ी रहती है कि उसमें लचीलापन लाने में इन्हीं राजनीतिक किन्तु, गैर-सरकारी संरचनात्मक व्यवस्थाओं की आधारभूत भूमिका रहती है। इस कारण, नियम-प्रयुक्ति रूपान्तरण की प्रक्रिया भी सम्पूर्ण राजनीतिक व्यवस्था में व्याप्त होती जा रही है। इन अनौपचारिक संरचनाओं के प्रकार्यों से ही आधुनिक समाजों में नियम-प्रयुक्ति की रूपान्तरण क्रियाएं सम्भव हैं। इनके अभाव में नियम का निर्माण तो हो जाएगा किंतु, नियम-प्रयुक्ति की सरकारी संरचनात्मक व्यवस्थाओं के विद्यमान रहते हुए भी यह लागू नहीं हो पाएगा। अधिकांश विकासशील राज्यों में यही स्थिति है। यहां नियम-प्रयुक्ति की सरकारी संरचनाएं स्वयं में अकेले यह रूपान्तरण प्रकार्य निष्पादित नहीं कर पाती हैं। क्योंकि, उनकी सहायता के लिए, आवश्यक अनौपचारिक संरचनाएं या तो विकसित नहीं हुई हैं, और अगर विकसित हो भी गई हैं तो कई बन्धनों के कारण वे अप्रभावी रही हैं। अतः निष्कर्ष में यही कहा जा सकता है कि नियम-प्रयुक्ति रूपान्तरण प्रक्रिया केवल

[28] *Ibid.*, p. 94.
[29] *Ibid.*,

एक संरचना से सम्बन्धित न रहकर सम्पूर्ण राजनीतिक व्यवस्था में व्याप्त होती जा रही है।

(c) आधुनिक पश्चिमी समाजों में नियम-अधिनिर्णय को न्यायालयों से जोड़ने या सम्बन्धित करने की सामान्य प्रथा-सी बन गई है। आमन्ड और पावेल नियम-अधिनिर्णय रूपान्तरण को एक सुनिश्चित और विशिष्ट संरचना 'न्यायालय' द्वारा ही निष्पादित नहीं मानते हैं। उन्होंने इस सम्बन्ध में लिखा है कि "वास्तव में, अन्य संरचनाएं भी नियम-अधिनिर्णय में अपने आपको सम्मिलित कर सकती हैं, और अधिकतर वे ऐसा करती भी हैं। इसी तरह न्यायालय भी अन्य प्रकार्य करते हैं। नियम-प्रयुक्ति संरचनाएं स्वयं अधिनिर्णयात्मक निर्णय (adjudicative decisions) कर सकती हैं। उदाहरण के लिए, सर्वाधिकारी व्यवस्थाओं में गुप्त पुलिस (secret police) किसी व्यक्ति का पीछा करके उस पर नियम का उल्लंघन करने का आरोप लगाकर उसे अपने बचाव का अवसर देकर या नहीं देकर उसको अपराधी मानकर सजा दे देती है।"[30]

आमन्ड और पावेल का अभिमत है कि अनेक शासन व्यवस्थाओं में नियम-अधिनिर्णय का कार्य या रूपान्तरण, नियम-निर्माण और नियम-प्रयुक्ति की संरचनात्मक व्यवस्थाओं द्वारा भी किया जाता है। अमरीका तथा फ्रांस जैसे विकसित राज्यों में भी ऐसी रूपान्तरण प्रक्रिया का प्रचलन है। किन्तु, उन्होंने स्वीकार किया है कि नियम-अधिनिर्णय कार्य का अधिकाधिक न्यायपालन कार्य' के समान बनाने पर बल दिया जाता है। इसका कारण इस रूपान्तरण प्रक्रिया का विशिष्टपन नहीं है। वास्तव में विशेषीकृत अधिनिर्णय की संरचनाओं के विकास की अभूतपूर्व और शक्तिशाली प्रवृत्ति इस बात का संकेत देती है कि यह प्रकार्य राजनीतिक व्यवस्था में महत्त्वपूर्ण ही नहीं होता है अपितु, स्वयं राजनीतिक व्यवस्था का एक अत्यधिक महत्त्व का पहलू माना जाने लगा है। इसीलिए एक पृथक और स्वतन्त्र नियम-अधिनिर्णय संरचना—न्यायपालिका—के विकास की बात हर राजनीतिक व्यवस्था में, यहां तक कि स्वेच्छाचारी व्यवस्थाओं और सर्वाधिकारी शासन प्रणालियों में भी इसकी मांग प्रस्तुत होती रही है, स्वीकार की जाने लगी है।

अगर सम्पूर्ण राजनीतिक व्यवस्था के संदर्भ में देखें तो एक विशेषीकृत अधिनिर्णय संरचना, व्यवस्था के अन्तर्गत संघर्षों के समाधान का ऐसा साधन प्रस्तुत करती है जो न तो नियम-निर्माता पर नए नियम बनाने का दबाव बढ़ने देती है और न ही उसे पुराने नियम की प्रयुक्ति में अधिक घनिष्ठता से उलझने देती है। जो अपराधी है या नियम उल्लंघन के दोषी ठहराए गये हैं उनको नियम-अधिनिर्णय की पृथक व स्वतन्त्र विशेषीकृत संरचनाओं के सामने अपनी निर्दोषिता की दुहाई देने का अवसर मिल जाता है। इस तरह इससे एक ऐसी वाहिका (channel) या माध्यम प्रस्तुत हो जाता है जो कुछ किस्मों की मांगों को प्रभावी ढंग से संसाधित कर देता है और इससे नियम-निर्माताओं पर कोई दबाव भी नहीं बढ़ता है और न ही इससे व्यवस्था के आधारभूत नियमों को कोई चुनौती दी जाती है।

[30] *Ibid.*, p. 104.

इसलिए आमन्ड और पावेल ने यह स्वीकार किया है कि नियम-अधिनिर्णय रूपान्तरण एक विशेषीकृत संरचना के सुपुर्द करने की बात बल पकड़ती जा रही है किन्तु, उन्होंने इसकी व्यावहारिकता पर शंकाएं प्रकट की हैं। राजनीतिक व्यवस्था में रूपान्तरण प्रक्रियाएं इतनी पेचीदा हो गई हैं कि नियम-अधिनिर्णय की रूपान्तरण प्रक्रिया या प्रकार्य को सुनिश्चित, पृथक, स्वतन्त्र और विशेषीकृत संरचनाओं तक सीमित रखना करीब-करीब असम्भव-सा होता जा रहा है। आधुनिक व्यवस्थाओं में राजनीतिकृत व्यक्ति भी इस प्रकार की सम्भावनाओं को कि नियम-अधिनिर्णय का रूपान्तरण पृथक प्रकार्य रहे, धूमिल करता है। यही कारण है कि अनेक राजनीतिक व्यवस्थाओं में न्यायपालिका को राजनीतिक व्यवस्था के ऊपर एक 'सुपर' संरचना के रूप में प्रस्थापित करने का विरोध बढ़ता जा रहा है। भारत में संविधान में किया गया 42वां संशोधन न्यायपालिका के द्वारा ऐसा ही रूप प्राप्त करने की प्रवृत्ति को रोकने का प्रयास कहा जा सकता है।

आमन्ड और पावेल ने इस तरह यह स्पष्ट किया है कि नियम-अधिनिर्णय का सम्पूर्ण राजनीतिक व्यवस्था में विशेष महत्त्व होते हुए भी यह महत्त्व अन्य रूपान्तरण प्रक्रियाओं से अधिक नहीं माना जा सकता। राजनीतिक व्यवस्था के अनुरक्षण का दायित्व केवल एक संरचनात्मक या अनेक संरचनात्मक व्यवस्थाओं पर नहीं रह गया है। यह सम्पूर्ण व्यवस्था का दायित्व है और किसी को इसमें से अलग मानना राजनीतिक व्यवस्थाओं की संरचनाओं और प्रकार्यों को सही अर्थ में नहीं समझना है। इसीलिए नियम-अधिनिर्णय की संरचना को पृथक और स्वतन्त्र मानने या बनाने का विचार लोकतन्त्र की उदारवादी धारणा के परम्परागत प्रतिमानों में भी धूमिल पड़ता जा रहा है।

सरकारी स्तर की रूपान्तरण प्रक्रिया का यह विवेचन स्पष्ट करता है कि आमन्ड और पावेल ने नियम-निर्माण, नियम-प्रयुक्ति और नियम-अधिनिर्णय रूपान्तरणों को व्यवस्थापन, कार्यपालन और न्यायपालन के परम्परागत त्रिमुखी सरकारी कार्यों के समान नहीं माना है। इनका व्यापक अर्थ में प्रयोग किया गया है और यह सरकारी स्तर के रूपांतरण होते हुए भी राजनीतिक स्तर के रूपान्तरणों से घनिष्ठ रूप से सम्बन्धित हैं और सम्पूर्ण राजनीतिक व्यवस्था में व्याप्त रहते हैं। इनको किसी संरचना विशेष से सम्बन्धित मानना वास्तविक तथ्यों की अनदेखी करना है। इससे राजनीतिक व्यवस्थाओं की वास्तविक प्रकार्यात्मकता को भी नहीं समझना परिलक्षित होता है। राजनीतिक व्यवस्थाओं में संरचनात्मक विभिन्नीकरण और विशेषीकरण का यह आशय नहीं है कि एक विशेष कार्य को एक विशेष संरचना ही निष्पादित करे अपितु, इसका अर्थ यह है कि विशेष प्रकार्य विशेष प्रकार से ही निष्पादित हों। रूपान्तरण प्रक्रिया के विवेचन के बाद संरचनात्मक-प्रकार्यात्मक दृष्टिकोण से राजनीतिक व्यवस्था की व्याख्या का तीसरा चरण निर्गत का रह जाता है।

(ग) राजनीतिक व्यवस्था के निर्गत (The output of a political system)—राजनीतिक व्यवस्था के निर्गतों को लेकर जो गलत धारणा बनी हुई है उसका हम विवेचन ऊपर कर चुके हैं। आमन्ड और पावेल के द्वारा सरकारी या आधिकारिक रूपान्तरों—नियम-निर्माण, नियम-प्रयुक्ति और नियम-अधिनिर्णय, को राजनीतिक

व्यवस्था के निर्गत कहना गलत है। इनको निर्गत मानना संरचनात्मक-प्रकार्यात्मक दृष्टिकोण से विवेचित राजनीतिक व्यवस्था को मैक्स वेबर की परिभाषा की तरह राज्य मानने के समान होगा। मैक्स वेबर ने राजनीतिक व्यवस्था को निश्चित भू-भाग से सम्बन्धित करके, इसे राज्य के समान बना दिया है। यही बात राजनीतिक व्यवस्था के निर्गतों को नियम-निर्माण, नियम-प्रयुक्ति और नियम-अधिनिर्णय बनाने में झलकती है। आमन्ड और पावेल ने स्पष्ट रूप से इन्हें रूपान्तरण माना है तथा निर्गतों के इनसे भिन्न चार प्रकार माने हैं जो इस प्रकार हैं—

(1) निकालने या उगाहने या लेने वाले निर्गत (extractive outputs)
(2) बिनियामक निर्गत (regulative outputs)
(3) वितरणी निर्गत (distributive outputs)
(4) प्रतीकात्मक निर्गत (symbolic outputs)

आमन्ड और पावेल ने राजनीतिक व्यवस्था के निर्गतों के विवेचन में ईस्टन का मॉडल स्वीकार नहीं किया है। उनके अनुसार राजनीतिक व्यवस्था के निर्गतों का सम्बन्ध निवेशों की तरह ही राजनीतिक सामाजीकरण और भर्ती से जुड़ा हुआ है। राजनीतिक व्यवस्था निर्गतों की दृष्टि से उपरोक्त चार प्रकार के कार्य-सम्पादनों की प्रक्रिया का सूत्रपात करती है। यह समर्थनों के समान ही, जिनका हम निवेशों में उल्लेख कर चुके हैं, माने जा सकते हैं। हर राजनीतिक व्यवस्था के निर्गतों का सीधा सम्बन्ध समर्थनों से इसलिए हो जाता है कि इन्हीं से समर्थन घटने या बढ़ने हैं। इनका रूपान्तरणता पर भी प्रभाव पड़ता है। अतः निर्गतों को मांगों के साथ भी जुड़ा हुआ पाते हैं। किन्तु, यह मांगों के प्रति अनुक्रियात्मक हों यह आवश्यक नहीं है। यह मांगों के अनुरूप या प्रतिकूल या उनसे असम्बन्धित भी हो सकते हैं। यहां इनका मांगों से असम्बन्धित होना यह स्पष्टीकरण आवश्यक कर देता है कि बिना मांगों के निर्गत कहां से और कैसे आए ? इस सम्बन्ध में यही कहा जा सकता है कि रूपान्तरण स्तर पर कई बार ऐसे पहलू उभर आते हैं जिनका रूपान्तरण करने पर ही निवेश में आई किसी मांग को रूपान्तरण की अवस्था में लाया जा सकता है। अतः इनका (निर्गत) मांगों से असम्बन्धित होना अस्वाभाविक या असम्भव नहीं है। पर सामान्यतया अधिकांश निर्गत मांगों के प्रति अनुक्रियाशील ही माने जा सकते हैं।

निर्गतों में पहली श्रेणी का सम्बन्ध कर वसूली, व्यक्तिगत सेवाएं और सहयोग तथा योगदान से है। दूसरे में मानव व्यवहार को नियमित और नियंत्रित करना सम्मिलित रहता है। वितरणात्मक निर्गतों में वस्तुओं, सेवाओं, लाभों, अवसरों, सम्मानों इत्यादि का आवंटन सम्मिलित है। प्रतीकात्मक निर्गत मूल्यों की पुष्टि तथा राजनीतिक प्रतीकों का प्रदर्शन, नीतियों और उद्देश्यों की घोषणा से सम्बन्धित होता है। आमन्ड और पावेल द्वारा राजनीतिक व्यवस्था की व्याख्या के तीनों चरणों को चित्र 6.5 द्वारा प्रकट किया जा सकता है।

आमन्ड और पावेल की राजनीतिक व्यवस्था की संरचनात्मक-प्रकार्यात्मक व्याख्या का चित्र .5 केवल निवेश, रूपान्तरणों और निर्गतों के समझाने का सीमित

उद्देश्य लेकर बनाया गया है। तथ्यात्मक दृष्टि से इस चित्र को सही बनाने से यह इतना जटिल बन जाता है कि फिर उससे यह सीमित उद्देश्य भी पूरा नहीं होता है। चित्र 6.5 में पर्यावरण के अन्तर्गत, जिसको बाह्य पर्यावरण का नाम दिया गया है, जिसमें अन्य राजनीतिक व्यवस्थाएं और उनकी सामाजिक व्यवस्थाएं अर्थात अन्तर्राष्ट्रीय

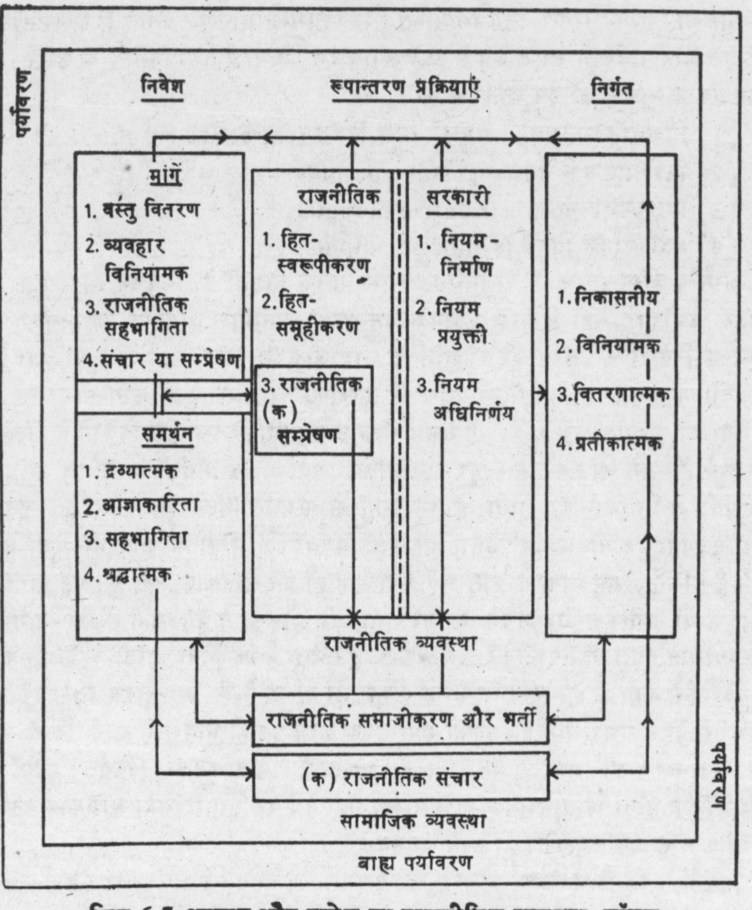

चित्र 6.5. आमन्ड और पावेल का राजनीतिक व्यवस्था मॉडल

पर्यावरण आता है, उसके अन्दर सामाजिक व्यवस्था को दिखाया गया है। इस सामाजिक व्यवस्था से निवेश, मांगों और समर्थनों के रूप में गहरी रेखा से चित्रित राजनीतिक व्यवस्था में जाते हैं। वहां उनका राजनीतिक और फिर शासकीय रूपान्तरण होकर उत्पादनों के रूप में वे पुनः सामाजिक व्यवस्था में आते हैं। इनमें सम्पर्क राजनीतिक संचार से इस तरह रहता है कि सब संरचनाएं अन्तःसम्बन्धित बन जाती हैं। इसी तरह निवेशों, रूपान्तरणों और उत्पादनों या निर्गतों पर राजनीतिक समाजीकरण और राजनीतिक भर्ती का प्रभाव जो सब स्तरों पर प्रत्यक्ष पड़ता दिखाया गया है।

आमन्ड और पावेल ने राजनीतिक व्यवस्था में, राजनीतिक समाजीकरण और राजनीतिक भर्ती का विशेष महत्त्व माना है। इनका सम्बन्ध केवल निवेशों की आधार-भूमि तैयार करना ही नहीं है। यह निर्गतों और रूपान्तरणों से भी सम्बन्धित माने जाते हैं। निर्गत ही राजनीतिक समाजीकरण की प्रेरक शक्ति माने जा सकते हैं। अतः राजनीतिक समाजीकरण का प्रभाव सम्पूर्ण राजनीतिक व्यवस्था तथा समाज में व्याप्त रहता है। इसी तरह राजनीतिक भर्ती भी राजनीतिक व्यवस्थाओं में विशेष महत्त्व की प्रक्रिया मानी जाती है। इसका राजनीतिक समाजीकरण से गहरा सम्बन्ध रहता है। यह समाजीकरण से ही निरूपित होती है। अतः संक्षेप में राजनीतिक भर्ती का अर्थ और महत्त्व देखना प्रासंगिक होगा।

आमन्ड ने राजनीतिक भर्ती का अर्थ करते हुए लिखा है कि 'राजनीतिक भर्ती' का आशय उस प्रकार्य से है जिसके माध्यम से राजनीतिक व्यवस्था की भूमिकाओं को भरा जाता है। यह राजनीतिक भूमिकाओं की भर्ती किसी सामान्य या विशिष्ट सिद्धान्तों पर आधारित हो सकती है। चुनाव और योग्यता व उपलब्धि इत्यादि के आधार पर सत्ता-धारकों का चयन सामान्य सिद्धान्त पर आधारित माना जाता है। जब कि, किसी पारि-वारिक समूह, विशिष्ट जन-जाति, संजातीय समूह या सामाजिक वर्ग इत्यादि के आधार पर होने वाली भर्ती को विशिष्ट सिद्धान्त पर आधारित भर्ती कहा जाता है। आदिवासी या परम्परागत व्यवस्थाओं में भर्ती का विशिष्ट सिद्धान्त अधिक अपनाया जाता है जबकि आधुनिक व्यवस्थाओं में भर्ती का सामान्य सिद्धान्त प्रचलित रहता है। वर्तमान समय में अधिकांश राजनीतिक भूमिकाओं के निभाने वालों की भर्ती सामान्य सिद्धान्त के आधार पर ही होती है और इस कारण, राजनीतिक भर्ती और राजनीतिक समाजीकरण को पूर्णतया कभी पृथक नहीं किया जा सकता है। समाजीकरण के आधार पर ही समाज के विभिन्न स्तरों में से राजनीतिक भूमिकाओं में भर्ती से अनेक प्रवृत्तियों, हितों, मूल्यों और अभिवृत्तियों वाले लोग राजनीतिक भूमिकाएं निभाने के लिए भर्ती हो जाते हैं तथा इनकी पृष्ठभूमि में राजनीतिक समाजीकरण का भी हाथ रहता है।

इसका तात्पर्य यही है कि राजनीतिक समाजीकरण और राजनीतिक भर्ती निवेश नहीं है जैसा कि अधिकांश भारतीय लेखकों ने मान लिया है, अपितु यह निवेशों, रूपान्तरणों और निर्गतों की नियामक और प्रेरक प्रक्रियाएं हैं। जिनको हम न केवल राजनीतिक व्यवस्था से सम्बन्धित कह सकते हैं वरन जिनको सम्पूर्ण राजनीतिक सक्रियता का आधार मान सकते हैं।

राजनीतिक संचार, राजनीतिक रूपान्तरण में एक प्रकार्य है किन्तु इसका सम्बन्ध केवल इसी से ही नहीं है। यह भी सम्पूर्ण राजनीतिक व्यवस्था और निवेशों तथा निर्गतों में सम्बन्ध-सूत्रता का माध्यम है। इससे राजनीतिक व्यवस्था तथा सामाजिक व्यवस्था में भी परस्पर सम्बन्ध स्थापित हो जाता है। संचार के माध्यम से ही सारी व्यवस्थाएं, उप-व्यवस्थाएं और बाह्य पर्यावरण पारस्परिकता की स्थिति में आता है। राजनीतिक संचार ही राजनीतिक व्यवस्था के निवेश, रूपान्तरण प्रक्रिया तथा निर्गतों और राजनीतिक समाजीकरण व भर्ती को अन्तःसम्बन्धित बनाता है। अतः राजनीतिक संरचनाओं और

राजनीतिक प्रकार्यों को गत्यात्मक रखने में राजनीतिक संचार की ही महत्त्वपूर्ण भूमिका होती है।

आमन्ड और पावेल के द्वारा दी गई राजनीतिक व्यवस्था की संरचनात्मक-प्रकार्यात्मक व्याख्या के उपरोक्त विवेचन से स्पष्ट है कि उन्होंने ईस्टन का ही मॉडल अपनाते हुए राजनीतिक व्यवस्था की व्याख्या, राजनीतिक व्यवस्था के निवेश, इसकी रूपान्तरण प्रक्रिया और निर्गतों पर उससे भिन्न और अधिक व्यापक दृष्टिकोण अपनाया है। इन्होंने व्यवस्था विश्लेषण के संरचनात्मक-प्रकार्यात्मक दृष्टिकोण का प्रयोग राजनीतिक विकास का सामान्य सिद्धान्त प्रतिपादित करने में किया है। राजनीतिक विकास के स्तरों का निरूपण भी इन्होंने राजनीतिक व्यवस्था में संरचनात्मक-प्रकार्यात्मक परिवर्तनों के आधार पर किया है। इसके लिए इन्होंने संरचनात्मक विभिन्नीकरण, जो इनकी संरचना की व्याख्या के अनुसार भूमिका विभिन्नीकरण है, उप-व्यवस्थाओं की स्वायत्तता और संस्कृति के लौकिकीकरण के तीन अन्तःसम्बन्धित परिवर्त्यों का प्रयोग किया है। इस तरह, ईस्टन राजनीतिक व्यवस्था के विश्लेषण से राजनीति के सामान्य सिद्धान्त का निर्माण करने का प्रयास करता हुआ कहा जा सकता है जबकि, आमन्ड राजनीतिक विकास के सिद्धान्त की खोज में इस विश्लेषण का प्रयोग करता है। इन दोनों के विचारों का तुलनात्मक अध्ययन हम आगे पृथक शीर्षक के अन्तर्गत करना उपयुक्त समझते हैं। इसलिए इस सम्बन्ध में यहां अधिक न लिखकर आमन्ड और पावेल के द्वारा दिए गए राजनीतिक व्यवस्था के प्रकार्यात्मक पहलुओं का विवेचन दिया जा रहा है।

राजनीतिक व्यवस्था के प्रकार्यात्मक पहलू (The Functional Aspects of a Political System)

आमन्ड और पावेल ने राजनीतिक व्यवस्था के प्रकार्यों को विशेष महत्त्व दिया है। इन्होंने संरचनाओं को भी इन्हीं के आधार पर परिभाषित किया है। अतः राजनीतिक व्यवस्था के इन पहलुओं का हम पुनः पृथक से विवेचन कर रहे हैं। यद्यपि पहले इनका संक्षिप्त विवरण दिया जा चुका है फिर भी यहां इनको अलग से इसलिए दिया जा रहा है जिससे आमन्ड और पावेल का राजनीतिक व्यवस्था का विश्लेषण अधिक स्पष्ट हो जाए। इन्होंने प्रकार्यात्मक दृष्टि से व्यवस्थाओं के तीन पहलुओं का विवेचन किया है जिसमें तीसरा पहलू दो बातें सम्मिलित रखता है। अतः उन्हें अलग करने पर इनके अनुसार राजनीतिक व्यवस्था के चार प्रकार्यात्मक पहलू हो जाते हैं। यह इस प्रकार हैं—

(क) राजनीतिक व्यवस्था की क्षमताएं या सामर्थ्य।
(ख) राजनीतिक व्यवस्था की रूपान्तरण प्रक्रियाएं।
(ग) राजनीतिक व्यवस्थाओं का अनुरक्षण।
(घ) राजनीतिक व्यवस्थाओं का अनुकूलन।

आमन्ड ने राजनीतिक व्यवस्थाओं के इन पहलुओं को ही उनकी क्रियात्मकता के स्तर माना है और इन्हीं को राजनीतिक व्यवस्था के कार्यों का नाम दिया है। उदाहरण के लिए, जब वह राजनीतिक व्यवस्था के प्रकार्यात्मक पहलू की बात करता है, तब सामर्थ्य

को 'राजनीतिक व्यवस्था की सामर्थ्य का प्रकार्यात्मक पहलू', जब वह क्रियात्मकता के स्तर की बात करता है तब इसे 'राजनीतिक व्यवस्था की क्रियात्मकता का सामर्थ्य स्तर' और जब व्यवस्था के कार्यों की बात करता है तब 'राजनीतिक व्यवस्था की सामर्थ्य सम्बन्धी कार्य' कहता है। इन सबका किसी न किसी संदर्भ में विवेचन हो चुका है इसलिए इनका और विस्तार से विवेचन नहीं किया जा रहा है।

ईस्टन और आमन्ड के व्यवस्था विश्लेषण का तुलनात्मक अध्ययन (A Comparative Study of Almond and Easton's System Analysis)

ईस्टन और आमन्ड ने राजनीतिक व्यवस्था का विश्लेषण करते हुए राजनीतिक व्यवस्था की आधारभूत अवधारणा को अपने-अपने अध्ययन दृष्टिकोणों में स्वीकार किया है। किन्तु, दोनों ने विश्लेषण ढांचा एक रखते हुए भी विश्लेषण की शैली और उद्देश्य अलग-अलग रखे हैं। इन दोनों की हम चार शीर्षकों के आधार पर तुलना करने का प्रयत्न करेंगे। यह चार बिन्दु—(क) राजनीतिक व्यवस्था की व्याख्या, (ख) राजनीतिक व्यवस्था के निवेश, (ग) राजनीतिक व्यवस्था की रूपातन्रण प्रक्रियाएं, और (घ) राजनीतिक व्यवस्था के निर्गत के हैं।

(क) राजनीतिक व्यवस्था की व्याख्या (Explanation of political system)—राजनीतिक व्यवस्था की अवधारणा को राजनीतिक अध्ययनों और विश्लेषणों में प्रचलित करने का प्रमुख श्रेय ईस्टन को ही है। ईस्टन ने राजनीतिक व्यवस्थाओं के विश्लेषण के लिए सर्वव्यापी उपयोगिता का एक सामान्य विचारबन्ध प्रस्तुत करने का कार्य किया है। आमन्ड और पावेल ने इसको आधार बनाकर इसको प्रत्ययी और विश्लेषणात्मक दृष्टि से अधिक वृहत्तर बनाने का कार्य किया है। किन्तु, इनमें राजनीतिक व्यवस्था की व्याख्या या परिभाषा को लेकर मौलिक अन्तर दिखाई देता है। ईस्टन ने राजनीतिक व्यवस्था की गत्यात्मक परिभाषा करते हुएं इसे 'मूल्यों के सत्तात्मक आवंटन या वितरण की व्यवस्था' (system of authoritative allocation of values) माना है जबकि आमन्ड और पावेल ने वेबर की अवधारणा के अनुरूप राजनीतिक व्यवस्था को 'वैध बाध्यकारी भौतिक शक्ति के प्रयोग की एकाधिकारी व्यवस्था' (system of a monopoly of the legitimate ues of physical coercion) माना है। ईस्टन ने मूल्यों पर अधिक बल दिया है। दोनों ही इस प्रकार, राजनीतिक व्यवस्था को एक विशेष दृष्टिकोण से देखते हैं। ईस्टन ने राजनीतिक व्यवस्था को केवल मूल्यों के वितरण तक सीमित रखकर, व्यवस्था का सीमित विचार लिया है। क्योंकि मूल्यों को हम केवल संस्कृति से ही जोड़ पाते हैं। इनका सम्बन्ध 'राजनीतिक निकालों' (political extractions) से भी जोड़ना कठिन है। क्योंकि, राजनीतिक व्यवस्था में प्रमुख राजनीतिक बात उस तरीके की या विधि की है जिससे यह सामाजिक व्यवस्था के अन्दर क्रियाशील होती है। इस क्रियाशीलता में सत्तात्मक निर्णय ही प्रमुख होते हैं जिनको केवल मूल्यों तक सीमित रखना उपयुक्त नहीं है। दूसरी तरफ, आमन्ड और पावेल ने शक्ति की वैधता व इसके एकाधिकारी प्रयोग की बात करके यह बात भुला दी है कि राजनीतिक

व्यवस्थाओं में अवैध शक्ति और हिंसा का भी बड़े पैमाने पर प्रयोग होता है। इस प्रकार की गतिविधियों की अनदेखी नहीं की जा सकती है। अतः ईस्टन ने राजनीतिक वितरणों में केवल मूल्यों की ही बात कहकर अन्य वितरणों को एक तरह से अस्वीकार ही कर दिया है। जबकि, राजनीतिक वितरण मुख्यतया साधनों, लाभों और सहूलियतों से ही सम्बन्धित होते हैं और इनका मूल्यों से बहुत ही सीमित सम्बन्ध होता है। यह वितरण मुख्यतया वस्तुनिष्ठ व्यवहारों से अधिक सम्बन्ध रखते हैं न कि मूल्यों से, जैसी ईस्टन की मान्यता है। आमन्ड द्वारा भी अवध भौतिक शक्ति के प्रयोग और हिंसात्मक दमनों की अवहेलना से उसकी व्यवस्थाई व्याख्या भी अनेक विकासशील राज्यों पर अपूर्ण रूप में ही लागू होती है।

ईस्टन और आमन्ड में राजनीतिक व्यवस्था को लेकर एक समानता है और वह यह है कि दोनों ने ही राजनीतिक व्यवस्था को अत्यधिक स्वायत्तता प्रदान कर दी है। इससे समाज की चार उप-व्यवस्थाओं—राजनीतिक, सामाजिक, आर्थिक और सांस्कृतिक, में अन्तःनिर्भरता की अनदेखी होती है। यद्यपि आमन्ड इनके बीच सम्पर्कता के प्रति थोड़ा सचेत माना जा सकता है। उसकी राजनीतिक संस्कृति की अवधारणा, राजनीतिक समाजीकरण और राजनीतिक भर्ती विभिन्न व्यवस्थाओं को जोड़ने की कड़ियां प्रस्तुत करती है किन्तु, राजनीतिक व्यवस्था की उसकी व्याख्या इस अन्तःक्रिया को बहुत कुछ सीमित बना देती है। इसी तरह, ईस्टन ने प्रतिसम्भरण का विचार अप्रकट रूप से ही स्वीकार करके राजनीतिक व्यवस्था को इतनी स्वायत्त मान लिया है कि जैसे वह अन्य व्यवस्थाओं से पूर्ण स्वतंत्र हो। अगर व्यक्तियों की किसी भी प्रकार की अन्तःक्रियाओं को देखें तो यह स्पष्ट होगा कि व्यक्ति सामाजिक भूमिकाओं के माध्यम से ही अन्य सब प्रकार की भूमिकाओं में उलझते हैं जो राजनीतिक व्यवस्था को स्वायत्त मानने पर पूर्णतया पलटने वाली बात हो जाती है। राजनीतिक व्यवस्था की स्वायत्तता यह संकेत देती है कि व्यक्ति राजनीतिक भूमिकाओं के माध्यम से अन्य सब प्रकार की भूमिकाओं में सक्रिय होता है। अतः इनका राजनीतिक व्यवस्था की स्वायत्तता का विचार पूर्णतया स्वीकार करना तथ्यसम्मत नहीं माना जा सकता है।

(ख) **राजनीतिक व्यवस्था के निवेश** (The inputs of a political system)—राजनीतिक व्यवस्था के निवेशों को दोनों ने ही मांगों और समर्थनों के रूप में विभक्त किया है। दोनों मोटे रूप से राजनीतिक व्यवस्था के निवेशों पर एक समान ही विचार रखते हैं। प्रकार्यवादी होने के कारण आमन्ड ने मांगों और समर्थनों को चार श्रेणियों में विभक्त किया है जबकि ईस्टन ने इनकी भूमिका व राजनीतिक व्यवस्था में प्रवेश पर अधिक बल दिया है। जाग्वाराइब ने ईस्टन और आमन्ड द्वारा किये गये निवेशों के मांगों और समर्थनों में विभाजन को ठीक नहीं माना है और इसके स्थान पर दो अन्य प्रकार की श्रेणियों का सुझाव दिया है। उसके अनुसार राजनीतिक व्यवस्था के निवेशों को मांगों और समर्थनों के स्थान पर निम्न प्रकार से समझना अधिक उपयुक्त है। वह दो निवेश इस प्रकार बताता है—(1) अवस्थानात्मक या अवस्थात्मक निवेश (positional inputs), और (2) क्रियात्मक निवेश (actional inputs)।

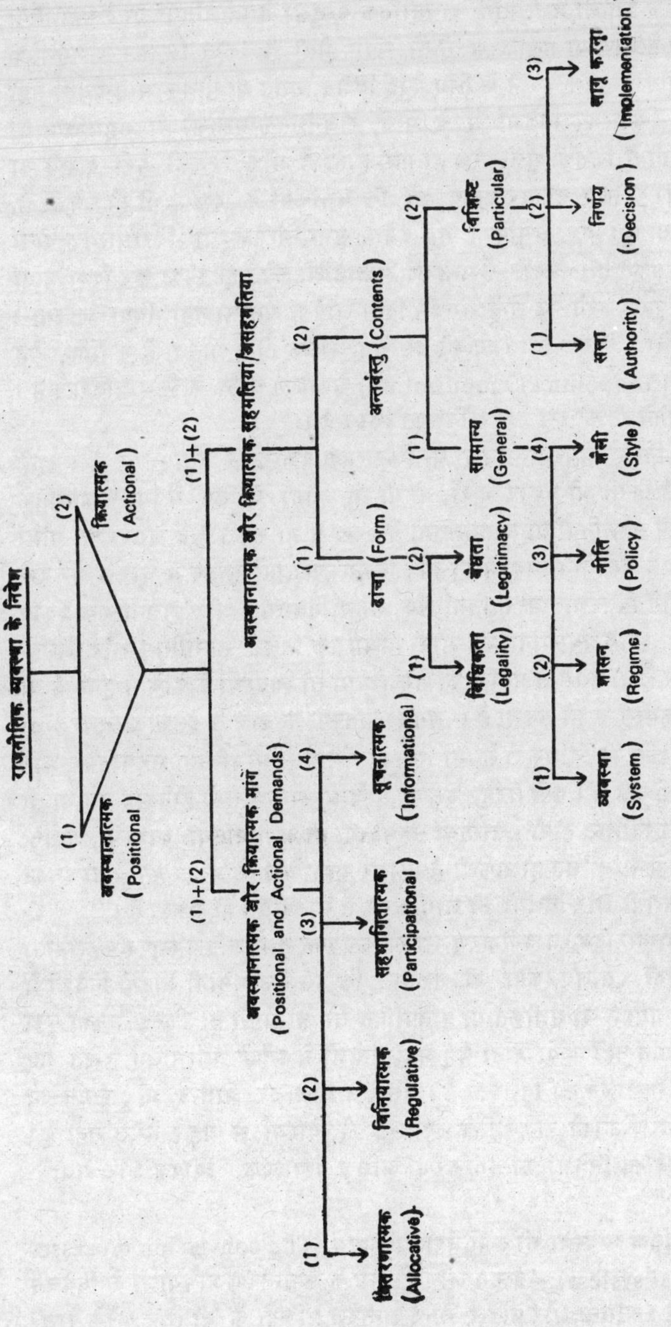

चित्र 6.6. जाल्बाराइब द्वारा किया गया निवेशों का वर्गीकरण

अवस्थानात्मक निवेशों में वे मांगें, राजनीतिक वस्तुओं से सहमतियां या असहमतियां आती हैं जिनका निर्माण या सूत्रीकरण तो हो गया होता है, किन्तु जिनका राजनीतिक सत्ताओं के द्वारा रूपान्तरण कराने के लिए कोई विशेष, सतत या दीर्घकालीन प्रयत्न नहीं किया जाता है। क्रियात्मक निवेशों में वे मांगें, राजनीतिक वस्तुओं से सहमतियां या असहमतियां आती हैं जिनका सूचीकरण हो गया होता है और जिनको पूरा कराने या जिनके रूपान्तरण के लिए बराबर दबाव, जो कि धमकियों के रूप में भी हो सकता है, बनाये रखा जाता है। यह धमकियां या दबाव समर्थनात्मक या विरोधात्मक दोनों ही प्रकार के हो सकते हैं। अर्थात रूपान्तरण संरचनाओं को यह स्पष्ट कर दिया जाता है कि मांग को, पूरा करने पर उन्हें समर्थन दिया जायेगा अन्यथा नहीं दिया जाएगा। जाग्वाराइब निवेशों के इस विभाजन को इसलिए अधिक ठीक मानता है क्योंकि, यह राजनीतिक संचालन (political mobilization) के लक्षण वर्णन के लिए आवश्यक है। जाग्वाराइब ने निवेशों को इस प्रकार विभक्त किया है।

चित्र 6.6 में निवेश अवस्थानात्मक या क्रियात्मक प्रकार के बताए गए हैं। चाहे निवेश दोनों में से किसी भी प्रकार के हों, वो या तो मांगों के रूप में या राजनीतिक वस्तुओं के बारे में सहमतियों या असहमतियों के रूप में हो सकते हैं। अगर यह मांगों के रूप में हैं तो यह अवस्थानात्मक मांगों और क्रियात्मक मांगों के रूप में चार प्रकार रख सकते हैं। यह मांगें वितरणात्मक विनिर्यात्मक, सहभागितात्मक और सूचनात्मक प्रकार की हो सकती हैं। अगर अवस्थानात्मक और क्रियात्मक निवेश सहमतियों और असहमतियों के रूप में हैं तो इसमें से प्रत्येक का सम्बन्ध या तो व्यवस्था के ढांचे से होता है या व्यवस्था की अन्तर्वस्तु से हो सकता है। अगर व्यवस्था के ढांचे से इसका सम्बन्ध है तो यह व्यवस्था के ढांचे की विधिकता से या उसकी वैधता से सम्बन्धित सहमतियां और असहमतियां हो सकती हैं। इसी तरह, इसका सम्बन्ध अन्तर्वस्तु से होने पर यह या तो सामान्य होंगी या विशिष्ट होंगी। सामान्य सहमतियां या असहमतियां व्यवस्था, शासन, नीति और शैली से सम्बन्धित हो सकती हैं। अगर यह विशिष्ट प्रकार की हैं तो इनका सम्बन्ध सत्ता, निर्णयों और निर्णयों को लागू करने से सम्बन्धित हो सकता है।

निवेशों का जाग्वाराइब का वर्गीकरण अधिक उपयुक्त तथा अधिक व्यापक कहा जाता है। यह यथार्थवादी इसलिए कहा जा सकता है कि इसमें उन मांगों को भी निवेशों में सम्मिलित किया गया है जो सूत्रीकृत या प्रतिपादित तो हो जाती हैं, किन्तु उनको पूरा कराने का कोई यत्न नहीं किया जाता है। अतः निवेशों में इनको सम्मिलित रखते हुए पृथक करना इस विभाजन की विशेषता है। वैसे कुल मिलाकर आमन्ड और ईस्टन का निवेशों का वर्गीकरण उनकी राजनीतिक व्यवस्था की व्याख्या से बहुत बेमेल नहीं है। किन्तु, जाग्वाराइब का निवेशों का वर्गीकरण अधिक गत्यात्मक, व्यापक और यथार्थ-वादी है।

(ग) राजनीतिक व्यवस्था की रूपान्तरण प्रक्रियायें (The conversion processes of the political system) —ईस्टन और आमन्ड के रूपान्तरण प्रक्रियाओं के विवेचन में विशेष अन्तर है। आमन्ड और पावेल ने रूपान्तरण प्रक्रिया के दो स्तर करके राज-

नीतिक संस्कृति को राजनीतिक रूपान्तरण स्तर पर सक्रिय माना है। उसका राजनीतिक समाजीकरण व राजनीतिक भर्ती का विचार वास्तव में राजनीतिक संस्कृति को राजनीतिक रूपान्तरण प्रक्रिया की प्रेरक और नियामक शक्ति बना देता है। राजनीतिक रूपान्तरण के स्तर के साथ ही सरकारी रूपान्तरण प्रक्रिया का प्रचालन सम्पूर्ण रूपान्तरण प्रक्रिया को गत्यात्मक बना देता है। इस सम्बन्ध में ईस्टन ने इन दोनों का अन्तर नहीं किया है। क्योंकि, राजनीतिक व्यवस्था की उसकी व्याख्या से इनका अन्तर करना वास्तव में कठिन होता है। अगर राजनीतिक व्यवस्था को संरचनात्मक-प्रकार्यात्मक दृष्टिकोण से देखा जाए और संरचनाओं की प्रकार्यों या भूमिकाओं के रूप में व्याख्या की जाए तब ही यह रूपान्तरणों का सरकारी और राजनीतिक स्तर अलग करना सम्भव है अतः ईस्टन का दृष्टिकोण व्यवस्थाई होने के कारण वह रूपान्तरण प्रक्रिया में यह भेद नहीं कर पाया जबकि आमन्ड इसको पृथक करके ही समझना उपयुक्त मानता है।

(घ) **राजनीतिक व्यवस्था के निर्गत** (The outputs of a political system)—निर्गतों की दृष्टि से आमन्ड और पावेल की ईस्टन के निर्गतों के सिद्धान्त को महत्त्वपूर्ण देन, इसको अधिक व्यापक बनाना राजनीतिक व्यवस्था के सामान्य प्रकार्यात्मक दृष्टि-कोण के साथ समंजनीय (adjustable) करना ही नहीं है, अपितु विभिन्न राजनीतिक व्यवस्थाओं की उनकी सापेक्ष विकास मात्रा के आधार पर तुलना कर वस्तुनिष्ठ और करीब-करीब परिमाणनीय मापदण्ड प्रस्तुत करना है। आमन्ड और पावेल के द्वारा बताए गए निर्गतों से विकास के महत्त्वपूर्ण परिवर्त्यों— संरचनात्मक-विभिन्नीकरण, सांस्कृतिक लौकिकीकरण और उप-व्यवस्था स्वायत्तता—का मापना और उस आधार पर राजनीतिक व्यवस्थाओं के विकास के स्तरों का निर्धारण करना सरल हो जाता है। ईस्टन ने निर्गतों में प्रति-सम्भरण का विचार प्रस्तुत करके राजनीतिक व्यवस्था और अन्य व्यवस्थाओं तथा निवेशों में अन्तःक्रिया को स्थापित करके व्यवस्थाओं की अन्तःक्रियात्मकता को स्पष्ट किया है।

ईस्टन और आमन्ड-पावेल के द्वारा राजनीतिक व्यवस्थाओं की व्याख्या का तुलनात्मक मूल्यांकन यह स्पष्ट करता है कि दोनों ही ने राजनीतिक व्यवस्था का विचारबंध अपना-कर राजनीति के संबंध में सामान्य सिद्धान्त निर्माण का प्रयत्न किया है। किन्तु दोनों में समानताएं कम और असमानताएं ही अधिक हैं। दोनों की राजनीतिक व्यवस्था की परिभाषा में मौलिक अन्तर होने के अलावा दोनों व्यवस्था विश्लेषण के अलग-अलग उद्देश्य लेकर चलते हैं। ईस्टन राजनीति का सामान्य सिद्धान्त निर्मित करना चाहता है, जबकि आमन्ड-पावेल राजनीतिक व्यवस्थाओं में तुलना करने और उनके विकास के स्तरों पर इन तुलनाओं को आधारित करने के लिए संरचनात्मक-प्रकार्यात्मक प्रवर्गों का प्रयोग इस तरह करना चाहते हैं कि राजनीतिक विकास का सामान्य सिद्धान्त निर्मित हो सके। इन असमानताओं के बावजूद यह तथ्य तो स्वीकार करना ही होगा कि इन्होंने एक ऐसा सैद्धान्तिक विचारबंध प्रस्तुत किया है जो विश्लेषणात्मक दृष्टि से सुसंगत है और आनुभविक रूप से प्रयुक्त किया जा सकता है।

संरचनात्मक-प्रकार्यात्मक उपागम की उपयोगिता या गुण (The Merits of Structural-Functional Approach)

संरचनात्मक-प्रकार्यात्मक उपागम राजनीतिक व्यवस्था विश्लेषण का एक विशिष्ट दृष्टिकोण है। इसमें राजनीतिक व्यवस्था का ही विचारबंध अपनाया गया है। अतः राजनीतिक व्यवस्था उपागम के गुण इस उपागम के भी गुण माने जा सकते हैं। किन्तु इस उपागम में राजनीतिक व्यवस्था को संरचनात्मक-प्रकार्यात्मक आधार पर प्रयुक्त किया गया है। इस कारण, इसका महत्त्व व गुण भी कुछ विशिष्ट बन जाते हैं। यह उपागम विशेष रूप से व्यवस्था विश्लेषण को तुलनात्मक राजनीति में प्रयुक्त करने का प्रयत्न ही नहीं करता बरन, राजनीतिक व्यवस्थाओं की तुलनाओं का सुसंगत और आनुभविक मानदण्ड भी प्रस्तुत करता है। वास्तव में, तुलनात्मक राजनीति को परम्परागत जकड़नों से मुक्त कर एक नवीन व गत्यात्मक अनुशासन बनाने का सूत्रपात संरचनात्मक-प्रकार्यात्मक परिप्रेक्ष्य के द्वारा ही हुआ है। इस अध्ययन दृष्टिकोण की तुलनात्मक राजनीति को विशेष देन रही है। संक्षेप में इस उपागम के गुण इस प्रकार हैं।

(क) यह सुसंगत और ऐसा समग्रवादी सिद्धान्त प्रस्तुत करता है जिससे राजनीतिक व्यवस्था के सभी पहलुओं से सम्बन्धित स्पष्टीकारक परिकल्पनाएं निकाली या प्रस्थापित की जा सकती हैं। इससे यही आशय है कि राजनीतिक व्यवस्थाओं का कोई सामान्य सिद्धान्त बनाने की अवस्था तो इस परिप्रेक्ष्य से नहीं आ पाई है, किन्तु एक राजनीतिक व्यवस्था के विभिन्न पहलुओं के सम्बन्ध में ऐसी संकल्पनाएं इसके आधार पर कर सकना सम्भव हुआ है जो उस व्यवस्था विशेष की विशिष्टताओं और सम्भावित विकास दिशाओं का स्पष्टीकरण करने में सहायक हो सकती हैं।

(ख) यह राजनीतिक व्यवस्थाओं के सामान्य सिद्धान्त के अन्ततः निर्माण की सम्भावनाएं प्रस्तुत करता है। संरचनात्मक-प्रकार्यवादी यह स्वीकार करते हैं कि ज्ञान के वर्तमान स्तर पर वैज्ञानिक सामाजिक सिद्धान्त निर्मित करना सम्भव नहीं है। किन्तु, इस परिप्रेक्ष्य से इस ओर आगे बढ़ने का मार्ग खुला है, और शासद कुछ और सुधारों के बाद व्यवस्था विश्लेषण का यह उपागम किसी सामान्य सिद्धान्त के निर्माण को अन्ततोगत्वा सम्भव बना दे। यही इसकी बहुत बड़ी देन है कि इसने राजनीतिशास्त्र के अनुशासन में तुलनात्मक राजनीति को ऐसे मार्ग पर आगे बढ़ने के लिए एक वैज्ञानिक और सुनिश्चित उप-अनुशासन बना दिया है।

(ग) यह तुलनात्मक विश्लेषणों को राजनीतिक और सामाजिक अनुलक्षणों की अन्तः-सम्बद्धताओं की पेचीदगियों के प्रति संवेदनशील बनाता है। यह स्पष्ट करता है कि अन्य व्यवस्थाओं, उप-व्यवस्थाओं और पर्यावरण से राजनीतिक व्यवस्था प्रभावित होती है और साथ ही उन सबको यह भी प्रभावित करती है। इससे विभिन्न उप-व्यवस्थाओं की अन्तर्निर्भरताओं और अन्तःक्रियाओं की पेचीदगियों का ज्ञान हो जाता है। इससे यह समझ में आ जाता है या यों कहें तो ज्यादा ठीक रहेगा कि इससे राजनीतिक व्यवस्था

की परिचालनता की जटिलता के प्रति सचेत और सतर्क रहने की आवश्यकता का स्पष्टीकरण हो जाता है।

(ङ) यह उपागम राजनीतिक अनुलक्षण के परिवेश के रूप में सम्पूर्ण सामाजिक व्यवस्था की ओर ध्यान आकर्षित करता है। यह इस बात को स्पष्ट रूप से स्वीकार करता है कि राजनीतिक अनुलक्षण या घटना अलग-थलग अकेले-अकेले या संकुचित परिवेश में नहीं समझी जा सकती है। इसको समझने के लिए व्यापक परिवेश का संदर्भ लेना आवश्यक है। संरचनात्मक-प्रकार्यात्मक विश्लेषण में इसलिए ही राजनीतिक व्यवस्था को सामाजिक व्यवस्था के अन्तर्गत रखकर राजनीतिक घटनाक्रमों को समझने का प्रयास किया जाता है। इस परिप्रेक्ष्य में राजनीतिक व्यवस्था में होने वाले विकासों की जड़ों को या उनके लिए उत्तरदायी कारणों को केवल राजनीतिक व्यवस्था में ही नहीं खोजा जाता है, अपितु, बृहत्तर परिवेश में भी उन कारकों को पहचानने का प्रयत्न किया जाता है।

(च) यह राजनीतिक व्यवस्था की कार्य शैली और परिचालनता में प्रवेशन सम्भव बनाता है। संरचनात्मक-प्रकार्यात्मक विश्लेषण में राजनीतिक संरचनाओं को प्रकार्यों के रूप में परिभाषित करके उनके प्रकट और अप्रकट या अव्यक्त प्रकार्यों का भी ध्यान रखा जाता है। जैसा हम इसी अध्याय में अन्यत्र लिख चुके हैं कि इस उपागम में प्रकट प्रकार्यों से अधिक बल अप्रकट प्रकार्यों पर दिया जाता है। इससे यह उपागम, राजनीतिक व्यवस्थाएं वास्तव में कैसे कार्य करती हैं, इसमें झांकने का अवसर प्रदान कर देता है।

(छ) यह राजनीतिक विश्लेषण के अनेक विचारबंध प्रस्तुत करता है। इससे हम राजनीतिक व्यवस्थाओं को उप-व्यवस्था के रूप में या संरचनात्मक-प्रकार्यात्मक प्रवर्गों के आधार पर विश्लेषित कर सकते हैं। यह राजनीतिक व्यवस्थाओं की सामर्थ्यों, संरचनाओं के विभिन्नीकरण, विशेषीकरण, उप-व्यवस्थाओं की स्वायत्तता और निवेश-निर्गत जैसे अनेक प्रत्यय तुलना के लिए प्रस्तुत करता है।

इस प्रकार, तुलनात्मक राजनीति का संरचनात्मक-प्रकार्यात्मक उपागम राजनीतिक विश्लेषणों में विशेष उपयोगिता रखता है। इससे यथार्थवादी निष्कर्ष निकालने और राजनीतिक व्यवस्थाओं की वास्तविक गत्यात्मक शक्तियों को समझने में सहायता मिलती है। कुल मिलाकर यह उपागम राजनीतिक व्यवस्थाओं की परिचालनता के सम्बन्ध में हमारी समझ बढ़ाता है और व्यवस्थाओं की वास्तविक सक्रियता में झांकने व गहराई से उनको आंकने का मार्ग प्रशस्त करता है। इससे यह नहीं समझना है कि संरचनात्मक-प्रकार्यात्मक विश्लेषण तुलनात्मक राजनीतिक अध्ययनों को सामान्य सिद्धान्त के निर्माण के कगार तक ले आया है। अभी इसमें अनेक कमियां हैं और इसकी अनेकों आलोचनाएं होती रही हैं। अतः इसका मूल्यांकन करें इससे पहले इस उपागम के विपक्ष में प्रस्तुत किये गये तथ्यों का भी परीक्षण करना आवश्यक है।

संरचनात्मक-प्रकार्यात्मक उपागम की आलोचना (The Criticisms of Structural-Functional Approach)

संरचनात्मक-प्रकार्यात्मक उपागम में अनेक गुण हैं। इनका ऊपर विवेचन किया गया

है किन्तु, इनमें अनेक कमियां भी परिलक्षित होती हैं। अगर तथ्यात्मक दृष्टि से देखा जाए तो इस दृष्टिकोण के विपक्ष में ही अधिक कहा गया लगता है। यहां हम इसकी आलोचना की बारीकियों में नहीं जाकर केवल कुछ सामान्य आलोचनाओं का उल्लेख कर रहे हैं। संक्षेप में इसकी आलोचनाएं इस प्रकार हैं—

(क) संरचनात्मक-प्रकार्यवाद अव्यक्त रूप से रूढ़िवादी और सामाजिक परिवर्तन के विरुद्ध पूर्वाग्रही है (Structural-functionalism is implicitly conservative and biased against social change)—इस दृष्टिकोण में व्यवस्था के स्थायित्व और उसके बने रहने (survival) पर इतना बल दिया गया है कि यह तथ्य इस दृष्टिकोण के प्रमुख केन्द्र से लगते हैं। इससे अप्रकट रूप से इसकी रूढ़िवादिता झलकती है। क्योंकि, इस उपागम में स्थायित्व और व्यवस्था अनुरक्षण की परिस्थितियों पर अत्यधिक ध्यान दिया गया है। इसका अनेक लोग यह अर्थ लगाते हैं कि यह यथास्थिति का रक्षक, रूढ़िवादी और सामाजिक व अन्य प्रकार के पर्यावरणी परिवर्तनों के प्रति उदासीन है। यह आलोचना आंशिक रूप से ठीक कही जा सकती है। परन्तु, इसको रूढ़िवादी और सामाजिक परिवर्तनों के विरुद्ध पूर्वाग्रही नहीं कहा जा सकता है। यह व्यवस्था को बनाये रखने और उसके स्थायित्व के साथ ही साथ उसकी गत्यात्मक शक्तियों की बात भी करता है जो इस आलोचना का प्रमुख आग्रह क्षीण कर देती है कि यह रूढ़िवादी है। व्यवस्था के अनुरक्षण व स्थायित्व की स्थितियों को ध्यान में रखने से ही तो यह दृष्टिकोण रूढ़िवादिता से दूर हट पाया है। अतः यह आलोचना सैद्धान्तिक है और व्यावहारिक दृष्टि से तर्कसंगत नहीं लगती है।

(ख) यह व्यवस्था कब ठीक प्रकार से अनुरक्षित होती है इसका कोई वस्तुनिष्ठ मानदण्ड या कसौटी प्रस्तुत नहीं करता है (It does not provide an objective criteria for determining when a system is adequately maintained)—व्यवस्था के अनुरक्षण का कोई वस्तुनिष्ठ मानदण्ड दे सकना वैसे ही कठिन है किन्तु, संरचनात्मक-प्रकार्यात्मक विश्लेषण ने इस दिशा में विशेष ध्यान नहीं देकर व्यवस्थाओं के बारे में यह कहना कठिन बना दिया है कि स्थायित्व वाली व्यवस्था, जो पूरी तरह अनुरक्षित लगती है, वास्तव में फल-फूल रही है या पतन के खन्दक में गिरती जा रही है। अगर किसी राजनीतिक व्यवस्था में दलीय व्यवस्था भंग हो जाती है या द्विदलीय पद्धति से एकदलीय पद्धति आ जाती है तो यह स्थिति व्यवस्था के अनुरक्षण को तो तुरन्त प्रभावित नहीं करती पर यह एक दृष्टि से व्यवस्था का पतन के मार्ग पर आगे बढ़ना कहा जा सकता है। अतः वस्तुनिष्ठ कसौटी के अभाव में यह कह सकना कठिन हो जाता है कि व्यवस्था का ठीक प्रकार से अनुरक्षण हो रहा है या नहीं हो रहा है। विकासशील राज्यों के संदर्भ में यह आलोचना काफी तर्कसंगत बन जाती है। अतः प्रकार्यवादी इस दृष्टि से अपने विश्लेषणों में व्यवस्था के पतन या विकास के महत्त्वपूर्ण पहलू पर इतना ध्यान केन्द्रित नहीं कर पाए जितना ध्यान उन्हें देना चाहिए था।

(ग) यह विशिष्ट संरचनाओं की अन्तर्निर्भरता की प्रकृति का सुनिश्चय और सविस्तर प्रतिपादन करने में असफल रहा है (It fails to elaborate and specify the nature of the interdependence of particular structures)— संरचनात्मक प्रकार्यवादी यह तो स्पष्ट करते हैं कि एक संरचना में परिवर्तन से कोई प्रकार्य किस प्रकार निष्पादित होता है इसमें भी परिवर्तन आ जाता है तथा इसका सम्पूर्ण व्यवस्था और अन्य व्यवस्थाओं पर भी प्रभाव पड़ता है ? किन्तु, इस प्रकार के परिवर्तनों से अन्यत्र आने वाले परिवर्तनों और प्रभावों की प्रकृति, तीव्रता और मात्रा का ज्ञान प्राप्त करने का कोई साधन सुलभ नहीं करा पाए हैं। उदाहरण के लिए, दल व्यवस्था की संरचना में परिवर्तन से राजनीतिक व्यवस्था के निष्पादन में परिवर्तन की बात कह देना ही पर्याप्त नही है। इससे यह भी ज्ञान होना चाहिए कि निष्पादन परिवर्तनों की प्रकृति, उग्रता और इनकी हद क्या है ? इस सम्बन्ध में भी आलोचकों की दलील वजनदार लगती है।

(घ) **राजनीतिक व्यवस्था की प्रकार्यात्मक अपेक्षाओं को सुस्पष्ट करना कठिन है** (The difficulty in spelling not the functional requisites of a political system)—यह उपागम प्रमुखतया राजनीतिक व्यवस्था की प्रकार्यात्मक अपेक्षाओं के आधार स्तम्भ पर ही आधारित है। इसमें यह माना गया है कि हर राजनीतिक व्यवस्था में अपेक्षित प्रकार्यों की विविधता होती है। इससे हर राजनीतिक व्यवस्था के अपेक्षित प्रकार्यों का एक अलग सेट जो जाता है जो अन्ततः हमें इस निष्कर्ष पर पहुंचने के लिए मजबूर करता है कि हर राजनीतिक व्यवस्था के अध्ययन में यह अपेक्षित प्रकार्यों का सेट विचित्र या अलग होगा। इस प्रकार, प्रकार्यों के अभिज्ञान का कोई सुनिश्चित मानदण्ड ही नहीं रह जाता है। क्योंकि, इसके अभाव में किसी अध्ययन में प्रकार्यों का सेट निष्पादन के आधार पर चुना जाए या और कोई अन्य आधार लिया जाए यह भ्रांति उत्पन्न हो जाती है। अतः इस आलोचना को भी तर्कसंगत कहना गलत नहीं होगा।

(च) **प्रत्ययों या शब्दों को परिचालनात्मक ढंग से परिभाषित करने में कठिनाई तथा यह अस्पष्टता कि कौन-सी संरचना कौन-से प्रकार्य निष्पादित करती है ?** (There is difficulty in defining terms operationally and specifying which structure performs which function)—ईस्टन, आमन्ड और पावेल ने अपने-अपने विश्लेषणों में प्रयुक्त अवधारणाओं की परिभाषाएं तो दी हैं किन्तु, यह परिभाषाएं परिचालनात्मक दृष्टि से नहीं की गई हैं। इस कारण, कौन-सी संरचना कौन-से प्रकार्य निष्पादित करती है इसका निश्चय नहीं हो पाता है। ईस्टन और आमन्ड के बाद ऐप्टर, एक्सटीन, ब्लोन्डेल, जाग्वाराइब और मर्कल ने राजनीतिक व्यवस्था के संरचनात्मक-प्रकार्यात्मक परिप्रेक्ष्य में प्रयुक्त प्रत्ययों की अलग-अलग परिचालनात्मक परिभाषाएं की हैं जिससे और अधिक भ्रांतियां उत्पन्न हो गई हैं।

(छ) **राजनीतिक व्यवस्था में प्रकार्य किस हद तक पूरे हो रहे हैं इसका निश्चय कर सकने में कठिनाई** (There is difficulty in determining the extent to which function are fulfilled in a polity)—आमन्ड और पावेल ने जिन कार्यों का विवेचन किया है वे कार्य राजनीतिक व्यवस्था के द्वारा पूरी तरह से निष्पादित होते हैं

या नहीं होते हैं इसका निश्चय करने का कोई आधार नहीं प्रस्तुत किया गया है। आलोचकों का कहना है कि संरचनात्मक-प्रकार्यात्मक दृष्टिकोण से यह कह सकना कठिन है कि कोई राजनीतिक व्यवस्था अपने कार्यों का निष्पादन पूरी तरह कर रही है, या आंशिक रूप से कर रही है, या कर ही नहीं रही है ? इसका निश्चय करने का कि किसी राजनीतिक व्यवस्था के द्वारा अनेक कार्यों में से कौन-सा कार्य निष्पादित नहीं हो रहा है, संरचनात्मक-प्रकार्यात्मक उपागम में कोई विश्लेषणात्मक व आनुभविक मानदण्ड नहीं दिया गया है। उदाहरण के लिए, किसी व्यवस्था में हितों का स्वरूपीकरण हो रहा है या नहीं, इसका निश्चय अप्रत्यक्ष ढंग से करने के अलावा कोई प्रत्यक्ष माध्यम नहीं प्रस्तुत किया गया है।

(ज) यह स्वाभाविक संरचनाओं के पक्ष में तथा जान-बूझकर आरोपित सरचनाओं के विरुद्ध पूर्वाग्रही है (It is biased in favour of natural structure and is against deliberately imposed structures)—विकासशील देशों में से अनेक देशों में संरचनाएं स्वतः विकसित नहीं होकर आरोपित की गई हैं। इसी तरह, स्वेच्छाचारी और सर्वाधिकारवादी राजनीतिक व्यवस्थाओं में संरचनाओं के स्वाभाविक होने की परिस्थितियां बहुत कम होती हैं। यद्यपि इन व्यवस्थाओं में यह संरचनाएं संवैधानिक होती हैं फिर भी इनको स्वाभाविक नहीं कहा जा सकता है। अतः इन देशों की व्यवस्थाओं को तुलनात्मक अध्ययनों की परिधि में इस दृष्टिकोण के आधार पर ला सकना कठिन है। क्योंकि, इसमें आरोपित संरचनाओं के स्थान पर केवल स्वाभाविक संरचनाओं पर ही बल दिया गया है। अनेक देश ऐसे हैं जहां पर आरोपित संस्थाओं व संरचनाओं के द्वारा व्यवस्थाओं का स्थायित्व व अनुरक्षण ही नहीं हो रहा है, अपितु, उनमें विकास भी तेजी से होता पाया गया है। अतः इस दृष्टि से यह दृष्टिकोण बहुत कमजोर पड़ जाता है।

(झ) यह राजनीतिक व्यवस्था की अत्यधिक स्वायत्तता पर अनावश्यक बल देता है (It's undue emphasis on the autonomy of a political system)—इसकी हम पहले ही चर्चा कर चुके हैं इसलिए यहां इसका पुनः विस्तार से विवेचन करना आवश्यक नहीं है।

संरचनात्मक-प्रकार्यात्मक उपागम की उपरोक्त आलोचनाओं से स्पष्ट है कि यह उपागम पाश्चात्य जगत की लोकतान्त्रिक राजनीतिक व्यवस्थाओं की व्याख्या और तुलना करने के साधन से आगे नहीं बढ़ पाया है। इसमें राजनीति के अनेक ऐसे तथ्यों की अनदेखी कर दी गई है जिनकी व्यवस्था की परिचालनता में प्रमुख भूमिका रहती है। आमन्ड और पावेल ने तुलनात्मक राजनीतिक विश्लेषणों में इस उपागम की सर्वव्यापक उपयोगिता की जो बात कही है वह तथ्यों द्वारा पुष्ट नहीं होती है। अतः इस बात से इन्कार कर सकना कठिन लगता है कि यह दृष्टिकोण लोकतन्त्र व्यवस्थाओं के प्रति पूर्वाग्रही है।

संरचनात्मक-प्रकार्यात्मक उपागम : एक मूल्यांकन (Structural-Funotional Approach : An Evaluation)

इस उपागम के गुण-दोषों के विवेचन के बाद इसका मूल्यांकन करना केवल औपचारिकता रह जाता है। इसके पक्ष और विपक्ष के विवेचन से एक तरह से इसका मूल्यांकन हो जाता है। फिर भी निष्कर्ष में हम यह कह सकते हैं कि इस दृष्टिकोण में ऐसे प्रत्ययों का प्रयोग किया गया है जो परिभाषा की दृष्टि से कठिनाई अवश्य उत्पन्न करते हैं किन्तु, विश्लेषण और आनुभविक दृष्टि से परिमाणनीय हैं। इसकी आलोचना करने वालों ने इस दृष्टिकोण के उन पक्षों को लिया है जिनको इसके प्रतिपादक पहले ही इसकी परिधि से बाहर रखने की बात कर चुके हैं। उदाहरण के लिए, संरचनाओं के आरोपित रूप को लेते ही कई कठिनाइयां उत्पन्न हो जाती हैं। आरोपण कितना है, किन साधनों और शैली से किया जा रहा है--यह सब प्रश्न अध्ययनों में जटिलता लाते हैं। अतः यह अध्ययन दृष्टिकोण जो स्पष्ट है उसको स्पष्ट करने में नहीं उलझकर उन पक्षों को लेता है जो वास्तव में महत्त्वपूर्ण हैं। वैसे भी अगर गहराई से देखा जाए तो संरचनात्मक-प्रकार्यात्मक उपागम में आलोचकों द्वारा बताई गई सब कमियों की अप्रत्यक्ष रूप से पूर्ति हो जाती है। इसलिए अंत में यही कहना उपयुक्त होगा कि इससे एक ऐसा सैद्धांतिक विचारबंध प्रस्तुत हुआ है जो विश्लेषणात्मक दृष्टि से संगत है और आनुभविक रूप में लाभप्रद प्रयोग की क्षमताएं रखता है।

राजनीतिक व्यवस्था प्रत्यय और तुलनात्मक राजनीति
(THE CONCEPT OF POLITICAL SYSTEM AND COMPARATIVE POLITICS)

राजनीतिक व्यवस्था के प्रत्यय से तुलनात्मक राजनीतिक विश्लेषण निश्चित रूप से व्यापक विचारबंध पर आधारित हो गए हैं। इस प्रत्यय से विभिन्न राजनीतिक व्यवस्थाओं की कई प्रकार के परिवर्त्यों के आधार पर तुलना की जा सकती है। इससे ऐसा सैद्धांतिक ढांचा तैयार हो गया है जो आनुभविक आधार पर परखा जा सकता है। इस प्रत्यय के आधार पर राजनीतिक व्यवस्थाओं की तुलनाओं को सुसंगतता प्रदान करने के लिए इसके तीन समष्टि-परिवर्त्यों का आधार लिया जा सकता है। जाग्वाराइब ने इन समष्टि-परिवर्त्यों को अनेक उपखण्डों में विभाजित किया है।[31] इनको तालिका के रूप में इस तरह प्रस्तुत किया जा सकता है।

राजनीतिक व्यवस्था के समष्टि-परिवर्त्य

(1) परिचालनात्मक परिवर्त्य (operational variables)
- (क) विवेकी अभिमुखीकरण (rational orientation)
- (ख) संरचनात्मक विभिन्नीकरण (structural differentiation)

[31]Helio Jaguaribe, *Political Development: A General Theory and a Latin American Case Study*, New York, Harper and Row, 1973, p. 146.

(ग) सामर्थ्य का स्तर (level of capability)

(2) सहभागिता परिवर्त्य (participational variables)

(घ) राजनीतिक संचालन (political mobilization)

(च) राजनीतिक एकीकरण (political integration)

(छ) राजनीतिक प्रतिनिधित्व (political representation)

(3) दिशात्मक परिवर्त्य (directional variables)

(ज) राजनीतिक सुपर-विधायन (political superordination)

(झ) विकास अभिमुखीकरण (development orientation)

राजनीतिक व्यवस्था की अवधारणा के प्रतिपादन से पहले तुलनात्मक राजनीतिक अध्ययन राजनीति विज्ञान की परम्परागतता की सामान्य सीमाओं से बाहर नहीं निकल पा रहे थे। किन्तु, व्यवस्था के प्रत्यय से तुलनात्मक विश्लेषणों में वस्तुनिष्ठ, प्रासंगिक, आनुभविकता पर आधारित परिवर्त्यों और प्रवर्गों के सेट का प्रयोग करना सम्भव हुआ है, जो राजनीतिक व्यवस्था का सुसंगत मॉडल प्रस्तुत कर सकता है और जिससे राजनीतिक व्यवस्थाओं की यथार्थवादी तुलनाएं करना सम्भव है। आमन्ड और पावेल तथा आइन्स्टैड ने दो विशिष्ट किन्तु, अन्ततः समानता परिलक्षित करने वाली योजनाएं प्रस्तुत की हैं जिनसे राजनीतिक व्यवस्थाओं की वस्तुनिष्ठ और सामान्य तुलनाएं करना सम्भव है। उदाहरण के लिए, आमन्ड-पावेल ने तीन समष्टि परिवर्त्यों—संरचनात्मक-विभिन्नीकरण, सांस्कृतिक लौकिकीकरण और उप-व्यवस्था स्वायत्तता के आधार पर, जो उसने राजनीतिक व्यवस्था के ढांचे या विचारबंध पर आधारित रखे हैं, राजनीतिक व्यवस्थाओं की तुलनाएं की जा सकती हैं। इसी तरह, आइन्स्टैड ने भी तीन समष्टि परिवर्त्यों—संरचनात्मक विभिन्नीकरण, शासकों के राजनीतिक गन्तव्य और वैधता के आधार पर तुलनात्मक अध्ययनों का सुझाव दिया है। जाग्वाराइब ने तीन प्रमुख समष्टि परिवर्त्यों में और उप-विभाजन करके, जो ऊपर एक तालिका में दिखाए गए हैं, राजनीतिक व्यवस्थाओं की तुलना और वर्गीकरण के आठ वस्तुनिष्ठ परिवर्त्य प्रस्तुत किए हैं। इनसे राजनीतिक व्यवस्थाओं के पृथक-पृथक और तुलनात्मक अध्ययन दोनों ही किए जा सकते हैं। जाग्वाराइब की मान्यता है कि इन परिवर्त्यों के आधार पर तुलनात्मक अध्ययनों को अधिक व्यापक और गहन बनाना सम्भव है।

गहराई से देखने पर स्पष्ट होगा कि जाग्वाराइब ने जो तीन प्रमुख समष्टि परिवर्त्य सेट बनाए हैं उनमें, प्रथम—परिचालनात्मक परिवर्त्य, आमन्ड के द्वारा प्रस्तुत परिवर्त्य सेट की तरह ही हैं। आमन्ड ने जो तीन समष्टि परिवर्त्य दिए हैं वे इसके 'क', 'ख' और 'ग' उप-श्रेणियों के समान ही हैं। जाग्वाराइब ने जिसे विवेकी अभिमुखीकरण (क) कहा है उसे आमन्ड सांस्कृतिक लौकिकीकरण का नाम देता है। संरचनात्मक विभिन्नीकरण (ख) को तो इसी रूप में आमन्ड ने दिया है तथा क्षमता के स्तर (ग) को आमन्ड ने उप-व्यवस्था की स्वायत्तता का नाम दिया है। किन्तु, जाग्वाराइब इसके आगे जाकर पांच और समष्टि परिवर्त्यों का प्रतिपादन करके तुलनात्मक राजनीतिक अध्ययनों में विश्लेषण के और प्रवर्ग सम्मिलित कर देता है। इस कारण जाग्वाराइब ने राजनीतिक व्यवस्था

की अवधारणा के तुलनात्मक राजनीतिक अध्ययनों में अधिक व्यापक प्रयोग के प्रयास किए हैं। इनके आधार पर राजनीतिक व्यवस्थाओं की तुलना के लिए जाग्वाराइब ने एक आधारभूत मॉडल प्रस्तुत किया है।[32] इस मॉडल को यहां प्रस्तुत नहीं किया जा रहा है क्योंकि, इतने विस्तार की इस स्तर के विवेचन में आवश्यकता नहीं है।

अन्त में हम यह कह सकते हैं कि राजनीतिक व्यवस्था के प्रत्यय का इसकी सब प्रकार की आलोचनाओं के बावजूद, तुलनात्मक विश्लेषणों में प्रचलन और प्रयोग बढ़ता जा रहा है। इस अवधारणा की अपनी सीमाएं हैं और उन सीमाओं में रहते हुए या उनके प्रति सचेत रहते हुए इस अवधारणा का, चाहे 'निवेश-निर्गत मॉडल' लें या 'संरचनात्मक-प्रकार्यात्मक मॉडल' लें, तुलनात्मक विश्लेषणों में लाभकारी प्रयोग किया जा सकता है। यही कारण है कि इस अवधारणा के प्रतिपादन व प्रयोग के बाद तुलनात्मक राजनीतिक अध्ययनों के लिए प्रतिपादित अधिकांश उपागमों में विचारबंध के रूप राजनीतिक व्यवस्था की अवधारणा का ही आधार बना रहा है। अतः इस अवधारणा ने राजनीतिक व्यवस्थाओं के तुलनात्मक अध्ययनों को एक नवीन युग में प्रवेश दिलाने में आधारभूत भूमिका निभाई है। यह अवधारणा कई दृष्टियों से राजनीतिक अध्ययनों में क्रांतिकारी मोड़ लाने वाली कही जा सकती है। इससे ऐसा आधार प्रस्तुत हुआ है जिससे अन्ततोगत्वा राजनीति का सामान्य सिद्धांत बनाने में सहायता मिल सकती है। इस अवधारणा की नई-नई व्याख्याएं और नये ृष्टिकोण से परिभाषाएं करके इसको तुलनात्मक अध्ययनों में अधिक सार्थक बनाने के प्रयास इस बात की पुष्टि है कि यह अवधारणा विशेष उपयोगिता रखती है। इसकी आलोचना हुई है, इसके परिमार्जन की बात कही गई है, इसको प्रयुक्त करने में कठिनाइयों का संकेत दिया गया ह किन्तु, इसको त्यागने की बात अभी तक नहीं हुई है और वह इसकी उपयोगिता का सबसे बड़ा प्रमाण माना जा सकता है।

[32] *Ibid.*, p. 148.

अध्याय 7

तुलनात्मक राजनीति के उपागम (2) राजनीतिक विकास, राजनीतिक आधुनिकीकरण, राजनीतिक संस्कृति और मार्क्सवादी-लेनिनवादी उपागम

Approaches in Comparative Politics (2) (Political Development, Political Modernization, Political Culture and Marxist-Leninist Approaches)

तुलनात्मक राजनीति के 'राजनीतिक व्यवस्था उपागम' और 'संरचनात्मक-प्रकार्यात्मक' उपागमों का विवेचन इससे पहले वाले अध्याय में किया गया है। तुलनात्मक विश्लेषणों में इनकी उपयोगिता और सीमाओं का विवेचन प्रत्येक उपागम के मूल्यांकन में किया गया है। इन दोनों उपागमों में एक मौलिक और आधारभूत कमी यह दिखाई दी कि इनमें राजनीतिक व्यवस्था पर ही सर्वाधिक बल दिया गया है। राजनीतिक व्यवस्था को सामाजिक व्यवस्था कि एक उपव्यवस्था के रूप में स्वीकार करने से यह तो स्पष्ट होता है कि इसके पर्यावरण के महत्त्व को स्वीकार किया गया है। किन्तु, तुलनात्मक विश्लेषणों में प्रधान प्रवर्ग 'राजनीतिक व्यवस्था' ही को बनाये रखा गया। इससे विकासशील राजनीतिक व्यवस्थाओं में होने वाले नाटकीय विकासों का स्पष्टीकरण देना असम्भव सा होने लगा। इन दोनों ही उपागमों में 'राजनीतिक व्यवस्था' को बनाये रखने या व्यवस्था के टूटने के कारणों की विस्तार से विवेचना, सामान्य सिद्धान्त बनाने में भी सहायक नहीं हो पाई।

यह उपागम स्थायित्व वाली पाश्चात्य राजनीतिक व्यवस्थाओं के बारे में तो उपयोगी सामान्यीकरण बनाने में सहायक लगे। किन्तु, विकासशील विश्व में परिवर्तनों की दिशाहीनता तथा यह तथ्य कि यह व्यवस्थाएं ऐसी प्रक्रियाओं द्वारा सक्रिय होने लगीं जो पश्चिमी प्रक्रियाओं से भिन्न थीं इन देशों में इन उपागमों की उपयोगिता को सीमित करने वाली बन गई क्योंकि इन प्रक्रियाओं का भिन्न प्रकार की संस्कृतियों द्वारा पोषण होता दिखाई दिया। अतः इन देशों में ऐतिहासिक, सांस्कृतिक और राजनीतिक वातावरणों को एक दूसरे से घुला-मिलाकर देखना आवश्यक हो गया। राजनीतिक व्यवस्था सिद्धान्त यह नहीं कर पाया और इस सिद्धान्त पर ही आधारित संरचनात्मक-प्रकार्यात्मक उपागम भी इन संदर्भों को सीमित रूप से ही अपने में लपेट पाया। अतः

ऐसे अध्ययन उपागमों की आवश्यकता महसूस की जाने लगी जो तुलनात्मक विश्लेषणों को विकासशील देशों के सांस्कृतिक और ऐतिहासिक पर्यावरणों के सम्पूर्ण संदर्भ तक व्यापक बनाने में सहायक हो। इस कारण तुलनात्मक राजनीति में अध्ययन का नया दृष्टिकोण उभरने लगा। इस सम्बन्ध में एस० पी० वर्मा ने ठीक ही लिखा है कि "तुलनात्मक राजनीति के अध्ययन का नवीन दृष्टिकोण, इस प्रकार व्यापक बना दिया गया कि यह राजनीतिक संस्थाओं और संरचनाओं के विश्लेषण के अलावा अनेकों परिस्थितिकीय (ecological) शक्तियों को भी अपने में सम्मिलित कर सके।"[1] इस प्रकार, 1960 के दशक के प्रारम्भिक वर्षों में तुलनात्मक राजनीतिक विश्लेषण के ऐसे उपागम प्रस्थापित किये जाने लगे जो राजनीतिक परिवर्तनों को पर्यावरण के समूचे संदर्भ में विश्लेषित करने की सम्भावनाएं प्रस्तुत करने वाले थे। ऐसे उपागमों की आवश्यकता स्पष्ट होने लगी, जिनमें प्रमुखता राजनीतिक व्यवस्था या संरचनाओं को ही नहीं दी जाए, अपितु उस संदर्भ को दी जाए जिसके भाग के रूप में राजनीतिक सक्रियता संचालित होती है। इसी उद्देश्य की पूर्ति के प्रयत्नस्वरूप तुलनात्मक राजनीतिक विश्लेषणों में राजनीतिक विकास, राजनीतिक आधुनिकीकरण, राजनीतिक संस्कृति और मार्क्सवादी-लेनिनवादी उपागमों का प्रचलन और प्रतिपादन किया गया।

राजनीतिक विकास दृष्टिकोण में राजनीतिक प्रक्रियाओं को विकास के सभी क्षेत्रों के समग्रवादी संदर्भ में विश्लेषित किया जाने लगा, जबकि, दूसरे में सामान्य आधुनिकीकरण का व्यापकतम संदर्भ लिया गया। राजनीतिक संस्कृति उपागम समाज की संस्कृति के ऊपर आधारित हुआ। मार्क्सवादी-लेनिनवादी दृष्टिकोण इन सब दृष्टिकोणों से हटकर राजनीति को आर्थिक आधार पर समझने के प्रयत्न के रूप में मार्क्स और लेनिन के सिद्धान्तों के इर्द-गिर्द प्रतिपादित किया गया। इन सभी उपागमों की अपनी विलक्षणताएं और महत्त्व है। अतः इनका पृथक-पृथक विवेचन करके ही इनकी तुलनात्मक राजनीतिक अध्ययनों में उपयोगिता व योगदान आंकने का प्रयास आवश्यक हो जाता है।

तुलनात्मक राजनीति का राजनीतिक विकास उपागम
(POLITICAL DEVELOPMENT APPROACH IN COMPARATIVE POLITICS)

तुलनात्मक राजनीतिक विश्लेषण का राजनीतिक विकास उपागम उन प्रयत्नों का परिणाम है जिनमें एशिया, अफ्रीका और लेटिन अमरीका में स्वतन्त्र हुए राज्यों की राजनीतिक संरचनाओं को समझने के लिए अधिक यथार्थवादी अध्ययन दृष्टिकोण की खोज की जा रही थी। पिछले अध्याय में हमने राजनीतिक व्यवस्था और संरचनात्मक-प्रकार्यात्मक दृष्टिकोणों में प्रयुक्त नये प्रत्ययों के माध्यम से नई राजनीतिक व्यवस्थाओं के समझने के प्रयत्नों का उल्लेख किया है। किन्तु इन उपागमों में पाश्चात्य विद्वान

[1]S. P. Varma, *Modern Political Theory*, Delhi, Vikas Publishing House, 1975, p. 270.

'व्यवस्था सिद्धान्त' द्वारा प्रस्तुत मॉडल की सीमाओं में रहते हुए नये राष्ट्रों की राजनीतियों को समझने में लगे रहे। अर्थात, इन्होंने राजनीतिक व्यवस्था को सामाजिक व्यवस्था की ऐसी उप-व्यवस्था के रूप में प्रस्तुत किया जो सामाजिक व्यवस्था से निवेशों (inputs) के रूप में चुनौतियां और संपोषण (sustenance) प्राप्त करती है और इनका अपनी क्षमता के अनुसार निर्गतों (outputs), नियम-निर्माण, नियम-प्रयुक्ति और नियम-अधिनिर्णय के रूप में रूपान्तर कर देती है। इन निर्गतों से सामाजिक व्यवस्था में प्रति-सम्भरण की क्रिया सक्रिय बनती रहती है जो राजनीतिक व्यवस्था की रूपान्तरण प्रक्रियाओं को नई चुनौतियां या नये समर्थन प्रदान करती है। 'व्यवस्था सिद्धान्त' के अन्तर्गत इन अध्ययनों द्वारा नये राज्यों की राजनीतिक व्यवस्थाओं को समझने के प्रयास सीमित उपयोगिता वाले ही रहे। इन राज्यों और पश्चिम के राज्यों में मौलिक अन्तर होने के कारण जहां व्यवस्था सिद्धान्त पर आधारित 'राजनीतिक व्यवस्था उपागम' और 'संरचनात्मक-प्रकार्यात्मक उपागम' पश्चिमी राजनीतिक व्यवस्थाओं को समझने में काफी सहायक रहे, वहां विकासशील राज्यों की राजनीतिक व्यवस्थाओं में होने वाले उलट-फेर को समझने और समझाने में विशेष सहायता नहीं कर सके। इसलिए कुछ विद्वान—ल्यूशियन पाई, आमन्ड, कोलमैन, रिग्स और माइरन वीनर, नये अध्ययन दृष्टिकोण की खोज में ही नहीं लगे अपितु, किसी ऐसे प्रत्यय के प्रयोग के प्रयत्न में लग गये जो विकास की सम्पूर्णता के संदर्भ में नये राज्यों की राजनीतिक प्रक्रियाओं को समझने में सहायक हों। इन विद्वानों ने राजनीतिक विकास के प्रत्यय का प्रयोग करके एक नये तुलनात्मक विश्लेषण उपागम की आवश्यकता को महसूस किया जिससे राजनीतिक परिवर्तनों को विकास के प्रवाह में समझा जा सके।

राजनीतिक विकास उपागम की आवश्यकता (The Necessity of Political Development Approach)

अनेक विद्वानों का अभिमत है कि गैर-पश्चिमी राजनीतिक प्रक्रियाओं की पश्चिमी राजनीतिक प्रक्रियाओं से भिन्नताओं के बावजूद, इनको उसी सामाजिक, आर्थिक और सांस्कृतिक पृष्ठभूमि के आधार पर समझना सम्भव है। किन्तु, अन्य विद्वानों की यह मान्यता दृढ़ होने लगी कि गैर-पश्चिमी राजनीतिक व्यवस्थाएं, पश्चिमी राजनीतिक प्रक्रियाओं से आधारभूत ढंग से भिन्न हैं, इसलिये इनके अध्ययनों के लिये किये जाने वाले प्रयत्नों का व्यापक और अधिक यथार्थवादी संदर्भ आवश्यक है। यह कहा जाने लगा कि नये राज्यों के तुलनात्मक विश्लेषणों में सांस्कृतिक और ऐतिहासिक पर्यावरण के सम्पूर्ण संदर्भ को लेकर चलना आवश्यक है। इन विद्वानों का अभिमत था कि विकासशील राज्यों में परिस्थितिकीय शक्तियों का राजनीतिक व्यवस्थाओं को संचालित करने में निर्णायक प्रभाव और दबाव रहता है। इसलिये, इन देशों की राजनीतिक व्यवस्थाओं में यह देखना और समझना आवश्यक था कि—

(क) इन देशों में किस प्रकार के राष्ट्रवाद पनप रहे हैं ?

(ख) यह राज्य राजनीतिक, आर्थिक और सांस्कृतिक स्तर पर किस प्रकार के

असमंजसों का सामना कर रहे हैं ?

(ग) इनके राजनीतिक विकास में नौकरशाही या सेना या धर्म ने क्या भूमिका निभाई है ?

(घ) इन देशों में संवैधानिक लोकतन्त्रों की अवनति क्यों हुई ?

(च) राष्ट्र निर्माण की प्रक्रियाओं में राजनीतिक अभिवृत्तियों और व्यक्तिगत व्यवहार ने क्या भूमिका अदा की है ?

(छ) आर्थिक पिछड़ेपन ने राजनीति की प्रकृति को किस प्रकार प्रभावित किया है ।[2]

इन प्रश्नों की जटिलताओं से यह तो स्पष्ट था कि इनका सीधा-सादा उत्तर दे सकना सम्भव नहीं है किन्तु, इनको व्यापक संदर्भ में समझना सम्भव लगा। इसका परिणाम यह हुआ कि तुलनात्मक राजनीति को विकास के सामान्य पर्यावरण में समझने के लिए 'राजनीतिक विकास' का नया दृष्टिकोण विकसित हुआ जो इतना व्यापक बनाया गया कि वह राजनीतिक संस्थाओं और संरचनाओं के विश्लेषण के अलावा सामाजिक, आर्थिक और सांस्कृतिक क्षेत्र की परिस्थितिकीय शक्तियों को भी विश्लेषण में विशेष रूप से सम्मिलित कर सके।

विकासशील राज्यों में राजनीतिक व्यवस्थाओं की विलक्षणता इस बात में निहित नहीं है कि इनमें अस्थायित्व, अस्तव्यस्तता और अनिश्चित घटनाक्रम चल रहे हैं अपितु, इस बात में निहित है कि इनमें राजनीतिक प्रक्रियाएं पर्यावरण की शक्तियों से अत्यधिक प्रभावित और दबी हुई रहती हैं। इसलिये इनको समझने के लिए विकास के सामान्य ढांचे में ही, राजनीतिक विकास को विवेचित करना अनिवार्य समझा जाने लगा। इस विचार के बल पकड़ने तक विकासशील राज्यों से सम्बन्धित अध्ययनों का ढेर सा लग गया था। कोलमैन, रिगिन्स, बिन्डर, फीथ, पाई, बीनर, ऐप्टर और अन्य विद्वानों ने क्रमशः नाइजीरिया, श्रीलंका, पाकिस्तान, इन्डोनेशिया, बर्मा, भारत, घाना और अन्य राज्यों की राजनीतिक प्रक्रियाओं का गहनता से अध्ययन करके विकासशील राज्यों की राजनीतिक प्रक्रियाओं के बारे में अन्तर्दृष्टि प्राप्त करने में सहायता प्रदान की। इन देशों के अध्ययनों ने नये तथ्य और नये सत्य उद्घाटित किये। इनसे आंकड़ों का अम्बार लग गया और 'राजनीतिक विकास' राजनीतिक अध्ययनों में नया ध्यान-बिन्दु बन गया। किन्तु, इस प्रकार के अलग-अलग अध्ययनों व विकासशील राज्यों के सम्बन्ध में संकलित तथ्यों की तुलनात्मक विश्लेषणों में सीमित उपयोगिता ही रही। इस सम्बन्ध में एस० पी० वर्मा ने ठीक ही कहा है कि "सांख्यिकी आंकड़ों की सहायता से राजनीतिक विकास के राजनीतिक, सामाजिक, आर्थिक और सांस्कृतिक स्तर को किसी देश विशेष में मापना तो सम्भव हुआ, किन्तु यह समझाना सम्भव नहीं हुआ कि क्यों, कैसे और किन शक्तियों के प्रभाव तथा किन-किन स्तरों से होकर राजनीतिक विकास गुजरता है ?"[3] इसलिये विकासशील राज्यों से सम्बन्धित अध्ययनों को किसी सर्वग्राही ढांचे में बांधकर समझना अनिवार्य हो गया। अलग-अलग विद्वानों ने विकासशील राज्यों

[2] *Ibid.*, pp. 270-71.
[3] *Ibid.*, p. 271.

की राजनीतिक व्यवस्थाओं में होने वाले राजनीतिक विकासों के अलग-अलग पक्षों को लेकर गहराई से अध्ययन किया, किन्तु, इनको परस्पर मिलाकर निष्कर्ष निकालने का प्रयास करने के लिए नवीन अध्ययन दृष्टिकोण की आवश्यकता स्पष्ट होने लगी।

विकासशील राज्यों की राजनीतिक व्यवस्थाओं ने राजनीति विज्ञान के क्षेत्र में तो खलबली मचा दी, किन्तु, तुलनात्मक राजनीति के लिए नये आयाम और नये तथ्य प्रस्तुत कर दिए। इन तथ्यों को समुचित प्रत्ययी ढांचे में ही स्पष्ट किया जा सकता था। अतः तुलनात्मक राजनीतिक अध्ययनों को राजनीतिक विकास के प्रत्यय पर आधारित किया जाने लगा। तुलनात्मक राजनीति को सामान्यीकरण की अवस्था में पहुंचाने के लिए यह आवश्यक है कि राजनीतिक व्यवस्थाओं में होने वाले परिवर्तनों को मापा जा सके। राजनीतिक विकास उपागम में ऐसी क्षमता निहित दिखाई दी, क्योंकि, इससे ऐसे प्रवर्गों का विकास करना सम्भव दिखाई दिया जिनसे किसी देश के राजनीतिक विकास के स्तरों को मापा जा सकता था और राजनीतिक विकास की दिशा का संकेत दे सकना सम्भव था। इस कारण, तुलनात्मक राजनीति में राजनीतिक विकास उपागम न केवल आवश्यक हो गया अपितु यह उपागम अधिक वैज्ञानिक, परिशुद्ध और परिष्कृत प्रविधियों पर आधारित होने के कारण विश्वसनीय निष्कर्षों और सामान्यीकरण तक ले जाने वाला भी प्रतीत होने लगा। इस उपागम की आवश्यकता का स्पष्टीकरण इसके अर्थ और विशेषताओं के विवेचन से और भी अधिक हो सकेगा। इसलिये इसके अर्थ व परिभाषा का विस्तृत विवेचन दिया जा रहा है।

राजनीतिक विकास का अर्थ और परिभाषा (The Meaning and Definition of Political Development)

राजनीतिक विकास का अर्थ और परिभापा करने से पहले हमें इसके सम्बन्ध में प्रचलित उन दृष्टिकोणों को समझ लेना आवश्यक है जो विकास को विशेष मार्ग पर अग्रसर प्रक्रिया के रूप में लेते हैं। राजनीतिक विकास को लेकर ऐसे दो दृष्टिकोण हैं—

(अ) राजनीतिक विकास का एक-मार्गी दृष्टिकोण (unilinear view), और

(ब) राजनीतिक विकास का बहु-मार्गी दृष्टिकोण (multi-linear view)।

(अ) राजनीतिक विकास पर एक-मार्गी दृष्टिकोण रखने वाले विचारक यह मानते हैं कि सभी राष्ट्र विकास के मार्ग से होते हुए आगे की ओर बढ़ रहे हैं। इनकी इस सम्बन्ध में पहली मान्यता है कि सभी राज्यों में राजनीतिक विकास का केवल एक ही मार्ग है। इस विचार के समर्थकों की दूसरी मान्यता है कि दुनिया के सभी राष्ट्र विकास के इस एक मार्ग पर विकास की भिन्न-भिन्न अवस्थाओं में हैं। इनकी तीसरी मान्यता यह है कि राजनीतिक विकास के लिए प्रयत्नशील राष्ट्रों के सामने विकसित राज्यों का आदर्श है। इस दृष्टिकोण के समर्थकों का अभिमत है कि ऐसे तीन आदर्श हैं जिनमें से किसी एक आदर्श को विकसित राजनीतिक व्यवस्था का आदर्श माना जा सकता है। पहला आदर्श पाश्चात्य जगत के राज्यों का, दूसरा सोवियत रूस का और तीसरा आदर्श चीन का है।

इस दृष्टिकोण में राजनीतिक विकास का एक मार्ग और एक मार्ग के कारण विकास की एक दिशा का होना ही स्वीकार किया गया है। अतः इस आधार पर किसी भी राजनीतिक व्यवस्था को अविकसित से विकसित की निरन्तर-रेखा पर अंकित करके समझना कठिन नहीं होगा। इस दृष्टिकोण के प्रतिपादकों का कहना है कि राजनीतिक विकास के संकेतकों (indicators) का निश्चय करके राजनीतिक व्यवस्थाओं को इस विकास-मार्ग पर अंकित करते ही उनकी राजनीतिक संरचनाओं और प्रक्रियाओं की गत्यात्मकताओं का ज्ञान हो जाएगा। इससे राजनीतिक व्यवस्थाओं को सुनिश्चित संवर्गों में विभक्त या वर्गीकृत करना आसान हो जाता है। इस विकास मार्ग पर दो राजनीतिक व्यवस्थाओं को किसी एक संकेतक, लक्षण या परिवर्त्य के आधार पर अंकित करके तुलनात्मक विश्लेषण करना भी अत्यन्त सरल हो जाता है। उदाहरण के लिए, राजनीतिक संस्कृति के लौकिकीकरण की विशेषता के आधार पर कुछ राजनीतिक व्यवस्थाओं को विकास मार्ग पर निम्न प्रकार से चित्रित करके उनकी प्रकृति को समझा जा सकता है।

राजनीतिक विकास निरन्तर रेख

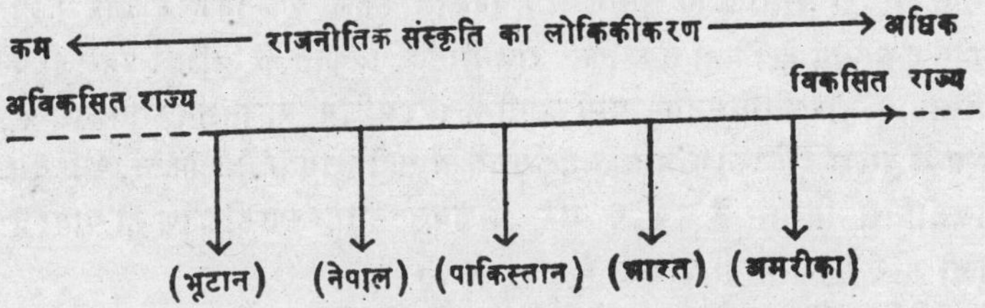

संस्कृति के लौकिकीकरण के आधार पर राज्यों का विकास अंकन

चित्र 7.1

चित्र 7.1 में हमने विभिन्न राज्यों का संस्कृति के लौकिकीकरण के आधार पर जो विकास निरन्तर पर अंकन किया है वह तथ्यों पर आधारित नहीं है। इस पर मतभेद ही होंगे। क्योंकि, राज्यों का यह स्थानांकन, केवल इस दृष्टिकोण के समर्थकों के अनुसार विकास के इस एक मार्गी विचार की तुलनात्मक विश्लेषणों में उपयोगिता स्पष्ट करने के लिए मनमाने ढंग से ही किया गया है।

(ब) राजनीतिक विकास का बहु-मार्गी विचार इससे भिन्नता रखता है। विकास के दूसरे दृष्टिकोण के समर्थक राजनीतिक विकास को बहुमार्गी मानते हैं और तीन दलीलें इसकी पुष्टि के लिए देते हैं। उनकी पहली मान्यता है कि राजनीतिक विकास बहु-दिशाई व बहु-आयामी (multi-directional and multi-dimensional) है। क्योंकि, स्वयं विकास की अनेक दिशाएं होती हैं। उनके अनुसार राजनीतिक विकास सामान्य विकास की धारा में समाई हुई, किन्तु, स्पष्ट रूप से विशिष्ट धारा है। जब समाजों का विकास बहु-दिशाई है तो उनका राजनीतिक विकास भी बहु-दिशाई हो जाता है। इनकी दूसरी

मान्यता पहली मान्यता का परिणाम कही जा सकती है। यह मान्यता राजनीतिक विकास को बहु-मार्गी मानती है। इस मान्यता के पीछे यह धारणा है कि विकास बहु-मार्गीय ही होता है और बहु-मार्गी ही हो सकता है। क्योंकि, ऐतिहासिक, आर्थिक, सामाजिक, सांस्कृतिक और राजनीतिक परिस्थितियों से विकास के उद्देश्य व लक्ष्य निर्धारित होते हैं और इसी से विकास की दिशा का निरूपण होता है। अतः विकास की तरह ही राजनीतिक विकास भी बहु-मार्गी है। इन दो मान्यताओं से इनकी तीसरी मान्यता उभरती है। इसके अनुसार राजनीतिक विकास के आदर्श या गन्तव्य एक-से नहीं होते हैं। सभी राजनीतिक व्यवस्थाओं के सामने कोई एक या एक-सा विकास-आदर्श नहीं होता है। विकसित और साम्यवादी राज्यों में भी इन आदर्शों को लेकर इतनी भिन्नताएं हैं कि उनका आदर्श या लक्ष्य अपना सकना सम्भव ही नहीं है।

राजनीतिक विकास के मार्ग को लेकर इन दोनों दृष्टिकोणों में आंशिक सामान्यतया ही दिखाई देती है। पश्चिम, सोवियत रूस या चीन का राजनीतिक विकास प्रतिमान अब स्वीकार नहीं किया जाता है। विकासशील राज्यों का राजनीतिक विकास अगर एक दिशा में ही रहा होता तो उनकी प्रकृति को समझना अत्यन्त सरल हो जाता। वास्तविक कठिनाई ही यहां आती है कि इन देशों में विकास की न एक दिशा है और न ही विकास का कोई एक मार्ग है। यहां तक कि, राजनीतिक विकास के विभिन्न पहलुओं को लेकर भी भिन्नताएं और विविधताएं पाई जाती हैं। इसलिये राजनीतिक विकास के मार्ग के सम्बन्ध में दूसरा दृष्टिकोण अधिक तर्कसंगत व सही लगता है। किन्तु, इन दृष्टिकोणों से राजनीतिक विकास के अर्थ के बारे में केवल इतना स्पष्टीकरण हो पाया है कि यह बहुमुखी और अनेक-मार्गी प्रक्रिया है।

राजनीतिक विकास के अर्थ को लेकर अभी भी विचारकों में मतभेद बना हुआ है। इसके अर्थ पर मतभेद का प्रमुख कारण इसकी व्याख्या का विचारक विशेष का दृष्टिकोण है। उदाहरण के लिए, स्पर्ट एमर्सन, लिपसेट, कोलमैन और कटराइट ने राजनीतिक विकास को आर्थिक विकास की राजनीतिक पूर्व-शर्त के रूप में समझने का प्रयास किया है। जबकि रोस्टोव जैसे अर्थशास्त्री ने इसको औद्योगिक समाजों की विशेष राजनीति बताया है। गुन्नार मिर्डाल और लरनर जैसे समाजशास्त्रियों ने राजनीतिक विकास को राजनीतिक आधुनिकीकरण का पर्याय बताया है। बिंडर इसको राष्ट्रीय राज्य का प्रचालक या संघटक मानता है। रिग्स ने इसकी व्याख्या प्रशासकीय एवं कानूनी विकास के आधार पर की है। डायच और फार्ल्स ने इसको जन-संचारण और जन-सहभागिता माना है। आमन्ड और कोलमैन राजनीतिक विकास को लोकतंत्र का पर्याय कहते हैं। साम्यवादी और तानाशाही शासन व्यवस्थाओं के समर्थक स्थायित्व और व्यवस्थित परिवर्तन को राजनीतिक विकास का नाम देते हैं। कुछ विचारक राजनीतिक विकास को शक्ति एवं संघटन का एक रूप मानते हैं। आमन्ड, कोलमैन, ब्लेक, आयन्स्टैड और कोर्न होजर ने राजनीतिक विकास को सामाजिक परिवर्तन की बहु-दिशा-युक्त प्रक्रिया के एक पहलू के रूप में विवेचित किया है।

इन उदाहरणों से यह स्पष्ट हो जाता है कि राजनीतिक विकास की व्याख्याएं और

उसके विभिन्न अर्थ विचारक के दृष्टिकोण विशेष पर निर्भर करते हैं। समाजशास्त्री और अर्थशास्त्री के दृष्टिकोणों की भिन्नता के कारण इन दोनों से सम्बन्धित विचारक राजनीतिक विकास की अलग-अलग ढंग से व्याख्या करते हैं। इससे यह निष्कर्ष निकलता है कि राजनीतिक विकास का सही अर्थ समझने से पहले इसकी विभिन्न व्याख्याओं के भ्रमजाल का विवेचन करके यह देखना होगा कि इसका किन-किन अर्थों में प्रयोग किया जाता रहा है। ल्यूशियन पाई का अभिमत है कि राजनीतिक विकास की विभिन्न व्याख्याएं इसको अलग-अलग दृष्टिकोणों से देखने और समझने की कोशिश का परिणाम हैं। अतः राजनीतिक विकास का अर्थ और परिभाषा समझने से पहले इसकी विभिन्न दृष्टिकोणों से की गई व्याख्याओं को विस्तार से समझना आवश्यक है, जिससे इसके एक-पक्षीय या दृष्टिकोण विशेष पर आधारित अर्थ से बचा जा सके। ल्यूशियन पाई ने राजनीतिक विकास के विभिन्न अर्थ और व्याख्याओं का उल्लेख करते हुए लिखा है कि राजनीतिक विकास की अवधारणा की इतने दृष्टिकोणों से व्याख्या की जा सकती है कि इन सबकी सूची बनाना ही सम्भव नहीं है। स्वयं पाई ने राजनीतिक विकास की दस व्याख्याओं का उल्लेख करते हुए यह बताने का प्रयास किया है कि किस तरह यह सब राजनीतिक विकास का भ्रमात्मक अर्थ में प्रयोग है। इन व्याख्याओं का संक्षेप में उल्लेख करके ही राजनीतिक विकास का सही अर्थ समझा जा सकता है। अतः हम इन्हें यहां संक्षेप में ही दे रहे हैं। इनका विस्तार से विवेचन पाई ने अपनी पुस्तक **आस्पेक्टस आफ पोलिटिकल डेवेलपमेन्ट**[4] में किया है। पाई के द्वारा प्रयुक्त शीर्षकों के आधार पर ही हम यह व्याख्याएं कर रहे हैं।

(क) राजनीतिक विकास आर्थिक विकास की राजनीतिक पूर्वशर्त के रूप में (Political development as the pre-requisite of economic development)—इस व्याख्या के समर्थक स्पर्ट एमर्सन, लिपसेट, कोलमैन और कटराइट हैं। उनके अनुसार राजनीतिक व्यवस्था, आर्थिक उन्नति की समुचित व्यवस्था करने में सक्षम होती है। अतः राजनीतिक विकास, राजनीति की एक ऐसी स्थिति को कहा जाए जो आर्थिक उन्नति, प्रगति और समृद्धि में सहायक हो। इन विद्वानों के अनुसार जो राजनीतिक व्यवस्था आर्थिक उन्नति में सहायक नहीं होगी उस व्यवस्था को राजनीतिक दृष्टि से विकसित नहीं कहा जायेगा।

राजनीतिक विकास की यह व्याख्या न व्यावहारिक है और न ही तुलनात्मक विश्लेषणों के लिए किसी तरह से उपयोगी हो सकती है। इससे राजनीतिक विकास, आर्थिक विकास के साथ जुड़कर रह जाता है। इन दोनों को गठबन्धित करना न तर्कसंगत है और न ही यथार्थवादी। अतः राजनीतिक विकास का यह अर्थ और व्याख्या स्वीकार नहीं की जा सकती।

(ख) औद्योगिक समाजों की विशेष राजनीति के रूप में राजनीतिक विकास

[4]Lucian W. Pye, *Aspects of Political Development*, Boston, Little Brown and Co., 1966, pp. 31-45.

(Political development as the politics typical of industrial societies)—राजनीतिक विकास की यह धारणा भी आर्थिक विकास से जुड़ी हुई है। इसमें यह माना गया है कि औद्योगिक जीवन भी एक ऐसे सामान्य प्रकार के राजनीतिक जीवन को प्रकट करता है जिसको हर समाज प्राप्त करना चाहता है। इसका यही अर्थ है कि औद्योगिक समाज, चाहे उनकी राजनीतिक प्रकृति कैसी ही हो, राजनीतिक व्यवहार और कार्य-संचालन के विशेष मापदण्ड प्रस्तुत करते हैं जो राजनीतिक विकास में सहायक होते हैं और सभी राजनीतिक व्यवस्थाओं के लिए विकास के समुचित लक्ष्यों का प्रतिनिधित्व करते हैं। रोस्टोव ने आर्थिक विकास को परस्पर सम्बन्धित बताया है और यह निष्कर्ष निकाला है कि आर्थिक विकास का हर स्तर राजनीतिक संगठन की संरचनात्मकता के साथ सावयवी सम्बन्ध रखता है। यह व्याख्या भी आर्थिक पक्ष पर बल देने वाली और आर्थिक विकास के साथ राजनीतिक विकास को जोड़ने वाली होने के कारण अमान्य हो जाती है।

(ग) राजनीतिक आधुनिकीकरण के रूप में राजनीतिक विकास (Ploitical development as political modernisation)—राजनीतिक विकास के इस पहलू पर अलग शीर्षक के अन्तर्गत विस्तार से विचार किया जाएगा इसलिए यहां इतना कहना ही पर्याप्त होगा कि इस रूप में राजनीतिक विकास और राजनीतिक आधुनिकीकरण को एक-सा मान लिया जाता है। अगर कोई राजनीतिक समाज राजनीतिक दृष्टि से आधुनिक है अर्थात उसमें सत्ता की बुद्धिसंगतता, संरचनाओं का विभिन्नीकरण और विशेषीकरण तथा जन-सहभागिता है तो वह राजनीतिक विकास की अवस्था मानी जाएगी। किन्तु, राजनीतिक विकास और राजनीतिक आधुनिकीकरण समानार्थी नहीं हैं। एक राजनीतिक व्यवस्था राजनीतिक दृष्टि से विकसित हो सकती है, किन्तु राजनीतिक दृष्टि से आधुनिक भी होगी यह आवश्यक नहीं है। अतः इन दोनों को एक मानकर राजनीतिक विकास की व्याख्या करना राजनीतिक आधुनिकीकरण को संकुचित अर्थ के दायरे में बांधना है।

(घ) राष्ट्रीय राज्य के प्रचालक के रूप में राजनीतिक विकास (Political development as the operation of nation state)—राजनीतिक व्यवस्थाएं अन्ततः एक राष्ट्र के निर्माण से ही तो सम्बोधित होती हैं। अतः राजनीतिक विकास का मापदण्ड, राष्ट्रीयता की भावना के विकास और एक राष्ट्रीय राज्य के निर्माण से जोड़ दिया जाता है। इसमें यह माना गया है कि राजनीतिक जीवन का संगठन और राजनीतिक गतिविधियों का संचालन उन मानदण्डों के अनुसार होना चाहिए जो एक आधुनिक दृष्टि से राष्ट्रीय राज्य से अपेक्षित हैं। इस अर्थ में राजनीतिक विकास, राष्ट्रीय राज्य का समानार्थी होकर इसकी स्थापना के साथ रुक जाना चाहिए। यहां हम यह कह सकते हैं कि राजनीतिक विकास में राष्ट्रीयता का विचार एक महत्त्वपूर्ण पक्ष हो सकता है किन्तु, उसको राजनीतिक विकास कह देना गलत होगा। वैसे अनेक विद्वाम इस मत का विरोध करते हैं और यह मानते हैं कि पश्चिम में राष्ट्रीय राज्य तो अंतिम स्तर तक पहुंच गए हैं और राष्ट्रीय राज्यों के रूप में उनका अन्त समीप है किन्तु उनका

राजनीतिक विकास अभी भी क्रमिक है। इसलिए इस मत को केवल उन राज्यों में ही सही माना जा सकता है जो नवोदित हैं और जहां राष्ट्रवाद एक प्रबल बन्धनकारी शक्ति के रूप में सक्रिय है। अत: राजनीतिक विकास को राष्ट्रीय राज्य के प्रचालक के रूप में भी स्वीकार नहीं किया जा सकता है।

(च) प्रशासकीय और विधिक विकास के रूप में राजनीतिक विकास (Political development as administrative and legal development)—कुछ लोग यह मानते हैं कि कोई भी राज्य तब तक विकसित नहीं माना जा सकता जब तक उसके पास सार्वजनिक मामलों का प्रभावशाली प्रशासन करने की व्यवस्था के रूप में विधि-सम्मत नौकरशाही नहीं हो। किसी देश में नौकरशाही ही राजनीतिक व्यवस्था को सक्रिय बनाने का माध्यम होती है। इसलिए नौकरशाही की प्रकृति, आकार और आधार राजनीतिक विकास के प्रमुख लक्षण माने जा सकते हैं। नौकरशाही की तरह ही देश में सर्वव्यापी कानूनों के माध्यम से विधि के शासन की स्थापना का होना या नहीं होना भी राजनीतिक विकास के साथ जोड़ा जा सकता है। यह सही है कि राजनीतिक विकास में राजनीतिक संरचनाओं का विभिन्नीकरण और विशेषीकरण होता है और इसको व्यावहारिक बनाने के लिए प्रशासकीय कार्मिकों की अनिवार्य रूप से आवश्यकता पड़ती है पर यह तो स्वेच्छाचारी शासन में भी देखने को मिलता है कि प्रशासन चलाने के लिए वृहत्तर नौकरशाही हो, किन्तु इस आधार पर इनको राजनीतिक दृष्टि से विकसित नहीं माना जा सकता है। अत: यह व्याख्या भी भ्रमात्मक ही कही जानी चाहिए।

(छ) जन-संचारण और सहभागिता के रूप में राजनीतिक विकास (Political development as mass mobilization and participation)—राजनीतिक दृष्टि से विकसित राजनीतिक व्यवस्थाओं में जन-संचारण और जन-सहभागिता बढ़ जाती है। यह सहभागिता रचनात्मक ही हो यह आवश्यक नहीं है। जन-संचालन और जन-सहभागिता के नकारात्मक पहलू खतरनाक और राजनीतिक विकास के स्थान पर राजनीतिक पतन के प्रतीक बन सकते हैं। दूसरी पेचीदगी, राजनीतिक विकास की इस व्याख्या से यह उत्पन्न होती है कि जन-सहभागिता का मापदण्ड क्या हो? सोवियत रूस में निर्वाचनों में करीब-करीब शत-प्रतिशत मतदान होता है तथा पश्चिमी जर्मनी में यह मत प्रतिशत 93 तक पहुंच गया था और अमरीका में कुछ राज्यों के स्तर के चुनावों में यह 40 प्रतिशत तक रह जाता है। क्या इन प्रतिशतों को जन-सहभागिता का माप माना जाय? इसका निष्कर्ष पाठकों पर ही छोड़ा जाता है। अत: राजनीतिक विकास को राजनीतिक व्यवस्था में जन-संचालन व जन-सहभागिता से जोड़कर समझना कठिन ही है।

(ज) लोकतन्त्र के निर्माण के रूप में राजनीतिक विकास (Political development as the building of democracy)—लोकतन्त्र के निर्माता के रूप में राजनीतिक विकास की व्याख्या करना तर्कसंगत लगता है। इस अर्थ में राजनीतिक विकास, राजनीतिक संरचनाओं और प्रक्रियाओं को प्रतियोगी, स्वतन्त्र तथा जन-सहभागिता के लक्षणों से युक्त करने की प्रक्रिया है। इस विचार के अनेक समर्थक हैं कि लोकतान्त्रिक व्यवस्था की

स्थापना यथार्थ में राजनीतिक विकास ही है। ऊपर से देखने पर इन दोनों की परस्पर सम्बन्ध-सूत्रता का अवबोधन होता है किन्तु, लोकतन्त्र का विचार मूल्यों और विचार-धाराओं से गठबन्धित है जबकि, राजनीतिक विकास की अवधारणा मूल्यों और विचार-धाराओं से उन्मुक्त है। अतः इन दोनों में सम्बन्ध स्थापित कर सकना कठिन बन जाता है।

(झ) स्थायित्व और व्यवस्थित परिवर्तन के रूप में राजनीतिक विकास (Political development as stability and orderly change)—राजनीतिक विकास को स्थायित्व और व्यवस्थित परिवर्तन की व्यवस्था भी माना जाता है। जिन राजनीतिक व्यवस्थाओं में परिवर्तन की सुनिश्चित और व्यवस्थित प्रविधियां प्रचलित रहती हैं तथा जहां अनावश्यक उथल-पुथल नहीं होती हो वे राजनीतिक विकास की अवस्था में मानी जाती है। यहां स्थायित्व सामाजिक, आर्थिक, सांस्कृतिक और राजनीतिक सभी पहलुओं से सम्बन्धित लगता है। इसी तरह इन्हीं क्षेत्रों में व्यवस्थित परिवर्तन की व्यवस्था को राजनीतिक विकास कहा जाएगा। इस अर्थ में यह सामान्य विकास की व्याख्या कही जा सकती है, राजनीतिक विकास की व्याख्या यह नहीं हो सकती। राजनीतिक विकास का इन पहलुओं से केवल सम्बन्ध ही है, यह इन पर पूर्णतया आश्रित नहीं रहता है। इस अर्थ में दो कठिनाइयां और उत्पन्न होती हैं। एक तो यह कि व्यवस्थित परिवर्तन किन विधियों द्वारा निष्पादित परिवर्तन को कहा जाएगा ? इस पर सहमति हो ही नहीं सकती। दूसरी कठिनाई यह है कि स्थायित्व के संकेतक कौन-कौन से बनाए जाएं ? अतः राजनीतिक विकास को इस रूप में समझने का प्रयास भी विशेष सहायक नहीं है।

(ट) शक्ति-संचारक के रूप में राजनीतिक विकास (Political development as mobilization of power)—राजनीतिक व्यवस्था अपनी पूर्ण शक्ति का प्रयोग किस स्तर अथवा मात्रा में करती है इस आधार पर उनकी विकास अवस्था को मापने की बात भी पर्याप्त महत्त्व रखती है। विकास वाली राजनीतिक व्यवस्थाओं में शक्ति के प्रयोग की आवश्यकता नहीं रहती है। इसमें यह आशय भी सन्निहित है कि राजनीतिक व्यवस्था विकास के लिए कितनी शक्ति समाज से जुटा पाती है। शक्ति जुटाना तभी सम्भव होता है जबकि सरकार को स्वाभाविक जन-समर्थन प्राप्त होता रहे। ऐसी अवस्था तभी आएगी जब शासन में जन-सहभागिता होगी। इसको विकास की स्थिति माना जाता है। यह अर्थ अन्ततः राजनीतिक विकास का लोकतन्त्र के साथ सम्बन्ध कर देता है और वही पेचीदगियां उत्पन्न हो जाती हैं जिनकी चर्चा हम इससे पहले लोकतन्त्र के विकास के रूप में कर आए हैं।

(ठ) सामाजिक परिवर्तन की बहु-विशायुक्त प्रक्रिया के एक पहलू के रूप में राजनीतिक विकास (Political development as an aspect of a multi-dimensional process of social change)—इस रूप में राजनीतिक विकास को सामाजिक प्रक्रिया के विभिन्न पहलुओं में से एक पहलू मानकर व्याख्यायित किया गया है। इस सम्बन्ध में यह तो ठीक है कि राजनीतिक विकास का परिवर्तन की सामाजिक प्रक्रिया से घनिष्ठ सम्बन्ध है पर इससे यह उसका एक पहलू नहीं बन जाता है।

राजनीतिक क्षमता, आर्थिक या सामाजिक क्षमता से अवश्य प्रभावित होती है किन्तु, इनको इसका निर्णायक नहीं माना जा सकता है। इसलिए राजनीतिक विकास को सामाजिक परिवर्तन की बहु-दिशायुक्त प्रक्रिया के एक पहलू के रूप में नहीं समझा जा सकता है।

राजनीतिक विकास की इन व्याख्याओं के संक्षिप्त विवेचन से यह स्पष्ट हो जाता है कि राजनीतिक विकास की अवधारणा के अर्थ पर अत्यधिक मतभेद है। इस वर्णन से यह भी बात उभरती है कि विभिन्न विचारक, राजनीतिक विकास को अलग-अलग दृष्टिकोणों से देखने और समझने का प्रयत्न करते हैं। किन्तु, इनमें से किसी एक अर्थ या दृष्टिकोण के आधार पर राजनीतिक विकास का विभिन्न पहलुओं से सम्बन्ध होते हुए भी यह अपने आप में पृथक और सुनिश्चित लक्षणों वाली अवधारणा है। इसलिए इसको किसी व्याख्या विशेष से बांधना न तो वांछनीय है और न ही इसकी वास्तविकता प्रकृति को स्पष्ट करने के लिए आवश्यक है। अगर यथार्थवादी दृष्टिकोण से देखा जाए तो राजनीतिक विकास की यह सभी व्याख्याएं एकपक्षीय और इस कारण अधूरी हैं। इन व्याख्याओं में विचारक के दृष्टिकोण विशेष के आधार पर राजनीतिक विकास को समझाने का प्रयास किया गया है जो आंशिक रूप से ही सही माना जा सकता है। यही कारण है कि ल्यूशियन पाई ने इन सब व्याख्याओं को एकपक्षीय या अपूर्ण मानकर अस्वीकार किया है और स्वयं अपनी व्याख्या प्रस्तुत की है।

पाई राजनीतिक विकास की अवधारणा पर गहराई से विचार करने वाले विचारकों में प्रमुख और अग्रणी विचारक हैं। पाई के अनुसार राजनीतिक विकास का अर्थ करते समय इसके निर्माणक तत्त्वों को ध्यान में रखना आवश्यक है। उसके अनुसार हम राजनीतिक विकास को तीन स्तरों पर होने वाले विकासों के रूप में परिभाषित कर सकते हैं। उसके अनुसार राजनीतिक विकास के चिह्न राजनीतिक व्यवस्था के तीन भिन्न-भिन्न स्तरों पर देखे जाते हैं। डा० एस० पी० वर्मा[5] ने इन तीन स्तरों को निम्नलिखित संदर्भों या पहलुओं के रूप में विवेचित किया है—(i) सम्पूर्ण जनसंख्या के सन्दर्भ में, (ii) शासकीय और सामान्य व्यवस्थाई निष्पादन के स्तर के सन्दर्भ में, और (iii) राजनीति के संगठक के सन्दर्भ में।

अतः राजनीतिक विकास का अर्थ या व्याख्या राजनीतिक व्यवस्था के इन तीन पहलुओं में होने वाले विकासों का समुच्चय है। इन तीनों रूपों में राजनीतिक विकास की व्याख्या करके इसका अर्थ स्पष्ट करना सम्भव होगा। अतः संक्षेप में, इन तीनों का अलग-अलग विवेचन करना आवश्यक है।

(i) सम्पूर्ण जनसंख्या के सन्दर्भ में राजनीतिक विकास की व्याख्या में यह देखा जाता है कि राजनीति व्यवस्था की जनता की प्रकृति में कोई मौलिक परिवर्तन हुए हैं या नहीं। अगर किसी व्यवस्था की जनता में अभिवृत्तात्मक व व्यावहारिक परिवर्तन हो जाएं तो इस आधार पर राजनीतिक व्यवस्था को राजनीतिक दृष्टि से विकसित कहा जाएगा।

[5]S. P. Varma, *op. cit.*, p. 275.

यह परिवर्तन इस प्रकार हैं—(क) जनता पराधीनता के स्तर पर ऊपर के अधिकारियों के आदेश प्राप्त करने और उनके अनुसार कार्य करने के स्थान पर राजनीतिक निर्णय लेने की प्रक्रिया को निरूपित करने वाली और उनमें सहभागी बन जाए। (ख) जनता राजनीतिक प्रक्रियाओं के प्रति उदासीन या निष्क्रिय न रहकर उनमें अधिकाधिक सहभागी बन जाए। (ग) जनता में समानता के सिद्धान्तों के प्रति अधिक संवेदनशीलता (sensitivity) आ जाए और (घ) सर्वव्यापी नियमों को व्यापकतर स्वीकृति मिलने लग जाए। राजनीतिक व्यवस्था की जनता में इस प्रकार के लक्षणों का आना जनता के स्तर पर राजनीतिक विकास का सूचक है। इसको ल्यूशियन पाई 'समानता' के एक शब्द में अभिव्यक्त करते हैं। अर्थात, जिस राजनीतिक समाज में समानता हो वह राजनीतिक दृष्टि से विकास वाला समाज माना जा सकता है।

(ii) शासकीय और सामान्य व्यवस्थाई निष्पादन के स्तर पर राजनीतिक विकास का अर्थ राजनीतिक व्यवस्था की उस अभिवृद्ध क्षमता से लिया जाता है जिससे वह सार्वजनिक मामलों को आधिकारिक और अच्छी तरह से निष्पादित करने लगती है। राजनीतिक व्यवस्था की क्षमता के तीन मानदण्ड पूरे होने पर व्यवस्था को विकसित कहा जा सकता है। यह तीन मानदण्ड इस प्रकार हैं कि राजनीतिक व्यवस्था—(क) राजनीतिक मामलों का उचित प्रबन्ध कर सके, (ख) राजनीतिक विवादों को नियंत्रित रख सके, और (ग) जनता की मांगों का उचित निपटान कर सके। राजनीतिक व्यवस्था तथा शासकों में इन तीनों कार्यों के निष्पादन की क्षमता हो तो उसे राजनीतिक व्यवस्था की क्षमता कहा जाता है। इस तरह, राजनीतिक विकास की यह व्याख्या राजनीतिक व्यवस्था की क्षमता के सन्दर्भ में की गई व्याख्या है।

(iii) राजनीतिक के संगठक के रूप में राजनीतिक विकास को राजनीतिक व्यवस्थाओं में संरचनात्मक और प्रक्रियात्मक परिवर्तनों से जोड़ा जाता है। एक विशेष प्रकार की संरचनात्मक व्यवस्था राजनीतिक विकास का लक्षण प्रस्तुत करती है। राजनीति के संगठक के रूप में राजनीतिक विकास वाली राजनीतिक व्यवस्थाओं में यह तीन लक्षण आ जाते हैं—(क) संरचनात्मक विभिन्नीकरण बढ़ जाता है। (ख) संरचनाओं में बहुत अधिक प्रकार्यात्मक विशेषीकरण हो जाता है। (ग) सहभागी संस्थाओं और संगठनों में अधिकाधिक एकतामयी समन्वय स्थापित हो जाता है। इस प्रकार, राजनीतिक व्यवस्था के संगठन के सन्दर्भ में राजनीतिक विकास संरचनात्मक विभिन्नीकरण और कार्यात्मक विशेषीकरण का संकेतक है। इससे संरचनाओं की एकता और सामंजस्य को आंच नहीं आती है। उनमें एकता, समन्वय और पारस्परिकता बनी रहती है।

ल्यूशियन पाई के अनुसार राजनीतिक विकास की इस त्रिमुखी व्याख्या के आधार-स्तम्भ समानता, क्षमता और विभिन्नीकरण हैं। वह उन्हीं राजनीतिक व्यवस्थाओं को राजनीतिक विकास के मार्ग पर अग्रसर मानता है जिनमें जनता में समानता का सिद्धान्त लागू हो, राजनीतिक व्यवस्था और सरकार आने वाली मांगों, विवादों और राजनीतिक मामलों का निष्पादन करने में समर्थ हो और इनसे सम्बन्धित संरचनाएं अलग-अलग और विशेषीकृत होते हुए भी समन्वय और सामंजस्य रखती रहें।

राजनीतिक विकास की विभिन्न व्याख्याओं के भ्रम को दूर कर इसकी सही व्याख्या के विवेचन से इसका अर्थ स्पष्ट होता है। अब हम इसकी परिभाषा करने का प्रयास कर सकते हैं। पाई ने इसकी सर्वप्रथम परिभाषा उस समय दी जब इस अवधारणा का विकास हो रहा था। उसके द्वारा दी गई परिभाषा इस प्रकार है—

"राजनीतिक विकास, संस्कृति का विसरण (diffusion) और जीवन के पुराने प्रतिमानों को नई मांगों के अनुकूल बनाने, उन्हें उनके साथ मिलाने या उनके साथ सामंजस्य बैठाना है।"[6]

ल्यूशियन पाई ने अपनी इस परिभाषा को, जो उसने राजनीतिक विकास की अवधारणा के विकास के प्रारम्भिक चरण में दी थी, बाद में अधिक परिमार्जित रूप में व्यक्त किया है। स्वयं उसने राजनीतिक विकास पर व्यापक दृष्टिकोण से चिन्तन किया और अन्य स्रोतों से इस अवधारणा पर उपलब्ध तथ्यों के आधार पर इसको अधिक सुस्पष्ट रूप से परिभाषित किया। पाई ने अब राजनीतिक विकास को राजनीतिक व्यवस्था में समानता, उसकी कार्यक्षमता और उसमें संरचनात्मक विभिन्नीकरण के साथ सम्बन्धित माना। इस नये अर्थ में राजनीतिक विकास ऐसी विकास प्रक्रिया मानी गई जिससे जनता में समानता आए, राजनीतिक व्यवस्था में उठने वाली मांगों का संशोधन और समाधान करने की क्षमता हो और राजनीतिक संरचनाओं का विभिन्नीकरण हो जाए। अतः ल्यूशियन पाई की राजनीतिक विकास की अवधारणा समानता, क्षमता और विभिन्नीकरण के तीन आधार स्तभों से सम्बन्धित है।

ऐलफ्रेड डायमेन्ट ने राजनीतिक विकास की परिभाषा सामान्य रूप में देते हुए लिखा है कि "राजनीतिक विकास एक ऐसी प्रक्रिया है जिसके द्वारा एक राजनीतिक व्यवस्था के नये प्रकार के लक्ष्यों को निरन्तर सफल रूप में प्राप्त करने की क्षमता बनी रहती है।"[7] आमन्ड और पावेल ने राजनीतिक विकास की परिभाषा करते हुए लिखा है कि "राजनीतिक विकास राजनीतिक संरचनाओं का अभिवृद्ध विभिन्नीकरण और विशेषीकरण तथा राजनीतिक संस्कृति का बढ़ा हुआ लौकिकीकरण है।"[8] आमन्ड और पावेल की इस परिभाषा में यह अर्थ सन्निहित है कि राजनीतिक संरचनाओं के बढ़ते हुए विभिन्नीकरण और विशेषीकरण तथा संस्कृति के अधिकाधिक लौकिकीकरण से राजनीतिक व्यवस्था की निष्पादन शैली की कार्यदक्षता व प्रभावकारिता बढ़ जाती है जिससे उसकी क्षमताओं में भी वृद्धि हो जाती है।

उपरोक्त परिभाषाओं का गहराई से अध्ययन करने से पता चलता है कि इनमें कोई मौलिक भिन्नताएं नहीं हैं। सबने एक ही प्रकार के विकास लक्षणों को अलग-अलग ढंग

[6]Lucian W. Pye (Ed.), *Communication and Political Development*, Princeton, Princeton University Press, 1963, p. 19.

[7]Alfred Diamant, 'Political Development : Approaches to Theory and Strategy' in John D. Montgomery and William J. Siffin (eds.), *Approaches to Development: Politics, Administration and Change*, New York, McGraw Hill, 1966, p. 15.

[8]Gabriel A. Almond and G. Bingham Powell, Jr., *Comparative Politics: A Developmental Approach*, Boston, Little Brown and Co., 1966, p. 25.

से विवेचित किया है। अतः राजनीतिक विकास की सामान्य परिभाषा हम इन शब्दों में कर सकते हैं—राजनीतिक विकास, राजनीतिक संरचनाओं का विभिन्नीकरण और विशेषीकरण तथा राजनीतिक संस्कृति का ऐसा बढ़ता हुआ लौकिकीकरण है जिससे जनता में समानता और राजनीतिक व्यवस्था में कार्यक्षमता तथा उसकी उप-व्यवस्थाओं की स्वायत्तता बढ़ जाए।

राजनीतिक विकास की व्याख्या, अर्थ और परिभाषाओं के विवेचन से इसकी विशेषताओं और लक्षणों को पहचानना सरल हो जाता है। अतः अब हम राजनीतिक विकास के विभिन्न लक्षणों या विशेषताओं का विवेचन करेंगे। यहां भी यह ध्यान रखना होगा कि अलग-अलग विचारकों ने राजनीतिक विकास के अलग-अलग लक्षण बताए हैं। इसलिए हम पहले इन लक्षणों को इनके प्रतिपादकों के अनुसार ही विवेचित करेंगे और उसके बाद सामान्य निष्कर्ष में विविध लक्षणों का समन्वयी विचार प्रस्तुत करेंगे।

राजनीतिक विकास की विशेषताएं और लक्षण (The Characteristics or Features of Political Development)

राजनीतिक विकास की विशेषताओं पर मतैक्य नहीं है, यह तथ्य हमें परिभाषा के विवेचन में भी देखने को मिला है। अतः हम राजनीतिक विकास की विशेषताओं के बारे में तीन विचारकों के द्वारा दिए गए लक्षणों का अलग-अलग वर्णन करके सामान्य विशेषताओं के बारे में निष्कर्ष निकालेंगे।

(क) ल्यूशियन पाई के अनुसार राजनीतिक विकास की विशेषताएं (Characteristics of political development according to Lucian W. Pye)– ल्यूशियन पाई के अनुसार राजनीतिक विकास की तीन प्रमुख विशेषताएं होती हैं। पाई ने राजनीतिक विकास की अवधारणा का गहन अध्ययन करके यह निष्कर्ष निकाला है कि राजनीतिक विकास का विशेष अर्थ होता है। इसके अर्थ का विवेचन करते समय हम पाई के विचारों का विवेचन कर चुके हैं। वह राजनीतिक बिकास को जनसंख्या, व्यवस्था की कार्यक्षमता और संरचनाओं के आधार पर परिभाषित करता है। उसकी परिभाषा से राजनीतिक विकास की तीन विशेषताएं स्पष्ट होती हैं। उसके अनुसार राजनीतिक विकास का सम्बन्ध विशेषकर (i) समानता, (ii) क्षमता, और (iii) विभिन्नीकरण से होता है।

(i) पाई के अनुसार राजनीतिक विकास की प्रमुख विशेषता राजनीतिक व्यवस्था के व्यक्तियों में समानता के प्रति सामान्य भावना का उत्पन्न होना है। समानता को विस्तार से समझाते हुए पाई यह स्पष्ट करता है कि समानता उसी अवस्था में आई हुई मानी जाएगी जब राजनीतिक गतिविधियों में भाग लेने के सभी लोगों को समान अवसर प्राप्त हों और राजनीतिक प्रक्रियाओं में जन-सहभागिता में किसी प्रकार का भेदभाव नहीं हो। इससे स्पष्ट है कि पाई समानता को केवल सीमित अर्थों में लेते हुए राजनीतिक विकास की विशेषता नहीं मानते। राजनीतिक विकास के लक्षण के रूप में समानता से पाई का तात्पर्य इसकी निम्नलिखित विशेषताओं से है।

(1) राजनीतिक सक्रियता के सभी स्तरों पर नागरिकों को समान अवसर प्राप्त हों।
(2) जन-सहभागिता भेदभाव रहित हो।
(3) पराधीन और आदेश प्राप्त करने वाली जनता के स्थान पर राजनीतिक निर्णयों में सम्मिलित और सहयोगी जनता हो।
(4) कानून सर्वव्यापकता रखते हों अर्थात समाज के, सभी व्यक्ति एक से कानूनों के अनुसार शासित होते हों।
(5) उपलब्धि के आधार पर ही राजनीतिक भर्ती हो।

इस प्रकार के लक्षणों वाला राजनीतिक समाज समानता वाला होगा जो पाई के अनुसार राजनीतिक विकास का मौलिक लक्षण है। यहां पाई कानूनी व्यवस्थाओं के आधार पर स्थापित समानता से ही सन्तुष्ट नहीं होकर इससे आगे जाता है। वह राजनीतिक विकास के लक्षणों को सैद्धान्तिकता से व्यावहारिकता के स्तर पर परखता है। इसी कारण अनेक विकासशील राज्य राजनीतिक विकास की इस विशेषता से युक्त नहीं लगते हैं। भारत में भी समानता केवल नाम से ही या अधिक से अधिक कानूनी रूप से ही देखने को मिलती है। भारत के संविधान का 42वां संशोधन इस समानता को व्यावहारिक बनाने में सहायक कदम होगा या नहीं यह अभी केवल अन्दाज की ही बात कही जा सकती है। अत: राजनीतिक विकास की प्रथम विशेषता समानता की है जो पाई के अनुसार केवल कानूनी ही नहीं व्यावहारिक भी होनी चाहिए।

(ii) राजनीतिक विकास की दूसरी विशेषता का सम्बन्ध राजनीतिक व्यवस्था की क्षमता से है। समानता के लक्षण का सम्बन्ध सम्पूर्ण जन समुदाय से है, जबकि क्षमता का सम्बन्ध राजनीतिक शक्ति की संरचनात्मक व्यवस्था की प्रभावकारिता से है। पाई के अनुसार इस विशेषता का सम्बन्ध राजनीतिक व्यवस्था के निर्गतों (outputs) से अधिक है। राजनीतिक विकास में राजनीतिक व्यवस्था की क्षमता-वृद्धि की निम्नलिखित विशेषताएं होती हैं—

(1) मांगों का समुचित समाधान करना।
(2) विवादों को तर्कसंगत आधार पर सुलझा सकना।
(3) शासन की प्रभावकारिता व समर्थता।
(4) प्रशासकीय निपुणता या कार्यकुशलता।
(5) प्रशासनिक बुद्धिसंगतता।

इन विशेषताओं का सीधा सम्बन्ध राजनीतिक व्यवस्था की क्षमता से होता है। राजनीतिक विकास उसी राजनीतिक व्यवस्था में होता है जिसकी क्षमता उपरोक्त आयामों में बढ़ जाती है। उदाहरण के लिए, समाज में उठने वाली मांगों में उचित व अनुचित सभी प्रकार की मांगें सम्मिलित होती हैं। अनुचित मांगों को दृढ़ता से अस्वीकार कर सकना राजनीतिक व्यवस्था की क्षमता का सूचक है। अत: राजनीतिक विकास की दूसरी विशेषता राजनीतिक व्यवस्था की क्षमता से सम्बन्धित है।

(iii) विभिन्नीकरण राजनीतिक विकास की तीसरी विशेषता है। राजनीतिक संरचनाओं की प्रकृति का राजनीतिक विकास से गहरा सम्बन्ध है। यह स्वत: ही

प्रक्रियाओं के विशेषीकरण से सम्बद्ध हो जाता है। इसमें निम्नलिखित विशेषताएं सम्मिलित हैं —

(1) राजनीतिक संरचनाएं अलग-अलग कार्यों के लिए पृथक-पृथक होती हैं।

(2) कार्यात्मक दृष्टि से कार्यों का विभाजन होता है।

(3) प्रकार्यात्मक सुनिश्चितता होती है।

(4) संरचनाओं व प्रक्रियाओं के पुंज का एकीकरण व उनमें समन्वय स्थापित रहता है।

इस प्रकार के संरचनात्मक विभिन्नीकरण व विशेषीकरण को राजनीतिक विकास के लक्षण के रूप में देखा जाता है। पाई ने समानता, क्षमता और विभिन्नीकरण को राजनीतिक विकास की लक्षण-समष्टि (development syndrome) कहा है। यह राजनीतिक विकास की ऐसी लक्षण-समष्टि या संलक्षण है जिसमें (क) समानता का सम्बन्ध राजनीतिक संस्कृति और उन भावनाओं से है जिनसे व्यवस्था की वैधता और उसके साथ प्रतिबद्धता बढ़ती है, (ख) क्षमता का सम्बन्ध शासन की आधिकारिक संरचनाओं की कार्य-निष्पादनता से है, और (ग) विभिन्नीकरण का सम्बन्ध गैर-आधिकारिक संरचनाओं और समस्त समाज की सामान्य राजनीतिक प्रक्रियाओं से है।

इस प्रकार ल्यूशियन पाई राजनीतिक विकास की तीनों विशेषताओं को राजनीतिक संस्कृति, आधिकारिक संरचनाओं और सामान्य राजनीतिक प्रक्रिया से सम्बन्धित मानता है। ल्यूशियन पाई समानता को राजनीतिक संस्कृति से, क्षमता को आधिकारिक संरचनाओं से तथा विभिन्नीकरण को सामान्य राजनीतिक प्रक्रिया से सम्बन्धित बताकर, राजनीतिक विकास को इनके आपसी सम्बन्धों के इर्द-गिर्द घूमती हुई अवधारणा बना देता है।

(ख) आमन्ड और पावेल के अनुसार राजनीतिक विकास की विशेषताएं (Characteristics of political development according to Almond and Powell)—आमन्ड और पावेल ने राजनीतिक विकास की विशेषताओं को भिन्न शब्दावली में प्रस्तुत किया है। वस्तुतः पाई के द्वारा दिए गए लक्षणों और आमन्ड और पावेल द्वारा दिए गए लक्षणों में कोई मौलिक अन्तर नहीं है। इन्होंने राजनीतिक विकास की तीन विशेषताओं को प्रमुख माना है। यह विशेषताएं हैं—(i) भूमिका विभिन्नीकरण, (ii) उप-व्यवस्था स्वायत्तता, और (iii) लौकिकीकरण।

(i) आमन्ड और पावेल राजनीतिक विकास की प्रमुख विशेषता भूमिका विभिन्नीकरण को मानते हैं। यह विशेषता ल्यूशियन पाई के द्वारा दी गई विभिन्नीकरण की विशेषता का पर्याय ही है। पाई राजनीतिक विकास के लक्षण के रूप में संरचनात्मक विभिन्नीकरण की बात करता है जबकि ये भूमिका-विभिन्नीकरण की बात कहते हैं। इस लक्षण में आमन्ड और पावेल यह मानते हैं कि संरचनाओं का विभिन्नीकरण इतना महत्त्वपूर्ण नहीं है जितना कि भूमिका का विभिन्नीकरण। अनेक देश, विशेषकर साम्यवादी और विकासशील राज्य ऐसे हैं जहां संरचनात्मक विभिन्नीकरण की विस्तृत व सुनिश्चित व्यवस्थाएं की जाती हैं किन्तु, जब वास्तविक व्यवहार की बात आती है तो इन देशों में

एक ही संरचना के द्वारा अन्य संस्थाओं के कार्यों का निष्पादन भी होता है। सोवियत रूस में संरचनात्मक विभिन्नीकरण है, किन्तु भूमिका का विभिन्नीकरण नहीं पाया जाता है। इस कारण आमन्ड और पावेल, पाई से एक कदम आगे जाकर राजनीतिक विकास के लिए ऐसा संरचनात्मक विभिन्नीकरण आवश्यक मानते हैं जो यथार्थ में भूमिकाओं का विभिन्नीकरण भी हो। उदाहरण के लिए, कार्यपालिका के रूप में केवल कार्यपालिका की ही भूमिका का निष्पादन करें और व्यवस्थापिका या न्यायपालिका की भूमिका का निष्पादन नहीं करे तो इसको भूमिका-विभिन्नीकरण माना जाएगा। इसका अर्थ शक्तियों के पृथक्करण से नहीं लेना है। भूमिका-विभिन्नीकरण शक्तियों के पृथक्करण की अवस्था में ही सम्भव हो यह आवश्यक नहीं है। अतः आमन्ड और पावेल राजनीतिक विकास का प्रमुख लक्षण भूमिका-विभिन्नीकरण मानते हैं।

इनका अभिमत है कि भूमिका-विभिन्नीकरण स्वतः ही विशेषीकरण ला देता है। सही बात तो यह है कि भूमिका-विभिन्नीकरण तब तक व्यावहारिक रूप नहीं लेता है जब तक विशेषीकरण नहीं हो जाता है। संरचनाएं विशेषीकरण के आधार पर ही विभिन्न रह सकती हैं। इसलिए भूमिका-विभिन्नीकरण, संरचनात्मक विभिन्नीकरण और विशेषीकरण के साथ जुड़े हुए हैं और एक ही तथ्य के तीन सावयवी एकता वाले पक्ष हैं। इस प्रकार आमन्ड और पावेल राजनीतिक विकास की विशेषता के रूप में भूमिका-विभिन्नीकरण की बात कहकर, संरचनात्मक विभिन्नीकरण और विशेषीकरण का भी आधार ले लेते हैं।

(ii) उप-व्यवस्था स्वायत्तता राजनीतिक व्यवस्था की क्षमता के साथ जुड़ी हुई है। पाई जिसे राजनीतिक व्यवस्था की क्षमता कहते हैं, आमन्ड और पावेल उसे उप-व्यवस्था की स्वायत्तता कहते हैं। इनका मत है कि भूमिका-विभिन्नीकरण तब तक सम्भव नहीं हो सकता जब तक राजनीतिक व्यवस्था की उप-व्यवस्थाओं को स्वायत्तता प्राप्त नहीं हो। इसका सीधा सम्बन्ध राजनीतिक व्यवस्था की क्षमता से इसलिए होता है क्योंकि, उप-व्यवस्था स्वायत्तता शक्ति के एक स्थान पर केन्द्रण के स्थान पर विकेन्द्रीकरण का संकेत है। इससे राजनीतिक व्यवस्था की मांगों की काट-छांट करके उनमें से ठीक और उचित को पूरा करने की क्षमता बढ़ती है। उप-व्यवस्था स्वायत्तता वाली राजनीतिक व्यवस्था में सारी मांगें सीधे एक केन्द्र पर स्थित सरकार के पास नहीं आती हैं, अपितु अन्य संरचनाओं को तथा उप-व्यवस्थाओं को स्वायत्तता प्राप्त होने के कारण उनके निर्णयों में रूपान्तरण की व्यवस्था अनेक स्तरों पर हो जाती है। इससे राजनीतिक व्यवस्था की क्षमता में वृद्धि होती है। उदाहरण के लिए, उप-व्यवस्थाओं की अधिक स्वायत्तता तभी सम्भव हो सकती है जबकि विभिन्नीकरण का ऊंचा स्तर स्थापित हो गया हो। इससे यह स्पष्ट है कि आमन्ड और पावेल उप-व्यवस्था के स्वायत्तता की बात करते हैं तो यह राजनीतिक व्यवस्था की क्षमता और कार्यदक्षता का बढ़ना ही है।

(iii) आमन्ड और पावेल ने राजनीतिक विकास की तीसरी विशेषता लौकिकीकरण की बताई है। लौकिकीकरण का सम्बन्ध सही रूप में संस्कृति से ही है। परम्परागतता से दूर हटने और धर्मनिरपेक्षता की तरफ समाज तभी बढ़ सकते हैं जबकि व्यक्तियों में वह

समानता आये जिसकी बात पाई ने राजनीतिक विकास की विशेषता के रूप में की है। पाई ने समानता का सम्बन्ध औचित्यपूर्ण तथा व्यवस्था के प्रति निष्ठा बढ़ाने वाली राजनीतिक संस्कृति तथा भावनाओं से बताया है। यही अर्थ लौकिकीकरण से लिया जाता है। केवल अन्तर है तो इतना कि समानता के विभिन्न पक्ष होते हैं। इस कारण यह व्यापक संदर्भ से सम्बन्धित है जबकि शायद लौकिकीकरण का संदर्भ इतना व्यापक नहीं है। किन्तु, यह भी ऊपर से देखने पर ही लगता है। लौकिकीकरण के अन्तर्गत समानता का अर्थ सन्निहित है। किसी राजनीतिक समाज में लौकिकीकरण का सम्बन्ध लोगों की अभिवृत्तियों में परिवर्तन आने से है। अभिवृत्तात्मक परिवर्तन समानता के साथ ही चलता है।

आमन्ड और पावेल यह मानते हैं कि राजनीतिक विकास के यह तीनों लक्षण आपस में इस प्रकार से गठबन्धित हैं कि एक में परिवर्तन दूसरे और तीसरे लक्षण में भी परिवर्तन ला देता है। अतः राजनीतिक व्यवस्थाओं में राजनीतिक विकास की तीनों विशेषताओं का अनिवार्यतः एक साथ पाया जाना आवश्यक होता है। इनकी मान्यता है कि राजनीतिक विकास के इन तीन लक्षणों से किसी राजनीतिक व्यवस्था की कार्य-क्षमता (capability) और निष्पादन शैली के प्रतिमानों में स्थिरता और सुनिश्चितता आ जाती है। अतः राजनीतिक विकास, भूमिका विभिन्नीकरण, उप-व्यवस्था स्वायत्तता और संस्कृति का लौकिकीकरण है, जिनको पाई समानता, क्षमता और विभिन्नीकरण का नाम देता है।

(ग) हेलियो जाग्वाराइब के अनुसार राजनीतिक विकास की विशेषताएं (Characteristics of political development according to Helio Jaguaribe)—जाग्वाराइब राजनीतिक विकास पर गहनतम चिंतन करने वाले व्यक्तियों में अग्रणी होते हुए भी अभी तक राजनीतिक विकास के विद्वानों की सूची में प्रतिष्ठित नहीं हो पाये हैं। राजनीतिक विकास का आधुनिकतम सिद्धान्त विकसित करने में इनकी भूमिका आमन्ड, पाई और रिग्स से कहीं अधिक है। उन्होंने न केवल राजनीतिक विकास का सामान्य सिद्धान्त प्रस्तुत किया है, अपितु, वह इसको केवल एक रूप में लेकर इसे संकुचित अवधारणा बनाने से भी बचे हैं। उन्होंने अपनी पुस्तक **पोलिटिकल डेवलपमेन्ट : ए जनरल थियोरी एण्ड ए लेटिन अमेरिकन केस स्टडी** में राजनीतिक विकास को व्यापक दृष्टिकोण से समझने का प्रयत्न किया है। उनका मत है कि राजनीतिक विकास को चार प्रकार से समझ सकते हैं। संक्षेप में यह चार विचार इस प्रकार हैं—(i) राजनीतिक विकास परिवर्त्य के रूप में (the variables of political development), (ii) राजनीतिक विकास राजनीतिक दिशा के रूप में (political development as a political direction), (iii) राजनीतिक विकास एक प्रक्रिया के रूप में (political development as a process), (iv) राजनीतिक विकास विभिन्न पहलुओं के रूप में (political development as different aspects)।

(i) परिवर्त्य के रूप में देखा जाए तो राजनीतिक विकास राजनीतिक व्यवस्था में संरचनात्मक परिवर्तन लाने वाली एक राजनीति सम्बन्धी घटना या क्रिया है। इस रूप

में राजनीतिक विकास एक संरचनात्मक स्तर है जो सामाजिक व्यवस्था की उपव्यवस्था है। इसके विकास को इन परिवर्त्यों के रूप में समझा और नापा जा सकता है। इस प्रकार, राजनीतिक विकास के लक्षण तीन प्रकार के परिवर्त्यों के आधार पर निर्धारित किये जा सकते हैं। यह इस प्रकार हैं—

(अ) प्रचालनात्मक परिवर्त्यों (operational variables) के आधार पर राजनीतिक विकास के तीन लक्षण माने जा सकते हैं—

(1) बुद्धिसंगत अभिमुखीकरण (rational orientations)
(2) संरचनात्मक विभिन्नीकरण (structural differentiation)
(3) क्षमता या सामर्थ्य (capability)

(ब) सहभागिता परिवर्त्यों के आधार (participational variables) पर भी राजनीतिक विकास के तीन लक्षण स्पष्ट होते हैं—

1) राजनीतिक संचालन (political mobilization)
(2) राजनीतिक एकीकरण (political integration)
(3) राजनीतिक प्रतिनिधित्व (political representation)

(स) दिशात्मक परिवर्त्यों (directional variables) के आधार पर राजनीतिक विकास के प्रमुख दो लक्षण होते हैं—

(1) राजनीतिक उच्चतर-विन्यासन (political superordination)
(2) विकास अभिमुखीकरण (development orientation)

परिवर्त्यों के आधार पर राजनीतिक विकास के विभिन्न लक्षणों का किसी न किसी रूप में अन्य विचारकों द्वारा बताए गये लक्षणों में स्पष्टीकरण किया जा चुका है। इसलिए यहां इस सम्बन्ध में इतना ही कहना है कि राजनीतिक विकास एक ऐसी पेचीदा प्रक्रिया है जिसको प्रभावित करने वाले परिवर्त्यात्मक लक्षण ही बहुत अधिक हैं।

(ii) राजनीतिक विकास की दिशा, परिवर्तन या चलने का ज्ञान है। राजनीतिक व्यवस्था में संरचनात्मक परिवर्तन के रूप में राजनीतिक विकास की आवश्यक रूप से कोई निश्चित दिशा होनी चाहिए। संरचनात्मक परिवर्तन राजनीतिक व्यवस्था के अन्दर भी हो सकते हैं और विभिन्न व्यवस्थाओं के बीच भी हो सकते हैं। यह परिवर्तन इन दोनों ही रूपों में दो प्रकार के हो सकते हैं—(क) विश्लेषणात्मक परिवर्तन और (ख) संश्लेषणात्मक परिवर्तन। विश्लेषणात्मक परिवर्तन अगर अन्तःव्यवस्थाई (intra-systemically) हैं तो इससे राजनीतिक विकास के दो लक्षण प्रकट हो सकते हैं—प्रथम को खण्डीकरण (segmentation) कहा जाता है और दूसरे को एकीकरण (unification) का लक्षण कहा जाता है। संश्लेषणात्मक परिवर्तन अगर अन्तर-व्यवस्थाई (inter-systemically) है तो इससे भी राजनीतिक विकास के दो लक्षण प्रकट होते हैं। प्रथम लक्षण विघटन (dissolution) का होता है और दूसरा लक्षण विलयन (fusion) का होता है। इन चारों लक्षणों को व्यवस्थित ढंग से इस प्रकार समझा जा सकता है—
(1) अन्तः-व्यवस्थाई विश्लेषणात्मक परिवर्तन, (क) खण्डीकरण और (ख) एकीकरण
(2) अन्तरव्यवस्थाई संश्लेषणात्मक परिवर्तन, (क) विघटन और (ख) विलयन के होते हैं।

राजनीतिक विकास की दिशा के आधार पर राजनीतिक विकास का संरचनात्मक परिवर्तनों पर प्रभाव पड़ता है। अगर अन्तःव्यवस्थाई विश्लेषणात्मक परिवर्तन हैं तो इनका एक दिशा में परिवर्तन खण्डीकरण लाता है और दूसरी दिशा में एकीकरण लाने का कार्य करता है। किन्तु परिवर्तन अन्तर-व्यवस्थाई संश्लेषणात्मक रूप में हो तो एक दिशा विघटन और दूसरी दिशा विलयन लाने वाली होती है। अतः राजनीतिक विकास के लक्षण राजनीतिक विकास के संरचनात्मक परिवर्तनों की प्रकृति पर निर्भर करते हैं कि यह व्यवस्था को तोड़ने से सम्बन्धित हैं या उसको जोड़ने से इनका सम्बन्ध है।

(iii) राजनीतिक विकास, एक प्रक्रिया के रूप में राजनीतिक आधुनिकीकरण धन (plus) राजनीतिक संस्थाकरण है। राजनीतिक आधुनिकीकरण राजनीति के प्रचालनात्मक परिवर्त्यों में वृद्धि की प्रक्रिया है जिसमें तीन लक्षण सम्मिलित हैं— (क) बुद्धिसंगत अभिमुखीकरण (rational orientation), (ख) संरचनात्मक विभिन्नीकरण (structural differentiation), और (ग) सामर्थ्य या क्षमता (capability)। राजनीतिक संस्थाकरण राजनीतिक व्यवस्था या राजनीति के सहभागिता परिवर्त्यों में वृद्धि की प्रक्रिया है जिसमें तीन लक्षण होते हैं— (क) राजनीतिक संचालन (political mobilization), (ख) राजनीतिक एकीकरण और (political integration), (ग) राजनीतिक प्रतिनिधित्व (political representation)। इस प्रकार, प्रक्रिया के रूप में राजनीतिक विकास के लक्षण राजनीतिक आधुनिकीकरण और संस्थाकरण के रूप में प्रचालनात्मक और सहभागिता-सम्बन्धी लक्षणों वाले ही हैं।

(iv) राजनीतिक विकास को विकास के विभिन्न पहलुओं के रूप में भी समझने का प्रयास जाग्वाराइब ने किया है। उसका मत है कि राजनीतिक विकास के प्रथम तीन दृष्टिकोण व उनसे सम्बन्धित लक्षण राजनीतिक विकास को समग्रता की दृष्टि से देखने वाले नहीं कहे जा सकते। अगर राजनीतिक विकास की वास्तविक प्रकृति और उसके लक्षणों को समझना है तो उसके तीन पहलुओं को सम्मिलित रूप से लेना होगा। किसी एक पहलू से राजनीतिक विकास की प्रक्रिया की पूर्णता का ज्ञान नहीं हो सकता है। राजनीतिक विकास को विकास के परिवर्त्यों, दिशा और केवल प्रक्रिया-आधुनिकीकरण और संस्थाकरण के रूप में समझने का प्रयत्न आंशिक प्रयत्न होगा। राजनीतिक विकास पर विहंगम दृष्टिकोण अपनाकर इसके तीनों पहलुओं के आधार पर ही इसके लक्षण समझे जा सकते हैं। अतः जाग्वाराइब इन पहलुओं का संदर्भ लेकर इनके विवेचन में ही राजनीतिक विकास के लक्षणों का संकेत देता है। अतः हम इन पहलुओं का विवेचन करके लक्षणों का निर्धारण करेंगे। यह पहलू इस प्रकार हैं—(क) राजनीतिक व्यवस्था की क्षमता या सामर्थ्य का विकास, (ख) समाज के समग्र विकास में राजनीतिक व्यवस्था के योगदान का विकास और (ग) राजनीतिक व्यवस्था की अनुक्रियात्मकता का विकास।

राजनीतिक व्यवस्था की सामर्थ्य के विकास से जाग्वाराइब का आशय सामाजिक व्यवस्था की उप-व्यवस्था के रूप में राजनीति (polity) की प्रभावकारिता के विकास से है। इस पहलू से वह राजनीतिक विकास के दो लक्षण स्पष्ट करता है। प्रथम लक्षण

अभिवृद्ध सामाजिक सहमति का है तथा दूसरा लक्षण अभिवृद्ध सामाजिक सहभागिता का है।

समाज के सर्वांगीण विकास में राजनीतिक व्यवस्था के योगदान के विकास से जाग्वाराइब यह अर्थ लेता है कि राजनीतिक साधनों से सम्पूर्ण समाज का विकास, जिसमें सांस्कृतिक सहभागिता और आर्थिक व्यवस्था का विकास सम्मिलित है, कहां तक किया जाता है ? राजनीतिक विकास का यह पहलू अधिक महत्त्वपूर्ण है क्योंकि, रूस से लेकर क्यूबा तक में राजनीतिक विकास के साधनों का सम्बन्धित समाजों के सर्वांगीण विकास में सफलतापूर्वक प्रयोग किया गया है। यह पहलू इसलिए भी महत्त्वपूर्ण हो जाता है क्योंकि, इसमें सामान्य विकास के लक्ष्य और प्रयत्न सन्निहित हो जाते हैं। इससे राजनीतिक विकास का समनुरूपता (congruence) का लक्षण स्पष्ट होता है।

राजनीतिक व्यवस्था की अनुक्रियात्मकता के विकास का अर्थ राजनीतिक विधियों से राजनीतिक मतैक्य और सामाजिक मतैक्य के विकास से है, अर्थात राजनीतिक व्यवस्था के विकास में अधिकतम राजनीतिक मतैक्य का लाना और इसके द्वारा सम्पूर्ण समाज में अधिकतम मतैक्य की स्थापना में राजनीतिक साधनों का प्रयोग राजनीतिक व्यवस्था के अनुक्रियात्मकता के विकास से ही सम्भव है। जाग्वाराइब यह मानता है कि ये दोनों ही आदर्श अव्यावहारिक हैं। किसी भी तरह की राजनीतिक व्यवस्थाई अनुक्रियात्मकता राजनीतिक मतैक्य नहीं ला सकती है और यह आ भी जाए तो भी आर्थिक, सामाजिक और सांस्कृतिक कारणों से सामाजिक मतैक्यता तो पूर्णतया कल्पनात्मक ही रहती है। ऐसा समाज हो ही नहीं सकता जहां सब व्यक्ति, सब बातों पर सर्वदा सहमत रहें। इस पहलू के आधार पर राजनीतिक विकास के तीन लक्षण स्पष्ट किये गये हैं—प्रथम प्रतिनिधात्मकता का, दूसरा वैधता तथा तीसरा प्रयोज्यता (serviceability) का लक्षण है।

उपरोक्त विवेचन में जाग्वाराइब ने राजनीतिक विकास को सामान्य और विशिष्ट दोनों अर्थों में लेते हुए इसकी निम्नलिखित विशेषताओं का संकेत दिया है। यद्यपि यह सही है कि जाग्वाराइब राजनीतिक विकास को परिवर्त्यों, विकास की दिशा, विकास की प्रक्रिया और विकास के विभिन्न पहलुओं के रूप में विवेचित करने से आगे नहीं बढ़ता, फिर भी इस विवेचन में उसके मतानुसार राजनीतिक विकास की विशेषताएं भी स्पष्ट उभर आती हैं। संक्षेप में, यह विशेषताएं इस प्रकार हैं—(क) अभिवृद्ध सामाजिक सामंजस्य, (ख) अभिवृद्ध सामाजिक सहभागिता, (ग) अभिवृद्ध सामाजिक समनुरूपता, (घ) अभिवृद्ध प्रतिनिधात्मकता, (च) अभिवृद्ध वैधता और (छ) अभिवृद्ध प्रयोज्यता।

(क) जाग्वाराइब का अभिमत है राजनीतिक विकास राजनीतिक सहमति में वृद्धि करता है जिसको स्थायी तभी रखा जा सकता है जबकि इस सहमति के आधार के रूप में सामाजिक सहमति में भी वृद्धि हो। इस तरह, वह राजनीतिक विकास को औपचारिकता के आवरण से ऊपर उठाकर एक वृहत्तर स्तर पर आने वाले परिवर्तनों से जोड़ने का प्रयत्न करता है। इसलिए ही उसने अभिवृद्ध राजनीतिक सहमति को राजनीतिक विकास के लक्षणों में गौण स्थान भी नहीं देकर इसके आधार—सामाजिक सामंजस्य को राज-

नीतिक विकास के लक्षण में सम्मिलित किया है। उसका अभिमत है कि विकासशील राज्यों में राजनीतिक विकास के अवरुद्ध होने का कारण ही यह है कि इन देशों में राजनीतिक सहमति या सामंजस्य देखने में आता है किन्तु, यह सामाजिक स्तर तक नहीं पहुंच पाता है।

(ख) बढ़ती हुई सामाजिक सहभागिता भी राजनीतिक सहभागिता की वास्तविकता की सूचक है और इससे ही राजनीतिक सहभागिता स्थायित्व के लक्षण से युक्त होती है। यहां भी जाग्वाराइब वही दलील पेश करता है जो ऊपर वाले लक्षण के स्पष्टीकरण में दी गई है।

(ग) राजनीतिक विकास से केवल राजनीतिक व्यवस्था में बढ़ती हुई समनुरूपता ही आती है तो यह औपचारिक दृष्टि से ही राजनीतिक विकास का सूचक होगी। आवश्यकता इस बात की है कि घोड़ा-गाड़ी के आगे जोता जाए, पीछे नहीं। अगर राजनीतिक संरचनाओं में समनुरूपता है और समाज में नहीं है तो यह घोड़े को गाड़ी के पीछे जोतना है अर्थात यह स्थिति या लक्षण राजनीतिक विकास का नहीं है। यह राजनीतिक विकास की औपचारिकता या अधिक से अधिक इसकी क्षणिक अस्तित्वता का है। सही अर्थों में राजनीतिक विकास, सम्पूर्ण समाज व्यवस्था में समनुरूपता का प्रेरक होने पर ही सम्भव होता है।

उपरोक्त तीन लक्षण सामान्य राजनीतिक विकास से सम्बन्धित माने जा सकते हैं। यह राजनीतिक विकास के आधार-स्तम्भ हैं जिनके अभाव में राजनीतिक विकास सही अर्थों में विकास न होकर राजनीतिक विकास की औपचारिकता मात्र है। विकासशील राज्यों में यही मौलिक लक्षण अभी तक स्थापित नहीं हो पाने के कारण इन देशों की राजनीतियां विकसित होने के स्थान पर पिछड़ती या पतन की ओर बढ़ती जा रही हैं। जाग्वाराइब का कहना है कि अनेक विकासशील और स्वेच्छाचारी राज्यों में राजनीतिक विकास के यह तीन लक्षण देखने को नहीं मिलते हैं। क्योंकि इन तीनों का सम्बन्ध राज्य व समाज व्यवस्था की संस्कृति में स्थायी परिवर्तनों से है।

(घ) राजनीतिक विकास का एक लक्षण प्रतिनिधात्मकता का बढ़ना है। इससे यह आशय है कि राजनीतिक संरचनाओं की प्रकृति प्रतिनिधात्मक हो और यह भी औपचारिक नहीं होनी चाहिए। उदाहरण के लिए, श्रीलंका, पश्चिमी जर्मनी, अमरीका और सोवियत रूस में आम चुनावों में प्रतिनिधियों के चुनाव में मतदान का प्रतिशत एक संकेतक के रूप में लिया जाय तो इन देशों में यह प्रतिशत क्रमशः 84.4 (1970), 93 (1976), 54 (1964) और 99.7 (1974) रहा था। इससे प्रतिनिधात्मकता के बारे में पाठक स्वयं निष्कर्ष निकाल सकते हैं कि किस राज्य में सही रूप में यह पाई जाती है। राजनीतिक विकास के लिए प्रतिनिधात्मक वास्तविक होनी चाहिए, केवल औपचारिक नहीं।

(च) शासन शक्ति की वैधता का कोई विशेष स्पष्टीकरण आवश्यक नहीं है। यहां इतना ही कहना पर्याप्त रहेगा कि सत्ता के वैधीकरण की संरचनात्मक व्यवस्थाएं व्यवहार में प्रयुक्त होती रहें। जैसे निश्चित कालान्तर पर चुनावों की व्यवस्था या संवैधानिक

संकट उत्पन्न करने वाले प्रश्नों पर जनमत प्राप्त करने के लिए मध्यावधि चुनाव इत्यादि की व्यवस्था हो। लोकनिर्णय या जनमत संग्रह भी इसके साधन हो सकते हैं। राजनीतिक विकास के लक्षण के रूप में आवश्यकता सत्ता की वैधता की वास्तविकता की है।

(छ) राजनीतिक व्यवस्था की औपचारिकता से उसकी विकसित अवस्था का ज्ञान नहीं हो सकता है। राजनीतिक विकास में राजनीतिक संरचनाएं, प्रक्रियाएं और व्यवस्थाएं सबके लिए प्रयोज्यता रखें यह आवश्यक है। समाज के सदस्यों के लिए राजनीतिक संरचनाओं की जितनी प्रयोज्यता बढ़ेगी उतना ही राजनीतिक विकास माना जाएगा।

उपरोक्त विवेचन से स्पष्ट है कि आखिरी तीन लक्षणों का सम्बन्ध राजनीतिक व्यवस्था के स्तर पर विशिष्ट प्रकार के राजनीतिक परिवर्तनों से है। इस कारण यह लक्षण विशिष्ट राजनीतिक विकास के लक्षण माने जा सकते हैं। कुल मिलाकर जाग्वाराइब ने राजनीतिक विकास को एक ऐसी प्रक्रिया के रूप में देखा है जो परिवर्तन या विकास के क्रम में अन्य व्यवस्थाओं द्वारा प्रभावित रहती भी है और उन्हें प्रभावित करती भी है। अतः राजनीतिक विकास को सामान्य विकास के संदर्भ से पृथक भी नहीं करना चाहिए और न ही उसमें डुबोकर इसको समझने का प्रयत्न करना चाहिए। यह सामान्य विकास से सम्बन्धित है पर साथ ही उससे स्वायत्त भी है।

राजनीतिक विकास के लक्षणों को लेकर तीन विचारकों के द्वारा प्रतिपादित लक्षणों का विवेचन किया गया है। इनमें पाई, आमन्ड और पावेल के द्वारा बताये लक्षण एक से हैं, किन्तु जाग्वाराइब द्वारा बताये गये लक्षण जटिल और व्यापक संदर्भ होने के कारण विस्तार से उदाहरणों के द्वारा ही समझाए जा सकते हैं। अतः इनका उल्लेख करने वाले पाठक को विशेष रूप से सावधान रहना चाहिए अन्यथा उसके विवेचन का अधूरापन या संक्षिप्तता परीक्षा की दृष्टि से घातक हो सकती है।

अन्त में हम सी० एच० डोड के द्वारा उसकी पुस्तक **पोलिटिकल डेवेलपमेन्ट** में दिए गए कुछ लक्षणों का उल्लेख करना उपयोगी मानते हैं क्योंकि, डोड ने साधारण भाषा में सरल शब्दों का प्रयोग करते हुए राजनीतिक विकास की विशेषताओं का विवेचन किया है जो सामान्य पाठक को राजनीतिक विकास का अर्थ समझाने में अधिक सहायक मानी जा सकती हैं। डोड के मतानुसार राजनीतिक विकास की चार प्रमुख विशेषताएं होती हैं। यह विशेषताएं इस प्रकार हैं—(क) समानता के प्रति ऐसी सामान्य भावना जिससे राजनीति में भाग लेने और सरकारी पदों के लिए प्रतियोगिता करने के समान अवसरों की अनुमति रहे। (ख) राजनीतिक व्यवस्था में नीतियों के निर्धारण और उनको क्रियान्वित करने की क्षमता हो। (ग) राजनीतिक कार्यों का ऐसा विभिन्नीकरण और विशेषीकरण हो जो कि उनकी समग्र एकता (overall integration) की कीमत पर न हो। (घ) राजनीतिक प्रक्रियाओं का इस तरह लौकिकीकरण हो जिससे राजनीति, धार्मिक उद्देश्यों और प्रभावों से पृथक रह सके।

इस प्रकार डोड ने राजनीतिक विकास को व्यापक संदर्भ में लेते हुए भी सुनिश्चित और विशिष्ट लक्षणों वाली अवधारणा माना है। उसके अनुसार यह सामान्य विकास के सम्बन्ध और उससे स्वायत्तता, दोनों ही रूप रखता है। इस तरह, वह जाग्वाराइब के

विचारों में अधिक मेल रखता है पर उसके विचारों को पाई, आमन्ड और पावेल के विचारों से भी बहुत अधिक बेमेल नहीं कहा जा सकता है।

राजनीतिक विकास और राजनीतिक आधुनिकीकरण (Political Development and Political Modernisation)

राजनीतिक विकास को राजनीतिक आधुनिकीकरण और आधुनिकीकरण के समान ही विकास की प्रक्रिया मानने की प्रवृत्ति काफी प्रचलित रही है। सर्वप्रथम हण्टिंगटन ने राजनीतिक विकास को आधुनिकता से पृथक प्रक्रिया माना और यह बताया कि दोनों में सम्बन्ध होते हुए भी दोनों पृथक प्रकार की प्रक्रियाएं हैं। उसने आधुनिकीकरण को राजनीतिक विकास का प्रेरक नहीं बताकर राजनीतिक विकास को आधुनिकीकरण लाने वाली प्रक्रियाओं और संरचनाओं से सम्बन्धित माना है। हण्टिंगटन के अनुसार राजनीतिक विकास "राजनीतिक संगठनों और प्रक्रियाओं का संस्थाकरण है।"[9] इस प्रकार, हण्टिंगटन ने राजनीतिक विकास को संस्थाकरण करने के समान मानकर यह स्पष्ट करने का प्रयास किया कि अच्छी तरह संस्थाकृत राजनीतिक व्यवस्था में अधिक अनुकूलता, जटिलता, स्वायत्तता और क्रमिकता आ जाती है जो राजनीतिक विकास के संकेतक हैं। इस विचार से राजनीतिक विकास, राजनीतिक आधुनिकीकरण के समान ही विकास-प्रक्रिया नहीं माना जा सकता है। हण्टिंगटन ने इसको आधुनिकीकरण से भिन्न किन्तु, राजनीतिक आधुनिकीकरण से घनिष्ठ रूप से सम्बन्धित प्रक्रिया माना है।

जाग्वाराइब ने राजनीतिक विकास और राजनीतिक आधुनिकीकरण में अन्तर करते हुए यह माना है कि राजनीतिक विकास की अवधारणा राजनीतिक आधुनिकीकरण से अधिक व्यापक और सर्वग्राही है। उसने इस सम्बन्ध में लिखा है, "राजनीतिक विकास एक प्रक्रिया के रूप में राजनीतिक आधुनिकीकरण तथा राजनीतिक संस्थाकरण का जोड़ है।"[10] (Political development, as a process, is political modernisation plus political institutionalisation) आयन्स्टैड ने राजनीतिक आधुनिकीकरण की प्रक्रिया को ऐतिहासिक और प्रकार्यात्मक दोनों ही रूपों में देखने का प्रयास किया है। उसने प्रकार्यात्मक दृष्टि से राजनीतिक आधुनिकीकरण के तीन लक्षणों की चर्चा की है। यह लक्षण हैं—(क) अत्यधिक विभिन्नीकृत राजनीतिक संरचनाओं का विकास, (ख) केन्द्रीय सरकार की गतिविधियों का बढ़ता हुआ विस्तार और (ग) परम्परागत अभिजनों (elites) का शक्तिहीन होना। इसका अभिमत है कि संरचनात्मक विविधता और विभिन्नीकरण और निरंतर संरचनात्मक परिवर्तन के परिणामस्वरूप केन्द्र और बृहत्तर समूहों के बीच पारस्परिकता और अन्तःक्रिया बढ़ जाती है और उभरती संरचनाओं की सामर्थ्य निरंतर परिवर्तन का मुकाबला करने और दीर्घकालिक विकास लाने वाली हो जाती हैं। राजनीतिक आधुनिकीकरण को ऐतिहासिक दृष्टि से देखते हुए आयन्स्टैड

[9]S. P. Varma, *op. cit.*, p. 281.

[10]Helio Jaguaribe, *Political Development: A General Theory and a Latin American Case Study*, New York, Harper and Row, 1973, p. 193.

ने इसके दो चरणों की चर्चा की है। प्रथम स्थिति में, मध्यम वर्ग निर्णय-केन्द्रों में सम्मिलित कर लिये जाते हैं और इसके साथ-साथ उनके लिए उन्नत जीवन स्तर की स्थितियों की व्यवस्था होती है। इसके साथ ही साथ लौकिकीकरण की प्रक्रिया और प्रौद्योगिक विकास भी होता है। दूसरी दशा में जनता को पूर्णतया निर्णय केन्द्रों में सम्मिलित कर दिया जाता है।

इस प्रकार जाग्वाराइब और आयन्स्टैड राजनीतिक आधुनिकीकरण को व्यापक अवधारणा नहीं मानते हैं। जाग्वाराइब का कहना है कि राजनीतिक विकास में राजनीतिक आधुनिकीकरण के अलावा संस्थाओं या संरचनाओं का संस्थाकरण भी हो जाता है। आमन्ड के अभिमत का उल्लेख करते हुए उसने राजनीतिक विकास में (1) भूमिका विभिन्नीकरण, जिसमें (क) भूमिकाओं और उप-व्यवस्थाओं का विशेषीकरण, (ख) स्रोतों का लचीलीकरण, (ग) प्रकार्यों की बुद्धिसंगतता और (घ) साधनों को निर्मित करना सम्मिलित है; (2) उप-व्यवस्था स्वायत्तता और (3) लौकिकीकरण के लक्षणों की बात कही है। इससे जाग्वाराइब यह स्पष्ट करने का प्रयत्न करता है कि राजनीतिक विकास में राजनीतिक आधुनिकीकरण से अधिक व भिन्न प्रकार का विभिन्नीकरण होता है। राजनीतिक आधुनिकीकरण में सत्ता की बुद्धिसंगतता, राजनीतिक संरचनाओं का विभिन्नीकरण और राजनीतिक सहभागिता ही प्रमुख आयाम माने गये हैं जबकि राजनीतिक विकास में अगर आमन्ड द्वारा दिये गये उपरोक्त लक्षणों को ही लें तो भी इससे वृहत्तर और भिन्न प्रकार की परिवर्तन प्रक्रियाओं का अर्थ-बोधन होता है। ल्यूशियन पाई ने जिन तीन लक्षणों को सर्वप्रथम राजनीतिक विकास के लिए प्रतिपादित किया उस आधार पर भी राजनीतिक विकास राजनीतिक आधुनिकीकरण से व्यापक अवधारणा बन जाती है। इसका सम्बन्ध पाई के शब्दों में समानता, क्षमता और विभिन्नीकरण से होता है।

उपरोक्त विवेचन से स्पष्ट है कि राजनीतिक आधुनिकीकरण और राजनीतिक विकास में लक्षणों की दृष्टि से मौलिक अन्तर नहीं पाया जाता है। किन्तु, बारीकी से देखने पर राजनीतिक आधुनिकीकरण, संक्रमणशील समाजों की राजनीतिक व्यवस्थाओं में आने वाले संरचनात्मक तथा सांस्कृतिक परिवर्तनों तक ही सीमित है। यद्यपि इससे राजनीतिक व्यवस्था की उप-व्यवस्थाओं, राजनीतिक संस्कृति तथा उनकी प्रक्रियाओं में आने वाले परिवर्तनों का बोध भी होता है, परन्तु इससे राजनीतिक व्यवस्था की क्षमता, उप-व्यवस्थाओं की स्वायत्तता इत्यादि का संकेत नहीं मिलता। इस प्रकार, राजनीतिक विकास न तो आधुनिकीकरण की प्रक्रिया का परिणाम कहा जा सकता है और न ही राजनीतिक आधुनिकीकरण का पर्याय माना जा सकता है। यद्यपि राजनीतिक विकास और राजनीतिक आधुनिकीकरण गत्यात्मक अवधारणाएं हैं और तुलनात्मक राजनीतिक अध्ययनों में इनका विशेष रूप से प्रयोग उपयोगी निष्कर्षों तक पहुंचाने में सहायक होता है, फिर भी दोनों में काफी अन्तर पाए जाते हैं।

कुछ विद्वान, जिनका हम राजनीतिक आधुनिकीकरण के विस्तृत विवेचन में उल्लेख करेंगे, उपरोक्त विचार से सहमत नहीं हैं। उनके अनुसार राजनीतिक विकास की अव-

धारणा सीमित और स्थैतिक (static) है। क्योंकि, इसका सम्बन्ध प्रमुखतया संरचनाओं के संस्थाकरण से है जबकि आधुनिकीकरण के राजनीतिक पक्ष का सम्बन्ध प्रमुखतया सांस्कृतिक परिवर्तनों से है। इन विद्वानों की मान्यता है कि इससे राजनीतिक विकास का सम्बन्ध औपचारिकताओं से जुड़ जाता है जबकि, राजनीतिक आधुनिकीकरण का सम्बन्ध वास्तविकताओं से अधिक होता है। इस सम्बन्ध में हम विद्वानों में मतभेद ही अधिक पाते हैं। जब तक सब विद्वान राजनीतिक विकास और राजनीतिक आधुनिकीकरण के अर्थ और लक्षणों पर सहमत न हो जाएं तब तक इन दोनों में कौन-सी अवधारणा व्यापक और वृहत्तर संदर्भ रखती है कह सकना सम्भव नहीं है। उदाहरण के लिए, अगर ल्यूशियन पाई के अनुसार राजनीतिक विकास का अर्थ और लक्षण (समानता, क्षमता और विभिन्नीकरण) लिये जाएं तो यह राजनीतिक आधुनिकीकरण के मुकाबले में सीमित बन जाती है। अगर इसका आमन्ड के द्वारा बताया गया अर्थ और लक्षण (भूमिका विभिन्नीकरण, उप-व्यवस्था स्वायत्तता और लौकिकीकरण) लिए जाएं तो यह राजनीतिक आधुनिकीकरण से अधिक सर्वग्राही अवधारणा बन जाती है। इसी तरह, जाग्वाराइब के द्वारा उल्लेखित लक्षण (सामाजिक सामंजस्य, सहभागिता, समनुरूपता, प्रतिनिधात्मकता, वैधता और प्रयोज्यता) इसको इतनी व्यापक अवधारणा बना देते हैं कि राजनीतिक आधुनिकीकरण इसका परोक्ष रूप से परिणाम बन जाता है।

निष्कर्ष में हम यही कह सकते हैं कि राजनीतिक विकास और राजनीतिक आधुनिकीकरण पर इतना मतभेद बना हुआ है कि सुनिश्चित रूप से कुछ कह सकना कठिन है। उदाहरण के लिए, आयन्स्टैड ने राजनीतिक आधुनिकीकरण की प्रक्रिया को प्रकार्यात्मक (अत्यधिक विभिन्नीकृत राजनीतिक संरचनाओं का विकास, केन्द्रीय सरकार की गतिविधियों का बढ़ता हुआ विस्तार और परम्परागत अभिजनों का शक्तिहीन होना और इसके परिणामस्वरूप केन्द्र और वृहत्तर समूहों के मध्य पारस्परिकता और अन्तःक्रिया में वृद्धि और ऊर्ध्वगामी या उभरती संरचनाओं की सामर्थ्य निरन्तर परिवर्तन का मुकाबला करने और दीर्घकालिक विकास लाने वाली हो जाना) तथा ऐतिहासिक (मध्यम वर्ग निर्णय केन्द्रों में सम्मिलित किये गये और दूसरी अवस्था में जनता को पूर्णतया निर्णय केन्द्रों में सम्मिलित करना) दृष्टि से देखकर इतनी व्यापक अवधारणा बना दिया है कि यह राजनीतिक विकास से किसी तरह सीमित नहीं रह जाती है। अतः इन दोनों के बारे में सापेक्षता वाले निष्कर्ष इनके अर्थों व लक्षणों विशेष से जोड़कर ही निकाले जा सकते हैं। इसलिए हम किसी निश्चित निष्कर्ष पर नहीं पहुंचकर, इस विवेचन को यहीं समाप्त कर रहे हैं।

राजनीतिक विकास के स्तर या अवस्थाएं (Stages of Political Development)

राजनीतिक विकास के स्तर या अवस्थाओं का विचार अर्थशास्त्र से लिया गया प्रतीत होता है। रोस्टोव ने अपनी पुस्तक **स्टेजेज ऑफ इकोनोमिक ग्रोथ** में आर्थिक विकास के विभिन्न स्तरों के विचार का विकास किया है। इससे यह प्रेरणा मिली कि राजनीतिक

विकास के भी विभिन्न स्तरों के बारे में सोचा जाने लगा। राजनीतिक विचारक भी यह मानने लगे कि विश्लेषणात्मक आनुभाविकता की दृष्टि से राजनीतिक विकास के सुनिश्चित परिचालक और स्तर हो सकते हैं जो प्रतिमानित क्रम और भविष्यवाणी करने योग्य अनुक्रमों में से गुजरते से लगते हैं। ऐसा माना जाने लगा कि हर समाज में आर्थिक स्तरों के अनुक्रम के अनुसार अवश्य ही राजनीतिक विकास के स्तर होते हैं। अतः रोस्टोव के विचारों का राजनीतिक विकास के स्तर-निर्णय या स्तर-अध्ययन पर निश्चित प्रभाव माना जा सकता है। जाग्वाराइब का मत है कि "मैं इस बात पर जोर देकर कहता हूं कि व्यक्त या अव्यक्त ढंग से वे सब विचारक, जो राजनीतिक विकास को प्रक्रिया के रूप में लेते हैं, राजनीतिक विकास को ऐतिहासिकता और विश्लेषणात्मकता की दृष्टि से अभिज्ञाननीय निश्चित स्तरों के क्रम में प्रस्तुत करते हैं।"[11] अतः राजनीतिक विकास के विभिन्न स्तरों के सम्बन्ध में कुछ विचारकों के विचारों का संक्षिप्त विवेचन दिया जा रहा है।

(क) **हण्टिंगटन के विचार** (The views of Huntington)—हण्टिंगटन ने अपने एक निबन्ध 'पोलिटिकल डेवेलपमेन्ट एण्ड पोलिटिकल डिके' में राजनीतिक पतन की बात कहते हुए राजनीतिक विकास के अवस्थावादियों पर गम्भीर आरोप लगाए और इस विवेचन प्रक्रिया में स्वयं ने राजनीतिक विकास के विभिन्न स्तरों की बात कही। उसने तीन प्रमुख परिचालन सेटों की बात कही है जिनका उन राज्यों से सम्बन्ध है जिन्होंने सफलतापूर्वक राजनीतिक विकास की निश्चित अवस्था या उससे आगे की अवस्था तक विकास कर लिया है। इस प्रकार, उसने राजनीतिक विकास के तीन स्तर विशेष माने हैं। संक्षेप में यह इस प्रकार है :

(i) सत्ता की बुद्धिसंगतता का स्तर, जिसमें अनेकों स्थानीय सत्ताओं के स्थान पर एक केन्द्रीय सत्ता का निर्माण हो जाता है। इसे वह सत्ता के केन्द्रीकरण की अवस्था कहता है। इससे उसका तात्पर्य यह है कि राजनीतिक विकास का यह वह स्तर है जब सत्ता के स्रोतों के रूप में एक ही केन्द्रीय सत्ता-अभिकरण या प्रकरण स्थापित हो जाता है।

(ii) नये राजनीतिक कार्यों का विभिन्नीकरण और उनके लिए विशिष्ट संरचनाओं का विकास, राजनीतिक विकास की प्रक्रिया का दूसरा स्तर है। इसमें राजनीतिक प्रक्रिया में नवीन राजनीतिक कार्यों के निष्पादन सम्मिलित हो जाते हैं और इनके निष्पादन के लिए उपयुक्त संरचनात्मक व्यवस्था का विकास हो जाता है।

(iii) अभिवृद्ध सहभागिता जो परिसरीय सामाजिक समूहों और समाज के भागों को धीरे-धीरे केन्द्रीय सत्ता में सम्मिलित करने का स्तर है।

हण्टिंगटन की मान्यता है कि विकास की यह प्रक्रिया तभी सम्भव होती है जब यह तीनों सुनिश्चित प्रचालन या क्रिया-स्तर क्रमिक रूप से उपलब्ध किये जाएं जिसमें से हरएक का विकास के सम्बन्धित स्तर से सम्बन्ध हो। उसका अभिमत है कि यह इसी क्रम में प्रचालित होने पर ही राजनीतिक विकास के रूप में स्तर बन सकता है, अर्थात

[11] *Ibid.*, p. 310.

प्रथम के बाद दूसरा और फिर तीसरा स्तर आ सकता है। उसने स्पष्ट किया है कि इन तीनों का एक-दूसरे के ऊपर-नीचे या साथ-साथ प्रचालन घातक होता है और उसमें राजनीतिक विकास नहीं, राजनीतिक पतन आता है। वह यह स्वीकार करता है कि यह तीनों एक साथ, एक-दूसरे के ऊपर प्रचालित हो सकती हैं जैसा आज अधिकांश विकासशील राज्यों में हो रहा है, किन्तु, उस अवस्था में यह विकास की घातक अवरोध अवस्था हो जाएगी। इस प्रकार तीनों अवस्थाओं का एक-दूसरे के पहले आरोहण न हो या तीनों एक साथ प्रचालित न हों उससे बचाव के लिए वह दो सुझाव देता है। प्रथम सुझाव में यह कहा गया है कि ऐसी अवस्था से बचने के लिए संचालन (mobilization) प्रक्रिया को इतना धीमा कर दिया जाए जिससे परिसर से व्यक्तियों का केन्द्र में आना उनकी पूर्ण आत्मसातता के अनुसार ही हो। दूसरा सुझाव यह है कि संस्थाओं के निर्माण को, जो उसके अनुसार राजनीतिक विकास का प्रमुख साधन है, प्रोत्साहित किया जाए।

यह सब बताते हुए भी हण्टिगटन के विचारों में राजनीतिक पतन की बात ही छाए रही है। यही कारण है कि वह राजनीतिक पतन का विस्तृत विवेचन करते हुए राजनीतिक विकास की अवस्थाओं के विचार की आलोचना करता है। किन्तु, इस आलोचना का यह तात्पर्य नहीं है कि वह स्वयं राजनीतिक विकास के स्तर नहीं मानता है। वास्तव में, उसकी शिकायत उन राजनीतिक विकास के स्तरवादियों से है जो यह मानते हैं कि विकास की एक अवस्था तक पहुंचना स्वतः ही दूसरी अवस्था की ओर अग्रसर होने का मार्ग खोल देता है। उसका अभिमत है कि ऐसा न होकर कोई समाज दूसरे स्तर से तीसरे की तरफ नहीं बढ़कर प्रथम स्तर की तरफ भी मुड़ सकता है। विकासशील राज्यों में ऐसा ही हो रहा है और इसका प्रमुख कारण उसके अनुसार एक स्तर का दूसरे स्तर के साथ-साथ प्रचालित होना है। इसलिए उसने राजनीतिक विकास की स्तर प्रक्रिया को एक मार्गी नहीं मानकर इस सम्बन्ध में कुछ निष्कर्ष इस प्रकार बताए हैं—(क) राजनीतिक विकास अप्रत्यावर्तनीय (irreversible) या ऐसी प्रक्रिया नहीं है जो उल्टी नहीं जाती हो। (ख) विकासशील राज्यों में हो रहे सब राजनीतिक परिवर्तन राजनीतिक विकास नहीं माने जा सकते हैं। (ग) राजनीतिक विकास के विकास स्तर अनुक्रम में प्रचालित नहीं होते हैं क्योंकि अन्य कई तथ्य और परिवर्त्य ऐसा नहीं होने देते हैं। (घ) राजनीतिक विकास में आधुनिकीकरण और औद्योगिकीकरण सम्मिलित नहीं हैं। यह प्रक्रिया इनसे स्वायत्त है और इनका परिणाम नहीं होती है।

(ख) आयन्स्टेड के विचार (Eisenstadt's views)—आयन्स्टेड ने भी राजनीतिक विकास के स्तरों और आधारभूत प्रचालनों को, अतीत की विकासशील व्यवस्थाओं के ऐतिहासिक विश्लेषण और सामान्य सिद्धान्तों की अतीत की प्रक्रियाओं के आधार पर स्पष्ट किया है। वह राजनीतिक विकास की प्रक्रिया को आधुनिक स्थिति में आवश्यक रूप से दो स्तरों में विभक्त पाता है। यह अवस्थाएं हैं—(क) सीमित आधुनिकीकरण का स्तर, जिसे वह पश्चिम में अठारहवीं और उन्नीसवीं सदी के विकास के स्तर के साथ ऐतिहासिक दृष्टि से जोड़ता है और इसमें वह मध्यम वर्ग के लोगों को निर्णय-केन्द्रों में सम्मिलित करना और सांस्कृतिक लौकिकीकरण तथा वैज्ञानिक प्रौद्योगिक विकास

सम्मिलित करता है। (ख) जन-आधुनिकीकरण का स्तर, जिसे वह पश्चिम में बीसवीं सदी के विकास के स्तर के साथ ऐतिहासिक दृष्टि से जोड़ता है और इसमें वह जन-साधारण को निर्णय केन्द्रों में सम्मिलित करना और बहुत बड़े पैमाने पर विज्ञान और प्रौद्योगिकी का विस्तार और प्रसार सम्मिलित करता है।

आयन्स्टैड का कहना है कि विगत शताब्दियों (18वीं और 19वीं) में जो समाज सीमित आधुनिकीकरण के स्तर का राजनीतिक विकास नहीं कर पाए थे उनमें आज दोनों स्तरों का अंशछादन (overlapping) राजनीतिक व्यवस्थाओं पर अत्यधिक दबाव उत्पन्न कर देता है और राजनीतिक व्यवस्था को तोड़ने की स्थिति उत्पन्न करता है जिससे तभी बचा जा सकता है जब जनसाधारण का समुचित समाजीकरण कर लिया जाए और समाज में जोड़ने वाली ताकतों को सबल बनाया जाए।

(ग) आमन्ड के विचार (Almond's views)—हण्टिगटन और आयन्स्टैड ने राजनीतिक विकास की प्रत्यक्ष रूप से चर्चा नहीं की है। हण्टिगटन राजनीतिक पतन के विचार में डूबे रहकर राजनीतिक विकास के स्तरों का विवेचन करता रहा है। इसी तरह, आयन्स्टैड राजनीतिक आधुनिकीकरण और राजनीतिक विकास को एक-सा मानकर आधुनिकीकरण के स्तरों के साथ राजनीतिक विकास के स्तरों को जोड़ देता है। किन्तु, आमन्ड ने राजनीतिक व्यवस्था से ही सम्बन्धित अधिक विश्लेषणात्मक दृष्टिकोण को अपनाकर राजनीतिक विकास के स्तरों को विवेचित किया है। उसने राजनीतिक विकास के चार आधारभूत प्रचालनों (operations) और स्तरों का उल्लेख किया है। यह चार स्तर इस प्रकार हैं—

(क) **राज्य-निर्माण** (state-building) **का स्तर**—इसमें (i) केन्द्रीय सत्ता का निर्माण; (ii) इस सत्ता का राजनीति में प्रवेशन और (iii) विभिन्न समूहों का केन्द्रीय सत्ता के अधिकार क्षेत्र में एकीकरण होना सम्मिलित होता है।

(ख) **राष्ट्र-निर्माण** (nation-building) **का स्तर**—इसमें (i) निष्ठाएं और प्रतिबन्धताएं उत्पन्न करना; जिससे (ii) विदेशों के समर्थन बढ़ जाएं, सम्मिलित होता है।

(ग) **सहभागिता का स्तर**—इसमें राजनीतिक प्रक्रिया में सक्रिय रूप से सम्मिलित समूहों और समाज के संस्तरों (strata) को अभिवृद्ध और व्यापक बनाना सम्मिलित होता है।

(घ) **वितरण** (distribution) **का स्तर**—इसमें सामाजिक जीवन के लिए लाभों को पुन: निर्धारण की अनेक विधियों के द्वारा सबकी पहुंच में लाना सम्मिलित होता है।

आमन्ड की मान्यता है कि जिन समाजों में राजनीतिक विकास हुआ है और जिन समाजों में राजनीतिक विकास का अंतिम स्तर आ गया है वे सब इसी अनुक्रम से एक स्तर के बाद दूसरे स्तर में पहुंचे हैं और विकासशील राज्यों में भी यही अनुक्रम रहना आवश्यक है। उसके अनुसार विकासशील राज्यों में और कुछ अन्य अविकसित व्यवस्थाओं में इन सभी विकास स्तरों के अंशछादन या इनको एक साथ चलाने के प्रयत्नों से राजनीतिक व्यवस्था पर अधिक बोझ पड़ने लगता है जो व्यवस्थाओं को विखण्डित करने का

कारक बन जाता है ।

(घ) **ओरगेन्स्की के विचार** (Organski's views)—जाग्वाराइब का कहना है कि राजनीतिक विकास के स्तरों का श्रेष्ठतम विवेचन, जिसे वह अत्यधिक पूर्ण वर्णन मानता है, आरगेन्स्की के द्वारा अपनी पुस्तक **स्टेजेज आफ पोलिटिकल डेवेलपमेन्ट** में किया गया है । ओरगेन्स्की राजनीतिक विकास को, राष्ट्रीय गन्तव्यों के लिए राष्ट्र के मानवीय और भौतिक स्रोतों का उपयोग करने में सरकार की बढ़ती हुई कार्य-दक्षता के आधार पर समझने का प्रयत्न करता है । इसके साथ ही वह राजनीतिक विकास को राष्ट्रीय विकास, राष्ट्रीय वृद्धि और आधुनिकीकरण के लिए अभिव्यक्ति की शब्दावली मानता है और यह कहता है कि यह एक ही यथार्थ को उद्घाटित करने वाली अवधारणाएं हैं। उसके अनुसार अभिवृद्ध आर्थिक उत्पादकता, बढ़ती हुई भौगोलिक और सामाजिक प्रचालनता, बढ़ती हुई राजनीतिक कार्यकुशलता जिससे राष्ट्रीय गन्तव्यों को प्राप्त करने में राष्ट्र के माननीय व भौतिक स्रोतों का प्रचालन करना सम्मिलित है, बहुत कुछ एक-दूसरे से जुड़े हुए हैं। वह राजनीतिक विकास के स्तरों का विवेचन इसी आधार पर करता है ।

ओरगेन्स्की यह मानता है कि ज्यों-ज्यों राष्ट्र विकसित होता जाता है वैसे ही राष्ट्रीय सरकार के कार्य और आगे विकास को प्रेरित करने के लिए उसमें परिवर्तित होते रहते हैं । उसके अनुसार यह स्तरों के एक क्रम से ही होता है । यद्यपि यह स्तर-क्रम अटलनीय या अवश्यंभावी नहीं होता है फिर भी सामान्यतया ऐसा पाया जाता है तथा इसे आनुभविक रूप से देखा जा सकता है। वह यह भी मानता है कि विश्लेषणात्मक और आनुभविक कारणों से यह स्तर आनुक्रमिक होता है, अर्थात किसी स्तर की पूर्ण प्राप्ति तब तक असम्भव है जब तक कि उसके पहले का स्तर व्यवहार में प्राप्त नहीं हो जाता है । दो आनुक्रमिक स्तरों पर लागू होने वाली समस्याओं का कुछ अंश तक एक दूसरी पर आच्छादन हो सकता है, किन्तु, इस प्रकार के अंशछादन की भी सीमाएं होती हैं, अर्थात दो आनुक्रमिक स्तरों से सम्बन्धित समस्याएं पूर्णतया एक समान नहीं हो सकती हैं । क्योंकि, ओरगेन्स्की हर विकास स्तर की अपनी विशिष्ट समस्याएं मानते हैं जो दूसरे स्तर की समस्याओं के समान केवल आंशिक रूप में ही हो सकती हैं । अगर दो आनुक्रमिक स्तरों की अपनी-अपनी समस्याओं का पृथकपन नहीं होकर उनमें एक समानता होती है तो उसका आशय यह है कि पहले वाला स्तर यथार्थ में पूर्णतया प्राप्त ही नहीं हुआ है और जब तक यह पूर्णतया प्राप्त नहीं हो जाए इसके आगे के स्तर को सफलतापूर्वक कभी प्राप्त नहीं किया जा सकता। अत: ओरगेन्स्की का राजनीतिक विकास के स्तरों का विवेचन विशिष्ट लक्षणों और मान्यताओं पर आधारित है । उसके द्वारा दिये गए राजनीतिक विकास के विभिन्न स्तरों को समझने के लिए आवश्यक है कि हम संक्षेप में इन विशेषताओं का विवेचन करें। ओरगेन्स्की के राजनीतिक विकास के स्तरों सम्बन्धी उपरोक्त विवेचन से निम्नलिखित बातें विशेष रूप से उभरती हैं—(क) राजनीतिक विकास स्वायत्त किन्तु, अन्य विकासों (आर्थिक, सामाजिक और सांस्कृतिक) से पूर्ण रूप से पृथक और स्वतंत्र प्रक्रिया नहीं है। (ख) राजनीतिक विकास आनुक्रमिक

स्तर से ही होता है। (ग) राजनीतिक विकास के हर स्तर की अपनी विशिष्टताएं होती हैं जो अन्य स्तर पर अधिक से अधिक आंशिक रूप में ही पाई जा सकती हैं। (घ) राजनीतिक विकास का एक स्तर पूर्ण रूप से प्राप्त होने के बाद ही उसके आगे के स्तर पर जाना सम्भव है, अर्थात अगर विकास के अनुक्रम में पहले का स्तर पूर्णतया प्राप्त नहीं हुआ है तो उससे आगे का स्तर कभी भी सफलतापूर्वक प्राप्त नहीं किया जा सकता। (च) राजनीतिक विकास के विभिन्न स्तरों का आनुभविक पर्यवेक्षण या अवलोकन सम्भव है। इसका आशय यह है कि विकास के विभिन्न स्तरों को सुनिश्चित प्रविधि.. द्वारा मापना सम्भव है। (छ) दो क्रमिक स्तरों का अंशछादन सम्भव है किन्तु, सीमित रूप में ही यह हो सकता है तथा अक्रमिक स्तरों में यह असम्भव है। उदाहरण के लिए, प्रथम और दूसरे स्तर में कुछ सीमित-सा अंशछादन हो सकता है, किन्तु प्रथम और दूसरे स्तर में ऐसा अंशछादन बिल्कुल असम्भव है।

राजनीतिक विकास के स्तरों के सम्बन्ध में ओरगेन्स्की की उपरोक्त मान्यताओं के आधार पर यह निष्कर्ष निकलता है कि राजनीतिक विकास के निश्चित स्तर तो होते हैं, उनकी अपनी पृथक-पृथक विशिष्टताएं भी होती हैं, किन्तु, एक स्तर और दूसरे स्तर के बीच निश्चित सीमा-रेखा ज्ञान की वर्तमान सीमाओं में खींच सकना सम्भव नहीं है। इसी कारण, ओरगेन्स्की दो क्रमिक स्तरों में सीमित अंशछादन स्वीकार करते हैं। इस विवेचन से यह बात भी स्पष्ट होती है कि जब तक पहले का स्तर पूर्णतया प्राप्त नहीं कर लिया जाए, राजनीतिक विकास का उससे आगे का स्तर कभी भी सफलतापूर्वक ढंग से प्राप्त नहीं हो सकता। इन बातों के संदर्भ में उसने राजनीतिक विकास के चार स्तर स्वीकार किये हैं जो इस प्रकार हैं—

(i) आदिम एकीकरण की राजनीति (politics of primitive unification) (ii) औद्योगिकीकरण की राजनीति (politics of industrialisation), (iii) राष्ट्रीय लोक-कल्याण की राजनीति (politics of national welfare), (iv) समृद्धि की राजनीति (politics of abundance)

(i) ओरगेन्स्की के अनुसार राजनीतिक विकास का पहला स्तर आदिम एकीकरण की राजनीति का है। इस अवस्था में राष्ट्रीय सरकारें अपनी जनसंख्या पर प्रभावशाली राजनीतिक एवं प्रशासनिक नियंत्रण स्थापित करती हैं। ऐसी केन्द्रीय सत्ता का निर्माण, निश्चित भूभाग और सुस्पष्ट जनसंख्या या जनसमुदायों से सम्बन्धित होता है। अगर इसको परम्परागत ढंग से देखें तो यह स्तर राज्य की सुस्थिरता का स्तर है जिसमें राज्य के चारों तत्त्व—जनसंख्या, निश्चित भूभाग, संगठन या सरकार तथा सम्प्रभुता—विद्यमान होते हैं। अठारहवीं शताब्दी के मध्य तक का पश्चिम के राज्यों का विकास स्तर इसी प्रकार का कहा जा सकता है।

(ii) राजनीतिक विकास का दूसरा स्तर आर्थिक दृष्टि से औद्योगिकीकरण की प्रक्रियाओं तथा सामाजिक, राजनीतिक दृष्टि से ऐसे परिवर्तनों से सम्बन्धित है जिसमें नये वर्ग निर्मित होते हैं, सहभागिता का विस्तार और अभिवृद्ध राष्ट्रीय एकीकरण होता है। यह स्तर ऐतिहासिक दृष्टि से सम्पन्न हुआ है और विश्लेषण की दृष्टि से तीन वैकल्पिक

सम्भावनाएं प्रस्तुत करता है। यह तीन वैकल्पिक सम्भावनाओं वाले प्रतिमान इस प्रकार हैं—

(अ) बुर्जुआ या मध्यवर्गीय मॉडल (Bourgeois Model)—यह आधुनिक पश्चिमी लोकतन्त्र से भिन्न प्रतिमान है। इसमें श्रमिकों की कीमत पर पूंजी-संचय होता है किन्तु, इस पूंजी-संचय के साधन निजी रहते हैं और यह गुप्त ढंग से ही किया जाता है। इस मॉडल में नये बुर्जुआ, क्रांति या धीरे-धीरे संक्रमणता से पहले के अभिजाततंत्री अभिजनों को हटा देते हैं और स्वयं शासन पर छा जाते हैं।

(ब) स्टालिन का मॉडल (Stalinist Model)—इसमें श्रमिकों की कीमत पर पूंजी-संचय होता है किन्तु, पूंजी-संचय के साधन नये वर्ग के हाथ में होते हैं, जो खुले रूप से ऐसा करके, पहले के अभिजनों या मध्य वर्ग को शक्तिपूर्वक व क्रांतिकारी साधनों से हटा कर स्वयं नौकरशाही का एक नया वर्ग बन जाते हैं।

(स) समन्वयी मॉडल (Syncratic Model)—यह इटली के संदर्भ में फासिज्म का विशेष प्रतिमान है, जिसमें पुराने और नये अभिजनों में समन्वय रहता है और एक स्वेच्छाचारी राज्य, समन्वय कराने वाले मध्यवर्गीय कृषकों के हितों की रक्षा करता है और धीमी गति से पूंजी-संचय श्रमिकों की कीमत पर होता रहता है।

(iii) राष्ट्रीय लोक-कल्याण की राजनीति का यह स्तर पहले वाले स्तर के पूंजी-संचय की प्रक्रिया को उलट देने वाली प्रक्रियाओं से सम्बन्धित है। इससे पहले वाले स्तर में पूंजी-संचय जनता की कीमत पर किया जाता है किन्तु, इसमें जनता को पूंजी द्वारा शोषण से मुक्त रखा जाता है और व्यापक पैमाने पर बहुत बढ़ हुए पूंजी साधनों को जनता में पुनः वितरित करके जन-सहभागिता को सम्भव बनाया जाता है। यह जन-सहभागिता लोकतंत्र की स्थापक हो यह आवश्यक नहीं है।

ओरगेन्स्की की मान्यता है कि राजनीतिक विकास के स्तर के भी तीन वैकल्पिक मॉडल ऐतिहासिकता और विशेषणात्मकता की दृष्टि से देखे जा सकते हैं। यह तीन वैकल्पिक मॉडल इस प्रकार हैं—(1) जन लोकतन्त्र (Mass Democracy), जिसमें मताधिकार का विस्तार और उपभोक्ता वस्तुओं तक सर्वसाधारण की पहुंच होती है। (2) नाजीवाद (Nazism), जिसमें अत्यधिक भावनात्मक या अबुद्धिसंगत सहभागिता और संतुष्टीकरण रहता है। इस स्तर पर राज्य स्वेच्छाचारी तथा जनता की एकता का प्रतीक होता है। (3) साम्यवादी (Communism) मॉडल, जिसमें लोककल्याणकारी राज्य के लक्षण, जनता की प्रतीकात्मक जन-सहभागिता, सर्वाधिकारी शासन और साम्यवादी दल की अधिनायकता होती है।

(iv) समृद्धि की राजनीति का स्तर जो कि आजकल अमरीका में आने लगा है। यह स्तर वैज्ञानिक प्रविधियों और अत्यधिक परिष्कृत उपकरणों से अत्यधिक उत्पादकता (super-productivity) का है जिसमें हरेक के लिए वस्तुओं की सामान्य उपलब्धि रहती है। यह राजनीतिक विकास की सबसे जटिल अवस्था है। इसमें कार्य करने की आवश्यकता में कमी हो जाती है जिससे उत्पादक रोजगार भी कम हो जाता है किन्तु संगठित श्रमिकों की शक्ति बढ़ जाती है। ऐसे समाज में आर्थिक से हटकर, राजनीतिक

और सांस्कृतिक हितों पर बल दिया जाने लगता है। इसमें आर्थिक और राजनीतिक अभिजनों का विलयन (fusion) हो जाता है जो शक्ति का केन्द्रण ला देता है। नियोजन की आवश्यकता बढ़ती जाती है और समाजवादी व्यवस्था की तरफ समाज बढ़ने लगता है जो लोकतान्त्रिक हो भी सकता है और नहीं भी हो सकता है। वैसे अधिकांशतः ऐसे स्तर पर समाज लोकतान्त्रिक नहीं रहता है।

ओरगेन्स्की का राजनीतिक विकास के स्तर आनुक्रमों का मुख्य विचार उसकी उद्योगीकरण की समझ और व्याख्या पर आधारित है जिसे वह दोनों ही रूपों—आर्थिक और सामाजिक, सांस्कृतिक, राजनीतिक आधुनिकीकरण की प्रक्रियाओं, में समाज के विकास के लिए महत्त्वपूर्ण मानता है। इस प्रकार ओरगेन्स्की राजनीतिक विकास के स्तरों की बात राष्ट्रीय विकास से सम्बन्धित बनाकर करता है। इस सम्बन्ध में जाग्वाराइब तो यहां तक कहता है कि "ओरगेन्स्की का विकास सिद्धान्त समझने के लिए दो उपागमों की आवश्यकता पड़ेगी जिनमें से एक का सम्बन्ध समाज के समग्र राष्ट्रीय विकास से और उसके विविध स्तरों से रहेगा और दूसरे का सम्बन्ध राजनीतिक विकास की विशिष्ट प्रक्रियाओं और स्तरों से तथा पहली वाली प्रक्रिया से उसका सम्बन्ध क्या है, इससे रहेगा।"[12] यह ओरगेन्स्की के विकास सिद्धान्त की सबसे बड़ी कमजोरी है कि वह समग्र समाज के राष्ट्रीय विकास के साथ राजनीतिक विकास को व उसके स्तरों को समझने का प्रयास करता है। उपरोक्त चारों विचारकों के द्वारा दी गई राजनीतिक विकास की अवस्थाओं का इस प्रकार तालिकाबद्ध ढंग से भी समझा जा सकता है।

राजनीतिक विकास के स्तरों के सम्बन्ध में हमने चार विचारकों के द्वारा प्रतिपादित विकास अनुक्रमों का विवेचन किया है। जाग्वाराइब इन सबको अपूर्ण मानता है और यह विचार प्रस्तुत करता है कि राजनीतिक विकास के स्तरों के विवेचन में केवल प्रकार्यात्मक स्तरों का या केवल वास्तविक स्तरों का वर्णन काफी नहीं है। उसका अभिमत है कि हण्टिगटन, आयन्स्टैड और आमन्ड ने राजनीतिक विकास के स्तरों का निर्धारण प्रकार्यात्मक आधार पर किया है जबकि ओरगेन्स्की ने यथार्थ के आधार पर किया है। किन्तु राजनीतिक विकास के वास्तविक स्तर अनुक्रम को समझने के लिए इन दोनों को आधार बनाना आवश्यक है। अतः हम अन्त में जाग्वाराइब द्वारा प्रस्तुत स्तरों का विवेचन करना आवश्यक समझते हैं।

(च) जाग्वाराइब के विचार (Jaguaribe's views)—जाग्वाराइब ने राजनीतिक विकास के स्तरों के निर्धारण में दो दृष्टिकोणों का उपयोग किया है। एक यथार्थ और दूसरा प्रकार्यात्मक दृष्टिकोण है। उसका मत है कि इन दोनों ही दृष्टिकोणों से आधारभूत, विशिष्ट और विचित्र प्रचालनों से जो आनुक्रमिक क्रम से चलते हैं, कुछ मौलिक स्तरों का बोध होता है। यथार्थ दृष्टिकोण में प्रचालनों और स्तरों का अन्ततः सम्बन्ध "सामूहिक मानव शक्ति के निर्माण और उपयोग की प्रक्रिया"[13] से है। यथार्थ प्रक्रिया वास्तव में

[12] *Ibid.*, p. 314.
[13] *Ibid.*, p. 318.

मानव के सामान्य सामाजिक सांस्कृतिक विकास, जिससे उसका मानवीय और प्राकृतिक पर्यावरण पर नियन्त्रण बढ़ता जाता है, से सम्बन्धित है और आनुभविक दृष्टि से यह जैसा

राजनीतिक विकास के स्तरों के विविध विचार

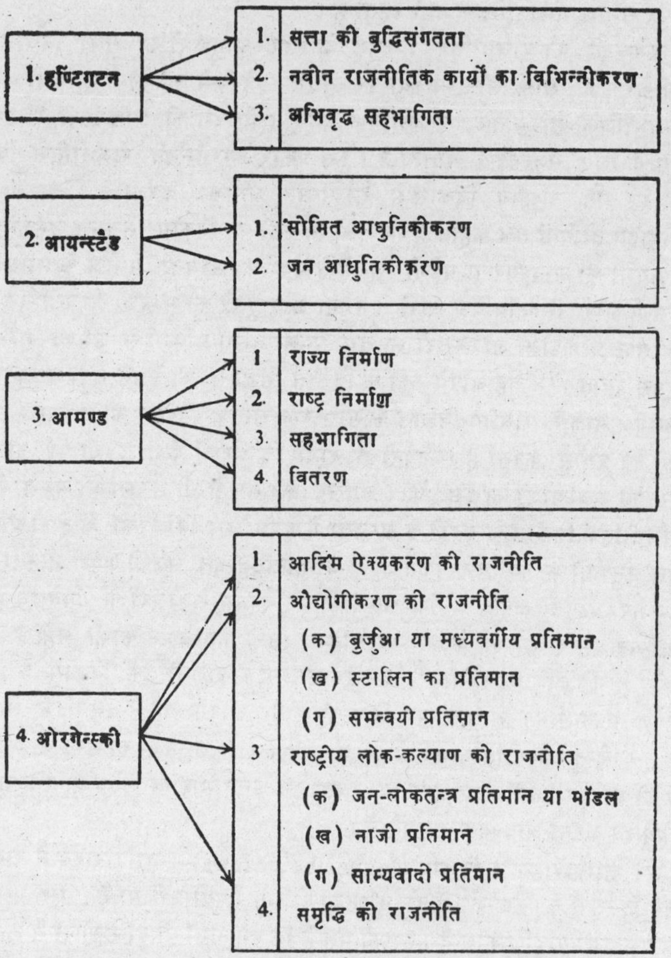

राजनीतिक विकास के स्तरों के विविध विचारों का रेखाचित्र

चित्र 7.2

वास्तव में इतिहास में घटित हुआ है उस पर आधारित है। इस दृष्टिकोण से समाजीय विकास (societal development) के वास्तविक या यथार्थ स्तर इस प्रकार रहे हैं—

(i) समाजीकरण (societalization)

(अ) राजनीतिक एकीकरण (political unification)
(ब) अतिरिक्त समाजीय विस्तार (extra societal expansion)
(स) अन्त:समाजीय विविधीकरण (intra societal diversification)

(ii) यन्त्रीकरण (mechanization)
(अ) औद्योगिकीकरण विस्तार (industrialization)
(ब) अन्तर्राष्ट्रीय विस्तार (international expansion)
(स) राष्ट्रीय विविधीकरण (national diversification)

(iii) सामाजिक संगठन (socio-organisation)
(अ) सामान्यकृत संगठन (generalized organisation)
(ब) अन्तर्राष्ट्रीयकरण (internationalisation)
(स) पुन: मानवीकरण (अ-मानवीकरण) (re-humanization or de-humanization)

जाग्वाराइब ने समाजीयकरण के स्तर का अर्थ करते हुए बताया है कि यह समाज पर राजनीतिक नियंत्रण की स्थापना का स्तर है। इसके तीन उपवर्ग होते हैं जो क्रम से प्राप्त होते हैं। यन्त्रीकरण से प्रकृति पर समाजीय नियन्त्रण का आशय है। इसके भी तीन उप-स्तरों की चर्चा की गई है। सामाजिक संगठन से समाजीय स्व-नियन्त्रण का अर्थ लिया गया है और इसमें भी तीन उप-स्तर होते हैं। इस प्रकार, जाग्वाराइब द्वारा प्रतिपादित राजनीतिक विकास का पहला स्तर ओरगेन्स्की के द्वारा प्रतिपादित 'आदिम एकीकरण' के समान है। इसका दूसरा स्तर उसके "औद्योगिकीकरण के स्तर के समान है। जाग्वाराइब के द्वारा प्रतिपादित तीसरा स्तर, ओरगेन्स्की के 'राष्ट्रीय-लोककल्याण' और 'समृद्धि की राजनीति' के तीसरे और चौथे स्तर के समान हैं। किन्तु, इनके उप-स्तरों को लेकर दोनों के स्तर विवेचनों में पर्याप्त अन्तर है जिनकी बारीकी में जाने की यहां आवश्यकता नहीं है।

प्रकार्यात्मक दृष्टिकोण से जाग्वाराइब ने विकास के चार स्तरों को प्रमुख माना है। उसका अभिमत है कि अगर हम इस दृष्टिकोण को लेकर राजनीतिक विकास की प्रक्रिया (राजनीतिक से जाग्वाराइब का आशय अभिवृद्ध राजनीतिक आधुनिकीकरण और संस्थाकरण से है) का समाजों के किसी ऐतिहासिक काल में पहले दृष्टिकोण में बताए गये स्तरों को ध्यान में रखते हुए, स्तर निर्धारण करें तो निम्नलिखित चार स्तर प्रमुख रूप से स्पष्ट होंगे— (क) मॉडल-निर्माण (model building), (ख) राज्य-निर्माण (state-building), (ग) राष्ट्र-निर्माण और (nation-building), (घ) सामंजस्य-निर्माण (consensus-building)

जाग्वाराइब की मान्यता है कि राजनीतिक विकास का पहला प्रकार्यात्मक स्तर मॉडल निर्माण का है। यह वह स्तर है जब सत्ता में परिवर्तन आता है। यह सत्ता परिवर्तन पहले वाले सत्ताधारियों के स्थान पर केवल दूसरों का सत्ता में आना मात्र हो तो भी इनके नये विकास-अभिमुखी राजनीतिक ढांचे या योजनाएं बनाया जाना है जो वास्तव में नया राजनीतिक मॉडल बनाना ही है। दूसरे स्तर में नवीन राजनीतिक मॉडल के

अनुरूप शासन तन्त्र को बनाना या सुधारना है तथा तीसरे स्तर पर राजनीतिक शक्ति संरचना को बृहत्तर समाजीय व्यवस्था के साथ मेल बैठाने की अवस्था में या समाजीय व्यवस्था को राजनीतिक शक्ति व्यवस्था के साथ मेल की अवस्था में लाना है। चौथे स्तर में, सम्पूर्ण समाजीय व्यवस्था को, नई सत्ता के साथ समन्वय की अवस्था में लाकर सामंजस्य स्थापित करने का प्रयत्न किया जाता है।

इस प्रकार, जाग्वाराइब ने राजनीतिक विकास के विभिन्न स्तरों का यथार्थवादी तथा प्रकार्यात्मक दृष्टिकोण, दोनों से ही विवेचन किया है। किन्तु, राजनीतिक विकास के प्रारम्भिक अध्येता को जाग्वाराइब का यह स्तर निर्धारण और विभिन्न स्तरों का विवेचन कुछ जटिल सा लगेगा। ऐसा लगना इसलिए भी सम्भव है कि जाग्वाराइब के द्वारा किये गये विवेचन को यहां बहुत संक्षेप में ही विवेचित किया गया है। इसका विस्तृत विवेचन प्रस्तुत पुस्तक की सीमाओं के कारण ही नहीं किया गया है। अतः इस सम्बन्ध में अधिक गहराई में जाने के लिए जाग्वाराइब द्वारा लिखित पुस्तक **पोलिटिकल डेवेलपमेन्ट : ए जनरल थियोरी एण्ड ए लेटिन अमेरिकन केस स्टडी** देखना उपयोगी होगा।

राजनीतिक विकास की व्याख्या, अर्थ, लक्षणों और स्तरों के विवेचन के साथ अगर राजनीतिक विकास के सिद्धान्त निर्माण के प्रयत्नों की संक्षिप्त चर्चा नहीं करेंगे तो यह वर्णन अधूरा ही माना जाएगा। राजनीतिक विकास के सिद्धान्त निर्माण का सर्वप्रथम प्रयास आमन्ड का ही रहा है। बाद में ल्यूशियन पाई, आयन्स्टैड, पेनोक और हण्टिंगटन ने इसमें योगदान दिया। किन्तु राजनीतिक विकास के सिद्धान्त निर्माण में सर्वाधिक योगदान रिग्स और हेलियो जाग्वाराइब का ही माना जाता है। इन्होंने राजनीतिक विकास पर सम्पूर्ण चिंतन को एक सैद्धान्तिक सूत्र में बांधने का प्रयास किया है। जाग्वाराइब द्वारा प्रतिपादित सिद्धान्त अधिक व्यापक और गहनतम है किन्तु अत्यधिक जटिलता के कारण इसको यहां नहीं दिया जा रहा है। रिग्स का सिद्धान्त भी यहां संक्षेप में ही दिया जा रहा है।

रिग्स द्वारा प्रतिपादित राजनीतिक विकास का सिद्धान्त (Theory of Political Devlopment as Propounded by Riggs)

रिग्स का मत है कि पश्चिमी राजनीतिक संस्थाओं का अपनाना पाश्चात्य संस्कृति के प्रतिमानों को अपनाना नहीं माना जा सकता है। इसी तरह, वह तकनीकी परिवर्तनों और सांस्कृतिक परिवर्तनों में अन्तर करता है और यह निष्कर्ष निकालता है कि राजनीतिक संस्थाएं तकनीकी प्रगति का परिणाम होती हैं। सांस्कृतिक विकासों से इनकी उत्पत्ति नहीं होती है। उदाहरण के लिए, राजनीतिक दलों की स्थापना टेक्नोलॉजी का परिणाम है और पश्चिम की तरह साम्यवादी राज्यों को भी स्वीकार है। उसने राजनीतिक विकास के संरचनात्मक और प्रकार्यात्मक विश्लेषणों में अन्तर करते हुए यह निष्कर्ष निकाला है कि संरचनात्मक विश्लेषणों में संरचनाओं को ही महत्त्व दिया गया है और उनके प्रकार्यों में हुए परिवर्तनों की अनदेखी कर दी गई है जबकि, प्रकार्यात्मक विश्लेषणों में प्रकार्यात्मक परिवर्तनों पर अत्यधिक बल दिया गया है और संरचनात्मक

परिवर्तनों की अवहेलना ही हुई है।[14] उसने राजनीतिक विकास के सिद्धान्त में संरचनात्मक परिवर्तनों पर बल दिया है। रिग्स ने संरचनावादी होने के कारण अपने द्वारा प्रतिपादित राजनीतिक विकास के सिद्धान्त का मूल आधार संरचनात्मक विभिन्नताओं को ही बनाया है।

रिग्स, ल्यूशियन पाई के विकास समष्टि-लक्षण, जो समानता, क्षमता और विभिन्नीकरण पर आधारित है, को लेकर अपने विकास सिद्धान्त का प्रतिपादन करता है। उसकी मूल मान्यता यह है कि राजनीतिक व्यवस्थाओं में जितना अधिक संरचनात्मक विभिन्नीकरण एवं विशेषीकरण होगा उनमें उतनी ही समस्याओं का सामना करने तथा लक्ष्य प्राप्ति की क्षमता होगी। अगर संरचनात्मक विभिन्नीकरण और विशेषीकरण नहीं होगा या कम होगा तो उसी अनुपात में राजनीतिक व्यवस्थाओं में समस्याओं का समाधान करने की क्षमता भी कम हो जाएगी। रिग्स की मान्यता है कि अगर राजनीतिक व्यवस्था में पर्याप्त विभिन्नीकरण नहीं है तो समानता और क्षमता दोनों ही बेमानी हो जाएंगी। चूंकि, अत्यधिक विभिन्नीकृत समाज में सरकारी संस्थाओं के विकास से ही ऐसी राजनीतिक प्रक्रियाएं व्यावहारिक बनती हैं जिनमें उच्च स्तर की क्षमता होती है और जो काफी मात्रा में सहभागिता की समानता लाने में सहायक होती हैं। इस कारण, रिग्स समानता और क्षमता को सर्वाधिक महत्त्व देता है। वह इन में संतुलन को बनाए रखने का सुझाव देता है। यह संतुलन तभी सम्भव है जब 'वामपंथी' और 'दक्षिणपंथी' शक्तियां दोनों ही राजनीतिक व्यवस्था में मौजूद हों। उसके अनुसार वाममंथी शक्तियां समानता का विकास करती हैं जबकि दक्षिणपंथी शक्तियां व्यवस्था की क्षमता में वृद्धि करती हैं।

रिग्स का अभिमत है कि इन दोनों में संतुलन नहीं रहने पर राजनीतिक विकास 'विकास-फंद' (development trap) में फंस जाता है। ऐसी अवस्था में राजनीतिक व्यवस्थाएं 'बायें-दायें' के बीच अधर झूलती रहती हैं और उनका विकास रुक जाता है। जब राजनीति 'बाईं या दाईं' तरफ अधिक झुक जाती है तब ही वह विकास-फंद में फंसती है। जब इन दोनों प्रकार की शक्तियों में संघर्ष होता है तो इन दोनों के द्वारा राजनीतिक विकास का अर्थ अलग-अलग प्रकार के विकासों—समानता या क्षमता, से लिया जाने लगता है। इससे बचने के लिए यह आवश्यक है कि इन दोनों अतियों से बचा जाय। रिग्स ने इस सम्बन्ध में ठीक ही लिखा है कि "जब तक राजनीति दक्षिणपंथियों और वामपंथियों के बीच संघर्ष का रूप धारण किए रहती है तब तक इनमें से हर एक अपनी विशिष्ट मांगों, अभिवृद्ध क्षमता या केवल समानता को राजनीतिक विकास की चरम सीमा मानते रहते हैं। दोनों ही सम्भवतया इस बात को विस्मृत कर जाते हैं कि दोनों सिद्धान्तों में संतुलन स्थापित करने पर ही संरचनात्मक विभिन्नीकरण के स्तर को ऊपर उठाना सम्भव होता है और इससे समानता और क्षमता के दोनों ही गन्तव्यों को अधिकाधिक

[14]S. P. Varma, *op. cit.*, p. 282.

मात्रा में प्राप्त कर करना सम्भव होता है।"[15] अतः विभिन्नीकरण का स्तर तभी ऊपर उठ सकता है जबकि इन दोनों लक्ष्यों में संतुलन प्राप्त कर लिया जाएगा। इससे समानता और क्षमता में अभिवृद्धि हो जाती है।

रिग्स का कहना है कि जब कोई राजनीतिक व्यवस्था दक्षिणपंथी या वामपंथी दिशा में बहुत दूर तक चली जाती है तब वह राजनीति विकास-फंद में फंसकर या तो पतन की अवस्था की ओर अग्रसर होती है या फिर विखंडित हो जाती है। यह खतरा परम्परागत और आधुनिक दोनों ही प्रकार की राजनीतियों से कहीं अधिक संक्रांतिकालीन राजनीतियों में विद्यमान रहता है। अतः रिग्स राजनीतिक विकास के लिए अत्यधिक संस्थाकरण को भी पर्याप्त नहीं मानता है। यहां वह हण्टिंगटन से असहमत होते हुए यह मानता है कि अत्यधिक संस्थाकरण स्वयं ही 'विकास-फंद' बन सकता है। भारत और चीन की राजनीतियों का उदाहरण देते हुए रिग्स ने यह समझाने का प्रयास किया है कि एक में सर्वव्यापकवाद तथा केन्द्रीकरण पर अत्यधिक बल दिया गया था जबकि दूसरी में विकेन्द्रीकरण और विशिष्टवाद पर जोर था। इस कारण, अन्ततः दोनों ही व्यवस्थाएं टूट गईं। एस० पी० वर्मा ने रिग्स के मत की पुष्टि करते हुए लिखा है कि "यूरोप का इतिहास इसके विपरीत गतिवान संस्थागत परिवर्तनों और वामपंथियों और दक्षिणपंथियों के बीच में बार-बार भूलते रहने के कारण परस्पर विरोधी क्षमता और समानता के सिद्धान्तों के बीच नाजुक संतुलन रख सका, जिससे नई राजनीतिक तकनीकियां और अधिक संरचनात्मक दृष्टि से विभिन्नीकृत राजनीति उत्पन्न होती गई।"[16] इस प्रकार, रिग्स ने समानता व क्षमता के संतुलन के साथ संरचनात्मक विभिन्नीकरण को जोड़कर राजनीतिक विकास का एक नवीन सिद्धान्त प्रतिपादित किया, जो सैद्धान्तिक परिष्कृतता तो रखता है किन्तु आनुभविक जांच पर खरा नहीं उतरता है।

राजनीतिक विकास का साम्यवादी मॉडल (The Communist Model of Political Development)

राजनीतिक विकास का साम्यवादी मॉडल वास्तव में आर्थिक विकास और साम्यवादी क्रांति को विश्व में प्रसारित करने के मार्क्स और लेनिन के सिद्धान्तों के ऊपर ही आधारित है। इस कारण पश्चिमी विचारकों का ध्यान राजनीतिक विकास के इस मॉडल की तरफ अभी हाल ही के वर्षों में आकर्षित हुआ है। मिलोवान डिज़िलास की पुस्तक **दि न्यू क्लास** के 1960 में प्रकाशन से पश्चिमी विचारक साम्यवादी क्रांति व विशेषकर रूसी क्रांति की विकास के सामान्य सिद्धान्त निर्माण में भूमिका के बारे में विचार करने लगे हैं। डिज़िलास ने बताया कि पश्चिम और रूस की राजनीतिक व्यवस्थाओं में संरचनात्मक समानताएं, विशेषकर सत्ता को नियंत्रित करने वाले नए

[15]F. W. Riggs, 'The Theory of Political Development' in James O. Charlesworth (ed.), *Contemporary Political Analysis*, New York, The Free Press, 1967, p. 341.

[16]S. P. Varma, *op. cit.*, p. 283.

वर्ग के रूप में पर्याप्त हैं। इसके बाद ब्रेजेजिन्सकी, हण्टिंगटन और एलफ्रेड मेयर ने यह स्पष्ट किया कि भूमिकाओं और संरचनाओं के बढ़ते हुए विभिन्नीकरण और लौकिकीकरण से अब रूस की राजनीतिक व्यवस्था और पश्चिम की संस्थागत व्यवस्थाओं में अधिक मिलान (convergence) हो रहा है। ऐलफ्रेड मेयर ने यह स्पष्ट किया कि रूसी सर्वाधिकारी शासन, आतंक पर आधारित पुलिस राज्य न होकर "सम्पूर्ण मानव प्रयत्नों को राजनीतिकृत करके सम्पूर्ण मानव सम्बन्धों को संगठित और नियोजित करता है।"[17] सेटन वाटसन ने साम्यवाद को विवेचित करते हुए लिखा है कि "यह व्यापक घटनाचक्र, जिसमें बुद्धिजीवियों के एक वर्ग द्वारा प्रेरित पिछड़े लोगों की 'पश्चिम' के विरुद्ध क्रांति का सर्वाधिक महत्त्व का केवल एक उदाहरण है।"[18] कोटस्की ने पिछड़े देशों में राजनीतिक विकास लाने में साम्यवाद की भूमिका को राष्ट्रवाद के अनुरूप और उसका सहायक बताया है। इस सम्बन्ध में एस० पी० वर्मा ने लिखा है कि "बीसवीं सदी के प्रारम्भ में रूस ने आधुनिकीकरण की वैसी ही समस्याओं का सामना किया जैसा कि पश्चिमी देशों ने किया था। किन्तु सामाजिक परिस्थितियों में भिन्नता के कारण उसने भिन्न तकनीकों और योजनाओं तथा रणकौशलों (strategies) का विकास किया।"[19] अतः रूस में साम्यवादी दल ने रूस के आधुनिकीकरण और संरचनात्मक ढांचे के विकास में वही भूमिका अदा की है जो पश्चिम के देशों में उद्यमी वर्ग द्वारा निभाई गई, जिससे आर्थिक विकास हुआ, अधिक राजनीतिक एकीकरण और व्यापक सामाजिक संचालन आया। इस प्रकार, साम्यवादी दृष्टिकोण से राजनीतिक विकास पश्चिम से बहुत भिन्न नहीं है। इनमें केवल विधियों का अन्तर है। साम्यवादी, राज्य की अवपीड़क या बाध्यकारी शक्ति को आर्थिक विकास में प्रयुक्त करते हैं जिससे राजनीतिक व्यवस्था में समानता, क्षमता और सहभागिता के साथ ही साथ संरचनात्मक विभिन्नीकरण और विशेषीकरण आता है। इस प्रकार, औपचारिक दृष्टि से नहीं यथार्थ में भी मॉडल राजनीतिक विकास को द्रुत बनाने का नया रास्ता है।

लेनिन के सामने वही समस्या थी जो आज अनेक विकासशील देशों के सामने है कि "किस प्रकार कम से कम समय में पश्चिम के देशों ने जो शताब्दियों में प्राप्त किया है वैसा ही सामाजिक और आर्थिक आमूल परिवर्तन लाया जाए ?"[20] इसके लिए साम्यवादियों ने राज्य में शक्ति का केन्द्रण करके और राज्य के तंत्र के उपयोग से शीघ्र आर्थिक विकास का साधन अपनाया और राज्य को संचालित करने के अभिकरण के रूप में अत्यधिक संगठित, गहराई से प्रतिबद्धता वाला साम्यवाद सृजित किया। दूसरे विश्व युद्ध के बाद साम्यवादी विकास के और नए मॉडल सामने आए हैं। चीन, युगोस्लाविया

[17] Alfred G. Meyer, *The Soviet Political System: An Interpretation*, New York, Random House, 1965, p. 267.

[18] H. Seton Watson, 'Twentieth Century Revolutions', *Political Science Quarterly*, Vol. XXII, No. 3, July-September 1951, p. 259.

[19] S. P. Varma, *op. cit.*, p. 288.

[20] V. I. Lenin, *The Development of Capitalism in Russia*, Moscow, Foreign Languages Publishing House, 1956.

और पूर्वी यूरोप और अब वियतनाम में भी साम्यवादी विकास मॉडल उन देशों के विकास की आवश्यकताएं पूरी कर रहे हैं। अतः विकास का विशेषकर आर्थिक विकास का यह मॉडल अन्ततः राजनीतिक विकास का मॉडल बन जाता है। क्योंकि, आर्थिक विकास और आधुनिकीकरण से राजनीतिक विकास के कई लक्षणों—क्षमता, सहभागिता, विभिन्नीकरण, विशेषीकरण और समानता आदि की समाज में स्थापना रोकी नहीं जा सकती। शायद यही कारण है कि विकासशील राज्यों में अधिकाधिक राज्य विकास के साम्यवादी मॉडलों के संशोधित रूप अपनी आवश्यकताओं के अनुसार तोड़-मोड़कर अपनाते जा रहे हैं। जैसे साम्यवादी मॉडल राजनीतिक विकास को परोक्ष रूप से प्रोत्साहित नहीं करता, किन्तु आर्थिक विकास और आधुनिकीकरण से यह प्रेरित होता है। इस पर अभी और गहराई से चिंतन व शोध की आवश्यकता है। शायद भविष्य में यह सुस्पष्ट विकल्प के रूप में राजनीतिक विकास का भी मॉडल बन जाए।

राजनीतिक विकास की समस्याएं (The Problems of Political Development)

राजनीतिक विकास की समस्याएं केवल राजनीतिक व्यवस्था से ही सम्बन्धित नहीं हैं। वास्तव में, इन समस्याओं का सम्बन्ध उस पर्यावरण से अधिक है जिससे राजनीतिक व्यवस्था घिरी रहती है तथा जिसमें राजनीतिक विकास का क्रम चलता है। राजनीतिक आधुनिकीकरण की तरह ही राजनीतिक विकास की समस्याएं अनेक विषयों से सम्बन्धित हैं। इनमें से कुछ प्रमुख समस्याएं इस प्रकार हैं—(क) राष्ट्र निर्माण की समस्या। (ख) राजनीतिक व्यवस्था की क्षमता में वृद्धि की समस्या, (ग) समानता लाने की समस्या, (घ) सहभागिता सम्भव बनाने की समस्या, (च) वैधता प्राप्त करने की समस्या, और (छ) आधुनिकीकरण की समस्या।

उपरोक्त समस्याओं का समाधान राजनीतिक विकास के साथ गठबन्धित है। ज्यों-ज्यों राजनीतिक विकास का स्तर बढ़ता जाता है इन समस्याओं का समाधान होने में सहायता मिलती जाती है। किन्तु, विकासशील राज्यों में राजनीतिक विकास की समस्याएं इससे कुछ भिन्नताएं रखती हैं। इनमें से कुछ प्रमुख समस्याएं इस प्रकार हैं—(क) राजनीतिक विकास के मॉडल के चयन की समस्या, (ख) राजनीतिक स्थायित्व की समस्या, (ग) संरचनात्मक व्यवस्थाओं की सुस्थिर स्थापना की समस्या, (घ) राजनीतिक विकास के अभिकरण—राजनीतिक दल, हित और दबाव समूहों के समुचित रूप में संगठित और विकसित होने की समस्या, और (च) हिंसात्मक राजनीति की समस्या।

विकासशील देशों की इन समस्याओं के समाधान में पेचीदगियां राजनीतिक विकास को प्रभावित ही नहीं करती हैं, अपितु, राजनीतिक पतन की ओर ले जाने की स्थिति उत्पन्न कर देती हैं। इस कारण से इन देशों में राजनीतिक विकास को प्रारम्भ में तो पर्याप्त महत्त्व दिया गया था किन्तु, वर्तमान दशक में आर्थिक विकास पर बल दिया जाने लगा है परन्तु इन देशों में अभी भी आर्थिक विकास के मार्ग भी अनिश्चित से

हैं। इस कारण, विकासशील देशों में राजनीतिक विकास की समस्याएं इतनी गम्भीर हैं कि कोई आसान सा समाधान सूत्र प्रतिपादित करना असम्भव सा ही लगता है।

राजनीतिक विकास उपागम की तुलनात्मक राजनीति में उपयोगिता (Utility of Political Development Approach in Comparative Politics)

जाग्वाराइब ने लिखा है कि राजनीतिक विकास का उपागम तुलनात्मक राजनीति में विशेष उपयोगिता रखता है। यह उपागम राजनीतिक विकास के विभिन्न स्तरों की परस्पर मापन योग्य परिवर्त्यों के आधार पर तुलना सम्भव बनाता है। राजनीतिक विकास तीन प्रकार के समष्टि परिवर्त्यों के सेटों के रूप में देखा जा सकता है और फिर इस आधार पर तुलनाएं की जा सकती हैं। उसके अनुसार यह समष्टि परिवर्त्य 'सेट' इस प्रकार हैं—

(अ) **प्रचालनात्मक परिवर्त्य**—(i) बुद्धिसंगत अभिमुखीकरण, (ii) संरचनात्मक विभिन्नीकरण, और (iii) क्षमताएं।

(ब) **सहभागिता परिवर्त्य**—(i) राजनीतिक संचालन, (ii) राजनीतिक एकीकरण, और (iii) राजनीतिक प्रतिनिधित्व।

(स) **दिशात्मक परिवर्त्य**—(i) राजनीतिक विन्यासन, और (ii) विकास अभिमुखीकरण।

इन परिवर्त्यों की राजनीतिक विकास के लक्षणों में पहले चर्चा की जा चुकी है इसलिए इन्हें यहां पुन: समझाने की आवश्यकता नहीं है। यहां यह देखना है कि किस प्रकार इनके आधार पर तुलनात्मक विश्लेषण किये जा सकते हैं। जाग्वाराइब का कहना है कि इनमें से किसी भी सेट को या किसी एक परिवर्त्य को लेकर उपयोगी तुलनाएं की जा सकती हैं और उपयोगी निष्कर्ष ही नहीं, सामान्यीकरण की तरफ भी आगे बढ़ा जा सकता है। उदाहरण के लिए, राजनीतिक प्रतिनिधित्व का एक परिवर्त्य सहभागिता को नापने के लिए लेकर, दो या अनेक व्यवस्थाओं की तुलना की जा सकती है। जाग्वाराइब ने इस उपागम की तुलनात्मक राजनीति में उपयोगिता का उल्लेख करते हुए लिखा है, "समष्टि परिवर्त्यों के यह 'सेट' अनेक विशिष्ट तालिकाओं के निर्माण का आधार प्रस्तुत करते हैं जिनका विशेष प्रयोग हो सकता है, जिसमें व्यवस्थाओं, व्यक्तियों और तुलनात्मक विश्लेषणों; राजनीतिक व्यवस्थाओं और राज्यों का सामान्य प्रकार में वर्गीकरण और राजनीतिक विकास का तुलनात्मक आवंटन या अधिमापन (admeasurement of political development) सम्मिलित है।"[21] इस प्रकार, राजनीतिक विकास उपागम तुलनात्मक विशेषणों में बहुत उपयोगी हो सकता है।

आमन्ड और पावेल ने राजनीतिक विकास की अवधारणा को तुलनात्मक राजनीतिक विशेषणों में उपयोगिता को विस्तार से विवेचित करते हुए इसके उपयोग को स्पष्ट ही

[21]Helio Jaguaribe, *op. cit.*, p. 192.

नहीं किया है, अपितु, निश्चित उपयोगों का भी विवेचन किया है जो इस प्रकार हैं— (क) इससे राजनीतिक व्यवस्थाओं का विवेचन, तुलना, स्पष्टीकरण और उनके बारे में भविष्यवाणी करने का आधार स्थापित करने में सहायता मिलती है। (ख) इससे राजनीतिक व्यवस्थाओं का उनके राजनीतिक अतीत और भविष्यों, जिसका वे सामना करेंगी, के संदर्भ में वर्गीकरण करने में सहायता मिलती है। (ग) इससे राजनीतिक व्यवस्थाओं की अर्थपूर्ण मानदण्डों के आधार पर तुलना करना सम्भव होता है; और (घ) राजनीतिक व्यवस्थाओं के बारे में सामान्यीकरण करने में सहायता मिलती है।

इस सूची में रिग्स ने इसकी उपयोगिता का एक और आयाम जोड़ा है। उसके अनुसार राजनीतिक विकास उपागम एक ऐसे पुल का काम करता है जिससे परिमाणननीय व्यवहारवादी और तुलनात्मक राजनीति के क्षेत्रीय अध्ययनों के प्रयत्नों को जोड़ना सम्भव है। इससे स्पष्ट है कि तुलनात्मक राजनीतिक अध्ययनों में राजनीतिक विकास उपागम का विशेष महत्त्व और उपयोग है। हम उपरोक्त बातों का संक्षेप में विवेचन करके इस उपागम की उपयोगिता का मूल्यांकन करेंगे।

(क) आमन्ड और पावेल की मान्यता है कि तकनीकी परिवर्तन और सांस्कृतिक विसरण से राजनीतिक व्यवस्थाओं को दिशा-विशेक्षों में धकेलने की शक्तियां उत्पन्न होती हैं। इससे राजनीतिक व्यवस्था में परिवर्तन आते हैं और राजनीतिक व्यवस्था में आए परिवर्तन राजनीतिक विकास का संकेतक होते हैं। इस कारण, राजनीतिक विकास जिन बातों को संदर्भ में लेकर चलता है उससे राजनीतिक विकास के स्तरों का निश्चय और मापन हो सकता है जिसकी सहायता से राजनीतिक व्यवस्थाओं का विवेचन, तुलना, स्पष्टीकरण और उनके बारे में भविष्यवाणी करने का आधार स्थापित हो जाता है।

(ख) राजनीतिक विकास की अवधारणा से राजनीतिक व्यवस्थाओं का उनके अतीत के आधार पर वर्गीकरण और तुलना करना सम्भव हो जाता है। किसी भी राजनीतिक व्यवस्था का वर्तमान, अतीत के प्रभाव से मुक्त नहीं रह सकता है। यह बात सोवियत रूस और चीन जैसे राज्यों के बारे में, जिनका दावा है कि उन्होंने अतीत से पूर्णतया नाता तोड़ लिया है, भी सही है। अतः हर राजनीतिक व्यवस्था को कम या अधिक मात्रा में अतीत की कैदी माना जा सकता है। इसका तात्पर्य यही हुआ कि राजनीतिक व्यवस्थाओं के विकास की सर्वाधिक शक्तिशाली निरोधक शक्ति और प्रतिबन्धक प्रभाव उनके राजनीतिक अतीत के ही होते हैं। राजनीतिक व्यवस्थाओं के अतीत से यह भी संकेत मिलता है कि किसी व्यवस्था ने भूतकाल में समस्याओं का किस प्रकार सामना और समाधान किया था। इसका ज्ञान यह संकेत भी दे सकता है कि भविष्य में आने वाली समस्याओं का वह व्यवस्था किस प्रकार मुकाबला करेगी? अर्थात समस्याओं का समाधान करने की क्षमता का ज्ञान वास्तव में हर राजनीतिक व्यवस्था के भूतकाल से भी पर्याप्त मात्रा में हो सकता है। यही तो राजनीतिक विकास के सम्भावित मार्ग का संकेत है। यहां यह बात नहीं भूलनी चाहिए कि राजनीतिक व्यवस्थाओं का इतिहास ही उनके भावी विकास का एक मात्र नियामक नहीं है। किन्तु राजनीतिक व्यवस्थाओं का उनके भूतकाल से सम्बन्ध बना रहता है और यह राजनीतिक व्यवस्थाओं के सम्भावित भावी विकल्पों

को सीमित करता है। इस प्रकार, अतीत के राजनीतिक विकासों के आधार पर राजनीतिक व्यवस्थाओं का वर्गीकरण करके उनकी तुलना करना और निष्कर्ष निकालना सम्भव है।

राजनीतिक व्यवस्थाओं को उस भविष्य के संदर्भ में, जिसका उन्हें सामना करना है, समझा जा सकता है। वर्तमान में राजनीतिक व्यवस्थाओं में विभिन्नीकरण, लौकिकीकरण और उप-व्यवस्था स्वायत्तता (आमन्ड यह तीन लक्षण ही राजनीतिक विकास के स्वीकार करता है) का स्तर यह निश्चय कर देता है कि भविष्य में इन राजनीतिक व्यवस्थाओं के विकास के मार्ग में क्या बाधायें आएंगी तथा कौन-कौन सी निरोधक शक्तियों का इन्हें सामना करना होगा ? अर्थात, विभिन्नीकरण, लौकिकीकरण और उप-व्यवस्था स्वायत्तता का स्तर, राजनीतिक व्यवस्थाओं में भविष्य का सामना करने की क्षमताओं का संकेत दे देता है। इस आधार पर विकासशील व्यवस्थाओं का वर्गीकरण करके उनकी तुलना से उनके भविष्य के बारे में सम्भावित विकास-दिशाओं का संकेत देना सम्भव हो जाता है।

(ग) राजनीतिक विकास का उपागम राजनीतिक व्यवस्थाओं की अर्थपूर्ण मानदण्डों के आधार पर तुलना करना सम्भव बना देता है। विकास का माप, भूमिका विभिन्नीकरण, लौकिकीकरण और उप-व्यवस्था-स्वायत्तता के संकेतकों के माप के द्वारा सम्भव है। अकसर ऐसा देखा जाता है कि यह तीनों लक्षण साथ-साथ ही राजनीतिक व्यवस्थाओं में विकसित होते हैं। इनसे राजनीतिक व्यवस्थाओं के निष्पादन प्रतिमानों और कार्य-क्षमताओं का निर्धारण होता है। इसका यह अर्थ नहीं है कि राजनीतिक व्यवस्थाओं की क्षमता के और निर्धारक नहीं होते हैं। आर्थिक, सामाजिक और सांस्कृतिक विकासों का भी राजनीतिक व्यवस्थाओं की क्षमता से सम्बन्ध है। इस प्रकार, एक प्रकार की क्षमता वाली व्यवस्था का दूसरे प्रकार की क्षमता वाली व्यवस्था से तुलनात्मक अध्ययन किया जा सकता है। उदाहरण के लिए, लोकतान्त्रिक व्यवस्थाओं की, विकास से सम्बन्धित लक्षणों के आधारों पर तुलना की जा सकती है, जैसे—(i) उच्च स्वायत्तता वाली लोकतान्त्रिक व्यवस्थाएं, (ii) सीमित स्वायत्तता वाली लोकतान्त्रिक व्यवस्थाएं, और (iii) निम्न या अल्प स्वायत्तता वाली लोकतान्त्रिक व्यवस्थाएं।

स्वायत्तता, क्षमता और निष्पादनता के साथ इस प्रकार जोड़ी जा सकती हैं कि जिस राजनीतिक व्यवस्था में उच्च स्तर की उप-व्यवस्था स्वायत्तता होगी उसकी क्षमता अन्य दो प्रकार—सीमित और अल्प उप-व्यवस्था स्वायत्तता, की व्यवस्थाओं से अनिवार्यतः अधिक होगी। इसी तरह, लौकिकीकरण या विभिन्नीकरण का आधार लेकर राजनीतिक व्यवस्थाओं की तुलना और उनके बारे में आनुभविक निष्कर्ष निकाले जा सकते हैं।

इसी तरह, स्वेच्छाचारी व्यवस्थाओं से सम्बन्धित राजनीतिक विकास के विभिन्न स्तरों को विकास के लक्षणों के आधार पर पहचाना जा सकता है। अगर स्वेच्छाचारी व्यवस्था में विभिन्नीकरण है तो उसको आधुनिकीकरणशील स्वेच्छाचारी और अगर यह नहीं है तो रूढ़िवादी स्वेच्छाचारी शासन कहेंगे और उनकी परस्पर तुलना करने से विकास मार्ग का निश्चय करना भी सम्भव हो जाता है। प्रथम में, अनुक्रियात्मकता की क्षमता

अधिक होगी जबकि दूसरे प्रकार की व्यवस्था में यह क्षमता कम होगी।

(घ) राजनीतिक विकास का उपागम राजनीतिक व्यवस्थाओं के बारे में सामान्यीकरण करने में सहायता करता है। यह सहायता कई कारणों से इस उपागम द्वारा सम्भव होती है। इनमें से कुछ प्रमुख कारण इस प्रकार हैं—(i) राजनीतिक विकास के संकेतकों का मापना सम्भव है, (ii) राजनीतिक विकास के स्तरों का निर्धारण सम्भव है, (iii) राजनीतिक विकास अन्य विकासों से सम्बन्धित माना जाता है, (iv) राजनीतिक विकास से व्यवस्थाओं का वर्गीकरण सम्भव है, और (v) राजनीतिक व्यवस्थाओं की तुलनाएं की जा सकती हैं। इस तरह, राजनीतिक विकास का उपागम सिद्धान्त निर्माण तक नहीं तो कम से कम सामान्यीकरण तक ले जाने का मार्ग तो खोल देता है।

(च) रिग्स का मत है कि राजनीतिक विकास की अवधारणा से व्यवहारवादी अध्ययन दृष्टिकोण और क्षेत्रीय अध्ययनों के दृष्टिकोणों में तालमेल बैठाना सम्भव हो जाता है। इसकी सहायता से दोनों के बीच की दीवार को गिरा सकना सम्भव हुआ है। एक दूसरे के परिणामों और निष्कर्षों को राजनीतिक विकास के प्रवर्गों के आधार पर स्पष्ट करना सम्भव हो जाता है।

इस विवेचन से स्पष्ट है कि राजनीतिक विकास के उपागम का तुलनात्मक राजनीतिक अध्ययनों में विशेष महत्त्व है। यह यथार्थवादी के साथ ही साथ वैज्ञानिक और परिष्कृत प्रवर्गों पर आधारित होने से तुलना का विश्वसनीय माध्यम बन जाता है। यद्यपि, इसमें अभी कई कमियां हैं और धीरे-धीरे इस अवधारणा के नए आयामों को अध्ययनों में सम्मिलित करने से कई जटिलताएं उत्पन्न हो रही हैं, फिर भी, ज्ञान की वर्तमान सीमा में यह उपागम राजनीतिक व्यवस्थाओं में होने वाले घटनाक्रमों का स्पष्टीकरण करने में काफी सहायता करता है। इससे इसकी उपयोगिता का संकेत मिलता है।

राजनीतिक विकास उपागम : एक मूल्यांकनात्मक निष्कर्ष (Political Development Approach : An Evaluative Conclusion)

राजनीतिक विकास से सम्बन्धित अध्ययनों की समालोचना करते हुए एस० पी० वर्मा ने राजनीतिक विकास के सिद्धान्त की खोज के सम्बन्ध में अत्यधिक निराशाजनक निष्कर्ष निकालते हुए लिखा है, "राजनीतिक विकास के इतने मॉडलों—पश्चिमी और साम्यवादी के होते हुए भी राजनीतिक विकास के सिद्धान्त की सम्पूर्ण खोज निरर्थक दिखाई देती है।"[22] ला पालोम्बारा ने भी ऐसे ही विचार व्यक्त किए हैं। उसने लिखा है कि "राजनीतिक विकास के सिद्धान्त तथा उनकी अवधारणाएं एवं प्रस्थापनाएं इतनी अमूर्त एवं अस्पष्ट हैं कि वे एक प्रकार के नव विचारवाद बन जाते हैं या वे गत्यात्मक होने के बजाय इतनी स्थैतिक है कि उनका आनुभविक परीक्षण या तो बहुत खर्चीला उद्यम बन जाता है या

[22]S. P. Varma, *op. cit.*, p. 289.

बिल्कुल असम्भव हो जाता है।"[23] इस प्रकार, ला पालोम्बरा राजनीतिक विकास के सिद्धान्त से सम्बन्धित अवधारणाओं एवं प्रस्थापनाओं को, आनुभविक परीक्षण की कसौटी पर कसने में आने वाली कठिनाइयों के कारण, राजनीतिक विश्लेषणों में इसकी उपयोगिता के बारे में शंकाएं अभिव्यक्त करता है। किन्तु, एस० पी० वर्मा ने राजनीतिक विकास की सिद्धान्त सम्बन्धी अपनी निराशा को अन्य कारणों से पुष्ट किया है। उन्होंने माना है कि न तो कोई ऐसा परिपूर्ण या आदर्श समाज है जिसकी तरफ सब समाजों को चलना चाहिए और न ही ऐसे संचलन की अपरिहार्यता है। उनके अनुसार पश्चिमी जगत में मतभेद और साम्यवादी जगत के अनेक रूपों में विभक्त होने तथा तीसरे विश्व के हर राज्य ने अपने विकास या पतन का अलग मार्ग अपनाकर 'विकासशील' और 'विकसित' राज्यों के बीच प्रत्ययी अन्तर को अर्थहीन बना दिया है। इस सबसे यह स्पष्ट हुआ है कि राजनीतिक विकास के सिद्धान्त की तलाश अत्यधिक अस्थिर और कच्चे या कमजोर आधारों पर स्थापित है।[24]

राजनीतिक विकास के सिद्धान्त निर्माण के प्रयत्नों में असफलता या निराशा इसके लिए ही विशिष्ट नहीं है। यह अन्य अवधारणाओं से सम्बन्धित सिद्धान्त निर्माण में भी देखने को मिलती है। सामाजिक विज्ञानों में, और विशेषकर तुलनात्मक राजनीतिक अध्ययनों में सिद्धान्त की खोज अत्यधिक कठिन और जटिल हो जाती है। इस अनुशासन में राजनीतिक व्यवस्था, संरचना और प्रक्रिया स्वयं में पेचीदा होने के साथ ही साथ अन्य व्यवस्थाओं और तथ्यों से प्रभावित, नियमित और नियंत्रित रहती है। अतः ऐसी विविध प्रकार की राजनीतिक व्यवस्थाओं के राजनीतिक विकास सम्बन्धी सिद्धान्त निर्माण में सरलता रहेगी यह सोचना ही नहीं चाहिये। राजनीतिक विकास के अर्थ, व्याख्या और लक्षणों को लेकर कितने मतभेद हैं यह हम पहले ही देख चुके हैं। राजनीतिक विकास के सम्बन्ध में अगर किसी एक विचारक के दृष्टिकोण विशेष को लिया जाय तो वह एकपक्षीय लगता है। अमरीका में सामाजिक विज्ञान अनुसंधान परिषद के तत्वाधान में तुलनात्मक राजनीति की समिति ने राजनीतिक विकास को विभिन्न संरचनाओं और व्यवस्थाओं के साथ सम्बन्धित करते हुए 1966 तक छः पुस्तकें—*Communication and Political Development; Bureaucracy and Political Development; Political Modernisation in Japan and Terkey; Education; and Political Development; Political Culture and Political Development and Political Parties and Political Development.* प्रकाशित की हैं। इनमें राजनीतिक विकास के विभिन्न पक्षों को लेकर गहराई से अध्ययन किये गये हैं। इसके बाद शायद इस समिति को ऐसा प्रयत्न निरर्थक लगा और इस क्रम में सातवां प्रकाशन काफी समय तक रुक गया जो अन्ततः 1971 में प्रकाशित हुआ। इस पुस्तक **क्राइसेस एण्ड सिक्वेंसेज इन**

[23]Joseph La Palombara quoted by Fred W. Riggs, 'The Theory of Political Development' in James C. Charlesworth, (ed), *Contemporary Political Analysis*, New York, The Free Press, 1967, p. 233.

[24]**S. P. Varma, *op. cit.*, p. 290.**

पोलिटिकल डेवेलेपमेन्ट में राजनीतिक विकास के अध्ययन को पुनः जीवित किया गया हो ऐसी बात नहीं है। वैसे भी इन पुस्तकों में, जिनमें से अधिकांश सम्पादित हैं, राजनीतिक विकास के किसी समग्री सिद्धान्त का प्रयत्न सम्भव ही नहीं हो सकता था। क्योंकि, इनके लेखक अपने विशेष दृष्टिकोण से चिपके रहे हैं और साथ ही वे राजनीतिक विकास की इतनी बारीकियों में चले गये हैं कि हर एक निबन्ध में अलग और नई बात मिलती है। इसलिए इन पुस्तकों की विशेषता केवल एक बात में ही है कि इन्होंने राजनीतिक विकास पर बिखरी हुई सामग्री को एक सूत्र में पिरोने के बजाय एक साथ अवश्य कर दिया है, किन्तु इस सबका यह अर्थ नहीं है कि राजनीतिक विकास के सिद्धान्त निर्माण के मार्ग में हम आगे नहीं बढ़ पाए हैं। इस संदर्भ में डा० एस० पी० वर्मा का अपनी पुस्तक **माडर्न पोलिटिकल थियोरी** में (1975) में यह लिखना कि "इस प्रकार हम पुनः वहीं लौट गये हैं जहां हम 1960 में राजनीतिक विकास के सिद्धान्त की खोज में थे"[25] ठीक नहीं माना जा सकता है। उन्होंने इसी संदर्भ में जो आगे लिखा है, "पूर्व या पश्चिम में जो भी राजनीतिक विकास के सिद्धान्त विकसित किये गये हैं वे सब आज गड़बड़ घोटाले या अस्तव्यस्ता (shambles) में है,"[26] यह भी मान्य नहीं हो सकता है। वास्तव में, ऐसी निराशाओं और इस प्रकार के निष्कर्षों का आधार राजनीतिक विकास के अध्ययन ढांचे से सम्बन्धित लगता है, क्योंकि राजनीतिक विकास से सम्बन्धित अधिकांश अध्ययन संरचनात्मक-प्रकार्यात्मक ढांचे के इर्द-गिर्द ही किये गये हैं जो विकासशील राज्यों की राजनीतिक व्यवस्थाओं के अध्ययनों में उपयोगी नहीं हैं। (इससे सम्बन्धित कारणों के लिए संरचनात्मक प्रकार्यात्मक दृष्टिकोण की आलोचना अध्याय छः में देखिये) यह सही है कि विकासशील राज्यों में राजनीतिक विकास के अध्ययनों में अनेक कठिनाइयां और पेचीदगियां हैं, परन्तु, साथ में यह भी सही है कि विकासशील राज्यों में राजनीतिक विकास की आनुक्रमिकता का अभाव व उनमें विकास की अनेक दिशाओं और विशेषताओं के आधार पर ही राजनीतिक विकास का सिद्धान्त प्रतिपादित करना सम्भव होगा। पश्चिमी लेखक यह स्वीकार करने लगे हैं कि राजनीतिक विकास के बारे में उनका ज्ञानवर्धन विकासशील राज्यों के उलट-पलट विकास से ही हुआ है। इस सम्बन्ध में कोलिन लेज ने ठीक ही लिखा है। "अभी हाल ही के वर्षों में शायद हमने राजनीति के बारे में विकसित राज्यों के अध्ययनों से अधिक विकासशील राज्यों के अध्ययनों से ही सीखा है।"[27]

राजनीतिक विकास के सिद्धान्त निर्माण में हेलियो जाग्वाराइब का प्रयत्न, उसकी पुस्तक **पोलिटिकल डेवेलपमेन्ट : ए जनरल थियोरी एण्ड ए लेटिन अमेरिकन केस स्टडी** (1973) में बहुत कुछ सफल रहा है। उसने लेटिन अमरीकन राज्यों के आनुभविक तथ्यों से राजनीतिक विकास के सामान्य सिद्धान्त के निर्माण में सहायता की है। राज-

[25] *Ibid.*, p. 290.
[26] *Ibid.*, p. 290.
[27] Colin Leys (ed.), *Politics and Change in Developing Countries, Cambridge*, 1969, p. 10.

नीतिक विकास के सामान्य सिद्धान्त निर्माण का यह पहला प्रयास है जो विकासशील राज्यों का व्यापक संदर्भ लेते हुए, पुराने प्रत्ययी ढांचों और दृष्टिकोणों से हटकर यथार्थवादी प्रत्ययों के आधार पर राजनीतिक विकास को स्पष्ट करता है। जाग्वाराइब ने राजनीतिक विकास के सिद्धान्त निर्माण का प्रयास एक देश विशेष या पहलू विशेष के आधार पर नहीं करके सामान्य विकास के समग्र दृष्टिकोण से किया है। उसके आनुभविक तथ्यों से पुष्ट निष्कर्ष, राजनीतिक विकास के सामान्य सिद्धान्त निर्माण के मार्ग पर राजनीतिक विकासवादियों को बहुत आगे ले आए हैं और यह सम्भव है कि ऐसे ही कुछ और प्रयत्नों से राजनीतिक विकास का सामान्य सिद्धान्त निर्मित करना निकट भविष्य में सम्भव हो जाय।

राजनीतिक विकास का सामान्य सिद्धान्त निर्माण प्रयत्न विकासशील राज्यों के संदर्भ में ही सम्भव हो सकता है। इन देशों में राजनीतिक विकास की गति व तीव्रता विशेष महत्त्व रखती है। इस कारण, इनमें वह कुछ हो ही नहीं सकता है जो धीरे-धीरे विकसित होने वाले पश्चिमी देशों में हुआ है। इन देशों में विचारधाराओं के टकराव और दबाव भी जटिलताएं लाते हैं। इन सबके बावजूद, जाग्वाराइब का यह अभिमत उपयुक्त लगता है कि विकासशील राज्यों में यह उथल-पुथल विशेष चिंता का कारण नहीं बननी चाहिये। यह सक्रांतिकालीन व्यवस्थाओं की सामान्य विलक्षणता है। अब हम यह कह सकते हैं कि विकासशील राज्य, अस्थायित्वों और परिवर्तनों में भी, एक विचित्र अनुक्रम से विकास मार्ग पर बढ़ रहे हैं। इनके उत्थान-पतन से संकलित व्यापक तथ्य अवश्य ही राजनीतिक विकास का सामान्य सिद्धान्त निर्माण सम्भव बनाने में सहायक होंगे। अन्त में निष्कर्षतः यही कहा जा सकता है कि राजनीतिक विकास की अवधारणा ही राजनीति के सामान्य सिद्धान्त निर्माण में सक्षम लगती है।

तुलनात्मक राजनीति का राजनीतिक आधुनिकीकरण उपागम
(POLITICAL MODERNISATION APPROACH IN COMPARATIVE POLITICS)

राजनीतिक विकास के उपागम में हमने राजनीतिक विकास और राजनीतिक आधुनिकीकरण के बीच सामान्य अन्तर को समझने का प्रयास किया है, किन्तु राजनीतिक आधुनिकीकरण राजनीतिक विकास से पृथक अध्ययन उपागम के रूप में किस प्रकार प्रतिष्ठित हुआ उसकी वहां चर्चा करना प्रासंगिक नहीं था। प्रस्तुत विवेचन में हम यह देखने का प्रयास करेंगे कि किस प्रकार राजनीतिक आधुनिकीकरण का तुलनात्मक राजनीतिक अध्ययनों में स्वतन्त्र दृष्टिकोण के रूप में प्रयोग होने लगा है। इस दृष्टिकोण के उदय और उपयोग के पीछे मूलतः वही कारण हैं जो राजनीतिक विकास के दृष्टिकोण के सन्दर्भ में सही हैं, अर्थात एशिया, अफ्रीका और लेटिन अमरीका में नये राज्यों के रूप में अनेक राष्ट्रों का उदय न केवल राजनीतिक विज्ञान के अध्ययन में नवीन आयामों का जनक बना, अपितु, तुलनात्मक राजनीतिक विश्लेषणों में तो यह विकास आधारभूत महत्त्व का बन गया है। राजनीतिक आधुनिकीकरण के प्रत्यय का तुलनात्मक विश्लेषणों

में प्रयोग क्या उपयोगिता रखता है, इसका विवेचन करने से पहले हम इस पक्ष पर चर्चा करेंगे कि 'राजनीतिक विकास' के उपागम के साथ ही 'राजनीतिक आधुनिकीकरण' के उपागम के विकास की आवश्यकता क्यों पड़ी ? ऐसी क्या बातें हैं जिन्होंने राजनीतिक विकास के उपागम से अधिक उपयुक्त राजनीतिक आधुनिकीकरण के उपागम को तुलनात्मक विश्लेषणों में बना दिया है ? पहले हम संक्षेप में इसी पहलू पर विचार करेंगे।

राजनीतिक आधुनिकीकरण उपागम की आवश्यकता (The Necessity of Political Modernisation Approach)

तुलनात्मक राजनीतिक अध्ययनों में आधुनिकीकरण का उपागम राजनीतिक व्यवहार को समझने के प्रयत्न और सन्दर्भ को और अधिक व्यापक बनाने के प्रयास स्वरूप स्थापित हुआ उपागम है। राजनीतिक विकास के विवेचन में हमने यह देखा है कि राजनीतिक विकास, राजनीतिक संरचनाओं के अधिकाधिक विभिन्नीकरण तथा विशेषीकरण होने के साथ-साथ राजनीतिक संस्कृति का अभिवृद्ध लौकिकीकरण है। इस अर्थ में राजनीतिक विकास का प्रमुख बल संरचनात्मकता पर है। अनेक राजनीतिशास्त्री यह महसूस करने लगे कि राजनीतिक व्यवस्थाओं को विकास के समग्र सन्दर्भ में देखने से तथा केवल संरचनात्मकता पर बल देने से राजनीतिक व्यवस्थाओं की गत्यात्मक शक्तियों को समझने में सहायक अनेक तत्त्व छूट जाते हैं। अतः कुछ विचारक यह मानने लगे कि राजनीतिक व्यवस्थाओं को विकास के परिप्रेक्ष्य में देखने के बजाय आधुनिकीकरण के एक पक्ष के रूप में देखने से, राजनीतिक प्रक्रियाओं की वास्तविकताओं की तह तक पहुंचना सम्भव होगा। इन लोगों की मान्यता रही है कि राजनीतिक विकास राजनीतिक आधुनिकीकरण की प्रक्रिया का परिणाम है और राजनीतिक आधुनिकीकरण, समाज की आधुनिकीकरण प्रक्रिया से प्रेरित, प्रभावित और निरूपित होता है। अतः राजनीतिक व्यवस्थाओं की राजनीतिक आधुनिकीकरण के परिप्रेक्ष्य में देखने से राजनीतिक व्यवहार की वास्तविक गत्यात्मक शक्तियों का अभिज्ञान या पहचान हो जाती है। इसलिए तुलनात्मक राजनीतिक अध्ययनों को विकास के स्थान पर आधुनिकीकरण की समग्रतावादी प्रक्रिया के अंश के रूप में समझना सम्भव बनाने के लिए ऐसे नये दृष्टिकोण की खोज की जाने लगी जो यह सम्भव बना सके। इस तरह, राजनीतिक आधुनिकीकरण का उपागम, राजनीतिक प्रक्रियाओं को, आधुनिकीकरण के समग्रतावादी सन्दर्भ में समझने के लिए आवश्यक माना गया है।

हर एक समाज राजनीतिक विकास या राजनीतिक आधुनिकीकरण के लिए प्रयत्नशील रहता है या नहीं यह विवादग्रस्त बात है। ऐसे अनेक देश, विशेषकर विकासशील राज्यों में हैं जहां सत्ताधारी अभिजन राजनीतिक विकास या आधुनिकीकरण को अपने निजी स्वार्थों की पूर्ति के लिए प्रोत्साहित करते हैं। कुछ परम्परागत राज्यों में तो यहां तक हुआ है कि राजनीतिक विकास की सामान्य पर्यावरण से प्रेरित प्रवृत्ति को बलपूर्वक रोका गया है, जिससे सर्वसाधारण राजनीतिक प्रक्रियाओं में सहभागी होने के लिए आगे न आने पाए। क्योंकि, जनसाधारण का राजनीतिकरण सत्ताधारियों की परम्परागत

सत्ता को चुनौती का आधार तैयार करता है। उदाहरण के लिए, नेपाल या भूटान में अभी भी ऐसा हो रहा है। अतः विकासशील राजनीतिक व्यवस्थाओं को समझने में राजनीतिक विकास की अवधारणा ऐसी स्थितियों में अपनी स्पष्टीकरण क्षमता में बहुत सीमित हो जाती है। किन्तु, आधुनिकीकरण एक ऐसी प्रक्रिया है जो अनवरत चलती रहती है। इसको अवरुद्ध किया जा सकता है, परन्तु रोका नहीं जा सकता है। हर समाज आधुनिक बनना चाहता है। हर समाज में आधुनिक बनने की प्रवृत्ति स्वतः ही उत्पन्न होती है। अतः आधुनिकीकरण एक पेचीदा, किन्तु अनवरत चलने वाली सर्वव्यापी प्रक्रिया है। इसका कोई और छोर नहीं होता है। इस कारण तुलनात्मक राजनीतिक अध्ययनों को ऐसी निरंतरता, सर्वव्यापकता और समग्रता वाली प्रक्रिया से जोड़ने की आवश्यकता महसूस की जाने लगी। इसी प्रयत्न का परिणाम, राजनीतिक आधुनिकीकरण के उपागम के रूप में तुलनात्मक विश्लेषणों को संचालित करना माना जा सकता है। अतः राजनीतिक आधुनिकीकरण के उपागम को, राजनीतिक व्यवस्थाओं की निरन्तरता वाली आधुनिकीकरण की प्रक्रिया के साथ सम्बन्धित करके समझने की कोशिश का परिणाम कह सकते हैं।

राजनीतिक विकास की अवधारणा पर आधारित तुलनात्मक राजनीतिक अध्ययनों में एक गम्भीर खतरा स्थैतिकता का है। राजनीतिक विकास की अवधारणा राजनीतिक व्यवस्था की क्षमता एवं सततता से सम्बन्धित होने के कारण अपेक्षाकृत स्थैतिक अवधारणा मानी जाती है। राजनीतिक विकास की अवधारणा की स्थैतिकता के कारण, इस प्रत्यय को, राजनीतिक व्यवस्थाओं के अध्ययन में प्रयोग करना, बहुत तेजी से या द्रुतगति से परिवर्तनशील राजनीतिक समाजों में सक्रिय गत्यात्मक शक्तियों की अवहेलना करना माना जाने लगा। इसलिए ऐप्टर ने ऐसी अवधारणा के प्रयोग पर बल दिया जो स्थैतिकता के दुर्गुण से मुक्त हो तथा समाज के हर पहलू में होने वाले परिवर्तन की समग्रता से सम्बन्धित रहे। राजनीतिक व्यवस्था को आधुनिकीकरण की समग्र प्रक्रिया के सन्दर्भ में समझने के लिए ही राजनीतिक आधुनिकीकरण उपागम की आवश्यकता अनिवार्य हो गई। ऐप्टर ने अपनी पुस्तक **दि पोलिटिक्स आफ माडर्नाइजेशन** में 'राजनीतिक आधुनिकीकरण' की अवधारणा को व्यापकतम बताया है। क्योंकि, यह, राजनीतिक विकास की अवधारणा की तरह, राजनीतिक विन्यास, राजनीतिक विकास संरचनाओं और प्रक्रियाओं पर पड़ने वाले विविध सामाजिक और आर्थिक परिवर्तनों तक सीमित न रहकर, सामान्य आधुनिकीकरण की समग्रतावादी प्रक्रिया का सन्दर्भ रखती है। इस कारण; तुलनात्मक राजनीतिक अध्ययनों को, राजनीतिक आधुनिकीकरण का उपागम अधिक व्यापकतम सन्दर्भ से सम्बन्धित बनाने के लिए आवश्यक हो गया।

इस विवेचन से स्पष्ट है कि राजनीतिक आधुनिकीकरण का उपागम, राजनीतिक विकास के उपागम से अधिक व्यापक सन्दर्भ से सम्बन्धित होने के साथ ही साथ ऐसी प्रक्रिया से सम्बद्ध है जो अनवरत गति से हर समाज में चलती रहती है तथा जिसमें राजनीतिक संरचनाएं व संस्थाएं प्रभावित व प्रेरित रहती हैं और जो स्वयं भी उसको नियमित व संचालित करने में सक्रिय होती हैं। इसलिए, राजनीतिक आधुनिकीकरण का

उपागम, मुख्यतया, राजनीतिक विकास की अवधारणा की तुलनात्मक अध्ययनों में सीमित उपयोगिता के कारण आवश्यक हो गया। यह न केवल व्यापक सन्दर्भ से सम्बन्धित है, बल्कि आधुनिकीकरण की सामान्य धारा में समाहित भी है। इस दृष्टिकोण में राजनीतिक संस्थाओं, प्रक्रियाओं से कहीं अधिक बल राजनीतिक अभिवृत्तियों पर दिया गया है। राजनीतिक व्यवहार की संचालक शक्ति व्यक्तियों की राजनीतिक प्रक्रियाओं से सम्बन्धित अवबोधनता (perception) है। राजनीतिक संस्थाओं की अवबोधनता, राजनीतिक व्यवस्थाओं की गत्यात्मक शक्तियों की महत्त्वपूर्ण नियामक व प्रेरक होती है और इसका परोक्ष सम्बन्ध आधुनिकीकरण की प्रक्रियाओं से होता है। अतः राजनीतिक व्यवस्थाओं की तुलना अगर आधुनिकीकरण के समग्र परिवेश में की जाए तो राजनीतिक यथार्थता तक पहुंचना सम्भव होता है। इसी प्रकार के लक्ष्य की प्राप्ति के साधन के रूप में राजनीतिक विकास उपागम से पृथक राजनीतिक आधुनिकीकरण का उपागम तुलनात्मक विश्लेषणों में प्रयुक्त किया जाने लगा। कई दृष्टियों से राजनीतिक आधुनिकीकरण, राजनीतिक विकास से समानता रखता है, किन्तु दोनों में सन्दर्भ का महत्त्वपूर्ण अन्तर है। राजनीतिक आधुनिकीकरण का संदर्भ आधुनिकीकरण का है जो स्वयं समाजशास्त्रीय अवधारणा है। राजनीतिक विकास का सन्दर्भ राजनीतिक व व्यवस्थाई है। अतः राजनीतिक आधुनिकीकरण का अर्थ समझने से पहले हमें आधुनिकीकरण का अर्थ समझ लेना चाहिए, जिससे इन दोनों को एक समझ बैठने का खतरा नहीं रहे।

आधुनिकीकरण का अर्थ व परिभाषा (The Meaning and Definition of Modernisation)

आधुनिकीकरण अनवरत चलने वाली प्रक्रिया है। यह सर्वव्यापी और अत्यधिक पेचीदा अनुलक्षण है। एस० पी० वर्मा ने आधुनिकीकरण की परिभाषा करना अत्यन्त कठिन माना है। उन्होंने लिखा है कि "आधुनिकीकरण, विकास की तरह ही ऐसा शब्द (term) है जिसकी परिभाषा करना अत्यधिक कठिन है।"[28] आधुनिकीकरण की सामान्य परिभाषा करते हुए क्लौड वेल्च ने लिखा है: "आधुनिकीकरण एक प्रक्रिया है जो साधनों के विवेकपूर्ण उपयोग पर आधारित होती है और आधुनिक समाज की स्थापना के उद्देश्य से युक्त होती है।"[29] इस परिभाषा से आधुनिकीकरण का स्पष्टीकरण नहीं होता है, क्योंकि इसमें आधुनिक शब्द के आशय को स्पष्ट नहीं किया गया है। लरनर ने अपनी पुस्तक **पासिंग आफ ट्रेडिशनल सोसाइटी** में इसका अर्थ करते हुए केवल इतना कहना ही पर्याप्त समझा है कि "आधुनिकीकरण विवेकपूर्ण परिवर्तन की प्रक्रिया है।" बेलाह ने आधुनिकीकरण को "साध्यों या गन्तव्यों की बुद्धिसंगतता कहा है। सामान्य अर्थों में आधुनिकीकरण उन्नति, लाभ व समृद्धि की दिशा में परिवर्तन की अत्यधिक

[28]S. P. Varma, *op. cit.*, p. 301.

[29]Claude E. Welch, Jr. (ed.), *Political Modernisation—A Reader in Comparative Political Change*, Balmont, California, Wadsworth Publishing Co., Inc., 1967, p. 2.

पेचीदा प्रक्रिया है। इसलिए आधुनिकीकरण के बारे में हण्टिंगटन का यह कहना काफी उपयुक्त लगता है कि यह बहुपक्षीय प्रक्रिया है जिससे मानव की गतिविधियों व विचारों के सभी क्षेत्रों में परिवर्तन सम्मिलित रहता है।

इस प्रकार, आधुनिकीकरण का कोई एक पहलू नहीं होकर हण्टिंगटन की मान्यता के अनुसार अनेक पहलू हैं। इसको हम शहरीकरण, उद्योगीकरण, लौकिकीकरण, शैक्षणिक और संचार सहभागिता इत्यादि से ही सम्बन्धित नहीं पाते हैं, अपितु इसको राष्ट्रीय अभिज्ञान, प्रवेशन, एकीकरण आदि अनेक तत्त्वों से मी जोड़ सकते हैं। वर्तमान संदर्भ में हमें आधुनिकीकरण के व्यापक विवेचन में न रुचि है और न ही इसके सामान्य अर्थ से आगे बढ़ने की आवश्यकता है। हमारा मुख्य ध्येय राजनीतिक आधुनिकीकरण को समझना और उसका तुलनात्मक विश्लेषणों में किस प्रकार प्रयोग होता है यह देखना है। अतः हम आधुनिकीकरण की रॉबर्ट ई० वार्ड के द्वारा दी गई व्याख्या को पर्याप्त मानकर चलेंगे। वार्ड ने आधुनिकीकरण का अर्थ करते हुए लिखा है, "आधुनिकीकरण, आधुनिक समाज की तरफ ले जाने वाली ऐसी प्रवृत्ति (क्रिया या चेष्टा) है जिसकी प्रमुख विशेषता इसके वातावरण की भौतिक और सामाजिक परिस्थितियों को नियंत्रित या प्रभावित करने की अभूतपूर्व समर्थता है और जो मूल्य-व्यवस्था की दृष्टि से इस क्षमता या समर्थता की वांछनीयता व परिणामों के बारे में आधारभूत रूप में आशावादी है।"[30]

आधुनिकीकरण के उपरोक्त अर्थ से स्पष्ट है कि इसको सुनिश्चित ढंग से परिभाषित नहीं किया जा सकता है। इसके केवल एक ही तत्त्व पर सहमति दिखाई देती है। सभी विचारक इसको समाज में परिवर्तनों की सम्पूर्णता से सम्बन्धित मानते हैं। किन्तु हर परिवर्तन को आधुनिकीकरण नहीं कहा जा सकता, क्योंकि परिवर्तन समाजों को पीछे ले जाने वाले भी हो सकते हैं। अतः सभी विद्वान आधुनिकीकरण के अर्थ में इस बात पर भी सहमति रखते हैं कि यह परिवर्तनों की ऐसी प्रक्रिया है जो प्रगतिशीलता की ओर उन्मुख रहती है। आधुनिकीकरण के इस अर्थ से कई बार इसको पश्चिमीकरण या पाश्चात्यीकरण का समानार्थी मान लिया जाता है। इसलिए इन दोनों का अन्तर समझना आवश्यक है। क्योंकि, इन दोनों को हम मौलिक अन्तर वाली अवधारणाएं पाते हैं।

आधुनिकीकरण और पाश्चात्यीकरण में अन्तर (The Difference between) Modernisation and Westernisation)

सामान्यतया आधुनिकीकरण और पाश्चात्यीकरण को समानार्थी मानने की भ्रमात्मक प्रवृत्ति का प्रचलन कम से कम विकासशील देशों में अवश्य पाया जाता है। इसलिए इन दोनों अवधारणाओं में समानता है या नहीं, इसका स्पष्टीकरण करना आवश्यक है। सभी विकासशील राज्यों में अभी तक, पश्चिम की हर बात में नकल करके आधुनिक बनने की प्रवृत्ति की प्रबलता थी। इसका प्रमुख कारण यह था कि पश्चिम के देश विकसित हैं, विकसित होना आधुनिकता की निशानी है और विकास का अर्थ यह लगाया

[30]Robert E. Ward, 'Political Modernisation and Political Culture in Japan', *World Politics*, Vol. XV, No. 5, July 1963, p. 580.

जाने लगा कि जैसा वहां होता है वैसा ही यहां हो। अत: हर विकासशील राज्य में आधुनिक बनने के लिए पश्चिम की नकल करने की होड़ और दौड़ होने लगी। राजनीतिक व्यवस्थाओं के लिए संवैधानिक संरचनाओं तक के प्रतिमान पश्चिम से ही लिए गए। यद्यपि यह सब अब समाप्त होने लगा है, फिर भी, अभी तक इस अन्धानुकरण की प्रथा का पूर्णतया लोप नहीं हो पाया है। अतः इन दोनों अवधारणाओं के अन्तर को स्पष्ट करने पर ही शायद आधुनिकीकरण को पाश्चात्यीकरण के समान अर्थ का मानने की प्रवृत्ति पूर्णतया समाप्त हो सकेगी। यहां हम केवल दो अन्तरों का विवेचन करके इनके अन्तर को समझने का प्रयास करेंगे।

आधुनिकीकरण मूल्य-युक्त अवधारणा है। हर प्रकार का परिवर्तन आधुनिकीकरण नहीं माना जाता है। इसका सम्बन्ध ऐसे सर्वव्यापी मूल्यों से है जो स्थान, समय और परिस्थिति के बन्धनों से मुक्त होते हैं। अतः उद्देश्ययुक्त परिवर्तन या ऐसे परिवर्तन जिनका अन्ततः मूल्य व्यवस्था से सम्बन्ध हो, आधुनिकीकरण कहा जाता है। इसके अर्थ में हम यह देख चुके हैं कि यह आगे की ओर उन्मुखी परिवर्तनों का नाम है। जबकि पाश्चात्यीकरण का सम्बन्ध मूल्यों से नहीं है। यह मूल्यों से मुक्त अवधारणा है। यही कारण है कि पाश्चात्यीकरण का न कोई क्रम होता है और न ही कोई दिशा होती है। उदाहरण के लिए, विकासशील देशों में पहनावे का ढंग पश्चिमी देशों के अनुरूप बदलना पाश्चात्यीकरण कहा जाएगा, किन्तु इसको आधुनिकीकरण नहीं कहा जा सकता। अतः आधुनिकीकरण मूल्य-सम्बद्ध अवधारणा है जबकि पाश्चात्यीकरण मूल्य-रहित अवधारणा है।

आधुनिकीकरण का अर्थ करते समय हमने बेलाह के शब्दों में कहा था कि यह साध्यों या गन्तव्यों की बुद्धिसंगतता है, अर्थात आधुनिकीकरण में किसी प्रकार के परिवर्तन की स्वीकृति या अस्वीकृति मूल्यों के अनुरूप गन्यव्यों तक ही सीमित नहीं है, अपितु इसका प्रमुख आधार परिवर्तनों की बुद्धिसंगतता या तर्कसम्मतता है। एम० एन० श्रीनिवास ने आधुनिकीकरण को इसलिए ही सामाजिक प्रगति का 'अवतार' तक कह दिया है। अतः आधुनिकीकरण में क्या अच्छा है या क्या बुरा है? कौन-सा परिवर्तन आगे की ओर उन्मुखी है तथा कौन-सा परिवर्तन पीछे की ओर ले जाने वाला है इसका निर्णय-आधार मानव समाज की मूल्य व्यवस्था या उसके साध्य और गन्तव्य होते हैं। पाश्चात्यीकरण में यह सब नहीं होता है। यहां मूल्यों या साध्यों का कोई आधार नहीं होता है। यहां तक कि इसमें उपयोगिता का आधार भी सामान्यतया नहीं रहता है। यही कारण है कि पाश्चात्यीकरण में किसी गतिविधि का आधार या उसकी स्वीकृति या अस्वीकृति भावनाओं या उमंगों पर आधारित हो सकती है। इस प्रकार, आधुनिकीकरण को पाश्चात्यीकरण का पर्याय नहीं माना जा सकता है। (इन दोनों में अन्तर को और विस्तार से समझने के लिए समाजशास्त्र की पुस्तकें देखी जा सकती हैं।) यह दोनों अवधारणाएं अलग-अलग हैं। पाश्चात्यीकरण केवल भौतिक से ही अधिक सम्बन्ध रखता है, जबकि आधुनिकीकरण का सम्वन्ध मानव के मूल्यों की समग्रता से है। इन दोनों अवधारणाओं के अन्तर के बाद हम आधुनिकीकरण के विभिन्न पहलुओं की चर्चा करेंगे जिससे इस अवधारणा का अर्थ और अधिक स्पष्ट हो जाए।

आधुनिकीकरण के विभिन्न पहलू (Different Aspects of Modernisation)

आधुनिकीकरण के अर्थ में हमने यह देखा है कि हण्टिंगटन इसको बहुमुखी प्रक्रिया मानते हैं जिससे मानव की गतिविधियों व विचारों के सभी क्षेत्रों में परिवर्तन होता रहता है। इससे यह स्पष्ट है कि आधुनिकीकरण के विभिन्न पहलू हैं और उनमें से एक पहलू राजनीतिक भी है जिससे हमारा प्रस्तुत अध्याय में मुख्यतया सम्बन्ध है। वैसे तो आधुनिकीकरण समग्रतावादी परिवर्तनों से सम्बन्धित होने के कारण, अनेकों पहलू रखते हुए भी केवल एक परिपूर्णता वाली अवधारणा ही मानी जानी चाहिए, किन्तु इसके अर्थ के स्पष्टीकरण के लिए हम इसके प्रमुख पहलुओं का संक्षेप में अर्थ करेंगे।

(क) आधुनिकीकरण का आर्थिक पहलू (Economic aspect of modernisation)--अधिकांशतः आधुनिकीकरण को आर्थिक अनुलक्षण के रूप में देखा जाता है तथा इसको उद्योगीकरण की प्रक्रिया से जोड़ा जाता है। जिस देश में उत्पादनों का ढंग परिवर्तित हो गया हो अर्थात उत्पादन में मशीनों का अधिकाधिक उपयोग होने लगा हो, तो ऐसा समाज आर्थिक दृष्टि से औद्योगीकृत और आधुनिक कहलाएगा। जब जीवन निर्वाही कृषि (subsistence agriculture), बिक्रीय कृषि (market agriculture) में परिवर्तित होने लगे तो यह आर्थिक आधुनिकता की निशानी मानी जायगी। डा० एस० पी० वर्मा ने इस सम्बन्ध में लिखा है आर्थिक आधुनिकीकरण में, "आर्थिक क्षेत्र में जीवन-निर्वाही कृषि, बाजारी कृषि से बदल दी जाती है; व्यापार, उद्योगों और अन्य अकृषीय गतिविधियों के मुकाबले में कृषि की अवनति हो जाती है, तथा ज्यों-ज्यों यह गतिविधि राष्ट्रीय स्तर पर अधिकाधिक केन्द्रीकृत होने लगती है त्यों-त्यों आर्थिक गतिविधियों का क्षेत्र-विस्तार होता जाता है।"[31] इस प्रकार आधुनिकीकरण, आर्थिक विकास के क्षेत्र में, प्रमुखतया उद्योगीकरण की दिशा में महत्त्वपूर्ण परिवर्तनों का आना माना जाता है। संक्षेप में खेतिहर अर्थव्यवस्था का औद्योगीकृत अर्थव्यवस्था में रूपान्तरण आर्थिक आधुनिकीकरण की निशानी माना जाता है।

(ख) आधुनिकीकरण का सामाजिक पहलू (Social aspect of modernisation)–सामाजिक दृष्टि से आधुनिकीकरण का आशय व्यक्ति के व्यवहार और मनोवृत्तियों में परिवर्तन आने से है। इस अर्थ में अनेक अन्तःसम्बन्धित सामाजिक, मानसिक व मनोवैज्ञानिक दृष्टि से व्यवहार प्रतिमानों में अन्तरों से आधुनिकीकरण को जोड़ा जाता है। अतः इस पक्ष को समझने के लिए इसके सामाजिक, मनोवैज्ञानिक व बौद्धिक पहलुओं को संक्षेप में अलग-अलग देखना अधिक उपयोगी होगा।

सामाजिक आधुनिकीकरण में यह प्रवृत्ति प्रबल होती है कि व्यक्ति की परिवार और प्राथमिक समूहों से निष्ठा हटकर ऐच्छिक और संगठित द्वितीय (अप्रत्यक्ष या परोक्ष) संगठनों में निष्ठा बढ़ती जाती है। उदाहरण के लिए, व्यक्ति, क्लबों, अन्य संस्थाओं, अभिरुचि संगठनों के प्रति अधिक निष्ठावान होता जाता है।

मनोवैज्ञानिक आधुनिकीकरण में मूल्यों, अभिवृत्तियों और आकांक्षाओं में आधारभूत

[31]S. P. Varma, *op. cit.*, p. 302.

परिवर्तन आ जाते हैं। आधुनिक व्यक्ति यह विश्वास करने लगता है कि प्रकृति और समाज में परिवर्तन न केवल सम्भव और वांछनीय है अपितु यह स्वयं उसके द्वारा लाये जा सकते हैं। व्यक्ति यह भी मानने लगता है कि स्वयं वह वातावरण में आने वाले परिवर्तनों के अनुरूप बन सकता है। आधुनिक व्यक्ति की मन:स्थिति उसकी निष्ठाओं और अभिज्ञानों को ठोस और नजदीकी निकायों से हटाकर वृहत्तर और अधिक महत्त्वपूर्ण संगठन जैसे वर्ग और राष्ट्र में लगाव उत्पन्न करने की हो जाती है।

बौद्धिक दृष्टि से आधुनिकीकरण का आशय मनुष्य के अपने चारों तरफ के परिवेश सम्बन्धी ज्ञान में अभूतपूर्व वृद्धि का होना और इस प्रकार के ज्ञान का सम्पूर्ण समाज में संचारण होना है। ज्ञान का यह प्रसार व विस्तार शिक्षा, जन-संचारण व साक्षरता के साधनों द्वारा होता है।

इस प्रकार सामाजिक दृष्टि से आधुनिकीकरण सम्पूर्ण समाज में व्यक्ति के व्यक्ति से सम्बन्धों से सम्बन्धित होता है। यह मनुष्य की निष्ठाओं के परम्परागत प्रतिमानों के स्थान पर नये प्रतिमान प्रस्थापित करता है। इसमें व्यक्ति कम से कम यह मानने लगता है कि वह सब कुछ को बदलकर अपने अनुकूल बना सकता है।

(ग) **आधुनिकीकरण का राजनीतिक पहलू** (Political aspect of modernisation)—राजनीतिक अनुलक्षण के रूप में आधुनिकीकरण राजनीतिक संरचनाओं, प्रक्रियाओं और व्यवहारों में विविध किन्तु विशेष प्रकार के परिवर्तन आना है। राजनीतिक दृष्टि से आधुनिकृत समाज में व्यक्ति की राजनीतिक सहभागिता बृहत्तर स्तर पर होने लगती है। ऐसे समाज में लोगों के मन में राष्ट्रीयता की भावनाएं शक्तिशाली हो जाती हैं।

आधुनिकीकरण के विभिन्न पहलुओं के विवेचन से स्पष्ट है कि यह सब पहलू परस्पर घनिष्ठता ही नहीं रखते हैं अपितु, एक दूसरे से अलग ही नहीं किए जा सकते। इन पहलुओं की आपस में सम्बन्ध-सूत्रता इस बात की पुष्टि करती है कि आधुनिकीकरण अत्यधिक जटिल परिवर्तन प्रक्रिया है। सेमुअलहण्टिंगटन ने इस सम्बन्ध में ठीक ही लिखा है कि "आधुनिकीकरण ऐसी व्यापक प्रक्रिया है जो आर्थिक विकास के क्षेत्र तथा भौतिक प्रगति में मूलभूत परिवर्तन लाता है। इसमें राजनीतिक व्यवस्थाओं की प्रकृति व संघटकता और जीवन के मनोवैज्ञानिक व सामाजिक क्षेत्रों में परिवर्तन आ जाता है।"[32] आधुनिकीकरण के इस अर्थ के संदर्भ में राजनीतिक आधुनिकीकरण का आशय समझना अत्यन्त सरल हो जाता है। अतः हम पहले राजनीतिक आधुनिकीकरण का अर्थ व परिभाषा करेंगे और उसके बाद तुलनात्मक राजनीतिक अध्ययन के उपागम के रूप में इसकी उपयोगिता का मूल्यांकन करेंगे।

[32] Samuel P. Huntington, 'Political Development and Decay', *World Politics*, Vol. XVII, April 1965, pp. 32-33.

राजनीतिक आधुनिकीकरण का अर्थ और परिभाषा (The Meaning and Definition of Political Modernisation)

राजनीतिक आधुनिकीकरण, राजनीतिक विकास से कहीं अधिक व्यापक अवधारणा है। समाजों में, सामाजिक संचालन और आर्थिक विकास के परिणामस्वरूप और राजनीतिक परिवर्तनों को सामान्यतया राजनीतिक आधुनिकीकरण का नाम दिया जाता है। कोलमैन के अनुसार राजनीतिक आधुनिकीकरण संक्रातिकालीन समाजों की राजनीतिक व्यवस्थाओं में होने वाले संरचनात्मक तथा सांस्कृतिक परिवर्तनों का समूह है। इन परिवर्तनों का सम्बन्ध राजनीतिक व्यवस्था से सम्बन्धित संस्थाओं, संरचनाओं, प्रक्रियाओं तथा व्यवहार प्रतिमानों से होता है। इस अर्थ में राजनीतिक आधुनिकीकरण राजनीतिक विकास से अधिक व्यापक अवधारणा कही जा सकती है। इसको व्यापक अवधारणा मानने का प्रमुख कारण इसका शहरीकरण, उद्योगीकरण, लौकिकीकरण, लोकतांत्रिकरण, शैक्षणिक और साधन सहभागिता से आगे तक के परिवर्तनों से सम्बन्धित होना है। इसका अर्थ राजनीति से सम्बन्धित पहलुओं को लेकर मानव दृष्टिकोण में परिवर्तन आना है। राजनीतिक दृष्टि से आधुनिक समाज वही कहा जा सकता है जिसमें व्यक्ति का अभिज्ञान राजनीतिक व्यवस्था और इसके विभिन्न पक्षों से होने लगता है।

कोलमैन ने राजनीतिक आधुनिकीकरण की परिभाषा करते हुए लिखा है कि "राजनीतिक आधुनिकीकरण ऐसे संस्थागत ढांचे का विकास है जो पर्याप्त लचीला और इतना शक्तिशाली हो कि उसमें उठने वाली मांगों का मुकाबला कर सके।"[33] इस तरह, राजनीतिक आधुनिकीकरण का सम्बन्ध ऐसी राजनीतिक व्यवस्था के विकास से है जो इतनी लचीली हो कि हर प्रकार की मांग को प्रस्तुत होने के अवसर प्रदान कर सके, किन्तु उसमें इतनी शक्ति-सम्पन्नता भी हो कि हर प्रकार की मांग का समुचित ढंग से मुकाबला कर सके, अर्थात हर उचित मांग को स्वीकार करने के साथ ही साथ उसे पूरा करने और अनुचित मांग को दृढ़ता के साथ ठुकरा देने की क्षमता रखने वाली राजनीतिक व्यवस्था को राजनीतिक दृष्टि से आधुनिक व्यवस्था कहा जाता है। राजनीतिक आधुनिकीकरण के अर्थ व परिभाषा से स्पष्ट है कि विशेष लक्षणों वाली राजनीतिक व्यवस्थाओं को ही राजनीतिक दृष्टि से आधुनिकृत कहा जाता है। राजनीतिक आधुनिकीकरण के अर्थ से इसकी विशेषताओं का संकेत मिलता है। अतः इसकी प्रमुख विशेषताओं का विवेचन करना इसके अर्थ को अधिक सुस्पष्टता से समझने में सहायक माना जा सकता है।

राजनीतिक आधुनिकीकरण की विशेषताएं (Characteristics of Political Modernisation)

राजनीतिक आधुनिकीकरण की विशेषताओं व लक्षणों को लेकर विद्वान एकमत नहीं

[33] James S. Coleman, *Nigeria : Background to Nationalism*, California, Berkeley University Press, 1959, p. 171.

हैं। मोटे तौर पर राजनीतिक आधुनिकीकरण के तीन लक्षणों को प्रमुख माना जाता है। ये लक्षण इस प्रकार हैं—(क) राज्य में बढ़ता हुआ शक्ति केन्द्रण और सत्ता के परम्परागत स्रोतों का शक्तिहीन होना। (ख) राजनीतिक संस्थाओं का विभिन्नीकरण व विशेषीकरण। (ग) राजनीति में जनता की बढ़ी हुई सहभागिता तथा व्यक्तियों का सम्पूर्ण राजनीतिक व्यवस्था से अधिकाधिक अभिज्ञान।

अनेक लेखकों ने राजनीतिक आधुनिकीकरण की इन्हीं विशेषताओं को विस्तार से निम्नलिखित शीर्षकों के अन्तर्गत विवेचित किया है। उनके अनुसार राजनीतिक आधुनिकीकरण वाली राजनीतियों में निम्नलिखित विशेषताएं पाई जाती हैं।

(क) राज्य या केन्द्र में शक्ति का अधिकाधिक केन्द्रण (Increased centralisation of power in the state or the centre)— राजनीतिक आधुनिकीरण का एक महत्त्वपूर्ण लक्षण यह है कि मानव जीवन की गतिविधियों से सम्बन्धित सभी प्रकार की शक्तियों का राज्य या राजनीतिक व्यवस्था में केन्द्रीकरण होने लगता है। इसका यही तात्पर्य है कि राजनीतिक व्यवस्था अधिकाधिक शक्तियों की नियामक बनने लगती है। तकनीकी प्रगति, अन्तर्राष्ट्रीय मजबूरियां, प्रतिरक्षा की आवश्यकताएं और संचालन या सम्प्रेषण साधनों के विकास के कारण व्यक्ति के जीवन का राजनीतिक पहलू सर्वोपरिता की ओर बढ़ता जाए तो यह राजनीतिक आधुनिकीकरण की परिस्थितियों का प्रस्तुत होना है। राजनीतिक शक्ति का महत्त्व बढ़ना राजनीतिक आधुनिकीकरण की निशानी है। इससे यह अर्थ नहीं निकलता है कि राजनीतिक शक्ति एक बिन्दु पर केन्द्रित होनी चाहिये। राजनीतिक शक्ति के विकेन्द्रीकरण की व्यवस्थाएं इसे राजनीतिक पिछड़ेपन की निशानी नहीं बनातीं वरन, यह राजनीतिक आधुनिकीकरण के लिए आवश्यक मानी जाती हैं। यहां राज्य में शक्ति-केन्द्रण का एक ही अर्थ है कि राजनीतिक शक्ति महत्त्वपूर्ण और अन्य शक्तियों की नियामक व संचालक बन जाय तो राजनीतिक दृष्टि से समाज आधुनिक कहा जाएगा।

(ख) राज्य या केन्द्र का समाज में अधिकाधिक प्रवेशन या पहुंच (Increased penetration of state or centre in the society)—प्राचीन समाजों की राज्य-व्यवस्था को 'पुलिस राज्य' कहकर पुकारा जाता था। इन समाजों में राज्य का काम केवल वही था जो पुलिस के द्वारा किया जाता है। राज्य देश की बाहरी आक्रमणों से रक्षा करने तथा आन्तरिक व्यवस्था बनाए रखने के कार्यों का निष्पादन करता था। सरकार की जनता के साथ नकारात्मक सम्पर्कता व भूमिका थी। इसका प्रमुख कारण यह था कि सरकार की समाज में न पहुंच संभव थी और न ही यह आवश्यक थी। यह सम्भव इसलिए नहीं थी कि यातायात और संचार के साधनों का विकास नहीं हुआ था। यह पहुंच आवश्यक इसलिए नहीं थी क्योंकि, राज्य पुलिस-राज्य थे जिनमें सरकारों की नकारात्मक भूमिका के कारण उनको जनता से केवल कर वसूल करने व व्यवस्था बनाए रखने तक से ही सरोकार था। इसका यही अर्थ है कि ऐसी गतिविधियों तक सीमित राज्य-व्यवस्था आधुनिक नहीं थी।

राजनीतिक आधुनिकीकरण के लिए सरकार की जनता तक पहुंच, वृद्धिपरक होनी

चाहिए। जनता व सरकार की हर स्तर पर सम्पर्कता का अर्थ राज्य का समाज में अधिकाधिक प्रवेशन होता है। यह तभी सम्भव होता है जब सरकारें सकारात्मक कार्यों के निष्पादन में आगे बढ़ें। दूसरे शब्दों में लोक-कल्याण व जनसाधारण के उत्थान के लिए सरकारों का कार्य करने लगना राजनीतिक आधुनिकीकरण की निशानी है। ऐसा कहा जाता है कि राजनीतिक आधुनिकीकरण वाली राजनीतिक व्यवस्थाओं में (i) राज्य या सरकार की जनता तक पहुंच होती है। (ii) सरकार की जनता तक पहुंच या प्रवेशन आवश्यक है। (iii) सरकार की जनता तक पहुंच सम्भव है।

लोक-कल्याणकारी राज्य के विचार के विकास ने सरकारों के कार्यों को इतना अधिक बढ़ा दिया है कि उनका समाज में प्रवेशन होने लगा। अब मनुष्य के जन्म से लेकर मृत्यु तक का सारा जीवन सरकार की पहुंच में आ गया है। राजनीतिक आधुनिकीकरण के लिए यह प्रवेशन आवश्यक है। अब राज्य या सरकार को जनता के लिए वह सब कार्य करने होते हैं जो जनता चाहती है। सरकार का आधार जनता की इच्छा हो जाने से, सरकारें जन-सरकारें बन गई हैं। यह लोकतंत्र व्यवस्था का विकास भी कहा जा सकता है। यहां यह ध्यान देने की बात है कि आधुनिक सरकारों की समाज के हर क्षेत्र में पहुंच या प्रवेशन सम्भव है। संचार साधनों के विकास के कारण सरकार की गतिविधियों के क्षेत्र का विस्तारीकरण हुआ है। इसी कारण, वृहत्तर नौकरशाही या प्रशासन कार्मिकों की संख्या में अभूतपूर्व वृद्धि हुई है। अत: राजनीतिक आधुनिकीकरण की यह विशेषता होती है कि इसमें सरकार, व्यक्ति व समाज में इतना प्रवेशन पा लेती है कि मनुष्य जीवन की सम्पूर्णता का संचालन सरकार या राजनीतिक व्यवस्था द्वारा होने लगता है।

(ग) केन्द्र और परिधि या परिसर की बढ़ी हुई अन्त:क्रिया (Increased interaction between the centre and the periphery)—आधुनिक राजनीतिक समाजों में केन्द्र और परिसर की अन्त:क्रिया बहुत बढ़ जाती है। इस बढ़ी हुई अन्त:क्रिया का यही अर्थ है कि राजनीतिक शक्ति के विभिन्न केन्द्र आपस में इतने अधिक अन्त:क्रियाशील हो जाते हैं कि दोनों स्तर के केन्द्र निरंतर सम्प्रेषण के माध्यमों से जुड़ से जाते हैं। अगर इसको हम राजनीतिक आधुनिकीकरण के प्रथम लक्षण के साथ सम्बन्धित करके देखना चाहें तो यह कहा जाएगा कि राजनीतिक आधुनिकीकरण में एक साथ दो तरफा प्रक्रिया चलती रहती है। यहां केन्द्र का अर्थ राजनीतिक व्यवस्था से है और परिधि या परिसर का अर्थ समाज से है। व्यवहारवादियों की शब्दावली में इसको निवेश और निर्गत (inputs and outputs) कहा जा सकता है। इसको चित्र 7.3 द्वारा समझाया जा सकता है।

चित्र 7.3 से यह स्पष्ट होता है कि किस प्रकार आधुनिकीकरण वाली राजनीतिक व्यवस्थाओं में केन्द्र और परिसर की पारस्परिकता बढ़ जाती है। राजनीतिक दल, हित और दबाव-समूह नौकरशाही और निर्वाचनों के माध्यमों से यह सम्पर्कता बढ़ती है तथा संचार के साधनों के द्वारा इसमें निरन्तरता बनी रहती है। ऐसी सम्पर्कता वाला राजनीतिक समाज आधुनिक कहा जाता है।

(घ) सत्ता के परम्परागत स्रोतों का निर्बल होना (The weakening of traditional sources of authority)—राजनीतिक आधुनिकीकरण में सत्ता के स्थान का नाटकीय खिसकाव या स्थानान्तरण हो जाता है। परम्परागत राजनीतिक समाजों में राजनीतिक सत्ता का स्रोत कबीलों के मुखिया, राजा-महाराजा, धार्मिक गुरु, पारिवारिक प्रमुख इत्यादि होते हैं। ऐसे राजनीतिक समाजों में लोगों की प्राथमिक निष्ठा और आस्था ऐसे ही परम्परागत शक्ति केन्द्रों में रहती है। व्यक्तियों के लिए इन शक्ति स्रोतों का महत्त्व

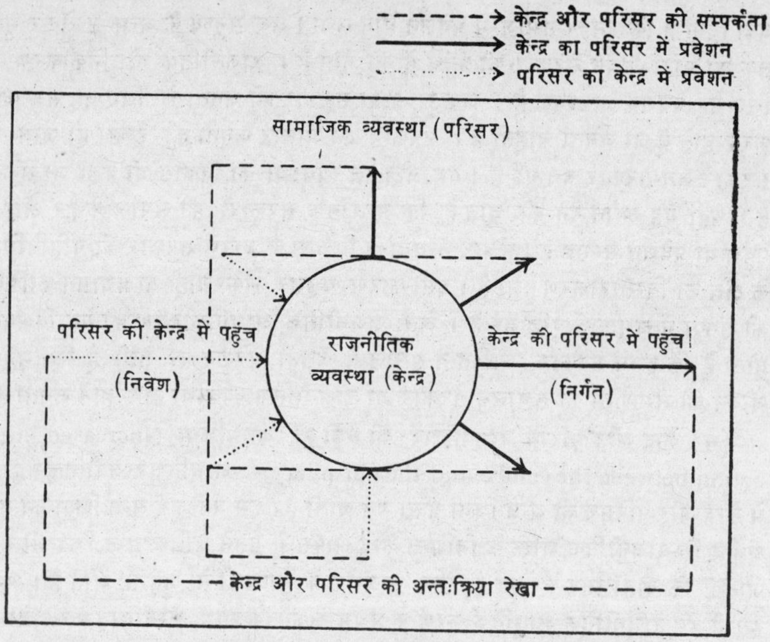

चित्र 7.3. राजनीतिक आधुनिकीकरण में केन्द्र व परिसर की अन्तःसम्बद्धता

ही नहीं होता है वरन, लोग इनको श्रद्धा की दृष्टि से देखते हैं। उदाहरण के लिए, भारत में स्वतन्त्रता के बाद अनेक वर्षों तक राजा-महाराजाओं व जातीय नेताओं का प्रभाव बना रहा था। राजनीतिक आधुनिकीकरण में सत्ता के इन परम्परागत स्रोतों का लोप होने लगता है। अगर यह समाज में बने भी रहते हैं तो भी इन की शक्ति क्षीण हो जाती है और व्यक्ति इन के प्रति निष्ठा नहीं रखकर राष्ट्रीय राजनीतिक सत्ता के प्रति निष्ठावान बन जाते हैं। हण्टिगटन ने राजनीतिक आधुनिकीकरण की इस विशेषता का उल्लेख करते हुए लिखा है कि आधुनिक राजनीतिक समाज में "धार्मिक, परम्परागत, पारिवारिक और जातीय सत्ताओं का स्थान एक लौकिकीकृत और राष्ट्रीय राजनीतिक सत्ता के द्वारा

ले लिया जाता है।"[34] कार्ल डायच ने इस विशेषता को सामाजिक संचालन का नाम देते हुए लिखा है कि "पुरानी सामाजिक, आर्थिक और मनोवैज्ञानिक प्रतिबद्धताओं के प्रमुख पुंज क्षीण हो जाएं या टूट जाएं और व्यक्ति समाजीकरण और व्यवहार के नए प्रतिमान अपनाने के लिए उद्यमशील हो जाए"[35] तो यह विकास राजनीतिक आधुनिकीकरण की दिशा में महत्त्वपूर्ण कदम होगा।

सत्ता के परम्परागत स्रोतों के निर्बल होने और उनके स्थान पर राष्ट्रीय राजनीतिक सत्ता की स्थापना, राजनीतिक आधुनिकीकरण की सबसे अधिक महत्त्वपूर्ण व मूलभूत विशेषता है। इसके अभाव में आधुनिकीकरण के अन्य सभी लक्षण प्रभावहीन बन जाते हैं। इसलिए ही राजनीतिक आधुनिकीकरण की संक्षिप्त परिभाषा करते हुए हण्टिंगटन ने लिखा है कि राजनीतिक आधुनिकीकरण 'परम्परागतता से मुक्ति' (disengagement from traditionalism) है। किसी भी समाज में परम्परागतता के निशानों का बना रहना ही आधुनिकीकरण का विलोम कहा जाता है। अतः राजनीतिक आधुनिकीकरण सत्ता के परम्परागत स्रोतों पर सत्ता के नये स्रोतों का आरोपण होना है। उदाहरण के लिए, विकासशील राज्यों में राजनीतिक आधुनिकीकरण के रास्ते में सबसे बड़ी रुकावट सत्ता के परम्परा स्रोतों का मजबूती से अड़े रहना है। भारत में स्वतन्त्रता के तीस वर्ष बाद भी जातीय, धार्मिक और छोटे-मोटे राजा-महाराजाओं का काफी प्रभाव बना हुआ है। यद्यपि सत्ता के स्रोत भारत में क्षीण हो रहे हैं किन्तु, सत्ता का नाटकीय स्थानान्तरण न होकर बहुत ही मंथर गति से रूपान्तरण हो रहा है। अनेक विकासशील राज्यों में सत्ता के परम्परागत स्रोतों की शक्तियुक्तता ही लोकतन्त्र की असफलता का प्रमुख कारण बन गई है।

(च) राजनीतिक संस्थाओं का विभिन्नीकरण और विशेषीकरण (The differentiation and specialisation of political institutions)—राजनीतिक आधुनिकीकरण की एक विशेषता में हम यह विवेचन कर चुके हैं कि राजनीतिक व्यवस्था (केन्द्र) और समाज (परिसर) की सम्पर्कता में अत्यधिक वृद्धि हो जाती है। सरकार राजनीतिक क्षेत्र से आगे बढ़कर आर्थिक, सामाजिक और सांस्कृतिक कार्यों का निष्पादन करने लगती है। सरकार के कार्यों में वृद्धि के कारण आधुनिक राजनीतिक व्यवस्थाएं अत्यधिक पेचीदा हो जाती हैं। इनकी जटिलता के साथ ही साथ कार्यों का क्षेत्र वृहत्तर होने लगता है तथा इसके लिए कार्यदक्षता विशेष ज्ञान के आधार पर सम्भव हो सकती है। इस कारण, सरकारों को अपने वृद्धिपरक कार्यों के सुचारु संचालन के लिए न केवल संस्थागत व्यवस्थाओं का विभिन्नीकरण करना आवश्यक हो जाता है, अपितु, उनमें कार्यात्मक विशेषता लाना भी अनिवार्य लगने लगता है। संस्थाओं के विभिन्नीकरण और विशेषीकरण के बिना यह सम्भव हो ही नहीं सकता है कि सरकारें वे सब कार्य ठीक

[34]Samuel P. Huntington, 'Political Mobilization: America vs Europe,' *World Politics*, Vol. XVIII, No. 3, April 1966, p. 378.

[35]Karl W. Deutsch, 'Social Mobilization and Political Development,' *American Political Science Review*, Vol. LV, Sept. 1971, p. 494.

ढंग से कर सकें जिन्हें करने के लिए आधुनिक समाजों में उन्हें उत्तरदायित्व सौंपा जाता है।

अतः आधुनिक राजनीतिक व्यवस्थाओं में राजनीतिक संस्थाओं का विभिन्नीकरण और विशेषीकरण होना अनिवार्य है। यह दोनों व्यवस्थाएं एक साथ चलने वाली हैं। विभिन्नीकरण से विशेषीकरण को व्यावहारिक बनाना सम्भव है। अन्यथा, विशेषीकरण होने पर भी संस्थागत व्यवस्थाओं को पृथक-पृथक नहीं किया गया तो यह व्यवहार में नहीं आ सकेगा। विकासशील राज्यों में इसी कठिनाई का सामना हर देश को करना पड़ रहा है। इन देशों में राजनीतिक संरचनाओं के विभिन्नीकरण में तो कोई कठिनाई नहीं है किन्तु, इन विभिन्नीकृत संस्थाओं के लिए विशेषज्ञ कार्मिकों (specialized personnel) का अभाव है। इसी कारण, विकासशील देशों में आर्थिक दृष्टि से आधुनिकीकरण और राजनीतिक आधुनिकीकरण में बेमेलता बनी हुई है।

विकासशील राज्यों में तुलनात्मक अध्ययन, राजनीतिक संस्थाओं के विभिन्नीकरण और विशेषीकरण के बहुत सीमित स्तर तक ही होने के कारण, सम्भव ही नहीं हो पाते। हैं। विशेषकर व्यष्टि-स्तर (micro-level) के अध्ययन तो करीब-करीब असम्भव से ही लगते हैं। इस कठिनाई के कारण विकासशील देशों की राजनीतिक व्यवस्थाओं का विकसित राज्यों की राजनीतिक व्यवस्थाओं से तुलनात्मक अध्ययन वर्तमान परिस्थितियों में तो किए ही नहीं जा सकते हैं। यही कारण है कि अनेक पाश्चात्य विद्वानों ने विकासशील राज्यों की राजनीतिक व्यवस्थाओं या संस्थाओं का अलग-अलग ही अध्ययन करना वर्तमान परिस्थितियों में अधिक उपयोगी माना है।

(छ) **राजनीति में जनसाधारण की बढ़ी हुई सहभागिता** (Increased popular participation in politics)—राजनीतिक आधुनिकीकरण के लिए संस्थात्मक और प्रक्रियात्मक परिवर्तन ही पर्याप्त नहीं है। संस्थाओं और प्रक्रियाओं में जन-सहभागिता कितनी है यह भी राजनीतिक आधुनिकीकरण का एक महत्त्वपूर्ण मानदण्ड है। विकासशील राज्यों में जनसाधारण को संस्थागत व्यवस्थाओं और प्रक्रियात्मक विकासों के माध्यमों के विकास के कारण राजनीति में सहभागी होने के अवसर व साधन तो उपलब्ध हैं, किन्तु लोगों के राजनीति के प्रति उदासीन रहने के कारण उसमें जनसहभागिता नहीं बढ़ती है। इसके लिए जन-संचालन आवश्यक है। जब तक जन-संचालन नहीं होता है, राजनीतिक आधुनिकीकरण व्यावहारिक रूप नहीं ले पाता है। सर्वसाधारण की राजनीति में सहभागिता राजनीतिक आधुनिकीकरण की ऐसी पूर्वशर्त है जिसके अभाव में अन्य विकास निरर्थक से बन जाते हैं।

राजनीतिक व्यवस्था में लाभों का वितरण सब वर्गों व समाज के सब भागों में तभी हो सकता है जब जन समुदाय राजनीतिक प्रक्रियाओं में सक्रिय हो और उत्तरदायित्वपूर्ण रूप से उसमें सहभागी बने। विकासशील राज्यों में दो परस्पर विरोधी प्रवृत्तियां जन-सहभागिता के सम्बन्ध में देखने को मिलती हैं। कुछ राज्यों में तो सहभागिता सब सीमाओं को पार करके अराजकता की अवस्था तक राजनीतिक व्यवस्थाओं को धकेलने लगी है। उदाहरण के लिए, 26 जून 1975 तक भारत में ऐसी ही सहभागिता होने लगी

थी। दूसरी तरफ, अनेक देश ऐसे हैं जहां पर नागरिक राजनीतिक व्यवस्था के प्रति इतने उदासीन व निष्क्रिय हैं कि सहभागिता के सबसे महत्त्वपूर्ण अवसर निर्वाचन तक का उपयोग नहीं करते हैं। उनका मताधिकार निरर्थक ही रहता है।

अतः राजनीतिक आधुनिकीकरण के लिए संरचनात्मक और प्रक्रियात्मक व्यवस्थाओं की स्थापना या विकास ही काफी नहीं रहता है। इसके लिए जनता की उत्तरदायी सहभागिता आवश्यक है। यहां केवल सहभागिता ही पर्याप्त नहीं है। सहभागिता ऐसी होनी चाहिये जिसमें व्यक्ति अपने दायित्वों को समझते हुए सहभागी बने। विकासशील राज्यों में राजनीतिक सहभागिता को संस्थागत रूप में हित व दबाव समूहों द्वारा अनेक स्तरों पर सम्भव बनाया जाता है, किन्तु इन देशों में ट्रेड यूनियनें, राजनीतिक दल और हित समूह ही सहभागिता को गलत ढंग से निष्पादित कराने के प्रेरक हैं। इसलिये राजनीतिक आधुनिकीकरण में जनसाधारण की बढ़ी हुई सहभागिता ही काफी नहीं है। यह सहभागिता उत्तरदायित्वपूर्ण भी होनी चाहिए अन्यथा, राजनीतिक व्यवस्था पर अनुचित व गलत दबाव पड़ने लगेंगे और राजनीतिक व्यवस्था टूट जाएगी। विकासशील देशों में अस्थायित्व व सरकारों के उलट-फेर का यही प्रमुख कारण रहा है। इन देशों में या तो सहभागिता का पूर्ण अभाव है या यह संस्थागत व प्रक्रियात्मक व्यवस्थाओं की सब सीमाओं को पार कर जाती है। दोनों ही परिस्थितियां राजनीतिक आधुनिकीकरण से अधिक राजनीतिक पतन की व्यवस्थाएं बन जाती हैं।

(ज) व्यक्तियों का सम्पूर्ण राजनीतिक व्यवस्था से सर्वाधिक अभिज्ञान (Greater identification of individuals with the political system as a whole)—राजनीतिक आधुनिकीकरण वाली राजनीतिक व्यवस्थाओं में व्यक्तियों की अभिवृत्तियों में परिवर्तन आना अधिक महत्त्व रखता है। जब तक मनुष्यों के विचारों और दृष्टिकोण में परिवर्तन नहीं आता है तब तक राजनीतिक आधुनिकीकरण की संरचनात्मक और प्रक्रियात्मक व्यवस्थाएं औपचारिक ही बनी रहती हैं। राजनीतिक आधुनिकीकरण के ऊपरी ढांचे में तथ्यता का समावेश व्यक्तियों के दृष्टिकोण में परिवर्तन आने पर ही होता है। जब तक व्यक्ति राष्ट्रीय अभिज्ञान या राष्ट्रीयता के विचार से युक्त नहीं होंगे तब तक राज्य और राजनीतिक व्यवस्था में उनको अपनापन नहीं लगेगा। इस अपनेपन के अभाव में व्यक्तियों की निष्ठा किसी और स्थान से प्रतिबद्ध रहेगी। इससे राजनीतिक आधुनिकीकरण के अन्य लक्षण खोखले होकर रह जाएंगे। अतः राजनीतिक व्यवस्थाओं के आधुनिकीकरण के लिए यह आवश्यक है कि व्यक्ति की सर्वाधिक निष्ठा राजनीतिक व्यवस्था के भागों से अधिक सम्पूर्ण राजनीतिक व्यवस्था से होती जाए। ऐसा अभिज्ञान एकीकरण का माध्यम बनता है और इससे सम्पूर्ण राजनीतिक व्यवस्था में एक ऐसी बन्धनकारी धारा प्रवाहित होने लगती है जिससे व्यक्ति परस्पर अपनेपन में बंधकर सक्रिय रहने लगते हैं।

इसी तथ्य को दूसरी तरह से कहना चाहें तो यह कहा जा सकता है कि राजनीतिक आधुनिकीकरण वाली राजनीतिक व्यवस्था में व्यक्तियों की मनोवृत्ति में राष्ट्रीय व्यवस्था की धारणा गहरी जम जाती है। उनको अन्य राजनीतिक संस्थाओं के लगाव व निष्ठाओं

से उपर उठाने की अवस्था ही राजनीतिक आधुनिकीकरण की अवस्था है। विकासशील देशों को राष्ट्रीय आन्दोलन के समय इस प्रकार की अभिवृत्ति-युक्त कहा जा सकता है। किन्तु, स्वतंत्रता प्राप्ति के बाद लगावों व अभिज्ञानों की अन्य संस्थाओं के महत्त्वपूर्ण बन जाने के कारण, इन देशों में आधुनिकीकरण की प्रक्रिया में शिथिलता आई है। राजनीतिक आधुनिकीकरण वाले समाज में व्यक्ति पहले अपने आपको राष्ट्रीय व्यवस्था के रूप में पहचानता है और बाद में अन्य अभिज्ञान की संस्थाओं से अपने को जोड़ता है। उदाहरण के लिए, भारत को राजनीतिक दृष्टि से आधुनिकृत कहने की अवस्था तब आएगी जब भारत का हर नागरिक अपने आपको पहले भारतीय और बाद में बंगाली, गुजराती या पंजाबी मानने की अभिवृत्ति से युक्त होगा। आज भारत के किसी नागरिक से पूछा जाए कि तुम कौन हो, तो उसका उत्तर राष्ट्रीय संस्थाओं को छोड़कर अन्य संस्थाओं के साथ अभिज्ञान के रूप में ही होगा। भारत का हर नागरिक जब तक स्वभावतः अपने आपको भारतीय न मानने लगे तब तक यहां राजनीतिक आधुनिकीकरण का सम्पूर्ण संरचनात्मक जाल औपचारिक ही बना रहेगा।

कुछ विद्वानों का कहना है कि राजनीतिक आधुनिकीकरण का यह लक्षण सर्वाधिक महत्त्व रखता है। इसी के कारण व्यक्ति राजनीतिक व्यवस्था का सही अर्थों में प्रभावी घटक बन पाता है। राजनीतिक व्यवस्था से लगाव होना विशेष आवश्यक नहीं है। इसी तरह, राजनीतिक संरचनाओं में निष्ठा हो यह भी बहुत जरूरी नहीं है, किन्तु सम्पूर्ण शासन व्यवस्था से अभिज्ञान आवश्यक है। अन्यथा समाज में न कोई बन्धनकारी शक्ति होगी और न ही राजनीतिक व्यवस्था में सहभागिता की अन्तःप्रेरणा उत्पन्न होगी। इसके अभाव में व्यक्ति राजनीतिक संस्थाओं से ही नहीं, राजनीतिक प्रक्रियाओं से भी दूर रहने लगता है। वह इनसे उदासीन बन जाता है जो अन्ततः निराशा लाती हैं और इससे राजनीतिक आधुनिकीकरण की सम्पूर्ण प्रक्रिया ही ठप्प सी लगने लगती है। अतः राजनीतिक आधुनिकीकरण के लिए व्यक्तियों का सम्पूर्ण राजनीतिक व्यवस्था से सर्वाधिक अभिज्ञान आवश्यक ही नहीं अनिवार्य सा है।

(झ) **वृहत्तर व व्यापक आधार वाली नौकरशाही** (Broad-based and enlarged bureaucracies)—राजनीतिक आधुनिकीकरण वाले राजनीतिक समाज में सरकार के कार्यों में वृद्धि हो जाती है। अनेकों नई संस्थाएं और संरचनाएं स्थापित हो जाती हैं। आधुनिकीकरण के कारण आर्थिक विकास के नये दायित्व भी सरकार पर आ जाते हैं। इन सबको निष्पादित करने के लिए नौकरशाही का आकार आवश्यक रूप से वृहत्तर हो जाता है। उदाहरण के लिए, भारत को जब 1947 में स्वतन्त्रता मिली उस समय की नौकरशाही के कार्मिकों की संख्या और 1977 में लोक-प्रशासन में लगे व्यक्तियों की संख्या में बीस गुणा वृद्धि इस बात की पुष्टि है कि यहां राजनीतिक आधुनिकीकरण की प्रक्रियाएं चल रही हैं।

राजनीतिक व्यवस्थाओं को केवल नौकरशाही के वृहत्तर आकार के आधार पर ही आधुनिक नहीं कहा जाता है। वास्तव में आधुनिकीकरण के लिए नौकरशाही के आकार के बढ़ाने से कहीं अधिक महत्त्वपूर्ण उसके आधार का व्यापकपन है। व्यापक

आधार का अर्थ यह है कि नौकरशाही के कर्मचारियों में सारे समाज में से भर्ती होने की केवल प्रक्रियात्मक व्यवस्था ही नहीं हो, अपितु, प्रशासक वास्तव में समाज के सभी वर्गों से आ सकें, इसकी व्यवस्था है। इसको चित्र 7.4 द्वारा इस प्रकार समझा जा सकता है।

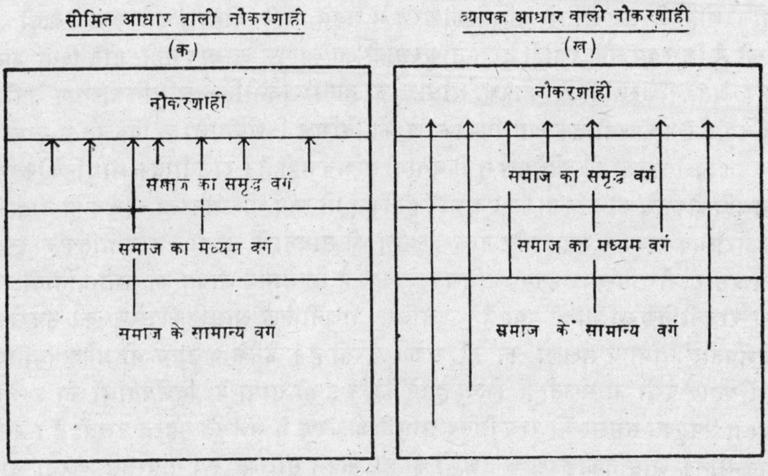

चित्र 7.4. नौकरशाही के समाज में आधार

चित्र 7.4 के तुलनात्मक अध्ययन से स्पष्ट हो जाएगा कि 'क' चित्र में प्रशासन के कर्मचारी समृद्ध वर्ग से ही आते हैं। कुछ कार्मिक मध्यम वर्ग व बहुत कम कर्मचारी सामान्य वर्ग के केवल ऊपर वाले भाग से आते हैं। यह सीमित आधार वाली नौकरशाही है। 'ख' चित्र में प्रशासन के कर्मचारी सभी वर्गों से आते हैं और सबसे बड़े सामान्य वर्ग से सर्वाधिक कार्मिक आते हैं। ऐसी नौकरशाही व्यापक आधार वाली होगी। राजनीतिक आधुनिकीकरण के लिए नौकरशाही का ऐसा ही व्यापक आधार आवश्यक है। इससे सम्पूर्ण समाज लोकप्रशासन में सम्मिलित हो जाता है। विकासशील राजनीतिक व्यवस्थाओं में प्रशासन के आकार की वृद्धि के साथ ही साथ नौकरशाही के कार्मिकों की संख्या में अत्यधिक वृद्धि हो गई है, किन्तु नौकरशाही के अधिकांश कर्मचारी केवल ऊपर के तबके से ही आते हैं। उदाहरण के लिए, भारत की उच्चतर सेवाओं—भारतीय प्रशासकीय सेवा, भारतीय विदेश सेवा और भारतीय पुलिस सेवा (IAS, IFS and IPS) के दो तिहाई कार्मिक रक्त सम्बन्धों से सम्बन्धित पाए गए हैं। इससे स्पष्ट है कि इन सेवाओं में अधिकांश व्यक्ति ऊपर के वर्गों व समाज के समृद्ध तबकों से ही आते हैं। अतः राजनीतिक आधुनिकीकरण के लिए यह आवश्यक है कि नौकरशाही का वृहत्तर आकार ही नहीं हो अपितु उसका आधार भी व्यापकतम होना चाहिए।

विकासशील राज्यों में नौकरशाही अभिजन (bureaucratic elite) अपना एक अलग

ही वर्ग बना लेते हैं और वे इसको इतना बन्द बना लेते हैं कि सामान्यतया नीचे के वर्गों से उसमें कोई प्रवेश पा ही नहीं सकता। यही कारण है कि भारत में पिछड़े वर्गों, अनुसूचित जातियों और जनजातियों के लिए इन सेवाओं में स्थान सुरक्षित रखने की व्यवस्था है जिससे नौकरशाही व्यापक आधार वाली बन सके। अधिकांश विकासशील राज्यों में (उदाहरण के लिए अफ्रीका, मध्य-पूर्व तथा दक्षिण-पूर्वी एशिया व लेटिन अमरीका में) नौकरशाही ने राजनीतिक आधुनिकीकरण में सबसे बड़ी दीवार इस रूप में खड़ी कर रखी है कि स्वयं नौकरशाही द्वारा नौकरशाही का व्यापक आधार नहीं होने दिया जाता है। अतः नौकरशाही के व्यापक आधार का होना राजनीतिक आधुनिकीकरण के लिए अनिवार्य है। राजनीतिक आधुनिकीकरण की विभिन्न विशेषताओं के विवेचन से स्पष्ट है कि इन विशेषताओं की कोई पूर्ण सूची बनाना सम्भव नहीं है। राजनीतिक आधुनिकीकरण, आधुनिकीकरण की प्रक्रिया का एक भाग होते हुए भी स्वयं भी उतना ही व्यापक हो जाता है। सकारात्मक राज्य के उदय और लोक-कल्याण की साधना के लक्ष्यों ने राजनीतिक व्यवस्था का प्रसार और विस्तार इतना अधिक कर दिया है कि मानव जीवन का सभी गतिविधियों का राजनीतिकरण सा हो गया है। इसलिए राजनीतिक आधुनिकीकरण की उपरोक्त विशेषताएं सामान्य लक्षणों का ही संकेत करती हैं। इनके अलावा भी अनेक विशिष्ट विशेषताएं देखी जा सकती हैं, किन्तु हमने केवल उन्हीं सामान्य विशेषताओं का उल्लेख करना उपयुक्त समझा जो राजनीतिक आधुनिकीकरण में भूलभूत महत्त्व रखती हैं। अगर राजनीतिक आधुनिकीकरण के लक्षणों को हम केवल संक्षिप्त रूप में प्रस्तुत करना चाहें तो यह तीन भागों—(क) बुद्धिसंगत सत्ता (rationalized authority), (ख) विभिन्नीकृत राजनीतिक संरचनाएं, (differentiated political structures), और (ग) राजनीतिक सहभागिता (political participation) में ही उल्लेखित किए जा सकते हैं।

इन तीन लक्षणों में ऊपर लिखे गये सभी लक्षण समाहित लगते हैं। वास्तव में राजनीतिक आधुनिकीकरण में सत्ता की बुद्धिसंगतता, राजनीतिक संरचनाओं का विभिन्नीकरण और राजनीतिक समाज में सत्ता का आधार तर्कसंगत है तो इससे अपने आप ही राजनीतिक संरचनाओं का विभिन्नीकरण हो जाएगा और व्यवस्था में जन-सहभागिता बढ़ जाएगी। विकासशील राज्यों की तरफ देखें तो पता चलता है कि इनमें सत्ता की बुद्धिसंगतता केवल कागज़ी कार्रवाई बनकर रह गई है। इसलिए, श्रेष्ठतम संवैधानिक व्यवस्थाओं और संस्थागत व्यवस्थाओं की स्थापना के बावजूद भी राजनीतिक दृष्टि से इन देशों के समाज आधुनिकीकरण की दौड़ में बहुत पीछे छूटे हुए हैं। इन देशों में लोगों की अभिवृत्तियों में परिवर्तन लाने के प्रयास नहीं हो रहे हैं। अन्य सतही व्यवस्थाओं की स्थापना सही अर्थों में राजनीतिक आधुनिकीकरण की प्रक्रियाओं को सक्रिय बनाने के लिए आवश्यक चालक शक्ति प्रदान नहीं कर पाती है। इन देशों में संस्थागत व्यवस्थाओं की दृष्टि से तो राजनीतिक आधुनिकीकरण के सभी अभिकरण व्यवस्थित करना सम्भव हुआ है, किन्तु उसके अनुरूप मानवीय तत्त्व तैयार नहीं हो पाया है। इसलिए ही इन देशों में परम्परागतता और आधुनिकता के बीच अजीब खींचतान चल रही है। इस

खींचतान का स्वाभाविक परिणाम राजनीतिक व्यवस्थाओं पर ऐसे दबावों का पड़ना होता है जिसके भार को व्यवस्थाएं अनुभवहीन होने के कारण ढो नहीं पाती हैं। इसी कारण से अनेक विकासशील राज्यों में राजनीतिक अस्थायित्व पाया जाता है। वैसे देखा जाए तो राजनीतिक अस्थायित्व स्वयं में ऐसी शक्तियों को बल दे सकता है जो राजनीतिक आधुनिकीकरण में पर्याप्त व महत्त्वपूर्ण भूमिका निभाती हैं। किन्तु इससे कई बार नकारात्मक प्रक्रियाएं अधिक प्रबलता प्राप्त कर लेती हैं और निरंकुश व्यवस्थाओं की स्थापना से आधुनिकीकरण का राजनीतिक पक्ष भुला दिया जाता है। यही कारण है कि विकासशील देश राजनीतिक दृष्टि से आधुनिकीकरण की आकांक्षाएं रखते हैं, अनेक देशों में इसके लिए आवश्यक संस्थात्मक संरचनाएं भी स्थापित हैं और कुछ देशों में मानवीय सक्षमता भी विद्यमान है, परन्तु निहित स्वार्थों में राजनीतिक व्यवस्थाओं को उलझाकर मुट्ठीभर लोग राजनीतिक आधुनिकीकरण की प्रक्रियाओं को पलटने में सफल हो जाते हैं। वैसे यह बीमारी का लक्षण होते हुए भी स्वस्थता की ओर ले जाने वाली प्रवृत्ति का प्रेरक माना जा सकता है। इस सम्बन्ध में कुछ लोगों की यही मान्यता है कि विकासशील राज्यों में राजनीतिक अस्थायित्व के दौर, अन्ततः राजनीतिक आधुनिकीकरण की मांग को बढ़ाने वाले ही सिद्ध होंगे।

राजनीतिक आधुनिकीकरण की विशेषताओं और लक्षणों से यह स्पष्ट हुआ है कि राजनीतिक आधुनिकीकरण को प्रभावित करने वाले कई परिवर्त्य होते हैं। राजनीतिक आधुनिकीकरण की प्रक्रिया रिक्तता में संचालित नहीं होती है। राजनीतिक व्यवस्था सामाजिक व्यवस्था में संचालित होती है जो स्वयं अनेक व्यवस्थाओं से मिलकर बनी है और अन्तर्राष्ट्रीय पर्यावरण से घिरी होने के कारण उसके दबावों व खिचावों से मुक्त नहीं रह सकती है। यही बात राजनीतिक आधुनिकीकरण के बारे में सही है। अतः हम इसको प्रभावित करने वाले तथ्यों व परिवर्त्यों का विवेचन करके ही यह समझ सकते हैं कि क्यों एक ही क्षेत्र में आने वाले दो देशों में राजनीतिक आधुनिकीकरण का स्तर अलग-अलग हो जाता है। उदाहरण के लिए, भारत और पाकिस्तान को लिया जा सकता है। इन दोनों देशों में राजनीतिक आधुनिकीकरण के अलग-अलग प्रतिमान व प्रक्रियाएं देखने को मिलती हैं।

राजनीतिक आधुनिकीकरण को प्रभावित करने वाले परिवर्त्य (Factors or Variables Affecting Political Modernisation)

राजनीतिक आधुनिकीकरण के नियामकों (determinants) की निश्चित सूची बनाना न सम्भव है और न ही यह आवश्यक है। ऐसी सूची बनाना सम्भव तो इसलिये नहीं है क्योंकि यह परिवर्त्य राजनीतिक व्यवस्था तक ही सीमित नहीं होते हैं। आर्थिक, सामाजिक, सांस्कृतिक, धार्मिक और ऐतिहासिक पक्षों से भी इनका सम्बन्ध होता है। ऐसी सूची बनाना आवश्यक इसलिये नहीं है कि इनका विवेचन हम केवल यह समझने के लिए कर रहे हैं कि क्यों एक देश के अनुरूप ही सारी स्थितियां दूसरे देश में होने पर भी, इन दोनों देशों में राजनीतिक आधुनिकीकरण के स्तर, दिशाएं व मात्राएं अलग-अलग

हो जाती हैं। उदाहरण के लिए, भारत और श्रीलंका अनेक दृष्टियों से समानताएं रखते हैं। दोनों में ही संसदीय शासन प्रणाली है और दोनों में ही नियतकालिक चुनावों की व्यवस्था है तथा दोनों ही देशों में स्वतन्त्रता प्राप्ति (श्रीलंका 4 फरवरी 1948 को स्वतन्त्र हुआ था) के बाद कई बार आम चुनाव हो चुके हैं, किन्तु श्रीलंका में अब तक हुए आठ आम चुनावों (सातवां आम चुनाव मई 1970 में हुआ था) में सत्तारूढ़ दल हमेशा पराजित होकर विपक्ष के रूप में चला जाता है, अर्थात हर आम चुनाव में सत्ता का राजनीतिक दलों में अदल-बदल हुआ है, किन्तु भारत में राष्ट्रीय स्तर पर ऐसा पिछले छः चुनावों में नहीं हुआ है। यहां बार-बार एक ही दल सत्ता में आता है। ऐसे ही तथ्यों को समझने के लिए हम राजनीतिक आधुनिकीकरण को प्रभावित करने वाले कुछ परिवर्त्यों का यहां उल्लेख कर रहे हैं। जिन परिवर्त्यों को यहां दिया जा रहा है, उनमें से हर एक पर मतभेद हो सकता है इसलिये मैं यहां वही तथ्य दे रहा हूं जिनको मैं अधिक महत्त्वपूर्ण मानता हूं और जिन पर अधिक मतभेद नहीं है। सामान्यतया राजनीतिक आधुनिकीकरण को प्रभावित करने वाले परिवर्त्यों में—

(क) परम्परावादी राजनीतिक संरचनाएं और संस्कृति (Traditionalistie political structures and political culture);

(ख) आधुनिकीकरण को धकेलने की ऐतिहासिक काल-नियति (The historical timing of modernisation thrust);

(ग) राजनीतिक नेतृत्व की प्रकृति और अभिमुखीकरण (The character and orientation of political leadership) और

(घ) व्यवस्था—विशेषकर, राजनीतिक व्यवस्था की प्रकृति (The nature of the system, particularly the political system) के परिवर्त्य प्रमुख माने जाते हैं।

(क) राजनीतिक आधुनिकीकरण की परिभाषा और विशेषताओं के विवेचन में हमने यह देखा है कि राजनीतिक आधुनिकीकरण आम परम्परागतता से मुक्ति (disengagement from traditionalism) को माना जाता है। इसलिये राजनीतिक संरचनाओं की परम्परागत प्रकृति का राजनीतिक आधुनिकीकरण पर बहुत प्रभाव पड़ता है। उदाहरण के लिए, नेपाल में राजनीतिक संरचनाओं को परम्परागतता के सांचे में ढालने का प्रयत्न किया गया है। इसके कारण नेपाल का राजनीतिक आधुनिकीकरण भारत के मुकाबले में बहुत ही धीमी गति से हो रहा है। कुछ लोग तो यहां तक कहते हैं कि नेपाल में राजनीतिक संरचनाओं की परम्परागतता की प्रकृति के कारण ही वहां राजनीतिक उथल-पुथल नहीं होती है और राजगद्दी पूर्णतया सुरक्षित बनी हुई है। यही बात भूटान के बारे में कही जा सकती है। मध्यपूर्व के अनेक राज्यों में राजनीतिक संरचनाओं का परम्परागत रूप राजनीतिक आधुनिकीकरण में बाधक है।

राजनीतिक संरचनाओं को राजनीतिक व्यवस्था की आधारशिला कहा जाता है। इन्हीं के द्वारा प्रस्तुत ढांचे में राजनीतिक प्रक्रियाओं के प्रतिमानित होने की व्यवस्था होती है। अतः राजनीतिक प्रक्रियाओं की संचालक, संरचनात्मक व्यवस्था, परम्परागतता के बंधनों में जकड़ी हुई हो तो राजनीतिक आधुनिकीकरण नहीं हो सकता। इसलिये

राजनीतिक संरचनाओं को परम्परागतता की जकड़नों से मुक्त करना राजनीतिक आधुनिकीकरण का वातावरण तैयार करता है। अनेक विकासशील राज्यों में परम्परागतता के दबाव इतने प्रबल होते हैं कि राजनीतिक संरचनाओं को आधुनिक रूप देना सम्भव ही नहीं हो पाता है।

संरचनाओं की परम्परागतता को दूर करने के लिए आधुनिक संरचनाओं का आरोपण किया जा सकता है। किन्तु संस्कृतियां शताब्दियों तक अपने प्रभाव नहीं मिटने देती हैं। इस कारण, राजनीतिक आधुनिकीकरण को सबसे अधिक लम्बी अवधि तक न आने देने वाला तथ्य सामान्य संस्कृति और विशेषकर राजनीतिक संस्कृति की प्रकृति का ही माना जाता है। संस्कृति का सम्बन्ध मनुष्य की अभिवृत्तियों से होता है। यह समाजीकरण की प्रक्रिया में बनती है तथा एक बार दृढ़ होने पर आसानी से परिवर्तन की अवस्था में नहीं आती। अतः राजनीतिक आधुनिकीकरण पर दीर्घकालीन प्रभाव राजनीतिक संस्कृति की परम्परागत प्रकृति का ही पड़ता है। विकासशील राजनीतिक व्यवस्थाओं में राजनीतिक संरचनात्मकता को तो आधुनिक रूप देना कठिन कार्य नहीं रहा है। राष्ट्रीय आन्दोलन के काल में राष्ट्रवादी नेताओं के देव-तुल्य व्यक्तित्व बनने से वे जनता की श्रद्धा के पात्र बन गये थे। ऐसे नेताओं ने स्वतन्त्रता प्राप्ति के बाद संविधानों का निर्माण इस प्रकार से किया कि परम्परागत राजनीतिक संरचनाओं के स्थान पर आधुनिक संस्थागत व्यवस्थाएं स्थापित की जा सकें। इसमें सामान्यतया कहीं भी कठिनाई नहीं आई थी। उदाहरण के लिए, भारत के संविधान में आधुनिकतम राजनीतिक संरचनाओं की स्थापना के प्रावधान आसानी से सम्मिलित किये जा सके थे। किन्तु भारत के संविधान बनाने वाले इन्हीं नेताओं ने संविधान के लागू होने के कुछ समय बाद ही कुछ ऐसे सामाजिक परिवर्तन लाने का प्रयास किया जिनका सम्बन्ध संस्कृति के कुछ पहलुओं से था। 'हिन्दु कोडबिल' के माध्यम से इस प्रकार के परिवर्तन लाने का प्रयत्न जवाहरलाल नेहरू जैसे नेताओं को भी छोड़ देना पड़ा। क्योंकि जनता तथा अधिकांश समाज के ठेकेदार इसके पक्ष में नहीं थे। इसके परिणामस्वरूप यह विधेयक वापस ले लिया गया था। इस उदाहरण से यह स्पष्ट है कि संस्कृतियों की परम्परागतता कितनी जबरदस्त शक्ति होती है, यह राजनीतिक आधुनिकीकरण की महत्त्वपूर्ण नियामक कही जा सकती है।

विकासशील राज्यों में आधुनिकीकरण के प्रयासों में संस्कृतियों की परम्परागतता सबसे महत्त्वपूर्ण बाधा उत्पन्न करने वाली शक्ति है। अफ्रीका जैसे महाद्वीप में तो एक ही राजनीतिक व्यवस्था में परस्पर विरोधी संस्कृतियों की उपस्थिति ऐसी पेचीदगियां उत्पन्न कर रही है कि तानाशाही व्यवस्थाओं के अलावा अन्य किसी व्यवस्था से आधुनिकीकरण के मार्ग पर आगे बढ़ना सम्भव ही नहीं है। संस्कृति की जकड़नें धर्म की तरह अत्यधिक शक्तिशाली होती हैं और इसी कारण, विकासशील राज्यों में इनकी परम्परागतता ऐसी कठिनाइयां उत्पन्न करती है जिनका समाधान देवतुल्य राष्ट्रीय नेता तक नहीं कर पाये हैं। इसलिये ही हमने राजनीतिक आधुनिकीकरण की प्रक्रिया को प्रभावित करने वाले परिवर्त्यों में राजनीतिक संरचनाओं और संस्कृति की परम्परागतता को सर्वप्रथम रखकर इनका सर्वाधिक प्रभाव स्पष्ट करने का प्रयास किया है।

(ख) राजनीतिक आधुनिकीकरण के प्रयास की ऐतिहासिक दृष्टि से काल-नियति अत्यन्त महत्त्व रखती है। ऐसा कहा जाता है कि गलत समय में सही कार्य कर सकना प्रायः असम्भव सा होता है। अतः किसी राजनीतिक व्यवस्था में आधुनिकीकरण की प्रक्रिया को नाटकीय ढंग से आगे धकेलना हो तो समय विशेष का संदर्भ अवश्य ध्यान में रखना होता है। उदाहरण के लिए, भारत के संविधान में किया गया 42वां संशोधन जिससे अनेक मौलिक और क्रान्तिकारी परिवर्तन संविधान में किये गये हैं, अगर 1976 के स्थान पर 1956 में किया गया होता तो इसे भारत का शायद कोई भी नागरिक स्वीकार नहीं करता। अतः राजनीतिक व्यवस्थाओं को आधुनिक बनाने का प्रयास ऐतिहासिक दृष्टि से कैसे समय में किया जा रहा है, यह काफी महत्त्व रखता है। यहां इतिहास को दोनों ही संदर्भों में लिया जाता है। राष्ट्रीय इतिहास और विश्व इतिहास की धाराओं का समय-संदर्भ राजनीतिक संस्थाओं को आधुनिक बनाने के प्रयास में सहायक व बाधक दोनों ही बन सकता है। इतिहास की धारा के प्रतिकूल परिवर्तन लाना अत्यन्त कठिन होता है। साथ ही इतिहास की धारा के प्रवाह के अनुकूल परिवर्तन लाना आसान ही नहीं होता है, अपितु स्वतः ही होने लगता है। दूसरे विश्व युद्ध के बाद एशिया और अफ्रीका में साम्राज्यवाद को बनाए रखना इसी कारण से असम्भव सा हो गया था क्योंकि यह इतिहास की सामान्य धारा के प्रतिकूल पड़ने लगा था।

राजनीतिक आधुनिकीकरण को आगे धकेलने का प्रयत्न ऐतिहासिकता के साथ इतनी घनिष्ठता से बंधा हुआ है कि अनेक विकासशील राज्यों में आधुनिकीकरण के प्रयत्न इतिहास के काल-चक्र का विशेष ध्यान रखे बिना प्रारम्भ होने के कारण ही असफल रहे हैं। मध्यपूर्व के राज्यों में भी अब तक आधुनिकीकरण के प्रयत्न असफल ही रहे हैं, क्योंकि ऐतिहासिकता की समय-धारा का प्रवाह इनके प्रतिकूल बना हुआ है। इस संदर्भ में यह ध्यान रखना चाहिए कि इस परिवर्त्य का केवल नकारात्मक प्रभाव ही नहीं होता है, अपितु इसका सकारात्मक प्रभाव भी बहुत महत्त्वपूर्ण होता है। इतिहास की सामान्य धारा अगर आधुनिकीकरण को प्रोत्साहित करने की है तो ऐसी स्थिति में राजनीतिक आधुनिकीकरण को आने से रोका भी नहीं जा सकता है। विकासशील राज्य आज ऐसे ही ऐतिहासिक दौर से गुजर रहे हैं और उनमें आधुनिकीकरण की प्रवृत्तियों को रोकने के अभिजनी प्रयत्न असफल होने लगे हैं। अब ऐसा कहा जाने लगा है कि 'तीसरे विश्व' को राजनीतिक आधुनिकीकरण के युग में प्रवेश लेने से कोई नहीं रोक सकता। अतः राजनीतिक आधुनिकीकरण ऐतिहासिक कालचक्र से भी प्रभावित पाया गया है।

(ग) राजनीतिक नेतृत्व की प्रकृति, राजनीतिक आधुनिकीकरण को प्रोत्साहित या अवरोधित करने के पक्षों में से किसी के अनुरूप हो सकती है। अगर आधुनिकीकरण के अभिकरणों को लें तो सरकार की भूमिका सर्वाधिक महत्त्व रखती है। अतः देश के नेता किस प्रकार के विचार रखते हैं यह तथ्य आधुनिकीकरण में बहुत महत्त्व रखने लग जाता है। राजनीतिक नेतृत्व का अभिमुखीकरण आधुनिकता का है तो वे राजनीतिक व्यवस्थाओं को आधुनिक बनाने के लिए शक्ति का प्रयोग तक कर सकते हैं। अफ्रीका व एशिया में अनेक नेताओं ने ऐसा ही किया है। वर्तमान समय में भारत की भूतपूर्व

प्रधानमंत्री श्रीमती इन्दिरा गांधी भी राजनीतिक आधुनिकीकरण की संरचनात्मक व्यवस्थाओं को समय की आवश्यकताओं के अनुरूप बनाने के प्रयत्न में थीं। बंगला देश के भूतपूर्व राष्ट्रपति शेख मुजीबुर्रहमान ने संविधान में क्रान्तिकारी परिवर्तन करके संसदीय प्रणाली के स्थान पर अध्यक्षात्मक प्रणाली और अन्य दलों पर प्रतिबंध भी शायद आधुनिकीकरण की क्रियाओं में तेजी लाने के लिए ही लगाया था। पाकिस्तान में मोहम्मद अय्यूबखां ने सैनिक शक्ति के आधार पर सत्ता सम्भालकर राजनीतिक आधुनिकीकरण का जबरदस्त प्रयत्न किया था। उन्होंने 1962 में नया संविधान लागू किया तथा चुनाव तक कराये जिससे राजनीतिक आधुनिकीकरण की प्रक्रियाओं में तेजी आ सके।

इन उदाहरणों द्वारा इस बात की पुष्टि होती है कि राजनीतिक आधुनिकीकरण में राजनीतिक नेतृत्व की प्रकृति और उनका अभिमुखीकरण विशेष महत्त्व रखता है। उदाहरण के लिए, बर्मा में जनरल ने विन (आजकल वे बर्मा के राष्ट्रपति हैं) ने सैनिक क्रान्ति करके प्रधान मंत्री यू नू से सत्ता हथिया ली और छः महीने के बाद जब देश में परिस्थितियां सामान्य हो गईं तो उन्होंने सत्ता पुनः यू नू को सौंप दी थी। इससे नेताओं की राजनीतिक आधुनिकीकरण में भूमिका का महत्त्व स्पष्ट हो जाता है। इन्हीं जनरल ने विन ने पुनः सिविल शासन में अस्तव्यस्तता आने पर सत्ता अपने हाथ में ले ली और आजकल एक ही राजनीतिक दल के आधार पर चल रहे शासन में वे राष्ट्रपति बने हैं तथा शायद राजनीतिक आधुनिकीकरण की प्रक्रियाओं में आई रुकावटों को दूर करने के लिए ही ऐसा कर रहे हैं। माओ त्से-तुंग की भूमिका इस सम्बन्ध में उल्लेखनीय है।

दूसरी तरफ, ऐसा नेतृत्व भी हो सकता है जिसका दृष्टिकोण आधुनिकता विरोधी हो। अफ्रीका में ही नहीं लेटिन अमरीका और एशिया में अनेक राज्य ऐसे हैं जहां नेता ही राजनीतिक आधुनिकीकरण को अवरोधित कर रहे हैं। अनेक तानाशाह आर्थिक क्षेत्र में प्रगति लाकर राजनीतिक आधुनिकीकरण के सब प्रयत्नों को बलपूर्वक दबा रहे हैं, जिससे उसकी सत्ता को चुनौती नहीं मिले। राजनीतिक आधुनिकीकरण में ही ऐसी प्रवृत्तियां निहित हैं जो तानाशाही व्यवस्था के प्रतिकूल जाती हैं। यही कारण है कि तानाशाहों को भी सत्ता का वैधीकरण करने के लिए और जनता को सहभागी बनाने का दिखावा करने के लिए चुनावों का सहारा लेना पड़ता है। अतः निष्कर्षतः यही कहा जा सकता है कि राजनीतिक नेतृत्व की प्रकृति और आधुनिकीकरण के प्रति उनका रवैया राजनीतिक आधुनिकीकरण की प्रक्रियाओं को सक्रिय बनाने वाला भी हो सकता है और उनमें शिथिलता लाने के लिए भी कार्य कर सकता है।

(ध) राजनीतिक व्यवस्था सामाजिक व्यवस्था के अन्तर्गत ही क्रियाशील रहती है। राजनीतिक व्यवस्था में आने वाले निवेश (inputs) सामाजिक व्यवस्था में से ही आते हैं। इसी तरह, राजनीतिक व्यवस्था के निर्गत या उत्पादन (outputs) और प्रतिसंभरण (feedbacks) भी सामाजिक व्यवस्था में ही झोंके जाते हैं। अतः सामाजिक व्यवस्था के द्वारा प्रस्तुत वातावरण के अनुरूप ही राजनीतिक व्यवस्था की प्रकृति होती है। लोकतान्त्रिक शासन व्यवस्था में समाज व्यवस्था और राजनीतिक व्यवस्था में दो-

तरफा आदान-प्रदान और सम्पर्कता रहती है। स्वेच्छाचारी या सर्वाधिकारी शासन व्यवस्थाओं में भी यह सम्पर्कता पूर्णतया समाप्त नहीं हो जाती है। किन्तु इसमें विशेष गतिशीलता नहीं रहती है। अतः राजनीतिक व्यवस्था की प्रकृति, राजनीतिक आधुनिकीकरण की प्रक्रियाओं में तीव्रता या शिथिलता दोनों ही ला सकती है। अगर राजनीतिक व्यवस्था की प्रकृति लोकतान्त्रिक है तो यह राजनीतिक आधुनिकीकरण को प्रोत्साहित करेगी। किन्तु तानाशाही व्यवस्थाएं मूलभूत रूप से राजनीतिक आधुनिकीकरण के प्रतिकूल पड़ती हैं। अतः यह निष्कर्ष निकालना ठीक ही लगता है कि राजनीतिक व्यवस्थाओं की प्रकृति की राजनीतिक आधुनिकीकरण में निर्णायक भूमिका रहती है।

विकासशील देशों में स्वतन्त्रता प्राप्ति के साथ ही लोकतान्त्रिक व्यवस्थाओं की स्थापना होने से राजनीतिक आधुनिकीकरण की प्रवृत्तियों को बल मिला था और कुछ देशों में तो आधुनिकीकरण की गति इतनी तेज हो गई थी कि अनेक विकसित राज्यों से उनकी राजनीतियों की तुलना की जाने लगी थी। परन्तु यह स्थिति अधिक दिन नहीं चल सकी। विकासशील राज्यों में लोकतन्त्र की सफलता के लिए आवश्यक व अनुरूप राजनीतिक संस्कृति के अभाव के कारण इन देशों में एक के बाद दूसरे में तानाशाही व्यवस्थाएं स्थापित होने लगीं और इससे राजनीतिक आधुनिकीकरण की प्रक्रिया, कुछ अपवादों को छोड़कर, ठप्प हो गई। यही कारण है कि विकासशील राज्यों में राजनीतिक आधुनिकीकरण की प्रक्रियाओं में कुछ समय सम्मिलित रही जनता, अब तानाशाही व्यवस्थाओं की उखाड़-पछाड़ में लगी है। इसमें सेना की भूमिका अत्यन्त महत्त्व प्राप्त कर गई है। सब प्रकार की अस्तव्यस्तता तानाशाही को आमंत्रित करना है। विकासशील जगत में आधुनिकीकरण के प्रयत्न में लगे राजनीतिक समाज जब अनेक कारणों से अराजकता के कगार पर खड़े होने लगे तो तानाशाही व्यवस्थाएं स्थापित हो गईं और इससे राजनीतिक व्यवस्था की प्रकृति में मौलिक परिवर्तन आ गए और राजनीतिक आधुनिकीकरण की प्रक्रियाएं अवरुद्ध होने लगीं।

राजनीतिक आधुनिकीकरण को प्रभावित करने वाले परिवर्त्यों के विवेचन से स्पष्ट है कि विकासशील राज्य एक तरफ तो आधुनिकीकरण के युग में प्रवेश लेने को आतुर हैं तो दूसरी तरफ, उनकी राजनीतिक संरचनाओं और संस्कृति की परम्परागतता, नेतृत्व की निरंकुशता तथा राजनीतिक व्यवस्थाओं का झगड़ा होना इन देशों को आधुनिकीकरण के युग में प्रवेश लेने से रोक रहा है। इन देशों में राजनीतिक आधुनिकीकरण का भविष्य क्या रहेगा यह कहना कठिन है। किन्तु इतना जरूर है कि विकासशील राज्यों में राजनीतिक आधुनिकीकरण का भविष्य फिलहाल अंधकारमय है। जब तक व्यापक पैमाने पर सैनिक या परम्परागत तानाशाही व्यवस्थाएं विद्यमान रहती हैं तब तक सही अर्थों में इन देशों की राजनीतिक व्यवस्थाएं आधुनिक नहीं बन सकतीं।

राजनीतिक आधुनिकीकरण के प्रतिमान (The Patterns of Political Modernisation)

राजनीतिक आधुनिकीकरण के प्रतिमानों से हमारा आशय इस बात से है कि क्या

सभी राजनीतिक व्यवस्थाओं में राजनीतिक दृष्टि से आधुनिकीकरण कोई निश्चित क्रम और प्रतिमान होता है ? इस सम्बन्ध में दो बातें ध्यान देने योग्य हैं—(क) राजनीतिक आधुनिकीकरण का कोई सर्वव्यापी प्रतिमान नहीं है (There is no universal pattern of political modernisation), (ख) राजनीतिक आधुनिकीकरण का कोई अनुक्रमी प्रतिमान नहीं है (There is no sequencial pattern of political modernisation).

(क) राजनीतिक आधुनिकीकरण की प्रक्रिया इतनी जटिल है कि उसका कोई सुनिश्चित प्रतिमान नहीं बन पाता है। किसी राजनीतिक व्यवस्था में सहभागिता पहले आ सकती है तो किसी में सत्ता की बुद्धिसंगतता पहले आकर बाद में सहभागिता को प्रोत्साहित कर सकती है। अतः इस सम्बन्ध में कोई प्रतिमान या प्रतिरूप निर्धारित करना कठिन है। कुछ राजनीतिक व्यवस्थाएं ऐसी रही हैं जिनमें राजनीतिक आधुनिकीकरण का अनुक्रम इस प्रकार का रहा है कि पहले केन्द्रीकृत नियन्त्रण की स्थापना हुई इसके बाद संरचनात्मक विभिन्नीकरण आया और जन-सहभागिता के साथ ही साथ राष्ट्रीय अभिज्ञान बढ़ता गया। किन्तु कई देशों में राजनीतिक व्यवस्थाओं में आधुनिकीकरण का अनुक्रम जन-सहभागिता और राष्ट्रीय अभिज्ञान से आरम्भ होकर संस्थागत विभिन्नीकरण और केन्द्रीकृत नियन्त्रण की तरफ बढ़ा है। अतः इस सम्बन्ध में यही कहा जा सकता है विभिन्न राजनीतिक व्यवस्थाओं में राजनीतिक आधुनिकीकरण का कोई ऐसा प्रतिमान नहीं है जो सर्वव्यापी कहा जा सके।

(ख) राजनीतिक आधुनिकीकरण का सर्वव्यापी प्रतिमान तो हो ही नहीं सकता है। इसी तरह, इसका कोई अनुक्रम प्रतिमान भी नहीं हो सकता। इसका कारण उन परिवर्त्यों की अनेकता है जिनसे राजनीतिक आधुनिकीकरण प्रभावित और नियमित होता है। यही कारण है कि पश्चिम की राजनीतिक व्यवस्थाओं में भी राजनीतिक आधुनिकीकरण का कोई अनुक्रम प्रतिमान नहीं रहा है। विकासशील राज्यों की राजनीतिक व्यवस्थाओं के बारे में तो आधुनिकीकरण के किसी अनुक्रम की कल्पना करना ही निरर्थक होगा। इन व्यवस्थाओं में विविधताएं इतनी अधिक हैं तथा राजनीतिक आधुनिकीकरण के प्रेरक या अवरोधक इतने बिखरे हुए हैं कि इनमें कोई निश्चित अनुक्रम हो ही नहीं सकता है। उदाहरण के लिए, भारत और पाकिस्तान 1947 से पहले एक ही राज्य थे और विभाजन के बाद दोनों राज्यों में राजनीतिक आधुनिकीकरण के अनुक्रम प्रतिमान कितने भिन्न-भिन्न रहे हैं यह सर्वविदित है। दो पड़ोसी राज्यों में भी राजनीतिक आधुनिकीकरण के अनुक्रम या प्रतिमान का कोई सुनिश्चित क्रम रहे यह आवश्यक नहीं है।

राजनीतिक आधुनिकीकरण का कोई अनुक्रम प्रतिमान तो निश्चित नहीं किया जा सकता, किन्तु एडवर्ड शील्स ने **पोलिटिकल मॉडर्नाइजेशन** के अपने लेख में यह बताने का प्रयास किया है कि आधुनिकीकरण के आधार पर अगर सभी राजनीतिक व्यवस्थाओं को देखा जाए तो मोटे तौर पर पांच प्रतिमान या मॉडल उल्लेखनीय लगेंगे। उनके अनुसार सभी राजनीतिक व्यवस्थाएं राजनीतिक आधुनिकीकरण की निरन्तर रेखा

पर कहीं न कहीं अंकित की ही जा सकती हैं। उसने ऐसे प्रतिमान निम्नलिखित बताए हैं—(क) राजनीतिक लोकतन्त्र (political democracy), (ख) अभिभावकी लोकतन्त्र (tutelary democracy), (ग) आधुनिकीकरणशील गुटतन्त्र (modernising oligarchies), (घ) सर्वाधिकारी गुटतन्त्र (totalitarian oligarchy), (च) परम्परागत गुटतन्त्र (traditional oligarchy)।

(क) एडवर्ड शील्स की मान्यता है कि राजनीतिक आधुनिकीकरण का यह प्रतिमान अर्थात राजनीतिक लोकतन्त्र, राजनीतिक व्यवस्थाओं की आधुनिकता के स्तर तक पहुंचने का संकेतक है। केवल उन्हीं व्यवस्थाओं को राजनीतिक दृष्टि से लोकतान्त्रिक कहा जाता है जहां राजनीतिक आधुनिकीकरण के सभी लक्षण कम या अधिक मात्रा में विद्यमान रहते हैं। राजनीतिक लोकतन्त्र वाली राजनीतिक व्यवस्थाओं को परिभाषित करते हुए शील्स ने लिखा है कि "राजनीतिक लोकतन्त्र प्रातिनिधिक संस्थाओं और सार्वजनिक स्वतन्त्रताओं के माध्यम से जनता द्वारा शासित शासन व्यवस्था है।" इस परिभाषा की विस्तार से व्याख्या करते हुए एडवर्ड शील्स ने लिखा है कि इस प्रकार की राजनीतिक लोकतन्त्र वाली आधुनिकृत राजनीतिक व्यवस्थाओं के लिए यह आवश्यक है कि नियतकालिक चुनावों में वयस्क मताधिकार के आधार पर निर्वाचित होने वाली एक व्यवस्थापिका हो, जो राजनीतिक व्यवस्था में जनता के द्वारा निर्वाचित प्रतिनिधियों से संघटित होने के कारण सम्पूर्ण राजनीतिक व्यवस्था की अधीक्षक, निर्देशक और नियंत्रक रहे। अन्य सभी संस्थात्मक व्यवस्थाएं इसके अधीन रहें और इसके द्वारा स्थापित बिधि के अनुसार राजनीतिक सक्रियता का सभी स्तरों पर निरूपण हो।

राजनीतिक व्यवस्था में विधायी निकाय को सर्वोच्च बनाने से ही राजनीतिक लोकतन्त्र स्थापित नहीं हो जाता है। इसके लिए यह भी आवश्यक है कि प्रतियोगी दल व्यवस्था हो जिसमें चुनाव में जीतने वाला दल बहुमत के आधार पर मंत्रिमण्डल या सरकार का गठन करे और राजनीतिक सत्ता को हमेशा के लिए यह सत्तारूढ़ दल हड़प न ले इसके लिए निश्चित कालान्तर में चुनावों की व्यवस्था हो जिससे सत्ता का पुनः वैधीकरण हो सके। इसी तरह, राजनीतिक दृष्टि से आधुनिक राजनीतिव व्यवस्थाओं को राजनीतिक लोकतन्त्र वाली व्यवस्थाएं तभी कहा जा सकता है जब उनमें सत्ता के दुरुपयोग को रोकने की संस्थात्मक व्यवस्थाएं सुनिश्चित रूप से स्थापित रहें। इसके लिए शील्स पृथक, स्वतन्त्र व निष्पक्ष न्यायपालिका के अस्तित्व को आवश्यक मानता है।

शील्स का कहना है कि राजनीतिक लोकतन्त्र तब तक राजनीतिक व्यवस्थाओं को आधुनिकता की श्रेणी में नहीं आने देगा जब तक राजनीतिक लोकतन्त्र की संरचमात्मक व्यवस्था व्यवहार में प्रभावी नहीं होगी। केवल राजनीतिक सत्ता की संरचनात्मकता ही राजनीतिक लोकतन्त्र की स्थापना नहीं कर सकती। इसके लिए शील्स ने यह आवश्यक माना है कि इसके आधार के रूप में कुछ सामाजिक और सांस्कृतिक पूर्व शर्तों का होना भी आवश्यक है। उदाहरण के लिए, राजनीतिक प्रक्रियाओं में सम्मिलित होने वाली जनता आत्मसयमी हो। यह आत्म-संयम, जनता, राजनीतिक दल और सरकार के सभी नेताओं और सभी व्यवस्थाओं से सम्बन्धित व्यक्तियों द्वारा वोकतान्त्रिक ढंग से होना

चाहिए। संक्षेप में, राजनीतिक लोकतन्त्र तभी राजनीतिक आधुनिकीकरण का रूप बन सकता है जब राजनीतिक खेल के नियमों के अनुसार, राजनीतिक खेल से सम्बन्धित सभी पक्ष, अपना व्यवहार करें। इस तरह एडवर्ड शील्स पश्चिम के राज्यों तथा जापान को राजनीतिक लोकतन्त्र वाले राज्य मानता है। उसका अभिमत है कि अनेक विकासशील देशों में राजनीतिक लोकतन्त्र की संरचनात्मक व्यवस्थाएं तो पाई जाती हैं, किन्तु, लोकतन्त्र के सामाजिकता और संस्कृति सम्बन्धी पक्षों का अभाव होने के कारण उनमें आधुनिकीकरण का यह प्रतिमान स्थापित नहीं हो सका है। भारत और श्रीलंका अवश्य ही कुछ-कुछ इस स्तर तक पहुंच गए हैं।

एडवर्ड शील्स का यह अभिमत स्वीकार नहीं किया जा सकता कि राजनीतिक आधुनिकीकरण का श्रेष्ठतम या सर्वोच्च व सर्वोत्कृष्ट रूप राजनीतिक लोकतन्त्र का है। कम से कम मैं तो इसे एकपक्षीय और समृद्ध देशों का सन्दर्भ रखने वाला निष्कर्ष मानता हूं। राजनीतिक आधुनिकीकरण का श्रेष्ठतम प्रतिमान निश्चित करना अत्यधिक कठिन है। किन्तु इतना तो स्पष्ट है कि शील्स का उपरोक्त दृष्टिकोण जन-सहभागिता की औपचारिकता—चुनावों—से आगे नहीं बढ़ता है। अतः शील्स की यह मान्यता कि राजनीतिक लोकतन्त्र राजनीतिक आधुनिकीकरण का सर्वोत्कृष्ट प्रतिमान है, मान्य नहीं हो सकता। इसमें राजनीतिक सहभागिता को वास्तविक बनाने वाली संरचनात्मक व्यवस्था को केवल निश्चित कालान्तरी निर्वाचन ही मान लिया गया है। शील्स के अनुसार परिभाषित राजनीतिक लोकतन्त्र में भारत 42वें संवैधानिक संशोधन से पहले तो रखा जा सकता था, किन्तु अब शायद इस श्रेणी में नहीं रखा जा सकता है। जबकि वास्तविकता यह है कि 42वें संशोधन से पहले भारत राजनीतिक लोकतन्त्र की केवल संरचनात्मक व्यवस्थाएं ही रखता था जो अब शायद तथ्य से युक्त भी बनाया जा रहा है।

(ख) अभिभावकी लोकतन्त्र में और राजनीतिक लोकतन्त्र में मौलिक अन्तर केवल एक ही कहा जा सकता है। यह अन्तर इस बात में निहित है कि अभिभावकी लोकतन्त्र में राजनीतिक लोकतन्त्र की संरचनात्मक व्यवस्थाएं व्यावहारिक रूप में सक्रिय नहीं रहती हैं। शील्स के अनुसार "राजनीतिक लोकतन्त्र के संस्थात्मक प्रबन्ध तभी अर्थपूर्ण और फलप्रद बनते हैं जब वे अनुकूल परिस्थितियों में सक्रिय हों और लोकतन्त्र के मानदण्डों और मूल्यों के प्रति जनता में सामान्य प्रतिबद्धता पाई जाए। परिष्कृत राजनीतिक व्यवहार और दृष्टिकोण राजनीतिक लोकतन्त्र के सहचर हैं और इनका विकास उन्हीं व्यक्तियों में हो सकता है जिनके जीवन आर्थिक और भौतिक दृष्टि से सुरक्षित हों। यह सुरक्षा राष्ट्रीय रूप में केवल उन्हीं समाजों में प्राप्त हो सकती है जो औद्योगीकृत और आधुनिक हों।"

ऐसी अवस्थाओं के अभाव में राजनीतिक लोकतन्त्र की परिस्थितियों को प्रस्तुत करने का प्रयत्न आवश्यक है। अतः अनेक समाजों में कुछ लोग राजनीतिक लोकतन्त्र के सिद्धान्तों और प्रक्रियाओं में आस्था तो रखते हैं, किन्तु इसकी स्थापना की परिस्थितियों के अभाव में लोकतन्त्र लाने के लिए केवल प्रयत्नशील ही हो सकते हैं। वास्तव में, लोकतान्त्रिक व्यवहार की असम्भावना के कारण ऐसे लोग लोकतन्त्र के रक्षक या अभिभावक

बन जाते हैं। ये लोग व्यवस्थापिका और राजनीतिक दलों की शक्ति को सीमित रखकर कार्यपालिका में शक्तियों का केन्द्रण कर लेते हैं जिससे देश में राजनीतिक लोकतन्त्र की स्थापना की परिस्थितियों को पैदा किया जा सके। अभिभावकी लोकतन्त्र में राजनीतिक नेताओं की लोकतन्त्र में दृढ़ आस्था होती है। इस प्रकार के लोकतन्त्र में जन निर्वाचित नेता लोकतान्त्रिक सिद्धान्तों से प्रतिबद्ध होते हैं, तथा जनसाधारण व अन्य संरचनात्मक प्रक्रियाएं इसके अनुकूल नहीं होने के कारण इनका राजनीतिक लोकतन्त्र की पूर्वशर्तों के रूप में अनुकूलन करने का प्रयास करते हैं। ऐसे लोगों में "इस प्रकार के दृष्टिकोण उत्पन्न हो जाते हैं कि शासन तन्त्र की पुनः संरचना करके अपने अल्पकालीन उद्देश्यों को इस तरह ढाला जाए कि अर्थव्यवस्था और समाज का आधुनिकीकरण करने की दृष्टि से प्रभावी और स्थायी सरकार की स्थापना तेजी से की जा सके" और इससे नागरिकों में यह प्रवृत्ति विकसित की जा सके कि वे राजनीतिक प्रक्रियाओं में सक्रिय भाग ले सकने की अवस्था में आने के अवसर रखते हैं। इसके लिए विधि के शासन और नागरिक अधिकारों व स्वतन्त्रताओं को बनाए रखा जाता है। निर्वाचित व प्रातिनिधिक संस्थाएं और जनमत को निर्मित करने की सब व्यवस्थाएं बनी रहती हैं, किन्तु इनकी गतिविधियों को कार्यपालिका के मुख्य उद्देश्य की प्राप्ति में सहायक होने तक की अवस्था तक सक्रिय रहने दिया जाता है। इसमें राजनीतिक लोकतन्त्र का संरचनात्मक रूप बना रहता है, किन्तु व्यवहार में सम्पूर्ण शक्तियां अभिभावक नेताओं में विद्यमान रहती हैं जिससे लोकतन्त्र की स्थापना के लिए आवश्यक सामाजिक, आर्थिक और अभिवृत्तात्मक स्थितियों को बहुत तेजी से विकसित किया जा सके। यह राजनीतिक आधुनिकीकरण की तरफ समाज को धकेलने के समान है। इसमें लोकतान्त्रिक सिद्धान्तों में निष्ठा रखने वाले अभिजन ही अग्रणी होते हैं।

विकासशील राज्यों में ऐसे प्रयत्न अनेक राष्ट्रवादी और लोकतंत्र में निष्ठावान नेताओं द्वारा होते रहे हैं। लोकतन्त्र का यह रूपान्तर इन नेताओं को अनिवार्य लगता है, क्योंकि इन अभिजनी नेताओं की मान्यता रही है कि राजनीतिक आधुनिकीकरण के पहले आर्थिक, सामाजिक और सांस्कृतिक क्षेत्रों में आधुनिकीकरण होना अनिवार्य है अन्यथा लोकतन्त्र टिक नहीं पाएगा। अफ्रीका में जोमो केन्याता, नेरेरे, केनेथ कुआण्डा और एशिया में मुजीबुर्रहमान और अय्यूबखां ने ऐसे प्रयत्न किए हैं। किन्तु इस प्रकार के लोकतन्त्र का स्वाभाविक परिणाम राजनीतिक लोकतन्त्र तक पहुंचाने वाला बने इससे पहले ही ऐसे अभिभावकी नेताओं को हटाकर कुछ लोगों द्वारा सत्ता हथिया ली जाती है। विकासशील राज्यों में आधुनिकीकरण का राजनीतिक पक्ष इसी कारण पिछड़ गया है।

(ग) आधुनिकीकरण के प्रयत्न कई बार लोकतान्त्रिक ढांचे में सम्भव ही नहीं हो पाते हैं। लोकतान्त्रिक संरचनाओं का विद्यमान रहना अपने-आप में राजनीतिक आधुनिकीकरण के मार्ग में बाधा बनने लगता है। कई बार नागरिकों की सहभागिता का राजनीतिक व्यवस्थाओं पर घातक प्रभाव पड़ने लगता है। आम जनता स्वतन्त्रताओं को असीमित और निरपेक्ष (absolute) मान लेती है जिससे अराजकता की स्थिति उत्पन्न

हो जाती है। इससे राजनीतिक आधुनिकीकरण के सभी मार्ग अवरुद्ध होने लगते हैं। विकासशील देशों में ऐसा अकसर देखने को मिला है। अतः ऐसे समाजों को नेता राजनीतिक दृष्टि से आधुनिक बनाने के बजाय आर्थिक दृष्टि से सम्पन्न बनाना ही काफी मानते हैं। राजनीतिज्ञों द्वारा की जाने वाली धांधली से जनता भी परेशान हो जाती है। ऐसी अवस्था में जनता किसी भी शक्तिशाली शासन के लिए सब कुछ त्यागने को तैयार हो जाती है। फ्रांस में 1946 से 1958 तक 24 प्रधानमंत्रियों या मन्त्रिमण्डलों का आना-जाना डिगॉल को जनता में इतना लोकप्रिय बनाने में सहायक हुआ कि उसको पूरी छूट दे दी गई कि वह राजनीतिक स्थायित्व लाने के लिए कैसा ही संविधान बनाए। इसलिए ही डोरोथी पिकल्स ने डिगॉल के नेतृत्व में बने पांचवें गणतन्त्र के संविधान को 'डिगॉल के अनुरूप बनाया' (tailor made for Degaulle) संविधान कहा है। फ्रांस का यह उदाहरण यहां उपयुक्त तो नहीं है, फिर भी इसको यहां उल्लेखित करके यह समझाने का प्रयास किया जा रहा है कि कभी-कभी समाज ऐसी स्थिति में पहुंच जाते हैं जहां आधुनिकीकरण की अवरुद्ध प्रक्रियाओं को पुनः सक्रिय बनाने के लिए जनसाधारण सब कुछ त्याग करने के लिए तैयार हो जाता है।

आधुनिकीकरणशील गुटतन्त्र भी ऐसी ही परिस्थितियों में सत्ताधारी बनते हैं। यह स्वार्थी लोगों के गुट या समूह नहीं होते। यह सम्पूर्ण समाज को पुनर्गठित करना चाहते हैं। इनकी स्थापना नागरिक अथवा सैनिक दोनों ही क्षेत्रों से हो सकती है। ऐसी राजनीतिक व्यवस्थाओं में राजनीतिक आधुनिकीकरण से अधिक बल आर्थिक और सामाजिक आधुनिकीकरण पर दिया जाता है। इनमें राजनीतिक लोकतन्त्र की सभी संरचनात्मक व्यवस्थाएं या तो भंग कर दी जाती हैं या केवल औपचारिक भूमिकाएं निभाने के लिए बनाए रखी जाती हैं। ऐसे राज्यों में एक प्रकार की सामूहिक तानाशाही स्थापित होती है जो कुछ ही समय में व्यक्तिगत तानाशाही का रूप ले लेती है। ऐसे आधुनिकीकरणशील गुटतन्त्रों में आपसी होड़ और सत्ता की दौड़ से अस्थिरता आने की सम्भावना से बचने के लिए आतंक का साम्राज्य स्थापित किया जा सकता है, किन्तु कुछ निष्ठावान नेताओं को छोड़कर अन्य गुटतन्त्रों में ऐसे प्रयत्न असफल ही रहे हैं। अगर किसी देश को सौभाग्य से ऐसा नेता मिल जाता है जिसकी दृढ़ आस्था समाज को आधुनिक बनाने में है तब तो ऐसा गुटतन्त्र समाज में तेज गति से आधुनिकता ला पाएगा। नेरेरे, कुआण्डा, जोमो केन्याता, राष्ट्रपति ने विन, सादात, सुहार्तो इत्यादि नेताओं के प्रयत्नों से इनके देशों में आधुनिक अर्थव्यवस्था की स्थापना के प्रयत्न बहुत कुछ सफल हो रहे हैं, किन्तु इन अपवादों को छोड़ दें, तो यह आधुनिकीकरण का प्रभावी माध्यम नहीं कहा जा सकता। ऐसे देशों में विशिष्ट नेतृत्व के लोप के साथ ही अस्तव्यस्तता आ जाती है या नेता को हटाकर दूसरा नेता सत्ता हथिया लेता है। पाकिस्तान में अय्यूबखां ने ज्यों ही आधुनिकीकरण की प्रक्रियाओं को प्रोत्साहन देने के लिए कुछ ढील दी कि याह्याखां ने उनसे सत्ता हथिया ली। ऐसे उदाहरण आये दिन लेटिन अमरीका, अफ्रीका और मध्यपूर्व के राज्यों में देखने को मिलते हैं।

(घ) सर्वाधिकारी गुटतन्त्र, राजनीतिक आधुनिकीकरण के मुकाबले में आर्थिक व

सामाजिक लोकतन्त्र को प्राथमिकता देता है। ऐसे गुटतन्त्र में एक विचारधारा के आधार पर संगठित एकाधिकारवादी राजनीतिक दल के नेतृत्व में आधुनिकीकरण के सभी पक्षों को एक साथ आगे धकेलने का प्रयत्न किया जाता है। व्यक्तियों या संस्थाओं को इस विचारधारा के अनुरूप ही रहना होता है। सर्वाधिकारी व्यवस्थाओं में लोकतन्त्र राजनीतिक आधुनिकीकरण की सभी संस्थात्मक व्यवस्थाएं पाई जाती हैं। ऊपर से देखने पर यह व्यवस्थाएं राजनीतिक आधुनिकीकरण के अनुरूप ही नहीं, अपितु राजनीतिक व्यवस्था के आधुनिकीकरण का श्रेष्ठतम प्रतिमान लगती हैं, किन्तु यह सब संरचनाएं वह कार्य स्वतन्त्रतापूर्वक नहीं कर सकतीं जो राजनीतिक आधुनिकीकरण की पूर्वशर्त के रूप में इनके द्वारा निष्पादित होने चाहिए। अतः यह संस्थागत व्यवस्था केवल औपचारिकता मात्र रहती है और राजनीतिक सक्रियता का केन्द्र राजनीतिक दल और राजनीतिक नेता रहता है। सर्वाधिकारी शासन व्यवस्थाओं के कुछ विशिष्ट लक्षण होते हैं। (इन लक्षणों के लिए अध्याय दस देखिये)। इनमें न तो प्रतियोगी राजनीति होती है और न ही व्यक्ति के विचारधाराई दल के विरुद्ध कोई अधिकार होते हैं। अतः यह राजनीतिक आधुनिकीकरण का एक अलग ही प्रतिमान बन जाता है। इसमें सत्ता की बुद्धिसंगतता, राजनीतिक संरचनाओं का विभिन्नीकरण और विशेषीकरण होता है तथा राजनीतिक प्रक्रियाओं में जन-सहभागिता जो आत्यन्तिक (extrme) रूप में होती है। (रूस में पिछले आम चुनाव में मतदान प्रतिशत 99.1 था) किन्तु यह सब विचारधारा के एक सांचे में ढलकर ही रहती है। इनको स्वतन्त्रता नहीं होती है, इसलिए राजनीतिक आधुनिकीकरण की परम्परागत परिभाषा और विशेषताओं के अनुसार सर्वाधिकारी गुटतन्त्र व्यवस्थाएं आधुनिक नहीं कही जा सकती हैं।

विकासशील राज्यों में दिन-प्रतिदिन इस प्रकार के आधुनिकीकरण की लोकप्रियता बढ़ रही है। अवश्य ही साम्यवाद के अनुरूप आधुनिकीकरण में अधिकांश लोगों की आस्था नहीं है, किन्तु इसके रूपान्तर (variant), समाजवादी व्यवस्था का प्रचलन बढ़ रहा है। इसको राजनीतिक लोकतन्त्र के प्रतिमान से श्रेष्ठतर मानने की प्रवृत्ति प्रबल हो रही है, क्योंकि इसमें आधुनिकीकरण के सभी पक्षों और पहलुओं को परिवर्तन प्रक्रिया में लाया जाता है। विकासशील राज्यों में यह अधिक लोकप्रिय हो रहा है। राजनीतिक लोकतन्त्र का ढांचा इन देशों के लिए अनुपयुक्त है तथा सर्वाधिकारी ढांचे में अन्तर्निहित लक्षण इनकी संस्कृति के प्रतिकूल पड़ते हैं।

(च) परम्परागत वर्गतन्त्र का प्रतिमान सही अर्थों में राजनीतिक आधुनिकीकरण की प्रक्रिया का खुला विरोध माना जा सकता है। क्योंकि, परम्परागतता और आधुनिकता एक साथ सह-अस्तित्व की अवस्था में रह ही नहीं सकती हैं। कई बार मानव परिवर्तन पसन्द होते हुए भी परम्परागतता से चिपका रह जाता है। परम्परागत बन्धनों से मुक्ति पाने की चेष्टा में भी व्यक्ति पूर्णतया सफल नहीं होता है। यह बात सामाजिक व सांस्कृतिक क्षेत्रों की तरह राजनीतिक क्षेत्रों में भी लागू होती है। आम जनता धीरे-धीरे ही परिवर्तन के मार्ग पर बढ़ने की आदी होती है। किसी भी क्षेत्र में पूर्ण परिवर्तन तो साम्यवादी राज्यों तक में सम्भव नहीं हो पाया है जहां राज्य की बाध्यकारी शक्ति का

बेरोकटोक प्रयोग होता रहता है। अतः हर राष्ट्र के आधुनिक बनने के प्रयत्नों के परम्परागत रीति-रिवाजों और लोगों की रूढ़िवादी अभिवृत्तियों से जूझना पड़ता है। इस श्रेणी में परम्परागत धार्मिक विश्वासों से सम्बद्ध शक्तिशाली राजवंशीय संविधानों पर आधारित शासन व्यवस्थाएं आती हैं। इनमें शासक या तो रक्त-सम्बन्धों के आधार पर बनते हैं या रक्त-सम्बन्धी रिश्तों और चुनाव प्रक्रिया में भाग लेने के लिए उनके द्वारा स्वीकृत व्यक्तियों द्वारा चुनाव, इन दोनों के संयोग से बनते हैं। ऐसे शासकों को श्रद्धा की दृष्टि से देखा जाता है और परम्परागत राजनीतिक समाजों में ही यह प्रचलन रहा है जो अब करीब-करीब लुप्त होने के अंतिम स्तर पर पहुंच गया है, अर्थात यह अपने अन्त की ओर बढ़ रहा है।

अनेक विकासशील राज्य तथा कुछ विकसित राज्यों में यह व्यवस्था पाई जाती है, किन्तु, विकसित देशों में यह औपचारिकता है जबकि विकासशील राज्यों में, मध्यपूर्व के कुछ राज्यों और नेपाल और भूटान में यह औपचारिकता से कुछ अधिक मानी जा सकती है। यह एक तरह से सामन्ती व्यवस्था से मिलता-जुलता प्रतिमान है। भूटान में यह आज भी पर्याप्त शक्ति-सम्पन्न माना जा सकता है।

एडवर्ड शील्स ने राजनीतिक आधुनिकीकरण के जिन पांच प्रतिमानों या मॉडलों का विवेचन किया है इससे स्पष्ट होता है कि वर्तमान विश्व की सभी राजनीतिक व्यवस्थाएं कम या अधिक मात्रा में राजनीतिक आधुनिकीकरण की ओर उन्मुख हैं। यह आधुनिकीकरण की ओर राजनीतिक व्यवस्थाओं की उन्मुखता इस बात की पुष्टि है कि आधुनिकीकरण की प्रक्रिया को कुछ समय के लिए रोका जा सकता है, किन्तु परिस्थिति के बदलते ही यह पुनः अपने मार्ग पर अग्रसर होने की क्षमताओं से युक्त होने के कारण, उसी मार्ग पर चलने लगती है। निष्कर्ष में यही कहा जा सकता है कि राजनीतिक आधुनिकीकरण का न कोई सुनिश्चित प्रतिमान हो सकता है और न ही कोई अनुक्रम होता है। वास्तव में राजनीतिक व्यवस्थाओं में राजनीतिक आधुनिकीकरण के उतने ही प्रतिमान हो सकते हैं जितनी कि राजनीतिक व्यवस्थाएं हैं। हर व्यवस्था में विचित्रता होती है। हर राजनीतिक संरचना का अनोखापन इनसे सम्बन्धित राजनीतिक प्रक्रियाओं में भी विशेषता ला देता है। इस कारण, राजनीतिक दृष्टि से आधुनिक बनने वाली या बन गई व्यवस्था अपने आप में एक अलग प्रतिमान होती है।

राजनीतिक आधुनिकीकरण के अभिकरण (Agencies of Political Modernisation)

राजनीतिक आधुनिकीकरण एक पेचीदा परिवर्तन प्रक्रिया है और इस प्रक्रिया में कई अभिकरणों और माध्यमों की भूमिका रहती है, किन्तु राजनीतिक आधुनिकीकरण का सीधा सम्बन्ध आर्थिक विकास से नहीं जोड़ा जा सकता है। आधुनिकीकरण की सामान्य प्रक्रिया में आर्थिक विकास एक महत्त्वपूण तत्त्व बन जाता है, परन्तु इस कारण उसको राजनीतिक आधुनिकीकरण का निर्माणक तत्व मान लेना ठीक नहीं है। इसलिये डा० एस० पी० वर्मा का यह लिखना कि "सामाजिक संचारण और आर्थिक विकास,

दोनों ही राजनीतिक आधुनिकीकरण के निर्माणक तत्त्व माने जाते हैं और इनसे विकासशील देशों के लिए घातक परिणाम निकले हैं।"[36] गलत और भ्रमात्मक हैं। अतः राजनीतिक आधुनिकीकरण के माध्यमों और अभिकरणों की चर्चा करते समय आर्थिक विकास में सहायक अभिकरणों का उल्लेख नहीं किया जा सकता है। इसलिए हम यहां उन्हीं माध्यमों का विवेचन करेंगे जो राजनीतिक आधुनिकीकरण में परोक्ष या अपरोक्ष रूप से सहायक होते हैं। यहां इस बात को भी ध्यान में रखना होगा कि राजनीतिक आधुनिकीकरण में सहायक अभिकरणों की संख्या भी बेशुमार हो सकती है। इन सबका यहां विवेचन करना सम्भव नहीं है। अतः हम केवल प्रमुख अभिकरणों व माध्यमों का ही उल्लेख कर रहे हैं।

(क) अभिजनों और बुद्धिजीवियों की भूमिका (The role of intellectuals and elites)—किसी भी राजनीतिक व्यवस्था को किसी भी रूप में तथा इतिहास के किसी भी काल में देखने पर एक तथ्य स्पष्ट रूप से यह दिखाई देगा कि वास्तव और व्यवहार में शासन का कार्य कुछ व्यक्तियों द्वारा ही निष्पादित होता आया है। सरकार को चलाने का कार्य एक छोटे से वर्ग के हाथ में रहता है, जो लोकतान्त्रिक शासन-प्रणालियों के बारे में भी उतना ही सही है जितना कि स्वेच्छाचारी या सर्वाधिकारी शासनों के बारे में सही है। यह वर्ग, अभिजनों और बुद्धिजीवियों का वर्ग है जो सत्ता के वास्तविक धारक या सम्भावित धारक होते हैं। राजनीतिक आधुनिकीकरण के सबसे महत्त्वपूर्ण अभिकरण उन्हीं को माना जा सकता है।

राजनीतिक व्यवस्थाओं की संरचनात्मक प्रकृति के निर्धारण में यही अग्रणी होते हैं। राजनीतिक शक्ति के संघटक संविधान के निर्माण या संशोधन या उसकी समाप्ति में अभिजनों की भूमिका विकसित और विकासशील दोनों ही प्रकार की राजनीतिक व्यवस्थाओं में देखी जा सकती है। अभिजनों से सम्बन्धित अध्याय में हमें इनकी सामान्य भूमिका का विस्तार से विवेचन करने का अवसर मिलेगा, इसलिये यहां हम राजनीतिक आधुनिकीकरण के अभिकरण के रूप में इनके योगदान तक ही सीमित रहेंगे। बुद्धिजीवियों के द्वारा राजनीतिक व्यवस्थाओं के साध्यों, गन्तव्यों और उद्देश्यों के विकल्प सुझाए जाते हैं। इन्हीं विकल्पों में से कुछ का चयन करके राजनीतिक शक्ति को संरचनात्मक रूप दिया जाता है। अभिजन इन संरचनात्मक व्यवस्थाओं से सम्बन्धित प्रक्रियाओं के कार्मिक होते हैं। इनकी विचारधारा और विशेष प्रकार की मान्यताएं व आकांक्षाएं राजनीतिक आधुनिकीकरण का परिप्रेक्ष्य तैयार करती हैं। इन्हीं के द्वारा राजनीतिक आधुनिकीकरण की क्रियाएं सक्रिय या शिथिल बनती हैं। हर सरकार का स्थायित्व और आधुनिकीकरण में योगदान इस बात पर निर्भर करता है कि इसके संचालक अभिजन बदलती हुई सामाजिक आवश्यकताओं को पहचानने और उसके अनुरूप राजनीतिक व्यवस्था को बनाए रखने में कितने सक्षम हैं। विकासशील देशों में आधुनिकीकरण के ऊंचे स्तर तक पहुंची राजनीतिक व्यवस्थाएं अभिजनों द्वारा उपयुक्त भूमिका न

[36] S. P. Varma, *op. cit.*, p. 208.

निभा पाने के कारण अचानक धराशायी होती हुई देखी गई हैं। सुस्थिर लोकतन्त्र व्यवस्था के स्थान पर नाटकीय ढंग से अधिनायक तन्त्र का आना, राजनीतिक व्यवस्था का राजनीतिक आधुनिकीकरण से अचानक विमुख होना ही तो है। अतः राजनीतिक आधुनिकीकरण में विशिष्ट वर्ग या अभिजन और बुद्धिजीवियों की विशेष भूमिका रहती है।

हर राजनीतिक व्यवस्था को, चाहे वह राजनीतिक आधुनिकीकरण के मार्ग पर किसी भी स्थान पर क्यों न हो, जीवनशक्ति देने का कार्य अभिजनों का ही है। यह राजनीतिक प्रक्रियाओं को मोड़ने से लेकर उलटने तक कार्य कर सकने की क्षमता और शक्ति रखते हैं। इसलिये राजनीतिक आधुनिकीकरण में इनका स्थान व महत्त्व निर्णायकता की स्थिति में होता है। नौकरशाही अभिजन वर्ग का एक भाग है। इसका देश के प्रशासन और

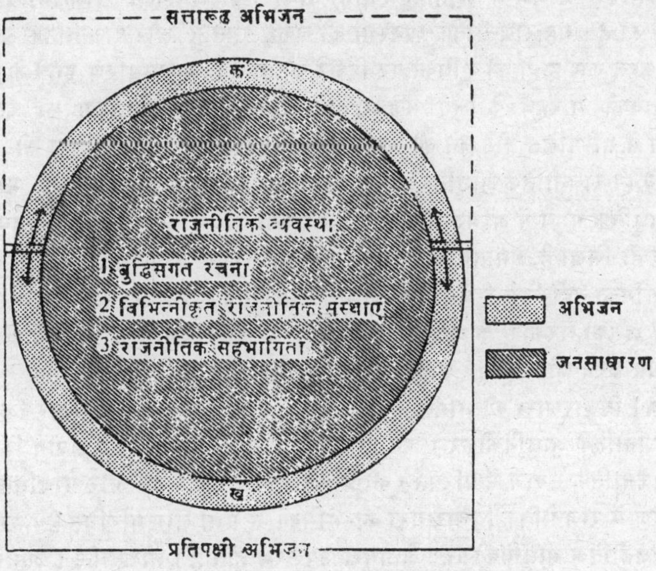

राजनीतिक आधुनिकीकरण में अभिजनों का भूमिका-चित्र

चित्र 7.5

आधुनिकीकरण में महत्त्व स्वयं ही स्पष्ट है। अभिजन राजनीतिक व्यवस्था को एकता के सूत्र में बांधे रखते हैं। संस्थाओं के सुचारु कार्य करने में सहयोग देते हैं और इन्हीं से जनता राष्ट्रीय अभिज्ञान का पाठ सीखती है। राजनीतिक आधुनिकीकरण की समस्याओं—राष्ट्रीय अभिज्ञान, संरचनात्मक विभिन्नीकरण व विशेषीकरण, सत्ता-वैधता, प्रवेशन, सहभागिता, एकीकरण तथा वितरण इत्यादि का राजनीतिक व्यवस्था कहां तक समाधान करने की क्षमता रखती है, उसी के आधार पर राजनीतिक आधुनिकीकरण की

मांग की जाती है। इन सबमें नेतृत्व और पहल व खतरे उठाने का काम अभिजनों का ही होता है। इसलिये अभिजन राजनीतिक आधुनिकीकरण के महत्त्वपूर्ण माध्यम कहे जा सकते हैं। इनकी भूमिका नकारात्मक और सकारात्मक दोनों ही हो सकती है। यह आधुनिकीकरण की प्रक्रियाओं को स्वार्थों में पड़कर अवरुद्ध भी करते रहे हैं। कई विकासशील राज्यों में अभिजन अपनी भूमिका का ठीक तरह से निभाव नहीं कर पाए, इस कारण राजनीतिक आधुनिकीकरण की प्रक्रियाएं ठप्प होकर रह गई हैं। अभिजन राजनीतिक समाज को किस प्रकार से एकता के सूत्र में बांधे रखते हैं, यह चित्र 7.5 में चित्रित किया गया है।

चित्र में बीच का गहरा रेखांकित भाग राजनीतिक व्यवस्था का है तथा इसके इर्द-गिर्द का हल्का रेखांकित अंकित भाग अभिजनों का है। अभिजनों के इस वृत्त में 'क' सत्तारूढ़ अभिजनों (ruling elite) तथा 'ख' प्रतिपक्षी अभिजनों (counter elite) का है। यह राजनीतिक व्यवस्था को जकड़े रहते हैं और राजनीतिक आधुनिकीकरण बहुत कुछ इन्हीं की भूमिका पर निर्भर करता है। जनसाधारण इन्हीं के नेतृत्व व अभिभावकी में रहने के लिए मजबूर होता है क्योंकि, जनसाधारण को राजनीतिक प्रक्रिया में सम्मिलित होने देने की संरचनात्मक व्यवस्थाएं इन्हीं के द्वारा की जाती हैं। इसलिये ही राजनीतिक आधुनिकीकरण की चालक शक्ति अभिजन वर्ग ही माना जाता है। आधुनिक समय में अभिजनों और बुद्धिजीवियों की भूमिका के बारे में एडवर्ड शील्स ने ठीक ही लिखा है, "मानव के सम्पूर्ण इतिहास की राज्य व्यवस्थाओं में बुद्धिजीवियों ने ऐसी भूमिका नहीं निभाई जैसी कि वर्तमान शताब्दी की इन घटनाओं में अदा कर रहे हैं।"[37] इनका सरकार के यन्त्र पर नियन्त्रण, इनको राजनीतिक आधुनिकीकरण को निर्देशित करने की अभूतपूर्व शक्ति से युक्त कर देता है।

(ख) **विचारधारा की भूमिका** (The role of ideology)—कई बार विचारधारा का राजनीतिक आधुनिकीकरण की प्रक्रियाओं में गति लाने के लिए प्रयोग किया जाता है। राजनीतिक समाज में परिवर्तन की प्रक्रियाओं को दिशा देने और प्राथमिकताओं के निर्धारण में राजनीतिक विचारधारा की भूमिका से सभी लोग परिचित हैं। राजनीतिक दल राजनीतिक आधुनिकीकरण के प्रमुख उपकरण होते हैं। लोकतान्त्रिक व्यवस्थाओं में इनकी भूमिका सर्वविदित है। सर्वाधिकारी शासनों में तो एकाधिकारवादी राजनीतिक दल ही राजनीतिक आधुनिकीकरण का प्रेरक रहता है। यहां तक तानाशाही व्यवस्थाओं में भूमिगत दलों की भूमिका तानाशाही व्यवस्था को उखाड़ फेंकने में प्रमुख रहती है। दलों के संगठन का आधार एक-सी विचारधारा के आधार पर व्यक्तियों का समूहीकरण कहा जाता है। इस प्रकार, राजनीतिक दलों के माध्यम से विचारधारा राजनीतिक आधुनिकीकरण की महत्त्वपूर्ण प्रेरक हो जाती है। डेविड ऐप्टर ने इस सम्बन्ध में लिखा है कि "विचारधारा नाजुक क्षणों में व्यक्तियों को अपने साथियों से एकता व ठोसता का

[37]Edward Shills, 'The Intellectuals in the Political Development of New States', *World Politics*, Vol. XII, No. 3, 1960, p. 329.

अभिज्ञान कराती है।[38] विचारधारा को राजनीतिक आधुनिकीकरण का शक्तिशाली अभिकरण माना जाता है। विचारधारा के आधार पर राजनीतिक आधुनिकीकरण के लक्षणों में, जिनका सम्बन्ध मनुष्यों की अभिवृत्तियों से होता है, परिवर्तन लाना अत्यन्त आसान हो जाता है। उदाहरण के लिए, विचारधारा के आधार पर सत्ता के परम्परागत स्रोतों को निर्बल करना आसान होता है। राष्ट्रीय अभिज्ञान, राज्य की एकता व ठोसता और राजनीतिक सहभामिता व राष्ट्र के प्रति निष्ठा की उत्पत्ति में विचारधारा का योगदान बहुत अधिक रहता है।

विकासशील राज्यों में विचारधारा का प्रभाव विशेष अनुक्रमी प्रतिमान परिलक्षित नहीं करता है। वर्तमान विश्व में अनेक प्रकार की विचारधाराओं का आपसी टकराव, विशेषकर विकासशील राज्यों में ही देखने को मिलता है। महान शक्तियों की विचारधाराओं की परस्पर विरोध की स्थिति से विकासशील राज्यों में अनेक जटिलताएं आ जाती हैं। विचारधारा, ऐसी स्थिति में नकारात्मक दृष्टि से, राजनीतिक आधुनिकीकरण का माध्यम बन जाती है। वर्तमान विश्व में साम्यबादी विचारधारा में भी विभाजन हो जाने के कारण, विचारधाराओं के टकराव बढ़ते ही जा रहे हैं और इस कारण विचारधारा राष्ट्र के नागरिकों को आपस में एक सूत में पिरोने और अधिकाधिक राष्ट्रीय अभिज्ञान कराने में सहायक होकर राजनीतिक आधुनिकीकरण का महत्त्वपूर्ण माध्यम बनने लगी है।

(ग) सरकार की भूमिका (The role of government)—सरकारों के तत्त्वावधान में ही आधुनिकीकरण की सारी गतिविधियां संचालित होती हैं। सरकारों का राजनीतिक आधुनिकीकरण के अभिकरण के रूप में विशेष महत्त्व है। आधुनिक राजनीतिक व्यवस्थाओं में सरकारों के माध्यम से ही अधिकांश कार्यों की पहल होती है। आधुनिक युग का नागरिक राजनीतिक आधुनिकीकरण लाने में सरकार को अधिक सक्षम मानता है। क्योंकि, सरकारों के पास बाध्यकारी शक्ति होती है। सरकारें अपने निर्णयों को क्रियान्वित करने की स्थिति में होती हैं और सरकारों के सत्ता में बने रहने के लिए उनके द्वारा राजनीतिक आधुनिकीकरण के कार्य प्राथमिकता प्राप्त कर लेते हैं। सरकारें केन्द्रीकरण और केन्द्रीय नियंत्रण का माध्यम बन सकती हैं। यह आधुनिकीकरण की प्रवृत्तियों की पहल करती हैं, उन्हें प्रश्रय देती हैं और उनका नेतृत्व करती हैं। इस कारण आजकल राजनीतिक आधुनिकीकरण के लिए सरकारों की तरफ ही अधिक देखा जाता है। सरकारें आर्थिक, सामाजिक, सांस्कृतिक और राजनीतिक क्षेत्रों में बहुमुखी प्रगति की प्रेरक बनकर राजनीतिक व्यवस्था के आधुनिकीकरण की आधारभूमि तैयार करने का प्रभावी माध्यम बन जाती हैं।

सरकारें बाध्यकारी शक्ति का प्रयोग करके आधारभूत और आमूल परिवर्तन लाने की क्षमता रखती हैं। सरकारों के द्वारा व्यापक व क्रांतिकारी परिवर्तन लाना सम्भव होता

[38] David Apter, *The Politics of Modernisation*, Chicago, Chicago University Press, 1965, p. 113.

है। यही कारण है कि आधुनिक समय में सब कार्य सरकारों द्वारा ही सम्पन्न हों इसकी अपेक्षा भी की जाने लगी है। राज्य, राजनीतिक आधुनिकीकरण का प्रभावी अभिकरण इसलिए भी माना जाता है, क्योंकि राज्य के पास सर्वोच्च शक्ति होती है। विकासशील राज्यों में राजनीतिक व्यवस्थाओं का आधुनिकीकरण करने में अगर कोई संस्थात्मक व्यवस्था सर्वाधिक महत्त्व की रही है तो वह सरकारें ही हैं। सरकारें आधुनिकीकरण के विरोध में उठने वाली स्वार्थी शक्तियों को हटाने की शक्ति से युक्त होने के कारण विकासशील राज्यों में बहुत अधिक महत्व प्राप्त कर लेती हैं। सरकारों के द्वारा किये जाने वाले कार्यों की सूची बनाई जाए तो यह इतनी ही लम्बी होगी जितने कि किसी समाज में कार्य होते हैं। इसका यही आशय है कि सरकारें अब सब प्रकार के कार्य करने लगी हैं। सरकारों के आर्थिक, सामाजिक और सांस्कृतिक कार्य सुचारु रूप से निष्पादित हों इसके लिए राजनीतिक व्यवस्थाओं को आधुनिकृत करना अनिवार्य होता है। इस प्रकार, सरकार की अन्य क्षेत्रों में कार्य कर सकने की क्षमताएं राजनीतिक दृष्टि से आधुनिक राजनीतिक समाजों में ही बढ़ सकती हैं। इसलिये सरकारें, आधुनिकीकरण की सामान्य प्रक्रियाओं में तेजी लाने के लिए राजनीतिक आधुनिकीकरण का कार्य सम्पन्न करके ही आगे बढ़ती हैं। विकासशील राज्यों में तो सरकारों पर जनता की अत्यधिक आश्रितता हो गई है। समाजवादी विचारों की प्रबलता से यह प्रवृत्ति और भी बलवती बनती है कि सब कुछ सरकारों के तत्त्वावधान में ही संचालित हो। इन देशों में दो क्षेत्रों में सरकारों पर सर्वाधिक आश्रितता की प्रवृत्ति दृढ़ हो रही है। एक तो आर्थिक उन्नति का दायित्व सरकारों पर छोड़ा जाने लगा है। दूसरा, राजनीतिक व्यवस्था को आधुनिक बनाने का कार्य भी सरकारों का ही अनन्य उत्तरदायित्व है। यही कारण है कि विकासशील राज्यों में राजनीतिक आधुनिकीकरण की संरचनात्मक व्यवस्थाएं विस्तार से व्यवस्थित की गई हैं। अतः सभी देशों में सरकारें राजनीतिक आधुनिकीकरण का महत्त्वपूर्ण माध्यम मानी जाती हैं।

राजनीतिक आधुनिकीकरण के विभिन्न अभिकरणों में हमने राजनीतिक दलों, शिक्षण संस्थाओं और चुनावों को सम्मिलित नहीं किया है। इसका प्रमुख कारण यह है कि हम केवल उन्हीं अभिकरणों का उल्लेख करना उपयुक्त समझते हैं जो मौलिक भूमिका निभाते हैं तथा जिनमें अन्य अभिकरणों की भूमिका स्वतः सम्मिलित रहती है। उदाहरण के लिए, विचारधारा का सम्बन्ध राजनीतिक दलों से अनिवार्यतः रहता है। इसी तरह, अभिजन या विशिष्ट वर्ग शिक्षण संस्थाओं की भूमिका को वृहत्तर क्षेत्र पर निष्पादित करने का कार्य करते हैं। अभिजन राजनीतिक आधुनिकीकरण के लिए सम्पूर्ण राजनीतिक व्यवस्था को एक विद्यालय के रूप में प्रयुक्त करते हैं। चुनावों का सम्बन्ध दलों व सरकारों से है इसलिए इनको भी राजनीतिक आधुनिकीकरण का आधारभूत अभिकरण नहीं माना जाता है। सरकारें ही जन-सहभागिता की व्यवस्था करती हैं। इसके अलावा राजनीतिक आधुनिकीकरण के अभिकरणों की भूमिका के सम्बन्ध में विवेचन के आरम्भ में ही हमने यह स्पष्ट कर दिया था कि इस विवेचन का उद्देश्य केवल यह समझाने का प्रयत्न करने तक सीमित है कि राजनीतिक आधुनिकीकरण के अनेक माध्यम हो सकते

हैं और उनकी पूर्ण सूची बनाना एक असम्भव कार्य ही है। अतः हमने कुछ अभिकरणों की भूमिका का ही उल्लेख करके यह समझाने का प्रयास किया है कि राजनीतिक आधुनिकीकरण की जटिल प्रक्रिया में अनेक तथ्यों का योगदान रहता है।

राजनीतिक आधुनिकीकरण के मॉडल या प्रतिरूप (Models of Political Modernisation)

राजनीतिक आधुनिकीकरण के तीन मॉडलों को अधिक मान्यता प्राप्त है। यह इस प्रकार हैं—(क) ऐतिहासिक राजनीतिक आधुनिकीकरण, (ख) प्ररूपी राजनीतिक आधुनिकीकरण, और (ग) विकासवादी राजनीतिक आधुनिकीकरण।

राजनीतिक आधुनिकीकरण के इन मॉडलों में मौलिक अंतर है। इनमें से प्रत्येक प्रतिरूप में राजनीतिक आधुनिकीकरण को किसी संदर्भ विशेष में या किसी वृहत्तर प्रक्रिया के भाग के रूप में देखने का प्रयास किया गया है। इनका पृथक-पृथक विवेचन करके यह समझने का प्रयास किया जा सकता है कि राजनीतिक आधुनिकीकरण वास्तव में समाज की परिवर्तन प्रक्रिया के अनुरूप किस प्रकार से निहित रहता है।

(क) ऐतिहासिक राजनीतिक आधुनिकीकरण (Historical political modernisation)—ऐतिहासिक राजनीतिक आधुनिकीकरण के मॉडल में यह सामान्य आधुनिकीकरण की ऐतिहासिक धारा में समाहित एक उप-धारा मात्र है। इसको न तो इस धारा से अलग रखा जा सकता है और न ही इस धारा की गति से इसको अधिक गतिवान बनाया जा सकता है। इसके समर्थकों की मान्यता है कि मानव इतिहास एक अबाध गति से प्रवाहित होने वाली धारा या प्रक्रिया है। इस निरन्तरतावादी प्रक्रिया के अनुकूल और अनुरूप सामान्य आधुनिकीकरण की धारा का हर समाज में प्रवाह होता रहता है। इस प्रवाह को रोकने के प्रयत्न कुछ समय के लिए सफल हो सकते हैं, किन्तु अन्ततः ऐतिहासिक प्रवाह की निरन्तरता की शक्ति अवरोधों को दूर कर पुनः अपने विकास मार्ग पर समाज को अग्रसर कर देती है। ऐतिहासिकतावादियों का कहना है कि हर समाज में लौकिकीकरण,- व्यावसायिकीकरण, उद्योगीकरण, बढ़ता हुआ सामाजिक संचारण, उन्नत रहन-सहन के स्तर, शिक्षा का विसरण, एकीकरण और सहभागिता जैसी प्रवृत्तियां उत्तरोत्तर विकास की ओर अग्रसर होती रहती हैं। इनको शिथिल किया जा सकता है, कुछ समय के लिए उलटा जा सकता है और लम्बी अवधि तक रोका जा सकता है, किन्तु हमेशा के लिए यह सम्भव नहीं है।

इनकी मान्यता है कि इसी प्रकार राजनीतिक आधुनिकीकरण की उपधारा भी इस मुख्य ऐतिहासिक धारा के साथ-साथ प्रवाहित होती रहती है। इस मत के समर्थकों की मान्यता है कि इसमें मुख्य धारा से अधिक गति लाने के प्रयास असफल ही रहते हैं। विकासशील राज्यों का उदाहरण देते हुए वे अपने अभिमत की पुष्टि करते हैं कि इनमें आधुनिकीकरण की सामान्य प्रक्रिया के मुकाबले में राजनीतिक आधुनिकीकरण की प्रक्रिया को अधिक गति देने के प्रयत्न न केवल असफल रहे हैं अपितु इन देशों की राजनीतिक व्यवस्थाओं के लिए घातक सिद्ध हुए हैं। साम्राज्यवाद का दूसरा उदाहरण लेकर

इन्होंने यह समझाने का प्रयास किया है कि दूसरे विश्व युद्ध के बाद साम्राज्यवाद ऐतिहासिक प्रवाह की धारा के प्रतिकूल व्यवस्था बन जाने के कारण स्वतः ही समाप्त होने लग गया था।

राजनीतिक आधुनिकीकरण को इतिहास और सामान्य आधुनिकीकरण की धारा के साथ पूर्णतया गठबन्धित करके देखना इतिहासवादी मॉडल की विशेषता है। इनकी दृढ़ मान्यता है कि मानव इतिहास की एक धारा होती है जिस धारा से हटकर अन्य कोई धारा नहीं हो सकती हैं। इसी बात को लेकर, इतिहासवादी राजनीतिक आधुनिकीकरण के मॉडल की आलोचना की जाती है। इतिहास की इस व्याख्या या धारणा में यह आशय निहित है कि यह धारा आगे की ओर ही उन्मुखी हो यह आवश्यक नहीं है। यह 'चक्रीय सिद्धान्त' के अनुरूप उतार-चढ़ाव वाली धारा हो सकती है। इस अर्थ में राजनीतिक आधुनिकीकरण प्लेटो और अरस्तू द्वारा प्रतिपादित राजनीतिक व्यवस्थाओं के उत्थान-पतन के अनुक्रम में आने के लक्षणों से युक्त होता है। राजनीतिक आधुनिकीकरण के इस मॉडल को इसी कारण से स्वीकार नहीं किया जा सकता है। इस अर्थ में तो ऐतिहासिक मॉडल राजनीतिक पतन की ओर भी राजनीतिक व्यवस्थाओं को जाने वाली मानकर चलता है। वैसे इस बात को लेकर काफी मतभेद हैं। राजनीतिक व्यवस्थाओं में वास्तविक विकास के अनुक्रम वास्तव में उत्थान-पतन और आगे-पीछे होते रहे हैं। इसलिए इस मॉडल में सत्यता का कुछ अंश तो माना ही जा सकता है।

(ख) प्ररूपी राजनीतिक आधुनिकीकरण (Typological political modernigation)—इस मॉडल में राजनीतिक व्यवस्थाओं को उनमें आये राजनीतिक आधुनिकीकरण के आधार पर, विभिन्न प्रवर्गों में रखकर समझने का प्रयास किया जाता है। प्ररूपी मॉडल राजनीतिक व्यवस्थाओं को तीन प्रकार के प्रवर्गों में विभक्त मानता है—(क) परम्परागत राजनीतिक व्यवस्थाएं (traditional polity), (ख) संक्रमणशील राजनीतिक व्यवस्थाएं (transitional polity) और (ग) आधुनिक राजनीतिक व्यवस्थाएं (modern polity)।

(i) परम्परागत राजनीतिक व्यवस्थाएं प्रारम्भिक विकास क्रम में पाई जाने वाली व्यवस्थाएं हैं। इस मॉडल की मान्यता है कि हर राजनीतिक व्यवस्था का प्रारम्भिक रूप परम्परागत ही होता है। इस अवस्था में सत्ता के परम्परागत स्रोत रहते हैं। राजनीतिक संरचनाओं का विभिन्नीकरण नहीं होता है। राजनीतिक प्रक्रियाओं के विशेषीकरण की परिस्थितियां उत्पन्न नहीं होती हैं। जनता राजनीति से दूर रहती है। राजनीति को जनसाधारण अपने कार्यक्षेत्र में नहीं मानता है। राष्ट्रीय स्तर पर राज्य या राष्ट्र अभिज्ञान के स्थान पर नजदीकी संस्था या सत्ता का स्रोत अभिज्ञान का निकाय होता है। परम्परागत राजनीतिक व्यवस्थाओं में लोकतांत्रिक व्यवस्था नहीं पाई जाती है। वंशागत राजा या इसी प्रकार का सत्ताधारक श्रद्धा व सम्मान का पात्र होता है। इस प्रकार की राजनीतिक व्यवस्थाओं में राजनीतिक व्यवस्था और सामाजिक व्यवस्था में सम्पर्कता नहीं रहती है। इस विचार के प्रतिपादक यह मानकर चलते हैं कि परम्परागत राजनीतियों में राजनीतिक जागरूकता नहीं होती है। इनमें सरकारों के उत्तरदायी होने के प्रश्न ही नहीं

उठते हैं। राज्य के विकास का अधिकांश काल परम्परागत राजनीतियों के रूप में ही रहा है। परम्परागत राजनीतिक व्यवस्था धीरे-धीरे ऐसी अवस्था में पहुंच जाती है जब वह आधुनिकता की ओर अग्रसर होती है। यह क्रम धीरे-धीरे स्वतः ही संचालित हो सकता है या नाटकीय ढंग से, अचानक ही इस परम्परागतता से नाता तोड़ने का प्रयास भी किया जा सकता है। सोवियत रूप में 1917 की साम्यवादी क्रान्ति परम्परागत अवस्था से अचानक नाता तोड़ने के समान मानी जा सकती है, किन्तु दोनों ही अवस्थाओं में राजनीतिक व्यवस्थाएं आधुनिक नहीं बन जाती हैं। उनको आधुनिक रूप प्राप्त करने से पहले अनिवार्यतः संक्रमण काल की अवस्था में से गुजरना होता है।

(ii) संक्रमणकालीन राजनीतिक व्यवस्थाएं न तो परम्परागतता से पूर्णतया मुक्त हो पाती हैं और न ही आधुनिकता के सभी लक्षणों से युक्त होती हैं। यह दोनों के अस्थिर और अशांत (uneasy) मेल का काल है। यह वह स्थिति है जब राजनीतिक समाज एक साथ दोनों तरफ खींचा जाता है। कुछ शक्तियां राजनीतिक व्यवस्था को परम्परागतता से चिपकाए रखने में सक्रिय रहती हैं, तो दूसरी तरफ, कुछ शक्तियां उसको इस अवस्था से निकालकर आधुनिकता की तरफ धकेलने में शक्ति लगाती सी प्रतीत होती हैं। विकासशील राज्यों में यही अवस्था पायी जाती है। इन देशों में परम्परागतता और आधुनिकता की दोनों शक्तियां एक साथ सक्रिय रहती हैं। एक लेखक ने विकासशील देशों की इस अवस्था को स्पष्ट करते हुए लिखा है कि राजनीतिक व्यवस्था रूपी वाहन के दोनों तरफ दो घोड़े जुते हुए हैं जो एक दूसरे के विपरीत दिशा में इस वाहन को ले जाने का प्रयत्न या शक्ति लगा रहे हैं। यहां एक घोड़ा परम्परागतता की शक्ति का सूचक है और दूसरा घोड़ा आधुनिकता की ओर ले जाने वाली शक्तियों का प्रतीक है। ऐसी राजनीतिक व्यवस्थाएं अस्थिर और विकास की दृष्टि से दिशा रहित होती हैं। ऐसी राजनीतिक व्यवस्थाओं में परस्पर विरोधी शक्तियां सक्रिय व कार्यरत रहती हैं। इस प्रकार की राजनीतिक व्यवस्थाओं में राजनीतिक संरचनाओं, राजनीतिक प्रक्रियाओं और राजनीतिक भूमिकाओं का कोई सुनिश्चित प्रतिमान नहीं होता है। यह एक ऐसी अवस्था है जिसमें परम्परागतता और आधुनिकता के बीच रस्सा-कसी चलती रहती है।

इस मॉडल की मान्यता है कि हर राजनीतिक व्यवस्था में यह रूप अनिवार्यतः आता है। विकासशील राज्य इसी काल में से गुजर रहे हैं। इस मॉडल में राजनीतिक व्यवस्था में राष्ट्रीयता की भावना का अभाव रहता है। राजनीतिक व्यवस्था में एकता व ठोसता नहीं रहती है। यह ऐसी विचित्र अवस्था होती है जिसमें सम्पूर्ण समाज और राजनीतिक व्यवस्था आधुनिक बनने के लिए प्रयत्नशील होती है, किन्तु इस प्रयत्न में बाधाएं और रुकावटें इतनी शक्तिशाली रहती हैं कि राजनीतिक व्यवस्था का आधुनिकीकरण के क्षेत्र में प्रवेश होता हुआ और रुकता हुआ दोनों ही लगता है। वैसे सही अर्थों में यह वह अवस्था है जिसमें राजनीतिक व्यवस्था परम्परागतता और आधुनिकता के लक्षण एक साथ लिये रहती है, किन्तु एक बात निश्चित नहीं होती है कि इस अवस्था से राजनीतिक व्यवस्था किस तरफ आगे बढ़ेगी। अतः संक्रमणकालीन राजनीतियों में राजनीतिक

आधुनिकीकरण की प्रवृत्तियां प्रबल भी हो सकती हैं या शिथिल और सुप्त भी रह सकती हैं।

(iii) आधुनिक राजनीतिक व्यवस्थाएं वे होती हैं जो परम्परागतता के बंधनों से पूर्णतया मुक्त हो जाती हैं। इन व्यवस्थाओं को परम्परागतता से मुक्ति की अवस्था वाली कहा जाता है। इनमें सत्ता की बुद्धिसंगतता होती है। राजनीतिक संरचनाओं का विभिन्नीकरण और विशेषीकरण हो जाता है। जन-सहभागिता बढ़ जाती है और राजनीतिक व्यवस्था लोकतंत्र के सभी लक्षणों से युक्त बन जाती है। इन तीन मॉडलों में राजनीतिक व्यवस्थाओं की स्थिति को चित्र रूप में इस प्रकार समझा जा सकता है।

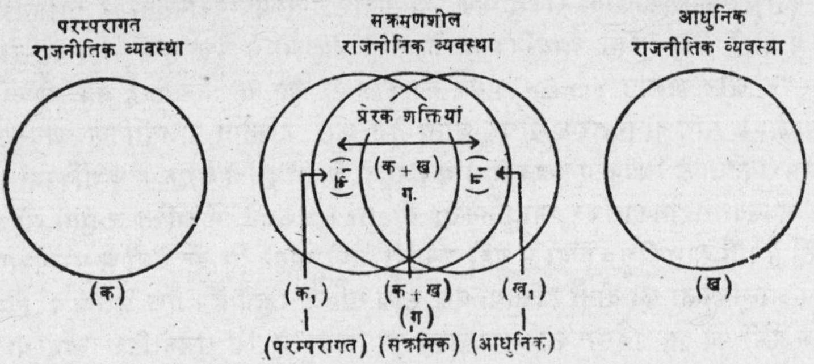

चित्र 7.6. राजनीतिक व्यवस्थाओं के प्रारूप

चित्र 7.6 में 'क' वृत्त परम्परागत राजनीतिक व्यवस्था का चित्रण करता है। 'ग' वृत्त संक्रमणशील राजनीतिक व्यवस्थाओं का है। इसमें परम्परागत और आधुनिक दोनों ही व्यवस्थाओं के लक्षण हैं। 'क' का भाग और 'ख' का भाग तथा दोनों का संक्रमण क+ख को 'क', 'ग' और 'ख' से दिखाया गया है। तीसरा वृत्त 'ख' का है जो पूर्णतया आधुनिकृत राजनीतिक व्यवस्था का है। संक्रमणशील राजनीतिक व्यवस्था का है। संक्रमणशील राजनीतिक व्यवस्थाओं में प्रेरक शक्तियां दोनों ही दिशाओं में ले जाने वाली होती हैं गहरे रेखा तीर को दोनों दिशाओं में उन्मुख बनाकर दर्शाया गया है।

(ग) विकासवादी राजनीतिक आधुनिकीकरण (Evolutionary political modernisation)—विकासवादी राजनीतिक आधुनिकीकरण का प्रतिरूप राजनीतिक मानव की उस सीमाहीन क्षमता का आधार लेता है जिससे वह समस्याओं के समाधान के लिए राजनीतिक संरचनाओं और प्रक्रियाओं में परिवर्तन, संशोधन, विकास और अनुकूलन करता रहता है। यह ऐतिहासिक मॉडल से मौलिक रूप में भिन्नता केवल एक ही क्षेत्र में रखता हुआ दिखाई देता है। ऐतिहासिक मॉडल में राजनीतिक आधुनिकीकरण इतिहास की धारा में समाहित रहता है और इस धारा के घुमावों-मुड़ावों के अनुरूप चलने के लिए बाध्य होता है। इस धारा से पृथक राजनीतिक आधुनिकीकरण की और स्वतन्त्र व अलग धारा नहीं हो सकती। विकासवादी मॉडल में राजनीतिक आधुनिकीकरण की

अपनी पृथक विकास प्रक्रिया और इन प्रक्रियाओं को संचालित करने के लिए संरचनात्मक व्यवस्था होती है। विकासवाद में राजनीतिक आधुनिकीकरण को आधुनिकीकरण की जटिल प्रक्रिया के साथ-साथ संचालित माना जाता है। इसकी गति में तेजी भी लाई जा सकती है। इसको सक्रिय बनाने के लिए नई संरचनात्मक व्यवस्थाएं तक की जा सकती हैं।

विकासवादी राजनीतिक आधुनिकीकरण का मॉडल राजनीतिक व्यवस्थाओं में आधारभूत परिवर्तन सम्भव मानता है, किन्तु ऐसे परिवर्तनों को स्थायित्व की अवस्था में लाने के लिए यह भी आवश्यक मानता है कि ऐसे ही आधारभूत परिवर्तन मानव जीवन से सम्बन्धित अन्य पक्षों—सामाजिक, आर्थिक, सांस्कृतिक और मनोवैज्ञानिक में भी अनिवार्य रूप से आए। उनका मत है कि इनमें परिवर्तन नहीं आने पर राजनीतिक व्यवस्था को आधुनिक बनाने के लिए किए गए परिवर्तन विशेष प्रभावी नहीं बन सकेंगे और राजनीतिक आधुनिकीकरण की सभी व्यवस्थाएं केवल औपचारिकता मात्र रह जाएंगी। इनमें तथ्यात्मकता तब ही आ सकती है जब विकास सम्पूर्ण सामाजिक व्यवस्था से लेकर राजनीतिक व्यवस्था तक व्याप्त बनाया जाए।

इस प्रकार, विकासवादी प्रतिरूप में, राजनीतिक आधुनिकीकरण को सामान्य विकास के क्रम के साथ ही साथ रहने और संचालित मानने की बात पर बल दिया जाता है। इस विचार के समर्थक इतिहासवादियों की तरह यह नहीं मानते हैं कि विकास के क्रम को उलटा या रोका जा सकता है। इनके अनुसार आज, बीते हुए कल से अनिवार्यतः भिन्न होगा तथा आने वाला कल आज से अलग व श्रेष्ठतर बन जाएगा। इससे यह आशय नहीं लेना है कि विकास का कोई क्रम नहीं होता है। सही बात तो यह है कि 'कल', 'आज' और 'कल' में न केवल विकास का क्रम होता है अपितु इनमें एक आगे की ओर ले जाने वाला अनुक्रम भी होता है। इसमें राजनीतिक व्यवस्थाओं को आधुनिकीकरण की ओर उन्मुखी ही माना जाता है। विकासशील राज्यों के विशेष संदर्भ में इस प्रतिरूप का विशेष महत्त्व है। इसके अनुसार अगर सामाजिक, आर्थिक, सांस्कृतिक और मानव अभिवृत्तियों में एक स्तर तक का विकास हो गया है तो राजनीतिक व्यवस्थाओं में उस स्तर तक का विकास रोका नहीं जा सकता है। इस प्रकार, विकासवादियों की मान्यता है कि किसी राजनीतिक व्यवस्था में लोकतन्त्र का पतन विशेष चिन्ता का कारण नहीं बनना चाहिए। अगर किसी देश में अन्य सब व्यवस्थाएं लोकतान्त्रिक ढांचे में ढल गई हैं तो राजनीतिक व्यवस्था भी इस ढांचे में ढलकर रहेगी। इसलिए विकासशील राज्यों में आजकल सामाजिक, आर्थिक और सांस्कृतिक क्षेत्रों में विकासात्मक परिवर्तनों पर अधिक बल दिया जा रहा है। शायद यही एक स्पष्टीकरण है जिससे लोकतन्त्रों को उखाड़ फेंकने वालों को सारी सैनिक शक्ति के बावजूद जनसाधारण ने उखाड़ फेंका और लोकतन्त्र व्यवस्था की पुनः स्थापना को सम्भव बना दिया। पाकिस्तान में यही हुआ है। यहां लोकतांत्रिक व्यवस्था को सैनिक तानाशाही ने समाप्त कर दिया, किन्तु अन्ततः लोकतांत्रिक शक्तियां इतनी प्रबल हो गई कि फिर सार्वजनिक शासन स्थापित हो गया। इसी कारण, हमने लोकतन्त्र से सम्बन्धित विवेचन (देखिये अध्याय दस) में लोकतन्त्र के अन्ततः उज्ज्वल भविष्य

का संकेत दिया है। अतः विकासवादी मॉडल राजनीतिक आधुनिकीकरण को विकास की दिशा में निरन्तरता वाली प्रक्रिया मानता है।

राजनीतिक आधुनिकीकरण उपागम : एक मूल्यांकन (Political Modernisation Approach : An Appraisal)

राजनीतिक व्यवस्थाओं को समझने और उनकी गत्यात्मक शक्तियों के सम्बन्ध में सामान्यीकरण करने के लिए अनेक विद्वानों ने जिनमें एडवर्ड शील्स, डेविड ऐप्टर और वेल्च प्रमुख हैं, राजनीतिक प्रक्रियाओं को आधुनिकीकरण के सामान्य परिवेश में देखने का प्रयत्न किया है। इन लोगों की दृढ़ मान्यता है कि राजनीतिक व्यवस्थाओं में आधुनिकीकरण लाने के प्रयत्न या आरोपित आधुनिक राजनीतिक संरचनाएं सफल या असफल रहेंगी, इसे सामान्य आधुनिकीकरण की प्रक्रिया के संदर्भ में ही समझा जा सकता है। अतः इनके अनुसार तुलनात्मक राजनीतिक अध्ययनों के अन्य उपागमों से अधिक वृहत्तर संदर्भ से सम्बन्धित होने के कारण, राजनीतिक आधुनिकीकरण का उपागम अधिक यथार्थवादी उपागम बन जाता है।

इस उपागम में राजनीतिक व्यवस्थाओं की क्षमता को मापने के लिए आधुनिकीकरण के प्रवर्गों का प्रयोग किया जाता है। आधुनिकीकरण के विभिन्न पहलुओं—शहरीकरण, उद्योगीकरण लौकिकीकरण, लोकतन्त्रीकरण, शैक्षणिकता और सहभागिता में आने वाले परिवर्तनों का राजनीतिक व्यवस्था पर प्रत्यक्ष प्रभाव पड़ता है। अतः राजनीतिक विकास अपने आप में स्वतन्त्र प्रक्रिया नहीं है। इसलिए इसको समझने के लिए व्यापक परिप्रेक्ष्य की आवश्यकता होती है। आधुनिकीकरण का परिप्रेक्ष्य इसी प्रकार की व्यापकता रखता है। अतः तुलनात्मक विश्लेषणों में इसका उपयोग अधिक गहराई तक ले जाने में सहायक समझा गया है। आधुनिकीकरण का अर्थ करते समय हमने इसके विभिन्न पहलुओं का भी वर्णन किया है। इसके अन्तर्गत हमने आधुनिकीकरण की प्रक्रिया को मनोवैज्ञानिक, बौद्धिक, सामाजिक, आर्थिक और राजनीतिक स्तरों पर होने वाले सभी परिवर्तनों से सम्बन्धित किया है। यह उपागम ऐसी विहंगम प्रक्रिया के एक पक्ष के रूप में राजनीतिक आधुनिकीकरण को लेकर राजनीतिक व्यवहार को सम्पूर्णता के संदर्भ में समझने का प्रयत्न करता है। राजनीतिक विकास के उपागम से यह इसी दृष्टि से अधिक उपयुक्त माना जाता है, क्योंकि जीवन के राजनीतिक पहलू को समग्रता से सम्बन्धित करके समझने का इसमें प्रयत्न किया जाता है। ऐसा तुलनात्मक विश्लेषण अधिक अन्तरदृष्टि प्रदान कर सकता है। इससे राजनीतिक व्यवस्थाओं की वास्तविक गत्यात्मकताओं का ज्ञान भी प्राप्त किया जा सकता है।

राजनीतिक आधुनिकीकरण के उपागम में यह ध्यान रखा जाता है कि राजनीतिक संस्थाएं और राजनीतिक मूल्य परिवर्तनशील हैं। कुछ समाजों में इनमें परिवर्तन तेज गति से होते हैं तो कुछ समाजों में राजनीतिक परिवर्तन मंथर गति से स्वतः ही चलते रहते हैं। इन दोनों ही प्रकार के समाजों में राजनीतिक परिवर्तनों को क्रांति इत्यादि के माध्यम से बहुत अधिक गतिवान किया जा सकता है। यह अत्यधिक परिवर्तन की अवस्था

है तो दूसरी तरफ, परिवर्तन पूर्णतया स्वतः ही विकासवादी शक्तियों की सहजता से होते हों तो यह भी एक दूसरे प्रकार की अति की अवस्था है। इन दोनों अतियों के बीच ही अधिकांश राजनीतिक व्यवस्थाएं पाई जाती हैं। इनमें भी अनेक प्रकार की स्थिरताएं और अस्थिरताएं होती हैं। इन स्थिरता-अस्थिरताओं को राजनीतिक आधुनिकीकरण के उपागम में विश्लेषित करके समझने का प्रयास किया जाता है। अतः यह उपागम, आधुनिकीकरण जो परिवर्तन का ही दूसरा नाम है, आधार संदर्भ बनाना है, अर्थात यह विकास की ओर उन्मुखी परिवर्तन प्रक्रिया के संदर्भ में राजनीतिक परिवर्तन को नापने और समझने में सहायक होता है।

राजनीतिक व्यवस्थाओं में होने वाले परिवर्तनों और घटने वाले घटनाचक्रों को अपने व्यापक संदर्भ में समझने के लिए सामाजिक जीवन के सभी पहलुओं को ध्यान में रखना वास्तविकता के समीप पहुंचना है। हर समाज की तरह, हर राजनीतिक व्यवस्था भी, आधुनिक बनने की चेष्टा में लगी रहती है। अतः आधुनिक बनने के प्रयत्न में संलग्न, राजनीतिक व्यवस्थाओं की वास्तविक प्रकृति को समझने के लिए राजनीतिक आधुनिकीकरण के कई मानदण्डों को आधार के रूप में लेकर उपयोगी तुलनाएं हो सकती हैं तथा इससे राजनीतिक व्यवस्था पर पड़ने वाली मांगों का समाधान करने की उसकी क्षमता का ज्ञान प्राप्त किया जा सकता है। उदाहरण के लिए, किसी राजनीतिक व्यवस्था की अन्य राजनीतिक व्यवस्था से सहभागिता के लक्षण के आधार पर तुलना करके, राजनीतिक व्यवस्था की सक्रियता के कई पक्षों को स्पष्ट करना सरल हो जाता है। एक राजनीतिक व्यवस्था में तनावों, दबावों और खिचावों का सफलतापूर्वक मुकाबला करने की क्षमता होती है तो दूसरी राजनीतिक व्यवस्था ऐसे दबावों से तुरन्त टूट कर अराजकता की अवस्था में आ जाती है। इस प्रकार की स्थितियों को समझने में राजनीतिक आधुनिकीकरण का उपागम तुलनात्मक ढंग से निष्कर्षों तक ले जाने में सहायक हो सकता है। इसलिए राजनीतिक आधुनिकीकरण के परिप्रेक्ष्य में विकासशील देशों की राजनीतियों को समझने में और सामान्यीकरण तक पहुंचने में काफी सहायता मिलती है। इस उपागम के आधार पर राजनीतिक आधुनिकीकरण की समस्याओं—राष्ट्रीय अभिज्ञान, सत्ता वैधता, प्रवेशन (penetration), सहभागिता, एकीकरण, वितरण, शिक्षण और संचालन को समझना भी सरल हो जाता है। हर समस्या की जड़ में अनेक तथ्य और शक्तियां कार्यरत रहती हैं। अगर समस्या को सही परिप्रेक्ष्य में समझना है तो उसका व्यापक संदर्भ लेना अनिवार्य है। राजनीतिक आधुनिकीकरण, राजनीतिक व्यवस्था की समस्याओं को ऐसे ही आधुनिकीकरण के वृहत्तर संदर्भ में समझने का प्रयास होने के कारण, अत्यधिक उपयोगी दृष्टिकोण बन गया है। तुलनात्मक विश्लेषणों में ब्लेक, आयन्स्टैंड और हण्टिंगटन इत्यादि ने इसके प्रयोग को अधिक उपयोगी माना है। उनके अनुसार कोई राजनीतिक घटना, केवल मात्र राजनीतिक व्यवस्था के अन्तर्गत हुआ परिवर्तन होते हुए भी बाहर से प्रेरित या निर्देशित हो सकती है। इसलिए तुलनात्मक विश्लेषणों को व्यापक आधार देकर सीमित स्तर पर करना अधिक लाभप्रद बन सकता है।

इस विवेचन से यह निष्कर्ष नहीं निकाल लेना है कि तुलनात्मक राजनीति में राज-

नीतिक आधुनिकीकरण का दृष्टिकोण सब कुछ समझने में सहायक हो जाता है। अन्य उपागमों के सीमाओं की तरह इस दृष्टिकोण में भी कई कठिनाइयां आ जाती हैं। सबसे प्रमुख कमी इस प्रकार की तुलनाओं में आधुनिकीकरण की सामान्य प्रक्रिया से राजनीतिक आधुनिकीकरण की प्रक्रिया को अलग और स्वायत्त प्रक्रिया के रूप में प्रतिष्ठित करना है। जब तक यह नहीं हो पाता है, इस उपागम का राजनीतिक तुलनाओं में प्रयोग नहीं हो सकता। इसी तरह, राजनीतिक आधुनिकीकरण के लक्षणों पर सहमति का अभाव तुलना का एक-सा मानदण्ड बनाने में बाधाएं उत्पन्न करता है। इसके लक्षणों पर सहमति हो भी जाए तो हर लक्षण के मापन की समस्या उत्पन्न हो जाती है। उदाहरण के लिए, सामान्य आधुनिकीकरण को नापने के तो ठोस, विश्वसनीय और अनेक साधन हैं, किन्तु, राजनीतिक आधुनिकीकरण के लिए यह सहूलियत नहीं हो पाई है। इसी तरह, यह भी कठिनाई रहती है कि राष्ट्रीय अभिज्ञान, सत्ता की बुद्धिसंगतता, सहभागिता और संस्थाओं का विभिन्नीकरण और विशेषीकरण कैसे और किस मापदण्ड के आधार पर आंका जाए ? पश्चिम के विकतित राज्यों के मापदण्ड अनेक मौजिक व्यवस्थाई भिन्नताओं के बावजूद अपना लिये जाएं तो भी इससे निष्कर्ष नहीं निकलते हैं। सहभागिता का ही उदाहरण लें तो अमरीका में मत-प्रतिशत किसी भी राष्ट्रीय स्तर के निर्वाचन से साठ तक नहीं पहुंच पाता है जबकि श्रीलंका के पिछले आम चुनावों में (1970 में श्रीलंका में सातवां आम चुनाव हुआ था) मत-प्रतिशत 84.9 था। इसी तरह, राजनीतिक आधुनिकीकरण से जोड़े जाने वाले अनेक गन्तव्यों—लोकतंत्र, स्थायित्व, संरचनात्मक विभिन्नीकरण, उपलब्धि प्रतिमान, राष्ट्रीय एकीकरण को विकासशील समाजों में तो शायद ही कभी व्यावहारिक बनते देखा जा सकेगा। तब यह प्रश्न उठता है कि तुलना किस आधार पर केन्द्रित की जाए और उस आधार पर ही क्यों केन्द्रित रखी जाए ? यह ऐसे प्रश्न हैं जिनका उत्तर देना वर्तमान ज्ञान की अवस्था में तो कठिन ही लगता है।

अन्त में निष्कर्ष यही निकलता है कि राजनीतिक आधुनिकीकरण के आधार पर किए जाने वाले राजनीतिक विश्लेषण और तुलनाएं उन्हीं सामान्य सीमाओं में जकड़ी लगती हैं जिनमें अन्य उपागमों को भी बन्धित पाया गया है। फिर भी इसकी यह विलक्षणता है कि यह आधुनिकीकरण की प्रक्रिया के संदर्भ में राजनीतिक आधुनिकीकरण का आधार लेकर राजनीतिक व्यवस्थाओं की क्षमताओं के सम्बन्ध में उपयोगी सामान्यीकरण तक ले जाने में बहुत सहायक सिद्ध हुआ है।

तुलनात्मक राजनीति का राजनीतिक संस्कृति उपागम
(POLITICAL CULTURE APPROACH IN COMPARATIVE POLITICS)

राजनीतिक व्यवस्थाओं में संस्थाओं और संरचनाओं की समानता से यह भ्रांति हो सकती है कि ऐसी राजनीतिक व्यवस्थाओं में राजनीतिक विकास एक समान नहीं होगा तो भी कम से कम एक ही दिशा में होगा। राजनीतिक विकास की प्रारम्भिक मान्यताओं में ऐसी भ्रांतिपूर्ण मान्यताओं को कुछ स्थान मिलने लगा था, क्योंकि पश्चिम के

राज्यों में इस शताब्दी के आरम्भिक वर्षों में ऐसी दिशात्मक समानता की प्रवृत्तियां प्रकट हो रही थीं, परन्तु प्रथम विश्व युद्ध के बाद के विकासों ने यह स्पष्ट कर दिया कि राजनीतिक व्यवस्थाओं में संस्थाओं की एक-सी संरचनाएं होने पर भी राजनीतिक विकास के स्तर, दिशाएं और अनुक्रम भिन्न-भिन्न प्रकार के हो सकते हैं और यह सामान्यतया भिन्न-भिन्न ही रहते हैं। अतः यह प्रश्न उत्पन्न हुआ कि राजनीतिक विकास को भिन्नता प्रदान करने वाला मौलिक तथ्य क्या है? क्यों कोई राजनीतिक व्यवस्था विकास के एक मार्ग पर चलती है और दूसरी उसके अनुरूप संस्थागत व्यवस्था रखते हुए भी उससे भिन्न या प्रतिकूल दिशा में विकसित होती है। उदाहरण के लिए, 1947 के पहले भारत और पाकिस्तान एक ही राज्य थे। इसके विभाजन से दो राज्य बने और इन दोनों राजनीतिक व्यवस्थाओं के विकास मार्ग कुछ ही वर्षों में अलग-अलग हो गए। पाकिस्तान में लोकतन्त्र उखड़ गया और भारत में दिन-प्रतिदिन उसकी जड़ें गहरी जमने लगीं। राजनीतिक विकास के विद्वानों को इस प्रकार के विकासों को समझने में कठिनाई होने लगी। राजनीतिक विकास के अध्ययनकर्त्ताओं ने देखा कि विभिन्न देशों में राजनीतिक विकास भिन्न-भिन्न दिशाओं में जा रहा है। कहीं-कहीं पर राष्ट्रीय नेताओं के भरसक प्रयत्नों के बावजूद आर्थिक विकास नहीं हो पा रहा है। भ्रष्टाचार बढ़ रहा है तथा राजनीतिक संस्थाएं उस प्रकार से कार्य नहीं कर रही हैं जिस प्रकार के कार्य निष्पादन की उनसे अपेक्षाएं की गई थीं।

नये-नये राज्यों के राजनीतिक क्षितिज पर अवतरण ने राजनीतिक विकास के अध्ययनकर्त्ताओं को विविध और विपुल सामग्री ही नहीं उपलब्ध कराई, अपितु राजनीतिक विकास के सामान्य सिद्धान्त निर्मित करने के प्रयत्न करने के लिए भी प्रेरित किया, किन्तु तुरन्त ही इन विद्वानों ने देखा कि राजनीतिक विकास से सम्बन्धित विभिन्न लक्षणों की वास्तविकता को तब तक नहीं समझा जा सकता है जब तक कि राजनीतिक व्यवस्थाओं से सम्बन्धित राजनीतिक संस्कृति को नहीं समझ लिया जाय। इन विद्वानों ने यह पाया कि राजनीतिक व्यवस्थाओं में समान संरचनात्मक व्यवस्थाओं और प्रक्रियाओं के होते हुए भी उनका भिन्न-भिन्न दिशा में विकास राजनीतिक संस्कृति सम्बन्धी अन्तर के आधार पर समझा जा सकता है। अतः राजनीति-शास्त्र में राजनीतिक संस्कृति की अवधारणा का अध्ययन व विश्लेषण शुरू हुआ।

राजनीतिक संस्कृति उपागम की आवश्यकता (The Necessity of Political Culture Approach)

विकासशील राज्यों के उदय से राजनीति विज्ञान के अध्ययन दृष्टिकोण में परिवर्तन आ गए। अब राजनीतिक व्यवस्थाओं को संविधानों, संरचनाओं और संस्थाओं के आधार पर समझना कठिन हो गया, क्योंकि सैद्धान्तिक व्यवस्था और व्यवहार में अत्यधिक (extreme) अन्तर आने लगे थे। पश्चिम की स्थिर राजनीतिक व्यवस्थाओं से भिन्न, नवोदित राज्यों में राजनीतिक व्यवहार और संस्थागत व्यवस्थाओं में सर्वाधिक अन्तर देखने में आने लगे। इसलिए इन अन्तरों को समझने के लिए राजनीतिक व्यवहार की

वास्तविक संचालक शक्ति की खोज होने लगी। इससे यह स्पष्ट हो गया कि राजनीतिक संरचनाओं, प्रक्रियाओं एवं प्रकार्यों को उन अभिवृत्तियों के संदर्भ में ही समझा जा सकता है जो इनको संचालित रखने वाले मानव समुदाय में पाई जाती हैं। दूसरे शब्दों में, राजनीतिक व्यवस्थाओं की गत्यात्मक शक्तियों को समझने के लिए उनसे सम्बन्धित राजनीतिक संस्कृति को समझना आवश्यक हो गया। यह माना जाने लगा कि राजनीतिक संस्कृति के माध्यम से ही यह गुत्थी सुलझाई जा सकती है कि विभिन्न व्यवस्थाओं में एक सी राजनीतिक संस्थाएं भिन्न-भिन्न प्रकार से सक्रिय क्यों होती हैं? इस सम्बन्ध में ल्यूशियन पाई ने ठीक ही लिखा है कि "हर विशिष्ट समुदाय में एक सीमित और सुस्पष्ट राजनीतिक संस्कृति होती है जो राजनीतिक प्रक्रिया को अर्थ, भविष्यवाणी और ढांचा या रूप प्रदान करती है।"[39] उसने आगे लिखा है कि "हर व्यक्ति को अपने स्वयं के ऐतिहासिक संदर्भ में अपने समाज और व्यक्तियों से सम्बन्धित राजनीति के बारे में भावनाएं व ज्ञान सीखकर अपने व्यक्तित्व में समाहित करना होता है।"[40] इसी ज्ञान और भावनाओं के आधार पर, जो व्यक्ति राजनीतिक समाज के बारे में सीखकर अर्जित करता है, राजनीति की वास्तविकताओं का संचालन होता है। इस कारण, राजनीतिक संस्कृति की राजनीतिक अध्ययनों को वास्तविक बनाने में महत्त्वपूर्ण भूमिका रहती है। अतः राजनीतिक विकास का अध्ययन करने वाले विद्वानों ने इस बात पर बल देना शुरू किया कि राजनीतिक विकास के बारे में वास्तविक ज्ञान और समझ तब तक सम्भव नहीं हो सकती है जब तक कि राजनीतिक संस्कृति के बारे में ज्ञान प्राप्त नहीं कर लिया जाए। इस तरह, राजनीतिक संस्कृति के अध्ययन विश्लेषण पर अधिकाधिक बल दिया जाने लगा।

आमन्ड ने यह माना है कि हर देश की राजनीतिक व्यवस्था, उस देश विशेष के लोगों के राजनीति के बारे में विचारों के अभिमुखीकरण के आधार पर ही समझी जा सकती है। राजनीति के बारे में, राजनीतिक संस्थाओं, संरचनाओं और नेताओं से सम्बन्धित लोगों के विचार ही, इन सबकी प्रमुख संचालक शक्ति होते हैं। आमन्ड ने इस सम्बन्ध में ठीक ही लिखा है कि "हर राजनीतिक व्यवस्था, राजनीतिक क्रिया के प्रति अभिमुखीकरण के विशिष्ट प्रतिमान में अन्तःस्थापित या सन्निहित होती है।"[41] इसी से राजनीतिक व्यवस्थाओं की वास्तविक प्रकृति को समझना सम्भव होता है। राजनीतिक क्रिया के प्रति लोगों के अभिमुखीकरण जिसमें अनुभववादी विश्वासों, अभिव्यक्तात्मक प्रतीकों और मूल्यों की मौलिक भूमिका रहती है, उस स्थिति की व्याख्या करते हैं, जिसमें राज-

[39]Lucian W. Pye, 'Introduction: Political Culture and Political Development' in Lucian W. Pye and Sydney Verba (eds.), *Political Culture and Political Development*, Princeton, New Jersey; Princeton University Press, 1965, p. 7.

[40]*Ibid.*, p. 7.

[41]Gabriel Almond, 'Comparative Political Systems', *Journal of Politics*, Vol. XVIII, 1956, and reprinted in Political Behaviour: A Reader in Theory and Research, Heinz Eulau, Samuel J. Eldersveld, and Morris Janowitz (eds.), Glencoe, Ill.. Free Press, 1956, p. 34.

नीतिक प्रक्रिया संचालित होती है। अतः राजनीतिक क्रिया को समझने में राजनीतिक संस्कृति का समझना प्राथमिकता और अनिवार्यता प्राप्त कर लेता है। हर व्यक्ति के राजनीतिक व्यवहार का आधार राजनीतिक संस्कृति में होता है। यही राजनीति के कार्यक्षेत्र और राजनीति की मर्यादाओं तथा जीवन के सार्वजनिक एवं व्यक्तिगत क्षेत्रों की वैध सीमाओं की व्याख्या करती है। यही सम्पूर्ण राजनीतिक सक्रियता, व्यक्ति-कार्यों, समस्याओं एवं सहभागिताओं को निर्धारित करती है। इन सबको समझने के लिए राजनीतिक संस्कृति का अध्ययन आवश्यक ही नहीं अनिवार्य माना जाने लगा।

तुलनात्मक राजनीति में राजनीतिक संस्कृति उपागम की विशेष रूप से आवश्यकता महसूस की जाने लगी। राजनीतिक व्यवस्थाओं की औपचारिक तुलनाएं या उनकी कानूनी, संस्थागत और प्रक्रियात्मक आधारों पर की गई तुलनाएं राजनीतिक व्यवहार की वास्तविकताओं तक पहुंचाने में सहायक नहीं लगीं। अतः राजनीतिक तुलनाओं को ऐसे परिवर्त्यों और प्रवर्गों पर आधारित करना आवश्यक हो गया जो राजनीति की गत्यात्मक शक्तियों और राजनीतिक व्यवहार को संचालित करने वाले तथ्यों तक पहुंचा सकें। यह देखा गया है कि हर राजनीतिक व्यवस्था को प्राणवान और प्रभावी बनाए रखने और उसमें उठने वाली मांगों, दबावों द्वन्द्वों और संकटों आदि का सामना करने के लिए उसको सामर्थ्ययुक्त रखने के लिए उस व्यवस्था के व्यक्तियों में एक मात्रा में मूल्यात्मक मतैक्य और उसके प्रति निष्ठा होना आवश्यक है। यह निष्ठा और एक सीमा तक मतैक्य तब ही आता है जबकि व्यक्तियों का राजनीति के सम्बन्ध में सही प्रकार का अभिमुखीकरण हो। यही अभिमुखीकरण राजनीति को सहारा देते हैं और हर स्तर पर उसे प्रभावित और प्रति-सम्भरित करते हैं। यह अभिमुखीकरण ही राजनीतिक संस्कृति कहे जाते हैं। अतः तुलनात्मक राजनीति में इन्हीं को ध्यान में रखकर राजनीतिक व्यवस्थाओं की तुलना करना आवश्यक समझा जाने लगा जिससे राजनीतिक व्यवस्थाओं के बारे में सामान्यीकरण किये जा सकें।

इरिक रोवे की मान्यता है कि हर देश की राजनीति निर्दिष्ट समय एवं स्थान पर मानवीय पर्यावरण में ही संचालित होती है।[42] इस पर्यावरण में भौतिक, आर्थिक, सामाजिक और सांस्कृतिक पक्ष सन्निहित रहते हैं, अर्थात हर देश की राजनीति, पर्यावरण के इन विभिन्न पहलुओं से प्रभावित रहती है, किन्तु इनमें सांस्कृतिक पहलू का विशेष महत्त्व और स्थान होता है। सांस्कृतिक पर्यावरण में व्यक्तियों के मूल्य, विश्वास, संवेगात्मक अभिवृत्तियां आदि आते हैं और यही राजनीति को इस या उस प्रकार का रंग देने के लिए उत्तरदायी होते हैं। अतः राजनीतिक व्यवस्था का आधार मूलतः राजनीतिक संस्कृति में गड़ा हुआ सा रहता है। इस कारण तुलनात्मक राजनीतिक विश्लेषणों को यथार्थवादी बनाने के लिए राजनीतिक संस्कृति की अवधारणा के आधार पर तुलनाएं करना आवश्यक माना जाने लगा। मैक्स वेबर, पारसन्स, मैनहीम, पाई,

[42]Eric Rowe, *Modern Politics*, Princeton, New Jersey; Princeton University Press, 1968, p. 12.

वर्बा और एस० पी० वर्मा आदि सभी विद्वानों ने राजनीतिक संस्कृति को राजनीतिक व्यवहार का विश्लेषण करने के लिए आवश्यक माना है। इन्होंने यह मत व्यक्त किया है कि राजनीतिक व्यवहार को सही रूप में केवल राजनीतिक संस्कृति के आधार पर ही समझा जा सकता है। राजनीतिक व्यवहार की प्रमुख नियामक, राजनीतिक संस्कृति में पाई जाने वाली विलक्षणताएं ही होने के कारण, इसका अध्ययन महत्त्वपूर्ण माना जाने लगा है।

आमन्ड और पावेल के अनुसार दूसरे विश्व युद्ध के बाद तीन महत्त्वपूर्ण विकासों ने राजनीतिक तुलनाओं को नई अवधारणाओं पर आधारित करने के लिए मजबूर सा कर दिया था। उनके अनुसार यह तीन विकास इस प्रकार हैं—

(क) एशिया, अफ्रीका व मध्यपूर्व में राष्ट्रीय विस्फोट, जिससे नाना प्रकार की संस्कृतियों, सामाजिक संस्थाओं व राजनीतिक विशेषताओं वाले अनेकों राष्ट्रों का राज्यों के रूप में उदय हुआ।

(ख) अटलांटिक समुदाय के राष्ट्रों के प्रभुत्व का अन्त और अन्तर्राष्ट्रीय शक्ति व प्रभाव का उपनिवेशों व अर्ध-उपनिवेशी क्षेत्रों में प्रसार व विस्तार।

(ग) साम्यवाद का राष्ट्रीय राजनीतिक व्यवस्था की संरचना व अन्तर्राष्ट्रीय व्यवस्था को बदलने के संघर्ष में एक शक्तिशाली प्रतियोगी के रूप में उभरना।

उपरोक्त परिवर्तनों ने परम्परागत तुलनात्मक राजनीति की सीधी-सादी आशावादिता के स्थान पर निराशा, संदेह और भ्रम उत्पन्न कर दिया। नवीन परिस्थितियों की अनिश्चितताओं, धमकियों, भयावह अस्थायित्वों व राजनीतिक रूपों की विविधता के भ्रमजाल ने तुलनात्मक राजनीति के परम्परागत दृष्टिकोणों को डांवाडोल कर दिया। अब यह अध्ययन दृष्टिकोण, बदली हुई राजनीतिक परिस्थितियों की उलझी हुई प्रक्रियाओं को स्पष्ट करने में सहायक नहीं रहे। अब लोकतांत्रिक व्यवस्थाओं के साथ ही साथ स्वेच्छाचारी और सर्वाधिकारी व्यवस्थाएं तुलनात्मक राजनीति के विद्वानों के लिए प्रमुख चुनौतियां प्रस्तुत करने लगीं। विकसित, अर्ध-विकसित एवं अविकसित राजनीतिक व्यवस्थाओं को पूंजीवादी, साम्यवादी और समाजवादी विचारधाराओं के दबावों के साथ ही साथ सैनिक तानाशाही के खतरों का सामना करना पड़ा। इससे तुलनात्मक राजनीति के 'व्यवस्था उपागम' और 'संरचनात्मक-प्रकार्यात्मक' अवधारणाओं के ढांचे में होने वाले अध्ययन सामान्यीकरण तक ले जाने में विशेष सहायक नहीं रहे इसलिए इन उपागमों प्रयुक्त प्रत्ययों को और अधिक व्यापक संदर्भ में देखने की आवश्यकता महसूस की जाने लगी। राजनीतिक आधुनिकीकरण और राजनीतिक विकास की अवधारणाएं इसी प्रकार के प्रयास का परिणाम कही जा सकती हैं।

राजनीतिक व्यवस्थाओं के तुलनात्मक अध्ययनों में इन नई अवधारणाओं के प्रयोग में यह कठिनाई आने लगी कि राजनीति की संरचनात्मक व्यवस्था में समानता के बावजूद उनके आधुनिकीकरण-प्रतिमान और विकास-मार्ग भिन्न-भिन्न होने लगे। विकासशील राज्यों में से अधिकांश ने पाश्चात्य जगत से सम्पर्क और उसके प्रभाव के कारण इसी जगत से मिलती-जुलती राजनीतिक संस्थागत व्यवस्थाएं कीं, किन्तु यह सब तुरन्त ही

औपचारिक बन गईं और राजनीतिक व्यवहार नये प्रतिमानों में ढलने लगा। इससे यह आवश्यक हो गया कि ऐसे परिवर्तनों को समझने में सहायक अवधारणाओं का सहारा लिया जाए। अधिकांश विद्वान इस बात पर सहमत पाये गये कि तीसरे विश्व के राज्यों में ही नहीं स्वयं पाश्चात्य जगत और साम्यवादी राज्यों में राजनीतिक प्रक्रियाओं के भिन्न-भिन्न होने का प्रमुख कारण इन देशों में सांस्कृतिक विविधताओं की विद्यमानता है। इस कारण तुलनात्मक राजनीति में राजनीतिक संस्कृति की अवधारणा का आधार लेकर राजनीतिक व्यवहार को समझने के प्रयत्नों का प्रचलन बढ़ा। अब यह स्वीकार किया जाने लगा कि किसी देश की राजनीति और संस्कृति में घनिष्ठ सम्बन्ध है। अब यह भी आनुभविक आधार पर स्थापित हो गया कि व्यक्ति के सांस्कृतिक व्यवहार में जो स्थायित्व पाया जाता है वह उसके राजनीतिक व्यवहार पर पड़ने वाले प्रभाव की सम्भावनाओं को बढ़ा देता है, किन्तु सामान्य सांस्कृतिक व्यवस्था का सम्बन्ध तो सम्पूर्ण समाज व्यवस्था से होने के कारण यह आवश्यक हो गया कि इस सामान्य संस्कृति के उन्हीं अनुलक्षणों को छांटा जाय तो राजनीतिक व्यवहार को वास्तव में नियमित करते हैं। सामान्य संस्कृति में से व्यक्ति के राजनीतिक व्यवहार व क्रिया के सम्बन्ध में विशेष अभिमुखीकरणों को ही तुलनात्मक राजनीतिक विश्लेषणों में सम्मिलित करने के लिए ऐसे मूल्यों व विश्वासों को राजनीतिक संस्कृति की अवधारणा के रूप में परिभाषित किया जाने लगा।

उपरोक्त विवेचन से यह स्पष्ट हो जाता है कि तुलनात्मक राजनीति में प्रचलित उपागमों—राजनीतिक व्यवस्था, संरचनात्मक-प्रकार्यात्मक, राजनीतिक विकास और राजनीतिक आधुनिकीकरण में यथार्थता लाने के लिए ऐसी अवधारणा व दृष्टिकोण आवश्यक हो गया जिसका आनुभविक आधार पर परीक्षण किया जा सके और जो राजनीतिक व्यवहार से सावयवी रूप से गठबन्धित हो। राजनीतिक संस्कृति की अवधारणा ऐसी ही सत्यापनीयता की क्षमता से युक्त होने के कारण अध्ययन उपागम के रूप में तुलनात्मक राजनीति में विशेष महत्त्व की बन गई।

राजनीतिक संस्कृति का अर्थ और परिभाषा (The Meaning and Definition of Political Culture)

राजनीतिक संस्कृति सामान्य सांस्कृतिक व्यवस्था का भाग है, किन्तु यह इससे कुछ स्वायत्तता भी रखती है। सामान्य संस्कृति की तरह ही राजनीतिक संस्कृति भी राजनीतिक समाजीकरण के माध्यम से संप्रेषित या हस्तांतरित होती है। इस तरह, यह सीखा हुआ राजनीतिक व्यवहार है जो व्यक्तियों या समूहों में सामाजिक परिवर्तन या सांस्कृतिक संघर्ष की चुनौतियों या नई परिस्थितियों के अनुकूल बनने की प्रक्रिया में उत्पन्न या निर्मित हो सकता है। राजनीतिक संस्कृति का अर्थ करते हुए ल्यूशियन पाई ने अपने एक निबन्ध 'पोलिटिकल कल्चर एण्ड पोलिटिकल डेवलपमेन्ट' जो इसके और वर्बा द्वारा सम्पादित पुस्तक जिसका नाम भी **पोलिटिकल कल्चर एण्ड पोलिटिकल डेवेलपमेन्ट** है, में लिखा है कि "राजनीतिक संस्कृति की अवधारणा बतलाती है कि किसी समाज की

परम्पराएं, उसकी सार्वजनिक संस्थाओं की आत्मा, उसके नागरिकों की आकांक्षाएं और उनका सामूहिक विवेक और उसके नेताओं के तरीके और कार्यशील होने के साधन व नियम आदि केवल ऐतिहासिक अनुभव की ऊटपटांग उपज नहीं हैं, बल्कि ये सब एक अर्थपूर्ण व्यवस्था के अंग हैं और सम्पूर्ण सम्बन्धों का एक बोधगम्य तथा स्पष्ट प्रतिमान उपस्थित करते हैं। व्यक्ति के लिए राजनीतिक संस्कृति प्रभावशील राजनीतिक व्यवहार की दिशा में मार्ग-निर्देशन करती है और समाज के लिए यह उन मूल्यों तथा विवेकपूर्ण विचारों की व्यवस्थित रूप-रचना प्रदान करती है जो कि संस्थाओं और संगठनों की गतिविधियों में संगति बैठाते हैं।"

ल्यूशियन पाई का अभिमत है कि "एक राजनीतिक संस्कृति एक राजनीतिक व्यवस्था के सामूहिक इतिहास की भी उपज है और उन व्यक्तियों के जीवन-इतिहासों की भी उपज है जिन्होंने हाल ही में इस व्यवस्था को बनाया है। इस प्रकार, राजनीतिक संस्कृति की जड़ें सार्वजनिक घटनाओं और व्यक्तिगत अनुभवों में समान रूप से निहित रहती हैं। राजनीतिक संस्कृति की अवधारणा से राजनीति विज्ञान में व्यवहारवादी दृष्टिकोण के क्षेत्र में, व्यक्ति के राजनीतिक व्यवहार की मनोवैज्ञानिक व्याख्याओं पर आधारित व्यष्टि-विश्लेषण (micro-analysis) के स्तर और राजनीतिक समाजशास्त्र के सामान्य परिवर्त्यों पर आधारित समष्टि-विश्लेषण (macro-analysis) के बीच की खाई को पाटा गया है। इस प्रकार, राजनीतिक संस्कृति मनोवैज्ञानिक और समाजशास्त्री अध्ययन दृष्टिकोणों में समन्वय करके इनकी तकनीकों में आधुनिक प्रगतियों को गतिशील राजनीतिक विश्लेषण के लिए प्रयोग करने का माध्यम प्रस्तुत करती है।[43]

उपरोक्त विवेचन से स्पष्ट है कि राजनीतिक संस्कृति एक आधुनिक अवधारणा है। यह राष्ट्रीय राजनीतिक मनोविज्ञान तथा लोगों के आधारभूत मूल्यों से सम्बन्धित ज्ञान को अधिक व्यवस्थित रूप में रखने का प्रयास करती है। इससे स्पष्ट है कि राजनीतिक संस्कृति की अवधारणा प्रमुखतया राजनीतिक है। नेताओं और नागरिकों के राजनीतिक अभिमुखीकरणों से सम्बन्धित होने के कारण, राजनीतिक संस्कृति 'राजनीति-शैली' अथवा 'प्रचालन-संहिता' (operational code) आदि अवधारणाओं से, जो कि विशिष्ट वर्ग के व्यवहार पर प्रकाश डालती है, अधिक उपयुक्त और इन अवधारणाओं से अधिक गहरा अर्थ रखती है। इसी तरह यह 'जनमत' और 'राष्ट्रीय चरित्र' जैसी अवधारणाओं की तुलना में अधिक सीमित और नियोजित तथा आनुभविक विश्लेषण योग्य है। अतः राजनीतिक संस्कृति एक सुनिश्चित तथा आनुभविक परीक्षण योग्य तथ्यों से सम्बद्ध अवधारणा है।

राजनीतिक संस्कृति के सामान्य अर्थ के बाद इसकी परिभाषा करना सरल हो जाता है। यहां हम कुछ प्रमुख विद्वानों द्वारा दी गई परिभाषाएं दे रहे हैं जिससे इसका अर्थ और प्रकृति और भी स्पष्ट हो सके। 'राजनीतिक संस्कृति' शब्द का, जिस अर्थ में इसे आजकल समझा जाता है, सर्वप्रथम प्रयोग आमन्ड ने ही अपने एक निबन्ध 'कम्पेरेटिव पोलिटिकल

[43]Lucian W. Pye, *op. cit.*, p. 7.

सिस्टम्स' में 1956 में किया था इसलिए हम आमन्ड द्वारा दी गई परिभाषा ही पहले दे रहे हैं।

आमन्ड और पावेल ने इसकी परिभाषा करते हुए लिखा है : "राजनीतिक संस्कृति, राजनीतिक व्यवस्था के सदस्यों की राजनीति के प्रति वैयक्तिक अभिवृत्तियों व अभिमुखीकरणों के प्रतिमान हैं।"[44] इन्होंने इस परिभाषा को स्पष्ट करते हुए लिखा है कि राजनीतिक संस्कृति व्यक्तिनिष्ठ क्षेत्र है जो राजनीतिक क्रिया के मूल में होता है और इसको अर्थ प्रदान करता है।

सिडनी वर्बा ने राजनीतिक संस्कृति के विभिन्न पहलुओं को ध्यान में रखते हुए इसकी व्यापक परिभाषा दी है। उसके अनुसार "राजनीतिक संस्कृति में आनुभविक विश्वासों, अभिव्यक्तात्मक प्रतीकों और मूल्यों की वह व्यवस्था सन्निहित है जो उस परिस्थिति अथवा दशा को परिभाषित करती है जिसमें राजनीतिक क्रिया सम्पन्न होती।"[45] इस प्रकार वर्बा ने राजनीतिक संस्कृति को राजनीतिक व्यवस्था तथा उसके अवयवों एवं व्यवस्था में शक्ति के व्यक्ति-कार्यों के प्रति विशिष्ट राजनीतिक अभिमुखीकरणों तथा अभिवृत्तियों का संयुक्त रूप कहा है।

ल्यूशियन पाई के अनुसार "राजनीतिक संस्कृति अभिवृत्तियों, विश्वासों तथा मनोभावों का ऐसा पुंज है जो राजनीतिक क्रिया को अर्थ एवं व्यवस्था प्रदान करता है तथा राजनीतिक व्यवस्था में व्यवहार को नियन्त्रित करने वाली अन्तर्निहित पूर्व धारणाओं तथा नियमों को बनाता है।"[46]

उपरोक्त परिभाषाओं से स्पष्ट है कि राजनीतिक संस्कृति व्यवस्था के सदस्यों में राजनीति के प्रति वैयक्तिक अभिवृत्तियों और अभिमुखीकरणों का प्रतिमान है, अर्थात राजनीतिक व्यवस्था तथा राजनीतिक मुद्दों से सम्बन्धित सामाजिक दृष्टिकोणों, विश्वासों और मूल्यों से राजमीतिक संस्कृति का निर्माण होता है। कई बार यह हो सकता है कि ये अभिवृत्तियां सचेतन रूप से धारित न हों और राजनीतिक व्यवस्था में किसी व्यक्ति या गुट के सम्बन्धों में ये निहित हों। इस तरह, इसका बहुत ही सरल अर्थ लें तो राजनीतिक संस्कृति, राजनीति के प्रति लोगों की धारणाएं हैं, अर्थात कहां तक नागरिक यह महसूस करते हैं कि वे निर्णयकारी प्रक्रिया (decision making process) में भाग लेकर उसे प्रभावित कर सकते हैं, के भाव से सम्बन्धित अभिवृत्ति है।

राजनीतिक संस्कृति के अर्थ और परिभाषा से यह स्पष्ट हुआ है कि राजनीतिक संस्कृति में केवल उन समीक्षात्मक, किन्तु व्यापक रूप से प्रचलित विश्वासों और मनोभावों को ही लिया जाता है जो अभिमुखीकरण के उन विशिष्ट प्रतिमानों का निर्माण कर सकें जो कि राजनीतिक प्रक्रिया को व्यवस्था और स्वरूप प्रदान करते हैं। सारांश रूप में, राजनीतिक संस्कृति, राजनीतिक क्षेत्र को उसी प्रकार संरचना और अर्थ प्रदान

[44] Almond and Powell, Jr.; *op. cit.*, p. 50.

[45] Sydney Verba, 'Comparative Political Culture', in Pye and Verba, eds., *op. cit.*, p. 513.

[46] Lucian W. Pye, *op. cit.*, p. 7.

करती है जिस प्रकार सामान्य संस्कृति (general culture) सामाजिक जीवन को मेल और एकीकरण प्रदान करती है। अतः राजनीतिक संस्कृति एक निश्चित और सीमित अवधारणा है जो सामान्य संस्कृति से सम्बन्धित और प्रभावित रहते हुए भी उससे कुछ स्वायत्तता रखती है। संक्षेप में यह राजनीति के प्रति लोगों की धारणाओं और अभिवृत्तियों का नाम है।

राजनीतिक संस्कृति की विशेषताएं और लक्ष्य (The Characteristics or Features of Political Culture)

राजनीतिक संस्कृति एक राजनीतिक व्यवस्था से दूसरी राजनीतिक व्यवस्था में मात्रात्मक अन्तर रख सकती है। साधारणतः एक राजनीतिक समाज की राजनीतिक संस्कृति दूसरे राजनीतिक समाज की राजनीतिक संस्कृति से मात्रा की दृष्टि से पर्याप्त भिन्न ही होती है। यह समाज में विद्यमान विश्वास या अविश्वास की मात्रा, समानता या पदानुक्रम पर दिए जाने वाले जोर, स्वतन्त्रता या बाध्यकारिता की शक्ति को सहन करने को दिए जाने वाले महत्त्व और व्यक्तियों के सम्पूर्ण राष्ट्र या छोटे-छोटे समूहों इत्यादि के प्रति निष्ठा की मात्रा पर निर्भर करने के कारण, हर राजनीतिक समाज में मात्रात्मक अन्तरों से युक्त होती है। किन्तु विभिन्न राजनीतिक समाजों की राजनीतिक संस्कृति में प्रकार के अन्तर नहीं होते हैं। चाहे कैसी ही राजनीतिक व्यवस्था हो उसके राजनीतिक संस्कृति में और दूसरी, उससे भिन्न प्रकार की राजनीतिक व्यवस्था की संस्कृति में, मात्रा के गहरे अन्तर हो सकते हैं किन्तु उनमें प्रकार के अन्तर नहीं होते हैं। उदाहरण के लिए, स्वेच्छाचारी शासन व्यवस्था में राजनीतिक संस्कृति, लोकतान्त्रिक व्यवस्थाओं की राजनीतिक संस्कृति से सर्वाधिक मात्रात्मक अन्तर रखती है। एक ही राजनीतिक समाज में अनेक उप-संस्कृतियां भी मौजूद हो सकती हैं जो एक दूसरे से सामंजस्य या विरोध रखने की स्थिति में हो सकती हैं। इस सबसे यह स्पष्ट होता है कि राजनीतिक संस्कृति के कुछ लक्षण ऐसे होते हैं जिनसे हर राजनीतिक व्यवस्था की संस्कृति का रूप निर्धारित होता है। विकासशील राज्यों में से हर एक की राजनीतिक संस्कृति में भिन्नता पाई जाती है। परन्तु अवधारणा की दृष्टि से हर देश की राजनीतिक संस्कृति में कुछ विशेषताएं अवश्य देखने को मिलेंगी। इनमें से तीन विशेषताओं को प्रमुख माना जाता है। यह विशेषताएं (क) आनुभविक आस्थाओं या विश्वासों, (ख) मूल्य अभिरुचियों, और (ग) प्रभावी अनुक्रियाओं की हैं। इनका अलग-अलग विवेचन करके इनके महत्त्व को समझा जा सकता है।

(क) आनुभविक आस्थाएं या विश्वास (Empirical beliefs)—आनुभविक आस्थाओं या विश्वासों का सम्बन्ध व्यक्ति की राजनीतिक विश्व के बारे में समझ से है, अर्थात इसका सम्बन्ध इस बात से है कि व्यक्ति राजनीतिक व्यवस्था, राजनीतिक संस्थाओं, संरचनाओं और प्रक्रियाओं के बारे में स्वय किस प्रकार के विश्वास रखता है? इससे राजनीतिक व्यवस्था में व्यक्ति की अभिरुचि या उदासीनता का ज्ञान होता है। उदाहरण के लिए, अगर कोई व्यक्ति स्वयं यह आनुभविक विश्वास रखने लग जाता है

कि आम चुनाव में उसके मत देने या नहीं देने से कोई फर्क नहीं पड़ेगा तो वह सामान्यतया मत देने ही नहीं जाएगा। इससे स्पष्ट है कि राजनीतिक संस्कृति का सर्वाधिक महत्त्वपूर्ण लक्षण राजनीतिक समाज के व्यक्तियों की आनुभविक आस्थाओं और विश्वासों का है। इसी के आधार पर शासकों और शासितों के पारस्परिक सम्बन्धों का नियमन होता है। व्यक्ति यह विश्वास राजनीतिक समाजीकरण की प्रक्रिया में स्वयं ही के अनुभव से प्राप्त करता है। यह विश्वास चाहे गलत हों या सही, किन्तु राजनीतिक संस्कृति के प्रमुख लक्षण के रूप में हर समाज में पाए जाते हैं।

विभिन्न राजनीतिक संस्कृतियों में मात्रात्मक अन्तर भी इसी कारण पाए जाते हैं। किसी राजनीतिक समाज के व्यक्तियों के आनुभविक विश्वास अपनी राजनीति के बारे में कई कारणों से भिन्न हो सकते हैं। राजनीतिक संस्कृति का यह लक्षण आधारभूत महत्त्व रखता है। क्योंकि सम्पूर्ण राजनीतिक व्यवस्था का संचालन इससे प्रभावित और नियमित होता है। विकासशील राज्यों में कुछ ही वर्षों में व्यक्तियों के राजनीति के बारे में आनुभविक विश्वास बदल गए और इस कारण इन देशों की राजनीतियां विशेष संत्रस्त सी लगने लगी हैं। व्यक्ति के राजनीतिक व्यवहार की प्रेरक शक्ति ही उसकी राजनीति के सम्बन्ध में स्वयं के अनुभव से बनी आस्थाएं हैं। इन आनुभविक विश्वासों में इतना अन्तर हो सकता है कि राजनीतिक संस्कृति की प्रकृति में मौलिक अन्तर आने की स्थिति उत्पन्न हो जाए। अतः राजनीतिक संस्कृति का यह लक्षण विशेष महत्त्वपूर्ण माना जाता है।

(ख) मूल्य अभिरुचियां (Value preferences)—मूल्य अभिरुचियां, शासन क्रिया या सरकार द्वारा उन व्यक्तिगत सद्गुणों, जिन्हें अभिवृद्ध करना या पाना है तथा वे सार्वजनिक गन्तव्य या लक्ष्य, जिन्हें राजनीतिक समाज के लिए प्राप्त करना है, से सम्बद्ध आस्थाएं और विश्वास हैं। इससे यह आशय है कि राजनीतिक समाज के व्यक्ति स्वयं अपने लिए और सम्पूर्ण राष्ट्र के लिए किस प्रकार की मूल्य व्यवस्था में अभिरुचि रखते हैं। उदाहरण के लिए, किसी राजनीतिक व्यवस्था में व्यक्तियों की अभिरुचि कानून व व्यवस्था और स्थायित्व में हो सकती है तो किसी अन्य समाज में, सामाजिक न्याय, स्वतन्त्रता और समानता को केवल अव्यवस्था, हिंसा और अराजकता की स्थिति में ही लोग चाह सकते हैं। कोई राजनीतिक समाज ऐसा हो सकता है जिसमें व्यक्ति इस बात की कोई चिन्ता नहीं करते कि उनका शासक निरंकुश है या लोकतान्त्रिक है। उनकी रुचि तो केवल एक बात में हो सकती है कि उनका समाज समय के साथ धीरे-धीरे नहीं तुरन्त आगे बढ़ जाए। चाहे उसके लिए शासक कोई भी साधन अपनाएं उन्हें इसकी चिन्ता नहीं रहती है। विकासशील राज्यों में आधुनिक बनने और विकसित राज्यों की तरह आगे बढ़ने में लोगों की इतनी अभिरुचि रही है कि वे लोकतन्त्र को इसके लिए अनुपयुक्त मानकर ऐसी तानाशाही व्यवस्थाओं का स्वागत कर रहे हैं जो सौ वर्ष में प्राप्त होने वाली अवस्था को दस वर्ष में प्राप्त करा सकें। साम्यवाद की ओर इन देशों का झुकाव इसी आधार पर समझा जा सकता है।

अतः राजनीतिक संस्कृति में व्यक्तियों के और सम्पूर्ण समाज के लिए मूल्य अभि-

रुचियों का विशेष महत्त्व होता है। इन्हीं के आधार पर राजनीतिक व्यवस्थाओं में अस्थिरताएं, संघर्ष और असन्तोष प्रकट होते हैं। जब नागरिकों की मूल्य व्यवस्था और शासकों की मूल्य अभिरुचियां अलग-अलग हो जाती हैं तो राजनीतिक व्यवस्था संकट के फंदे में फंस जाती है। ऐसी व्यवस्थाओं में आए दिन उथल-पुथल और परिवर्तन होते रहते हैं। विकासशील राज्यों में ऐसी मूल्य अभिरुचियों का स्थायीकरण नहीं होने के कारण उनमें सांस्कृतिक विविधताएं पाई जाती हैं जिनके आधार पर उनके अन्दर होने वाले अनेक घठनाक्रमों को समझा जा सकता है।

(ग) **प्रभावी अनुक्रियाएं** (Effective responses)—प्रभावी अनुक्रियाएं अनुभूतित (विदित या ज्ञात) राजनीतिक वस्तुओं, संस्थाओं और प्रक्रियाओं के प्रति अनुकूल मनोभावों को कहा जाता है। उदाहरण के लिए, एक राजनीतिक समाज के व्यक्तियों को अपने राष्ट्र, देश या व्यवस्था पर गर्व हो सकता है, तो किसी अन्य राजनीतिक समाज के लोगों में इसके प्रति निराशा या घृणा तक हो सकती है। किसी देश में हित-समूहों और दबाव-समूहों को अच्छी दृष्टि से देखा जाता है तो कहीं इन्हें हेय दृष्टि से देखा जाने लगता है। राजनीतिक संस्थाओं, प्रक्रियाओं और व्यवस्थाओं पर लोगों की प्रभावी अनुक्रियाएं राजनीतिक संस्कृति को नया रंग देने में समर्थ होती हैं।

राजनीतिक संस्कृति के इन लक्षणों से यह नहीं समझ लेना है कि यह हर राजनीतिक संस्कृति में समान रूप से पाए जाते हैं। वास्तविकता तो यह है कि हर राजनीतिक संस्कृति में इन लक्षणों में मात्रात्मक अन्तर पाए जाते हैं और इस कारण, राजनीतिक संस्कृति की अवधारणा एक-सी होते हुए भी हर व्यवस्था में उसकी मात्रा या अंश अलग-अलग पाया जाता है। इससे यह निष्कर्ष निकलता है कि हर राजनीतिक व्यवस्था की राजनीतिक संस्कृति में मात्रात्मक अन्तर हो सकते हैं, क्योंकि राजनीतिक संस्कृति में केवल राजनीति के प्रति अभिवृत्तियां, राजनीतिक मूल्य, विचारधाराएं, राष्ट्रीय चरित्र और सांस्कृतिक लोकाचार ही सम्मिलित नहीं रहता है, बल्कि राजनीति की शैली, ढंग और उसका तथ्यात्मक ढांचा भी सम्मिलित रहता है। इस कारण विविध राजनीतिक संस्कृतियों के लक्षणों की मात्रा में अन्तर आ जाता है। राजनीतिक संस्कृति इन तीन विशेषताओं से मिलकर बनती है, किन्तु यह तीनों लक्षण परस्पर भी कई प्रकार से सम्बन्धित रह सकते हैं। इनके बारे में निम्नलिखित बातें ध्यान रखने से ही राजनीतिक संस्कृति की विशेषताओं के रूप में इनका ज्ञान पूर्ण हो सकता है। संक्षेप में यह तथ्य इस प्रकार हैं—(i) यह लक्षण एक-दूसरे से पृथक या अनन्य नहीं होकर परस्पर अन्तः सम्बन्धित रहते हैं, (ii) इनमें एक-दूसरे के साथ तर्कसंगत अनुकूलता या संगति (सामंजस्य) रहे यह आवश्यक नहीं है, (iii) यह समाज के विभिन्न समूहों या भागों में समान रूप से वितरित या विसरित होते हैं, और (iv) राजनीतिक समाज की जनसंख्या के विभिन्न भागों में यह अलग-अलग तीव्रता में पाए जा सकते हैं।

राजनीतिक संस्कृति की विशेषताओं व लक्षणों के विवेचन से स्पष्ट है कि यह किसी देश की सामान्य संस्कृति से सम्बन्धित होने के कारण भी मात्रात्मक अन्तरों वाली हो सकती है। इससे यह भी स्पष्ट होता है कि इसको प्रभावित करने वाले कई परिवर्त्य हो

सकते हैं। अतः इन परिवर्त्यों का विवेचन करना प्रासंगिक होगा।

राजनीतिक संस्कृति के परिवर्त्य या नियामक (The Variables or Determinants of Political Culture)

टालको पार्संन्स की मान्यता है कि राजनीतिक व्यवस्थाओं में, हर व्यक्ति राजनीतिक संस्कृति की, तीन आधारभूत विधियों से भाग लेता है, अर्थात व्यक्ति राजनीतिक व्यवस्था में भाग लेने के लिए तीन विधियों से तैयार होता है। वह अपने (क) व्यक्तिपरक हितों के माध्यम से (by means of subjective interests), (ख) सहभागिता के माध्यम से (by means of participation in it), और (ग) मूल्य अभिमुखीकरणों या राजनीतिक आस्थाओं के माध्यम से (by means of his value orientation or political beliefs) राजनीतिक सहभागिता के लिए आगे आता है। इन तीनों का विस्तार से विवेचन करके ही इनके महत्त्व को समझा जा सकता है।

(क) व्यक्ति के राजनीति के बारे में विचार, राजनीतिक व्यवस्था द्वारा उसकी आवश्यकताओं की पूर्ति या उनको पूरा करने की मनाही के आधार पर बनते हैं। अतः राजनीतिक संस्कृति का एक महत्त्वपूर्ण नियामक व्यक्ति के व्यक्तिपरक हित (subjcctive interests of an individual) होते हैं। अगर कोई राजनीतिक व्यवस्था व्यक्ति के हितों की साधक है तो उसका राजनीतिक संस्कृति में सकारात्मक अभिमुखीकरण होगा और अगर व्यवस्था उसमें बाधक है तो उसका नकारात्मक अभिमुखीकरण हो जाएगा। राजनीतिक संस्कृति का सबसे अधिक महत्त्वपूर्ण नियामक यही है।

(ख) राजनीतिक व्यवस्था में व्यक्ति किसी उद्देश्य विशेष—व्यक्तिगत, सार्वजनिक या मानवीय, को प्राप्त करने में सक्रिय भूमिका निभाने के लिए, या केवल अभिव्यक्ति और दिखावे तथा अपने साथियों के साथ रहने के लिए सहभागी हो सकता है। यह सहभागिता चाहे किसी उद्देश्य से प्रेरित हो या किसी उद्देश्य को प्राप्त करने के प्रयत्न से संचालित हो, हर अवस्था में व्यक्ति की राजनीति सम्बन्धी मान्यताओं व विचारों का निरूपण करती है। व्यक्ति किस प्रकार की मूल्य अभिरुचियां रखेगा या किसी राजनीतिक घटना पर कितनी उग्र या शिथिल अनुक्रिया करेगा यह बहुत कुछ उसकी सहभागिता प्रवृत्ति पर निर्भर करता है।

(ग) व्यक्ति को राजनीति में घसीटने का काम व्यक्ति के राजनीतिक विश्वास ही करते हैं। व्यक्ति केवल खाने-पीने और भौतिक स्तर पर जीने से ही संतुष्ट नहीं होता है। वह अपने मूल्यों के अनुरूप स्वयं बनना चाहता है। यह राजनीतिक मान्यताएं ही हैं जो व्यक्ति को क्रांति और आवश्यकता पड़ने पर खून बहाने तक के लिए तैयार कर देती हैं। उपनिवेशी देशों में सारे राष्ट्रीय आन्दोलनों को इन्हीं आधारों पर चलाया गया था। अतः राजनीतिक संस्कृति का एक नियामक व्यक्ति के राजनीतिक विश्वास (political beliefs) या मूल्य अभिमुखीकरण (value orientations) हैं।

आमन्ड और पावेल ने लिखा है कि राजनीतिक संस्कृति के इन तीन नियामकों के तीन परिवर्त्य होते हैं। इन परिवर्त्यों से व्यक्ति अपने हितों, सहभागिता या मूल्य अभि-

मुखीकरणों के निश्चय की स्थिति में आता है। यह इस प्रकार है—(क) ज्ञानात्मक अभिमुखीकरण (cognitive orientations), (ख) भावात्मक अभिमुखीकरण (affective orientations), और (ग) मूल्यांकनात्मक अभिमुखीकरण, (evaluative orientations) राजनीतिक संस्कृति की प्रकृति, उसकी पृथकता और समाज विशेष में विचित्रपन इन परिवर्त्यों से ही निर्धारित होता है। इसलिये हम इन तीनों परिवर्त्यों को पहले विवेचित किये गये तीन नियामकों से सम्बन्धित करते हुए, विस्तार से विवेचन करेंगे।

(क) ज्ञानात्मक अभिमुखीकरण (Cognitive orientations)—ज्ञानात्मक अभिमुखीकरण व्यक्ति को अपने व्यक्तिपरक हितों के माध्यम से राजनीतिक संस्कृति में भाग लेने के लिए तैयार करने का काम करते हैं। इसका आशय यही है कि व्यक्ति राजनीतिक वस्तुओं, घटनाओं, क्रियाओं और विभिन्न राजनीतिक मुद्दों पर कितना और किस प्रकार का ज्ञान रखता है? यह ज्ञान सही और गलत भी हो सकता है। दोनों ही अवस्थाओं में यह ज्ञान व्यक्ति के राजनीतिक व्यवहार को प्रभावित करता है। इसका सम्बन्ध व्यक्ति के मस्तिष्क में राजनीतिक व्यवस्था के ज्ञानात्मक नक्शे या चित्र से है। उदाहरण के लिए, लोगों के मस्तिष्क में राजनीति के बारे में यह चित्र सही और निष्पक्ष रूप से बन सकता है तो किसी का ऐसा चित्र अपने मनोभावों और स्वार्थों से विकृत रूप में हो सकता है। कई बार लोगों का ऐसा ज्ञानात्मक चित्र बहुत अधिक गलत मान्यताओं पर भी आधारित हो सकता है। इस चित्र के बनने में कई तथ्यों का योगदान रहता है, किन्तु चाहे यह राजनीति का चित्र व्यक्ति के मस्तिष्क में ठीक हो या नहीं, दोनों ही परिस्थितियों में उससे उसका राजनीतिक संस्कृति में सम्मिलन प्रभावित होता है। इसी के आधार पर व्यक्ति अपने व्यक्तिपरक हितों को राजनीतिक व्यवस्था से पूरा होना या नहीं होना आंकता है। अतः राजनीतिक संस्कृति के परिवर्त्य के रूप में व्यक्ति के ज्ञानात्मक अभिमुखीकरण का प्रमुख स्थान होता है। इसी से उसका राजनीतिक व्यवहार नियमित होता है। इसी कारण इसको राजनीतिक संस्कृति का प्रमुख और आधारभूत परिवर्त्य माना जाता है।

(ख) भावात्मक अभिमुखीकरण (Affective orientations)—इसका सम्बन्ध व्यक्ति की उन भावनाओं से है जिनके कारण वह राजनीतिक गतिविधियों से लगाव या अलगाव, पसंदगियां या नापसंदगियां रखने लग जाता है। इसी के आधार पर वह राजनीतिक प्रक्रियाओं में सहभागी बनता है या उनसे अलग-अलग रहता है। इससे राजनीति में उसकी अभिरुचि का निश्चय होता है। इसी से वह किसी व्यवस्था, संस्था या प्रक्रिया को अस्वीकार या स्वीकार करता है। इससे राजनीतिक मुद्दों के साथ व्यक्ति अपनी भावनाओं को जोड़कर उनका महत्त्व या उनकी निरर्थकता का आधार बनाता है। इसी के आधार पर व्यक्तियों की सहभागिता, राजनीति में सक्रियता या उदासीनता का ज्ञान किया जा सकता है। यह व्यक्ति को राजनीति में सम्मिलित होने या न होने का ठोस आधार प्रदान करता है।

(ग) मूल्यांकनात्मक अभिमुखीकरण (Evaluative orientations)—इससे व्यक्ति राजनीति को अर्थ प्रदान करता है। राजनीतिक प्रश्नों, समस्याओं और मुद्दों पर अपना

मंत या निर्णय करते समय व्यक्ति मूल्यों के मानदण्ड प्रयुक्त करता है। व्यक्ति राजनीतिक क्रिया के संदर्भ में अपना संगठन, पसंद, मूल्य और बोध (perception) इत्यादि का चयन जिस विधि से करता है उसी को मूल्यांकनात्मक अभिमुखीकरण कहा जाता है। व्यक्ति को हर राजनीतिक गतिविधि का अर्थ करना होता है। यह अर्थ मूल्यों के आधार पर होता है और यह मूल्य उसके हितों से निर्धारित हो सकते हैं। अतः कई बार व्यक्ति राजनीतिक क्रिया को अर्थ प्रदान करते समय मूल्यों से अधिक अपने हितों का ध्यान रखने लग जाता है। मूल्यांकन में यह भी सम्मिलित है कि व्यक्ति किसी स्थिति को किस प्रकार परिभाषित करता है, सक्रियता के लिए कौन से साधन चुनता है और चुने हुए साधन उपकरणों का प्रयोग किस शैली से करता है? उदाहरण के लिए, व्यक्ति किसी राजनीतिक गतिविधि का विरोध करने का निश्चय कर लेता है तो इस विरोध के उपकरणों का चयन, इनके प्रयोग की शैली और उस स्थिति या गतिविधि का उसके द्वारा किया गया अर्थ और व्याख्या उसके मूल्यों के आधार पर ही होगा। अहिंसा का मूल्य धारण किया रहने पर व्यक्ति घटना विशेष की उपयुक्तता और सुनिश्चित विरोध के निश्चय के बावजूद हिंसा का उपकरण नहीं अपनाएगा। अतः राजनीतिक व्यवहार का निश्चय व्यक्ति के मूल्यांकनात्मक अभिमुखीकरण से ही होता है। व्यक्ति इसके माध्यम से राजनीतिक विश्वासों को व्यावहारिक रूप देता है।

राजनीतिक संस्कृति के नियामकों और परिवर्त्यों के विवेचन से स्पष्ट होता है कि राजनीतिक संस्कृति को कई तथ्यों द्वारा प्रभावित देखा जा सकता है। इन नियामकों के कारण राज्यों में राजनीतिक संस्कृतियां भिन्नता वाली बन जाती हैं। अगर विकासशील राज्यों की राजनीतिक संस्कृतियों को देखा जाय तो जानकर हैरानी होती है कि इन देशों में कई कारणों से लोगों के ज्ञानात्मक, भावात्मक और मूल्यांकनात्मक अभिमुखीकरण ऐसी अस्थिर और भ्रांतिपूर्ण बातों पर आधारित हैं कि उनको ठीक कर पाना करिश्मे वाले राष्ट्रवादी नेताओं के लिए भी कठिन ही लगता है।

राजनीतिक संस्कृति के आयाम (Dimensions of Political Culture)

आमन्ड और वर्बा ने राजनीतिक संस्कृति के चार आयामों की चर्चा की है, जबकि एलेन बाल ने इसके केवल दो ही पक्ष माने हैं। बाल के अनुसार पहला पक्ष राजनीतिक संस्थाओं के प्रति लोगों की धारणाओं का है तथा दूसरा पक्ष इस बात से सम्बन्धित है कि कहां तक नागरिक यह महसूस करते हैं कि वे निर्णयकारी प्रक्रिया में भाग लेकर उसे प्रभावित कर सकते हैं। आमन्ड और वर्बा ने इन दो आयामों को पर्याप्त नहीं माना है और चार आयामों का उल्लेख किया है। इनके अनुसार राजनीतिक संस्कृति के आयामों में—(क) राष्ट्रीय अभिज्ञान (तादात्म्य या ऐकात्म्य), (ख) साथी नागरिकों के साथ अभिज्ञान, (ग) शासन निर्गतों के बारे में आस्थायें और (घ) निर्णयकारिता के बारे में आस्थाएं, सम्मिलित किए जाते हैं।

(क) राष्ट्रीय अभिज्ञान या तादात्म्य या ऐकात्म्य (National Identity)— राजनीतिक संस्कृति का यह आयाम अत्यधिक महत्त्वपूर्ण है। राजनीतिक संस्कृति का सम्पूर्ण

राष्ट्र के साथ सम्बन्ध होने के कारण राष्ट्रीय अभिज्ञान, राष्ट्रीय एकरूपता, समानता और व्यक्तियों को परस्पर बांधने वाला तत्त्व है। इसका यह आशय है कि व्यक्ति अपने आपको किस राजनीतिक इकाई के साथ जोड़ता है ? व्यक्ति अपने आपको राष्ट्रीय, क्षेत्रीय, धार्मिक या कबीले जैसी उप-व्यवस्था के साथ ही सम्बन्धित मान सकता है। वर्बा का अभिमत है कि राष्ट्रीय अभिज्ञान का आशय लोगों के विश्वासों से और इस बात से है कि किस सीमा तक वे स्वयं को राष्ट्र-राज्य का सदस्य समझते हैं। उदाहरण के लिए, भारत का नागरिक अपने को बंगाली-पंजाबी, हिन्दू या मुसलमान मानता है या पहले भारतीय समझता है।

राष्ट्रीय अभिज्ञान, राजनीतिक संस्कृति का महत्त्वपूर्ण आयाम होता है। इसी से राजनीतिक व्यवस्था में व्यक्ति का राजनीतिक व्यवहार विशेष प्रकार का बनता है। यह राष्ट्रीय बुद्धिजीवियों और विशिष्ट वर्गों की गतिविधियों को औचित्य प्रदान करता है। अभिजन इस आधार पर कि वे सम्पूर्ण राष्ट्र के लिए हैं, अपने अनुयायियों व आम जनता का समर्थन प्राप्त करते हैं। राष्ट्रीय अभिज्ञान या व्यक्ति का राष्ट्र के साथ तादात्म्य या ऐकात्म्य की भावना का विकास एक राष्ट्र के निर्माण की दिशा में महत्त्वपूर्ण तथ्य है और एक नये राष्ट्र के प्रसंग में राजनीतिक संस्कृति का यह एक मुख्य निर्माणकारी तत्त्व बन जाता है। राष्ट्रीय ऐकात्म्य का भाव किसी राजनीतिक समाज के सदस्यों में स्पष्ट होना चाहिए। इससे राजनीतिक संस्कृति सजीव बनती है और व्यक्तियों को राजनीतिक दृष्टि से सक्रिय बनाती है। किन्तु जिन समाजों में संचार-साधन बहुत ही अपर्याप्त होते हैं, बुद्धिजीवियों और अभिजनों में समाज को बदलने और आगे बढ़ाने की प्रेरणाएं अथवा आकांक्षाएं बहुत कम होती हैं, और जनसाधारण भी अपने राष्ट्र के निर्माण की दिशा में कोई भूमिका निभाने की ओर से उदासीन होते हैं, वहां राष्ट्रीय ऐकात्म्य का अभाव कोई समस्या पैदा नहीं करता है। ऐसे देश में इस बात की पर्याप्त सम्भावना बनी रहती है कि राष्ट्र इस स्थिति के बावजूद जीवित रहेगा कि उसके बहुसंख्यक लोग किन्हीं संकीर्ण समूहों जैसे परिवार या जाति या क्षेत्र से अधिक एक रूप हैं अथवा इन संकीर्ण प्रतीकों से अधिक बंधे हैं। विकासशील राज्यों में प्रारम्भ के कुछ वर्षों में ऐसी ही स्थिति थी जिस कारण अनेक राजनीतिक विचारक यह मानने लगे थे कि इन राज्यों में पश्चिमी राजनीतिक संरचनाओं का अपनाना इन्हें उसी प्रकार की राजनीतिक संस्कृति के सांचे में ढाल देगा। किन्तु इन देशों में संचार-साधनों के विकास से जहां राष्ट्रीय अभिज्ञान बढ़ना चाहिये था वहां संकीर्ण व क्षेत्रीय अभिज्ञान प्रबल होकर अस्थिरता का जनक बनता रहा है।

वर्बा की मान्यता है कि राष्ट्रीय ऐकात्म्य का यह अर्थ कदापि नहीं है कि सम्पूर्ण जनता राष्ट्र के साथ ऐकात्म्य रखे। यह न आवश्यक है और न ही व्यवहार में ऐसा सम्भव है। हर समाज में व्यक्तियों के विचारों, मत्तों और हितों में भिन्नता रहना स्वाभाविक है। राजनीतिक विश्वास भी अनेक रूप ग्रहण कर सकते हैं। किन्तु राष्ट्रीय ऐकात्म्य में यह अपेक्षा रहती है कि राजनीतिक व्यवस्था के अधिकांश सदस्य जातीयता, क्षेत्रीयता और वर्गीय हितों से ऊपर उठकर सम्पूर्ण राष्ट्र के व्यापक सन्दर्भ में सोचें, समस्याओं को इसी व्यापक संदर्भ में समझें और इसे ध्यान रखते हुए राजनीतिक दृष्टि

से सक्रिय बनें। यह स्थिति राष्ट्रीय स्तर पर राजनीतिक संस्कृति की एकरूपता का आधार होती है। किसी राष्ट्र में एक सुपरिभाषित और सुस्थापित राष्ट्रीय ऐकात्म्य का अस्तित्व है या नहीं इस बात के राजनीतिक क्षेत्र में महत्त्वपूर्ण परिणाम निकलते हैं। इसी से यह निर्णय होता है कि व्यक्ति राजनीतिक व्यवस्था को अपनी मानते हैं या पराई समझते हैं। राष्ट्रीय अभिज्ञान से यह भी स्पष्ट होता है कि राष्ट्रीय या केन्द्रीय शासन व्यवस्था का व्यक्तियों के जीवन पर आधारभूत प्रभाव पड़ता है तथा इसका उन्हें बोध रहता है।

लोगों में राष्ट्र के प्रति गर्व या राष्ट्र से ऐकात्म्य का न रहना राजनीतिक संस्कृति की एकता में दरार पड़ने की पुष्टि मानी जाती है। यह वह स्थिति है जब एक ही देश में अनेक उप-राष्ट्रीयताएं और उप-राजनीतिक संस्कृतियां स्थापित होने लगती हैं। इससे राष्ट्र टूटते हैं या उनकी व्यवस्था में शिथिलता आकर अराजकता की स्थिति आ जाती है। यही अनेक विकासशील राज्यों में हुआ है। इसके कारण निरंकुश व्यवस्थाओं की स्थापना में जनता की कोई रोक-टोक नहीं रहती है और केवल यही शासन-रूप राष्ट्र को बांधे रखने के लिए स्वीकार हो जाता है। अतः राष्ट्रीय अभिज्ञान राजनीतिक संस्कृति को तत्त्व प्रदान करने वाला पक्ष है।

(ख) साथी नागरिकों के साथ ऐकात्म्य (Identification with one's fellow citizens)—राजनीतिक संस्कृति के प्रथम आयाम की व्यावहारिकता इस बात पर बहुत निर्भर करती है कि किसी समाज के सदस्य अपने साथी सदस्यों के बारे में किस प्रकार का ऐकात्म्य या विचार रखते हैं; समाज के सदस्य एक दूसरे में कितनी आस्था और विश्वास रखते हैं और वे एक दूसरे पर कितने निर्भर रहते हैं ? उनके पारस्परिक सम्बन्ध मधुर हैं या यह सम्बन्ध अन्तर्निहित विरोध रखते हैं ? इन सब तथ्यों से राष्ट्रीय अभिज्ञान का सीधा सम्बन्ध है। जिस राजनीतिक व्यवस्था में नागरिक आपस में सब प्रकार की भिन्नता—जातीय, भाषाई, धार्मिक और सांस्कृतिक—रखते हुए भी एक दूसरे के सहयोगी होकर रहते हैं तो यह इस बात का प्रमाण है कि राजनीतिक संस्कृति में विखण्डनकारी प्रवृत्तियां विद्यमान नहीं हैं और समाज का सम्पूर्ण मानव समुदाय राजनीतिक व्यवहार करते समय इन विविधताओं के दबावों, खिंचावों और तनावों से ऊपर उठकर एक राष्ट्रीय दृष्टिकोण रखते हुए राजनीति में सक्रिय रहेंगे। यह राष्ट्र की एकता और ठोसता की ठोस स्थिति होती है।

इस आयाम में भी यह नहीं भूलना है कि साथी नागरिकों के साथ ऐकात्म्य या तादात्म्य का अर्थ एकरूपता या राजनीतिक व्यवस्था में लादी हुई समरूपता से नहीं है। स्वेच्छाचारी और साम्यवादी शासन प्रणालियों में ऐसा ही देखा जाता है। साथी नागरिकों के साथ ऐकात्म्य का यही आशय है कि विविधताएं, संघर्ष और विषमताएं बनी रहें पर यह सब सीमाओं में ही हों। इनका होना हर समाज में स्वाभाविक ही नहीं, अपितु व्यक्ति की स्वतन्त्रता का संकेतक भी है। अतः तादात्म्य का यही अर्थ है कि समाज के सदस्यों में किसी भी कारण से जो भी विषमताएं या विरोध हों, उन सबसे व्यक्तियों की राजनीतिक सक्रियता कम से कम प्रभावित होगी।

राजनीतिक संस्कृति का यह आयाम इस बात से जुड़ा है कि एक राजनीतिक व्यवस्था के सदस्य अपने साथी राजनीतिक अभिनेताओं में पर्याप्त विश्वास रखते हैं या नहीं रखते। किसी समाज में पारस्परिक विश्वास की प्रवृत्ति अधिक हो सकती है तो किसी में यह बहुत कम भी रह सकती है। विकासशील राज्यों में अक्सर यह देखा गया है कि लोगों का शासकों और परस्पर एक दूसरे पर से ही विश्वास उठ गया है और इस कारण लोकतन्त्र बलिदान होते जा रहे हैं। क्योंकि राजनीतिक अभिनेताओं और परस्पर जनता में विश्वास का यह भाव एक लोकतांत्रिक राजनीतिक संस्कृति का विशेष रूप से निर्णायक होता हैं। इससे शासक और शासित ही आपस में नहीं बंटते हैं, अपितु शासकों का समर्थन करने वाले और उनका विरोध करने वाले भी आपस में विरोधी हो जाते हैं। जिससे ऐसी स्थिति आ जाती है कि जो सत्ता में हैं वे सत्ता अपने विरोधियों को नहीं सौंपना चाहेंगे। ब्रिटेन और विकासशील राज्तों में से किसी एक राज्य, भारत ही को लेकर इस आधार पर इनकी तुलना करने से यह ज्ञात हो जाता है कि राजनीतिक संस्कृति का यह आयाम, किस प्रकार से प्रथम आयाम—राष्ट्रीय ऐकात्म्य, को आधार और सुदृढ़ता प्रदान करता है। लोकतंत्र शासन प्रणाली में शासकों और शासितों में परस्पर विश्वास ही इसकी सफलता की कुंजी माना जाता है। विकासशील राज्यों में ऐसा विश्वास व जनता में परस्पर ऐकात्म्य समाप्त होने के कारण ही जोर-शोर से जमाए गये लोकतन्त्र क्षणिक व क्षीण झोंके से ही उखड़ गये क्योंकि उनका ठोस आधार इस रूप में स्थापित नहीं हो पाया था।

(ग) शासन निर्गतों के बारे में आस्थाएं (Beliefs about governmental outputs)—सरकार के बारे में व्यक्तियों के विचारों का निर्माण, सामान्यतया सरकारें, व्यक्ति, व्यक्ति समुदायों और समाज के लिए क्या करती हैं इस पर निर्भर करता है। हर व्यक्ति सरकार से कुछ लाभों की अपेक्षा रखता है। अगर सरकार लोकतान्त्रिक और लोक-कल्याणकारी है तो ऐसी अपेक्षाएं और भी अधिक हो जाती हैं। हर व्यक्ति केवल लाभ ही नहीं सर्वाधिक लाभ प्राप्त करने की आकांक्षा रखता है। यह सरकार के द्वारा किये गए—व्यवस्थापन, कार्यपालन और न्यायपालन के निर्गती कार्यों पर निर्भर करता है कि व्यक्ति अपने लाभों के संदर्भ में सरकारों के बारे में किस प्रकार के विचार बनाता है। अगर व्यक्ति के हितों की पूर्ति की सरकारी निर्गतों से आशा नहीं बंधती है तो ऐसे व्यक्ति राजनीतिक दृष्टि से उदासीन हो जाते हैं। दूसरी तरफ, जिन व्यक्तियों की आकांक्षाएं सरकार के द्वारा निष्पादित कार्यों से पूरी होती हैं वे राजनीति में सक्रिय रहने लगते हैं। इस प्रकार, हर राजनीतिक समाज में दोनों तरह के व्यक्ति मिलते हैं। सामान्यतया सरकार के निर्गत-कार्यों से समाज का बहुत बड़ा भाग लाभान्वित होता है और इस कारण राजनीतिक संस्कृति में तारतम्य बना रहता है। राजनीतिक संस्कृति के प्रथम दो आयामों को ठोसता उपलब्ध कराने में इस बात का बहुत महत्त्व होता है कि जनता सरकार के द्वारा किए जाने वाले कार्यों के बारे में आशावान रहती है या निराश हो जाती है। यद्यपि, कोई भी सरकार सबको संतुष्ट नहीं कर सकती, फिर भी अधिकांश लोगों की मांगों का उचित रूप में रूपान्तरण हो जाए तो राजनीतिक संस्कृति

में विभाजन करने वाली शक्तियों का प्रवेश नहीं हो पाता है। ऐसी राजनीतिक संस्कृति सबको एक सूत्र में पिरोकर राष्ट्रीय ऐकात्म्यता स्थापित करने में सहायक होती है।

(घ) **निर्णयकारिता के बारे में आस्थाएं** (Beliefs about the decision making)—हर समाज में राजनीतिक निर्णय कुछ ही व्यक्तियों के द्वारा किये जाते हैं। लोकतान्त्रिक शासन व्यवस्थाओं में इन निर्णय करने वालों के बारे में दो विशेषताएं होती हैं। एक तो निर्णय करने वाले जनता में से जनता द्वारा ही भेजे जाते हैं तथा दूसरे निर्णय करने वाले अपने हर निर्णय के सम्बन्ध में जनता के प्रति उत्तरदायी होते हैं। यह सारी व्यवस्था चाहे केवल औपचारिकता मात्र हो फिर भी इसका बहुत महत्त्व होता है। जनता को अगर यह विश्वास बना रहे कि वह समाज की सामान्य निर्णय प्रक्रिया का भाग है तो उससे राजनीतिक व्यवस्था वैध बनी रहती है और जनसाधारण का पूर्ण समर्थन प्राप्त कर पाती है। इससे जनता की भावनाओं में इस प्रकृति का विकास होता है कि वह भी शासन तन्त्र का एक अभिन्न अंग है। यह राजनीतिक संस्कृति को शक्ति प्रदान करना कहा जा सकता है। निरंकुश व्यवस्थाओं में भी चुनावों का दिखावा और व्यवस्थापिकाओं की स्थापना जनता में निर्णय करने की प्रक्रिया में उनको साझेदार बनाने की आस्था उत्पन्न करना ही है। यही कारण है कि दुनिया के अधिकांश राज्यों में प्रत्यक्ष या अपरोक्ष रूप से चुनावों व व्यवस्थापिकाओं की व्यवस्था की जाती है। राजनीतिक संस्कृति का यह आयाम भी अन्य तीन आयामों से कम महत्त्व नहीं रखता। यह राजनीतिक संस्कृति को लोकतान्त्रिकता के तथ्य से युक्त बनाता है।

राजनीतिक संस्कृति के विभिन्न आयामों के विवेचन से यह स्पष्ट हो जाता है कि वर्बा ने आम राजनीतिक विश्वासों पर ही अपना ध्यान केन्द्रित किया है। इसके पीछे उसका प्रमुख उद्देश्य यह रहा है कि राजनीतिक संस्कृति की अवधारणा अपेक्षाकृत स्पष्ट और सुनिश्चित रहे। वर्बा का अभिमत है कि "राजनीतिक संस्कृति के अधिक सामान्य आयामों या क्षेत्रों को लेने से एक तो राजनीतिक व्यवस्था के आधारभूत पहलुओं का समुचित स्पष्टीकरण हो पाता है और दूसरे हम राजनीति के उन पहलुओं के बारे में जान पाते हैं जिनके विषय में किसी भी राजनीतिक व्यवस्था में लोगों से उनके अपने-अपने विश्वास, मूल्य आदि अपेक्षित हैं।" यही कारण है कि वर्बा ने "जिन राजनीतिक विश्वासों की विवेचना की है वे बहुत कुछ राष्ट्रीय राज्य के इर्द-गिर्द घूमते हैं।" वर्बा की यह मान्यता है कि—(क) राष्ट्रीय राज्य आज भी व्यक्तियों की आस्थाओं को ढालने वाली सर्वाधिक महत्त्वपूर्ण शक्ति है। (ख) अधिकांशतः सभी प्रकार की समस्याएं राष्ट्रीय राज्य से ही सम्बन्धित होती हैं। (ग) राष्ट्रीय राज्यों में होने वाला परिवर्तन ही राजनीतिक विकास कहा जाता है। (घ) राष्ट्रीय राज्यों से सम्बन्धित नागरिकों की अभिवृत्तियों में परिवर्तन, जिसे राजनीतिक आधुनिकीकरण माना जाता है, वह भी राष्ट्रीय राज्य से ही परिभाषित किया जाता है।

इस प्रकार वर्बा यह मानता है कि राजनीतिक संस्कृति के विश्लेषण में राष्ट्रीय राज्य मुख्य इकाई बनाया जाना आवश्यक है। इससे बहुत ही व्यापक और सुविस्तृत अवधारणा-राजनीतिक संस्कृति, को कुछ सीमा प्रदान करना सम्भव हो जाता है। अतः वर्बा ने

राजनीतिक संस्कृति के केवल उन्हीं आयामों को महत्त्वपूर्ण माना है जिनको आनुभविक विश्लेषण में सुनिश्चित रूप से सम्मिलित किया जा सके।

राजनीतिक संस्कृति का स्वरूप और उप-संस्कृतियां (The Nature of Political Culture and Sub-cultures)

सामान्यतया यह धारणा प्रचलित है कि स्थिर और विकसित समाजों में राजनीतिक संस्कृति समरूप होती है। वास्तव में यह धारणा भ्रांतिपूर्ण है। ऐसे देशों में भी विभिन्न गुट पाए जाते हैं। जहां एक गुट तथा अन्य गुटों में भेद स्पष्ट उभर आते हैं, वहां राजनीतिक-उप-संस्कृति का मौजूद होना माना जा सकता है। उप-संस्कृति पूर्णतया पृथक अभिवृत्तियों, विश्वासों तथा मूल्यों का समूह नहीं होती है बल्कि ऐसे दृष्टिकोणों का समूह होती है जिनके कुछ तत्त्व दूसरी उप-संस्कृतियों में भी मौजूद रहते हैं। इस तरह भारत में दक्षिण के राज्य विशेषकर तमिलनाडू में तमिल लोगों की यह मान्यता है कि उनकी अपनी पृथक संस्कृति हैं। इस संस्कृति को उप-संस्कृति कहा जा सकता है और एक ही राजनीतिक संस्कृति में ऐसी अनेक उप-संस्कृतियां हो सकती हैं। अमरीका में नीग्रो लोग भी ऐसी ही अपनी पृथक संस्कृति मानते हैं। किसी देश में अनेक उप-संस्कृतियों का होना विभाजनकारी प्रवृत्तियों को प्रोत्साहित करे यह आवश्यक नहीं है। वास्तव में अधिकांश राजनीतिक संस्कृतियां विषम रूप ही में रहती हैं। ल्यूशियन पाई ने ठीक ही कहा है कि किसी भी समाज में एक सी राजनीतिक संस्कृति नहीं पाई जाती है।

ऐसा हो सकता है कि किसी राजनीतिक समाज में कोई भी उप-संस्कृति नहीं हो। आधुनिक विश्व में अनेक बहुत छोटे-छोटे राज्य हैं, जिनमें उप-संस्कृतियों की परिस्थितियां ही नहीं होती हैं। फिर भी हर राजनीतिक व्यवस्था में, चाहे वह छोटी हो या बड़ी शासकों की संस्कृति और जनसाधारण की संस्कृति में एक आधारभूत अन्तर पाया जाता है। जिन लोगों के हाथ में सत्ता होती है और जिन पर सरकारी निर्णयों के बारे में उत्तरदायित्व होते हैं, राजनीति पर उनके दृष्टिकोण, उन व्यक्तियों के दृष्टिकोणों से अनिवार्यतः भिन्न बन जाते हैं जिनके हाथ में सत्ता नहीं होती है। इस आधार पर दो प्रकार की उप-संस्कृतियों की हर राजनीतिक संस्कृति में स्थापना हो जाती है। यह दो उप-संस्कृतियां—(क) अभिजनों की उप-संस्कृति (elite sub-culture) और (ख) जनसाधारण की उप-संस्कृति (mass sub-culture) के नाम से जानी जाती हैं।

अधिकांश विचारक इस विभाजन को किसी न किसी रूप में स्वीकार करते हैं, किन्तु सभी इन दोनों संस्कृतियों पर समान रूप से बल नहीं देते है। विकसित राज्यों में अगर वे लोकतांत्रिक प्रकार के हैं तो इन दोनों उप-संस्कृतियों में अन्तरों की खाई अधिक गहरी नहीं होती है। परन्तु विकासशील राज्यों में इन दोनों उप-संस्कृतियों में अन्तर ही नहीं पाया जाता है, अपितु अनेक राज्यों में यह दोनों उप-संस्कृतियां विपरीत दिशा में जाती देखी जा सकती हैं। भारत का ही उदाहरण लें तो यह स्पष्ट देखने को मिलेगा कि वहां अभिजन वर्ग की संस्कृति आम जनता की संस्कृति से बहुत भिन्नता रखने लग गई थी। संविधान का 1976 का 42वां संशोधन इन दोनों उप-संस्कृतियों के बीच तेजी से बढ़ती

हुई दरार को पाटने का प्रयत्न कहा जा सकता है। विकासशील राज्यों में अनेक राजनीतिक समस्याएं केवल इस कारण ही उत्पन्न हो रही हैं कि अभिजन अपनी संस्कृति के अलगपन को बनाए रखना चाहते हैं, अर्थात सत्ता से चिपके रहना चाहते हैं। इन दोनों प्रकार की उप-संस्कृतियों पर आगे विस्तार से विवेचन किया गया है इसलिए यहां हम इतना ही कहना पर्याप्त समझते हैं कि इन दो प्रकार की उप-संस्कृतियों की विशेष विषमता राजनीतिक व्यवस्था के लिए खतरा बन सकती है। विकासशील राज्यों में अनेक राजनीतिक घटनाक्रम इसके संदर्भ में समझे जा सकते हैं।

एलेन बाल ने राजनीतिक संस्कृति के स्वरूप को स्पष्ट करते हुए लिखा है कि "क्या समाज के सदस्य राजनीतिक प्रक्रिया में सक्रिय भूमिका निभाते हैं और सरकारी सक्रियता से लाभ प्राप्त करने की आशा रखते हैं अथवा क्या कोई ऐसा मूक एवं निष्क्रिय सम्बन्ध है जिससे व्यक्ति सरकार की सक्रियता के बारे में बहुत थोड़ा जानते हैं और निर्णयकारी प्रक्रिया में भाग लेने की आशा नहीं रखते, इसके अनुसार राजनीतिक संस्कृतियों का वर्गीकरण किया जा सकता है। आमन्ड तथा वर्बा ने राजनीतिक संस्कृतियों के अपने तुलनात्मक अध्ययन में इन्हें सहभागी राजनीतिक संस्कृतियां (participating political culture) तथा आत्म-सापेक्ष राजनीतिक संस्कृतियां (subject political culture) कहकर परिभाषित किया है।[47] वैसे इन्होंने राजनीतिक संस्कृति को—(क) क्षेत्रीय (ख) आत्म-सापेक्ष और (ग) सहभागी कहकर इनके तीन शुद्ध प्रकारों को भी परिभाषित किया है। उनका मत है कि अधिकांश समाजों में यह विविध संस्कृतियां मिश्रित रूप में ही पाई जाती हैं। इनके अनुसार किसी राजनीतिक समाज में विशिष्ट मूल्यों तथा अभिवृत्तियों पर कितना बल दिया गया है इसके आधार पर सम्पूर्ण सांस्कृतिक प्रतिरूप के बारे में जाना जा सकता है।

संस्कृतियों को परम्परागतता और आधुनिकता के रूप में भी देखा जाता है। ब्रिटिश राजनीतिक संस्कृति, परम्परा तथा आधुनिकता का मिश्रण है। विकासशील राज्यों में अधिकांशतः परम्परागत और आधुनिक संस्कृतियों का मिश्रण पाया जाता है। किन्तु इन देशों की राजनीतिक संस्कृतियों का यह लक्षण इसे ब्रिटेन की राजनीतिक संस्कृति के अनुरूप नहीं बना पाता। वहां संस्कृति में एकता व सामंजस्य है जबकि विकासशील राज्यों में परम्परागत संस्कृति का सम्बन्ध जनसाधारण से है और आधुनिक संस्कृति का सम्बन्ध अभिजनी शासकों से है। इन देशों में इन दोनों में संघर्ष, दिशा-विरोध और असंगति के कारण यह राजनीतिक व्यवस्थाओं को तोड़ने की शक्ति बन गई है।

संस्कृतियों में बाकी के अन्तर विशेष नहीं माने गये हैं। इनके अन्य वर्गीकरण में कोई तथ्यात्मक अन्तर नहीं है। किन्तु अधिकतर देशों में अभिजनों और सर्वसाधारण की उप-संस्कृतियां उत्तरोत्तर पृथक और विशिष्ट लक्षणों से युक्त होती जा रही हैं। इस कारण, इनके पृथक-पृथक अध्ययनों तक की बात कही जाने लगी है। ल्यूशियन पाई ने

[47]Alan R. Ball, *Modern Politics and Government*, London, Macmillan, 1971, p. 57.

लिखा है कि "दोनों प्रकार की संस्कृतियों के अध्ययन के तरीके भी भिन्न हैं। अभिजनों की राजनीतिक संस्कृति का समुचित अध्ययन करने के लिए हमें विचारधाराओं की व्याख्या करनी होगी, कार्य संचालन संहिताओं की विशिष्टताओं को आंकना होगा और उच्च-स्तरीय राजनीतिक व्यवहार के मूल में निहित भावों को परिभाषित करना होगा दूसरी ओर, जन-राजनीतिक संस्कृतियों का अध्ययन जनमत को मापने के आधुनिक तरीकों और सर्वेक्षणशोध की उन्नत तकनीकों पर निर्भर करता है। इन दोनों ही प्रकार की संस्कृतियों का, जो राजनीतिक संस्कृति के भागों के रूप में सभी समाजों में देखने को मिलती है, काफी महत्त्व है। इन दोनों में से जो उप-संस्कृति अधिक बलवती है उसी पर राजनीतिक संस्कृति की प्रकृति निर्भर करती है। ज्यों-ज्यों जनता में राजनीतिक चेतना आती जाती है त्यों-त्यों जन उप-संस्कृति अभिजनी उप-संस्कृति के लक्षणों से युक्त होने लगती है, जैसा कि माइरन वीनर ने भारत के संदर्भ में लिखा है कि "यहां राजनीतिक प्रक्रिया में बहुसंख्यक जन-समुदाय की संस्कृति आधुनिक होती जा रही है और निकट भविष्य में विशिष्ट वर्ग की संस्कृति की आधुनिक विशेषताओं को वह ग्रहण कर लेगी और इस प्रकार वह भारत के विशिष्ट वर्ग की संस्कृति बन जाएगी।"[48] किन्तु माइनर वीनर का यह मत कि विशिष्ट वर्ग की संस्कृति भारत में पृथक बनी रहेगी, शायद निकट भविष्य में व्यावहारिक नहीं रहेगा। अगर भारत अपने राजनीतिक संरचनात्मक ढांचे को पाश्चात्य जगत की मूल्य-व्यवस्था पर ही आधारित रखने के बजाय समाजवादी मूल्य-व्यवस्था अपनाकर राजनीतिक विकास के मार्ग पर आगे बढ़ता है तो यह दो प्रकार की उप-संस्कृतियां अधिक समय तक पृथक-पृथक नहीं रह पाएंगी। भारत के संविधान में किया गया 42वां संशोधन इस प्रवृत्ति का महत्त्वपूर्ण प्रेरक बन सकेगा ऐसी सम्भावनाएं हैं।

राजनीतिक संस्कृति की प्रकृति और उप-संस्कृतियों के विवेचन से यह स्पष्ट होता है कि राजनीतिक संस्कृति में कई उप-संस्कृतियां हो सकती हैं। इन उप-संस्कृतियों में साम्य या विषमता हो सकती है। किन्तु, इस सन्दर्भ में कुछ बातें विशेष रूप से ध्यान देने की हैं जो संक्षेप में इस प्रकार हैं—(क) राजनीतिक दृष्टि से विकसित समाजों में राजनीतिक समरूपता हो यह आवश्यक नहीं है। सामान्यतया सभी समाजों में राजनीतिक संस्कृति समरूप नहीं होती है। (अमरीका में नीग्रो और अन्य गोरे लोगों की उप-संस्कृतियां भिन्न-भिन्न हैं। (ख) राजनीतिक संस्कृति सामान्यतया अनेक उप-राजनीतिक संस्कृतियों का मिश्रण ही होती है। (ग) राजनीतिक संस्कृतियों में उप-संस्कृतियों का मिश्रण साम्यता या विषमता या विरोध दोनों में से किसी भी प्रकार का रूप रख सकता है। (घ) उप-संस्कृतियों में विरोध राजनीतिक विकास को अवरुद्ध करता है जबकि इनमें सामंजस्य राजनीतिक विकास में सहायक और उसका प्रेरक होता है। और (च) राजनीतिक संस्कृति एक राजनीतिक व्यवस्था से दूसरी राजनीतिक व्यवस्था में तत्त्व की दृष्टि से भिन्नता नहीं रखती है। यह अन्तर केवल

[48]Myron Weiner, 'India: Two Political Cultures', in Pye and Verba, eds., *op. cit.*, p. 199.

मात्रात्मक ही होते हैं।

राजनीतिक संस्कृति के आधार (The Foundations of Political Culture)

किसी राजनीतिक व्यवस्था में राजनीतिक संस्कृति की विशेष प्रकृति किस प्रकार बनती है, इस पर ध्यान देना आवश्यक है। राजनीतिक संस्कृति का कहीं समरूप देखने को मिलता है तो कहीं यह विविध रूप वाली होती है। इससे यह प्रश्न महत्त्वपूर्ण बन जाता है कि राजनीतिक संस्कृतियों के ऐसे कौनसे आधार हैं जिनसे उनकी प्रकृति का निर्धारण होता है। चाहे राजनीतिक संस्कृति विविध रूप वाली या समरूप प्रकृति से युक्त हो, वह कई परस्पर सम्बन्धित कारकों को जन्म देती है। इनमें से कुछ प्रमुख कारकों या आधारों का यहां उल्लेख करना प्रासंगिक होगा।

(क) ऐतिहासिक आधार (Historical foundations)—राजनीतिक विकास के विवेचन में हम यह चर्चा कर चुके हैं कि किसी भी राजनीतिक व्यवस्था के लिए अतीत से पूर्णतया नाता तोड़ लेना सम्भव नहीं है। सोवियत रूस तथा चीन जैसे साम्यवादी राज्य अपनी सम्पूर्ण राज्य शक्ति के प्रयोग के बावजूद अतीत के प्रभावों से अपने समाजों को उन्मुक्त नहीं कर पाये हैं। अतः राजनीतिक संस्कृति की प्रकृति को विशेष रंग प्रदान करने वाला प्रमुख आधार, सम्बन्धित राजनीतिक व्यवस्था का इतिहास या अतीत कहा जा सकता है। ब्रिटेन और फ्रांस के उदाहरण लेकर एलेन बाल ने इस तथ्य को समझाने का प्रयास किया है। ब्रिटेन में राजनीतिक निरन्तरता, वहां पुराने मूल्यों को नये दृष्टिकोणों में विलय होने देने की सहज प्रक्रिया से ही बनी रही है। इसके अतिरिक्त ब्रिटेन हिंसात्मक आंतरिक कलह या विदेशी शक्ति के प्रभुत्व से भी मुक्त रहने के कारण राजनीतिक संस्कृति की निरन्तरता बनाए रखने में सफल रहा है। "ऐतिहासिक विकास की दृष्टि से फ्रांस इससे सर्वथा भिन्न उदाहरण प्रस्तुत करता है। 1789 की क्रांति ने उस समय मौजूद राजनीतिक संरचनाओं को एक झटके से उखाड़ फेंका और हम कह सकते हैं कि उन्नीसवीं तथा बीसवीं शताब्दियों के राजनीतिक संघर्ष एवं प्रतिद्वंदी आंदोलन अधिकांश में उस क्रांतिकारी उथल-पुथल से निर्मित अभिवृत्तियों, मूल्यों तथा विश्वासों द्वारा निश्चित किए गये।"[49] फ्रांस में इस प्रकार के विशेष इतिहास के कारण आज भी राजनीतिक संस्कृति में उप-संस्कृतियां संघर्षशील रूप धारण किये हुए हैं। वहां 1789 के बाद सोलह बार संविधान बनाए गए, किन्तु सांस्कृतिक साम्य अभी भी नहीं स्थापित हो पाया है। इस ऐतिहासिक पृष्ठभूमि ने फ्रांस में राजनीतिक संस्कृति को ऐसी विलक्षणता प्रदान कर दी कि सरकारों के अस्थायित्व की लाइलाज बीमारी से फ्रांस 1958 तक ग्रस्त रहा। केवल 1946 से 1958 तक के अन्तराल में 24 बार मंत्रि मण्डल बदले और पांचवें गणतंत्र के 1958 के संविधान में कुछ अपरम्परागत व्यवस्थाओं के उपरान्त भी राजनीतिक संस्कृति के संघर्ष राजनीतिक व्यवस्था के मंच पर जब तब प्रकट होते

[49] D. Tomson, *Democracy in France*,, 2nd ed., London, Oxford University Press, 1952, p. 17.

रहते हैं।

"अफ्रीका और एशिया के कई नये राज्यों पर यूरोपीय औपनिवेशिक प्रभुत्व का प्रभाव वह महत्त्वपूर्ण कारक है जो हमें इन राज्यों की राजनीतिक संस्कृति के कुछ पहलुओं के बारे में ज्ञान प्रदान करता है। इस औपनिवेशिक प्रभाव के विस्तार के विषय में विवाद है, किन्तु उदाहरण के लिए, ब्रिटिश तथा फ्रांसीसी नियंत्रण से उत्पन्न भिन्न-भिन्न प्रभावों को पहचाना जा सकता है।"[50] भारत तथा अल्जीरिया के अतीत के संदर्भ में दोनों देशों में राजनीतिक संस्कृतियों की भिन्नताओं को समझा जा सकता है।

केवल औपनिवेशिक अतीत ही से राजनीतिक संस्कृति का विचित्रपन नहीं समझा जा सकता। भारत और श्रीलंका दोनों ही ब्रिटेन के उपनिवेश थे, किन्तु भारत में लम्बा राष्ट्रीय आंदोलन संघर्ष के रूप में चलता रहा तब उसे स्वतन्त्रता मिली; जबकि श्रीलंका में एक दिन अचानक ही (4 फरवरी 1948 को) लोग स्वतन्त्र कर दिए गए। यहां किसी प्रकार का राष्ट्रीय आंदोलन नहीं चलाया गया। इस कारण, दोनों देशों की राजनीतिक संस्कृतियां भिन्न-भिन्न प्रकार की बन गई हैं। इससे यही निष्कर्ष निकलता है कि किसी भी देश की राजनीतिक संस्कृति का महत्त्वपूर्ण आधार उसका इतिहास होता है। विकासशील राज्यों में सांस्कृतिक विविधताएं इसी आधार पर समझी जा सकती हैं।

(ख) भौगोलिक आधार (Geographical foundations)—ऐतिहासिक विकास के अतिरिक्त राजनीतिक संस्कृति के निर्माण में सहायक दूसरा महत्त्वपूर्ण कारक भूगोल है। "ब्रिटेन द्वीप है और इस द्वीपीय अलगाव ने ब्रिटेन को विदेशी आक्रमणों से सुरक्षित रखा था। विकासशील संयुक्त राज्य अमरीका के असीम सीमान्त के विषय में कहा जाता है कि उसने सजातीय भिन्नताओं के बावजूद स्वतन्त्र समतावादी राजनीतिक मूल्यों की रचना की, परन्तु उसके पास प्राकृतिक संसाधनों की प्रचुरता भी थी और शत्रु पड़ोसियों से वह सुरक्षित था। पश्चिम जर्मनी के निवासियों के बारे में कहा जाता है कि वे संघीय गणतन्त्र की मौजूदा राजनीतिक संरचनाओं को इसलिए स्वीकार करते हैं, क्योंकि भौगोलिक दृष्टि से वे रूस तथा अमरीका द्वारा निर्देशित अन्तर्राष्ट्रीय गठबन्धनों के मध्य स्थित हैं। वे जानते हैं कि पश्चिम जर्मनी की राजनीति में किसी भी प्रकार की अस्थिरता का परिणाम अन्तर्राष्ट्रीय तनाव की वृद्धि होगा।"[51]

भारतीय उप-महाद्वीप की भौगोलिक स्थिति से राजनीतिक संस्कृति के निर्माण में भौगोलिक कारक के प्रभाव को अधिक अच्छी तरह समझा जा सकता है। भारत के विभाजन के वाद पाकिस्तान के दो भागों की भौगोलिक दूरी इनको अन्ततः पृथक राज्य बनाकर रही, क्योंकि इन दोनों भागों की राजनीतिक संस्कृति इतनी विरोधी बन गई थी कि किसी प्रकार का भी प्रयत्न यहां तक कि भारत का भय और धार्मिक एकता-सूत्र भी इनकी राजनीतिक संस्कृतियों को साम्य की अवस्था में नहीं ला सका। नेपाल की विशेष भौगोलिक स्थिति ने ऐसी राजनीतिक संस्कृति बना दी कि भारत के सम्पर्कों व भारत

[50] Alan R. Ball, *op. cit.*, p. 59.
[51] *Ibid.*, p. 60.

में लोकतांत्रिक प्रवृत्तियों का कुछ क्षणिक प्रभाव ही रहा और राजनीतिक व्यवस्था संस्कृति के दबावों के कारण पुनः उसी ढर्रे पर चल निकली। अतः किसी देश की राजनीतिक संस्कृति का भूगोल भी महत्त्वपूर्ण नियामक कारक बन जाता है।

(ग) **सामाजिक-आर्थिक संरचना का आधार** (The foundation of socio-economic structures)—राजनीतिक संस्कृति की प्रकृति में, जो ऐतिहासिक और भौगोलिक कारणों से विशेष प्रकार की बन जाती है, परिवर्तन लाने या उसको उसी रूप में बनाए रखने के लिए समाज विशेष की सामाजिक-आर्थिक संरचना ही अधिक उत्तरदायी होती है। मुख्य रूप से शहरी और औद्योगिक समाज अधिक सोशलिस्ट या जटिल समाज होता है जहां तीव्र संचार साधनों को बढ़ावा मिलता है। ऐसे समाज में शैक्षिक स्तर उच्चतर होते हैं, गुटों और समूहों की संख्या में वृद्धि हो जाती है और निर्णयकारी प्रक्रिया में भाग लेने वालों की संख्या अनिवार्यतः अधिक व्यापक होती है। ग्रामीण समाज परिवर्तन तथा अभिनवीकरण के प्रति उन्मुख नहीं होते और जिन राज्यों की जनसंख्या का अधिकांश किसान वर्ग होता है, वे अधिक अनुदार होते हैं, तथा इन लक्षणों वाले समाजों का लोगों की राजनीतिक अभिवृत्तियों तथा मूल्यों पर गहरा प्रभाव पड़ता है। किसी प्रदेश विशेष के विपरीत सम्पूर्ण राष्ट्र के प्रति निष्ठा औद्योगिक समाज का लक्षण है। यद्यपि ऐसा हमेशा नहीं होता है फिर भी यह सामान्यतया देखने में आता है। किन्तु साधारणतया जिन समाजों में जनसंख्या का अधिकांश किसानी करता है, वहां लोगों की अनुदार अभिवृत्तियों के साथ सरकारी गतिविधियों के प्रति मनमुटाव तथा उसके क्षेत्र के बारे में अज्ञान जुड़ जाते हैं। ऐसे समाजों में केन्द्रीय प्रशासन जो कुछ करता है उसी का महत्त्व होता है और शासन की नीतियां कैसे बदली और प्रभावित की जाती हैं, उसके बारे में कम जानकारी होती है।[52]

राजनीतिक संस्कृति के निर्माण में आर्थिक संरचना से भी अधिक महत्त्व सामाजिक संरचना का होता है। समाज में बहुलता और विविधता वाले वर्गों का होना राजनीतिक संस्कृति में अनेक उप-संस्कृतियां स्थापित कर देता है, जिनमें समरूपता या विषमता के लक्षण सम्पूर्ण राजनीतिक संस्कृति पर निर्णयकारी ढंग से प्रभाव डालते हैं। अगर समाज भाषा, धर्म, जातीयता, संजातीयता और अतीत के पृथक-पृथक अनुभवों के कारण पृथकता की प्रवृत्तियां रखता है तो राजनीतिक संस्कृति पर इन लक्षणों के दबाव पड़े बिना नहीं रह सकते हैं। 1947 से पहले भारत दो प्रकार का भारत था। एक ब्रिटिश भारत और दूसरा भारतीय भारत (जहां राजा महाराजाओं का शासन था) था। स्वतन्त्रता के बाद 1956 के राज्यों के पुनर्गठन के बावजूद अभी कुछ देशी रियासतों वाले प्रदेशों में ऐसी उप-संस्कृतियों को समाप्त करना सम्भव नहीं हुआ है। इसके अलावा भी भारत में अनेक उप-संस्कृतियां और विशेषकर दक्षिण के लोगों की उप-संस्कृति जिसे वे उप-राष्ट्रीयता तक कहते हैं, भारत की राजनीतिक संस्कृति में अनेक बार तनाव व संकट के क्षण लाने में सफल रही है। विकासशील राज्यों में राजनीतिक व्यवस्थाओं की उथल-पुथल, इसी

[52] *Ibid.*, p. 61.

प्रकार की उप-संस्कृतियों की विद्यमानता से, एक राजनीतिक संस्कृति के विकसित न हो सकने के कारण होती रहती है।

(घ) समाज की सामान्य संस्कृति का आधार (The foundations of general culture of society)--राजनीतिक संस्कृति का पोषण सामान्य संस्कृति से ही होता है। राजनीतिक संस्कृति समाज की संस्कृति से सम्बन्धित, उस पर आश्रित और कभी-कभी पूर्णतया आधारित हो जाती है। इसका यह अर्थ नहीं है कि राजनीतिक संस्कृति का, संस्कृति से कोई पृथकत्व या उसकी स्वायत्तता नहीं होती है। राजनीतिक संस्कृति के अर्थ में हम यह देख चुके हैं कि राजनीतिक संस्कृति समाज की संस्कृति का भाग होते हुए भी उससे स्वायत्तता रखती है। अतः राजनीतिक संस्कृति का मौलिक और स्थायी आधार समाज की सामान्य प्रकृति ही कही जा सकती है।

अधिकांश विकासशील राज्यों में राजनीतिक गड़बड़ का प्रमुख कारण यही है कि उनमें सामान्य संस्कृति के विपरीत आधुनिक राजनीतिक संस्कृति ऊपर से लाद दी गई जो समाज के द्वारा पोषण प्राप्त न कर पाने के कारण प्रभावी नहीं रह सकी है। इससे विकासशील राज्यों में राजनीतिक व्यवहार के सुनिश्चित प्रतिमान विकसित नहीं हो पाए और इन देशों में राजनीतिक अस्थायित्व और क्रांतियों का बोलबाला रहने लगा। संस्कृति और राजनीतिक संस्कृति का हम पृथक शीर्षक के अन्तर्गत विस्तार से विवेचन करेंगे। अतः यहां यह कहना काफी रहेगा कि राजनीतिक संस्कृति की उत्पत्ति का एक कारक देश की सामान्य संस्कृति भी होता है।

(च) विचारधाराओं का आधार (The ideological foundations)--वर्तमान शताब्दी विचारधाराओं की शताब्दी है। 1848 से पहले विभिन्न विचारधाराएं तो थीं पर उनमें पारस्परिक विरोध की स्थिति नहीं थी। किन्तु साम्यवादी घोषणापत्र के 1848 में प्रकाशन और 1917 में सोवियत रूस में साम्यवाद की स्थापना, इटली और जर्मनी में दो विश्व युद्धों के बीच के अन्तराल में फासिज्म और नाजिज्म का प्रभुत्व, अनेक विरोधी विचारधाराओं को टकराव की स्थिति में ला देता है। गुट निरपेक्ष राज्यों का समाजवादी नारा और पूंजीवाद और साम्यवाद का विश्व मंच पर हर जगह टकराव, माओवाद व। चीन में प्रचार (माओ त्से-तुंग की 1976 में मृत्यु के बाद भी इसमें कोई परिवर्तन आता है या नहीं यह अभी कह सकना कठिन है) राजनीतिक संस्कृतियों के सृजन की नई शक्ति बन गया है। आज अनेक देशों में सैनिक बल के प्रयोग से पूरे समाजों में जबरदस्ती नई राजनीतिक संस्कृतियां आरोपित की जा रही हैं जो अगर एक पीढ़ी तक बनी रह सकीं तो स्थायित्व प्राप्त कर लेंगी। अतः विचारधारा, राजनीतिक संस्कृति का आधुनिकतम कारक बन गई है। विकासशील राज्यों में अब विचारधाराओं के स्थान पर विचारधाराओं के अनुकूल राजनीतिक संस्कृतियों का प्रत्यारोपण किया जाने लगा है। इस तरह, विचारधारा भी राजनीतिक संस्कृति का आधार बन गई है।

राजनीतिक संस्कृति की उत्पत्ति के कारक या आधार एक नहीं अनेक हैं। जिन कारकों का हमने ऊपर उल्लेख किया है वे ही इसके आधार हों ऐसा निष्कर्ष नहीं निकालना है। आधुनिक समय के जटिल समाजों में व्यक्ति के राजनीतिक विश्वास इतने

स्रोतों से प्रभावित और निर्मित होते हैं कि सबकी सूची बना सकना सम्भव ही नहीं दिखाई देता है। उदाहरण के लिए, धर्म आज भी राजनीतिक क्रिया के बारे में लोगों के विश्वासों को बनाने में आधारभूत है। भारत के गणतंत्र बनने के बाद के पांच राष्ट्रपतियों में से दो का मुसलमान होना मात्र भारतीय मुसलमानों की राजनीतिक आस्थाओं में परिवर्तन का कारक माना जा सकता है। अतः राजनीतिक संस्कृति के अनेक आधार व कारक हैं जिनमें से उपरोक्त को हमने प्रमुख मानकर इस विवेचन में सम्मिलित किया है।

राजनीतिक संस्कृति और संस्कृति (Political Culture and Culture)

वर्बा ने लिखा है कि 'राजनीतिक संस्कृति और समाज की अपेक्षाकृत अधिक सामान्य सांस्कृतिक व्यवस्था के बीच अन्तर विश्लेषणात्मक है। राजनीतिक संस्कृति सामान्य संस्कृति का एक अभिन्न पहलू है।"[53] राजनीतिक संस्कृति में व्यक्ति के राजनीतिक विश्वासों को प्रमुखता प्राप्त रहती है, जबकि सामान्य संस्कृति में मानव के सभी विश्वासों को सम्मिलित किया जाता है। हम ऊपर इस बात का वर्णन कर चुके हैं कि किसी समाज की सामान्य संस्कृति के द्वारा राजनीतिक संस्कृति का निर्धारण और पोषण होता है। संस्कृति के आधारभूत विश्वास और मूल्य आदर्श ही सामान्यतया राजनीतिक संस्कृति के निर्माण में मुख्य भूमिका अदा करते हैं। हर व्यक्ति की राजनीति के बारे में आस्थाएं, मान्यताएं और विश्वास उसके अन्य विश्वासों, आस्थाओं और मान्यताओं द्वारा ही निर्धारित होते हैं। व्यक्ति के ऐसे सामान्य विश्वासों को ही समाज की सामान्य संस्कृति कहा जाता है।

राजनीतिक संस्थाओं व प्रक्रियाओं के बारे में व्यक्ति, राजनीतिक समाजीकरण की प्रक्रिया में अपने विश्वास बनाता है। यह समाजीकरण बहुत कुछ समाज की सांस्कृतिक व्यवस्था के द्वारा प्रेरित या सीमित होता है। इसके और भी अभिकरण हैं, किन्तु उनमें से प्रमुख का सम्बन्ध समाज की सामान्य संस्कृति से ही है। अतः राजनीतिक आस्थाएं, सामान्य संस्कृति में मान्य मूल्यों और आस्थाओं के द्वारा ही प्रेरित और निर्मित होती हैं। उदाहरण के लिए, अपने सामान्य जीवन में एक व्यक्ति की प्रवृत्ति दूसरों पर आधिपत्य जमाने की है तो उसका राजनीतिक जीवन भी इसी तरह की प्रवृत्ति से सक्रिय होगा। इससे उसकी राजनीतिक आस्थाएं भी इसके अनुरूप हो जाएंगी। अतः सामान्य संस्कृति के मूल्यों और विश्वासों से राजनीतिक संस्कृति अप्रभावित नहीं रह सकती। मानव प्रकृति के सम्बन्ध में व्यक्ति के दृष्टिकोण का राजनीतिक अभिनेताओं के प्रति उसके दृष्टिकोण से निकट का सम्बन्ध होता है।

सामान्य संस्कृति और राजनीतिक संस्कृति के इस वर्णन से यह नहीं समझना है कि सामान्य संस्कृति ही राजनीतिक संस्कृति को आधार, पोषण और रूप प्रदान करती है। वैसे इन दोनों में सम्बन्ध ही नहीं पारस्परिकता भी रहती है। कई समाजों में राजनीतिक

[53]Sydney Verba, *op. cit.*, p. 8.

संस्कृति का समाज की सामान्य संस्कृति पर भी निर्णयकारी प्रभाव देखा गया है। अनेक स्वेच्छाचारी और सर्वाधिकारी शासन व्यवस्थाओं में स्वतन्त्र रूप से राजनीतिक संस्कृति का सृजन करके उसे समाजों पर प्रतिरोपित कर दिया गया है जिससे न केवल यह नवीन राजनीतिक संस्कृति, व्यक्ति की मूल्य व्यवस्था बन गई, अपितु इससे सम्पूर्ण समाज में मूल्य व्यवस्था आस्थाओं को बदलने में प्रेरणा ली गई, जिससे सामान्य संस्कृति का इस नई राजनीतिक संस्कृति के अनुरूप रूपान्तरण हो गया। सोवियत रूस में यही किया गया है। अतः यह नहीं समझना है कि राजनीतिक संस्कृति सामान्य संस्कृति की एक ऐसी उप-संस्कृति है जो उसके ऊपर ही आश्रित रहती है। यह तो लोकतांत्रिक व्यवस्थाओं में भी नहीं होता है। सामान्य संस्कृति अगर परम्परागततावादी प्रकृति रखती है तब इसको राजनीतिक शक्ति के प्रयोग से बलपूर्वक आधुनिक बनाने के प्रयास किये जा सकते हैं। इस प्रकार के प्रयत्नों से राजनीतिक और सामाजिक दोनों ही प्रकार की संस्कृतियों में परिवर्तन लाने के प्रयास किये जा सकते हैं। हिटलर, मुसोलिनी, स्टालिन और माओ त्से-तुंग ने ऐसे ही प्रयत्न किये जिसमें वे उस कालावधि में अवश्य सफल भी रहे थे। केस्ट्रो, क्यूबा में शायद यही प्रयत्न कर रहा है।

निष्कर्ष में हम यही कह सकते हैं कि राजनीतिक संस्कृति सामान्य संस्कृति का अभिन्न भाग होते हुए भी उससे बहुत कुछ स्वायत्तता रखती है। इन दोनों में घनिष्ठ सम्बन्ध है और दोनों एक दूसरे को कम या अधिक मात्रा में प्रभावित करती रहती हैं। सामान्य संस्कृति व्यापक अवधारणा है, जबकि राजनीतिक संस्कृति बहुत सीमित अवधारणा है। प्रथम में व्यक्ति की सम्पूर्ण मूल्य व्यवस्था, आस्थायें और विश्वास सम्मिलित होते हैं। जबकि, दूसरी में, व्यक्ति के केवल राजनीतिक क्रिया से या राजनीतिक वस्तुओं से सम्बन्धित मूल्य, आस्थायें और विश्वास आते हैं। जिस प्रकार राजनीतिक व्यवस्था, सामाजिक व्यवस्था की एक विशेष उप-व्यवस्था है ठीक उसी प्रकार, राजनीतिक संस्कृति भी सामान्य संस्कृति की उप-संस्कृति है। इन दोनों में पारस्परिकता है, किन्तु इस पारस्परिकता का कोई निश्चित प्रतिमान नहीं होता है। यह पारस्परिकता अनेक बातों पर निर्भर करती है। राजनीतिक व्यवस्था की प्रकृति के अलावा सामाजिक और आर्थिक व्यवस्थाओं के द्वारा भी इसका निश्चय होता है।

राजनीतिक संस्कृति का विकास (Development of Political Culture)

राजनीतिक संस्कृति की अवधारणा से यह अर्थ नहीं लेना है कि यह स्थैतिक और स्थिर रहती है। इसमें बराबर परिवर्तन होते रहते हैं। राजनीतिक विकास, राजनीतिक संस्कृति के परिवर्तनों का ही परिणाम हो सकता है। एलेन बाल ने राजनीतिक संस्कृति के विकास के सम्बन्ध में ठीक ही लिखा है कि "राजनीतिक संस्कृति अपरिवर्तनीय नहीं होती, किन्तु वह राजनीतिक व्यवस्था के अन्दर ही जन्म लेने वाले अथवा बाहर से लादे गये (अधिरोपित) या आयातित विचारों के प्रति सजग होती है।"[54] राजनीतिक

[54]Alan R. Ball, *op. cit.*, p. 66.

संस्कृति, राजनीतिक व्यवस्थाओं में आने वाले झंझावातों में डांवाडोल होती संस्थाओं को शक्ति प्रदान करके राजनीतिक स्थायित्व को बनाये रखने में सहायक होती है। इस प्रकार राजनीतिक संस्कृति राजनीतिक व्यवस्थाओं के पांव उखड़ने से बचांव की व्यवस्था करती है। उदाहरण के लिए, "जापान की 1945 में हुई पराजय, 1952 तक विदेशियों का कब्जा तथा 1946 में अमरीकियों द्वारा उदारवादी प्रजातंत्रीय संविधान के अधिरोपण ने उस पर जबरदस्त असर डालकर उसे और भी बदलने के लिए बाध्य किया। परिणाम यह हुआ है कि आज यहां परम्परागत जीवन मूल्य और आधुनिकीकरण करने वाले पश्चिमी लक्षण एक साथ ही मौजूद हैं। ये पूरी तरह राजनीतिक स्थिरता की ओर तो नहीं ले जाते, लेकिन फिर भी इन सब ने जीवन क्षम्य (viable) राजनीतिक व्यवस्था को जन्म दिया है। आधुनिक जापान ने एकीकृत लोकाचार को विरासत में पाया है जिसने तेज बदलावों के बावजूद स्थिरता का स्रोत प्रदान किया है।"[55] इससे स्पष्ट है कि राजनीतिक संस्कृति, राजनीतिक व्यवस्था में आने वाले बदलावों को सम्भव बनाते हुए भी व्यवस्था को बनाये रखने का माध्यम प्रस्तुत करती है। राजनीतिक संस्कृति का सम्बन्ध मनुष्यों की सम्पूर्ण राजनीतिक आस्थाओं से होता है और इसके द्वारा ही समाजों में आने वाले तूफानों से मुकाबला करना सम्भव होता है।

यह राजनीतिक संस्कृति की शक्ति और उसकी गत्यात्मकता का पक्ष कहा जा सकता है। राजनीतिक संस्कृति समाजों को बांधने और विकास मार्ग पर बढ़ाने वाली शक्ति के रूप में ही काम करती हो ऐसा हमेशा ही नहीं होता है। यह कभी-कभी विकास को अवरोधित भी करती है। सामान्यतया इसमें परिवर्तन, अनुकूलन और समय की मांगों के अनुसार विकास भी होते रहते हैं। यह देश के अन्दर और देश के बाहर होने वाले सभी परिवर्तनों के प्रति सचेत और सजग होती है। इनमें अनावश्यक जड़ता नहीं होती। इसमें लचीलापन और उपयोगी परिवर्तनों के अनुसार ढलने और बदलने की क्षमता होती है। उदाहरण के लिए, 1947 से पहले भारत में देशी रियासतों और ब्रिटिश भारत में अनेकों प्रकार की विचित्र राजनीतिक संस्कृतियां तत्कालीन राजनीतिक इकाइयों के इर्द-गिर्द पाई जाती थीं, किन्तु स्वतंत्रता के बाद इन सबमें परिवर्तन ही नहीं आया, अपितु समन्वय स्थापित होकर एक राष्ट्रीय राजनीतिक संस्कृति की रचना होने लगी है। इससे स्पष्ट है कि राजनीतिक संस्कृति में परिवर्तन की क्षमताएं विद्यमान रहती हैं।

देश में होने वाले औद्योगीकरण, मूल्यों तथा अभिवृत्तियों के परिवर्तन में महत्त्वपूर्ण कारक होते हैं। अप्रवासियों का भारी संख्या में आगमन, युद्ध और विशेष रूप से बड़े युद्ध में पराजय, क्रांति इत्यादि सभी कारक राजनीतिक मूल्यों और विश्वासों में परिवर्तन ला देते हैं और इन परिवर्तनों के कारण राजनीतिक व्यवस्था पर दबाव पड़ने लगते हैं। मौजूदा मूल्य-संरचना में नये मूल्यों के विलय होने की सापेक्ष सफलता अथवा असफलता पर राजनीतिक व्यवस्था की स्थिरता आधारित होती है और यह बहुत कुछ राजनीतिक

[55] A. B. Burkes, *The Government of Japan*, 2nd ed., London, Oxford University Press, 1966, p. 267.

संस्कृति में परिवर्तन या अधिक क्रांतिकारी मूल्यों को आत्मसात् करने की क्षमता पर निर्भर करता है।

राजनीतिक संस्कृति को एक पीढ़ी से दूसरी पीढ़ी तक प्रभावोत्पादक ढंग से पहुंचाने के माध्यमों में सर्वाधिक महत्त्वपूर्ण राजनीतिक समाजीकरण है। इससे राजनीतिक संस्कृति न केवल एक पीढ़ी से दूसरी पीढ़ी को हस्तांतरित होती है, अपितु संस्कृति में सजीवता भी बनी रहती है। आमन्ड और वर्बा ने राजनीतिक समाजीकरण की राजनीतिक संस्कृति को बदलने और बनाए रखने में भूमिका का उल्लेख करते हुए ठीक ही लिखा है कि "राजनीतिक समाजीकरण वह प्रक्रिया है जिसके द्वारा राजनीतिक संस्कृतियों को बनाये रखा या परिवर्तित किया जाता है।"[56] इस प्रकार "राजनीतिक व्यवस्था के सम्बन्ध में कुछ धारणाओं का होना और उनका विकास तथा व्यवस्था से सम्बन्धित विश्वास ही राजनीतिक समाजीकरण है।"[57] जो सही अर्थों में राजनीतिक संस्कृति के निर्माण की प्रेरक शक्ति कहा जा सकता है। अतः राजनीतिक संस्कृति के विकास में राजनीतिक समाजीकरण की महत्त्वपूर्ण भूमिका रहती है। यह प्रक्रिया राष्ट्र के प्रति निष्ठा तथा विशिष्ट मूल्यों को पनपाने में सहायता देती है और यह राजनीतिक व्यवस्था के लिए समर्थन या उसके दुराव में वृद्धि कर सकती है। समूहों तथा व्यक्तियों से किस अंश तक राजनीतिक जीवन में भाग लेने की आशा की जाती है, इस पर इस प्रक्रिया का महत्त्वपूर्ण प्रभाव पड़ता है। राजनीतिक समाजीकरण केवल उन बचपन के वर्षों तक ही सीमित नहीं है, जब बालक पर शीघ्र प्रभाव पड़ते हैं और उसके सीखने का काल होता है। सही अर्थों में तो यह प्रक्रिया जीवन भर चलती रहती है, किन्तु बचपन के काल से वयस्कता तक इसका प्रभाव गहरा रहता है और बाद में इसमें शिथिलता आ जाती है। राजनीतिक समाजीकरण के द्वारा राजनीतिक संस्कृति का विकास होता है और इसमें कई अभिकरण अलग-अलग समय में अपनी भूमिका निभाते हैं। परिवार, शिक्षण संस्थायें, स्वयं सेवक समूह, जन सम्पर्क माध्यम, सरकार और राजनीतिक दल, कार्य या पेशे के समय का अनुभव और राजनीतिक व्यवस्था से होने वाले सम्पर्क इत्यादि के द्वारा व्यक्ति का राजनीतिक समाजीकरण होता है जो राजनीतिक संस्कृति के विकास में सहायक होता है।

राजनीतिक संस्कृति उपागम का परिचालनात्मक विचार (Operational View of Political Culture Approach)

तुलनात्मक राजनीतिक अध्ययनों में राजनीतिक संस्कृति उपागम का बहुत महत्त्व है। इसकी उपयोगिता की चर्चा करें इससे पहले यह देख लेना आवश्यक है कि इस उपागम का तुलनात्मक राजनीतिक विश्लेषण में किस प्रकार प्रयोग किया जाता है। इसके तुलनात्मक राजनीति में व्याबहारिक उपयोग के बारे में विवेचन से पहले यह बात ध्याम में रखनी है

[56]Sydney Verba, *op. cit.*, p. 513.
[57]Alan R. Ball, *op. cit.*, p. 67.

कि इसमें राष्ट्रीय संस्कृति के सभी पहलुओं पर ध्यान केन्द्रित नहीं किया जाता है। राजनीतिक संस्कृति की अवधारणा सीमित दिखाई देते हुए भी बड़ी व्यापक धारणा है। इसलिए अध्ययन और तुलना के उद्देश्य के अनुसार उसके कुछ पहलू चुन लिये जाते हैं। दूसरी बात इस सम्बन्ध में यह देखनी होती है, कि राष्ट्र की राजनीतिक व्यवस्था जिस प्रकार से संचालित होती है, या होती थी, या होनी चाहिए इससे सम्बन्धित प्रश्न ही तुलनात्मक अध्ययन के लिए लिये जाते हैं। उदाहरण के लिए, जो सूचनायें या तथ्य संकलित करने हैं वो ऐसे प्रश्नों से सम्बन्धित बनाये जा सकते हैं जैसे— (क) किसी देश की राजनीतिक व्यवस्था किस प्रकार परिचालित होती है? और (ख) किसी देश की राजनीतिक व्यवस्था इस प्रकार से ही क्यों परिचालित होती है?

ऐसे पहलुओं को लेकर प्रश्न पूछने से ऐसे प्रश्नों का सम्बन्ध देश की राजनीतिक संस्कृति के सन्दर्भ से जुड़ जाता है। अन्यथा व्यक्ति उप-संस्कृति या किसी अन्य संकीर्ण वृत्ति को ध्यान में रखकर सूचना दे सकता है जो निष्कर्षों और विश्लेषण को गलत नहीं तो विषाक्त अवश्य कर सकते हैं। तुलनात्मक राजनीति में राजनीतिक संस्कृति की अवधारणा का उपयोग करते समय चार प्रकार की संरचनाओं या प्रक्रियाओं से सम्बन्धित तथ्य संकलित करके राजनीतिक संस्कृति के बारे में सामान्यीकरण का प्रयत्न किया जा सकता है, अर्थात इसमें चार प्रकार की राजनीतिक वस्तुओं या भूमिकाओं के सम्बन्ध में जनता की अभिवृत्तियों को जानने का प्रयास किया जाता है। इनका विस्तार से विवेचन करने से इनका राजनीतिक संस्कृति की अवधारणा के व्यावहारिक प्रयोग में महत्त्व समझना सम्भव है।

(क) सम्पूर्ण राष्ट्रीय राजनीतिक व्यवस्था के सम्बन्ध में अभिवृत्तियां (Attitudes towards the national political system as a whole)—व्यक्तियों की सम्पूर्ण राष्ट्रीय व्यवस्था से सम्बन्धित आस्थाओं और विश्वासों को जानने के लिए कई तरह से प्रश्न पूछे जा सकते हैं। इसमें यह जानने का प्रयत्न किया जाता है कि अधिकांश व्यक्ति अपने आपको राष्ट्रीय राजनीतिक व्यवस्था के साथ कहां तक जोड़ते हैं या समाज के व्यक्तियों का सम्पूर्ण राजनीतिक व्यवस्था के बारे में किस प्रकार का विचार या दृष्टिकोण है? इससे सम्बन्धित प्रश्न इसलिए पूछे जाते हैं, क्योंकि राजनीतिक संस्कृति का एक महत्त्वपूर्ण आयाम राष्ट्रीय अभिज्ञान या ऐकात्म्य है। इसको निम्न प्रकार के पक्षों से सम्बन्धित ज्ञान प्राप्त करके जाना जाता है।

(i) क्या अधिकांश व्यक्ति अपना ऐकात्म्य राष्ट्रीय राजनीतिक व्यवस्था से रखते हैं या किसी प्रादेशिक, संजातीय, धार्मिक या कबीले से सम्बन्धित उप-व्यवस्था से अपने आपका ऐकात्म्य मानते हैं?

(ii) क्या नागरिक अपनी राष्ट्रीय राजनीतिक व्यवस्था पर गर्व करते हैं?

(iii) क्या नागरिक यह विश्वास रखते हैं कि राष्ट्रीय राजतनीतिक व्यवस्था का उनके जीवन पर जबरदस्त प्रभाव पड़ता है।

इन पक्षों से सम्बन्धित तथ्यों से राजनीतिक संस्कृति के पहले आयाम के बारे में लोगों की आस्थाओं व विचारों का ज्ञान प्राप्त करके विभिन्न राजनीतिक व्यवस्थाओं की आपस

में तुलना की जा सकती है। इस प्रकार, तथ्यों के संकलन में प्रश्नों का इस प्रकार निर्माण किया जाना आवश्यक है जिससे लोगों की वास्तविक अभिवृत्तियों का पता लगाने में सहायता मिल सके।

(ख) विशिष्ट राजनीतिक संरचनाओं या भूमिकाओं से सम्बन्धित अभिवृत्तियां (Attitudes towards the particular political structures or roles)—इन अभिवृत्तियों का सम्बन्ध राजनीतिक व्यवस्था के भागों से है। यहां यह जानने का प्रयत्न किया जाता है कि विभिन्न राजनीतिक संरचनाओं और विशिष्ट भूमिकाओं के बारे में लोग क्या विचार रखते हैं ? इससे राजनीतिक संस्कृति के दूसरे आयाम—व्यक्तियों का अपने साथियों या शासकों से कहां तक ऐकात्म्य है, के सम्बन्ध में निम्न पक्षों से सम्बन्धित जानकारी संकलित की जाती है। जैसे—

(i) क्या नागरिक यह आशा रखते हैं कि उनको सरकारी अधिकारियों से भेदभाव रहित बर्ताव मिलेगा।

(ii) क्या नागरिक यह सोचते हैं कि सरकारी अधिकारी भ्रष्ट हैं या नहीं हैं ?

(iii) क्या नागरिक यह मानते हैं कि स्वयं उनको सार्वजनिक मामलों में सक्रिय रहना चाहिए।

(iv) क्या नागरिक यह मानते हैं कि वे, जो कार्य सरकारी अधिकारी करते हैं, उनके निष्पादन को प्रभावित कर सकते हैं ?

इन पक्षों से सम्बन्धित ज्ञान, शासक और शासितों के बीच के सम्बन्धों को ही स्पष्ट नहीं करते, अपितु इन्हीं विश्वासों के आधार पर उनकी राष्ट्रीय राजनीतिक व्यवस्था के सम्बन्ध में धारणाओं का भी ज्ञान हो जाता है। अगर इस सम्बन्ध में नागरिक ऐसा या वैसा मानते हैं तो उसी प्रकार का उनकी अपने साथियों, शासकों और राजनीतिक संरचनाओं से सम्बन्धित लोगों की भूमिकाओं का ज्ञान और आस्थायें बन जाती हैं।

(ग) व्यक्तियों या समूह भूमिका पदधारियों से सम्बन्धित अभिवृत्तियां (Attitudes towards the individuals or group role incumbents)—इसका सम्बन्ध राजनीतिक व्यवस्था में प्रचलित प्रक्रियाओं से है। इसमें यह जानने का प्रयत्न किया जाता है कि राजनीतिक व्यवस्था के लोग, राजनीतिक सत्ताधारियों—जैसे कार्यपालिका, व्यवस्थापिका, न्यायपालिका और प्रशासन का संचालन करने वालों, उनकी कार्यशैली, निष्पादन-क्षमता और प्रभावकारिता, के बारे में क्या आस्थाएं रखते हैं ? इसके लिए निम्न पक्षों से सम्बन्धित तथ्य प्राप्त किये जाते हैं—

(i) क्या नागरिक वर्तमान सत्ताधारियों या पदाधिकारियों के द्वारा कार्यों के निष्पादन की विधियों और तरीकों का अनुमोदन करते हैं या उनको ठीक मानते हैं ?

(ii) क्या नागरिक यह महसूस करते हैं कि इन पदाधिकारियों को हटा दिया जाना चाहिए जिससे इनके स्थान पर आने वाले पदाधिकारी कार्यों का निष्पादन ज्यादा अच्छी तरह से कर सकें ?

यह राजनीतिक संस्कृति के सरकारी निर्गतों (outputs) से सम्बन्धित आयाम से जुड़ा हुआ पक्ष है। इससे यह जानने का अवसर मिल जाता है कि सत्ताधारियों को

वैधता प्राप्त है या नहीं है। इससे यह जानने का अवसर मिलता है कि जनता की शासकों में आस्था है या नहीं है ?

(घ) विशिष्ट जन-नीतियों और मुद्दों से सम्बन्धित अभिवृत्तियां (Attitudes related with specific public policies and issues)—इनका सम्बन्ध राजनीतिक संस्कृति के चौथे आयाम से है। अर्थात नागरिक राजनीतिक व्यवस्था से सम्बन्धित महत्त्वपूर्ण नीतियों व मुद्दों के सम्बन्ध में निर्णयकर्ताओं के निश्चित कार्यक्रमों के बारे में क्या दृष्टिकोण रखते हैं ? इससे यह विदित हो जाता है कि राजनीतिक व्यवस्था से सम्बन्धित विशिष्ट मुद्दों पर लोगों की क्या आस्थाएं हैं ? इसको जानने के लिए कई पक्षों से सम्बन्धित तथ्य संकलित किये जा सकते हैं। इसमें निश्चित मुद्दे लिये जाते हैं जैसे (क) क्या नागरिक नेताओं के कार्यक्रमों को ठीक मानते हैं ? और (ख) क्या नागरिक नेताओं के निश्चित निर्णयों को स्वीकार करते हैं।

उदाहरण के लिए, भारत के सन्दर्भ में इन पक्षों के सम्बन्ध में जनता से यह पूछा जा सकता है कि सरकार का राष्ट्रीयकरण का कार्यक्रम उनके अनुसार ठीक है या नहीं है ? या यह पूछा जा सकता है कि क्या वह काश्मीर की कीमत पर भी पाकिस्तान से सम्बन्ध सुधारना पसंद करेंगे या ठीक समझेंगे ? इस प्रकार से सरकार के विशिष्ट निर्णयों और नीतियों पर ज्ञान प्राप्त करके राजनीतिक संस्कृति के इस आयाम-निर्णय करने की प्रक्रिया के बारे में माना जा सकता है।

राजनीतिक संस्कृति उपागम के व्यावहारिक उपयोग में इन बातों से सम्बन्धित ज्ञान काफी उपयोगी ज्ञान हो सकता है। इससे राजनीतिक व्यवस्थाओं में होने वाली सम्भावित उथल-पुथल का संकेत देना सम्भव हो सकता है। इससे और कुछ भी नहीं तो कम से कम यह तो विदित हो ही सकता है कि किसी राजनीतिक व्यवस्था की प्रकृति इस प्रकार की क्यों है तथा कोई राजनीतिक व्यवस्था इस प्रकार क्यों परिचालित होती है। इन बातों का और भी अधिक स्पष्टीकरण इस उपागम की उपयोगिता के विवेचन से हो जाएगा। अतः हम राजनीतिक संस्कृति उपागम की तुलनात्मक राजनीतिक अध्ययनों में उपयोगिता का विवेचन विस्तार से करेंगे।

राजनीतिक संस्कृति उपागम की तुलनात्मक राजनीति में उपयोगिता
(The Utility of Political Culture Approach in Comparative Politics)

तुलनात्मक राजनीति में राजनीतिक संस्कृति की अवधारणा की सामान्य उपयोगिता को स्पष्ट करते हुए सिडनी वर्बा ने लिखा है कि "आधुनिक शताब्दी में राजनीतिक जगत और राजनीतिक अध्ययन क्षेत्र दोनों ही में तीन परिवर्तन हुए हैं। नये राष्ट्रों का उदय हुआ है, पुरानों में परिवर्तन आए हैं और अनेक ऐसी समस्याएं उठ खड़ी हुई हैं जो राजनीति शास्त्र के विद्वानों तथा वर्तमान संस्थाओं की क्षमताओं को एक चुनौती है।" ऐसी चुनौती का सामना करने की क्षमताओं का ज्ञान राजनीतिक संस्कृति की अवधारणा के आधार पर ही किया जा सकता है। उदाहरण के लिए, नये राष्ट्रों के उदय ने यह प्रश्न प्रमुख बना दिए हैं कि एक स्थायी राजनीतिक व्यवस्था का निर्माण कैसे किया जाए ताकि

वह अपने अन्दर उठने वाली मांगों का सफलतापूर्वक सामना करने की सामर्थ्य प्राप्त कर सके। राजनीतिक व्यवस्थाओं को तेजी से बदलती परिस्थितियों से अनुकूलित कैसे रखा जाए ? कुछ राष्ट्र सफल तो कुछ असफल क्यों हो जाते हैं ? राष्ट्र किस प्रकार बदलते हैं ? किस प्रकार की राजनीतिक व्यवस्था को किस दिशा में विकसित किया जा सकता है ? उदाहरण के लिए, हम यह जानना चाहते हैं कि भारत और पाकिस्तान में राजनीतिक विकास की दिशाएं अलग-अलग क्यों हो गईं ? बंगला देश में लोकतन्त्र जमने से पहले ही क्यों उखड़ गया ? बर्मा में लोकतन्त्र को पुनः स्थापित करने के लिए जनरल ने विन (अब राष्ट्रपति) द्वारा यू-नू को दिया गया अवसर क्यों सफल नहीं हो सका ? नेपाल में प्रभावी राजतन्त्र अभी क्यों दृढ़ता से स्थापित है ? विकासशील देशों में राजनीतिक दल, शासन संचालन के प्रभावी अभिकरण क्यों नहीं बन पाए हैं ? क्यों श्रीलंका में हर आम चुनाव में सत्ताधारी दल पराजित हो जाता है जबकि भारत में ऐसा नहीं होता है ? (श्रीलंका में 1970 तक सात आम चुनाव हो चुके हैं और हर चुनाव में सत्ताधारी दल पराजित हुआ है।)

ऐसे ही प्रश्नों और समस्याओं के समाधान पर विचार करने के लिए राजनीतिक संस्कृति उपागम का उपयोग करके 'राजनीतिक संस्कृति' से सम्बन्धित परिवर्तनों के आधार पर स्पष्टीकरण प्रस्तुत करने का प्रयत्न किया जाने लगा है। वर्बा का अभिमत है कि "किसी भी समाज की राजनीतिक संस्कृति में उसके आनुभविक विश्वासों की व्यवस्था, अभिव्यक्त होने वाले प्रतीक और वे मूल्य जो कि उस स्थिति को परिभाषित करते हैं जिसमें राजनीतिक गतिविधियां होती हैं, सन्निहित होते हैं।" इस कारण, राजनीतिक संस्कृति की अवधारणा पर बल देने से अनेक प्रश्नों और राजनीतिक मुद्दों को समझना सम्भव है। वर्बा ने सांस्कृतिक पहलू पर विशेष ध्यान देने के दो कारण माने हैं। पहला तो यह कि यद्यपि राजनीतिक व्यवस्थाएं किसी राजनीतिक व्यवस्था के औपचारिक और अनौपचारिक पहलुओं के साथ ही राजनीतिक संस्कृति के जटिल ताने-बाने का प्रतिनिधित्व करती है, तथापि अध्ययनकर्ता के पास जो सीमित साधन उपलब्ध हैं उनके आधार पर राजनीतिक व्यवस्थाओं की सम्पूर्णता का एकबारगी ही अध्ययन नहीं किया जा सकता है। दूसरे यह कि किसी भी समाज की राजनीतिक संस्कृति वहां की राजनीतिक व्यवस्था का एक बहुत ही महत्त्वपूर्ण पहलू है।" इस कारण, राजनीतिक संस्कृति की अवधारणा के माध्यम से राजनीतिक व्यवस्था से सम्बन्धित ऐसे पक्षों का अध्ययन किया जा सकता है जो सम्पूर्ण व्यवस्था के संचालन का विशेष रूप से स्पष्टीकरण दे सकें। इस तरह, राजनीतिक संस्कृति उपागम के द्वारा राजनीतिक व्यवस्थाओं के उन पहलुओं पर अध्ययन केन्द्रित किया जा सकता है जो सम्पूर्ण व्यवस्था के संचालन में मौलिक प्रभाव रखते हैं। इस तरह, इसकी उपयोगिता कई तथ्यों से स्पष्ट की जा सकती है।

पीटर मर्कल ने अपनी पुस्तक **माडर्न कम्परेटिव पोलिटिक्स**[58] में राजनीतिक संस्कृति

[58]Peter H. Merkl, *Modern Comparative Politics,* New York. Holt, Rinehart and Winston, Inc., 1970, p. 157.

उपागम की अन्य अध्ययन उपागमों से अधिक लाभप्रदता मानी है। उसके अनुसार राजनीतिक संस्कृति उपागम पर आधारित राजनीतिक अध्ययनों में निम्नलिखित गुण आ जाते हैं, अर्थात इस अध्ययन उपागम के कुछ ऐसे लाभ हैं जो तुलनात्मक राजनीति के अन्य उपागमों में नहीं पाए जाते। पीटर मर्कल ने इस उपागम के तीन लाभों को मौलिक माना है। संक्षेप में यह इस प्रकार हैं—

(1) राजनीतिक संस्कृति का आनुभविक सत्यापन या जांच सम्भव है। इसका तात्पर्य यह है कि राजनीतिक संस्कृति के संकेतकों (indicators) को कभी भी जांचा या परखा जा सकता है। मर्कल की मान्यता है कि इस अवधारणा से सम्बन्धित आस्थाओं, विश्वासों का माप और उस माप का आनुभविक सत्यापन या परख करना सम्भव है। जबकि राजनीतिक व्यवस्था, संरचनात्मक-प्रकार्यात्मक, राजनीतिक विकास या राजनीतिक आधुनिकीकरण के संकेतकों को मापना या जांचना इतना सरल नहीं है।

(2) राजनीतिक संस्कृति पर आधारित शोध से, लोकप्रिय व जनता की 'सत्ता', 'स्वतन्त्रता' या 'अभिज्ञान' की धारणाओं में एक कालावधि में आने वाले परिवर्तनों को स्पष्ट रूप से इंगित किया जा सकता है। मर्कल मानते हैं कि किसी देश की राजनीतिक संस्कृति आवश्यक रूप से कोई विशेष स्थायित्व वाली नहीं होती है। उसमें परिवर्तन होते रहते हैं। इसकी भावी दिशा का संकेत होना सम्भव है। इससे संस्कृतियों और उप-संस्कृतियों के अन्तर भी स्पष्ट हो जाते हैं।

(3) इससे प्रति-राष्ट्रीय तुलनाएं जो अब तक मुख्यतया प्रकारात्मक (inqualitative terms) आधार पर की जाती रही थी वे अब तटस्थ (neutral) और परिमाणात्मक (quantitative) आधार पर की जा सकती हैं। क्योंकि राजनीतिक संस्कृति के संकेतक मापनीयता (measurability) के योग्य होते हैं।

(4) राजनीतिक संस्कृति विविध व पृथक-पृथक प्रत्ययों को राजनीतिक व्यवस्था की अपनी अवधारणा में एकीकृत करने का अवसर प्रदान करती है।

इन कारणों से पीटर मर्कल राजनीतिक संस्कृति की अवधारणा पर आधारित अध्ययनों को अधिक ठीक मानते हैं।

एस• पी० वर्मा ने अपनी पुस्तक **मॉडर्न पोलिटिकल थियोरी**[59] में राजनीतिक संस्कृति की अवधारणा की आधुनिक राजनीतिक सिद्धान्त के विकास में अत्यधिक व महत्त्वपूर्ण देन मानी है। उनके अनुसार राजनीतिक संस्कृति के प्रत्यय के आधार पर किए गए अध्ययनों में अनेक गुण परिलक्षित होते हैं, जिनका हम संक्षेप में उल्लेख कर रहे हैं।

(क) **गत्यात्मक सांस्कृतिक इकाई के रूप में सम्पूर्ण राजनीतिक व्यवस्था पर ध्यान केन्द्रित किया** (Focussed attention on the total political system as a dynamic cultural entity)—एस० पी० वर्मा का अभिमत है कि राजनीतिक संस्कृति के प्रत्यय से राजनीतिक समुदाय या समाज पर एक गत्यात्मक सामूहिक सत्ता के रूप में अध्ययन करने के लिए ध्यान आकर्षित हुआ है। इससे व्यक्ति के स्थान पर सम्पूर्ण

[59] S. P. Varma, *op. cit.*, pp. 296-97

राजनीतिक व्यवस्था अध्ययन का केन्द्र बना है। उनका कहना है कि व्यवहारवादी क्रांति के साथ ही राजनीति विज्ञान के विद्वानों का अध्ययन अधिकाधिक वैयक्तिक राजनीतिक व्यवहार पर केन्द्रित होने लगा था और राजनीति विज्ञान तेजी से मनोविज्ञान के साथ अभिज्ञानित होने लगा था। यहां तक कि व्यवस्था दृष्टिकोण के विकास के बाद भी राजनीतिक विश्लेषण एक घटना या एक निर्णय को इकाई के रूप में ध्यान व अध्ययन का केन्द्र बना रहा था। यह इकाई निर्णयकर्ता, नेता, मतदाता या मत धारक के रूप में राजनीतिक विश्लेषण का केन्द्र बनी रही थी। किन्तु राजनीतिक संस्कृति के प्रत्यय से सम्पूर्ण राजनीतिक व्यवस्था, अध्ययन विश्लेषण की इकाई बन गई।

(ख) **व्यष्टि और समष्टि उपागमों को संयुक्त किया** (Combined micro and macro approaches)—राजनीतिक संस्कृति दृष्टिकोण के इस बात पर बल देने से, कि सम्पूर्ण राजनीतिक व्यवस्था में परिवर्तन व निरंतरता की गत्यात्मकताओं का अध्ययन किया जाए, व्यष्टि और समष्टि अध्ययनों को मिलाना आवश्यक हो गया। इस प्रकार, राजनीतिक संस्कृति दृष्टिकोण, व्यष्टि और समष्टि उपागमों को संयुक्त करने पर जोर देने के कारण राजनीति-शास्त्र को और अधिक पूर्ण सामाजिक विज्ञान बनाने में सहायक रहा है।

(ग) **राजनीति-शास्त्र का विषय-क्षेत्र विस्तृत करने में सहायक** (Helped the process of broadening the scope of political science)—राजनीतिक संस्कृति में, प्रमुखतया राजनीतिक समाजीकरण का अध्ययन करना होता है। राजनीतिक समाजीकरण की प्रक्रियाओं में न केवल राजनीतिक तत्त्व ही सम्मिलित रहते हैं, अपितु जीवन के अराजनीतिक आयाम, जैसे सामाजिक और आर्थिक प्राचल (parameter) या तत्त्व भी सम्मिलित होते हैं। इस कारण, राजनीतिक संस्कृति उपागम ने राजनीतिशास्त्रियों को उन सामाजिक और आर्थिक कारकों का भी अध्ययन करने के लिए प्रेरित किया, जिनसे किसी देश की राजनीतिक संस्कृति का रूप निर्धारित होता है।

(घ) **व्यवहार के बुद्धिसंगत और अविवेकी नियामकों के अध्ययनों को संयुक्त किया** (Combined the study of rational and irrational determinants of behaviour)—राजनीतिक संस्कृति दृष्टिकोण ने व्यक्तियों की क्रियाओं के बुद्धिसंगत कारकों के अध्ययन के साथ ही साथ व्यवहार के अधिक गुप्त अविवेकी नियामकों के अध्ययन को भी प्रोत्साहन दिया है। अब राष्ट्रीय चरित्र का प्रत्यय, जो कुल मिलाकर अपने में स्थैतिक था, और नये समाजों में राजनीतिक व्यवहार को समझने में अधिक सहायक नहीं रहा था उसके स्थान पर राजनीतिक संस्कृति की अवधारणा का उपयोगी प्रचलन हो गया। राजनीतिक संस्कृति दृष्टिकोण से इन समाजों में राजनीतिक व्यवहार पर अधिक अच्छा प्रकाश डालना ही सम्भव नहीं हुआ, अपितु यह आनुभविक शोध के आधार पर करना सम्भव बना।

(च) **राजनीतिक विकास की विभिन्न दिशाओं के समझने में सहायक** (Helped in understanding the different directions of political development)—राजनीतिक संस्कृति दृष्टिकोण ने यह समझने में भी सहायता की कि क्यों विभिन्न राज-

नीतिक समाज राजनीतिक विकास की विभिन्न दिशाओं में जाने लगे हैं ? इससे यह भी स्पष्ट हुआ कि क्यों राजनीतिक व्यवस्थाएं, सामाजिक, आर्थिक और राजनीतिक बन्धनों से बंधी होने पर भी राजनीतिक पतन की ओर अग्रसर होने लगती हैं।

उपरोक्त विवेचन से यह स्पष्ट हो जाता है कि राजनीतिक संस्कृति किसी देश के राजनीतिक विकास को निरूपित करने में, कि क्यों कोई समाज लोकतान्त्रिक संस्थाओं को आसानी से अपना लेता है और अन्य समाज स्वेच्छाचारी विधियों या तरीकों को अधिक सहूलियत वाले मानता है, महत्त्वपूर्ण नियामक रहती है। इससे यह स्पष्ट है कि राजनीतिक संस्कृति का उपागम तुलनात्मक राजनीतिक विश्लेषणों में बहुत उपयोगी है। यह राजनीतिक विकास के दृष्टिकोण से न समझ में आने वाले परिवर्तनों को भी समझाने की क्षमता से युक्त दृष्टिकोण है। यह राजनीतिक आधुनिकीकरण के उपागम की कमियों की पूर्ति करने वाला उपागम भी माना जा सकता है।

राजनीतिक संस्कृति उपागम : एक आलोचनात्मक मूल्यांकन (Political Culture Approach : A Critical Appraisal)

तुलनात्मक राजनीति के राजनीतिक संस्कृति उगागम के उपरोक्त विवेचन से यह नहीं समझ लेना है कि इस दृष्टिकोण से राजनीतिक व्यवस्थाओं के बारे में सब प्रकार के स्पष्टीकरण देना सम्भव है। किन्तु इससे राजनीतिक व्यवहार की गत्यात्मक शक्तियों को पहचानना सम्भव हुआ है। इसका अध्ययन हमें अनिवार्यतः राजनीतिक समाजीकरण के अध्ययन की ओर ले जाता है। इसके द्वारा हम उन अनुभवों को जानने की ओर प्रवृत्त होते हैं जिनके द्वारा राजनीतिक संस्कृति एक पीढ़ी से दूसरी पीढ़ी को हस्तान्तरित होती है। साथ ही इस अवधारणा से हम उन परिस्थितियों का ज्ञान भी प्राप्त कर पाते हैं जिनके अन्तर्गत राजनीतिक संस्कृतियां परिवर्तित होती हैं। इसके अध्ययन से हमें किसी राष्ट्र के राजनीतिक विकास पर एक नया दृष्टिकोण मिलता है।

किन्तु वर्बा ने राजनीतिक संस्कृति की अवधारणा से बहुत अधिक अपेक्षाएं रखने के प्रति सचेत करते हुए लिखा है कि "राजनीतिक जीवन के एक विशिष्ट और महत्त्वपूर्ण पहलू पर ध्यान देना लाभदायक है, किन्तु यह राजनीतिक घटना के विश्लेषण और व्याख्या का केवल समारम्भ ही है। वास्तव में महत्त्वपूर्ण बात यह नहीं है कि हम राजनीतिक संस्कृति का अध्ययन करें बल्कि यह है कि हम इसका अध्ययन कैसे करते हैं तथा राजनीति के ज्ञान में अभिवृद्धि के लिए इसका प्रयोग कैसे करते हैं?" वर्बा ने इस संबंध में आगे लिखा है कि "जब हम इसका प्रयोग करते हैं तो यह राजनीतिक अन्तःक्रिया और राजनीतिक संस्थाओं के प्रतिरूपों के बारे में विश्वासों की व्यवस्था की ओर संकेत करती है और यह बतलाती है कि राजनीतिक जगत में होने वाली घटनाओं के बारे में लोगों के विश्वास क्या हैं ? इस प्रकार यह राजनीतिक घटनाओं तथा उन घटनाओं की प्रतिक्रिया में लोगों के व्यवहार के मध्य एक महत्त्वपूर्ण कड़ी का निर्माण करती है। यह इस बात का संकेत भी देती है कि लोग राजनीति में जो कुछ देखते हैं उसके विरुद्ध क्या मत प्रकट करते हैं और जो कुछ देखा है उसकी वे क्या व्याख्या करते हैं। इस प्रकार राजनीतिक संस्कृति

इस बात को नियमित करती है कि राजनीतिक जगत में कौन क्या देखता है और उसकी कैसे व्याख्या करता है ?" वर्बा ने राजनीतिक संस्कृति की उपयोगिता के बारे में यह प्रस्थापित किया है कि राजनीतिक संस्कृति और राजनीतिक विश्वासों का घनिष्ठता का सम्बन्ध है। हम वर्बा के इस निष्कर्ष को स्वीकार करते हुए इसको इस प्रकार संशोधित करना अधिक उपयुक्त मानेंगे कि "राजनीतिक व्यवस्था की सक्रियता की विशिष्टता और राजनीतिक संस्कृति का अत्यधिक घनिष्ठता का सम्बन्ध है।"

राजनीतिक संस्कृति की अवधारणा के विकास से ही राजनीतिक व्यवस्थाओं की वास्तविक प्रकृति, उनके अन्दर होने वाले विकासों और इन विकासों की सम्भावित दिशाओं को समझने में सहायता मिलने लगी है। किन्तु राजनीतिक संस्कृति के भी इतने आयाम और नियामक या परिवर्त्य हैं कि इसके आधार पर अध्ययन व तुलनाओं में विशेष सतर्कता और सावधानी बरतने की आवश्यकता है, अन्यथा यह अवधारणा भी राजनीति की गत्यात्मकताओं को समझने में विशेष सहायक नहीं होगी। राजनीतिक व्यवहार इतना जटिल होता है और इतने अधिक प्रभावों से नियमित होता है कि इसको सामान्य ढंग से ही समझा जा सकता है। अतः राजनीतिक संस्कृति उपागम से यह अपेक्षा रखना कि यह राजनीति का कोई सामान्य सिद्धान्त बनाने की अवस्था में पहुंचा देगा, एक आत्यन्तिक (extreme) निष्कर्ष होगा। ऐसा निष्कर्ष सही नहीं हो सकता। राजनीतिक संस्कृति की अवधारणा ने राजनीतिक व्यवस्थाओं के अंशों व सम्पूर्णता, दोनों पर ध्यान केन्द्रित करने के उपकरण प्रदान करके, राजनीतिक समझ व राजनीतिक विकासों को समझने में पर्याप्त सहायता की है।

4. तुलनात्मक राजनीति का मार्क्सवादी-लेनिनवादी उपागम
(MARXIST-LENINIST APPROACH IN COMPARATIVE POLITICS)

द्वितीय विश्वयुद्ध के बाद एशिया और अफ्रीका में अनेकों देशों का साम्राज्यवादी चंगुल से मुक्त होकर स्वतंत्र राज्यों के रूप में उदय, राजनीति विज्ञान के विद्वानों के लिए एक तरफ तो क्रांतिकारी विकास था, क्योंकि उनके द्वारा प्रस्थापित सिद्धान्तों की जांच व परख के लिए पाश्चात्य देशों से भिन्न राजनीतिक वातावरण पहली बार प्रस्तुत होने लगा था। दूसरी तरफ, उनके लिए नये देशों में होने वाले राजनीतिक उथल-पुथल, जिनका न कोई क्रम था और न ही कोई निश्चित दिशा या प्रतिमान, ने अनेक चुनौतियां प्रस्तुत कर दीं जिनका उन्हें सामना करना था। इन नये राज्यों की राजनीतियों और राजनीतिक व्यवस्थाओं में राजनीतिक संरचनाओं द्वारा विशेष चुनौतियां ही प्रस्तुत नहीं हुईं, किन्तु इन देशों में राजनीतिक प्रक्रियाओं ने अनिवार्यतः शोध-उपकरणों व प्रत्ययी ढांचों में परिवर्तन आवश्यक बना दिए। परम्परागत राजनीति विज्ञान की मान्यताएं, अध्ययन विधियां तथा प्रत्ययी ढांचे और अध्ययन दृष्टिकोण, जो दो विश्वयुद्धों के बीच के काल में हुए विकासों के कारण बहुत कुछ निरर्थक से बन गए थे, अब नये राज्यों में बहुत तेजी से होने वाले आर्थिक, सामाजिक और राजनीतिक विकासों के कारण, पूरी तरह

बेकार बन गये।

पश्चिमी देशों के राजनीतिशास्त्रियों, मुख्यतया अमरीकन राजनीतिशास्त्रियों, ने नए राज्यों द्वारा प्रस्तुत चुनौतियों को नए अवसर समझकर, इन्हें समझने व इन देशों में होने वाले राजनीतिक विकासों को समझने के लिए, नए अध्ययन दृष्टिकोणों तथा नवीन प्रत्ययों का सृजन व प्रयोग आरम्भ कर दिया था। राजनीति विज्ञान में परिवर्तन की सामान्य धारा में 1950 के दशक में व्यवस्था सिद्धान्तवादियों (system theorist) का प्रभाव अपने चरमोत्कर्ष पर था। राजनीति-शास्त्र में इसी समय तुलनात्मक राजनीति, एक उप-अनुशासन के रूप में अधिक बल पकड़ रही थी, क्योंकि परम्परागत राजनीतिक विज्ञान को 'नवीन युग' में प्रवेश दिलाने में इस उप-अनुशासन की उपयोगिता बहुत स्पष्ट नजर आने लगी थी। विविधता वाले नए राज्यों के उदय ने तुलनात्मक राजनीति के विद्वानों को तो स्वर्ण अवसर प्रदान कर दिया था। अब तुलना के लिए विविध राजनीतिक व्यवस्थाओं से कहीं अधिक विभिन्न राजनीतिक संस्कृतियों, संरचनाओं और प्रक्रियाओं के उदाहरण व आंकड़े प्रस्तुत हो गए थे। इस कारण, तुलनात्मक राजनीति अध्ययनों में नए प्रत्ययों, परिष्कृत प्रविधियों और नये-नये उपागमों का प्रचलन बढ़ने लगा। इन सब अध्ययन दृष्टिकोणों का एक ही उद्देश्य था कि राजनीतिक व्यवस्था के बारे में कोई ऐसा सिद्धान्त या ऐसे सिद्धान्त निर्मित किए जा सकें जो हर राजनीतिक घटनाक्रम का नहीं तो कम से कम प्रमुख व क्रान्तिकारी परिवर्तनों को समझाने की क्षमता से युक्त हों। इस सम्बन्ध में हम पिछले अध्याय और इस अध्याय में अनेक उपागमों का विवेचन और मूल्यांकन कर चुके हैं। इन सभी उपागमों में हमने यह पाया है कि यह सब, तुलनात्मक राजनीतिक अध्ययनों में नए-नए प्रत्ययों का प्रयोग करके, राजनीतिक व्यवहार या यों कहें तो अधिक उपयुक्त होगा, कि राजनीतिक अस्तव्यस्तता व उथल-पुथल के बारे में सामान्यीकरण या सीमित स्तर पर सिद्धान्त निर्माण का लक्ष्य रखते रहे हैं। किन्तु तुलनात्मक राजनीतिक अध्ययनों के इन सब उपागमों में एक सामान्य धारा यह पाई गई कि इनमें मार्क्सवादी-लेनिनवादी दृष्टिकोण से राजनीतिक उथल-पुथल को समझने या समझाने का कोई व्यवस्थित प्रयास नहीं किया गया था। इस कथन से यह तात्पर्य नहीं है कि पाश्चात्य जगत के राजनीतिशास्त्रियों ने मार्क्सवादी-लेनिनवाद की अवहेलना की थी। वास्तव में, रूस के 'सुपर-पावर' के रूप में उदय तथा साम्यवाद के पूर्वी यूरोप के राज्यों, चीन व वियतनाम में स्थापित होने से, इनका ध्यान साम्यवाद की तरफ अधिकाधिक आकर्षित किया और गहनतम अध्ययन भी इस सम्बन्ध में किए गए। किन्तु राजनीतिक व्यवस्थाओं के बारे में तुलनात्मक अध्ययन के दृष्टिकोण व उपकरण के रूप में मार्क्सवादी-लेनिनवादी विचारबंध का प्रयोग नहीं किया गया। साम्यवाद के विस्तार व प्रसार व बढ़ते हुए प्रभाव से राजनीतिशास्त्रियों ने मार्क्सवादी-लेनिनवादी परिप्रेक्ष्य के द्वारा राजनीतिक सामान्यीकरण करने की सम्भावनाओं की तरफ ध्यान देना शुरू किया। इस अध्याय के शेष भाग में हम तुलनात्मक राजनीति में इसी परिप्रेक्ष्य के संबंध में विचार करेंगे।

मार्क्सवादी-लेनिनवादी उपागम की आवश्यकता (The Necessity of Marxist-Leninist Approach)

मार्क्सवादी-लेनिनवादी उपागम का तुलनात्मक राजनीतिक अध्ययनों के विभिन्न उपागमों के विकल्प के रूप में प्रयोग, अधिक आकर्षक अभी हाल ही के दशकों में हुआ है। इस कारण, यह प्रश्न उठता है कि मार्क्सवादी-लेनिनवादी उपागम को विकल्प के रूप में किन परिस्थितियों और किन कारणों से प्रयोग में लिया जाने लगा है? पाश्चात्य जगत में राजनीतिशास्त्रियों ने एक के बाद दूसरे प्रत्यय का उपयोग करके नवीन राजनीतिक यथार्थ को समझने का प्रयास किया है। राजनीतिक व्यवस्था दृष्टिकोण से चलकर, राजनीतिक संस्कृति के आधार पर तुलनाएं करके सामान्यीकरणों तक पहुंचने का सफर, कम से कम तुलनात्मक राजनीति के अध्ययनों में तो करीब-करीब पचास वर्ष का हो गया है। व्यवहारवादी क्रान्ति ने भी इसमें अपना योगदान दिया। किन्तु इन सब प्रयत्नों के बावजूद तुलनात्मक राजनीति सिद्धान्त निर्माण की ओर बहुत आगे नहीं बढ़ पाई थी। तुलनात्मक अध्ययनों को लेकर इकाई सम्बन्धी कई विवाद चले, अध्ययनों में नये-नये प्रत्ययों का प्रचलन व प्रयोग हुआ पर इन सबका परिणाम राजनीतिक व्यवस्थाओं के बारे में हमारी राजनीतिक समझ को बढ़ाने में एक सीमा से आगे सहायक नहीं हुआ।

पाश्चात्य जगत के चोटी के राजनीतिशास्त्रियों ने विकासशील राज्यों में होने वाले राजनीतिक विकास, राजनीतिक आधुनिकीकरण और राजनीतिक संस्कृति सम्बन्धी परिवर्तनों पर गहनतम अध्ययन किए जिनकी चर्चा हम इस अध्याय में कर चुके हैं। इन अध्ययनों से आंकड़ों का अम्बार लग गया। तुलना की विधियों का परिष्करण हो गया। तथा नई-नई प्रविधियां, प्रत्यय, अध्ययन दृष्टिकोण और तुलना के नए आयाम व अवधारणाएं व प्रस्थापनाएं स्थापित होने लगीं। सिद्धान्तों की दृष्टि से आसमान में ही उड़ने वाली बातें होने लगीं और हर विद्वान को यही सम्भावना लगती रही कि राजनीति का महान सिद्धान्त (grand theory of politics) बस 'कोने वाले मोड़' पर ही है। शोध की तकनीकी बारीकियां इतनी बढ़ गईं कि अध्ययन और भी अधिक वैज्ञानिक व व्यवस्थित बन गए। इन अध्ययनों को अन्ततः परिणाम की दृष्टि से देखा जाय तो विकासशील देशों की राजनीतियों को समझने में इनसे बहुत अन्तरदृष्टि बढ़ी। इन देशों की राजनीतिक व्यवस्थाओं की नस-नस को चीरफाड़ करके देख लिया परन्तु राजनीति का कोई सामान्य सिद्धान्त नहीं बन पाया। तब कुछ विचारकों ने, जिनमें स्टेफेन क्लार्कशन प्रमुख हैं, इस बात पर ध्यान दिया कि, क्या सोवियत रूस का 'विकास सिद्धांत' अर्थात मार्क्सवादी-लेनिनवादी परिप्रेक्ष्य तुलनात्मक विश्लेषण का वैकल्पिक ढांचा (framework) बन सकता है? क्या इस उपागम का प्रयोग करके तुलनात्मक अध्ययन करने पर किसी प्रकार के सामान्यीकरण तक पहुंचने की सम्भावना है? इन्हीं प्रश्नों से प्रेरित होकर इस नए अध्ययन दृष्टिकोण पर ध्यान केन्द्रित किया जाने लगा। इस नए दृष्टिकोण की आवश्यकता का सामान्य विवेचन यह स्पष्ट करता है कि मार्क्सवादी-लेनिनवादी उपागम की आवश्यकता मोटे रूप से तीन कारणों से महसूस की गई। इसको

अगर हम यों कहें तो अधिक उपयुक्त रहेगा कि इन तीन कारणों से तुलनात्मक राजनीतिक अध्ययनों में किसी ऐसे वैकल्पिक ढांचे की तलाश होने लगी जो राजनीति के सामान्य सिद्धान्त निर्माण में सहायक हो। इस खोज में मार्क्सवादी-लेनिनवादी ढांचा ऐसा विकल्प दिखाई दिया और इस कारण, इसके प्रयोग का प्रचलन बढ़ा। इस नये अध्ययन उपागम के प्रचलन व प्रयोग के लिए उत्तरदायी कारणों में तीन प्रमुख माने जा सकते हैं। संक्षेप में यह इस प्रकार हैं—(क) तुलनात्मक राजनीतिक अध्ययन के पाश्चात्य परिप्रेक्ष्यों की राजनीति का सामान्य सिद्धान्त प्रस्तुत करने में असफलता। (ख) पाश्चात्य विकासवादी विश्लेषण का प्रत्ययी पतन। (ग) पाश्चात्य ढांचे द्वारा किए गए तुलनात्मक अध्ययनों द्वारा नये राज्यों की राजनीतियों का संतोषजनक स्पष्टीकरण देने में असफलता।

(क) मार्क्सवादी लेनिनवादी दृष्टिकोण के समर्थकों के द्वारा यह स्वीकार किया जाता है कि पाश्चात्य जगत के राजनीतिशास्त्रियों ने अत्यधिक परिष्कृत सैद्धान्तिक रचनाएं की हैं तथा पद्धतियों की दृष्टि से वे बहुत आगे बढ़ गए हैं। पाश्चात्य जगत के विद्वानों ने तुलनात्मक राजनीतिक अध्ययनों को इतना सुव्यवस्थित, सुनिश्चित और वैज्ञानिक बना लिया है कि घटना विशेष के बारे में (घटना के घटने के बाद) सब पहलुओं पर प्रकाश डालना सम्भव हो गया। किन्तु इन अध्ययनों में यह विद्वान इससे आगे नहीं बढ़ पाए। यह राजनीति का सामान्य सिद्धान्त नहीं बना पाए। मार्क्सवादी-लेनिनवादी दृष्टिकोण के समर्थकों ने इस प्रवृत्ति को लेकर इन पर यह खुला आरोप भी लगाया कि अब तुलनात्मक अध्ययन इतने विशिष्ट और व्यक्तिवादी हो गए कि राजनीतिक व्यवस्था का संदर्भ ही छूट-सा गया है। उदाहरण के लिए, यह कहा गया कि अध्ययनों की बढ़ती हुई बारीकी यहां तक पहुंच गई है कि लोगों को पेड़ विशेष तो दिखाई दे रहा था पर इन पेड़ों से मिलकर बना जंगल दृष्टि से ओझल हो गया। मार्क्सवादी-लेनिनवादी दृष्टिकोण के पक्षधर कहने लगे कि अपने परिष्कृत, परिशुद्ध और नवीन उपकरणों और प्रविधियों से युक्त होकर पश्चिमी लेखक राजनीतिक व्यवस्था-रूपी जंगल की एक संस्था या संस्था के पहलू विशेष-रूपी पेड़ में लगी बीमारी की पूरी खोजबीन में लग गए पर सम्पूर्ण राजनीतिक व्यवस्था-रूपी जंगल में लगी आग से बेखबर रहे। वे यह भूल गए कि इस पेड़ की बीमारी का इलाज या बीमारी के कारणों की खोजबीन उस समय बेकार जाएगी जब इस जंगल में लगी आग के फैलाव से यह पेड़ भी भस्म हो जाएगा।

पिछले उपागमों के मूल्यांकनों में हम देख चुके हैं कि वास्तव में विविध उपागमों, प्रत्ययों व प्रविधियों का प्रयोग करके राजनीतिक व्यवस्थाओं की इकाइयों पर ध्यान केन्द्रित तो होता रहा पर सम्पूर्ण राजनीतिक व्यवस्था को एक तरह से आंखों से ओझल कर दिया गया। इससे विकासशील राज्यों में तेजी से होने वाले परिवर्तनों ने, सीमित पैमाने के इन अध्ययनों को, व्यवस्थाओं में लगी परिवर्तन-रूपी आग ने अपनी लपेट में लेकर निरर्थक कर दिया। उदाहरण के लिए, एक शोधकर्ता, पाकिस्तान में व्यवस्थापिका का अध्ययन कर रहा था तभी वहां तानाशाही की स्थापना ने व्यवस्थापिका और उससे

सम्बन्धित अध्ययन की उपयोगिता को ही समाप्त कर दिया।

(ख) मार्क्सवादी-लेनिनवादी उपागम के समर्थक पश्चिमी विद्वानों द्वारा किए गए तुलनात्मक अध्ययनों में प्रयुक्त किए जाने वाले प्रत्ययों को लेकर उन पर गहरा आरोप लगाते हैं। उनका कहना है कि पश्चिम के विकासवादी विश्लेषणों का प्रत्ययी पतन हो गया है। प्रत्ययी पतन से उनका तात्पर्य है कि हर शोधकर्ता, जिन प्रत्ययों का प्रयोग करता है उनको उसे पुनः परिभाषित करना होता है। हम तुलनात्मक पद्धति सम्बन्धी विवेचन (अध्याय पांच) में देख चुके हैं कि प्रत्ययों के अर्थ पर इस भिन्नता के कारण हर शोधकर्ता की भाषा (प्रत्ययी) विशिष्ट बन गई और स्थिति यह आ गई कि पश्चिमी जगत में शोध के विभिन्न चरणों में एक अनिवार्य चरण 'प्रत्ययों की परिभाषा करना' (definition of concepts) बन गया। उदाहरण के लिए, 'राजनीतिक व्यवस्था' जैसा व्यापक प्रत्यय तक असहमति का शिकार बना हुआ है। ऐसा कहा जाता है कि पाश्चात्य राजनीतिक अध्ययनों का विद्यार्थी अगर दस वर्ष तक के इतिहास को उठाकर देखे तो प्रत्ययों की दृष्टि से उसको मौखिक ही नहीं आमूल परिवर्तन देखने को मिलेंगे। इसका परिणाम यह हुआ कि हर शोधकर्ता, अन्य शोधकर्ता की उपलब्धियों का तब तक लाभ नहीं उठा सकता जब तक कि दोनों ने अपनी शोध में प्रयुक्त प्रत्ययों की एक ही परिभाषा नहीं ली हो। अतः पाश्चात्य विकासवादी विश्लेषणों के प्रत्ययी पतन से ऐसे उपागम की आवश्यकता महसूस की जाने लगी जिसमें प्रत्ययी क्रमिकता (conceptual continuity) व अनुरूपता हो। मार्क्सवादी-लेनिनवादी दृष्टिकोण में प्रयुक्त होने वाले प्रत्ययों के बारे में ऐसा कहा गया है कि उनमें इस प्रकार के पतन का अभाव है।

(ग) इस दृष्टिकोण के समर्थकों का कहना है कि पश्चिमी लेखकों ने जिन उद्देश्यों को प्राप्त करने के लिए नए-नए अध्ययन उपागमों का प्रयोग किया वे उसी उद्देश्य में ही असफल रहे हैं। उनके द्वारा प्रतिपादित तुलनात्मक अध्ययनों के उपागम नए राज्यों की राजनीतियों का संतोषजनक स्पष्टीकरण देने में असफल रहे हैं। इसलिए, ऐसे उपागमों के उपयोग की निरर्थकता स्वयंसिद्ध हो गई। इससे यह अर्थ नहीं निकालना है कि पश्चिमी राजशास्त्रियों के प्रयत्न असफल रहे या वे कुछ नहीं कर पाए। सत्य तो यह है कि इतने कम समय में इतना कुछ करने का उनका प्रयत्न इसलिए असफल नहीं हुआ कि उनकी शोध-प्रक्रिया में कोई कमी नहीं थी, अपितु विकासशील देशों की राजनीतिक व्यवस्थाओं में परिवर्तनों की गति इतनी तेज है कि उनके प्रयत्न असफल नहीं तो कम से कम उतने सफल नहीं हो सके जितने होने चाहिए थे। मार्क्सवादी-लेनिनवादी दृष्टिकोण के प्रतिपादक यही आरोप उन पर लगाते हैं कि गलत इकाई से आरम्भ किया गया अध्ययन सही परिणामों तक तो केवल कोई आश्चर्यजनक अकस्मात हो तभी पहुंचा सकता है। अतः सही ढंग से ही नहीं, सही इकाई से अध्ययन का आरम्भ कर तुलना करना ही उचित स्पष्टीकरण देने की अवस्था में पहुंचा सकता है।

उपरोक्त कारणों से पाश्चात्य जगत के विद्वानों ने ऐसे दृष्टिकोण की खोज आरम्भ की जिससे विकासशील देशों की राजनीतियों के मोटे घटनाक्रमों और विकास की दिशाओं तथा प्रतिमानों को समझने में सहायता मिले। मुख्य रूप से तुलनात्मक विश्लेषण

के ऐसे दृष्टिकोण की आवश्यकता महसूस की जाने लगी जो उपरोक्त आलोचनाओं से मुक्त हो तथा जिसमें निम्नलिखित गुण विद्यमान हों—

(क) राजनीति का सामान्य सिद्धान्त बनाने में सहायक हो।

(ख) जिसमें प्रत्ययी स्पष्टता, क्रमिकता, स्थायित्व और अनुरूपता हो।

(ग) जिसमें, अर्थात जिसके आधार पर किए गए तुलनात्मक विश्लेषणों में ऐतिहासिक स्थायित्व हो।

(घ) जो विकासशील राज्यों की राजनीतिक व्यवस्थाओं पर विशेष रूप से लागू हो तथा उनमें होने वाले परिवर्तनों के बारे में दिशात्मक संकेत दे सके।

मार्क्सवादी-लेनिनवादी परिप्रेक्ष्य को इस प्रकार के उद्देश्यों की उपलब्धि में सहायक माना गया है। इसके समर्थक, जिनकी पश्चिमी जगत में अब कमी नहीं है, यह मानते हैं कि असम्भव को सम्भव बनाने का प्रयास निरर्थक है। उदाहरण के लिए, भारत के किसी राज्य की एक या कुछ ग्राम पंचायतों का व्यापकतम अध्ययन उस राज्य की पंचायत व्यवस्था के बारे में बहुत ही अधिक सीमित स्पष्टीकरण दे पाएगा और यह सीमित स्पष्टीकरण समय की सीमाओं से इतना आबद्ध होगा कि कुछ समय बाद इसकी उपयोगिता केवल सैद्धान्तिक या पुस्तकीय रह जाएगी। अगर इसी उदाहरण को और आगे बढ़ाया जाए तो यह कहा जा सकता है कि राजस्थान के गांवों की पंचायत व्यवस्था के बारे में किए गए अध्ययनों के सारे निष्कर्ष इस बात से समाप्त या निरर्थक हो गए कि 1 जनवरी 1966 से राजस्थान में आज तक (1977) पंचायतों के चुनाव नहीं हुए हैं। इससे मार्क्सवादी लेनिनवादी दृष्टिकोण के समर्थकों की इस दलील को बल मिलता है कि राजनीतिक संस्था विशेष की बीमारी के स्थान पर इस संदर्भ और बीमारी के उन बाहरी नियामकों पर ध्यान देना अधिक उपयोगी होगा जिनसे यह उत्पन्न, प्रभावित और बढ़ रही है। इस तरह, मार्क्सवादी-लेनिनवादी दृष्टिकोण अपने आपको एक यथार्थवादी विश्लेषण प्रयत्न के रूप में स्थापित करने का प्रयास करता हुआ कहा जा सकता है।

मार्क्सवादी-लेनिनवादी धारणा का अर्थ व सिद्धान्त (The Meaning and Theory of Marxist-Leninist Perspective)

मार्क्सवादी-लेनिनवादी अध्ययन का दृष्टिकोण नया नहीं है, किन्तु तुलनात्मक राजनीतिक विश्लेषणों में इसका उपयोग अब ही होने लगा है। अतः इस दृष्टिकोण का अर्थ समझकर ही तुलनात्मक राजनीतिक अध्ययनों में इस दृष्टिकोण की उपयोगिता समझी जा सकती है। मार्क्सवादी-लेनिनवादी दृष्टिकोण के प्रयोगकर्ता निम्नलिखित मान्यताएं रखते हैं। इन मान्यताओं के विवेचन के आधार पर इसका अर्थ समझना सरल होगा, इसलिए इनका उल्लेख करना आवश्यक है—(क) मार्क्सवादी-लेनिनवादी राज्य की औपचारिक संरचनाओं को बहुत कम महत्त्व देते हैं। (ख) इनकी मान्यता है कि विकासशील राज्यों की सर्वाधिक महत्त्वपूर्ण समस्याओं की मार्क्सवादी-लेनिनवादियों की राज्य-शक्ति, वर्ग और औद्योगिकीकरण की धारणाओं से अधिक अनुकूलता है। (ग) इनकी मान्यता है कि राजनीतिक व्यवहार को समझने के लिए समग्रवादी दृष्टिकोण का अपनाना

आवश्यक है। (घ) इनकी अपनी अवधारणाएं, मान्यताएं और प्रविधियां हैं। (च) यह विशेष प्रकार के युद्धों के बजाय सामान्य सवाल उठाते हैं और उनके सामान्य उत्तर ही देने का प्रयास करते हैं।

(क) इस दृष्टिकोण के प्रतिपादकों की मान्यता है कि राजनीतिक व्यवस्थाओं में औपचारिक संस्थाओं और संरचनाओं का होना आवश्यक है, क्योंकि इनके माध्यम से राजनीतिक प्रक्रियाओं को आधार तथा दिशा मिलती है। किन्तु इनको सब कुछ नहीं मान लेना चाहिए। इस अर्थ में मार्क्सवादी-लेनिनवादी दृष्टिकोण अन्य उपागमों से भिन्न नहीं हैं। व्यवहारवाद के उदय और प्रचलन के बाद औपचारिक संरचनात्मक व्यवस्थाओं को पाश्चात्य तुलनात्मक विश्लेषणों में भी विशेष स्थान नहीं दिया जाता है। अतः मार्क्सवादी-लेनिनवादी आधार पर किए गए तुलनात्मक अध्ययन वास्तविक राजनीतिक प्रक्रियाओं से अधिक सम्बद्ध हैं।

(ख) इस दृष्टिकोण में सर्वाधिक महत्त्व का तत्त्व यह है कि विकासशील राज्यों की समस्याएं मार्क्सवादी-लेनिनवादी उपागम के आधार पर ही समझी जा सकती हैं, क्योंकि इनकी राज्य-शक्ति, वर्ग तथा उद्योगों की धारणा, विकासशील राज्यों में इनसे सम्बन्धित धारणाओं से बहुत मेल खाती है। इस प्रत्ययी अनुकूलता के कारण, साम्यवादी विचारधारा में जिन प्रत्ययों का प्रचलन है, वैसे ही समान अर्थी प्रत्यय विकासशील राज्यों में भी पाये जाते हैं। इनके अर्थ विकसित राज्यों के प्रत्ययों के अनुरूप अर्थ रख ही नहीं सकते हैं। क्योंकि राजनीतिक संस्कृति के महत्त्वपूर्ण अन्तर यह समानता नहीं आने देते हैं। उदाहरण के लिए, लोकतंत्र का अर्थ विकासशील राज्यों व मार्क्सवादी-लेनिनवादी विचारधारा वाले राज्यों में अधिक साम्यता रखता है। इतनी साम्यता उदार लोकतंत्रों में लोकतंत्र की धारणा से नहीं है। यद्यपि वतमान संदर्भ में यह उल्लेख करना उपयुक्त नहीं है फिर भी अनेक विद्वान यह मानते हैं कि अधिकांश विकासशील राज्यों में लोकतंत्र असफल ही इसलिए रहा है, क्योंकि इसको उदार लोकतंत्रों वाले अर्थ में अपना लिया गया था जो उस प्रकार की विशेष राजनीतिक संस्कृति के अभाव में असफल ही होता। भारत के संविधान में किया गया 42वां संशोधन शायद भारतीय लोकतंत्र को सही परिप्रेक्ष्य में रखने का ही प्रयास है।

(ग) मार्क्सवादी-लेनिनवादी दृष्टिकोण में अन्तःशास्त्रीय अध्ययन दृष्टिकोण निहित है। इस उपागम के अनुसार सामाजिक विज्ञानों को स्वायत्त अनुशासनों के रूप में रखने से महत्त्वपूर्ण राष्ट्रीय प्रश्न, राजनीति-शास्त्र, अर्थशास्त्र, समाजशास्त्र और मनोविज्ञान के पृथक-पृथक शैक्षणिक स्टूलों (stools) के बीच विभक्त होकर रह जाते हैं। इससे समस्याओं के समाधान नहीं होते, प्रश्नों के स्पष्टीकरण नहीं आते, अपितु इससे समस्याएं शैक्षणिक विवादों में फंसकर रह जाती हैं। अतः मार्क्सवादी-लेनिनवादी दृष्टिकोण समग्र दृष्टि से सम्पूर्ण राजनीतिक व्यवस्था को देखकर समझने के प्रयास पर बल देता है।

(घ) मार्क्सवादी-लेनिनवाद हर नई समस्या के समाधानात्मक अध्ययन के लिए नये-नये प्रत्ययी ढांचे सृजित नहीं करता है। पाश्चात्य तुलनात्मक विश्लेषणों में अधिकांशतः यही पाया गया है कि कोई प्रत्यय किसी घटना विशेष से सम्बन्धित अध्ययन में सहायक

नहीं है तो उसको छोड़कर उसके स्थान पर नया प्रत्यय बना लिया जाता है। इससे भ्रम उत्पन्न हो जाता है। प्रत्ययी एकता समाप्त हो जाती है। ऐसी स्थिति से बचने के लिए मार्क्सवादी-लेनिनवादी उपागम में अपनी स्थिरतायुक्त अवधारणाएं और प्रविधियां प्रयुक्त करने की व्यवस्था की गई है।

(च) इस उपागम में व्यष्टि के स्थान पर समष्टि स्तर को इकाई के लिए चुनना उपयुक्त ठहराया है। इनकी मान्यता है कि व्यष्टि-स्तर पर किए गए अनेक अध्ययनों को जोड़कर सामान्यीकरण करने का प्रयास विफल हो जाता है। हर देश में राजनीतिक व्यवहार इतने अधिक परिवर्त्यों से प्रभावित रहता है कि किसी भी व्यष्टि अध्ययन में कोई परिवर्त्य छूट जाएगा और किसी अध्ययन में कोई नया परिवर्त्य आ जाएगा। इसलिए यह सम्पूर्ण राजनीतिक व्यवस्था को इकाई या संदर्भ मानकर उसकी प्रक्रियात्मक अभिव्यक्तियों को समझने का प्रयास करते हैं।

उपरोक्त बातों से मार्क्सवादी-लेनिनवादी उपागम का अर्थ स्पष्ट हो जाता है। यह उपागम कई बातों में पाश्चात्य उपागमों की तरह है, किन्तु इनमें कुछ मौलिक अन्तर भी हैं। अगर पहले दिया गया उदाहरण दोहराएं तो यों कहा जा सकता है कि यह जंगल में लगी आग पर ध्यान केन्द्रित करने की बात करता है। एक-एक पेड़ की बीमारी की चिन्ता नहीं करता है। इसका यह अर्थ नहीं कि यह व्यक्तिगतता के प्रतिकूल है या पेड़ की बीमारी से आंख मूंदने की सिफारिश करता है। इसका अर्थ यही है कि सब समस्याओं को एक-सा नहीं माना जा सकता। कुछ प्राथमिकताएं तो निश्चित रहती हैं केवल उनके अभिज्ञान और पहचान की आवश्यकता होती है। मार्क्सवादी-लेनिनवादी उपागम के इस अर्थ के बाद हम संक्षेप में मार्क्सवाद और लेनिनवाद के सिद्धान्तों का विवेचन करना उपयुक्त समझते हैं।

मार्क्सवाद और लेनिनवाद के सिद्धान्तों का विस्तृत विवेचन तो यहां अप्रासंगिक होगा इसलिए यहां पर केवल उनके सिद्धान्तों की आधारभूत मान्यताओं का उल्लेख करना पर्याप्त होगा। संक्षेप में यह मान्यताएं इस प्रकार हैं—(क) सामाजिक जीवन में शक्ति के आर्थिक पहलू की सर्वोच्चता; (ख) समाज में आर्थिक शक्ति से सम्पन्न वर्ग का प्रभुत्व; और (ग) राजनीतिक शक्ति का आर्थिक शक्ति के अधीन होना।

(क) मार्क्सवादी-लेनिनवादी यह मानते हैं कि सामाजिक जीवन में शक्ति के आर्थिक पहलू की सर्वोपरिता ही महत्त्वपूर्ण होती है। इससे मनुष्य का सम्पूर्ण जीवन संचालित होता है, तथा जिस वर्ग के हाथ में आर्थिक शक्ति होती है वह वर्ग अन्य वर्गों पर आधिपत्य जमाकर, उन्हें अपने लिए कार्य करने को बाध्य करता है। यह अवस्था वर्ग-संघर्ष व शोषण का आधार बनती है। अतः मार्क्सवादी पाश्चात्य समाज की भांति आर्थिक शक्ति पर कुछ व्यक्तियों का नियंत्रण स्वीकार नहीं करते हैं। उनके अनुसार यह शक्ति (आर्थिक) सबके हाथ में रहनी चाहिए जिससे वर्ग-संघर्ष, शोषण इत्यादि की परिस्थितियां उत्पन्न नहीं हों।

(ख) मार्क्सवादियों का कहना है कि आर्थिक शक्ति की सर्वोपरिता का तर्कसंगत परिणाम आर्थिक शक्तियुक्त वर्ग का प्रभुत्व की अवस्था में होना है। यह राजनीतिक

शक्ति की गौणता का सूचक है। अतः व्यवहार में राजनीतिक शक्ति प्रभुतायुक्त नहीं रहती। व्यवहार में सम्पूर्ण समाज आर्थिक शक्ति के निर्देशन में चलने के लिए बाध्य हो जाता है और आर्थिक शक्ति सम्पूर्ण समाज पर छाई रहती है।

(ग) आर्थिक शक्ति की सर्वोपरिता तथा समाज में इससे सम्पन्न वर्ग का प्रभुत्व, राजनीतिक शक्ति को भी इसके अधीन बना देता है। समाज में विद्यमान सभी संस्थाएं, आर्थिक शक्ति के समक्ष नतमस्तक रहती हैं। अतः तुलनात्मक विश्लेषण राजनीतिक शक्ति के आधार पर आधारित करने के साथ ही साथ आर्थिक शक्ति की संरचना को ध्यान में रखकर किया जाना चाहिए। उनके अनुसार, उत्पादन और वितरण के साधनों पर किसका स्वामित्व है, सम्पत्ति का किस प्रकार समाज में वितरण है, यह बातें राजनीतिक व्यवस्था की वास्तविक प्रकृति की निर्धारक होती हैं। इसलिए, तुलनात्मक राजनीति वास्तव में यथार्थवादी तभी बन सकती है जब शक्ति के आर्थिक पहलू को ध्यान में रखा जाए।

मार्क्सवादी-लेनिनवाद के अनेक सिद्धान्त इस संदर्भ में प्रासंगिक नहीं होने के कारण उनका न यहां कोई उल्लेख किया जा रहा है और न ही उनका विवेचन दिया जा रहा है। हमारा यहां सीमित उद्देश्य, मार्क्सवादी-लेनिनवादी दृष्टिकोण से तुलनात्मक अध्ययन करके निष्कर्ष निकालने में, और इस आधार पर की गई तुलनाओं की उपयोगिता तक ही है। इस उपागम के क्रियात्मक विचार के शीर्षक के अन्तर्गत हम उपरोक्त सिद्धान्तों का किस प्रकार प्रयोग होता है पर चर्चा करेंगे, इसलिए इस वर्णन को यहीं समाप्त किया जा रहा है। इस उपागम की विशेषताओं का विवेचन करके इसके महत्त्व को समझना उपयुक्त रहेगा। अतः इसकी विशेषताओं का संक्षिप्त वर्णन किया जा रहा है।

मार्क्सवादी-लेनिनवादी दृष्टिकोण की विशेषताएं (The Characteristics of the Marxist-Leninist Approach)

तुलनात्मक राजनीतिक अध्ययनों में मार्क्सवादी-लेनिनवादी दृष्टिकोण कुछ विशेष विशेषताओं के कारण राजनीति-शास्त्र के विद्वानों के ध्यान का आकर्षण बना है। इस दृष्टिकोण की निम्नलिखित विशेषताएं हैं—

(क) **प्रत्ययी स्थायित्व** (The conceptual stability)—मार्क्सवादी-लेनिनवादी दृष्टिकोण के प्रतिपादकों का कहना है कि साम्यवादी सामाजिक विज्ञानों की, पिछली कई दशाब्दियों से सर्वाधिक प्रभावित करने वाली विशेषता, इसकी प्रत्ययी व्यवस्था का स्थायित्व है। उनका कहना है कि माक्सवाद-लेनिनवाद में प्रयुक्त किये जाने वाले प्रत्यय व शब्दावली, इनके अध्ययन का सामान्य दृष्टिकोण, इनकी आदर्शी पूर्वधारणाएं और पद्धतियां पिछली आधी शताब्दी से आश्चर्यजनक समानता रखती रही हैं। उदाहरण के लिए, 'वर्ग-संघर्ष', 'राज्य' या 'सरकार' जैसे प्रत्ययों का अर्थ आज भी वही है जो आज से आधी शताब्दी पहले था। अतः एक मार्क्सवादी लेखक ने व्यंग्य करते हुए लिखा है कि अगर कोई साम्यवादी राजनीतिक व्यवस्था का अध्ययनकर्ता 1950 में सो कर 1977 में जगे तो

उसको, 1977 में सोवियत व्यवस्था की अध्ययन विधियों, प्रत्ययों या आदर्शी मान्यताओं में कोई अन्तर नहीं आने के कारण, सोवियत सामाजिक विज्ञानों के अध्ययन और मार्क्सवादी प्रत्ययों को समझने में कोई कठिनाई नहीं होगी। किन्तु अगर पश्चिमी जगत का राजनीतिशास्त्री 1950 में सो कर, 1977 में जगने पर, सामाजिक विज्ञानों या विशेष कर राजनीतिक अध्ययन का प्रयास करे तो शायद वह कुछ नहीं कर सकेगा, क्योंकि तब तक वहां तुलनात्मक अध्ययनों में प्रयुक्त होने वाले प्रत्यय, प्रविधियां और विश्लेषण तकनीकें सब कुछ बदल गई होंगी।

इसका यह तात्पर्य नहीं है कि मार्क्सवादी-लेनिनवादी प्रत्ययों का स्थायित्व जड़ता का संकेतक है। यह गत्यात्मकता का सूचक है। क्योंकि विचारधारा की व्याख्या यहां दिन में दो बार नहीं बदलती है। परिस्थितियों के बदलने के कारण मार्क्सवाद-लेनिनवाद की व्याख्या में परिवर्तन आए हैं, किन्तु प्रत्ययों का अर्थ बदलने की आवश्यकता नहीं पड़ी है। पाश्चात्य तुलनात्मक विश्लेषणों में इस स्थायित्व का अभाव प्रत्ययों की परिभाषा की समस्याएं उत्पन्न कर देता है तथा साथ ही इससे अध्ययनों में कठिनाइयां उत्पन्न हो जाती हैं। विशेषकर तुलनात्मक राजनीति में प्रत्ययों का स्थायित्व अति आवश्यक है अन्यथा इसमें निष्कर्ष ही गलत हो जाते हैं। उदाहरण के लिए, दो लोकतांत्रिक राजनीतिक व्यवस्थाओं की तुलना करनी है तो यह उस अवस्था में असम्भव होगा जब लोकतंत्र का तुलना की इकाइयों में अलग-अलग अर्थ लगाया जाता हो। अतः मार्क्सवादी-लेनिनवादी दृष्टिकोण की यह महत्त्वपूर्ण विशेषता है कि इसमें प्रत्ययी स्थायित्व पाया जाता है। इस प्रत्ययी स्थायित्व के कई लाभ हैं जिनमें से प्रमुख का उल्लेख हम यहां कर रहे हैं—(क) प्रत्यय, बुद्धिजीवियों, नीति-निर्धारकों और आम जनता के बीच सम्प्रेषण या संचार सम्भव बनाते हैं। (ख) प्रत्ययों, बौद्धिक प्रवर्गों और शब्दावली पर भ्रांति (confusion का अभाव रहता है। (ग) हर शोधकर्ता के द्वारा प्रत्ययों को पुनः परिभाषित करने की आवश्यकता नहीं रहती। (घ) तुलनात्मक अध्ययन विश्लेषणों को समझना सरल हो जाता है। और (च) विवेचित या विश्लेषित घटना की सैद्धान्तिक सुविज्ञता (familiarity बनी रहती है। प्रत्ययी स्थायित्व के उपरोक्त गुणों का संक्षिप्त विवेचन करने से इनका महत्त्व समझना सम्भव होगा। अतः इनका संक्षिप्त विवेचन दिया जा रहा है—

(i) प्रत्ययों के स्थायित्व के कारण समाज में प्रत्यय या शब्दावली सभी के लिए सुविज्ञ हो जाती है। एक प्रत्यय का बुद्धिजीवियों, नेताओं और साधारण व्यक्तियों के लिए एक ही अर्थ होने के कारण, इनमें आपस में सम्पर्क ही नहीं वरन, एक-दूसरे के बीच सम्प्रेषण भी होता रहता है। शोधकर्ताओं की भाषा इससे अलग नहीं बनती और शोध का नीति-निर्धारण में उपयोग सम्भव होता है तथा नेताओं के द्वारा जो बात कही जाती है वह जनसाधारण तक पहुंच जाती है। मार्क्सवादी-लेनिनवादी दृष्टिकोण के समर्थकों का पाश्चात्य सामाजिक अनुसंधान पर यह आक्षेप है कि वहां हर अनुशासन की विशिष्ट शब्दावली बन गई है और एक ही अनुशासन में प्रत्ययों का अर्थ इतना पेचीदा हो गया है कि साधारण जनता व नीति-निर्धारक तो दूर स्वयं राजशास्त्री आपस में जानकारी का आसानी से आदान-प्रदान नहीं कर पाते हैं। इससे बुद्धिजीवियों, नीति-निर्धारकों और

जनसाधारण की अलग-अलग शब्दावली बन जाती है। इन तीनों वर्गों के लोगों के बीच प्रत्ययी दीवारें खड़ी हो जाती हैं तथा ज्ञान, सूचना और तथ्यों का तीनों वर्गों के लोगों के बीच स्वतन्त्र रूप से प्रवाह अवरुद्ध हो जाता है। लेकिन मार्क्सवादी-लेनिनवादी दृष्टिकोण में प्रत्ययी स्थायित्व के कारण समाज के इस प्रकार के लोगों के बीच दीवारें खड़ी नहीं होती हैं। जैसे वर्ग का अर्थ साम्यवादी व्यवस्थाओं में सब के लिए एक ही होता है। मार्क्स और लेनिन ने जो इसका अर्थ लिया वही माओ और हो-ची मिन्ह के द्वारा भी लिया गया है।

(ii) प्रत्ययों के स्थायित्व के कारण इनके अर्थ को लेकर न भ्रांति होती है और न ही इनके अर्थ पर कोई विवाद उत्पन्न होता है। एक ही अर्थ सबके द्वारा स्वीकार होने के कारण किसी भी प्रकार के विवाद की गुंजाइश ही नहीं रह जाती। सामान्यतया बौद्धिक प्रवर्गों (intellectual categories) की परिभाषा अनावश्यक विवादों का जनक बनती है। परन्तु प्रत्ययों व प्रवर्गों का स्थायित्व इस सब प्रकार की उलझनों से मुक्ति दिला देता है तथा भ्रम की कोई गुंजाइश नहीं रहती है।

(iii) पाश्चात्य जगत में शोधकर्ता को अपनी शोध में प्रयुक्त होने वाले प्रत्ययों को पुनः परिभाषित करना पड़ता है। इसका मुख्य कारण प्रत्ययी ढांचे का स्थायित्व के लक्षण से रहित होना होता है। प्रत्ययों के अर्थ बदलते रहते हैं या अलग-अलग शोधकर्ता, उनका अलग-अलग अर्थों में प्रयोग करके, नये निष्कर्षों पर पहुंचना चाहते हैं। इससे कई पेचीदगियां उत्पन्न होती हैं। प्रत्ययी ढांचे के स्थायित्व से इन सब उलझनों से भी बचना संभव हो जाता है।

(iv) हर सामाजिक शास्त्र में शोधकार्य का दोहरा उद्देश्य होता है। एक तो शोध से उस विषय सम्बन्धी समझ बढ़ती है तथा दूसरे, इस शोध का लाभ समाज हित के लिए नीति-निर्धारण में निहित होता है। प्रत्ययी स्थायित्व से तुलनात्मक विश्लेषण-निष्कर्ष सरल से लगते हैं और उनका उपरोक्त वर्णित दोहरा लाभ समाज को उपलब्ध हो जाता है। विशेषज्ञों की भाषा अलग और क्लिष्ट होने पर शोध के निष्कर्षों को समझने योग्य बनाने में ही इतना समय लग जाता है कि शायद निष्कर्ष तब तक कम से कम नीति-निर्धारण में प्रयोग योग्य नहीं रह जाते हैं। अतः प्रत्ययी ढांचे का स्थायित्व इन पर आधारित अनुसंधान कार्यों को सरल और समझने योग्य बना देता है।

(v) अनुसंधान कार्यों को सुविदित सैद्धान्तिक ढांचे पर आधारित करने से उन घटनाओं को, जिनका विवेचन या विश्लेषण किया जाता है, एक निश्चित तारतम्यता में बांधना सम्भव होता है। इससे सम्पूर्ण शोध प्रयत्न एकता के सूत्र में बंधे रह जाते हैं और शोध का अधिक लाभ व उसमें अधिक व्यवस्थितता रहती है।

प्रत्ययी ढांचे के स्थायित्व के उपरोक्त लाभों के विवेचन से यह निष्कर्ष नहीं निकाल लेना है कि इससे फायदा ही फायदा है। वास्तव में इससे हानियां भी कम नहीं होती हैं। इसके कारण तुलनात्मक अध्ययनों में वैज्ञानिकता का स्तर गिरता है। प्रविधियों का परिष्करण व परिशुद्धता का भी स्तर निम्न कोटि का हो जाता है तथा कभी-कभी अनुसंधान गतिहीन व जड़ से बनने लगते हैं। किन्तु इस बात को तो स्वीकार करना ही

होगा कि प्रत्ययी ढांचे का स्थायित्व अनेक भ्रमों का निवारक बन जाता है।

(ख) संघटित या समग्रवादी पद्धति (Integrated mathodology or wholistic nature)—मार्क्सवादी-लेनिनवादी दृष्टिकोण में संघटित या समग्रवादी पद्धति का प्रयोग किया जाता है। क्लार्कसन ने इस सम्बन्ध में लिखा है कि साम्यवादी विश्लेषण की दूसरी प्रमुख विलक्षणता इसकी अध्ययन पद्धति की समग्रवादी प्रकृति है। मार्क्सवादी-लेनिनवादी उपागम में अलग-थलग तुलनाएं व अध्ययन नहीं किए जाते हैं। इसके समर्थकों की मान्यता है कि सभी सामाजिक घटनाक्रम अनेक परिवर्त्यों और तत्त्वों से प्रभावित रहते हैं। अतः सही निष्कर्षों पर पहुंचने के लिए इन सभी का ध्यान रखना ही पर्याप्त नहीं है, अपितु इनको अध्ययन में सम्मिलित करना भी आवश्यक है। उदाहरण के लिए, किसी देश की राजनीतिक व्यवस्था से सम्बन्धित घटनाक्रमों का कारण उसकी विशेष ऐतिहासिक पृष्ठभूमि या अर्थव्यवस्था की स्थिति हो सकती है। यही कारण है कि मार्क्सवादी-लेनिनवादी विश्लेषण में इतिहास, समाज की अवस्था, अर्थव्यवस्था की प्रकृति और राजनीति को, एक सर्वांगीण या समग्रतावादी विश्लेषण में समाहित कर दिया जाता है। राजनीतिक घटनाक्रमों को समझने में संघटित पद्धति का योगदान बहुत अधिक रहता है। विशेषकर, विकासशील राज्यों की राजनीतियों में तीव्र गति से होने वाले परिवर्तन, संघटित पद्धतियों के प्रयोग से ही समझे जा सकते हैं। इन देशों में घटनाक्रमों के प्रेरक व नियामक समाज व जीवन के विभिन्न पहलुओं में फैले होने के कारण केवल संघटित पद्धति द्वारा ही स्पष्ट किए जा सकते हैं। अतः विकासशील देशों में होने वाले परिवर्तनों को समझने में मार्क्सवादी-लेनिनवादी दृष्टिकोण की संघटित पद्धति प्रमुख रूप से सहायक पाई गई है।

(ग) ऐतिहासिक दृष्टि से गत्यात्मक उपागम (Historically a dynamic approach)—मार्क्स व लेनिन ने इतिहास की व्याख्या तथा अटलनीय भावी विकास को नये परिप्रेक्ष्य में समझने का प्रयास किया है। उन्होंने न केवल इसकी ही व्याख्या की थी कि समाज किस प्रकार विकसित हुआ है, अपितु इसका भी विस्तृत विवेचन किया है कि यह किस प्रकार भविष्य में विकास करेगा। उनकी मान्यता थी कि कृषि-प्रधान अर्थ-व्यवस्थाओं में असन्तोष, अशांति और उथल-पुथल कम होती है या बिलकुल नहीं होती है जबकि औद्योगिकता प्रधान व्यवस्थाओं में असन्तोष, अशांति और उथल-पुथल अधिक व उग्र प्रकृति वाले होते हैं। इनसे इतिहास का सन्दर्भ बनता है तथा समाजों के विकास के प्रेरक या अवरोधक प्रस्तुत होते हैं। इन दोनों प्रकार की व्यवस्थाओं वाले समाजों में असन्तोष व उतार-चढ़ावों को इस प्रकार चित्रित करके ऐतिहासिक विकास से सम्बन्धित किया जा सकता है।

चित्र 7.5 से स्पष्ट है कि कृषि-प्रधान अर्थव्यवस्था वाले राज्यों का विकास मंथर गति से चलता है जबकि औद्योगिक अर्थव्यवस्थाओं में असन्तोष के उतार-चढ़ाव विकास को आगे धकेलने का कार्य करते हैं। इसके कारण औद्योगिक अर्थव्यवस्था वाले समाज में स्वयं के विनाश के बीज निहित रहते हैं जो एक दिन असन्तोष व शोषण को एक सीमा से आगे बढ़ा देते हैं जिससे क्रांति हो जाती है और साम्यवाद स्थापित हो जाता है। हम मार्क्स के द्वारा

की गई ऐतिहासिक व्याख्या के और विस्तार में नहीं जाकर इतना ही कहेंगे कि मार्क्स ने इतिहास की भौतिकवादी व्याख्या करके या आर्थिक-नियतिवाद और भौतिक-द्वन्द्ववाद का सिद्धान्त प्रतिपादित करके, वर्ग-संघर्ष के द्वारा समाजों की गत्यात्मकता को समझने का प्रयास किया तथा यह बताया कि ऐतिहासिक विकास की प्रमुख प्रेरक शक्तियां विश्लेषणों से बाहर नहीं रखी जा सकतीं। इससे मार्क्सवादी-लेनिनवादी दृष्टिकोण ऐतिहासिक

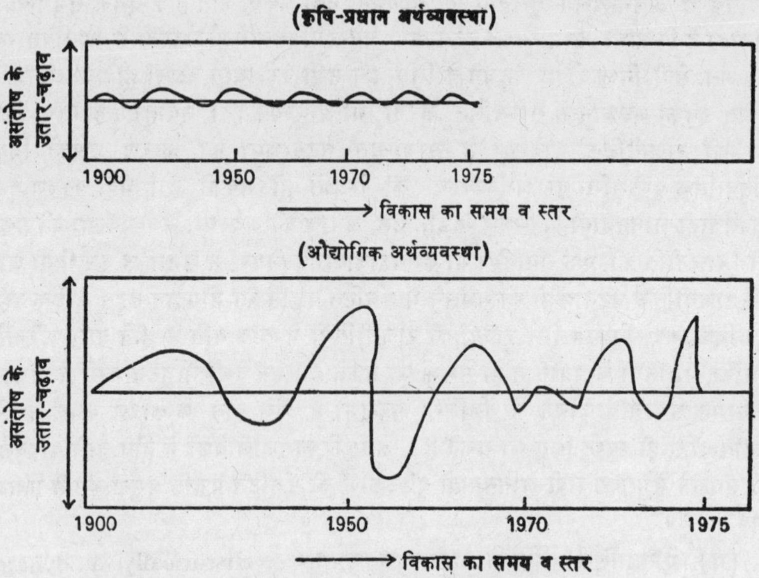

चित्र 7.5 अर्थव्यवस्था की प्रकृति का विकास पर प्रभाव

दृष्टि से गत्यात्मक उपागम बन जाता है। इस सम्बन्ध में पाठक को सम्बन्धित पुस्तकों से मार्क्स और लेनिन के, भौतिक द्वन्द्ववाद (dialectical materialism), इतिहास की भौतिकवादी व्याख्या (materialistic interpretation of history), आर्थिक नियतिवाद (economic determinism) तथा वग-संघर्ष की अवधारणा (concept of class war) पर, विचारों का सामान्य ज्ञान प्राप्त कर लेने पर, मार्क्सवादी-लेनिनवादी दृष्टिकोण की ऐतिहासिक दृष्टि से गत्यात्मकता समझना सरल हो जाएगा।

(घ) **सामाजिक दृष्टि से प्रासंगिक ढांचा है** (Socially relevant framework)—कार्ल मार्क्स के चालीस वर्ष के शोध व लेखन का प्रमुख प्रहार पूंजीवादी व्यवस्था के अवश्यंभावी पतन की सत्यता प्रमाणित करने में ही केन्द्रित रहा था। उसने अपने जीवनकाल में जो हजारों पृष्ठ लिखे उनमें पूंजीवादी व्यवस्था का विश्लेषण व स्पष्टीकरण ही सम्मिलित रहा। **दास केपीटल** के 3600 पृष्ठों में मार्क्स ने अप्रत्यक्ष रूप से भी यह बताने का प्रयास नहीं किया कि भावी साम्यवादी व्यवस्था, जिसकी तरफ, आर्थिक और सामाजिक विकास अनिवार्यतः बढ़ रहा है, किस प्रकार की होगी। इससे पाठक के मन में

यह शंका उत्पन्न हो सकती है कि मार्क्सवादी-लेनिनवादी दृष्टिकोण ऐसी अवस्था में सामाजिक दृष्टि से प्रासंगिक ढांचा कैसे हो सकता है ? सामान्य ज्ञान रखने वाले पाठक के मन में इस प्रकार की शंका का उठना स्वाभाविक है। इसलिए ही हमने यह सन्दर्भ पहले स्पष्ट किया है कि मार्क्स ने भावी साम्यवादी व्यवस्था की कोई ठोस कल्पना नहीं की, फिर भी, यह दृष्टिकोण सामाजिक दृष्टि से प्रासंगिक ढांचा है। यहां हमें यह समझना होगा कि सामाजिक दृष्टि से प्रासंगिक ढांचे से क्या तात्पर्य है ? इसका साधारण अर्थ लें तो यह कहा जा सकता है कि मार्क्सवादी-लेनिनवादी आदर्शी सिद्धान्तों के निर्माण का चक्कर छोड़कर समाज की ठोस समस्याओं को लेकर उनको समझने और उनके स्पष्टीकरण का प्रमुख ध्येय रखते हैं। मार्क्सवादी-लेनिनवादी केवल शोध के लिए शोध नहीं करना चाहते हैं। उनकी मान्यता है कि तुलनात्मक राजनीतिक अध्ययनों का प्रमुख जोर, समाज से सम्बन्धित व प्रासंगिक बातों को ही अध्ययन व तुलनाओं के लिए चुनने में होना चाहिए। इससे अध्ययन एक तो प्रासंगिक होने के कारण उपयोगी हो जाएंगे और दूसरे, अध्ययनों की मुख्य धारा सैद्धान्तिकता के कल्पनाशोक में उड़ने से बच जाएगी। इस प्रकार, मार्क्सवादी-लेनिनवादी दृष्टिकोण सामाजिक दृष्टि से प्रासंगिक दृष्टिकोण है।

मार्क्सवादी-लेनिनवादी अध्ययन दृष्टिकोण की विशेषताओं के विवेचन से स्पष्ट है कि यह दृष्टिकोण पाश्चात्य जगत में प्रचलित तुलनात्मक विश्लेषणों के उपागमों से अनेक भिन्नताएं रखता है। यह यथार्थ के टुकड़े-टुकड़े करके देखने के बजाय उसे एक विहंगम दृष्टि से देखने का प्रयास करता है। इसकी मान्यता है कि दो या दो से अधिक यथार्थरूपी 'स्टूलों' पर बैठने का प्रयास अनिवार्यतः असफलता की ओर ले जाता है। इसलिए जरूरत से ज्यादा महत्त्वाकांक्षी होने से श्रेष्ठतर यह होगा कि संयत या सामान्य रह कर ही तुलनात्मक अध्ययन किए जाएं, जिससे पूर्ण सत्य नहीं तो कम से कम जो ज्ञान प्राप्त हो वह प्रासंगिक व गत्यात्मकता के लक्षणों से युक्त हो सके। इनकी मान्यता है कि राजनीतिक तुलनाओं के परिष्करण से, तथा तुलनाओं में प्रयुक्त होने वाली प्रविधियों की परिशुद्धता से, सुनिश्चित सिद्धान्त निर्माण के प्रयास से तो विनम्र और सामान्य स्तर का सिद्धान्त या सामान्यीकरण करना श्रेष्ठतर होता है। यही कारण है कि मार्क्सवादी-लेनिनवादी परिशुद्धता, प्रविधियों के परिष्करण, वैज्ञानिकता और सैद्धान्तीकरण पर इतना बल नहीं देते हैं जितना तुलनात्मक अध्ययनों से उपलब्ध ज्ञान की व्यावहारिकता पर देते हैं। इसी कारण विकासशील राज्यों के सम्बन्ध में यह अध्ययन दृष्टिकोण कुछ अधिक आकर्षण का कारण बना है।

मार्क्सवादी-लेनिनवादी दृष्टिकोण की व्यवहार में प्रयुक्तता (Practical Application of Marxist-Leninist Framework)

मार्क्सवादी-लेनिनवादी दृष्टिकोण की प्रमुख विशेषताओं के विवेचन से स्पष्ट हुआ है कि इस दृष्टिकोण का उदय मुख्यतया विकासशील राजनीतिक व्यवस्थाओं को समझने और उनमें सम्भावित परिवर्तन की दिशाओं का ज्ञान प्राप्त करने के लिए ही हुआ है। मार्क्सवादी-लेनिनवादी तुलनात्मक विश्लेषणों का प्रमुख वल विकासशील राज्यों की

राजनीतियों पर ही रहा है। इस दृष्टिकोण का व्यावहारिक उपयोग करने के लिए मार्क्सवादी-लेनिनवादी सिद्धान्तों का सहारा लेकर किसी राजनीतिक व्यवस्था की अन्य राजनीतिक व्यवस्था से तुलना की जाती है। किन्तु इस प्रकार की तुलनाओं में प्रत्यय और तुलना के प्रवर्ग वही रखे जाते हैं जो मार्क्सवाद-लेनिनवाद के प्रमुख सिद्धान्तों से सम्बन्धित होते हैं। किसी भी राजनीतिक व्यवस्था की अन्य व्यवस्था से तुलना करने के लिए तीन प्रमुख आधारों के सहारे, तुल्य प्रवर्गों से सम्बन्धित राजनीतिक व्यवस्थाओं का अध्ययन किया जाता है। यह आधार इन देशों में 'राज्य-पूंजीवाद' की प्रकृति के अभिज्ञान से सम्बन्धित हैं। इस प्रकार, मार्क्सवादी-लेनिनवादी दृष्टिकोण में राजनीतिक व्यवस्थाओं की प्रकृति को किसी राज्य में पूंजीवाद व अर्थव्यवस्था की प्रकृति व संरचना के आधार पर समझने का प्रयास किया जाता है। इस दृष्टिकोण में इन तीन आधारों व सिद्धान्तों से व्यावहारिक तुलनात्मक अध्ययन किए जाते हैं। इन आधारों का संक्षिप्त विवेचन देना प्रासंगिक होगा।

(क) अर्थव्यवस्था में सार्वजनिक व निजी क्षेत्रों की संरचना, शक्ति और महत्त्व या प्रभावकारिता (The structure, power and significance of the state and public sector in the economy)––मार्क्सवादी-लेनिनवादी यह मानते हैं कि किसी देश में राजनीति का रूप-निर्धारण इस बात से ही होता है कि वहां की अर्थव्यवस्था में सार्वजनिक व निजी क्षेत्रों की संरचना, शक्ति और महत्त्व क्या है? उदाहरण के लिए, अर्थव्यवस्था में इन दोनों क्षेत्रों की संरचना ऐसी हो सकती है कि सार्वजनिक क्षेत्र सक्रिय हो सकता है या निष्क्रिय रह सकता है। इसी प्रकार यह निजी क्षेत्र को नियन्त्रित रखने वाला हो सकता है या उसको प्रोत्साहन व सहूलियतें देने वाला हो सकता है। इनमें से हर प्रकार की अवस्था का राजनीति, राजनीतिक संरचनाओं और प्रक्रियाओं पर भिन्न-भिन्न प्रकार का प्रभाव पड़ता है। अतः राजनीतिक व्यवस्थाओं की प्रकृति को समझने के लिए उनकी तुलना करते समय इन तीन प्रवर्गों का ध्यान रखना आवश्यक है, अर्थात (क) अर्थव्यवस्था में सार्वजनिक व निजी क्षेत्रों की संरचना कैसी है? (ख) अर्थव्यवस्था में प्रत्येक क्षेत्र की वास्तविक शक्ति क्या है? और (ग) अर्थव्यवस्था में इन क्षेत्रों में से हर एक का महत्त्व व प्रभावकारिता कितनी है?

संरचना में यह देखना आवश्यक है कि अर्थव्यवस्था में कौन-सा क्षेत्र सार्वजनिक या निजी सक्रिय है? वास्तविक शक्ति में यह देखना आवश्यक है कि कौन-सा क्षेत्र अर्थ-व्यवस्था का नियंत्रक व संचालक है? तथा महत्त्व व प्रभावकारिता में यह देखा जाता है कि राजनीतिक व्यवस्था को वास्तविक रूप में किस क्षेत्र का आधार प्राप्त है? मार्क्स-वादी-लेनिनवादी यह मानते हैं कि राजनीतिक व्यवस्थाओं की प्रकृति, संरचनात्मक प्रतिमान व प्रक्रियात्मक अभिव्यक्ति तथा शासकों के बारे में लोगों की अभिवृत्तियां, अर्थव्यवस्था में इन दोनों क्षेत्रों के पारस्परिक सम्बन्धों पर ही निर्भर करती हैं। अतः इनको महत्त्वपूर्ण परिवर्त्यों के रूप में लेकर तुलनाएं करने से ही विकासशील राज्यों की समस्याओं और व्यवस्थाओं की वास्तविक प्रकृति को समझना सम्भव है। इसको देखते समय ऊपरी व्यवस्थाओं तक सीमित रहने के बजाय गहराई में जाने की आवश्यकता

पर मार्क्सवादी-लेनिनवादी पर्याप्त बल देते हैं। उदाहरण के लिए, अर्थव्यवस्था में सार्वजनिक क्षेत्र का आकार बहुत बड़ा हो सकता है, किन्तु यह निष्क्रिय रह सकता है या वास्तव में निजी क्षेत्र को प्रोत्साहित कर सकता है या उसके लिए अप्रत्यक्ष रूप से सहायता-व्यवस्था कर सकता है। अतः इस प्रकार की तुलनाओं में भी सतर्कता व सावधानी रखना आवश्यक है। ऊपर से जो दिखाई देता है केवल उसी के आधार पर निष्कर्ष नहीं निकाल लेना चाहिए।

विकासशील राज्यों की अर्थव्यवस्थाओं में यही बात देखने को मिलती है कि राष्ट्रीयकरण की नीति अपनाकर अर्थव्यवस्था के बहुत बड़े भाग पर सार्वजनिक नियंत्रण स्थापित कर दिया जाता है, किन्तु अधिकांश राज्यों में यह दिखावा ही अधिक होता है। वास्तव में सार्वजनिक क्षेत्र निजी क्षेत्र को प्रोत्साहन देता है। भारत और श्रीलंका जैसे देशों में यह लम्बी अवधि तक चलता रहा था तथा अभी भी अनेक विकासशील देशों में यही हो रहा है। इसके माध्यम से अभिजन सत्ता में बने रहने का आर्थिक आधार भी बनाये रख पाते हैं तथा जनता का समर्थन प्राप्त करने का दिखावा भी कर पाते हैं। अतः इस प्रकार की सतही व्यवस्थाओं से या दिखावों से सावधान रहना आवश्यक है।

(ख) शासकों की वर्ग रचना (The class composition of the rulers)—किसी देश की आर्थिक, सामाजिक और राजनीतिक व्यवस्था की प्रकृति को समझने में शासक वर्ग की वर्ग रचना काफी सहायक होती है। शासक, समाज के किस वर्ग से सम्बन्धित है, अर्थात उनकी भर्ती समाज के कौन-से वर्ग में से होती है ? उदाहरण के लिए, शासक वर्ग सामन्ती या बुर्जुआ (मध्यवर्गी) प्रकार का है या जनसाधारण से सम्बद्ध है ? शासक वर्ग प्रगतिशील है या प्रतिक्रियावादी है ? इसी तरह, शासक वर्ग विदेशी पूंजी पर आश्रित रहता है या नहीं रहता है ? इन सबसे राजनीतिक व्यवस्था का संचालन प्रभावित होता है। इतना ही नहीं, राजनीतिक व्यवस्था की वास्तविक प्रकृति के यही प्रमुख नियामक हैं। विकासशील देशों में अनेक समस्याएं और सामाजिक पेचीदगियां केवल इस कारण से हैं कि शासक वर्ग सम्पूर्ण समाज में से भर्ती नहीं होता है। चुनाव होते हैं, राजनीतिक दलों में सत्ता का हेर-फेर होता है, किन्तु हर स्थिति में सत्ता पर नियंत्रण उसी वर्ग का बना रहता है जो प्रतिक्रियावादी विदेशी पूंजी पर आश्रित और धनिक वर्ग है। इस कारण से विकासशील राज्यों में राजनीतिक व्यवस्थाओं पर अनावश्यक दबाव व तनाव की स्थिति उत्पन्न हो जाती है। राजनीतिक शिक्षण, जागरूकता और संचार साधनों से सम्भव हुई सम्पर्कता के कारण विकासशील राज्यों में जनसाधारण राजनीतिक प्रक्रियाओं में सही अर्थों में सहभागिता प्राप्त करना चाहता है, किन्तु शासक वर्ग इसमें बाधाएं डालते हैं और इससे इन देशों की अनेक समस्याएं जुड़ी हुई लगती हैं। अतः राजनीतिक व्यवस्थाओं की आपसी तुलना में शासकों की वर्ग-रचना का आधार लेकर इनके बारे में बहुत कुछ समझा जा सकता है।

(ग) अर्थव्यवस्था की प्रकृति (The nature of economy)—अर्थव्यवस्था की प्रकृति में सामान्यतया यह देखा जाता है कि औद्योगीकरण की मात्रा कितनी है ? मार्क्सवादी-लेनिनवादी यह मानते हैं कि किसी भी देश ने औद्योगीकरण की माता से समाज व

राजनीति की प्रकृति का नियमन होता है। इससे सर्वहारा वर्ग का आकार निश्चित होता है। अतः इस दृष्टिकोण का तुलनात्मक राजनीतिक विश्लेषणों में प्रयोग करते समय अर्थव्यवस्था की प्रकृति सम्बन्धी तीन पहलू ध्यान में रखने से तुलनाओं में यथार्थता आ जाती है। यह तीन पहलू इस प्रकार हैं—(क) औद्योगीकरण की मात्रा (degree), (ख) सर्वहारा वर्ग का आकार (size), और (ग) औद्योगिक और ग्रामीण अर्थव्यवस्था का आपसी सम्बन्ध।

(i) औद्योगीकरण की अधिक मात्रा वाले राज्य में अधिकाधिक व्यक्ति राजनीतिक सहभागिता की मांग करने लगते हैं। इस प्रकार के राज्य में, औद्योगीकरण से राजनीतिक शिक्षण इस स्तर तक पहुंच जाता है कि इस प्रकार के जागरुक व्यक्ति राजनीतिक संस्थाओं, राजनीतिक प्रक्रियाओं और राजनीतिक सत्ता में सहभागी होना चाहते हैं। अगर राजनीतिक व्यवस्था में इनकी सहभागिता की व्यवस्था नहीं हो पाती है तो यह व्यवस्था को तोड़ने वाले तत्त्व बन जाते हैं। अतः तुलनाओं में इन पहलुओं का ध्यान रखना आवश्यक है।

(ii) सर्वहारा वर्ग का आकार, आर्थिक व्यवस्था की प्रकृति का ही स्पष्टीकरण नहीं करता है, अपितु इससे राजनीतिक शक्ति के धारकों को मिलने वाली सम्भावित चुनौतियों का संकेत भी मिल जाता है। इनका आकार भी केवल संख्यात्मक दृष्टि से ही नहीं आंकना चाहिए। इसमें अनेक पहलुओं को सम्मिलित करना होता है। उदाहरण के लिए, यह वर्ग संगठित है या नहीं है। अगर संगठित है तो संगठन के नेताओं का वर्ग आधार कैसा है? विकासशील राज्यों में सर्वहारा वर्ग का आकार बड़ा हो या नहीं हो यह दूसरी बात है, किन्तु जहां यह संगठित हैं वहां इनके नेता अभी तक ऊपर वाले वर्ग के ही होते रहे हैं। अतः सर्वहारा वर्ग का आकार कई आधारों पर आंका जाना चाहिए, अन्यथा निष्कर्ष दूषित हो जाएंगे।

(iii) विकासशील अर्थव्यवस्थाओं में दो समानान्तर अर्थव्यवस्थाओं का होना इतना महत्त्वपूर्ण नहीं है जितना कि इन दो प्रकार की अर्थव्यवस्थाओं का आपसी सम्बन्ध होता है। औद्योगिक अर्थव्यवस्था व ग्रामीण अर्थव्यवस्थाओं में पारस्परिकता रहते हुए भी अन्तर्निहित विरोधाभास उत्पन्न हो जाते हैं या सतह पर उभर आते हैं। विशेषकर विकासशील राज्यों में यह विरोधाभास दो प्रकार की संस्कृतियों को उत्पन्न करके 'ग्रामीण बनाम शहरी' की समस्या उत्पन्न कर सकता है। अतः इस पक्ष को भी ध्यान में रखना आवश्यक है। इस प्रकार, अर्थव्यवस्था की प्रकृति के आधार पर राजनीतिक व्यवस्थाओं की प्रकृति को समझने का प्रयास तथा इस पर आधारित तुलनाएं राजनीतिक प्रक्रियाओं के अन्दर तक झांकने का अवसर प्रदान कर देती हैं। मार्क्सवादी-लेनिनवादी दृष्टिकोण का उपयोग करके विकासशील राज्यों की सामाजिक, आर्थिक और राजनीतिक व्यवस्थाओं को समझने में समग्रतावादी दृष्टिकोण अपनाना आवश्यक है, क्योंकि मनुष्य के जीवन के अलग-अलग टुकड़े करके उसको समझना सम्भव नहीं है। मनुष्य की तरह ही, समाज, अर्थव्यवस्था और राजनीतिक व्यवस्था में सावयवी एकता होती है और इस कारण संघटक पद्धति ही अध्ययन-विश्लेषण में सहायक हो सकती है। मार्क्सवादी-लेनिनवादी दृष्टिकोण ऐसी ही संघटक पद्धति-व्यवस्था उपलब्ध कराता है। इस दृष्टिकोण का उपयोग करना हो तो किसी देश या देशों की आपसी तुलना में निम्नलिखित मापदण्ड या

मानदण्ड अपनाए जा सकते हैं— (क) राज्य विशेष के अ-उपनिवेशीकरण (decolonization) के आंदोलन के सम्बन्ध में विश्व ऐतिहासिक अवस्था। (ख) राज्य के पश्चिमी साम्राज्यवादियों या साम्यवादियों से सम्पर्क व सम्बन्ध। (ग) राज्य की राजनीतिक सत्ता की वर्ग-रचना के संदर्भ में सामाजिक विशेषता। (घ) शासन या सरकारी संरचना की प्रकृति इस रूप में कि यह निजी आर्थिक क्षेत्र की नियंत्रक है या उसके द्वारा नियंत्रित रहती है। (च) देश की विदेश नीति, विशेषकर 'तीनों विश्वों' के राज्यों के साथ सम्बन्धों में किस 'विश्व' के राज्यों से अधिक समीपता, सम्पर्कता तथा उस पर आश्रितता है। (छ) अर्थव्यवस्था के विकास का देश में स्तर और स्थिति व विकास की गति तथा दिशा। और (ज) कृषि व ग्रामीण क्षेत्र में उत्पादन का ढंग।

उपरोक्त मानदण्डों के आधार पर मार्क्संवादी-लेनिनवादी दृष्टिकोण का तुलनात्मक अध्ययनों में उपयोग करने से निष्कर्ष यथार्थवादी होंगे। इसका कारण यह है कि इस दृष्टिकोण में सम्पूर्णता को ध्यान में रखकर चला जाता है। इन बिन्दुओं को विस्तार से विवेचित करने की आवश्यकता नहीं है, क्योंकि इनमें से अधिकांश अपने आप ही स्पष्टता रखते हैं।

मार्क्संवादी-लेनिनवादी उपागम की उपयोगिता (The Utility of Marxist-Leninist Approach)

मार्क्संवादी-लेनिनवादी दृष्टिकोण की विवेचना से यह निष्कर्ष नहीं निकाल लेना है कि विकासशील राजनीतियों की समस्याओं को समझने और सुलझाने का यह दृष्टिकोण कोई रामबाण साधन है। इसकी अपनी सीमाएं तथा कमियां हैं, किन्तु फिर भी विकासशील राजनीतिक व्यवस्थाओं की प्रकृति को समझने में इस उपागम की विशेष उपयोगिता है। इस उपागम की व्यावहारिक उपयोगिता को निम्न बिन्दुओं के रूप में समझा जा सकता है—

(क) यह राजनीतिक व्यवस्थाओं की गत्यात्मक शक्तियों को समझने में सहायक है। मार्क्संवादी-लेनिनवादी दृष्टिकोण में राजनीतिक प्रक्रियाओं को प्रभावित करने वाली सामाजिक, आर्थिक व ऐतिहासिक शक्तियों को अध्ययन में सम्मिलित किया जाता है। यह उन सब तथ्यों की खोज करता है, जो चाहे सामाजिक व्यवस्था में हो, चाहे आर्थिक या सांस्कृतिक व्यवस्थाओं में हो, जिनका राजनीतिक व्यवस्था को परोक्ष या अपरोक्ष रूप से प्रभावित करने में हाथ हो। इससे यह निष्कर्ष निकलता है कि मार्क्संवादी-लेनिनवादी उन सब तथ्यों और परिवर्त्यों की खोज करते हैं, जिनमें किसी देश की राजनीतिक व्यवस्था गतिशील बनती है। इससे यह अध्ययन उपागम अत्यधिक उपयोगी बन जाता है, क्योंकि यह राजनीति की गत्यात्मक शक्तियां चाहे वे कहीं बिखरी हों खोज निकालने का प्रयत्न करता है, जिससे इन शक्तियों के विशेष घटनाक्रम में योगदान का ज्ञान प्राप्त करने में सहायता मिलती है।

(ख) मार्क्संवादी-लेनिनवादी दृष्टिकोण का दूसरा लाभ यह है कि यह अध्ययन विहंगम दृष्टिकोण से सम्पूर्ण व्यवस्था के सभी पहलुओं को देखने का प्रयास करता है। इससे किसी राजनीतिक व्यवस्था के बारे में समझ बढ़ती है। इस दृष्टिकोण की विहंगम सिंहावलोकन की वृत्ति समाज व्यवस्था के सभी पहलुओं पर एक साथ दृष्टिपात सम्भव

बनाती है। राजनीति के सभी पहलुओं व पक्षों को एक-एक करके देखने के बजाय उस पर एक साथ दृष्टिपात करने से 'सम्पूर्ण दृश्य' ही सामने नहीं आता, अपितु इससे तुरन्त ही उस तथ्य को पहचानने में सहायता मिलती है जो तुलना से सम्बन्धित राजनीतिक इकाइयों के सम्बन्ध में की गई परिकल्पना के सत्यापन या असत्यापन में सहायक होता है। यही कारण है कि इस दृष्टिकोण द्वारा विकासशील राज्यों की राजनीतिक व्यवस्थाओं को समझने में अधिक सहायता मिलती है। क्योंकि इस दृष्टिकोण में राजनीतिक व्यवस्था से सम्बन्धित एक-एक संरचना, प्रक्रिया और परिस्थिति का एक-एक करके परीक्षण व निरीक्षण करके, रोगी भाग तक पहुंचने की क्रिया को अत्यन्त अनुपयुक्त माना जाता है। राजनीतिक घटनाक्रम इतनी तेजी से बदलते हैं कि उन पर एक साथ दृष्टिपात करने से ही शायद वास्तविक कारण की पकड़ हो सकती है। मार्क्सवादी-लेनिनवादी दृष्टिकोण के प्रयोग करने वाले यही दलील देते हैं कि स्थिर और प्रतिमानित पाश्चात्य राजनीतिक व्यवस्थाओं की तरह विकासशील राजनीतियों को नहीं समझा जा सकता, क्योंकि यह व्यवस्थाएं अभी अस्तव्यस्त और प्रवाह के ऐसे दौरे में से गुजर रही हैं जहां कुछ भी निश्चित नहीं है।

(ग) इस दृष्टिकोण का एक लाभ यह भी है कि इसके प्रत्ययी स्थायित्व के कारण शोध तथा तुलनात्मक विश्लेषण बहुत अधिक व्यवस्थित बन जाते हैं। विभिन्न सामाजिक विज्ञानों की शोध को संश्लेषित करके निष्कर्ष निकालना सम्भव हो जाता है। प्रत्ययों के स्थायित्व के अनेक लाभों का हम पहले विवेचन कर चुके हैं इसलिए उन सबको यहां नहीं दोहरा कर केवल इतना ही कहना पर्याप्त रहेगा कि इससे राजनीतिशास्त्रियों की शब्दावली, साधारण जनता और उनके निष्कर्षों का प्रयोग करने वाले नेताओं की समझ से बाहर नहीं रहती है। पाश्चात्य जगत में राजनीतिशास्त्री ऐसे शब्दों व प्रत्ययों का प्रयोग करते हैं जिन पर स्वयं वे लोग ही मतैक्य नहीं रख पाते हैं तब उनका नीति-निर्माताओं की समझ से बाहर होना स्वाभाविक है। आजकल सभी सामाजिक विज्ञानों को नीति-विज्ञान (policy sciences) कहा जाता है। अतः शोध से प्राप्त ज्ञान का नीति-निर्माण में उपयोग होना ही चाहिए।' यह तभी हो सकता है जबकि शोधशास्त्रियों के निष्कर्षों को राजनेता समझने की स्थिति में हो। उदाहरण के लिए, 'संरचनात्मक-प्रकार्यात्मक उपागम (देखिये अध्याय 6) में प्रयुक्त अनेक शब्दों का अर्थ भारत का कोई राजनेता शायद ही समझता होगा। यही बात पश्चिमी जगत के राजनीतिक नेताओं के बारे में कही जा सकती है।

(घ) मार्क्सवादी-लेनिनवादी दृष्टिकोण, राजनीतिक व्यवस्थाओं को ऐतिहासिक विकास निरन्तर पर अंकित करके समझने का प्रयास करता है। इसके प्रतिपादकों की मान्यता है कि आज जो कुछ है, उस पर इतिहास का प्रभाव ही नहीं, अपितु उसकी अनेक विलक्षणताओं को समझने में इतिहास सहायक होता है। यह बात राजनीतिक व्यवस्थाओं के बारे में और भी सही है। विकासशील राजनीतिक व्यवस्थाओं के अनेक दिशाहीन परिवर्तनों को समझने में इतिहास बहुत सहायता करता है। उदाहरण के लिए, भारत को 1947 में स्वतंत्रता प्रदान की गई। अगर यही 1919 में प्रदान की गई होती तो

भविष्य के राजनीतिक घटनाओं की प्रकृति बहुत कुछ इस तथ्य से प्रभावित होती। इतना ही नहीं, मार्क्सवादी-लेनिनवादी किसी देश विशेष के इतिहास को ही नहीं सम्पूर्ण विश्व के इतिहास के परिवेश को भी अध्ययन करते समय ध्यान में रखने की बात कहते हैं। इससे राजनीतिक व्यवस्थाओं की वास्तविकताओं को समझने में सहायता मिलती है। उदाहरण के लिए, नेपाल हमेशा से स्वतंत्र हिन्दू राज्य रहा है। इसकी यह ऐतिहासिक विशेषता इससे सम्बन्धित अनेक बातों को समझने में सहायक है।

(च) मार्क्सवादी-लेनिनवादी दृष्टिकोण का लाभ यह भी है कि इसमें अन्तःशास्त्रीय अध्ययन दृष्टिकोण अपनाने के कारण अध्ययन यथार्थवादी तथा व्यावहारिक बन जाते हैं। यह बात 1950 के बाद पाश्चात्य शोध शास्त्री भी स्वीकार करते हैं, किन्तु दोनों दृष्टिकोणों में शोध की इकाइयों का महत्त्वपूर्ण अन्तर, मार्क्सवादी-लेनिनवादी अध्ययन दृष्टिकोण में अन्तःशास्त्रीय अध्ययन संम्भव होने देता है, जबकि पाश्चात्य जगत में यह व्यवहार में प्रयुक्त नहीं हो सकता है। इसमें तुलना की इकाइयां सम्पूर्ण राजनीतिक व्यवस्थाएं होती हैं जबकि पश्चिमी अध्ययन दृष्टिकोणों में राजनीतिक व्यवस्थाओं के भाग विशेष को ही अधिक लिया जाता है।

इस विवेचन से स्पष्ट है कि मार्क्सवादी-लेनिनवादी अध्ययन दृष्टिकोण की राजनीतिक तुलनात्मक अध्ययनों में विशेष उपयोगिता है। जिन लाभों का हमने ऊपर वर्णन किया है इसके अलावा भी यह अध्ययन दृष्टिकोण सबसे बड़ी उपयोगिता इस कारण से रखता है कि इसकी अध्ययन पद्धतियां संघटकता रखती हैं। इससे अध्ययन की प्रविधियों का शोध में प्रयोग सुनिश्चित प्रकार से हो पाता है। इसका एक लाभ यह भी है कि इस अध्ययन दृष्टिकोण से विकासशील राजनीतिक व्यवस्थाओं के अन्तर्गत होने वाले परिवर्तनों के बारे में सिद्धान्त तो नहीं बन पाए, किन्तु घटनाक्रमों की भविष्यवाणी करने तक की अवस्था में पहुंचना सम्भव हो पाया है। इस विवेचन से यह अर्थ नहीं निकाल लेना चाहिए कि मार्क्सवादी-लेनिनवादी दृष्टिकोण तुलनात्मक राजनीतिक अध्ययनों का श्रेष्ठतम दृष्टिकोण है। अगर तुलनात्मक ढंग से इस दृष्टिकोण की परख की जाए तो यह विदित होगा कि इस दृष्टिकोण में गुणों की अपेक्षा अवगुण ही अधिक हैं। इसकी इन्हीं कारणों से न केवल आलोचना हुई है, अपितु इसका तुलनात्मक अध्ययनों में अधिक प्रचलन भी नहीं हो पाया है। इसकी आलोचनाओं में से प्रमुख का विवेचन कर इस दृष्टिकोण का मूल्यांकन करना सरल हो जाएगा। अतः संक्षेप में इसकी प्रमुख आलोचनाओं का विवेचन किया जा रहा है।

मार्क्सवादी-लेनिनवादी उपागम की आलोचना (The Criticisms of Marxist-Leninist Approach)

यहां हम मार्क्सवाद-लेनिनवाद की आलोचना नहीं कर रहे हैं। उस प्रकार की आलोचना यहां अप्रासंगिक है। हमें तुलनात्मक राजनीतिक अध्ययनों में मार्क्सवादी-लेनिनवादी दृष्टिकोण के प्रयोग से सम्बन्धित आलोचनाओं को ही यहां विवेचित करना है। इस दृष्टिकोण के महत्त्व और उपयोगिता के बावजूद इसके तुलनात्मक

राजनीति में एक वैकल्पिक दृष्टिकोण के रूप में अधिक प्रचलन नहीं हो पाया है। इससे स्पष्ट है कि इस दृष्टिकोण में अनेक अच्छाइयों के साथ कुछ महत्त्वपूर्ण कमियां भी हैं जिनका हम संक्षेप में यहा वर्णन कर रहे हैं। इसकी प्रमुख आलोचनाएं निम्नलिखित हैं—(क) यह सबका टहलुआ (नौकर) है, किन्तु किसी का भी स्वामी नहीं है, (it is jack of all trades but master of none), (ख) सैद्धान्तिक परिशुद्धता का निम्न-स्तर (low-level of theoretical sophistication), (ग) पद्धति सम्बन्धी अत्यन्त परिशुद्धता या कठोरता (very little methodological rigour), (घ) यह समष्टि-स्तरीय दृष्टिकोण है, व्यष्टि-स्तरीय नहीं, (it is macro-level and not micro-level approach).

(क) इस दृष्टिकोण के आलोचकों का कहना है कि मार्क्सवादी-लेनिनवादी-दृष्टिकोण एक ऐसी खिचड़ी है जो सबके खाने के लिए बनाई गई है। वास्तव में, अलग-अलग प्रकार की परिस्थितियों में अलग-अलग प्रकार की प्रविधियों की आवश्यकता होती है। यह अध्ययन के उद्देश्य पर निर्भर करता है कि किस प्रकार की तुलनात्मकता का प्रयोग किया जाए ? इस कारण, मार्क्सवादी-लेनिनवादी दृष्टिकोण को सभी का नौकर, किन्तु किसी का स्वामी नहीं माना जाता है। आलोचकों का कहना है कि इस दृष्टिकोण में सब कुछ को ध्यान में रखने का प्रयत्न करने के कारण, किसी का भी ध्यान नहीं रह पाता है। इसलिए, अध्ययन का यह दृष्टिकोण मौलिक व आधारभूत कमी यह रखता है कि विहंगम दृष्टि अपनाने के प्रयास में यह वास्तविक, किन्तु छोटे-छोटे महत्त्वपूर्ण तथ्यों को देख ही नहीं पाता है। सामान्यतया राजनीतिक घटनाओं के कारण छोटे पैमाने पर ही उत्पन्न होते हैं, जिनका बाद में व्यापक प्रभाव प्रकट हो सकता है। इसलिए तुलनात्मक राजनीतिक अध्ययनों में सबको समझने के बजाय कुछ को समझने का प्रयत्न अधिक उपयुक्त है, क्योंकि राजनीतिक व्यवस्थाओं की सम्पूर्णता के असंख्य पक्ष होते हैं और सबको एक साथ अध्ययन में नहीं परखा जा सकता है।

(ख) मार्क्सवादी-लेनिनवादी सिद्धान्त निर्माण की चिंता तो करते हैं, किन्तु उनकी परिशुद्धता के लिए प्रयत्न करने की बात भूल जाते हैं। राजनीतिक सिद्धान्त प्रस्थापित करने के लिए न केवल अवलोकन योग्य तथ्य पर्याप्त होते हैं, किन्तु ऐसे तथ्य चाहिए जिनको मापा और पुनः परखा जा सके। ऐसे आंकड़ों के संकलन व विश्लेषण से ही सामान्यीकरण के मार्ग पर आगे बढ़ना सम्भव होता है। मार्क्सवादी-लेनिनवादी बात तो ऐसे सिद्धान्तों के निर्माण की करते हैं जो सर्वव्यापी व सार्वकालिक हों, किन्तु ऐसे महान सिद्धान्त (grand theory) के निर्माण के लिए आवश्यक सुनिश्चित प्रविधियों, मापनीय तथ्यों और विविध प्रकार के पक्षों से सम्बन्धित आंकड़ों के संकलन से कतराते हैं। ऐसी अवस्था में, इन सबके अभाव में बने सिद्धान्त परिशुद्धता का निम्न-स्तर भी प्राप्त कर सकेंगे इसमें शंकाएं उत्पन्न हो जाती हैं। इस प्रकार, मार्क्सवादी-लेनिनवादी दृष्टिकोण के समर्थक, एक तरफ तो सर्वव्यापी सिद्धान्तों के निर्माण का लक्ष्य रखते हैं, तो दूसरी तरफ, इसके लिए आवश्यक सामग्री जुटाने व संकलित सामग्री का उपयोग करने से एक तरह से इनकार ही कर देते हैं। ऐसी स्थिति में सैद्धान्तिक परिशुद्धता का निम्न-स्तर ही

रह जाता है।

(ग) जिन अध्ययन पद्धतियों का तुलनात्मक राजनीतिक विश्लेषणों में प्रयोग किया जाता है उनका सख्ती से पालन होना आवश्यक है अन्यथा संकलित तथ्यों की विश्वसनीयता की गारंटी नहीं हो पाएगी। राजनीतिक व्यवस्थाओं से सम्बन्धित संरचनाओं की जटिलता के कारण अध्ययन पद्धतियों की परिष्कृतता ही पर्याप्त नहीं है, अपितु उनका कड़ाई के साथ, अध्ययन व तुलना के हर स्तर पर पालन भी आवश्यक है। मार्क्सवादी-लेनिनवादी इसकी विशेष चिंता नहीं करते हैं। राजनीतिक घटनाक्रमों को समझने व उनका स्पष्टीकरण देने की चिंता की सर्वोपरिता व प्रमुखता की वेदी पर, अध्ययन पद्धतियों का सख्ती से पालन, बलिदान कर दिया जाता है। इससे निष्कर्षों पर प्रत्यक्ष प्रभाव पड़ता है। ऐसी स्थिति में अध्ययन पद्धति सहूलियत का माध्यम बन जाती है। सहूलियत का ऐसा माध्यम जिसे जैसे चाहो मोड़ लो। यह दृष्टिकोण अत्यन्त खतरनाक होता है। अध्ययन पद्धतियों का सख्ती से पालन व प्रयोग ही सत्य तक पहुंचने में सहायक हो सकता है। अतः आलोचकों की इस आलोचना में यथार्थता का अंश ही अधिक है। एक विद्वान ने इस सम्बन्ध में यहां तक कह दिया है कि मार्क्सवादी-लेनिनवादी दृष्टिकोण में पद्धतियों को कोई महत्त्व ही नहीं दिया जाता है।

(घ) राजनीतिक प्रक्रियाएं और सामाजिक संरचनाएं आपस में इतनी उलझ गई हैं कि समष्टि-स्तर के अध्ययन अन्ततः निरर्थक बनकर ही रह जाते हैं। राजनीतिक व्यवहार को प्रभावित करने वाले परिवर्त्यों की संख्या इतनी अधिक है कि मानव मस्तिष्क कल्पना ही नहीं कर सकता। ऐसी स्थिति में इन वास्तविकताओं की अनदेखी करके केवल सम्पूर्ण इकाइयों या निकायों पर अध्ययन को केन्द्रित करना, असम्भव को सम्भव बनाने का स्वप्न देखना ही कहा जा सकता है। मार्क्सवादी-लेनिनवादी दृष्टिकोण समष्टि-स्तर पर ही ध्यान केन्द्रित करके सम्पूर्ण राजनीतिक सक्रियता को समझने का निरर्थक प्रयत्न ही करता हुआ कहा जा सकता है। राजनीतिक व्यवस्थाओं का व्यवहार इतना पेचीदा हो गया है कि उनको व्यष्टि-स्तर के अध्ययनों से ही समझने का प्रयास भी केवल सीमित सफलता तक पहुंचा सकता है। पाश्चात्य जगत के विद्वान इसलिए ही यहां तक कह गए हैं कि राजनीतिक व्यवस्थाओं की सम्पूर्णता का अध्ययन सम्भव नहीं है। अतः व्यष्टि-स्तर पर ही अध्ययनों का प्रयत्न किया जाना चाहिए। विकासशील राज्यों की राजनीतिक व्यवस्थाओं में तो जटिलताएं, अस्थिरताएं और तनावपूर्णता और भी अधिक होती हैं। अतः इनका अध्ययन तो समष्टि-स्तर पर हो ही नहीं सकता। इसलिए मार्क्सवादी-लेनिनवादी दृष्टिकोण में समष्टि-स्तरीय अध्ययनों का प्रयत्न उपयोगी निष्कर्षों की अवस्था तक पहुंचाने की बहुत कम क्षमता रखता है।

मार्क्सवादी-लेनिनवादी दृष्टिकोण के सम्बन्ध में यह भी कहा जाता है कि यह दृष्टिकोण विकसित और स्थिर राजनीतिक व्यवस्थाओं के अध्ययन में सार्थकता नहीं रखता है। इस कारण, इसका विकासशील राजनीतियों पर ही अधिक बल भी आलोचना का आधार बनाया गया है। इसको एकपक्षीय तथा एकांगी तक कहा गया है। इस दृष्टिकोण पर सबसे महत्त्वपूर्ण आरोप इसकी विचारधारा विशेष से सम्बद्धता कहा गया है। इस

दृष्टिकोण में मार्क्सवाद-लेनिनवाद से कहीं अधिक बल साम्यवाद पर केन्द्रित होने की स्थिति आ जाती है। अतः तुलनात्मक राजनीतिक अध्ययन निष्पक्षता की स्थिति से दूर हट जाते हैं। यह विचारधारा विशेष के पोषक बन जाते हैं। इस तरह, इस दृष्टिकोण पर महत्त्वपूर्ण व तर्कसंगत आरोप लगाए गए हैं। इस दृष्टिकोण के पक्ष व विपक्ष को देख लेने के बाद हम तुलनात्मक राजनीतिक अध्ययन के उपागम के रूप में इसका मूल्यांकन कर सकते हैं।

मार्क्सवादी-लेनिनवादी दृष्टिकोण : एक मूल्यांकन (The Marxist-Leninist Approach : An Evaluation)

इतने विवादग्रस्त उपागम के मूल्यांकन में कई कठिनाइयां हैं। इन कठिनाइयों में सबसे प्रमुख कठिनाई यह है कि मूल्यांकन में कही गई हर बात को पक्षपाती कहकर अमान्य ठहराया जा सकता है। यह कठिनाई अन्य उपागमों के मूल्यांकन में इतनी गम्भीरता नहीं रखती है, इसको हम पहले ही देख चुके हैं। किन्तु इस दृष्टिकोण का एक विचारधारा विशेष से सम्बन्धित होना आरोपों-प्रत्यारोपों का विस्तृत क्षेत्र खुला छोड़ देता है। अतः इसकी मूल्यांकनात्मक विवेचना में विशेष सावधानी बरतना आवश्यक है।

इस दृष्टिकोण के सम्बन्ध में एक बात तो निर्विवाद है कि इसकी वैज्ञानिक कठोरता अत्यधिक सीमित है। यह बात इसके विवेचन, इस दृष्टिकोण की प्रमुख विशेषताओं और आलोचना से भी पुष्ट होती है। इस दृष्टिकोण के समर्थक भी यह बात स्वीकार करते हैं कि राजनीतिक व्यवहार से सम्बन्धित संरचनात्मक व्यवस्थाओं के अध्ययन में वैज्ञानिकता एक सीमा के बाद सम्भव है ही नहीं। मार्क्सवादी-लेनिनवादी, वैज्ञानिक परिशुद्धता या अध्ययनों की वैज्ञानिकता के प्रयत्न में अध्ययन के प्रमुख ध्येय को खो जाने देना नहीं चाहते हैं। अतः इस बात को स्वयं मार्क्सवादी-लेनिनवादी स्वीकार करते हैं कि अध्ययन के उपकरणों को एक सीमा के बाद महत्त्व नहीं दिया जा सकता है। उनकी मान्यता है कि अध्ययन के उद्देश्य को प्राथमिकता और सर्वोपरिता दी जानी चाहिए, अध्ययन उद्देश्य की कीमत पर, वे पद्धतियों के परिष्करण और वैज्ञानिकता से युक्त अध्ययन बनाने के लिए तैयार नहीं है। हम यह पहले ही देख चुके हैं कि पाश्चात्य विद्वानों द्वारा प्रतिपादित अध्ययन दृष्टिकोणों पर यह सही आरोप है कि उनमें वैज्ञानिकता को इतनी प्रधानता दी जाने लगी है कि शोध का ध्येय ही लुप्त होता नजर आता है। यहां निष्कर्ष में हम यही कह सकते हैं कि वैज्ञानिकता का बलिदान अध्ययन उद्देश्य की कीमत पर तथा अध्ययन उद्देश्य का बलिदान वैज्ञानिकता की कीमत पर नहीं लिया जाना चाहिए। यह दोनों आवश्यक हैं। दोनों में समन्वय होना चाहिए पर एक सीमा तक ही यह सम्भव है।

इससे मिलती-जुलती बात इस दृष्टिकोण के सम्बन्ध में यह कही जाती है कि इसकी सैद्धान्तिक परिशुद्धता लाने में ही सीमित उपयोगिता है। यह निष्कर्ष भी निर्विवाद सा ही है। मार्क्सवादी-लेनिनवादी दृष्टिकोण का उपयोग करने वाले एक तरह से सर्वव्यापी

सिद्धान्त की खोज में होने के कारण निश्चित रूप से सैद्धान्तिक परिशुद्धता से परे हटते गये हैं। यह बात ऊपर वाले निष्कर्ष से जुड़ी हुई है यह स्पष्ट रूप से देखा जा सकता है। मार्क्सवादी-लेनिनवादी, निम्न-स्तर या मध्य-स्तर के सिद्धान्तों के निर्माण में रुचि नहीं रखते हैं। उनका प्रयत्न राजनीति का ऐसा सिद्धान्त बनाना है जो सर्वव्यापक और सार्वकालिक हो। इस कारण, सैद्धान्तिक परिशुद्धता की विशेष चिन्ता उन्हें नहीं है। किन्तु यहां इस दृष्टिकोण के समर्थक यह भूल जाते हैं या शायद जानते हुए भी अनजान बनना चाहते हैं कि ऐसे सिद्धान्त तो भौतिक जगत के बारे में भी सम्भव नहीं हो पाए हैं, तो फिर प्राणी-जगत से सम्बन्धित राजनीतिक व्यवस्थाओं के बारे में यह कैसे सम्भव हो सकेंगे ? पाश्चात्य जगत में राजनीतिक विचारक, इसी कारण से, सर्वव्यापी सिद्धान्तों की खोज से अब मध्य-स्तरीय या लघु-स्तरीय सिद्धान्त निर्माण पर अधिक बल देने लगे हैं। अब यह सभी के द्वारा स्वीकार किया जाता है कि सामाजिक विज्ञानों में और विशेषकर राजनीतिक विज्ञान के उप-अनुशासन, तुलनात्मक राजनीति में सर्वव्यापी सिद्धान्त केवल काल्पनिक या दार्शनिक दृष्टि से ही सम्भव है, आनुभविक आधार पर ऐसा करना कठिन ही नहीं आज के ज्ञान की अवस्था में तो असम्भव है। अतः असम्भव का प्रयास नहीं करना ही श्रेष्ठता है।

मूल्यांकन में एक बात यह भी देखी जा सकती है कि जब राजनीतिक व्यवस्थाए व संरचनाएं इतनी पेचीदा हैं कि उनका वैज्ञानिक अध्ययन करके सामान्यीकरण सरलता से नहीं किये जा सकते तो फिर क्या किया जाए ? इसके उत्तर में दो बातें कही जा सकती हैं—एक तो यह कि ऐसे व्यवहार को समझने का प्रयत्न ही छोड़ दिया जाए तथा दूसरी यह कि प्रयत्न तो जारी रखे जाएं पर नये-नये ज्ञान, प्रविधियों, उपकरणों और अभिकरणों के अभिज्ञान के अनुसार तुलनात्मक राजनीतिक विश्लेषणों को लाभान्वित करने के लिए अध्ययनों को इनके अनुरूप व अनुकूल बनाए रखा जाए। हो सकता है जो आज असम्भव लगता है, कल सम्भव हो जाए; जो आज अत्यन्त कठिन लगता है, कल नये आयामों के सामने आने से सरल हो जाए। अतः तुलनात्मक अध्ययनों में आने वाली कठिनाइयों से न निराश होने की आवश्यकता है और न ही इससे हतोत्साह होने का कोई कारण है। अतः मार्क्सवादी-लेनिनवादी दृष्टिकोण में भी आवश्यकता पड़ने पर, और नये ज्ञान के संदर्भ में अनिवार्य होने पर, कुछ सामान्य रद्दोबदल करना ही अधिक ठीक कहा जा सकता है।

इस अध्याय और इससे पिछले अध्याय में हमने तुलनात्मक राजनीतिक अध्ययन में प्रचलित और प्रयुक्त होने वाले विभिन्न उपागमों का विवेचन किया है। इन उपागमों को लेकर कुछ सामान्य निष्कर्ष हमने हर उपागम के मूल्यांकन में निकाले हैं। अतः यहां किसी उपागम विशेष के बारे में कुछ भी लिखना प्रासंगिक नहीं होगा, किन्तु तुलनात्मक राजनीति के अध्ययन में प्रयुक्त होने वाले इन सभी उपागमों को लेकर कुछ मूल्यांकन करना अनुपयुक्त नहीं होगा। अतः हम नीचे के पैराग्राफों में इन उपागमों के बारे में सामान्य निष्कर्षात्मक चर्चा ही करेंगे।

तुलनात्मक राजनीतिक अध्ययनों में प्रचलित इन उपागमों के बारे में एक तथ्य ऐसा

है जो सबके बारे में समान रूप से सही है। यह तथ्य है कि विभिन्न उपागम राजनीतिक व्यवस्थाओं से सम्बन्धित राजनीतिक प्रक्रियाओं के बारे में सन्तोषजनक स्पष्टीकरण देने में बहुत सीमित रूप से ही सफल रहे हैं। राजनीतिक व्यवहार इतना पेचीदा बन गया है कि उसको किसी एक प्रवर्ग के आधार पर समझना सम्भव नहीं है। राष्ट्रीय राज्य, परस्पर विरोधी विचारधाराओं के बीच इतने भींच लिए गए हैं कि विचारधाराओं से मुक्त अध्ययन आवश्यक होते हुए भी सम्भव नहीं रहे हैं। तुलनात्मक राजनीति में राष्ट्रीय राज्यों या राष्ट्रीय स्तर पर स्थापित संस्थाओं और संरचनाओं की तुलना करके सामान्यीकरण करने का प्रयत्न किया जाता है, किन्तु सही अर्थों में राष्ट्रीय राज्यों का तो कभी का लोप हो गया है। अब राष्ट्रीय राज्य केवल नाम के ही रहे हैं। अतः सभी उपागम जिन इकाइयों को लेकर तुलना करने लगते हैं, वास्तव में उन इकाइयों का अस्तित्व ही नहीं है। यही कारण है कि विभिन्न उपागम राजनीतिक प्रक्रियाओं के बारे में आंशिक सत्य का ही उद्घाटन करने में सफल रहे हैं। उदाहरण के लिए, दो राज्यों की व्यवस्थापिकाओं की तुलना करके कुछ निष्कर्षों पर पहुंचना कितना कठिन हो गया है, यह इस बात से स्पष्ट हो जाता है कि आधुनिक व्यवस्थापिकाओं का कार्य औपचारिकता ही अधिक बन गया है। इस तरह तुलनात्मक राजनीतिक अध्ययन-उपागम अनेक विशेषताएं रखते हुए भी व्यावहारिक उपयोगिता की दृष्टि से बहुत कम महत्त्व के रह जाते हैं।

इन उपागमों के बारे में दूसरी सामान्य बात यह कही जा सकती है कि सभी उपागम विकासशील राज्यों पर अधिक बल देते हैं। यह सही है कि विकासशील राज्यों के उदय से तुलनात्मक राजनीतिक विश्लेषणों का विचार-क्षितिज विस्तृत हुआ है और विविधतायुक्त सामग्री, विश्लेषण और तुलना के लिए उपलब्ध हुई है, किन्तु इन उपागमों को गहराई से देखने पर लगता है कि यह 'तीसरे विश्व' के राज्यों की राजनीतियों के अध्ययन में ही उलझकर रह गये हैं। यह सही है कि विकासशील राज्यों में व्याप्त राजनीतिक अस्थिरताओं, विविधताओं और विचित्रताओं ने राजनीतिक आंकड़ों और तथ्यों की भरमार कर दी है, किन्तु इन तथ्यों की सीमित उपयोगिता ही मानी जा सकती है। इनकी विश्वसनीयता संदिग्ध ही मानी जा सकती है। अतः इन उपागमों में विकासशील राज्यों की अस्थिर राजनीतिक व्यवस्थाओं को इतना महत्त्व नहीं देना चाहिए था जितना दिया गया है। एक तरह से तो विकासशील राज्यों के उदय ने तुलनात्मक राजनीति में, नये-नये अध्ययन दृष्टिकोण, नये आयामों व नवीन अवधारणाओं का प्रचलन किया है, परन्तु इन्हीं पर सर्वाधिक बल देना अधिक लाभप्रद नहीं हो सका है, क्योंकि इन देशों की राजनीतियां अभी भी संक्रमण काल में से गुजर रही है। अतः तुलनात्मक राजनीति के विभिन्न दृष्टिकोणों में सर्वाधिक महत्त्व उन व्यवस्थाओं पर रहा जो बड़े तेज प्रवाह के दौर में बहती जा रही हैं।

तुलनात्मक राजनीति के विभिन्न उपागमों में, मार्क्सवादी-लेनिनवादी दृष्टिकोण को छोड़कर अन्य सभी उपागमों में अध्ययनों को वैज्ञानिक बनाने के प्रयत्न सभी व्यावहारिक सीमाओं को पार कर गये लगते हैं। कुछ उपागमों में तो वैज्ञानिकता पर इतना अधिक बल

दिया जाने लगा है कि अध्ययन दृष्टिकोण पद्धति सम्बन्धी अध्ययन मात्र रह गयी है। सही निष्कर्षों पर पहुंचने के लिए यह आवश्यक है कि परिशुद्ध प्रविधियों और सुनिश्चित पद्धतियों का प्रयोग किया जाए तथा आनुभविक आंकड़ों के आधार पर ही सामान्यीकरणों तक पहुंचा जाए। इससे किसी को शिकायत नहीं होनी चाहिए, किन्तु विभिन्न उपागमों में प्रविधियों के परिष्करण या पद्धतियों को सुनिश्चित बनाने का प्रयत्न तुलना के उद्देश्य को ही दृष्टि से ओझल कर दे तब निश्चित रूप से ऐसे प्रयत्नों से शिकायत होने लगेगी। पाश्चात्य विद्वानों द्वारा प्रस्तावित उपागमों के बारे में यही कहा जाता है।

अध्ययन के इन उपागमों में एक और प्रवृत्ति आलोचना का कारण बनती रही है। यह उपागम प्रधानतः सिद्धान्त निर्माण के लक्ष्य से प्रेरित रहे हैं। हर अनुशासन में सिद्धान्त निर्माण का ही उद्देश्य प्रमुख रहता है, किन्तु केवल यही उद्देश्य बनाकर तुलनाएं करना तर्कसंगत नहीं कहा जा सकता है। अनेक विद्वानों ने तो ऐसे सर्वव्यापी सिद्धान्तों के निर्माण का स्वप्न देखना शुरू कर दिया जो हर घटना का स्पष्टीकरण देने की क्षमता से युक्त हो। वास्तव में, वर्तमान राजनीतिक समाजों की पेचीदगियों ने सिद्धान्त निर्माण का लक्ष्य इतना धूमिल कर दिया है कि अनेक विद्वान तुलनात्मक राजनीतिक विश्लेषणों की सहायता से सिद्धान्त निर्माण को असम्भव तक मानने लगे हैं, किन्तु यह भी आत्यन्तिक (extreme) विचार है। सिद्धान्त निर्माण में तुलनात्मक राजनीतिक अध्ययनों की उपयोगिता को अस्वीकार नहीं किया जा सकता। पर प्रश्न यह नहीं है कि सिद्धान्त निर्माण का प्रयास हो या नहीं हो ? प्रश्न यह बन गया है कि किस स्तर पर सिद्धान्तों का निर्माण करने का प्रयास किया जाए ? प्रचलित मान्यता के अनुसार लघु-स्तरीय या मध्य-स्तरीय सिद्धान्तों से आगे बढ़ना सम्भव नहीं है। अतः 1971 के बाद तुलनात्मक राजनीति के विद्वान इस बात पर अधिक बल देने लगे हैं कि जो सम्भव है उससे ही अध्ययनों को सम्बन्धित रखा जाए चाहे उससे सीमित लाभ ही हो या इस आधार पर निकले निष्कर्षों की स्पष्टीकरण क्षमता सीमित ही हो।

इन दृष्टिकोणों की उपयोगिता का सर्वेक्षण करें तो आश्चर्यकारी परिणाम सामने आएंगे। इन दृष्टिकोणों ने तुलनात्मक राजनीतिक अध्ययनों को ही नहीं, स्वयं राजनीति विज्ञान को अनुशासन के रूप में प्रतिष्ठित करने में बहुत योगदान दिया है। इन दृष्टिकोणों ने राजनीतिक अध्ययनों को तो वैज्ञानिक बनाया ही है साथ ही वैज्ञानिकता की नई कसौटियां व उपकरण भी जुटाये हैं। इन उपागमों ने ऐसे प्रत्ययों का सृजन किया है जिनके प्रयोग से राजनीतिक व्यवस्थाओं के अध्ययन का एक सा परिप्रेक्ष्य व विचारबंध सम्भव हो पाया है।

राजनीतिक व्यवस्थाओं, संस्थाओं व प्रक्रियाओं की जटिलताओं को समझने में इन उपागमों की देन बहुत अधिक रही है। राजनीतिक ज्ञान को व्यवस्थित करने में इनका बड़ा सहयोग रहा है। वैसे तो सभी अध्ययन ज्ञानवर्धन में सहायक होते हैं, किन्तु तुलनात्मक राजनीतिक अध्ययन, ज्ञान को आनुभविक तथ्यों पर आधारित करके उसकी सत्यापनता आधार प्रस्तुत करता है। यह बात उस समय और भी अधिक महत्त्व प्राप्त कर लेती है जब हमें यह ज्ञात हो कि मनुष्य का राजनीतिक व्यवहार इतने नियामकों व

परिवर्त्यों से प्रभावित रहता है कि उसके बारे में सुनिश्चित निष्कर्षों तक पहुंच पाना अवश्य ही असम्भव को सम्भव बनाना है। तुलनात्मक राजनीति के विभिन्न उपागमो ने यही लक्ष्य प्राप्त करने में आंशिक सफलता पाई, यह इनकी सबसे बड़ी विलक्षणता मानी जा सकती है। मनुष्य का आर्थिक, सामाजिक, धार्मिक व सांस्कृतिक व्यवहार समझना सरल है, क्योंकि इन पक्षों से सम्बन्धित व्यवहार में अधिक उलझनें नहीं होती हैं, किन्तु राजनीतिक व्यवहार के बारे में अनेक पेचीदगियां रहती हैं। इस कारण, राजनीतिक व्यवहारों को समझना या उनके बारे में सामान्यीकरण करना अति दुष्कर लगता है। तुलनात्मक राजनीति के विभिन्न दृष्टिकोण इस दृष्टि से विशेष प्रशंसनीय हैं कि इनकी सहायता से पेचीदा प्रक्रियाओं की गत्यात्मक शक्तियों को समझने में सहायता मिलती रही है।

अत: अन्तिम निष्कर्ष यही निकाला जा सकता है कि तुलनात्मक राजनीति के विभिन्न दृष्टिकोणों में कमियां होते हुए भी राजनीति-शास्त्र को व्यवस्थित व वैज्ञानिक अध्ययन बनाने में इनकी भूमिका कम महत्त्वपूर्ण नहीं मानी जा सकती। विकासशील राज्यों की अस्थिरताओं और दिशाहीन विकासों से निराशाएं होती रही हैं, किन्तु इनको चुनौतियों के रूप में स्वीकार करके, कोलमैन, रीगिन्स, बिंडर, हरबर्ट फीथ, ल्यूशियन पाई, माइरन वीनर, मैक्रीडिस, ऐप्टर इत्यादि ने गहराई से अध्ययन किये और विकासशील राज्यों के बारे में कुछ निष्कर्ष निकाले जिनके बारे में डा० एस० पी० वर्मा ने अपनी पुस्तक **मॉडर्न पोलिटिकल थ्योरी** में ठीक ही लिखा है कि "इन्होंने, इन देशों में जिस प्रकार का राष्ट्रवाद विकसित हो रहा था, राजनीतिक, आर्थिक और सांस्कृतिक स्तरों पर जिन दुविधाओं का इन्हें सामना करना पड़ा था, इनके राजनीतिक विकास में नौकरशाही, सेना या धर्म के द्वारा जो भूमिका अदा की गई, क्यों इनमें संवैधानिक लोकतन्त्र की अवनति हुई, राष्ट्र-निर्माण की प्रक्रियाओं में राजनीतिक अभिवृत्तियों और व्यक्तिगत व्यवहार के द्वारा अदा की गई भूमिका तथा किस प्रकार आर्थिक पिछड़ेपन ने राजनीति की प्रकृति को प्रभावित किया, इन सबका गहराई से अध्ययन किया था।" अत: तुलनात्मक राजनीतिक अध्ययनों से इनमें से अधिकांश लेखकों का परोक्ष रूप से सम्बन्ध नहीं होते हुए भी इनके अध्ययन तुलनात्मक राजनीति में सामग्री उपलब्ध कराने के महत्त्वपूर्ण माध्यम बन गये हैं। इस तरह, तुलनात्मक राजनीतिक अध्ययनों के दृष्टिकोणों का महत्त्वपूर्ण योगदान इस बात में निहित है कि इनकी सहायता से न समझ में आने वाली बातें भी बोधगम्य होने लगीं, यद्यपि विशेष शब्दावली के कारण सामान्य पाठक के लिए इनके निष्कर्ष कुछ कठिनाई उत्पन्न करने वाले बने। अत: राजनीतिक ज्ञानवर्धन में इनकी सहायता व योगदान सराहनीय है। पूर्णता तो किसी भी सामजिक विज्ञान से सम्बन्धित अध्ययन दृष्टिकोण में नहीं हो सकती है, इसलिए भविष्य में इससे भी अधिक परिमार्जन-युक्त उपागमों का प्रतिपादन सम्भावना के रूप में देखा जा सकता है।

खण्ड 2

राजनीतिक संस्थाएं
(POLITICAL INSTITUTIONS)

अध्याय 8

संविधानवाद—अर्थ, आधार, तत्त्व एवं विभिन्न अवधारणाएं

(Constitutionalism—Meaning, Foundations, Elements and Different Concepts)

मानव समाज में 'राजनीतिक शक्ति' का प्रादुर्भाव कब और किन परिस्थितियों में हुआ यह अभी तक कल्पना का ही विषय है ? मानव ने कब अपने आपको 'राजनीतिक शक्ति' के अधीन किया, इस बारे में निश्चित रूप से आज भी कुछ नहीं कहा जा सकता। परन्तु जब से प्रारम्भिक समाज का उदय हुआ, शायद तभी से ही 'राजनीतिक शक्ति' को जन्म देने वाली परिस्थितियां प्रस्तुत हुईं। सम्भवतया इसी शक्ति के प्रयोग से आदिकालीन मानव समाज में कुछ व्यवस्था व स्थिरता की स्थापना हुई। इसलिये 'राजनीतिक शक्ति' का हर समाज में आरम्भ से ही महत्त्व माना जा सकता है। परन्तु ज्यों-ज्यों मनुष्य में सामाजिकता बढ़ती गई और संगठित जीवन का महत्त्व व उपयोगिता स्पष्ट होने लगी, त्यों-त्यों व्यवस्थित जीवन को व्यावहारिक बनाने वाली 'राजनीतिक शक्ति' में अवपीड़न व बाध्यता का तत्त्व समाविष्ट होता गया। यह यहां तक बढ़ा कि वर्तमान में इस शक्ति द्वारा अन्य सभी प्रकार की शक्तियों (आर्थिक, सामाजिक व सैनिक) पर न केवल नियंत्रण ही रखा जाता है, अपितु उनकी सीमाओं का निर्धारण भी होता है।

'राजनीतिक शक्ति' में यह बाध्यता व अनिवार्यता का तत्त्व इसके उपयोग और दुरुपयोग के क्षेत्र को व्यापकतम बना देता है। इसकी सर्वोपरिता इसमें दुरुपयोग की और भी सम्भावनाएं निहित कर देती है। राज्य, जो इस शक्ति का प्रतीक है, कहीं अपने आप में साध्य न बन जाए, तथा राज्य की शक्ति को व्यवहार में प्रयुक्त करने वाली सरकार या शासक, स्वेच्छाचारी बनकर उन सब उद्देश्यों व लक्ष्यों की अवहेलना न करें, जिनकी प्राप्ति के लिए, मनुष्य ने राजनीतिक सत्ता की सृष्टि की तथा अराजक अस्तव्यस्तता की बोझिल जंजीरों से बचने के लिए राजनीतिक शक्ति के अवपीड़क (coercive) बन्धन स्वीकार किये, यह आवश्यक है कि सरकार और शासकों को नियंत्रित व सीमित रखा जाए। कोई भी शासक जो व्यवस्था की स्थापना के लिए बाध्यकारी शक्ति से युक्त हो, वह इसी शक्ति के प्रयोग से व्यक्ति की स्वतन्त्रता का हनन व अंत भी कर सकता है। व्यक्तितत्व के विकास में व्यक्ति की स्वतन्त्रता ही आधारभूत होती है। इसकी समाप्ति मानव को कुंठित करती है। इसलिये, एक तरफ तो मनुष्य ने

राजनीतिक शक्ति की सर्वोपरिता स्वीकार की तथा दूसरी तरफ, उस पर प्रभावशाली नियंत्रणों की व्यवस्था भी की जिससे शासक, व्यक्ति की स्वतन्त्रता की व्यवस्था व सुरक्षा के लिए आगे बढ़ सके और साथ ही इसके हनन के प्रलोभन से रोका जा सके। यही कारण है कि प्राचीन काल से ही शासकों को विधियों, प्रक्रियात्मक सुरक्षाओं व संतुलनात्मक शक्तियों के माध्यम से नियंत्रित और प्रतिबन्धित किया जाता रहा है।[1]

प्राचीन काल से आधुनिक युग तक के इतिहास में ऐसे अनेकों उदाहरण मिलते हैं, जब शासक, जनसाधारण की इच्छा के विरुद्ध स्वेच्छाचारी, अत्याचारी और निरंकुश बने हैं। ऐसे शासकों की शक्तियों पर नियंत्रण, नागरिकों के कहने, इच्छा करने, या चाहने मात्र से ही नहीं हो जाता है। इन नियंत्रणों की तो ऐसी ठोस व स्थायी व्यवस्था आवश्यक है जो शासक की शक्तियों को व्यवहार में प्रतिबन्धित रख सके, जिससे वे सत्ता का दुरुपयोग चाहकर भी नहीं कर सकें। शासक शक्ति पर ऐसे प्रभावशाली, ठोस तथा स्थायी नियंत्रणों के लिए मानव ने आरम्भ से ही अनेक प्रकार की नियंत्रक संस्थाओं की स्थापना की है। अनुभव के आधार पर, समय-समय पर, उनमें सुधार व परिवर्तन किये हैं, परन्तु अनेक बार नियंत्रक संस्थाओं की दुर्बलता व प्रभावहीनता के कारण[2] राजनीतिक शक्ति का व्यवहार में दुरुपयोग हुआ और व्यक्तिगत स्वतन्त्रता का अंत किया गया है। इस कारण, आधुनिक युग में, मनुष्य ऐसी राजनीतिक संस्थाओं की खोज में व्यस्त है जिनकी स्थापना से 'शासकों' की शक्ति नियंत्रित रहे और वे उसका केवल सदुपयोग ही कर सकें। वर्तमान राजनीतिक व्यवस्थाओं में नियंत्रण की यह संस्थागत व्यवस्था व राजनीतिक शक्ति के प्रयोगकर्ताओं की भूमिका को संविधान में स्पष्ट रूप से लिखकर निर्धारित किया जाता है।

यह माना जाता है कि सम्पूर्ण राजनीतिक तंत्र को एक उच्चतर विधि--संवैधानिक विधि--के अधीन रखना चाहिये तथा 'राजनीतिक शक्ति' की नियंत्रण व्यवस्था व इसके दुरुपयोग की बचाव प्रक्रियाओं को विधिवत उद्घोषित ऐसे लोककृत प्रलेख-संविधान में उल्लेखित करना चाहिए जिसकी सत्ता, नीति निर्धारण व क्रियान्वयन करने वाली सरकार की संस्थाओं की शक्ति व पहुंच से सामान्यतया परे व ऊपर हो तथा इस प्रलेख की इतनी वैध्यता हो कि यह उन सब प्रयत्नों को जो इसके अतिक्रमण के लिए किए जायें, अभिभूत कर सके, और राजनीतिक समाज में हर व्यक्ति, संस्था, समूह व दल इस 'उच्चतर विधि' द्वारा निर्धारित भूमिका ही निभाएं। इस 'उच्चतर विधि' में निहित मान्यताओं, मूल्यों व राजनीतिक आदर्शों की उपलब्धि हेतु शासकों को संविधान द्वारा नियमित अधिकार क्षेत्र में ही रहने के लिए बाध्य करने की संवैधानिक नियंत्रण व्यवस्था को ही संविधानवाद कहते हैं।

संविधानवाद का अर्थ, आधार, तत्त्व व विभिन्न अवधारणाओं को समझने से पहले,

[1]Peter H. Merkl, *Modern Comparative Politics*, New York, Holt, Rinehart and Winston, 1970, p. 447.

[2]Hitler did so in Germany.

यह आवश्यक है कि संविधान व संवैधानिक सरकार का अर्थ स्पष्ट किया जाय, क्योंकि संविधानवाद का अर्थ, संविधान व संवैधानिक सरकार के अर्थ के संदर्भ में ही स्पष्ट हो सकता है। वास्तव में संविधान व संवैधानिक सरकार, संविधानवाद की पूर्वगामी परिस्थितियां हैं। संविधानवाद केवल उसी राजनीतिक व्यवस्था में सम्भव है, जहां संविधान हो और इस संविधान द्वारा राजनीतिक शक्ति के प्रयोगकर्ताओं की न केवल भूमिका निर्धारित की जाए अपितु इस भूमिका की व्यावहारिकता की व्यवस्था भी की जाए, अर्थात सरकार, संविधान की व्यवस्था के अनुरूप ही संचालित हो और इसे व्यवहार में सम्भव बनाने के लिए संवैधानिक नियंत्रणों व प्रतिबन्धों की प्रभावशाली व्यवस्था हो। यह नियंत्रण व्यवस्था कैसे और किन-किन प्रक्रियाओं व संरचनाओं से हो, इसका विवेचन करने से पूर्व, संविधान, संवैधानिक सरकार और संविधानवाद का अर्थ समझ लेना आवश्यक है।

संविधान का अर्थ
(THE MEANING OF CONSTITUTION)

प्रत्येक राज्य के लिए संविधान का होना आवश्यक है। संविधान के बिना किसी भी राज्य का शासन चलना अत्यन्त कठिन है। इतिहास के अध्ययन के आधार पर यह कहा जा सकता है कि प्रत्येक राज्य में शासन को चलाने के लिए कुछ न कुछ नियम सदा से किसी न किसी रूप में अवश्य रहे हैं। प्रत्येक राज्य में, चाहे वह लोकतांत्रिक हो या अधिनायकवादी, कुछ ऐसे नियमों का स्वीकार किया जाना आवश्यक है जो राज्य की राजनीनिक संस्थाओं व शासकों की भूमिका को निर्धारित व सुनिश्चित कर, अराजकता से समाज को मुक्त रख सके। यहां तक कि अत्यधिक निरंकुश व स्वेच्छाचारी राज्यों में भी कुछ नियमों का पाया जाना नित्तान्त आवश्यक है। सरकारें चाहे निरंकुश हों अथवा लोकतन्त्रात्मक, उनके संचालन के लिए कुछ सिद्धान्तों अथवा नियमों का होना सदैव सहायक होता है। चूंकि प्रत्येक संविधान में सरकार के विभिन्न अंगों तथा उनके पारस्परिक सम्बन्धों का वर्णन होता है। अतः इन सम्बन्धों का वर्णन करने वाले नियमों की विद्यमानता से सरकार के विभिन्न अंग एक दूसरे के सहयोग से कुशलतापूर्वक कार्य कर सकते हैं और उनमें संघर्ष या विरोध की सम्भावनाएं भी कम हो जाती हैं। संविधा में नागरिकों के अधिकारों का भी वर्णन होता है। यह वर्णन ही इनकी सुरक्षा व्यवस्था है, क्योंकि यह सरकार की पहुंच से इस प्रकार परे बन जाते हैं। इस प्रकार संविधान के द्वारा किसी भी राज्य का आधारभूत ढांचा संस्थागत रूप में खड़ा किया जाता है, जिससे हर व्यक्ति, संस्था व समूह की भूमिका सुनिश्चित हो जाती है।

सामान्यतया यह समझा जाता है कि संविधान एक ऐसा आलेख (document) ही होता है जो निश्चित समय में निर्मित व स्वीकृत हो, पर यह संविधान का सही व ठीक अर्थ नहीं है। संविधान का आलेख, अर्थात लिखित रूप में होना आवश्यक नहीं है। किसी भी राज्य में परम्परागत नियमों की ऐसी व्यवस्था हो सकती है, जिनको विधिवत

कभी लिखा नहीं गया फिर भी जो शासकों व नागरिकों के दिल-दिमाग में इतनी गहराई से जमे हों कि इससे सरकार पर न केवल प्रभावशाली नियंत्रण रहता हो अपितु सम्पूर्ण राजनीतिक व्यवस्था में हर एक की भूमिका निर्धारित रहती हो। ऐसे राजनीतिक समाज में यह परम्परागत नियम ही संविधान कहलाते हैं। अतः संविधान उन समस्त लिखित और अलिखित (परम्पराएं) नियमों और कानूनों का समूह है जिनके आधार पर किसी भी देश की शासन व्यवस्था संगठित की जाती है और शासन के विभिन्न अंगों के बीच शक्तियों का विभाजन किया जाता है तथा उन सिद्धान्तों का निर्धारण होता है जिनके अनुसार वे शक्तियां प्रयोग में लाई जाती हैं। संक्षेप में, "संविधान नियमों का वह संग्रह है जो उन उद्देश्यों की प्राप्ति कराता है जिनके लिए शासन शक्ति प्रवर्तित की जाती है और जो शासन के उन विविध अंगों की सृष्टि करता है जिनके माध्यम से सरकार अपनी शक्ति का प्रयोग करती है।"

परन्तु कई राजनीतिक व्यवस्थाओं में, अनेक बार ऐसा देखा जाता है कि संविधान में व्यवस्था कुछ और है और व्यवहार में सरकार कुछ और करती है। ऐसी अवस्था में संविधान के अध्ययन से शासन तन्त्र के द्वारा राजनीतिक शक्तियों के प्रयोग के बारे में कुछ भी ज्ञान प्राप्त नहीं होता है। इसलिये संविधान का अर्थ समझते समय यह ध्यान रखना आवश्यक है कि औपचारिक ढांचा क्या व्यवस्था करता है तथा व्यवहार में शासन किस प्रकार संचालित होता है ? जब संविधान के अनुरूप राजनीतिक शक्तियों का प्रयोग नहीं होता हो तो ऐसे संविधान को 'औपचारिक' संविधान कहेंगे। ऐसा संविधान विशेष रूप से तथा स्पष्टतया विधियों, अधिनियमों व घोषणापत्रों में वर्णित होता है और सिद्धान्त में ही राजनीतिक व्यवस्था का संगठन कहा जा सकता है। दूसरी तरफ, व्यवहार में विधि और 'औपचारिक' संविधान के प्रतिकूल राजनीतिक शक्तियों का प्रयोग होता हो तो ऐसा राजनीतिक आचरण 'प्रभावी' संविधान कहा जाता है। यह शासन के वास्तविक संचालन से सम्बद्ध होता है। इस प्रकार की राजनीतिक व्यवस्था में शासकों का व्यवहार, महत्त्वपूर्ण राजनीतिक मामलों में, संविधान द्वारा निर्धारित प्रक्रिया व विधि के अनुरूप नहीं होता है। जैसे 'औपचारिक' संविधान के अनुसार ब्रिटेन में राजतन्त्र है, परन्तु राजनीतिक शक्तियों का व्यवहार में वास्तविक प्रयोग इसे संसदीय लोकतन्त्र की श्रेणी में ला देता है। सोवियत रूस में शासन का संचालन 'औपचारिक' व 'प्रभावी' संविधानों के अन्तर को और भी स्पष्ट करता है। औपचारिक दृष्टि से रूस का संविधान श्रेष्ठतम संसदीय लोकतन्त्र व संघात्मक शासन की स्थापना करता है। परन्तु व्यवहार में यहां शासन संविधान की धाराओं के अनुरूप न होकर साम्यवादी दल के आदेशों के अनुसार चलता है। इस दल की व्यवहार में निरंकुशता व एकाधिकार 'औपचारिक' संविधान में वर्णित राजनीतिक शक्ति की संवैधानिक व्यवस्था के अनुसार शासन-संचालन सम्भव नहीं होने देता। यहां सम्पूर्ण शासन तन्त्र, साम्यवादी दल के आदेशों के अनुसार संचालित होता है, संविधान में उपबन्धित व्यवस्थाओं के अनुसार नहीं। यह 'औपचारिक' व 'प्रभावी' संविधानों के अन्तर को ही स्पष्ट नहीं करता, अपितु यह भी संकेत देता है कि दोनों में किसी प्रकार का साम्य भी नहीं होता है।

विकासशील राज्यों में ऐसे अनेकों उदाहरण मिलते हैं। नवोदित स्वतन्त्र राजनीतिक व्यवस्थाओं में राजनीतिक अनुभव के अभाव में, शीघ्रता से अपनाए गए संविधानों का तेजी से बदलती परिस्थितियों और नई-नई आवश्यकताओं के अनुरूप न बन सकने के कारण, इन संविधानों की उपेक्षा कर राजनीतिक नेताओं का आचरण व्यवहार में भिन्न प्रकार का होता रहता है। इन देशों में अक्सर आर्थिक विकास की मजबूरियों व मूलभूत राजनीतिक प्रश्नों पर सहमति के अभाव में विकास व एकता की व्यवस्था करने के लिए कुछ नेता राजनीतिक शक्ति के एक मात्र उपयोगकर्ता बनते रहे हैं। ऐसी अवस्था में शासन व्यवस्था 'औपचारिक' संविधान के अनुरूप नहीं रह जाती है और 'प्रभावी' संविधान 'औपचारिक' संविधान से भिन्न हो जाता है।

अतः संविधान का अर्थ समझते समय यह ध्यान रखना आवश्यक है कि 'औपचारिक संविधान' क्या व्यवस्था करता है तथा व्यवहार में यह किस सीमा तक राजनीतिक आचरण का आधार बना रहता है? संविधान राजनीतिक व्यवस्था का चरित्र या प्रकृति स्पष्ट करता है, क्योंकि संविधान राज्य के लिए ठीक वैसा ही है जैसा व्यक्ति के लिए चरित्र। यह न केवल 'राजनीतिक खेल' का आधार प्रस्तुत करता है अपितु विभिन्न राजनीतिक खिचावों व मांगों में सामंजस्य की अभिव्यक्ति भी करता है। किसी राजनीतिक व्यवस्था की वास्तविक प्रकृति को समझने के लिए संविधान के इस ढांचे व तत्त्व (substance), सिद्धान्त व व्यवहार, दोनों को समझना आवश्यक है, क्योंकि संविधानवाद वहीं सम्भव है जहां संविधान के ढांचे व तत्त्व में साम्य हो। अर्थात संवैधानिक सरकार हो। हर राज्य में संविधान तो अनिवार्यतः होता है पर संवैधानिक सरकार भी हो यह आवश्यक नहीं है। संवैधानिक सरकार न होने पर संविधानवाद की व्यवस्था व्यावहारिक नहीं हो सकती। इसलिए संविधानवाद का अर्थ समझने के लिए न केवल संविधान का अर्थ स्पष्ट करना ही काफी होगा अपितु इसका मूल आधार, संवैधानिक सरकार का विवेचन भी अनिवार्य है। संक्षेप में संवैधानिक सरकार का विवेचन इस प्रकार है।

संवैधानिक सरकार का अर्थ
(THE MEANING OF CONSTITUTIONAL GOVERNMENT)

सामान्यतया ऐसा समझा जाता है कि जिस राज्य में संविधान हो वहां संवैधानिक सरकार भी होती है, परन्तु वास्तव में यह सही नहीं है। हर राज्य में किसी न किसी प्रकार का संविधान तो अनिवार्यतः होता है, पर हर ऐसे राज्य में संवैधानिक सरकार भी हो यह जरूरी नहीं है। संवैधानिक सरकार से सीमित अर्थ-बोधन होता है, क्योंकि संवैधानिक सरकार वह सरकार ही होती है जो संविधान की व्यवस्थाओं के अनुसार संगठित, सीमत और नियंत्रित हो, तथा व्यक्ति विशेष की इच्छाओं के स्थान पर, केवल विधि के अनुरूप ही संचालित होती हो। हिटलर व स्तालिन के समय में जर्मनी व रूस में संविधान तो थे पर संवैधानिक सरकारें भी थीं ऐसा नहीं कहा जा सकता। इनमें

राजनीतिक आचरण का आधार संविधान नहीं होकर, व्यक्ति या दल की महत्त्वाकांक्षाएं ही कही जा सकती हैं। अतः राज्य में केवल संविधान का होना मात्र सरकार को संवैधानिक नहीं बनाता है। केवल वह सरकार ही संवैधानिक सरकार कही जायेगी जो संविधान पर आधारित हो, संविधान द्वारा सीमित और नियंत्रित हो व स्वेच्छापूर्वकता के स्थान पर केवल विधि के अनुरूप ही संचालित होती हो। संक्षेप में संवैधानिक सरकार विधि द्वारा नियंत्रित व प्रतिबंधित सरकार ही होती है। इस प्रकार की सरकार वाली राजनीतिक व्यवस्था में ही संविधानवाद सम्भव है, क्योंकि संविधानवाद उन मान्यताओं, आस्थाओं और मानव मूल्यों का नाम है जिनका संविधान में वर्णन व समर्थन होता है और जिनकी उपलब्धि व सुरक्षा हेतु राजनीतिक शक्ति पर प्रभावशाली नियंत्रणों व रोकों (restraints) की व्यवस्था होती है। संविधान व संवैधानिक सरकार के उपरोक्त विवेचन के संदर्भ में संविधानवाद का अर्थ समझना सरल सा हो जाता है।

संविधानवाद का अर्थ
(THE MEANING OF CONSTITUTIONALISM)

संविधानवाद उन विचारों व सिद्धान्तों की ओर संकेत करता है, जो उस संविधान का विवरण व समर्थन करते हैं, जिनके माध्यम से राजनीतिक शक्ति पर प्रभावशाली नियंत्रण स्थापित किया जा सके। यह संविधान पर आधारित विचारधारा है, जिसका मूल अर्थ यही है कि शासन संविधान में लिखित नियमों व विधियों के अनुसार ही संचालित हो व उस पर प्रभावशाली नियंत्रण स्थापित रहें, जिससे वे मूल्य व राजनीतिक आदर्श सुरक्षित रहें जिनके लिए समाज राज्य के बंधन स्वीकार करता है। परन्तु इसका यह अर्थ नहीं कि संविधान के नियमों के अनुसार शासन संचालन मात्र ही संविधानवाद है। ऐसा तो किसी निरंकुश शासन में भी हो सकता है। एक तानाशाह अपनी इच्छा के अनुसार संविधान बनाकर, जनता की इच्छाओं और आकांक्षाओं की अवहेलना करता हुआ उन पर यह संविधान बलपूर्वक लागू कर सकता है। ऐसे संविधान में जनता के आदर्शों व मूल्यों का समावेश नहीं होता है, और इस कारण यह व्यवस्था संविधानवाद का विलोम ही होगी। अतः संविधानवाद संविधान के नियमों के अनुरूप शासन संचालन से अधिक है। इसका अर्थ है, निरंकुश शासन के विपरीत नियमानुकूल शासन, जिसमें मनुष्य की आधारभूत मान्यताओं, आस्थाओं और मूल्यों की व्यवहार में उपलब्धि सम्भव हो। इससे यह निष्कर्ष निकलता है कि संविधानवाद शासन की वह पद्धति है जिसमें शासन जनता की आस्थाओं, मूल्यों व आदर्शों को परिलक्षित करने वाले संविधान के नियमों व सिद्धान्तों के आधार पर ही किया जाए व ऐसे संविधान के माध्यम से ही शासकों को प्रतिबंधित व सीमित रखा जाए जिससे राजनीतिक व्यवस्था की मूल आस्थाएं सुरक्षित रहें और व्यवहार में हर व्यक्ति को उपलब्ध हो सकें। संक्षेप में,

"संविधानवाद उस निष्ठा का नाम है जो मनुष्य संविधान में निहित शक्ति में रखते हैं जिससे सरकार व्यवस्थित बनी रहती है।"[3] अर्थात वह निष्ठा व आस्था की शक्ति जिसमें सुसंगठित राजनीतिक सत्ता नियंत्रित रहती है, 'संविधानवाद' है।

कुछ विचारक शासन को सीमित व नियंत्रित करने के लिए तथा मानव मूल्यों की सुरक्षा सम्भव बनाने के लिए शक्ति विभाजन को अधिक महत्त्व देते हैं व उसे संविधानवाद का मूल आधार मानते हैं। उनकी मान्यता है कि संविधानवाद राजनीतिक शक्तियों का विभाजन कर सरकार के कार्यों पर प्रभावशाली नियंत्रण स्थापित करना है। अतः संविधानवाद तभी संभव है जब किसी राजनीतिक व्यवस्था में शक्ति विभाजन के द्वारा सरकारी कार्यों पर प्रभावशाली नियंत्रण स्थापित किया जा सके।

उपरोक्त वर्णन से स्पष्ट है कि संविधान व संविधानवाद एक दूसरे के पर्यायवाची नहीं हैं। इससे यह भी स्पष्ट है कि जहां संविधान है वहां संविधानवाद आवश्यक रूप से पाया जाता हो यह जरूरी नहीं है। संविधान के माध्यम से तो हम किसी भी देश की राजनीतिक व्यवस्था, अर्थात सरकार के स्वरूप, उसकी शक्तियों व नागरिकों और सरकार के सम्बन्धों से सम्बन्धित सिद्धान्तों व नियमों का संकेत पाते हैं। जबकि संविधानवाद एक ऐसी व्यवस्था है जिसमें संविधान के माध्यम से ही सरकार की शक्तियों पर शक्ति वितरण द्वारा प्रभावशाली नियंत्रण स्थापित किया जाता है। जिससे वह आकांक्षाएं व मूल्य सुरक्षित रहें जिनकी उपलब्धि के साधन के रूप में संविधान को अपनाया व समर्थित किया गया व आज भी समर्थन दिया जाता है।

इस प्रकार, पिनोक व स्मिथ के शब्दों में, "संविधानवाद केवल प्रक्रिया या तथ्य (substance) का नाम ही नहीं है अपितु राजनीतिक सत्ता के सुविस्तृत समूहों, दलों व वर्गों पर प्रभावशाली नियंत्रणों, अमूर्त तथा व्यापक प्रतिनिधात्मक मूल्यों, प्रतीकों, अतीतकालीन परम्पराओं और भावी महत्वाकांक्षाओं से सम्बद्ध भी है।"[4] मनुष्य उत्तरोत्तर व सर्वांगीण विकास की आकांक्षा रखता है, और इसकी व्यवस्था करने के लिए हमेशा से प्रयत्नशील रहा है। यह बहुमुखी विकास की व्यवस्था, आधुनिक राज्यों में संविधान के माध्यम से सम्भव बनती है। पर शासक संविधान की अवहेलना कर, विकास के लक्ष्य और आदर्श समाप्त ही नहीं कर दें, इसलिए समाज, राजनीतिक सत्ता को संगठित ही नहीं, उसे नियंत्रित, प्रतिबन्धित व सीमित रखने के साधन भी जुटाता है। मानव समाज की मान्यताओं व आदर्शों की उपलब्धि हेतु किसी राजनीतिक व्यवस्था में सुरक्षात्मक नियंत्रण व्यवस्था ही संविधानवाद है। कार्ल जे० फ्रेड्रिक ने ठीक ही कहा है कि, "व्यवस्थित परिवर्तन की जटिल प्रक्रियात्मक व्यवस्था ही संविधानवाद है।"[5] इस

[3]*Encyclopaedia of the Social Sciences*, Vol. III-IV, New York, Macmillan, 1968, p. 255.
[4]Pennock and Smith, *Political Science : An Introduction*, New York, Macmillan, 1964, p. 239.
[5]Carl J. Friedrich, *Constitutional Government and Democracy*, New Delhi, Oxford and IBH, 1966, p. 6.

परिवर्तन को सरकार व नागरिक ही सम्भव बनाते हैं। विलियम जी० ऐन्ड्रूज के अनुसार, संविधानवाद इन दो प्रकार के, सरकार व नागरिक, तथा एक सरकारी सत्ता के दूसरी सरकारी सत्ता से, सम्बन्धों का संचालन मात्र है। अर्थात संविधानवाद सरकार व नागरिक तथा एक सरकारी सत्ता के दूसरी सरकारी सत्ता से सम्बन्धों की ठोस व्यवस्था है।[6] जिससे यह सभी लक्ष्ययुक्त व्यवस्थित परिवर्तन सम्भव बने और राजनीतिक व्यवस्था विशेष में, मानव आदर्शों, राजनीतिक मूल्यों व आस्थाओं को व्यावहारिकता प्रदान होती रहे।

संविधानवाद और संविधान के अर्थ से स्पष्ट है कि इन दोनों में काफी अन्तर है। इनका अन्तर समझना जरूरी है, अन्यथा संवैधानिक व्यवस्था मात्र को संविधानवाद समझने का भ्रम उत्पन्न होना स्वाभाविक है। अतः इनमें अन्तर करना आवश्यक है। संक्षेप में यह इस प्रकार है।

संविधान व संविधानवाद में अन्तर (Difference between Constitution and Constitutionalism)

संविधान, संविधानवाद की अभिव्यक्ति करता है। इसी पर संविधानवाद आधारित होता है। अतः दोनों में अन्तर की विभाजक रेखा खींचना व्यावहारिक रूप में कठिन है। परन्तु दोनों का अन्तर समझना आवश्यक है, क्योंकि दोनों का अन्तर करने पर ही उन परिस्थितियों को पहचाना जा सकता है, जो संविधान और संविधानवाद की अलग-अलग दिशाओं का संकेत करती हैं। जैसे क्रांतियों द्वारा बलपूर्वक स्थापित सैनिक तानाशाही व्यवस्थाओं में संविधान व संविधानवाद की भिन्न दशाओं को तभी समझा जा सकता है, जब हम यह जान सकें कि वहां संविधान में जो है वह संविधानवाद के अनुकूल नहीं, प्रतिकूल है। यह दोनों की अनुकूलता या प्रतिकूलता, संविधान व संविधानवाद के अन्तर के संदर्भ में ही स्पष्ट हो सकती है। इसलिए दोनों का अन्तर स्पष्ट समझ लेना चाहिए। संक्षेप में इन दोनों के अन्तर का विवेचन इस प्रकार है

(क) परिभाषा की दृष्टि से संविधानवाद विचारधारा का प्रतीक है। इसमें राष्ट्र के मूल्य, विश्वास व राजनीतिक आदर्श आते हैं, जिनसे मिलकर विचारधारा बनती है, और उस विचारधारा (ideology) का प्रतीक संविधानवाद कहलाता है। संविधान संगठन का प्रतीक है। यह उन सिद्धान्तों का संकलन कहा जा सकता है जिनके अनुसार सरकार की शक्तियों व शासितों के अधिकारी के मध्य सम्बन्धों का समायोजन किया जाता है। इससे सरकार, व्यक्ति व समाज के संगठनों के आपसी सम्बन्धों का बोध होता है। इनमें पारस्परिकता व पूरकता का सम्बन्ध है। इनमें साम्य, समाज में व्यवस्था, स्थायित्व व प्रगतिशीलता का सूचक है। दोनों में साम्य न रहने पर, अर्थात दोनों की दिशाओं का अलग-अलग होना क्रांति की पृष्ठभूमि तैयार

[6] William G. Andrews, *Constitutions and Constitutionalism*, New Delhi, East-West Press, 1971, p. 14.

करता है।

इस प्रकार सी० एफ० स्ट्रोंग के शब्दों में, "संविधान उन सिद्धान्तों का समूह है जिनके अनुसार राज्य के अधिकारों, नागरिकों के अधिकारों, और दोनों के सम्बन्धों में सामंजस्य स्थापित किया जाता है।"[7] वास्तव में संविधान जहां एक तरफ सरकार पर नियमित नियंत्रण रखता है, वहां यह दूसरी तरफ, समाज में एकता लाने वाली शक्ति के प्रतीक के रूप में भी कार्य करता है। फाइनर ने इसलिए ही संविधान को किसी राजनीतिक व्यवस्था में 'शक्ति सम्बन्धों की आत्मकथा' बतलाया है। राजनीतिक प्रक्रिया के रूप में संविधान न्यायोचित खेल की गारंटी करने वाले नियमों को कहा गया है। संविधानवाद उन विचारों और सिद्धान्तों की ओर संकेत करता है जो संविधान का विवरण और समर्थन करते हैं तथा जिनके माध्यम से राजनीतिक शक्ति पर प्रभावी नियंत्रण स्थापित करना सम्भव होता है। कौरी तथा अब्राहम के शब्दों में, "स्थापित संविधान के निर्देशों के अनुरूप शासन को संविधानवाद माना जाता है।"[8]

(ख) उत्पत्ति की दृष्टि से भी दोनों में अन्तर है। संविधानवाद हमेशा ही विकास का परिणाम रहा है। हर देश के मूल्य, विश्वास व आदर्शों का विकास शताब्दियों के आवरण में तथा समय की परिधि में धीरे-धीरे होता है। मूल्यों व आस्थाओं का यह विकास कई तत्त्वों से प्रभावित होता है। परम्परागत, संस्थागत व मानव सम्बन्धी तत्त्वों से राष्ट्रों के विश्वास व आदर्श विकसित होते रहते हैं, और जनसाधारण के जीवन में इतने घुल-मिल जाते हैं कि इनकी प्राप्ति और रक्षा हेतु समाज बड़े से बड़ा बलिदान करने के लिए तैयार रहता है। संविधान, केवल ब्रिटेन के संविधान को छोड़कर, साधारणतया निर्मित होते हैं। तथा बाद में परम्पराओं के माध्यम से संविधानवाद की आवश्यकताओं के अनुरूप स्वतः बदलते-ढलते जाते हैं। स्वतः नहीं बदलते, पर औपचारिक संशोधनों से संविधानों को संविधानवाद के अनुरूप बनाए रखा जाता है। इस प्रकार, उत्पत्ति की दृष्टि से संविधान सुनिश्चित प्रयत्नों से निश्चित अवधि में निर्मित होते हैं, जबकि संविधानवाद, राष्ट्र में मूल्यों की व्यवस्था ही होने के कारण, लम्बी अवधि में विकसित होता है।

(ग) संविधान व संविधानवाद में प्रकृति का भी मौलिक अन्तर है। संविधानवाद में प्रधानता किसी राजनीतिक समाज के लक्ष्यों और उद्देश्यों की होती है। अन्ततः हर समाज एक गन्तव्य की प्राप्ति का लक्ष्य रखता है, और गन्तव्यों की प्राप्ति की व्यवस्था ही संविधानवाद का मूल है। जबकि संविधान प्रमुखतया उन गन्तव्यों तक पहुंचने के साधनों की सुव्यवस्था है। यह संविधानवाद के उद्देश्यों की प्राप्ति हेतु साधन जुटाने का नाम है। अतः संविधानवाद साध्य-प्रधान और संविधान साधन-प्रधान धारणा है।

(घ) क्षेत्र भी दोनों में अन्तर का आधार माना जाता है। संविधानवाद अन्तर्भूतकारी

[7]C. F. Strong, *Modern Political Constitutions*, 8th ed., London, Sidgwick and Jackson, 1972, p. 11.

[8]J. A. Corry and Henry J. Abraham, *Elements of Democratic Government*, 3rd ed., New York, Oxford University Press, 1958, p. 52.

(inclusive) तथा संविधान अपवर्जक (exclusive) धारणा है। संविधानवाद कई देशों का एक-सा हो सकता है। एक राष्ट्र के मूल्य, विश्वास, व राजनीतिक आदर्श व संस्कृति के प्रति अन्य देश भी निष्ठा रख सकता है। संस्कृति, मूल्य, विश्वास व राजनीतिक आदर्श कई देशों के एक-से हो सकते हैं। अतः यह नहीं समझना चाहिए कि हर देश का अपना अलग मौलिक संविधानवाद होता है। आंग्ल-अमरीकन जिसे पाश्चात्य संस्कृति कहते हैं, इन राष्ट्रों के संविधानवाद में समानता का संकेत करती है। साम्यवादी जगत में भी कई देशों में राजनीतिक मूल्यों व आदर्शों का एक-सा होना, संविधानवाद की एकरूपता परिलक्षित करता है। परन्तु अनेक राष्ट्रों में संविधानवाद की समानता में प्रकार का तो नहीं पर मात्रा का अन्तर अवश्य हो सकता है। पाश्चात्य राष्ट्रों में फ्रांस व जर्मनी तथा साम्यवादी जगत में चीन व अलबानिया इस मात्रात्मक अन्तर का उदाहरण दिखाई देते हैं। विकासशील देशों में यह अन्तर अधिक पाया जाता है, क्योंकि इन राष्ट्रों में, राष्ट्रीय अहं (national ego) बनाने के लिए मौलिक जीवन दर्शन की खोज इनको अधिक भिन्नता से युक्त बना देती है। इन देशों की संस्कृति में भिन्नता का पुट अधिक पाया जाता है, और यह भी संविधानवाद में मात्रात्मक अन्तर का आधार बन जाता है। इससे स्पष्ट है कि संविधानवाद व्यापक धारणा है, और अनेकों राष्ट्रों में समान रूप से पाई जा सकती है।

संविधान हर देश का अलग होता है। यद्यपि संविधानवाद की कई देशों में समानता संविधानों को भी समानता का ऊपरी आवरण पहना देती है, पर इसके बावजूद संविधान भिन्नता अधिक रखते हैं। विभिन्न राज्यों के संविधानों में मात्रा और प्रकार दोनों ही का अन्तर देखने को मिलता है। संविधान, प्रमुखतया साधनों की व्यवस्था होने के कारण एक से साध्यों को भी राज्य विशेष की विशिष्ट परिस्थितियों के कारण अलग-अलग प्रकार के साधनों से प्राप्त करने का प्रावधान मात्र होते हैं और इससे हर देश का संविधान भिन्न हो जाता है। इस प्रकार, संविधान से सीमित धारणा का बोध होता है। यह राज्य विशेष का ही रहता है। कई राज्यों का एक-सा नहीं बन सकता है। जिस प्रकार हर मनुष्य का शरीर अलग-अलग होता है ठीक इसी प्रकार हर राज्य का संविधान अलग व विशिष्ट होता है। पर हर मनुष्य में प्राण या आत्मा मोटे रूप में समान ही होती है। इसी तरह अनेक राज्यों में संविधानवाद की समानता भी दिखाई देती है।

(ङ) संविधान व संविधानवाद का अन्तर औचित्य या वैधता (legitimacy) के आधार पर भी किया जाता है। संविधानवाद में आदर्शों के औचित्य का प्रतिपादन मुख्यतः विचारधारा (ideology) के आधार पर होता है जबकि संविधान की वैध्यता विधि या कानून के आधार पर ठहराई जाती है।

उपरोक्त विवेचन से स्पष्ट है कि संविधान और संविधानवाद में गहरा सम्बन्ध होते हुए भी दोनों में आधारभूत अन्तर होता है। यह अन्तर ही यह स्पष्ट करता है कि कभी-कभी राज्यों में इन दोनों की दिशाएं भिन्न-भिन्न क्यों हो जाती हैं? और इस दिशा भिन्नता का क्या परिणाम हो सकता है? इस वर्णन से एक बात और स्पष्ट होती है कि किसी राज्य में संविधानवाद कुछ आधारभूत मतैक्यों (consensus) के होने पर ही

सम्भव है, क्योंकि सरकार, नागरिक तथा विभिन्न सरकारी सत्ताओं में सामंजस्य, सहयोग तथा पारस्परिकता इन आधारों की अनुपस्थिति में अर्थपूर्ण नहीं बन सकती। अतः संविधानवाद के इन मूल आधारों को संक्षेप में समझना आवश्यक है, क्योंकि इन्हीं की नींव पर संविधानवाद का भवन खड़ा रहता है।

संविधानवाद के आधार
(FOUNDATIONS OF CONSTITUTIONALISM)

सामान्यतया सभी सरकारें उनका विरोध करने वालों का दमन, हर राज्य में शक्ति के प्रयोग से ही करती हैं। परन्तु सरकारों को शक्ति का प्रयोग कभी-कभी ही करना होता है। साधारणतः हर राजनीतिक समाज में इतना व्यापक व ठोस ऐक्य होता है कि सरकार को शक्ति के प्रयोग की आवश्यकता ही नहीं पड़ती और जनता सरकार के आदर्शों का स्वतः पालन करती रहती है। यह मतैक्य की परिस्थिति संविधानवाद की आवश्यक शर्त है। यह मतैक्य, पूर्ण विरोध व पूर्ण सहमति के दो ध्रुवों को जोड़ने वाली निरन्तर रेखा पर किसी स्थान पर होता है, जो चित्र 8.1 से और भी स्पष्ट हो जाता है।

सरकार का विरोध-समर्थन निरन्तर

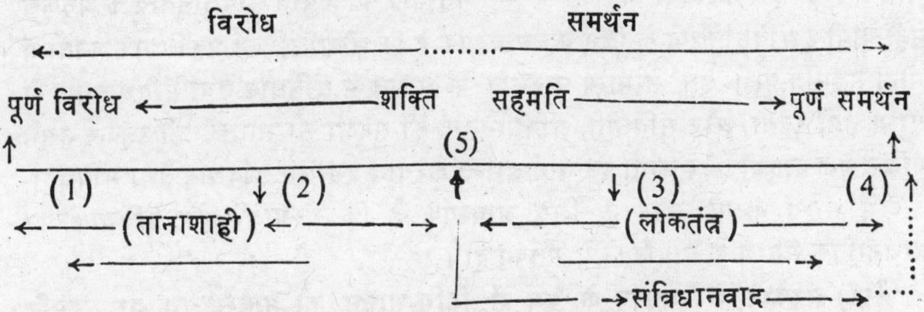

चित्र 8.1. शासक-शासितों का सम्बन्ध चित्रण

चित्र 8.1 में शासक-शासितों के सम्बन्धों को समझाने का प्रयास किया गया है। सरकार के विरोध-समर्थन निरन्तर पर पहली व चौथी अवस्थाएं केवल काल्पनिक ही हैं, क्योंकि किसी भी राजनीतिक समाज में शासकों का पूर्ण विरोध क्रांति की अवस्था को छोड़कर नहीं होता है। इसी प्रकार शासकों के हर आदेश का, हर आदमी, हर परिस्थिति में पालन करता हो यह भी परम-आदर्श अवस्था ही होगी। इन दो ध्रुवों के बीच किसी न किसी स्थान पर सभी राजनीतिक व्यवस्थाएं अंकित की जा सकती हैं। पूर्ण विरोध व पूर्ण समर्थन के दो ध्रुवों के बीच एक अव्याख्यायित सी ऐसी अवस्था भी होती है जो चित्र में पांच पर अंकित मानी गई है, जिसके बाईं तरफ की राजनीतिक व्यवस्थाओं को निरंकुश (बिन्दु दो) तथा दाहिनी तरफ की राजनीतिक व्यवस्थाओं को लोकतांत्रिक (बिन्दु तीन) कहा जा सकता है। संविधानवाद की उपस्थिति केवल

लोकतान्त्रिक व्यवस्थाओं में ही सम्भव है। जैसा कि चित्र से स्पष्ट है। राजनीतिक व्यवस्थाओं की यह वह अवस्था है जिसमें समाज में इतना व्यापक व ठोस ऐक्य होता है कि सरकार को शक्ति का प्रयोग कभी-कभी व विशिष्ट परिस्थितियों में ही करना होता है और सामान्य समय में सरकार को शक्ति के प्रयोग की आवश्यकता ही नहीं पड़ती। यह मतैक्य की परिस्थिति, संविधानवाद की आधारभूत व आवश्यक शर्त है। यह ऐक्य जितना ही पूर्ण सहमति या समर्थन के ध्रुव के समीप होगा उतनी ही संविधानवाद में ठोसता व व्यावहारिकता होगी। संक्षेप में यह ऐक्य निम्न प्रकार का होना चाहिए। विलियम जी० ऐन्ड्रूज ने यह चार प्रकार का माना है।

(क) संस्थाओं के ढांचे और प्रक्रियाओं पर मतैक्य (Consensus on the form of institutions and procedures)—ऐन्ड्रूज की मान्यता है कि राजनीतिक संस्थाओं के ढांचे और प्रक्रियाओं पर मतैक्य संवैधानिक सरकार के लिए विशेष महत्त्व रखता है। अगर नागरिकों की बड़ी संख्या यह अनुभव करती हो कि सरकार का तन्त्र उनके अहित में, अन्यायपूर्ण ढंग से संचालित होता है, तो वे सामाजिक संघर्षों के समाधान की व अपने आदर्शों की प्राप्ति की, सरकारी व्यवस्था स्वीकार नहीं करेंगे। इससे सरकार की सत्ता क्षीण होगी और सरकार को जनता का समर्थन नहीं, विरोध मिलेगा। इसलिए संस्थाओं के ढांचे और प्रक्रियाओं पर नागरिकों में सामान्य ऐक्य आवश्यक ही नहीं, अनिवार्य भी है। सरकारी व्यवस्था के प्रति असन्तोष की स्थिति संविधानवाद के अनुकूल नहीं होगी। संविधानवाद के लिए यह आवश्यक है कि संस्थाओं की प्रकृति पर जनता में मोटी सहमति हो। इस सामान्य सहमति के अभाव में संविधान तथा संविधानवाद में साम्य नहीं रहेगा, और संविधान, संविधानवाद की सुरक्षा का साधक नहीं रहकर उसमें बाधक बन जाएगा और क्रांति का मार्ग प्रशस्त करेगा। इसलिए संविधान तथा संविधानवाद में साम्य बनाए रखने के लिए आवश्यक है कि संस्थाओं और प्रक्रियाओं पर राजनीतिक समाज के नागरिकों में मतैक्य हो।

(ख) सरकार के आधार के रूप में विधि-शासन की आवश्यकता पर सहमति (Agreement on the desirability of the rule of law as basis of government)—संविधानवाद का दूसरा महत्त्वपूर्ण आधार शासन संचालन के नियमों पर सहमति से सम्बद्ध है। राजनीतिक समाज के नागरिकों में इस बात पर भी सहमति आवश्यक है कि सरकार के संचालन का आधार विधि का शासन ही हो। यद्यपि कुछ असामान्य परिस्थितियों में समाज में इसके प्रतिकूल मतैक्य भी हो सकता है। जैसे देश में संकट के समय में ऐसा नेता उभर सकता है, जिसमें ऐसी योग्यता और अनोखी सूझबूझ हो सकती है कि जनसमुदाय उसको संविधानवाद के बन्धनों से मुक्त होने दे। जर्मनवासियों ने 1933 में हिटलर के लिए और फ्रांसवासियों ने 1958 में चार्ल्स डिगॉल के समय में ऐसा किया, यद्यपि फ्रांस में संविधानवाद के ढांचे की औपचारिकता बनी रही थी। परन्तु यह तभी होता है जब अधिकांश जनसमुदाय की आस्था संकट विशेष का सामना करने के लिए संविधान द्वारा व्यवस्थित प्रक्रियाओं से उठ जाए। ऐसी अवस्था में समाज, राज्य के सम्पूर्ण साधनों को जुटाने के लिए संविधान के नियन्त्रणों व निर्देशों की

अवहेलना होने देने के लिए सहमत ही नहीं हो जाता, अपितु ऐसा करने के लिए सरकार पर दबाव तक डालता है। ऐसा गृह युद्ध के समय अमरीका में हुआ तथा विगत महायुद्ध के समय ब्रिटेन में किया गया। पर यह संविधानवाद का अन्त करना नहीं, उस पर सम्भावित खतरे से उसे बचाने की सुरक्षा व्यवस्था है। यह संकट के साथ ही समाप्त हो जाती है। अतः यह विशिष्ट परिस्थितियों व संकट की बात हुई। सामान्यतया, सरकार का संचालन व निर्देशन का आधार विधि ही हो इस पर सहमति की अवस्था में ही संविधानवाद सम्भव है।

(ग) **समाज के सामान्य उद्देश्यों पर सहमति** (Agreement on the general goals of the society)—संविधानवाद के विकास के लिए यह भी आवश्यक है कि राजनीतिक समाज के नागरिकों में समाज के सामान्य उद्देश्यों पर सहमति पाई जाए। परन्तु संविधानवाद के पूर्व-वर्णित आधारों जितना महत्त्वपूर्ण आधार यह नहीं है, क्योंकि जब संस्थाओं की प्रकृति व प्रक्रियाओं पर सहमति हो तब समाज के लक्ष्यों व गन्तव्यों का संशोधन व पुनः निर्धारण बातचीत व समझौते द्वारा किया जाना सम्भव है। परन्तु फिर भी, समाज के सामान्य उद्देश्यों पर रजामन्दी का अभाव राजनीतिक व्यवस्था में ऐसे तनाव, खिचाव व दबाव उत्पन्न कर सकता है कि इससे दूसरे क्षेत्रों का मतैक्य खतरे में पड़कर, सम्पूर्ण संवैधानिक तन्त्र को चौपट करने का सूत्रपात कर सकता है। इस प्रकार, समाज के सामान्य उद्देश्यों पर सहमति न होने की परिस्थिति, सम्पूर्ण संवैधानिक ढांचे को अस्तव्यस्त कर सकती है। इसलिए ही विलियम जी० ऐन्ड्रूज की मान्यता है कि, "उद्देश्यों पर सहमति तथा समान राजनीतिक दर्शन में आस्था संविधानवाद में ठोसता लाने के लिए आवश्यक है।"[9]

(घ) **गौण लक्ष्यों व विशिष्ट नीति-प्रश्नों पर सहमति** (Concurrence in lesser goals and on specific policy questions)—गौण लक्ष्यों तथा विशिष्ट नीति-प्रश्नों पर सहमति को संविधानवाद का मूल आधार माना जाए या नहीं इस पर लोगों में मतभेद है। यदि यह संविधानवाद के लिए अनिवार्य आधार न भी माना जाए तो भी यह तो स्वीकार करना ही होगा कि संविधानवाद की व्यवहार में उपलब्धि के लिए यह जरूरी है कि गौण उद्देश्यों व विशिष्ट नीति प्रश्नों पर भी समाज में सहमति हो। क्योंकि इन पर असहमति, वह प्रारम्भिक दशा है जो संविधानवाद के भवन को धराशायी करने की पृष्ठभूमि तैयार करती है। विशिष्ट नीति-प्रश्नों पर असहमति से असन्तोष की वह स्थिति उत्पन्न हो सकती है जो सहमति के अन्य क्षेत्रों में भी तनाव, सन्देह और विरोध के बीज बो दे, जिससे संविधानवाद के सम्पूर्ण भवन में दरारें पड़ने लगें, जो अन्ततः उसको कमजोर कर धराशयी करने का कारण बन जाएं। इसलिए अगर यह मान भी लिया जाए कि यह संविधानवाद का अत्यन्त आवश्यक आधार नहीं है, फिर भी यह तो स्वीकार करना ही होगा कि इससे संविधानवाद रूपी भवन की सीमेन्ट में ठोसता आती है और राजनीतिक ढांचा हल्के-फुल्के तनावों से हिल नहीं पाता।

[9]William G. Andrews, *op. cit.*, p. 13.

संविधानवाद के उपरोक्त चारों आधार किसी भी राज्य में इसकी व्याबहारिक उपलब्धि की आवश्यक शर्त हैं। अगर किसी राजनीतिक व्यबस्था में ये आधार उपस्थित न हों तो संविधानवाद की व्यवस्था अधिक दिन स्थायी नहीं रह सकती है। दीर्घकालीन व सदियों से स्थापित संविधानवाद भी इन आधारों के अभाव में समाप्त हो जाता है। समाज में इन चारों आधारों पर असहमति ठोस संविधानवाद की भी समाप्ति का कारण बन जाती है इसलिए इनका संविधानवादी व्यवस्था में आधारभूत योगदान है।

संविधानवाद का अर्थ और आधार समझने के पश्चात इसके विभिन्न तत्त्वों की विवेचन करना जरूरी है। संविधान में इन तत्त्वों का निहित होना या नहीं होना ही संविधान द्वारा स्थापित सरकार को संवैधानिक या असंवैधानिक बनाता है और यह संविधानवाद की अभिव्यक्ति होती है या नहीं, इस का निर्णायक बनता है। संक्षेप में तत्त्वों का विवेचन संविधानवाद की धारणा को समझने व किसी समाज विशेष में इसकी व्यवहार में प्राप्ति की व्यवस्था है या नहीं, इस का ज्ञान प्राप्त करने के लिए आवश्यक है।

संविधानवाद के तत्त्व
(ELEMENTS OF CONSTITUTIONALISM)

पिनोक व स्मिथ ने अपनी पुस्तक **पोलिटिकल सायंस : ऐन इन्ट्रोडक्शन** में संविधानवाद के चार तत्त्वों का उल्लेख किया है। इनकी मान्यता है कि किसी भी देश में संविधानवाद की व्यावहारिकता के लिए उस देश के संविधान में इन तत्त्वों का होना या किसी राज्य के संविधान में इनका न पाया जाना इस बात का सूचक है कि ऐसी राजनीतिक व्यवस्था में संविधान के होते हुए भी संविधान द्वारा संविधानवाद का प्रकाशन व व्यवहारीकरण नहीं होता है तथा यह अवस्था संविधान व संविधानवाद में न केवल असाम्य का संकेत है अपितु दोनों की भिन्न-भिन्न दिशाओं की सूचक है, जो अन्ततः संविधान को संविधान-वाद के अनुरूप बनाने के लिए जनक्रांति की पृष्ठभूमि तैयार करना है।

अतः संविधानवाद के तत्त्वों के संदर्भ में ही यह समझना सम्भव है कि किसी राजनीतिक व्यवस्था में संविधान, संविधानवाद का प्रतीक व प्रतिबिम्बक है अथवा नहीं। अगर किसी राज्य के संविधान में संविधानवाद के इन तत्त्वों का समावेश नहीं होता है तो वह संविधान, संविधानवाद की अभिव्यक्ति का माध्यम नहीं रहता है, और ऐसी राजनीतिक व्यवस्था में संविधान केवल औपचारिक रूप में ही रहता है तथा देश की वास्तविक शासन व्यवस्था का स्थापक नहीं होता है। इतना ही नहीं, कहीं-कहीं संविधान में संविधानवाद के तत्त्व तो निहित होते हैं परन्तु व्यवहार में संविधान प्रभावी नहीं होता, अपितु औपचारिक ही रहता है। ऐसी अवस्थाओं में राजनीतिक संस्थाओं की स्थापना व संचालन संविधान के अनुरूप नहीं होकर, उससे भिन्न प्रकार से होता है। इस अन्तर को संविधानवाद के तत्त्वों के संदर्भ में ही समझा जा सकता है। संक्षेप में इन तत्त्वों का विवेचन इस प्रकार है।

(क) संविधान अपरिहार्य संस्थाओं का अभिव्यक्तक (The constitution as an embodiment of essential institutions) —सामान्यतया, सभी लिखित संविधानों में सरकार के प्रमुख पदाधिकारियों, उसके विभिन्न अंगों, उनकी शक्तियों और उन पर लगी सीमाओं का उल्लेख होता है। जहां लिखित संविधान नहीं होता और अगर वह संवैधानिक राज्य है, तो ऐसे राज्य में प्रमुख सरकारी संस्थाओं की स्थापना व उनकी शक्तियों व सीमाओं का निश्चय ऐतिहासिकता से होता है। संविधान चाहे लिखित हो या विकसित व अलिखित, उसमें व्यवस्थापिका, कार्यपालिका व न्यायपालिका के संगठन, कार्यों व उनके पारस्परिक सम्बन्धों की स्पष्ट व्यवस्था, संविधानवाद की अभिव्यक्ति के लिए अनिवार्य है। संविधान में सरकार के विभिन्न स्तरों व अंगों की शक्तियों की व्याख्या ही नहीं हो वरन उनके पारस्परिक सम्बन्धों का, उन पर लगी सीमाओं और उनकी कार्यविधि का स्पष्ट उल्लेख भी होना चाहिए, अन्यथा संविधान, संविधानवाद की अभिव्यक्ति का साधन नहीं बन सकता। वर्तमान राज्यों में संविधान की सजीवता का मापदण्ड ही यह है कि संविधान कहां तक सरकार की आधारभूत संस्थाओं—व्यवस्थापिका, कार्यपालिका व न्यायपालिका तथा राजनीतिक दलों, समूहों एवं प्रशासकीय सेवाओं की समुचित व्यवस्था व स्थापना करता है। अगर किसी संविधान द्वारा आधारभूत राजनीतिक संस्थाओं की स्थापना व उनकी शक्तियों की स्पष्ट व्याख्या नहीं होती है तो ऐसी व्यवस्था में संविधानवाद सम्भव नहीं होता है। ऐसे राज्यों में राजनीतिक शक्तियों के प्रयोगकर्त्ता अपने अधिकारक्षेत्र में इच्छानुसार वृद्धि करके शासन शक्तियों के दुरुपयोग का अवसर प्राप्त कर लेते हैं। इसलिये संविधान में आधारभूत संस्थाओं की स्पष्ट व्यवस्था, संविधानवाद का एक महत्त्वपूर्ण तत्त्व है।

(ख) संविधान राजनीतिक शक्ति का प्रतिबन्धक (The constitution as restraint upon political power)—पिनोक व स्मिथ तो प्रतिबन्धों को संविधानवाद का मूल मन्त्र मानते हैं। हर राज्य में सरकार को संवैधानिक बनाए रखने के लिए, उसका किसी न किसी प्रकार की नियंत्रण व्यवस्था के अधीन होना आवश्यक है। वैसे तो संविधान द्वारा सरकार के तंत्र की स्थापना मात्र ही शक्ति की नियंत्रक व्यवस्था बन जाती है, फिर भी संविधान स्पष्ट रूप से सरकार की शक्तियों का सीमांकन भी करे यह आवश्यक है। इससे सरकारी क्रिया सुनिश्चित हो जाती है। जिससे शासित, शासकों के स्वेच्छाचारी कृत्यों से बचे रहें, और शासन केवल विधि ही के अनुरूप संचालित होता रहे। इसके लिए हर लोकतान्त्रिक राजनीतिक व्यवस्था के संविधान में कुछ ऐसे प्रावधान किये जाते हैं, जो सरकार को हर समय व हर कदम पर नियंत्रित, प्रतिबन्धित करते हुए अपने अधिकार क्षेत्र में सीमित रखते हैं और संविधान का व्यवहार में किसी भी अधिकारी द्वारा उल्लंघन नहीं किया जाता है। साधारणतया, हर लोकतान्त्रिक राज्य में कुछ न कुछ नियंत्रण शासकों पर लगाए जाते हैं। मोटे तौर पर यह नियंत्रण—(1) विधि के शासन की स्थापना, (2) मौलिक अधिकारों की व्यवस्था, (3) राज्य की शक्तियों के विभाजन, पृथक्करण व विकेन्द्रीकरण की व्यवस्था, तथा (4) सामाजिक बहुलवाद की परिस्थितियों को बनाए रखने की व्यवस्था करके लगाए जाते हैं।

इन नियंत्रण व्यवस्थाओं के माध्यम से सरकार व नागरिक, दोनों ही अपने अधिकार

व कार्य क्षेत्र में सीमित रहने के लिए बाध्य हो जाते हैं। एक द्वारा अधिकार क्षेत्र का अतिक्रमण स्वतः ही दूसरे द्वारा इन नियंत्रणों के माध्यम से अवरोधित कर दिया जाता है। ऐसी व्यवस्था में, संविधान समाज के आदर्शों, आस्थाओं और राजनीतिक मूल्यों की प्राप्ति का साधन बना रहता है। अगर किसी राज्य में संविधान द्वारा ऐसे प्रतिबन्ध स्थापित नहीं किये जाते हैं तो वह संविधान राजनीतिक आचरण का निदेशक व नियंत्रणकर्ता नहीं रह पाता है। ऐसी नियंत्रण मुक्त राजनीतिक व्यवस्था में शासक स्वेच्छा से सब कुछ कर सकते हैं और जिस राज्य में शासक उन्मुक्त होकर सब कुछ कर सकें, वहां संविधानवाद सम्भव नहीं हो सकता है। इसलिये संविधान का राजनीतिक शक्ति का प्रतिबन्धक होना संविधानवाद का आधारभूत तत्त्व है।

(ग) **संविधान विकास का निदेशक** (The constitution as the director of development)—संविधान, एक प्रभावी राजनीतिक शक्ति केवल वर्तमान में ही न हो अपितु सुदूर भविष्य में भी प्रभावी राजनीतिक शक्ति बना रहे। इसके पीछे आवश्यक है कि संविधान राजनीतिक संघर्ष का प्रभावशाली ढंग से सीमांकन व ढांचा स्थापित करे और भावी प्रगति के लिए विकासक्षम योजना प्रस्तुत करे। समय, परिस्थितियों और आवश्यकताओं में परिवर्तन के साथ ही सामाजिक मान्यताओं, मूल्यों व आदर्शों में हेर-फेर भी होता रहता है। कालचक्र में गुजरता हुआ समाज, नये, परिष्कृत और संवर्द्धित गन्तव्यों को प्राप्त करने का लक्ष्य निर्धारित करता जाता है। इन नवीन आस्थाओं की व्यवहार में प्राप्ति की योजना हर संविधान में सन्निहित होनी चाहिए, जिससे संविधान समाज को दिशात्मक सुस्पष्टता से युक्त रख सके। अगर किसी राज्य का संविधान ऐसी व्यवस्था नहीं रखता है तो परिवर्तित व अप्रत्याशित परिस्थितियों में वह समाज की बदलती हुई मान्यताओं का प्रतीक नहीं रह जाएगा। इसलिए यह आवश्यक है कि हर संविधान राष्ट्रीय प्रतिभा का केवल वर्तमान में ही प्रतिबिम्बक नहीं रहे, वरन भविष्य में भी इससे राष्ट्रीय प्रतिभा व अहं को प्रकाशन मिलता रहे, और नये आर्थिक विकासों और समाज के नये समूहों की भी राजनीतिक प्रभाव तक पहुंच होती रहे। इन समूहों की राजनीतिक शक्ति तक पहुंच तभी हो सकती है जब संविधान में ऐसी व्यवस्था हो कि, जिनका समर्थन समाप्त हो जाए तो उन्हें स्थान लेने दें, जो अब तक सत्ता परिधि से बाहर थे। इसके लिए यह आवश्यक है कि संविधान भविष्य के सम्भावित विकासों का श्रेष्ठतम साधन भी हो। कोई भी संविधान जो वर्तमान से आगे, समाज के भावी विकास की योजना व साधन नहीं बनता वह शीघ्र ही समाज की आधारभूत मान्यताओं से विलग होता जाता है। ऐसा संविधान समाज की आकांक्षाओं की प्राप्ति का साधन न रहकर उसका बाधक बन जाता है। यह अवस्था संविधानवाद की समाप्ति का प्रारम्भ है। संविधान की गतिहीनता का सूचक है। यह समाज को अनावश्यक जकड़नों में बांधकर प्रगति के पथ पर अग्रसर होने से रोकना है। यह राजनीतिक समाज में गत्यात्मकता के स्थान पर जड़ता लाता है और वह संविधानवाद का गला घोंटता है। इसलिए संविधान का विकास के निदेशक के रूप में होना संविधानवाद की व्यावहारिकता हर समय बनाए रखने के लिए अनिवार्य है। यह संविधानवाद में

सजीवता व गत्यात्मकता लाने वाला तत्त्व है जो समय परिवर्तन के साथ आए समाज के मूल्यों में परिवर्तन के अनुकूल सम्पूर्ण संवैधानिक व्यवस्था को ढालने की स्वत: ही व्यवस्था बन जाता है।

(घ) **संविधान राजनीतिक शक्ति का संगठक** (The constitution as an organiser of political authority)—संविधान केवल सरकार की सीमाओं की स्थापना ही नहीं करता अपितु सरकार की विभिन्न संस्थाओं में शक्तियों का अम्बरान्तीय व लम्बात्मक वितरण भी करता है। संविधान यह व्यवस्था भी करता है कि सरकार के कार्य अधिकार युक्त रहें, और स्वयं सरकार भी वैध्य (legitimate) रहे। अगर कोई संविधान सरकार के कार्यों को अधिकार युक्त व स्वयं सरकार को वैध्य नहीं बनाता तो ऐसी सरकार व संविधान अधिक दिन तक स्थाई नहीं रह सकते हैं तथा, ऐसी राजनीतिक व्यवस्था में संविधानवाद राजनीतिक शक्ति का संगठक नहीं रहता। इससे स्पष्ट है कि संविधान द्वारा हर राजनीतिक व्यवस्था में राजनीतिक शक्ति का संगठन होना आवश्यक है, क्योंकि संविधानवाद की अभिव्यक्ति संविधान द्वारा व इसकी व्यवहार में प्राप्ति सरकार द्वारा ही सम्भव है।

कोई भी संविधान राजनीतिक शक्ति का संगठक उसी अवस्था में रहता है जबकि संविधान द्वारा यह व्यवस्था हो कि सरकार के कार्य अधिकार-युक्त रहें, तथा सरकार स्वयं वैध्य रहे। संविधान सरकार को अधिकारयुक्त उसी अवस्था में बना सकता है जब यह सरकार के प्रतिष्ठित आधारों तथा सहमतियुक्त प्रक्रियाओं का विवेचक व प्रतीक हो। ऐसा न होने पर राजनीतिक समाज परस्पर विरोधी दावों से उत्पन्न तनावों व खिचावों में जकड़ जाता है, जो सरकार के विरोध की परिस्थितियां उत्पन्न कर, सरकार की शक्ति को क्षीण करता है। जब कभी भी संविधान समाज के मूलभूत मूल्यों के मतैक्य पर आधारित हो, इस प्रकार के मतैक्य का प्रतीक रहे और ऐसे मतैक्य का पोषक बने तो सरकार अधिकार युक्त बनती है। ऐसी संवैधानिक व्यवस्था पर आधारित सरकार का विरोध नहीं होता है। समाज, संविधान व सरकार में पारस्परिकता, सहयोग व अनुकूल रहता है। सरकार के कार्य अधिकृत (authoritative) रहते हैं तथा संविधान जन-मानस में व जनता के दिलों में समाई मान्यताओं को प्रतिबिम्बित करता है। इसका यह अर्थ भी नहीं है कि सरकार अधिकार-युक्त बनी रहने के लिए मूलभूत मसलों पर जनता के मतैक्य की अभिव्यक्ति मात्र ही करती रहे, वरन सरकार को इससे अधिक भी कुछ करना होता है। सरकार को ऐसी कार्य-शैली की स्थापना करनी होती है जिससे इसके प्रति विश्वास जागृत हो और लोगों में इसके प्रति निष्ठा व राजभक्ति बनी रहे। सरकार को इस प्रकार कार्यरत रहना चाहिए जिससे इसकी क्रियाओं व कार्य-कलापों द्वारा संविधान में निहित धारणाओं व मूल्यों को प्रभावशाली व प्रतीकात्मक (symbolic) अभिव्यक्ति मिले। ऐसी स्थिति में सरकार न केवल अधिकारयुक्त (authoritative) रहती है, अपितु सरकार की अधिकारयुक्तता व्यावहारिक भी बनती है। यह तभी सम्भव होता है जब सरकार का संगठक संविधान, केवल मान्य सिद्धान्तों का सामान्य विवेचन ही नहीं करे, अपितु सरकार की वास्तविक कार्य-प्रणाली की सुस्पष्ट व्याख्या व व्यवस्था

भी करे। साथ ही संविधान सरकार से सम्बद्ध प्रतिमानों, मूल्यों व प्रिय अवधारणाओं का प्रभावी प्रतीक भी बने जिससे लोगों के दिल और दिमाग में सरकार के प्रति निष्ठा उत्पन्न हो और सबको सरकार 'अपनी' सरकार लगे। सरकार की वैधता, सरकार के प्रति राजनीतिक समाज के सभी लोगों की सहज निष्ठा में विद्यमान रहती है। केवल वही सरकार अन्ततः वैध बन सकती है जो जनसाधारण की निष्ठा व विश्वास प्राप्त रखते हुए संचालित होती है।

अगर सरकार अधिकारयुक्त व वैधतापूर्ण नहीं रहती तो संविधान न राजनीतिक शक्ति का संगठक रहेगा और न ही ऐसी व्यवस्था में संविधानवाद सम्भव होगा। इसलिए संविधानवाद के आवश्यक तत्त्व के रूप में संविधान का राजनीतिक शक्ति का संगठक रहना अनिवार्य है जिससे सरकार वैध रहे और संविधानवाद, अभिव्यक्त व व्यावहारिक रूप में राजनीतिक समाज में व्याप्त रहे।

निष्कर्ष रूप में यह कहना उचित होगा कि संविधानवाद के उपरोक्त वर्णित चारों तत्त्व संविधान में निहित होने चाहिए। अगर किसी राज्य के संविधान में संविधानवाद के इन तत्त्वों का समावेश नहीं होता तो वह संविधान संविधानवाद की अभिव्यक्ति का माध्यम नहीं रहता है और ऐसी राजनीतिक व्यवस्था में संविधानवाद सम्भव नहीं हो सकता।

संविधानवाद के अर्थ, आधार व तत्त्वों के विवेचन से स्पष्ट है कि संविधानवाद की कुछ विशेषताएं होती हैं। यद्यपि हर राजनीतिक व्यवस्था में अनुपमता व विचित्रता विद्यमान होती है, और इससे संविधान का भी विशिष्ट होना अनिवार्य हो जाता है। संविधान का अनोखापन, संविधानवाद में भी विशिष्टता ला देता हो ऐसा नहीं समझना चाहिए, क्योंकि संविधानवाद तो राजनीतिक समाज के मूल्यों, मान्यताओं और आस्थाओं को संरक्षण प्रदान करने की नियंत्रण व्यवस्था है। इसलिए संविधानवाद अन्तरभूतकारी धारणा है, जो ऐसी विशेषताओं से युक्त दिखाई देता है, जो कम या अधिक मात्रा में हर राजनीतिक समाज में व्याप्त संविधानवाद में पाई जाती हैं।

संविधानवाद की सामान्य विशेषताएं
(GENERAL CHARACTERISTICS OF CONSTITUTIONALISM)

संविधानवाद किसी भी देश या समाज विशेष का हो उसकी कुछ सामान्य विशिष्टताएं होती हैं, जो कम या अधिक मात्रा में हर संविधानवाद में परिलक्षित होती हैं। संविधान-वाद की धारणा को और अधिक अच्छी तरह समझने के लिए यह उपयुक्त होगा कि उसकी कुछ कतिपय सामान्य विशेषताओं को भी देख लिया जाए।

(क) संविधानवाद मूल्य-सम्बद्ध अवधारणा है (Constitutionalism is a value based concept)—संविधानवाद का सम्बन्ध राष्ट्र के जीवन दर्शन से है। यह उन मूल्यों, विश्वासों व राजनीतिक आदर्शों की ओर संकेत करता है जो राष्ट्र के हर नागरिक को प्रिय हैं। जो हर राष्ट्र का जीवन आधार होते हैं। यह संवैधानिक दर्शन, राजनीतिक

समाज को अभिजनों (elites) द्वारा प्रदान किया जाता है। परन्तु यह दर्शन अभिजनों तक ही सीमित नहीं रहता है। समाज का विचारशील वर्ग इसे जनता तक पहुंचाता है, और समाज इसे स्वीकार कर इसे स्वीकार कर इसे न केवल बल प्रदान करता है, वरन इसे सही अर्थों में 'राष्ट्र-दर्शन' बनाता है। पर इससे यह नहीं समझना चाहिए कि संविधानवाद के मूल्यों में देश की परम्पराओं, परिस्थितियों, आवश्यकताओं व समस्याओं का कोई योग नहीं होता है। केवल अभिजन ही समाज को मूल्य नहीं प्रदान करते हैं, क्योंकि बुद्धिजीवी स्वयं वातावरण के शिशु होते हैं। उनके द्वारा प्रदत्त मूल्यों पर वातावरण की छाप होती है। इस प्रकार संविधानवाद हर देश में एक नहीं अनेक स्रोतों से निर्मित मूल्यों से युक्त धारणा है। यह वे मूल्य हैं जो समाज को प्रिय हैं, और जिनकी रक्षा, प्राप्ति और आवश्यक प्रगति के लिए समाज बड़े से बड़ा बलिदान करने के लिए तत्पर रहता है। इन्हीं से युक्त धारणा संविधानवाद कहलाती है। इससे यही निष्कर्ष निकलता है कि हर संविधानवाद का सम्बन्ध मूल्यों से है और इसलिए ही यह मूल्य-सम्बद्ध अवधारणा कही जाती है।

(ख) संविधानवाद संस्कृति सम्बद्ध अवधारणा है (Constitutionalism is a culture-bound concept)—किसी भी राजनीतिक समाज के मूल्यों का विकास व निर्माण शून्य में नहीं होता है। ये समाज की संस्कृति से सम्बद्ध होते हैं। हर देश के आदर्श, मूल्य व विचारधाराएं उस देश की संस्कृति की ही उपज होते हैं, और संस्कृति से ही गठबन्धित रहते हैं। वह समय, स्थान व जनता के साथ बंधे होते हैं। संविधानवाद इन्हीं पर आधारित कहा जा सकता है। इससे यह निष्कर्ष निकलता है कि संविधानवाद की धारणा हर जगह व स्थान विशेष की संस्कृति से सम्बद्ध पाई जाती है। संविधानवाद का संस्कृति-सम्बद्ध होना इसमें वास्तविकता लाता है और इसे अर्थयुक्त बनाता है। वर्तमान युग में कई राजनीतिक समाज इतने विशाल होते हैं कि उनमें संस्कृतियों की विविधता और भिन्नता पाई जाती है। ऐसे राष्ट्रों में संविधानवाद इन विभिन्न संस्कृतियों के समन्वय का सूचक है। उनमें संघर्ष तथा विरोध के स्थान पर सहयोग और सामंजस्य की व्यवस्था संविधानवाद द्वारा ही होती है। यह एक राज्य की सभी संस्कृतियों के विकास व सुरक्षा की सबसे अधिक सुव्यवस्था है, क्योंकि संविधानवाद इन सभी संस्कृतियों से सम्बद्ध होता है व इनसे समृद्ध और शक्तियुक्त बनता है। अतः यह कहा जाना चाहिए कि संविधानवाद का ताना-बाना हर देश की संस्कृति से गुंथा रहता है।

(ग) संविधानवाद गत्यात्मक अवधारणा है (Constitutionalism is a dynamic concept)—संविधानवाद गतिहीन धारणा नहीं है पर इसका यह अर्थ भी नहीं कि संविधानवाद में स्थिरता नहीं होती है। संविधानवाद में यही सबसे विशिष्ट बात है कि इसमें स्थायित्व के साथ ही साथ गत्यात्मकता भी पाई जाती है। यही कारण है कि यह प्रगति में बाधक नहीं, प्रगति का साधक बना रहता है। विकास के लिए स्थायित्व भी अति आवश्यक है, अन्यथा विकास की दिशाओं में क्रम नहीं रहेगा। अतः संविधानवाद की धारणा स्थिरता-युक्त गत्यात्मकता का सूचक है। इसकी गतिशील प्रकृति अति

आवश्यक है, क्योंकि समय परिवर्तन के साथ मूल्यों में परिवर्तन आता है, तथा संस्कृति विकसित होती है। इसी से संविधानवाद गत्यात्मकता प्राप्त करता है। इससे स्पष्ट है कि संविधानवाद गत्यात्मक अवधारणा है। यहां यह भी समझना जरूरी है कि संविधानवाद किसी समाज के उन मूल्यों व आस्थाओं का, जो जनता को एक समय विशेष में प्रिय है, प्रतीक मात्र ही नहीं है। यह नये मूल्यों की स्थापना व प्राप्ति का माध्यम भी है। यह समाज के वर्तमान में प्रिय मूल्यों के साथ ही उसकी भविष्य की आकांक्षाओं का प्रतीक भी होता है। इससे यह गत्यात्मक अवधारणा बन जाता है। इसलिए ही कार्ल जे० फ्रेड्रिक ने संविधानवाद को 'विकास की प्रक्रिया' कहा है।[10]

(घ) संविधानवाद समभागी अवधारणा है (Constitutionalism is a shared concept)—एक राष्ट्र के मूल्य, विश्वास एवं राजनीतिक आदर्श व संस्कृति के प्रति अन्य देशों में भी निष्ठा हो सकती है। अत: कई देशों के राजनीतिक आदर्श, आस्थाएं व मान्यताएं समान हो सकते हैं। ऐसे देशों में संविधानवाद आधारभूत समानताएं रखता है। जैसे पाश्चात्य संस्कृति वाले देशों में संविधानवाद में समानता पाई जाती है। इस प्रकार की समानता में प्रकार का अन्तर नहीं होता यद्यपि मात्रा का अन्तर हर देश के संविधानवाद में दिखलाई देता है। यह अन्तर साम्यवादी देशों में भी पाया जाता है, पर यहां भी अन्तर केवल मात्रा का ही होता है प्रकार का नहीं होता। इससे यह स्पष्ट है कि हर देश का अपना अलग मौलिक संविधानवाद नहीं होता है। विकासशील लोकतान्त्रिक देशों में, यद्यपि असमानताएं अधिक होती हैं तथा हर देश अपना अलग राष्ट्रीय अहं (national ego) बनाने के लिए मौलिक जीवन दर्शन की स्थापना का प्रयत्न करता है, और इन देशों में संस्कृति में भी भिन्नता का अधिक पुट होता है, फिर भी इन देशों में मोटे रूप से संविधानवाद एक-सा ही कहा जा सकता है। इससे स्पष्ट है कि संविधानवाद समभागी धारणा है।

(ङ) संविधानवाद प्रधानत: साध्य मूलक अवधारणा है (Constitutionalism is predominantly an ends concept)—संविधानवाद प्रधानत: साध्यों से सम्बन्धित विचार है। परन्तु साध्य मूलक विचार पूर्णतया साधनों की अवहेलना नहीं कर सकता। अत: इनमें भी अंतर प्रकार का नहीं केवल मात्रा का रह जाता है। वैसे भी साधनों व साध्यों को एक दूसरे से अलग नहीं किया जा सकता। फिर भी संविधानवाद से प्रमुखतया लक्ष्यों का ही संकेत मिलता है। जब हम यह कहते हैं कि संविधानवाद साध्य-प्रधान विचार है तो उसका अर्थ उन आदर्शों से है जिन्हें समाज साध्य के रूप में अंगीकार करता है। इस प्रकार संविधानवाद का साध्यों की ओर प्रमुख संकेत होता है और साधनों की ओर गौण संकेत ही होता है।

(च) संविधानवाद सामान्यतया संविधान-जन्य अवधारणा है (Constitutionalism is generally a constitution based concept)—सामान्यतया व साधारण परिस्थितियों में हर देश की मूलभूत आस्थाओं का उस देश के संविधान में ही उल्लेख

[10]Carl J. Friedrich, *op. cit.*, p 6.

होता है। पर कई बार ऐसा भी होता है कि संविधानवाद के आदर्शों का प्रतिबिम्ब संविधान में नहीं मिलता है। दोनों में, अर्थात संविधान व संविधानवाद में, साम्य नहीं होता है। दोनों की, ऐसी अवस्था में, अलग-अलग दिशाएं होती हैं। यह अवस्था देश में शासकों व शासितों की राजनीतिक मान्यताओं में विरोध और मतभेद का संकेत करती है। इस अवस्था में राजनीतिक उथल-पुथल अवश्यंभावी बन जाती है। यह राजनीतिक संकट का संकेत है, परन्तु यह तो असाधारण परिस्थितियों में ही होता है। सामान्य परिस्थितियों में हर लोकतांत्रिक राजनीतिक समाज के मूल्यों व गन्तव्यों का संविधान में स्पष्ट उल्लेख किया जाता है। ऐसे संविधान पर ही संविधानवाद आधारित रहता है। यही उन संस्थागत प्रक्रियाओं का संगठन व स्थापना करते हैं जिनसे संविधानवाद व्यावहारिक व वास्तविक बनता है। अतः संविधान, संविधानवाद के लिए वह आधारशिला प्रस्तुत करता है जिस पर संविधान की नींव ठोसता से जमी रह सकती है।

हर संविधानवाद में यह सामान्य विशिष्टताएं विद्यमान होती हैं। यह विशेषताएं हर देश में कम या अधिक मात्रा में संविधानवाद के आधार के रूप में पाई जाती हैं। एक संविधानवाद से दूसरे संविधानवाद में इन विशिष्टताओं में भिन्नता केवल मात्रा की ही होती है, प्रकार की नहीं होती।

संविधानवाद के अर्थ, आधार, तत्थों व सामान्य विशेषताओं के विवेचन के बाद इसकी विभिन्न अवधारणाओं का उल्लेख करना आवश्यक है, क्योंकि संविधानवाद के उद्देश्य, और उन उद्देश्यों की प्राप्ति के लिए अपनाए गये साधन, हर राज्य में एक से नहीं होते हैं। कुछ राज्यों में संविधानवाद व्यक्ति की स्वतंत्रता, राजनीतिक समानता, सामाजिक व राजनीतिक न्याय तथा लोक कल्याण की साधना का आदर्श रखता है, तो कुछ राज्यों में आर्थिक समानता और समाज के एक ही गन्तव्य में आस्था आधारभूत मूल्य माना जाता है। इनकी प्राप्ति के लिए अपनाए गये साधन भी अलग-अलग राज्यों में, अलग-अलग प्रकार के होते हैं। लक्ष्यों व साधनों में यह भिन्नता क्यों और कितनी है, इसे समझने के लिए संविधानवाद की विभिन्न अवधारणाओं का वर्णन जरूरी है।

संविधानवाद की अवधारणाएं
(CONCEPTS OF CONSTITUTIONALISM)

पिनोक व स्मिथ, कार्ल जे० फ्रैड्रिक और कुछ अन्य पाश्चात्य विचारकों की मान्यता है कि संविधानवाद की केवल एक ही धारणा है। उनके अनुसार उदार लोकतंत्रों की अवधारणा ही संविधानवाद की सही धारणा है। इसी से संविधानवाद की सही व्याख्या होती है, परन्तु यह मान्यता ठीक नहीं है। अगर संविधानवाद, राजनीतिक समाज के आदर्शों, राजनीतिक मान्यताओं और मूल्यों का, जो किसी राष्ट्र का आधार हैं, और जिन्हें राष्ट्र व्यवहार में प्राप्ति का लक्ष्य रखता है, का ही बोध कराता है। तब यह आदर्श तथा इन आदर्शों की प्राप्ति के लिए प्रयोग में आने वाले साधन, अलग-अलग प्रकार का होना स्वाभाविक है। इनकी भिन्नता व इनकी प्राप्ति के लिए अपनाए जाने वाले साधनों की

भिन्नता के आधार पर संविधानवाद की भिन्नता स्पष्ट की जा सकती है। मोटे तौर पर उद्देश्यों व उद्देश्यों की प्राप्ति के साधनों के आधार पर संविधानवाद की तीन अवधारणाएं हो सकती हैं—(1) उदार लोकतंत्रों की धारणा, (2) साम्यवादी या समाजवादी लोकतंत्रों की धारणा, तथा (3) नवोदित या विकासशील लोकतन्त्रों की धारणा। इन धारणाओं में साध्यों व साधनों का विशेष अन्तर हर अवधारणा के विस्तृत विवेचन के संदर्भ में ही समझा जा सकता है। इसलिए हर अवधारणा का अलग से विवेचन आवश्यक है।

उदार लोकतन्त्रों की अवधारणा (Concept of Liberal Democracies)

उदार लोकतन्त्रों की अवधारणा को पाश्चात्य संविधानवाद भी कहा जाता है। इसकी मुख्य विशेषता व्यक्ति की स्वतंत्रता की साधना है। व्यक्ति की स्वतंत्रता के अलावा, राजनीतिक समानता, सामाजिक व आर्थिक न्याय तथा लोककल्याण की साधना पाश्चात्य संविधानवाद के आधारभूत साध्य हैं। यह सामाजिक व आर्थिक समानता व स्वतन्त्रता पर बल नहीं देता है। स्वतंत्रता और समानता के सामाजिक व आर्थिक पहलुओं का पाश्चात्य संविधानवाद के साध्यों में अभाव ही इसको साम्यवादी अवधारणा से अलग धारणा बनाता है। साम्यवादी धारणा में यह मूल्य प्रधानता रखते हैं। परन्तु पाश्चात्य अवधारणा में तो व्यक्ति की स्वतन्त्रता को मौलिक मूल्य माना जाता है और इसलिये ही पाश्चात्य संविधानवाद को 'उदारवाद का दर्शन' भी कहा जाता है।

पाश्चात्य अवधारणा में संविधानवाद के आधारभूत साध्यों की व्यावहारिकता के लिए सरकार की शक्तियों को विभाजित करके राजनीतिक क्रिया को प्रभावशाली ढंग से प्रतिबन्धित व नियन्त्रित करने की व्यवस्थाएं की जाती हैं, जिससे सरकार का कोई भी अंग, राजनीतिक शक्ति का दुरुपयोग नहीं कर सके, व राष्ट्र के राजनीतिक मूल्य सुरक्षित व स्थायी बने रह सकें। पिनोक व स्मिथ तो "पाश्चात्य संविधानवाद का अन्तर्भाग (core) प्रतिबन्धों की व्यवस्था"[11] को ही मानते हैं। इन प्रतिबन्धों की स्थापना उदार लोकतांत्रिक राज्यों में राजनीतिक शक्ति का संस्थाकरण करके की जाती है, अर्थात राजनीतिक शक्ति, व्यक्तियों के स्थान पर संस्थाओं में निहित की जाती है पश्चिमी समाजों की यह मान्यता है कि शक्ति, व्यक्ति के स्थान पर संस्थाओं में निहित होने से उसका प्रयोग किसी व्यक्ति विशेष की इच्छा से न होकर संस्थागत विधियों व प्रक्रियाओं द्वारा होगा तथा शक्ति का विधि के ही अनुरूप प्रयोग, इसके दुरुपयोग की प्रभावशाली बचाव व्यवस्था बन जाएगी। इससे यही निष्कर्ष निकलता है कि उदार लोकतन्त्रों में संविधानवाद का प्रमुख आधार संस्थागत व प्रक्रियात्मक प्रतिबन्धों से नियंत्रित सरकार है। यह प्रतिबन्ध ही राजनीतिक शक्ति द्वारा व्यक्ति की स्वतंत्रता के हनन से बचाव व्यवस्था करते हैं। इसलिये पाश्चात्य संविधानवाद में राजनीतिक शक्ति पर सुनिश्चित नियंत्रण व्यवस्था ही मूल तत्त्व है। पाश्चात्य संविधानवाद में साध्य तत्त्व 'व्यक्ति की स्वतंत्रता' और साधन तत्त्व 'सीमित सरकार' है। उदार लोकतंत्रों में संविधानवाद

[11]Pennock and Smith, *op. cit.*, p. 244.

को व्यक्ति की स्वतंत्रता की धुरी के इर्द-गिर्द घूमता हुआ कहा जाय तो कोई अतिशयोक्ति नहीं होगी। संविधानवाद की इस अवधारणा के कुछ विशिष्ट आधार हैं जिनके विवेचन से इस धारणा का अर्थ और विशेषताएं और अधिक अच्छी तरह स्पष्ट हो जाएंगी।

(ख) **पाश्चात्य संविधानवाद के आधार** (Foundations of western constitutionalism)—उदार लोकतंत्रों से सम्बन्धित संविधानवाद के मुख्यतया दो आधार हैं। प्रथम दार्शनिक आधार, और दूसरे संस्थागत आधार। दार्शनिक आधार साध्यों का संकेत करते हैं, जबकि संस्थागत आधार और इन साध्यों को व्यवहार में प्राप्त करने के साधनों की व्यवस्था है। इन दोनों आधारों का अलग-अलग विवेचन करने पर संविधानवाद की इस अवधारणा की मौलिकता स्पष्ट हो जाएगी। इसलिए इनका संक्षिप्त विवेचन यहां दिया जा रहा है—

(i) **पाश्चात्य संविधानवाद के दार्शनिक आधार** (Philosophical foundations of western constitutionalism)---संविधानवाद की पाश्चात्य अवधारणा के दार्शनिक आधार, इन राजनीतिक व्यवस्थाओं के अन्ततः गन्तव्यों से सम्बद्ध हैं। हर राजनीतिक व्यवस्था में कुछ मूलभूत लक्ष्य निर्धारित रहते हैं। इन्हीं लक्ष्यों की प्राप्ति के लिए सम्पूर्ण व्यवस्था प्रयत्नशील रहती है। इन लक्ष्यों की उपलब्धि में आने वाली हर रुकावट को राजनीतिक व्यवस्था दूर करके आगे बढ़ती रहती है। राष्ट्रों के अन्ततः गन्तव्य सब जगह समान हों यह आवश्यक नहीं है। पाश्चात्य राज्यों के गन्तव्य समाजवादी राज्यों से भिन्न दिखाई देते हैं। इसलिये ही पाश्चात्य संविधानवाद के दार्शनिक आधार अपने आप में विशेष व अलग दिखाई देते हैं। प्रमुखतया, उदार लोकतन्त्रात्मक राज्यों में चार आधारभूत साध्य हैं।—(1) व्यक्ति की स्वतन्त्रता, (2) राजनीतिक समानता, (3) सामाजिक व आर्थिक न्याय, तथा (4) लोक कल्याण की साधना।

(1) पाश्चात्य संविधानवाद का आधारस्तम्भ साध्य ही व्यक्ति की स्वतन्त्रता है। इसलिये ही यह कहा जाता है कि व्यक्ति की स्वतन्त्रता के इर्द-गिर्द उदार लोकतंत्रों की संविधानवादी अवधारणा घूमती है। इस साध्य के पीछे प्रमुख मान्यता यह है कि व्यक्ति के व्यक्तित्व का विकास अधिकांशतः स्वयं व्यक्ति द्वारा ही हो सकता है। राजनीतिक व्यवस्था और सामाजिक संस्थाएं इसमें सहयोग अवश्य देती हैं। परन्तु इनका योगदान एक सीमा के बाद सहायक के स्थान पर बाधक बनने लगता है। इसलिये व्यक्ति की स्वतन्त्रता की व्यवस्था हो तो, वह उन सामाजिक व राजनीतिक बन्धनों से अपने आपको उन्मुक्त कर सकेगा जो उसके व्यक्तित्व के विकास में रोड़ा बनने लगें। इसलिए पाश्चात्य संविधानवाद का प्रमुख जोर व्यक्ति की स्वतंत्रता पर ही है। यहां यह ध्यान रखना जरूरी है कि उदार लोकतन्त्रों में संविधानवाद व्यक्ति की स्वतंत्रता का साध्य सापेक्ष रूप में ही रखता है। यह आवश्यक भी है। अन्यथा परम स्वतंत्रता तो वास्तव में अराजकता की अवस्था उत्पन्न कर देगी। जिसमें व्यक्ति का विकास अवरुद्ध ही होगा। इसलिए पाश्चात्य संविधानवाद का मूल मंत्र व्यक्ति की स्वतन्त्रता एक सीमित संदर्भी स्वतंत्रता ही है।

(2) राजनीतिक समानता का साध्य एक महत्त्वपूर्ण आधार है। आज राजनीतिक

शक्ति की सर्वोपरिता सर्वमान्य है। इसके द्वारा अन्य सभी प्रकार की शक्तियों पर न केवल नियंत्रण ही रखा जाता है, अपितु उनकी सीमाओं का निर्धारण भी होता है। राजनीतिक शक्ति में बाध्यता व अनिवार्यता का तत्त्व इसके उपयोग और दुरुपयोग के क्षेत्र को व्यापकतम बना देता है। राज्य जो इस शक्ति का प्रतीक है, कहीं अपने आप में साध्य नहीं बन जाए, तथा राज्य की शक्ति को व्यावहारिकता प्रदान करने वाली सरकार या शासक, निरंकुश बनकर उन सब उद्देश्यों व लक्ष्यों की अवहेलना नहीं करें, जिनकी प्राप्ति के लिए मनुष्य ने राजनीतिक सत्ता की सृष्टि की, तथा अराजक अस्तव्यस्तता की बोझिल जंजीरों से बचने के लिए राज्य के नर्म बन्धन स्वीकार किये। इसके लिए आवश्यक है कि सरकार और शासकों को नियंत्रित व सीमित रखा जाए। कोई भी शासक जो व्यवस्था की स्थापना के लिए बाध्यता की शक्ति से युक्त किया जाए, वह इसी शक्ति के प्रयोग से व्यक्ति की स्वतन्त्रता का हनन भी कर सकता है। लोकतन्त्र में, व्यक्ति की स्वतन्द्रता प्रमुख है, इसकी समाप्ति लोकतन्त्र का अन्त है। इसलिए इस अवस्था से बचाव व सुरक्षा आवश्यक है। ऐसी सुरक्षा का एक तरीका व्यक्ति को राजनीतिक शक्ति में सहभागिता प्रदान करना है। यह सहभागिता सब व्यक्तियों को समान रूप से उपलब्ध हो इसके लिए राजनीतिक समानता आवश्यक है। यही कारण है कि व्यक्ति की स्वतन्त्रता के साध्य के साथ राजनीतिक समानता का लक्ष्य अनिवार्यतः रहता है।

(3) सामाजिक व आर्थिक न्याय का आधार बहुत महत्त्वपूर्ण है। कोई भी समाज इन साध्यों के अभाव की अवस्था में एकता के सूत्र में अधिक दिन तक बंधा नहीं रह सकता। अगर राजनीतिक व्यवस्था और समाज में अनेक नहीं तो, कुछ व्यक्ति या वर्ग ऐसे हों, जिनका अन्यों के द्वारा शोषण होता हो तो, यह वर्ग अन्ततः विरोध और विद्रोह के कगार पर पहुंच जाएगा। यह विद्रोह की अवस्था सामाजिक व आर्थिक न्याय के अभाव में ही आती है, और इससे व्यक्ति की स्वतन्त्रता का ही अंत होने लगता है। इसलिए सामाजिक व आर्थिक न्याय हर उदार लोकतन्त्रात्मक राजनीतिक व्यवस्था का मूलभूत साध्य बन गया है।

(4) लोक कल्याण की साधना का लक्ष्य लोकतन्त्रों के उदय के साथ ही विकसित हुआ है। हर राजनीतिक समाज में ऐसे व्यक्ति व व्यक्ति समूह पाए जाते हैं जो कई बन्धनों के कारण, अपने आप, अपने ही प्रयत्नों व साधनों से अन्य व्यक्तियों व समूहों के समान प्रगति-पथ पर अग्रसर नहीं हो पाते हैं। खुली प्रतिस्पर्द्धा और आर्थिक साधनों का अभाव होने के कारण, समाज के कई वर्ग विकास की दौड़ में पिछड़ने लगते हैं। ऐसे लोगों को साथ लेकर ही राजनीतिक व्यवस्था स्थायित्व प्राप्त कर सकती है। इसलिए हर उदार लोकतान्त्रिक व्यवस्था में सरकार लोक कल्याण की साधना का प्रयत्न करती है। अधिकतम व्यक्तियों के लिए अधिकतम सुख सुविधा ही लोक कल्याण है। वैसे भी वैज्ञानिक व तकनीकी क्रांति के कारण, अकेला व्यक्ति क्या, बड़े-बड़े व्यक्ति समुदायों के साधनों का समुच्चय तक, अनेकों वैज्ञानिक उपलब्धियों का व्यावहारिक उपयोग नहीं कर सकते हैं। इसलिए या तो इन उपलब्धियों से समाज वंचित रहें या इनकी व्यवस्था लोक-

हित में सरकारें करें। इससे स्पष्ट है कि लोक कल्याण का आधार संविधानवाद का ऐसा दार्शनिक आधार है जिससे अन्य सभी साध्य अर्थपूर्ण बनते हैं।

(ii) **पाश्चात्य संविधानवाद के संस्थात्मक आधार** (Institutional foundations of western constitutionalism)—संविधानवाद दार्शनिक आधारों को व्यवहार में उपलब्ध कराने की व्यवस्था को ही संस्थात्मक आधार कहा गया है। राजनीतिक शक्ति दार्शनिक साध्यों को प्राप्त करने के साधन के रूप में प्रयुक्त की जाती है। इसके लिए राजनीतिक शक्ति का संस्थाकरण किया जाता है, अर्थात राजनीतिक शक्ति व्यक्तियों के स्थान पर संस्थाओं में निहित की जाती है। शक्ति को संस्थाओं में निहित करके दोहरा उद्देश्य प्राप्त किया जाता है। पहला, सरकार को सीमित रखा जाता है तथा दूसरा, सरकार को उत्तरदायी बनाया जाता है। किसी भी प्रकार की संस्थात्मक व्यवस्था सरकार को तभी सीमित और उत्तरदायी रख सकती है जब राजनीतिक व्यवस्था लोकतान्त्रिक व प्रतिनिधात्मक हो, समाज व्यवस्था, बहुल, खुली और स्वयं के किसी दर्शन से रहित हो। इनके अभाव में सभी प्रकार की संस्थात्मक व्यवस्था केवल औपचारिक रह जाती है। इसका तात्पर्य यह है कि सरकार को सीमित करने तथा उसे उत्तरदायी रखने की सभी संस्थागत व्यवस्थाएं निम्न अवस्थाओं में ही प्रभावशाली और वास्तविक बन सकती हैं। यह वह पूर्व शर्तें हैं, जिनके बिना कोई भी सरकार न तो सीमित बन सकती है और न ही अपने कार्यों के लिए उत्तरदायी हो सकती है। यह पूर्व शर्तें हैं—(1) लोकतान्त्रिक ढंग से संगठित सरकार, (2) प्रतिनिधात्मक सरकार, (3) बहुल समाज या सामाजिक बहुलवाद, (4) खुला समाज, और (5) स्वयं के दर्शन विशेष से रहित समाज।

(1) लोकतान्त्रिक ढंग से संगठित सरकार से तात्पर्य उस सरकार से है जिसमें राजनीतिक शक्ति का अन्तिम स्रोत स्वयं जनता हो, तथा सरकार जनमत के प्रति केवल जागरूक ही नहीं हो, अपितु उसके प्रति उत्तरदायी हो और विभिन्न वर्गों में संघर्ष की अवस्था में बहुमत का आदर करे, परन्तु अल्पमत की सुरक्षा भी खतरे में नहीं पड़ने दे। सरकार सही अर्थों में जनता की, जनता के लिए और जनता द्वारा ही गठित व संचालित होती रहे। ऐसी ही सरकार सीमित बनाई जा सकती है। निरंकुश सरकार तो हर प्रकार की सीमाओं से परे और ऊपर होती है। इसलिए किसी भी प्रकार की संस्थात्मक व्यवस्था द्वारा सरकार को सीमित करने की अनिवार्य शर्त सरकार का लोकतान्त्रिक ढंग से गठित होना है।

(2) प्रतिनिधात्मक सरकार का अर्थ लोकतान्त्रिक सरकार के अनुरूप ही होते हुए भी इससे कुछ अधिक है। बहुमत पर आधारित सरकारें लोकतान्त्रिक होती हैं पर वे प्रतिनिधात्मक भी हों यह आवश्यक नहीं। इसलिए सरकार का प्रतिनिधात्मक होना सरकार को सीमित बनाने के लिए आवश्यक है। राजनीतिक समाज के हर वर्ग, समूह व संस्था को सरकार के चुनाव में अवसर मात्र से सरकार प्रतिनिधात्मक नहीं बनती, क्योंकि सामान्य निर्वाचन प्रणाली व्यवस्था में छोटे-छोटे अल्पसंख्यक समूह कभी भी प्रतिनिधित्व प्राप्त नहीं कर सकते। इसलिए यह आवश्यक है कि सरकार के संगठन

में किसी न किसी प्रकार से, सभी वर्गों, अल्पसंख्यक समूहों तथा विशिष्ट हितों को भी, उनकी सुरक्षा व्यवस्था सम्भव बनाने के लिए प्रतिनिधित्व प्राप्त रहे। ऐसा न होने पर सरकार को सीमित रखने की हर नियंत्रण व्यवस्था खोखली रह जाएगी। यह वर्ग या समूह सब प्रकार की नियन्त्रण व्यवस्थाओं का, इनका सरकार में समुचित प्रतिनिधित्व न होने की अवस्था में, विरोध व उल्लंघन करते रहेंगे। इसलिए यह आवश्यक है कि सरकार पूर्णतया प्रतिनिधात्मक होने की अवस्था में सही अर्थों में संस्थागत व्यवस्थाओं से नियन्त्रित व सीमित बन सकेगी।

(3) सामाजिक बहुलवाद का अर्थ समाज में असंख्य संघों व वर्गों का होना मात्र नहीं है। वरन इसका अर्थ ऐसे समाज से है, जिसमें विविध संघ, अपने स्वयं के मूल्य, हित तथा मान्यताएं रचते हों तथा सरकार इनमें से किसी समूह या संघ विशेष के हित में ही शासन नहीं करे। बहुल समाज में सरकार का दायित्व सभी हितों में सामंजस्य स्थापित करना है। अगर सरकार ऐसा नहीं करती है तो समाज की बहुलता के अंत की परिस्थितियां प्रस्तुत होती हैं और ऐसे समाज में सरकार को नियन्त्रित करने के सभी संस्थागत प्रयास निरर्थक हो जाते हैं। वे समूह व वर्ग जिन्हें सरकार दबाने का प्रयत्न करेगी, अन्ततः सरकार की वैधता को समाप्त करने की प्रक्रिया का सूत्रपात कर देंगे। इसलिए सरकार को सीमित करने की संस्थात्मक व्यवस्था केवल मात्र सामाजिक दृष्टि से बहुल समाज में ही वास्तविक दृष्टि से प्रभावशाली हो सकती है।

(4) हर लोकतान्त्रिक ढंग से गठित समाज खुला समाज होता है अर्थात ऐसे समाज में व्यक्ति के अन्तःकरण, अभिव्यक्ति और भाषण की स्वतन्त्रता होती है। व्यक्ति हर प्रकार का वैध संगठन, संस्था या समूह बना सकता है तथा समाज में एक वर्ग से दूसरे वर्ग में या समाज के एक स्तर से दूसरे पर आ-जा सकता है। खुला समाज, वास्तव में व्यक्ति के लिए सामाजिक गतिशीलता (social mobility) की व्यवस्था ही है। ऐसा समाज, परम्परागत, कानूनी या संवैधानिक जकड़नों से मुक्त होता है। ऐसे समाज में ही राजनीतिक व्यवस्था उन्मुक्त बन सकती है, जो उसे लोकतान्त्रिक पृष्ठभूमि व आधार प्रदान करती है।

(5) स्वयं के दर्शन विशेष से रहित समाज का अर्थ है कि समाज किसी ऐसे थोपे हुए दर्शन में मान्यता रखने को मजबूर नहीं हो जो उसे उसकी आस्थाओं और मूल्यों से प्रतिकूल दिशा में ले जाए। रूस में, समाज एक दर्शन विशेष का अनुसरण करने के लिए मजबूर दिखाई देता है। अफ्रीका व एशिया के कुछ देशों में, सैनिक शासक भी जब-तब अपने समाजों को विशेष दर्शन देने का प्रयास करते रहे हैं। विशेष दर्शनयुक्त समाज में, संस्थागत व्यवस्थाओं से सरकारें नियन्त्रित नहीं रहती हैं। इसलिए संस्थागत व्यवस्थाओं द्वारा सरकारों पर नियन्त्रण स्थापित करने के लिए स्वयं के दर्शन विशेष से रहित समाज अनिवार्य है, जहां सबकी चेतना महत्त्व रखती हो।

सभी पाश्चात्य राज्यों में सरकार को सीमित व उत्तरदायी रखने की पूर्व शर्तें विद्यमान हैं। इन राजनीतिक समाजों में सीमित सरकार की परम्परा का विकास लोकतन्त्र के विकास के साथ ही हुआ है। राजनीतिक शक्ति को नियन्त्रित और उत्तरदायी रखने के

लिए पाश्चात्य समाजों में अनेकों संस्थागत व्यवस्थाएं की जाती हैं। सरकार को सीमित करने की विधियों का उल्लेख करने के बाद उन संस्थागत संरचनाओं का उल्लेख किया जाएगा जिनसे सरकार को उत्तरदायी बनाया जाता है। सामान्यतया पाश्चात्य राजनीतिक समाजों के संविधानों में निम्नलिखित संस्थागत व्यवस्थाएं की जाती हैं जिनसे सरकार पर प्रभावशाली नियन्त्रण स्थापित होते हैं—(1) विधि का शासन, (2) मौलिक अधिकारों व स्वतन्त्रताओं का प्रावधान, (3) राजनीतिक शक्तियों का विभाजन, पृथक्करण, विकेन्द्रीकरण व नियन्त्रण सन्तुलन, और (4) स्वतन्त्र व निष्पक्ष न्यायपालिका।

(1) विधि का शासन (rule of law) सरकार की स्वेच्छाचारिता पर नियन्त्रण की सबसे महत्त्वपूर्ण व्यवस्था है। विधि के शासन में व्यक्तियों के अधिकारों का निर्धारण या निर्वहन करने के लिए विधि की प्रधानता होती है। इसमें शासन की शक्तियां मनमाने ढंग से नहीं, बल्कि कुछ सुनिश्चित और बन्धनकारी नियमों के अनुसार प्रयुक्त होती हैं: विधि के शासन वाली राजनीतिक व्यवस्था में, विधि को सर्वोच्च, एकरूप तथा सार्वभौम माना जाता है, तथा विधि के समक्ष सभी नागरिक और प्रशासकीय अधिकारी समान होते हैं। ऐसे राजनीतिक समाज में सभी अधिकारी अपनी सत्ता, विधि के अनुसार ही प्राप्त करते हैं, उसे रखते हैं और उसका प्रयोग करते हैं। ऐसी व्यवस्था में विधि के सामने सभी व्यक्ति समान होते हैं, कोई भी विधि से ऊपर नहीं होता है और एक-से अपराध की सबको एक-सी सजा दी जाती है। पिनोक व स्मिथ के अनुसार विधि के शासन की व्यवस्था "पश्चात्य संविधानवाद की सम्भवतया सबसे शक्तिशाली व सबसे गहरी परम्परा है।"[12] विधि का शासन, नागरिकों व प्रशासकीय अधिकारियों की गतिबिधियों को एक ही प्रकार के कानून के अधीन बनाकर सरकार पर आधारभूत प्रतिबन्धों की व्यवस्था करता है। इसलिए मैक आइवेन तो यहां तक कहते हैं कि, "सच्चे संविधानवाद का सर्वाधिक प्राचीन, सर्वाधिक आग्रहयुक्त और सर्वाधिक स्थायी तत्त्व आज भी वही है जो लगभग प्रारम्भ से ही रहा है, और वह है सरकार का विधि द्वारा परिसीमित किया जाना।[13]

(2) नागरिकों को मौलिक अधिकार व स्वतन्त्रताएं देकर सरकार के कार्यों को मर्यादित करने की परम्परा आधुनिक लोकतन्त्रों में संविधानवाद का आधारस्तम्भ है। अधिकारों की व्यवस्था से राजनीतिक शक्ति के प्रयोगकर्ता प्रतिबन्धित रहते हैं। नागरिकों के अधिकार सरकार पर सकारात्मक नियन्त्रण लगाते हैं। यह सरकार को वह सब कार्य नहीं करने के आदेश हैं, जिनसे नागरिकों के अधिकारों का अतिक्रमण होता हो। अधिकारों से सरकार की शक्तियों का क्षेत्र सुनिश्चित होता है। इसके अलावा, अधिकारों का, समाज में विद्यमान विविधताओं और विशेषताओं को बनाए रखने और विकसित

[12] *Ibid.*, p. 244.

[13] Charles Howard McIlwain, *Constitutionalism: Ancient and Modern*, Ithaca, New York, Cornell University Press, 1958, p. 35.

करने में अत्यधिक महत्त्व है। लोकतन्त्र में जहां बहुमत के आधार पर सरकारों का गठन व संचालन होता है, सरकार या बहुसंख्यकों को, अल्पसंख्यकों के प्रति अन्याय करने से अधिकारों के माध्यम से ही रोका जा सकता है। यही विविधता को बनाए रखते हुए एकता की स्थापना का सबसे शक्तिशाली साधन है। वैसे तो अनेक प्रकार के अधिकारों की व्यवस्था पाश्चात्य संविधानों में मिलती है पर संविधानवाद के संस्थात्मक आधार के रूप में चार स्वतन्त्रताएं आधारभूत हैं। यह हैं—(1) व्यक्ति की स्वतन्त्रता, (2) अन्तःकरण की स्वतन्त्रता, (3) समान लाभ तथा अवसरों की उपलब्धि की स्वतन्त्रता, तथा (4) राजनीतिक गतिविधियों की स्वतन्त्रता। उपरोक्त स्वतन्त्रताओं में भी राजनीतिक गतिविधि की स्वतन्त्रता सबसे महत्त्वपूर्ण है। इसी की व्यवस्था अन्य स्वतन्त्रताओं को व्यवहार में उपलब्ध कराने का साधन प्रस्तुत करती है। यह अधिकार व स्वतन्त्रताएं पाश्चात्य संविधानवाद का आधारस्तम्भ हैं। पीटर एच० मर्कल ने ठीक ही लिखा है कि "यह चार मूलभूत स्वतन्त्रताएं पाश्चात्य संविधानवाद का सजीव अन्तर्भाग हैं।"[14]

(3) कार्ल जे० फेड्रिक के शब्दों में, "संविधानवाद विभाजित शक्ति को कहा गया है।" ऐसा माना जाता है कि शक्ति को केवल शक्ति द्वारा ही नियन्त्रित किया जा सकता है। इसलिए एक शक्ति को दूसरी शक्ति का नियन्त्रक बनाने के लिए राजनीतिक शक्ति का विभाजन किया जाता है। राजनीतिक शक्ति को राष्ट्रीय, क्षेत्रीय और स्थानीय सरकारों में विभाजित करके एक शक्ति को दूसरी शक्ति का न्यूनाधिक मात्रा में नियन्त्रक बना दिया जाता है। संघात्मक व्यवस्था की स्थापना में शक्ति द्वारा नियंत्रित व संतुलित रखने का प्रमुख लक्ष्य होता है। इससे सरकार, हर स्तर तथा हर कदम पर एक दूसरे के अधिकार क्षेत्र का अतिक्रमण करने से रोकी जाती है, क्योंकि एक का अधिकार क्षेत्र, दूसरी सरकार की सीमा निर्धारित करना ही है।

सरकार को नियन्त्रित रखने के लिए केवल यही आवश्यक नहीं है कि सरकार के विभिन्न स्तरों में राज्य की शक्तियों का विभाजन कर दिया जाए, अपितु यह भी आवश्यक है कि एक स्तर पर सरकार के विभिन्न अंगों में भी शक्तियां पृथक-पृथक की जाएं। कार्यपालिका, व्यवस्थापिका तथा न्यायपालिका के न केवल अधिकार-क्षेत्र अलग हों अपितु उनके कार्य-अधिकारी भी अलग-अलग हों। जिससे शक्तियों का एक स्तर पर भी दुरुपयोग नहीं हो तथा सरकार का एक अंग दूसरे अंग की शक्ति का नियन्त्रक व संतुलक बना रहे। पिनोक तथा स्मिथ ने शक्तियों के पृथक्करण का महत्त्व स्वीकार करते हुए लिखा है कि "पाश्चात्य संविधानवाद का सार शक्तियों के पृथक्करण में निहित है।"

शक्तियों के विभाजन व पृथक्करण की तरह ही शक्तियों के विकेन्द्रीकरण की व्यवस्था भी पाश्चात्य संविधानवाद में सरकार को सीमित करने की महत्त्वपूर्ण संस्थात्मक व्यवस्था है। सरकार का एक अंग अथवा संस्था विशेष भी शक्तियों का दुरुपयोग नहीं कर सके इसके लिए पाश्चात्य राजनीतिक समाज, संस्थाओं की शक्तियों को विकेन्द्रित करते हैं। जैसे कार्यपालिका शक्तियों को अनेक स्तरों तक विकेन्द्रित करके शक्तियों के समुचित

[14]Peter H. Merkl, *op. cit.*, p. 457.

उपयोग की व्यवस्था की जाती है।

शक्तियों को, शक्तियों का नियन्त्रक व संतुलक बनाकर भी सरकार को नियन्त्रित किया जाता है। शक्तियों के विभाजन, पृथक्करण व विकेन्द्रीकरण से शक्तियों के अलग-अलग स्वतन्त्र केन्द्र स्थापित होते हैं और इनके लिए निर्धारित अधिकार क्षेत्र में इनकी स्वतन्त्रता पर रोक न लगाना इनके द्वारा शक्ति के दुरुपयोग का मार्ग खोलता है। इसलिए पाश्चात्य राजनीतिक समाजों में, संस्थाओं में संस्थाओं की व्यवस्था करके नियन्त्रण का यन्त्र आंतरिक दृष्टि से भी स्थापित किया जाता है। जैसे संसद, कार्यपालिका व न्यायपालिका अपने अधिकारों का दुरुपयोग आसानी से न कर सकें, इसके लिए दोहरी सुरक्षा व्यवस्था स्थापित की जाती है। एक तो संसद की शक्ति को, दो सदनों की व्यवस्था करके तथा इन दोनों सदनों को एक-दूसरे पर आश्रित बनाकर सीमित किया जाता है तथा दूसरे कार्यपालिका व न्यायपालिका को इन पर अंकुश के रूप में रखकर, इसको प्रतिबन्धित किया जाता है। कार्यपालिका की बहुलता तथा लोकनिर्णय व आरम्भक की व्यवस्था एक तरह से संतुलन का प्रयास ही है।

(4) पाश्चात्य संविधानवाद में यह विचार सुविकसित तथा सुस्थापित है कि सरकार की शक्तियों को सीमित रखने के लिए और संवैधानिक प्रतिबन्धों को व्यावहारिक करने के लिए, स्वतंत्र व निष्पक्ष न्यायपालिका की व्यवस्था हो। स्वतंत्र न्यायपालिका द्वारा ही संवैधानिक सरकार सम्भव बनती है। राजनीतिक शक्तियों के प्रयोगकर्ता, न्यायपालिका द्वारा ही अपनी सीमाओं के अतिक्रमण से रोके जाते हैं। विधि का शासन भी न्यायपालिका द्वारा ही स्थापित कराया जाता है। अतः सरकार की शक्तियों को सीमित रखने के लिए पाश्चात्य राजनीतिक व्यवस्थाओं में ऐसी स्वतंत्र व निष्पक्ष न्यायपालिकाएं स्थापित की जाती हैं, जिन्हें सभी मामलों में अन्तिम निर्णायक शक्ति प्राप्त रहती है। पीटर एच० मर्कल ने ठीक ही लिखा है कि "आधुनिक संवैधानिक सरकार की सबसे महत्त्वपूर्ण विशेषता स्वतंत्र न्यायपालिका हो गई है।"

उपरोक्त सभी संस्थात्मक व्यवस्थाएं पाश्चात्य राजनीतिक समाजों में सरकार को सीमित व नियंत्रित रखने के लिए दृढ़ता से स्थापित की जाती हैं, परन्तु यहां यह विशेष व्यवस्थाएं इस बारीकी से की जाती हैं कि सरकारें नियंत्रित रहें पर इस कारण कमजोर नहीं बन जाएं। क्योंकि नियंत्रण व्यवस्था सरकारों को सीमित करने के स्थान पर कमजोर बनाने वाली बन गई तो संविधानवाद के संस्थात्मक आधार स्वयं ही संविधानवाद को समाप्त करने का मार्ग प्रशस्त करने लगेंगे। इसलिये संस्थात्मक आधारों की पाश्चात्य राज्यों में ऐसी व्यवस्था है कि वे सरकार को सीमित तो करते हैं, पर उसे शक्तिहीन होने से भी बचाते हैं। यही संस्थात्मक व्यवस्थाएं कई नवोदित राज्यों में अपनाने का परिणाम सर्वविदित है। इन राज्यों में इनसे सरकारों को सीमित करने का प्रयत्न उनको इतना कमजोर बनाने का कारण बना कि अधिकांश लोकतंत्र उखड़ गये और संविधानवाद केवल कल्पना मात्र रह गया।

पाश्चात्य संविधामवाद में सरकारों को उत्तरदायी रखने के लिए हर राजनीतिक समाज में विशेष व्यवस्थाएं पाई जाती हैं। प्रतिनिधात्मक संस्थाओं के विकास व लोकतंत्र

की स्थापना की इच्छा से, नागरिकों व शासकों के बीच, प्रतिनिधित्व व उत्तरदायित्व के दो तरफा गठबन्धन को अत्यन्त महत्त्वपूर्ण बना दिया है। शासितों से शासकों की ओर प्रतिनिधित्व, तथा शासकों से शासितों की ओर नागरिकों के प्रति उत्तरदायित्व को लोकतंत्र का आधार कहा जाता है। लोकतंत्र में शासक अपनी सत्ता, नागरिकों से प्राप्त कर, उस सत्ता का, उनके हित में प्रयोग करने का उत्तरदायित्व रखते हैं। अगर वे ऐसा नहीं करते हैं तो वह लोकतंत्र का अंत है। अतः राजनीतिक उत्तरदायित्व लोकतंत्र का मूल मंत्र है, और लोकतंत्र संविधानवाद का आधारस्तम्भ होता है। इसलिए पाश्चात्य संविधान में राजनीतिक उत्तरदायित्व को व्यवहार में प्राप्त करने के लिए राजनीतिक शक्ति के एकाधिकार से बचाव की व्यवस्था की जाती है। ऐसा माना जाता है कि राजनीतिक शक्ति के एकाधिकार से बचाव व्यवस्था प्रतिस्पर्द्धात्मक राजनीति में निहित रहती है। राजनीतिक व्यवस्था में कोई एक दल, एक वर्ग या क्षेत्र, शक्ति का एकमात्र धारक व प्रयोगकर्ता नहीं बनने पाए, इसकी व्यवस्था ही तब हो सकती है, जब राज्य में प्रतिस्पर्धात्मक राजनीति का मार्ग खुला हो। इस प्रकार की राजनीतिक व्यवस्था में न केवल सत्ता के एकाधिकार से बचाव होता है, वरन समाज के सम्मुख अपने आदर्शों की प्राप्ति से अनेक विकल्प आ जाते हैं। विकल्पों की अनेकता और इनमें से श्रेष्ठतम का समाज द्वारा चुनाव तभी हो सकता है, जब समाज में प्रतिस्पर्द्धात्मक राजनीति के संस्थात्मक उपकरण उपलब्ध हों। जिससे राजनीतिक उत्तरदायित्व क्रमिक और लगातार बना रहे — प्रतिस्पर्द्धात्मक राजनीति ही राजनीतिक उत्तरदायित्व का आधार है। इसलिए प्रतिस्पर्द्धात्मक राजनीति की व्यवस्था ही राजनीतिक उत्तरदायित्व की स्थापना की व्यवस्था भी है। प्रतिस्पर्द्धात्मक राजनीति तभी सम्भव है जब निम्न संस्थात्मक व्यवस्थायें हों। (1) उचित समयान्तर पर नियमित चुनाव; (2) राजनीतिक दलों व समूहों की स्थापना का वातावरण; (3) समाचारपत्रों की स्वतंत्रता; (4) लोकमत की प्रभावशालिता; और (5) परम्पराओं व सामाजिक बहुलवाद की विद्यमानता।

(1) चुनाव वह व्यवस्था है जिससे नागरिक शासकों को हटाने या बनाए रखने का अवसर पाते हैं। चुनावों के द्वारा ही नागरिक व्यवस्थित ढंग से सरकार का समर्थन या विरोध कर सकते हैं। इससे सरकार न केवल उत्तरदायी ही रहती है अपितु सब नागरिकों की आवश्यकताओं व कठिनाइयों के प्रति सजग व सचेत भी रहती है। चुनावों द्वारा शासकों में परिवर्तन या अदला-बदली का अधिकार हर पाश्चात्य राज्य के नागरिकों को प्राप्त है। चुनाव सरकार की गर्दन पर लटकती हुई ऐसी तलवार है, जिसकी डोर को जनता के हाथों में रखा जाता है। जनता इसके माध्यम से सरकार को उत्तरदायी बनाए रख सके इसके लिए आवश्यक है कि उचित समयान्तर पर नियमित रूप से चुनावों की संस्थागत व्यवस्था हो। पाश्चात्य राजनीतिक समाजों में संविधानवाद की व्यावहारिकता के लिए उत्तरदायित्व की परख कई बार मध्यावधि चुनावों की व्यवस्था करके भी की जाती रही है।

(2) साधारणतया राजनीतिक उत्तरदायित्व किसी भी राज्य व्यवस्था में तब तक व्यावहारिक नहीं बनता जब तक समाज में जन-आधार वाले राजनीतिक दल विद्यमान

नहीं हों। अकेला नागरिक सरकार की नीतियों का न तो विरोध कर सकता है और न ही ऐसी नीति का निर्धारण कर सकता है, जिसका सरकार अनुसरण करे। इस अवस्था में नागरिक सरकार को उत्तरदायी नहीं बना सकता। इसलिए नागरिकों के विविध मतों के संगठन की आवश्यकता होती है। जिससे वे विशिष्ट नीतियों का निर्माण कर सकें और संगठित होकर अहितकर सरकारी नीतियों का विरोध कर सकें। राजनीतिक दल व समूह ही यह व्यवस्था करते हैं, जिससे सरकार व समाज में सम्प्रेषण क्रिया व्यवहार में प्रभावशाली बनी रहती है। यहां यह प्रश्न उठता है कि क्या यह कार्य एकदलीय व्यवस्था में सम्भव हो सकता है? पाश्चात्य संविधानवाद इसे नहीं मानता है, क्योंकि संविधानवाद की पाश्चात्य अवधारणा में प्रमुख तत्त्व राजनीतिक शक्ति के दुरुपयोग से बचाव की व्यवस्था है। यह तभी सम्भव हो सकता है जब एक से अधिक दल व समूह समाज में विद्यमान हों। विरोधी दल ही वास्तव में सरकार को उत्तरदायी रखने का कार्य करते हैं। अनेक दल जनता तथा सरकार में विचारों का आदान-प्रदान सम्भव बनाते हैं। चुनावों व प्रचार के माध्यम से जनता में विविध दृष्टिकोण तथा अनेक विकल्प रखते हैं। इनसे जनता राजनीतिक दृष्टि से शिक्षित होती है और सरकार के हर अनुत्तरदायित्वपूर्ण व्यवहार को प्रभावशाली ढंग से रोक सकती है। अत: राजनीतिक दलों व समूहों का सरकार को राजनीतिक दृष्टि से उत्तरदायी बनाने में विशेष महत्त्व है।

(3) राजनीतिक क्रिया की क्रमिकता तथा जनता की उसमें रुचि लोकतंत्र के लिए अनिवार्य है। किसी लेखक ने ठीक ही कहा है कि "राजनीति में जनता की उदासीनता, लोकतन्त्र को खतरे में डालती है।" चुनावों के समापन के साथ ही नागरिकों का राजनीतिक गतिविधियों से अलगाव नहीं हो इसके लिए आवश्यक है कि समाचारपत्रों की स्वतन्त्रता हो। समाचारपत्र सरकार और नागरिकों के बीच विचारों के आदान-प्रदान के शक्तिशाली माध्यम हैं। नागरिकों की आवश्यकताओं, इच्छाओं, असंतोष आदि का समाचारपत्रों के माध्यम से ही सरकार को पता चलता है, जिससे सरकार में उत्तरदायित्व की भावना बलवती बनी रहती है। अत: आम नागरिकों व राजनीतिक शक्ति के प्रयोगकर्ताओं के बीच, समन्वय व पारस्परिकता, जागरूक, उत्तरदायी व स्वतंत्र प्रेस ही सम्भव बनाता है।

(4) लोकमत लोकतन्त्र का प्राण है। यह स्वतन्त्रता का सतर्क प्रहरी और सहायक है। यह समाचारपत्रों के साथ ही गठबन्धित है। सरकार की किसी नीति के बारे में, लोकमत का निर्माण इस नीति सम्बन्धी तथ्यों के आधार पर ही होता है। यह तथ्य जनता तक पहुंचाने, तथा नागरिक की तथ्यों के आधार पर बनी नीति सम्बन्धी धारणा को, सरकार तक पहुंचाने का कार्य समाचारपत्रों के माध्यम से ही होता है। यही लोकमत है। प्रेस के माध्यम से ही लोकमत का निर्माण होता है जिससे परिचित होकर सरकार दिशा-निर्देश ग्रहण करती है। लोकमत ऐसा प्रभावशाली अस्त्र है जिसके आगे प्रत्येक सरकार को चाहे वह लोकतांत्रिक हो या निरंकुश, झुकना पड़ता है। पाश्चात्य संविधानवाद वाले राजनीतिक समाजों में समाचारपत्रों की स्वतन्त्रता से अभिव्यक्ति की स्वतन्त्रता सम्भव होती है और इससे यह सरकार पर नियंत्रक बनकर उसे उत्तरदायी बनाए रखती है।

(5) परम्पराओं व सामाजिक बहुलवाद का अर्थ समाज में अनेक हितों की पूर्ति व प्रकाशन के लिए अनेक संघों का विद्यमान होना है। प्रत्येक समाज में विविध सघ व समूह होते हैं जो नागरिकों की विभिन्न आवश्यकताओं व हितों की पूर्ति करने के लिए बनाए जाते हैं। यह संघ अपनी मांगों की पूर्ति व हितों की रक्षा के लिए सरकार पर सदैव दबाव डालते रहते हैं, तथा सरकार को किसी वर्ग या समूह विशेष का ही हित करने और अन्य वर्गों के हितों की अवहेलना करने से रोकते हैं। इनसे सरकार की शक्तियां मर्यादित रहती हैं, और राजनीतिक उत्तरदायित्व की अवस्थाएं प्रस्तुत होती हैं। परम्पराएं समाज में दीर्घकाल से स्थापित होती हैं जिनकी पूर्ण उपेक्षा या अवहेलना करके कोई भी लोकतान्त्रिक सरकार जनमत को क्रुद्ध करने का साहस नहीं करती। इस तरह परम्पराएं, संघ व समूहों की उपस्थिति वाले राजनीतिक समाज में ही सरकार उत्तरदायी बनी रह सकती है।

पाश्चात्य संविधानवाद के संस्थात्मक आधारों का विवेचन करने से स्पष्ट हो जाता है कि इन राजनीतिक समाजों में सरकार की शक्ति पर सुनिश्चित नियंत्रण ही नहीं लगाए गये हैं, वरन इन नियंत्रणों को वास्तविकता का संदर्भ भी दिया गया है। उचित समयान्तर पर नियमित चुनाव, राजनीतिक दलों व समूहों की स्थापना व विकास का स्वस्थ वातावरण, लोकमत के निर्माण व अभिव्यक्ति के लिए स्वतंत्र समाचारपत्रों का प्रचलन और समाज में परम्पराओं, हित समूहों व संघों का होना इस बात का सबूत है कि जनता की मान्यताओं, मूल्यों व आकांक्षाओं की सरकारें अवहेलना नहीं कर सकतीं। यह सभी व्यवस्थाएं, प्रतिस्पर्द्धात्मक राजनीति का रंगमंच तैयार करती हैं, जिससे राजनीतिक शक्ति पर किसी का एकाधिकार नहीं हो पाता है और सरकार, हर वक्त, हर कार्य के लिए उत्तरदायी रहने के लिए मजबूर की जा सकती है। पाश्चात्य संविधानवाद की यही आधारभूत विशेषता है कि इसमें सरकार न केवल सीमित, अपितु उत्तरदायी भी बनी रहे इसके लिए सुनिश्चित संस्थात्मक व्यवस्थाएं की जाती हैं।

संविधानवाद की पाश्चात्य अवधारणा के वर्णन के बाद, इसकी साम्यवादी अवधारणा का विवेचन करके, इन दोनों में अन्तर को और अधिक स्पष्टतया समझना सम्भव है। आगे के पृष्ठों में साम्यवादी अवधारणा का विस्तृत विवेचन किया जा रहा है।

साम्यवादी लोकतन्त्रों की अवधारणा (The Concept of Socialist Democracies)

राजनीतिक शक्ति के दुरुपयोग को रोकने के लिए सरकार पर नियंत्रण की व्यवस्थाएं, संविधानवाद की पाश्चात्य अवधारणा का मूल हैं। इस तथ्य को साम्यवादी राज्य भी स्वीकार करते हैं, पर नियंत्रणों के लिए उनकी संस्थात्मक व्यवस्थाएं संवैधानिक आधार नहीं रखती हैं। इस अवधारणा में नियंत्रण व्यवस्थाओं की भिन्नता को समझने के लिए यह समझना आवश्यक है कि साम्यवादी 'सरकार' तथा 'राजनीतिक शक्ति' से क्या तात्पर्य लेते हैं। साम्यवाद की 'सरकार' व 'शक्ति' की अलग धारणा ही, साम्यवादी अवधारणा को, संविधानवाद की पाश्चात्य अवधारणा से भिन्न बनाती है।

साम्यवादी 'सरकार' को पूंजीपतियों के हाथ की कठपुतली मानते हैं, जो 'धनिक वर्ग' की, 'गरीब वर्गों' से रक्षा का ही कार्य करती है। उनके अनुसार राजनीतिक शक्ति का आधार आर्थिक शक्ति है। जिनके हाथ में आर्थिक शक्ति होगी उसी के हाथ में राजनीतिक शक्ति भी आ जाएगी। इसलिये पूंजीपति ही राजनीतिक शक्ति के धारक व संचालक होते हैं। उत्पादन के प्रमुख साधन व आर्थिक शक्ति, पूंजीवादी व्यवस्था में केवल कुछ लोगों के हाथ में रहती है, जो इसका प्रयोग अपने ही हितों की रक्षा और धन की वृद्धि में करते हैं। अतः साम्यवादी यह मानते हैं कि पाश्चात्य देशों में राजनीतिक शक्तियों का प्रयोग तथा मौलिक अधिकारों के रूप में उपलब्ध सुविधाओं का उपयोग, जनसाधारण नहीं, केवल धनिक वर्ग ही करता है। यह संविधानवाद की, पाश्चात्य जगत में औपचारिकता मात्र का सूचक है, क्योंकि आर्थिक शक्ति युक्त वर्ग, सम्पूर्ण राजनीतिक तन्त्र का संचालक व नियंत्रक होता है। राजनीतिक शक्ति वास्तव में इसी वर्ग के अधीन रहती है। इसलिये पाश्चात्य संविधानवादी राज्यों में राजनीतिक शक्ति पर नियंत्रण व्यवस्थाएं खोखली होती हैं।

साम्यवादी, इस कारण ऐसी नियंत्रण व्यवस्थाओं व संस्थाओं की स्थापना करते हैं जिससे आर्थिक शक्ति कुछ वर्गों के स्थान पर सब व्यक्तियों के हाथ में रहे। उनकी धारणा है कि, अगर आर्थिक शक्ति महत्त्वपूर्ण समाज में निहित होगी तो राजनीतिक शक्ति भी सम्पूर्ण समाज के नियंत्रण में आ जाएगी। साम्यवादियों के अनुसार आर्थिक शक्ति, अन्य सभी प्रकार की शक्तियों से सर्वोपरि होती है तथा राजनीतिक शक्ति के सम्पूर्ण संस्थागत व प्रक्रियात्मक साधन इसी के अधीन रहते हैं। संविधानवाद की व्यावहारिकता तभी सम्भव हो सकती है जब नियंत्रण आर्थिक शक्ति पर लगे हों। उनके अनुसार आर्थिक शक्ति पर नियंत्रण स्वतः ही राजनीतिक शक्ति को भी नियंत्रित कर देते हैं। अतः संविधानवाद की साम्यवादी अवधारणा का स्पष्टीकरण साम्यवाद की आधारभूत मान्यताओं के संदर्भ में ही किया जा सकता है। यह मान्यताएं निम्नलिखित हैं—(1) सामाजिक जीवन में शक्ति के आर्थिक पहलू की सर्वोच्चता; (2) समाज में आर्थिक शक्ति से सम्पन्न वर्ग का प्रभुत्व; और (3) राजनीतिक शक्ति का आर्थिक शक्ति के अधीन होना।

(1) साम्यवादियों की मान्यता है कि सामाजिक जीवन में शक्ति के आर्थिक पहलू की सर्वोपरिता ही महत्त्वपूर्ण होती है। इससे मनुष्य का सम्पूर्ण सामाजिक जीवन संचालित होता है तथा जिस वर्ग के हाथ में आर्थिक शक्ति होती है, वह वर्ग अन्य वर्गों पर आधिपत्य जमाकर, उन्हें अपने लिए कार्य करने को बाध्य करता है। यह अवस्था वर्ग-संघर्ष व शोषण का आधार बनती है। साम्यवादियों को पाश्चात्य समाज की भांति आर्थिक शक्ति पर कुछ व्यक्तियों का नियंत्रण स्वीकार नहीं है। उनके अनुसार यह शक्ति सब व्यक्तियों के हाथ में रहनी चाहिये जिससे वर्ग-संघर्ष, शोषण इत्यादि की परिस्थितियां उत्पन्न नहीं हों।

(2) आर्थिक शक्ति की सर्वोपरिता का तर्कसंगत परिणाम आर्थिक शक्ति-युक्त वर्ग का प्रभुत्व की अवस्था में होना है। यह राजनीतिक शक्ति की गौणता का सूचक है। अतः व्यवहार में राजनीतिक शक्ति प्रभुतायुक्त नहीं रहती है। व्यवहार में सम्पूर्ण समाज

आर्थिक शक्ति के निर्देशन में चलने के लिए बाध्य हो जाता है, और आर्थिक शक्ति सम्पूर्ण समाज पर छाई सी रहती है।

(3) आर्थिक शक्ति की सर्वोपरिता तथा समाज में इससे सम्पन्न वर्ग का प्रभुत्व, राजनीतिक शक्ति को भी इसके अधीन बना देता है। समाज से विद्यमान सभी संस्थाएं आर्थिक शक्ति के समक्ष नतमस्तक रहती हैं। अतः नियंत्रण राजनीतिक शक्ति पर नहीं, बल्कि आर्थिक शक्ति पर लगाए जाने चाहिए। यही कारण है कि साम्यवादी सरकार को, सामाजिक व्यवस्था में विशेष महत्ता प्रदान नहीं करते, और इसे आर्थिक शक्ति-युक्त वर्ग के हाथ की कठपुतली मानते हैं।

साम्यवाद की प्रमुख धारणाओं के विवेचन से स्पष्ट है कि साम्यवादी राजनीतिक शक्ति के नियंत्रण के स्थान पर आर्थिक शक्ति के नियंत्रण को परमावश्यक मानते हैं। इसलिये इनके नियंत्रणों की व्यवस्था व साधन पाश्चात्य राजनीतिक समाजों में व्यवस्थित नियंत्रणों से भिन्न प्रकार के हैं। साम्यवादी समाजों में प्रतिबन्धों व नियंत्रणों की संस्थात्मक व्यवस्था का मुख्य लक्ष्य आर्थिक शक्ति को सार्वजनिक सत्ता के आधिपत्य में रखना है। आर्थिक शक्ति को सार्वजनिक सत्ता के अधीन बनाने के लिए साम्यवादी समाजों में प्रायः इन संस्थागत व्यवस्थाओं को प्रमुखता दी जाती है—(अ) उत्पादन तथा वितरण के साधनों पर सार्वजनिक स्वामित्व; (ब) सम्पत्ति का समान वितरण; और (स) साम्यवादी दल का एकाधिकार।

(अ) साम्यवादी विचारधारा की आधारभूत मान्यता है कि उत्पादन व वितरण के साधनों पर व्यक्तिगत स्वामित्व आर्थिक शक्ति को अन्ततः कुछ व्यक्तियों में केन्द्रित कर देता है। आर्थिक शक्ति के इस प्रकार के केन्द्रण से वर्ग-संघर्ष उत्पन्न होता है। इससे आर्थिक शक्ति-युक्त वर्ग, इस शक्ति से रहित वर्ग का दमन व शोषण करने लगता है। राजनीतिक शक्ति भी इन्हीं के हाथों में केन्द्रित होने के कारण, समाज के बहुसंख्यक नागरिक अपनी राजनीतिक मान्यताओं, आदर्शों व मूल्यों के स्थान पर पूंजीपतियों द्वारा आरोपित आदर्शों व मूल्यों को मानने व अपनाने के लिए मजबूर हो जाते हैं। ऐसी सामाजिक अवस्था को साम्यवादी, संविधान की सही अभिव्यक्ति नहीं मानते हैं। इसलिये उनका कहना है कि संविधानवाद को वास्तव में व्यावहारिक बनाने के लिए, संविधानवाद की मान्यताओं के प्रकाशन के रास्ते में आने वाली रुकावटें दूर की जानी चाहिए। उनकी धारणा है कि यह रुकावटें उत्पादन व वितरण के साधनों पर सार्वजनिक स्वामित्व की व्यवस्था करने पर ही दूर हो सकती हैं। अतः साम्यवाद की मान्यता में संविधानवाद के मूल लक्ष्य व साध्य तब तक व्यावहारिक नहीं बन सकते जब तक उत्पादन व वितरण के साधनों का स्वामित्व सम्पूर्ण समाज में निहित नहीं हो। उत्पादन व वितरण के साधनों का सामाजिक स्वामित्व शक्ति के आधारों को सामाजिक रूप दे देते हैं जिससे सम्पूर्ण समाज शक्ति के दुरुपयोग से बचाव की व्यवस्था बन जाता है।

(ब) उत्पादन व वितरण के साधनों का सामाजिक स्वामित्व सम्पत्ति के समान वितरण की व्यवस्था अनिवार्य बना देता है। सम्पत्ति का बराबर वितरण होने से, सम्पत्ति संघर्ष का कारण नहीं बनती है, और समाज में असमानता को जन्म नहीं दे पाती

आर्थिक साधनों का सम्पूर्ण समाज में विद्यमान होना, समाज को उन बन्धनों से मुक्त करता है, जो संविधान की मान्यताओं की उपलब्धि में रुकावटें डालते हैं। आर्थिक दृष्टि से ऐसे समानता वाले समाज में ही संविधानवाद व्यावहारिक बनता है।

(स) आर्थिक समानता वाले समाज में कोई वर्ग या अलग-अलग हित नहीं होते हैं और इसलिये वर्गों के विशिष्ट हितों का प्रतिनिधित्व व सुरक्षा करने के लिए अनेक राजनीतिक दल बनने की परिस्थितियां नहीं होती हैं। वर्ग-विहीन समाज में राजनीतिक दलों की आवश्यकता ही नहीं रह जाती है। यही कारण है कि साम्यवाद राजनीतिक दलों की अनेकता को स्वीकार नहीं करता। परन्तु साम्यवादी समाज के लक्ष्यों की प्राप्ति के लिए समाज का नेतृत्व व निर्देशन होना आवश्यक है। जिससे समाज के सम्पूर्ण साधनों व शक्तियों में समन्वय रखा जा सके और साध्यों की पूर्ति की सुव्यवस्था की जा सके। इसके लिए एक ही राजनीतिक दल की आवश्यकता होती है जिसे राजनीतिक शक्तियों के प्रयोग, निर्देशन व नियंत्रण का एकाधिकार प्राप्त हो। साम्यवादी दल की स्थापना व उसका ही एकाधिकार इसलिये साम्यवादी समाजों का एक प्रमुख लक्षण है। नागरिक व समाज तथा सरकार में उद्देश्यों व लक्ष्यों का कोई विरोध या भिन्न दिशा न होने के कारण, ऐसे ही उद्देश्य-लक्ष्य रखने वाला साम्यवादी दल, इन सबका सच्चा प्रतिनिधित्व करता है और सबके हित में राजनीतिक शक्तियों का प्रयोग सम्भव बनाता है। ऐसा राजनीतिक दल, शोषण व दमन का प्रतीक नहीं होता है, वरन सार्वजनिक हित की साधना का साधन रहता है। इस प्रकार, साम्यवादी समाज व्यवस्था में वर्ग-भेद न होने के कारण दल-भेद भी नहीं होता है। समाज का एक ही वर्ग होता है—किसानों व मजदूरों का वर्ग और इसका निर्देशक एक ही दल—साम्यवादी दल है।

उपरोक्त विवेचन से स्पष्ट है कि संविधानवाद की साम्यवादी अवधारणा में समाज के मूल्यों, राजनीतिक आदर्शों व आस्थाओं की प्राप्ति के साधन, पाश्चात्य संविधान की अवधारणा से न केवल भिन्न प्रकार के हैं, अपितु उन आधारभूत कारणों का, जिनसे समाज में असमानता का उद्भव होता है, अन्त करने वाले भी हैं। साम्यवादियों की मान्यता है कि संविधानवाद को वास्तविकता के पुट से युक्त करने के लिए ऊपर ही ऊपर की गई नियंत्रण व्यवस्थाएं प्रभावशाली नहीं हो सकतीं। इनके लिए ऊपरी रुकावटों को दूर करने के स्थान पर आधारभूत व्यवस्था में ही परिवर्तन अनिवार्य है। उनके अनुसार उत्पादन व वितरण के साधनों पर सार्वजनिक स्वामित्व व सम्पत्ति का समान वितरण ऐसी आधारभूत व्यवस्थाएं हैं जो राजनीतिक शक्ति के दुरुपयोग को प्रभावशाली ढंग से रोकती हैं, और संविधानवाद के आदर्शों को व्यवहार में कुछ लोगों को नहीं, सब नागरिकों को उपलब्ध कराती हैं। इसके अलावा भी, साम्यवादी जगत में उन सभी 'औपचारिक संस्थाओं' को, जो पाश्चात्य संविधानवादी व्यवस्था वाले समाजों में, राजनीतिक शक्ति पर नियंत्रण स्थापना के लिए व्यवस्थित की जाती हैं, संविधान में अपनाया गया है। जैसे संविधान को लिखित, अचल व 'सर्वोच्च' बनाया जाता है। राजनीतिक शक्तियों का विभाजन व पृथक्करण पाया जाता है। नागरिकों को मौलिक अधिकार व कर्तव्य संविधान द्वारा प्रदान किये जाते हैं, और सरकार का लगातार

उत्तरदायित्व रहे इसके लिए संस्थागत व्यवस्था की जाती है। इतना ही नहीं, 'विधि के शासन' का दिखावा भी कानूनी दृष्टि से सुस्थापित किया जाता है। यह संवैधानिक व्यवस्थाएं, राजनीतिक शक्ति पर प्रभावशाली नियंत्रण लगाकर उसके दुरुपयोग पर अंकुश का काम करने वाली हैं। इसलिये यह कहा जाता है कि साम्यवादी राज्यों में ही वास्तविक लोकतंत्र है तथा संविधानवाद की व्यावहारिकता की ठोस व्यवस्था है। विलियम जी० ऐन्ड्रूज लिखते हैं कि "प्रक्रियात्मक संविधानवाद की दृष्टि से रूस का संविधान, उन सभी संसदीय संस्थाओं की, जो पाश्चात्य देशों में प्रचलित हैं, स्थापना करता है, और उनके आपसी सम्बन्धों को भी ठीक इसी तरह मर्यादित करता है। संविधान में कई ऐसी व्यवस्थाएं हैं जो पाश्चात्य परम्परा के अनुरूप ही शक्ति नियंत्रण के मानक व प्रक्रियात्मक नियमितताएं स्थापित करती हैं। रूस के संविधान में नागरिकों के मौलिक अधिकारों और स्वतंत्रताओं की सुव्यवस्थित रक्षा व्यवस्था है, विभिन्न शासन सत्ताओं के पारस्परिक सम्बन्धों की स्पष्ट व्याख्या है, तथा सार्वजनिक नीति के निर्धारण व क्रियान्वयन का प्रक्रियात्मक अनुबन्ध है। इन सब बातों में यह पाश्चात्य् लोकतांत्रिक संविधानों से बिल्कुल भी भिन्न नहीं हैं।"[15]

रूस तथा अन्य साम्यवादी संविधानों में पाई जाने वाली सभी संस्थात्मक व्यवस्थाएं संविधानवाद की स्थापना करती हुई दिखाई देती हैं। परन्तु वास्तव में, सोवियत रूस में संविधानवाद का अनुसरण नहीं होता है। रूस में राजनीतिक शक्ति के धारकों पर संवैधानिक नियंत्रणों की सभी संस्थात्मक व्यवस्थाएं केवल 'औपचारिकता' मात्र हैं। रूस में नेताओं पर प्रभावशाली नियंत्रण संवैधानिक नहीं हैं। वहां नियंत्रणों की वास्तविक प्रक्रियाएं संविधान द्वारा स्थापित व्यवस्थाओं से सर्वथा भिन्न हैं। विलियम जी० ऐन्ड्रूज ने ठीक ही लिखा है "स्वयं संविधान में ही अनेक ऐसी धाराएं व अनुच्छेद हैं, जिनसे राज्य का औपचारिक शासन तन्त्र साम्यवादी दल के अधीन रहता है। दल को, संवैधानिक आधार व संविधान द्वारा एकाधिकार प्राप्त है। इससे शासन नीति का सार्वजनिक नियंत्रण, संवैधानिक प्रक्रियाओं के माध्यम से भी दल में निहित हो जाता है। साम्यवादी दल ही सामाजिक स्वतन्त्रताओं के उद्देश्यों की व्याख्या करता है और उनकी उपलब्धि के साधन जुटाता है।"[16] अतः संविधान सरकार पर प्रभावी, नियंत्रणों की स्थापना की व्यवस्था नहीं करता है। संविधान में उल्लिखित नियंत्रणों की संस्थागत व्यवस्थाएं साम्यवादी दल की सर्वोपरिता तथा अंकुश के कारण केवल 'औपचारिकता' रह जाती हैं। यह सब संविधानवाद के विचार से बेमेल पड़ती हैं। इसलिये निष्कर्षतः विलियम जी० ऐन्ड्रूज का यह कहना सत्य लगता है कि "रूस का संविधान ही, संविधानवाद की अवधारणा के अनुरूप नहीं है।" जी० मेयर ने तो इसे "संविधान के विचार का ही तीक्ष्ग निषेध"[17] बताया है।

[15]William G. Andrews, *op. cit.*, p. 154.

[16]*Ibid.*, p. 154.

[17]Alfred G. Meyer, *The Soviet Political System—An Interpretation*, New York, Random House, 1965, p. 114.

साम्यवादी दल रूस में निर्णय लेने वाला संगठन है, जो सम्पूर्ण समाज के लिए न केवल मूलभूत नीतियों का निर्धारण करता है, अपितु समाज के लक्ष्यों की व्याख्या भी करता है। दल ही उन प्रक्रियाओं व संरचनाओं का निर्णायक है, जिनसे समाज के साध्यों की प्राप्ति तथा नीतियों का संचालन किया जाता है। ऐल्फ्रेड जी० मेयर ने ठीक ही लिखा है कि "साम्यवादी दल ही सरकार, प्रशासन तथा समाज के सम्पूर्ण संस्थात्मक जीवन को संगठित व पुनः संगठित करता है।"[18] यह सब कार्य साम्यवादी दल सर्वोच्च रूप में करता है। यह उन सभी सस्थाओं के प्रतिबन्धों से भी मुक्त रहता है, जो संविधान द्वारा स्थापित होती हैं। रूस में सम्पूर्ण राजनीतिक, आर्थिक व सामाजिक सत्ता का स्रोत साम्यवादी दल ही है। यही राजनीतिक नेताओं को शक्ति देता और उनसे छीनता है तथा 'राजनीतिक खेल' के नियमों का निर्धारण व उनमें परिवर्तन करता है। मेयर का तो यहां तक कहना है कि "साम्यवादी दल सम्प्रभु के समान व्यवहार करता है, अपनी इच्छा से यह नेताओं को किराए पर रखता और हटाता है।"[19] निष्कर्ष रूप में मेयर के शब्दों में ही कहा जा सकता है कि "रूस का सम्पूर्ण संविधान एक धोखा है, यह क्रियान्वित नहीं होता है, और इससे राजनीतिक व्यवस्था की प्रकृति का सही चित्रण भी नहीं होता है।"[20] रूस का वास्तविक संविधान तो अलिखित व अदृश्य ही रहता है। अंत में यही कहा जा सकता है कि रूस का संविधान तो संविधानवाद का ही निषेध है, क्योंकि संविधानवाद तो 'राजनीतिक खेल' के प्रक्रियात्मक नियमों की स्थायी संवैधानिक व्यवस्था वाले राजनीतिक समाज में ही सम्भव हो सकता है। रूस का साम्यवादी दल, उसका प्रभुत्व व एकाधिकार इस सबकी स्थापना का मार्ग अवरुद्ध करके संविधानवाद को असम्भव बना देता है।

विकासशील लोकतन्त्रों की अवधारणा (The Concept of Developing Democratic Nations)

विकासशील देशों में संविधानवाद अभी तक अस्थायित्व के दौर से गुजर रहा है। इन देशों में राजनीतिक प्रक्रियाएं संक्रमण की अवस्था में होने के कारण, संविधानवाद के आधार सुनिश्चित नहीं हो पाए हैं। विकासशील लोकतान्त्रिक समाजों में संविधानवाद की विशेषताओं का उल्लेख करने से पहले, उन विशिष्ट समस्याओं का विवेचन करना आवश्यक है, जिनसे संविधानवाद की अवधारणा, पाश्चात्य व साम्यवादी अवधारणाओं से भिन्न बनती है। इन देशों की समस्याएं इतनी विविध और इतनी अधिक हैं, कि इन सबकी सूची बनाना अत्यन्त कठिन है। परन्तु मोटे तौर पर सभी विकासशील राजनीतिक व्यवस्थाओं में न्यूनाधिक मात्रा में कुछ समस्याएं व्याप्त हैं। इनका संक्षिप्त विवेचन करके ही संविधानवाद की इस अवधारणा की विशेषताओं को समझा जा सकता है। हर नवोदित राजनीतिक समाज में निम्न समस्याएं पाई जाती हैं—(1) राजनीतिक स्थायित्व की समस्या; (2) आर्थिक विकास की समस्या; (3) सुरक्षा की खोज; (4) राजनीतिक सत्ता की

[18] *Ibid.*, p. 114.
[19] *Ibid.*
[20] *Ibid.*, p. 103.

वैधता की समस्या; (5) सामाजिक-सांस्कृतिक साम्य का लक्ष्य; (6) आधुनिकीकरण में रुकावटों की समस्या; (7) राजनीतिक संरचना-विकल्पों के चुनाव की समस्या; और (8) अन्तर्राष्ट्रीय परिष्ठा व अभिज्ञान की तलाश।

(1) अधिकांश विकासशील राज्य, साम्राज्यवादी शक्तियों के दमन व शोषण के शिकार रहे हैं। इन राज्यों में स्वतंत्रता की प्राप्ति के अनेक मार्ग रहे हैं। कहीं पर सत्ता का हस्तांतरण लम्बे राष्ट्रीय आंदोलन के बाद हुआ तो कहीं अचानक ही शांतिपूर्वक ढंग से सत्ता हस्तांतरित कर दी गई। भारत पहले का तथा श्रीलंका दूसरे का उदाहरण कहे जा सकते हैं। कुछ राज्यों में सशस्त्र संघर्ष व सैनिक आन्दोलनों के परिणामस्वरूप स्वतन्त्रता मिली जैसे इन्डोनेशिया व अल्जीरिया में हुआ। अनेक ऐसे राज्य भी हैं जहां क्रांतियों द्वारा सेना ने सत्ता हथिया ली थी। कुछ राज्यों ने आधुनिक युग में उत्तराधिकार के आधार पर प्रवेश किया जैसे इथियोपिया, नेपाल, अफगानिस्तान व सउदी अरब इत्यादि। अतीतकालीन अनुभवों की भिन्नता तथा स्वतन्त्रता प्राप्ति के मार्गों में आई अड़चनों की विविधताओं के कारण सभी नवोदित राज्यों में पेचीदगियां उत्पन्न हो गईं तथा प्रारम्भ से ही राजनीतिक सत्ता की छीना-झपटी के कारण नवोदित राज्यों में से अधिकांश, राजनीतिक अस्थायित्व से ग्रस्त हो गये। 'राजनीतिक खेल' के आधारभूत नियमों पर मतैक्य का अभाव, राजनीतिक दलों की अनेकता व जनता के असंतोष के कारण इन राज्यों में राजनीतिक अस्थायित्व व्याप्त हो गया। इससे इनमें संविधानवाद के चिरस्थायी मूल्य जन्म ही नहीं ले पाते हैं।

(2) आर्थिक विकास की समस्या, राजनीतिक अस्थायित्व की अवस्था में और भी जटिल बन जाती है। एक तरफ जनता उन्नत स्तर के लिए हर प्रकार की मांग करती है, तो दूसरी तरफ, तकनीकी व वैज्ञानिक जानकारी के अभाव में देश के साधनों का समुचित उपयोग नहीं हो पाता है। इससे जनता में असन्तोष उत्पन्न होता है, जो सरकारों को बार-बार बदलकर संविधानवादी आधारों को ही धराशायी कर देता है।

(3) नवोदित राजनीतिक समाजों में अधिकांशतः बहुल समाज हैं। अनेक धर्म, संस्कृतियां व राष्ट्रीयताएं होने के कारण राजनीतिक व्यवस्था पर परस्पर विरोधी दबाव पड़ते रहते हैं जिससे समाज में तनाव की परिस्थितियां उत्पन्न होती हैं। इस कारण सरकारों पर आंतरिक सुरक्षा व्यवस्था का महत्त्वपूर्ण दायित्व इतना अधिक बोझ बन जाता है कि बहुत से राज्यों में सरकारें इसकी व्यवस्था में ही उलझी रह जाती हैं। बाहरी आक्रमण के खतरे भी कम नहीं रहते हैं। कई बार आंतरिक सुरक्षा में जनता का सहयोग प्राप्त करने के लिए देशों द्वारा पड़ोसी राज्यों पर आक्रमण तक किये गये हैं। इस तरह, अनेक विकासशील राज्यों में सरकारें सुरक्षा की व्यवस्था में ही लगी रह जाती दिखाई देती हैं तथा समाज के विशेष गन्तव्यों, लक्ष्यों या मान्यताओं की व्यवस्था सुरक्षा के प्रश्न के सामने गौणतर की रह जाती है। अतः संविधानवाद की संस्थातमक व्यवस्थाओं को मजबूत बनाने या उनके लिए समाज में मतैक्य स्थापित करने के न अवसर रहते हैं और न ही साधन जुट पाते हैं।

(4) समाज के अधिकांश लोगों द्वारा यह महसूस किया जाना कि शासन की प्रक्रियाए व व्यवस्थाएं उचित हैं, सरकार को वैध बनाता है। आज भी विकासशील समाजों में,

शासनकर्त्ताओं को अपनी सत्ता की वैध्यता में आशंकाएं ही अधिक दिखाई देती हैं। स्वतंत्र या निष्पक्ष चुनाव या तो होते नहीं और अगर होते हैं तो इनके परिणामों को हारने वाले वर्ग या दल सहजतः स्वीकार नहीं करते। इससे सरकार की सत्ता क्षीण पड़ती है और सरकारें समाज के मूल्यों को क्रियान्वित करने का साधन नहीं बन पाती हैं।

(5) विकासशील राज्यों में व्याप्त बहुलता के कारण यह समाज, संघर्षरत समाज हो जाते हैं। समाज का हर वर्ग, हर सांस्कृतिक समूह राजनीतिक सत्ता प्राप्ति की हर सम्भव कोशिश करता है। सत्ता प्राप्त समूह अन्य समूहों को उभरने से रोकने में राजनीतिक शक्ति तक प्रयोग करने लगता है। जिससे आपसी कटुता बढ़ती रहती है और एक सांस्कृतिक समूह अन्य सांस्कृतिक समूह के विरोध में खड़ा दिखाई देता है। ऐसी अवस्था में समाज एक से मूल्यों में विश्वास रख सके ऐसा असम्भव नहीं तो कम से कम कठिन अवश्य हो जाता है।

(6) आधुनिकीकरण की समस्या नवोदित समाजों की सबसे विषम समस्या है। ऐसे समाज दो भागों में विभक्त दिखाई देते हैं। एक वर्ग परम्परावादियों का तथा दूसरा वर्ग अभिजनों व आधुनिकीकरण में आस्था रखने वालों का बन जाता है। वार्ड तथा मैक्रीडिस ने लिखा है कि "परम्परागतता वाले लोग व आधुनिकीकरण करने वाले अभिजन व वैचारिक आन्दोलन परस्पर एक-दूसरे के विरोध में खड़े हैं जो किसी भी प्रकार के नये मतैक्य पर पहुंचने में असमर्थ हैं।"[21] इस कारण करीब-करीब सभी विकासशील देशों में संघर्ष व अराजकता की सम्भावनाएं अधिक हैं। यहां प्राचीन और नवीन मूल्यों में अभी भी संघर्ष, अनिश्चितता व भ्रम व्याप्त है, जो संविधानवाद के रास्ते की सबसे सशक्त रुकावट है।

(7) नवोदित राजनीतिक समाजों के सामने राजनीतिक संरचना-विकल्पों के चुनाव की समस्या बहुत गम्भीर है। आधुनिकीकरण, स्थायित्व, सुरक्षा व प्रतिष्ठा की समस्याओं के प्रति शीघ्र समाधान के लिए वे किस प्रकार की राजनीतिक व्यवस्थाओं को अपनाएं ? इसके लिए लोकतान्त्रिक व निरंकुश तथा पूंजीवादी व साम्यवादी प्रतिमान पहले से ही मार्गदर्शक व आकर्षण प्रस्तुत करते हैं। अतीत का अनुभव, लोकतान्त्रिक व्यवस्थाओं को अपनाने के लिए प्रेरित करता है, तो दूसरी तरफ विकास, ठोसता व एकता की आवश्यकताएं किसी प्रकार की निर्देशित या निरंकुश व्यवस्था अपनाने के लिए दबाव डालता है। इस प्रकार की अवस्था में विकासशील राज्य इन विविध विकल्पों में से किसी एक का चुनाव भी कर लेते हैं तो बाद के दबाव उनको त्यागने और नई संस्थात्मक व्यवस्था अपनाने के लिए मजबूर करते हैं। इस कारण कुछ अपवादों को छोड़कर, सभी विकासशील राजनीतिक समाज, राजनीतिक संरचनाओं पर अंतिम रूप से फैसला कर पाये हों ऐसा नहीं कहा जा सकता। राजनीतिक विकास के संस्थात्मक मार्गों का अनिश्चय, इन देशों में संविधानवाद की स्थिति को स्पष्ट ही नहीं होने देता है।

(8) अन्तर्राष्ट्रीय परिष्ठा या प्रतिष्ठा व अपने राष्ट्रीय अभिज्ञान की तलाश में,

[21] Ward and Macridis, *Modern Political Systems : Asia*, Englewood Cliffs, New Jersey, Prentice-Hall, 1964, p. 464.

विकासशील राज्य हर सम्भव प्रयत्न करते पाए गए हैं। इसके लिए, दो परस्पर विरोधी गुटों में से किसी में सम्मिलित होने के जबरदस्त दबावों से बचना और भारत द्वारा अपनाए गए असंलग्नता के मार्ग का लक्षण कई कारणों से सम्भव नहीं लगता। एक तरफ राष्ट्रीय अहं को प्रकाशन देने का प्रमुख लक्ष्य है तो दूसरी तरफ आंतरिक आवश्यकताओं के दबाव से इसको ताक में रखकर किसी 'गुट' विशेष से गठबन्धन की मजबूरियां हैं। ऐसी अवस्था में समाज के सुनिश्चित मूल्य दबकर ही रह जाते हैं।

विकासशील लोकतन्त्रों की विशेष समस्याएं तथा आवश्यकताएं, संविधानवाद की अवधारणा को अस्पष्ट व अनिश्चितता की अवस्था में ला देती हैं। इन देशों में व्याप्त विभिन्न भाषाओं, धर्मों, सम्प्रदायों और विचारधाराओं में समन्वय का अभाव, उचित व सुदृढ़ संविधानवादी आधार स्थापित नहीं होने देता है। फिर भी संविधानवाद की धारणा के कुछ लक्षण स्पष्ट परिलक्षित होने लगे हैं। संक्षेप में यह निम्न हैं— (1) संविधानवाद निर्माण की अवस्था में है। (2) संविधानवाद मिश्रित प्रकृति रखता है। (3) संविधानवाद प्रवाह के दौर में है। (4) संविधानवाद दिशारहित चरण में है।

(1) विकासशील राजनीतिक समाजों में (देखिए संविधानवाद के आधारों) विकास की परिस्थितियां ही नहीं पाई जाती हैं। समाजों में अनेक बातों पर मतैक्य का अभाव पाया जाता है। यहां तक कि राजनीतिक संस्थाओं की संरचनाओं और प्रक्रियाओं पर भी मतैक्य नहीं हो पाता है। इसलिये अधिकांश विकासशील राज्यों में संविधानवाद निर्माण की अवस्था में कहा जा सकता है।

(2) नवोदित राज्यों में संविधानवाद मिश्रित प्रकृति का है। कुछ देश पाश्चात्य व सोवियत विचारधाराओं को मिलाने का प्रयत्न कर रहे हैं। वह स्वतंत्रता, समानता न्याय व समाजवाद को एक साथ ही स्थापित करने का प्रयत्न कर रहे हैं। आंतरिक परिस्थितियां व आवश्यकताएं, संविधानवाद की पाश्चात्य व साम्यवादी अवधारणाओं के मौलिक तत्त्वों को अनिवार्यतः अपनाने का दबाव डालती हैं। जैसे स्वतंत्रता के साथ ही आर्थिक समानता लाने के लिए सम्पत्ति पर अधिकाधिक सार्वजनिक नियंत्रण का प्रयत्न संविधानवाद को मिश्रित रूप प्रदान करता है। संविधान प्रतिबन्धक का कार्य भी करता है और नियंत्रणों से मुक्ति भी दिलाने के संस्थागत प्रावधानों से भरपूर रहता है। इस दृष्टि से भारत में मौलिक अधिकारों की व्यवस्था तथा उन पर उचित प्रतिबन्धों की संविधान में ही व्यवस्था, मिश्रितता की संकेतक है।

(3) विकासशील राज्यों में संविधानवाद प्रवाह के दौर में है। यह स्थिरता प्राप्त नहीं कर पाया है। राजनीतिक विकास के मार्ग में जब-तक लम्बी अवधि का स्थायित्व यह भ्रम उत्पन्न करता है कि संविधानवादी मूल्य सुनिश्चय की अवस्था में आ गये हैं। परन्तु अचानक उत्पन्न स्थितियां, समाजों के विकास-पथ में परिवर्तन करके, संविधानवाद को प्रवाह की अवस्था में धकेलती दिखाई देती हैं।

(4) उपरोक्त तीन विशेषताओं के वर्णन से स्पष्ट है कि विकासशील राजनीतिक समाजों में संविधानवाद दिशा रहित चरण में है। इन समाजों में कभी उदार लोकतन्त्रों

का आदर्श आकर्षक बन जाता है तो कभी साम्यवादी विचारों में निष्ठा दृढ़ होने लगती है। कुछ राज्य नवीन आदर्श खोजते पाए जाते हैं। राष्ट्रीय और अन्तर्राष्ट्रीय परिस्थितियों के कारण, विकासशील राज्यों में संविधानवाद की दिशाओं में जब-तब परिवर्तन, एक तरह से दिशा-शून्यता ही लगता है। संविधानवाद के आधारों का अभाव व मूल्यों की अनिश्चितता, संविधानवाद की सुस्पष्ट दिशा निर्धारण में बाधक है। इसलिए विकासशील राज्यों में संविधानवाद तब तक दिशायुक्त नहीं बन सकता, जब तक संविधानवाद के आधारों की सुस्थिर पृष्ठभूमि प्रस्तुत नहीं हो जाती।

संविधानवाद की इन विशेषताओं के वर्णन से स्पष्ट है कि संविधानवाद की विकासशील राज्यों की अवधारणा में साध्य तो, पाश्चात्य अवधारणा के समान, स्वतंत्रता, राजनीतिक समानता, सामाजिक व आर्थिक न्याय तथा लोक कल्याण की साधना के ही हैं। परन्तु साधनों की दृष्टि से यह अवधारणा साम्यवादी विचारधारा के समीप लगती है, सरकार की प्रतिबन्धता व अनेक क्षेत्रों में कार्य के लिए बहुत कुछ स्वतंत्रता तथा संविधान की औपचारिकता, इसे साम्यवादी अवधारणा की संस्थागत व्यवस्थाओं को अपनाने के लिए प्रोत्साहित करना ही है। निष्कर्ष में, होवार्ड रीगिन्स के कथन का उल्लेख करना विकासशील राज्यों के संविधानवाद का सही चित्रण करता है। रीगिन्स ने लिखा है कि "राज्य नये हैं और राजनीतिक खेल के नियम प्रवाह में हैं इसलिए संविधानवाद अभी तक सुस्थिर नहीं हो सका है।"[22] यहां वार्ड तथा मैक्रीडिस का यह कहना कि "विकासशील संविधानवाद के लिए पाश्चात्य संविधानवाद की सीमित सरकार की परम्परा, व्यक्तिगत व समूह अधिकार और राजनीतिक प्रबन्धों की स्थापना प्रतिमान व अनुकरणीय उदाहरण है।" ठीक नहीं लगता है, क्योंकि इन राज्यों में साम्यवादी मूल्यों व संस्थागत व्यवस्थाओं के प्रति आस्था भी बलवती बनती जा रही है। अंत में यही कहा जा सकता है कि विकासशील राज्यों में संविधानवाद की सुस्थिरता लम्बी अवधि के बाद ही आ पाएगी।

संविधानवाद की विभिन्न अवधारणाओं के विवेचन से स्पष्ट है कि "संविधानवाद का चिरस्थायी मूल्य चाहे वह पाश्चात्य हो या साम्यवाद, विकसित देशों का हो या विकासशील देशों का, पूर्णतया स्थापित हो अथवा स्थापना के प्रयत्न तक सीमित रहा हो, उसकी प्राप्ति की प्रक्रियाओं व संस्थात्मक व्यवस्थाओं के साधनों से कहीं दूर पाया जाता है। यह सामाजिक व्यवस्था के उन नैतिक उद्देश्यों में, जिनकी यह रक्षा करता है, विचारधाराओं के उन मूल्यों में, जो इसे प्रिय हैं तथा शासकों के उस शील में, जिसे यह स्थायित्व प्रदान करता है, पाया जाता है।"[23] इसलिए संविधानवाद का मूल्यांकन, बहुप्रचलित नियंत्रण प्रक्रियाओं के आधार पर नहीं किया जाना चाहिये। इन नियंत्रण प्रक्रियाओं को प्रभावहीनता व प्रभावयुक्तता का विवाद भी निरर्थक है। संविधानवाद का मूल्यांकन करते समय यह देखना चाहिए कि समाज के नैतिक मूल्य क्या हैं ? विकास के

[22] W. Howard Wriggins, *The Rulers Imperative : Strategies for Political Survival in Asia and Africa*, New York, Columbia University Press, 1968, p. 32.
[23] Peter H. Merkl, *op. cit.*, p. 466.

किस मार्ग व विचारधारा में समाज की आस्था है ? विकास करने का दायित्व लेने वाले नेताओं में क्या गुण हैं ? यही संदर्भ, संविधानवाद की वास्तविकताओं को परिलक्षित करता है, क्योंकि अन्ततः संविधानवाद व्यवस्थित समाज में व्यवस्थित परिवर्तन की प्रक्रियात्मक सुव्यवस्था ही तो है।

उपरोक्त निष्कर्ष के संदर्भ में ही तुलनात्मक राजनीति के विद्यार्थी को पाश्चात्य, साम्यवादी व विकासशील समाजों के संविधानवाद का अध्ययन व मूल्यांकन करना है। प्रक्रियाओं द्वारा स्थापित नियंत्रण व्यवस्था, संविधान व संस्थाओं द्वारा आदर्शों व आस्थाओं का गुणगान, संविधानवाद का दिखावा प्रस्तुत करते हैं या समाज के वास्तविक नैतिक मूल्यों की स्थापना व प्राप्ति का साधन जुटाते हैं। यही अन्तर समझना, संविधानवाद का सही अर्थ व किसी राजनीतिक व्यवस्था में इसकी यथार्थता को समझना है।

संविधानवाद का भविष्य
(THE FUTURE OF CONSTITUTIONALISM)

संविधानवाद की विभिन्न अवधारणाओं के विवेचन से यह प्रश्न उठता है कि क्या संविधानवाद का भविष्य उज्ज्वल है ? सी० एफ० स्ट्रांग के अनुसार संविधानबाद के विकास में अनेक उतार-चढ़ाव आये हैं। प्रथम महायुद्ध के तुरन्त बाद, राजनीतिक संविधानवाद का भविष्य बड़ा उज्ज्वल प्रतीत होता था। किन्तु यूरोप के बहुत से भागों में संवैधानिक शासन के विरुद्ध हुई प्रतिक्रियाओं के कारण आशावाद की लहर धूमिल पड़ गई। रूस में साम्यवादी क्रान्ति ने उदार शासन को हिंसात्मक साधनों से समाप्त कर दिया। उसके बाद इटली में फासिस्ट विद्रोह, जर्मनी में नाज़ी विप्लव, स्पेन में जनरल फ्रेन्को की विजय और पोलैंड, रूमानिया, यूनान तथा पूर्वी यूरोप के अन्य राज्यों में अर्द्ध-अधिनायकवाद का प्रादुर्भाव हुआ तथा संविधानवाद की जड़ें उखड़ सी गईं। पर इस सबके होते हुए भी पाश्चात्य जगत के अन्य राज्यों में संविधानवाद दृढ़ता से बना रहा। द्वितीय महायुद्ध के बाद की स्थिति, प्रथम महायुद्ध के बाद की स्थिति से बिलकुल भिन्न हो गई। पश्चिमी यूरोप में जहां-तहां संविधानवाद, गणतान्त्रिक संविधानों की प्रस्थापना से पुनः स्थापित होने लगा, किन्तु पूर्वी यूरोप में राजनीतिक संविधानवाद के दृष्टिकोण से परिस्थिति और भी अंधकारपूर्ण बन गई। आज भी राष्ट्रीय लोकतन्त्रात्मक संविधानवाद सुनिश्चित और सुस्थिर रूप धारण नहीं कर सका है। वह अब भी परीक्षण व अस्थिरता की अवस्था में चल रहा है। 1950 के बाद की दशाब्दियों में अनेक राजनीतिक समाजों का स्वतंत्र राज्यों के रूप में उदय तथा उनमें तेजी से होने वाली उथल-पुथल ने संविधानवाद के भविष्य के बारे में और आशंकाएं उत्पन्न कर दी हैं। साम्यवाद और सैनिकवाद का जिस गति से एशिया, अफ्रीका व लेटिन अमरीका में प्रसार हो रहा है, उससे संविधानवाद का भविष्य अनिश्चितता के गहरे कोहरे से ढकता-सा प्रतीत हो रहा है। वैसे अमरीका व पश्चिमी यूरोप के राज्यों में संविधानवाद की जड़ें गहरी जमी हुई हैं। वॉटरगेट काण्ड को लेकर अमरीका के राष्ट्रपति निक्सन द्वारा त्यागपत्र देना वहां

संविधानवाद की दृढ़ता का सबूत है। वैसे अन्य समाजों में भी, शायद संविधानवाद बाधाओं और रुकावटों को दूर करने में सफल होगा, क्योंकि जिस-जिस राजनीतिक समाज में संविधानवाद के बंधन तोड़कर निरंकुश व्यवस्थाएं प्रस्थापित की गई हैं, वहां भी संकेत संवैधानिक शासन की ओर अग्रसर होने के ही मिलते हैं। स्वयं साम्यवादी जगत में इसकी झलक दिखाई देने लगी है। इससे यही कहा जा सकता है कि हर राजनीतिक समाज में जनसाधारण के मूल्यों व मान्यताओं को राजनीतिक शक्ति से अधिक दिन तक दबाया नहीं जा सकता। निरंकुश व्यवस्थाओं में उथल-पुथल व सैनिक तन्त्रों का उत्थान-पतन, संविधानवाद के भविष्य की उज्ज्वलता का संकेतक है।

अध्याय 9

सरकारों के प्रमुख वर्गीकरण—परम्परागत एवं आधुनिक
(Leading Classifications of Governments—Traditional and Modern)

राजनीति-शास्त्र में सरकारों के वर्गीकरण की रूपरेखा (schemes) व योजनाओं की भरमार है। राजनीति-शास्त्र के अध्ययन के आरम्भ के दिनों से ही शासन व्यवस्थाओं के वर्गीकरण के प्रयत्न किये जाने लगे थे। यूनानी राजनीतिक दार्शनिकों—प्लेटो व अरस्तू ने सरकारी निर्णय प्रक्रिया में सम्मिलित व्यक्तियों की संख्या को आधार बनाकर सरकारों को वर्गीकृत किया था। उन्नीसवीं शताब्दी तक वर्गीकरण की उनकी योजना, अत्यधिक आलोचना का शिकार होते हुए भी, कभी भी पूर्णतया त्यागी नहीं गई थी। उनके द्वारा किए गए वर्गीकरण को संशोधित करने, सरल बनाने तथा व्यापकतम रूप देने के प्रयत्न चलते रहे पर इससे अधिक सुसंगत वर्गीकरण इस शताब्दी के आरम्भ तक नहीं किया जा सका था। परन्तु बीसवीं शताब्दी में सरकारों के वर्गीकरण करने की विद्वानों में होड़ सी लग गई है। ऐप्टर ने ठीक ही लिखा है कि "उन्नीसवीं सदी के मध्य-काल से ही राजनीतिक व्यवस्थाओं के वर्गीकरणों में इतनी वृद्धि हुई है कि आज हर विद्वान स्वयं ही अपना वर्गीकरण (taxonomist) बन गया प्रतीत होता है।"[1] "वर्गीकरण करने का बढ़ता हुआ प्रचलन यह प्रश्न उठाता है कि वर्गीकरण की किसी विशिष्ट योजना का उद्देश्य क्या है ? ये उद्देश्य कई हो सकते हैं। इनमें से कुछ का उल्लेख यहां दिया जा रहा है।

सरकारों के वर्गीकरण के उद्देश्य व उपयोगिता
(OBJECTIVES AND UTILITY OF CLASSIFICATION OF GOVERNMENTS)

राजनीतिक संस्थाओं के आरम्भ से ही सरकारों व संस्थाओं के वर्गीकरण के प्रयत्न कम से कम इतना तो स्पष्ट करते हुए माने जा सकते हैं कि वर्गीकरण की विशेष उपयोगिता व महत्त्व होता है। अरस्तू के द्वारा किए गए वर्गीकरण का उद्देश्य मुख्यतया तत्कालीन शासन व्यवस्थाओं में विद्यमान समानताओं व अन्तरों को स्पष्ट करके उनकी श्रेष्ठता

[1] Harry Eckstein and David E. Apter (eds.), *Comparative Politics—A Reader*, New York, Free Press, 1963, p. 4.

इत्यादि का संकेत देना था। परन्तु आजकल के वर्गीकरण केवल समानताओं व अन्तरों को समझने के उद्देश्य से कहीं आगे जाने लगे हैं। इसका यह अर्थ नहीं है कि सरकारों के वर्गीकरण के उद्देश्य प्राचीन समय से वर्तमान समय तक पूर्णतया बदल गए हैं। वास्तव में आधारभूत उद्देश्य तो हर वर्गीकरण के वही हैं जो प्लेटो व अरस्तू के थे परन्तु सरकारों की बढ़ती हुई विविधताओं ने आधुनिक वर्गीकरण को अधिक व्यापक, परिष्कृत तथा व्यावहारिक बनाने की प्रेरणा दी है। सरकारों के वर्गीकरण के कुछ सामान्य उद्देश्यों का ही विवेचन किया जा सकता है, क्योंकि विशिष्ट रूप से तो हर वर्गीकरणकर्त्ता का अपना उद्देश्य रहता है।

(1) सरकारों का बर्गीकरण विभिन्न राजनीतिक शासनों के बीच समानताओं तथा असमानताओं पर बल देने का साधन है। उदाहरण के लिए, यदि सरकार के अध्यक्षात्मक व संसदीय प्रकारों या द्विदलीय और बहुदलीय पद्धतियों के बीच समानताओं और अन्तरों की विस्तृत सूची प्रस्तुत करना हो तो सरकारों का अध्यक्षात्मक व संसदीय तथा द्विदलीय और बहुदलीय पद्धतियों में वर्गीकरण करके ही ऐसा किया जा सकता हैं, परन्तु यहां यह प्रश्न उठाया जा सकता है कि सरकारों के बीच समानताओं व असमानताओं की सूची बनाने की क्या आवश्यकता व उपयोगिता है ? इस सम्बन्ध में इतना ही कहा जा सकता है कि राजनीतिक व्यवस्थाओं का वर्गीकरण करके उनके बीच समानताओं और अंतरों के आधार पर सरकारों की वास्तविक प्रकृति को समझना सरल हो जाता है। इससे संस्थाओं व सरकारों की सुचारुता की व्यवस्था करना आसान हो जाता है। उदाहरण के लिए, संसदीय व अध्यक्षात्मक व्यवस्थाओं का वर्गीकरण व इस वर्गीकरण से स्पष्ट हुई समानताओं असमानताओं के आधार पर इन व्यवस्थाओं में से कौन-सी किसी देश के लिए अधिक उपयुक्त है, इस का ज्ञान प्राप्त किया जा सकता है।

(2) विभिन्न राज्यों में विभिन्न राजनीतिक दर्शनों की स्वीकृति के परिणामस्वरूप होने वाली विविधताओं को खोजने में भी वर्गीकरण सहायक रहते हैं। वर्तमान युग विभिन्न व प्रतियोगी राजनीतिक विचारधाराओं का युग है। हर विचारधारा की श्रेष्ठता को स्थापित करने का प्रयत्न किया जाता रहा है। सरकारों का, विचार-दर्शनों के आधार पर वर्गीकरण करके यह दिखाने का प्रयत्न किया जाता है कि इन सरकारों में विविधताएं इस बात की पुष्टि करती हैं कि यह या वह विचार-प्रतिमान सर्वोत्तम है। दूसरे विश्वयुद्ध के बाद पूंजीवादी उदार लोकतन्त्रों तथा साम्यवादी सरकारों में, विशेषकर अमरीका व सोवियत रूस में, वैचारिक टकराव, बहुत कुछ नवोदित राज्यों को आकर्षित करने के लक्ष्य से होने के कारण कुछ समय तक सरकारों के वर्गीकरण का उद्देश्य इनमें से किसी एक की श्रेष्ठता समझाने का हो गया था। अतः सरकारों के वर्गीकरण के द्वारा विभिन्न विचारधाराओं वाली शासन व्यवस्थाओं के बीच विद्यमान विविधताओं को खोजने का लक्ष्य भी निहित रहता है।

(3) वर्गीकरण का तीसरा उद्देश्य राजनीतिक अध्ययनों को वैज्ञानिक बनाने से सम्बन्धित है। राजनीति-शास्त्र के विद्वानों का अरस्तू के समय से ही यह प्रयत्न रहा है कि सरकारों से सम्बन्धित ज्ञान को विज्ञान का रूप किस प्रकार दिया जाए ? सरकारों

का वर्गीकरण इसी प्रयत्न में विशेष सहायक प्रतीत होता है। विज्ञान में नियम प्रतिपादन न केवल राजनीतिक व्यवस्थाओं की अनेकता से सम्भव है वरन परस्पर प्रतिकूल या विविधताओं और समानताओं वाले उदाहरणों की प्रचुर सामग्री से ही सम्भव है। किसी भी शास्त्र के व्यवस्थित अध्ययन को ही वैज्ञानिक अध्ययन कहा जाता है। इसके लिए संकलित आंकड़ों की व्याख्या करनी होती है। किसी भी तथ्य से सम्बन्धित आंकड़ों का वर्गीकरण करने के बाद उनकी व्याख्या की जा सकती है तथा इन व्याख्याओं के आधार पर निष्कर्ष निकाले जाते हैं। अतः किसी भी शास्त्र के वैज्ञानिक अध्ययन में एक चरण अनिवार्यतः वर्गीकरण का रहता है। जो बात सामान्य शास्त्रों पर लागू होती है वही राजनीति-शास्त्र में भी लागू दिखाई देती है। सरकारों के वर्गीकरण से सरकारों के सम्बन्ध में निष्कर्ष व सामान्यीकरण करना सरल हो जाता है। इसलिए वर्गीकरण करने का एक उद्देश्य राजनीतिक अध्ययनों को वैज्ञानिकता प्रदान करने से सम्बन्धित भी है।

(4) तुलनात्मक राजनीतिक अध्ययनों में जो वर्गीकरण अनिवार्य होते हैं, सरकारों का वर्गीकरण करके ही उनके बीच समानताओं व असमानताओं का ज्ञान प्राप्त किया जाता है तथा वर्गीकृत सरकारों की तुलना करके ही उनमें कार्यरत प्रत्यात्मक (dynamic) शक्तियों की खोज सम्भव होती है। राजनीति-शास्त्र के जनक अरस्तू ने 158 संविधानों का वर्गीकरण करके उनकी आपस में तुलना करके ही सामान्यीकरण स्थापित किये थे। वर्गीकरण का महत्त्व इस बात से स्वयं ही स्पष्ट हो जाता है कि आज तक हुए सभी महान राजनीतिक चिंतकों व विद्वानों ने अपने ग्रन्थों में कहीं न कहीं वर्गीकरण की योजना अवश्य प्रस्तुत की है। वर्तमान समय में तो हर विद्वान ने अपना अलग वर्गीकरण लेकर सरकारों, संस्थाओं और राजनीतिक प्रक्रियाओं को समझने का प्रयास किया है। आजकल के राजनीतिक अध्ययनों में सरकारों के वर्गीकरणों की भरमार इस बात की पुष्टि करती है कि तुलनात्मक राजनीति में हर विद्वान को किसी न किसी स्तर पर किसी न किसी वर्गीकरण योजना का सहारा लेना होता है।

(5) तुलनात्मक पद्धति के प्रयोग में सरकारों का वर्गीकरण आधारभूत होता है। अतः वर्गीकरणों का एक महत्त्वपूर्ण उद्देश्य तुलनात्मक पद्धति के प्रयोग को सम्भव बनाने सम्बन्धी है। किसी भी राजनीतिक अध्ययन के लिए चुनी गई सरकारों का वर्गीकरण करके ही तुलनात्मकता की अवस्था में पहुंचा जा सकता है। वर्गीकरण करने से तुलना का क्षेत्र व सरकारों के वर्ग का सीमांकन व सुनिश्चय हो जाता है। उदाहरण के लिए, अगर 125 सरकारें तुलनात्मक अध्ययन में सम्मिलित की गई हों तो इनकी सम्भावित या प्रस्थापित परिकल्पना को ध्यान में रखते हुए वर्गीकरण करना उपयोगी रहता है। अगर परिकल्पना लोकतान्त्रिक सरकार के किसी पहलू से सम्बन्धित है और केवल लोकतान्त्रिक व्यवस्थाओं की तुलना ही करनी हो तब इन 125 सरकारों के उदाहरणों को वर्गीकरण के द्वारा दो श्रेणियों में विभक्त करना होगा। एक वर्ग लोकतान्त्रिक व्यवस्थाओं का तथा दूसरा निरंकुश व्यवस्थाओं का होगा। इस वर्गीकरण से अनावश्यक सरकारों की तुलना से बचना सम्भव हो जाएगा और केवल लोकतन्त्रों की ही आपस में तुलना की जा सकेगी। अतः वर्गीकरण का उद्देश्य तुलनात्मक पद्धति का प्रयोग सम्भव बनाने

से भी सम्बन्धित दिखाई देता है। वर्गीकरण से तुलना की इकाइयों के सम्बन्ध में परिकल्पना करना सरल हो जाता है।

उपरोक्त विवेचन से स्पष्ट है कि राजनीति-शास्त्र के सरकारों के वर्गीकरण के अनेक उद्देश्य हो सकते हैं। राजनीतिक पद्धति के किस पहलू का परीक्षण किया जाना है, इस पर वर्गीकरण की योजना निर्भर करती है और योजना का मूल्यांकन वर्गीकरण के फलस्वरूप हमारे ज्ञान में हुई वृद्धि से होता है। अतः सरकारों के वर्गीकरण का एक उद्देश्य सरकारों के बारे में हमारे ज्ञान में वृद्धि करना भी तो जाता है। इस प्रकार, सरकारों का वर्गीकरण राजनीतिक अध्ययनों में न केवल उपयोगी ही होता है वरन इसकी सहायता से राजनीति-शास्त्र को व्यवस्थित व वैज्ञानिक अध्ययन बनाने में भी सहायता मिलती है। तुलनात्मक पद्धति के प्रयोग और तुलनात्मक अध्ययनों में तो वर्गीकरण अनिवार्यतः करने होते हैं। अरस्तू 158 संविधानों का तुलनात्मक अध्ययन इन संविधानों का वर्गीकरण करके ही कर सका था। यही कारण है कि उसके बाद पोलिबियस, सिसेरो, मैकियावेली, बोदां, हाब्स, लॉक, रूसो, मोन्टेस्क, जेलेनिक, बलुशली तथा मैक्स वेबर, डाहल, कोलमैन, एडवर्ड शील्स, ऐप्टर, फाइनर (S. E. Finor) और सी० एफ० स्ट्रोंग जैसे अनेक विद्वानों ने राज्यों, सरकारों तथा राजनीतिक व्यवस्थाओं का वर्गीकरण किया और इस आधार पर इनको समझने का प्रयत्न किया है। इससे यह निष्कर्ष निकलता है कि राजनीतिक अध्ययनों में वर्गीकरणों की महत्त्वपूर्ण उपयोगिता है।

सरकारों के वर्गीकरण के आधार
(BASIS OF CLASSIFICATION OF GOVERNMENTS))

सरकारों के वर्गीकरण के उद्देश्यों व उपयोगिता के विवेचन से यह प्रश्न उठता है कि सरकारों के वर्गीकरण का क्या आधार लिया जाए जिससे वर्गीकरण अधिक से अधिक उपयोगी बन सकें? इस सम्बन्ध में कोई सीधा-सादा उत्तर देना कठिन है। वर्गीकरण का आधार बहुत कुछ वर्गीकरण के उद्देश्य के साथ जुड़ा होता है। अगर किसी राजनीतिक अध्ययन में सरकारी के संवैधानिक ढांचे से सम्बन्धित ज्ञान प्राप्त करना है तब वर्गीकरण संविधानों का आधार लेकर करना होगा, परन्तु किसी राजनीतिक व्यवस्था में दलीय व्यवस्थाओं का अध्ययन करने का उद्देश्य, वर्गीकरण का आधार संवैधानिक के स्थान पर संस्थात्मक बना देगा। अतः सरकारों के वर्गीकरण के अलग-अलग आधार होना स्वाभाविक है तथा इनकी सुनिश्चित सूची बनाना असम्भव है। यहां कुछ महत्त्वपूर्ण आधारों का ही वर्णन किया जा सकता है। परन्तु इन आधारों का भी यह अर्थ नहीं है कि आजकल की राजनीतिक व्यवस्थाओं का वर्गीकरण केवल एक आधार पर ही किया जाता है। स्वयं अरस्तू ने वर्गीकरण के तीन आधार लिए थे, क्योंकि वर्गीकरण के केवल एक आधार से वह उन उद्देश्यों की पूर्ति नहीं कर पा रहा था जो उसने अपने अध्ययन व विश्लेषण के लिए निर्धारित किए थे। इसलिए ही अरस्तू के वर्गीकरण का एक आधार नैतिकता का, दूसरा आधार प्रभुत्व-शक्ति का उपयोग करने

वालों की संख्या का और तीसरा, वर्गहित सम्बन्धी बनाया था। आजकल की राजनीतिक प्रणालियां तो इतनी पेचीदा बन गई हैं कि वर्गीकरण के अनेक आधार भी सुनिश्चित वर्गीकरण करने में सहायक नहीं हो पाते हैं। इससे वर्गीकरण के आधारों की अनेकता का स्पष्टीकरण होता है। वर्गीकरण के कुछ आधार निम्नलिखित हैं—

(क) संविधान का आधार (The basis of constitution)—व्यवहारवादी विचारकों को छोड़कर अधिकांश विचारक सरकारों व राज्यों के वर्गीकरण में संविधान की प्रकृति को आधार बनाते रहे हैं। उदाहरण के लिए, मैरियट ने जिन राज्यों का संविधान व्यवस्थापन की साधारण प्रक्रिया द्वारा संशोधित किया जाता है, उन्हें लचीले संविधान वाला राज्य कहा है तथा जिन राज्यों का संविधान एक विशेष प्रक्रिया द्वारा संशोधित किया जा सकता है उन राज्यों को अचल संविधान वाला राज्य कहा है। इस आधार पर वर्गीकरण करने पर यह निष्कर्ष निकलता है कि लचीले संविधान वाले राज्यों में व्यवस्थापिका का अधिकार अधिक तथा अचल संविधान वाले राज्यों में व्यवस्थापिका का अधिकार अपेक्षाकृत कम होता है। उदाहरण के लिए, ब्रिटेन का संविधान लचीला होने के कारण वहां संसद सर्वेसर्वा रहती है, जबकि अमरीका का संविधान अचल होने के कारण वहां की कांग्रेस (व्यवस्थापिका) व्यवस्थापन के अधिकार प्रमुखतया रखती हुई दिखाई देती है।

आधुनिक समय में संविधानों के आधार पर सरकारों का वर्गीकरण करना विशेष उपयोगी नहीं रहा है। आजकल अनेकों राज्यों में सरकारी व्यवस्थाएं सैद्धान्तिक रूप से ही संविधान के अनुरूप होती हैं, व्यवहार में उनका रूप बहुत कुछ भिन्न हो गया है। अतः संविधान के आधार पर वर्गीकरण विशेष उपयोगी नहीं रहा है। यही कारण है कि आधुनिक वर्गीकरण में संविधान का आधार एक तरह से त्याग ही दिया गया है।

(ख) कार्यपालिका व व्यवस्थापिका के परस्पर सम्बन्धों का आधार (The basis of relationship between the executive and legislative)—सरकार के विभिन्न अंगों के पारस्परिक सम्बन्धों के आधार पर वर्गीकरण की परम्परा काफी प्रचलित है। किसी शासन व्यवस्था में कार्यपालिका व व्यवस्थापिका के सम्बन्ध के आधार पर सरकारों को संसदीय व अध्यक्षात्मक प्रणालियों में वर्गीकृत किया जाता है। इस आधार पर जिन राज्यों में कार्यपालिका व्यवस्थापिका के अधीन और उसके प्रति उत्तरदायी होती है वे संसदीय प्रणाली वाले राज्य तथा जिन राज्यों में कार्यपालिका व्यवस्थापिका से उच्चत्तर, उसकी समानपदी अथवा उससे स्वतन्त्र होती है, वे असंसदीय अथवा अध्यक्षात्मक प्रणाली वाले राज्य कहे जाते हैं।

वर्गीकरण का यह आधार भी बहुत सुस्पष्ट नहीं रह गया है। आजकल कार्यपालिकाओं व व्यवस्थापिकाओं के आपसी सम्बन्ध इतने अधिक जटिल हो गये हैं कि इस आधार पर किसी सरकार को संसदीय या अध्यक्षात्मक कह सकना ही कठिन लगता है। उदाहरण के लिए, फ्रांस में पांचवें गणतन्त्र का 1958 का संविधान, कार्यपालिका व व्यवस्थापिका के आपसी सम्बन्धों का ऐसा प्रतिमान स्थापित करता है जिसे न केवल संसदीय कहा जा सकता है और न ही अध्यक्षीय माना जा सकता है। इसके अलावा भी

राजनीतिक दलों के प्रादुर्भाव ने कार्यपालिका व व्यवस्थापिका के सम्बन्धों की संवैधानिक व्यवस्था को उलट सा दिया है। इस कारण आधुनिक समय में वर्गीकरण का यह आधार भी विशेष उपयोगी नहीं माना जाता है।

(ग) शासन-शक्ति के केन्द्रीयकरण या विभाजन का आधार (The basis of centralization or division of governmental powers)—राज्य शक्ति के एक स्थान पर केन्द्रित होने या अनेक स्थानों के बीच वितरित होने का आधार भी वर्गीकरण में बहुत प्रचलित रहा है। इस आधार पर जिन राज्यों में राज्य-शक्ति एक केन्द्रीय स्थान पर केन्द्रित होती है, उन्हें एकात्मक तथा जिन राज्यों में राज्य-शक्ति राज्य की इकाइयों में वितरित होती है, उन्हें संघात्मक राज्य कहा जाता है। इस आधार पर भी राज्यों का वर्गीकरण संतोषप्रद नहीं रह गया है। अधिकांश राज्य ऐसे हैं जहां शक्तियों के केन्द्रीयकरण तथा इकाइयों के बीच वितरण का कोई सुनिश्चित प्रतिमान नहीं है। उदाहरण के लिए, भारत का राज्य उस आधार पर संघात्मक है या एकात्मक, इसको लेकर विद्वान एकमत नहीं हैं। के० सी० व्हीयर ने तो इसे न संघात्मक माना है और न ही एकात्मक वरन इसे 'अर्द्ध-संघात्मक' का नाम दिया है। इस आधार पर वर्गीकरण, उन राज्यों के सम्बन्ध में और भी कठिन हो जाता है जिनमें संवैधानिक व्यवस्था से व्यावहारिक व्यवस्था बहुत भिन्न होती है। रूस का संविधान सैद्धान्तिक दृष्टि से संघात्मक की श्रेणी में तथा व्यवहार में एकात्मक प्रवर्ग में रखा जाता है। अतः शक्तियों के केन्द्रीयकरण या वितरण का आधार भी सरकारों के वर्गीकरण का सुस्पष्ट आधार नहीं रह गया है।

(घ) प्रभुत्व शक्ति का प्रयोग करने वालों की संख्या का आधार (Basis of the number of peopl exercising sovereign power)—अरस्तू ने सरकारों का वर्गीकरण प्रभुत्व-शक्ति का प्रयोग करने वालों की संख्या के आधार पर ही किया था तथा यह आधार आज भी बहुत कुछ प्रचलन में पाया जाता है। इस आधार पर जिन राज्यों में राज्य-शक्ति किसी एक व्यक्ति में निहित होती है उन्हें एकतन्त्र कहते हैं। जिन राज्यों में प्रभुत्व-शक्ति किसी एक श्रेणी के हाथ में होती है उन्हें श्रेणीतन्त्र कहते हैं तथा जिन राज्यों में प्रभुत्व-शक्ति जनता या जनता की बहुसंख्या में निहित होती है उन्हें लोकतन्त्र कहते हैं। यह आधार लीकॉक द्वारा भी प्रयुक्त किया गया है, परन्तु केवल इस आधार पर किया गया वर्गीकरण पर्याप्त नहीं कहा जा सकता, क्योंकि यह सरकारों के अन्तरों व समानताओं को एक सीमा तक ही समझा सकता है। लीकॉक ने स्वयं इस आधार के अलावा वर्गीकरण के चार अन्य आधारों का उपयोग किया है। अतः सरकारों के वर्गीकरण के इस आधार की भी सीमित उपयोगिता ही है।

(च) विचारधारा का आधार (Basis of ideology)—आधुनिक युग विभिन्न विचारधाराओं का युग बन गया है। कई विचारक इस आधार पर भी राजनीतिक व्यवस्थाओं का वर्गीकरण करने लगे हैं। एक प्रकार की विचारधारा वाले राज्यों को एक वर्ग में तथा दूसरी विचारधारा वाले राज्यों को दूसरे वर्ग में माना जाता है। पूंजीवादी या उदारवादी, साम्यवादी तथा समाजवादी व्यवस्थाएं इसी आधार पर अलग-अलग की जाती हैं। वर्गीकरण के इस आधार पर कई आपत्तियां उठाई जाने लगी हैं।

साम्यवादी विचारधारा में भी रूस, चीन तथा पूर्वी यूरोप के राज्य एक श्रेणी में नहीं रखे जा सकते। अतः वर्गीकरण का वैचारिक आधार कम ही प्रयुक्त हुआ है।

(छ) राजनीतिक व्यवस्थाओं का आधार (Basis of political systems)—एलेन बाल[2] की मान्यता है कि वर्गीकरण की अनेक समस्याओं का समाधान सरकारों के प्रकार पर ध्यान केन्द्रित करने की अपेक्षा राजनीतिक पद्धतियों के प्रकारों को वर्गीकृत करने से हो जाता है। राजनीतिक व्यवस्था में केवल औपचारिक राजनीतिक संस्थाओं का ही समावेश नहीं है बल्कि उसमें समाज की हर प्रकार की राजनीतिक गतिविधि समाहित है। राजनीतिक व्यवस्था के भीतर यह अर्थ भी निहित है कि व्यवस्था के विभिन्न अंग एक दूसरे पर निर्भर रहते हैं और इसलिए किसी एक अंग में परिवर्तनों से उसके दूसरे अंगों पर भी प्रभाव पड़ता है। इसका अर्थ है कि वर्गीकरण का आधार स्थिर नहीं गत्यात्मक होना चाहिए। इसलिए एलेन बाल ने वर्गीकरण के लिए राजनीतिक पद्धतियों का आधार सुझाया है। एक प्रकार के लक्षणों वाली राजनीतिक पद्धति को उससे भिन्न प्रकार के लक्षणों वाली पद्धति से भिन्न करना न केवल सरल होता है वरन इससे राजनीतिक व्यवस्थाओं और राजनीतिक प्रक्रियाओं की गत्यात्मक शक्तियों को समझने में भी सहायता मिलती है। इस आधार पर एलेन बाल ने तीन प्रकार की राजनीतिक पद्धतियां बताई हैं—उदारवादी प्रजातन्त्रीय, सर्वाधिकारी और स्वेच्छाचारी पद्धतियों को उसने लक्षणों की दृष्टि से अलग-अलग करके, इन पद्धतियों की शासन व्यवस्थाओं व संस्थात्मक संरचनाओं को समझने का प्रयास किया है। वर्गीकरण का यह आधार बहुत कुछ संतोषजनक कहा जा सकता है। इस आधार पर वर्गीकरण को सुनिश्चित बनाना तो सम्भव नहीं है परन्तु इससे राजनीतिक व्यवस्थाओं की प्रकृति के बारे में विस्तृत ज्ञान प्राप्त करने में सहायता मिल जाती है। आधुनिक समय में इस आधार पर अनेक वर्गीकरण किये गये हैं।

(ज) संरचनात्मक-प्रकार्यात्मक प्रवर्गों का आधार (Basis of structural-functional categories)—व्यवहारवादी विचारक इस बात पर जोर देते हैं कि राजनीतिक व्यवस्थाओं व पद्धतियों के आधार पर ही राजनीतिक प्रणालियों का वर्गीकरण किया जाना चाहिए। उनके अनुसार वास्तविक राजनीतिक व्यवहार के द्वारा ही सरकारों की प्रकृति का सही चित्र मिलता है इसलिए औपचारिक, कानूनी या संवैधानिक आधारों पर किये गये वर्गीकरण विशेष उपयोगिता नहीं रख सकते हैं। उनके अनुसार राजनीतिक व्यवस्थाओं के वर्गीकरण का आधार संरचनात्मक-प्रकार्यात्मक प्रवर्ग ही हो सकते हैं। इन प्रवर्गों के आधार पर किए गये वर्गीकरणों के द्वारा वर्तमान की जटिल व गत्यात्मक शासन प्रणालियों को समझना सरल हो जाता है। अतः वर्गीकरण का संरचनात्मक-प्रकार्यात्मक प्रवर्गों का आधार अधिक मान्य तथा उपयोगी कहा जा सकता है। आधुनिक व्यवहारवादी चिंतकों ने वर्गीकरण का यही आधार कुछ हेर-फेर के साथ अपनाया है। यहां यह कहना तो कठिन है कि सरकारों के वर्गीकरण का यह आधार श्रेष्ठतम है पर इतना

[2]Alan R. Ball, *Modern Politics and Government,* London, Macmillan, 1971, p. 46.

अवश्य है कि इस आधार पर किए गए वर्गीकरण अधिक उपयोगी तथा राजनीतिक व्यवस्थाओं की वास्तविक गत्यात्मक शक्तियों को समझाने में अधिक सहायक होते हैं।

सरकारों के वर्गीकरण के कुछ आधारों का ऊपर विवेचन किया गया है। इस वर्णन से यह स्पष्ट है कि वर्गीकरण के आधारों की न सुनिश्चित सूची बनाना सम्भव है और न ही एक आधार के द्वारा आधुनिक समय में प्रचलित सभी शासन प्रणालियों का वर्गीकरण करना सम्भव है। यही कारण है कि वर्तमान समय में वर्गीकरण की अनेकों योजनाएं सामने आई हैं और उनके परिष्करण के प्रयास जारी हैं। वैसे आधुनिक सामाजिक सिद्धान्तों में तेजी से विकास तथा सामाजिक विज्ञानों में अध्ययन सामग्री का अप्रत्याशित विस्तार, वर्गीकरण के प्रयत्नों को नई चुनौतियां व नई दिशाएं दे रहा है, फिर भी वर्गीकरण की नई योजनाएं अपने आप में बहुत परिशुद्ध हों ऐसा कहना कठिन है। कोई भी वर्गीकरण या वर्गीकरण का आधार अन्तिम रूप से ठीक नहीं कहा जा सकता। वर्गीकरण की एक योजना, एक उद्देश्य पूर्ति के लिए श्रेष्ठ होने पर भी दूसरे उद्देश्य की पूर्ति में निरर्थक हो सकती है। अतः सरकारों के वर्गीकरण के किसी एक आधार की खोज करना न आवश्यक है और शायद न ही सम्भव है। अतः हम वर्गीकरण की योजनाओं के उन लक्षणों का विवेचन करेंगे जिनसे कोई वर्गीकरण अच्छा, उपयोगी तथा ठीक माना जाता है। इससे विभिन्न वर्गीकरणों का मूल्यांकन करना सम्भव हो सकेगा।

अच्छे वर्गीकरण के लक्षण
(CHARACTERISTICS OF A GOOD CLASSIFICATORY SCHEME)

सरकारों के वर्गीकरण के उद्देश्यों, उपयोगिता तथा आधारों के विवेचन से यह स्पष्ट हो जाता है कि वर्गीकरण करने का न केवल एक उद्देश्य होता है और न ही एक आधार हो सकता है। इससे यह भी स्पष्ट होता है कि हर युग में हर राजनीतिशास्त्री ने किसी उद्देश्य विशेष या कुछ उद्देश्यों की पूर्ति के लिए सरकारों के वर्गीकरण का प्रयास किया है। इसलिए राजनीति-शास्त्र में वर्गीकरण योजनाओं की भरमार है। वर्गीकरण की अनेकता से यह प्रश्न उठता है कि इनमें से कौन-सा वर्गीकरण ठीक है? एक अच्छे वर्गीकरण की क्या पहचान या लक्षण हैं? कौन-सी वर्गीकरण योजना अन्य योजनाओं से श्रेष्ठतर तथा अधिक उपयोगी है? इन प्रश्नों का कोई सुनिश्चित उत्तर देना सम्भव नहीं है। पर इतना जरूर है कि किसी वर्गीकरण योजना की उपयोगिता को आंकने के सामान्य मानदण्ड बनाए जा सकते हैं। इसी तरह, अच्छे वर्गीकरण के लक्षणों व विशेषताओं का भी निश्चय करना कठिन नहीं है, क्योंकि हर वर्गीकरण योजना का आधार, लक्ष्य व उपयोगिता रहती है। एक अच्छे वर्गीकरण में निम्नलिखित विशेषताएं होनी चाहिए—

(1) वैज्ञानिक व सुनिश्चित आधार,
(2) व्यापकता (comprehensiveness),
(3) सुस्पष्ट उद्देश्य या लक्ष्य,

(4) यथार्थवादिता (realism),
(5) गत्यात्मकता व स्थायित्व (dynamism and stability),
(6) वर्गीकरण के आधारों की परिमाणात्मकता (quantifiability),
(7) सरलता (simplicity)।

जब तक किसी वर्गीकरण का वैज्ञानिक व सुनिश्चित आधार नहीं होगा तब तक व्यवस्थित ढंग से वर्गीकरण करना सम्भव नहीं है। आधार ऐसा होना चाहिए जिसकी परिभाषा की जा सके तथा जिसको मान्यता प्राप्त हो। परिभाषा द्वारा आधार को सुनिश्चित बनाने में सहायता मिलती है। इसी तरह वर्गीकरण ऐसा होना चाहिए जो अतीत तथा वर्तमान की सभी सरकारों के वर्गीकरण में सहायक हो। इसलिए अच्छे वर्गीकरण की यह विशेषता मानी जाती है कि वह व्यापक हो और सभी व्यवस्थाओं का उसके द्वारा वर्गीकरण सम्भव हो। वैसे तो हर वर्गीकरण के पीछे निश्चित उद्देश्य होता ही है पर अच्छे वर्गीकरण की विशेषता पूर्व निर्धारित लक्ष्य की विद्यमानता है। इससे वर्गीकरण को एक दिशा मिलती है तथा उसका उपयोग करने में सरलता आती है। हर वर्गीकरण के लिए यह आवश्यक है कि वह यथार्थ का चित्रण करने की क्षमता से मुक्त हो। उदाहरण के लिए, संविधानों के आधार पर किया गया वर्गीकरण वास्तविकताओं से कोसों दूर रह जाता है, क्योंकि संविधान की व्यवस्थाएं अनेक आधुनिक राज्यों में केवल कागज पर रह जाती है। व्यवहार में वास्तविकता कुछ और ही हो सकती है। अतः अच्छे वर्गीकरण की पहचान इस बात में निहित है कि वह वास्तविक राजनीति का चित्रण कर सके।

अच्छे वर्गीकरण के लिए यह भी आवश्यक है कि वह जड़, निश्चल या गतिहीन न हो। राजनीतिक व्यवस्थाओं में होने वाले परिवर्तनों के प्रति उदासीन वर्गीकरण कुछ ही समय में पुराना व बेमेल हो जाता है। उसकी कोई उपयोगिता नहीं रह जाती है। वैसे तो वर्गीकरण की कोई भी योजना चिरकाल तक उपयोगी नहीं रह सकती, फिर भी अच्छे वर्गीकरण के लिए उसमें गत्यात्मकता का होना जरूरी है। यहां गत्यात्मकता का यही अर्थ है कि राजनीतिक व्यवस्थाओं में होने वाले छोटे-मोटे परिवर्तनों के बावजूद वर्गीकरण की योजना उन पर प्रभावी ढंग से लागू रहे। राजनीतियों में होने वाला हर परिवर्तन वर्गीकरण योजना को निरर्थक न बना सके यही वर्गीकरण की गत्यात्मकता का सबूत है। वर्गीकरण की गत्यात्मकता के साथ ही साथ उसमें स्थायित्व भी होना चाहिए जिससे वह लम्बी अवधि तक उपयोगी रहे। अरस्तू द्वारा किया गया वर्गीकरण अनेक आलोचनाओं के बावजूद इस आधार पर प्रशंसनीय है कि उसमें गत्यात्मकता व स्थायित्व के दोनों ही लक्षण पाए जाते हैं। आज भी राज्यों के अच्छे व बुरेपन का आधार बहुत कुछ वही है जो अरस्तू ने बताया था।

सरकारों के वर्गीकरण के आधारों का सुनिश्चित होना ही पर्याप्त नहीं है। इन आधारों का माप या परिमाणन हो सके यह भी जरूरी है। उदाहरण के लिए, कार्यपालिका व व्यवस्थापिका के पारस्परिक सम्बन्धों के आधार पर सरकारों का संसदीय व अध्यक्षात्मक प्रणालियों में वर्गीकरण उस समय निरर्थक हो जाएगा जब हम इन सम्बन्धों का सुनिश्चित

परिमाणन नहीं कर सकेंगे। वर्गीकरण के आधार के परिमाणन के अभाव में ब्रिटेन, भारत, नेपाल, पाकिस्तान, श्रीलंका, कनाडा, आस्ट्रेलिया तथा जापान व रूस इत्यादि सभी देशों की व्यवस्थाएं संसदीय प्रणाली के प्रवर्ग में रखी जाएंगी जो इन सब प्रणालियों को एक समान बनाना होगा। अतः वर्गीकरण के आधार की परिमाणात्मकता, वर्गीकरण को अधिक स्पष्ट व उपयोगी बनाने के लिए आवश्यक है। कुछ विद्वान यह मानते हैं कि सरकारों का वर्गीकरण सरल होना चाहिए। पर अनेक विद्वान सरलता लाने के लिए यथार्थता या गत्यात्मकता का बलिदान करने के पक्ष में नहीं हैं, क्योंकि सरलता की कीमत सामान्यतया वर्गीकरण की यथार्थता व गत्यात्मकता मानी जाती है। इस कारण अधिकतर विद्वान अच्छे वर्गीकरण का व सरलता का सह-अस्तित्व स्वीकार नहीं करते हैं। एलेन बाल ने इस सम्बन्ध में लिखा है कि "अच्छे वर्गीकरण की पहचान उसकी सरलता है पर केवल इस उद्देश्य की पूर्ति करने वाला कोई भी वर्गीकरण एकांगी होगा तथा फलस्वरूप उसके निष्कर्ष अस्थायी होंगे।"[3]

इन विशेषताओं से यह अर्थ नहीं लेना है कि इन सबके होने से कोई वर्गीकरण अच्छा व उपयोगी बन जाएगा। वर्गीकरण का अच्छा होना इस बात पर अधिक निर्भर करता है कि वर्गीकरण के पीछे मुख्य उद्देश्य क्या हैं? सीमित उद्देश्यों वाले वर्गीकरण सामान्यतया सरल हो सकते हैं। परन्तु राजनीति की पेचीदगियों का स्पष्टीकरण प्रदान करने के लिए किये गये वर्गीकरण न केवल अनेक आधारों पर आधारित होंगे वरन उनके आधार भी बहुत अधिक तकनीकी व परिशुद्ध होंगे। अतः वर्गीकरण का अच्छा या बुरा होना केवल इन लक्षणों के द्वारा ही निर्धारित व निश्चित नहीं होता है। यह अन्य बातों पर भी आश्रित रहता है। इसलिए अच्छा यही होगा कि हम अच्छे वर्गीकरण के स्थान पर केवल व्यावहारिक व उपयोगी वर्गीकरण की बात मुख्य रूप से ध्यान में रखें।

सरकारों के वर्गीकरण की कठिनाइयां व समस्याएं
(DIFFICULTIES AND PROBLEMS IN CLASSIFICATION OF GOVERNMENT)

जब हम सरकार का वर्गीकरण करने लगते हैं तब कई कठिनाइयां पैदा हो जाती हैं। प्रथम कठिनाई संस्थाओं के एक से नामों से सम्बन्धित है। वास्तव में समान नाम वाली राजनीतिक संस्थाएं विभिन्न राज्यों की राजनीतिक प्रक्रियाओं में एक से कार्य नहीं करती हैं। जापान का सम्राट पश्चिम जर्मनी के राष्ट्रपति के समान राजनीतिक कार्य करता है और उसका वैसा ही राजनीतिक प्रभाव है। भारत या फ्रांस के राष्ट्रपति (पांचवां गणतन्त्र) की राजनीतिक सत्ता जापान तथा पश्चिम जर्मनी के राष्ट्रपति दोनों से अधिक है। इसी तरह संयुक्त राज्य अमरीका के राष्ट्रपति पद में भारत के प्रधान मन्त्री तथा भारत के राष्ट्रपति दोनों के राजनीतिक लक्षणों का समावेश है। ब्रिटेन और संयुक्त राज्य अमरीका में दो दलों वाली पद्धति है, लेकिन गहराई से अध्ययन करने पर मालूम

[3] *Ibid.*, p. 46.

होता है कि अमरीका के राजनीतिक दल अपनी संरचना तथा आचरण दोनों दृष्टियों से ब्रिटेन के दो दलों से बहुत भिन्न हैं। जेम्स मैकग्रगोर बर्न्स ने अपनी पुस्तक **दि डेडलॉक ऑफ डेमोक्रेसी : फोर पार्टी पोलिटिक्स इन अमरीका**' में यहां तक लिखा है कि "अमरीका के डेमोक्रेट तथा रिपब्लिकन राजनीतिक दल अपनी संरचना तथा आचरण दोनों दृष्टियों से बहुदलीय पद्धतियों के राजनीतिक दलों के समान ही संचालित होते हैं। प्रत्येक चार वर्षों में होने वाले राष्ट्रपति के चुनावों के तकाजों का ही यह आंशिक परिणाम है कि अमरीका में बाहरी तौर पर दो दलों वाली पद्धति दिखाई देती है। परन्तु वास्तव में अमरीकी दल पद्धति चार दलों वाली पद्धति ही है।"[4]

बर्मा तथा बंगला देश में (शेख मुजीब के समय) एकदलीय पद्धतियां हैं। रूस, पूर्वी यूरोप व चीन में भी एकदलीय पद्धतियां हैं, परन्तु इन राज्यों में राजनीतिक दल केवल एक-एक होने पर भी इनका वर्गीकरण एक राजनीतिक दल व्यवस्था के प्रवर्ग में करना उपयुक्त नहीं होगा। संसद—ब्रिटेन तथा भारत दोनों में ही दो-दो सदनों वाली हैं, फिर भी दोनों के महत्त्व, भूमिका व अधिकारों में बहुत असमानताएं होने के कारण दोनों के वर्गीकरण में व्यावहारिक कठिनाई नहीं होते हुए भी, वर्गीकरण करना आसान नहीं होगा। प्रधान मंत्री पद भारत, पाकिस्तान, श्रीलंका, ब्रिटेन, फ्रांस तथा सोवियत रूस में केवल नाम से ही एक समान है। अतः इन सब देशों में प्रधान मंत्री के पद के आधार पर किसी भी प्रकार का वर्गीकरण करना किसी भी प्रकार से उपयोगी नहीं हो सकता। इन उदाहरणों से स्पष्ट है कि समान नाम वाली राजनीतिक संस्थाओं के विभिन्न राज्यों की राजनीतिक प्रक्रियाओं में एक से कार्य नहीं करने के कारण इनका वर्गीकरण करना कठिन हो जाता है।

सरकारों के वर्गीकरण में दूसरी कठिनाई, सरकारों की सैद्धान्तिक व व्यावहारिक भूमिका में अन्तर है। किसी राज्य में सिद्धान्त व व्यवहार का अन्तर इतना अधिक होता है कि उस राज्य के वर्गीकरण के दोनों ही आधार-सैद्धान्तिक व व्यावहारिक, निरर्थक बन जाते हैं। साम्यवादी शासन पद्धतियों से संविधान की व्यवस्थाओं का व्यवहार में अनुपालन नहीं होता है। तीसरे विश्व के नवोदित राज्यों में भी सिद्धान्त व व्यवहार का अन्तर उत्तरोत्तर वृद्धि पर है। अतः वर्गीकरण में संवैधानिक तथा कानूनी आधार लेने पर व्यवहार की अनदेखी होती है और व्यवहार का आधार लेने पर वर्गीकरण किया ही नहीं जा सकता, क्योंकि अलग-अलग परिस्थितियों में ऐसे राज्यों का व्यवहार प्रतिमान भी बदलता रहता है। इस तरह ऐसी सरकारों का वर्गीकरण न संवैधानिक आधार पर किया जा सकता है और न ही व्यावहारिक आधार पर कर सकना सम्भव है। अतः सरकारों के संवैधानिक तथा वास्तविक रूप में अन्तर इनके वर्गीकरण में सबसे बड़ी अड़चन उत्पन्न करते हैं।

सरकारों के वर्गीकरण में एक कठिनाई वर्गीकरण करने के उद्देश्यों के कारण भी आ जाती है। कई विद्वान किसी शासन विशेष की प्रशंसा करने या उसकी भर्त्सना करने के

[4] *Ibid.*, p. 38.

लिए कभी-कभी वर्गीकरण का सहारा ले लेते हैं। कुछ शासनों पर प्रजातन्त्रीय या एक-तन्त्रीय होने का ठप्पा लगा दिया जाता है। यह ठप्पा राजनीतिक संस्थाओं का वर्णन करने, उन्हें श्रेणीबद्ध करने और उनका विश्लेषण करने के इरादे से नहीं लगाया जाता है। वास्तव में वर्गीकरण करने वाले विद्वानों के द्वारा यह किन्हीं शासनों के प्रति अनुराग या उनके प्रति विरोध होने के कारण किया जाता है। 1945 के बाद अमरीका तथा रूस में अनेक विद्वान पूर्वाग्रहों से इतने अधिक प्रवाहित रहने लगे कि कुछ वर्षों तक एक दूसरे के यहां की राजनीतिक व्यवस्थाओं को ही लोकतान्त्रिक मानते रहे। ऐसी अवस्था में किसी शासन को लोकतांत्रिकता का जामा पहना देना वर्गीकरण का प्रयास ही बेकार कर देता है। सरकारों के वर्गीकरण में यह समस्या बहुत कठिनाइयां उत्पन्न करती है। यहां जानबूझकर वर्गीकरण को दूषित बनाया जाता है। अतः इस कठिनाई से बचना मुश्किल हो जाता है।

राजनीतिक संस्थाओं के वर्गीकरण में चौथी कठिनाई यथार्थ व आदर्श के कारण उत्पन्न हो जाती है। विभिन्न राजनीतिक व्यवस्थाओं के प्रमुख लक्षणों का वर्णन करते समय 'जैसा है' और 'जैसा होना चाहिए' के प्रश्नों का न उठाना कठिन हो जाता है। अगर इन प्रश्नों को उठाया गया तो वर्गीकरण अत्यन्त कठिन हो जाएगा। परन्तु यह भी सही है कि इन प्रश्नों को उठाए बिना वर्गीकरण केवल 'जो है, जैसा है' तक सीमित रहकर विशेष महत्त्व का नहीं रह जाएगा। इस समस्या का भी कोई समाधान नहीं है। केवल वर्गीकरण का उद्देश्य ही इस सम्बन्ध में कुछ सहायक हो सकता है। सरकारों के वर्गीकरण में सबसे प्रमुख कठिनाई राजनीतिक संस्थाओं व प्रक्रियाओं की विचित्रता की है। अगर गहराई से देखा जाए तो हर देश की सरकार, संरचना, आचरण तथा भूमिका की दृष्टि से हर दूसरे देश की सरकार से विचित्र व अनुपम होती है। इनकी अनुपमता इन सबको एक-दूसरे से भिन्न व विशिष्ट बना देती है, जिनका वर्गीकरण करना अनुपयुक्त प्रतीत होता है, क्योंकि वर्गीकरण के लिए कुछ मोटी समानता, सामान्य वर्गीकरण आधार सम्भव बनाने के लिए आवश्यक होती है। सरकारों, संस्थाओं व राजनीतिक संरचनाओं का इन विचित्रताओं के कारण वर्गीकरण करना कठिन हो जाता है। इन अनुपमताओं के कारण हर सरकार अपने आप में एक प्रकार हो जाती है तथा उसको किसी दूसरी सरकार के समान मानकर एक प्रवर्ग में रखने का प्रयास उसकी विचित्रता की अनदेखी करके उसको जानबूझकर दूसरी सरकार के समान बनाना है।

वर्गीकरण करने में एक कठिनाई वर्गीकरण में वैज्ञानिक व सुनिश्चित आधारों का अभाव है। वर्गीकरण के आधार को ज्यों-ज्यों सुनिश्चित बनाने का प्रयास किया जाता है त्यों-त्यों वर्गीकरण के प्रवर्गों में वृद्धि होती जाती है, क्योंकि वर्गीकरण आधार को सुनिश्चित करना तभी सम्भव होता है जब वर्गीकरण के आधार को समष्टि-स्तर से व्यष्टि-स्तर पर लाया जाय। जैसे, कार्यपालिका के स्थान पर प्रधान मंत्री या राज्य व सरकार के स्थान पर कार्यपालिका, व्यवस्थापिका या न्यायपालिका के आधार पर वर्गीकरण किया जाए तो वर्गीकरण का आधार अधिक सुनिश्चित हो जाता है। इस तरह

सरकारों के वर्गीकरण में यह समस्या भी आती है। आधार की केवल सुनिश्चितता ही कठिनाई नहीं उत्पन्न करती है वरन परिमाणात्मकता भी पेचीदगियां ला देती है। राजनीतिक व्यवस्थाओं व संस्थाओं के सम्बन्ध में कोई ठोस मानदण्ड बनाकर भी उनका परिमाणन (measurement) नहीं किया जा सकता है। इसके कारण आधारों को मापना कठिन हो जाता है।

सरकारों व राजनीतिक संरचनाओं के वर्गीकरण से सम्बन्धित कठिनाइयों व समस्याओं के होते हुए भी उपयोगी वर्गीकरण किये जाते रहे हैं। वर्गीकरण का उद्देश्य राजनीतिक ज्ञान की अभिवृद्धि तथा विभिन्न सरकारों और राजनीतिक प्रक्रियाओं के बीच की समानताओं तथा अन्तरों को स्पष्ट करने का होता है। वर्गीकरण सामान्य अनुमानों पर आधारित होते हैं जिनसे सरकारों व संस्थाओं के बीच समानताओं तथा असमानताओं के होने के कारणों की व्याख्या करनी होती है। अतः वर्गीकरण योजनाओं में आने वाली कठिनाइयों के अस्तित्व का एहसास ही वर्गीकरण की प्रक्रिया में बड़े महत्त्व की बात है। इससे न केवल सावधानी रखना सम्भव है बल्कि वर्गीकरण को वैज्ञानिक आधार प्रदान करने में भी सतर्कता बरती जा सकती है। वैसे भी सरकारों के वर्गीकरण के द्वारा शासन के विभिन्न प्रकारों का मूल्यांकन व विवेचन ही किया जाता है। इस प्रकार के सामान्य उद्देश्य वाली वर्गीकरण योजनाओं में न विशेष कठिनाइयों का सामना करना होता है, और न ही वर्गीकृत सरकारों के विवेचन-मूल्यांकन में किसी प्रकार की अड़चन आती है। वर्गीकरण योजनाओं की अनेक कठिनाइयां, वर्गीकरण के उद्देश्य की सुस्पष्टता होने पर स्वतः ही हल हो जाती हैं। यही कारण है कि अधिकांश वर्गीकरण जिस उद्देश्य विशेष को ध्यान में रखकर किये जाते हैं वे उसकी प्राप्ति में सहायक होते हैं। इस विवेचन के बाद कुछ वर्गीकरण योजनाओं का अध्ययन करना, वर्गीकरण की उपयोगिता, उद्देश्यों व कठिनाइयों का व्यावहारिक ज्ञान प्राप्त करने के लिए आवश्यक है। अतः सरकारों के कुछ वर्गीकरण यहां दिये जा रहे हैं।

सरकार के प्रमुख परम्परागत वर्गीकरण
(LEADING TRADITIONAL CLASSIFICATIONS OF GOVERNMENT)

सरकारों के वर्गीकरण के प्रथम प्रयास प्लेटो तथा अरस्तू के ही थे। प्लेटो ने वर्गीकरण के दो आधार लिये थे। प्रथम आधार में उसने यह देखा था कि शासन सत्ता कितने व्यक्तियों के हाथ में रहती है तथा दूसरे आधार में शासन की विधि सम्मतता या विधि-विहीनता को देखा गया था। अगर शासन सत्ता एक व्यक्ति में निहित है और शासन विधिसम्मत है तो ऐसी शासन प्रणाली को उसने 'वैध राजतन्त्र' तथा शासन के विधि-विहीन होने पर उसे 'निरंकुशतन्त्र' का नाम दिया था। कुछ व्यक्तियों द्वारा शासन सत्ता का प्रयोग होने पर, विधि सम्मत शासन को 'कुलीनतन्त्र' तथा विधि-विहीन शासन को 'वर्गतन्त्र' कहा था। प्लेटो के अनुसार यदि शासन सत्ता अनेक व्यक्तियों के हाथ में है और कानून का अनुपालन होता है तो उसे 'संयत लोकतन्त्र' कहा जाएगा और यदि

कानून का अनुपालन नहीं होता है तो उसे 'स्वेच्छचारी लोकतन्त्र' कहा जाएगा। प्लेटो के वर्गीकरण को अरस्तू ने कुछ संशोधित करके अधिक व्यवस्थित व वैज्ञानिकरूप दिया था।

अरस्तू का राज्यों का वर्गीकरण (Aristotle's Classification of States)

अरस्तू ही सबसे पहला राजनीतिक विचारक था जिसने राज्यों का वैज्ञानिक तथा व्यापक वर्गीकरण प्रस्तुत किया था। उसने प्लेटो की तरह ही एक व्यक्ति, कुछ व्यक्तियों और अनेक व्यक्तियों द्वारा शासित होने वाले देशों के बीच के अन्तर को स्पष्ट किया। अरस्तू ने राज्यों के वर्गीकरण का आधार प्रभुत्व शक्ति का प्रयोग करने वालों की संख्या तक सीमित नहीं रखा। इसे और अधिक व्यापक व सुनिश्चित बनाने के लिए उसने शासन के उद्देश्य का आधार भी वर्गीकरण करने में प्रयुक्त किया। इस तरह अरस्तू ने राज्यों के वर्गीकरण में मोटे रूप से प्लेटो का अनुकरण ही किया, परन्तु राज्यों के पुर्नविभाजन में कानून के पालन करने और न करने के प्लेटो के द्वारा प्रयुक्त आधार के स्थान पर राज्य के लक्ष्य की दृष्टि से शासन के शुद्ध और दूषित रूपों को आधार बनाया। अरस्तू द्वारा किया गया वर्गीकरण इस प्रकार तालिका-बद्ध किया जा सकता है—

शासकों की संख्या का आधार	सम्पूर्ण जनता के हित में शासन (शुद्ध रूप)	शासक वर्ग के हित में शासन (अशुद्ध रूप)
एक व्यक्ति का शासन	राजतन्त्र (Monarchy)	निरंकुशतन्त्र (Tyrany)
कुछ व्यक्तियों का शासन (एक श्रेणी का शासन)	कुलीनतन्त्र (Aristocracy)	वर्गतन्त्र (Obigarchy)
अनेक व्यक्तियों का शासन (बहुसंख्या का शासन)	लोकतन्त्र (Polity)	भीड़तन्त्र (Democracy)

अरस्तू के अनुसार अगर शासन सत्ता एक व्यक्ति के हाथ में हो परन्तु यह एक व्यक्ति सार्वजनिक हित के लिए शासन करता हो तो ऐसे राज्य को 'एकतन्त्र' तथा यह एक व्यक्ति अगर सार्वजनिक हित में शासन न करके अपने हित में ही शासन करता है तो ऐसे राज्य को 'निरंकुशतन्त्र' कहा जाएगा। अरस्तू राजतन्त्र को शुद्ध तथा निरंकुशतन्त्र को राज्य का विकृत या दूषित रूप मानते थे। इसी तरह अगर शासन सत्ता कुछ व्यक्तियों अथवा एक श्रेणी के लोगों के हाथ में हो और वे लोग सार्वजनिक हित में शासन करते हों तो ऐसा राज्य 'श्रेणीतन्त्र' तथा वे लोग सार्वजनिक हित में शासन न करके अपने या अपने वर्ग विशेष के हित में ही शासन करते हों तो ऐसे शासन को 'वर्गतन्त्र' (गुटतन्त्र) कहा जाएगा। अरस्तू का कहना था कि किसी राज्य में अगर शासन शक्ति जनता अथवा जनता की बहुसंख्या में निहित हो और शासकगण सार्वजनिक-

हित के लिए शासन करते हों तो ऐसा राज्य 'लोकतन्त्र' कहलाएगा। परन्तु शासक-गणों द्वारा राज्य शक्ति का उपयोग सार्वजनिक हित के लिए न होकर केवल अपने हित के लिए किया जाए तो शासन 'भीड़तन्त्र' कहा जाएगा। अरस्तू की मान्यता थी कि भीड़तन्त्र शासन, जिसे आजकल हम लोकतन्त्र कहते हैं, शासन का दूषित रूप है, क्योंकि ऐसे शासन में बहुसंख्यक शासक निर्धन वर्ग के होते हैं जो धनिकों (कुछ) के हितों से विमुख होकर केवल निर्धनों के हितों की दृष्टि से शासन करते हैं।

अरस्तू ने राज्यों का वर्गीकरण करके परिवर्तन के चक्रीय या आवर्ती सिद्धान्त का प्रतिपादन किया है। उसका मत है कि राज्यों में संविधान का स्वरूप एक निश्चित क्रम से बदलता रहता है। राजतन्त्र विकृत होकर निरंकुशतन्त्र में परिणत हो जाता है। फिर इस अन्यायी शासन के विरुद्ध क्रांति होकर कुलीनतन्त्र की स्थापना होती है। यह क्रम कुलीनतन्त्र से वर्गतन्त्र, लोकतन्त्र व भीड़तन्त्र तक चलता रहता है। अरस्तू यह मानता है कि भीड़तन्त्र कुछ समय बाद इतना असहनीय हो जाता है कि पुनः कोई व्यक्ति अपनी शक्ति से कानून व व्यवस्था स्थापित करता है और इस तरह राजतन्त्र की फिर से स्थापना हो जाती है और शासन का नया चक्र इसी क्रम से चलने लगता है। शासन प्रणालियों के इस परिवर्तन चक्र को इस प्रकार चित्रित करके समझा जा सकता है।

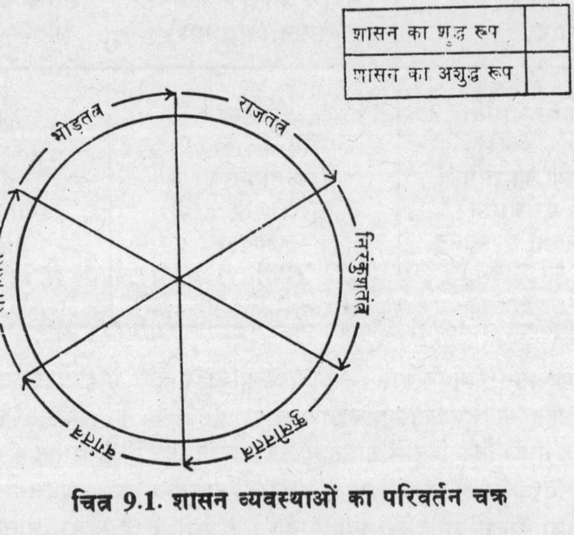

चित्र 9.1. शासन व्यवस्थाओं का परिवर्तन चक्र

अरस्तू के वर्गीकरण की कई आधारों पर आलोचना की गई है। कुछ मुख्य आलोच-नाओं का यहां उल्लेख किया जा रहा है—

(1) अरस्तू का वर्गीकरण किसी वैज्ञानिक आधार पर नहीं हुआ है। गार्नर ने इसी कमी का संकेत करते हुए लिखा है कि सरकारों के वर्गीकरण के रूप में यह असंगत है, क्योंकि यह ऐसे किसी सिद्धान्त पर आधारित नहीं है, जिसके अनुसार सरकारों में

परस्पर आधारभूत विशेषताओं तथा संगठन के रूप में सम्बन्धित भिन्नता स्थापित की जा सके।[5] वॉन मोहल ने भी इसी कमी की तरफ ध्यान दिलाते हुए लिखा है कि 'जिस सिद्धान्त पर यह आधारित है उसका स्वरूप राज्य के गठन से सम्बन्धित न होकर गणित से सम्बन्धित है तथा वह गुण-विषयक न होकर संख्या विषयक है।'[6] अरस्तू के वर्गीकरण के बारे में यह कहना तो ठीक है कि इससे सरकार के आन्तरिक संगठन पर प्रकाश नहीं पड़ता है, पर केवल इस कारण ही वर्गीकरण को बिना किसी वैज्ञानिक आधार का कहना उचित नहीं लगता है। अरस्तू ने वर्गीकरण में केवल शासन सत्ता का उपयोग करने वालों की संख्या का ही आधार लिया होता तो यह आलोचना ठीक मानी जा सकती थी। परन्तु उसने राज्य शक्ति के प्रयोग के प्रभाव का आधार लेकर अपने वर्गीकरण को अधिक व्यापक बनाया है। अतः यह आलोचना बहुत कुछ सैद्धान्तिक ही लगती है।

(2) आलोचकों का यह भी आरोप है कि यह वर्गीकरण आधुनिक राज्यों पर खरा नहीं उतरता है। उनका कहना है कि अरस्तू ने अपने समय के नगर राज्यों को ध्यान में रख कर ही यह वर्गीकरण किया जो आज के राष्ट्रीय व बहुराष्ट्रीय तथा विशाल राज्यों पर लागू नहीं होता। इस आधार पर अरस्तू के वर्गीकरण की आलोचना करना उचित नहीं लगता, क्योंकि अरस्तू ने जब अपना वर्गीकरण किया था उस समय से राज्यों के रूप इतने बदल गये हैं कि उस समय किया हुआ वर्गीकरण आजकल के राज्यों के प्रकारों के लिए उपयुक्त हो यह आवश्यक नहीं। वैसे यह बात तो हर वर्गीकरण पर जो उसके बाद के विद्वानों द्वारा किये गये हैं, लागू कही जा सकती है। अभी तक ऐसा वर्गीकरण तो शायद सम्भव नहीं हुआ है जो आने वाली हर राजनीतिक प्रणाली पर भी समान रूप से लागू रह सके। राजनीति-शास्त्र में वर्गीकरणों का बाहुल्य ही केवल इस कारण है कि राजनीतिक परिस्थितियां इतनी तेजी से बदलती हैं कि हर वर्गीकरण कुछ समय में पुराना पड़ जाता है। अतः यह आलोचना विशेष वजन नहीं रखती हुई कही जा सकती है।

(3) अरस्तू ने अपने वर्गीकरण में लोकतन्त्र को वास्तव में भीड़तन्त्र कहकर उसे शासन का दूषित रूप कहा है। आलोचकों को इस बारे में भी आपत्ति है। उनके अनुसार ऐसा शासन जो अधिकांश व्यक्तियों के हाथ में हो कम से कम अधिकांश का तो हित पूरा करता है। इस शासन को केवल इसलिए भीड़तन्त्र कह देना कि इससे कुछ लोगों के हितों की उपेक्षा हो जाती है, उचित नहीं माना जाता है। शासन का यह रूप भीड़तन्त्र नहीं कहा जाकर शासन का सर्वोत्तम रूप माना जाना चाहिए।

(4) कुछ लोग यह भी आरोप लगाते हैं कि अरस्तू ने राज्य व सरकार के बीच कोई अन्तर नहीं किया है। गार्नर का भी कहना है कि 'यह वर्गीकरण राज्यों का नहीं अपितु

[5] James Wilford Garner, *Political Science and Government*, Calcutta, World Press, 1951, p. 245.

[6] Von Mohl quoted by James Wilford Garner, *Ibid.*, p. 245.

सरकारों का वर्गीकरण है और इसलिए राज्यों के रूपों के विवेचन में उसका कोई उचित स्थान नहीं हो सकता है।'[7] यह आलोचना उस अवस्था में कोई महत्त्व नहीं रखती जब हमें यह देखने को मिले कि राज्यों के आधार पर तो कोई वर्गीकरण हो ही नहीं सकता है। राज्य को सरकार द्वारा ही मूर्त रूप मिलता है। इसलिए सरकार के स्वरूप के आधार पर राज्यों का वर्गीकरण करें तो वह वर्गीकरण व्यावहारिक दृष्टि से राज्यों का वर्गीकरण ही होगा। गेटेल ने इस सम्बन्ध में ठीक ही कहा है कि 'चूंकि राज्यों के अस्तित्व की अभिव्यक्ति केवल उनकी सरकारों द्वारा होती है और चूंकि अन्य किसी आधार पर उनकी भिन्नता नहीं समझी जा सकती। अतः सरकारों का वर्गीकरण सार-रूप में राज्यों का ही वर्गीकरण है।'[8] अरस्तू के द्वारा किये गये वर्गीकरण की आलोचनाओं का यह अर्थ नहीं है कि इस वर्गीकरण का कोई महत्त्व ही नहीं है। वास्तव में इस वर्गीकरण का ऐतिहासिक महत्त्व है। सुनिश्चित आधारों पर यह वर्गीकरण किया गया था। राजनीति-विज्ञान में यह सबसे पहला व्यवस्थित वर्गीकरण था। अरस्तू का वर्गीकरण एक तरह से मार्गदर्शक बन गया है। इसके बाद के विद्वान सरकारों के वर्गीकरण में अरस्तू के द्वारा दिखाये मार्ग से न तो पूर्णतः अलग हो सके हैं और न उसके प्रभाव से ही बच सके हैं। पोलिबियस, मैक्यावेली, बोदां, मोन्टेस्क्यू तथा आधुनिक विचारक मैरियट तक ने इस वर्गीकरण से प्रेरणा ली है। उपयोगिता की दृष्टि से भी अरस्तू के वर्गीकरण का विशेष महत्त्व है। डाक्टर इकबाल नारायण ने इस सम्बन्ध में लिखा है कि वस्तुतः उसका मूल्य इस बात में है कि वह इस तथ्य पर बल देता है कि राज्य शक्ति का उपयोग करने वाले व्यक्तियों की संख्या के आधार पर ही राज्यों में परस्पर भेद स्थापित नहीं किया जाना चाहिए अपितु स्वार्थपरता अथवा परार्थपरता की इस नैतिक भावना के आधार पर ही राज्यों में परस्पर भेद स्थापित किया जाना चाहिए जिससे शासन करते हों। अरस्तू द्वारा किया हुआ राज्यों का वर्गीकरण वस्तुतः एक शाश्वत सत्य प्रस्तुत करता है। इसमें सन्देह नहीं कि राज्यों के अब इतने भेद और प्रकार हो गये हैं कि वे सब अरस्तू के वर्गीकरण में समा नहीं सकते। फिर भी हमें यह स्वीकार करना पड़ेगा कि एकतन्त्र, श्रेणीतन्त्र और लोकतन्त्र राज्यों के ऐसे आधारभूत भेद हैं, जिनके अध्ययन की उपयोगिता कभी नष्ट नहीं हो सकेगी।[9]

अरस्तू की अवधारणाओं ने बाद के वर्गीकरण की योजनाओं को स्थायी रूप से प्रभावित किया है। पोलिबियस ने भी अरस्तू की भांति शासनतन्त्र के तीन विशुद्ध रूप राजतन्त्र, कुलीनतन्त्र व प्रजातन्त्र और फिर उनके तीन विकृत (perverted) रूप निरंकुशतन्त्र, वर्गतन्त्र व भीड़तन्त्र माने हैं। पोलिबियस के अनुसार राज्यों में शासन के ये भेद शुद्ध एवं विकृत रूप में सदा बने रहते हैं, अर्थात प्रत्येक शासन में अपनी उन्नति के साथ अवनति के बीज छिपे रहते हैं। वह भी अरस्तू की तरह, राजतन्त्र, निरंकुशतन्त्र, कुलीन-

[7]James Wilford Garner, *op. cit.*, p. 244.

[8]R. G. Gettell, *Political Science*, Boston, Ginn, 1933, p. 192.

[9]Iqbal Narain, *Rajneeti Shastra Ke Mool Sidhhant* (Hindi), Agra, Ratan Prakashan Mandir, 1974, pp. 302-3.

तन्त्र, वर्गतन्त्र, प्रजातन्त्र व भीड़तन्त्र का परिवर्तन चक्र स्वीकार करता है। उसने शासन में स्थिरता लाने और परिवर्तन चक्र को रोकने के लिए मिश्रित संविधान की स्थापना ही एक मात्र उपाय माना है। उसने बतलाया कि विभिन्न शासन प्रणालियों के उत्कृष्ट तत्त्वों का सम्मिश्रण किया जाए और उनके द्वारा शासन में ऐसे निरोध और सन्तुलन स्थापित किए जाएं जिनसे वे सभी तत्त्व दूर रह सकें जो शासन प्रणाली में विकृतियां उत्पन्न करके उसके स्वरूप को बदल देते हैं।

पोलिबियस के बाद, सिसेरो, मैकियावेली, बोदां (Bodin), हाब्स, लॉक, रूसो, मोन्टेस्क्यू, जे़लिनेक, वेट्ज (Waitz), वॉन मोहल तथा बलुंश्ली (Bluntschli) इत्यादि ने सरकारों के वर्गीकरण की योजना प्रस्तुत की है। इन सबके वर्गीकरण में थोड़ा बहुत हेर-फेर होने के अलावा मोटी समानताएं दिखाई देती हैं। अतः यहां केवल मोन्टेस्क्यू का वर्गीकरण ही दिया जा रहा है।

मोन्टेस्क्यू का वर्गीकरण (Montesquieu's Classification)

मोन्टेस्क्यू का वर्गीकरण अरस्तू के वर्गीकरण से बहुत प्रभावित रहा है। परन्तु उसने परम्परागत वर्गीकरण—राजतन्त्र, कुलीनतन्त्र और लोकतन्त्र से हटकर वर्गीकरण की एक नई योजना प्रस्तुत की है। उसने अपनी प्रसिद्ध पुस्तक **दि स्प्रिट ऑफ दि लाज** में कहा है कि 'सरकार के तीन प्रकार होते हैं—गणतन्त्रीय, राजतन्त्रीय तथा स्वेच्छाचारी (despotic)।'[10] मोन्टेस्क्यू का यह वर्गीकरण अरस्तू के वर्गीकरण से इस अर्थ में भिन्न है कि श्रेणीतन्त्र तथा प्रजातन्त्र उसकी सरकार के गणतन्त्रीय प्रकार के भाग हैं। मोन्टेस्क्यू के वर्गीकरण को चित्र 9.2 द्वारा समझा जा सकता है।

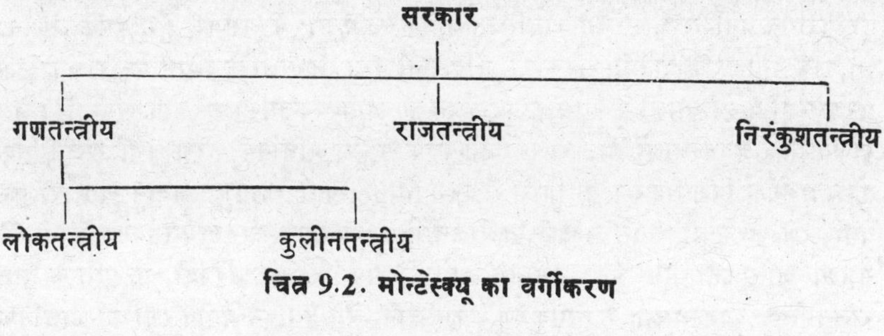

चित्र 9.2. मोन्टेस्क्यू का वर्गीकरण

मोन्टेस्क्यू का यह वर्गीकरण अरस्तू द्वारा प्रस्तावित वर्गीकरण के सांचे में ढला हुआ लगता है। अरस्तू की तरह ही मोन्टेस्क्यू ने भी सरकार का प्रकार निश्चित करते समय इस बात पर बल दिया कि शासन सत्ता कितने व्यक्तियों के हाथों में है। उसने माना है कि गणतन्त्रीय सरकार में सत्ता बहुत या कुछ व्यक्तियों के बीच वितरित होती है। अरस्तू की तरह उसने संख्या का आधार अन्य आधारों के साथ जोड़ा तो नहीं परन्तु यह अवश्य

[10]Montesquieu, *The Spirit of the Laws*, Book II, London, 1966, p. 6.

माना कि गणतन्त्र, राजतन्त्र तथा निरंकुशतन्त्र को क्रमशः 'प्रकाश, गोधूली एवं अन्धकार' के सदृश समझा जा सकता है। मोन्टेस्क्यू के अनुसार गणतन्त्र से राजतन्त्र की तरफ बढ़ना, श्रेष्ठता से निम्न तथा राजतन्त्र से निरंकुशतन्त्र की तरफ अग्रसर होना वास्तव में निम्नता से निकृष्टता की तरफ बढ़ना है। परन्तु मोन्टेस्क्यू अपने वर्गीकरण में अरस्तू से इस बात में बहुत आगे बढ़ गया कि 'हर सरकार के प्रकार तथा समाज के स्वरूप के बीच सम्बन्ध रहता है। मोन्टेस्क्यू के अनुसार शिक्षा, नैतिकता, देशभक्ति, आर्थिक समानता का स्तर, ये सब सरकार के प्रकार को प्रभावित करते हैं। इस प्रसंग में राज्य के भूभाग के विस्तार को उसने बहुत महत्त्वपूर्ण माना। इस आधार पर उसने बड़े साम्राज्य पर शासन करने वाले व्यक्ति को स्वेच्छाचारी, सामान्य भूभाग वाले शासन को राजतन्त्रीय तथा छोटे भूभाग वाले को गणतन्त्रीय माना है। मोन्टेस्क्यू ने किसी भी शासन को आदर्श नहीं माना है। वह गणतन्त्रीय शासन को व्यावहारिक नहीं मानता क्योंकि गणतन्त्र के लिए कम भूभाग की अनिवार्यता उसे आधुनिक विशाल राज्यों के लिए अनुपयुक्त बना देती है। वह निरंकुशतन्त्र का भी समर्थक नहीं था क्योंकि इस शासन में मोन्टेस्क्यू के अनुसार धन, वाणिज्य, उद्योग सभी कुछ खतरे में पड़े रहते हैं और प्रजा की स्थिति दास जैसी हो जाती है। वह राजतन्त्रीय व्यवस्था को आधुनिक राज्यों में सबसे ठीक मानता है। अतः मोन्टेस्क्यू के वर्गीकरण का लक्ष्य राजतन्त्र का समर्थन करना भी रहा, क्योंकि वह मानता है कि राजतन्त्र की जमी हुई जड़ें उसकी उपयोगिता की पुष्टि करती हैं। यही कारण है कि मोन्टेस्क्यू ने राजतन्त्र की अंधेरे से तुलना करके भी आधुनिक समय में केवल इसे ही व्यावहारिक माना।

परम्परागत वर्गीकरण आधुनिक समय में अधिकांश शासन व्यवस्थाओं पर लागू नहीं होते हैं। आजकल की शासन प्रणालियों में इतनी जटिलताएं व विचित्रताएं आ गई हैं कि परम्परागत वर्गीकरण, उनका व्यवस्थित वर्गीकरण करने में असमर्थ हैं। इसके अलावा भी, अब वर्गीकरण, राज्यों, सरकारों, संविधानों तथा संस्थाओं के स्थान पर राजनीतिक संरचनाओं व प्रक्रियाओं के आधार पर करने की आवश्यकता स्पष्ट होने लगी है। अब राजनीतिक व्यवस्थाओं का, राजनीतिक विकास या आधुनिकीकरण तथा राजनीतिक संरचनाओं के विशेषीकरण या विभिन्नीकरण (differentiation) के नवीन आधारों पर वर्गीकरण करके ही, उनसे सम्बन्धित राजनीतिक व्यवहार की गत्यात्मक शक्तियों को समझा जा सकता है। अतः नये-नये आधारों पर विशिष्ट उद्देश्यों की पूर्ति के लिए राजनीतिक व्यवस्थाओं के वर्गीकरण किए जाने लगे हैं। इन वर्गीकरणों को आधुनिक वर्गीकरण कहा गया है।

सरकारों के प्रमुख आधुनिक वर्गीकरण
(LEADING MODERN CLASSIFICATIONS OF GOVERNMENTS)

राजनीति-शास्त्र की अधिकांश पाठ्य-पुस्तकों में मैरियट, लीकॉक व सी० एफ० स्ट्रोंग के द्वारा दिए गए वर्गीकरणों को आधुनिक वर्गीकरण बताया गया है। वास्तव में इन

सभी के वर्गीकरणों में आधुनिकता केवल इतनी ही है कि यह वर्गीकरण आधुनिक समय में प्रस्तुत किए गए हैं। इन वर्गीकरणों में थोड़े हेर-फेर के साथ परम्परागत वर्गीकरणों का शास्त्रीय (चिरप्रतिष्ठित) सांचा ही अपनाया गया है। इन वर्गीकरणों में संवधानिक व कानूनी ढांचा महत्त्वपूर्ण व निर्णायक आधार के रूप में प्रयुक्त हुआ है। उदाहरण के लिए, मैरियट अपने वर्गीकरण में, राज्य-शक्ति के आश्रय, संविधान तथा कार्यपालिका के आपसी सम्बन्धों का त्रिसूत्री आधार लेता है। इसी प्रकार, लीकॉक निरंकुश शासन व्यवस्थाओं को एक ही श्रेणी में रखकर यह कह देते हैं कि "वर्गीकरण की समस्या वस्तुतः निरंकुश राज्यों के विषय में नहीं अपितु लोकतन्त्रीय राज्यों के विषय में है।" अतः इनके वर्गीकरण, परम्परागत वर्गीकरणों के समान ही परिवर्तित परिस्थितियों में उपयुक्त नहीं रहे हैं। इसलिए इन वर्गीकरणों को आधुनिक वर्गीकरण कहना तथ्यों की अनदेखी करना है।

वैसे आधुनिक समय में वर्गीकरण करने की विद्वानों में होड़ सी लग गई प्रतीत होती है। मेक्स वेबर, कोलमैन, डाहल, एडवर्ड शील्स, ऐप्टर, एस० ई० फाइनर, ईस्टन, एक्सटीन, एलेन बाल, पीटर मर्कल, ला पालोम्बारा (La Palombara), आमन्ड (Almond) डूवरजर तथा मैक्रीडिस तक ने सरकारों व राजनीतिक व्यवस्थाओं के वर्गीकरण की चर्चा की है। ऐसा लगता है कि दूसरे विश्वयुद्ध के बाद शासन व्यवस्थाओं के वर्गीकरण की बाढ़ सी आ गई है। नयें-नये प्रत्ययों व नवीन अवधारणाओं का सृजन तेजी से होने के कारण पिछली दो दशाब्दियों में वर्गीकरण की अनेक योजनाएं प्रस्तावित की गई हैं। इन सब वर्गीकरण योजनाओं का उल्लेख कर सकना न सम्भव है और न ही आवश्यक है। वैसे भी यहां यह समस्या उत्पन्न हो जाती है कि किस विद्वान का वर्गीकरण ठीक माना जाए तथा उसको ठीक मानने का क्या आधार लिया जाए ? इन प्रश्नों का यहां तर्कसम्मत उत्तर दे सकना सम्भव नहीं है। इसलिए यहां कुछ वर्गीकरण आधुनिक वर्गीकरण के प्रतिनिधि-वर्गीकरण के रूप में ही प्रस्तुत किए जा रहे हैं।

एलेन बाल का वर्गीकरण (Alan Ball's Classification)

आधुनिक विद्वानों की मान्यता है कि वर्गीकरण की कोई भी पद्धति परिपूर्ण नहीं हो सकती। अतः हमारा प्रयास ऐसे वर्गीकरण का ही हो सकता है जो हमें साधारणीकरण तथा सामान्यीकरण की ओर ले जाए ताकि कुछेक भ्रान्तियों के बावजूद समानताएं तथा अन्तर प्रकाश में आ सकें। कोई भी वर्गीकरण सर्वग्राही तथा निश्चित नहीं हो सकता। परन्तु इसको व्यापक बनाने के साथ ही साथ उपयोगी बनाने के, प्रयास करना तो सम्भव है। इसके लिए औपचारिक संस्थाओं के आधार से आगे बढ़ना आवश्यक है। औपचारिक संस्थाओं का विश्लेषण उपयोगी तो होता है लेकिन वह राजनीतिक शासनों के बीच के भेदों को बिलकुल सही और निर्भ्रान्त रूप से चित्रित नहीं करता है। इसी तरह वर्गीकरण का आधार राज्य में सत्ता के स्रोतों से सम्बद्ध करना भी विशेष उपयोगी नहीं हो सकता है। जर्मन समाजशास्त्री मेक्स वेबर ने आधुनिक राज्य में सत्ता के स्रोतों का त्रिसूत्री वर्गीकरण सुझाया और इस आधार पर

राजनीतिक व्यवस्थाओं को—परम्परागत सत्ता वाली, व्यक्तित्व के सम्मोहन की सत्ता वाली (charismatic) तथा राजनीतिक पद से सम्बन्धित कानूनी सत्ता वाली (rational-legal) श्रेणियों में विभक्त किया। इस वर्गीकरण में मैक्स वेबर अपनी प्राथमिकताओं अथवा अधिकारों को व्यक्त करने का प्रयास नहीं करते। यह राजनीतिक व्यवस्थाओं का मूल्यांकन नहीं बल्कि वर्णन मात्र रह गया है क्योंकि इससे राजनीतिक व्यवस्थाओं का, गत्यात्मक शक्तियों का स्पष्टीकरण नहीं हो पाता है। रॉबर्ट डाहल ने तो इसमें वैज्ञानिक वर्गीकरण की दृष्टि से भी कमियां गिनाई हैं। स्वयं उन्हीं के शब्दों में—"वैज्ञानिक वर्गीकरण की दृष्टि से भी वेबर की प्ररूप विद्या (typology) में कमी मालूम होती है क्योंकि यह उन कई भेदों को स्थान नहीं देती जिन्हें राजनीति-शास्त्र के अधिकांश अध्येता रुचिकर तथा महत्त्वपूर्ण मान सकते हैं।"[11] अतः वर्गीकरण की समस्याओं के प्रति अधिक उपयोगी प्रणाली यह होगी कि सरकारों के प्रकारों पर ध्यान केन्द्रित करने की अपेक्षा राजनीतिक पद्धतियों के प्रकारों को वर्गीकृत किया जाए। एलेन बाल का वर्गीकरण इसी तरह का प्रयास है।

एलेन बाल का कहना है कि राजनीतिक व्यवस्था या राजनीतिक पद्धति में केवल औपचारिक राजनीतिक संस्थाओं का ही समावेश नहीं है बल्कि उसमें समाज की हर प्रकार की राजनीतिक गतिविधि समाहित है। राजनीतिक व्यवस्था के भीतर यह अर्थ भी निहित है कि व्यवस्था के विभिन्न अंग एक दूसरे पर निर्भर रहते हैं और इसलिए किसी एक अंग में परिवर्तनों से उसके दूसरे अंगों पर भी प्रभाव पड़ेगा। अतः राजनीतिक व्यवस्था के आधार पर किया गया वर्गीकरण यथार्थवादी तथा गत्यात्मक होगा। एलेन बाल के वर्गीकरण को चित्र 9.3 द्वारा समझा जा सकता है।

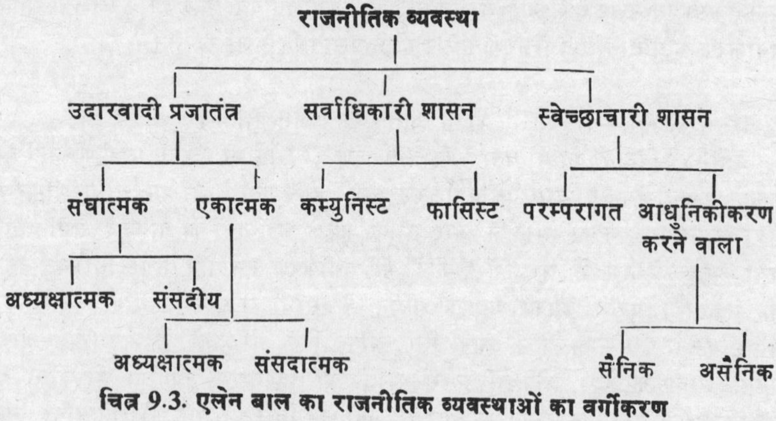

चित्र 9.3. एलेन बाल का राजनीतिक व्यवस्थाओं का वर्गीकरण

[11]Robert A. Dahl, *Modern Political Analysis*, New Jersey, Englewood Cliffs, 1964, p. 30.

एलेन बाल ने राजनीतिक व्यवस्थाएं तीन प्रकार की मानी हैं। प्रथम, उदारवादी लोकतांत्रिक व्यवस्थाएं हैं। इनमें सही अर्थों में प्रतियोगी राजनीति की सभी संरचनात्मक व्यवस्थाएं पायी जाती हैं। उदाहरण के लिए, एक से अधिक राजनीतिक दल होते हैं, व्यापक या वयस्क मताधिकार पर आधारित नियतकालिक चुनाव (periodic elections) होते हैं तथा शासन विधि के अनुसार संचालित होता है। उदारवादी लोकतन्त्रों में नागरिकों को अधिकार प्राप्त होते हैं और उनकी सुरक्षा व्यवस्था के लिए एक स्वतन्त्र न्यायपालिका रहती है। एलेन बाल ने उदारवादी लोकतन्त्र व्यवस्थाओं को राज्य शक्ति के एक स्थान पर केन्द्रण या अनेक स्थानों के बीच वितरण के आधार पर एकात्मक व संघात्मक में विभाजित किया है जो या तो अध्यक्षात्मक या संसदीय हो सकती है।

दूसरी प्रकार की राजनीतिक व्यवस्थाएं, सर्वाधिकारी शासन प्रणालियों की हैं। यह वह व्यवस्थाएं हैं जो एक सुस्पष्ट विचारधारा के प्रतीक एकाधिकारवादी दल के द्वारा संचालित होती हैं। व्यक्ति के जीवन के सभी पहलुओं से सर्वाधिकारी सरकार राजनीतिक रूप से सम्बन्धित होती है। न्यायपालिका और जन-सम्पर्क के माध्यमों पर सरकार का कठोर नियन्त्रण होता है तथा व्यक्ति का सम्पूर्ण जीवन दल के नेताओं द्वारा नियंत्रित व निर्देशित रहता है। एलेन बाल ने सर्वाधिकारी शासन व्यवस्थाओं को दो प्रकार का माना है। एक, साम्यवादी व्यवस्था तथा दूसरी फासिस्ट व्यवस्था है। साम्यवादी व्यवस्था में दल व विचारधारा को सर्वोपरिता प्राप्त रहती है जबकि फासिस्ट व्यवस्था में नेता की सर्वोपरिता मानी जाती है।

एलेन बाल ने राजनीतिक व्यवस्थाओं का तीसरा रूप स्वेच्छाचारी शासन पद्धतियों का माना है। इनमें शासन सत्ता एक व्यक्ति में निहित रहती है तथा कम्युनिज़्म या फासिज़्म जैसी प्रभावी राजनीतिक विचारधारा का अभाव होता है। राजनीतिक गतिविधियों से जनता को दूर रखा जाता है तथा सत्ताधारी बहुधा जोर-जबर्दस्ती तथा बल प्रयोग पर अधिक जोर देते हैं। स्वेच्छाचारी व्यवस्थाएं परम्परागत भी हो सकती हैं तथा आधुनिकीकरण करने वाली भी होती हैं। परम्परागत शासनों की श्रेणी में सउदी अरब, इथोपिया और नेपाल को रखा जा सकता है। आधुनिकीकरण वाली शासन व्यवस्थाएं सैनिक भी हो सकती हैं और असैनिक भी। सैनिक सरकारों वाले आधुनिकीकृत राज्य का उदाहरण नाइजीरिया और असैनिक सरकारों वाले आधुनिकीकृत राज्यों में अलजीरिया या मिश्र को शामिल कर सकते हैं।

एलेन बाल ने अपने द्वारा किए गए वर्गीकरण की अपूर्णता स्वयं स्वीकार की है। परन्तु उसका कहना है कि वर्गीकरण की कोई भी पद्धति परिपूर्ण नहीं हो सकती और एक अच्छे वर्गीकरण की कसौटी यही है कि क्या वह हमें साधारणीकरण तथा सामान्यीकरण की ओर ले जाता है ताकि कुछ एक भ्रांतियों के बावजूद समानताएं तथा अन्तर प्रकाश में आ सकें। वह सर्वग्राही तथा निश्चित नहीं हो सकता। इसके अलावा, जिन वर्गीकरणों की चर्चा यहां की गई है उनके भी खण्ड-उपखण्ड किए जा सकते हैं। इस प्रकार उदारवादी प्रजातन्त्र वर्तमान दल पद्धतियों के विभिन्न प्रकारों के अनुसार उपखण्डों में

विभाजित किये जा सकते हैं और यह सब करने के बाद भी जहां तक विभिन्न प्रजातन्त्रीय व्यवस्थाओं के सामान्य लक्षणों का प्रश्न है, वे वैसे ही बने रहेंगे।"[12] अतः वर्गीकरण में, एक सीमा के बाद राजनीतिक व्यवस्था के एक प्रकार का खण्डों व उपखण्डों में विभाजित करना निरर्थक ही कहा जा सकता है, क्योंकि राजनीतिक व्यवस्थाओं के वर्गीकरण के सीमित उद्देश्य ही होते हैं, तथा एलेन बाल का वर्गीकरण भी इसी दृष्टि से प्रस्तावित किया गया है। इस वर्गीकरण से राजनीतिक व्यवस्थाओं के विभिन्न रूपों में समानताएं स्पष्ट करने में सहायता मिलती है तथा यह हमें राजनीतिक व्यवस्थाओं के बारे में सामान्यीकरण (generalizations) करने की तरफ बहुत कुछ बढ़ाता हुआ कहा जा सकता है।

एस० ई० फाइनर का वर्गीकरण (S. E. Finer's Classification)

एस० ई० फाइनर ने सरकारों के तुलनात्मक अध्ययन के लक्ष्य से शासन व्यवस्थाओं के वर्गीकरण की योजना प्रस्तुत की है तथा वर्गीकरण के परम्परागत आधारों—शासकों की संख्या संविधान, राज्य शक्ति के केन्द्रण या वितरण व कार्यपालिका-व्यवस्थापिका सम्बन्ध, को अनुपयोगी मानते हुए, नये आधारों का उपयोग करके शासन व्यवस्थाओं का वर्गीकरण किया है। फाइनर की मान्यता है कि अगर 'शासन' करने का अर्थ नीति का श्रीगणेश करने, नीति के निर्णय करने व नीतियों को लागू करने से लिया जाए तो सभी शासन व्यवस्थाओं में यही दिखाई देगा कि 'कुछ' के द्वारा 'बहुतों' पर शासन किया जाता है। इसलिए शासन व्यवस्थाओं का वर्गीकरण परम्परागत आधारों के स्थान पर नये आधारों के आधार पर करना आवश्यक है। फाइनर ने वर्गीकरण के निम्नलिखित चार आधार बनाये हैं—

(1) सहभागिता-अपवर्जन या विलगन का आधार (participations-exclusion),
(2) अवपीड़न-अनुनयन का आधार (coercion-persuation)
(3) व्यवस्थात्मक-प्रतिनिधात्मक का आधार (order-representativeness)
(4) वर्तमान-भावी गन्तव्यों का आधार (present goals-future goals)

प्रथम आधार में, यह देखा जाता है कि शासन प्रक्रिया में जनता को कितना सम्मिलित किया गया है और कितना उसे इस प्रक्रिया से वंचित रखा गया है ? दूसरे आधार में, यह देखा जाता है कि जनता शासकों के आदेशों का पालन कितना स्वेच्छा से करती है और कितना भय के कारण करती है ? तीसरे व चौथे आधारों में यह पता लगाया जाना है कि राजनीतिक व्यवस्था जनता की वर्तमान आकांक्षाओं, मूल्यों व इच्छाओं का कहां तक प्रकाशन करती है, और भविष्य के मूल्यों व व्यवस्था को बनाए रखने के लिए शासक कहां तक उनकी उपेक्षा करते हैं ? इन आधारों का विस्तार से विवेचन करके ही इनके आधार पर किए गए वर्गीकरण को व्यवस्थित ढंग से समझा जा सकता है। अतः इनका विस्तार से विवेचन किया जा रहा है।

[12] Alan R. Ball, *op. cit.*, p. 50.

(क) **सहभागिता-विलगन का आधार** (Basis of participation-exclusion)—फाइनर की मान्यता है कि राजनीतिक व्यवस्था की प्रकृति चाहे कैसी भी हो, उसमें एक विशिष्ट वर्ग, अभिजनों (elites) का होता है, जो राजनीतिक प्रक्रिया में प्रमुख भूमिका अदा करता है, तथा जनसाधारण सामान्यतया राजनीतिक प्रक्रिया से सक्रियता का सम्बन्ध नहीं रखता है। इस प्रकार अभिजनों की भूमिका हर समाज में निरंकुशतन्त्रों से लेकर लोकतन्त्रों तक में जनता की भूमिका से अपेक्षाकृत अधिक होती है। यद्यपि जनतांत्रिक व्यवस्थाओं में जनता को प्रत्यक्ष या अप्रत्यक्ष रूप से शासन प्रक्रिया में कम या अधिक मात्रा में सम्मिलित करना ही होता है, फिर भी सभी जनतन्त्र एक से नहीं होते। इनमें भिन्नता का कारण जनता को शासन में सहभागिता (participation) की मात्रा है। इसलिए शासन व्यवस्थाओं का, शासन व्यवस्था में जनता की सहभागिता या उसके इससे विलगन के आधार पर वर्गीकरण किया जा सकता है। जनता की शासन प्रक्रिया में भूमिका, वर्गीकरण का एक श्रेष्ठ व वैज्ञानिक आधार कही जा सकती है, क्योंकि इस आधार पर शासन व्यवस्थाओं की प्रकृति का स्पष्टीकरण होता है। वर्गीकरण के लिए सुनिश्चित व माप-योग्य तथ्य (measurable data) उपलब्ध हो जाते हैं। जैसे किसी राजनीतिक व्यवस्था की लोकतांत्रिकता या निरंकुशता का ज्ञान इसी आधार पर किया जा सकता है कि शासन-क्रिया में कितने लोग सम्मिलित हैं या कितने इससे वंचित रखे गये हैं?

शासन व्यवस्थाओं में जनसाधारण औपचारिक व अनौपचारिक, प्रत्यक्ष व अप्रत्यक्ष ढंग, दोनों से ही सम्मिलित हो सकता है। फाइनर का कहना है कि यहां जनसाधारण की कितनी सहभागिता है यही देखना काफी नहीं वरन यह भी देखना आवश्यक है कि जनता किस मात्रा में स्वाभाविक ढंग से शासन में सम्मिलित रहती है और कितनी डर के कारण? अर्थात 'शासकों' व 'शासितों' का सम्बन्ध क्या है? एस० ई० फाइनर ने, शासक-शासित सम्बन्धों (ruler-ruled relationship) के आधार पर राजनीतिक व्यवस्थाओं को चार श्रेणियों में विभक्त किया है। प्रथम, प्रत्यक्ष लोकतन्त्र वाली व्यवस्थाएं हैं। इनमें जनता की लोकप्रिय सहभागिता (popular participation) रहती है। इसमें जनता को शासन प्रक्रिया में सम्मिलित होने के अनेक व प्रत्यक्ष अवसर प्राप्त रहते हैं। जैसा जनमत संग्रह व लोक निर्णय की व्यवस्था में होता है। दूसरा प्रकार, प्रतिनिधात्मक लोकतन्त्रों का है। इन व्यवस्थाओं में जनता का लोकप्रिय नियन्त्रण (popular control) रहता है, अर्थात शासन प्रक्रिया से सम्बन्धित अन्तिम निर्णय जनता में रहता है। यह अन्तिम निर्णय नियतकालिक चुनावों के माध्यम से व्यावहारिक रूप लेता है जब जनता शासकों व उनकी नीतियों को, उन्हें चुनकर या नहीं चुनकर स्वीकृत या अस्वीकृत करती है। शासन व्यवस्थाओं को सहभागिता-विलगन के आधार पर निर्देशित लोकतंत्र की तीसरी श्रेणी में विभक्त किया गया है। इस प्रकार के शासनों में जनता की लोकप्रिय मौन स्वीकृति (popular acquiescence) रहती है। इनमें जनता शासकों के निर्णयों को किसी परिस्थितिवश स्वीकार करती है जनता पर परिस्थितियों का इतना दबाव होता है कि सरकारी निर्णयों पर वह सहमत होने के अलावा और कोई विकल्प ही नहीं पाती है। इस आधार पर शासन व्यवस्थाओं की

अन्तिम श्रेणी निरंकुशतंत्रों की है। इनमें जनता का लोकप्रिय अर्पण या समर्पण (popular submission) रहता है। लोकप्रिय अर्पण में जनता को शासकों द्वारा जो कहा जाता है वह करना होता है। ऐसी व्यवस्थाओं में जनता को बने-बनाए निर्णय दिए जाते हैं। जिन्हें वह मानने के लिए मजबूर होती है। फाइनर का कहना है कि हर शासन व्यवस्था में जनता की शासन प्रक्रिया में सहभागिता ज्यों-ज्यों कम होती जाती है, त्यों-त्यों राजनीतिक व्यवस्था की प्रकृति में परिवर्तन आता जाता है। फाइनर ने पूर्ण सहभागिता की स्थिति को सर्वोत्तम व पूर्ण अपवर्जन की स्थिति को बुरा माना है। यहां हम शासन व्यवस्थाओं के अच्छे-बुरे के विवाद में नहीं पड़कर इतना ही कहेंगे कि उपरोक्त आधार पर राजनीतिक व्यवस्थाओं के वर्गीकरण की कई सम्भावनाएं व दृष्टिकोण प्रस्तुत होते हैं। इस प्रकार के वर्गीकरण में तथ्यों को आसानी से मापा जा सकता है जिससे सुनिश्चित परिणाम निकाले जा सकते हैं। फाइनर ने लिखा है कि केवल इसी एक आधार पर शासन व्यवस्थाओं व राजनीतिक प्रक्रियाओं का व्यवस्थित ढंग से वर्गीकरण कर राजनीतिक व्यवहार के बाद सामान्यीकरण की अवस्था तक पहुंचा जा सकता है। जनता की सहभागिता-विलगन व शासन व्यवस्था की प्रकृति का सम्बन्ध इस प्रकार चित्र 9.4 द्वारा समझा जा सकता है।

लोकतंत्र-निरंकुशतंत्र निरंतर

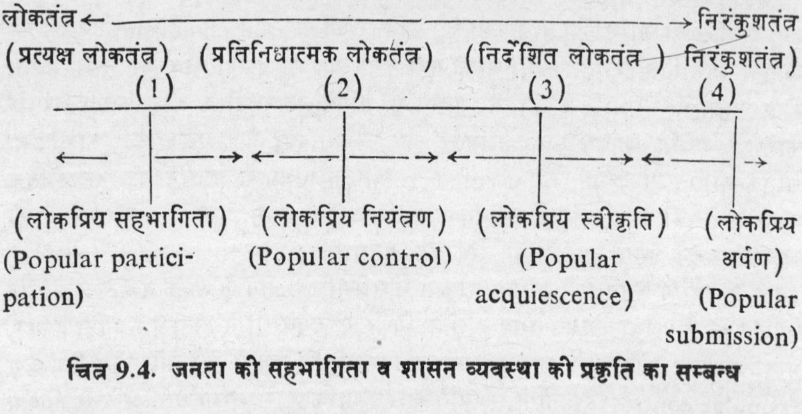

चित्र 9.4. जनता की सहभागिता व शासन व्यवस्था की प्रकृति का सम्बन्ध

(ख) **अवपीड़न-अनुनयन का आधार** (Basis of coercion-persuation)—शासन व्यवस्थाओं के वर्गीकरण का दूसरा आधार अवपीड़न व अनुनयन का है। वैसे तो हर राजनीतिक व्यवस्था में शासक अपनी प्रजा द्वारा आज्ञा पालन, अवपीड़न व अनुनयन के समिश्रित प्रयोग से कराते हैं। परन्तु इन दोनों की मिश्रण मात्रा एक राज्य से दूसरे राज्य में प्रचुर भिन्नता रखती है। एक राजनीतिक व्यवस्था में एक की प्रचुरता, उसे अन्य राजनीतिक व्यवस्था से, जिसमें दूसरे की प्रचुरता हो, अलग प्रकार का बना देती है। इस आधार में फाइनर ने यह बताने का प्रयास किया है कि राजनीतिक व्यवस्थाएं इस

आधार पर भी अलग-अलग की जा सकती हैं कि वहां शासक किस मात्रा में अपने आदेशों का पालन कराने के लिए दबाव डाल रहे हैं अर्थात शक्ति का प्रयोग कर रहे हैं और कितना आदेश पालन अनुनयन से हो रहा है। इसको दूसरे शब्दों में इस प्रकार व्यक्त किया जा सकता है कि शासक, शासन बने रहने का वैधीकरण (legitimization) किस प्रकार स्थापित करते हैं ? वे जनता को कितना अपने साथ ले चलने में समर्थ हैं ? अर्थात शासक जनता की आकांक्षाओं व मूल्यों की कितनी अभिव्यक्ति करते हैं ? शासकों का शासक के रूप में बने रहने का औचित्य, शक्ति अथवा जन-इच्छा है। वैसे तो कोई भी शासक केवल शक्ति या केवल जन-इच्छा पर वैधता प्राप्त नहीं कर सकता है फिर भी इन दोनों की मात्रा कितनी है इस आधार पर वैधता का परीक्षण कर, इस आधार पर शासन व्यवस्थाओं का वर्गीकरण किया जा सकता है।

इस आधार पर भी शासन व्यवस्थाओं को चार भागों में विभक्त किया जा सकता है। प्रथम प्रकार की व्यवस्थाएं वो हैं जिनमें मुख्यतया अवपीड़न के आधार पर शासन संचालन होता है। इन्हें निरंकुशतंत्र कहा जा सकता है। इनमें शासक करीब-करीब भौतिक शक्ति पर ही निर्भर रहते हैं और इस भौतिक शक्ति के आधार पर वैधता प्राप्त करना चाहते हैं। इन व्यवस्थाओं में जनता को भयभीत रखा जाता है। उसे इतना डरा-धमका दिया जाता है कि वह शासक के विरुद्ध उठने का प्रयत्न ही न कर सके। दूसरा वर्ग छल-योजना (manipulation) वाली व्यवस्थाओं का है। इसमें शासक डराने-धमकाने का तन्त्र प्रयोग में नहीं लाते हैं। यद्यपि यह तत्त्व (डराने-धमकाने) राजनीतिक व्यवस्था में विद्यमान रहते हैं लेकिन उनकी पूर्णतया सहायता नहीं ली जाती, अपितु शासक चतुरता के साथ ऐसा कुछ करता है जिससे शासकों के प्रति जनता में श्रद्धा व्याप्त रहे और वैधता प्राप्त हो जाए। ऐसी व्यवस्थाओं में शक्ति व दबाव का उपयोग कम और जनता की आस्थाओं व भावनाओं से प्रमुख रूप से खेला जाता है। जैसे धर्म में विश्वास रखने वाली जनता में शासक धर्म संरक्षक (protector of faith) या विचारधारा विशेष में आस्था रखने वाली जनता में शासक विचारधारा रक्षक (protector of ideology) के रूप में सामने आएगा।

इस आधार पर शासन व्यवस्थाओं का तीसरा प्रकार जकड़न (regimentation) या नियन्त्रित व्यवस्थाओं का है। ऐसे शासन में जनता की भावना को जकड़ा जाता है। यह जकड़न श्रृंखलाएं विचारधारा, अन्धविश्वासों या जातीय श्रेष्ठता की हो सकती हैं। इनका स्वरूप कुछ भी हो इनमें जनता का समर्थन एक-सी आस्था या विचारधारा की जकड़न भावना के आधार पर प्राप्त होता है। उदाहरण के लिए, हिटलर ने नाजी जर्मनी में जातीय श्रेष्ठता की दुहाई देकर जनता को आज्ञापालन के लिए तैयार किया था। रूस व चीन में साम्यवादी विचारधारा में आस्था, शासकों की शक्ति की वैधता का स्रोत रहती है।

चौथे प्रकार की शासन व्यवस्थाएं अनुनयन (persuation) वाली कहलाती हैं। इस व्यवस्था में शासक व जनता में व्यापक सहमति का आभास मिलता है। यहां शासक जनता के मूल्यों व मान्यताओं को पहचानने का प्रयत्न करता है और इन मूल्यों को व्याव-

हारिक बनाकर या व्यावहारिक बनाने का विश्वास दिलाकर वैधता प्राप्त करता है। ऐसी शासन व्यवस्थाओं में शासक व शासितों के बीच राजनीति के आधारभूत नियमों पर मतैक्य रहता है।

फाइनर का कहना है कि शासन के चार रूपों में जनता का मानसिक दृष्टिकोण क्रमशः डर (fear), श्रद्धा (deference), भावना (sentiments) व प्रज्ञान (cognition) या हित (interests), शासकों की वैधता का आधार होता है। यहां यह उल्लेख करना अनुपयुक्त नहीं होगा कि अगर अवपीड़न-अनुनयन आधार की सहभागिता-विलगन या अपवर्जन आधार से मिलाया जाय तो अवपीड़न अपवर्जन के तथा अनुनयन सहभागिता के समीप होंगे। अगर इसे राजनीतिक व्यवस्था की प्रकृति से जोड़ा जाए तो अवपीड़न-अपवर्जन, निरंकुश व्यवस्था का संकेतक व अनुनयन-सहभागिता, लोकतान्त्रिक व्यवस्था का प्रतीक पाया जाएगा। इसको निम्नांकित ढंग से चित्र 9.5 द्वारा चित्रित किया जा सकता है।

अवपीड़न-अनुनयन निरंतर

अवपीड़न ← ———————————— → अनुनयन

(लोकप्रिय अर्पण)	(लोकप्रिय मौन स्वीकृति)	(लोकप्रिय नियन्त्रण)	(लोकप्रिय सहभागिता)
1	2	3	4

निरंकुशतन्त्र ← ———————————— → लोकतन्त्र

1	2	3	4
अवपीड़न (Coercion)	छल-योजन (Manipulation)	जकड़न (Regimentation)	अनुनयन या सौदेबाजी (Persuation/ Bargaining)
भय (Fear)	श्रद्धा (Deference)	भावना (Sentiment)	प्रज्ञान या हित (Cognition/ Interests)

चित्र 9.5. अवपीड़न-अनुनयन तथा जनता की सहभागिता व शासन व्यवस्था की प्रकृति तथा इससे सम्बन्धित मानसिक दृष्टिकोणों की पारस्परिकता का चित्रण

फाइनर के अनुसार राजनीतिक व्यवस्थाओं के वर्गीकरण का अवपीड़न-अनुनयन का आधार न केवल शासन व्यवस्थाओं के वर्गीकरण में सहायक है वरन इस आधार पर शासन व्यवस्था की प्रकृति शासकों व शासितों के सम्बन्धों और शासकों की शक्ति की वैधता के स्रोत का सही-सही ज्ञान प्राप्त किया जा सकता है। वास्तव में वर्गीकरण का यह आधार राजनीतिक व्यवस्थाओं व राजनीतिक व्यवहारों की गहराइयों में झांकने का

उपकरण प्रदान करता है।

(ग) व्यवस्था प्रतिनिधात्मकता का आधार (Basis of order-representativeness)—व्यवस्था प्रतिनिधात्मकता के आधार पर भी राजनीतिक व्यवस्थाओं का वर्गीकरण किया जा सकता है, परन्तु वर्गीकरण का यह आधार उतना सरल नहीं है जितने पहले दो आधार हैं। वर्गीकरण के इस आधार में साधारणतया यह देखा जाता है कि राजनीतिक व्यवस्था में शासक प्रतिनिधि रूप रखते हैं या नहीं, अर्थात शासक जनता का सही अर्थों में प्रतिनिधित्व करते हैं या नहीं। यहां यह प्रश्न उठता है कि 'जनता का क्या अर्थ लिया जाए ? क्या जनता में केवल बहुमत को सम्मिलित माना जाए या सम्पूर्ण जनसाधारण से जनता का तात्पर्य लिया जाए ? हर समाज में अल्पसंख्यक (minorities) भी होते हैं। इन अल्पसंख्यकों व बहुसंख्यकों के आपसी सम्बन्ध भी उस समय जटिलताएं उत्पन्न करते हैं जब राजनीतिक व्यवस्था में अल्पसंख्यकों के विकास की कोई सम्भावनाएं व साधन नहीं रहते। इस प्रकार, वर्गीकरण के इस आधार में इस बात का, कि शासक सबका प्रतिनिधित्व सही अर्थों में करते हैं, ध्यान रखकर ही वर्गीकरण का प्रयास करना चाहिए अन्यथा वर्गीकरण सतही रह जाएंगे और उनसे शासन प्रक्रियाओं व राजनीतिक व्यवहार को समझने में सहायता नहीं मिलेगी। उदाहरण के लिए, एक शासन व्यवस्था में शासक 40 प्रतिशत मत प्राप्त करके ही सब पर शासन का वैधानिक अधिकार प्राप्त कर लेते हैं तो यह प्रतिनिधित्व का एक प्रकार हुआ और दूसरा 70 प्रतिशत मत वाला प्रकार हो सकता है तथा साम्यवादी व्यवस्था का 100 प्रतिशत मत वाला प्रकार भी होता है। तीनों में चुनावों के आधार पर शासक संगठित हुए हैं पर इनमें अन्तर प्रतिनिधात्मकता में फर्क ला देता है।

व्यवस्था को बनाए रखना या बनाए रखने की शासकों से अपेक्षा इसमें और पेचीदगी का समावेश करती है। प्रतिनिधात्मक प्रकृति वाले शासक अधिक वैधतायुक्त होने के कारण व्यवस्था (order) लोकतान्त्रिक सरकारों से निरंकुश व्यवस्थाओं में श्रेष्ठतर होती है फिर भी प्रतिनिधात्मकता प्राप्त करने के लिए राजनीतिक समाज कुछ न कुछ व्यवस्था का ही बलिदान करना श्रेष्ठतर समझते हैं। इससे स्पष्ट है कि वर्गीकरण करते समय राजनीतिक समाजों में शासकों की प्रतिनिधात्मकता व व्यवस्था की अपेक्षाओं का ध्यान रखना होता है। फाइनर ने प्रतिनिधात्मकता का माप मत प्रतिशत ही नहीं लेकर अल्पसंख्यकों द्वारा उपयोग की जाने वाली स्वायत्तता (autonomy) को भी लिया है। उसका मत है कि अगर किसी राजनीतिक समाज में अल्पसंख्यक समूहों की अवस्था के आधार पर वर्गीकरण किया जाए तो प्रतिनिधात्मक व्यवस्थाएं दो वर्गों में विभक्त की जा सकेंगी। प्रथम, उप-समूह स्वायत्तता (sub-group autonomy) वाली व्यवस्थाएं तथा दूसरी उप-समूह अधीनता (sub-group dependence) वाली व्यवस्थाएं। प्रथम प्रकार की राजनीतिक व्यवस्थाओं में समूहों को अपने विचार प्रकट करने, सरकार की आलोचना करने तथा कुछ सीमाओं में रहते हुए सरकारों को परेशान करने की स्वतन्त्रता रहती है। ऐसी व्यवस्थाओं में समूह कभी-कभी सरकारों की गतिविधियों में अड़चनें तक उत्पन्न करने की स्वतन्त्रता रखते हैं। उदाहरण के लिए, संयुक्त राज्य अमरीका व ब्रिटेन में

समूहों को ऐसी ही स्वायत्तता प्राप्त है। दूसरी प्रकार की व्यवस्थाओं में ऐसी स्वायत्तता समूहों को प्राप्त नहीं रहती। निरंकुशतन्त्रों में ऐसी ही अवस्था होती है। अतः व्यवस्था प्रतिनिधात्मकता के आधार पर सरकारों को दो श्रेणियों में वर्गीकृत किया जा सकता है : उप-समूह स्वायत्तता वाली तथा उप-समूह अधीनता वाली शासन व्यवस्थाएं।

(घ) **वर्तमान-भावी गणतन्त्रों का आधार** (Basis of present goals-future goals)—इस आधार पर राजनीतिक व्यवस्थाओं का वर्गीकरण करते समय किसी राजनीतिक व्यवस्था के न केवल वर्तमान मूल्यों व उनकी अभिव्यक्ति व पूर्ति के लक्ष्यों का वरन समाज की आकांक्षाओं पर आधारित अपेक्षित व भावी मूल्यों का भी ध्यान रखना होता है। कई राजनीतिक व्यवस्थाओं में इन दो प्रकार के मूल्यों—वर्तमान व अपेक्षित, में गतिरोध की अवस्थाएं दिखाई देती हैं। इसमें जटिलता उस समय और भी बढ़ जाती है जब राजनीतिक व्यवस्था में शासकों से यह अपेक्षा भी रखी जाती है कि वे मूल्यों में निरन्तरता व क्रमिकता बनाए रखने का प्रयास भी करें। इस आधार पर वर्गीकरण करते समय यह भी नहीं भूलना चाहिए कि सरकारों में विद्यमान विशिष्टताएं अत्यधिक जटिल होती हैं तथा कई विशेषताएं आपस में बेमेल भी होती हैं। सरकार की संरचना केवल स्पष्ट तथा अभिव्यक्त मूल्यों का ही प्रतिनिधित्व नहीं करती अपितु भावी मूल्यों की प्राप्ति की संस्थागत व्यवस्था भी हो सकती है। इसलिए मूल्यों व गन्तव्यों के आधार पर वर्गीकरण करना अधिक कठिन कार्य है। कारण मूल्य व गन्तव्य किसी राजनीतिक समाज में स्वाभा-

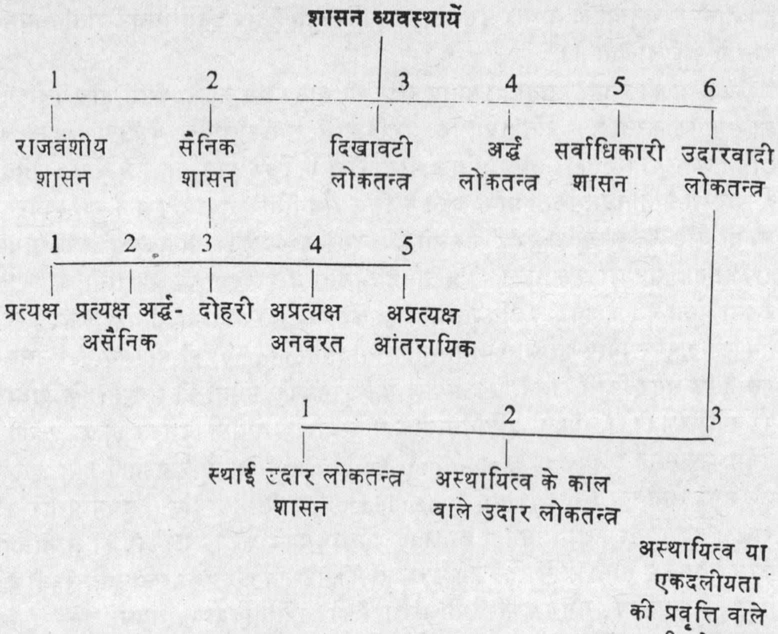

चित्र 9.6. फाइनर का वर्गीकरण

विक भी हो सकते हैं तथा यह आरोपित भी हो सकते हैं। जैसे भारत में 'समाजवाद' का गन्तव्य स्वाभाविक लगता है पर सोवियत रूस में 'साम्यवाद' द्वारा स्थापित गन्तव्यों में इतनी स्वाभाविकता परिलक्षित नहीं होती है। ब्रिटेन व अमरीका वर्तमान गन्तव्यों वाली व्यवस्थाएं होंगी तथा रूस भावी गन्तव्यों वाली व्यवस्था होगी। शासन व्यवस्था में वर्तमान गन्तव्यों का परिलक्षण उसे प्रतिनिधात्मक तथा भावी गन्तव्यों की अवस्था में उसे व्यवस्थात्मक या निरंकुशता वाली बना देगी। इन चारों आधारों को सम्मिलित करके फाइनर ने शासन व्यवस्थाओं को मोटे रूप से छः श्रेणियों में विभक्त किया है। उसका कहना है कि किसी एक आधार पर वर्गीकरण करना विशेष उपयोगी नहीं होता है। अतः वर्गीकरण के इन चारों आधारों को लेकर ही वर्गीकरण करना आवश्यक है। इन आधारों पर फाइनर द्वारा किया गया वर्गीकरण निम्नांकित ढंग से प्रकट किया जा सकता है।

(1) राजवंशीय शासन का फाइनर ने एक अलग ही प्रकार माना है। वर्गीकरण के आधारों के द्वारा शासन व्यवस्थाओं के वर्गीकरण पर केवल कुवेत (Kuwait) तथा सउदी अरब दो ही शासन इस श्रेणी में सम्मिलित किये जा सकते हैं। इनमें वंशागतता का नियम लागू होता है तथा जनता शासन प्रक्रिया से अलग ही रहती है।

(2) सैनिक शासनों में अवपीड़न व छल-साधनों की प्रधानता रहती है, शासक, श्रद्धा, या भावनाओं के आधार पर जनता पर शासन करता है। फाइनर के अनुसार 1969 में इस वर्ग में 42 शासन व्यवस्थाएं सम्मिलित की जा सकती थीं। अलजीरिया, बर्मा, इन्डोनेशिया, दक्षिणी वियतनाम, थाइलैण्ड, संयुक्त अरब गणराज्य, सूडान, सीरिया, नाइजीरिया, व पाकिस्तान सैनिक शासनों के उदाहरण हैं। फाइनर ने सैनिक शासनों को पांच प्रकार का बताया है—

(i) प्रथम प्रकार के सैनिक शासनों को 'प्रत्यक्ष सैनिक शासन' का नाम दिया गया है, क्योंकि इनमें सेना का प्रत्यक्ष शासन होता है। शासन सत्ता एक क्रान्तिकारी परिषद की सहायता से सैनिक अधिष्ठाता के द्वारा प्रत्यक्ष रूप से प्रयुक्त होती है। उदाहरण के लिए, अय्यूबखां ने पाकिस्तान में, जनरल ने विन ने बर्मा में ऐसे ही शासनों की स्थापना की थी।

(ii) दूसरा, प्रत्यक्ष अर्द्ध-असैनिक शासनों का वर्ग है। इनमें शासन सत्ता सैनिक अधिकारियों के हाथ में प्रत्यक्ष रूप से रहती है। परन्तु असैनिक समूहों व दलों को भी सीमित दायरे में सक्रिय रहने दिया जाता है। इन्डोनेशिया, पाकिस्तान, थाइलैण्ड इस प्रकार के शासन कहे जा सकते हैं। इन्डोनेशिया में साम्यवादी दल को छोड़कर अन्य दलों को सैनिक शासकों ने (सुहार्तो) सक्रिय रहने दिया है। इसी तरह पाकिस्तान में भी याहय्या खान ने अपने आपको राष्ट्रपति के रूप में प्रतिष्ठित करके, दलों व समूहों को बहुत कुछ कार्य करने की स्वतन्त्रता प्रदान कर दी थी।

(iii) तीसरे प्रकार के सैनिक शासन, दोहरे सैनिक शासन के नाम से जाने जाते हैं। इसमें सैनिक शासक की शक्ति के दो स्रोत सैनिक तथा असैनिक होते हैं। ऐसे शासनों में सर्वोच्च सत्ताधारी सैनिक ही होता है परन्तु उसकी सत्ता का एक स्रोत संस्थाकृत असैनिक

शक्तियां भी होती हैं। उदाहरण के लिए, पुर्तगाल, दक्षिणी कोरिया, स्पेन व तायवान (Taiwan) (फारमोसा) में सैनिक शासकों के समय, संस्थागत संरचनाएं असैनिक समर्थन के साधन के रूप में व्यवस्थित थीं।

(iv) अप्रत्यक्ष अनवरत सैनिक शासन उन शासनों को कहा जाता है जहां सैनिक शासक, निर्वाचित संस्थाओं द्वारा समर्थित रहने की व्यवस्था कर लेते हैं। ब्राज़ील में 1967-69 में ऐसा ही शासन था।

(v) अप्रत्यक्ष आंतरायिक सैनिक शासन व्यवस्थाओं में सैनिक शासक अप्रत्यक्ष रूप से ही शासक रहते हैं पर उनका शासन अनवरत रूप से नहीं चलता। प्रतिनिधि संस्थाएं बनी रहती हैं तथा सैनिक शासक बदलते रहते हैं। कभी असैनिक तो कभी सैनिक शासन का क्रम चलता रहता है। पनामा, इक्वेडोर (Ecuador), दहोमी (Dahomey) व निकारागुवा जैसे अनेक 'लेटिन अमेरिकन' शासन इस वर्ग में आते हैं।

ढोंगी या दिखावटी लोकतन्त्रों में, उदार लोकतन्त्रों के समान लोकतांत्रिक संस्थाएं, प्रक्रियाएं व सुरक्षा व्यवस्थाएं विधि के द्वारा स्थापित की जाती हैं परन्तु व्यवहार में शासक अपने आपको सत्ता में बनाये रखने के लिए इनकी उपेक्षा करके, इनके नियंत्रणों से उन्मुख हो जाता है। संसदें, न्यायपालिकाएं तथा मंत्रिमंडल प्रभावहीन रहते हैं। शासक सब बन्धनों से मुक्त रहता है पर दिखाने के लिए सभी लोकतांत्रिक संरचनाएं विद्यमान रहती हैं। नेपाल, अफगानिस्तान, ईरान, जोर्डन व कम्बोडिया में ऐसे शासन रहे हैं।

अर्द्ध-लोकतन्त्र शासन व्यवस्थाओं में केवल एक ही राजनीतिक दल होता है। अन्य राजनीतिक दल या तो बनने ही नहीं दिए जाते और अगर बनने दिए जाएं तो उनको प्रभावहीनता की अवस्था में रखने की व्यवस्था की जाती है। इसमें अन्य सामाजिक व पेशेवर संगठन तो बनने दिये जाते हैं परन्तु इन पर प्रमुख या प्रधान दल का नियन्त्रण रहता है। इसी तरह स्वतन्त्रताएं भी बहुत कुछ प्रतिबन्धित रहती हैं परन्तु भाषण, प्रेस तथा व्यक्ति को अभिव्यक्ति की कुछ छूट भी रहती है। परन्तु इनमें सर्वाधिकारी शासनों की तरह दलीय अनुशासन की कठोरता, दल का एकाधिकार तथा विचारधारा विशेष के साथ जनसाधारण का लगाव नहीं होता है। केनिया, तनजानियां, ट्यूनिशिया, मेक्सिको, मलावी, आयवरी कोस्ट व मेडेगास्कर के शासन, अर्द्ध-लोकतन्त्र शासन के वर्ग में आते हैं।

सर्वाधिकारी शासन व्यवस्थाओं में एक विचारधारा के इर्द-गिर्द सम्पूर्ण जीवन घूमता है। विचारधारा विशेष के साथ जनता का लगाव तथा इसकी अभिव्यक्ति के लिए एकाधिकार प्राप्त दल होता है। दलीय अनुशासन की कठोरता व दल के नेता की सर्वोपरिता रहती है। प्रतियोगी राजनीति का अभाव होता है। न्यायपालिका और जन-सम्पर्क के साधनों पर सरकार का कठोर नियन्त्रण होता है। सोवियत रूस, चीन, अल्बानिया, क्यूबा, चेकोस्लोवाकिया, जर्मन जनवादी गणतन्त्र उत्तरी कोरिया, पोलैण्ड, रूमानिया तथा युगोस्लाविया में ऐसी शासन प्रणालियां हैं।

उदारवादी लोकतान्त्रिक शासन में वह शासन व्यवस्थाएं आती हैं जिनमें सही अर्थों

में प्रतियोगी राजनीति की सभी संरचनात्मक व्यवस्थाएं पाई जाती हैं। एक से अधिक राजनीतिक दल होते हैं। स्वतन्त्र व नियतकालिक चुनाव होते हैं तथा शासक अपने हर कार्य के लिए जनता के प्रतिनिधि व अन्ततः स्वयं जनता के प्रति उत्तरदायी रहते हैं। सही अर्थों में शासन विधि के अनुसार संचालित होता है। एस० ई० फाइनर ने उदार लोकतन्त्रों के तीन प्रकार माने हैं। प्रथम प्रकार स्थायी उदार लोकतन्त्र शासनों का है। अमरीका, ब्रिटेन, आस्ट्रेलिया, कनाडा, जापान, स्विट्ज़रलैण्ड, न्यूज़ीलैण्ड, भारत, इज़राइल, पश्चिमी जर्मनी तथा फिनलैण्ड इत्यादि राज्यों में ऐसे शासन हैं। दूसरी श्रेणी 'अस्थायित्व के काल वाले लोकतन्त्रों' की है। इनमें कभी-कभी शासन अस्थायित्व के दौर में से गुजरता है। श्रीलंका, फ्रांस, मलाया, और कोलम्बिया में ऐसी अवस्थाएं आती रही हैं जब सरकार अस्थायित्व के काल में से गुजरकर फिर स्थायित्व की अवस्था में आयी थी। तीसरे प्रकार के वे उदारवादी लोकतन्त्र हैं जहां अस्थायित्व के कारण शासन व्यवस्था में एकदलीय पद्धति की प्रकृति जोर पकड़ती दिखाई देती है। सिंगापुर, सोमालिया, ट्रीनिडाड, जमायका और माल्टा तथा 26 जून 1975 के बाद भारत में ऐसी शासन व्यवस्था मानी जा सकती है।

फाइनर का वर्गीकरण न केवल व्यापक आधारों पर आधारित है वरन राजनीतिक व्यवस्थाओं के प्रक्रियात्मक पहलुओं को भी वर्गीकरण में सम्मिलित करने वाला कहा जा सकता है। यह व्यापक है तथा 15 दिसम्बर 1969 में विद्यमान 122 राजनीतिक प्रणालियों का सुस्पष्ट व सुनिश्चित वर्गीकरण करने में सहायक रहा है। इस वर्गीकरण की दो कमियां विशेषकर उल्लेखनीय हैं। प्रथम तो फाइनर ने यह वर्गीकरण शासन व्यवस्थाओं के तुलनात्मक अध्ययन के उद्देश्य से किया है, इस कारण शासन व्यवस्थाओं की प्रकृति की इससे सीमित व्याख्या ही सम्भव है। दूसरे, इस वर्गीकरण में जिन आधारों का सहारा लिया गया है, उनसे वर्गीकरण इतना परस्पर-व्यापी या अंश-छादित (overlapping) हो जाता है कि एक ही शासन व्यवस्था एक आधार पर एक वर्ग में तथा दूसरे आधार पर उससे भिन्न प्रकृति वाले वर्ग के समीप आ जाती है। परन्तु इन कमियों के बावजूद यह वर्गीकरण आधुनिक वर्गीकरणों में प्रमुख तथा उपयोगी वर्गीकरण कहा जा सकता है।

आमन्ड व पावेल का वर्गीकरण (Almond and Powell's Classification)

आमन्ड व पावेल[13] ने राजनीतिक व्यवस्थाओं के वर्गीकरण के दो आधार लिये हैं। प्रथम आधार में राजनीतिक व्यवस्थाओं की संरचनात्मक तथा दूसरे आधार में उनकी प्रकार्यात्मकता को देखने का प्रयास किया गया है। इन्होंने राजनीतिक व्यवस्थाओं में संरचनात्मक विभिन्नीकरण तथा सांस्कृतिक लौकिकीकरण (Structural differentiation and cultural secularization) की मात्रा के आधार पर सभी राजनीतिक

[13]Gabriel A. Almond and G. Bingham Powell (Jr.) *Comparative Politics—A Development Approach* (An Adaptation), Bombay, Vakils Feffer and Simons, 1974, p. 141.

व्यवस्थाओं को तीन प्रकारों में वर्गीकृत किया है—

(1) आदिकालीन व्यवस्थाएं (primitive systems),

(2) परम्परागत व्यवस्थाएं (traditional systems),

(3) आधुनिक व्यवस्थाएं (modern systems)।

आदिकालीन राजनीतिक व्यवस्थाओं में विरामी राजनीतिक संरचनाओं की प्रधानता होती है। इनमें भूमिका विभिन्नीकरण तथा सांस्कृतिक लौकिकीकरण का अभाव पाया जाता है, अर्थात आदिकालीन राजनीतिक व्यवस्थाओं में मुखिया, राजनीतिक, आर्थिक सामाजिक व धार्मिक भूमिकाएं सब कुछ अपने में संयुक्त किए रहता है। यह व्यवस्थाएं बहुत छोटे आकार की होती हैं तथा इनमें सभी सदस्य एक-दूसरे के आमने-सामने होने की घनिष्ठता रखते हैं। आदिवासी लोगों में ऐसी ही व्यवस्था होती है।

परम्परागत राजनीतिक व्यवस्थाओं में शासकीय राजनीतिक संरचनाओं में विभिन्नीकरण होता है। इन व्यवस्थाओं में भूमिका विभिन्नीकरण कुछ अंश तक ही होता है तथा सांस्कृतिक लौकिकीकरण का अभाव पाया जाता है। आमन्ड व पावेल ने परम्परागत राजनीतिक व्यवस्थाओं को तीन प्रकारों की माना है। प्रथम प्रकार आनुवंशिक व्यवस्थाओं (patrimonial systems) का है। इन व्यवस्थाओं में राजनीतिक संरचनाएं, राजा, उपमुखियाओं व विशेषीकृत अफसरों के रूप में होती हैं। इन व्यवस्थाओं को आनुवंशिक इसलिए कहा जाता है क्योंकि इनमें राज्य सत्ता शासक के परिवार से बाहर न होकर, परिवार के ही सदस्यों में विभक्त रहती है। दूसरा प्रकार केन्द्रीकृत नौकरशाही व्यवस्थाओं (centralized bureaucratic systems) का है। इन व्यवस्थाओं में विशेषीकृत राजनीतिक व प्रशासकीय भूमिकाएं तथा अभिकरण विकसित होते हैं। इनमें शासकों व शासितों की स्वतन्त्र व पृथक भूमिकाएं भी विकसित होने लगती हैं तथा सम्पूर्ण राजनीतिक व्यवस्था को एक केन्द्रीकृत इकाई के रूप में संगठित करने के प्रयास किये जाते हैं। इन व्यवस्थाओं का तीसरा प्रकार सामन्ती राजनीतिक व्यवस्थाओं (feudal political systems) का है। इन व्यवस्थाओं में सामन्त के द्वारा अपने क्षेत्र विशेष में सभी सरकारी क्रियाओं का निष्पादन होता है परन्तु सामन्ती व्यवस्था में सामन्तों को अपने ऊपर के जार्डो की अधीनता में भी कुछ कार्य करने होते हैं।

आधुनिक राजनीतिक व्यवस्थाओं में विशेषीकृत राजनीतिक संरचनाएं तथा लौकिकीकृत राजनीतिक संस्कृतियां पाई जाती हैं। ऐसी राजनीतिक व्यवस्थाओं की आन्तरिक संरचनाएं, संगठित हित व दबाव समूह, राजनीतिक दल तथा सम्प्रेषण के साधन सुविकसित होते हैं। इन व्यवस्थाओं में, जनता इस बात से भिज्ञ होती है कि सरकार जन-परिस्थितियों व अवस्थाओं को परिवर्तित करने की महत्त्वपूर्ण भूमिका निभाती है। अतः आधुनिक व्यवस्थाओं में राजनीतिक संरचनाओं का विभिन्नीकरण तथा राजनीतिक संस्कृति का लौकिकीकरण पाया जाता है। इन आधारों पर आधुनिक राजनीतिक व्यवस्थाओं को आमन्ड व पावेल ने तीन प्रवर्गों में बांटा है तथा हर प्रवर्ग को पुनः वर्गीकृत किया है। यह वर्गीकरण इस प्रकार चित्रित किया जा सकता है—

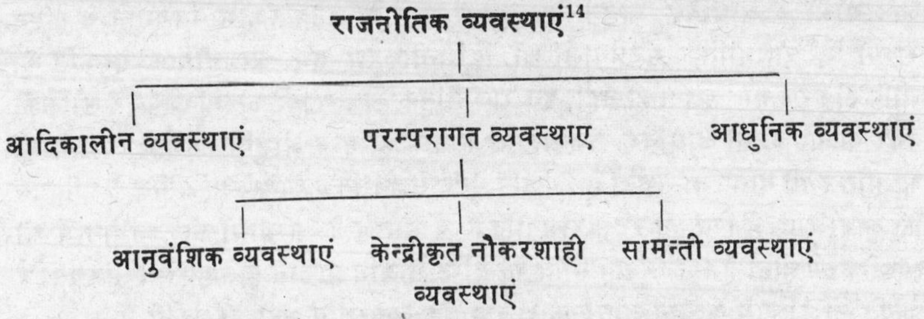

चित्र 9.7. आमन्ड और पावेल का वर्गीकरण

आधुनिक व्यवस्थाओं का वर्गीकरण पृथक से दिया जा रहा है। इसको निम्नलिखित ढंग से प्रकट किया जा सकता है—

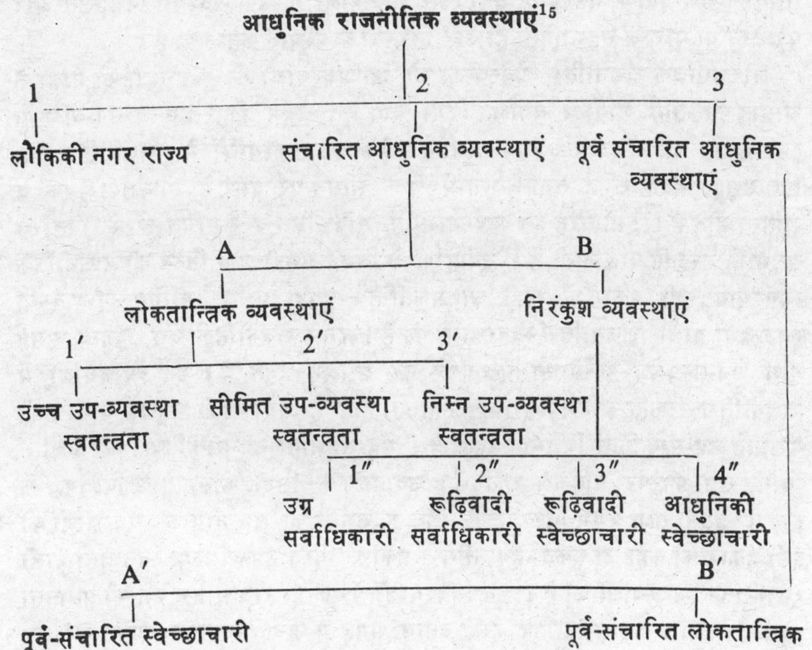

चित्र 9.8. आमन्ड और पावेल का वर्गीकरण

(1) आमन्ड व पावेल ने लौकिकी नगर राज्यों को, जो यूनान व गणतन्त्रीय रोम में

[14] *Ibid.*, p. 142.
[15] *Ibid.*, p. 169.

प्रचलित थे, आधुनिक व्यवस्थाओं में सम्मिलित किया है क्योंकि इन राजनीतिक व्यवस्थाओं में आधुनिक राजनीतिक व्यवस्थाओं के अनेक लक्षण विद्यमान थे। इन राज्यों में, राजनीतिक संरचनाओं का विभिन्नीकरण तथा राजनीतिक संस्कृति का लौकिकीकरण था। इतना ही नहीं, इन राजनीतिक व्यवस्थाओं को व विशेषकर लौकिकी नगर राज्यों को तो आधुनिक राजनीतियों के साथ ही साथ आधुनिक समाज व्यवस्थाओं का मॉडल भी माना जा सकता है। यद्यपि ऐसी राजनीतिक व्यवस्थाएं अतीत के इतिहास की व्यवस्थाएं हैं फिर भी इनसे राजनीतिक व समाज के सम्बन्धों का वर्तमान में भी स्पष्टीकरण होता है। अतः यह समय की दृष्टि से अति प्राचीन होते हुए भी संरचना व प्रकृति की दृष्टि से अत्यन्त आधुनिक राजनीतिक व्यवस्थाएं कही जा सकती हैं।

(2) संचारित आधुनिक राजनीतिक व्यवस्थाओं में अधिक विभिन्नीकृत राजनीतिक अव-संरचनाएं (infra-structrure) तथा किसी न किसी रूप में सहभागी राजनीतिक संस्कृति पाई जाती है। इनको दो उप-श्रेणियों में विभक्त किया गया है। जिन व्यवस्थाओं में उप-व्यवस्था (sub-system) की स्वतन्त्रता तथा सहभागी संस्कृति हो उन्हें लोकतान्त्रिक राजनीतिक व्यवस्थाएं तथा जिन व्यवस्थाओं में उप-व्यवस्था नियन्त्रित और पराधीन या परतन्त्र सहभागिता हो उन्हें निरंकुश व्यवस्थाएं कहा गया है।

लोकतान्त्रिक राजनीतिक व्यवस्थाओं को उप-व्यवस्थाओं की स्वतन्त्रता की मात्रा के आधार पर तीन भागों में वर्गीकृत किया गया है। प्रथम प्रकार, उच्च उप-व्यवस्था स्वतन्त्रता वाली राजनीतिक व्यवस्थाओं का है। इन व्यवस्थाओं में, राजनीतिक दल, हित समूह, दबाव समूह तथा जन-सम्प्रेषण के साधन एक दूसरे से स्पष्टतया पृथक व स्वतन्त्र होते हैं। इसी तरह इन व्यवस्थाओं में सुविकसित व समुचित रूप से वितरित सहभागी संस्कृति पाई जाती है। उदाहरण के लिए, अमरीका व ब्रिटेन की राजनीतिक व्यवस्थायें इसी प्रकार की कही जा सकती हैं। दूसरा प्रकार, सीमित उप-व्यवस्था स्वतन्त्रता वाली राजनीतिक व्यवस्थाओं का है। इनमें राजनीतिक दल, दबाव समूह तथा जन-सम्प्रेषण के साधन एक दूसरे पर आश्रित रहते हैं। इन व्यवस्थाओं में राजनीतिक संस्कृति खण्डमयी (fragmented) होती है तथा काफी वृहत्तर आकार की पराधीन उप-संस्कृतियां विद्यमान रहती हैं। यह सहभागी उप-संस्कृतियां कुछ अंशों में असंगत तथा परस्पर प्रतिकूल रहती हैं। उदाहरण के लिए, फ्रांस, दूसरे विश्वयुद्ध के बाद के इटली तथा प्रथम विश्वयुद्ध के बाद के जर्मनी की राजनीतिक व्यवस्थाओं को इसी प्रकार का कहा जा सकता है। तीसरा प्रकार, निम्न उप-व्यवस्था स्वतन्त्रता वाली राजनीतिक व्यवस्थाओं का है। इन व्यवस्थाओं में एक ही राजनीतिक दल की प्रधानता रहती है तथा अन्य राजनीतिक दल, दबाव समूह व अन्य संस्थागत व्यवस्थाएं इस प्रभुत्वी दल के नेतृत्व में (यहां एकदलीय व्यवस्थाओं की तरह का नियन्त्रण नहीं होता है) ही सक्रिय रहते हैं, अर्थात अन्य राजनीतिक दल तथा अनेक दबाव समूह व जन-सम्प्रेषण के साधन तो होते हैं पर इन सबका नेतृत्व प्रधान दल के द्वारा ही होता है। उदाहरण के लिए, भारत व मैक्सिको की राजनीतिक व्यवस्थाओं में ऐसी ही एकदलीय प्रधानता पाई जाती है।

निरंकुश राजनीतिक व्यवस्थाओं में उप-व्यवस्था स्वतन्त्रता के स्थान पर नियंत्रित उप-व्यवस्थाएं होती हैं, परन्तु इन व्यवस्थाओं में कुछ मात्रा में वास्तविक बहुलवाद तथा प्रतियोगी प्रक्रिया पाई जाती है। यहां तक कि उग्रतम सर्वाधिकारी व्यवस्थाओं-स्टालिन कालीन रूस, में भी बहुलवादी प्रवृत्तियां व राजनीतिक प्रक्रियाएं कुछ न कुछ अंशों में बनी रहती हैं। निरंकुश राजनीतिक व्यवस्थाओं को चार प्रकारों में बांटा गया है। प्रथम को उग्र-सर्वाधिकारी शासन व्यवस्थाएं कहा गया है। यह साम्यवादी राजनीतिक व्यवस्थाएं हैं। इन राजनीतियों में पराधीन सहभागी संस्कृति होती है तथा सभी वर्गों व संस्थाओं में एक केन्द्र से नियंत्रित राजनीतिक व आर्थिक संचारण व्यवस्था का या तो प्रवेशन होता है या फिर उसके पक्ष में इनको समाप्त कर दिया जाता है। दूसरे प्रकार की रूढ़िवादी सर्वाधिकारी राजनीतिक व्यवस्थाएं हैं। नाजी जर्मनी इसका उदाहरण है। ऐसी व्यवस्थाओं में अभिजन आन्तरिक बहुलता को, अन्य उद्देश्यों की प्राप्ति के लिए या तो समाप्त कर देते हैं या उसे पूरी तरह नियंत्रित रखते हैं। परन्तु उप-व्यवस्थाओं की कुछ स्वतन्त्रता बनी रहती है। जैसे नाजी जर्मनी में कैथोलिक व प्रोटेस्टेंट गिरजाघरों (churches) ने बहुत कुछ अंशों में अपना पृथक व स्वतन्त्र अस्तित्व बनाए रखा था। निरंकुश व्यवस्थाओं का तीसरा प्रकार रूढ़िवादी स्वेच्छाचारी व्यवस्थाओं का है। ऐसी व्यवस्थाओं में बहुलवादी प्रवृत्तियों को विद्यमान रहने दिया जाता है तथा समाज के समूहों के साथ कुछ अंशों में सौदेबाजी की व्यवस्था रहती है। इन व्यवस्थाओं में रूढ़िवादी सर्वाधिकारी व्यवस्थाओं का सा आक्रामक विस्तारवाद तथा उग्र सर्वाधिकारी व्यवस्थाओं की तरह का आधुनिकीकरण आन्दोलन नहीं रहता। स्पेन की राजनीतिक व्यवस्था को इस श्रेणी में रखा जा सकता है। निरंकुश राजनीतिक व्यवस्थाओं में चौथा प्रकार आधुनिकीकरण स्वेच्छाचारी राजनीतिक व्यवस्थाओं का है। इन व्यवस्थाओं में बहुलवादी प्रवृत्तियों तथा समाज की समूह संरचनाओं को आधुनिकीरत रखा जाता है। उन पर इसी उद्देश्य से पर्याप्त नियन्त्रण रखा जाता है परन्तु उग्र-सर्वाधिकारी व्यवस्थाओं की तरह समूह संरचनाओं को आधुनिकीकरण के लिए जकड़ा नहीं जाता है। ब्राजील की राजनीतिक व्यवस्था इसी प्रकार की मानी जाती है।

(3) पूर्व-संचारित आधुनिक राजनीतिक व्यवस्थाओं में सीमित स्तर पर ही संरचनात्मक विभिन्नीकरण तथा लौकिकीकरण रहता है। इन व्यवस्थाओं में राजनीतिक दल, दबाव व हित समूह तथा जन-सम्प्रेषण के साधन, अत्यधिक परम्परागत समाजों पर आरोपित किए हुए रहते हैं। संचारण तथा आधुनिकता केवल अभिजन लोगों तक ही व्याप्त रहती है। यद्यपि ऐसी राजनीतिक व्यवस्थाओं में थोड़ी बहुत राजनीतिक जागरूकता लोगों में आ जाती है। परन्तु कुल मिलाकर राजनीतिक अभिवृत्तियां परम्परागत पारिवारिक व सम्प्रदायी जाल में ही उलझी रहती हैं। लोगों में राजनीतिक क्रिया के साधनों व समझ का अभाव तथा राजनीतिक सहभागिता के प्रति उदासीनता रहती है। इन व्यवस्थाओं को दो प्रकारों में वर्गीकृत किया गया है। पहला प्रकार, पूर्व-संचारित स्वेच्छाचारी राजनीतिक व्यवस्थाओं का है तथा दूसरा प्रकार, पूर्व संचारित लोकतांत्रिक राजनीतिक व्यवस्थाओं का है। प्रथम प्रकार की राजनीतिक व्यवस्था में

राजनीतिक दल में केवल अभिजनों का प्रवेश रहता है तथा इन्हें परम्परागत व साम्प्रदायिक लगावों से अपील (appeal) करने के लिए मजबूर होना पड़ता है। यह राजनीतिक व्यवस्थाएं राजनीतिक विकास के प्रारम्भिक चरण में होती हैं तथा इनमें राजनीतिक व्यवस्था एक तरह से उत्पन्न होने की प्रक्रिया में होती है। इन व्यवस्थाओं में राजनीतिक दल का एकाधिकार होता है। एनक्रूमा (Nkrumah) के समय के घाना को इस प्रकार की व्यवस्था की श्रेणी में रखा जा सकता है। पूर्व-संचारित लोकतान्त्रिक व्यवस्थाओं में केवल एक ही बात के आधार पर पूर्व-संचारित स्वेच्छाचारी व्यवस्थाओं से भिन्नता दिखाई देती है। इनमें राजनीतिक दल का एकाधिकार नहीं होता। एक दल की प्रधानता हो सकती है, पर अन्य दल विद्यमान रहते हैं। ऐसी व्यवस्थाओं में कृषि प्रधान ग्रामीण समुदायों को राष्ट्रीय धारा में प्रवाहित करने का प्रयास किया जाता है। परम्परागत जकड़नों वाले समाजों को आधुनिक बनाने के लिए उन पर नई आर्थिक, सामाजिक व राजनीतिक संरचनाओं को आरोपित किया जाता है जिससे लोग संकुचित वृत्तियां त्याग कर राष्ट्रीय या प्रादेशिक सत्ता के अधीन आने के लिए प्रेरित हो सकें। इस प्रकार की राजनीतिक व्यवस्था का उदाहरण कुछ अंशों में स्वतन्त्रता प्राप्ति के तुरन्त बाद के भारत को माना जा सकता है।

आमन्ड व पावेल के द्वारा किया गया वर्गीकरण[16] निम्न प्रकार से भी प्रकट किया जा सकता है—

(1) **आदिकालीन व्यवस्थाएं** (Primitive systems) (विरामी राजनीतिक संरचनाएं) (Intermittent political structures)

आदिवासियों की टोलियां (Primitive bands)

(2) **परम्परागत व्यवस्थाएं** (Traditional systems) (विभिन्नीकृत शासकीय संरचनाएं) (Differentiated governmental political structures)

(क) आनुवंशिक व्यवस्थाएं (partimonial systems)

(ख) केन्द्रीकृत नौकरशाही व्यवस्थाएं (centralized bureaucratic systems)

(ग) सामन्ती राजनीतिक व्यवस्थाएं (feudal political systems)

(3) **आधुनिक व्यवस्थाएं** (Modern systems) (विभिन्नीकृत राजनीतिक अव-संरचनाएं) (Differential political infrastructure)

(क) लौकिकी नगर राज्य (secularized city state) (सीमित विभिन्नीकरण) (limited differentiation)

(ख) संचारित आधुनिक व्यवस्थाएं (mobilized modern systems) (उच्च विभिन्नीकरण व लौकिकीकरण) (high differentiation and secularization)

(ग) लोकतान्त्रिक व्यवस्थाएं (democratic systems) (उप-व्यवस्था स्वतन्त्रता व सहभागी संस्कृति) (sub-system independence and participant-culture)

(i) उच्च उप-व्यवस्था स्वतन्त्रता (high sub-system independence)

(ii) सीमित उप-व्यवस्था स्वतन्त्रता (limited sub-system independence)

[16] *Ibid.*

(iii) निम्न उप-व्यवस्था स्वतन्त्रता (low sub-system independence)

(4) **निरंकुश व्यवस्थाएं** (Authoritarian systems) (उप-व्यवस्था नियंत्रण व पराधीन सहभागी संस्कृति) (Sub-system control and subject-participant culture)

(क) उग्र सर्वाधिकारी व्यवस्थाएं (redical totalitarian)

(ख) रूढ़िवादी सर्वाधिकारी व्यवस्थाएं (conservative totalitarian)

(ग) रूढ़िवादी स्वेच्छाचारी व्यवस्थाएं (conservative authoritarian)

(घ) आधुनिकीकरण स्वेच्छाचारी व्यवस्थाएं (moderning authoritarian)

(5) **पूर्व-संचारित आधुनिक व्यवस्थाएं** (Pre-mobilized modern systems) (सीमित विभिन्नीकरण व लौकिकीकरण) (Limited differentiation and secularization)

(क) पूर्व-संचारित स्वेच्छाचारी व्यवस्थाएं (pre-mobilized authoritarian)

(ख) पूर्व-संचारित लोकतान्त्रिक व्यवस्थाएं (pre-mobilized democratic autboritarian)

आमन्ड व पावेल द्वारा किया गया वर्गीकरण राजनीतिक व्यवस्थाओं की श्रेष्ठता समझाने के वजाय उनके बीच के अन्तरों को स्पष्ट करने में सहायक है। इस वर्गीकरण में कुछ गुण इस प्रकार बताए जा सकते हैं।

(1) यह वर्गीकरण संरचनंात्मक-प्रकार्यात्मक प्रवर्गों पर आधारित किया गया है।

(2) इस वर्गीकरण के आधार स्थिरता के स्थान पर गत्यात्मकता से युक्त हैं।

(3) यह वर्गीकरण यथार्थवादी है क्योंकि इससे राजनीतिक व्यवस्था में सक्रिय सच्ची गत्यात्मक शक्तियों को समझने में सहायता मिलती है।

(4) यह वर्गीकरण राजनीतिक व्यवस्थाओं को आधुनिकीकरण व राजनीतिक विकास के दृष्टिकोण से आंकने का उपकरण उपलब्ध कराता है।

(5) यह वर्गीकरण अधिक व्यवस्थित, वैज्ञानिक तथा व्यापक है। इसके द्वारा राजनीतिक समाजों के आदिकालीन रूपों से लेकर आधुनिकतम रूपों का वर्गीकरण करना सम्भव है तथा वर्गीकरण के आधारों के सुनिश्चित होने के कारण इनका मापन तक सम्भव है।

(6) यह वर्गीकरण राजनीतिक व्यवस्थाओं को दो आधारों—राजनीतिक संरचनाओं के विभिन्नीकरण व राजनीतिक संस्कृति के लौकिकीकरण पर वर्गीकृत करके, उनके अन्तरों को स्पष्ट करने में सहायक है।

इस प्रकार आमन्ड व पावेल द्वारा किया गया वर्गीकरण अधिक उपयुक्त व उपयोगी माना जा सकता है।

अध्याय 10

लोकतन्त्र और अधिनायकतन्त्र
(Democracy and Dictatorship)

राज्य के अस्तित्व के लम्बे इतिहास में परिस्थितियों व काल विशेष की आवश्यकताओं के अनुरूप शासन के प्रकार परिवर्तित होते हैं। राज्य के इतिहास में कभी भी ऐसा समय नहीं रहा जब विश्व के सभी राज्यों में शासन का कोई एक ही प्रकार सर्वत्र प्रचलित रहा हो। एक ही साथ, राजतन्त्र, श्रेणीतन्त्र, अधिनायकतन्त्र व लोकतन्त्र जैसे शासन के अनेक प्रकार के विभिन्न राज्यों में शासन शक्ति के प्रयोग के प्रतिमान रहे हैं। आज भी ऐसे अनेक राज्य हैं जहां राजतन्त्र या श्रेणीतन्त्र का ढांचा विद्यमान है, परन्तु वर्तमान शताब्दी लोकतन्त्र व निरंकुशतन्त्र की दो बेमेल धाराओं के प्रचलन की ही कही जाती है। आज के राज्य या तो लोकतान्त्रिक हैं या तानाशाही व्यवस्था में जकड़े होने पर भी लोकतान्त्रिक होने का दावा करते हुए दिखाई देते हैं। प्रस्तुत अध्याय में हम शासन के इन्हीं दो प्रकारों पर विचार करेंगे और यह देखने का प्रयास करेंगे कि इन दोनों शासन व्यवस्थाओं के क्या लक्षण, गुण और दोष हैं।

लोकतन्त्र
(DEMOCRACY)

प्लेटो के समय से लेकर अठारहवीं शताब्दी तक लोकतन्त्र शब्द घृणित व निन्दनीय ही रहा है। प्लेटो तो लोकतन्त्र को शासन का विकृत रूप मानते थे। उन्नीसवीं शताब्दी के आरम्भ से लोकतन्त्र शासन को सम्मान की दृष्टि से देखा जाने लगा, और आज तो यह शासन का सर्वोत्कृष्ट रूप बन गया है। वर्तमान समय में लोकतन्त्र को राजनीतिक और सामाजिक संगठन का श्रेष्ठतम प्रकार कहा जाने लगा है। इसलिए ही आजकल का युग प्रजातंत्र का युग माना जाता है। सभी जगह यह स्वीकार किया जाने लगा है कि लोकतन्त्र शासन ही मानव के विकास का श्रेष्ठतम शासन विकल्प है। अत: जिन राज्यों में प्रजातन्त्र का अभाव है वहां भी शासन व्यवस्था को प्रजातांत्रिक ही बताया जाता है। इससे स्पष्ट है कि प्रजातंत्र आज भी सर्वत्र श्रद्धा से देखा जाता है। ऐसी शासन व्यवस्था का महत्त्व व् भूमिका समझने से पहले इसका अर्थ व परिभाषा समझना आवश्यक है।

लोकतन्त्र का अर्थ व परिभाषा (The Meaning and Definition of Democracy)

लोकतन्त्र के अर्थ पर सर्वाधिक मतभेद है। इसकी अनेक परिभाषाएं व व्याख्य की गई हैं। इसको आडम्बरमय कहने से लेकर सर्वोत्कृष्ट तक कहा गया है। सारटोरी तो यहां तक कहने में नहीं हिचकिचाए हैं कि "लोकतन्त्र ऐसी वस्तु के आडम्बरमय नाम के रूप में परिभाषित किया जा सकता है, जिसका वास्तव में कोई अस्तित्व नहीं है।"[1] अत: लोकतन्त्र के अर्थ व परिभाषा पर सामान्य सहमति का प्रयास करना निरर्थक होगा। वर्तमान में हर शासन व्यवस्था को लोकतान्त्रिक कहा जाता है। यहां तक कि एक बार हिटलर ने लोकतान्त्रिक शासन की बात कहते हुए अपने शासन को 'जर्मन लोकतन्त्र' कहना पसन्द किया था। आज प्रजातन्त्र के नाम को इतना पवित्र बना दिया गया है कि कोई भी अपने आपको अलोकतांत्रिक कहने का दुस्साहस नहीं कर सकता। मोटे तौर पर लोकतन्त्र शासन का वह प्रकार होता है, जिसमें राज्य के शासन की शक्ति किसी विशेष वर्ग अथवा वर्गों में निहित न होकर सम्पूर्ण समाज के सदस्यों में निहित होती है।

डायसी ने लोकतन्त्र की परिभाषा करते हुए लिखा है कि "लोकतन्त्र शासन का वह प्रकार है, जिसमें शासक समुदाय सम्पूर्ण राष्ट्र का अपेक्षाकृत एक बड़ा भाग हो।"[2] हर्नशा ने कहा है, "लोकतन्त्र राज्य जनसाधारणत: वह है, जिसमें प्रभुत्व शक्ति समष्टि रूप में जनता के हाथ में रहती है, जिसमें जनता शासन सम्बन्धी मामले पर अपना अन्तिम नियंत्रण रखती है तथा यह निर्धारित करती है कि राज्य में किस प्रकार का शासन-सूत्र स्थापित किया जाए। राज्य के प्रकार के रूप में लोकतन्त्र शासन की ही एक विधि नहीं है, अपितु वह सरकार की नियुक्ति करने, उस पर नियंत्रण रखने तथा इसे अपदस्थ करने की विधि भी है।"[3]

अगर अब्राहम लिंकन की परिभाषा को लें तो "लोकतन्त्र शासन वह शासन है जिसमें शासन जनता का, जनता के लिए और जनता द्वारा हो।"

इन परिभाषाओं को अस्वीकार करते हुए कुछ विचारक लोकतन्त्र को शासन तक ही सीमित न रखकर इसे व्यापक अर्थ में देखने की बात कहते हैं। गिडिंग्स का कहना है कि "प्रजातन्त्र केवल सरकार का ही रूप नहीं है वरन राज्य और समाज का रूप अथवा इन तीनों का मिश्रण भी है।" मैक्सी ने इसे और भी व्यापक अर्थ में लेते हुए लिखा है कि "बीसवीं सदी में प्रजातंत्र से तात्पर्य एक राजनीतिक नियम, शासन की विधि व समाज के ढांचे से ही नहीं है, वरन यह जीवन के उस मार्ग की खोज है जिसमें मनुष्यों की स्वतन्त्र और ऐच्छिक बुद्धि के आधार पर उनमें अनुरूपता और एकीकरण लाया जा सके।" डा० बेनीप्रसाद ने तो लोकतन्त्र को जीवन का एक ढंग माना है।

[1]Giovanni Sartori, *Democratic Theory*, 2nd ed., Detroit, Wayne State University Press, 1962, p. 37.

[2]A. W. Dicey, *Law and Opinion in England*, London, Macmillan, 1905, p. 147.

[3]F. J. C. Hearnshaw, *Democracy at the Crossways*, London, Macmillan, 1919, p. 17.

उपर्युक्त अर्थ व परिभाषाओं से लोकतन्त्र एक विशद एवं महत्त्वाकांक्षी विचार लगता है परन्तु उपरोक्त विवेचन से लोकतन्त्र का अर्थ स्पष्ट होने के स्थान पर कुछ भ्रांति ही बढ़ी है। उदाहरण के लिए, अब्राहम लिंकन की परिभाषा में जनता का, जनता के लिए और जनता द्वारा शासन अपने आप में अत्यधिक व्यापक और अस्पष्ट है। अतः इसके अर्थ को और अधिक स्पष्ट करने की आवश्यकता है।

लोकतन्त्र की अवधारणा या प्रत्यय (concept) के रूप में एक अर्थ नहीं है वरन इसके तीन अन्तःसम्बन्धित अर्थ किये जाते हैं। यह अर्थ हैं—

(क) यह निर्णय करने की विधि है, (ख) यह निर्णय लेने के सिद्धान्तों का समूह या सेट है, और (ग) यह आदर्शी (normative) मूल्यों का समूह है।

इनका तात्पर्य है कि लोकतान्त्रिक व्यवस्था में लोकतन्त्र को निर्देशित करने वाले मूल्यों व निर्णय लेने की प्रक्रिया का मोटा उद्देश्य वर्तमान के आदर्शमय नैतिक मानदण्डों (norms) व राजनीतिक मूल्यों की ऐसी विषय-परिधि बनाना है जिसके अन्तर्गत ही समस्त सार्वजनिक कार्यों का दिन-प्रतिदिन सम्पादन हो। हर राजनीतिक समाज में अंतिम गन्तव्यों (goals) का निर्धारण करना होता है। यह गन्तव्य क्या हों? इन गन्तव्यों का निर्धारण कौन और किस प्रकार करे? हर राजनीतिक समाज के सामने मौलिक प्रश्न यही होते हैं। इन्हीं गन्तव्यों के अन्तिम उद्देश्यों को समाज के आदर्शों का नाम दिया जाता है। हर समाज में इन आदर्शों की रक्षा व प्राप्ति के लिए संरचनात्मक व्यवस्थाएं रहती हैं। यह लोकतन्त्रों में ही नहीं, तानाशाही व्यवस्था में भी रहती हैं। परन्तु इन संरचनात्मक व्यवस्थाओं से सम्बन्धित प्रक्रियाएं लोकतन्त्र में और प्रकार की तथा तानाशाही व्यवस्था में और प्रकार की होती हैं। अगर सम्पूर्ण समाज के लिए किए जाने वाले निर्णयों को लेने के सिद्धान्त और विधियां ऐसी हों जिसमें सम्पूर्ण समाज सहभागी रहें तो वह राजनीतिक व्यवस्था लोकतांत्रिक कही जाती है, परन्तु अगर एक ही व्यक्ति या व्यक्ति-समूह सम्पूर्ण समाज के लिए निर्णय लेता है तो वह व्यवस्था तानाशाही मानी जाती है। अतः लोकतन्त्र का महत्त्वपूर्ण पक्ष निर्णय लेने का ढंग या तरीका है। इसका कुछ विस्तार से विवेचन करके लोकतन्त्र का अर्थ अधिक ग्राह्य बनाया जा सकता है।

(क) निर्णय करने के ढंग के रूप में लोकतन्त्र (Democracy as a way of making decisions)—यहां यह प्रश्न उठता है कि किस प्रकार और किसके द्वारा लिये गये निर्णयों को ही लोकतान्त्रिक विधि से लिये गये निर्णय माना जाए? इन्हीं प्रश्नों का उत्तर आज से करीब दो हजार वर्ष पूर्व अरस्तू ने भी दिया था जो बहुत कुछ आज भी वैध कहा जा सकता है। अरस्तू ने कहा था कि "निर्णय लेने के लोकतान्त्रिक ढंग में पदाधिकारियों का चुनाव सब में से सबके द्वारा तथा सबका हर एक पर और प्रत्येक का सब पर शासन होता है," अर्थात लोकतान्त्रिक ढंग से किया गया निर्णय सम्पूर्ण समाज के द्वारा लिया गया निर्णय ही कहा जा सकता है। इससे तात्पर्य यह है कि लोकतन्त्र प्रकृति के राजनीतिक समाज में निर्णय लेने का एक विशेष ढंग और उसकी विशेष पूर्व शर्तें होती हैं। इनका विवेचन करके ही यह समझा जा सकता है कि लोकतन्त्र का निर्णय लेने के रूप में क्या अर्थ है? अर्थात वही निर्णय लोकतान्त्रिक ढंग से लिये हुए कहे जाते हैं

जिनमें—

(i) विचार-विनिमय व अनुनयनता,

(ii) जन-सहभागिता,

(iii) बहुमतता,

(iv) संवैधानिकता और

(v) अल्पसंख्यकों के हितों की रक्षा होती है।

लोकतान्त्रिक ढंग से लिये गये निर्णयों का आधार खुला विचार-विनिमय होता है। सम्पूर्ण राजनीतिक समाज के लिए किए जाने वाले निर्णयों में अनुनयन की बहुत बड़ी भूमिका रहती है। लोकतन्त्र में निर्णय चाहे किसी भी स्तर पर लिये जायें, उनमें जोर-जबरदस्ती के तत्त्व के बजाय विचार-विमर्श, वाद-विवाद और समझाने-बुझाने का अंश प्रधान रहता है। चुनाव भी एक तरह से विचार-विनिमय द्वारा निर्णय लेना ही है। अत: स्वतन्त्र व उन्मुक्त प्रचार पर आधारित चुनाव लोकतांत्रिक निर्णय प्रक्रिया का महत्त्वपूर्ण आधार माने जाते हैं। इस प्रकार निर्णय लेने के ढंग के रूप में लोकतन्त्र का आशय विचार-विमर्श और सहमति से राजनीतिक समाज से सम्बन्धित सभी निर्णय लेना है।

विचार-विमर्श और सहमति की निर्णय प्रक्रिया में कुछ या अधिकांश लोगों का सम्मिलित होना किसी निर्णय के ढंग को लोकतान्त्रिक नहीं बनाता है। इसके लिए निर्णय प्रक्रिया में सारे जन-समाज की सहभागिता का होना अनिवार्य है, अर्थात निर्णय लेने में राजनीतिक व्यवस्था के सभी नागरिकों का प्रत्यक्ष या अप्रत्यक्ष सम्मिलन आवश्यक है। अगर किसी निर्णय विधि से अधिकांश व्यक्तियों को वंचित रखा गया हो तो वह निर्णय प्रक्रिया लोकतान्त्रिक नहीं कही जा सकती । यहां यह ध्यान रखना है कि जनता के निर्णय प्रक्रिया में सम्मिलित होने के अवसर होने पर भी अगर बहुत बड़ा जन-भाग उससे उदासीन रहकर विलग रहे तो इसे निर्णयों की लोकतांत्रिकता पर आंच नहीं माना जाता है। यहां महत्त्वपूर्ण बात यह नहीं है कि समाज के कितने लोग निर्णय प्रक्रिया में सहभागी होते हैं वरन यह तथ्य महत्त्वपूर्ण है कि कितने लोगों को ऐसा करने के साधन व अवसर प्राप्त हैं। निर्णय प्रक्रिया में सम्पूर्ण समाज को सहभागी बनाने का दूसरा नाम ही लोकतन्त्र है। नियतकालिक चुनाव (periodic elections) तथा वयस्क मताधिकार,जन-सहभागिता के उपकरण हैं।

विचार-विमर्श तथा जन-सहभागिता के सबको समान अवसर निर्णय विधि को अवश्य ही लोकतांत्रिक बनाते हैं परन्तु शायद ऐसा सम्भव नहीं कि समाज से सम्बन्धित हर निर्णय पर समस्त जनता की सहमति होती हो। इस सहमति के अभाव में निर्णय लेने की कौन-सी विधि अपनाई जाए कि निर्णय प्रक्रिया की लोकतान्त्रिक प्रकृति बनी रहे और शीघ्रता से निर्णय लिये जा सकें। वैसे तो समस्त जनता की सहमति से लिया गया निर्णय आदर्श कहा जा सकता है, पर व्यवहार में सबके सब निर्णयों पर सहमति असम्भव नहीं तो भी दुष्कर अवश्य लगती है। इसलिए सबकी सहमति के अभाव में निर्णय बहुमत के आधार पर किये जाते हैं। इस प्रकार बहुमत के आधार पर किए गए निर्णय लोकतांत्रिक ही माने जाते हैं, क्योंकि इन निर्णयों में अधिकांश लोगों की सहमति सम्मिलित रहती

है। यहां यह बात ध्यान देने की है कि बहुमत के आधार पर निर्णय लेना, सबकी सहमति के बाद, निर्णय लेने की श्रेष्ठतम विधि कहा जाता है। अगर बहुमत के आधार पर निर्णय नहीं लिये जाएं तो निर्णय की प्रक्रिया अलोकतान्त्रिक कहलाती है। साथ ही निर्णयों में बहुमत के आधार का परित्याग करना, लोकतान्त्रिक निर्णय प्रक्रिया का ही, परित्याग कहा जा सकता है। यही कारण है कि लोकतांत्रिक व्यवस्थाओं में चुनाव परिणामों से लेकर विधान मण्डलों व मंत्रि परिषदों तक में निर्णय बहुमत के आधार पर किये जाते हैं। अभी तक मनुष्य निर्णय लेने का इससे श्रेष्ठतर विकल्प नहीं खोज पाया है। अतः लोकतांत्रिक निर्णय प्रक्रिया की यह आवश्यक शर्त है कि हर स्तर पर निर्णय बहुमत के आधार पर लिये जाएं। यहां यह भी ध्यान रखना है कि बहुमत के अर्थ पर गम्भीर विवाद है। हम इस विवाद में नहीं पड़कर इतना ही कहेंगे कि लोकतन्त्र में विभिन्न विकल्पों में से जिसका सापेक्ष बहुमत होता है वही विकल्प निर्णय मान लिया जाता है।

उपरोक्त तथ्य निर्णय के प्रक्रियात्मक पहलुओं से सम्बद्ध है, पर निर्णय प्रक्रियाओं को व्यावहारिकता प्रदान करने के लिए संरचनात्मक आधार भी होना चाहिए। इसलिए ही हर लोकतान्त्रिक समाज में निर्णय लेने की प्रक्रियाओं के संरचनात्मक आधार संविधान द्वारा निर्धारित किये जाते हैं। उदाहरण के लिए, यह कहा जा सकता है कि जन-सहभागिता को सम्भव बनाने के लिए सभी लोकतान्त्रिक संविधानों में नियतकालिक चुनावों की व्यवस्था की जाती है। लोकतान्त्रिक ढंग से लिया गया निर्णय संविधान द्वारा व्यवस्थित साधनों की परिधि में ही किया जाता है। हड़ताल, हिंसात्मक तोड़-फोड़ व धरनों के द्वारा शासकों को निर्णय विशेष लेने के लिए बाध्य करना वास्तव में असंवैधानिक साधनों के प्रयोग के कारण निर्णय का अलोकतान्त्रिक ढंग माना जाता है। निर्णय प्रक्रिया को लोकतान्त्रिक बनाने के लिए यह आवश्यक है कि संविधान में निम्नलिखित व्यवस्थाएं हों—(1) जनता के सामने प्रतियोगी पसंदों के अनेक विकल्प, (2) मताधिकार की पूर्ण समानता, (3) निर्वाचन व निर्वाचित होने की पूर्ण स्वतन्त्रता, और (4) प्रतिनिधित्व की अधिकतम समरूपता हो।

इस प्रकार किसी भी राजनीतिक व्यवस्था में निर्णय की विधि को लोकतान्त्रिक बनाने के लिए संवैधानिकता ही निर्णयों का एक मात्र आधार होती है।

जब किसी राजनीतिक समाज में बहुमत के आधार पर निर्णय लिये जाते हैं तो यह सम्भावना तो रहती ही है कि कुछ लोग इन निर्णयों से सहमत नहीं हों। ऐसी अवस्था में बहुमत के निर्णय ऐसे नहीं होने चाहिए कि उनसे अल्पसंख्यकों (minorities) का अहित हो। अनेक समाजों में अनेक वर्ग, धर्म, जातियां तथा संस्कृतियां एक साथ विद्यमान रहती हैं। बहुमत के आधार पर कुछ धर्मों, जातियों या भाषाओं के लोगों के हितों के प्रतिकूल भी निर्णय लिये जा सकते हैं। बहुमत के द्वारा लिये गये निर्णयों से अल्पसंख्यकों के अधिकारों व स्वतन्त्रताओं का हनन भी किया जा सकता है। ऐसे बहुमत के निर्णय लोकतन्त्र की भावना के प्रतिकूल माने जाते हैं। अतः निर्णय प्रक्रिया की लोकतान्त्रिकता के लिए आवश्यक है कि बहुमत के बलबूते पर ऐसे निर्णय नहीं लिये जाएं जिनमें कुछ लोगों के उचित हितों की अवहेलना हो। यह तभी सम्भव होता है जब बहु-

मत द्वारा लिए गए निर्णयों में अल्पसंख्यकों के हितों की भी सुरक्षा की व्यवस्था निहित हो।

लोकतान्त्रिक निर्णय प्रक्रिया के लिए यह आवश्यक है कि एक सीमा तक विचार-विमर्श, बहस व वाद-विवाद की छूट रहे और अन्त में बहुमत के आधार पर निर्णय ले लिए जाएं तथा बहुमत द्वारा लिए गए ऐसे निर्णय सब स्वीकार कर लें। अल्पसंख्यकों को भी बहुमत के ऐसे निर्णय स्वीकार होंगे, क्योंकि इनसे उनके हितों को नुकसान पहुंचने की सम्भावना नहीं होती। परन्तु बहुमत के आधार पर किए गए निर्णय कुछ लोगों का अहित करने वाले होने पर लोकतान्त्रिक निर्णय प्रक्रिया के प्रतिकूल माने जाने लगते हैं। इससे समाज में सहमति तथा आधारभूत ऐक्य समाप्त हो जाता है और समाज के टूटने का मार्ग खुल जाता है। इससे लोकतन्त्र का आधार लुप्त हो जाता है। अतः गहराई से देखने पर लोकतान्त्रिक राजनीतिक प्रक्रिया वस्तुतः विचार-विमर्श, वाद-विवाद, सामंजस्य और लेन-देन (give and take) की ही प्रक्रिया है। जिस राजनीतिक समाज में निर्णय लेने का ढंग उपरोक्त तथ्यों के अनुरूप रहता है तो वह राजनीतिक व्यवस्था लोकतान्त्रिक तथा उस समाज के लोगों द्वारा लिए गए निर्णय लोकतान्त्रिक ढंग से लिए गए निर्णय कहे जाएंगे। इन तथ्यों में से किसी एक अवहेलना या अभाव सम्पूर्ण व्यवस्था की प्रकृति में ही मौलिक परिवर्तन ला देता है। अतः लोकतान्त्रिक व्यवस्था के लिए यह अनिवार्य है कि निर्णय, आपसी विचार-विमर्श, जन-सहभागिता और बहुमत के आधार पर लिए जाएं अगर ऐसे निर्णय संवैधानिकता-युक्त व अल्पसंख्यकों के हितों के पोषक हों तो वह लोकतन्त्र के सुदृढ़ आधार स्तम्भ हो जाते हैं। इस तरह, निर्णय लेने के ढंग के रूप में लोकतन्त्र ऐसी व्यवस्था है जिसमें समाज के लिए व्यवहार के मानदंड स्थापित होते हैं और व्यक्ति की राजनीतिक गतिविधियों का सुनिश्चित प्रतिमान प्रकट होता है।

(ख) निर्णय लेने के सिद्धान्तों के रूप में लोकतन्त्र (Democracy as a set of principles by which decisions are made)—समाज में जो भी राजनीतिक निर्णय लिए जाएं उनका कुछ सिद्धान्तों पर आधारित होना आवश्यक है अन्यथा निर्णयों में न तो समरूपता (consistency) रहेगी और न ही निर्णय दिशात्मक एकता-युक्त बन पाएंगे। इसीलिए हर राजनीतिक समाज में कुछ निश्चित सिद्धान्तों की परिधि होती है जिसके दायरे में लिए गए निर्णय ही दिशात्मक एकता का लक्षण परिलक्षित कर सकते हैं। यह निश्चित सिद्धान्त लोकतन्त्रों व निरंकुशतन्त्रों में अनिवार्यतः पाये जाते हैं। दोनों प्रकार की प्रणालियों में इन सिद्धान्तों की मौलिक असमानताएं इन दोनों को भिन्न-भिन्न ही नहीं बनाती हैं, अपितु इन्हें एक दूसरे के प्रतिकूल प्रणालियां बना देती हैं। लोकतान्त्रिक प्रणाली उस राजनीतिक व्यवस्था में विद्यमान रह सकती है जहां समाज के सम्बन्ध में निर्णय लेने के आधार स्वरूप कुछ सिद्धान्त व्यवहार में प्रयुक्त होते हैं। इन सिद्धान्तों पर आधारित निर्णय ही लोकतान्त्रिक ढंग से लिए गए निर्णय कहला सकते हैं। वास्तव में निर्णय लेने के ढंग के रूप में लोकतन्त्र तभी यथार्थता-युक्त बनता है जब यह सिद्धान्त निर्णय लेने के ढंग के मार्गदर्शक बने रहें। संक्षेप में, यह सिद्धान्त इस प्रकार व्यक्त किये जा सकते हैं—

(1) प्रतिनिधि सरकार का सिद्धान्त।
(2) उत्तरदायी सरकार का सिद्धान्त।
(3) संवैधानिक सरकार का सिद्धान्त।
(4) प्रतियोगी राजनीति का सिद्धान्त।
(5) लोकप्रिय सम्प्रभुता का सिद्धान्त।

किसी भी शासक व्यवस्था को लोकतान्त्रिक तभी कहा जाता है जब राजनीतिक व्यवस्था में निर्णय लेने का कार्य जनता द्वारा निर्वाचित प्रतिनिधियों द्वारा ही सम्पादित हो, अर्थात लोकतान्त्रिक व्यवस्था में सरकार का गठन प्रतिनिधित्व के सिद्धान्त पर आधारित होना चाहिए। आधुनिक लोकतन्त्रों में नीति-निर्माताओं अथवा शासन प्रतिनिधियों को एक निश्चित अवधि के लिए जनता द्वारा चुना जाता है। इस निश्चित अवधि की समाप्ति पर शासन प्रतिनिधियों को फिर जनता के सामने पेश होना पड़ता है तथा जनता उसके द्वारा किये गये कार्यों का लेखा-जोखा लेकर उन्हें पुनः निर्वाचित कर सकती है या उनके स्थान पर नेताओं का दूसरा सैट ला सकती है। अतः नियतकालिक चुनाव शासन कर्त्ताओं को सही अर्थों में जन प्रतिनिधि बनाए रखने की व्यवस्था करना ही है। लोकतान्त्रिक व्यवस्था में अंतिम सत्ता जनता में निवास करती है। जनता की यह सत्ता निर्वाचन के माध्यम से प्रतिनिधियों को प्रदान कर दी जाती है। अतः प्रतिनिधि सरकार का होना लोकतन्त्र की व्यवस्था करता है, क्योंकि राजनीतिक समाज में निर्णय कर्त्ता केवल जन प्रतिनिधि ही होते हैं।

शासन का प्रतिनिधि स्वरूप ही किसी राजनीतिक व्यवस्था को लोकतान्त्रिक कहने के लिए पर्याप्त नहीं है। इसके लिए यह भी आवश्यक है कि शासन-शक्ति के धारक अपने हर निर्णय व कार्य के लिए जनता के प्रति प्रत्यक्ष रूप से उत्तरदायी रहें। लोकतन्त्र में शासकों को सत्ता जनता की धरोहर के रूप में प्राप्त रहती है तथा इस सत्ता का उन्हें जनता के हित में, जनता की उन्नति व प्रगति के लिए ही प्रयोग करना होता है। अगर शासक ऐसा नहीं करते हैं तो वह न जनता के सही प्रतिनिधि रह पाते हैं और न ही उत्तरदायी कहे जा सकते हैं। केवल वही राजनीतिक समाज लोकतान्त्रिक माने जाते हैं। जहां शासक निरन्तर उत्तरदायित्व निभाते हैं। अगर शासक उत्तरदायित्व न निभाएं तो उनको हटाने की व्यवस्था रहती है। नियतकालिक चुनाव शासकों को प्रभावशाली ढंग से नियन्त्रित रखने का अवसर प्रदान करते हैं। यही कारण है कि स्वतन्त्र व नियतकालिक चुनाव व्यवस्था को लोकतन्त्र की जीवनरक्षक 'डोर' का नाम दिया जाता है। चुनाव दोहरे ढंग से किसी व्यवस्था को लोकतान्त्रिक बनाने की भूमिका अदा करते हैं। प्रथम, तो इससे लोकप्रिय नियन्त्रण की व्यवस्था होती है तथा दूसरे इससे जनता के प्रतिनिधि ही शासकों के रूप में रहते हैं।

सरकार किसी देश के प्रशासित होने की व्यवस्था का नाम है। ऐसी सरकार के गठन व कार्य करने की विधियों का निर्धारण मनमाने ढंग से होने पर शासन व्यवस्था लोकतान्त्रिक नहीं रहती है। सरकार को लोकतान्त्रिक आधार प्रदान करने के लिए यह आवश्यक है कि इसकी संरचनात्मक व्यवस्था व कार्य-प्रणाली संविधान द्वारा निरूपित

की जाय। संविधान नियमों का ऐसा संग्रह है जो उन उद्देश्यों की प्राप्ति कराता है जिनके लिए शासन शक्ति प्रवर्तित की जाती है और जो शासन के उन विविध अंगों की सृष्टि करता है जिनके माध्यम से सरकार अपनी शक्ति का उत्तरदायी ढंग से प्रयोग करती है। अतः संविधान जनता के आदर्शों को व्यावहारिक बनाने के माध्यम के रूप में सरकार का संगठक कहा जा सकता है। लोकतान्त्रिक व्यवस्था के लिए यह ही पर्याप्त नहीं है कि उसका एक संविधान हो, क्योंकि हर राज्य में किसी न किसी प्रकार का संविधान तो अनिवार्यतः होता है। पर ऐसे हर राज्य में संवैधानिक सरकार भी हो यह जरूरी नहीं है, क्योंकि संवैधानिक सरकार वह सरकार ही होती है जो संविधान की व्यवस्थाओं के अनुसार संगठित, सीमित और नियन्त्रित होती है तथा व्यक्ति विशेष की इच्छाओं के स्थान पर केवल विधि के अनुरूप ही संचालित होती है। हिटलर व स्तालिन के समय में जर्मनी व रूस में संविधान तो थे पर संवैधानिक सरकारें भी थीं ऐसा नहीं कहा जा सकता है। इनमें राजनीतिक आचरण का आधार संविधान नहीं होकर व्यक्ति या दल की महत्त्वाकांक्षाएं ही कही जा सकती हैं। अतः राज्य में केवल संविधान का होना मात्र सरकार को लोकतान्त्रिक नहीं बनाता है। केवल वह सरकार ही लोकतान्त्रिक कही जाती है जो संविधान पर आधारित हो, संविधान द्वारा सीमित और नियन्त्रित हो व स्वेच्छापूर्वकता के स्थान पर केवल विधि के अनुरूप ही संचालित हो। अतः लोकतान्त्रिक शासन के लिए संवैधानिक सरकार का होना आवश्यक है।

लोकतन्त्र में हर व्यक्ति को राजनीतिक स्वतन्त्रता रहती है। वह अपने हितों की रक्षा के लिए किसी भी दल का सदस्य बन सकता है तथा किसी भी व्यक्ति को अपने प्रतिनिधि के रूप में निर्वाचित करने के लिए मत दे सकता है। राजनीतिक स्वतन्त्रता की व्यावहारिकता ही प्रतियोगी राजनीति कही जाती है। राजनीतिक व्यवस्था में प्रतियोगी राजनीति के लिए यह आवश्यक है कि अनेक संगठन, दल व समूह, प्रतियोगी रूप में उस व्यवस्था में सक्रिय रहें। राजनीतिक स्वतन्त्रता की अवस्था में ही राजनीतिक दल बनकर जनता के सामने भिन्न-भिन्न प्रकार के दृष्टिकोण एवं नीति सम्बन्धी विकल्प प्रस्तुत कर सकते हैं। इनके द्वारा चुनावों में जनता के सामने अनेक विकल्पों की व्यवस्था होती है तथा जनता इनमें से किसी एक को पसन्द करके अपने मन की अभिव्यक्ति करती है। अगर किसी समाज में केवल एक ही विकल्प हो और इस विकल्प के कारण जनता को इसी का समर्थन करना पड़ता हो तो ऐसी राजनीति को प्रतियोगी राजनीति नहीं कहा जा सकता और इसके अभाव में लोकतन्त्र नहीं हो सकता है। अतः लोकतन्त्र की 'जीवन-रेखा' ही प्रतियोगी राजनीति है। राजनीतिक समाज में प्रतियोगी राजनीति की व्यवस्था करने के लिए अनिवार्यताएं होती हैं—(1) राजनीतिक गतिविधियों की पूर्ण स्वतन्त्रता, (2) दो या दो से अधिक प्रतियोगी दलों या समूहों के रूप में वैकल्पिक पसन्दों की विद्यमानता, (3) मताधिकार की पूर्ण समानता अर्थात सर्वव्यापी वयस्क मताधिकार की व्यवस्था, (4) प्रतिनिधित्व की अधिकतम एकरूपता, और (5) नियतकालिक चुनाव।

उपरोक्त व्यवस्थाओं के अभाव में किसी भी देश की राजनीति प्रतियोगिक नहीं बन सकती है। साम्यवादी राज्यों या अन्य एकदलीय व्यवस्थाओं वाले राज्यों में प्रतिनिधि

सरकार, उत्तरदायी सरकार तथा संवैधानिक सरकार की संरचनात्मक व्यवस्थाएं रहती हैं परन्तु प्रतियोगी राजनीति का अभाव इनको लोकतान्त्रिक व्यवस्थाओं की श्रेणी में नहीं आने देता है। जैसे साम्यवादी राज्यों में नियतकालिक चुनाव होते हैं तथा मतदान प्रतिशत भी करीब-करीब शत-प्रतिशत रहता है। परन्तु मतदाता के सामने चुनाव उम्मीदवार के रूप में एक ही व्यक्ति के होने के कारण कोई विकल्प नहीं रहता है। इससे इसी प्रत्याशी का, जो एकमात्र उम्मीदवार के रूप में खड़ा है, समर्थन करना उसकी पसन्द का सही प्रकाशन नहीं है। इसके लिए कई प्रत्याशियों का होना आवश्यक है। इससे स्पष्ट है कि लोकतन्त्र की 'संजीवनी' प्रतियोगी राजनीति ही होती है।

लोकतन्त्र की परिभाषा में यह स्पष्ट किया गया है कि इस व्यवस्था में शक्ति का स्रोत जनता होती है। जब हम यह कहते हैं कि जनता अपने मत सम्बन्धी अधिकार के प्रयोग द्वारा संविधान को अपनी इच्छा के अनुकूल बना सकती है अथवा वह उसके द्वारा अपने प्रतिनिधियों पर नियन्त्रण रख सकती है तो इसका तात्पर्य यही होता है कि संप्रभुत्व-शक्ति जनता के हाथों में रहती है। इसका यह अर्थ है कि राज्य में जनता सर्वोपरि एवं संप्रभु होती है। क्योंकि उसकी ही इच्छा के अनुसार राज्य-शक्ति का प्रयोग होता है। मताधिकार के कारण शासन-सम्बन्धी अन्तिम शक्ति जनता में निहित रहती है। अतः हम जनता को संप्रभु कहते हैं और उसमें निहित शक्ति को जनता की सम्प्रभुता कहा जाता है। लोकतान्त्रिक समाज की पहचान ही जनता की सम्प्रभुता है। इसके माध्यम से ही जनता सरकार को प्रतिनिधि, उत्तरदायी व संवैधानिक रख पाती है। आने वाले चुनाव का भय शासकों को उत्तरदायी रखने की प्रभावशाली व्यवस्था माना गया है। अतः लोकतान्त्रिक व्यवस्था में जनता की सम्प्रभुता का सिद्धान्त अत्यधिक महत्त्व का है।

अब तक हमने लोकतन्त्र को निर्णय लेने के ढंग तथा निर्णय लेने के सिद्धान्तों के रूप में विवेचित किया है। परन्तु इससे यह प्रश्न उठता है कि निर्णय लेने की एक लोकतान्त्रिक प्रक्रिया और उसके आधारभूत सिद्धान्तों का अनुसरण क्यों किया जाए? आखिर ऐसी क्या बात है जिसके कारण राजनीतिक समाज एक विशेष निर्णय-प्रक्रिया व सैद्धान्तिक व्यवस्था के अनुपालन के लिए मर मिटने तक को तैयार हो जाता है। ऐसी क्या बात है कि भारत के नागरिक, चीन के नागरिकों के द्वारा अपनाए गए राजनीतिक साधनों व विचारधारा से अपने को बेमेल मानते हैं? क्यों चीन में प्रचलित निर्णय प्रक्रियाओं तथा सिद्धान्तों को भारत में पसन्द नहीं किया जाता है? इसके उत्तर में यही कहा जा सकता है कि चीन के समाज के आदर्श, भारत के समाज के आदर्शों से भिन्न हैं तथा चीन के आदर्शों व मूल्यों के मुकाबले में भारत का समाज अपने मूल्यों व व्यवहार के मानदण्डों को श्रेष्ठतर मानता है। इससे यह स्पष्ट होता है कि किसी राजनीतिक समाज में निर्णय-प्रक्रियाओं व निर्णयों के आधारभूत सिद्धान्तों का निरूपण समाज की मूल्य व्यवस्था से होता है। लोकतान्त्रिक समाज में मूल्य ही महत्त्वपूर्ण कहे जाते हैं, क्योंकि इन मूल्यों के द्वारा निर्णय सिद्धान्तों व निर्णय के ढंगों का नियमन होता है। वास्तव में लोकतन्त्र व तानाशाही प्रणाली में यह मूल्य व्यवस्था का अन्तर ही आधारभूत होता है। अतः लोकतन्त्र को आदर्शी मूल्यों के सेट या समूह के रूप में परिभाषित करना भी आवश्यक है।

(ग) आदर्शी मूल्यों के रूप में लोकतन्त्र (Democracy as a set of normative values)— लोकतान्त्रिक शासन प्रणाली की आधारभूत कसौटी इसकी मूल्य व्यवस्था में निहित है। इन्हीं मूल्यों के आधार पर किसी व्यवस्था को लोकतान्त्रिक या अलोकतान्त्रिक कहा जा सकता है। कोरी तथा अब्राहम ने लोकतान्त्रिक समाज के निम्नलिखित मूल्यों को आधारभूत बताया है—(1) व्यक्तिगत व्यक्तित्व का सम्मान (respect for individual personality), (2) व्यक्तिगत स्वतन्त्रता (individual freedom), (3) विवेक में विश्वास (balief in rationality), (4) समानता (equality), (5) न्याय (justice) और (6) विधि का शासन या संविधानवाद (rule of law or constitutionalism)।

(i) मानव समाजों में कुछ आदर्शों व मूल्यों की व्यवस्था से उनसे भी उच्चतर आदर्श उपलब्ध हो जाते हैं। हर समाज में कुछ ऐसे मूल्य होते हैं जिनकी व्यवस्था ही इसलिए की जाती है कि जिससे समाज उनसे भी श्रेष्ठतर मूल्यों को प्राप्त करने के मार्ग पर आगे बढ़ सकें। उदाहरण के लिए, व्यक्ति का स्वतंत्रता व सामाजिक समानता में विश्वास ही इसलिए होता है कि इनके सहारे उसके व्यक्तित्व के विकास का सर्वश्रेष्ठ वातावरण प्रस्तुत होता है। व्यक्ति के व्यक्तित्व के विकास के लिए यह अनिवार्य है कि व्यक्तिगत व्यक्त्वि का सम्मान किया जाय जिससें हर व्यक्ति अपने ढंग से, बेरोकटोक अपनी पूर्णता के मार्ग पर आगे बढ़ सके। लोकतान्त्रिक समाज का यह आदर्श या मूल्य सर्वाधिक महत्त्व का माना जाता है। हर व्यक्ति के लिए स्व-अभिव्यक्ति का अवसर व साधन महत्त्व रखते हैं। मनुष्य के विकास में व्यक्तित्व के भौतिक व बाहरी पहलुओं से कहीं अधिक महत्त्वपूर्ण उसके आंतरिक पहलुओं का है। मनुष्य चाहता है कि वह परिपूर्ण बने। इसके लिए यह आवश्यक है कि उसके व्यक्तिगत व्यक्तित्व का मान-सम्मान हो। इसके अभाव में व्यक्ति के पास सब कुछ होते हुए भी उसे रिक्तता या कुछ कमी महसूस होती है। अतः लोकतन्त्र के दृष्टिकोण में, सर्वोच्च मूल्य व राजनीतियों का अन्तिम ध्येय, व्यक्ति की मुक्ति व व्यक्तित्व का सम्मान करना है। यहां यह ध्यान रखना होगा कि व्यक्तिगत व्यक्तित्व के सम्मान का मूल्य राजनीतियों में अन्य मूल्यों की विद्यमानता को अस्वीकार नहीं करता है। व्यक्तियों व समूहों के और भी श्रेष्ठतर आदर्श हो सकते हैं। यह मूल्य वास्तव में उनका विरोध नहीं है। यह तो वास्तव में अन्य आदर्शों व मूल्यों की प्राप्ति के लिए व्यक्ति को अनिवार्यतः उन्मुक्त बना देता है। अतः लोकतन्त्र व्यवस्था का सबसे अधिक महत्त्वपूर्ण मूल्य, जिससे अन्य मूल्यों की प्राप्ति का मार्ग प्रशस्त होता है, व्यक्तिगत व्यक्तित्व का सम्मान है। वास्तव में लोकतान्त्रिक व्यवस्था का यह ऐसा आधार स्तम्भ है जिसके सहारे अन्य मूल्य भी प्राप्त किये जा सकते हैं।

(ii) लोकतान्त्रिक समाज का दूसरा महत्त्वपूर्ण मूल्य स्वतन्त्रता का है। लोकतन्त्र के विचार के इतिहास में इस शब्द का कई अर्थों में प्रयोग हुआ है। एक राजनीतिक आदर्श के रूप में स्वतन्त्रता के नकारात्मक और सकारात्मक दो पहलू माने जाते हैं। इसके नकारात्मक पहलू में स्वतन्त्रता का अर्थ बन्धनों का अभाव है, तथा सकारात्मक रूप में इसका अर्थ जीवन की उन परिस्थितियों व स्थितियों के होने से लिया जाता है जिसमें

व्यक्ति अपने सही स्वरूप को प्राप्त कर सकता है। इसके अर्थ के नकारात्मक व सकारात्मक पहलू आपस में बेमेल पड़ते हैं। इसलिए स्वतन्त्रता यह अर्थ सभी प्रकार के प्रतिबन्धों का अभाव, अराजकता व अव्यवस्था का मार्ग तैयार करता है जो इसके दूसरे अर्थ को अव्यावहारिक बना देता है। अतः लोकतान्त्रिक मूल्य में स्वतन्त्रता का सही अर्थ समझना आवश्यक है।

सीले के अनुसार 'स्वतन्त्रता अति शासन का विलोम है'। लास्की की मान्यता है कि स्वतन्त्रता वह स्थिति है जिसमें व्यक्ति बिना किसी बाहरी बाधा के अपने जीवन के विकास के तरीके को चुन सकता है। अतः स्वतन्त्रता सब प्रकार के प्रतिबन्धों का अभाव नहीं, अपितु अनुचित के स्थान पर उचित प्रतिबन्धों की व्यवस्था है, अर्थात स्वतन्त्रता का तात्पर्य नियंत्रणों के अभाव, उच्छृंखलता से न होकर उस नियंत्रित स्वतन्त्रता से है जो उचित प्रतिबन्धों द्वारा मर्यादित हो। लोकतन्त्र में स्वतन्त्रता का यही अर्थ लिया जाता है। इसी अर्थ में यह लोकतान्त्रिक समाजों में सर्वप्रिय मूल्य के रूप में अपनाया जाता है। अतः स्वतन्त्रता का लोकतान्त्रिक मूल्य के रूप में तात्पर्य वैयक्तिक व्यवहार की नियमितता और मर्यादा से है। इसका सम्बन्ध आवश्यक रूप से समाज की इकाई के रूप में व्यक्ति के व्यक्तित्व के विकास से होता है जिससे व्यक्तिगत व्यक्तित्व का सम्मान हो सके।

(iii) कोरी तथा अब्राहम का कहना है कि 'लोकतान्त्रिक आदर्श में यह धारणा सन्निहित है कि मनुष्य एक विवेकशील प्रणाली है जो कार्य करने के सिद्धान्तों का निर्णय करने और अपनी निजी इच्छाओं को उन सिद्धान्तों के अधीनस्थ बनाए रखने में समर्थ है।[4] वास्तव में यह धारणा अपने आप में बड़ी महत्त्वपूर्ण है, क्योंकि यदि व्यक्ति विवेक की पुकार नहीं सुनेंगे तो लोकतन्त्र एक स्थायी शासन प्रणाली कभी नहीं बन सकेगी। व्यक्तियों के परस्पर विरोधी दावों, उद्देश्यों और हितों में विवाद और वार्ता द्वारा तब तक कभी सामंजस्य स्थापित नहीं हो सकता जब तक कि ऐसे सामान्य स्वीकृत नियमों का अस्तित्व न हो, जिनके आधार पर वार्ता या विवाद में किस पक्ष की जीत मानी जाएगी इसका, निर्णय न किया जा सके। इन नियमों में सबसे साधारण और स्पष्ट नियम तो यही है कि बहुमत का निर्णय और विचार ही मान्य होना चाहिए। यहां यह ध्यान रखना होगा कि बहुमत का कोरा सिद्धान्त भी उसी प्रकार अविवेकपूर्ण है जिस प्रकार कि 'जिसकी लाठी उसकी भैंस' वाली धारणा। मनुष्य केवल विवेकी यन्त्र (logical machine) ही नहीं है। वह भावनाओं का पुतला भी है। अतः लोकतान्त्रिक आदर्श को यह मानकर चलना होगा कि प्रयत्नों से मनुष्य को भावनाओं के स्तर से विवेक के स्तर पर लाया जा सकता है जिससे वह अपने मतभेदों को बातचीत करके या कुछ सिद्धान्तों का सहारा लेकर तय कर सके। इस प्रकार लोकतान्त्रिक आदर्श में मनुष्य की विवेकशीलता की धारणा सन्निहित होनी चाहिए। अगर मनुष्य की विवेकशीलता की बात छोड़

[4]J. A. Corry and Henry J. Abraham, *Elements of Democratic Government*, 3rd ed. New York, Oxford University Press, 1958, p. 217.

दी जाय तो लोकतान्त्रिक समाज के स्थान पर अराजक समाज ही स्थापित होगा।

(iv) लोकतान्त्रिक आदर्श के रूप में हम स्वतन्त्रता का ऊपर उल्लेख कर चुके हैं। ऐसा कहा जाता है कि स्वतन्त्रता समानता से अविच्छिन्न रूप से सम्बन्धित है। इसलिए ही शायद आर्शीवादम ने यह कहा है कि 'फ्रांस के क्रांतिकारियों ने जब युद्ध घोषणा करते हुए स्वतन्त्रता, समानता और भ्रातृत्व का नारा लगाया था तब वे न तो पागल थे और न मूर्ख।[5] इसका संकेत इस बात की ओर है कि स्वतन्त्रता के मूल्य की क्रियान्विति के लिए समानता के मूल्य का अस्तित्व आवश्यक है। समानता प्रजातन्त्र की स्थापना का एक प्रधान तत्त्व है। इसका सामान्य अर्थ उन विषमताओं के अभाव से लिया जाता है जिसके कारण असमानता पनपती है। समाज में दो प्रकार की असमानता पाई जाती है। एक प्रकार की असमानता वह है जिसका मूल व्यक्तियों की प्राकृतिक असमानता है, परन्तु इस प्रकार की असमानता का कोई निराकरण सम्भव नहीं हो सकता। इसलिए इस समानता से किसी को शिकायत नहीं रहती है। दूसरे प्रकार की असमानता वह है जिसका मूल समाज द्वारा उत्पन्न की हुई विषमता होती है। हम देखते हैं कि बुद्धि, बल और प्रतिभा की दृष्टि से अच्छे होने पर भी निर्धन व्यक्तियों के बच्चे अपने व्यक्तित्व का वैसा विकास नहीं कर पाते, जैसा विकास बुद्धि, बल और प्रतिभा की दृष्टि से निम्नतर स्तर के होते हुए भी, धनिकों के बच्चे कर लेते हैं। इस प्रकार की असमानता का कारण समाज द्वारा उत्पन्न परिस्थितियों का वह वैषम्य होता है जिसके कारण सब लोगों को व्यक्तित्व विकास का समान अवसर प्राप्त नहीं हो पाता है। अत: राजनीतिक समाज में समानता का तात्पर्य ऐसी परिस्थितियों के अस्तित्व से होता है, जिसके कारण सब व्यक्तियों को व्यक्तित्व विकास के समान अवसर प्राप्त हो सकें।

लोकतान्त्रिक दृष्टि से समानता का राजनीतिक पहलू महत्त्वपूर्ण है। समानता के राजनीतिक रूप का अर्थ यह है कि राजनीतिक व्यवस्था में सभी वयस्क नागरिकों को समान नागरिक और राजनीतिक अधिकार उपलब्ध हों। राजनीतिक समानता का यह आशय नहीं है कि राज्य में प्रत्येक व्यक्ति समान शक्ति का प्रयोग करता हो। इसका अभिप्राय केवल यह है कि प्रत्येक व्यक्ति समान राजनीतिक अधिकारों का प्रयोग कर सके। समानता का यह पक्ष किसी समाज के नागरिकों को शासन-प्रक्रिया में सम्मिलित करने की व्यवस्था माना जाता है। इससे सभी व्यक्तियों को समान रूप से शासन में भाग लेने का अवसर मिल जाता है। इसमें वोट देना, निर्वाचित पद के लिए उम्मीदवार होना व सरकारी पद प्राप्त करना प्रमुख है। इन सब में सबको अवसरों की समानता ही राजनीतिक समानता कही जाती है। यह लोकतन्त्र का आधार मानी जाती है।

समानता का दूसरा पक्ष नागरिक समानता है। उसका तात्पर्य सभी को नागरिकता के समान अवसर प्राप्त होने से होता है। नागरिक समानता की अवस्था में व्यक्ति के मूल अधिकार सुरक्षित होने चाहिए तथा सभी को कानून का संरक्षण समान रूप से प्राप्त

[5]E. Asirvatham, *Political Theory*, Lucknow, The Upper India Publishing House, 1949, p. 221.

होना चाहिए, क्योंकि कानून की दृष्टि से यदि धन, पद, वर्ग अथवा धर्म के आधार पर भेद होने लगे, तो उससे नागरिक असमानता उत्पन्न हो जाएगी। नागरिक समानता के आधार पर ही सामाजिक समानता लाना सम्भव होता है और यह राजनीतिक समानता को यथार्थता के तत्त्व से युक्त करती है। आधुनिक युग में समानता का एक और पक्ष महत्त्वपूर्ण माना जाने लगा है। यह है आर्थिक समानता। इस समानता को समाजवादियों ने अपने आधारभूत सिद्धान्त के रूप में अपनाया है। इसका अर्थ यह है कि सब मनुष्यों के पास आवश्यकतानुसार पर्याप्त सम्पत्ति हो और कोई सम्पत्ति के स्वामित्व की दृष्टि से ऐसी स्थिति में नहीं हो कि दूसरे का शोषण कर सके। आर्थिक समानता का अर्थ यह नहीं है कि सभी के पास समान सम्पत्ति अथवा धन हो। इसका तो केवल इतना ही तात्पर्य है कि सम्पत्ति तथा धन का उचित वितरण हो जिससे उसके अभाव के कारण किसी व्यक्ति के व्यक्तित्व के विकास में बाधा न पड़े। आर्थिक समानता वास्तव में राजनीतिक समानता को अर्थपूर्ण व वास्तविक बनाती है। यही कारण है कि आधुनिक लोकतन्त्रों में राजनीतिक व आर्थिक समानता का मूल्य सर्वाधिक महत्त्व का माना जाने लगा है। इसके बिना न व्यक्ति के व्यक्तिगत व्यक्तित्व का सम्मान हो सकता है और न ही व्यक्ति की स्वतन्त्रता की सच्चे अर्थों में व्यवस्था हो सकती है।

(v) लोकतान्त्रिक व्यवस्था न्याय पर आधारित होनी चाहिए। न्याय की प्राप्ति लोकतन्त्र का आधार है। अनेक राजनीतिक दार्शनिक तो यह मानते हैं कि लोकतान्त्रिक प्रणाली ही न्याय की प्राप्ति का एकमात्र साधन है। वैसे न्याय लोकतन्त्र का ऐसा मूल्य है जो अपने आप में व्यापकतम प्रकृति रखता है। इस कारण इसे बहुत कुछ अस्पष्ट सा ही माना जाता है। फिर भी, इतना तो कहा ही जा सकता है कि लोकतन्त्रात्मक व्यवस्था में अन्याय के लिए बहुत कम स्थान रहता है। लोकतन्त्र में राजनीतिक स्वतन्त्रताएं, समानताएं और सुरक्षाएं हर नागरिक को प्राप्त रहती हैं। इस कारण, हर व्यक्ति अन्याय की अवस्था से अपने आपको मुक्त करने के कारगर साधन रखता है। अत: न्याय की व्यवस्था उस समाज में स्वतः ही हो जाती है जहां स्वतन्त्रता, समानता और व्यक्तिगत व्यक्तित्व का सम्मान करने की संस्थागत व्यवस्थाएं होती हैं। राजनीतिक, सामाजिक और आर्थिक दृष्टियों से लोकतान्त्रिक व्यवस्थाओं में हर नागरिक को न्याय प्राप्त होना लोकतांत्रिक मूल्यों को सुदृढ़ करना माना जाता है।

(vi) संविधानवाद, विधि के शासन का आदर्श प्राप्त करने का साधन है। यह उन विचारों व सिद्धान्तों की ओर संकेत करता है, जो उस संविधान का विवरण व समर्थन करते हैं, जिनके माध्यम से राजनीतिक शक्ति पर प्रभावशाली नियन्त्रण स्थापित किया जा सके। यह संविधान पर आधारित विचारधारा है, जिसका मूल अर्थ यही है कि शासन संविधान में लिखित नियमों व विधियों के अनुसार ही संचालित हो तथा उस पर प्रभावशाली नियन्त्रण स्थापित रहे, जिससे वे मूल्य और राजनीतिक आदर्श सुरक्षित रहें जिनके लिए समाज राज्य के बंधन स्वीकार करता है। परन्तु इसका यह अर्थ नहीं कि संविधान के नियमों के अनुसार शासन संचालन मात्र ही संविधानवाद है। ऐसा तो किसी निरंकुश शासन में भी हो सकता है। एक तानाशाह अपनी इच्छा के अनुसार संविधान-

बनाकर, जनता की इच्छाओं और आकांक्षाओं की अवहेलना करता हुआ उन पर यह संविधान बलपूर्वक लागू कर सकता है। ऐसे संविधान में जनता के आदर्शों व मूल्यों का समावेश नहीं होता है, और इस कारण यह व्यवस्था संविधानवाद का विलोम ही होगी। अतः संविधानवाद, संविधान के नियमों के अनुरूप शासन संचालन से अधिक है। इसका अर्थ है, निरंकुश शासन के विपरीत नियमानुकूल शासन, जिसमें मनुष्य की आधारभूत मान्यताओं, आस्थाओं और मूल्यों की व्यवहार में उपलब्धि सम्भव हो। इस अर्थ में संविधानवाद लोकतन्त्र का एक ऐसा मूल्य है जो अन्य मूल्यों में वास्तविकता लाता है। यह व्यक्तियों के स्थान पर विधियों के शासन की स्थापना का नाम है। अतः लोकतान्त्रिक व्यवस्था में प्राणवायु का संचार विधि का शासन या संविधानवाद का मूल्य ही करता हुआ कहा जा सकता है।

उपरोक्त वर्णन में हमने लोकतन्त्र की अवधारणा के तीन अर्थों का स्पष्टीकरण किया है। इस विवेचन से यह निष्कर्ष निकालना कठिन नहीं होगा कि लोकतंत्र वास्तव में जीवन का एक तरीका है। यह राजनीतिक समाज के मूल्यों का भी द्योतक है। यह उन सिद्धान्तों व निर्णय करने की प्रक्रियाओं का संकेतक भी है जिनसे यह मूल्य सुरक्षित और व्यावहारिक बनते हैं। इस वर्णन से यह भी स्पष्ट होता है कि निर्णय के ढंग के रूप में लोकतन्त्र, निर्णय लेने के सिद्धान्तों के रूप में लोकतन्त्र का पूरक है तथा यह दोनों आदर्श मूल्यों के रूप में लोकतन्त्र को यथार्थता प्रदान करते हैं। लोकतन्त्र के अर्थ के विस्तृत विवेचन के बाद यह समझना सरल हो जाता है कि लोकतन्त्र की विभिन्न विचारधाराएं कौन-कौन-सी हैं तथा लोकतन्त्र के इन दृष्टिकोणों के बीच क्या मौलिक अन्तर हैं?

लोकतन्त्र के विभिन्न दृष्टिकोण या अवधारणाएं (Different Concepts of Democracy)

लोकतन्त्र की अवधारणा का विशेष अर्थ तथा विशिष्ट मान्यताएं होती हैं। अवधारणा के रूप में इसके अर्थ, सिद्धान्तों व मूल्यों का विस्तृत वर्णन हम ऊपर कर आए हैं। यह लोकतन्त्र की सैद्धान्तिक व विशुद्ध व्याख्या है। व्यवहार में ब्रिटेन व अमरीका के लोकतांत्रिक शासन भी इसके अनुरूप नहीं रहे हैं। इतना ही नहीं वर्तमान विश्व के अधिकांश राज्य 'लोकतान्त्रिक' होने का दावा करते हैं। कहीं लोकतन्त्र को केवल शासन का रूप माना गया है तो कहीं इसे जीवन का ढंग या सामाजिक दर्शन कहा गया है। ऐसी अवस्था में यह तो मानना ही होगा कि लोकतन्त्र सम्बन्धी विचारों में आजकल बहुत अन्तर आ गये हैं। यह वैचारिक अन्तर लोकतन्त्र के सिद्धान्तों व मूल्यों में भी परिलक्षित होने लगे हैं। इस कारण लोकतन्त्र के अनेक दृष्टिकोण सामने आ गए हैं। अतः विशुद्ध लोकतन्त्र के मानदण्डों के आधार पर किसी व्यवस्था की लोकतान्त्रिक या अलोकतांत्रिक घोषित करने के बजाय, लोकतन्त्र के प्रचलित दृष्टिकोणों, उनकी मान्यताओं व मूल्यों को समझना अधिक उपयुक्त होगा। मान्यताओं की समानता एवं प्रचलन के आधार पर प्रजातन्त्र-विषयक दृष्टिकोणों को तीन भागों में विभाजित किया गया है।

(क) पश्चिमी या उदारवादी दृष्टिकोण, (ख) साम्यवादी दृष्टिकोण, और (ग) समाजवादी दृष्टिकोण।

लोकतन्त्र के इन दृष्टिकोणों में आदर्श मूल्यों व सिद्धान्तों के अन्तर होने के कारण निर्णय की प्रक्रियात्मक व्यवस्थाओं में भी मौलिक अन्तर पाए जाते हैं। मान्यताओं की मोटी समानता एवं प्रचलन के आधार पर सभी को प्रजातन्त्र कहा गया है, किन्तु इनमें अन्तर्निहित विचारों में पर्याप्त अन्तर हैं। इनके पृथक-पृथक विवेचन से विभिन्न दृष्टिकोणों में व्याप्त समानताओं व असमानताओं को समझा जा सकता है।

(क) लोकतन्त्र का पश्चिमी या उदारवादी दृष्टिकोण (The concept of western or liberal democracy)—लोकतन्त्र के पश्चिमी दृष्टिकोण में राजनीतिक लोकतन्त्र या संवैधानिक लोकतन्त्र को प्रधानता दी जाती है। लोकतन्त्र के इस दृष्टिकोण के सिद्धान्तों को लेकर विद्वान एक ही बात को अलग-अलग ढंग से प्रस्तुत करते हैं। राबर्ट सी बोन ने संवैधानिक उदार लोकतन्त्र के लिए निम्न सिद्धान्तों को आवश्यक माना है।

(1) नीति निर्माताओं के निर्वाचन में जन-सहभागिता; (2) भावी नीति निर्माताओं के दो या दो से अधिक प्रतियोगी समूहों में से पसंद के विकल्प; (3) मताधिकार की पूर्ण समानता; (4) प्रतिनिधित्व की अधिकतम एकरूपता; (5) मतदाताओं को पसंद, तथा वैध राजनीतिक समूहों को राजनीतिक गतिविधियों की पूर्ण स्वतन्त्रता; (6) निर्वाचित प्रतिनिधियों द्वारा लम्बे विचार-विमर्श के बाद बहुमत से नीति निर्णयों का निर्धारण; (7) समय-समय पर नियमित चुनावों के माध्यम से निर्वाचित प्रतिनिधियों का मतदाताओं के प्रति उत्तरदायित्व।

एलेन बाल[6] ने भी उदारवादी प्रजातन्त्रीय शासन पद्धति के लक्षणों की लम्बी सूची बनाई है। यह लक्षण, राबर्ट सी० बोन द्वारा बताए गए लक्षणों से बहुत भिन्न नहीं हैं। इनको उद्धृत करके दोनों की समानताओं को देखना आसान रहेगा। एलेन बाल के द्वारा बताए गए लक्षण निम्नलिखित हैं—

(i) एक से अधिक राजनीतिक दल होते हैं। दल राजनीतिक सत्ता के लिए एक दूसरे से खुलकर प्रतियोगिता कर सकते हैं।

(ii) सत्ता के लिए प्रतियोगिता छिपाव-दुराव के साथ नहीं वरन खुलकर होती है। यह प्रतियोगिता स्थापित तथा स्वीकृत प्रक्रिया के आधार पर होती है।

(iii) राजनीतिक सत्ता से जुड़े हुए पदों पर चुनाव या नियुक्तियां अपेक्षाकृत खुले रूप में होती हैं।

(iv) व्यापक मताधिकार पर आधारित चुनाव समय-समय पर होते रहते हैं।

(v) सरकारी निर्णयों को प्रभावित करने के लिए प्रभावक गुटों को कार्य करने का अवसर मिलता है। ट्रेड यूनियनों तथा अन्य स्वयंसेवी समाजों या सभाओं जैसे संघों पर सरकार का कड़ा नियंत्रण नहीं होता है।

[6]Alan R. Ball, *Modern Politics and Government,* London, Macmillan, 1971, pp. 46-47.

(vi) अभिव्यक्ति तथा धर्म की स्वतन्त्रता और स्वेच्छाचारी ढंग से बंदी न बनाए जाने आदि की नागरिक स्वतन्त्रताएं सरकार द्वारा मान्य होती हैं और सरकार उनकी रक्षा करती है।

(vii) 'स्वाधीन' न्यायपालिका होती है।

(viii) टेलीविजन, रेडियो, अखबार जैसे जन-सम्पर्क माध्यमों पर सरकार का एकाधिकार नहीं होता है। इन्हें कुछ सीमाओं के अन्दर रहकर सरकार की आलोचना करने की भी स्वतन्त्रता होती है।

एलेन बाल स्वयं यह स्वीकार करते हैं कि 'उदारवादी' प्रजातन्त्रीय पद्धतियों के लक्षणों के इस मोटे ब्योरे में कई खतरे निहित हैं। ऊपर दिए गए लक्षणों में कई महत्त्व-पूर्ण भिन्नताएं होने के खतरे भी कम नहीं हैं। दक्षिण अफ्रीका में प्रतियोगी द्विदलीय पद्धति है लेकिन निश्चयात्मक रूप से यह नहीं कहा जा सकता कि वहां एक ही प्रभावी राजनीतिक दल वाले देश तंज़ानिया की अपेक्षा अधिक उत्साह से नागरिक स्वतन्त्रताओं की रक्षा की जाती है। यह प्रश्न भी किया जा सकता है कि क्या वास्तव में एक से अधिक दलों के होने से शासन सत्ता में भाग लेने का क्षेत्र विस्तृत हो जाता है अथवा क्या इससे केवल यह सूचित होता है कि दो या अधिक राजनीतिक श्रेष्ठजन (elite) वर्गों के मध्य संघर्ष है। इसी तरह न्यायपालिका किस अंश तक स्वतन्त्र है या जन-सम्पर्क माध्यम किस अंश तक सरकार के नियंत्रण से मुक्त है कहना कठिन होता है ?

इन्हीं कठिनाइयों के कारण जीन ब्लोंडेल ने कहा है कि उदारवादी प्रजातन्त्र को परिभाषित करना कठिन है क्योंकि सम्मिलित अनुक्रमणिका के मुख्य उपागमों (स्वतन्त्र चुनाव, विरोधी दल के अस्तित्व) आदि का कठोरतापूर्वक क्रियान्वयन अत्यधिक कठिन लगता है। इसी तरह पीटर एच० मर्कल[7] ने अपनी पुस्तक **पोलिटिकल कन्टीन्यूइटी एण्ड चेन्ज** (Political Continuity and Change) में उदार लोकतन्त्र के चार सिद्धान्तों को आधारभूत माना है—

(1) विचार-बिमर्श द्वारा शासन।

(2) बहुमत का शासन।

(3) अल्पसंख्यकों के अधिकारों को मान्यता।

(4) संवैधानिक सरकार।

उदार लोकतन्त्र के लक्षणों के इस विवेचन में यह स्पष्ट होता है कि इस दृष्टिकोण में व्यक्ति की स्वतन्त्रता तथा राजनीतिक समानता को आधारभूत माना गया है। इनकी व्यवस्था करने के लिए अन्य कई संस्थात्मक व्यवस्थाएं अनिवार्य मानी जाती हैं। अतः उदार लोकतन्त्र व्यवस्था के सिद्धान्तों को व्यवस्थित ढंग से इस प्रकार प्रस्तुत किया जा सकता है।

मोटे तौर पर उदार लोकतन्त्र व्यक्ति की स्वतन्त्रता, राजनीतिक समानता, सामाजिक

[7]Peter H. Merkl, *Political Continuity and Change*, New York, Harper and Row, 1967, p. 102.

व आर्थिक न्याय तथा लोक कल्याण की साधना पर बल देता है। इन मूल्यों व आदर्शों की व्यावहारिकता के लिए संस्थागत व्यवस्थाएं भी की जाती हैं। अतः उदार लोकतन्त्र के आधार दार्शनिक तथा संस्थात्मक दोनों ही कहे जा सकते हैं। इनकी किसी राजनीतिक समाज में विद्यमानता ही उस राजनीतिक समाज को उदार लोकतन्त्र व्यवस्था से संचालित समाज बनाता है।

उदार लोकतन्त्र के आधार (Foundations of liberal democracy)—उदार लोकतान्त्रिक प्रणालियों के मुख्यतया तीन आधार स्वीकार किए जाते हैं—दार्शनिक, सैद्धान्तिक तथा संस्थागत आधार। दार्शनिक तथा सैद्धान्तिक आधार उदार लोकतांत्रिक समाजों के साध्यों, आदर्शों या मूल्यों का संकेत करते हैं, जबकि संस्थागत आधार इन साध्यों को व्यवहार में प्राप्त करने के साधनों की व्यवस्था है। इन तीनों आधारों का अलग-अलग विवेचन करके ही इनके साध्य-साधन सम्बन्ध को समझा जा सकता है। अतः इनका पृथक-पृथक वर्णन किया जा रहा है।

उदार लोकतन्त्र के दार्शनिक आधार (Philosophical foundations of liberal democracy)—उदार लोकतन्त्रों के दार्शनिक आधार, इन राजनीतिक व्यवस्थाओं के अन्ततः गन्तव्यों से सम्बद्ध हैं। हर राजनीतिक व्यवस्था में कुछ मूलभूत मूल्य या लक्ष्य निर्धारित रहते हैं। इन्हीं आदर्शों की प्राप्ति के लिए सम्पूर्ण व्यवस्था प्रयत्नशील रहती है। इन लक्ष्यों की उपलब्धि में आने वाली हर रुकावट को राजनीतिक व्यवस्था दूर करके आगे बढ़ती रहती है। प्रमुखतया, उदार लोकतन्त्रात्मक राज्यों में चार आधारभूत मूल्य स्वीकार किए जाते हैं—(1) व्यक्ति की स्वतन्त्रता, (2) राजनीतिक समानता, (3) सामाजिक व आर्थिक न्याय और (4) लोक कल्याण।

(1) उदार लोकतन्त्रों का आधार स्तम्भ मूल्य, व्यक्ति की स्वतन्त्रता है। इसलिए ही यह कहा जाता है कि व्यक्ति की स्वतन्त्रता के इर्द-गिर्द उदार लोकतन्त्रों का विचार घूमता है। इस मूल्य के पीछे प्रमुख मान्यता यह है कि व्यक्ति के व्यक्तित्व का विकास अधिकांशतः स्वयं व्यक्ति द्वारा ही हो सकता है। राजनीतिक व्यवस्था और सामाजिक संस्थाएं इसमें सहयोग अवश्य देती हैं, परन्तु इनका योगदान एक सीमा के बाद व्यक्तित्व के विकास में सहायक के स्थान पर बाधक बनने लगता है इसलिए व्यक्ति की स्वतन्त्रता की व्यवस्था होने पर, वह उन सामाजिक व राजनीतिक बन्धनों से अपने आपको उन्मुक्त कर सकता है जो उसके व्यक्तित्व के विकास में रोड़ा बनने लगते हैं। इसलिए उदार लोकतन्त्रों में प्रमुख जोर व्यक्ति की स्वतन्त्रता पर ही है। यहां यह ध्यान रखना जरूरी है कि उदार लोकतन्त्रों में व्यक्ति की स्वतन्त्रता का साध्य, सापेक्ष रूप में ही स्वीकार किया जाने लगा है, यह आवश्यक भी है। परम स्वतन्त्रता (absolute freedom) तो वास्तव में अराजकता की अवस्था उत्पन्न कर देती है, जिसमें व्यक्ति का विकास अवरुद्ध ही होता है। अतः उदार लोकतन्त्रों में व्यक्ति की स्वतन्त्रता का मूल्य सीमित संदर्भी ही होता है।

(2) राजनीतिक समानता का आदर्श उदार लोकतन्त्रों में महत्त्वपूर्ण माना जाता है। आज राजनीतिक शक्ति की सर्वोपरिता सर्वमान्य है। इसके द्वारा अन्य सभी प्रकार की

शक्तियों पर न केवल नियन्त्रण ही रखा जाता है, वरन उनकी सीमाओं का निर्धारण भी होता है। राजनीतिक शक्ति में अवपीड़न (coercive) व अनिवार्यतया का तत्त्व उसके उपयोग और दुरुपयोग के क्षेत्र को व्यापकतम बना देता है। इसलिए राजनीतिक शक्ति से सुरक्षा का एक साधन राजनीतिक शक्ति के प्रयोग में सहभागिता प्रदान करना है। यह सहभागिता सब व्यक्तियों को समान रूप से उपलब्ध हो इसके लिए राजनीतिक समानता आवश्यक है। यही कारण है कि व्यक्ति की स्वतन्त्रता के मूल्य के साथ उदार लोकतन्त्रों में राजनीतिक समानता का आदर्श अनिवार्य माना जाता है।

(3) सामाजिक व आर्थिक न्याय के आदर्श, उदार लोकतन्त्रों के प्राण कहे जाते हैं, क्योंकि कोई भी समाज सामाजिक व आर्थिक न्याय के अभाव में एकता के सूत्र में अधिक दिन तक नहीं बंधा रह सकता । अगर राजनीतिक समाज में अनेक नहीं तो कुछ व्यक्ति या वर्ग ऐसा हो, जिसका अन्य वर्गों के द्वारा शोषण होता हो, तो यह वर्ग अन्ततः विरोध और विद्रोह के कगार पर पहुंच जाएगा। विद्रोह की अवस्था, सामाजिक व आर्थिक न्याय के अभाव में ही आती है, और इससे व्यक्ति की स्वतन्त्रता व समानता का ही अंत होने लगना है। इसलिए सामाजिक व आर्थिक न्याय हर उदार लोकतन्त्रात्मक राजनीतिक व्यवस्था का मूलभूत आदर्श कहा जाता है।

(4) हर राजनीतिक समाज में ऐसे व्यक्ति व व्यक्ति समूह पाए जाते हैं जो कई बन्धनों के कारण, अपने आप, अपने ही प्रयत्नों व साधनों से अन्य व्यक्तियों व समूहों के समान प्रगति-पथ पर अग्रसर नहीं हो पाते हैं। खुली प्रतियोगिता वाले समाज में आर्थिक साधनों का अभाव होने के कारण, समाज के कई वर्ग विकास की दौड़ में पिछड़ने लगते हैं। ऐसे लोगों को साथ ले चलने पर ही राजनीतिक व्यवस्था स्थायित्व प्राप्त कर सकती है। इसलिए हर उदार लोकतान्त्रिक व्यवस्था में सरकार लोक कल्याण की साधना का प्रयत्न करती है। अधिकतम व्यक्तियों के लिए अधिकतम सुख-सुविधा की व्यवस्था ही लोक कल्याण है। लोकतान्त्रिक शासन व्यवस्था सबके लिए होती है। इसका तात्पर्य सबके हितों की सुरक्षा और सब के भले की व्यवस्था करने से है।

(i) **उदार लोकतन्त्रों के सैद्धान्तिक आधार** (Theoretical foundations of liberal democracy)—लोकतन्त्र के दार्शनिक आधारों को व्यवहार में ठोसता प्राप्त कराने की व्यवस्था को ही सैद्धान्तिक आधार कहा गया है। उदार लोकतान्त्रिक व्यबस्थाओं में निम्नलिखित सिद्धान्तों को आवश्यक रूप से अपनाया जाता है।

(1) प्रतिनिधि सरकार का सिद्धान्त ।

(2) उत्तरदायी शासन का सिद्धान्त ।

(3) संवैधानिक सरकार का सिद्धान्त ।

(4) प्रतियोगी राजनीति का सिद्धान्त और

(5) जन-सम्प्रभुता का सिद्धान्त ।

इन सिद्धान्तों का विस्तृत विवेचन इसी अध्याय के प्रारम्भ में लोकतन्त्र के अर्थ के शीर्षक के अन्तर्गत किया जा चुका है इसलिए इनका दुबारा वर्णन नहीं किया जा रहा है।

(ii) **उदार लोकतन्त्र के संस्थागत आधार** (Institutional foundations of liberal democracy)—उदार लोकतान्त्रिक व्यवस्थाओं के आदर्श तथा सिद्धान्त तभी व्यावहारिक बनते हैं जब उनको व्यावहारिक बनाने की संस्थागत व्यवस्था की जाए। सामान्यतया उदार लोकतन्त्रों में निम्नलिखित संस्थागत व्यवस्थाएं पाई जाती हैं।

(1) एक से अधिक प्रतियोगी राजनीतिक दल।

(2) सर्वव्यापी वयस्क मताधिकार।

(3) स्वतन्त्र तथा नियतकालिक चुनाव।

(4) स्वतन्त्र व निष्पक्ष न्यायपालिका और

(5) बहुमत के आधार पर निर्णय व्यवस्था।

किसी भी राजनीतिक समाज में इन संरचनात्मक व्यवस्थाओं का प्रचलन व प्रयोग होने पर उस लोकतन्त्रात्मक व्यवस्था को उदारवादी लोकतन्त्र व्यवस्था कहा जाता है।

(ख) **लोकतन्त्र का साम्यवादी दृष्टिकोण** (The concept of communist democracy)—लोकतन्त्र का साम्यवादी दृष्टिकोण वर्तमान शताब्दी में ही महत्त्वपूर्ण बना है। साम्यवादियों ने लोकतन्त्र को नये अर्थों में ग्रहण किया है। सोवियत रूस तथा चीन के शासनों को जनवादी लोकतन्त्र कहा जाता है। इन शासनों का मुख्य आधार मार्क्स के विचारों पर आधारित साम्यवाद है, जिसके अनुसार उदार लोकतन्त्रों की शासन व्यवस्था लोकतन्त्र का केवल दिखावा है। साम्यवादी दृष्टिकोण के समर्थकों का कहना है कि पश्चिमी लोकतन्त्रों में शासन पर केवल साधन सम्पन्न वर्ग का नियन्त्रण होने के कारण शासनतन्त्र का प्रयोग इसी वर्ग के हितों के पोषण के लिए किया जाता है। अतः उनकी मान्यता है कि साधन सम्पन्न वर्ग के साधन के रूप में शासन व्यवस्था का प्रयोग जिस राज्य में होता है उसको लोकतान्त्रिक नहीं कहा जा सकता। साम्यवादी मानते हैं कि लोकतान्त्रिक व्यवस्था तो केवल उस शासनतन्त्र को कहा जाना चाहिए जहां इसका प्रयोग एक ऐसे समाज के हित साधन के लिए हो जो वर्ग रहित हो। इसके लिए, उनके द्वारा प्रतिपादित लोकतन्त्रीय शासन की स्थापना आवश्यक है तथा वही उनके मतानुसार सच्चा लोकतन्त्र है, क्योंकि ऐसी दशा में सर्वहारा वर्ग के नेतृत्व में जब यह शासक वर्ग समाप्त कर दिया जाता है, तो शोषण के साधन के रूप में राज्य का अन्त हो जाता है और सच्चे जनतन्त्र का उदय होता है।

साम्यवादी 'सरकार व शक्ति' का भिन्न अर्थ करते हैं। यहां शक्ति से तात्पर्य राजनीतिक शक्ति से है। उनके अनुसार सरकार पूंजीपतियों के हाथ की कठपुतली है, जो 'धनिक वर्ग' की 'गरीब वर्गों' से रक्षा का ही कार्य करती है। उनके अनुसार राजनीतिक शक्ति का आधार आर्थिक शक्ति है। जिनके हाथ में आर्थिक शक्ति होती है उसी के हाथ में राजनीतिक शक्ति भी आ जाती है। इसलिए उदार लोकतान्त्रिक व्यवस्थाओं में पूंजीपति ही राजनीतिक शक्ति के धारक व संचालक होते हैं। उत्पादन के प्रमुख साधन व आर्थिक शक्ति, पूंजीवादी व्यवस्था में केवल कुछ लोगों के हाथ में रहती है, जो इसका प्रयोग अपने ही हितों की रक्षा और धन की वृद्धि में करते हैं। अतः साम्यवादी यह मानते हैं कि पश्चिमी लोकतान्त्रिक व्यवस्थाओं में राजनीतिक शक्तियों का प्रयोग तथा मौलिक

अधिकारों के रूप में उपलब्ध सुविधाओं का उपयोग, जनसाधारण नहीं, केवल धनिक वर्ग ही करता है। यह लोकतन्त्र की मात्र औपचारिकता है, क्योंकि आर्थिक शक्ति युक्त वर्ग, सम्पूर्ण राजनीतिक तन्त्र का संचालक व नियंत्रक होता है। अत: उदारवादी लोकतन्त्र कुछ के लिए ही अर्थ रखता है। जनसाधारण राजनीतिक प्रक्रिया में सहभागी होने के सैद्धान्तिक अवसरों से बढ़कर व्यवहार में कुछ नहीं रखते हैं। साम्यवादियों के अनुसार सच्चा लोकतन्त्र तभी स्थापित हो सकता है जब आर्थिक शक्ति सम्पूर्ण समाज में निहित हो जिससे राजनीतिक शक्ति भी सम्पूर्ण समाज में निहित हो जाय तथा शासनतन्त्र सबका, सबके लिए तथा सबके द्वारा संचालित हो सके। इसके लिए साम्यवादी इन संस्थागत व्यवस्थाओं को लोकतन्त्र की पूर्व शर्तों के रूप में स्थापित करने को महत्त्वपूर्ण मानते हैं – (1) उत्पादन तथा वितरण के साधनों पर सार्वजनिक स्वामित्व; (2) सम्पत्ति का समान वितरण; (3) साम्यवादी दल का एकाधिकार।

(1) साम्यवादी विचारधारा की आधारभूत मान्यता है कि उत्पादन व वितरण के साधनों पर व्यक्तिगत स्वामित्व, आर्थिक शक्तियों को अन्ततः कुछ व्यक्तियों में केन्द्रित कर देता है। आर्थिक शक्ति के इस प्रकार के केन्द्रण से वर्ग-संघर्ष उत्पन्न होता है। इससे आर्थिक शक्ति युक्त वर्ग, इस शक्ति से रहित वर्ग का दमन व शोषण करने लगता है। राजनीतिक शक्ति भी इन्हीं के हाथों में केन्द्रित होने के कारण, समाज के बहुसंख्यक नागरिक अपनी राजनीतिक मान्यताओं, आदर्शों व मूल्यों के स्थान पर पूंजीपतियों द्वारा आरोपित आदर्शों व मूल्यों को मानने व अपनाने के लिए मजबूर हो जाते हैं। ऐसी व्यवस्था को साम्यवादी लोकतान्त्रिक नहीं मानते हैं। इसलिये उनका कहना है कि लोकतन्त्र को वास्तव में व्यावहारिक बनाने के लिए, लोकतन्त्र की मान्यताओं के प्रकाशन के रास्ते में आने वाली रुकावटें दूर की जानी चाहिये। उनकी धारणा है कि यह रुकावटें उत्पादन व वितरण के साधनों पर सार्वजनिक स्वामित्व की व्यवस्था करने पर ही दूर हो सकती हैं। अतः साम्यवाद की मान्यता में लोकतन्त्र तब तक व्यावहारिक नहीं बन सकता है जब तक उत्पादन व वितरण के साधनों का स्वामित्व सम्पूर्ण समाज में निहित नहीं होता है।

(2) उत्पादन व वितरण के साधनों का सामाजिक स्वामित्व सम्पत्ति के समान वितरण की व्यवस्था अनिवार्य बना देता है। सम्पति का बराबर वितरण होने से, सम्पति संघर्ष का कारण नहीं बनती है, और समाज में असमानता को जन्म नहीं दे पाती है। आर्थिक साधनों का सम्पूर्ण समाज में निहित होना, समाज को उन बन्धनों से मुक्त करता है, जो लोकतन्त्र की मान्यताओं की उपलब्धि में रुकावटें डालते हैं। आर्थिक दृष्टि से ऐसे समानता वाले समाज में ही लोकतन्त्र व्यावहारिक बनता है।

(3) साम्यवादी यह मानते हैं कि आर्थिक समानता वाले समाज में कोई वर्ग या अलग-अलग हित नहीं होते हैं। इसलिये वर्गों के विशिष्ट हितों का प्रतिनिधित्व व सुरक्षा करने के लिए अनेक राजनीतिक दल बनने की परिस्थितियां नहीं होती हैं। उनका कहना है कि वर्ग-विहीन समाज में राजनीतिक दलों की आवश्यकता ही नहीं रह जाती है। यही कारण है कि साम्यवाद, राजनीतिक दलों की अनेकता स्वीकार नहीं करता।

परन्तु जन लोकतान्त्रिक व्यवस्था के मूल्यों की प्राप्ति के लिए समाज का नेतृत्व व निर्देशन होना आवश्यक है। जिससे समाज के सम्पूर्ण साधनों व शक्तियों में समन्वय रखा जा सके और साध्यों की पूर्ति की सुव्यवस्था की जा सके। इसके लिये सम्पूर्ण जनता के दल (साम्यवादी) की आवश्यकता होती है जिसे समाज के लिए राजनीतिक शक्तियों के प्रयोग, निर्देशन व नियन्त्रण का एकाधिकार प्राप्त हो। यह साम्यवादी दल सबका सच्चा प्रतिनिधित्व करता है और सबके हित में राजनीतिक शक्तियों का प्रयोग सम्भव बनाता है। ऐसा दल शोषण व दमन का प्रतीक नहीं होता है, वरन सार्वजनिक हित की साधना का साधन रहता है। ऐसी व्यवस्था वाला समाज ही लोकतान्त्रिक कहा जा सकता है।

साम्यवादी जगत में उन सभी 'औपचारिक संस्थाओं' को, जो उदार लोकतान्त्रिक व्यवस्था वाले राज्यों में पाई जाती हैं, संविधान में अपनाया जाता है। जैसे संविधान को लिखित, अचल व 'सर्वोच्च' बनाया जाता है। राजनीतिक शक्तियों का विभाजन व पृथक्करण पाया जाता है। नागरिकों को मौलिक अधिकार संविधान द्वारा प्रदान किये जाते हैं और सरकार का निरन्तर उत्तरदायित्व रहे इसके लिए संस्थागत व्यवस्था की जाती है। इतना ही नहीं, 'विधि के शासन' का दिखावा भी कानूनी दृष्टि से सुस्थापित किया जाता है। यह संवैधानिक व्यवस्थाएं, राजनीतिक शक्ति पर प्रभावशाली नियन्त्रण लगाकर उसके दुरुपयोग पर अंकुश का काम करने वाली हैं। इसलिये यह कहा जाता है कि साम्यवादी राज्यों में ही वास्तविक लोकतन्त्र है। विलियम जी० ऐन्ड्रूज ने ठीक ही लिखा है कि, "प्रक्रियात्मक लोकतन्त्र की दृष्टि से रूस का संविधान उन सभी संसदीय संस्थाओं की, जो पश्चिमी देशों में प्रचलित हैं, स्थापना करता है और उनके आपसी सम्बन्धों को भी ठीक उसी तरह मर्यादित करता है। रूस के संविधान में कई ऐसी व्यवस्थाएं हैं जो पश्चिमी परम्परा के अनुरूप ही शक्ति नियंत्रण के मानक (norms) व प्रक्रियात्मक नियमितताएं स्थापित करती हैं। रूस के संविधान में नागरिकों के मौलिक अधिकारों और स्वतन्त्रताओं की सुव्यवस्थित रक्षा व्यवस्था है, विभिन्न शासन सत्ताओं के पारस्परिक सम्बन्धों की स्पष्ट व्याख्या है तथा सार्वजनिक नीति के निर्धारण व क्रियान्वयन का प्रक्रियात्मक अनुबन्ध है। इन सब बातों में यह पाश्चात्य लोकतान्त्रिक संविधानों से बिलकुल भी भिन्न नहीं है।"[8]

रूस तथा अन्य साम्यवादी संविधानों में पाई जाने वाली सभी संस्थागत व्यवस्थाएं लोकतन्त्र की स्थापना करती हुई दिखाई देती हैं, परन्तु वास्तव में साम्यवादी समाजों में लोकतन्त्र का अनुसरण नहीं होता है। साम्यवादी राज्यों में राजनीतिक शक्ति के धारकों पर संवैधानिक नियन्त्रणों की सभी संस्थागत व्यवस्थाएं केवल 'औपचारिकता' मात्र हैं। निष्कर्ष रूप में ऐलफ्रेड मेयर के शब्दों में यह कहा जा सकता है कि "रूस का सम्पूर्ण संविधान एक धोखा है, यह क्रियान्वित नहीं होता है, और इससे राजनीतिक व्यवस्था

[8]William G. Andrews, *Constitutions and Constitutionalism*, Princeton, Von Nostrand, 1961, p. 10.

की प्रकृति का सही चित्रण भी नहीं होता है।"[9] साम्यवादी राज्यों में न व्यक्ति को स्वतन्त्रता होती है और न अपने व्यक्तित्व के विकास का मार्ग चुनने का उसे विकल्प प्राप्त रहता है। अतः साम्यवादी लोकतन्त्र का विचार बहुत नया तथा अनोखा ही कहा जा सकता है।

एलेन बाल ने साम्यवादी व्यवस्थाओं के लक्षण बताते हुए, इनके आधार पर इनको उदार लोकतन्त्रों से अलग पाया है। यह लक्षण हैं—

(1) 'सिद्धान्तः व्यक्तिगत तथा सामाजिक गतिविधि के सभी पहलुओं से सरकार राजनीतिक रूप से सम्बद्ध होती है।

(2) एक ही दल राजनीतिक तथा विधिक रूप से प्रभावी होता है। सारी राजनीतिक सक्रियता इसी के माध्यम से गुजरती है और प्रतियोगिता, नियुक्तियों तथा विरोध के लिए दल ही एक मात्र संस्थागत आधार प्रस्तुत करता है।

(3) सैद्धान्तिक रूप से एक ही सुस्पष्ट विचारधारा होती है जो उस व्यवस्था के अन्तर्गत सम्पूर्ण राजनीतिक सक्रियता का विनियमन करती है। यह विचारधारा सिद्धान्त के अतिरिक्त भी बहुत कुछ होती है। वह शासन तथा जोड़-तोड़ करने का उपकरण होती है।

(4) न्यायपालिका और जन-सम्पर्क के माध्यमों पर सरकार का कठोर नियंत्रण होता है और उदारवादी लोकतंत्रों में परिभाषित नागरिक स्वतन्त्रताएं कठोरतापूर्वक काट-छांट दी जाती हैं।

(5) सर्वाधिकारी शासन प्रजातन्त्रीय आधार उपलब्ध करने के उद्देश्य से और शासन के लिए व्यापक जन-समर्थन प्राप्त करने के लिए जन-सक्रियता पर जोर देते हैं। जनता के भाग लेने तथा जनता की स्वीकृति से शासन का वैधीकरण हो जाता है।[10]

इन लक्षणों से एक बात स्पष्ट होती है कि लोकतन्त्र के उदारवादी दृष्टिकोण व साम्यवादी दृष्टिकोण में मूल्यों, सिद्धान्तों तथा प्रक्रियाओं के मौलिक अन्तर हैं। इस कारण अगर प्रजातन्त्र की सैद्धान्तिक व्याख्या, जो बहुत कुछ उदारवादी धारणा से प्रेरित है, का आधार लेकर देखें तो साम्यवादी व्यवस्था को लोकतांत्रिक नहीं कहा जा सकता, पर इस निष्कर्ष पर यह दोषारोपण किया जा सकता है कि हम उदारवादी लोकतान्त्रिक व्यवस्थाओं को मापदंड के रूप में इस्तेमाल कर रहे हैं और उससे थोड़ा बहुत भी इधर-उधर हटने को अलोकतान्त्रिक मान लेते हैं। यहां तर्कसम्मत आधार का अभाव लगता है। अतः हम इस विवेचन को इसी अवस्था में छोड़ दें तो शायद पाठक स्वय अपना विचार बना सकेंगे कि साम्यवादी व्यवस्थाओं को लोकतान्त्रिक कहा जाय या नहीं।

(ग) **लोकतन्त्र का समाजवादी दृष्टिकोण** (The concept of socialist democracy)—लोकतन्त्र के उदारवादी व साम्यवादी प्रकारों की चर्चा ऊपर की गई है। इन

[9] Alfred G. Meyer, *The Soviet Political System—An Interpretation*, New York, Random House, 1965, p. 376.

[10] Alan R. Ball, *op. cit.*, p. 48.

दोनों प्रकारों के बीच की स्थिति के भी लोकतन्त्र के अनेक नाम व रूप बन गये हैं। लोकतन्त्र के ऐसे रूपों में ही वे नाम व रूप आते हैं जिन्हें बुनियादी लोकतन्त्र, निर्देशित लोकतन्त्र या नियंत्रित लोकतन्त्र की संज्ञाएं दी जातीं हैं। इन प्रकारों के लोकतन्त्रों के रूप में हम उन नवोदित राष्ट्रों की शासन व्यवस्थाओं को ले सकते हैं जिनकी सामाजिक, आर्थिक व राजनीतिक स्थिति तथा जिनकी जनता के बौद्धिक स्तर के कारण इन देशों में पश्चिमी व साम्यवादी दोनों ही प्रकार के लोकतन्त्र उपयुक्त सिद्ध नहीं होते हैं तथा जिनमें लोकतन्त्र का क्रियान्वयन, जनमत की सीमित, निर्देशित अथवा नियंत्रित अभिव्यक्ति के आधार पर होता है। वैसे सच तो यह है कि विकासशील देशों में लोकतन्त्र अभी तक अस्थायित्व के दौर से गुजर रहा है। इन देशों में राजनीतिक प्रक्रियायें संक्रमण की अवस्था में होने के कारण, संविधानों में लोकतन्त्र के आधार सुनिश्चित नहीं हो पाए हैं। संविधानों में बार-बार मौलिक संशोधन किये जाते हैं तथा एक मूल्य के स्थान पर दूसरा मूल्य अपनाया जाता रहा है। इन राज्यों की परिस्थितियां ही ऐसी हैं कि इनमें कभी-कभी विरोधी लक्ष्यों को सामंजस्य की परिस्थिति में लाना आवश्यक हो जाता है। इन देशों में आर्थिक विकास की गति को तेज करने की आवश्यकता के साथ ही साथ राजनीतिक स्थायित्व व राजनीतिक शक्ति की वैधता के साधन भी अपनाने आवश्यक हैं। एक तरफ, राजनीतिक सत्ता की वैधता, प्रतियोगी राजनीतिक दलों के संदर्भ में स्वतन्त्र, निष्पक्ष व नियतकालिक चुनावों द्वारा होती है तो दूसरी तरफ, आर्थिक विकास की द्रुत गति के लिए सभी साधनों में समन्वय स्थापित तभी किया जा सकता है जब प्रतियोगी राजनीति पर कुछ अंकुश लगाये जाएं। इन्हीं कारणों से अनेक नवोदित राज्यों में लोकतन्त्र का एक नया रूप विकसित होता हुआ दिखाई देता है।

परन्तु सभी विकासशील राज्यों में लोकतन्त्र का यह नया रूप एक समान नहीं दिखाई पड़ता है। अनेक राज्यों में लोकतन्त्र की संस्थागत व्यवस्थायें व राजनीतिक समाज के आदर्श एक ही दिशा में जाने वाले होते जा रहे हैं। इन्हीं राज्यों का लोकतन्त्र समाजवादी लोकतन्त्र के नाम से पुकारा जाने लगा है। इन लोकतन्त्रों में राजनीतिक समाजों के मूल्य तो उदारवादी लोकतन्त्रों की अवधारणा के समान, स्वतन्त्रता, राजनीतिक समानता, सामाजिक व आर्थिक न्याय तथा लोक कल्याण की साधना के ही हैं, परन्तु साधनों की दृष्टि से समाजवादी लोकतन्त्र साम्यवादी विचारधारा के समीप लगते हैं। क्योंकि इन राज्यों में साम्यवादी संरचनाओं व संस्थागत व्यवस्थाओं के प्रति आस्था बलवती बनती जा रही है। इन राज्यों में समानता के राजनीतिक पहलू के साथ ही साथ समानता का आर्थिक पहलू भी महत्त्वपूर्ण माना जाता है। प्रतियोगी राजनीति की छूट तब तक रहती है जब तक यह आर्थिक विकास के प्रयत्नों व आर्थिक न्याय की व्यवस्था में बाधक नहीं बने।

विकासशील राज्यों में आर्थिक न्याय के लिए आर्थिक विषमताओं में कमी के प्रयत्न तथा आर्थिक विकास के मार्ग में आने वाली बाधाओं को दूर करने के लिए राजनीतिक स्वतन्त्रताओं व प्रतियोगी राजनीति पर प्रतिबन्ध लगाना लोकतन्त्र का प्रमुख लक्षण है। वास्तव में ऐसा करना लोकतन्त्र को, लाखों-करोड़ों नंगे, भूखे व बीमार लोगों के लिए

अर्थपूर्ण बनाना है। उदाहरण के लिए, भारत में लोकतन्त्र का वही रूप स्थापित होता जा रहा है। 26 जून 1975 में भारत में संकटकाल की घोषणा करके कुछ लोगों की बेरोकटोक चल रही स्वतन्त्रताओं को सीमित करना वास्तव में लोकतन्त्र का लोप नहीं है। यह लोकतन्त्र को सही रूप प्रदान करता है। अतः हम नोर्मन डी० पांमर के 'एशियन सर्वे' के फरवरी 1976 के अंक में छपे एक लेख *India in 1975 : Democracy in Eclipse*[11] को उपयुक्त नहीं मान सकते हैं। पश्चिमी देशों में भारतीय राजनीति के विशेषज्ञों में से अनेक ने ऐसे ही शीर्षकों का प्रयोग करके अपने लेखों में यह बताने का प्रयास किया है कि भारत में 'लोकतन्त्र का युग' समाप्त हो गया है।[12] इन लेखकों ने लोकतन्त्र के अन्त का केवल एक ही कारण प्रमुख माना है। और यह है सरकार द्वारा कुछ लोगों की मनमानी करने की स्वतन्त्रता को प्रतिबन्धित करना। क्या राजनीतिक स्वतन्त्रता को, अगर यह कुछ लोगों को ही सही अर्थों में प्राप्त हो तो समाज के आधार-भूत मूल्यों को समाप्त करने के लिए बेरोकटोक प्रयुक्त होने देना, जिससे वे असंख्य लोगों का शोषण कर सकें, अपने हितों की पूर्ति में उनका प्रयोग कर सकें, लोकतन्त्र कहेंगे ? लोकतन्त्र में जन-सहभागिता अत्यन्त महत्त्वपूर्ण मानी जाती है। श्रीमती इन्दिरा गांधी ने 15 नवम्बर 1975 में इण्डियन नेशनल ट्रेड यूनियन कान्फ्रेंस के 56वें सम्मेलन का उद्घाटन करते हुए शायद ठीक ही कहा था कि "स्वतन्त्रता तभी वास्तविक बनती है जब यह उन बहुसंख्यक लोगों के लिए, जो अत्यधिक पीड़ित व उपेक्षित रहे हैं, कुछ राहत ला सके तथा सुविधाएं देश के गरीब से गरीब व्यक्ति तक पहुंचा सके।"[13] भारत में पिछले 25 वर्षों तक तथाकथित उदारवादी लोकतन्त्र के नाम में कलंक न लगने देने के लिए संवैधानिक साधनों का, कुछ वर्गों व लोगों द्वारा खुलकर जन शोषण में प्रयोग होता रहा है और विदेशी व भारतीय विद्वान राजनीतिक व्यवस्था की लोकतान्त्रिकता की दुन्दुभी बजाते रहे, स्वतन्त्रताएं बनी रहीं तथा शोषण, अन्याय व अव्यवस्था बढ़ती गई पर इन विद्वानों का कहना था कि यह सब लोकतन्त्र की जड़ों का गहरा जमना है। वास्तव में, यह पश्चिमी विशेषज्ञ जिनमें माइरन वीनर भी एक हैं, भारत आकर गगन-चुम्बी होटलों के वातानुकूलित कमरों से ही भारतीय लोकतन्त्र का जायजा लेते रहे और निष्कर्ष निकालते रहे कि भारत का लोकतन्त्र, एशिया में लोकतन्त्र का चिराग जलाये हुए है। जबकि वास्तविकताएं कुछ और ही दृश्य उपस्थित करती हैं। स्वतन्त्रता, राज-

[11]Norman D. Palmer, 'India in 1975 : Democracy in Eclipse,' *Asian Survey*, XVI, February 1976, pp. 95-110.

[12]Some of the more important articles are—W.H. Morris-Jones, "Whose Emergency—India's or Indira's ?" *The World Today*, XXXI (November 1975); Norman D. Palmer, 'The Crisis of Democracy in India,' Orbis, XIX (Summer 1975); Richard L. Park, 'Political Crisis in India, 1975,' *Asian Survey*, XV (November 1975); Raymond D. Gastil, 'Freedom in India,' *Freedom at Issue*, No. 33 (November-December 1975); and Leo E. Rose, 'The Emergency and Indias External Relations,' (Unpublished Paper prepared for a symposium on India at California State University, Northridge, November 21, 1975), p. 2.

[13]Indira Gandhi, *India News*, XIV, December 5, 1975.

नीतिक समानता, सामाजिक व आर्थिक न्याय तथा जन-कल्याण केवल कुछ वर्गों के कुछ लोगों के लिए, समस्त लोगों के हितों की कीमत पर सार्थक रह गया था। ऐसी अवस्था में लोकतन्त्र को 'पटरी पर' नहीं 'पटरी से उतरा' हुआ ही कहा जा सकता है। अत: लोकतन्त्र को समाजवादी दृष्टिकोण समस्त जनता के लिए स्वतन्त्रता की व्यवस्था करने के लक्ष्य से प्रेरित, आर्थिक, सामाजिक व राजनीतिक समानता की ऐसी व्यवस्था है जिसमें सम्पूर्ण जनता के साथ न्याय हो और सबकी हित साधना हो सके।

लोकतन्त्र का समाजवादी दृष्टिकोण, उदारवादी लोकतन्त्र व साम्यवादी लोकतन्त्र के बीच का मार्ग नहीं है। यह अपने आप में एक विशिष्ट विचार है। जिसमें लोकतन्त्र की सैद्धान्तिक व्यवस्था को व्यावहारिक रूप में प्राप्त करने का प्रयास निहित है। समाजवादी लोकतन्त्र में राजनीतिक समानता व स्वतन्त्रता पर भी बल दिया गया है तो साथ ही इसके सामाजिक व आर्थिक पक्षों के महत्त्व को भी आधारभूत माना गया है। यह इन दोनों का मध्यम मार्ग इसलिए नहीं है क्योंकि इसमें दोनों प्रकार के लोकतन्त्रों के समन्वय के स्थान पर दोनों से अलग मूल्य, सिद्धान्त व साधन अपनाए गए हैं। उदारवादी व साम्यवादी लोकतन्त्र बेमेल है। इनका सम्मिश्रण सम्भव ही नहीं है। अत: लोकतन्त्र के समाजवादी दृष्टिकोण को इन दोनों की 'खिचड़ी' कहना गलत होगा। समाजवादी लोकतन्त्र में स्वतन्त्रता व समानता के विशेष अर्थ किए गए हैं तथा यह अर्थ लोकतन्त्र की भावना के अधिक अनुरूप है, क्योंकि इन्हीं अर्थों में स्वतन्त्रता व समानता तथा न्याय व्यक्ति की व्यक्तिगत गरिमा का अन्तिम उद्देश्य प्राप्त करा सकता है। यही राजनीति में जन-सहभागिता को अर्थपूर्ण और प्रतियोगी राजनीति की परिस्थितिया उत्पन्न करता है। अन्यथा 150 रुपये मासिक आमदनी वाले व्यक्ति की, डेढ़ लाख रुपये की मासिक आमदनी वाले व्यक्ति से, सभी स्वतन्त्रताओं तथा उनके भोग की छूट के बावजूद क्या प्रतियोगिता हो सकती है? समाजवादी लोकतन्त्र इन दोनों में प्रतियोगिता को यथार्थवादी बनाने के लिए बराबर करने के स्थान पर दोनों के बीच की आर्थिक विषमता को कम से कम करने का लक्ष्य रखता है। अत: समाजवादी लोकतन्त्र को सही अर्थ में समझने के लिए यह आवश्यक है कि समाजों की वास्तविकताओं की अनदेखी नहीं की जाए।

लोकतन्त्र के इस दृष्टिकोण के विवेचन से यह स्पष्ट है कि दुनिया के अधिकांश राज्य लोकतन्त्र के समाजवादी ढांचे में सम्मिलित नहीं किए जा सकते हैं। वास्तव में लोकतन्त्र का यह प्रतिमान अत्यन्त जटिल है। सामान्य संरचनात्मक हेर-फेर से राजनीतिक व्यवस्थाएं इस विचार की मौलिक मान्यताओं से हट जाती हैं। इसलिए डाक्टर इकबाल नारायण का यह निष्कर्ष कि "जो राज्य उदारवादी या साम्यवादी लोकतन्त्रों के अन्तर्गत नहीं आते वे समाजवादी लोकतन्त्र के नाम से जाने जाते हैं,"[14] मान्य नहीं हो सकता है। वास्तव में दुनिया के अधिकांश राज्य या तो उदारवादी लोकतन्त्र या साम्य-

[11]Iqbal Narain, *Rajneeti Shastra Ke Mool Siddhant* (Hindi) Agra, Ratan Prakashan Mandir, 1974, p. 323.

वादी लोकतन्त्र की श्रेणी में रखे जा सकते हैं तथा शायद भारत जैसे कुछ राज्य ही समाजवादी लोकतन्त्र के मानदण्ड के कुछ अनुरूप कहे जा सकते हैं। बाकी अनेक विकासशील राज्य न सैद्धान्तिक दृष्टि से तथा न व्यवहार में समाजवादी लोकतन्त्र की भावना के अनुसार प्रशासित होते हैं।

लोकतन्त्र के विभिन्न दृष्टिकोणों के विवेचन से यह स्पष्ट है कि लोकतन्त्र की अवधारणा परिवर्तित होती गई है। अभी तक इसके तीन प्रतिमान ही प्रमुख हैं। इनमें से कौन-सा सही अर्थों में लोकतन्त्र का श्रेष्ठ प्रतिमान कहा जाए यह प्रयत्न निरर्थक रहेगा, क्योंकि अभी भी मानव भौतिक स्तर पर ही जीवित रहने की कोशिश में पूर्णतया सफल नहीं हो पाया है। जब सम्पूर्ण मानवता एक निश्चित जीवन स्तर प्राप्त कर लेगी तब शायद लोकतन्त्र के मूल्यों का पुनः निर्धारण होने लगेगा।

लोकतन्त्र की सफलता के लिए आवश्यक दशाएं (Conditions for Success of Democracy)

लोकतन्त्र अत्यधिक कठिन शासन प्रणाली है। इसकी सफलता के लिए एक विशेष प्रकार की राजनीतिक संस्कृति ही उचित वातावरण प्रस्तुत कर सकती है। यही कारण है कि विकासशील राजनीतिक समाजों में लोकतन्त्र के मूल्यों को सुरक्षित रखने और उन्हें व्यवहार में हर नागरिक के लिए अर्थपूर्ण बनाने में अनेक कठिनाइयों का सामना करना पड़ रहा है। एशिया व अफ्रीका के अनेक राज्यों ने कठिनाइयों का सामना करने की असमर्थता की अवस्था में लोकतन्त्र के ढांचे को ही तोड़ दिया है। यहां प्रश्न यह उठता है कि लोकतन्त्र के सामान्य आदर्शों की प्राप्ति के लिए सरकार क्या करे ? लोकतन्त्र के यह आदर्श एकदम सुनिश्चित और स्पष्ट होते हुए भी बहुत कुछ अस्पष्टता का तथ्य रखते हैं। लोकतन्त्र व्यवस्था समाज में उठने वाले परस्पर विरोधी दावों में सामंजस्य स्थापित करने के लिए कोई सुनिश्चित नियम भी प्रस्तावित नहीं करती है। इस स्थिति में यह समस्या उत्पन्न होती है कि व्यक्तिगत क्षमताओं की अधिकाधिक प्राप्ति को प्रोत्साहित करने के लिए सरकार क्या मार्ग अपनाए ? वह कौन-सी स्थिति हो सकती है जहां व्यक्तिगत स्वतन्त्रता अव्यवस्था की सूचक मानी जाए और इस प्रकार व्यवस्था बनाए रखने के लिए उसे सीमित किया जाना आवश्यक माना जाए ? यह भी प्रश्न उठता है कि सरकार प्रेरणाओं और आगे बढ़ने की आकांक्षाओं को बिना आघात पहुंचाये गम्भीर सामाजिक असमानताओं को कम करने का कहां तक प्रयास कर सकती है ? स्पष्ट है कि इस प्रकार की, और ऐसी अनेक दूसरी समस्याओं के समाधान के लिए कोई एक सुनिश्चित नियम स्थापित नहीं किया जा सकता है, क्योंकि लगभग प्रत्येक बात उस समय विशेष और स्थान विशेष की सामाजिक तथा आर्थिक परिस्थितियों पर आश्रित है जहां इस प्रकार के प्रश्न उत्पन्न होते हैं।

कोरी तथा अब्राहम का मत है कि लोकतान्त्रिक समाज में बढ़ती हुई जटिलताओं के कारण ऐसे प्रश्नों के गणितीय उत्तर नहीं दिए जा सकते। परन्तु लोकतान्त्रिक समाजों में कुछ ऐसी स्वीकृत विधियां अनिवार्यतः होनी चाहिए जो असहमतियों में

सामंजस्य लाने और इस प्रकार लोकतान्त्रिक समाज को हिंसात्मक समाज में परिवर्तित हो जाने से रोकने में सफल हो सकें। उसके अनुसार ऐसी स्वीकृत विधियों का अभाव लोकतन्त्र को सफल नहीं होने देगा। उन्होंने ऐसी चार विधियों का उल्लेख किया है तथा इन्हें लोकतन्त्र की सफलता के लिए अनिवार्य माना है। यह चार विधियां वास्तव में सरकार व लोकतान्त्रिक समाज के नागरिकों की सहमतियां हैं जिनसे लोकतन्त्र शासन सुचारु रूप से कार्यरत रह सकता है। यह चार सहमतियां इस प्रकार हैं—(1) सरकार व नागरिकों की गतिविधियों का विधि के अनुसार संचालन होगा। (2) आपसी मतभेद वाद-विवाद और विचार-विमर्श से दूर किए जाएंगे। (3) मतभेदों को तथ्यों व तर्क की कसौटी पर ही परखा जाएगा। (4) निर्णय बहुमत से लिए जाएंगे और ऐसे निर्णय सबको मान्य होंगे।[15]

समाज में इन सहमतियों की अवस्था तब ही आ सकती है जब समाज में कुछ मूलभूत परिस्थितियां अनिवार्यतः विद्यमान हों, अर्थात लोकतान्त्रिक प्रक्रिया से सम्बन्धित उपरोक्त सहमतियां हर समाज में नहीं हो पाती हैं। इसके लिए कुछ अन्य शर्तें हैं जो लोकतन्त्र की सफलता की शर्तों के रूप में समाज में विद्यमान होनी चाहिए। पीटर मर्कल[16] ने इनका उल्लेख इस प्रकार किया है---(1) रहन-सहन का अपेक्षाकृत उच्च-स्तर। (2) उपयुक्त मात्रा में सामाजिक व आर्थिक समानता। (3) स्वतन्त्र व बहुल समाज। (4) आनुभविक दृष्टिकोण।

(1) लोकतन्त्र की सफलता के लिए आवश्यक है कि समाज में सभी का रहन-सहन एक निश्चित स्तर तक हो। भूखे और नंगे लोग लोकतन्त्र के आदर्शों से पेट नहीं भर सकते। उनके लिए लोकतान्त्रिक प्रक्रियाओं की बारीकियां कोई महत्त्व नहीं रखतीं। जीवन का एक उचित स्तर न होने पर नागरिक रोज़ी-रोटी की चिन्ता में लोकतान्त्रिक आदर्शों को ताक में रख देते हैं। 'तीसरे विश्व' के अधिकांश राज्यों में निरंकुश व्यवस्थाओं की स्थापना के कारणों में से एक कारण यह भी रहा है। यहां यह बात याद रखनी है कि रहन-सहन के स्तर और लोकतन्त्र की सफलता में सम्बन्ध एक सीमा तक ही माना जा सकता है। ऐसा नहीं है कि रहन-सहन के स्तर में उत्तरोत्तर वृद्धि के अनुपात में लोकतन्त्र की सफलता की सम्भावनाएं भी बढ़ती जाएंगी। परन्तु एक निश्चित स्तर पर जीवन यापन की व्यवस्था का अभाव लोकतन्त्र की सफलता में बाधक बन जाता है।

(2) लोकतान्त्रिक व्यवस्थाओं के उदय तथा बने रहने का आर्थिक-सामाजिक समानता के साथ गहरा सम्बन्ध है। किसी भी समाज में आर्थिक व सामाजिक असमानताओं की विद्यमानता लोकतन्त्र पर अनावश्यक दबावों की परिस्थितियां उत्पन्न करती है। अतः लोकतन्त्र प्रणाली के आदर्शों व मूल्यों को व्यवहार में प्राप्त करने के लिए

[15]Corry and Abraham, *op. cit.*, p. 225.

[16]Peter H. Merkl, *Political Continuity and Change,* New York, Harper and Row, 1967, p. 102.

राजनीतिक समाज में बहुत अधिक आर्थिक विषमताएं तथा सामाजिक भेदभाव नहीं होने चाहिए, परन्तु इसका यह अर्थ नहीं है कि लोकतन्त्र की सफलता, आर्थिक-सामाजिक विकास के साथ गठबन्धित है। यद्यपि लिपसेट (S. M. Lipset) ने व्यापक शोध के आधार पर यह निष्कर्ष निकाला है कि लोकतन्त्र की उत्पत्ति तथा आर्थिक सम्पत्ति व पूंजीवादी व्यवस्था में कुछ सम्बन्ध है, फिर भी यह नहीं कहा जा सकता कि पूंजीवादी व्यवस्था, आर्थिक सम्पन्नता व लोकतन्त्र की सफलता में कोई गहरा सम्बन्ध है। अब विद्वान केवल इतना ही स्वीकार करते हैं कि सामाजिक व आर्थिक दृष्टि से समाज में उचित समानता लोकतान्त्रिक प्रणाली की सफलता के लिए आवश्यक है। भारत व श्रीलंका में शायद इन्हीं क्षेत्रों में असमानता के कारण लोकतन्त्र व्यवस्था पर अप्रत्याशित दबाव पड़ने लगे हैं। कभी-कभी दबावों से इन देशों में लोकतन्त्र व्यवस्था के टूटने का मार्ग खुलता हुआ दिखाई देने लगता है।

(3) स्वतन्त्र समाज का अर्थ ऐसे समाज से है जहां सामाजिक गतिशीलता (social mobility) हो। ऐसे खुले समाज में व्यक्ति जकड़नों में नहीं बंधा होने के कारण अपनी आवश्यकता के अनुरूप समूह व संगठन बनाकर अपने हितों की पूर्ति की व्यवस्था कर सकता है। ऐसे समाजों में व्यक्ति के हितों की पूर्ति के अनेक वैकल्पिक समूह होते हैं। इससे लोकतन्त्र की सफलता की पृष्ठभूमि तैयार होती है।

(4) आनुभविक दृष्टिकोण का तात्पर्य यह है कि समाज में सभी विवादों पर दो पक्षों में से कोई भी केवल अपने मत को परम सत्य या उचित मानने की अपेक्षा उस पर व्यावहारिक दृष्टिकोण अपनाए। इससे विवाद उलझने के बजाय सुलझने की स्थिति में आ जाते हैं। अधिकांशतः जिद्दी बहुमत या समूह लोकतन्त्र को कमजोर बनाते हैं। लोकतन्त्र की सफलता के लिए सभी दलों, समूहों व नेताओं द्वारा आदान-प्रदान (give and take) का व्यावहारिक दृष्टिकोण या रुख अपनाना जरूरी है।

लोकतान्त्रिक समाज व्यवस्थाओं की सफलता की शर्तों के विवेचन से यही निष्कर्ष निकलता है कि इस प्रकार की व्यवस्थाओं की सफलता की कोई सुनिश्चित शर्तें हो ही नहीं सकती हैं। जिन शर्तों का यहां विवेचन किया गया है वे भी मात्रा के इतने अन्तरों से युक्त हैं कि इनका कुछ भी अर्थ किया जा सकता है। उदाहरण के लिए, एक राज्य में रहन-सहन का एक स्तर लोकतन्त्र पर दबावकारी प्रभाव नहीं डालता हुआ देखा जा सकता है जबकि वही स्तर दूसरे राज्य में, जो चारों तरफ से धनी-मानी राज्यों से घिरा हुआ हो, घातक हो सकता है। इसलिए इस सम्बन्ध में यही निष्कर्ष निकाला जा सकता है कि कुछ सामान्य अवस्थाएं लोकतन्त्र को सुचारु रूप से संचालित करने में सहायक मानी जा सकती हैं, पर उनमें तथा लोकतन्त्र की सफलता में कोई अत्यधिक परिशुद्धता वाला सुनिश्चित सम्बन्ध हो ऐसा कहना कठिन होगा। ए० एल० लावेल (A.L.Lowell) ने इस सम्बन्ध में ठीक ही लिखा है कि 'किसी प्रकार की भी शासन व्यवस्था का जीवन इस बात पर निर्भर करता है कि वह किस हद तक ऐसे व्यक्तियों का निर्माण कर पाती है जो उसे आगे चला सकें और किस हद तक वह नेतृत्व के लिए सबसे अधिक समर्थ व्यक्तियों को आगे ला पाती है। क्या लोकतन्त्र में ऐसे राष्ट्र का निर्माण करने की प्रवृत्ति

है जो अपने आंशिक हितों की अपेक्षा सार्वजनिक कल्याण को अधिक महत्त्व दे, जिसके विभिन्न वर्गों में ईर्ष्या की भावना न होकर परस्पर सहानुभूति हो, जो भावी कल्याण के लिए वर्तमान कठिनाइयों को दूरदर्शिता और साहस के साथ झेल सके ? क्या लोकतन्त्र अपने प्रतिनिधियों और न्यायाधीशों के पदों पर ऐसे व्यक्तियों को चुनता है जिनमें ये सब गुण विद्यमान हों। यदि लोकतन्त्र यह सब करता है तो जो भी तूफान उठेंगे वे उसकी जड़ों को न हिला सकेंगे और वह अडिग रहेगा और यदि वह ऐसा नहीं करता है तो उसका आधार अस्थिर समझना चाहिए।

लोकतन्त्र शासन के गुण (Merits of Democratic System)

लोकतन्त्र शासन व्यवस्था की श्रेष्ठता को सभी स्वीकार करते हैं। शायद इसलिए ही आज दुनिया का हर राज्य लोकतान्त्रिक होने का दावा करने लगा है। इस प्रणाली के गुणों की विद्वानों ने लम्बी-लम्बी सूचियां प्रस्तुत की हैं। इसके पक्ष में व्यावहारिक तर्कों से लेकर नैतिक तथा मनोवैज्ञानिक तर्क तक दिये गये हैं। प्रो० डब्ल्यू० ई० हाकिंग (W. E. Hocking) ने तो लोकतन्त्र व्यवस्था के पक्ष को पुष्ट करते हुए यहां तक कहा है कि 'लोकतन्त्र चेतन और उप-चेतन मन की एकता है।' (Democracy is the union of the conscious and sub-conscious mind) सी० डी० बर्न्स ने लोकतन्त्र का गुणगान करते हुए लिखा है कि लोकतन्त्र आत्म शिक्षा का सर्वोत्तम साधन है। इससे स्पष्ट है कि लोकतन्त्र प्रणाली की श्रेष्ठता तथा इससे होने वाले लाभों को सभी स्वीकार करते हैं। संक्षेप में, इस शासन व्यवस्था के गुण निम्नलिखित माने जा सकते हैं—

(1) शासक जन-कल्याण के प्रति सजग, अनुक्रियाशील तथा जागरूक रहते हैं।

(2) जन शिक्षण का श्रेष्ठतम माध्यम है।

(3) सामाजिक, आर्थिक व राजनीतिक सुधार के लिए समुचित वातावरण की व्यवस्था होती है।

(4) उच्च कोटि का राष्ट्रीय चरित्र विकसित करने में सहायक है।

(5) स्वावलम्बन व व्यक्तिगत उत्तरदायित्व की भावना का विकास करता है।

(6) देशभक्ति का स्रोत है।

(7) क्रांति से सुरक्षा प्रदान करता है।

(8) शासन कार्यों में जन-सहभागिता की व्यवस्था करता है।

(9) व्यक्ति की गरिमा का सम्मान तथा समानता का आदर्श प्रस्तुत करता है।

लोकतन्त्र प्रणाली के उपरोक्त गुण यह स्पष्ट करते हैं कि इस व्यवस्था में कोई भी व्यक्ति यह शिकायत नहीं कर सकता कि उसे अपनी बात कहने का अवसर नहीं मिला है। क्योंकि लोकतान्त्रिक व्यवस्था का पहला काम यही है कि वह जनता को अपनी बात कहने के अधिकाधिक अवसर दे तथा जनता की जिज्ञासा का समाधान करे। हरमन फाइनर का कहना है कि 'प्रजातन्त्र शासन प्रणाली में तो रहन-सहन के स्तर का विकास असामान्य रूप से अधिक होता है। ऐसा दो कारणों से है—प्रथम, जबरन लादी गई योजना की अपेक्षा लोकतन्त्र के अन्तर्गत शासकीय नियन्त्रण और क्रियाकलापों सहित

नवीन साहसिक व्यापार करने की स्वतन्त्रता होती है। द्वितीय, यह भी सत्य है कि कुछ राजनीतिक दल, सम्भवतः सभी आवश्यक रूप से निरन्तर ही रहन-सहन के उच्च-स्तर की उपयोगिता व महत्त्व की सीख देते रहते हैं।'[17] अतः यह कहना गलत नहीं होगा कि लोकतन्त्र व्यवस्था सामाजिक, आर्थिक व राजनीतिक सुधारों के लिए समुचित वातावरण बनाने में बहुत सफल रहती है।

लोकतन्त्र शासन व्यवस्थाओं के यह गुण अधिकांशतः सैद्धान्तिक ही रह जाते हैं। व्यवहार में इनकी उपलब्धि असम्भव नहीं तो कठिन अवश्य है। केवल अवसर या वातावरण ही काफी नहीं होता है। फिर यह प्रश्न उठता है कि क्या व्यवहार में समानता, न्याय तथा जन-सहभागिता की लोकतन्त्र में व्यवस्था हो पाती है? इस सम्बन्ध में यही कहा जा सकता है कि इसमें लोकतन्त्र व्यवस्था का कोई दोष नहीं है। अगर कोई सैद्धान्तिक व्यवस्था व्यावहारिक नहीं बन पाती है तो दोष उन व्यक्तियों का है जो उसे क्रियान्वित करते हैं न कि उस व्यवस्था का। लोकतन्त्र के लाभ व्यवहार में प्राप्त हो सकें इसके लिए नागरिकों का ईमानदार, कर्त्तव्यपरायण व समझदार होना ही पर्याप्त नहीं होता है। इसके लिए आर्थिक विषमताओं का अभाव, सामाजिक समानता, राजनीतिक स्वतन्त्रता तथा सहिष्णुता का होना भी अनिवार्य है।

लोकतन्त्र शासन के दोष (Demerits of Democracy)

लोकतन्त्र प्रणाली को कार्यरूप देने में व्यावहारिक कठिनाइयों के कारण कुछ विचारक केवल इसके विपक्ष को ही सबल मानते हैं। इन व्यावहारिक कठिनाइयों के कारण लोकतन्त्र की कड़ी आलोचना की जाती रही है। कुछ विद्वान तो यहां तक कहने लगे हैं कि लोकतन्त्र का अब कोई उपयोग नहीं रहा है क्योंकि अब कहीं भी सच्चे अर्थ में लोकतान्त्रिक व्यवस्था नहीं पाई जाती है। यह सही है कि सैद्धान्तिक श्रेष्ठता के बावजूद लोकतन्त्र का क्रियान्वयन कई दोषों का सृजन कर देता है। लॉर्ड ब्राइस ने इसके निम्नलिखित दोष बतलाए हैं—

(1) शासन-व्यवस्था या विधान को विकृत करने में धन-बल का प्रयोग।

(2) राजनीति को कमाई का पेशा बनाने की ओर झुकाव।

(3) शासन-व्यवस्था में अनावश्यक व्यय।

(4) समानता के सिद्धान्त का अपव्यय और प्रशासकीय पटुता या योग्यता के उचित मूल्य का न आंका जाना।

(5) दलबन्दी या दल संगठन पर अत्यधिक बल।

(6) विधान सभाओं के सदस्यों तथा राजनीतिक अधिकारियों द्वारा कानून पास कराते समय वोटों को दृष्टि में रखना और समुचित व्यवस्था के भंग को सहन करना।[18]

[17] Herman Finer, *The Theory and Practice of Modern Government,* 4th ed., London, Methuen, 1961, p. 945.

[18] James Bryce, *Modern Democracies*, Vol. II, London, Macmillan, 1921, p. 212.

लोकतन्त्र की सैद्धान्तिक व्यवस्था को व्यावहारिक रूप देने में आने वाली कठिनाइयों के कारण ही प्लेटो और अरस्तू ने इस प्रणाली को शासन का विकृत रूप बतलाया था। कोई भी विचार सैद्धान्तिक श्रेष्ठता के कारण ही व्यवहार में श्रेष्ठतर नहीं रह जाता है। लोकतन्त्र की अव्यावहारिकता के कारण ही आलोचक यह कहते हैं कि लोकतन्त्र के सिद्धान्त अत्यधिक आदर्शवादी और कल्पनावादी हैं। व्यवहार में लोकतन्त्र शासन कार्य का भार सम्पूर्ण जनता पर आधारित करके 'निर्धनतम, अनभिज्ञतम तथा अयोग्यतम लोगों का शासन' हो जाता है, क्योंकि आम जनता शासन की पेचीदगियों से अनभिज्ञ ही नहीं होती है वरन शासन करने के योग्य भी नहीं होती है। लोकतन्त्र व्यवस्था की यही सबसे बड़ी विडम्बना है कि इसमें योग्यतम व्यक्ति—अभिजन वर्ग, जो शासन शक्ति के क्रियान्वयन में सक्रिय होते हैं, अयोग्यतम व्यक्ति—जनसाधारण, द्वारा नियंत्रित किये जाते हैं। अगर वह नियंत्रण व्यवहार में प्रभावी हो जाता है तो लोकतन्त्र सही अर्थों में भीड़तन्त्र (mobocracy) बन जाता है। अतः दोष लोकतन्त्र व्यवस्था में नहीं, इस व्यवस्था को क्रियान्वित करने में सम्मिलित शासनकर्ताओं और शासितों में होते हैं। वस्तुतः व्यवहार में लोकतन्त्र के यह दोष इसलिए आ जाते हैं कि उसे व्यवहार में लाने वाले लोग अपने को उस स्तर का नहीं रख पाते हैं, जिस स्तर की लोकतन्त्र की सफलता के लिए आवश्यकता होती है। परन्तु लोकतन्त्र के आलोचकों को एक बात तो माननी ही होगी कि इस प्रणाली के इन दोषों के बावजूद यह प्रणाली अन्य सभी प्रणालियों से श्रेष्ठतर है। यही कारण है कि दुनिया के अनेक राज्यों में लोकतन्त्र व्यवस्था को कुछ महत्त्वाकांक्षी राजनेताओं द्वारा उखाड़ फेंकने के बाद भी इसकी स्थापना के फिर प्रयत्न होते रहे हैं। अनेक समाजों में नागरिकता क्रांति तक का सहारा लेकर पुनः लोकतान्त्रिक शासन स्थापित करते रहे हैं। लोकतन्त्र के आलोचक इस बात से भी इनकार नहीं कर सकते कि सभी दोषों के होने पर भी शायद लोकतान्त्रिक व्यवस्था ही मानव की गरिमा, उसके व्यक्तित्व के सम्मान और शासन कार्य में उसकी सहभागिता सम्भव बनाने का श्रेष्ठतम साधन है। यह केवल शासन का ही रूप नहीं, यह जीवन का ढंग है। इसमें व्यक्ति की सम्पूर्णता का आशय निहित है। यह व्यक्ति जीवन के विभिन्न पहलुओं को अलग-अलग करके नहीं, सम्मिलित रूप से विकसित होने का अवसर प्रदान करने वाली व्यवस्था है। लोकतन्त्र की श्रेष्ठता का संकेत मिल के इस निष्कर्ष से मिलता है जिसमें उसने कहा है कि 'लोकतन्त्र के विरोध में दी जाने वाली युक्तियों में जो कुछ सुधार प्रतीत हुआ, उसको पूरा महत्त्व देते हुए भी मैंने सहर्ष उसके पक्ष में ही निश्चय किया।'

लोकतन्त्र : एक मूल्यांकन (Democracy : An Evaluation)

लोकतन्त्र का आदर्श वस्तुतः इतना दुरूह है कि उसका यथार्थ कहीं भी प्रायः उसके आदर्श के पूर्णतः अनुकूल नहीं हो पाता है। फिर भी लोकतन्त्र का विचार इतना अधिक लोकप्रिय है कि सभी शासन अपने को लोकतान्त्रिक ही बताते हैं। संयुक्त राष्ट्र शैक्षणिक सामाजिक सांस्कृतिक संगठन (UNESCO) के सन 1949 के उस प्रतिवेदन से इस बात की पुष्टि होती है जिसमें कहा गया है कि 'विश्व के इतिहास में पहली बार यह हुआ है

कि कोई भी सिद्धान्त अब लोकतन्त्र विरोधी सिद्धान्त के रूप में प्रस्तुत नहीं किया जाता है।' परन्तु लोकतन्त्र की यह लोकप्रियता यह प्रश्न उत्पन्न करती है कि क्या लोकतन्त्र का विचार अब निरर्थक नहीं हो गया है ? जब भिन्न-भिन्न लोगों के मस्तिष्कों में पाए जाने वाले विविध प्रकार के विचार लोकतन्त्र में सम्मिलित माने जाने लगे हैं, तब किसी व्यवस्था की प्रकृति का स्पष्टीकरण करने की इसकी क्षमता ही समाप्त हो जाती है। ऐसी अवस्था में लोकतन्त्र की अवधारणा को या तो छोड़ देने का या उस पर पुर्नविचार करने का ही विकल्प रह जाता है। अनेक विचारक यह स्वीकार करते हैं कि इस अवधारणा का त्याग तो इससे उत्पन्न चुनौती से बचना है। अतः इस पर पुर्नविचार ही की आवश्यकता अनुभव की जाने लगी है। लोकतन्त्र के स्वरूप व परिभाषा पर पुनः विचार का एक कारण राजनीति-शास्त्र के अध्ययन में व्यवहारवादी दृष्टिकोण (behavioural approach) का विकास भी कहा जा सकता है।

व्यवहारवादियों की मान्यता है कि राजनीति-शास्त्र के प्रत्येक विचार एवं अवधारणा की परिभाषा उसके व्यावहारिक स्वरूप से मेल खानी चाहिए। यह इसी आधार पर लोकतन्त्र की अवधारणा को परखकर पुनः परिभाषित करने के प्रयास में संलग्न है। रॉबर्ट डाहल (Robert Dahl) के अनुसार लोकतन्त्र के व्यवहार को दृष्टिगत रखकर उसके लिए 'लोकतन्त्र' शब्द का प्रयोग अनुपयुक्त है, क्योंकि आज के हर लोकतान्त्रिक देश में, चाहे वह उदारवादी, साम्यवादी या समाजवादी क्यों न हो, जनता न तो स्वयं कहीं भी शासन में भाग लेती है और न उसे शासन संबंधी बातों में विशेष रुचि ही होती है। निर्वाचन को लोकतन्त्र की आधारशिला माना जाता है, पर डाहल के अनुसार निर्वाचन से भी जनता की सही इच्छा मालूम नहीं हो सकती है। क्योंकि चुनाव पद के लिए विजयी बनाने के अलावा जन इच्छा को मालूम करने में बहुत सहायक नहीं है। निर्वाचन की सही अर्थों में कितनी उपयोगिता है इस सम्बन्ध में डाहल ने कहा है कि 'चुनावों से हमारी अपेक्षा यह होती है कि उनसे कुछ निश्चित मसलों के सम्बन्ध में बहुमत की 'इच्छा' अथवा 'वरीयता' (preferences) का पता लग जाय, पर चुनावों में ऐसा बहुत कम होता है।' उसके मतानुसार 'चुनावों में अधिक से अधिक यह पता चल पाता है कि पद के लिए चुनाव लड़ने वालों में से कुछ नागरिकों की पहली वरीयता या पसंद किसे प्राप्त है।' डाहल का यह कथन सही है पर इसका यह भी तात्पर्य नहीं है कि निर्वाचन की कोई उपयोगिता नहीं है। उसने यह भी स्वीकार किया कि इन कमियों के बावजूद निर्वाचन व्यवस्था के द्वारा शक्ति के दुरुपयोग की सम्भावना काफी सीमा तक कम हो जाती है, क्योंकि लोकतन्त्र की व्यवस्था में से यदि निर्वाचन को निकाल दिया जाय तो प्रतियोगिता केवल नेताओं व उनके गुटों के बीच रह जायेगी और वे सामान्य जनता की उपेक्षा करने की स्थिति में आ जायेंगे। अतः निर्वाचन में चाहे जो भी कमियां हों, यह शासनकर्ताओं को जनता के निर्णय के लिए, जनता के सामने आने का महत्त्वपूर्ण साधन प्रस्तुत करते हैं। अतः चुनावों का होना ही लोकनेताओं को उत्तरदायी बनाये रखने के लिए पर्याप्त माना जा सकता है। शायद यही कारण है कि लोकतन्त्र का दावा करने वाले हर राज्य में निर्वाचन की प्रत्यक्ष या अप्रत्यक्ष व्यवस्था अवश्य पाई जाती है।

डाहल केवल निर्वाचन की व्यवस्था से ही किसी शासन को, लोकतान्त्रिक मानने के पक्ष में नहीं है। उसका मत है कि लोकतन्त्र का व्यावहारिक रूप ऐसा नहीं है जिसमें तन्त्र (शासन) पूर्णतः लोक (जनता) की इच्छा के अनुसार ही चलता है। व्यावहारिक रूप में शासन जनता की समष्टि की इच्छा के अनुसार न होकर अनेक समूहों के रूप में विभक्त जनता की इच्छा के अनुसार होता है। अतः डाहल का मत है कि लोकतन्त्र को लोकतन्त्र न कहा जाकर बहुलतन्त्र (polyarchy) कहा जाना चाहिए। डाक्टर इकबाल नारायण का कहना है कि इस तथ्य को मानते हुए भी कि व्यवहार में लोकतन्त्र लोकतन्त्र न होकर बहुलतन्त्र होता है, डाहल ने यह माना है कि विविध समूहों की प्रतियोगिता के कारण राजनीतिक, सामाजिक व आर्थिक साधन सबके बीच बिखरे रहते हैं। उसके अनुसार इस प्रकार चूंकि ऐसे लोकतन्त्र में भी समानता प्रायः बनी रहती है, अतः उसका मत है कि इसे अधिक से अधिक समतावादी बहुलतन्त्र (equalitarian polyarchy) कहा जा सकता है। इस प्रकार डाहल के विचारों को यदि व्यवहारवादियों के प्रतिनिधि विचार मान लें तो उनके अनुसार लोकतन्त्र की परिभाषा उसकी परम्परात्मक अवधारणा के रूप में न की जाकर बहुलतन्त्रीय अवधारणा के रूप में की जानी चाहिये। नवीन बहुलवादियों ने भी इस सम्बन्ध में ऐसे ही विचार व्यक्त किये हैं तथा उन्होंने भी समूहों की ही महत्ता का प्रतिपादन किया है।

जी० सार्टोरी ने व्यवहारवादियों व नव-बहुलवादियों की इस मान्यता को कि लोकतन्त्र का आदर्श स्वरूप यदि व्यवहार में द्रष्टव्य नहीं है तो जो व्यवहार में है उसे ही लोकतन्त्र मान लिया जाए, ठीक नहीं माना है, क्योंकि लोकतन्त्र के व्यावहारिक रूप के इस प्रकार के प्रतिपादन से उसके आदर्श का बलिदान हो जाता है। वस्तुतः राजनीति और राज्य व्यवस्था के विषय में यह दृष्टिकोण लोकतन्त्र के केवल वर्णनात्मक (descriptive) अभिप्राय की दृष्टि से ही नहीं हैं। लोकतन्त्र का अन्य अभिप्राय विविधानात्मक (prescriptive) भी होता है। सार्टोरी के अनुसार लोकतन्त्र के व्यावहारिक रूप पर विचार करते समय यह अभिप्राय नव-बहुलवादियों द्वारा दृष्टि से ओझल कर दिया जाता है। सार्टोरी की मान्यता है कि मनुष्य केवल पेटू ही नहीं है। वह कमाने-खाने के लिए ही पैदा नहीं होता है। अपने व्यक्तित्व का सर्वतोन्मुखी विकास श्रेष्ठतर जीवन की प्राप्ति और भय-मुक्त होकर अपनी प्रतिभाओं की पूर्ण अभिव्यक्ति आदि उसके जीवन के लक्ष्य होते हैं। लोकतन्त्र एक ऐसी शासन व्यवस्था है, जिसमें इनकी प्राप्ति की सम्भावना सबसे अधिक होती है। अतः लोकतन्त्र अथवा उसके आदर्श अभिप्राय को यदि इसलिए बदल दिया जाए कि उसके आदर्श को व्यवहार में प्राप्त नहीं किया जा सकता, तो उसका अर्थ यह होगा कि हम इन लक्ष्यों को नकार रहे हैं। इस सम्बन्ध में मार्क्सवादियों के विचारों की आलोचना का आधार भी यही है कि वे मनुष्य को उपभोक्ता मात्र मान लेते हैं और उसी के आधार पर अपने वर्गरहित आदर्श समाज का चित्रण करते हैं जो अत्यन्त अतिरंजित और काल्पनिक चित्र ही लगता है। इस प्रकार, सार्टोरी इस आधार पर लोकतन्त्र को नये सन्दर्भ में देखने की आवश्यकता स्वीकार नहीं करते हैं। लोकतन्त्र का व्यवहार उसके आदर्श से बेमेल होने पर व्यवहार को ही लोकतन्त्र मानना ठीक नहीं लगता है।

आज के औद्योगिक व विशाल राज्यों के युग में सम्बन्धों की औपचारिकता तथा संस्थात्मक जटिलताओं के कारण जनता का रूप अब 'जन' (people) का न होकर 'जन-पुंज' (mass) का हो गया है। फलतः शासन में उस प्रकार उसके स्वयं के भाग लेने की लोकतन्त्र की कल्पना अब अप्रासंगिक हो गई है, जिस प्रकार वह प्राचीन समय के यूनानी नगर राज्यों में सम्भव थी या जैसी इस सम्बन्ध में रूसो ने कल्पना की थी। अब स्थिति इस प्रकार की है कि निर्वाचन द्वारा निर्मित प्रतिनिधि संस्थाओं एवं अन्य औपचारिक संगठनों के माध्यम से ही वह लक्ष्य प्राप्त किया जा सकता है, जो यूनान के नगर राज्यों के समय में जनता द्वारा शासन में प्रत्यक्ष भाग लेने की व्यवस्था द्वारा प्राप्त किया जा सकता था, पर यह परिवर्तन लोकतन्त्र के क्रियान्वयन के साधनों के सम्बन्ध में ही हुआ है। इससे उसके उस मूल उद्देश्य में कोई परिवर्तन नहीं हुआ है, जिसका सम्बन्ध राजनीतिक, सामाजिक व आर्थिक समानता के आधार पर मनुष्य के जीवन के सर्वोन्मुखी विकास से अब भी उतना ही है जितना वह नगर राज्यों के समय में था। अतः यह निष्कर्ष निकालना गलत नहीं होगा कि साधनों के परिवर्तन से लोकतन्त्र के उद्देश्य व उसके रूप में कोई परिवर्तन नहीं हुआ है। लोकतन्त्र के क्रियान्वयन के साधन किसी भी राजनीतिक वाद (political ideology) के अनुकूल हों, इसके सभी रूपों को लोकतन्त्रीय माना जाना चाहिए, यदि वे लोकतन्त्र के उद्देश्य की सिद्धि करने में समर्थ हों। लोकतन्त्र के क्रियान्वयन के साधन जिस प्रकार अब तक बदले हैं, आगे भी बदल सकते हैं, पर उसका उद्देश्य ऐसा है जो शाश्वत है। डा० इकबाल नारायण की मान्यता है कि शासन का लोकतन्त्रीय रूप ही वस्तुतः उन शासनों की व्यवस्थाओं के विरुद्ध प्रतिक्रिया के रूप में अस्तित्व में आया था जो लोक कल्याण की साधना करने में असफल रहे थे तथा उसके विधि रूप भी इसलिए बने या बन रहे हैं कि उससे लोक कल्याण सम्बन्धी उसके उद्देश्य की पूर्ति होती रहे। लोकतन्त्र की व्यवस्था का उद्देश्य मनुष्य के लिए श्रेष्ठ मानव जीवन को सुलभ बनाना है तथा उस उद्देश्य की पूर्ति के लिए व्यक्ति की स्वच्छन्दता के स्थान पर किसी लोकतन्त्र द्वारा यदि व्यवस्थित स्वतन्त्रता, नियमित जीवन, नियन्त्रित अर्थव्यवस्था आदि व्यवस्थाएं की जाती हैं, तो इससे लोकतन्त्र के लोकतन्त्रीय स्वरूप पर उस समय तक कोई प्रतिकूल प्रभाव नहीं पड़ता, जब तक इस प्रकार की व्यवस्थाओं से लोक कल्याण की साधना होती रहती है।[19] 1976-77 में भारत सरकार के इसी प्रयास को कुछ लोगों (विशेषकर पश्चिमी विचारकों) द्वारा अलोकतान्त्रिक कहना शायद ठीक नहीं है, क्योंकि यह प्रयत्न लोकतन्त्र के उद्देश्यों की सिद्धि का ही लक्ष्य रखते हैं।

लोकतन्त्र की जन-कल्याण सन्दर्भी व्याख्या से यही निष्कर्ष निकलता है कि इस शासन व्यवस्था का प्रचलन बढ़ता ही जायेगा तथा अधिकाधिक शासन सही अर्थों में लोकतन्त्र के आदर्शों के अनुरूप ढलते-बदलते जाएंगे। विश्व में श्रेष्ठ व भावी व्यवस्था अन्ततः सर्वत्र लोकतान्त्रिक ही होने की सम्भावनाएं रखती हैं, किन्तु लोकतन्त्र के अर्थ में क्रान्तिकारी परिवर्तनों का क्रम शायद लम्बी अवधि के बाद ही रुक पाएगा। इसलिए वर्तमान युग

[19]Iqbal Narain, *op. cit.*, p. 327.

'लोकतन्त्र की परख' का युग कहा जा सकता है।

अधिनायकतन्त्र
(DICTATORSHIP)

आधुनिक युग को 'लोकतन्त्र का युग' कहा जाता है। परन्तु शायद सत्य बात यह है कि यह युग 'अधिनायकतन्त्र' का युग बनता जा रहा है। यद्यपि हमने लोकतन्त्र का मूल्यांकन करते समय यह निष्कर्ष निकाला है कि सुदूर भविष्य में लोकतन्त्र व्यवस्थाएं ही लोकप्रिय होंगी, फिर भी आज दुनिया के अनेक राज्य लोकतन्त्र शासन प्रतिमान के प्रतिकूल तानाशाही व्यवस्था में जकड़े हुए दिखाई देते हैं। लेटिन अमरीका, अफ्रीका व एशिया के अनेक राज्यों में आजकल निरंकुश व्यवस्थाओं का ही बोलबाला है। इन महाद्वीपों में जहां-तहां लोकतन्त्र व्यवस्थाएं दिखाई पड़ती हैं पर उनमें भी निरंकुशता के बीज जमते जा रहे लगते हैं। लोकतन्त्र व्यवस्था के समान अधिनायकतन्त्र के भी कई अर्थ व रूप पाए जाते हैं। संक्षेप में इसके अर्थ, उद्देश्य व उपयोगिता का विवेचन किया जा रहा है।

अधिनायकतन्त्र का अर्थ व परिभाषा (The Meaning and Definition of Dictatorship)

अधिनायकतन्त्र किसी न किसी रूप में हमेशा बना रहा है, परन्तु प्राचीन समय में इसका अर्थ आजकल के अर्थ से पूर्णतया भिन्न था। स्पष्टता के लिए हम अधिनायकतन्त्र के प्राचीन व अर्वाचीन अर्थों का पृथक-पृथक विवेचन कर रहे हैं।

(क) अधिनायकतन्त्र का प्राचीन अर्थ (The meaning of dictatorship in ancient times)—प्राचीन समय में अधिनायकतन्त्र व्यवस्था को दुर्भाव की दृष्टि से नहीं देखा जाता था। ऐसी व्यवस्था या तो विशेष संकटों का सफलता से मुकाबला करने के लिए या लोक कल्याण के लक्ष्यों को शीघ्रता से प्राप्त करने के लिए अपनाई जाती थी। रोमन साम्राज्य में संकट के समय व कानून व्यवस्था बनाये रखने के लिए कभी-कभी विशेष अधिकारियों की नियुक्ति की जाती थी। संकट का सामना करने के लिए इन अधिकारियों को विशिष्ट शक्तियां दी जाती थीं और इन्हें 'अधिनायक' (dictator) कहा जाता था। इन्हें अधिनायक के नाम से इसलिए पुकारा जाता था क्योंकि उन्हें आदेश देने की असीम शक्तियां प्राप्त रहती थीं। इस प्रकार, मूल रूप में अधिनायक शब्द का अर्थ आदेश देने वाला है। रोम में अधिनायक को संकट का सामना करने के लिए ही सर्वोच्च शक्तियां सौंपी जाती थीं। संकट समाप्त होने पर अधिनायक का पद भी समाप्त हो जाता था। अतः रोमन अधिनायकतन्त्र केवल एक अस्थाई प्रयोग हुआ करता था। अधिनायक का कानूनी विधि से चुनाव होता था तथा वह अत्याचारी नहीं बन जाय इसके लिए उस पर कानूनी रोक व्यवस्थाएं लागू रहती थीं। उसके लिए यह आवश्यक था कि वह अपनी शक्ति के प्रयोग को 'स्थायी अधिकार शक्ति' की जांच के लिए प्रस्तुत करेगा।

अधिनायकतन्त्र का इस अर्थ में प्रयोग पिछली शताब्दी के मध्य तक प्रचलित माना जा

सकता है। एमिलिया के शासक फेरिनि (Farini) ने 1859 में एवं सिर्सली के शासक गेरिबाल्डी (Garibaldi) ने 1860 में अपने को इसी प्रकार का अधिनायक घोषित किया था, परन्तु उनके अधिनायक बनने का उद्देश्य अपने देश में जन-कल्याण करना था। कार्ल मार्क्स ने भी 'सर्वहारा वर्ग के अधिनायकतन्त्र' (dictatorship of the prole-tariat) का प्रतिपादन करते समय इसका यही अर्थ लिया था। इस प्रकार के अधिनायक-तन्त्र के कुछ लक्षणों का उल्लेख' इसे आजकल के नये अधिनायकतन्त्र से भिन्न करने के लिए आवश्यक है। प्राचीन अधिनायकतन्त्र में निम्नलिखित लक्षण प्रमुख माने जा सकते हैं—

(1) अधिनायक विधियों द्वारा सीमित रहता था।

(2) लोक कल्याण का लक्ष्य सर्वोपरि रहता था।

(3) अधिनायक को वैधता (legitimacy) प्राप्त रहती थी।

(4) अधिनायक उत्तरदायी होता था।

(5) अधिनायक का पद अस्थायी भी हो सकता था।

(6) समस्त शक्तियां अधिनायक में निहित रहती थीं।

उपरोक्त लक्षणों के सम्बन्ध में यह बात ध्यान रखनी है कि अधिनायकतन्त्र व्यवस्थाएं विधि द्वारा संचालित व्यवस्थाएं होती थीं तथा शासन शक्ति का प्रयोग जन-कल्याण के लिए किया जाता था। ऐसी व्यवस्थाओं में अधिनायकों का उत्तरदायित्व व वैधता इस रूप में रहती थी कि जनमत उनके अनुकूल रहता था। सामान्यतया जनता का अधिकांश भाग उनके अधिकारों के प्रयोग में सहायक व समर्थक होता था। शासन सही अर्थों में जनता के लिए ही होता था।

(ख) अधिनायकतन्त्र का अर्वाचीन अर्थ (The meaning of dictatorship in modern times)—आधुनिक समय में 'अधिनायकतन्त्र' का अर्थ पूरी तरह बदल गया है। आजकल इससे स्वेच्छाचारी व अत्याचारी शासन का बोध होता है। इसमें राजसत्ता एक व्यक्ति में निहित होती है और शासन सत्ताधारी व्यक्ति की इच्छानुसार ही चलता है। ऐसे अधिनायक पर किसी प्रकार का अंकुश या प्रतिबन्ध नहीं होता है। आधुनिक अधि-नायकों को राष्ट्रीय संकट के समय नहीं चुना जाता है वरन वे तो प्रायः आकस्मिक राज्य-क्रान्ति के फलस्वरूप शक्ति प्राप्त कर लेते हैं। उनकी राजनीतिक अधिकार शक्ति का आधार, बल प्रयोग होता है। वे उसी समय तक शक्ति में बने रहते हैं, जब तक बल प्रयोग उन्हें अधिनायक बनाए रखने में सहायक रहता है। वे किसी के प्रति उत्तरदायी नहीं होते। अधिनायकतन्त्र में राज्य की सम्पूर्ण शक्ति एक ही व्यक्ति में निहित होती है जो स्वयं को राज्य का मूर्त्त रूप समझता है।

आधुनिक अधिनायकतन्त्र के दो मत माने जाते हैं। साम्यवादी शासन व्यवस्थाओं के उदय ने एकदलीय व्यवस्थाओं की स्थापना की है। इससे एक दल, जो वस्तुतः एक विचारधारा से अनुप्राणित होता है, सत्ता का एकाधिकार रखता है तथा दल का सर्वोच्च नेता, दल के समर्थन के द्वारा एक तरह से अधिनायक की तरह शक्ति प्रयोग करता है। इस प्रकार के अधिनायकतन्त्र में शासक स्वेच्छाचारी व अत्याचारी नहीं होता है। जबकि

वर्तमान में ऐसे शासक भी मिलते हैं जो सेवा के सहयोग से सत्ता में आते हैं और सत्ता में आने के बाद निरंकुश ढंग से शक्तियों का प्रयोग करते हैं। एलेन बाल ने आधुनिक अधिनायकतन्त्र के दो रूप माने हैं। उसने एक को सर्वाधिकारी शासन (totalitarian) तथा दूसरे को स्वेच्छाचारी शासन (autocratic) के नाम से सम्बोधित किया है। यहां इन दोनों के लक्षणों का विस्तार से विवेचन आवश्यक है—

(1) सर्वाधिकारी शासन मुख्य रूप से बीसवीं सदी में आधुनिक प्रोद्योगिकी तथा संचार में प्रगति होने के कारण अस्तित्व में आये हैं। अधिकांश सर्वाधिकारी शासन आधुनिकीकरण (modernization) तथा सुधार लाने के लिए कटिबद्ध क्रान्तिकारी शासन है। स्तालिन का रूस, हिटलर का जर्मनी व मुसोलिनी के समय में इटली इस प्रकार के शासन के उदाहरण हैं। इन तीनों उदाहरणों में एक लक्षण समान था। इन सब में एक व्यक्ति के नेतृत्व पर बल दिया गया था, पर 1945 से बाद की सर्वाधिकारी पद्धतियों में 'सामूहिक नेतृत्व' ही पाया जाता है। यह व्यवस्था अब रूस व चीन के अलावा पूर्वी यूरोप के साम्यवादी राज्यों में पाई जाती है। सर्वाधिकारी शासन व्यवस्थाओं के लक्षणों का विवेचन एलेन बाल ने निम्न बिन्दुओं पर किया है—

(क) सिद्धान्ततः व्यक्तिगत तथा सामाजिक गतिविधि के सभी पहलुओं से सरकार राजनीतिक रूप से सम्बद्ध होती है।

(ख) एक ही दल राजनीतिक तथा कानूनी रूप से प्रभावी होता है। सारी राजनीतिक सक्रियता इसी के माध्यम से गुजरती है और प्रतियोगिता, नियुक्तियों तथा विरोध के लिए दल ही एक मात्र संस्थागत आधार प्रस्तुत करता है।

(ग) सैद्धान्तिक रूप से एक ही सुस्पष्ट विचारधारा होती है जो उस व्यवस्था के अन्तर्गत सम्पूर्ण राजनीतिक सक्रियता का विनियमन करती है। वह शासन तथा जोड़-तोड़ करने का उपकरण होती है।

(घ) न्यायपालिका और जन-सम्पर्क के माध्यमों पर सरकार का कठोर नियन्त्रण होता है और उदारवादी प्रजातन्त्रों में परिभाषित नागरिक स्वतन्त्रताएं कठोरतापूर्वक काट-छांट दी जाती हैं।

(ङ) यह शासन प्रजातन्त्रीय आधार उपलब्ध करने के उद्देश्य से और शासन के लिए व्यापक जन-समर्थन प्राप्त करने के लिए जन-सक्रियता पर जोर देते हैं। जनता के भाग लेने तथा जनता की स्वीकृति से शासन का वैधीकरण हो जाता है।[20]

उपरोक्त लक्षणों से यह स्पष्ट है कि सर्वाधिकारी शासन व्यवस्थाओं में विचारधारा का सर्वाधिक महत्त्व होता है तथा विचारधारा के क्रियान्वयन के लिए एकाधिकार युक्त एक राजनीतिक दल होता है। समस्त गतिविधियों का नियन्त्रण व निर्देशन यही दल करता है। अतः सर्वाधिकारी शासन व्यवस्थाओं में एक विचारधारा का राजनीतिक दल, प्रतियोगिता का अभाव तथा पूर्णतया नियन्त्रित जीवन मुख्य विशेषताएं होती हैं।

(2) स्वेच्छाचारी शासन की सुस्पष्ट परिभाषा करना बहुत कठिन है, क्योंकि

[20]Alan R. Ball, *op. cit.* p. 48.

सामान्यतया ऐसे शासन अस्थायी होते हैं। यहां यह ध्यान देने की बात है कि उदारवादी व सर्वाधिकारी शासन व्यवस्थाओं में वर्गीकृत न होने वाले शासन स्वतः ही स्वेच्छाचारी शासनों की श्रेणी में सम्मिलित नहीं किए जा सकते हैं। इसी तरह, स्वेच्छाचारी शासन पद्धतियों को 'तीसरी दुनिया' या 'विकासशील राज्यों' का पर्याय नहीं मान लेना चाहिए। वैसे इन शासन व्यवस्थाओं में बचे हुए अधिकांश राज्य—उदारवादी व सर्वाधिकारी राज्यों को छोड़कर, सम्मिलित किये जा सकते हैं, क्योंकि इनमें लक्षणों की भिन्नता प्रकारात्मक न होकर केवल मात्रात्मक ही होती है। स्वेच्छाचारी शासन व्यवस्थाओं के निम्नलिखित लक्षण उल्लेखनीय हैं। एलेन बाल ने इनके निम्नलिखित लक्षण गिनाए हैं—

(क) मुख्य राजनीतिक प्रतियोगिता (यानी राजनीतिक दल और चुनाव) पर महत्त्व-पूर्ण पाबन्दियां।

(ख) साम्यवाद या फासीवाद जैसी प्रभावी राजनीतिक विचारधारा का अभाव।

(ग) 'राजनीतिक' शब्द से सम्बोधित की जाने वाली बातों का सीमित क्षेत्र होता है क्योंकि इन शासन व्यवस्थाओं में सरकार आधुनिक प्रशासकीय तथा औद्योगिक विधियों के अभाव में सभी बातों को राजनीतिक रंग नहीं दे पाती।

(घ) राजनीतिक अनुरूपता तथा आज्ञाकारिता प्राप्त करने के लिए राजनीतिक सत्ताधारी बहुधा जोर जबर्दस्ती तथा बल प्रयोग पर अधिक बल देता है।

(च) नागरिक स्वतन्त्रताओं की अनुमति बहुत कम दी जाती है और जन-सम्पर्क के माध्यमों तथा न्यायपालिका पर सरकार का सीधा नियन्त्रण होता है।

(छ) शासक या तो परम्परागत दृष्टि से राजनीतिक श्रेष्ठजन हों या आधुनिक दृष्टिकोण वाले नये श्रेष्ठजन होते हैं। अक्सर सेना ही आकस्मिक राज-परिवर्तन या स्वतन्त्रता के औपनिवेशिक युद्ध के फलस्वरूप सत्ता हथिया लेती है।

(ज) एक गुट का राजनीति पर एकाधिकारी नियन्त्रण रहता है।[21]

लक्षणों की उपरोक्त सूची पूर्ण नहीं कही जा सकती है। इस श्रेणी में सम्मिलित शासनों में इतनी विविधतायें हैं कि सभी लक्षणों को सूचिबद्ध करना अत्यधिक कठिन है। इस श्रेणी में परम्परागत शासक वर्गों वाले राज्य, जैसे—सउदी अरब, इथोपिया और नेपाल तथा सैनिक सरकारों वाले आधुनिकीकृत राज्य जैसे नाइजीरिया और असैनिक सरकारों वाले आधुनिकीकृत राज्य जैसे अलजीरिया या मिस्र—शामिल कर सकते हैं।

सर्वाधिकारी व स्वेच्छाचारी शासन व्यवस्थाओं में बहुत अन्तर हैं। उपरोक्त विवेचन से यह अन्तर स्पष्ट हो जाते हैं। इस तरह, अधिनायकतन्त्र का अर्वाचीन रूप इसके प्राचीन रूप से बहुत कुछ भिन्न हो गया है। आधुनिक अधिनायकतन्त्र व्यवस्थाओं में व्यक्ति की स्वतन्त्रताओं पर प्रतिबन्ध व मनुष्य के जीवन का हर पहलू नियन्त्रित करने के कारण, इन व्यवस्थाओं के नाम से दुर्भाव का ही बोध होता है। इसके अर्थ के बाद अधिनायकतन्त्र व्यवस्थाओं के लक्षणों का विवेचन करना सरल हो जाता है। संक्षेप में यह इस प्रकार हैं।

[21] *Ibid.*, pp. 49-50.

अधिनायकतन्त्र के लक्षण (Characteristics of Dictatorship)

अधिनायकतन्त्र के सर्वाधिकारी व स्वेच्छाचारी रूपों का विवेचन पहले किया गया है। इनके लक्षणों के अध्ययन से संकेत मिलता है कि दोनों व्यवस्थाओं में अन्तरों के बावजूद मोटी समानताएं हैं। कुछ ऐसी विशेषताएं हैं जो अधिनायक-तन्त्र के दोनों प्रकारों में पाई जाती हैं। पीटर मर्कल ने अपनी पुस्तक **पोलिटिकल कन्टीन्यूविटी चेन्ज**[22] में अधिनायकतन्त्र की निम्नलिखित विशेषताओं की ओर ध्यान दिलाया है—(1) असाधारण सत्तायुक्त, अर्द्ध-देवतुल्य (deified) एक नेता। (2) सरकारी प्रशासन व समाज के समस्त संगठनों के नियन्त्रक के रूप में विशिष्ट ढंग से संगठित व भावात्मक समर्पणता वाला एक जनपुंजी (mass) दल। (3) शिक्षा व्यवस्था तथा जन-सम्पर्क के सभी साधनों पर प्रचार का एकाधिकार। (4) आतंक तथा भयभीत करने की सुपरिष्कृत व्यवस्था।

सर्वाधिकारी व स्वेच्छाचारी शासन व्यवस्थाओं में गन्तव्यों, विचारधाराओं तथा आधुनिकीकरण में उनकी भूमिकाओं को लेकर बहुत कुछ असमानताएं होते हुए भी उनमें उपरोक्त विशेषताएं समान रूप से पाई जाती हैं। इनका संक्षेप में विवेचन करने से इन दोनों व्यवस्थाओं के समान लक्षणों को अच्छी तरह समझा जा सकता है।

(1) सामान्यतया निरंकुश व्यवस्थाओं से एक ऐसे अधिनायक का अर्थ लिया जाता है जो सर्वशक्तिमान हो। परन्तु इतिहास में एक भी ऐसा उदाहरण नहीं मिलता है जब किसी तानाशाह ने अकेले समस्त राज्य शक्तियों का प्रयोग किया हो। हिटलर, मुसोलिनी तथा स्तालिन के भी सलाहकार, समर्थक व सहयोगी रहे हैं। क्योंकि अधिनायकतन्त्री व्यवस्था में नेता की सर्वोच्चता व असाधारण सत्ता का आधार दल का नेतृत्व होता है। इन व्यवस्थाओं में नेता या तो विचारधारा का प्रवर्तक होता है, या किसी प्रचलित विचारधारा का प्रमुख संशोधक होता है। वह विचारधारा का एक मात्र व्याख्याकार, रक्षक तथा क्रियान्वयन माना जाता है। अतः दल के सदस्यों के लिए, जो दल की विचार-धारा को पूर्णतया समर्पित होते हैं, वह नेता, देव-तुल्य व श्रद्धा का पात्र बन जाता है तथा उसकी शक्ति परम व सर्वोच्च हो जाती है। यह नेता किसी के प्रति उत्तरदायी नहीं होता, किसी से भी आदेश प्राप्त नहीं करता तथा परिस्थितियों के बन्धनों से भी मुक्त रह सकता है। नेता की सत्ता को कोई चुनौती न दे पाए इसके लिए हर अधिनायक तीन साधनों का सहारा लेता है—(1) वह समय-समय पर दल में से सभी सम्भावित (potential) दुश्मनों व विरोधियों का बर्बरतम तरीकों का उपयोग करके सफाया करता रहता है। (2) अपने सभी सहयोगियों व अनुयायियों के दिलों में भय और आतंक फैलाये रखता है। (3) सत्ता संरचना को स्थिर नहीं होने देता है।

इस तरह, अधिनायकतन्त्र में नेता की सर्वोच्चता तथा सत्ता बनाई रखी जा सके इसके लिए नेता उपरोक्त तीन विधियों में से दो विधियों का तो प्रयोग करते ही हैं परन्तु तीसरी विधि के माध्यम से वह उनको चुनौती देने की संस्थागत व्यवस्था को भी नहीं

[22]Peter H. Merkl, *op. cit.*, p. 530.

पनपने देते हैं। अधिनायकतन्त्र में नेता को सबसे बड़ा खतरा ऐसी संस्थाओं की स्थापना या विकास है जो स्वयं निर्णय लेने लगें। ऐसी अवस्था नेता की सत्ता की क्षीणता का संकेत होती है जो अनिवार्यतः नेतृत्व में परिवर्तन करके रहती है। रूस में ख्रुश्चेव तथा पाकिस्तान में अय्यूबखां के बाद क्रमशः ब्रेजनेव तथा याह्याखान का सत्ता में आना इसी आधार पर समझा जा सकता है।

(2) तानाशाही व्यवस्थाओं में चाहे उसका कोई रूप हो, एक एकाधिकारी राजनीतिक दल का दिखावा अवश्य पाया जाता है। यह राजनीतिक दल सम्पूर्ण जीवन का नियन्त्रक होता है। सरकारी, सामाजिक तथा व्यक्तिगत जीवन ऐसे दल के नियन्त्रण में रहता है। साम्यवादी व्यवस्थाओं में दल सही अर्थों में जनपुंजी होते हैं, पर स्वेच्छाचारी सैनिक या असैनिक तथा परम्परागत शासक वर्गों वाले राज्यों में भी सत्ता की वैधता के लिए दल का गठन किया जाता है। पाकिस्तान में राष्ट्रपति अय्यूबखां ने, बर्मा में जनरल ने विन (आजकल बर्मा के राष्ट्रपति) व नेपाल में सम्राट महेन्द्र ने इसी उद्देश्य की प्राप्ति के लिए दल का सहारा लिया था। ऐसे शासनों में अधिनायक, दल के नेता के रूप में पूजनीय बन जाता है।

(3) निरंकुश शासक अपनी सत्ता को स्थायी आधार उपलब्ध कराने के लिए शिक्षण व्यवस्था के माध्यम से नेता के प्रति अगाध आस्था उत्पन्न कराने का प्रयास करता है। सम्पर्क के सभी साधनों का प्रयोग नेता की श्रेष्ठता के गुणगान करने में किया जाता है। जन-सम्पर्क के सभी साधनों पर कड़ी निगरानी रहती है तथा जनता को बार-बार आंतरिक एवं बाहरी दुश्मनों से संघर्ष करने के लिए सचेत रखा जाता है। सारा प्रचार केवल नेता के द्वारा बताये गये तथ्य को ही सही मानने के लिए होता है। अन्य किसी भी प्रकार का प्रचार यहां तक कि बाहर का रेडियो प्रसारण सुनना तक अपराध माना जाता है। दूसरे विश्वयुद्ध के समय तो जर्मनी में विदेशी रेडियो प्रसारण सुनने वालों को मौत की सजा देने का कानून तक लागू था। प्रसारणों के माध्यम से बार-बार विचारधाराओं से सम्बन्धित सिद्धान्तों को दोहराया जाता है जिससे लोगों के मस्तिष्कों पर इसकी अमिट छाप अंकित हो जाए तथा इससे आगे सोचने के लिए जनता के मस्तिष्कों पर ताले पड़ जाएं। इस तरह जन-सम्पर्क साधनों का एकाधिकार नेता की सत्ता को स्थायित्व प्रदान करने में प्रयुक्त किया जाता है।

(4) अधिनायकतन्त्री व्यवस्थाओं को बनाए रखने के लिए नेताओं द्वारा आतंक तथा डर का साम्राज्य फैला दिया जाता है। इससे व्यक्ति इतना भयभीत बना दिया जाता है कि उसको हर वक्त अपना अस्तित्व खतरे में लगता है। इसके लिए बेबुनियादी प्रचार तक का सहारा लिया जाता है। निरंकुश व्यवस्थाओं में सरकार एक निरन्तर चलने वाली क्रांति का प्रतीक होती है। इन व्यवस्थाओं में एक अत्यधिक महत्त्वाकांक्षी व सुनहरे भविष्य की प्राप्ति के लिए संघर्ष में कोई रुकावट नहीं आये इसके लिए सारा शासनतन्त्र एक सूत्र में बांधकर रखा जाता है। इस प्रयत्न के विरोध में किसी भी प्रकार का प्रयत्न नहीं हो इसके लिए पहले ही आतंक फैलाये रखा जाता है। इसके लिए गुप्तचर विभागों को पूर्ण अधिकार तथा अप्रत्याशित शक्तियों से युक्त किया जाता है। ऐसी व्यवस्थाओं में

"रास्ते से हटने वालों" को अनुनयन से समझाने के बजाय समाप्त किया जाता है।

अन्त में निष्कर्ष रूप में यह कहा जा सकता है कि आधुनिक अधिनायकतन्त्र प्रत्यक्ष या अप्रत्यक्ष रूप से सैनिकवाद की उपज है। इसमें एक दल या नेता या सेना के झंडे के चारों ओर राष्ट्रीय आत्म-सम्मान, आशाओं और आकांक्षाओं की शक्ति इकट्ठी होती है। अधिनायकतन्त्र आन्तरिक विरोध व संघर्ष को कठोरता से दबा देता है। वह इस तरह कार्य करता है जैसे कि वह राष्ट्रीय एकता की मूर्ति हो। अधिनायकतन्त्र लोगों को एक स्वर में गूंथने का प्रयत्न करता है। इसमें जनता के किसी विरोध को सहन नहीं किया जाता है। यह इसी बात में विश्वास करता है कि सम्पूर्ण राष्ट्र एक ही ढंग से सोचे, बोले व कार्य करे। अधिनायकतन्त्र के अर्थ व विशेषताओं के विवेचन से यह स्पष्ट होता है कि इस शासन व्यवस्था में कुछ गुण हैं तो कुछ दोष भी हैं। इनका संक्षेप में विवेचन देना मूल्यांकन के लिए आवश्यक है। अतः इनका संक्षिप्त विवेचन किया जा रहा है।

अधिनायकतन्त्र के गुण (Merits of Dictatorship)

अधिनायकतन्त्र व्यवस्था के व्यवहार में इतने लाभ हैं कि अनेक लोकतान्त्रिक राज्यों में जनता लोकतन्त्र में कुछ लोगों की मनमानी करने की स्वतन्त्रता से ऊबकर अधिनायकतन्त्र व्यवस्था की कामना करने लगती है। अगर अधिनायकतन्त्र के उत्कर्ष के कारणों की खोज की जाए तो विदित होगा कि जिस-जिस देश में निराशा, अव्यवस्था, असन्तोष तथा अभाव था वहीं अधिनायकतन्त्र का उदय हुआ है। जिन देशों में लोकतन्त्र व्यवस्था लोगों में निराशा तथा अभाव उत्पन्न करने वाली बनी, वहीं इस व्यवस्था की स्थापना हो गई। आज भी अनेक राज्यों में जनता अधिनायकतन्त्र को अच्छा मानकर निरंकुश शासकों का पूर्ण समर्थन करती हुई दिखाई देती है। इससे यह स्पष्ट है कि अधिनायकतन्त्र में कुछ ऐसे गुण हैं जो अन्य व्यवस्थाओं की सैद्धान्तिक श्रेष्ठता के बावजूद इस व्यवस्था को अपनाने के लिए प्रेरणा के जिम्मेदार हैं। संक्षेप में ऐसे शासन के निम्नलिखित लाभ हैं—

(1) अधिनायकतन्त्र में शासन कुशलता होती है। सारी शासन शक्ति एक व्यक्ति में निहित होने के कारण, न केवल निर्णय शीघ्रता से लिए जा सकते हैं, वरन निर्णयों के क्रियान्वयन की भी सुव्यवस्था हो जाती है। अधिनायकतन्त्री व्यवस्था में शासक से सभी भयभीत रहते हैं इस कारण कार्य में देरी या शिथिलता नहीं कर सकते हैं। निरंकुश शासक के प्रति सम्पूर्ण प्रशासन न केवल उत्तरदायी रहता है अपितु हर समय सतर्क, सचेत व सक्रिय भी रहता है। इससे शासन में कार्य-दक्षता आ जाती है।

(2) इस व्यवस्था का दूसरा गुण देश का तेजी से विकास है। देश में एक ही नेता, एक ही योजना तथा एक ही विकास लक्ष्य रहने से देश की सम्पूर्ण शक्ति इसी लक्ष्य के मार्ग को प्रशस्त करने में प्रयुक्त होती है। आर्थिक साधनों का समुचित विकास व उपयोग सम्भव होता है। देश के विकास के लिए एकता, शान्ति व व्यवस्था की आवश्यकता होती है। अधिनायकतन्त्र में इनकी ठोस व्यवस्था रहने के कारण देश के सारे साधन विकास में लगाए जा सकते हैं।

(3) देश में एकता की स्थापना में अधिनायकतन्त्र बहुत सहायक रहता है। विभिन्न

दलों तथा विरोधियों का दमन करके देश में एक दल व एक नेता का शासन स्थापित होने के कारण सारी जनता इसके प्रति बफादार हो जाती है। नेता के चारों तरफ सारी व्यवस्थाएं गुंथ जाती हैं तथा देश एक ठोस एकता के सूत्र में बंध जाता है। दल या नेता एकता में बांधने का साधन हो जाता है और उसी में सबको अपनत्व का आभास होने लगता है। हिटलर व मुसोलिनी इसी तरह जर्मनी व इटली को एक करने में सफल रहे थे।

(4) राष्ट्रीयता की भावना जाग्रत करने में सहायक है। देश के नागरिकों को पारस्परिकता में बांधने के लिए एक विचारधारा, एक दल व एक नेता का होना पर्याप्त होता है। सभी नागरिक बन्धुत्व की भावना से अनुप्राणित रहते हैं। एक राष्ट्र का नारा, एक ही झंडे के नीचे सबको खड़ा कर देता है। देश भक्ति का इतना प्राबल्य होता है कि नागरिक अपने देश तथा नेता के लिए बलिदान तक करने के लिए तैयार हो जाते हैं।

(5) संकट काल में तानाशाही व्यवस्था सर्वोत्तम रहती है। इसमें संकट का सामना करने के लिए सभी निर्णय व आदर्श एक व्यक्ति द्वारा दिये जाने के कारण, आदेशों की एकता (unity of command) रहती है। इससे समय पर उचित कार्यवाही करना सरल हो जाता है। युद्धकालीन संकट में तो यही व्यवस्था विजय दिलाती है।

(6) अधिनायकतन्त्र व्यवस्था में देश का बहुमुखी विकास होता है। आर्थिक क्षेत्र में भी तेजी से विकास की व्यवस्था होती है। एकता, अनुशासन व कर्तव्य-परायणता के कारण विकास की श्रेष्ठ व्यवस्था हो जाती है। रूस, जर्मनी, चीन, इटली, टर्की और स्पेन का अभी का इतिहास इस बात का साक्षी है। जेक्सन ने अपनी पुस्तक 'यूरोप सिन्स दी वॉर' में ठीक ही लिखा है—"स्पेनवासियों के इतिहास में यह पहला अवसर है जबकि रेलें समय पर चली हैं। अधिनायक के अधीन व्यापार और उद्योग समृद्ध हुए हैं।...कृषि फली-फूली है। श्रम संकट दूर हो गए हैं।"[23] भारत में कुछ अंशों में अधिनायकवादी कदमों ने देश का हाल ही में काया-पलट कर दिया है।

(7) कुछ विद्वान अधिनायकतन्त्र को मानव-स्वभाव के अनुकूल भी मानते हैं। इसके पक्ष में उनका कहना है कि मनुष्य में स्वभावतः अपने हितों की रक्षा की इच्छा अवश्य होती है। वह अपनी रक्षा चाहता है चाहे यह किसी के द्वारा की जाय। अपनी समस्याओं का समाधान चाहता है। आम जनता को इससे कोई मतलब नहीं होता है कि उसकी रक्षा व्यवस्था कौन करता है ? वह तो सुरक्षा चाहती है, अपने हितों की पूर्ति चाहती है। अधिनायकतन्त्र में ऐसा सम्भव होने के कारण यह मानव स्वभाव के अनुकूल व्यवस्था भी मानी जाती है।

(8) विकासशील राज्यों के लिए राजनीतिक और आर्थिक विकास की संक्रमणकालीन परिस्थितियों में भी अधिनायकतन्त्र उपयोगी माना गया है। विकासशील राज्यों में जन-इच्छा की अनुशासित अभिव्यक्ति की समस्या अत्यन्त प्रबल रही है। विकास के विभिन्न चरणों को पार करने के प्रयास में नवोदित राष्ट्र जन आकांक्षाओं को जागृत तो कर देते हैं,

[23]Jackson, *Europe Since the War,* London, Oxford, 1962, p. 73.

परन्तु जन आकांक्षाएं जितनी तेजी से जागृत होती हैं, उतनी तेजी से वे उनकी पूर्ति नहीं कर पाते हैं। इसके कारण राज्य व्यवस्था पर तनाव बढ़ते हैं एवं उसके टूटने का डर रहता है। ऐसी स्थिति में राजनीतिक अनुशासन बनाए रखने के लिए अधिनायकतन्त्र अधिक उपयोगी हो सकता है। हण्टिंगटन ने ठीक ही कहा है कि 'नवोदित राष्ट्रों में प्रथम कार्य राजनीतिक सहभाग (political participation), शिक्षा आदि की वृद्धि के स्थान पर मूलभूत, संस्थात्मक ढांचे का निर्माण होना चाहिए तथा इसके लिए एकदलीय शासन या सैनिक अधिनायकतन्त्र भी उपयुक्त हो सकता है।'

अधिनायकतन्त्र के दोष (Demerits of Dictatorship)

अधिनायकतन्त्र में गुणों के होते हुए भी इस प्रणाली का किसी भी देश में लम्बी अवधि तक प्रचलन नहीं रह पाता है। इतिहास ऐसे प्रमाणों से भरा पड़ा है। जहां कहीं भी अधिनायकतन्त्र स्थापित होता है वहीं पर एक स्थिति ऐसी आती है जब जनता सत्ता सम्पन्न सर्वोच्च शासक को उखाड़ फेंकने के लिए हिंसात्मक क्रांति तक का सहारा लेने में नहीं हिचकिचाती है। इससे स्पष्ट है कि इस व्यवस्था में कुछ कमियां अवश्य पाई जाती हैं। संक्षेप में इस प्रणाली के दोष इस प्रकार हैं—

(1) इस व्यवस्था में व्यक्ति के व्यक्तित्व का सम्मान नहीं होने के कारण व्यक्ति को सब कुछ सुविधाएं होते हुए भी उसे अपने व्यक्तित्व को अपनी इच्छानुसार विकसित करने का वातावरण नहीं मिल पाता है तथा वह अपने जीवन को अपूर्ण ही रखने पर मजबूर हो जाता है। व्यक्ति को किसी भी प्रकार स्वतन्त्रता नहीं रहती है। इससे उसका व्यक्तित्व दबकर रह जाता है। तानाशाही व्यवस्था में मौलिक अधिकारों एवं व्यक्तिगत स्वतन्त्रता को कोई महत्त्व नहीं दिया जाता है। अतः तानाशाही व्यवस्था का सबसे बड़ा दुर्गुण व्यक्ति के व्यक्तित्व के दमन का वातावरण बनाना है।

(2) अधिनायकतन्त्र शासन व्यवस्था में अत्याचार और अनाचार का बोलबाला रहता है। अधिनायक अपनी सत्ता को बनाए रखने के लिए आतंक फैलाए रखता है। विरोधियों का बर्बर तरीकों से सफाया कर दिया जाता है। इससे मानव भयग्रस्त होकर जेल के सीखचों में बन्द सा हो जाता है। देश हित में कही गई बात भी अगर तानाशाह की इच्छा के प्रतिकूल है तो उसको ठुकरा दिया जाता है तथा उसके विरुद्ध बात कहने वाले को देशद्रोही कहकर मौत के घाट उतार दिया जाता है।

(3) तानाशाही व्यवस्था देश के लिए अहितकर होती है। इस व्यवस्था में निर्णय एक व्यक्ति लेता है जो किसी भी प्रकार का विरोध या सुझाव स्वीकार नहीं करता है। इससे तानाशाह द्वारा लिये गये गलत निर्णयों का अहितकर प्रभाव सारी प्रजा को भुगतना पड़ता है। अधिनायक का हर निर्देश लोगों को मानना पड़ता है, चाहे वह निर्देश राष्ट्रीय हित में हो अथवा नहीं हो। इस प्रकार तानाशाही व्यवस्था में राष्ट्रीय हितों का समुचित संरक्षण नहीं रहता है।

(4) अधिनायकतन्त्र में साधारण व्यक्तियों में आत्म-निर्भरता, क्रियाशीलता तथा स्वतन्त्रता की भावना का पूर्णतः लोप हो जाता है, क्योंकि उन्हें बोलने अथवा विचारने

आदि की किसी प्रकार की स्वतन्त्रता नहीं रहती है। इस व्यवस्था में व्यक्ति का तन, धन और यहां तक कि मन भी अधिनायक के लिए हो जाता है और उसे अधिनायक जिधर हांके उधर ही चलने के लिए मजबूर होना पड़ता है।

अधिनायकतन्त्र के गुण और दोष के विवेचन से स्पष्ट है कि यह व्यवस्था मनुष्य को मनुष्य नहीं बनाती तथा उसे मनुष्य के रूप में रहने भी नहीं देती है। इसमें मानव का व्यक्तित्व दबकर रह जाता है। उसकी सारी भौतिक आवश्यकताओं की पूर्ति के उपरान्त भी उसको कुछ कमी सी महसूस होती है। उसका जीवन कैदी का सा हो जाता है। इस-लिए ही अधिनायकतन्त्र के अनेक लाभों के होते हुए भी कोई व्यक्ति इस व्यवस्था के अन्तर्गत रहना पसन्द नहीं करता है। इस शासन में व्यक्ति के लिए सब कुछ रहता है परन्तु फिर भी उसको ऐसी व्यवस्था में घुटन होने लगती है, क्योंकि व्यक्ति केवल रोटी के लिये ही जीवित नहीं रहता है। वह इसके अलावा भी बहुत कुछ पाना व करना चाहता है जो केवल सोचने-विचारने तथा अभिव्यक्ति की स्वतन्त्रता के वातावरण में ही सम्भव होता है। अतः अधिनायकतत्त्र सभी आकर्षणों के बावजूद भी मानव मस्तिष्क की भूख मिटाने के साधनों पर रोक लगाने वाला होने के कारण जन साधारण द्वारा अमान्य ही रहता है। इस शासन के गुण-दोषों के विवेचन के बाद इसके भविष्य के बारे में संकेत देना सरल हो जाता है। अतः हम इसके भविष्य की संक्षिप्त चर्चा करना प्रासं-गिक मान सकते हैं।

अधिनायकतन्त्र का भविष्य (The Future of Dictatorship)

अधिनायकतन्त्र के भविष्य के सम्बन्ध में राजनीति-शास्त्र के विद्वान बहुत आशावादी नहीं हैं। यह सही है कि ऐसे शासन में कार्य-कुशलता, एकता तथा बहुमुखी विकास की सुव्यवस्था होती है, परन्तु यह सब महंगी कीमत के बदले में मिलते हैं। मनुष्य को अपने व्यक्तित्व के विकास के स्थान पर अपने शरीर के भरण-पोषण तक ही सीमित रहना होता है। ऐसी शासन प्रणाली में व्यक्ति को सब कुछ प्राप्त होने के बाद भी कुछ कमी महसूस होती है। यह है अपनी अभिव्यक्ति की लालसा। इसके अभाव में व्यक्ति को परि-पूर्णता का आभास नहीं होता है। वह अपूर्ण रहता है। अतः व्यक्ति को जब कभी अवसर मिलता है वह ऐसी व्यवस्था से जान बचाकर भाग निकलता है। इतना ही नहीं, कई बार व्यक्ति अपनी स्वतन्त्रता के ऊपर लगे प्रतिबन्धों को, यह जानते हुए भी कि उसका अंजाम मौत होगा, तोड़ने में नहीं हिचकिचाता है। वह विद्रोह, क्रान्तियां तथा हत्याएं तक कर बैठता है। यही कारण है कि अधिनायकतन्त्र लम्बी अवधि तक सफल नहीं रहता है। जनता में राजनीतिक जागरूकता का विकास वास्तव में अधिनायकतन्त्र के अन्त का सुआरम्भ माना जाता है। अतः सैनिक या परम्परागत शासक वर्गों वाले राज्यों में अधि-नायकतन्त्र का भविष्य अंधकारमय ही माना जा सकता है। जनता में राजनीतिक सक्रियता का आना कब तक रोका जा सकता है। आधुनिक जन-सम्पर्क साधन व्यक्ति को व्यक्ति से दूर नहीं रहने देते हैं। इससे यह स्पष्ट है कि तानाशाही व्यवस्थाओं के स्वेच्छाचारी रूप में लम्बी अवधि तक बनी रहने की सम्भावनाएं नगण्य ही हैं।

अधिनायकतन्त्र का सर्वाधिकारी रूप कुछ स्थायित्व के संकेत देता है, परन्तु यहां भी विचारणीय प्रश्न यह है कि क्या वर्तमान रूप की साम्यवादी व्यवस्था आगे भी चल सकेगी ? 1917 से आज तक का रूस का इतिहास इस बात का साक्षी है कि साम्यवादी शासनों में भी व्यक्ति की अभिव्यक्ति की स्वतन्त्रता में उत्तरोत्तर ढील दी जाती रही है। यद्यपि अभी बहुत कुछ होना बाकी है, फिर भी यह प्रवृत्ति इस बात की पुष्टि करती है कि साम्यवादी या सर्वाधिकारी शासनों में भी अधिनायक के स्थान पर दल-बदल के माध्यम से अधिकाधिक व्यक्ति शासक बनते जा रहे हैं। पूर्वी यूरोप के सभी राज्य इसी तरह की प्रवृत्ति का संकेत देते हैं। कोई भी शासन व्यवस्था व्यक्ति को जानवर की तरह रखकर स्थायी नहीं रह सकती है। व्यक्ति अपने व्यक्तित्व के विकास के मार्ग में आने वाली सभी बाधाओं को तोड़ने के लिए मर मिटने को तैयार होता रहा है। अतः सर्वाधिकारी शासन व्यवस्थाओं का भविष्य बहुत कुछ इस बात के साथ जुड़ जाता है कि इनके द्वारा व्यक्ति को अभिव्यक्ति तथा आत्म विकास के अवसर किस सीमा तक उपलब्ध कराये जाते हैं ? विचारधाराएं व्यक्ति को अधिक समय तक बांधकर रखने में शायद ही सफल हो सकेंगी ? साम्यवादी शासन प्रणालियों में जकड़नें ढीली पड़ती जा रही हैं, व्यक्ति की गरिमा को स्वीकार किया जाने लगा है तथा विचारधारा के संकुचित दायरे से बाहर भी अभिव्यक्ति की कुछ-कुछ स्वतन्त्रता, इस बात की द्योतक है कि अधिनायकतन्त्र का वर्तमान अर्थ में भविष्य विशेष उज्ज्वल है।

लोकतन्त्र व अधिनायकतन्त्र के पृथक-पृथक वर्णन के बाद दोनों का तुलनात्मक अध्ययन करना आवश्यक है, क्योंकि इनके तुलनात्मक अध्ययन के द्वारा ही इन दोनों शासन प्रणालियों में से कौन-सी व्यवस्था श्रेष्ठ है, इसका निष्कर्ष निकालना सम्भव है। अतः नीचे इनका तुलनात्मक मूल्यांकन दिया जा रहा है।

लोकतन्त्र व अधिनायकतन्त्र—एक तुलनात्मक विश्लेषण
(DEMOCRACY AND DICTATORSHIP: A COMPARATIVE ANALYSIS)

लोकतन्त्र व अधिनायकतन्त्र न केवल बेमेल व्यवस्थाएं हैं वरन् यह दोनों एक दूसरे के विपरीत भी हैं। लोकतन्त्र शासन में व्यक्ति के व्यक्तित्व का सम्मान व गरिमा बनाए रखने के लिए उसे विचार, अभिव्यक्ति तथा आत्मविकास की सभी स्वतन्त्रताएं प्राप्त रहती हैं जबकि, अधिनायकतन्त्र में व्यक्ति को सही अर्थों में व्यक्ति बनने ही नहीं दिया जाता है। इन दोनों व्यवस्थाओं की निम्न बिन्दुओं के इर्द-गिर्द तुलना की जा सकती है।

(क) व्यक्ति के व्यक्तित्व का विकास (Development of human personality)—लोकतन्त्र में व्यक्तिगत स्वतन्त्रताएं व मौलिक अधिकारों की व्यवस्था रहती है। इसमें समानता का आदर्श होता है। इससे प्रजातन्त्र शासन में व्यक्ति को अपना सर्वांगीण विकास करने के अवसर प्राप्त हो जाते हैं। व्यक्ति अपनी अभिव्यक्ति करके अपना श्रेष्ठतम योगदान समाज के लिए कर सकता है। अतः लोकतन्त्र व्यवस्था व्यक्ति के व्यक्तित्व के विकास में सहायक व प्रेरक है। अधिनायकतन्त्र में न तो व्यक्तिगत स्वतन्त्रता की ही

व्यवस्था रहती है और न समानता के सिद्धान्त का अनुसरण ही किया जाता है। इससे व्यक्ति के व्यक्तित्व के विकास के सभी मार्ग रुक जाते हैं। व्यक्ति बंदी बन जाता है। व्यक्तित्व का विकास रुक जाता है तथा तानाशाही व्यवस्था में मानव सही अर्थों में मानव ही नहीं रहता है।

(ख) सरकार का उत्तरदायित्व (Responsibility of government)—लोकतान्त्रिक शासन, सरकार के उत्तरदायित्व की श्रेष्ठतम व्यवस्था मानी जाती है। इसमें राजनीतिक शक्ति का प्रयोग करने वाले अपने सब कार्यों के लिए उत्तरदायी रहते हैं तथा वे उत्तरदायी रखे जा सकते हैं। नियतकालिक निर्वाचन, शासनकर्ताओं को उत्तरदायी रखने की ठोस व्यवस्था है। इससे सरकार जन इच्छा के अनुरूप चलने के लिए मजबूर होती है। जबकि, अधिनायकतन्त्र में शासक सब दायित्वों से मुक्त रहता है। वह अपनी मनमानी कर सकता है। जन विरोध को समाप्त करने के लिए बर्बर तरीके काम में ले सकता है। अतः शासक पर किसी प्रकार का अंकुश नहीं रहता है। वास्तव में सरकार का उत्तरदायी होना अपने आप में तानाशाही व्यवस्था का विलोम है।

(ग) विकास व जन-कल्याण (Development and social welfare)—लोकतन्त्र व्यवस्था में आर्थिक, सामाजिक व राजनीतिक विकास की गति अवश्य ही धीमी रहती है। जन-कल्याण के कार्य भी तेजी से नहीं चल सकते हैं, क्योंकि इस व्यवस्था में विकास व सामाजिक कल्याण का कार्यक्रम सहमति पर आधारित होता है तथा जन-इच्छा के अनुसार ही क्रियान्वित होता है। विकास व जन हितकारी कार्यों में सम्पूर्ण जनता की सहभागिता के कारण जो कुछ विकास होता है वह जन सहमति के ठोस आधार पर टिका होने के कारण स्थायी व सही दिशा में होता है। यह राष्ट्र की सच्ची समृद्धि का पोषक होता है। जबकि तानाशाही व्यवस्था में विकास की गति की तीव्रता, विकास को सही दिशा में ले जाएगी यह नहीं कहा जा सकता है। तानाशाही में कई बार विकास के मार्गों का निर्धारण ही नहीं हो पाता है, तथा अधिनायक या दल द्वारा निर्धारित मार्ग ही सही मार्ग है यह निश्चयपूर्वक नहीं कहा जा सकता है। अतः तेजी से किया गया विकास, जन-कल्याण की साधना करेगा यह नहीं भी हो सकता है। केवल वही विकास जन-कल्याणकारी कहा जाता है जिसमें जनता जैसा चाहती है वैसा ही हो। अधिनायकतन्त्र में जन-इच्छा को मालूम करने का माध्यम ही नहीं रहता है। इसलिए यह कहना गलत नहीं होगा कि तानाशाही व्यवस्थाओं में दिशा रहित विकास जन-कल्याण का सही अर्थों में साधक रहे यह आवश्यक नहीं है।

(घ) राष्ट्रीय एकता व अनुशासन (National unity and discipline)— ऊपर से देखने पर ऐसा लगता है कि लोकतन्त्र में न राष्ट्रीय एकता होती है और न ही अनुशासन होता है। हर व्यक्ति अपनी स्वतन्त्रता की आड़ में मनमानी करता लगता है, परन्तु तथ्य यह नहीं है। लोकतन्त्र में सभी कार्यों का आधार मोटे तौर पर सहमति होने के कारण जो एकता होती है वह स्थायी व गहरी होती है। हर व्यक्ति की आवाज सुनी जाने के कारण किसी को कोई शिकायत नहीं रहती है। इससे आत्म-अनुशासन की अवस्थाएं उत्पन्न होती हैं। देश में आंतरिक या बाह्य संकटों के समय अचानक अद्भुत एकता व

अनुशासन की स्थापना इस बात की पुष्टि करती है कि एकता व अनुशासन केवल लोकतन्त्र में ही सम्भव है। वैसे अधिनायकतन्त्री शासनों में राष्ट्रीय एकता व अनुशासन अत्यधिक मात्रा में स्थापित रहते हुए भी वास्तव में ऐसा नहीं होता है। यह एकता व अनुशासन आरोपित होता है। आतंक के कारण बना रहता है, परन्तु भय व आतंक को हटाते ही यह तब भी रफूचक्कर हो जाता है। तानाशाही व्यवस्थाओं में एकता व अनुशासन, एक तरह से सुप्त-ज्वालामुखी की तरह होता है जो अधिनायक के डंडे के आधार पर ठंडा रहता है पर उसके भीतर ही भीतर जलने वाली आग सत्ता के अंकुशों में शिथिलता आते ही फूट पड़ती है। इस शताब्दी में ऐसे उदाहरणों की भरमार है जबकि ठोस एकता व अनुशासन में आबद्ध जन समुदाय अधिनायक के भय के समाप्त होते ही विद्रोह कर बैठा है।

(च) सरकार का स्थायित्व (Stability of government)—सरकारों के स्थायित्व का आधार केवल जन सहमति ही हो सकती है। लोकतन्त्र शासन में सरकारें जन सहमति के आधार पर संगठित होती हैं अतः उनमें स्थायित्व रहता है। दल सत्ता में आते-जाते रहते हैं परन्तु शासन का ढांचा, संवैधानिक तन्त्र व व्यवस्था ज्यों की त्यों बनी रहती है। सरकारों के पदाधिकारियों की हेरा-फेरी चलती रहती है पर इससे सरकारें न अस्थायी बनती हैं और न ही उनकी सत्ता में कोई कमी आती है। अतः लोकतन्त्र में यह भ्रांति ही है कि इस व्यवस्था में सरकारों का अस्थायित्व रहता है। सही अर्थों में लोक-तान्त्रिक व्यवस्था ही सरकारों के स्थायित्व के अनुकूल हो सकती है, क्योंकि केवल लोकतन्त्र में ही सरकार का आधार जन समर्थन व जन इच्छा होती है। निरंकुश व्यव-स्थाओं में सरकार स्थायी रह ही नहीं सकती है। अधिनायकों पर हर वक्त दबाव पड़ते हैं जो अन्ततः अधिनायक को उखाड़ फेंकने की स्थितियां उत्पन्न कर देते हैं। यहां बाध्यकारी शक्ति का डर ही सरकार को बनाए रखता है ज्यों ही यह भय समाप्त हुआ सरकार का तख्ता पलट जाता है।

(छ) प्रशासकीय कार्य-कुशलता (Administrative efficiency)—कार्य-कुशलता की पहली शर्त कार्य करने में कुछ विवेक की छूट की व्यवस्था है। नियमों के खींचने में बंद प्रशासक परिस्थिति के थोड़े हेर-फेर की अवस्था में, नियम के अभाव में निर्णय नहीं ले सकता है। इससे प्रशासन ठप्प हो जाता है। तानाशाही व्यवस्था में सम्पूर्ण शासन कठोर नियमों द्वारा जकड़ जाता है। इससे कार्य-दक्षता व पहल करने की शक्ति का दमन हो जाता है। जबकि लोकतन्त्र में शासन-व्यवस्था के संचालन के नियमों में लचक रहती है। हर प्रकार की परिस्थिति में नियम व विधि सहायक होते हैं, क्योंकि उनमें अवसर अनुकूलता व अनुरूपता की क्षमता अन्तर्निहित रहती है। अतः लोकतन्त्र में प्रशासकीय कार्य-कुशलता उत्तरोत्तर बढ़ती जाती है, जबकि अधिनायकतंत्र में प्रशासन दिन-प्रतिदिन कठोर बनते हुए भी आन्तरिक शिथिलता की ओर अग्रसर हो जाता है।

(ज) सरकारों की अवसर अनुकूलता (Adaptability of governments)—लोकतान्त्रिक सरकार हर परिस्थिति के अनुसार ढाली या बदली जा सकती है। यह बड़े

से बड़े संकटों का सामना करने के लिए आवश्यकतानुसार बनाई जा सकती है, परन्तु तानाशाही व्यवस्था में सरकार को अवसर के अनुकूल बनाने की कोई संस्थात्मक व्यवस्था नहीं होती है। यही कारण है कि विषम परिस्थितियों में तानाशाही व्यवस्थाएं लड़खड़ा जाती हैं। लोकतन्त्र शासनों में संस्थागत संरचनाएं ऐसे ऊंचे वृक्षों के समान हैं जो आंधी-तूफान के समय झुक जाते हैं तथा सामान्यतः परिस्थितियों के अनुरूप, हवा के रुख की ओर मुड़कर, टूटने से बच जाते हैं। परन्तु अधिनायकतन्त्र में ऐसी संस्थागत संरचनाएं या तो होती ही नहीं हैं और अगर होती भी हैं तो अवसर के अनुरूप ढलने बदलने की व्यवस्था नहीं होने के कारण थोड़े से राजनीतिक झंझावात में ही उखड़ जाती हैं।

(झ) सामाजिक-आर्थिक न्याय (Socio-economic justice)—तानाशाही व्यवस्था में अधिनायक कितना ही राष्ट्रवादी क्यों न हो वह जनता को सामाजिक-आर्थिक न्याय उपलब्ध नहीं करा सकता है। सामाजिक-आर्थिक न्याय के लिए स्वतन्त्रता व समानता दोनों आवश्यक हैं, जबकि तानाशाही शासन में इन दोनों का प्रश्न ही नहीं उठाया जा सकता। न्याय का सम्बन्ध केवल भौतिकता से ही नहीं जोड़ा जा सकता है। यह मनःस्थिति व नैतिकता पर आधारित होता है। अतः इसकी व्यवस्था केवल मात्र लोकतन्त्र कर सकता है। अधिनायकतन्त्र में लोक-हित के कार्य भी सही अर्थों में न्याय उपलब्ध कराने वाले नहीं हो सकते हैं, क्योंकि यहां लोक-हित का अर्थ वही होता है जो अधिनायक द्वारा निर्धारित किया जाता है।

इस विवेचन से स्पष्ट है कि प्रजातान्त्रिक व्यवस्था, अधिनायकतन्त्र की अपेक्षा अधिक श्रेष्ठ है। उसके व्यवहार की कठिनाइयां समय के साथ समाप्त हो जाती हैं। हरमन फाइनर ने लोकतन्त्र व अधिनायकतन्त्र की तुलना करते हुए यह निष्कर्ष निकाला है कि 'तानाशाही सरकार आज्ञा पालन पर बल देती है और इसे लोगों पर थोपती है, जबकि प्रजातान्त्रिक राज्य सहमति की शर्तों और असहमति के अभिव्यक्तिकरण पर जोर देता है। तानाशाही राज्य में दलीय सदस्य की वैयक्तिक अन्तर-भावना (personal self) को मिटाकर मस्तिष्क को बेसुध एवं मोहित करने की चेष्टा की जाती है जबकि प्रजातन्त्र में व्यक्ति की भावना का पूर्ण आदर किया जाता है और मौलिक विचारों के उद्वेलित थपेड़ों से व्यक्ति की चेतना को सदैव स्वच्छ, निर्मल व क्रियाशील बनाए रखा जाता है,' उसने इसी संदर्भ में आगे लिखा है कि 'तानाशाही सरकार मौलिक कार्यों का विश्वास दिला सकती है और उनको शीघ्र क्रियान्वित कर सकती है, किन्तु अपने जीवन काल में जो हमने अनुभव किया है, वह बताता है कि नाजी, फासिस्ट तथा सोवियत रूस, समय, ज्ञान और उन करोड़ों लोगों के सहयोग के अभाव में, जिनके हित साधन का तानाशाहों ने वादा किया है, अब भी प्रशासनिक सफलता के अपने प्रयत्नों में लड़खड़ा रहे हैं।' क्योंकि वास्तव में कोई भी सरकार कभी भी एक व्यक्ति के हाथ में रहकर सफल नहीं हो सकती है। अतः तानाशाही शासन की दीन-हीन एवं भयभीत प्रजा जीवन के उच्चतम नैतिक मूल्यों से गिर जाती है तथा ऊपरी चमक-दमक के अलावा समाज में न एकता

होती है और न मनुष्य संतुष्ट हो पाता है। इसलिए अंत में यही निष्कर्ष निकलता है कि आवरण के आडम्बर के अलावा तानाशाही शासन में खोखलापन ही रह जाता है जबकि लोकतन्त्र में वास्तविकता की ठोस व्यवस्था रहती है। इसलिए अधिनायकतन्त्र से लोकतन्त्र श्रेष्ठतर शासन व्यवस्था मानी जाती रही थी, मानी जा रही है और भविष्य में भी मानी जाती रहेगी।

अध्याय 11

एकात्मक व संघात्मक शासन
(Unitary and Federal Governments)

राजनीतिक व्यवस्था में शासन-शक्ति के एक स्तर पर केन्द्रीयकरण (centralization) या अनेक स्तरों में वितरण (distribution) के आधार पर शासन व्यवस्थाओं के तीन प्रतिमान (patterns) मान्य रहे हैं। पहला एकात्मक प्रतिमान, जिसमें राज्य शक्ति का प्रयोग एक स्थान पर केन्द्रित रहता है, दूसरा परिसंघात्मक (confederal) प्रतिमान, जिसमें राज्य शक्ति का प्रयोग अनेक स्थानों पर केन्द्रित रहता है तथा तीसरा संघात्मक (federal) प्रतिमान, जिसमें राज्य-शक्ति का प्रयोग दो स्तरों पर स्थापित, केन्द्रीय व राज्यों की सरकारों में निहित रहता है।

एकात्मक शासन व्यवस्था
(UNITARY GOVERNMENT)

एकात्मक शासन व्यवस्था में शासन की सम्पूर्ण शक्ति संविधान द्वारा एक केन्द्रीय सरकार में निहित की जाती है तथा राज्य-शक्ति के प्रयोग में केन्द्रीय सरकार ही सर्वोपरि रहती है। एकात्मक शासन व्यवस्था में, विविध प्रादेशिक सरकारें (regional governments) व स्थानीय सरकारें, प्रशासकीय कुशलता व सुविधा के लिए केन्द्रीय सरकार द्वारा स्थापित की जाती हैं, जो इन्हें आवश्यक सत्ता प्रदान करती है और इन पर पूर्ण नियंत्रण रखती है। एकात्मक व्यवस्था में नागरिकों के लिए सत्ता व राज्य भक्ति का एकमात्र स्रोत केन्द्रीय सरकार ही रहती है। एकात्मक राज्य को शासन की सुविधा एवं कार्य-कुशलता की प्राप्ति हेतु, प्रदेशों अथवा प्रान्तों में विभक्त किया जाता है, किन्तु इन प्रादेशिक या स्थानीय सरकारों की कोई पृथक, स्वतन्त्र व मौलिक (original) सत्ता

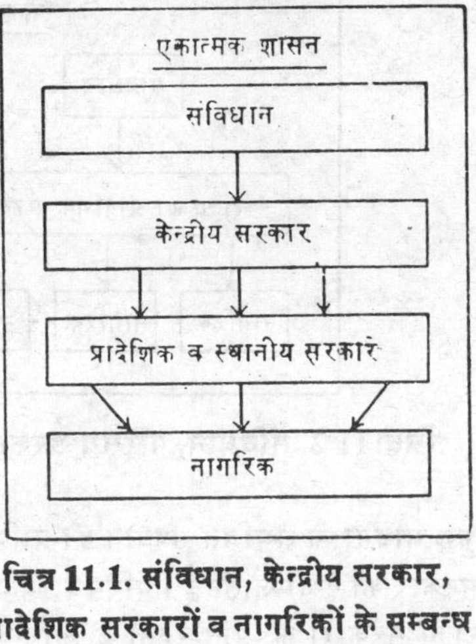

चित्र 11.1. संविधान, केन्द्रीय सरकार, प्रादेशिक सरकारों व नागरिकों के सम्बन्ध

नहीं होती है। इन सरकारों के सभी प्रशासकीय अधिकारों का स्रोत संविधान नहीं होकर केन्द्रीय सरकार ही होती है। इस प्रकार, एकात्मक शासन व्यवस्था में, प्रादेशिक व स्थानीय सरकारें केन्द्रीय सरकार की प्रतिनिधि सरकारें रहती हैं, जिन्हें केन्द्रीय सरकार समाप्त कर सकती है। इनमें पारस्परिकता (mutuality) रहती है तथा सम्बन्ध मालिक और नौकर के से होते हैं। एकात्मक शासन व्यवस्था में, सरकारों की शक्ति के स्रोत केन्द्रीय सरकार व प्रादेशिक सरकारों के पारस्परिक सम्बन्ध व नागरिकों की राज्य-निष्ठा को चित्र 11.1 में चित्रित किया गया है।

परिसंघात्मक शासन व्यवस्था
(CONFEDERAL GOVERNMENT)

परिसंघात्मक शासन व्यवस्था, एकात्मक शासन व्यवस्था के पूर्णतया विपरीत व्यवस्था है। इसमें परिसंघ सरकार, स्वतन्त्र राज्यों में कुछ महत्त्वपूर्ण मामलों में कुशल सहयोग सम्भव बनाने के लिए, परिसंघ में सम्मिलित होने वाले राज्यों के आपसी समझौते द्वारा स्थापित की जाती है। परिसंघ शासन व्यवस्था में राज्य-शक्ति के अनेक स्वतन्त्र केन्द्र विद्यमान रहते हैं और परिसंघ सरकार इन प्रादेशिक या राज्य-सरकारों की सुविधा के लिए ही प्रस्थापित रहती है। ऐसी व्यवस्था में, राज्य-सरकारों को मौलिक सत्ता प्राप्त रहती है और इन्हीं के द्वारा कुछ विशेष उद्देश्यों—सामूहिक सुरक्षा, आर्थिक सहयोग या

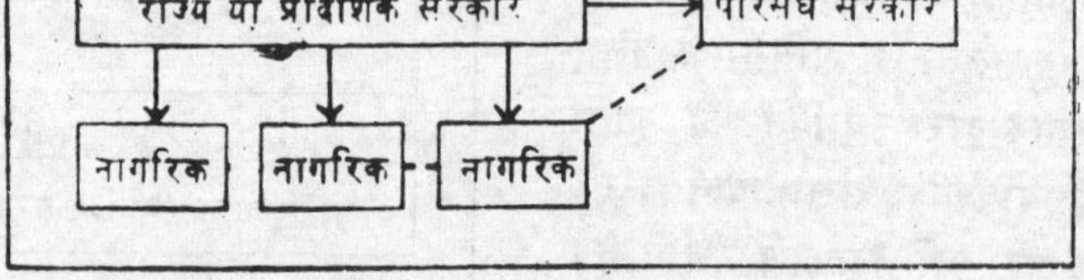

चित्र 11.2. संविधान, परिसंघ सरकार, राज्य सरकारों व नागरिकों का सम्बन्ध

कुछ साधनों के समुचित उपयोग की प्राप्ति सम्भव बनाने के लिए, कुछ शक्तियां परिसंघ सरकार को दे दी जाती हैं। परिसंघ व्यवस्था में नागरिकों की निष्ठा सीधी अपनी-अपनी राज्य सरकारों के प्रति रहती है और परिसंघ सरकार का उनसे बहुत कुछ अप्रत्यक्ष सम्पर्क ही रहता है। परिसंघ सरकार, राज्य सरकारों की इच्छा पर्यन्त ही रहती है और सामान्यतया उनकी सेविका के रूप में ही कार्य करती है। ऐसी शासन

व्यवस्था में परिसंघ सरकार एक स्वतन्त्र शक्ति-केन्द्र नहीं बनती तथा न ही यह सरकार राज्य सरकारों के समानान्तर या समकक्ष कही जा सकती है। वास्तव में परिसंघ सम्बन्ध व्यवस्था (confederal linkage system) सामान्यतया कुछ समान लक्षणों---सांस्कृतिक, ऐतिहासिक, धार्मिक या भौगोलिक, वाली राजनीतिक व्यवस्थाओं में सम्पर्क सूचना का संवैधानिक साधन व माध्यम हैं। ऐसी व्यवस्था में, सरकारों की सत्ता के स्रोत परिसंघ सरकार व राज्य सरकारों के पारस्परिक सम्बन्ध व नागरिकों की राज्य निष्ठा को चित्र 11.2 में चित्रित किया जा सकता है।

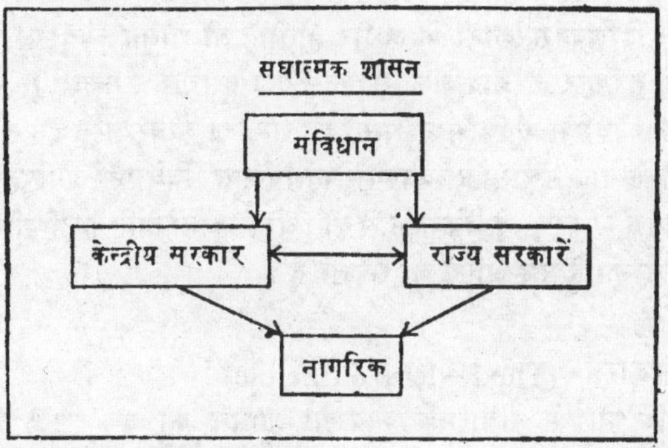

चित्र 11.3. संविधान, परिसंघ सरकार, राज्य सरकारों व नागरिकों का सम्बन्ध

संघात्मक शासन व्यवस्था
(FEDERAL GOVERNMENT)

संघात्मक शासन व्यवस्था एकात्मक और परिसंघात्मक शासन व्यवस्थाओं के बीच की व्यवस्था कही जा सकती है। इस प्रकार की व्यवस्था में राज्य शक्ति, केन्द्रीय सरकार तथा राज्यों की सरकारों के बीच विभक्त होती है तथा दोनों ही स्तर—राष्ट्रीय व प्रादेशिक, की सरकारों की सत्ता का स्रोत एक ही अधिसत्ता (basic authority) या संविधान होता है। संघात्मक शासन व्यवस्था में, केन्द्रीय, राष्ट्रीय या सामान्य सरकार (के० सी० व्हीयर केन्द्रीय सरकार को सामान्य सरकार का नाम देता है) या संघीय सरकार तथा राज्यों या प्रादेशिक सरकारों (के० सी० व्हीयर घटकों की सरकारों को प्रादेशिक सरकारों का नाम देता है) की अपनी-अपनी मौलिक शक्तियां होती हैं जो इन शक्तियों के प्रयोग में न तो एक दूसरे पर आश्रित रहती हैं और न ही एक दूसरे के अधिकार क्षेत्र का अतिक्रमण कर सकती हैं। दोनों ही स्तर—राष्ट्रीय व प्रादेशिक, की सरकारों का अपने अधिकारों के प्रयोग में नागरिकों से सीधा सम्बन्ध होता है और नागरिकों की दोनों ही प्रकार की सरकारों के प्रति राज्य निष्ठा रहती है। इस प्रकार संघात्मक शासन व्यवस्था का विचित्र लक्षण इस बात में निहित है कि यह एकात्मक व

परिसंघात्मक व्यवस्थाओं से भिन्न होते हुए भी दोनों के तत्त्व लिए हुए होती हैं। के० सी० व्हीयर ने ठीक ही लिखा है कि संघात्मक व्यवस्था में 'सामान्य व प्रादेशिक सरकारें, दोनों ही नागरिकों से सीधा सम्पर्क रहती हैं और हर एक नागरिक दो सरकारों के शासन में रहता है।' संघात्मक शासन व्यवस्था में, सरकारों की सत्ता के स्रोत, केन्द्रीय व राज्यों की सरकारों के पारस्परिक सम्बन्ध व नागरिकों की शासनों से सम्पर्कता को चित्र 11.3 द्वारा स्पष्ट किया जा सकता है।

एकात्मक, परिसंघात्मक व संघात्मक शासन व्यवस्थाओं में आधारभूत विभेद लक्षण 'अधीनता का सिद्धान्त' (principle of subordination) माना जाता है। अगर प्रादेशिक सरकारें, केन्द्रीय सरकार के अधीन होती हैं तो शासन व्यवस्था को एकात्मक; केन्द्रीय सरकार, प्रादेशिक सरकारों के अधीन होती है तो शासन व्यवस्था को परिसंघा-त्मक तथा केन्द्रीय सरकार व प्रादेशिक सरकारें एक दूसरे के समकक्ष (co-ordinate) होती हैं तो शासन व्यवस्था के विभिन्न भागों की सम्बन्ध व्यवस्था के इन तीन प्रतिमानों का विवेचन करने के बाद संघात्मक व्यवस्था का विस्तृत विवेचन अपरिहार्य हो जाता है, क्योंकि संघात्मक व्यवस्था के विवरण से ही अन्य दोनों प्रतिमानों की राजनीतिक शक्ति के संगठन में उपादेयता आंकी जा सकती है।

संघवाद का सिद्धान्त (The Federal Principle)

संवैधानिक दृष्टिकोण से संघात्मक व्यवस्था शासन का वह रूप है जिसमें अनेक स्वतन्त्र राज्य अपने कुछ सामान्य उद्देश्यों की पूर्ति के लिए केन्द्रीय सरकार संगठित करते हैं और उद्देश्यों की पूर्ति में आवश्यक व सहायक विषय केन्द्रीय सरकार को सौंप देते हैं तथा शेष विषयों में अपनी-अपनी पृथक स्वतन्त्रता सुरक्षित रखते हैं। इस प्रकार संघ राज्य में एक संघीय या केन्द्रीय (Federal or Central Government) सरकार होती है और कुछ संघीभूत इकाइयों (federating units) की सरकारें होती हैं। संघात्मक व्यवस्था का निर्माण सामान्यतया एक लिखित समझौते, जो एक सविधान के रूप में होता है, के द्वारा होता है। संविधान या इस लिखित समझौते के द्वारा केन्द्र तथा इकाइयों की सरकारों के बीच शासन शक्तियों का सुनिश्चित व स्पष्ट विभाजन कर दिया जाता है। सामान्य और सम्पूर्ण देश पर लागू होने वाले विषयों का प्रबन्ध केन्द्रीय सरकार के हाथ में रखा जाता है तथा स्थानीय व क्षेत्रीय महत्त्व के विषयों को इकाइयों की सरकारों को सौंप दिया जाता है। अविशिष्ट शक्तियां सामान्यतया राज्यों की सरकारों के लिए ही रहती हैं। दोनों प्रकार की सरकारें अपने-अपने अधिकार क्षेत्र में स्वतन्त्र रहती हैं। उनके अधिकार क्षेत्र में किसी प्रकार का परिवर्तन एक विशेष प्रक्रिया द्वारा, दोनों की सहमति से ही होता है। दोनों प्रकार की सरकारों की शासन सत्ता मौलिक होती है और दोनों का अस्तित्व एक ही संविधान द्वारा होता है और दोनों ही प्रकार की सरकारें किसी भी तरह एक दूसरे पर अपने अधिकार क्षेत्र के सम्बन्ध में आश्रित नहीं रहती हैं। संक्षेप में यह कहा जा सकता है कि संघ राज्य दोहरी शासन व्यवस्था (dual polity) है। यह दो प्रकार की सह-स्तरीय (co-equal) सरकारों की व्यवस्था

है और राजनीतिक व्यवस्था में शक्ति के विकेन्द्रीकरण की महत्त्वपूर्ण व सुनिश्चित व्यवस्था है। इस विवेचन से संघवाद के सिद्धान्त का संकेत मिलता है।

कुछ विद्वानों के अनुसार 'संघात्मकता के सिद्धान्त' से तात्पर्य शासन शक्तियों के ऐसे विभाजन से है जिसमें संघीय सरकार द्वारा प्रयुक्त होने वाली शक्तियों को निश्चित कर दिया जाता है और शेष शक्तियों को प्रादेशिक सरकारों के लिए छोड़ दिया जाता है। इनके अनुसार केन्द्रीय और प्रादेशिक सरकारें अपने-अपने अधिकार क्षेत्र के प्रयोग में स्वतन्त्र रहें यही संघात्मकता के लिए पर्याप्त नहीं वरन यह भी आवश्यक है कि दोनों ही प्रकार की सरकारों के अधिकार क्षेत्र विभाजन की विशिष्ट विधि से सुनिश्चित कर दिए जाएं और अवशिष्ट शक्तियां (residuary powers) राज्य सरकारों के पास रखी जाएं। इन विचारकों के अनुसार अगर अवशिष्ट शक्तियां केन्द्रीय सरकार को दे दी जाएं तो वह व्यवस्था संघात्मक नहीं होगी, क्योंकि इसके बिना केन्द्रीय व राज्य सरकारें अपने-अपने अधिकार क्षेत्र में स्वतन्त्र नहीं बन सकेंगी। संघात्मकता का यह अर्थ शायद अमरीका के संविधान का संदर्भ ध्यान में रखकर किया गया है, जहां केन्द्रीय सरकार की शक्तियां लिख दी गई हैं और बाकी शक्तियां राज्यों के लिए छोड़ दी गई हैं। के० सी० व्हीयर का कहना है कि "संघात्मकता इस बात में निहित नहीं है कि अवशिष्ट शक्तियां किस के पास हैं वरन इस तथ्य में निहित है कि केन्द्रीय और राज्य-सरकारों में से कोई भी किसी के अधीन नहीं है।"

कुछ अन्य विचारकों के अनुसार संघात्मकता के सिद्धान्त से तात्पर्य केन्द्रीय और राज्य सरकारों की जनता से सीधा सम्पर्कता से है। उनके अनुसार इसी आधार पर संघात्मक, परिसंघात्मक व एकात्मक व्यवस्थाओं में अन्तर किया जा सकता है। परन्तु संघात्मकता के सिद्धान्त का यह अर्थ भी ठीक नहीं लगता, क्योंकि विकेन्द्रित शासन व्यवस्था में, प्रादेशिक और स्थानीय सरकारें भी नागरिकों पर सीधी क्रियाशील रहती हैं। संघात्मकता के सिद्धान्त के इस अर्थ से संघीय, परिसंघीय व एकात्मक व्यवस्थाओं में मौलिक अन्तर न रह जाने के कारण यह भी मान्य नहीं कहा जा सकता है।

फ्रीमेन, जेथरो ब्राउन, केनेडी, हेरीशन मूर, डायसी, बिर्च, वीले, डेविस व के० सी० व्हीयर[1] ने संघात्मकता के सिद्धान्त का अर्थ उपरोक्त अर्थों से भिन्न किया है। व्हीयर ने लिखा है कि 'संघात्मकता के सिद्धान्त से मेरा तात्पर्य शक्तियों के विभाजन की विधि से है जिससे सामान्य और प्रादेशिक सरकारों में से हर एक अपने क्षेत्र विशेष में स्वतन्त्र व समकक्ष रहे।"[2] इस अर्थ से यह स्पष्ट है कि संघात्मक शासन व्यवस्था का मौलिक लक्षण शासन व्यवस्था में ऐसे शक्ति विभाजन से है जिसमें केन्द्रीय व राज्य सरकारें एक दूसरे के अधीन नहीं हों तथा अपने-अपने अधिकार क्षेत्र में स्वतन्त्र रहें। व्हीयर ने इसका स्पष्टीकरण देते हुए लिखा है कि "संघात्मक सिद्धान्त के लिए केवल यही काफी नहीं है कि सामान्य सरकार, प्रादेशिक सरकारों के समान ही जनता पर क्रियाशील रहे पर यह

[1]Freeman, Jethro Brown, Kennedy, Harrison Moore, Diecy, A. H. Birch, M. J C. Vile, S. R. Davis and K. C. Wheare.

[2]K. C. Wheare, *Federal Government* (London, 1963), 4th ed, p. 10.

भी आवश्यक है कि हर एक सरकार अपने ही क्षेत्र तक सीमित रहे और उस क्षेत्र में अन्य सरकारों से स्वतन्त्र रहे।"[3] डेनियल जे० इलाजारा का कहना है कि 'संघात्मक व्यवस्था अलग-अलग राजनीतियों को एक ऐसी वृहत्तर राजनीतिक व्यवस्था में संगठित व एकताबद्ध करता है जिसमें हर राजनीतिक व्यवस्था अपनी आधारभूत राजनीतिक अवस्था से युक्त बनी रहती है।'[4]

कोरी एवं अब्राहम के अनुसार[5] "संघवाद सरकार का ऐसा दोहरापन है जो विविधता के साथ एकता का समन्वय करने की दृष्टि से शक्तियों के प्रादेशिक व प्रकार्यात्मक (functional) विभाजन पर आधारित होता है।" इससे स्पष्ट है कि संघीय व्यवस्था का सबसे महत्त्वपूर्ण लक्षण शक्तियों और सत्ता का सामान्य सरकार तथा राज्य सरकारों के मध्य वितरण है। इस प्रकार, संघवाद विभिन्न राजनीतिक व्यवस्थाओं का समन्वय (hormonization) है और इसका नियन्त्रण तथ्य ठोसता व एकता है। अगर संघवाद दोहरी शासन व्यवस्था की उत्पत्ति और क्रियान्वयन है तो इसका स्वाभाविक परिणाम यही कहा जा सकता है कि संघात्मक शासन व्यवस्था में राजनीति तथा सम्पूर्ण समाज के आधारभूत सिद्धान्तों का निरूपण व निर्धारण तथा क्रियान्वयन इस प्रकार समझ, बातचीत और सहयोग से होता है कि दोनों ही प्रकार की सरकारें—केन्द्रीय तथा प्रान्तीय, निर्णय लेने और निर्णयों को लागू करने की प्रक्रिया में सम्मिलित रहें। संघवाद वास्तव में एक ऐसी कार्यकारी व्यवस्था है जिसमें 'राजनीतिक शक्तियों' का कुछ 'अराजनीतिक शक्तियों' जैसे वैचारिक (ideological), सामाजिक व मनोवैज्ञानिक इत्यादि से समन्वय होता है। इसलिए निष्कर्ष में यह कहना उपयुक्त होगा कि संघवाद का सिद्धान्त एक ऐसी प्रक्रिया है जो एक राजनीतिक व्यवस्था में समन्वयकारी (centrifugal) व विघटनकारी (centripetal) शक्तियों में ताल-मेल (harmonize) रखते हुए विकास की समुचित व्यवस्था करता है। संघात्मकता के सिद्धान्त का अर्थ समझने के बाद संघात्मक शासन के लक्षणों का संक्षिप्त वर्णन किसी राजनीतिक व्यवस्था के संघात्मकता की पहचान के लिए आवश्यक है। अतः संघात्मक व्यवस्था के प्रमुख लक्षणों का उल्लेख किया जा रहा है।

संघात्मक शासन के लक्षण (Characteristics of a Federal Polity)

सघात्मक शासन व्यवस्था के लक्षणों का विवेचन करने से पूर्व संघात्मक संविधान व संघात्मक सरकार का अर्थ समझना आवश्यक है। व्हीयर के अनुसार संघात्मक संविधान उस संविधान को कहते हैं जिसमें संघात्मक सिद्धान्त परिलक्षित होता है, अर्थात जिस संविधान से शासन शक्तियों का केन्द्रीय व राज्यों की सरकारों के बीच इस तरह विभाजन हो कि दोनों स्वतन्त्र तथा समकक्ष रहें। दूसरे शब्दों में, वही संविधान संघात्मक कहा जाता है जो केन्द्रीय व राज्यों की सरकारों की स्थापना ही नहीं करता वरन, दोनों

[3] *Ibid.*, p. 14.

[4] *International Encyclopaedia of Social Sciences*, 1968, p. 358.

[5] Corry and Abraham, *Elements of Democratic Government*.

ही की शक्तियों का स्रोत होता है और दोनों को अपने-अपने क्षेत्र में सीमित रखते हुए, एक दूसरे से स्वतन्त्र रखता है।

सामान्यतया यह भ्रम हो जाता है कि जहां कहीं संघात्मक संविधान होगा वहां की सरकार भी संघात्मक ही होगी। हर संघात्मक संविधान द्वारा स्थापित सरकार भी संघात्मक होगी यह आवश्यक नहीं है। किसी सरकार को संघात्मक कहने के लिए केवल संविधान की संघात्मकता ही देखना पर्याप्त नहीं है। व्हीयर की मान्यता है कि संघात्मक सरकार वही सरकार कही जा सकती है जिससे शासन व्यवस्था में सामान्य और प्रादेशिक सरकारों में शक्तियों का ऐसा विभाजन हो कि व्यवहार में उनमें से हर एक सरकार अपने-अपने क्षेत्र में एक दूसरे के समकक्ष तथा वास्तव में एक दूसरे से स्वतन्त्र रहे। इस मापदण्ड के आधार पर वह सब सरकारें, जो व्यवहार में संघात्मकता के सिद्धान्त के अनुरूप कार्य नहीं करतीं, परन्तु जिनका संगठक संविधान संघात्मक सिद्धान्त का परिलक्षण करता है, तो ऐसी व्यवस्था को के० सी० व्हीयर 'अर्द्ध संघात्मक' (quasi-federal) व्यवस्था कहता है। इससे स्पष्ट है कि संघात्मक व्यवस्था, संघात्मक संविधान तथा संघात्मक सरकार समान-अर्थी नहीं हैं। किसी राज्य व्यवस्था में संविधान के संघात्मक होते हुए भी उसकी सरकार संघात्मक हो यह आवश्यक नहीं है। इसलिए किसी शासन व्यवस्था को संघात्मक तभी कहा जाता है जब उस राजनीतिक व्यवस्था में संविधान व सरकार दोनों ही संघात्मक सिद्धान्त पर खरी उतरती हों। इस वर्णन से संघात्मक शासन के कुछ लक्षणों का संकेत मिलता है और यह संक्षेप में इस प्रकार हैं—

(1) सर्वोच्च, लिखित व अचल संविधान।
(2) शक्तियों का विभाजन।
(3) सर्वोच्च न्यायालय।

किसी भी शासन व्यवस्था में संघात्मक सिद्धान्त तब तक परिलक्षित नहीं हो सकता जब तक संविधान न केवल सर्वोच्च हो वरन, वह शक्तियों का विभाजक हो और उसकी सर्वोच्चता को व्यवहार में बनाए रखने के लिए ऐसा सर्वोच्च न्यायालय हो जो केन्द्रीय तथा प्रादेशिक सरकारों के प्रभाव से मुक्त रहे। कुछ विचारक संघात्मक व्यवस्था के दो गौण (subsidiary) लक्षण और मानते हैं। यह दो लक्षण हैं—(1) राज्यों का इकाइयों के रूप में केन्द्रीय व्यवस्थापिका में प्रतिनिधित्व, (2) राज्यों का संशोधन प्रक्रिया में भाग।

इन लक्षणों के समर्थकों की मान्यता है कि राज्यों के हितों का संरक्षण और अधिक ठोसतायुक्त बनाने के लिए यह आवश्यक है कि राज्यों का केन्द्रीय व्यवस्थापिका में प्रतिनिधित्व रहे तथा बिना राज्यों की सहमति के संविधान में संशोधन नहीं किए जा सकें। व्हीयर का कहना है कि संविधान की सर्वोच्चता अपने आप में राज्यों के हितों की सुरक्षा व्यवस्था है तथा सर्वोच्च न्यायालय, संविधान की सर्वोच्चता बनाए रखने का प्रभावी साधन प्रस्तुत करती है। इसलिए राज्यों का केन्द्रीय संसद में प्रतिनिधित्व विशेष महत्त्व का नहीं तथा संविधान की सर्वोच्चता भी व्यवहार में तभी सम्भव है जबकि संविधान केन्द्रीय या राज्यों की सरकारों की अलग व अकेली पहुंच से परे हो, अर्थात

संविधान के संशोधन में दोनों ही स्तर की सरकारों की सहभागिता रहे। इस प्रकार, संघात्मक व्यवस्था की आधारभूत व मौलिक पहचान, संविधान की सर्वोच्चता, शक्तियों का विभाजन तथा इन दोनों को किसी एक स्तर की सरकार के अतिक्रमण से बचाने के लिए स्वतन्त्र व सर्वोच्च न्यायालय की व्यवस्था है। संघात्मक व्यवस्था के लक्षणों का यह वर्णन यह प्रश्न प्रस्तुत करता है कि किस प्रकार की राजनीतियों में, या किन-किन पूर्व शर्तों की उपस्थिति में ही संघात्मक व्यवस्था की स्थापना संगत और उपयोगी रहती है। संक्षेप में इनका वर्णन करके ही संघात्मक व्यवस्था की आधुनिक प्रवृत्तियों का संकेत दिया जा सकता है।

संघात्मक व्यवस्था के निर्माण की पूर्व शर्तें (Pre-requisites or Logic of Federalism)

संघात्मकता के सिद्धान्त की परिभाषा से यह स्पष्ट होता है कि संघात्मक व्यवस्था का सृजन तब तक नहीं हो सकता जब तक कि सम्बन्धित राजनीतिक समाज कुछ या अनेक उद्देश्यों की प्राप्ति के लिए एक स्वतन्त्र सरकार के अन्तर्गत आने की इच्छा रखते हुए, कुछ अन्य बातों में ऐसी सरकार से पृथक और स्वतन्त्र रहने की आकांक्षा भी रखते हों, क्योंकि कुछ उद्देश्यों की पूर्ति मात्र ही एक नवीन सरकार के अन्तर्गत आने का आधार होने पर तो यह ध्येय एकात्मक व्यवस्था द्वारा श्रेष्ठतर रूप में पूरा किया जा सकता है, तथा केवल कुछ मामलों में अपनी पृथक और स्वतन्त्र सरकार रखने का उद्देश्य परिसंघात्मक व्यवस्था में उपलब्ध हो जाता है। परन्तु वास्तव में कई राजनीतिक समाज कई कारणों से एकता के साथ ही विविधता (unity in diversity) बनाए रखने के लिए मजबूर हो जाते हैं। ऐसे समाजों में एक सूत्र में बंधने तथा साथ ही पृथक व स्वतन्त्र रहने की मजबूरियां इतनी प्रबल होती हैं कि एकात्मक व परिसंघात्मक व्यवस्थाएं इनका एक साथ समन्वय नहीं कर पाती हैं। ऐसे राजनीतिक समाजों में राजनीतिक शक्ति के संगठन की संघात्मक व्यवस्था, समाज के विभिन्न भागों में एक सम्बन्ध-सूत्रता स्थापित करते हुए भिन्न-भिन्न भागों की पृथकता का श्रेष्ठ साधन प्रस्तुत करती है। इसलिए संघात्मक व्यवस्था की तार्किकता इस बात में ही निहित है कि अनेक राजनीतिक समाज एकता के सूत्र में आने की आकांक्षा के साथ ही साथ पृथक व स्वतन्त्र अस्तित्व की इच्छा से युक्त हों। यहां विचारणीय प्रश्न यह है कि वह कौन-सी परिस्थितियां, आवश्यकताएं या मजबूरियां हैं जो भिन्न-भिन्न राजनीतिक समाजों को एक सरकार के अन्तर्गत आने के लिए प्ररित करती हैं तथा साथ ही पृथक व स्वतन्त्र अस्तित्व को त्यागने नहीं देतीं?

इस प्रश्न का उत्तर आसानी से नहीं दिया जा सकता है। जिन कारणों से एकता व पृथकता की मांग उत्पन्न होती है वे अत्यन्त पेचीदा और हर समाज विशेष में भिन्नता लिए हुए होते हैं। इसलिये यह कहना बहुत कठिन है कि अमुक परिस्थितियां व बाध्यताएं संघात्मक व्यवस्था की कारक हैं। फिर भी, कुछ सामान्य आवश्यकताएं सघात्मक व्यवस्था की स्थापना की प्रेरक मानी जा सकती हैं।

व्हीयर ने अपने ग्रंथ **फेडरल गवर्नमेंट** में निम्नलिखित कारणों को संघात्मक व्यवस्था की स्थापना के लिए उत्तरदायी माना है—

(i) सैनिक असुरक्षा की भावना।

(ii) विदेशी शक्तियों से स्वतन्त्र रहने की इच्छा।

(iii) आर्थिक लाभ की आशा।

(iv) संघीय संगठन के प्रयत्न के पहले विभिन्न राजनीतिक इकाइयों में कुछ मात्रा में राजनीतिक मेल-जोल का होना।

(v) राजनीतिक संस्थाओं में समानता।

(vi) आवश्यकता पड़ने पर प्रभावशाली नेतृत्व की उपलब्धि की आकांक्षा।

विलियम पी० मेडोक्स[6] ने भी इन्हीं से मिलते-जुलते कारणों का उल्लेख किया है। उसके अनुसार संघात्मक शासन के निर्माण की पृष्ठभूमि में निम्नलिखित कारणों की विद्यमानता रहती है—

(i) भय के कारण, जो धमकाने के प्रत्यक्ष प्रयत्नों अथवा गहरी और दीर्घ-कालीन असुरक्षा की भावना से उत्पन्न हुआ हो।

(ii) लाभ या सुविधा के विवेकपूर्ण निष्कर्ष के कारण।

(iii) किसी एकीकारी विचार, प्रतीक या 'भ्रम' (myth) के कारण।

(iv) सांस्कृतिक, सामाजिक व राजनीतिक विकास के स्तर व आकार में बहुत कुछ समरूपता के कारण।

(v) भौगोलिक समीपता के कारण।

अगर बारीकी से देखा जाए तो इन दोनों प्रकार के कारणों में कोई विशेष अन्तर नहीं है। यद्यपि, अमरीका के राज्यों का संघीय ढांचे में संगठित होना बहुत कुछ सैनिक असुरक्षा से प्रेरित था फिर भी वर्तमान की सभी संघात्मक व्यवस्थाओं के बारे में यह नहीं कहा जा सकता। जैसे भारत का एकात्मक राज्य संघात्मक व्यवस्था में शायद एकता और आर्थिक लाभ से अधिक प्रेरित होते हुए भी तत्कालीन नेतृत्व के कारण ही व्यवस्थित किया जा सका है। इससे यही निष्कर्ष निकलता है कि इन कारणों में कोई कारण कहीं तो, कोई अन्य कारण कहीं और संघात्मक संगठन का प्रेरक बन जाता है। वैसे संघात्मक व्यवस्था को अपनाने का शायद सबसे अधिक महत्त्वपूर्ण कारण वह इच्छा है, जिसमें पृथक राजनीतिक इकाई के रूप में पूर्ण स्वतन्त्रता के हर सम्भव लाभ ही शक्तिशाली, बड़े और महत्ता वाले राज्य की राजनीतिक व आर्थिक शक्ति व सम्मान की प्राप्ति भी की जा सके। संघीय व्यवस्था के पीछे 'अनेकों में एक' (one from many) की स्थापना के उद्देश्य के साथ ही साथ, इन अनेकों में से हर एक (each of the many) को, जहां तक सम्भव हो, अपना पृथक व विचित्र राजनीतिक व सामाजिक अस्तित्व बनाए रखने की अनुमति की शक्तिशाली इच्छा भी कही जा सकती है, क्योंकि

[6]William P. Moddox, 'The Political Basis of Federations,' *American Political Science Review*, 35 (December 1941); pp. 1122-1124.

अधिकांशत: संघीय व्यवस्थाओं में संगठन से पहले हर एक इकाई का पृथक व विचित्र राजनीतिक व सामाजिक अस्तित्व रहा होता है। संयुक्त राज्य अमरीका (1789), कनाडा (1867), आस्ट्रेलिया (1901) व स्विट्जरलैंड (1848) में संघों की स्थापना से पहले इनमें सम्मिलित इकाइयां पृथक राजनीतिक घटक थीं, जिनकी अपनी परम्पराएं और स्वार्थ थे। परन्तु सोवियत रूस (1936), युगोसलाविया (1963), जर्मनी व भारत (1950) में संघात्मक व्यवस्था की स्थापना से पहले इनमें एकात्मक शासन किसी न किसी रूप में स्थापित कहे जा सकते हैं। इसलिए संघीय व्यवस्था की स्थापना के पीछे आजकल प्रमुख कारण शायद सैनिक सुरक्षा, आर्थिक लाभ तथा राष्ट्रीयताओं की विपुलता कही जा सकती है। भारत जैसे देश में संघात्मक व्यवस्था 'देशी भारत' व 'अंग्रेजी भारत' (Princely India and British India) को एकता के सूत्र में बांधने का लक्ष्य रखती हुई मानी जा सकती है। अन्त में यही कहा जा सकता है कि आधुनिक युग की आवश्यकताओं —सैनिक सुरक्षा व आर्थिक सहयोग, के सन्दर्भ में शायद ही किसी एकात्मक व्यवस्था को संघात्मक व्यवस्था में परिवर्तित किया जाए। भविष्य में आने वाली संघात्मक व्यवस्थाएं सामान्यतया आर्थिक लाभ प्राप्ति के ध्येय से स्वतन्त्र व पृथक राज्यों के विलयन से ही निर्मित होंगी। छोटे-छोटे राज्य, नई व परिवर्तित तकनीकों का लाभ उठाने को लालायित रहते हुए भी अपनी पृथकता व स्वतन्त्रता को अक्षुण्ण रखना चाहते हैं। ऐसे राज्यों में आपसी सहयोग अन्तत: संघात्मक सम्बन्ध-सूत्रता तक जाकर ही वास्तव में लाभकारी बन सकता है। यूरोप में ई० सी० एम, ई० ई० सी० तथा 1975 का हेलसिंकी का 35 राज्यों के आपसी सहयोग का दस्तावेज, पश्चिम एशिया, अफ्रीका, लेटिन अमरीका, दक्षिण-पूर्व एशिया इत्यादि में आपसी सहयोग के विविध संगठन तथा संयुक्त राष्ट्र संघ आदि से ऐसे संकेत लिए जा सकते हैं कि भविष्य में संघात्मक व्यवस्थाओं का निर्माण मुख्यतया वैचारिक, सैनिक व आर्थिक आवश्यकताओं व बाध्यताओं के कारण ही होगा।

संघवाद के निर्माण की तार्किकता के विवेचन से स्पष्ट है कि संघीय व्यवस्था, स्वतन्त्र व पृथक राजनीतिक इकाइयों में ऐसी सम्बन्ध व्यवस्था (linkage system) स्थापित करती है जिससे एकात्मक व परिसंघात्मक व्यवस्थाओं के लाभ बहुत कुछ व्यवहार में प्राप्त करने की परिस्थितियां प्रस्तुत हो जाती हैं। भविष्य की राजनीतिक व्यवस्थाओं में राष्ट्र-वाद की प्रबलता में शिथिलता की सम्भावनाओं से इनकार नहीं किया जा सकता। साथ ही साथ तेजी से बदलती आर्थिक अवस्थाओं के कारण स्वतन्त्र राज्यों में सहयोग के नये आयाम उभरते हुए दिखाई दे रहे हैं। ऐसी अवस्था में परिवर्तित परिवेश की बाध्यताएं छोटे-बड़े राज्यों को संघीय सम्बन्ध व्यवस्था की ओर धकेलती दृष्टिगोचर हो रही हैं। इतना ही नहीं, विश्व के राजनीतिक समाजों की परिवर्तित परिस्थितियों में संघवाद की परम्परागत मान्यताएं भी लड़खड़ा गई हैं। अब संघवाद जड़ता का नहीं, गत्यात्मकता का (dynamism), गत्यावरोध का नहीं सहयोग का, स्थिरता के स्थान पर लचीलेपन व परिवर्तन का संकेतक माना जाने लगा है। संघवाद के परम्परागत सिद्धान्त के स्थान पर इसकी नई व्याख्याएं व नये आयाम (dimensions) सामने आए हैं। इन नवीन

प्रवृत्तियों को समझने से पहले संघवाद के परम्परागत विचार की विशेषताओं का उल्लेख करना उपयोगी होगा।

संघवाद का परम्परागत सिद्धान्त (Traditional Theory of Federalism)

संघवाद के सिद्धान्त की व्याख्या करते समय यह बताया जा चुका है कि शुद्ध संघवाद ऐसी व्यवस्था है जिसमें दोनों ही स्तर की सरकारें, सम्पूर्ण संघीय राजनीतिक व्यवस्था के सन्दर्भ में, न तो एक-दूसरे पर पूर्णतया निर्भर रहती हैं और न ही एक-दूसरे से पूर्णतया स्वतन्त्र बन पाती हैं। दोनों ही स्तर की सरकारों को अपने-अपने क्षेत्र में सीमित, पृथक व स्वतन्त्र मानना आपसी सहयोग की सीमाओं का संकेत देता है। संघवाद की यह व्याख्या आधुनिक राजनीतिक सन्दर्भ में बहुत कुछ बेमेल पड़ गई प्रतीत होती है। आज संघीय राजनीतिक व्यवस्थाओं में कुछ नीति-उत्पादन (total policy output), केन्द्रीय व राज्यों की सरकारों की ऐसी जटिल अन्तःक्रिया (inter-action) के परिणाम होते हैं जिसमें दोनों ही स्तर की सरकारें, निर्णयों को लेने, चाहे वे किसी भी स्तर की सरकार के अधिकार क्षेत्र से सम्बन्ध हों, व उन्हें लागू करने में, बहुत कुछ पारस्परिकता, सहयोग, सहभागिता तथा सद्भाव (spirit of give and take) का प्रदर्शन करती हैं। जबकि, संघवाद की परम्परागत धारणा का संकेत दोनों ही स्तर की सरकारों में अन्तःक्रिया के ऐसे प्रतिमान की ओर है जिसमें हर स्तर की सरकार की अपने अधिकार क्षेत्र में पृथकता व स्वतन्त्रता बेआंच रहे। यह धारणा आज के विश्व की हर प्रकार की राजनीतिक व्यवस्थाओं में निर्णय प्रक्रियाओं की जटिलताओं की अनदेखी करती है। आज संघीय सरकारों के निर्णय न केवल राज्यों की सरकारों के निर्णयों से मुक्त रह पाते हैं वरन, अनेकों अराजनीतिक शक्तियों (non-political forces) व संगठनों के कार्यकलापों से भी नियमित, सीमित और प्रभावित हुए बिना नहीं रह पाते हैं। इस बदले हुए परिवेष के कारण रोनाल्ड जे० मे० ने संघवाद की परम्परागत धारणा को दो असंगतियों से ग्रस्त बताया है।[7]

प्रथम, संघवाद का परम्परागत सिद्धान्त केन्द्रीय व राज्य सरकारों की पारस्परिक निर्भरता की अवहेलना करता है। यह एक स्तर की सरकार के नीति-उत्पादनों (policy outputs) पर दूसरे स्तर की सरकार के अनुनयन (persuation), प्रभाव व सौदेबाजी (bargain) इत्यादि के प्रत्यक्ष प्रभाव को अस्वीकार करता है और यह मानना है कि हर स्तर की सरकार पर मतदाताओं की मांगें स्वतन्त्र व पृथक रूप में आती हैं। इन मांगों में न तो किसी प्रकार की अन्तःसम्बद्धता को स्वीकार किया है और न ही किसी प्रकार की अन्तःक्रिया को परम्परागत संघात्मकता के विचार में स्थान मिला है।

परम्परागत धारणा की उपरोक्त मान्यता तर्कयुक्त नहीं प्रतीत होती है। वास्तव में संघात्मक शासन तो व्यवहार में एक ऐसी व्यवस्था है जिसमें दोनों स्तरों के शासनों में

[7]Ronald J. May, 'Decision Making and Stability in Federal Systems,' *Canadian Journal of Political Science*, Vol. III, No. 1, (March 1970), pp. 74-75.

सहयोग व अन्त:क्रिया की ठोस व सुनिश्चित आधार शिला रहती है। दोनों ही प्रकार के शासनों का एक से गन्तव्यों वाले राजनीतिक समाज से सम्बन्ध रहने के कारण, दोनों में पृथकता व स्वतन्त्रता अनिवार्यत: सहयोग, सहिष्णुता तथा अन्त:क्रिया की वेदी पर बलि हो जाती है। जबकि यह अन्त:क्रिया, दबाव या धमकी का परिणाम नहीं होकर राजनीतिक व्यवस्था की गत्यात्मकताओं (dynamics) का सहज परिणाम होने के कारण, हर संघ शासन में स्वाभाविक है। जब एक ही राज्य में दोहरी सरकारें स्थापित होती हैं तो आधारभूत मान्यता उनमें सुनिश्चित सहयोग की ही होती है। इसलिए संघवाद के परम्परागत सिद्धान्त का दोनों स्तर की सरकारों को पृथक, स्वतन्त्र व अनन्य (exclusive) मानना संघात्मकता के सिद्धान्त की संकुचित व्याख्या करना है।

संघवाद के परम्परागत विचार में दूसरी असंगति यह है कि इसने यद्यपि, संघीय घटकों (federal units) की भिन्नता स्वीकार की है फिर भी, यह माना है कि इन इकाइयों के नीति-उत्पादन मोटे तौर पर काफी समानता रखते हैं और इस आधार पर इन इकाइयों को 'सामूहिकता' (collectivity) कहा जा सकता है। यहां भी अक्सर देखा जाता है कि इकाइयों में सामूहिकता का आधार नीति उत्पादनों में समानता के स्थान पर राजनीतिक व्यवस्था की मौलिक आधारभूतों में वृहत्तर व गहराई की समरूपता व सहमति है। केन्द्रीय सरकार व राज्यों की सरकारें मोटे तौर पर विरोधी या बेमेल गन्तव्य किसी भी संघात्मक व्यवस्था में नहीं रख पाती है। वास्तव में, ऐसे विरोधों की संघात्मक व्यवस्था में बात ही नहीं उठती। आज की राजनीतिक व्यवस्थाओं में केन्द्रीय, राज्य और स्थानीय सरकारों का सम्बन्ध जिन मसलों से होता है उनमें सामान्यतया प्रकार के स्थान पर मात्रा का ही अन्तर होता है और इस कारण संघीय व्यवस्था में सभी सरकारें सामूहिकता के रूप में ही कार्य करती हैं। रोनाल्ड जे० मे० इसी कारण, संघात्मकता के परम्परागत विचार को आधुनिक संवैधानिक व्यवस्थाओं के अनुरूप नहीं कहते हैं।

संघवाद का आधुनिक विचार (Modern View of Federalism)

आधुनिक समय में राजनीतिक व्यवस्थाओं की बिखरी हुई गत्यात्मक शक्तियों तथा उनकी कार्यविधि की जटिलताओं से संघात्मकता का सिद्धान्त भी अछूता नहीं रहा है। प्रचलित संघीय व्यवस्थाओं की पेचीदा कार्यविधि से केन्द्र व राज्यों के सम्बन्धों में न केवल नये आयाम उभरे हैं वरन्, तथ्यों व पारस्परिकता की नवीन प्रवृत्तियों ने संघवाद की पुन: व्याख्या अनिवार्य बना दी है। मारकस ऐफ० फ्रेन्डा ने संघवाद की व्याख्या देते हुए लिखा है कि संघवाद एक स्थिर मॉडल या राजनीतिक संगठन का सूत्र न होकर जन-आधारित दलों, व्यापक नौकरशाही, विविध प्रकार के अनेक हित-समूहों तथा वृद्धिरत कार्यों वाली निर्वाचित सरकारों की अन्त: क्रिया से उत्पन्न निरन्तर परिवर्तनशील प्रक्रिया है।[8]

[8]Marcus F. Franda, 'Federalising India: 'Attitudes, Capacities, and Constraints', *South Asian Review*, Vol. III, No. 3 (April 1970), pp. 199-215.

संगठन की एक विधि के रूप में संघवाद, युग की आवश्यकताओं से अछूता नहीं रह सकता है। आधुनिक युग में राजनीतिक शक्ति के नये पहलू महत्त्वपूर्ण बन गए हैं। राजनीतिक समाजों में विचारधाराओं की उथल-पुथल तथा आर्थिक, सामाजिक, सांस्कृतिक व धार्मिक तथ्यों का प्रभाव सरकारों के कार्यों में आमूल परिवर्तन लाता जा रहा है। ऐसी अवस्था में एक ही राजनीतिक व्यवस्था में कार्यरत केन्द्रीय व प्रादेशिक सरकारें एक-दूसरे से पृथक, स्वतन्त्र व अपने क्षेत्र में सीमित कैसे मानी जा सकती हैं ? अब केन्द्रीय व राज्यों की सरकारों के पृथक क्षेत्र का 'अपनापन' व स्वतन्त्र अधिकार क्षेत्र में इनका 'सीमितपन' सैद्धान्तिक ही रह गया है। वर्तमान समय में यह व्यावहारिक नहीं है। इस कारण के अलावा भी, शासन-व्यवस्थाओं के संचालक राजनीतिक दलों का सम्पूर्ण राजनीतिक जीवन पर नियन्त्रण, मार्गदर्शन और वैचारिक आरोपण, संघीय व्यवस्था की हर स्तरीय सरकार को नया रंग देता है जो सामान्यतया दिखाई देने वाले विविध रंगों को अपने में समाविष्ट कर, केन्द्रीय व राज्य सरकारों में गन्तव्यों की एक-रूपता का आधार स्तम्भ बन जाता है। इस सबसे स्पष्ट है कि संघवाद सहयोग की एक ऐसी प्रक्रिया है जिसमें जड़ता नहीं गतिशीलता व सजीवता दृष्टिगोचर होती है।

संघवाद की यह नई धारणा अमल रे[9] के अनुसार इस बात से भी पुष्ट होती है कि संघीय व्यवस्था में दो तरह की सत्ताओं को राष्ट्रीय उद्देश्यों की पूर्ति में सहयोगी बनाया जाता है। केन्द्रीय व राज्य सरकारों के बीच बढ़ता हुआ विचार-विनिमय इन दोनों को सामान्य नीतियों और कार्यक्रमों पर सहमत ही नहीं बनाता वरन्, संघ की इकाइयां अब अपने-अपने क्षेत्र में पूर्ण स्वायत्तता (autonomy) की मांग भी नहीं उठाती हैं, क्योंकि आज के समाज इतने एकीकृत हो गए हैं कि केन्द्र व राज्यों के क्षेत्रों का सुनिश्चय अव्यावहारिक-सा हो गया है। सामान्यतया इन दोनों के अधिकार क्षेत्र एक-दूसरे के ऊपर, एक-दूसरे को ढकते (overlaping) हुए से लगते हैं। इसी कारण से आधुनिक राजनीतिक समाजों में संघवाद एक गतिशील सहयोग की प्रक्रिया के रूप में देखा जाने लगा है। अब संघवाद के सिद्धान्त की परम्परागत धारणा के अनुसार केन्द्रीय व राज्यों की सरकारों को एक-दूसरे से पृथक, स्वतन्त्र तथा 'क्षेत्र विशेष' में सीमित केवल संवैधानिक दृष्टि से ही माना जा सकता है। व्यवहार में यह अन्तर व पृथकपन धुंधला पड़ता जा रहा है।

संघवाद के प्रतिमान (Patterns of Federalism)

प्राचीन समय से आज तक की संघात्मक व्यवस्थाओं के अध्ययन से संघवाद के तीन प्रतिमान स्पष्ट रूप में प्रचलित दिखाई देते हैं। किसी राजनीतिक समाज की विशेष परिस्थितियों के कारण संघात्मक शासन इन तीन प्रतिमानों में से किसी एक प्रतिमान में रखा जा सकता है। वैसे तो यह तीनों ही प्रवृत्तियां हर संघात्मक व्यवस्था में एक

[9] Amal Ray, *Inter-Governmental Relations in India: A Study of Indian Federalism*, Asia Publishing House, Bombay, 1966, pp. 6-7.

साथ विद्यमान रहती हैं, परन्तु कभी-कभी ऐतिहासिक या बाहरी घटनाओं के कारण इनमें से किसी एक की प्रमुखता इसे अन्य दो से अलग श्रेणी की बना देती है। जैसे भारत में 1967 के आम चुनावों ने संघात्मक ढांचे को सौदेबाजी (bargaining) का जामा पहना दिया था। दो विश्व-युद्धों में अमरीका की संघीय व्यवस्था बहुत कुछ केन्द्रोन्मुखी बन गई थी। हम तीनों प्रवृत्तियों का विवेचन अलग-अलग करें इससे पहले यह ध्यान रखना उपयोगी होगा कि इन प्रतिमानों में मात्रा का अन्तर अधिक और प्रकार का कम है। यह तीन प्रतिमान हैं—(क) सहकारी संघवाद, (ख) सौदेबाजी संघवाद, (ग) एकात्मकतावादी संघवाद।

इन प्रवृत्तियों का विस्तार से विवेचन करके संघवाद के भविष्य की सम्भावनाओं को आंका जा सकता है। इसलिये इनका विस्तार से वर्णन करना उपयोगी व आवश्यक दिखाई देता है।

(क) सहकारी संघवाद (Co-operative federalism)—संघात्मक व्यवस्था में शासन शक्तियों का विभाजन करके दो स्वायत्त सरकारों के स्तरों की स्थापना ही नहीं की जाती है वरन दो प्रकार की इन नई सरकारों व शासन व्यवस्थाओं में इस प्रकार के सहयोग की व्यवस्था भी की जाती है जिससे विभक्त क्षेत्रों में प्रशासन प्रभावशाली ढंग से व कुशलतापूर्वक चल सके। यह सहयोग आवश्यक भी है क्योंकि दोनों ही स्तरों की सरकारें एक ही राजनीतिक व्यवस्था से सम्बद्ध होती हैं जिससे उनके लक्ष्य भी अन्ततः एक समान ही होते हैं। इसलिये संघात्मक राजनीतिक व्यवस्था में अनेक पहलू ऐसे होते हैं जो विविधता से युक्त तथा अपनी विचित्रता को बनाए रखने की स्वायत्तता के बावजूद परस्पर अन्तः-क्षेत्रीय सम्बन्ध (inter-regional relationship) व सहयोग अनिवार्य सा कर देते हैं। जैसा कि के० सी० व्हीयर ने लिखा है कि अगर हर प्रादेशिक सरकार अपने आप तक ही पूर्णतया सीमित रहे तो सम्पूर्ण राजनीतिक व्यवस्था कई मामलों में, इस भिन्न-भिन्न नियम व नियंत्रण व्यवस्था के कारण नुकसान उठाएगी और प्रादेशिक सरकारों को एक दूसरे के अनुभवों का लाभ न मिलने के कारण, कार्य-कुशलता कम हो जाएगी। यही कारण है कि हर संघात्मक व्यवस्था में अन्तः-सरकारी सहयोग की संस्थाओं की या तो संविधान में ही व्यवस्था की जाती है या इस प्रकार के सहयोग की संस्थाएं परम्पराओं के रूप में विकसित हो जाती हैं। यहां यह स्पष्ट कर देना आवश्यक है कि यह सहयोग केन्द्रीय व प्रादेशिक सरकारों के बीच ही नहीं, विभिन्न प्रादेशिक सरकारों तथा असंख्य राजनीतिक संरचनाओं के मध्य भी दिखाई देता है। अनेक हित-समूह व अन्य संगठन प्रादेशिक सरकारों की सीमाओं के आर-पार (across) व्याप्त रहते हैं तथा दोनों ही स्तर की सरकारों में तथा विभिन्न प्रादेशिक सरकारों में आपस में अन्तः-क्रिया का सुदृढ़ आधार बन जाते हैं। इससे स्पष्ट हैं कि संघात्मक व्यवस्था में सहकारिता न केवल सरकारी स्तर पर सीमित रहती है वरन गैर-सरकारी स्तर पर भी प्रभावशाली रहती है।

अमरीका, आस्ट्रेलिया, कनाडा तथा भारत की संघीय व्यवस्थाओं के अध्ययन से यह निष्कर्ष स्पष्टतया सामने आता है कि संघात्मक व्यवस्था में सहकारिता का लक्षण

सन्निहित है। आस्ट्रेलिया में अन्तः-प्रादेशिक सम्मेलन (inter-provincial conference), प्रीमियर्स कान्फ्रेंस (premiers conference) तथा ऋण-परिषद् (loan conference) के वार्षिक सम्मेलन, अमरीका में गवर्नरों के सम्मेलन (governors conference), कनाडा में 'डोमिनियन प्रोविन्सियल सम्मेलन' (dominion-provincial conference) तथा भारत में मुख्य मंत्रियों, राज्यपालों व क्षेत्रीय परिषदों के सम्मेलन, केन्द्रीय व प्रादेशिक सरकारों के आपसी सहयोग के माध्यम हैं। भारत में संघात्मक व्यवस्था सुदृढ़ पारस्परिकता, आपसी विचार-विनिमय तथा दोनों स्तर की सरकारों में निरन्तर सम्पर्कता की स्थापना का श्रेष्ठ उदाहरण प्रस्तुत करती है। भारत में तो संविधान द्वारा ही सहयोग की अनेक संस्थाओं की व्यवस्था की गई है जिससे उचित राजनीतिक वातावरण की स्थापना हो और सम्पूर्ण संघीय राजनीतिक व्यवस्था के पोषण के लिए प्राणवायु प्राप्त होती रहे। भारत का संविधान तो निश्चित रूप से एक सहकारी संघ की स्थापना करता है। भारत के संविधान में ही अनेकों ऐसे साधन व्यवस्थित किए गए जिनसे विभिन्न राज्य सरकारों में परस्पर तथा केन्द्रीय व राज्य सरकारों में अन्तःक्रिया की प्रक्रिया सम्पन्न हो सके। वित्त आयोग, अन्तः-राज्यीय समितियां, क्षेत्रीय परिषदें, योजना आयोग, राष्ट्रीय विकास परिषद, मुख्य मंत्रियों व अन्य मंत्रियों के सम्मेलन तथा राज्यपालों के सम्मेलन इत्यादि ऐसे माध्यम हैं जो भारतीय संघात्मक व्यवस्था में केन्द्रीय व राज्य सरकारों और विभिन्न राज्य सरकारों में पारस्परिक सहयोग की ठोसता का प्रतीक हैं। ग्रेनविल आस्टिन[10] ने इन्हीं व्यवस्थाओं के कारण भारतीय संघ को 'सहकारी संघवाद' के नाम से सम्बोधित किया है।

अगर संघीय ढांचा एक ही राजनीतिक व्यवस्था में अनेक सरकारों की स्थापना करता है तो यह सरकारें कभी भी एक दूसरी की गतिविधियों से सुनिश्चित पृथकता नहीं रख सकती हैं। इसका मुख्य कारण, संघ की सभी सरकारों का एक ही राजनीतिक व्यवस्था के नागरिकों की समान समस्याओं के समाधान में रत रहना है। इसलिये संघात्मक व्यवस्था तो एक राजनीतिक व्यवस्था में सहयोग की एक ऐसी प्रक्रिया है जिसमें विविधतायुक्त संस्कृतियां, संस्थाएं, आस्थाएं व विघटनकारी शक्तियां ठोस व संस्थागत आधार पर सहयोगरत रहती हैं। यह सहयोग की प्रक्रियात्मक व्यवस्था, (procedural arrangements) अगर संविधान द्वारा व्यवस्थित नहीं की गई हो तो इन संघ शासन में यह अनुभव व आवश्यकता के आधार पर परम्पराओं (conventions) के रूप में विकसित हो जाती हैं।

आधुनिक युग की जटिल परिस्थितियों में शायद संघात्मक व्यवस्था की यह ठोस सहयोग की प्रवृत्ति ही प्रचलित संघीय व्यवस्थाओं को टूटने से बचा सकी है। आज का राजनीतिक मानव कई क्षेत्रों में स्वायत्तता व स्वतन्त्रता व पृथकता चाहता है तो अन्य कई क्षेत्रों में पारस्परिकता की आकांक्षा रखता है। इन दो परस्पर बेमेल इच्छाओं

[10]Granville Austin, *The Indian Constitution: Cornerstone of a Nation*, New York, Oxford University Press, 1966, p. 186.

में सह-अस्तित्व का एक मात्र ढांचा संघात्मक व्यवस्था ही प्रस्तुत करती है। आर्थिक विकास की आवश्यकताएं, सुरक्षा व अन्तर्राष्ट्रीय अहम् (ego) की बाध्यताएं, संघीय व्यवस्था में सहकारी प्रवृत्ति की प्रेरक कही जा सकती हैं।

(ख) **सौदेबाजी संघवाद** (Bargaining federalism)—संघात्मक शासन में विभिन्न सरकारों का गठन राजनीतिक दलों द्वारा होता है। एशिया और अफ्रीका की नवोदित राजनीतिक व्यवस्थाओं के नवीन अनुभव ने पाश्चात्य संघीय प्रतिमानों को अमान्य बना दिया है। पश्चिमी संघीय व्यवस्थाओं को कार्य रूप देने के लिए धीरे-धीरे द्विदलीय व्यवस्थाएं विकसित हुईं और इन दलों में मौलिक व आधारभूत सिद्धान्तों पर सामान्य सहमति के कारण राजनीतिक व्यवस्था में राजनीतिक दलों की राजनीतिक खेल के मोटे नियमों पर सहमति, इन दलों को संघीय व्यवस्था की विभिन्न सरकारों के बीच संयोजनकारी शक्ति बना देती है। अमरीका व आस्ट्रेलिया की संघीय व्यवस्थाएं दलीय सीमेन्ट (cement) के कारण सहकारी व सुदृढ़तायुक्त दिखाई देती हैं। परन्तु दूसरे विश्व युद्ध के बाद स्थापित संघात्मक व्यवस्थाओं में, विशेषकर एशिया व अफ्रीका के नवोदित राज्यों में, दलीय व्यवस्था के नये प्रतिमान विकसित हुए हैं। इन राज्यों में ऐसें दल विकसित हुए जो दो स्तरीय प्रकृति रखते हैं। इनमें कुछ दल राष्ट्रीय स्तर और बहुत से दल क्षेत्रीय व प्रादेशिक स्तर पर संगठित होने लगे हैं। संघात्मक व्यवस्था में प्रादेशिक स्तर पर सत्ता प्राप्ति की संभावनाओं व अवसरों के कारण, बहुत से दल राष्ट्रीय हितों के प्रतिकूल स्थानीय हितों के ज्वार पर आसन्न होकर सौदेबाजी की राजनीति का सहारा ले लेते हैं। इन राज्यों में जनता और राजनीतिक दलों में सम्पर्क व सम्बन्ध ठोस सैद्धान्तिक आधार के स्थान पर कार्यक्रमी (programmatic) आधार पर होता है। इतना ही नहीं, ऐसी संघात्मक व्यवस्थाओं में दल, सत्ता प्रतिस्पर्धा में, जनता का समर्थन संकुचित व क्षेत्रीय आधार पर प्राप्त करने का प्रयास करके, प्रादेशिक स्तर पर सत्ता प्राप्त करने पर सफल हो जाते हैं। इससे एक ही राजनीतिक व्यवस्था में दो स्तरीय सरकारें ऐसे दलों के नियन्त्रण में आ जाती हैं, जिनमें परस्पर राष्ट्रीय लक्ष्यों की प्राप्ति का बंधन नहीं रहता है। ऐसी अवस्था में यह सम्भव है कि संघीय सरकार पर जिस दल का नियंत्रण हो, उससे भिन्न क्षेत्रीय दलों का या अन्य राष्ट्रीय दलों का संघ की इकाइयों में प्रभुत्व स्थापित हो जाए। इस प्रकार की परिस्थिति में केन्द्रीय व प्रादेशिक सरकारों में सौदेबाजी का सिलसिला प्रारम्भ हो जाता है। राज्यों की सरकारें केन्द्रीय सरकार तथा केन्द्र की सरकार राज्यों का सहयोग सौदेबाजी द्वारा प्राप्त करने का प्रयास करने लग जाते हैं। यद्यपि आज तक ऐसी सौदेबाजो व्यापक पैमाने पर स्थायी रूप से कहीं किसी भी संघात्मक व्यवस्था में नहीं हुई फिर भी नवोदित राज्यों में इसकी काफी सम्भावनाएं व संकेत मिलते हैं। भारत की संघात्मक व्यवस्था में ऐसे अनेक अवसर आए हैं जब राज्यों में क्षेत्रीय दल सत्तारूढ़ होकर सौदेबाजी की तरफ बढ़े हैं। इसलिये ही मोरिस जोन्स[11] ने शायद उतावलेपन में ही भारत की संघीय व्यवस्था को

[11]W. H. Morris Jones, *Government and Politics of India*, London, Hutchinson, 1971, Second Edition, p. 150.

सौदेबाजी संघवाद कह डाला है, जो आज 1977 में तथ्यों से बहुत अधिक पुष्ट नहीं किया जा सकता है।

यहां यह ध्यान रखना आवश्यक है कि संघात्मक व्यवस्था का यह प्रतिमान पश्चिमी लेखकों की तरह ही भारतीय लेखकों के ध्यान आकर्षण का कारण बनते हुए भी दोनों के निष्कर्ष एक से नहीं दिखाई देते हैं। भारत जैसे विविधता वाले विशाल देश में अन्तःप्रादेशिक दल राष्ट्रीय लक्ष्यों से अलग या विपरीत प्रादेशिक लक्ष्य निर्धारित करके अधिक समय तक नहीं रह सकते हैं। आधुनिक राजनीतिक व्यवस्थाओं में इतनी अधिक पेचीदगी आ गई है कि एक ही व्यवस्था के विभिन्न भागों में पारस्परिकता अनिवार्य हो गई है। वैसे भी नवोदित राज्यों में लोकतन्त्र के राजनीतिक पहलू का परम्परागत समाजों पर आरोपण, ऐसी परिस्थितियां उत्पन्न करता है जिनसे सुनिश्चित तथा सामान्य राष्ट्रीय लक्ष्यों वाले राजनीतिक दलों के विकास का वातावरण होते हुए भी, कई कारणों से यह असम्भव होने पर, क्षेत्रीय स्तर पर सत्ता-संघर्ष का विकल्प (alternative) ही शेष रह जाता है। इससे नवोदित राज्यों में राजनीतिक शक्ति के क्षेत्रीय स्तर पर संगठन और शासन व्यवस्था पर नियंत्रण की संभावनाएं जब-तब बनती रहेंगी पर इसमें संघात्मक व्यवस्था सौदेबाजी की सीमाओं से शायद इतनी आबद्ध रहेगी कि सौदा सहयोग के लिये ही सम्भव होगा। वैसे भी अगर संघात्मक व्यवस्था दो पृथक, स्वतन्त्र व अलग सरकारों का स्थापक है तो इससे सौदेबाजी के अंकुर जब-तब प्रस्फुटित होना स्वाभाविक है, परन्तु इससे सघात्मक व्यवस्था सौदेबाजी का अखाड़ा शायद ही बन पाती है। अगर संघात्मक व्यवस्था में सौदेबाजी ही केन्द्रीय व राज्यों की सरकारों की अन्तःक्रिया का आधार बन जाती है तो वह संघीय व्यवस्था का अंत करने की स्थिति तक ला सकती है। इसलिये निष्कर्षतः यही कहा जा सकता है कि सघात्मक व्यवस्था का यह प्रतिमान यदा-कदा ही किसी संघीय व्यवस्था में दिखाई देता है।

(ग) एकात्मकतावादी संघवाद (Unitarian federalism)—अगर संघात्मक व्यवस्था संगठन की एक प्रक्रिया है तो इसे जड़ व अचल व्यवस्था नहीं कहा जा सकता। कोई भी व्यवस्था समय की मांग से मुक्त व अछूती नहीं रह सकती। आज संघात्मक व्यवस्था वास्तव में एक व्यापक व्यवस्था का ऐसा प्रतिमान है जिसमें अनेकों एक दूसरे को ढकती हुई उप-व्यवस्थाएं (sub-systems) विद्यमान होती हैं। इसके कारण निर्णय लेने और निर्णयों को लागू करने की प्रक्रिया केवल केन्द्रीय व राज्य सरकारों की पारस्परिक सहभागिता (mutual participations) पर ही निर्भर नहीं करती है, अपितु इस बात पर भी आधारित होती है कि केन्द्रीय सरकार राजनीतिक समाज के राष्ट्रीय लक्ष्यों की पूर्ति की क्षमताओं, साधनों और सम्भावनाओं में राज्यों की सरकारों से बहुत आगे होती है। राज्यों की सरकारें, अपना पृथक व स्वतन्त्र क्षेत्र, साधनों की अपर्याप्तता के कारण व्यवहार में आज की जटिल राजनीतियों में नहीं रख पातीं हैं। वैसे भी आज के युग में सरकारों का संचालन इतने अधिक तत्त्वों से प्रभावित होता है कि निश्चित रूप से यह कह सकना ही सम्भव नहीं है कि राजनीतिक यन्त्र (governmental machine) कब और किस तथ्य से सवेदनशील व सक्रिय बनेगा। यही कारण

है कि संघात्मक शासन व्यवस्थाएं भी व्यवहार में आज अनेक तत्त्वों से इतनी अधिक प्रभावित रहने लगी हैं कि बहुत बार केन्द्र व राज्यों की सरकारों का सीमांकन धुंधला ही नहीं होता है पर कभी-कभी एक तरह से मिट सा जाता है। ऐसी अवस्था में संघवाद के ऐसे प्रतिमान को एकात्मकवादी कहना उपयुक्त माना जा सकता है।

पिछली कुछ दशाब्दियों में विश्व की संघात्मक शासन प्रणालियों के बारीकी से अवलोकन करने से स्पष्ट दिखाई देता है कि सभी संघीय व्यवस्थाओं में एकात्मकता की प्रवृत्तियां पनप रही हैं। जो कार्य पहले प्रादेशिक सरकारों के अधिकार क्षेत्र में होते थे, वे आज की बदलती हुई आन्तरिक व बाहरी परिस्थितियों के कारण व्यवहार में केन्द्रीय सरकारों द्वारा सम्पादित होने लगे हैं। लोकतान्त्रिक शासन व्यवस्थाओं में नागरिक इस बात की चिंता नहीं करते कि उनकी आवश्यकताओं को केन्द्रीय सरकार पूरा करती है या राज्य सरकारें, उनकी प्रमुख मांग यह होती है कि उनको वे सुविधाएं व सुरक्षाएं प्राप्य रहें जो वे चाहते हैं, चाहे उनकी व्यवस्था राज्य की सरकार करे या संघीय सरकार करें। वैसे भी के० सी० व्हीयर की मान्यता है कि राष्ट्रीय सरकारों का महत्त्व प्रादेशिक सरकारों के मुकाबले में बढ़ना स्वाभाविक है, क्योंकि शासन के सब महत्त्वपूर्ण विषय जिनसे सरकारों को प्रमुखतया सरोकार होता है, इन्हीं के पास होते हैं। सामाजिक परिवर्तन व विकास की बाध्यताएं दिन प्रति दिन केन्द्र को शक्तिशाली बनाती प्रतीत होती हैं। मोटे रूप से वर्तमान संघों में एकात्मकता की ओर झुकाव के लिए कई तथ्य उत्तरदायी लगते हैं। के० सी० व्हीयर ने लिखा है कि 'सभी संघीय शासनों में एक सामान्य प्रवृत्ति यह दिखाई देती है कि सामान्य सरकारें (केन्द्रीय सरकारें) अधिक शक्तिशाली बन गई हैं।[12] इस प्रवृत्ति के कारणों का संकेत देते हुए उन्होंने लिखा है कि चार मुख्य तथ्यों ने इसमें सहायता की है। यह हैं—युद्ध, आर्थिक उतार-चढ़ाव, सामाजिक सेवाओं का विस्तार तथा यातायात व उद्योगों में यान्त्रिकी क्रान्ति का आना। इन्हीं तथ्यों को स्वयं के० सी० व्हीयर ने दूसरी जगह निम्न शीर्षकों के अन्तर्गत माना है। यह है शक्ति-राजनीति (power-politics), आर्थिक मंदी की राजनीति (depression politics), लोक कल्याण की राजनीति (welfare politics) तथा तकनीकी राजनीति जिसे वह आन्तरिक-दहन इंजन (internal-combustion engine) का विशेष शीर्षक देकर सम्बोधित करता है। इनमें दलीय राजनीति (party politics) का उन्होंने विशेषकर अन्यत्र ही उल्लेख किया है। कुल मिलाकर निम्नलिखित तथ्य, आधुनिक संघीय व्यवस्थाओं में, केन्द्र को शक्तिशाली बनाने के लिए उत्तरदायी कहे जा सकते हैं—

(1) अन्तर्राष्ट्रीय राजनीति (international politics)
(2) युद्ध राजनीति (war-politics)
(3) दल राजनीति (party-politics)
(4) टेक्नो-राजनीति (techno-politics)
(5) आर्थिक सहायता या अनुदान की राजनीति (grant-in-aid-politics)

[12] K. C. Wheare, *Federal Government* (London, 1963). 4th ed. p. 238.

(6) लोक कल्याण की राजनीति (welfare-politics)

इन तत्वों का संक्षेप में विवेचन करके ही इनके प्रभाव का मूल्यांकन किया जा सकता है।

आज के विश्व में राष्ट्रीय राज्यों की सीमाएं केवल औपचारिक ही रह गई हैं। राष्ट्रीय राजनीतिक व्यवस्थाओं के ऊपर अन्तर्राष्ट्रीय दबाव व प्रभाव इतने व्यापक हैं कि संघीय व्यवस्थाओं की प्रादेशिक सरकारें स्वतः ही केन्द्रीय सरकार के अधिकार क्षेत्र में वृद्धि को स्वीकारती हैं। आज अन्तर्राष्ट्रीय जगत में राष्ट्रीय सरकारें नई भूमिका निभाने की चुनौती का सामना कर रही हैं। यातायात व संचार के साधनों ने सम्पूर्ण विश्व को इतनी पारस्परिकता में बांध दिया है कि कोई भी राज्य अपने आप में सीमित नहीं रह सकता है। इतना ही नहीं, हर सरकार विश्व में अपने को प्रभावी बनाने की आकांक्षा रखती है। इससे केन्द्रीय सरकारों को विशेष अधिकार स्वतः तो प्राप्त नहीं होते पर राज्यों की सरकारों पर यह दबाव आता है कि वे संघीय सरकार के हाथ मजबूत करें।

युद्ध राजनीति का अपना अलग ही महत्त्व होता जा रहा है। 'विश्व में प्रचलित परस्पर विरोधी विचारधाराओं (ideologies) की प्रतिस्पर्द्धा के कारण राष्ट्रीय सुरक्षा का प्रश्न बहुत कुछ स्थायी बन गया है। जब-तब इन विचारधाराओं का, नवोदित राज्यों में महान शक्तियों द्वारा प्रसार-प्रयत्न युद्ध की स्थिति या युद्ध का कारण बनने लगा है। दूसरे विश्वयुद्ध के बाद अधिकांश युद्ध इन्हीं वैचारिक टकरावों के कारण शुरू हुए हैं। इस कारण से रण-नीति भी केन्द्रीय सरकारों के अधिकार क्षेत्र में वृद्धि का महत्त्वपूर्ण साधन बन गई है।

दलीय व्यवस्थाएं अधिकांशतः राष्ट्रव्यापी प्रकृति रखती हैं। प्रादेशिक स्तर पर यद्यपि जहां-तहां क्षेत्रीय दल संघ की इकाइयों में सत्तारूढ़ हो जाते हैं। परन्तु दिन प्रति दिन जनता में बढ़ती हुई राजनीतिक जागरूकता के कारण जन-दृष्टिकोण आधुनिक युग की बाध्यताओं (compulsions) के कारण राष्ट्रीय होता जा रहा है। इस कारण, जनता का समर्थन सामान्यतया देशव्यापी राजनीतिक दलों को शासन सत्ता देता है। क्षेत्रीय प्रश्न, राष्ट्रीय प्रश्नों के साथ इतने उलझे होते हैं कि निर्वाचक, क्षेत्रीय राजनीति दलों की दलीलों के उपरान्त उनका पृथकत्व स्वीकार नहीं करते और राष्ट्रीय दल ही सत्तारूढ़ हो पाते हैं। ऐसे दल, संघात्मक व्यवस्था की प्रकृति को व्यवहार में परिवर्तित ही नहीं करते, वरन एक ही दल के केन्द्र व राज्यों में सत्तारूढ़ होने पर सम्पूर्ण संघीय शासन व्यवस्था एकात्मक ढंग से कार्य करने लगती है। भारत में कांग्रेस दल का केन्द्र व राज्यों में प्रभुत्व इसकी पुष्टि करता है। कांग्रेस दल दोनों ही स्तर की सरकारों पर नियंत्रण रखकर संघात्मक व्यवस्था को केवल संवैधानिक दृष्टि से संघीय रहने देता है। रूस में एक ही दल को संवैधानिक रूप से एक मात्र सत्ता संचालक बनाकर सम्पूर्ण व्यवस्था को व्यवहार में एकात्मक बना दिया गया है।

टेक्नो-राजनीति का अर्थ राजनीतिक संस्थाओं के उस अध्ययन से लिया जाता है जिसमें वैज्ञानिक व तकनीकी प्रगति का शासनतन्त्र के व्यवहार पर प्रभाव देखा जाता

है। आजकल की सरकारें विशेषज्ञों और प्रशिक्षित सार्वजनिक अधिकारियों द्वारा बहुत अधिक प्रभावित रहने लगी हैं। नौकरशाही (bureaucracy) आज शासनतन्त्र का प्रमुख आधार स्तम्भ बन गई है। आर्थिक विकास की आवश्यकताएं तकनीकी विशेषज्ञों की भूमिका में इतनी वृद्धि कर रही हैं कि यह एक तरह से शासनतन्त्र पर छाये रहते हैं। सामान्यतया राष्ट्रीय सरकारें ही इस प्रकार की विशेषीकृत (specialized) सेवाएं उपलब्ध कराने की क्षमता रखती हैं। इसका परिणाम यह होता है कि प्रादेशिक सरकारें तो उन योजनाओं, कार्यक्रमों और निर्देशनों को कार्यान्वित ही करती रहती है जो केन्द्रीय सरकार के सहायक, इन तकनीकी विशेषज्ञों द्वारा प्रसारित होते हैं। ये कार्यक्रम राष्ट्रव्यापी होते हैं और राज्यों की सीमाओं के आर-पार चलते हैं इसलिए इनका क्रियान्वयन राष्ट्रीय आधार पर होता है। इन्हें राष्ट्रीय अधिकारी ही सम्पादित करते हैं। राज्यों को इन तकनीकी अधिकारियों की सेवाएं केन्द्र से ही प्राप्त करनी होती हैं, क्योंकि इनकी आवश्यकता जब-तब ही पड़ती है। राज्यों की सरकारों के विशेषज्ञों व प्रशासकों से इनकी श्रेष्ठता इन्हें अप्रत्यक्ष रूप से केन्द्र की शक्ति का पोषक बना देती है।

अनुदान की राजनीति का केन्द्रीय सरकारों को शक्तिशाली बनाने में बहुत योगदान देखा गया है। राज्यों के साधन सीमित होते हैं और आर्थिक विकास की आवश्यकताओं की बाध्यता उन्हें केन्द्रीय अनुदान पर आश्रित होकर धन जुटाने को मजबूर करती हैं। इस प्रकार, आर्थिक सहायता के लिए राज्यों की सरकारें हमेशा ही केन्द्र के आगे हाथ पसारे रहती हैं। केन्द्र के वित्तीय साधन व्यापक होते हैं और केन्द्रीय सरकारें अनुदान राजनीति का प्रयोग सामान्यतया राज्यों की सरकारों को अपने अनुरूप नीति अपनाने के लिए ही नहीं करतीं, वरन राज्यों की सरकारों पर अप्रत्यक्ष नियंत्रण स्थापित करने के लिए भी कर सकती हैं। योजनाओं में केन्द्र की सहायता तथा बड़े-बड़े बहु-उद्देश्यीय निर्माणों व भारी उद्योगों के विकास में केन्द्रीय सरकार की भूमिका व अनुदान, राज्यों का स्थान, समता के स्थान पर केन्द्र की आश्रितता को बना देता है। अनुदान राजनीति को कई विचारक केन्द्र की शक्तियों में वृद्धि का सबसे कारगर माध्यम मानते हैं।

लोक कल्याण के विचार उदय से संघात्मक व्यवस्था को प्रत्यक्ष कोई आघात पहुंचता हो ऐसा नहीं लगता है। परन्तु, संविधान द्वारा निर्धारित लक्ष्य और कार्यक्रम जनसाधारण के कल्याण की प्राप्ति से सम्बद्ध होते हैं। आज की लोकतांत्रिक सरकारें जन-कल्याण की अवहेलना नहीं कर सकतीं हैं। यह लोक-कल्याण का कार्य भौगोलिक विभाजनों से ऊपर सम्पूर्ण राजनीतिक व्यवस्था से सम्बन्ध रखता है। केन्द्र व राज्यों की सरकारें एक ही महान कार्य के सम्पादन में संलग्न होती हैं। केन्द्र के साधनों की अधिकता से केन्द्रीय सरकारों की गतिविधियों का क्षेत्र विस्तृत हो जाता है। इस प्रवृत्ति से संघात्मक व्यवस्था की संरचना पर भले ही आघात न आता हो पर उसकी क्रियात्मकता पर अवश्य ही प्रभाव पड़ता है जो केन्द्र को, केन्द्रीय भूमिका निभाने की अवस्था में लाकर शक्ति-शाली बनाती है।

इन तत्त्वों का प्रभाव केन्द्रीय सरकारों को अधिक शक्तिशाली तो अवश्य बनाता है पर केन्द्र की शक्तियों में यह वृद्धि, राज्यों की शक्ति की कीमत पर नहीं होती है। राज्यों की

स्वयं की शक्तियां इन्हीं में से कुछ कारणों से बढ़ गई हैं। योजनाओं, आर्थिक कार्यक्रमों व लोक कल्याण के कार्यों का क्रियान्वयन राज्यों की सरकारों के कन्धों पर ही पड़ता है। वैसे भी राज्य, जनसंख्या, सामरिक (strategic), राजनीतिक व आर्थिक कारणों से अपनी स्वतंत्रता की अक्षुणता बनाये रख पाते हैं। परन्तु, युग की आवश्यकताओं के अनुसार जिस प्रकार राजनीतिक संस्थाओं का अनुकूलन होता है उसी प्रकार संघात्मक व्यवस्था में केन्द्र-राज्य सम्बन्ध भी बदलते-ढलते रहकर, व्यवस्था की सजीवता बनाये रखने में योग देते हैं। यही कारण है कि संघीय व्यवस्था अत्यन्त कठिन और जटिल होते हुए भी लचीली और अनुकूलन क्षमता रखती है। इसकी यह आलोचना कि यह व्यवस्था अत्यन्त अचल, रूढ़िवादी, परिवर्तन विरोधी और समय की मांग से बहुत पीछे रहती है, विशेष वजनदार नहीं रह जाती है। वैसे भी औपचारिक संशोधनों व न्यायालयों की टीकाओं व व्याख्याओं तथा परम्पराओं के माध्यम से संघीय व्यवस्था समय के साथ चलती रहती है। परम्पराओं ने तो संघात्मक व्यवस्थाओं को इतना सजीव लचीला बना दिया है कि समय की मांग के अनुसार इस व्यवस्था में मौलिक परिवर्तन तक होते जा रहे हैं। इसके अलावा भी संघात्मक व्यवस्थाओं का इतिहास इसकी विशेष उपयोगिता का संकेतक है। संक्षेप में इस व्यवस्था की उपयोगिता का उल्लेख अप्रासंगिक नहीं होगा।

संघवाद की उपयोगिता (Utility of Federal System)

वर्तमान विश्व में गिनी-चुनी 16 संघीय व्यवस्थाओं[13] के होने के कारण यह निष्कर्ष उभरता है कि संघात्मकता राजनीतिक शक्ति के संगठन का उपयोगी ढांचा प्रस्तुत करने का माध्यम नहीं हो सकती है। वास्तव में संघात्मक व्यवस्था आधुनिक समय में अत्यधिक अनुकूल व्यवस्था है जिसमें प्रादेशिक स्वतंत्रता के साथ ही साथ राष्ट्रीय एकता व सम्पूर्ण राजनीतिक व्यवस्था के लिए नीति समानता सम्भव बनती है। आधुनिक विविधता वाली राजनीतिक व्यवस्थाओं में सत्ता विकेन्द्रीकरण (decentralization of power) की प्रवृत्ति अभी भी प्रबलतम कही जा सकती है, दूसरी तरफ, हर व्यवस्था में अनेकों बाध्यकारी तथ्य हैं जिनसे केन्द्रीकरण अनिवार्य सा बन जाता है। एक ही राजनीतिक व्यवस्था की इन अनन्य व विरोधी मांगों में समन्वय का सर्वोत्तम साधन संघात्मक व्यवस्था ही प्रस्तुत करती है। इससे इतनी लचीली व्यवस्था स्थापित होती है कि बिना किसी औपचारिक परिवर्तन के भी संकट व विशेष आवश्यकताओं की पूर्ति के लिए सुव्यवस्था हो जाती है। इसलिए निष्कर्षतः यह कहना उचित ही होगा कि संघवाद की उपयोगिता निरन्तर बनी रहती प्रतीत होती है। विभिन्न आर्थिक व राजनीतिक कमजोरियों से पीड़ित विविधता वाले देशों के लिए संघीय व्यवस्था में संगठित होना अब भी ऐसा एक

[13]In the article on 'Federalism' in the 1968 edition of the *International Encyclopaedia of the Social Sciences*, Proessor David J. Elazar speaks of 16 Formaly federal nations as of that time (Vol. 5, p. 365).

मात्र साधन माना जाता है जिससे इन समस्याओं का सर्वोत्तम हल सम्भव बनाया जा सके।

सिजविक ने संघवाद की उपयोगिता के बारे में लिखा है, "संघवाद ने राज्यों के हड़पे जाने या राज्य विस्तार की समस्या का अन्त कर दिया है। यह राज्यों के शांतिपूर्ण एकीकरण की पद्धति है। इस प्रकार न केवल स्थानीय स्वशासन और स्वाभिमान की रक्षा सम्भव हो सकी है, अपितु राष्ट्रीय स्वाधीनता भी बचाई जा सकी है। संघवाद द्वारा बहुत-सी छोटी-छोटी स्वतन्त्र प्रजातियों को आर्थिक हानियों से बचने का अवसर मिल गया, क्योंकि अब वे संगठित होकर एक रूप से कार्य कर सकती हैं। संघीय और राज्य-सरकारों की शक्ति एवं क्षेत्र इस भांति विभक्त होते हैं कि उससे उत्पन्न शासन-तन्त्र सन्तुष्ट रहते हैं। राज्य की कार्यक्षमता और दक्षता में अभिवृद्धि होती है। संघवाद एक ऐसा राजनीतिक मुद्दा हो गया है जिसमें राज्यों को अधिकतम व्यवस्थापूर्वक न्यूनतम अधिकार संघ को हस्तांतरित करने से अधिकतम स्वाधीनता का लाभ हुआ है।" इसके अलावा संघवाद सैनिक सुरक्षा, आर्थिक लाभ व सुविधा, शक्ति-सम्पन्नता, विविधता में एकता तथा बाहरी शक्तियों के हस्तक्षेप से मुक्ति और संस्कृति इत्यादि का विचित्रपन बनाए रखने का श्रेष्ठतम माध्यम है।

इन सब उपयोगिताओं के उपरान्त विश्व में बहुत कम संघीय व्यवस्थाओं का होना यह प्रश्न पैदा करता है कि इस व्यवस्था को क्यों नहीं अपनाया जाता रहा है। इसके उत्तर में यही कहा जा सकता है कि संघीय व्यवस्था की सफलता के लिए कुछ विशेष परिस्थितियों का होना आवश्यक है। उनके अभाव में सुव्यवस्थित संघीय शासन भी विखण्डित हो जाते हैं। संक्षेप में संघीय व्यवस्था की सफलता के लिए निम्नलिखित पूर्व शर्तें अपरिहार्य लगती हैं।

संघवाद की सफलता की शर्तें (Essentials for Success of Federalism)

संघों का निर्माण होता है, उत्पत्ति नहीं होती है। इसका अर्थ है कि संघात्मक व्यवस्था कुछ विशेष उद्देश्यों की प्राप्ति के लक्ष्य से युक्त होती है। इन उद्देश्यों की उपलब्धि ही के आधार पर संघात्मक व्यवस्था को सफल या असफल कहा जाता है। अतः संघात्मक शासन के सुचारू संचालन के लिए कुछ शर्तें पूरी होनी ही चाहिए। वैसे तो संघीय शासन की सफलता की परिस्थितियां अनेकों हो सकती हैं। और यह हर संघात्मक व्यवस्था में भी भिन्न-भिन्न हो सकती है। पर फिर भी, कुछ सामान्य आवश्यकताओं का उल्लेख किया जा सकता है जिनकी विद्यमानता से संघीय शासन संचालन आसान और कुशल होता है। संक्षेप में यह इस प्रकार हैं—

(क) **राजनीतिक व्यवस्था का लोकतन्त्रात्मक रूप** (Democratic nature of the political system)—संघात्मक व्यवस्था का सबसे बड़ा शत्रु निरंकुशता को कहा गया है। संघीय व्यवस्था दोहरी सरकारों में सहयोग की ऐसी स्थापना है जिसमें सहयोग का आधार अनुनयन, विचार-विनिमय और समझौता रहता है। तानाशाही इन सबका निषेध करती है। निरंकुशता चाहे किसी भी प्रकार की हो, संघात्मक व्यवस्था का सबसे

बड़ा घातक बन जाती है क्योंकि उसमें सत्ता का एक स्थान पर पूर्ण केन्द्रीकरण अनिवार्य होता है। इसलिए ही 1958 में मिश्र और सीरिया को मिलाकर बना संयुक्त अरब गणराज्य, 1961 में टूट गया जब सीरिया में सैनिक क्रांति के बाद तानाशाही व्यवस्था स्थापित हो गई थी। इसी तरह, अर्जेन्टाइना, ब्राजील, लीबिया व नाइजीरिया में सैनिक तानाशाही की स्थापना ने यह शंका उत्पन्न कर दी है कि इन्हें संघीय शासन कहा जाए या नहीं ? सोवियत रूस व युगोस्लाविया में एक दलीय व्यवस्था के कारण संघात्मक सरकारें शुद्ध सैद्धान्तिक दृष्टि से तो संघात्मक नहीं कही जा सकती हैं। अतः संघात्मक व्यवस्था की सुचारुता के लिए उदार लोकतन्त्रीय मान्यताओं (liberal democratic values) में राजनीतिक समाज की आस्था का होना अनिवार्य है।

(ख) सामान्य गन्तव्यों की एकता (Unity of general goals)—जब स्वतन्त्र राजनीतिक व्यवस्थाएं, ऐतिहासिक, भौगोलिक, सामरिक (strategic) तथा आर्थिक कारणों से समान्य उद्देश्य रखती हुई होती हैं तो इन राजनीतिक व्यवस्थाओं के संघीय सूत्र में बंधने और बंधे रहने की आधार भूमि तैयार होती है। ऐसी राजनीतिक व्यवस्थाएं संघीय व्यवस्था में संगठित होने के बाद एकता व सहयोग, सामान्य गन्तव्यों पर एकता के कारण ही बनाए रख सकती हैं। इस प्रकार, संघ शासन में सम्मिलित राज्यों में सामान्य लक्ष्यों पर सहमति, उनमें पारस्परिकता बनाए रखती है। अगर संघीय संगठन के द्वारा निर्मित राजनीतिक समाज के विभिन्न भागों में अन्ततः गन्तव्यों (ultimate goals) की असमानता होगी तो इससे व्यवस्था पर ऐसे खिचाव व तनाव पड़ेंगे जिससे संघीय व्यवस्था टूट जाएगी। जैसा मलेशिया और संयुक्त अरब गणराज्य में हुआ है।

(ग) शांति व सम्पन्नता या समृद्धता (Peace and prosperity)—के० सी० व्हीयर की मान्यता है कि "युद्ध और आर्थिक सकट अगर बार-बार आता है तो इससे निश्चिततः संघात्मक व्यवस्था एकात्मक रूप में परिवर्तित हो जाएगी।"[14] वास्तव में युद्ध, शक्ति-राजनीति, आर्थिक संकट व आर्थिक विषमता संघात्मक व्यवस्था के प्रतिकूल प्रवृत्तियों को जन्म देते हैं। इसलिए ही व्हीयर ने तो यहां तक कहा है कि "शांति व समृद्धतता संघीय शासन की सफलता की सच्ची पूर्व शर्तें हैं।[15]

(घ) संघीय व्यवस्था को सफल बनाने की इच्छा (The desire to make federal system succeed)—श्रेष्ठतम संघीय संविधान द्वारा व्यवस्थित संघात्मक व्यवस्थाएं भी उस अवस्था में असफल हो जाती हैं जब इसमें सम्मिलित इकाइयां इसे सफल बनाने की आकांक्षा नहीं रखती हैं। कई बार किसी वैचारिक या नेतृत्व की महानता के कारण या फिर किसी क्षणिक लाभ की प्राप्ति हेतु संघ का निर्माण हो सकता है। ऐसे संघों में इनके लुप्त होने के बाद कोई बन्धनकारी भावना नहीं रहती है और संघात्मक शासन की सफल बनाने में रुचि समाप्त हो जाती है। ऐसी अवस्था में संघ अधिक दिन तक नहीं टिक सकता है।

[14]K. C. Wheare, *op. cit.*, p. 240.
[15]*Ibid.*, p. 239.

(च) **सम्पर्क भाषा की विद्यमानता** (Presence of a link-language)—भाषाओं की विविधता संघ शासन में अड़चन नहीं डालती। एक संघीय राज्य में अनेकों भाषाएं हो सकती हैं। भारत में तो संघ की इकाइयों की सीमा निर्धारण का आधार राज्य पुनर्गठन आयोग ने भाषा को ही बनाया है। इसका आशय यही है कि संघ में भाषा की समानता आवश्यक नहीं है। परन्तु संघ की इकाइयों में अलग-अलग भाषाओं के होते हुए भी एक ऐसी सम्पर्क भापा अति आवश्यक है जो सम्पूर्ण संघीय राजनीतिक व्यवस्था को परस्पर आदान-प्रदान का माध्यम प्रस्तुत करे। अगर इस प्रकार की भाषा सम्पर्कता के लिए नहीं हुई तो केन्द्रीय व राज्यों की सरकारों के बीच में भाषाई दीवारें खड़ी हो जाएंगी जो अन्ततः संघ को सहयोग के सूत्र से वंचित करके उसके अंत का मार्ग तैयार कर सकती हैं। इसलिये संघात्मक व्यवस्था की 'जीवन-कड़ी' सम्पूर्ण संघीय व्यवस्था में एक सम्पर्क भाषा ही बन सकती है। भारत की संघात्मक व्यवस्था इस अभाव के कारण ही अनावश्यक तनावों से युक्त बनती रही है। कई बार ऐसे भाषाई तनाव इतने खतरनाक रूप ले सकते हैं कि सम्पूर्ण संघात्मक व्यवस्था को ध्वस्त करने का आधार तक बन जाते हैं। इसलिए एक सम्पर्क भाषा संघात्मक व्यवस्था को एकता में बांधने के माध्यम के रूप में अनिवार्य है।

(छ) **राष्ट्रीयता की भावना** (Spirit of nationalism)—संघात्मक व्यवस्था अनेक संस्कृतियों व राष्ट्रीयताओं को संगठित करके एक नई राष्ट्रीय व्यवस्था की स्थापना करती है। यह एक नया राजनीतिक व्यक्तित्व निर्मित करती है। संघ का निर्माण इस नये राष्ट्रीय प्रतिमान की औपचारिक संरचना ही करता है। इसमें वास्तविकता तभी आती है जब संघ की विविध उप-राष्ट्रीयताएं इस नई राष्ट्रीयता के अनुकूल बनते हुए इसे शक्तिशाली बनाने में सहयोगी बनें। पीटर मर्कल[16] के अनुसार संघात्मक व्यवस्था अनेक केन्द्रों वाली शासन व्यवस्थाओं के ऊपर एक नये केन्द्र का आरोपण (superimposition) है, जिसकी जीवन-शक्ति राष्ट्रीयता की भावना ही बन सकती है। जब तक सभी इकाइयों के नागरिक ऐसी भावना से ओत-प्रोत नहीं होते हैं तब तक नया राष्ट्र नहीं बन सकता है। संघ में दोहरी राज्य निष्ठा आवश्यक होती है परन्तु, केन्द्रीय सरकार अर्थात सम्पूर्ण संघीय व्यवस्था के प्रति निष्ठा का प्रारम्भ संघ के निर्माण के बाद होता है और क्षेत्रीयता की भावना या पृथक राष्ट्रीयताएं इसके निर्माण में अवरोधक बनती हैं। इस पृथकतावादी तथ्य में संयोजन शक्ति राष्ट्रीयता की भावना ही बन सकती है। यही विविधता में एकता का आधार बनती है। इसलिए संघात्मक व्यवस्थाओं में राष्ट्रीयता की भावना का विशेष महत्व होता है।

उपरोक्त विवेचन से स्पष्ट है कि संघात्मक व्यवस्था कुछ विशेष प्रकार के परिवेश में ही कार्यरत रह सकती है। इस प्रणाली की कठिनाइयां इस कारण से अनेक लगती हैं। परन्तु, इस सबसे यह अर्थ नहीं निकालना है कि किसी संघ में या हर संघ में यह

[16]Peter H. Merkl, *Modern Comparative Politics,* New York, Holt, Rinehort and Winston, Inc., 1970, p. 247.

परिस्थितियां उपलब्ध हों तब ही वह स्थायी रहेगा। इनके अलावा भी कई ऐसे तथ्य हैं जिनसे संघात्मक व्यवस्था का व्यवहार प्रभावित होता है।

संघवाद का भविष्य (Future of Federalism)

संघात्मक शासन व्यवस्थाओं में केन्द्रीय सरकार की शक्तियों में प्रादेशिक सरकारों की शक्तियों की कीमत पर, अप्रत्याशित अभिवृद्धि के कारण कुछ विद्वान यह निष्कर्ष निकालते हैं कि 'संघीय शासन वास्तव में एकात्मक सरकार की तरफ बढ़ता हुआ चरण है।'[17] पिछले बीस वर्षों में सेन्ट्रल अमेरीकन संघ बनाने के सभी प्रयत्नों की विफलता की तरह अफ्रीका व मध्य-पूर्व के अरब राज्यों में संघ स्थापना के सभी प्रयत्न भी असफल ही रहे हैं। इससे यह विचार बलवती बनता है कि संघात्मक व्यवस्था का प्रतिमान कभी भी लोकप्रिय नहीं बन सकता है। अरब राज्यों में तो एक-सी ऐतिहासिक पृष्ठभूमि, भाषा, धर्म और सामाजिक रीति-रिवाजों की समानता के बावजूद संघीय सूत्र स्थापना के सभी प्रयत्नों की असफलता तथा मिश्र व सीरिया से मिलकर बना संयुक्त अरब गणराज्य केवल तीन वर्ष (1958-61) ही में टूटकर यह पुष्टि करता है कि संघवाद के दिन समाप्ति पर हैं। ऐसी अवस्था में संघात्मक व्यवस्था का भविष्य क्या रहेगा कहना कठिन है। परन्तु अमरीका, कनाडा, आस्ट्रेलिया और स्विट्जरलैंड, जहां की संघीय व्यवस्थाओं को ही के० सी० व्हीयर सही अर्थों में संघात्मक मानते हैं अभी तक विद्यमान हैं। पश्चिमी जर्मनी, भारत, नाइजीरिया, मेक्सिको, ब्राजील, अर्जेन्टाइना तथा आस्ट्रिया की तथाकथित 'अर्द्ध-संघात्मक' व्यवस्थाएं भी बहुत कुछ सफलतापूर्वक चल रही हैं। इससे स्पष्ट है कि संघवाद केवल सैद्धान्तिक अवधारणा के रूप में ही नहीं, व्यावहारिक व गत्यात्मक ढांचे के रूप में भी जीवित है। इतना ही नहीं, कई एकात्मक व्यवस्थाओं में (ब्रिटेन, फ्रांस, नेपाल व श्रीलंका) विस्फोटक राजनीतिक विविधताओं व विषमताओं के समाधान हेतु संघात्मक व्यवस्था के कई पहलुओं को अपनाया गया है। प्रशासकीय शक्ति के विकेन्द्रीकरण के साथ ही साथ वास्तविक सत्ता का ऐसा हस्तांतरण, अनेक राज्यों की एकात्मक व्यवस्थाओं को संघीय प्रतिमान के सदृश बना रहा है। स्थानीय व प्रादेशिक शासनों की बढ़ती हुई स्वायत्तता यह स्पष्ट करती है कि आज के विश्व की सबसे ज्वलन्त समस्या विविधताओं को, जहां इनको रखना उपयोगी है तथा जहां यह अवांछित (undesirable) होते हुए भी मिटाई नहीं जा सकती हो, बनाए रखने व सहयोग का माध्यम संघवाद ही है। परन्तु, इस प्रणाली की जटिलता और व्यावहारिक कठिनाइयों के कारण संघवाद के भविष्य के सम्बन्ध में कुछ संकेत दिये जा सकते हैं। राबर्ट सी० बोन[18] के अनुसार यह निम्नलिखित हैं—

(1) विश्व राज्य व्यवस्था में संघीय शासन बहुत ही कम रहेंगे।

(2) जहां संघात्मक व्यवस्थाएं स्थापित हैं वहां यह अनिश्चित काल तक चलने की

[17] K. C. Wheare, *op. cit.*, p. 238.

[18] Robert C. Bone, *Action and Organisation: An Introduction to Contemporary Political Science*, New York, Harper and Row, 1972, p. 403.

संभावनाएं रखती है।

(3) अनेकों एकात्मक राज्यों में संघात्मक संगठन के कुछ पहलू बलवती बनते जाएंगे।

(4) शासन की अवधारणा के रूप में प्रचलित सरकारों के पुनर्गठन व नव-निर्माण में महत्त्वपूर्ण व लगातार प्रभाव रखता रहेगा।

(5) आने वाले वर्षों में नये अन्तर्राष्ट्रीय या 'सुपरानेशनल' (supranational) संगठनों के निर्माण में शायद यह सिद्धान्त आधारभूत बनेगा।

अंत में यही कहना उपयुक्त होगा कि संघवाद संगठन की सभी श्रेष्ठताओं के होते हुए भी वर्तमान विश्व की जटिल राजनीतिक व्यवस्थाओं में लोकप्रिय नहीं बन सकेगा। परन्तु भविष्य में आपसी सहयोग का माध्यम सम्प्रभुता सम्पन्न राज्यों के लिए शायद संघवाद ही प्रस्तुत करेगा।

अध्याय 12

संसदीय और अध्यक्षात्मक शासन प्रणालियां
(Parliamentary and Presidential Forms of Government)

राजनीतिक व्यवस्था के प्रादेशिक भागों में संयोजन व्यवस्था (linkage system) के विभिन्न प्रतिमानों का ग्यारहवें अध्याय में विवेचन किया गया है। इस वर्णन से यह तो स्पष्ट होता है कि राजनीतिक व्यवस्था में शासन-शक्ति का एक स्तर पर केन्द्रीकरण है या अनेक स्तरों में वितरण है। परन्तु इससे यह समझ में नहीं आता है कि हर स्तर पर शासन शक्ति का प्रयोग किस प्रकार किया जाता है? प्रस्तुत अध्याय में राजनीतिक व्यवस्था की शासन शक्ति के प्रयोग के संरचनात्मक भागों से सम्बद्ध प्रतिमानों का उल्लेख किया जा रहा है।

राजनीतिक व्यवस्थाओं में शासन शक्ति के प्रयोग के संस्थागत व्यवस्था को सरकार कहा जाता है। सरकार में मुख्यतया तीन अंग—व्यवस्थापिका, कार्यपालिका व न्यायपालिका, होते हैं और तीनों सम्मिलित रूप से शासन शक्ति के प्रयोगकर्ता व संचालक होते हैं। सरकार के इन तीनों अंगों के आपसी सम्बन्धों के आधार पर शासन प्रणालियों के दो प्रतिमान विकसित हुए हैं। न्यायपालिका का कार्य विशिष्ट व तकनीकी होने के कारण हर राजनीतिक व्यवस्था में इसे पृथक नहीं तो कम से कम स्वतन्त्र रखने की व्यवस्था होती है। अतः सरकार के अंगों में कार्यपालिका व व्यवस्थापिका के आपसी सम्बन्धों को ही प्रमुखता दी जाती है। अगर किसी राजनीतिक व्यवस्था में कार्यपालिका व व्यवस्थापिका शक्तियों का एक ही संरचनात्मक व्यवस्था में विलयन (fusion) है तो उसे संसदीय शासन प्रणाली कहा जाता है और अगर यह शक्तियां पृथक-पृथक संस्थाओं में निहित रहती हैं, अर्थात कार्यपालिका व व्यवस्थापिका की शक्तियों का पृथक्करण है तो उस शासन प्रणाली को अध्यक्षात्मक शासन प्रणाली का नाम दिया जाता है।

संसदीय व अध्यक्षात्मक शासन प्रणालियों में अन्तर का प्रमुख आधार कार्यपालिका व व्यवस्थापिका शक्तियों का आपसी सम्बन्ध है। जिस राजनीतिक व्यवस्था में इन दोनों का विलयन है और इस प्रकार के विलयन से एक नई संस्था का निर्माण होता है तो ऐसी व्यवस्था को संसदीय प्रणाली कहा जाता है और कार्यपालिका व व्यवस्थापिका शक्तियों के विलयन से निर्मित संस्था को संसद का नाम दिया जाता है। जिस राजनीतिक व्यवस्था में यह दोनों शक्तियां न केवल पृथक ही रहती हैं अपितु इन शक्तियों का प्रयोग करने वाली संस्थागत संरचनाएं भी अलग-अलग होती हैं, उस शासन प्रणाली को अध्यक्षात्मक

शासन कहा जाता है। इसमें किसी नई संस्था का निर्माण नहीं होता है तथा कार्यपालिका व व्यवस्थापिक शक्तियों के सुस्पष्ट व पृथक अधिकार और कार्यक्षेत्र रहते हैं। इन दोनों प्रणालियों के इस मौलिक अन्तर से इनके लक्षण, कार्यप्रणाली व उपयोगिता भी भिन्न-भिन्न हो जाती हैं। इस अन्तर को समझने के लिए इनका पृथक-पृथक वर्णन करना आवश्यक हो जाता है।

संसदीय शासन प्रणाली
(PARLIAMENTARY SYSTEM OF GOVERNMENT)

संसदीय सरकार को 'केबिनेट' सभात्मक 'मन्त्रि-मण्डलात्मक' अथवा 'उत्तरदायी सरकार' के नाम से भी माना जाता है। इसे केबिनेट सरकार इसलिए कहा जाता है, क्योंकि इसके अन्तर्गत कार्य-पालन की शक्ति एक व्यक्ति में निहित न होकर एक समिति जिसे केबिनेट कहते हैं, में निहित रहती है। इसको सभात्मक सरकार कहने का कारण, एक सभा-संसद, में सम्पूर्ण कार्यपालिका व व्यवस्थापिका शक्तियों का केन्द्रण है। यह सभा सारी शक्तियों का केन्द्र होती है और कार्यपालिका व व्यवस्थापिका दोनों को नियंत्रित करती है। इसको 'उत्तरदायी' शासन का नाम कार्यपालिका के उत्तरदायी रहने के कारण दिया जाता है। संसदीय प्रणाली में कार्यपालिका अपने हर कार्य के लिए व्यवस्थापिका के प्रति उत्तरदायी रहती है और यह उत्तरदायित्व नहीं निभाने की अवस्था में उसको हटाने का व्यवस्थापिका को अधिकार रहता है।

संसदीय प्रणाली का अर्थ व परिभाषा (The Meaning and Definition of Parliamentary System of Government)

संसदीय प्रणाली शासन की वह व्यवस्था है जिसमें कार्यपालिका विधान सभा के सदस्यों में से चुनी जाती है तथा यह उसके प्रति उत्तरदायी रहती है। कार्यपालिका पर व्यवस्थापिका का पूर्ण नियन्त्रण होता है और व्यवस्थापिका द्वारा इसे हटाया भी जा सकता है। इस प्रणाली में कार्यपालिका एक समिति मात्र होती है जो व्यवस्थापिका की अधीनता में कार्य करती है। अतः संसदीय प्रणाली में कार्यपालिका व व्यवस्थापिका की निरंतर सम्पर्कता (interaction) आधारभूत लक्षण है। जैसा कि कार्टर व हर्ज़ ने भी कहा है कि "संसदीय प्रणाली, सरकार के कार्यपालिका व व्यवस्थापिका अंगों के अन्तः-पाशन (interlocking) पर आधारित है।"[1]

गार्नर के अनुसार "संसदीय शासन वह प्रणाली है जिसके अन्तर्गत वास्तविक कार्यपालिक (मंत्रिमंडल) विधान मंडल या उसके एक सदन (प्रायः लोकप्रिय सदन) के प्रति प्रत्यक्ष तथा कानूनी रूप से और निर्वाचकों के प्रति अन्तिम रूप

[1]G. M. Carter and J. H. Herz, *Government and Politics in the Twentieth Century* (Rev. edn.), New York, Frederick A. Praeger, Inc., 1965, pp. 34-35.

से अपनी राजनीतिक नीतियों और कार्यों के लिए उत्तरदायी रहती है, जबकि राज्य का प्रमुख जो नाम मात्र की कार्यपालिका होता है, अनुत्तरदायित्व की स्थिति में रहता है ?"[2] सी० एफ० स्ट्रांग ने इसका अर्थ स्पष्ट करते हुए लिखा है कि, "संसदीय कार्यपालिका प्रणाली का सार यह है कि अन्तिम विश्लेषण में मंत्रिमंडल संसद की एक समिति है जिसमें लोकतन्त्र की प्रगति के साथ-साथ लोकसभा की समिति बन जाने की प्रवृत्ति है।"[3] संसदीय शासन प्रणाली की इन परिभाषाओं से यह स्पष्ट होता है कि इस प्रणाली के कुछ लक्षण हैं।

संसदीय शासन प्रणाली की विशेषताएं (Characterstics of Parliamentary Government)

संसदीय प्रणालियों में मात्रात्मक अंतर पाए जाते हैं। हर देश की संसदीय प्रणाली में कुछ न कुछ नवीनता होती है। परन्तु इन अन्तरों के होते हुए भी इनमें मोटी समानता होती है। अतः इस प्रणाली की विशेषताओं का उल्लेख करते समय हम किसी देश विशेष के संसदवाद को ध्यान में नहीं रखेंगे। वर्ने ने ठीक ही लिखा है कि "संसदवाद (parliamentarism) के इस विश्लेषण का सम्बन्ध संसदवाद के विभिन्न रूपों में अन्तर करने के बजाय विभिन्न संसदीय व्यवस्थाओं में विद्यमान अधिकतर समान घटकों की स्थापना करना है।"[4] इस प्रकार हम विशेषताओं का विवेचन करते समय उन्हीं विशेषताओं को विवेचन में सम्मिलित करेंगे जो संसदवाद के लिए आधारभूत हैं। डी० वी० वर्ने ने अपनी पुस्तक **एन एनेलिसिस ऑफ पोलिटिकल सिस्टम्स**[5] में संसदीय प्रणाली के निम्नलिखित लक्षणों का उल्लेख किया है। संक्षेप में यह इस प्रकार हैं—

(क) व्यवस्थापिका संसद बन जाती है (The assembly becomes a parliament)—संसदीय प्रणाली की प्रमुख विशेषता, व्यवस्थापिका के संसद में रूपान्तर की है। संसद एक नई संस्था के रूप में उत्पन्न होती है। यह न कार्यपालिका की तरह होती है और न ही व्यवस्थापिका की सी प्रकृति रखती है। वास्तव में यह कार्यपालिका व व्यवस्थापिका दोनों के संयोजन व विलयन से बनी एक नई संस्था होती है। यह इन दोनों से सर्वोपरि तथा दोनों की नियंत्रक होती है। इसलिए ही वर्ने का कहना है कि संसदीय प्रणाली में व्यवस्थापिका का स्वतन्त्र अस्तित्व नहीं रहता है और वह संसद का अभिन्न भाग बन जाती है। इससे यह निष्कर्ष निकलता है कि संसदीय प्रणाली में मंत्रिमंडल और व्यवस्थापिका का विलयन होकर उनमें परस्पर अन्तःनिर्भरता की स्थापना हो जाती

[2]James Wilford Garner, *Political Science and Government*, Calcutta, World Press, 1951, p. 231.

[3]C. F. Strong, *Modern Political Constitutions* (8th Ed.), London, Sidgwick and Jackson, 1972, p. 210.

[4]Dougles V. Verney, *Analysis of Political Systems*, New York, Free Press, 1959, p. 18.

[5]*Ibid.*, pp. 18-42.

है। इसका यह अर्थ है कि संसदीय प्रणाली में कार्यपालिका व व्यवस्थापिका के कार्यों का भी सम्मिश्रण हो जाता है। इसमें कार्यपालिका व व्यवस्थापिका की ऐसी अन्त:क्रिया होती है जो उन्हें लगातार सम्बन्धित और एक दूसरे पर आश्रित रखती है। अत: संसदीय प्रणाली का प्रमुख लक्षण कार्यपालिका व व्यवस्थापिका के विलयन से संसद का अस्तित्व में आना है।

(ख) कार्यपालिका दो भागों में विभक्त रहती है (The executive is divided into two parts)—इस प्रणाली में कार्यपालिका दो प्रकार की होती है। एक को ध्वज मात्र कार्यपालिका का नाम दिया जाता है। यह राज्य के अध्यक्ष के रूप में रहती है तथा दूसरी कार्यपालिका को वास्तविक कहा जाता है। यह सरकार का अध्यक्ष कही जाती है। ध्वजमात्र कार्यपालक वंशक्रमानुगत अथवा निर्वाचित हो सकता है तथा आजीवन या नियत अवधि के लिए अपने पद पर रह सकता है। उसको प्राप्त शक्ति सर्वांगीण तथा पूर्ण होती है और वह किसी के प्रति अपने कार्यों के लिए उत्तरदायी नहीं होता है। किन्तु यह सब केवल सिद्धान्त रूप में ही सत्य होता है। व्यवहार में वह केवल ध्वज मात्र कार्य-पालक होता है। उसकी सब शक्तियों का व्यवहार में वास्तविक कार्यपालक—मंत्रिमंडल, द्वारा प्रयोग होता है। इससे स्पष्ट है कि संसदीय व्यवस्था का दूसरा लक्षण कार्यपालिका का दो भागों में विभक्त रहना है।

(ग) राज्य के अध्यक्ष द्वारा सरकार के अध्यक्ष की नियुक्ति (The head of the state appoints the head of government)—संसदीय प्रणाली में सरकार के अध्यक्ष, प्रधान मंत्री, की नियुक्ति राज्य के अध्यक्ष द्वारा की जाती है। यद्यपि यह नियुक्ति औपचारिक ही होती है, पर होती राज्य के अध्यक्ष के द्वारा ही है। दल व्यवस्था के विकास के कारण संसद में बहुमत दल का नेता ही प्रधान मंत्री के पद पर नियुक्त किया जाता है और ऐसी अवस्था में राज्य का अध्यक्ष नियुक्ति की औपचारिकता ही निभाता है। परन्तु, संसद में किसी दल का स्पष्ट बहुमत न होने पर यह नियुक्ति वास्तविक अर्थों में राज्य के अध्यक्ष के द्वारा की जाती है। संसदीय प्रणाली में सरकार के अध्यक्ष को राज्य का अध्यक्ष ही नियुक्त करता है। परिस्थिति के अनुसार यह औपचारिक या वास्त-विक हो सकती है। जैसे भारत, इंग्लैण्ड, जापान, कनाडा व आस्ट्रेलिया में प्रधान मंत्रियों की नियुक्ति इन राज्यों के अध्यक्षों द्वारा ही होती है।

(घ) सरकार का अध्यक्ष मंत्रिमंडल की रचना करता है (The head of the government appoints the ministry)—मंत्रि मंडल का निर्माण प्रधान मंत्री द्वारा ही किया जाए यह संसदीय प्रणाली की महत्त्वपूर्ण विशेषता है। इससे प्रधान मंत्री व अन्य मंत्रियों में अन्तर स्थापित हो जाता है। जब मंत्रियों की नियुक्ति, जो औपचारिक रूप से राज्य के अध्यक्ष द्वारा होती है, प्रधान मंत्री की इच्छा से होती है तो प्रधान मंत्री मंत्रिमंडल का नेता व निर्माता बन जाता है। इससे मंत्रिमंडल एक टीम का रूप धारण कर लेता है और प्रधान मंत्री इस टीम के सुचारु रूप से कार्य का सूत्रधार बन जाता है। वह मन्त्रिमण्डल का निर्माण करने वाला होने के कारण वही उसकी अध्यक्षता करता है तथा वही उसको भंग करता है। क्योंकि प्रधान मंत्री के त्यागपत्र से मंत्रिमंडल

स्वत ही भंग हो जाता है। मंत्रिमंडल के निर्माता के रूप में प्रधान मंत्री अन्य मंत्रियों से प्रधानता पा जाता है। इसी कारण शासन की सारी शक्तियां प्रधान मंत्री में केन्द्रित हो जाती हैं।

(च) मंत्रिमंडल सामूहिक संस्था होती है (The ministry is a collective body)—संसदीय प्रणाली में मंत्रिमंडल का संयुक्त संस्था के रूप में होना बहुत महत्त्व रखता है। इससे प्रधान मंत्री का अस्तित्व न रहकर मंत्रिमंडल के सदस्य के रूप में ही अस्तित्त्व रहता है। इससे इनका संयुक्त उत्तरदायित्व सम्भव हो जाता है। इसके कारण प्रधान मंत्री शक्ति सम्पन्न ही नहीं बनता बल्कि मंत्रिमंडल का नियंत्रक भी बन जाता है। पीटर मर्कल का कहना है कि "मंत्रिमण्डल ऐसी सामूहिक संस्था है जो एक व्यक्ति की तरह उत्तरदायित्व का हिस्सेदार रहती है।"[6] इसके कारण मंत्रिमण्डल के सदस्य सामूहिक रूप से प्रधान मंत्री के नेतृत्व में कार्य करते हैं। इससे शासन और नीति की एकता कायम रहती है और मंत्रिमंडल एक ठोस संस्था बनकर शक्ति का केन्द्र बिन्दु बन जाता है।

(छ) मंत्रिगण सामान्यतया संसद के सदस्य होते हैं (Ministers are usually members of parliament)—मंत्रियों की संसद की सदस्यता से तात्पर्य यह नहीं है कि सभी मंत्रीगण व्यवस्थापिका के भी सदस्य हों। कोई भी मंत्री संसद का सदस्य होने पर अपने आप व्यवस्थापिका का सदस्य नहीं बन जाता है। परन्तु मंत्रिमंडल का सदस्य होने के कारण वह संसद का अभिन्न अंग हो जाता है और वादविवाद में भाग लेता है और व्यवस्थापिका के प्रति उत्तरदायी रहता है। इसके लिए संसद के हर सदस्य को एक निश्चित अवधि के भीतर व्यवस्थापिका की सदस्यता प्राप्त करनी होती है। भारत में कोई भी व्यक्ति मंत्रिमण्डल में नियुक्त हो सकता है और इस नियुक्ति के होते ही वह संसद का सदस्य बन जाता है पर इससे वह लोकसभा या राज्यसभा का सदस्य नहीं बन जाता है। उसे यह सदस्यता छः माह की अवधि के भीतर-भीतर प्राप्त करनी होती है। अतः छः महीने तक वह व्यवस्थापिका का सदस्य न होते हुए भी मंत्रिमंडल में रह सकता है। इसलिए ही वर्न्ने ने कहा है कि संसदीय प्रणाली में मंत्रिगण सामान्यतया संसद के सदस्य होते हैं।

(ज) कार्यपालिका राजनीतिक दृष्टि से व्यवस्थापिका के प्रति उत्तरदायी होती है (The government is politically responsible to the assembly)—कार्यपालिका का व्यवस्थापिका के प्रति उत्तरदायित्व संसदीय प्रणाली का बहुत महत्वपूर्ण लक्षण है। अर्नस्ट बी० शुल्ज ने ठीक ही कहा है कि "संसदीय सरकार कार्यपालिका के व्यवस्थापिका के प्रति निरन्तर उत्तरदायित्व के सिद्धान्त पर आधारित होती है।" इस व्यवस्था में व्यवस्थापिका को यह अधिकार रहता है कि कार्यपालिका द्वारा उत्तरदायित्व न निभाने पर उसे अविश्वास प्रस्ताव के द्वारा हटा दिया जाए। इसलिए ही कार्टर व

[6]Peter H. Merkl, *Political Continuity and Change,* New York, Harper and Row, 1967, p. 257.

हर्ज का कहना है कि "तकनीकी दृष्टि से संसदीय व्यवस्था कार्यपालिका में 'विश्वास' की संस्था के इर्द-गिर्द चक्कर लगाती है।"[7]

(झ) सरकार का अध्यक्ष राज्य के अध्यक्ष को 'सभा' विघटित करने की सलाह दे सकता है (The head of the government may advice the head of the state to dissolve the assembly) —कार्ल लोवेन्सटीन (Karl Loewenstein) ने इस विशेषता का महत्त्व बताते हुए लिखा है कि "सच्चा संसदवाद 'भंग' करने की धुरी (pivot) के इर्द-गिर्द घूमता है।" व्यवस्थापिका को भंग करा सकने की व्यवस्था दो कारणों से अनिवार्य है। प्रथम तो संसद के दोनों भागों—कार्यपालिका व व्यवस्थापिका, के बीच संघर्ष का समाधान करने के लिए तथा दूसरे, राजनीतिक व्यवस्था में कानूनी सम्प्रभु (legal sovereign) तथा राजनीतिक सम्प्रभु के बीच संघर्ष का हल निकालने के लिए। इन दोनों ही परिस्थितियों में संवैधानिक संकट की अवस्था आ जाती है और प्रधान मंत्री द्वारा व्यवस्थापिका को भंग कराने का निवेदन करने का तात्पर्य संकट के समाधान का जनता को अवसर उपलब्ध कराना है। लोकतान्त्रिक व्यवस्थाओं में ऐसे संवैधानिक संकटों, जिनका सामान्य प्रक्रियाओं से समाधान नहीं हो सकें, जनता द्वारा चुनावों के माध्यम से निपटारा कराया जाता है। इस तरह संसदीय शासन में कार्यपालिका व व्यवस्थापिका को जनता के प्रति उत्तरदायी रखने का यह अन्तिम शस्त्र है। व्यवस्थापिका के विघटन से चुनावों का अवसर आता है जिसमें निर्वाचक, कार्यपालिका व व्यवस्थापिका के बीच संघर्ष के निर्णायक हो जाते हैं। इससे जनता की सम्प्रभुता की स्थापना हो जाती है और शासन को उत्तरदायी बनाए रखने का साधन प्राप्त हो जाता है। चुनावों के द्वारा निर्वाचक सरकार में विश्वास या अविश्वास की अभिव्यक्ति करते हैं। इसलिये संसदीय व्यवस्था को सही अर्थों में उत्तरदायी शासन बनाए रखने के लिए ही भंग करा सकने का अधिकार प्रधान मंत्री को प्रदान किया जाता है।

(ट) संसद इसके संघटक भागों—कार्यपालिका व व्यवस्थापिका से सर्वोच्च रहती है (Parliament is supreme over its constituent parts—the executive and the assembly)—संसदीय व्यवस्थाओं में कार्यपालिका व व्यवस्थापिका के विलयन से एक नई संस्था बनती है जिसे 'संसद' कहते हैं। संसद सुचारु रूप से अपने कार्य सम्पादित कर सके इसके लिए आवश्यक है कि यह उन संघटकों से सर्वोच्च रहे जिनका इसे निर्देशन करना है। इससे इसके निर्माणक भागों—कार्यपालिका व व्यवस्थापिका में न केवल संतुलन स्थापित होता है वरन्, इन दोनों में सहयोग का आधार भी प्रस्तुत होता है। कार्यपालिका को व्यवस्थापिका के समर्थन पर आश्रित रहना होता है और दूसरी तरफ व्यवस्थापिका के जीवन की डोर कार्यपालिका के हाथ में होने के कारण यह उसका नेतृत्व व निर्देशन स्वीकार करने के लिए तत्पर रहती है। इस लक्षण का महत्व स्पष्ट करते हुए वर्ने ने लिखा है कि "समग्र रूप में संसद की इसके संघटक भागों पर सर्वोच्चता की धारणा संसदीय व्यवस्थाओं का विशिष्ट लक्षण है।"[8] संसद की सर्वोच्चता, संसदीय

[7]G. M. Carter and J. H. Herz, *op. cit.*, p. 35.
[8]Dougles V. Verney, *op. cit.*, p. 44.

प्रणालियों की सफलता के लिए अनिवार्य है। इसके कारण तीन महत्त्वपूर्ण लाभ प्राप्त हो जाते हैं—(i) संसद शक्ति का केन्द्र बनी रहती है। (ii) संसद के संघटक भाग जागरूक, अनुक्रियाशील तथा उत्तरदायी रहते हैं। (iii) संसद के संघटक भाग नियंत्रित व संतुलित रहते हैं।

वर्न का कहना है कि "अनेकों संसदीय व्यवस्थाएं इसलिए असफल हो गईं, क्योंकि संसद के संघटक अंगों में से किसी ने सर्वोच्चता का दावा किया तथा संसद समग्ररूप में कार्यपालिका व व्यवस्थापिका से सर्वोच्च नहीं रह सकी।"

(ठ) कार्यपालिका केवल अप्रत्यक्ष रूप से ही निर्वाचकों के प्रति उत्तरदायी रहती है (The executive is only indirectly responsible to the electorate)—संसदीय व्यवस्था में कार्यपालिका आम निर्वाचकों के द्वारा निर्वाचित नहीं होती है। कार्यपालिका का अस्तित्व संसद पर आधारित रहता है इसलिए इसका प्रत्यक्ष उत्तर-दायित्व तो केवल संसद के प्रति ही हो सकता है। यह संसद के माध्यम से अर्थात अप्रत्यक्ष रूप से ही निर्वाचकों के प्रति उत्तरदायी रह सकती है। अगर कार्यपालिका को निर्वाचकों के प्रति प्रत्यक्ष रूप से उत्तरदायित्व बना दिया जाए तो संसद महत्त्वरहित बन जाएगी और सम्पूर्ण संसदीय व्यवस्था व्यवहार में धाराशायी हो जाएगी। वैसे भी निर्वाचकों के प्रति प्रत्यक्ष उत्तरदायित्व केवल चुनावों में ही व्यावहारिक बन सकता है इसी कारण कार्यपालिका का निरंतर उत्तरदायित्व असम्भव हो जाता है। कार्यपालिका निरन्तर उत्तरदायी रहे और उत्तरदायी रखी जा सके इसके लिए ही इसे संसद के प्रति उत्तरदायी रखा जाता है।

(ड) राजनीतिक व्यवस्था में संसद सत्ता का केन्द्र होती है (Parliament is the focus of power in the political system)—राजनीतिक व्यवस्था में कार्यपालिका व व्यवस्थापिका शक्तियों का संसद में विलयन संसद को शक्ति का केन्द्र बना देता है। संसद ही कार्यपालिका व व्यवस्थापिका की निर्देशक, निरीक्षक व नियंत्रक होती है। इन दोनों का अस्तित्व संसद के प्रसाद प्रयत्न ही रहता है। संसदीय प्रणाली में संसद की प्रमुखता को स्पष्ट करते हुए वर्न ने लिखा है कि 'यह वह मंच है जहां राजनीति का नाटक खेला जाता है। यह राष्ट्रीय विचारों का रंगमंच है। यह वह विद्यालय है जहां भावी राजनीतिक नेताओं का प्रशिक्षण होता है।"[9] संसद के महत्व का कारण ही इसमें शक्तियों का केन्द्रण है। निम्नलिखित तथ्यों से उसकी शक्ति सम्पन्नता की पुष्टि होती है—(i) राजनीतिक व्यवस्था में सभी शक्तियों का उद्भव संसद से ही होता है। (ii) सभी शक्तियां संसद द्वारा प्रतिबन्धित व सीमित रहती हैं। (iii) राजनीतिक नीतियों के निर्धारण का मंच भी संसद ही रहती है। (iv) सभी महत्त्वपूर्ण राजनीतिक वाद-विवाद संसद में ही होते हैं। (v) यह सभी शासन गतिविधियों का आधार होती है।

यही कारण है कि संसदीय प्रणालियों में संसद एक ऐसा चक्र बन जाती है जिसके

[9] *Ibid.*, p. 45.

इर्द-गिर्द सम्पूर्ण राजनीतिक व्यवस्था चक्कर लगाती रहती है।

संसदीय प्रणाली की प्रमुख विशेषताओं के विवेचन से स्पष्ट है कि संसदीय प्रणाली में राजनीतिक व्यवस्था का 'ध्रुव' संसद होती है। कार्यपालिका, व्यवस्थापिका व निर्वाचक इसी के माध्यम से सम्पर्कता की अवस्था में लाए जाते हैं। संसदीय प्रणाली में निर्वाचकों, व्यवस्थापिका व कार्यपालिका के सम्बन्धों को चित्र 12.1 में चित्रित किया गया है।

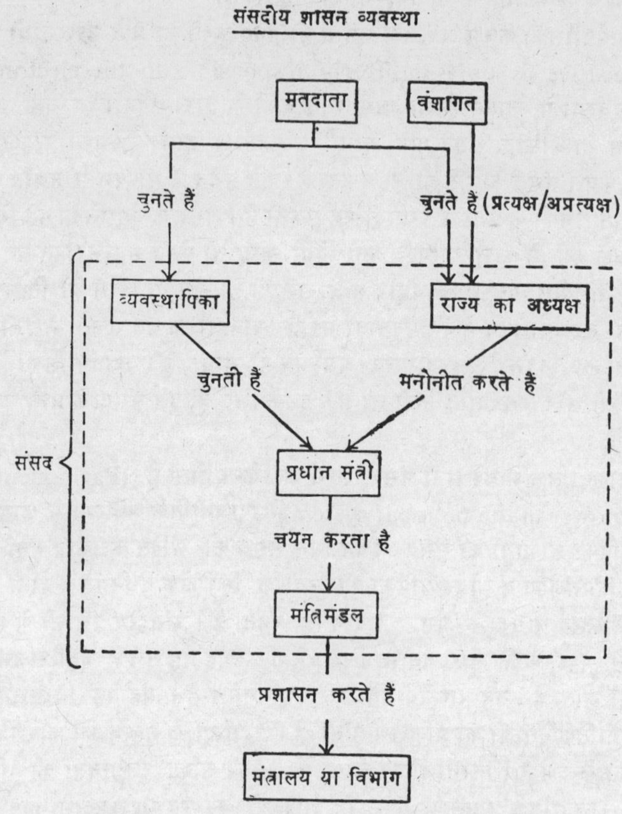

चित्र 12.1. संसदीय व्यवस्था की सामान्य संरचना

चित्र 12.1 अपने आप में स्पष्ट है। संसद में क्या-क्या सम्मिलित होता है इसका संकेत भी इस चित्र से मिल जाता है। व्यवस्थापिका और कार्यपालिका दोनों मिलकर संसद कहलाते हैं तथा संसदीय प्रणाली में न कार्यपालिका का कोई स्वतन्त्र अस्तित्व होता है और न ही व्यवस्थापिका संसद से अलग रहती है।

संसदीय शासन प्रणाली का व्यवहार (Practice of Parliamentary Form of Government)

संसदीय शासन प्रणाली की विशेषताओं के विवेचन से यह स्पष्ट हो जाता है कि यह प्रणाली कुछ आधारभूत विलक्षणताएं परिलक्षित करती है। प्रथम तथ्य है, राजनीतिक व्यवस्था की सम्पूर्ण शक्तियों का संसद में केन्द्रित रहना, दूसरी बात है कार्यपालिका का व्यवस्थापिका के प्रति निरन्तर उत्तरदायित्व तथा तीसरा महत्त्वपूर्ण तथ्य है प्रधान मंत्री मंत्रिमंडल के अभिन्न भाग के रूप में ही शक्तियों का धारक होता है उससे अलग उसका कोई अस्तित्व नहीं होता है। अगर इन तीनों बातों को व्यवहार में देखा जाए तो लगेगा कि शक्तियों का केन्द्र अब संसद केवल सैद्धान्तिक दृष्टि से ही कही जा सकती है। इसी तरह, मंत्रिमंडल का व्यवस्थापिका के प्रति उत्तरदायित्व भी केवल औपचारिकता ही रह गया है। तथा प्रधान मंत्री, मंत्रिमंडल के भाग के रूप में शक्तियों का घातक नही अब मंत्रिमंडल प्रधान मंत्री के हाथों की कठपुतली कहा जा सकता है। अब शक्ति का केन्द्र प्रधान मंत्री बन गया है। इसलिए संसदीय शासन प्रणाली को अब 'प्रधानमंत्रीय' शासन व्यवस्था (Prime-ministerial government) कहना अधिक उपयुक्त माना जाता है। अब संसद की सभी शक्तियां प्रधान मंत्री की इच्छा के अनुसार ही प्रयुक्त होती हैं। वास्तव में दल व्यवस्था के उद्भव के कारण आम चुनावों में मतदान तक प्रधान मंत्री या विरोधी दल के नेता (वैकल्पिक प्रधान मंत्री) के इर्द-गिर्द होने लगा है। जहां द्विदलीय व्यवस्थाएं हैं वहां तो यह बहुत कुछ स्पष्ट रहता है कि प्रधान मन्त्री के पद के दो विकल्पों में से एक का चुनाव करना है परन्तु विकासशील राज्यों में तो यह तथ्य और भी अधिक सत्य बन जाता है क्योंकि इन राज्यों में सामान्यतया प्रधान मन्त्री का विकल्प ही नहीं होता है और वर्तमान प्रधान मन्त्री को ही चुनना या नहीं चुनना होता है। इस रूप में प्रधान मन्त्री एक तरह से जन निर्वाचित सा हो जाता है और इसी कारण वह शक्ति का केन्द्र बन जाता है। शायद इसीलिए रेमजे म्यूर ब्रिटेन के प्रधान मन्त्री को 'निर्वाचित तानाशाह' की[10] संज्ञा देता है।

वास्तव में संसदीय शासन व्यवस्थाओं में संसद के स्थान पर शक्तियों का केन्द्र प्रधान मन्त्री बनता जा रहा है। एकदलीय प्रधान व्यवस्था तथा द्विदलीय व्यवस्थाओं में प्रधान मन्त्री का शक्ति केन्द्र बनना समझ में आता है परन्तु, बहुदलीय व्यवस्थाओं में भी प्रधान मन्त्री जब तक पद पर रहता है तब तक शक्ति का केन्द्र ही बना रहता है। संसदीय व्यवस्थाओं में प्रधान मंत्री में शक्तियों के केन्द्रीकरण को चित्र 12.2 द्वारा समझा जा सकता है।

हर लोकतान्त्रिक व्यवस्था में सम्प्रभु शक्ति नागरिकों में निहित रहती है परन्तु हर क को मताधिकार प्राप्त नहीं होता है। केवल एक निश्चित आयु वाले नागरिक ही मताधिकार रखते हैं। इसलिये वास्तव में राजनीतिक व्यवस्था की शक्ति मतदाताओं में निहित हो जाती है। यह चुनावों में इस शक्ति का हस्तान्तरण अपने प्रतिनिधियों को

[10]Ramsay Muir, *How Britain is Governed*, London, Oxford, 1961, p. 19.

करते हैं। इस प्रकार निर्वाचित प्रतिनिधियों के माध्यम से राजनीतिक शक्ति व्यवस्थापिका में आ जाती है। व्यवस्थापिका की शक्ति बहुमत के आधार पर प्रयुक्त होती है। इसलिए व्यवहार में व्यवस्थापिका की शक्ति का प्रयोग बहुमत दल के द्वारा ही होता है। प्रधान मन्त्री बहुमत दल का नेता होता है। मंत्रिमंडल का निर्माता, अध्यक्ष और

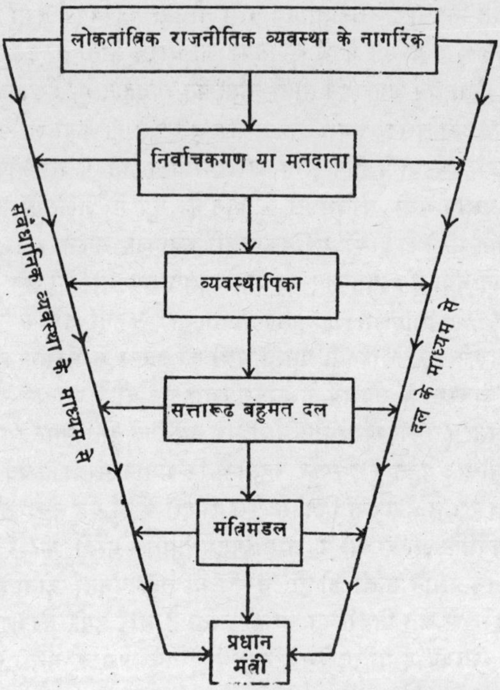

चित्र 12.2. प्रधान मन्त्री में शक्ति केन्द्रीयकरण

विघटनकर्ता होने के कारण प्रधान मन्त्री व्यवहार में मंत्रिमंडल पर छाया रहता है। उपरोक्त चित्र में प्रधान मन्त्री में शक्तियों के केन्द्रीकरण के दो और साधन दिखाए गए हैं। एक तो राजनीतिक दल का माध्यम है और दूसरा संवैधानिक व्यवस्था का माध्यम है। संसदीय व्यवस्था की संरचनात्मक व्यवस्था ही ऐसी होती है कि शक्ति प्रधान मंत्री के पद में केन्द्रित हो जाती है। उदाहरण के लिए, 1958 के बाद फ्रांस ने जो प्रतिमान अपनाया है उसमें संसदीय प्रणाली के गौण लक्षण ही हैं इसलिए ऐसा शक्ति केन्द्रीकरण राष्ट्रपति में निहित है। 1958 से पहले बहुदलीय व्यवस्था तथा संवैधानिक व्यवस्थाओं के कारण शक्ति प्रधान मंत्री में केन्द्रित नहीं थी अन्यथा ब्रिटेन, कनाडा, आस्ट्रेलिया, जापान, भारत व श्रीलंका में सारी शक्तियों का प्रधान मन्त्री में केन्द्रीकरण पाया जाता है।

यहां पर यह ध्यान रखना आवश्यक है कि प्रधान मन्त्री में शक्ति का केन्द्रीयकरण बहुत कुछ दल के माध्यम से होता है। संवैधानिक व्यवस्थाएं शक्ति-केन्द्रीयकरण का केवल आधार ही प्रस्तुत करती हैं। इसलिए प्रधान मन्त्री में शक्ति का केन्द्रीयकरण सहमति के तथ्य से ही वास्तविक बनता है और प्रधान मन्त्री के तानाशाह बनने से बचाव की ठोस व्यवस्था करता है। अन्ततः प्रधान मन्त्री दल से अलग कुछ भी नहीं रहता है। अतः दल ही प्रधान मन्त्री को शक्तियुक्त बनाने का आधार प्रस्तुत करता है तथा दल ही उस पर प्रभावशाली नियंत्रण लगाने का कार्य करता है। वैसे कार्यपालिकाओं के बढ़ते हुए महत्त्व के कारण भी प्रधान मन्त्री की शक्तियों में सर्वत्र वृद्धि हुई है तथा इसका विस्तार से अध्याय पन्द्रह में विवेचन किया गया है इसलिए यहां इतना कहना ही काफी होगा कि सब जगह कार्यपालिकाओं की भूमिका व शक्तियों में वृद्धि, प्रधान मन्त्री को भी अधिक शक्ति सम्पन्न बना देती है।

संसदीय प्रणाली के व्यवहार के विवेचन में हमने यह समझने का प्रयास किया है कि किस प्रकार इस व्यवस्था में शासन की सभी शक्तियां प्रधान मंत्री के पद में केन्द्रीकृत हो जाती हैं। परन्तु इसका यह अर्थ नहीं है कि प्रधान मंत्री सब कुछ करने की स्थिति में आ जाता है। सही बात तो यह है कि प्रधान मंत्री बहुत कुछ नियंत्रित रहता है। क्योंकि संसदीय व्यवस्था में 'कठोर नियन्त्रण में संकेन्द्रित सत्ता का सिद्धान्त' (principle of concentrated authority under strict control) अपनाया जाता है। राजनीतिक व्यवस्था में शक्ति संकेन्द्रित रहती है अर्थात संसद शक्ति का केन्द्र होती है पर व्यवहार में संसद की शक्तियों का प्रयोग प्रधान मंत्री करता है और उस पर कठोर नियन्त्रण दल द्वारा लगे रहते हैं।

संसदीय प्रणाली का व्यवहार कई कारकों से प्रभावित होता है। इन कारकों के कारण संसदीय प्रणाली का अलग-अलग राज्यों में व्यवहार भी कुछ भिन्न बन जाता है। किसी राजनीतिक व्यवस्था में संसदीय प्रणाली के सभी लक्षण होने पर भी उसमें अन्य संसदीय शासन प्रणालियों से व्यवहार में भिन्नता का स्पष्टीकरण इन्हीं कारकों के आधार पर किया जा सकता है। संक्षेप में यह कारक निम्नलिखित हैं—(i) दलीय व्यवस्था की प्रकृति। (ii) राज्य के अध्यक्ष की निर्वाचन प्रणाली। (iii) राज्य के अध्यक्ष की राजनीतिक तटस्थता या इसका अभाव। (iv) संसद की संवैधानिक अवस्था। (v) स्पीकर की निष्पक्षता या इसका अभाव। (vi) संसद के संघटक भागों का आपसी सम्बन्ध। (vii) प्रधान मन्त्री का व्यक्तित्व। (viii) जनसाधारण की राजनीतिक जागरूकता या इसका अभाव। (ix) राजनीतिक विकास का स्तर। (x) राजनीतिक संस्कृति की प्रकृति।

संसदीय प्रणाली और दल व्यवस्था का सावयवी सम्बन्ध है। एकदलीय प्रधान व्यवस्था में संसदीय प्रणाली का व्यवहार द्विदलीय व्यवस्था वाले राज्य से भिन्न हो जाता है, जैसे भारत व ब्रिटेन के उदाहरणों से स्पष्ट है। फ्रांस में बहुदलीय व्यवस्था के कारण ही चतुर्थ गणतन्त्र के अल्पकाल में (1946-1958) प्रधान मन्त्रियों की आए दिन अदला-बदली होती रही थी तथा बारह वर्ष के अल्पकाल में 24 बार मन्त्रिमण्डल विघटित

हुए थे। सोवियत रूस में एकदलीय व्यवस्था होने के कारण ही उसे व्यवहार में संसदीय शासन ही नहीं माना जाता है।

राज्य के अध्यक्ष की निर्वाचन प्रणाली भी संसदीय शासन प्रणाली के व्यवहार को प्रभावित करती है। संसदीय शासन में राज्य का अध्यक्ष केवल नाम मात्र की शक्ति का धारक होना चाहिये इसलिए ही उसके निर्वाचन की अप्रत्यक्ष विधि अपनाई जाती है। प्रत्यक्ष चुनाव, राज्य के अध्यक्ष को व्यवहार में नाममात्र का नहीं रहने देता है। यह संसदीय प्रणाली की भावना के प्रतिकूल जाता है। राज्य का अध्यक्ष किसी के प्रति उत्तर-दायी नहीं होता है इसलिए उसकी स्थिति नाममात्र के अध्यक्ष ही की होनी आवश्यक है। फ्रांस में 1962 के संवैधानिक संशोधन के बाद राष्ट्रपति का प्रत्यक्ष चुनाव, राज्य के अध्यक्ष की शक्तियों में और वृद्धि करने वाला कारण बन गया है। इस कारण फ्रांस की राजनीतिक व्यवस्था को संसदीय नहीं माना जाता है। राज्य का अध्यक्ष वंशागत (hereditary) होने पर शायद अधिक ध्वजमात्र (titular) हो जाता है।

जिस राज्य में, राज्य का अध्यक्ष राजनीतिक दृष्टि से तटस्थ होता है उस व्यवस्था में संसदीय प्रणाली का व्यवहार उस राज्य से भिन्न हो जाता है जहां वह तटस्थ नहीं होता है। संसदीय प्रणाली एक ऐसा राजनीतिक खेल है जिसमें सत्तारूढ़ दल व विपक्षी दल दो टीमें होती हैं। यह टीमें नियमों के अनुसार राजनीतिक खेल खेल सकें इसके लिए एक तटस्थ निर्णायक (umpire) या 'रेफरी' आवश्यक होता है। राज्य का अध्यक्ष ही संसदीय खेल का 'अम्पायर' होता है। अत: उसकी तटस्थता या इसका अभाव संसदीय प्रणाली के व्यवहार को बहुत कुछ भिन्न प्रकार का बना देता है।

संसद की संवैधानिक स्थिति भी संसदीय प्रणाली के व्यवहार को प्रभावित करती है। ब्रिटेन में संसद सर्वोच्च है जबकि भारत में यह सर्वोच्चता कुछ यही कारण है कि दोनों राज्यों में संसदीय प्रणाली का व्यवहार भिन्नता रखता है। इसी प्रकार, स्पीकर की तटस्थता, संसद के संघटक भागों का आपसी सम्बन्ध भी संसदीय प्रणाली के व्यवहार को प्रभावित करता है। संसद के संघटक भागों में से किसी की सर्वो-परिता या अधीनता से दोनों में सन्तुलन नहीं रह पाता है। फ्रांस में चतुर्थ गणतन्त्र का काल व्यवस्थापिका की प्रधानता का काल था और इस कारण संसदीय प्रणाली व्यवहार में बहुत अधिक असफल हो गई, क्योंकि कार्यपालिका को आए दिन हटाया जाता रहा। उपरोक्त कारकों के अलावा प्रधान मन्त्री का व्यक्तित्व, जनसाधारण की राजनीतिक जागरुकता, राजनीतिक विकास का स्तर तथा राजनीतिक संस्कृति की प्रकृति भी संसदीय प्रणालियों के व्यवहार को प्रभावित करता है। एक व्यक्ति के प्रधान मन्त्री होने पर संसदीय प्रणाली का व्यवहार एक प्रकार का होता है तो दूसरे व्यक्ति के आने पर उसमें परिवर्तन सम्भव है। भारत के प्रधान मन्त्री जवाहरलाल नेहरू व लाल बहादुर शास्त्री के व्यक्तित्वों से इस तथ्य का स्पष्टीकरण किया जा सकता है। इस विवेचन के बाद शायद यह कहना सम्भव हो जाता है कि संसदीय प्रणाली की सफलता के लिए कुछ शर्तें पूरी होना आवश्यक है।

संसदीय शासन की सफलता की आवश्यक शर्तें (Essential Conditions for Success of Parliamentary System)

संसदीय शासन की सफलता की आवश्यक शर्तों की सूची बनाना सम्भव नहीं है परन्तु कुछ राजनीतिक व्यवस्थाओं में संसदीय शासन का सुचारू रूप से चलना यह प्रश्न उत्पन्न करता है कि संसदीय प्रणाली क्यों कुछ राजनीतिक व्यवस्थाओं में सुचारू रूप से संचालित हो पाती है तथा कुछ में यह नहीं चल पाती ? इससे कुछ ऐसी सामान्य परमावश्यकतों का संकेत ही दिया जा सकता है जो संसदीय प्रणाली की सुचारुता में अधिक सक्रिय पाई जाती हैं। इनमें से कुछ इस प्रकार हैं—

(1) प्रतियोगी दल व्यवस्था।
(2) राज्य के अध्यक्ष की ध्वजमात्रता।
(3) राज्य के अध्यक्ष की तटस्थता।
(4) स्पीकर की निष्पक्षता।
(5) संसद की सर्वोच्चता।
(6) नियतकालिक चुनाव।

उपरोक्त सभी बातों को लेकर पक्ष व विपक्ष में तर्क किए जाते रहे हैं। अनेक विचारक इस बात पर अवश्य सहमत हैं कि संसदीय प्रणाली की सुचारुता के लिए कुछ शर्तें अनिवार्यतः पूरी होनी चाहिए पर हर एक विचारक की शर्तों की सूची बहुत कुछ भिन्नताएं रखती है। यहां केवल उन्हीं परमावश्यकताओं का उल्लेख किया गया है जिन पर अधिकांश विचारक सहमत हैं। इन शर्तों के संक्षिप्त विवेचन से संसदीय प्रणाली की सुचारुता में इनकी भूमिका का महत्त्व स्पष्ट हो जाएगा।

संसदीय व्यवस्था उन्हीं राजनीतिक व्यवस्थाओं में सन्तोषजनक ढंग से कार्य कर पाती है जहां प्रतियोगी दल व्यवस्था हो। प्रतियोगी दल व्यवस्था से यहां तात्पर्य उस दल व्यवस्था से है जिसमें दल वास्तव में प्रतियोगी हो अर्थात चुनावों में दलों का मुकावला वराबरी का हो। जैसे ब्रिटेन में राजनीतिक दल सही अर्थों में प्रतियोगी कहे जा सकते हैं जबकि भारत में ऐसा कहना कठिन होगा। ऐसी दल व्यवस्था का अर्थ द्विदलीय व्यवस्था से नहीं है। इसका अर्थ तो यही है कि सत्तारूढ़ दल चुनावों में विजयी हो भी सकता है और नहीं भी। जैसे श्रीलंका में अब तक हुए सात आम चुनावों में सत्तारूढ़ दल का हर बार हार जाना यहां की दल व्यवस्था को प्रतियोगी दल व्यवस्था बना देता है। यहां यह ध्यान रखना है कि संसदीय प्रणाली के सुचारु संचालन के लिए द्विदलीय व्यवस्था की अनिवार्यता पर मतभेद है तथा अब अधिकतर विद्वान यह मानने लगे हैं कि संसदीय व्यवस्था के सुचारु संचालन के लिए सही अर्थों में प्रतियोगी दल व्यवस्था आवश्यक है न कि द्विदलीय व्यवस्था। जापान, कनाडा व आस्ट्रेलिया में संसदीय प्रणालियों की सफलता इसी आधार पर स्पष्ट की जा सकती है। जिस राजनीतिक व्यवस्था में प्रतियोगी दल व्यवस्था नहीं होती है वहां संसदीय सरकार उत्तरदायी नहीं रह पाती है। प्रतियोगी दल व्यवस्था में राजनीतिक दलों की भूमिकाएं पलटने की अवस्था रहती है तथा सत्ता-रूढ दल को यह भय कि उसको चुनावों में हारना पड़ सकता है, उसे उत्तरदायी तथा

जनता की आकांक्षाओं के प्रति जागरूक रखने के लिए पर्याप्त रहता है। अतः संसदीय प्रणाली के सुचारु संचालन के लिए प्रतियोगी दल व्यवस्था आवश्यक ही नहीं अनिवार्य मानी जा सकती है।

संसदीय शासन उत्तरदायित्व के सिद्धान्त पर आधारित होता है। हर कार्य के लिए कार्यपालिका को उत्तरदायित्व निभाना होता है तथा उत्तरदायित्व नहीं निभाने की अवस्था में कार्यपालिका को पद से हटाने की व्यवस्था संसदीय प्रणाली का मूल मन्त्र है। यह उत्तरदायित्व वही निभा सकता है जिसके पास सत्ता हो। ऐसा कहा जाता है कि उत्तरदायित्व और अधिकार साथ-साथ रहने पर ही वास्तविक बन सकते हैं। संसदीय व्यवस्थाओं में उत्तरदायित्व प्रधान मन्त्री व मन्त्रिमण्डल का रहता है इसलिए सम्पूर्ण शक्तियां भी इन्हीं में निहित होनी चाहिए। यह तभी हो सकता है जब कि राज्य का अध्यक्ष केवल ध्वजमात्र हो। अगर वह ध्वजमात्र नहीं होगा तो उसके द्वारा उपयोग की गई शक्तियों के लिए प्रधान मन्त्री व मन्त्रिमण्डल उत्तरदायी नहीं रह सकेगा जो संसदीय प्रणाली की भावना का ही विलोम होगा। यही कारण है कि फ्रांस में पांचवें गणतन्त्र के संविधान द्वारा राज्य के अध्यक्ष—राष्ट्रपति को अनेक वास्तविक शक्तियां प्रदान करके इस व्यवस्था को संसदीय शासन के स्थान पर अध्यक्षात्मक व्यवस्था के अनुरूप बना दिया गया है। अतः संसदीय प्रणाली में राज्य के अध्यक्ष की ध्वजमात्रता की अवस्था में ही शासन सुचारु रूप से संचालित हो सकता है।

संसदीय शासन व्यवस्था एक खेल के समान है। इसमें सत्तारूढ़ दल व विपक्षी दल रूपी दो टीमें होती हैं। यह टीमें संवैधानिक नियमों के अनुसार राजनीतिक खेल में सम्मिलित हो सकें इसके लिए एक निष्पक्ष व तटस्थ निर्णायक (umpire) या रेफरी आवश्यक होता है। राज्य के अध्यक्ष की व्यवस्था ही संसदीय खेल के अम्पायर के रूप में की जाती है। वह यह भूमिका तभी निभा सकता है जबकि वह दोनों टीमों रूपी दलों में से किसी के साथ सम्बद्ध न हो तथा तटस्थ रहे। राज्य के अध्यक्ष की तटस्थता के अभाव में संसदीय खेल के नियम ठीक ढंग से लागू नहीं हो सकते और अन्ततः राजनीतिक खेल का खेलना ही असम्भव हो जाता है। अतः संसदीय प्रणाली में राज्य के अध्यक्ष की राजनीतिक तटस्थता बहुत जरूरी है। ब्रिटेन में वंशागत सम्राट या सम्राज्ञी, परम्परागत रूढ़िवादिता के बावजूद, राजनीतिक दृष्टि से तटस्थ रहने के कारण संसदीय शासन की सुचारुता के अत्यधिक महत्त्वपूर्ण प्रेरक बने रहते हैं। भारत में 1969 के बाद शायद राज्य के अध्यक्ष की स्थिति तटस्थता की नहीं कही जा सकती और इसका सीधा प्रभाव संसदीय प्रणाली के व्यवहार पर पड़ता हुआ दिखाई देता है।

संसदीय शासन प्रणाली में संसद शक्ति का केन्द्र होता है। इसके रंगमंच पर ही राजनीति का नाटक खेला जाता है। यहीं नीति सम्बन्धी निर्णय लिए जाते हैं। इसी के माध्यम से कार्यपालिकाओं को उत्तरदायी और जनहित का पोषक रखा जाता है। यहीं कानूनों का औपचारिक व वैध पारण होता है। संसद की कार्यविधि, कुछ नियमों के आधार पर ही संचालित होती है, अतः इन नियमों का संसद में सख्ती से पालन होने पर ही संसद अपने उत्तरदायित्वों को भलीभांति निभा सकती है। इन नियमों को निष्पक्ष

रूप से लागू करने व आवश्यकता पड़ने पर उनकी व्याख्या करने की व्यवस्था, 'स्पीकर' के पद का गठन करके की जाती है। इस प्रकार, संसदीय शासन का राजनीतिक खेल संसद के भीतर भी नियमपूर्वक खेला जा सके इसके लिए एक निष्पक्ष 'स्पीकर' या अध्यक्ष आवश्यक होता है। 'स्पीकर' की निष्पक्षता के अभाव में सब प्रकार के कानूनी व औपचारिक बन्धनों से उन्मुक्त (immune) विधायक, संसद की कार्यवाही में अटल रोक बनकर संसद को अपंग बना सकता है। इतिहास इस बात का साक्षी है कि अनेक संसदीय व्यवस्थाएं संसद से अध्यक्ष की पक्षपातपूर्ण भूमिका के कारण लड़खड़ाती रही हैं। संसदों में गतिरोध उत्पन्न हुए हैं तथा धरने व सत्याग्रह तक के मार्ग विधायकों द्वारा अपनाए जाते रहे हैं। स्पीकर की निष्पक्षता वास्तव में संसदीय शासन प्रणाली में, संसद को राजनीतिक विवाद का मंच बनाए रखने के लिए अनिवार्य है।

संसद की सर्वोच्चता ही संसद के संघटक भागों—कार्यपालिका व व्यवस्थापिका को नियन्त्रित व सन्तुलित रख सकती है। संसदीय शासन प्रणाली में कार्यपालिका व व्यवस्थापिका के विलयन से एक नई संरचना होती है जिसे संसद कहते हैं। संसद सुचारु रूप से अपने दायित्व पूरे कर सके इसके लिए आवश्यक है कि यह उन संघटकों से सर्वोच्च रहे जिनका इसे निर्देशन करना है। इससे इसके निर्माणक भागों—कार्यपालिका व व्यवस्थापिका, में न केवल सन्तुलन स्थापित होता है अपितु इन दोनों में सहयोग का आधार भी प्रस्तुत होता है। कार्यपालिका को व्यवस्थापिका के समर्थन पर आश्रित रहने और दूसरी तरफ व्यवस्थापिका के जीवन की डोर कार्यपालिका के हाथ में होने के कारण यह उसका नेतृत्व व निर्देशन स्वीकार करने के लिए तत्पर हो जाती है। किन्तु संसद की सर्वोच्चता के अभाव में कार्यपालिका व व्यवस्थापिका में से हर एक एक-दूसरे पर हावी होने लगता है और संसदीय व्यवस्था टूट जाती है। डी० वी० वर्नें ने ठीक ही लिखा है कि "अनेक संसदीय व्यवस्थाएं इसलिए असफल हो गईं क्योंकि संसद के संघटक अंगों में से किसी ने सर्वोच्चता का दावा किया तथा संसद समग्र रूप में कार्यपालिका व व्यवस्थापिका से सर्वोच्च नहीं रह सकी।" फ्रांस में संसदीय व्यवस्था 1946 से 1956 तक इसी कारण से डावांडोल होती रही थी।

शासन शक्ति के धारक जनता की आकांक्षाओं व आवश्यकताओं के प्रति अनुक्रियाशील रहें इतना ही काफी नहीं होता है। समय के साथ-साथ आवश्यकताएं भी परिवर्तित होती हैं और सरकार बदली हुई परिस्थितियों में जनता का समर्थन रखती है अथवा नहीं इसके लिए निश्चित अवधि के बाद जनता को अपने मत की अभिव्यक्ति का अवसर मिलना चाहिए। चुनाव ही एक ऐसा साधन है जिससे जनता, सरकार में अपने विश्वास या अविश्वास को अभिव्यक्त करती है। नियतकालिक चुनावों की व्यवस्था के द्वारा ही सरकार को उत्तरदायी रखने का अवसर मिलता है। संसदीय सरकार की वैधता को मापने का माध्यम चुनाव ही प्रस्तुत करते हैं। इसलिए एक निश्चित अवधि के बाद चुनावों का होना संसदीय प्रणाली को सुचारु रूप से चलाने में सहायक है। यहां यह नहीं भूलना है कि लोकतान्त्रिक व्यवस्थाओं में सत्तारूढ़ दल के अलावा विपक्षी दल भी होते हैं। एक निश्चित अवधि के बाद इन्हें सत्ता में आने का अवसर नहीं दिया गया तो यह

रचनात्मक नहीं रह पाएंगे। समय-समय पर आम चुनाव सरकार को भी सजग रखते हैं तथा जनता को अपनी प्रभुसत्ता का प्रकाशन करने का अवसर प्रदान करते हैं। इसलिए ही भारत और श्रीलंका में विरोधी पक्ष के दलों के नेताओं ने प्रधान मंत्री से बार-बार यह जानने का प्रयास किया है कि चुनाव 1977 में ही कराए जाएंगे या नहीं। भारत में चुनावों को स्थगित करके अचानक कराने की घोषणा का सभी ने इसी कारण स्वागत किया है। इससे स्पष्ट है कि संसदीय प्रणाली में नियतकालीन चुनावों की व्यवस्था सरकार की मनमानी पर प्रभावशाली व ठोस नियंत्रणों की स्थापना के लिए जरूरी है।

उपरोक्त विवेचन से यह स्पष्ट है कि संसदीय प्रणाली की सफलता दलीय व्यवस्था की प्रकृति से बहुत कुछ नियमित होती है। हर प्रकार की दल व्यवस्था में इसकी कार्य-विधि एक समान नहीं रहती है। रॉबर्ट सी० बोन का कहना है कि "संसदीय संरचना किस प्रकार कार्य करेगी, इसके निर्धारण में दल व्यवस्था का प्रचार एक प्रभावशाली कारक है, क्योंकि एक तरफ तो यह प्रधान मंत्री व मंत्रिमण्डल की भूमिका तथा दूसरी तरफ व्यवस्थापिका के स्थान का निरूपण करता है।"[11] इसलिए विभिन्न प्रकार की दल व्यवस्थाओं में संसदीय प्रणाली की संरचनात्मक व्यवस्था के विभिन्न भागों में परस्पर सम्बन्धों का दल व्यवस्था द्वारा निरूपण समझना उपयोगी कहा जा सकता है। संक्षेप में हम चार प्रकार की दलीय व्यवस्थाओं में इसका विवेचन करेंगे।

संसदीय संरचना व दल व्यवस्थाएं (Parliamentary Structure and Party Systems)

संसदीय संरचनाओं के व्यवहार तथा इनकी सफलता की आवश्यक शर्तों के विवेचन से यह स्पष्ट हो जाता है कि संसदीय शासन व दल-व्यवस्था का घनिष्ठ सम्बन्ध है। दल व्यवस्था की प्रकृति से संसदीय व्यवस्था का सम्पूर्ण संरचनात्मक ढांचा प्रभावित ही नहीं होता, वरन उसकी सफलता या प्रभावहीनता भी निरूपित होती है। इसलिए संसदीय संरचना को अलग-अलग दल व्यवस्था में देखकर यह निष्कर्ष निकालने का प्रयास किया जा सकता है कि दल व्यवस्था, इसके कार्यरूप का कहां तक नियामक है।

(क) वैकल्पिक बहुमत दल व्यवस्था में संसदीय संरचना (Parliamentary structure in alternating-majority party system)—वैकल्पिक बहुमत दल व्यवस्था में प्रधान मन्त्री व मन्त्रिमण्डल व्यवस्थापिका के बहुमत को पूर्ण रूप से नियंत्रित रखने की अवस्था में होते हैं। इस प्रकार की दल व्यवस्था में सरकारी संरचनाओं में विभिन्न तत्त्वों (अवयव या भाग) की सापेक्ष अवस्थाओं को चित्र 12.3 द्वारा समझा जा सकता है।

वैकल्पिक बहुमत दल व्यवस्था में राज्य के अध्यक्ष को प्रधान मन्त्री की नियुक्ति में किसी भी प्रकार का विवेक नहीं रहता है इसलिए चित्र 12.3 में राज्य के अध्यक्ष की

[11]Robert C. Bone, *Action and Organization: An Introduction to Contemporary Political Science*, London, Harper and Row, 1972, p. 325.

प्रधान मन्त्री को नियुक्त करने की शक्ति के प्रदर्शक तीर (arrow) को ठोस रेखा द्वारा काट दिया गया है। इससे यह तात्पर्य है कि राज्य का अध्यक्ष यह नियुक्ति केवल औपचारिक रूप में ही करता है। यही बात मन्त्रिमण्डल की नियुक्ति के सम्बन्ध में सही है। चित्र में प्रधान मन्त्री, व्यवस्थापिका तथा मन्त्रिमण्डल को दो तरफा तीरों से दिखाने का तात्पर्य यह है कि प्रधान मन्त्री चाहे कितना ही प्रभावशाली क्यों न हो उसे संसदीय दल से बराबर सम्पर्क रखना ही होता है, क्योंकि इसी के समर्थन से प्रधान मन्त्री की शक्तियां व प्रभाव रहता है। इसी प्रकार प्रधान मन्त्री का मन्त्रिमण्डल के साथ भी दो तरफा सम्बन्ध होता है। दल के नेताओं के समर्थन पर ही प्रधान मन्त्री को व्यवस्थापिका में अपने दल प्रतिनिधियों का समर्थन मिलता है। मन्त्रिमण्डल इसी कारण प्रधान मन्त्री

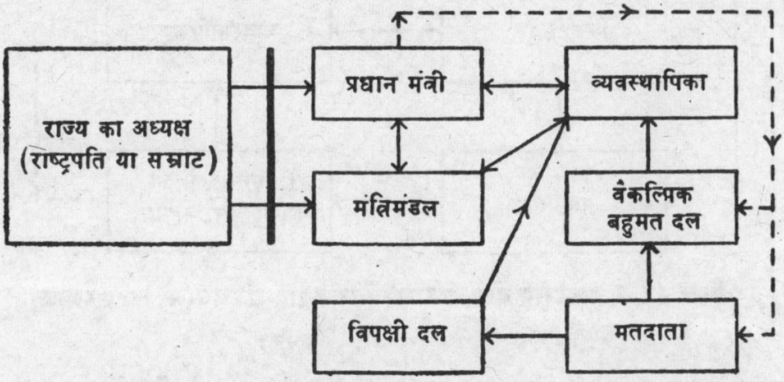

चित्र 12.3. वैकल्पिक बहुमत दल व्यवस्था में संसदीय संरचनाओं का सम्बन्ध

व व्यवस्थापिका में अपने दल के सदस्यों से सम्पर्कता रखने को मजबूर रहता है। प्रधान मन्त्री का अपने दल व अन्तत: मतदाताओं से भी सीधा सम्पर्क इस चित्र में दिखाया गया है। प्रधान मन्त्री इसके लिए व्यवस्थापिका में अपने दल के सदस्यों का उपयोग करते हैं तथा उसका इनसे सम्पर्क बहुत कुछ सीधा होते हुए भी उस तरह का नहीं होता जैसा व्यवस्थापिका व मन्त्रिमण्डल के साथ होता है इसलिए ही सम्पर्कता को बिन्दुकृत रेखा से दर्शाया गया है। संसदीय संरचना का उपरोक्त चित्र प्रधान मन्त्री की केन्द्रीय स्थिति का स्पष्टीकरण करता है। अन्य सभी संस्थाएं इसके नियन्त्रण व निर्देशन में आ जाती हैं क्योंकि वैकल्पिक बहुमत दल व्यवस्था में हमेशा ही प्रधान मन्त्री को व्यवस्थापिका के बहुमत का समर्थन प्राप्त रहता है।

(ख) खण्डमय दल व्यवस्था में संसदीय संरचना (Parliamentary structure in fragmented party system)—खण्डमय दल व्यवस्था (बहुदलीय व्यवस्था) में संसदीय संरचना विशेष प्रकार की होती है। इसमें प्रधान मन्त्री व मन्त्रिमण्डल न तो व्यवस्थापिका में बहुमत के नियन्त्रक हो सकते हैं और न ही मतदाताओं से सम्पर्कता का ठोस साधन रखते हैं। इस प्रकार की दल व्यवस्था में सरकारी संरचनाओं के विभिन्न

भागों की सापेक्ष अवस्थाओं (relative positions) को चित्र 12.4 द्वारा स्पष्ट किया जा सकता है।

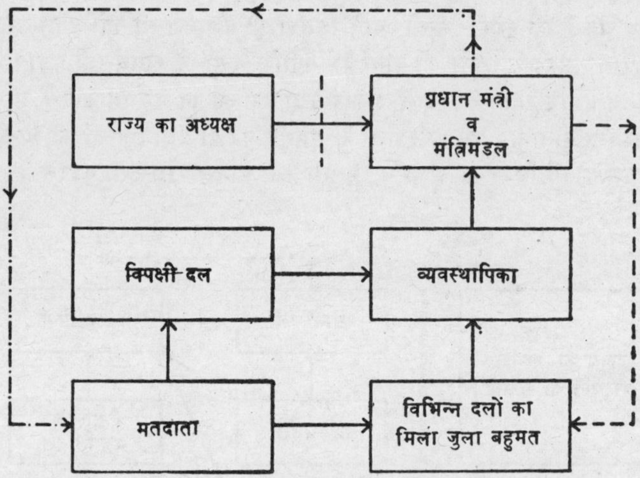

चित्र 12.4. खण्डमय दल व्यवस्था में संसदीय संरचनाओं का सम्बन्ध

खण्डमय दल व्यवस्था में प्रधान मन्त्री व मन्त्रिमण्डल के निर्माण में राज्य के अध्यक्ष का बहुत कुछ विवेक हो सकता है इसलिए ही चित्र में राज्य के अध्यक्ष की इस शक्ति में रोक को बिन्दुकृत रेखा से काटा गया है। बिन्दुकृत रेखा से काटना यह संकेत भी देता है कि कभी-कभी विभिन्न दल ठोस समझौता करके राज्य के अध्यक्ष के सामने प्रधान मन्त्री का केवल एक ही विकल्प ला देते हैं। उस अवस्था में प्रधान मन्त्री व मन्त्रि-मण्डल की नियुक्ति केवल औपचारिकता रह जाती है। इस चित्र से स्पष्ट है कि प्रधान मन्त्री व मन्त्रिमण्डल व्यवस्थापिका में बहुमत से कोई सम्पर्कता नहीं रखते। उनका सम्पर्क विभिन्न दलों, जिन्होंने मिली-जुली सरकार बनाने का समझौता किया है, से ही रहता है और उन दलों के माध्यम से यह व्यवस्थापिका तक पहुंच प्राप्त करते हैं। मतदाताओं से प्रधान मन्त्री का सम्पर्क वैकल्पिक बहुमत दल व्यवस्था का सा भी नहीं होता है। वह जनता का नेता नहीं होता है। निष्कर्ष में यह कहना गलत नहीं होगा कि खण्डमय दल व्यवस्था, संसदीय सरकार के संरचनात्मक ढांचे में शक्ति का केन्द्रीकरण रोकती है।

ऐसी दलीय व्यवस्था में विविध दल दो तरह की प्रकृति रख सकते हैं। प्रथम में सभी दल एक दूसरे के प्रतियोगी होते हैं। इस प्रकार की राजनीतिक संस्कृति वाली बहुदलीय व्यवस्था में मिली-जुली सरकारें कठोर सौदेबाजी द्वारा स्वीकार किए गये एक से कार्यक्रम के कारण ठोस रूप ले लेती हैं और प्रधान मन्त्री व मन्त्रिमण्डल वैकल्पिक बहुमत दल

व्यवस्था जैसी ही दक्ष कार्यक्षमता प्राप्त कर लेता है। नीदरलैण्ड, डेनमार्क, स्विट्जरलैण्ड और आइसलेण्ड ऐसे ही राज्यों के उदाहरण हैं जहां खण्डमय दल व्यवस्था के विभिन्न दल प्रतियोगी ही होते हैं। दूसरे में सभी दल विचारधारा के विरोध से एक-दूसरे के प्रतिद्वन्द्वी व वैचारिक दुश्मन हो जाते हैं। ऐसी अवस्था वाली बहुदलीय व्यवस्था में सभी संसदीय संरचनाएं गतिरोधित होकर रह जाती हैं, क्योंकि ऐसी मिली जुली सरकारों के गठन के पीछे दलों का मन्तव्य, साथी दल को समाप्त करने का ही रहता है। यह दल कार्यक्रम पर सहमत नहीं हो सकते हैं। इनका कोई एक-सा कार्यक्रम हो ही नहीं सकता, क्योंकि इनमें आधारभूत मसलों पर गम्भीर वैचारिक मतभेद होता है। फ्रांस की दल व्यवस्था की ऐसी ही स्थिति है। यहां के दलों में मौलिक विचारधाराओं के मतभेद तो हैं ही। हर दल अपने आप में प्रतिद्वन्द्वी गुटों का पिटारा मात्र ही दिखाई देता है। यही कारण है कि फ्रांस में तीसरे गणतन्त्र (1871-1940) व चौथे गणतन्त्र (1946-1958) के दौरान ब्रिटिश नमूने के संसदीय लोकतन्त्र की स्थापना के बारम्बार किए गए प्रयत्न विफल रहे। यहां 1875 से 1940 के काल में 107 मन्त्रिमण्डल सत्ता में आए और गए तथा 1946 से 1958 के अल्पकाल में 24 मन्त्रिमण्डल बने।

इस सबसे यही स्पष्ट होता है कि खण्डमय दल व्यवस्था में एक-सी राजनीतिक संस्कृति का समन्वयकारी आधार नहीं रहता है। प्रतिपक्षी उप-संस्कृतियों की बहुलता, संसदीय संरचनाओं में खिचाव, तनाव व दबाव उत्पन्न करती है। राजनीतिक व्यवस्था में अस्थिरता आती है और ऊपर विवेचित दूसरे प्रतिमान की अवस्था में तो संरचनात्मक ढांचा ही टूट जाता है। अतः यह दल व्यवस्था, संसदीय व्यवस्था की सुचारुता में असाध्य रुकावटें खड़ी करने का मार्ग प्रशस्त करने वाली कही जा सकती है।

(ग) **अभिभूतक दल व्यवस्था में संसदीय संरचना** (Parliamentary structure in smother party system)—अभिभूतक या गलाघोंटी दल व्यवस्था (एकदलीय प्रभुत्व व्यवस्था) में सत्तारूढ़ दल इतना बहुमत रखता है कि प्रधान मन्त्री व मन्त्रिमण्डल सब प्रकार के बन्धनों से मुक्त से रहते हैं। वैकल्पिक बहुमत दल व्यवस्था में विपक्षी दल के सत्ता में आने की सम्भावना प्रधान मन्त्री को सचेत रखती है तथा उसे अपने दल के विधायकों से निरन्तर सम्पर्क रखना होता है। परन्तु अभिभूतक दल व्यवस्था में सत्तारूढ़ दल इतना अधिक बहुमत रखता है कि विपक्षी दल उसके सामने कोई चुनौती नहीं बन सकते। ऐसी दल व्यवस्था में प्रधान मन्त्री का अस्तित्व दल पर केवल औपचारिक रूप से ही आश्रित रहता है। सत्य तो यह है कि ऐसी व्यवस्थाओं में स्वयं दल प्रधान मन्त्री के चमत्कारिक व्यक्तित्व या उसकी जोड़-तोड़ की क्षमता के कारण बहुत कुछ उस पर आधारित होता है। ऐसी दल व्यवस्था में संसदीय संरचनाओं के विभिन्न भागों को चित्र 12.5 द्वारा समझा जा सकता है।

अभिभूतक दल व्यवस्था में संसदीय संरचनाओं की सापेक्ष अवस्था के चित्र 12.5 में प्रधान मन्त्री शक्ति का केन्द्र दिखाई देता है। राज्य के अध्यक्ष की प्रधान मन्त्री व मन्त्रि-मण्डल की नियुक्ति में नगण्य भूमिका रहती है। इसी तरह व्यवस्थापिका व मन्त्रिमण्डल के नियन्त्रण प्रधान मन्त्री पर नाममात्र के होते हैं। इसलिए इन सभी को बिन्दुकृत रेखा से

दिखाया गया है। यहां तक कि मतदाताओं की अभिभूतक दल को सत्ता में लाने की भूमिका भी नाममात्र की है, क्योंकि अन्य दलों की प्रभावहीनता, जन-सम्पर्क व जन-समर्थन का अभाव उनके सामने अभिभूतक दल का ही एक मात्र विकल्प ला देता है। इसलिए अभिभूतक दल व मतदाताओं में सम्पर्कता भी औपचारिक ही मानी जा सकती है। ऐसी व्यवस्था में प्रधान मन्त्री का जनता से सीधा पर वैकल्पिक बहुमत दल व्यवस्था से कहीं अधिक सम्पर्क होता है। जनता का प्रधान मन्त्री को पूर्ण समर्थन इसलिए ही

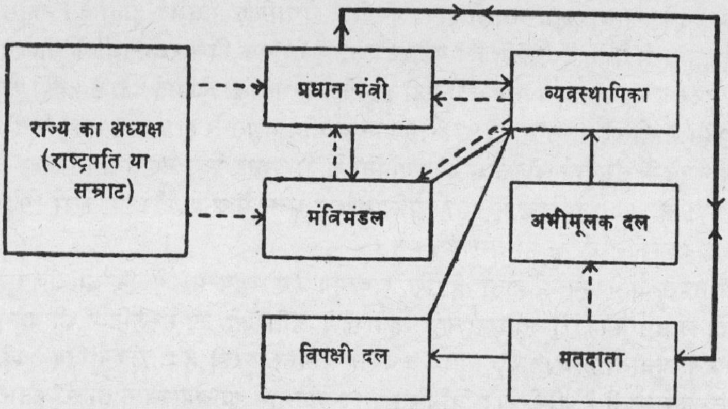

चित्र 12.5. अभिभूतक दल व्यवस्था में संसदीय संरचनाओं का सम्बन्ध

उपरोक्त चित्र में गहरी रेखा से दिखाया गया है। ऐसी दलीय व्यवस्था में प्रधान मन्त्री व मतदाताओं में दो तरफा और वास्तविक आश्रितता होती है। भारत में ऐसी ही दल व्यवस्था है। यहां मतदाता व प्रधान मन्त्री का विशेष सम्बन्ध है। इस कारण, मन्त्रि-मण्डल अभिभूतक दल व राज्य का अध्यक्ष और व्यवस्थापिका में से कोई भी उसको नियन्त्रित नहीं कर सकता है। प्रधान मन्त्री के सभी कार्य सीधे जनता को सम्बोधित रहते हैं। इस प्रकार अभिभूतक दल व्यवस्था में संसदीय संरचनाओं की सापेक्ष स्थिति बहुत ही विशिष्टता वाली कही जा सकती है।

(घ) आदेशक दल व्यवस्था में संसदीय संरचना (Parliamentary structure in an order party system)—आदेशक दल व्यवस्था (एक दल व्यवस्था) में विपक्षी दल नहीं होते हैं। सत्ता का एकाधिकार एक दल में निहित होने के कारण शक्ति का केन्द्र दल का नेता होता है। वही सब शक्तियों का स्रोत रहता है। ऐसी व्यवस्था में संसदीय संरचनाओं के विभिन्न भागों की सापेक्ष अवस्था विशेष प्रकार की होती है। सम्पूर्ण संस्थागत व्यवस्था औपचारिक होती है। दल का नेता और दल के नेताओं का औपचारिक संगठन सत्ता का नियंत्रक होता है। ऐसी व्यवस्था में संसदीय ढांचा आदेशक दल के पूर्ण नियंत्रण में परिचालित होता है। इसमें प्रधान मन्त्री, मन्त्रिमण्डल व व्यवस्थापिका के बीच सैद्धान्तिक-संवैधानिक सम्बन्ध अर्थहीन रहते हैं। दल व दल का

नेता सम्पूर्ण राजनीतिक प्रक्रिया को पूरी तरह नियंत्रित रखता है। इस कारण यह तथ्य संसदीय संरचनाओं को उतना ही उपयोगी बना देता है जितना कि दल या दल का नेता चाहता है। ऐसी दल व्यवस्था में संसदीय संरचनाओं के सम्बन्धों को चित्र 12.6 में चित्रित किया गया है।

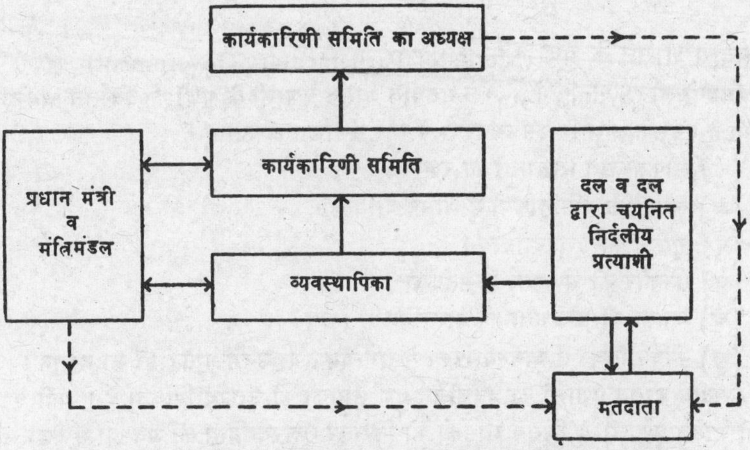

चित्र 12.6. आदेशक दल व्यवस्था में संसदीय संरचनाओं का सम्बन्ध

आदेशक दल व्यवस्था के दो प्रतिमान हैं। एक तो साम्यवादी देशों की विचारधाराई या वैचारिक दल व्यवस्था का और दूसरा संहति दल व्यवस्था (solidarity party system) का प्रतिमान है। अनेक राज्यों में राष्ट्र निर्माण के लक्ष्य से प्रेरित राष्ट्रीय आन्दोलन दल एकाधिकार स्थापित कर लेते हैं। जैसे शेख मुजीब व जनरल ने विन ने क्रमशः बंगला देश व बर्मा में ऐसे ही दल संगठित किये। इनमें वैचारिक आधार का अभाव होता है, परन्तु संसदीय संरचनाएं दोनों ही प्रकार की आदेशक दल व्यवस्था में एक-सा ढांचा रखती हैं। इसमें सभी संस्थाओं की पारस्परिकता औपचारिक होती है। वास्तविक शक्ति कार्यकारिणी समिति में होती है जो संवैधानिक व्यवस्था में महत्त्व नहीं रखते हुए भी व्यवहार में इसलिये महत्त्वपूर्ण बन जाती है कि दल के सभी चोटी के नेता उसके सदस्य होते हैं जैसे रूस में सुप्रीम सोवियत का प्रीसीडियम है।

संसदीय व्यवस्था व दलों की प्रकृति के सम्बन्ध के उपरोक्त विवेचन से एक तथ्य सामने आता है कि दल व्यवस्था की प्रकृति संसदीय संरचनाओं के परिचालन में आधारभूत नियामक होती है। आधुनिक समय में अनेक राज्य संसदीय लोकतन्त्र अपनाकर कुछ ही समय बाद उससे विमुख होते रहे हैं, क्योंकि विशेष प्रकार की राष्ट्रीय परिस्थितियों में इनमें वह दल व्यवस्था नहीं पनप पाई जो संसदीय लोकतन्त्र के परिचालन में आधारभूत होती है। यही कारण हैं कि विकासशील राज्यों में संसदीय प्रणाली का अनुभव तथा संस्थात्मक व्यवस्थाएं स्थापित होने पर भी संसदीय संरचनाओं

का सफल परिचालन नहीं हो सका है। यही कारण है कि संसदीय प्रणाली के प्रचालन के लिए सही अर्थों में प्रतियोगी दल व्यवस्था की अनिवार्यता को सभी विचारक स्वीकार करने लगे हैं, और यह मानते हैं कि ऐसी दल व्यवस्थाओं के अभाव के कारण ही अनेकों विकासशील राज्यों में संसदीय शासन प्रणालियां केवल नाम से ही रह गई हैं।

संसदीय शासन के गुण (Merits of Parliamentary Government)

सिडनी लो (Sydney Low) ने संसदीय शासन प्रणाली के गुणों का विस्तृत विवेचन किया है। उसके अनुसार इस व्यवस्था में निम्नलिखित श्रेष्ठताएं हैं

(क) लोकतन्त्रीय सिद्धान्तों का रक्षण।

(ख) जनता के प्रतिनिधियों में शासन दायित्व।

(ग) शासन का उत्तरदायित्व।

(घ) सरकार की सजगता व सतंकता।

(च) जनता की सम्प्रभुता की वास्तविकता।

(छ) कार्यपालिका व व्यवस्थापिका में समन्वय तथा उनमें गतिरोधों का अभाव।

संसदीय शासन प्रणाली का बहुचर्चित गुण शासकों की उत्तरदायित्वता है। यही एक ऐसी शासन प्रणाली है जिसमें शासकों को निरन्तर उत्तरदायित्व की अवस्था में रखा जा सकता है। कार्यपालिका व्यवस्थापिका के प्रति हर समय उत्तरदायी है तथा व्यवस्थापिका, प्रश्न व पूरक प्रश्न पूछकर, स्थगन प्रस्तावों, ध्यान आकर्षण प्रस्तावों, कटौती प्रस्तावों, निंदा प्रस्तावों व अन्य अविश्वास के प्रस्तावों द्वारा कार्यपालिका को उत्तरदायी रखती है। कार्यपालिका के नीति-प्रस्तावों व अन्य व्यवस्थापन कार्यक्रमों को अस्वीकृत करने का व्यवस्थापिका का अधिकार, कार्यपालिका को हर समय उत्तरदायी बना देता है। नियतकालिक चुनाव जनता को भी ऐसा अवसर प्रदान करते हैं जिससे वह सम्पूर्ण शासन तन्त्र के कार्यों का लेखा-जोखा ले सकती है। अतः संसदीय शासन व्यवस्था का सर्वाधिक महत्त्व शासकों के उत्तरदायित्व में निहित है।

संसदीय शासन प्रणाली का दूसरा लाभ या गुण कार्यपालिका व व्यवस्थापिका के बीच सामंजस्यता है। इससे इन दोनों में सहयोग बना रहता है। प्रधान मन्त्री व मन्त्रिगण व्यवस्थापिका के सदस्य होते हैं व अन्य सदस्यों से भी उनका निकट का सम्पर्क होता है। फलतः कार्यपालन व व्यवस्थापन कार्यों में विरोधाभास उत्पन्न नहीं होते हैं और सम्पूर्ण शासन सूत्र एक ऐसी इकाई के रूप में कार्य करता है जिसका उद्देश्य व कार्य एक-सा होता है। आजकल कार्यपालन व व्यवस्थापन कार्यों का अन्तर ही मिटता जा रहा है। सरकार के यह दोनों भाग मिल-जुल कर कार्य कर सकें इसकी ठोस व्यवस्था संसदीय प्रणाली में हो पाती है। इस सामंजस्य के कारण सरकार के दोनों कार्यों में पारस्परिकता व दिशात्मक एकता (directional unity) भी रहती है।

इस व्यवस्था का तीसरा गुण इसका अपेक्षाकृत लचीलापन है। लचीलेपन के कारण शासन को अवसर अनुकूल बनाए रखना सम्भव होता है। इस प्रणाली में यह गुंजाइश

रहती है कि असाधारण अथवा संकटकालीन अवसरों पर शासन सूत्र किसी एक व्यक्ति अथवा कुछ व्यक्तियों के हाथों में दिया जा सके। संकटकाल में सर्वदलीय (राष्ट्रीय) मन्त्रिमण्डल बनाकर सबका सहयोग प्राप्त किया जा सकता है। संसदीय प्रणाली में संसद संकटों के सफल मुकाबले के लिए कार्यपालिका को अमर्यादित शासन शक्ति प्रदान करके अवसर के अनुकूल व्यवस्था कर देती है। संकट में सबका सहयोग आवश्यक होता है। संसदीय व्यवस्था इसके लिए उपयुक्त मानी जाती है जिससे सबके सहयोग से विशेष संकट के अवसरों पर भी देश का शासन सुचारु रूप से चलाया जा सकता है।

चौथी बात संसदीय प्रणाली के गुणों में वैकल्पिक शासन बनाने की सुव्यवस्था की है। यही एक ऐसी प्रणाली है जिसमें आवश्यकता पड़ने पर वैकल्पिक सरकार की स्थापना की जा सकती है। कई बार कार्यपालिका अध्यक्षों (प्रधान मन्त्री) द्वारा शासन का दक्ष संचालन नहीं हो पाता है। परिवर्तित परिस्थितियों में भिन्न प्रकार का व्यक्ति शासन के सुचारु संचालन के लिए आवश्यक हो जाता है। यह प्रणाली इसकी व्यवस्था अपने में निहित रखती है। वैकल्पिक दल हमेशा सत्ता सम्भालने की स्थिति में रहता है। इससे क्रांतियों व अनावश्यक चुनावों से बचा जा सकता है।

संसदीय प्रणाली का पांचवां गुण इसकी जन-शिक्षण क्षमता है। इस व्यवस्था में सरकार जनता की आवश्यकताओं के प्रति अनुक्रियाशील रहती है। जनता इस कारण से सरकारी नीतियों के समर्थन या विरोध में अपनी आवाज़ उठाती रहती है। इससे जन-जागरण, जनता की राजनीतिक जागरूकता व राजनीतिक प्रक्रियाओं में सहभागिता बढ़ती है। नेताओं के प्रशिक्षण के अवसर भी इस प्रणाली में अधिक होते हैं।

उपरोक्त गुणों का यह अर्थ नहीं है कि इस प्रणाली में कोई दुर्गुण नहीं है। सही बात तो यह है कि इस प्रणाली में गुणों की तरह अनेक ऐसे दुर्गुण हैं जिनके कारण इसकी लोकप्रियता में कमी आ गई है।

संसदीय शासन के दोष (Demerits of Parliamentary System)

संसदीय शासन प्रणाली को कठिन शासन प्रणाली कहा जाता है। इसकी सफलता की शर्तों के वर्णन में यह बात स्पष्ट हुई थी कि यह प्रणाली केवल संवैधानिक व्यवस्था मात्र से ही नहीं चल पाती है। इसके लिए विशेष प्रकार की राजनीतिक संस्कृति का होना आवश्यक है अन्यथा इसके दोष अधिक प्रबल हो जाते हैं। संक्षेप में इसके दोषों को इस प्रकार गिना जा सकता है—

(1) कार्यपालिका की अस्थिरता।
(2) एकदलीय आधिपत्यता व मनमानी।
(3) राष्ट्रीय हितों की अवहेलना।
(4) विपक्षी दलों की अरचनात्मकता।
(5) सरकार का दलीय दल-दल में फंसकर रह जाना।
(6) आपातकाल के अनुपयुक्त।
(7) सरकार की नीतियों में क्रमिकता व सुसंगतता का अभाव।

(8) नौकरशाही का बोलबाला या प्रभुत्व।

उपरोक्त दोषों को लेकर विचारक पक्ष व विपक्ष दोनों की पुष्टि करते हुए पाए गये हैं। जैसे इसके गुणों में देखा गया था कि संसदीय शासन अवसर अनुकूलता की श्रेष्ठतम व्यवस्था है। अतः आपातकाल में अधिक उपयुक्त होती है। परन्तु आलोचक इसे आपातकाल के अनुपयुक्त भी मानते हैं। उनका कहना है कि आपातकाल में निर्णयकर्ता एक व्यक्ति होना चाहिये यह संसदीय प्रणाली में सम्भव नहीं है, क्योंकि इसमें सभी महत्त्वपूर्ण निर्णय मन्त्रिमण्डल द्वारा किये जाते हैं जिसमें अनेक सदस्य होने के कारण अधिक समय लगना स्वाभाविक है। उस उदाहरण से यह स्पष्ट है कि इसके गुणों की तरह इसके दोष भी विवाद का विषय हैं। इसलिये यहां इतना ही कहना पर्याप्त होगा कि इस प्रणाली में विशेष दोष नहीं हैं पर इसका संचालन करने की परिस्थितियां इसमें दोष उत्पन्न कर सकती हैं। जैसे वैकल्पिक बहुमत दल व्यवस्था में, उपर्युक्त प्रथम दोष—कार्यपालिका की अस्थिरता—नहीं पाया जाता, पर खण्डमय दल व्यवस्था में यह अस्थिरता इतनी हो सकती है कि आए दिन मन्त्रिमण्डल बदल सकते हैं। जैसा कि 1958 से पहले फ्रांस में होता रहा था। अतः संसदीय प्रणाली के दोषों को लेकर इतना ही कहा जा सकता है कि यह परिस्थिति संदर्भी हैं।

संसदीय शासन व्यवस्था के विवेचन के बाद अध्यक्षात्मक शासन प्रणाली का वर्णन सरल हो जाता है। अब हम संसदीय प्रणाली की विकल्प-अध्यक्षात्मक प्रणाली का विवेचन करेंगे।

अध्यक्षात्मक शासन प्रणाली
(PRESIDENTIAL SYSTEM OF GOVERNMENT)

अध्यक्षात्मक शासन प्रणाली का संगठन, संसदीय शासन प्रणाली से भिन्न सिद्धान्त पर आधारित है। शासन पद्धति में कार्यपालिका वैधानिक रूप से व्यवस्थापिका से पृथक होती है। यह न तो उसमें से ली जाती है और न ही उसके प्रति उत्तरदायी होती है। इसके अर्थ व परिभाषा से इस व्यवस्था की प्रकृति व महत्त्व समझना सरल होगा। इसलिये इसका अर्थ किया जा रहा है।

अध्यक्षात्मक शासन प्रणाली का अर्थ व परिभाषा (The Meaning and Definition of Presidential Government)

अध्यक्षात्मक व्यवस्था के विशुद्धतम रूप में, राष्ट्रपति अनिवार्यतः व्यवस्थापिका से स्वतन्त्र होता है और उसे अपने सलाहकार मंडल, जिसे मन्त्रिमण्डल का नाम दिया जाने लगा है, की नियुक्ति करने, व्यवस्थापन प्रस्तावों की पहल करने, बजट बनाने इत्यादि में अत्यधिक नियन्त्रण प्राप्त रहता है। यद्यपि कार्यपालिका पृथक रहती है तब भी कार्यपालिका व व्यवस्थापिका अन्तःनिर्भरता की अवस्था में आने के लिए मजबूर होती है। व्यवस्थापिका प्रस्तावित विधेयक पारित नहीं करके व कार्यपालिका पारित व्यवस्थापन

का निषेध करके एक दूसरे को अपंग बना सकते हैं। ऐसी अवस्था में प्रशासन कार्य ठप्प होने से तभी बच सकता है जब दोनों के बीच पारस्परिकता बनी रहे। परन्तु यह व्यवहार की बात है, जिसका उल्लेख आगे किया जायेगा।

गार्नर ने अध्यक्षात्मक शासन व्यवस्था की परिभाषा करते हुए लिखा है कि "यह वह शासन व्यवस्था है जिसमें कार्यपालिका अपनी अवधि, शक्तियों और कार्यों के सम्बन्ध में व्यवस्थापिका से स्वतन्त्र रहती है।"[12] इस शासन व्यवस्था में राज्य का प्रधान एक राष्ट्रपति होता है जो प्रजा द्वारा प्रत्यक्ष अथवा अप्रत्यक्ष रूप से एक निश्चित अवधि के लिए चुना जाता है। वह कार्यपालिका का वास्तविक अध्यक्ष होता है तथा संविधान द्वारा निर्धारित समस्त कार्यपालिका शक्तियों का उपयोग करता है। उसकी कार्यपालिका शक्ति किसी अन्य शक्ति या संस्था के साथ बंटी हुई नहीं होती है। वह न विधानमण्डल का भाग होता है और न उसके प्रति उत्तरदायी रहता है। वह अपनी सहायता, सलाह व सहुलियत के लिए कुछ व्यक्तियों का 'सलाहकार मंडल' बनाता है। इस सलाहकर मण्डल के हर सदस्य का पूर्ण उत्तरदायित्व राष्ट्रपति के प्रति होता है जो उसके प्रसाद-पर्यन्त ही अपने पद पर रहता है। राष्ट्रपति उन्हें जब चाहे हटा सकता है तथा उनके द्वारा दी गई सलाह को ठुकरा सकता है। राष्ट्रपति निश्चित अवधि के लिए चुना जाता है तथा उसको 'विश्वासघात व देशद्रोह' को छोड़कर अन्य किसी भी अवस्था में बुरे प्रशासन के कारण नहीं हटाया जा सकता है। अवधि से पूर्व उसे केवल महाभियोग द्वारा ही पदवीमुक्त किया जा सकता है।

अध्यक्षात्मक प्रणाली में व्यवस्थापिका का राष्ट्रपति से पृथक व स्वतन्त्र अस्तित्व होता है। यह निश्चित अवधि के लिए चुनी जाती है। यह अपने आप बैठकों में आहूत होती है। वह निश्चित अवधि पूरी होने पर ही भंग होती है और व्यवस्थापन कार्य में राष्ट्रपति पर आश्रित नहीं होती है। समस्त व्यवस्थापन अधिकार इसमें निहित रहते हैं। इसी तरह, न्यायपालिका शक्तियों के लिए एक पृथक स्वतन्त्र व सर्वोच्च न्यायालय होता है। इस प्रकार, अध्यक्षात्मक शासन प्रणाली शक्तियों के पृथक्करण के सिद्धान्त पर आधारित व्यवस्था है। शुद्ध रूप में अध्यक्षात्मक सरकार वह शासन व्यवस्था है जिसमें कार्यकारिणी व व्यवस्थापिका अपनी अवधि, अपनी शक्तियों और कार्यों के सम्बन्ध में एक-दूसरे से स्वतन्त्र व पृथक रहती है।

अध्यक्षात्मक शासन प्रणाली की विशेषताएं (Characteristics of Presidential Government)

बर्न ने संसदीय प्रणाली की विशेषताओं के उल्लेख के साथ ही अध्यक्षात्मक शासन प्रणाली की विशेषताओं को भी समझाया है। यह विशेषताएं अमरीका की अध्यक्षात्मक व्यवस्था को ध्यान में रखकर निश्चित नहीं की गई हैं। यह तो वह विशेषताएं हैं जिनके होने पर एक शुद्ध अध्यक्षीय शासन तन्त्र स्थापित होता है। यह विशेषताएं इस प्रकार हैं।

[12] *Op. cit.*, p. 325.

(क) **व्यवस्थापिका एक व्यवस्थापिका ही रहती है** (The assembly remains an assembly only)—व्यवस्थापिका एक व्यवस्थापिका ही रहती है का अर्थ है कि अध्यक्षात्मक व्यवस्था में संसदीय व्यवस्था की तरह व्यवस्थापिका व कार्यपालिका मिलकर कोई नई संस्था नहीं बनाती है, अर्थात व्यवस्थापिका से कार्यपालिका पूर्णतः पृथक रहती है। कार्यपालिका न तो व्यवस्थापिका में से ली जाती है और न वह उसके प्रति उत्तरदायी ही होती है। व्यवस्थापिका महाभियोग को छोड़कर कार्यपालिका को हटाने का अधिकार भी नहीं रखती है। इस प्रकार अध्यक्षात्मक शासन में कार्यकारिणी व व्यवस्थापिका अपनी अवधि, शक्तियों और कार्यों के सम्बन्ध में एक-दूसरे से स्वतंत्र व पृथक रहती है।

(ख) **कार्यपालिका विभक्त नहीं होती है** (The executive is not divided)—संसदीय प्रणाली की तरह अध्यक्षात्मक व्यवस्था में दोहरी कार्यपालिका राज्य का अध्यक्ष व सरकार का अध्यक्ष, नहीं होती है। इसमें कार्यपालिका एकल होती है। एक राष्ट्रपति में ही राज्याध्यक्ष और शासनाध्यक्ष, दोनों की शक्तियां निहित होती हैं। राष्ट्रपति में औपचारिक व वास्तविक दोनों ही शक्तियां रहती हैं। संविधान द्वारा प्रदान समस्त कार्यपालिका शक्तियां राष्ट्रपति में रहती हैं। वह इन शक्तियों को किसी अन्य व्यक्ति या संस्था से बांटता नहीं है। इन शक्तियों के प्रयोग में वह किसी के अधीन नहीं रहता है। उसकी सीमाएं संविधान की व्यवस्थाओं के अलावा और कुछ भी नहीं होती हैं।

(ग) **सरकार का अध्यक्ष ही राज्य का अध्यक्ष होता है** (The head of the government is the head of the state)—अध्यक्षात्मक व्यवस्था में ध्वजमात्र व वास्तविक अध्यक्ष का अन्तर नहीं होता है। यहां सरकार का अध्यक्ष ही राज्य का अध्यक्ष भी होता है। इस पद्धति में राज्य-शक्ति, वास्तविक रूप में राज्य के अध्यक्ष द्वारा ही प्रयुक्त की जाती है और वह ध्वजमात्र व वास्तविक दोनों प्रकार का शासन होता है। इस प्रणाली में मुख्य, कार्यपालिका-राष्ट्रपति, की एक ओर यदि वास्तविक शक्ति प्राप्त होती है तो दूसरी ओर वह ध्वजमात्र कार्यपालिका के कार्य भी करता है। एक ओर यदि वह शासन का वास्तविक संचालन करता है तो दूसरी ओर वह आनुष्ठानिक (ceremonial) या औपचारिक गतिविधियों में भी राज्य का नेतृत्व करता है। इस प्रकार, अध्यक्षात्मक व्यवस्था में ध्वजमात्र व वास्तविक अध्यक्ष का अन्तर नहीं होता है। सरकार का अध्यक्ष ही राज्य का अध्यक्ष होता है।

(घ) **राष्ट्रपति विभागाध्यक्षों की नियुक्ति करता है जो उसके मातहत** होते हैं (The president appoints head of departments who are his subordinates)—राष्ट्रपति विभागाध्यक्षों की नियुक्ति करने में स्वतन्त्र होता है। यह उसके अधीन रहते हैं और उसके प्रति उत्तरदायी होते हैं। वे राष्ट्रपति के सहयोगी अथवा साथी नहीं होते वरन उसके सेवक जैसे होते हैं। इनसे राष्ट्रपति परामर्श ले भी सकता है और नहीं भी तथा इसके परामर्श से वह किसी रूप में बंधा हुआ नहीं रहता है इसका अर्थ है कि अध्यक्षात्मक व्यवस्था में तथा कथित 'केबिनेट' संसदीय व्यवस्था के केबिनेट के समान नहीं होता है। संसदीय प्रणाली में केबिनेट के सदस्य प्रधान मंत्री के साथी, सहयोगी व

उसके समकक्ष से होते हैं। दोनों व्यवस्थाओं में मंत्रियों की स्थिति को चित्र 12.7 (क) और (ख) में स्पष्ट किया जा सकता है।

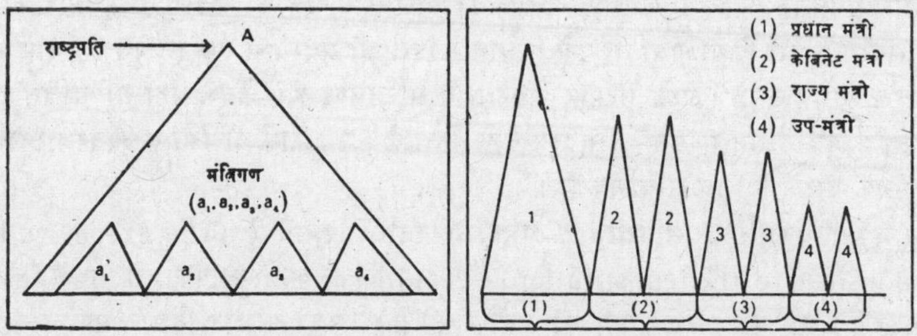

चित्र 12.7. (क) अध्यक्षात्मक व्यवस्था में राष्ट्रपति व 'केबीनेट' के सदस्यों का सम्बन्ध

(ख) संसदीय व्यवस्था में प्रधान मंत्री व मन्त्रिमण्डल के सदस्यों का सम्बन्ध

चित्र 12.7 (क) और (ख) अपने आप में स्पष्ट हैं इसलिये इसका विवेचन करने की आवश्यकता नहीं है। यहां केवल इतना ध्यान रखना है कि अध्यक्षात्मक प्रणाली में राष्ट्रपति का मंत्रिमण्डल राष्ट्रपति से पृथक नहीं वरन उसके अधीन व सेवक के रूप में होता है, जबकि संसदीय व्यवस्था में मन्त्रिगण प्रधान मंत्री के सहयोगी और साथी होते हैं।

(च) राष्ट्रपति ही एकमात्र कार्यपालिका होता है (The president is the sole executive)— राष्ट्रपति ही एकमात्र कार्यपालिका होता है, इसका यही तात्पर्य है कि कार्यपालिका शक्तियों के सदुपयोग या दुरुपयोग का उत्तरदायित्व राष्ट्रपति अपनी शक्तियों का स्वयं या अपने सहयोगियों द्वारा प्रयोग करा सकता है, परन्तु इनका उत्तर-दायित्व और किसी का नहीं हो सकता है। राष्ट्रपति निक्सन के काल में 'वाटरगेट' विवाद में यह स्पष्ट था कि राष्ट्रपति के मातहत कर्मचारियों ने शक्तियों का दुरुपयोग किया पर इस आधार पर राष्ट्रपति निक्सन अपने उत्तरदायित्व से बच नहीं सके और उन्हें त्यागपत्र देना पड़ा। राष्ट्रपति अपनी कार्यपालिका शक्तियों का प्रयोग असंख्य लोगों द्वारा करवाते हैं पर अन्ततः पर कार्य के लिए उत्तरदायित्व केवल उनका ही होता है, क्योंकि संविधान केवल राष्ट्रपति को ही कार्यपालिका के रूप में व्यवस्थित करता है। इस कारण कार्यपालिका शक्तियों का वही एकमात्र धारक होता है।

(छ) व्यवस्थापिका के सदस्य प्रशासकीय पद के लिए और प्रशासकीय अध्यक्ष व्यवस्थापिका में सम्मिलित होने की पात्रता नहीं रखते हैं (The members of the assembly are not eligible for office in the administration and vice-versa)—अध्यक्षात्मक प्रणाली में कार्यपालिका के सदस्य विधान मण्डल के सदस्य नहीं होते हैं और न ही उसकी कार्यवाहियों में भाग लेते हैं। कार्यपालिका के सदस्य न विधेयक प्रस्तुत कर सकते हैं और न ही विधेयकों के पारण में हाथ बंटा सकते हैं। इसी

तरह विधान मण्डल के सदस्यों को राष्ट्रपति प्रशासकीय विभागाध्यक्षों के पदों पर नियुक्त नहीं कर सकता है। राष्ट्रपति के मन्त्रिमण्डल में विधान मण्डल का सदस्य लिया ही नहीं जा सकता है। जबकि, संसदीय प्रणाली में कोई भी सदस्य मन्त्रिमण्डल में सामान्यतया तब ही लिया जाता है जबकि वह विधान मण्डल का सदस्य हो। अगर कोई गैर सदस्य ले भी लिया गया तो उसे विधान मण्डल की सदस्यता एक निश्चित अवधि में प्राप्त करनी होती है। अध्यक्षात्मक व्यवस्था में मन्त्रिमण्डल में केवल वही सम्मिलित हो सकता है जो विधान मण्डल का सदस्य नहीं होता है। यह कार्यपालिका व व्यवस्थापिका को पृथक रखने के लिए आवश्यक है।

(ज) **कार्यपालिका संविधान के प्रति उत्तरदायी रहती है** (The executive is responsible to the constitution)—कार्यपालिका व्यवस्थापिका से पृथक होने के कारण उसके प्रति उत्तरदायी भी नहीं रहती है। उसका आधार विधान मण्डल नहीं होता है। उसको संविधान द्वारा शक्तियां प्राप्त होती हैं और इसी कारण वह केवल संविधान के प्रति ही उत्तरदायी हो सकती है।

(झ) राष्ट्रपति न तो विधान मण्डल को भंग कर सकता है और न ही उसे अवपीड़ित या बाध्य कर सकता है (The president can not dissolve or coerce the assembly)—इस प्रणाली में विधान मण्डल को राष्ट्रपति के हर सम्भव हस्तक्षेप से मुक्त रखा जाता है। व्यवस्थापिका की निश्चित अवधि होती है। अवधि से पहले उसे कोई विघटित नहीं कर सकता है। राष्ट्रपति न उसकी बैठकें बुला सकता है, न ही बैठकें स्थगित कर सकता है। इस प्रकार कार्यपालिका को विधान मण्डल सम्बन्धी कोई अधिकार नहीं होने के कारण वह विधान मण्डल को किसी विशेष प्रकार के व्यवस्थापन या धन की स्वीकृति के लिए बाध्य भी नहीं कर सकती है। विधान मण्डल का पृथक व्यक्तित्व होता है। उसमें कोई भी बाध्य हस्तक्षेप नहीं हो सकता है।

(ट) **विधान मण्डल, सरकार के अन्य अंगों से अन्ततः सर्वोच्च रहता है तथा संसद की तरह कार्यपालिका व व्यवस्थापिका शाखाओं का संगलन या विलयन नहीं होता है** (The assembly is ultimately supreme over the other branches of government and there is no fusion of the executive and the legislative branches as in parliament)—अध्यक्षात्मक सरकार में शासन-शक्तियों का समन्वय नहीं अपितु पृथक्करण होता है। कार्यपालिका, विधान मण्डल और न्यायपालिका अपने-अपने क्षेत्र में स्वतन्त्र व सर्वोच्च होते हैं. परन्तु विभिन्न अंगों की सर्वोच्चता सापेक्ष है। अगर व्यवस्थापिका, न्यायपालिका व कार्यपालिका में गतिरोध उत्पन्न हो जाए तो शक्तियों के पृथक्करण के कारण इसे दूर करने की किसी व्यवस्था का अभाव शासन व्यवस्था में संवैधानिक संकट उत्पन्न कर देगा। इससे अन्तत: शासन ठप्प हो जाएगा। इससे बचाव के लिए अध्यक्षात्मक व्यवस्था में विधान मण्डल को अन्तिम रूप से कार्यपालिका व न्यायपालिका से सर्वोच्च रखा जाता है। न्यायपालिका जनता का प्रतिनिधित्व नहीं करती है तथा कार्यपालिका भी जनता की सही अर्थों में प्रतिनिधि नहीं मानी जा सकती है, क्योंकि उसका भी चुनाव सामान्यतया अप्रत्यक्ष ही होता है। ऐसी अवस्था में जनता के प्रतिनिधियों

में सर्वोच्चता विद्यमान करके लोकतांत्रिक भावना की रक्षा की व्यवस्था की जाती है। विधान मण्डल की सर्वोच्चता के कारण यह महाभियोग द्वारा कार्यपालिका व न्यायपालिका के न्यायाधीशों को हटाने का काम, आवश्यकता पड़ने या परिस्थिति आने पर कर सकती है। शासन व्यवस्था को ठप्प होने से रोकने के लिए ही यह सर्वोच्चता विधान मण्डल में निहित करना अध्यक्षात्मक व्यवस्था का महत्त्वपूर्ण लक्षण है।

(ठ) **कार्यपालिका प्रत्यक्ष रूप से निर्वाचकों के प्रति उत्तरदायी रहती है** (The executive is directly responsible to the electorate)—लोकतान्त्रिक व्यवस्था में हर निर्वाचित संस्था का निर्वाचकों के प्रति उत्तरदायित्व होता है। नियतकालिक चुनावों की व्यवस्था ही अपने आप में इस उत्तरदायित्व को व्यावहारिक बनाने के लिए पर्याप्त है। अध्यक्षात्मक व्यवस्था में कार्यपालिका को प्रत्यक्ष या अप्रत्यक्ष रूप से निर्वाचक चुनते हैं। इस कारण निर्वाचकों के प्रति उसका प्रत्यक्ष उत्तरदायित्व रहता है।

(ङ) **राजनीतिक व्यवस्था में राजनीतिक शक्ति का कोई केन्द्र नहीं होता है** (There is no focus of power in the political system)—अध्यक्षात्मक व्यवस्था में शक्तियों का पृथक्करण होता हैं। कार्यपालिका, व्यवस्थापिका व न्यायपालिका शक्तियां पृथक-पृथक संस्थाओं में निहित होती हैं। यह संस्थाएं अपनी शक्तियों के प्रयोग में किसी अन्य संस्था पर आश्रित नहीं होती है इनमें से हर एक के अधिकार व शक्तियां अनन्य होती हैं। इस कारण, राजनीतिक व्यवस्था में शक्तियों के अनेक ध्रुव स्थापित हो जाते हैं। कार्यपालिका शक्तियों का केन्द्र राष्ट्रपति बन जाता है। विधायी शक्तियां विधान मण्डल में होने के कारण व्यवस्थापिका भी एक महत्त्वपूर्ण शक्ति केन्द्र बन जाती है। संविधान की व्याख्या करने व संविधान के प्रतिकूल समस्त कार्यपालिका व व्यवस्थापिका कार्यों को रद्द कर सकने के अधिकार के कारण सर्वोच्च न्यायालय तीसरा केन्द्र कहा जा सकता है। इस प्रकार संसदीय प्रणाली के विपरीत अध्यक्षात्मक व्यवस्था में शक्ति का कोई केन्द्र न होकर शक्तियां विभिन्न केन्द्रों में बिखरी रहती हैं। शासन ढांचा एक सावयवी एकता में गुंथा होता है, परन्तु शक्तियों का पृथक्करण इस एकता को समाप्त करता है। इस एकता के अभाव में राजनीतिक व्यवस्था में कोई ऐसा केन्द्र नहीं बचता जहां सभी शक्तियां केन्द्रित होती हों। इसलिए ही वर्ने का कहना है कि "अध्यक्षात्मक प्रणाली की यह विशेषता है कि इसमें शक्ति का कोई निश्चित केन्द्र नहीं होता है।"[13]

अध्यक्षात्मक प्रणाली की इन विशेषताओं के विवेचन से यह स्पष्ट होता है कि इस प्रणाली में राजनीतिक शक्ति बिखरी रहती है। शक्ति का कोई एक केन्द्र नहीं होने के कारण अध्यक्षात्मक व्यवस्था में कार्यपालिका, व्यवस्थापिका व निर्वाचक एक सूत्र में नहीं बंधे होते हैं। परिस्थितियों के अनुसार राजनीतिक शक्ति के केन्द्र इधर-उधर खिसकते रहते हैं। राबर्ट सी० बोन ने अध्यक्षात्मक व्यवस्था का शुद्ध प्रतिमान अव्यावहारिक माना है। यही कारण है कि अमरीकी संविधान निर्माताओं ने शक्तियों के पृथक्करण के साथ ही साथ नियंत्रण व संतुलन का सिद्धान्त भी अपनाया है। शुद्ध अध्यक्षात्मक व्यवस्था में

[13]Dougles V. Verney, *op. cit.*, p. 54.

कार्यकारिणी, विधान मण्डल व निर्वाचकों का परस्पर सम्बन्ध ला पालोम्बारा ने निम्न-लिखित ढंग से प्रस्तुत किया है।

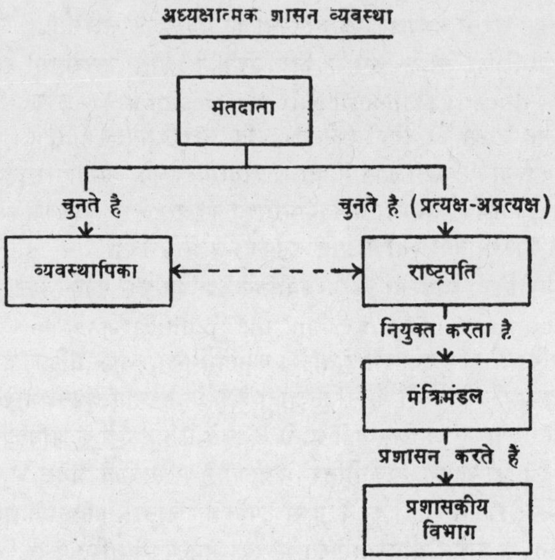

चित्र 12.8. अध्यक्षात्मक व्यवस्था की सामान्य संरचना

चित्र 12.8 से स्पष्ट है कि अध्यक्षात्मक व्यवस्था में राष्ट्रपति-कार्यपालिका व व्यवस्थापिका दोनों पृथक होते हैं। इनमें सम्पर्कता केवल औपचारिक होती है इसलिये इन दोनों के बीच सम्बन्ध को बिन्दुकृत रेखा से दिखाया गया है। मन्त्रिमण्डल की यहां नियुक्ति होती है जबकि संसदीय प्रणाली में एक तरह से चयन होता है। इस तरह अध्यक्षात्मक शासन में कार्यकारिणी व विधान मण्डल दोनों पृथक और स्वतंत्र निकाय होते हैं। यह शुद्ध रूप में ही अध्यक्षात्मक प्रणाली की संरचनाओं का चित्रण है। ऐसी प्रणाली व्यवहार में किसी भी देश में नहीं पाई जाती है।

अध्यक्षात्मक व्यवस्था का व्यवहार (The Practice of Presidential Form of Government)

अध्यक्षात्मक शासन प्रणाली की विशेषताओं के विवेचन से यह स्पष्ट हो जाता है कि इस प्रणाली की कुछ आधारभूत विलक्षणताएं होती हैं। इसका सबसे प्रमुख तथ्य कार्यपालिका, व्यवस्थापिका व न्यायपालिका का एक दूसरे से पृथक्करत्व (separation) तथा हर एक का अनन्य (exclusive) अधिकार क्षेत्र है। इसमें दूसरी महत्त्वपूर्ण बात मन्त्रिमण्डल का राष्ट्रपति के पूर्णरूप से अधीन रहना है, तथा तीसरा विलक्षण तथ्य एक ही

शक्ति केन्द्र (power centre) का राजनीतिक व्यवस्था में अभाव है। परन्तु यह सब सैद्धान्तिक व्यवस्था है। वर्तमान समय में ही नहीं पहले भी कभी इस तरह का शासन संगठन व्यवहार में नहीं रहा है। अमरीका के संविधान निर्माता इस बात से भली भांति अवगत थे कि शक्तियों के पूर्ण पृथक्करण से सरकार के तीनों अंगों में गतिरोध व विरोध ही उत्पन्न होंगे तथा शासन व्यवस्था बार-बार ठप्प होती रहेगी। यही कारण है कि उन्होंने नियंत्रन व संतुलन के सिद्धान्त को शक्तियों के पृथक्करण के सिद्धान्त के साथ जोड़ कर अमरीका की शासन व्यवस्था का सृजन किया।

आज अध्यक्षात्मक व्यवस्थाओं का व्यवहार बहुत कुछ सैद्धान्तिक व्यवस्था से बेमेल होता जा रहा है। कार्यकारिणी व विधान मण्डल पृथक होते हुए भी अनौपचारिक ढंग से इतनी सम्पर्कता में रहते हैं कि एक तरह से इनका कार्यात्मक विलयन सा हो गया लगता है। इसी तरह, मन्त्रिमण्डल राष्ट्रपति का सेवक न रहकर सहयोगी बन गया है। कई बार तो मन्त्रिमण्डल के सदस्य राष्ट्रपति के लिए इतने अपरिहार्य बन जाते हैं कि उनमें से कुछ स्वतन्त्र निर्णय तक लेने लगते हैं। राष्ट्रपति आइजनहावर के काल में जौन फौस्टर डलेस तथा निक्सन काल के अंतिम वर्ष में हेनरी किसिन्जर शायद ऐसी ही भूमिका निभाते रहे थे। शासन की बढ़ती हुई पेचीदगियों के कारण ही व्यवहार में मन्त्रि-मण्डल राष्ट्रपति का सहयोगी तथा सत्ता का सहभागी बन गया है। व्यवहार में अध्यक्षात्मक शासन में अब शक्ति केन्द्र भी निश्चित होने लगा है। राजनीतिक व्यवस्था में शक्ति अधिकाधिक राष्ट्रपति में केन्द्रित होती जा रही है। राष्ट्रपति ही समस्त राजनीतिक गतिविधियों का नियामक बनता जा रहा है। वैसे तो सभी राजनीतिक व्यवस्थाओं में चाहे वह संसदीय हों या अर्द्ध-संसदीय अथवा अध्यक्षात्मक, कार्यपालिकाएं अधिकाधिक शक्ति सम्पन्न बनती जा रही हैं। कार्यपालिका की शक्तियों में सर्वत्र वृद्धि हुई है तथा इसके लिए उत्तरदायी कारणों का पन्द्रहवें अध्याय में विस्तार से विवेचन किया गया है। इसलिए यहां इतना कहना ही पर्याप्त होगा कि सभी राजनीतिक प्रणालियों में कार्यपालिका की भूमिका व शक्तियों में अप्रत्याशित वृद्धि, अध्यक्षात्मक व्यवस्था में राष्ट्रपति को भी सर्वोपरि शक्ति केन्द्र बना देती है।

दल व्यवस्थाओं के विकास ने राजनीतिक व्यवस्थाओं की समस्त संरचनाओं में समन्वय स्थापित कर दिया है। मतदाता, राजनीतिक संस्थाएं व राजनीतिक प्रक्रियाएं दलों के माध्यम से सावयवी संयोजन (organic linkage) की स्थिति में आ गई हैं। दलों के विकास ने अध्यक्षात्मक व्यवस्था के शक्ति-पृथक्करण को केवल सैद्धान्तिक रूप में ही रख दिया है। व्यवहार में राष्ट्रपति और विधान मण्डल दल की मजबूत कड़ी से परस्पर आबद्ध हो जाते हैं। इस तरह, अध्यक्षात्मक शासन व्यवस्था के व्यवहार को भी प्रभावित करने वाला सबसे महत्त्वपूर्ण कारक दल व्यवस्था है। इससे विधान मण्डल की अन्य अंगों से अन्ततः सर्वोच्चता भी प्रभावित होती है।

संयुक्त राज्य अमरीका में अध्यक्षात्मक शासन व्यवस्था की स्थापना करते समय संविधान निर्माताओं ने शक्ति-पृथक्करण, जैसे कि सामान्य भ्रांति है, से अधिक शक्ति के साझे की व्यवस्था की थी। अमरीका का संविधान शक्ति के पृथक्करण को एक सीमा

तक ही अंगीकृत करता है और उस सीमा के आगे शक्ति की साझेदारी स्थापित करता है। राबर्ट सी० बोन ने इस सम्बन्ध में लिखा है कि "अध्यक्षात्मक व्यवस्था के बारे में यह कहना अधिक सही है कि यह शक्तियों के पृथक्करण के बजाय शक्ति या सत्ता की साझेदारी या सत्ता की परस्पर मिश्रितता (intermingling) की अवधारणा पर आधारित है।"[14] संविधान निर्माता ब्रिटिश नमूने की व्यवस्थापिकाई आधिपत्यता (legislative dominance) को अमरीका की परिस्थितियों में अनुकूलित करना चाहते थे। उनके इस मन्तव्य की पुष्टि इस बात से होती है कि उन्होंने संविधान के पहले अनुच्छेद में कांग्रेस के गठन व शक्तियों का उल्लेख किया तथा कार्यपालिका को गौण रखने के लिए उसे इसके बाद के अनुच्छेदों में व्यवस्थित किया था। इतना ही नहीं, व्यवस्थापिका से सम्बन्धित संवैधानिक व्यवस्था, कार्यपालिका के मुकाबले में दुगने से भी अधिक विस्तार से की गई थी। 'फेडरेलिस्ट पेपरस् में भी 15 लेख व्यवस्थापिका से सम्बन्धित हैं जबकि कार्यपालिका के लिए केवल 7 लेख ही हैं।

अमरीका के संविधान निर्माताओं का अमरीकी संस्थात्मक व्यवस्था की प्रकृति का विचार, अठारहवीं शताब्दी की ब्रिटिश सरकार की वास्तविकताओं के मोन्टेस्क्यू व ब्लेकस्टोन की धारणा से कहीं अधिक यथार्थवादी था। नये संविधान में उन्होंने इसलिये ही सरकार के हर अंग को अन्य दो अंगों पर आंशिक शक्ति प्रदान की। राष्ट्रपति को विधेयकों का सीमित निषेध करने तथा दो-तिहाई बहुमत से कांग्रेस द्वारा इसको रद्द करने की व्यवस्था से यही स्पष्ट होता है कि संविधान निर्माता 'विधान मण्डलात्मक' शासन ही स्थापित करना चाहते थे। वुडरो विल्सन (Woodrow Wilson) ने अपने शोध-प्रबन्ध 'Doctoral Dissertation' में संविधान निर्माताओं के ध्येय का सार इन शब्दों में व्यक्त किया है। उनका कहना है कि "अमरीकी व्यवस्था का सार स्पष्टतया 'कांग्रेसनल' (Congressional) या सभात्मक सरकार में है।" परन्तु संविधान निर्माताओं की यह व्यवस्था व्यवहार में आते ही परिवर्तित होने लगी है। ऐन्ड्रयू जेक्सन (Andrew Jackson) के काल (1829-1837) से ही यह स्पष्ट हो गया कि अध्यक्ष पद अमरीका की संस्थात्मक व्यवस्था में दूसरे नम्बर का स्थान नहीं ले सकता है। यह अवश्य ही व्यवस्थापन व न्यायपालन शाखाओं पर हावी हो जायेगा। आज यह बात बहुत कुछ सही है। आज अमरीका की राजनीतिक व्यवस्था में राष्ट्रपति का स्थान महत्त्वपूर्ण ही नहीं हो गया वरन राष्ट्रपति का पद एक ऐसी धुरी बन गया है जिसके इर्द-गिर्द व्यवस्थापन व न्यायपालन शाखाएं घूमने लगी हैं। यद्यपि राष्ट्रपति का पद निश्चित अवधि वाला है और अब संवैधानिक संशोधन से यह एक व्यक्ति के पास अधिकतम आठ वर्ष तक ही रह सकता है फिर भी, इसमें व्यक्तियों को छोड़ भी दिया जाए तो भी पद की बढ़ती गरिमा और शक्ति का केन्द्रीकरण स्पष्ट दृष्टिगोचर होता है। अमरीका की अध्यक्षात्मक व्यवस्था में विभिन्न संस्थाओं के सापेक्ष महत्त्व को चित्र 12.9 द्वारा समझा जा सकता है।

[14]Robert C. Bone, *op. cit.*, p. 310.

चित्र 12.9 में तीरों के संकेतों से यह स्पष्ट है कि अमरीका की अध्यक्षात्मक व्यवस्था ने शक्तियों के पृथक्करण को कितना फीका कर दिया गया है। नियंत्रण व संतुलन के प्रयास में शक्तियों का पृथक्करण धूमिल बन गया है। बिन्दुकृत रेखा से यह दिखाने का प्रयास किया गया है कि इस संवैधानिक संरचनात्मक व्यवस्था में कार्यपालिका व व्यवस्थापिका मतदाताओं से बहुत कुछ सम्पर्क रखती है। इस सम्पर्क का व्यवस्थापिका की प्रकृति पर तो विशेष प्रभाव नहीं पड़ता है पर राष्ट्रपति इस कारण लोकप्रिय राष्ट्रीय नेता बन जाता है। इससे वह प्रजा की आशा तथा समस्त समाज के ध्यान का केन्द्र बन जाता है। इस कारण समस्त संस्थात्मक व्यवस्था उलट सी जाती है और राष्ट्रपति

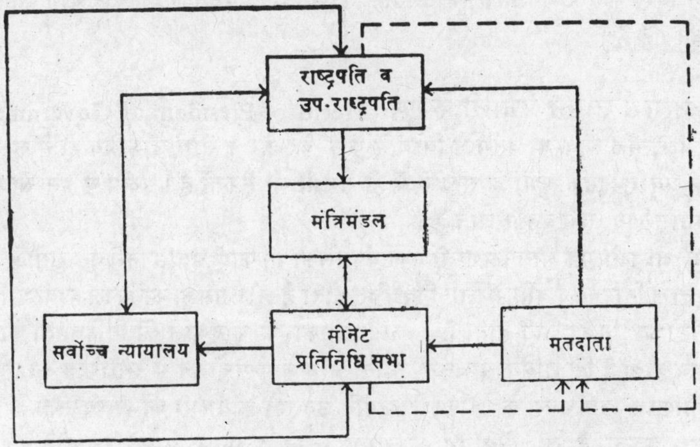

चित्र 12.9. अमरीका में अध्यक्षात्मक व्यवस्था की सामान्य रचना

सर्वेसर्वा बन जाता है। यद्यपि राष्ट्रपति निक्सन के कार्यकाल की समाप्ति से पहले दिये गये उसके त्यागपत्र से यह प्रश्न फिर उठाया जाने लगा है कि विधान मण्डल की सर्वोच्चता का संविधान निर्माताओं का मन्तव्य पूर्णतया लुप्त नहीं हुआ है। परन्तु इस मामले में भी क्या निक्सन के दल का उसे समर्थन रहने पर विधान मण्डल उसका कुछ कर सकता था। यहां इस तथ्य को भी ध्यान में रखना होगा कि अमरीका के करीब 190 वर्ष के संवैधानिक इतिहास में कोई भी राष्ट्रपति महाभियोग द्वारा हटाया नहीं जा सका है।

राष्ट्रपति, दल व राष्ट्र दोनों का ही नेता होता है। वह देश के वास्तविक उद्देश्यों व भावनाओं का प्रवक्ता होने के कारण अपने दल पर प्रभुत्व रखता है। वह जनमत को दिशा देता है, क्योंकि वह प्रजा को नीतियों व राजनीतिक तथ्यों से अवगत कराकर दलों व व्यक्तियों के बारे में जनता को अपना मत बनाने का अवसर देता है। राष्ट्र के मामलों में केवल उसकी ही राष्ट्रीय आवाज होती है। वह देश, दल व सरकार का निदेशक होने के कारण राजनीतिक व्यवस्था में शक्ति की धुरी बन गया है। राष्ट्रपति बनने से पहले वुडरो विलसन का राष्ट्रपति के पद के बारे में यह निष्कर्ष, कि राष्ट्रपति को "व्यवस्था में कार्य करने का तेजस्वी स्थान प्राप्त है।" फ्रैंकलिन रुजवेल्ट, ट्रूमेन, केनेडी, जोन्सन के

कार्यों से पुष्ट होता है। राष्ट्रपति निक्सन ने तो राष्ट्रपति बनने पर अपने दर्शन को व्यक्त करते हुए कहा था कि, "निष्क्रिय राष्ट्रपति के दिन तो सरलतर अतीत से सम्बन्धित थे। अब तो उसे राष्ट्र के मूल्यों का स्वरूपीकरण (articulation), गन्तव्यों की व्याख्या तथा राष्ट्र इच्छा को विधिपूर्वक ले चलना होता है।" बीसवीं शताब्दी ने राष्ट्रपतित्व (Presidency) को आधिपत्यता के सुप्त दबावों को ही नहीं तीव्र किया है वरन उसमें राजनीतिक विकास व औद्योगिक प्रभाव के कारण कुछ तथ्य और जोड़ दिए हैं। अन्त में यही निष्कर्ष निकलता है कि अमरीका के संविधान निर्माताओं के मन्तव्यों से बहुत भिन्न रूप में 'राष्ट्रपतित्व' विकसित हुआ है। अब यह शक्ति केन्द्र बन गया है। वर्तमान विश्व की राजनीतिक जटिलताएं इसके शक्ति वर्धन में निरन्तर योग देने वाले तथ्य बन गई हैं।

अध्यक्षात्मक शासन प्रणाली के गुण (Merits of Presidential Government)

अध्यक्षात्मक व्यवस्था वर्तमान विश्व में कुछ हेर-फेर के साथ लोकप्रिय होती जा रही है। यह प्रवृत्ति इसके गुणों के सन्दर्भ में ही समझी जा सकती है। संक्षेप में इस व्यवस्था के निम्नलिखित लाभ बताए जाते हैं।

(क) अध्यक्षात्मक शासन प्रणाली में कार्यपालिका की कार्य-अवधि निश्चित होती है। वह जनता द्वारा निश्चित अवधि के लिए निर्वाचित होता है और उसका कार्यकाल व्यवस्थापिका की इच्छा पर निर्भर नहीं होता है। कार्यपालिका के कार्यकाल की निश्चितता का यह परिणाम होता है कि शासन सम्बन्धी नीति और कार्य-संचालन में स्थायित्व बना रहता है। निश्चित कार्यकाल के कारण राष्ट्रपति उन सब कार्यक्रमों को आश्वस्तता के साथ पूरा कर सकता है जो निर्वाचन के समय उसने प्रजा के सामने रखे होते हैं। उसे व्यवस्थापिका के निन्दा अथवा अविश्वास प्रस्ताव का कोई भय नहीं होता है। वह अपने काल में किसी भी नीति अथवा योजना पर दृढ़ता से चल सकता है। स्थायित्व के कारण शासन की कुशलता और निपुणता में वृद्धि होती है और कार्यपालिका नीति में अचानक परिवर्तन का डर नहीं रहता है। इसके अतिरिक्त शासन कार्यों का पूर्ण पृथक्करण होने के कारण इस प्रणाली में कार्यपालिका का कार्य केवल शासन का संचालन ही होता है। अतः शासनकार्य अधिक कुशलतापूर्वक चलता है। इस प्रकार, अध्यक्षात्मक शासन व्यवस्था का पहला गुण कार्यपालिका का स्थायित्व व शासन की कार्य-दक्षता है।

(ख) इस प्रणाली में कार्यकारिणी शक्तियां राष्ट्रपति में केन्द्रित रहती हैं। उसके सचिव मण्डल के सदस्यों का काम केवल राष्ट्रपति द्वारा निर्धारित नीति को कार्यान्वित करना होता है। इस कारण इस व्यवस्था में मतभेदों की सम्भावना नहीं होती है। निर्णय-प्रक्रिया का एक केन्द्र नहीं, एक व्यक्ति ही प्रमुख निकाय होता है। इससे संकट या असाधारण परिस्थितियों में निर्णय तुरन्त लेना सम्भव होता है। अतः यह प्रणाली संकटकाल का सामना करने में बहुत उपयुक्त है। विशेष परिस्थितियों में अथवा युद्ध आदि की संकटकालीन अवस्थाओं में निर्णय की शीघ्रता और कार्य की तत्परता की अति आवश्यकता होती है। अध्यक्षात्मक व्यवस्था में युद्ध और राष्ट्रीय संकट के समय नियन्त्रण

की एकता, निर्णय में तत्परता और अवसर अनुकूल नीति के अनुसरण की अवस्था रहती है। अतः अध्यक्षात्मक व्यवस्था का दूसरा गुण संकट के समय में इसकी उपयुक्तता है और परिस्थिति अनुकूलता है।

(ग) शक्तियों के पृथक्करण के कारण अध्यक्षात्मक व्यवस्था में कार्य विभाजन हो जाता है। कार्यपालिका को व्यर्थ के व्यवस्थापन दायित्वों से मुक्ति रहती है तथा व्यवस्थापिका को कार्यपालन के अधिकार क्षेत्र में हस्तक्षेप करने का अवसर नहीं होता है। कार्यपालिका व व्यवस्थापिका अपना कार्य स्वतन्त्र रूप से निष्पादित कर सकती हैं। इस कारण दोनों ही दलीय दल-दल में फंसने से बच जाते हैं। इससे दलबन्दी की बुराइयों को आवश्यक प्रोत्साहन भी नहीं मिलने पाता है। राष्ट्रपति एक बार चुने जाने के बाद एक निश्चित अवधि तक दलबन्दी के दबावों से अपने को मुक्त रख सकता है। इसलिए अध्यक्षात्मक व्यवस्था का तीसरा प्रमुख लाभ शासन शक्ति के प्रयोग में दलबन्दी का न्यूनतम प्रभाव है।

(घ) अध्यक्षात्मक व्यवस्था में शक्ति के अनेक केन्द्र होते हैं। कार्यकारिणी शक्ति ही प्रमुख नहीं होती है। व्यवस्थापन व न्यायपालन के निकाय भी संविधान से मौलिक शक्तियां प्राप्त किए होने के कारण शक्ति केन्द्र बन जाते हैं। सरकार एक सम्पूर्णता है और इस कारण तीनों अंग पृथक होते हुए भी साथ-साथ चलने व सहयोग के लिए बाध्य होते हैं। यह आवश्यकता तीनों शाखाओं को स्वतः ही नियन्त्रित व सन्तुलित करने की व्यवस्था बन जाती है। फलतः शक्तियों का दुरुपयोग नहीं होता है और जनता के अधिकार व स्वतन्त्रताएं सुरक्षित हो जाती हैं। इसकी व्यवस्था इतनी ठोस होती है कि कोई भी शासन शाखा अपना भविष्य, जनता का विरोध खड़ा करके, खतरे में नहीं डालना चाहती है। इस तरह, अध्यक्षात्मक शासन का चौथा गुण नागरिकों की स्वतन्त्रताओं का प्रभावी सुरक्षण है।

(च) अध्यक्षात्मक प्रणाली में राष्ट्र को विखण्डित करने वाले तत्त्वों को, विशेषकर राजनीतिक दलों को विध्वंसकारी बनने का प्रोत्साहन नहीं मिलता है। एक बार चुनाव हो जाने के बाद दलीय राजनीति काफी समय के लिए सुप्त-सी होने लगती है। चुनाव द्वारा सत्ता में आने के लिए दलों की सक्रियता केवल रचनात्मक ही रहे यह आवश्यक है। इससे देश को विभाजित करने वाली प्रवृत्तियों को बल नहीं मिलता है और राष्ट्रीय एकता का मार्ग प्रशस्त होता है। संसदीय प्रणालियों में कार्यपालिका का जीवन व्यवस्थापिका के हाथ में रहता है और व्यवस्थापिका का जीवन कार्यपालिका के हाथों में होने के कारण शासन व प्रशासन दलगत राजनीति का अखाड़ा बन जाता है। इससे राष्ट्रीय एकता क्षीण होती है, परन्तु ऐसी स्थिति अध्यक्षात्मक प्रणाली में नहीं होती है। अतः अध्यक्षात्मक शासन का पांचवां तथा अन्तिम गुण राष्ट्रीय एकता का संवर्धन है।

अध्यक्षात्मक शासन प्रणाली के दोष (Demerits of Presidential Government)

(क) अध्यक्षात्मक प्रणाली में शक्तियों के पृथक्करण के कारण शक्ति और उत्तर-

दायित्व का ऐसा विभाजन हो जाता है कि शासन-नीति और कार्यों के लिए किसी का निश्चित उत्तरदायित्व नहीं रहता है। एक बार निश्चित अवधि के लिए निर्वाचित होने पर कार्यपालिका अध्यक्ष को महाभियोग के अलावा हटाया नहीं जा सकता है। अगर इस प्रकार का निर्वाचित राष्ट्रपति पुनः चुनाव लड़ने का इरादा नहीं रखता है तो उसको गैर जिम्मेदार कार्य करने से रोकना एक तरह से असम्भव हो जाता है, क्योंकि गलत कार्यों के कारण उसे चुनावों में पराजित होने का भय भी नहीं रह जाता है। इसी कारण से कई विचारक अध्यक्षात्मक सरकार को "स्वेच्छाचारी, अनुत्तरदायी और भयंकर" कहने तक में हिचकिचाहट नहीं करते हैं। अतः इस प्रणाली का पहला दोष शासकों के स्वेच्छाचारी होने के खतरे का है।

(ख) शक्तियों के पृथक्करण के कारण कार्यपालिका व व्यवस्थापिका में सामंजस्य नहीं रहता है। व्यवस्थापिका प्रायः कार्यपालिका का विरोध करती है। यह विरोध उस अवस्था में असाध्य हो जाता है जब कार्यपालिका व व्यवस्थापिका में अलग-अलग दलों का प्रभुत्व हो। उस अवस्था में दलबन्दी के कुपरिणामों से शासन व्यवस्था गतिरोधित हो जाती है और प्रशासन कार्य रुक-सा जाता है। आज की परिस्थितियों में शासन की दृढ़ता के लिए कार्यपालिका व व्यवस्थापिका में सामंजस्य की आवश्यकता है, परन्तु अध्यक्षात्मक प्रणाली इन दोनों में स्वाभाविक सहयोग के स्थान पर अस्वाभाविक गतिरोध की स्थापना करती है। इसलिए यह कहना उपयुक्त होगा कि इस प्रणाली का दूसरा दोष कार्यपालिका व व्यवस्थापिका में गतिरोध उत्पन्न करना है।

(ग) इस प्रणाली में उत्तरदायित्व का अभाव होता है। हर एक संस्था या अंग, अपनी असफलताओं या गलत निर्णयों का अपयश दूसरी संस्था पर थोप देता है, क्योंकि इसको उसके साथ मिलकर कार्य करना ही नहीं होता है। यही कारण है कि इस व्यवस्था में कार्यपालिका यह कहकर अपने उत्तरदायित्व से बच जाती है कि व्यवस्थापिका ने यह या वह कानून नहीं बनाया या इसके लिए आवश्यक धन की व्यवस्था नहीं की। इसी प्रकार व्यवस्थापिका भी अपने उत्तरदायित्व में कार्यपालिका को रुकावट बताकर बच जाती है। अतः इसका तीसरा बड़ा दोष राजनीतिक व्यवस्था में सुनिश्चित उत्तरदायित्व के अभाव का है।

(घ) इस प्रणाली में अवसर अनुकूलता नहीं होती है। यह संसदीय शासन व्यवस्था की भांति लचीली तथा परिवर्तनशील नहीं होती है। संकट या आवश्यकता के समय संवैधानिक व्यवस्थाएं आवश्यक अधिकारों को जुटाने में बाधक रहती हैं। शक्तियों के पृथक्करण के कारण निर्णय तब तक नहीं लिए जा सकते जब तक कि कार्यपालिका और व्यवस्थापिका उन पर सहमत नहीं हो। कई बार दलगत राजनीति के कारण संकट के समय को विपक्षी दल सुनहरा अवसर समझकर कार्यपालिका के द्वारा संकट का सामना करने की हर कोशिश को असफल कर देता है। इसलिए इसका चौथा दोष इसमें लचीलेपन व अवसर-अनुकूलता का अभाव है।

(च) शासकों को प्रजा के प्रति सजग रखना ही काफी नहीं होता है। लोकतान्त्रिक व्यवस्थाओं में शासकों की जनता की आवश्यकताओं और आकांक्षाओं के प्रति जागरूकता व अनु-

क्रियाशीलता भी होनी चाहिए। शासकों को इस स्थिति में राजनीतिक दल ही ला सकते हैं, पर अध्यक्षात्मक व्यवस्था में चुनाव हो जाने के बाद शासकों को हटाने या प्रभावित करने के अवसरों के अभाव के कारण राजनीतिक दल, एस० ई० फाइनर (S. E. Finer) की शब्दावली में, 'राजनीतिक विश्राम' करने लगते हैं। राजनीतिक दलों को लोकतान्त्रिक व्यवस्थाओं का प्रहरी माना जाता है। इनके द्वारा 'प्रहरी' की भूमिका निभाने की प्रेरणा न रहने पर शासक जन इच्छा के प्रति अनुक्रियाशील नहीं रह पाते हैं। यही इस व्यवस्था का पांचवां दोष है।

(छ) इस व्यवस्था में व्यवस्थापिका और कार्यपालिका के पृथक्करण को तो दल व्यवस्था के विकास ने सामंजस्य की स्थिति में ला दिया है, परन्तु सर्वोच्च न्यायालय न केवल पृथक व स्वतन्त्र होता है वरन सर्वोच्च भी होता है। इसके निर्णय अन्तिम होते हैं और कार्यपालिका तथा व्यवस्थापिका को अनिवार्यतः मानने होते हैं। इसके अलावा कार्यपालिका व व्यवस्थापिका के गठन का आधार चुनाव होता है जबकि सर्वोच्च न्यायालय के न्यायाधीश नियुक्त होते हैं और केवल महाभियोग द्वारा ही हटाए जा सकते हैं। उनका अमरीका में तो कार्यकाल भी जीवनपर्यन्त रहता है। ऐसी अवस्था में न्यायपालिका का अनुचित हस्तक्षेप रोका नहीं जा सकता। इससे एक अनिश्चय की स्थिति भी उत्पन्न हो जाती है, क्योंकि हर कार्यपालन व व्यवस्थापन कार्य, न्यायिक पुनरावलोकन (judicial review) द्वारा परख कर संविधान के प्रतिकूल होने पर रद्द किया जाता है। अतः न्यायपालिका के कारण कार्यपालिका व व्यवस्थापिका का महत्त्व क्षीण हो जाता है और सर्वोच्च न्यायालय व्यवस्थापिका का 'तीसरा सदन' बनने की स्थिति में आ जाता है।

अध्यक्षात्मक व्यवस्था के गुण व दोषों के विवेचन से यह बात उभरती है कि यह प्रणाली भी संसदीय व्यवस्था की तरह प्रशंसा व आलोचना का शिकार रही है। इन दोनों प्रणालियों का वर्णन यह प्रश्न भी उपस्थित करता है कि क्या कोई ऐसी प्रणाली नहीं हो सकती जिसमें इन दोनों प्रकार की शासन प्रणालियों के गुणों को एक साथ प्राप्त किया जा सके और इनके अवगुणों से बचाव हो जाए? स्विट्ज़रलैंड में ऐसा ही प्रयास किया गया है। वहां कार्यपालिका व व्यवस्थापिका में सामंजस्य व पृथक्कत्व दोनों ही व्यवस्थाएं करने का प्रयास किया गया है। इसी तरह संघीय परिषद (federal council) जो वहां की कार्यपालिका है, को स्थायित्व व उत्तरदायित्व के दोनों ही लक्षणों से युक्त किया गया है। परन्तु वहां प्रत्यक्ष लोकतन्त्र की व्यवस्थाओं के कारण इस प्रणाली की सुचारुता की सम्भावना अधिक है जो कि अन्य राजनीतिक संस्कृतियों में कम ही दिखाई देती है। 1958 में फ्रांस के पांचवें गणतन्त्र के संविधान में इन दोनों प्रणालियों को मिलाने का प्रयास किया गया है। इससे शासन शक्ति के संगठन का तीसरा मार्ग खुल गया है। संक्षेप में, इसके विवेचन से इसे वर्णसंकर व्यवस्था (hybrid system) की विशेष प्रकृति समझी जा सकती है।

फ्रांस की संसदीय अध्यक्षात्मक शासन प्रणाली (The French Presidentialist System of Government)

चतुर्थ गणतन्त्र के काल में (1946-1958) फ्रांस में संसदीय प्रणाली का अनुभव अत्यन्त कटु रहा था। बारह वर्ष के अल्पकाल में 24 मन्त्रिमण्डल गठित हुए थे। कार्यपालिका के कार्यकाल की अनिश्चितता संसदीय प्रणालियों में सर्वत्र पाई जाती है पर फ्रांस में तो यह अस्थायित्व सभी सीमाओं को पार कर गया था। अत: 1958 में पांचवें गणतन्त्र का संविधान कार्यपालिका के स्थायित्व की व्यवस्था, अध्यक्षात्मक व्यवस्था के अनुरूप करने के उद्देश्य से प्रेरित रहा। इस संविधान में दो विरोधी सिद्धान्तों—स्थायित्व व उत्तरदायित्व को मिलाने का प्रयत्न किया गया है। उत्तरदायित्व की व्यवस्था करने के लिए संविधान गणतन्त्रीय संसदात्मक शासन स्थापित करता है तथा कार्यपालिका के स्थायित्व के लिए अध्यक्षात्मक शासन को संसदात्मक शासन पर प्रतिरोपित किया गया है। इससे यह न तो अमरीका की तरह का अध्यक्षात्मक शासन स्थापित करता है और न ब्रिटिश ढंग का संसदात्मक शासन ही, वरन यह तो दोनों का मेल करके एक ऐसा प्रतिमान प्रस्तुत करता है जिसे फ्रांस के लेखक 'प्रेसिडेन्शियलिस्ट' (Presidentialist) व्यवस्था कहकर पुकारते हैं।

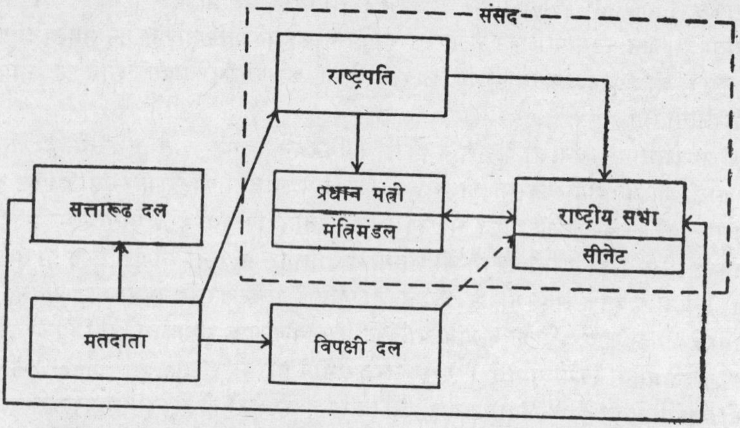

चित्र 12.10. फ्रांस की 'प्रेसिडेन्शियलिस्ट व्यवस्था की सामान्य संरचना

1958 के संविधान में संसदात्मक ढांचा बनाए रखा गया है परन्तु असाध्य अस्थायित्व से उत्पन्न होने वाले राजनीतिक संकटों से सुरक्षा करने के लिए एक ऐसे राष्ट्रपति की व्यवस्था की गई है जो संसदात्मक व्यवस्था के ध्वजमात्र अध्यक्ष के कार्यों के अतिरिक्त संकट की परिस्थितियों में ऐसे अधिकारों का धारक बन जाता है जो उसे वास्तव में संवैधानिक तानाशाह बना देते हैं ? राष्ट्रपति को दी गई यह विशेष शक्तियां अनोखी हैं। इससे राष्ट्रपति संसदीय प्रणालियों के ध्वजमात्र अध्यक्ष से बहुत भिन्न बन जाता है। यह

शक्तियां उसे अमरीका के राष्ट्रपति से भी कहीं अधिक शक्तिशाली बना देती हैं। वह राष्ट्राध्यक्ष और प्रधान मन्त्री दोनों के ही अधिकारों से युक्त हो जाता है। फ्रांस की इस प्रणाली में राष्ट्रपति के अन्य अंगों के साथ सम्बन्धों को चित्र 12.10 द्वारा 'चित्रित' किया गया है।

फ्रांस की इस व्यवस्था में राष्ट्रपति की स्थिति प्रमुखता की हो जाती है। वह प्रधान मन्त्री और मन्त्रिमण्डल से ही सर्वोच्च नहीं हो जाता है वरन राष्ट्रीय सभा का जीवन भी उसके हाथों में रहता है। संवैधानिक व्यवस्था में राष्ट्रपति, राष्ट्रीय सभा को स्वयं के विवेक से भंग करने का अधिकार रखता है। वह विधेयकों को व्यवस्थापिका के सम्भावित विरोध से बचाने के लिए लोकनिर्णय (referendum) के द्वारा पारित करा सकता है।

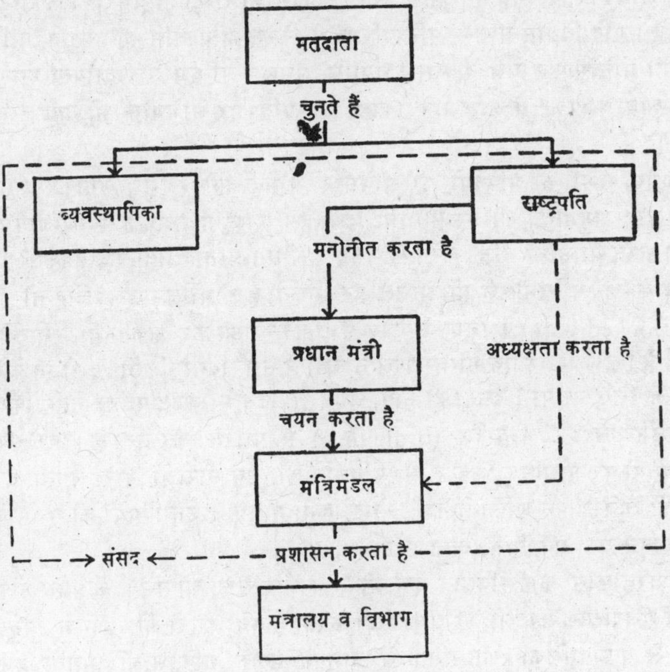

चित्र 12.11. फ्रांस की 'अर्ध-अध्यक्षात्मक' व्यवस्था की सामान्य रचना

इसके अलावा अनुच्छेद 16 में संविधान उसे विशेष संकटकालीन अधिकार प्रदान करके वास्तविक कार्यपालक बना देता है। वह किसी भी व्यक्ति को प्रधान मन्त्री बना सकता है तथा मन्त्रिमण्डल की स्वयं अध्यक्षता करता है। इस तरह यह व्यवस्था न संसदीय कही जा सकती है और न ही अध्यक्षात्मक लगती है। संसदीय व अध्यक्षात्मक व्यवस्थाओं में विभिन्न संरचनाओं के सापेक्ष महत्त्व को समझने के लिए हमने जिस रेखाचित्र प्रतिमान का पहले के पृष्ठों में प्रयोग किया है उसी ढांचे पर फ्रांस की तथाकथित अर्ध-अध्यक्षात्मक व्यवस्था को उपरोक्त चित्र 12.11 द्वारा चित्रित किया है।

चित्र 12.11 में राष्ट्रपति प्रधान मन्त्री तथा मन्त्रिमण्डल से विशेष सम्बन्ध रखता हुआ दिखाई देता है। वह व्यवस्थापिका में दलीय बहुमत द्वारा चुने हुए व्यक्ति को प्रधान मन्त्री बनाए यह आवश्यक नहीं। वैसे इस व्यवस्था में संसद की प्रकृति संसदीय व्यवस्थाओं की संसद से बहुत भिन्न होती है। यही कार्यपालिका व व्यवस्थापिका की सम्पर्कता नहीं होती है। अतः यह अध्यक्षात्मक व्यवस्था के अधिक करीब लगती है इसलिए जोसेफ ला पालोम्बारा (Joseph La Palombara) इसे अर्ध-अध्यक्षात्मक व्यवस्था (quasi-presidential system) कहता है। इसमें प्रधान मन्त्री को व्यवस्थापिका का विश्वास प्राप्त नहीं करना होता है। अमरीका की भांति फ्रांस में भी कार्यपालिका को अधिक शक्तिशाली और स्थायी बनाने के उद्देश्य से राष्ट्रपति एवं मन्त्रिपरिषद को व्यापक अधिकार दिए गये हैं। अनेक प्रकार से फ्रांस का राष्ट्रपति अमरीका के राष्ट्रपति के समान है। यदि विधान मण्डल मन्त्रिपरिषद के विरुद्ध अविश्वास का प्रस्ताव पारित कर दे तो भी मन्त्रिमण्डल चल सकता है क्योंकि उसका अन्तिम उत्तरदायित्व राष्ट्रपति के प्रति है व्यवस्थापिका के प्रति नहीं। यहां राष्ट्रपति पर अभियोग भी नहीं चलाया जा सकता।

राष्ट्रीय सभा की शक्तियों पर संविधान में महत्त्वपूर्ण अंकुश लगाकर उसे केवल औपचारिक अनुमोदन की संस्था बना दिया है। राष्ट्रीय सभा के सदस्य आय या खर्च को कम करने या उसमें वृद्धि करने के लिए संशोधन प्रस्ताव नहीं रख सकते। ऐसे धन विधेयक केवल मन्त्रिमण्डल ही प्रस्तुत कर सकता है। मन्त्रिमण्डल चाहे तो 'पिन्डीय मत' (blocked vote) के लिए राष्ट्रीय सभा को बाध्य कर सकता है। 'पिन्डीय मत' का अर्थ है कि जैसा प्रस्ताव मन्त्रिमण्डल ने रखा है उसे बिना किसी संशोधन के पूरे को ही मत के लिए रखना। इतना ही नहीं, अगर 70 दिन में बजट पारित नहीं किया गया तो मन्त्रिमण्डल इसे अध्यादेश (ordinance) से पारित कर लेता है। व्यवस्थापिका की शक्तियों पर सर्वाधिक अंकुश तो संविधान की उन धाराओं द्वारा लगता है जिनमें संसद की व्यवस्थापन शक्तियों का उल्लेख किया गया है। उन विषयों की सूची जिन पर संसद कानून बना सकती है, बहुत छोटी है।

इस तरह फ्रांस का संविधान एक ओर, कार्यपालिका को संसद के प्रति उत्तरदायी बनाकर संसदात्मक प्रणाली का ढांचा खड़ा करता है तथा दूसरी ओर, अनेक उपबन्धों की रचना से कार्यपालिका को संसद से उन्मुक्त करके शक्तिशाली बनाता है। अतः ला पालोम्बारा ठीक ही कहता है कि "संविधान जानबूझकर व्यवस्थापिका को कमजोर और कार्यपालिका को शक्तिशाली बनाने का प्रयत्न है।" उसने निष्कर्ष में लिखा है कि "फ्रांस की वर्तमान शासन व्यवस्था में अध्यक्षात्मकता अमरीका की व्यवस्था से कहीं अधिक शक्तिशाली है परन्तु फिर भी यह अर्ध-अध्यक्षात्मक ही रहता है क्योंकि मन्त्रिमण्डल और व्यवस्थापिका में बहुत कुछ अन्तःसम्बन्ध है तथा व्यवस्थापिका अविश्वास प्रस्ताव से मन्त्रिमण्डल को हटाने का मार्ग तैयार कर सकती है।"

फ्रांस के संविधान द्वारा संसदीय व अध्यक्षात्मक व्यवस्थाओं के मेल का प्रयोग मौलिकता नहीं कहा जा सकता है। इसमें विशेष अनोखापन भी नहीं है। चिली (Chile)

में पचास वर्ष पूर्व अपनाये गए संविधान (इस 1973 के राज्य विप्लव ने स्थगित कर दिया है) पर आधारित अत्यधिक शक्तिशाली अध्यक्षात्मक व्यवस्था में फ्रांस के संविधान से मिलती-जुलती अनेक व्यवस्थाएं हैं। ऐसा कहा जाता है कि फ्रांस का 1958 का संविधान ब्रिटेन के संविधान से कहीं अधिक चिली के संविधान से प्रभावित रहा है। संविधान के स्रोत कुछ भी रहे हों, इतना जरूर कहा जा सकता है कि फ्रांस का संविधान एक विकल्प प्रस्तुत करता है और विकासशील राज्यों में इसके अनुकरण की अधिक सम्भावनाएं हैं।

संसदीय व अध्यक्षात्मक व्यवस्थाओं का तुलनात्मक विश्लेषण
(COMPARATIVE ANALYSIS OF PARLIAMENTARY AND PRESIDENTIAL SYSTEMS)

संसदीय व अध्यक्षात्मक शासन व्यवस्थाओं के विवेचन में हमने देखा कि दोनों प्रकार की शासन प्रणालियों में अपनी-अपनी विशेषताएं व गुण-दोष हैं। वस्तुतः दोनों ही प्रणालियों में अपने-अपने ढंग से शक्ति के प्रयोग को नियन्त्रित करने की व्यवस्था है। संसदीय प्रणाली में कार्यपालिका व व्यवस्थापिका को सम्मिश्रित करके तथा अध्यक्षात्मक प्रणाली में इनको एक दूसरे से पृथक रखकर शासन शक्ति को नियन्त्रित रखा जाता है। परन्तु मूल्यांकन में यदि यह देखा जाए कि क्या वास्तव में ऐसा कहीं सम्भव हो सका है, अथवा क्या किसी एक संस्था में शक्ति के केन्द्रीकरण को रोका जा सका है? इसका उत्तर नकारात्मक ही हो सकता है तथा उपरोक्त विवेचन से भी यही निष्कर्ष निकलता है कि संसदीय, अध्यक्षात्मक तथा फ्रांस की अर्ध-अध्यक्षात्मक व्यवस्थाओं में भी शासन शक्ति के कार्यपालिका-प्रधान में केन्द्रीकरण को नहीं रोका जा सका है। वास्तव में आजकल हर प्रकार की व्यवस्था में, कार्यपालिका शक्ति पर केवल औपचारिक नियंत्रण ही रह गए हैं।

आज के शासन चाहे वे संसदीय हों अथवा अध्यक्षीय, सभी प्रायः कार्यपालिका प्रधान होते जा रहे हैं। सर्वत्र कार्यपालिका का प्रभाव, उसकी शक्ति और महत्त्व, व्यवस्थापिका के प्रभाव, उसकी शक्ति तथा महत्त्व से कहीं अधिक बढ़ गया है। आज कार्यपालिका सभी व्यवस्थाओं में, शासन के दोनों अंगों—व्यवस्थापिका और न्यायपालिका, को प्रभावित ही नहीं, बहुत कुछ नियन्त्रित कर सकने की स्थिति में आ गई है। कार्यपालिका पर नियन्त्रणों की सभी संवैधानिक व्यवस्थाएं केवल सैद्धान्तिक व औपचारिक बन गई हैं। राजनीति की जटिलताओं, राष्ट्रीय व अन्तर्राष्ट्रीय स्तर पर होने वाली गतिविधियों तथा वैचारिक (ideological) धाराओं से जूझने का काम कार्यपालिकाओं को ही करना होता है। देश के अन्दर के दलीय दबावों, खिंचावों तथा हित समूहों की संघर्षरत मांगों से ओत-प्रोत विशेष स्थितियों में कार्यपालिका ही प्रभावी कदम उठा सकती है। अतः कार्यपालिकाओं के महत्त्व का ज्वार सभी जगह चढ़ाव पर है। अब व्यवस्थापिकाएं कार्यपालिका की अनुगामी रहने के अलावा और कोई विकल्प वास्तव में रख ही नहीं सकती हैं।

आज वस्तुस्थिति यह है कि संसदीय और अध्यक्षात्मक शासन के बीच का सद्धान्तिक अन्तर व्यवहार में अब मिटता जा रहा है। दोनों ही प्रणालियों में कार्यपालिका सर्वेसर्वा हो गई है तथा व्यवस्थापिकाएं उनकी अनुगामी बन गई हैं। राजनीतिक दलों का विकास व आधुनिक लोकतन्त्रों में इनकी केन्द्रीय भूमिका, संसदीय व अध्यक्षात्मक शासन के सैद्धान्तिक अन्तर को व्यवहार में धूमिल बना देती है। राजनीतिक दल, एक तरफ जनता व शासन के बीच, तथा दूसरी ओर कार्यपालिका और व्यवस्थापिका के बीच प्रभावशाली सम्पर्क सूत्र बन गए हैं। कार्यपालिकाओं के प्रधान, व्यवस्थापिकाओं में सत्तारूढ़ दल के चोटी के नेता होते हैं। इस कारण उन्हें बहुमत का समर्थन सदा प्राप्त रहता है। अतः बहुमत के समर्थन की शक्ति के आधार पर कार्यपालिका विधायिका का नेतृत्व करती है तथा व्यवस्थापिका को कार्यपालिका अनुगामी बनाना पड़ता है। इस तरह दल, कार्यपालिका व व्यवस्थापिका के पृथक्करण की अवस्था में भी इनकी मजबूत संयोजक कड़ी बन जाते हैं। यही कारण है कि दोनों प्रकार की शासन प्रणालियों में एक-सा शक्ति केन्द्र, कार्यपालिका में स्थापित हो जाता है और संसदीय व अध्यक्षात्मक व्यवस्थाओं का अन्तर केवल सैद्धान्तिक व संवैधानिक स्तर पर ही रह जाता है।

संसदीय व अध्यक्षात्मक व्यवस्थाओं का भविष्य
(THE FUTURE OF PARLIAMENTARY AND PRESIDENTIAL FORMS OF GOVERNMENTS)

वर्तमान समय में करीब 160 राज्यों में से कुछ को छोड़कर अन्य सभी राज्य सरकारी तौर पर अपनी शासन प्रणाली को संसदीय या अध्यक्षात्मक घोषित करते हैं। आज संसदात्मक व 'अध्यक्षात्मक' शब्दावली का आधुनिक शासनों के वर्णन में इतना व्यापक प्रयोग होने लगा है कि यह किसी शासन व्यवस्था की आधारभूत प्रकृति की व्याख्या करने में समर्थ ही नहीं रही है। अब किसी राज्य को अध्यक्षात्मक शासन कहकर उसकी शासन व्यवस्था को समझना अर्थहीन हो गया है। अमरीका से लेकर अल्जीरिया, इन्डोनेशिया, बर्मा तथा बंगलादेश जैसे राज्यों में भी कार्यपालिका शक्तियां एक राष्ट्रपति में निहित हैं तथा कार्यपालिका को व्यवस्थापिका से पृथक भी किया गया है। चारों तरफ राजनीतिक व्यवस्थाओं में राष्ट्रपति ही राष्ट्रपति दिखाई देते हैं। अफ्रीका व लेटिन अमरीका में भी अधिकांश राज्याध्यक्ष राष्ट्रपति के नाम से जाने जाते हैं। संसदीय प्रणालियों में भी इंगलैण्ड, कनाडा, आस्ट्रेलिया, जापान, भारत, रूस, नेपाल व श्रीलंका (Ceylon) मे कार्यपालिकाओं व व्यवस्थापिकाओं में सामंजस्य की व्यवस्था है। इनमें राज्य का अध्यक्ष ध्वजमात्र तथा प्रधान मन्त्री शासन का प्रधान होता है। इस तरह कहा जाता है कि 1971 में कुल 146 राज्यों में से 80 राज्य अपने आपको संसदीय तथा 50 राज्य अध्यक्षात्मक व्यवस्था के लेबल (label) से अलंकृत करते हुए पाए गये हैं। बाकी के 16 राज्य किसी प्रकार का बिल्ला लगाने की चिन्ता नहीं करते हुए पाए गये हैं।

इसका तो यही अर्थ लिया जा सकता है कि संसदीय व अध्यक्षात्मक व्यवस्थाओं का

भविष्य अति उज्ज्वल है। शासन शक्ति के संगठन के यह दो ही प्रतिमान या नमूने करीब-करीब सभी राजनीतिक व्यवस्थाएं स्वीकार करती हैं और इनमें से किसी एक को अपनी परिस्थितियों के अधिक अनुकूल होने के कारण अपनाती है। पर तथ्य यह नहीं है। अगर संसदीय व अध्यक्षात्मक प्रणालियों से वह तात्पर्य लिया जाए जैसा हमने इनके अर्थ व विशेषताओं के विवेचन में इस अध्याय के प्रारम्भ में देखा है तो इन 146 राज्यों में से करीब 37 में प्रभावी ढंग से संचालित संसदीय प्रणालियां तथा करीब 22 राज्यों में अध्यक्षात्मक प्रणालियां मानी जा सकती हैं। परन्तु संसदीय व अध्यक्षात्मक व्यवस्थाओं वाले इन 57 राज्यों में से पिछले पांच वर्षों में अनेक राज्य इन व्यवस्थाओं के मान्य ढांचे से हटते जा रहे हैं, तथा ऐसा प्रतीत होता है कि कई विकासशील राज्यों में (यहां सब देशों के नामों का उल्लेख करना कठिन है) संवैधानिक ढांचे के संसदीय या अध्यक्षात्मक रूप में बने रहने पर भी यह राज्य व्यवहार में संसदीय या अध्यक्षात्मक नहीं रहे हैं।

यह प्रवृत्ति इस बात की पुष्टि करती है कि भविष्य में संसदीय व अध्यक्षात्मक प्रणाली के क्रमश: ब्रिटिश व अमरीकी प्रतिमान इन्हीं तथा इन राजनीतिक व्यवस्थाओं के अनुरूप राजनीतिक संस्कृतियों वाले कुछ राज्यों (14) में ही शेष रह जायेंगे। वैसे भी लोकतन्त्र का उदारवादी प्रतिमान अपनाए हुए राज्य एक के बाद दूसरे उससे विलग होते जा रहे हैं। लोकतन्त्र के परित्याग की प्रवृत्ति भी आजकल चढ़ाव पर है। विकासशील राज्यों, विशेषकर ब्रिटेन व अमरीका के संसदीय व अध्यक्षात्मक ढांचे, एक के बाद दूसरे राज्य में गिरते जा रहे हैं। यहां यह प्रश्न उठता है कि स्वतन्त्र होने पर 'तीसरे विश्व' के करीब-करीब सभी राज्यों ने इन दोनों में से एक, विशेषकर ब्रिटेन का संसदीय प्रतिमान या ढांचा अपनाकर, उसके त्याग का इतना जल्दी ही संकेत देना क्यों आरम्भ कर दिया? अनेक ने तो थोड़ी कठिनाई आते ही इनको, विशेषकर संसदीय प्रणाली को, छोड़ ही दिया है। शेख मुजीबुर्रहमान द्वारा बंगला देश में संसदीय प्रणाली का परित्याग करना तथा भारत में संविधान के संशोधनों पर रिपोर्ट देने के लिए निर्मित स्वर्ण सिंह समिति के सामने एक यह प्रश्न भी होना कि क्या भारत में संसदीय प्रणाली के स्थान पर अध्यक्षात्मक प्रणाली उपयुक्त रहेगी, इस बात का प्रमाण है कि कम से कम [illegible] प्रणाली का भविष्य तो विशेष उज्ज्वल नहीं है? यद्यपि स्वर्ण सिंह समिति ने 29 मई 1976 में अपनी अन्तरिम रिपोर्ट, अखिल भारतीय कांग्रेस समिति के सामने प्रस्तुत करते हुए भारत में संसदीय व्यवस्था को बनाए रखने की बात कही थी फिर भी यह नहीं कहा जा सकता कि विकासशील राज्यों में संसदीय प्रणाली लम्बे समय तक लोकप्रिय रह सकेगी? फ्रांस में संसदीय प्रणाली का परित्याग तथा अमरीका की अध्यक्षात्मक व्यवस्था को नहीं अपनाना वहां की दलीय व्यवस्था की प्रकृति के आधार पर ही नहीं समझाया जा सकता है। आजकल की जटिल राजनीतिक परिस्थितियों में ऐसी शासन व्यवस्था की आकांक्षा की जाने लगी है जिसमें शासक तेजी से आर्थिक विकास की व्यवस्था करने की स्थिति में हो। वैसे तो संसदीय प्रणाली इसकी श्रेष्ठतम व्यवस्था करने वाली मानी जाती है पर इस प्रणाली के सफल संचालन के लिए विशेष प्रकार की राजनीतिक संस्कृति का होना आवश्यक है। अधिकांश नवोदित राज्यों ने प्रारम्भिक जोश में संसदीय प्रणालियां

अपनाईं पर तुरन्त ही यह इन व्यवस्थाओं में अन्तर्निहित विरोधाभासों (inherent contradictions) के दबावों व तनावों से व्यवहार में टूटने लगीं। फलत: इनमें या तो लोकतन्त्र को बलि की वेदी पर चढ़ना पड़ा या कुशल नेतृत्व व शक्तिशाली पर दलीय आधार से मुक्त, कार्यपालिका की तलाश में संसदीय प्रणाली को ही छोड़ दिया गया।

वर्तमान समय में विश्व के अधिकांश राज्यों के लिए न तो अमरीका की तरफ का अध्यक्षात्मक शासन और न ही ब्रिटेन में प्रचलित संसदीय शासन आकर्षक रहा है। इन दोनों ही व्यवस्थाओं के सैद्धान्तिक खिचाव अभी भी क्षीण नहीं हुए हैं पर यथार्थबादी राजनीतिक परिस्थितियां अनेकों राजनेताओं को इनकी प्रशंसा से आगे नहीं बढ़ने देती हैं। आजकल फ्रांस के पांचवें गणतन्त्र द्वारा स्थापित प्रतिमान अधिक चर्चित हैं। कार्य-पालिकाओं के बढ़ते हुए महत्त्व के अनुरूप यही व्यवस्था रह जाती है। अत: बचे-खुचे 'लोकतन्त्रों' में भविष्य में शासन व्यवस्था का क्या ढांचा रहेगा यह कहना कठिन है। पर इतना तो निश्चयपूर्वक कहा जा सकता है कि ब्रिटेन व अमरीका की संसदीय व अध्यक्षात्मक व्यवस्थाएं अन्ततः इन दोनों राज्यों में ही प्रचलित रह जाएंगी तथा अन्यत्र इस नमूने की शासन व्यवस्थाएं या तो समाप्त हो गई हैं या निकट भविष्य में समाप्त होने की सम्भावना रखती हैं।

संसदीय व अध्यक्षात्मक शासन प्रणालियों को सबसे बड़ा खतरा वैचारिक अभ्याघात (ideological onslaught) का दिखाई पड़ता है। वर्तमान विश्व में विचारधाराओं के टकराव इतने प्रबल होते जा रहे हैं कि कई देश विचारधारा विशेष के अभ्याघात से बचाव के लिए संवैधानिक ढांचों के प्रतिबन्धों से मुक्त आचरण करने लगते हैं। यहां यह भी ध्यान रखना है कि स्वयं ब्रिटेन व अमरीका में सिद्धान्त व व्यवहार में बहुत अन्तर आ गया है। वैसे भी अब सरकार का ढांचा किसी व्यवस्था की वास्तविक कार्य प्रणाली का एक मामूली नियामक तथ्य रह गया है। अगर यह बात स्वीकार कर ली जाए तो फिर शासन व्यवस्थाओं की संरचनात्मक व्यवस्थाओं का महत्त्व ही नहीं रह जाता है और इस आधार पर किसी व्यवस्था को संसदीय या अध्यक्षात्मक शासन का नाम देना ही अर्थहीन हो जाता है। अत: संसदीय व अध्यक्षात्मक शासन व्यवस्थाओं के भविष्य के बारे में जो कुछ ऊपर कहा गया है वह ठीक ही माना जा सकता है।

अध्याय 13

शक्तियों का पृथक्करण : सिद्धान्त और व्यवहार

(Separation of Powers : Theory and Practice)

अरस्तू से लेकर आज तक के प्रमुख राजनीतिशास्त्रियों की सबसे महत्वपूर्ण चिंता राजनीतिक शक्ति के अर्थ और इसके उचित प्रयोग के सम्बन्ध में रही है। राजनीतिक शक्ति की प्रकृति, इसकी परिभाषा, इसके विभिन्न पहलू, इसका स्थानांकन व माप इत्यादि प्रश्नों ने श्रेष्ठतम मस्तिष्कों को अभी तक उलझाए रखा है। इसी तरह राजनीतिशास्त्र के विद्वानों की यह चिंता भी प्रमुख उलझनें पैदा करती रही है कि शक्ति का 'प्रभाव' (influence), अवपीड़न, (coercion) बाध्यता, (compulsion), नियंत्रण (control), शासन करने (govern), सत्ता (force), प्रलोभन (inducement), और अनुनयन (persuation) इत्यादि से कैसे अन्तर किया जाए ? किन्तु इन सबसे गम्भीर व अत्यधिक पेचीदा समस्या यह रही है कि राजनीतिक शक्ति के धारण और इसके प्रयोग की ऐसी व्यवस्था कैसे की जाए जिससे इसका सदा ही सदुपयोग होता रहे ? इसी समस्या का समाधान-प्रयत्न राजनीतिक व्यवस्थाओं और संस्थाओं की अनगिनत विविधताओं के लिए प्रमुख रूप से उत्तरदायी रहा है। क्योंकि, मानव हमेशा से ही राजनीतिक शक्ति के केवल सदुपयोग की व्यवस्था करने के लिए एक के बाद दूसरी व्यवस्था व संरचना का सृजन करता रहा है। और यह क्रम आज भी सतत रूप से चल रहा है। फिर भी आज तक मानव मस्तिष्क ऐसी संस्थागत संरचना की रचना नहीं कर पाया है जो राजनीतिक शक्ति के दुरुपयोग से बचाव की शत प्रतिशत गारन्टी उपलब्ध करा सके। इन बड़े प्रश्नों के साथ ही एक छोटा किन्तु, निर्णयकारी प्रभाव रखने वाला प्रश्न और उलझनें पैदा करता है। यह प्रश्न है कि राजनीतिक शक्ति के किस प्रकार के प्रयोग को इसका सदुपयोग व किस प्रकार के प्रयोग को दुरुपयोग कहा जाए ? हम इस अध्याय में इन दोनों ही प्रश्नों का संतोषजनक उत्तर खोजने के साथ ही साथ इस सम्बन्ध में किए गए प्रयत्नों का संक्षिप्त विवेचन भी कर रहे हैं। राजनीतिक शक्ति के दुरुपयोग से बचाव की अनेकों व्यवस्थाओं व संस्थागत संरचनाओं का मूल सार यह है कि इस शक्ति के प्रयोगकर्ताओं पर ऐसे प्रभावी नियंत्रण लगाए जाएं जिससे शासक इसका सही प्रयोग करने के अलावा और कुछ कर ही नहीं सके। इस सन्दर्भ में एक प्रश्न यह भी उठ खड़ा होता है कि कौनसी संस्थागत व्यवस्था शक्ति के दुरुपयोग से बचाव की श्रेष्ठतम व्यवस्था करते हुए इसके उचित प्रयोग में अनावश्यक रूप से बाधाएं उत्पन्न नहीं

करेगी ? कई बार ऐसा देखा जाता है कि शक्ति-प्रयोग समुचित ढंग से किया जा सके इसके लिए की गई संस्थागत संरचना हर कदम पर शक्ति के प्रयोग पर शंकाएं खड़ी करके इसका प्रयोग करने में बाधाएं उत्पन्न करती हुई पाई गई है। किन्तु, इस सम्बन्ध में इस अध्याय की सीमाओं में विचार करना सम्भव नहीं होने के कारण हम केवल राजनीतिक शक्ति को नियंत्रित रखने के विभिन्न प्रकरणों पर ही अपना ध्यान केन्द्रित करने का प्रयास करेंगे।

राजनीतिक शक्ति के प्रयोग करने वालों की तरफ दृष्टिपात करें तो हर राजनीतिक व्यवस्था में कुछ लोगों द्वारा ही इसका व्यवहार में प्रयोग करने की संस्थागत व्यवस्थाएं विद्यमान मिलेंगी। स्वेच्छाचारी व्यवस्थाओं में तो केवल एक व्यक्ति द्वारा ही शक्ति का प्रयोग होता है। अतः सत्ता के दुरुपयोग से बचाव की व्यवस्था का सम्बन्ध इन्हीं शासकों से ही सम्बन्धित है। इनको नियंत्रित रखने की अनेक व्यवस्थाओं में से एक व्यवस्था सत्ता का संस्थाकरण करना है। अर्थात राजनीतिक शक्ति, व्यक्तियों के बनिस्बत संस्थाओं में निहित करना है। इसमें राजनीतिक शक्ति का विभाजन या पृथक्करण करके इसको अलग-अलग संस्थाओं में रखा जाता है। इस प्रकार, राजनीतिक शक्ति का कार्यात्मक विभाजन करके व इसको विभिन्न संस्थाओं व व्यक्तियों में निहित करके इसके प्रयोगकर्ताओं को सुनियंत्रित रखने का प्रयास लम्बी अवधि से प्रचलन में है। जोसेफ ला पालोम्बरा का तो कहना है कि "शक्तियों का पृथक्करण या विभाजन, शक्तियों के मनमाने प्रयोग या इनके निरपेक्ष (absolute) दुरुपयोग से कुछ सुरक्षा व्यवस्था के माध्यम के रूप में, मानव की सबसे महत्वपूर्ण राजनीतिक खोजों में से एक है।"[1] यही कारण है कि राजनीतिक शक्ति को विभाजित करके, उसके प्रयोग को नियंत्रित रखने का प्रयत्न रोमन युग की शासन व्यवस्था में भी देखने को मिलता है। कार्ल जे० फ्रेडरिक ने तो इसके लम्बे इतिहास की अपनी पुस्तक **कान्सटीट्यूशनल गवर्नमेंट एण्ड डेमोक्रेसी** में विस्तार से विवेचन करके यह साबित करने का प्रयास किया है कि आधुनिक राजनीतिक व्यवस्थाओं की पेचीदगियों व राज्य शक्ति के नियंत्रण के अनौपचारिक उपकरणों के विकास के बावजूद शक्ति विभाजन व शक्ति पृथक्करण आज भी संविधानवाद की एक मात्र पक्की गारन्टी बना हुआ है।

शक्तियों के पृथक्करण से शक्ति को नियंत्रित रखने का प्रचलन केवल लोकतन्त्रों की ही विशेषता नहीं है। स्वेच्छाचारी या कम लोकतान्त्रिक शासनों में भी तानाशाह अपनी शक्ति सुरक्षा के लिए, शक्ति के बंटवारे या शक्ति के वितरण के माध्यम से ठोस नियंत्रण व्यवस्थाएं स्थापित करके अपने अलावा अन्य किसी व्यक्ति व गुट को शक्ति का दुरुपयोग करने से रोके रखता है। अतः शक्ति के दुरुपयोग से बचाव के लिए शक्ति नियंत्रण की सुव्यवस्था शक्ति-पृथक्करण द्वारा प्राचीन काल से ही की जाती रही है। शक्ति पृथक्करण द्वारा शक्तियों का नियंत्रण किस प्रकार होता है इसके लिए हमें शक्ति

[1]Joseph La Palombara, *Politics Within Nations*, New York, Prentice Hall, Inc., 1974, p. 82.

पृथक्करण का अर्थ व परिभाषा और इस सिद्धान्त की ऐतिहासिक पृष्ठभूमि पर दृष्टिपात करना होगा।

शक्ति पृथक्करण के सिद्धान्त की ऐतिहासिक पृष्ठभूमि
(HISTORICAL BACKGROUND OF THE THEORY OF SEPARATION OF POWERS)

राजनीतिक शक्ति का दुरुपयोग नहीं हो इसके लिए यह आवश्यक है कि इस शक्ति का संगठन इस प्रकार किया जाए जिससे नागरिकों की स्वतन्त्रताएं सुरक्षित बनी रहें तथा राजनीतिक शक्ति के प्रयोगकर्त्ता अपने हर कार्य के लिए उत्तरदायित्व निभाएं। इसके लिए शक्तियों को संस्थाओं में निहित करके उन्हें नियंत्रित करने का प्रचलन प्राचीन समय से ही चला आ रहा है। शक्तियों का संस्थाकरण करना वास्तव में शक्तियों को संविधान द्वारा अर्थात विधि द्वारा प्रतिबन्धित करना है। हर राज्य में शासकों को संवैधानिक बनाए रखने के लिए उन पर किसी न किसी प्रकार की नियंत्रण व्यवस्था का लगाना आवश्यक है। वैसे तो संविधान द्वारा सरकार के तन्त्र की स्थापना मात्र ही शक्ति की नियंत्रक व्यवस्था बन जाती है, फिर भी संविधान स्पष्ट रूप से सरकार की शक्तियों का ठोस नियन्त्रण भी करे यह आवश्यक है। इसके लिए संविधान द्वारा शक्तियों को दो प्रकार से नियंत्रण में रखा जाता रहा है। प्रथम विधि में शासन शक्तियों का कार्यात्मक विभाजन (functional division) किया जाता है और दूसरी विधि में राज्य की शक्तियों का प्रादेशिक या भौगोलिक विभाजन किया जाता है। शक्तियों का कार्यात्मक विभाजन ही शक्ति पृथक्करण कहा जाता है। राज्य शक्ति का भौगोलिक विभाजन, संघात्मक व्यवस्थाओं में (शक्तियों के भौगोलिक विभाजन के लिए अध्याय ग्यारह देखिए) किया जाता है। दोनों ही विधियों द्वारा राज्य शक्ति का एक स्थान पर केन्द्रण न होने देना है, जिससे उसके दुरुपयोग की सम्भावना कम से कम हो जाए। हम यहां शक्तियों के नियंत्रण की प्रथम विधि से ही सम्बन्धित होने के कारण इसके विवेचन तक ही सीमित रहेंगे।

मानव इतिहास की तरफ दृष्टिपात करने पर यह स्पष्ट हो जाता है कि शक्ति को शक्ति के द्वारा ही नियंत्रित किया जा सकता है। वास्तव में शक्ति, शक्ति के द्वारा ही नियंत्रित रह सकती है। उदाहरण के लिए, किसी शक्तिशाली संस्था को नियंत्रित रखने के लिए यह आवश्यक है कि उसकी नियंत्रक संस्था भी उतनी ही शक्तिशाली बनाई जाए अन्यथा वह संस्था उसका नियंत्रण नहीं कर सकेगी। अतः राजनीतिक शक्तियों के दुरुपयोग को रोकने के लिए उनको नियंत्रित करने की व्यवस्था शासन शक्तियों को पृथक करके की जाती है, इससे—

(1) शक्ति, शक्ति की नियंत्रक बन जाती है।
(2) शक्ति, शक्ति द्वारा संतुलित हो जाती है।
(3) शक्ति केवल अपने ही अधिकार क्षेत्र में सीमित रहती है।

(4) शक्ति अन्य शक्ति के अधिकार क्षेत्र का अतिक्रमण करने में असमर्थ हो जाती है और

(5) शक्ति अन्य शक्तियों के समान हो जाती है।

राज्य शक्ति को देखने पर यह स्पष्ट लगता है कि राज-शक्ति की अभिव्यक्ति साधारणतया तीन रूपों में होती है। दूसरे शब्दों में, राज-शक्ति के स्पष्टत: तीन पहलू होते हैं जो प्रकृति की दृष्टि से आपस में सम्बन्धित होते हुए भी भिन्न-भिन्न होते हैं। राज्य शक्ति का एक पहलू राज्य की इच्छा से सम्बन्धित है। सार्वजनिक जीवन के विषय में राज्य की नीति, सार्वजनिंक सुरक्षा तथा समाज कल्याण के बारे में मूल्यों व उद्देश्यों को ही राज्य की इच्छा कहते हैं। इसकी अभिव्यक्ति के लिए, अर्थात इस इच्छा को मूर्त रूप देने के लिए संस्थागत संरचना को व्यवस्थापिका या विधान मंडल कहते हैं। व्यवस्थापिका कानून बनाकर राज्य की इच्छा को अभिव्यक्त करती है और व्यावहारिक रूप देती है। यह राज्य-शक्ति की व्यावहारिक अभिव्यक्तक संस्था है। राज-शक्ति की अभिव्यक्त इच्छा को कार्यरूप देने वाली संरचनात्मक व्यवस्था, राज-शक्ति का दूसरा पहलू है। व्यवस्थापिका द्वारा निर्मित कानून एवं उसके द्वारा निर्धारित नीति को कार्यान्वित करने का काम राज-शक्ति के दूसरे पहलू से सम्बन्धित संरचना का ही है। इसे कार्यपालिका का नाम दिया गया है। राज-शक्ति का तीसरा पहलू विधियों की व्याख्या से सम्बन्धित है और इसे न्यायपालिका के नाम से जाना जाता है। "व्यवस्थापिका द्वारा निर्मित तथा कार्यपालिका द्वारा कार्यान्वित कानूनों का पालन ठीक तरह से तथा उनके वास्तविक अभिप्राय के अनुसार हो रहा है, इसका निर्णय न्यायपालिका द्वारा किया जाता है।[2] इससे स्पष्ट है राज्य शक्ति के तीन पहलू स्पष्ट रूप से भिन्नता रखते हैं। व्यवस्थापिका राज-शक्ति का कानूनों के रूप में निर्माण करती है, कार्यपालिका, व्यवस्थापिका द्वारा निर्मित राज-इच्छा को कार्यान्वित करती है तथा न्यायपालिका यह देखती है कि राज्य इच्छा का निर्माण व कार्यान्वयन ठीक प्रकार से हुआ है या नहीं। इन तीनों संस्थाओं को सम्मिलित रूप से सरकार कहा जाता है।

राज-शक्ति के यह तीन पहलू राज्य के विकास के प्रारम्भिक चरणों में ही पृथक-पृथक मान लिये गये थे। इसलिए ही किसी लेखक ने यहां तक कह दिया है शक्तियों के पृथक्करण का सिद्धान्त उतना ही पुराना है जितनी पुरानी राज्य नामक संस्था है। हम इस कथन को तो अतिश्योक्तिपूर्ण ही कहेंगे, पर इतना जरूर है कि राजनीति को तीन भागों में बांटने का विचार अति प्राचीन काल से चला आ रहा है। प्लेटो ने 'लॉज' में मिश्रित राज्य का विचार रखा था। अरस्तू ने "सरकार को 'असेम्बली', मजिस्ट्रेट' तथा 'जुडीशियरी नामक तीन भागों में बांटा था"[3] इस प्रकार अरस्तू ने शासन के वैधानिक प्रशासकीय और न्यायिक रूप तथा इनके अलग-अलग कार्य मानकर राजशक्ति के

[2] Iqball Narain, *Rajneeti Shashtra Ke Mool Siddhant*, Agra, Ratan Prakasan Mandir, 1974, p. 285.

[3] Aristotle, *The Politics* (Trans), Earnest Barker, New York, Oxford University Press, 1946, Book IV, Chapter XIV.

पृथक्करण का संकेत दिया था। रोम के गणतन्त्र में भी शासन कार्यों का विभाजन था। इसकी चर्चा रोमन लेखक पोलिबियस तथा सिसरो की रचनाओं में भी मिलती है। इसके बाद अनेक विचारकों के लेखों में प्रत्यक्ष या अप्रत्यक्ष रूप से इसकी चर्चा मिलती है। किन्तु इनमें से किसी ने भी शक्तियों के पृथक्करण की उस रूप में चर्चा नहीं की थी जिस अर्थ में उस सिद्धान्त को बाद में समझा जाने लगा था। इसी तरह 'संविदा-सिद्धान्त' के प्रमुख लेखक जॉन लॉक ने जब राजशक्ति को व्यवस्थापन, शासन तथा राजनय सम्बन्धी शक्तियों में विभाजित करने की बात वही तो वह सही अर्थों में शक्ति पृथक्करण की बात नहीं करके शक्तियों की प्रकृति सम्बन्धी भिन्नता पर ही जोर देता हुआ कहा जा सकता है।

इस प्रकार यह कहना तो सही है कि राज्य शक्ति के विभाजन का विचार अति-प्राचीन हैं, किन्तु शक्तियों के पृथक्करण के सिद्धान्त को हम मोन्टेस्क्यू से पीछे नहीं ले जा पाते हैं। हरमन फाइनर ने ठीक ही लिखा है कि "शक्तियों के पृथक्करण का सिद्धान्त प्रथम बार पूर्ण रूप में केवल मोन्टेस्क्यू द्वारा ही प्रतिपादित किया गया था।"[4] फाइनर ने आगे लिखा है कि "शक्तियों के पृथक्करण का सिद्धान्त मोन्टेक्यू का अपना ही है यद्यपि इसके कुछ संकेत जॉन लॉक की पुस्तक **सिविल गवर्नमेन्ट** भी मिलते प्रतीत होते हैं।"[5] अतः राज-शक्ति के पृथक्करण के नाम से जो सिद्धान्त राजनीति शास्त्र में प्रचलित है तथा जिसके अनुसार व्यवस्थापन, शासन तथा न्याय, तीनों से सम्बन्धित शक्तियों का प्रयोग पूर्णतः स्वतन्त्र व भिन्न-भिन्न हाथों में होना चाहिए उसका जनक फ्रांसीसी विचारक मोन्टेस्क्यू ही को कहा जाना चाहिए। मोन्टेस्क्यू की तरह बिटेन के एक विधिशास्त्री ब्लेकस्टोन ने भी राज-शक्ति के पृथक्करण के सिद्धान्त का बाद में विस्तार से विवेचन किया था। अतः इस सिद्धान्त से मुख्यतया मोन्टेस्क्यू का नाम जोड़ा जा सकता है जो सही अर्थों में इसका जनक था।

शक्ति-पृथक्करण की आवश्यकता
(THE NECESSITY OF SEPARATION OF POWERS)

शक्ति-पृथक्करण सिद्धान्त की ऐतिहासिक पृष्ठभूमि से यह विचार प्रस्तुत होता है कि सरकार की तीनों शक्तियों को पृथक-पृथक कर दिया जाए तो शासक शक्तियों का दुरुपयोग नहीं कर सकेंगे तथा नागरिकों की स्वतंत्रता सुरक्षित रह सकेगी। प्लेटो, अरस्तू, पोलिबियस, सिसरो और जॉन लॉक ने सरकार की जिन शक्तियों के विभाजन का जिक्र किया है उनके पीछे मूल रूप से उनका यही मन्तव्य था कि शक्तियों को विभाजित करने से इनके दुरुपयोग से बचाव की व्यवस्था हो जाती है। लॉक से पहले के विचारक इस

[4]Herman Finer, *The Theory and Practice of Modern Governments,* 4th Ed., London, Methuen, 1961, p. 94.
[5]*Ibid.*

सम्बन्ध में विशेष विस्तार से इसकी आवश्यकता पर बल नहीं दे पाए थे। किन्तु लॉक ने स्पष्ट रूप से उन तर्कों का उल्लेख किया जिनके कारण शक्तियों का पृथक्करण आवश्यक समझा गया। उसने लिखा है कि सरकार के व्यवस्थापिका, कार्यपालिका और न्यायपालिका सम्बन्धी तीनों कार्य एक-दूसरे से पृथक हैं। इनको एक नहीं समझा जा सकता इसलिए इनको सम्पादित करने वाले व्यक्तियों का भी अलग-अलग होना आवश्यक है। लॉक इससे आगे केवल व्यवस्थापिका और कार्यपालिका को ही पृथक रखने पर बल देकर रह गया। उसने न्यायपालिका को पृथक, स्वतन्त्र या निष्पक्ष बनाने का कोई औचित्य प्रस्तुत नहीं किया। अतः लॉक द्वारा प्रतिपादित शक्तियों का पृथक्करण इसकी आवश्यकता पर विशेष प्रकाश नहीं डाल पाया है। कार्यपालिका व व्यवस्थापिका को पृथक रखने के सम्बन्ध में उसका तर्क-शक्ति पृथक्करण पर थोड़ा प्रकाश डालता है। इन दोनों को पृथक करने के सम्बन्ध में लॉक ने लिखा है कि "जिन व्यक्तियों के हाथों में विधि-निर्माण की शक्ति होती है उनमें विधियों को क्रियान्वित करने की शक्ति अपने हाथ में लेने की भी प्रबल इच्छा हो सकती है क्योंकि शक्ति हथियाने का प्रलोभन मनुष्य की एक महान दुर्बलता है।"[6]

शक्तियों के पृथक्करण की आवश्यकता का विस्तार से विवेचन स्वयं मोन्टेस्क्यू ने ही किया है। वह फ्रांस का रहने वाला था तथा फ्रांस के राजा लुई चौदहवें का समकालीन था। इस समय फ्रांस में राजा की इच्छा ही कानून होती थी तथा उसी का निर्णय न्याय होता था। फ्रांस की तानाशाही के वातावरण में पला और उससे प्रभावित मोन्टेस्क्यू इंगलैण्ड गया तो उसे वहां पर इसके विपरीत स्थिति देखने को मिली। वहां उस समय 'राज्य क्रांति' के बाद राजा की शक्ति मंत्रिमंडल व संसद की शक्ति के विकास के कारण, बहुत अंशों में मर्यादित हो चुकी थी। ब्रिटेन की तत्कालीन शासन व्यवस्था को देखकर वह इस निर्णय पर पहुंचा कि वहां राज-शक्ति का पृथक्करण है और इस कारण नागरिकों को इतनी स्वतन्त्रता का वातावरण उपलब्ध है। इसी अवलोकन (जो केवल अकस्मात व भ्रांतिपूर्ण अवलोकन था) से प्रभावित होकर उसने राज-शक्ति के पृथक्करण के सिद्धान्त का प्रतिपादन किया। यद्यपि ब्रिटेन की शासन व्यवस्था का उसने भ्रमपूर्ण विश्लेषण किया, किन्तु इस भ्रमात्मक अवलोकन पर राजनीति-शास्त्र को ठोसतम सिद्धान्त देने के लिए समाज हमेशा ही उसका आभारी रहेगा। उसने शक्तियों के पृथक्करण की स्वतन्त्रता की पहली और आखिरी शर्त मान कर इस सिद्धान्त का विस्तार से विवेचन किया।

सी० एफ० स्ट्रांग ने शक्तियों के पृथक्करण की आवश्यकता को व्यापक दृष्टिकोण से देखने का प्रयास किया है। उसने मोन्टेस्क्यू की तरह शक्ति-पृथक्करण का नकारात्मक पहलू इतना महत्वपूर्ण नहीं माना है जितना कि इसके सकारात्मक संदर्भ को माना है। उसने इसकी आवश्यकता को राजनीतिक, सामाजिक व शासन की परिस्थितियों से जोड़ते हुए लिखा है कि "शासन के तीन विभागों—विधान-मण्डल, कार्यपालिका और

[6]John Locke, *The Treatises on Civil Government.*

न्यायपालिका का उदय, वास्तविक कृत्यों के विशेषीकरण (specialization of functions) की एक साधारण प्रक्रिया के फलस्वरूप हुआ है। यह प्रक्रिया सभ्यता की प्रगति, उसके कार्य-क्षेत्र की वृद्धि और उसके उपकरणों की बढ़ती हुई जटिलता के साथ ही सिद्धान्त और व्यवहार की समस्त शाखाओं में दृष्टिगोचर हुई है। प्रारम्भ में राजा ही विधि का निर्माता, निष्पादक और निर्णायक होता था। किन्तु, बाद में एकतन्त्र की इन शक्तियों को दूसरों को सौंपने की प्रवृत्ति का अनिवार्य विकास हुआ और उसका परिणाम इस त्रिविध विभाजन में प्रकट हुआ। इस प्रक्रिया के अन्तर्गत प्रभुत्व शक्ति का विभाजन नहीं होता है, यह तो राज्य के बढ़ते हुए कार्य को निबटाने के लिए एक सुविधाजनक साधन मात्र है। कार्यों का विशेषीकरण एक सीधी-सादी आवश्यकता थी और उसके परिणामस्वरूप प्रत्यायोजन एक सीधा-सादा तथ्य था, किन्तु जब राजा की शक्ति नियंत्रित की जाने लगी और संवैधानिक विचारों का प्रचार होने लगा तो इस सीधे-सादे तथ्य ने एक सिद्धान्त का रूप धारण कर लिया। इस सिद्धान्त का स्वतन्त्रता का आधार इन कार्यों के सुविधाजनक विशिष्टीकरण में ही नहीं बल्कि, विभिन्न हाथों में सौंपकर इनमें पूर्ण विभेद स्थापित करने में है। शासन के विकास की एक साधारण प्रक्रिया से स्वतन्त्रता और अधिकारों की एक सिद्धान्त निकालने की इस घटना ने कतिपय संविधानों को अजीब तरह से मोड़ दिया है और संसदीय एवं असंसदीय कार्यपालिकाओं के बीच का आधुनिक भेद शक्ति-पृथक्करण ने प्रस्तुत कर दिया है।"[7]

लॉक, मोन्टेस्क्यू तथा सी० एफ० स्ट्रांग तीनों ने शक्तियों के पृथक्करण की आवश्यकता पर बल देते हुए एक ही बात को भिन्न-भिन्न प्रकार से प्रकट किया है। ब्लेकस्टोन, एम० जे० सी० वाइल और लापालोम्बारा द्वारा दिए गए तर्कों से शक्तियों के पृथक्करण की व्यवस्था निम्नलिखित कारणों से आवश्यक कही जा सकती है—

(1) राजनीतिक शक्ति के दुरुपयोग से बचाव की व्यवस्था के लिए।
(2) नागरिकों की स्वतन्त्रताओं व अधिकारों की सुरक्षा के लिए।
(3) कार्य विभाजन से विशिष्टीकरण व कार्य-दक्षता में वृद्धि के लिए।
(4) शक्ति की शक्ति के द्वारा पहरेदारी सम्भव बनाने के लिए।
(5) राजनीतिक विकास व आधुनिकीकरण के लिए अपरिहार्य होने के कारण।
(6) शासन कार्य को सरल व सुविधाजनक बनाने के लिए।
(7) उत्तरदायित्व का सुनिश्चित निर्धारण करने के लिए।
(8) न्यायपालिका की स्वतन्त्रता तथा निष्पक्षता की व्यावहारिकता के लिए।

इस सूची से स्पष्ट है कि शक्तियों के पृथक्करण की आवश्यकता व उपयोगिता का एक नहीं अनेक कारण हैं। इन कारणों में से अनेक तथ्य वर्तमान युग की परिवर्तित परिस्थितियों के कारण केवल सैद्धान्तिक महत्व के रह गए हैं। राजनीतिक दलों के विकास व अन्य लोकतान्त्रिक प्रक्रियाओं ने शक्तियों के पूर्ण पृथक्करण को अनावश्यक

[7]C. F. Strong, *Modern Political Constitutions*, 8th Ed., London, Sidgwick and Jackson, 1972, pp. 199-200.

बना दिया है। इस सम्बन्ध में हम इस सिद्धान्त के मूल्यांकन के समय विस्तार से विचार करेंगे, किन्तु एक पहलू को लेकर शक्तियों के पृथक्करण का सिद्धान्त उत्तरोत्तर दृढ़ होता जा रहा है और वह है न्यायपालिका की स्वतंत्रता व निष्पक्षता को व्यावहारिक बनाने के साधन के रूप में इसका योगदान। आधुनिक समय में सभी संवैधानिक राज्य, शक्तियों के पृथक्करण के सिद्धान्त के कम से कम प्रयोग से न्यायाधीशों को दलबन्दी की भावना के उतार-चढ़ाव से परे रखने का प्रयास करते हैं। इसी के माध्यम से केवल अपराध या भ्रष्टाचार की अवस्था को छोड़कर न्यायाधीशों का हटाना कठिन बनाकर, उनकी पदावधि सुरक्षित करते हुए, उनकी स्वतन्त्रता की निष्पक्षता सुनिश्चित करने की व्यवस्था, हर लोकतान्त्रिक राज्य में शक्तियों के पृथक्करण के द्वारा ही की जाती है। शक्तियों के पृथक्करण के कम से कम आंशिक उपयोग से समस्त संवैधानिक राज्यों में न्यायिक निकायों की ऐसी हैसियत बना दी जाती है कि वह बेतुके और मनमाने हस्तक्षेप से मुक्त रहे और उनकी अवधि सुरक्षित रहे जिससे कि वे अपने विवेक के विरुद्ध कार्य की आशंका के शिकार न हों। न्यायपालिका की स्वतन्त्रता व निष्पक्षता के लिए शक्तियों का पृथक्करण संघात्मक व्यवस्थाओं के लिए आधारभूत है। संविधान की व्याख्या, रक्षा व नागरिकों के अधिकारों के रक्षक के रूप में स्वतन्त्र, निष्पक्ष व पृथक न्यायालय अनिवार्य है और इस कारण शक्तियों के पृथक्करण का सिद्धान्त एम० जे० सी० वाइल के शब्दों में "बार-बार भिन्न-भिन्न रूपों में प्रस्थापित होता रहा है।"[8] किन्तु इसका यह अर्थ नहीं है कि आधुनिक राजनीतिक व्यवस्थाओं में शक्तियों के पृथक्करण का सिद्धान्त केवल आंशिक रूप से न्यायालयों को निष्पक्ष रखने के साधन के रूप में ही आवश्यक माना जाता है। शक्तियों के पृथक्करण के सिद्धान्त के इतिहास के विवेचन में हमने देखा है कि इस सिद्धान्त का महत्व तब तक कुछ नहीं था जब तक राजनीतिक स्वतन्त्रता का प्रश्न महत्वपूर्ण नहीं बन गया। हरमन फाइनर ने इस सम्बन्ध में बहुत ठीक ही लिखा है कि "शक्तियों के पृथक्करण के सिद्धान्त का राजनीति-विज्ञान में तब तक विशेष स्थान नहीं रहा जब तक कि राजनीतिक स्वतन्त्रता का मुद्दा या विचार अति आवश्यक नहीं बन गया"[9] अतः शक्तियों के पृथक्करण की आवश्यकता का एक नहीं अनेक कारण है और अलग-अलग परिस्थितियों में इसका महत्व उतार-चढ़ाव के दौर से गुजरता रहा है और भविष्य में भी शायद ऐसे उतार-चढ़ाव चलते रहेंगे।

शक्तियों के पृथक्करण के सिद्धान्त का अर्थ व परिभाषा

MEANING AND DEFINITION OF THE THEORY OF SEPARATION OF POWERS)

शक्तियों के पृथक्करण के सिद्धान्त की व्याख्या स्वयं मोन्टेस्क्यू के शब्दों में इस प्रकार है—"प्रत्येक सरकार में तीन प्रकार की शक्तियां होती हैं : व्यवस्थापन सम्बन्धी,—इस

[8]M. J. C. Ville, *Constitutionlism and Separation of Powers,* London, Oxford University Press, 1967, p. 11.
[9]Herman Finer, *op. cit.*, p. 94.

मान्यता थी कि सत्ता का पद अनिवार्यतः पतन की ओर ले जाता है। अतः इससे बचाव के लिए 'सत्ता-रोक' और शक्तियों का सन्तुलन आवश्यक है। उसके अनुसार स्वतन्त्रता तभी बनी रह सकती है जब व्यवस्थापिका, कार्यपालिका और न्यायपालिका ये तीन अंग अपना कार्य अलग-अलग करें तथा एक-दूसरे के क्षेत्र पर हावी न हों। वह यह मानता था कि जब शक्ति का एक अंग यदि दूसरे अंग के कार्य में हस्तक्षेप न करे तब ही शक्ति का सन्तुलन रह सकता है। इसकी व्यवस्था सरकार की तीनों शक्तियों को एक-दूसरे से पृथक करने पर ही हो सकती है। इस तरह, मोन्टेस्क्यू व्यक्ति की स्वतन्त्रता की रक्षा का एक मात्र साधन राज्य शक्तियों के पृथक्करण द्वारा ही मानता है। उसके द्वारा प्रतिपादित शक्तियों के पृथककरण के सिद्धान्त को इस प्रकार व्यक्त किया जा सकता है—

(1) सरकार की व्यवस्थापन, कार्यपालन और न्यायपालन शक्तियां अलग-अलग संस्थाओं में निहित रहें।

(2) सरकार की इन तीन शक्तियों की संस्थाओं के कार्मिक (personnel) भी पृथक-पृथक व्यक्ति रहें।

(3) सरकार की शक्ति की हर संस्था व संस्था के कार्मिक केवल अपने अधिकार क्षेत्र में सीमित, स्वतन्त्र और सर्वोच्च रहें।

इस प्रकार, मोन्टेस्क्यू की मान्यता थी कि शक्ति को शक्ति से पूर्ण पृथक करके शक्ति को ही शक्ति का नियन्त्रक बनाया जा सकता है। इसलिए वह कहता है कि "(1) सरकार की शक्तियां स्पष्ट रूप से एक-दूसरे से पृथक की जाएं, (2) हर पृथक की गई शक्ति या सत्ता का सुनिश्चित व सुव्यवस्थित कार्य क्षेत्र निर्धारित रहे, (3) किसी भी सत्ता को अन्य सत्ता के क्षेत्राधिकार का अतिक्रमण नहीं करने दिया जाए और (4) हर सत्ता को हर अन्य सत्ता के समान व बराबर बना दिया जाय।"[13] इस प्रकार मोन्टेस्क्यू यह मानता था कि हर शासन व्यवस्था में चाहे उसकी प्रकृति कुछ भी हो, केवल "शक्ति ही शक्ति का निरोध करने की क्षमता रखती है।" अतः शक्ति के धारक को शक्ति के दुरुपयोग से बचाने का एकमात्र प्रभावी साधन शक्ति द्वारा उसको अवरोधित करना है। उसकी मान्यता है कि इसके अलावा अन्य कोई भी व्यवस्था सही अर्थों में प्रभावी नहीं हो सकती। मोन्टेस्क्यू के द्वारा प्रतिपादित शक्ति पृथक्करण के सिद्धान्त की व्याख्या से इस सिद्धान्त के तत्त्वों का विवेचन करना आवश्यक हो जाता है। अतः हम शक्तियों के पृथक्करण के सिद्धान्त के विभिन्न तत्त्वों का विवेचन करके इसका मूल्यांकन करेंगे।

शक्तियों के पृथक्करण के सिद्धान्त के तत्त्व
(ELEMENTS OF THE THEORY OF SEPARATION OF POWERS)

शक्तियों के पृथक्करण के सिद्धान्त के तत्त्वों को लेकर विद्वानों में विभेद है। इन मतभेदों का प्रमुख कारण सिद्धान्त की व्याख्या सम्बन्धी मतभेद हैं। सब विद्वान इस बात पर तो

[13] *Op. cit,*

सहमत हैं कि व्यक्तिगत स्वतन्त्रता की रक्षा के लिए शक्तियों का पृथक्करण अपरिहार्य है। पर शक्ति पृथक्करण से क्या तात्पर्य लिया जाए इस पर मतभेद आरम्भ हो जाते हैं। गैटिल ने इसकी व्याख्या इस प्रकार की है, "सरकार के तीनों प्रमुख कार्य भिन्न-भिन्न व्यक्तियों द्वारा सम्पादित होने चाहिए और इन तीनों विभागों के कार्य क्षेत्र इस प्रकार सीमित होने चाहिए कि वे अपने क्षेत्र में स्वतन्त्र और सर्वोच्च बने रहें।"[14] गैटिल के विचार मोन्टेस्क्यू के विचारों से कोई भिन्नता नहीं रखते।

ब्लैकस्टोन ने भी इन्हीं से मिलते-जुलते विचार व्यक्त किये हैं। उसने लिखा है कि "जहां कहीं कानून बनाने और उन्हें लागू करने का अधिकार एक ही व्यक्ति अथवा व्यक्ति-समूह में निहित रहता है वहां सार्वजनिक स्वतन्त्रता नष्ट हो जाती है क्योंकि शासक अत्याचारपूर्ण कानून बनाकर उन्हें अत्याचारी ढंग से लागू कर सकता है। यदि न्यायिक अधिकार को व्यवस्थापि ा के साथ संयुक्त कर दिया जाता है तो प्रजा के जीवन, स्वतन्त्रता और सम्पत्ति के अधिकार स्वेच्छाचारी न्यायाधीशों के हाथ में आ जाते हैं क्योंकि वे सभी फैसले अपने मतानुसार देते हैं न कि आधारभूत कानूनों के अनुसार। यदि न्यायपालिका को कार्यपालिका के साथ संयुक्त कर दिया जाए तो व्यवस्थापिका का स्थान गौण हो जाता है।"[15]

आधुनिक समय में एम० जे० सी० वाइल ने अपनी पुस्तक **कॉन्स्टीटयूशनलिज्म एण्ड सेपेरेशन ऑफ पावर्स** में शक्ति पृथक्करण के सिद्धान्त को विशुद्ध रूप देने की बात तो कही पर इसके द्वारा किया गया विवेचन किसी भी तरह मोन्टेस्क्यू और ब्लैकस्टोन के द्वारा की गई व्याख्या से भिन्न नहीं बन पाया है। स्वयं वाइल के शब्दों में शक्तियों के पृथक्करण का विवेचन इस प्रकार है, "राजनीतिक स्वतन्त्रता की स्थापना और स्थायित्व के लिए यह आवश्यक है कि सरकार को विधायी, कार्यकारी और न्यायिक इन तीन, अंगों अथवा विभागों में विभाजित किया जाए। इन तीनों अंगों में से प्रत्येक के पास क्रमश: सरकार के व्यवस्थापन सम्बन्धी, प्रशासकीय और न्यायिक कार्य हों। और उन्हें दूसरे अंगों के कार्यों का अतिक्रमण करने की आज्ञा न मिले। वे व्यक्ति भी जो सरकार के इन तीनों अंगों की रचना करते हैं, एक-दूसरे से पृथक हों। कोई भी एक व्यक्ति एक ही समय में एक से अधिक अंग अथवा शाखा का सदस्य न हो। इस प्रकार, सरकार का प्रत्येक अंग दूसरे अंगों पर नियन्त्रण अथवा अंकुश रखे और व्यक्तियों का कोई एक समूह सम्पूर्ण सरकारी तन्त्र पर नहीं छाए।"[16]

एम० जे० सी० वाइल ने शक्तियों के पृथक्करण के विशुद्ध सिद्धान्त की बात इसलिए की है, क्योंकि उसके अनुसार अपने अत्यन्तिक रूप में यह सिद्धान्त न अभी तक कभी प्रयोग में आया है और न ही प्रयोग में लाया जा सकता है। इस पर भी वह यह मानता है कि यह सिद्धान्त ही समाजों की मूल्य व्यवस्था को सुरक्षित करने का एक मात्र साधन

[14]R. G. Gettell, *Political Science*, Boston, Ginn, 1933, p. 95.

[15]William Blackstone, *The Commentaries on the Laws of England*, Vol. IV, 4th Ed., Murray, 1976.

[16]M. J. C. Ville, *op. cit.*, p. 13.

अभी तक मानव मस्तिष्क खोज पाया है। इस सम्बन्ध में वाइल ने लिखा है कि "पाश्चात्य संस्थात्मक सिद्धान्तवादी हमेशा इस चिन्ता से ग्रस्त रहे कि शासन शक्ति का प्रयोग, जो उनके समाजों के मूल्यों को व्यावहारिक बनाने के लिए अति आवश्यक है, किस प्रकार से नियन्त्रित किया जाए जिससे वही शक्ति जो इन मूल्यों को प्रोत्साहित करने के लिए सृजित की गई थी, इनकी विनाशक नहीं बन जाए।"[17] वाइल ने आगे इसी सम्बन्ध में लिखा है कि "इस समस्या (मूल्यों के सुरक्षण की) के समाधान के लिए जो शासन सिद्धान्त प्रतिपादित किए गये हैं उन सबमें शक्तियों के पृथक्करण का सिद्धान्त, आधुनिक समय में बौद्धिक दृष्टि से तथा संस्थात्मक संरचनाओं पर प्रभाव की दृष्टि से अत्यधिक महत्त्वपूर्ण रहा है।"[18] इसी कारण यह सिद्धान्त, किसी ने किसी रूप में, हर काल व युग में विशेष कर आधुनिक युग में भिन्न-भिन्न रूपों में प्रकट होने की जिद्दी प्रवृत्ति व गुण परिलक्षित करता रहा है।

उपरोक्त विवेचन से यह स्पष्ट है कि शक्ति के पृथक्करण की आधारभूत उपयोगिता बनी हुई है, किन्तु राजनीतिक व्यवस्थाओं व प्रक्रियाओं में मौलिक अन्तर आ जाने के कारण इस सिद्धान्त की व्यवहारिक उपयोगिता प्रभावित हुई है। जहां तक इसके तत्त्वों का प्रश्न है उनमें महत्त्वपूर्ण परिवर्तन नहीं हुए हैं किन्तु उनको आधुनिक युग के अनुरूप बनाने के लिए परिष्कृत और परिशुद्ध कर दिया गया है। सामान्यतया विद्वानों ने इन तत्त्वों को चार श्रेणियों में विभक्त किया है। संक्षेप में, शक्तियों के पृथक्करण के सिद्धान्त के चार तत्त्व यह हैं—

(1) शासन अभिकरणों (agencies) का पृथक्करण इस सिद्धान्त का आवश्यक तत्त्व है, जिसका आशय है कि शक्ति के स्वायत केन्द्र बनाकर सरकार पर आंतरिक रूप से अकुंश रखा जाए।

(2) इस सिद्धान्त के दूसरे तत्त्व का बल इस बात पर है कि सरकार के तीन विशिष्ट कार्य—व्यवस्थापन, कार्यपालन और न्यायपालन होते हैं।

(3) सिद्धान्त की तीसरी बात व्यक्तियों या कार्मिकों के पृथक्करण की है। सरकार के तीनों अंग, लोगों के बिलकुल पृथक और निश्चित समूहों के द्वारा गठित होते हैं।

(4) इस सिद्धान्त के चौथे तत्त्व में यह विचार है कि जब सरकार के अंगों, उनके कार्यों, उन कार्यों का संचालन करने वाले व्यक्तियों के पृथक्करण का अनुसरण किया जायगा तब सरकार का प्रत्येक अंग दूसरे अंग द्वारा स्वेच्छाचारी या मनमाने ढंग से शक्ति प्रयोग करने पर नियन्त्रक का कार्य करेगा।

शक्तियों के पृथक्करण के सिद्धान्त के इन तत्त्वों के आधार पर इस सिद्धान्त की पुनः व्याख्या की जाए तो यह मोन्टेस्क्यू द्वारा की गई व्याख्या से विशेष भिन्न प्रकार की नहीं होगी।

[17] *Op. cit.*, p. 14.
[18] *Ibid.*, p. 15.

शक्तियों के पृथक्करण के सिद्धान्त की पुनर्व्याख्या
(RE-STATEMENT OF THE THEORY OF SEPARATION OF POWERS)

मोन्टेस्क्यू ने शक्तियों के पृथक्करण की व्याख्या विशेष सन्दर्भ में की थी। क्योंकि हर एक चिंतक संदर्भ-रहित चिंतन नहीं कर पाता है। वह वातावरण जिससे वह घिरा रहता है, वह संस्थाएं जिससे उसका सम्बन्ध होता है तथा वह व्यक्ति जिनसे उसकी सम्पर्कता रहती है, उसके चिंतन को प्रभावित किये बिना नहीं रह सकते। हर चिंतक पर अपने समय की परिस्थितियों का प्रभाव रहता है। यही बात मोन्टेस्क्यू के बारे में कही जा सकती है। वह फ्रांस में उस समय रहा था जब लुई चौदहवां यह कहता था कि "मैं ही राज्य हूं।" (I am the State) इस कारण मोन्टेस्क्यू ने शक्तियों के निरपेक्ष (absolute) पृथक्करण की बात कही थी। किन्तु विकास के दौर में राजनीतिक व्यवस्थाओं में क्रांतिकारी परिवर्तन आ गए और उससे शक्तियों के पृथक्करण की पुनर्व्याख्या आवश्यक हो गई। अब इस सिद्धान्त की निम्न प्रकार से व्याख्या की जाने लगी है—

(1) राजनीतिक स्वतन्त्रता की स्थापना करने व उसे बनाए रखने के लिए सरकार तीन शाखाओं में विभक्त की जाए। (For establishment and maintenance of political liberty government be divided into three branches.)

(2) हर अंग या शाखा का एक पहचाननीय या स्पष्ट सरकारी कार्य होता है। (Each branch has an identifiable function of government.)

(3) हर शाखा अपने स्वयं के कार्यों के निष्पादन तक ही सीमित रहे। (Each branch be confined to the exercise of its own functions.)

(4) हर शाखा के व्यक्ति या कार्मिक अलग और विशिष्ट रखे जाएं। (Persons of each be kept distinct and separate.)

शक्तियों के पृथक्करण के सिद्धान्त की इस व्याख्या में विशेष महत्त्व की बात यह है कि यह सरकार के अंगों को अलग-अलग करके भी उनकी सावयवी एकता को अस्वीकार नहीं करता। परन्तु आधारभूत दृष्टि से शक्ति पृथक्करण की यह व्याख्या भी इस सिद्धान्त को आधुनिक परिस्थितियों से बेमेल ही बनाए रखती है। इसकी बेमेलता का स्पष्टीकरण इसके मूल्यांकन के अन्तर्गत किया जाएगा।

शक्तियों के पृथक्करण के सिद्धान्त का मूल्यांकन
(EVALUATION OF THE THEORY OF THE SEPARATION OF POWERS)

शक्तियों के पृथक्करण के सिद्धान्त की व्याख्या में हर विचारक ने यही निष्कर्ष निकाला है कि सरकार के तीन अंगों को इस प्रकार अलग कर दिया जाए जिससे वे पूर्ण रूप से पृथक, स्वतंत्र और सर्वोच्च रहें। वैसे इस सिद्धान्त की पुनर्व्याख्या में इस बात पर बल नहीं दिया गया है। नई व्याख्या में पृथक्करण की बात तो कही गई है पर अंगों की

स्वतन्त्रता व सर्वोच्चता की बात नहीं कही गई है। इससे यह सिद्धान्त आधुनिक परिस्थितियों से थोड़ा मेल रखने लगा है। इसकी चर्चा करते हुए सी० एफ० स्ट्रांग ने यह अभिमत व्यक्त किया है : "वास्तविक बात यह है कि किसी भी संवैधानिक राज्य के बारे में यह नहीं कहा जा सकता है कि वैधानिक और कार्यपालिका कार्य बिलकुल एक ही व्यक्ति या निकाय के हाथों में है क्योंकि कार्यपालिका सदा ही विधान मण्डल से एक छोटी संस्था होती है, किन्तु शक्तियों के पृथक्करण का सिद्धान्त जिस बात की ओर संकेत करता है वह यह भेद नहीं है। इस सिद्धान्त के प्रयोग का केवल यही मतलब नहीं होता है कि ये दोनों एक-दूसरे से बिलकुल ही पृथक होंगे जिससे कि एक का दूसरे पर कोई नियंत्रण न रहे। जिस किसी भी राज्य ने इस सिद्धान्त को व्यवहार में पूरी तरह अपनाया है और बनाए रखा है उसमें कार्यपालिका विधान मण्डल के नियंत्रण से बिलकुल ही मुक्त होती है। ऐसी कार्यपालिका को 'अध्यक्षात्मक' कहते हैं। इस प्रकार की कार्यपालिका अब भी संयुक्त राज्य अमरीका में विद्यमान है जिसके संविधान में इस विषय में आरम्भ से अब तक कोई परिवर्तन नहीं हुआ है।"[19]

अत: शक्तियों के पृथक्करण का मूल्यांकन करते समय स्ट्रांग की यह बात ध्यान में रखना आवश्यक है। इस संदर्भ में देखें तो शक्तियों के पृथक्करण के सिद्धान्त को अभी भी उपयोगी माना जाता है तथा संसदीय प्रणालियों तक में इसे आंशिक रूप में अपनाया जाता रहा है। इस सिद्धान्त का मूल्यांकन उन आवश्यकताओं व उद्देश्यों, जिनको पूरा करने के के लिए इसे प्रतिपादित किया गया था, के संदर्भ में ही करेंगे। इस सिद्धान्त के मूल्यांकन में निम्नलिखित मौलिक तथ्यों को ध्यान में रखना आवश्यक है—

(क) समाज के आधारभूत मूल्य आज भी वही बने हुए हैं (The fundamental values of society still persist)—आधुनिक समाजों की राजनीतिक व्यवस्थाओं व स्वयं समाजों में अभूतपूर्व परिवर्तन हुए हैं। व्यक्तियों व संस्थाओं की सम्पर्कता नकारात्मक से सकारात्मक हो गई है। सब प्रकार के परिवर्तनों के बावजूद एक तथ्य अब भी ज्यों का त्यों बना हुआ है और वह तथ्य है कि समाज के आधारभूत मूल्य आज भी वही बने हुए हैं जो शक्तियों के पृथक्करण की प्रथम प्रकल्पनाओं के समय थे। आज भी समाजों में मौलिक मूल्य—स्वतन्त्रता, न्याय, समानता तथा सम्पत्ति की पवित्रता और व्यक्ति की महत्ता ही बने हुए हैं। इससे यह आशय कदापि नहीं है कि वह मूल्य चारों तरफ होने वाले क्रांतिकारी परिवर्तनों व परिवेश में आमूलचूल परिवर्तनों के बावजूद निरपेक्ष रूप से आधुनिक समाजों में ज्यों के त्यों बने हुए हैं। इससे केवल यही तात्पर्य है कि इन मूल्यों की भावना अभी भी पहले जैसी ही दिखाई देती है। यह सही है कि इन मूल्यों को लेकर चार महत्त्वपूर्ण परिवेशी परिवर्तन आए हैं, जो इस प्रकार हैं—

(i) इन मूल्यों में अन्तर्निहित विरोधाभास उभर आए हैं।
(ii) इन मूल्यों की व्याख्याएं व अर्थों में महत्त्वपूर्ण परिवर्तन आ गए हैं।
(iii) इन मूल्यों के संदर्भों में क्रांतिकारी परिवर्तन हो गए हैं।

[19]C. F. Strong, *op. cit.*, p. 201.

(iv) यह मूल्य विचारधाराओं से सम्बद्ध हो गये हैं।

किन्तु यह सब सतह से सम्बन्ध रखने वाले परिवर्तन हैं। उन्हें हम मौलिक, क्रांतिकारी या आधारभूत कहें, पर इनसे मानव के उन मूल्यों में कोई विशेष परिवर्तन आया हो ऐसा मैं मानने के लिए तैयार नहीं हूं। आज व्यक्ति चाहे जिस विचारधारा से सम्बद्ध हो, वह फिर भी स्वतन्त्रता, न्याय, समानता, सम्पत्ति की पवित्रता तथा अपनी महत्ता की मांग ही नहीं करता अपितु इसके लिए बड़े से बड़ा बलिदान तक करने को तैयार रहता है। अतः राज-शक्ति के पृथक्करण के आधार में स्वतन्त्रता की रक्षा का ध्येय आज भी विद्यमान है।

(ख) राजनीति की आधारभूत समस्याएं आज भी ज्यों की त्यों हैं (The fundamental problems of politics remain intact even today)-- राजनीति की आधारभूत समस्याओं के ज्यों की त्यों बनी रहने के सम्बन्ध में वाइल ने ठीक ही लिखा है कि "विगत शताब्दियों की समस्याएं आज भी समस्याएं बनी हुई हैं, यद्यपि उनका संदर्भ तथा आकार-प्रकार व आयाम परिवर्तित हो गये हैं।"[20] आज के राजनीतिक समाज पर दृष्टिपात करें तो शायद आज का राजनीतिज्ञ भी उन्हीं समस्याओं के सामने खड़ा है जिनसे प्लेटो, अरस्तू और बाद के सभी राजनीतिक-चिंतकों का वास्ता था, अर्थात आज भी राजनीति की यही समस्याएं हैं कि राजनीतिक समाजों में :

(i) स्वतन्त्रता को किस प्रकार सुरक्षित बनाया जाए ?

(ii) राजनीतिक शक्ति का दुरुपयोग किस तरह रोका जाए ?

(iii) सरकार को श्रेष्ठतम ढंग से कैसे संगठित किया जाए ?

(iv) सरकार को स्थायित्व युक्त कैसे रखा जाए ?

(v) सरकार को उत्तरदायी कैसे बनाये रखा जाए ?

(vi) सरकार की प्रभावकारिता कैसे बनाए रखी जाए ?

इन समस्याओं पर सरसरी नजर डालते ही यह पता लग जाएगा कि यह समस्याएं किसी समाज विशेष या विचारधारा इत्यादि से बदल नहीं जाती हैं। हर राजनीतिक समाज में इन समस्याओं के समाधान के प्रयास भिन्न-भिन्न प्रकार से किये जाते रहे हैं। परन्तु इनका सर्वमान्य समाधान या इनकी चिंता से मुक्ति अभी तक नहीं मिल पाई है। एक विचारक ने बहुत सही लिखा है कि राजनीतिक विकास का प्रमुख प्रेरक इन समस्याओं का सर्वोत्तम हल निकालने का प्रयत्न ही रहा है। इन समस्याओं को लेकर भी महत्त्वपूर्ण व कुछ मामलों में मौलिक परिवर्तन हुए हैं। उदाहरण के लिए--

(i) राजनीतिक समस्याओं का संदर्भ परिवर्तित हो गया है।

(ii) समस्याओं की पारस्परिकता बढ़ गई है।

(iii) समस्याओं के नये आयाम (dimensions) उभर गए हैं।

(iv) समस्याओं की गम्भीरता व गहनता बढ़ गई है।

(v) समस्याओं की प्रकृति, आकार, प्रकार तथा प्रभाव में फर्क आ गया है।

[20] M. J. C. Vile, *op. cit.*, p. 13.

इस प्रकार राजनीति की आधारभूत समस्याओं में अनेक प्रकार के अन्तर तो आए हैं, किन्तु समस्याएं ज्यों की त्यों बनी हुई हैं। वास्तव में राजनीतिक समस्याएं अब इतनी पेचीदा हो गई हैं कि उनमें से कुछ का आंशिक समाधान राज-शक्तियों के पृथक्करण से ही सम्भव लगता है। इससे यह निष्कर्ष निकलता है कि शक्तियों के पृथक्करण के सिद्धान्त का मूल सार अभी भी बना हुआ है (the substance of the theory still persists)।

जब हम यह कहते हैं कि शक्तियों के पृथक्करण के सिद्धान्त का सार आज भी बना हुआ है तब हम इसको बाहरी रूप के स्थान पर इसके तथ्य पर बल देने की बात करते हैं। यह बात सही है कि इस सिद्धान्त से सम्बन्धित बहुत-सी बातें बिलकुल बदल सी गई हैं। इनमें से कुछ का उल्लेख करना अनुपयुक्त नहीं होगा। संक्षेप में यह इस प्रकार हैं—

(1) शक्तियों के पृथक्करण से सम्बन्धित प्रत्ययों के अर्थ बदलने से वे पुराने पड़ गए हैं।

(2) शक्तियों के पृथक्करण का रूप बदल गया है।

(3) शक्तियों के पृथक्करण के उपकरण परिवर्तित हो गये हैं।

(4) शक्तियों के पृथक्करण की संरचनात्मक व्यवस्थाएं बदल गई हैं।

शक्तियों के पृथक्करण से सम्बन्धित प्रत्ययों में दो प्रत्यय प्रमुख हैं। एक का सम्बन्ध पृथक्करण से है तथा दूसरे प्रत्यय का सम्बन्ध पृथक्करण के उद्देश्य से है। पहला प्रत्यय शक्ति (power) का है। आज शक्ति का अर्थ ही बदल गया है। आजकल शक्ति के राजनीतिक अर्थ में अभूतपूर्व अन्तर आ गया है। आधुनिक समय में शक्ति, प्रभाव, वैधता, अनुनयन, अवपीड़न इत्यादि अनेक पहलू इस प्रत्यय के अर्थ में अन्तर लाए हैं। शक्ति का सामाजिक, आर्थिक, राष्ट्रीय, प्रादेशिक व अन्तर्राष्ट्रीय रूप भी प्रकट हो गया है। आधुनिक लोकतन्त्रों में राज-शक्ति से भी अधिक महत्त्वपूर्ण शक्ति 'जनशक्ति' (power of the people) बन गई है। यह ऐसी शक्ति है जिसके आगे राज-शक्ति भी झुकती है। जन-शक्ति का लोकतन्त्रों में ही नहीं, तानाशाही व्यवस्थाओं में भी बहुत महत्त्व होता है। बड़े से बड़े तानाशाह को इस जन-शक्ति के आगे झुकते देखा गया है। अतः शक्ति का प्रत्यय ही नये अर्थों में प्रयुक्त होने लगा है। जन-शक्ति से भी बढ़कर एक और शक्ति का महत्त्व बढ़ गया है और वह है आर्थिक शक्ति (economic power)। इसके द्वारा राजनीतिक शक्ति का भी नियंत्रण व निर्देशन होने लगा है। इस प्रकार, शक्तियों के पृथक्करण के सिद्धान्त की प्रमुख अवधारणा 'शक्ति' का अर्थ ही बदल गया है। इसी तरह, इस सिद्धान्त की दूसरी प्रमुख अवधारणा 'स्वतन्त्रता' के अर्थ में भी परिवर्तन आ गया है। आज स्वतंत्रता का अर्थ नियंत्रणों का अभाव नहीं मानकर युक्तियुक्त नियंत्रणों की व्यवस्था से लिया जाता है। स्वतंत्रता के भी अन्य पहलू महत्त्वपूर्ण बन गए हैं जैसे सामाजिक और आर्थिक पहलू। आधुनिक समय में स्वतंत्रता का राजनीतिक पक्ष, सामाजिक व आर्थिक स्वतन्त्रता के अभाव में खोखला होकर रह जाता है। अब स्वतन्त्रता के नकारात्मक पक्ष से अधिक सकारात्मक पक्ष पर बल दिया जाने लगा है। इसी तरह, व्यक्ति की स्वतंत्रता से कहीं अधिक सम्पूर्ण समाज की स्वतन्त्रता को अधिक महत्त्वपूर्ण

माना जाने लगा है। इस प्रकार, शक्तियों के पृथक्करण से सम्बन्धित अवधारणाएं 'शक्ति' व 'स्वतंत्रता' के रूप व अर्थ ही बदल गए हैं। अब हम जिन शक्तियों के पृथक्करण की बात इस सिद्धान्त में करते हैं वह अपने आप में ही पूरी तरह से नये अर्थ में प्रयुक्त होने लगी हैं। इसी तरह, जिस स्वतंत्रता की रक्षा या सुरक्षा के उद्देश्य से शक्तियों के पृथक्करण की बात की जाती है उसके अर्थ में भी परिवर्तन आ गया है।

आधुनिक समय में शक्तियों के पृथक्करण का रूप भी बदल गया है। वर्तमान राजनीतिक व्यवस्थाओं में राज्य की शक्तियों के विभाजन की बात नहीं की जाती है। अब राज-शक्तियों का पृथक्करण स्वतंत्रता के अर्थ में परिवर्तन आ जाने के कारण उद्देश्यहीन बन गया है। वर्तमान राजनीतिक व्यवस्थाओं में शक्तियों के पृथक्करण के स्थान पर सरकार के कार्यों को पृथक-पृथक करने की व्यवस्था की जाने लगी है। सरकार के कार्यों में इतना विशिष्टीकरण हो गया है कि सरकार के इन विशिष्ट कार्यों को पृथक करने की आवश्यकता है। किन्तु शक्तियों के पृथक्करण के सिद्धान्त का रूप केवल इस विशिष्टीकरण के कारण ही नहीं बदला है। वास्तव में इस विशिष्टीकरण ने सरकार के परम्परागत अंग—व्यवस्थापन, कार्यपालन और न्यायपालन के विभाजन को ही अर्थहीन बना दिया है, क्योंकि सरकार के कार्यों की पेचीदगियों के कारण हर अंग का नेतृत्व नहीं तो कम से कम संचालन पेशेवर विशेषज्ञों द्वारा होने लगा है। लार्ड ह्यूवर्ट ने अपनी पुस्तक **न्यू डिस्पोटिज्म** में इसी बात पर बल दिया है। आज नौकरशाही अपने विशेष ज्ञान के कारण व्यवस्थापिका, कार्यपालिका और यहां तक कि न्यायपालिका पर छाने लगी है। अतः आधुनिक समय में शक्तियों के पृथक्करण के स्थान पर सरकार के कार्यों के पृथक्करण पर बल देने के कारण इस सिद्धान्त का रूप ही बदल गया है।

प्रारम्भिक अवस्था में शक्तियों को पृथक करने के उपकरण के रूप में संविधान का ही प्रयोग होता था, किन्तु आधुनिक समय में शक्तियों के पृथक्करण के नये उपकरण विकसित हो गए हैं। इन उपकरणों में प्रमुख स्थान परम्पराओं और लोकमत तथा जन-संचार के साधनों का हो गया है। यह उपकरण सही अर्थों में प्रभावी पृथक्करण सम्भव बनाने वाले बनते जा रहे हैं।

जिन संरचनाओं का शक्ति पृथक्करण में प्रयोग होता था उनमें औपचारिकता का अंश अधिक था, किन्तु अब अनौपचारिक संरचनाओं का प्रचलन बढ़ रहा है। आधुनिक समय में शक्ति पृथक्करण की प्रमुख संरचना, दल-पद्धति बन गई है। राजनीतिक दल के माध्यम से शक्ति का पृथक्करण इतना प्रभावी तो नहीं होता परन्तु जहां अध्यक्षात्मक शासन प्रणाली प्रचलित होती है उसमें अगर कार्यपालिका व व्यवस्थापिका पर अलग-अलग राजनीतिक दलों का आधिपत्य हो तो शक्ति का पृथक्करण पूर्ण हो जाता है। अमरीका का अनेक बार ऐसा ही अनुभव रहा है।

इस विवेचन से स्पष्ट है कि शक्तियों के पृथक्करण का परिवेश, परिस्थितियां व संरचनाएं बदल गई हैं। इस कारण इसका ऊपरी रूप वैसा नहीं रह सकता जैसा पहले था। किन्तु इससे सिद्धान्त के मूल सार में कोई अन्तर नहीं आता है। एम० जे० सी० वाइल ने ठीक ही लिखा है कि "यह सिद्धान्त महत्त्वपूर्ण बना हुआ है लेकिन जिन धारणाओं पर

यह आधारित है वे आजकल प्राचीन व प्रचलन-प्रतिकूल बन गई हैं।"[21] वाइल ने इस सिद्धान्त का मूल्यांकन करते हुए यह निष्कर्ष निकाला है कि 'विगत शताब्दियों के इतिहास का परीक्षण करने पर यह भेद खुलता है कि, अपनी सब कमियों के बावजूद शक्तियों के पृथक्करण के सिद्धान्त में एक अड़ियल विशेषता है कि यह भिन्न-भिन्न रूपों में बार-बार पुनः प्रकट होता रहा है। यह इस तथ्य की पुष्टि है कि किसी न किसी रूप में, शक्तियों का विभाजन और कार्यों का पृथक्करण सरकार व शासन की व्यवस्था के अन्तरतम में ही निहित रहता है।"[22] वाइल इस निष्कर्ष पर पहुंचने के पीछे शायद यह धारणा संजोए है कि शक्तियों के विभाजन व शासन कार्यों के पृथक्करण की अवस्था में ही किसी राजनीतिक व्यवस्था में सरकार नियंत्रित रह सकती है तथा सरकार के नियंत्रण की स्थिति में ही संविधानवाद सम्भव हो सकता है।

शक्तियों के पृथक्करण के सिद्धान्त के मूल्यांकन में हमें यह भी नहीं भूलना है कि राजनीतिक शक्ति की प्रकृति में जबरदस्त परिवर्तनों के बावजूद इस शक्ति के दुरुपयोग की सम्भावनाएं भी बढ़ गई हैं। इस कारण शक्ति के केन्द्रीकरण और दुरुपयोग से बचाव व्यवस्था का कोई न कोई मार्ग निकालना अनिवार्य हो गया है। दुरुपयोग से बचाव की आधुनिक प्रवृत्ति अनौपचारिक नियंत्रण व्यवस्था के पक्ष में झुकती जा रही है। आधुनिक राजनीतिक व्यवस्थाओं में कुछ ऐसे परिवर्तन होते जा रहे हैं जिनके कारण, शक्तियों के पृथक्करण के सिद्धान्त का सैद्धान्तिक महत्त्व ही रह गया है। वर्तमान राजनीतिक व्यय-स्थाओं में निम्नलिखित परिवर्तन, शक्तियों के पृथक्करण के सिद्धान्त की सीमित उपयोगिता को स्वीकार करने से आगे नहीं बढ़ने देते हैं—

(1) सरकार एक सावयवी एकता (organic unity) व्यवस्था बन गई है।
(2) राजनीतिक संरचनाओं के स्थान पर राजनीतिक प्रक्रियायों की प्रधानता होती जा रही है।
(3) शासन प्रविधियां परिष्कृत पर अन्तःनिर्भर बन गई हैं।
(4) सरकारें जन आधार रखने लगी हैं।
(5) जन सहभागिता, जन जागरूकता और राजनीति में जनरुचि में अभूतपूर्व वृद्धि हुई है।
(6) राजनीतिक व्यवस्थाओं के अंगों में गन्तव्यों की एकता रहने लगी है।

सरकारों को एक सावयवी रचना (living organism) के समान माना जाने लगा है। अब कार्यपालिका, व्यवस्थापिका व न्यायपालिका अपने कार्यों के निष्पादन में एक दूसरे पर इतनी निर्भर रहने लगी हैं कि उनको अलग करना अप्राकृतिक ही होता है। आजकल आवश्यकता उनको और अधिक सहयोग की अवस्था में लाने की है न कि उनको पृथक-पृथक रखने की। अतः आजकल शक्तियों के पृथक्करण के स्थान पर शक्तियों के सहयोग पर अधिक बल दिया जाने लगा है। आजकल यह कहा जाता है कि राजनीतिक

[21] *Ibid.*, p. 13.
[22] *Ibid.*

संस्थाओं और संरचनाओं का जमाना लद गया है। राजनीतिक व्यवस्थाओं में यह औपचारिक "शोभा-संस्थाएं" बन गई हैं। आज महत्त्व इस बात का नहीं है कि राजनीतिक संस्थागत व्यवस्था क्या और कैसी है, वरन इस बात का है कि वास्तविक राजनीतिक प्रक्रियाएं किस प्रकार की हैं? हम इस बात के विस्तार में न जाकर दो-तीन उदाहरणों से इस तथ्य को समझाने का प्रयास करेंगे। उदाहरण के लिए, सोवियत संघ में संविधान द्वारा व्यवस्थित संस्थाएं व संरचनाएं विशुद्ध लोकतन्त्र की स्थापना दिखाई देती हैं, किन्तु व्यवहार में राजनीतिक प्रक्रियाओं की प्रकृति इस शासन व्यवस्था को सर्वाधिकारी रूप प्रदान कर देती है। भारत में या मेक्सिको में प्रतियोगी दल संरचनाएं हैं किन्तु व्यवहार में प्रतियोगी प्रक्रिया नहीं रह जाती है। संयुक्त राज्य अमरीका में शक्तियों का पृथक्करण है। इसकी ठोस संस्यागत संरचनाएं हैं, किन्तु राष्ट्रपति व कांग्रेस में केवल एक ही राजनीतिक दल का प्रभुत्व होने पर सम्पूर्ण राजनीतिक प्रक्रिया भिन्न प्रकार की हो जाती है और संरचनात्मक व्यवस्थाएं केवल औपचारिक रह जाती हैं। अतः संस्थाओं व संरचनाओं के स्थान पर प्रक्रियाओं की प्रधानता के कारण आधुनिक राजनीतिक व्यवस्थाओं में शक्तियों के पृथक्करण का कहीं स्थान ही नहीं रह जाता है।

शासन का कार्य जटिल हो गया है। दिन-प्रतिदिन शासन प्रविधियों में परिष्करण बढ़ता जा रहा है। इसके कारण इनमें पारस्परिक सम्बन्ध बढ़ते जा रहे हैं। प्रविधियों के परिष्करण से हमारा तात्पर्य शासन कार्यों में विशेषीकरण व विभिन्नीकरण के कारण नई-नई प्रविधियों का विकास और प्रचलित प्रविधियों का और अधिक परिष्करण होने से है। उदाहरण के लिए, व्यवस्थापन कार्य को ही लिया जाए तो हम देखते हैं कि अधिनियमों के बनने से पहले सम्बन्धित विषय के बारे में आंकड़ों व तथ्यों का सर्वेक्षणों द्वारा संकलन, विधेयकों का प्रारूप बनाना, मन्त्रिमण्डल से पहले सम्बन्धित विशेषज्ञों द्वारा प्रारूप में फिर सुधार किया जाना तब उस पर मन्त्रिमण्डल में विचार और उसके बाद व्यवस्थापिका में निर्णय के लिए आना और अन्ततः अधिनियम के स्तर तक पहुंचना, सम्मिलित होता है। इससे स्पष्ट है कि शासन क्रिया की प्रविधियां न केवल परिष्कृत हो गई हैं, अपितु उनमें पारस्परिकता बढ़ जाने के कारण इन सबमें पृथक्करण नहीं सामंजस्य की आवश्यकता होने लगी है।

आधुनिक लोकतान्त्रिक सरकारों का आधार जनसाधारण होता है। अगर किसी सरकार को सम्पूर्ण या जनता के बहुत बड़े भाग का समर्थन प्राप्त रहता है तो उसकी शक्ति संविधानों, संस्थाओं व संरचनाओं इत्यादि द्वारा लगाए गए सभी नियंत्रणों से मुक्त हो जाती है। सरकार चाहे वह लोकतान्त्रिक, स्वेच्छाचारी या सर्वाधिकारी हो, अगर वह जनता के कल्याण की साधना करती है और इस कारण जनता का उसे पूर्ण समर्थन प्राप्त रहता है तब शक्ति पृथक्करण नहीं शक्ति केन्द्रण की मांग व इस मांग के पीछे जनता की आवाज होने के कारण, राजनीतिक व्यवस्था में सारी संस्थागत व्यवस्थाएं केवल नाम से रह जाती हैं। अतः सरकारों को जन-आधार शक्ति-पृथक्करण के प्रतिकूल प्रवृत्ति का प्रेरक बन जाता है।

सरकारों के द्वारा शक्तियों का दुरुपयोग न हो तथा सरकार जनता की स्वतन्त्रताओं

का हनन करने से रोकी जा सके इसके लिए शक्तियों के पृथक्करण के अलावा भी विधि व संविधान की व्यवस्थाओं के द्वारा नियंत्रण लगाए जाने का प्रचलन प्राचीन समय से प्रचलित है। पर इससे सरकारें तभी तक नियंत्रित होती हैं जब तक वे नियंत्रित रहना चाहें। सरकारें जब चाहें इस प्रकार के विधिक व संस्थागत नियंत्रणों से अपने आपको मुक्त कर सकती हैं। इतिहास ऐसे उदाहरणों से भरा पड़ा है जब लोकतान्त्रिक संस्थाओं के सहारे शासक तानाशाह बने हैं। स्वयं हिटलर ने ऐसे ही सत्ता प्राप्त की थी। अतः वास्तविक नियंत्रण जनता की जागरूकता का है। स्वतन्त्रता की रक्षा को लेकर लास्की ने ठीक ही लिखा है कि "सतत चौकसी स्वतन्त्रता की कीमत है" (Eternal vigilance is the price of liberty) अतः स्वतन्त्रता की रक्षा स्वयं जनता करती है। वह राजनीतिक प्रक्रिया में सहभागी होकर, राजनीतिक गतिविधियों में रुचि लेकर, तथा सरकार द्वारा किए गए स्वतन्त्रता के अतिक्रमणों के प्रयासों के विरुद्ध संगठित होकर या सरकार के विरुद्ध आवाज उठाकर सरकार को अपने अधिकारों के दुरुपयोग से रोक सकती है। आधुनिक समय में तो यही सर्वाधिक महत्त्वपूर्ण नियंत्रण व्यवस्था बन गई है। 1956 में ब्रिटेन के प्रधान मंत्री ऐन्थनी ईडन ने, 1962 में श्री कृष्णा मेनन ने तथा अभी हाल ही में अमरीका के राष्ट्रपति निक्सन ने त्यागपत्र दिए थे। इन सबके पीछे प्रतिकूल लोकमत की शक्ति ही कही जा सकती है। अतः अब शक्तियों के दुरुपयोग से बचाव की व्यवस्था जनता की जागरूकता व जनमत बन गया है।

शासन शक्तियों के पृथक्करण का अब तर्क-सम्मत औचित्य भी नहीं रह गया है। अब राजनीतिक व्यवस्थाओं में विभिन्न घटकों व सरकार के विभिन्न अंगों के अन्तिम उद्देश्यों व गन्तव्यों (goals) में एकता रहने लगी है। चाहे किसी दल की सरकार बने, समाज व सरकार के विविध अंगों के बीच मौलिक गन्तव्यों सम्बन्धी अन्तर नहीं रह सकते हैं। कम से कम लोकतान्त्रिक व्यवस्थाओं में ऐसा हो ही नहीं सकता है। वैसे भी शक्तियों के पृथक्करण सम्बन्धी सिद्धान्त का सरोकार केवल लोकतन्त्र व्यवस्थाओं से ही है। अतः लोकतन्त्र शासनों में सरकार के विभिन्न अंग एक दिशा में जाने के लिए प्रेरित हों इसके लिए पृथक्करण अनावश्यक हो जाता है। यहां लास्की का यह कहना बहुत उपयुक्त लगता है कि "शक्तियों का पृथक्करण वास्तव में केवल व्यवस्थापिकायी सहूलियत है न कि कभी समाप्त न होने वाली निरूढ़ी (immutable dogma)। सख्त अर्थों में यह कभी व्यावहारिक हो ही नहीं सकता।"[23]

उपरोक्त तथ्यों से यह बात स्पष्ट होती है कि शक्तियों के पृथक्करण का सिद्धान्त निरपेक्ष रूप में न तो प्रयोग में लाया जा सकता है और न ही शक्तियों का पूर्ण पृथक्करण उपयोगी हो सकता है। इसलिए आजकल यह कहा जाने लगा है कि "शक्तियों का पूर्ण पृथक्करण न तो सम्भव है और न ही वांछित है।" (Complete separation of powers is neither possible nor desirable.) यहां यह ध्यान रखना आवश्यक है कि जब तक लोकतांत्रिक शासन व्यवस्थाएं विद्यमान हैं तब तक यह बात भी सही

[23] Harold J. Laski, *Encyclopaedia of Social Sciences*, New York, Macmillan, Vols. VII-VIII, 1954, p. 464.

मानी जायेगी व व्यवहार में लागू रहेगी कि "शक्तियों का आंशिक-सीमित पृथक्करण सम्भव भी है और वांछित भी है।" (Limited separation of powers is both desirable and possible.) क्योंकि लोकतन्त्र शासन व्यवस्थाओं में सरकारों का संचालन राजनीतिक दलों के हाथों में रहता है। राजनीतिक दल बहुमत के आधार पर सत्ता में आते हैं, किन्तु यह बहुमत न निरपेक्ष होता है और न ही अधिक लोगों का मत होता है, अपितु यह सापेक्ष बहुमत होता है। अतः लोकतांत्रिक शासन व्यवस्थाओं में दल आधारित सरकारें द्विदलीय व्यवस्था वाले राज्यों को छोड़कर, प्रतियोगी दल पद्धति व्यवस्थाओं में अधिकांशतः अल्पमत की ही होती हैं। उदाहरण के लिए, अमरीका के इस शताब्दी के सर्वाधिक लोकप्रिय राष्ट्रपति केनेडी जनता के लोकप्रिय मतों का बहुमत प्राप्त नहीं कर सके थे। उन्हें 50 प्रतिशत से कम लोकप्रिय मत ही प्राप्त हुए थे। इसी तरह 1952 से 1971 तक के सभी आम चुनावों में भारतीय राष्ट्रीय कांग्रेस को कुल मतों का 1952, 1957, 1962, 1967 और 1971 में क्रमशः 45 प्रतिशत 47.8 प्रतिशत, 44.7 प्रतिशत, 40.8 प्रतिशत तथा 43.6 प्रतिशत प्राप्त हुआ था तथा इस प्रतिशत से लोक सभा में प्राप्त स्थानों की संख्या क्रमशः 72.4 प्रतिशत, 70.5 प्रतिशत, 73.2 प्रतिशत, 55.0 प्रतिशत, तथा 67.6 प्रतिशत रही थी। ऐसी अवस्था में अल्पमत प्राप्त करके स्थानों के बहुमत के आधार पर सत्तारूढ़ राजनीतिक दल अल्पसंख्यकों की स्वतन्त्रताओं का हनन करने का प्रलोभन कर सकता है। इसके अलावा भी सत्तारूढ़ दल अपने दल को हमेशा के लिए सत्ता में बनाए रखने के लिए राष्ट्रीय हितों के स्थान पर दलीय हितों पर ध्यान केन्द्रित करने लग सकता है। ऐसी स्थिति लोकतन्त्र व्यवस्थाओं—विकासशील व विकसित देशों—में उत्पन्न रहती है और इस प्रकार के विशेष संदर्भ में शक्तियों का सीमित पृथक्करण आवश्यक व उपयोगी हो जाता है।

यह बड़ी विचित्र बात है कि राजनीतिक दल शक्तियों के पृथक्करण के सिद्धान्त को बेमेल और निरर्थक बनाने वाले विकास भी हैं तथा साथ ही शक्तियों के पृथक्करण को आवश्यक बनाने वाले सर्वाधिक महत्त्वपूर्ण कारण भी बनते जा रहे हैं। राजनीतिक दल व्यवस्थाओं के आधार पर संचालित शासनों में शक्तियों का पृथक्करण उस अवस्था में और भी महत्त्वपूर्ण बन जाता है जब समाज वैचारिक विभाजनों का शिकार हो तथा परस्पर विरोधी विचारधाराओं वाले राजनीतिक दल सत्ता में आते-जाते रहते हों। ऐसी अवस्था में विचारधारा विशेष से सम्बन्धित राजनीतिक दल के सत्तारूढ़ होने पर अन्य विचारधारा वाले विपक्ष का सरकार गला न घोंट सके इसके लिए शक्तियों का इतना पृथक्करण आवश्यक है जिससे विपक्ष की सुरक्षा व्यवस्था हो सके।

सरकार को व्यक्तिगत स्वतन्त्रता के अतिक्रमण से रोकने की चिंता में उस पर लगाए गये नियंत्रण बड़ी पेचीदा परिस्थिति उत्पन्न कर देते हैं। इन नियन्त्रणों से सरकार उस हद तक कमजोर हो जाती है जिससे वह व्यक्ति के अधिकतम विकास की आवश्यक व्यवस्थाओं, विशेषकर उसके सामाजिक व आर्थिक जीवन को उस सीमा तक नहीं ले जा पाती है, जहां व्यक्ति अपनी सम्पूर्ण शक्ति का उपयोग अच्छी तरह कर सके और जीवन

को सर्वोत्तम बना सके। दूसरी तरफ, इन नियंत्रणों की एक सीमा ऐसी होती है जिस हद तक लगाए गये नियंत्रण व्यवहार में सरकार को नियंत्रित ही नहीं रख पाते हैं। अतः आधुनिक लोकतान्त्रिक राज्यों में समस्या शक्तियों के पृथक्करण से कहीं अधिक ऐसे शक्तियों के पृथक्करण की है जिससे सरकार नियंत्रित भी रह सके पर इतनी कमजोर भी नहीं बन जाए कि जनता के लिए आवश्यक विकास सुविधाएं ही नहीं जुटा पाए। अतः बाइल ने तो यहां तक कह दिया है कि "हम अभी भी सीमित सरकार (limited government) में विश्वास करते हैं पर अभी तक हम यह नहीं जानते कि आधुनिक परिस्थितियों में ये सीमाएं कैसे लगाई जाएं ?"[24] इस सम्बन्ध में व्यवहारवादियों की देन से तो यह निष्कर्ष निकलता है कि "शक्तियों के केन्द्रण तथा शक्तियों के पृथक्करण के मूल्यांकन में व्यवहारवादियों के दृष्टिकोण को सम्मिलित नहीं करना, इस मूल्यांकन को अधूरा रखना होगा। अतः हम इस सम्बन्ध में व्यवहारवादियों के विचारों का संक्षेप में उल्लेख करेंगे।

शक्ति-पृथक्करण : व्यवहारवादी व्याख्या व मूल्यांकन
(SEPARATION OF POWERS : BEHAVIOURAL INTERPRETATION AND EVALUATION)

व्यवहारवादी शक्ति पृथक्करण की व्याख्या से अधिक इसके संशोधन और इसमें सुधार के लिए उत्तरदायी परिस्थितियों का ही विवेचन करते हैं। इन्होंने शक्ति पृथक्करण से सम्बन्धित प्रत्ययों व अवधारणाओं की व्यवहारवादी व्याख्या करके इस सिद्धान्त के सम्बन्ध में निष्कर्ष निकालने का प्रयत्न किया है। इन्होंने निम्नलिखित तथ्यों के इर्द-गिर्द शक्ति पृथक्करण सम्बन्धी विचारों की व्याख्या की है।

(क) स्वतन्त्रता की सकारात्मक धारणा (Positive concept of liberty)—व्यवहारवादी स्वतन्त्रता से प्रतिबन्धों के अभाव के स्थान पर सकारात्मक प्रतिबन्धों की स्थापना का आशय लेते हैं। इस कारण वे मिश्रित सरकार का सिद्धान्त स्वीकार करते हैं। उनकी मान्यता है कि आधुनिक समय में राजनीतिक व्यवस्थाओं के स्थायित्व व उनके द्वारा आवश्यक कार्यों के निष्पादन के लिए पृथक्करण की आवश्यकता नहीं है। आधुनिक राजनीतिक व्यवस्थाएं ठीक प्रकार से संचालित हो सकें इसके लिए वे नियन्त्रण व सन्तुलन की व्यवस्था की सिफारिश करते हैं। इससे शक्ति के केन्द्रण व शक्ति के पृथक्करण से होने वाले सभी लाभ प्राप्त हो जाएंगे तथा दुर्गुणों से बचाव व्यवस्था भी हो जाएगी।

(ख) सरकारी गतिविधियों की सहकारिता व सामूहिकता (Collectivist activity of governments)—आधुनिक समाजों में, सरकारों के ही नहीं, सम्पूर्ण व्यवस्थाओं में समायोजित कार्यक्रमों की आवश्यकता होती है। सरकार अब ऐसी शक्तिशाली

[24] M. J. C. Ville, *op. cit.*, p. 15.

होनी चाहिये जिससे वे व्यक्तिगत विकास और वृद्धि के आवश्यक वातावरण उपलब्ध करा सकें। व्यक्ति के समुचित विकास के लिए केवल राजनीतिक वातावरण की व्यवस्था करना ही पर्याप्त नहीं होता है। इसके लिए राजनीतिक परिवेश से कहीं अधिक आधारभूत वातावरण-सामाजिक व आर्थिक की व्यवस्था करना भी जरूरी है। अतः शक्ति-पृथक्करण से सरकारें कमजोर होती हैं और व्यक्ति, समाज और देश के बहुमुखी विकास में विशेष उपयोगी भूमिका अदा नहीं कर सकती हैं। इस कारण व्यवहारवादी सरकार की सामूहिकतावादी गतिविधियों पर जोर देते हुए यह मानते हैं कि इसी से सरकार शक्तिशाली बनेगी और राजनीतिक विकास व आधुनिकीकरण का प्रभावी कार्यक्रम अपना सकेगी। शक्ति-पृथक्करण स्वतन्त्रता की रक्षा करने में भले ही सहायक हो पर मानव के विकास में, सरकार को जंजीरों से जकड़ कर रखने के कारण, कदापि सहायक नहीं हो सकता है। अतः व्यवहारवादी, सरकार की शक्ति की सामूहिकता के समर्थक हैं जिससे सरकार व्यक्ति के विकास के लिए सकारात्मक कदम उठाने में सक्षम रहे।

(ग) **शासन-विधियों में अन्तर्निहित नियन्त्रणता** (Governmental procedures as inbuilt checks)—शासन शक्ति का कोई भी पहलू ले लें, उसके प्रयोग की संरचनाएं, विधियां तथा कार्मिक (personnel) होते हैं। यह जब कार्य करते हैं तो केवल एक पक्ष में ही अन्तर्निहित नियन्त्रणता देखने को मिलती है, किन्तु जब सब अंगों, संरचनाओं और संस्थाओं को कार्य करना हो तो इनकी विविधां अपने आप में निर्णय व्यवस्थाएं बन जाती हैं। यही कारण है कि लोकतन्त्र व्यवस्थाएं जब तक शक्ति के द्वारा उखाड़ न फेंकी जायें स्वतः बहुत मंथर गति से मरती या समाप्त होती हैं। व्यवहारवादी यह कहते हैं कि हर व्यक्ति के व्यवहार की विधि स्वतः ही नियन्त्रण व्यवस्था की स्थापक होने के कारण शक्ति पृथक्करण के बारे में सोचना ही निरर्थक है। उनका तो यहां तक कहना है कि अगर शक्ति पृथक्करण किया गया तो शासन विधिधों के द्वारा स्वतः ही लगने वाली नियन्त्रणता भी समाप्त या अप्रभावी हो जायेगी। उनके अनुसार एक कार्य-विधि दूसरी कार्य-विधि की नियन्त्रक व सन्तुलक रहती है। अतः शक्तियों के पृथक्करण की कोई आवश्यकता ही नहीं होती है, क्योंकि शासन विधियां अपने आप में नियन्त्रणों की ठोस व्यवस्था कर देती है।

(घ) **शासन प्रक्रियाओं की अ-स्वचालित प्रचालनता** (Non-automatic operation of governmental procedures)—सरकार की औपचारिक प्रक्रियाएं स्वतः ही परिचालित नहीं होती हैं। इनको गति प्रदान करने या उनके परिचालन के लिए किसी न किसी प्रकार की प्रेरक शक्ति की अनिवार्यता होती है। तकनीकी दृष्टि से किसी भी रसायन क्रिया को प्रेरित करने के लिए 'केटेलिस्ट' (catalyst) जो काम करता है वैसे ही शासन प्रक्रियाओं को प्रचलित करने के लिए 'केटेलिस्ट' की आवश्यकता होती है। यही कारण है कि राजनीति की औपचारिक प्रक्रियाएं चारों तरफ अनेक गतिविधियों के झुंडों से घिरी रहती हैं। इन्हीं के द्वारा यह तय होता है कि शासन संरचनाएं किस प्रकार प्रचालित होंगी या संचालित की जायेंगी। उदाहरण के लिए, शासन क्रिया

का संचालन राजनीतिक दल, दबाव समूह, निर्वाचकगण और लोकमत की शक्ति के द्वारा होता है। व्यवहारवादी यह मानते हैं कि जब शासन अंग स्वयं प्रचालित ही नहीं होते और प्रचालित या क्रियाशील होने पर किस प्रकार सक्रिय रहेंगे इसका निरूपण भी दलों, दबाव समूहों व लोकमत से होता है तब शासन अंगों को पृथक करने से कोई विशेष लाभ नहीं होगा। अतः उनके अनुसार शक्ति पृथक्करण की इस आधार पर भी कोई आवश्यकता या औचित्य नहीं दिखाई देता है।

(च) **विभिन्न शासन कार्यों का अन्तर ही लुप्त हो गया है** (The distinction between different governmental functions has disappeared)—व्यवहारवादी यह मानते हैं कि शासन अंगों की पृथक-पृथक संरचनाएं होने पर भी उनमें कार्यात्मक अन्तर पूरी तरह लुप्त हो गये हैं। किसी भी राजनीतिक व्यवस्था में कार्यपालिका, व्यवस्थापिका और न्यायपालिका विधिक दृष्टि से अलग-अलग होती हैं, किन्तु जब इनके कार्यों की बात करते हैं तो देखने को मिलता है कि व्यवस्थापिका और कार्यपालिका केवल व्यवस्थापन या कार्यपालिका का ही कार्य नहीं करती हैं। इनके द्वारा वे कार्य भी किये जाते हैं जो इनके अधिकार क्षेत्र में नहीं आते हैं। कार्यपालिका, व्यवस्थापन का कार्य तथा कई शासन व्यवस्थाओं में न्यायपालन तक का कार्य करती हुई पाई जाती है। इससे स्पष्ट है कि सरकार के विभिन्न अंगों के बीच नाम मात्र के संरचनात्मक अन्तर ही रह गये हैं। उनके कार्यों में कोई मौलिक अन्तर नहीं रह गया है। अतः केवल शासन अंगों में पृथक्करण व्यावहारिक दृष्टि से कोई विशेष अर्थ या महत्त्व नहीं रखता है।

(छ) **कानून के बनिस्बत 'राजनीति' के तथ्यों पर ध्यान केन्द्रण** (Concentration upon facts of 'politics' rather than law)—व्यवहारवादी मानते हैं कि आवश्यकता कानूनी या औपचारिक संस्थागत व्यवस्थाओं पर बल देने की नहीं है। यह तो अधिकांश राजनीतिक व्यवस्थाओं में दिखावे की वस्तुएं रह गई हैं। अनेक देशों में तो संविधानों की भी यही स्थिति है। उदाहरण के लिए, साम्यवादी शासन व्यवस्थाओं में संविधान वास्तव में राजनीतिक शक्ति का संगठक (organiser of political power) नहीं होता है। स्वेच्छाचारी शासनों में संविधान तो पाए जाते हैं पर उनकी उपयोगिता केवल दिखावटी ही होती है। अतः व्यवहारवादी उस प्रवृत्ति की ओर संकेत करते हैं जिसमें कानून से परे 'राजनीति' के लक्ष्यों पर ध्यान देना आवश्यक है। राजनीतिक दल, दबाव-समूह, हित-समूह तथा राजनीतिक व्यवस्थाओं को चारों तरफ से घेरने वाले राष्ट्रीय और अन्तर्राष्ट्रीय वातावरण द्वारा राजनीतिक वास्तविकताओं का ज्ञान होता है। यही शक्ति के दुरुपयोग से बचाव व्यवस्थाएं हो सकती हैं। अतः इन्हीं पर ध्यान केन्द्रण आवश्यक है। इस तरह, व्यवहारवादी कानूनी, औपचारिक या संवैधानिक प्रक्रियाओं की अवास्तविकताओं को ध्यान में रखते हुए इन पर आधारित शक्ति पृथक्करण के सिद्धान्त की आधुनिक राजनीतिक व्यवस्थाओं में कोई उपयोगिता नहीं मानते हैं। उनके अनुसार शक्ति के नियंत्रक तो स्वयं नागरिक ही हैं। राजनीतिक दल दबाव व हित समूह, समाज की अन्य संस्थागत व्यवस्थाएं व लोकमत शासकों के प्रभावी

नियंत्रक होते हैं, किन्तु औपचारिक संस्थाओं का भी राजनीतिक व्यवस्था में स्थान होता है। यह अनौपचारिक या गैर संवैधानिक व्यवस्थाओं का आधार प्रस्तुत करती हैं इसलिये इनमें नियन्त्रण व सन्तुलन की व्यवस्था करने से अनौपचारिक संस्थाओं की प्रभावकारिता में भी वृद्धि होगी। इसलिये इनकी अनदेखी तो नहीं की जा सकती, किन्तु केवल इन्हीं का पृथक्करण करके स्वतन्त्रता की रक्षा व्यवस्था करना भी निरर्थक है। इन औपचारिक संस्थाओं के पृथक्करण से व्यवहार में राजनीतिक प्रक्रियाएं बहुत कुछ अप्रभावित ही रहती हैं। अत: व्यवहारवादियों के अनुसार इनका पृथक्करण सीमित उपयोगिता ही रखता है।

शक्तियों के पृथक्करण के सिद्धान्त के मूल्यांकन के निष्कर्ष के सम्बन्ध में शायद वाइल ने बहुत ठीक ही लिखा है कि "शक्तियों के पृथक्करण का सिद्धान्त, सरकार के संगठन के सिद्धान्त के रूप में केवल अकेला, प्रभावी और स्थायी राजनीतिक व्यवस्थाओं का उचित आधार प्रस्तुत करने में पूर्णरूप से असफल रहा है। इसलिए ही इस सिद्धान्त को अन्य राजनीतिक विचारों, जैसे मिश्रित सरकार के सिद्धान्त, समतोलन के विचार और नियंत्रण तथा संतुलन की धारणाओं के साथ मिलाया या जोड़ा गया है।"[25] अत: अंत में यह कहना उपयुक्त ही होगा कि परिवर्तित जटिल व राजनीतिक प्रक्रियाओं के कारण शक्तियों के पृथक्करण के सिद्धान्त की अकेले विशेष उपादेयता नहीं रह गई है।

विकासशील राज्यों में शक्ति-पृथक्करण का सिद्धान्त
(THE THEORY OF SEPARATION OF POWERS IN DEVELOPING COUNTRIES)

हर विकासशील राज्य का साम्राज्यवादी शासन के समय का अनुभव एक-सा ही रहा है। इस युग में साम्राज्यवादियों ने शक्ति पृथक्करण की बात ही नहीं सोची थी, क्योंकि व्यक्तियों की राजनीतिक स्वतंत्रताएं नाममात्र की भी नहीं थी। इन देशों की अधीनता के समय ही अनेक उपनिवेशी देशों में शासन अंगों का संरचनात्मक विभिन्नीकरण होने लगा था। साम्राज्यवादी शक्तियों से संघर्ष का नारा भी केवल स्वतन्त्रता से सम्बन्धित होने के कारण जब यह देश स्वतन्त्र हुए तो इनके संविधानों में, जो पाश्चात्य जगत द्वारा प्रस्तुत नमूनों पर ही आधारित किए गए थे, स्वतन्त्रता की रक्षा की विस्तार से व्यवस्था की गई। इन संविधानों में न केवल मौलिक अधिकारों का विस्तार से समावेश किया गया वरन शक्तियों के पृथक्करण को पूर्ण या आंशिक रूप में अपनाया गया। विशेषकर न्यायपालिकाओं को पृथक एवं स्वतन्त्र बनाने की संविधानों में ही व्यवस्थाएं की गईं जिससे न्यायालय स्वतन्त्र होकर निष्पक्ष न्याय कर सकें और इस तरह नागरिकों की स्वतन्त्रताओं के रक्षक रहें। अधिकांश देशों के संविधानों में न्यायाधीशों को कई प्रकार से स्वतन्त्र रखने के प्रावधान सम्मिलित किये गये। उदाहरण के लिए, 1950 के भारत के संविधान में सर्वोच्च न्यायालय के न्यायाधीशों को संविधान द्वारा ही इतनी सुरक्षाएं प्रदान

[25] *Ibid.*, p. 14.

की गईं कि वे स्वयं व्यवस्थापिकाओं, जो जन-इच्छा की प्रतिबिम्बक मानी जाती हैं, रो सामना करने लगे और सरकार के सब जनवादी कार्यों को रद्द करने लगे जो संविधान के अनुसार व अनुरूप नहीं थे।

इस प्रकार, सभी विकासशील राज्यों में संविधान-निर्माण के समय शक्तियों के पृथक्करण की व्यवस्थाएं, शासन प्रणाली के प्रकार के अनुसार—अध्यक्षात्मक व्यवस्था है तो पूर्ण पृथक्करण और संसदीय प्रणाली है तो आंशिक शक्ति पृथक्करण, की गईं तथा प्रारम्भिक वर्षों में शक्तियों का पृथक्करण लाभप्रद भी रहा। शासन के विशेष अनुभव के अभाव में शक्तियों के पृथक्करण के कारण विभिन्न शासन अंगों व इनके कार्मिकों के कार्य व उत्तरदायित्व निश्चित से बने रहे। किन्तु इस काल में सभी विकासशील राज्यों में राजनीति केवल अभिजनों द्वारा खेला जाने वाला खेल था। आम जनता, अशिक्षा, दरिद्रता, बीमारी और अंधविश्वासों में जकड़ी होने के कारण रूढ़िवादी प्रवृत्ति रखती थी और चुनावों के तमाशे में 'तथाकथित' अभिजन नेताओं और समाज के ठेकेदारों के अनुसार अपना 'वोट' दे आती थी। जैसा वे कहते थे वैसे ही जनता के अधिकांश लोग करते थे। इस तरह, शक्ति पृथक्करण को नियतकालिक चुनावों से भी कोई खतरा नहीं हुआ। यह इन समाजों के राजनीतिक विकास का दूसरा चरण था। इस काल में राजनीति केवल अभिजनी गतिविधि थी।

यह स्थिति अधिक दिन नहीं चल सकी। जनता में जागरूकता आने लगी, जनता की राजनीतिक प्रक्रिया में सहभागिता बढ़ने लगी और जनमत के बनने की परिस्थितियां प्रस्तुत होने लगीं। इससे अभिजनों की सत्ता को चुनौती मिलने लगी और वे शक्तियों के पृथक्करण की आड़ में आम जनता को शक्ति केन्द्रों तक पहुंचने से रोकते रहे। अब तक जो शासन शक्ति का पृथक्करण था वह व्यवहार में मिटने लगा। शासन के तीनों अंगों के अभिजनों को जनता से चुनौती मिलने के कारण वे एक होने लगे। अपने हितों की रक्षा के लिए विशेषकर न्यायालयों को, संविधान द्वारा प्राप्त उन्मुक्तियों के कारण अपने विशेषाधिकारों के लिए प्रयुक्त करने लगे। यह इन देशों में राजनीतिक विकास का तीसरा चरण था। जब शक्ति पृथक्करण का सहारा भी लिया जा रहा था और व्यवहार में इसको केवल शाब्दिक श्रद्धा दी जा रही थी। किन्तु अब तक शक्ति पृथक्करण के सिद्धान्त की कमियां प्रकट होने लगी और विकासशील राज्यों में शक्ति पृथक्करण की व्यवस्थाएं समाप्त होने लगीं। कार्यपालिकाओं में शक्तियों के केन्द्रण की सर्वव्यापी प्रवृत्ति विकासशील देशों में अधिक प्रबल रूप में प्रकट होने लगी।

चौथे और अन्तिम चरण में विकासशील राज्यों की राजनीतिक व्यवस्थाएं डांवाडोल होने लगीं। राजनीतिक दलों के सिद्धान्तों में आए दिन हेर-फेर, आम जनता और अभिजन वर्ग का कड़ा मुकाबला (confrontation) राजनीतिक संस्कृति की अस्पष्टता, जनता की राजनीति से उदासीनता या घृणा, नेताओं में शक्ति को बनाए रखने की होड़ व दौड़ तथा इसके परिणामस्वरूप सामाजिक अव्यवस्था व अशान्ति व आर्थिक विकास में सड़न के कारण अनेक देशों में सैनिक तानाशाह सत्ता में आ गये और शक्तियों के पृथक्करण के सिद्धान्त की जिस जोर-शोर से व्यवस्था की गई थी उसको उतने ही जोर-

शोर से दफनाया जाने लगा। कुछ देशों में यह अब भी जीवित है पर अपनी मृत्यु के अत्यधिक समीप पहुंच गया है। विकासशील राज्यों में कुछ ही राज्य ऐसे हैं जहां परिस्थितियों के अनुसार सिद्धान्त की संस्थागत व्यवस्थाओं में हेर-फेर किये गये हैं पर मौलिक रूप में इसकी उपयोगिता को बनाए रखा जा रहा है। भारत और श्रीलंका इस क्षेत्र के ऐसे देश हैं जहां सीमित शक्ति पृथक्करण की ही व्यवस्था की गई थी पर अनेक दबावों के बावजूद इन देशों में यह सिद्धान्त अभी उपयोगी भूमिका निभा रहा है, किन्तु कुल मिलाकर विकासशील देशों में शक्तियों का पृथक्करण या तो समाप्त हो गया है या केवल औपचारिकता मात्र रह गया है।

विकासशील राज्यों में शक्तियों के पृथक्करण के सिद्धान्त की उपयोगिता व आवश्यकता लम्बी अवधि तक रहने की परिस्थितियां थीं। अगर उच्च वर्ग व अभिजनों के द्वारा शक्ति पृथक्करण के सिद्धान्त के साथ छेड़-छाड़ नहीं की जाती तो शायद इन देशों में नागरिकों की स्वतन्त्रता, राजनीतिक व्यवस्था का स्थायित्व तथा राजनीतिक प्रक्रियाओं की सुचारुता तब तक बनी रह सकती थी जब तक कि शक्ति पृथक्करण के कार्य को अपने हाथों में लेने वाले आधुनिक अभिकरण व संरचनाएं—स्वस्थ व स्थायी दल-पद्धति, संगठित हित व दबाव-समूह, जागरूक जनमत और राजनीतिक प्रक्रियाओं में स्थायित्व, सही अर्थों में विकसित नहीं हो जाते। अगर इतनी अवधि तक शक्ति पृथक्करण की व्यवस्थाएं प्रभावी रह जातीं तो शायद लोकतन्त्र इन देशों की भूमि में गहरी जड़ें जमा लेता और फिर इधर-उधर के छोटे-मोटे हवा के झोंके लोकतान्त्रिक शासन संरचनाओं को उखाड़ने में सफल नहीं हो पाते। किन्तु दुर्भाग्य है इन देशों का कि जिस स्वतन्त्रता की प्राप्ति के लिए लाखों व्यक्तियों (अलजीरिया व वियतनाम में क्रमशः दस व पन्द्रह लाख आदमी स्वतन्त्रता आंदोलनों में मारे गये थे) ने अपना बलिदान किया, वही स्वतन्त्रता प्राप्त होने के तुरन्त बाद सत्ता की होड़ में हमेशा के लिए सत्ता के भूखे नेताओं के द्वारा दफना दी गई। बंगला देश में 15 अगस्त 1975 व उसके बाद की घटनाओं से इसका अच्छा ज्ञान हो जाता है।

विकासशील राज्यों में एक विचित्र स्थिति यह भी है कि यहां अभी शक्तियों के केन्द्रण से सम्बन्धित आधुनिक उपकरण, संरचनाएं व प्रक्रियाएं विकसित नहीं हुई हैं किन्तु इनके अभाव में ही शक्ति केन्द्रण होने लगा है। यह खतरनाक प्रवृत्ति है तथा लोकतन्त्र की भावना के प्रतिकूल जाने वाली है। शक्तियों के पृथक्करण की उपयोगिता तब ही कम होती है जब शक्ति नियंत्रक औपचारिक संरचनाएं विकसित ही न हों वरन व्यवहार में प्रभावी भी बन जाएं। विकासशील राज्यों में से अनेक में अभी ऐसा बहुत सीमित अर्थों में हो पाया है। ऐसी स्थिति में शक्ति पृथक्करण से मिलने वाली सुरक्षा तथा आवश्यकता समाप्त होने लगती है और इसका सीधा परिणाम जनतन्त्र का अंत होने की स्थितियों का प्रस्तुत होना है। अतः इन देशों में शक्ति पृथक्करण की विचित्र स्थिति है। या तो यह लुप्त हो गया है या जहां है वहां केवल सैद्धान्तिक रूप में बचा हुआ प्रतीत होता है। 42वें संशोधन के बाद भारत भी इसका अपवाद नहीं रह गया लगता है।

आम जनता में यह भ्रान्ति है कि लोकतन्त्र का गला जनता के हाथों से घोंटा जाता

है, किन्तु विकासशील देशों ने इस भ्रांति का भंडाफोड़ कर दिया है। जिन-जिन देशों में, लोकतान्त्रिक व्यवस्थाएं समाप्त हुई हैं उन सभी देशों में यह काम समाज के अभिजनों द्वारा किया गया है। जब किसी राजनीतिक व्यवस्था में अभिजनों को सत्ता में रहते ठीक उत्तरदायित्व न निभाने के कारण हटाने का प्रयास किया जाता है तब ऐसे प्रयासों की पुनरावृत्ति न हो इसकी व्यवस्था अभिजनों द्वारा कर दी जाती है। जनतन्त्र के स्थान पर निरंकुशतन्त्र की स्थापना हो जाती है। इस प्रकार के प्रयासों में रुकावट व कठिनाइया उत्पन्न करने के लिए शक्तियों के पृथक्करण के सिद्धान्त की विकासशील देशों में बहुत उपयोगिता है।

विकासशील राज्यों के राजनीतिशास्त्री पाश्चात्य देशों में शक्ति नियंत्रण की अन्य संरचनात्मक, प्रक्रियात्मक और संस्थात्मक व्यवस्थाओं के विकास के कारण, शक्ति पृथक्करण के सिद्धान्त को विकसित राजनीतिक व्यवस्थाओं की तरह ही विकासशील राज्यों में भी निरर्थक मानने की भूल कर बैठते हैं। यह सही है कि विकसित राजनीतियों में शक्ति पृथक्करण की उपयोगिता सीमित ही रह गई है, किन्तु इनकी परिस्थितियों में और विकासशील राज्यों की परिस्थितियों में बहुत गहरे अन्तर हैं। अतः शक्ति-पृथक्करण का सिद्धान्त विकसित राजनीतिक व्यवस्थाओं में अनावश्यक होता जा रहा है जबकि विकासशील राज्यों में न केवल शक्तियों के पृथक्करण का सिद्धान्त अति आवश्यक है अपितु लोकतन्त्र की रक्षा के साधन के रूप में इसका दृढ़ता से स्थापित रहना अनिवार्य है। विकासशील राज्यों में इस सिद्धान्त की निरर्थकता की घोषणा करना इन देशों की वास्तविक राजनीतिक परिस्थितियों की अनदेखी करना है।

शक्तियों के पृथक्करण का सिद्धान्त लोकतान्त्रिक विकासशील राजनीतिक व्यवस्थाओं में तब तक उपयोगी रहेगा जब तक इन देशों में राजनीतिक दलों में राजनीतिक खेल के नियमों का मोटा मतैक्य नहीं हो जाए। समाज में हित व दबाव समूह समुचित रूप से विकसित न हो जाएं और राजनीतिक संरचनाओं और प्रक्रियाओं में स्थायित्व न आ जाए और जनता राजनीतिक जागरूकता के साथ ही साथ उत्तरदायित्व की भावना से मुक्त न हो जाए तथा शासक वर्ग राजनीतिक शक्ति का जन कल्याण कार्यों में मनमाने ढंग से नहीं, विधिक रूप से, स्वीकृत विधियों के अनुसार प्रयोग न करने लग जाएं। अतः शक्तियों के पृथक्करण के सिद्धान्त का उपयोग इन राज्यों में लम्बी अवधि तक बने रहने की सम्भावना ही नहीं वास्तविकता है। विकासशील राज्यों में जहां-जहां लोकतन्त्र बना हुआ है, वहां शक्तियों का पृथक्करण पूर्ण या आंशिक रूप से अनिवार्यतः पाया जाता है। इसलिए हमें, विशेषकर विकासशील राज्यों में राजनीति के विद्यार्थियों को, इस सम्बन्ध में सावधानी से अपने विचार बनाने की आवश्यकता है। अगर पश्चिम की राजनीतिक व्यवस्थाओं में राजनीतिक संस्कृति का इतना विकास हो गया है कि वे संस्थात्मक व्यवस्थाओं के बिना ही शक्तियों के दुरुपयोग से बचाव की प्रभावी व्यवस्था कर सकते हैं तो इसका यह तात्पर्य कदापि नहीं है कि विकासशील राज्यों में भी शक्ति के दुरुपयोग से बचाव की वैसी ही व्यवस्था सम्भव मानकर शक्तियों के पृथक्करण को बेकार घोषित कर दिया जाए। राजनीतिक विकास की दृष्टि से विकासशील राज्यों की व्यवस्थाओं में

इतना पिछड़ापन है कि अभी कई दशकों तक इन देशों में शक्ति नियंत्रण की अनौपचारिक व्यवस्थाएं विकसित नहीं हो पाएंगी। अतः निष्कर्षतः यही कहा जा सकता है कि विकासशील देशों में आने वाले अनेक वर्षों तक लोकतन्त्र के स्थायित्व-साधन के रूप में शक्तियों के पृथक्करण की आवश्यकता व उपयोगिता बनी रहेगी। विकासशील देशों के राजनीतिशास्त्रियों को यह बात भी नहीं भूलनी है कि विकसित राज्यों में इस सिद्धान्त की उपयोगिता को पूरी तरह नकारा नहीं गया है। इस सम्बन्ध में इन देशों में केवल यह विचार प्रबल हुआ है कि शक्ति पृथक्करण निरपेक्ष रूप में हानिकारक है। अतः सीमित शक्ति पृथक्करण की बात पर बल दिया जाने लगा है। वैसे अनेक विकसित राज्यों में विरोधी विचारधाराओं वाले राजनीतिक दलों के टकराव और अदल-बदल कर भविष्य में इनके सत्तारूढ़ होने की सम्भावना के कारण अनेक विचारक इस बात पर बल देने लगे हैं कि आने वाले वर्षों में शक्तियों के पृथक्करण का सिद्धान्त सुविकसित और राजनीतिक दृष्टि से स्थायित्व वाले पश्चिमी राज्यों में और भी अधिक आवश्यक और उपयोगी होगा। इस प्रकार के विचारों में सत्यता का अंश काफी मात्रा में माना जा सकता है और यह कहना कठिन नहीं होना चाहिए कि शक्तियों के पृथक्करण का महत्त्व तब तक बना रहेगा जब तक लोकतान्त्रिक ढंग से राजनीतिक समाज प्रशासित होने का प्रयास करते रहेंगे।

शक्ति पृथक्करण का नवीन रूप : नियंत्रण व संतुलन सिद्धान्त
(THE NEW FORM OF SEPARATION OF POWERS : THE THEORY OF CHECKS AND BALANCES)

नियंत्रण व संतुलन का सिद्धान्त, शक्ति के पृथक्करण के सिद्धान्त का नवीन रूप कहा जा सकता है। इससे सरकार के अंगों को इस प्रकार सम्बन्धित बनाया जाता है जिससे कोई भी अंग एक-दूसरे पर हावी नहीं हो सके और अपने आप में इतना स्वतन्त्र व सर्वोच्च भी नहीं बन सके कि वह व्यक्ति की स्वतन्त्रता के लिए वास्तविक खतरा बन जाए। इसके लिए शासन शक्तियों को नियंत्रित रखने के लिए आपस में संतुलित कर दिया जाता है।

हम देख चुके हैं कि शक्तियों का पूर्ण पृथक्करण न तो व्यावहारिक ही है और न ही परिवर्तित परिस्थितियों में हितकर है। सरकार के तीनों अंगों के मध्य कार्य विभाजन रखते हुए भी आवश्यक है कि इनमें परस्पर सम्बन्ध और सम्पर्क की ऐसी व्यवस्था व्याप्त रखी जाए कि वे एक दूसरे पर नियन्त्रण और संतुलन रख सकें। इसके बिना सरकार में एकता और समरूपता की भावना नहीं आ सकती। शक्ति पृथक्करण को निरपेक्ष रूप से लागू करना सम्भव नहीं होने के कारण इस सिद्धान्त को एक अन्य सिद्धान्त, नियंत्रण और संतुलन के सिद्धान्त के साथ संयुक्त किया जाता है, जिससे शक्तियों के पृथक्करण से होने वाली हानियों से बचा जा सके तथा शासन के प्रत्येक अंग को एक-दूसरे पर भी इस प्रकार निर्भर कर दिया जाए तथा जिससे कोई भी विभाग, अपने क्षेत्र में स्वतन्त्र रहते हुए मनमानी नहीं कर सके। इससे शासन के विभिन्न भाग एक-

दूसरे से संतुलित हो जाते हैं, क्योंकि किसी भी अंग के द्वारा अपनी शक्तियों का दुरुपयोग दूसरे अंग के नियंत्रण से रोक दिया जाता है। नियंत्रण और संतुलन के सिद्धान्त को हम रेखा चित्र द्वारा इस प्रकार समझा सकते हैं। अमरीका के संविधान में शक्तियों के नियंत्रण और संतुलन की व्यवस्था इस प्रकार चित्रित की जा सकती है।

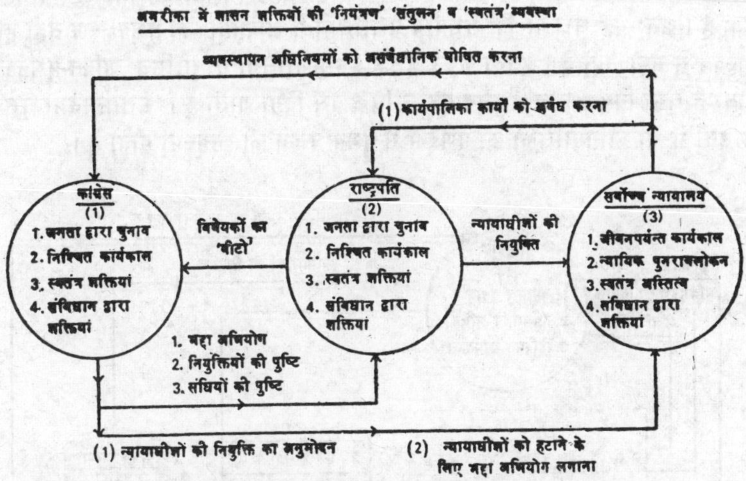

चित्र 13.1. अमरीका में शासन शक्तियों की नियंत्रण संतुलन व स्वतन्त्र व्यवस्था

चित्र 13.1 से स्पष्ट है कि अमरीका के संविधान में सरकार के हर अंग को स्वतन्त्र बनाया गया है तथा अपने अधिकार घेरे में रहते हुए हर एक अंग अपने लिए निर्धारित कार्यों का निष्पादन स्वतन्त्रतापूर्वक कर सकता है। उदाहरण के लिए, उपरोक्त रेखा चित्र में कांग्रेस (विधान मण्डल), राष्ट्रपति (कार्यपालिका) तथा सर्वोच्च न्यायालय (न्यायपालिका) के अपने स्वतन्त्र कार्यों के सम्बन्ध में की गई व्यवस्थाओं का हर अंग के वृत्त में ही उल्लेख किया गया है। किन्तु इन स्वतन्त्र शक्तियों का किसी शासन अंग द्वारा दुरुपयोग न हो अर्थात शक्ति संतुलन बिगड़े नहीं इसलिये हर अंग को दूसरे अंग को नियन्त्रित रखने के लिए अधिकार दिए गये हैं। इन नियंत्रण अधिकारों को रेखा चित्र में तीर के निशान की रेखा के साथ ही दिखाया गया है। उदाहरण के लिए, व्यवस्थापिका का कार्यपालिका पर तीन प्रकार से (1) महाभियोग लगाकर, (2) नियुक्तियों की पुष्टि और (3) संविधियों की पुष्टि करके, नियंत्रण व्यवस्थित किया गया है। इसी तरह, अन्य अंग एक दूसरे के नियंत्रक के रूप में व्यवस्थित किए गये हैं। इससे शक्तियों की स्वतन्त्रता के साथ ही साथ इनका नियंत्रण व उस नियंत्रण से तीनों शक्तियों का संतुलन हो जाता है।

शक्तियों के पृथक्करण व नियंत्रण संतुलन को भारत में किस प्रकार व्यवस्थित किया गया है, इसका चित्र 13.2 में स्पष्टीकरण किया गया है। भारत में शक्ति-पृथक्करण तथा नियंत्रण संतुलन की सीमित व्यवस्था ही की गई है। चित्र 13.2 का

विस्तार से विवेचन आवश्यक नहीं है, क्योंकि भारतीय विद्यार्थी इस प्रकार की व्यवस्था का सामान्य ज्ञान रखता है। यहां संसदीय प्रणाली के कारण कार्यपालिका व व्यवस्थापिका का घनिष्ठ सम्बन्ध है और इस कारण वास्तविक कार्यपालिका तथा विधान मण्डल व विधान मण्डल के दोनों सदन—लोकसभा व राज्यसभा, सम्मिलित रूप से संसद नाम की संस्था बनाते हैं। इसके आपसी सम्बन्धों को रेखा तीरों (dotted lines) से समझाया गया है। अतः यह धारणा कि संसदीय प्रणालियों में शक्तियों का पृथक्करण नहीं होता, वास्तव में सही नहीं है। इतना जरूर है कि इन प्रणालियों में सीमित शक्ति-पृथक्करण होता है तथा नियंत्रण व संतुलन पर अधिक बल दिया जाता है। सामान्यतया संसदीय शासनों में भी न्यायपालिका को पूर्णरूप से पृथक रखने की व्यवस्था होती है।

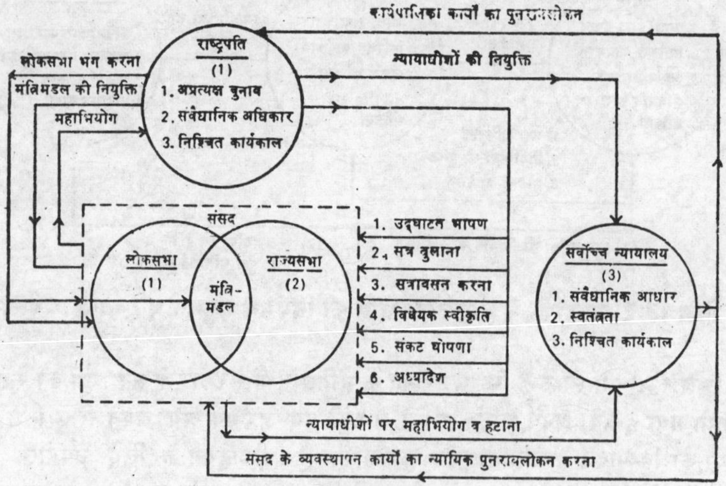

चित्र 13.2. भारत में शक्ति-पृथक्करण, नियन्त्रण व सन्तुलन व्यवस्था

शक्तियों के पृथक्करण का सिद्धान्त आधुनिक राज्यों में किस प्रकार आवश्यक नहीं रह गया है तथा संवैधानिक नियंत्रण संतुलन के स्थान पर अन्य अनौपचारिक संरचनात्मक नियंत्रण संतुलन से स्वयं नियंत्रण संतुलन का सिद्धान्त भी किस प्रकार केवल सैद्धान्तिक रह गया है, इसको चित्र 13.3 द्वारा समझा जा सकता है, किन्तु इसको शक्ति पृथक्करण के सिद्धान्त के शुद्ध रूप का चित्रण करने के बाद ही समझना सरल होगा इसलिये पहले शक्तियों के पूर्ण पृथक्करण का चित्र दिया जा रहा है।

शुद्ध शक्तियों के पृथक्करण में जैसा कि चित्र 13.3 में दिखाया गया है शासन अंगों में गैर-संवैधानिक या संवैधानिक सम्बन्धों का कोई स्थान नहीं होता है। हर अंग की मौलिक शक्तियां होती हैं तथा सीधे संविधान द्वारा उसे प्राप्त होती हैं। अंगों में न तो अन्तःनिर्भरता रहती है और न ही उनमें किसी प्रकार की सम्पर्कता की व्यवस्था रहती है। हर अंग की अलग संस्थागत व्यवस्था होती है, अलग कार्मिक (कार्यकर्त्ता) होते हैं

तथा हर अंग अपने क्षेत्र में सीमित, स्वतन्त्र व सर्वोच्च रहता है। यह रूप न कभी व्यवहार में प्रयुक्त हुआ है और न प्रयोग में ही लाया जा सकता है।

शक्तियों के पूर्ण पृथक्करण के प्रथम और अन्तिम प्रयोग का प्रयास अमरीका में किया गया था पर वहां भी इसके शुद्ध रूप को नियंत्रण व संतुलन से विकृत करके ही इसे अपनाया गया है, किन्तु अब विकसित राज्यों में नियंत्रण-संतुलन की गैर-संवैधानिक संरचनाओं के कारण शक्ति पृथक्करण, नियंत्रण व संतुलन का सिद्धान्त व्यावहारिक रूप में बहुत कम सक्रिय रहता है। अन्य संरचनाएं वह सब कार्य करने लगी हैं जो इन दोनों सिद्धान्तों की व्यवस्था के द्वारा किये जाते थे अर्थात सरकार को नियंत्रित करने व व्यक्ति की स्वतन्त्रता को सुरक्षित करने के नये साधन इस प्रकार चित्रित किए जा सकते हैं।

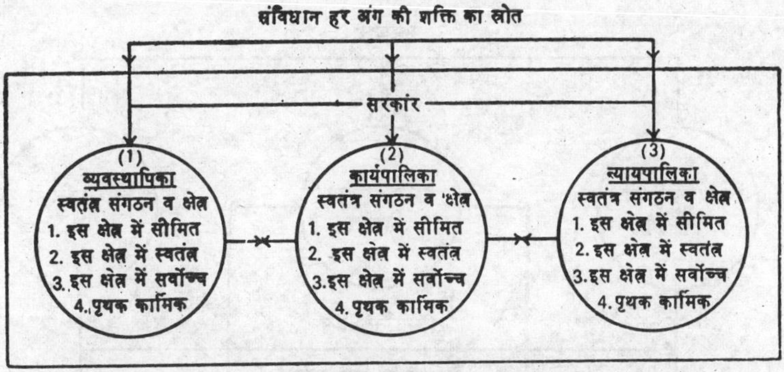

चित्र 13.3. शुद्ध शक्ति-पृथक्करण में व्यवस्थापिका, कार्यपालिका एवं न्यायपालिका का स्वतन्त्र अस्तित्व

इस चित्र में यह स्पष्ट है कि किस प्रकार से सरकार के तीनों अंग राजनीतिक दलों, दबाव व हित समूहों, राजनीतिक प्रक्रिया, लोकमत तथा जन संचार के साधनों से पारस्परिकता की आस्था में आ जाते हैं। चित्र 13.4 से यह और भी स्पष्ट हो जाता है।

इस प्रकार विकसित राजनीतिक व्यवस्थाओं में इन संरचनात्मक व्यवस्थाओं के कारण नियंत्रण व संतुलन का सिद्धान्त भी अनावश्यक होता जा रहा है, किन्तु विकासशील राज्यों में इन सबका अभी इस रूप में विकास नहीं हुआ है अतः इन देशों में लोकतन्त्र व्यवस्था के संरक्षक के रूप में सीमित शक्ति पृथक्करण की अभी भी आवश्यकता मानी जा सकती है। चित्र 13.4 तथा अमरीका में नियंत्रण संतुलन के चित्र 13.1 से यह स्पष्ट हो जाता है कि शक्तियों के नियंत्रण व संतुलन के दो रूप हो गए हैं। यह दो रूप इस प्रकार हैं—(क) संवैधानिक नियंत्रण और संतुलन व्यवस्था, और (ख) गैर-संवैधानिक नियंत्रण और संतुलन व्यवस्था।

इन दोनों व्यवस्थाओं का पृथक-पृथक विवेचन करके इनकी सापेक्ष उपयोगिता या निरर्थकता के बारे में निष्कर्ष निकालना सम्भव होगा। अतः हम इनका अलग-अलग विवेचन करेंगे।

(क) संवैधानिक नियंत्रण व संतुलन व्यवस्था (The constitutional system of checks and balances)—शक्तियों के पूर्ण पृथक्करण की अव्यावहारिकता तथा पूर्ण शक्ति पृथक्करण से होने वाली हानियों से बचने के लिए अमरीका के संविधान निर्माताओं से लेकर आज तक कहीं भी शक्ति पृथक्करण का सिद्धान्त शुद्ध रूप में नहीं अपनाया गया है। इसके स्थान पर नियंत्रण व शक्ति संतुलन की व्यवस्था करने का प्रचलन है। अधिकांश राज्यों में ऐसे नियंत्रण व संतुलन संविधान द्वारा ही स्थापित कर दिये जाते हैं। ऐसी व्यवस्था को हमने शक्तियों के नियंत्रण-संतुलन की संवैधानिक व्यवस्था कहा है। इस व्यवस्था में यह अच्छाई है कि इसमें नियंत्रण व्यवस्थाएं सुनिश्चित होती हैं। नियंत्रण व्यवस्थाओं को लागू करने की औपचारिक व्यवस्थाएं होती हैं और सामान्य परिस्थितियों में यह नियंत्रण व्यवस्थाएं प्रभावी रहती हैं।

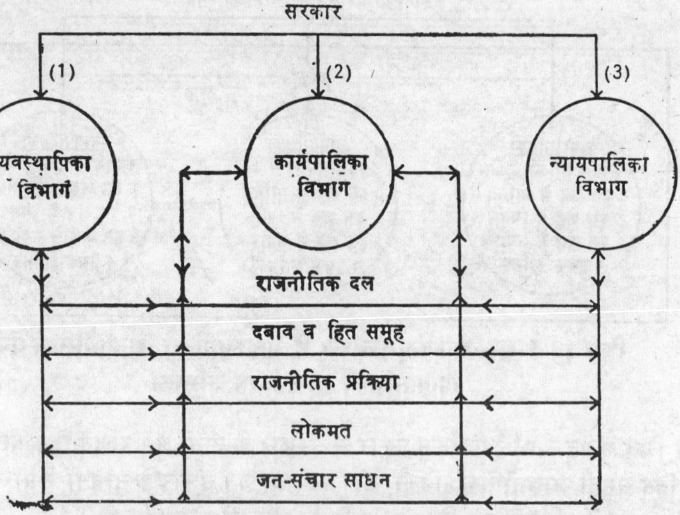

चित्र 13.4. सरकार के अंगों की सम्पर्कता के गैर-संवैधानिक साधन

परन्तु अगर नियन्त्रण-सन्तुलन के सिद्धान्त की दार्शनिक पृष्ठभूमि देखें तो ज्ञात होगा कि नियन्त्रण-संतुलन सामान्य परिस्थितियों के स्थान पर असामान्य परिस्थितियों में ही आवश्यक होते हैं तथा ऐसी परिस्थितियों में इनकी औपचारिक संरचनात्मक व्यवस्थाएं प्रभावहीन हो जाती हैं। जब कोई सरकार शक्तियों का दुरुपयोग करने पर तुल जाए तो उसको संवैधानिक व्यवस्थाएं रोक सकने में अक्सर असफल रहती हैं। अतः संवैधानिक नियंत्रण-संतुलन व्यवस्थाओं की उपयोगिता संदिग्ध ही कही जा सकती है। उदाहरण के लिए, सभी विकासशील राज्यों में जहां लोकतन्त्र सैनिक क्रांतियों से नहीं समाप्त किया गया इन देशों में संवैधानिक नियंत्रण संतुलनों के होते हुए भी सरकारों ने अप्रत्याशित शक्तियों को हथिया लिया था। अतः हम निष्कर्ष में यह कह सकते हैं कि संवैधानिक नियंत्रण व संतुलन व्यवस्था सामान्य परिस्थितियों में अनावश्यक व असाधारण परिस्थि-

तियों में अप्रभावी ही रहती है। इसका स्पष्टीकरण निम्नलिखित विवेचन से अच्छी तरह हो जाएगा।

संवैधानिक नियंत्रण-संतुलन सिद्धान्त की आवश्यकता के बारे में शक्तियों के पृथक्करण के संदर्भ में ही स्पष्टीकरण किया जाता है। अपने अत्यन्तिक (extreme) रूप में शक्तियों के पृथक्करण के सिद्धान्त का तात्पर्य तीनों विभागों का एक दूसरे से पूर्ण पृथक्करण है। इस अर्थ में इसको आधुनिक दशाओं में व्यावहारिक रूप देना असम्भव है, क्योंकि संवैधानिक सरकार का कारोबार इतना जटिल होता है कि प्रत्येक विभाग के क्षेत्र का ऐसी रीति में निरूपण नहीं हो सकता कि प्रत्येक विभाग अपनी निर्दिष्ट सीमा में स्वतन्त्र तथा सर्वोच्च रह सके। अतः शक्तियों के नियंत्रण और संतुलन के सिद्धान्त का उपयोग किया जाता है।

इस सिद्धान्त में शासन के तीनों अंगों की शक्तियों के लिए ऐसा प्रबन्ध कर दिया जाता है कि तीनों अंग अपने-अपने कार्य क्षेत्र में स्वतन्त्र रहते हुए भी आपस में एक दूसरे पर ऐसा नियन्त्रण बनाए रखते हैं जिससे शक्ति का सन्तुलन बना रहता है। शासन के प्रत्येक विभाग को एक दूसरे पर कुछ हद तक निर्भर बना दिया जाता है ताकि कोई विभाग यदि कभी अपनी जिम्मेदारी न निभाए तो शासन का दूसरा अंग उसे सचेत करने और अपनी सीमाओं में कार्य करने के लिए मजबूर करने का कार्य कर सकता है। इस सबका उद्देश्य यह है कि शक्तियों के पृथक्करण के बावजूद शासन अंग अपनी मनमानी नहीं कर सकें। इससे तीनों अंगों में परस्पर सामंजस्य और नियन्त्रण के साथ-साथ उनका स्वतन्त्र अस्तित्व तथा पृथक्ता भी बनी रहती है।

यहां ध्यान देने की बात यह है कि शक्तियों को केवल नियन्त्रित करने का ही लक्ष्य होता तो कोई कठिनाई नहीं होती। यह अनेक विधियों में से किसी का प्रयोग करके स्थापित किया जा सकता है। परन्तु नियन्त्रण ऐसा होना चाहिये जिससे तीनों अंगों में संतुलन बना रहे। यह संतुलन की व्यवस्था ही तीनों अंगों में सहयोग तथा सामंजस्य की स्थापना कर सकती है। इसलिये इस सिद्धान्त की मुख्य विशेषता निम्नलिखित तीन बातों के सम्मिश्रण में है। प्रथम, यह शक्तियों को पृथक रखता है, दूसरे, इन पृथक-पृथक शक्तियों को नियन्त्रित करता है और तीसरे, इन पृथक व नियन्त्रित शक्तियों में संतुलन स्थापित करता है। यही कारण है कि आधुनिक युग में व्यवस्थापिका को अविश्वास के प्रस्तावों या महाभियोग के द्वारा कार्यपालिका पर नियंत्रण का अधिकार प्राप्त होता है। इसी तरह, कार्यपालिका को विधेयकों के निर्माण द्वारा अथवा अध्यादेश जारी करने की शक्ति के कारण व विधेयकों पर स्वीकृति के माध्यम से व्यवस्थापिका पर नियन्त्रण प्राप्त कराया जाता है, तथा न्याय-विभाग को कानूनों की व्याख्या अथवा कार्यपालिका के कार्यों को दी गई वैधानिक चुनौती पर निर्णय देने की शक्ति द्वारा व्यवस्थापिका एवं कार्यपालिका के कार्यों पर नियन्त्रण करने का अधिकार प्राप्त होता है। इस प्रकार, शक्तियों का पृथक्करण, उनका प्रभावी नियन्त्रण तथा उनमें संतुलन, यह तीनों बातें, नियन्त्रण और संतुलन के सिद्धान्त से सम्भव हो जाती हैं, किन्तु यह सब व्यवस्था केवल औपचारिक ही रहती है। वास्तव में ऐसा पृथक्करण, नियन्त्रण और संतुलन केवल

विकासशील राज्यों में ही उपयोगी रहा है क्योंकि विकसित शासनों में इसके लिए और संरचनाएं विकसित हो गई हैं। नियन्त्रण व संतुलन के सिद्धान्त को साधारण ढंग से चित्र 13.5 में चित्रित किया गया है।

चित्र 13.5 से स्पष्ट है कि तीनों अंगों के अधिकार क्षेत्र पृथक बनाकर एक दूसरे से नियन्त्रित किए गए हैं जिससे उनमें परस्पर संतुलन स्थापित हो जाए। 4, 5, 6 और 7 ऐसे क्षेत्र हैं जिनसे सरकार के तीनों अंग एक-दूसरे के नियन्त्रक व संतुलक बन जाते हैं। जबकि 1, 2 और 3 ऐसे क्षेत्र हैं जिसमें हर अंग स्वतन्त्र व सर्वोच्च रहता है।

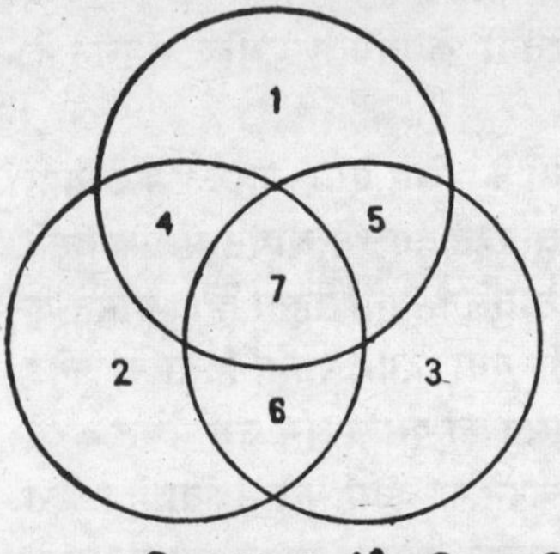

(1) व्यवस्थापिका
(2) कार्यपालिका
(3) न्यायपालिका
(4) व्यवस्थापन तथा कार्यपालन क्षेत्र-मिश्रण
(5) व्यवस्थापन तथा न्यायपालन क्षेत्र-मिश्रण
(6) कार्यपालन तथा न्यायपालन क्षेत्र-मिश्रण
(7) व्यवस्थापन-कार्यपालन और न्यायपालन क्षेत्र-मिश्रण

चित्र 13.5. संवैधानिक शक्ति-पृथक्करण एवं नियन्त्रण-संतुलन व्यवस्था

(ख) गैर-संवैधानिक नियंत्रण और संतुलन व्यवस्था (Extra-constitutional system of checks and balances)—बदलती हुई राजनीतिक परिस्थितियों में शक्ति तथा स्वतन्त्रता के अर्थ ही नहीं बदले हैं वरन शक्तियों पर नियंत्रण लगाने व उनको संतुलित करने के अनेक नये साधन प्रस्तुत हो गये हैं। यह नियंत्रण व संतुलन की संरचनाएं तथा प्रक्रियाएं संविधान की व्यवस्थाओं से बाहर के विकास हैं। इनकी संक्षिप्त चर्चा हम इसी अध्याय में अन्यत्र कर आए हैं इसलिये इनको हम एक रेखा चित्र द्वारा ही समझने का प्रयास करेंगे। गैर-संवैधानिक शक्ति-नियन्त्रण और संतुलन व्यवस्थाएं वृत्तों के माध्यम से चित्र 13.6 की भांति प्रकट की जा सकती हैं।

चित्र 13.6 में शक्तियों के नियंत्रण-संतुलन की अनौपचारिक व गैर-संवैधानिक व्यवस्था का सरल चित्रण किया गया है। व्यवस्थापिका, कार्यपालिका व न्यायपालिका को अलग-अलग वृत्तों के द्वारा दिखाया गया है। इन तीन वृत्तों को अपने में लपेटते हुए पांच वृत्त इस प्रकार चित्रित किये गये हैं कि हर वृत्त सरकार के अंगों को चित्रित करने वाले वृत्तों के कुछ भाग में होकर गुजरता हुआ बन गया है। इन वृत्तों का आकार उत्तरोत्तर छोटा होना इस बात का संकेतक है कि बड़े वृत्त की प्रतीक संरचना की, शक्तियों के नियंत्रण-संतुलन में अधिक महत्त्वपूर्ण भूमिका है। प्रथम वृत्त राजनीतिक दल का प्रतीक, दूसरा वृत्त दबाव व हित समूहों का, तीसरा वृत्त राजनीतिक प्रक्रिया का, चौथा वृत्त लोकमत का और अंतिम (पांचवां) वृत्त जन-संचार साधनों का प्रतीक है और नियंत्रण संतुलन का सबसे कम महत्त्व का साधन समझा गया है। इस प्रकार

विकसित राजनीतिक व्यवस्थाओं में यह विकास शासन अंगों की शक्तियों के नियंत्रक व संतुलक हो गये हैं। इनका आधुनिक समय में महत्त्व इतना बढ़ गया है कि सम्पूर्ण शासन को एक सावयवी संरचना बनाने में सर्वाधिक महत्त्वपूर्ण भूमिका इन्हीं की रही है। विकासशील राजनीतिक व्यवस्थाओं में अभी इनका अभाव ही है अतः इन राज्यों में अभी भी संवैधानिक शक्ति पृथक्करण, नियन्त्रण व संतुलन पर जोर दिया जाता है। गैर-संवैधानिक नियन्त्रण-संतुलन का यह चित्र (13.6) पहले वाले चित्र (13.5) की अपेक्षा

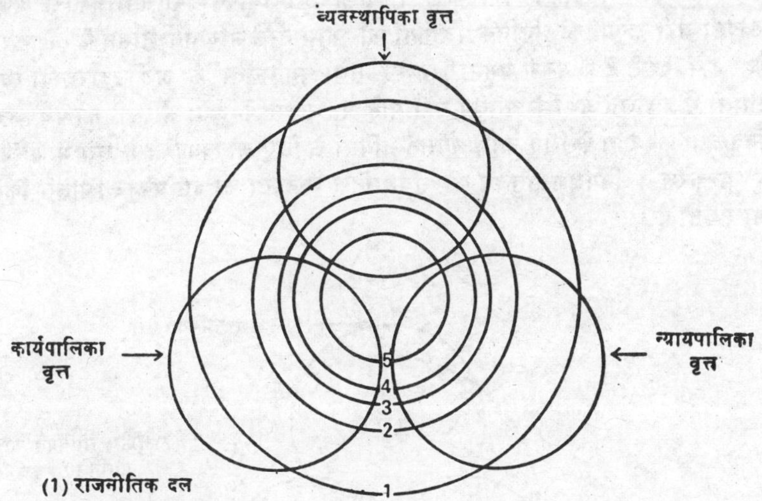

(1) राजनीतिक दल
(2) दबाव व हित समूह
(3) राजनीतिक प्रक्रिया
(4) लोकमत
(5) जन संचार साधन

चित्र 13.6. गैर-संवैधानिक शक्ति-पृथक्करण एवं नियंत्रण-संतुलन व्यवस्था

अधिक स्पष्टीकरण करने वाला है। इससे यह समझना कुछ आसान हो जाता है कि किस संरचना की शासन अंगों के नियंत्रण संतुलन में कितनी व किस प्रकार की भूमिका है। इस अर्थ में यह उस चित्र से सरल व अधिक स्पष्ट कारक कहा जा सकता है।

साम्यवादी राज्यों में शक्ति-पृथक्करण एवं नियंत्रण-संतुलन व्यवस्था
(SEPARATION OF POWERS AND SYSTEM OF CHECKS AND BALANCES IN COMMUNIST COUNTRIES)

साम्यवादी राज्यों में, विशेषकर सोवियत रूस में संविधान के द्वारा संसदीय शासन प्रणाली के अपनाने के बावजूद शक्तियों को संविधान द्वारा पृथक किया गया है। उदाहरण के लिए, सोवियत रूस में व्यवस्थापन शक्ति, संविधान के द्वारा सुप्रीम सोवियत में,

कार्यपालिका शक्ति, मन्त्रि परिषद व प्रीसीडियम में तथा न्यायपालिका शक्ति सर्वोच्च-न्यायालय में निहित की गई है। संविधान विशेष रूप से इस बात का उल्लेख करता है कि सोवियत रूस में शक्तियों के पृथक्करण की स्थापना की गई है, किन्तु व्यवहार में यह शक्तियों का पृथक्करण साम्यवादी दल के कारण समाप्त हो जाता है। इतना ही नहीं, संवैधानिक व्यवस्था भी ऐसी है कि प्रीसीडियम वास्तव में शक्ति पृथक्करण को नकारने की स्थिति ला देता है। सोवियत रूस में या जिन शासनों की प्रभावी विचार-धारा मार्क्सवाद-लेनिनवाद पर आधारित है, उन पर उदारवादी लोकतन्त्रीय संकल्पनाओं को लागू करना कठिन है। उदारवादी लोकतन्त्र तथा अमार्क्सवादी सर्वाधिकारी अथवा स्वेच्छाचारी राज्यों की विधिक पद्धतियों को कम्युनिस्ट लोग वर्ग शासन के उपकरणों के रूप में देखते हैं। उनके अनुसार 'शक्ति' तथा 'स्वतन्त्रता' के अर्थ उदारवादी व्यवस्थाओं में प्रचलित अर्थों के अनुरूप नहीं माने जा सकते। अतः शक्तियों का पृथक्करण स्वतन्त्रता की रक्षा के लिए नहीं, शासन सुविधा के लिए आवश्यक है। रूस में शक्तियों के पृथक्करण व नियंत्रण-संतुलन की संवैधानिक व्यवस्था को इस प्रकार चित्रित किया जा सकता है।

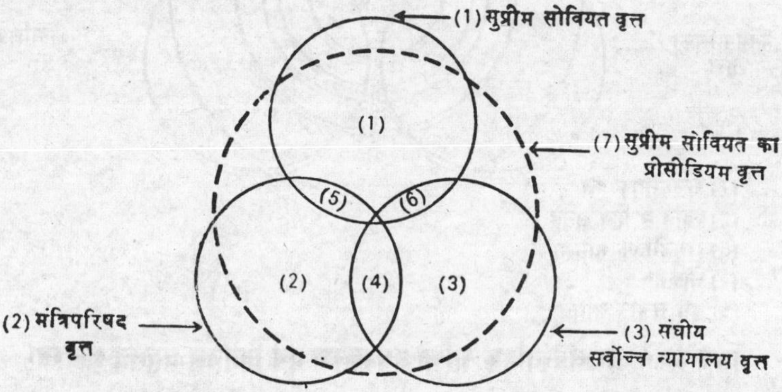

चित्र 13.7. सोवियत रूस में संवैधानिक शक्ति-पृथक्करण एवं नियंत्रण-संतुलन व्यवस्था

चित्र 13.7 में वृत्तों के पारस्परिक सम्बन्ध से स्पष्ट है कि व्यवस्थापिका, कार्यपालिका और न्यायपालिका, तीनों अंगों को संविधान द्वारा इस प्रकार व्यवस्थित किया है कि यह आपस में एक-दूसरे के साथ कुछ अंशों तक सम्बन्धित रहें तथा इस तरह नियंत्रण-संतुलन स्थापित रहे। परन्तु सोवियत रूस की संवैधानिक व्यवस्था में सुप्रीम सोवियत का प्रीसीडियम एक अनोखी नियंत्रण संस्था के रूप में व्यवस्थित किया गया है जो व्यवस्थापन, कार्यपालन और न्यायपालन के तीनों कार्यों को करने का संवैधानिक अधिकार रखने के कारण सरकार के तीनों विभागों पर छाया रहता है इसलिये इसे ऐसे वृत्त से चित्रित किया गया है कि इस वृत्त में व्यवस्थापिका, कार्यपालिका और

न्यायपालिका के वृत्तों के करीब-करीब पूरे भाग समाहित हैं। 4, 5 और 6 ऐसे क्षेत्र हैं जिनमें सरकार के अंगों के सम्पर्क के अवसर आते रहते हैं, किन्तु इनका बहुत छोटा आकार इस बात की पुष्टि करता है कि संवैधानिक दृष्टि से यह अवसर बहुत ही कम होते हैं। वास्तव में प्रीसीडियम ही समग्र सरकारी विभाग व्यवस्था का नियंत्रक बनाया गया है। रूस में नियंत्रण वास्तव में साम्यवादी दल का होता है इसलिये नियंत्रण संतुलन का व्यवहार में चित्रण इस प्रकार का होगा।

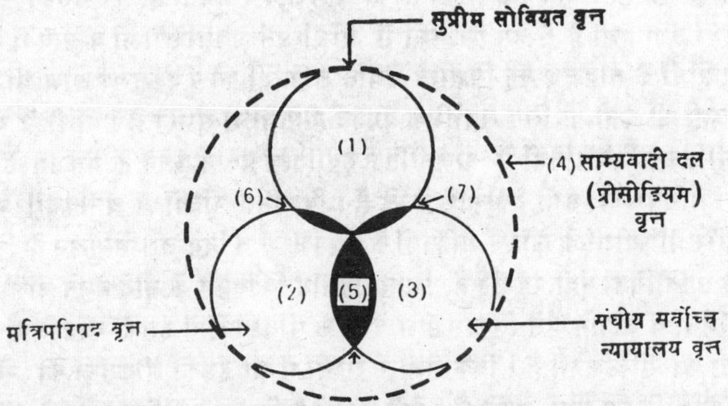

चित्र 13.8. सोवियत रूस में व्यावहारिक शक्ति-पृथक्करण व नियंत्रण-संतुलन व्यवस्था

चित्र 13.8 में स्पष्ट रूप से साम्यवादी दल, जिसे ऐसे वृत्त के रूप में चित्रित किया गया है जो सरकार के तीन अंगों को पूर्णतया अपने अन्तर्गत समेटे हुए है, शासन अंगों को संयुक्त करता है। इस प्रकार, संवैधानिक व्यवस्था में जो नियंत्रण सुप्रीम सोवियत के प्रीसीडियम द्वारा व्यवस्थित किये गये हैं, व्यवहार में यह नियंत्रण साम्यवादी दल लगाता है तथा यह मियंत्रण पूर्ण है जैसा कि दल के वृत्त के अन्तर्गत सरकार के तीनों अंगों के समावेश से स्पष्ट है। प्रीसीडियम का वृत्त इन अंगों को समग्र रूप से अपने में समाविष्ट नहीं करता है, इससे स्पष्ट है कि प्रीसीडियम सरकार के अंगों के कुछ भागों को नियंत्रण से मुक्त रख देता है। परन्तु साम्यवादी दल सब प्रकार के पृथक्करण को समाप्त कर एक ठोस एकाधिकारी नियंत्रण की स्थापना का साधन है। अतः सोवियत रूस और अन्य साम्यवादी देशों में शक्तियों के पृथक्करण की औपचारिक या संवैधानिक व्यवस्था ही होती है। वास्तव में साम्यवादी विचारधारा व साम्यवादी दल का एकाधिकार शक्तियों के पृथक्करण का विलोम ही कहा जाना चाहिये। अतः साम्यवादी शासनों में शक्ति पृथक्करण का व्यवहार में अभाव ही रहता है तथा नियंत्रण साम्यवादी दल के द्वारा ही लगाए जाते हैं। यह दल ही विभिन्न सरकारी अंगों में सन्तुलन का साधन प्रस्तुत करता है।

शक्तियों के पृथक्करण के सिद्धान्त के मूल्यांकन में हम यही कह सकते हैं कि दुनिया का आज कोई भी देश ऐसा नहीं है जहां शक्तियों का पृथक्करण अपने शुद्ध रूप में

संद्धान्तिक या व्यावहारिक दृष्टि से अपनाया गया है। पर साथ में यह भी सत्य है कि आधुनिक संवैधानिक राज्यों में चाहे वे लोकतान्त्रिक, स्वेच्छाचारी या सर्वाधिकारवादी हों, आंशिक रूप से शक्तियों के पृथक्करण का सिद्धान्त अवश्य अपनाया गया है। लोकतन्त्र व्यवस्थाओं में यह व्यवहार में लागू रहता है जब कि, अन्य दो प्रकार के शासनों में इसकी औपचारिक संस्थागत व्यवस्थाएं ही पाई जाती हैं। इसी तरह, शक्तियों के पृथक्करण के सिद्धान्त के बारे में एक निष्कर्ष यह भी सर्वव्यापकता रखता है कि इस सिद्धान्त के साथ नियन्त्रण व सन्तुलन की व्यवस्थाएं अनिवार्यतः की जाने लगी हैं। यह कहना गलत नहीं होगा कि इस सिद्धान्त का बाहरी रूप बदला है पर उसका मूल सार ज्यों का त्यों बना हुआ है। इस सिद्धान्त से सम्बन्धित अवधारणाओं व प्रत्ययों में आए सभी परिवर्तनों के बावजूद यह सिद्धान्त अर्थात शक्तियों का पृथक्करण आज भी व्यक्ति की स्वतन्त्रता की रक्षा के लिए सर्वाधिक प्रयुक्त होने वाला साधन है। तेजी से बदलती हुई राजनीतिक परिस्थितियों में राजनीतिक स्थायित्व प्रदान करने के माध्यम के रूप में इसकी उपयोगिता को सभी स्वीकार करते हैं। विकसित राज्यों में अनौपचारिक संरचनाओं और प्रक्रियाओं के कारण शक्तियों के पृथक्करण व नियन्त्रण-सन्तुलन के सिद्धान्त की उतनी उपयोगिता नहीं रह गई है, किन्तु द्वितीय विश्वयुद्ध के बाद बनने वाले, फ्रांस, पश्चिम जर्मनी व जापान जैसे विकासशील देशों के संविधानों में इसकी व्यवस्थाएं इसकी उपयोगिता का पुष्टिकरण हैं। विकासशील राज्यों में तो इसको लोकतन्त्र की रक्षा की एक मात्र आशाकिरण मान सकते हैं। यही कारण है कि हर नवोदित राज्य के संविधान में इसकी व्यवस्था पाई जाती है। इन देशों में क्रांतियों व कुछ समय तक टिकने वाली तानाशाही व्यवस्थाओं के बावजूद, जब कभी नया संविधान बनता है तो शक्ति पृथक्करण की कम से कम आंशिक रूप से व्यवस्था अनिवार्यतः की जाती है।

इस प्रकार शक्तियों के पृथक्करण की संविधानों में व्यवस्थाएं इस सिद्धान्त की पेचीदा परिस्थितियों में भी उपयोगिता की पुष्टि हैं। यही कारण है कि वाइल ने यहां तक कह दिया कि "विगत शताब्दियों के इतिहास का परीक्षण करने पर यह भेद खुलता है कि, अपनी सब कमियों के बावजूद शक्तियों के पृथक्करण के सिद्धान्त में एक अड़ियल विशेषता है कि यह भिन्न-भिन्न रूपों में बार-बार पुनः प्रकट होता रहा है। यह इस तथ्य की पुष्टि है कि किसी न किसी रूप में, शक्तियों का विभाजन और शासन कार्यों का पृथक्करण सरकार व शासन की व्यवस्था के अन्तरतम में ही निहित रहता है।"[26] यही कारण है कि आज का राजनीतिशास्त्री इस दुविधा में पड़ा हुआ है कि आधुनिक राजनीतिक व्यवस्थाओं में "शक्तियों का केन्द्रण तथा शक्तियों का पृथक्करण दोनों ही न टलने वाले तथ्य हैं।"[27] आधुनिक राजनीति-शास्त्र के विद्वानों की परेशानी इस बात से और बढ़ गई है कि वे परिस्थिति व आवश्यकतावश अभी भी 'सीमित सरकार' में विश्वास करने के लिए मजबूर हैं, किन्तु अभी तक यह नहीं जान पाए हैं कि आधुनिक राजनीतिक व्यवस्थाओं में वे सीमाएं कैसे लगाई जाएं ? इस कथन से शक्तियों के

[26] *Ibid.*, p. 13.
[27] *Ibid.*, p. 14.

पृथक्करण के सिद्धान्त का मूल्यांकन पर्याप्त रूप से हो जाता है। अतः हम इस सम्बन्ध में और अधिक तर्क देने के स्थान पर अपने निष्कर्षों को इसी के साथ समाप्त करते हैं।

राजनीति-शास्त्र के लेखनों में हर बात की आलोचना की प्रथा का प्रचलन है। शक्तियों के पृथक्करण का उल्लेख करने वाली हर पाठ्य-पुस्तक में इस सिद्धान्त की लम्बी-चौड़ी आलोचनाओं का समावेश अनिवार्यतः रहता है, किन्तु मैं इस प्रकार का प्रयास नहीं कर रहा हूं क्योंकि शक्तियों के पृथक्करण के सिद्धान्त के विवेचन में इसके दोनों पक्षों को अच्छी तरह परखने का प्रयत्न किया गया है। वैसे भी आलोचनाओं पर दृष्टिपात करें तो हमें यही देखने को मिलेगा कि उनमें से अधिकांश आलोचनाएं केवल सैद्धान्तिक ही हैं। अतः इसकी आलोचना के सम्बन्ध में केवल एक ही बात करना पर्याप्त रहेगा कि शक्तियों का 'पूर्ण व निरपेक्ष पृथक्करण' न व्यवहार में सम्भव है और न ही आवश्यक है। यहां यह बात ध्यान देने की है कि 'शक्तियों का पूर्ण व निरपेक्ष पृथक्करण' (total and absolute separation of powers) असम्भव हैं, किन्तु शक्तियों का आंशिक या सापेक्ष पृथक्करण सम्भव और आवश्यक दोनों ही हैं। आज दुनिया के सभी राज्यों में इसी तरह की व्यवस्था है। अपने शुद्ध रूप में, अर्थात शक्तियों का निरपेक्ष पृथक्करण केवल पुस्तकों तक ही सीमित रहा है और इन्हीं तक आने वाली शताब्दियों में सीमित रहेगा।

अध्याय 14

व्यवस्थापिका
(Legislature)

किसी भी प्रकार का मानव संगठन नियमों के अभाव में अधिक समय तक कार्य नही कर सकता। समाजों के स्थायित्व व विधिवत कार्य-निष्पादन के लिए तो नियमों की अनिवार्यता ही होती है। नियम रहित समाज तुरन्त ही अराजक अवस्था में आकर विखण्डित होने लगता है। जिन समाजों का संचालन निर्वाचित राजनीतिक संस्थाओं के द्वारा किया जाता हो वहां तो नियम ही एकमात्र साधन होते हैं जिससे राजनीतिक संस्थाएं समाजों का सुचारु रूप से संचालन करने की अवस्था में आती हैं। इतना ही नहीं, इतिहास इस बात का साक्षी है कि उन राजनीतिक व्यवस्थाओं में जहां समाज के लिए अधिकाधिक नियमों की व्यवस्था रहती है, उनमें भी व्यक्ति नियमों का उल्लंघन कर या उनको तोड़कर अराजकता लाने की यदा-कदा हरकत करते रहे हैं, जिसके कारण, कभी-कभी तो नियमयुक्त व्यवस्था में भी अस्तव्यस्तता आने लगती है। ऐसी अराजक अस्तव्यस्तता से सुरक्षा के लिए ही व्यक्ति नियमों के दायरे में बांधने वाली राजनीतिक व्यवस्था में रहना पसंद करता है। इसके पीछे उसकी यही मान्यता है कि ऐसी व्यवस्था में सब व्यक्ति एक ही प्रकार के नियमों से संचालित रहेंगे और नियमों का उल्लंघन करने वाला व्यक्ति अनिवार्यतः दण्डित किया जाएगा। जब कभी राजनीतिक समाजों में लोगों के मन से उपरोक्त भावना लुप्त होने लगती है तथा राजनीति के नियमों की व्यापक पैमाने पर अवहेलना व उल्लंघन होने लगता है वो राजनीतिक व्यवस्थाएं टूटने लगती हैं। अतः समाज के व्यवस्थित संचालन में नियमों की भूमिका अत्यन्त महत्त्व रखती है। इससे हमारे मन में यह जिज्ञासा उत्पन्न होना स्वाभाविक है कि इन नियमों को बनाने के कौन से निकाय हैं अर्थात यह नियम किसके द्वारा बनाए जाते हैं तथा इनको बनाने वाले किस प्रकार इन्हें बनाते हैं।

आधुनिक समय में नियम-निर्माण का कार्य करने वाली संस्थाओं को व्यवस्थापिका कहा जाता है। पर इससे यह आशय नहीं है कि नियम-निर्माण का कार्य हमेशा से केवल व्यवस्थापिका संस्थाएं ही करती रही हैं। सी० एफ० स्ट्रांग ने ठीक ही लिखा है कि प्राचीन समय में नियम-निर्माण का कार्य व्यवस्थापिकाएं नहीं करती थीं क्योंकि अभी तक कार्यपालन व व्यवस्थापन कार्यों में कोई भेद ही नहीं था।[1] ला पालोम्बारा का तो यहां तक कहना है कि "नियमों की स्थायी व्यवस्था की आवश्यकता और नियम-निर्माण के

[1]C. F. Strong, *Modern Political Constitutions*, 8th Ed., London, Sidgwick and Jackson, 1972, p. 210.

लिए किसी व्यवस्थापिका की जरूरत ही नहीं थी, क्योंकि व्यवस्थापिकाएं ऐसे व्यक्तियों के संगठन के रूप में जिन्हें कानून बनाने की सत्ता प्राप्त हो, हमारे लिखित इतिहास के नौ-दशाई (nine-tenths) काल में अस्तित्व ही नहीं रखती थीं।"[2] ऐतिहासिक दृष्टि से तो कानून बनाने का काम एक ही व्यक्ति—शासक, के हाथों में ही रहा है, जो इस कार्य में अपने सलाहकारों, दरबारियों या मित्रों की सहायता से या स्वयं अकेले ही राज्य भर के लिए कानून बनाते रहे थे। इससे यह प्रश्न उठता है कि व्यवस्थापिकाएं नियम-निर्माण संगठनों के रूप में कब और क्यों विकसित हुईं ? इसका संक्षिप्त पर सही उत्तर देते हुए स्ट्रांग ने लिखा है कि "आधुनिक समय में सरकारों में व्यवस्थापिकाएं लोकतन्त्र के चढ़ते ज्वार (rising tide of democracy) के अनुपात में उभरती गई हैं।"[3] अतः व्यवस्थापिकाओं का नियम-निर्माण संस्थाओं के रूप में विकास लोकतन्त्र को व्यावहारिक बनाने की संरचनात्मक व्यवस्था बनकर ही हुआ है।

लोकतन्त्र जनता का, जनता के लिए तथा जनता द्वारा शासन है। इसमें शासन शक्ति जनता के हाथों में होती है। आधुनिक राज्यों के लम्बे चौड़े भू-भाग में रहने वाले करोड़ों व्यक्तियों द्वारा इस शक्ति का प्रत्यक्ष प्रयोग करना सम्भव नहीं होने के कारण जनता अपने प्रतिनिधि (प्रतिनिधित्व के सम्बन्ध में बीसवां अध्याय देखिए) चुनकर इस शक्ति का इन प्रतिनिधियों के माध्यम से प्रयोग करने लगी है। इस प्रकार के प्रतिनिधियों के संगठित रूप को ही व्यवस्थापिका कहा जाता है। इस तरह, व्यवस्थापिका संरचनाएं वर्तमान समय का ही विकास हैं तथा नियम-निर्माण करने वाली संस्था के रूप में इनका अभी बचपन ही चल रहा है, किन्तु आधुनिक समाज की जटिल परिस्थितियों ने व्यवस्थापिका सभाओं के नियम-निर्माण के कार्य में अचानक ही औपचारिकता की स्थिति ला दी है। (व्यवस्थापिकाओं के पतन के शीर्षक के अन्तर्गत पृथक से इस विषय पर इस अध्याय में अन्यत्र विचार किया गया है) यद्यपि इन संस्थाओं का नियम-निर्माण का कार्य इनके पास अब केवल औपचारिक रूप से ही रहा है। फिर भी इनका महत्त्व बना हुआ है, क्योंकि कई अन्य कार्य इनके द्वारा निष्पादित होने लगे हैं। इस सबका ठीक ज्ञान प्राप्त करने के लिए व्यवस्थापिका का संक्षिप्त अर्थ व परिभाषा करना आवश्यक है।

व्यवस्थापिका का अर्थ व परिभाषा
(MEANING AND DEFINITION OF LEGISLATURE)

व्यवस्थापिकाओं का विकास लोकतन्त्र की स्थापना के साथ ही हुआ है, किन्तु अगर इसका व्यापक अर्थ लें तो ये काफी प्राचीन संस्थाएं लगती हैं। व्यापक अर्थ में व्यक्तियों का वह समूह जो कोई प्रतिनिधात्मक आधार नहीं रखते हुए भी शासक को नियम-निर्माण में सलाह, सहायता या प्रेरणा देने का कार्य करता है, व्यवस्थापिका कहा जाता है। एलेन

[2]Joseph La Palombara, *op. cit.*, p. 111.
[3]C. F. Strong, *op. cit.*, p. 211.

बाल ने इस सम्बन्ध में लिखा है कि "ऐतिहासिक दृष्टि से देखा जाए तो सभाओं का जन्म कार्यपालिका के लिए परामर्शदात्री निकायों की आवश्यकता के रूप में हुआ है।"[4] पर आधुनिक समय में ऐसे परामर्श मंडल, जो सामान्यतया तानाशाओं के इर्द-गिर्द एकत्र रहते हैं, को विधान मण्डल नहीं कहा जाता है। आधुनिक काल में इसका विशेष अर्थ में प्रयोग किया जाता है तथा एक विशेष प्रकार का व्यक्ति संगठन ही व्यवस्थापिका के नाम से जाना जाता है।

व्यवस्थापिका सामूहिकता के विचार के रूप में यह संकेत देती है कि इसमें व्यक्तियों, स्थानों या संस्थाओं का प्रतिनिधित्व-तत्त्व अनिवार्यतः पाया जाना चाहिए। अतः व्यवस्थापिका सभाएं प्रतिनिधि संरचनाएं कही जा सकती हैं। यह किसका, कितना और किस प्रकार प्रतिनिधित्व करती हैं इसकी विस्तार से बीसवें अध्याय (प्रतिनिधित्व से सम्बन्धित अध्याय) में चर्चा की गई है ? यहां इतना जानना काफी है कि विधान मण्डल केवल व्यक्तियों के प्रतिनिधि संगठन ही हों यह आवश्यक नहीं है।

इसकी परिभाषा और अर्थ से यह स्पष्ट हो जाएगा कि केवल प्रतिनिधित्व ही इसका प्रमुख लक्षण नहीं है। साधारण शब्दों में व्यवस्थापिका की परिभाषा इस प्रकार की जा सकती है—व्यवस्थापिका व्यक्तियों का ऐसा सामूहिक संगठन है जो कानून बनाने के अधिकार से युक्त होता है। इस परिभाषा से स्पष्ट है कि व्यवस्थापिका के लिए प्रतिनिधात्मक रूप रखना आवश्यक नहीं है। अगर विधान मण्डलों के विकास के प्रारम्भिक चरणों को देखें तो हमें यही देखने को मिलेगा कि लम्बी अवधि तक विधान मण्डल प्रतिनिधि संस्थाओं के रूप में नहीं रहे हैं। ब्रिटेन की संसद जिसे 'संसदों की जननी' (mother of parliaments) कहा जाता है तथा जहां से व्यवस्थापिका सभाओं के विचार का विश्व में विस्तार व प्रसार हुआ, वह आज भी सही अर्थों में प्रतिनिधात्मक नहीं है। क्योंकि लार्ड सभा के सदस्य निर्वाचित नहीं होने के कारण अपने अलावा और किसी का प्रतिनिधित्व नहीं करते हैं। लोक सदन (house of commons) भी 1928 तक प्रतिनिधात्मक नहीं था। (ब्रिटेन में स्त्रियों को मताधिकार के पूर्ण अधिकार 1928 में ही मिले थे) हम विधान मण्डल के संगठन के आधार सम्बन्धी इस प्रश्न पर विस्तार से आगे विचार करेंगे इसलिए हम अपनी परिभाषा में विधान मण्डल केवल उन्हीं व्यक्ति संगठनों को कहेंगे जो एक निश्चित भू-भाग से सम्बन्धित समाज के लिए कानून बनाने व नीति सम्बन्धी निर्णय लेने की वैध सत्ता रखते हैं। व्यवहारवादियों के शब्दजाल का उपयोग करें तो यह कहा जा सकता है कि विधान मण्डल समाज विशेष के लिए मूल्यों के अधिकारिक वितरण करने की शक्ति से युक्त व्यक्ति-संगठन है।

[4]Alan R. Ball, *Modern Politics and Government*, London, Macmillan, 1971, p. 145.

व्यवस्थापिकाओं का संगठन
(ORGANISATION OF LEGISLATURES)

व्यवस्थापिकाओं के संगठन को लेकर इनमें समानताओं के स्थान पर विविधताएं ही अधिक दिखाई देती हैं। इनके संगठन को लेकर कई प्रश्न उठ खड़े होते हैं जिनमें से कुछ का संतोषजनक उत्तर आज तक नहीं दिया जा सका है। उदाहरण के लिए, व्यवस्थापिकाओं को एकसदनीय होना चाहिए या द्विसदनीय, इस विचार पर मतभेद इतना गहरा है कि किसी एक पक्ष में तर्कसम्मत मत व्यक्त करना भी बहुत विवादग्रस्त बन जाता है। अनेक विद्वान द्विसदनात्मकता को लेकर यह प्रश्न उठाते हैं कि अगर ऐतिहासिक विकास की घटना ने ब्रिटेन की संसद को द्विसदनात्मक व्यवस्थापिका नहीं बना दिया होता, तो विश्व के विधान मण्डल क्या द्विसदनात्मक होते? इस प्रश्न का कोई सुनिश्चित उत्तर नहीं दिया जा सकता, क्योंकि दुनिया के सभी देशों में राजनीतिक संस्थाओं की नकल करने का प्रचलन अभी भी बहुत बना हुआ है। व्यवस्थापिका सभाओं के संगठन के बारे में आगे विवेचन करने से पहले इनके संगठन के आधारों का संक्षिप्त वर्णन आवश्यक लगता है।

व्यवस्थापिकाओं के संगठन के आधार (The Basis of Organisation of Legislatures)

व्यवस्थापिका सभाओं व संगठन के अनेक आधारों की चर्चा की जाती है। हम यहां पर इनके संगठन के केवल दो आधारों का ही विवेचन आवश्यक मानते हैं, क्योंकि आधुनिक विधान मण्डलों के संगठन के आधारों के रूप में इन दो के ही कारण इनकी प्रकृति, भूमिका और महत्त्व निर्धारित होता है, इसलिए हम आधारों के विवेचन को इन दो तक ही सीमित रखेंगे। विधान मण्डलों के संगठन का पहला आधार प्रतिनिधित्व का और दूसरा राजनीतिक दलों का माना जाता है। व्यवस्थापिकाओं के संगठन के इन दोनों आधारों का विस्तार से विवेचन करना इनके महत्त्व को समझने के लिए आवश्यक है।

(क) प्रतिनिधित्व का आधार (The representation basis)—ऐतिहासिक दृष्टि से देखा जाए तो व्यवस्थापिकाओं के विकास के मूल में प्रतिनिधित्व की अवधारणा ही प्रमुख रही है। हर लोकतांत्रिक राज्य में विधान मण्डल का गठन प्रतिनिधित्व के सिद्धान्तों पर ही आधारित होता है, किन्तु स्वेच्छाचारी शासन व्यवस्थाओं में विधान मण्डलों का गठन सही अर्थों में इस आधार पर नहीं होता है। इस प्रकार की शासन व्यवस्थाओं में अधिकतर नामांकित सदस्यों से ही 'विधान मण्डल' गठित होते हैं। इन देशों में जहां निर्वाचन को अपनाया जाता है वहां भी स्वतन्त्र तथा निष्पक्ष निर्वाचन द्वारा उनका गठन नहीं होता है, किन्तु सभी लोकतांत्रिक व्यवस्थाओं में विधान मण्डलों का संगठन-आधार प्रतिनिधित्व ही होता है। ऐसा देखा गया है कि जिन देशों में विधान मण्डलों के गठन का आधार प्रतिनिधित्व नहीं होता है वहां भी इसकी

मांग की जाती है जो कभी-कभी क्रांति का रूप तक ले लेती है। इससे स्पष्ट होता है कि प्रतिनिधित्व का व्यवस्थापिकाओं के संगठन में महत्त्वपूर्ण स्थान रहता है।

प्रतिनिधित्व किस प्रकार का हो इस पर बीसवें अध्याय में चर्चा की गई है तथा व्यवस्थापिकाओं के कार्यों में 'प्रतिनिधित्व के कार्य' का विवेचन करते समय इस मुद्दे पर फिर विचार का अवसर मिलेगा इसलिए यहां इसका विस्तृत वर्णन नहीं किया जा रहा है। यहां इस सम्बन्ध में इतना ही लिखना पर्याप्त रहेगा कि अठारहवीं शताब्दी से ही प्रतिनिधित्व भौगोलिक आधार पर होता आया है, किन्तु बीसवीं सदी की पेशेवर पेचीदगियों को ध्यान में रखते हुए विधान मण्डलों में प्रतिनिधित्व के भौगोलिक आधार के स्थान पर पेशेवर आधार पर बल दिया जाने लगा है। इटली में मुसोलिनी ने 1930 में तथा फ्रेन्को सरकार ने दुबारा नया संविधान बनाते समय 1945 में पेशेवर प्रतिनिधित्व की मुसोलिनी की तरह ही व्यवस्था की थी, पर दोनों ही अवस्थाओं में यह पेशेवर प्रतिनिधित्व केवल नाम से ही रहा था। परन्तु पेशेवर प्रतिनिधित्व का प्रयोग युगोस्लाविया के 1963 के संविधान द्वारा जिस तरह व्यवस्थित किया गया वह बहुत कुछ सफल रहा है। इस संविधान के अनुसार युगोस्लाविया की संघीय सभा जो कि वहां की व्यवस्थापिका है छ: सदनों से मिलकर बनती है। इनमें दो सदन—संघीय सदन तथा राष्ट्रीयताओं का सदन, अन्य संसदों के सदनों की तरह ही के हैं तथा क्रमश: जनसंख्या व संघ की इकाइयों के आधार पर संगठित होते हैं। किन्तु अन्य चार सदन—(1) आर्थिक सदन, (2) शैक्षणिक तथा सांस्कृतिक सदन, (3) सामाजिक कल्याण तथा स्वास्थ्य सदन और (4) संगठनात्मक राजनीतिक सदन, पेशेवर सदन हैं जो विशेष हितों व पेशों को प्रतिनिधित्व देने के लिए गठित किए गए हैं। यद्यपि इनका संगठन व क्षेत्राधिकार कुछ पेचीदगियां उत्पन्न करता है परन्तु कुल मिलाकर यह व्यवस्था आज भी वहां संतोषजनक ढंग से कार्य कर रही है।

इस प्रकार के पेशेवर प्रतिनिधित्व में कई व्यावहारिक कठिनाइयों के कारण अनेक देशों में विशेष हितों व पेशों को प्रतिनिधित्व देने के लिए विधान मण्डलों में सदस्यों को मनोनीत करने की व्यवस्था प्रचलित हो गई है। इस तरह, विधान मण्डल कैसे ही संगठित हो उनमें कम या अधिक मात्रा में प्रतिनिधित्व का तत्त्व समाविष्ट रहता है। यद्यपि राजनीतिक व्यवस्था की प्रकृति, संवैधानिक ढांचा, गैर-संवैधानिक संरचनाएं, विधान मण्डलों के संगठन में प्रतिनिधित्व के सिद्धान्त को प्रभावित करती हैं। फिर भी, हर लोकतांत्रिक राज्य में विधान मण्डलों का संगठन कम या अधिक मात्रा में प्रतिनिधात्मकता के सिद्धान्त पर आधारित पाया जाता है।

(ख) राजनीतिक दलों का आधार (Political parties as basis of organisation)—राजनीतिक दल व दल पद्धतियों से सम्बन्धित अध्याय (सत्रहवां अध्याय) में हमें यह देखने का अवसर मिलेगा कि किस प्रकार आधुनिक राजनीतिक व्यवस्थाएं दलों द्वारा नियंत्रित, निर्देशित तथा संचालित होने लगी हैं? राजनीतिक दल लोकतांत्रिक देशों में तो व्यवस्थापिकाओं के संगठन का मौलिक आधार बन गये हैं। यह विधान मण्डलों के न केवल बाहरी संगठन का आधार हैं, अपितु इनका आंतरिक संगठन भी

दलीय आधार पर ही होता है। रॉबर्ट सी० बोन ने ठीक ही लिखा है कि "सरकार के किसी भी व्यवस्थापिका विभाग के संगठन में दल का तथ्य जो चाहे नकारात्मक अर्थ में या सकारात्मक अर्थ में लिया जाए, एक ऐसा उत्प्रेरक है जो उन्हें विषय-परिधि प्रदान करता है और विधान मण्डल की क्रियात्मकता को सम्भव बनाता है।[5] आधुनिक व्यवस्थाओं में इस कारण से दल पद्धति का प्रकार, राजनीतिक दलों का आकार व उनकी विचारधारा की भूमिका का आधार, विधान मण्डलों की प्रकृति का निर्णायक व नियामक होने लगा है।

आधुनिक समय में निर्वाचन व्यक्तिगत आधार पर नहीं होकर राजनीतिक दलों के आधार पर होता है। मतदाता के सामने किसी भी नीति-विकल्प का निर्धारण करने की व्यवहार में स्वतन्त्रता नहीं रहती है। वह केवल राजनीतिक दलों द्वारा प्रस्तुत नीति-विकल्पों में से किसी एक का चयन करने की ही स्वतन्त्रता रखता है। अतः संसदों के संगठन का व्यावहारिक आधार राजनीतिक दल ही बन गए हैं। दलों का विधान मण्डलों के आन्तरिक संगठन व कार्य संचालन में तो और भी अधिक महत्त्वपूर्ण हाथ रहता है। उदाहरण के लिए, ब्रिटेन की संसद में 'लोकसदन' का 'स्पीकर' तथा भारत की संसद की 'लोकसभा' का 'स्पीकर' अपने प्रभाव व सम्मान में बहुत अन्तर रखते हैं। इस अन्तर को राजनीतिक दल के साथ 'स्पीकर' के सम्बन्ध के आधार पर ही समझा जा सकता है। अतः विधान मण्डलों के संगठनों में ये दो आधार—प्रतिनिधित्व का आधार व राजनीतिक दलों का आधार, अत्यधिक महत्त्व रखते हैं।

हर देश में विधान मण्डल के कार्य, भूमिका व महत्त्व में अन्तर पाया जाता है। एक तरफ ब्रिटेन का लोकसदन है जो आज भी दलीय अनुशासन व एक दल के स्पष्ट बहुमत के बावजूद राजनीतिक व्यवस्था में महत्त्वपूर्ण भूमिका निभाता है, दूसरी तरफ, रूस की सुप्रीम सोवियत या नेपाल की 'राष्ट्रीय पंचायत' (राष्ट्रीय पंचायत नेपाल की संसद का नाम है) को लें तो देखेंगे कि यह संसद नाम की संसद ही ही हैं। इससे स्पष्ट है कि दल का आधार विधान मण्डल का महत्त्वपूर्ण व निर्णायक आधार है। विकासशील राज्यों में व्यवस्थापिकाओं के संगठन का यह आधार बहुत कमजोर होने के कारण संसदें कार्य-पालिकाओं की आज्ञाकारी संस्थाएं बन गई हैं। इसलिए एक लेखक ने विकासशील राज्यों की संसदों को संगठन के ठोस दलीय आधार के अभाव के कारण "कानून बनाने वाली संस्थाओं के स्थान पर कानून की स्वीकृति देने वाली संस्थाएं कहा है।"[6]

व्यवस्थापिकाओं की संरचनात्मक विशेषताएं (The Structural Characteristics of Legislatures)

व्यवस्थापिकाओं की संरचनात्मक विशेषताओं की सूची अत्यन्त लम्बी हो सकती है। दुनिया का हर विधान मण्डल किसी न किसी प्रकार की संरचनात्मक विलक्षणता से युक्त

[5] Robert C. Bone, *Action and Organization: An Introduction to Contemporary Political Science*, London, Harper and Row, 1972, p. 357.
[6] *Ibid.*, p. 360.

दिखाई देता है। इसलिए हम यहां केवल उन सामान्य विशेषताओं को ही विवेचन में सम्मिलित करेंगे जो सामान्यतया अधिकांश विधान मण्डलों के संगठनों में पाई जाती हैं। इनमें से प्रमुख विशेषताएं इस प्रकार हैं—(क) व्यवस्थापिका के सदनों की संख्या, (ख) व्यवस्थापिकाओं का आकार, (ग) व्यवस्थापिकाओं की स्वतन्त्रताएं व उन्मुक्तियां, (घ) विधायकों के भत्ते, सहूलियतें तथा पेशेवरता, (च) व्यवस्थापिकाओं में समिति व्यवस्थाएं, और (छ) व्यवस्थापिकाओं का कार्यकाल।

(क) व्यवस्थापिका के सदनों की संख्या (The number of chambers in legislature)—सदनों की संख्या कितनी हो, अर्थात किसी देश के विधान मण्डल में कितने सदन हों, यह प्रश्न अपने आप में सरल होते हुए भी कई पेचीदा मुद्दों से जुड़ा हुआ है। व्यवस्थापिकाएं विशेषीकृत सामूहिकताएं होती हैं जिनके सदस्य आम तौर पर चुनाव द्वारा चयनित होते हैं और व्यवस्थापिका के सदस्य के रूप में वे सब एक स्तर पर माने जाते हैं अर्थात सब सदस्य एक समान होते हैं। ऐसे सदस्यों से मिलकर बनी व्यवस्थापिका में एक सदन हो या दो, इसके लिए कई परिस्थितियां उत्तरदायी होती हैं। इसी अध्याय में हम 'द्विसदनात्मकता' पर विचार करते समय इन परिस्थितियों का विस्तार से उल्लेख करेंगे। इस प्रसंग में हम केवल इतना ही कहेंगे कि सदनों की संख्या के आधार पर व्यवस्थापिकाएं दो प्रकार से संगठित की जाती हैं। एक प्रकार की व्यवस्थापिकाएं वे होती हैं, जिनमें केवल एक सदन होता है और जिन्हें एकसदनीय (unicameral) व्यवस्थापिकाएं कहा जाता है तथा दूसरे प्रकार की व्यवस्थापिकाएं वे होती हैं जिनमें दो सदन होते हैं जिन्हें द्विसदनीय (bicameral) व्यवस्थापिकाएं कहा जाता है। प्रारम्भ में अधिकतर देशों में एकसदनीय व्यवस्थापिकाएं थीं, किन्तु अब केवल कुछ छोटे-छोटे देशों को छोड़कर प्रायः सभी महत्त्वपूर्ण देशों में द्विसदनीय विधान मण्डल हैं। इसमें एक बड़ा अपवाद चीन का है जहां की व्यवस्थापिका एकसदनीय है। ला पालोम्बारा के अनुसार "1970 में केवल 108 देशों में राष्ट्रीय व्यवस्थापिकाएं थीं। इनमें से 56 एक-सदनीय तथा 52 द्विसदनीय थीं"[7] तथा बाकी के राज्यों में व्यवस्थापिकाएं थीं ही नहीं। जीन ब्लोन्डेल ने अपनी पुस्तक **कम्पेरेटिव लेजिस्लेचरस** में विधान मण्डलों रहित देशों की संख्या 1973 में 30 बताई है।[8] अतः विधान मण्डलों में एक सदन भी पाए जाते हैं और दो सदन भी। केवल युगोस्लाविया ऐसा देश है जहां संघीय संसद में दो सदन वास्तव में छः सदनों से मिलकर बने हैं। विधान मण्डलों में सदनों के बारे में निम्न बातें सामान्य रूप से कही जा सकती हैं। किन्तु इस सम्बन्ध में अपवाद भी पाए जाते हैं—

(i) छोटे तथा एक-रूप राज्यों में एकसदनीय व्यवस्थापिकाएं होती हैं।

(ii) बड़े राज्यों में जहां बहुल समाज हैं—द्विसदनीय व्यवस्थापिकाएं होती हैं।

(iii) संघीय राज्यों में अनिवार्यतः द्विसदनीय व्यवस्थापिकाएं होती हैं।

(iv) स्वेच्छाचारी राज्य एकसदनीय विधान मण्डलों वाले अधिक होते हैं।

[7] Joseph La Palombara, *op. cit.*, p. 114.

[8] Jean Blondel, *Comparative Legislatures*, New York, Prentice Hall, Inc., 1973, p. 79.

(v) विकासशील राज्यों में एकसदनीय विधान मण्डल अधिक है।

(ख) व्यवस्थापिकाओं का आकार (Size of legislatures)— विधान मण्डलों में कितने सदस्य हों इसका भी कोई सुनिश्चित या एक समान आधार नहीं पाया जाता है। एक तरफ बारबाडोस (Barbados), बोट्सवाना (Botswana) और स्वाज़ीलैण्ड (Swaziland) जैसे राज्यों में 24 से 30 तक ही सदस्य विधान मण्डलों में हैं तो दूसरी तरफ ब्रिटेन, भारत और चीन में इसकी संख्या क्रमशः 1500 (लार्ड सभा सहित), 775 व 888 के लगभग है। व्यवस्थापिकाओं में सदस्यों की संख्या के सम्बन्ध में दो आधारों का ध्यान रखा जाता है। एक आधार जनसंख्या का तथा दूसरा आधार भू-भाग का होता है, पर यह दोनों समान रूप से लागू नहीं हो सकते हैं, क्योंकि एक तरफ ऐसे राज्य हैं जिनकी संख्या कुछ हजारों में ही है तो दूसरी तरफ ऐसे राज्य हैं जिनकी जनसंख्या करोड़ों में पाई जाती है। (भारत में 65 करोड़ तथा चीन में 80 करोड़)।

सामान्यतया बड़ी जनसंख्या वाले देशों में एक सदन की सदस्य संख्या 500 के आसपास रहे तो (जनसंख्या पर यह अधिक निर्भर करता है) यह आदर्श मानी जाती है। किन्तु यह संख्या बड़ी जनसंख्या वाले राज्यों के लिए भी तार्किक आधार पर ठीक नहीं कही जा सकती। दूसरी तरफ, छोटी जनसंख्या वाले राज्यों में भी कम से कम 30-40 सदस्य हर सदन में होने ही चाहिए। इस सम्बन्ध में यह धारणा है कि बहुत बड़ी जनसंख्या वाले राज्यों में भी व्यवस्थापिकाओं की सदस्य संख्या एक सीमा से ऊपर होने पर उनमें विचार-विमर्श ठीक ढंग से नहीं हो सकेगा तथा छोटे राज्यों में इनकी सदस्य संख्या बहुत कम होने पर भी विचार-विमर्श केवल नाम से रह जाएगा। अतः आकार के बारे में दो निष्कर्ष निकाले जा सकते हैं। प्रथम निष्कर्ष तो यह कि सदस्यों की संख्या इतनी ही हो जिससे व्यवस्थापिकाएं प्रतिनिधात्मक रहें तथा दूसरे, वे अपने कार्यों का सुचारु रूप से निष्पादित करने की अवस्था में बनी रहें।

(ग) व्यवस्थापिकाओं की स्वतन्त्रताएं व उन्मुक्तियां (Freedoms and immunities of legislatures)—जो व्यवस्थापिकाएं निर्वाचित होती हैं उनसे यह अपेक्षा की जाती है कि वे देश की जनता की आवश्यकताओं, आकांक्षाओं, हितों व विचारों का ध्यान रखेंगी अर्थात नियम-निर्माण का कार्य इनको ध्यान में रखकर करेंगी। इस सम्बन्ध में यह मान्यता है कि विधान मण्डल तभी यह सब बातें ध्यान में रखकर कार्य कर सकते हैं। जब वे सही अर्थों में प्रतिनिधात्मक हों और उन्हें कार्य करने की आन्तरिक व बाहरी स्वतन्त्रताएं तथा उन्मुक्तियां प्राप्त हों। वे बाहर के नियन्त्रणों व दबावों से कितने मुक्त हैं इस पर ही इस सम्बन्ध में उनकी भूमिका निर्भर करती है। इस सम्बन्ध में कई पहलुओं को देखना होगा। इनमें से कुछ इस प्रकार हैं—

(1) निर्वाचित होने के बाद संसद के सदस्यों को जो वे कहना चाहते हैं वह कहने की कितनी स्वतन्त्रता प्राप्त है? तथा जो कुछ इन्होंने कहा है (विधान मण्डल में) उसको लेकर उनको कितनी उन्मुक्तियां प्राप्त रहती हैं?

(2) व्यवस्थापिकाओं को अपना कार्य निष्पादित करने के लिए आन्तरिक रूप से अपना संगठन करने की पूर्ण, आंशिक, स्वायत्त या सहभागी स्वतन्त्रता प्राप्त है या

नहीं है ?

(3) व्यवस्थापिकाओं को सत्रों में कौन आहूत करता है या उनको स्वयं ही आहूतित होने का अधिकार रहता है तथा क्या उनके संकटकालीन अधिवेशनों की व्यवस्था रहती है ?

(4) व्यवस्थापिकाओं के अधिवेशनों को कौन, किन परिस्थितियों में निलम्बित करता है तथा क्या चुनाव कराने के लिए उन्हें भंग करने की व्यवस्था है ?

व्यवस्थापिकाओं के संगठन के सम्बन्ध में उपरोक्त तथ्य उनकी स्वतन्त्रताओं और उन्मुक्तियों के नियामक हैं और इनसे ही इनकी भूमिका व कार्य औपचारिक या वास्तविक बनते हैं। सोवियत रूस में व्यवस्थापिका (सुप्रीम सोवियत) की बैठक वर्ष में दो बार तथा हर बार सामान्यतया 5-6 दिन के लिए होती है जबकि भारत व ब्रिटेन जैसे अनेक देशों में व्यवस्थापिकाएं वर्ष के आधे से ज्यादा समय सत्र में रहती हैं। अतः व्यवस्थापिकाओं के आन्तरिक संगठन व कार्य-निष्पादन में विधायकों की स्वतन्त्रता व उन्मुक्तियां उनके कार्य सम्पादन की महत्त्वपूर्ण नियामक हैं। इन्हीं के ऊपर व्यवस्थापिकाओं की भूमिका की सीमा सीमित या विस्तृत बनती है। अतः इनके संगठन की यह विशेषता बहुत महत्त्व की बन जाती है। उदाहरण के लिए, सोवियत रूस में 'सुप्रीम सोवियत' का वर्ष में दो बार का अल्पकालीन अधिवेशन इसको व्यवहार में नियम-निर्माण की केवल औपचारिक संस्था बना देता है जबकि भारत, ब्रिटेन और अमेरिका में व्यवस्थापिकाएं वास्तव में कानून निर्माण का कार्य करती हुई कही जा सकती हैं।

(घ) विधायकों के भत्ते, सहूलियतें व पेशेवरता (Remuneration, perquisites and professionalism of legislators)— राष्ट्रीय विधान मण्डलों की सर्वाधिक महत्त्वपूर्ण संरचनात्मक विशेषताओं में एक यह भी है कि विधायकों को भत्ते के रूप में क्या दिया जाता है ? उनको अन्य क्या-क्या सहूलियतें प्राप्त रहती हैं तथा अपने दायित्वों को निभाने में उनको और क्या-क्या सहायता दी जाती है ? यह तथ्य अपने आप में गौण दिखाई देते हुए भी विधान मण्डलों के सदस्यों की प्रभावकारिता तथा कार्य से गहरा सम्बन्ध रखते हैं। विकसित राज्यों में इस सम्बन्ध में काफी सुविधाएं व काफी भत्ता दिया जाता है, पर विकासशील राज्यों में विधायकों की अवस्था इस आधार पर दयनीय ही कही जा सकती है। उनके भत्ते इतने कम व अन्य सुविधाएं भी इतनी कम होती हैं कि वे अपने कार्यकाल के समय में भी आमदनी जुटाने के अन्य साधनों में लगने के लिए मजबूर होते हैं। भारत में संसद-सदस्यों के भत्ते में वृद्धि तथा पेन्शन आदि की व्यवस्था अभी हाल ही में की गई है। अनेक राज्यों में विधायकों के रहने की सुव्यवस्था तक नहीं होती है। वैसे सामान्यतया यह प्रवृत्ति प्रबल होती जा रही है कि देश के कानून निर्माताओं को कम से कम इतना भत्ता, सहूलियतें व सचिवी सहायता (secretarial assistance) दी जाएं जिससे वे अपना दायित्व ठीक ढंग से निभा सकें और पूर्णकालिक पेशेवर कार्यकर्त्ता बन जाएं।

(च) व्यवस्थापिकाओं में समिति व्यवस्थाएं (Committee systems in legislatures)—व्यवस्थापिकाओं का नियम।निर्माण का कार्य व्यवस्थापिकाओं की समिति

व्यवस्था के प्रकार, उनकी संख्या, उनकी रचना, उनके कार्यकाल, उनकी शक्तियों तथा विशेषीकरणों जैसे तथ्यों पर बहुत निर्भर करता है। अधिकांश राष्ट्रीय व्यवस्थापिकाएं वृहत्तर आकार की संस्थाएं होती हैं तथा इनके बहुसंख्यक सदस्य तकनीकी और पेचीदा समस्याओं पर ठीक ढंग से विचार करना तो दूर रहा, उनमें से अनेक, विविध मामलों में ज्ञान ही नहीं रखने के कारण उदासीन हो जाते हैं। अतः जिस प्रकार से व्यवस्थापिकाएं संरचित रहती हैं उस अवस्था में वे केवल बातचीत की दुकानें ही बनकर रह जाती हैं। इसलिए अगर व्यवस्थापिकाओं को प्रभावी ढंग से अपना कार्य करना है तो उनको छोटी उप-इकाइयों व निकायों में विभक्त होना ही होता है। यही कारण है कि हर देश में विधान मण्डल अपना अधिकांश कार्य समितियों की स्थापना करके समितियों के माध्यम से निष्पादित करने लगे हैं। इन समितियों की संख्या, इनके सदस्यों की संख्या, इनका कार्यकाल व इनके अधिकार हर जगह एक से नहीं होते हैं। विधान मण्डलों में दलों की संख्या तथा दल पद्धति की प्रकृति इत्यादि अनेक तथ्य समितियों के गठन व कार्यों को प्रभावित करते हैं।

विधान मण्डलों में समिति व्यवस्थाओं में अंतरों के बावजूद कुछ बातों में सर्वत्र समानता पाई जाती है। पहली बात यह है कि समितियों की औपचारिक व्यवस्था हर विधान मण्डल में पाई जाती है, दूसरे, इनके गठन में विशेषीकरण पर बल दिया जाता है तथा तीसरे, समितियां, विषय के इर्द-गिर्द गठित की जाने लगी हैं। ला पालोम्बारा ने ठीक ही लिखा है कि "राष्ट्रीय व्यवस्थापिकाओं की समितियों की प्रवृत्ति अधिकाधिक विशिष्टीकरण की दिशा में बढ़ने की बनती जा रही है।"[9] समितियों की विशिष्टीकरणता तभी सम्भव हो सकती है जब निम्नलिखित बातें इनमें पाई जाएं—

(1) समितियों की सदस्य संख्या कम हो।

(2) समितियों के विचार के लिए व्यवस्थापन विधेयकों का अनावश्यक भार न हो अर्थात हर समिति के पास इतना कार्य ही हो कि वह विधेयकों पर ठीक प्रकार से व उसके सभी पहलुओं पर पूरी तरह विचार-विमर्श कर सके।

(3) समितियों के अपने स्वयं के विशेषज्ञ-कार्यकर्त्ताओं का स्टाफ हो।

(4) समितियों में नियुक्ति व विशेषकर समितियों के अध्यक्षों की नियुक्ति वरिष्ठता के आधार पर हो।

(5) समितियों के सदस्यों के किसी समिति विशेष में नियुक्ति होने का आधार उसका विषय-सम्बन्धी विशिष्ट ज्ञान हो।

उपरोक्त तथ्यों को ध्यान में रखकर गठित समितियां एक तरह से विशेषज्ञों के संगठन बन जाती हैं तथा विशिष्टीकरण के इस आधार पर संगठित समितियां अपना कार्य अधिक सुचारु रूप से कर सकती हैं। अमरीकन कांग्रेस की समितियों की इतनी प्रभावकारिता का यही कारण है। किन्तु यहां यह भी देखना होगा कि समितियां विधान मण्डलों की सहायक ही रहें स। वयं विधान मण्डल या उच्चतर विधान मण्डल (super legislatures)

[9] Joseph La Palombara, *op. cit.*, p. 124.

न बन जाएं जैसा कि अमरीका में हो गया है। अतः समिति व्यवस्था में दो बातें विशेष सावधानी की व्यवस्था करने के लिए आवश्यक हैं, जिससे वे प्रभावी तो रहें पर व्यवस्थापिका पर हावी न हों। एक तो समितियों के विधेयकों में निहित सिद्धान्तों में परिवर्तन करने का अधिकार न हो तथा दूसरा समितियों को विधेयक समाप्त करने का अधिकार नहीं हो। भारत व ब्रिटेन की व्यवस्थाओं में ऐसी ही समितियां होने के कारण वे अधिक उपयोगी बन गई हैं।

(छ) **व्यवस्थापिकाओं का कार्यकाल** (Tenure of legislatures)– व्यवस्थापिकाओं के संगठन की सैद्धान्तिक आधारशिला जनप्रतिनिधित्व है। यह संरचनाएं जनता की सही अर्थों में प्रतिनिधि बनी रहें इसके लिए नियतकालिक चुनाव होते हैं, किन्तु प्रश्न यह है कि यह चुनाव कितनी अवधि के बाद होने पर विधान मण्डल जनप्रतिनिधित्व की सच्चे अर्थों में व्यवस्थाएं बनी रहेंगी ? इस सम्बन्ध में भी बहुत विवाद हैं। इस विवाद व मतभेद के बावजूद कुछ बातों पर सामान्य सहमति है। यह कुछ बातें इस प्रकार हैं—

(1) व्यवस्थापिकाओं का कार्यकाल इतना लम्बा नहीं हो कि वे जनता की सच्चे अर्थों में प्रतिनिधि नहीं रहें।

(2) कार्यकाल इतनी अल्प अवधि का भी नहीं हो कि व्यवस्थापिकाएं कुछ करने लगें उससे पहले ही उनका कार्यकाल समाप्त होने को आ जाए।

(3) व्यवस्थापिकाएं जनमत से स्पष्ट व प्रकट, किन्तु निश्चित रूप से प्रतिकूल पड़ जाने पर उनका कार्यकाल पहले ही समाप्त करने की अर्थात उनको भंग करने की व्यवस्था हो जिससे अवधि से पहले ही आम चुनाव कराए जा सकें।

(4) व्यवस्थापिकाओं की दो बैठकों में अन्तराल बहुत अधिक नहीं हो।

अगर व्यवस्थापिकाओं के कार्यकाल के सम्बन्ध में उपरोक्त व्यवस्थाएं हों तो यह उपयोगी संस्थाएं रहेंगी। ब्रिटेन में 1911 के संसदीय अधिनियम के द्वारा संसद का कार्यकाल घटाकर सात वर्ष से पांच वर्ष करते समय यही तर्क दिए गए थे। इन्हीं कारणों से अमरीकन कांग्रेस के प्रतिनिधि सदन के दो वर्षीय कार्यकाल को ठोस आधारों पर उचित ठहराना कठिन है। अतः उत्तम व्यवस्था यही कही जा सकती है कि लोकप्रिय सदनों का कार्यकाल 4-5 वर्ष का हो जिससे वे जनप्रतिनिधि संस्थाएं भी बनी रहें तथा कुछ निश्चित होकर कार्य भी कर सकें। अत्यन्त अल्प अवधि के कारण अमरीका के प्रतिनिधि सदन के सदस्य हमेशा ही चुनाव प्रचार में लगे रहते हैं तथा अपने निर्वाचन क्षेत्र से ऊपर उठकर राष्ट्र के लिए कुछ करने की अवस्था में ही नहीं आ पाते हैं।

इस प्रकार व्यवस्थापिका सभाओं की संरचनाओं की कई विशेषताएं हैं और इनका इनके कार्यों, इनकी भूमिका तथा इनके महत्त्व से सीधा सम्बन्ध है। हमने इन विशेषताओं तथा व्यवस्थापिकाओं के संगठन के विभिन्न पहलुओं का संक्षिप्त विवेचन ही किया है, क्योंकि इनके उल्लेख का ध्येय केवल यह बताना ही था कि किसी राजनीतिक व्यवस्था में विधान मण्डल की भूमिका उसकी संरचनात्मकता की विलक्षणताओं पर बहुत अधिक आश्रित रहती है।

व्यवस्थापिकाओं के कार्य व शक्तियां
(FUNCTIONS AND POWERS OF LEGISLATURES)

व्यवस्थापिकाओं के कार्यों को लेकर भी विद्वानों में अत्यधिक मतभेद है। कहीं पर इनको 'रबड़ की मोहर' कहा जाता है तो कहीं व्यर्थ की बातूनी दुकानें कहकर सम्बोधित किया जाता है। कुछ देशों में इन्हें राष्ट्रपतियों, तानाशाहों और परम्परागत सम्राटों के सभायी गिरोह, तो कुछ अन्य देशों में राजनीतिक दलों के नेताओं---विशेषकर बहुमती दल के नेता के हाथों में कठपुतली की संज्ञा दी जाती है। संसदों की जननी, ब्रिटेन की संसद, भी इस प्रकार के आरोपों से मुक्त नहीं रह पाई है। विकासशील राज्यों में इनको 'धोखाधड़ी की दिखावटें' कहा जाता है। इन सब विशेषणों से व्यवस्थापिकाओं को विभूषित करने वाले लेखक व विचारक कम से कम इस बात को तो स्वीकार करते हैं कि व्यवस्थापिकाएं एक नहीं अनेक, औपचारिक नहीं वास्तविक कार्य निष्पादित करने की क्षमताओं से युक्त हो सकती हैं। इससे यह निष्कर्ष निकालना कठिन नहीं है कि व्यवस्थापिकाएं अनेक अधिकारों से युक्त होने के कारण महत्त्वपूर्ण कार्य करती हुई मानी जा सकती हैं। हम इनके कार्यों को दो मुख्य शीर्षकों के अन्तर्गत विवेचित करेंगे— (1) व्यवस्थापिकाओं के सरकारी कार्य, और (2) व्यवस्थापिकाओं के राजनीतिक व व्यवस्थाई कार्य।

इन दोनों प्रकार के कार्यों में मौलिक अन्तर है। पहले प्रकार के कार्य औपचारिकता के तत्त्व से युक्त हैं जब कि दूसरी श्रेणी में रखे जाने वाले कार्य अनौपचारिक रूप से सम्पादित होते हैं। इसके अलावा भी, इन दो मोटी, कार्यों या शक्तियों की श्रेणी में एक और आधारभूत अन्तर है। पहले प्रकार के कार्य शायद अब व्यवस्थापिकाएं केवल नाम मात्र से ही करती हैं तथा दूसरे प्रकार के कार्य सही अर्थों में करने लगी हैं। जब हम व्यवस्थापिकाओं के पतन की बात करेंगे तब देखेंगे कि उनके सरकारी कार्यों को करने के दायरे में अन्य संरचनात्मक व्यवस्थाएं घुस आई हैं। अतः व्यवस्थापिकाओं का पतन भी केवल कुछ पहलुओं से ही सम्बन्धित है। अभी भी अनेक ऐसे कार्यक्षेत्र हैं जिनमें व्यवस्थापिकाएं महत्त्वपूर्ण कार्य निष्पादित करती हैं। इनके कार्यों के संक्षिप्त विवेचन से यह स्पष्ट हो जाएगा।

व्यवस्थापिकाओं के सरकारी या संवैधानिक कार्य (Governmental or Constitutional Functions of Legislatures)

हर देश में जहां कानूनी रूप से संगठित व्यवस्थापिका सभा है वहां इसके द्वारा वास्तव में या औपचारिक रूप से कुछ सरकारी या संवैधानिक कार्य निष्पादित होते हैं। इनमें से हम केवल उन्हीं कार्यों का उल्लेख कर रहे हैं जो सामान्यतया अधिकांश व्यवस्थापिकाओं द्वारा किए जाते हैं। संक्षेप में यह कार्य इस प्रकार हैं—

(1) नीति का विकास।

(2) कानूनों का निर्माण।

(3) कार्यपालिका नियंत्रण और

(4) वित्त पर नियंत्रण।

इन्हीं कार्यों को अगर व्यवस्थापिका कार्यों के परम्परागत ढांचे में रखा जाए तो यह इस प्रकार होंगे—(क) विधायी कार्य, (ख) वित्तीय कार्य, (ग) कार्यपालिका सम्बन्धी कार्य, (घ) न्यायिक कार्य, (ङ) निर्वाचन सम्बन्धी कार्य और (च) संविधान में संशोधन सम्बन्धी कार्य!

(क) विधायी कार्य (Legislative functions)—आधारभूत संवैधानिक कानूनों को छोड़कर बाकी सभी प्रकार के कानून विधान मण्डलों द्वारा ही बनाए जाते हैं। यहां तक कि राजनीतिक व्यवस्था से सम्बन्धित आधारभूत संवैधानिक कानूनों के संशोधनों में व्यवस्थापिकाओं की महत्त्वपूर्ण भूमिका रहती है। लोकतन्त्र में जन इच्छा की अभिव्यक्ति विधि निर्माण द्वारा साकार रूप धारण करती है। रिनॉड ने इस सम्बन्ध में लिखा है कि "आधुनिक संसद एक प्रकार से वे कारखाने हैं जिनका काम कानून निर्माण का है। यहां जनमत नाम के कच्चे माल को प्रस्तावों, नीतियों और कानूनों में परिणत किया जाता है।"[10] वास्तव में व्यवस्थापिकाओं को देश के लिए कानून निर्माण का कार्य करने के लिए ही संगठित किया जाता है। कानूनों के रूप में नीति का विकास व निर्माण जनता के प्रतिनिधि होने के नाते विधान मण्डल ही करने का अधिकार रखते हैं।

आधुनिक समय में जब व्यवस्थापिकाओं के 'पतन' की बात कही जाती है तो, सब इसी बात को लेकर कि व्यवस्थापिकाएं कानून निर्माण का कार्य ठीक प्रकार से निष्पादित नहीं कर पाती हैं, उनका पतन हो गया है, मान लेते हैं। यह बात सही भी है कि अब व्यवस्थापिकाएं केवल औपचारिक रूप से विधायी कार्य करती हैं। प्रशासकीय जटिलता तथा दल संगठन के परिणामस्वरूप विधायी क्षेत्र में भी कार्यपालिका के पास पहल करने के अब अधिक अवसर आ गए हैं। संसदीय प्रणाली में ही नहीं, अध्यक्षात्मक व्यवस्था में भी सारे महत्त्वपूर्ण और विवादास्पद विधेयक सरकारी स्रोतों से ही आते हैं। संसदीय प्रणाली में तो अगर कोई विधेयक कार्यपालिका के अलावा अन्य व्यवस्थापिका सदस्यों द्वारा रखा जाता है तब भी उसके पारित होने के लिए कार्यपालिका समर्थन की आवश्यकता होती है। इन व्यवस्थाओं में धन विधेयक तो केवल कार्यपालिका द्वारा ही प्रस्तुत होते हैं।

इसके अतिरिक्त विधान मण्डलों को कुछ विषयों पर कानून बनाने से संवैधानिक रूप से भी रोका जाता है, किन्तु ये सामान्यतया वे अधिक मौलिक संवैधानिक विधियां होती हैं, जिन्हें विधान मण्डलों की विधि-क्षमता रेखा के बाहर रख दिया जाता है और अधिकांश राज्यों में संवैधानिक संशोधनों के लिए विशिष्ट कार्यविधियों की व्यवस्था की गई होती है। उदाहरण के लिए, भारत में राज्यों का अनुमोदन कुछ संशोधनों में अनिवार्यतः प्राप्त करना होता है और जब तक आधे राज्यों का अनुमोदन नहीं मिल जाए संविधान का संशोधन पारित नहीं माना जाता है। अतः भारत की संसद की कानून बनाने की क्षमता व शक्ति संविधान के संशोधनों में परम नहीं मानी जा सकती है क्योंकि

[10] R. Rienow, *Introduction to Government*, London, Macmillan, 1905, p. 303.

इनमें राज्यों का सहयोग आवश्यक है।

विधायी शक्ति पर अनेक प्रतिबन्धों में से एक कार्यपालिका के पास विधायी प्रस्तावों पर निषेधाधिकार प्रयुक्त करने की शक्ति है। जैसे भारत में संसद द्वारा पारित हर विधेयक पर राष्ट्रपति की स्वीकृति अनिवार्य है। राष्ट्रपति चाहे तो निषेधाधिकार का प्रयोग कर सकता है। इसी तरह संसदीय शासनों में विधान मण्डल के भंग किए जाने की धमकी भी मौजूद है। इसी तरह, अधिकांश सभाओं में विधेयकों पर बहस समाप्त कर दिए जाने के लिए व्यवस्थाएं रहती हैं। समस्याओं की बढ़ती पेचीदगी के कारण व्यवस्थापन कार्य में कार्यपालिका का हस्तक्षेप, संकटकालीन अधिकारों का प्रयोग करने की बार-बार कार्यपालिका को आवश्यकता, विधायकों को तकनीकी सहायता की कमी, अनुशासित राजनीतिक दलों का विकास इत्यादि अनेक ऐसे कारण हैं जिनकी वजह से व्यवस्थापिकाएं स्वतन्त्र, विचार-विमर्शी व विधि निर्माण करने वाली संस्थाएं नहीं रह गई हैं। इसी कारण यह कहा जाने लगा है कि विधान मण्डल "कानून बनाने वाली संस्थाएं (law making institutions) न रह कर केवल कानूनों को स्वीकृति देने वाले निकाय (law assenting bodies) बन गये हैं।"[11] समिति व्यवस्था का विकास, विशेषकर अमरीका के संदर्भ में, व्यवस्थापिका के महत्त्व में कमी लाने में बड़ी भूमिका निभाता है।

किन्तु फिर भी व्यवस्थापिकाएं आज पहले की अपेक्षा अधिक कानून पारित करती हैं। व्यवस्थापिकाएं अधिकांश समय सत्र में रहने लगी हैं। समितियां हर विधेयक पर बारीकी से विचार करती हैं, अतः एलेन बाल ने ठीक ही लिखा है कि "इन विभिन्न बाधाओं के बावजूद सभाओं की विधायी गतिविधियां महत्त्वपूर्ण होती हैं। सभा की कार्यविधियां समाज के नियमों के वैधीकरण का मौलिक साधन हैं। वे सरकार (कार्यपालिका) की सक्रियताओं सम्बन्धी किसी त्रुटि को संभाल लेती हैं और हित गुटों को अपने संसदीय प्रतिनिधियों के जरिए काम करने का मौका देती हैं। वास्तव में विधि निर्माण प्रक्रिया में सभा की शक्ति का विस्तार क्षेत्र कार्यपालिका की मजबूती, उसके विधायी कार्यक्रम का स्वरूप और आम चुनाव की समीपता पर निर्भर करेगा, किन्तु अधिकांश उत्तरदायी जनतन्त्रों के अन्तर्गत ऐसा बहुत ही कम अवसरों पर होता है कि कार्यपालिका का कार्यक्रम बिना फेर-बदल के विधायी प्रक्रिया में से गुजरकर निकल आए।"[12]

इस प्रकार विधायी क्षेत्र में व्यवस्थापिकाओं के महत्त्व में कमी इस रूप में भले ही आई है कि यह बदलती हुई सामाजिक, आर्थिक, सरकारी और वातावरण सम्बन्धी परिस्थितियों के अनुसार उस तेजी से नहीं बदल पा रही है जिस गति से इनको इन परिवर्तनों के अनुरूप होने के लिए बदलने की आवश्यकता है। अन्यथा कुल मिलाकर इनका व्यवस्थापन कार्य तो बढ़ा ही है। यह दूसरी बात है कि इस कार्य वृद्धि के कारण यह वह सब कार्य ठीक ढंग से निष्पादित नहीं कर पाती हैं।

[11] Robert C. Bone, *op. cit.*, p. 360.

[12] Alan R. Ball, *op. cit.*, p. 153.

(ख) **वित्तीय कार्य** (Financial functions)—विधि निर्माण के कार्य में व्यवस्थापिकाओं की वास्तविक स्थिति कुछ भी हो, किन्तु जहां तक राष्ट्रीय वित्त के नियंत्रण का कार्य है, व्यवस्थापिकाएं प्रभावी ढंग से जनता के धन को जनता के लिए खर्च करने की सुव्यवस्था करती हैं। इनकी यह शक्ति इनको राजनीतिक व्यवस्था में महत्त्वपूर्ण स्थान प्राप्त करा देती है, क्योंकि जिसके पास वित्तीय शक्ति होती है उसके पास ही वास्तविक शक्तियां आ जाती हैं। आधुनिक लोकतन्त्रों का यह एक मौलिक नियम है कि व्यवस्थापिका की स्वीकृति के बिना एक पैसे का भी व्यय नहीं किया जा सकता है। यह आधुनिक व्यवस्थापिकाओं का प्रमुख उत्तरदायित्व है कि वे राष्ट्रीय वित्त पर पूर्ण व प्रभावी नियंत्रण रखें। बजट इन्हीं के द्वारा पारित किया जाता है। किन्तु व्यवस्थापिकाओं की यह शक्ति व्यवहार में उनके द्वारा किस हद तक प्रयुक्त होती है यह निम्नलिखित बातों पर निर्भर करता है—

(1) शासन प्रणाली संसदीय है या अध्यक्षात्मक है।
(2) संसदीय प्रणाली में दल पद्धति का स्वरूप किस प्रकार का है?
(3) वित्तीय शक्तियों पर संवैधानिक अकुंश है या नहीं है।
(4) कार्यपालिका का दल या अन्य माध्यम से विधान मण्डल पर कितना नियंत्रण है?
(5) द्विसदनात्मक विधान मण्डल होने पर दोनों सदनों की वित्तीय शक्तियों की क्या स्थिति है?

संसदीय शासन प्रणाली में वित्तीय शक्तियां पूर्णरूप से कार्यपालिका के हाथ में रहती हैं। व्यवस्थापिका धन की मांग में कटौती तो कर सकती है पर उसमें एक पैसे की भी वृद्धि का उसका अधिकार नहीं होता है। वित्त-विधेयकों को अस्वीकृत करने का तात्पर्य कार्यपालिका में अविश्वास की अभिव्यक्ति समझा जाने के कारण कार्यपालिका दलीय अनुशासन के माध्यम से वित्त पर पूर्ण नियंत्रण रखने की स्थिति में रहती है। अध्यक्षात्मक प्रणालियों में यद्यपि वित्त विधेयक पूरी तरह से कार्यपालिका द्वारा ही तैयार करा कर भिजवाया जाता है, फिर भी व्यवस्थापिका काट-छांट कर सकती है और कई बार बड़ी धनराशि बजट में से काट ली जाती है। अमरीका में ऐसा आये दिन होता रहता है।

संसदीय प्रणाली में दल पद्धतियां संसद की वास्तविक वित्तीय शक्ति की सीमाओं का निर्धारण करती हैं। अगर सुस्पष्ट द्विदलीय पद्धति है तो सारी वित्तीय शक्तियों का प्रभावी प्रयोग कार्यपालिका करती है। एकदलीय पद्धति में तो संसद के पास वित्त पर नियंत्रण की औपचारिकता के अलावा और कुछ नहीं रहता है। एक दल-प्रधान व्यवस्था में भी वित्त पर पूर्ण नियंत्रण कार्यपालिका का ही रहता है। परन्तु फ्रांस जैसी बहुदलीय पद्धति में व्यवस्थापिकाओं को वित्त-नियंत्रण के वास्तविक अवसर मिल जाते हैं। फ्रांस की स्थिति का विवेचन हम शुद्ध दल पद्धति के आधार पर ही कर रहे हैं। अन्यथा संवैधानिक व्यवस्थाओं से तो कहीं भी व्यवस्थापिका की वित्तीय शक्तियां बहुत कुछ सीमित और प्रति बांछित ही रहती हैं।

कई देशों में विधान मण्डलों की वित्तीय शक्तियों पर संविधान द्वारा भी प्रतिबंध

लगाए जाते हैं। जैसे भारत में वित्तीय प्रस्तावों को रखने की राष्ट्रपति से पूर्वानुमति प्राप्त करके ही ऐसे प्रस्ताव विधान मण्डल में रखे जा सकते हैं, पर यह कोई विशेष अंकुश लगाने वाला प्रावधान नहीं है। विधान मण्डलों की वित्तीय शक्ति पर संवैधानिक अंकुश वास्तविक तब बनते हैं जब विधान मण्डल दलगतता के कारण वित्त-विधेयक पारित ही नहीं कर पाते हैं। विकासशील राज्यों में ऐसे अनेक देश हैं जहां ऐसी संवैधानिक व्यवस्थाएं प्रस्थापित हैं, जिनमें कार्यपालिका अध्यादेशों तक से वित्तीय मांगें पारित कर लेती हैं। कार्यपालिका का विधान मण्डल पर नियंत्रण दल के माध्यम से या भंग करने की धमकी से या अन्य किसी चमत्कारिक नेतृत्व के कारण हो सकता है। ऐसी अवस्था में भी विधान मण्डल अपनी वित्तीय शक्तियों का औपचारिक प्रयोग ही कर सकता है। सामान्यतया कार्यपालिका दल के समर्थन के आधार पर हर वित्तीय मांग को पारित करा सकने की स्थिति में आ जाती है।

विधान मण्डल के दोनों सदनों की वित्तीय शक्तियों की अवस्था भी एक ऐसा महत्त्वपूर्ण कारक है जिससे व्यवस्थापिकाएं वित्त की शक्ति का प्रयोग करने में स्वतः ही रुक जाती हैं। अमरीका की कांग्रेस तथा स्विटज़रलैंड की राष्ट्रीय सभा (National Assembly) के दोनों सदनों को वित्तीय मामलों में केवल वित्त विधेयक की पहल को छोड़ कर समान अधिकार प्राप्त होने के कारण कई बार गतिरोध की स्थिति आती रही है। ऐसे गतिरोध के कारण ही ब्रिटेन की लार्ड सभा से 1911 के संसदीय अधिनियम के द्वारा सारी वित्तीय शक्तियां ले ली गई थीं।

इस विवेचन से स्पष्ट है कि विधान मण्डलों की वित्तीय शक्तियां अनेक प्रकार से नियंत्रित रहती हैं, किन्तु अगर व्यवस्थापिका इस बात पर अड़ जाए कि वह वित्तीय मामलों पर वास्तव में ही नियंत्रण रखेगी तो ऐसा वह काफी अंश तक कर सकती है। यह बात दूसरी है कि विधान मण्डल को अपनी ऐसी जिद की महंगी कीमत कम से कम संसदीय व्यवस्थाओं में भंग होकर चुकानी पड़ सकती है।

(ग) **कार्यपालिका का नियंत्रण** (Control of the Executive)—व्यवस्थापिकाओं का यह उत्तरदायित्व है कि वे कार्यपालिकाओं को सही ढंग से कार्य न करने पर या शक्तियों के दुरुपयोग करने पर नियंत्रित करें। संसदीय और अध्यक्षात्मक प्रणालियों में नियंत्रण व्यवस्थाओं में थोड़ा अन्तर, व्यवस्थाई अन्तरों के कारण पाया जाता है। किन्तु अपेक्षा यही की जाती है कि कार्यपालिका व्यवस्थापिकाओं की सेविकाएं बनी रहें। ब्रिटेन के मन्त्रिमण्डल को तो 'सदन की समिति' मात्र तक कहने की प्रथा रही है, पर वास्तव में कार्यपालिकाओं पर विधान मण्डलों के नियंत्रण केवल मात्र औपचारिकताएं होती हैं। केवल विशेष परिस्थितियों में ही व्यवस्थापिकाओं ने इसका उपयोग करने की हिम्मत दिखाई है। उदाहरण के लिए, चौथे गणतन्त्र के काल में फ्रांस में बारह वर्ष में ही चौबीस कार्यपालिकाओं को बदल कर कार्यपालिका पर नियंत्रण शक्ति का प्रयोग करने का कीर्तिमान ही स्थापित कर दिया था। पाकिस्तान में सैनिक शासन आने से पहले (अय्यूबखां द्वारा सत्ता हथियाने से पहले) आए दिन प्रधान मंत्री बदलने लगे थे। अतः हम इस सम्बन्ध में कोई निष्कर्ष निकालने से पहले उन विधियों का विवेचन करेंगे जिनका

कार्यपालिकाओं के नियंत्रण में विधान मण्डल सामान्यतया प्रयोग कर सकते हैं।

संसदीय प्रणाली में कार्यपालिका वैधानिक दृष्टि से व्यवस्थापिका के प्रति उत्तरदायी बनाई जाती है और यह उत्तरदायित्व न निभाने पर व्यवस्थापिका सभाओं को उन्हें पद से हटाने का अधिकार होता है। इसके अलावा भी संसदीय प्रणाली में विधान मण्डल कार्यपालिका को नियंत्रित करने के अनेक साधन अपना सकता है। विधायक, कार्यपालिका से प्रश्न व पूरक प्रश्न पूछकर, ध्यान आकर्षण प्रस्तावों के द्वारा स्थगन प्रस्तावों के द्वारा, कटौती व निन्दा प्रस्तावों द्वारा तथा अविश्वास प्रस्ताव के माध्यम से कार्यपालिका पर नियंत्रण लगाते हैं। व्यवस्थापिका द्वारा धन की मांग को अस्वीकार करके, कार्यपालिका द्वारा प्रस्तुत नीति, प्रस्ताव, विधेयक, संधि या समझौते को अस्वीकार करके भी कार्यपालिका को नियंत्रित करने का प्रयास किया जा सकता है। मुख्य कार्यपालक को महाभियोग की धमकी या वास्तव में ही महाभियोग लगाकर नियंत्रित किया जा सकता है।

अध्यक्षात्मक शासन व्यवस्थाओं में शक्तियों का पृथक्करण होने के कारण व्यवस्थापिका को कार्यपालिका के प्रत्यक्ष नियंत्रण के लिए केवल महाभियोग का ही एक महत्त्वपूर्ण साधन प्राप्त रहता है, किन्तु ऐसी व्यवस्थाओं में भी कार्यपालिका कार्यों की जांच के लिए आयोग नियुक्त करके, धन की मांग या आवश्यक व्यवस्थापन पारित न करके कार्यपालिका को नियंत्रित किया जा सकता है। अमरीका के संविधान के द्वारा नियंत्रणों व संतुलनों की व्यवस्था के कारण व्यवस्थापिका (सीनेट) राष्ट्रपति द्वारा की गई नियुक्तियों का अनुमोदन रोककर या राष्ट्रपति द्वारा की गई संधियों का अनुमोदन नहीं करके उसे नियंत्रित करने की अतिरिक्त व्यवस्थाएं हो गई हैं।

व्यवस्थापिकाओं द्वारा कार्यपालिका पर लगाये जाने वाले नियंत्रण केवल औपचारिक ही रहते हैं। भारत में विभिन्न मन्त्रिमण्डलों के विरुद्ध अनेक बार अविश्वास के प्रस्ताव रखे गये थे, किन्तु इसमें से कोई भी पारित नहीं हो सका था। इसी तरह, अमरीका के अनेक राष्ट्रपतियों पर महाभियोग लगाये गये पर सफल कोई नहीं हो सका था। इससे स्पष्ट है कि कार्यपालिका पर विधान मण्डलों के नियंत्रण केवल नाम के ही रह गये हैं। राष्ट्रपति निक्सन का त्यागपत्र महाभियोग के डर से कहीं अधिक जनमत के दबाव के कारण ही दिया गया था। अतः विधान मण्डल कार्यपालिकाओं पर नियंत्रण की औपचारिकता ही निभाते हुए माने जा सकते हैं। आधुनिक समय में यह कार्यपालिका की इच्छा पर निर्भर करता है कि वह व्यवस्थापिका का कितना सम्मान करके उसके द्वारा नियंत्रित रहना चाहती है। किन्तु फ्रांस व फिनलैंड में मन्त्रिमण्डलों का बार-बार बदलना कुछ और संकेत करता है, पर यह व्यवस्थापिका की नियंत्रण शक्ति का सबूत नहीं है। वह तो दलीय परिस्थिति के कारण होने वाले परिवर्तन कहे जाएंगे।

(घ) न्यायिक कार्य (Judicial functions)—सामान्य अर्थों में व्यवस्थापिकाओं को न्यायिक कार्य प्रदान नहीं किये जाते हैं, किन्तु कुछ व्यवस्थापिकाएं न्यायपालिकाओं की तरह के कुछ कार्य करती हैं। अमरीका में राष्ट्रपति पर महाभियोग लगाने पर कांग्रेस का ऊपर वाला सदन सीनेट, महाभियोग की न्यायालय की तरह सुनवाई करके

निर्णय करता है। भारत में राष्ट्रपति को हटाने में महाभियोग पर इसी तरह की सुनवाई व निर्णय की व्यवस्था राज्यसभा (council of states) करती है। ब्रिटेन की लार्डसभा तो देश का सर्वोच्च अलील न्यायालय है। किन्तु यह सही अर्थों में न्यायिक कार्य नहीं कहे जा सकते हैं। कुछ नये राज्यों में ऐसे अधिकार जरूर विधान मण्डलों को दिये गये हैं। विकसित राज्यों में स्विट्ज़रलैण्ड में ही ऐसी व्यवस्था है कि वहां की राष्ट्रीय सभा (National Assembly) को संविधान की व्याख्या का अधिकार होने के कारण इसे न्यायिक कार्य करने वाली व्यवस्थापिका कहा जा सकता है। अधिकांश व्यवस्थापिकाओं की संरचनात्मक प्रकृति ही ऐसी होती है कि उनको न्यायपालिका के रूप में कार्य करने के लिए बैठा दिया जाए तो भी शायद वे यह कार्य नहीं कर सकेंगी। यही कारण है कि जब ब्रिटेन की लार्डसभा, देश की अपील के अन्तिम न्यायालय के रूप में बैठती है तो केवल नौ "कानूनी लार्ड" ही इसमें सुनवाई करते हैं। व्यवस्थापिकाओं को सामान्यतया न्यायिक कार्य नहीं दिये जाते हैं क्योंकि—

(1) व्यवस्थापिकाओं को न्यायिक कार्यों के लिए निर्वाचित ही नहीं किया जाता है।

(2) व्यवस्थापिकायें अपने संगठन की प्रकृति के कारण न्यायिक कार्य का ठीक तरह से सम्पादन नहीं कर सकती हैं।

(3) न्यायपालिका से सम्बन्धित कार्य केवल विधि-वेत्ता ही कर सकता है जबकि व्यवस्थापिका के सभी सदस्य विधि-वेत्ता हों यह नामुमकिन है।

(4) व्यवस्थापिका कानून बनाकर स्वयं ही उसकी व्याख्या का न्यायिक कार्य करेगी तो शक्तियों का दुरुपयोग ही होगा।

(5) व्यवस्थापिका द्वारा न्यायिक कार्य निष्पादित होने पर व्यक्तियों के अधिकारों व स्वतंत्रताओं की रक्षा नहीं हो सकती है।

(6) न्यायपालिका की स्वतन्त्रता न रहने से निर्णयों में निष्पक्षता नहीं आ सकेगी।

(7) व्यवस्थापिकाई न्यायालय दलगत राजनीति के अखाड़े बन जायेंगे।

इन कारणों से बहुत छोटे देशों, जिनकी जनसंख्या केवल कुछ हजारों में ही हो, में व्यवस्थापिका को न्यायपालन के कार्य देने की व्यवस्था की जा सकती है। किन्तु बड़े विधान मण्डलों वाले राज्यों में विधान मण्डलों को सामान्यतया न्यायिक शक्तियां नहीं दी जाती हैं।

(ङ) **निर्वाचन सम्बन्धी कार्य** (Elective functions)—विशेष पदों व विशिष्ट परिस्थितियों में व्यवस्थापिकाओं को निर्वाचन सम्बन्धी अधिकार दिये जाते हैं। दुनिया के अधिकांश राज्यों में व्यवस्थापिकाओं को कुछ निर्वाचन कार्य दिये जाते हैं। उदाहरण के लिए, भारत की संसद राष्ट्रपति के चुनाव में भाग लेती है। अमरीका का प्रतिनिधि सदन राष्ट्रपति के चुनाव में उस समय भाग लेता है जब किसी भी प्रत्याशी को निर्वाचकों का पूर्ण बहुमत नहीं मिलता है। ऐसी अवस्था में उन तीन उम्मीदवारों में से जिनको सर्वाधिक निर्वाचक मत प्राप्त हुए हों, उनमें से एक का निर्वाचन-निर्धारण बहुमत से प्रतिनिधि सदन के सदस्य करते हैं। स्विट्ज़रलैण्ड की राष्ट्रीय सभा, मन्त्रि परिषद, न्यायाधीशों तथा प्रधान सेनापति का चुनाव करती है। रूस में सुप्रीम सोवियत, मन्त्रि

परिषद, प्रीसीडियम व न्यायाधीशों का निर्वाचन करती है। जापान में डाइट (यह वहां की संसद है) प्रधान मंत्री का चुनाव करती है।

एक क्षेत्र में तो हर व्यवस्थापिका निर्वाचन का कार्य करती है। अपने अध्यक्ष, उपाध्यक्षों या 'स्पीकरों' इत्यादि का निर्वाचन व्यवस्थापिकाएं स्वयं ही करती हैं। यह कार्य सभी निर्वाचित विधान मण्डलों द्वारा निष्पादित किया जाता है। इसके लिए निर्वाचन विधियां व प्रक्रियाएं अलग-अलग देशों की संसदों में अलग-अलग हो सकती हैं। किन्तु हर विधान मण्डल के द्वारा यह कार्य अनिवार्यतः निष्पादित होता है इसमें कोई अपवाद नहीं है।

(च) संविधान में संशोधन सम्बन्धी कार्य (Constitution amending functions)—संविधान में संशोधन का कार्य विशेष महत्त्व रखता है, क्योंकि संविधान राजनीतिक शक्ति के संगठक-यन्त्र के रूप में जन इच्छा व समाज के मूल्यों का प्रतीक होता है। अतः ऐसे दस्तावेज का संशोधन केवल जनप्रतिनिधि ही करें इसकी हर देश में व्यवस्था होती है। लोकतान्त्रिक व्यवस्थाओं में तो व्यवस्थापिकाओं का सबसे महत्त्वपूर्ण अधिकार संविधान में संशोधन करने का माना गया है। यह जन सम्प्रभुता का प्रतिनिधित्व करती हैं, अतः यदि संविधान में संविधान जन इच्छा के क्रियान्वयन के मार्ग में बाधक बनने लगें तो उसमें संशोधन का अधिकार व्यवस्थापिका के पास ही रखना स्वाभाविक और अनिवार्य है। संशोधन का यह अधिकार कुछ देशों के विधान मण्डलों को आंशिक रूप से प्राप्त रहता है तो कुछ देशों में विधान मण्डल ही को संशोधन का पूर्ण अधिकार प्रदान किया जाता है। ब्रिटेन की संसद, रूस की सुप्रीम सोवियत, युगोस्लाविया की संघीय व्यवस्थापिका तथा संविधान में संशोधन की प्रथम दो विधियों में भारत की संसद (भारत के संविधान में संशोधन की तीन विधियां हैं) संविधान में संशोधन कर सकती है, किन्तु अमरीका, स्विट्जरलैण्ड, जर्मनी इत्यादि देशों में संसदों को संशोधन का आंशिक अधिकार ही है। आंशिक अधिकार से यह आशय है कि संशोधन में विधान मण्डल के साथ अन्य संरचनात्मक व्यवस्था या संस्था के साथ कर दिया जाता है। भारत के संविधान में संशोधन की तीसरी विधि में ससद को आंशिक अधिकार ही प्राप्त है क्योंकि इस विधि से संशोधित होने वाले विषयों पर आधे राज्यों का अनुसमर्थन भी (ratification) आवश्यक होता है।

व्यवस्थापिकाओं के परम्परागत, सरकारी या संवैधानिक कार्यों के उपरोक्त विवेचन से स्पष्ट है कि इन कार्यों के निष्पादन में व्यवस्थापिकाएं औपचारिकता ही अधिक निभाती हैं। यहां तक कि विधि निर्माण का कार्य भी वे सही अर्थों में नहीं करती हैं। भारत के संविधान में किया गया 42वां संशोधन जिसने संविधान की 59 धाराओं में महत्त्वपूर्ण व मौलिक परिवर्तन किये हैं वास्तव में संसद द्वारा केवल औपचारिक रूप से ही पारित किया गया है। इस क्रांतिकारी परिवर्तन लाने वाले संशोधन विधेयक में संसद द्वारा कोई हेर-फेर नहीं किया गया, यह इस बात की पुष्टि है कि व्यवस्थापिकाएं अपने परम्परागत कार्य केवल औपचारिक रूप में ही निष्पादित करती हैं। इन कार्यों से सम्बन्धित सारे निर्णय सत्तारूढ़ दल के नेताओं द्वारा संसदों से बाहर ही किये जाते हैं तथा

संसदें उन पर केवल सहमति की मोहर लगाने मात्र का कार्य करती हैं।

निष्कर्षत: यह कहा जा सकता है कि कानून निर्माण की सबसे महत्त्वपूर्ण संस्थाएं व्यवस्थापिकाएं न रहकर कार्यपालिकाएं व न्यायपालिकाएं बन गई हैं (इसके लिए कार्यपालिका व न्यायपालिका के कार्य पन्द्रहवें व सोलहवें अध्याय में देखिये)। बीसवीं सदी में व्यवस्थापिकाएं कार्यपालिकाओं से इतनी जुड़ गई हैं कि "अब यह बिलकुल सम्भव नहीं है कि सरकार के कार्यपालन और व्यवस्थापन विभाग में कोई कठोर व सुनिश्चित अन्तर किया जा सके।"[13] राबर्ट सी० बोन ने इस सम्बन्ध में ठीक ही लिखा है कि "संविधान की संरचनात्मक व्यवस्था चाहे कैसी ही हो, कार्यपालिका-व्यवस्थापिका सम्बन्धों में, पहल करने का कार्य अनिवार्यत: व स्थायी रूप से कार्यपालिका के हाथों में चला गया है।"[14] इसलिये कुछ विचारक तो यहां तक कहते हैं कि आधुनिक समय में कार्यपालिका व व्यवस्थापिका के कार्यों को पृथकता के कारण ही अलग-अलग विवेचित करने का प्रचलन है तथा शायद इसके पीछे गहरी जड़ें जमाए हुए यह भावना भी जिम्मेदार है कि कार्यपालिका व व्यवस्थापिका की भूमिका स्पष्ट रूप से भिन्न-भिन्न ही होती है अन्यथा व्यवहार में इनके कार्यों में कोई विशेष अन्तर नहीं रह गया है। किन्तु व्यवस्थापिकाओं के सरकारी कार्यों के सम्बन्ध में निकाला गया यह निष्कर्ष, इनके राजनीतिक या व्यवस्थाई कार्यों के बारे में बिलकुल ही सही नहीं कहा जा सकता है। विधान मण्डलों के द्वारा राजनीतिक कार्य अब भी वास्तव में निष्पादित होते हैं।

व्यवस्थापिकाओं के राजनीतिक व व्यवस्थाई कार्य (Political or Systemic Functions of Legislatures)

विधान मण्डलों के सरकारी और संवैधानिक कार्यों के विवेचन के समय हमने यह देखा था कि व्यवस्थापिकाएं इन कार्यों का निष्पादन केवल औपचारिक दृष्टि से ही कर पा रही हैं। वास्तव में बीसवीं शताब्दी की राजनीतिक व्यवस्थाओं की प्रकृति इतनी जटिल हो गई है कि इन परिवर्तित राजनीतियों में परम्परागत संरचनाएं व प्रक्रियाएं केवल औपचारिक भूमिका ही निभा सकती हैं। बदली हुई परिस्थितियों में व्यवस्थापिकाओं के राजनीतिक या राजनीतिक व्यवस्था सम्बन्धी कार्य महत्त्व प्राप्त करते जा रहे हैं। इस संदर्भ में व्यवस्थापिकाएं, महत्त्वपूर्ण संरचनाएं बन गई हैं जो राजनीतिक व्यवस्था को जोड़ने उसे स्थिरता व गत्यात्मकता प्रदान करने वाली प्रक्रियाओं से सम्बन्धित हो गई हैं। इनके राजनीतिक व व्यवस्थाई कार्य निम्नलिखित हैं—(क) प्रतिनिधित्व का कार्य, (ख) हित-स्वरूपीकरण और हित-समूहीकरण का कार्य, (ग) राजनीतिक समाजीकरण व शिक्षण का कार्य, और (घ) पर्यवेक्षण, संवीक्षण व निगरानी का कार्य।

(क) **प्रतिनिधित्व का कार्य** (Function of representation)—ऐतिहासिक दृष्टि से देखा जाए तो व्यवस्थापिकाओं के विकास के मूल में प्रतिनिधित्व की अवधारणा ही

[13] Robert C. Bone, *op. cit.*, p. 345.
[14] *Ibid.*, p. 345.

प्रमुख रही है। ऐसा माना जाता है कि जो व्यक्ति सरकारी तौर पर कर देने या कुछ कार्य करने या नहीं करने के नियमों से संचालित होने के लिये मजबूर होते हैं वे यह चाहेंगे कि ऐसे नियमों के निर्माण में उनका भी हाथ हो या कम से कम इनके निर्माण में उनकी भी कुछ आवाज हो। मताधिकार के विस्तार की मांग के पीछे भी यही प्रमुख कारण रहा है। हम इस नारे से परिचित हैं कि 'प्रतिनिधित्व नहीं तो कर-आरोपण नहीं'। (No Taxation without Representation) चुनाव वास्तव में अपने व्यक्तियों या जनता के प्रतिनिधियों को व्यवस्थापिकाओं में भेजने की व्यवस्था है जिससे जनता कम से कम अप्रत्यक्ष रूप से अपने ऊपर लागू होने वाले नियमों के निर्माण से सम्बन्धित हो जाए।

अधिकांश आधुनिक राज्यों में निर्वाचन होते हैं और यद्यपि चुनी गई प्रतिनिधि सभाओं में प्रतिष्ठा और शक्ति सम्बन्धी अन्तर रहते हैं तो भी वे सरकार और शासितों के बीच किसी प्रकार का सम्पर्क सूत्र जोड़ने के काम में कम या ज्यादा भाग लेती हैं। वे नीचे वालों की मांगों के प्रवाह का तथा ऊपर वालों से सूचना तथा स्पष्टीकरण प्रस्तुत किए जाने का माध्यम होती हैं।" बर्नार्ड क्रिक ने ब्रिटेन के लोकसदन के कार्यों का जिक्र करते हुए इसके प्रतिनिधि कार्य के बारे में लिखा है कि 'संसद का सबसे अधिक महत्त्वपूर्ण वास्तविक कार्य सरकारों को गिराने की धमकी में या कानून पारित, अस्वीकृत या संशोधित करने में नहीं है बल्कि निर्वाचक समूह के सामने सम्बन्धित तथ्यों या विकल्पों को रखने की जरूरत में है जिससे निर्वाचक समूह सरकारों के कार्यों को गलत या सही करार दे सकें।"[15] इसी तर्क को सैम्युअल बीयर ने आगे विकसित किया है। उसका कहना है कि मजबूत 'सरकार' एक हकीकत है और निर्वाचक समूह की सहमति को गतिमान रखकर सरकारों को, उनके कार्यों में मदद दी जानी चाहिए। अन्य संचार स्थापित करने वाले अधिकरणों के साथ-साथ लोकसदन को भी चाहिये कि जनमत को गतिमान बनाने के इस कार्य को करें और यह काम केवल चुनाव अवधियों तक ही सीमित नहीं रहना चाहिए।"[16]

वैसे प्रतिनिधित्व की धारणा बहुत जटिल है। इसलिए ही जी० सारटोरी का कहना है कि "आम चुनाव प्रतिनिधित्व उपलब्ध कराने के लिए आवश्यक या उपयोगी है या नहीं, यह इस बात पर अधिक निर्भर करता है कि हम प्रतिनिधित्व को इसके अनेक अर्थों में से किस अर्थ में प्रयुक्त करते हैं।" अतः व्यवस्थापिकाएं प्रतिनिधित्व का काय करती हैं या नहीं, इसके सम्बन्ध में निष्कर्ष निकालने से पहले हमें राजनीतिक प्रतिनिधित्व के अर्थ व उसके संघटकों को देख लेना चाहिए। ला पालोम्बारा ने राजनीतिक प्रतिनिधित्व में प्रमुखतया तीन संघटक सम्मिलित किए हैं :

(1) जो व्यक्ति शासकों द्वारा निर्गमित (issued) नियमों को स्वीकृति देते हैं वे

[15]B. Krik, *Reforms of Parliament*, Second Edition, London, Macmillan 1966, p. 238.

[16]S. Beer, 'The British Legislature and the Problem of Mobilizing Consent' in B. Krik's (Eds.) *Essence of Reforms*, London, Oxford, 1967.

उन नियमों के उद्भव में भी भूमिका निभायेंगे।

(2) शासक, देश की वयस्क जनता, जिस पर वे शासन करते हैं, उसमें से ही लिए (निर्वाचित) जाएंगे।

(3) जो शासक हैं वे उस वृहत्तर समाज, जिसमें से वे लिए जाते हैं, उसके प्रति उत्तरदायी व जवाबदेह रहेंगे।

इससे स्पष्ट है कि राजनीतिक प्रतिनिधित्व में प्रमुख तत्त्व शासकों या प्रतिनिधियों का उन लोगों के प्रति उत्तरदायी रहना है जिन्होंने उनको शासक बनाने में प्रत्यक्ष या अप्रत्यक्ष भूमिका निभाई होती है। इसी कारण, प्रतिनिधि या कानून निर्माण, अर्थात व्यवस्थापिका सभा से यह अपेक्षा रहती है कि वे निर्वाचकों के आदेशों, आवश्यकताओं और आकांक्षाओं के प्रति ही अनुक्रियात्मक नहीं रहें अपितु वे उन सीमाओं और विषय परिधि में भी रहें जिनके अन्तर्गत नियम-निर्माण तथा सरकार के अन्य कार्यों का निष्पादन होता है।

चाहे हम प्रतिनिधि का कानूनी, समाजशास्त्री या राजनीतिक अर्थ लें, इस अवधारणा में एक बात अन्तर्रनिहित है कि निर्वाचित व्यवस्थापिकाएं प्रतिनिधि सरकारों का मूल सार बन गई हैं। इस प्रकार, कानून, सम्प्रभु जनता की इच्छा की अभिव्यक्ति है तथा व्यवस्थापिका इसके निर्माण की संरचनात्मक व्यवस्था और प्रतिनिधि इस प्रक्रिया का अभिन्न घटक हो जाता है। व्यवस्थापिकाएं सही अर्थों में जन-सम्प्रभुता का प्रतिनिधित्व करती हैं या नहीं इसके लिए नियतकालिक चुनाव कराए जाते हैं तथा इसकी चुनावों से पहले ही परख करने के लिए कई देशों में (स्विट्ज़रलैण्ड, फ्रांस व सोवियत रूस) महत्त्वपूर्ण विधेयकों या मुद्दों को लोकनिर्णय (referendum) के लिए रखने की व्यवस्थाएं होती हैं। प्रतिनिधि संस्थाओं के रूप में व्यवस्थापिकाओं को, एकदलीय व्यवस्थाओं में भी स्थापित करने का प्रचलन इस बात की पुष्टि है कि साम्यवादी देशों तक में विधान मण्डल कुछ न कुछ प्रतिनिधित्व का कार्य निष्पादित करने के लिए ही संगठित किए जाते हैं। इसलिए व्यवस्थापिका प्रतिनिधि संस्थाओं के रूप में केवल लोकतन्त्र या विकसित पश्चिमी राज्यों की ही विशेषता नहीं है। वास्तव में व्यवस्थापिकाएं किसी न किसी रूप में प्रतिनिधित्व की व्यवस्था की यांत्रिकी संरचना हैं। लॉक, रूसो, बेन्थम और बर्क तक ने इसकी पुष्टि की है।

व्यवस्थापिकाओं के प्रतिनिधित्व के कार्य से सम्बन्धित अनेक समस्याएं इनके इस कार्य में पेचीदगियां उत्पन्न करती हैं। उदाहरण के लिए, व्यवस्थापिकाएं किसका प्रतिनिधित्व करें, और यह किसके द्वारा किया जाए? यह प्रश्न पेचीदा है तथा प्रतिनिधित्व से सम्बन्धित अध्याय में इसका उत्तर देने का प्रयास किया गया है। अतः यहां पर प्रतिनिधित्व की समस्याओं के कुछ ऐसे पहलुओं का ही उल्लेख किया जा रहा है जो व्यवस्थापिकाओं के प्रतिनिधित्व के कार्य से सीधा सम्बन्ध रखते हैं।

प्रतिनिधित्व का कार्य व्यवस्थापिकाओं के द्वारा सही अर्थों में किया जा सके इसके लिए केवल भौगोलिक आधार पर जनसंख्यात्मक प्रतिनिधित्व काफी नहीं है। आजकल यह मांग बढ़ रही है कि समुदायों, भाषाई समूहों तथा अन्य समाज के उप-संघटकों को भी सत्ता में सहभागी बनाया जाए। इसी कारण अनेक देशों में, जिनमें से कुछ का व्यवस्था-

पिकाओं के संगठन की विशेषताओं के शीर्षक के अन्तर्गत इसी अध्याय के प्रारम्भ में विवेचन किया गया है, निगमी प्रतिनिधित्व (corporativistic representation) की व्यवस्थाएं की जाने लगी हैं। यद्यपि यह प्रतिनिधित्व व्यवस्थापिकाओं में अभी तक औपचारिक रूप से नहीं दिया जाता है। (युगोस्लाविया एक अपवाद हैं) फिर भी इसके लिए अनेक राज्यों में ऐसी संस्थागत व्यवस्था की जाने लगी है जिसमें अनेक हित, सम्प्रदाय, आर्थिक, सामाजिक, भाषाई, प्रजातीय और उप-प्रादेशिक संघटनों के साथ ही पेशेवर समूहों को भी प्रतिनिधित्व दिया जाता है। ऐसे राज्यों में व्यवस्थापिकाएं विशेष प्रकार के आर्थिक, सामाजिक जनकल्याण सम्बन्धी विधायी प्रस्तावों पर इनकी सलाह लेती हैं या इनको उनकी समीक्षण करने को कहा जाता है। आजकल ऐसे संगठन, जिन्हें सहयोगी या सलाहकार संस्थाएं ही कह सकते हैं, इटली, मेक्सिको, स्पेन, फ्रांस, जापान युगोस्लाविया और नीदरलैण्ड में प्रयोग में आ रहे हैं। यह संगठन राष्ट्रीय स्तर पर होते हैं, जिनकी सदस्य संख्या 200 के आसपास होती है तथा जो सरकार, आर्थिक पेशों व पेशेवर संस्थाओं द्वारा चुने जाते हैं। कई कठिनाइयों के कारण ऐसी संस्थाओं की मांग संक्रामक रूप धारण नहीं कर सकी है किन्तु आने वाली पीढ़ियां ऐसी अधिकाधिक मांग करेंगी इसकी काफी सम्भावना है।

प्रतिनिधित्व में एक गहरा प्रश्न यह भी उलझा हुआ है कि क्या व्यवस्थापिकाएं समाज की सही अर्थों में सूक्ष्मतर (microcosmic) प्रतिनिधि बनाई जाएं ? आधुनिक समय में ऐसी धारणा बलबती बन रही है कि स्त्रियों, शारीरिक श्रमिकों व कार्यकर्त्ताओं, शिक्षित व्यक्तियों, जाति प्रजाति, धर्म, पेशे तथा हितों का ऐसा प्रतिनिधित्व हो ताकि इनके प्रतिनिधि न केवल इनमें से ही आ सकें, अपितु इनके लिए आधिकारिक मांगें भी पेश कर सकें और इनके लिए आवश्यक कार्य कर सकें। इसके अभाव में व्यवस्थापिका शुद्ध रूप में समाज की प्रतिनिधि संस्था नहीं बन सकती है। उदाहरण के लिए, स्त्रियों को ही लें तो पता चलेगा कि इनका प्रतिनिधित्व हर व्यवस्थापिका में बहुत अधिक आनुपातिक ही पाया जाता है। इस सम्बन्ध में अभी तक प्रचलित धारणाएं बड़ी चुनौतियों का शिकार नहीं हुई हैं, किन्तु आगे भी ऐसा नहीं होगा इसके बारे में कुछ नहीं कहा जा सकता।

अगर ऐतिहासिक दृष्टि से देखा जाए तो व्यवस्थापिकाएं, चाहे वे निर्वाचित प्रकृति ही रखती रही हों, कुलीनों, सामाजिक, शैक्षणिक या पेशेवर अभिजनों द्वारा प्रभावी 'अनन्य क्लब' ही रही हैं। यह स्थिति, अब औद्योगीकरण, शहरीकरण और वृहत्तर मताधिकार के कारण बदलने लगी है तथा जन आधारित दलों से इनकी संरचनात्मकता में काफी अन्तर आया है फिर भी मौलिक रूप में आज भी पहले जैसे अभिजनों के 'अनन्य क्लब' के सदस्य ही अधिकांश देशों के विधान मण्डल बने हुए हैं। ऐसे विधान मण्डलों द्वारा सही अर्थों में प्रतिनिधित्व का कार्य कितनी मात्रा में निष्पादित होता है यह हर किसी के अंदाज लगाने की बात है।

ला पालोम्बारा का विचार है कि भविष्य में व्यवस्थापिकाएं प्रतिनिधित्व का कार्य ठीक ढंग से करें या नहीं करें किन्तु उनकी संरचना में अनेक तथ्य महत्त्वपूर्ण बन जाएंगे। इन तथ्यों के बीच अन्तःक्रिया होगी या नहीं पर विधान मण्डलों की संरचना पर इनका

प्रभाव अवश्य पड़ेगा और उससे इनकी प्रतिनिधित्व की भूमिका में वास्तविकता आएगी। ला पालोम्बारा ने व्यवस्थापिका सभाओं की संरचनाओं को प्रभावित करने वाली परिस्थितियों के बीच प्रत्यक्ष[17] व अप्रत्यक्ष अन्त:क्रिया और अनियमित संयोजकों (casual linkages) को इस प्रकार चित्रित किया है —

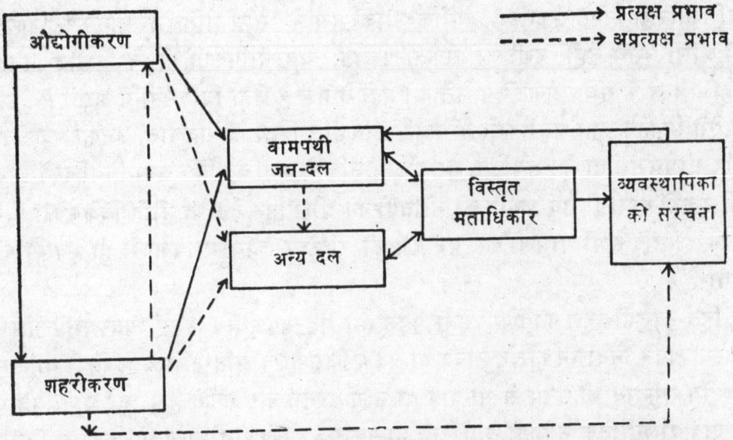

चित्र 14.1. व्यवस्थापिकाओं की संरचनाओं को प्रभावित करने वाली परिस्थितियों के बीच प्रत्यक्ष-अप्रत्यक्ष अन्त:क्रिया और अनियन्त्रित संयोजनों का चित्रण

व्यवस्थापिकाओं की संरचनाओं में इस बात की व्यवस्था तो आगे-पीछे करनी ही होगी कि वे मोटे रूप में देश के समाज की सामाजिक, आर्थिक, राजनीतिक, धार्मिक और सांस्कृतिक संरचनाओं की सामान्य रूप में परिलक्षक बन सकें। इनकी इसी संरचनात्मक विशेषता पर इनका प्रतिनिधि कार्य वास्तविक या औपचारिक बनता है। विकासशील राज्यों की व्यवस्थापिकाओं की सदस्य संरचनाओं को ध्यान से विश्लेपित करें तो चौंका देने वाली बात यह देखने को मिलेगी कि इन व्यवस्थापिकाओं में अधिकांश सदस्य 80-90 प्रतिशत, जनता के ऊपर के वर्ग में से आते हैं। इन देशों की व्यवस्थापिकाएं 70-80 प्रतिशत लोगों का सही अर्थों में प्रतिनिधित्व ही नहीं करती हैं। यह प्रवृत्ति अधिक समय तक जहां बनी रही है वहीं व्यवस्थापिकाएं अपने कार्य निष्पादन में असफल होकर तानाशाही को आमंत्रित करने का कारण बनी हैं।

(ख) हित-स्वरूपीकरण और हित-समूहीकरण का कार्य (Function of interest articulation and interest aggregation)—व्यवस्थापिकाओं का सर्वाधिक महत्त्वपूर्ण कार्य हित-स्वरूपीकरण का हो गया है। समाज में लोगों के अनेक हित होते हैं तथा इन हितों में संघर्ष अनिवार्यत: प्रकट रूप लेते हैं। व्यवस्थापिकाएं इन हितों को पूरा

[17]Joseph La Palombara, *op. cit.*, p. 147.

करके, इनकी सुरक्षा करके या इनके प्रस्तुत करने वालों को धमकी देकर इनमें सामंजस्य स्थापित करती हैं। अगर हम किसी भी समाज व राजनीति की तरफ सरसरी नज़र से देखें तो लगेगा कि इनमें स्थिति निरन्तर चलने वाले संघर्ष की सी ही होती है, किन्तु यह ऐसा संघर्ष नहीं जिसमें लोग जीवन-मरण की अड़ियल अवस्थाएं धारण करते हों। फिर भी, समाज में दुर्लभ साधनों या अपर्याप्त वस्तुओं के सरकारी वितरण की हर प्रणाली में कुछ लोग असंतुष्ट होकर संघर्ष को जन्म देते रहते हैं। ऐसी स्थिति से कार्यपालिका नहीं निपट सकती है, क्योंकि उसको दल के साथ प्रतिबद्ध मानकर निष्पक्षता की आशा उससे नहीं रखी जा सकती। अतः व्यवस्थापिकाएं ही वे अखाड़े बनती हैं जहां समाज के संघर्ष प्रकट रूप लेते हैं। यही वे मंच है जहां विविध मांगें आती हैं। इनको ही ऐसे निकाय कहा जा सकता है, जहां संघर्षशील हितों की पहचान, उनका प्रकटीकरण और सम्प्रेषण होता है। संगठित, असंगठित, उचित, अनुचित हित तथा निर्वाचकों के बड़े-बड़े टुकड़ों द्वारा विशेष प्रकार की नीतियों को प्रोत्साहन देने या नीति विशेष का विरोध करने इत्यादि सभी मामलों का, हर देश की राष्ट्रीय व्यवस्थापिका में ही स्वरूपीकरण होता है।

हित-स्वरूपीकरण का एक दूसरा पहलू भी महत्त्वपूर्ण है। स्वयं व्यवस्थापिकाओं के सदस्य, अपने निर्वाचन क्षेत्रों, राज्य या प्रदेश जिसका वे प्रतिनिधित्व करते हैं या सम्पूर्ण राष्ट्रीय समुदाय की तरफ से भी दावे या मांगें प्रस्तुत कर सकते हैं। कई बार यह मांगें या दावे राजनीतिक उद्देश्यों से प्रेरित हो सकते हैं, किन्तु सामान्यतया हर एक विधायक ऐसा नहीं करता है। अतः ऐसी अवस्था में हित-स्वरूपीकरण की पहल स्वयं विधान मण्डल में से भी आ सकती है। विधायकों का जन समाज से सम्पर्क व सम्भावित संघर्षों का, जो समाज को तोड़ने की स्थिति ला सकते हैं, ज्ञान भी उन्हें हित-स्वरूपीकरण की पहल की प्रेरणा देता है। फिर स्वयं विधायक का भविष्य व विधायक के रूप में उसकी अवस्था इस बात के साथ जुड़ी हुई है कि समाज के हित सही ढंग से स्वरूप प्राप्त करते रहें। अन्यथा इनके स्वरूपीकरण का अभाव समाज में ऐसा संघर्ष ला देगा जिसका सरलता से न कारण समझा जा सकेगा और न ही समाधान ढूंढा जा सकेगा। हित-स्वरूपीकरण मुख्य रूप से किसी व्यवस्था की राजनीतिक सीमाओं को निर्धारित करता है। यह राजनीतिक संस्कृति व राजनीतिक समाजीकरण पर आधारित होता है। किसी व्यवस्था की राजनीतिक संस्कृति के द्वारा ही इस बात का नियमन होता है कि किस प्रकार के व्यक्तिगत हित, मांग आदि राजनीतिक क्रिया में झोंके जाएंगे। यह कार्य राजनीतिक व्यवस्थाओं की सीमाओं में विभिन्न संरचनाओं और विविध शैलियों द्वारा सम्पादित किया जाता है। व्यवस्थापिकाएं इसके निष्पादन में न केवल अधिक सक्षम होती हैं अपितु उनकी संरचनात्मकता उन्हें इस कार्य को अधिकारिक ढंग से करने की स्वतन्त्रता भी प्रदान करती है। इसलिए परिवर्तित परिस्थितियों में व्यवस्थापिकाएं हर राजनीतिक समाज में, विशेषकर खुले व प्रतियोगी समूह संरचनाओं वाले समाजों में, हित-स्वरूपीकरण का कार्य प्रभावी ढंग से निष्पादित करने की संस्थाएं बन गई हैं।

राजनीतिक समाजों में हित व मांगों का स्वरूपीकरण हो जाने के बाद व्यवस्था-

पिकाओं को ही इन हितों का समूहीकरण करना होता है। हित-समूहीकरण का तात्पर्य विभिन्न हितों व मांगों में सामंजस्य, उनका अनुकूलन और समाधान करने से है। व्यवस्थापिकाएं अनेक प्रकार से हित-समूहीकरण का कार्य निष्पादित करती है। इस काम में वे अनुनयन, समझौते, समझाने-बुझाने से लेकर, विधि निर्माण करके या अन्य प्रकार की धमकी देकर विविध हितों का समूहीकरण कर सकती हैं। सामान्यतया विधान मण्डल इस नाजुक काम को सावधानी से ही करते हैं। यह नीति का सामान्य व एक-सा अभिधायक (denominator) निश्चित करके अनेक मांगों व हितों को इससे पूरा करने का प्रयास करते हैं। यह अनेक मांगों को नर्म करके—भविष्य में उन्हें पूरा करने का वायदा करके या कुछ हितों में से प्रमुख को पूरा करके उग्र दबाव डालने वाली शक्तियों तक को ठंडा करने में सफल हो जाते हैं।

हित-स्वरूपीकरण व समूहीकरण की क्रिया व्यवस्थापिकाओं के अलावा अनेक संस्थाओं व संरचनाओं द्वारा भी निष्पादित की जा सकती है। कर्मचारी वर्गों, सेनाओं, धार्मिक संघों, प्रदर्शनों, दंगों, व्यवसायिक या नागरिक संघों द्वारा भी यह कार्य निष्पादित होता रहता है, किन्तु विधान मण्डलों को छोड़कर अन्य सभी संरचनात्मक व्यवस्थाओं का प्रमुख कार्य यह नहीं होता है। व्यवस्थापिकाओं का प्रतिनिधि रूप इनकी प्रभावकारिता में वृद्धि करता है तथा इनके पास कानून बनाने की शक्ति एक तरह से, सभी विधान मण्डलों को हित-स्वरूपीकरण व हित-समूहीकरण का अधिकारिक यंत्र बना देती है। यह कानून बनाकर समाज को बाध्य तक कर सकती है। व्यवस्थापिकाओं के पास अव-पीड़क शक्ति (coercive power) का होना मात्र इन्हें अनेक हितों में सामंजस्य स्थापना का प्रभावी साधन बना देता है। व्यवस्थापिकाएं जनता को निर्णय प्रक्रिया में अप्रत्यक्ष रूप से सहभागी बनाती हैं इससे इनकी हित-स्वरूपीकरण व हित-समूहीकरण की क्षमता में अभूतपूर्व वृद्धि हो जाती है। अतः अधिकांश लोकतान्त्रिक राजनीतिक समाजों में व्यवस्थापिकाएं इस कार्य का निष्पादन पूरी मुस्तैदी के साथ करती हुई दिखाई देती हैं।

(ग) राजनीतिक समाजीकरण व शिक्षण कार्य (Function of political socialization and education)—राष्ट्रीय विधान मण्डलों का एक व्यवस्थाई कार्य राजनीतिक समाजीकरण तथा जनता को राजनीतिक दृष्टि से शिक्षित करने का है। राजनीतिक समाजीकरण उन विधियों को कहा जाता है जिनसे कोई राजनीतिक व्यवस्था स्वयं से लोगों को प्रतिबद्ध रखती है या अपने प्रति अनुकूल रवैया अपनाने के लिए प्रेरित करते हुए अपने आपको बनाए रखती है। इस अर्थ में यह एक ऐसी क्रिया है जिसके द्वारा राजनीतिक व्यवस्था के बारे में लोगों की मान्यताएं, मूल्य, विश्वास तथा संवेग (emotions) वर्तमान और आगामी पीढ़ियों को प्रदान किए जाते हैं। यह जीवन की आरम्भिक अवस्था से शुरू होकर समाज की सभी संरचनात्मक व्यवस्थाओं के माध्यम से जीवनपर्यन्त चलती रहती है। यह प्रक्रिया प्रत्येक व्यक्ति के मानस में राजनीति की तस्वीर बनाती है और इस प्रकार बनी तस्वीर या मानसिक दृष्टिकोण के माध्यम से व्यक्ति राजनीतिक घटनाओं के प्रति अपनी प्रतिक्रिया व्यक्त करता है और राजनीतिक

समाज के साथ ही साथ राजनीतिक व्यवस्था के विभिन्न प्रकार के पर्यावरण सम्बन्धी प्रभावों का मूल्यांकन करता है। राजनीतिक समाजीकरण ही राजनीतिक व्यक्ति का निर्माण करके उसकी राजनीतिक मनोवृत्तियों तथा राजनीतिक मूल्यों का निर्धारण करता है।

राजनीतिक समाजीकरण की प्रक्रिया, राजनीतिक व्यवस्था की वैधता को बनाए रखने तथा व्यक्तियों को व्यवस्थाई परिवर्तन स्वीकार करने के लिए प्रेरित करने की अत्यधिक महत्त्वपूर्ण किन्तु नाजुक विधि है। यह प्रक्रिया सयोग से लेकर सुनियोजित ढंग तक से चल सकती है। समाजीकरण की इस प्रक्रिया में अनेक संस्थाओं का योगदान होता है और विधान मण्डल उनमें से एक है। हित-स्वरूपीकरण और हित-समूहीकरण की संस्थाओं में व्यवस्थापिकाओं का स्थान सर्वाधिक महत्त्व रखता है किन्तु राजनीतिक समाजीकरण प्रक्रिया में इनकी भूमिका से अधिक महत्त्वपूर्ण भूमिकाएं अन्य संस्थाओं की होती हैं। वैसे भी यह सामान्य बुद्धि से ही स्पष्ट है कि राजनीति के बारे में हमारी आधारभूत अभिवृत्तियां तथा भावनाएं, परिवार, पड़ोस, गांव, पाठशाला तथा धार्मिक संस्थाओं से ही अधिक निरूपित होती हैं। इन संस्थाओं से हमारा प्रारम्भिक समाजीकरण होता है जो आगे जाकर वयस्क अवस्था के समाजीकरण को बनी-बनाई वृत्तियां प्रदान करता है। इस तरह कुल मिलाकर राजनीतिक समाजीकरण की प्रक्रिया कोई विशिष्ट प्रक्रिया नहीं है। यह समाजीकरण की क्रिया का ही एक अंग है। हम इसको राजनीतिक समाजीकरण तब कहने लग जाते हैं जब समाज से प्राप्त वृत्तियों से व्यक्ति राजनीतिक व्यवस्था, प्रक्रिया और मूल्यों को नापने-तोलने लगता है। अतः राजनीतिक समाजीकरण भी इतनी व्यापक प्रक्रिया है कि इसको चाहे जितना खींचा-ताना जा सकता है। समाज में होने वाली हर बात के साथ इसका प्रत्यक्ष या अप्रत्यक्ष सम्बन्ध जोड़ा जा सकता है। संक्षेप में, राजनीतिक समाजीकरण राजनीति का जीवन के हर पहलू में प्रविष्ट हो जाना है।

सीमित अर्थों में राजनीतिक समाजीकरण ऐसी प्रक्रियाएं हैं जिनसे व्यक्तियों में, राजनीतिक मानकों, मूल्यों, राजनीतिक संस्थाओं तथा समाज में राजनीतिक पद-धारकों व राजनीतिक अभिनेताओं के बारे में बोध, अभिवृत्तियां तथा भावनाएं विकसित होती हैं। यही अभिवृत्तियां व भावनाएं व्यक्ति के राजनीतिक व्यवहार की नियामक तथा सार्वजनिक नीतियों के प्रति उसके दृष्टिकोण व उसकी प्रतिक्रिया का नियमन करती हैं। इस अर्थ में भी राजनीतिक समाजीकरण सब प्रकार की संस्थाओं तथा परिवेशों में होता रहता है किन्तु विभिन्न राजनीतिक संस्थाओं में व्यवस्थापिकाओं का स्थान कई कारणों से विशेष महत्त्व का हो जाता है। ला पालोम्बारा[18] ने राजनीतिक समाजीकरण में व्यवस्थापिकाओं के महत्त्वपूर्ण स्थान के लिए चार कारण उत्तरदायी माने हैं। यह कारण इस प्रकार हैं—

(1) व्यवस्थापिकाएं अपने अस्तित्व मात्र से यह विचार उत्पन्न करती हैं कि आम

[18]*Ibid.*, pp. 158-59.

जनता का उनसे प्रतिनिधित्व होता है। राजनीतिक व्यवस्था का इस बात से अधिक वैधीकरण और कोई विचार नहीं करता है कि शासक समाज के समूहों और हितों के प्रतिनिधि हैं। हर देश में नहीं तो भी, अधिकांश देशों में उप-संस्कृतियों से विभाजनकारी प्रवृत्तियों को प्रेरणा मिलती है। ऐसे समाजों में राष्ट्रीय व्यवस्थापिकाओं से बढ़कर और कोई संस्था जनता में यह भावना उत्पन्न नहीं कर सकती है कि "उनका अपना आदमी भी सरकार में है।" इस तरह प्रतिनिधि व्यवस्थापिकाएं निरंतर परस्पर विरोधी उप-संस्कृतियों को गलत ढंग का समाजीकरण करने से अवरोधित करती रहती हैं।

(2) व्यवस्थापिकाओं के माध्यम से कार्यपालिका के कार्यों का वैधीकरण भी हो जाता है। सामान्यतया व्यक्ति-समाज, व्यक्ति के स्थान पर नियमों द्वारा शासित होना पसंद करता है। वह कार्यपालिका के आदेशों व निर्देशों के बजाय व्यवस्थापिका के नियमों में अधिक आस्था रखते हैं, क्योंकि व्यवस्थापिका में उन्हें कार्यपालिका से अधिक 'अपनेपन' का बोध होता है। अतः राजनीतिक व्यवस्था के बारे में ज्ञानात्मक मानचित्रों (cognitive maps) के सही निर्माण, अर्थात सही समाजीकरण में अन्य संस्थाओं से अधिक प्रभावी भूमिका व्यवस्थापिकाओं की ही हो सकती है।

(3) व्यवस्थापिका विभिन्न भू-भागों, विविध हितों तथा समाज की अनेकताओं को एक स्थान पर मिलने का अवसर उपलब्ध कराती हैं। देश में अनेक प्रकार के विरोधाभाव, विविधताएं, अन्तर तथा हित होते हैं। व्यवस्थापिका इस सब का ऐसा मिलन-स्थल बन जाती है जहां अन्तःक्रिया से विधायक, समस्याओं के एक-से अर्थ खोजने, विरोधी विचारों को समझने के प्रयास करते हैं। इस तरह विधायक राजनीति में एकीकरण लाने का साधन बनकर समाजीकरण में विधान मण्डलों की भूमिका को प्रमुख बना देते हैं।

(4) व्यवस्थापिकाएं, विधायकों को विधायक की भूमिका निभाने का प्रशिक्षण देने का कार्य भी करती हैं। इसे 'भूमिका समाजीकरण' (role socialization) कह कर पुकारा जाता है। जब व्यवस्थापिकाओं के अधिक उग्र वामपंथी तथा क्रांतिकारी सदस्य व्यवस्थापिका में नियमानुकूल व्यवहार करने लगते हैं या ऐसा ही व्यवहार करने के लिए प्रेरित होते हैं तो यह प्रक्रिया स्वयं में समाज के नेताओं का ऐसा राजनीतिक समाजीकरण करने वाली बन जाती है कि वे 'राजनीति के खेल' के नियमों को स्वीकार ही नहीं करते, अपितु उनके अनुरूप आचरण तक करना शुरू कर देते हैं। इसका अर्थ यही है कि व्यवस्थापिकाओं के माध्यम से ऐसे व्यवस्था-विरोधी व्यक्ति भी व्यवस्था व इसके संचालक नियमों को व्यावहारिक रूप देने की प्रक्रिया में सम्मिलित होकर राजनीतिक दृष्टि से समाजीकृत हो जाते हैं।

इसी तरह, राष्ट्रीय विधान मण्डल राजनीतिक शिक्षा के भी महत्त्वपूर्ण उपकरण बन जाते हैं। व्यवस्थापिकाओं में होने वाले वाद-विवाद को समाचारपत्रों के माध्यम से जनता तक पहुंचने का अवसर मिल जाता है। जनता इसको पढ़ती है, उस पर विवाद करती है तथा इस प्रक्रिया में राष्ट्रीय मसलों के प्रति अधिक जागरूक व अधिक समझ

वाली बनने लगती है। इससे अगर आम जनता में नहीं तो भी कम से कम, अध्ययनशील व्यक्तियों में तो राजनीतिक सूझबूझ बढ़ने लगती है।

विधायक केवल विधायकों के ही सम्पर्क में नहीं आते हैं। इनका सम्पर्क हित समूहों के प्रतिनिधियों, दल के साथियों, निर्वाचकों तथा आम जनता से अनेक प्रकार से, विविध अवसरों तथा औपचारिक और अनौपचारिक ढंग से होता रहता है। इस तरह विधायक समाज के विविध घटकों तथा सरकार के बीच सम्प्रेषण कड़ियां (communication links) बनने के साथ ही साथ महत्त्वपूर्ण मुद्दों के मध्यस्थ, स्पष्टकर्त्ता, सुपरिष्कृत-कर्त्ता तथा उनको सुलझाने वाले बन जाते हैं। वे क्लिष्ट व्यवस्थापन मसलों को सरल बनाकर उन्हें जनता के समझने योग्य बना देते हैं। विधायक, जन शिक्षण का महत्त्वपूर्ण माध्यम केवल इस बात से ही बन जाता है कि वह अधिक से अधिक लोगों को राजनीतिक प्रक्रिया में सहभागी बनाकर राजनीति में सक्रिय कर देता है। विधायकों की यह भूमिका जनता के राजनीतिक शिक्षण की सबसे महत्त्वपूर्ण व्यवस्था कही जाए तो कोई अतिशयोक्ति नहीं होगी। अत: व्यवस्थापिका सभाओं का एक महत्त्वपूर्ण राजनीतिक या व्यवस्थाई कार्य राजनीतिक समाजीकरण व जनशिक्षण का है। आजकल की पेचीदा राजनीतिक व्यवस्थाओं में और कोई संरचनात्मक व्यवस्था यह कार्य करने की स्थिति में नहीं आ पाई है। अनेक संस्थाएं व व्यवस्थाएं इन कार्यों के निष्पादन में महत्त्वपूर्ण भूमिकाएं निभाती हैं, किन्तु व्यवस्थापिकाओं का योगदान अनोखा व वास्तविक है। यह सारे देश के भौगोलिक भागों, सब हितों, धर्मों, संस्कृतियों, पेशों और भाषाओं का मिलन मंच ही नहीं है। यह वैधता रखती है। यह शक्ति की धारक है। यह जनता की आकांक्षाओं की प्रतिबिम्बक है। लोगों के मूल्यों की रक्षक व समाज की धरोहर है। अत: व्यवस्थापिकाओं का हर राजनीतिक व्यवस्था में विशेष महत्त्व, विशेष भूमिका और प्रभाव आज भी बना हुआ है।

(घ) पर्यवेक्षण, संवीक्षण (छानबीन) व निगरानी के कार्य (Functions of supervision, scrutiny and surveillance)—ऐसा कहा जाता है कि अगर व्यवस्थापिकाएं कई कारणों व परिस्थितियों के कारण नियम-निर्माण, प्रतिनिधित्व, हित-स्वरूपीकरण व समूहीकरण, राजनीतिक समाजीकरण और जनशिक्षण का कार्य नहीं कर सकतीं तो भी कम से कम एक काम तो प्रभावशाली ढंग से निष्पादित करने की अवस्था में रहती ही हैं। व्यवस्थापिकाएं, नियम-निर्माण प्रक्रिया के कुछ पहलुओं का पर्यवेक्षण करने का कार्य तो कर ही सकती हैं। वे यह भी छानबीन कर सकती हैं कि यह कानून वास्तव में किस प्रकार क्रियान्वित किए जाते हैं? वे आम जनता की तरफ से सरकार पर निगरानी रखने वाले सर्वेक्षक (overseer) का कार्य करने के लिए औपचारिक अधिकारों के कारण मजबूर सी होती हैं।

विधायक, पेचीदा कानून निर्माण प्रक्रिया से अनभिज्ञ होने के कारण उदासीन हो जाएं तो यह समझ में आने वाली बात है, किन्तु नियम-निर्माण की प्रक्रिया का मोटा ज्ञान तो उससे अपेक्षित है ही। ऐसी अवस्था में आधुनिक विधायक और व्यवस्थापिकाएं, कार्यपालिकाओं को नियम-निर्माण की स्वीकृत विधियों का उल्लंघन करने से रोकने का प्रयत्न

अवश्य करती रही हैं। कानून बनाने में कार्यपालिका, दल के सहारे, उन पर महत्त्वपूर्ण सीमाएं लगाने में सफल हो जाती है पर कानून बनाने की भी तो सुनिश्चित विधि होती है। व्यवस्थापिकाएं इस प्रकार की विधि की अवहेलना को रोकने तथा मान्य विधि के अनुपालन का पर्यवेक्षण करने में अब भी समर्थ हैं तथा अधिकांश व्यवस्थापिकाएं यह कार्य पूरी मुस्तैदी के साथ करती आई हैं। संसदों की कार्यवाहियों में कार्यविधि सम्बन्धी झड़पें अक्सर सरकार व विपक्ष में होती रहती हैं। यहां तक कि इन विधियों के अनुपालनों के लिए व्यवस्थापिकाओं में हो-हंगामे व सदस्यों द्वारा धरनों तक का प्रयोग होता आया है।

कार्यपालिका कार्यों की छानबीन का काम काफी कठिन है। इसमें कठिनाई के तीन कारण हैं। एक तो कार्यपालिका ऐसी छानबीन से बचने के लिए दल का सुदृढ़ समर्थन रखती है। अत: व्यवस्थापिका कार्यपालिका के विरुद्ध बहुमत के अभाव में पंगु हो जाती है। दूसरे, कार्यपालिका नियमों को किस प्रकार क्रियान्वित करती है यह कार्य अपने आप में बहुत विशिष्ट होता है और प्रशासकों द्वारा क्रियान्वित होता है। अत: छानबीन के अवसर होते हुए भी व्यवहार में प्रयुक्त नहीं हो पाते हैं, क्योंकि विधायक इसके लिए आवश्यक विशेष ज्ञान ही नहीं रखते हैं। तीसरा कारण, छानबीन का कार्य दल राजनीति के दल-दल में फंसकर रह जाता है। इन सबसे यह अर्थ नहीं निकालना है कि व्यवस्थापिकाएं यह कार्य कर ही नहीं सकती हैं। वास्तव में 'जन-लेखा समितियों' (Public Accounts Committee), प्रश्नों व पूरक प्रश्नों, ध्यान आकर्षण प्रस्तावों, स्थगन व कटौती तथा निंदा-प्रस्तावों से व्यवस्थापिकाएं कार्यपालिका की पूरी-पूरी चौकसी रखती हैं, तथा इस कार्य में अनेक अड़चनों के बावजूद विधान मण्डल छानबीन का कार्य करते रहते हैं। अक्सर जांच आयोगों की नियुक्तियां इसी कार्य के लिए होती हैं। यद्यपि इस शक्ति का दुरुपयोग भी किया जाता है, फिर भी, व्यवस्थापिका द्वारा जांच या छानबीन का डर ही कार्यपालिका को सावधान रखता है। संसदीय प्रणालियों में ऐसी जांच की आवश्यकता ही नहीं पड़ती है, क्योंकि इन प्रणालियों में व्यवस्थापिका के नियंत्रण में ही कार्यपालिका को कार्य करना पड़ता है।

व्यवस्थापिकाओं की संरचना देश के रक्षक व पहरेदारों के रूप में की जाती है। इनको शासन अंगों की निगरानी रखनी होती है। ऐसी निगरानी रखने का इनके पास अधिकार होता है। यह देश की न्यायपालिका, कार्यपालिका व अन्य हर महत्त्वपूर्ण पदाधिकारी से जवाब-तलब करने का हक रखती हैं। यहां यह ध्यान रखना है कि न्यायपालिका से जवाब-तलब केवल कुछ विशिष्ट परिस्थितियों में अर्थात न्यायाधीशों द्वारा अपने अधिकारों का अतिक्रमण या देशद्रोह की अवस्था में ही किया जा सकता है। सामान्यतया इस जवाब-तलबी का माध्यम न्यायाधीशों पर महाभियोग लगाना होता है, किन्तु कार्यपालिका व प्रशासन की निगरानी रखने का कार्य तो सरलता से किया जा सकता है। व्यवस्थापिकाओं से इस बात की अपेक्षा भी की जाती है कि वे समाज की संरक्षक रहें और राजनीतिक व्यवस्था की हर संरचना की निगरानी इस तरह करें जिससे वह शक्तियों के दुरुपयोग से रोकी जा सके।

उपरोक्त विवेचन से स्पष्ट है कि व्यवस्थापिकाएं सरकारी कार्यों में इतनी प्रभावी नहीं रही हैं, किन्तु राजनीतिक कार्यों में उनका प्रभाव कम होने के बजाय बढ़ गया है। हम इसी अध्याय में पहले भी कह चुके हैं कि आधुनिक पेचीदा राजनीतिक व्यवस्थाओं में व्यवस्थापिकाओं के अलावा अन्य कोई संरचनात्मक व्यवस्था ऐसी हो ही नहीं सकती जो सम्पूर्ण राष्ट्र को एक सूत्र में बांधने का मंच बन सके। अतः निष्कर्ष में हम यही कहेंगे कि व्यवस्थापिकाएं राजनीतिक व्यवस्था सम्बन्धी कार्यों के निष्पादन में प्रभावी भूमिका निभाती हैं। व्यवस्थापिकाओं द्वारा 'ओमबड्समन' (Ombudsman) नामक संस्थाओं की स्थापना इस बात का सबूत है कि व्यवस्थापिकाएं नीति के क्रियान्वयन में निष्क्रिय पात्र या अभिनेता (actor) से कहीं अधिक सक्रियता की भूमिका निभाना चाहती है।

व्यवस्थापन प्रक्रिया
(LEGISLATIVE PROCESS)

व्यवस्थापन प्रक्रिया, नीति-निर्धारण की सम्पूर्ण प्रक्रिया का एक महत्त्वपूर्ण भाग है। व्यवस्थापिकाएं इसमें कितना प्रभाव रखती हैं इसके लिए हमें यह देखना होगा कि सार्वजनिक नीति का किसी समाज विशेष में निर्माण कैसे होता है? सार्वजनिक नीति निर्माण, सार्वजनिक संस्थाओं द्वारा समाज के लिए निर्णय लेने की प्रक्रिया है। यह इसका अत्यन्त सरल अर्थ है। हम इस अर्थ से इस अध्याय से सम्बन्धित विषय के कारण, आगे नहीं बढ़कर, नीति-निर्माण में विभिन्न चरणों का उल्लेख करते हुए, व्यवस्थापन प्रक्रिया से इसको सम्बन्धित करने का प्रयास करेंगे। किसी भी प्रकार की नीति-निर्माण प्रक्रिया में निम्नलिखित चरणों का समावेश होता है—

(1) किसी समस्या, स्थिति या मुद्दे पर सरकार द्वारा ध्यान देना।

(2) सम्बन्धित पक्षों से विचार-विमर्श और तथ्यों की खोजबीन व जांच करना।

(3) नीति-निर्माण करने वाली सार्वजनिक संस्थाओं द्वारा तथा मीतियों से सम्बन्धित पक्षों द्वारा वैकल्पिक नीतियों का प्रतिपादन करना।

(4) प्रस्तावित वैकल्पिक नीतियों पर सार्वजनिक विचार-विमर्श, जो सामान्यतया सरकारी संस्थाओं में संविधान व कानून द्वारा निर्धारित विधियों के अनुसार होता है, करना।

(5) विचार-विमर्श व विभिन्न वैकल्पिक नीतियों में से एक पर आधिकारिक निर्णय लेना।

(6) आधिकारिक नीति-निर्णय को क्रियान्वित करना।

(7) नीति क्रियान्वयन से उत्पन्न प्रति-संभरण और उसका भावी व्यवस्थापन पर प्रभाव।

नीति-निर्माण प्रक्रिया के उपरोक्त चरणों में अंतिम चरण जो नीति-क्रियान्वयन से उत्पन्न प्रति-संभरण का है काफी महत्त्व रखता है, क्योंकि किसी नीति के निर्माण में

सारी सावधानी के बावजूद कई ऐसे पहलू या तो विचार से छूट गये हो सकते हैं या सारी दूरदर्शिता के बावजूद नीति में महत्त्वपूर्ण कमियां रह सकती हैं। अतः प्रति-संभरण से कई बार नीति-निर्माण की प्रक्रिया पुनः शुरू हो सकती है।

किसी भी राजनीतिक व्यवस्था में, व्यवस्थापन प्रक्रिया का प्रमुख सम्बन्ध कानूनों के निर्माण अर्थात आधिकारिक निर्णयों के लेने से ही सम्बन्धित होता है। अतः हर देश की व्यवस्थापिकाएं, व्यवस्थापन प्रक्रिया में नीति-निर्माण का कार्य निष्पादित करते समय कई प्रकार से सक्रिय रहती हैं। इसको अगर दूसरे शब्दों में कहें, तो यह कहा जा सकता है कि व्यवस्थापन प्रक्रिया कई चरणों में से गुजरती है। यहां हम कानून निर्माण प्रक्रिया का सामान्य विश्लेषण ही प्रस्तुत कर रहे हैं। अलग-अलग व्यवस्थापिकाओं में इस सम्बन्ध में बारीकी के हेर-फेर हो सकते हैं किन्तु मोटे रूप से हर राजनीतिक व्यवस्था में व्यवस्थापन प्रक्रिया कुछ चरणों में होकर अवश्य गुजरती है। इस सम्बन्ध में पीटर मर्कल[19] ने निम्नलिखित चरणों का विशेष महत्त्व माना है—(क) समस्याओं का सरकारी ध्यान लेना : कानूनों की उत्पत्ति व पहल, (ख) विचार-विमर्श और तथ्यों की जांच, (ग) वैकल्पिक नीतियों का प्रतिपादन, (घ) व्यवस्थापिकाई विचार-विमर्श और (च) आधिकारिक निर्णय।

(क) समस्याओं का सरकारी ध्यान लेना : कानूनों की उत्पत्ति व पहल (Taking official notice of problems : origin and initiation of laws)—व्यवस्थापन प्रक्रिया में नीति-निर्माता मांग के रूप में आई कोई समस्या, मुद्दे या समाज की किसी स्थिति विशेष पर ध्यान देते हैं और अगर समस्या या मुद्दे पर परिस्थिति सम्बन्धी किसी नीति के निर्धारण को आवश्यक मानते हों तो सरकार या स्वयं विधायक उस पर कानून बनाने के लिए पहल करते हैं, जिससे उससे सम्बन्धित नीति का निर्माण करके समस्या या स्थिति का समाधान किया जा सके। ऐसे मुद्दे चुनावों के समय, संगठित हित समूहों, लोकमत के माध्यमों, राजनीतिक दलों या कार्यपालिका द्वारा व्यवस्थापिका के विचारार्थ रखे जा सकते हैं। मुद्दों के अभिज्ञान के उपरोक्त स्रोतों में से प्रमुख स्रोत कार्यपालिका ही होती है। दल से प्रभाव के कारण कार्यपालिका ही समस्याओं पर ध्यान देती है, वही कानूनों के प्रारूप तैयार कराती है और व्यवस्थाओं की छाप लगवाने के लिए प्रस्तुत करती है।

(ख) तथ्यों की जांच व विचार-विमर्श (Fact-finding and consultation)—व्यवस्थापन प्रक्रिया में तथ्यों की खोजबीन व विचार-विमर्श का कार्य तो इस प्रक्रिया के प्रारम्भ से लेकर अंत तक चलता रहता है, क्योंकि नये-नये तथ्य सामने आ सकते हैं। विचार-विमर्श के नये आयामों पर प्रकाश पड़ सकता है। इसलिए विचार-विमर्श की प्रक्रिया, व्यवस्थापन के सम्पूर्ण कार्य में अबाध गति से चलती रहती है। इसके लिए औपचारिक संस्थागत व्यवस्थाएं भी होती हैं। तथ्यों का संकलन करने के लिए समितियां

[19]Peter H. Merkl, *Political Continuity and Change*, New Delhi, Allied Publishers, 1975, pp. 218-238.

तक बनाई जाती हैं। अधिकांश पश्चिमी देशों में तो व्यवस्थापिकाओं के सदस्यों से गठित जांच समितियां नियुक्त की जाती हैं जो मुद्दे से सम्बन्धित सब पहलुओं और पक्षों से विचार-विमर्श करके अपनी रिपोर्ट देती हैं। राजनीतिक दल और दलों के माध्यम से हित व दबाव समूह भी इस सम्बन्ध में विपुल तथ्य व सामग्री व्यवस्थापिका के पास पहुंचाते रहते हैं। कुछ देशों में तो विधेयक विशिष्ट हितों का प्रतिनिधित्व करने वाले औपचारिक संगठनों के पुनरावलोकन या समीक्षा के बाद ही विधि निर्माण की अगली अवस्थाओं में प्रवेश पाता है। जर्मनी, जापान, फ्रांस, युगोस्लाविया इत्यादि देशों में ऐसे आर्थिक-सामाजिक और पेशेवर राष्ट्रीय संगठन होते हैं जो व्यवस्थापन प्रक्रिया में विचार-विमर्श व तथ्यों की जांच में आवश्यक सहायता की संरचनात्मक व्यवस्थाएं बन गये हैं। अतः हर व्यवस्थापिका, विधेयक के प्रस्ताव से सम्बन्धित विविध पहलुओं पर अनेक साधनों से तथ्य संकलित कराकर उनकी जांच व उन पर विचार-विमर्श करके ही विधेयक को व्यवस्थापन प्रक्रिया के आगे के चरण पर भेजती है।

(ग) **वैकल्पिक नीतियों का प्रतिपादन** (Formulation of alternative policies)—वैकल्पिक नीतियों का प्रतिपादन निश्चित स्तर पर ही किया जाता हो यह आवश्यक नहीं है। इनका प्रतिपादन निश्चित स्तरों पर मानना तो इस प्रक्रिया को निश्चित स्तरों से बांधने के समान है। वास्तव में नीति-निर्माण की प्रक्रिया के हर स्तर पर नीति विशेष के विकल्प आते रहते हैं। नीतियों से सम्बन्धित पक्ष बार-बार अपने हित की अधिकतम सुरक्षा करने के लिए नये-नये विकल्प प्रस्तुत करते रहते हैं। सामान्यतया ऐसा होता है कि एक विकल्प जब कार्यपालिका या व्यवस्थापिका को स्वीकार नहीं होता तो दूसरा, तीसरा विकल्प आता है और यह क्रम तब तक चलता रहता है जब तक सम्बन्धित मुद्दे पर आधिकारिक निर्णय नहीं कर लिया जाए अर्थात उस पर कानून नहीं बन जाए। अनेक बार कानून बनने के बाद भी असंतुष्ट समूह अपना आन्दोलन जारी रखते हैं और प्रति-संभरण से कई बार सारी प्रक्रिया पुनः आरम्भ करने के लिए दबाव डाले जाते हैं। कई कानूनों का बाद में संशोधन इसी बात की पुष्टि करता है। अतः वैकल्पिक नीतियों का प्रतिपादन व्यवस्थापन प्रक्रिया में निरन्तर चलता रहता है। नीतियों से सम्बन्धित पक्ष यह कार्य करते हैं।

(घ) **व्यवस्थापिकाई विचार-विमर्श** (Legislative deliberations)—विभिन्न वैकल्पिक नीतियों में से लम्बे उतार-चढ़ाव के बाद एक का चयन होता है। इस तरह चुना गया नीति सम्बन्धी प्रस्ताव अब विधेयक के प्रारूप के रूप में व्यवस्थापिका में आता है। विधान मण्डलों में विधेयकों पर विचार-विमर्श की सुस्थापित प्रक्रियाएं और अनेक स्तर होते हैं जिनमें विचार-विमर्श होते-होते, विधेयक धीरे-धीरे एक स्तर से दूसरे स्तर तक पहुंचता है। इस विचार-विमर्श में व्यवस्थापिका में प्रतिनिधित्व प्राप्त दलों की आपसी मुठभेड़ तक हो सकती है तथा दोनों तरफ से तर्क-वितर्क दिए जाते हैं, क्योंकि इसी स्तर से विचार-विमर्श के बाद, विधेयक पर अंतिम निर्णय की स्थिति आती है। अंतिम निर्णय के चरण से पहले के इस विचार-विमर्श के समय व्यवस्थापिकओं के पास इन विधेयकों पर बारीकी से विचार-विमर्श करने के लिए गठित की गई विधायी समितियों

की रिपोर्ट भी होती है। इस स्तर पर स्वयं कार्यपालिका के समर्थक सदस्य या सम्बन्धित हित समूहों के समर्थक, बहुत सक्रिय रहते हैं। विधेयक के सिद्धान्तों से लेकर छोटी से छोटी बात पर बारीकी से बहस होती है और एक अवधि के बाद विधेयक अंतिम निर्णय के लिए प्रस्तुत कर दिया जाता है।

(च) आधिकारिक निर्णय (Authoritative decision)—यह नीति-निर्माण प्रक्रिया की व्यवस्थापिकाई भूमिका का अंतिम और औपचारिक चरण है। यह किस प्रकार सम्पन्न होगा इसकी संविधानों में ही विस्तृत व्यवस्था रहती है। जैसे विधेयक एक सदन से पारित होकर दूसरे सदन में जाता है, वहां पर पारित होकर राज्य के अध्यक्ष के हस्ताक्षरों के लिए जाता है, तथा राज्य के अध्यक्ष की स्वीकृति के बाद ही वह आधिकारिक निर्णय अर्थात कानून बनता है। यहां भी कई पेचीदगियां आ सकती हैं। दोनों सदन सहमत न होने पर अन्य प्रक्रियाओं का प्रयोग होता है। इसके लिए भी अलग-अलग राज्यों में अलग-अलग व्यवस्थाएं होती हैं। राज्य के अध्यक्ष के द्वारा स्वीकृति कहीं केवल मात्र औपचारिकता होती है तो कहीं यह वास्तविकता हो सकती है। यह विधेयक को अस्वीकार भी कर सकता है। किन्तु हर परिस्थिति में आधिकारिक निर्णय आवश्यक हो जाता है। यह नकारात्मक और सकारात्मक दोनों ही रूपों में किसी भी रूप में हो सकता है।

इस प्रकार, व्यवस्थापन प्रक्रिया इतनी जटिल है कि इसमें व्यवस्थापिका ही नहीं, सम्पूर्ण राजनीतिक व्यवस्था की विविध संरचनाएं प्रत्यक्ष या अप्रत्यक्ष रूप से उलझी रहती हैं। ऊपर से देखने पर तो लगता है कि व्यवस्थापिका में यह प्रक्रिया अत्यन्त साधारण रीति से पूरी हो जाती है, परन्तु वास्तव में यह हर राजनीतिक व्यवस्था में सर्वाधिक महत्त्व की प्रक्रिया होती है और एक तरह से सम्पूर्ण राजनीतिक व्यवस्था इसमें प्रत्यक्ष या अप्रत्यक्ष रूप से उलझ जाती है। इसका प्रमुख कारण, सार्वजनिक नीतियों का सम्पूर्ण समाज पर प्रभावी होना है। गहराई से देखने पर स्पष्ट हो जाता है कि व्यवस्थापन प्रक्रिया, व्यवस्थापिकाओं में केवल औपचारिक रूप से ही चलती है। वर्तमान समय में वास्तविक व्यवस्थापन कार्य सम्बन्धी सब निर्णय व्यवस्थापिका से बाहर कार्यपालिका के आदेशों के अनुसार ही लिए जाते हैं, परन्तु यह हर देश की परिस्थितियों व व्यवस्थापिका में दलों की स्थिति के तथ्यों पर निर्भर करता है। इसलिए ऐसा सामान्यीकरण निकालना कि व्यवस्थापन प्रक्रिया में सभी व्यवस्थापिकाएं केवल औपचारिक भूमिका अदा करती हैं सही नहीं होगा। अनेक देशों में व्यवस्थापिकाएं इस प्रक्रिया में निर्णायक भूमिका अदा करती हैं। अमरीका की कांग्रेस इसका एक उदाहरण कही जा सकती है।

व्यवस्थापिकाओं की राजनीतिक प्रक्रिया की भूमिका
(ROLE OF LEGISLATURES IN THE POLITICAL PROCESS)

व्यवस्थापिकाओं की राजनीतिक प्रक्रिया में भूमिका अनेक बातों पर निर्भर करती है।

व्यवस्थापिका किस प्रकार के कार्य करती है या कर सकती है तथा इसके कार्यों के कौन-कौन से नियामक तथ्य होते हैं इस बात पर विचारकों में भी गम्भीर मतभेद है। यद्यपि किसी न किसी रूप में व्यवस्थापिकाएं अधिकांश राज्यों में पाई जाती हैं, किन्तु फिर भी अनेक देशों में इनकी कोई प्रभावी भूमिका नहीं रहती है। ऐसे देशों में व्यवस्थापिकाएं केवल दिखावा मात्र होती हैं। सामान्यतया हर देश में व्यवस्थापिकाएं समय-समय पर अधिवेशनों में आहूत होती रहती हैं और भिन्न-भिन्न प्रकार के कार्य व भूमिकाएं निभाती हैं, किन्तु इनकी भूमिका व कार्य हर राजनीतिक व्यवस्था में अलग-अलग प्रकार के होते हैं। अतः व्यवस्थापिकाओं की भूमिका को राजनीतिक व्यवस्था की प्रकृति के संदर्भ में ही समझा जा सकता है। इसलिए इनकी राजनीतिक प्रक्रिया में भूमिका को अलग-अलग व्यवस्थाओं में विवेचित करना तर्कसंगत होगा। मोटे रूप से राजनीतिक व्यवस्थाओं के चार प्रतिमान माने जा सकते हैं—(1) संवैधानिक या लोकतान्त्रिक राजनीतिक व्यवस्थाएं, (2) स्वेच्छाचारी राजनीतिक व्यवस्थाएं, (3) सर्वाधिकारी राजनीतिक व्यवस्थाएं, और (4) विकासशील देशों की राजनीतिक व्यवस्थाएं।

यहां पर विकासशील देशों के अलग प्रवर्ग पर अनेक विचारक आपत्ति उठा सकते हैं, क्योंकि इनको अलग श्रेणी में रखना तर्कसम्मत नहीं लगता। फिर भी हमने इनका अलग प्रवर्ग केवल इसलिए किया है जिससे इन देशों में व्यवस्थापिकाओं की भूमिका की विशेषताओं का विस्तृत विवेचन किया जा सके। कई विकासशील राज्य ऐसे हैं जिनमें हम उपरोक्त तीन मॉडलों से अलग व विचित्र विलक्षणताएं परिलक्षित पाते हैं। इसी कारण इनकी अलग श्रेणी बनाकर इन देशों की व्यवस्थापिकाओं की भूमिका का वर्णन करना तर्कसम्मत नहीं होते हुए भी व्यावहारिक दृष्टि से अधिक उपयोगी माना जा सकता है।

इन चारों प्रतिमानों में व्यवस्थापिकाओं की भूमिका में वैसे तो कोई मौलिक अन्तर नहीं होता है फिर भी इनमें काफी विभिन्नताएं पाई जाती हैं, अतः इनका पृथक-पृथक विवेचन करना ही अधिक वैज्ञानिक व व्यवस्थित होगा।

व्यवस्थापिकाओं की संवैधानिक देशों में भूमिका (Role of Legislatures in Constitutional Countries)

लोकतांत्रिक राज्यों में व्यवस्थापिकाएं प्रमुखतया राजनीतिक व्यवस्था के निवेशों (inputs), निर्गतों (outputs) तथा प्रति-संभरण (feedback) के बीच सम्प्रेषक का कार्य करती हैं। दलीय अनुशासन के कारण नियम-निर्माण में इनकी भूमिका इतनी कम हो गई है कि इस सम्बन्ध में यह केवल औपचारिकता ही निभाती है। इस भूमिका को ब्लोन्डेल[20] ने चित्र 14.2 के आधार पर समझाने का प्रयास किया है।

चित्र 14.2 से स्पष्ट है कि संवैधानिक शासन व्यवस्थाओं में भी व्यवस्थापिकाओं की विधि निर्माण में भूमिका बहुत कम रहती है। इस चित्र से स्पष्ट है कि अधिकांश

[20]Jean Blondel, *op. cit.*, p. 80.

व्यवस्थापिकाएं 5 से 15 प्रतिशत तक ही विधि निर्माण में सक्रिय रहती हैं तथा यह भी 30-35 देशों के बारे में ही सही है। बाकी व्यवस्थाओं में यह कार्य कार्यपालिका या अन्य संरचनाओं द्वारा किया जाता है।

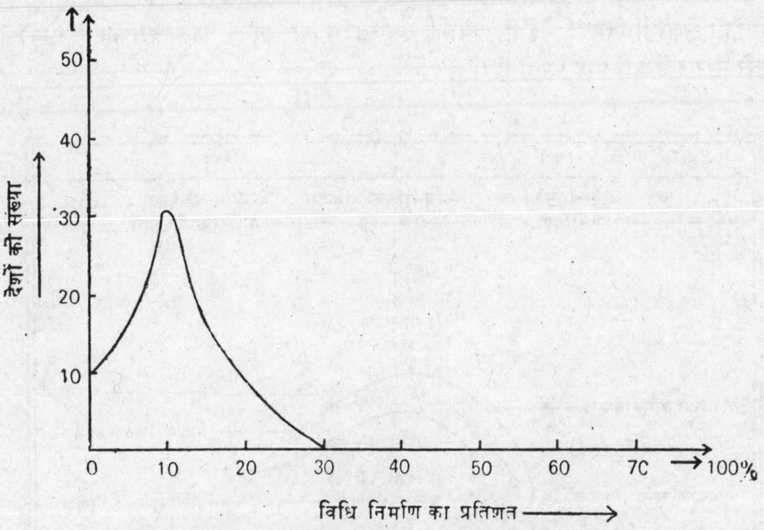

चित्र 14.2. व्यवस्थापिकाओं की नियम-निर्माण में भूमिका

व्यवस्थापिकाओं की राजनीतिक प्रक्रिया में भी भूमिका कम होने लगी है। ब्लोन्डेल तो इसको बहुत ही कम मानता है। उसके अनुसार व्यवस्थापिकाएं राजनीतिक प्रक्रिया में चार प्रकार से सक्रिय हो सकती हैं—

(1) कार्यपालिका पर कानून बनाने के लिए दबाव डालकर।

(2) कार्यपालिका द्वारा प्रस्तावित नियमों पर विचार-विमर्श और वाद-विवाद करके या उनको स्वीकार या अस्वीकार करके।

(3) विधायकों द्वारा रखे गये विधेयकों व प्रस्तावों पर वाद-विवाद करके, और

(4) नियमों के क्रियान्वयन की जांच, संवीक्षण या छानबीन करके।

व्यवस्थापिकाओं का राजनीतिक प्रक्रिया में सम्मिलित रहना अनिवार्य है पर यह बहुत सीमित ही रहता है। इनकी भूमिका चित्र 14.3 में चित्रित की गयी है।

चित्र 14.3 में व्यवस्थापिका की राजनीतिक प्रक्रिया में भूमिका का चित्रण उसके कार्यों का आधार लेकर किया गया है। व्यवस्थापिका की राजनीतिक भूमिका 'क' क्षेत्र में दिखाई गई है तथा सरकारी या संवैधानिक कार्यों सम्बन्धी भूमिका 'ख' क्षेत्र में दिखाई गई है। इस तरह, व्यवस्थापिका की राजनीतिक प्रक्रिया में भूमिका को दो अलग-अलग प्रकार के कार्यों के आधार पर स्पष्ट किया गया है। इस चित्र में व्यवस्था-

पिका को राजनीतिक व्यवस्था के बीच में चित्रित किया है तथा उसके आकार की स्थान विशेष पर चौड़ाई उसके स्थान सम्बन्धी कार्य का स्पष्टीकरण करती है। जैसे नियम-अधिनिर्णय के बिन्दु पर इसकी चौड़ाई बिलकुल नहीं होना इस बात का संकेत है कि व्यवस्थापिकाएं, नियम-अधिनिर्णय में नगण्य भूमिका ही निभाती हैं। इसी तरह, मांगों के रूपान्तरण कार्य में व्यवस्थापिका की भूमिका राजनीतिक तथा सरकारी या शासनिक दोनों ही क्षेत्रों में दिखाई गई है, क्योंकि रूपान्तरण का कार्य, व्यवस्थापिकाएं, दोनों ही क्षेत्रों में करती हुई पाई जाती हैं।

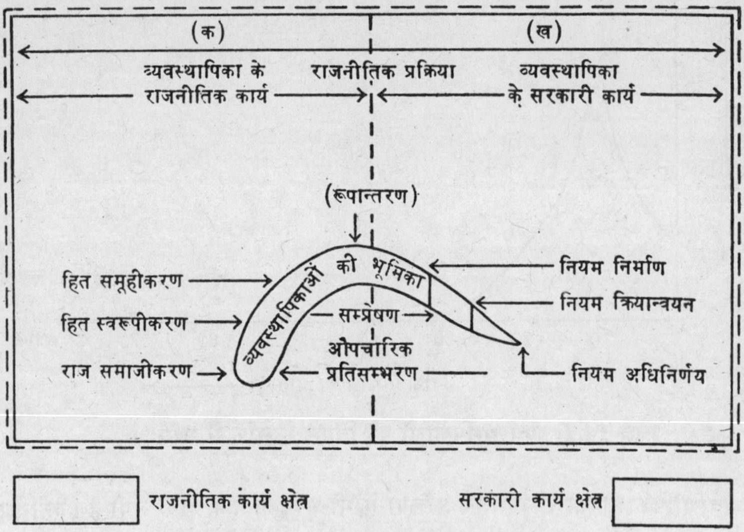

व्यवस्थापिकाओं की राजनीतिक प्रक्रिया में भूमिका

चित्र 14.3

चित्र 14.4 में मुख्यतया यह तथ्य दर्शाने का प्रयास किया गया है कि व्यवस्थापिकाओं के राजनीतिक या व्यवस्थाई कार्य व भूमिका अभी भी अधिक और वास्तविक हैं जबकि उनकी सरकारी या शासनिक भूमिका कम व औपचारिक ही रह गई है। इस सम्बन्ध में ब्लोन्डेल से सहमत होना कठिन है क्योंकि उसके अनुसार व्यवस्थापिकाएं राजनीतिक से कहीं अधिक सरकारी कार्यों में प्रभावी भूमिका निभाती हैं। उपरोक्त चित्र में राजनीतिक कार्यों के क्षेत्र में व्यवस्थापिका के आकार की चौड़ाई से यह स्पष्ट करने का प्रयास किया गया है कि व्यवस्थापिकाएं आधुनिक युग की पेचीदा परिस्थितियों में यही काम प्रभावी ढंग से करने वाली संरचनाएं रह गई हैं। इनके सरकारी या शासनिक काम तो दलों के माध्यम से कार्यपालिकाओं के हाथों में आ गए हैं और व्यवस्थापिकाएं केवल मात्र 'रबड़ की मोहरें' बनकर रह गई हैं। सम्प्रेषण के क्षेत्र में तो व्यवस्थापिकाओं की भूमिका सम्पूर्ण राजनीतिक व्यवस्था में व्याप्त रहती है, परन्तु

इनका प्रतिसम्भरण सम्बन्धी कार्य अब औपचारिक ही अधिक है, क्योंकि यह कार्य अन्य संस्थाओं जैसे राजनीतिक दलों, दबाव-समूहों और हित-समूहों के द्वारा निष्पादित होने लगा है।

ला पालोम्बारा[21] की मान्यता है कि आधुनिक व्यवस्थापिकाओं की कार्यात्मक निष्पादनता (functional performance) कई बातों पर निर्भर करती है। उसने पर्यावरणी व राजनीतिक परिवर्त्यों के अलावा स्वयं व्यवस्थापिकाओं की संरचना और व्यवस्थापन प्रक्रिया की प्रकृति को इनकी सक्रियता की नियामक माना है। उसने व्यवस्थापिकाओं की कार्यात्मक निष्पादनता के विभिन्न नियामकों को चित्र 14.4 में इस प्रकार चित्रित किया है।

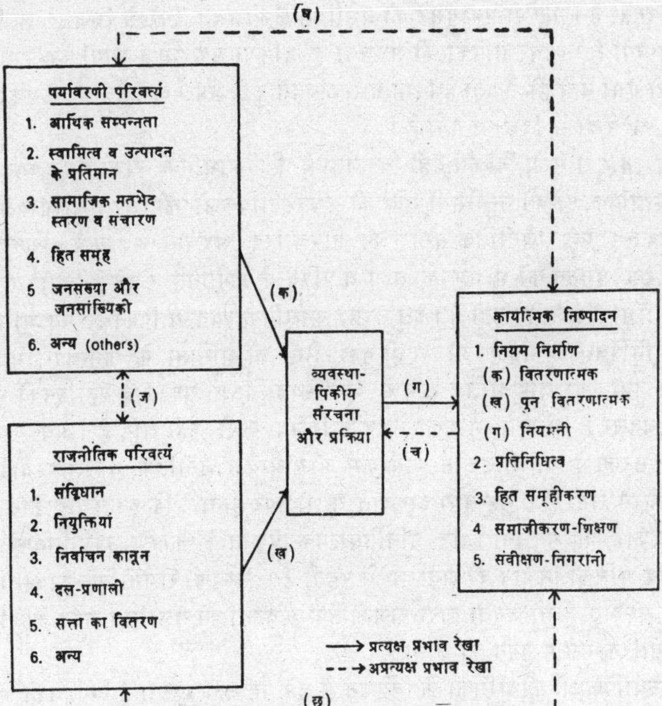

चित्र 14.4. पर्यावरणी और राजनीतिक परिवर्त्यों, व्यवस्थापन प्रक्रिया और व्यवस्थापिकाओं के कार्यालय निष्पादनता का ला पालोम्बारा द्वारा दिया गया मॉडल

चित्र 14.4 में यह स्पष्ट किया गया है कि व्यवस्थापिकाओं की कार्यात्मक उत्पादनता

[21] Joseph La Palombara, *op. cit.*, p. 172.

व उनकी राजनीतिक प्रक्रिया में भूमिका पर पर्यावरणी और राजनीतिक परिवर्त्यों का प्रत्यक्ष और अप्रत्यक्ष प्रभाव पड़ता है। चित्र में 'क' और 'ख' रेखा इनके प्रत्यक्ष प्रभाव का अंकन करती है। इनसे व्यवस्थापिका की संरचना और प्रक्रिया पर प्रभाव ही नहीं पड़ता, अपितु इनसे व्यवस्थापिकाओं की संरचनाएं तथा व्यवस्थापन प्रक्रियाएं भी नियमित होती हैं। इनका व्यवस्थापिकाओं की कार्यात्मक निष्पादनता पर पड़ने वाला प्रत्यक्ष प्रभाव 'ग' रेखा से दिखाया गया है। पर्यावरणी परिवर्त्य व्यवस्थापिकाओं के कार्यात्मक निष्पादन से भी प्रभावित होते हैं। इसे 'घ' रेखा से दिखाया गया है। इसी तरह व्यवस्थापिकाओं के कार्यात्मक निष्पादनों से राजनीतिक परिवर्त्य भी प्रभावित होते हैं। इसे चित्र में 'छ' रेखा से दिखाया गया है। यह प्रभाव अप्रत्यक्ष प्रकार के ही हो सकते हैं। पर्यावरणी परिवर्त्यों और राजनीतिक परिवर्त्यों के बीच भी अप्रत्यक्ष पारस्परिकता रहती है। यह भी एक दूसरे को प्रभावित करते रहते हैं। इसे चित्र में 'ज' रेखा से दिखाया गया है। व्यवस्थापिका की संरचना व प्रक्रिया पर इसके कार्यों का प्रभाव नहीं पड़ता हो ऐसा नहीं हो सकता है। यह प्रभाव बहुत कुछ अप्रत्यक्ष होता है, इसको रेखा-चित्र में 'च' रेखा से दिखाया गया है।

चित्र 14.4 से मुख्य निष्कर्ष यही निकलता है कि आधुनिक राजनीतिक व्यवस्थाओं में व्यवस्थापिकाओं को उन्नीसवीं सदी की व्यवस्थापिकओं की तरह अलग-थलग नहीं मान सकते। यह राजनीतिक समाज की औपचारिक संरचना अवश्य है, किन्तु इसके औपचारिक संगठन को भी अनेक तथ्य व परिवर्त्य प्रभावित करते हैं तथा यह स्वयं उन पर प्रभाव डालती रहती है। इस तरह, आधुनिक व्यवस्थापिकाओं की भूमिका न केवल सुनिश्चित रह गई है और न ही कुछ लोगों की मान्यता के अनुसार समाप्त हो गई है। जहां कहीं लोकतांत्रिक ढंग से व्यवस्थित विधान मण्डल है वहां इनकी भूमिका का रूप बदला है, अन्यथा भूमिका में कोई विशेष कमी नहीं आई है। अब व्यवस्थापिकाएं सरकारी या शासकीय कार्य कम और अन्य राजनीतिक या व्यवस्थाई कार्य अधिक करने लगी हैं। यह तथ्य इस बात से भी पुष्ट होता है कि व्यवस्थापिकाएं अपनी विशेष प्रकार की संरचना और प्रतिनिधात्मक प्रकृति के कारण राजनीतिक प्रक्रिया में केन्द्रीय भूमिका निभाने की अवस्था में रहती हैं। सम्पूर्ण राजनीतिक व्यवस्था में ये ही ऐसी संस्थाएं हैं जो जनता द्वारा राजनीतिक व्यवस्था को संचालित करने के अधिकार से औपचारिक रूप में युक्त की जाती हैं।

व्यवस्थापिकाओं की भूमिका के विवेचन में हमें यह नहीं भूलना है कि इनकी भूमिका के नियामकों द्वारा खींची गई परिधि में ही यह कार्य कर सकती है। इसमें कई नियामक सम्मिलित रहते हैं जिनको ला पालोम्बारा[22] ने चित्र 14.4 द्वारा स्पष्ट किया है।

व्यवस्थापिका की भूमिका के नियामकों का यह चित्र 14.4 अपने आप में बहुत कुछ स्पष्ट है, किन्तु इस सम्बन्ध में कुछ तथ्य ऐसे हैं जिनकी चर्चा करना आवश्यक है। एक बात तो यह है कि किसी राजनीतिक व्यवस्था में व्यवस्थापिका की भूमिका के इतने

[22] *Ibid*, p. 183.

नियामक हो सकते हैं कि सब परिवर्त्यों की सूची बना सकना सम्भव ही नहीं है। राजनीतिक संस्थाएं दल, विधायकों के व्यक्तिगत लक्षण, राजनीतिक अनुभव और निर्वाचन क्षेत्र की प्रकृति के अलावा राजनीतिक व्यवस्था में असंख्य आर्थिक, सामाजिक, धार्मिक सांस्कृतिक, प्रादेशिक, जातीय और देश से बाहर के वातावरण से सम्बन्धित परिवर्त्य होते हैं जिनका व्यवस्थापिका की भूमिका पर प्रभाव पड़ता है।

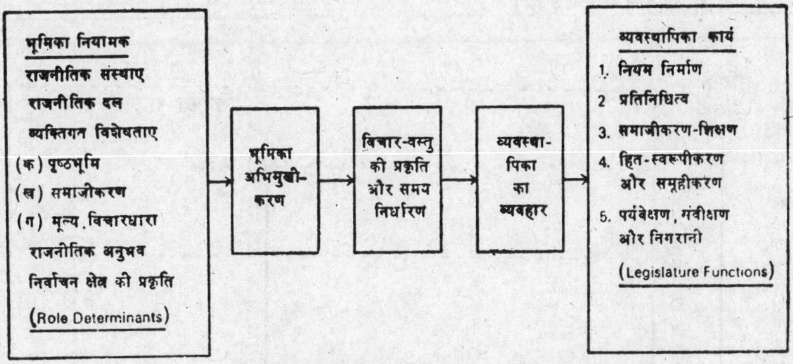

चित्र 14.5. व्यवस्थापिका कार्यों से सम्बन्धित व्यवहार, भूमिका अभिमुखीकरण एवं नियामक

राजनीतिक समाज स्वयं व्यवस्थापिका की भूमिका के बारे में क्या मत, विचार या अभिमुखीकरण रखता है तथा नीति सम्बन्धी विचार वस्तु की प्रकृति और समय निर्धारण किस प्रकार किया गया है यह सब तथ्य, व्यवस्थापिका-व्यवहार को प्रभावित करते हैं। यह सब परिवर्त्य विधान मण्डल के कार्यात्मक निष्पादनों के महत्त्वपूर्ण नियामक हो जाते हैं। अतः लोकतान्त्रिक राज्यों में व्यवस्थापिकाओं की भूमिका बहुत ही पेचीदा तथा एक-दूसरे से उलझे हुए परिवर्त्यों द्वारा नियमित होती है।

व्यवस्थापिका की भूमिका, कार्यपालिका के प्रभुत्व पर भी बहुत निर्भर करती है। ब्लोन्डेल[23] ने इन दोनों के प्रभाव की सापेक्षता को चित्र 14.6 के अनुसार स्पष्ट किया है।

चित्र 14.6 से स्पष्ट है कि व्यवस्थापिका का प्रभाव संसदीय और अध्यक्षात्मक प्रणालियों में भी भिन्न-भिन्न प्रकार का हो जाता है। जिस अनुपात में कार्यपालिका व व्यवस्थापिका का सम्बन्ध कम या अधिक होगा उसी आधार पर व्यवस्थापिका का प्रभाव कम या अधिक हो जाएगा। अगर उपरोक्त ग्राफ में से सोवियत रूस का उदाहरण निकाल दें तो इसे समझना सरल हो जाता है। अमरीका में शक्तियों का पृथक्करण है अतः कार्यपालिका और व्यवस्थापिका दोनों का प्रभाव सर्वाधिक है। ब्रिटेन में द्विदलीय व्यवस्था के कारण कार्यपालिका व संसद दोनों का ही संतुलित प्रभाव है, किन्तु भारत में विरोध

[23]Jean Blondel, *An Introduction to Comparative Government*, London Weldenfold, 1969, p. 433.

का अप्रभावी होना कार्यपालिका को अधिक शक्ति सम्पन्न बना देता है और उसी अनुपात में व्यवस्थापिका का प्रभाव कम हो जाता है। सोवियत रूस में दल के कारण कार्यपालिका भी उतनी प्रभावी नहीं होती जितनी भारत या अमरीका में होती है। यहां सत्ता साम्यवादी दल में केन्द्रित होने के कारण कार्यपालिका तथा व्यवस्थापिका की शक्तियां विशेष रूप से केवल औपचारिकता प्राप्त कर लेती हैं। किन्तु कार्यपालिका में दल के प्रमुख नेताओं के होने के कारण कार्यपालिका सत्ता की 'एक्सिस' (axis) पर काफी आगे अंकित की गई है।

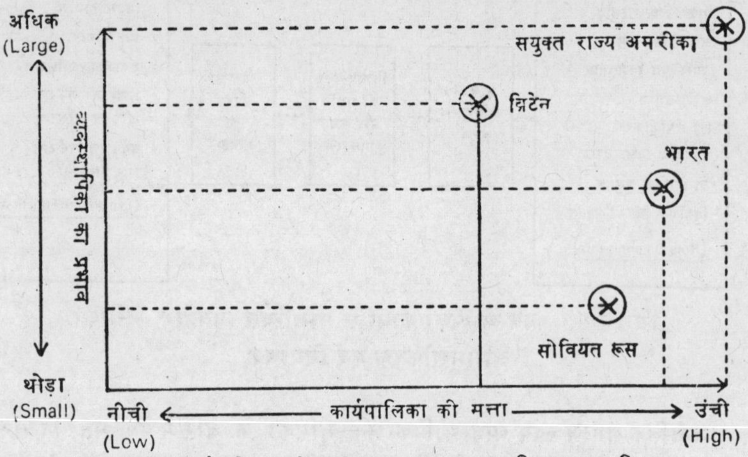

कार्यपालिका की स्वतन्त्र सत्ता व व्यवस्थापिका प्रभाव चित्र

चित्र 14.6

अतः व्यवस्थापिकाओं की भूमिका के नियामकों में शासनतन्त्र की प्रकृति व प्रकार भी प्रमुख नियामक बन जाता है। फ्रांस या स्विट्ज़रलैण्ड में स्थिति और भी जटिल है। अतः वहां की कार्यपालिकाओं के सत्ता के प्रभाव को उपरोक्त ग्राफ में अंकित नहीं किया गया है।

व्यवस्थापिकाओं की भूमिका को लेकर हमने जो विस्तृत चर्चा की है उसमें अनेक मुद्दे, भूमिका के नियामकों तथा अन्य संरचनात्मक बातों के प्रश्न उठाए गए हैं। किन्तु हमने सुनिश्चित रूप से यह निष्कर्ष नहीं निकाला है कि इनकी क्या भूमिका रहती है? अतः निष्कर्ष में हम व्यवस्थापिकाओं की मुख्य भूमिकाओं को जो वे संवैधानिक राज्यों में निष्पादित करती हैं, विवेचित करेंगे। यह हम देख ही चुके हैं कि बीसवीं सदी में व्यवस्थापिकाएं न तो नीति की पहल करती हैं और न ही वे नीति को निर्मित करने में कोई विशेष भूमिका निभाती हैं, किन्तु ब्रिटेन की संसद आज भी आदर की संस्था बनी हुई है। 26 जून 1975 से पहले भारत की संसद भी सारे देश के ध्यान का केन्द्र तथा राजनीतिक विवादों का प्रमुख आकर्षण रहती थी। यदा-कदा अमरीका की कांग्रेस

(संसद) भी राजनीति का वास्तविक अखाड़ा बनी रहती है। यहां तक कि रूस में सुप्रीम सोवियत के चुनावों व इसकी गतिविधियों का जो प्रचार होता है उससे कम से कम एक बात तो स्पष्ट हो ही जाती है कि शक्तिहीन से शक्तिहीन व्यवस्थापिकाएं भी कुछ न कुछ भूमिका हर राजनीतिक व्यवस्था में अनिवार्यतः निभाती हैं। अगर व्यवस्थापिकाएं कुछ भूमिका निष्पादित करने वाले निकाय नहीं होते तो कम से कम तानाशाही व्यवस्थाओं में इनकी स्थापना की व्यवस्थाएं नहीं की जातीं। इनकी उपयोगी भूमिका का एक महत्त्वपूर्ण संकेत यह भी कहा जा सकता है कि जिस किसी राजनीतिक व्यवस्था में तानाशाहों या लोकतान्त्रिक शासकों द्वारा व्यवस्थापिकाएं समाप्त कर दी जाती हैं वहां इनकी पुनः स्थापना के लिए मात्र आवाज ही नहीं उठाई जाती अपितु आन्दोलन तक किए जाते हैं जो कभी-कभी क्रांति के कगार तक पहुंच जाते हैं। इससे यह स्पष्ट है कि व्यवस्थापिकाओं की हर राजनीतिक व्यवस्था में कम या अधिक भूमिका अवश्य रहती है। यहां हम केवल लोकतान्त्रिक देशों में इनकी भूमिका का संक्षिप्त विवेचन कर रहे हैं।

(क) वैधीकरण की भूमिका (Role of legitimizing)—व्यवस्थापिका का होना मात्र राजनीतिक सत्ताधारकों को वैधता प्रदान कर देता है। व्यवस्थापिका दिखाने के लिए है या वास्तविक कार्य करने की संस्था के रूप में बनी रहती है इससे आम जनता का अधिक सरोकार नहीं होता है। व्यवस्थापिका का होना, चुनानों का कर्मकाण्ड (ritualism) और मतदाता को समय-समय पर मत देने का अधिकार मात्र शासकों को वैध रूप से सत्ता के धारक बना देता है। व्यवस्थापिकाएं शासन को वैध बनाने का एक मात्र साधन होने के कारण इनकी यह भूमिका अत्यन्त महत्त्व की होती है। यही कारण है कि हर तानाशाह सत्ता हथियाते ही किसी न किसी प्रकार की व्यवस्थापिका की स्थापना के लिए चुनाव कराने की घोषणा करता है। अक्तूबर 1976 में थाइलैण्ड में सत्ता हथियाने वाले सैनिक शासकों ने दो हफ्तों के भीतर-भीतर आम चुनाव कराने की घोषणा की थी। इससे यह बात स्पष्ट है कि शासकीय शक्ति के वैधीकरण के लिए व्यवस्थापिकाओं के गठन के अलावा और कोई कारगर माध्यम अभी तक मानव मस्तिष्क सृजित नहीं कर पाया है। यही कारण है कि रूस में एकाधिकारी सत्ता का उपयोग करने वाला साम्यवादी दल सुप्रीम सोवियत को रूस की राज्य सत्ता का उच्चतम अंग कहने में विशेष गर्व करता है। अतः व्यवस्थापिकाओं की गिरती हुई अवस्था में उनकी यह उपयोगिता कि वे शासन शक्ति के वैधीकरण के महत्त्वपूर्ण अभिकरण हैं, अभी भी बनी हुई है।

(i) अभिज्ञान की अनुभूति कराने में भूमिका (Role in promoting sense of identification)—मनुष्य की हमेशा से यह कामना रही है कि वह किसी न किसी सामाजिक निकाय का सदस्य हो या किसी संरचनात्मक व्यवस्था से उसका कोई तादात्म्य रहे। अगर हम किसी संस्था के संगठन में कुछ भूमिका अदा करते हैं तो इससे हमें यह अनुभूति होने लगती है कि हम भी उस संस्था की निर्णय प्रक्रिया के एक पुर्जे हैं। यह बात हर आम आदमी जानता है कि संसद में जो कुछ होता है वह उसकी समझ से परे की बातें हैं। अतः कुछ व्यक्तियों को छोड़कर अन्य व्यक्ति इस तरफ विशेष ध्यान नहीं देते

हैं, किन्तु इन संसदों का निर्माण करते समय चुनाव प्रक्रिया बड़े से बड़े नेता को आम आदमी के पास खींच लाती है तथा हर व्यक्ति को मत देने का अधिकार होने के कारण उससे कम से कम मतदान के दिन तो अनेक लोग आकर इधर या उधर मत देने का आग्रह करते हैं। आम आदमी के लिए इतना बहुत है। इससे उसको व्यवस्थापिका से अभिज्ञान की अनुभूति हो जाती है। वह अपने आपको व्यवस्थापिका का निर्माता समझने लगता है और इस तरह व्यवस्थापिका से उसका मानसिक तादात्म्य स्थापित हो जाता है।

राजनीतिक खेल में महत्त्वपूर्ण भूमिका निभाने वाले नेताओं से जनता का लगाव हो सकता है, उनके प्रति अगाध श्रद्धा तथा सम्मान व सम्मोहन हो सकता है, किन्तु उनमें उनके साथ अपनेपन का भाव नहीं आ सकता। कार्यपालिका-नेताओं, राष्ट्रपतियों, प्रधान मन्त्रियों व मन्त्रियों से आम जनता दूरी का आभास ही पाती है। उनसे अभिज्ञान की अनुभूति नहीं हो सकती। इसके लिए तो ऐसा व्यक्ति चाहिए जो अपने में से ही गया हो, अपने जैसा ही हो तथा सामान्यतया अपनी पहुंच में हो। व्यवस्थापिका का सदस्य ऐसा ही व्यक्ति होता है। अतः उसके माध्यम से समाज के आम आदमी को देश की सर्वोच्च नियम निर्मात्री संस्था, व्यवस्थापिका के साथ अभिज्ञान की अनुभूति हो जाती है। इससे समाज में एकता, ठोसता व राष्ट्रीयता की भावना पनपती है और हर व्यक्ति को राजनीतिक व्यवस्था में होने वाली प्रक्रियाएं, जो उसकी सामान्य समझ से बहुत परे की बातें हैं, स्वाभाविक व अपने हितों की साधना करने वाली लगने लगतीं हैं। अतः व्यवस्थापिकाओं की आवश्यकता इस कारण से भी हर समाज में महसूस की जाती रही है।

व्यवस्थापिका के कार्यों के बारे में सभी यह मानने लगे हैं कि यह केवल मात्र औपचारिकता है। सब कार्य व्यवहार में कार्यपालिका या अन्य संरचनाओं द्वारा निष्पादित होते हैं। अक्सर लोग, लोकतन्त्रों में भी इन्हें दिखाने की चीजें या 'बातूनी दुकानें' कहते हैं तो फिर ऐसी क्या बात है कि ऐसी निरर्थक संस्थाओं के गठन के लिए आम चुनावों पर करोड़ों रुपये (भारत में संसद के चुनावों पर करीब 15-20 करोड़ रुपये खर्च होते हैं) खर्च किए जाते हैं और इनको कार्यरत रखने के लिए करोड़ों की राशि हर वर्ष खर्च की जाती है। इतना ही नहीं विकसित राजनीतिक व्यवस्थाओं में तो अचानक इन्हें भंग करके निर्वाचन कराने तक की प्रथा है। इंगलैण्ड में 1974 में एक ही वर्ष में लोकसदन के दो बार चुनाव कराए गए। कोई इनको समाप्त करने की बात नहीं कहता है। जहां यह नहीं हैं वहां इनकी स्थापना के लिए लोग खून-खराबे तक पर उतर आते हैं। इससे इस बात की पुष्टि होती है कि समाज में आम जनता को व्यवस्थापिका द्वारा ही अभिज्ञान की अनुभूति होती है। इसलिए व्यवस्थापिकाएं कम से कम इस अभिज्ञान की अनुभूति कराने का प्रभावी माध्यम बने रहने की भूमिका तो निभाती हुई मानी ही जा सकती हैं।

(ii) **राष्ट्रीय शिक्षण के चापलूसी संगीतक की भूमिका** (Role as national educational soap opera)—अगर समाज में हर प्रक्रिया शांत तथा निर्बाध गति से चलती

रहे तो व्यक्ति को बोरियत होने लगती है। व्यक्ति सामान्यतया व्यवस्था, शांति और साधारण जीवन पसंद करता है, किन्तु इस नीरसता में कभी-कभी 'धूम-धड़ाका' होता रहे तो समाज की गत्यात्मकता बनी रहती है। गत्यात्मकता से मेरा तात्पर्य यहां इस बात से है कि आम आदमी को कुछ 'उथल-पुथल' के कार्यों से समाज की गत्यात्मकता की भ्रांति हो जाती है। व्यवस्थापिका के अस्तित्व से कार्यपालिका व व्यवस्थापिका के बीच तनाव-खिचाव व मन-मुटाव के अवसर आते रहते हैं। जिससे जन शिक्षण तो नहीं होता, किन्तु व्यवस्थापिकाएं जन शिक्षण के चापलूसी संगीतक की भूमिका निभाने में अग्रणी हो जाती हैं। अगर कार्यपालिका को नियंत्रित करने या उन पर किसी न किसी प्रकार का अंकुश लगाने वाले संगठन के रूप में व्यवस्थापिकाएं न हों तो कार्यपालिकाएं बेरोक-टोक तथा सामान्य गति से कार्य करते हुए निष्क्रीय सी लगने लगेंगी। इसलिए हर देश में व्यवस्थापिकाओं की यह नकारात्मक भूमिका एक अलग ही प्रकार का महत्त्व रखती है।

हर राजनीतिक व्यवस्था में व्यवस्थापिकाओं के अखाड़े में ही देश के विवादग्रस्त व महत्त्वपूर्ण मसलों पर वाद-विवाद ही नहीं होता वरन ऐसे वाद-विवादों पर होने वाली बहसों में कभी-कभी नाटकीयता का रंग आ जाता है। किसी प्रश्न पर सदस्यों का बहिर्गमन, धरना या मुक्केबाजी (भारत सहित अनेक विकासशील राज्यों व "संसदों की जननी" ब्रिटेन के लोकसदन में ऐसे नाटकीय हो-हंगामे व धक्का-मुक्की होने के अनेक उदाहरण हैं), व्यवस्थापिका के माध्यम से समाज में जान डालने का काम करती है। व्यवस्थापिका में कभी-कभी गरमागरम बहस, प्रश्नोत्तर काल में तू-तू मैं-मैं तथा आरोप प्रत्यारोप होते हैं जिनसे अचानक ही सबका ध्यान इनकी तरफ आकर्षित हो जाता है और जनता न चाहते हुए भी राजनीतिक दृष्टि से शिक्षित होने लगती है। इसके अलावा भी इस सबसे जनता का ध्यान आकर्षित होता है। इस रूप में विधान मण्डल जनता के ध्यान आकर्षण के एक विन्दु के रूप में महत्त्वपूर्ण मंच का काम करते हैं।

(iii) **काण्डों के भण्डाफोड़ों के मंच के रूप में भूमिका** (Role as a forum for the exposure of scandals)—राष्ट्र में होने वाली छोटी या बड़ी घटना समाचारपत्रों में प्रकाशित होती है किन्तु इससे उनमें नाटकीयता का तत्त्व नहीं आ पाता है। यही कारण है कि विधायक, विभिन्न काण्डों का भण्डाफोड़ विधान मण्डलों में ही करते हैं। इससे यह घटना व्यवस्थापिका के मंच से उतर कर राष्ट्रव्यापी वाद-विवाद का रूप ले लेती है। इसमें व्यवस्थापिका और कार्यपालिका तथा काण्ड से सम्बन्धित पक्षों का ऐसा त्रिकोण बन जाता है कि इनकी आपसी रस्साकशी देखते ही बनती है। व्यवस्थापिकाओं की ऐसे मंच के रूप में भूमिका अत्यन्त महत्त्व की इसलिए हो जाती है क्योंकि इसके स्थल पर उठाया गया मुद्दा राष्ट्रव्यापी प्रचार पाता है। अमेरिका में अभी हाल के 'वाटरगेट काण्ड' व 'लॉकहीड काण्ड' कांग्रेस को ही नहीं, इनका भण्डाफोड़ होने पर सारे राष्ट्र को अपनी लपेट में ले चुके थे, किन्तु इस नाटक में मुख्य मंच व्यवस्थापिका तथा मुख्य अभिनेता विधायक और दल के नेता ही रहे थे। इसी तरह, भारत की संसद में 'डालमिया काण्ड', 'हरिदास मूंदड़ा काण्ड', 'जीपों की खरीद का काण्ड', 'धर्म-तेजा का काण्ड'

अपने-अपने समय में राष्ट्रव्यापी विवाद को जन्म देने वाले बन गए थे । अतः व्यवस्थापिकाओं की इस भूमिका का भी बहुत महत्त्व है ।

संवैधानिक राज्यों की व्यवस्थापिकाएं महत्त्वपूर्ण शक्तियों की धारक औपचारिक रूप से ही रही हैं, उनकी वास्तविक शक्तियों में भी 'पतन' की प्रवृत्ति शुरू हो गई है ऐसा माना जा सकता है । किन्तु उपरोक्त भूमिकाओं में व्यवस्थापिकाएं अभी भी बहुत सक्रिय हैं । वास्तव में यह भूमिकाएं ही ऐसी हैं जिससे व्यवस्थापिकाओं का अस्तित्व सब प्रकार के झंझावातों के बावजूद बना हुआ है । कभी-कभी तो ऐसा लगने लगता है जैसे इनकी खोई हुई प्रतिष्ठा को पुनः स्थापित करने की मांग बढ़ रही है । यही कारण है कि आजकल कार्यपालिकाओं को सभी नीति-सम्बन्धी महत्त्वपूर्ण घोषणाएं संसदों में ही करने के लिए बाध्य-सा किया जाने लगा है ।

अतः निष्कर्ष में यही कहा जा सकता है कि राष्ट्रीय व्यवस्थापिकाओं को कई सीमाओं में कार्य करना होता है । उन पर अनेक वास्तविक दबाव होते हैं तथा उनके कार्यों, शक्तियों व भूमिका के कई नियामक होते हैं । किन्तु सब तरफ से घिरी हुई व्यवस्थापिकाएं अभी भी राजनीतिक व्यवस्था में एक मात्र ऐसा केन्द्रबिन्दु है जहां विविध, परस्पर विरोधी, बहुधा एक-दूसरे से संघर्षरत मुद्दे और उग्रत्तम उद्वेग आकर मिलते हैं और उनमें से अधिकांश को अनुकूलित करने तथा उनकी 'गर्मी' को निकालने की भूमिका अभी भी व्यवस्थापिकाएं ही अदा करती हैं । यहां तक कि सभी संसदीय और अध्यक्षात्मक प्रणालियों में कार्यपालिका, व्यवस्थापिकाई कंधे पर चढ़कर ही देश भर की समस्याओं का मूल्यांकन लेने का दिखावा करने के लिए मजबूर लगती है ।

व्यवस्थापिकाओं की स्वेच्छाचारी देशों में भूमिका (Role of Legislatures in Dictatorial Countries)

सामान्यतया यह भ्रांति है कि स्वेच्छाचारी शासन व व्यवस्थापिका सभाओं का अस्तित्व दो परस्पर बेमेल और विरोधी बातें हैं ? कुछ शासकों के द्वारा अचानक सत्ता हथियाने पर संसदों को स्थगित, निलम्बित या भंग करने का कार्य ऐसी भ्रांति का पोषक होता है । किन्तु तथ्यों की तरफ दृष्टिपात करें तो इस समय (1977) में दुनिया के अधिकांश तानाशाही शासनों से व्यवस्थापिकाओं की स्थापनाएं पाई जाती हैं । इससे इस बात की पुष्टि होती है कि तानाशाहों का भी व्यवस्थापिकाओं के बिना काम नहीं चलता है । इण्डोनेशिया में सैनिक सत्ता के आने के बाद व्यवस्थापिका किसी न किसी रूप में बनी रही तथा 1976 में तो वहां चुनाव तक कराए गए । पाकिस्तान में अय्यूब खां व याह्यया खां दोनों ने ही न केवल व्यवस्थापिकाएं बनाए रखीं अपितु दोनों ने अपने-अपने कार्यकाल में किसी न किसी प्रकार के चुनाव भी कराए । बर्मा में जनरल ने विन, जो आजकल वहां के राष्ट्रपति हैं, व्यवस्थापिका के आधार पर ही शासन कर रहे हैं । नेपाल में जहां परम्परागत राजतन्त्र चला आ रहा है, आज भी (लोकतन्त्र का गला घोंटने के बाद भी) राष्ट्रीय पंचायत (यह नेपाल की राष्ट्रीय व्यवस्थापिका है) बनी हुई है तथा इसके चुनावों की व्यवस्था है । अफगानिस्तान में भी यही बात दाउद ने कर रखी है ।

इससे एक तथ्य की अनिवार्यतः पुष्टि होती है कि तानाशाही व्यवस्थाओं में भी व्यवस्थापिकाओं की आवश्यकता महसूस की जाती है। हिटलर और मुसोलिनी जैसे व्यक्ति तो व्यवस्थापिकाओं पर सवार होकर ही तानाशाही अधिकारों को हथियाने में सफल हुए थे। अतः व्यवस्थापिकाओं की तानाशाही शासनों में भी महत्त्वपूर्ण भूमिका रहती है, किन्तु इन व्यवस्थाओं में, व्यवस्थापिकाएं तानाशाह की इच्छा के अनुसार चलने के लिए मजबूर होती हैं और केवल तानाशाहों के हाथों की कठपुतली होती हैं।

व्यवस्थापिकाओं की तानाशाही व्यवस्था में और चाहे जो भूमिका मानी जाए या न मानी जाए किन्तु एक बात में व्यवस्थापिकाएं इन देशों में भी महत्त्वपूर्ण भूमिका निभाती हैं। इनकी यह भूमिका तानाशाही की कब्र खोदकर लोकतन्त्र की स्थापना की मांग को प्रोत्साहन देने और अधिकांश चुनावी तानाशाही व्यवस्थाओं में निरंकुशता के स्थान पर लोकतन्त्र लाने में सहयोगी होने से सम्बन्धित है। पाकिस्तान, बर्मा तथा अनेक देशों में ऐसा ही हुआ है। व्यवस्थापिकाओं के माध्यम से तानाशाही के विरुद्ध आवाज तो नहीं उठ सकती, किन्तु ऐसी प्रवृत्ति को जन्म अवश्य मिल जाता है जो अन्ततः लोकतन्त्र की ओर लौट चलने का आन्दोलन खड़ा करने की प्रेरक बन जाती है। तानाशाही व्यवस्थाओं के अस्थायित्व या स्थायित्व के पीछे सबसे बड़ी बात विधान मण्डल का होना या न होना है। अधिकांश सैनिक शासक सत्ता में आते ही व्यवस्थापिका जैसे संगठन का ढोंग रचने का कार्य करते हैं जिससे धीरे-धीरे उनकी सत्ता का वैधीकरण हो जाए।

तानाशाही से सम्बन्धित अध्याय (अध्याय दस) में हमने इस सम्बन्ध में विस्तार से चर्चा की है, इसलिए यहां हम ऐसी व्यवस्थाओं में विधान मण्डलों की भूमिका तक ही सीमित रहेंगे। अगर इन व्यवस्थाओं में व्यवस्थापिकाओं की भूमिका को चित्रित करना चाहें तो चित्र 14.7 इस प्रकार का होगा।

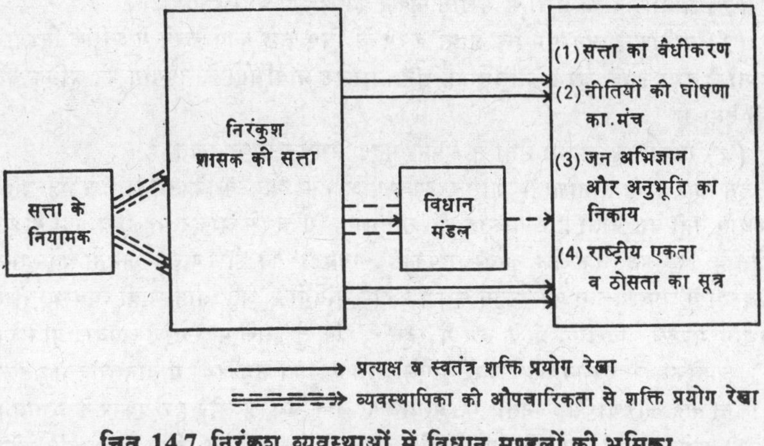

चित्र 14.7. निरंकुश व्यवस्थाओं में विधान मण्डलों की भूमिका

चित्र 14.7 में तीन बातें बिलकुल स्पष्ट हैं। प्रथम तो यह कि निरंकुश व्यवस्थाओं में शासक की शक्ति के नियामक नाममात्र के व केवल औपचारिक होते हैं। चित्र में इनका

छोटे वर्ग से दिखाया गया आकार इनकी प्रभावकारिता व राजनीतिक प्रक्रिया में इनके स्थान का संकेतक है। इससे दूसरी बात यह स्पष्ट होती है कि तानाशाह सारी व्यवस्था पर छाया रहता है जो चित्र में शासकों की सत्ता के आकार से ही स्पष्ट है। तीसरी महत्त्वपूर्ण बात यह है कि विधान मण्डल के अलावा तथा इसके बिना भी तानाशाह प्रत्यक्ष रूप से राष्ट्रीय विधान मण्डल की उपेक्षा करते हुए, विधान मण्डल के नाम से जो भी विधान मण्डलीय भूमिका अदा करना चाहता है वह कर सकता है। चित्र में यह प्रत्यक्ष शक्ति प्रयोग की रेखा से दिखाया गया है। इस तरह व्यवस्थापिका की भूमिका किस प्रकार की रहती है यह बहुत कुछ तानाशाह की इच्छा पर निर्भर करता है। चित्र में दिखाए गए प्रकार्यात्मक निष्पादन स्वयं व्यवस्थापिका के हो सकते हैं या इसके नाम से तानाशाह द्वारा सम्पादित हो सकते हैं। उदाहरण के लिए 1962 में पाकिस्तान में नये संविधान के अन्तर्गत इनमें से अधिकांश कार्य अय्यूब खां ने वास्तव में राष्ट्रीय व्यवस्थापिका के माध्यम से करना शुरू कर दिया था और ऐसा कहा जाता है कि उसका यह प्रयत्न ही उसको अपदस्थ करने के लिए दूसरी सैनिक क्रांति का जनक बना था। बर्मा में जनरल ने विन ने भी लम्बे समय तक क्रांतिकारी परिषद के माध्यम से कार्य करके अब व्यवस्थापिका के सहारे कार्य करना शुरू किया है। स्वयं नेपाल के भूतपूर्व शासक ने लोकतन्त्र को उखाड़ फेंका पर कुछ ही समय बाद राष्ट्रीय पंचायत के रूप में व्यवस्थापिका का पुनर्वास कर दिया था।

तानाशाही व्यवस्थाओं में व्यवस्थापिकाओं की भूमिका के बारे में कोई निश्चित निष्कर्ष निकालना सम्भव नहीं है। इसके चार प्रमुख कारण हैं—

(1) तानाशाही में वास्तविक शक्ति के प्रयोग में किसी को सहभागी नहीं बनाया जाता है।

(2) तानाशाह को सत्ता से उखाड़ फेंकने का अंदेशा बना रहता है।

(3) तानाशाह जन-समर्थन प्राप्त करने के लिए कुछ कार्य करने में अधिक विश्वास करता है तथा उनके करने के लिए वह संरचनात्मक प्रविधियों के उपयोग पर अधिक बल नहीं देता।

(4) तानाशाह दल या सेना से अपना सुदृढ़ समर्थन प्राप्त रखता है।

इन कारणों से तानाशाही शासन व्यवस्थाओं में व्यवस्थापिकाएं अधिक महत्त्व की संस्थाएं नहीं बन पाती हैं। वास्तव में तानाशाह सत्ता में आकर पहला वायदा ही यह करते हैं कि अब तक कि व्यवस्थापिकाई 'गड़बड़ी' को ठीक करके जनता को न्याय, व्यवस्था व आवश्यकता की वस्तुएं सुलभ कराई जायेंगी। अतः तानाशाही व्यवस्थाओं में विधान मण्डल 'दिखावे' ही के रूप में रहते हैं, किन्तु इसके महत्त्वपूर्ण अपवाद हो सकते हैं। अफ्रीका व एशिया के राज्यों में ऐसे शासक हैं जो सब अर्थों में तानाशाह से बढ़कर हैं किन्तु कई कारणों से जनता में अत्यधिक लोकप्रिय हैं और हर प्रकार के चुनाव में उनको करीब-करीब शत प्रतिशत समर्थन मिलता है। मार्शल टीटो, राष्ट्रपति नेरेरे, कैस्ट्रो, डा० केनेथ कुआन्डा, सादात आदि कुछ ऐसे व्यक्ति हैं जो लोकतान्त्रिक शासकों से अधिक सत्ता का वैधीकरण रखते हैं तथा व्यवस्थापिकाओं को पूर्ण सम्मान देते हैं। वैसे

तानाशाही की कठोर परिभाषा करने पर यह सब शासक तानाशाहों की श्रेणी में रखे जा सकते हैं, किन्तु लोकतान्त्रिक व्यवस्थाओं के शासकों की तरह ही यह व्यवस्थापिकाओं को बनाए रखकर बहुत कुछ इनके माध्यम से शक्ति का व्यवहार में उपयोग करते हुए माने जा सकते हैं। अतः तानाशाही व्यवस्थापिकाओं की भूमिका अनेक बातों पर निर्भर नहीं करके केवल तानाशाह के व्यवस्थापिका के प्रति रवैये पर ही निर्भर करती है।

व्यवस्थापिकाओं की सर्वाधिकारी देशों में भूमिका (Role of Legislatures in Totalitarian Countries)

हर साम्यवादी राज्य में संविधान द्वारा व्यवस्थापिकाओं के संगठन की विस्तृत व्यवस्था की जाती है। अपने संगठन, शक्तियों और निर्वाचन आधार में इन देशों की व्यवस्थापिकाएं पश्चिमी उदार लोकतान्त्रिक राज्यों की व्यवस्थापिकाओं से बहुत समानता रखती हैं। नियतकालिक चुनावों की व्यवस्था होती है तथा देश की सर्वोच्च सत्ता संविधान द्वारा व्यवस्थापिकाओं में ही निहित की जाती है। सोवियत रूस के संविधान में अनुच्छेद तीन स्पष्ट रूप से यह व्यवस्था करता है कि "राज्य शक्ति का सर्वोच्च अंग सुप्रीम सोवियत होगी।" इसी प्रकार की संवैधानिक व्यवस्थाएं अन्य पूर्वी यूरोप व चीन के संविधान में भी कुछ हेर-फेर के साथ देखने को मिल जाती हैं। व्यवस्थापिकाओं की इस प्रकार की संरचनात्मक व्यवस्थाओं का सर्वाधिकारी देशों में पाया जाना यह भ्रम उत्पन्न कर देता है कि यहां पर भी व्यवस्थापिकाएं शासन व्यवस्थाओं में महत्त्वपूर्ण भूमिका निभाती हैं। एक और तथ्य इस सम्बन्ध में ध्यान देने योग्य है। इन व्यवस्थापिकाओं के संगठन में देश के शत-प्रतिशत लोगों का हाथ रहता है। हर नागरिक चुनाव में मत देकर इनमें अपना प्रतिनिधित्व प्राप्त कर लेता है। इस सबके आधार पर यही निष्कर्ष निकलता है कि सर्वाधिकारी शासन व्यवस्थाओं में राष्ट्रीय व्यवस्थापिकाएं अवश्य ही प्रभावी भूमिका निभाती होंगी। परन्तु व्यवहार की तरफ देखें तो स्थिति कुछ और ही प्रकार की दिखाई देती है। औपचारिक रूप से व्यवस्थापिकाएं वे सब कार्य करती हैं जो लोकतान्त्रिक मॉडल में विवेचित विधान मण्डलों द्वारा सम्पादित होते हैं। किन्तु व्यवहार में एक राजनीतिक दल का एकाधिकार, विचारधारा का विशेषपन व सम्पूर्ण राजनीतिक सक्रियता का साम्यवादी दल के द्वारा नियन्त्रण (सर्वाधिकारी शासन व्यवस्थाओं का विस्तार से दसवें अध्याय में विवेचन किया गया है), निर्देशन व अधीक्षण, व्यवस्थापिकाओं को चुनाव से लेकर कार्य निष्पादन तक के सभी चरणों पर साम्यवादी दल के नियन्त्रण में ला देता है। अतः सर्वाधिकारी शासनों में व्यवस्थापिकाओं को लेकर उदारवादी लोकतन्त्रों के से विधायी कर्मकाण्ड तो होते हैं, परन्तु व्यवहार में इनकी भूमिका दल के नेता द्वारा संचालित व नियन्त्रित होती है। सर्वाधिकारी शासनों में व्यवस्थापिकाओं की वास्तविक भूमिका को रूस की सुप्रीम सोवियत की भूमिका के चित्रण (चित्र 14.8) से समझा जा सकता है।

चित्र 14.8 से सोवियत रूस की राजनीतिक व्यवस्था में सुप्रीम सोवियत की भूमिका दिखाई गई है। इस सम्बन्ध में पहले दो महत्त्वपूर्ण बातें यह ध्यान में रखनी हैं कि सर्वाधिकारी शासनों में व्यवस्थापिकाएं सरकारी कार्य ही सम्पादित करती हैं। उनके

द्वारा राजनीत्तिक या व्यवस्थाई कार्य नहीं किए जाते हैं। यह कार्य साम्यवादी दल के द्वारा ही निष्पादित होते हैं। इस सम्बन्ध में दूसरी बात यह है कि सरकारी या संवैधानिक कार्य भी व्यवस्थापिका द्वारा औपचारिक ढंग से ही किए जाते हैं।

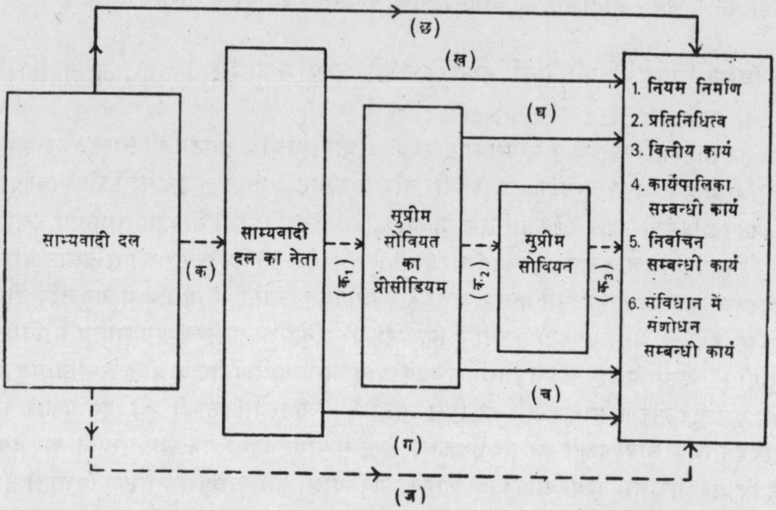

चित्र 14.8. सोवियत रूस में सुप्रीम सोवियत की राजनीतिक व्यवस्था में भूमिका

सुप्रीम सोवियत के सारे सरकारी कार्य साम्यवादी दल का नेता स्वयं या अपने अधीक्षण व नियन्त्रण में निष्पादित कराता है। चित्र में 'ख' तथा 'ग' रेखा दल के नेता की पहुंच सीधी इन कार्यों तक सम्भव बनाती है। नेता औपचारिक रूप से सुप्रीम सोवियत के प्रीसीडियम के माध्यम से भी यह कार्य करा सकता है जो चित्र में 'क' के द्वारा दर्शाया गया है। इन कार्यों को प्रीसीडियम भी प्रत्यक्ष रूप से उस अवस्था में कर सकता है जब नेतृत्व बहुल हो अर्थात साम्यवादी दल पर किसी एक व्यक्ति का पूर्ण नियन्त्रण नहीं हो या सुप्रीम सोवियत का अधिवेशन नहीं हो रहा हो। यह चित्र में 'घ' तथा 'च' रेखाओं द्वारा दिखाया गया है। सामान्य स्थिति में प्रीसीडियम सुप्रीम सोवियत के माध्यम से ही यह कार्य करता है जो चित्र में 'क' के द्वारा दिखाया गया है। साम्यवादी दल भी यह सब कार्य कर सकता है। दल का केवल एक ही नेता होने पर तो दल औपचारिक ढंग से ही व्यवस्थापिका के कार्य करने की स्थिति में होता है यह चित्र में 'ज' रेखा (बिन्दुकृत) से दिखाया गया है। किन्तु नेतृत्व के संक्रमण काल में साम्यवादी दल वास्तव में व्यवस्थापिका के सारे कार्य अन्य संस्थागत व्यवस्थाओं का प्रयोग करके या स्वयं अपने आप कर सकता है। यह चित्र में 'छ' रेखा के द्वारा दिखाया गया है।

इस विवेचन से यह निष्कर्ष निकलता है कि सर्वाधिकारी शासनों में व्यवस्थापिकाओं की भूमिका का मुख्य नियामक, निर्देशक व नियन्त्रक साम्यवादी दल का नेता होता है

और सुनिश्चित नेता के अभाव में स्वयं साम्यवादी दल यह कार्य करता है। अतः इस प्रकार के शासनों में, व्यवस्थापिकाएं सब प्रकार के कर्मकाण्ड (ritualism) के महत्त्वपूर्ण किन्तु दिखावटी संगठन मात्र रहती हैं।

व्यवस्थापिकाओं की विकासशील देशों में भूमिका (Role of Legislatures in Developing Countries)

विकासशील राजनीतिक व्यवस्थाएं प्रवाह की अवस्था में हैं। इनका संक्रमण काल में होना इनको राजनीतिक विकास और आधुनिकीकरण के मार्ग पर अभी बहुत पीछे बनाए हुए है। राजनीतिक विकास के प्रमुख लक्षण—संस्कृति का लौकिकीकरण, राजनीतिक संस्थाओं का विभिन्नीकरण तथा राजनीतिक भूमिकाओं का विशेषीकरण, अभी विकासशील राजनीतियों में सुस्थापित नहीं हो पाए हैं। इन राजनीतियों के ऐसी अवस्था में होने के कारणों पर प्रकाश इसी पुस्तक में अन्यत्र डाला गया है। अतः हम उनको यहां दोहराना उचित नहीं समझते हैं। इन राज्यों में विचित्र-सी बात यह देखने को मिलती है कि पश्चिम के उदार लोकतन्त्र शासनों के सम्पर्क के कारण इनमें से अधिकांश राजनीतिक व्यवस्थाओं में पश्चिमी संस्थागत प्रतिमान या मॉडलों के अनुरूप ही संस्थागत व्यवस्थाएं की गईं, किन्तु इनको व्यावहारिक बनाने के लिए आवश्यक परिवेश नहीं तैयार किया जा सका। राष्ट्रीय आन्दोलनों की आग में तपे-निखरे, राष्ट्रीय विचार वाले अधिकांश नेता उदारवादी संस्थाओं की उपयुक्तता स्वीकार करने लगे थे। अतः इन राष्ट्रीय नेताओं ने अपने देशों के लिए जब संविधान बनाए तो उनके द्वारा उस समय उपलब्ध तीन नमूनों—उदारवादी नमूना, जो पश्चिम के राज्यों में है, साम्यवादी नमूना, जो रूस में है तथा फासिस्टवादी नमूना, जिसका इटली व जर्मनी में प्रचलन रहा था—में से पहला नमूना अपनाना स्वाभाविक था। इसी कारण 'नये राज्यों' के नये संविधानों में विस्तार से उदारवादी ढांचे पर संस्थात्मक संरचना की व्यवस्था की गई। भारत के 1950 के संविधान का उदाहरण इस बात की पुष्टि में उद्धृत किया जा सकता है।

इस प्रकार विकासशील राज्यों में उदार लोकतन्त्र व्यवस्थाओं जैसी संस्थागत व्यवस्थाएं की गईं। अनेक देशों में उन संस्थाओं से सम्बन्धित प्रक्रियाओं के संचालन के लिए अनुभवी नेता व प्रशासक भी थे और प्रारम्भिक चरणों में इनके संचालन में किसी प्रकार की कोई विशेष कठिनाई नहीं हुई, क्योंकि प्रारम्भ के वर्षों में राष्ट्रीय नेतृत्व का व्यक्तित्व बहुत प्रभावी रहा था। इसके अलावा इन बहुल समाजों में राष्ट्रीय आन्दोलन के समय में स्थापित, सामंजस्यता भी काफी समय तक बनी रहने के कारण शासन व्यवस्थित ढंग से चला। किन्तु उदार लोकतन्त्र व्यवस्था की संस्थाओं के लिए आवश्यक आधार के अभाव में नवोदित राज्यों में लोकतन्त्र लड़खड़ाने लगा तथा अधिकांश राज्यों में कार्यपालिका, व्यवस्थापिका और न्यायपालिका के पृथक-पृथक अंग अब अलग-अलग नहीं रह पा रहे थे। समाज में सामंजस्य स्थापक-सूत्र, राष्ट्रीय नेताओं के अवसान के बाद समाज में अन्तर्निहित विरोधाभास (contradictions) उभर कर संघर्षरत होने लगे। इन परिवर्तनों की झलक व्यवस्थापिकाओं की कार्यविधि में भी मिलने लगी। उदाहरण

के लिए, जवाहरलाल नेहरू के प्रधान मंत्री काल के प्रारम्भिक पन्द्रह वर्षों तक कार्यपालिका के विरुद्ध कोई अविश्वास का प्रस्ताव नहीं आया था, परन्तु बाद में उनके जीवनकाल में ही स्वयं उनके मन्त्रिमण्डल के विरुद्ध भी अविश्वास के प्रस्ताव आए दिन आने लगे। इससे यह निष्कर्ष निकलता है कि प्रारम्भिक काल को छोड़कर विकासशील राज्यों में व्यवस्थापिकाएं हंगामा मचाने के स्थल बनकर रह गई हैं। संसद के अन्दर और संसद के बाहर के राजनीतिक खेल के नियमों पर दलों और नेताओं में मतभेद इतना गहरा हो गया कि सुस्थापित संस्थाएं उखड़ने लगीं और जहां बनी रहीं वहां भी उनकी भूमिका समाप्त-सी होने लगी।

अधिकांश विकासशील राज्यों में अब व्यवस्थापिकाएं न सरकारी कार्यों का ठीक से निष्पादन कर पा रही हैं और न ही राजनीतिक कार्यों के निष्पादन में विशेप प्रभावी रही हैं। आये दिन संसदों में हंगामे होने लगे हैं। धक्का-मुक्की तथा 'गाली-गलौज' तक की स्थिति आ गई है। इसके कारण इन देशों में व्यवस्थापिकाओं की भूमिका के सम्बन्ध में तीन परिणाम सामने आए हैं। संक्षेप में यह तीन परिणाम इस प्रकार हैं —

(क) अनेक लोग व्यवस्थापिकाओं को राजनीतिक नेताओं के अनावश्यक और भद्दे दलीय टकराव के कारण निरर्थक मानने लगे और जहां-तहां व्यवस्थापिकाओं की उपयोगी भूमिका निभाने में असमर्थता ने सैनिक क्रांतियों को प्रोत्साहन दिया और लोकतन्त्र के साथ लोकतन्त्र की आधारभूत संस्था-व्यवस्थापिकाएं भी बलिदान की वेदी पर चढ़ा दी गईं।

(ख) बहुसंख्यक जनसंख्या व्यवस्थापिकाओं के गठन में आवश्यक राजनीतिक समझ नहीं रखने के कारण चुनाव केवल ढकोसले बन गए। विकासशील देशों के अनेक विचारक इस निष्कर्ष से असहमति ही प्रकट नहीं करेंगे वरन इसको चुनौती भी देंगे। किन्तु आनुभविक तथ्य इस विचार की पुष्टि ही करते हैं। अगर भारत का उदाहरण दिया जाए तो यहां के अधिकांश मतदाता जिनका प्रतिशत सत्तर अस्सी तक हो सकता है, यह नहीं जानते कि चुनाव मैदान में उतरे कौन-से राजनीतिक दल की क्या नीति, कार्यक्रम व सिद्धान्त हैं ? इसका यह परिणाम होता है कि चुनावों के आधार पर संगठित व्यवस्थापिकाएं समाज के जनमानस की प्रतिबिम्बक नहीं रहकर केवल अभिजनों की संस्थाएं बन जाती हैं। ऐसी अभिजनी व्यवस्थापिकाएं इन देशों में आम जनता की समस्याओं के समाधान के निकाय के रूप में न रहकर केवल अभिजनों के हितों की साधना का माध्यम रह जाने के कारण आम जनता को इनमें कोई आस्था ही नहीं रही है।

(ग) व्यवस्थापिका के सुचारु रूप से कार्य करने के लिए आवश्यक नियमों पर राजनीतिक दलों में आधारभूत मतैक्य नहीं रहने के कारण व्यवस्थापिकाएं सत्तारूढ़ दल और विपक्ष के बीच मुकाबले व खींचतान का मंच बन गई हैं।

उपरोक्त बातों से यह स्पष्ट है कि विकासशील राज्यों में व्यवस्थापिकाओं को प्रभावी बनाए रखने के लिए आवश्यक व उसके अनुरूप राजनीतिक संस्कृति का विकास नहीं हो पाया है। इसके अभाव में व्यवस्थापिकाओं की भूमिकाएं बेशुमार दिशाओं में आगे बढ़ने लगी हैं। अतः विकासशील राज्यों में व्यवस्थापिकाओं की भूमिकाएं, अन्य तीन मॉडलों

में वर्णित भूमिकाओं में से किसी भी मॉडल के अनुरूप नहीं बन पाई और अभी भी इनकी स्थिति 'अंधेरे में टटोलने' की-सी बनी हुई है।

व्यवस्थापिकाओं की संवैधानिक व राजनीतिक दोनों ही प्रकार की भूमिकाओं या कार्यों में राजनीतिक दलों का योगदान सर्वाधिक होता है। विकासशील राज्यों में दल अभी भी किसी विशेष प्रतिमान के अनुरूप नहीं ढल पाए हैं। आये दिन दल बनते-बिगड़ते हैं। इसका व्यवस्थापिकाओं की भूमिका पर प्रभाव पड़े बिना नहीं रह सकता। इन देशों में एक विकास ने व्यवस्थापिकाओं की भूमिका व प्रभावशीलता को अत्यधिक नियमित करने की स्थिति ला दी है। यह विकास इन देशों में अचानक ही बड़ी संख्या में लोगों के राजनीतिक प्रक्रिया में सहभागी होने का है। इन्हें व्यवस्थापिकाएं ही सहभागिता के अवसर प्रदान कर सकती हैं किन्तु वे सामान्य बहुमत वाली निर्वाचन प्रणाली के कारण व्यवस्थापिकाओं से बाहर रहने को ही मजबूर हैं। इस कारण से भी विकासशील देशों में व्यवस्थापिकाओं की सहभागिता के अभिकरण के रूप में उपयोगिता से लोगों की आस्था उठने लगी है। किन्तु जनसाधारण को सहभागिता प्रदान करने का अभी भी यही एकमात्र संस्थागत साधन समझा जाने के कारण इससे लोगों का लगाव बना हुआ है। इसी कारण वर्तमान दशक विकासशील राज्यों में व्यवस्थापिकाओं की खोई हुई प्रतिष्ठा को पुनः स्थापित करने के लिए नये-नये प्रयोग करने का बनता जा रहा है। अनेक जगह नये व ऐसे प्रतिमान अपनाए जाने लगे हैं जो पूर्वोक्त तीनों नमूनों से भिन्न हैं। इन देशों में व्यवस्थापिकाओं के पुनर्वास में प्रमुख बात इन्हें देश की वास्तविकताओं के अनुरूप बनाने की बन गई है। अतः निकट भविष्य में शायद विकासशील देशों में विधान मण्डल पुनः प्रतिष्ठित हो जाएं तो कोई आश्चर्यकारी बात नहीं मानी जाएगी। विकासशील देशों में अधिकतर बहुल समाज है, ऐसे समाजों में भाषा, संस्कृति, धर्म, जाति, नस्ल, क्षेत्रीयता और कहीं-कहीं उप-राष्ट्रीयता के विभाजनकारी तत्त्व पाए जाते हैं। इनमें संयोजनकारी शक्ति राजनीतिक दल तथा राष्ट्रीय सभाएं ही हो सकती हैं। अतः विकासशील राज्यों में राष्ट्रीय सभाओं की राजनीतिक या व्यवस्थाई कार्यों के निष्पादन के लिए बड़ी आवश्यकता है। इन देशों में व्यवस्थापिकाओं की भूमिका सरकारी और राजनीतिक दोनों ही क्षेत्रों में आवश्यक है। इनके अभाव में इन देशों में लोकतन्त्र व्यवस्थाएं (अपने समाजवादी रूप में) नये रूप में सुदृढ़ता से स्थापित नहीं हो सकती हैं। अतः इन देशों में व्यवस्थापिकाओं का पुनः महत्त्व बढ़ने की सम्भावनाएं अधिक हैं, किन्तु इसमें कई दशक लगेंगे क्योंकि अभी ये राष्ट्र असंलग्नता के आन्दोलन (non-alignment movement) में जिस प्रकार व्यापक ढंग से संगठित रूप प्राप्त करने लगे हैं, उसी प्रकार राष्ट्रीय स्तर पर व्यवस्थापिकाओं के संयोजनकारी मंच के रूप में आने का अभी स्वप्न ही देख रहे हैं। फिर भी यह अत्यन्त महत्त्व की बात है कि विकासशील राज्यों में धीरे-धीरे व्यवस्थापिकाओं की उपयोगी भूमिका को पुनः स्वीकार करने की प्रवृत्ति उभर रही है। इन देशों में विविधता, अस्थिरता तथा विभाजनकारी शक्तियों की विपुलता के कारण व्यवस्थापिकाओं की भूमिका के सम्बन्ध में कुछ सामान्यीकरण निकालना कम से कम वर्तमान परिस्थितियों में सम्भव नहीं है। इन देशों में लोकतन्त्र, निरंकुशतन्त्र

तथा सर्वाधिकारवादी शासन व्यवस्थाओं के सभी रूप विद्यमान होने के कारण हर देश की व्यवस्थापिका की विचित्र स्थिति और विशेष प्रकार की भूमिका हो गई है। किन्तु इतना सही है कि हर विकासशील राज्य में व्यवस्थापिकाओं की इस समय प्रभावहीनता बनी हुई है। भविष्य में क्या होगा इसका हमने संकेत दिया है। इस सम्बन्ध में निश्चित रूप से कुछ भी कह सकना वर्तमान समय की प्रवृत्तियों के आधार पर कठिन है। निष्कर्ष में केवल इतना ही कहा जा सकता है कि विकासशील देशों में कार्यपालिकाओं की सत्ता में वृद्धि व्यवस्थापिकाओं को साथ लेकर ही सम्भव लगती है। पाकिस्तान और भारत में 1977 में हुए चुनाव इसका संकेत माने जा सकते हैं और इस आधार पर यह कहा जा सकता है कि इन देशों में सुसंगठित दलों के अभाव के कारण आई रिक्तता को व्यवस्थापिकाओं के माध्यम से ही पूरा करना सम्भव होगा। अतः इन देशों में व्यवस्थापिकाएं शायद महत्त्व की संस्थाएं फिर से बनने लगेंगी।

विधायक की भूमिकाएं
(ROLE OF THE INDIVIDUAL LEGISLATOR)

व्यवस्थापिकाएं विधायकों के सामूहिक रूप को ही कहा जाता है। यह विधायकों की ऐसी सामूहिकता है जिसे सम्पूर्ण राजनीतिक समाज के लिए नीति और कानून निर्माण का अधिकार प्राप्त होता है। व्यवस्थापिकाओं की भूमिका विधायक रूपी मानव तत्त्व द्वारा बहुत अधिक निर्धारित होती है। द्विसदनीय संसदों में ऊपर वाला सदन सामान्यतया कम शक्तियों वाला सदन होता है किन्तु व्यक्तिगत विधायकों के विशेष लक्षणों के कारण यह शक्ति रहित सदन, व्यवहार में शक्ति सम्पन्न सदन बन जाते हैं। अतः व्यवस्थापिकाओं का कोई भी विवेचन तब तक अधूरा रहेगा जब तक व्यक्तिगत विधायक की विधायक रूप में भूमिका का विवेचन न किया जाए। हमने व्यवस्थापिका के कार्यों को दो प्रकार का माना है—एक सरकारी कार्य तथा दूसरे राजनीतिक कार्य। अगर इस प्रकार के कार्यों की प्रकृति को देखें तो सरकारी कार्य व्यवस्थापिका के अन्दर सामूहिक रूप से निष्पादित होने वाले कार्य हैं। जबकि राजनीतिक व व्यवस्थाई कार्य व्यवस्थापिका सभाओं से बाहर विधायकों द्वारा व्यक्तिगत रूप से किए जाने वाले कार्य हैं। बीसवीं सदी के उत्तरार्ध में व्यवस्थापिकाओं के राजनीतिक कार्यों का महत्त्व बढ़ गया है और इस कारण व्यक्तिगत विधायक की भूमिका का महत्त्व भी बढ़ता हुआ दिखाई देता है। ऐसा कहा जाता है कि व्यवस्थापिकाओं की जो कुछ भूमिका और महत्त्व शेष रह गया है वह व्यक्तिगत विधायक की भूमिका के कारण ही रहा है। वैसे इस प्रकार के व्यापक निष्कर्ष से पूरी तरह सहमत होना कठिन है, किन्तु विधायक का इसमें अवश्य ही कुछ सहयोग रहता है, इस तथ्य से इनकार भी नहीं किया जा सकता।

विधायक की विचित्र स्थिति होती है। उसका सम्पर्क निर्वाचकों से लेकर व्यवस्थापिका तक फैला हुआ है और इसके बीच में हित व दबाव समूह, कार्यपालिका, राजनीतिक दल और प्रशासन तक से इसका सरोकार होता है। इस तरह, हर राजनीतिक व्यवस्था में

विधायक विशिष्ट कार्यों से लेकर सामान्य कार्य तक करता हुआ देखा जाता है। इस प्रकार के कार्यों में उसकी भूमिका को इस प्रकार चित्रित करके समझा जा सकता है।

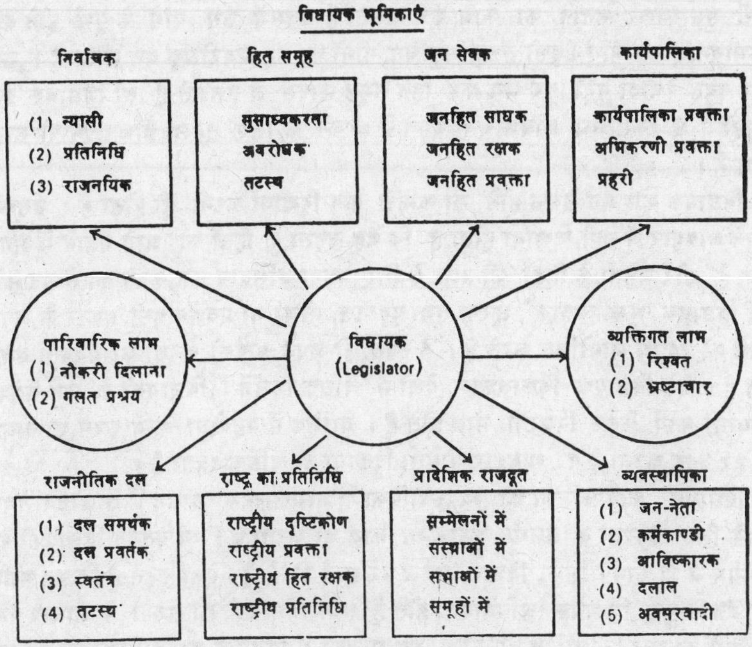

चित्र 14.9

हर राजनीतिक व्यवस्था में विधायकों का अनेक संस्थाओं व संरचनाओं से सम्बन्ध होता है। वह उपरोक्त चित्र में दिखाई गई अनेक सम्पर्कताएं व भूमिकाएं निष्पादित करता हुआ देखा जा सकता है। इनका संक्षेप में वर्णन करके राजनीतिक व्यवस्था में, विधायक की भूमिका व स्थान के सम्बन्ध में निष्कर्ष निकालना संभव होगा। अतः विधायक की विविध प्रकार की गतिविधियों का विवेचन करना आवश्यक है।

विधायक अपने निर्वाचकों का न्यासी (trustee), प्रतिनिधि (delegate) तथा राजनयिक (politico) होता है। वह अपने निर्वाचकों के हितों की न्यासता करता है। उसे यह तथा इस सम्बन्ध में अन्य भूमिकाएं वास्तव में निभानी होती हैं। क्योंकि इन्हीं के समर्थन के आधार पर उसकी यह (विधायक) अवस्था बनी रह सकती है। अतः हर विधायक अपने निर्वाचकों का सब साधनों से पोषण करने का कार्य करता है। वह उनका प्रतिनिधि होने के कारण उनका राजनीतिक नेता तथा उनकी तरफ से राजनीतिक प्रक्रिया में भूमिका अदा करने का कानूनी अधिकार रखता है।

हित व दबाव-समूह कार्यपालिका या प्रशासन से अपना सम्पर्क विधायक के माध्यम से ही स्थापित करते हैं। स्वयं विधायक को हित-समूहों के समर्थन की आवश्यकता

पड़ती है। चुनावों से लेकर प्रदर्शनों तक में हित समूह ही उसके सहायक हो सकते हैं। यह उसके लिए धन से लेकर प्रचार के लिए कार्यकर्त्ता व साधन तक जुटाते हैं। अतः विधायक इनके संदर्भ में महत्त्वपूर्ण भूमिका निभाता है। वह हित समूहों की मांग को ऐसी सुसाध्यकर बनाने का काम कर सकता है जिसमें उस मांग के पूर्ण होने की सम्भावनाएं बढ़ जाएं। इसी तरह, अनुचित मांगों का वह अवरोधक बन जाता है। कई बार बहुत पेचीदा मुद्दों पर जब कई हित समूह आपस में उलझते हैं तो विधायक इन समूहों में से किसी का कोपभाजन बनने से बचने के लिए तटस्थ होकर चुप्पी साध लेता है।

विधायक को जन-सेवक होने का कम से कम दिखावा करना ही होता है। उसको अपने व्यवहार में यही दिखाना होता है कि वह जनता के हितों को आगे बढ़ाने में लगा हुआ है और जनता के हितों की रक्षा के लिए अपना बलिदान तक करने को तैयार है। कई विधायक 'भूख हड़ताल', धरना तथा हड़ताल, मोर्चा या प्रदर्शन इसी प्रकार के जन-हितों की रक्षार्थ आयोजित करते हैं। वे स्वतः ही अपने आपको जनता का प्रवक्ता बना लेते हैं। ऐसे विधायक विकासशील देशों में अधिक मिलेंगे। विधायकों के जन-सेवक सम्बन्धी कार्य केवल दिखावा मात्र होते हैं। वास्तव में वह ऐसा कार्य करने का दावा तो हर वक्त करता है पर व्यवहार में ऐसा दिखावा ही अधिक रहता है।

विधायक, कार्यपालिका को व्यवस्थापिका (अध्यक्षात्मक शासन) से जोड़ने तथा उसके लिए सहायता व समर्थन जुटाने का कार्य भी करता है। व्यक्तिगत विधायकों के माध्यम से ही कार्यपालिका विधान मण्डल पर छाई रहती है। ऐसा कहते हैं कि हर मंत्री की जेब में कुछ विधायक अनिवार्यतः होते हैं तथा विधायकों की संख्या के आधार पर ही मंत्री का स्तर निर्धारित होता है। इस सम्बन्ध में विधायक कार्यपालिका का प्रवक्ता (executive spokesman), अभिकरणी प्रवक्ता (agency spokesman) या कार्यपालिका का पहरी (watch-dog) हो सकता है। विधायक के इन कार्यों में औपचारिकता के स्थान पर यथार्थता का तत्त्व ही अधिक होता है, क्योंकि चुनाव दंगल में कार्यपालिका ही उसकी हिमायती होती है। नामजदगी से विजय तक, उसके लिये कार्यपालिका का सहारा आवश्यक होता है। इसके बदले में उसको कार्यपालिका के साथ सहयोग करना ही होता है। राजनीतिक दल की सदस्यता विधायक को विधायक के रूप में आसीन करती है। अतः दल के सम्बन्ध में उसका कार्य, दल में उसका स्थान निर्धारित करता है और उसी अनुपात में उसका राजनीतिक भविष्य उतरता-चढ़ता रहता है। वह दल का सक्रिय कार्यकर्त्ता (party liner), दल का प्रवर्तक (party moverick) हो सकता है। कई विधायक किसी दल के सदस्य ही नहीं होते हैं। ऐसे विधायक दल के दलदल में नहीं फंसते हैं। वे अधिकांश मामलों में 'यह दल बनाम वह दल का' प्रश्न होने पर तटस्थ ही रहते हैं। वैसे सामान्यतया बहुत लोकप्रिय विधायक ही स्वतन्त्र रूप में चुनाव जीत सकते हैं तथा विकसित राज्यों में इनका कोई कार्यक्रम नहीं होने के कारण बहुत कम ही विधायक इस रूप में खड़े होते हैं या निर्वाचित हो पाते हैं। किन्तु विकासशील राज्यों में स्वतंत्र उम्मीदवार तथा विधायक बहुत होते हैं। वैसे इन देशों में भी इनकी संख्या में

कमी आती जा रही है। अतः आधुनिक समय में विधायकों की दल प्रतिबद्धता एक तरह से अनिवार्य ही हो गई है।

विधायक राष्ट्र का प्रतिनिधि होता है। वह सीमित निर्वाचन क्षेत्र से निर्वाचित होकर आने के बावजूद अपने आपको राष्ट्र से अभिज्ञानित (identify) करने का प्रयास करता है। वह राष्ट्रीय दृष्टिकोण, राष्ट्र का प्रवक्ता, राष्ट्रीय हितों का रक्षक और राष्ट्रीय प्रतिनिधि का कार्य करता है। विधायकों का यह कार्य अपेक्षित व आदर्श है। परन्तु हर देश में ऐसे विधायक गिने-चुने होते हैं, तथा जाने-माने जननेता जो कार्यपालिका पदों से कतराते हैं, ऐसी ही भूमिका निभाते हैं।

विधायक को प्रादेशिक 'राजदूत' के रूप में भी कभी-कभी भूमिकाएं निभानी होती हैं। मंत्रिमण्डल के गठन में भी प्रादेशिकता का ध्यान रखा जाता है। सदस्यों का मंत्रिमण्डल में सम्मिलित होना इस बात पर निर्भर करता है कि वह किस क्षेत्र का है तथा उस क्षेत्र का मंत्रिमण्डल में प्रतिनिधित्व हुआ है या नहीं। इस रूप में विधायक सम्मेलनों, संस्थाओं, सभाओं तथा समूहों में क्षेत्र विशेष का प्रतिनिधित्व करने के लिए 'राजदूत' की तरह भेजा जा सकता है।

विधायक के व्यवस्थापिका सम्बन्धी कार्य सर्वाधिक महत्त्वपूर्ण हैं। वह इस रूप में सरकारी कार्यों के निष्पादन में व्यवस्थापिका की सामूहिकता का घटक होता है। इस सन्दर्भ में वह अनेक भूमिकाएं निभाने की स्थिति में हो सकता है। व्यवस्थापिका में विधायक की भूमिका उसके दल में स्थान, अनुभव, ज्ञान व विशेषज्ञता पर निर्भर करती है। अगर वह जनता में अत्यधिक लोकप्रिय हो तो वह जननेता होता है। वह कर्मकाण्डी भी हो सकता है। ऐसा विधायक सब जगह मौजूद रहता है और हर एक की हां में हां मिलाने का कार्य करता है। वह आविष्कारक भी हो सकता है। नई समस्याओं के बारे में दूरदर्शिता व पूर्वाभास कर सकता है। व्यवस्थापिका को भावी खतरों से आगाह कर सकता है। ऐसा विधायक जनमत की पहचान रखता है तथा बहुत अधिक उत्तरदायित्व निभाने वाला होता है।

कई विधायक कार्यपालिका व व्यवस्थापिका के बीच सम्पर्कता की स्थापना के माध्यम होते हैं। दलों में अनेक गुट होते हैं। स्वयं व्यवस्थापिका भी कई प्रकार के गठबन्धनों का अजीब सम्मिश्रण होती है। अनेक विधायक इन गठबन्धनों या दल-गुटों के बीच दलाली का काम करते हैं। व्यवस्थापिका में अनेक दल होते हैं। इनके बीच में भी दलाली ऐसे लोगों के द्वारा ही की जाती है। यह स्वस्थ या हानिकारक दोनों ही रूप रख सकती है। कई विधायक 'मंथरा' की-सी भूमिका भी निभाते हैं। अतः विधायक दल के ही विभिन्न गुटों, व्यवस्थापिका के विभिन्न गठबन्धनों के बीच या इसमें प्रतिनिधित्व प्राप्त करके दलों या विविध सदस्यों के बीच 'दलालों' का काम करते हैं। वे हित समूहों के हितों की दलाली भी करते रहते हैं। इसमें वे अवसरवादी भी हो सकते हैं। वे हर कार्य की कीमत मांगकर राजनीतिक व्यवस्था से लाभ उठाने का कार्य भी कर सकते हैं। विकासशील राज्यों में विधायकों के बारे में यह बात अधिक सही है। मंत्री पद के लालच से इस दल से उस दल में जाना इन देशों में आम बात होती है। 1967 के चौथे

आम चुनावों के बाद भारतीय संघ के अनेक राज्यों में विधायकों की दल बदलने की प्रवृत्ति इतनी बढ़ गई थी कि अनेक विधायक 'दल-बदलू' के नाम से तथा इस प्रक्रिया को 'आया-राम गया-राम' कहकर पुकारा जाने लगा था। भारत के एक राज्य हरियाणा में एक विधायक ने अवसरवादिता का कीर्तिमान ही स्थापित कर दिया था। इस विधायक ने विभिन्न दलों व प्रलोभनों के कारण चौबीस घंटे में पांच बार दल-बदल की अभूतपूर्व हिम्मत दिखाई थी।

विधायक देवता नहीं हो सकता है। उसमें वे सब मानवीय कमियां होती हैं या हो सकती हैं जिनसे मानव मानवीयता से नीचे तक गिर जाता है। अतः विधायक अपने पद का अर्थात विधायक होने का नाजायज लाभ भी ले सकता है। वह रिश्वत से भ्रष्टाचार तक में लिप्त हो सकता है। यह बात केवल विकासशील राज्यों के विधायकों पर ही लागू होती हो ऐसा नहीं है। विकसित राज्यों में भी इसके अनेक उदाहरण मिलते हैं। अनेक पुस्तकों में विधायकों की इस प्रकार की नकारात्मक भूमिका का उल्लेख न करने की प्रथा है। जबकि सही बात यह है कि साधारण विधायक अपने स्वार्थ से आगे तब ही सोचता है जब वह अपने लिए सब व्यवस्था कर लेता है। भारत में अनेक राज्यों के विधायक भ्रष्टाचारी व रिश्वत के आरोपों के कारण सजाएं तक भुगत चुके हैं। अतः विधायक का यह व्यक्तिगत लाभ प्राप्ति के प्रलोभन से प्रेरित कार्य बहुत महत्त्व का है, क्योंकि इसके कारण इसकी अन्य सभी भूमिकाएं इस साध्य की प्राप्ति से प्रेरित हो सकती हैं। इसलिए इस प्रकार की भूमिका का महत्त्व कम आंकना तथ्यों की अनदेखी करना है। हर विधायक को कुछ उन्मुक्तियां प्राप्त होती हैं और इनकी आड़ में वह ऐसे घिनौने, राष्ट्र व समाज विरोधी कार्य कर सकता है। 'वाटरगेट काण्ड' इसका उदाहरण है। कहा जाता है कि भारत में तो आए दिन 'वाटरगेट' से भी संगीन काण्ड होते रहते हैं। 1975 में दो संसद-सदस्य (भारत की संसद के) किसी 'लाइसेन्स काण्ड' में अपराध तक स्वीकार कर चुके हैं। अतः विधायक निजी स्वार्थ के कार्यों में कम नहीं, ज्यादातर, अधिक ही उलझते हैं।

विधायक का अपना परिवार होता है, अपने नजदीकी रिश्तेदार होते हैं। इसलिए विधायक की अन्तिम भूमिका का इन्हीं से सम्बन्ध होता है। इस सम्बन्ध में विशेष कुछ लिखने की आवश्यकता नहीं है। केवल इतना कहना ही काफी रहेगा कि विधायकों के परिवार से लेकर रिश्तेदारों तक की उसके विधायक बनने के बाद आर्थिक दशा बहुत सुधर जाती है। यह सब 'गोलमोल ढंग' से किया जाता है। अक्सर ऐसा देखा गया है कि जिन लोगों को पहले ठीक प्रकार से दोनों वक्त का खाना नसीब नहीं होता था उन्हें बाद में विधायक के रिश्तेदार या सम्बन्धी होने के कारण सब सुविधाएं मिलने लगती हैं। मैं यह बात भारत व विकासशील राज्यों के संदर्भ में ही नहीं कह रहा हूं। विकासशील राज्यों की तरह, विकसित राज्यों में भी विधायक बहुत कुछ ऐसा करते देखे गए हैं।

उपरोक्त विवेचन से स्पष्ट है कि विधायक नाना प्रकार की रचनात्मक, औपचारिक व अनैतिक भूमिकाएं निभाता रहता है। इन भूमिकाओं की प्रकृति, देश की राजनीतिक

संस्कृति, समाज के मूल्यों और आदर्शों पर निर्भर करती है। संक्रमणशील समाजों में अधिक उथल-पुथल के अवसर तथा पकड़े जाने की कम सम्भावनाएं रहती हैं इसलिए इन राजनीतिक व्यवस्थाओं में विधायक काफी कुछ नकारात्मक भूमिका निभा सकने में सफल हो जाते हैं।

समय के साथ विधायक का अनुभव बढ़ता जाता है इस कारण उसकी भूमिका की प्रकृति भी बदलती रहती है। या यों कहा जा सकता है कि कुछ प्रकार की भूमिकाओं का विस्तार होता जाता है। ला पालोम्बारा[24] ने निर्वाचकों के सम्बन्ध में विधायकों की भूमिका का उदाहरण लेकर इसे निम्न प्रकार से चित्रित करके समझाया है :

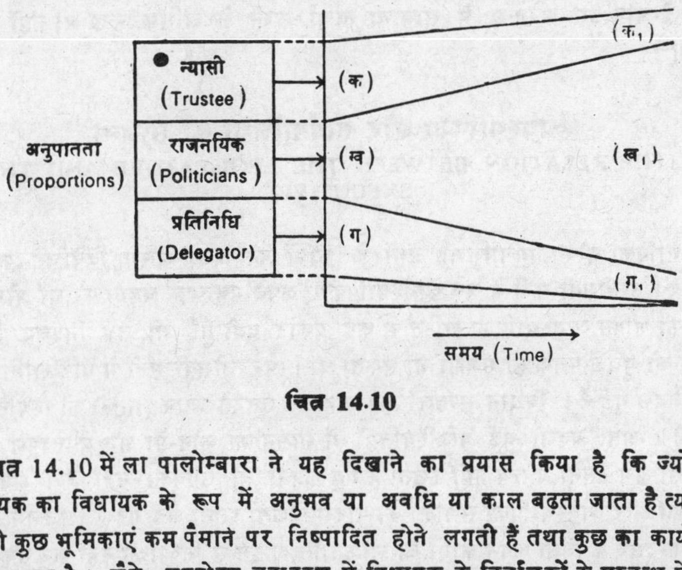

चित्र 14.10

चित्र 14.10 में ला पालोम्बारा ने यह दिखाने का प्रयास किया है कि ज्यों-ज्यों विधायक का विधायक के रूप में अनुभव या अवधि या काल बढ़ता जाता है त्यों-त्यों उसकी कुछ भूमिकाएं कम पैमाने पर निष्पादित होने लगती हैं तथा कुछ का कार्य क्षेत्र बढ़ता जाता है। जैसे, उपरोक्त उदाहरण में विधायक के निर्वाचकों के सम्बन्ध में तीन कार्यों में जो कालावधि से अन्तर आता है उसे दिखाया गया है। ला पालोम्बारा के अनुसार समय के साथ-साथ विधायक का राजनयिक (politicos) कार्य व्यापक तथा बाकी अन्य दो कार्य या भूमिकाएं—न्यासी तथा प्रतिनिधित्व, अनुपात में कम होती जाती हैं। तीनों कार्य एक समय में क, ख, ग स्थान पर एक-सा अनुपात रखते हैं तथा एक समय के बाद इनका अनुपात $क_1$ $ख_1$ और $ग_1$ के अनुसार हो जाता है जो इस प्रकार समय के साथ-साथ परिवर्तित हो जाता है अर्थात विधायक का न्यासी व प्रतिनिधि कार्यक्षेत्र कम हो जाता है। इसके लिए अनेक कारण उत्तरदायी हैं जिनका इस सन्दर्भ में उल्लेख करना आवश्यक नहीं लगता है।

इस प्रकार, विधायक की भूमिका कालचक्र के साथ-साथ न केवल बदल सकती है

[24]Joseph La Palombara, *op. cit.*, p. 181.

अपितु उसकी भूमिका का कार्यक्षेत्र भी घट या बढ़ सकता है। सामान्यतया समय के साथ विधायक की भूमिका राजनीतिक अधिक व अन्य प्रकार की कम होती जाती है। विकासशील राज्यों में भूमिका सम्बन्धी यह सामान्यकरण सही हो ऐसा नहीं लगता है, क्योंकि विधायकों को सामान्यतया नियतकालिक चुनावों के माध्यम से वैधता प्राप्त नहीं करनी होती है। मिस्र में संसद के चुनाव 1952 के बाद 28 अक्तूबर 1976 में सम्पन्न हुए। इससे विधायक की वैधता ही समाप्त हो जाती है। अतः विकासशील राज्यों में विधायकों का जीवनकाल कार्यपालिका द्वारा संसद का काल बढ़ाकर, बढ़ा दिया जाता है। श्रीलंका में आठ वर्ष से वही विधायक बने हुए हैं जो केवल पांच वर्ष के लिए चुने गए थे। इस सबसे यही निष्कर्ष निकलता है कि विधायक की भूमिका अनेक तत्त्वों व नियामकों से प्रभावित होती है और इस सम्बन्ध में सामान्य चर्चा करने से अधिक कुछ भी नहीं कहा जा सकता!

व्यवस्थापिका और कार्यपालिका का सम्बन्ध
(THE RELATION BETWEEN THE LEGISLATURE AND THE EXECUTIVE)

व्यवस्थापिका और कार्यपालिका अंगों के कार्यों को अलग-अलग विवेचित करने की प्रथा है। उन्नीसवीं सदी में जब व्यवस्थापिकाएं अपने महत्त्व के चढ़ाव पर थीं और कार्यपालिका शक्ति व्यवस्थापिका शक्ति से कई प्रकार दबी हुई थी तब निश्चय ही इनके कार्यों को पृथक-पृथक ही समझा जा सकता था। पर बीसवीं सदी में परिस्थितियां पूरी तरह बदल गई हैं। विधान मण्डलों का महत्त्व उतरते ज्वार (tide) की स्थिति में आ गया है। अतः बदली हुई परिस्थितियों में शासन का कौन-सा अंग महत्त्वपूर्ण है और कौन-सा अंग इतना महत्त्व नहीं रखता है यह कहना ही उपयुक्त नहीं है। अब कार्यपालिका और व्यवस्थापिका सभाओं की पारस्परिकता इतनी बढ़ गई है कि इनमें से कोई भी एक-दूसरे के बिना अपने कार्यों का लोकतान्त्रिक ढंग से निष्पादन नहीं कर सकती है। अतः अब 'कार्यपालिका बनाम व्यवस्थापिका' के दृष्टिकोण के स्थान पर 'कार्यपालिका और व्यवस्थापिका' का दृष्टिकोण अपनाना आवश्यक हो गया है। राबर्ट सी० बोन ने कार्यपालिका और व्यवस्थापिका के परिवर्तित सम्बन्धों पर जोर देने के लिए अपनी पुस्तक **एक्शन एण्ड आर्गेनाइज़ेशन : एन इन्ट्रोडक्शन टू कन्टेम्परेरी पालिटिकल साइंस** में व्यवस्थापिका सम्बन्धी अध्याय का शीर्षक ही "बीसवीं सदी में कार्यपालिका व्यवस्थापिका सहमिलन' (Executive-Legislative Symbosis in the Twentieth Century) रखा है। इस सम्बन्ध में बोन ने ठीक ही लिखा है कि बीसवीं सदी में दोनों ही प्रकार की व्यवस्थाओं— अविभक्त सत्ता और सहभागी सत्ता वाली (संसदीय और अध्यक्षात्मक) व्यवस्थाओं में व्यवस्थापिकाओं और कार्यपालिकाओं में अधिकाधिक सहमिलन विकसित होता जा रहा है।[25] यह तथ्य सही है किन्तु अब शायद इन दोनों के सहमिलन का युग

[25]Robert C. Bone, *op. cit.*, p. 345.

भी समाप्त हो गया है। वोन द्वारा स्वयं ही इसका संकेत किया गया है। उसने लिखा है कि "संवैधानिक सरचना के बावजूद कार्यपालिका-व्यवस्थापिका सम्बन्धों में पहल का कार्य आवश्यक व स्थायी रूप से कार्यपालिका के हाथों में चला गया है।"[26]

कार्यपालिका व व्यवस्थापिका के आपसी सम्बन्धों को लेकर सीधा-सादा सामान्यीकरण तो यह किया जा सकता है कि कार्यपालिकाएं परिवर्तित परिस्थितियों में इतनी शक्तिशाली हो गई हैं कि इन्होंने व्यवस्थापिकाओं को 'ग्रहण' लगा दिया है या उन्हें ढक सा दिया है। वर्तमान सदी के उत्तरार्ध में राजनीतिक व्यवस्थाओं में प्रक्रियात्मक जटिलताएं बहुत अधिक आ गई हैं। घटनाक्रम इतनी तेजी से करवटें लेते हैं और विश्व के देशों की पारस्परिकता इतनी अधिक बढ़ गई है कि निर्णयों और निर्णयों को क्रियान्वित करने में कुछ क्षणों की देरी से सारा पासा ही पलट सकता है। व्यवस्थापिकाओं की संरचना इस प्रकार की होती है कि बदले हुए तकनीकी युग की राजनीतिक पेचीदगियों से निपटने की उनमें शक्ति तो है, किन्तु उस शक्ति का उपयोग करने का समय नहीं रहा है।

दूसरे विश्वयुद्ध के बाद की जटिल परिस्थितियों के कारण व्यवस्थापिका व कार्यपालिका के सम्बन्धों में परिवर्तन आया है तथा कार्यपालिका का ही पलड़ा भारी हुआ है। परन्तु इस परिवर्तन को इतना सरल मानकर निष्कर्ष निकाल लेना आसान नहीं है। कई बार ऐसी परिस्थितियां आ जाती हैं जब व्यवस्थापिकाएं कार्यपालिकाओं को अपनी मनमानी करने देना तो दूर, उन्हें सामान्य गतिविधियों में भी अवरोधित करने मे सक्षम हो जाती हैं। फ्रांस में 1946-1958 का काल ऐसा उदाहरण प्रस्तुत करता है। डोरोथी पिकल्स ने फ्रांस के पांचवें गणतन्त्र के संविधान में कार्यपालिका को अभूतपूर्व प्रकृति का बनाने में सबसे अधिक सहयोगी तत्त्व व्यवस्थापिका की अनावश्यक सक्रियता और शक्ति को ही माना है।

राजनीतिक व्यवस्थाओं में बढ़ती हुई पेचीदगियों के कारण व्यवस्थापिकाओं को वास्तविकताओं के दबावों के अनुरूप ढलना पड़ा है। विश्व के अनेक देशों में से किसी-किसी राज्य में जब-तब व्यवस्थापिका शक्ति का, विशेष परिस्थितिवश, विचित्र ढंग से प्रभावी हो जाना अपवाद ही कहा जा सकता है। इस बात से अब सभी सहमत हैं कि सभी प्रकार की शासन व्यवस्थाओं में चाहे वे संसदीय प्रकार की हों या अध्यक्षात्मक प्रकार की, व्यवस्थापिकाओं के महत्त्व में घटते हुए चन्द्रमा की तरह धीरे-धीरे कमी आती जा रही है। किन्तु इस सबके बावजूद आधुनिक व्यवस्थापिकाएं नई-नई भूमिकाएं अदा करने में अग्रणी होती जा रही हैं। इन भूमिकाओं व कार्यों का इसी अध्याय में विस्तार से विवेचन किया जा चुका है। अतः इनको यहां दोहराना आवश्यक नहीं है। इस विवेचन से यह आवश्यक हो जाता है कि हम उन तथ्यों व कारणों पर विचार करें जो व्यवस्थापिका सभाओं में 'तथाकथित' पतन के लिए उत्तरदायी हैं।

[26] *Ibid.*

व्यवस्थापिकाओं का पतन या अवनति
(THE DECLINE OF LEGISLATURES)

लार्ड ब्राइस ने अपनी पुस्तक **माडर्न डेमोक्रेसीज** में एक अध्याय का शीर्षक 'व्यवस्थापिकाओं का पतन' (Decline of Legislatures) रखकर यह संकेत दिया है कि बीसवीं सदी में व्यवस्थापिकाएं अपने गौरवपूर्ण उन्नीसवीं सदी के अतीत से कहीं नीचे गिर गई हैं। ब्राइस ने इस अध्याय में उठाए गए प्रश्न को दूसरे अध्याय "व्यवस्थापिकाओं का रोग विज्ञान' (Pathology of Legislatures) में समझाने का प्रयास किया है अर्थात उसने उन रोगों व कारणों की खोज का प्रयास किया है जिससे व्यवस्थापिकाएं पीड़ित होकर पतन की ओर जा रही हैं, किन्तु ब्राइस इनके पतन का न तो साधारण और न ही विशेष स्पष्टीकरण देने में सफल हो पाए हैं, क्योंकि ऐसा कोई साधारण कारण उन्हें दिखाई नहीं दिया जिससे व्यवस्थापिकाओं का पतन समझा जा सके। आधी शताब्दी पहले लिखी इस पुस्तक में विधान मण्डलों के पतन सम्बन्धी प्रश्न आज तक बराबर उठाए जाते रहे हैं और यह बार-बार कहा जा रहा है कि व्यवस्थापिकाओं का पतन होता जा रहा है। आज अक्सर सुनने में आ रहा है कि संसदों का युग लद गया है, नौकरशाही की विजय हो रही है और कार्यपालिका या केबिनेट की तानाशाही स्थापित हो चुकी है। जब सभी यह बात कर रहे हैं कि व्यवस्थापिकाओं का पतन हो रहा है तब स्वाभाविक प्रश्न यह उठता है कि 'व्यवस्थापिकाओं के पतन' का तात्पर्य क्या है ? किस अर्थ व रूप में व्यवस्थापिकाओं का पतन हो गया है ?

के॰ सी॰ ह्वीयर ने अपनी पुस्तक **लेजिस्लेचर**[27] में भी एक अध्याय 'व्यवस्थापिकाओं का पतन' का जोड़ा है। उसने इस अध्याय में व्यवस्थापिकाओं के पतन के कई पहलुओं का विवेचन करके यह स्पष्ट करने का प्रयास किया है कि व्यवस्थापिकाओं के 'पतन' से क्या आशय लिया जाता है। उसने इस सम्बन्ध में कई प्रश्न उठाए हैं और यह बताने का प्रयास किया है कि व्यवस्थापिकाओं का पतन इनके कई पहलुओं से सम्बन्धित हो सकता है। इस सम्बन्ध में ह्वीयर ने निम्न प्रश्न उठाए हैं—

(1) क्या व्यवस्थापिकाओं की शक्तियों में ह्रास हुआ है ?
(2) क्या व्यवस्थापिकाओं की कार्य दक्षता में कमी आ गई है ?
(3) क्या व्यवस्थापिकाओं के प्रति जन-सम्मान नहीं रहा है ?
(4) क्या व्यवस्थापिकों में जनता की रुचि कम हुई है ?
(5) क्या विधायकों के व्यवहार के स्तर में गिरावट आई है ?
(6) क्या व्यवस्थापिकाओं के शिष्टाचार में कमी आई है ?
(7) क्या यह पतन व्यवस्थापिकाओं की पहले वाली सत्ता व अवस्था के स्तर से नीचे की ओर हुआ है ?

[27]K. C. Wheare, Legislatunres, New York, Oxford University Press, 1963 p. 221.

(8) क्या व्यवस्थापिकाओं का पतन अन्य सामाजिक और राजनीतिक संस्थाओं, विशेषकर कार्यपालिका, राजनीतिक दलों या संगठित पेशेवर व हित समूहों के मुकाबले में हुआ है ?

ह्वीयर इन प्रश्नों को उठाकर यह कहते हैं कि अगर इनमें से किसी भी पहलू से व्यवस्थापिकाओं का पतन सम्बन्धित है तब भी समस्या यह उत्पन्न होती है कि इस पतन को नापा कैसे जाए कि इतनी मात्रा में इनका पतन हुआ है ? इस सम्बन्ध में कोई सीधा-सादा उत्तर दे सकना सम्भव नहीं है, किन्तु ह्वीयर के इस मत से अधिकांश व्यक्ति सहमत हैं कि "व्यवस्थापिकाओं ने अपनी शक्तियां, कार्यकुशलता व सम्मान को बनाए रखा हो या इनमें वृद्धि तक कर ली हो ऐसा सम्भव है फिर भी उनका अन्य संस्थाओं से सापेक्ष रूप में इन सभी पहलुओं में पतन हुआ है क्योंकि अन्य संस्थाओं ने अपनी शक्तियां बढ़ाकर अपना दर्जा सुधार लिया है।"[28]

अगर व्यवस्थापिकाओं का वर्तमान सदी में उनके स्थान और कार्यप्रणाली का सामान्य सर्वेक्षण किया जाए तो कुछ महत्त्वपूर्ण अपवादों को छोड़कर यही स्पष्ट होगा कि व्यवस्थापिकाओं की, कुछ महत्त्वपूर्ण पहलुओं में, विशेषकर कार्यपालिका की शक्तियों के सन्दर्भ में इनकी अवस्था में, महत्त्वपूर्ण और काफी अवनति हुई है। वर्तमान शताब्दी का एक लक्षण और प्रवृत्ति यह रही है कि राजनीतिक संस्थाओं का विकास इस तरह हो रहा है जिससे कार्यपालिका शक्ति में अभूतपूर्व वृद्धि हो गई है। इसमें विश्वयुद्धों की आशंकाओं, आर्थिक संकटों, सामूहिक, समाजवादी या लोक-कल्याणकारी नीतियों के अपनाने और अन्तर्राष्ट्रीय तनाव के बराबर बने रहने का काफी योगदान है। अब कार्यपालिकाएं अनेक ऐसे कार्य करने लग गई हैं जो वे पहले नहीं करती थीं। कार्यपालिकाएं ही क्या, यह तो ऐसे कार्य हैं जो कोई भी संस्था यहां तक कि स्वयं व्यवस्थापिकाएं भी पहले नहीं करती थीं। अतः कार्यपालिका की शक्तियों में वृद्धि (इसकी शक्तियों में वृद्धि के कारणों का कार्यपालिका से सम्बन्धित अध्याय में विस्तार से विवेचन किया गया है) का कारण यह नहीं है कि इसने व्यवस्थापिका से कुछ शक्तियां छीन ली हैं। वास्तव में आधुनिक व्यवस्थापिकाएं तो पहले से कहीं अधिक कार्य करने लगी हैं तथा लम्बे-लम्बे अधिवेशनों में बैठने लगी हैं। यहां तक कि व्यापक प्रकार के व विविध विषयों से इनका सम्बन्ध होने के कारण इनका महत्त्व व सम्मान बढ़ा है। अतः ह्वीयर ने ठीक ही निष्कर्ष निकाला है कि "निरपेक्ष दृष्टि से तो व्यवस्थापिकाओं की शक्तियों में वृद्धि हुई है किन्तु कार्यपालिका के सापेक्ष या मुकाबले में उनकी शक्तियां करीब-करीब सभी पहलुओं में कम हुई हैं।"[29]

इस प्रकार, ह्वीयर व्यवस्थापिकाओं का पतन कार्यपालिका की शक्तियों के सापेक्ष सन्दर्भ में ही मानता है तथा इस अर्थ में कार्यपालिकाओं की शक्तियां सब प्रकार से बढ़ी हैं, किन्तु ला पालोम्बारा की मान्यता है कि व्यवस्थापिकाओं का पतन एक तरफ तो

[28] *Ibid.*
[29] *Ibid.*

उनकी प्रतिनिधात्मकता में हुआ है तथा दूसरी तरफ, यह पतन कार्यपालिका की शक्तियों के मुकाबले में हुआ है। राबर्ट सी० बोन इसको पतन या अवनति न कहकर यह कहना पसन्द करता है कि व्यवस्थापिका-कार्यपालिका सम्बन्धों में इस शताब्दी के पिछले कुछ दशकों में ऐसा परिवर्तन आया है कि कार्यपालिका प्रबल बन गई है। जीन ब्लोन्डेल ने यह पतन केवल विधि-निर्माण के क्षेत्र में ही स्वीकार किया है जबकि एलेन बाल उनकी भूमिका की प्रभावकारिता में कमी की ही बात करता है।

इन सब विद्वानों के विचारों का सार यही है कि व्यवस्थापिकाएं, कार्यपालिकाओं के मुकाबले में तो कमजोर हुई हीं हैं, साथ ही अपनी शक्तियों के वास्तविक प्रयोग में भी अक्षम बन गई हैं। अर्थात यह सही है कि व्यवस्थापिकाओं ने कई क्षेत्रों में नई भूमिकाएं अदा करनी आरम्भ कर दी हैं। फिर भी बदली हुई राजनीतिक परिस्थितियों में उनकी भूमिका की प्रकृति में परिवर्तन आना स्वाभाविक है, किन्तु इस सबसे यह निष्कर्ष नहीं निकाला जा सकता कि यह निरर्थक संस्थाएं बन गई हैं। वास्तव में सरकारों के कार्यों में हुई वृद्धि के अनुपात में व्यवस्थापिकाओं के कार्य भी बढ़ गए हैं, किन्तु इनका पतन इस रूप में हुआ है कि सरकार के कार्यों में आई वृद्धि से कार्यपालिका कार्यों में तो अभूतपूर्व वृद्धि हो गई और इस दौड़ में व्यवस्थापिकाएं बहुत पीछे रह गईं। कार्यपालिका व व्यवस्थापिका की सापेक्ष कार्य वद्धि को हम चित्र 14.11 के अनुसार चित्रित करके समझ सकते हैं।

चित्र 14.11 में व्यवस्थापिका और कार्यपालिका के कार्यों और महत्त्व में सापेक्ष परिवर्तन का चित्रण किया गया है। सन् 1900 में व्यवस्थापिका व कार्यपालिका के कार्य 'क' क्षेत्र तक व्याप्त थे। व्यवस्थापिका का कार्यक्षेत्र 'क' (10 प्रतिशत) तथा कार्यपालिका का कार्यक्षेत्र 'क' (8 प्रतिशत) द्वारा दिखाया गया है। इसी तरह इनके कार्यों का माप करने पर व्यवस्थापिका व कार्यपालिका के कार्य क्रमशः 60 व 40 प्रतिशत थे। दूसरे और तीसरे तथ्य क्रमशः 1950 और 1977 से सम्बन्धित हैं। इनमें दिखाया गया है कि व्यवस्थापिका के कार्यों का क्षेत्र व संख्या दोनों में ही 1900 की अवस्था से वृद्धि हुई है। किन्तु कार्यपालिका के कार्यों में क्षेत्र व संख्या की दृष्टि से वृद्धि कहीं अधिक हुई जो चित्र में अपने आप स्पष्ट हो जाती है। इस प्रकार व्यवस्थापिका का कार्यपालिका के मुकाबले में महत्त्व व कार्य कम हुए हैं। निरपेक्ष रूप से सरकार के कार्यों में वृद्धि के कारण व्यवस्थापिका के कार्यों में भी वृद्धि हुई है। इस चित्र को आनुभविक तथ्यों के ऊपर आधारित नहीं किया गया है। यह तो इन दोनों के केवल सापेक्ष महत्त्व में परिवर्तन को समझाने के लिए बनाया गया रेखा चित्र है जिसके अपवाद भी हो सकते हैं।

व्यवस्थापिकाओं के महत्त्व में कमी और शक्तियों के पतन के लिए कई कारण उत्तरदायी हो सकते हैं। किसी देश की व्यवस्थापिका का पतन किसी विशेष कारण से हो सकता है तो किसी अन्य देश की व्यवस्थापिका की अवनति का कारण कुछ और हो सकता है। इसी तरह, अमरीका की कांग्रेस और तीसरे और चौथे गणतन्त्र के अन्तर्गत फ्रांस की व्यवस्थापिकाएं अत्यन्त महत्त्वपूर्ण भूमिका निभाती रही थीं। अमरीका की कांग्रेस तो आज भी अपने पांवों पर जमी हुई है। इससे स्पष्ट है कि हम केवल ऐसे

सामान्य कारणों का ही उल्लेख कर सकते हैं जिनके कारण विधान मण्डलों की अवनति हुई है। संक्षेप में यह कारण इस प्रकार हैं—(क) कार्यपालिका के कार्यों में अभूतपूर्व वृद्धि, (ख) प्रदत्त व्यवस्थापन की प्रथा का बढ़ता हुआ प्रयोग, (ग) रेडियो व दूरदर्शन (television) का वाद-विवाद के मंच के रूप में विकास, (घ) व्यावसायिक, व्यापारिक संगठनों व हित समूहों का विकास, (च) विशेषज्ञों की परिषदों और सलाहकार समितियों का विकास, (छ) सेनाओं पर नियन्त्रण, युद्ध और संकट, (ज) चिन्ता के युग

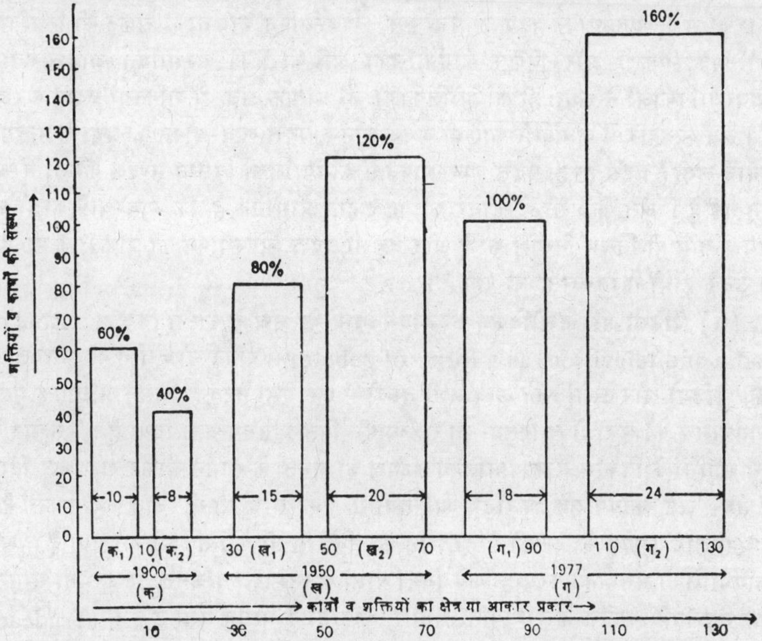

चित्र 14.11. व्यवस्थापिका कार्यपालिका के सापेक्ष शक्तियां

की मन:स्थित्ति या मनोवृति, (झ) विदेश सम्बन्धों की प्रधानता व अन्तर्राष्ट्रीय तनाव, (ट) सकारात्मक राज्य का उदय, और (ठ) बड़े-बड़े अनुशासित दलों का विकास।

(क) कार्यपालिका के कार्यों में अभूतपूर्व वृद्धि (Tremendous growth in the executive functions)—कार्यपालिका की शक्तियों में वृद्धि होना स्वाभाविक है, क्योंकि आधुनिक कार्यपालिकाएं अनेक ऐसे कार्य करने लगी हैं जो यह पहले कभी नहीं करती थीं। यहां यह ध्यान रखना है कि कार्यपालिका के कार्यों में यह वृद्धि व्यवस्थापिकाओं की कीमत पर नहीं हुई है। यह दो कार्य ऐसे हैं जो आधुनिक युग की उपज हैं और कार्यपालिका ही इनका निष्पादन कर सकती है। कार्यपालिका के कार्यों में वृद्धि का अगले अध्याय में विस्तार से विवेचन किया जाएगा इसलिए इसे यहां विस्तार से समझाने का प्रयास नहीं किया गया है।

(ख) प्रदत्त व्यवस्थापन की प्रथा (The practice of delegated legislation)—के० सी० ह्वीयर का कहना है कि "एक क्षेत्र में कार्यपालिका ने व्यवस्थापिका कार्य का काफी भाग अपने हाथ में ले लिया है और यह क्षेत्र है कानून या नियम बनाने का।"[30] प्रदत्त व्यवस्थापन के विकास के कारण कार्यपालिका द्वारा आंशिक रूप से नियम-निर्माण की शक्ति का प्रयोग करना इस बात की पुष्टि है कि विधान मण्डल सारे कानून या कम से कम सभी महत्त्वपूर्ण कानून बनाने का कार्य भी नहीं करते हैं। यद्यपि प्रदत्त-व्यवस्थापन की शक्ति वापस ली जा सकती है या नियंत्रित की जा सकती है। किन्तु व्यवहार में अनेक कारणों से (व्यवस्थापन कार्य की पेचीदगी, व्यवस्थापन कार्यभार, संकट की स्थितियों की आकस्मिकता और विशेष कार्यपालिका अधिकारों की सम्भावित आवश्यकता) व्यवस्थापिकाओं नें स्वत: ही कार्यपालिकाओं को व्यापक क्षेत्र में शक्तियां प्रदान कर दी हैं। अब व्यवहार में कार्यपालिकाएं ही अनेक कानून, प्रदत्त व्यवस्थापन की प्रथा के अन्तर्गत बनाने लगी है। इस तरह, प्रदत्त व्यवस्थापन से कार्यपालिका विधान मण्डल की-सी संस्था बन गई है। अत: के० सी० ह्वीयर का यह कहना प्रासंगिक है कि व्यवस्थापिकाओं का प्रमुख कार्य ही नियम-निर्माण का है और वह भी प्रदत्त व्यवस्थापन की प्रक्रिया के माध्यम से उनके हाथों से निकलता जा रहा है।

(ग) रेडियो और टेलीविज़न का वाद-विवाद के मंच के रूप में विकास (Role of radio and television as a form of debate)—राबर्ट सी० बोन की मान्यता है कि "रेडियो और टेलीविज़न अन्य सभी तत्त्वों में एक ऐसा तत्त्व है जिसने आधुनिक मुख्य कार्यपालक को करोड़ों व्यक्तियों का सर्वव्यापी पितृ-प्रतिरूप बना दिया है।" संचार के इन साधनों के विकास ने कार्यपालिका अध्यक्ष को जनता के सामने लाकर खडा कर दिया है तथा अब कार्यपालक करोड़ों व्यक्तियों से एक साथ अपनी बात कह सकता है। 1960 और 1970 के दशकों में दूरदर्शन का विकास तो क्रान्तिकारी बन गया है। अब कार्यपालिका संसद की परवाह किये बिना सीधा जनसम्पर्क व जनता से आमना-सामना कर सकती है। फ्रांस के राष्ट्रपति डिगाल, कनाडा के प्रधान मंत्री ट्रूडेव (Trudeau) और अमरीका के राष्ट्रपति निक्सन ने टेलीविज़न को जनमत को पक्ष में करने में महत्त्व-पूर्ण समझा और व्यवस्थापिकाओं के विरोध या विरोध की आशंकाओं के बावजूद, जनता की सहानुभूति प्राप्त करने में इसका खूब प्रयोग किया। उदाहरण के लिए, राष्ट्रपति निक्सन ने 1969 और 1970 में वियतनाम नीति और युद्ध विरोधी आन्दोलन के प्रभाव को तथा इस कारण जनता की चिन्ता को शान्त करने में टेलीविज़न का भरपूर प्रयोग करके काफी सफलता पाई थी।

(घ) व्यावसायिक और व्यापारिक संगठनों व हित समूहों का विकास (The development of professional and business organised interest groups)—व्यवस्थापिकाओं की भूमिका 'शिकायतों की समिति' के रूप में लम्बी अवधि से चली आ रही थी। व्यवस्थापिकाओं के सदस्यों का यह दायित्व होता था कि वे जनता की

[30] *Ibid.*, p. 222.

विविध शिकायतों को सरकार तक पहुंचाने का कार्य करें। यह कार्य वे अभी भी करते हैं और इस संदर्भ में व्यवस्थापिकाओं का पतन निरपेक्ष या पूर्ण रूप से नहीं हुआ है, किन्तु ट्रेड यूनियनों, व्यावसायिक संगठनों व हित समूहों के विकास के कारण इस भूमिका में कमी आई है। यह संस्थाएं नागरिक जीवन के सामाजिक व आर्थिक सभी पहलुओं से सम्बन्धित होने और साथ ही काफी शक्तिशाली होने के कारण, प्रशासन से उपयुक्त स्तर पर अपने सदस्यों की समस्याओं और शिकायतों को लेकर सीधे बातचीत करने लगी हैं। उनको अब व्यवस्थापिका के सदस्यों की सहायता या उनके माध्यम से कार्यपालिका से काम निकलवाने की जरूरत नहीं रही है। इससे कार्यपालिका, व्यवस्थापिका से बाहर, पर्दे के पीछे ही सब कुछ समझौते कर लेती है। व्यवस्थापिका के अन्दर तो तैयार करी कराई बात पेश की जाती है जिस पर 'रबर की मोहर' लगाने का-सा काम ही व्यवस्थापिका के लिए बच रहता है।

आजकल हर नागरिक संगठित हित समूहों से सम्बन्धित होता है। अतः इन हित समूहों व कार्यपालिका के बीच सारी बातचीत व्यवस्थित ढंग से प्रशासनिक दफ्तरों में होने लगी है। मामले पेचीदा होने के कारण इन पर बारीकी से विचार-विमर्श होता है तथा हित समूहों की परस्पर विरोधी मांगों में सामंजस्य स्थापित करने के लिए कार्यपालिका को सौदेबाजी तक करनी पड़ती है। ऐसी परिस्थितियों से गुजरे निर्णयों पर कार्यपालिका, व्यवस्थापिका की पुष्टि मामले की नाज़ुकता के नाम से प्राप्त कर लेती है। इस तरह, व्यवस्थापिका वास्तव में पृष्ठभूमि में धकेल दी जाती है और निर्णय प्रक्रिया में केवल कार्यपालिका ही सर्वेसर्वा हो जाती है। उदाहरण के लिए, किसी संस्था के कर्मचारी तनख्वाह की मांग को लेकर हड़ताल पर हैं तो इनसे कार्यपालिका ही निपट सकती है, व्यवस्थापिका के वश की बात यह नहीं होती है। अतः व्यावसायिक, व्यापारिक संगठनों व हित समूहों के विकास ने कार्यपालिका के हाथ मजबूत किए हैं।

(च) **विशेषज्ञों की परिषदों और सलाहकार समितियों का विकास** (Development of consultative councils and advisory committees)—यह सामान्यतया विशेषज्ञों के संगठन और संस्थाएं होती हैं तथा हर मंत्रालय और विभाग से सम्बन्धित विषयों पर इनका निर्माण किया जाता है। विधेयकों का प्रारूप तैयार करने से लेकर समिति स्तर तक विषय विशेष पर इनका मत और सलाह प्राप्त कर ली जाती है और उसके बाद सम्बन्धित विषय, विधान मण्डल में अनुमोदन के लिए सम्पन्न कार्य (fait accompli) के रूप में प्रस्तुत किया जाता है। अगर विधायक उस पर प्रश्न करते हैं या उसमें संशोधन प्रस्तुत करते हैं तो उन्हें यह कहकर हताश कर दिया जाता है कि इस पर विशेषज्ञों, सलाहकारों और सम्बन्धित विभागों द्वारा बारीकी से विचार और इसकी छानबीन की जा चुकी है। इससे सम्बन्धित सभी पक्षों के विचार भी जान लिए गये हैं। इस तरह, व्यवस्थापिका के सामने ऐसे प्रस्तावों और विधेयकों पर अपने अनुमोदन की छाप लगाने के अलावा और कोई मार्ग ही नहीं रह जाता है।

अगर विधायक ऐसे विषयों पर प्रारम्भिक चरणों में वाद-विवाद करना चाहते हैं तो इसको यह कहकर टाल दिया जाता है कि इस विषय पर बातचीत नाज़ुक दौर में है।

या यह कह दिया जाता है कि अभी इसका उचित समय नहीं आया है। कभी-कभी कार्यपालिका यह कहकर वाद-विवाद को प्रारम्भिक स्तरों पर भी नहीं होने देती कि इससे विचार-विमर्श व समझौते का सारा मामला ही खटाई में पड़ सकता है। अनेक सरकारी नियम ऐसे हैं जिनको व्यवस्थापिका के विवाद क्षेत्र से बाहर रखने का कार्यपालिका के पास एक रामबाण अस्त्र यह है कि इस पहलू पर विवाद करना राष्ट्रीय हित में नहीं होगा। इस प्रकार, व्यवस्थापिकाएं सामान्य विषयों या मुद्दों पर वाद-विवाद करने से भी वंचित कर दी जाती हैं।

(छ) सेवाओं पर कार्यपालिका का नियंत्रण और युद्ध व संकट (Executive control over the armed forces and war and crises)—हर लोकतांत्रिक राज्य में सैनिक सत्ता को सिविल या सार्वजनिक सत्ता के अधीन रखा जाता है। राज्य का मुख्य कार्यपालक ही सर्वोच्च सेनापति होता है। देश की सैन्य-शक्ति के संचालन में वह करीब-करीब पूर्ण स्वतन्त्रता रखता है। भारत में 1971 के बंगला देश मुक्ति युद्ध में भूतपूर्व प्रधान मंत्री इन्दिरा गांधी की युद्ध संचालन स्वतन्त्रता इसका अच्छा उदाहरण है। इस कार्य में व्यवस्थापिका कुछ कर ही नहीं सकती है। अतः युद्ध या सैनिक संकटों व मुठभेड़ों में कार्यपालिका सर्वसर्वा हो जाती है। ऐसी परिस्थितियों में तुरन्त निर्णय की आवश्यकता होती है। उदाहरण के लिए, 1965 में भारत पाक युद्ध में प्रधान मंत्री शास्त्री ने अगर हवाई सेवा के उपयोग के आदेश देने में कुछ ही क्षणों की देरी कर दी होती तो शायद युद्ध का पासा पलट जाता क्योंकि इस देरी की अवस्था में काश्मीर को भारत से जोड़ने वाली सड़कों पर पाकिस्तान का कब्जा हो जाता और फिर शायद काश्मीर को बचाना कठिन हो जाता है। अमरीका के राष्ट्रपति ने वियतनाम युद्ध के संचालन में कई बार कांग्रेस की अवहेलना की है। कार्यपालिका की इस शक्ति में आणविक व अन्य विनाशक अस्त्र-शस्त्रों के विकास के कारण और भी वृद्धि हो गई है। उनका 'इधर या उधर का निर्णय' सारा पासा पलट सकता है। शायद ऐसी आकस्मिक गलती से बचाव के लिए ही रूस व अमरीका के बीच 'हॉट लाइन' दोनों देशों के सर्वोच्च कार्यपालकों को सीधे सम्पर्क में बनाए रखने के साधन के रूप में व्यवस्थित की गई है। इस क्षेत्र में व्यवस्थापिकाएं अक्षम हैं। उदाहरण के लिए, युद्ध की घोषणा का अधिकार अमरीका में कांग्रेस के पास है, किन्तु इस क्षेत्र में भी कार्यपालिका ऐसी स्थिति ला सकती है जिसमें कांग्रेस के पास युद्ध की घोषणा करने के अलावा और कोई रास्ता ही न रह जाए।

(ज) 'चिन्ता के युग' की मनोवृत्ति या मनःस्थिति (The 'Age of Anxiety' psychosis)—प्रौद्योगिक उन्नति ने जनता की राजनीतिक अपेक्षाओं और आकांक्षाओं में अत्यधिक वृद्धि कर दी है। राबर्ट सी० बोन[31] का कहना है कि बीसवीं सदी को 'चिन्ता का युग' कहना बहुत उपयुक्त है। विश्व भर में हर देश का नागरिक निरन्तर चिन्ताग्रस्त रहने लगा है। अनेक देशों में बड़े पैमाने पर होने वाले सैनिक संघर्ष, आणविक विनाश और अन्य प्रकार के संकट के खतरे आए दिन सरकारों को ही नहीं नागरिकों

[31]Robert C Bone, *op. cit.*, p. 370.

को भी आतंकित किये रहते हैं। संचार के माध्यमों में विकास के कारण हर प्रबुद्ध नागरिक को दुनिया भर की घटनाओं का ब्योरा बराबर रेडियो द्वारा मिलता रहता है। इस तरह आम आदमी विभिन्न सम्भावित खतरों से हर वक्त भयभीत रहने लगा है। उदाहरण के लिए, वियतनाम युद्ध कब विश्वयुद्ध का रूप ले लेगा, यह आशंका लोगों में वर्षों तक बनी रही थी। इससे कार्यपालिका अपने देश के लोगों के ध्यान का केन्द्र बन जाती है। वही उनको सांत्वना या सुरक्षित रखने का आश्वासन देती है। इस प्रकार, व्यक्ति को चिन्ता के युग में सांत्वना देने वाला श्रेष्ठतर व उपयुक्त व्यक्ति कार्यपालक ही होता है। यही कारण है कि भारत के विभिन्न सैनिक संकटों में प्रधान मंत्रियों ने बार-बार रेडियो द्वारा लोगों को सांत्वना दी थी। बंगला देश के प्रश्न पर पाकिस्तान से आरम्भ हुए युद्ध के सम्बन्ध में भूतपूर्व प्रधान मंत्री को सुनने के लिए (भूतपूर्व प्रधान मंत्री इन्दिरा गांधी उस समय कलकत्ते में थी और दिल्ली लौटकर उन्हें देश को सम्बोधित करना था) सारा राष्ट्र 16 दिसम्बर 1970 की आधी रात तक जागता रहा था। इस चिन्ता के युग में व्यवस्थापिका लोगों को आश्वस्त करने की भूमिका निभाने की अवस्था में हो ही नहीं सकती है।

(झ) विदेश सम्बन्धों की प्रधानता (Predominance of foreign affairs)—वुडरो विलसन ने, जब वे राजनीति-शास्त्र के प्रोफेसर थे, कार्यपालिका शक्ति के महत्त्व को बढ़ाने में अन्तर्राष्ट्रीय सम्बन्धों की भूमिका को स्पष्ट करते हुए लिखा था कि "यह एक अमर सत्य है कि ज्यों-ज्यों देश विदेशी मामलों में उलझता जाता है त्यों-त्यों कार्यपालिका शक्तिशाली होती जाती है।" विलसन की साठ वर्ष पहले लिखी बात अब तो हजार गुणा ज्यादा सही हो गई है। विदेश सम्बन्धों का संचालन ही ऐसा है कि इसमें व्यवस्थापिकाएं यदा-कदा ही अपनी भूमिका निभा सकती हैं। यह भूमिका भी जब कार्यपालिका द्वारा सब कुछ तय हो जाए तो संधियों, समझौतों इत्यादि का अनुमोदन करने तक ही सीमित रहता है। इस सम्बन्ध में कार्यपालिका में केवल मुख्य कार्यपालक ही विदेश सम्बन्धों का संचालन करता है। स्वयं विदेश मंत्री तक इसमें महत्त्वपूर्ण भूमिका निभा पाता है। अतः निष्कर्ष में इतना ही कहना पर्याप्त रहेगा कि विदेश सम्बन्धों का कुशल संचालन तब ही हो सकता है जबकि कार्यपालिका इनके संचालन में पूर्णतया स्वतन्त्र छोड़ दी जाए। अमरीका में सीनेट की विदेश सम्बन्धों सम्बन्धी समिति क्या करती है और राष्ट्रपति को व्यवहार में कितना नियन्त्रित कर पाती है यह सर्वविदित है। इससे स्पष्ट है कि व्यवस्थापिकाएं इस कारण से भी कार्यपालिका से बहुत पिछड़ गई हैं।

(ट) सकारात्मक राज्य का उदय (The rise of positive state)—अब सरकारें नकारात्मक भूमिकाओं के निष्पादन के स्थान पर सकारात्मक कार्य करने लगी हैं। अब सामाजिक व आर्थिक विकास की दिशाओं का निश्चय सरकारों को ही करना होता है। समाज का बहुमुखी विकास करना सरकार का दायित्व हो गया है। वैज्ञानिक प्रगति के कारण सामाजिक और आर्थिक समस्याओं का समाधान करना ही सरकार का कार्य नहीं रह गया है। अब राज्य कल्याणकारी बन गए हैं और जनता के लिए सब प्रकार की

सुविधाएं उपलब्ध कराना सरकारों का कार्य बन गया है। जनता को हर चीज तुरन्त व सही समय पर मिल सके इसकी व्यवस्था कार्यपालिका को ही करनी होती है। इससे व्यवस्थापिका का भी कार्य बढ़ा है पर इससे कार्यपालिका का कार्य अत्यधिक विस्तृत हो गया है। हर समय अब जनता कार्यपालिका की तरफ ही देखती है और उसी से हर प्रकार की शिकायत करती है। अतः व्यवस्थापिका का प्रभाव इस कारण भी कम हुआ है।

(ठ) **बड़े-बड़े अनुशासित दलों का विकास** (Growth of desciplined mass-parties)—एलेन बाल ने लिखा है कि "बीसवीं सदी में बड़े-बड़े अनुशासित दलों के विकास तथा कार्यपालिका शक्ति की संश्लिष्टता और उसके बढ़ते हुए क्षेत्र के कारण विधान सभाओं के पतन या ह्रास की चर्चा एक साधारण-सी बात हो गई है।"[32] व्यवस्थापिका की शक्ति को कार्यपालिका ने सही अर्थों में राजनीतिक दल के माध्यम से छीना है। दल के समर्थन के आधार पर कार्यपालिका व्यवस्थापिका से सब कुछ करा लेती है। इसी कारण हमने संसदीय प्रणाली के विवेचन में (देखिए अध्याय बारह) इस प्रणाली को 'प्रधानमंत्रीय प्रणाली' (prime ministerial system) कहा है। संसदीय या अध्यक्षात्मक प्रणाली में कार्यपालिका दल के समर्थन से व्यवस्थापिका की सारी शक्तियों का प्रयोग ही नहीं करती वरन उसके नियंत्रणों से भी मुक्त हो जाती है। इसका अपवाद शक्ति पृथक्करण वाले देशों में कभी-कभी देखने को मिल सकता है। इन देशों में जब कार्यपालिका व व्यवस्थापिका पर अलग-अलग दलों का प्रभुत्व हो तब ही यह स्थिति आती है जो सामान्यतया अपवाद ही मानी जा सकती है। अतः इस बात से इनकार नहीं किया जा सकता कि दलों के कारण व्यवस्थापिकाएं कार्यपालिकाओं की कठपुतलियां बन गई हैं।

ह्वीयर ने व्यवस्थापिकाओं के पतन का एक कारण और माना है। उसके अनुसार व्यवस्थापिकाएं अनेक कार्य नहीं कर सकतीं किन्तु उनको करना चाहती हैं और इस कारण कार्यभार से इतनी दब जाती हैं कि उनकी कार्यदक्षता में कमी आ जाती है। विकासशील राज्यों में यह प्रवृत्ति आजकल अधिक प्रबल हो रही है। व्यवस्थापिकाएं अपने प्रभुत्व को पुनः स्थापित करने के प्रयास में जो कुछ बची-खुची शक्ति की स्थिति है उससे भी गिर जाने के लिए मजबूर हो जाती हैं। यह सामान्य बुद्धि की बात कि जिस काम को करने में कोई संस्था अक्षम हो और फिर भी वह उस कार्य को करना चाहे या करने की जिद करे तो ऐसी अवस्था में या तो वह कार्य होगा नहीं या कार्य बिगड़ने की स्थिति आ जाएगी। ऐसा कहा जाता है कि व्यवस्थापिकाओं का जब-तब ऐसा प्रयत्न भी कहीं-कहीं उनके पतन के लिए उत्तरदायी है।

उपरोक्त तथ्यों का सम्मिलित प्रभाव यह हुआ है कि व्यवस्थापिकाएं उतनी प्रभावी नहीं रही जितनी रहनी चाहिये। इसके लिए ला पालोम्बारा ने सामान्यतया सत्य को उद्घाटित करते हुए लिखा है कि "व्यवस्थापिकाओं की कमियां या पतन बहुत कुछ इन

[32] Alan R. Ball, *op. cit.*, p. 160.

संस्थाओं के द्वारा तेजी से बदलती सामाजिक, आर्थिक, राजनीतिक और सरकारी परिस्थितियों व वातावरण से अनुकूलन नहीं करना है।"[33]

व्यवस्थापिकाओं का भविष्य : एक मूल्यांकन
(FUTURE OF LEGISLATURES : AN EVALUATION)

व्यवस्थापिकाओं की अवनति के उपरोक्त कारणों की चर्चा से यह निष्कर्ष निकालना सही नहीं होगा कि व्यवस्थापिकाओं का युग समाप्त हो गया है। 1970 के बाद की प्रवृत्तियां नई आशाएं बंधाने वाली लगती हैं। इनके भविष्य के सम्बन्ध में जीन ब्लोन्डेल ने प्रासंगिक तर्क दिया है: "यद्यपि विधान मण्डलों का पतन नियम-निर्माण के कुछ (सीमित) पहलुओं की दृष्टि से ठीक माना जा सकता है, परन्तु संचार माध्यमों के रूप में सभाओं के पतन का पुष्टिकरण लगभग नहीं किया जा सकता है।"[34] इसी सम्बन्ध में प्रोफेसर बीयर ने दृढ़तापूर्वक यह तर्क दिया है कि ब्रिटेन में अधिकाधिक शक्तिशाली कार्यपालिका सम्बन्धी मत की सीमाएं स्वीकार की जानी चाहिए यानी इस मत को यों ही नहीं मान लेना चाहिए। वह परम्परागत प्रतिनिधित्व के साथ-साथ इंगलैण्ड में एक प्रकार के व्यावसायिक प्रतिनिधित्व का विकास देखते हैं और यही बात है जो सरकार की शक्ति को बहुत कुछ सीमित कर देती है।[35] अतः हम निम्नलिखित कारणों से व्यवस्थापिकाओं के पुनर्वास व महत्त्व में वृद्धि की भविष्यवाणी कर सकते हैं।

(1) व्यवस्थापिकाओं द्वारा सम्पादित राजनीतिक या व्यवस्थाई कार्यों का निष्पादन अति आवश्यक है। आधुनिक जटिल राजनीतिक व्यवस्थाओं में विघटनकारी शक्तियों के प्रवक्ताओं को मंच ही नहीं चाहिए अपितु ऐसा आधिकारिक मंच चाहिए जहां उनकी बात सुनी जा सके। व्यवस्थापिकाएं ऐसा मंच प्रस्तुत करके व्यवस्था को बनाए रखने में महत्त्वपूर्ण भूमिका निभाएंगीं ऐसी प्रवृत्ति के संकेत मिलने लगे हैं। इस कार्य के निष्पादन में और कोई संरचनात्मक व्यवस्था इनका स्थान नहीं ले सकती क्योंकि जनता की सत्ता से यही औपचारिक रूप से युक्त रहती है।

(2) बेजहॉट द्वारा व्यवस्थापिकाओं के जो कार्य—अभिव्यक्तात्मक व शिक्षणात्मक (expressive and teaching functions) बताए गये हैं उनको अन्य संस्थाओं द्वारा ले लिया गया है, किन्तु व्यवस्थापिकाएं इस क्षेत्र में अब भी महत्त्वपूर्ण व प्रभावी भूमिका निभाती रहेंगी यह निश्चित है। इस कार्य को करने वाली अन्य सभी संरचनात्मक व्यवस्थाएं प्रमुखतया दलीय, क्षेत्रीय या हित समूही ही हो सकती हैं, जबकि व्यवस्थापिकाएं राष्ट्रीय संस्थाएं होने के कारण इन कार्यों के निष्पादन में विशेष महत्त्व की बन सकती हैं।

(3) जिन देशों में व्यवस्थापिकाएं नहीं हैं वहां इनकी स्थापना की मांग व आवश्यकता

[33] Joseph La Palombara, *op. cit.*, p. 139.
[34] Jean Blondel, *op. cit.*, p. 390.
[35] S. Beer, *op. cit.*, p. 342.

पड़ने पर इसके लिए दबाव डालने के लिए हिंसा व आंदोलनों का सहारा तक लिया जाना इस बात की पुष्टि है कि व्यवस्थापिकाएं अति आवश्यक संस्थाओं के रूप में देखी जाती हैं। इनके बिना राजनीतिक व्यवस्था सूनी-सूनी लगती है। इसी कारण जनता, व्यवस्थापिकाओं के समाप्त होने पर आंदोलन करके उनकी पुनः स्थापना के लिए तानाशाहों तक को मजबूर करती रही है।

(4) तानाशाही व्यवस्थाओं में सैनिक शासकों द्वारा सत्ता हथियाते ही व्यवस्थापिकाओं की औपचारिकता के कर्मकाण्ड की व्यवस्था का उदाहरण भी इनकी उपयोगिता का संकेतक है। इससे स्पष्ट है कि तानाशाह भी व्यवस्थापिकाओं को अनिवार्य मानते हैं और इनकी औपचारिक व्यवस्था के बिना काम नहीं चला सकते हैं।

(5) शासकों की सत्ता व शक्ति का आधार व वैधीकरण का एकमात्र माध्यम व्यवस्थापिकाएं ही हो सकती हैं। यही कारण है कि दुनिया के देशों में ऐसे काल अल्पकालीन ही होते हैं। जब व्यवस्थापिकाएं अस्तित्व में नहीं रहती हैं। 1970 में 140 राष्ट्रीय राज्यों में से केवल 30 ही ऐसे थे जहां व्यवस्थापिकाएं नहीं थीं और इनमें भी 20 राज्य ऐसे थे जो जनसंख्या व साधनों की दृष्टि से व्यवस्थापिकाओं की विलासिता (luxury) का भार नहीं उठा सकते थे। उदाहरण के लिए, कुछ राज्यों में जनसंख्या तीन-चार हजार ही है। ऐसे राज्यों में व्यवस्थापिका को विलासिता ही कहा जा सकता है। अतः सभी बड़े राज्यों में व्यवस्थापिकाओं का होना इनकी कम से कम औपचारिक उपयोगिता का सबूत ही है।

(6) सभी स्वेच्छाचारी शासन, व्यवस्थापिकाओं की औपचारिकता को बनाए रखते हैं। बर्मा, नेपाल व अफगानिस्तान में इनकी व्यवस्था से इसकी पुष्टि होती है।

(7) सर्वाधिकारी शासनों में तो व्यवस्थापिकाओं को राज्यशक्ति का सर्वोच्च अंग बनाया जाता है तथा इन देशों में अब व्यवस्थापिकाओं की शक्ति को वास्तविक बनाने के प्रयास किये जा रहे हैं। इससे स्पष्ट है कि साम्यवादी देश भी व्यवस्थापिकाओं के बिना काम नहीं चला सकते हैं। ज्यों-ज्यों साम्यवाद की उग्रता में शिथिलता आ रही है त्यों-त्यों व्यवस्थापिकाओं का महत्त्व बढ़ रहा है। उदाहरण के लिए, 1966 में सुप्रीम सोवियत के प्रीसीडियम के अध्यक्ष पोडगोर्नी ने सुप्रीम सोवियत में 3 अगस्त 1966 में भाषण देते हुए कहा था कि सुप्रीम सोवियत के सदस्यों (डिपुटीज़) को अधिक कार्य करने की क्षमताएं, सुविधाएं व अधिकार देने की बात सोची जा रही है। इस घोषणा को 1972 में सुप्रीम सोवियत द्वारा कानूनी रूप दिया गया। इस कानून में व्यवस्थापिकाओं के स्तर (status) को पुनः परिभाषित किया गया और उनको कानूनों के पालन, गणतन्त्रों व राज्य की संस्थाओं के पर्यवेक्षण तथा आवश्यकता पड़ने पर उनकी जांच करने के अधिकार दिए गये। राज्य के प्रशासन, सरकारी संस्थानों और सरकारी निकायों के नियन्त्रण का कार्यभार भी इन्हें सौंपा गया है। चीन में माओ त्से-तुंग की मृत्यु के बाद संसद का महत्त्व बढ़ने की सम्भावनाएं हो गई हैं। इससे स्पष्ट है कि साम्यवादी राज्य भी व्यवस्थापिकाओं की अनिवार्यता व इनकी बढ़ती हुई महत्ता स्वीकार करते हैं। हिटलर और मुसोलिनी ने व्यवस्थापिकाओं को बनाए रखा यह अपने आप में इनके महत्त्व को

बहुत स्पष्ट कर देता है।

अतः निष्कर्ष में यही कहा जा सकता है कि आधुनिक राजनीतिक व्यवस्थाओं में एकता का केन्द्र, राष्ट्रीयता का प्रतीक, शिकायतों को प्रस्तुत करने का मंच और सारे राष्ट्र को एक सूत्र में औपचारिक रूप से बांधने की संरचनात्मक व्यवस्था व्यवस्थापिकाओं के बिना हो ही नहीं सकती है। इस कारण इनका कम से कम औपचारिक महत्त्व शायद कभी भी समाप्त नहीं होगा। अन्त में एक महत्त्वपूर्ण तथ्य का उल्लेख करना उपयुक्त होगा। यह सर्वविदित बात है कि कार्यपालिकाओं की शक्ति व्यवस्थापिकाओं की सहमति से ही बढ़ी है तथा जहां कहीं इन दोनों में मुकाबला (confrontation) हुआ है वहां अन्ततः कार्यपालिकाएं ही झुकी हैं। अतः देश के सुसंचालन, सरकार को परिस्थितियों से प्रभावी ढंग से निपटने की अवस्था में रखने के ध्येय से व्यवस्थापिकाओं ने स्वतः अपनी ही सहयोगी कार्यपालिका को अतिरिक्त कार्यभार सौंप दिया है। कार्यपालिकाओं की अभूतपूर्व शक्ति का लोकतन्त्रों में तो अब भी मुख्य आधार व्यवस्थापिकाएं ही हैं। इसलिए हम राबर्ट सी० बोन के शब्दों में यह निष्कर्ष निकाल सकते हैं कि 'बीसवीं सदी व्यवस्थापिका-कार्यपालिका के सह-मिलन की सदी है।' इस तथ्य को इस तरह कहना अधिक उपयुक्त होगा कि वर्तमान सदी के इस दशक में कार्यपालिका व व्यवस्थापिका का पुर्नमिलन होने लगा है।

द्विसदनात्मकता का सिद्धान्त
(THEORY OF BICAMERALISM)

के० सी० ह्वीयर ने 1965 में प्रकाशित अपनी पुस्तक **लेजिसलेचर्स** में द्वि सदनात्मकता के अध्याय की प्रथम पंक्ति में लिखा है कि 'अधिकांशतः आधुनिक व्यवस्थापिकाओं में दो सदन पाए जाते हैं। यहां तक कि रूस जैसे क्रान्तिकारी राज्य, जो खराब अतीत से नाता तोड़ चुका है, में भी द्विसदनात्मक व्यवस्थापिका पाई जाती हैं।[36] ला पालोम्बारा ने 1970 की बात कहते हुए लिखा है कि 108 राज्यों में जहां राष्ट्रीय व्यवस्थापिकाएं थीं उनमें से 56 राज्यों की व्यवस्थापिकाएं एकसदनीय थीं।[37] एक लेखक ने 1976 में राष्ट्रीय विधान सभाओं की चर्चा करते हुए 144 राज्यों में से 30 राज्यों में राष्ट्रीय व्यवस्थापिकाओं का अस्तित्व ही नहीं पाया तथा बाकी के 144 राज्यों में जहां राष्ट्रीय व्यवस्थापिकाएं थीं उनमें से 63 राज्य एक सदन वाली राष्ट्रीय व्यवस्थापिकाओं वाले बताए हैं। इससे यह स्पष्ट है कि द्विसदनात्मक व्यवस्थापिकाओं के बारे में के० सी० ह्वीयर का निष्कर्ष भ्रांतिपूर्ण ही अधिक है। आज विश्व के आधे से ज्यादा राज्यों में व्यवस्थापिकाएं एकसदनीय हैं। अतः द्विसदनात्मकता की उपयोगिता के बारे में शंकाएं की जाने लगी हैं और इनके पक्ष और विपक्ष में अनेक दलीलें दी जा रही हैं। विकासशील

[36] K. C. Wheare, *op. cit.*, p. 197.
[37] Joseph La Palombara, *op. cit.*, p. 114.

देशों में द्विसदनात्मक विधान मण्डलों को फालतू की विलासिता माना जाने लगा है। इस कारण इस सम्बन्ध में किसी प्रकार का निष्कर्ष निकालने से पहले द्विसदनात्मकता के विभिन्न पक्षों का व्यवस्थित विवेचन करना आवश्यक है।

द्विसदनात्मकता के सिद्धान्त की व्याख्या (Explanation of the Theory of Bicameralism)

उन्नीसवीं शताब्दी में लोकतन्त्र व्यवस्थाओं के चढ़ते ज्वार ने व्यवस्थापिकाओं को राजनीतिक शक्ति का प्रमुख केन्द्र बना दिया था। शासन शक्ति के वास्तविक केन्द्र होने के कारण यह सब प्रकार के बाहरी नियंत्रण से मुक्त सी बनने लगी थीं। कार्यपालिका व न्यायपालिका तथा संविधान, सभी जन इच्छा का प्रतिनिधित्व करने वाली व्यवस्थापिका के नियंत्रण में रहे यह प्रवृत्ति जोर पकड़ती जा रही थी। लोकतन्त्र, जिसमें सत्ता अन्ततः जनता में होती है तथा जिसका प्रतिनिधित्व व्यवस्थापिकाएं ही करती हैं, का तकाज़ा भी यही था कि व्यवस्थापिकाएं सम्पूर्ण शक्तियों की अधीक्षक, नियंत्रक व निर्देशक रहें। अतः व्यवस्थापिकाएं राजनीतिक शक्ति का केन्द्र बन गईं। सम्पूर्ण राजनीतिक व्यवस्था में राजनीतिक सक्रियता व्यवस्थापिकाओं के माध्यम से संचालित और प्रेरित रहने लगीं। इस युग की मांग ही ऐसी थी कि व्यवस्थापिकाओं पर बाहर या ऊपर से कोई नियंत्रण न हो। वैसे भी ऐसी प्रवृत्ति से ओत-प्रोत युग में बाहर के नियंत्रण न प्रभावी हो सकते थे और न ही निरन्तर लगे रह सकते थे तथा व्यवस्थापिकाएं इन नियंत्रणों से मुक्त होने की अवस्था में भी थीं, क्योंकि उनको संविधान में संशोधन करने से लेकर कार्यपालिका व न्यायपालिका तक को महाभियोग के माध्यम से हटाने का अधिकार था।

इस प्रकार की प्रभुत्व शक्ति से सम्पन्न व्यवस्थापिकाओं के गठन में संगठित राजनीतिक दलों के उद्भव से दो पेचीदगियां आ गईं। एक तो यह कि व्यवस्थापिकाओं का वास्तविक संगठन दलीय आधार पर होने लगा। इससे दूसरी पेचीदगी यह उत्पन्न हो गई कि व्यवस्थापिकाएं दल के नेतृत्व में, दल के आधार पर कार्य करने के लिए मजबूर होने लगीं। इस तरह, राष्ट्रीय विधान मण्डल नाम से राष्ट्रीय और व्यवहार में दलीय संगठन बन गये। व्यवस्थापिकाओं में दलों का प्रभुत्व बढ़ने से दो क्रान्तिकारी परिवर्तन आ गये। एक तो यह कि व्यवस्थापिकाएं दलीय हितों की पोषक बनने की अवस्था में धकेल दी गईं और दूसरा यह कि ऐसी व्यवस्थापिकाएं अपनी मनमानी करने की सैद्धान्तिक स्थिति में आ गईं। ऐसी व्यवस्थापिकाएं अगर बहुमत के बल पर राष्ट्र विरोधी कार्य करने लगें तो उनको इससे किस प्रकार रोका जाए? यह प्रश्न राजनीतिक चिन्तकों की चिन्ता का कारण बनने लगा, क्योंकि अब व्यवस्थापिकाओं का 'स्वर्ण युग' समाप्त होने लगा था तथा कार्यपालिकाओं का चढ़ाव आरम्भ हो गया था। अतः व्यवस्थापिकाओं के सहारे बहुमत दल व बहुमत दल के समर्थन से कार्यपालिका, बेरोकटोक होकर समाज के उन अल्पसंख्यकों व विपक्षी दलों से सम्बन्धित नागरिकों के हितों की उपेक्षा न करने लगे जिनका बहुमत दल से विरोध हो। इसकी सुरक्षा व्यवस्था करना आवश्यक समझा जाने लगा। नियतकालिक चुनाव तथा संविधान, ऐसी कार्यपालिकाओं की नियंत्रण

व्यवस्था के प्रभावी माध्यम नहीं रह गये। चुनाव एक अवधि के बाद आते हैं और संविधान में संशोधन का अधिकार व्यवस्थापिकाओं में रहने के कारण यह दोनों नियंत्रण व्यवस्थाएं, बहुत अधिक व्यावहारिक नहीं रह गईं। इस कारण व्यवस्थापिकाओं की शक्तियों का दुरुपयोग न हो इसकी कोई और नियंत्रण व्यवस्था करना आवश्यक हो गया।

इनकी अनियंत्रण व्यवस्था में इस बात का ध्यान रखना भी आवश्यक था कि जन-शक्ति का जनहित में प्रयोग करने वाली व्यवस्थापिकाओं को ऐसी सुदृढ़ नियंत्रण व्यवस्था पंगु न बना दे। इसलिए ऐसी नियंत्रण व्यवस्था व संरचना आवश्यक समझी गई जिसमें दो विशेषताएं हों। एक तो यह कि वह तब तक व्यवस्थापिका पर कोई नियंत्रण नहीं लगाए जब तक वह सही अर्थों में राष्ट्रीय हित में शक्तियों का सदुपयोग करती रहे तथा दूसरी बात, नियंत्रण संरचना ऐसी हो जो आवश्यकता पड़ने पर ही प्रभावी व प्रतिबन्धक बने। इसके लिए सर्वोत्तम माध्यम व्यवस्थापिका शक्ति को दो सस्थाओं, अर्थात दो सदनों द्वारा प्रयुक्त करने की व्यवस्था में पाया गया। व्यवस्थापन शक्ति को एक सदन के स्थान पर दो सदनों में निहित करके, शक्ति को शक्ति का नियंत्रक और संतुलक बनाने की व्यवस्था करने से सम्बन्धित सिद्धान्त ही द्विसदनात्मकता का सिद्धान्त कहा जाता है। इस सिद्धान्त में दूसरे सदन को सामान्यतया प्रथम सदन से कम शक्तियां देने की प्रथा से यही तात्पर्य है कि प्रथम सदन तब तक बेरोकटोक कार्य कर सके जब तक वह अपनी शक्तियों का दुरुपयोग नहीं करे। किन्तु प्रथम सदन द्वारा शक्तियों के दुरुपयोग का प्रयास करते ही द्वितीय सदन प्रतिबन्धक के रूप में उपस्थित हो जाए जिससे सत्ता के नियंत्रण और सन्तुलन का दोहरा उद्देश्य एक साथ पूरा हो जाए। अत: दूसरे विश्वयुद्ध के बाद 1960 तक दो सदनों वाली व्यवस्थापिकाओं का प्रचलन बढ़ने लगा था। इस प्रकार, द्विसदनात्मक व्यवस्थापिकाएं एक तरफ तो ब्रिटेन की संसद की द्विसदनात्मकता के रूप में ऐतिहासिक घटना के कारण और दूसरी तरफ, व्यवस्थापिका के लोकप्रिय व शक्तिशाली सदन की शक्ति पर रोक लगाने के उद्देश्य से प्रचलित हुई। इस प्रकार, द्विसदनात्मक संसदों की स्थापना का एक कारण ऐतिहासिक अकस्मात था तथा दूसरा कारण सोच-समझकर राजनीतिक शक्ति को नियंत्रित करने की आवश्यकता का था।

द्विसदनात्मकता का अर्थ (The Meaning of Bicameralism)

साधारण अर्थ में द्विसदनात्मकता, व्यवस्थापिका शक्ति का प्रयोग करने वाली संरचनात्मक व्यवस्था में दो पृथक-पृथक सदनों का होना है। द्विसदनात्मकता के इस अर्थ में यह आवश्यक है कि यह दोनों सदन मिलकर राष्ट्रीय व्यवस्थापिका कहलाएं तथा इन दोनों के द्वारा सम्मिलित रूप से ही सरकार की व्यवस्थापन शक्ति का प्रयोग हो, किन्तु विशेष अर्थों में केवल दो सदनों का होना मात्र द्विसदनात्मकता नहीं कहा जाता है। विशेष अर्थ में व्यवस्थापिका के इन दोनों सदनों का संगठन, शक्तियां और व्यवस्थापन प्रक्रिया में भूमिका भिन्न-भिन्न प्रकार की होने पर ही व्यवस्थापिका को

द्विसदनात्मक कहा जाता है। कुछ अपवादों—अमरीका, स्विट्ज़रलैण्ड व सोवियत रूस की व्यवस्थापिकाओं, को—छोड़कर इसी अर्थ में द्विसदनीय व्यवस्थापिकाएं पाई जाती हैं। वैसे उपरोक्त अपवादी देशों में भी दोनों के संगठन में तो काफी असमानता है, किन्तु शक्तियों की दृष्टि से कुछ विशेष समानताएं होते हुए भी व्यवहार में अनेक असमानताएं ही पाई जाती हैं। अतः द्विसदनात्मक व्यवस्थापिका से तात्पर्य ऐसी व्यवस्थापिका से ही है जिसमें दो सदन हों तथा जिसके दोनों सदन हर दृष्टि से एक से न होकर उनमें संगठनात्मक, प्रक्रियात्मक और शक्तियों सम्बन्धी कुछ अन्तर हों। वर्तमान विश्व की सभी द्विसदनीय व्यवस्थापिकाएं इसी प्रकार की हैं। यहां तक कि अमरीका, स्विट्ज़रलैण्ड व सोवियत रूस में भी दोनों सदनों में अनेक प्रकार के अन्तर पाये जाते हैं।

द्वितीय सदन की आवश्यकता (The Necessity of Second Chambers)

द्विसदनात्मकता के सिद्धान्त की व्याख्या करते समय अप्रत्यक्ष रूप से इस बात की चर्चा भी आई थी कि दूसरे सदनों की आवश्यकता क्यों होती है? एलेन बाल का कहना है कि द्वितीय सदनों की वकालत दो आधारों पर की जाती है। पहला, द्वितीय सदन प्रतिनिधित्व के आधार का क्षेत्र फैला देता है और दूसरे, अतिरिक्त (द्वितीय) सदन, प्रथम सदन द्वारा जल्दबाज़ी में किए गये कार्य में रोक लगा देता है यानी वह अनुदारवादी स्थिरतादायक का कार्य करता है और कई विधायी कर्त्तव्यों में प्रथम सदन की मदद करता है।[38] कई विचारक, जिनमें के० सी० व्हीयर प्रमुख हैं, इस धारणा के पोषक हैं कि व्यवस्थापिका में एक सदन तो कम से कम ऐसा होना चाहिये जो राजनीति से ऊपर तथा इससे अलग हो, ताकि व्यवस्थापिका का कार्य कुछ निष्पक्ष बनाया जा सके। ऐसे लोगों की मान्यता है कि द्वितीय सदन, ऐसे प्रख्यात सज्जन पुरुषों व नेताओं को, जिन्होंने जीवन के विभिन्न व्यवसायों में महानतम उपलब्धियां प्राप्त की हों तथा जो राजनीति के मामले में तटस्थ रहते हों, प्रतिनिधित्व देने के लिए आवश्यक है। ऐसे महापुरुष राजनीतिक प्रश्नों पर स्वतन्त्र व निष्पक्ष रूप से समय-समय पर विचार-विमर्श करते रहें और राजनीतिक दलों के भावावेश से मुक्त व उनसे अप्रभावित रहें। इस प्रकार का विचार रखने वाले व्यक्ति शायद यह भूल जाते हैं कि इस प्रकार के द्वितीय सदनों के सदस्य चाहे कितने ही प्रख्यात व्यक्ति क्यों न हों अगर उन्हें राजनीतिक प्रश्नों पर विचार करना है तो वे राजनीति से मुक्त हो ही नहीं सकते क्योंकि इनको जिन समस्याओं और नीतियों पर राय देनी है या निर्णय लेना है वे समस्याएं व नीतियां दल की कार्यपालिका द्वारा शुरू की जाती हैं, उससे ही नियम-निर्माण प्रक्रिया में नेतृत्व किया जाता है। वही (दलीय सरकार) उनका समर्थन करती है तथा प्रथम सदन में इस सबकी आलोचना और विरोध विपक्ष के दल या दलों द्वारा होता है। ऐसी अवस्था में से गुजर कर आये मसलों पर ऊपर वाला सदन, चाहे कैसे ही महापुरुषों से गठित हो, राजनीति से दूर नहीं रह सकता है। के० सी० व्हीयर ने इस सम्बन्ध में ठीक ही लिखा है, 'द्वितीय

[38]Alan R. Ball, *op. cit.*, p. 161.

सदन दल राजनीति से ऐसी अवस्था में कैसे मुक्त रहे ? यह दल-राजनीति से मुक्त रहे भी क्यों ? द्वितीय सदन भी तो राजनीतिक व्यवस्था का हिस्सा है इसका काम ही राजनीति है तथा अगर इसको शक्तिशाली होना है तो इसको दलीयता में पड़ना पड़ेगा।[39]

इससे स्पष्ट है कि दूसरे सदन की आवश्यकता एक स्वतन्त्र, निष्पक्ष या निर्दलीय सदन के रूप में नहीं होती है। इस सम्बन्ध में इतना जरूर माना जा सकता है कि द्वितीय सदन ऐसे लोगों द्वारा गठित हो जो राजनीतिक दलों व संगठनों पर, निचले सदनों की अपेक्षा कम निर्भर रहें, किन्तु साथ में यह भी स्वीकार करना होगा कि अगर द्वितीय सदन केवल वाद-विवाद की संस्थाएं न रहकर कुछ शक्ति सम्पन्नता की आकांक्षा रखते हों तो दल व दल-राजनीति उनमें अनिवार्यत: प्रवेश पा लेगी। ऐसी अवस्था में इनको दल-राजनीति से मुक्त रख सकना सम्भव नहीं हो सकता।

द्वितीय सदनों की आवश्यकता के सम्बन्ध में किया गया उपरोक्त विवेचन इनसे सम्बन्धित कई पहलुओं का स्पष्टीकरण करता है, किन्तु इनकी आवश्यकता के और भी तथ्य हैं जिनकी चर्चा करना अप्रासंगिक नहीं होगा। इनमें से कुछ तथ्य इस प्रकार हैं—

(1) द्वितीय सदनों की व्यवस्था का प्रमुख कारण देश का आकार है। बड़े भू-भाग वाले देशों में द्वितीय सदनों की आवश्यकता महसूस की जाती है। चीन ही इसका एकमात्र अपवाद कहा जा सकता है। छोटे आकार वाले राज्यों में दूसरे सदनों की विलासिता फिजूल मानी जाती है। आकार को जनसंख्या के रूप में भी लियां जा सकता है। बड़ी जनसंख्या वाले राज्यों में (उपरोक्त अपवाद को छोड़कर) द्विसदनीय विधान मण्डल ही पाये जाते हैं।

(2) द्वितीय सदनों की व्यवस्था के लिए उत्तरदायी दूसरा तथ्य समाज में विद्यमान विविधता का है। जिन देशों में क्षेत्रीय, साम्प्रदायिक, प्रजातीय, भाषाई, सांस्कृतिक और धार्मिक विविधताएं पाई जाती हैं उनमें इस प्रकार के अल्पसंख्यकों को प्रतिनिधित्व देने के लिए द्वितीय सदनों का माध्यम उपयोगी सिद्ध हुआ है। यही कारण है कि विविधता वाले बहुल समाजों में द्विसदनात्मक संसद ही अधिक पाई जाती हैं।

(3) जिन शासनों में समाज व्यवस्था ऐसे विरोधी तथा किसी भी प्रकार अनुकूलित न होने वाले या उप-राष्ट्रीयता वाले केन्द्रों से युक्त हो वहां संघवाद अपनाया जाता है। संघीय संसद में दूसरे सदन की व्यवस्था करके इन हितों में सामंजस्य स्थापित करने का संरचनात्मक साधन उपलब्ध कराया जाता है। यही कारण है कि दुनिया का कोई भी संघात्मक राज्य एकसदनीय व्यवस्थापिका वाला नहीं है।

(4) विचारधारा का एक सदन या दो सदनों वाली व्यवस्थापिकाओं के संगठन में महत्त्वपूर्ण योग होता है। जहां केवल एक ही विचारधारा हो, एक ही दल हो, एक ही समाज में वर्ग हो और समाज के एक से हित हों वहां दूसरे सदन की आवश्यकता नहीं होती है। ऐसे विचारधाराई राज्य रूस, चेकोस्लोवाकिया और युगोस्लाविया में एक-

[39]K. C. Wheare, *op. cit.*, p. 200.

सदनीय व्यवस्थापिकाओं का नहीं होना संघात्मकता, सामाजिक बहुलता व अन्य विविधताओं में एकता लाने के लिए दूसरे सदनों की अनिवार्यता के आधार पर स्पष्ट किया जा सकता है।

इस तरह, द्वितीय सदनों की आवश्यकता के विविध कारण हैं। हमने इनमें से कुछ महत्त्वपूर्ण तथ्यों का ही यहां उल्लेख किया है। कुछ तथ्य जो यहां छूट गये हैं या जान-बूझकर छोड़ दिये गये हैं उनका उल्लेख हम द्वितीय सदनों की उपयोगिता व लाभों के विवेचन में ही करेंगे।

द्वितीय सदनों का संगठन (Organisation of Second Chambers)

दूसरे सदन के संगठन के बारे में लिखने से पहले थोड़ा इस बात पर विचार करना उपयुक्त रहेगा कि वास्तव में दूसरा सदन व्यवस्थापिका के किस सदन को कहा जाता है। सभी देशों में दूसरे सदन से एक-सा तात्पर्य नहीं लिया जाता है। अनेक देशों में लोकप्रिय ढंग से जनता द्वारा प्रत्यक्ष निर्वाचित सदन को प्रथम और अप्रत्यक्ष ढंग से निर्वाचित, वंशागत या मनोनीत सदन को द्वितीय सदन कहते हैं। किन्तु इनके अन्तर का यह आधार ठीक नहीं है, क्योंकि अमरीका और आस्ट्रेलिया में दोनों ही सदन प्रत्यक्ष रूप से निर्वाचित होते हैं तथा नीदरलैण्ड और स्वीडन में लोकप्रिय निर्वाचित सदन को द्वितीय और अप्रत्यक्ष ढंग से निर्वाचित सदन को, प्रथम सदन कहते हैं। अतः इनमें अन्तर करने का निर्वाचन का आधार ठीक नहीं बैठता है। इससे बचने का दूसरा रास्ता है कि हम इन्हें प्रथम और द्वितीय सदन नहीं कहकर ऊपर वाला सदन और नीचे वाला सदन कहें, किन्तु उसमें भी परेशानियां हैं। अनेक राज्यों में यह भेद करना सम्भव ही नहीं है। अतः यहां प्रथम और द्वितीय सदन का इनके सर्वाधिक प्रचलित अर्थ में ही प्रयोग किया जा रहा है।

दूसरे सदनों का संगठन किस प्रकार किया जाए यह अनेक बातों पर निर्भर करता है। इनके संगठन का पहला नियामक इनकी शक्तियों का है। अगर प्रथम सदन से कम शक्तियां देनी हैं तो संगठन लोकप्रिय चुनाव के आधार पर नहीं किया जा सकता। दूसरी बात जो संगठन में महत्त्वपूर्ण है वह दूसरे सदन की भूमिका से सम्बन्धित है। तीसरी बात यह देखनी होती है कि शासन-व्यवस्था एकात्मक है या संघात्मक। चौथी बात यह देखनी पड़ती है कि शासन प्रणाली का रूप संसदीय है या अध्यक्षात्मक। वैसे इन सब तथ्यों का द्वितीय सदनों के संगठन से सावयवी सम्बन्ध तो नहीं है, फिर भी इनका संगठन पर प्रभाव अवश्य पड़ता है। अतः दूसरे सदनों के संगठन में इनका ध्यान रखा जा सकता है।

दूसरे सदनों का संगठन तीन प्रकार का हो सकता है। प्रथम प्रकार के संगठन के अन्तर्गत वंशागत द्वितीय सदन आते हैं। जैसे ब्रिटेन की लॉर्ड सभा है। दूसरे प्रकार के सदन मनोनीत सदस्यों वाले होते हैं, इसका उदाहरण कनाडा की संसद का दूसरा सदन है। तीसरा प्रकार निर्वाचित सदनों का है। सामान्यतया यही प्रकार अधिक प्रचलित है। कुछ द्वितीय सदनों में निर्वाचन के साथ ही कुछ सदस्यों को मनोनीत करने का प्रावधान

भी होता है। उदाहरण के लिए, भारत की राज्यसभा में 12 सदस्यों का राष्ट्रपति द्वारा मनोनयन होता है। निर्वाचित सदनों में प्रत्यक्ष निर्वाचन भी प्रचलित है और अप्रत्यक्ष निर्वाचनों का भी चलन है। अमरीका और आस्ट्रेलिया को छोड़कर अधिकांश राज्यों में (स्विट्ज़रलैण्ड व रूस भी प्रत्यक्ष निर्वाचन का आधार अपने द्वितीय सदनों के संगठन में प्रयुक्त करते हैं, किन्तु संघात्मक व्यवस्था के कारण इनका प्रत्यक्ष निर्वाचन क्रमशः केन्टन व गणतन्त्रों के नियमों के अनुसार होता है) अप्रत्यक्ष चुनावों द्वारा ही संगठित किए जाते हैं। अमरीका में संवैधानिक व्यवस्था तो अप्रत्यक्ष चुनावों की थी किन्तु सीनेट की अधिक शक्ति सम्पन्न अवस्था के कारण 1913 में संशोधन द्वारा प्रत्यक्ष निर्वाचनों की व्यवस्था की गई। अतः प्रचलित प्रवृत्ति यही है कि द्वितीय सदनों का संगठन अप्रत्यक्ष चुनावों द्वारा ही किया जाए।

द्वितीय सदनों के संगठन में एक प्रश्न यह भी उठता है कि इनका कार्यकाल कितनी अवधि तक का हो ? इस सम्बन्ध में समान कार्यकाल वाले द्वितीय सदन स्विट्ज़रलैण्ड व सोवियत रूस में पाये जाते हैं। जबकि अधिकांश राज्यों में दूसरे सदन, स्थायी सदनों के रूप में व्यवस्थित किए जाते हैं जिनके सदस्यों को एक निश्चित विधि से बदलने की व्यवस्था होती है। जैसे भारत व अमरीका में एक-तिहाई सदस्य हर दूसरे वर्ष बदल जाते हैं। वैसे इनके सदस्यों का कार्यकाल प्रथम सदन से अधिक अवधि का होता है। भारत व अमरीका में यह छः वर्ष का है।

संघात्मक व्यवस्थाओं में द्वितीय सदनों का संठगन एक और समस्या पैदा कर देता है। संघीय राज्यों में द्वितीय सदन स्पष्टतः इकाइयों का प्रतिनिधित्व करते हैं। अतः यह प्रतिनिधित्व इकाई के आधार पर समान रूप से दिया जाए या इसका कोई और आधार अपनाया जाए ? अमरीका में हर राज्य से दो प्रतिनिधि, आस्ट्रेलिया में हर राज्य से दस प्रतिनिधि तथा स्विट्ज़रलैण्ड में एक केन्टन से दो प्रतिनिधि आते हैं। किन्तु भारत में राज्यों के इकाई के रूप में समान प्रतिनिधित्व को नहीं अपनाया गया है। यहां राज्य की इकाई और जनसंख्या दोनों को आधार बनाया गया है। इस सम्बन्ध में भी कोई निश्चित नियम नहीं है, किन्तु आम धारणा यह है कि संघीय राज्यों में इकाइयों को समान प्रतिनिधित्व देना ज्यादा उपयुक्त होता है।

आयरलैण्ड व युगोस्लाविया में दूसरे सदनों के संगठन में दूसरा ही आधार लिया गया है। इनमें प्रतिनिधित्व व्यावसायिक प्रतिनिधित्व पर आधारित है, जिसमें सदस्यों को विभिन्न व्यवसायों और देशों द्वारा चुना जाता है। अधिकांश संघात्मक तथा संसदीय शासनों में द्वितीय सदन के सदस्य या तो मनोनीत किए जाते हैं या इनका परोक्ष निर्वाचन होता है। नार्वे में निर्वाचन व संगठन का विचित्र ढंग काम में लाया जाता है। यहां केवल एक निर्वाचित सदन ही द्विसदनीय विधान मण्डल के रूप में कार्य करने के लिए दो सदनों में विभाजित कर दिया जाता है।

इस प्रकार, द्वितीय सदनों का संगठन एक से सांचे में ढला हुआ नहीं दिखाई देता है। इनके संगठन की अनेक विधियां व विविध आधार हैं और यह बहुत कुछ इनकी शक्तियों व राजनीतिक संस्कृति की विशेषता पर निर्भर करता है। समाज की बहुलता भी इसमें

एक तथ्य के रूप में रहती है। यही कारण है कि सोवियत रूस में दूसरे सदन का संगठन अनेक संस्कृतियों व राष्ट्रीयताओं को पृथक से प्रतिनिधित्व देकर किया जाता है।

द्वितीय सदनों की शक्तियां व प्रथम सदन से सम्बन्ध (Powers of Second Chambers and their Relationship with the First Chamber)

द्वितीय सदनों की शक्तियों व प्रथम सदन से सम्बन्धों के बारे में भी कोई निश्चित प्रतिमान प्रचलित नहीं है। हम पहले देख चुके हैं कि दूसरे सदनों के संगठन की विशेषता और निर्वाचन के ढंग तथो प्रतिनिधित्व के आधार पर इनकी शक्तियां आश्रित हो जाती हैं। दूसरे सदनों के प्रतिनिधित्व सम्बन्धी आधार को हम प्रत्यक्ष रूप से इनकी शक्तियों से जुड़ा हुआ पाते हैं। इस सम्बन्ध में माना जाता है कि इनका संगठन इस प्रकार हो जिससे द्वितीय सदन को पर्याप्त शक्ति प्राप्त हो तथा उसकी उपयोगिता बनी रहे। इनकी शक्तियों के तीन प्रतिमान प्रचलित हैं। यह प्रतिमान इस प्रकार हैं—

(1) प्रथम सदन से कम शक्तियां।
(2) प्रथम सदन के बराबर शक्तियां।
(3) प्रथम सदन से अधिक शक्तियां।

शक्तियों की दृष्टि से इन्हें प्रथम सदन से कम शक्तियां देने की प्रथा ही अधिक प्रचलित है। फिर भी प्रश्न यह उठता है कि कितनी कम शक्तियां दी जाएं ? इस बारे में यही कहा जा सकता है कि इनकी शक्तियां इतनी हों जिससे यह उपयोगी बने रहें पर इतनी कम शक्तियां भी न हों कि दूसरे सदन निरर्थक बन जाएं। "बहुमत शासन के मापदण्ड से देखने पर प्रथम सदन सामान्यतया अधिक प्रतिनिधिक होता है और सामान्यतया उसे प्रमुख भूमिका दी जाती है तथा अन्ततोगत्वा उसे द्वितीय सदन की बाधा को लांघने दिया जाता है। यद्यपि विधि-निर्माण के बड़े भाग पर कार्यपालिका का नियन्त्रण होने से द्वितीय सदन की बाधा का कार्यपालिका पर प्रभाव अधिक प्रत्यक्ष रूप से पड़ता है। निश्चय ही द्वितीय सदन विधेयकों को आरम्भ या संशोधित करके विधायी कार्यक्रम में निम्न सदन की सहायता कर सके इसका ध्यान रखना आवश्यक है।"[40] अतः आम धारणा यही है कि द्वितीय सदन को प्रथम सदन के अधीन रखा जाए और इसका संगठन इस प्रकार किया जाए जिससे यह उसके अधीन ही बना रहे। दूसरे सदन के संगठन का इसकी शक्तियों पर अनिवार्य प्रभाव पड़ता है जैसे अगर दूसरे सदन को शक्तियों की दृष्टि से प्रथम सदन से कम शक्तियां देकर उसके अधीन कर दिया जाए किन्तु उसका संगठन अगर प्रत्यक्ष चुनावों से किया जाए तो व्यवहार में दूसरा सदन भी जनता का सीधा प्रतिनिधित्व करने वाला सदन होने के कारण शक्तिशाली बन जाएगा। इसलिए इस सम्बन्ध में यही निष्कर्ष निकाला जा सकता है कि दूसरे सदनों को इस प्रकार संगठित किया जाए जिससे यह प्रथम सदनों से कम शक्तियां प्राप्त होने के कारण वास्तव में उनके अधीन रहे।

शक्तियों का दूसरा प्रतिमान दोनों सदनों की समान शक्तियों का है। इस सम्बन्ध में

[40] Alan R. Ball, *op. cit.*, p. 160.

राजनीतिक विचारकों का कहना है कि यह प्रतिमान दूसरे सदनों को उपयोगी नहीं रहने देता है। के० सी० व्हीयर ने इस सम्बन्ध में लिखा है कि 'अगर दोनों सदन सहमत होते हैं तो यह सौभाग्य होगा किन्तु यह निरर्थक होगा तथा अगर दोनों असहमत होते हैं तो यह शैतानी होगी।'[41] इस सम्बन्ध में एबे सियेज़ का कथन तो एक तरह से कहावत ही बन गया है। उसने कहा है कि 'यदि द्वितीय सदन प्रथम सदन से सहमत होता है तो वह (द्वितीय सदन) अनावश्यक है। यदि वह असहमत होता है तो वह कष्टदायक है।' इससे स्पष्ट है कि दोनों सदनों की समान शक्तियां अनावश्यक हैं तथा द्विसदनात्मकता के सिद्धान्त के प्रतिकूल पड़ने वाली व्यवस्था मानी जाती है। इस बात के समर्थक स्विट्ज़रलैण्ड व सोवियत संघ में दोनों की समान शक्तियों के बावजूद व्यवस्थापिका के सुचारु रूप से कार्य करने की दलील दे सकते हैं, किन्तु यह अन्य कारणों से सुचारु रूप से कार्य कर पाते हैं तथा इन दोनों देशों की शासन प्रणालियों से परिचित पाठक को यह सब समझाने की आवश्यकता नहीं है।

दोनों सदनों की समान शक्तियां संसदीय प्रणाली में तो बहुत जटिलताएं उत्पन्न कर सकती हैं। संसदीय शासनों में मन्त्रिमण्डल व्यवस्थापिका के प्रति उत्तरदायी होता है और यह उत्तरदायित्व लोकप्रिय सदन के प्रति ही होता है। अगर दोनों सदन एक-सी शक्तियां रखने वाले हों तो यह उत्तरदायित्व दोनों सदनों के प्रति होना आवश्यक होगा। यह व्यवहार में कैसे सम्भव बनाया जा सकता है? इससे कई व्यावहारिक पेचीदगियां उत्पन्न हो जाती हैं। पहली कठिनाई तो यह उत्पन्न होगी कि अगर एक सदन का विश्वास रहे और दूसरे सदन का विश्वास मन्त्रिमण्डल में न हो तो क्या किया जाए? दूसरी पेचीदगी उस समय आएगी जब दोनों सदनों में अलग-अलग दलों का बहुमत हो। दोनों सदनों के संगठन अलग-अलग विधि से होने के कारण यह सम्भव है। उस अवस्था में संसदीय शासन ठप्प होने की अवस्था उत्पन्न हो जाएगी। अतः संसदीय शासनों में इनको समान शक्तियों की अवस्था में रखा ही नहीं जा सकता है।

शक्तियों का तीसरा प्रतिमान पहले सदन से दूसरे सदन की अधिक शक्तियों का है। यह अमरीका के सीनेट की अनोखी स्थिति के कारण है। वहां शक्तियों के पृथक्करण के साथ ही साथ नियन्त्रण-सन्तुलन की व्यवस्था करने के लिए सीनेट को कार्यपालिका का नियन्त्रक बनाना था। अतः इसको अधिक शक्तियां दी गईं। वैसे दूसरे सदनों का प्रथम सदन से अधिक शक्तियां देने की बात सामान्यतया स्वीकार नहीं की जाती है। अधिकांशतः दूसरे सदनों को प्रथम सदनों से कम शक्तियां दी जाती हैं तथा उनका संगठन इस प्रकार किया जाता है जिससे वे उपयोगी भूमिका निभाने की अवस्था में रहे तथा उनके अनावश्यक रूप से बाधा बनने पर प्रथम सदन उस बाधा को लांघने की व्यवस्थाओं से युक्त रह सकें।

[41]K. C. Wheare, *op. cit.*, p. 201.

द्वितीय सदनों की उपयोगिता या लाभ (The Utility or Merits of Second Chambers)

के० सी० ह्वीयर ने दूसरे सदनों की उपयोगिता के बारे में लिखा है कि "बहुत सामान्य शब्दावली में यह कहा जा सकता है कि द्वितीय सदन दूसरे मत (second opinion) की व्यवस्था करते हैं।"[42] पर यहां यह प्रश्न उठाया जा सकता है कि क्या एक ही समय में एक ही देश में दूसरा मत होता है ? अगर दूसरा मत होता है फिर तीसरा चौथा...मत भी होगा ? ऐसी अवस्था में दूसरे मत को ही अभिव्यक्त करने की संस्थात्मक व्यवस्था क्यों की जाए ? फिर यह भी प्रश्न उठता है कि अप्रत्यक्ष रूप से गठित दूसरे सदन क्या सही रूप में दूसरा मत प्रकट करने की क्षमता रखते हैं ? इन प्रश्नों का सरल-सा उत्तर नहीं दिया जा सकता। इसके लिए यह अनिवार्य होगा कि दूसरे सदनों का गठन प्रकार्यात्मक (functional) आधार पर किया जाए जिससे वे कम सें कम पेशेवरता के प्रवक्ता बन सकें। इस सम्बन्ध में ह्वीयर ने अच्छा सुझाव दिया है: "प्रथम सदन लोगों का उनके निवास स्थान के आधार पर प्रतिनिधित्व करते हैं तथा द्वितीय सदनों को लोग किस प्रकार अपनी जीविकोपार्जन करते हैं तथा किसके लिए कार्य करते हैं इसका प्रतिनिधित्व करना चाहिए।"[43] ह्वीयर ऐसे द्वितीय सदनों का पक्ष लेते हैं जो प्रकार्यात्मकता या पेशेवरता के आधार पर संगठित हों। अब ऐसी प्रवृत्ति बलवती भी होती जा रही है। फ्रांस में पांचवें गणतन्त्र के संविधान में 'इकोनोमिक एण्ड सोशल कौंसिल' की व्यवस्था, आयरलैण्ड के गणतन्त्र, युगोस्लाविया व जापान में भी ऐसे पेशेवर संगठनों की संसदों के साथ ही व्यवस्था है, किन्तु इनको द्वितीय सदन नहीं कहा जा सकता। वैसे भी इससे दूसरे मत की समस्या ज्यों की त्यों बनी रहती है। अगर दूसरा मत प्रकट करने वाले द्वितीय सदन व्यवस्थित कर भी लिए जाएं तो भी इससे यह समस्या उत्पन्न हो जाएगी कि इनमें से कौन से मत को प्रमुखता दी जाए ? अत: इस सम्बन्ध में अभी तक कोई सुनिश्चित दिशा निर्देश नहीं मिल पाया है। अभी भी दूसरे मत की अभिव्यक्ति के मंच के रूप में दूसरे सदन की आवश्यकता पर गम्भीर मतभेद बने हुए हैं। अत: यहां पर इनकी कुछ सामान्य उपयोगिताओं का ही विवेचन किया जा रहा है।

दूसरे सदनों की व्यवस्था से प्रथम सदन की जल्दबाजी व दलीय आधार पर कार्य करने की प्रवृत्ति पर रोक लगती है। जैसा कि लेकी ने कहा है, "नियन्त्रक, संशोधक एवं बाधक प्रभाव के लिए द्वितीय सदन की आवश्यकता ने प्राय: एक सर्वमान्य सिद्धान्त का स्थान ले लिया है।"[44] ब्लुंशली ने तो इसकी उपयोगिता को इस प्रकार समझाया है कि दो आंखों की अपेक्षा चार आंखें सदा अच्छा देखती हैं। विशेषत: जब किसी विषय पर विभिन्न दृष्टिकोणों से विचार करना आवश्यक हो।

इनसे प्रथम सदन की स्वेच्छाचारिता पर अंकुश लगता है। केवल प्रथम सदन ही

[42] *Ibid.*, p. 209.

[43] *Ibid.*, p. 214.

[44] Lecky, *Democracy and Liberty*, Vol. I, London, Oxford University Press, 1965, p. 299.

शक्तियों का एकमात्र प्रयोगकर्ता नहीं होता हो तो वैसे ही यह संयमित हो जाता है। अतः दूसरे सदन का होना ही प्रथम सदन को सीमाओं में रखने के लिए पर्याप्त होता है।

यह समाज के विशेष हितों को प्रतिनिधित्व प्रदान करने की व्यवस्था करता है, क्योंकि दूसरे सदनों का गठन सामान्यतया उस प्रकार नहीं होता है जिस प्रकार प्रथम सदनों का होता है। भारत की राज्य सभा में 12 सदस्यों को मनोनीत करने का प्रावधान विशेष हितों के प्रतिनिधित्व की व्यवस्था करना माना जा सकता है।

दूसरा सदन व्यवस्थापन कार्यों में प्रथम सदन का सहायक होता है। विवादरहित विषयों व विधेयकों पर विचार-विमर्श करके दूसरा सदन, प्रथम सदन के लिए, महत्त्व-पूर्ण मुद्दों पर लम्बी बहसों व गहनता से विचार सम्भव बनाने का समय उपलब्ध करा देता है।

संघात्मक व्यवस्थाओं में इनकी उपयोगिता इकाइयों के हितों की रक्षा करने में निहित मानी जाती है। यही कारण है कि संघात्मक व्यवस्थाओं में इनको अपरिहार्य माना जाता है। विश्व का कोई भी संघात्मक राज्य, एकात्मक राज्य की तरह एकसदनीय नहीं हो सकता है। कम से कम आज तक तो ऐसा संघात्मक राज्य नहीं है जहां की व्यवस्थापिका एकसदनीय हो।

उपरोक्त उपयोगिता व लाभों के अतिरिक्त दूसरे सदन की उपस्थिति का मनोवैज्ञानिक प्रभाव बहुत महत्त्वपूर्ण है। अधिकांश राजनीतिशास्त्रियों ने इस तरफ ध्यान नहीं दिया है। दूसरा सदन होने से जनता पर यह मनोवैज्ञानिक प्रभाव पड़ता है कि उनकी प्रथम सदन की दलीय आक्रामकता से सुरक्षा की व्यवस्था बनी हुई है। केवल दूसरे सदन का होना मात्र जनता की मनःस्थिति में यह भाव ला देता है कि वह दलीय आतंक और बहुमत दल की मनमानी से बचाई जाती है। इससे दूसरे सदन की राजनीतिक व्यवस्था को बनाए रखने में महत्त्वपूर्ण भूमिका हो जाती है। यद्यपि कानूनी दृष्टि से और व्यवहार में सामान्यतया द्वितीय सदन प्रथम सदन को एक सीमा के बाद रोक नहीं सकते हैं, फिर भी आम जनता इतनी पेचीदगियां नहीं समझती है। प्रथम सदन और दूसरे सदन में क्या सम्बन्ध हैं यह आम आदमी की चिन्ता नहीं होती है। उनको दूसरे सदन की उपस्थिति यह सांत्वना दिलाने में सहायक है कि उनके साथ दलीय बहुमत के आधार पर अत्याचार नहीं होने दिए जाएंगे। अल्पसंख्यकों को लेकर यह पहलू बहुत उपयोगी बन जाता है। अतः द्वितीय सदन एक नहीं अनेक कारणों से उपयोगी है। विशेषकर बहुल समाजों में एकता व ठोसता बनाए रखने में दूसरे सदन बहुत उपयोगी हैं।

द्वितीय सदनों की आलोचना (Criticisms of Second Chambers)

दुनिया के आधे से ज्यादा राज्यों में दूसरे सदनों का न होना यह प्रश्न उठा देता है कि आखिर ऐसे क्या कारण हैं जिनकी वजह से अनेक देशों में द्विसदनात्मकता को अमान्य ठहराया गया है? श्रीलंका में 1970 के आम चुनावों के बाद सत्तारूढ़ दल ने दूसरे सदन (सीनेट) को समाप्त करने की घोषणा की तथा उसके द्वारा निर्मित नये संविधान में

एकसदनीय व्यवस्थापिका अपनाई गई। इस दशक में स्वतन्त्र होने वाले सभी राज्यों में एकसदनीय व्यवस्थापिकाएं हैं या इनको अपनाने की मांग की जा रही है। इसका अर्थ यही है कि द्विसदनात्मकता में कुछ ऐसे दोष हैं जिनसे मुक्त रहने के लिए अधिकांश नये राज्यों ने एकसदनीय व्यवस्थापिकाएं अपनाना अच्छा समझा है। मुख्यतया दूसरे सदनों को लेकर निम्नलिखित आलोचनाएं की जाती हैं।

दूसरा सदन समाज के दूसरे मत का अभिव्यक्तक बनकर, समाज को विभाजित करने की प्रवृत्ति को प्रोत्साहन देता है। इस आलोचना में विशेष तथ्य नहीं दिखाई देता है, क्योंकि दूसरे मत का अर्थ आलोचक यहां दूसरे दल की विचारधारा से लेते हैं जो व्यवहार में सही हो यह आवश्यक नहीं है।

दूसरे सदन की व्यवस्था दोनों सदनों में अनावश्यक गतिरोध उत्पन्न करती है, विशेषकर उस समय जब दोनों सदनों में अलग-अलग दलों का बहुमत हो। दोनों सदनों का संगठन अलग-अलग विधियों से होने के कारण यह परिस्थितियां लोकतान्त्रिक राज्यों में बहुधा आ जाती हैं। श्रीलंका में दूसरे सदन को समाप्त करने के निर्णय के पीछे प्रमुख कारण यही था कि वह गतिरोध का साधन बन गया था। अमरीका में उस समय कभी-कभी गम्भीर संकट उत्पन्न हो जाते हैं जब कार्यपालिका वाले दल का केवल एक सदन में बहुमत हो और दूसरा सदन अन्य दल द्वारा नियन्त्रित हो।

लोकमत को विभक्त करने का आरोप भी दूसरे सदन पर लगाया जाता रहा है तथा छोटे-छोटे नवोदित राज्यों में यह मान्यता बलवती बन रही है कि छोटे राज्यों के लिए यह अनावश्यक विलासिता से अधिक कुछ नहीं हो सकता। इसी तरह, यह भी कहा जाता है कि संघात्मक व्यवस्थाओं में भी यह पेचीदगियां ही उत्पन्न करता है। यह राज्यों के प्रतिनिधित्व की आड़ में सारे राष्ट्र की आवाज को चुप करने की भूमिका निभा सकता है। अमरीका में ऐसा अनेक बार हुआ है। भारत में भी बैंकों के राष्ट्रीयकरण तथा राजाओं के 'प्रीवी पर्सेज' के मामले में ऐसा हुआ है।

शायद इन्हीं कमियों के कारण आधुनिक व्यवस्थापिकाएं एकसदनीय होने की प्रवृत्ति से प्रेरित हैं। जैसा कि हमने इस अध्याय के आरम्भ में लिखा है कि दुनिया के आधे से अधिक राज्यों में एकसदनीय व्यवस्थापिकाओं के आंकड़े भी इसी प्रवृत्ति का संकेत करते हैं कि एकसदनात्मकता अधिक प्रचलन में आती जा रही है, किन्तु यह आंकड़े भ्रांति उत्पन्न करने वाले ही हैं। इनसे इस प्रवृत्ति का सतही संकेत तो मिलता है कि अधिकाधिक व्यवस्थापिकाएं एकसदनीय होती जा रही हैं किन्तु इसके कारण कुछ और हों यह भी सम्भव है। इसका उल्लेख हम द्विसदनात्मकता के भविष्य के शीर्षक के अन्तर्गत करेंगे।

द्विसदनात्मकता का भविष्य : एक मूल्यांकन (The Future of Bicameralism : An Evaluation)

व्यवस्थापिकाओं में एकसदनीयता की प्रवृत्ति का उल्लेख हमने ऊपर के विवेचन में किया है। इस निष्कर्ष का आधार अधिकांश आधुनिक राज्यों में एकसदनीय व्यवस्था-

पिकाओं का होना है। आंकड़ों से यह तथ्य पुष्ट होता है कि आधुनिक व्यवस्थापिकाओं के गठन में दूसरे सदन को व्यर्थ का माना जाने लगा है। कुछ समय से यह नई प्रवृत्ति बलवती होती जा रही है कि राज्य में एक ही सदन होना चाहिए। इसके समर्थन में यह दलील दी जाती है कि अधिकांश राज्यों में दूसरे सदन केवल विलम्ब और विरोध करने का कार्य करते हैं। इससे अनावश्यक गतिरोध उत्पन्न होता है। द्विसदनात्मक व्यवस्थापिका के बारे में बैंजामिन फ्रेंकलिन ने तो यहां तक कहा है कि 'एक व्यवस्थापिका जो दो सदनों में विभाजित है एक ऐसी गाड़ी के समान है जिसे एक घोड़ा आगे तथा एक घोड़ा पीछे से विपरीत दिशा में खींच रहा हो।' दूसरे सदनों के बारे में यह विचार भ्रांतिपूर्ण है तथा तथ्यों पर आधारित होते हुए भी तथ्यों से पुष्ट नहीं माने जा सकते हैं। दूसरे सदनों के विपक्ष में दी गई दलीलें अधिकतर सैद्धान्तिक हैं तथा व्यवहार के प्रतिकूल हैं। अतः इस सम्बन्ध में विविध तथ्यों का विस्तार से विवेचन करके ही निष्कर्ष पर पहुंचना उपयुक्त होगा।

सबसे पहले हम दूसरे सदनों से सम्बन्धित आंकड़ों का स्पष्टीकरण करेंगे। यह सत्य है कि आज आधे से ज्यादा राज्यों में दूसरे सदन नहीं पाए जाते हैं तथा यह बात भी सही है कि पिछले दो दशकों में अधिकांश राज्यों ने एकसदनीय व्यवस्थापिकाएं स्थापित की हैं। इस आधार पर तो यह निष्कर्ष सही होना चाहिए कि द्विसदनात्मकता के दिन समाप्त होते जा रहे हैं, किन्तु तथ्यों के इस स्पष्टीकरण से निकाले गये निष्कर्षों में दो पेचीदगियां हैं जिनकी अनदेखी नहीं की जा सकती। प्रथम बात तो यह है कि पिछले दो दशकों में जहां-जहां एकसदनीय व्यवस्थाएं अपनाई गई हैं वे राज्य लोकतान्त्रिकता का केवल दिखावा करने वाले राज्य हैं। तानाशाही में एकसदनीय व्यवस्थापिका से सत्ता को वैध बनाने का काम पूरा हो जाता है तब दूसरे सदन की व्यवस्था का सिरदर्द कोई तानाशाह नहीं लेना चाहेगा। दूसरी महत्त्वपूर्ण बात यह है कि पिछले दो-तीन दशकों में स्वतन्त्रता प्राप्त करने वाले राज्यों में तीन-चौथाई राज्य भू-भाग व जनसंख्या की दृष्टि से बहुत छोटे हैं। अतः ऐसे राज्यों में दूसरा सदन केवल मात्र विलासिता के और कुछ नहीं हो सकता है। इन दोनों बातों को ध्यान में रखकर तथ्यों की व्याख्या करें तो पता चलेगा कि अफ्रीका के 26 राज्यों में से 6 ही इतने बड़े थे कि उनमें सदन की आवश्यकता महसूस की गई तथा बाकी राज्यों में एक सदन वाली व्यवस्थापिकाएं ही पर्याप्त समझी गईं। अगर सही अर्थों में देखा जाए तो 1950 से पहले के राज्यों में लोकतान्त्रिक राज्य केवल तीन ही हैं जहां दूसरे सदनों को समाप्त किया गया है। न्यूज़ीलैंड, डेनमार्क तथा श्रीलंका में क्रमशः 1950, 1954 और 1972 में दूसरे सदन का अन्त कर दिया गया है। बाकी राज्यों में दूसरे सदनों के अंत का कारण तानाशाही की स्थापना या राज्यों के आकार का छोटापन ही प्रमुख निर्णायक रहे हैं। इससे यह स्पष्ट है कि एकसदनात्मकता की प्रवृत्ति ऊपर से देखने में ही लगती है वास्तव में ऐसा है नहीं। जहां-जहां पुनः लोकतन्त्र की स्थापना हुई है वहां दूसरे सदनों की व्यवस्था की गई है या व्यवस्था करने की मांग जोर पकड़ती जा रही है। अतः द्विसदनात्मकता के भविष्य को अन्धकारमय तो नहीं माना जा सकता है किन्तु भविष्य में यह तथ्य सामान्यतया सही रहेगा कि दुनिया के आधे से अधिक राष्ट्रों की व्यवस्थापिकाएं एक सदन वाली ही होंगी

क्योंकि वर्तमान विश्व के करीब 150 राज्यों में से 60 राज्य आकार व जनसंख्या की दृष्टि से इतने छोटे हैं कि द्वितीय सदन मात्र बिलासिता के अलावा इन राज्यों में और कोई उपयोगिता नहीं रख सकता है। बाकी के राज्यों में 30 ऐसे हैं जहां तानाशाही के कारण व्यवस्थापिकाएं हैं ही नहीं तथा जो बचे हैं उनमें से कुछ में तानाशाही के कारण एकसदनीय व्यवस्थापिकाएं ही पाई जाती हैं। इस तरह, द्विसदनीय व्यवस्थापिकाओं की संख्या का कम होना इनका निरर्थकता का संकेतक नहीं है।

लोकतन्त्र व्यवस्थाओं में अगर उनके समाज बहुल नहीं हैं तथा जनसंख्या व आकार छोटा है तो अवश्य ही एकसदनीय विधानपालिकाएं प्रचलित होंगी। किन्तु आकार व जनसंख्या की दृष्टि से बड़े लोकतान्त्रिक राज्यों में दो सदनों वाली व्यवस्थापिकाओं के समर्थकों की संख्या काफी है। यहां तक कि शक्तिरहित ब्रिटिश लॉर्ड सभा अभी भी बनी हुई है। यहां तक कि उसमें न सुधार हुआ है और न ही उसे समाप्त किया गया है। इससे दूसरे सदनों की वास्तव में उपयोगिता की पुष्टि होती है। आधुनिक राजनीतिक व्यवस्थाओं में व्यवस्थापिकाएं राजनीतिक दलों के आधार पर ही संगठित होती हैं और दलों के आधार पर ही कार्य करती हैं। इस कारण, व्यवस्थापिकाओं के दोनों ही सदन, एक इकाई के रूप में कार्य करते हैं और सम्पूर्ण इकाई के रूप में ही जनता के प्रति उत्तरदायी माने जाते हैं।

कुछ लेखक यह बात कहते हैं कि आधुनिक राजनीतिक व्यवस्थाओं में अब विधायकों को निर्वाचन क्षेत्रों का प्रधिनिधि नहीं मानकर राष्ट्रीय प्रतिनिधि माना जाता है। इस कारण संसद की एकसदनीयता या द्विसदनात्मकता का विचार ही निरर्थक हो गया है। सी० एफ० स्ट्रांग ने इस सम्बन्ध में यहां तक लिखा है कि, "व्यवस्थापिका चाहे एक सदन वाली हो या दो सदनों वाली हो, चाहे प्रत्यक्ष निर्वाचन से संगठित हो या अप्रत्यक्ष निर्वाचन से, चाहे वह वंशानुगत हो अथवा मनोनीत, अन्ततोगत्वा वह अपने लक्ष्यों और उत्तरदायित्वों की दृष्टि से एक प्रतिनिधि सदन ही होती है जो सम्पूर्ण राष्ट्र का समग्र रूप से प्रतिनिधित्व करती है। निर्वाचन-पद्धति और निर्वाचन क्षेत्र तो मात्र साधन होते हैं, साध्य तो राष्ट्र-कल्याण ही होता है। राष्ट्रीय कल्याण में क्षेत्रीय कल्याण स्वतः समाहित रहता है। साथ ही क्षेत्रीय समस्याओं के प्रतिनिधित्व और समाधान के लिए प्रान्तीय सरकारें तथा स्थानीय स्वशासी संस्थाएं ही अधिक उपयुक्त रहती हैं। इसलिए प्रतिनिधि सदन को राष्ट्रीय सदन ही कहा जाना चाहिए।" इस तर्क से तो यही निष्कर्ष निकलता है कि संघात्मक व्यवस्थाओं को छोड़कर दूसरी शासन व्यवस्थाओं में दूसरे सदन की कोई आवश्यकता ही नहीं है।

इस तर्क से भी अधिक वजनदार तर्क स्वयं व्यवस्थापिकाओं की कार्यक्षमता व वास्तविक शक्तियों से सम्बन्धित है। जब व्यवस्थापिकाएं कार्यपालिकाओं के हाथों की कठपुतली बनती जा रही हैं तथा कम से कम सरकारी कार्यों का निष्पादन तो कार्यपालिका की इच्छा के अनुसार ही करती हैं तब दूसरा सदन हो या नहीं हो, कम से कम सरकारी कार्यों के निष्पादन में इससे कोई अन्तर नहीं आएगा। जहां तक राजनीतिक कार्यों का प्रश्न है, ये सदनों के बाहर से निष्पादित होने वाले कार्य हैं और एक सदन के

बहुसंख्यक विधायक ही इनको करने में महत्त्वपूर्ण भूमिका निभा सकते हैं तब यह प्रश्न उठना स्वाभाविक है कि दूसरा सदन किस लिए हो ?

उपरोक्त बातों के अलावा दूसरे सदन के विपक्ष में जाने वाली बात आधुनिक राजनीतिक व्यवस्थाओं की प्रकृति से सम्बन्धित है। वर्तमान राजनीतियों में संरचनात्मक विभिन्नीकरण के साथ ही साथ संरचनाओं में सावयवी एकता स्थापित होती जा रही है। अगर शासन-व्यवस्था लोकतान्त्रिक है तो निर्णय-प्रक्रिया में प्रमुख भूमिका राजनीतिक दलों की होती है और अगर तानाशाही व्यवस्था है तो निर्णय वास्तव में कार्यपालिका ही लेती है। अतः आधुनिक समाजों की राजनीतिक व्यवस्थाओं में व्यवस्थापिकाओं की भूमिका ही सीमित होती जा रही है। इस कारण, अगर व्यवस्थापिकाओं की शक्तियों व प्रभाव की दृष्टि से पुनः प्रतिष्ठा नहीं हुई तो द्विसदनात्मकता का भविष्य भी विशेष उज्ज्वल नहीं रह जाएगा। आधुनिक राजनीतिक व्यवस्थाओं में विखन्डन लाने वाली प्रवृत्तियों की भी कमी नहीं है। जोड़ने वाली शक्तियों से अगर राजनीतिक व्यवस्थाओं को तोड़ने वाली शक्तियां बलवती होने लगीं तो अनिवार्यतः इनके शमन की कोई संरचनात्मक व्यवस्था आवश्यक हो जाएगी। ऐसी हालत में दूसरे सदन ही एकमात्र साधन होने के कारण फिर से प्रभावी होने लगेंगे। अतः इनके भविष्य के बारे में कोई सुनिश्चित-सा निष्कर्ष निकालना सम्भव नहीं है।

दूसरे सदनों के भविष्य के बारे में एक बात निश्चित रूप से कही जा सकती है कि वर्तमान लोकतान्त्रिक व्यवस्थाओं में दूसरे सदन तब तक बने रहेंगे जब तक लोकतन्त्र बना हुआ है, क्योंकि व्यवस्थापिकाओं की शक्ति जो कुछ बच गई है उनमें दूसरे सदन महत्त्वपूर्ण योगदान देते हैं। इनके अलावा आम जनता को दूसरे सदन से सुरक्षा की भावना, लोकतन्त्र की रक्षा की व्यवस्था तथा मनोवैज्ञानिक सान्त्वना मिलती है। अतः कम से कम वर्तमान द्विसदनात्मक व्यवस्थापिकाओं वाले लोकतान्त्रिक राज्यों में तो दूसरे सदनों का भविष्य अति उज्ज्वल है। इन व्यवस्थाओं में यह उपयोगी भूमिका निभाते रहे हैं और भविष्य में निभाते रहने के कारण अपनी जड़ें जमाए रहेंगे। इसी तरह, आकार व जनसंख्या की दृष्टि से बहुत छोटे राज्यों में दूसरे सदनों की व्यवस्था की निरर्थकता का विचार बना रहता हुआ माना जा सकता है। तानाशाही व्यवस्थाओं में दूसरे सदनों की न कोई आवश्यकता है और न ही कोई उपयोगिता। इस कारण, तानाशाही व्यवस्थाओं में अनिवार्यतः दूसरे सदनों को व्यवस्थित नहीं करने का प्रचलन रहेगा। अन्त में निष्कर्षतः यही कहा जा सकता है कि बड़े भू-भाग और अधिक जनसंख्या वाले संघात्मक पर लोकतान्त्रिक राज्यों को छोड़कर बाकी सभी राजनीतिक व्यवस्थाओं में जिसमें साम्यवादी विचारधारा वाले नए राज्य भी सम्मिलित किए जा सकते हैं, सामान्यतया एकसदनीय व्यवस्थापिकाओं को ही अपनाया जाता रहेगा। आधुनिक समय में राजनीतिक दलों, संगठित हितों व दबाव समूहों के प्रादुर्भाव के कारण दूसरे सदनों की भूमिकाओं को इन संरचनात्मक व्यवस्थाओं द्वारा निष्पादित करने की प्रवृत्ति बढ़ती जा रही है। इस कारण, भविष्य में दूसरे सदन शायद लोकतान्त्रिक राज्यों में भी निरर्थक बनने लगेंगे।

अध्याय 15

कार्यपालिका
(Executive)

राज्य एक अमूर्त भाव है। इसको मूर्त रूप देने वाली संस्थागत व्यवस्था को सरकार कहा जाता है। सरकार, राज्य-इच्छा का निर्माण, अभिव्यक्ति और क्रियान्वयन करने की संस्थात्मक संरचना है। प्राचीन समय में, राज्य की उत्पत्ति की प्रारम्भिक अवस्था के काल में, राज्य की प्रकृति ऐसी थी कि इसकी सम्पूर्ण शासन शक्ति एक ही व्यक्ति या कभी-कभी व्यक्ति समूह में निहित रहती थी। तब यह व्यक्ति ही सरकार होता था तथा उसी के द्वारा कानून, उन्हें लागू करने तथा उनकी व्याख्या करने का कार्य सम्पन्न होता था। कालान्तर में, सरकार के कार्यों में वृद्धि होने लगी, सरकारें जनता की व जनता के लिए कार्य करने वाली संस्थाएं बनने लगीं। सरकारों के वृद्धिपरक कार्यों में सुविधा, आवश्यकता तथा कार्यकुशलता के लिए धीरे-धीरे अन्तर किया जाने लगा। इस तरह सरकार की विधि निर्माण का कार्य करने वाली संस्था व्यवस्थापिका, इन विधियों को लागू करने वाली संस्था कार्यपालिका तथा इनकी व्याख्या करने वाली संस्था न्यायपालिका के रूप में पृथक होने लगी। सरकार की शक्तियों में इस प्रकार के पृथक्करण से, सरकार की तीन शक्तियां —व्यवस्थापन, कार्यपालन व न्यायपालन, अलग-अलग होकर पृथक संरचनात्मक रूप से व्यवस्थित हो गई। कार्यपालन सम्बन्धी शक्तियों से सम्बन्धित संरचनात्मक व्यवस्था को कार्यपालिका कहा जाता है।

कार्यपालिका का अर्थ व परिभाषा
(THE MEANING AND DEFINITION OF EXECUTIVE)

सभी प्रकार के मानव संगठन नियमों पर आधारित होते है। साधारण मानव समूह से लेकर राज्यों तक में व्यवस्था बनाए रखने के लिए परिचालनात्मक नियमों (operating rules) की आवश्यकता पड़ती है। इनके अभाव में हर संगठन व संस्था में अव्यवस्था व लूटमार की परिस्थिति उत्पन्न हो जाती है। यह बात राजनीतिक व्यवस्थाओं पर भी लागू होती है। इनमें व्यवस्थात्मकता के लिए क्रियात्मक विधियां अनिवार्य हो जाती हैं। इन विधियों को लागू करने के लिए जिस शक्ति का प्रयोग होता है उसे कार्यपालिका शक्ति तथा इस शक्ति का प्रयोग करने वाली संस्थात्मक संरचना को कार्यपालिका कहा जाता है।

कार्यपालिका के सामान्यतया दो अर्थ किये जाते हैं—एक व्यापक अर्थ व दूसरा सीमित अर्थ। व्यापक अर्थ में कार्यपालिका का तात्पर्य उन सभी राज-कर्मचारियों से होता है जिनका सम्बन्ध राज्य के प्रशासन से होता है। इस अर्थ में कार्यपालिका राज्य के सर्वोच्च अध्यक्ष से लेकर दफ्तर के एक चपरासी तक सभी प्रशासन कर्मचारियों को कहा जाता है। किन्तु राजनीति विज्ञान में कार्यपालिका का यह व्यापक अर्थ स्वीकार नहीं किया जाता है। इस अर्थ में व्यावसायिक (पेशेवर) प्रशासक भी कार्यपालिका में सम्मिलित रहते हैं। अतः कार्यपालिका का सीमित अर्थ में प्रयोग करते समय प्रशासनिक कर्मचारियों को कार्यपालिका से अलग रखने की प्रथा है, इस अर्थ में कार्यपालिका केवल उन संस्थागत संरचनाओं को ही कहा जाता है जो राजनीतिक व्यवस्था के सम्बन्ध में नीति की शुरुआत या उसे निर्मिल करने से सम्बन्धित रहती हैं अर्थात कार्यपालिका में केवल वही राजनीतिक अधिकारीगण होते हैं जिनका नीति-निर्माण व उसके क्रियान्वयन से सम्बन्ध होता है तथा जो इस प्रकार के कार्य के लिए किसी के प्रति सुस्पष्ट उत्तरदायित्व निभाते हैं। इस प्रकार, लोकतन्त्र शासन व्यवस्थाओं में मन्त्रिमण्डल नीति बनाते हैं और वे इस नीति-निर्माण के लिए संसद के प्रति उत्तरदायी होते हैं, इसलिए इनको हम कार्यपालिका कह सकते हैं। अतः सीमित अर्थ में कार्यपालिका केवल राज्य के प्रधान तथा उसके मन्त्रि-मण्डल को ही कहा जाता है।

प्रशासन और कार्यपालिका में केवल नीति की पहल और संसद के प्रति उत्तरदायित्व के आधार पर भेद करना कठिन है। सिविल कर्मचारी, मंत्रियों की तरह विधान मण्डल के प्रति तो उत्तरदायी नहीं होते पर वे भी परोक्ष रूप से मंत्री के माध्यम से उत्तरदायी अवश्य रहते हैं। अतः इन दोनों में यह भेद प्रतिष्ठा तथा कार्यों में कुछ महत्त्वपूर्ण अन्तरों की ओर अवश्य इंगित करता है लेकिन राजनीतिज्ञों और सिविल कर्मचारियों के बीच स्पष्टतर विभाजन रेखा वाली राजनीतिक पद्धतियों में भी यह असम्भव है कि उच्च सिविल कर्मचारियों का सम्बन्ध केवल नीति के संचालन से हो, उसकी शुरुआत या उसे निर्मित करने में उसका कतई हाथ न हो। एलेन बाल के अनुसार 'खास तौर पर आधुनिक कल्याणकारी राज्यों में नीति-निर्माण प्रक्रिया के क्षेत्र तथा बढ़ती हुई जटिलता के कारण सिविल कर्मचारियों के पास संवैधानिक कल्पित कथाओं में वर्णित अधिकारों से कहीं अधिक अंश में स्वाधीनता और नीति में पहल करने की अधिक व्यापक शक्तियां हैं।[1] इस तरह, अधिकांश राज्यों में राजनीतिज्ञों और सिविल कर्मचारियों के बीच बहुत कम अन्तर रह गया है। विशेषकर विकासशील देशों में राजनीतिक नीति-निर्माण और नौकरशाही द्वारा उनके कार्यान्वयन के बीच की विभाजन रेखाओं में अन्तर करना अत्यन्त कठिन हो गया है। सारी महत्त्वपूर्ण प्रशासकीय गतिविधि में नीति सम्बन्धी बातें विद्यमान रहती हैं। इसके कारण हर स्तर पर नीति-निर्माण का कार्य सम्पादित होता है। ला पालोम्बारा ने विकासशील राज्यों में इन दोनों के अन्तर में अस्पष्टता का उल्लेख करते हुए लिखा है

[1]Alan R. Ball, *Modern Politics and Government*, London, Macmillan and Company, 1971, p. 186. 171.

कि 'जिन राजनीतिक व्यवस्थाओं मे दल पद्धति का विकास नहीं होता उन्हीं के अनुरूप शक्ति के अन्य केन्द्र भी नहीं रहते, वहां राजनीतिक नेताओं के हाथ में नौकरशाहों के बेजान मोहरों की तरह रहने की कम सम्भावना होती है। खास तौर पर ऐसा इसलिए भी होता है कि राष्ट्रवादी राजनीतियों और भूतपूर्व औपनिवेशिक प्रशिक्षण प्राप्त सिविल सेवा के बीच दृढ़ सांस्कृतिक अन्तर हो जाते हैं।[2] इस प्रकार नौकरशाही और प्रधान मंत्रियों, राष्ट्रपतियों तथा इनके मन्त्रिमण्डलों वाली कार्यपालिका के बीच कार्यों के सम्बन्ध में स्पष्ट भेद करना कठिन हो जाता है।

इसका यह अर्थ नहीं कि कार्यपालिका में देश के सिविल कर्मचारियों को सम्मिलित मान लिया जाए। ला पालोम्बारा ने कार्यपालिका, कार्यपालिका शक्ति तथा कार्यपालिका अंग (Executive, Executive Power and Executive Branch) में अन्तर करते हुए, कार्यपालिका से सीमित अर्थ बोधन की बात स्वीकार की है। उसने कार्यपालिका में उन्हीं राजनीतियों को सम्मिलित किया है जिन्हें विवेक (discretion) के अधिकार प्राप्त होते हैं। इस अर्थ में कार्यपालिका की परिभाषा करते हुए ला पालोम्बारा ने लिखा है, 'कार्यपालिका से आशय मुख्य कार्यपालक, विभागों के अध्यक्ष तथा सरकारी सोपान (hierarchy) में उच्चतम स्तर के सार्वजनिक प्रशासकों से है। इसमें वे व्यक्ति, सिविल कर्मचारी और अन्य लोग जो मुख्य कार्यपालक की सहायता के लिए भर्ती किये जाते हैं, सम्मिलित होते हैं।'[3] इनके अलावा प्रशासन के लाखों लोगों को वह कार्यपालिका में सम्मिलित नहीं मानकर उन्हें प्रशासन, लोक प्रशासन, सिविल सर्विस या नौकरशाही के नाम से अलग करता है।

ला पालोम्बारा ने कार्यपालिका की उपरोक्त परिभाषा को काफी व्यापक माना है और इसलिए राज्य में मुख्य कार्यपालिका व उसके मन्त्रिमण्डल को सामूहिक रूप से इससे पृथक करने के लिए एक नये प्रत्यय 'सरकार' (The Government) का प्रयोग किया है। इस प्रकार, वह 'सरकार', 'कार्यपालिका' व 'नौकरशाही' में अन्तर करके भी प्रथम दो प्रकारों में अन्तर का ठोस आधार प्रस्तुत नहीं कर पाया है। वह स्वयं 'सरकार' व 'कार्यपालिका' का एक-दूसरे के लिए अदल-बदल कर प्रयोग करने की भूल भी कर गया है। वास्तव में कार्यपालिका के सीमित अर्थ में सरकारी सोपान के उच्चतम सार्वजनिक प्रशासकों व मुख्य कार्यपालक के अन्य सहायकों को सम्मिलित करना उपयुक्त नहीं है। कार्यपालिका में हम केवल राज्य के अध्यक्ष और उनके मन्त्रिमण्डल को ही सम्मिलित मान सकते हैं अर्थात ला पालोम्बारा जिसे 'सरकार' मानते हैं वही इस अर्थ में कार्यपालिका है।

मेक्रिडिस ने कार्यपालिका के व्यापक व सीमित अर्थ में अन्तर के लिए 'राजनीतिक' शब्द का सहारा लिया है। उसने सीमित अर्थ में कार्यपालिका को 'राजनीतिक कार्य-

[2] Joseph La Palombara, 'An Overview of Bureaucracy and Political Development'' in *Bureaucracy and Political Development*, Joseph La Palombara (Ed.), New Jersey, Princeton, 1963, p. 243.

[3] Joseph La Palombara, *Politics Within Nations*, New Jersey, Prentice Hall, Englewood Cliffs, 1974, p. 197.

पालिका' तथा व्यापक अर्थ में केवल 'कार्यपालिका' कहना उपयुक्त माना है। राजनीतिक कार्यपालिका की परिभाषा करते हुए मेक्रिडिस ने लिखा है कि 'राजनीतिक कार्यपालिका' राजनीतिक समाज के शासन के लिए औपचारिक उत्तरदायित्व निभाने वाली संस्थागत व्यवस्थाएं हैं।'[4] इस तरह, मेक्रिडिस ने राजनीतिक कार्यपालिका में अपने द्वारा लिए बाध्यकारी निर्णयों को लागू करने वाले राजनीतिज्ञों को ही सम्मिलित माना है। अतः हम कार्यपालिका से वही अर्थ लेंगे जो ला पालोम्बारा ने 'सरकार' या मेक्रिडिस ने 'राजनीतिक कार्यपालिका' से लिया है। इस अर्थ में कार्यपालिका में केवल राज्य का अध्यक्ष व उनके मन्त्रिमण्डल को ही सम्मिलित माना जाएगा।

कार्यपालिका का संगठन
(ORGANIZATION OF EXECUTIVE)

संगठन की दृष्टि से सभी कार्यपालिकाओं में समानता ही दिखाई देती है। चाहे कार्यपालिका अध्यक्ष राष्ट्रपति हो या प्रधान मंत्री, उनके कार्यों में सहयोग, सलाह तथा सहभागी रहने वाला एक मन्त्रिमण्डल होता है। इनमें कोई मौलिक अन्तर नहीं होता है। कहीं मन्त्रिमण्डल में कम सदस्य तो कहीं इनकी सदस्य संख्या अधिक हो सकती है। अतः संगठन की दृष्टि से सभी कार्यपालिकाओं में एक-सी समानता मानी जा सकती है। किन्तु जब कार्यपालिकाओं की संरचनात्मक प्रक्रियाओं पर ध्यान दें तो ऐसा लगता है कि हर देश की कार्यपालिका का संगठन विचित्र व विशेष होता है। मेक्रिडिस ने इस सम्बन्ध में ठीक ही कहा है कि 'कार्यपालिका की संरचना, कार्य और प्रकृति कालचक्र में इतनी परिवर्तित होती रही है कि कोई एक प्रत्ययी ढांचा इन सारी विविधताओं और उनके परिणामों को उद्घाटित नहीं कर सकता है।[5] फिर भी, कार्यपालिका की संरचना में मोटे सिद्धान्तों को लें तो सर्वाधिक प्रचलित संरचनात्मक ढांचे संसदीय व अध्यक्षात्मक कार्यपालिका के ही लोकप्रिय हैं। इनके अलावा, अनेक वर्णसंकर (hybrid) प्रतिमान भी पाये जाते हैं। उदाहरण के लिए, स्विट्ज़रलैंड की सात सदस्यों वाली बहुल कार्यपालिका तथा सोवियत रूस की 37 सदस्यों वाली बहुल कार्यपालिका—सुप्रीम सोवियत का प्रीसीडियम, इसी बीच की संरचनाएं हैं।

संसदीय व अध्यक्षात्मक कार्यपालिकाओं में अन्तर का प्रमुख आधार कार्यपालिका व व्यवस्थापिका शक्तियों का आपसी सम्बन्ध है। जिस राजनीतिक व्यवस्था में कार्यपालिका व व्यवस्थापिका गठबन्धित रहती है उसे संसदीय तथा जहां यह दोनों पृथक रहती हैं उसे अध्यक्षात्मक कार्यपालिका वाली शासन-प्रणाली कहा जाता है। दोनों ही प्रकार की कार्यपालिकाओं में शासन का अन्तिम उत्तरदायित्व एक व्यक्ति के हाथ में रहता है। अध्यक्षात्मक कार्यपालिका का निर्वाचन होता है। वह सामान्यतया निश्चित अवधि तक

[4]R. C. Macridis, *Political Executive in International Encyclopaedia of the Social Sciences,* New York, Macmillan, 1968, Vol. 12, p. 228.
[5]*Ibid.*, p. 228.

अपने पद पर रहती है। वह अपने मन्त्रिमण्डल की नियुक्ति स्वयं ही करती है, जो उसके सेवक होते हैं और अपने कार्यों के लिए उसके प्रति उत्तरदायी रहते हैं। इसी तरह, संसदीय कार्यपालिका में एक राज्य का अध्यक्ष तथा दूसरा प्रधान मंत्री व उसका मन्त्रिमण्डल होता है। इस प्रकार की कार्यपालिका का दोहरा रूप होता है। एक नाम मात्र का राज्य का अध्यक्ष होता है तथा दूसरा वास्तविक सत्ता का प्रयोगकर्त्ता होता है। इसे प्रधान मंत्री के नाम से जाना जाता है जो राज्य के अध्यक्ष द्वारा नियुक्त होता है तथा राष्ट्रपति में निहित सब अधिकारों का व्यवहार में उपयोग करता है। प्रधान मंत्री के सहयोगियों के रूप में एक मन्त्रिमण्डल होता है जिसके सदस्य उसके सेवक न होकर उसके साथी होते हैं।

कार्यपालिकाओं के निर्वाचन व कार्यकाल का एक-सा प्रतिमान सर्वत्र नहीं पाया जाता है। कहीं कार्यपालिका का प्रत्यक्ष तो कहीं अप्रत्यक्ष निर्वाचन होता है। वैसे सामान्यतया संसदीय शासन व्यवस्थाओं में कार्यपालिका की नियुक्ति का आधार संसद में बहुमत वाले दल का रहता है। बहुमत के नेता को ही राज्य के अध्यक्ष द्वारा प्रधान मंत्री के पद पर नियुक्त किया जाता है। वह फिर अपने मन्त्रिमण्डल का गठन करता है। अध्यक्षात्मक कार्यपालिका का सामान्यतया प्रत्यक्ष चुनाव होता है, परन्तु कार्यपालिकाओं के निर्वाचन में कोई एक विधि नहीं अपनाई गई है। लोकतन्त्र व्यवस्थाओं से भिन्न निरंकुश व्यवस्थाओं में कार्यपालिका सत्ता हथिया कर बनने के कारण उनमें निर्वाचन का प्रश्न नहीं उठता है। कार्यकाल के सम्बन्ध में अध्यक्षात्मक व संसदीय कार्यपालिकाओं की स्थिति भिन्न-भिन्न प्रकार की होती है। अध्यक्षात्मक कार्यपालिका एक निश्चित अवधि के लिए निर्वाचित होती है और महाभियोग (impeachment) की पेचीदा विधि के द्वारा ही अवधि से पूर्व हटाई जा सकती है। कार्यकाल की दृष्टि से संसदीय कार्यपालिका की स्थिति भिन्न प्रकार की है। प्रधान मंत्री व मन्त्रिमण्डल सामूहिक रूप से व्यवस्थापिका के प्रति उत्तरदायी होता है। यह उत्तरदायित्व न निभा सकने की अवस्था में व्यवस्थापिका, कार्यपालिका को अविश्वास के प्रस्ताव के माध्यम से कभी भी हटा सकती है। अतः संसदीय कार्यपालिका का कार्यकाल अनिश्चित ही होता है। निरंकुश शासन व्यवस्थाओं में कार्यपालिका का कार्यकाल अत्यधिक अनिश्चित व पूरी तरह निश्चित, दोनों ही हो सकता है। निरंकुश व्यवस्थाओं में कार्यपालिका का कार्यकाल अनेक बातों पर निर्भर करता है। इसलिए इस सम्बन्ध में किसी भी प्रकार का सामान्यीकरण करना सम्भव नहीं है। यही बात सर्वाधिकारी शासन व्यवस्थाओं के बारे में कही जा सकती है। इनमें कार्यपालिका का कार्यकाल संवैधानिक व्यवस्थाओं से केवल औपचारिक रूप में से ही निर्धारित होता है। कार्यपालिकाओं को इन व्यवस्थाओं में एकाधिकार प्राप्त दल ही नियंत्रित करता है और उसी के द्वारा इनका कार्यकाल घटाया-बढ़ाया जाता है।

कार्यपालिका के कार्य
(FUNCTIONS OF EXECUTIVE)

कार्यपालिका के कार्य राजनीतिक व्यवस्था की प्रकृति, शासन के ढांचे व कार्यपालिका की स्वयं की प्रकृति या प्रकार के अनुसार भिन्न-भिन्न होते हैं। देश की आन्तरिक व बाहरी परिस्थितियों से भी कार्यपालिका के कार्यों में अन्तर आ जाता है। लोकतान्त्रिक व्यवस्थाओं तथा सर्वाधिकारी शासनों में कार्यपालिका का आधार राजनीतिक दल होने के कारण दलों की प्रकृति भी कार्यपालिका के कार्यों की नियामक हो जाती है। अतः कार्यपालिकाओं के कार्यों में पर्याप्त अन्तर देखने को मिलते हैं, किन्तु यह अन्तर प्रकार के कम और मात्रा के ही अधिक होते हैं। मोटे रूप से कार्यपालिकाओं के कार्यों को तीन श्रेणियों में विभक्त किया जा सकता है। हम सुविधा व स्पष्टता की दृष्टि से इनका पृथक-पृथक विवेचन करेंगे।

संवैधानिक कार्य (Constitutional Functions)

हर राजनीतिक व्यवस्था में कार्यपालिका के कार्यों का संविधान में उल्लेख होता है। आधुनिक समय में तानाशाहों के द्वारा भी किसी न किसी प्रकार के संवैधानिक ढांचे का सहारा लिया जाता है। चाहे संविधान लिखित हो या अलिखित, कार्यपालिकाओं के कार्यों की सामान्यतया इनमें व्यवस्था की जाती है। अतः आधुनिक कार्यपालिकाओं को संवैधानिक या विधिक ढांचे के द्वारा निर्धारित कार्य अनिवार्यतः करने होते हैं। संक्षेप में यह कार्य इस प्रकार हैं— (क) विदेश-सम्बन्धों का संचालन (conduct of foreign affairs), (ख) राष्ट्रीय कार्यों का संचालन (conduct of home affairs), (ग) सैनिक कार्यों का संचालन (conduct of military affairs), (घ) व्यवस्थापन कार्यों का संचालन (conduct of legislative affairs), और (ङ) आर्थिक कार्यों का संचालन (conduct of economic affairs)।

(क) आधुनिक युग में राष्ट्रीय राज्यों में पारस्परिकता तथा एक-दूसरे पर निर्भरता इतनी बढ़ गई है कि कार्यपालिकाओं के कूटनीतिक व विदेशी मामलों के संचालन के कार्य प्रमुख बन गए हैं। हर देश की कार्यपालिका को अपने देश के, अन्य देशों से स्थापित सम्बन्धों का संचालन करना होता है। विदेशों में 'राजदूतों की नियुक्ति, विदेशी राजदूतों का देश में स्वागत, अन्तर्राष्ट्रीय संगठनों, सम्मेलनों व संस्थाओं में देश का प्रतिनिधित्व, विदेशों के साथ सन्धियां व समझौते करना तथा सांस्कृतिक, शैक्षणिक व व्यापारिक आदान-प्रदान को नियंत्रित व निर्देशित करना कार्यपालिका का ही कार्य है। ये कार्य इतने जटिल हैं कि राजनीतिक व्यवस्था में कार्यपालिका के अलावा अन्य संस्थाओं के द्वारा किये ही नहीं जा सकते हैं। इन्हीं कार्यों से कार्यपालिकाएं दिन-प्रतिदिन महत्त्वपूर्ण बनती जा रही हैं। विदेशी सम्बन्धों का संचालन इतना नाज़ुक होता है कि राजनीतिक कार्यपालिका में भी केवल मुख्य कार्यपालक ही अधिकांशतः इनका संचालन करता है। राष्ट्रीय हितों की पूर्ति के लिए कई बार विदेश सम्बन्धों का संचालन गोपनीय ढंग से करना होता है।

कार्यपालिकाओं का यही कार्य ऐसा है जिसमें उन्हें अत्यधिक स्वतन्त्रता रहती है। इन्हीं मामलों के संचालन में कार्यपालिकाएं सामान्यतया स्वतन्त्र व नियंत्रणमुक्त रखी जाती हैं। वैसे व्यवस्थापिकाओं का विदेश-नीति के निर्धारण में व कुछ-कुछ इसके संचालन में भी हाथ रहता है पर इसमें औपचारिकता ही का आधिक्य रहता है। अमरीका में सीनेट की 'विदेश-सम्बन्ध समिति' भी वहां के राष्ट्रपति पर बहुत अधिक प्रभावी नियंत्रण लगाने में अपने आपको असमर्थ पाती है। अतः कार्यपालिका का प्रमुख कार्य विदेश सम्बन्धों का संचालन बन गया है।

(ख) कार्यपालिका देश के अन्दर सम्पूर्ण प्रशासन का नियंत्रण, निर्देशन व निरीक्षण करने का कार्य करती है। सभी महत्त्वपूर्ण पदों पर नियुक्तियां इसके द्वारा की जाती हैं। कार्यपालिका का देश के अन्दर सबसे महत्त्वपूर्ण कार्य व्यवंस्थापिका द्वारा पारित कानूनों को लागू करना है। इसके लिए सम्पूर्ण प्रशासकीय ढांचा कार्यपालिका द्वारा ही सक्रिय व सचेत रखा जाता है। इसके लिए आवश्यक विभागों की स्थापना, उनके पदाधिकारियों की नियुक्ति तथा उनके कार्यों की व्याख्या कार्यपालिका के द्वारा ही होती है। यह विभिन्न विभागों में समन्वय बनाये रखने तथा आवश्यकता पड़ने पर प्रशासनिक अधिकारियों के खिलाफ अनुशासनात्मक कार्यवाही करने का कार्य भी करती है। अतः आन्तरिक दृष्टि से कार्यपालिका, कानूनों को लागू करने, प्रशासन का निर्देशन, निरीक्षण (direction, supervision and control of administration) व नियंत्रण करने, शासन विभागों में तालमेल रखने तथा कानून व व्यवस्था को बनाये रखने का कार्य करती है। कार्यपालिका को राष्ट्रीय मामलों से सम्बन्धित हर कार्य के लिए स्पष्टतया व्यवस्थापिका, मतदाता व राजनीतिक दल के प्रति उत्तरदायित्व निभाना होता है। व्यवस्थापिका, जागरूक जनमत व राजनीतिक दल कार्यपालिका को हर समय सचेत, अनुक्रियात्मक तथा उत्तरदायी रखते हैं।

(ग) आजकल के तनावपूर्ण विश्व में विचारधाराओं के आपसी टकराव के कारण सुरक्षा का प्रश्न अत्यधिक महत्त्व का बन गया है। देश की बाहरी आक्रमणों से सुरक्षा आन्तरिक व्यवस्था और शान्ति बनाये रखने का कार्य हर देश में कार्यपालिका के द्वारा ही किया जाता है। प्रायः कार्यपालिका का अध्यक्ष ही राज्य की सैनिक शक्ति का सर्वोच्च अधिकारी होता है। वह सैनिक अधिकारियों की नियुक्ति, पदच्युति और युद्ध के संचालन का कार्य भी करता है। यद्यपि कुछ राज्यों में युद्ध की घोषणा करने का कार्य व्यवस्थापिकायें करती हैं, फिर भी युद्ध का संचालन कार्यपालिका के द्वारा होने के कारण वह ही सैनिक सत्ता का व्यवहार में प्रयोग करती है। युद्ध की स्थिति में तो कार्यपालिका को इतने व्यापक अधिकार दे दिए जाते हैं कि वह वास्तव में तानाशाह की तरह व्यवहार करने लग सकती है। द्वितीय विश्वयुद्ध के समय अमरीका के राष्ट्रपति रूजवेल्ट व ब्रिटिश प्रधान मंत्री विन्सटन चर्चिल को इसी तरह के व्यापक अधिकार वहां की व्यवस्थापिकाओं ने दे दिए थे। स्वेच्छाचारी व सर्वाधिकारी शासन-व्यवस्थाओं में तो कार्यपालिका की सैनिक शक्तियां असीमित-सी रहती हैं। इन व्यवस्थाओं में तानाशाह के सत्ता में बने रहने का आधार ही सैनिक समर्थन होता है।

(घ) सभी राजनीतिक व्यवस्थाओं में कार्यपालिका को व्यवस्थापन के कार्य नहीं देने की प्रथा है। अध्यक्षात्मक शासन प्रणालियों में तो कार्यपालिका को स्पष्टतया व्यवस्थापिका से पृथक रखा जाता है। इस प्रणाली में कार्यपालिका और व्यवस्थापिका को एक-दूसरे से स्वतंत्र रखा जाता है। संसदीय प्रणालियों में कार्यपालिका व व्यवस्थापिका की घनिष्ठ सम्बन्ध सूत्रता के कारण कार्यपालिका को व्यवस्थापन कार्य में सक्रिय रूप से भाग लेने का अवसर मिल जाता है। किन्तु व्यवहार में कार्यपालिका किसी न किसी रूप में विधि-निर्माण के कार्य में भाग लेती है या उसे प्रभावित करती है। संसदीय कार्यपालिका को व्यवस्थापन प्रक्रिया में प्रत्यक्ष रूप से भाग लेने का विधिवत अवसर मिल जाता है। इनमें संसद का अधिवेशन बुलाना, उसका सत्रावसान, स्थगन तथा विघटन करना कार्यपालिका का ही अधिकार होता है। यही विधेयक पेश करती है, संसद से उनको पारित कराती है तथा उन पर अन्तिम स्वीकृति देती है। इस प्रकार संसदीय शासनों में कार्यपालिका का व्यवस्थापन प्रक्रिया के हर स्तर पर सहयोग रहता है।

अध्यक्षात्मक कार्यपालिका शक्तियों के पृथक्करण के कारण व्यवस्थापन का प्रत्यक्ष कार्य नहीं कर सकती है। ऐसी कार्यपालिकाएं व्यवस्थापन को प्रभावित ही करती हैं। यह व्यवस्थापिका को अधिवेशन के आरम्भ में अथवा अधिवेशन काल में समय-समय पर देश की आवश्यकताओं के बारे में आवश्यक सूचनाएं प्रदान करती हैं। आजकल प्रशासन की जटिल आवश्यकताओं के कारण अध्यक्षात्मक कार्यपालिकाएं अप्रत्यक्ष रूप से अधिकांश विधेयकों की पहल करने लगी हैं। बजट तो इन्हीं के द्वारा तैयार किया जाता है तथा यही उसे किसी सदस्य के माध्यम से प्रस्तुत कराती हैं। अगर व्यवहार में देखा जाय तो अध्यक्षात्मक कार्यपालिकाएं भी संसदीय कार्यपालिकाओं की तरह ही व्यवस्थापन का कार्य करने लगी हैं। इनमें भी अन्तिम रूप से तो विधेयक कार्यपालिका की स्वीकृति से ही अधिनियम बनता है। विधान मण्डलों के सत्रावसान की अवस्था में अध्यादेश जारी करना, प्रदत्त व्यवस्थापन (delegated legislation) के अन्तर्गत नियम बनाना इत्यादि कार्यपालिकाओं का ही कार्य है।

वर्तमान समय में कार्यपालिका का चाहे कोई भी रूप हो, राजनीतिक दल के माध्यम से वह व्यवस्थापन कार्यों में भी सर्वेसर्वा हो गई है। कार्यपालिका का अध्यक्ष व्यवस्थापन की पहल का सारा अधिकार राजनीतिक दल के सदस्यों के माध्यम से स्वयं प्राप्त कर लेता है। इसलिए ही आधुनिक समय में 95 प्रतिशत विधेयक संसदीय शासन-व्यवस्थाओं में प्रत्यक्ष रूप से तथा अध्यात्मक शासन प्रणालियों में अप्रत्यक्ष रूप से कार्यपालिका द्वारा ही प्रस्तुत होते हैं। अतः लोकतांत्रिक व्यवस्थाओं में कार्यपालिका व्यवस्थापन का कार्य भी प्रमुख रूप से करने लगी है। निरंकुश व्यवस्थाओं में कार्यपालिका के आदेश ही कानून होते हैं, तथा सर्वाधिकार शासनों में कार्यपालिका दल के द्वारा सब कार्य करवाने की स्थिति में होती है। निष्कर्ष में यह कहना उचित ही होगा कि सब प्रकार की शासन व्यवस्थाओं में कार्यपालिकाओं का व्यवस्थापन के क्षेत्र में हस्तक्षेप दिन प्रतिदिन बढ़ता ही जा रहा है।

(ङ) आजकल सब प्रकार की शासन-व्यवस्थाओं में आर्थिक कार्यों का महत्त्व बढ़

गया है। लोककल्याणकारी शासन का विचार न केवल लोकतांत्रिक व्यवस्थाओं में ही प्रबल हुआ है, निरंकुश व्यवस्थाओं में भी यह अनिवार्य बन गया है। सब प्रकार की सरकारें लोकहित के कार्य करने के लिए मजबूर कर दी गई हैं। इसके कारण, आर्थिक नियोजन व योजनाओं का संचालन कार्यपालिका का प्रमुख दायित्व बन गया है। कार्य-पालिकाओं को बहुत-सी सार्वजनिक संस्थाओं की वित्तीय दृष्टि से देखभाल करनी पड़ती है। देश के सम्पूर्ण आर्थिक जीवन पर व्यवहारत: कार्यपालिका का ही नियंत्रण रहता है। कार्यपालिकाओं के कार्यों में आर्थिक कार्य इतने अधिक बढ़ गए हैं कि इनके कारण इसके अन्य कार्यों में भी वृद्धि हो गई है।

इस प्रकार कार्यपालिकाएं हर प्रकार की राजनीतिक व्यवस्था में कम या अधिक मात्रा में संवैधानिक कार्य करती हैं। विदेश-सम्बन्धों के संचालन से लेकर देश की आर्थिक गतिविधियों का नेतृत्व भी कार्यपालिका ही करती है। तानाशाही व्यवस्थाओं में कार्य-पालिका के यह कार्य बेरोकटोक व असीमित ढंग के होते हैं जबकि लोकतांत्रिक शासन प्रणालियों में इन पर औपचारिक अंकुश लगाने की प्रथा होती है। कार्यपालिका के संवैधानिक कार्य भी इतने व्यापक व महत्त्वपूर्ण हो गए हैं कि राजनीतिक व्यवस्था में हर गतिविधि कार्यपालिका से ही नियंत्रित व निर्देशित होने लगी है। आगे के पृष्ठों में कार्य-पालिका के बढ़ते हुए महत्त्व के लिए उत्तरदायी परिस्थितियों के विवेचन में हमें यह देखने का अवसर मिलेगा कि किस प्रकार इन कार्यों ने कार्यपालिका को राजनीतिक चेतना का केन्द्र व राजनीतिक गतिविधियों की धुरी बना दिया है।

संकटकालीन कार्य (Emergency Functions)

आजकल हर देश निरंतर संकट के दौर में ही रहते दिखाई देते हैं। विकासशील राज्यों में तो यह स्थिति बार-बार उत्पन्न होती रहती है और इसलिए अधिकांश राज्य औपचारिक संकटकालीन घोषणाओं से संकट की स्थिति में ला दिए जाते हैं। विकसित राज्यों में भी आए दिन ऐसी स्थितियां उत्पन्न होती रहती हैं। अत: संविधानों में ही कार्य-पालिका को संकटकालीन परिस्थितियों से निपटने के लिए अलग से संकटकालीन अधि-कार देने की व्यवस्था की जाने लगी है। भारत, फ्रांस, श्रीलंका के संविधानों में कार्यपालिका को व्यापक संकटकालीन अधिकार देने की व्यवस्थाएं हैं। तंजानिया, ब्राजील व चिली (Chile) के संविधानों में तो कार्यपालिका को महत्त्वपूर्ण संकटकालीन अधिकार प्रदान किए गए हैं।

राज्य का अध्यक्ष सर्वोच्च सेनापति होता है तथा वह सैनिक संकट, घेरे की स्थिति, विद्रोह, आक्रमण, देश की सुरक्षा को खतरा या आकस्मिक बर्बादी की अवस्थाओं में संकटकालीन अधिकारों का प्रयोग कर सकता है। ऐसे संकट के समय, नागरिकों के मौलिक अधिकारों का स्थगित करना, आदेश द्वारा कानून बनाना या सैनिक शासन लागू करना कार्य-पालिका कार्य-क्षेत्र बन जाता है। ला पालोम्बारा के अनुसार 'इन परिस्थितियों में

व्यवस्थापन शक्तियां अत्यधिक कम कर दी जाती हैं[6] तथा कार्यपालिका मुक्त रूप से असीमित अधिकारों का प्रयोग करने लगती है। हर राजनीतिक व्यवस्था में मुख्य कार्यपालिका को संकटकालीन अधिकार सम्भावित खतरों से निपटने के लिए ही दिए जाते हैं। मौजूदा राजनीतिक व्यवस्था को सुरक्षित रखने या इसके विखण्डन को रोकने के लिए इन अधिकारों का प्रयोग किया जाता है।

संकटकालीन कार्य केवल राजनीतिक पहलू से ही सम्बन्धित नहीं रहते हैं। सामाजिक, सांस्कृतिक, धार्मिक व आर्थिक दृष्टियों से भी राजनीतिक व्यवस्थाओं में दबाव व खिचाव आते हैं। इन्हीं में प्रायः संकट की परिस्थितियां पेचीदा होती हैं। यह राजनीतिक व्यवस्था को खोखली बनाने का क्रम आरम्भ करने की क्षमता रखती है। इन क्षेत्रों में उत्पन्न होने वाले संकट सर्वकालीन व सर्वव्यापक होते जा रहे हैं। विशेषकर इन संकटों के कारण कार्यपालिका अधिकाधिक संकटकालीन कार्य करने लगी है। शायद इन्हीं पहलुओं से सम्बन्धित अप्रत्याशित घटनाक्रमों के कारण आधुनिक राज्यों को निरंतर 'संकट के दौर' में से गुजरता हुआ कहा जाता है। इन्हीं विकासों के कारण, कार्यपालिकाएं संकटकालीन कार्य करने के लिए व्यवस्थापन व न्यायपालन के क्षेत्र में भी हस्तक्षेप करने लगी हैं।

राजनीतिक कार्य (Political Functions)

कार्यपालिका के राजनीतिक कार्य, राजनीतिक प्रक्रिया को जोड़ने, उसे सरल बनाने तथा उसमें स्थिरता लाने से सम्बन्धित हैं। राजनीतिक कार्यपालिका की संरचना का कोई भी रूप क्यों न हो उसमें इतना लचीलापन होता है कि वह राजनीतिक कार्यों के निष्पादन के लिए हर परिस्थिति के अनुकूल हो जाती है। मैक्रिडिस ने कार्यपालिका के राजनीतिक कार्यों में इस प्रकार प्रमुख माना है[7]—(क) प्रतिनिधित्व व एकीकरण। (representation and integration); (ख) नेतृत्व (leadership); (ग) विचार-विमर्श व निर्णय करना (deliberation and decision making); (घ) निरीक्षण, क्रियान्वितीकरण व नियन्त्रण (supervision, enforcements and control); (ङ) उत्तरदायित्व व जवाबदेही (responsibility and accountability)

(क) कार्यपालिका के प्रतिनिधि और एकीकरण के कार्य सम्मान तथा यथार्थवादी दोनों ही प्रकार के होते हैं। कार्यपालिका राजनीतिक समाज का प्रतीक होती है और इसका आन्तरिक व बाह्य दृष्टियों से प्रतिनिधित्व करती है। यह समाज के सदस्यों व राज्य के बीच प्रभावशाली सम्बन्ध की कड़ी का कार्य करती है। राजनीतिक समाज के ध्वजमात्र अध्यक्ष और वास्तविक अध्यक्ष की संसदीय प्रणालियों में व्यवस्था रहती है जबकि अध्यक्षात्मक शासन-व्यवस्थाओं में यह दोनों पहलु एक ही व्यक्ति में निहित रहते हैं। दोनों ही परिस्थितियों में राजनीतिक समाज व राज्य के औपचारिक अध्यक्ष के बीच का सम्बन्ध बहुत कुछ वास्तविक कार्यपालिका की भूमिका पर निर्भर करता

[6]Joseph La Palombara, *op. cit.*, p. 210.
[7]R. C. Macridis, *op. cit.*, p. 228.

है। हर राजनीतिक समाज में विभिन्न संस्थागत व्यवस्थाओं में संयोजन व एकीकरण का कार्य कार्यपालिका ही करती है। मैक्रीडिस के अनुसार 'एकीकरण के कार्य का तात्पर्य मांगों व हितों का प्रतिनिधित्व करते हुए उनके अनुसार निर्णय लेना है।'[8] कार्यपालिका के कार्यों की सफलता की कसौटी ही यह है कि वह इस प्रकार की मांगों व हितों के प्रतिनिधि के रूप में कितने निर्णय करती है? समाज की मांगों व हितों के अनुरूप निर्णय का तात्पर्य ही कार्यपालिका, राजनीतिक दल, व्यवस्थापिका तथा जनसाधारण का आपस में हितों, मांगों व लक्ष्यों की दृष्टि से एकीकृत होना है। इसलिए ही कार्यपालिका को जोड़ने वाला 'हाइफन' (hyphen) तथा राजनीतिक समाज को एक सूत्र में बांधने का बकसूआ कहा गया है। कार्यपालिका एकीकरण का कार्य तभी कर सकती है जबकि यह समाज, समूहों व समुदायों की मांगों का प्रतिनिधित्व भी करती हो। वास्तव में कार्यपालिका समाज में उठने वाली मांगों का प्रतिनिधित्व भी करती है, क्योंकि यही मांगों व हितों के अनुसार निर्णय करके उन्हें लागू करती है। इन सब में इसकी मनमानी नहीं होकर समाज की इच्छा की ही अभिव्यक्ति व प्रतिनिधित्व होता है। इस प्रकार हर कार्यपालिका, राजनीतिक व्यवस्था को जोड़ती है तथा समाज के हितों का प्रभावी प्रतिनिधित्व करती है।

(ख) कार्यपालिका शक्ति की प्रमुख बात राजनीतिक व्यवस्था के नेतृत्व की है। नेतृत्व एक व्यवस्था से दूसरी व्यवस्था तथा एक युग से दूसरे युग में परिवर्तित होता रहता है। फिर भी राजनीतिक कार्यपालिका के नेतृत्व सम्बन्धी कार्यों में कोई अन्तर नहीं आता है। नेतृत्व देने के लिए, कार्यपालिका में संगठित करने, विचार-विमर्श करने, निर्णय लेकर उन्हें लागू करने तथा समर्थन प्राप्त करने के लिए विश्वास व लगाव पैदा करने की क्षमता होनी चाहिए। इसी प्रकार का नेतृत्व देने की अवस्था में कार्यपालिका दृढ़ निश्चयी तथा बेधड़क हो सकती है। कार्यपालिका में करिश्मा, व्यक्तिगत जादुई खिंचाव होना चाहिए जिससे जनसाधारण को विशेष प्रेरणा देने व उनमें जागरूकता लाने का कार्य सम्भव हो सके। अतः कार्यपालिका नेतृत्व का कार्य कर सके इसके लिए उसमें विवेक तथा चमत्कारिकता का होना आवश्यक है। कार्यपालिका नेतृत्व देने के कार्य को तभी सफलतापूर्वक पूरा कर सकती है जबकि वह समाज में प्रतिनिधित्व व पहचान का प्रतीक बने, सामान्य समस्याओं का पूर्वाभ्यास कर उनके समाधान सुझा सके, कार्यपालिका स्तर पर अधिकारियों का पक्का अनुयायी समूह बना सके तथा सार्वजनिक समर्थन प्राप्त कर सके। राजनीतिक कार्यपालिका नेतृत्व देने के कार्य सम्पादन से राजनीतिक व्यवस्था के लिए महत्त्वपूर्ण निवेशी (input) कार्य भी करती है। यह राजनीतिक व्यवस्था में नई मांगों व आकांक्षाएं फूंककर या इनके नये समाधान प्रस्तुत करके सरकार के लिए समर्थन जुटा सकती है। राजनीतिक शक्तियों की मौजूदा संरचना में रहते हुए यह इन शक्तियों को पुनर्गठित कर सकती है और इससे नया समर्थन जुटा सकती है। इस प्रकार, हर देश में कार्यपालिका को नेतृत्व प्रदान करने का कार्य करना

[8] *Ibid.*, p. 23.

यह नियन्त्रण इस प्रकार के होते हैं—(1) अभिजनी प्रतिबन्ध, (2) व्यवस्थाई प्रतिबन्ध, (3) संवैधानिक व प्रक्रियात्मक प्रतिबन्ध और (4) गैर-संवैधानिक प्रतिबन्ध।

अभिजनी प्रतिबन्ध (Restraints by Elites)

कार्यपालिका को नियंत्रित रखने का प्रभावशाली साधन अभिजनों के द्वारा प्रदान किया जाता है। हर राजनीतिक समाज में दो प्रकार के अभिजन होते हैं। पहले प्रकार के अभिजनों को शासक अभिजन (ruling elites) तथा दूसरे प्रकार के अभिजनों को प्रति-अभिजन (counter elites) कहा जाता है। कार्यपालिका प्रति-अभिजनों को भले ही अनदेखी कर दे किन्तु शासकों व सहयोगी अभिजनों को अलग नहीं छोड़ा जा सकता। अभिजन राजनीतिक समाज की संयोजन शक्ति होते हैं। कार्यपालिका की यथार्थ शक्ति व उसका स्थायित्व अभिजनों के समर्थन पर ही आश्रित रहते हैं। अतः कार्यपालिका को अभिजनों के साथ व सहयोग से ही कार्य करना होता है। इसके लिए कार्यपालिका को हमेशा ही उनको, अनुनयन करके या कभी-कभी डरा-धमकाकर अपने पक्ष में रखना होता है। इस तरह, कार्यपालिका के सर्वाधिक प्रभावी नियंत्रण समाज के अभिजन हैं। कार्यपालिका इन्हीं में से, इन्हीं के सहयोग से सत्ता में आती है और इनका सहयोग प्राप्त करते रहने के लिए सत्ता के दुरुपयोग से अपने को दूर रखती है। ऐसा कहा जाता है कि सरकारों का स्थायित्व-स्तम्भ अभिजन ही होते हैं। जनता का औपचारिक समर्थन इन्हीं के माध्यम से मिल पाता है। इसलिए अभिजन अगर जागरूक, राष्ट्रीय भावनाओं से ओत-प्रोत तथा जनहितकारी भाव रखते हों तो वे कार्यपालिका के प्रमुख नियंत्रक बन जाते हैं। किसी भी देश की कार्यपालिका अभिजनों के सहयोग के बिना अधिक दिन नहीं चल सकती।

लोकतान्त्रिक कार्यपालिका से कहीं अधिक, निरंकुश व्यवस्थाओं की कार्यपालिका तो केवल अभिजनों के द्वारा ही नियन्त्रित रहती है। इन कार्यपालिकाओं के पास असीमित भौतिक शक्ति रहती है। अतः इन्हें नियंत्रित करने की संवैधानिक, संस्थागत या अन्य व्यवस्थायें निरर्थक ही होती हैं। इन्हें नियंत्रित रखने का तो केवल मात्र साधन अभिजन ही होते हैं।

व्यवस्थाई प्रतिबन्ध (Systemic Restraints)

हर राजनीतिक व्यवस्था के मूल्य, मान्यतायें व स्वीकृत मानक (norms) होते हैं। कार्यपालिका कोई ऐसा कार्य व निर्णय नहीं ले सकती है जो इन मूल्य-व्यवस्थाओं से बेमेल पड़ता हो। कार्यपालिका के नीति संबंधी उद्देश्य व गन्तव्य समाज की इन आकांक्षाओं व मौजूदा मांगों से बहुत प्रतिकूल नहीं हो सकते हैं, क्योंकि इनसे हटकर बनाई गई नीतियों का सीधा परिणाम समर्थकों से विलग होना है। कार्यपालिका न इनके प्रति उदासीन रह सकती है और न ही इनसे बहुत अधिक विचलन (deviation) कर सकती है। दोनों ही अवस्थाओं में जन सहयोग व समर्थन समाप्त होता है। इससे कार्य-

पालिका की शक्ति व क्षमता में कमी आ जाती है। अतः कार्यपालिका को प्रभावी रहने व जनता का हर्षनाद प्राप्त करने के लिए निरन्तर जनता के हितों व मांगों को स्थापित मूल्य व्यवस्था के अन्तर्गत ही पूरा करना होता है। कार्यपालिका में पहल व नेतृत्व की क्षमताएं बहुत होती हैं, किन्तु मूल्यों के अनुरूप कार्य न करने तथा इनकी गणना में गलती करने से जन-समर्थन नहीं मिलने के अलावा इन्हें अस्वीकार या रद्द कर देने की स्थिति तक आ जाती है। अतः समाज व्यवस्था में अन्तर्निहित मूल्यों, गन्तव्यों और आकांक्षाओं के अनुरूप ही कार्य करने की मजबूरियां, कार्यपालिकाओं पर ठोस नियंत्रण व्यवस्थायें बन जाती हैं।

संवैधानिक व प्रक्रियात्मक प्रतिबन्ध (Constitutional and Procedural Restraints)

हर राजनीतिक व्यवस्था के संविधान में कार्यपालिका शक्तियों के दुरुपयोग को रोकने की संस्थागत व्यवस्थाएं होती हैं। यह व्यवस्थाएं न केवल अलग-अलग शासन प्रणालियों में अलग-अलग प्रकार की होती हैं वरन हर संविधान में भी भिन्न-भिन्न प्रकार की हो सकती हैं। यह प्रतिबन्ध साधारणतया औपचारिक होते हैं और इनसे सही अर्थों में कार्यपालिकाएं नियंत्रित नहीं रहती हैं। संविधान द्वारा ही कार्यपालिकाएं इन नियन्त्रणों से मुक्त होने की व्यवस्थाएं रखती हैं। ऐसी अनेक प्रक्रियात्मक व्यवस्थाएं होती हैं जिनसे कार्यपालिका संवैधानिक नियन्त्रणों से अपने-आपको मुक्त करने में सफल हो जाती है। इसके बावजूद हर संविधान में कार्यपालिका को नियन्त्रित करने की कुछ व्यवस्थाएं अनिवार्यतः अपनाई जाती हैं।

संसदीय शासन प्रणालियों में कार्यपालिका को व्यवस्थापिका के प्रति उत्तरदायी बनाया जाता है। व्यवस्थापिका प्रश्न व पूरक प्रश्न पूछकर, स्थगन प्रस्तावों, ध्यानाकर्षण प्रस्तावों, कटौती प्रस्तावों, निन्दा प्रस्तावों या अविश्वास के प्रस्तावों के माध्यम से कार्यपालिका को नियन्त्रित करती है। इसी तरह बजट को पारित करने से मना करके या आवश्यक कानून बनाने से अस्वीकार करके व्यवस्थापिका, कार्यपालिका पर नियन्त्रण करती है। अध्यक्षात्मक व्यवस्था में शक्तियों के पृथक्करण के कारण इन विधियों का प्रयोग नहीं होता है। इनमें धन की मांग को अस्वीकार करके, विभागी कार्यों सम्बन्धी मांगों, नीति सम्बन्धी प्रस्तावों इत्यादि के अनुरूप विधि-निर्माण करके व्यवस्थापिका कार्यपालिका पर नकारात्मक ढंग से नियन्त्रण रखती है। ऐसी शासन-प्रणालियों में कार्यपालिका को नियन्त्रित रखने के सकारात्मक साधन भी संविधान में व्यवस्थित रहते हैं। जांच आयोगों की स्थापना करके कार्यपालिका को सतर्क रखा जाता है। व्यवस्थापिका के भी नियन्त्रण रहते हैं। यह कार्यपालिका के उन सब कार्यों को जो संविधान की धाराओं के प्रतिकूल होते हैं, रद्द कर सकती है, किन्तु अध्यक्षात्मक कार्यपालिका को नियन्त्रित करने का सबसे प्रभावशाली साधन उसके ऊपर महाभियोग लगाने की व्यवस्था है। विधान मण्डल कार्यपालिका को हटाने के लिए उस पर महाभियोग लगाने का अधिकार अधिकांश शासन-व्यवस्थाओं में रखता है।

इस प्रकार, कार्यपालिका को नियन्त्रित व उत्तरदायी रखने की संवैधानिक व प्रक्रियात्मक विधियां हर शासन-व्यवस्था में रहती हैं, किन्तु इनकी व्यवहार में विशेष उपादेयता नहीं होती है। कार्यपालिका राजनीतिक दल के समर्थन व बहुमत पर आधारित होती है। बहुधा कार्यपालिका का अध्यक्ष, विधान मण्डल में बहुमत वाले दल का नेता होता है। अतः कार्यपालिका को नियन्त्रित रखने की संवैधानिक व प्रक्रियात्मक विधियां केवल सैद्धान्तिक व औपचारिक ही कही जा सकती हैं। कार्यपालिकाओं पर वास्तविक प्रतिबन्ध संविधान के बाहर की संरचनात्मक व्यवस्थाओं द्वारा ही लगे रहते हैं।

गैर-संवैधानिक प्रतिबन्ध (Extra-Constitutional Restraints)

कार्यपालिकाओं को नियन्त्रित रखने की ठोस व्यवस्था राजनीतिक दल, नियतकालिक चुनाव, हित व दबाव समूह और प्रबुद्ध लोकमत के द्वारा ही सम्भव होती है। राजनीतिक व्यवस्थाओं में अनेक शक्तियों का परस्पर सहयोग व टकराव होता रहता है। कोई भी कार्यपालिका, व्यवस्था के अन्दर कार्यरत शक्तियों के दबावों से पूर्णतया मुक्त नहीं रह सकती है। यह दबाव डालने वाली शक्तियां, विधि-सम्मत व विधि द्वारा अमान्य दोनों ही हो सकती हैं। कार्यपालिकाओं को दोनों ही प्रकार की शक्तियों से सरोकार रखना होता है, क्योंकि इन्हीं शक्तियों से कार्यपालिका को सहयोग, समर्थन व सत्ता मिलती है। दूसरी तरफ, यही शक्तियां कार्यपालिका के द्वारा मनमानी करने पर, उसका विरोध कर उसको हटाने तक की परिस्थितियां ला सकती हैं। अतः हर प्रकार की शासन-व्यवस्था में कार्यपालिकाओं पर नियन्त्रण की ठोस प्रभावी व्यवस्था, गैर-संवैधानिक संरचनाओं व शक्तियों द्वारा ही की जाती है। इनमें से कुछ का उल्लेख करके इनके महत्त्व को समझा जा सकता है—(क) राजनीतिक दल व निर्वाचन, (ख) हित व दबाव समूह, और (ग) प्रबुद्ध लोकमत।

(क) राजनीतिक कार्यपालिका का आधार राजनीतिक दल ही होता है। मैक्रीडिस के अनुसार "राजनीतिक दल नेता द्वारा सत्ता प्राप्त करने व नीतियों को लागू करने का साधन और उसको नियन्त्रित करने की विधि, दोनों ही है। चूंकि बिना दल के समर्थन के वह असहाय होता है। जब तक राजनीतिक दल नेता से सहमत रहता है तब तक सभी प्रकार की राजनीतिक व्यवस्थाओं में कार्यपालिका सर्वेसर्वा रहती है।"[9] यद्यपि कार्यपालिका पर दल के प्रक्रियात्मक नियन्त्रण रहते हैं, फिर भी, जब तक दल कार्यपालिका का समर्थक रहता है, तब तक कार्यपालिका असीमित अधिकारों का प्रयोग करने की अवस्था में रहती है। राजनीतिक दल का समर्थन समाप्त होने का अर्थ सत्ता का खोना होता है। वास्तव में राजनीतिक कार्यपालिका अपने दल की नेता व उसकी कैदी दोनों ही होती है। अतः कार्यपालिका पर सबसे प्रभावी नियन्त्रण राजनीतिक दल का ही रह सकता है। दल के समर्थन के अभाव में कार्यपालिका पंगु हो जाती है। वह ऐसी अवस्था में कुछ भी नहीं कर सकती। इसलिए राजनीतिक दल कार्यपालिकाओं

[9] *Ibid.*, 232.

के सबसे कारगर नियन्त्रक माने जाते हैं। कार्यपालिका द्वारा शक्ति के दुरुपयोग का सीधा प्रभाव दल के भविष्य पर पड़ता है। इसलिए कोई भी राजनीतिक दल अपने भविष्य को खतरे में डालने वाली कार्यपालिका का साथ नहीं दे सकता। अमरीका में राष्ट्रपति निक्सन के द्वारा 'वॉटरगेट' के मामले में सत्ता के दुरुपयोग के कारण दल ने ही उसे त्यागपत्र देने के लिए मजबूर किया था। जापान में 'लोकहीन काण्ड' के कारण राजनीतिक दल ने प्रधान मंत्री को सितम्बर 1976 में अपने मन्त्रिमण्डल में महत्त्वपूर्ण हेर-फेर करने के लिए मजबूर किया तथा अन्त में प्रधान मंत्री को त्यागपत्र ही देना पड़ा। इस सबसे स्पष्ट है कि राजनीतिक दल कार्यपालिका का सबसे महत्त्वपूर्ण नियन्त्रक है।

कार्यपालिका के नियन्त्रण में नियतकालिक चुनावों (periodic elections) की भूमिका भी महत्त्वपूर्ण होती है। मैक्रीडिस की मान्यता है कि 'उन लोकतान्त्रिक समाजों में जहां मौलिक अधिकारों व स्वतन्त्रताओं का आदर किया जाता है, वहां चुनाव कार्यपालिका के नियन्त्रण और अन्ततः उसको उत्तरदायी रखने का अत्यधिक प्रभावशाली यन्त्र होता है।[10] चुनावों से मतदाताओं को कार्यपालिका की नीतियों को स्वीकृत या अस्वीकृत करने का अवसर मिलता है। इससे निर्वाचक प्रतियोगी दलों व नेताओं में से किसी का चुनाव सही अर्थों में दल ही करता है। अतः इन व्यवस्थाओं में कार्यपालिका पर दल का ही नियन्त्रण दोहरे ढंग से रहता है। दल ही कार्यपालिका को समर्थन देता है तथा वही उसके पुनः निर्वाचन के लिए उसका चयन करता है।

(ख) हित समूह व दबाव समूह राजनीतिक प्रक्रियाओं की 'जीवन शक्ति' माने जाते हैं। यह उस 'तेल' का कार्य करते हैं जिससे शासन का यन्त्र सुचारु रूप से चलता रहे। दबाव समूहों के अध्याय में हमने यह देखा है कि इनका प्रमुख लक्ष्य सरकार से अपने हितों की पूर्ति के लिए सहूलियतें व रियायतें प्राप्त करना होता है। इसी अध्याय में हमने इस बात का भी उल्लेख किया है कि दबाव समूह मुख्यतया कार्यपालिका को ही अपना निशाना बनाते हैं। कार्यपालिका को विभिन्न हितों में तालमेल ही नहीं रखना होता है वरन किसी हित विशेष के प्रति पक्षपात से भी बचना होता है। अगर कार्यपालिका ऐसा ही करती है तो उस पर अन्य प्रतिपक्षी समूहों के दबाव पड़ते हैं। इस कारण, कार्यपालिका किसी भी प्रकार की अतिवादी नीति नहीं अपना सकती है। ऐसा करने पर दबाव समूह, आन्दोलन व तोड़फोड़ तक का सहारा लेकर कार्यपालिका को नियन्त्रित करने का मार्ग तैयार कर देते हैं। इसलिए ही लोकतान्त्रिक शासकों को सही अर्थों में लोकतान्त्रिक रखने के लिए दबाव समूहों की महत्त्वपूर्ण भूमिका को स्वीकार किया जाता है।

(ग) लोकमत से सम्बन्धित अध्याय में इसकी भूमिका व महत्त्व का हम विस्तार से विवेचन कर चुके हैं। यहां इतना ही कहना पर्याप्त होगा कि कार्यपालिका को नियन्त्रित करने के साधन के रूप में लोकमत की भूमिका न केवल लोकतान्त्रिक शासन-व्यवस्थाओं में ही प्रभावी रहती है अपितु स्वेच्छाचारी व कुछ हद तक सर्वाधिकारी शासनों में भी

[10] *Ibid.*, p. 232.

इसका प्रभाव देखा जा सकता है। विश्व का बड़े से बड़ा तानाशाह लोकमत की लम्बी अवधि तक अवहेलना नहीं कर सका है। लोकमत के आगे सभी कार्यपालिकाएं नतमस्तक होती हैं।

इस तरह, कार्यपालिकाओं के नियन्त्रण की गैर संवैधानिक व्यवस्थाएं ही यथार्थ में प्रभावकारी होती हैं, किन्तु यह सब परिपक्व व सुस्थिर पश्चिमी राजनीतिक व्यवस्थाओं के बारे में ही सही है। विकासशील राज्यों के राजनीतिक जीवन में शक्ति की भूमिका बहुत अधिक रहती है। इन देशों में राजनीतिक प्रक्रियाओं का संस्थाकरण नहीं हो पाया है। स्वयं राजनीतिक दल-पद्धतियां प्रवाह के दौर में से गुजर रही हैं। दल संरचनाएं व दल-पुंज अत्यधिक अस्तव्यस्त होने के कारण कार्यपालिकाओं के प्रभावी नियन्त्रक नहीं बन पाते हैं। इसी तरह, हित व दबाव समूह भी सुस्पष्ट उद्देश्यों से युक्त न होने के कारण कार्यपालिका पर नियन्त्रण के साधन नहीं बन पाते हैं। विकासशील राज्यों में प्रबुद्ध लोकमत के द्वारा कार्यपालिकाओं के नियन्त्रण का प्रश्न ही नहीं उठता है, क्योंकि इन राज्यों में स्वस्थ लोकमत के निर्माण के साधनों का ही अभाव है। इन देशों में सामान्यतया कार्यपालिकाओं के अध्यक्ष करिश्मे वाले व्यक्ति होने के कारण उन पर संस्थाओं व वैधता-युक्त प्रक्रियाओं के नियन्त्रण लगाना सम्भव ही नहीं होता है। इन देशों में कार्यपालिका शक्तियों का संस्थाकरण नहीं हो पाया है। इस कारण, संस्थाएं कार्यपालिका की नियन्त्रण व्यवस्था में कोई स्थान नहीं रखती हैं।

कार्यपालिका के नियन्त्रण से सम्बन्धित व्यवस्थाओं, प्रक्रियाओं और संरचनाओं के विवेचन से यह स्पष्ट हो जाता है कि हर राजनीतिक व्यवस्था में इसका नियन्त्रण व्यवहार में अनौपचारिक प्रक्रियाएं ही कर सकती हैं। संवैधानिक व्यवस्थाएं व प्रक्रियाएं इसमें प्रभावी नहीं होती हैं। समाज के अभिजन व उनमें भी मुख्यतया कार्यपालिका से सम्बन्धित दल के नेता, व्यवस्थापिकाएं, राजनीतिक संस्कृति, हित समूह व जनमत इत्यादि ही कार्यपालिकाओं के प्रमुख नियन्त्रक होते हैं। क्योंकि कार्यपालिका को अपने दल के नेताओं को साथ रखना होता है, व्यवस्थापिकाओं से नीति सम्बन्धी व विधिक प्रस्तावों की पुष्टि करानी होती हैं, दबाव समूहों की मांगों का ध्यान रखना होता है तथा सामान्य जनता का समर्थन प्राप्त करना होता है। अतः कार्यपालिका पर इन सभी का प्रत्यक्ष या अप्रत्यक्ष नियन्त्रण रहता है। इन नियन्त्रणों की प्रभावकारिता स्वयं कार्य-पालिका की प्रकृति, राजनीतिक प्रक्रियाओं की सुस्थिरता और जनसाधारण की राज-नीतिक जागरूकता पर निर्भर करती है। कई देशों में, यहां तक कि स्वेच्छाचारी व सर्वाधिकारी शासन-व्यवस्थाओं में भी, कार्यपालिका के नियन्त्रण की औपचारिक, संवैधानिक और संस्थागत व्यवस्थाएं केवल दिखावा ही रहती हैं। कार्यपालिकाओं पर वास्तविक नियन्त्रण औपचारिक व्यवस्थाओं के बजाय समाज की संस्कृति और गैर-संवैधानिक प्रक्रियाओं द्वारा ही लगते हैं।

कार्यपालिका में शक्तियों का केन्द्रण
(CONCENTRATION OF POWERS IN THE EXECUTIVE)

पिछले अध्याय में व्यवस्थापिका शक्ति के ह्रास से सम्बन्धित विवेचन में कार्यपालिका की वृद्धिपरक शक्तियों की चर्चा की गई है। आधुनिक राजनीतिक समाजों में सरकारों के कार्यों में अप्रत्यापित वृद्धि प्रत्यक्ष रूप से केवल कार्यपालिका में शक्ति केन्द्रण ला रही है। आज मुख्य कार्यपालक (Chief Executive) यथार्थ में इतनी शक्तियों का प्रयोग करने की स्थिति में आ गये हैं कि सम्पूर्ण शासनतन्त्र इन्हीं के इर्द-गिर्द घूमने लगा है। राज्य के औपचारिक अध्यक्ष के औपचारिक कार्यों अथवा राजनीतिक कार्यपालक के औपचारिक कार्य एक ओर कर देने पर मुख्य राजनीतिक कार्यपालिका का सबसे अधिक महत्त्वपूर्ण कार्य सरकार के समक्ष नीति-निर्माण सम्बन्धी नेतृत्व प्रस्तुत करना है। दूसरे शब्दों में यह कहा जा सकता है कि कार्यपालिका नीति-निर्माण का एक मात्र यन्त्र बन गई है। मेक्रीडिस ने ठीक ही कहा है कि दूसरे विश्वयुद्ध के बाद अनेक तत्त्वों व प्रवृत्तियों ने राजनीतिक कार्यपालिका को शक्ति का प्रधान केन्द्र बना दिया है। कार्यपालिका में शक्तियों के केन्द्रण के लिए अनेक तथ्य उत्तरदायी हैं। इनमें से प्रमुख इस प्रकार हैं—(1) व्यवस्थापिकाई अक्षमता, (2) कार्यपालिका की उद्यमशीलता या आक्रामकता, (3) कार्यपालिका पदों में वृद्धि, (4) दल और प्रश्रय या सहायता, (5) राष्ट्रीय संकट, (6) संविधान की संरचनात्मक व्यवस्थाएं, (7) संवैधानिक संशोधन, (8) सरकार की नीतियों व समस्याओं की बढ़ती हुई पेचीदगियां, (9) कार्यपालिका के हस्तक्षेप का वृहत्तर क्षेत्र, (10) सशक्त, केन्द्रीय कार्यपालिका की अवधारणा से वैचारिक प्रतिबद्धता, (11) एकल नेतृत्व में उत्तरदायित्व निहित करने की मानवीय प्रवृत्ति, (12) अन्तर्राष्ट्रीय सम्बन्धों का संचालन व विदेश नीति, (13) संचार साधनों का योगदान व प्रचार की भूमिका।

व्यवस्थापिका की अक्षमता या असमर्थता (Lagislative Inefficiency or Incapacity)

औपचारिक दृष्टि से शासन-व्यवस्था में विधान मण्डल शक्ति केन्द्र के रूप में व्यवस्थित किये जाते हैं। जनता के प्रतिनिधियों से संगठित होने के कारण, व्यवस्थापिका जनता की सम्प्रभु शक्ति की धारक होती है। कार्यपालिका इसके प्रति उत्तरदायी या इसके द्वारा नियन्त्रित रहती है। देश के लिए नीति का निर्धारण व अन्य संस्थागत व्यवस्थाओं का नियन्त्रण अधिकार विधान मण्डलों में ही निहित किया जाता है। इनके इर्द-गिर्द सम्पूर्ण शासन का ताना-बाना बुना रहता है। राजनीतिक व्यवस्था कीं चेतना का केन्द्र विधान मण्डल ही बनाए जाते हैं। यह राजनीतिक समाज के हर पहलू के अधिशासी, नियन्त्रक और निर्देशक के अधिकार से युक्त रहते हैं, किन्तु इनकी संरचना व इनमें विद्यमान दलीय गतिरोध, इन्हें यह सब कार्य व भूमिका निभाने में अक्षम बना देते हैं। विधान मण्डल व विधायक, राष्ट्र सम्बन्धी संकटों का समाधान नहीं करके उनको अधिक

गम्भीर बनाने का माध्यम बनने लगे हैं। ऐसा माना जाता है कि जब व्यवस्थापिका देश की महत्त्वपूर्ण समस्याओं का सामना करने में अक्षम रहेगी तो कार्यपालिका शक्ति किसी न किसी रूप में अपना प्रभाव जमा लेगी।

समाज में विद्यमान विरोध, स्वतन्त्र निर्वाचन व्यवस्थाओं वाली राजनीतियों में प्रतियोगी व प्रतिद्वन्द्वी दलों में प्रकट होकर संसदों में कार्यकारी बहुमत असम्भव बना देते हैं। ऐसी अवस्था में विरोधी विचारधाराओं या विपरीत कार्यक्रमों वाले दलों से मिलकर बनी कार्यपालिका आपसी खींचतान के कारण न स्वयं कार्य कर सकती है और न ही व्यवस्थापिका अपना उत्तरदायित्व पूरा कर सकती है। इसका सीधा परिणाम, मुख्य कार्यपालक में शक्ति का केन्द्रण होता है। जब व्यवस्थापिकाओं में दलीय संघर्ष के कारण मिले-जुले मन्त्रिमण्डल नहीं बन पाते हैं या बार-बार मन्त्रिमण्डलों को हटाया जाने लगता है तथा व्यवस्थापिका अपंग बन जाती है तब कार्यपालिका ही सब शक्तियों के प्रयोग का विकल्प रह जाती है। आधुनिक विश्व में, विशेषकर विकासशील देशों में कार्यपालिका में असीमित शक्तियां, व्यवस्थापिका की अपने कार्य निष्पादन में असमर्थता के कारण ही केन्द्रित हुई हैं। इन देशों में लोकतन्त्र का पतन भी इसी कारण से हुआ है। पाकिस्तान में 1950 की दशाब्दी में भारी उथल-पुथल व्यवस्थापिकाओं की अयोग्यता के कारण ही हुई थी। लेटिन अमरीका के राज्यों में तो यह आए दिन होता है। ग्रीस में सैनिक क्रांति का कारण पांच वर्ष तक व्यवस्थापिका में गतिरोध का बना रहना ही माना जाता है। फ्रांस में डिगाल 1958 में सर्वेसर्वा, राष्ट्रीय सभा के द्वारा स्थायी व समस्याओं के समाधान करने वाले मन्त्रिमण्डल बनाने में रुकावट डालने के कारण ही, बन गया था। अतः व्यवस्थापिका की कमजोरी या असमर्थता अनिवार्य रूप से कार्यपालिका को शक्ति का केन्द्र बनाने का कारण बन जाती है।

कार्यपालिका की आक्रामकता या उद्यमशीलता (Executive Aggressiveness)

कार्यपालिका का नेतृत्व हर परिस्थिति व हर राजनीतिक व्यवस्था में आक्रामक सा बनने लगा है। राजनीतिक कार्यपालिका स्वयं को न केवल योग्यतम मानने लग जाती है, वरन अन्य पदाधिकारियों को अपने से हर दृष्टि से निम्नतर समझने की भ्रांति का शिकार भी बन जाती है। वैसे, इस बात को सभी स्वीकार करते हैं कि हर राजनीतिक व्यवस्था में श्रेष्ठतर व्यक्ति ही सामान्यतया कार्यपालिका में सम्मिलित रहते हैं। अतः कार्यपालिका की आक्रामकता स्वाभाविक है। कार्यपालिका, व्यवस्थापिका राजनीतिक दल व समाज की समूह संरचना में एक मात्र ऐसी संस्था है जिसको हर परिस्थिति व स्थिति में निर्णय लेने, उन्हें लागू करने व उनमें आवश्यक हेर-फेर करने का प्रत्यक्ष या अप्रत्यक्ष अधिकार होता है। राजनीतिक व्यवस्था में हर कार्यपालिका की देखरेख में ही होता है कार्यपालिका ही हर कार्य व गतिविधि के लिए जवाबदेह होती है। इसे समस्याओं का समाधान निकालना होता है। समाज के हर संकट का सामना करना होता है और समाज में उठने वाले परस्पर विरोधी दावों (claims) में समन्वय स्थापित करके, राजनीतिक

प्रक्रियाओं में जनसाधारण की आस्था बनाए रखना होता है। कार्यपालिका के इतने व्यापक व विविध उत्तरदायित्वों के कारण इसका आक्रामक रवैया इसके महत्त्व को अत्यधिक बढ़ा देता है। वर्तमान राजनीतिक समाजों में हर व्यक्ति, संस्था, समुदाय, समूह व स्वयं व्यवस्थापिका, कार्यपालिका के नेतृत्व मात्र से सन्तुष्ट नहीं होते हैं। इन सबकी यही आकांक्षा रहती है कि उनके देश के कर्णधार हर क्षेत्र में देश को आगे बढ़ाने के लिए आक्रामक ढंग से आगे रहें। इस कारण, कार्यपालिका नीति-निर्माण में भी व्यवस्थापिका को केवल औपचारिक भूमिका निभाने वाला निकाय बनाने में सफल होती जा रही है।

कार्यपालिका पदों में वृद्धि (Expansion of Exceutive Officers)

पिछले कुछ वर्षों में मुख्य कार्यपालिकाओं से सम्बद्ध अधिकारियों व संस्थाओं में संख्यात्मक व कार्यात्मक वृद्धि बड़ी तेजी से हो रही है। प्रशासनिक अधिकारियों में तो अप्रत्याशित बढ़ोतरी हुई ही है। नई-नई संस्थाएं, सलाहकार व सहायक मण्डल स्थापित किए जाने लगे हैं। इन सबका कार्य मुख्य कार्यपालिका को सलाह व सहयोग देना है, किन्तु इस कार्य के कारण यह संरचनाएं व्यक्तियों व नीतियों पर जबरदस्त प्रभाव प्राप्त कर लेती हैं। उदाहरण के लिए, अमरीका में मुख्य कार्यपालिका-राष्ट्रपति के सलाहकार मण्डल में किसीन्जर की भूमिका व प्रभाव सर्वविदित है। हर देश में यही स्थिति है। देश भर में राष्ट्रपति या प्रधान मन्त्री के कार्यालय से सम्बन्धित समितियों, मण्डलों व विशेषज्ञों का जाल-सा बिछा होता है। कार्यपालिका के व्यक्तिगत सलाहकारों से लेकर हर विषय के विशेषज्ञों का भारी जमाव कार्यपालिका के चारों तरफ होने लगा है। इससे राजनीतिक व्यवस्था के हर स्तर पर मुख्यपालिका का प्रतिनिधि ही कार्यों का संयोजक, नियन्त्रक व निर्देशक हो जाता है। इससे राजनीतिक व्यवस्था में सब जगह कार्यपालिका ही सक्रिय रहने लगती है।

साम्यवादी राज्यों की कार्यपालिकाओं के इर्द-गिर्द भी इसी प्रकार के विशेषज्ञ मण्डल, समितियां तथा साम्यवादी दल की संरचनाएं सलाहकार के रूप में पायी जाती हैं। कार्यपालिकाओं का कार्य इतना जटिल व विशेषीकृत हो गया है कि कोई भी कार्यपालिका बिना सलाहकारों, सहयोगियों तथा विशेषज्ञों के दक्षतापूर्वक कार्य कर ही नहीं सकती है। यही कारण है कि स्वेच्छाचारी व सर्वाधिकारी शासनों में भी कार्यपालिका की सहायता के लिए विविध संरचनाओं का निर्माण किया जाता है। इससे कार्यपालिका का महत्त्व बढ़ गया है। किसी लेखक ने ठीक ही कहा है कि हर राजनीतिक व्यवस्था में न्यायाधीशों की संख्या दस-बीस, विधायकों की कुछ सैकड़ों तक पर कार्यपालिका व उसके सलाहकारों, सहायकों व प्रशासनिक कर्मचारियों की संख्या लाखों तक होती है। अतः कार्यपालिका का महत्त्व संख्यात्मक आधार पर ही बहुत बढ़ जाना स्वाभाविक है।

दल और प्रश्रय या सहायता (Party and Patronage)

कार्यपालिका के शक्तिशाली होने का सबसे महत्त्वपूर्ण साधन राजनीतिक दल होता है। कार्यपालिका का अध्यक्ष राजनीतिक दल का नेता होता है। वह दल को कहां तक

अपने साथ रख पाता है। इस पर ही उसकी शक्ति निर्भर करती है। जब कभी कार्यपालिका अपने दल का नेतृत्व करने में शिथिल पड़ जाती है तो कार्यपालिका की शक्तियों में ही कमी नहीं आती वरन, ऐसी कार्यपालिकाओं को अपदस्थ भी कर दिया जाता है। दल का नेतृत्व ही कार्यपालिका का आधार होता है। यह बात लोकतांत्रिक व साम्यवादी दोनों ही प्रकार की शासन-व्यवस्थाओं के बारे में सही है। ब्रिटेन का प्रधान मन्त्री दल के नेता के रूप में ही इतनी व्यापक शक्तियों का धारक बन जाता है। इसलिए ही सोवियत रूस में ख्रुश्चेव ने प्रधान मन्त्री बनते ही साम्यवादी दल के प्रथम सचिव (प्रथम सचिव साम्यवादी दल का सर्वोच्च नेता होता है) का पद भी स्वयं सम्भाल लिया था जिससे वह सरकार व दल दोनों का नेता बन सके। वर्तमान समय में रूस के प्रधान मन्त्री कोसीगिन, साम्यवादी दल के प्रथम सचिव ब्रेजनेव के हाथों में कठपुतली है, क्योंकि दल का नेतृत्व उसके हाथों में नहीं है। अमरीका में राष्ट्रपति दल के नेता के रूप में ही कांग्रेस से सब कुछ करवाने का प्रयत्न करता है। भारत में श्रीमती इन्दिरा गांधी 1966 में प्रधान मन्त्री के पद पर नियुक्त हुई थीं परन्तु कांग्रेस दल पर उसका विशेष नियन्त्रण न होने के कारण 1969 के कांग्रेस विभाजन तक वह दल के नेताओं के हाथ में कठपुतली बनी रहने के लिए मजबूर रहीं। 1977 में भारत के प्रधान मन्त्री का भारतीय राष्ट्रीय कांग्रेस पर पूर्ण नियन्त्रण होने के कारण, सारी शक्तियां उसमें केन्द्रित हो गई थीं।

राजनीतिक दल के माध्यम से व्यवस्थापिका की सम्पूर्ण शक्तियां कार्यपालिका में निहित हो जाती हैं। अपने दल के बहुमत के कारण कार्यपालिका अध्यक्ष, विधान मण्डल से सब कुछ करा सकने की अवस्था में आ जाता है। रेमज़ेम्यूर ने इसी कारण ब्रिटेन के प्रधान मंत्री को 'तानाशाह' तक कह दिया है। संसदीय शासन प्रणालियों में जब तक प्रधान मंत्री को संसद में दल के बहुमत का समर्थन प्राप्त रहता है तब तक वह निरंकुश शासकों से कहीं अधिक शक्ति का उपयोग करने की अवस्था में रहता है। वास्तव में कार्यपालिका शक्ति कार्यपालिका के समर्थक दल के संगठन, दलीय अनुशासन की ठोसता और नेतृत्व के ऊपर ही आधारित रहती है। राजनीतिक दल का समर्थन समाप्त होते ही कार्यपालिका शक्तियां अचानक ही पिघल जाती हैं। अतः आधुनिक कार्यपालिका में शक्ति केन्द्रण का प्रमुख कारण दल का समर्थन ही माना गया है।

कार्यपालिका के बढ़ते हुए महत्त्व का एक कारण इसके द्वारा प्रश्रयों, सहायताओं अर्थात 'पेट्रोनेज' (patronage) का बांटना है। कार्यपालिका के पास प्रश्रय देने के अनेक साधन रहते हैं। कार्यपालिका असंख्य नियुक्तियों की नियन्त्रक होती है। ला पालोम्बारा ने ठीक ही लिखा है कि "कार्यपालिका ही पेट्रोनेज को नियन्त्रित करती है। यद्यपि इसमें से कुछ व्यवस्थापिका द्वारा भी प्रदान किए जाए जाते हैं किन्तु बहुत कुछ 'पेट्रोनेज' कार्यपालिका द्वारा ही, बहुसंख्यक नियुक्तियों के नियन्त्रण, ठेके जो यह दे सकती है, सम्मान जो यह प्रदान कर सकती है, व्यवस्थापन जिसकी यह पहल या अवहेलना कर सकती है, नियन्त्रण जो यह लागू कर सकती है या जिनकी अनदेखी कर सकती है, इत्यादि के माध्यम

से वितरित होते हैं।[11] इस प्रकार हर देश की कार्यपालिका सहायता या पेट्रोनेज के, अनगिनत अवसरों के कारण सबके आकर्षण का केन्द्र बन जाती है।

राष्ट्रीय संकट (National Emergencies)

आधुनिक कार्यपालकों ने संकटों को परिभाषित करने के लिए किसी अंश में स्वतन्त्रता और उनसे निपटने के लिए अनियन्त्रित शक्ति का विकास कर लिया है।[12] राष्ट्रीय संकट के समय कार्यपालिका को सब प्रकार के प्रतिबन्धों से मुक्त कर दिया जाता है। कार्यपालिका शक्ति को असीमित बनाने में राष्ट्रीय संकट का योगदान संवैधानिक व्यवस्थाओं के अन्तर्गत ही, इन्हीं के माध्यम से सम्पन्न होता है। उदाहरण के लिए, द्वितीय विश्व-युद्ध के समय, संकटकालीन शक्ति अधिनियम, 1940 द्वारा ब्रिटिश केबीनेट को तानाशाही या असीमित शक्तियां प्रदान की गयीं थीं। संकट के समय किस तेजी से कार्यपालिका को शक्ति प्रदान की जाती है। इसका श्रेष्ठ उदाहरण उपरोक्त अधिनियम ही कहा जा सकता है। ब्रिटेन की संसद ने विधेयक को पारित करने की सभी अवस्थाओं को केवल एक ही दिन में पूरा करके इस पर सम्राट की स्वीकृति ले ली थी। इस अधिनियम ने ब्रिटेन के केबीनेट को नागरिकों और उनकी सम्पत्ति पर व्यवहार में असीमित शक्ति दी थी। राष्ट्रीय संकट के समय विपक्षी दल व समूह भी कार्यपालिका के हाथ मजबूत करने के लिए आगे आ जाते हैं। भारत में 1962, 1965 तथा 1971 के सैनिक संघर्षों में सारा देश कार्यपालिका को असीमित शक्ति प्रयुक्त करने में सहायक रहा था।

संकट काल में कार्यपालिका को संवैधानिक व्यवस्थाओं के द्वारा स्वतः ही शक्ति प्राप्त हो जाए इसकी अनेक संविधानों में व्यवस्था करने की प्रथा बन चली है। भारत व फ्रांस सहित अनेक नये राष्ट्रों में कार्यपालिका को संकटकालीन अधिकार देने की धाराएं संविधान में ही सम्मिलित की गई हैं। फ्रांसीसी संविधान का अनुच्छेद 16 राष्ट्रपपि को, गणतन्त्र की संस्थाओं के लिए गम्भीर और तात्कालिक, खतरे, राष्ट्र की स्वाधीनता, उसके भू-भाग की अखंडता अथवा उसके अन्तर्राष्ट्रीय दायित्वों के निर्वाह तथा संवैधानिक सार्वजनिक अधिकारियों के नियमित कार्य संचालन में बाधा पड़ने पर ऐसी कार्रवाई करने के असीमित अधिकार प्रदान कर देता है। ऐसी ही परिस्थितियों में आवश्यक कार्रवाई करने के संकटकालीन अधिकार भारत के राष्ट्रपति को भी संविधान द्वारा प्रदान किए गए हैं। भारतीय संविधान के अनुच्छेद 352, 358 और 360 में भारत के राष्ट्रपति को न केवल वास्तविक संकट की स्थिति में वरन संकट की सम्भावना के पूर्वाभास की अवस्था में भी व्यापक अधिकार प्राप्त हो जाते हैं। इससे स्पष्ट है कि राष्ट्रीय संकट कार्यपालिकाओं को शक्ति का केन्द्र बना देता है।

[11]Joseph La Palombara, *op. cit.*, p. 225.
[12]Alan R. Ball, *op. cit.*, p. 186.

संविधान की संरचनात्मक व्यवस्थाएं (Structural Provisions of Constitutions)

आधुनिक युग निरंतर संकट का युग कहा जाने लगा है। आंतरिक व बाह्य दृष्टि से बराबर संकट व संघर्ष की परिस्थितियों की चुनौती आती रहती है। प्राकृतिक प्रकोप व आर्थिक अस्तव्यस्तता के साथ ही साथ कानून व व्यवस्था की समस्याएं बनी रहती हैं। विश्व में विभिन्न विचारधाराओं के टकराव, देश के अन्दर भी दलों, समूहों व संगठनों में परिलक्षित होते हैं। इन सबके लिए संविधान में संकटकालीन अधिकार देने की प्रक्रियाएं व्यवस्थित रहती हैं। किन्तु कार्यपालिका के महत्त्व को बढ़ाने में संविधान की अन्य संरचनात्मक व्यवस्थाओं का योग भी पर्याप्त रहता है। कार्यपालिका को व्यवस्थापिका के कानून व न्यायपालिका के निर्णय लागू करने होते हैं। वह यह कार्य कुशलता के साथ कर सके इसकी संरचनात्मक व्यवस्था हर संविधान में रहती है। इस तरह कार्यपालिका शासनतन्त्र की प्रमुख चालक कमानी (main spring of governmental machine) का काम करती है। इससे ही देश का शासनतन्त्र सक्रिय बनता है। अतः कार्यपालिका एक ऐसा केन्द्र बन जाती है जहां से अन्य संस्थाओं को सक्रिय बनाने के लिए संकेत या सन्देश सम्प्रेषित होते हैं। राजनीतिक व्यवस्थाओं के सुचारु संचालन के लिए स्वयं संविधान ही में कार्यपालिका की ऐसी भूमिका के लिए संरचनात्मक व्यवस्थाएं रहती हैं।

संवैधानिक संशोधन (Constitutional Amendments)

संविधानों को तेजी से बदलती परिस्थितियों के अनुरूप रखने के लिए बार-बार संशोधित किया जाने लगा है। फ्रांस में 1958 में बना संविधान तथा भारत में 1950 में लागू हुआ संविधान अनेक बार संशोधित किया जा चुका है। एशिया व अफ्रीका के अनेक राज्यों में तो संविधान आए दिन संशोधित किए जाते हैं। इन संशोधनों में एक प्रवृत्ति सर्वत्र एक-सी पाई जाती है। यह संशोधन कार्यपालिका के शक्ति क्षेत्र में वृद्धि करने के उद्देश्य से उत्प्रेरित होते हैं। आधुनिक राजनीतिक समाज में नेतृत्व, विभिन्न हितों में समन्वय तथा संघर्षरत परिस्थितियों से केवल कार्यपालिका ही निपट सकती है। अतः संवैधानिक संशोधन कार्यपालिका को इस प्रकार के विविध कार्य सम्पन्न करने की शक्ति प्रदान करने के लिए ही अधिक होने लगे हैं।

सरकार की नीतियों व समस्याओं की बढ़ती हुई पेचीदगियां (Growing Complexity of Governmental Policies and Problems)

विश्व के राज्यों में बढ़ती हुई अन्तःनिर्भरता तथा विचारधाराओं की प्रतिस्पर्द्धा के कारण विश्व में सहयोग तथा विरोध की दो अनन्यतायुक्त प्रवृत्तियां एक साथ मौजूद रहने लगी हैं। विकास की आवश्यकताएं घनिष्ठ सहयोग आवश्यक बना देती हैं जबकि विचारधाराओं के द्वारा राष्ट्रों की चिरप्रतिष्ठित मूल्य व्यवस्था को रौंदने के खतरे बढ़ गए हैं। इससे सरकारों की समस्याएं इतनी पेचीदा हो गई हैं कि उन पर चारों दिशाओं

से दबाव व खिचाव बढ़ते जा रहे हैं। इसी तरह शासन नीतियों का एक पहलू से सम्बन्ध न रहकर सम्पूर्ण राजनीतिक जीवन से हर नीति का सम्बन्ध हो गया है। अतः इन पेचीदा परिस्थितियों से निपटने में कार्यपालिका ही सक्षम होने के कारण वह शक्ति-केन्द्र बनती जा रही है।

कार्यपालिका के हस्तक्षेप का वृहत्तर क्षेत्र (Increased Scope of Executive Intervention)

कार्यपालिका का अधिकार क्षेत्र सीमित व निर्धारित हो सकता है तथा संवैधानिक-राजनीतिक व्यवस्थाओं में सामान्यतया इसका कार्यक्षेत्र सुनिश्चित रहता है, किन्तु यह संवैधानिक व्यवस्था व्यवहार में बदल-सी जाती है। कार्यपालिका को हर स्थिति में प्रत्यक्ष हस्तक्षेप के अवसर प्राप्त रहते हैं। व्यवस्थापिका के अधिकार क्षेत्र में भी इसकी घुसपैठ आवश्यक हो जाती है। राजनीतिक व्यवस्था में व्यवस्थापिका व अन्य संस्थाएं सतत सत्र में नहीं रहती हैं, किन्तु कार्यपालिका निरन्तर अधिवेशन में रहने वाली संस्था है। वह समाज की पहरेदार है, वह राष्ट्र की रक्षक है, वह सम्पूर्ण प्रशासन तथा सेना की अधिष्ठात्री है, इसलिए उसका हस्तक्षेप हर स्थिति व स्थान पर होना स्वाभाविक है। कहीं कुछ हो रहा हो और उसका देश, समाज व जनता पर कुप्रभाव पड़ने की सम्भावना हो तो कार्यपालिका को तुरन्त सक्रिय होना होता है, क्योंकि, इसकी निष्क्रियता के लिए इसको क्षमा नहीं किया जाता है। अतः कार्यपालिका के शासन में हस्तक्षेप के अवसरों व क्षेत्र में अप्रत्याशित वृद्धि के कारण इसका महत्त्व अन्य संस्थाओं के मुकाबले में बढ़ता जा रहा है।

सशक्त केन्द्रीकृत कार्यपालिका की अवधारणा से वैचारिक प्रतिबद्धता (Ideological Commitments with the Concept of Strong and Centralized Executive)

जटिल मानव सम्बन्धों वाली राजनीतिक व्यवस्थाओं में सर्वत्र ही व्यक्ति-समूह के नेतृत्व के स्थान पर व्यक्ति-विशेष के नेतृत्व को श्रेष्ठतर माना जाने लगा है। सामूहिक नेतृत्व में उत्तरदायित्व को ठीक निश्चित (pin-point) करना कठिन होता है। अतः आधुनिक मानव वैचारिक दृष्टि से ऐसी कार्यपालिका चाहता है, जो शक्तिशाली, केन्द्रीकृत तथा सुनिश्चित रूप से अवस्थित (locate) की जा सके। मनुष्यों की इस धारणा के परिणामस्वरूप कार्यपालिका में शक्ति-केन्द्रण जन-इच्छा का प्रतिफल हो गया है। देश में हर घटना या दुर्घटना का दृढ़ता के साथ मुकाबला किया जा सके, इसके लिए जनता कार्यपालिका को आवश्यक सख्ती व शक्ति मुक्त देखना पसन्द करती है। अतः सशक्त केन्द्रीकृत कार्यपालिका की धारणा से वैचारिक प्रतिबद्धता भी कार्यपालिका को व्यवहार में शक्ति-केन्द्र बना देती है।

एकल नेतृत्व में उत्तरदायित्व निहित करने की मानवीय प्रवृत्ति (Human Impulse to Centre Responsibility for Leadership in Single Person)

व्यक्तिगत दृष्टि से मनुष्य हमेशा ही एक व्यक्ति का नेतृत्व ही पसन्द करता है। हर मनुष्य में अन्तःप्रेरणा एकल नेतृत्व की ही रहती है। अनेक व्यक्तियों के नेतृत्व से व्यक्ति की मनोवैज्ञानिक भावना बेमेल पड़ती है। यह विचित्र बात है कि व्यक्ति अन्य सब दृष्टियों से अपने जीवन में अनेकता व अनेकों का साथ, सहयोग और सहायता चाहता है, किन्तु जब नेतृत्व का प्रश्न आता है तो वह एक से अधिक नेता उसके जीवन के संचालक के रूप में स्वीकार करने को तैयार नहीं होता है। राजनीतिक नेतृत्व तो मानव एक ही व्यक्ति में निहित देखने की प्रवृत्ति रखता है। यही कारण है कि लोकतान्त्रिक शासनों में सर्वत्र, राष्ट्रपतियों या प्रधान मन्त्रियों में शक्ति को केन्द्रित होने देने में आम आदमी की अन्तःप्रेरित प्रवृत्ति सहयोगी होती जा रही है। व्यक्ति अपने देश का एक नेता चाहता है जिससे वह राष्ट्र को एक सूत्र में पिरोए रखे, दृढ़ता के साथ राज्य को आगे बढ़ाए और उसके लिए राष्ट्रीय अहं (ego) का प्रतीक बने। व्यक्तियों की इसी प्रवृत्ति के कारण विकासशील राज्यों में लोकतन्त्र व्यवस्थाओं को सबसे बड़ा खतरा रहा है। इन देशों में राजनीतिक दलों व राजनीतिक नेताओं की आपसी खींचतान में या तो एक सर्वमान्य नेता उभर आता है अन्यथा इसके अभाव में जनता लोकतन्त्र से उकताकर तानाशाही का रास्ता प्रशस्त करने में सहायक हो जाती है। यहां यह ध्यान रखना आवश्यक है कि एकल नेतृत्व केवल आम जनता द्वारा पसन्द किया जाता है। राजनीतिक समाज के अभिजन हमेशा ही इस प्रकार के नेतृत्व के विरुद्ध रहते हैं। इस कारण समाजों में इस प्रकार की दो परस्पर विरोधी प्रवृत्तियां विद्यमान रहती हैं, किन्तु अधिकांश जनसाधारण अपने नेता के रूप में एक ही व्यक्ति को देखना चाहते हैं। यही कारण है कि आधुनिक चुनाव कम से कम संसदीय प्रणालियों में, विशेषकर ब्रिटेन में एक व्यक्ति भावी प्रधान मन्त्री, के इर्द-गिर्द होने लगे हैं। भारत भी इसका श्रेष्ठ उदाहरण प्रस्तुत करता है। भारत में 1977 के आम चुनाव श्रीमती इन्दिरा गांधी के इर्द-गिर्द ही लड़े गए थे। अतः इस भावना के कारण कार्य-पालिका अध्यक्ष सर्वाधिक शक्ति सम्पन्न व चोटी का नेता बनकर कार्यपालिका को शक्ति केन्द्र बना देता है।

अन्तर्राष्ट्रीय सम्बन्धों का संचालन व विदेशी नीति (Conduct of Foreign Affairs and Foreign Policy)

अन्तर्राष्ट्रीय सम्बन्धों के संचालन व विदेश नीति का क्षेत्र ऐसा है जिसमें मुख्य कार्य-पालिका अत्यधिक सक्रिय तथा अंशतः स्वतन्त्र होता है। एलेन बाल ने इस सम्बन्ध में लिखा है कि विदेश नीति में 'स्वतन्त्रता की मात्रा अशंतः इसलिए है कि विदेशी मामलों पर किसी निर्वाचन के दौरान कम प्रभाव पड़ता है और अशंतः इसलिए कि विदेशी मामलों में कार्य की तीव्र गति और गोपनीयता की आवश्यकता रहती है। 1962 का क्यूबाई प्रक्षेपास्त्र संकट इस बात का उदाहरण है कि कितनी जवाबी तेजी और वैयक्तिक निर्णय-

कारिता से केनेडी और ख्रुश्चेव ने कार्य किया। राष्ट्रपति केनेडी के लिए तब इसका बहुत कम अवसर था कि वह अमरीकी शासन-व्यवस्था के अन्य शक्ति केन्द्रों से परामर्श करते या उनसे स्वीकृति लेते, यद्यपि वह बराबर अपनी सक्रियताओं को जनता के सामने समझाते जा रहे थे।'[13] श्रीमती इन्दिरा गांधी के द्वारा 1970-71 में बंगला देश मुक्ति युद्ध के समय बिजली की गति से निर्णय लिए गए और युद्ध संचालन किया गया था। विदेश नीति में कार्यपालिका ही संचालक व नियन्त्रक रहती है। इस सम्बन्ध में वुडरो विल्सन ने 1908 में (राष्ट्रपति बनने के कुछ वर्ष पूर्व) ठीक ही कहा था, "राष्ट्रपति की शक्तियों में एक सबसे बड़ी शक्ति···राष्ट्र के वैदेशिक सम्बन्धों पर उसका नियन्त्रण है, जो समग्र होता है।'[14]

कार्यपालिका की शक्ति अन्तर्राष्ट्रीय सम्बन्धों के संचालन में नियन्त्रित रह ही नहीं सकती है। आधुनिक तनावपूर्ण विश्व में घटनाक्रम इतनी तेजी से चलते व बदलते हैं कि किसी भी प्रकार की कार्यपालिका के लिए नियन्त्रित अवस्था में कार्य करना कठिन होता है। इस सन्दर्भ में एक देश के अहं व गौरव का प्रश्न उलझा रहने के कारण, कार्य-पालिका करीब-करीब पूरी स्वतन्त्रता व छूट का प्रयोग करते हुए विदेश नीति का संचालन कर सकती है, गोपनीयता की भी भूमिका कम महत्त्वपूर्ण नहीं रहती है। विदेश नीति, राष्ट्रीय हितों व राष्ट्रीय सम्मान की पूर्ति के लक्ष्य से प्रेरित रहती है।[15] यही कारण है कि विदेश नीति सम्बन्धी प्रश्नों पर केवल सैद्धान्तिक नियन्त्रण ही रहते हैं। इस क्षेत्र में कार्यपालिका समझौते व संधियां तक स्वतन्त्रता पूर्व करने लगी है। 1920 में अमरीका के राष्ट्रपति वुडरो विल्सन के प्रयत्नों से निर्मित राष्ट्र संघ की सदस्यता की अमरीका के सीनेट ने पुष्टि नहीं की थी पर आज के विश्व में यह सब सही नहीं रह गया है। भारत का भूतपूर्व प्रधान मन्त्री स्व० लालबहादुर शास्त्री ने ताशकंद में तथा श्रीमती इन्दिरा गांधी ने शिमला में पाकिस्तान के साथ महत्त्वपूर्ण समझौते करके इस बात की पुष्टि की कि अन्तर्राष्ट्रीय सम्बन्धों का संचालन कार्यपालिका का ही विशेषाधिकार है। अतः कार्य-पालिका को शक्तिशाली बनाने का सर्वाधिक महत्त्वपूर्ण कारण अन्तर्राष्ट्रीय सम्बन्धों के संचालन में उसकी अपेक्षाकृत स्वतन्त्रता व उससे अपेक्षित दृढ़ता है।

संचार साधनों का योगदान व प्रचार की भूमिका (Contribution of Means of Communication and Role of Propaganda)

संचार साधनों के विकास ने कार्यपालिका को सीधे जन-सम्पर्क में ला दिया है। रेडियो, टेलीविजन (दूरदर्शन), टेलीफोन तथा प्रेस के माध्यम से कार्यपालिका अपने हर कार्य के लिए जनता के प्रति सीधा उत्तरदायित्व निभाने लगी है। कार्यपालिका की शक्तियों में वृद्धि के इस तथ्य की तरफ राजनीतिशास्त्र के विद्वानों का ध्यान अभी तक कम ही गया है। परन्तु मेरी दृष्टि में कार्यपालिका को शक्ति केन्द्र बनाने में संचार के साधनों व

[13] *Ibid.*, p. 187.
[14] *Ibid.*, p. 188.
[15] *Ibid.*, p. 189

प्रचार (propaganda) का सर्वाधिक योग रहता है। आज राष्ट्रपति व प्रधान मन्त्री हर देश में बार-बार जनता को रेडियो के द्वारा सम्बोधित करने लगे हैं। दूरदर्शन के माध्यम से कार्यपालिका अध्यक्ष जनता के सामने पेश होने लगे हैं। जिन देशों में संचार साधनों पर सरकारी नियन्त्रण नहीं होता वहां भी कार्यपालिका का प्रचार सर्वाधिक होता है। संचार साधनों ने कार्यपालिका को हर बात में जनता के निकटतम ला दिया है। कार्यपालिका व जनसाधारण के बीच यह सम्पर्कता तथा कार्यपालिका के पक्ष में प्रचार, हर देश के मुख्य कार्यपालकों को शक्ति केन्द्र बनाने में सहयोगी रहा है। एलेन बाल ने इस सम्बन्ध में ठीक ही लिखा है कि 'जन सम्पर्क माध्यमों का उपयोग करने के अवसर तथा प्रचार की सुविधा कार्यपालिका शक्ति को मजबूत बनाने वाला महत्त्वपूर्ण घटक है—टेलीविजन का इस्तेमाल करने में दगाल उस्ताद थे और अपने द्विवर्षीय प्रेस सम्मेलनों को करने में वह सावधानी बरतते थे।'[16] इससे आम जनता पर बहुत गहरी छाप पड़ती है। उनके लिए कार्यपालिका ही सब कुछ बन जाती है।

कार्यपालिका व विशेषकर मुख्य कार्यपालक का महत्त्व इतना बढ़ गया है कि सम्पूर्ण राजनीतिक व्यवस्था में वह ही चेतना-केन्द्र हो गया है। उपरोक्त तथ्यों ने अवश्य ही कार्यपालिका में शक्ति केन्द्रण को प्रोत्साहित किया है। इनके अलावा भी अनेक बातें ऐसी हैं जिनसे कार्यपालिकाओं का महत्त्व बढ़ता जा रहा है। मुख्य कार्यपालकों का व्यक्तित्व, सरकार के अन्य सदस्यों के साथ उनका सम्बन्ध, राष्ट्र के लिए कुछ कर गुजरने का उनका निश्चय, जन कल्याण के लिए साधन जुटाने में उद्यमशीलता, कार्यपालिका की स्थिरता, कार्यपालकों की कूटनीतिज्ञता तथा हर परिस्थिति का चतुराई व कभी-कभी चालाकी से सामना करने की दक्षता ने कार्यपालकों को राजनीतिक मंच का 'रिंग मास्टर' बनाने में सहायता की है। ला पालोम्बारा ने तो यहां तक लिखा है कि कार्यपालकों की शक्ति में वृद्धि का कारण उनकी चालबाजी, जोड़-तोड़ व कपट-प्रबन्ध करने की क्षमता व योग्यता है।[17]

मुख्य कार्यपालक व्यवस्थापिकाओं का सहयोग प्राप्त करने की क्षमता रखता है। उनको धमकी तक देने में नहीं हिचकिचाता है, उनको अपंग बनाकर इन्हें उससे सहयोग करने के लिए मजबूर कर सकता है। अमरीका के राष्ट्रपति फ्रेंकलिन डेलेनो रूजवेल्ट व ट्रूमेन ने ऐसा अनेक बार किया था। इन सब तथ्यों के अलावा एक बात निर्विवाद है कि कार्यपालक ही देश का नेता, राष्ट्र का प्रतीक, सरकार का अधिकृत प्रवक्ता, राजनीतिक व्यवस्था का संयोजक व समाज की एकता तथा राष्ट्र के अहं का रक्षक होता है। अतः कार्यपालकों का बढ़ता हुआ महत्त्व व उनके पद में अप्रत्याशित शक्ति केन्द्रण वर्तमान परिस्थितियों का स्वाभाविक परिणाम है।

[16] *Ibid.*, p. 192.
[17] Joseph La Palombara, *op. cit.*, p. 210.

विकासशील राज्यों में मुख्य कार्यपालिकाएं
(CHIEF EXECUTIVE IN DEVELOPING COUNTRIES)

कार्यपालिका के कार्यों व उसके बढ़ते हुए महत्त्व का उपरोक्त विवेचन पश्चिम के परिपक्व व स्थिर राजनीतिक समाजों के बारे में ही अधिक सही प्रतीत होता है। इन राज्यों में राजनीतिक शक्ति का सुस्पष्ट संस्थाकरण हो जाने के कारण व्यक्तियों के स्थान पर संस्थाओं का अधिक महत्त्व होता है। कार्यपालिकाओं के कार्य करने की प्रक्रियात्मक विधियां सुनिश्चित व सुव्यक्त होती हैं। कार्यपालिका के प्रमुख कार्य अधिकाधिक विशेषीकृत संरचनाओं के द्वारा सम्पन्न होने लगे हैं। इसी तरह कार्यपालिका का उत्तरदायित्व व जबावदेही नियमित प्रक्रियाओं के प्रयोग व स्वीकृति के माध्यम से संस्थाकृत हो गयी है। उन्नत राजनीतिक समाजों में कार्यपालिका की संरचना, कार्य, प्रकृति धीरे-धीरे ठोस बन गई है। इन लक्षणों के कारण इन देशों में कार्यपालिकाओं के व्यवहार प्रतिमान अपेक्षित दिशाओं में ही सक्रिय होते रहे हैं। संविधान व्यवस्था, समाज के मूल्य-मानक और दल पद्धतियों का प्रतिमानित रूप राजनीतिक प्रक्रिया व राजनीतिक व्यवहार का पूर्वाभास सम्भव बना देता है। इन देशों में कार्यपालिकाओं का आना-जाना विशेष जिज्ञासा उत्पन्न नहीं करता है। यहां तक कि बड़े-बड़े राजनीतिक काण्ड भी राजनीतिक प्रक्रियाओं में हलचल नहीं कर पाते हैं। द्वितीय विश्वयुद्ध के काल में विन्सटन चर्चिल ब्रिटेन के सर्वाधिक सम्मानित प्रधान मन्त्री बन गए थे, किन्तु युद्ध के बाद 1945 के आम चुनावों में उनके दल का हारना व उनके स्थान पर विपक्षी दल के नेता एटली का प्रधान मन्त्री बनना कोई विशेष उथल-पुथल व अस्त-व्यवस्तता का कारण नहीं बना था। 'वॉटरगेट काण्ड' से अमरीका के राष्ट्रपति निक्सन का त्यागपत्र तथा उसके बाद की राजनीतिक स्थिति आश्चर्यकारी प्रवृत्तियों की जनक नहीं बनी थी। किन्तु विकासशील राजनीतिक व्यवस्थाओं में अभी ऐसी स्थिति नहीं आने के कारण कार्यपालिका की स्थिति विचित्र व जबरदस्त शक्ति सम्पन्नता की बन गई है।

विकासशील राज्यों में सब कुछ संक्रमण के काल से गुजर रहा है। नये राष्ट्रों के जीवन में शक्ति की भूमिका अत्यधिक प्रबल बनती जा रही है। इन देशों में कार्यपालिका की चुनाव विरचना (machanism) का ही अभी तक वैधीकरण (legitimization) नहीं हो पाया है। निर्णय प्रक्रियाएं अप्रतिमानित ही हैं। सामुदायिकता की भावना केवल संकट के क्षणों में आकर लुप्त हो जाती है। औद्योगिक विकास व आधुनिकीकरण का अभाव तथा दल संरूपण (party-configuration) की भ्रान्ति (confusion) के कारण नवीन राष्ट्रों में राजनीतिक व्यवस्था अभी भी प्रवाह के दौर में से गुजर रही है। इन देशों में करिश्मे व व्यक्तिगत सम्बन्धों का संस्थाओं व वैधता-युक्त प्रक्रियाओं से कहीं अधिक महत्त्व बना हुआ है। सरकारी भूमिका व शासन अंगों के कार्यों व उनसे सम्बन्धित संरचनाओं का विभिन्नीकरण (differentiation) नहीं हुआ है। गुटों का राजनीतिक खेल में निर्णायक स्थान है। राजनीतिक समाज परम्परागत जकड़नों से मुक्त नहीं हो पा

रहे हैं। राजनीति से सम्बन्धित अभिवृत्तियां अभी भी लोकिकीकृत नहीं हो पाई हैं। राजनीतिक व्यवस्थाओं की इन विशेषताओं का कार्यपालिका पर सर्वाधिक प्रभाव पड़ा है।

कार्यपालिका नेतृत्व गुट कलह के कारण अस्थिर हो सकता है। नए राज्यों में राजनीतिक ढांचा व तत्त्व बहुत बड़ी खाई से पृथक बना हुआ है। इस कारण, कार्यपालिका के संगठन के पश्चिमी प्रतिमान को अपनाकर व्यवस्थित की गई कार्यपालिकाएं अभी तक उनके अनुरूप भूमिका व कार्य सम्पन्न करने में असफल रही हैं। इन देशों में कार्यपालिका अध्यक्ष करिश्मे व चमत्कारिक व्यक्तित्व वाले नेता होते हैं। संसदीय प्रणालियों में भी प्रधान मन्त्री एकल कार्यपालिका की तरह बेरोकटोक निर्णय लेकर उन्हें लागू कर सकते हैं, किन्तु यह बात केवल एक पीढ़ी (generation) के नेताओं पर ही लागू होती है। राष्ट्रीय आन्दोलनों के लम्बे कालों में ऐसे देव-तुल्य नेता जन-मानस में समा गए थे। इस कारण स्वतन्त्रता प्राप्ति के बाद ऐसे नेताओं के कार्यपालिका अध्यक्ष बनने पर उनको आदर व असाधारण प्रतिभा का प्रतीक ही नहीं वरन राष्ट्र का पिता मान लिया गया था। जोमों केन्याता, सुकार्नो, बोर्गिबा, नासर, नेहरू, ऐनक्रूमा, नेरेरे, लुबुम्बा, शेख मुजीब, जिन्ना, यू नू, टीटो इत्यादि अनेक कार्यपालिका अध्यक्ष ऐसे ही अद्वितीय व्यक्तित्व के कारण लम्बी अवधि तक राजनीतिक व्यवस्थाओं पर छाये रहे और इनमें से कुछ आज भी छाये हुए हैं। इन कार्यपालिका अध्यक्षों की शक्तियां असीमित रही हैं। राष्ट्रीय नव-निर्माण के लक्ष्य से उत्प्रेरित नेतृत्व के बाद नवोदित राज्यों में कार्यपालिका के अध्यक्ष, दलीय जोड़-तोड़ या सैनिक क्रान्तियों से सत्ता हथियाने वाले सेनापति बनने लगे और कार्यपालिका संरचनाओं में उथल-पुथल की जाने लगी।

पिछली दो शताब्दियों में नवोदित राज्यों में कार्यपालिका अंग व्यक्तिपरक बन गया है। एक ही राजनीतिक नेता, राजनीतिक सक्रियता के सभी पहलुओं का नियन्त्रक निर्देशक व अभिभावक बनता जा रहा है। इन देशों में अधिकांश कार्यपालिका अध्यक्ष संस्थागत नियन्त्रणों से अपने आपको मुक्त करने में सफल हो जाते हैं। राजनीतिक प्रक्रियाओं में सुनिश्चितता के अभाव के कारण यह बन्धनकारी प्रभाव नहीं रख पाती है। इन देशों के बहुल समाज परस्पर विरोधी व अधिकतर संघर्षशील शक्तियों के तनावों व खिंचावों से त्रस्त रहते हैं। राजनीतिक व्यवस्था में विधान मण्डल ऐसी विषम परिस्थितियों के कारण संयोजनकारी भूमिका निभाने में सर्वथा असफल रहते हैं। अत: कार्यपालिका ही ध्यान का केन्द्र व व्यवस्था स्थापना के लिए आशा की किरण रह जाती है। इससे कार्यपालिका अध्यक्ष तानाशाह की सी स्थिति में आ जाता है। राजनीतिक संरूपण वैचारिक आधार पर स्थापित नहीं होने के कारण राजनीतिक व्यवस्था में विभिन्न संस्थाओं व प्रक्रियाओं के समन्वयकर्त्ता नहीं बन पाए हैं। इन देशों में प्रतियोगी दल प्रणाली आवश्यक सहिष्णुता के अभाव में अस्तव्यस्त होते-होते एक दल पद्धति की परिस्थितियां उत्पन्न कर देती हैं। एक दल की स्थापना व उसका एकाधिकार कार्यपालिका की प्रवृत्ति में मौलिक अन्तर ला देता है। इस प्रकार के दल का केवल दिखावा ही रहता है। कार्यपालिका अध्यक्ष अपनी सत्ता की वैधता के लिए चुनावों का ढोंग इसी

दल के माध्यम से करने लगे, किन्तु सभी विकासशील राज्यों के बारे में यह सामान्यीकरण खरे नहीं उतरते हैं। अनेक राज्यों में स्वतन्त्रताएं व दल प्रतियोगिता की वास्तविक परिस्थितियां बनाए रखने के संस्थागत साधन उपलब्ध रहते हैं। मैक्सिको, भारत व श्रीलंका इस के उदाहरण हैं।

कुछ राज्यों में विकास की आवश्यकताओं के लिए देश की सम्पूर्ण शक्तियों के समुचित उपयोग की व्यवस्था करने का कार्य प्राथमिकता का माना जाता है। इस प्रकार के शासनों में अनेक दलों की विलासिता (luxury) को निरर्थक माना जाता है। अत: कार्यपालिका केवल एक ही दल को अभिनव समाज की स्थापना में सहायक यन्त्र के रूप में पर्याप्त मानती है। इस कारण, विकासशील राष्ट्रों में अनेक राष्ट्र ऐसे हैं जहां कार्यपालिका अध्यक्ष आज भी जननायक के रूप में महत्त्वपूर्ण भूमिका निभाते हैं। उदाहरण के लिए, सितम्बर 1976 में मिस्र के राष्ट्रपति सादात के दूसरे कार्यकाल के सम्बन्ध में हुए लोक निर्णय में करीब-करीब शत-प्रतिशत मतदाताओं ने उनको पुन: राष्ट्रपति बनाने के पक्ष में मत व्यक्त किया था। अफ्रीका के अनेक राष्ट्रों में ऐसी कार्यपालिकाएं हैं। केनेथ कुआन्डा, केन्याता, नेरेरे तथा सादात ऐसे ही कार्यपालिका अध्यक्ष हैं।

विकासशील राष्ट्रों में कार्यपालिका प्रतिमान अभी भी सुस्थिर नहीं हुए हैं। पुराने नेतृत्व के दृश्य से टहने पर अनेक राज्यों में कार्यपालिका अध्यक्ष, संस्थागत चयन प्रक्रिया की दृढ़ता के अभाव में, सामान्य ढंग से चुनकर नहीं आ पाता है, और अधिकतर कार्यपालक-पद तानाशाहों के हाथ में चला जाता है। इस प्रकार, नवोदित राष्ट्रों में कार्यपालिका सामान्यतया नियन्त्रण-मुक्त ही रहती है। व्यवस्थापिकाएं इन देशों में केवल नाम से ही रह गई हैं। न्यायपालिकाओं पर महत्त्वपूर्ण प्रतिबन्ध लगाकर कार्यपालिका, शक्ति केन्द्रण में बेरोकटोक हो जाती है। अत: नवोदित राष्ट्रों में कार्यपालिकाएं अधिकतर विशेष व्यक्तित्व उन्मुखी बन गई है। इन समाजों में गन्तव्यों, मूल्यों और 'नोर्म्स' के बारे में असहमति, संविधानों में आये दिन के आधारभूत हेर-फेर, राजनीतिक संस्थाओं की भूमिकाओं में विभिन्नीकरण का अभाव, राजनीतिक दलों का नेताओं के हाथ में कठपुतली की तरह रहना, व्यवस्थापिकाओं का नीति-निर्धारण से अधिक राजनीतिक जोड़-तोड़ में संलग्न रहना, जनसाधारण की उदासीनता और अभिजनों का अनुत्तरदायित्वपूर्ण व स्वार्थी व्यवहार, राजनीतिक व्यवस्थाओं पर जबरदस्त दबाव डालते हुए उन्हें तनाव व खिंचाव की अवस्था में धकेल देते हैं। इस प्रकार की परिस्थितियों में केवल कार्यपालिका और इनमें भी विशेषकर मुख्य कार्यपालक राजनीतिक व्यवस्था को एक सूत्र में पिरोये रखने का माध्यम रह जाता है। यही कारण है कि पिछली एक शताब्दी में अधिकांश विकासशील राज्यों में कार्यपालिका शक्तियां केवल मुख्य कार्यपालक में केन्द्रित हो गई हैं। इन सभी राज्यों में संविधान, संसदें, न्यायपालिका, राजनीतिक दल और मन्त्रिमण्डल या सलाहकार मण्डल पाए जाते हैं, किन्तु इन सबके द्वारा वे भूमिकाएं नहीं निभाई जातीं हैं जो इनके लिए निर्धारित रहती है। यह मुख्य कार्यपालकों के इशारों पर, उनकी इच्छा के अनुरूप ही कार्य करती हैं। इससे इन देशों में मुख्य कार्यपालक सब प्रकार के नियन्त्रणों से मुक्त, सर्वाधिकारी शासकों से

भी अधिक शक्तिशाली बन गए हैं। सर्वाधिकारी राज्यों में राजनीतिक दल के द्वारा कार्यपालिका पूरी तरह नियन्त्रित रहती है, किन्तु विकासशील राज्यों में राजनीतिक दल नियन्त्रक न होकर मुख्य कार्यपालक की महत्त्वाकांक्षाओं को पूरा करने का दिखावटी यन्त्र मात्र रहता है। ऐसी स्थिति में विकासशील देशों में कार्यपालिका के भावी रूप के बारे में निश्चित रूप से कुछ भी कह सकना सम्भव नहीं है। जनसाधारण में शिक्षा, सही अर्थों में राजनीतिक चेतना व राजनीतिक प्रक्रियाओं में स्थायित्व आने पर ही इन देशों में कार्यपालिकाओं के संगठन, कार्यों, भूमिका व महत्त्व का स्थायी रूप उभर सकेगा। तब तक अधिकांश विकासशील राज्यों में कार्यपालिका राज्य रूपी जहाज की एक मात्र संचालक बनी रहेगी। इन देशों में मुख्य कार्यपालिका पद पर आने वाला हर व्यक्ति, पद सम्भालते ही अपनी गद्दी को सुदृढ़ बनाने में लग जाता है और अपने पद पर आने वाली हर चुनौती से निपटने के लिए सत्ता का उत्तरोत्तर केन्द्रण अपने में करता जाता है। इन देशों में चुनाव या तो होते ही नहीं और जहां होते हैं उनमें से कुछ अपवाद-स्वरूप छोड़ दिए जाएं तो बाकी सब में प्रतियोगी मुकाबले के अभाव में कार्यपालिका[18] को कोई चुनौती नहीं दे पाते हैं। अतः विकासशील राज्यों में कार्यपालिकाओं के बारे में कोई सुनिश्चित सामान्यीकरण करने का प्रयास कम से कम वर्तमान अवस्था में असम्भव हो है।

कार्यपालिका और नौकरशाही
(EXECUTIVE AND BUREAUCRACY)

राजनीतिक विकास और आधुनिकीकरण ने राजनीतिक कार्यों में अत्यधिक वृद्धि और विशेषीकरण ला दिया है। व्यवस्थापन, कार्यपालन और न्यायपालन कार्यों के परम्परागत प्रतिमान अपने आप में साम्राज्य बन गए हैं, किन्तु इन सबमें कार्यपालिका की संरचनाओं व अधिकारियों में सर्वाधिक वृद्धि हुई है। राज्य के वृद्धिपरक अधिकार क्षेत्र का वास्तविक असर कार्यपालिका पर हुआ है। लोक कल्याणकारी राज्यों में कार्यपालिका के कार्य न केवल बढ़ गए हैं वरन विविध प्रकार के भी हो गए हैं। कार्यपालिका के द्वारा किए जाने वाले कार्यों में सहायता देने के लिए प्रशासनिक कर्मचारियों का जाल सा बिछता जा रहा है। इन सिविल कर्मचारियों को ही नौकरशाही के नाम से पुकारा जाता है। कार्यपालिका एक तरफ, नीति-निर्माण में इनकी सहायता लेती है और दूसरी तरफ, नीतियों के क्रियान्वयन के लिए भी उन पर निर्भर करती है। शासन-संचालन में इनकी भूमिका के महत्त्व के कारण ही अनेक विचारक नौकरशाही को सरकार की 'चौथी शाखा' तक कहने लगे हैं।

लोकतान्त्रिक समाजों में ही नहीं सभी प्रकार के राजनीतिक समाजों में कार्यपालिका

[18]India, Sri Lanka, Mexico and a few others still permit competitive electoral contests.

का कार्य बदलती हुई जन आवश्यकताओं को पहचान कर उनके अनुसार कार्य करना है, किन्तु विधायक व कार्यपालक हर राजनीतिक समाज में बदलते रहते हैं। उनका इन पदों पर आना विशेष योग्यता या विशिष्ट अनुभव के आधार पर नहीं होता है। उदाहरण के लिए, स्वास्थ्य मन्त्री के पद पर नियुक्त होने वाले व्यक्ति के लिए डाक्टरी की डिग्री की आवश्यकता नहीं होती है। ऐसी व्यवस्था में कार्यपालिका अपने उत्तर-दायित्वों को कुशलतापूर्वक पूरा कर सके इसके लिए लोक सेवक ही सहायक होते हैं। कार्यपालिका का कार्य व्यवस्थापिका द्वारा निर्धारित व पारित कानूनों के अनुसार देश का शासन चलाने का है। इस कार्य में उनके सहायक लोक सेवक ही नौकरशाही कहे जाते हैं। वैसे तो ऐसा लगता है कि लोक-सेवक कार्यपालक के आदेशों के क्रियान्वयन में ही संलग्न रहता है, किन्तु वास्तविक स्थिति कुछ भिन्न प्रकार की ही होती है। नौकरशाही का 'नीति निर्धारण' में गहरा हाथ रहता है, क्योंकि सार्वजनिक नीति में प्रायः ऐसी तकनीकी जटिलताएं होती हैं कि उनके लिए विशेष ज्ञान की आवश्यकता पड़ती है। व्यवस्थापिकाओं में प्रस्तुत किए जाने वाले विधेयक नौकरशाही के द्वारा तैयार किए जाते हैं। कार्यपालिका तो केवल नीति निर्देश देकर बाकी सारा कार्य उस पर छोड़ने के लिए मजबूर होती है। विधेयकों का प्रारूप तैयार करना अपने आप में अत्यन्त पेचीदा व क्लिष्ट कार्य है जिसे अनुभवी विशेषज्ञ ही कर सकते हैं। इस तरह, कार्यपालिका विधेयकों के प्रारूप तैयार कराने में तो पूरी तरह नौकरशाही पर निर्भर रहती है।

व्यवस्थापिका द्वारा पारित विधेयकों को लागू करने में भी कार्यपालिका को नौकर-शाही पर ही निर्भर रहना पड़ता है। इस सम्बन्ध में नौकरशाही ही यह जानती है कि विधियों को व्यवहार में किस प्रकार क्रियान्वित करना अधिक लाभप्रद रहेगा। इसी तरह, प्रशासनिक अधिकारी राजनीतिक कार्यपालक को नीति-निर्माण के लिए सम्बन्धित आंकड़े प्रदान करते हैं व निर्मित नीति के क्रियान्वयन की समस्याओं का उल्लेख करते हैं। कार्यपालिका द्वारा निर्धारित नीति को क्रियान्वित करने के संदर्भ में अपने अधीनस्थों को आवश्यक निर्देश देने, उनके कार्यों का निरीक्षण करने और अन्य उपायों से सम्पूर्ण कार्यक्रम को पूरी गति देने का काम लोक प्रशासन ही करते हैं। यह नीति की सिफारिश और उसके क्रियान्वयन में कार्यपालिका के महत्त्वपूर्ण सहायक और उसको सम्भावित प्रभावों से सतर्क रखने का कार्य करते हैं। कार्यपालिका राजनीतिक दलों से सम्बन्धित रहती है, उसका दल के वैचारिक प्रभाव में रहना स्वाभाविक है। इस कारण वह तटस्थ रहते हुए राष्ट्रीय दृष्टिकोण से प्रेरित रहे यह आवश्यक नहीं। ऐसी अवस्था में नौकर-शाही ही तटस्थ, विशिष्ट और अनुभवजन्य संरचना रह जाती है। अतः हर देश में कार्यपालिका नौकरशाही पर अधिकाधिक आधारित रहने लगी है।

कार्यपालिका की लोक सेवकों पर निर्भरता अनेक कारणों से व विशेषकर कार्यपालिका की विशिष्ट प्रकृति के कारण इतनी बढ़ जाती है कि अनेक विचारक नौकर-शाही को ही देश का वास्तविक शासन मानने लगे हैं। मंत्रीगण प्रशासनिक ज्ञान की दृष्टि से सामान्यतया अनभिज्ञ रहते हैं जबकि लोक सेवकों में प्रशासनिक ज्ञान की

विशिष्टता होती है। मंत्री यद्यपि अपने विभाग के अध्यक्ष होते हैं, किन्तु विभाग के वास्तविक अनुभवों और प्रशासनिक बारीकियों का उन्हें प्रायः ज्ञान नहीं होता है, क्योंकि मंत्री पद पर उनकी नियुक्ति राजनीतिक आधार पर होती है। राजनीतिक कार्यपालिका का कार्यकाल या तो निश्चित अवधि तक के लिए होता है या केवल उत्तरदायित्व निभाते रहने तक रहता है। कार्यपालिका को राजनीतिक प्रपचों में उलझे रहना पड़ता है इससे वह प्रशासन के वास्तविक कार्य को संचालित करने में बहुत कम समय दे पाती है। कार्यपालकों का अधिकांश समय संसद, जनता एवं अन्य सामान्य सार्वजनिक समारोहों में ही लग जाता है। अतः राजनीतिक कार्यपालिका सभी प्रतिभाओं से युक्त होते हुए भी प्रशासनिक क्षेत्र में 'नौसिखिए' व 'अविशेषज्ञ' की तरह ही रहती है।

कार्यपालिका की प्रशासनिक अनभिज्ञता के सम्बन्ध में मुनरो ने ठीक ही लिखा है कि "कई अवसरों पर ब्रिटेन का युद्ध मंत्री कोई दार्शनिक या देश का नौसेना मंत्री कोई व्यापारी या बैरिस्टर और व्यापार मंत्री विद्यालय का प्रोफेसर रहा है। वित्त मंत्री के सम्बन्ध में तो यह आशा की ही जानी चाहिए कि इस पद पर कोई ऐसा व्यक्ति ही नियुक्त किया जाये जो वित्त की बारीकियों से परिचित हो, पर नहीं, अनेक बार वित्त-मंत्रियों के पद पर ऐसे व्यक्ति भी रह चुके हैं जो पेशेवर राजनीतिज्ञ या वकील थे।" इसी प्रसंग में सिडनी लो ने व्यंगात्मक ढंग से लिखा है कि 'वित्त मंत्रालय में द्वितीय श्रेणी के लिपिक का पद प्राप्त करने के लिए एक युवक को अंकगणित की परीक्षा में उत्तीर्ण होना पड़ेगा, पर वित्त मंत्री अधेड़ उम्र का एक ऐसा साधारण व्यक्ति भी हो सकता है जो अंकों के विषय की अपनी कुछ थोड़ी बहुत जानकारी को भी भूल चुका होता है।

कार्यपालिका की इस प्रकार की प्रशासनिक अनभिज्ञता नवोदित राज्यों में तो अनेक बार हास्यास्पदता की हद भी पार कर जाती है। इन देशों में अचानक ही कोई सैनिक शासक क्रांति करके कार्यपालिका अध्यक्ष बन बैठने पर उसका प्रशासनिक क्षेत्र में नियंत्रण व निर्देशन विचित्र रूप धारण कर लेता है। किन्तु अगर ऐसे राजनीतिक समाजों को अपवाद रूप में एक तरफ कर दें तब भी, अधिकांश राज्यों में राजनीतिक कार्यपालिका प्रशासनिक दृष्टि से अनभिज्ञ ही रहती है। ऐसा कहा जाता है कि जब अफ्रीकी देश घाना स्वतंत्र हुआ था तब देश में कुल एक दर्जन स्नातक (अफ्रीकी) ही थे। इन देशों में कार्यपालिकाओं की अस्थिरता व नेतृत्व के लिए विभिन्न प्रत्याशियों में अनावश्यक होड़ व दौड़ के कारण, लोक सेवक ही वास्तविक शासक बन जाते हैं। लोक सेवक प्रशासन से सम्बन्धित हर बात से सुपरिचित रहते हैं। उनका प्रशासन संबंधी प्रशिक्षण और अनुभव उन्हें शासन कार्य का विशेषज्ञ बना देता है। उनकी नियुक्ति भी योग्यता के आधार पर होती है, उनका प्रशिक्षण होता है तथा वे स्थायीं रूप से अपने पद पर बने रहते हैं। एक ही प्रकार का कार्य लम्बी अवधि तक करते रहने के कारण और अधिकाधिक प्रशासनिक अनुभव प्राप्त करने के उपयुक्त अवसरों के मिलते रहने के कारण, लोक सेवक विभागीय दांव-पेचों को भली-भांति समझने लगे हैं। इससे उनकी श्रेष्ठता निखर जाती है और वे कार्यपालिका शक्ति के वास्तविक संचालक बनने की स्थिति में आ जाते हैं।

इससे कार्यपालिका और नौकरशाही के पारस्परिक सम्बन्धों का प्रश्न उठ खड़ा होता है। इस प्रश्न पर विद्वान एकमत नहीं हैं। कुछ विद्वानों की मान्यता है कि लोक सेवक अपने विशिष्ट अनुभव, लम्बे कार्यकाल और प्रशासनिक दांव-पेचों में दक्षता के कारण कार्यपालिका पर हावी हो जाते हैं। वे प्रशासन के सर्वेसर्वा बन जाते हैं और कार्यपालिका अध्यक्ष केवल हस्ताक्षर करने वाले यंत्र मात्र रह जाते हैं। मंत्रीगण नौकरशाही के संकेतों पर चलने के लिए मजबूर हो जाते हैं और व्यवहार में कार्यपालिका के स्थान पर राजनीतिक प्रक्रियाओं पर उसका आधिपत्य स्थापित हो जाता है, किन्तु अनेक विद्वान इस विचार से असहमति प्रकट करते हैं। उनके अनुसार नौकरशाही के आधिपत्य की बात करना भ्रामक है, क्योंकि वास्तविक निर्णय शक्ति कार्यपालिका में ही निहित रहती है। इस विचार के समर्थक विद्वानों का कहना है कि नीति-निर्धारण और नीति का क्रियान्वयन दो अलग-अलग बातें हैं। देश के लिए नीति-निर्धारण के कार्य को सम्पन्न करने में प्रशासनिक बारीकियों के ज्ञान की आवश्यकता ही नहीं होती है। उदाहरण के लिए, अगर भारत की विदेश नीति के प्रमुख सिद्धान्तों का निर्धारण करना हो तो उसके लिए केवल दूरदर्शिता, भविष्य के विश्व का पूर्वाभास तथा भारत के राष्ट्रीय हितों का सामान्य ज्ञान ही पर्याप्त रहेगा। कार्यपालिका के द्वारा नीति-निर्धारण में निर्णय करने की क्षमता की ही आवश्यकता होती है। इसके लिए न विशेष प्रशिक्षण आवश्यक है और न ही प्रशासनिक बारीकियों का ज्ञान सहायक होता है।

इस सम्बन्ध में यह ध्यान रखना आवश्यक है कि कार्यपालिका के सदस्य लम्बी अवधि के सार्वजनिक प्रशिक्षण और जनता की कठोर परख के बाद धीरे-धीरे चोटी के पदों तक पहुंचते हैं। लोकतन्त्र व्यवस्थाओं में कोई भी व्यक्ति लम्बे सार्वजनिक व राजनीतिक जीवन के उतार-चढ़ावों के अनुभव बिना ऊपर की तरफ नहीं बढ़ता है। अतः यह केवल भ्रांति ही है कि कार्यपालिका अनुभव रहित, अनभिज्ञ व नौसिखिये लोगों का संगठन है। कार्यपालिका में चोटी का पद तो केवल वही व्यक्ति प्राप्त कर पाता है जिसने वर्षों तक सार्वजनिक नेतृत्व किया हो और इस नेतृत्व की प्रक्रिया में वह समाज की कसौटी पर खरा उतरा हो। ऐसे अनुभवी, शक्तिशाली एवं प्रतिभा सम्पन्न व्यक्तित्व वाला कार्यपालक सभी प्रशासनिक समस्याओं को अपने सामान्य विवेक से समझ लेता है और उनके समाधान के लिए लोक सेवकों पर आश्रित नहीं रहता अपितु अवसरानुकूल निर्णय करके लोक सेवकों को उन निर्णयों को लागू करने का आदेश दे देता है। नेहरू, विन्सटन चर्चिल केनेडी, डिगाल, सरदार पटेल, नासिर, सुकार्णो, स्टालिन, यू नू और शेख मुजीब ऐसे व्यक्ति थे जिनसे सम्पूर्ण प्रशासन सतर्क व सचेत रहता था। कई कार्यपालक शक्तिशाली व्यक्तित्व के धनी नहीं होने पर भी अपनी लोकप्रियता के बल पर लोक सेवकों पर हावी रहते हैं। इस सम्बन्ध में यह बात भी ध्यान देने की है कि स्वविवेक से निर्णय करने का अधिकार तो केवल कार्यपालिका का ही होता है। अतः रेमजेम्यूर के इस मत से हम सहमत नहीं हो सकते कि नीति-निर्माण, निर्णय और उनके क्रियान्वयन में कार्यपालिका पर नौकरशाही का प्रभाव इतना अधिक रहता है कि कार्यपालकों को लोक सेवकों के हाथ की कठपुतली मात्र समझा जाना चाहिए।

कार्यपालिका व नौकरशाही का सम्बन्ध विकासशील राज्यों में अभी भी अस्तव्यस्त है। इन देशों में कार्यपालिका अध्यक्षों व मन्त्रिमण्डलों में साधारणतया ऐसे व्यक्ति पदासीन हो जाते हैं, जो राजनीतिक दांव-पेच व जोड़-तोड़ से अधिक अनुभव नहीं रखते हैं। इन्हीं देशों में नौकरशाही की स्थिति भी कुछ अच्छी नहीं होती है। उनकी भर्ती कड़ी योग्यता-परीक्षा के आधार पर नहीं हो पाती है। प्रशिक्षण की सुविधाओं व प्रशिक्षित व्यक्तियों के अभाव में नौकरशाही की स्थिति कार्यपालिका को नियन्त्रित करने से तो दूर प्रशासन को ठीक तरह से चलाने की भी नहीं होती है। अतः विकासशील राज्यों में कार्यपालिका व नौकरशाही के सम्बन्धो को लेकर सुनिश्चित निष्कर्ष यही निकाला जा सकता है कि इन देशों में हर जगह स्थिति भिन्न-भिन्न प्रकार की है, किन्तु इन देशों में अनेक देश ऐसे हैं जहां कार्यपालिका की अस्थिरता, विधायकों की सामान्य अनुभवहीनता के विपरीत साम्राज्यवादी काल में सुप्रशिक्षित प्रशासन की व्यवस्था हो जाने के कारण यही देश का वास्तविक शासन संचालन करते हुए पाए गए हैं। जहां आये दिन क्रान्तियां होती हैं, हर रोज कार्यपालक बदलते हैं, जहां राजनीतिक संस्थाएं व प्रक्रियाएं प्रवाह के दौर में हैं, वहां नौकरशाही ही राजनीतिक समाजों को सम्भाले रहती है, किन्तु यह हर देश में लागू होने वाली बात नहीं है। अनेक अफ्रीकी व एशियाई देश कई बार ऐसे दौरे से गुजर चुके हैं जहां कार्यपालिका व नौकरशाही दोनों ही राजनीतिक जोड़-तोड़ में पड़कर व्यवस्था की उथल-पुथल के कारण बने हैं। किन्तु यहां यह संक्रमण काल की अवस्था में स्वाभाविक माना जा सकता है। अब एशिया व अफ्रीका तथा अन्य नवोदित राज्यों में प्रशासक सुस्थिर व सुप्रशिक्षित किए जा रहे हैं तथा राजनीतिक नेतृत्व भी अधिक व्यस्त नहीं रहा है। इससे कार्यपालिका व नौकरशाही के स्थायी प्रतिमान विकसित होने की सम्भावनाएं बढ़ गई हैं।

विकासशील राज्यों में नौकरशाहो को लेकर एक नया पहलू चर्चा का विषय बन गया है। अनेक देशों में राजनीतिक दृष्टि से प्रतिश्रुत (committed) नौकरशाही की मांग की जाने लगी है। हाल ही में कुछ लोगों ने यह विचार प्रकट किया है कि प्रशासक वर्ग कार्यपालिका की नीतियों एवं कार्यक्रमों से प्रतिश्रुत नहीं रहने के कारण वे इन कार्यक्रमों को सफल वनाने का पूरा-पूरा पर्याय नहीं करते हैं। उनके अनुसार अगर नौकरशाही प्रतिश्रुत हो तो सरकारी कार्यक्रमों के सफल होने की सम्भावना बढ़ जायेगी। साम्यवादी राज्यों में ऐसी ही नौकरशाही होती है, किन्तु उन राजनीतिक व्यवस्थाओं में जहां प्रतियोगी दल पद्धति के कारण सत्तारूढ़ राजनीतिक दल बदलते रहते हैं, प्रतिश्रुत नौकरशाही खतरनाक पेचीदगियां उत्पन्न कर सकती है। अतः इस सम्बन्ध में निश्चित विचार करना कठिन है। इस सम्वन्ध में अन्यत्र विस्तार से विवेचन किया गया है इसलिए यहां हम किसी प्रकार के निष्कर्ष का प्रयास नहीं करेंगे।

राजनीतिक कार्यपालिका व नौकरशाही के सम्बन्धों के इस विवेचन से चार बातें स्पष्ट हो जाती हैं। इनका पारस्परिक सम्बन्ध इन बातों से इस या उस प्रकार का हो सकता है। प्रथमतः इनका आपसी सम्बन्ध कार्यपालिका की प्रकृति द्वारा प्रभावित रहता है। अध्यक्षात्मक व संसदीय कार्यपालिकाओं के उदाहरण से यह स्पष्ट है। दूसरी बात, दल प्रणाली

की प्रकृति से सम्बन्धित है। द्विदलीय, बहुदलीय या एकदलीय प्रधान पद्धति में नौकरशाही व कार्यपालिका का सम्बन्ध भिन्न-भिन्न हो जाता है। इन दोनों के सम्बन्धों का तीसरा निर्धारक, राजनीतिक निर्णय-प्रक्रिया की संरचनाओं की प्रकृति है। जिन देशों में इनके प्रतिमान सुस्थिर व सुनिश्चित होते हैं वहां कार्यपालिका व नौकरशाही का सम्बन्ध भी विशेष प्रकार का हो जाता है। राजनीतिक कार्यपालिका व लोक सेवकों के सम्बन्धों का चौथा नियामक नौकरशाही की प्रतिश्रुतता या उसका अभाव है। इन तथ्यों के अलावा भी अनेक ऐसी परिस्थितियां व स्थितियां हो सकती हैं, जिससे कार्यपालिका अध्यक्ष व नौकरशाही का सम्बन्ध प्रभावित रह सकता है। उदाहरण के लिए, किसी सैनिक तानाशाह के कार्यपालिका अध्यक्ष पद पर आ जाने से नौकरशाही व कार्यपालिका का सम्बन्ध अचानक उलट सकता है।

नौकरशाही व कार्यपालकों के पारस्परिक सम्बन्धों को लेकर ऊपर जो कुछ लिखा गया है उससे अनेक विद्वानों का मतभेद हो सकता है। यहां स्थान के अभाव में कई बिन्दुओं पर विस्तार से चर्चा करना सम्भव नहीं होने के कारण शंकाओं की काफी गुंजाइश रह गई है। किन्तु इस बात से सब सहमत होंगे कि कार्यपालिका अपने व्यवहार व कार्यों में स्थायी व लोक सेवकों अर्थात नौकरशाही के द्वारा एक अंश तक नियन्त्रित, सीमित और मार्गदर्शन प्राप्त करती रहती है।[19] यह तथ्य हर प्रकार की राजनीतिक व्यवस्था के बारे में स्वीकार किया जाता है। राजनीतिक प्रक्रियाओं की बढ़ती हुई पेचीदगियां लोक सेवकों विशेषकर चोटी के पदाधिकारियों को राजनीतिक निर्णय-प्रक्रिया में अधिकाधिक हस्तक्षेप का अवसर प्रदान करती जा रही है। प्रशासकों की नीति विकल्पों को संरचित करने की योग्यता, विशेष प्रकार के निर्णयों के लिए बाध्य करने की क्षमता, जिन निर्णयों व नीतियों को वे पसन्द नहीं करते उनको नकारने या विफल करने की निपुणता, सर्वव्यापक प्रवृत्ति बन गई है। अतः कार्यपालिका ही नहीं व्यवस्थापिका भी अपनी वास्तविक शासन शक्ति, राजनीतिक व्यवस्था के सेवकों—नौकरशाही, को हथियाने से रोकने में असमर्थ होती जा रही है।

कार्यपालिका और व्यवस्थापिका
(EXECUTIVE AND LEGISLATURE)

पिछले अध्याय में कार्यपालिका व व्यवस्थापिका के आपसी सम्बन्धों का विस्तार से विवेचन किया गया है। अतः यहां इतना ही कहना पर्याप्त रहेगा कि कार्यपालिका व व्यवस्थापिका के बीच शक्ति सन्तुलन कार्यपालिका की तरफ झुकता जा रहा है। सरकारों की प्रकृति अलग-अलग राज्यों में भिन्न-भिन्न प्रकार की होती है, किन्तु रचनात्मक या सकारात्मक सरकार को तो क्रियाशील रहना ही पड़ता है। चाहे राज्य लोक कल्याणकारी, समाजवादी या पूंजीवादी हो इन सब में सकारात्मक सरकारों को अप्रत्याशित व

[19]Joseph La Palombara, *op. cit.*, p. 228.

अभूतपूर्व पैमाने पर निर्णय लेने होते हैं। यह सर्वमान्य सत्य है कि हर देश की कार्यपालिकाएं कल जितने कार्य करती थीं उनसे आज कहीं अधिक कार्य करने लगी हैं। यह बढ़े हुए कार्य अच्छे हैं या बुरे, इस विवाद में न पड़ें तो यह बात माननी पड़ेगी कि कार्यपालिकाओं के निर्णयों की मात्रा व क्षेत्र अत्यधिक बढ़ गए हैं। सरकार के कार्यों में वृद्धि से विधान मण्डल के कार्य भी बढ़े हैं पर कुल मिलाकर शक्ति केन्द्र व्यवस्थापिका से कार्यपालिका की तरफ खिसक गया है। सेमुअल हण्टिंगटन का तो कहना है कि व्यवस्थापिकाओं ने स्वयं ही विधि निर्माण तथा काफी व्यवस्थापन कार्य कार्यपालिका को दे दिए हैं। अमरीका की कांग्रेस (व्यवस्थापिका) की चर्चा करते हुए उसने लिखा है कि कांग्रेस के सदस्यों की क्षेत्रीय अभिवृत्ति के कारण वे राष्ट्रीय और अन्तर्राष्ट्रीय समस्याओं का समाधान करने में अक्षम हो जाते हैं।[20] ला पालोम्बारा का कहना है कि हण्टिंगटन ने जो अमरीका की कांग्रेस के बारे में कहा है वह दुनिया के अधिकांश राष्ट्रीय विधान मण्डलों के लिए भी सही है। अतः कार्यपालिका व व्यवस्थापिका में पारस्परिक शक्ति-संतुलन, कार्यपालिका के पक्ष में जा रहा है।

कार्यपालिका की संरचना ही ऐसी होती है कि वह वृहत्तर, अधिक पेचीदा तथा व्यापकतम समस्याओं से निपटने की, व्यवस्थापिका की तुलना में श्रेष्ठतर क्षमता व योग्यता रखती है। व्यवस्थापिकाओं में दलगतता से कहीं अधिक अपने निर्वाचन क्षेत्र के पोषण की चिन्ता से विधायक महत्त्वपूर्ण प्रश्नों से हट से जाते हैं। इससे कार्यपालिका को प्रभुत्व स्थापित करने का अवसर मिल जाता है।

कार्यपालिका सम्बन्धी विवेचन के अन्त में यह कहना उपयुक्त होगा कि आज विवाद कार्यपालिका-व्यवस्थापिका के सापेक्ष महत्त्व का नहीं रह गया है। यह दोनों तो राजनीतिक दलों के माध्यम से संयुक्त व सहयोगी हो जाते हैं। रिचार्ड न्यूस्टेड्ट ने यह प्रश्न उठाया है कि "आज वास्तविक शक्ति संघर्ष मुख्य कार्यपालक व व्यवस्थापिका के बीच न होकर यथार्थ में राजनीतिक नेताओं और नौकरशाही के बीच है।"[21] पीटर ड्रकर भी इसी तरह की चिन्ता व्यक्त करते हुए लिखता है कि "सब से संगीन समस्या यह है कि व्यवस्थापिका और कार्यपालिका समान रूप से सरकार का नियन्त्रण स्थायी नौकरशाही के हाथों में खोती जा रही हैं।"[22] ए० एच० ब्राउन ने कार्यपालिका की वर्तमान अवस्था का विश्लेषण करते हुए तर्कसंगत बात कही है। इसके अनुसार "अगर और कुछ भी न देखें तो भी सरकार का आकार और क्षेत्र यह अर्थ स्पष्ट करता लगता है कि मुख्य कार्यपालक, व्यवस्थापिकाओं की तरह ही आज बहुत कार्य करता है, किन्तु सरकार पर उसकी पकड़ बहुत कम हो गयी है।"[23] लोक प्रशासन की बढ़ती पेचीदगियों व शासन कार्यों में

[20] S. Huntington, *Congressional Responses to the Twentieth Century*, New Jersey, Prentice Hall, 1969, p. 7.

[21] Richard Neustdt, "Politicians and Bureaucrats," in D. B. Truman (Ed.), *The Congress and America's Future*, New Jersey, Prentice Hall, 1965, p. 102.

[22] P. F. Drucker, *The Age of Discontinuity*, New York, Harper and Row, 1969, p. 34.

[23] A. H. Brown, *Prime Ministerial Power*, Public Law, Spring 1968, p. 28.

अत्यधिक वृद्धि के कारण कार्यपालिका शासन भार से दबती जा रही है और उसका भार हल्का करने का संस्थागत साधन नौकरशाही के अलावा और कोई नहीं रखता है। अतः नौकरशाही का प्रभाव जहां-तहां अधिक रहने लगा है, परन्तु अन्ततः नौकरशाही सब प्रभावों व दबावों के बावजूद रहती केवल सेविका ही है। कार्यपालिका के पास अपनी शक्ति होती है जबकि नौकरशाही के पास यह परिस्थितिवश ही आती है। यही कारण है कि आज कार्यपालिका को ही 'सरकार' कहा जाने लगा है।

अध्याय 16

न्यायपालिका
(Judiciary)

प्रारम्भिक मानव समाज के उदय के साथ ही 'राजनीतिक शक्ति' को जन्म देने वाली परिस्थितियां भी प्रस्तुत हुई तथा सम्भवतया इसी शक्ति के प्रयोग से आदिकालीन मानव समाज में कुछ व्यवस्था व स्थिरता की स्थापना हुई। अतः राजनीतिक शक्ति का हर समाज में आरम्भ से ही महत्त्व स्थापित हो गया। कालान्तर में यह शक्ति अवपीड़क व बाध्यकारी बनकर अन्य सभी प्रकार की शक्तियों की नियन्त्रक व उनकी सीमा निर्धारक बन गई। इससे इसके उपयोग और दुरुपयोग के मार्ग खुल गए। राजनीतिक शक्ति की सर्वोपरिता इसमें दुरुपयोग की ओर भी सम्भावनाएं निहित कर देती है। राज्य, जो इस शक्ति का प्रतीक है, कहीं अपने आप में साध्य नहीं बन जाए, तथा राज्य की शक्ति को व्यवहार में प्रयुक्त करने वाली सरकार या शासक, स्वेच्छाचारी बनकर उन सब मूल्यों व उद्देश्यों की अवहेलना नहीं करें, जिनकी प्राप्ति के लिए, मनुष्य ने राजनीतिक सत्ता की सृष्टि की ओर इसके अवपीड़क (coercive) बन्धन स्वीकार किये, इसके लिए यह आवश्यक है कि शासकों व सरकार को अनियन्त्रित व सीमित रखा जाए। कोई भी शासक जो बाध्यकारी शक्ति से युक्त हो, वह इसी शक्ति के प्रयोग से व्यक्ति की स्वतन्त्रता का हनन व अन्त भी कर सकता है। व्यक्तित्व के विकास में व्यक्ति की स्वतन्त्रता ही आधारभूत होती है। इसकी समाप्ति मानव-व्यक्तित्व को कुंठित करती है। इसलिए, एक तरफ तो मनुष्य ने राज्य की सर्वोपरिता स्वीकार की तथा दूसरी तरफ, उसकी अभिव्यक्तक सरकार पर प्रभावशाली नियन्त्रणों की व्यवस्था भी की जिससे शासक, व्यक्ति की स्वतन्त्रता की व्यवस्था व सुरक्षा के लिए आगे बढ़ सके और साथ ही इसके हनन के प्रलोभन से रोका जा सके। यही कारण है कि प्राचीन काल से ही शासकों को विधियों, प्रक्रियात्मक सुरक्षाओं व संतुलनात्मक शक्तियों के माध्यम से नियन्त्रित और प्रतिबन्धित किया जाता रहा है।

शासकों को शक्तियों के दुरुपयोग से रोकने के लिए सामान्यतया तीन व्यवस्थाएं अपनाई जाती हैं। प्रथम व्यवस्था, शक्तियों को संविधान द्वारा निर्धारित व सुनिश्चित करने की है, जिससे सरकारें संवैधानिक नियमों के अनुसार ही शक्ति प्रयोग करें। दूसरी व्यवस्था, शक्तियों को शक्तियों की नियन्त्रक व संतुलक बनाने की है, जिससे कोई भी शासन अंग शक्ति के दुरुपयोग में दूसरे अंग द्वारा रोका जा सके। तीसरी व्यवस्था, एक पृथक, स्वतन्त्र व निष्पक्ष न्यायपालिका की स्थापना करने की है। यह व्यवस्था अन्य दो सुरक्षा व्यवस्थाओं की पूरक और इनको व्यवहार में शक्ति नियंत्रक के रूप में रखने की है।

इसी भूमिका के कारण न्यायपालिका राजनीतिक व्यवस्था में नागरिक की रक्षक हो जाती है। उदारवादी लोकतन्त्रीय सिद्धान्त ने अति शक्तिशाली राज्य से नागरिक को बचाने की जरूरत पर सदा ही विशेष बल दिया है। अत: लोकतान्त्रिक राजनीतिक व्यवस्थाओं में न्यायपालिका की स्वतन्त्रता में वृद्धि और न्यायिक निर्णयों की स्वीकृति के लिए आदर और विश्वास की भावना पैदा करने के लिए न्यायिक प्रक्रिया की निष्पक्षता पर बहुत बल दिया जाता है। परिणामस्वरूप कई राजनीतिक प्रणालियों में न्यायपालिका की स्वतन्त्रता व निष्पक्षता को राजनीतिक स्थिरता का आवश्यक पहलू तक माना जाता है। इसी कारण, कुछ उदारवादी लोकतन्त्रीय शासनों में प्रशासकीय न्यायालयों और अर्द्ध-न्यायिक प्रशासकीय अधिकरणों (quasi-judicial administrative tribunals) के विकास को देखकर बेचैनी पैदा होने लगी है, क्योंकि इनके विकास को विधि के शासन (rule of law) के प्रतिकूल समझा जाता है।

न्यायपालिका राजनीतिक प्रक्रिया का एक ऐसा अंग है जो 'सरकार' के हाथों में राजनीतिक शक्ति के अत्यधिक केन्द्रीकरण की रोकथाम और 'लोकतन्त्र की धांधलियों' या बहुमत के निरंकुश शासन से जनता को बचाने की व्यवस्था करती है। इसी कारण न्यायाधीश और न्यायालय समग्र राजनीतिक प्रक्रिया के महत्त्वपूर्ण पहलू माने जाते हैं। न्यायपालिका सरकार का तीसरा प्रमुख अंग है। व्यवस्थापिका राज्य की इच्छा की अभिव्यक्ति कानूनों के रूप में करती है और कार्यपालिका इनको कार्य रूप देती है तथा न्यायपालिका इन कानूनों की व्याख्या करने और इनका उल्लंघन करने वालों को दण्डित करने का कार्य करती है। इस प्रकार सरकार के अंगों में न्यायपालिका का महत्त्वपूर्ण स्थान रहता है। लोकतान्त्रिक शासन-व्यवस्थाएं तो स्वतन्त्र और निष्पक्ष न्यायपालिका के मजबूत स्तम्भ पर ही स्थिर रहती हैं। नागरिकों की स्वतन्त्रता की रक्षा न्यायपालिका के अलावा अन्य संस्थागत संरचना के द्वारा नहीं हो सकने के कारण, इनका महत्त्व कम से कम जनसाधारण के लिए तो अत्यधिक ही रहता है।

सामाजिक जीवन को नियन्त्रित करने के लिए कानून ही सबसे महत्त्वपूर्ण साधन है और इन कानूनों के अनुसार न्याय करने का कार्य न्यायपालिका का ही है। न्यायपालिका केवल नागरिकों के बीच उठने वाले विवादों का ही निर्णय नहीं करती है, अपितु यह उन मुकदमों का फैसला भी करती है जो नागरिकों व राज्य के बीच के विवादों से उत्पन्न होते हैं। अत: न्यायपालिका का प्रमुख काम यह देखना है कि राजकीय आदेशों (कानूनों) का पालन सर्वत्र व सबके द्वारा ठीक ढंग से हो रहा है या नहीं। आधुनिक राजनीतिक व्यवस्थाओं में न्यायपालिका का स्थान इतना महत्त्वपूर्ण बन गया है कि अनेक विचारक इसको राजनीतिक प्रक्रिया के अभिन्न अंग से अधिक एक आधारभूत स्तम्भ मानते हैं। लॉर्ड ब्राइस ने इस सम्बन्ध में ठीक ही लिखा है कि "न्यायपालिका राज्य के लिए एक आवश्यकता ही नहीं है, अपितु उसकी क्षमता से बढ़कर सरकार की उत्तमता की कोई कसौटी ही नहीं है।"[1] राजनीतिक व्यवस्थाओं में न्यायपालिका की भूमिका व महत्त्व को

[1]James Bryce, *Modern Democracies*, Vol. II, London, Macmillan, 1924, p. 384.

समझने के लिए इसका अर्थ व परिभाषा का समझना जरूरी है।

न्यायपालिका का अर्थ व परिभाषा
(THE MEANING AND DEFINITION OF JUDICIARY)

अरस्तू के समय से ही न्यायपालिका को सरकारी तन्त्र का आधारभूत अंग माना जाता है। सामान्यतया इस बात पर सभी सहमत हैं कि न्यायिक शक्ति की राजनीतिक व्यवस्थाओं में विशेष भूमिका रहे। इसी कारण, प्राचीन समय से इस बात पर आम सहमति रही है कि न्यायिक शक्ति को विशेषकर इस शक्ति को क्रियान्वित करने वाले व्यक्तियों को राजनीतिक सत्ता के अन्य पहलुओं से पृथक रखा जाए, क्योंकि न्यायपालिका को पृथक रखने से व्यक्ति को यह आश्वासन सा मिल जाता है कि उसकी समस्या को निष्पक्षता व स्वतन्त्रता से परखा गया है। इस प्रकार, न्यायिक व्यवस्था का हर राजनीतिक समाज में अस्तित्व व महत्त्व होता है। इसका अर्थ व परिभाषा इसके महत्त्व व भूमिका को अच्छी तरह समझने में सहायक होंगे। अतः न्यायपालिका की परिभाषा करना आवश्यक प्रतीत होता है।

साधारण अर्थ में कानूनों की व्याख्या करने व उनका उल्लंघन करने वाले व्यक्तियों को दण्डित करने की संस्थागत व्यवस्था को न्यायपालिका कहा जाता है। यह उन व्यक्तियों का समूह है जिन्हें कानून के अनुसार समाज के विवादों को हल करने का अधिकार प्राप्त रहता है। इस अर्थ में न्यायपालिका सरकार का एक विशिष्ट अंग है जिसको कानूनों का पालन कराने के लिए विशेष अधिकार प्राप्त रहते हैं। लास्की ने न्यायपालिका की परिभाषा करते हुए लिखा है : "एक राज्य की न्यायपालिका, अधिकारियों के ऐसे समूह के रूप में परिभाषित की जा सकती है, जिनका कार्य, राज्य के किसी कानून विशेष के उल्लंघन या तोड़ने सम्बन्धी शिकायत, जो विभिन्न लोगों के बीच या नागरिकों व राज्य के बीच एक दूसरे के विरुद्ध होती है, का समाधान व फैसला करना है।"[2] इस तरह न्यायपालिका, न्यायिक प्रक्रिया की संरचनात्मक व्यवस्था है। वाल्टन एच० हेमिल्टन ने कहा है कि न्यायिक प्रक्रिया न्यायाधीशों के द्वारा मुकदमों का निर्णय करने की मानसिक प्रविधि को कहा जाता है।[3] यह व्यवस्थित कानूनी लड़ाई के लिए की गई व्यवस्था के अन्तर्गत जांच करने का तरीका है। यह हमेशा मुकदमे के फैसले के बिन्दु की तरफ संकेन्द्रित होने की प्रवृत्ति रखती है।[4] इस तरह न्यायपालिका, न्यायिक प्रक्रिया की संरचित व्यवस्था के रूप में, समाज के स्थापित कानून को लेकर उठने वाले विवादों का समाधान करने का

[2] Harold J. Laski, *Encyclopaedia of the Social Sciences*, Vol. VII-VIII, New York, Macmillan, 1954, p. 464.

[3] Walton H. Hamilton, *Encyclopaedia of the Social Sciences*, Vol. VII-VIII, New York, Macmillan, 1954, p. 450.

[4] Peter H. Merkl, *Modern Comparative Politics*, New York, Holt, Rinehart and Winston, Inc., 1970. p. 439.

संस्थागत यन्त्र है। न्यायपालिका के अर्थ व परिभाषा के बाद इसके महत्त्व व भूमिका को समझने के लिए इसके संगठन व कार्यों का उल्लेख करना आवश्यक है, क्योंकि न्यायपालिकाओं की भूमिका व महत्त्व का इनके संगठन से गहरा सम्बन्ध है।

न्यायपालिका का संगठन
(ORGANIZATION OF JUDICIARY)

आधुनिक न्यायपालिकाओं का संगठन, राजनीतिक संस्कृतियों की भिन्नता, राष्ट्रीय ऐतिहासिक परम्परा, राजनीतिक व्यवस्था की प्रकृति तथा अन्य परिस्थितियों में अन्तरों के कारण हर देश में कुछ भिन्नता लिए हुए होता है। उदाहरण के लिए, संघात्मक शासन-व्यवस्थाओं में न्यायपालिकाओं का संगठन, एकात्मक राज्यों में इनके संगठन से अनिवार्यतः भिन्न प्रकार का हो ऐसी बात तो नहीं होती, किन्तु फिर भी संगठन में कुछ भिन्नता अवश्य पाई जाती है। इसी प्रकार, न्यायिक व्यवस्था का संगठन साम्यवादी और स्वेच्छाचारी राजनीतिक व्यवस्थाओं में भी अलग-अलग प्रकार का होता है। अतः न्यायिक व्यवस्था के संगठन का सभी देशों में एक-सा ढांचा या प्रतिमान न होकर उनकी विविधतायुक्त संरचनाएं ही देखने को मिलती हैं। न्यायालय व्यवस्था की संगठनात्मकता हर देश की कानून व्यवस्था द्वारा भी निर्धारित होती है। संविधान की प्रकृति के द्वारा भी विधिक प्रक्रिया का निरूपण होता है। अतः बारीकी से देखने पर हर देश की न्यायालय व्यवस्था व विधिक प्रक्रिया भिन्न-भिन्न प्रकार की ही दिखाई देती है, किन्तु इन भिन्नताओं के बावजूद कुछ ऐसी संगठनात्मक समानताएं हैं जो हर देश में थोड़े बहुत मात्रात्मक अन्तरों के साथ पाई जाती हैं। अतः सभी देशों के न्यायालयों के संगठन में निम्नलिखित विशेषताएं कम या अधिक मात्रा में अवश्य पाई जाती हैं।

'पिरामिडी' संरचना (Pyramid-like Structure)

विधिक संरचनाओं में कई कारकों के अनुसार अन्तर होते हैं, किन्तु संगठन के सम्बन्ध में एक सिद्धान्त सर्वत्र प्रचलित है। हर देश में न्यायपालिका का संगठन एक ऐसी श्रृंखला के रूप में किया जाता है जिसमें नीचे के स्तर के न्यायालयों के ऊपर इनका दूसरा स्तर तथा उसके ऊपर सर्वोपरि सर्वोच्च न्यायालय होता है। इनका संगठन 'पिरामिड' की तरह का होता है। सबसे नीचे के स्तर के न्यायालयों की संख्या काफी होती है तथा द्वितीय स्तर के न्यायालय उनकी संख्या में कम होते हैं तथा हर-देश का सर्वोच्च न्यायालय एक ही होता है। इस तरह, न्यायिक संरचना में ज्यों-ज्यों आधार से शीर्ष की तरफ बढ़ते जाते हैं त्यों-त्यों न्यायालयों की संख्या कम होती जाती है जो अन्ततः एक ही सर्वोच्च न्यायालय के शीर्ष में खत्म होती है।

विधिक संरचना के बारे में उपरोक्त विलक्षणता हर राजनीतिक व्यवस्था में अनिवार्यतः पाई जाती है। सर्वाधिकारी व स्वेच्छाचारी शासनों में न्यायपालिकाओं की शक्तियां महत्त्वपूर्ण प्रतिबन्धों से युक्त होती हैं, किन्तु वहां भी संगठन की दृष्टि से

उपरोक्त प्रतिमान अपनाने के अलावा और कोई विकल्प नहीं है। संघात्मक शासन प्रणालियों में दोहरी विधिक संरचनाओं की स्थापना की प्रथा है। संघीय न्यायालय व राज्य स्तरीय न्यायालय अलग-अलग बनाए जाते हैं, परन्तु हर संघीय स्तर व राज्य स्तर के न्यायालय का संरचना प्रतिमान पिरामिड की तरह का ही होता है। हर राज्य में न्यायालयों के संगठन का यह लक्षण सर्वव्यापक है। फ्रांस व पश्चिमी जर्मनी में दोहरे प्रकार के न्यायालयों—प्रशासकीय न्यायालयों व सामान्य न्यायालयों, की व्यवस्था है, किन्तु इनके संगठन का सिद्धान्त भी मोटे रूप से यही है। इसी तरह, आधुनिक राजनीतिक प्रणालियों में प्रशासकीय न्यायालयों की तरह अर्द्ध-न्यायिक प्रशासकीय अधिकरणों (quasi-judicial administrative tribunals) का अधिकाधिक उदय हो रहा है, इसमें भी संरचना की दृष्टि से यही विशेषता परिलक्षित होती है अर्थात अर्द्ध-न्यायिक प्रशासकीय अधिकरणों में भी सामान्यतया अपील करने के लिए नीचे के अधिकरण के ऊपर श्रेष्ठतर व उच्चतर अधिकरण की स्थापना की जाती है। वैसे भी इन अधिकरणों को देश की सामान्य विधिक प्रक्रिया का भाग नहीं माना जा सकता। यह विशेष प्रशासकीय प्रश्नों पर विशेष दृष्टिकोण से निर्णय देने के लिए संगठित किये जाते हैं जो स्थायी भी हो सकते हैं व केवल कार्य विशेष के सम्पन्न होने के साथ ही समाप्त भी हो सकते हैं।

उच्चतम न्यायालय में पीठ व्यवस्था (The Bench System in the Highest Court)

लोकतान्त्रिक राजनीतिक व्यवस्था में न्यायपालिका का संगठन इस तरह से किया जाता है कि नागरिकों को न केवल न्याय मिल सके अपितु ऐसा न्याय मिले जिसमें मानवीय गलती (human error) की कम से कम गुंजाइश रहे। जिन न्यायालयों को अन्तिम निर्णय देने का अधिकार होता है, उनमें निर्णय प्रक्रिया का कार्य केवल एक न्यायाधीश द्वारा सम्पन्न होने पर निर्णय मानवीय गलती का शिकार हो सकता है। इससे बचाव के लिए तथा श्रेष्ठतम निर्णय सम्भव बनाने के लिए उच्चतम न्यायालयों में बेंच-व्यवस्था का प्रावधान रहता है। वाल्टन एच० हेमिल्टन ने इसकी उपयोगिता व आवश्यकता पर प्रकाश डालते हुए लिखा है कि "उचित विचार-विमर्श की पक्की व्यवस्था करने व विद्वत्तायुक्त निर्णय सम्भव बनाने के लिए मुकदमें न्यायाधीशों की बेंच के निर्णयार्थ रखे जाते हैं।[5] हर न्यायाधीश विचाराधीन मुकदमे पर अपना स्वतंत्र दृष्टिकोण रखते हुए निर्णय करता है और बेंच के विभिन्न न्यायाधीशों में विचार विभेद की अवस्था में बहुमत से फैसला दिया जाता है। इसका मुकदमे के फैसले पर तो गहरा प्रभाव पड़ता ही है, किन्तु इससे भी महत्त्वपूर्ण प्रभाव मुकदमे से सम्बन्धित पक्षों पर पड़ता है। केवल यह बात कि उच्चतम न्यायालय की बेंच का हर न्यायाधीश जांच करने, अपने लिए बोलने व निर्णय देने की स्वतन्त्रता रखता है, वकीलों, मुकदमें से सम्बन्धित पक्षों और सामान्य जनता को यह आश्वासन देने में सहायता करता है कि हर मुकदमे से सम्बन्धित

[5]Walton H. Hamilton, *op. cit.*, p. 454.

तथ्यों व मसलों पर खुले व स्वतन्त्र ढंग से विचार हुआ है। इससे जनता न केवल इस बात से आश्वस्त रहती है कि उसकी शिकायतों की उचित सुनवाई होती है, अपितु उसको यह भी विश्वास रहता है कि मानवीय दुर्बलताओं के प्रभावों को अन्तिम फैसलों में कम से कम करने की ठोस व्यवस्था है।

ऐसा माना जाता है कि केवल एक व्यक्ति के द्वारा किये गये निर्णय के मुकाबले में दो या दो से अधिक व्यक्तियों द्वारा किया गया निर्णय अधिक उपयुक्त होता है। इस धारणा के पीछे यह तथ्य रहता है कि गलती करना मानवीय लक्षण है (To Err is Human) तथा इससे बचाव व्यवस्था के लिए निर्णय प्रक्रिया में एक से अधिक व्यक्तियों को सम्मिलित करना ही ऐसी गलती से बचने का एकमात्र साधन है। अतः देश की उच्चतम न्यायालयों में अधिकांशतः अनेक न्यायाधीशों की व्यवस्था की जाती है। हर मुकदमे की सुनवाई में उच्चतम न्यायालय 'बेंच' के रूप में बैठता है। बेंच में न्यायाधीशों की संख्या मुकदमे के महत्त्व पर निर्भर करती है। संविधान व राजनीतिक व्यवस्था के आधारभूत प्रश्नों से सम्बन्धित मुकदमों की सुनवाई में साधारणतया सभी न्यायाधीशों की बेंच गठित की जाती है। उदाहरण के लिए, भारत में अनेक संवैधानिक प्रश्नों से सम्बन्धित मुकदमों की सुनवाई में सर्वोच्च न्यायालय के सभी न्यायाधीशों की पूरी बेंच के द्वारा सुनवाई की जाती रही है। गोलकनाथ, शंकरी प्रसाद, सज्जनसिंह इत्यादि से सम्बन्धित मुकदमों में ऐसी ही बेंच ने सुनवाई की थी। अतः हर लोकतान्त्रिक राज्य में सर्वोच्च न्यायालय के द्वारा मुकदमों की सुनवाई के लिए पीठ या बेंच व्यवस्था रहती है। तानाशाही व्यवस्थाओं में सामान्यतया न्यायपालिका दिखाने के लिए ही होती है किन्तु उन देशों में भी उच्चतम न्यायालय में ऐसी ही बेंच व्यवस्था के प्रयोग का प्रचलन रहता है। सैनिक शासनों में सैनिक अदालतों का प्रचलन होता है और आम तौर पर सैनिक अधिकरण भी बहु-सदस्यीय ही होते हैं।

लोकतान्त्रिक शासनों में अर्द्ध-न्यायिक जांच आयोगों की स्थापना का प्रचलन बढ़ता जा रहा है। महत्त्वपूर्ण मसलों पर जांच करने के लिए स्थापित किये जाने वाले आयोग सामान्यतः दो-तीन सदस्य ही होते हैं। अन्तर्राष्ट्रीय स्तर पर संयुक्त राष्ट्र संघ का अन्तर्राष्ट्रीय न्यायालय भी बेंच व्यवस्था के माध्यम से कार्य करता है। अतः न्यायालयों के संगठनों में उच्चतम न्यायालय में बहुसंख्यक न्यायाधीश होते हैं जो बेंच पद्धति से ही उच्चतम न्यायालय के रूप में कार्य करते हैं। यहां यह ध्यान रखना जरूरी है कि बेंच व्यवस्था नीचे के न्यायालयों के लिए न आवश्यक है और न ही सम्भव है, क्योंकि इन न्यायालयों में हुई मानवीय गलती, पक्षपात या अन्य प्रकार की त्रुटि के सुधार की व्यवस्था ऊपर के न्यायालयों में अपील के साधन से हर व्यक्ति को सुलभ रहती है। यही कारण है कि नीचे के न्यायालयों में मुकदमों की सुनवाई अनेक देशों में केवल एक ही न्यायाधीश करता है पर कहीं-कहीं नीचे के न्यायालयों में भी एक से अधिक न्यायाधीशों द्वारा मुकदमों की सुनवाई करने की प्रथा है।

सामान्य और प्रशासकीय न्यायालय व्यवस्था (General and Administrative Court Systems)

अनेक राजनीतिक व्यवस्थाओं में यह माना जाता है कि नागारक, नागरिक के रूप में तथा प्रशासकीय अधिकारी के रूप में अलग-अलग भूमिका रखता है। अतः इन दो प्रकार की अवस्थाओं को एक-सी मानकर दोनों प्रकार के व्यक्तियों को एक-से कानून व एक-सी विधिक प्रक्रिया के अन्तर्गत रखना तर्कसंगत नहीं है। इसलिए अनेक देशों में सामान्य जनता के पारस्परिक झगड़ों के निर्णय के लिए अलग प्रकार के न्यायालयों की व्यवस्था की जाती है तथा जनता और सरकार के बीच के मुकदमों के निर्णय के लिए अलग प्रकार के न्यायालय बनाए जाते हैं। प्रथम प्रकार के न्यायालयों को सामान्य न्यायालय (General Courts) तथा द्वितीय प्रकार के न्यायालयों को प्रशासकीय न्यायालय (Administrative Courts) कहते हैं। इस प्रकार की व्यवस्था फ्रांस तथा पश्चिमी जर्मनी में पाई जाती है। इन देशों में सामान्य न्यायालयों के समानान्तर सर्वत्र प्रशासकीय न्यायालय भी स्थापित हैं।

जिन राज्यों में केवल सामान्य न्यायालयों की व्यवस्था होती है उनको सामान्य विधि राज्य (Common Law States) तथा जहां प्रशासकीय न्यायालय होते हैं उनको विशेषाधिकार युक्त राज्य (Prerogative States) कहा जाता है। विशेषाधिकार युक्त राज्यों में सामान्य विधि का शासन लागू नहीं होकर एक बिशेष प्रकार की विधि राज्य के कर्मचारियों की उनके शासकीय कर्तव्यों के निष्पादन में रक्षा करती है। इस विधि को प्रशासनिक विधि कहा जाता है। इस प्रकार की व्यवस्था के अन्तर्गत दो प्रकार के न्यायालय, कानून व विधिक प्रक्रियाएं होती हैं। जैसा कि हमने ऊपर के पैराग्राफ में लिखा है कि एक तो वह विधि जो नागरिकों के पारस्परिक सम्बन्धों तथा व्यवहार पर लागू होती है और दूसरी वह जो नागरिकों व राजकर्मचारियों के मामलों पर लागू होती है। इस प्रकार की दोहरी न्याय व्यवस्था की कुछ विधिशास्त्रियों ने कड़ी आलोचना की है। "विशेषतः अंग्रेज विधिशास्त्रियों के मतानुसार यह व्यवस्था वैयक्तिक स्वतन्त्रता तथा लोकतन्त्रवाद के विरुद्ध है, क्योंकि राज्य की स्थिति भी एक व्यक्ति जैसी ही होने के कारण उसके विरुद्ध चलाये जाने वाले मुकदमे भी सामान्य न्यायालयों में ही चलने चाहिए और उन राजकीय कर्मचारियों की स्थिति, जिनके विरुद्ध अभियोग लगाया जाता है, साधारण व्यक्तियों से भिन्न तथा ऊंची नहीं समझी जानी चाहिए।" फ्रांस में प्रशासनिक विधि के कुप्रभावों की चर्चा करते हुए सी० एफ० स्ट्रांग ने लिखा है "फ्रांस में सार्वजनिक तथा निजी विधि में अन्तर है और न्यायपालिका पर विधि के इस विभाजन का प्रभाव यह हुआ कि सामान्य न्यायालय शासन के प्रशासकीय विभागों के कार्यों से उत्पन्न मामलों में कार्यवाही करने के लिए सक्षम नहीं है, चाहे वे मामले राजकीय कर्मचारियों के अधिकारों और दायित्वों के बारे में हों या ऐसे कर्मचारियों के साथ सम्बन्धों के प्रसंग में नागरिक के अधिकारों या दायित्वों के बारे में हों। यह प्रणाली प्रशासन को स्वयं अपने आचरण का

स्वच्छन्द निर्णायक बनाती है।"[6] किन्तु इस व्यवस्था के समर्थकों का कहना है कि प्रशासकीय न्यायालयों की व्यवस्था साधारण व्यक्तियों की हीनता तथा सरकारी कर्मचारियों की उत्कृष्टता पर आधारित नहीं है। उनके अनुसार इस व्यवस्था द्वारा न्याय में बड़ी सहायता मिलती है तथा साधारण व्यक्ति की स्वतन्त्रता की सुरक्षा भी बनी रहती है।

न्यायपालिकाओं के संगठन में सामान्य और प्रशासकीय न्यायालय व्यवस्था के पक्ष में आगे के पृष्ठों में विस्तार से विचार करेंगे इसलिए यहां इतना ही कहना पर्याप्त होगा कि न्यायालयों का संगठन सामान्यतया इस तरह किया जाता है जिससे कानून के सामने सब व्यक्ति समान हों तथा उनकी स्थिति विशेष का विधिक प्रक्रिया पर कोई प्रभाव नहीं पड़ने पाये। इस प्रकार की न्यायालय व्यवस्था ही अधिकतर प्रचलित है। भारत, श्रीलंका, ब्रिटेन, कनाडा इत्यादि अधिकांश लोकतान्त्रिक शासनों में केवल सामान्य न्यायालय ही होते हैं। लोकतन्त्र व्यवस्था के लिए यह आवश्यक माना जाता है कि विधि का शासन हो जिसमें हर व्यक्ति एक सी विधि व एक से न्यायालयों में एक सी विधिक प्रक्रिया द्वारा न्याय प्राप्त कर सके।

न्यायालयों के संगठनों में कोई सुनिश्चित प्रतिमान स्थापित नहीं हो सका है। उपरोक्त विशेषताएं भी इसी तरह हर न्यायपालिका के बारे में खरी नहीं उतरती हैं किन्तु इनकी संरचना हर राजनीतिक व्यवस्था में पिरामिड के समान ही होती है जिसका आधार राज्य में फैले हुए अनेक छोटे-छोटे न्यायालय होते हैं तथा जो उनसे ऊपर के बड़े न्यायालयों तथा उच्च न्यायालयों के रूप में ऊपर उठते-उठते सर्वोच्च न्यायालय रूपी चोटी के न्यायालय तक पहुंच जाते हैं। उदाहरण के लिए, भारत में न्यायालय व्यवस्था के संगठन में सबसे नीचे के न्यायालय न्याय पंचायतों के रूप में कुछ राज्यों में स्थापित हैं। अगर न्याय पंचायतों को आधारभूत न्यायिक संस्थाएं मानें तो यह हर गांव में या कुछ गांवों में मिलाकर एक-एक होती है। इनसे ऊपर मुन्सिफ न्यायालय होते हैं जिनकी संख्या एक प्रशासकीय जिले में पांच से पन्द्रह तक हो सकती है। इसके ऊपर तीसरे स्तर पर जिला व सत्र न्यायालय (District and Sessions Court) होता है। इसकी संख्या एक जिले में एक या एक से अधिक होती है। चौथे स्तर पर उच्च न्यायालय होते हैं। यह हर राज्य में एक व कभी-कभी दो राज्यों के लिए एक भी हो सकता है। सबसे ऊपर, पिरामिड के शीर्ष पर एक सर्वोच्च न्यायालय होता है। यह सारे देश के लिए एक ही होता है। भारत में न्यायपालिका संगठन को इस प्रकार चित्र 16.1 के द्वारा समझा जा सकता है।

विशेषीकृत न्यायालय व्यवस्था (Specialized Court Systems)

कुछ देशों में न्यायालयों का संगठन विशेषीकरण के आधार पर किया जाता है। कुछ

[6]C. F. Strong, *Modern Political Constitutions*, 8th (Ed.), London, Sidgwick and Jackson, 1972, p. 276.

विधिक पद्धतियों में विशेषीकरण पर अत्यधिक बल दिया जाता है। पश्चिम जर्मनी में दीवानी और फौजदारी मामलों के नियमित न्यायालय होते हैं, किन्तु प्रशासकीय न्यायालय इनसे पृथक होते हैं। इसी तरह, यहां अलग से संवैधानिक न्यायालय की भी व्यवस्था है। इसी प्रकार पश्चिम जर्मनी में नियमित, प्रशासनिक और संवैधानिक तीन प्रकार के न्यायालय हैं। इनकी पृथक-पृथक व्यवस्था के पीछे मुख्य मन्तव्य यह है कि यह तीन प्रकार के मामले मौलिक दृष्टि से भिन्नता रखते हैं। अतः इन पर निर्णय की व्यवस्था भी विशेष अधिकरणों के सुपुर्द की जानी चाहिए। कुछ राज्यों में तो दीवानी और फौज-

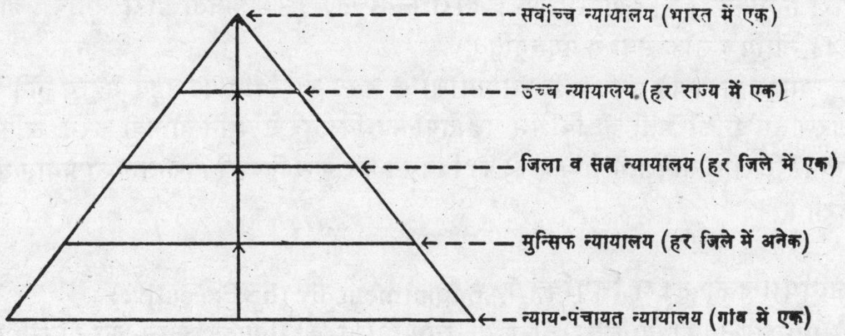

चित्र 16.1 भारत में न्यायपालिका का संगठन चित्र

दारी मामलों के लिए भी पृथक-पृथक न्यायालय स्थापित किये जाते हैं। उदाहरणतः भारत में सामान्य न्यायालय जिले के स्तर पर दो प्रकार के होते हैं। दीवानी तथा फौज-दारी न्यायालयों में भेद है और दीवानी के मुकदमे केवल दीवानी न्यायालयों में ही सुनवाई के लिए आते हैं और यही बात फौजदारी मुकदमों के सम्बन्ध में सही है। ब्रिटेन में पृथक प्रशासकीय तथा संवैधानिक न्यायालय नहीं होते हैं लेकिन वहां भी फ्रांस की तरह निम्नतम न्यायालयों के ऊपर पृथक दीवानी और फौजदारी न्यायालय होते हैं और अपील-के लिए अलग न्यायालय होते हैं। विशेषीकृत न्यायालय व्यवस्था का स्वेच्छाचारी शासन-व्यवस्थाओं में अधिक प्रयोग होता है। इनमें सामान्य न्यायालयों के स्थान पर केवल सैनिक अदालतों का ही गठन किया जाता है जो राजनीतिक अपराधियों के मुकदमों की सुनवाई के मुकदमों की सुनवाई का दिखावा करके निर्णय देते हैं। मौलिक अधिकारों के अभाव में सामान्य न्यायालय इन देशों में केवल नाम से ही होते हैं।

न्यायपालिका के संगठन की इन विशेषताओं का विवेचन यह स्पष्ट करता है कि न्यायपालिकाओं के संगठनों में राजनीतिक व्यवस्था की प्रकृति, विधिक पद्धति के रूप, कानूनी व्यवस्था और संविधान के प्रावधान महत्त्वपूर्ण नियामक होते हैं। इन विशेषताओं के विवेचन के बाद हम न्यायाधीशों की नियुक्ति, उनका कार्यकाल, उनको पद से हटाना तथा उनकी स्वतन्त्रता का विवेचन करेंगे।

न्यायाधीशों का चयन
(SELECTION OF JUDGES)

न्यायिक व्यवस्था में सबसे बड़ी समस्या न्यायाधीशों की भर्ती सम्बन्धी है। इनकी नियुक्ति की विधि इनकी स्वतन्त्रता तथा न्याय कार्य को प्रत्यक्ष रूप से प्रभावित करती है। इसलिए इनकी नियुक्ति को लेकर विभिन्न राज्यों में विभिन्न पद्धतियां प्रयुक्त की जाती रही हैं। अधिकांश राज्यों में इनकी नियुक्ति के सम्बन्ध में थोड़े हेर-फेर के साथ निम्नलिखित विधियों में से कोई एक पद्धति प्रयुक्त होती है—(1) कार्यपालिका द्वारा नियुक्ति, (2) व्यवस्थापिका द्वारा निर्वाचन, (3) जनता द्वारा चुनाव, और (4) न्यायिक लोक सेवा से पदोन्नति।

न्यायपालिका की संरचना में न्यायाधीशों के चयन की विधि का बहुत महत्त्व होने के कारण हम इनकी भर्ती की विभिन्न पद्धतियों का विस्तार से वर्णन ही नहीं करेंगे, अपितु इन पद्धतियों के सापेक्ष गुणों व दोषों का विवेचन कर कुछ निष्कर्ष निकालने का प्रयास भी करेंगे।

कार्यपालिका द्वारा नियुक्ति (Appointment by the Executive)

साधारणतः कार्यपालिका द्वारा ही न्यायाधीशों को नियुक्त करने का ही अधिक प्रचलन है। इस पद्धति के अन्तर्गत योग्यता के आधार पर न्यायाधीशों की नियुक्ति शासन विभाग द्वारा होती है। न्यायपालिका में न्यायाधीशों की नियुक्ति नीचे के न्यायालयों के स्तर पर विशेष कठिनाई उत्पन्न नहीं करती है। इस स्तर के न्यायिक कार्मिकों (personnel) की नियुक्ति किसी निश्चित योग्यता की परीक्षा में उत्तीर्ण होने पर ही होती है। प्रारम्भिक नियुक्ति के बाद इन न्यायालयों के कार्मिकों की योग्यता व सेवाकाल की अवधि के आधार पर पदोन्नति होती है। अतः यह नियुक्तियां विशेष कठिनाइयां उत्पन्न नहीं करती हैं।

नियुक्ति की वास्तविक समस्या उच्च तथा सर्वोच्च न्यायालयों के न्यायाधीशों के सम्बन्ध में ही उत्पन्न होती है। लास्की ने इन न्यायालयों के न्यायाधीशों को कार्यपालिका द्वारा नियुक्त करने को श्रेष्ठ बताया है बशर्ते कि इनको नियुक्त करने वाले उत्तरदायी ढंग से यह कार्य करें।[7] लास्की ने इस प्रकार की नियुक्ति में एक बहुत बड़ा खतरा यह माना है कि न्यायाधीशों की कार्यपालिका द्वारा नियुक्ति राजनीतिक दलबन्दी के प्रभाव से होने की सम्भावना व स्थिति उत्पन्न कर देती है। आधुनिक कार्यपालिका का आधार राजनीतिक दल होता है, अतः दलीय स्वार्थ एक तरफ करके न्यायाधीशों की नियुक्ति करना कार्यपालिका के लिए कठिन हो जाता है। इस अवस्था में, न्यायिक नियुक्ति के लिए योग्यता के स्थान पर अन्य बाहरी दलीय मन्तव्यों का आ जाना स्वाभाविक है। ऐसा विश्वास किया जाता है कि भारत के भूतपूर्व मुख्य न्यायाधीश रे की सर्वोच्च न्यायालय

[7]Harold J. Laski, *op. cit.*, p. 465.

के मुख्य न्यायाधीश के पद पर नियुक्ति में कुछ अंश तक दलीय बात आ गई थी। यद्यपि यहां इस प्रश्न से सम्बन्धित सभी पहलुओं पर विचार करना सम्भव नहीं है, फिर भी यह बात सही है कि अनेक विपक्षी नेताओं व राजनीतिशास्त्र के विद्वानो ने इस नियुक्ति को लेकर कुछ शंकाएं व्यक्त की थीं। वैसे कुमारामंगलम की पुस्तक **'दी ज्यूडिशियल अपोइन्टमेन्ट'** में व्यक्त विचार व तर्क सही लगते हैं तथा यह सारा विवाद विपक्ष और निहित स्वार्थ वाले व्यक्तियों द्वारा जानबूझ कर खड़ा किया लगता है।

किन्तु कार्यपालिका द्वारा न्यायाधीशों की नियुक्ति में राजनीतिक दलबन्दी के प्रभाव का खतरा अवश्य रहता है। इससे बचाव के लिए लास्की का सुझाव है कि कार्यपालिका द्वारा की गई नियुक्तियों की व्यवस्थापिका द्वारा पुष्टि का प्रावधान होना चाहिए।[8] अमरीका में ऐसी ही पुष्टि व्यवस्था प्रचलित है। अमरीका में सर्वोच्च न्यायालय के न्यायाधीशों की नियुक्ति राष्ट्रपति करता है तथा सीनेट इन नियुक्तियों की पुष्टि करता है। इस व्यवस्था के कारण अनेक बार राजनीतिक मन्तव्यों से प्रेरित नियुक्तियां रोक दी गई हैं। किन्तु इसका दुरुपयोग करने की सम्भावनाएं भी कम नहीं होती हैं। स्वयं लास्की यह स्वीकार करते हैं कि "इस पुष्टि पद्धति की अनेक कमजोरियां भी स्पष्ट हैं। इससे व्यवस्थापन पुष्टि में शुद्ध राजनीतिक दलबन्दी आ सकती है।" अतः कार्यपालिका द्वारा न्यायाधीशों की नियुक्ति की व्यवस्थापिका द्वारा पुष्टि राजनीतिक आधारों पर की गई नियुक्ति से बचाव व्यवस्था नहीं बन सकती है। निष्कर्ष रूप में यह कहा जा सकता है कि कार्यपालिका द्वारा न्यायाधीशों की नियुक्ति की कोई पुष्टि व्यवस्था वांछित है पर यह किस प्रकार व किसके द्वारा की जाए, अभी तक सुनिश्चित नहीं हो पाया है।

व्यवस्थापिका द्वारा निर्वाचन (Election by Legislatures)

कुछ राज्यों में उच्चतम न्यायालयों तथा नीचे के न्यायालयों के न्यायाधीशों को व्यवस्थापिका सभाओं के द्वारा निर्वाचित किया जाता है। रूस में नीचे के न्यायाधीशों को छोड़कर अन्य सभी न्यायालयों के न्यायाधीशों को सुप्रीम सोवियत (Supreme Soviet) के द्वारा एक निश्चित अवधि के लिए निर्वाचित किया जाता है। स्विटज़रलैण्ड में संघीय सभा (Federal Assembly), संघीय अधिकरण (Federal Tribunal) के न्यायाधीशों को छः वर्ष की अवधि के लिए निर्वाचित करती है। पश्चिम जर्मनी में भी संसद के दोनों सदन बारी-बारी से संघीय संवैधानिक न्यायालय के रिक्त स्थान चुनाव से भरते हैं। अमरीका के कुछ राज्यों में भी न्यायालयों के न्यायाधीशों को विधान मण्डलों द्वारा चुनने की व्यवस्था है। फ्रांस के संवैधानिक न्यायालय (constitutional court) के लिए--जिसे सही अर्थ में वास्तविक न्यायालय के तौर पर वर्गीकृत करना कठिन है लेकिन जिसे कानूनों की सांविधानिकता का परीक्षण करने की शक्ति प्राप्त है--न्यायाधीशों की भर्ती किए जाने का स्रोत नियमित तथा प्रशासकीय न्यायालयों से भिन्न है। इसके सदस्य पेशेवर न्यायाधीश नहीं होते बल्कि वे फ्रांसीसी गणतन्त्र के भूतपूर्व राष्ट्रपति

[8] *Ibid.*, p. 465.

होते हैं। उसके बाकी सदस्य राष्ट्रपति, राष्ट्रीय सभा और सीनेट द्वारा नौ वर्षों के लिए नियुक्त किए जाते हैं।

व्यवस्थापिका द्वारा निर्वाचित करने की पद्धति भी अनेक दोषों से युक्त मानी जाती है। इससे न्यायाधीश व्यवस्थापिका में गुटबन्दी के साथ जुड़ जाते हैं। अगर वे चुनाव के बाद ऐसा आचरण न भी करें तो भी उनको व्यवस्थापिकाई दल-गुटों के साथ गठबन्धित समझने की प्रवृत्ति से पूर्णतया मुक्त होना कठिन है। इससे सही ढंग से निष्पक्ष न्याय भी शंकाशील दृष्टि से देखा जाने लगता है। इस प्रकार की निर्वाचन पद्धति का 'मुख्य दोष यह है कि इसके अन्तर्गत न्यायाधीश प्रायः उस दल के लोग चुने जाते हैं, जिनका व्यवस्थापिका में बहुमत होता है। परिणामस्वरूप, न्यायाधीश यदि बहुमत दल के लोग न भी हों तो भी वे उस दल के समर्थक तो होते ही हैं। ऐसी दशा में न्यायाधीशों की नियुक्ति का आधार उनका कानूनी ज्ञान, निष्पक्षता अथवा उनकी योग्यता नहीं होती, वरन उसका आधार राजनीतिक दल के नेताओं की कृपा होती है। ऐसी दशा में न्यायाधीशों के दल-सम्बन्ध के कारण न्याय भी दलगत हो जाता है।

न्यायाधीशों की व्यवस्थापिका द्वारा नियुक्ति व्यवहार में कार्यपालिका द्वारा नियुक्त न्यायाधीशों की व्यवस्थापिका द्वारा पुष्टि के समान ही है। इस पद्धति द्वारा चयन करने में वे सब पेचीदगियां व दल-बन्दियां आ जाती हैं जो व्यवस्थापन पुष्टि में घुस जाती हैं। 'अमरीकी सर्वोच्च न्यायालय के न्यायाधीश सीनेट की सहमति से राष्ट्रपति द्वारा मनोनीत किए जाते हैं। जीवन भर के लिए होने वाला यह चयन संवैधानिक कार्यों वाले अन्य न्यायालयों की अपेक्षा राजनीतिक बातों से अधिक अन्तर्ग्रस्त होता है या यों कहें कि अन्यत्र मौजूद छिपाव-दुराव वाली कार्यविधियों की अपेक्षा संयुक्त राज्य में सर्वोच्च न्यायालय के छंटाव का यह पहलू अधिक प्रचार पा जाता है और जोर पकड़ लेता है। इस न्यायालय के सब न्यायाधीश नियुक्ति से पहले दृढ़तापूर्वक राजनीतिक प्रतिबद्धता रखते हैं। किस हद तक न्यायाधीश बनने की योग्यता वाले व्यक्ति चालू राजनीतिक मुद्दों में अन्तर्ग्रस्त रहते हैं, इसका अन्दाजा न्यायमूर्ति फोर्टास के स्थान पर नई नियुक्ति करने में 1969 और 1970 में राष्ट्रपति निक्सन के सामने आई कठिनाइयों से लगाया जा सकता है। राष्ट्रपति द्वारा मनोनीत हैंस्बर्थ और कार्स्वेल की सीनेट द्वारा अस्वीकृति हो गई थी। यह ध्यान देने की बात है कि बीसवीं शताब्दी में ये अस्वीकृतियां इस प्रकार की क्रमशः दूसरी और तीसरी अस्वीकृतियां थीं। तब निक्सन को बाध्य होकर मिनेसोटा राज्य के ब्लैकमन की ओर देखना पड़ा था, क्योंकि उसको हैंस्वर्थ और कार्स्वेल की अपेक्षा नागरिक अधिकारों सहित कई मुद्दों पर अधिक मध्यमार्गी माना जाता था। इस विवरण से स्पष्ट है कि न्यायाधीशों का व्यवस्थापिका द्वारा निर्वाचन या कार्यपालिका द्वारा मनोनीत व्यक्तियों की व्यवस्थापिका द्वारा पुष्टि, अनिवार्यतः दलबन्दी को आमन्त्रण देने का मार्ग तैयार करना है।

जनता द्वारा निर्वाचन (Popular Election)

लोकतान्त्रिक शासन-व्यवस्थाओं में शासन अंगों के निर्वाचन की व्यवस्था को लोक-

तान्त्रिक भावना के अनुरूप माना जाता है। इसलिए कई राज्यों में न्यायाधीशों के लोकप्रिय चुनाव की मांग की जाती है। कार्यपालिका व व्यवस्थापिका के कार्मिकों का जनता द्वारा निर्वाचन होता है तो फिर न्यायालयों के न्यायाधीशों का भी जनता द्वारा निर्वाचन होना लोकतन्त्र को अधिक वास्तविक बनाना होगा। इस प्रकार की पद्धति में सैद्धान्तिक ठोसता तो अवश्य है किन्तु व्यवहार में इसका प्रयोग अनेक कठिनाइयां उत्पन्न कर देता है। न्यायाधीशों का कार्य विशेष योग्यता वाले व्यक्तियों द्वारा ही निष्पादित हो सकता हैं। लास्की का कहना है कि "एक अच्छा न्यायाधीश बनाने के लिए जिन गुणों की जरूरत होती है उनकी पहचान व अच्छे-बुरे में अन्तर व्यापक व बिखरे हुए विविध मतदाताओं द्वारा हो ही नहीं सकता है।"[9] अतः आम चुनावों द्वारा निर्वाचित न्यायाधीश शायद ही वह विशिष्ट कार्य करने के योग्य हों जिसके लिए उनका चुनाव किया जाता है।

चुनावों में राजनीतिक दलबन्दियां होती हैं। अतः न्यायाधीशों का चुनाव भी प्रायः विधायकों के चुनावों के समान ही हो जाता है और चुनावों में विजयी होने के लिए सब प्रकार के हथकण्डे अपनाने के लिए न्यायाधीशों के प्रत्याशी भी मजबूर हो सकते है। इस विधि से न्यायाधीशों का चयन करने से उच्च न्यायालयों के न्यायाधीशों की प्रतिष्ठा, सम्मान तथा निष्पक्षता—तीनों ही नहीं रह पाएंगी। इसी तरह, निर्वाचन, न्यायपालिका को निर्वाचक-समूह या निर्वाचन को संचालित करने वाले विशिष्ट गुटों का अधिक अच्छा प्रतिनिधि बना देंगे। संयुक्त राज्य अमरीका के कुछ राज्यों में निम्न न्यायालयों के न्यायाधीशों का निर्वाचन उन्हें विशिष्ट राज्यों में चल रही राजनीतिक हवा के प्रति सजग बना देता है। इससे आम जनता की न्यायालयों से आस्था उठने का खतरा पैदा हो जाता है। अतः निर्वाचन द्वारा न्यायाधीशों की नियुक्ति अमरीका के कुछ राज्यों व स्विटज़रलैण्ड के कुछ केन्टनों में सफल रहते हुए भी राष्ट्रीय स्तर के उच्चतम न्यायालयों के लिए व्यावहारिक नहीं हो सकती है।

न्यायिक लोक सेवा से पदोन्नति या चयन (Selection or Promotion from Judicial Civil-Service)

लोकतान्त्रिक राज्यों में न्यायिक लोक सेवाओं की व्यवस्था स्वीकृत नमूना बन गई है। इन देशों में न्यायाधीश के पद पर विधि में विश्वविद्यालय की स्नातक उपाधि प्राप्त किए हुए और विधिक प्रशिक्षण की अवधि के अन्त में कठोर प्रतियोगितात्मक परीक्षा पास किए हुए व्यक्तियों की सरकार द्वारा नियुक्ति की जाती है। इस तरह की सेवा में आने वाले व्यक्तियों को जीवन में जल्दी ही न्यायिक वृत्ति (judicial career) चुन लेनी होती है। उन्हें अपनी स्वतन्त्रता व कार्यकाल की सुरक्षा प्राप्त रहती है। इन्हीं व्यक्तियों को धीरे-धीरे अनुभव व योग्यता के दोहरे मापदण्ड के आधार पर ऊपर के न्यायालयों में नियुक्त होने के लिए चुना जाता है। इस सम्बन्ध में लास्की ने लिखा है कि "न्यायिक

[9] Harold J. Laski, *op. cit.*, p. 466.

लोक सेवा व्यवस्था में अनेक अच्छाइयां हैं। जहां तक नीचे की प्रारम्भिक नियुक्तियों का सम्बन्ध है इससे नियुक्ति में पक्षपात से सुदृढ़ सुरक्षा प्राप्त हो जाती है।"[10] किन्तु लास्की ने इस प्रकार की न्यायिक लोक सेवा से उच्चतम न्यायालयों के लिए न्यायाधीशों की भर्ती की कुछ कमियों का उल्लेख भी किया है। इसके अनुसार न्यायिक लोक सेवा की पृथक संरचना होना मात्र ही न्यायाधीशों में वे लक्षण उत्पन्न करने में सहायक हो जाता हैं—(1) लोक सेवा से सम्बद्ध न्यायाधीश अपने दृष्टिकोण में रूढ़िवादी बन जाते हैं। (2) इनकी कार्य विधि अत्यधिक औपचारिक बन जाती है। (3) यह कानून के सारतत्त्व के बजाय उसके प्रक्रियात्मक पक्ष पर बल देने लग जाते हैं और (4) भर्ती व पदोन्नति आन्तरिक होने के कारण ऐसे व्यक्तियों की सेवाओं से वंचित रहना पड़ता है जो कानून की समस्याओं को, न्यायालयों से बाहर के सांसारिक ज्ञान व राजनीतिज्ञों की अन्तर्दृष्टि से देख व परख सकते हैं।

इन कारणों से न्यायिक लोक सेवा से निम्नतर स्तर के न्यायालयों में न्यायाधीशों की भर्ती तो उपयुक्त मानी जा सकती है किन्तु देश के उच्चतम न्यायालयों में न्यायाधीशों की भर्ती इन्हीं गिने-चुने 'तथाकथित' कानूनी ज्ञाताओं में से करना न्यायपालिका को 'कूपमन्डूकता' की अवस्था में धकेलना है। यही कारण है कि देश के सर्वोच्च न्यायालयों में न्यायाधीशों की भर्ती को व्यापकतम क्षेत्र में से सम्भव बनाने के लिए हर देश में व्यवस्थाएं रहती हैं।

अमरीका में सर्वोच्च न्यायालय के न्यायाधीश के पद पर नियुक्त होने वाले व्यक्ति के लिए अहर्ताएं (qualifications) निर्धारित नहीं हैं। इसी तरह, भारत के सर्वोच्च न्यायालय में कोई भी प्रख्यात विधि वेता (eminent jurist) न्यायाधीश के पद पर नियुक्त किया जा सकता है। इस सबसे एक ही निष्कर्ष निकलता है कि देश के उच्चतम न्यायालयों में केवल विधिवेत्ताओं का होना ही पर्याप्त नहीं है। चोटी के न्यायाधीश ऐसे हों जो समय, समाज व वातावरणी परिस्थितियों से बेखबर न हों और साथ ही कानूनी व राजनीतिक अन्तर्दृष्टि रखते हों। इतिहास इस बात का साक्षी है कि लम्बी अवधि तक न्यायिक लोक सेवा में कार्य करने के बाद जीवन के अन्तिम वर्षों में उच्चतम न्यायालयों में न्यायाधीशों के रूप में नियुक्त व्यक्ति इतने अधिक रूढ़िवादी हो जाते हैं कि शासन रूपी यन्त्र को कार्यपालिका व व्यवस्थापिका द्वारा सही दिशा में आगे बढ़ाने के सभी प्रयत्न विफल कर देते हैं। भारत में पिछली दो दशाब्दियों में सर्वोच्च न्यायालय शायद बहुत कुछ रूढ़िवादिता से ग्रस्त हो गया था, जिससे बचाव व्यवस्था करने के लिए संविधान में स्वर्ण सिंह समिति की सिफारिश के आधार पर महत्त्वपूर्ण संशोधन किए गए हैं।

न्यायाधीशों के चयन को लेकर सर्वसम्मत या सब कमियों से मुक्त विधि की खोज करना निरर्थक है। वर्तमान में कार्यपालिका द्वारा नियुक्ति को ही सर्वश्रेष्ठ विधि माना जाता है। अब तक का अनुभव भी इस प्रकार की नियुक्ति की उपयोगिता की पुष्टि

[10] *Ibid.*, p. 167.

करता है। इस सम्बन्ध में कार्यपालिका अपनी शक्ति का दुरुपयोग नहीं करें इसके लिए सुरक्षा व्यवस्था करना उपयोगी हो सकता है। कार्यपालिका द्वारा की गई नियुक्तियों को एक ऐसे सलाहकार मण्डल द्वारा नियन्त्रित किया जाए जिसके सदस्य न केवल राजनीतिक रंग के हों और न ही जो शुद्ध पेशेवर तत्त्वों द्वारा आच्छादित हो जाएं। संख्या में यह छोटी संस्था होनी चाहिए तथा किसी नियुक्ति पर कार्यपालिका से मतभेद होने पर उन मतभेदों के कारणों को प्रकट कर देने की प्रथा हो जिससे सब यह जान सकें कि किसी नियुक्ति विशेष की इस सलाहकार मण्डल ने पुष्टि क्यों नहीं की है? इस प्रकार की सलाहकार या पुष्टि संस्था लम्बे कार्यकाल की हो तथा कार्यपालिका के परिवर्तन के साथ यह परिवर्तित नहीं हो। इस प्रकार की व्यवस्था, कार्यपालिका को सचेत व सजग रखेगी और न्यायाधीशों की नियुक्तियां राजनीतिक दलबन्दियों से मुक्त रखी जा सकेंगी। इस प्रकार के सलाहकार मण्डल में देश के गणमान्य व्यक्ति होने के कारण वे नियुक्तियों से सम्बन्धित सभी पहलुओं पर विचार करने में सक्षम ही नहीं होंगे, अपितु राजनीतिक दलबन्दी को नियुक्तियों में प्रवेश नहीं लेने देने की ठोस व्यवस्था बन जाएंगे। इस प्रकार के सलाहकार मण्डलों का औपचारिक प्रयोग तो सामान्यतया नहीं होता है, किन्तु अनौपचारिक ढंग से सर्वत्र ही ऐसी प्रथाओं का प्रचलन है।

न्यायाधीशों का कार्यकाल
(TENURE OF JUDGES)

न्यायाधीशों के अवकाश ग्रहण की उम्र का प्रश्न अत्यन्त पेचीदा है। सामान्यतया उच्चतम न्यायालयों में न्यायाधीश वृद्ध अवस्था वाले ही होते हैं। उदाहरण के लिए, ब्रिटेन की वर्तमान प्रीवी परिषद् की न्यायिक समिति के सदस्यों की औसत उम्र पचहत्तर वर्ष पाई गई है। अमरीका के सर्वोच्च न्यायालय के न्यायाधीश भी परिपक्व उम्र के ही होते हैं। अन्यत्र भी सर्वोच्च न्यायालयों में न्यायाधीश अधिक उम्र के ही होते हैं। उम्र के सम्बन्ध में यह कहना बहुत गलत नहीं होगा कि दुनिया के सभी राज्यों में जहां सुस्थिर न्यायालय व्यवस्थाएं हैं, उच्चतम न्यायालयों के न्यायाधीश साठ वर्ष के आस-पास इन पदों पर नियुक्त हो पाते हैं। इससे दो प्रश्न उठ खड़े होते हैं जो एक-दूसरे के विरुद्ध नहीं तो कम से कम बेमेल अवश्य लगते हैं। पहली समस्या न्यायाधीशों के अनुभव की है। उनके विशिष्ट ज्ञान व लम्बे अनुभव से लाभ उठाते रहने के लिए, न्यायाधीशों का वृद्धावस्था में भी कार्यरत रहना आवश्यक माना जाता है। न्यायाधीश पदों पर प्रख्यात विधिवेत्ता ही नियुक्त होते हैं तथा इनकी संख्या बहुत सीमित होने के कारण उनको निश्चित अवधि के बाद अवकाश दे देना, उनकी विद्वत्ता, ज्ञान, विधिक प्रक्रिया में अन्तर्दृष्टि तथा अनुभव के लाभ से देश को वंचित करना हो जाता है।

अवकाश की उम्र की 'ऊंची सीमा' दूसरी गम्भीर समस्या उत्पन्न कर देती है। ऐसा कहा जाता है कि लम्बी अवधि तक न्यायिक पेशे में रहने के कारण न्यायाधीशों की अभिवृत्तियां अलग प्रकार की बन जाती हैं। ऐसे व्यक्ति या इसके अलावा समाज से अन्य

विधि-वेत्ताओं को वृद्धावस्था में उच्चतम न्यायाधीशों के पदों पर नियुक्त करने से देश की उच्चतम "न्यायपालिका रूढ़िवादी लोगों का गढ़ बन जाती है। लास्की ने ठीक ही कहा है कि 'न्यायाधीश अधिकतर वृद्ध व्यक्ति होते हैं जिनका नई पीढ़ी के विचारों से सम्पर्क टूट जाता है।'[11] इससे न्यायाधीश कई बार प्रगति के साधक नहीं रहकर इसके बाधक बन जाते हैं। अमरीका की न्यायपालिका को एक राष्ट्रपति ने तो 'घोड़े के युग का अवशेष' तक कहा है। अनेक विद्वान यह मानते हैं कि न्यायपालिका कभी भी समकालीन संस्था नहीं रह सकती है, क्योंकि इसमें पुराने ख्यालों से ओत-प्रोत न्यायाधीश ऐसी उम्र में पदासीन होते हैं जब चारों तरफ चलने वाली नई राजनीतिक हवा का उन पर प्रभाव नहीं हो पाता है। इस दशाब्दी में भारत के सर्वोच्च न्यायालय के न्यायाधीशों के बारे में भी इसी तरह के आरोप लगाए गए हैं।

न्यायाधीशों के कार्यकाल की ऊंची सीमा के कारण ही उनके रूढ़िवादी दृष्टिकोण और जमाने से उनकी बेमेलता को नहीं समझा जा सकता है। वास्तव में न्यायाधीशों की भर्ती का वर्ग भी इस प्रकार की अभिवृत्ति का प्रेरक होता है। ऊंचे पदों पर नियुक्त होने वाले न्यायाधीश अधिकांश देशों में उच्च-वर्ग-विशेष से ही आते रहे हैं। इसका कारण पक्षपात-पूर्ण नियुक्ति नहीं है, अपितु शिक्षा, प्रशिक्षण की विशेष सुविधाओं के कारण, ऐसी नियुक्तियों के लिए वे ही सर्वश्रेष्ठ विधि-वेत्ताओं के रूप में उपलब्ध होते हैं। इससे न्यायाधीशों की भर्ती का वर्ग ही रूढ़िवादिता वाला होने से न्यायाधीश भी रूढ़िवादी हो तो कोई आश्चर्यकारी बात नहीं होगी। अतः न्यायाधीशों के कार्यकाल के सम्बन्ध में अत्यधिक मतभेद व अनेक पेचीदगियां अभी भी बनी हुई हैं। वैसे उनके कार्यकाल को लेकर दो विचारधाराएं प्रचलित हैं।

एक विचार के अनुसार न्यायाधीश किसी निश्चित अवधि के लिए ही नियुक्त किए जाने चाहिए। इस अवधि के पूरा होने पर न्यायाधीशों को अवकाश दे दिया जाना चाहिए। इस विचार के समर्थकों का तर्क है कि इससे न्यायालय रूढ़िवादिता का गढ़ नहीं बनेगा। इससे अन्य विशिष्ट व अद्भुत योग्यता वाले विधि-वेत्ताओं को नियुक्ति प्राप्त करने का अवसर मिलेगा। न्यायपालिका में नये खून के प्रवेश से इसकी सजीवता बनी रहेगी तथा यह समाज व राजनीतिक जीवन की बदलती हवा से अवगत रहेगी। भारत, बर्मा, पाकिस्तान, श्रीलंका, इन्डोनेशिया, बंगला देश जैसे अनेक देशों में न्याया-धीशों का कार्यकाल निश्चित होता है। एक निश्चित उम्र प्राप्त कर लेने पर न्यायाधीशों को अवकाश दे देने का प्रचलन करीब-करीब सभी 'तीसरे विश्व' व साम्यवादी राजनीतिक व्यवस्थाओं में है। इन देशों में तेजी से बदलते समाजों के अनुरूप ही न्यायपालिका बनी रहे इसके लिए निश्चित अवधि वाला कार्यकाल प्रतिमान ही लोकप्रिय है।

दूसरी प्रकार की प्रथा यह है कि न्यायाधीश नियुक्त होने के बाद उस समय तक अपने पद पर कार्य करते रहें, जब तक वे शारीरिक एवं बौद्धिक रूप से कार्य करने के योग्य बने रहते हैं। दूसरी प्रथा भी कुछ विकसित राज्यों में प्रचलित है, किन्तु इस सम्बन्ध में

[11] *Ibid.*, p. 467.

डाक्टर इकबाल नारायण के इस कथन से सहमत होना कठिन है कि 'प्राय: सर्वत्र न्यायाधीश स्थायी रूप से नियुक्त किए जाते हैं और वे तब तक अपने स्थान पर कार्य करते हैं, जब तक वे शारीरिक और बौद्धिक रूप से कार्य करने योग्य बने रहते हैं।'[12] यह प्रथा केवल अमरीका, ब्रिटेन व अन्य पश्चिमी राज्यों में ही पाई जाती है। विकासशील राज्यों में इस प्रथा को पूर्णतया त्याग दिया गया है या जहां कहीं यह साम्राज्यवादी अवशेष के रूप में अभी भी प्रचलित है वहां भी इसको छोड़ने की मांग बढ़ रही है। "इस प्रथा के प्रचलन का कारण यह है कि अधिक समय तक कार्य करने के कारण एक ओर तो न्यायाधीश अपने कार्य का अनुभव प्राप्त करके अधिक कुशल बन जाते हैं तथा दूसरी ओर एक बार नियुक्त हो जाने के बाद फिर वे प्राय: जीवन भर के लिए इस बात से निश्चित हो जाते हैं कि उन्हें फिर नियुक्ति के लिए किसी की कृपा का पात्र नहीं बनना पड़ेगा। अपनी आजीविका की सुरक्षा तथा अधिक समय के अनुभव से प्राप्त कुशलता के कारण वे न्याय कार्य अधिक क्षमता, निष्पक्षता तथा निर्भीकता से करते हैं।"

न्यायाधीशों के कार्यकाल सम्बन्धी दोनों दृष्टिकोणों में अच्छाइयां व कमियां हैं। कुशल तथा अनुभवी व्यक्ति को जो सब प्रकार की परिस्थितियों व परिवर्तनों के प्रति सचेत हो, महज इसलिए समाज व न्यायपालिका से अलग नहीं कर देना चाहिए कि वह निश्चित उम्र का हो गया है। इसी तरह, स्वयं न्यायाधीश को ही, स्वयं की कार्य करने की क्षमता व समर्थता का एक मात्र निर्णायक बना देना भी अधिक तर्कसंगत नहीं लगता है। अत: इस सम्बन्ध में एक मध्यमार्गी दृष्टिकोण अपनाना अधिक उपयुक्त रहेगा अर्थात उच्चतम न्यायालयों के न्यायाधीशों के अवकाश ग्रहण करने की अवधि या उम्र निश्चित होनी चाहिए। यह न अधिक ऊंची हो और न ही बहुत नीची रखी जानी चाहिए। उदाहरण के लिए, पैंसठ वर्ष की आयु उपयुक्त मानी जा सकती है। किन्तु इस उम्र में भी अगर कोई न्यायाधीश अद्भुत प्रतिभा का प्रदर्शन करता हो या किसी न्यायाधीश की न्यायालय में इस उम्र के बाद भी आवश्यकता होने पर ऐसे न्यायाधीश को एक वर्ष या दो वर्ष का एक बार में 'एक्सटेन्शन' दिया जा सकता है। इसके लिए, कार्यपालिका द्वारा नियुक्ति में जो सलाहकार मण्डल हो उसकी सिफारिश से ही कालावधि में बढ़ोतरी की जानी चाहिए। इससे दोनों ही प्रकार की व्यवस्थाओं के लाभ मिल सकेंगे तथा न्यायाधीशों की स्वतन्त्रता, निष्पक्षता व कार्यदक्षता पर भी कोई आंच नहीं आएगी। आवश्यकता पड़ने पर यह कार्यकाल में वृद्धि न्यायाधीश विशेष के मामले में कई बार की जाकर ऐसे व्यक्ति की सेवाओं का लम्बे समय तक लाभ प्राप्त किया जा सकता है।

न्यायाधीशों को पद से हटाना
(REMOVAL OF THE JUDGES)

न्यायाधीशों का, विशेषकर उच्चतम न्यायालयों से सम्बन्धित न्यायाधीशों का कार्य व

[12] Iqbal Narain, *op. cit.*, p. 284.

भूमिका अत्यन्त महत्त्व की होती है। उनका लम्बा कार्यकाल या जीवनपर्यन्त पद पर रहने की व्यवस्था के कारण अगर उनके द्वारा अपने अधिकारों का दुरुपयोग हो तो क्या सुरक्षा व्यवस्था होनी चाहिए ? किन्तु न्यायाधीशों को हटाने की व्यवस्था भी ऐसी होनी चाहिए जिससे उनको केवल सही अर्थों में शक्तियों के दुरुपयोग करने पर ही हटाया जाए। राजनीतिक व्यवस्थाओं में बदलते दलीय गठबन्धनों या दल राजनीति के कारण उनको हटाने से सुरक्षा करना भी अनिवार्य है। अन्यथा, न्यायाधीश निष्पक्ष तथा स्वतन्त्रता-पूर्वक कार्य ही नहीं कर सकेंगे। यही बात ध्यान में रखकर न्यायाधीशों को पद से हटाने की व्यवस्था को न केवल जटिल वरन उसको व्यवस्थापिकाओं से सम्बन्धित किया जाता है। उच्च पदों पर नियुक्त न्यायाधीशों को पद से हटाने के लिए उनके विरुद्ध महाभियोग लगाया जाता है। महाभियोग राज्य की व्यवस्थापिका द्वारा लगाया जाता है। इस सम्बन्ध में प्राय: यह व्यवस्था होती है कि व्यवस्थापिका के एक सदन द्वारा महाभियोग लगाया जाता है तथा दूसरा सदन उसकी सुनवाई करता है। इस सुनवाई में सम्बन्धित न्यायाधीश अपना पक्ष भी रख सकता है। आरोपों का जवाब दे सकता है तथा इसके बाद सुनवाई करने वाला सदन या दोनों सदन मिलकर सामान्य बहुमत या विशेष बहुमत से निर्णय करते हैं। महाभियोग प्रस्ताव को आवश्यक बहुमत मिलने पर न्यायाधीश को नियुक्त करने वाला अधिकारी उसको अपदस्थ कर देता है।

जिन राज्यों में न्यायाधीशों की नियुक्ति व्यवस्थापिका या जनता द्वारा निर्वाचन से होती है वहां भी अनेक राज्यों में न्यायाधीशों को हटाने की उपरोक्त प्रक्रिया ही प्रयुक्त होती है, किन्तु अन्य विधियां भी प्रचलित हैं। निष्कर्ष में यही कहा जा सकता है कि न्यायाधीशों को व्यवस्थापिका के प्रस्ताव के द्वारा हटाने की विधि ही श्रेष्ठ है। इससे न्यायाधीशों द्वारा निर्भीक, निष्पक्ष तथा स्वतन्त्रतापूर्वक निर्णय करने की परिस्थितियां बनी रह पाती हैं। भारत, अमरीका, इंगलैण्ड, कनाडा, आस्ट्रेलिया इत्यादि अनेक देशों में इसी विधि से न्यायाधीशों को पद से हटाया जाता है।

न्यायपालिका की स्वतन्त्रता
(INDEPENDENCE OF JUDICIARY)

न्यायालयों को विशेष प्रकार से संगठित करने, न्यायाधीशों की नियुक्ति की तथा उनको पद से हटाने की जटिल संवैधानिक प्रक्रियाएं और उनका लम्बा या जीवनपर्यन्ती कार्यकाल केवल एक उद्देश्य से प्रेरित रहता है। इन सबकी विशेष व्यवस्था का ध्येय न्यायपालिका को कार्यपालिका व व्यवस्थापिका के अनावश्यक दबावों से मुक्त रखकर उनके द्वारा स्वतन्त्रतापूर्वक निर्णय दिए जा सकें इसकी ठोस व्यवस्था करना है। न्याय-पालिका की निष्पक्षता का विशेष महत्त्व होता है। न्यायपालिका राजनीतिक प्रक्रिया का एक ऐसा अंग है जो 'सरकार' के हाथों में राजनीतिक शक्ति के अत्यधिक केन्द्रीकरण की रोकथाम और राजनीतिक दलों की धांधलियों या बहुमत के निरंकुश शासन से जनता को बचाने की व्यवस्था करती है। अत: लोकतान्त्रिक राजनीतिक व्यवस्थाओं में न्यायपालिका

की स्वतन्त्रता में वृद्धि और न्यायिक निर्णयों की स्वीकृति के लिए आदर और विश्वास की भावना पैदा करने के लिए न्यायिक प्रक्रिया की निष्पक्षता पर बहुत बल दिया जाता है। न्यायपालिका की स्वतन्त्रता व निष्पक्षता, राजनीतिक स्थिरता का आवश्यक पहलू होती है। जिस समाज में नागरिकों को सरकार से निष्पक्ष न्याय मिलने की आशा नहीं रहती है तो विद्रोह का मार्ग ही न्याय प्राप्त करने के लिए शेष माना जाता है। अतः न्यायपालिका की स्वतन्त्रता व लोकतान्त्रिक व्यवस्थाओं की स्थिरता में घनिष्ठ सम्बन्ध माना जाने लगा है। जब कभी समाज के बड़े भाग को सामान्य न्याय नहीं मिलता है तो ऐसे समाज में संघर्ष की परिस्थितियां उत्पन्न हो जाती हैं जो अन्ततः लोकतान्त्रिक ताने-बाने को उखाड़ फेंकने का मार्ग तैयार कर सकती हैं। अतः स्वतन्त्र व निष्पक्ष न्यायपालिका लोकतान्त्रिक समाज में व्यक्तियों को जोड़ने व समाज में एकता लाने वाली सीमेन्ट (cement) है जिससे राजनीतिक व्यवस्था राजनीतिक दलबन्दी के खिंचावों व तनावों से युक्त होने पर भी ठोसता-युक्त रह पाती है। न्यायपालिका की स्वतन्त्रता व निष्पक्षता से राजनीतिक खेल को नियमों के अनुसार खिलाने के लिए 'रेफ्री' या 'अम्पायर' की व्यवस्था हो जाती है। इसके अभाव में जनता की राजनीतिक खेल से आस्था ही हट जाती है और राजनीतिक व्यवस्था के टूटने का मार्ग तैयार होने लगता है।

न्यायपालिका की स्वतन्त्रता के सम्बन्ध में सी० एफ० स्ट्रांग ने इस प्रकार लिखा है—"न्यायपालिका की स्वतन्त्रता का अर्थ है कि न्यायाधीशों में भ्रष्टाचार नहीं होना चाहिए और उन पर विधान मण्डल तथा कार्यकारिणी का नियन्त्रण नहीं होना चाहिए। शक्ति पृथक्करण के सिद्धान्त का व्यापक रूप में तात्पर्य केवल यही है कि शासन की कार्यपालिका, व्यवस्थापिका और न्यायपालिका ये तीनों शक्तियां पृथक-पृथक अधिकारियों के पास रहेंगी। आधुनिक दशाओं में पूर्ण पृथक्करण के विचार को व्यावहारिक रूप देना असम्भव है, क्योंकि संवैधानिक सरकार का कार्य-कलाप इतना जटिल होता है कि प्रत्येक विभाग के क्षेत्र का ऐसी रीति से निरूपण नहीं हो सकता कि प्रत्येक विभाग अपनी विशिष्ट सीमा में स्वतन्त्र व सर्वोच्च रह सके।'[13] परिवर्तित परिस्थितियों में यह बात कार्यपालिका व व्यवस्थापिका के सम्बन्ध में तो अनावश्यक हो गई है परन्तु न्यायपालिका की स्थिति कुछ विलक्षण होती है। इसका कार्य भी कुछ विशिष्ट-सा होता है। ऐसे विशिष्ट कार्यों के निष्पादन में न्यायपालिका की स्वतन्त्रता से ही निष्पक्षता सम्भव हो सकती है। इसलिए ही यह संविधानवाद का एक मूल सूत्र है कि न्यायपालिका को स्वयं अपने विभाग में बाहरी नियन्त्रणों से मुक्त रखा जाता है। इसी कारण, अधिकांश संवैधानिक राज्यों में न्यायाधीशों का कार्यकाल स्थायी होता है। भारत और अमरीका दोनों ही में न्यायाधीश सदाचारी बने रहने तक पद धारण करने के अधिकारी हैं, किन्तु अमरीका में कार्यकाल जीवनपर्यन्त रहता है जबकि भारत में अवकाश ग्रहण करने की निश्चित अवधि निर्धारित की गई है। इन्हें स्वतन्त्र रखने के लिए ही इनको पद से हटाने की व्यवस्था महाभियोग लगाकर ही हटाने की है। इसका तात्पर्य है कि न्यायाधीशों को

[13]C. F. Strong, *op. cit.*, p. 277.

हटाने का अधिकार कार्यपालिका के हाथों में नहीं रखा जाता है। महाभियोग केवल व्यवस्थापिका ही लगा सकती है।

इस तरह 'अधिकांश संवैधानिक राज्यों में जनता के अन्तिम अधिकार दोहरे रूप में सुरक्षित रहते हैं क्योंकि उन न्यायाधीशों की नियुक्ति, जिनके ऊपर अधिकारों की सुरक्षा अन्ततः अधिकांशतः अवलम्बित है, उस प्रक्रिया द्वारा नहीं होती जिसमें लोकतन्त्र की कुख्यात चंचलता प्रभावशील रहती है, और चूंकि उनका कार्यकाल सुरक्षित होता है इसलिए वे राजनीतिक आवश्यकताओं से ऊपर रहते हैं।'[14] यह आम धारणा है कि न्यायपालिका की स्वतन्त्रता से वह निष्पक्ष होती है और यह निष्पक्षता लोकतन्त्र की कसौटी है। स्वतन्त्र रहने पर ही न्यायपालिका व्यक्तिगत स्वतन्त्रता की रक्षा कर सकती है। यह कार्यकारिणी व व्यवस्थापिका को संविधान द्वारा निर्धारित सीमाओं में रखकर उन्हें मनमाने ढंग से या दलबन्दी के आधार पर कार्य नहीं करने देती है। इसलिए एक निष्पक्ष और स्वतन्त्र न्यायालय नागरिकों के अधिकारों और उनकी स्वतन्त्रता की रक्षा का दुर्ग है और सरकार की संवैधानिकता, उत्तमता व स्थायित्व का सर्वोत्कृष्ट चिह्न है। अतः न्यायपालिका को कार्यपालिका व व्यवस्थापिका के प्रभावों से मुक्त रखने के लिए कई संस्थागत व प्रक्रियात्मक व्यवस्थाएं की जाती हैं। इनमें से कुछ इस प्रकार हैं—

(1) संविधान में ही न्यायपालिका के संगठन, शक्तियों व कार्यों का प्रावधान करना।

(2) विशिष्ट योग्यता के आधार पर नियुक्तियां।

(3) निश्चित अवधि वाला स्थायी कार्यकाल।

(4) अपदस्थ करने की विशिष्ट विधि—महाभियोग द्वारा ही हटाना।

(5) कार्यकाल में सेवा शर्तों में परिवर्तन नहीं करने की व्यवस्था।

(6) न्यायाधीशों को अपना पृथक निर्णय देने का अधिकार।

(7) विशेष उन्मुक्तियां तथा सुविधाएं व श्रेष्ठ सेवा-शर्तें।

(8) कार्यपालिका व व्यवस्थापिका से पृथक्करण।

(9) न्यायालय को स्वयं की कार्य प्रक्रिया के निर्धारण का अधिकार।

(10) मान हानि का मुकदमा चलाने का अधिकार।

न्यायपालिकाओं को स्वतन्त्र, निष्पक्ष व न्याय देने में निर्भीक बनाने के लिए उपरोक्त विधियों में से कुछ या सब या इसके अलावा और भी विधियां अपनाने की व्यवस्था अलग-अलग राज्यों में की जाती है, किन्तु यह सब लोकतान्त्रिक राजनीतिक व्यवस्थाओं में ही व्यवस्थित किया जाता है। साम्यवादी राज्यों में न्यायपालिका स्वतन्त्र, पृथक व निष्पक्ष नहीं बनाई जाती है। वह शासन विभाग के एक अंग के रूप में ही कार्य करती है इसलिए आजकल न्यायपालिका की स्वतन्त्रता को लेकर एक नया दृष्टिकोण प्रस्तुत किया जाने लगा है। इस पर हम संक्षेप में विचार करेंगे।

[14] *Ibid.*, p. 278.

न्यायपालिका की स्वतन्त्रता पर आधुनिक विवाद
(MODERN CONTROVERSY OVER JUDICIAL INDEPENDENCE)

आधुनिक राजनीतिक व्यवस्थाओं में सरकार के तीनों अंगों की शक्तियों के पूर्ण पृथक्करण के विचार को व्यावहारिक रूप देना असम्भव है, क्योंकि, संवैधानिक सरकार का कार्य-कलाप इतना जटिल होता है कि प्रत्येक विभाग के क्षेत्र का ऐसी रीति से निरूपण नहीं हो सकता कि प्रत्येक विभाग अपनी विशिष्ट सीमा में स्वतन्त्र तथा सर्वोच्च रह सके। यह तो हुई व्यावहारिक कठिनाई की बात। किन्तु इससे भी अधिक महत्त्वपूर्ण प्रश्न शक्तियों के पृथक्करण की धारणा से जुड़ा हुआ है। शक्तियों के पृथक्करण के विवेचन से सम्बन्धित अध्याय में हमने यह मुद्दा उठाया था कि क्या आज की परिवर्तित परिस्थितियों में शक्तियों के पृथक्करण की कोई उपयोगिता रह गई है ? इस अध्याय में हमने इस समस्या के सभी पहलुओं पर विस्तार से विचार करके यह निष्कर्ष निकाला था कि कार्य-पालिका व व्यवस्थापिका की तरह ही न्यायपालिका को भी राजनीतिक व्यवस्था का एक अभिन्न व सावयवी घटक बनाकर रखना आधुनिक परिस्थितियों की मांग है।

आधुनिक राजनीतिक प्रणालियों में न्यायालयों से सम्बन्धित चर्चा में, नियम बनाने तथा उनकी व्याख्या करने और नियम बनाने तथा नियम पर अधिनिर्णय देने के बीच स्पष्ट भेद करना असम्भव है। आधुनिक राज्यों में प्रशासकीय न्यायालयों तथा प्रशासकीय अधिकरणों का अधिकाधिक उदय हो रहा है और ये संस्थाएं प्रशासकीय तथा न्यायिक संरचनाओं के बीच अमिट विभाजक रेखा खींचना असम्भव नहीं तो कम से कम कठिन अवश्य बना देती हैं। एलेन बाल ने लिखा है कि "सम्पूर्ण विधिक पद्धति पर भी यह बात (शासन अंगों में पृथक्करण की रेखा खींचने की असम्भावना) लागू होती है : न्यायाधीश और न्यायालय समग्र राजनीतिक प्रक्रिया के महत्त्वपूर्ण पहलू होते हैं और यदि कार्यों का पृथक्करण बहुत भौंड़ा होगा तो उसके परिणामस्वरूप उस प्रक्रिया का विकृत चित्र ही सामने आएगा।"[15] न्यायपालिका किस प्रकार राजनीतिक प्रक्रिया का निर्णायक अंग बन गई है इस मुद्दे पर राबर्ट डाहल ने जोरदार तर्क दिया है, "संयुक्त राज्य के सर्वोच्च न्यायालय को एक मात्र विधिक संस्था समझना अमरीकी राजनीतिक पद्धति में उसके महत्त्व को कम आंकना है क्योंकि वह राजनीतिक संस्था भी है यानी उस संस्था से राष्ट्रीय नीति के विवादास्पद प्रश्नों पर निर्णय प्राप्त किए जा सकते हैं।"[16] अमरीकी सर्वोच्च न्यायालय 1950 और 1966 से शुरू होने वाले दशकों के दौरान नागरिक अधिकारों जैसे महत्त्वपूर्ण राजनीतिक प्रश्नों के विषय में दिशासूचक रहा है, जबकि उसी समय राष्ट्रपति और कांग्रेस ऐसे विवादग्रस्त क्षेत्रों में न्यायालय द्वारा स्थापित राजनीतिक नेतृत्व के अनिच्छापूर्वक अनुसरण तथा निष्क्रियता की स्थितियों के बीच झूल रहे थे।

[15]Alan R. Ball, *op. cit.*, p. 203.

[16]Robert A. Dahl, 'Decision Making in a Democracy: The Role of the Supreme Court as a National Policy Maker', *Journal of Public Law*, VI (1968), p. 279.

वर्तमान दशक में भारत के सर्वोच्च न्यायालय को लेकर जो विवाद चल रहा है उसमें भी मूल प्रश्न यही है कि विधिक प्रक्रिया राजनीति की दुनिया से बहुत दूर की प्रक्रिया नहीं है। इसी तरह 'विधिक संरचना, राजनीतिक संस्कृति तथा न्यायाधीशों के राजनीतिक व सामाजिक मूल्यों के बीच अन्तःक्रिया होती रहती है जो सारी विधिक पद्धति को चयन, प्राथमिकताओं और संघर्ष के घेरे में दृढ़तापूर्वक खींच लाती है।'[17]

न्यायिक प्रक्रिया को अन्य राजनीतिक प्रक्रियाओं से पृथक, स्वतन्त्र या स्वायत्त रूप में देखना वास्तविकताओं की अनदेखी करना है। अब न्यायिक पद्धति को राजनीतिक प्रक्रिया का अंग माना जाता है। आधुनिक लोकतन्त्रीय शासनों में प्रशासकीय न्यायालयों और अर्द्ध-न्यायिक प्रशासकीय अधिकरणों के विकास ने न्यायपालिका को पृथक रखने की बात कहने वालों को बेचैन कर दिया है। विकासशील देशों में न्यायपालिका का राजनीतिक प्रक्रिया में उलझना प्रारम्भ में अवश्य शका की दृष्टि से देखा जाता रहा था, किन्तु अब न्यायपालिका की स्वतन्त्रता का पश्चिमी मॉडल स्वयं उन देशों में ही चरमराने की तरफ बढ़ जाने के कारण, यह शंकाएं समाप्त-सी हो गई हैं। अब न्यायपालिका को अलग-थलग संस्था से कहीं अधिक राजनीतिक प्रक्रिया की सहयोगी संस्था के रूप में देखा जाने लगा है। विकासशील राज्य अपने स्वतन्त्र राजनीतिक जीवन के शिशुकाल में अंधानुकृति की प्रवृत्ति के कारण उन सब व्यवस्थाओं को श्रेष्ठतम मानते रहे हैं जो उन्हें पश्चिमी देशों से विरासत में मिली हैं। किन्तु कुछ ही वर्षों में यह स्पष्ट होने लगा कि पश्चिमी राजनीतिक संरचनाएं हमारी राजनीतिक संस्कृति से बहुत बेमेल और हमारे उद्देश्यों की प्राप्ति में निरर्थक हैं। अतः नये दृष्टिकोणों से अपने विशेष सन्दर्भों में राजनीतिक संस्थाओं को परखा जाने के कारण विकासशील देशों में यह सत्य उजागर हुआ लगता है कि न्यायपालिका को राजनीतिक प्रक्रिया से अलग रखकर उससे लाभप्रद भूमिका की आशा नहीं की जा सकती है। भारत में करीब दो दशकों तक इस सत्य को स्वीकार करने से इनकार किया जाता रहा था। अतः परिवर्तित परिवेश में न्यायपालिका को स्वतन्त्र रखने की आवश्यकता नहीं है। वह अपने दायित्वों को पूरा करने में समर्थ रहे इसके लिए उसको उतनी स्वायत्तता प्रदान की जाए जिससे वह लोकतान्त्रिक राजनीतिक समाज के साथ चल सके परन्तु उससे भिन्न मार्ग व दिशा अपनाने से रोकी जा सके।

न्यायपालिका पर नियन्त्रण
(CONTROL OF JUDICIARY)

'न्यायालयों की स्वतन्त्रता की मात्रा सम्बन्धी आलोचना बहुधा नीति-निर्माण प्रक्रिया में न्यायालयों की भूमिका के विषय पर गलत संकल्पनाओं पर आधारित होती है। पर कभी-कभी यह आलोचना न्यायपालिका के लोकतन्त्र विरोधी सम्मानों के समर्थक राज-

[17] **Alan R. Ball,** *op. cit.*, p. 204.

नीतिक श्रेष्ठजन को अपना लक्ष्य बनाती है जो अधिक यथार्थवादी दृष्टिकोण है। न्यायाधीशों का चयन, उनकी सामाजिक-आर्थिक पृष्ठभूमि, उनके निर्णयों की गोपनीयता, बर्खास्तगी से उन्हें मिली सापेक्ष उन्मुक्ति तथा अन्य राजनीतिक शक्तियां, अक्सर इन सबसे ऐसा लगता है जैसे न्यायाधीश प्रातिनिधिक सरकारी प्रक्रियाओं (representative governmental processes) में अभिजाततन्त्रीय बल-प्रवेश (aristocratic intrusion) हों।[18] इस प्रकार की उन्मुक्तियों व सार्वजनिक नियन्त्रण से न्यायपालिका की मुक्तता इसको मनमानी करने के मार्ग पर बढ़ा सकती है। अतः न्यायपालिकाओं को स्वतन्त्रताओं के दुरुपयोग से रोकने की आवश्यकता पड़ती है।

इसके लिए न्यायाधीशों के चयन की विधि, कार्यविधिक नियमों का पालन, नजीरों या पूर्व उदाहरणों यानी पिछले न्यायिक निर्णयों द्वारा किसी मानक की स्थापना का अनुसरण तथा राजनीतिक और समाजगत दबावों के प्रति न्यायिक संवेदनशीलता, ये सब न्यायिक स्वतन्त्रता पर महत्त्वपूर्ण सीमाएं हैं। इसके अतिरिक्त, कानूनी पेशे स्वयं ही आचरण के ऐसे नियम स्थापित कर लेते हैं जिनके माध्यम से न्यायपालिकाओं के राजनीतिक प्रक्रिया के साथ सम्बन्ध संचालित होते हैं।

यह नियन्त्रण आन्तरिक व प्रक्रियात्मक तथा स्वयं न्यायपालिका की संरचना, कार्यविधि और विलक्षणता से सम्बन्धित होते हैं। इनसे न्यायाधीश सही अर्थों में नियन्त्रित रहे यह आवश्यक नहीं। इसलिए न्यायपालिका पर बाहर से भी प्रभावी नियन्त्रण लगाने की प्रथा है। यह नियन्त्रण संस्थाकृत रूप में व्यवस्थित किए जाते हैं। इनमें से कुछ इस प्रकार हैं :

(1) विधान मण्डल नये क़ानून बनाकर या प्रचलित कानून में संशोधन करके न्यायिक विरोध को समाप्त कर उनको नियन्त्रित कर सकते हैं।

(2) संविधानों में संशोधन करके या पूरे संविधान को नये सिरे से निर्मित करके न्यायपालिका की शक्तियों पर महत्त्वपूर्ण पाबन्दियां लगाई जा सकती हैं। 1976 में भारत के संविधान का 42वां संशोधन, न्यायपालिका—विशेषकर सर्वोच्च न्यायालय, को प्रभावी नियन्त्रण के दायरे में लाने के लिए ही किया गया है।

(3) प्रशासकीय और अर्द्ध-न्यायिक अधिकरणों के विकास द्वारा भी न्यायालयों को सीमित रखने का प्रचलन बढ़ रहा है।

(4) राजनीतिक मांगों के प्रति अधिक संवेदनशीलता को प्रोत्साहित करने के लिए न्यायालयों का विशेषीकरण किया जा सकता है।

(5) न्यायपालिका पर सम्भवतः सबसे महत्त्वपूर्ण नियन्त्रण कार्यपालिका के माध्यम से लगाए जाते हैं। कार्यपालिका न्यायपालिका पर न्याय मन्त्रालय के द्वारा प्रभावी नियन्त्रण स्थापित करती है। सब राजनीतिक प्रणालियों में न्याय मन्त्रालय न्यायपालिका से सम्बन्धित प्रशासकीय मामलों पर नियन्त्रण के पर्याप्त साधनों का प्रयोग करने में सक्षम होते हैं—जैसे विनियोजन, नये कानूनों का प्रारम्भ करना, दण्डों को विनियमित

[18] *Ibid.*, p. 218.

करना तथा विधिक पद्धति में उच्च पदों के लिए नियुक्तियों पर नियन्त्रण करना। कार्यपालिका के हाथों में न्यायपालिका को नियन्त्रित करने का सर्वाधिक महत्त्वपूर्ण अस्त्र न्यायिक निर्णयों को कार्यान्वित करने से सम्बन्धित है। बिना कार्यपालिका के सहयोग के न्यायिक निर्णयों का कार्यान्वयन नहीं हो सकता है।

(6) व्यवस्थापिका इनको नियन्त्रित रखने का अन्तिम हथियार रखती है। महाभियोग लगाकर न्यायाधीशों को हटाने की व्यवस्था स्वयं में स्वस्थ प्रभावकारी व्यवस्था बन जाती है।

(7) न्यायपालिका पर एक प्रक्रियात्मक आन्तरिक नियन्त्रण अधिकांश लोगों के ध्यान से बचा रहा। हर न्यायाधीश को हर मुकदमे की सुनवाई में जब वह बेंच या पीठ के सदस्य के रूप में बैठता है तो अपना निर्णय, बहुमत व अन्य न्यायाधीशों से सहमति के अभाव में, अलग से देने का अधिकार है। अपना अभिमत अलग से व्यक्त करने का अधिकार एक तरफ तो न्यायपालिका की स्वतन्त्रता का सूचक है तो दूसरी तरफ इसका परिणाम यह होता है कि न्यायालय-पीठ निरन्तर स्व-आलोचना के अन्तर्गत कार्य करती है जो इसको नियन्त्रित रखने का श्रेष्ठतम आन्तरिक साधन हो जाती है क्योंकि असहमत निर्णय (dissenting decision) देने वाला न्यायाधीश या तो मुकदमे में पेश किए गए कारणों या उनके परिणामों पर असहमत हो सकता है, किन्तु दोनों ही अवस्थाओं में वह अपनी असहमति और अलग निर्णय के विस्तृत कारण देकर अन्य प्रकार के निर्णय देने वालों का आलोचक व नियन्त्रक हो जाता है।

न्यायालयों की शक्तियों व स्वतन्त्रता को लोकतान्त्रिक प्रणालियों में अनियन्त्रित नहीं छोड़ा जाता है। जैसा कि हमने ऊपर के विवेचन में देखा, न्यायपालिका पर आन्तरिक व बाहरी दोनों ही प्रकार के नियन्त्रण रहते हैं पर इन प्रतिबन्धों में यह अर्थ निहित नहीं है कि नीति-निर्माण की प्रक्रियाओं में न्यायालयों के पास बहुत थोड़ी शक्ति है। न्यायालयों के पास ऐसी शक्ति, विशेषकर, राजनीतिक परिस्थितियों के सन्दर्भ में ही आती है। यह शक्ति विशिष्ट मुद्दों पर न्यायालयों के पक्ष या विपक्ष में खड़े राजनीतिक संघट्टों के अनुसार भिन्न-भिन्न होती रहती है। अतः न्यायालयों को राजनीतिक प्रक्रिया के उपयोगी अंग बनाए रखने के लिए ही उनको नियन्त्रित रखने की व्यवस्था की जाती है।

न्यायपालिका के कार्य
(FUNCTIONS OF JUDICIARY)

न्यायपालिका के कार्य विभिन्न प्रकार की राजनीतिक व्यवस्थाओं में भिन्न-भिन्न प्रकार के होते हैं। संविधान की प्रकृति, राजनीतिक प्रणाली का स्वरूप, राजनीतिक सत्ता की संरचनात्मकता और स्वयं न्यायपालिका के संगठन, शक्तियों व कार्य-विधि से न्यायपालिका के कार्यों का निरूपण होता है। उदाहरण के लिए, संघात्मक व एकात्मक शासन-व्यवस्थाओं में न्यायपालिका के कार्यों में अन्तर आ जाता है। इसी तरह, संविधान का लिखित या अलिखित होना तथा उसका अचल या लचीलापन भी न्यायपालिका के कार्यों

का नियामक बन जाता है। राजनीतिक व्यवस्था लोकतान्त्रिक है या सर्वाधिकारवादी— इससे भी न्यायालयों का कार्यक्षेत्र नियमित हो जाता है। कई देशों में न्यायालयों को स्वतन्त्र व पृथक रखा जाता है। ब्रिटेन जैसे देश में इसकी प्रकृति व्यवहार में ऐसी होते हुए भी सैद्धान्तिक दृष्टि से सम्पूर्ण लॉर्ड सभा देश का सर्वोच्च न्यायालय है। इसका भी न्यायालयों के कार्यों पर प्रभाव पड़ता है। अतः न्यायपालिका के कार्यों के विवेचन में हम केवल उन कार्यों का ही उल्लेख करेंगे जो अधिकांश न्यायपालिकाएं सामान्यतः करती हुई पाई जाती हैं।

न्यायपालिका के कार्यों के विवेचन अधिकांशतः उन कार्यों तक सीमित रहते हैं जो न्यायपालिकाएं विधिक पद्धतियों के अंग के रूप में निष्पादित करती हैं। इनके कार्यों को केवल विधिक पद्धतियों तक सीमित समझना, न्यायपालिकाओं के कार्यों की संकुचित व्याख्या करना है, क्योंकि न्यायालय राजनीतिक प्रक्रिया के भाग हैं और इनका राजनीतिक पद्धति से सहयोग तथा उससे संघर्ष दोनों ही पर बल दिया जाना आवश्यक है। न्यायपालिका राजनीतिक पद्धति के अन्य भागों से, अवैध बाहर वालों के तौर पर नहीं, बल्कि शासन करने वाले स्थिर राजनीतिक गठबंधन के रूप में, उनकी परस्पर क्रिया चलती रहती है। अतः न्यायपालिका के कार्यों को मोटे तौर पर दो शीर्षकों के अन्तर्गत विवेचित करना उपयुक्त रहेगा। (क) राजनीतिक पद्धति सम्बन्धी कार्य, (ख) न्यायिक पद्धति सम्बन्धी कार्य। इन दोनों प्रकार के कार्यों में मौलिक अन्तर हैं। एक का सम्बन्ध राजनीति की व्यापक प्रक्रिया से है जबकि दूसरे का सम्बन्ध शुद्ध कानूनी पहलुओं से ही अधिक है। अतः हम इन दोनों प्रकार के कार्यों का पृथक-पृथक वर्णन करेंगे।

न्यायपालिका के राजनीतिक पद्धति सम्बन्धी Iकर्य (Systemic Functions of Judiciary)

न्यायपालिकाओं को राजनीतिक प्रक्रिया से पृथक करना कठिन है। हर देश के न्यायालयों को राजनीतिक पद्धति में विभिन्न कार्य करने होते हैं। न्यायालयों का इस प्रकार का कार्य इस बात पर निर्भर करता है कि सम्बन्धित कार्य के लिए विशेषीकरण की मात्रा कितनी है? उदाहरण के लिए, प्रशासकीय न्यायालय, अर्द्धन्यायिक प्रशासकीय अधिकरण, फौजदारी और दीवानी मामलों से सम्बन्धित नियमित न्यायालयों का सम्बन्ध राजनीतिक पद्धति से प्रत्यक्ष रूप से नहीं होता है। इन न्यायालयों का नागरिक अधिकारों जैसे स्पष्ट राजनीतिक क्षेत्रों से सम्बन्ध नहीं रहता है। अतः न्यायपालिका के राजनीतिक पद्धति सम्बन्धी कार्यों में हम केवल संवैधानिक न्यायालयों के कार्यों पर ही ध्यान केन्द्रित करेंगे। इस तरह के संवैधानिक न्यायालय निम्नलिखित कार्यों से सम्बन्धित माने जा सकते हैं—(क) न्यायिक समीक्षा और संविधान की व्याख्या, (ख) राजनीतिक व्यवस्था में पृथक-पृथक संस्थाओं के बीच विवाचन, (ग) मौजूदा राजनीतिक व्यवस्था के लिए सामान्य समर्थन, (घ) व्यक्तिगत अधिकारों की रक्षा, (ङ) शांति बनाए रखना, और (च) विवादों का निर्णय करना।

(क) न्यायिक समीक्षा और संविधान की व्याख्या (Judicial review and interpretation of the constitution)—न्यायपालिकाओं का यह कार्य केवल उन देशों में ही पाया जाता है जहां न्यायपालिका के अधिकार क्षेत्र में यह कार्य सम्मिलित किया गया हो। जहां यह अधिकार होता है वहां भी निर्णयों तथा विधियों की संवैधानिकता का न्यायिक पुनरावलोकन (judicial review) करने की शक्तियों में काफी अन्तर होते हैं। ब्रिटेन में संसद की विधिक प्रभुसत्ता और संहिताकृत लिखित संविधान का अभाव न्यायालयों को इस बात के लिए बाध्य कर देता है कि वे कानून बनाने वालों के मन्तव्यों पर सर्वाधिक विचार करके संसद के अधिनियमों की व्याख्या करें। संयुक्त राज्य अमरीका के सर्वोच्च न्यायालय ने अब न्यायिक समीक्षा तथा न्यायिक पुनरावलोकन का अधिकार सुस्थापित कर लिया है। अब यदि कोई कानून सर्वोच्च न्यायालय द्वारा की गई संविधान की व्याख्या के विपरीत होगा तो यह न्यायालय उस कानून को अवैध घोषित कर सकता है। इससे सर्वोच्च न्यायालय अमरीकी राजनीतिक प्रक्रिया में प्रभावी शक्तियों को प्रतिबिंबित करने लगा है। अमरीकी सर्वोच्च न्यायालय की न्यायिक पुनरावलोकन की शक्ति का इसी अध्याय के आगे के पृष्ठों में विस्तार से विवेचन करते समय इसका राजनीतिक पद्धति में प्रभाव आंकने का प्रयास किया जाएगा। अतः यहां इतना ही लिखना पर्याप्त है कि अमरीका का सर्वोच्च न्यायालय धीरे-धीरे राजनीतिक पद्धति में अत्यधिक महत्त्वपूर्ण स्थान बनाने में सफल हो गया है।

भारत के सर्वोच्च न्यायालय को न्यायिक समीक्षा और संविधान की व्याख्या का स्पष्ट अधिकार संविधान द्वारा दिया गया है। इसको न्यायिक पुनरावलोकन का अधिकार भी दिया गया है। अतः भारत का सर्वोच्च न्यायालय इन संवैधानिक अधिकारों के कारण राजनीतिक पद्धति में न केवल महत्त्वपूर्ण भूमिका निभाने का अवसर प्राप्त कर लेता है, अपितु इन अधिकारों के कारण भारत का सर्वोच्च न्यायालय राजनीतिक पद्धति को सुचारु रूप से चलाने में सहायक होने के बजाय बाधक भी बनने लगा है। यह जनसाधारण का न्यायालय होते हुए भी आम जनता के लिए राजनीतिक प्रक्रियाओं के द्वारा कुछ करने के प्रयासों का कानूनी आड़ में गला घोंटने में सफल रहा है। इसलिए इसकी आलोचना हुई व इसकी राजनीतिक पद्धति में बेरोकटोक उड़ानों को रोकने के लिए इसके पंख कुछ काटे जा रहे हैं जिससे यह राजनीतिक प्रक्रिया का उपयोगी अंग बना रह सके। इसके इस पक्ष की चर्चा आगे भारत में न्यायिक पुनरावलोकन के शीर्षक के अन्तर्गत की जाएगी।

पश्चिमी जर्मनी के संघीय संवैधानिक न्यायालय को 1949 के संविधान में न्यायिक पुनरावलोकन की व्यापक शक्तियां इसलिए दी गईं ताकि संघीय गणतन्त्र की दशा को यह 'बीमार' न होने दे। जैसा कि हमें मालूम है, संविधान का गंभीर उल्लंघन किये बिना 'बीमार' गणतन्त्र में हिटलर ने सत्ता हथिया ली थी। इसलिए इस न्यायालय को राजनीतिक पद्धति में सक्रिय व स्वस्थ भूमिका निभाने के लिए आवश्यक शक्तियों से युक्त किया गया है। ऐसे ही ऐतिहासिक कारणों से इटली और आस्ट्रिया के सर्वोच्च न्यायालयों को न्यायिक पुनरावलोकन की शक्तियां प्रदान की गई हैं, किन्तु यह शक्तियां अधिक व्यापक नहीं हैं।

सर्वोच्च न्यायालय न्यायिक समीक्षा और संविधान की व्याख्या के कार्य से राजनीतिक पद्धति का सावयवी अंग बन जाता है। कानूनों की व्याख्या करना और उसके अनुसार अपने निर्णय देना एक तरह से कानूनों की वैधता की जांच करना है। इससे वह कानूनों की अच्छाई और बुराई पर तो विचार नहीं करता किन्तु इससे बच भी नहीं सकता है। अतः हर देश का सर्वोच्च न्यायालय न्यायिक समीक्षा और संविधान की व्याख्या के कार्य के माध्यम से राजनीतिक पद्धति का महत्त्वपूर्ण भाग बन जाती है।

(ख) **राजनीतिक व्यवस्था में पृथक-पृथक संस्थाओं के बीच विवाचन** (Arbitration between different institutions in the political system)—न्यायपालिकाओं का विभिन्न संस्थाओं के बीच विवाचन का कार्य अत्यधिक राजनीतिक महत्त्व रखता है। राजनीतिक व्यवस्थाओं में सरकारें कई स्तर पर संगठित की जाती हैं। राष्ट्रीय, राज्य व स्थानीय स्तर पर सरकारों का निर्माण होता है। इसी तरह, हर स्तर की सरकार के विभिन्न अंगों में, विशेषकर कार्यपालिका व व्यवस्थापिका तथा कई बार न्यायपालिका का व्यवस्थापिका या कार्यपालिका से, टकराव होने पर उनके बीच विवाचन का कार्य न्यायपालिका ही को करना होता है। अतः "सब संवैधानिक न्यायालयों का महत्त्वपूर्ण कार्य विभिन्न राजनीतिक संस्थाओं के बीच उत्पन्न होने वाले विवादों को निपटाना होता है, यह विवाद चाहे संघीय या प्रान्तीय सरकारों के बीच हो अथवा चाहे कार्यपालिकाओं और विधान मण्डलों के बीच हो।"[19]

संसदीय शासन प्रणालियों में कार्यपालिका व व्यवस्थापिका की कार्यात्मक (functional) घनिष्ठता होने के कारण इनमें विवादों के अवसर कम आते हैं, किन्तु इन प्रणालियों में भी विधान मण्डलों व सर्वोच्च न्यायालयों में आपसी टकराव के मुद्दे उठ खड़े होते हैं। अतः ऐसे विवादों में सर्वोच्च न्यायालय को बड़ी विकट परिस्थितियों में निर्णायक बनना पड़ता है। इस प्रकार के विवादों में भारत का सर्वोच्च न्यायालय विवाचन के लिए बार-बार घसीटा गया है। ऐसे विवादों के निपटारों में सर्वोच्च न्यायालय कितनी निष्पक्षता रख पाता है इसके ऊपर ही उसकी राजनीतिक प्रक्रिया में भूमिका नकारात्मक या सकारात्मक बन सकती है। भारत के सर्वोच्च न्यायालय ने शंकरी प्रसाद, गोलकनाथ, सज्जन सिंह और केशवानन्द भारती के मुकदमों में भारतीय संसद व स्वयं सर्वोच्च न्यायालय के आपसी टकराव के मुद्दों पर फैसले देकर राजनीतिक प्रक्रिया में जो भूमिका अदा की है उसका भारतीय पाठक को अच्छी तरह ज्ञान होने के कारण यहां उसका विस्तार से उल्लेख करना आवश्यक नहीं समझा गया है। सर्वोच्च न्यायालयों को ऐसे ही एक और नाजुक मुद्दे पर विवाचन करना होता है। संघात्मक शासन-व्यवस्थाओं में, लिखित व अचल संविधानों द्वारा केन्द्रीय व राज्यों की सरकारों के बीच, शासन शक्तियों का विभाजन रहता है। इस शक्ति-वितरण के कारण केन्द्रीय और प्रादेशिक सरकारों के बीच विवादों को निपटाना होता है। सर्वोच्च न्यायालयों की इस सम्बन्ध में भूमिका इतनी नाजुक होती है कि हर फैसले में, सर्वोच्च न्यायालय को

[19]*Ibid.*, p. 214.

पक्षपात करता हुआ समझा जाता है। 'अमरीकी सर्वोच्च न्यायालय का पुराना इतिहास देखने पर ज्ञात होता है कि उन दिनों न्यायालय द्वारा राज्य की शक्तियों के विपरीत राष्ट्रीय सरकार के अधिकारों पर बल दिया जाता था। संघीय राजनीतिक संस्थाओं की शक्तियों पर यह निरन्तर आग्रह राष्ट्रीयकरण की प्रवृत्तियों और कार्यपालिका के प्राधिकार के विस्तार के विकास में बहुत राजनीतिक महत्त्व का रहा है।' फिर भी, संघात्मक राज्यों में न्यायालयों के निर्णय सदा ही राज्यों के विपरीत केन्द्रीय सरकार की शक्ति को पुष्ट करने वाले नहीं होते हैं।

शक्तियों की पृथक्करण-व्यवस्था वाले राज्यों में कार्यपालिका व व्यवस्थापिका के पारस्परिक सम्बन्ध सदा ही मधुर नहीं रह पाते हैं। दल-पद्धतियों से इनमें सामंजस्य स्थापित रहता है, किन्तु कई बार, कार्यपालिका व विधान मण्डल में अलग-अलग दलों का प्रभुत्व, इनकी पारस्परिकता को तनावपूर्ण बना देता है। ऐसी स्थितियों में भी न्यायालयों को इनकी संवैधानिक सीमाओं का निर्धारण करना होता है। यहां भी आरोपों, प्रत्यारोपों व पक्षपातपूर्णता के मुद्दे उठाए जाते हैं। सामान्यतः कार्यपालिका को सशक्त करने की चालाकी का आरोप लगाया जाता है। इसमें सत्यता का कितना अंश है यह निश्चित रूप से तो कह सकना सम्भव नहीं है। जिस तरह, संघात्मक प्रणालियों में न्यायालयों के निर्णय सदा ही केन्द्रीय सरकार की शक्ति को पुष्ट करने वाले नहीं होते, उसी तरह कार्यपालिका व व्यवस्थापिका सभाओं के बीच विवाद की स्थिति में न्यायालय कार्यपालिका के पक्ष में निर्णय नहीं देते हैं।

फिर भी, यह बात कि आधुनिक राजनीतिक समाजों में प्रादेशिक सरकारों के मुकाबले में राष्ट्रीय सरकारें (इस मुद्दे के लिए संघात्मक शासन से सम्बन्धित अध्याय ग्यारह देखिए), अनेक कारणों से, शक्ति केन्द्र बनती जा रही हैं। संवैधानिक न्यायालयों के द्वारा इस तथ्य की अनदेखी करना कठिन होता है। कार्यपालिका व व्यवस्थापिका के सापेक्ष महत्त्व के सम्बन्ध में भी आधुनिक प्रवृत्ति कार्यपालिका की शक्ति सम्पन्नता (इसके लिए उत्तरदायी परिस्थितियों के लिए अध्याय पन्द्रह देखिए) की ओर बढ़ रही है। चूंकि बीसवीं शताब्दी में राष्ट्रीय सरकारों को मजबूत बनाने और अधिक जटिल कार्यों को उन्हें सौंपने का चलन है, इसलिए राजनीतिक प्रक्रिया के अंग होने के नाते संवैधानिक न्यायालयों ने भी इस चलन को प्रतिबिम्बित करने की प्रवृत्ति दिखाई है।[20] अतः हर देश के उच्चतम न्यायालय, राजनीतिक प्रक्रिया में पृथक संस्थाओं के बीच सीमा-विवादों का निपटारा करके, व इन संस्थाओं को आंगिक एकता में गूंथकर, राजनीतिक व्यवस्था में इनके विभाजक प्रयत्नों व प्रभावों का शासक बने रहते हैं।

(ग) **मौजूदा राजनीतिक व्यवस्था के लिए सामान्य समर्थन** (General support of the existing political ststem)—देश के उच्चतम न्यायालय राजनीतिक व्यवस्था को बनाए रखने का महत्त्वपूर्ण कार्य करते हैं। व्यवस्था को बनाए रखने का यह तात्पर्य नहीं है कि वे उसमें परिवर्तनों के बाधक बनते हैं। इसका आशय यही है कि

[20] *Ibid.*, p. 215.

व्यवस्था को तोड़ने वाली शक्तियों का शमन न्यायालय ही करते हैं। राजनीतिक व्यवस्थाओं में विभिन्न दबावों व खिंचावों के कारण तनाव आते हैं। इनकी पृष्ठभूमि में केवल एक ही बात अधिक प्रेरक होती है और वह है संस्थाओं, सरकारों या व्यक्तियों को उचित न्याय व वाजिब हक व अधिकारों का नहीं मिलना। न्यायालय समय के साथ चलते हुए, मौजूदा राजनीतिक पद्धति में लोगों की आस्था बनाए रखते हैं। इससे प्रचलित राजनीतिक पद्धति के स्थिरीकरण तथा उसे गत्यात्मकता के तत्त्व से युक्त रखने में सहायता मिलती है। "किस अंश में न्यायालयों के लिए यह कार्य करना आवश्यक है, यह बहुत कुछ उस राजनीतिक संस्कृति पर निर्भर करता है जिसके अन्तर्गत न्यायालय संचालित होते हैं। ब्रिटेन की अपेक्षा पश्चिम जर्मनी और इटली में सरकार के उद्देश्यों तथा संरचना पर कम सहमति रहती है, और इसलिए वहां न्यायालयों द्वारा निभाई जाने वाली भूमिका की आवश्यकता का अधिक राजनीतिक महत्त्व होता है।"[21] भारत जैसे देश में, जहां राजनीति के बड़े-बड़े मुद्दों पर सहमति तो दूर की बात है, छोटे-छोटे मसलों पर ही गहनतम मतभेद होने के कारण, सर्वोच्च न्यायालय की भूमिका का राजनीतिक महत्त्व अत्यधिक हो गया है। भारत में अब तक राजनीतिक स्थिरता के अनेक कारणों में से एक कारण यह भी रहा है कि न्यायपालिका व विशेषकर सर्वोच्च न्यायालय राजनीतिक व्यवस्था का सक्रिय घटक रहते हुए भी निष्पक्षता की भ्रांति फैलाने में सफल रहा है।

पश्चिमी विचारक विकासशील देशों में अस्थिरता का एक महत्त्वपूर्ण कारण इन देशों में न्यायिक पद्धति से खुले तौर पर छेड़खानी मानते हैं। एलेन बाल ने लिखा है कि "प्रभावी गठबन्धन के राजनीतिक नेतृत्व के तत्त्व के रूप में अमरीका का सर्वोच्च न्यायालय वास्तव में गठबन्धन की बड़ी नीतियों का समर्थन करता है। यह अनिवार्यतः प्रभावी राष्ट्रीय गठबन्धन का भाग है। सभी स्थिर राजनीतिक पद्धतियों की यही सच्चाई है और कई विकासशील देशों में न्यायिक पद्धति से खुले तौर पर छेड़खानी राजनीतिक अस्थिरता का चिह्न है। केवल इतनी ही बात नहीं है, अधिक विकसित पद्धतियों की अपेक्षा विकासशील देशों में न्यायपालिका राजनीतिक प्रक्रिया में ज्यादा उलझी रहती है।"[22] इस कथन से स्पष्ट है कि पश्चिमी विचारक अपने देशों के उच्चतम न्यायालयों को तो राबर्ट डाहल के शब्दों में 'अनिवार्यतः प्रभावी राष्ट्रीय गठबन्धन का भाग' मानते हैं, किन्तु विकासशील देशों के सर्वोच्च न्यायालय विशेषकर भारत के सर्वोच्च न्यायालय के ऐसा न रहने पर, उसको ऐसा बनाने के प्रयत्न को 'न्यायिक पद्धति से खुले तौर पर छेड़खानी' कहकर उसे 'राजनीतिक पद्धति की अस्थिरता का चिह्न' घोषित कर देते हैं।

विकासशील राज्यों में उच्चतम न्यायालय कभी भी राजनीतिक प्रक्रिया के सही अर्थों में अंग नहीं बन पाए हैं। इन देशों में इनकी प्रारम्भिक संरचनाएं पाश्चात्य मॉडलों के

[21] *Ibid.*, p. 215.
[22] *Ibid.*p, 211.

अनुरूप की गयीं थी। पश्चिमी देशों से अत्यन्त भिन्न राजनीतिक संस्कृति वाली राजनीतिक व्यवस्थाओं पर पश्चिम की न्यायिक विधियां आरोपित कर दी गई थीं। इसका सीधा परिणाम यह हुआ कि विकासशील देशों में सर्वोच्च न्यायालय, पश्चिम के प्रतिमानों पर आधारित संविधानों से पूर्णतया आरक्षित अधिकार प्राप्त कर, कुछ लोगों (जिनका प्रतिशत समाज में 15-20 से अधिक नहीं होता) के लिए स्थिरता, स्वार्थपूर्ति व स्वतन्त्रताओं के रक्षक बन गये। जन-जागृति व जनता के राजनीतिकरण से, इस असंगति को दूर करने की जनता की मांग को, न्यायपालिका से 'छेड़खानी' करना कहना तथा इससे राजनीतिक अस्थिरता को जोड़ना निहित स्वार्थों की गहरी जालसाजी के अलावा कुछ नहीं है। भारत में सर्वोच्च न्यायालय की शक्तियों को लेकर प्रख्यात विधिशास्त्री पालकीवाला का तर्क इसी कारण खोखला हो जाता है, तथा प्रसिद्ध विधिवेत्ता लक्ष्मीमल सिंहवी द्वारा इस बात पर बल देना कि 42वां संवैधानिक संशोधन भारतीय सर्वोच्च न्यायालय को राजनीतिक प्रक्रिया के भाग के रूप में भूमिका निभाने की अवस्था में लाना है, सही माना जा सकता है।

विकासशील राज्यों में राजनीतिक निर्णयों को लेने में न्यायालयों की अन्तर्ग्रस्तता के बावजूद उनकी राजनीतिक निष्पक्षता पर बल देने और न्यायालयों को दिए जाने वाले सम्मान में वृद्धि करने का विरोध नहीं किया जाता है, अपितु न्यायालयों को इस प्रकार की प्रतिष्ठा से युक्त रखने के लिए ही उनको इन देशों की राजनीतिक संस्कृतियों के अनुरूप बनाने के प्रयत्न किए जा रहे हैं। न्यायालय सरकारों के कार्य-कलाप के वैधीकरण का आवश्यक पहलू होते हैं और इनका यह भी आवश्यक लक्षण है कि वे अनुदारवादी मत प्रकट करें। इसका अर्थ यह नहीं है कि न्यायालय बहुमत की आकांक्षाओं को प्रतिबिंबित न करने के कारण अप्रजातन्त्रीय होते हैं, बल्कि इसका अर्थ तो यह है कि बहुमत के मतों को प्रतिबिंबित करने में न्यायालय सावधानीपूर्वक क़दम रखते हैं। इस सम्बन्ध में न्यायालयों से यह अपेक्षित नहीं है कि वे बदलते बहुमत के अनुसार बदलते जाएं। इसका मतलब केवल यही है कि न्यायालय समाज के मूल्यों के रक्षक बनें। समाज के दर्शन को निर्णयों में प्रतिबिंबित करें। विकासशील राज्यों में उच्चतम न्यायालय यह सब नहीं करते रहे हैं। रूढ़िवादी न्यायाधीश उस वर्ग विशेष का पक्ष लेते रहे हैं जिसके साथ उनका घनिष्ठ सम्बन्ध रहता है। अतः इन देशों में न्यायालय राजनीतिक प्रक्रिया के अंग नहीं बन सके हैं। ऐसी अवस्था में इनसे 'छेड़खानी' करने के अलावा जनता के नेताओं के पास रास्ता ही क्या रह जाता है? वास्तव में यह 'छेड़खानी' इनको राजनीतिक प्रक्रिया के अनुकूल बनाने का प्रयत्न ही कही जानी चाहिए।

(घ) **व्यक्तिगत अधिकारों की रक्षा** (Protection of individual liberties)—न्यायपालिका व्यक्ति की स्वतन्त्रता तथा उनके अधिकारों की रक्षा का कार्य करती है। व्यक्ति को न्याय मिलता रहे, उसके अधिकार सुरक्षित रहें तो वह राजनीतिक प्रक्रिया की भागीदारी में सम्मिलित हो जाता है। यह ठीक है कि नागरिक अधिकारों की रक्षा के अन्य साधन भी होते हैं। ब्रिटेन में अधिकारों के बारे में संवैधानिक घोषणा नहीं है

और संवैधानिक विधि की सर्वोच्चता के अधीन सामान्य विधि (common law) की व्याख्या करते हुए न्यायिक निर्णयों के माध्यम से नागरिक अधिकार स्थापित किए गए हैं, किन्तु नागरिकों को अधिकारों की सुरक्षा न्यायालय से मिलने पर वे अधिक आश्वस्त होते हैं।

साधारणतः व्यक्ति की स्वतन्त्रता तथा उसके अधिकारों को दो तरफा भय रहता है— अन्य व्यक्तियों की ओर से और राज्य की ओर से। न्यायपालिका का यह कार्य है कि इन दोनों प्रकार के अतिक्रमणों से व्यक्ति की स्वतन्त्रता तथा अधिकारों के प्रयोग को अक्षुण्ण रखे। इस संदर्भ में व्यक्ति की स्वतन्त्रता को जब राज्य से खतरा हो तब न्यायालय ही उसकी रक्षा कर सकता है। इस तरह, नागरिक के अधिकार की रक्षा का कार्य भी न्यायालयों द्वारा ही किया जाता है।

(ङ) शांति बनाए रखना (Keeping peace)—किसी देश की राजनीतिक व्यवस्था को बनाए रखने के लिए शांति व व्यवस्था का कार्य, कार्यपालिका का कार्य माना जाता है। इसके लिए कार्यपालिका पुलिस और सेना तक की सहायता लेती है, किन्तु यह तो शांति भंग होने के बाद की स्थिति है। न्यायपालिका शांति को भंग ही नहीं होने देने में महत्त्वपूर्ण भूमिका निभाती है। किसी देश में न्यायालयों का प्रमुख कार्य आंतरिक शांति बनाए रखने का अपने आप में इतना स्वाभाविक बन गया है कि इसकी न चर्चा की जाती है और न ही इसका उल्लेख किया जाता है। वास्तव में न्यायालयों की यह भूमिका बहुत महत्त्वपूर्ण है। अगर किसी व्यक्ति के द्वारा अपराध किए जाने पर निष्पक्ष व आधिकारिक रूप से यह निर्णय नहीं हो कि वास्तव में अपराध हुआ है या नहीं और अगर अपराध हुआ है तो उसके लिए कितना दण्ड दिया जाए, तब इस अपराध से प्रभावित पक्ष कानून को अपने हाथ में ले लेंगे और अपने अनियंत्रित स्वविवेक से अपराधी को मनमानी सजा देना शुरू कर देंगे। इससे हिंसा को प्रोत्साहन मिलेगा और इसका सीधा परिणाम अराजकता की अवस्था का समाज में फैलाव हो जाएगा। इससे बचाव व्यवस्था न्यायालय ही कर सकते हैं। 'जिसकी लाठी उसकी भैंस' वाली अवस्था का व्यापक प्रसार होने की अवस्था में कार्यपालिका द्वारा सब साधनों के प्रयोग से भी शांति स्थापना कठिन हो जाती है। आदिवासी समाजों में भी शांति बनाए रखने के लिए किसी न किसी रूप में न्यायालयों जैसी संरचनाओं का रहना इस बात का प्रमाण है कि इस प्रकार की व्यवस्था के अभाव में सब प्रकार की सामाजिक व्यवस्था नष्ट हो जाती है। इसलिए यह कहा जाता है कि इस आधारभूत अर्थ में न्यायालय, समाज में शांति बनाए रखने के यंत्र का अति आवश्यक तत्त्व है।[23] अतः न्यायालय ही समाज में व्यक्तियों को अपराध करने पर उचित दण्ड की व्यवस्था करके, इस अपराध से प्रभावित होने वाले पक्ष को, शांति के लिए खतरा उत्पन्न करने से रोक लेते हैं। इसी तरह, न्यायालयों का होना व उनके द्वारा दण्डित करने की व्यवस्था मात्र से समाज में शांति बनी रहती है। इसलिए न्यायालयों का शांति बनाए रखने का कार्य राजनीतिक

[23] Walton Hamilton, *op. cit.*, p. 450.

पद्धति के सुचारु संचालन में बहुत सहायक माना जाता है क्योंकि समाज में व्यक्तियों को न्याय का न मिलना ही शांति को सबसे बड़ा खतरा उत्पन्न करता है।

(च) **विवादों का निर्णय करना** (Deciding controversies)—समाजों में विवाद कानूनी मुद्दों को लेकर ही नहीं उत्पन्न होते हैं। इसलिए यह मानकर चलना कि न्यायालय अधिकांशतः विवादों का निर्णय करने में ही लगे रहते हैं, गलत होगा। विधिक झगड़ों पर तो न्यायालयों को निर्णय देने से अधिक निर्णयों तक पहुंचने की प्रक्रिया का प्रशासन करना होता है। न्यायालयों के सामने पेश होने वाले अधिकांश मुकदमों में तो लड़ाई होती ही नहीं है, इनमें तो केवल सज़ा कम करने या बरी करने की याचना ही होती है। तब फिर न्यायालय विवादों का निर्णय किस प्रकार करते हैं? इस सम्बन्ध में न्यायालय विचित्र तरीके से सहायक होते हैं। न्यायालयों में सुनवाई सुविज्ञ नियमों के अनुसार होती है तथा मुकदमे के परिणाम के बारे में काफी सही भविष्यवाणी करना सम्भव होने के कारण असंख्य विवाद न्यायालयों में आते ही नहीं हैं तथा उनका बाहर ही समझौता हो जाता है। इस तरह, न्यायालय राजनीतिक प्रक्रिया में विवादों के अप्रत्यक्ष निर्णयकर्त्ता बन जाते हैं।

न्यायालयों के यह कार्य राजनीतिक प्रक्रिया से सम्बद्ध होते हैं। इन कार्यों में न्यायिक समीक्षा, संविधान की व्याख्या तथा व्यक्तिगत अधिकारों की रक्षा सम्बन्धी कार्यों को लेकर यह कहा जा सकता है कि इनका राजनीतिक पद्धति से अधिक न्यायिक पद्धति से सम्बन्ध है, किन्तु वास्तव में ऐसा नहीं है। संविधान की व्याख्या या न्यायिक समीक्षा का सीधा प्रभाव राजनीतिक प्रक्रिया पर पड़ता है। यह कार्य केवल न्यायिक पद्धति तक ही सीमित नहीं रहकर सम्पूर्ण राजनीतिक प्रक्रिया पर प्रभाव डालते हैं। इसी कारण इन कार्यों को राजनीतिक पद्धति सम्बन्धी कार्य माना जाता है।

न्यायिक पद्धति सम्बन्धी कार्य (Functions Related with Judicial Process)

न्यायिक पद्धति उस बौद्धिक प्रक्रिया को कहा जाता है जिससे न्यायाधीश मुकदमों का निर्णय या फैसला करते हैं। न्यायिक प्रक्रिया की प्रकृति का नियमन मुकदमेबाजी (litigation) की संस्थाओं से होता है। साधारण शब्दों में, 'न्यायिक प्रक्रिया व्यवस्थित विधिक (कानूनी) लड़ाई के लिए स्थापित संरचनात्मक व्यवस्थाओं के अन्तर्गत जांच करने की विधि है।'[24] इस तरह, न्यायिक प्रक्रिया जिस बिन्दु की ओर केन्द्रित होती है वह बिन्दु वास्तव में मुकदमे का फैसला देना है। अतः न्यायिक प्रक्रिया का किसी मुकदमे के फैसले के साथ अंत हो जाता है। न्यायिक प्रक्रिया में सामान्य और विशिष्ट जांच एक साबयवी समग्रता का पहलू ही होती है। इसमें खोज इस बात की नहीं की जाती है कि कानून' और 'तथ्य' क्या है, अपितु इस बात की जांच की जाती है कि परखे गये व पुष्ट 'तथ्यों से संगत कानून क्या है? इसके लिए कानूनी स्टैन्डर्ड या मापदण्ड संविधान,

[24]Jean Blondel, *An Introduction to Comparative Government*, London, Weldenfold, 1969, p. 433.

अधिनियमों या न्यायालयों के पूर्व निर्णयों के उदाहरण प्रस्तुत करते हैं। वैसे हर देश की न्यायिक प्रक्रिया की अपनी विशेषताएं होती हैं, फिर भी उदारवादी लोकतन्त्रों में इसके कुछ सामान्य लक्षण एक से होते हैं। इनमें से कुछ इस प्रकार हैं—खुली कार्यवाही, निष्पक्षता, निरंतरता, पूर्वानुमान और स्थिरता।

विधिक प्रक्रिया में सब नागरिक कानून के सामने बराबर होते हैं तथा कुछ क्रियाओं के विधिक परिणामों के बारे में बहुत कुछ भविष्यवाणी की जा सकती है। साथ ही, विधिक कार्यविधि ज्ञात होती है और यह भी मालूम होता है कि वह कुछ विशिष्ट प्रतिरूपों का अनुसरण करेगी। विधि के शासन से कभी-कभी यही मतलब होता है। सर्वाधिकारी तथा स्वेच्छाचारी राज्यों की विधिक पद्धतियों के यह लक्षण नहीं होते हैं। कुल मिलाकर न्यायपालिकाओं के न्यायिक पद्धति सम्बन्धी कार्य निम्नलिखित माने जा सकते हैं।

(1) न्यायिक विधि निर्माण।
(2) प्रक्रियात्मक नियम निर्माण।
(3) प्रशासकीय निर्णयों का पुनरावलोकन।
(4) संविधान की सुरक्षा व संरक्षण।
(5) निषेधात्मक आदेश जारी करना।
(6) कार्यपालिका को कानूनी प्रश्नों पर सलाह देना।
(7) न्यायालय के आंतरिक प्रशासन की व्यवस्था करना।
(8) पूर्व-निर्णयों का पुनरावलोकन।

इस सूची से यह अनुमान लगाया जा सकता है कि न्यायालय न्यायिक पद्धति के सम्बन्ध में अनेक प्रकार के कार्य करते हैं। इनमें से न्यायिक विधि निर्माण का कार्य विधिक पद्धति पर गहरा प्रभाव डालता है। किसी विवाद के निर्णय के उप-उत्पादन (by-products) के रूप में न्यायपालिका नियमों का विकास करती है जो भविष्य में कानून का कार्य करते हैं। न्यायाधीश मौजूदा कानून को किसी मुकदमे में लागू करते समय उसकी व्याख्या करते हैं, उसे तोड़-मरोड़ सकते हैं, उसको सामान्य से विशिष्ट बना सकते हैं तथा कानूनों में रिक्तताओं को भरने का कार्य भी कर सकते हैं, जिनकी विशेष परिस्थितियों के कारण आवश्यकता पड़ सकती है तथा जिस पर कानून बनाने वालों ने विचार ही नहीं किया हो सकता है। इस प्रकार, न्यायाधीशों के निर्णय, इन व्याख्याओं के रूप में कानून के निर्माता बन जाते हैं, क्योंकि न्यायालय (सामान्य विधि वाली पद्धतियों वाले न्यायालय) अपने पूर्व निर्णयों को स्वीकार कर उनका अनुपालन करते हैं जिससे एक-सा व स्थायी न्याय दिया जा सके। किन्तु 'सिविल लॉ' वाले राज्यों में यह बात लागू नहीं होती है क्योंकि इनमें न्यायालयों को व्यवस्थापन द्वारा पारित अधिनियमों के अनुसार ही न्याय करना होता है।

न्यायालयों का प्रक्रियात्मक नियम-निर्माण का कार्य विवादास्पद नहीं है। यह वे नियम हैं जिनसे न्यायालय अपना कार्य निष्पादित करते हैं। यह नियम अत्यधिक तकनीकी होते हैं और न्यायाधीशों तथा वकीलों के विशेष ज्ञान द्वारा ही इनके निर्माण में सहायता मिल सकती है। यह निर्णय देने के परिणामस्वरूप न्यायिक विधि बनने की

प्रक्रिया से भिन्न है। यह तो न्यायालयों को दी जाने वाली छूट है कि वे अपना कार्य-विधि सम्बन्धी नियम, जो कानून ही के रूप में होते हैं तथा व्यवस्थापिका के बिना स्वयं न्यायालय द्वारा बनाये जाते हैं, बनाएं।

जिन देशों में प्रशासकीय न्यायालयों की अलग से व्यवस्था होती है या जहां अर्द्ध-न्यायिक अधिकरण स्थापित किए जाते हैं उन राज्यों में कहीं-कहीं इनके निर्णयों का पुनरावलोकन करने का कार्य न्यायालयों को दिया जाता है। न्यायालयों का यह कार्य देश में प्रचलित प्रशासकीय न्यायालयों के अधिकारों, प्रकृति व उनके सामान्य न्याय व्यवस्था के साथ सम्बन्ध पर निर्भर करता है।

न्यायालयों के न्यायिक पद्धति सम्बन्धी अन्य कार्य अपने आप में स्पष्ट व सामान्य हैं, इस कारण उनका विस्तार से विवेचन करना आवश्यक नहीं है। इन कार्यों के अलावा न्यायालय अल्पवयस्कों के संरक्षकों की नियुक्ति करते हैं, सार्वजनिक सम्पत्तियों के प्रन्यासियों (trustees) की नियुक्ति करते हैं, वसीयतनामों को पंजीकृत करते हैं, ऐसे मृत व्यक्तियों की सम्पत्ति का प्रबन्ध करते हैं जिनका कोई उत्तराधिकारी प्रबन्धक न हो। ऐसे और भी अनेक सामान्य कार्य न्यायालयों द्वारा किए जाते हैं। यह कार्य हर देश में अलग-अलग हो सकते हैं और इन सबको सूचीबद्ध करना सम्भव नहीं है।

न्यायपालिका के जिन कार्यों का उल्लेख हमने ऊपर के पृष्ठों में किया है उनमें राजनीतिक पद्धति तथा न्यायिक पद्धति सम्बन्धी अनेक कार्य अलग-अलग तथा विस्तार से समझाए गए हैं। किन्तु सामान्य दृष्टिकोण से देखा जाए तो यह सब कार्य केवल एक शीर्षक के अन्तर्गत रखे जा सकते हैं, क्योंकि इन सब कार्यों के सन्दर्भ में जो सबसे महत्त्वपूर्ण प्रश्न उठता है, वह यह है कि इन सब क्षेत्रों के अन्तर्गत न्यायालय महत्त्वपूर्ण नीति निर्माताओं के रूप में कार्य करते हैं या नहीं। परिवर्तित राजनीतिक परिस्थितियों में न्यायालय परम्परागत दृष्टि से जाने-पहचाने नीति निर्माताओं के तरीकों से अलग दूसरे तरीकों से भी राजनीतिक प्रक्रिया में अपना योगदान करने लगे हैं। इससे न्यायालय राजनीतिक व्यवस्था के ऐसे अंग हो जाते हैं जो कभी-कभी तथा कुछ विशेष परिस्थितियों में तो राजनीतिक पद्धति के मुख्य संचालक से हो जाते हैं। अतः इनकी ऐसी भूमिका को हम केवल एक ही शीर्षक के अन्तर्गत रखकर समझने का प्रयास कर सकते हैं।

नियम-अधिनिर्णय और न्यायाधीशों की शासन में भूमिका
(RULE ADJUDICATION AND ROLE OF JUDGES IN GOVERNMENT)

ब्लोन्डेल की मान्यता है कि "हर राजनीति में नियम-अधिनिर्णय एक संक्रिया (an operation) के रूप में अनिवार्यतः विद्यमान रहता है, क्योंकि कोई भी समाज नियम-अधिनिर्णय की समस्याओं से बच नहीं सकता है।"[25] ब्लोन्डेल ने अपने तर्क को आगे बढ़ाते हुए

[25] *Ibid.*, p. 445.

लिखा है कि "हर समाज में मूल्य अर्थात नियम होते हैं। इन समाजों में अनेक घटनाएं ऐसी होंगी जो इन नियमों से बेमेल पड़ेंगी तब इन घटनाओं पर समाज को निर्णय करने ही होंगे।"[26] अत: हर राजनीतिक समाज में इस प्रकार के निर्णय करने की संरचनाएं अनिवार्यतः विकसित हो जाती हैं। अगर आमन्ड द्वारा प्रयुक्त शब्दावली का प्रयोग करें तो यह कहा जाएगा कि हर राजनीतिक व्यवस्था में नियम-अधिनिर्णय की संरचनाओं की व्यवस्था करनी ही होती है अन्यथा राजनीतिक व्यवस्था एक दिन भी नहीं चल सकेगी। अत: नियम-अधिनिर्णय हर प्रकार के राजनीतिक समाज में पाया जाता है, किन्तु यह सर्वत्र एक प्रकार की प्रकृति नहीं रखता है। इसमें अन्तर होते हैं और इन भिन्नताओं के लिए नियम-अधिनिर्णय की संरचनाओं का अन्य शासन संरचनाओं के साथ सम्बन्ध उत्तरदायी होता है। उदाहरण के लिए, नियम-अधिनिर्णय संरचनाओं के अन्य संरचनाओं के साथ सम्बन्धों के तीन प्रतिमान हो सकते हैं। नियम-अधिनिर्णय संरचनाओं का (1) अन्य शासन अंगों के साथ गठबन्धित रहना। (2) अन्य शासन अंगों के अधीन रहना और (3) अन्य शासन अंगों से स्वतन्त्र रहना।

सर्वाधिकारी राजनीतिक समाजों में नियम-अधिनिर्णय की संरचनाएं सरकार के अन्य अंगों के साथ पूरी तरह जुड़ी रहती हैं। न्याय-विभाग एक प्रकार से प्रशासन का अंग होता है किन्तु स्वेच्छाचारी व तानाशाही व्यवस्थाओं में नियम-अधिनिर्णय की संस्थाएं तानाशाह के अधीन उसके इशारों के अनुसार चलने वाली होती हैं। लोकतान्त्रिक राजनीतिक समाजों में इनको अन्य अंगों से पृथक तथा स्वतन्त्र बनाया जाता है। अत: नियम-अधिनिर्णय की संरचनाएं अलग-अलग प्रकार से विभिन्न राजनीतियों में व्यवस्थित हो सकती हैं, किन्तु हर राजनीति में इनका होना ही व्यवस्था की ठोस व्यवस्था करना है। इस प्रारम्भिक विवेचन से यह प्रश्न उठता है कि नियम-अधिनिर्णय का अर्थ क्या है ? इस प्रश्न पर हम आगे के पृष्ठों में ध्यान केन्द्रित करेंगे।

नियम-अधिनिर्णय की धारणा या अर्थ (The Notion or Meaning of Rule Adjudication)

नियम-अधिनिर्णय ऐसे विशिष्ट मामलों व घटनाओं को, जो घट चुकी हों, व्यापक सिद्धान्त के साथ सम्बन्धित करना तथा जोड़ना है। या यों कहा जा सकता है कि यह दो या दो से अधिक सिद्धान्तों पर, जो इस घटना विशेष पर लागू होते लगते हों, अधिनिर्णय करना है। इस तरह नियम-अधिनिर्णय में विशिष्ट से, जो घटना घट चुकी है या जो नहीं घटी है, शुरू होकर यह विदित करने का कार्य होता है कि कौन-सा नियम इस घटना विशेष में लागू किया जाए ? इस तरह नियम-अधिनिर्णय, नियम-क्रियान्वयन (rule-application) का विलोम है। नियम-क्रियान्वयन में सामान्य नियम को विशिष्ट स्थितियों के साथ जोड़ना होता है जबकि नियम-अधिनिर्णय में विशिष्ट घटनाओं को सामान्य नियम के साथ जोड़कर फैसला करना होता है कि इस घटना विशेष

[26] *Ibid.*, p. 447.

से सामान्य नियम का उल्लंघन हुआ है या नहीं। अतः सरल शब्दों में नियम-अधिनिर्णय विशेष घटना को सामान्य सिद्धान्त के साथ जोड़ना मात्र है। एक उदाहरण लेकर इसको अधिक स्पष्ट किया जा सकता है। मान लें किसी राजनीतिक समाज में यह नियम है कि सभी व्यक्ति व वाहन सड़क के बाईं ओर ही चलेंगे। एक व्यक्ति सड़क पर इधर-उधर चल रहा हो तब नियम-अधिनिर्णय, इस व्यक्ति को सड़क पर इधर-उधर चलने की घटना विशेष, सड़क पर चलने के सामान्य नियम का उल्लंघन करती है या नहीं, यह देखना है, अर्थात व्यक्ति की सड़क पर इधर-उधर चलने की इस घटना विशेष को सड़क पर चलने सम्बन्धी सामान्य नियम के साथ जोड़ना ही नियम-अधिनिर्णय करना है। इस उदाहरण से यह स्पष्ट होता है कि नियम-अधिनिर्णय के कुछ विशेष लक्षण होते हैं। इनकी संक्षेप में चर्चा करना इसके महत्त्व व उपयोगिता को समझने के लिए आवश्यक है।

नियम-अधिनिर्णय की विशेषताएं (Characteristics of Rule Adjudication)

हम पहले ही देख चुके हैं कि नियम-अधिनिर्णय की प्रकृति, इसकी संरचनाओं की सरकार की अन्य संरचनाओं के साथ सम्बन्धसूत्रता की प्रकृति पर निर्भर करती है। इसी तरह, इसकी विशेषताएं भी विविध प्रकार की राजनीतियों में अलग-अलग हो सकती हैं, किन्तु इसके कुछ सामान्य लक्षण सर्वत्र परिलक्षित होते हैं। हम इन्हीं सामान्य विशेषताओं का विवेचन करने तक सीमित रहेंगे। संक्षेप में नियम-अधिनिर्णय की निम्न-लिखित विशेषताएं उल्लेखनीय हैं—

(क) यह स्वयं-सक्रिय नहीं होता है (It is not self-operative)—नियम-अधिनिर्णय के लिए घटना विशेष को लेकर कम से कम एक पक्ष को न्यायालय में मुकदमा या शिकायत करना होता है। नियम के उल्लंघन से संतप्त या प्रभावित नागरिक दीवानी मामलों में पुलिस मुकदमा दायर करती है। इसके बाद ही नियम-अधिनिर्णय की प्रक्रिया शुरू होती है। अतः नियम-अधिनिर्णय के लिए यह अनिवार्य है कि किसी नियम-उल्लंघन से संतप्त पक्ष न्यायालय में मुकदमा चलाए।

(ख) निष्क्रीय प्रकृति (Passive character)—इसको निष्क्रीय प्रकृति का इसलिए कहते हैं क्योंकि इसका सम्बन्ध घटना घट चुकी है या नहीं घटी है या घटनी चाहिए थी, से है। अतः नियम-निर्णय घटना के घटने के बाद ही गतिवान बनता है उससे पहले नहीं।

(ग) घटना विशेष पर विचार अभिव्यक्ति (Statement of a point of view on a happening)—नियम-अधिनिर्णय में घटनाक्रम या घटना अच्छी है या बुरी या जिस सामान्य नियम से इसको परखना है, वह हितकर है या अहितकर है, इस तथ्य पर ध्यान नहीं दिया जाता है। इसमें तो सामान्य नियम के संदर्भ में किसी घटना विशेष पर विचार अभिव्यक्त करना होता है, अर्थात अधिनिर्णय के लिए लाई गई घटना, मामला या मुद्दा सामान्य नियम का उल्लंघन करता है या नहीं करता है तथा अगर सामान्य नियम का उल्लंघन हुआ है तो किस मात्रा तक ऐसा हुआ है, इस पर विचार

अभिव्यक्त करना है। अतः अधिनिर्णयकर्ता को, जो हुआ है या नहीं हुआ है, केवल उस पर ही निर्णय देना है।

(घ) **नियमों के सामान्य परिणामों से असम्बद्धता** (Unconcerned with general consequences of rules)—घटना विशेष को सामान्य नियमों से जोड़ने का कार्य करते समय नियम-अधिनिर्णयकर्त्ता को नियमों के सामान्य परिणामों के सम्बन्ध में कोई चिन्ता नहीं होती है। अधिनियम में जो है उसको देखा जाता है, जो घटना घटी है उसको इसके साथ जोड़ा जाता है। इससे आगे नियम के परिणामों पर जाना या उनका ध्यान रखना सामान्यतया हर नियम-अधिनिर्णय व्यवस्था में नहीं किया जाता है।

इस तरह, नियम-अधिनिर्णय का सम्बन्ध तो केवल घटना विशेष के सम्बन्ध में इतना देखना है कि यह सामान्य नियम के अन्तर्गत आती है या नहीं आती, और अगर नियम के अन्तर्गत आती है तो किस हद तक ऐसा है? नियम-अधिनिर्णय की इन विशेषताओं व इसकी धारणा से इससे सम्बन्धित विभिन्न पहलुओं का संकेत मिलता है। अतः इन पहलुओं का संक्षिप्त विवेचन करना प्रासंगिक होगा।

नियम-अधिनिर्णय के विभिन्न पहलू (Different Aspects of Rule Adjudication)

नियम-अधिनिर्णय और न्यायाधीशों की शासन में भूमिका के बारे में निष्कर्ष निकालने के लिए नियम-अधिनिर्णय के तीन पहलुओं पर विचार करना आवश्यक होता है। इस सम्बन्ध में अनेक तथ्यों की भूमिका भी निर्णायक रहती है पर इन तथ्यों का प्रत्यक्ष या अप्रत्यक्ष रूप से इन तीन पहलुओं में समावेश हो जाने के कारण हम केवल इन तीन तथ्यों के विवेचन तक ही सीमित रहेंगे। यह तीन पहलू इस प्रकार हैं—

(1) किसी समाज में नियम-अधिनिर्णय किस हद तक पाया जाता है?

(2) किसी राजनीति, देश या समाज में नियम-अधिनिर्णय की जो मात्रा पाई जाती है उसको व्यवहार में क्रियान्वित करने में प्रवृत्त कौन-कौन-सी संरचनाएं हैं?

(3) नियम-अधिनिर्णय की संरचनाओं का, उन विशेष मानक-पुन्जों के साथ, जिन्होंने अधिकाधिक कार्यात्मक विभिन्नीकरण को बढ़ावा दिया है, क्या सम्बन्ध है?

नियम-अधिनिर्णय की समाज में किस मात्रा तक विद्यमानता है यह अनेक तत्त्वों पर निर्भर करता है। इस सम्बन्ध में उन तथ्यों को खोजने की आवश्यकता है जिनसे समाज विशेष में नियम-अधिनिर्णय का आधिक्य या इसकी न्यूनता पाई जाती है। सामान्यतया उदार लोकतांत्रिक व्यवस्थाओं में नियम-अधिनिर्णय की अधिकतम मात्रा पाई जाती है तथा स्वेच्छाचारी शासन-व्यवस्थाओं में तो कभी-कभी इसका अस्तित्व ही नहीं रहने दिया जाता है। इसी तरह, सर्वाधिकारी शासन-व्यवस्थाओं में नियम-अधिनिर्णय का प्रचलन सीमित ही होता है, किन्तु वहां इसे विशेष रूप में, विशिष्ट संरचनात्मक व्यवस्थाओं द्वारा व्यावहारिक बनाया जाता है। स्वेच्छाचारी व्यवस्थाओं में भी, स्थायित्व लाने के लिए नियम-अधिनिर्णय की प्रक्रियाओं को प्रोत्साहित करना होता है, क्योंकि समाज को कहीं भी बर्बर शक्ति के जोर पर अधिक दिन तक बांधकर या दबाकर रखना

सम्भव नहीं होता है।

हर राजनीतिक समाज में नियम-अधिनिर्णय की जो भी मात्रा पाई जाती है उसको व्यवहार में क्रियान्वित करने में प्रवृत्त संरचनाएं भी एक समान नहीं होती हैं। राजनीतिक व्यवस्था की प्रकृति, संविधान द्वारा समाज में स्थापित संस्थागत व्यवस्था, शासन अंगों की पारस्परिकता या उनमें उसका अभाव इत्यादि ऐसे कारण हैं जिनसे नियम-अधिनिर्णय की संरचनाओं का निरूपण होता है। उदाहरण के लिए, ब्रिटेन में संसदीय शासन प्रणाली है तथा शक्तियों के पृथक्करण के अभाव और संसद की सम्प्रभुता के कारण नियम-अधिनिर्णय की संरचना में लॉर्ड सभा भी एक महत्त्वपूर्ण संस्था बन जाती है, क्योंकि यह संस्था देश की व्यवस्थापिका का एक सदन होने के साथ-साथ देश का सर्वोच्च न्यायालय भी है। भारत में भी संसदीय प्रणाली है पर इस देश में नियम अधिनिर्णय की संरचनाएं स्वतन्त्र व पृथक रखी गयी हैं। भारत, अमरीका, स्विट्ज़रलैण्ड और रूस में संघात्मक व्यवस्थाएं हैं, किन्तु इन देशों में विधिक पद्धतियां भिन्न-भिन्न प्रकार की होने के कारण, नियम-अधिनिर्णय संरचनाएं भी अलग-अलग रूप में व्यवस्थित की गई हैं। अतः नियम-अधिनिर्णय की संरचनाओं के सम्बन्ध में कोई सामान्यीकरण कर सकना असम्भव ही है।

नियम-अधिनिर्णय की संरचनाओं का, उन मानक-पुन्जों के साथ जिनसे अधिकाधिक कार्यात्मक विभिन्नीकरण को बढ़ावा मिलता है, बहुत गहरा सम्बन्ध है। कार्यात्मक विभिन्नीकरण से यह तात्पर्य है कि शासन का कार्य करने वाले विभिन्न अंग अलग-अलग ही न हों अपितु कार्यात्मक दृष्टि से वे विशिष्ट बन जाएं। इसका परिणाम यह होता है कि नियम-अधिनिर्णय की संरचनाएं पूर्णतया पृथक बन जाती हैं। पर प्रश्न यह नहीं है कि कार्यात्मक विभिन्नीकरण है या नहीं है, और अगर है तो किस मात्रा तक है, अपितु विचार करने की बात यह है कि नियम-अधिनिर्णय की संरचनाएं समाज के मूल्यों के साथ किस प्रकार सम्बन्धित रहती हैं? इस सम्बन्ध में बहुत साधारण बात तो राजनीतिक संस्कृति के संदर्भ में ही समझाई जा सकती है। राजनीतिक संस्कृति से राजनीतिक विकास व राजनीतिक आधुनिकीकरण का गहरा सम्बन्ध है। यह सब समाज के मूल्य मानकों में अन्तर लाते हैं और इससे नियम-अधिनिर्णय की संरचनाओं का इनसे गहरा संबंध हो जाता है। वास्तव में सर्वाधिकारी राजनीतिक समाजों में मूल्य व्यवस्था विचारधाराओं की लपेट में विशेष प्रकार की बन जाती है, जिससे कार्यात्मक विभिन्नीकरण को बढ़ावा नहीं मिलता है। अतः नियम-अधिनिर्णय की संरचनाओं का हर राजनीतिक समाज के मूल्यों से सीधा व मौलिक सम्बन्ध होता है। इन्हीं मूल्यों के कारण नियम-क्रियान्वयन का कार्य किसी समाज में नियम-अधिनिर्णय के कार्य से पृथक होता है तो कुछ राज्यों में यह दोनों कार्य एक ही प्रकार की संरचनाएं करती हैं।

नियम-अधिनिर्णय के पहलुओं के विवेचन से एक निष्कर्ष स्पष्ट रूप से निकाला जा सकता है कि नियम-अधिनिर्णय का संविधानवाद की व्यवस्थाओं से गहरा सम्बन्ध रहता है। ब्लोन्डेल ने इस सम्बन्ध में ठीक ही लिखा है कि "इस प्रकार नियम-अधिनिर्णय सरकार के अन्य कार्यों की अपेक्षा शायद उदारवाद के विकास के साथ अधिक गहरे रूप

से जुड़ा हुआ है।"[27] यही कारण है कि अधिकांश विकासशील राज्यों में नियम-अधिनिर्णय न ठोस संरचनात्मक रूप प्राप्त कर पाया है और न ही इसकी व्यवहार में प्रक्रियात्मक अभिव्यक्ति का दिशा-निश्चय हो पाया है। इन देशों में राजनीतिक व्यवस्थाओं की अस्थिरता व संस्थाओं की डांवांडोलता नियम-अधिनिर्णय की व्यवस्थाओं को भी बहुत कुछ भ्रांतिपूर्ण कर देती है। एक उदाहरण से इसको समझने में सहायता मिल सकती है। फिनलैण्ड जैसे छोटे से राज्य में पिछले 59 वर्षों में ठीक 59 बार सरकारें बदली हैं तब इस देश में नियम निर्णय की संरचनाओं के सम्बन्ध में क्या कहा जाए? थाईलैण्ड में 1976 तक सरकार के स्थायित्व की बात की जाती थी और आज वहां सरकार का तख्ता पलट दिया गया है। इससे यही निष्कर्ष निकलता है कि विकासशील राज्यों में नियम-निर्माण व नियम-क्रियान्वयन की संस्थाओं की तरह ही नियम-अधिनिर्णय की संरचनाएं भी उथल-पुथल के दौर में से गुजरती रहती हैं।

अनेक राजनीतिक विचारकों की यह धारणा है कि विकासशील राज्यों में सरकारों के स्थायित्व के अभाव का सबसे बड़ा कारण नियम-अधिनिर्णय की संरचनाओं की सुस्थापना नहीं होना है। इस धारणा में सत्यता का अंश कम ही माना जा सकता है। इस सम्बन्ध में एलेन बाल के कथन का पहले भी उल्लेख किया जा चुका है, किन्तु यहां प्रासंगिक होने के कारण इसे फिर उद्धृत करना उपयोगी होगा। उसने लिखा है "विकासशील देशों में न्यायिक पद्धति से खुले तौर पर छेड़खानी राजनीतिक पद्धति की अस्थिरता का चिन्ह है। केवल इतनी ही बात नहीं है, अधिक विकसित पद्धतियों की अपेक्षा विकासशील देशों में न्यायपालिका राजनीतिक प्रक्रिया में ज्यादा उलझी रहती है।"[28] यह बात सही है कि विकासशील राज्यों की राजनीतिक व्यवस्थाओं में स्थायित्व नहीं है किन्तु इसका प्रमुख कारण शायद इन राज्यों द्वारा आंग्ल अमरीकी संस्थागत व्यवस्थाओं का अपनाना है। इन संस्थाओं की सुचारुता के लिए एक विशेष प्रकार की राजनीतिक संस्कृति आवश्यक है। विकासशील देशों में इस प्रकार की संस्कृति के अभाव में यह संरचनात्मक व्यवस्थाएं सजीव नहीं रह सकती थीं। स्वतन्त्रता प्राप्ति के प्रारम्भिक वर्षों में राष्ट्रवादी, करिश्मेकारी राजनीतिज्ञों ने इनको लड़खड़ाने से बचाए रखा पर इनके दृश्य से लोप होते ही पाश्चात्य संस्थागत व्यवस्थाओं का खोखलापन सामने आने लगा। यही बात नियम-अधिनिर्णय की संरचनाओं के बारे में सत्य मानी जा सकती है। अतः विकासशील राज्यों को शासनों के नये संरचनात्मक रूप खोजने होंगे तब शायद नियम-अधिनिर्णय के सम्बन्ध में ब्लोन्डेल का यह कथन संसाधित करना पड़े कि नियम-अधिनिर्णय सरकार के अन्य कार्यों की अपेक्षा शायद उदारवाद के विकास के साथ अधिक गहरे रूप से जुड़ा हुआ है। वास्तव में तो यह उदारवाद से कहीं अधिक सरकार की अन्य संरचनाओं के साथ गठबन्धित लगता है। अन्यथा भारत के वर्तमान संविधान में मौलिक परिवर्तन, जिनसे नियम-अधिनिर्णय संस्थाएं भी अछूती नहीं रही हैं, समझ सकना कठिन होगा।

[27] *Ibid.*, p. 447.
[28] Alan R. Ball, *op .cit.*, p. 211.

नियम-अधिनिर्णय के आयाम (The Dimensions of Rule Adjudication)

नियम-अधिनिर्णय के विभिन्न आयामों के सम्बन्ध में ब्लोन्डेल ने विस्तार से विवेचन किया है तथा इनमें से तीन आयामों का विशेष रूप से उल्लेख किया है। यह तीन आयाम इस प्रकार हैं—(क) नियम-अधिनिर्णय में स्वतन्त्रता की मात्रा (ख) नियम-अधिनिर्णय का क्षेत्र, और (ग) नियम-अधिनिर्णय की गहनता।

न्यायालयों व नियम-अधिनिर्णय प्रक्रियाओं का शासन पद्धति में स्थान तथा राजनीतिक प्रक्रियाओं पर उनका प्रभाव समझने के लिए इसके उपरोक्त आयामों का विस्तार से विवेचन करना आवश्यक है। अतः इनका पृथक-पृथक शीर्षकों के अन्तर्गत विवेचन किया जा रहा है।

(क) नियम-अधिनिर्णय में स्वतन्त्रता की मात्रा (The extent of independence in rule adjudication)—नियम-अधिनिर्णय में न्यायालयों की स्वतन्त्रता का अर्थ है कि न्यायाधीश किस हद तक किसी मुकदमे के परीक्षण और अन्ततः उसका फैसला देने में स्वतन्त्रता रखता है। कई बार 'केस' से सम्बन्धित पक्ष यह शिकायत लेकर, कि किसी विशिष्ट या नियम विशेष द्वारा उसका नुकसान हुआ है, यह तर्क प्रस्तुत करता है कि यह नियम ही गलत ढंग से बना हुआ है। ऐसी शिकायतों से सम्बन्धित मुकदमों में नियम-अधिनिर्णय की स्वतन्त्रता की परख होती है। इस सम्बन्ध में हम इसी अध्याय में विस्तार से विचार कर चुके हैं इसलिए यहां न्यायालयों की इस सम्बन्ध में स्वतन्त्रता के दो पहलुओं पर ही अधिक बल देंगे। यह दो पहलू हैं—(1) नियम-अधिनिर्णय की औपचारिक स्वतन्त्रता, और (2) नियम-अधिनिर्णय की वास्तविक स्वतन्त्रता।

वर्तमान विश्व के राज्यों की ओर दृष्टिपात करें तो हमें दिखाई देगा कि स्वेच्छाचारी, सर्वाधिकारवादी व अनेक विकासशील देशों के 'तथाकथित लोकतन्त्र' राज्यों में, नियम-अधिनिर्णय की स्वतन्त्रता के संवैधानिक दस्तावेजों में विस्तार से व्यवस्था देखने को मिलती है, किन्तु यह सब औपचारिक व्यवस्थाएं ही कही जाएंगी। इन देशों में नीचे के स्तर के न्यायालयों में स्वतन्त्रता का अंश हो सकता है, परन्तु उच्चतम स्तर पर स्वतन्त्रता की औपचारिकता ही अधिक दिखाई देती है। विकासशील राज्यों में कुछ को छोड़कर यही स्थिति है। इन देशों में श्रेष्ठतर न्यायालयों की नियम-अधिनिर्णय की स्वतन्त्रता पर अनेक प्रकार से व्यवहार में रोक लगाई जाती है। इसका मुख्य कारण, सरकारों का न्याय की प्रक्रियाओं में उलझना नहीं है, अपितु न्यायालय के, इन समाजों की यथार्थताओं से बेमेल पड़ने तथा समाजों को सही मार्ग पर स्वतन्त्रतापूर्वक बढ़ने देने में इनके बाधक बनने के कारण, उन्हें नियंत्रित करना है।

नियम-अधिनिर्णय की वास्तविक स्वतन्त्रता केवल विकसित, राजनीतिक दृष्टि से स्थायी तथा उदार लोकतन्त्रों वाले समाजों में ही पाई जाती है। इन समाजों में ही यह सम्भव हो सकती है। इन देशों में न्यायालय राजनीतिक पद्धति के प्रभावी अंग व उसके अनुरूप होते हैं। यह राजनीतिक प्रक्रिया को सुचारु रूप से चलाने में सहायक हैं। इसलिए उदारवादी शासन-व्यवस्थाओं में न्यायालयों की स्वतन्त्रता के सिद्धान्त को अधिक मान्यता मिलना स्वाभाविक है। इस संदर्भ में अगर हम यह कहें कि नियम-अधिनिर्णय

की स्वतन्त्रता वास्तव में उन्हीं शासन-व्यवस्थाओं में पाई जाती है जहां न्यायालय राजनीतिक पद्धति में सहायक, उसके वास्तविक रक्षक और प्रेरक होते हैं तो अतिशयोक्ति नहीं होगी। यहां राजनीतिक पद्धति का अर्थ उन राजनीतिक प्रक्रियाओं से ही नहीं है जो समाज के एक अपेक्षाकृत छोटे भाग के इर्द-गिर्द घूमती है। विकासशील राज्यों में राजनीतिक पद्धति इसी सीमित दायरे में घूमती रहती है इसलिये ऐसे राज्यों में नियम-अधिनिर्णय की औपचारिकता स्वाभाविक है।

नियम-अधिनिर्णय की संरचनाओं का उदारवाद में स्वतन्त्र होना उदारवाद के कारण नहीं, अपितु उदारवादी राजनीतिक प्रक्रिया में न्यायालयों की सकारात्मक भूमिका और राजनीतिक व्यवस्था के मूल्यों से उसकी अनुरूपता है। वैसे नियम-अधिनिर्णय किसी भी राजनीतिक व्यवस्था में पूर्ण स्वतन्त्रता या पूर्ण अधीनता नहीं रख सकता है। वास्तव में, निरंकुश से निरंकुश व्यवस्थाओं में भी नियम-अधिनिर्णय की कुछ स्वतन्त्रता तथा उदार से उदार लोकतन्त्र में भी इस पर कुछ प्रतिबन्ध पाए जाते हैं। उदारवादी लोकतन्त्रीय प्रणालियों में भी युद्ध या आंतरिक अशांति जैसे संकटकाल के दौरान 'सरकारों' को

नियम-अधिनिर्णय निरन्तर

(Rule-Adjudications Continuum)

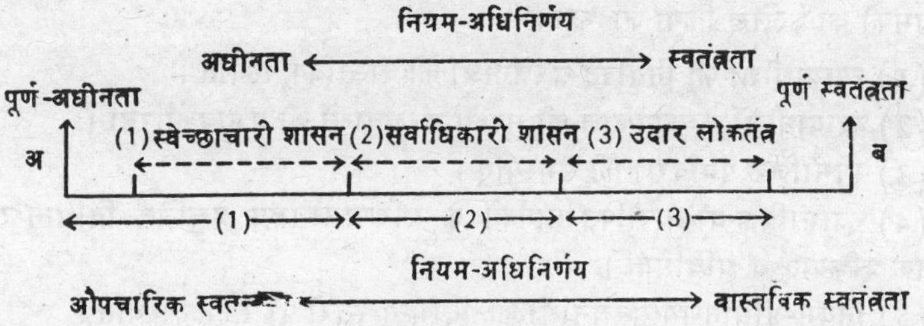

चित्र 16.2

असाधारण प्त हो जाती हैं जिसके परिणामस्वरूप सामान्य न्यायिक कार्यविधि रद्द हो जाती है। संकटकाल की बात न भी करें तो भी सामान्य समय में भी आंतरिक सुरक्षा की परिभाषा इतनी विस्तृत हो सकती है कि पुलिस को अतिरिक्त शक्तियां तथा विशेष अधिकरणों को व्यापक अधिकार क्षेत्र मिल जाता है। अतः उदारवादी शासनों में भी नियम-अधिनिर्णय पर प्रतिबन्ध पाए जाते हैं। इसी तरह, सर्वाधिकारी पद्धतियों में व विकासशील शासन-व्यवस्थाओं में चोरी, मानहानि, कर्ज की तरह फौजदारी और दीवानी के मामलों में, उदारवादी लोकतान्त्रिक शासन-व्यवस्थाओं के समान ही नियम-अधिनिर्णय की स्वतन्त्र कार्यविधि अपनाई जाती है। इन देशों में नियम-अधिनिर्णय पर रोक तब लगती है जब न्यायालय राजनीतिक 'छेड़छाड़' का कार्य करने लगते हैं या राजनीतिक मामलों में उलझना शुरू कर देते हैं।

इसलिए नियम-अधिनिर्णय की स्वतन्त्रता को सापेक्ष रूप में ही नहीं, राजनीतिक व्यवस्था के अंग के रूप में न्यायालयों के होने या न होने के संदर्भ में देखना व आंकना होगा। इस आधार पर किसी भी समाज में पूर्ण स्वतन्त्रता व पूर्ण अधीनता की बात करना व्यर्थ है। सही बात तो यह है कि नियम अधिनिर्णय की स्वतन्त्रता, पूर्ण अधीनता व पूर्ण स्वतन्त्रता के दो छोरों वाले निरन्तर (continuum) के मध्यवर्ती भाग में ही अंकित की जा सकती है। राजनीतिक समाज में नियम-अधिनिर्णय के जिन तीन पहलुओं का हमने पूर्ववर्ती पृष्ठों में विवेचन किया है उन्हीं के आधार पर व्यवस्थाओं में नियम-अधिनिर्णय की स्वतन्त्रता की मात्रा का निश्चय होता है। इसको इस प्रकार चित्र 16.2 द्वारा समझा जा सकता है।

चित्र 16.2 से स्पष्ट है कि किसी भी शासन-व्यवस्था में नियम-अधिनिर्णय स्वतन्त्रता, नियम-अधिनिर्णय निरन्तर पर एक बिन्दु विशेष पर अंकित नहीं की जा सकती। नियम-अधिनिर्णय पर पूर्ण रोक का छोर 'अ' तथा इसकी पूर्ण स्वतन्त्रता का छोर 'ब' केवल काल्पनिक व्यवस्थाएं ही कही जा सकती हैं। बाकी सभी राजनीतिक व्यवस्थाएं उपरोक्त चित्र के अनुसार इस निरन्तर के लम्बे भागों तक फैली रहती है। यही बात औपचारिक व वास्तविक स्वतन्त्रता के बारे में कही जा सकती है। इस सम्बन्ध में यह भी स्मरणीय है कि नियम-अधिनिर्णय की स्वतन्त्रता की मात्रा के अनेक नियामक होते हैं। इनमें से औपचारिक नियामकों का विवेचन पहले कर चुके हैं। यहां कुछ वास्तविक नियामकों का उल्लेख किया जा रहा है।

(1) न्यायाधीशों की नियुक्ति संरचनाओं की वास्तविक स्थिति।

(2) न्यायाधीशों के कार्यकाल की सुरक्षा संरचनाओं की प्रभावकारिता।

(3) सामाजिक पर्यावरण की समस्याएं।

(4) स्वाभाविक या आरोपित मानकों के परिणामस्वरूप प्रचलित विभिन्न राजनीतिक प्रक्रियाएं व प्रविधियां।

(5) नियम-अधिनिर्णय संरचनाओं की विभिन्न स्तरों पर सापेक्ष स्थिति।

यह वह नियामक हैं जिनसे नियम-अधिनिर्णय संरचनाओं की वास्तविक स्थिति व स्वतन्त्रता का नियमन होता है। उदाहरण के लिए, किसी राजनीतिक व्यवस्था में अगर न्यायाधीशों का व्यवस्थापिका द्वारा निर्वाचन होता हो तो एक स्थिति में व्यवस्थापिका वास्तव में ही निर्वाचन करती हुई देखी जा सकती है तथा दूसरी स्थिति में केवल बहुमत दल के नेता की इच्छा के अनुसार व्यवस्थापिका केवल औपचारिक निर्वाचन कर सकती है। इन दोनों अवस्थाओं में नियम-अधिनिर्णय की स्वतन्त्रता की मात्रा में अन्तर आ जाएगा। इसी तरह अन्य तथ्यों का प्रभाव भी स्वतः स्पष्ट दिखाई देता है। अतः इनका विवेचन अलग से नहीं किया जा रहा है।

(ख) नियम-अधिनिर्णय का क्षेत्र (The scope of rule adjudication)—नियम-अधिनिर्णय के क्षेत्र का तात्पर्य न्यायाधीशों की किस किस प्रकार के मुकदमों व मुद्दों पर निर्णय देने की क्षमता की हद या सीमा से है। न्यायाधीश स्वतन्त्र हो सकते हैं, उनकी स्वतन्त्रता वास्तविक हो सकती है, किन्तु फिर भी कुछ या कई मुद्दों पर इनको नियम-

अधिनिर्णय करने का अधिकार ही नहीं हो सकता है । अतः अधिनिर्णय का क्षेत्र अलग-अलग देशों में अलग-अलग प्रकार का हो सकता है । यहां तक कि उदार लोकतांत्रिक राज्यों में भी यह भिन्न-भिन्न प्रकार का पाया जाता है। 'कॉमन-लॉ' देशों, जैसे ब्रिटेन, अमरीका, कनाडा, आस्ट्रेलिया, भारत, श्रीलंका, पाकिस्तान, नेपाल इत्यादि में भी नियम-निर्णय प्रक्रियाओं में महत्त्वपूर्ण अन्तर पाए जाते हैं। इसी तरह, 'सिविल लॉ' देशों—पश्चिम यूरोप के राज्य, लेटिन अमरीका व एशिया व अफ्रीका के उन राज्यों में जहां की न्यायिक व्यवस्था पश्चिमी यूरोप के ढांचे पर अपनाई गई है, में भी नियम-अधिनिर्णय के अन्तर पाए जाते हैं । इसी तरह, किसी देश में फौजदारी व दीवानी के न्यायालय अलग-अलग होते हैं तथा कहीं-कहीं संवैधानिक मुद्दों के लिए पृथक नियम-अधिनिर्णय संरचना होती है । उदाहरण के लिए, फ्रांस में सामान्य न्यायालय, प्रशासकीय न्यायालय व संवैधानिक परिषद को अलग-अलग अधिकार क्षेत्र प्राप्त है । इसी प्रकार की व्यवस्था पश्चिम जर्मनी में है । वहां भी तीन प्रकार की नियम-अधिनिर्णय संरचनाएं हैं, परन्तु फ्रांस के प्रतिमान से भिन्न प्रकार की नहीं हैं । यहां दीवानी और फौजदारी मामलों के लिए नियमित न्यायालय, पृथक प्रशासकीय न्यायालय और स्पष्ट रूप से संवैधानिक न्यायालय है । अतः न्यायिक प्रक्रिया में नियम-अधिनिर्णय क्षेत्र का सीमित या विस्तृत होना कई तथ्यों पर निर्भर करता है जिनमें से कुछ इस प्रकार हैं—

(1) न्यायपालिका को संविधान द्वारा प्रदान किया गया अधिकार क्षेत्र ।

(2) संविधान की प्रकृति ।

(3) नियम-अधिनिर्णय की विधि ।

(4) न्यायपालिका की शासन अंगों में सापेक्ष अवस्था ।

(5) न्यायालयों की संरचनात्मक व्यवस्था ।

नियम-अधिनिर्णय के क्षेत्र के नियामकों का दो देशों में एक-सा होने पर भी नियम-अधिनिर्णय प्रक्रिया में अन्तर आ सकता है । यह बहुत कुछ अन्य तथ्यों के साथ भी जुड़ा रहता है । इसलिए इस सम्बन्ध में कोई सामान्यीकरण कर सकना सम्भव नहीं लगता है ।

(ग) **नियम-अधिनिर्णय की गहनता** (Depth of rule adjudication)— न्यायालयों के नियमों की व्याख्या करते समय उनकी औचित्यता परखने की छूट की मात्रा से नियम-अधिनिर्णय की गहराई का बोध होता है । कई बार शिकायत करने वाला पक्ष यह शिकायत नहीं करता है कि विशेष नियम के अन्तर्गत उसके साथ गलत बर्ताव किया गया है या उसके साथ अन्याय हुआ है, अपितु यह शिकायत करता है कि एक 'नियम विशेष' गलत ढंग से बनाया गया है तथा यह अन्य सामान्य नियम, जिसको इस नियम के मुकाबले में प्रमुखता व प्राथमिकता प्राप्त होनी चाहिए, की धाराओं के अनुरूप नहीं है । ऐसी अवस्था में नियम-अधिनिर्णयकर्त्ता को किस हद तक इस सम्बन्ध में निर्णय करने का अधिकार रहता है यही नियम-अधिनिर्णय की गहराई कही जाती है । इसी के माध्यम से न्यायालयों को नियम-निर्माण का अधिकार मिल जाता है । इस प्रकार के मुद्दे व्याख्या का प्रश्न सामने ला देते हैं । अतः व्याख्या के माध्यम से न्यायालय नियम-निर्माण का

कार्य सम्पादित करने लगते हैं।

नियम-अधिनिर्णय की गहराई इस बात का संकेत देती है कि न्यायपालिका किस हद तक स्वतन्त्र है तथा नियम-अधिनिर्णय में उसका क्षेत्राधिकार कितना व्यापक है। इसी से न्यायपालिका सरकार की नियन्त्रक बनती है। अगर हम नियम-अधिनिर्णय के क्षेत्र तथा उसकी गहराई को किसी राजनीतिक व्यवस्था में देखें तो इनमें तथा न्यायपालिका की स्वतन्त्रता में सावयवी सम्बन्ध दिखाई देगा। हम इसको ग्राफिक रूप में इस प्रकार चित्रित कर सकते हैं।

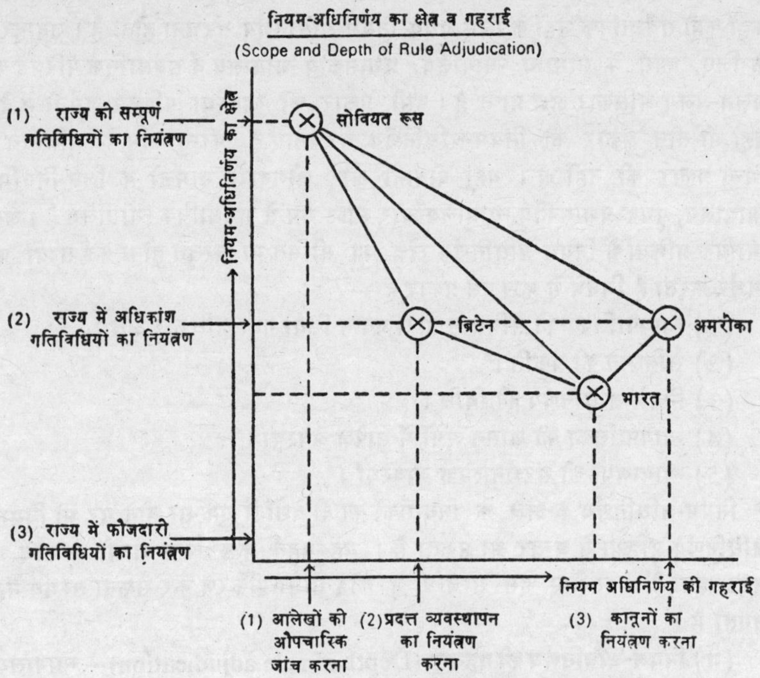

चित्र 16.3. नियम-अधिनिर्णय का क्षेत्र व गहराई

चित्र 16.3 से स्पष्ट है कि सोवियत रूस में नियम-अधिनिर्णय का क्षेत्र व्यापकतम है किन्तु गहराई नाम मात्र की है। जब कि अमरीका में क्षेत्र न्यायिक पुनरावलोकन के कारण अधिकतम है तथा क्षेत्र संघात्मक व्यवस्था के कारण बहुत व्यापक नहीं है। इसी तरह, ब्रिटेन में संसद की सर्वोच्चता के कारण नियम-अधिनिर्णय की गहराई कम व क्षेत्र उदार लोकतन्त्रों के समान पर्याप्त है। भारत में न्यायिक पुनरावलोकन की सक्रिया 'कानून द्वारा स्थापित प्रक्रिया' के द्वारा होने के कारण नियम-अधिनिर्णय की गहराई उतनी नहीं है जितनी अमरीका में है क्योंकि वहां न्यायिक पुनरावलोकन 'कानून की उचित प्रक्रिया' के द्वारा सक्रिय होता है। इसी तरह, भारत के संविधान के कुछ भागों

के लचीलेपन के कारण क्षेत्र भी उतना नहीं है, क्योंकि न्यायालयों पर कुछ सीमाएं लगी रहती हैं जो विशेषकर संकटकाल की परिस्थितियों में अधिक व्यापक बन जाती हैं।

नियम-अधिनिर्णय की शासन-व्यवस्था में भूमिका (Rule of Rule Adjudication in the Governmental System)

न्यायाधीश और न्यायालय समग्र राजनीतिक प्रक्रिया के महत्त्वपूर्ण पहलू होते हैं। इन संस्थाओं को एकमात्र विधिक संस्था समझना राजनीतिक पद्धति में उनके महत्त्व को कम आंकना है, क्योंकि न्यायालय राजनीतिक संस्थाएं हैं और इनसे राष्ट्रीय नीति के विवादास्पद प्रश्नों पर निर्णय प्राप्त किए जाते हैं। कई बार न्यायालय, दलबन्दी में उलझी कार्यपालिका व व्यवस्थापिका को नेतृत्व तक प्रदान करते देखे गए हैं। न्यायिक पद्धति राजनीतिक प्रक्रिया का ही अंग है। न्यायालय ही नागरिक को शक्तिशाली राज्य से सुरक्षित बनाते हैं। न्यायालय राजनीतिक प्रक्रिया को सुचारु रूप से चलाने में भी सहायक रहते हैं। यही सरकार के हाथों में राजनीतिक शक्ति के अत्यधिक केन्द्रीकरण की रोकथाम के साधन बनते हैं। कम्युनिस्ट राजनीतिक पद्धतियों में पार्टी जन-इच्छा का प्रतीक होती है और न्यायालय जनता के सेवक होते हैं, इसलिए इस सम्बन्ध में यह निष्कर्ष निकालना आसान है कि इन देशों में न्यायालय राजनीतिक व्यवस्था में पूरी तरह लीन रहते हैं। किन्तु इसका अर्त यह नहीं है कि उदारवादी लोकतन्त्रों में न्यायालय किसी प्रकार राजनीतिक प्रक्रिया से कटकर दूर हो जाते हैं। इन व्यवस्थाओं में न्यायालयों की शासन-व्यवस्था में भूमिका के सम्बन्ध में पश्चिमी जर्मनी के संघीय संवैधानिक न्यायालय के बारे में एल० जे० एडिंजर के विचार काफी स्पष्टवादी हैं। इस न्यायालय के सम्बन्ध में उसने लिखा है—

"जर्मनी विधिशास्त्र की सकारात्मक परम्परा के कारण संवैधानिक न्यायालय राज्य के अराजनीतिक उपकरण नहीं हैं और न कभी उनसे तटस्थ होने की आशा ही गई थी। यह माना जाता है कि उनके न्यायाधीश मौजूदा व्यवस्था के संवैधानिक सिद्धान्तों की व्याख्या करने में निदर्लीय होते हैं लेकिन उनका शासन के पक्ष में झुकाव होता है। दूसरे शब्दों में, संवैधानिक न्यायालय मौजूदा राजनीतिक पद्धति के वैधीकरण तथा संरक्षण के लिए बिलकुल स्पष्ट रूप में कार्य करने वाली न्यायिक संरचनाएं हैं।"[29]

यही बात अधिकांश देशों के उच्चतर न्यायालयों के बारे में कही जा सकती है। न्यायालयों को राजनीतिक पद्धति में विभिन्न कार्य करने होते हैं। इनकी चर्चा हम पहले ही इसी अध्याय में कर चुके हैं। न्यायालयों की मौजूदा राजनीतिक पद्धति के स्थिरीकरण तथा उसे सहायता देने का कार्य करने में ही उनकी स्थापना की औचित्यता निहित रहती है। वास्तव में न्यायालय, राजनीतिक व्यवस्था के दलबन्दी से युक्त नेतृत्व में, निष्पक्षता की संरचनाएं होने के कारण, अभूतपूर्व भूमिका निभा सकने की अवस्था में होते हैं।

[29]L. J. Adinzer, *Politics in Germany*, Boston, Mass. 1968, pp. 222-23.

लोगों की न्यायालयों में ही आस्था होती है। न्यायालय राजनीति से ऊपर होते हैं, किन्तु राजनीति से दूर नहीं हो सकते हैं। उनको राजनीति से ऊपर करने के प्रयास—उनको स्वतन्त्र रखना, अधिकांशतः सफल हुए हैं, किन्तु उन्हें राजनीति से दूर करने के प्रयास सब जगह असफल रहे हैं। न्यायालयों के कार्य ही इस प्रकार के हैं कि वे महत्त्वपूर्ण नीति निर्माताओं के रूप में कार्य करने लगे तो कोई आश्चर्य नहीं होना चाहिए। न्यायालयों की शासन-व्यवस्था की भूमिका में यह ध्यान रखना होगा कि न्यायालय राजनीतिक प्रक्रिया के भाग हैं और उनके सहयोग तथा संघर्ष दोनों पर ही बल दिया जाना चाहिए। यह राजनीतिक पद्धति के बाहरी तमाशबीन नहीं होते हैं अपितु शासन करने वाले स्थिर राजनीतिक गठबन्धन के रूप में इनकी व अन्य अंगों की परस्पर क्रिया चलती रहती है। इस सम्बन्ध में लास्की ने ठीक ही लिखा है कि "वह जिसके हाथों में विधि की व्याख्या करने का कार्य है, इस स्थिति की प्रकृतिवश इसका मालिक भी होता है।"[30] न्याय-पालिका के हाथ में व्यवस्थापन व कार्यपालन के निर्णयों को रद्द करने का अधिकार मात्र उसे राजनीतिक व्यवस्था का महत्त्वपूर्ण प्रणोता बना देता है, किन्तु न्यायपालिका शासन प्रक्रिया में उपयोगी तथा सार्थक भूमिका निभा सके उसके लिए लास्की द्वारा दी गई चेतावनी व सलाह का ध्यान रखना आवश्यक है। लास्की ने लिखा है कि "न्याय-पालिका अनियन्त्रित व्यवस्थापन शक्ति का उपयोग न करने लगे इसकी सुरक्षा करनी होगी। यह इसलिए आवश्यक है कि न्यायाधीश सिद्धान्ततः केवल अपने ही प्रतिनिधि होते हैं।"[31] इसी सम्बन्ध में अपने विचारों को और स्पष्ट करते हुए लास्की ने लिखा है कि "न्यायाधीशों के प्रशिक्षण, चयन व बाहरी निरीक्षण के सुस्थापित प्रतिमान व विधियां होनी चाहिए जिससे उनकी ईमानदारी, निष्पक्षता, ज्ञान, बौद्धिक स्तर और प्रखरता इतने शक्तिशाली पदों के अनुरूप हो सके।"[32]

न्यायपलिका की राजनीतिक व्यवस्था में भूमिका का एक पक्ष विचित्र उपेक्षा का शिकार रहा है। आधुनिक राज्यों, राजनीतिक प्रक्रियाओं, विधिक प्रक्रियाओं और समाज के सन्दर्भ में न्यायाधीशों व नियम-अधिनिर्णय संरचनाओं की भूमिका का विस्तार से विवेचन सदियों से होता आया है। इसी तरह कानूनों की व्याख्या करने, विधियों को लागू करने तथा स्वयं न्यायालयों की अनेक माध्यमों से विधि निर्माण में भूमिका की चर्चा भी होती रही है, किन्तु कभी भी न्यायिक कार्यों को सावयवी ढंग से कानून में सुधार करने की महत्त्वपूर्ण प्रक्रिया के साथ सम्बन्धित करने का सुनिश्चित प्रयत्न नहीं किया गया है। यह विचित्र-सी बात है कि कानूनों की व्याख्या करने, उनकी कमियां बताने तथा उनको नया अर्थ देने का कार्य तो न्यायपालिकाएं कर सकती हैं किन्तु उनमें सुधार का सुझाव नहीं दे सकतीं। उनको कहीं-कहीं कानूनों की संवैधानिकता के ऊपर कार्यपालिक को सलाह देने का कार्य भी दिया गया है। न्यायालय व्यवस्थापिकाओं द्वारा नियन्त्रित किए जाते हैं तथा उनमें कुछ सम्पर्कता की व्यवस्थाएं भी कुछ राज्यों में

[30] Harold J. Laski, *op. cit.*, p. 464.
[31] *Ibid.*, p. 467.
[32] *Ibid.*

विद्यमान हैं। यह कार्य व व्यवस्थाएं न्यायालयों को राजनीतिक व्यवस्था के अंग अवश्य बना देती हैं। इनसे न्यायालय राजनीतिक नीति-निर्माण तक का कार्य करने की स्थिति में आ जाते हैं, किन्तु शायद किसी भी राज्य में, देश के उच्चतम न्यायालय को निगमात्मक संस्था (corporate body) के रूप में यह अधिकार प्राप्त नहीं है कि वह कार्यपालिका व व्यवस्थापिका को कानून में वांछित सुधार करने के बारे में सूचित कर सकें। यह आधुनिक राज्य व्यवस्थाओं में न्यायिक पद्धति की अद्‌भुत विडम्बना ही है कि जो कानून में सुधार के सर्वश्रेष्ठ सलाहकार हो सकते हैं उनको ऐसी सलाह या सूचना देने का केवल नकारात्मक माध्यम ही प्रदान किया गया है। न्यायाधीश सकारात्मक ढंग से इस सम्बन्ध में कार्यपालिका या व्यवस्थापिका को अनौपचारिक व औपचारिक ढंग से बहुत कुछ सुधार सुझाव दे सकते हैं, किन्तु न्यायालय रूपी संस्था को ऐसा करने की कोई संरचनात्मक व्यवस्था विधिक रूप में विकसित नहीं हुई है। अतः कई बार न्यायपालिका की, शासन-व्यवस्था में नकारात्मक भूमिका मात्र रह जाती है। अधिकार न्यायालय अभियोजक (committal) कार्रवाइयों, अन्वेषणकारी या दोषारोपणकारी और अभियोग लगाने वाली गतिविधियों तक ही सीमित रह जाते हैं। ऐसे न्यायालयों में न्यायाधीश सही अर्थों में निर्णायक के रूप में नहीं बल्कि जांच करने वाले अधिकारियों के रूप में कार्यरत लगते हैं।

विकासशील राज्यों में नियम-अधिनिर्णय (Rule Adjudication in the Developing States)

विचारशील राज्यों में नियम-अधिनिर्णय की प्रक्रियाएं, संरचनाएं तथा संवैधानिक व्यवस्थाएं, पश्चिमी देशों के राजनीतिशास्त्र के विद्वानों के ध्यान को अभी हाल में ही आकर्षित कर पाई हैं। द्वितीय विश्वयुद्ध के बाद के दो दशकों तक अनेक नवोदित राज्यों में राजनीतिक संस्थाओं के आंग्ल-अमरीकी प्रतिमान जैसे-तैसे बने रह सके थे, इसलिए इन देशों को लोकतान्त्रिक शासन-व्यवस्थाओं के घेरे में प्रवेश मिल गया किन्तु कुछ ही समय में आंग्ल-अमरीकी संस्थागत व्यवस्थाओं से अनुकृत राजनीतिक संस्थाएं व विशेषकर न्यायिक संरचनाएं विकासशील समाजों की आवश्यकताओं के अनुकूल नहीं रहीं। न्यायालय संवैधानिक संरक्षणों की आड़ में समाज के विशिष्ट वर्ग व आम जनता के बीच खींचतान के दौर में, अभिजन वर्ग के हितों के संरक्षक व पोषक बन गए। यहां तक कि इन्होंने निर्वाचित व्यवस्थापिकाओं द्वारा प्रकट जनमत को ठुकराकर, संविधान को सबकी पहुंच से ऊपर लाकर रख दिया। इस स्थिति के कारण विकासशील राज्यों में राजनीतिक प्रक्रियाओं में आवश्यक परिवर्तन व संशोधन कर सकना कहीं-कहीं असम्भव सा हो गया है। इस कारण अन्ततः इन देशों में न्यायपालिकाओं को, राजनीतिक व्यवस्थाओं में तेज़ी से परिवर्तन लाने के प्रयत्नों में सहायक बनाने के लिए सुधारने के प्रयत्नों की पहल की जाने लगी है। यह प्रयत्न पश्चिमी विचारकों के लिए चिन्ता के विषय बनने लगे हैं। उनके अनुसार राजनीतिक समाजों की अन्य सभी अव्यवस्थाओं व अस्तव्यस्तताओं के लिए 'न्यायपालिकाओं' से की जाने वाली यह 'छेड़खानी' ही उत्तरदायी है। इस

सम्बन्ध में वे शायद यह भूल जाते हैं कि न्यायपालिकाएं भी राजनीतिक व्यवस्था की अभिन्न अंग होने के कारण, इनकी अस्तव्यस्तताओं से अछूती रहे ऐसा सम्भव है।

विकासशील राज्यों में व्यवस्थापिकाएं, कार्यपालिकाएं व दल-पद्धतियां व अन्य संरचनात्मक प्रक्रियाएं सुनिश्चित प्रतिमान प्राप्त नहीं कर पाई हैं। राजनीतिक अस्थिरताओं व विकास की मजबूरियों के कारण इन समाजों में खिचाव व तनाव है। आम जनता व अभिजनों के बीच स्वार्थ संघर्ष है। जनता में जागरूकता व उनकी सही अर्थों में राजनीतिक प्रक्रियाओं में सहभागिता की मांग अभिजनों द्वारा, न्यायपालिकाओं द्वारा प्रदत्त संरक्षणों की आड़ में ठुकराई जा रही है। जिससे इन देशों में राजनीतिक प्रक्रियाएं अस्थिर व अनिश्चित हो गई हैं। इन देशों में न्यायपालिकाओं की नई भूमिकाएं जब तक विकसित नहीं होंगी तब तक यह संस्थाएं राजनीतिक प्रक्रिया का अंग नहीं बन जाएंगी। यद्यपि इन देशों में नियम-अधिनिर्णय प्रक्रिया के सामान्य लक्षणों व न्यायिक पद्धतियों में इतनी विविधताएं हैं कि इनको किसी प्रतिमान में फिट ही नहीं किया जा सकता, फिर भी कुछ लक्षणों को सामान्यतया सब जगह देखा जा सकता है। अन्तर उनमें भी पाए जाते हैं पर यह अन्तर प्रकार के नहीं केवल मात्रा तक ही सीमित है। संक्षेप में नियम-अधिनिर्णय के विकासशील राज्यों में यह लक्षण है—

(1) नियम-अधिनिर्णय संरचनाएं, 'आंग्ल-अमरीकी' या 'पश्चिम-यूरोपीय' संरचनाओं के मॉडलों की अनुकृतियां हैं।

(2) यह सैद्धान्तिक दृष्टि से ही स्वतन्त्र और पृथक हैं।

(3) नियम-अधिनिर्णय प्रक्रियाओं में स्थिरता व सुनिश्चितता का अभाव है।

(4) यह राजनीतिक पद्धति की सही अर्थों में अंग नहीं हैं।

(5) इनके द्वारा नीति-निर्माण में भूमिका निभाने पर प्रतिबन्ध है।

(6) इनकी शासन-अंगों से सामान्य टकराव की स्थिति रहती है।

(7) राजनीतिक व्यवस्थाओं की तरह न्यायिक व्यवस्थाएं भी संक्रमण काल से गुजर रही हैं।

विकासशील राज्यों में नियम-अधिनिर्णय की पद्धतियों को चुनौती दी जाने लगी है। इनको शासन-व्यवस्थाओं में उपयोगी भूमिका निभाने के उपयुक्त नहीं माना जाता है। इनकी संरचनाओं, प्रक्रियाओं और उद्देश्यों में मौलिक परिवर्तन करने की मांग की जाने लगी है। इन देशों में न्यायपालिका को स्वतन्त्र व पृथक रखने पर आपत्तियां उठाई जा रही हैं। आम जनता की इनसे आस्था उठ जाने से इनकी प्रतिष्ठा व सम्मान को धक्का लगा है। इससे यह सामाजिक स्थिरता का एक कारक भी नहीं रह गई हैं। राजनीतिक प्रक्रियाओं में उथल-पुथल के कारण नियम-अधिनिर्णय की पद्धति में भी अनिश्चय बना हुआ है।

इन देशों में सबसे बड़ी दुविधा राजनीतिक व्यवस्थाओं के स्थायित्व की है। लोकतन्त्र का उदारवादी नमूना इन देशों में असफल हो चुका है तथा साम्यवादी नमूने से यह देश बहुत दूर रहना चाहते हैं। इस तरह, राजनीतिक दृष्टि से अभी इन देशों का सही राह के लिए 'अंधेरे में टटोलने' (groping in the dark) का कार्य ही चल रहा है। इस

कारण, नियम-अधिनिर्णय की प्रक्रियाएं नीचे के स्तर पर फौजदारी व दीवानी मामलों के निपटाने में तो सक्रिय व सफल रही हैं, किन्तु उच्चतम स्तर के न्यायालय, राजनीतिक निर्णयकारी प्रक्रिया में महत्त्वपूर्ण भूमिका निभाने में प्रतिबन्धित किये जाने लगे हैं। अतः विकासशील राज्यों में नियम-अधिनिर्णय की प्रक्रियाओं व संरचनाओं के बारे में सुनिश्चित निष्कर्ष निकालने का प्रयास करना विशेष रूप से वर्तमान परिस्थितियों में सम्भव नहीं लगता है।

स्वेच्छाचारी व सर्वाधिकारी देशों में नियम-अधिनिर्णय (Rule Adjudication in Dictatorial and Totalitarian Countries)

स्वेच्छाचारी शासन व्यवस्थाओं में नियम-अधिनिर्णय की संरचनाओं व प्रक्रियाओं के बारे में बहुत कुछ उथल-पुथल की परिस्थितियां रहती हैं। जिन राजनीतिक व्यवस्थाओं में तानाशाही लम्बी अवधि तक स्थायी रहने का वैधीकरण कर लेती है वहां नियम-अधिनिर्णय संरचनाओं में अप्रत्याशित व अभूतपूर्व स्थिरता, निरन्तरता तथा वास्तविकता आ जाने दी जाती है। केवल उच्चतम न्यायालयों को प्रतिबन्धित रखा जाता है या उसको निश्चित दिशा-निर्देशों के अनुसार कार्य करने के लिए बाध्य किया जाता है। इन देशों में अर्द्ध-न्यायिक प्रशासकीय-अधिकरण तथा सैनिक न्यायालय या अधिकरण अधिक महत्त्व प्राप्त कर लेते हैं जिससे सामान्य न्यायिक विधि भी नियन्त्रित हो जाती है। किन्तु इन देशों में, जो आजकल केवल विकासशील राज्यों में ही अधिक पाए जाते हैं, अत्यधिक राजनीतिक अस्थिरता से कोई निष्कर्ष निकालना कठिन है।

सोवियत रूस में न्यायालय के निर्णयों से दल की नीति अधिक उत्कृष्ट मानी जाती है। जब तक पार्टी या उसके नेता प्रभावकारी ढंग से शक्ति का प्रयोग करने वाले रहते हैं तब तक न्यायालयों के निर्णयों में दखल नहीं देना चाहते हैं। ऐसी अवस्था में काफी बड़ी संख्या में महत्त्वपूर्ण राजनीतिक सक्रियताएं संवैधानिक तथा अन्य विधि के अधीन होती हैं। इस मानी में सर्वाधिकारी नियम-अधिनिर्णय पद्धति लोकतान्त्रिक पद्धति से काफी मिलती-जुलती लगने लगती है। कम्युनिस्ट सर्वाधिकारी राजनीतिक पद्धति में शक्ति पृथक्करण के सिद्धान्त की दुहाई नहीं दी जाती । इन पद्धतियों में पार्टी जन-इच्छा का प्रतीक होती है और न्यायालय जनता के सेवक होते हैं इसलिये इस निष्कर्ष पर पहुंचने में कोई दिक्कत नहीं होती है कि न्यायालय पार्टी से जारी होने वाले निर्देशों के अधीन होते हैं। इसी कारण सर्वाधिकारी तथा स्वेच्छाचारी राज्यों की विधिक पद्धतियों में, लोकतान्त्रिक पद्धतियों में पाई जाने वाली निष्पक्षता, निरन्तरता, खुली कार्रवाई, पूर्वानुमान तथा स्थिरता जैसी संकल्पनाएं नहीं पाई जाती हैं। इन देशों में पुलिस द्वारा स्वेच्छाचारी शक्तियों का प्रयोग, न्याय कार्रवाइयों का अभाव, गुप्त न्यायिक कार्रवाइयां, कार्यविधियों तथा निर्णयों को प्रसारित करने में असफलता जैसे लक्षण नियम-अधिनिर्णय पद्धति के भाग बन जाते हैं। फिर भी ये अन्तर निरपेक्ष की तुलना में सापेक्ष ही अधिक हैं। उदारवादी लोकतन्त्रीय पद्धतियों में भी युद्ध या आंतरिक अशान्ति जैसे संकटकाल के समय सरकारों को असाधारण शक्तियां प्राप्त हो जाती हैं, जिसके परिणामस्वरूप

सामान्य न्यायिक कार्यविधि रद्द हो जाती है। प्रशासकीय तथा अर्द्ध-न्यायिक प्रशासकीय अधिकरणों की प्रथा का प्रचलन भी बढ़ रहा है। अतः लोकतन्त्र व्यवस्थाओं में भी नियम-अधिनिर्णय कुछ विलक्षण प्रवृत्तियों की तरफ बढ़ता हुआ दिखाई देता है।

स्वेच्छाचारी शासन-व्यवस्थाओं में भी कानून की निश्चित प्रक्रियाएं हो सकती हैं और ऐसे विधिक नियमों का होना भी सम्भव है जिनके बारे में पूर्वानुमान लगाया जा सके। सर्वाधिकारी पद्धतियों में निष्पक्षता तथा पूर्वानुमान जैसे लक्षणों की गैर मौजूदगी की बात कुछ क्षेत्रों के बारे में ही सत्य कही जा सकती है। इन शासनों में चोरी, मानहानि व अन्य फौजदारी और दीवानी के मामलों में, उदारवादी नियम-अधिनिर्णय पद्धति के समान ही विधि अपनाई जाती है, लेकिन 'राजनीतिक' मामलों में सामान्य नियम-अधिनिर्णय पद्धति स्थगित रहती है।

न्यायालयों के संगठन की दृष्टि से सर्वाधिकारी शासनों में व उदार लोकतन्त्रों के न्यायालयों में कोई विशेष अन्तर नहीं होता है। अमरीका में न्यायालयों के संगठनों के के अनुरूप सोवियत संघ तथा स्वायत्त गणतन्त्रों के सर्वोच्च न्यायालयों के पिरामिड की चोटी पर संघीय समाजवादी सोवियत गणराज्य का सर्वोच्च न्यायालय स्थित है। रूस में क्षेत्र, वृत्तों तथा प्रदेशों में भी न्यायालय होते हैं—निम्नतम स्तर पर शहरों और देहाती इलाकों में जनता के न्यायालय होते हैं। यहां संगठन का केवल एक लक्षण विशिष्ट है और वह है न्यायाधीशों का निर्वाचन होना। अन्यथा संगठन विशेष भिन्न प्रकार का नहीं है। किन्तु न्यायाधीशों का निर्वाचन न्यायालयों के राजनीतिक व्यवस्था में स्थान व भूमिका का महत्त्वपूर्ण नियामक बन जाता है। "सोवियत संघ में सब न्यायाधीश सम्बन्धित सोवियत द्वारा या प्रत्यक्षतः निर्वाचित किए जाते हैं इस कारण वहां की न्यायपालिका पार्टी-नियंत्रित सरकार का अधिक निष्क्रिय अभिकर्ता (agent) हो जाती है, क्योंकि न्यायाधीशों की चुनावी प्रक्रियाओं पर पार्टी का प्रभुत्व रहता है।"[33] रूस में राजनीतिक दल न्यायालयों को व्यवहार में राजनीतिक प्रक्रिया के भाग के रूप में बनाए रखने की व्यवस्था करते हैं जब कि लोकतान्त्रिक राज्यों में राजनीतिक दलों को खुले रूप से ऐसा करने के अवसर नहीं रहते हैं।

नियम-अधिनिर्णय : एक मूल्यांकन (Rule Adjudication : An Evaluation)

नियम-अधिनिर्णय के उपरोक्त विवेचन से यह बात स्पष्ट हो जाती है कि यह हर प्रकार की शासन-व्यवस्था में अनिवार्यतः विद्यमान होता है। यह किसी भी राजनीतिक व्यवस्था में राजनीति की दुनियां से बहुत दूर की प्रक्रिया नहीं हो सकती है। हर राजनीतिक व्यवस्था में नियम-अधिनिर्णय विधिक संरचना, राजनीतिक संस्कृति, राजनीतिक प्रक्रिया की अन्य संरचनाओं तथा न्यायाधीशों के राजनीतिक व सामाजिक मूल्यों और दल-विचारधाराओं के बीच अन्तःक्रिया होती रहती है जो सम्पूर्ण नियम-अधिनिर्णय से सम्बन्धित विधिक पद्धति को चयन, प्राथमिकताओं और संघर्ष के घेरे में दृढ़तापूर्वक खींच

[33] Alan R. Ball, *op. cit.*, p. 210.

जाती है। इससे हर प्रकार की राजनीतिक प्रणाली में नियम-अधिनिर्णय प्रतिमान मौलिक नहीं तो कम से कम सामान्य व ऊपरी सामान्यताओं से युक्त बन जाते हैं।

न्यायिक पुनरावलोकन
(JUDICIAL REVIEW)

लोकतान्त्रिक शासन-व्यवस्थाओं की यह विशेषता होती है कि इनमें शासन व्यक्ति विशेष या व्यक्ति समूह की इच्छाओं के अनुसार नहीं चलकर विधि के अनुसार निष्पादित होता है। अधिकांश लोकतन्त्र प्रणालियों में विधि के सामने सभी व्यक्ति बराबर होते हैं तथा एक-सा सामान्य कानून राज्य के सभी नागरिकों पर लागू होता है। इसकी व्यवस्था करने के लिए राजनीतिक शक्ति का संघटन संविधान के द्वारा किया जाता है। संविधान के द्वारा व्यक्ति, समूहों और राजनीतिक सत्ताओं की राजनीतिक समाज में भूमिकाओं और कार्यों का निरूपण होता है। सभी व्यक्ति, समुदाय और सरकारी अधिकारी अपने-अपने अधिकार क्षेत्र में रहें इसके लिए संविधान के द्वारा न्यायपालिका की व्यवस्था की जाती है, जो इन्हें अपने कार्य क्षेत्र का उल्लंघन करने से रोकने और वास्तव में उल्लंघन होने पर उल्लंघनकर्त्ता को दण्डित करने का कार्य करती है।

आधुनिक राज्यों में लिखित संविधानों की व्यवस्था होती है और इससे संविधानों की व्याख्या करने का और उसकी अतिक्रमणों से रक्षा करने का प्रश्न उठ खड़ा होता है। इसके लिए ऐसी कोई व्यवस्था करने की आवश्यकता है जो संविधान की धाराओं की व्याख्या और उसकी रक्षा कर सके। न्यायपालिका यह कार्य तभी कर सकती है जब उसको कार्यपालिका और व्यवस्थापिका के कार्यों का पुनरावलोकन कर उनकी संविधान से अनुरूपता या प्रतिकूलता देखने का अधिकार हो। सामान्य अर्थों में न्यायपालिका के ऐसे अधिकार को ही न्यायिक पुनरावलोकन कहा जाता है। हम इसके अर्थ और उपयोग इत्यादि का विवेचन करें इससे पहले हमें इसकी उत्पत्ति का संक्षिप्त विवेचन कर लेना चाहिए जिससे इसके प्रचलन का सही संदर्भ समझा जा सके।

न्यायिक पुनरावलोकन की उत्पत्ति (The Origin of Judicial Review)

न्यायिक पुनरावलोकन की उत्पत्ति को सामान्यतया अमरीकी संविधान से सम्बन्धित किया जाता है, किन्तु इसकी प्रारम्भिक उत्पत्ति उस देश में हुई जहां आज इसकी कोई व्यवस्था नहीं है। साम्राज्यवादी युग में ब्रिटेन के उपनिवेशों से सम्बन्धित न्यायालयों के निर्णयों का पुनरावलोकन करने के लिए एक संस्था 'प्रीवी परिषद' (Privy Council) विकसित हो गई थी। इस परिषद को उपनिवेशों के सर्वोच्च न्यायालयों द्वारा दिए गए निर्णयों का पुनरावलोकन करके उन्हें रद्द करने का अधिकार था। इस सम्बन्ध में पिनोक और स्मिथ ने अपनी पुस्तक **पोलिटिकल साइंस: ऐन इन्ट्रोडक्शन** में ठीक ही लिखा है कि "न्यायिक पुनरावलोकन के विचार की उत्पत्ति ब्रिटिश कही जा सकती है।" इन्होंने आगे लिखा है कि अमरीका के संविधान के साथ न्यायिक पुनरावलोकन का प्रत्यक्ष संबंध

नहीं जोड़ा जा सकता, क्योंकि अमरीका का संविधान इसका कहीं उल्लेख नहीं करता। इस बारे में इन्होंने ठीक ही कहा है कि "अमरीका का संविधान प्रत्यक्ष रूप में न्यायिक पुनरावलोकन की कोई व्यवस्था नहीं करता। अधिक से अधिक निहितार्थ से ही इसकी वहां व्यवस्था होती है और यह भी विवाद का विषय है।"

न्यायिक पुनरावलोकन का विचार अवश्य ही ब्रिटेन की देन है किन्तु इसको सर्वप्रथम अमरीका में ही स्पष्ट और निश्चित रूप से प्रतिपादित किया गया था। अमरीका के भूतपूर्व मुख्य न्यायाधीश मार्शल ने सन 1803 में 'मारबरी बनाम मेडिसन' नामक विख्यात मुकदमे के निर्णय में प्रथम बार न्यायिक पुनरावलोकन की शक्ति की प्रस्थापना की थी। मार्शल ने यह तर्क दिया कि लिखित, अचल और सर्वोच्च संविधान की धारणा तब तक व्यावहारिक नहीं बन सकती है जब तक न्यायालयों को कार्यपालिका और व्यवस्थापिका के कार्यों की इस दृष्टिकोण से जांच करने का अधिकार न हो कि वह कार्य संविधान के अनुकूल है या नहीं। न्यायाधीश मार्शल ने अमरीका के सर्वोच्च न्यायालय के कानूनों की वैधानिकता जांचने के अधिकार को निम्नलिखित तथ्यों पर आधारित बताया था—

(1) अमरीका की सरकार सीमित शक्तियों की सरकार है।

(2) लिखित और अचल संविधान सरकार की शक्तियों को सीमित करने का आधार प्रस्तुत करता है।

(3) संवैधानिक कानून साधारण कानून से सर्वोच्च है।

(4) संवैधानिक कानून के प्रतिकूल बना साधारण कानून वैध नहीं है।

(5) संविधान के प्रतिकूल कानूनों को न्यायालय लागू करने से इनकार करने का अधिकार रखता है।

मुख्य न्यायाधीश का प्रमुख तर्क यह था कि अमरीका की सरकार सीमित शक्तियों की सरकार है क्योंकि संविधान लिखित और अचल ही नहीं है अपितु संघीय सरकार और राज्यों के बीच शक्तियों का विभाजन भी करता है। इससे संघीय और राज्यों की सरकारों की शक्तियां सीमित होती हैं और संविधान का लिखित रूप न्यायिक पुनरावलोकन को अनिवार्य बना देता है। यही कारण है कि सभी संवैधानिक राज्यों में न्यायिक पुनरावलोकन की किसी न किसी रूप में व्यवस्था पाई जाती है। मुख्य न्यायाधीश मार्शल का मत था कि लिखित और अचल संविधान अपने आप में न्यायिक पुनरावलोकन की शक्ति सन्निहित रखता है। अमरीका के संविधान का लिखित और अचल रूप सर्वोच्च न्यायालय को यह अधिकार उपलब्ध करा देता है। इस तरह, न्यायिक पुनरावलोकन की अमरीका के संविधान में कोई स्पष्ट व्यवस्था नहीं होते हुए भी 1803 के उपरोक्त मुकदमे के निर्णय में मार्शल ने इसकी दृढ़ स्थापना कर दी थी। यहां से ही इसका प्रसार हुआ और अन्य संविधानों में इसके प्रावधान की प्रेरणा मिली कही जा सकती है।

अमरीका का संविधान संघात्मक शासन-व्यवस्था की स्थापना करता है। संघीय व्यवस्था में अनिवार्यतः लिखित संविधान होता है तथा केन्द्रीय और राज्यों की सरकारों के बीच शक्तियों का संवैधानिक विभाजन होता है। इस विभाजन से दोनों स्तरों की सरकारों के बीच विवाद उत्पन्न होने पर कोई ऐसा सर्वोच्च निकाय होना आवश्यक

है जो अन्तिम निर्णायक हो। यह तब तक सम्भव नहीं हो सकता जब तक न्यायपालिका को न्यायिक पुनरावलोकन की शक्ति प्रदान नहीं की जाए। अत: अमरीका के संविधान की संघात्मक प्रकृति से भी न्यायिक पुनरावलोकन की शक्ति की प्रस्थापना हो जाती है। इस तरह न्यायिक पुनरावलोकन की शक्ति का विचार ब्रिटेन से चलकर अमरीका के संविधान की लिखित, अचल और संघात्मक प्रकृति के कारण मुख्य न्यायाधीश मार्शल के द्वारा प्रतिपादित हुआ और यहां से इसका अन्य राज्यों में प्रसार हुआ।

न्यायिक पुनरावलोकन का अर्थ और परिभाषा (The Meaning and Definition of Judicial Review)

न्यायिक पुनरावलोकन की परिभाषा और अर्थ को लेकर विद्वानों में मौलिक मतभेद नहीं है। सामान्यतया न्यायिक पुनरावलोकन का आशय न्यायालयों की उस शक्ति से है जिससे वे व्यवस्थापिका और कार्यपालिका के उन कार्यों और कानूनों को अवैधानिक एवं अमान्य घोषित कर सकते हैं जो उनके मत में संविधान के किसी प्रावधान के प्रतिकूल हो। न्यायिक पुनरावलोकन की शक्ति से न्यायालय संविधान की व्याख्या करते हैं और कानूनों तथा कार्यपालिका कार्यों और आदेशों की संवैधानिकता या असंवैधानिकता का निर्णय करते हैं। इसकी कुछ परिभाषाओं का उल्लेख करने से इनका अर्थ स्पष्ट करने में सहायता मिलेगी। अत: यहां कुछ परिभाषाएं दी जा रही हैं।

कोरविन ने **इन्टरनेशनल इन्साइकलोपीडिया ऑफ सोशल साइंसेज** में अपने एक लेख में लिखा है कि "न्यायिक पुनरावलोकन का अभिप्राय न्यायालयों की उस शक्ति से है, जो उन्हें अपने न्याय-क्षेत्र के अन्तर्गत लागू होने वाले व्यवस्थापिका के कानूनों की वैधानिकता का निर्णय देने के सम्बन्ध में तथा उन कानूनों को लागू करने के सम्बन्ध में प्राप्त है, जिन्हें वे अवैध और व्यर्थ समझें। यह परिभाषा व्यापक है किन्तु इसमें न्यायिक पुनरावलोकन के सभी पक्षों का स्पष्टीकरण नहीं होता है। इससे शायद कार्यपालिका कार्य रद्द करने के लिए उस कार्य विशेष से सम्बन्धित कानून का पुनरावलोकन करना अनिवार्य हो जाता है। अत: यह परिभाषा उपयुक्त होते हुए भी अधिक ठीक नहीं मानी जा सकती।

पिनोक और स्मिथ ने न्यायिक पुनरावलोकन की परिभाषा करते हुए कहा है कि "यह न्यायालयों को संविधान की व्याख्या करने की तथा व्यवस्थापिका, कार्यपालिका व प्रशासन के उन कार्यों को जो सर्वोच्च कानून (संविधान) के प्रतिकूल हों, रद्द करने की शक्ति प्राप्त है।" एम० वी० पायली ने अपनी पुस्तक **कान्सटीट्यूशनल गवर्नमेन्ट इन इण्डिया** में न्यायिक पुनरावलोकन की परिभाषा करते हुए लिखा है कि "यह न्यायालय की वह क्षमता है जिससे वह व्यवस्थापन कार्यों की वैधानिकता या अवैधानिकता को घोषित करती है।" मैक्रीडिस तथा ब्राउन ने पायली से मिलती-जुलती परिभाषा दी है। उनके अनुसार "इसका आशय न्यायाधीशों की उस शक्ति से है, जिससे वे एक उच्चतर कानून के नाम पर संविधियों या आदेशों पर सवाल कर सकें और संविधान विरुद्ध पाने पर उन्हें अमान्य ठहरा सकें।" इन सभी परिभाषाओं को सही माना जा सकता है। पायली की परिभाषा में कार्यपालिका कार्यों का उल्लेख नहीं है अन्यथा यह संक्षिप्त और ठीक

परिभाषा मानी जा सकती थी। अतः पिनोक तथा स्मिथ द्वारा दी गई परिभाषा ही न्यायिक पुनरावलोकन की अधिक ठीक परिभाषा कही जा सकती है।

न्यायिक पुनरावलोकन की विशेषताएं (The Characteristics of Judicial Review)

न्यायिक पुनरावलोकन की उपरोक्त परिभाषाओं से इसकी विशेषताओं का स्पष्टीकरण तो नहीं होता, किन्तु इनसे ऐसा आधार प्रस्तुत हो जाता है जिससे न्यायिक पुनरावलोकन की विशेषताओं का विवेचन करना आसान हो जाता है। सामान्यतया न्यायिक पुनरवलोकन की विशेषताओं का विवेचन आसान हो जाता है। सामान्यतया न्यायिक पुनरावलोकन की निम्नलिखित विशेषताएं उल्लेखनीय हैं—

(1) न्यायिक पुनरावलोकन लिखित संविधान वाले लोकतान्त्रिक शासनों में ही सम्भव है।

(2) यह किसी साध्य की प्राप्ति का साधन होता है। यह साध्य अलग-अलग देशों में अलग प्रकार के हो सकते हैं। जैसे—(क) संविधान की सर्वोच्चता, (ख) विधि के शासन की व्यवस्था, और (ग) व्यक्तिगत स्वतन्त्रता।

(3) इसका क्षेत्र और प्रकृति अलग-अलग प्रकार की हो सकती है।

(4) इससे संवैधानिक सरकार की स्थापना होती है।

(5) न्यायिक पुनरावलोकन के परिचालन सिद्धान्त अलग-अलग हो सकते हैं।

उपरोक्त विशेषताओं से स्पष्ट है कि न्यायिक पुनरावलोकन की व्यवस्था केवल लोकतान्त्रिक शासन-व्यवस्थाओं में ही सम्भव है किन्तु इसका यह आशय नहीं है कि हर लोकतांत्रिक शासन-व्यवस्था में इसकी व्यवस्था होने पर ही शासन लोकतान्त्रिक होगा। उदाहरण के लिए, ब्रिटेन में इसकी व्यवस्था नहीं है किन्तु वह लोकतान्त्रिक है। इन सबसे यही बात उभरती है कि अगर लिखित संविधान वाली शासन-व्यवस्था है तो प्रत्यक्ष या अप्रत्यक्ष रूप से न्यायिक या और किसी प्रकार के पुनरावलोकन की व्यवस्था पाई जाएगी जैसे स्विटजरलैण्ड में लोकनिर्णय (referendum) द्वारा यह सम्भव होता है। इन विशेषताओं से यह भी स्पष्ट होता है कि न्यायिक पुनरावलोकन की व्यवस्था हर देश में नहीं होती है। इसके लिए कुछ पूर्व शर्तें हैं जिनके बिना यह व्यवस्था नहीं हो सकती।

न्यायिक पुनरावलोकन की पूर्व-शर्तें (The Pre-requisites of Judicial Review)

न्यायिक पुनरावलोकन की व्यवस्था के लिए निम्नलिखित आवश्यक शर्तें पूरी होनी चाहिए। इनके अभाव में किसी देश में न्यायिक पुनरावलोकन सम्भव नहीं हो सकता, अर्थात यह ठीक प्रकार से संचालित नहीं हो सकता है—

(1) लिखित और अचल संविधान।

(2) सर्वोच्च और स्वतन्त्र न्यायपालिका।

(3) वादयोग्य (juaticiable) मौलिक अधिकार या सरकार की सत्ता पर वादयोग्य सीमाओं की व्यवस्था।

(4) शक्तियों का कम से कम ऐसा पृथक्करण जिसमें न्यायपालिका पृथक निकाय के रूप व्यवस्थित रहे।

न्यायिक पुनरावलोकन उन देशों में ही व्यवस्थित हो सकता है जहां संविधान लिखित और अचल हो। अचल संविधान से आशय ऐसे संविधान से है जिसमें —(1) संविधान के संशोधन की प्रक्रिया साधारण कानून बनाने की प्रक्रिया से भिन्न प्रकार की हो, (2) साधारण कानून बनाने वाली संस्था से संविधान में संशोधन करने वाली संस्था भिन्न होती हो (यह भिन्नता पूर्ण या आंशिक हो सकती है) और, (3) संवैधानिक कानून, साधारण कानून से सर्वोपरिता रखते हों। न्यायिक पुनरावलोकन के लिए संविधान का लिखित और अचल होना आवश्यक है। किन्तु हर लिखित और अचल संविधान में न्यायिक पुनरावलोकन की व्यवस्था अनिवार्य नहीं होती है। संविधान लिखित और अचल होते हुए भी न्यायिक पुनरावलोकन नहीं भी हो सकता है। उदाहरण के लिए, सोवियत रूस का संविधान लिखित और अचल है, किन्तु वहां न्यायिक पुनरावलोकन की व्यवस्था नहीं पाई जाती।

न्यायपालिका की सर्वोच्चता और स्वतन्त्रता भी इसके लिए आवश्यक पूर्व शर्त है। इसके अभाव में न्यायिक पुनरावलोकन न तो वास्तविक और न ही व्यावहारिक बन सकता है। पुनरावलोकन का अर्थ ही यह है कि वह व्यवस्थापिका और कार्यपालिका के कार्यों को अवैधानिक होने पर रद्द कर सकें। यह तभी सम्भव हो सकता है जब न्यायपालिका न केवल सर्वोच्च हो अपितु वह स्वतन्त्र भी हो। न्यायपालिका की सर्वोच्चता और स्वतन्त्रता परस्पर जुड़ी हुई हैं।

न्यायपालिका द्वारा रक्षित मौलिक अधिकार या सरकार की शक्ति पर किसी न किसी प्रकार की वादयोग्य सीमाओं के होने की अवस्था में ही न्यायिक पुनरावलोकन की व्यवस्था हो सकती है। इनके अभाव में न्यायिक पुनरावलोकन की व्यवस्था ही नहीं रह जाती है।

शक्तियों का कम से कम इतना पृथक्करण होने पर ही कि न्यायपालिका सरकार के अन्य अंगों से पृथक हो, न्यायिक पुनरावलोकन की व्यवस्था सम्भव हो सकती है। अतः इसकी व्यवस्था के लिए कम से कम आंशिक रूप से शक्तियों का पृथक्करण होना आवश्यक है।

उपरोक्त पूर्व शर्तों को परम रूप में (in absolute terms) व्यवस्था हो यह आवश्यक नहीं है, किन्तु कम या अधिक मात्रा में इनकी व्यवस्था आवश्यक है अन्यथा न्यायिक पुनरावलोकन की व्यवस्था केवल सैद्धान्तिक बनकर रह जाएगी। इसका व्यावहारिक रूप तब ही संभव है जब यह पूर्व शर्तें पूरी हों। विकासशील देशों में से अनेक देशों में न्यायिक पुनरावलोकन की व्यवस्था की गई है किन्तु इन पूर्व शर्तों की ठीक प्रकार से व्यवस्था के अभाव में न्यायिक पुनरावलोकन व्यवहार में लागू नहीं होता है। अतः न्यायिक पुनरावलोकन की वास्तव में व्यावहारिक रूप में परिचालनता के लिए

इन पूर्व शर्तों का पूरा होना आवश्यक है।

न्यायिक पुनरावलोकन का क्षेत्र (The Scope of Judicial Review)

न्यायिक पुनरवलोकन का क्षेत्र कई तथ्यों द्वारा नियमित होता है। इसका क्षेत्र सीमित या विस्तृत दोनों ही प्रकार का हो सकता है। यह अनेक बातों पर निर्भर करता है। इसके लिए क्षेत्र का निर्धारण सामान्यतया निम्नलिखित बातों से होता है—

(1) संविधान की प्रकृति और संविधान द्वारा इसकी व्यवस्था।

(2) न्यायिक पुनरावलोकन की कार्यविधि का सिद्धान्त।

न्यायिक पुनरावलोकन के क्षेत्र का निर्धारण मुख्यतया संविधान की प्रकृति से होता है। अगर संविधान विस्तृत और सुस्पष्ट हो तो न्यायिक पुनरावलोकन का क्षेत्र सीमित होता है। किन्तु संविधान की संक्षिप्तता इसके क्षेत्र को विस्तृत कर देती है। संक्षिप्तता की अवस्था में न्यायाधीशों को संविधान की धाराओं की व्याख्या करने और उनको नये अर्थ देने के अधिक अवसर प्राप्त हो जाते हैं। भारत के संविधान की विस्तृतता के कारण यहां के न्यायिक पुनरावलोकन का क्षेत्र सीमित है। जबकि अमरीका के संविधान की अत्यधिक संक्षिप्तता के कारण वहां यह अधिक व्यापक है। इसी तरह संविधान ने न्यायिक पुनरावलोकन की कितनी सीमा निर्धारित की है। इस पर भी इसका क्षेत्र निर्भर करता है। संविधान कुछ बातों को न्यायिक पुनरावलोकन के अधिकार क्षेत्र से बाहर रख सकता है। भारत के संविधान में 42वां संशोधन ऐसी अनेक व्यवस्थाएं करता है। दूसरी तरफ अमरीका के संविधान में न्यायिक पुनरावलोकन का प्रत्यक्ष रूप से विवेचन ही नहीं करना इसके क्षेत्र को व्यापकतम बनाने के लिए उत्तरदायी है।

न्यायिक पुनरावलोकन के क्षेत्र का एक महत्त्वपूर्ण नियामक इसकी कार्यविधि है। इसकी कार्यविधि दो सिद्धान्तों में से किसी एक पर आधारित हो सकती है। अगर यह 'कानून द्वारा स्थापित प्रक्रिया' (procedure established by law) के सिद्धान्त के अनुसार परिचालित होता है तो इसका क्षेत्र सीमित होता है, किन्तु अगर यह दूसरे सिद्धान्त 'कानून की उचित प्रक्रिया' (due process of law) के अनुसार परिचालित होता है तो इसका क्षेत्र व्यापकतम बन जाता है। भारत में प्रथम वाले परिचालन सिद्धांत के कारण इसका क्षेत्र सीमित है जबकि अमरीका में दूसरे सिद्धान्त के अनुसार न्यायिक पुनरावलोकन की परिचालनता से इसका क्षेत्र वृहतर हो जाता है।

इस तरह, न्यायिक पुनरावलोकन का क्षेत्र सीमित और विस्तृत दोनों ही प्रकार का हो सकता है। किन्तु जैसा कि हमने इसकी परिभाषा में देखा, इसका क्षेत्र व्यापक हो या सीमित, इसका न्यायपालिका, व्यवस्थापिका और कार्यपालिका के उन सभी कार्यों की जांच या पुनरावलोकन से सम्बन्ध है जो संविधान द्वारा इन शासन अंगों के लिए निर्धारित होते हैं। इसके क्षेत्र में मात्रात्मक अन्तर हो सकते हैं, किन्तु प्रकारात्मक अन्तर नहीं होते हैं। सामान्यतया संविधान के द्वारा ही इसका क्षेत्र निर्धारित हो जाता है। अमरीका के संविधान में इसका उल्लेख नहीं होने के कारण ही तो इसकी व्यापकता की व्यवस्था हो पाई है। भारत के संविधान में इसका स्पष्ट उल्लेख और इसके कार्य सिद्धान्त

की व्यवस्था के प्रावधानों से इसका क्षेत्र पर्याप्त रूप से सीमित हो जाता है। यहां ऊपर जिन सिद्धान्तों का उल्लेख किया गया है उनकी संक्षिप्त व्याख्या करने से यह समझना सम्भव होगा कि किस प्रकार न्यायिक पुनरावलोकन की कार्यविधि का सिद्धान्त इसके क्षेत्र का महत्त्वपूर्ण नियामक बन जाता है।

'कानून द्वारा स्थापित प्रक्रिया' के सिद्धान्त के अनुसार न्यायालयों को केवल संविधान की धाराओं की शाब्दिक व्याख्या करनी होती है अर्थात न्यायालय केवल कानून के शब्दों (letter of law) को ही देख सकते हैं। कानून बनाने वालों की उस कानून के बनाने के पीछे क्या भावना थी, उन्हें इसकी जांच करने का अधिकार नहीं होता है। कानून जो कहता है केवल उसी के अनुरूप निर्णय करना होता है। इसमें कानून का क्या प्रभाव पड़ता है यह भी न्यायालय नहीं देख सकते हैं। इसका आशय यही है कि न्यायालयों के द्वारा कानून को नया अर्थ नहीं दिया जा सकता। भारत में यही सिद्धान्त अपनाया गया है। भारत के संविधान में 42वां संशोधन करके न्यायपालिका के न्यायिक पुनरावलोकन के अधिकार क्षेत्र को सीमित करने के पीछे एक दलील यह दी गई है कि न्यायालय 'कानून द्वारा स्थापित प्रक्रिया' के सिद्धान्त से हटकर 'कानून की उचित प्रक्रिया' के सिद्धान्त की तरफ बढ़ने लगे थे। अर्थात न्यायालय कानून को देखने के अलावा कानून के बनाने वालों की भावना और उसके प्रभावों तक का निर्णय में ध्यान रखने लगे थे। इस सिद्धान्त के अनुसार न्यायिक पुनरावलोकन के निष्पादन में न्यायालय केवल कानून के शब्दों का अर्थ करने तक सीमित रहते हैं।

'कानून की उचित प्रक्रिया' के सिद्धान्त में न्यायालय न्यायायिक पुनरावलोकन करते समय कानून के शब्दों से आगे बढ़कर यह भी देखते हैं कि कानून बनाने वालों का कानून बनाते समय क्या मन्तव्य और भावना थी ? इसके साथ यह भी देखा जाता है कि कानून सम्पूर्ण सामाजिक व्यवस्था के ऊपर क्या प्रभाव रखता है अर्थात इस सिद्धान्त में न्यायाधीश कानून की साम्या (equity) या औचित्यता की भी जांच कर सकते हैं। अत: इस सिद्धान्त के प्रयोग में न्यायाधीश निम्नलिखित तीन बातों को ध्यान में रखकर निर्णय करते हैं—(1) कानून के शब्द (letter of law), (2) कानून के पीछे मन्तव्य (spirit behind law), (3) कानून की साम्या (equity), या औचित्यता ।

उपरोक्त विवेचन से यह स्पष्ट है कि 'कानून द्वारा स्थापित प्रक्रिया में केवल एक ही बात की जांच करने का न्यायालयों को अधिकार होता है कि कानून के शब्द क्या कहते हैं। जबकि दूसरे सिद्धान्त में इसके साथ ही निर्णय करते समय यह भी ध्यान में रखा जाता है कि कानून का कुल मिलाकर सम्पूर्ण समाज व्यवस्था पर क्या प्रभाव पड़ता है ? अत: प्रथम सिद्धान्त न्यायिक पुनरावलोकन का क्षेत्र सीमित कर देता है। जबकि दूसरा सिद्धान्त इसके क्षेत्र को व्यापकतम बना देता है। अमरीका में दूसरे सिद्धान्त के प्रयोग के कारण ही न्यायालयों को श्रेष्ठतर और उच्चतर व्यवस्थापिका (super legislative) तक का नाम दिया जाता है।

न्यायिक पुनरावलोकन के क्षेत्र के विवेचन में उपरोक्त बातों के अलावा यह भी ध्यान देने की बात है कि शासन-व्यवस्था संघात्मक है या एकात्मक। अगर शासन-व्यवस्था

संघात्मक है तो शक्तियों का विभाजन कितना व्यापक या सीमित या सुस्पष्ट है ? इससे इसके क्षेत्र पर सीधा प्रभाव पड़ता है । इसी तरह, मौलिक अधिकारों की व्यवस्था किस ढंग से की गई है। अगर मौलिक अधिकार भारत के संविधान में व्यवस्थित अधिकारों की तरह उचित प्रतिबन्धों (reasonable restrictions) से युक्त है तो न्यायालयों को इस उचितपन के निर्णायक बनाकर उनका क्षेत्र वृहत्तर करना होगा। अमरीका में अधिकारों की व्यवस्था परम रूप में की गई है। अतः केवल इस आधार पर अवश्य ही अमरीका की न्यायपालिका को वृहत्तर क्षेत्र नहीं मिल पाता है। अंत में निष्कर्षतः यही कहा जा सकता है कि न्यायिक पुनरावलोकन के क्षेत्र के कई नियामक होते हैं और यह हर राजनीतिक व्यवस्था में भिन्न-भिन्न क्षेत्र का ही होता है।

न्यायिक पुनरावलोकन की परिचालनता (Operation of Judicial Review)

न्यायिक पुनरावलोकन स्वतः ही परिचालित (self operative) नहीं होता है। इसके लिए किसी एक पक्ष को न्यायालय के सामने अपना केस लेकर आना होता है। इस सम्बन्ध में निम्नलिखित तथ्य उल्लेखनीय हैं—

(1) यह स्वतः परिचालित नहीं होता है।

(2) यह 'कानून द्वारा स्थापित प्रक्रिया' या कानून की उचित प्रक्रिया' के दो सिद्धान्तों में से किसी भी सिद्धान्त से परिचालित हो सकता है।

(3) न्यायपालिका अपने निर्णयों को अर्थात न्यायिक पुनरावलोकन के निर्णयों को स्वयं लागू नहीं कर सकती है।

(4) इसके निर्णयों को लागू केवल कार्यपालिका ही करती है किन्तु कार्यपालिका इन्हें लागू करने से मना नहीं कर सकती । किन्तु देरी या ढीलता की सम्भावना तो रहती ही है।

अमरीका में एक राष्ट्रपति ने ऐसे ही एक निर्णय को लेकर कहा था कि "सर्वोच्च न्यायालय ने निर्णय कर दिया है अब देखें वह इसे कैसे लागू करता है।" हमें यहां यही ध्यान रखना है कि न्यायिक पुनरावलोकन के द्वारा किए गए निर्णय कार्यपालिका द्वारा लागू किए जाते हैं। अगर कार्यपालिका ऐसा नहीं करती तो वह संवैधानिक व्यवस्था के टूटने का संकेत है। इसे संवैधानिक संकट उत्पन्न करने वाली स्थिति कहा जा सकता है।

न्यायिक पुनरावलोकन के गुण या उपयोगिया या भूमिका (The Merits or Utility of Judicial Review)

न्यायिक पुनरावलोकन के गुणों या उपयोगिता का विवेचन संक्षेप में ही किया जा रहा है। अनेक बातें जो इसके गुणों में सम्मिलित हैं उनका इसी अध्याय में अन्यत्र विवेचन किया गया है इसलिए उसको पुनः उद्धृत करना आवश्यक नहीं है। संक्षेप में इसकी उपयोगिता व गुण इस प्रकार हैं—(i) संविधान का संरक्षण और व्याख्या होती है। (ii) व्यक्तिगत स्वतंत्रताओं की रक्षा होती है। (iii) संघात्मक व्यवस्थाओं का

स्थायीकरण होता है। (iv) संविधान गत्यात्मक बन जाता है। (v) संविधान की सर्वोच्चता स्थापित हो जाती है, और (vi) संवैधानिक सीमाओं से सम्बन्धित विवादों का निर्णय हो जाता है।

(i) न्यायिक पुनरावलोकन की शक्ति के कारण सर्वोच्च न्यायालय, व्यवस्थापिका और कार्यपालिका के द्वारा होने वाले संविधान के सभी अतिक्रमणों को रद्द करने का अधिकार प्राप्त कर लेता है। इससे संविधान की रक्षा का कार्य सम्पन्न होता है। अतः न्यायालयों की इस शक्ति के अभाव में संविधान की न रक्षा हो सकती है और न ही शासन अंगों को संविधान की सीमाओं में रखा जा सकता है। न्यायिक पुनरावलोकन से संविधान की व्याख्या भी होती है। न्यायालय को न केवल संविधान की व्याख्या करनी होती है अपितु यह व्याख्या अन्तिम होती है जो सभी को स्वीकार करनी होती है। इससे सर्वोच्च न्यायालय संविधान का रक्षक और अन्तिम व्याख्याकार बन जाता है।

(ii) व्यक्ति की स्वतन्त्रताओं की रक्षा तभी सम्भव है जब न्यायपालिका को उन सब व्यवस्थापन, कार्यपालन और न्यायपालन कार्यों का पुनरावलोकन करने का अधिकार हो जो व्यक्ति के अधिकारों का हनन, उनका अतिक्रमण या उन पर बंधन लगाने वाले हों। यद्यपि इसके लिए ब्रिटेन की तरह की व्यवस्था हो सकती है, किन्तु वहां संविधान अलिखित है और अधिकार परम्परागत आधार पर ही नागरिकों को प्राप्त है। वहां संसद की सर्वोच्चता के कारण अन्ततः अधिकारों की रक्षक संसद ही होती है। पर जहां पर लिखित रूप से संविधान में अधिकार दिए गए हों वहां उनकी रक्षा व्यवस्था न्यायपालिका को पुनरावलोकन की शक्ति प्राप्त होने पर ही हो सकती है।

(iii) न्यायिक पुनरावलोकन की सबसे महत्त्वपूर्ण भूमिका संघात्मक व्यवस्थाओं में होती है। संघीय शासनों में संविधान के द्वारा संघीय और राज्य सरकारों की स्थापना होती है। इन दोनों ही स्तर की सरकारों को संविधान के द्वारा निर्धारित अधिकार क्षेत्र में रखने का कार्य न्यायपालिका तभी कर सकती है जब कि इसे पुनरावलोकन की शक्ति प्राप्त हो। इससे संघात्मक व्यवस्था को स्थायित्व की अवस्था में रखना सम्भव होता है। न्यायपालिका दोनों स्तरों की सरकारों के बीच के अधिकार क्षेत्र सम्बन्धी विवादों की निष्पक्ष निर्णायक होने पर ही यह भूमिका निभा सकती है। संघात्मक व्यवस्थाओं की आवश्यक शर्त ही यह होती है कि एक सर्वोच्च व स्वतन्त्र न्यायालय हो जिसे न्यायिक पुनरावलोकन का अधिकार प्राप्त हो। इसके बिना संघात्मक व्यवस्था स्थायी रह ही नहीं सकती। दोनों स्तरों की सरकारों के बीच उठने वाले विवादों का निष्पक्ष निर्णय हो सके इसकी व्यवस्था संघीय शासनों में स्थायित्व का प्रमुख आधर होती है। न्यायिक पुनरावलोकन का अधिकार यह व्यवस्था करने में सहायक होता है।

(iv) संविधान एक निश्चित समय में बनाया जाता है और उसे आवश्यकताओं तथा परिस्थितियों में परिवर्तनों के अनुरूप बनाए रखने के लिए उसमें संशोधन करने की व्यवस्था होती है, किन्तु संशोधन से संविधान में परिवर्तन करना कई कारणों से कठिन हो जाता है। ऐसी अवस्था में संविधान को गत्यात्मक प्रकृति प्रदान करने का कार्य न्यायालय ही करते हैं। वे न्यायिक पुनरावलोकन के माध्यम से संविधान की व्याख्या

करते हैं, उसको नया अर्थ देते हैं और उसका गत्यात्मक रूप बनाए रखने में सहायक होते हैं।

(v) संविधान की सर्वोच्चता के अभाव में संविधान राजनीतिक शक्ति का प्रभावी संगठन नहीं रह पाता है। उस अवस्था में सरकार के विभिन्न अंग संविधान की व्यवस्थाओं के अनुरूप कार्य करें यह आवश्यक नहीं है। इनको संविधान के अनुसार मजबूर करने की व्यवस्था तभी हो सकती है जब संविधान इनसे सर्वोच्च हो और उसको सर्वोच्च रखने का कोई साधन हो। न्यायिक पुनरावलोकन के माध्यम से सर्वोच्च न्यायालय यह कार्य निष्पादित करता है। इसके अभाव में संविधान सर्वोच्च नहीं रह सकता।

(vi) संवैधानिक लोकतन्त्रों में संविधान के द्वारा व्यक्तियों, समुदायों और विभिन्न स्तर की सरकारों के कार्यक्षेत्रों की सीमाएं निर्धारित रहती हैं। इन सबको अपने-अपने अधिकार क्षेत्र में रखने और किसी दो अधिकार क्षेत्रों के बीच सीमा सम्बन्धी विवाद को हल करने के लिए न्यायिक पुनरावलोकन की शक्ति का न्यायालयों के पास होना आवश्यक है। अन्यथा सीमा सम्बन्धी विवाद हल नहीं किए जा सकते हैं। अतः राजनीतिक व्यवस्था की विभिन्न संरचनात्मक व्यवस्थाओं में परस्पर सीमा सम्बन्धी विवाद न्यायालय ही निपटाते हैं और इसके लिए न्यायिक पुनरावलोकन की शक्ति का होना आवश्यक है।

न्यायिक पुनरावलोकन की आलोचना (The Criticisms of Judicial Review)

न्यायिक पुनरावलोकन की शक्ति को लेकर न्यायपालिकाओं की आलोचना का प्रमुख आधार यह है कि किसी का प्रतिनिधित्व नहीं करने वाली संस्थाएं जन-प्रतिनिधित्व करने वाली संस्थाओं (व्यवस्थापिका और कार्यपालिका) से श्रेष्ठतर बनकर, सम्पूर्ण शासन-व्यवस्था को अलोकतांत्रिक बनाने का कार्य करती हैं। इसी तरह, लोकतन्त्र व्यवस्थाओं में कार्यपालिका और व्यवस्थापिका नियतकालिक निर्वाचनों के माध्यम से अपने हर कार्य के लिए उत्तरदायित्व निभाती हैं। ऐसी अवस्था में किसी के प्रति उत्तरदायी नहीं रहने वाली न्यायपालिका को न्यायिक पुनरावलोकन का अधिकार नहीं प्राप्त होना चाहिये। इस आधार पर न्यायपालिकाओं के इस अधिकार की आलोचना की जाती है। इसकी अनेक आलोचनाओं में से कुछ इस प्रकार हैं—(क) न्यायपालिका उच्चतम व्यवस्थापिका (super legislative) बन जाती है, (ख) न्यायपालिका रूढ़िवादिता का प्रतीक बन जाती है, (ग) कार्यपालिका और व्यवस्थापिका को हतोत्साहित करती है, (घ) यह राजनीतिक दुविधा या असमंजस (dilemma) उत्पन्न करती है, और (ङ) जनता के प्रगतिशील कार्यों में अवरोध उत्पन्न करती है।

(क) आलोचकों का कहना है कि न्यायिक पुनरावलोकन की व्यवस्था से न्यायपालिका उच्चतर व्यवस्थापिका बन जाती है। इसका व्यवस्थापिका के कार्यों को रद्द करके और कानूनों को नया अर्थ देने का अधिकार, व्यवहार में इसको एक ऐसी

व्यवस्थापिका बना देता है जिसका निर्णय या कानून का अर्थ अन्तिम बन जाता है। अतः न्यायिक पुनरावलोकन से न्यायपालिका एक तरह से उच्चतर व्यवस्थापिका की तरह कार्य करने लगती है।

(ख) आधुनिक समाजों में तेजी से परिवर्तन आ रहे हैं और इन परिवर्तनों को प्रेरित करने में संविधान का साधन के रूप में रहना आवश्यक है। न्यायिक पुनरावलोकन करने वाले सर्वोच्च न्यायालय के न्यायाधीश अधिकांशतः रूढ़िवादी होते हैं और संविधान के संरक्षण की प्रक्रिया में संविधान को स्वयं में साध्य बनाकर न्यायपालिका को रूढ़िवादिता का प्रतीक बनाने में सहायक हो जाते हैं।

(ग) न्यायिक पुनरावलोकन के अधिकार के कारण, न्यायपालिका, व्यवस्थापिका और कार्यपालिका के हर कार्य का पुनरावलोकन कर अगर वह संविधान की धाराओं के प्रतिकूल है तो उसे रद्द करने का अधिकार रखती है। इससे इन दोनों अंगों का उदासीन और हतोत्साहित होना स्वाभाविक है, क्योंकि इनके हर कार्य में तब तक अनिश्चय रहता है जब तक कि न्यायालय के द्वारा उसका पुनरावलोकन नहीं हो जाता।

न्यायिक पुनरावलोकन की शक्ति की सबसे वजनदार आलोचना इसके द्वारा उत्पन्न राजनीतिक दुविधा से सम्बधित है। इससे यह प्रश्न सामने आते हैं कि —

(i) राजनीतिक व्यवस्था में सर्वोच्च कौन है ? सर्वोच्च न्यायालय, संविधान या जनता ?

(ii) जनता का प्रतिनिधित्व करने वाले सर्वोच्च हों या किसी का प्रतिनिधित्व नहीं करने वाले सर्वोच्च रहें ?

(iii) जनता के हितों का श्रेष्ठतर संरक्षण किसके द्वारा हो सकता है ?

(iv) व्यवस्था की लोकतन्त्रात्मकता की सबसे मौलिक आवश्यकता क्या है ?

इन सब प्रश्नों से स्पष्ट है कि लोकतान्त्रिक व्यवस्था में शक्ति का स्रोत जनता होती है और जनता द्वारा निर्वाचित प्रतिनिधि ही सर्वोच्च होने चाहिए, किन्तु न्यायिक पुनरावलोकन इनके स्थान पर स्वयं न्यायपालिका और संविधान को सर्वोच्च बनाकर एक राजनीतिक दुविधा की स्थिति ला देता है। अतः अनेक लोगों का मत है कि न्यायपालिका को लोकतान्त्रिक व्यवस्थाओं में व्यवस्थापिकाओं के कार्यों को रद्द करने देने का अधिकार देना राजनीतिक दुविधा ही उत्पन्न करने का कार्य बन जाता है।

(ङ) जनतन्त्रों में यह आवश्यक होता है कि जनता के प्रगतिशील कार्यों में कोई बाधक नहीं बने। इसके लिए यह जरूरी होता है कि सरकार जनता की इच्छाओं के अनुसार चले और जनता की सेवक बनी रहे। इसके लिए यह भी आवश्यक होता है कि सरकार जनता की सेवक ही नहीं रहे अपितु जनता को नेतृत्व प्रदान करे। विचारकों का मत है कि सरकार यह तभी कर सकती है जब संविधान स्वयं में साध्य नहीं बनकर साधन बना रहे। न्यायिक पुनरावलोकन संविधान को साध्य बनाने का कार्य करता है इसलिए इसको जनता के प्रगतिशील कार्यों में अवरोध उत्पन्न करने वाला माना जाता है।

न्यायिक पुनरावलोकन का मूल्यांकन (Evaluation of Judicial Review)

न्यायिक पुनरावलोकन के मूल्यांकन में यही कहा जा सकता है कि यह लोकतान्त्रिक व्यवस्थाओं में दलीय बहुमतों के आधार पर संगठित सरकारों के द्वारा जन-अधिकारों और विशेषकर अल्पसंख्यकों के अधिकारों के अतिक्रमणों को रोकने के लिए आवश्यक है। इससे राजनीतिक व्यवस्था में दलीय आधारों पर संचालित सरकारों के दलीय कार्यक्रमों पर रोक लगती है और सरकारों को राष्ट्रीय हित में ही कार्य करने के लिए मजबूर होना पड़ता है। किन्तु आधुनिक शासन-व्यवस्थाओं में सरकार और जनता की दल और हित समूहों के माध्यमों से इतनी अन्तःक्रिया रहती है कि सरकारों के वास्तविक नियंत्रक व्यवहार में न्यायालय नहीं रह गए हैं। इसलिए, इन्हें नियम-अधिनिर्णय का ही अधिकार होना चाहिए। न्यायिक पुनरावलोकन का अधिकार परिवर्तित परिस्थितियों में आवश्यक नहीं है, किन्तु इस पर अभी बहुत अधिक विचार विभेद है और स्पष्ट रूप से किसी प्रकार का मत व्यक्त करना कठिन होते हुए भी इतना तो कहा ही जा सकता है कि न्यायिक पुनरावलोकन की आधुनिक राजनीतिक व्यवस्थाओं में उपयोगिता और महत्त्वपूर्ण भूमिका लम्बी अवधि तक बनी रहेगी।

अमरीका में न्यायिक पुनरावलोकन (Judicial Review in USA)

न्यायिक पुनरावलोकन की उत्पत्ति में हम देख चुके हैं कि अमरीका के संविधान में इसकी स्पष्ट रूप से व्यवस्था नहीं की गई थी। 1803 में ' मुकदमे के निर्णय में मुख्य न्यायाधीश मार्शल ने इसका पहली बार प्रतिपादन किया था। इस प्रकार, अमरीका में न्यायिक पुनरावलोकन की शक्ति का कोई संवैधानिक आधार नहीं है। संविधान निर्माताओं ने इसका स्पष्ट रूप से उल्लेख नहीं करके इस मत की पुष्टि की है कि उनका न्यायपालिका को ऐसा अधिकार देने का कोई इरादा नहीं था। इस सम्बन्ध में राष्ट्रपति जैफरसन ने ठीक ही कहा है कि "पूर्वजों द्वारा जिस संवैधानिक ढांचे की स्थापना की गई थी, उसके अनुसार प्रशासन के तीनों अंग पूर्णतः स्वतन्त्र होते थे, परन्तु अब यदि न्यायपालिका कांग्रेस एवं राष्ट्रपति अर्थात व्यवस्थापिका एवं कार्यपालिका के कार्यों का पुनरावलोकन करने के अधिकार का प्रयोग करती है तो यह न केवल शक्ति पृथक्करण के सिद्धान्त का ही उल्लंघन है, वरन संविधान निर्माताओं के विचारों का भी अनादर है।" इससे यही निष्कर्ष निकलता है कि अमरीका का संविधान न्यायिक पुनरावलोकन के अधिकार का स्पष्ट रूप से कहीं उल्लेख नहीं करता है।

अमरीका के संविधान की कुछ धाराओं से अप्रत्यक्ष रूप से ही इस शक्ति की स्थापना मानी जा सकती है। किन्तु इस संदर्भ में, 1803 के अपने निर्णय में न्यायाधीश मार्शल के द्वारा दिए गए तर्क न्यायिक पुनरावलोकन की स्थापना के अधिक उपयुक्त आधार माने जा सकते हैं। मार्शल का तर्क था कि अगर संविधान लिखित और अचल हो तथा शासन-व्यवस्था का संगठन शक्तियों के पृथक्करण के आधार पर किया गया हो तब न्यायिक पुनरावलोकन की शक्ति ऐसे संविधान में अन्तर्निहित हो जाती है। संघात्मक व्यवस्था इसको और भी आवश्यक बना देती है। हेमिल्टन ने इसकी पुष्टि करते हुए

फेडरेलिस्ट पेपर्स में लिखा था कि "कानूनों की व्याख्या करना न्यायालयों का मुख्य और विशेष कर्त्तव्य है। संविधान आधारभूत कानून होता है और न्यायाधीशों को उसे ही मानना चाहिए। अत: उनका यह कार्य होना चाहिए कि वे उसका तथा व्यवस्थापिका द्वारा निर्मित किसी भी कानून का अर्थ निश्चित करें। यदि दोनों में कोई ऐसा अन्तर हो, जिसमें साम्य न बैठाया जा सके, तो निश्चित रूप से उसे ही ग्रहण करना चाहिए जिसकी मान्यता व वैधता श्रेष्ठतर हो। दूसरे शब्दों में कानून की तुलना में संविधान की तथा जनता के प्रतिनिधियों की इच्छा की तुलना में जनता की इच्छा की मान्यता अधिक होनी चाहिए।"

एलसवर्थ भी अमरीका के संविधान की प्रकृति में न्यायिक पुनरावलोकन की शक्ति को स्पष्ट रूप से प्रतिपादित मानता है। इस सम्बन्ध में उसने लिखा है कि "यदि संयुक्त राज्य का शासन अपनी शक्तियों की सीमाओं का उल्लंघन करे अर्थात संविधान द्वारा अमान्य कोई विधि स्वीकृत करे तो वह अनियमित है तथा संघीय न्यायाधीश जो निष्पक्षता बनाए रखने के लिए स्वतन्त्र होने चाहिए, उसे अनियमित घोषित करेंगे। दूसरी ओर, यदि राज्य अपनी सीमाओं का उल्लंघन कर, ऐसी विधियों को स्वीकृत करे जो शासन के अधिकारों पर आक्रमण स्वरूप हों तो वे अनियमित होंगी तथा न्यायप्रिय स्वाधीन न्यायाधीश उन्हें अनियमित घोषित करेंगे।" इस सबसे यह स्पष्ट है कि यद्यपि अमरीका के संविधान में स्पष्ट रूप से कहीं भी न्यायिक पुनरावलोकन की शक्ति का उल्लेख नहीं है, फिर भी संविधान के लिखित और अचल रूप तथा संघात्मक शासन-व्यवस्था से यह शक्ति स्पष्ट रूप से न्यायपालिका को प्राप्त हो जाती है। अधिकांश विचारक इस बात की पुष्टि करते हैं कि न्यायिक पुनरावलोकन के अधिकार के अभाव में अमरीका का संविधान व्यवहार में लागू हो ही नहीं सकता। इस विवेचन से अमरीका में न्यायिक पुनरावलोकन की कुछ विशेषताओं का संकेत मिलता है। अत: इसके महत्त्व व भूमिका को समझने के लिए इन विशेषताओं का विवेचन करना प्रासंगिक कहा जा सकता है।

(क) अमरीका में न्यायिक पुनरावलोकन की विशेषताएं (The characteristics of judicial review in USA)—न्यायाधीश मार्शल के निर्णय के आधार पर अमरीका के सर्वोच्च न्यायालय ने न्यायिक पुनरावलोकन की शक्ति को प्राप्त कर इसका जो अब तक प्रयोग किया है, उससे इसके कुछ लक्षणों और विशेषताओं का स्पष्टीकरण होता है। इनमें से कुछ प्रमुख लक्षणों का हम यहां उल्लेख कर रहे हैं। संक्षेप में यह इस प्रकार है—(i) यह संविधान में अन्तर्निहित है, (ii) यह राजनीतिक व्यवस्था का संतुलन चक्र या पहिया है, (iii) यह विवाद ग्रस्त माना जाता है, (iv) इसका क्षेत्र व्यापक है, (v) संविधान की सर्वोच्चता स्थापित करता है, और (vi) यह न्यायालयों के लिए अवश्यकरणीय या आबन्धक नहीं है।

(i) अमरीका के संविधान की प्रकृति में ही न्यायिक पुनरावलोकन की शक्ति अन्तर्निहित है इसका विवेचन हम ऊपर कर चुके हैं। यहां संविधान की उन दो धाराओं का उल्लेख करना प्रासंगिक होगा जिनसे इस शक्ति की अप्रत्यक्ष रूप से स्थापना होती है।

संविधान की चौथी धारा की दूसरी उपधारा में उल्लेख है कि यह संविधान और संयुक्त राज्य के वे कानून, जो उसके अनुसार बनाए जाएं, एवं वे संधियां, जो संयुक्त राज्य के अधिकार के अन्तर्गत की गई हों या की जाएं, देश के सर्वोच्च कानून होंगे।" इसी तरह, संविधान की धारा तीन की उपधारा दो में भी न्यायिक पुनरावलोकन के अधिकार की अप्रत्यक्ष रूप से स्थापना होती है। इस उपधारा में व्यवस्था की गई है कि "कानून और औचित्य के अनुसार न्यायपालिका की शक्ति के क्षेत्र में वे सभी मामले आएंगे जो इस संविधान, संयुक्त राज्य के कानूनों एवं उनके अन्तर्गत की गई अथवा की जाने वाली संधियों के अन्तर्गत उत्पन्न हों।" इन दो व्यवस्थाओं और मुख्य न्यायाधीश मार्शल द्वारा दिए गए तर्कों के आधार पर ही अमरीका में न्यायिक पुनरावलोकन की शक्ति न्यायालयों को प्राप्त होती है। इसलिए ही इसको संविधान में अन्तर्निहित माना गया है।

(ii) अमरीका का संविधन एक ओर तो संघात्मक व्यवस्था की स्थापना करता है और दूसरी ओर शक्तियों के पृथक्करण के आधार पर सरकार का संगठन करता है। इससे दो स्तर पर शक्तियों के संतुलन की आवश्यकता पड़ती है। एक स्तर पर संघीय और राज्यों की सरकारों की शक्तियों में साम्य का प्रश्न उठता है तथा दूसरे स्तर पर संघीय सरकार के तीनों अंगों की शक्तियों को संतुलित रखने का प्रश्न उत्पन्न होता है। न्यायिक पुनरावलोकन इन दोनों ही स्तरों पर संतुलक चक्र का कार्य करने के कारण इस लक्षण से युक्त माना जाता है। इसका एक पक्ष नागरिक भी है। अत: न्यायिक पुनरावलोकन के माध्यम से जनता तथा दोनों स्तरों की सरकारों—केन्द्रीय तथा राज्यों की सरकारों, और संघीय सरकार के तीनों अंगों में संतुलन बनाए रखने का कार्य न्यायपालिका करती है। इस कारण अमरीका में न्यायिक पुनरावलोकन राजनीतिक व्यवस्था में विभिन्न प्रकार व स्तर की संरचनात्मक व्यवस्थाओं का संतुलक चक्र या पहिया बन जाता है।

(iii) हम इस सम्बन्ध में देख चुके हैं कि संविधान में इसकी स्पष्ट रूप से व्यवस्था या न्यायालयों की ऐसी शक्ति के प्रावधान का न होना अभी भी न्यायिक पुनरावलोकन को विवाद का विषय बनाए हुए है। इसके पक्ष और विपक्ष में अनेक प्रकार की दलीलें दी जाती हैं। इसके आलोचक इसकी संविधान में स्पष्ट व्यवस्था नहीं होने का सहारा लेते हैं जब कि समर्थक संविधान की विशेष प्रकार की प्रकृति में ही इसको सन्निहित मानकर इसकी पुष्टि करते हैं। इस सम्बन्ध में अधिकांश लोग यही मानते हैं कि अमरीका की संवैधानिक व्यवस्था में यह शक्ति अन्तर्निहित है।

(iv) अमरीका के न्यायालयों द्वारा प्रयुक्त न्यायिक पुनरावलोकन का अधिकार संविधान में स्पष्ट रूप से उल्लेखित नहीं होने पर भी अत्यधिक व्यापक क्षेत्र का बन गया है। सामान्यतया इसके लिए तीन कारण उत्तरदायी माने जाते हैं—(क) संविधान का संक्षिप्त रूप, (ख) न्यायालयों के कार्य के सिद्धान्त के रूप में 'कानून की उचित प्रक्रिया' के सिद्धान्त का प्रयोग, और (ग) मौलिक अधिकारों का परम रूप।

इन तीन कारणों से न्यायालयों को, उन रिक्तताओं को भरने, जो संविधान की संक्षिप्तता के कारण उत्पन्न हो जाती हैं तथा उन संक्षिप्त धाराओं की व्याख्या करने में जिनसे विभिन्न अंगों की शक्तियां व्याख्यायित होती हैं, काफी स्वतन्त्रता प्राप्त हो जाती

है। कानून की उचित प्रक्रिया के सिद्धान्त के कारण न्यायालय कानून बनाने वालों की भावना व कानून के प्रभाव आदि का ध्यान रखकर निर्णय करते हैं जिससे उनको व्याख्या की व्यापक छूट मिल जाती है। अमरीका में मौलिक अधिकारों को लेकर ही अधिकतर विवाद उत्पन्न होते हैं। अतः इससे भी न्यायालयों को न्यायिक पुनरावलोकन के प्रयोग का व्यापक क्षेत्र प्राप्त हो जाता है।

(v) अमरीका के संविधान के द्वारा सापेक्ष रूप में संविधान की सर्वोच्चता के सिद्धान्त के स्वीकार किया गया है। संविधान को सर्वोच्चता सापेक्ष रूप में ही स्वीकार करने का कारण अन्ततः संविधान का निर्धारित विधि के द्वारा संशोधित किया जा सकता है। अतः परम रूप में तो संशोधन करने वाली संस्थाएं सर्वोच्च होती हैं, किन्तु सामान्य स्थिति में शासन के सभी अंग संविधान के अधीन कार्य करने और केवल उसके अनुरूप ही कार्य करने के लिए मजबूर होते हैं। यह मजबूरी सर्वोच्च न्यायालय द्वारा न्यायिक पुनराव-लोकन की व्यवस्था द्वारा ही स्थापित होती है। इस तरह, सर्वोच्च न्यायालय इस शक्ति के प्रयोग से संविधान की सर्वोच्चता का स्थापक बन जाता है।

(vi) न्यायिक पुनरावलोकन की शक्ति का संविधान में स्पष्ट प्रावधान न होने के कारण यह सर्वोच्च न्यायालय के लिए आबन्धक नहीं है। सर्वोच्च न्यायालय किसी भी मामले में पुनरावलोकन करने से इनकार कर सकता है, किन्तु सामान्यतया ऐसा नहीं होता है। अपने लिए निर्धारित कार्यों का निष्पादन करने की प्रक्रिया में पुनरावलोकन की प्रक्रिया आ जाती है। फिर भी, इसके लिए सर्वोच्च न्यायालय बाध्य नहीं है और न ही बाध्य किया जा सकता है।

(ख) अमरीका में न्यायिक पुनरावलोकन का प्रभाव (The effects of judicial review in USA)—न्यायिक पुनरावलोकन की विशेषताओं के विवेचन से ही इसके व्यापक प्रभावों का संकेत मिलता है। अधिकांश विचारकों का मत है कि न्यायिक पुनरावलोकन के प्रयोग के माध्यम से सर्वोच्च न्यायालय ने अमरीका की राजनीतिक व्यवस्था में अपने लिए अनोखा और विशेष स्थान बना लिया है। इसके अत्यधिक प्रभाव व सम्मान का आधार यही शक्ति है। जिससे यह संविधान की व्याख्या करती है और कांग्रेस तथा राज्यों की व्यवस्थापिकाओं के कानूनों तथा अन्य प्रशासनिक आदेशों की वैधानिकता-अवैधानिकता का निर्णय करती है। इस शक्ति के कारण सर्वोच्च न्यायालय एक तरह से उच्चतर व्यवस्थापिका बन जाता है। ब्रोगन ने इस सम्बन्ध में ठीक लिखा है कि "सर्वोच्च न्यायालय की सत्ता को हम एक राजनीतिक संस्था और एक ऐसे तृतीय सदन के रूप में समझ सकते हैं जो कार्यपालिका और विधान मण्डल के कार्यों को विशेष सिद्धान्तों के अनुसार नियमित करता है।" अतः अमरीका का सर्वोच्च न्यायालय इस शक्ति के प्रयोग से अवश्य ही राजनीतिक व्यवस्था का एक महत्त्वपूर्ण आधार-स्तम्भ तथा कांग्रेस का 'तीसरा सदन' बन गया है।

सर्वोच्च न्यायालय इससे संविधान की रक्षा, व्याख्या और सर्वोच्चता का स्थापक बन जाता है। इस शक्ति के प्रयोग से ही कानून निर्माताओं के इरादों या कानून की आत्मा के बारे में स्पष्टीकरण देना सम्भव होता है। इस सम्बन्ध में कार्ल जे० फ्रेडरिक ने

अपनी पुस्तक **कान्सटीट्यूशनल गवर्नमेन्ट एण्ड डेमोक्रेसी** में राजनीतिक दृष्टिकोण से न्यायिक पुनरावलोकन के प्रभाव का स्पष्टीकरण देते हुए लिखा है कि "जब कभी किसी संवैधानिक धारा के पूर्ण अर्थ के बारे में संदेह होता है तो न्यायिक पुनरावलोकन की संस्था लोगों के निर्वाचित प्रतिनिधियों के निर्णय को न्यायाधीशों के निर्णय से स्थानापन्न करती है। कई बार संविधान निर्माताओं के मन्तव्य का वास्तव में पता लगाना कठिन होता है, और तब न्यायाधीशों का कर्त्तव्य है कि वे आधुनिक परिस्थितियों के अनुकूल संवैधानिक प्रावधान को ढालें अथवा किसी प्रावधान की कमी को अपनी व्याख्या से प्रकाश में लाएं।"

अंत में निष्कर्षत: यही कहा जा सकता है कि परिवर्तित परिस्थितियों में न्यायपालिका न्यायिक पुनरावलोकन के माध्यम से ही संविधान को सजीव बनाए रखने का काम कर सकती, है किन्तु शायद अमरीका का सर्वोच्च न्यायालय अनेक बार यह भूमिका अदा करने में असफल रहा है। इसी कारश इसकी अत्यधिक आलोचना होती रही है।

अमरीका में न्यायिक पुनरावलोकन की आलोचना (The criticisms of judicial review in USA)—वैसे तो न्यायिक पुनरावलोकन की सामान्य आलोचना अमरीका के संदर्भ में भी लागू होती है, किन्तु इसकी विशेष प्रकृति और लक्षणों के कारण कुछ आलोचना भी विशिष्ट बन जाती है। संक्षेप में इसकी आलोचना के निम्नलिखित पक्ष उल्लेखनीय माने जा सकते हैं।

(i) सर्वोच्च न्ययालय सततता वाला संवैधानिक सम्मेलन (continuous constitutional convention) बन गया है।

(ii) सर्वोच्च न्यायालय नीति-निर्माता बन गया है।

(iii) यह कानूनों की व्याख्या से अधिक उनकी औचित्यता की जांच करने लगा है।

(iv) न्यायिक पुनरावलोकन से राजनीतिक व्यवस्था में संकट उत्पन्न होते रहे हैं।

(v) न्यायालय रूढ़िवादिता का गढ़ बन गया है, तथा घोड़े के युग का प्रतीक है।

(vi) न्यायालय ने अनावश्यक रूप से राजनीतिक विवाद उत्पन्न किये हैं।

उपरोक्त आलोचनाएं वास्तविक कम और सैद्धान्तिक अधिक हैं। यह सही है कि संविधान की प्रकृति की विशेषता के कारण सर्वोच्च न्यायालय कानून और नीति निर्माता की स्थिति में धकेल दिया गया है। वास्तव में अमरीका का सर्वोच्च न्यायालय राजनीतिक रंगों के परिवर्तनों से बहुत कुछ ऊपर रहा है और इस सम्बन्ध में बी० गेल्स के इस मत से सहमत होना कठिन है कि "न्यायाधीशों के विचार उसी प्रकार परिवर्तनशील हैं जिस प्रकार कि नकली रेशम के रंग परिवर्तनशील होते हैं और वे राजनीतिक धूप के कारण शीघ्र बदल जाते हैं।" अमरीका के सर्वोच्च न्यायालय ने कुल मिलाकर, विशेषकर दूसरे विश्वयुद्ध के बाद न्यायिक पुनरावलोकन की शक्ति का बहुत सम्भलकर प्रयोग किया है और यह इस बात की पुष्टि है कि सर्वोच्च न्यायालय भी राजनीति के सामान्य प्रवाह में प्रवाहित रहने लगा है।

भारत में न्यायिक पुनरावलोकन (Judicial Review in India)

भारत में संविधान ही के द्वारा राजनीतिक शक्ति का संगठन किया गया है। यह लिखित, अचल और सीमित अर्थों में सर्वोच्च है। यद्यपि संविधान में कहीं भी इस बात का उल्लेख नहीं है कि संविधान सर्वोच्च है किन्तु संघीय और राज्य सरकारों की शक्तियों का स्रोत संविधान है तथा इसके संशोधन की विशेष प्रक्रिया का अनुच्छेद 368 में उल्लेख इसको एक तरह से सर्वोच्च बना देता है। संविधान की इस सर्वोच्चता के कारण भारत का सर्वोच्च न्यायालय यह अधिकार प्राप्त कर लेता है कि संसद अथवा राज्यों के विधान मण्डल कभी कोई ऐसा कानून बनाएं जो संविधान के विरुद्ध हो तो वह उसे अवैधानिक घोषित कर दे। किन्तु भारत में सर्वोच्च न्यायालय को कानूनों को असंवैधानिक घोषित करने के लिए 'कानून द्वारा स्थापित प्रक्रिया' का ही प्रयोग करना होता है। इसका यही आशय है कि भारत का सर्वोच्च न्यायालय केवल उन्हीं को अवैधानिक घोषित कर सकता है जो कि कानून बनाने वाली संस्था को संविधान द्वारा दिये गए अधिकार क्षेत्र से बाहर है अर्थात भारत के न्यायालय कानूनों के इस पक्ष पर विचार नहीं कर सकते कि कानून अच्छा है या बुरा। नां ही वह यह देखने का अधिकार रखते हैं कि कानून बनाने वालों की कानून बनाने के पीछे क्या भावना थी ?

भारत में 'कानून की उचित प्रक्रिया' के स्थान पर 'कानून द्वारा स्थापित प्रक्रिया' को स्वीकार किया गया है। संविधान में इसका स्पष्ट रूप से उल्लेख किया गया है। संविधान की 21वीं धारा में यह व्यवस्था की गई है कि किसी भी व्यक्ति को उसके जीवन अथवा व्यक्तिगत स्वतन्त्रता से 'कानून द्वारा स्थापित प्रक्रिया' के सिवाय अन्य किसी प्रकार से वंचित नहीं किया जाएगा। इससे स्पष्ट है कि भारत के संविधान निर्माता एक ओर तो न्यायालयों को स्पष्ट रूप से न्यायिक पुनरावलोकन का अधिकार प्रदान करते हैं और दूसरी ओर, उनके इस अधिकार को सीमित रखते हैं, जिससे न्यायालय केवल कानून की शाब्दिक व्याख्या कर सकें और कानून की अच्छाई-बुराई के पक्ष में नहीं पाए। इस तरह, न्यायिक पुनरावलोकन की भारत के संविधान में विशेष ढंग से व्यवस्था की गई है। इसकी विशेषताओं के विवेचन से यह स्पष्ट किया जा सकेगा।

(क) भारत में न्यायिक पुनरावलोकन की विशेषताएं (The characteristics of judicial review in India)—भारत के संविधान में न्यायालयों को न्यायिक पुनरावलोकन का अधिकार इस तरह से दिया गया है जिससे न्यायिक पुनरावलोकन से होने वाले लाभों की प्राप्ति हो सके किन्तु अमरीका में इसकी व्यवस्था से जो कठिनाइयां उत्पन्न होती हैं उनसे बचा जा सके। अतः यहां न्यायिक पुनरावलोकन का सीमित अधिकार ही दिया गया है। इस कारण इसकी कई विलक्षणताएं सामने आती हैं। इनमें से कुछ इस प्रकार हैं—(i) न्यायिक पुनरावलोकन की संविधान में सुव्यक्त रूप से व्यवस्था की गई हैं, (ii) यह राजनीतिक व्यवस्था के संपोषक चक्र के रूप में व्यवस्थित किया गया है, (iii) यह न्यायपालिका के लिए आबन्धक है, (iv) यह विवादग्रस्त नहीं है, (v) इसका क्षेत्र सीमित है, (vi) यह संविधान की सीमित सर्वोच्चता स्थापित करता है, और (vii) न्यायाधीशों की तटस्थता को पोषक है।

(i) भारत में न्यायालयों को स्पष्ट रूप से न्यायिक पुनरावलोकन का अधिकार संविधान के द्वारा दिया गया है। संविधान निर्माताओं ने इस तथ्य को स्वीकार किया था कि संविधान का लिखित, अचल और संघात्मक रूप न्यायिक पुनरावलोकन की व्यवस्था अनिवार्य बना देता है। इस कारण, अमरीका के संविधान निर्माताओं के विपरीत भारत के संविधान निर्माता इस तथ्य को न्यायालयों के ऊपर छोड़ने के बजाय स्वयं ही संविधान में इसकी व्यवस्था करना उपयुक्त मानते थे। इस कारण यहां न्यायिक पुनरावलोकन संविधान में सुव्यक्त है।

(ii) भारत में संघात्मक व्यवस्था के साथ शक्तियों के पृथक्करण की व्यवस्था नहीं करके शासन की संसदीय प्रणाली अपनाई गई है जिसमें शक्तियों का सम्मिश्रण इस तरह से किया गया है कि न्यायपालिका पृथक, स्वतन्त्र और सर्वोच्च रहे। भारत में न्यायिक पुनरावलोकन संतुलन या नियंत्रक चक्र के रूप में स्थापित नहीं किया गया है। यह वास्तव में सरकार, समाज और व्यक्ति में सामंजस्य स्थापित करने के लिए संपोषक चक्र के रूप में कार्य करता है। संघात्मक व्यवस्था के कारण केन्द्रीय, राज्य और स्थानीय सरकारों के बीच संपोषण का काम कर सकने के लिए ही इसे 'कानून द्वारा स्थापित प्रक्रिया' के आधार पर स्थापित किया गया है। अतः भारत में न्यायिक पुनरावलोकन एक ओर राज्य, समाज और व्यक्ति तथा दूसरी ओर संघीय, राज्य और स्थानीय सरकारों के बीच साम्य स्थापित करने की व्यवस्था के रूप में व्यवस्थित होने के कारण राजनीतिक व्यवस्था का संपोषक चक्र बन जाता है।

(iii) भारत में न्यायिक पुनरावलोकन की व्यवस्था संविधान में ही की गई है। इसको संविधान की धारा 13, 32 और 226 के अनुसार न्यायपालिका के लिए आबन्धक बनाया गया है अर्थात भारत का सर्वोच्च न्यायालय किसी भी विधि का पुनरावलोकन करने से इनकार नहीं कर सकता है। अमरीका में न्यायिक पुनरावलोकन की स्थिति ऐसी नहीं है। वहां न्यायालयों को संविधान से न्यायिक पुनरावलोकन करने के लिए आबन्धक नहीं बनाया गया है। इस अर्थ में भारत की न्यायिक पुनरावलोकन की व्यवस्था अमरीका में इसकी व्यवस्था से श्रेष्ठतर हो जाती है।

(iv) यह विवादग्रस्त नहीं है क्योंकि इसकी संविधान में स्पष्ट रूप से व्यवस्था की गई है।

(v) भारत में न्यायिक पुनरावलोकन की सीमित शक्तियां ही सर्वोच्च न्यायालय को प्राप्त हैं। यह कानून की अच्छाई-बुराई में नहीं जा सकता। भारत के संविधान की कुछ विशिष्ट व्यवस्थाओं के कारण न्यायालयों का पुनरावलोकन अधिकार अत्यधिक सीमित हो जाता है। सामान्यतः चार तथ्य इसके सीमित क्षेत्र के लिए उत्तरदायी हैं। (क) संविधान की अभूतपूर्व विस्तृतता, (ख) कानून द्वारा स्थापित प्रक्रिया के सिद्धान्त की कार्यविधि के रूप में संविधान द्वारा सुस्पष्ट व्यवस्था, (ग) विस्तृत और व्यापक मौलिक अधिकारों की व्यवस्था, और (घ) स्पष्ट, विस्तृत और सुनिश्चित ढंग से केन्द्र और राज्यों के बीच शक्तियों का विभाजन।

अतः भारत में न्यायिक पुनरावलोकन का क्षेत्र उपरोक्त कारणों से बहुत सीमित हो

जाता है। इस सम्बन्ध में एम० वी० पायली ने अपनी पुस्तक **कांस्टीट्यूशनल गवर्नमेंट इन इण्डिया** में लिखा है कि "भारत में न्यायिक पुनरावलोकन का क्षेत्र उतना विस्तृत नहीं है जितना कि संयुक्त राज्य अमरीका में है।" इसके क्षेत्र को लेकर पायली ने आगे लिखा है कि "जहां तक न्यायिक पुनरावलोकन का प्रश्न है भारत दो अतियों (extremes) के बीच, ब्रिटेन की संसदीय सर्वोच्चता और अमरीका की न्यायिक सर्वोच्चता, की स्थिति में है।" संविधान में विशेष रूप से न्यायिक पुनरावलोकन के अधिकार को सीमित रखने की व्यवस्था के पीछे शायद यह मन्तव्य था कि न्यायपालिका उच्चतर संसद बनने से रोकी जा सके। इस सम्बन्ध में भारत ने अपनी परिस्थितियों को ध्यान में रखते हुए दोनों ही प्रकार की उपरोक्त वर्णित अतियों से बचने का प्रयत्न किया है।

(vi) न्यायिक पुनरावलोकन के द्वारा संविधान की सीमित सर्वोच्चता स्थापित की गई है। यह प्रश्न पिछले कुछ वर्षों में, विशेषकर 1967 के गोलकनाथ के मुकदमे के निर्णय के बाद, अत्यन्त विवादग्रस्त बन गया था और 42वें संशोधन से पहले यह विवाद दो रूपों में प्रकट हुआ था। प्रथम विवाद में यह बात उठाई गई कि न्यायपालिका ने इस मुकदमे के निर्णय से यह स्थापित किया कि संसद को मौलिक अधिकारों में संशोधन का अधिकार नहीं है। इस मत की पुष्टि में संविधान की धारा 13 का हवाला दिया गया। दूसरे विचार के अनुसार यह तो स्वीकार किया गया कि संसद मौलिक अधिकारों में संशोधन कर सकती है किन्तु उसे 'संविधान के आधारभूत ढांचे में परिवर्तन करने का अधिकार नहीं है'। इस विवाद में और भी कई तथ्य उलझने लगे थे और संविधान के 42वें संशोधन से यह विवाद समाप्त होकर यह तथ्य पूर्णतया स्थापित हो गया कि अन्ततः व्यवस्थापिका ही सर्वोच्च है। इस सम्बन्ध में न्यायाधीश (जो बाद में मुख्य न्यायाशीश बने थे) एस० आर० दास ने उपयुक्त ही कहा था कि "सीमाओं के अन्तर्गत, हमारे संविधान ने व्यवस्थापिका शक्ति की सर्वोच्चता को स्वीकार किया है।" अतः अब स्पष्ट रूप से यह स्थापित हो गया है कि भारत में न्यायिक पुनरावलोकन संविधान की सीमित सर्वोच्चता ही स्थापित करता है।

(vii) भारत के संविधान में न्यायपालिका द्वारा न्यायिक पुनरावलोकन की शक्ति के प्रयोग का सिद्धान्त स्पष्ट रूप से निर्धारित किया गया है। इसके लिए 'कानून द्वारा स्थायिक प्रक्रिया' के अनुसार ही निर्णय देने की व्यवस्था से न्यायाधीशों की तटस्थता की स्थिति व्यवस्थित हो जाती है। न्यायाधीशों को केवल कानून की शाब्दिक परिभाषा करनी होती है। वे कानून की अच्छाई-बुराई या कानून बनाने वालों के मन्तव्यों की जांच करने का अधिकार नहीं रखते हैं। यह व्यवस्था न्यायाधीशों को तटस्थ बनाए रखने के लिए ही की गई थी। लोकतन्त्र में दलीय आधार पर सरकारों का गठन होता है, न्यायपालिका ऐसे दलीय उतार-चढ़ावों से बची रहे इसके लिए संविधान द्वारा न्यायालयों की स्थापना की गई तथा इनको पृथक, स्वतन्त्र और निष्पक्ष रखने के लिए स्वयं संविधान में ही विस्तृत प्रावधान किया गया है। इस संबंध में विख्यात विधिवेत्ता (भारतीय) एच० एम० सीरवई ने अपनी पुस्तक **कान्सटीट्यूशनल लॉ इन इण्डिया** में लिखा है कि "किसी संविधि की संवैधानिकता पर निर्णय देते समय न्यायालय का, कानून की बुद्धिमत्ता या अबुद्धिमत्ता,

उसमें न्याय और अन्याय से, कोई सम्बध नहीं है।" इसी तथ्य को और अधिक स्पष्ट करते हुए सीरवई ने आगे लिखा है कि "कानून को केवल इस आधार पर अवैध घोषित नहीं किया जा सकता कि वह न्यायालय की सम्पति में स्वतन्त्रता या संविधान की भावना में से किसी सिद्धान्त का अतिक्रमण करता है जब तक कि वह सिद्धान्त संविधान में समाविष्ट न हो।"

उपरोक्त विवेचन से स्पष्ट है कि भारत के संविधान निर्माता न्यायिक पुनरावलोकन की इस तरह व्यवस्था करना चाहते थे जिससे न्यायालय आवश्यक शक्ति से तो युक्त रहें किन्तु इतनी शक्ति भी हथियाने की स्थिति में न आ जाएं कि अमरीका के सर्वोच्च न्यायालय की तरह भारत का सर्वोच्च न्यायालय भी संसद का तीसरा सदन या एक उच्चतर व्यवस्थापिका बन जाए और कानूनों की व्याख्या के स्थान पर कानून और नीतियों का निर्माण करने लगे। 1967 के निर्णय के बाद और विशेषकर बैंकों और प्रिवि पर्सों से सम्बन्धित मुकदमों के निर्णयों के बाद सर्वोच्च न्यायालय अमरीका के सर्वोच्च न्यायालय के पदचिह्नों पर चलने लगा था। शायद इसलिए ही इसको पुनः अपने 1967 से पहले के मार्ग पर लाने के लिए संविधान के 42वें संशोधन में न्यायिक पुनरावलोकन के अधिकार का काफी सीमांकन किया गया है।

(ख) न्यायिक पुनरावलोकन के सम्बन्ध में सर्वोच्च न्यायालय द्वारा स्वीकृत सिद्धान्त (The principles accepted by the supreme court on judicial review)—पिछले 27 वर्षों में भारतीय न्यायालयों द्वारा न्यायिक पुनरावलोकन की शक्ति के प्रयोग से इस सम्बन्ध में कई सिद्धान्तों का प्रतिपादन हुआ है। विभिन्न निर्णयों से यह निष्कर्ष निकलता है कि भारत के सर्वोच्च न्यायालय ने न्यायिक पुनरावलोकन की शक्ति के प्रयोग से सम्बन्धित सिद्धान्त स्वीकार किए हैं—(i) संविधान की साम्य-संरचना का सिद्धान्त (the doctrine of harmonious construction of the constitution), (ii) संविधि के आंशिक रद्दीकरण का सिद्धान्त (the doctrine of partial annulment of statute) (iii) संविधान द्वारा स्थापित प्रक्रिया का सिद्धान्त (doctrine of the procedure established by law), (iv) स्वयं के निर्णयों का पुनरावलोकन करने का सिद्धान्त (the doctrine of reviewing to own decisions), (v) संविधान की प्रगामी व्याख्या का सिद्धान्त (doctrine of the progressive interpratation of the constitution), (vi) संविधान की भावना का सिद्धान्त (doctrine of the spirit of the constitution), (vii) भविष्य-प्रभावी प्रत्यादेश का सिद्धान्त (doctrines of prospective overruling), (viii) संविधि की वैधानिकता की प्रकल्पना का सिद्धान्त (the doctrine of the presumption of the constitutionality of a statute)।

(i) सर्वोच्च न्यायालय ने यह माना है कि संविधान के विभिन्न भागों और विविध धाराओं में परस्पर साम्य है। उदाहरण के लिए, संविधान में मौलिक अधिकारों से सम्बन्धित तीसरे भाग और राज्य के नीति के निर्देशकों से सम्बन्धित चौथे भाग में सामंजस्य है। यद्यपि इनमें से तीसरा भाग न्यायालयों द्वारा रक्षित है जबकि चौथे भाग

के प्रावधानों को न्यायालयों का संरक्षण नहीं प्रदान किया गया था। तब भी इन दोनों को साम्य की अवस्था में माना गया है। इसी तरह, संविधान की विभिन्न धाराओं के बीच भी साम्य को स्वीकार किया गया है। इस सम्बन्ध में सर्वोच्च न्यायालय यह मानता है कि संविधान की संरचना इस तरह से की गई है कि उसके विभिन्न भागों, धाराओं और उपधाराओं में किसी प्रकार का विरोध नहीं होकर सामंजस्य स्थापित रहता है।

(ii) भारत में न्यायिक पुनरावलोकन से सम्बन्धित सिद्धान्तों में यह अत्यधिक महत्त्वपूर्ण सिद्धान्त है कि किसी कानून के पुनरावलोकन पर कानून की केवल वही धारा या उपधारा रद्द की जाएगी जो कि संविधान के प्रतिकूल पड़ती है। इसका आशय यह है कि किसी संविधि की किसी धारा विशेष के संविधान के प्रतिकूल होने पर सम्पूर्ण संविधि को रद्द नहीं किया जाएगा। उदाहरण के लिए, स्वर्ण नियन्त्रण अधिनियम की धारा 30 को ही सर्वोच्च न्यायालय ने संविधान के प्रतिकूल होने के कारण रद्द किया था और सम्पूर्ण स्वर्ण नियन्त्रण अधिनियम को रद्द नहीं किया था। अमरीका में किसी अधिनियम की किसी धारा के संविधान के प्रतिकूल होने पर सारे ही अधिनियम को रद्द कर दिया जाता है। इस रूप में भारत के सर्वोच्च न्यायालय ने अधिक उपयुक्त सिद्धान्त को स्वीकार किया है।

(iii) भारत में न्यायिक पुनरावलोकन के प्रयोग के लिए इस सिद्धान्त को संविधान द्वारा प्रतिपादित किया गया है और न्यायालयों ने इसे प्रारम्भिक वर्षों में स्वीकार किया था। सर्वोच्च न्यायालय ने कानून की वैधानिकता की जांच में 1967 तक 'कानून द्वारा स्थापित प्रक्रिया' के सिद्धान्तों को स्वीकार करके केवल शब्दों के अर्थ तक सीमित रहने का सिद्धान्त स्वीकार किया था। कानून अच्छा है या बुरा, कानून बनाने वालों की भावना क्या थी, या कानून का क्या प्रभाव होगा—यह सब न्यायाधीशों को नहीं देखना है, यह स्वीकार किया गया था, किन्तु कुछ विचारकों का मत है कि सर्वोच्च न्यायालय 1967 के बाद धीरे-धीरे इस सिद्धान्त से हटने लगा था जिसे रोकने के लिए संविधान के 42वें संशोधन में व्यवस्था की गई है।

(iv) न्यायालय ने यह स्वीकार किया है कि समय और स्थितियों के साथ कानून और संविधान में परिवर्तन होना आवश्यक है जिससे अधिनियम और संविधान समय के अनुकूल बने रहें। सर्वोच्च न्यायालय के निर्णय अन्तिम और बाध्यकारी होते हैं। अतः एक बार किया गया निर्णय भविष्य में नये तथ्यों के प्रकाश में गलत नहीं तो कम से कम असंगत हो सकता है। इसलिए सर्वोच्च न्यायालय अपने ही निर्णयों को पुनः अवलोकित कर उनकी पुष्टि या उन्हें रद्द कर सकता है। अगर ऐसा नहीं हो तो सर्वोच्च न्यायालय के निर्णय प्रगति में सबसे बड़े बाधक बनने की स्थिति उत्पन्न कर सकते हैं। अतः सर्वोच्च न्यायालय के अपने ही निर्णयों को आवश्यकता पड़ने पर पुनरावलोकित करके उन्हें बदलने का कार्य भी कर सकता है। उदाहरण के लिए, 1967 में गोलकनाथ के मुकदमे का निर्णय बाद में केशवानन्द भारती के मुकदमे के निर्णय में उलट दिया गया था। अपने ही निर्णयों का पुनरावलोकन इसलिए आवश्यक है कि सर्वोच्च न्यायालय के निर्णय बहुमत से दिए जाते हैं और कभी-कभी यह बहुमत केवल एक मत का ही हो सकता है। जैसा

कि 1967 के गोलकनाथ के मुकदमे के निर्णय में हुआ था। यह निर्णय पांच के मुकाबले में छः मतों का निर्णय था। ऐसे महत्त्वपूर्ण निर्णय हमेशा के लिए बन्धनकारी न बनें इसके लिए भी अपने ही निर्णयों के पुनरावलोकन का सिद्धान्त अत्यधिक महत्त्व का बन जाता है। इससे सर्वोच्च न्यायालय संविधान को सजीव और बदली हुई परिस्थितियों के अनुसार ढालने का काम कर पाता है।

(v) सर्वोच्च न्यायालय संविधान को आगे ले जाने का कार्य नहीं करे तब संविधान असंगत व्यवस्था बन जाती है। भारत के सर्वोच्च न्यायालय ने संविधान की प्रगामी व्याख्या का सिद्धान्त स्वीकार करके संविधान को विकासोन्मुख बनाया है। भारत जैसे विकासशील देश में संविधान की प्रगामी व्याख्या विशेष महत्त्व रखती है। पिछले एक दशक में न्यायालयों के द्वारा इस सिद्धान्त की अवहेलना होने लगी और इसी के कारण अन्ततः न्यायपालिका और व्यवस्थापिका में टकराव की स्थिति आ गई थी। संविधान को भविष्य की ओर अभिमुखीकृत रखने के लिए यह सिद्धान्त मौलिक भूमिका निभाता है।

(vi) सर्वोच्च न्यायालय को न्यायिक पुनरावलोकन की शक्ति के प्रयोग में 'कानून द्वारा स्थापित प्रक्रिया' का ही उपयोग करना होता है। इस कारण, न्यायाधीश कानूनों के पीछे क्या भावना रहती है इसकी जांच करके उसके आधार पर निर्णय करने का अधिकार तो नहीं रखते हैं, किन्तु भारत के सर्वोच्च न्यायालय ने यह अवश्य माना है कि निर्णय करते समय 'संविधान की भावना' का ध्यान रखना आवश्यक है। इससे सम्पूर्ण निर्णय प्रक्रिया में संगति रहती है तथा संविधान की रक्षा के साथ ही साथ उसके पीछे प्रमुख भावना या संविधान की आत्मा का रक्षण भी हो जाता है। इस सिद्धान्त को लेकर काफी विवाद है। अनेक विचारक यह मानते रहे हैं कि 'संविधान की भावना' के सिद्धान्त की आड़ में सर्वोच्च न्यायालय के न्यायाधीश अपने दर्शन और मूल्यों को संविधान की व्याख्या में लाने का प्रयत्न करने लगे हैं। जबकि दूसरी ओर, अनेक विचारक यह दलील देते हैं कि जब तक संविधान की आत्मा के सिद्धान्त को स्वीकार नहीं किया जाएगा, तब तक संविधान की व्याख्याएं ऊटपटांग ढंग से होती रहेंगी। इस सम्बन्ध में स्पष्ट रूप से कुछ कह सकना कठिन है। केवल इतना ही कहा जा सकता है कि संविधान की आत्मा की रक्षा की आड़ में संविधान को जड़ बनाने का प्रयास नहीं होना चाहिए।

(vii) सर्वोच्च न्यायालय के निर्णय भविष्य-प्रभावी प्रत्यादेश के सिद्धान्त के आधार पर ही आधारित होते हैं। यह अत्यन्त आवश्यक है अन्यथा सम्पूर्ण व्यवस्था में अनिश्चिय और अस्थिरता का समावेश हो जाएगा। इस सिद्धान्त का यही आशय है कि सर्वोच्च न्यायालय के निर्णय, निर्णय के बाद ही प्रभावी होंगे, उससे पहले की किसी कालावधि से लागू नहीं किए जाएंगे। इसको लेकर भी विवाद है। कुछ लोग यह तर्क देते हैं कि इससे किसी को जो नुकसान हो जाता है उसकी क्षतिपूर्ति नहीं होती है। सामान्यतया इस दलील में विशेष तथ्य नहीं माना जाता है, क्योंकि अतीत-प्रभावी प्रत्यादेश से तो सारी व्यवस्था ही डांवाडोल हो जाने की स्थिति आ जाती है। अतः भारत में इसी सिद्धान्त को सर्वोच्च

न्यायालय ने स्वीकार किया है।

(viii) किसी भी अधिनियम का पुनरावलोकन करते समय सर्वोच्च न्यायालय यह मानकर चलता है कि यह अधिनियम वैधानिक है। इसका आशय यही है कि न्यायिक पुनरावलोकन करते समय सर्वोच्च न्यायालय अधिनियम विशेष की अवैधानिकता के पूर्वाग्रह से ग्रस्त नहीं रहता है। केवल तथ्यों के आधार पर ही अधिनियम को अवैधानिक घोषित किया जाता है। इससे यह बात स्पष्ट होती है कि न्यायालयों के न्यायाधीश न्यायिक पुनरावलोकन करते समय किसी भी प्रकार का मत पहले ही बनाकर नहीं चलते हैं।

भारत में सर्वोच्च न्यायालय द्वारा न्यायिक पुनरावलोकन के प्रयोग में कम या अधिक अंशों में सामान्यतया इन सिद्धान्तों का पालन हुआ है। इसी कारण भारत का सर्वोच्च न्यायालय अभी तक आलोचना का शिकार नहीं हुआ। केवल पिछले कुछ वर्षों में कुछ सिद्धान्तों से हटने की प्रवृत्ति प्रबल होने लगी थी और सर्वोच्च न्यायालय और व्यवस्थापिका में टकराव की स्थिति उत्पन्न होने लगी थी, किन्तु संविधान के 42वें संशोधन ने इस टकराव को हमेशा के लिए समाप्त करने की व्यवस्था कर दी है। इस संशोधन के द्वारा संसद की सर्वोच्चता को सुदृढ़ ढंग से स्थापित कर दिया है। अतः अब सर्वोच्च न्यायालय इन सभी सिद्धान्तों को स्वीकार ही नहीं करता है वरन उसे उनका पालन करने की स्थिति में ला दिया गया है।

(ग) भारत में न्यायिक पुनरावलोकन की भूमिका (The role of judicial review in india)—भारत में न्यायिक पुनरवलोकन की भूमिका को लेकर प्रारम्भ में कोई विवाद नहीं था, किन्तु 1967 के गोलकनाथ के मुकदमे में निर्णय के बाद इस शक्ति को लेकर विवाद उत्पन्न हो गया जो 1971 के 24वें संविधान संशोधन तक अपनी चरम सीमा पर पहुंच गया था। पक्ष और विपक्ष में तर्क और वितर्क दिए जाने लगे। इस संशोधन की पृष्ठभूमि (गोलकनाथ मुकदमे का निर्णय) तथा इसके प्रभाव के सम्बन्ध में सुभाष कश्यप ने अपनी पुस्तक **भारत का संवैधानिक विकास और स्वाधीनता संघर्ष** में इस प्रकार लिखी है, "उच्चतम न्यायालय ने गोलकनाथ मुकदमे के (5 के मुकाबले 6 के संकीर्ण बहुमत से) अपने उन पूर्ववर्ती निर्णयों को उलट दिया था जिनमें संसद की इस शक्ति को स्वीकार किया गया था कि वह संविधान के मूल अधिकारों से सम्बन्धी भाग तीन सहित सभी भागों में अनुच्छेद 368 के अनुसार संशोधन कर सकती है। इस निर्णय के परिणामस्वरूप संसद को संविधान के भाग तीन में दिए गए मूल अधिकारों में ऐसा कोई संशोधन करने का कोई अधिकार नहीं रहा जिसके द्वारा मूल अधिकारों में कमी आती हो अथवा उनका हरण होता हो। यदि राज्य नीति के निर्देशक तत्त्वों अथवा संविधान की प्रस्तावना के आदर्शों को व्यावहाहिक रूप देने के लिए मूल अधिकारों में संशोधन अथवा कमी करने की आवश्यकता हो तब भी संसद इस विषय में कुछ नहीं कर सकती थी। इसलिए संसद को यह शक्ति देना आवश्यक समझा गया कि वह अपनी संविधानकारी शक्ति के अन्तर्गत संविधान के किसी भी उपबन्ध में जिसमें भाग तीन के उपबन्ध भी शामिल हैं, संशोधन कर सकती है। उच्चतम न्यायालय के अनुसार अनुच्छेद

368 में संशोधन की शक्ति नहीं दी गई थी, केवल उसकी प्रक्रिया ही दी गई थी। संविधान के चौबीसवें संशोधन अधिनियम ने अनुच्छेद 368 में संशोधन करके यह स्पष्ट कर दिया कि अनुच्छेद 368 संविधान में संशोधन की शक्ति भी प्रदान करता है और उस संशोधन की प्रक्रिया का निर्देश भी करता है। चौबीसवें संशोधन ने यह भी स्पष्ट कर दिया है कि जब संसद के दोनों सदनों द्वारा पारित किसी संविधान विधेयक को राष्ट्रपति के सम्मुख रखा जाएगा, तब वह उस पर अपनी स्वीकृति देने से मना नहीं करेगा।'[34]

इस संशोधन से भी न्यायिक पुनरावलोकन की भूमिका को लेकर विवाद बना रहा, कई अन्य संशोधन हुए और अन्ततः 42वें संशोधन ने इससे सम्बन्धित सभी विवादों को समाप्त करने की व्यवस्था कर दी है, किन्तु अभी भी यह देखना है कि सर्वोच्च न्यायालय और विधिवेत्ता इस संशोधन से न्यायिक पुनरावलोकन की शक्ति की सुस्पष्टता को किस दृष्टिकोण से देखते हैं? इस संशोधन के बाद सर्वोच्च न्यायालय न्यायिक पुनरावलोकन के अधिकार में सीमित हुआ है और इसका इसकी भूमिका पर भी प्रभाव पड़ा है। सामान्यतया भारत में न्यायिक पुनरावलोकन की भूमिका को स्वीकार किया जाता है— (i) परिभाषात्मक व व्याख्यात्मक भूमिका (definitional and interpretive role) (ii) क्षेत्राधिकार विभिन्नीकरण की भूमिका (jurisdictional differentiation role) (iii) विकासवादी भूमिका (developmental role), (iv) सत्ता वैधीकरण की भूमिका (legitimization role)।

(i) भारत के सर्वोच्च न्यायालय न्यायिक पुनरावलोकन की शक्ति के प्रयोग से संविधान में प्रयुक्त शब्दावली व शब्दों की परिभाषा और धाराओं की व्याख्या की भूमिका अदा करता है। इस भूमिका से सर्वोच्च न्यायालय संविधान के उपबन्धों को नया अर्थ प्रदान करता है और विभिन्न अनुच्छेदों के बीच के सम्बन्धों का स्पष्टीकरण करता है। यह संविधान के विभिन्न भागों में विशेषकर भाग तीन और भाग चार के सम्बन्धों के बारे में निर्णय करता है। संविधान के 42वें संशोधन ने इस सम्बन्ध में सर्वोच्च न्यायालय की भूमिका को और अधिक स्पष्ट कर दिया है।

(ii) सर्वोच्च न्यायालय की क्षेत्राधिकार विभिन्नीकरण से सम्बन्धित भूमिका न्यायिक पुनरावलोकन के द्वारा ही निष्पादित होती है। संविधान के विभिन्न अनुच्छेदों में तनाव की स्थिति का शमन तथा व्यक्ति, समूहों और सरकार के विभिन्न अंगों के क्षेत्राधिकारों को पृथक बनाने का काम इसी भूमिका में आता है। इसी से केन्द्रीय और राज्य सरकारों के अधिकार क्षेत्रों का स्पष्टीकरण किया जाता है। अतः न्यायिक पुनरावलोकन की भूमिका में मौलिक अधिकारों और राज्य के नीति निर्देशक तत्त्वों के बीच; केन्द्रीय सरकार और राज्य सरकारों के बीच राज्य और व्यक्ति के बीच के सम्बन्धों का स्पष्टीकरण तथा इनके अपने-अपने अधिकार क्षेत्र का सुनिश्चय सम्मिलित है।

[34]Subhash Kasyap, *Bharat Ka Sanvidhanik Vikas aur Swadhinata Sangharsh* pp. 358-59.

(iii) संविधान समय और परिस्थितियों के अनुसार ढलता-बदलता रहे तो यह विकास का साधन रहता है। इसको संशोधनों द्वारा ऐसी स्थिति में लाया जाता रहता है, किन्तु संशोधनों की विशेष प्रक्रियाओं और उनमें उलझी राजनीति के कारण कई बार संविधान में संशोधन करना सम्भव ही नहीं होता है। ऐसी स्थिति तो विशेष प्रकार की स्थिति है जिसका सर्वोच्च न्यायालय के पास कोई समाधान नहीं होता है, किन्तु सामान्य स्थिति में संविधान का संवर्द्धन और विकास होता रहे इसकी भूमिका सर्वोच्च न्यायालय के द्वारा निष्पादित होती है। न्यायालय इस भूमिका को न्यायिक पुनरावलोकन की शक्ति के प्रयोग से संविधान की धाराओं को नया अर्थ और नई व्याख्या करके पूरा करता है। इससे संविधान सजीव और विकासोन्मुख बनता है। अतः भारत में न्यायिक पुनरावलोकन से इस भूमिका के निष्पादन का कार्य नहीं होने की स्थिति आने पर ही संविधान में चौबीसवां और 42वां संशोधन करके न्यायालयों को इस भूमिका के निभाने के लिए पुनः तैयार किया गया है।

(iv) न्यायिक पुनरावलोकन की सबसे महत्त्वपूर्ण भूमिका सरकार के कानूनों, आदेशों और कार्यों की समीक्षा करके उनकी वैधता को स्थापित करना होता है। सरकार के कार्य निर्धारित क्षेत्र के अंतर्गत संविधान की धाराओं के अनुरूप हैं या नहीं इसका निर्णय सर्वोच्च न्यायालय ही करता है। ऐसे निर्णय करने का आशय है कि सर्वोच्च न्यायालय शासन सत्ताओं की वैधानिकता का निर्णय करके उनको वैधता प्रदान करता है।

सर्वोच्च न्यायालय की न्यायिक पुनरावलोकन के प्रयोग में अन्य कई विशिष्ट भूमिकाएं भी हैं, किन्तु हमारा ध्येय यहां पर सर्वोच्च न्यायालय की भूमिकाओं का विवेचन करना न होकर न्यायिक पुनरावलोकन की भारत की राजनीतिक व्यवस्था में भूमिका का विवेचन करना था। इससे यह स्पष्ट है कि न्यायिक पुनरावलोकन उपरोक्त चार महत्त्वपूर्ण भूमिकाओं के निष्पादन का महत्त्वपूर्ण माध्यम है। यथार्थ में, भारत का सर्वोच्च न्यायालय उस अवस्था में ही यह सब भूमिकाएं निष्पादित कर सकता है जबकि वह न्यायिक पुनरावलोकन का अधिकार रखे। इस कारण ही सर्वोच्च न्यायालय की इन भूमिकाओं को न्यायिक पुनरावलोकन की भूमिका कहते हैं।

(घ) भारत में न्यायिक पुनरावलोकन की आलोचना (Criticisms of judicial review in India)—भारत में सर्वोच्च न्यायालय द्वारा न्यायिक पुनरावलोकन की शक्ति के प्रयोग की संविधान में ही इस तरह से व्यवस्था की गई है कि न्यायालय के न्यायाधीश संविधान की व्याख्या करते समय और इस अधिकार का प्रयोग करते समय अपने विचार, दर्शन और मूल्यों के अनुसार निर्णय नहीं देकर केवल संविधान की धाराओं का शाब्दिक अर्थ ही कर सके। इसके लिए 'कानून की उचित प्रक्रिया' के स्थान पर 'कानून द्वारा स्थापित प्रक्रिया' के प्रयोग की व्यवस्था की गई है। इससे न्यायाधीश कानून की अच्छाई-बुराई और संविधान बनाने वालों की भावनाओं और मन्तव्यों को निर्णयों के अंतर्गत नहीं ला सकें इसकी सुस्पष्ट व्यवस्था की गई है। किन्तु 1967 के गोलकनाथ के मुकदमे में सर्वोच्च न्यायालय द्वारा दिए गए निर्णय से यह स्पष्ट होने लगा कि सर्वोच्च न्यायालय न्यायिक पुनरावलोकन के अधिकार का प्रयोग उस प्रकार नहीं कर रहा है जिस प्रकार के

प्रयोग की संविधान में व्यवस्था की गई है। अतः इसके बाद सर्वोच्च न्यायालय के द्वारा इस शक्ति के दुरुपयोग की चर्चा होने लगी। यद्यपि इस शक्ति की आलोचना पहले भी जब-तब होती रही है, किन्तु इस निर्णय के बाद आलोचना व्यक्त रूप से होने लगी। मोहन कुमारामंगलम की पुस्तक ज्यूडिशियल अपोइन्टमेन्ट में इसकी विस्तार से चर्चा की गई है कि सर्वोच्च न्यायालय, न्यायिक पुनरावलोकन के अधिकार की आड़ में विधि और नीति निर्माता बनता जा रहा है। मुख्य न्यायाधीश रे की नियुक्ति को लेकर यह आलोचनाएं उग्र रूप से होने लगी थीं। संक्षेप में यह आलोचनाएं निम्न बिन्दुओं के इर्द-गिर्द होने लगी हैं—

(i) न्यायपालिका 'कानून द्वारा स्थापित प्रक्रिया' के सिद्धांत से हटकर 'कानून की उचित प्रक्रिया' के सिद्धांत की ओर झुकने लगी है। इसमें यह कहा गया है कि न्यायालय कानूनों की अच्छाई और बुराई देखने व संविधान की भावना की आड़ में अपने दर्शन को राजनीतिक व्यवस्था पर लादने लगा है। संविधान में केवल शाब्दिक व्याख्या की व्यवस्था की गई थी किन्तु सर्वोच्च न्यायालय ने इससे हटकर कानूनों की अच्छाई और बुराई देखना आरम्भ कर दिया है।

(ii) सर्वोच्च न्यायालय अपने ही निर्णयों का बार-बार पुनरावलोकन करने लगा है। आलोचकों का कहना है कि इससे अनिश्चय की भावना उत्पन्न होती है तथा संविधान और कानूनों पर से जनता का विश्वास उठने लगता है। इस प्रकार की आलोचना 1967 से 1974 तक सर्वोच्च न्यायालय के निर्णयों में से कुछ निर्णयों से पुष्ट होती है।

(iii) सर्वोच्च न्यायालय के द्वारा बहुमत से निर्णय किए जाते हैं और इस आधार पर भी आलोचना की जाती है क्योंकि कभी-कभी यह बहुमत बहुत ही संकीर्ण हो सकता है जैसाकि गोलकनाथ के मुकदमे में पांच के मुकाबले छः के संकीर्ण बहुमत से क्रांतिकारी परिणाम लाने वाला निर्णय किया गया था। यह निर्णय औचित्यता की कसौटी पर नीचे के स्तर पर ही माना जा सकता है। इसलिए, ऐसे आधारभूत प्रश्नों या संविधान की मौलिक व्यवस्थाओं के संबंध में सर्वोच्च न्यायालय को सामान्य बहुमत के स्थान पर विशेष बहुमत से निर्णय करने का सुझाव दिया जाने लगा है। कुछ लोग तो सर्वसम्मति से ही निर्णय देने की बात तक करने लगे हैं।

(iv) न्यायिक पुनरावलोकन की व्यवस्था से कानून अनिश्चितता की अवस्था में बना रहता है। जब तक सर्वोच्च न्यायालय किसी मुकदमे में उसकी वैधानिकता पर अपना निर्णय नहीं दे दे तब तक यह अनिश्चय बना ही रहता है।

इस प्रकार, न्यायिक पुनरावलोकन की शक्ति के प्रयोग के कई पक्षों को लेकर आलोचना की गई है, किन्तु संविधान के 42वें संशोधन से इन आलोचनाओं में से कुछ का समाधान हो जाता है। इन सामान्य आलोचनाओं के अलावा अनेक विशिष्ट आलोचनाएं भी की जाती रही हैं, किन्तु उनका संबंध सर्वोच्च न्यायालय से अधिक है और केवल अप्रत्यक्ष रूप से ही न्यायिक पुनरावलोकन से उनको संबंधित माना जा सकता है इसलिए इनका यहां विवेचन करना उपयुक्त नहीं है।

(ङ) भारत में न्यायिक पुनरावलोकन का मूल्यांकन (Evaluation of judicial review in India)—भारत में न्यायिक पुनरावलोकन की व्यवस्था के मूल्यांकन में यह कहा जा सकता है कि इस संबंध में निश्चित रूप से यह चार कालों में—1950-1967, 1967-1971, 1971-1976 और 1976 से 42वें संशोधन के बाद, भिन्न-भिन्न प्रकार का रहा है। प्रथम काल (1950-1967) के संबंध में यह कहा जाता है कि न्यायालय कुल मिलाकर, संविधान की धाराओं और व्यवस्थाओं के अनुरूप न्यायिक पुनरावलोकन के अधिकार का प्रयोग करते रहे थे। इस कारण इस शक्ति का क्षेत्र सीमित, सुनिश्चित और स्पष्ट बना रहा। दूसरे काल (1967-1971) में न्यायालय अत्यधिक आलोचना के शिकार हुए क्योंकि इन्होंने संविधान को ऐसा पवित्र दस्तावेज बना दिया जिसमें संसद के संशोधन के सीमित अधिकार ही स्वीकार किए गए। इस काल में सर्वोच्च न्यायालय स्वयं नीति-निर्माता और कानून बनाने वाला निकाय बन गया। तीसरे काल (1971-1976) में विवाद बना रहा, यद्यपि संविधान के चौबीसवें संशोधन ने संसद की सर्वोच्चता को पुनः स्थापित कर दिया किन्तु न्यायालय और संसद के टकराव का विवाद समाप्त नहीं हुआ। चौथे काल (42वें संशोधन के बाद) में पुनः न्यायिक पुनरवलोकन के अधिकार को प्रथम काल की अवस्था में लाया गया है, किन्तु इसको और भी सीमित कर दिया गया है तथा कई विषय न्यायिक पुनरावलोकन के अधिकार क्षेत्र से पृथक रखे गए हैं। संविधान की अनेक धाराओं से संबंधित बातों पर न्यायिक पुनरावलोकन की शक्ति को समाप्त ही कर दिया गया है।

इस तरह, भारत में न्यायिक पुनरावलोकन की शक्ति के प्रयोग में उतार-चढ़ाव आते रहे हैं। वर्तमान में (1977) न्यायालयों की इससे संबंधित शक्तियों को काफी सीमित कर दिया गया है। इस कारण, अनेक लोग यह शंकाएं करने लगे हैं कि क्या वर्तमान रूप में न्यायिक पुनरावलोकन का अधिकार सर्वोच्च न्यायालय को वह भूमिका निभाने की अवस्था में रख सकेगा, जिसकी संकल्पना संविधान निर्माताओं ने की थी ? इस प्रश्न या शंका का उत्तर तो भविष्य ही दे सकेगा। आशा यही की जा सकती है कि सर्वोच्च न्यायालय शायद परिवर्तित परिस्थितियों में भी उपयोगी भूमिका निभाता रहेगा और न्यायिक पुनरावलोकन एक ऐसी शक्ति के रूप में प्रयुक्त होता रहेगा जो व्यवस्था को जोड़ने और संस्थाओं में साम्य बनाए रखने का मार्ग प्रशस्त होगा।

अध्याय 17

राजनीतिक दल एवं दल पद्धतियां
(Political Parties and Party Systems)

राजनीतिक दल आधुनिक राजनीति की जीवन-डोर (life-line) बन गए हैं। यह आधुनिक व आधुनिकीकरण में लगे राजनीतिक समाजों की संतति होने के कारण किसी न किसी रूप में हर लोकतांत्रिक राजनीतिक व्यवस्था में अनिवार्यतः विद्यमान पाए जाते हैं। वर्तमान समय में राजनीतिक दल आधुनिकता के प्रतीक समझे जाने के कारण निरंकुश से निरंकुश व्यवस्था में भी प्रस्थापित किए जाने लगे हैं। लोकतन्त्र शासनों में तो राजनीतिक दलों का आधारभूत स्थान रहता है। इन प्रणालियों में राजनीतिज्ञों के राजनीति में प्रवेश का एक मात्र संस्थागत साधन राजनीतिक दल ही होते हैं। लोकतन्त्र शासन-व्यवस्थाओं में राजनीतिक दल ही राजनीतिक चेतना के केन्द्र होते हैं। इन व्यवस्थाओं में राजनीतिक प्रक्रिया राजनीतिक दलों की धुरी के इर्द-गिर्द ही घूमती दिखाई देती है। निरंकुश व लोकतन्त्र शासन-व्यवस्थाओं में राजनीतिक दलों की सर्वव्यापकता से यही निष्कर्ष निकलता है कि राजनीतिक विकास की कुछ परिस्थितियों में राष्ट्रों के लिए दलों के बिना काम चलाना कठिन ही नहीं, शायद असम्भव हो जाता है। इससे स्पष्ट है कि राजनीतिक दल हर प्रकार की राजनीतिक प्रणाली में महत्त्वपूर्ण कार्य निष्पादित करते हैं। इनका हर व्यवस्था में महत्त्व है।

राजनीतिक दल की परिभाषा
(DEFINITION OF POLITICAL PARTY)

राजनीतिक दल की परिभाषा करना राजनीतिशास्त्रियों के लिए प्रत्ययी सिरदर्द (conceptual headache) बन गया है, क्योंकि इसकी परिभाषा कई दृष्टिकोणों से की जा सकती है। राजनीतिक दलों के संगठन के सिद्धांत व कार्यक्रम के आधार से लेकर इनके कार्यों व प्रकृति के आधार पर इनको परिभाषित करने के प्रयास किए गए हैं। यहां केवल कुछ ही आधारों पर की गई परिभाषाएं दी जा रही हैं।

बर्क ने राजनीतिक दल की संगठन सिद्धांती परिभाषा देते हुए लिखा है—"राजनीतिक दल व्यक्तियों का एक ऐसा समूह है जिसके सदस्य सामान्य सिद्धांतों पर सहमत हों और सामूहिक प्रयत्नों द्वारा राष्ट्रीय हित को प्रोत्साहित करने के लिए एकता के सूत्र में

बंधे हों।"[1] यह परिभाषा आधुनिक राजनीतिक दल की प्रकृति व कार्यविधि का कोई स्पष्टीकरण नहीं करती है। इससे यह भी स्पष्ट नहीं होता है कि सामूहिक प्रयत्न किस प्रकार से संचालित होंगे ? इस परिभाषा से राजनीतिक दल और दबाव समूहों में कोई अन्तर नहीं रह जाता है। अतः बर्क द्वारा दी गई परिभाषा राजनीतिक दल के संगठन सिद्धांत की सुस्पष्ट व्याख्या तक ही सीमित होने के कारण आधुनिक राजनीतिक दल की अर्थपूर्ण व उपयोगी परिभाषा नहीं मानी जा सकती।

रेने तथा केन्डल ने अपनी पुस्तक **डेमोक्रेसी एण्ड अमेरिकन पार्टी सिस्टम** में राजनीतिक दल की कार्यात्मक (functional) परिभाषा देते हुए लिखा है, "राजनीतिक दल संगठित स्वायत्त समूह है जो सरकार की नीतियों एवं कर्मचारियों पर अन्ततः नियन्त्रण प्राप्त करने की आशा में चुनाव में उम्मीदवारों का नामांकन करते हैं और चुनाव लड़ते हैं।"[2] इस परिभाषा से राजनीतिक दल की संरचना व वास्तविक प्रकृति का बोध नहीं होता है। इसी तरह, यह परिभाषा राजनीतिक दल के केवल राजनीतिक कार्यों का उल्लेख करने के कारण एकपक्षीय परिभाषा ही कही जा सकती है। आधुनिक राजनीतिक दल सरकार की नीतियों को नियन्त्रित करने और चुनाव लड़ने से कहीं अधिक व्यापक कार्य करने लगे हैं। अतः रेने तथा केन्डल द्वारा दी गई परिभाषा भी उपयुक्त नहीं रह गई है।

ऐल्डसंवेल्ड ने अपनी पुस्तक **पोलिटिकल पार्टीज : ए बिहेवियरल अनेलिसिस** में राजनीतिक दलों की व्यवहारवादी (behavioural) परिभाषा दी है। उसने लिखा है कि "दल एक शासनतन्त्र या राजनीति है, यह एक सूक्ष्म राजनीतिक व्यवस्था है। इसकी एक सत्ता संरचना होती है और शक्ति नियन्त्रण के विशिष्ट प्रतिमान होते हैं। इसकी प्रतिनिधात्मक प्रक्रिया होती है, एक निर्वाचन प्रणाली रहती है तथा आंतरिक व्यवस्था संघर्षों का समाधान करने, गन्तव्यों की व्याख्या करने और नेताओं की भर्ती की एक उपप्रक्रिया होती है। कुल मिलाकर दल एक निर्णय प्रक्रिया है।"[3] यह परिभाषा राजनीतिक दल की संरचना, कार्यविधि तथा प्रकृति की विशद व्याख्या करती है। परन्तु इस परिभाषा से राजनीतिक दल अन्ततः समूह गतिविधि की इकाई बनकर रह जाता है। यह सब एक सामाजिक समूह व विशेषकर दबाव समूह के बारे में भी कहा जा सकता है। इस परिभाषा में राजनीतिक दल की व्यावहारिकता पर अत्यधिक बल दिया गया है। अतः यह परिभाषा भी मान्य नहीं ठहरती है।

राबर्ट सी० बोन ने अपनी पुस्तक **एक्शन एण्ड आरगेनाईजेशन : एन इन्ट्रोडक्शन टू कन्टेम्परेरी पोलिटिकल साइंस** में राजनीतिक दल की संरचनात्मक-प्रकार्यात्मक

[1]Edmund Burke, *Thoughts on the Causes of Present Discontents: Works*, Vol. I., p. 530.

[2]Austin Ranney and Willmore Kendall, *Democracy and the American Party System*, New York, Harcourt, 1956, p. 85.

[3]Samuel J. Eldersveld, *Political Parties: A Behavioural Analysis*, Chicago, Rand McNally, 1964, p. 1.

(structuralfunctional) आधार पर परिभाषा की है। उसके अनुसार "राजनीतिक दल व्यक्तियों का ऐसा संगठन है जो अपने उद्देश्यों को सरकार पर औपचारिक नियंत्रण प्राप्त करके समाज में मूल्यों के आधिकारिक वितरण में प्राथमिकता के प्रकरण (priority items) बनाने का प्रयत्न करता है।"[4] इसी से मिलती-जुलती परिभाषा ला पालोम्बारा ने अपनी पुस्तक **पालिटिक्स विदइन नेशन्स** में दी है। उसने लिखा है, "राजनीतिक दल एक औपचारिक संगठन है जिसका स्व-चेतन व प्रमुख उद्देश्य ऐसे व्यक्तियों को सार्वजनिक पदों पर पहुंचाना व उन पर बनाए रखना है जो अकेले या किसी से मिलकर शासनतन्त्र पर नियंत्रण रखेंगे।"[5] इन परिभाषाओं में राजनीतिक दल के वर्तमान व सम्भावित संघर्षरत अभिजनों से सम्बन्धों का आधार लिया गया है। इन परिभाषाओं से न केवल राजनीतिक दल की संरचना का स्पष्टीकरण होता है वरन उसके उद्देश्य, कार्य और कार्यविधि का भी बोध हो जाता है। अतः यह परिभाषाएं वर्तमान समय में राजनीतिक दल के वास्वविक रूप का ज्ञान कराने वाली होने के कारण अधिक उपयुक्त मानी जा सकती हैं। यह दोनों ही परिभाषाएं यथार्थवादी (realistic) कही जा सकती हैं। इससे राजनीतिक दल की वास्तविकता का स्पष्टीकरण भी हो जाता है। यही स्पष्ट करने के लिए बोन तथा ला पालोम्बारा राजनीतिक दल को शासनतन्त्र का नियंत्रक संगठन ही मानते हैं। दलों का शासनतन्त्र पर नियंत्रण करने का लक्ष्य इसलिए प्रमुख माना जाता है क्योंकि सरकारी तन्त्र सार्वजनिक नीतियों के निर्धारण, क्रियान्वयन, व्याख्या और अधिनिर्णय (adjudication) से पर्याप्त सम्बन्ध रखता है। इसी तरह वे दल के औपचारिक संगठन पर भी बल देते हैं। इसी आधार पर राजनीतिक दल को जन आन्दोलनों, ढीली-ढीली संरचना वाले अभियानों, जन-प्रदर्शनों व जन-विरोधी तथा अन्य प्रकार के सामूहिक व्यवहारों से पृथक किया जा सकता है। अतः राजनीतिक दल एक विशेष प्रकार का संगठन है जिसके विशिष्ट लक्षण होते हैं तथा यह विविध प्रकार के समूह संगठनों से मिलता-जुलता हुआ होते हुए भी अपनी पृथक पहचान रखता है।

राजनीतिक दल की विशेषताएं
(CHARACTERISTICS OF POLITICAL PARTY)

हर प्रकार का राजनीतक संगठन राजनीतिक दल नहीं होता है। यह सम-उद्देश्य से प्रेरित संगठन के रूप में भी परिभाषित नहीं किया जा सकता । ऐसे तो अनेक समूह हो सकते हैं। यह तो ऐसा संगठन है जो या तो अकेले ही या दूसरे राजनीतिक दलों के सहयोग से राजनीतिक सत्ता प्राप्त करना चाहता है। प्रत्येक राजनीतिक दल का पहला और प्रमुख उद्देश्य सत्ता प्राप्ति के लिए या सत्ता में बने रहने के लिए अन्य दलों, समूहों व संगठनों पर

[4] Robert C. Bone, *Action and Organization: An Introduction to Contemporary Political Science*, New York, Harper and Row, 1972, p. 93.

[5] Joseph La Palombara, *Politics Wiihin Nations*, New York, Prentice Hall, Inc., 1974, p. 509.

हावी होना है। राजनीतिक सत्ता प्राप्ति का यह उद्देश्य ही एक ऐसा लक्षण है जिससे राजनीतिक व्यवस्था के अन्तर्गत अन्य गुटों से राजनीतिक दलों का भेद किया जा सकता है। राजनीतिक सत्ता वर्तमान राजनीतिक संरचनाओं के अन्तर्गत कार्य करके या उन्हें उखाड़ फेंक कर प्राप्त की जा सकती है। सत्ता प्राप्ति के तरीकों का भी राजनीतिक दल की प्रकृति पर प्रभाव पड़ता है। अतः सत्ता प्राप्ति के लिए हर साधन का प्रयोग करने वाला समूह राजनीतिक दल नहीं कहा जा सकता है। मौजूदा व्यवस्था को चाहे वह उदारवादी प्रजातन्त्रीय व्यवस्था हो अथवा सर्वाधिकारी या स्वेच्छाचारी, बलात राज-परिवर्तनों (coup-de-tat) गृह युद्धों, मौजूदा संस्कार के विरुद्ध गुरिल्ला कार्रवाइयों के द्वारा उखाड़ फेंकने में लगा हुआ समूह राजनीतिक दल माना जाए या नहीं यह विवाद का प्रश्न है। परम्परागत विचार के अनुसार राजनीतिक व्यवस्था के अन्तर्गत कार्य करते हुए, निर्वाचक समूह के सामने अपने नेताओं और उम्मीदवारों को पेश करके, प्रचार, संगठित क्रिया-कलापों तथा प्रतियोगी दल पद्धतियों के अन्तर्गत अन्य दलों से विचारधारा सम्बन्धी भेदों पर बल देते हुए निर्वाचक समूह का समर्थन पाने की चेष्टा करने वाला समूह ही राजनीतिक दल माना जाता है। इस विवेचन से स्पष्ट है कि राजनीतिक दल एक विशेष प्रकार का संगठन है जिसके कुछ लक्षण व विशेषताएं होती हैं तथा इन्हीं के आधार पर यह अन्य संगठनों से भिन्न बनता है। ला पालोम्बारा तथा माइरन वीनर ने अपनी सम्पादित पुस्तक **पोलिटिकल पार्टीज एण्ड पोलिटिकल डेवेलपमेन्ट** के अपने एक लेख 'दी ऑरिजिन एण्ड डेवेलपमेन्ट ऑफ पोलिटिकल पार्टीज' में किसी भी समूह को राजनीतिक दल कहने के लिए उसमें चार लक्षणों को अनिवार्य माना है। उनके अनुसार हर राजनीतिक दल में इन लक्षणों का होना आवश्यक है। यह लक्षण हैं—

(1) संगठन की निरन्तरता अर्थात एक ऐसा संगठन जिसका सम्भावित कार्यकाल उसके मौजूदा नेताओं के जीवन काल पर आश्रित नहीं हो।

(2) स्थानीय स्तर पर प्रकट और सम्भवतः स्थायी संगठन हो तथा स्थानीय और राष्ट्रीय निकायों के बीच नियमित सम्प्रेषण और अन्य सम्बन्ध हों।

(3) राष्ट्रीय और स्थानीय दोनों ही स्तरों पर नेताओं का न केवल सत्ता के प्रयोग को प्रभावित करने वरन सत्ता प्राप्त करने और अकेले या किसी अन्य दल से मिलकर निर्णय करने की सत्ता बनाए रखने का स्व-चेतन (self-conscious) संकल्प हो।

(4) संगठन को चुनावों में अपना समर्थन जुटाने की उद्विग्नता हो या जो किसी न किसी तरीके से जन-समर्थन प्राप्त करने के लिए प्रयत्नशील हो।[6]

राजनीतिक दल की इन विशेषताओं से यह स्पष्ट है कि हर राजनीतिक दल का औपचारिक व अपेक्षाकृत स्थायी संगठन होना अनिवार्य है। इसी तरह, राजनीतिक दल, राजनीतिक सत्ता के प्रयोग को प्रभावित करने के स्थान पर जैसे-तैसे राजनीतिक सत्ता

[6]Joseph La Palombara and Myron Weiner, "The Origin and Development of Political Parties," in J La Palombara and M. Weiner, (Eds.), *Political Parties and Political Development*, Princeton, New Jersey, Princeton University Press, 1966, p. 6.

प्राप्त करने या उसे बनाए रखने के लक्ष्य से ही उत्प्रेरित रहता है। अन्यथा राजनीतिक दल और हित समूहों में कोई मौलिक अन्तर ही नहीं किया जा सकता। अतः आधुनिक राजनीतिक दल मूल रूप से 'सत्ता संरचना या सूक्ष्म राजनीतिक व्यवस्था' कहे जाने लगे हैं। राष्ट्रीय हितों की साधना, सदस्यों में मतों और सिद्धान्तों की एकता तथा मतदान और उसके निर्णय में विश्वास जैसे परम्परागत लक्षण अब राजनीतिक दल की यथार्थ प्रकृति के चित्रक नहीं जाने जाते हैं। यह सब सैद्धान्तिक विशेषताएं हैं और अधिकांश राजनीतिक दलों के बारे में खरी नहीं उतरती हैं। आजकल कुछ विशेष परिस्थितियों में राजनीतिक दल द्वारा बल प्रयोग करके सत्ता प्राप्त करना भी अनुचित नहीं माना जाता है।

राजनीतिक दलों के अध्ययन उपागम या दृष्टिकोण
(APPROACHES TO THE STUDY OF POLITICAL PARTIES)

बीसवीं शताब्दी में राजनीतिक दलों की हर प्रकार की राजनीतिक व्यवस्था में केन्द्रीय भूमिका बन गई है। अब दलों के महत्त्व को सभी स्वीकार करते हैं। राजनीतिक दलों में अत्यधिक विविधता वाली राजनीतिक व्यवस्थाओं के अनुकूल ढलने की क्षमता होने के कारण इनका महत्त्व तेजी से बदलने वाली राजनीतिक व्यवस्थाओं में बराबर बना रहता है। इनकी भूमिका में हेर-फेर आ सकता है, परन्तु इनकी सक्रियता बनी रहती है। यही कारण है कि आधुनिक समय में राजनीतिक दलों का गहराई से अध्ययन किया जाने लगा है। वेबर, ओस्ट्रोगोरस्की, माइकेल्स, न्यूमैन और डूवरजर जैसे श्रेष्ठतम विद्वानों ने राजनीतिक दलों के विशद अध्ययनों का सिलसिला शुरू किया। परन्तु इनके द्वारा हुए अध्ययन बहुत कुछ परम्परागतता के ढांचे में संचित रहे जो आज विविध प्रकार के कार्य करने वाले दलों पर लागू नहीं होते हैं। अतः राजनीतिक दलों को परिवर्तित परिप्रेक्ष्य में समझने के प्रयास किए जाने लगे। ऐल्डर्सवेल्ड, मेकनाली, लैसरसन, ऐण्टर, मैक्डोनाल्ड, ला पालोम्बारा, वीनर, रुस्टोव, सारटोरी, पाई, ब्लोन्डेल, मर्कल और मैक्रीडिस जैसे विद्वानों ने राजनीतिक दलों का नए दृष्टिकोणों से अध्ययन और तुलनाएं करके इनकी प्रकृति और भूमिका को समझने का प्रयास किया है। आधुनिक समय में राजनीतिक दलों के अध्ययन के सम्बन्ध में मुख्यतया दो दृष्टिकोण प्रचलित हैं। अनेक विद्वानों ने दलों के अध्ययन का संरचनात्मक-प्रकार्यात्मक दृष्टिकोण प्रयोग में लिया है तो अन्य विद्वानों ने राजनीतिक दलों को 'व्यवस्था दृष्टिकोण' से विवेचित करना ठीक माना है। इन दोनों ही दृष्टिकोणों में राजनीतिक दल को व्यापक संदर्भ में सक्रिय माना गया हैं। इन दोनों में न मौलिक अन्तर है और न ही यह एक-दूसरे से पूर्ण स्वतन्त्र व पृथक कहे जा सकते हैं। इनमें केवल मात्रात्मक अन्तर है तथा अध्ययन का दलों के पहलू विशेष पर बल ही इन्हें अलग-अलग उपागम बनाने वाला कहा जा सकता है। इनका संक्षिप्त विवेचन करके इनका अन्तर समझा जा सकता है।

संरचनात्मक-प्रकार्यात्मक उपागम (Structural Functional Approach)

राजनीतिक दलों के अध्ययन के इस दृष्टिकोण में दलों की संरचनाओं व प्रक्रियाओं को उनके मौलिक कार्यों व गतिविधियों में रूपान्तरित करके समझने का प्रयास किया जाता है। इस प्रकार राजनीतिक दलों के कार्यों को या तो अभिव्यक्तात्मक (expressive) या शासनात्मक कार्यों में विभक्त करके या ऐसे कार्यों में, जैसे, नेताओं की भर्ती, चुनावों में प्रत्याशियों का चयन, चुनाव प्रचार, मतों का संगठन, नीति निर्धारण इत्यादि में परिणित करके इनकी किसी राजनीतिक व्यवस्था में भूमिका व महत्त्व को समझा जाता है। इस दृष्टिकोण में राजनीतिक दल किसी व्यवस्था में जो कार्य करते हैं उनको महत्त्वपूर्ण मानकर उन्हीं कार्यों के आधार पर उनका वर्गीकरण किया जाता है। अतः इसमें यह देखने के बजाय कि किसी राजनीतिक व्यवस्था में द्विदलीय पद्धति है या बहुदलीय पद्धति है, यह देखा जाता है कि किसी राजनीतिक व्यवस्था में राजनीतिक दल वास्तव में क्या कार्य करते हैं ? इन्हीं कार्यों के आधार पर राजनीतिक दलों की प्रकृति का स्पष्टीकरण करने का प्रयास किया जाता है। प्रारम्भिक अध्ययनों में अमरीका के राजनीतिक दलों को इसी तरह विवेचित किया गया था। इस दृष्टिकोण में यह देखने का प्रयत्न कि वास्तव में कोई दल किसी व्यवस्था में क्या कार्य करता है, इसे यथार्थवादी दृष्टिकोण बना देता है। इस दृष्टिकोण के समर्थकों की मान्यता है कि दलों की संरचनाओं व उनकी गतिविधियों में सावयवी सम्बन्ध रहता है तथा यह सब राजनीतिक व्यवस्था की प्रकृति के साथ गठबन्धित होने के कारण राजनीतिक दलों की गतिविधियां, राजनीतिक दलों की संरचनाओं, राजनीतिक व्यवस्थाओं की विशेषताओं तथा स्वयं राजनीतिक दलों की प्रकृति को समझने में सहायक हो जाती हैं। राजनीतिक दलों के अध्ययन का यह दृष्टिकोण दलों की सक्रियता को ही आधारभूत मानता है तथा इसी के आधार पर विभिन्न दल व्यवस्थाओं का निरूपण करता है। अतः यह उपागम संरचनाओं को गतिविधियों में रूपान्तरित मानकर ही दलों का अध्ययन करने पर बल देता है। इसलिए दलों के इस अध्ययन दृष्टिकोण को यथार्थवादी व व्यवहारवादी कहा गया है।

व्यवस्था उपागम (Systems Approach)

राजनीतिक दलों को वृहत्तर राजनीतिक व्यवस्था का अभिन्न भाग मानकर दल व्यवस्था के रूप में भी विश्लेषित किया जा सकता है। इनको राजनीतिक व्यवस्था के अभिन्न भाग के रूप में देखने वाला दृष्टिकोण व्यवस्था का उपागम कहा जाता है। इसमें राजनीतिक दलों को राजनीतिक व्यवस्था की प्रक्रियात्मक अभिव्यक्ति का महत्त्वपूर्ण प्रेरक माना जाता है। ईस्टन तथा आमन्ड द्वारा प्रतिपादित 'रूपान्तर कार्य' हर राजनीतिक व्यवस्था में राजनीतिक दल ही करते हैं, क्योंकि राजनीतिक दलों के द्वारा ही राजनीतिक मांगों व समर्थनों का विशिष्ट सरकारी नीतियों में रूपान्तरण होता है। राजनीतिक दलों के अध्ययन का यह दृष्टिकोण, दलों को दल व्यवस्थाओं के रूप में राजनीतिक व्यवस्था से सम्पर्कशील मानकर चलता है। इसमें दलों की राजनीतिक व्यवस्था से स्वतन्त्र व पृथक सक्रियता स्वीकार नहीं की जाती है। इस दृष्टिकोण में यह माना

गया है कि राजनीतिक दल क्या करते हैं और क्या कर सकते हैं या नहीं कर सकते हैं यह दलों की प्रकृति से कहीं अधिक राजनीतिक व्यवस्था की प्रकृति से नियमित होने के कारण राजनीतिक दलों के अध्ययन में, इनकी राजनीतिक व्यवस्था से पारस्परिकता ही प्रमुख रूप से देखनी चाहिए। अतः दलों के अध्ययन के व्यवस्था उपागम में राजनीतिक दलों को, राजनीतिक व्यवस्था के अन्तर्गत ही एक उपव्यवस्था के रूप में सक्रिय मानकर समझने का प्रयास किया जाता है।

राजनीतिक दलों के अध्ययन के दोनों दृष्टिकोण अपवर्जक या अनन्य होते हुए भी एक दूसरे के सहायक तथा पूरक हैं। चाहे दलों को सक्रियता के संदर्भ में देखा जाय या राजनीतिक व्यवस्था के अभिन्न अंग के रूप में, राजनीतिक व्यवस्था के अन्तर्गत ही सक्रिय माना जाए, दोनों ही अवस्थाओं में इनकी गतिविधियों व कार्यों को ही इनके अध्ययन, विश्लेषण व सामान्यीकरण का आधार माना गया है। अतः यह दोनों उपागम एक दूसरे से गुंथे हुए कहे जा सकते हैं। दोनों ही दृष्टिकोणों में, दलों को नीति निर्धारण, भर्ती, समाजीकरण और संचार की व्यापक व वृहत्तर प्रक्रियाओं से सम्बन्धित करके ही समझने की बात कही गई है। इन दोनों ही दृष्टिकोणों में, राजनीतिक दलों को केवल दलों के रूप में नहीं देखकर व्यापक राजनीतिक व्यवस्था के अभिन्न अंग के रूप में ही समझने की बात पर बल दिया गया है। इनमें यह माना गया है कि राजनीतिक दल, किसी समाज के संस्थागत ढांचे, समूह व्यवस्था व उसमें विद्यमान विभिन्न विभाजनों के परिवेश से पूर्णतया गठबन्धित रहते हैं। इसलिये इनको, इस परिवेश से पृथक करके नहीं, इसी परिवेश के संदर्भ में समझना आवश्यक व उपयोगी होता है। अतः राजनीतिक दलों के अध्ययन से दोनों ही उपागम उपयोगी व आवश्यक हैं। इनके अध्ययन में, इस उपागम या उस उपागम के स्थान पर, आजकल दोनों ही उपागमों का सम्मिश्रित ढंग से प्रयोग अधिक प्रचलित है।

राजनीतिक दलों की उत्पत्ति
(ORIGIN OF POLITICAL PARTIES)

राजनीतिक दल आधुनिक और आधुनिकीकरण-उन्मुखी राजनीतिक व्यवस्थाओं की संतति है। यह राजनीतिक आधुनिकता की संतान व उत्प्रेरक (catalyst) दोनों ही है। यह जन-राजनीति (mass politics) का संगठनात्मक उपकरण होने के कारण, लोकतान्त्रिक या प्रतियोगी राजनीतिक व्यवस्थाओं के अलावा अन्य सभी प्रकार की राजनीतिक व्यवस्थाओं में भी उत्पन्न होने की प्रवृत्ति रखते हैं। सभी राजनीतिक व्यवस्थाओं में किसी न किसी प्रकार की राजनीतिक सहभागिता की सम्भावनाएं निहित होती हैं। अतः राजनीतिक दलों की उत्पत्ति की परिस्थितियां हर राजनीतिक समाज में कम या अधिक मात्रा में विद्यमान रहती हैं। राजनीतिक दलों का आधुनिक रूप में विकास बहुत कुछ मताधिकार के विस्तार के साथ जोड़ा जाता है, परन्तु यह विचार बहुत कुछ विवादग्रस्त है। ला पालोम्बारा व माइनर वीनर की मान्यता है कि "जब राजनीतिक

व्यवस्था की गतिविधियां पेचीदगी के एक स्तर तक पहुंच जाती है, या जब राजनीतिक सत्ता की धारणा में यह विचार भी सम्मिलित हो जाता है कि जनता उसमें सहभागी हो या उससे नियंत्रित की जाए, तब राजनीतिक दलों का उद्भव होता है।"[7] इन्होंने राजनीतिक दलों की उत्पत्ति के सम्बन्ध में तीन सिद्धान्तों का उल्लेख किया है। यह सिद्धान्त निम्नलिखित हैं—(क) संस्थात्मक सिद्धान्त, (ख) ऐतिहासिक संकट सिद्धान्त, तथा (ग) विकासवादी सिद्धान्त।

(क) संस्थात्मक सिद्धान्त (Institutional Theories)

राजनीतिक दलों की उत्पत्ति के संस्थात्मक सिद्धान्त के अनुसार राजनीतिक दल, राजनीतिक व्यवस्था के संस्थात्मक परिवेश से उत्पन्न होते हैं। इन सिद्धान्तों के अनुसार राजनीतिक व्यवस्थाओं की आंतरिक संस्थागत संरचनाओं से राजनीतिक दलों की उत्पत्ति का वातावरण प्रस्तुत होता है। इनमें राजनीतिक दलों की उत्पत्ति राजनीतिक व्यवस्था के संस्थात्मक ढांचे से जुड़ी हुई मानी गई है। पीटर मर्कल ने अपनी पुस्तक **माडर्न कम्पेरेटिव पोलिटिक्स**[8] में राजनीतिक दलों की उत्पत्ति के संस्थात्मक सिद्धान्तों में तीन संरचनाओं का उल्लेख किया है। उसके अनुसार यह दलों की उत्पत्ति की प्रेरक और उनमें विविधता के लिए उत्तरदायी है। यह हैं—(i) संसदें, (ii) संस्थात्मक सत्ता का छितराव, और (iii) निर्वाचन प्रणालियां।

पीटर मर्कल के अनुसार राजनीतिक दलों की उत्पत्ति में संस्थागत परिवेश की भूमिका सर्वाधिक रही है। राजनीतिक व्यवस्था में विशेष प्रकार की संस्थागत संरचनाओं का निर्माण स्वतः ही उनके अनुरूप दल व्यवस्था का विकास कर देता है। उदाहरण के लिए, किसी राजनीतिक व्यवस्था में निर्वाचित विधान मण्डल की व्यवस्था राजनीतिक दलों को अचानक ही उत्पन्न करने वाली व्यवस्था बन जाएगी। अतः राजनीतिक व्यवस्था का संस्थात्मक ढांचा दलों की उत्पत्ति व उनको बनाए रखने में बहुत सहायक है। यह निम्नलिखित विवेचन से और अधिक स्पष्ट हो जाएगा—

(i) **संसदें** (Parliaments)—ब्रिटेन और फ्रांस में राजनीतिक दल, विस्तृत होते हुए मताधिकार के समय संसदों की गोद में जन्मे हैं। संसदों में निर्णय प्रक्रिया बहुमत पर आधारित होने के कारण तुरन्त ही प्रतिनिधियों के दो गुट—निर्णय लेने में सहयोगियों तथा निर्णय के विरोधियों का गुट, बन जाते हैं। यह गुट धीरे-धीरे स्थायी व औपचारिक संगठन में व्यवस्थित होकर राजनीतिक दल का रूप ले लेते हैं। डूवर्जर ने अपनी पुस्तक **पोलिटिकल पार्टीज** में दलों की इस प्रकार की उत्पत्ति को दलों की आंतरिक उत्पत्ति कहा है और इसे संसदों से बाहर उत्पन्न होने वाले दलों की बजाए अधिक प्रचलित माना है। दलों की आंतरिक उत्पत्ति का अर्थ है कि दल संसद से ही उत्पन्न होकर राजनीतिक व्यवस्था में प्रवेश लेते हैं। इसमें पुनः निर्वाचित होने की चिंता में प्रतिनिधि संसद के

[7] *Ibid.*, p. 3.
[8] Peter H. Merkl, *Modern Comparative Politics*, New York, Holt, Rinehart and Winston, 1970, p. 560.

अन्दर पनपे दल को संसद से बाहर लाते हैं। संसदों के बाहर भी दलों की उत्पत्ति हो सकती है। विरोध आंदोलनों या नीति समर्थनों में जनता संगठित होकर राजनीतिक दल का रूप ले लेती है। संसदों के भीतर या बाहर, दोनों ही प्रकार से उत्पन्न दल, सामान्यतया द्विदलीय व्यवस्था के प्रेरक होते हैं। परन्तु राजनीतिक संस्कृति की विविधता या राजनीतिक सत्ता का वितरण होने की अवस्था में बहुदलीय व्यवस्था भी उत्पन्न हो सकती है। फ्रांस व भारत के राजनीतिक दल इसके उदाहरण कहे जा सकते हैं।

(ii) **संस्थात्मक सत्ता का छितराव** (Dispersion of institutionalized power)—संस्थात्मक सत्ता का छितराव राजनीतिक दलों की उत्पत्ति में सहायक होता है। संघात्मक शासन-व्यवस्थाओं में प्रादेशिक दलों की उत्पत्ति की प्रेरणा, राजनीतिक शक्ति का विभाजन ही देता है। इसी तरह, शक्तियों के पृथक्करण के कारण कार्यपालिकाओं का जीवन स्वतन्त्रतापूर्वक निश्चित अवधि तक बना रहता है, जिससे दलों की विशेष प्रकृति के विकास में सहायता मिलती है। शक्तियों के पृथक्करण के कारण कार्यपालिका को व्यवस्थापिकाएं बहुमत बनाने की आवश्यकता नहीं रहती है। इससे सरकार समर्थक व सरकार विरोधी गुटों में विधान मण्डल विभक्त नहीं रहता है। ऐसी अवस्था में दलों की उत्पत्ति व प्रकृति भिन्न हो जाती है। अमरीका, भारत, फ्रांस, कनाडा व पश्चिमी जर्मनी में दलों की प्रकृति के अन्तर इसकी पुष्टि करते हैं।

(iii) **निर्वाचन प्रणालियां** (Electoral systems)—राजनीतिक दलों की उत्पत्ति में निर्वाचन प्रणालियों की भूमिका को सभी विचारक स्वीकार करते हैं। दल व्यवस्था के विकास में निर्वाचन प्रणालियों की भूमिका का विस्तार से बीसवें अध्याय में वर्णन किया गया है। यहां इतना ही कहना पर्याप्त रहेगा कि हर राजनीतिक व्यवस्था में निर्वाचन प्रणाली तथा दल व्यवस्था का सावयवी सम्बन्ध रहता है। निर्वाचन प्रणाली का परिवर्तन अन्ततः दल व्यवस्था की प्रकृति में भी परिवर्तन ला देता है। क्योंकि इनमें क्रिया-प्रतिक्रिया का सा सम्बन्ध होता है। परन्तु दल व्यवस्था की उत्पत्ति में अन्य कारक भी प्रभावी होते हैं, अतः किसी राजनीतिक व्यवस्था में दल व्यवस्था की उत्पत्ति व प्रकृति केवल निर्वाचन प्रणाली के द्वारा ही नहीं समझी जा सकती है। उदाहरण के लिए, बहुत्व या सामान्य बहुमत प्रणाली (plurality system) अनिवार्यतः द्विदलीय व्यवस्था को स्थापित नहीं करती है। इस प्रणाली से अवश्य ही द्विदलीय व्यवस्था की परिस्थितियां प्रस्तुत होती हैं जो अन्ततः दो दल स्थापित कर भी सकती है और नहीं भी कर सकती। ब्रिटेन व अमरीका में द्विदलीय व्यवस्था इस निर्वाचन प्रणाली का सीधा परिणाम मानी जा सकती है परन्तु भारत, कनाडा, आस्ट्रेलिया और श्रीलंका में यही प्रणाली द्विदलीय व्यवस्था की स्थापना करने में सहायक नहीं रही है।

इसी तरह पूर्ण बहुमत प्रणालियां (absolute majority) भी द्विदलीय व्यवस्था की स्थापना का प्रमुख आधार हो इसकी पुष्टि भी आनुभविक तथ्यों के आधार पर नहीं की जा सकती। फ्रांस में 1946-1958 के चौथे गणतन्त्र के काल में इस प्रणाली का प्रयोग होता था फिर भी वहां कई अन्य कारणों से बहुदलीय व्यवस्था बनी रही थी। आनुपातिक प्रतिनिधित्व प्रणाली अवश्य ही दल व्यवस्था की प्रकृति का निर्णायक आधार कही जा

सकती है। इस प्रणाली के कारण छोटे-छोटे दल भी प्रतिनिधित्व प्राप्त करने में सफल हो जाते हैं। अतः यह प्रणाली दलों की उत्पत्ति का प्रमुख कारण ही नहीं वरन दलों की प्रकृति की निर्णायक भी रहती है।

(ख) ऐतिहासिक संकट सिद्धान्त (Historical Crisis Theories)

राजनीतिक दल ऐतिहासिक संकटों व परिस्थितियों से निपटने के लिए स्वतः ही उत्पन्न हो सकते हैं या अभिजनों द्वारा प्रेरित होकर विकसित होते हैं। राजनीतिक दल इतिहास के किसी काल-बिन्दु पर महत्त्वपूर्ण व नये कार्यों के निष्पादन के लिए अचानक ही बनते रहे हैं। उदाहरण के लिए, स्वतन्त्रता आंदोलन व राष्ट्रीय एकता-स्थापन की आवश्यकताओं ने नवोदित राज्यों में दल व्यवस्था के विकास में बहुत योगदान दिया है। भारत में कांग्रेस पार्टी की 1885 में उत्पत्ति कुछ अंशों तक ऐसे ही हुई। ला पालोम्बारा, माइनर वीनर, लिपसेट और रोकन के अनुसार ऐतिहासिक संकट राजनीतिक दलों की उत्पत्ति में हमेशा ही अग्रणी रहे हैं। ला पालोम्बारा एवं वीनर[9] ने तीन प्रकार के ऐतिहासिक संकटों को राजनीतिक दलों की उत्पत्ति में प्रमुख माना है। उनके अनुसार यह तीन संकट इस प्रकार हैं— (i) वैधता का संकट, (ii) सहयोगिता का संकट, और (iii) प्रादेशिक एकीकरण का संकट।

ऐतिहासिक संकट से राजनीतिक व्यवस्था में सत्तारूढ़ या विपक्षी अभिजनों को दल के निर्माण का उपयुक्त अवसर मिल जाता है। हर राजनीतिक व्यवस्था में कभी न कभी ऐसी समस्याएं उत्पन्न हो जाती हैं कि उनका समाधान करने के लिए राजनीतिक दलों की अनिवार्यता से मजबूर होकर अभिजन इनका निर्माण करते हैं। ला पालोम्बारा ने अपनी पुस्तक **पोलिटिक्स विदइन नेशन्स** में इन संकटों को 'राष्ट्र निर्माण के संकट' कहा है। विविध ऐतिहासिक संकट सिद्धान्तों का पृथक-पृथक विवेचन करके राजनीतिक दलों की उत्पत्ति में इनकी भूमिका समझी जा सकती है। अतः हम इनका संक्षेप में अलग-अलग वर्णन करेंगे।

(i) **वैधता का संकट** (Crisis of legitimacy)—राजनीतिक व्यवस्थाओं में सत्ता की वैधता का संकट उस समय उत्पन्न होता है जब अब तक मान्य रही सरकारी सत्ता क्षीण हो जाए तथा उसकी पुनः लोकप्रिय अभिपुष्टि या जन समर्थन की आवश्यकता अनिवार्य हो जाए। राजनीतिक क्रांति से ऐसा ही संकट उत्पन्न हो जाता है। उदाहरण के लिए, फ्रांस में राज्य-क्रांति ने राजनीतिक दलों की उत्पत्ति का वातावरण, सत्ता की वैधता के प्रश्न से ही उत्पन्न किया था। अभी हाल ही के वर्षों में साम्राज्यवादी शासनों को समाप्त करने वाले राष्ट्रीय आंदोलनों का आरम्भ भी राजनीतिक दलों की उत्पत्ति में सहायक रहा है। 'तीसरे विश्व' के अधिकांश राज्यों में राजनीतिक दलों की उत्पत्ति इसी तरह हुई है।

राष्ट्रीय आंदोलनों से सम्बन्धित वैधता के संकट से विभाजनकारी दलों की उत्पत्ति

[9]Joseph La Palombara and Myron Weiner, *op. cit.*, p. 7.

भी हो सकती है। उदाहरण के लिए, भारत के राष्ट्रीय आंदोलन के काल में मुस्लिम लीग की स्थापना इसी तरह ही हुई थी। एशिया और अफ्रीका के अनेक राज्यों में राष्ट्रीय आंदोलन के समय, भाषा, जाति तथा कबीलों के आधार पर आंदोलनकारी दलों का जन्म हुआ है। वर्मा व नाइजीरिया इस प्रकार उत्पन्न दलों के सर्वोत्तम उदाहरण प्रस्तुत करते हैं।

(ii) **सहभागिता का संकट** (Crisis of participation)—राष्ट्र निर्माण के संकट में सहभागिता के संकट के साथ वर्तमान राजनीतिक दलों की उत्पत्ति विशेष घनिष्ठता रखती हुई दिखाई देती है। मताधिकार में वृद्धि सहभागिता का संकट उत्पन्न करती है। ऐसी अवस्था में सरकार व्यापकतम समर्थन पर आधारित होने के प्रयास में दलों की स्थापना का मार्ग प्रशस्त करती है। मताधिकार को व्यापक बनाने की मांग भी ऐसा ही संकट उत्पन्न करती है। अगर इस प्रकार की मांग के अनुरूप मताधिकार को व्यापक नहीं बनाया जाता है तो जनता क्रांति के माध्यम से सहभागी बनने का प्रयास कर सकती है। अत: क्रांति की परिस्थितियों से बचने के लिए राजनीतिक दलों के माध्यम से सहभागिता के लिए अवसर उपलब्ध कराए जा सकते हैं। ला पालोम्बारा के अनुसार व्यापक मताधिकार के समय जन-एकीकरण (mass-integration) वाले राजनीतिक दल उत्पन्न हो जाते हैं। ऐसे दल इस वात पर बल देते हैं कि दल की औपचारिक सदस्यता विचारधारा, राजनीतिक स्वरूपीकरण (political-articulation) तथा राजनीतिक सक्रियता हो। अत: राजनीतिक दलों की उत्पत्ति में सहभागिता का संकट भी विशेष महत्त्व रखता है।

(iii) **प्रादेशिक एकीकरण का संकट** (Crisis of territorial integration)—प्रादेशिक एकीकरण के संकट हर राजनीतिक व्यवस्था के इतिहास में देखे जा सकते हैं। एक ही राजनीतिक व्यवस्था में प्रादेशिक एकीकरण के लिए और ऐसे एकीकरण के विरुद्ध आंदोलन चलाने के लिए राजनीतिक दल गठित होते रहे हैं। ऐसे संकटों में जन समर्थन का सहारा राजनीतिक दल ही उपलब्ध करा सकने के कारण दोनों ही प्रकार के आंदोलन-कर्त्ताओं का प्रयास दलों के रूप में संगठित होने का हो जाता है। तीसरे विश्व के सभी राज्यों में प्रादेशिक एकीकरण के संकट उत्पन्न हुए हैं। इन राज्यों में अनेक दल इन्हीं संकटों के समाधान या समाधान में रुकावट डालने के लिए निर्मित हुए हैं।

राजनीतिक दलों की उत्पत्ति के विभिन्न ऐतिहासिक संकट सिद्धांतों में सम्मिलित तीनों संकटों का कोई व्यवस्थित क्रम नहीं होता है। कभी-कभी तो ऐसे संकट एक साथ एक दूसरे के ऊपर छा जाते हैं। ऐसी अवस्थाओं में नागरिक व राजनीतिक व्यवस्था संकटों के भार से इतनी दब सकती है कि वह उनका समाधान ही न कर सके और अराजकता की शुरुआत हो जाए। ऐसी अवस्था में राजनीतिक दल भी इतने अधिक असंगठित हो सकते हैं कि व्यवस्था का टूटना न रोक सके। ऐसी ध्वस्त राजनीतिक व्यवस्थाओं को पुनर्गठित करने के लिए भी राजनीतिक दल उत्पन्न हो जाते हैं। इस तरह उत्पन्न दल भी ऐतिहासिक संकट से उत्पन्न दल ही कहे जाते हैं। लिपसेट तथा

रोकन ने अपनी पुस्तक **पार्टी सिस्टम्स एण्ड वोटर अलाइनमेन्ट्स**[10] में यूरोपियन राजनीतिक दलों की उत्पत्ति को ऐतिहासिक संकटों के साथ ही जोड़ा है। उनके अनुसार यूरोप में तीन संकटों ने राजनीतिक दलों की उत्पत्ति में महत्त्वपूर्ण भूमिका निभाई है। उनके द्वारा बताए गए इन संकटों में सर्वप्रथम संकट सोलहवीं व सत्रहवीं शताब्दी के 'सुधार' व 'प्रति सुधार' आंदोलन हैं। दूसरा संकट उन्नीसवीं शताब्दी में राष्ट्रीय क्रांति का है जिसमें एकीकरण व स्वतंत्रता के प्रश्न, संकटों के रूप में उभरे तथा तीसरा संकट औद्योगिक क्रांति का है। जिसने कृषि व उद्योगों को एक दूसरे के विरुद्ध खड़ा कर दिया और इनसे दलों के निर्माण को प्रोत्साहन मिला।

(ग) विकासवादी सिद्धान्त (Developmental Theories)

अनेक विद्वान राजनीतिक दलों की उत्पत्ति आधुनिकीकरण के परिणामस्वरूप मानते हैं। वर्तमान में मौजूद जन-दलों को औद्योगिक क्रांति की उत्पत्ति माना जाता है। औद्योगीकरण से शहरीकरण होता है और इससे ऐसी परिस्थितियां उत्पन्न होती हैं जिनमें जन-आधारित संगठन बनकर जन-सहभागिता की मांग करने लगते हैं। यही जन-संगठन सहभागिता की मांग पूरी कराने के लिए दलों का रूप धारण कर लेते हैं। कार्ल मार्क्स व अन्य विद्वानों का कहना है कि औद्योगिक केन्द्रों से सम्भावित अभिजनों को अपनी आकांक्षाएं पूरी करने के लिए बहुसंख्या में लोगों को शिक्षित करने व उन्हें संगठित करने का अवसर मिल जाता है। यही संगठन दलों में रूपांतरित होने की क्षमताओं से युक्त होने के कारण कालान्तर में दल बन जाते हैं।

औद्योगीकरण से यातायात व संचार साधनों का विकास होता है। इससे अधिक लोग राजनीतिक प्रक्रिया को प्रभावित करने की अवस्था में एक तरह से धकेल दिये जाते हैं। यह लोग राजनीतिक निर्णय प्रक्रिया को प्रभावशाली ढंग से प्रभावित करने के लिए संगठित रूप अख्तियार कर लेते हैं। उदाहरण के लिए, भारत में उन्नीसवीं सदी के मध्यकाल में अनेक राष्ट्रवादी स्थानीय संगठन बने हुए होने पर भी राष्ट्रीय कांग्रेस के रूप में राजनीतिक दल का उदय 1885 में तब ही हुआ जब डाक, तार, रेल और संचार के अन्य साधनों का व्यवस्थित विकास हो गया था।

संचार व यातायात के साधनों के विकास से राजनीतिक व्यवस्था में केन्द्र की परिसर (periphery) तक पहुंच बढ़ जाने के कारण इससे प्रभावित स्थानीय अभिजन, केन्द्रीय अभिजनों से सहयोग करने के लिए या उनका विरोध करने के लिए दलों के रूप में संगठित हो जाते हैं। इससे राजनीतिक जागरूकता में वृद्धि तथा राजनीतिक प्रक्रिया में हस्तक्षेप करने की गति प्रबल होती है। इस प्रकार के हस्तक्षेप के अवसर प्राप्त करने के लिए प्रभाव जुटाना आवश्यक होता है। यह प्रभाव जुटाने का प्रयास दलों के निर्माण का कारक बनकर दलों को विकसित करता है।

[10]S. M. Lipset and S. Rokkan (Eds.), *Party Systems and Voter Alignments*, New York, Free Press, 1967.

औद्योगीकरण राजनीतिक दलों के निर्माण में एक अन्य प्रकार की भूमिका भी निभाता है। औद्योगीकरण से शहरों व गांवों का भेद उभर आता है। ग्रामीण क्षेत्रों की हर औद्योगिक राज्य में प्रतिक्रियात्मक अनुक्रिया (reactive response) शहरी संगठनों के विरुद्ध रही है। राष्ट्रीय विकास के विस्थापक परिणामों का ग्रामीण प्रत्युत्तर, राजनीतिक दलों के रूप में संगठित होने पर ही सम्भव है। अतः विकास के परिणामस्वरूप शहरी व ग्रामीण हित-विभेद उत्पन्न होकर राजनीतिक दलों के निर्माण का मार्ग खोल देते हैं। भारत में स्वतंत्र पार्टी व भारतीय साम्यवादी दल (CPI) दोनों ही राष्ट्रीय विकास के विस्थापक परिणामों के कारण ग्रामीण अनुक्रिया के संगठित प्रतिनिधि के रूप में निर्मित हुए थे।

पीटर मर्कल[11] ने राजनीतिक दलों की उत्पत्ति का एक और सिद्धांत महत्त्वपूर्ण माना है। लिपसेट और जौन लिन्ज द्वारा प्रतिपादित राजनीति के सामाजिक आधार को ध्यान में रखते हुए उसने राजनीतिक प्रतियोगिता के प्रतिमान निर्धारण में सामाजिक समूहों को अत्यधिक महत्त्वपूर्ण बताया है। इस आधार पर मर्कल ने राजनीतिक दलों की उत्पत्ति का सामाजिक सामूहिक सिद्धांत (social grouping theory) प्रतिपादित किया है। उनके अनुसार समाज की समूह रचना, राजनीतिक दलों की उत्पत्ति व विकास की महत्त्वपूर्ण नियामक होती है। उदाहरण के लिए, एकवर्गी या बहुत कुछ समरूपी समाज में होने पर ऐसी द्विदलीय व्यवस्था विकसित होती है जिसमें राजनीतिक सत्ता हस्तान्तरण की सम्भावनाएं बहुत अधिक होती हैं। ब्रिटेन व अमरीका में दल व्यवस्था की विशेष प्रकृति समाज की समरूपता के आधार पर ही समझी जा सकती है। इसी तरह, भारत, श्रीलंका, फ्रांस, कनाडा, आस्ट्रेलिया जापान, जर्मनी रूस व चीन में दलों की प्रकृति सामाजिक समूही सिद्धान्त के आधार पर ही स्पष्ट की जा सकती है।

राजनीतिक दलों की उत्पत्ति सम्बन्धी विभिन्न सिद्धान्तों के विवेचन से यह स्पष्ट हो जाता है कि राजनीतिक दलों की उत्पत्ति का केवल एक कारण भी हो सकता है और एक साथ अनेक कारण या तथ्य भी उनकी उत्पत्ति में सहायक हो सकते हैं। इसी तरह, एक सी परिस्थितियों वाली विभिन्न राजनीतिक व्यवस्थाओं में दलों की उत्पत्ति के एक से कारण हों यह आवश्यक नहीं है। उदाहरण के लिए, बर्मा, बंगलादेश व पाकिस्तान में नये दलों की उत्पत्ति के अलग-अलग कारण रहे हैं। यद्यपि इन तीनों राज्यों में से प्रत्येक में एक समय, समान परिस्थितियां—सैनिक तानाशाही विद्यमान रही हैं। अतः राजनीतिक दल कई तथ्यों और अनेक शक्तियों के सम्मिलित प्रभाव से भी उत्पन्न हो सकते हैं या घटना व आवश्यकता विशेष के कारण भी अचानक बन सकते हैं।

[11]Peter H. Merkl, *op. cit.*, p. 567.

दल प्रणालियां—अर्थ व वर्गीकरण
(PARTY SYSTEMS—MEANING AND CLASSIFICATIONS)

राजनीतिक व्यवस्था में राजनीतिक दलों की कार्य प्रणाली, उनकी संरचनाओं और इन संरचनाओं को निर्धारित करने वाले कारकों से निरूपित होती है। इस आधार पर एक-दलीय व्यवस्थाओं व दो या बहु-दलीय व्यवस्थाओं में कोई विशेष अन्तर नहीं रह जाता है। गहराई से देखने पर विभिन्न प्रकार की दल व्यवस्थाओं में दलों के द्वारा किये जाने वाले कार्य व राजनीतिक व्यवस्था की आवश्यकताओं की पूर्ति में उनकी भूमिका मोटी समानता रखती है। अतः दल प्रणाली दो या दो से अधिक दलों का स्वतन्त्र व खुले चुनावों में प्रतियोगी होना है, सही प्रतीत नहीं होती है। यह व्याख्या इस बात पर आधारित है कि दो या अधिक दलों के प्रतियोगी न होने पर राजनीतिक प्रक्रिया के प्रकटीकरण में मौलिक अंतर आ जाता है। इस कारण, अनेक विद्वान एक दल वाली व्यवस्था को, दलीय व्यवस्था में सम्मिलित नहीं करते हैं। हेरी एक्सटीन ने **इन्टरनेशनल इनसाइक्लोपीडिया ऑफ दी सोशल साइंसेज** पुस्तक में अपने एक लेख 'पार्टी सिस्टम' में इसी मत की पुष्टि करते हुए लिखा है, "हम एक दल व्यवस्था की अवधारणा को लें तो सही अर्थों में ऐसी कोई व्यवस्था नहीं हो सकती। अगर दल व्यवस्था का अर्थ निर्वाचन प्रतियोगिता प्रक्रिया में दलीय इकाइयों की अन्तःक्रिया है तो एक दल व्यवस्था का विचार बेहूदा है क्योंकि केवल एक ही दल में प्रतियोगिता या अन्तःक्रिया नहीं हो सकती।

दल प्रणाली का उपरोक्त अर्थ अधिकांश विद्वानों के द्वारा स्वीकार नहीं किया गया है। उनके अनुसार एक दल वाली शासन-व्यवस्थाओं में भी निर्वाचन प्रतियोगिता होती है। डुवरजर के अनुसार नाजी जर्मनी, फासिस्ट इटली, सालाजार के समयमें पुर्तगाल तथा 1923 से 1950 तक टर्की में एक दल के होते हुए भी निर्वाचन प्रतियोगिता का अभाव नहीं था। कोलमैन ने भी दल व्यवस्था में संख्या का आधार अस्वीकार करते हुए नाइजीरिया, घाना, सोमालिया, रोडेशिया और नागालैण्ड को एक से अधिक दलों के प्रतियोगी होने पर भी उन्हें एकदलीय प्रणाली में सम्मिलित किया है। ब्लेंकस्टीन इसी तरह मेक्सिको को एकदलीय व्यवस्था वाला राज्य मानते हैं। अतः दल व्यवस्था न संख्यात्मक लक्षण से परिभाषित की जा सकती है और न ही इसका निर्वाचन प्रतियोगिता के साथ सीधा सम्बन्ध जोड़ा जा सकता है। दल व्यवस्था का आजकल व्यापक अर्थ में प्रयोग किया जाता है। इसमें दलों की संख्या, संरचना, विचारधारा, उनकी पारस्परिकता इत्यादि अनेक लक्षणों का आधार लिया जाने लगा है। दल व्यवस्थाओं के वर्गीकरण-आधारों के विवेचन से दल व्यवस्था का अर्थ और भी स्पष्ट हो जाएगा। अतः हम दल व्यवस्थाओं के विभिन्न आधारों का उल्लेख करके विभिन्न दल व्यवस्थाओं के अन्तर समझने का प्रयास करेंगे।

ला पालोम्बारा[12] ने दल व्यवस्था के प्रकार का निर्धारण करते समय राजनीतिक दलों

[12]Joseph La Palombara, *op. cit.*, p. 510.

के निम्नलिखित लक्षणों का संदर्भ आवश्यक माना है—

(1) राजनीतिक दल की विशेषताएं व लक्षण,

(2) दलों के पारस्परिक सम्बन्ध,

(3) दल या दलों का समाज के अन्य वृत्तों (sectors) से सम्बन्ध, और

(4) दलों की क्रियान्यबयता को प्रभावित करने वाले तत्त्व।

दल व्यवस्थाओं को इस आधार पर वर्गीकृत किया जा सकता है। ला पालोम्बारा तथा माइसन वीनर ने इसी आधार को लेकर दल व्यवस्थाओं की दो मोटी श्रेणियों का उल्लेख किया है। उनके अनुसार दल व्यवस्थाओं को दो प्रकार—प्रतियोगी दल व्यवस्थाएं व अप्रतियोगी दल व्यवस्थाएं—की माना जा सकता है।

हेरी एक्सटीन[13] ने दल व्यवस्थाओं के तीन नियामक प्रमुख माने हैं। उसके अनुसार किसी दल को केवल संख्या के आधार पर किसी दल व्यवस्था में रखना उपयुक्त नहीं है। इसी तरह वह केवल निर्वाचन प्रतियोगिता को भी दलों को, दल व्यवस्थाओं में वर्गीकृत करने का ठोस आधार नहीं मानता है। उसके अनुसार दलों को दल व्यवस्थाओं वर्गीकृत करते समय निम्नलिखित बातों का आधार रखना अधिक तर्कसंगत है—

(1) सामान्य राजनीतिक व्यवस्था व उसकी उप-संरचनाएं,

(2) सामाजिक संरचना व संस्कृति, और

(3) स्वयं दल का इतिहास।

एक्सटीन की मान्यता है कि दल व्यवस्थाओं को, राजनीति की व्यापक और उसके अन्य पहलुओं के प्रति उनकी अनुक्रियात्मकता के सन्दर्भ में ही समझा जा सकता है। इसी तरह दल व्यवस्थाओं को, सामाजिक-सांस्कृतिक शक्तियों के राजनीतिक संयुक्तक के साधन के रूप में देखा जा सकता है। राजनीतिक दल का अतीत भी उसके दल व्यवस्था विशेष में रखने का आधार बनाया जा सकता है। लम्बे अतीत वाले राजनीतिक दल की गतिविधियां अतीत के सन्दर्भ से नियमित रहती हैं। ऐसे दल का कार्य मार्ग बहुत कुछ निश्चित रहने के कारण दिशा निर्देश की क्षमता प्रस्तुत कर देता है। इस प्रकार, एक्सटीन ने दल व्यवस्थाओं को अत्यधिक व्यापक संदर्भ में रखकर ही वर्गीकृत करने का सुझाव दिया है।

सारटोरी[14] ने भी दल व्यवस्थाओं के वर्गीकरण में केवल संख्या ही के आधार को भ्रांतिपूर्ण कहा है। उसने दलों के वर्गीकरण में, इनके वैचारिक फासले, वैचारिक उग्रता तथा सत्ता काल या उनके सत्ता में आने की सम्भावना को ध्यान में रखने की बात कही है। उसके अनुसार दल व्यवस्था के रूप का निर्धारण करते समय दलों की संख्या का आधार छोड़ा नहीं जा सकता है, परन्तु केवल संख्या का ही आधार लेना गुमराह होना

[13]Harry Eckstein, "Political Parties: Party Systems," in S. Neumann (Ed.), *Modern Political Parties*, Chicago, University of Chicago Press, 1956, p. 439.

[14]G. Sartori, "The Typology of Party Systems—Proposals for Improvement," in S. Rokkan and E. Allardt (Eds.), *Mass Politics: Studies in Political Sociology*, New York, Free Press, 1970, pp. 322-52.

है। अतः उसने दल व्यवस्थाओं का वर्गीकरण करने के लिए त्रिमुखी आधार प्रतिपादित किया है। यह त्रिमुखी आधार है—

(1) राजनीतिक दलों की संख्या,

(2) दलों की विचारधारा की प्रकृति, और

(3) दलों में विखण्डन की मात्रा (fragmentation)

सारटोरी दल प्रणालियों के वर्गीकरण में संख्या के आधार को भ्रान्तिपूर्ण मानकर भी इस आधार को त्यागने से इनकार करता है। उसका कहना है कि दलों की संख्या अपने आप में दलों के लक्षण प्रकट करने वाली है। अतः इसे छोड़ा नहीं जाना चाहिए। उदाहरण के लिए, किसी राजनीतिक व्यवस्था में दो दलों का होना ही राजनीतिक व्यवस्था, राजनीतिक दलों तथा निर्वाचन प्रणालियों के बारे में बहुत कुछ तथ्य प्रस्तुत कर देता है।

ब्लोन्डेल[15] ने भी दलीय प्रणालियों के वर्गीकरण के आधारों की चर्चा की है। उसके अनुसार भी केवल संख्या को देखकर किसी देश की दल प्रणाली के स्वरूप निर्धारण का प्रयास अधूरा प्रयास है। वह दल प्रणाली के वास्तविक रूप, उसकी प्रकृति, उसके विकास की स्थिति तथा दलों के प्रतिमानित सम्बन्धों को वर्गीकरण के आधार मानता है, परन्तु उसकी मान्यता है कि दलों में इतनी विविधताएं व विचित्रताएं हैं कि केवल इन्हीं आधारों पर किया गया वर्गीकरण विशेष उपयोगी नहीं रहता है। इसलिए वह इन आधारों के साथ कुछ अन्य लक्षणों को भी जोड़ने की बात कहता है। उसके अनुसार निम्नलिखित तथ्य भी दल प्रणाली के प्रकार के नियामक होते हैं—

(1) राजनीतिक दलों की क्रिया-कलाप की दृष्टि से गणना और देश की राजनीति में उनकी भूमिका।

(2) राजनीतिक व्यवस्था में दल की शक्ति, इस शक्ति के माप में दल की सदस्य संख्या, मतदान प्रतिशत और व्यवस्थापिका में उसे प्राप्त स्थानों की संख्या को आधार बनाया जा सकता है।

(3) दलों में विचारधारा सम्बन्धी अन्तर।

(4) दलों के समर्थन का आधार।

(5) दलों का संगठन।

ब्लोन्डेल ने इन पांच तत्त्वों के आधार पर दल व्यवस्थाओं के पांच प्रकार माने हैं। यह हैं—एकदलीय, द्विदलीय, ढाई-दलीय, एक दल-प्रधान बहुदलीय, तथा बहुदलीय योग दल प्रणालियां। ब्लोन्डेल का यह वर्गीकरण विशेष परिशुद्धता युक्त नहीं है। इसमें बर्मा, चीन तथा मेक्सिको एकदलीय प्रणाली के वर्ग में ही रखे जाएंगे जबकि इन तीनों ही राज्यों में दल की गतिविधियां बहुत कुछ भिन्नता रखती हैं।

दल-प्रणाली के अर्थ व दलों के दल-प्रणालियों में वर्गीकरण के आधारों का विवेचन

[15]Jean Blondel, *An Introduction to Comparative Government,* **London, Weldenfold, 1969, p. 402.**

करते समय यह बात स्पष्ट हो जाती है कि दल व्यवस्था का सर्वसम्मत अर्थ नहीं किया जा सकता। इसी तरह दल व्यवस्था के वर्गीकरण के आधारों पर भी विद्वानों में पर्याप्त मतभेद विद्यमान हैं। अतः यहां पर राजनीतिक दलों के कुछ प्रमुख वर्गीकरण ही प्रस्तुत करना उपयुक्त रहेगा।

एलेन बाल का वर्गीकरण (Alan Ball's Classification)

एलेन बाल[16] के अनुसार, दल पद्धतियों के कई वर्गीकरण सम्भव हैं। चाहे कोई भी वर्गीकरण हम प्रयोग में लाएं, इसमें जांच करने की बात सिर्फ इतनी है कि वह वर्गीकरण हमें ऐसे सामान्य निष्कर्षों पर पहुंचाए जो सही व सूचनाप्रद हों। उसके अनुसार दल व्यवस्थाओं की बहुत बड़ी संख्या होने के कारण वर्गीकरण की कोई भी योजना बिलकुल सही नहीं होगी। वर्गीकरण के आधारों की अनेकता के कारण भी दल व्यवस्थाओं के वर्गीकरण में यह पेचीदगियां उत्पन्न होती हैं। दलों का संचालन दल पद्धतियों के अन्तर्गत होता है और पद्धति का प्रकार दल के आचरण पर गहरा प्रभाव डालता है। जैसे सुस्पष्ट विचारधारा वाले केन्द्रीकृत, अनुशासित राजनीतिक दल का द्विदलीय पद्धति या बहुदलीय पद्धति के अन्तर्गत अलग-अलग आचरण होता है। अतः दल व्यवस्थाओं का वर्गीकरण केवल प्रतियोगी दलों की संख्या के आधार पर करने में भी काफी सावधानियां रखना आवश्यक है। बड़े दलों की संख्या समान होते हुए भी दल व्यवस्थाओं के बीच महत्त्वपूर्ण अन्तर होते हैं। इस तरह, यदि हम द्विदलीय, बहुदलीय तथा एकदलीय व्यवस्थाओं के बीच अन्तर करें तो ब्रिटिश और अमरीकी दल पद्धतियां एक प्रवर्ग में आएंगी और बहुदलीय पद्धतियां होने के कारण इटली व स्वीडन में दल पद्धतियों को एक साथ वर्गीकृत करने की गलती की जाएगी तथा रूस, तंजानिया व बर्मा की एकदलीय प्रणालियों को एक ही खाने में रख दिया जाएगा। रूस, तंजानिया व बर्मा की पद्धतियों को एक प्रकार की मानना एकदलीय पद्धति के सामान्य लक्षणों के विषय में सही ज्ञान का परिचय देना नहीं होगा। अतः दल व्यवस्थाओं के वर्गीकरण में सावधानियां व सतर्कताएं रखकर ही उपयोगी वर्गीकरण किया जा सकता है। वर्गीकरण के आधारों को व्यापक व सुनिश्चित बनाकर ही वर्गीकरण करना होगा। एलेन बाल ने दलों की सख्या, उनकी संरचना तथा उनकी ताकत के सुनिश्चित आधार लेकर निम्नलिखित दल व्यवस्थाएं बताई हैं—(1) अस्पष्ट द्विदलीय पद्धतियां (indistinct two party systems), (2) सुस्पष्ट द्विदलीय पद्धतियां (distinct two party systems), (3) कार्यवह बहुदलीय पद्धतियां (working multi-party systems), (4) अस्थिर बहुदलीय पद्धतियां (unstable multi-party systems), (5) प्रभावी दल पद्धतियां (dominant party systems), (6) एकदलीय पद्धतियां (one party systems), (7) सर्वाधिकारी एकदलीय पद्धतियां (totalitarian one party systems)।

[16]Alan R. Ball, *Modern Politics and Government*, London, Macmillan, 1971, pp. 92-93.

(1) **अस्पष्ट द्विदलीय पद्धतियों** में दलीय विचारधाराओं पर कम दल दिया जाता है, अधिक्रमिक संरचना का अभाव और मतों को जीतने के कार्यों पर ध्यान केंद्रित किया जाता है। इस पद्धति में दल केंद्रीकृत होते हैं और कुछ श्रेष्ठजनों को आगे बढ़ाने के स्थान पर व्यक्तिगत गुणों पर आधारित ख्याति पर अधिक निर्भर रहते हैं। संयुक्त राज्य अमरीका तथा आयरलैण्ड की दलीय पद्धतियों को अस्पष्ट द्विदलीय पद्धतियां कहा जा सकता है।

(2) **सुस्पष्ट द्विदलीय पद्धतियों** में दल अधिक केंद्रीकृत होते हैं। पश्चिम जर्मनी और आस्ट्रेलिया की संघीय पद्धतियों के अन्तर्गत भी यही स्थिति है। वे दल, विशिष्ट धार्मिक जटिलताओं को लेकर वर्गों पर आधारित होने की प्रवृत्ति रखते हैं। इस पद्धति के अन्तर्गत चुनावी लड़ाई में विचारधारा की टक्कर राजनीति को कुछ अधिक सरस बना देती है। इन पद्धतियों में संसदीय स्तर पर अल्पमत दलों का अस्तित्व अवश्य रहता है, किन्तु इन छोटे दलों के समर्थन सहित या बिना इनके समर्थन के, दो बड़े दलों में से एक अपनी स्थिर सरकार बनाने में समर्थ होता है। आम तौर पर सुस्पष्ट द्विदलीय पद्धतियों में सरकार अगले विधिक चुनाव तक या प्रधानमंत्री के विधान मण्डल को भंग करने के पक्ष में होने तक बनी रहती है। इस प्रकार पश्चिम जर्मनी में फ्री डेमोक्रेट्स, आस्ट्रेलिया में कंट्री पार्टी तथा ब्रिटेन में लिबरल पार्टी जैसी तीसरी पार्टियों के होते हुए भी इन देशों की द्विदलीय पद्धतियों के आवश्यक लक्षणों में गड़बड़ी पैदा नहीं हो सकी है। अतः ब्रिटेन, पश्चिम जर्मनी व आस्ट्रेलिया सुस्पष्ट द्विदलीय व्यवस्थाओं के उदाहरण कहे जा सकते हैं।

(3) **कार्यवह बहुदलीय पद्धतियां** वे दल पद्धतियां हैं जो दो से अधिक दल वाली होते हुए भी स्पष्ट द्विदलीय पद्धतियों के समान आचरण करती हैं—खास तौर से सरकारों की स्थिरता के सम्बन्ध में। इस प्रकार स्वीडन तथा नार्वे में सोशल डैमोक्रेटिक पार्टियां हैं जिनका विरोध उदारवादी, कृषक, अनुदारवादी, क्रिश्चियन पार्टियां जैसी कई केन्द्र से दायें की पार्टियां करती हैं पर बुनियादी स्थिति यह रहती है कि या तो सोशल डेमोक्रेटों की सरकारें बनती हैं, जिसे संसद में काम चलाने के लिए बहुमत प्राप्त हो जाता है अथवा नार्वे की तरह केन्द्र से दायें की पार्टियों की स्थिर सम्मिलित सरकार बन जाती है। अतः स्वीडन व नार्वे में कार्यवह बहुदलीय पद्धतियां कही जा सकती हैं।

(4) **अस्थिर बहुदलीय पद्धतियों** में सरकार की स्थिरता का अभाव होता है। ऐसी पद्धतियों वाले राज्यों में सरकारें अधिकतर केन्द्र की पार्टियों के साथ साझेदारी से बनती हैं, जिनका विरोध दक्षिण और वाम की पार्टियां करती हैं। इस प्रकार की दल पद्धति का सर्वोत्तम उदाहरण इटली में मिलता है। इटली की संसद में कम से कम आठ पार्टियों का प्रतिनिधित्व रहता है और द्वितीय विश्वयुद्ध के बाद से आज तक (1977) कोई भी पार्टी बहुमत में नहीं आ सकी है। क्रिश्चियन डेमोक्रेट दल सबसे बड़ा दल है। अतः यही सरकार बनाने वाली पार्टी रह गई है, जिसने 'दाईं' या 'बाईं' तरफ को झुकी हुई छोटी पार्टियों के साथ साझेदारी से इटली का शासन चलाया है। ऐसी दलीय पद्धतियों वाले राज्यों में सरकारों का पतन जल्दी-जल्दी होता रहता है लेकिन एक सरकार के पतन

के बाद अधिकतर थोड़े समय में ही दूसरी सरकार बन जाती है। यह दूसरी सरकार लगभग उस पूर्ववर्ती सरकार, जिसके पतन ने इसके गठन की परिस्थिति पैदा की थी, की तरह ही होती है।

(5) **प्रभावी दल पद्धतियां** वे पद्धतियां हैं, जिनके अन्तर्गत दल प्रतियोगिता चलने दी जाती है लेकिन एक ऐसे दल का उदय होता है जो दूसरे सब दलों पर छा जाता है। भारत प्रभावी दल पद्धति का अच्छा उदाहरण है—आजादी के बाद से 1977 तक राष्ट्रीय स्तर पर भारतीय राष्ट्रीय कांग्रेस ही एकमात्र शासक दल है। बहुत से दूसरे दल भी मौजूद हैं और उन्हें प्रभावी दल से खुली प्रतियोगिता की छूट दी गई है। यहां तक कि कुछ एक छोटे दलों ने कई भारतीय राज्यों के शासन पर जब-तब नियंत्रण भी किया है। मेक्सिको में भी ऐसी ही पद्धति है। यहां 'पार्तिदो रिवोल्यूशिनेरिओ इंस्टीट्यूशिनल' (PRI) ने 1917 से कोई भी राष्ट्रपतीय चुनाव नहीं हारा हैं। लेकिन यह अपने महत्त्वहीन प्रतिद्वंदी, पार्तिदो एसियों नेशनल (PAN) को चुनावों में हर स्तर पर टक्कर लेने देता है। भारत और मेक्सिको की तुलना दल पद्धतियों की कुछ कठिनाइयों की ओर संकेत करती है। इन दोनों देशों में प्रभावी दल और चुनावी प्रतियोगिता है फिर भी प्रतियोगी दलों पर कांग्रेस का नियंत्रण पी० ए० एन० पर पी० आर० आई० के नियंत्रण से कम है।

(6) **एकदलीय पद्धतियों** की सही परिभाषा करना दुष्कर है। इस श्रेणी में मिश्र से लेकर तंजानिया तक रखे जा सकते हैं। मिश्र में समाजवादी संघ का निर्माण क्रांतिकारी विशिष्ट वर्ग ने सरकार को व्यापक जन समर्थन दिलाने के लिए किया था। तंजानिया में एक ही दल, तंजानिया अफ्रीकी राष्ट्रीय, संघ के अन्दर गुटों में खींचतान और चुनावी प्रतियोगिता के लिए इजाजत रहती है। कीनिया एकदलीय पद्धति का उदाहरण माना जा सकता है। शेख मुजीब के समय में बंगला देश तथा वर्तमान में बर्मा भी एकदलीय पद्धतियों के प्रवर्ग में ही रखे जाते हैं। इन पद्धतियों में चुनावी प्रतियोगिता का पूर्णतया अभाव नहीं होता है। दल में ही गुट, चुनावी खींचतान करने की कुछ-कुछ छूट रखते हैं।

(7) **सर्वाधिकारी दल पद्धतियों** को एकदलीय पद्धतियों से कई बातों में भिन्न पाते हैं। इन पद्धतियों में सामाजिक, आर्थिक व राजनीतिक सक्रियता के सब पहलुओं पर दल का अत्यधिक नियंत्रण रहता है। इनमें प्रभावी विचारधारा पर बल दिया जाता है तथा केवल शासक दल के हाथों में ही राजनीतिक अभिजनों की भर्ती होती है। रूस, चीन, पूर्वी जर्मनी व अन्य साम्यवादी देशों में सर्वाधिकारी एकदलीय प्रणालियां पाई जाती हैं।

एलेन बाल के द्वारा किया गया वर्गीकरण व्यापक और गत्यात्मक होते हुए भी सीमित उपयोगिता रखता है। यह वर्गीकरण की बहुत बारीक योजना होते हुए भी सामान्य निष्कर्षों पर पहुंचाने में सहायक नहीं है। इससे दल पद्धतियों के अन्तर्गत होने वाले जटिल परिवर्तनों की पृष्ठभूमि का संकेत भी नहीं मिलता है। यह बात सही है कि दल पद्धतियों के अन्तर्गत होने वाले परिवर्तनों का निर्धारण जटिल होता है तथा इन परिवर्तनों को अलग-अलग करके समझाना कठिन है फिर भी वर्गीकरण की योजनाओं में दल पद्धतियों की गत्यात्मक ताकतों की अनदेखी नहीं की जा सकती। अत: दल व्यवस्थाओं के वर्गी-

करण की बहुत बारीक योजनाओं के मुकाबले में मोटी या सामान्य योजनाएं इस कारण श्रेष्ठतर हो जाती हैं क्योंकि, उनमें दल की संरचनाओं के गत्यात्मक पहलुओं का समावेश सम्भव होता है। इस प्रकार के वर्गीकरण की योजना ला पालोम्बारा और माइनर वीनर के द्वारा प्रस्तुत की गई है।

ला पालोम्बारा तथा वीनर का वर्गीकरण (La Palombara and Myron Weiner's Classification)

दल व्यवस्थाओं का वर्गीकरण कई अन्य आधारों पर भी किया जा सकता है। ला पालोम्बारा तथा माइरन वीनर[17] ने दल प्रणालियों को चुनावी प्रतियोगिता के आधार पर वर्गीकृत किया है। इन्होंने उन राजनीतिक दलों को जो चुनावी प्रतियोगिता में स्वतन्त्रता-पूर्वक सम्मिलित रहते हैं, प्रतियोगितात्मक दल पद्धति की श्रेणी में तथा उन दलों या दल को जिनमें ऐसी प्रतियोगिता का अभाव होता है, अप्रतियोगितात्मक दल पद्धति की श्रेणी में रखा है। इन दोनों प्रकार की दल पद्धतियों का पृथक-पृथक वर्णन इस प्रकार है—

(क) प्रतियोगी दल प्रणालियां (The competitive party systems)—प्रतियोगी दल प्रणाली की व्याख्या करते हुए ला पालोम्बारा तथा वीनर ने लिखा है कि "प्रतियोगी दल प्रणाली में सत्तारूढ़ दल या दलों का मिला-जुला गठबन्धन अपने आपको सरकार के नियंत्रक के रूप में रखने के लिए प्रतियोगी वातावरण में संघर्षशील रहता है। ऐसे वातावरण के लिए यह आवश्यक है कि जो सत्ता से बाहर है वे बिना हिंसा का सहारा लिए, सत्ता के अन्दर वालों को सैद्धान्तिक व विधिक रूप से हटा सकें। भारत, मलेशिया, श्रीलंका, अमरीका, कनाडा, आस्ट्रेलिया व पश्चिमी यूरोप के राज्यों में ऐसी ही दल प्रणाली पाई जाती है। प्रतियोगी दल प्रणाली में सभी द्विदलीय व बहुदलीय पद्धतियां सम्मिलित होती हैं किन्तु बारीकी से देखने पर ब्रिटेन व अमरीका की द्विदलीय पद्धति में भी अन्तर दिखाई देते हैं। अतः प्रतियोगी दल प्रणाली में भी अनेक प्रकार के दल पद्धति प्रतिमान पहचाने जा सकते हैं।

ला पालोम्बारा तथा वीनर ने प्रतियोगी दल पद्धति का, दलों की आंतरिक विशेषताओं तथा राजनीतिक व्यवस्था में सरकार पर नियंत्रण बनाएं रखने की विधि के आधार पर उप-पद्धतियों में वर्गीकरण किया है। राजनीतिक व्यवस्था में राजनीतिक दलों के द्वारा सत्ता की अदल-बदल किस सीमा तक होती है इस आधार पर दल पद्धतियां दो प्रकार की मानी गई हैं। इन्होंने यह दो पद्धतियां—उलटनीय दल पद्धतियां (turnover party systems) व आधिपत्ययी दल पद्धतियां (hegemonic party systems) मौलिक अन्तरों वाली बताई हैं, किन्तु यह दोनों प्रकार की पद्धतियां, दो-दो रूप रख सकती हैं। दलों की आन्तरिक विशेषताओं के आधार पर इनमें से हर एक पद्धति में या तो विचार-धारा का प्राधान्य हो सकता है या फलमूलकता का जोर हो सकता है। अतः इन दोनों आधारों पर राजनीतिक दलों की प्रतियोगी दल पद्धतियों को चार प्रकार की उप-श्रेणियों

[17] Joseph La Palombara and Myron Weiner, *op. cit.*, pp. 33-41.

में वर्गीकृत किया जा सकता है। यह चार प्रकार की उप-श्रणियां इस प्रकार हैं—

(1) आधिपत्ययी-वैचारिक दल पद्धतियां (Hegemonic Ideological)

(2) आधिपत्ययी-फलमूलक दल पद्धतियां (Hegemonic Pragmatic)

(3) उलटनीय-वैचारिक दल पद्धतियां (Turnover Ideological)

(4) उलटनीय-फलमूलक दल पद्धतियां (Turnover Pragmatic)

आधिपत्ययी-वैचारिक दल पद्धतियां—जिस दल पद्धति में केन्द्रीय प्रवृत्ति विचारधारा की है तथा सत्तारूढ़ दल या दलों का मिला-जुला समूह लम्बी अवधि तक सरकार पर नियंत्रण रखता है, ऐसी दल पद्धति को आधिपत्ययी-वैचारिक दल पद्धति कहा जाता है। ऐसी पद्धति में सत्तारूढ़ दल या दलों का गठबन्धन बार-बार चुनावी प्रतियोगिता के द्वारा सत्ता में अपने आपको बनाए रखने की अवस्था में रहता है। अमरीका में न्यू डील (New deal) और फेयर डील (Fair deal) के समय ऐसी ही दल पद्धति रही थी। विश्वयुद्ध के बाद जापान की राजनीति में लिबरल दल का छाया रहना, अभी तक नार्वे में डेमोक्रेटिक सोशलिस्ट दल का सरकार पर नियंत्रण तथा स्वतन्त्रता के बाद भारत में कांग्रेस दल का 30 वर्ष तक लगातार सत्ता में बना रहना, इन देशों की दल पद्धतियों को आधिपत्ययी-वैचारिक दल पद्धति की श्रेणी में ला देता है।

आधिपत्ययी फलमूलक दल पद्धतियां—इनमें केन्द्रीय प्रवृत्ति तथ्यात्मकता की ओर झुकी रहती है। इनमें राजनीतिक दल लम्बी अवधि तक सत्ता में बने रहते हैं तथा राजनीतिक दल विकास के मार्ग पर मंथर गति से चलते हैं, क्योंकि ऐसी पद्धतियों में दलों को तेजी से आगे बढ़ाने वाली शक्ति के रूप में विचारधारा की प्रेरणा का अभाव रहता है। अमरीका में 1896 से 1932 तक रिपब्लिकन दल ऐसी ही पद्धति बन गया था।

उलटनीय-वैचारिक दल पद्धतियां—इनमें दलों की केन्द्रीय प्रवृत्ति विचारधारा की रहती है किन्तु सत्ता में दलों की जल्दी-जल्दी अदला-बदली होती रहती है। इस प्रकार की पद्धतियों में समाज दो या अनेक विचारधारा आयामों में बराबर-बराबर विभक्त रहता है जिससे कोई भी दल अपनी विचारधारा के अनुसार बनाई गई नीतियों को शासन-तन्त्र के माध्यम से क्रियान्वित करना असम्भव पाता है, तथा एक के बाद दूसरा दल सत्ता में आने पर उसके पूर्ववर्ती दल द्वारा लागू की गई वैचारिक नीतियों को उलटने का प्रयास करता है। ऐसी दल पद्धतियों में सत्तारूढ़ दल या दलों की हेरा-फेरी मौलिक उथल-पुथल व खलबली उत्पन्न कर देती है। ऐसे वैचारिक दल जो सामाजिक, आर्थिक व राजनीतिक परिवर्तन से प्रतिबद्ध हों, परिवर्तन के स्थान पर आधिपत्ययी अवस्था चाहेंगे परन्तु परिस्थितियां ऐसा करने में बड़ी बाधा बनकर खड़ी हो जाती हैं। फ्रांस की दल व्यवस्था इसी प्रकार की है।

उलटनीय-फलमूलक पद्धतियां—इनमें राजनीतिक दल बार-बार सत्ता में आने-जाने की केन्द्रीय प्रवृत्ति के कारण, सत्ता में आते ही तेजी से आगे बढ़ने का कार्यक्रम अपनाते हैं। ऐसी पद्धति वाले राजनीतिक दलों में वैचारिक मतभेद आधारभूत नहीं होते हैं। सामान्य परिस्थितियों में अमरीका व ब्रिटेन के राजनीतिक दल इस प्रकार की श्रेणी में रखे जा

सकते हैं।

प्रतियोगी दल पद्धति की इन उप-श्रेणियों से स्पष्ट होता है कि राजनीतिक दल की वैचारिक, फलमूलक या आधिपत्ययी और उलटनीय प्रकृति हमें दलों की आर्थिक, सामाजिक व राजनीतिक विकास में भूमिका समझाने में सहायक होती है। अतः प्रतियोगी दल पद्धतियों के उपरोक्त उप-विभाजन दलों की संरचना, दलों की कार्यविधि व दलों के राजनीतिक व्यवस्था से सम्बन्धों के बारे में व्यापक जानकारी देने वाले कहे जा सकते हैं।

(ख) अप्रतियोगी दल-प्रणालियां (The non-competitive party systems)—एकदलीय पद्धतियों में सामान्तया चुनावी प्रतियोगिता का अभाव रहता है। एक दल प्रतिमान परिभाषा से ही आधिपत्ययी प्रकार का होता है, किन्तु यह सम्भव है कि मौजूदा एक दल परिस्थिति अन्ततः प्रतियोगी बन जाए। ला पालोम्बारा तथा वीनर के अनुसार 'राष्ट्रीय एकीकरण की स्थापना, अपेक्षाकृत आधुनिक अर्थव्यवस्था का विकास तथा अन्य महत्त्वपूर्ण समस्याओं व मांगों के पूर्ण होने पर राजनीतिक आधुनिकीकरण की स्वाभाविक शक्तियां कई बार एक दल परिस्थिति में प्रतियोगी दलों की अवस्था प्रतिस्थापित कर देती है, किन्तु एक दल पद्धतियों की संरचना, कार्यविधि तथा नेतृत्व इतना कठोर होता है कि अन्य दल की उत्पत्ति नहीं होने दी जाती है। अतः अप्रतियोगी दल प्रणालियों में एक दल से अधिक दलों का होना ही विरोधाभास है। वैसे एक दल होते हुए भी इन पद्धतियों में पर्याप्त अन्तर पाए जाते हैं। ला पालोम्बारा तथा वीनर ने अप्रतियोगी दल प्रणालियों में तीन उप-श्रेणियां करके इनको तीन प्रकार की माना है। यह तीन प्रकार निम्नलिखित हैं—

(1) एक दल निरंकुशता पद्धति (one-party authoritarian)
(2) एक दल बहुलवादी पद्धति (one-party pluralistic)
(3) एक दल सर्वाधिकारी पद्धति (one-party totalitarian)

एक दल निरंकुशता पद्धति में, एक अखण्डित या एकाश्य (monolithic) विचारधारा आमुखी व असर्बाधिकारवादी दल सम्पूर्ण राजनीतिक व्यवस्था पर आच्छादित रहता है। इस प्रकार की दल पद्धति में विरोधी सदस्यों को क्रांतिकारी या राष्ट्रवादी निमित्तों के प्रति देशद्रोही तथा सुरक्षा व एकता के लिए खतरा कहकर दबा दिया जाता है। इस प्रकार की पद्धतियों में राष्ट्र के गन्तव्य व आकांक्षाएं एक ही दल से तादात्मय रखती हैं। सामान्यतया ऐसी दल पद्धति में दल व राष्ट्र का एक ही चमत्कारिक व्यक्ति द्वारा नियंत्रण व निर्देशन होता है। फ्रैंको (Franco) के समय स्पेन, एनक्रूमा के समय घाना, दाइम (Diem) के समय दक्षिण वियतनाम तथा वर्तमान समय में क्यूबा, बर्मा और माली जैसे देशों में एक दल निरंकुशता पद्धति पाई जाती है।

एक दल बहुलवादी पद्धति वाले देश अर्ध-निरंकुश होते हैं। इनमें एक ऐसा दल होता है जो संगठन में बहुलवादी दृष्टिकोण में कठोर वैचारिक के स्थान पर तथ्यात्मक व अन्य समूहों को निष्ठुरता से खत्म करने के बजाय अपने में आत्मसात करने वाला होता है। एक दल निरंकुशता पद्धति से यह दल पद्धति इस बात में भिन्नता रखती है कि इसमें

वैचारिक दृष्टिकोण के बजाय तथ्यात्मक दृष्टिकोण का अनुपालन होता है। मैक्सिको, सेनेगल, आइवरी कोस्ट व केमेलन में ऐसी ही दल पद्धतियां विद्यमान हैं।

एक दल सर्वाधिकार पद्धति में राज्य एकाश्म दल के हाथ में यन्त्र मात्र होता है। इस प्रकार की पद्धति में दल एकाधिकारी ही नहीं होता है वरन समाज की आर्थिक व्यवस्था व सामाजिक व्यवस्था के पुनर्गठन के लिए परम सत्ता का उपयोग भी करता है। इसके द्वारा ही एक वैचारिक गन्तव्य की व्याख्या होती है। चीन, रूस, उत्तरी कोरिया व पूर्वी यूरोप के साम्यवादी राज्यों में एक दल सर्वाधिकार पद्धतियां हैं।

ला पालोम्बारा व वीनर ने दल पद्धतियों का वर्गीकरण करते समय दो दृष्टिकोण अपनाकर, दल पद्धतियों के वर्गीकरण को गत्यात्मक बनाया है। उन्होंने राजनीतिक दलों को सामाजिक, आर्थिक व राजनीतिक परिवर्तनों की प्रक्रिया के प्रतिफल के रूप में देखने का प्रयास किया है। इसी तरह उन्होंने राजनीतिक दलों को राजनीतिक विकास करने वाली स्वतन्त्र संस्थागत ताकत के रूप में रखते हुए वर्गीकृत किया है। इस कारण इनका वर्गीकरण यथार्थवादी, गत्यात्यकता युक्त व व्यापकतम है, किन्तु इस वर्गीकरण में इतना अधिक लचीलापन है कि एक ही दल अलग-अलग परिस्थितियों में अलग-अलग प्रकार की दल प्रणाली में वर्गीकृत किया जा सकता है। वैसे कुछ विद्वानों का कहना है कि ला पालोम्बारा तथा वीनर का वर्गीकरण इसी विशेषता के कारण सर्वश्रेष्ठ बन जाता है। यह वर्गीकरण अप्रतियोगी दल पद्धतियों के तीन प्रकार बनाकर एक दल पद्धतियों में व्याप्त अन्तरों का अच्छा स्पष्टीकरण भी कर देता है। अतः दल पद्धतियों का यह वर्गीकरण संतोषजनक माना जा सकता है।

दल पद्धतियों के वर्गीकरणों के उपरोक्त विवेचन से यह स्पष्ट होता है कि दल पद्धतियों की संख्या खासी बड़ी होने के कारण वर्गीकरण की कोई भी योजना बिलकुल सही नहीं हो सकती है। वैसे भी दल पद्धतियों के कई वर्गीकरण सम्भव हैं। चाहे कोई भी वर्गीकरण हम प्रयोग में लाएं इसमें जांच करने की बात सिर्फ इतनी है कि वह वर्गीकरण हमें ऐसे सामान्य निष्कर्षों तक पहुंचाता है या नहीं जो सही और सूचनाप्रद हों। यही कारण है कि वर्गीकरण योजनाओं में आजकल केवल दलों की संख्या का ही आधार नहीं लिया जाता है।

राजनीतिक दलों के कार्य
(FUNCTIONS OF THE POLITICAL PARTIES)

राजनीतिक व्यवस्था में राजनीतिक दल अनेक प्रकार से सक्रिय रह सकता है। दल की संरचना, अन्य दलों की विद्यमानता तथा राजनीतिक व्यवस्था की विशेषताओं के द्वारा दल के कार्यों व भूमिका का नियमन होता है। राबर्ट सी० बोन[18] के अनुसार एक राजनीतिक दल ऐसा परिवर्त्य है जो तीन प्रकार की भूमिका एक साथ निभाने की क्षमता

[18]Robert C. Bone, *op. cit.*, p. 95.

रखता है। यह एक ही साथ मध्यवर्ती, स्वतन्त्र या आश्रित परिवर्त्य के रूप में गत्यात्मक भूमिका निभा सकता है या इनमें से कोई एक भूमिका भी निष्पादित कर सकता है। राजनीतिक दल की परिवर्त्य के रूप में इन तीनों भूमिकाओं का पृथक-पृथक वर्णन करके ही इस रूप में दल की भूमिका का सही मूल्यांकन किया जा सकता है—

(1) **मध्यवर्ती परिवर्त्य के रूप में दल की भूमिका** (Role of political party as an intervening variable)— राजनीतिक दल मध्यवर्ती परिवर्त्य के रूप में महत्त्वपूर्ण भूमिका अदा करता है। इस रूप में दल सरकारी तन्त्र तथा राजनीतिक समाज के बीच में आदान-प्रदान की कड़ी का काम करता है। यह समाज और सरकार को जोड़ता है। इस रूप में दल क्षेत्रीय हितों को एक-दूसरे के करीब लाते हैं, भौगोलिक दूरियों का निवारण करते हैं और कभी-कभी विभक्त कर देने वाली शासन संरचनाओं में सामंजस्य स्थापित करते हैं। राजनीतिक दल की इस रूप में भूमिका हर प्रकार की राजनीतिक व्यवस्था में रहती है। मध्यवर्ती परिवर्त्य के रूप में दल की भूमिका के दो पहलू होते हैं। जब यह सत्तारूढ़ हो, तब इसकी भूमिका में उस अवस्था की भूमिका से थोड़ा अन्तर आ जाता है जब यह सत्ता से बाहर होता है पर यह अन्तर मात्रात्मक ही होता है, प्रकारात्मक नहीं हो सकता। मध्यवर्ती परिवर्त्य के रूप में दल की तीन सामान्य भूमिकाएं होती हैं—

(1) दल सरकार की नीतियों की अपने समर्थकों व आम जनता के लिए व्याख्या करता है और सरकार के कार्यों के बारे में जनता को समझाता है।

(2) राजनीतिक व्यवस्था में उठने वाली मांगों को सरकार तक पहुंचाता है।

(3) सत्ता में बने रहने के लिए या सत्ता में आने के लिए लोकमत की परख में लगा रहता है।

अतः मध्यवर्ती परिवर्त्य के रूप में राजनीतिक दलों की अत्यधिक महत्त्वपूर्ण भूमिका रहती है। यह सरकार और समाज के बीच की हर बात में दखल देने के साथ ही साथ मध्यस्थ भी बनते हैं। मध्यवर्ती परिवर्त्य के रूप में दलों की भूमिका को चित्र 17.1 में चित्रित किया जा सकता है।

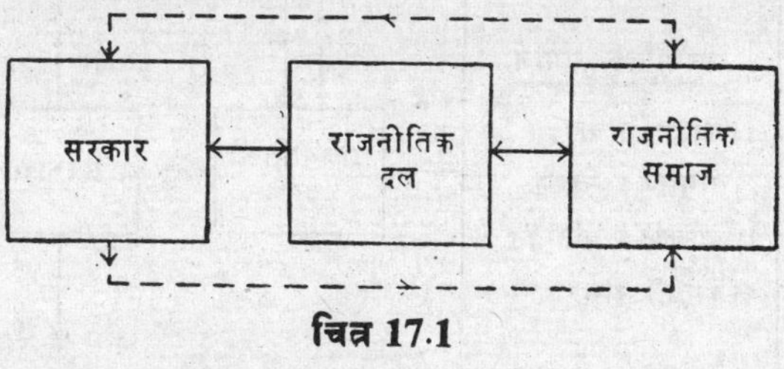

चित्र 17.1

चित्र 17.1. में सरकार व समाज के बीच सम्पर्कता का महत्त्वपूर्ण माध्यम राजनीतिक दल ही को बताया गया है। दल की मध्यवर्ती परिवर्त्य के रूप में भूमिका सर्वत्र सभी प्रकार की राजनीतिक व्यवस्थाओं में पाई जाती है, किन्तु इस रूप में दल की भूमिका

लोकतांत्रिक समाजों में अधिक प्रभावी रहती है। निरंकुश व सर्वाधिकारी राजनीतिक व्यवस्थाओं में एक ही दल के कारण प्रतियोगी राजनीति का अभाव होता है। अतः दल की मध्यवर्ती परिवर्त्य के रूप में भूमिका नाम मात्र की ही रह जाती है। प्रतियोगी दल पद्धतियों में दल की ऐसी भूमिका नहीं रहकर यह वास्तविक बन जाती है। यहां तक कि कोई भी राजनीतिक प्रक्रिया दल के सक्रिय हस्तक्षेप के बिना निष्पादित ही नहीं हो पाती है।

(2) **आश्रित परिवर्त्य के रूप में दल की भूमिका** (Role of political party as a dependent variable)—राजनीतिक दल शून्य में कार्य नहीं करते हैं। यह राजनीतिक व्यवस्था में कार्यरत रहते हैं। इनका कार्य सामाजिक, राजनीतिक, आर्थिक व सांस्कृतिक पर्यावरण में ही संचालित होता है। अतः अपने चारों तरफ के वातावरण से दल न केवल प्रभावित होते हैं वरन उससे उनकी गतिविधियां बहुत कुछ सीमित व नियमित भी होती हैं। किसी देश की शासन संरचना की प्रकृति, समाज का स्तरण (stratification) का विभाजन, व्यक्तियों के चिंतन व क्रिया को प्रभावित करने वाला सांस्कृतिक ढांचा और दल क्रिया को नियंत्रित व प्रभावित करने वाले कानून, राजनीतिक दल को आश्रित परिवर्त्य के रूप में ही भूमिका निभाने के लिए चारों तरफ से दबाते रहते हैं। आश्रित परिवर्त्य के रूप में हर राजनीतिक दल निम्नलिखित भूमिका निभाता है : (i) राजनीतिक समाज की संरचना व समाज के सांस्कृतिक प्रतिमान को प्रभावित करने वाली राजनीतिक प्रक्रिया को जोड़ना, सरल करना और स्थिर बनाना। (ii) समाज की संरचनाओं व उप-व्यवस्थाओं में समन्वय स्थापित करना। (3) पर्यावरण में होने वाले परिवर्तनों के अनुरूप अपने को ढालते हुए समाज की सम्पूर्ण समूह व्यवस्था के अनुकूलन में योग देना। आश्रित परिवर्त्य के रूप में दलों की भूमिका को चित्र 17.2 में चित्रित किया जा सकता है।

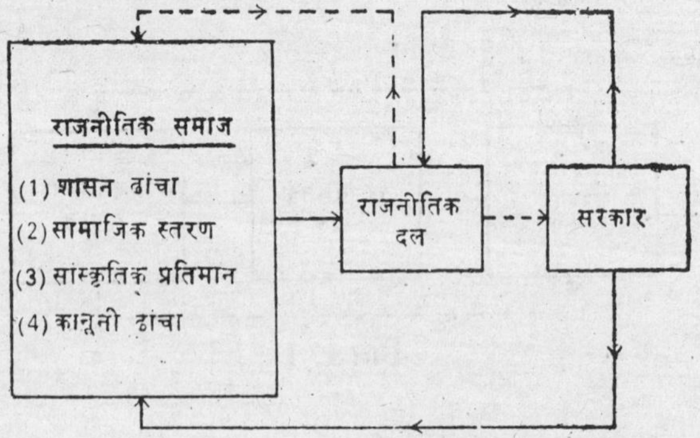

चित्र 17.2. राजनीतिक दल की आश्रित परिवर्त्य के रूप में भूमिका

चित्र 17.2 में राजनीतिक दल एक तरफ तो सरकार के द्वारा तथा दूसरी तरफ

समाज की व राजनीतिक व्यवस्था की संरचनाओं के ऊपर आश्रित होकर ही सक्रिय रहता है। इस रूप में दल अपने कार्यों व भूमिका में आश्रित ही रहता है। वह हर स्तर पर नियमित व प्रतिबन्धित रहकर ही सक्रिय होता है।

(3) **स्वतन्त्र परिवर्त्य के रूप में दल की भूमिका** (Role of political party as an independent variable)—राजनीतिक दल अत्यधिक एकीकृत उप-संस्कृति के रूप में भी देखा जा सकता है। इस रूप में दल सम्पूर्ण समाज का नियामक बन जाता है। मौलिक तथा गत्यात्मक ताकत के रूप में राजनीतिक दल सामाजिक व राजनीतिक व्यवस्था को नियन्त्रित करने की अवस्था में होने के कारण इन दोनों से स्वतन्त्र बन जाता है। द्विदलीय व बहुदलीय प्रणालियों में दलों का प्रभाव व भूमिका कई शक्तियों व खिचावों से सीमित रहती है, किन्तु एकदलीय पद्धति में ऐसा कोई प्रतिबन्ध नहीं रहता है। अतः स्वतन्त्र परिवर्त्य के रूप में राजनीतिक दल, विचारधारा कार्यक्रम की रूपरेखा के अनुसार न्यायोचित समाज की स्थापना करने के लिए समाज व सरकार दोनों का ही नियन्त्रक, निर्देशक व निरीक्षक रहता है। इस रूप में दल की भूमिका निम्न प्रकार की रहती है—(i) समाज व सरकार, दोनों का निर्देशन करना व उन पर नियन्त्रण रखना। (ii) विचारधारा के अनुसार सम्पूर्ण संस्थात्मक व्यवस्थाओं को ढालना। (iii) कार्यक्रम की क्रियान्विति में आने वाली सभी प्रक्रियात्मक व संरचनात्मक बाधाओं को दूर करना।

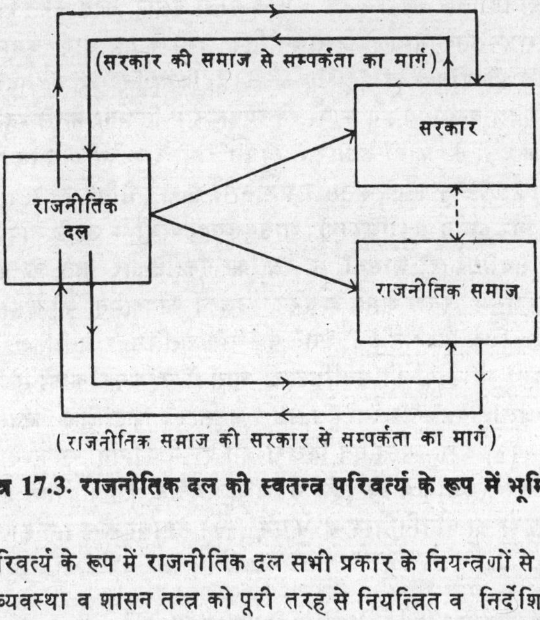

चित्र 17.3. राजनीतिक दल की स्वतन्त्र परिवर्त्य के रूप में भूमिका

स्वतन्त्र परिवर्त्य के रूप में राजनीतिक दल सभी प्रकार के नियन्त्रणों से मुक्त रहता है तथा समाज व्यवस्था व शासन तन्त्र को पूरी तरह से नियन्त्रित व निर्देशित करता है। इस रूप में इसकी भूमिका सर्वाधिकारी शासन-व्यवस्थाओं में ही सम्भव है। इन

व्यवस्थाओं में राजनीतिक दल ही राजनीतिक चेतना का केन्द्र होता है। सारी राजनीतिक सक्रियता दल के माध्यम से गुजरती है और वही शासन तथा जोड़-तोड़ का उपकरण होता है। अतः स्वतन्त्र परिवर्त्य के रूप में दल की भूमिका न केवल व्यापक होती है अपितु एकाधिकारी व व्यक्तिगत तथा सामाजिक गतिविधि के सभी पहलुओं की नियन्त्रक भी होती है।

विभिन्न परिवर्त्यों के रूप में राजनीतिक दलों की भूमिका के विवेचन से यह स्पष्ट होता है कि दल अनेक प्रकार के कार्य करते हैं। राजनीतिक व्यवस्था की प्रकृति, स्वयं दलों की संरचनाएं तथा शासन ढांचे की विशेषताएं राजनीतिक दलों के कार्यों की नियामक होती हैं, किन्तु राजनीतिक दलों के कुछ कार्य ऐसे हैं जो इन सबसे प्रभावित रहते हुए भी हर प्रकार की राजनीतिक व्यवस्था में इनके द्वारा निष्पादित होते हैं। हम यहां राजनीतिक दलों के ऐसे ही सामान्य कार्यों का उल्लेख कर रहे हैं।

राबर्ट सी० बोन[19] ने राजनीतिक दलों के व्यापक कार्यों की चर्चा की है। उसके अनुसार हर प्रकार की राजनीतिक व्यवस्था में राजनीतिक दल सक्रिय रहते हैं। यह सामान्यतया हर राजनीतिक व्यवस्था में एक ही प्रकार के विचारों वाले व्यक्तियों के व्यवस्थित ढंग से संगठित होने का साधन प्रस्तुत करते हैं। बोन राजनीतिक दलों के कार्यों में (i) संगठन, (ii) मांगों के व्यवस्थित संशोधन, (iii) नेताओं की भर्ती, (iv) सत्ता का वैधीकरण, (v) नीति का निर्धारण, (vi) शासन उत्तरदायित्व, और (vii) आधुनिकीकरण के कार्यों को प्रमुख मानते हैं। उसके अनुसार हर प्रकार की राजनीतिक व्यवस्था में राजनीतिक दल कम या अधिक मात्रा में यह कार्य करते हुए पाए जाते हैं। लोकतांत्रिक राजनीतिक समाजों में राजनीतिक दलों के यह कार्य चुनावी प्रतियोगिता के अवसरों पर ही अधिक व्यावहारिक बनते हैं, किन्तु निरंकुश व सर्वाधिकारी राजनीतियों में तो दल हर समय इन कार्यों को व्यवहार में निरन्तर करते रहते हैं।

राजनीतिक दलों के कार्यों के बारे में न्यूमैन[20] भी राबर्ट सी० बोन से मिलते-जुलते विचार रखता है। किन्तु उसके अनुसार प्रजातांत्रिक राजनीतिक व्यवस्था में राजनीतिक दलों के कार्य निरंकुश व सर्वाधिकारी शासन-व्यवस्थाओं में उनके कार्यों के समान नहीं हो सकते। सर्वाधिकारी शासनों में दल का एकाधिकार होने के कारण न केवल उसकी कार्य शैली में अन्तर आता है वरन, उसकी कार्यक्षमता की असीमता के कारण उसके कार्य भी भिन्न हो जाते हैं। अतः वह लोकतांत्रिक राजनीतिक व्यवस्थाओं में राजनीतिक दलों के कार्यों को सर्वाधिकारी शासनों में उनके कार्यों से पृथक मानकर इनका अलग-अलग विवेचन करता है। उसके अनुसार लोकतांत्रिक व्यवस्थाओं में राजनीतिक दल—(i) अस्त-व्यस्त एवं बिखरी जन-इच्छा को संगठित करने, (ii) नागरिकों को राजनीतिक उत्तरदायित्व की दृष्टि से शिक्षित बनाने, (iii) शासन और जनमत को जोड़ने वाली कड़ी का प्रतिनिधित्व करने एवं (iv) नेताओं के चुनाव का कार्य करते हैं।

[19]*Ibid.*, pp. 96-97.

[20]Sigmund Neuman (Ed.), *Modern Political Parties*, Chicago, University of Chicago Press, 1956.

न्यूमन के अनुसार अधिनायकवादी दल बाहर से लोकतांत्रिक दलों से भिन्न नहीं दिखाई देते हैं। उनके सिद्धांत और कार्य लोकतांत्रिक धारणा लिये रहते हैं। वे भी यही कार्य करते हैं। सर्वाधिकारी दल भी अस्त-व्यस्त जन-इच्छा को संगठित करने, व्यक्तियों को समूह में आबद्ध करने, जनमत तथा शासन को जोड़ने वाली कड़ी का उत्तरदायित्व निभाने व इसके साथ ही नेताओं के चुनाव की व्यवस्था करने का कार्य करते हैं, परन्तु न्यूमैन का कहना है कि इतना होते हुए भी, नेताओं व अनुयायियों की उनकी अवधारणाओं की लोकतांत्रिक धारणाओं से पूर्ण प्रतिकूलता के कारण इन कार्यों का अर्थ आधारभूत रूप से बदल जाता है। अतः सर्वाधिकारी दल—(1) जन-इच्छा पर एकाश्म नियंत्रण, (2) व्यक्तियों पर एकरूपता का लादना, (3) समाज व राज्य के मध्य सम्पर्क के लिए केवल मात्र ऊपर की ओर से एकतरफा प्रचार व निर्देश एवं (4) नेताओं के चुनाव का कार्य करते हैं। यहां इस बात का ध्यान रखना आवश्यक है कि सर्वाधिकारी दल मोटे तौर पर वही कार्य करते हैं, जो लोकतांत्रिक व्यवस्था में दलों के द्वारा सम्पादित होते हैं। अन्तर केवल कार्य-विधि, कार्यक्षमता तथा कार्य उद्देश्यों का होता है। यह अन्तर तो लोकतांत्रिक राजनीतिक व्यवस्थाओं में भी पाए जाते हैं। उदाहरण के लिए, नेताओं का चयन द्विदलीय, बहुदलीय या एकदलीय आधिपत्य व्यवस्थाओं में पर्याप्त अन्तर रखता है। अतः हम न्यूमैन द्वारा दोनों प्रकार की दल व्यवस्थाओं के कार्यों के अलग-अलग वर्गीकरण से सहमत नहीं हो सकते। दलों के कार्य, हर राजनीतिक परिस्थिति में कम या अधिक होते रहते हैं। अतः हमें दलों के केवल ऐसे कार्यों की चर्चा करनी है जो हर व्यवस्था, परिस्थिति व अवस्था में दलों के द्वारा किए जाते हैं।

ला पालोम्बारा ने अपनी पुस्तक **पोलिटिक्स विदइन नेशन्स**[21] में राजनीतिक दलों के निम्नलिखित कार्य बतलाए हैं—

(i) नेताओं की भर्ती और समाजीकरण।
(ii) राजनीतिक पहचान व मतों को संरचनात्मक रूप देना।
(iii) सरकार बनाना।
(iv) संघटन, सौदेबाजी व एकीकरण करना।

राजनीतिक दलों के इन कार्यों को लेकर विद्वानों में अधिक मतभेद नहीं है। सभी राजनीतिक दल कम या अधिक मात्रा में यह कार्य करते हैं। किन्तु राजनीतिक दलों के कार्यों को ला पालोम्बारा ने केवल राजनीतिक कार्यों तक सीमित रखने के बजाय व्यापक संदर्भ प्रदान किया है। इसी तरह, वह दलों को केवल कानूनी परिधि में ही सक्रिय नहीं मानता है। उसका कहना है कि विविध परिस्थितियों में अनेक राजनीतिक दल विधिक ढांचे का उल्लंघन ही नहीं करते अपितु उसके प्रतिकूल कार्य भी करते हैं। अतः राजनीतिक दलों के कार्यों को औपचारिकता के आवरण में ही देखना पर्याप्त नहीं है। राजनीतिक दलों के राजनीति को कलुषित बनाने वाले कार्यों से बेखबर नहीं

[21] Joseph La Palombara, *op. cit.*, pp. 543-53.

रहा जा सकता। ला पालम्बारा ने राजनीतिक दलों के कार्यों के इस पहलू पर अधिक बल नहीं दिया है। आधुनिक दल विशेषकर विकासशील राज्यों में, राजनीतिक प्रक्रिया को जोड़ने, सरल करने और स्थिर बनाने के कार्य के साथ ही साथ इसे तोड़ने, पेचीदा बनाने व उसमें अस्थिरता लाने का कार्य भी करते रहते हैं। अतः राजनीतिक दलों के कार्यों में इस प्रकार की गतिविधियां भी सम्मिलित की जानी चाहिए। आज राजनीतिक दल एक 'शक्ति संरचना' तथा राजनीतिक व्यवस्था की आधारभूत उप-व्यवस्था बन गये हैं। इनके कार्यों का विवेचन करते समय इन लक्षणों को ध्यान में रखना आवश्यक है। इस प्रकार, राजनीतिक दलों के कार्यों को स्वयं राजनीतिक दल, समाज, समूह व्यवस्था तथा शासन ढांचे के संदर्भ में ही देखना अनिवार्य हो जाता है। इन बातों को ध्यान में रखते हुए, हम इनके निम्नलिखित कार्यों को सर्वत्र सभी प्रकार की राजनीतिक व्यवस्थाओं में निष्पादित मान सकते हैं।

नेताओं की भर्ती व चयन (The Recruitment and Selection of Leaders)

राजनीतिक समाज का सुव्यवस्थित संचालन करने के लिए ऐसे व्यक्तियों की आवश्यकता होती है जो जन समुदाय के बहुत बड़े भाग द्वारा समर्थित रहें। इस प्रकार का जन-समर्थन न केवल लोकतंत्र व्यवस्थाओं में ही आवश्यक है वरन सर्वाधिकारी शासनों के लिए भी अनिवार्य है। अतः हर राजनीतिक व्यवस्था में विभिन्न सरकारी पदों के नेतृत्वकर्त्ताओं की भर्त्ती व चयन की व्यवस्था करनी होती है। राजनीतिक दल इसकी संस्थागत सुविधा व साधन उपलब्ध कराते हैं। करोड़ों व्यक्ति अपने में से ही नेताओं का चुनाव करने के अधिकार का व्यवहार में उपयोग करें तो सैद्धांतिक दृष्टि से यह सम्भव होते हुए भी व्यवहार में असम्भव होगा तथा एक स्थिति यह भी हो सकती है कि उतने ही नेता बनने के प्रत्याशी हों जितने नेता चुनने वाले। इस अवस्था में नेताओं की भर्ती व चुनाव का कार्य असम्भव हो जाएगा। राजनीतिक दल इस स्थिति में नेताओं की भर्ती का एक मात्र माध्यम बन जाते हैं।

नेताओं की भर्ती व चयन में दो पेचीदगियां और हैं। एक बात तो यह है कि नेताओं की भर्ती योग्यता व विशेष दक्षता के आधार पर हो तथा दूसरे नेता, अधिक से अधिक जन समर्थन द्वारा ही सरकारी पदाधिकारी बनने की अवस्था में आएं। इनके कारण नेताओं की भर्ती की समस्या और भी कठिन बन जाती है। राजनीतिक दल, प्रतियोगी, चुनावों में, विभिन्न प्रत्याशियों के रूप में मतदाता के सामने अनेक विकल्प प्रस्तुत करके यह कार्य सम्भव बनाते हैं। सर्वाधिकारी व्यवस्थाओं में भी नेताओं का अन्ततः चयन करना ही होता है और यह कार्य राजनीतिक दल ही करता है। इस प्रकार राजनीतिक दल असंख्य लोगों में से कुछ के विकल्प प्रस्तुत करके एक का चयन सम्भव बनाते हैं।

नीतियों व कार्यक्रमों का उत्पादन (The Generation of Policies and Programmes)

राजनीतिक व्यवस्था में दल ही नीतियों व कार्यक्रमों के उत्पादनकर्त्ता होते हैं। मतदाताओं में अधिकांश तो सम्पूर्ण समाज के व्यापक हितों की दृष्टि से सोच ही नहीं पाते हैं। समूह अपने सदस्यों के हितों से ऊपर नहीं उठ पाते हैं। अकेला, अलग-थलग व्यक्ति सम्पूर्ण समाज के लिए उपयोगी नीतियों व कार्यक्रमों का निर्धारण करना चाहे तो भी नहीं कर सकता है क्योंकि ऐसा कार्यक्रम अधिक से अधिक उन लोगों की स्वीकृति तक ही व्याप्त रहेगा जिनके साथ निर्धारण करने वाले व्यक्ति का सम्पर्क है। राजनीतिक दल चुनावों में मुद्दे पेश करके नीतियों व कार्यक्रमों के निर्माता बन जाते हैं। चुनावी प्रतियोगिता में जनता के सामने अनेक नीति विकल्प प्रस्तुत हो जाते हैं, जिनमें से एक का चयन करके समाज की नीति का निश्चय करना व्यावहारिक हो जाता है। सरकारों को क्या करना है, किस दिशा में समाज को ले जाना है यह सब राजनीतिक दल जनता से तय कराने के लिए अनेक विकल्पी कार्यक्रम प्रस्तुत करने का साधन होते हैं।

सर्वाधिकारी शासन-व्यवस्थाओं में तो यह कार्य राजनीतिक दल स्वयं ही करते हैं। इन व्यवस्थाओं में विकल्प प्रस्तुत करके यह नहीं किया जाता है। यह दल की दार्शनिक आधार भूमि और विचारधारा से ही उत्पन्न होता रहता है। इन व्यवस्थाओं में चुनाव कोरी औपचारिकता ही होता है। अतः दल के द्वारा उत्पन्न किए गए कार्यक्रमों में किसी प्रकार की काट-छांट का भी प्रश्न नहीं उठता है। इस प्रकार सर्वाधिकारी शासन-व्यवस्थाओं में दल ही नीति और कार्यक्रम का एकमात्र स्रोत रहता है, पर इस सम्बन्ध में यह ध्यान देने की बात है कि नीति उत्पादन व कार्यक्रम निर्धारण का कार्य राजनीतिक दल विशुद्ध व्यापक हित की दृष्टि से ही नहीं करते हैं। कार्यक्रम निर्धारण के बाद उनके अमल का कोई निश्चय भी नहीं होता है। दलीय स्वार्थ की प्रवृत्तियां कभी-कभी दलों को कार्यक्रमों से विमुख भी कर देती हैं, पर इससे कार्यक्रम व नीति-उत्पादन में सहायता मिलती है। चुनावों में मतदाता इन नीति-सम्बन्धी विलगनों (deviations) की पुनः जांच का अवसर रखते हैं। अतः दल समाज के लिए नीतियों का उत्पादन ही नहीं करते वरन उनकी निरन्तर परख की अवस्था भी लाते हैं।

सरकार का नियन्त्रण व समन्वय (Control and Co-ordination of Government)

राजनीतिक दलों का तीसरा महत्त्वपूर्ण कार्य शासन-अंगों में समन्वय व सरकार के नियंत्रण का है। एपस्टीन (EPS-TEIN) ने अपनी पुस्तक "पोलिटिकल पार्टीज़ इन वेस्टर्न डेमोक्रेसीज' में दलों के इस कार्य को सर्वाधिक महत्त्व का बताते हुए लिखा है कि "दल राजनीतिक व्यवस्था में निर्णय लेने और अपने आपको शामिल करने के उद्देश्य के लिए संगठन व समन्वय की आवश्यकता के प्रति अनुक्रिया है।" दल ही सरकार पर प्रभावी नियंत्रण का यन्त्र हो सकते हैं। दलों का यह कार्य निरन्तर चलता रहता है। इतना ही नहीं, दलों द्वारा शासन का कार्य, केवल उनके सत्ता में रहने पर ही नहीं होता

वरन विपक्ष में भी वे शासन कार्य में सक्रिय रहते हैं। दल विपक्ष की व्यवस्था करके जनता को भी शासन कार्य में सम्मिलित करने की व्यवस्था करते हैं।

दल सरकार के निर्माण में अनेक प्रकार से सहायक होते हैं। वे शासन के लिए योग्य व्यक्तियों को चुनते व प्रशिक्षित करते हैं। संगठनात्मक व प्रेरणात्मक गतिविधियों द्वारा शासक वर्ग के लिए समर्थन जुटाते हैं, और जनमत को जागृत करके सरकार पर प्रभावी नियन्त्रण व्यवस्था लागू करते हैं।

सत्ता का वैधीकरण (Legitimization of Authority)

शासक सत्ता का उपयोग करने का औचित्य रखते हैं या नहीं इसकी जांच का एक माध्यम नियतकालिक निर्वाचन होते हैं। परन्तु दो चुनावों के अन्तराल में शासकों की सत्ता वास्तविक वैधता रखती है या नहीं इसकी संस्थात्मक व्यवस्था की विधान मण्डल, के माध्यम से परख नहीं हो पाती है। इस कार्य को जनता की तरफ से राजनीतिक दल करते हैं। यह नेताओं की भर्ती व अदला-बदली के लिए संरचनात्मक प्रक्रियाएं जुटाने के साथ ही साथ सत्ता के वैधीकरण की व्यवस्था भी करते हैं। जबरदस्ती हथियाई सत्ता को वैधीकरण के लिए जनता के सामने दल ही रखवाते हैं। इनकी सत्ता वैधीकरण में इतनी महत्त्वपूर्ण भूमिका रहती है कि निरंकुश व्यवस्थाओं में भी दलों का नहीं तो कम से कम एक दल का निर्माण शायद इसलिए ही किया जाता रहा है।

राजनीतिक व्यवस्थाओं में सत्ता की वैधता का संकट उत्पन्न होता रहता है। अब तक मान्य रही सत्ता के क्षीण होने पर उसकी पुनः लोकप्रिय अभिपुष्टि या जन समर्थन की आवश्यकता अनिवार्य हो जाती है। उसकी व्यवस्था दलों के माध्यम से ही होती है। यही कारण है कि एक दल प्रणालियों में भी सत्ता वैधीकरण को आवश्यक माना गया है। निरंकुश शासक समय-समय पर चुनावों का दिखावा सत्ता वैधीकरण के उपकरण के रूप में ही करते हैं। अतः राजनीतिक दल सत्ता वैधीकरण के प्रमुख माध्यम ही नहीं होते वरन सत्ता की वैधता का कार्य निरन्तर चलता रहे इसकी व्यवस्था भी करते हैं।

समाज का एकीकरण (Integration of Society)

राजनीतिक दल समूह मांगों की संतुष्टि और सामंजस्य के द्वारा एक-सी मान्यताएं या विचारधारा उत्पन्न करते हैं, जिससे समाज में विभाजनकारी प्रवृत्तियों का शमन होता रहता है। इससे समाज का एकीकरण होता है। समाज में एकता व ठोसता स्थापित होती है। हर समाज में अनेक समूह व हित होते हैं। इनकी आवश्यकताएं व मांगें बार-बार एक दूसरे के प्रतिकूल बनकर पारस्परिक संघर्ष उत्पन्न करती हैं। परस्पर विरोधी मांगें राजनीतिक व्यवस्था को तोड़ने का कार्य करने लगती हैं। राजनीतिक दल, विरोधी समूह मांगों में चुनावी प्रतियोगिता की प्रक्रिया के द्वारा तालमेल स्थापित करने का कार्य करते हैं। दल एकीकरण करने के साथ ही साथ एकता बनाए रखने का कार्य भी करते हैं।

एलेन बाल ने दलों के सामाजिक एकीकरण के कार्य को महत्त्वपूर्ण बताते हुए लिखा है, "राजनीतिक दलों के अत्यधिक महत्त्वपूर्ण कार्यों में से एक कार्य राजनीतिक प्रक्रिया को जोड़ना, सरल करना और स्थिर बनाना है। राजनीतिक दलों में महत्तम समापवर्त्य प्रस्तुत करने की प्रवृत्ति होती है। वे विभाजन नहीं करते बल्कि दलहीन और मिली-जुली सरकारों के समर्थकों के बावजूद वे समाज को जोड़ते हैं। दल क्षेत्रीय हितों को एक दूसरे के करीब लाते हैं, भौगोलिक दूरियों का निवारण करते हैं और विभक्त करने वाली शासन संरचनाओं में सामंजस्य स्थापित करते हैं। दलों द्वारा किया जाने वाला यह जोड़ने का कार्य राजनीतिक स्थिरता में महत्त्वपूर्ण कारक होता है। हर राजनीतिक व्यवस्था में राजनीतिक दल राजनीतिक सत्ता की तलाश में अव्यवस्था के भीतर से व्यवस्था का निर्माण कर लेते हैं। वे अपने द्वारा प्रतिनिधित्व किए जाने वाले हितों का विस्तार करना चाहते हैं और इन हितों के बीच परस्पर सामंजस्य स्थापित करते हैं। राजनीतिक व्यवस्था के अन्तर्गत हितों के एकत्रीकरण का कार्य भी दल ही करते हैं। हितों का प्रतिनिधित्व सुरक्षा नली (safety valve) का सा प्रभाव रखता है। यह बिखरे, फैले हुए हितों को राजनीतिक प्रक्रिया में समेट लाते हैं और उनकी मांगों को सन्तुष्ट करने का प्रयास करते हैं। सभी दल अपने समर्थन का विस्तार करना चाहते हैं। यह चुनाव लड़ने वाले प्रतियोगी दलों तथा राजनीतिक प्रक्रिया पर हावी रहने वाले एक मात्र दल, दोनों के बारे में सही है। ऐसा करने में वे न केवल समाज के अन्तर्गत विभाजनों को प्रतिबिम्बित करते हैं बल्कि उनमें उन्हें कम करने की प्रवृत्ति भी होती है। अतः कुल मिलाकर, राजनीतिक दल समाज के संयोजन का कार्य भी करते हैं।

सरकार व जनता की सम्पर्क कड़ी (Link between Government and the People)

राजनीतिक दलों का एक कार्य सरकार तथा जनता के बीच सम्पर्क स्थापित करना है। वे निर्वाचक-समूह को जानकारी प्रदान करने, प्रशिक्षित करने और सक्रिय बनाने की कोशिश करते हैं। राजनीतिक रूप से अपेक्षाकृत निष्क्रिय लोगों से सम्पर्क रखने और विभिन्न नीतियों के प्रति उनमें सजगता उत्पन्न करने व उनसे उन नीतियों का समर्थन पाने के लिए वे जन सम्पर्क माध्यमों तथा स्थानीय संगठनों का प्रयोग करते हैं। वे जनता को क्रियाशील बनाने का प्रयत्न करते हैं। वे जनता की मांगों को सरकार तक तथा सरकार के निर्णयों को जनता तक ले जाते हैं। इस तरह दल, सरकार और जनता के बीच मध्यस्थ का कार्य करते हैं। दल जनता को सक्रिय बनाकर उनका समर्थन पाने का कार्य जन सभाओं, वर्दियों, झण्डों और एकतासूचक अन्य वस्तुओं द्वारा आगे बढ़ाया जाता है। इस प्रकार दल, व्यक्ति और सरकार को जोड़ने वाली कड़ी बन जाते हैं। राजनीतिक जन संचालन का यह पहलू सर्वाधिकारी शासन-व्यवस्थाओं के एक मात्र दलों के सम्बन्ध में और भी अधिक सही है। इस प्रकार की व्यवस्थाओं में दल, राजनीतिक जन संचालन का कार्य करके ही समाज व सरकार में तालमेल बैठाए रखना है। अतः राजनीतिक दल, सरकार व जनता के बीच सम्पर्क स्थापित करने का प्रभावी

साधन रहते हैं।

आधुनिकीकरण का उपकरण (Tools of Modernization)

विकासशील राज्यों की राजनीतिक व्यवस्थाओं में आधुनिकीकरण की समस्या का सामना करने के लिए सरकारें भी राजनीतिक दलों की महत्त्वपूर्ण भूमिका को स्वीकार करती हैं। इन राज्यों में परम्परागत समाज होने के कारण जातीय, धार्मिक, नस्लीय तथा अन्य लगावों के खिचाव् प्रबल होते हैं। इसके कारण राष्ट्रीय एकता व राष्ट्रीय दृष्टिकोण का विकास नहीं हो पाता है। समाज व्यवस्था की परम्परागतता, राजनीतिक आधुनिकीकरण में बड़ी रुकावट बन जाती है। राजनीतिक दल सत्ता में आने पर सत्ता में बने रहने के लिए आधुनिकीकरण की आवश्यकताओं के महत्त्वपूण पूरक व प्रेरक बन जाते हैं। आर्थिक व सामाजिक नियोजन के माध्यम से सरकारें समाज का नव निर्माण करती हैं और राजनीतिक दल उनको आवश्यक समर्थन जुटाकर आगे बढ़ने के साधन जुटाते हैं।

विकासशील राज्यों की तरह ही विकसित राज्यों में भी राजनीतिक दल आधुनिकीकरण के संयोजक रहते हैं। हर राजनीतिक समाज में राजनीतिक दलों व सरकारों का भविष्य इस बात पर ही निर्भर करता है कि वे समाज को आधुनिकीकरण के मार्ग पर कहां तक ले जाने में सफल रहते हैं। अनेक विकासशील राज्यों में सरकारों व राजनीतिक दलों की लोकतान्त्रिक परिस्थितियों, आधुनिकीकरण में इनकी असफलता के ही कारण, अधिनायकवादी बना दी गई है। अतः राजनीतिक दल आधुनिकीकरण के उपकरण के रूप में हर राजनीतिक समाज में सक्रिय रहते हैं। ला पालोम्बारा तथा माइरन वीनर ने दलों के इस कार्य के सम्बन्ध में ठीक ही लिखा है, "राजनीतिक दलों का भविष्य इस बात पर निर्भर करता है कि वे और उनकी सरकारें राजनीतिक विकास के संकट का सामना करने में कहां तक सफल रहती हैं।"

जन संचालन व सौदेबाजी (Mobilization and Bargaining)

हर जगह राजनीतिक दल जन संचालन का कार्य करते हैं। एकदलीय प्रणालियों में तो जन संचालन लोकप्रशासन के अनिवार्य अंग के रूप में ही व्यवस्थित रहता है। इन व्यवस्थाओं में जन संचालन, जनता तथा दल के सदस्यों को अनुशासित रखने के एक पहलू के रूप में भी देखा जाता है। सेमुअल बार्नस ने इस सम्बन्ध में उचित ही लिखा है, "जन राजनीतिक दल, विखण्डित सभाओं के राजनीतिक दृष्टि से अपरिस्कृत व उदासीन लोगों को सामूहिक क्रिया के लिए संचालित करने का एक उज्जवल आविष्कार है।" इसी तरह एडवर्ड शील्स की मान्यता है कि एकदलीय राजनीतियों में तो राजनीतिक तमाशा अधिकांश व्यक्तियों के द्वारा वैचारिक सहमति के आधार पर ही चलाया जाता है। वैसे विचारधारा अधिकतर अभिजनों को ही प्रभावित करती है। इस कारण जन संचालन के लिए भी दल का ही सहारा लेना पड़ता है।

सभी राजनीतिक सभाओं में मतदाताओं का व्यवहार विवेकपूर्ण नहीं रहता है। मत-

दाताओं का बड़ा भाग सौदेबाजी प्रक्रिया (bargaining process) में सक्रिय नहीं रहता है। मतदाताओं की तरफ से विभिन्न हितों में तालमेल बिठाने का कार्य राजनीतिक दल ही करते हैं। वे अपने समर्थकों के हितों की अधिकतम सुरक्षा के लिए अन्य संस्थागत संरचनाओं से सौदेबाजी भी करते हैं। यह सौदेबाजी अधिकतर सरकार के साथ करनी होती है। सरकार विभिन्न मांगों का संसाधन करती है और उनकी क्रियान्विति के निर्णय लेती है। सरकार द्वारा मांगों के संसाधन के समय राजनीतिक दल सक्रिय रहते हैं और परिस्थिति के अनुसार लेन-देन की सौदेबाजी करते हैं।

विरोध व उच्छेदन (Opposition and Subversion)

राजनीतिक दल केवल रचनात्मक कार्यों तक ही सीमित नहीं रहते हैं। पीटर मर्कल का कहना है कि राजनीतिक दल केवल संवैधानिक या कानूनी परिधि में रहकर ही कार्य नहीं करते हैं। आजकल राजनीतिक दल विपक्ष में होने पर विरोध की राजनीति अपनाते हैं। वे सरकार को नियंत्रित करने व उसमें समन्वय स्थापित करने के कार्य के बिलकुल प्रतिकूल कार्य भी करते हैं। राजनीतिक प्रतियोगिता की यथार्थता के लिए विपक्ष अनिवार्य भी है। इसी कारण सभी विधान मण्डलों में विपक्ष को मान्यता देने की प्रथा है। ब्रिटेन में विपक्ष को मान्यता ही नहीं प्राप्त है वरन उसका सुनिश्चित संस्थाकरण भी किया गया है। राजनीतिक दलों का विपक्ष के रूप में कार्य एक सुरक्षा नली की तरह होता है। जन आंदोलन व जन क्रांति से बचाव की व्यवस्था के लिए विपक्ष का होना आवश्यक है।

विपक्षी दलों के रूप में दलों के कार्य विकार्यात्मक (dysfunctional) ही अधिक रहते हैं। नीति निर्धारण की प्रक्रिया से हर स्तर पर निराशा व असहमति का भी उद्भव होता है। इन प्रवृत्तियों को वे दल जो सत्ता में आने की सम्भावना नहीं रखते हैं, विरोध व जोड़-तोड़ में प्रयुक्त करते हैं। सर्वाधिकारी दल पद्धतियों में प्रतियोगी दलों को कोई स्थान नहीं दिया जाता है। अतः ऐसी परिस्थितियों में यह दल भूमिगत रूप में ही सक्रिय रहते हैं। इसी तरह, लोकतांत्रिक राजनीतिक व्यवस्थाओं में क्रांतिकारी दल भूमिगत रहकर लोकतंत्र को उखाड़ फेंकने में सक्रिय रहते हैं। इस तरह राजनीतिक दल प्रति-संगठनों (counter organization) के रूप में आतंकवादी गुरिल्ला गतिविधियों से आगे बढ़कर सरकारों को उलटने के लिए षड्यन्त्र व क्रांतियों का नेतृत्व भी करते हैं।

यह दलों की व्यवस्था विरोधी गतिविधियां हैं। ऐसे दल, सरकार की कमजोरियों की खोज करने, इसके राजनीतिक व आर्थिक संकटों से लाभ उठाने तथा सरकार के समर्थकों को विभाजित कर उनको मत-भ्रष्ट करने का कार्य भी करते हैं। इस प्रकार वे ऐसे मौकों की ताक में रहते हैं जब सरकार की किसी कठिनाई के क्षण में तपाक् से सत्ता हथिया लें। 'तीसरे विश्व' के राज्यों में अधिकांश दल लम्बी अवधि तक सत्ता में न आ पाने के कारण ऐसी ही भूमिका निभाते हैं। इन देशों में निराश राजनीतिक नेता दलों का सहारा लेकर तोड़-फोड़ तक के लिए आगे बढ़ जाते हैं। ऐसे लोगों को राजनीतिक

दलों में 'संगठनी अस्त्र' (organizational weapon) प्राप्त हो जाता है। वे इस अस्त्र का प्रयोग नेताओं को बदलने के बजाय सम्पूर्ण राजनीतिक व्यवस्था को ही रूपान्तरित करने में ही करते हैं। अतः राजनीतिक दल, उदार विपक्ष से लेकर उग्र विरोध व स्थापित व्यवस्था को उखाड़ फेंकने के लिए आतंकवादी कार्य भी करते हैं।

राजनीतिक दलों के कार्यों की उपरोक्त सूची किसी भी तरह परिपूर्ण नहीं कही जा सकती। राजनीतिक दलों के कार्य इतने विविध हैं कि उनको सूचीबद्ध किया ही नहीं जा सकता है। राजनीतिक व्यवस्था की प्रकृति, शासनतन्त्र का ढांचा, राजनीतिक प्रक्रिया की विशेषताएं तथा स्वयं दलों की संरचनाओं से इनके कार्य नियमित होते हैं। इनके कार्यों का विश्लेषण करते हुए न्यूमैन ने ठीक ही लिखा है कि, "राजनीतिक दल विचारों के दलाल हैं जो दलीय सिद्धान्तों का निरन्तर स्पष्टीकरण, व्यवस्थीकरण और प्रसार करते रहते हैं। वे सामाजिक हित-समूहों के प्रतिनिधि होते हैं जो व्यक्ति समाज व समुदाय के बीच की दूरी कम करते हैं।" राजनीतिक दल जनता को सार्वजनिक प्रश्नों और समस्याओं के प्रति जागरूक बनाते हैं। यह विपक्ष में रहते हुए सरकार को सचेत व उत्तरदायी रखते हैं। आततायी सरकारों को उलटने तथा क्रांतिकारी आंदोलनों का नेतृत्व करने का कार्य तक करने में दल आगे रहते हैं।

विकसित व सुस्थापित राजनीतिक व्यवस्थाओं में राजनीतिक दलों के कार्य प्रतिमानित हो गए हैं, किन्तु विकासशील राज्यों में इनके कार्य अत्यधिक अनिश्चय की अवस्था में हैं। इन देशों में राजनीतिक दल विचित्र से विचित्र कार्य करते हुए पाए गए हैं। उदाहरण के लिए, चतुर्थ आम चुनाव के बाद भारत के एक राज्य पश्चिमी बंगाल में मिली-जुली सरकार के एक घटक मार्क्सवादी साम्यवादी दल के मंत्रीगण स्वयं ही सरकार के विरोध में हड़ताल पर बैठ गए थे। अनेक अफ्रीकी राज्यों में, राजनीतिक दलों की ऐसी ही विचित्र भूमिकाएं रही हैं। विधान मण्डलों में धरनों से लेकर हिंसात्मक प्रदर्शनों तक में राजनीतिक दल सक्रिय पाए गए हैं। अतः राजनीतिक दलों के उपरोक्त कार्य, इनकी गतिविधियों का एक सामान्य विश्लेषण ही कहे जा सकते हैं।

राजनीतिक दलों के कार्यों का यह विवेचन यह स्पष्ट करता है कि राजनीतिक दलों का हर राजनीतिक व्यवस्था में केन्द्रीय स्थान होता है। वे सभी प्रकार की राजनीतिक व्यवस्थाओं में महत्त्वपूर्ण कार्य करते हैं। राजनीतिक दलों के बिना आधुनिक राजनीतिक व्यवस्थाओं की कल्पना करना कठिन है। उदारवादी प्रजातंत्रीय संस्थाओं में राजनीतिक दल निश्चित रूप से निहित होते हैं और सर्वाधिकारी शासनों में दलों पर निर्भरता सबसे ज्यादा होती है। जिन राज्यों में दल नहीं होते या यहां तक कि एक मात्र दल भी नहीं होता, वे अनिवार्य रूप से अनुदारवादी होते हैं और कहा जा सकता है कि वे राजनीतिक दृष्टि से अधिक अस्थिर होते हैं। ऐसे राज्यों में राजनीतिक दल भूमिगत (underground) रहते हैं तथा सीमित अर्थों में ही उपरोक्त कार्य करते हैं। राजनीतिक दल विहीन राजनीतिक व्यवस्थाओं की अस्थिरता इस बात का प्रमाण है कि राजनीतिक समाजों में दलों की भूमिकाएं अत्यधिक महत्त्व की होती हैं। अतः आधुनिक राजनीतिक व्यवस्थाओं में राजनीतिक दल आधुनिकता के पर्याय माने जा सकते हैं। कोई भी राज्य

राजनीतिक दलों के अभाव में आधुनिकता के मार्ग पर तेजी से आगे नहीं बढ़ सकता है। इसी कारण जयप्रकाश नारायण द्वारा प्रतिपादित दल विहीन लोकतंत्र का विचार सैद्धांतिकता से आगे नहीं बढ़ पाया है।

राजनीतिक दलों के कार्यों को लेकर विद्वानों में विशेष मतभेद नहीं है। मौखिक दृष्टि से सब प्रकार की दल प्रणालियों में राजनीतिक दलों के कार्य एक से ही होते हैं। उनमें मात्रा के अन्तर हो सकते हैं किन्तु प्रकार के अन्तर नहीं होते हैं। राजनीतिक व्यवस्था की प्रकृति दल-प्रणाली के प्रकार, समाज की समूह व्यवस्था तथा राजनीतिक प्रक्रिया की प्रकृति से इनके कार्यों; कार्य करने की विधियों तथा कार्य-शैली में थोड़ा अन्तर अवश्य आता है, किन्तु सामान्य रूप में राजनीतिक दलों के उपरोक्त कार्य हर समाज व्यवस्था में सम्पादित होते हैं। इसी कारण आधुनिक समाजों में राजनीतिक दलों की एक 'सूक्ष्म राजनीतिक व्यवस्था' (a miniature politcal system) या 'एक निर्णय प्रक्रिया' (a decision making process) कहा जाता है।

राजनीतिक दलों की संरचनात्मक विशेषताएं
(STRUCTURAL CHARACTERISTICS OF POLITICAL PARTIES)

राजनीतिक दलों के कार्यों, कार्य-शैली तथा उनकी भूमिका का उनकी संरचनात्मक विशेषताओं से बहुत करीब का सम्बन्ध होता है। उदाहरण के लिए, संसदीय स्तर पर कार्य करने वाले तथा चुनावों में व्यापक जन-समर्थन प्राप्त करने के इच्छुक दलों की संरचनात्मक विशेषताएं उन दलों से भिन्न होती हैं जिन्हें प्रतिबन्धक कानूनों ने भूमिगत हो जाने को मजबूर कर दिया है, अथवा जो दल देहातों को आधार बनाकर नगरों में स्थित राजनीतिक अभिजनों के विरुद्ध गुरिल्ला कार्रवाइयां चला रहे हैं। इसी तरह, मताधिकार के विस्तार जैसी अधिक विस्तृत जनतंत्रीय भागीदारी की मांग करने वाले दलों की संरचना व अन्य लक्षण सिद्धान्त में उन दलों से अधिक जनतंत्रीय हो सकते हैं जो मौजूदा राजनीतिक अभिजनों की सत्ता को बनाए रखने के लिए प्रयत्नशील होते हैं। अतः दलों के संरचनात्मक लक्षणों से इनकी भूमिका, व्यवस्था में इनके महत्त्व तथा प्रभाव का सही ज्ञान प्राप्त हो सकता है। इसलिए इन लक्षणों का उल्लेख आवश्यक व उपयोगी होगा। दलों के कुछ संरचनात्मक लक्षण इस प्रकार हैं—(क) सदस्यता व आकार; (ख) संगठनात्मक संरचना; (ग) विचारधारा; और (घ) शैली।

सदस्यता व आकार (Membership and Size)

राजनीतिक दल की सदस्यता इनकी औपचारिक व वास्तविक शक्ति का स्रोत मानी जाती है। इसी कारण प्रतियोगी व एक दल प्रणालियों में दल की औपचारिक सदस्यता पर बहुत जोर दिया जाता है। दल की सदस्यता में दो बातें महत्त्वपूर्ण होती हैं— सदस्यता नाम मात्र की है या औपचारिक। जो राजनीतिक दल मध्यम वर्ग या उच्च वर्ग से सम्बन्धित होते हैं उनमें सदस्यता नाम मात्र की होती है। इनके सदस्य दल की

गतिविधियों में अधिक सक्रिय व दल के कार्यक्रमों से अधिक प्रतिबद्ध नहीं रहते हैं। औपचारिक सदस्यता उन दलों में अनिवार्यतः पाई जाती है जो सार्वजनिक दल (mass parties) होने का प्रयास करते हैं। जन-सदस्यता से समूह-पहचान व ठोसता का आभास होता है। ऐसी सदस्यता वाले दल राजनीतिक उप-संस्कृति को बनाए रखने के महत्त्वपूर्ण यन्त्र हो जाते हैं। कई बार औपचारिक दल सदस्यता, अत्यधिक अनुशासित क्रांतिकारी संगठन की उत्पत्ति को सम्भव बनाने के उद्देश्य से प्रेरित होती है। ऐसी सदस्यता की कड़ी शर्तें होती हैं और पूरी छान-बीन के बाद ही सदस्यों की भर्ती होती है। एकदलीय प्रणालियों में राजनीतिक अभिजनों द्वारा निर्धारित गन्तव्यों की प्राप्ति के लिए जन संचालन की प्रविधि के रूप में दल की औपचारिक सदस्यता का उपयोग किया जाता है। ऐसी दल व्यवस्थाओं में दल की औपचारिक सदस्यता सम्मान सूचक बन जाती है।

राजनीतिक दलों की सदस्यता को बनाए रखने के लिए, दल सहायक सगठनों, ट्रेड यूनियनों, स्थानों, कोष्ठकों इत्यादि पर निर्भर रहते हैं। जन-दलों के लिए तो ऐसी निर्भरता आवश्यक हो जाती है। अन्य प्रकार के दल भी इनके बिना सदस्यों को दल के प्रति आस्थावान नहीं रख सकते हैं। दल की सदस्यता के प्रकार के साथ ही साथ सदस्यता का आकार भी दल के प्रभाव का नियामक होता है। वैसे सदस्यता का आकार कुछ सौ से लगाकर करोड़ों तक में होता है। रूस व चीन में साम्यवादियों की सदस्य संख्या क्रमशः एक करोड़ तीस लाख व दो करोड़ अस्सी लाख तक बताई जाती है। इसी तरह भारत में, भारतीय राष्ट्रीय कांग्रेस में साठ लाख सदस्य बताए जाते हैं। दल की सदस्यता के आकार का सम्बन्ध दल क्या करना चाहता है इससे भी रहता है। जैसे क्रांति करने पर तुला हुआ दल आकार की दृष्टि से छोटा ही होगा, क्योंकि ऐसे दल में गोपनीयता, अनुशासन व वास्तविक क्रांतिकारियों की अनिवार्यता होती है। इसी तरह, राजनीतिक समाज को तेजी से आधुनिक बनाने व आर्थिक-सामाजिक नव-गठन के लिए बड़ी सदस्यता वाले दल आवश्यक हो जाते हैं।

निष्कर्ष में यह कहा जा सकता है कि राजनीतिक दलों की सदस्यता के प्रकार व आकार का इनकी भूमिका, महत्त्व, लक्ष्य व प्रभाव से सीधा सम्बन्ध रहता है। बड़ी सदस्यता वाले जन-दल तथा सीमित सदस्यता वाले दल अलग-अलग संदर्भों में भिन्न-भिन्न प्रकार का प्रभाव रख सकते हैं। अतः इस सम्बन्ध में यह ध्यान रखना आवश्यक है कि दल के सदस्यों का प्रकार व आकार ही विशेष महत्त्व का नहीं होता है। अन्य संरचनात्मक लक्षणों के साथ ही इस लक्षण का प्रभाव मापा जाना चाहिए।

संगठनात्मक संरचना (Organizational Structure)

राजनीतिक दलों में संगठनात्मक संरचना के अन्तर भी काफी रहते हैं। इस सम्बन्ध में संरचनात्मक बातों का विशेष महत्त्व होता है। अतः दल की संरचना के सम्बन्ध में इसके निम्नलिखित पहलुओं का अध्ययन किया जाना आवश्यक है—

(1) दल की सदस्यता की प्राथमिक इकाई क्या है?

(2) दल की सदस्यता की आधारभूत इकाइयां दल के राष्ट्रीय केन्द्र से किस प्रकार से सम्बन्धित है ?

(3) दल को वित्तीय सहायता कैसे प्राप्त होती है ?

(4) दल के नेताओं, सक्रिय सदस्यों व विधान मण्डलों में दल के निर्वाचित सदस्यों के बीच किस प्रकार का सम्बन्ध है ?

(5) नेतृत्व की भूमिका और नेतृत्व के चुने जाने की क्या विधि है ?

(6) संगठनात्मक केन्द्रीकरण की मात्रा कितनी है ?

(7) दल की नौकरशाही का कितना नियंत्रण है ?

(8) दल के सदस्यों तथा दल में निचले पदों पर नियुक्त कार्यकत्ताओं के मुकाबले, नेतृत्व की शक्ति, अनुशासनात्मक शक्तियों का विस्तार क्षेत्र, निर्णय लेने तथा नीति की शुरुआत करने में कितनी भागीदारी है।

राजनीतिक दल की सदस्यता की प्राथमिक इकाई का ज्ञान प्राप्त करके ही दलों की प्रकृति व प्रभाव को समझा जा सकता है। सदस्यता की इकाई ढीली-ढाली हो सकती है, यह प्रर्याप्त एकरूपता वाली स्थानीय शाखा तथा कार्य स्थान पर आधारित कोष्ठक भी हो सकती है। प्रथम प्रकार की ढीली-ढाली इकाई 'कॉकस' (caucus) क्लब या समिति के रूप में होती है। दूसरी प्रकार की इकाई काफी एकता वाली स्थानीय शाखा के रूप में होती है। तीसरे प्रकार की इकाई साम्यवादी व्यवस्थाओं में कार्य करने के स्थान पर आधारित अत्यधिक अनुशासित कोष्ठक होती है। सदस्यता की प्रारम्भिक इकाई से दल संरचना पर व्यापक प्रभाव पड़ता है। सदस्यता की प्राथमिक इकाइयों के प्रकार पर ही दल में सदस्यों की भागीदारी का नियमन होता है। इकाई का बड़ा होना सदस्यों की सक्रियता को कम करने वाला बन जाता है। इससे अनुशासन पर प्रभाव पड़ता है तथा दल की ताकत कम ही रहती है।

दल की प्रारम्भिक इकाइयों के प्रकार की तरह ही इन इकाइयों व दल के राष्ट्रीय केन्द्र के बीच सम्बन्धों की प्रकृति का भी दल की संरचना के निर्धारण में हाथ रहता है। जैसे साम्यवादी दलों में यह सम्बन्ध ऊपर से नीचे की ओर पूर्ण नियंत्रण का रहता है जबकि लोकतन्त्र व्यवस्थाओं में प्रतियोगी दल में इतना नियंत्रण नहीं पाया जाता है। इस पहलू में इस बात का भी ध्यान रखना आवश्यक है कि दोनों छोरों के बीच के अंग कितने व किस प्रकार से सम्बन्धित बनाए गए हैं ?

दलों को मिलने वाली वित्तीय सहायता लोकतन्त्र व्यवस्थाओं में भी अत्यन्त गोपनीयता के कोहरे से ढकी रहती है। पर इतना तो जाना ही जा सकता है कि दल के 'खजांची' समाज के कौन से वर्ग में निहित हैं ? इससे राजनीतिक दल के कार्यक्रमों, कार्य शैली तथा विचारधारा का स्पष्टीकरण करने में सहायता मिलती है।

दल के नेताओं, सक्रिय सदस्यों व दल के संसदीय सदस्यों में सम्पर्कता के क्या प्रतिमान हैं ? यह प्रश्न अनेक प्रकार से महत्त्व रखता है। नेतृत्व की भूमिका व नेतृत्व के चुने जाने की विधि पर भी काफी बल दिया जाता है। दल में संगठनात्मक केन्द्रीकरण की मात्रा, दल की नौकरशाही के नियन्त्रण की मात्रा और दल के सदस्यों तथा दल में निचले

पदों पर नियुक्त कार्यकर्त्ताओं के मुकाबले नेतृत्व की शक्ति, अनुशासनात्मक शक्तियों का विस्तार क्षेत्र, निर्णय लेंने तथा नीति की पहल करने में सहभागिता के द्वारा हर राजनीतिक दल की संगठनात्मक संरचना प्रभावित रहती है। अतः इन सभी का राजनीतिक दलों के कार्यों पर सीधा प्रभाव माना जा सकता है।

विचारधारा (Ideology)

राजनीतिक व्यवस्था के संचालन की दृष्टि से यह बात बहुत महत्त्वपूर्ण है कि कोई राजनीतिक दल विचारधारा के आधार पर संगठित है अथवा सिर्फ चुनावी कार्यक्रम के तौर पर मौजूद है ? दल का शेष राजनीतिक व्यवस्था के साथ अपने सम्बन्धों के विषय में जो दृष्टिकोण होता है उस पर उस दल की विचारधारा का गहरा प्रभाव पड़ता है। अतः दल के वैचारिक ढांचे का राजनीतिक दल की संरचना से निकटता का सम्बन्ध रहता है। दल की विचारधारा की तीव्रता, बायां-दायां रूप तथा व्यवस्था समर्थक या विरोधी प्रकृति से दल की कार्य-सीमाएं निर्धारित होती हैं। इसी तरह दल की विचारधारा के सम्बन्ध में यह भी देखना आवश्यक होता है कि यह किसकी विचारधारा है ? यह नेताओं की या दल के सभी सदस्यों की विचारधारा हो सकती है या केवल कुछ सक्रिय कार्यकर्त्ताओं से ही इसका सम्बन्ध हो सकता है। हर अवस्था में विचारधारा की जोड़ने की शक्ति का निश्चय हो जाता है। विचारधारा की व्यापकता तथा वैचारिक भावनाओं की तीव्रता से राजनीतिक दल की राजनीतिक व्यवस्था में भूमिका निर्धारित होती है। इसी तरह, राजनीतिक सहभागिता के मामले में दलों के वैचारिक दृष्टिकोणों का स्थान सम्पूर्ण राजनीतिक व्यवस्था को प्रभावित करता है। दो परस्पर विरोधी विचारधारा वाले दल एक प्रश्न पर विरोधी और दूसरे मुद्दे पर एक साथ होकर यह स्पष्ट करते हैं कि विचारधारा दलों की संचालक शक्ति परम अर्थों में नहीं रहती है।

दल की शैली (Party Style)

राजनीतिक दलों के नेताओं व उनके अनुयायिओं की राजनीतिक गतिविधियों की शैली का दल की विचारधारा से घनिष्ठ सम्बन्ध होता है। राजनीतिक गन्तव्यों व उनकी प्राप्ति के साधनों को लेकर विचारधारा की भूमिका [illegible] सकता है। अगर विचारधारा परम मूल्य पसंदगियों से सम्बन्धित है तब [illegible]तिक दलों की कार्य-शैली राजनीतिक सौदेबाजी व समझौतावादी नहीं हो सकती, किन्तु इसके विपरीत सापेक्ष मूल्य पसंदगियों से सम्बन्धित विचारधारा वाले राजनीतिक दल की कार्य-शैली में उग्रता व कठोरता नहीं पाई जाती है। जब कोई विचारधारा, साधन और साध्यों को परम मूल्यों के रूप में अपने में लपेटे रहती हैं तब केवल एक ही मार्ग के कारण राजनीतिक दल उससे ही प्रतिबद्ध हो जाता है। ऐसे दल राजनीति में उथल-पुथल व अस्थिरता के कारण बनते हैं। विचारधारा दल की कार्य-शैली की सीमाएं भी निर्धारित करती है। इससे दल की, अन्य राजनीतिक सहयोगियों व प्रतिद्वन्द्वियों के प्रति भावना का नियमन होता है। विचारधारा से ही दल के नेता के द्वारा प्रयोग में लाई जाने वाली चालों का निर्धारण

होता है। अतः दल की वैचारिक मान्यताओं का दल की कार्य-शैली पर निर्णायक प्रभाव कहा जा सकता है। हर राजनीतिक दल की विचारधारा व कार्य-शैली में सावयवी सम्बन्ध रहता है। राजनीतिक दल की विचारधारा से ही इस बात का संकेत दिया जा सकता है कि कोई राजनीतिक दल, प्रचार बनाम शिक्षण, अनुनयन बनाम भ्रष्टाचार तथा संसदीय निपुणता बनाम शुद्ध अवरोधकता में से किस शैली का प्रयोग करेगा ?

राजनीतिक दलों की संरचनात्मक विशेषताओं के विवेचन से यह स्पष्ट हो जाता है कि दलों की सदस्यता का प्रकार व आकार संगठनात्मक संरचना, विचारधारा व दल राजनीति की शैली के बीच घनिष्ठ सम्बन्ध है। इन सब का दलों के कार्यों पर व्यापक प्रभाव पड़ता है। विभिन्न राजनीतिक दलों में संरचनात्मक अन्तर के कारण राजनीतिक व्यवस्थाओं में दल राजनीति का रूप भी अलग-अलग प्रकार का हो जाता है। सभी दल वास्तव में संरचनात्मक नियामकों से सीमित व प्रतिबन्धित रहते हुए ही कार्य करते हैं। इन्हीं विशेषताओं के आधार पर दलों के कार्यों का मूल्यांकन किया जा सकता है।

राजनीतिक दल और निर्वाचन प्रणालियां
(POLITICAL PARTIES AND ELECTORAL SYSTEMS)

डुवरजर (Duverger) ने अपनी पुस्तक **पोलिटिकल पार्टीज**[22] में दल पद्धतियों और निर्वाचन प्रणालियों में घनिष्ठ सम्बन्ध माना है। उसके अनुसार, निर्वाचन प्रणालियों का दल पद्धतियों के क्रमिक विकास में नियामक प्रभाव रहता है। इनका दलों की संरचना, उनकी विचारधारा, दलों के बीच परस्पर सम्बन्धों के स्वरूप तथा किसी राजनीतिक व्यवस्था के अन्तर्गत प्रतियोगी दलों की संख्या पर प्रभाव देखा जा सकता है। निर्वाचन पद्धति का विधान मण्डल में दलों की सापेक्ष शक्ति और संख्या पर भी अनिवार्य रूप से प्रभाव पड़ता है। डुवरजर ने दल पद्धतियों व निर्वाचन प्रणालियों के आपसी सम्बन्ध का विस्तार से अध्ययन करके कुछ निष्कर्ष निकाले हैं। उन निष्कर्षों को 'डुवरजर सिद्धान्त' के नाम से जाना जाता है। हम इस सिद्धान्त का विवेचन करके इसका मूल्यांकन करेंगे।

डुवरजर की मान्यता है कि निर्वाचन प्रणाली का दल पद्धति पर निर्णायक प्रभाव रहता है। सामान्य बहुमत प्रणाली (simple majority system) दलों में 'स्वाभाविक दोहरापन' (natural dualism) लाने का कार्य करती है। इस प्रणाली में एक सदस्यीय निर्वाचन क्षेत्र होता है तथा प्रत्येक मतदाता को केवल एक मत देने का अधिकार होता है। इस निर्वाचन प्रणाली में निर्वाचन सामान्य व सापेक्ष बहुमत से होता है। निर्वाचित प्रत्याशी को कुल मतों का पूर्ण या निरपेक्ष (absolute) बहुमत मिलना आवश्यक नहीं है। इसका अभिप्राय यह है कि इसमें ऐसे व्यक्ति चुन लिए जाते हैं

[22]Maurice Duverger. *Political Parties*, (2nd Ed.), London, Methuen, 1959, p. 28.

जो केवल अल्पमत का प्रतिनिधित्व करते हों, बहुमत का नहीं। उदाहरण के लिए, एक निर्वाचन क्षेत्र में चार व्यक्ति उम्मीदवारों के रूप में खड़े हैं। यहां इनमें से केवल एक व्यक्ति चुना जाना है। उन चारों के प्राप्त मत इस प्रकार होने पर, 'क' के पक्ष में 10,000, 'ख' के पक्ष में 13,000, 'ग' के पक्ष में, 11,000, तथा 'घ' के पक्ष में 6000; 'ख' निर्वाचित हो जाएगा, यद्यपि उसे मतों की बहुसंख्या नहीं प्राप्त हो सकी। यथार्थ में वह 32.5 प्रतिशत मतदाताओं का प्रतिनिधि है। डुवरजर के अनुसार ऐसी निर्वाचन प्रणाली में तीसरे दल का प्रतिनिधित्व नहीं हो पाने के कारण, इसके समर्थक दो दलों में से किसी के साथ होने की प्रवृत्ति से युक्त हो जाते हैं। यह अन्ततः द्विदलीय व्यवस्था स्थापित कर देती है। यह डुवरजर का स्वाभाविक दोहरापन सिद्धांत है। इस सिद्धांत में यह मानकर चला गया है कि सामान्य बहुमत प्रणाली में स्वतः ही दो दल विकसित करने की परिस्थितियां निहित रहती हैं। डुवरजर ने इसकी पुष्टि के लिए यह तर्क दिया है कि इस निर्वाचन प्रणाली के ही कारण ब्रिटिश लिबरल पार्टी के ह्रास में तेजी आने से ब्रिटेन में द्विदलीय प्रणाली का सूत्रपात हुआ। डुवरजर का कहना है कि निर्वाचन प्रणालियां, दल पद्धतियों के विकास में इसलिए भी सहायक हो जाती हैं क्योंकि इन से दल प्रणालियों को प्रोत्साहित करने वाली शक्तियों को प्रोत्साहन मिलता है। डुवरजर की इस मान्यता को चुनौती दी गई है। सी० लेज़ (C. Leys) ने इसका व्यवस्थित ढंग से खण्डन किया है।

लेज़ के अनुसार डुवरजर की यह मान्यता गलत है कि तीसरे दल के कम प्रतिनिधित्व के कारण सामान्य बहुमत प्रणाली में, इस दल के समर्थक अन्य दो दलों में से स्वतः ही किसी एक के साथ हो जाएंगे, क्योंकि ऐसी अवस्था में तीसरे दल के प्रत्याशियों के समर्थकों के मत बेकार जाने के कारण इन समर्थकों में अपने मतों के उपयोग की प्रवृत्ति उत्पन्न हो जाती है और वे अपना समर्थन अन्य दलों के प्रत्याशियों को देने लग जाते हैं। लेज़ का तर्क है कि जिस निर्वाचन क्षेत्र में तीसरे दल का प्रत्याशी अन्य दो दलों के प्रत्याशियों से मजबूत अवस्था में है वहां इन मतों की निरर्थकता की अवस्था नहीं रहती है। अतः इससे द्विदलीयता का सिद्धांत पुष्ट नहीं होता है। लेज़ इसे 'यथास्थिति का सिद्धांत' (theory of the status-quo) या असंचालन सिद्धांत (theory of immobilism) कहकर यह निष्कर्ष निकालते हैं कि सामान्य बहुमत प्रणाली, द्विदलीय पद्धति की स्थापना नहीं करती है। इस सम्बन्ध में अधिक से अधिक यह कहा जा सकता है कि इस चुनाव पद्धति से द्विदलीय प्रणाली के विकास को प्रोत्साहन मिल सकता है। भारत व श्रीलंका में यही निर्वाचन प्रणाली, द्विदलीयता की परिस्थितियां नहीं ला सकी है। अतः दल व्यवस्था की प्रकृति और निर्वाचन प्रणालियों का सम्बन्ध सामान्य ही हो सकता है, इनमें निर्णायक सम्बन्ध नहीं होता है।

डुवरजर के इस सिद्धांत में यह बात अन्तर्निहित है कि आनुपातिक प्रतिनिधित्व प्रणाली हमेशा बहुदलीय पद्धति की सहगामी होती है। डुवरजर के अनुसार, निर्वाचन की आनुपातिक प्रतिनिधित्व प्रणाली दलों की संख्या में वृद्धि का स्वतः ही कारण बन जाती है। इस प्रणाली से दलों की संख्या में कमी नहीं होती है। आनुपातिक प्रतिनिधित्व प्रणाली का बहुदलीय पद्धति के विकास व उसके स्थायित्व में महत्त्वपूर्ण योग रहता है

क्योंकि इस पद्धति को अपनाने से छोटे-छोटे वर्गों व दलों को भी विधान मण्डलों में उनकी शक्ति व समर्थन के अनुपात में प्रतिनिधित्व मिल जाता है। इस सम्बन्ध में डुवरजर का कहना है कि आनुपातिक प्रतिनिधित्व प्रणाली से पुरानी पार्टियों में विभाजन होते रहते हैं। इस निर्वाचन प्रणाली में दलों की संख्या में वृद्धि के तत्त्व विद्यमान रहते हैं। यह प्रणाली उन शक्तियों को प्रोत्साहन देती है जिससे दलों में अलगाव बने रहते हैं तथा थोड़े से मन-मुटाव या दल के नेताओं के व्यक्तित्व के टकराव से दल के टुकड़े हो जाते हैं। इस प्रणाली में हर दल को समर्थन के अनुपात में प्रतिनिधित्व मिलने की सुव्यवस्था के कारण से ही दल राजनीति विखण्डक प्रकृति की बन जाती है।

लेज़ ने डुवरजर के 'बहुदलीयता सिद्धान्त' (multipartism theory) के सम्बन्ध में केवल उन दलों को जो इसके लागू करने के समय विद्यमान थे, बनाए रखने की ही प्रवृत्ति नहीं होती है। यह प्रणाली अपने में ऐसी शक्तियां भी समेटे हुए है जो दलों की संख्या में वृद्धि करने का कार्य करती है। पर इसका यह तात्पर्य नहीं है कि किसी राजनीतिक व्यवस्था में आनुपातिक प्रतिनिधित्व प्रणाली से दलों की संख्या बढ़ती ही जाएगी। वास्तव में ऐसा नहीं होता है। अतः इस प्रणाली के सम्बन्ध में भी लेज़ का यही निष्कर्ष रहा है कि यह भी सामान्यतया 'यथास्थिति' बनाए रखने वाली ही प्रणाली है। बेलजियम, फ्रांस, पश्चिमी जर्मनी, हॉलैण्ड में इस प्रणाली से दलों की यथास्थिति ही बनी हुई है।

अतः निर्वाचन प्रणाली दल पद्धति की प्रकृति के निर्धारण में केवल एक कारक है। केवल इससे ही दल पद्धतियों के स्वरूप का निर्धारण नहीं होता है। इस सम्बन्ध में इतना ही कहा जाना चाहिए कि निर्वाचन प्रणाली दल पद्धति की प्रकृति के नियामकों में से एक परिवर्त्य है। चुनाव प्रणाली का तथा दल पद्धति की प्रकृति का सीधा सम्बन्ध होते हुए भी यह केवल एक कारक के रूप में ही दल पद्धति के स्वरूप की नियामक रहती है। निष्कर्ष में इतना ही कहना पर्याप्त रहेगा कि हर राजनीतिक व्यवस्था में निर्वाचन-प्रणाली तथा दल पद्धति में सावयवी सम्बन्ध रहते हुए भी यह एक-दूसरे पर आश्रित एक सीमा तक ही रहती है।

राजनीतिक दल और राजनीतिक व्यवस्था
(POLITICAL PARTIES AND POLITICAL SYSTEM)

दल प्रणाली और राजनीतिक व्यवस्था में घनिष्ठ सम्बन्ध होता है। दल प्रणाली की प्रकृति का आधार राजनीतिक व्यवस्था की प्रकृति ही रहती है। उदाहरण के लिए, निरंकुश राजनीतिक व्यवस्थाओं में दल पद्धति कभी भी प्रतियोगी प्रकार की नहीं होती है। इसी तरह, लोकतन्त्र में अनिवार्यतः प्रतियोगी दल पद्धति पाई जाती है। इस सबसे यही आशय है कि हर राजनीतिक व्यवस्था में राजनीतिक दल पाए जाते हैं। किसी व्यवस्था में यह खुले होते हैं तो किसी में भूमिगत रह सकते हैं। इसी तरह दल पद्धति की प्रकृति व राजनीतिक व्यवस्था की प्रकृति में 'चोली-दामन' का सम्बन्ध पाया जाता है।

विभिन्न प्रकार की राजनीतिक व्यवस्थाओं में दल पद्धति का प्रतिमान व दलों की भूमिका का पृथक-पृथक विवेचन करके, इन दोनों के सम्बन्धों को समझने में सरलता होगी। मोटे रूप से राजनीतिक व्यवस्थाओं को हमने सरकारों के वर्गीकरण के अध्याय में तीन भागों में वर्गीकृत किया है। यह तीन प्रकार हैं—(क) लोकतन्त्र राजनीतिक व्यवस्थाएं, (ख) स्वेच्छाचारी राजनीतिक व्यवस्थाएं, और (ग) सर्वाधिकारी राजनीतिक व्यवस्थाएं।

राजनीतिक दल और लोकतान्त्रिक व्यवस्थाएं (Political Parties and Democratic Political Systems)

लोकतन्त्र के क्रियान्वयन की दृष्टि से राजनीतिक दलों का बड़ा महत्त्व है। उन्हें हम लोकतन्त्र की कसौटी कह सकते हैं, क्योंकि, किसी देश की राजनीतिक व्यवस्था में लोकतन्त्र का अस्तित्व कहां तक है, इसकी माप इस बात से की जा सकती है कि उस व्यवस्था में राजनीतिक दल प्रणाली किस सीमा तक स्वस्थ राजनीतिक प्रतियोगिता पर आधारित है। राजनीतिक दलों के बीच परस्पर स्वस्थ प्रतिस्पर्द्धा, व्यापक जन सम्पर्क, जनमत की शुद्ध अभिव्यक्ति आदि ऐसी बातें हैं, जिनसे लोकतन्त्र सार्थक होता है। पिनांक एवं स्मिथ ने राजनीतिक दलों व लोकतन्त्र के पारस्परिक सम्बन्धों के बारे में उपयुक्त ही कहा है कि 'लोकतान्त्रिक संस्थाओं के संतोषप्रद रूप में कार्य करते रहने के लिए सामान्य मतदाताओं का संगठन आवश्यक होता है। राजनीतिक दलों जैसी किसी युक्ति (device) के अभाव में यह सम्भव है कि जनता की आवश्यकताओं एवं मांगों की पूर्ति की चेष्टा शिथिल हो, राजनीतिक उत्तरदायित्व की व्यवस्था यदि असम्भव नहीं तो कठिन अवश्य होगी तथा नेतृत्व अपर्याप्त और शासन अप्रभावी होगा' इस तरह लोकतन्त्र के लिए राजनीतिक दलों का अस्तित्व अपरिहार्य है। इस आधार के बिना लोकतन्त्र चल ही नहीं सकता है।

लोकतन्त्र शासन-व्यवस्थाओं में राजनीतिक दल जनता और सरकार के बीच मध्यस्थ का कार्य करते हैं। वे जनता को सही, निष्पक्ष तथा ठोस निर्वाचन के लिए शिक्षित करते हैं तथा सरकार का संचालन करते हुए उसके ऊपर नियंत्रण लगाये रहते हैं, जिससे वह अपनी मनमानी न करने पाए। लोकतन्त्र में सरकार को उत्तरदायित्व की स्थिति में रखने की व्यवस्था राजनीतिक दल ही करते हैं। अतः राजनीतिक दल और लोकतन्त्र एक तरह से एक दूसरे के पर्याय से हो जाते हैं।

राजनीतिक दल लोकतन्त्र को व्यावहारिक बनाने के यन्त्र हैं। इनसे लोकतन्त्र व्यवस्था की संस्थागत संरचनाएं स्थापित होती हैं। यह लोकतन्त्र के लिए अपरिहार्य है। यह राजनीतिक व्यवस्था को जोड़ते हैं। यह लोकतन्त्र का मूल मंत्र है, परन्तु यह उनकी भूमिका का एक पक्ष है। यह लोकतन्त्र के सबसे बड़े शत्रु भी बन जाते हैं। अनेक विकासशील राज्यों में राजनीतिक दलों के भ्रष्टाचार व मनमानी के कारण लोकतन्त्र उखाड़ फेंके गये हैं। जब राजनीतिक दल, दलगत राजनीतिक में पड़ जाते हैं तो वे लोकतन्त्र के पोषक नहीं उसके भक्षक बन जाते हैं। इसलिए ही यह कहा जाता है लोकतान्त्रिक शासन-व्यवस्थाओं के संकट तत्त्व दलों की अधिनायकवादी गतिविधियों में निहित होते हैं। वास्तव में अधिनायकवादी राजनीतिक दल बहुधा प्रजातान्त्रिक दल व्यवस्था में स्वयं ही विकसित हो

जाते हैं। वे 'एक राज्य में राज्य' बना लेते हैं। ऐसे दलों का उदय समाज में व्याप्त किसी आधारभूत कमी की अभिव्यक्ति के रूप में होता है। ऐसे दल उन लोगों को अपना सदस्य व अनुयायी बना लेते हैं जिन्हें मौजूदा लोकतान्त्रिक व्यवस्था से असंतोष होता है और जो स्वयं को ऐसी शासन-व्यवस्था से अपने को अलग समझते हैं तथा यह महसूस करते हैं कि उनकी आवश्यक इच्छाओं की पूर्ति लोकतान्त्रिक शासन प्रणाली से नहीं हो सकती। न्यूमैन का कहना है कि इस प्रकार के अधिनायकवादी दल जब काफी पनप जाते हैं तथा बड़ी संख्या में लोगों को अपनी ओर आकर्षित कर लेते हैं तो प्रजातान्त्रिक प्रक्रिया निश्चित रूप से एक संकटपूर्ण स्थिति में फंस जाती है। इस प्रकार के अधिनायकवादी दलों का उदय लोकतन्त्र व्यवस्था के लिए खतरा बन जाता है।

अतः राजनीतिक दल लोकतन्त्र के रक्षक भी रहते हैं और इन्हीं की मनमानी से लोकतन्त्र को समाप्त करने के लिए ऐसे दल पनप जाते हैं जिनकी लोकतन्त्र में आस्था ही नहीं होती है। ऐसे दल लोकतन्त्र के लिए ही घातक नहीं होते हैं वरन राजनीतिक प्रक्रिया को तोड़ने, उसे पेचीदा और अस्थिर बनाने में भी सक्रिय रहते हैं। राजनीतिक दल सत्ता प्राप्त करने के उद्देश्य से संगठित होते हैं। लोकतन्त्र में सत्ता प्राप्ति की सुनिश्चित संरचनात्मक व्यवस्था होती है, किन्तु जब सत्ता वर्तमान राजनीतिक संरचनाओं के अन्तर्गत कार्य करके प्राप्त नहीं हो तब निराश दल इन संरचनाओं को उखाड़ फेंककर राजनीतिक सत्ता को हथिया लेते हैं। कई बार मौजूदा लोकतान्त्रिक व्यवस्था को बलात् राजपरिवर्तनों, गृह युद्धों, सरकार के खिलाफ कार्रवाइयों के माध्यम से उखाड़ फेंका जाता है तथा उसके बाद लोकतन्त्र व्यवस्था को ही बदला जा सकता है। निष्कर्ष में हम यह कह सकते हैं कि जब अधिनायकवादी दल सत्ता हथियाने में सफल हो जाता है तो लोकतन्त्र के स्थान पर पूर्ण निरंकुश शासन स्थापित हो जाता है। अतः लोकतन्त्र व्यवस्था में राजनीतिक दल अत्यन्त महत्त्वपूर्ण होते हैं। यही लोकतन्त्र को व्यावहारिक और सुरक्षित बनाते हैं और इन्हीं के द्वारा लोकतन्त्र व्यवस्था को आमूल उखाड़ फेंकने की परिस्थितियां प्रस्तुत होती हैं। द्वितीय विश्वयुद्ध के बाद विकासशील राज्यों में स्वतन्त्रता प्राप्ति के साथ ही अपनाई गई लोकतान्त्रिक शासन प्रणालियां एक के बाद दूसरी अधिनायकवादी बनती गई हैं और इस सबके लिए राजनीतिक दल ही प्रमुख रूप से उत्तरदायी कहे जाते हैं।

राजनीतिक दल और स्वेच्छाचारी राजनीतिक व्यवस्थाएं (Political Parties and Autocratic Political Systems)

स्वेच्छाचारी राजनीतिक व्यवस्थाओं में मुक्त राजनीतिक प्रतियोगिता, यानी राजनीतिक दल और चुनावों पर महत्त्वपूर्ण पाबंदियां रहती हैं। इनमें राजनीतिक अनुरूपता तथा आज्ञाकारिता प्राप्त करने के लिए राजनीतिक सत्ताधारी बहुधा जोर जबरदस्ती तथा बल प्रयोग पर अधिक जोर देते हैं। नागरिक स्वतन्त्रताओं का अभाव होता है और जनसम्पर्क के माध्यमों तथा न्यायपालिका पर सरकार का सीधा नियन्त्रण होता है। ऐसी व्यवस्थाओं में एकदलीय पद्धति ही पाई जाती है, परन्तु दल का होना आवश्यक नहीं है। ऐसी राजनीतिक व्यवस्थाओं में दल का विशेष महत्त्व नहीं होता है। शासक गुट

सर्वेसर्वा होता है और राजनीतिक दल केवल वैधता का दिखावा करने के लिए ही होता है।

सामान्यतया स्वेच्छाचारी राजनीतिक व्यवस्थाओं में भूमिगत दल होते हैं और ऐसा कहा जाता है कि यह भूमिगत दल ही स्वेच्छाचारी शासकों से मुक्ति दिलाने का एक मात्र साधन प्रस्तुत करने वाले हो सकते हैं। नवोदित राजनीतिक व्यवस्थाओं में जहां कहीं स्वेच्छाचारी शासकों की निरंकुशता से मुक्ति मिल सकी है वहां ऐसे ही भूमिगत दल या समूह अचानक राजनीतिक व्यवस्था पर हावी होकर शासकों से सत्ता छीनने में सफल हुए हैं, किन्तु इसका यह आशय नहीं है कि स्वेच्छाचारी शासकों से सत्ता हथियाने वाला गुट, समूह या दल लोकतान्त्रिक व्यवस्था में आस्था रखने वाला ही हो। यह केवल सत्ता परिवर्तन हो सकता है तथा पिछली अर्द्ध शताब्दी में अधिकांश उदाहरण केवल एक गुट या व्यक्ति से अन्य गुट या व्यक्ति में सत्ता परिवर्तन के ही हैं। उदाहरण के लिए, पाकिस्तान में अय्यूब खां से याह्या खां में सत्ता का परिवर्तन ऐसा ही परिवर्तन कहा जा सकता है। अतः स्वेच्छाचारी शासन-व्यवस्थाएं अत्यन्त विषम रूप वाली व्यवस्थाएं हैं। इनमें कुछ भी निश्चित नहीं होता है। शासकों का जोर जबरदस्ती तथा बल प्रयोग पर अधिक जोर होने के कारण केवल सुसंगठित क्रान्तिकारी दल ही शासन परिवर्तन में सफल होने की सम्भावना रखते हैं। वैसे अधिकांश स्वेच्छाचारी शासक अपनी सत्ता की वैधता के लिए राजनीतिक दल का ढोंग रचते हैं। ऐसे एकाधिकारी दल शासक के हाथों की कठपुतली ही रहते हैं। जैसे बर्मा में राष्ट्रपति ने विन ने ऐसा ही एक मात्र समाजवादी दल बनाया है।

राजनीतिक दल और सर्वाधिकारी राजनीतिक व्यवस्थाए (Political Parties and Totalitarian Political Systems)

सर्वाधिकारी राजनीतिक व्यवस्थाओं का आधार ही एकाधिकार प्राप्त राजनीतिक दल होता है। राजनीतिक व्यवस्था में एक ही दल राजनीतिक तथा कानूनी रूप से प्रभावी होता है। सारी राजनीतिक सक्रियता इसी के माध्यम से गुजरती है तथा यह दल ही सब गतिविधियों का संस्थागत आधार प्रस्तुत करता है। सैद्धान्तिक रूप से एक ही सुस्पष्ट विचारधारा वाला दल राजनीतिक व्यवस्था के अन्तर्गत सम्पूर्ण राजनीतिक सक्रियता का नियामक और शासन तथा जोड़-तोड़ करने का उपकरण होता है। अधिकांश सर्वाधिकारी शासन आधुनिकीकरण तथा सुधार लाने के लिए कटिबद्ध क्रान्तिकारी शासन होते हैं। इस प्रकार की राजनीतिक व्यवस्थाओं में राजनीतिक दल ही राजनीतिक, सामाजिक व आर्थिक, गतिविधियों का एक मात्र संचालक व नियंत्रक होता है। कार्ल जे० फ्रेडरिक एवं जेड० के० ब्रेजिंस्की ने अपनी पुस्तक **टोटेलीटेरियन डिक्टेटरशिप एण्ड ओटोक्रेसी**[23] में सर्वाधिकारी तानाशाही की सामान्य विशेषताओं का उल्लेख करते हुए कहा है कि ऐसी

[23]Carl J. Friedrich and Z. K. Brezenski, *Totalitarian Dictatorship and Autocracy*, Cambridge, Mass., Harvard University Press, 1956.

व्यवस्थाओं में एक ऐसा सार्वजनिक दल होता है जिसका वैचारिक आधार रहता है तथा जो मनुष्य के जीवन के सभी पहलुओं का नियंत्रण करता है।

अत: सर्वाधिकारी राजनीतिक व्यवस्थाओं में दल, समाज, सरकार तथा व्यक्ति एक दूसरे से इस प्रकार गुंथे हुए से रहते हैं कि इनका एक दूसरे से पृथक कोई अस्तित्व ही नहीं रहता है। इन व्यवस्थाओं में राजनीतिक दल ही चेतना का केन्द्र होता है और मनुष्य जीवन की सम्पूर्ण सक्रियता इसी दल के माध्यम से संचालित होती है। इनमें दल व सरकार का भेद करना तो असम्भव ही होता है। यहां तक कि समाज व दल भी इतने मिले होते हैं कि इनमें भी एक सीमा के बाद अन्तर करना कठिन हो जाता है। इस प्रकार, सर्वाधिकारी राजनीतिक व्यवस्थाओं में तो राजनीतिक दल ही सब कुछ होता है यह ही राजनीतिक व्यवस्था का आधार तथा सम्पूर्ण जीवन का संचालक रहता है। इस रूप में लोकतन्त्र से भी अधिक सर्वाधिकारी व्यवस्थाओं में राजनीतिक दल की अपरिहार्यता मानी जा सकती है।

राजनीतिक दलों के राजनीतिक व्यवस्थाओं में स्थान व भूमिका के उपरोक्त विवेचन से स्पष्ट है कि दल आधुनिकीकरण के महत्त्वपूर्ण माध्यम होने के कारण सब प्रकार की राजनीतिक व्यवस्थाओं में किसी न किसी रूप में विद्यमान रहते हैं। दल रहित राजनीतिक व्यवस्थाओं में भी शनैः-शनैः इनकी स्थापना की प्रकृति से यह संकेत मिलता है कि दलों के बिना राजनीतिक व्यवस्थाओं का आधुनिक समय में संचालन असम्भव नहीं तो कम से कम कठिन अवश्य हो जाता है। विभिन्न प्रकार की राजनीतिक व्यवस्थाओं में दल पद्धतियों के प्रतिमान व भूमिका एक सी नहीं होती है। उपरोक्त विवेचन से स्पष्ट है कि लोकतान्त्रिक राजनीतिक व्यवस्थाओं में प्रतियोगी दल पद्धतियां तथा स्वेच्छाचारी व सर्वाधिकारी व्यवस्थाओं में अप्रतियोगी दल पद्धति पाई जाती है। इसी तरह, लोकतन्त्र शासन प्रणालियों में राजनीतिक दल 'मध्यवर्ती परिवर्त्य' (intervening variable) की भूमिका निभाना 'आश्रित परिवर्त्य' (dependent variable) की रहती है। सर्वाधिकारी शासनों में राजनीतिक दल 'स्वतन्त्र परिवर्त्य' (independent variable) के रूप में शासन, समाज व व्यक्ति का संचालक होता है।

लोकतान्त्रिक राजनीतिक व्यवस्थाओं में दल व्यवस्था उस वृहत्तर व्यवस्था का एक कार्य है जिसमें कि वह कार्यरत रहती है अर्थात वह संवैधानिक ढांचे की एक नौकर है (a servant of the constitutional framework) स्वेच्छाचारी व सर्वाधिकारवादी राजनीतिक व्यवस्थाओं में दल व्यवस्था का स्थान इससे भिन्न होता है। इनमें दल अपने उद्देश्यों की पूर्ति के लिए नियमों में परिवर्तन करने के यंत्र होते हैं। इससे राज्य व सरकार राजनीतिक दल से एकाकार हो जाता है।

विकासशील राज्यों में राजनीतिक दल
(POLITICAL PARTIES IN DEVELOPING COUNTRIES)

राजनीतिक दलों की उत्पत्ति के विवेचन में हमने यह देखा है कि राजनीतिक दल आधु-

निक और आधुनिकीकरण-उन्मुखी राजनीतिक व्यवस्थाओं की संतान है। यह राजनीतिक आधुनिकता की संतान व उत्प्रेरक (catalyst) दोनों ही है। यह जन-राजनीति का संगठनात्मक उपकरण होने के कारण, लोकतान्त्रिक व अन्य प्रकार की अधिनायकवादी व्यवस्थाओं में भी उत्पन्न होने की प्रवृत्ति रखते हैं। विकासशील राष्ट्रों में दलों की उत्पत्ति के पूर्व वर्णित तीनों सिद्धान्त लागू होते हैं। इन राज्यों में दलों की उत्पत्ति इतनी विविधता वाली परिस्थितियों से प्रेरित रही है कि राजनीतिक दलों के सुनिश्चित प्रतिमान अभी तक स्थिर नहीं हो पाए हैं। राजनीतिक दलों की उत्पत्ति के सम्बन्ध में वेबर तथा डुवरजर के द्वारा दिए गए 'संस्कृति-आबद्ध स्पष्टीकरण' (culture bound explanations) से लेकर ला पालोम्बारा तथा माइरन वीनर के संस्थागत, ऐतिहासिक संकट व आधुनिकीकरण की प्रक्रिया की संतान के स्पष्टीकरण, विकासशील राजनीतिक व्यवस्थाओं में दलों की उत्पत्ति की पूर्ण व्याख्या नहीं कर पाए हैं। इस कारण इन राज्यों में दलों की विविधताओं व विशेषताओं को समझने से पहले इन राजनीतिक व्यवस्थाओं के लक्षणों का संक्षिप्त विवेचन आवश्यक है। इस पृष्ठभूमि में ही इन राज्यों में राजनीतिक दलों के लक्षणों, उनकी भूमिका व महत्त्व का स्पष्टीकरण करना सम्भव होगा। संक्षेप में विकासशील राजनीतिक व्यवस्थाओं की विशेषताएं इस प्रकार हैं—

(1) राजनीतिक स्थायित्व का अभाव (2) राजनीतिक सत्ता की वैधता की अनिश्चितता, (3) आधुनिकीकरण की आकांक्षाएं, (4) सामाजिक व सांस्कृतिक विविधताओं की विपुलता, (5) राजनीतिक प्रक्रियाओं की अस्त-व्यस्तता, और (6) राजनीतिक चेतना व राजनीतिक सहभागिता से उत्पन्न पेचीदगियां।

इस प्रकार, विकासशील राजनीतिक व्यवस्थाएं अनेक प्रकार के संकट तत्त्वों से युक्त हैं। यह व्यवस्थाएं संक्रमण के दौर में से गुजर रही हैं। एक तरफ, इन व्यवस्थाओं की समस्याओं के समाधान साधन जुटाने के लिए राजनीतिक दलों की अनिवार्यता देखने को मिलती है तो दूसरी तरफ इन व्यवस्थाओं में दलों की स्वतः उत्पत्ति या उनके स्थायित्व की परिस्थितियों का पूर्ण अभाव है। ऐसी विषम परिस्थितियों में दलों की स्थापना होने पर भी उनका बना रहना कठिन हो जाता है। ला पालोम्बारा तथा माइरन वीनर ने विकासशील राज्यों में दलों की उत्पत्ति व स्थायित्व के सम्बन्ध में लिखा है कि 'राजनीतिक दलों के संगठन के लिए किसी न किसी प्रकार का ऐतिहासिक संकट एक उत्प्रेरक होने पर भी यह स्पष्ट दिखाई देता है कि राजनीतिक दल तब तक मूर्त रूप नहीं लेंगे जब तक कि आधुनिकीकरण का एक स्तर प्राप्त नहीं हो जाएगा।' विकासशील देशों में आधुनिकीकरण के यंत्र के रूप में राजनीतिक दलों की अनिवार्यता होते हुए भी आधुनिकता की एक मात्रा तक इन देशों का नहीं पहुंचना दल व्यवस्था का घातक कारण बन जाता है। ला पालोम्बारा[24] का कहना है कि विकासशील राज्यों में राजनीतिक दलों का स्थायित्व तब तक सम्भव नहीं है जब तक कि आधुनिकता की निम्नलिखित परिस्थितियां विकसित न

[24]Joseph La Palombara and Myron Weiner, quoted by Robert C. Bone, *op. cit.*, p. 115.

हो जायें।

(1) भौगोलिक व सामाजिक संचारण के रूप में राजनीतिक व पेशेवर स्वायतत्ता का विकास।

(2) विभिन्न वर्गों व भागों के बीच भौतिक सम्पर्क व विचारों के आदान-प्रदान के माध्यम के रूप में एक निश्चित स्तर तक संचार साधनों का विकास।

(3) लौकिकी (secular) शिक्षा व्यवस्था का उदय, शहरीकरण का विकास, भरण-पोषण स्तर से मुद्रा अर्थव्यवस्था की स्थापना तथा सक्रियतावादी राज्य का हस्तक्षेप होना।

(4) ऐच्छिक व अर्द्ध-ऐच्छिक संगठनों में भाग लेने व उनसे सहयोग करने की प्रेरणा देने के लिए एक सांस्कृतिक पृष्ठभूमि, और

(5) यह दार्शनिक मान्यता कि यह विश्व मनुष्य के द्वारा ही ढाला जाएगा।

विकासशील राज्यों में आधुनिकता की उपरोक्त पूर्व शर्तों का अभाव होने के कारण अनेक राज्यों में अन्य कारणों से दलों की उत्पत्ति होने पर भी उनमें स्थायित्व व सुनिश्चितता का अभाव बना हुआ है। राजनीतिक दृश्य-पटल पर दलों का आना-जाना निरन्तर चलता रहता है। अगर गहराई से देखा जाए तो यह पूर्व शर्तें प्रतियोगी दल पद्धतियों के विकास व स्थायित्व के लिए अनिवार्य हैं। इनके अभाव के कारण ही अनेक विकासशील राज्यों में प्रतियोगी दल पद्धतियां स्थापित होकर कुछ ही समय में अप्रतियोगी दल पद्धतियों में परिवर्तित हो गई हैं। भारत, श्रीलंका और मेक्सिको जैसे कुछ राज्यों में भी अब दल पद्धति नाम से ही प्रतियोगी रह गई है। विकासशील राज्यों में राजनीतिक व्यवस्थाओं के विशेष लक्षणों व दलों के स्थायित्व की पूर्व-शर्तों के विवेचन के बाद इन देशों में राजनीतिक दलों की विशेषताओं का उल्लेख करना सरल हो जाता है। संक्षेप में विकासशील राज्यों की दल व्यवस्थाओं के निम्नलिखित लक्षण ध्यान देने योग्य हैं—

(1) राजनीतिक दलों में समाज के अन्तिम उद्देश्यों, गन्तव्यों व मूल्यों पर सहमति का अभाव है।

(2) राजनीतिक दलों में राजनीति के आधारभूत तत्त्वों पर मतैक्य का अभाव है।

(3) राजनीतिक विचारधाराओं की अस्पष्टता या इनका पूर्ण अभाव।

(4) नेतृत्व प्रधानता व अपेक्षाकृत अस्थायित्वता।

(5) सीमित व संकुचित आधार।

(6) बाह्य रूप से निर्मित संस्थाओं (externally created institutions) के रूप में अधिकांश दलों का उदय।

(7) अभिजन नियंत्रण व संक्रमणशील प्रकृति।

(8) प्रतियोगी दल प्रणालियों की व्यवहार में अवास्तविकताएं।

विकासशील देशों में राजनीतिक दलों के लक्षणों को सूचीबद्ध करना अत्यन्त कठिन कार्य है। इन देशों में राजनीतिक दलपद्धतियां अभी भी प्रवाह की अवस्था (state of flux) में है। किसी भी राज्य में दल व्यवस्था का स्थायी प्रतिमान नहीं उभर पाया है। अगर किसी राज्य विशेष, जैसे भारत व मेक्सिको में कुछ स्थायी चित्र दिखाई देता है तो

इसके पीछे ऐतिहासिक तथ्य हैं तथा वह अपवाद स्वरूप अलग किये जा सकते हैं। सामान्यतया सभी विकासशील देशों में दलपद्धतियां विचित्र परन्तु परस्पर विरोधी परिस्थितियों में फंसी हुई लगती हैं। इन देशों में एक तरफ स्वशासन की संरचनात्मक व्यवस्था के लिए तथा पिछड़े समाजों को तेजी से आधुनिकता की ओर बढ़ाने के लिए राजनीतिक दलों की अनिवार्यता महसूस की जाती है तथा दूसरी तरफ, राजनीतिक दलों की उपयोगी व रचनात्मक भूमिका और स्थायित्व की परिस्थितियों का पूर्णतया अभाव पाया जाता है। ऐसी विषम परिस्थिति के कारण, इन देशों में प्रतियोगी दलपद्धतियां, समाज के विकास का यन्त्र नहीं रह सकने के कारण, एकदलीय पद्धतियों को स्थान देती जा रही हैं।

इन देशों के राजनीतिक दलों में समाज के गन्तव्यों व मूल्यों पर मोटी सहमति का अभाव होने के कारण, विभिन्न राजनीतिक दल परस्पर खींचातानी (mutual tug of war) में लगे रहते हैं। इसके कारण राष्ट्रीय समस्याओं से दलों का ध्यान हट जाता है। दल रचनात्मक कार्यक्रमों से दूर हटते जाते हैं और सत्तारूढ़ दल, विपक्षी दलों के द्वारा परेशान किया जाता है। राजनीतिक दलों की ठोस आधारभूमि नहीं होने के कारण, दल आधुनिकीकरण के उपकरण नहीं बन पाते हैं। इससे दलों व जनता का सम्पर्क टूट जाता है। जनता का बढ़ता हुआ असंतोष व समाज में अराजक अवस्था का आना दलों द्वारा उपलब्ध कराई गई शासन प्रक्रियाओं को निरर्थक बना देता है। ऐसी परिस्थिति में सेना या कोई महत्त्वाकांक्षी व्यक्ति सत्ता हथिया कर निरंकुश व्यवस्था की स्थापना करने में सफल हो जाता है। इस तरह विकासशील राज्यों में दल ही, दल व्यवस्था के अन्त के कारण बन जाते हैं।

विकासशील राज्यों में राजनीतिक दल 'राजनीतिक खेल' के नियमों पर ही सहमत नहीं होने के कारण, संवैधानिक साधनों से शासनतन्त्र चलाना अत्यन्त कठिन हो जाता है। विभिन्न दलों में टकराव व संघर्ष बढ़ता जाता है और राजनीतिक दल राजनीतिक प्रक्रिया को जोड़ने, सरल बनाने और स्थिर करने के स्थान पर इसको तोड़ने, पेचीदा बनाने और अस्थिर करने का यन्त्र बन जाते हैं। शासन-व्यवस्था अस्तव्यस्त तथा खोखली होने लगती है और राजनीतिक दलों में से सत्तारूढ़ दल एकाधिकार की प्रवृत्ति से प्रेरित होने लगता है।

विचारधाराओं के बंधन विकासशील राजनीतिक दलों के प्रेरक नहीं रहने के कारण अधिकांश दल कार्यक्रम व उद्देश्य निर्धारित नहीं कर पाते हैं। जनमत के अनावश्यक उतार-चढ़ाव व राजनीतिक दलों में नीति निरन्तरता नहीं रहने देते हैं। जनता की भावनाओं से खेलकर राजनीतिक दल, जन-समर्थन के प्रयास में, जनता के आक्रोश का निशाना बन जाते हैं। सम्पूर्ण राजनीतिक व्यवस्था राजनीतिक दलदल में फंसकर अचल बनने लगती है। इस अवस्था से मुक्ति की क्रांति, दल व्यवस्था को आमूल रूप से नष्ट करके, एक व्यक्ति या एक गुट विशेष के हाथों में सत्ता सौंपने का साधन बन जाती है।

अतः विकासशील राज्य, राजनीतिक दल पद्धति के सुनिश्चित विकास में असफल होने लगते हैं। बहुल समाजों में सांस्कृतिक विविधता, परम्परागत बन्धनों की जकड़नें, जाति, भाषा व रीति-रिवाजों के प्रभाव से दल-विकास प्रक्रिया में रुकावटें आती हैं। दलों पर

अभिजनों का नियंत्रण होता है। नेता विशेष का करिश्मा राजनीतिक दल की शक्ति होता है। दल की सदस्यता औपचारिक व कई बार केवल कागजी ही रहती है। राजनीतिक दल, जन संचालन का साधन न होकर, जनता को उदासीन बनाने की परिस्थितियां उत्पन्न करने वाले बन जाते हैं। इससे स्वस्थ दल-राजनीति की परम्पराओं का विकास नहीं हो पाता है। इसलिए निष्कर्ष में यह कहना उपयुक्त होगा कि विकासशील राज्यों में दल-पद्धतियों के प्रतिमान अभी भी प्रवाह की अवस्था में हैं तथा प्रतियोगी दल व्यवस्था का इन देशों में भविष्य उज्ज्वल नहीं दिखाई देता है।

अध्याय 18

दबाव एवं हित समूह
(Pressure Groups and Interest Groups)

आधुनिक समाज असंख्य समूहों की संरचनाओं व अन्त:क्रियाओं का जाल बन गये हैं। आज समूहों के माध्यम से न केवल व्यक्ति की सभी गतिविधियां सम्पादित होती हैं वरन इनकी सीमाएं भी निर्धारित होने लगी हैं। हर समाज में राजनीति व सरकारें समूहों की आंतरिक व्यवस्था से ही गठबंधित होती जा रही हैं। समूहों की मांगों व समर्थनों पर ही सरकारों की कार्य-प्रणाली निर्भर करने लगी है। समाज का समूह जीवन, शासन-व्यवस्थाओं की प्रकृति का नियामक बनता जा रहा है। आधुनिक सरकारें, राजनीतिक दलों के माध्यम से ही जनता तक नहीं पहुंच पाती हैं। पिछले अध्याय में हमने यह देखा था कि आजकल राजनीतिक दल संगठन की औपचारिकता व अनुशासन में इतने जकड़ गए हैं कि सरकार व जनता के बीच सम्पर्क के लचीले माध्यम नहीं रह पाते हैं। राजनीतिक दलों के विवेचन में यह प्रश्न भी हमने उठाया था कि आज के परिवर्तित व जटिल समाज में मनुष्य अकेला रह ही नहीं सकता है। व्यक्ति के जीवन का हर पहलू किसी न किसी प्रकार के संगठित या असंगठित समूह से सम्बद्ध बन गया है। अत: राजनीतिक दल, सरकार व जनता के बीच सम्पर्क का सीधा साधन न रहकर समाज के समूहों के माध्यम से क्रियाशील रहने लगे हैं। यही कारण है कि आधुनिक समाज में विद्वानों तथा अध्येताओं की दबाव व हित समूहों में रुचि बढ़ती जा रही है। इनके महत्त्व का विवेचन करते हुए जे० सी० जौहरी ने अपनी पुस्तक **कम्परेटिव पॉलिटिक्स** में लिखा है कि आधुनिक राजनीतिक प्रक्रिया में दबाव, हित एवं संगठित समूहों तथा इनकी तकनीकों के अध्ययन का विशिष्ट महत्त्व है। इनके अध्ययन से उन अन्तर्निहित शक्तियों व प्रक्रियाओं पर, जिनके माध्यम से संगठित समाजों में—विशेषकर लोकतान्त्रिक समाजों में, राजनीतिक शक्ति का संचालन और प्रयोग होता है, प्रकाश पड़ता है।[1] आजकल राजनीति का नये अर्थों में प्रयोग होने लगा है। अब राजनीति एक प्रक्रिया मानी जाती है। ऐसी प्रक्रिया जिसके माध्यम से सामाजिक मूल्य आधिकारिक (authoritative) रूप से स्थापित किए जाते हैं। अब राजनीति को केवल राज्य और शासन का विज्ञान नहीं माना जाता अपितु इसमें निर्णय लेने की प्रक्रिया का अध्ययन भी सम्मिलित किया जाने लगा है। आधुनिक राजनीतिक व्यवस्थाओं में सरकारों के नीति उत्पादन अधिकांशत: समूह संघर्षों से प्रभावित होते हैं। अत: राजनीतिक अध्ययनों ने उन सभी समूहों का अध्ययन भी

[1]J. C. Johri, *Comparative Politics,* New Delhi, Sterling, 1972, p. 58.

सम्मिलित किया जाने लगा है जो निर्णय लेने की प्रक्रिया की अभिन्न व महत्त्वपूर्ण कड़ी बन गए हैं। तुलनात्मक राजनीति के विषय-विस्तार के कारण, दबाव समूहों की अन्तः-क्रियाओं में झांकने के प्रयास बढ़ गए हैं, क्योंकि राजनीतिक व्यवहार की गत्यात्मक शक्तियों का ज्ञान दबाव समूहों की भूमिका के परिवेश में ही प्राप्त किया जा सकता है। इसी कारण, तुलनात्मक राजनीति के क्षेत्र में दबाव समूहों और अन्य संगठित समूहों के अध्ययन का महत्त्व हाल ही के वर्षों में बहुत बढ़ गया है।

आधुनिक समय में व्यक्ति पृथक इकाई के रूप में नहीं रह सकता। जटिल व विषम परिस्थितियों में व्यक्ति का व्यक्ति के इर्द-गिर्द प्रभाव समाप्त हो जाने के कारण वह समूह जीवन में समाहित हो गया है। अतः आधुनिक राजनीतिक अध्ययन एक नये 'राजनीतिक मानव' (political man) के चारों ओर केन्द्रित होता जा रहा है। यह नये राजनीतिक मानव समूहों के माध्यम से राजनीति का केन्द्र बन गया है। इस प्रकार, आज के परिवर्तित संदर्भ में 'व्यक्ति बनाम राज्य' की जगह 'समूह बनाम राज्य' की चर्चा होने लगी है। व्यक्ति का अपने हितों के संरक्षण और संवर्धन के लिए समूहों में संगठित होना अनिवार्य हो गया है। जो हित अधिक चैतन्य एवं प्रबुद्ध होते हैं वे अपना औपचारिक संगठन बनाकर शासन की नीतियों को प्रभावित करने की कोशिश करने लगे हैं। इस प्रकार के संगठित समूह चूंकि अपने-अपने संगठन की शक्ति के दबाव द्वारा सार्वजनिक नीतियों तथा शासकीय निर्णयों को प्रभावित करने का प्रयत्न करते हैं। अतः इन्हें दबाव समूह कहा जाता है। इनका अर्थ व परिभाषा करके हम इनके महत्त्व पर विस्तार से चर्चा करेंगे।

दबाव समूह का अर्थ व परिभाषा
(THE MEANING AND DEFINITION OF PRESSURE GROUP)

दबाव समूह का अर्थ गहरे विवाद का विषय है। विद्वान इसके नामकरण पर भी अलग-अलग मत रखते हैं। अतः दबाव समूह का अर्थ व परिभाषा करने से पहले, इसके नामकरण सम्बन्धी मत-विभेदों का विवेचन करना आवश्यक है। मोटे तौर पर इसके नामकरण को लेकर विद्वानों के चार वर्ग कहे जा सकते हैं—

(1) बहुलतावादी 'दबाव समूह नाम के स्थान पर इसे केवल 'समूह' कहना पसंद करते हैं। उनकी मान्यता है कि सम्पूर्ण समाज समूह-जन्य है तथा सभी प्रकार के समूह प्रत्यक्ष या अप्रत्यक्ष रूप से अपने हितों की साधना का लक्ष्य रखते हैं। इन हितों की पूर्ति के लिए उनको अनेक प्रकार के प्रभाव प्रयुक्त करने होते हैं। इनका केवल सरकार से ही सम्बन्ध नहीं जोड़ा जा सकता, यह सभी संरचनात्मक व प्रक्रियात्मक व्यवस्थाओं से अन्तःक्रियाशील रहते हैं तथा अनेक समूहों का सरकार से प्रत्यक्ष या अप्रत्यक्ष रूप से कोई सरोकार ही नहीं होता है। अतः 'दबाव समूह' के स्थान पर समूह शब्द का प्रयोग,

इनकी प्रकृति, भूमिका व महत्त्व का सही चित्रण करने वाला है। अर्ल लेथम[2] ने अपने एक लेख 'दि ग्रुप बेसिस ऑफ पॉलिटिक्स नोट्स फॉर ए थियरी' में इसी अर्थ का समर्थन किया है,। परन्तु बहुलतावादियों का यह दृष्टिकोण तर्कसंगत नहीं लगता क्योंकि इससे 'दबाव समूह' व समूह में कोई अन्तर नहीं रह जाता है जबकि आधुनिक विचारक इन दोनों में पर्याप्त अन्तर करते हैं।

(2) कुछ विद्वान 'दबाव समूह' के स्थान पर 'हित समूह' (interest group) शब्द के प्रयोग की बात करते हैं। आमंड, रोमन, कोकोविज (Roman Kolkowez) तथा हिचनर (Hitchner) व हर्बोल्ड (Harbold) की मान्यता है कि समूह को दबाव समूह कहे जाने में 'दबाव' शब्द से अनौचित्यपूर्ण दबाव का भान प्रकट होता है, तथा इससे यह आभास होता है कि सभी समूह सदा ही अपने हितों की पूर्ति के लिए आवश्यक रूप से अनुचित व असंवैधानिक साधनों का प्रयोग करते हैं, यद्यपि यह आवश्यक नहीं है। इसलिए यह दबाव समूह के स्थान पर हित समूह को अधिक उपयुक्त शब्द मानते हैं।

(3) जीन ब्लोन्डेल, रॉबर्ट सी० बोन, माइरन वीनर तथा एस० ई० फाइनर जैसे कुछ विद्वान, दबाव समूह व हित समूह का एक दूसरे के स्थान पर प्रयोग करते हैं तथा इन दोनों में कोई अन्तर नहीं मानते हैं। इनकी मान्यता है कि हर हित समूह अपने हितों की पूर्ति के लिए दबाव का प्रयोग करते हैं तथा हर दबाव समूह की उत्पत्ति का कारण एक से हित ही कहे जा सकते हैं। राबर्ट सी० बोन का कहना है कि हित समूहों के अध्येता, हित समूहों व दबाव समूहों में इस आधार पर अन्तर करते हैं कि हित समूह अनुनयन तथा दबाव समूह दबाव के साधनों का प्रयोग करते हैं।[3] परन्तु यह अन्तर वास्तव में अर्थपूर्ण नहीं क्योंकि अनुनयन (persuation) के हर रूप में कुछ न कुछ दबाव का मिश्रण रहता ही है। अतः अपने अध्ययन के लिए हम इनका एक दूसरे के स्थान पर प्रयोग करेंगे। यहां स्वयं राबर्ट सी० बोन० ने दबाव समूह व हित समूह के बीच अन्तर का स्पष्ट आधार बताकर भी दोनों को एक मानने की भूल की है।

(4) लॉबी या दीर्घा (lobby), संघ (association) तथा राजनीतिक समूह (political group) आदि अन्य शब्दों का भी कुछ विद्वानों ने दबाव समूह के स्थान पर प्रयोग करने की बात कही है। विशेषकर 'राजनीतिक समूह' शब्द को बहुत सही बताने का प्रयास किया गया है। परन्तु यह शब्द शायद दबाव समूह के स्थान पर प्रयोग में नहीं लिए जा सकते हैं।

इस प्रकार दबाव समूह, 'हित समूह', 'लाबी', राजनीतिक समूह, समूह इत्यादि कई शब्दों का एक-दूसरे के लिए प्रयोग करने की प्रथा रही है। एलेन बाल[4] इसके स्थान पर

[2]Earl Latham, "The Group Basis of Politics: Notes for a Theory," *American Political Science Review*, June 1952, pp. 376-97.

[3]Robert C. Bone, *Action and Organization: An Introduction to Contemporary Political Science*, New York, Harper and Row, 1972, p. 55.

[4]Alan R. Ball, *Modern Politics and Government*, London, Macmillan, 1971, pp. 103-117.

'प्रभावक गुट' शब्द के प्रयोग का विचार रखते हैं। इससे यह निष्कर्ष निकलता है कि 'दबाव समूह' शब्दों के प्रयोग पर आपत्ति उठाई गई है क्योंकि इससे ऐसा लगता है कि जैसे निर्णयकारी प्रक्रिया को प्रभावित करने के तरीकों को इंगित किया जा रहा है। दबाव समूह के अंग्रेजी समानार्थी शब्द 'प्रेशर ग्रुप' (दबाव डालने वाला समूह) से तो यह ध्वनि निकलती है कि निर्णयकारी प्रक्रिया को प्रभावित करने के लिए सिर्फ दबाव डालने के तरीके अपनाए जाते हैं। इस कठिनाई के कारण ही एलेन पाटर ने ब्रिटिश दबाव समूहों के अपने अध्ययन "आरगैनाइज़्ड ग्रुप्स इन ब्रिटिश नेशनल पोलिटिक्स" में 'संगठित समूह' (organised groups) शब्दों का प्रयोग किया, क्योंकि यह नाम दबाव समूह की अपेक्षा कहीं ज्यादा संगठनों को अपने में संजोए हुए है।

नामकरण सम्बन्धी विवाद के सम्बन्ध में यही कहा जा सकता है कि अनेक विद्वानों ने 'दबाव' शब्द को आपत्तिजनक मानकर ही अन्य शब्दों के प्रयोग का विचार रखा है। क्योंकि कुछ लोग इन शब्दों का प्रयोग निरपेक्ष वर्णन के लिए नहीं बल्कि अपशब्द के रूप में करते हैं। अमरीकी राजनीतिशास्त्री वी० ओ० की० ने अपनी पुस्तक '**पोलिटिक्स पार्टीज एण्ड प्रेशर ग्रुप्स**' में इन शब्दों के बारे में लिखा है "ये शब्द (pressure group) ऐसे बदमाश लाबीबाज तस्वीर मानस-पटल पर उभारते है, जो सदाचारी विधायक को जन हित में अपने विवेकानुसार आचरण नहीं करने देता और उसे पथभ्रष्ट करने के हथकंडे इस्तेमाल करने की कोशिश करता है।[5] अतः अनेक विद्वानों के अनुसार दबाव समूहों की राजनीति इस सन्देह को जन्म देती है कि गंदी और लुकी-छिपी साजिशों के जरिए प्रतिनिधित्व करने वाली सरकार की प्रक्रियाओं को तोड़ने-मोड़ने की कोशिश करने वाले समूहों के लिए ये शब्द अधिक उपयुक्त है, परन्तु अर्थ सम्बन्धी यह भ्रांतियां बेबुनियाद है। समूहों द्वारा अपने लक्ष्य की प्राप्ति के लिए दबाव संवैधानिक साधनों से भी डाला जा सकता है और असंवैधानिक साधनों से भी और चूंकि उसका सदा असंवैधानिक व अनौचित्यपूर्ण होना आवश्यक नहीं है, समूहों को 'दबाव समूह' कहा जाना आपत्तिजनक प्रतीत नहीं होता है। वी० ओ० की०, हेरी एकस्टीन, पिनाक और स्मिथ इसी विचार के समर्थक हैं। निष्कर्ष में डाक्टर इकबाल नारायण के यह शब्द "वस्तुतः शासन की नीतियों व उसके निर्णयों को प्रभावित करने से सम्बन्धित राजनीतिक प्रक्रियाओं के संदर्भ में समूहों के प्रयासों का जब हम अध्ययन करते हैं तो हमारा आशय 'दबाव' शब्द से ही स्पष्ट होता है क्योंकि इस शब्द से उनके भिन्न-भिन्न व विविध प्रकार के प्रयासों तथा उनकी सारी चेष्टाओं एवं प्रक्रियाओं का बोध होता है।"[6] नामकरण-विवाद का समाधान कर देते हैं। अतः इन शब्दों का प्रयोग न केवल ठीक है, अपितु इन्हीं शब्दों के प्रयोग से इनकी प्रकृति, भूमिका व राजनीतिक व्यवस्था में इनका महत्त्व स्पष्ट समझा जा सकता है। इसलिए हम 'दबाव समूह' शब्दों का ही

[5]V. O. Key, *Politics Parties and Pressure Groups*, 5th ed., New York, 1964, p. 132.

[6]Iqbal Narain, *Rajneeti Shastra ke Mool Siddhant* (Hindi), Agra, Ratan Prakashan Mandir, 1974, p. 417.

प्रयोग आगे के विवेचन में करेंगे।

दबाव समूहों के नामकरण-विवाद से ही यह स्पष्ट हो जाता है कि इनकी सर्वसम्मत परिभाषा देना बहुत कठिन है। यहां वही परिभाषाएं दी जा रही हैं जिनसे इनका उपरोक्त अर्थ में स्पष्टीकरण हो सके। माइरन वीनर ने इनकी परिभाषा करते हुए लिखा है, "हित अथवा दबाव समूह वे स्वेच्छित समूह है जो प्रशासकीय ढांचे के बाहर हो और जो सरकारी कर्मचारियों के नामांकन अथवा नियुक्ति सार्वजनिक नीतियों को अपनाये जाने, उनके प्रशासन और निर्वाचन को प्रभावित करने का प्रयास करते हों।"[7] एच० जीगलर ने अपनी पुस्तक '**इंटरेस्ट ग्रुप्स इन अमेरिकन सोसाइटी**' में इसकी परिभाषा इस प्रकार की है—"संगठित समूह जो अपने सदस्यों को औपचारिक ढंग से सरकारी पदों पर नियुक्त करने की कोशिश किए बिना सरकारी निर्णयों के संदर्भ को प्रभावित करना चाहता है।'[8] इन्हीं परिभाषाओं से मिलती-जुलती परिभाषा ओडीगार्ड (Odegard) ने भी दी है। उसने लिखा है, "एक दबाव समूह ऐसे लोगों का औपचारिक संगठन है जिनके एक अथवा अधिक सामान्य उद्देश्य एवं स्वार्थ हों और जो घटनाओं के क्रम को, विशेष रूप से सार्वजनिक नीति के निर्माण और शासन को, इसलिए प्रभावित करने का प्रयत्न करें कि उनके अपने हितों की रक्षा और वृद्धि हो सके।"[9]

यह परिभाषाएं, दबाव समूह की यथार्थ प्रकृति का चित्रण करने में सहायक नहीं हैं। इनसे दबाव समूह औपचारिक संगठन के रूप में ही परिभाषित हुआ है। तीनों ही परिभाषाओं में इसको सरकार व शासन क्रिया के संदर्भ में क्रियाशील माना गया है। इस अर्थ में तो दबाव समूह की औपचारिकता ही झलकती है। तथ्य तो यह है कि दबाव समूह, इन परिभाषाओं की विवेचना के अनुकूल तो यदा-कदा ही रहता है। इनसे दबाव समूह व हित समूह के बीच के सूक्ष्म (subtle) अन्तर को समझने में भी सहायता नहीं मिलती है। अतः दबाव समूह की ऐसी परिभाषा करने की आवश्यकता है जिससे इसकी सही प्रकृति, भूमिका व महत्त्व समझने में सहायता मिल सके। हमने इस अध्याय के आरम्भ में राजनीति के नये अर्थों में प्रयोग की बात कही है। इस अर्थ में राजनीति एक प्रक्रिया मानी जाती है। ऐसी प्रक्रिया जिसके माध्यम से आधिकारिक रूप से सामाजिक मूल्य स्थापित किए जाते हैं। दबाव समूहों का ऐसी ही प्रक्रिया से आजकल सम्बन्ध हो गया है। अतः इनकी परिभाषा इस नए संदर्भ की अनदेखी करके नहीं की जा सकती। ऊपर लिखी तीनों ही परिभाषाओं में दबाव समूह को राजनीति के गत्यात्मक संदर्भ से पृथक रखा गया लगता है।

राबर्ट सी० बोन ने दबाव समूह को व्यावहारिक दृष्टिकोण से परिभाषित करने का

[7]Myron Weiner, *The Politics of Scarcity: Public Pressure and Political Response in India,* Chicago, University of Chicago Press, 1962, p. 57.

[8]Hermon Zeigler, *Interest Groups in American Society*, Belmont, California, Wadsworth, 1964, p. 30.

[9]Peter Odegard, *Pressure Politics: The Story of the Anti-Saloon League*, Columbia Press, 1928, p. 149.

[10]Robert C. Bone, *op. cit.* p. 55.

प्रयास किया है। उसके अनुसार "यह (दबाव समूह) राजनीतिक क्रिया में सम्मिलित व्यक्तियों का संयोजन (combination) है जो शासन क्रिया पर बिना औपचारिक नियंत्रण प्राप्त किए, समाज में मूल्यों के आधिकारिक निर्धारण में अपने उद्देश्यों को प्राथमिकता (priority) के मुद्दे बनाता है।"[10] इस परिभाषा से स्पष्ट है कि दबाव समूह केवल सरकार या शासन प्रक्रिया को ही प्रभावित करने तक सीमित नहीं रहते हैं। आधुनिक राजनीतिक व्यवस्थाओं में यह नीति-निगर्तों (pollcy outputs) की प्रक्रियाओं को प्रभावित करने से कहीं अधिक नीति निवेशों (policy inputs) की प्रक्रियाओं से सरोकार रखने लगे हैं। नीति-निर्गतों को अपने हितों के अनुकूल बनाने के लिए राजनीतिक व्यवस्थाओं के निवेशों को प्रभावित करना अधिक ठोस परिणाम उपलब्ध करा सकता है। यही कारण है कि दबाव समूह आधुनिक समय में, केवल उन्हीं समूहों को कहा जाता है जो समाज में मूल्यों के आधिकारिक वितरण में अपने उद्देश्यों को प्राथमिकताएं प्राप्त कराने में सक्रिय रहते हैं।

दबाव समूह और हित समूह
(PRESSURE GROUPS AND INTEREST GROUPS)

दबाव समूह का अर्थ करते समय हमने इस बात का उल्लेख किया था कि अनेक विद्वान इसमें व हित समूह में कोई अन्तर नहीं मानते हैं। इसी संदर्भ में इन दोनों के अन्तर की चर्चा भी की गई थी। यहां इनके अन्तर को अधिक विस्तार से समझने का प्रयास किया जाएगा।

हित समूहों तथा दबाव समूहों में बहुत कुछ समानताएं पाई जाने के कारण इनको एक ही समझने की भूल करना स्वाभाविक है, क्योंकि दोनों के विशिष्ट व स्पष्ट उद्देश्य होते हैं तथा दोनों ही अपने-अपने लक्ष्यों को प्राप्त करने के लिए प्रयत्नशील रहते हैं। परन्तु इन समानताओं के बावजूद दोनों में कुछ सूक्ष्मतर अन्तर भी पाए जाते हैं, समाज में कृषक, मजदूर, शिक्षक, विद्यार्थी, व्यवसायी, भूमिपति आदि के विभिन्न प्रकार के हित भी होते हैं। हर बड़े वर्ग के हित में अनेक छोटे-छोटे हित भी समाहित रहते हैं। जैसे विद्यार्थियों के अनेक हित हो सकते हैं। इन्हीं हितों की रक्षा प्राप्ति के लिए, एक से हित वाले व्यक्ति संगठित रूप धारण कर लेते हैं तो उसे हित समूह कहा जाता है जिनका उद्देश्य अपने सदस्यों के विविध सामाजिक, आर्थिक, धार्मिक, सांस्कृतिक और व्यावसायिक हितों की रक्षा करना होता है। एक व्यक्ति के समाज में अनेक 'हित' हो सकते हैं। अतः वह एक ही साथ इनके हित समूहों का सदस्य हो सकता है। जब हित समूह अपने उद्देश्यों की पूर्ति के लिए शासन प्रक्रिया से अंतःक्रियाशील होने लगते हैं तो उसको दबाव समूह की श्रेणी में सम्मिलित माना जाता है।

पी० एन० मसालदान ने अपनी पुस्तक 'राजनीतिशास्त्र के सिद्धान्त में दबाव समूहों और हित समूहों की अवधारणाओं में अन्तर को स्पष्ट करते हुए लिखा है, "किसी समाज की राजनीति में दलों के अतिरिक्त अन्य संगठन व समूहों का भी कार्यभाग होता

है। शासन की प्रक्रिया पर, विशेष तौर पर नीति निर्धारण व विधि निर्माण पर समाज के विभिन्न समूह अपने विशेष हितों के हेतु प्रभाव डालते हैं। जब एक नागरिक एक इकाई के रूप में भी अपना मत प्रदान करता है, तो वह अपने समूह के विचारों व इच्छाओं से प्रभावित होकर मत देता है। कोई व्यक्ति समूहों के प्रभाव से बच नहीं सकता। लगभग साठ साल पहले आर्थर बेन्टले नामक राजनीतिशास्त्री ने समूहों के महत्त्व की ओर हमारा ध्यान आकर्षित किया था। अभिनव-काल (modern times) में डेविड ट्रूमैन नामक राजनीतिशास्त्री ने भी हमारा ध्यान इसी ओर आकर्षित किया है। समाज में व्यक्तियों के केवल सामान्य हित ही नहीं होते वरन कुछ विशेष हित भी होते हैं। साधारणतः व्यक्ति अपने विशेष व्यावसायिक व आर्थिक हितों को ही अधिक महत्त्व देता है और जिन व्यक्तियों के व्यावसायिक व आर्थिक हित एक होते हैं वे हित-गुट बन जाते हैं। कुछ हित-गुट तो बड़े ही सुदृढ़ ढंग से गठित होते हैं। जब हित-गुट अपने विशेष हितों के लिए सक्रिय रूप से शासन पर दबाव डालते हैं तब उनका स्वरूप दबाव-गुट का हो जाता है। लगभग सभी देशों में उद्योगपतियों के, श्रमिकों के, व्यापारियों के तथा विभिन्न पेशेवरों के संगठन होते हैं। यह संगठन अपने विशेष हितों के लिए पैरोकारी करते हैं ताकि शासन की नीतियों द्वारा उनके हितों को हानि न होने पाए तथा उनकी वृद्धि हो।"[11]

इस प्रकार दबाव समूह व हित समूह में काफी असमानताएं व अन्तर होते हैं। इनमें से तीन विशेष उल्लेखनीय हैं—(1) पहला अन्तर कार्य-विधि या हित सुरक्षा के लिए प्रयुक्त किए जाने वाले साधनों का है। हित समूह अपने हितों की वृद्धि या रक्षा के लिए मुख्यतया अनुनयनी साधनों (persuasive methods) का प्रयोग करते हैं जबकि दबाव समूह विशेषकर दबाव की तकनीकों (pressurising techniques) का सहारा लेते हैं। इसका यही तात्पर्य है कि हित समूह, प्रमुखतया अनुनयन तथा दबाव समूह, सामान्यतया दबाव-साधन अपनाते हैं। (2) इन दोनों में दूसरा अन्तर अपने हितों की सिद्धि के लिए प्रभाव के निभाने से सम्बोधित है। हित समूह, शासन क्रिया को प्रभावित करने का लक्ष्य नहीं रखते हैं। यह अन्य ऐसे ही समूह या अन्य सामाजिक संरचनाओं व प्रक्रियाओं को अपने प्रभाव का लक्ष्य बनाते हैं। जबकि दबाव समूह विशेषकर राजनीतिक प्रक्रिया को अपने हितों के अनुकूल बनाने के लिए प्रयत्नशील रहते हैं। (3) हित समूह व दबाव समूह के बीच तीसरा अन्तर प्रकृति सम्बन्धी है। हित समूह विराजनीतिकृत (depoliticized) समूह होते हैं। यह राजनीति से प्रत्यक्ष सम्बन्ध नहीं रखते। उदाहरण के लिए, भारत के किसी गांव की जाति पंचायत (caste panchayat) एक हित समूह है जिसका राजनीतिक गतिविधियों से कोई सीधा सरोकार नहीं होता है। दबाव समूह, राजनीतिकृत (politicized) समूह होते हैं। इसका यह अर्थ नहीं है कि यह केवल राजनीतिक गतिविधियों में ही उलझे रहते हैं। वास्तव में इनकी स्थिति पूर्णतया राज-

[11] P. N. Masaldan, *Rajneeti Shastra ke Siddhant*, New Delhi, Macmillan, 1973, p. 106.

नीतिक व पूर्णतया अराजनीतिक स्थितियों के बीच की होती है। जबकि हित समूह, प्रत्यक्ष रूप से राजनीतिक गतिविधियों या राजनीतिक प्रक्रिया में सक्रिय नहीं होते हैं

इस तरह, दबाव समूह राजनीतिक प्रक्रिया के अविच्छिन्न अंग होते हैं और वे सरकार की नीति को मजबूत बनाने और उसकी दिशा बदलने का प्रयास करते हैं। सशक्त नियोक्ता संगठन एवं राष्ट्रीय स्तर पर क्रियाशील ट्रेड यूनियनों से लेकर स्थानीय सुविधाओं के सुधार का प्रयास करने वाले छोटे और अपेक्षाकृत कमजोर स्थानीय नागरिक समूहों तक का ध्येय सरकार (राष्ट्रीय, प्रादेशिक या स्थानीय) से कुछ न कुछ प्राप्त करने का होता है। यह सब कार्य हित समूह नहीं करते हों ऐसी बात नहीं है परन्तु वे सरकार से नहीं, समाज या अन्य सामाजिक, आर्थिक, सांस्कृतिक या धार्मिक व्यवस्थाओं से अपने हित साधन के लिए सम्पर्कशील रहते हैं। जबकि दबाव समूह मुख्यतया शासन प्रक्रिया व सरकार से सम्बन्धित रहते हैं।

दबाव समूह और लाबी
(PRESSURE GROUPS AND LOBBY)

'लाबी' दबाव समूहों की गतिविधियों में से एक विशिष्ट कार्य में संलग्न व्यक्तियों के समूहों को कहा जाता है। राबर्ट सी० बोन ने 'लाबी' की परिभाषा इस प्रकार की है, "व्यक्तियों का ऐसा समूह जो व्यवस्थापिकाओं के सदस्यों को अपने समूह के विशेष हितों के अनुरूप मत देने के लिए प्रभावित करने का अभियान चलाता है।"[12] इस परिभाषा से यह स्पष्ट होता है कि 'लाबी' एक प्रकार का दबाव समूह ही है, परन्तु इसका कार्य-क्षेत्र बहुत सीमित व सुनिश्चित होता है। यह विधायकों को ही प्रभावित करने का प्रयास करता है। इसका उद्देश्य भी सुनिश्चित होता है। किसी प्रस्तावित विधेयक के सम्बन्ध में या सम्भावित विधेयक को लेकर ही इसका अभियान चलता है। अतः 'लाबी' एक सीमित, निश्चित तथा व्यवस्थायन प्रक्रिया से ही सरोकार रखने वाले समूह को कहा जाता है। दबाव समूह व लाबी में केवल क्रियाशीलता के क्षेत्र व कार्य-लक्ष्य का ही अन्तर होता है। 'लाबी' का कार्यक्षेत्र केवल विधायकों को प्रभावित करने तक सीमित रहता है जबकि दबाव समूह सम्पूर्ण राजनीतिक व्यवस्था की संरचनाओं से सम्बन्धित रहने का प्रयास करते हैं। इसी तरह, लाबी का कार्य-लक्ष्य, विधायकों के मतदान आचरण (voting behaviour) को प्रभावित करने तक ही सीमित रहता है। दबाव समूह इस दृष्टि से शासन की हर संरचना से सरोकार रखने के कारण व्यापक लक्ष्य वाले कहे जाते हैं।

[12]Robert C. Bone, *op. cit.*, p. 55.

दबाव समूहों की प्रकृति
(NATURE OF PRESSURE GROUPS)

दबाव समूहों के अर्थ व परिभाषा से यह स्पष्ट हो जाता है कि यह विशेष प्रकार के संगठन होते हैं। यह हित समूहों की तरह न तो पूर्णतः अराजनीतिक और न ही राजनीतिक दलों की भांति पूर्णतः राजनीतिक प्रकृति वाले होते हैं। हेरी एक्सटीन ने इनकी प्रकृति की व्याख्या करते हुए लिखा है, "उनका रूप पूर्णतः अराजनीतिकृत समूह से कम तथा पूर्णतः अराजनीतिकृत समूह से अधिक होता है। यह स्थिति वस्तुतः राजनीतिक और अराजनीतिक के बीच एक अन्तरवर्ती स्तर की है।"[13] दबाव समूहों का रूप पूर्णतः राजनीतिक इसलिए नहीं होता है, क्योंकि ये सदैव ही शासन के साथ विवादों और संघर्षों में उलझे नहीं रहते हैं। अपने समूह विशेष के हितों की साधना करना उनका ध्येय होता है तथा वे उसी के लिए कार्यरत रहते हैं, परन्तु उन्हें पूर्णतः अराजनीतिक भी नहीं माना जा सकता, क्योंकि ये समूह किसी न किसी रूप में राजनीतिक गतिविधियों में भी भाग लेते हैं। यहां तक कि धार्मिक समूह भी चुनाव के समय मतदाताओं को किसी विशेष राजनीतिक दल के पक्ष में खींचने या उससे विमुख करने का कार्य करते हुए देखे जाते हैं। अतः क्रिया-कलाप की दृष्टि से दबाब समूहों का रूप न तो पूर्णतः राजनीतिक होता है और न पूर्णतः अराजनीतिक, बरन वह दोनों के बीच का होता है। इनकी प्रकृति के बारे में यही कहा जा सकता है कि यह पूर्णतः राजनीतिक संगठन नहीं होने पर भी अपने समूह विशेष के हित के लिए सरकारी नीतियों और राजनीतिक शक्ति के ढांचे को प्रमाणित करते हैं। अतः इनको भी राजनीतिक दलों की भांति शक्ति संगठन कहा जाता है। यह ऐसे शक्ति-संगठन हैं जिनकी निजी सदस्यता, उद्देश्य, संगठन, एकता, प्रतिष्ठा और साधन होते हैं। इससे स्पष्ट है कि दबाव समूहों की कुछ विशेषताएं होती हैं जिनके आधार पर हम इनको राजनीतिक दलों व हित समूहों से भिन्न कर पाते हैं।

दबाव समूहों के लक्षण
(CHARACTERISTICS OF PRESSURE GROUPS)

दबाव समूहों के अर्थ व परिभाषा और प्रकृति के विवेचन से यह स्पष्ट हो जाता है कि यह विशेष प्रकार के संगठन होते हैं। यह न तो हित समूहों की तरह पूर्णतः अराजनीतिक होते हैं और न ही राजनीतिक दलों की भांति पूर्णतः राजनीतिक होते हैं। इनके कुछ विशिष्ट लक्षण होते हैं जिनके आधार पर इन्हें अन्य संगठनों, समुदायों व संस्थाओं से अलग किया जाता है। इनके प्रमुख लक्षणों का यहां उल्लेख किया जा रहा है।

(क) औपचारिक संगठन (Formal organization)—दबाव समूह औपचारिक

[13] Harry Eckstein, *Pressure Group Politics*, Stanford, California, Stanford University Press, 1960, p. 9.

रूप से संगठित व्यक्ति समूह होते हैं। व्यक्तियों का कोई भी झुंड दबाव समूह नहीं कहलाता है। उसका औपचारिक संगठन होना आवश्यक है। इससे यह तात्पर्य है कि समूह के विशेष हितों की साधना के लिए, समूह की तरफ से पैरवी करने वाले, समूह के द्वारा औपचारिक ढंग से निर्वाचित या मनोनीत व्यक्तियों या प्रतिनिधियों की व्यवस्था हो। दबाव समूह के सदस्य बनने के लिए हर दबाव समूह के अपने नियम, सदस्यता शुल्क, नियम निर्माता समिति तथा कार्यकारिणी होती है और यह औपचारिक संगठन के ही लक्षण हैं। औपचारिक संगठन के अभाव में दबाव समूह वह कार्य कर ही नहीं सकते हैं जिनके करने से समूह के सदस्यों का हित पूरा होता है। अतः डाक्टर इकबाल नारायण व समूह सिद्धांत के प्रमुख प्रतिपादक डी० बी० ट्रूमैन[14] के इस कथन से कि "यह आवश्यक नहीं है कि सब समूहों के संगठनों का रूप औपचारिक ही हो" हम सहमत नहीं हो सकते हैं। यह सही है कि कुछ समूह ऐसे होते हैं, जो औपचारिक होते हुए भी इतने शक्तिशाली एवं प्रभावशाली होते हैं कि कोई अन्य समूह या सरकार उनकी अपेक्षा नहीं कर सकता है। पर ऐसे समूह को दबाव समूह नहीं, शक्ति गुट (power group) कहा जाना चाहिये। कुछ विशेष परिस्थितियों में कई बार, महत्त्वपूर्ण व्यक्तित्व वाले व्यक्तियों का समूह ऐसी ही अवस्था में हो सकता है। ऐसे समूह धार्मिक, आर्थिक, राजनीतिक या सामाजिक दृष्टि से चमत्कारिक प्रतिभा वाले व्यक्तियों से ही सम्बद्ध होते हैं। अतः इन्हें दबाव समूह नहीं कहा जा सकता। यह समूह विशेष के हितों की पूर्ति के लिए सरकार को ही प्रभावित करने का कार्य नहीं करते हैं। यह तो सम्पूर्ण समाज या मानवता की हित साधन में संलग्न माने जा सकते हैं।

दबाव समूह के लिए, औपचारिक संगठन का होना अनिवार्य है। डाक्टर इकबाल नारायण के इस मत से सहमत होना कठिन है कि अनेक अनौपचारिक समूह ऐसे होते हैं जिनके दृष्टिकोणों की उपेक्षा उत्पादन, वितरण, कर एवं विकास आदि से सम्बन्धित नीतियों के निर्धारण में कोई भी सरकार नहीं कर सकती है।[15] किसी समूह की प्रभावशालिता उसे दबाव समूह बना देगी यह तर्कसंगत नहीं लगता है। वैसे भी 'संगठन' शब्द से ही औपचारिकता का बोध होता है। अतः दबाव समूह के लिए औपचारिक संगठन का होना अनिवार्य है। दबाव समूह का कार्य, राजनीतिक प्रक्रिया को अपने हितों की पूर्ति के लिए विशेष रूप से प्रभावित करने का है। यह कार्य दबाव समूह तभी कर सकते हैं जबकि उनका औपचारिक संगठन हो। इसके अभाव में यह कार्य व्यवस्थित ढंग से हो ही नहीं सकता। अतः दबाव समूहों का प्रमुख लक्षण उनके औपचारिक रूप से संगठित होने का है।

(ख) सुनिश्चित स्व-हित (Specific self interests)—दबाव समूहों के निर्माण का आधार विशिष्ट स्व-हितों की सिद्धी का ही होता है। इसका यह अर्थ नहीं है कि

[14]D. B. Truman, *The Governmental Process: Political Interests and Public Opinion*, New York, Knopf, 1951, p. 33.

[15]Iqbal Narain, *Rajneeti Shastra ke Mool Siddhant* (Hindi), Agra, Ratan Prakaran Mandir, 1974, p. 418.

दबाव समूहों के सामान्य उद्देश्य नहीं होते हैं। अनेक दबाव समूह विशेषकर पेशेवर समूह, सामान्य हित साधना का ही लक्ष्य रखते हैं, परन्तु ऐसा देखा जाता है कि उद्देश्यों व स्व-हितों की निश्चितता ही विविध व्यक्तियों को एक सूत्र—दबाव समूह, में आबद्ध करती है। अतः दबाव समूह के सुनिश्चित स्व-हित होना आवश्यक है। दबाव समूह की एकता का आधार ही इसके सदस्यों के एक से हितों का होना है। जब तक व्यक्तियों के समक्ष ऐसा कोई सुनिश्चित, स्पष्ट, स्व-हित नहीं होगा, जो उन्हें एक-दूसरे के विरुद्ध अपनी स्थिति सुधार व रक्षण के लिए राजनीतिक साधनों का आश्रय लेने के लिए सचेत व सक्रिय न करे, तब तक किसी भी दबाव समूह का निर्माण नहीं हो सकता है। जिन व्यक्तियों में हितों की समानता होती है वे ही अपने हितों की रक्षा और वृद्धि के लिए सरकार को प्रभावित करने के उद्देश्य से, संगठित होकर दबाव ससूह का रूप ले लेते हैं। इस प्रकार दबाव समूह सुनिश्चित स्व-हित साधक संगठन कहे जा सकते हैं।

(ग) **सर्वव्यापक प्रकृति** (Universal in nature)—दबाव समूह सभी प्रकार की राजनीतिक व्यवस्थाओं में पाये जाते हैं। यहां तक कि सर्वाधिकारी व स्वेच्छाचारी राजनीतिक व्यवस्थाओं में भी दबाब समूह पाये जाते हैं। लोकतंत्र व्यवस्थाओं में तो प्रतियोगी राजनीति में दबाव समूहों की महत्त्वपूर्ण भूमिका रहती है। साम्यवादी शासन-व्यवस्थाओं में भी दबाव समूह देखने को मिलते हैं। साम्यवादी दल में अनेक गुट बन जाते हैं जो सत्ता संघर्ष में एक-दूसरे से प्रतिस्पर्द्धा करते हैं। साम्यवादी दल में सत्तारूढ़ संग्रह के समर्थक व विरोधी के रूप में ऐसे गुट रूस में बढ़ते जा रहे हैं। परन्तु उनकी गतिविधियां सामान्यतः बहुत गुप्त होती है तथा इनका थोड़ा-सा संकेत मिलते ही इनको कुचल दिया जाता है। चीन में 1966-69 की सांस्कृतिक क्रांति वास्तव में परस्पर विरोधी दबाव समूहों का ऐसा संघर्ष था जो करीब-करीब गृह युद्ध का रूप धारण कर गया था। परन्तु दबाव समूहों की गतिविधियां सर्वाधिकारी शासनों में बहुत सीमित ही रहती हैं। अफ्रीका व लेटिन अमरीका के अनेक स्वेच्छाचारी राज्यों में ऐसे ही दबाव समूह पाए जाते हैं। लोकतंत्र शासन-व्यवस्थाओं में तो दबाव समूह लोकतंत्र की प्राणवायु माने जाते हैं। राजनीतिक दल सामान्यतया चुनाव के समय ही सक्रिय होते हैं। दो चुनावों के बीच के अन्तराल में दबाव समूह ही सरकार व जनता के बीच निरन्तर सम्पर्क स्थापित रखने का कार्य करते हैं। इनकी सर्वव्यापकता को स्वीकार करते हुए राबर्ट सी० बोन ने लिखा है, 'दबाव समूह सभी राजनीतिक व्यवस्थाओं में, यहां तक कि सर्वाधिकारी राज्यों में भी पाए जाते हैं।" इन्होंने आगे लिखा है, "केवल यह तथ्य कि दबाव समूह साम्यवादी राज्यों में भी होते हैं इनकी सर्वव्यापकता का सबूत है।"[16]

(घ) **ऐच्छिक सदस्यता** (Voluntary membership)—दबाव समूह विशेष हितों की सिद्धी के लिए संगठित किए जाते हैं। इनकी सदस्यता वही व्यक्ति प्राप्त करते हैं जिनके हितों की पूर्ति इनके द्वारा होने की सम्भावना होती है। इनकी सदस्यता इस

[16]Robert C. Bone, *op. cit.*, p. 81.

रूप में ऐच्छिक होती है कि किसी व्यक्ति को इसका सदस्य बनने के लिए मजबूर नहीं किया जा सकता । अगर कोई व्यक्ति किसी दबाव समूह का सदस्य बनने के बाद यह महसूस करे कि उसके हित इस समूह विशेष के द्वारा पूरे नहीं होते हैं तो वह इस समूह की सदस्यता छोड़ सकता है । दबाव समूहों की ऐच्छिक प्रकृति के कारण राजनीतिक समाज में समूह जीवन काफी लचीला बन जाता है । इसके कारण ही दबाव समूह समाज में प्रतियोगी राजनीति के आधार स्तम्भ बन जाते हैं । इसी ऐच्छिकता के कारण जन-साधारण की राजनीति में सहभागिता भी बढ़ जाती है ।

(च) राजनीतिक क्रिया अभिमुखी (Political action oriented)—दबाव समूह स्वयं राजनीतिक संगठन नहीं होते हैं । यह राजनीतिक दलों की भांति, किसी कार्यक्रम के आधार पर निर्वाचकों को प्रभावित नहीं करते वरन किन्हीं विशेष मुद्दों व हितों की पूर्ति के लिए राजनीतिक क्रिया को प्रभावित करने का प्रयत्न करते हैं । वे पूर्णतः राज-नीतिक संगठन नहीं होते और न ही चुनाव के लिए अपने उम्मीदवार खड़े करते हैं । वे तो अपने हित विशेष के लिए सरकारी नीतियों और राजनीतिक ढांचे को प्रभावित करते हैं । अतः यह केवल कार्यविधि की दृष्टि से ही राजनीतिक क्रिया-अभिमुखी होते हैं । यह स्वयं शासन संरचना से अलग रहते हैं । इनका काम शासनतंत्र से बाहर रहकर ही शासनतंत्र को अपने हितों के अनुरूप कार्य करने के लिए प्रभावित करना होता है । हित समूहों व दबाव समूहों में यही मौखिक अंतर है । हित समूह राजनीतिक क्रिया अभिमुखी नहीं होते हैं जबकि दबाव समूह केवल राजनीतिक क्रिया-अभिमुखी ही होते हैं । यह हर स्तर पर होने वाली राजनीतिक गतिविधियों से, अगर उनके साथ इनके हित गठबन्धित हैं तो सरोकार रखते हैं ।

(छ) अनिश्चित कार्यकाल (Indefinite tenure)—दबाव समूह बनते-मिटते रहते हैं । किसी हित विशेष की पूर्ति के लिए अस्तित्व में आने के कारण हित की पूर्ति के साथ ही इनका लुप्त हो जाना स्वाभाविक है । राजनीतिक समाज की प्रकृति परिवर्तन-शील होती है । राजनीतिक उतार-चढ़ावों के साथ ही साथ, राजनीतिक समाजों में समूह-जीवन भी परिवर्तित होता रहता है, परन्तु सभी दबाव समूह अनिश्चित कार्यकाल वाले नहीं कहे जा सकते । कुछ पेशेवर संगठन स्थायी दबाव समूह के रूप में विद्यमान रहते हैं । अनेक राष्ट्रव्यापी ट्रेड यूनियनों का सामान्यतया स्थायी रूप हो जाता है । परन्तु अधिकांश दबाव समूह हित विशेष की पूर्ति के लिए बनते हैं तथा उस हित की साधना के साथ ही समाप्त हो जाते हैं ।

दबाव समूहों का वर्गीकरण
(CLASSIFICATION OF PRESSURE GROUPS)

दबाव समूह इतने बहुसंख्यक तथा विविधता वाले होते हैं कि उनका वर्गीकरण करना कठिन दिखाई देता है । वर्गीकरण के सुनिश्चित आधारों का भी अभाव लगता है । एक आधार पर वर्गीकरण करने पर भी एक दबाव समूह को एक वर्ग में रख सकना कठिन

हो जाता है। वैसे भी दबाव समूहों को केवल एक आधार पर वर्गीकृत करके उनकी प्रकृति को समझना कठिन है। अतः वर्गीकरण के कई आधारों का प्रयोग करना आवश्यक है। ऐसे कुछ महत्त्वपूर्ण आधार इस प्रकार हैं—

(1) दबाव समूहों के लक्ष्य,
(2) संगठन की प्रकृति,
(3) अस्तित्व की अवधि,
(4) कार्यक्षेत्र,
(5) निर्माण के प्रेरक तत्त्व।

लक्ष्यों की दृष्टि से दबाव समूहों को दो प्रकार का—लोकार्थी तथा स्वार्थी, कहा जा सकता है। भारत के 'गौ सेवा संघ' व 'भारत सेवक समाज' लोकार्थी समूह हैं क्योंकि यह व्यक्ति विशेष के हित के लिए न होकर सबके हितों के लिए होते हैं। विद्यार्थी संघ, व्यापारी व श्रमिक संघ केवल अपने ही सदस्यों के लिए हित साधना का लक्ष्य रखने के कारण स्वार्थी संगठन कहलाते हैं। वर्गीकरण का यह आधार अत्यन्त अस्पष्ट होने के साथ ही साथ दबाव समूहों व हित समूहों में कोई अन्तर नहीं करता है। इस आधार पर दबाव समूहों का वर्गीकरण करने पर, इनकी प्रकृति का स्पष्टीकरण भी नहीं होता है। अतः इस आधार पर दबाव समूहों का वर्गीकरण करना निरर्थक है।

संगठन की प्रकृति, अस्तित्व की अवधि, कार्यक्षेत्र तथा निर्माण के प्रेरक तत्त्वों के आधार पर दबाव समूहों का क्रमशः औपचारिक या अनौपचारिक, प्राकृतिक या ऐच्छिक, अल्पकालिक या दीर्घकालिक तथा अखिल देशीय या स्थानीय और सामुदायिक व संघात्मक (associational) समूहों में वर्गीकरण किया जाता है। इन सभी आधारों पर किये गए वर्गीकरणों में अस्पष्टता तथा अनिश्चितता पाई जाती है। ऐसा प्रतीत होता है कि इन आधारों से तो एक समूह को वर्गीकरण की दो या अनेक श्रेणियों में रखा जा सकता है। इसके अलावा भी इन आधारों पर किए गए वर्गीकरणों को वैधानिक नहीं कहा जा सकता। इन आधारों में सुनिश्चित माप का अभाव है और एक समूह व दूसरे समूह के बीच सीमा-रेखा खींचना कठिन लगता है। इन आधारों पर किया गया वर्गीकरण दबाव समूहों की प्रकृति व हित समूहों से उनके अन्तर को भी स्पष्ट नहीं करता है। अतः दबाव समूहों के वर्गीकरण के यह आधार अधिक उपयोगी नहीं रह जाते हैं। परन्तु यहां प्रश्न यह उठता है कि अगर वर्गीकरण के यह आधार ठीक नहीं हैं तो फिर कौन से आधार ठीक माने जाएं? इस सम्बन्ध में कोई सुनिश्चित उत्तर देना कठिन है, क्योंकि दबाव समूहों का वर्गीकरण सामान्य आधारों के द्वारा ही किया जा सकता है। सुनिश्चित और विशिष्ट आधार शायद दबाव समूहों का वर्गीकरण करने में सहायक ही नहीं हों, क्योंकि ऐसी अवस्था में हर दबाव समूह विचित्र व अन्य समूहों से भिन्न दिखाई देगा। अतः इन्हीं आधारों पर किए गए कुछ वर्गीकरणों का हम यहां उल्लेख कर रहे हैं।

ब्लोन्डेल का वर्गीकरण (Blondel's Classification)[17]

ब्लोन्डेल ने दबाव समूहों को साम्प्रदायिक और संसर्गात्मक प्रवर्गों में विभक्त करते हुए लिखा है कि, "कोई भी हित समूह बहुत संभव है कि दोनों में से किसी भी श्रेणी में फिट नहीं हो फिर भी सामान्यतया सभी समूहों का प्रमुख संकेद्रण (focus) इस या उस प्रवर्ग की तरफ पाया जाएगा।" इसी बात को ध्यान में रखते हुए ब्लोन्डेल ने दबाव समूहों का वर्गीकरण दो प्रकारों में किया है। उसने दबाव समूहों के निर्माण के प्रेरक तत्त्वों के आधार पर उन्हें साम्प्रदायिक तथा संसर्गात्मक दबाव समूह कहा है। ब्लोन्डेल ने उन दबाव समूहों का जिनकी स्थापना के मूल में व्यक्तियों के सामाजिक सम्बन्ध होते हैं, साम्प्रदायिक या सामाजिक समूह कहा है तथा वे समूह जिनकी स्थापना के पीछे किसी विशिष्ट लक्ष्य की प्राप्ति प्रेरक तत्त्व होता है, उन्हें संसर्गात्मक समूह कहा है। ब्लोन्डेल ने इन दोनों में से प्रत्येक को पुनः दो प्रकारों में विभाजित किया है। उसके अनुसार साम्प्रदायिक समूह प्रथागत तथा संस्थात्मक और संसर्गात्मक समूह संरक्षणात्मक तथा उत्थानात्मक होते हैं। ब्लोन्डेल के द्वारा किया गया वर्गीकरण चित्र 18.1 में इस प्रकार तालिकाबद्ध किया जा सकता है :

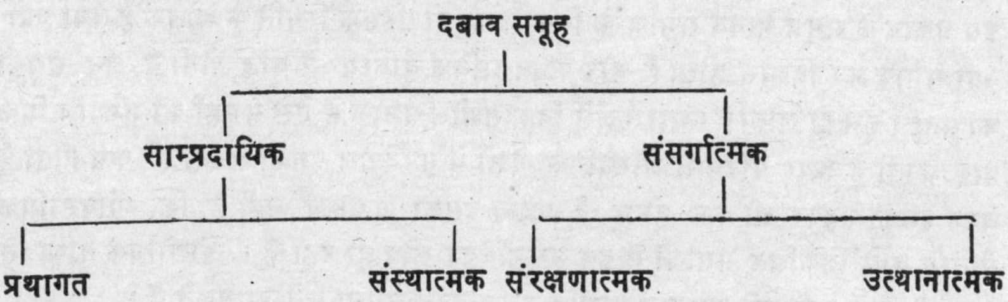

चित्र 18.1. ब्लोन्डेल का दबाव समूहों का वर्गीकरण

(क) साम्प्रदायिक दबाव समूह (Communal pressure groups)—यह सामाजिक सम्बन्धों के आधार पर बनते हैं। यह स्थिर तथा स्थायी सम्बन्धों के आधार पर निर्मित होते हैं। ब्लोन्डेल ने लिखा है कि "साम्प्रदायिक दबाव समूहों में अनेक व्यक्ति इस तथ्य के कारण सम्बन्धित व संगठित हो जाते हैं कि जन्म की घटना, जिसका प्रभाव जीवन भर बना रहता है, उनमें एक-सी सामान्य विशेषताएं विद्यमान कर देती है। इनके कारण ऐसा व्यक्ति समुदाय स्वतः ही एक समूह में संगठित होने की प्रेरणा प्राप्त कर लेता है।" ऐसे समूहों का संगठन औपचारिक रूप से होने पर ही इनको दबाव समूह कहा जाता है, परन्तु ब्लोन्डेल की मान्यता है कि ऐसे समूह किसी औपचारिक संगठन में संगठित हों यह आवश्यक नहीं है। इन समूहों के उदाहरण परिवार, प्रजाति, वर्ग, धर्म, तथा जाति के

[17]Jean Blondel, *An Introduction to Comparative Government*, London, Welden-fold, 1969, p. 79.

आधार पर निर्मित दबाव समूह कहे जा सकते हैं। ऐसे दबाव समूहों के निम्नलिखित लक्षण होते हैं—

(1) जन्म के आधार पर सदस्यता (membership by birth)
(2) प्रतिमानित सम्बन्ध (patterned relationship)
(3) स्थायी सम्बन्ध (permanent relationship)
(4) अनैच्छिक सम्बन्ध (non-voluntaristic relationship)

ब्लोन्डेल का कहना है कि ऐसे समूहों की सदस्यता जन्म से ही प्राप्त होती है तथा जन्म के कारण ही सदस्यों के आपसी सम्बन्धों का प्रतिमान भी निश्चित हो जाता है। उदाहरण के लिए, परिवार के समूह में पिता को जन्म के आधार पर अन्य सदस्यों के मुकाबले में श्रेष्ठकर स्तर प्राप्त हो जाता है तथा परिवार के सभी सदस्यों का सम्बन्ध पूर्णतया प्रतिमानित होता है। यही बात जाति सम्बन्धी दबाव समूह के बारे में कही जा सकती है। साम्प्रदायिक दबाव समूह प्रथागत या संस्थात्मक हो सकते हैं।

जिन समूहों की कार्य-प्रणाली तथा उनके सदस्यों के पारस्परिक व्यवहार में सामाजिक प्रथाओं, रूढ़ियों व रीति-रिवाजों का प्राधान्य होता है, उन्हें ब्लोन्डेल ने प्रथागत समूह कहा है। जातियों, प्रजातियों आदि के साम्प्रदायिक समूह इसी प्रकार के समूह होते हैं। इस प्रकार के समूह मानव समाज के विकास की प्रारम्भिक स्थिति के द्योतक हैं तथा ज्यों-ज्यों समाज का विकास होता है और व्यावसायिक वैविध्य में वृद्धि होती है, इन समूहों का महत्त्व कम हो जाता है। भारत जैसे विकासशील समाज में ऐसे समूहों की संख्या अधिक पाई जाती है तथा पश्चिमी औद्योगिक देशों में न केवल इनकी संख्या ही कम होती है वरन इनका महत्त्व भी कम होता है, परन्तु इसका यह अर्थ नहीं है कि व्यावसायिक वैविध्य वाले विकसित समाजों में इन समूहों का लोप हो रहा है। औद्योगिक दृष्टि से उन्नत देशों में अभी भी धर्म एवं प्रजाति समूह बहुत सक्रिय कहे जा सकते हैं।

साम्प्रदायिक समूहों का दूसरा प्रकार संस्थात्मक समूहों का होता है। अब एक ही जाति, धर्म या प्रजाति के लोग औपचारिक रूप से कुछ लक्ष्य निर्धारित कर, उनकी प्राप्ति के लिए एक संस्था या संगठन बनाकर व्यवस्थित ढंग से शासन तन्त्र से स्वहितों की पूर्ति के लिए सम्पर्कता स्थापित करते हैं तो ऐसे समूहों को संस्थात्मक समूह कहा जाता है। उदाहरण के लिए, भारत में अनेक जाति-समूह इसी तरह का औपचारिक संगठन स्थापित करके सरकार पर प्रभाव डालते रहते हैं। पिछड़ी जातियों व जन-जातियों के ऐसे अनेक संगठन वर्तमान समय में भारत में सक्रिय रूप से विद्यमान हैं।

(ख) संसर्गात्मक दबाव समूह (Associational pressure groups)—ब्लोन्डेल ने इन समूहों को, जिनका विशिष्ट व सुनिश्चित लक्ष्य होता है, संसर्गात्मक या संघात्मक समूह कहा है। इन समूहों के अस्तित्व का आधार विशिष्ट लक्ष्य ही होता है। यह किसी उद्देश्य विशेष की प्राप्ति के लिए ही निर्मित होते हैं। ब्लोन्डेल ने लिखा है कि "ऐसे समूहों के लिए उद्देश्य, गन्तव्य या अनेक उद्देश्य-पुंज मुख्य तथा आधारभूत होते हैं। इनका अस्तित्व ही इसलिए रहता है कि यह अपने सदस्यों के लिए कुछ कर रहे हैं।" इनका निर्माण किसी विचार के विकास से लेकर रुपये कमाने या किसी खेल विशेष का

आनन्द लेने तक के उद्देश्य से प्रेरित हो सकता है। इनका उद्घोषित उद्देश्य होता है। यही उद्देश्य ऐसे दबाव समूहों की प्रमुख विशेषता मानी जाती है। इसी को स्पष्ट करते हुए ब्लोन्डेल ने लिखा है कि "इन समूहों का एक लक्ष्य होता है जो न्यूनाधिक निश्चित होता है, परन्तु जिस सीमा तक उनका लक्ष्य होता है, यह लक्ष्य एक ऐसा साधन बन जाता है जिसके माध्यम से राजनीतिक व्यवस्था में समाज की मांगों का प्रवेश होता है।" संसर्गात्मक समूहों को इसलिए ही मांगों के साथ चलना पड़ता है। इन समूहों के विशेष लक्षण इस प्रकार व्यक्त किए जा सकते हैं—

(1) उद्देश्य के आधार पर सदस्यता व सम्बन्धता (aim relationship),
(2) ऐच्छिक सम्बन्ध (voluntaristic relationship),
(3) सुनिश्चित उद्देश्य (specific aims),
(4) औपचारिक संगठन (formal organization)।

संसर्गात्मक दबाव समूहों के लक्षणों से यह स्पष्ट है कि यह साम्प्रदायिक दबाव समूहों से बहुत कुछ भिन्न होते हैं। इनमें सदस्यता का मूल आधार ही उद्देश्य की सभी सदस्यों में एकता है। इनमें उद्देश्य ही सदस्यता प्राप्त करने की प्रेरणा कहा जा सकता है। इनके दो प्रकार होते हैं। एक संरक्षणात्मक तथा दूसरे उत्थानात्मक समूह के नाम से जाने जाते हैं।

संरक्षणात्मक समूह अपने सदस्यों के विशिष्ट लक्ष्यों के संरक्षक का काम करते हैं, परन्तु इनका लक्ष्य विशिष्ट होते हुए भी साधारणतः व्यापक व सामान्य होता है, क्योंकि वे अपने सदस्यों के सामान्य हितों की रक्षा करते हैं। विविध विद्यार्थी संघ, श्रमिक संघ, व्यावसायिक संघ तथा व्यापार संघ इसी प्रकार के समूहों के उदाहरण हैं। उत्थानात्मक समूह किसी विशेष विचार या दृष्टिकोण के प्रचार तथा उस दृष्टि से समाज को उन्नत बनाने के लक्ष्य से प्रेरित होते हैं। उदाहरण के लिए, दो देशों के बीच मैत्री संघ, गौ संरक्षण संघ, वन्य जीव संरक्षण संघ, पशुओं के प्रति क्रूरता निवारण संघ इत्यादि समूह उत्थानामक समूह कहे जाते हैं।

ब्लोन्डेल के द्वारा दिया गया वर्गीकरण व्यापक व सर्वग्राही होते हुए भी कुछ कमियों से युक्त है। इस वर्गीकरण की सबसे बड़ी कमजोरी यही है कि उसके द्वारा प्रतिपादित समूहों के प्रकारों का रूप मिश्रित है। एक ही समूह को प्रथागत या संस्थागत, दोनों ही कहा जा सकता है। अतः ब्लोन्डेल का वर्गीकरण बहुत अधिक सुनिश्चित नहीं है। उसने यथार्थ के अधिक निकट पहुंचने के प्रयास में समूहों के वर्गीकरण को अत्यधिक जटिल बना दिया है। इसके अलावा उसने दबाव समूहों व हित समूहों में कोई अन्तर नहीं किया है। अतः ब्लोन्डेल का वर्गीकरण बहुत कुछ वैज्ञानिक होते हुए भी दबाव समूहों की प्रकृति, उद्देश्य तथा आधार समझने में एक सीमा के बाद सहायक नहीं है।

आमन्ड का वर्गीकरण[18] (Almond's Classification)

आमन्ड ने समूहों का वर्गीकरण उनके संरचनात्मक रूपों (structural forms) के आधार पर किया है। उसने लिखा है कि समूहों को, उन संरचनात्मक रूपों, जिनमें वे अपने को प्रकट या अभिव्यक्त करते हैं, विवेचित किया जा सकता है तथा इसी आधार पर उनका वर्गीकरण करना उपयुक्त होता है। इसके अलावा उसने समूहों के वर्गीकरण में उनके हित संचारण के ढंग का भी सहारा लिया है। अतः आमन्ड ने वर्गीकरण के दो आधार समूहों का संरचनात्मक रूप तथा हित संचारण का ढंग, लेकर समूहों को इन चार श्रेणियों में वर्गीकृत किया है—(क) संस्थात्मक (institutional), (ख) असमुदायात्मक (non-associational), (ग) प्रदकनात्मक या चमत्कारिक (anomic) और (घ) समुदायात्मक या संसर्गात्मक (associational)

(क) आमन्ड के अनुसार संस्थात्मक हित समूह व्यवस्थापिकाओं, नौकरशाही, सेवा तथा कार्यपालिकाओं में ही कुछ हित विशेषों के इर्द-गिर्द बनने वाले समूहों को कहा जाता है। यह अपने सदस्यों के हितों ही की साधना का लक्ष्य नहीं रखते वरन कई बार समाज में अपने हितों के अनुरूप हित रखने वाले वर्गों का हित भी पूरा करने का प्रयत्न करते हैं। यह आन्तरिक समूह हैं जो शासनतन्त्र के अन्दर ही विशेष हितों की रक्षा या पूर्ति के लिए क्रियाशील रहते हैं। उदाहरण के लिए, भारत में, संसद, नौकरशाही तथा राजनीतिक दलों में ऐसे अनेक समूह देखे जा सकते हैं। इनका सामान्यतया औपचारिक संगठन नहीं होता है, परन्तु यह शासन-व्यवस्था के अन्तर्गत होने के कारण बहुत प्रभावी होते हैं तथा सरकार को अपने हितों के प्रतिकूल कार्य न करने के लिए मजबूर तक कर रहे हैं। भारतीय संसद में 'हिन्दू कोड बिल' को प्रस्तुत करके वापस लेना, ऐसे समूह के दबाव में ही समझा जा सकता है।

(ख) गैर-समुदायात्मक समूह उन समूहों को कहा जाता है जो वर्ग, रक्त सम्बन्ध, धर्म, क्षेत्रीयता अथवा मेल-मिलाप या हित-संचार के किसी अन्य परम्परागत आधार पर बनते हैं। धार्मिक, जातीय या वर्गीय संगठन इसी प्रकार के समूह कहे जाते हैं। ये समूह समय-समय पर विशिष्ट व्यक्तियों, धार्मिक नेताओं, पारिवारिक सदस्यों आदि द्वारा असंगठित और अनौपचारिक रूप से अपने हितों की पूर्ति का प्रयत्न करते हैं। इन समूहों की प्रमुख विशेषता यह है कि ऐसे हित समूह हित-साधन का काम निरन्तर नहीं करके समय-समय पर स्थिति विशेष का ध्यान रखते हुए ही करते हैं।

(ग) प्रदर्शनात्मक या चमत्कारिक समूह वे समूह होते हैं जो भीड़ व प्रदर्शन आदि के रूप में अनायास प्रकट व विलुप्त होते रहते हैं। इनसे आशय उन प्रभावकारियों का है जो समाज में धमाके के साथ उत्पन्न होकर राजनीतिक व्यवस्था में अनायास ही प्रवेश कर जाते हैं। यह प्रवेश चमत्कारी व्यवहार से होता है। यह प्रदर्शनों, जुलूसों, दंगों, धरनों,

[18] Gabriel A. Almond, "Introduction: A Funct ional Approach to Comparative Politics" in Gabriel A. Almond and James S. Coleman (eds.), *The Politics of the Developing Areas,* Princeton, New Jersey, Princeton University Press, 1970, pp. 33-38.

हड़तालों आदि के रूप में प्रकट होकर अचानक ही प्रभावी हो जाते हैं। इन समूहों की कार्य-प्रणाली नियोजित ढंग की नहीं होती तथा इनका रूप प्राय: अस्त-व्यस्तता का ही होता है, परन्तु अनेक अवसरों पर ये समूह नियंत्रित व पूर्व आयोजित भी होते हैं। इनकी अनायास प्रकट होने की प्रकृति के कारण ये प्राय: सीमाओं व निश्चित प्रतिमानों के भीतर नहीं रह पाते हैं। यह समूह सामान्यतया तभी उत्पन्न होते हैं जब किसी राजनीतिक व्यवस्था में संगठनों व समुदायों को अपने हितों की रक्षा के सामान्य साधन व स्वतन्त्रता प्राप्त नहीं रहती है, तथा यह अपने हितों की रक्षा के प्रति आशंकित होने पर ही अचानक प्रकट होकर शासनतन्त्र को भयत्रस्त करके अपना हित सुरक्षित करने का प्रयास करते हैं। अत: नियोजित व अनियोजित दोनों ही प्रकार से यह समूह अपने हितों के प्रकाशन एवं उनकी साधना का प्रयास करते हैं। अपने उग्र रूप में ये समूह प्राय: मर्यादा से बाहर हो जाते हैं और कभी-कभी वे स्वयं कानून निर्माण एवं उनके पालन कराये जाने का कार्य अपने हाथों में ले लेते हैं। फ्रांस, इटली, अरब व लेटिन अमरीकी देशों में ऐसे समूह बनते-बिगड़ते रहते हैं। भारत में 1974-75 (जून तक) में ऐसे समूह आए दिन उत्पन्न होने लगे थे। सामान्यतया ऐसे समूह अपने हितों की साधना में बहुत कम सफल होते हैं और अचानक ही विलुप्त हो जाते हैं।

(घ) समुदायात्मक हित समूह, विशेष व्यक्तियों के हितों का प्रतिनिधित्व करने के लिए औपचारिक रूप से संगठित होते हैं। इनका औपचारिक संगठन, समूह के संविधान अर्थात नियमों पर आधारित होता है। सदस्यता के निश्चित नियम तथा शुल्क होते हैं। इनकी नियम व नीति निर्धारण संस्था—कार्यकारिणी इत्यादि होती है। इनकी विशेषता ही इस बात में है कि इनके पास सतत प्रयत्नशील व्यावसायिक कर्मचारी होते हैं। अपने सदस्यों के हितों की सिद्धि के लिए ये विधि-सम्मत प्रक्रिया का ही उपयोग करते हैं। ट्रेड यूनियनें, विद्यार्थी संघ, व्यापारिक संघ, शिक्षक संघ तथा कृषक संघ ऐसे ही दबाव समूहों की श्रेणी में आते हैं। यह समूह सामान्यतया स्थायी होते हैं और इनको औपचारिक रूप से मान्यता प्राप्त रहती है।

आमण्ड द्वारा दिया गया वर्गीकरण भी, ब्लोन्डेल के वर्गीकरण की तरह कई कमियों से युक्त है। प्रथम तो इस वर्गीकरण में भी हित समूहों व दबाव समूहों में कोई अन्तर नहीं किया गया है। दूसरे, आमन्ड ने प्रदर्शनों, धरनों तथा दंगों को भी समूहों की एक श्रेणी में रखकर अपने वर्गीकरण को अधिक व्यापक बनाने के प्रयास में अधिक अस्पष्ट कर दिया है। इससे आमन्ड का वर्गीकरण गहराई में जाने के बजाय सतह पर ही रह गया है। इसमें तीसरी कमी यह कही जा सकती है कि इस वर्गीकरण से दबाव समूहों की वास्तविक प्रकृति, कार्य-प्रणाली तथा राजनीतिक व्यवस्था में उनकी प्रभावशीलता का ज्ञान नहीं हो पाता है। अत: आमन्ड का वर्गीकरण भी बहुत संतोषजनक नहीं कहा जा सकता।

दबाव समूहों के वर्गीकरण का आधार ही इनके वर्गीकरण को संतोषजनक या असंतोषजनक बनाने वाला माना गया है। अत: वर्गीकरण का ऐसा आधार लिया जाना चाहिए जिससे वर्गीकरण सुस्पष्ट व सुनिश्चित हो तथा दबाव समूहों की प्रकृति, कार्य-

विधि और राजनीतिक व्यवस्था में उनके प्रभाव का स्पष्टीकरण कर सके। जिक, पैनीमैन तथा हैथोर्न ने अपने पुस्तक **अमेरिकन गवर्नमेन्ट एण्ड पोलिटिक्स** में दबाव समूहों के वर्गीकरण के बारे में ठीक ही लिखा है : "दबाव समूहों का वर्गीकरण करने के अनेक तरीके होते हैं। उन्हें सरकार के या उसकी शाखा के आधार पर जिस पर कि वे अपना ध्यान केन्द्रित करते हैं, विभाजित किया जा सकता है अथवा उन्हें स्थानीय, प्रादेशिक और राष्ट्रीय सरकार कें स्तरों पर जहां कि वे क्रियाशील होते हैं, वर्गीकृत किया जा सकता है, लेकिन सम्भवत: सर्वाधिक संतोषजनक वर्गीकरण तो वही हैं जो दबाव समूहों की सदस्यता उनके कार्यक्रम आदि की सामान्य प्रकृति के आधार पर किया जाए।" राबर्ट सी॰ बोन ने दबाव समूहों का ऐसे ही आधारों पर वर्गीकरण किया है। उसके वर्गीकरण का विस्तार से यहां विवेचन किया जा रहा है।

राबर्ट सी॰ बोन का वर्गीकरण[19] (Robert C. Bone's Classification)

राबर्ट सी॰ बोन ने दबाव समूहों के वर्गीकरण के दो आधार लिए हैं। पहला आधार, दबाव समूहों की सामान्य प्रकृति (general character) या स्वरूप का तथा दूसरा आधार, उनके उद्देश्यों का है। सामान्य प्रकृति व उद्देश्यों के प्रमुख आधारों के अलावा उसने दो गौण आधार भी दबाव समूहों के वर्गीकरण में प्रयुक्त किए हैं। इनमें से एक है, दबाव समूहों की परिचालन-प्रविधियों (operational techniques) या कार्य-तकनीकों का तथा दूसरा आधार है सदस्यों के आवेष्टन (involvement of members) या सहभागिता का। इन आधारों पर दबाव समूहों के वर्गीकरण को आधारित करते हुए बोन ने सभी समूहों को मोटे रूप से दो प्रकार का माना है। ब्लोन्डेल की तरह, बोन भी यह स्वीकार करते हैं कि कोई भी दबाव समूह सुनिश्चित रूप से किसी एक प्रवर्ग (category) में नहीं रखा जा सकता। परन्तु उनमें लक्षण-विशेष की प्रधानता उन्हें एक या दूसरे प्रवर्ग में रखने का सुनिश्चित आधार प्रस्तुत कर देती है। इस तरह बोन ने दबाव समूहों के दो प्रकार बताए हैं—(क) परिस्थिति-जन्य समूह (situational groups), (ख) अभिवृत्ति-जन्य समूह (attitudinal groups)

राबर्ट सी॰ बोन के अनुसार दबाव समूहों के मोटे तौर पर यह दो ही प्रकार किए जाने चाहिए। इससे अधिक प्रकारों में दबाव समूहों का वर्गीकरण करना न आवश्यक है और न ही उपयोगी, क्योंकि वर्गीकरण के अनेक प्रवर्ग करने से दबाव समूहों के वर्गीकरण का वैज्ञानिक आधार समाप्त होने की अवस्था आ जाती है। अत: बोन ने दबाव समूहों के दो से अधिक प्रकार मानने से इनकार सा कर दिया है। इन दोनों प्रकारों का अलग-अलग विवेचन करके इनका अन्तर समझा जा सकता है। संक्षेप में यह इस प्रकार हैं—

(क) परिस्थिति-जन्य समूह (Situational groups)—यह वे दबाव समूह हैं जो प्रमुखतया अपने सदस्यों की, जिस परिस्थिति में वे हैं, उसकी रक्षा या उसमें सुधार करने

[19] Robert C. Bone, *op. cit.*, p. 62.

से सम्बन्धित होते हैं। ऐसे दबाव समूहों के अस्तित्व का औचित्य ही इनके सदस्यों की वर्तमान अवस्था को आर्थिक या सामाजिक दृष्टियों से सुरक्षित करना या सुधारना है। उदाहरण के लिए, ऐसे दबाव समूह अपने सदस्यों के लिए अधिक तनख्वाहें या कार्य के घण्टों में कमी तथा अन्य सहूलियतें प्राप्त करने का लक्ष्य रखते हैं, परन्तु इसका यह अर्थ नहीं है कि ऐसे दबाव समूह अपने सदस्यों की वर्तमान परिस्थिति की रक्षा या उसमें सुधार के कार्य से आगे नहीं बढ़ते हैं। कई बार ये अपने मुख्य ध्येय से बहुत भिन्न मुद्दों से सम्बन्धित राष्ट्रीय नीति पर भी वक्तव्य आदि जारी करने का कार्य भी कर डालते हैं। परिस्थिति-जन्य दबाव समूहों के कई विशिष्ट लक्षण होते हैं जिनमें से कुछ इस प्रकार हैं—

(1) अवैचारिक या गैर-वैचारिक,
(2) विशिष्ट प्रकृति,
(3) लाभाकांक्षी या उपयोगितावादी,
(4) दीर्घकालिक-हित अभिमुखीकरण,
(5) परिचालन प्रविधियों की विधि सम्मतता,
(6) सामान्य सदस्यों की निष्क्रियता।

राबर्ट सी० बोन का कहना है कि परिस्थिति-जन्य दबाव समूहों का किसी विचार-धारा विशेष से कोई सरोकार नहीं होता है। यह विशिष्ट होते हैं तथा अपने सदस्यों के दीर्घकालीन हितों की वृद्धि व रक्षा का ही ध्येय रखते हैं। उनकी कार्यविधियां केवल वैधानिक ही होने के कारण मन्थर गति से ही चलती हैं तथा इनके नेताओं को छोड़-कर अन्य सदस्य सामान्यतया समूह की गतिविधियों के प्रति अधिक सक्रियता नहीं दिखाते हैं।

(ख) अभिवृत्ति-जन्य समूह (Attitudinal groups)—अभिवृत्तात्मक समूहों के बनने की प्रेरणा सामान्य जनकल्याण की आदर्शात्मक उद्विग्नता (concern) या चिन्ता से आती है? ये वे दबाव समूह हैं जिनके सदस्यगण कुछ मूल्यों के प्रति सामान्य रूप से सहनिष्ठा रखते हैं। जैसे सब सदस्य पशुओं के प्रति निर्दय व्यवहार नापसंद करते हैं, समाज में मौलिक परिवर्तन चाहते हैं या परमाणु हथियारों के प्रयोग पर प्रतिबंद लगाना चाहते हैं। ऐसे दबाव समूह शांतिपूर्वक सुधारों से तथा कभी-कभी क्रांतिकारी प्रयत्नों से समाज में व्यापक और क्रांतिकारी परिवर्तन लाना चाहते हैं। यह समूह परिस्थिति-जन्य दबाव समूहों से अनेक भिन्नताएं रखते हैं। यह समूह सामान्यतया स्थितियों (crisis situations) से सम्बन्धित होने के कारण कालबद्ध (time-bound) कार्यक्रम रखते हैं। इनके लिए समय से बढ़कर महत्त्वपूर्ण बात कोई नहीं होती। ये कम से कम समय में अपने अस्तित्व का भान कराते हुए अपने लक्ष्यों के अनुरूप निर्णय लेने के लिए सरकार को मजबूर करते हैं। अभिवृत्तात्मक समूहों के प्रमुख लक्षण इस प्रकार हैं—

(1) प्रमुखतया वैचारिक,
(2) विसरित,
(3) आदर्श दृष्टिकोणी,

(4) तात्कालिक हित-अभिमुखीकरण,
(5) परिचालन प्रविधियों की द्रुतता,
(6) सामान्य सदस्यों की गहरी सक्रियता।

अभिवृत्तात्मक दबाव समूहों के अल्पकालिक उद्देश्य होते हैं जिन्हें पूरा करने के लिए द्रुतता वाली तकनीकों का उपयोग किया जाता है। ऐसे समूह कम से कम समय में अपने लक्ष्यों को पूर्ण करने के लिए अचानक ही सरकार को हतप्रभ करके उसे विशेष प्रकार का निर्णय करने के लिए बाध्य करते हैं। जिससे वह केवल इनके सदस्यों के हितों व समूह के सामान्य लक्ष्यों के अनुरूप ही निर्णय करने के लिए मजबूर-सी हो जाए।

राबर्ट सी० बोन द्वारा किया गया वर्गीकरण बहुत सामान्य होते हुए भी दबाव समूहों की प्रकृति, संगठन, उद्देश्यों व कार्यविधि का स्पष्टीकरण करने में सहायक प्रतीत होता है। यद्यपि उसने भी हित समूहों व दबाव समूहों में अन्तर करने का प्रयास नहीं किया है फिर भी इसका वर्गीकरण सही अर्थों में दबाव समूहों का ही वर्गीकरण है। इसके वर्गीकरण के आधार अधिक सुस्पष्ट तथा व्यापक है। इसने अभिवृत्तियों, उद्देश्यों, प्रचालन-प्रविधियों तथा समूह के सदस्यों के आवेष्टन के ठोस आधार पर अपने वर्गीकरण को आधारित करके इसे वैज्ञानिकता प्रदान की है, परन्तु वह यह स्वीकार करता है कि कोई भी वर्गीकरण दबाव समूहों का परिपूर्ण वर्गीकरण नहीं कहा जा सकता। अतः उसने सुझाव दिया है कि दबाव समूहों के प्रवर्गों में वर्गीकरण के बजाय इन्हें सन्तति या निरंतर (continuum) के रूप में प्रस्तुत किया जाना चाहिए। राबर्ट सी० बोन तथा आमन्ड के वर्गीकरण को एक साथ संयुक्त रूप से निरंतर-रेखा पर इस प्रकार चित्रित किया जा सकता है।

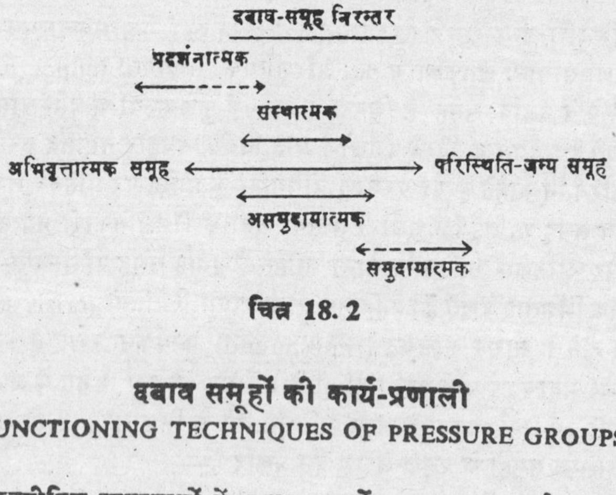

चित्र 18.2

दबाव समूहों की कार्य-प्रणाली
(FUNCTIONING TECHNIQUES OF PRESSURE GROUPS)

आधुनिक राजनीतिक व्यवस्थाओं में दबाव समूहों का इतना प्राचुर्य व प्राधान्य है कि राज्य के प्रशासकीय अंगों का सीधा सम्बन्ध अब व्यक्तियों से नहीं वरन समूहों से हो गया

है। स्पेन्सर का कहना है कि पहले 'व्यक्ति बनाम राज्य' का सिद्धान्त माना जाता था परन्तु अब राज्य का व्यक्ति से सीधा सम्बन्ध कम से कम रह गया है। अब व्यक्ति समूहों के माध्यम से ही सरकार के सम्पर्क में आता है। अतः बार्कर का यह कहना ठीक ही है कि आधुनिक राज्यों में स्थिति 'समूह बनाम राज्य' की होती जा रही है। समूह संगठनों की शक्ति इतनी प्रबल हो गई है कि एक इकाई के रूप में अब व्यक्ति का कोई विशेष महत्त्व ही नहीं रह गया है। राजनीतिक व्यवस्थाओं की बढ़ती हुई जटिलताओं ने अब व्यक्ति को उपभोक्ता (consumer), उत्पादक, श्रमिक, कर्मचारी आदि के रूप में ला दिया है तथा वह व्यक्ति के रूप में कम जाना जाने लगा है। समूहों की समाज में इतनी अधिकता है कि एक ही व्यक्ति अलग-अलग हितों की पूर्ति के लिए अनेक समूहों का सदस्य बनकर, समूह जीवन में विलीन-सा हो गया है।

अब मनुष्य का जीवन दबाव समूहों की लपेट में इतना अधिक आ गया है कि हर राजनीतिक व्यवस्था में तथा विशेषकर पश्चिमी प्रकार के जनतंत्रों में व्यक्ति समूहों से पृथक कुछ रह ही नहीं गया है। दबाव समूहों की संख्या में अप्रत्याशित वृद्धि के कारण राजनीतिक प्रक्रिया में उनके क्रिया-कलाप का बड़ा महत्त्व हो गया है। राजनीतिक प्रक्रिया में इन समूहों की भूमिका वस्तुतः इतनी महत्त्वपूर्ण हो गई है कि शासन के समय प्रस्तुत कोई भी मांग अथवा कोई भी शासकीय नीति किसी न किसी रूप में किसी एक या एक से अधिक समूहों से ही सम्बन्धित बन गई है। अतः उनसे सम्बन्धित परिणामों को अपने पक्ष में करने के लिए प्रत्येक समूह कुछ तकनीकों एवं विधियों को अपनाता है। डा० इकबाल नारायण के अनुसार ये विधियां दो प्रकार की हो सकती हैं। पहले प्रकार में वे विधियां सम्मिलित हैं जिनके माध्यम से कोई समूह शासकीय नीतियों को सीधे प्रभावित करने की कोशिश करता है तथा दूसरे प्रकार में वे विधियां सम्मिलित हैं जिनके माध्यम से कोई समूह शासकीय नीतियों को प्रत्यक्ष रूप से प्रभावित करने का प्रयत्न करता है। सीधे प्रभाव डालने के लिए समूह व्यवस्थापिका, कार्यपालिका और नौकरशाही से सम्बन्ध स्थापित करते हैं। जब प्रत्यक्ष सम्पर्क द्वारा सफल होने की आशा नहीं होती, तब वे निर्वाचन, राजनीतिक दल एवं जनमत के माध्यमों के सहारे शासकीय नीतियों व निर्णयों को अप्रत्यक्ष रूप से प्रभावित करने की चेष्टा करते हैं। पर दोनों ही प्रकार से प्रभाव डालने के उनके प्रयास, काफी सीमा तक समूहों की सदस्य संख्या, उनके आर्थिक साधनों और लक्ष्यों की प्रवृत्ति आदि पर निर्भर होते हैं और उसी के अनुसार उन्हें सफलता प्राप्त होती है। इससे स्पष्ट है कि दबाव समूहों की कार्य-प्रणाली अनेक तथ्यों द्वारा नियमित होती है। इनका विवेचन करके ही दबाव समूहों की भूमिका इत्यादि को समझा जा सकता है। इसलिए अब हम दबाव समूहों की कार्यविधियों के निर्धारकों का विवेचन करेंगे।

दबाव समूह-राजनीति के निर्धारक
(DETERMINANTS OF PRESSURE GROUP POLITICS)

दबाव समूहों की कार्यविधियों या दबाव-समूह-राजनीति के कई नियामक हो सकते हैं। हर राजनीतिक व्यवस्था में अपने उद्देश्य की प्राप्ति के लिए दबाव समूहों द्वारा प्रयोग की जाने वाली विधियां अलग-अलग प्रकार की होती हैं। यहां तक कि एक ही राजनीतिक व्यवस्था में, एक ही दबाव समूह अलग-अलग परिस्थितियों में अलग-अलग विधियों का प्रयोग करता हुआ पाया जाता है। उससे यह प्रश्न उठता है कि दबाव समूह-राजनीति के कौन-कौन से निर्धारक तत्त्व हैं? एलेन बाल[20] ने तीन निर्धारकों की चर्चा की है। उसके अनुसार दबाव समूहों की कार्यविधियों के अनेक निर्धारक होते हैं परन्तु उनमें से निम्नलिखित अधिक महत्त्वपूर्ण हैं:

(1) राजनीतिक संस्थागत सरंचना,
(2) दल-पद्धति का स्वरूप,
(3) राजनीतिक संस्कृति।

दबाव समूहों की राजनीति के निर्धारकों के बारे में एक्सटीन ने, एलेन बाल से कहीं अधिक व्यापक संदर्भ लेते हुए इनको दबाव समूहों के तीन पहलुओं के साथ सम्बन्धित किया है। उसके अनुसार दबाव समूहों की राजनीति के निर्धारकों को तीन शीर्षकों के अन्तर्गत रखकर समझाया जा सकता है—(1) दबाव समूह राजनीति के रूप के निर्धारक, (2) दबाव समूह राजनीति के क्षेत्र और तीव्रता के निर्धारक, और (3) दबाव समूह राजनीति की प्रभावकारिता के निर्धारक।

एक्सटीन के अनुसार दबाव समूहों की गतिविधियों को समझने के लिए दबाव समूह राजनीति के रूप या ढांचे, उसके क्षेध व तीव्रता तथा प्रभावकारिता के निर्धारकों को अलग-अलग देखना आवश्यक है। अतः हम इनका पृथक-पृथक वर्णन करेंगे।

दबाव समूह राजनीति के रूप या आकृति के निर्धारक (Determinante of the form of Pressure Group Politcs)

एक्सटीन[21] ने दबाव समूहों की कार्यविधियों के रूप के निर्धारकों को पुनः दो प्रकारों में विभक्त किया है। प्रथम वे निर्धारक हैं जो समूहों के सरकार पर क्रियाशील होने या उसे प्रभावित करने के प्रमुख साधनों व माध्यमों को निर्धारित करते हैं तथा दूसरे वे निर्धारक हैं जो दबाव समूहों तथा सरकार के अंगों के बीच सम्बन्धों की प्रकृति को निरूपित करते हैं। प्रथम प्रकार के निर्धारकों में एक्सटीन ने इन तीन निर्धारकों का उल्लेख किया है—

(1) सरकार की नीति-निर्णय प्रक्रिया की संरचना,
(2) सरकार की नीतियां व गतिविधियां,

[20]Alan R. Ball, *op. cit.*, p. 107.
[21]Harry Eckstein, *op. cit.*, Chapter One.

(3) सरकार की दबाव समूहों के प्रति अभिवृत्ति या रवैया।

दबाव समूहों की गतिविधियों व उनके सरकार को प्रभावित करने के प्रमुख साधनों व माध्यमों को सरकार की नीति-निर्णय प्रक्रिया की संरचना प्रमुख रूप से प्रभावित करती है। दबाव समूह अपने हितों की पूर्ति के लिए सरकार की नीतियों को निर्णय लेने के स्तर पर ही प्रभावित करने का प्रयत्न करते हैं। अतः निर्णय प्रक्रिया की सरंचना एक महत्त्वपूर्ण निर्धारक बन जाती है। उदाहरण के लिए, संसदीय व अध्यक्षीय शासन-व्यवस्थाओं में नीति-निर्णय प्रक्रिया की सरंचना में अन्तर के कारण इन दोनों प्रकार की शासन प्रणालियों में दबाव समूहों की राजनीति भी भिन्न-भिन्न रूप प्राप्त कर लेती है। यही कारण है कि अमरीका तथा ब्रिटेन में दबाव समूहों की प्रकृति में भिन्नता पाई जाती है।

सरकार की नीतियां भी महत्त्वपूर्ण नियामक कही जा सकती हैं। सरकार के निर्णय व उन निर्णयों को लागू करने सम्बन्धी सरकारी गतिविधियां, समूहों के कार्यक्षेत्र का सीमांकन करती हैं। दबाव समूह क्या कर सकेंगे और क्या नहीं कर सकेंगे यह बहुत कुछ सरकार की नीतियों से ही नियमित होता है। भारत में 26 जून 1975 से पहले और इसके बाद की सरकारी नीति के कारण दबाव समूहों की गतिविधियों में जमीन-आसमान का अन्तर आ गया था।

सरकार का दबाव समूहों के प्रति रवैया सर्वाधिक महत्त्व रखता है। लोकतान्त्रिक व्यवस्थाओं तथा सर्वाधिकारी शासनों में दबाव समूहों की गतिविधियों का अन्तर इसी आधार पर स्पष्ट किया जा सकता है। लोकतंत्र राजनीतिक व्यवस्था, दबाव समूह गतिविधियों को ग्रहण करती है तथा निरंकुशतंत्र शासन प्रणालियों में इस प्रकार की ग्रहणशीलता का अभाव होता है। इसके कारण दोनों प्रकार की शासन-व्यवस्थाओं में दबाव समूहों द्वारा सरकार को प्रभावित करने के साधन भी भिन्न-भिन्न हो जाते हैं?

इस प्रकार, सरकारी निर्णय प्रक्रिया की संरचना, सरकारी नीतियां तथा सरकार का दबाव समूहों के प्रति रवैया उन साधनों व माध्यमों को निर्धारित करते हैं जिनके द्वारा दबाव समूह सरकार पर क्रियाशील होते हैं या उसे प्रभावित करते हैं।

एक्सटीन की मान्यता है कि सरकार के विभिन्न अंगों तथा दबाव समूहों के बीच सम्बन्धों की प्रकृति का निर्धारण दो बातों पर निर्भर करता है। प्रथम तो यह इस बात पर निर्भर करता है कि सरकार व दबाव समूहों के बीच मन्त्रणा या परामर्श होता रहता है या नहीं। दूसरे, यह इस बात पर भी आश्रित होता है कि सरकार दबाव समूहों से समझौते के लिए बातचीत करती है या नहीं करती है। दबाव समूहों व सरकार के अंगों के बीच परामर्श तभी होता है जबकि राजनीतिक व्यवस्था में दबाव समूह विशेष के हितों से सम्बन्धित प्रश्न पर सरकार उनका विचार जानने के बाद ही निर्णय करना चाहती है। समझौते के लिए बातचीत का अर्थ सौदेबाजी से है। ऐसी अवस्था में सरकार निर्णय ही तब कर सकती है जबकि सम्बन्धित समूह उससे सहमत कर लिया जाता है। अतः दबाव समूह राजनीति के रूप के निर्धारकों के संदर्भ में ही किसी राजनीतिक व्यवस्था में दबाव समूहों की प्रकृति को समझा जा सकता है। उदाहरणार्थ, ब्रिटेन में एकात्मक

पद्धति की सरकार है जिसमें राजनीतिक सत्ता केन्द्र में अपेक्षाकृत अधिक सशक्त कार्यपालिका के हाथों में रहती है। इसलिए दबाव समूह अपने प्रयासों को, लोकसदन (House of Commons) के संसद सदस्यों को ही प्रभावित करने के बजाय मंत्रियों और उनके सिविल कर्मचारियों को ही अधिक प्रभावित करने में लगाते हैं। अमरीका में द्विसदनात्मक विधान मण्डल है जिसमें सीनेट और प्रतिनिधि सभा का राजनीतिक महत्त्व लगभग बराबर है और शक्ति पृथक्करण का सिद्धान्त होने से दबाव समूह एक संस्था को दूसरी संस्था से या एक संस्था के खण्डों को दूसरी संस्था के खण्डों से भिड़ाकर प्रशासन तथा विधान मण्डल दोनों को अपना लक्ष्य बनाते हैं। इसके अलावा अमरीका की कांग्रेस (व्यवस्थापिका) में मजबूत समिति पद्धति मौजूद है। इन समितियों के अध्यक्ष शक्तिशाली होते हैं। इसलिए विभिन्न दबाव समूह इन समितियों पर अपना ध्यान केन्द्रित करते हैं। भारत में दबाव समूह सामान्यतया प्रशासन व मंत्रिमण्डल के सदस्यों पर प्रभाव डालने का प्रयास करते हैं। उपरोक्त अन्तर मुख्यतया सरकार की संरचनाओं में अन्तरों के ही कारण अमरीका, ब्रिटेन व भारत में दबाव समूहों की असमानता का आधार हो जाते हैं।

दबाव समूह राजनीति के क्षेत्र व तीव्रता के निर्धारक (Determinants of the Intensity and Scope of Pressure Group Politics)

दबाव समूह राजनीति के क्षेत्र से तात्पर्य किसी राजनीतिक व्यवस्था में दबाव समूहों की संख्या और उनके प्रकारों से लिया जाता है। अगर किसी राजनीतिक व्यवस्था में अनेक प्रकार के दबाव समूह हैं और उनकी संख्या भी बहुत अधिक है तथा दूसरी राजनीतिक व्यवस्था में उनके न अनेक प्रकार हैं और न ही अधिक संख्या है तो इससे यही स्पष्ट होता है कि दबाव समूहों के क्षेत्र के भी अनेक नियामक होते हैं। इसी तरह, दबाव समूह राजनीति की तीव्रता का अर्थ उस लगन व दृढ़ता से भी लिया जाता है जिसके साथ दबाव समूह अपने लक्ष्य व उद्देश्य पूरा करने के लिए प्रयत्नशील रहते हैं। एक्सटीन के अनुसार इन दोनों—क्षेत्र व तीव्रता, के निर्धारक निम्नलिखित होते हैं—

(1) दल पद्धति का स्वरूप,
(2) राजनीतिक संचारण का निषेध या इनका अभाव,
(3) सरकार की नीतियां तथा विशेष कार्यक्रम-गन्तव्य,
(4) सरकार की अभिवृत्ति या रवैया,
(5) राजनीतिक संस्थागत संरचना,
(6) राजनीतिक व्यवस्था की समूह मांगों को पूरा करने की क्षमता।

दबाव समूहों की गतिविधियों के क्षेत्र तथा तीव्रता पर दल-पद्धति के स्वरूप और दलों की संचरना तथा उनकी विचारधारा के महत्त्वपूर्ण प्रभाव पड़ते हैं। दल संरचना की कमजोरियों, दलीय अनुशासन के अभाव और दलों के बीच विचारधारा सम्बन्धी स्पष्ट अन्तर नहीं होने के कारण अमरीकी विधान मण्डल के सदस्य आसानी से दबाव समूहों के लक्ष्य बन जाते हैं। प्रति दूसरे वर्ष प्रतिनिधि सभा के चुनावों के कारण

अमरीकी कांग्रेस के सदस्य स्थानीय दबावों के प्रति बहुत संवेदनशील होते हैं। ब्रिटेन में दलीय अनुशासन की कठोरता के कारण विधायकों पर स्थानीय दबावों व दबाव समूहों की सक्रियता का प्रायः अभाव रहता है। बहुदलीय पद्धतियां दबाव गुटों की गतिविधियों के लिए खास तौर पर विधायी स्तर पर उर्वर भूमि प्रस्तुत करती है। एकदलीय प्रधान व्यवस्था में दबाव समूहों की गतिविधियां और भी अधिक सीमित हो जाती हैं। एक-दलीय व्यवस्थाओं में तो दबाव समूहों का क्षेत्र अत्यन्त संकुचित तथा इनकी गतिविधियां बहुत कुछ गुप्त ही रहती हैं। अतः दबाव समूह राजनीति का क्षेत्र तथा उनकी तीव्रता, दलीय पद्धति के स्वरूप के द्वारा ही निर्धारित होती है।

दबाव समूह राजनीति के क्षेत्र व तीव्रता का निर्धारण इस बात से भी होता है कि राजनीतिक व्यवस्था में राजनीतिक संचारण (political mobilization) का कितना निषेध है तथा इसकी कितनी छूट व सुविधा सुलभ है। कोई राजनीतिक व्यवस्था दबाव समूहों की सक्रियता के प्रति अधिक सहनशील होती है तो किसी राजनीतिक व्यवस्था में उनको कुछ सीमाओं में ही सक्रिय रहने दिया जाता है। कुछ देशों में समूह सक्रियता के कुछ विशेष रूपों के प्रति अधिक शत्रुभाव मौजूद रहता है। आमतौर पर नियोक्ता-संघों की अपेक्षा ट्रेड यूनियनों को शक की निगाह से देखा जाता है। ट्रेड यूनियनों की अधिकांश सक्रियता अपने ही सदस्यों की ओर उन्मुख रहती है। वे अपनी विशिष्ट नीतियों के बुद्धि-संगत होने के बारे में सदस्यों को समझाती है। साथ ही वे जनता के बीच अपनी बेहतर तस्वीर रखना चाहती हैं ताकि सरकार के मुकाबले में उनकी सौदा करने की ताकत बढ़े। कुछ राजनीतिक व्यवस्थाओं के अंतर्गत सीधी कार्यवाही और हिंसात्मक उपाय अधिक प्रचलित हो सकते हैं। उदाहरण के लिए, भारत में 1973-74 में ऐसी ही समूह गतिविधियां हो गई थीं। अतः किसी राजनीतिक व्यवस्था में दबाव समूह राजनीति के क्षेत्र व तीव्रता का निर्धारण राजनीतिक संचारण की व्यवस्थाओं या अभावों के द्वारा भी होता है।

दबाव समूहों की व्यापकता व गतिविधियों की तीव्रता का, सरकार की नीतियों, सर-कार के दबाव समूहों के प्रति रवैये तथा राजनीतिक संस्थागत संरचनाओं के द्वारा भी निर्धारण होता है। अगर सरकार लोक कल्याणकारी नीतियों का अनुपालन करती है तो ऐसी सरकार वाली राजनीतिक व्यवस्था में दबाव समूहों की गतिविधियां बड़े पैमाने पर संचारित हो सकेंगी तथा वे अपने लक्ष्यों को दृढ़ता से प्राप्त करने का प्रयास कर सकेंगे। उसी तरह, सरकार के दबाव समूहों के प्रति रवैये का भी इनकी गतिविधियों के नियमन में बड़ा हाथ रहता है। सर्वाधिकारी शासन-व्यवस्थाओं में सरकार समूह राजनीति के प्रति शक्ति रहती है और इस कारण ऐसी राजनीतिक व्यवस्थाओं में समूह राजनीति सामान्यतया सुप्त ही रहती है। उदार लोकतन्त्रों में समूह व्यवस्था को राजनीतिक व्यवस्था का स्वाभाविक अंग माना जाता है। इस कारण, ऐसे राज्यों में समूहों की भरमार होती है तथा सारा शासनतंत्र प्रतियोगी-समूह जीवन से प्रभावित व संचालित रहता है। राज-नीतिक संस्थागत संरचना का समूह राजनीति पर निर्णायक प्रभाव रहता है। इसका हम समूह राजनीति के रूप के निर्धारक के रूप में पहले ही वर्णन कर चुके हैं अतः यहां इतना

ही कहना पर्याप्त होगा कि संस्थागत संरचना दबाव समूहों की गतिविधियों के क्षेत्र व उसकी तीव्रता को कई प्रकार से प्रभावित करती है।

दबाव समूहों की मांगों को पूरा करने की क्षमताएं हर राजनीतिक व्यवस्था में एक सी नहीं होती हैं। विकासशील राज्यों की राजनीतिक व्यवस्थाओं में दबाव समूहों की मांगों को पूरा करने की क्षमताएं बहुत कम होने के कारण ऐसे राज्यों में दबाव समूह अक्सर तोड़-फोड़ का रास्ता अपनाने लगते हैं। इसका सीधा परिणाम दबाव समूहों की गतिविधियों पर रोक लगाने का होता है। भारत में जून 1975 के बाद दबाव समूहों की गतिविधियों पर अनेक प्रतिबन्ध इसलिए ही लगाए गए हैं, क्योंकि यहां ट्रेड यूनियनें व अन्य दबाव समूह, राजनीतिक व्यवस्था की उनकी मांगों को पूरा करने की क्षमता से कहीं अधिक मांगें करने लग गए थे तथा मांगों के पूरा होने के अभाव में सीधी कार्यवाही तथा तोड़-फोड़ पर उतारू होने लगे थे। अतः दबाव समूहों की गतिविधियों का निर्धारण राजनीतिक व्यवस्था की दबाव समूहों की मांगों को पूरा करने की क्षमता से भी होता दिखाई देता है।

दबाव समूह राजनीति की प्रभावकारिता के निर्धारक (Determinants of the Effectiveness of Pressure Group Politics)

एक्सटीन[22] ने दबाव समूह राजनीति की प्रभावशीलता के तीन निर्धारकों का विशेष रूप से उल्लेख किया है। उसकी मान्यता है कि हर राजनीतिक व्यवस्था में दबाव समूहों की प्रभावकारिता या इसका अभाव, इन निर्धारकों पर ही निर्भर करता है। उसके अनुसार यह निर्धारक निम्नलिखित हैं—

(1) दबाव समूहों के स्वयं के लक्षण,
(2) सरकार की गतिविधियों के लक्षण,
(3) सरकारी निर्णय लेने की संरचनाओं के लक्षण।

एक्सटीन के अनुसार स्वयं दबाव समूहों के कुछ लक्षण उनकी प्रभावकारिता का नियमन करते हैं। उदाहरण के लिए, दबाव समूहों के वित्तीय साधन, उनका आकार व सदस्यों का भौगोलिक वितरण, संगठन की ठोसता, कार्यकर्त्ताओं की लगन व कर्मठता तथा नेताओं का राजनीतिक चातुर्य हर प्रकार की राजनीतिक व्यवस्था में उनके प्रभाव का निर्धारण करते हुए दिखाई देता है। यही कारण है कि कई दबाव समूह अपने कार्यकर्त्ताओं की लगन, कर्मठता तथा परिस्थिति विशेष में नेताओं के चातुर्य के कारण बहुत प्रभावी होते हैं जबकि अनेक दबाव समूहों को, बड़ी सदस्य संख्या व व्यापक वित्तीय साधनों के बावजूद कोई प्रभावकारिता नहीं होती है।

सरकार की गतिविधियों के लक्षणों व सरकारी निर्णय लेने की संरचनाओं के लक्षणों का दबाव समूहों की प्रभावकारिता पर बहुत असर पड़ता है। उदार लोकतन्त्रों तथा निरंकुश शासन-व्यवस्थाओं में दबाव समूहों की प्रभावकारिता का अन्तर इन निर्धारकों

[22] *Ibid.*, p. 15.

का महत्त्व स्पष्ट करने के लिए पर्याप्त है।

उपरोक्त विवेचन से यह स्पष्ट है कि राजनीतिक व्यवस्थाओं में दबाव समूह राजनीति का रूप, उसका क्षेत्र व तीव्रता तथा प्रभावकारिता का निर्धारण कई तथ्यों द्वारा होता है। सरकार की नीति-निर्णय प्रक्रिया की संरचनाओं से लेकर, किसी समाज की राजनीतिक संस्कृति तक दबाव समूहों की गतिविधियों को परिमित करती है। यही कारण है कि पश्चिमी उदार लोकतन्त्रों में भी दबाव समूहों की प्रकृति, कार्यविधि तथा प्रभावकारिता में अन्तर पाये जाते हैं। विकासशील राज्यों में सरकार की नीति-निर्णय प्रक्रिया की संरचना, दल पद्धति का स्वरूप तथा राजनीतिक संचारण इत्यादि अभी भी प्रतिमानित नहीं होने के कारण, इन राजनीतिक समाजों में दबाव समूहों की राजनीति उतार-चढ़ावों से परिपूर्ण ही रहती है।

दबाव समूहों की सक्रियता के स्तर
(LEVELS OF PRESSURE GROUP ACTIVITY)

एलेन बाल ने दबाव समूहों की सक्रियता के स्तर के संबंध में कहा है कि, "उदारवादी प्रजातन्त्रों में दबाव समूहों की कार्यविधियां मुख्यतया कार्यपालिका तथा संसदीय स्तरों पर निर्णयकारी प्रक्रियाओं को प्रभावित करने से संबंध रखती है। इनमें से किसी भी स्तर पर बल देने का प्रयास आंशिक रूप से इन तीन भिन्नताओं पर निर्भर करेगा--राजनीतिक संस्थाएं, दल-पद्धति और राजनीतिक संस्कृति।"[23] सामान्यतया दबाव समूह राजनीतिक व्यवस्था के हर स्तर पर सक्रिय रहते हैं, परन्तु इनकी सक्रियता का प्रमुख जोर उन संस्थाओं पर ही रहता है जिनसे इनके हितों की रक्षा और पूर्ति सम्बन्धी निर्णय लिए जाते हैं अर्थात राजनीतिक प्रक्रिया में जिन अभिकरणों का हाथ रहता है, उन सबके साथ दबाव समूहों का सरोकार रहता है। उन सबके स्तर पर यह सक्रिय रहने का प्रयास करते हैं। इसलिए दबाव समूहों की सक्रियता के स्तरों के बारे में यह कहना ठीक ही होगा कि यह राजनीतिक प्रक्रिया से सम्बन्धित हर निर्णय-संरचना के स्तर पर सक्रिय रहते हैं। उदाहरण के लिए, कार्यपालिका, व्यवस्थापिका, न्यायपालिका, नौकरशाही, राजनीतिक दल और निर्वाचन स्तर पर दबाव समूहों को सक्रिय देखा जाता है। इनकी सक्रियता का हम इन्हीं स्तरों पर विवेचन करेंगे।

(क) कार्यपालिका के स्तर पर सक्रियता (Activity at the executive level)—बीसवीं शताब्दी में कार्यपालिका की शक्ति और उत्तरदायित्व का क्षेत्र बढ़ गया है और उसी अनुपात में विधान मण्डलों की शक्ति का पतन हुआ है। इसलिए आजकल दबाव समूह अपनी गतिमिधियों को प्रशासकीय स्तर पर केन्द्रित करने लगे हैं। संसदीय शासनों में और कुछ सीमा तक अध्यक्षात्मक शासनों में भी विधेयकों का प्रारूप (draft) कार्यपालिका द्वारा तैयार किया जाता है। बजट-निर्माण, कर-प्रस्ताव, महत्त्वपूर्ण पदों के लिए

[23]Alan N. Ball, *op. cit.*, p. 110.

नियुक्तियों आदि से सम्बन्धित विभिन्न कार्यों में भी अब कार्यपालिका की भूमिका प्रमुख हो गई है। अतः जो दबाव समूह कार्यपालिका से सीधा सम्पर्क स्थापित करने में समर्थ होते हैं, वे कार्यपालिका के स्तर पर भी अधिक सक्रिय रहते हैं। इसके लिए वे मंत्रियों, विभिन्न मंत्रालयों के साथ सम्बद्ध परामर्शदात्री समितियों, व्यवस्थापिका के सदस्यों, दलीय गुटों तथा विरोधी दलों का सहारा लेते हैं। वे व्यवस्थापिका सभाओं में सदस्यों द्वारा प्रश्नों व ध्यानाकर्षण प्रस्तावों आदि के द्वारा भी कभी-कभी कार्यपालिका को प्रभावित करने की कोशिश करते हैं। आधुनिक समय में कार्यपालिका सम्पूर्ण राजनीतिक व्यवस्था पर छाई रहने के कारण, दबाव समूह अपनी पूरी ताकत इसे ही प्रभावित करने में लगाने लगे हैं। दलीय पद्धति के विकास ने कार्यपालिकाओं को व्यवस्थापिकाओं से सब कुछ करा सकने की अवस्था में ला दिया है। संसदीय प्रणालियों में तो सामान्यतया व्यवस्थापिका, कार्यपालिका की अनुचरी होकर रह गई है। अतः आधुनि[illegible] राजनीतिक व्यवस्थाओं में दबाव समूह अधिकतर कार्यपालिका के स्तर पर ही सक्रिय रहने का प्रयत्न करते हैं।

(ख) व्यवस्थापिका के स्तर पर सक्रियता (Activity at the legislative level)—हर राजनीतिक व्यवस्था में शासन की अधिकांश नीतियों को कानून का रूप दिया जाता है। अतः दबाव समूहों का प्रयास होता है कि कानून उनके हित में बने और इसके लिए सीधा विधायकों को ही प्रभावित किया जाए। इसके लिए दबाव समूह, चुनाव-प्रचार और आर्थिक सहायता के द्वारा विधायकों को अपने आश्रित बना लेते हैं। दबाव समूह कभी-कभी विधायकों के निर्वाचन में इतनी महत्त्वपूर्ण भूमिका निभाते पाए गये हैं कि इसके कारण ऐसे विधायकों का लगाव दलों की अपेक्षा दबाव समूहों से अधिक हो जाता है। अमरीका के दबाव समूहों व वहां के विधायकों (मुख्यतया प्रतिनिधि सभा के सदस्यों) के बीच इसी आधार पर घनिष्ठता स्थापित हो जाती है। अमरीका में विधायकों व दबाव समूहों की घनिष्ठता की चर्चा करते हुए डी० एम० बर्मन ने कहा है, "कांग्रेस (विशेषकर प्रतिनिधि सभा) के सदस्य अपने को दबाव समूहों के पंजों में दबा हुआ महसूस करते हैं। अपने दल के आदेशों के मुकाबले इन दबाव समूहों के आदेश का उन्हें अधिक ध्यान रखना होता है। इस स्थिति की उत्पत्ति की कहानी बड़ी सरल है। कांग्रेस के सदस्य अपने चुने जा सकने की सम्भावना पक्की करना चाहते हैं। चुनाव प्रचार में धन की आवश्यकता होती है। अतः सदस्यों को सदैव धन की तलाश होती है, जो उनके अपने दल के पास नहीं होता। विवश होकर उन्हें दबाव समूहों के पास जाना पड़ता है तथा वहां से धन प्राप्त करने की कीमत उन्हें चुकानी ही होती है।

एलेन बाल का अभिमत है कि आम तौर पर संसदीय स्तरों पर दबाव समूहों की सक्रियता तमाशा अधिक होती है और उस सक्रियता के बारे में छिपाव-दुराव वाली कोई बात भी नहीं होती, क्योंकि वर्तमान में व्यवस्थापिकाएं कानून निर्माण की औपचारिकता ही निभाती हैं। अतः दबाव समूह, राजनीतिक दलों अन्तर्दलीय गुटों या प्रभावशाली नेताओं व कार्यपालिका अधिकारियों की ओर अपना ध्यान अधिक देने लगे हैं। उदाहरण के लिए, ब्रिटेन एवं भारत जैसे शासनों में जहां विधायक पर दल का प्रभाव अधिक

होता है, दबाव समूह राजनीतिक दलों को ही प्रभावित करते हैं। पूरा दल प्रभाव में न आ सके तो अन्तर्दलीय गुटों या प्रभावशाली नेतृत्व को अपनी ओर किये जाने के प्रयास किये जाते हैं। उनके माध्यम से ही कोई नया कानून बनाये जाने या निर्माणाधीन कानून में संशोधन के प्रयास किए जाते हैं।

अमरीका जैसी अध्यक्षात्मक व्यवस्थाओं में जहां दल का अनुशासन उतना कठोर नहीं होता, दबाव समूह कांग्रेस के सदस्यों को निजी रूप से भी प्रभावित करने के प्रयास करते हैं, जिससे वे दल की इच्छानुसार न चलकर दबाव समूहों की इच्छानुसार मतदान करें, परन्तु अमरीका में भी यह केवल सैद्धान्तिक दृष्टि से ही सही लगता है। अमरीका में चूंकि कांग्रेस की समितियां अधिक शक्तिशाली हैं, अतः वहां अधिकतर दबाव समूह, समिति-स्तर पर ही प्रस्तावित विधेयक में वांछित संशोधनों के समावेश का प्रयास करते हैं। परन्तु जब तक विधान मण्डल राजनीतिक व्यवस्था के लिए विधि निर्माण के औपचारिक मंच रहेंगे तब तक दबाव समूहों को उस स्तर पर सक्रिय रहना ही होगा। यह दूसरी बात है कि वे विधायकों को प्रभावित करने की, परिवर्तित परिस्थितियों में पूरे जोर से कोशिश नहीं करते हैं।

(ग) न्यायपालिका के स्तर पर सक्रियता (Activity at the judicial level)—लोकतान्त्रिक राजनीतिक व्यवस्थाओं में न्यायपालिका को राजनीति से पृथक तथा मुक्त रखने की संवैधानिक व्यवस्था की जाती है तथा सामान्यतया यह भ्रांति रहती है कि दबाव समूह न्यायपालिका के स्तर पर सक्रिय नहीं रहते हैं, परन्तु वास्तव में उन देशों में जहां न्यायालयों के पास कार्यपालिका तथा विधान मण्डल के विरुद्ध निर्णय देने और राजनीतिक रूप से कानूनों का अर्थ लगाने से सम्बन्धित महत्त्वपूर्ण व व्यापक संवैधानिक शक्तियां होती हैं, वहां दबाव गुट न्यायपालिका के स्तर पर भी सक्रिय रहते हैं। संघात्मक शासन-व्यवस्थाओं में न्यायालयों को सर्वोच्चता के साथ ही साथ कार्यपालिका, व्यवस्थापिका तथा विभिन्न स्तरों की सरकारों के कार्यों की वैधानिकता की जांच का अधिकार रहता है। अतः न्यायपालिका भी एक तरह से राजनीति में सम्मिलित होने के कारण, ऐसी शासन-व्यवस्थाओं में, दबाव समूह न्यायपालिका को विभिन्न प्रकार से प्रभावित करने का प्रयत्न करते हैं। एलेन बाल के अनुसार "अमरीका में दबाव समूह ऐसे न्यायाधीशों के चुने जाने के लिए प्रयत्नशील रहते हैं जो बहुधा राजनीतिक रूप से सक्रिय रहे होते हैं। वे 'टेस्ट केसेज' का इस्तेमाल करके और न्यायाधीशों के कुछ निर्णयों को प्रभावित करने के लिए जन-अभियान चलाकर, न्यायाधीशों पर दबाव डालने की कोशिश करते हैं।" भारत में भी न्यायाधीशों को प्रभावित करने के प्रयत्न हुए हैं। ऐसा माना जाता है कि 'प्रीवीपर्सेज' तथा बैंक राष्ट्रीयकरण' के मुकदमों की सर्वोच्च न्यायालय में सुनवाई के समय, इनसे सम्बन्धित दबाव समूह, न्यायालय स्तरप पर प्रत्यक्ष तथा अप्रत्यक्ष रूप से काफी सक्रिय रहे थे।

दबाव समूहों की न्यायालयों के स्तर पर सक्रियता को अधिकांश लोग अच्छी दृष्टि से नहीं देखते हैं। लोकतन्त्र राजनीतिक व्यवस्थाओं में, न्यायालयों को सभी दबावों से मुक्त रखने की बात प्रथागत सी बन गई है। वैसे भी यह ध्यान रखने की बात है कि यद्यपि

भारत तथा अमरीका के न्यायालय और विशेष रूप से उच्चतम न्यायालय, राजनीतिक प्रक्रिया के सुदृढ़ अंग होते हैं, फिर भी न्यायालयों की परम्पराएं, न्यायाधीशों के कार्यकाल की सुरक्षा तथा निर्वाचक समूह के समक्ष उनकी दायित्वहीनता कुछ ऐसे तत्त्व हैं जो उन्हें दबाव समूहों की सक्रियता से बचाव प्रदान करते हैं।

(घ) **प्रशासनिक स्तर पर सक्रियता** (Activity at the administrative level)—अनेक दबाव समूह, संगठन तथा साधनों की अपर्याप्तता के कारण, व्यवस्थापिका अथवा कार्यपालिका को प्रभावित करने में असफल रहते हैं। ऐसे दबाव समूह प्रशासनिक स्तर पर अपने हित-साधन का प्रयास करते हैं। इस स्तर पर दबाव समूह, कानूनों की क्रियान्विति, जो कर्मचारी तन्त्र का काम है, अपने अनुकूल बनाने का प्रयास करते हैं। कभी-कभी ऐसा भी होता है कि तकनीकी ज्ञान और समयाभाव के कारण व्यवस्थापिका द्वारा पारित कानूनों में कुछ कमियां रह जाती हैं तथा उन्हें पूरा करने के लिए और उनके क्रियान्वयन के लिए कर्मचारी तन्त्र द्वारा नियम व उप-नियम बनाये जाते हैं। प्रदत्त व्यवस्थापन (delegated legislation) में कर्मचारी तन्त्र ही सारे नियम व उप-नियम बनाने का अधिकार प्राप्त कर लेते हैं। ऐसी परिस्थितियों में कर्मचारी तन्त्र को पर्याप्त अधिकार व विवेक प्राप्त हो जाता है। बाल का अभिमत है कि निधि निर्माण तथा उसके क्रियान्वयन के सम्बन्ध में तकनीकी ज्ञान की श्रेष्ठता के कारण उच्चस्तरीय अधिकारियों की स्थिति कभी-कभी मंत्रियों से अधिक महत्त्व की होती है और उनके परामर्श को मंत्री भी सहजता से टाल नहीं सकते हैं। इस कारण, दबाव समूहों को प्रशासनिक स्तर पर अपने हित साधन के अवसर सुलभ हो जाते हैं। अतः अधिकांश दबाव समूह इसी स्तर पर अधिक सक्रिय रहते हैं। विकासशील राज्यों में तो दबाव समूहों की सक्रियता प्रशासनिक स्तर पर ही अधिक देखने में आती है।

(च) **राजनीतिक दलों के स्तर पर सक्रियता** (Activity at the level of political parties)—दबाव समूहों की कार्यपालिका, व्यवस्थापिका, न्यायपालिका तथा प्रशासनिक स्तरों पर सक्रियता संवैधानिक एवं नैतिक दृष्टि से आपत्तिजनक मानी जा सकती है, पर राजनीतिक दलों से उनके सम्बन्धों के विषय में कोई आपत्ति नहीं की जा सकती। एलेन बाल का कहना है कि सामान्यतया दबाव समूहों के हितों में राजनीतिक दलों की भी रुचि होती है। इसके अतिरिक्त कुछ दल विभिन्न दबाव समूहों से ही मिलकर बनते हैं। ब्रिटेन के श्रमिक दल के बारे में यही कहा जाता है कि इसका निर्माण अनेक श्रमिक संगठनों के संयुक्त संघ के रूप में हुआ था। भारत की स्वतन्त्र पार्टी भी ऐसा ही उदाहरण है। दबाव समूह, सही अर्थों में, राजनीतिक दलों के माध्यम से ही, हर स्तर की राजनीतिक प्रक्रिया से सम्बन्ध सूत्र स्थापित कर पाते हैं। राजनीतिक दल स्वयं ही उनको ऐसे सम्बन्ध-सूत्र स्थापित करने में सहायता करते हैं क्योंकि दोनों की स्थिति पारस्परिक निर्भरता की होती है। राजनीतिक दल निर्वाचनों में दबाव समूहों से जो धन, प्रचार तथा सहयोग प्रयोग करते हैं, उसके कारण उनकी पारस्परिक घनिष्ठता ठोसता प्राप्त कर लेती है। अतः लोकतन्त्र व्यवस्थाओं में दबाव समूहों की सक्रियता राजनीतिक दलों के स्तर पर बहुत अधिक हो जाती है।

(छ) **निर्वाचन के स्तर पर सक्रियता** (Activity at the level of electorate)—दबाव समूहों की निर्वाचन के स्तर पर सक्रियता का उल्लेख करते हुए डा० इकबाल नारायण ने लिखा है "कभी-कभी विपरीत दबावों या सम्पर्क सुविधा के अभाव अथवा अन्य किसी ऐसे ही कारणवश दबाव समूह प्रत्यक्ष दबाव द्वारा अपने उद्देश्यों की सिद्धि करने में असफल रहते हैं। ऐसी स्थिति में वे चुनावों के अवसर पर संख्यात्मक अथवा आर्थिक शक्ति के बल पर राजनीतिक प्रक्रियाओं को अप्रत्यक्ष रूप से प्रभावित करने का प्रयत्न करते हैं। जाति, प्रजाति, सम्प्रदाय, वर्ग आदि की संख्यात्मक शक्ति एवं धन के बल पर सर्वप्रथम वे इस बात का प्रयत्न करते हैं कि राजनीतिक दलों, विशेषकर शासक या सम्भावित शासक दलों के प्रत्याशियों की सूची में उनके समर्थकों के नाम सम्मिलित हों। इसके लिए वे पहले दलों से आग्रह करते हैं, पर यदि दल उनका आग्रह न मानें तो वे उनके विरुद्ध प्रचार करते हैं। वे निजी तौर पर समर्थन के आश्वासन द्वारा भी प्रत्याशियों को अपने पक्ष में करने का प्रयत्न करते हैं। चुनाव लड़ना ज्यों-ज्यों महंगा हो रहा है, दबाव समूहों का महत्त्व भी उतना ही बढ़ रहा है, अतः समृद्ध दबाव समूहों का महत्त्व भी अधिक होता जा रहा है, क्योंकि प्रत्याशियों को उनके धन पर निर्भर होना पड़ता है तथा चुनाव जीतने पर उन्हें धनदाता समूह की इच्छा के अनुकूल चलना पड़ता है।"[24] अतः दबाव समूह अपने हितों के संरक्षण और संवर्द्धन के लिए चुनावों में उन प्रत्याशियों के पक्ष में प्रचार करके उन्हें सफल बनाने का प्रयत्न करते हैं जिनसे उन्हें यह आशा हो कि वे व्यवस्थापिका या सरकार में पहुंचकर उनके हितों का पोषण करेंगे। इस प्रकार दबाव समूह निर्वाचन के स्तर पर सक्रिय होकर अपने हितों से सहानुभूति रखने वाले प्रतिनिधियों को व्यवस्थापिका में पहुंचाने का भरसक प्रयत्न करते हैं।

दबाव समूहों की सक्रियता के ये स्तर केवल लोकतान्त्रिक राजनीतिक व्यवस्थाओं से ही सम्बन्धित हैं। सर्वाधिकारी तथा स्वेच्छाचारी शासन पद्धतियों के अन्तर्गत उनकी सक्रियता उस तरह नहीं चल सकती जैसे उदारवादी लोकतन्त्रीय व्यवस्था वाले देशों में चलती है। एलेन बाल ने इस सम्बन्ध में लिखा है कि "कुछ स्वेच्छाचारी पद्धतियों में आर्थिक विकास की नीची दर, अविकसित संचार व्यवस्था तथा तकनीकी प्रगति का अभाव दबाव समूहों की गतिविधियों के मार्ग में जबरदस्त बाधाएं हैं। कुछेक स्वेच्छाचारी पद्धतियों में राष्ट्रवाद पर बल दिये जाने की वजह से बहुधा जन्म से ही कुछ दबाव समूह राष्ट्रोन्मुख मूल्य पद्धति में समेट लिये जाते हैं और इस प्रकार समाज के किसी खास वर्ग या अनुभाग से उसका कोई सम्बन्ध नहीं स्थापित हो पाता। एक बात यह भी है कि इन राज्यों में बल-प्रयोग पर जोर दिया जाता है। अतः दबाव समूह की राजनीति के वैधीकरण की समस्या कठिन होती है और जो समूह पूर्णरूपेण सरकार के अधीनस्थ नहीं हैं, उन्हें शासन के आधार के प्रति शत्रुतापूर्ण अभिवृत्ति अपनाने के लिए भी बाध्य होना पड़ता है। सर्वाधिकारी शासन पद्धतियों में शासन किसी भी दबाव समूह की स्वतन्त्र सक्रियता को—खास तौर पर जब वह संगठित हो—कुचल देता है, क्योंकि इसके

[24] Iqbal Narain, *op. cit.*, p. 430.

अस्तित्व का मतलब ही यह होगा कि यह सरकार के अस्तित्व के लिए खतरा है। वहां दबाव समूहों का अस्तित्व तो होता है, जैसे राज्य-नियन्त्रित उद्योगों के प्रबन्धक पर औपचारिक रूप में समूह नहीं रहते। सारी समूह सक्रियता तथा ट्रेड यूनियन जैसे संगठन स्पष्ट रूप से राज्य द्वारा नियंत्रित होते हैं और प्रचलित विचारधारा के अधीन रहते हैं।"[25]

दबाव समूहों की कार्यविधियां
(OPERATIONAL TECHNIQUES OF PRESSURE GROUPS)

दबाव समूहों की कोई एक कार्यविधि नहीं होती है। वे अनेक तकनीकों का प्रयोग करते हैं। सामान्यतया सरकारी निर्णय-प्रक्रिया की संरचना तथा प्रचलित परिस्थितियों के द्वारा दबाव समूहों द्वारा प्रयुक्त होने वाली प्रविधियों का नियमन होता है। एक ही दबाव समूह अलग-अलग परिस्थितियों में अलग-अलग प्रकार के तरीकों का उपयोग कर सकता है। यहां ध्यान रखने की बात यह है कि दबाव समूह जिस विधि को अपने लक्ष्यों की प्राप्ति में अधिक सहायक मानता है, उसी तकनीक को अपनाता है। परन्तु मोटे तौर पर दबाव समूह निम्नलिखित तकनीकों का ही प्रयोग करते हुए पाए जाते हैं। यह इस प्रकार हैं—

(1) अनुनयन (persuation),
(2) सौदेबाजी (bargaining),
(3) सीधी कार्रवाई (direct action),

दबाव समूहों के द्वारा कार्य करने की विधियां उनके संघटन के स्वरूप, नेताओं की पहल करने की क्षमता, कर्मचारियों तथा पदाधिकारियों का तादातम्य, सदस्यों की समूह के कार्यों में भागीदारी तथा समूह की आर्थिक स्थिति के द्वारा भी निर्धारित होती है। जैसे शक्तिशाली दबाव समूह को सौदेबाजी के अधिक अवसर प्राप्त रहते हैं। जबकि छोटे व कम साधनों वाले समूह को या तो अनुनयन तक ही सीमित रहना होता है या फिर सीधी कार्रवाई का खतरा उठाना पड़ता है।

दबाव समूह और राजनीतिक दल
(PRESSURE GROUPS AND POLITICAL PARTIES)

दबाव समूहों की राजनीतिक दलों के स्तर पर सक्रियता के विवेचन में हमने इनके पारस्परिक सम्बन्धों का उल्लेख करते हुए लिखा था कि राजनीतिक व्यवस्था में दबाव समूहों के सबसे अधिक घनिष्ठ सम्बन्ध राजनीतिक दलों से होते हैं। दबाव समूहों व राजनीतिक दलों में पारस्परिक निर्भरता रहती है क्योंकि दोनों को अपने-अपने उद्देश्यों की पूर्ति के लिए एक-दूसरे की सहायता व सहयोग करना होता है, परन्तु इन दोनों के बीच

[25]Alan R. Ball, *op. cit.*, p. 113.

पारस्परिकता का यह अर्थ नहीं कि दोनों एक दूसरे के बिना कार्य ही नहीं कर सकते। सामान्यतया यह देखा जाता है कि सदा ही न तो दबाव समूह राजनीतिक दलों के ऊपर निर्भर रहते हैं और न राजनीतिक दल ही दबाव समूहों के आश्रित रहते हैं। यहां तक कि दबाव समूहों की पहल से बने राजनीतिक दल अथवा राजनीतिक दलों की पहल से बने हुए दबाव समूह, दोनों ही सदा पहलकर्त्ता संगठन के आश्रित नहीं रहते, वरन धीरे-धीरे दोनों के ही अस्तित्व का महत्त्व हो जाता है। दबाव समूह व राजनीतिक दल दोनों ही वस्तुत: कुछ विशिष्ट परिस्थितियों में परस्पर स्वतन्त्र होकर तथा कभी-कभी पारस्परिक विरोध में भी कार्य करते हैं। कुछ परिस्थितियों में तो अनेक दबाव समूह किसी एक दल के बजाय दो या उससे अधिक दलों से अपना कार्य करवाते हुए देखे गये हैं। अतः दबाव समूह व राजनीतिक दलों में पारस्परिकता व समानताएं होते हुए भी बहुत अन्तर है। इन दोनों में कुछ प्रमुख अन्तर इस प्रकार हैं—

(1) दबाव समूहों व राजनीतिक दलों में पहला अन्तर उद्देश्यों सम्बन्धी है। दबाब समूह किसी एक अथवा कुछ हितों की पूर्ति का उद्देश्य रखते हैं। इनके उद्देश्य विशिष्ट, सुस्पष्ट तथा लाभाकांक्षी होते हैं। जबकि राजनीतिक दलों के उद्देश्य, सामान्य और सम्पूर्ण समाज की हित साधना से सम्बन्धित होते हैं। व्यवहार में राजनीतिक दल कुछ भी करें, उन्हें दिखावा तो सम्पूर्ण समाज के उत्थान के लिए सक्रिय रहने का ही करना होता है।

(2) इन दोनों में दूसरा अन्तर कार्यक्षेत्र को लेकर है। दबाव समूहों का कार्यक्षेत्र विशिष्ट और संकीर्ण होता है जबकि दलों का बहुरूपी और विस्तृत होता है, क्योंकि उन्हें करोड़ों मतदाताओं का समर्थन पाना होता है और एक जटिल और विशाल कार्यक्रम के आधार पर सामान्य समस्याओं से निपटना होता है। दबाव समूहों के हितों व लक्ष्यों का सम्बन्ध मानव जीवन के पहलू विशेष से ही रहता है जबकि राजनीतिक दलों को मनुष्य के सम्पूर्ण जीवन से सम्बन्धित गतिविधियों का ध्यान रखना होता है। अत: इन दोनों में कार्यक्षेत्र सम्बन्धी अन्तर भी है।

(3) दबाव समूहों व राजनीतिक दलों में मौलिक अन्तर सदस्यता को लेकर होता है। दबाव समूहों की सदस्यता अनन्य या अपवर्जक (exclusive) नहीं होती है। एक ही समय में एक ही व्यक्ति एक से अधिक दबाव समूहों का सदस्य हो सकता है जबकि राजनीतिक दलों की सदस्यता अनन्य होती है। एक व्यक्ति, एक समय में केवल एक ही राजनीतिक दल का सदस्य रह सकता है।

(4) दबाव समूह राजनीतिक प्रक्रिया का स्वयं भाग नहीं बनते जबकि राजनीतिक दल राजनीतिक प्रक्रिया पर अधिकार प्राप्त करने का प्रयत्न करते हैं। इस अर्थ में दबाव समूह, राजनीतिक खेल के अभिनेता न होकर केवल बाहरी तमाशबीन ही रहते हैं। वे निर्णय-प्रक्रिया को प्रभावित करने में ही रुचि रखते हैं, स्वयं निर्णय लेने वाले बनने का प्रयत्न नहीं करते हैं।

(5) दबाव समूह राजनीतिक दलों की भांति निर्वाचन के लिए अपने उम्मीदवार भी खड़े नहीं करते हैं। अत: उनका कोई चुनाव क्षेत्र नहीं होता है, परन्तु राजनीतिक दलों

का सर्वोपरि उद्देश्य सरकार पर कब्जा जमाने का होने के कारण वे निर्वाचनों में उम्मीदवार खड़े करके उन्हें विजयी कराने की जी-जान से कोशिश करते हैं।

(6) इन दोनों में संगठन सम्बन्धी अन्तर भी होता है। राजनीतिक दल राष्ट्रव्यापी संगठन रखते हैं परन्तु दबाव समूहों के ऐसे संगठन कम ही होते हैं। वैसे आधुनिक समय में अनेक आर्थिक दबाव समूह या श्रम संघ राजनीतिक दलों से भी व्यापक संगठन वाले होने लगे हैं। इसी तरह राजनीतिक दल भी केवल प्रादेशिक या स्थानीय स्तर तक बनने लगे हैं। अतः इन दोनों में संगठन सम्बन्धी अन्तर केवल मात्रात्मक ही रह जाता है।

दबाव समूहों व राजनीतिक दलों के बीच इन अन्तरों का यह अर्थ नहीं है कि यह दोनों समानताएं नहीं रखते हैं, परन्तु इन दोनों में सावयवी सम्बन्ध नहीं हो सकता। प्रायः यह कहा जाता है कि जब दबाव समूह अत्यधिक संगठित और प्रभावशाली रूप में समाज में व्याप्त रहते हैं तो राजनीतिक दल उनके प्रभाव और संगठन की तुलना में कमजोर पड़ते हैं और जहां राजनीतिक दल विशेष रूप से सबल एवं संगठित होते हैं वहां दबाव समूह पिछड़ जाते हैं। हरमन फाइनर ने इस बारे में लिखा है कि "जहां सिद्धान्त और संगठन में राजनीतिक दल कमजोर होंगे वहां दबाव समूह पनपेंगे, जहां दबाव समूह शक्तिशाली होंगे वहां राजनीतिक दल कमजोर होंगे और जहां राजनीतिक दल शक्तिशाली होंगे वहां दबाव समूह दबा दिए जाएंगे।"[26] फाइनर का यह कथन पश्चिमी लोकतन्त्रों में ही, जहां राजनीतिक दल व दबाव समूह दोनों ही सुविकसित हैं, खरा उतरता है। अनेक विकासशील राजनीतिक व्यवस्थाओं में अभी दलों व समूहों का कोई सुदृढ़ संगठन नहीं पाया जाता। अतः इन व्यवस्थाओं में दबाव समूहों व राजनीतिक दलों में कोई विशेष अन्तर ही नहीं किया जा सकता, क्योंकि इन व्यवस्थाओं में अनेक दल तो मुख्यतः चुनाव अवधि के ही अस्तित्व में रहते हैं तथा बाद में निष्प्रभावी हो जाते हैं। यही बात दबाव समूहों के बारे में कही जा सकती है। इनका उत्थान-पतन भी नाटकीय ढंग से होता रहता है।

दबाव समूह और लोकतन्त्र
(PRESSURE GROUPS AND DEMOURACY)

दबाव समूहों को लोकतन्त्र की जीवन-डोर कहा जाता है। लोकतन्त्र व्यवस्था में सरकारें चुनावों के समय ही जनता के प्रति उत्तरदायित्व की वास्तविक स्थिति में आती हैं। दो चुनावों के अन्तराल में राजनीतिक दल और दबाव समूह ही सरकारों को जनहित के प्रति जागरूक व सचेत रखते हैं, परन्तु राजनीतिक दल विचारधाराओं व अनुशासन के शिकंजों में जकड़े होने के कारण, जनता व सरकार के बीच मध्यस्थ की सीमित भूमिका ही अदा कर पाते हैं। ऐसी अवस्था में दबाव समूह ही जनता के असंख्य हितों की पूर्ति के

[26] Herman Finer, *The Theory and Practice of Modern Governments*, 4th (ed.), London, Methuen, 1961, p. 326.

लिए सरकार से सम्पर्कशील रहते हैं। यह सरकारों पर अंकुश रखते हैं तथा सरकारों को मनमानी करने से रोकने के लिए आन्दोलन, प्रदर्शन तथा धरनों तक का मार्ग अपनाते हैं।

ट्रूमैन ने अपनी पुस्तक **दी गवर्नमेन्टल प्रोसेस** में दबाव समूहों को लोकतान्त्रिक व्यवस्था की सुरक्षा और उसके, सरल निर्वाह के लिए बड़ा सहायक माना है। उसके अनुसार प्रत्येक व्यक्ति एक से अधिक समूहों का सदस्य होता है, अतः पारस्परिक प्रतियोगितारत समूहों के द्वारा खेल के नियमों के पालन में मर्यादा उल्लंघन किए जाने पर वह अपनी ओर से तीव्र प्रतिक्रिया ही व्यक्त नहीं करता, अपितु अपने स्वयं के समूह को भी मर्यादा का उल्लंघन नहीं करने देता, क्योंकि इसका अर्थ यह होता है कि अन्य समूहों के सदस्य के रूप में उसके अपने ही हितों को चोट पहुंच सकती है। इस प्रकार की क्रिया व प्रतिक्रिया के प्रचलन से समूहों के पारस्परिक व्यवहार की एक ऐसी मर्यादा बन जाती है, जिसका पालन प्रायः सभी समूहों को अनिवार्य रूप से करना होता है तथा इस स्थिति के कारण किसी भी समूह व शासन द्वारा सत्ता के दुरुपयोग की संभावनाएं न्यूनतम रहती हैं। परिणामस्वरूप कोई भी एक समूह अनावश्यक रूप से शक्तिशाली नहीं हो पाता तथा इस प्रकार चूंकि विविध समूहों व शासन के बीच शक्ति का एक सक्रिय संतुलन बना रहता है, लोकतन्त्र खूब फलता-फूलता है। ट्रूमैन ने इस सम्बन्ध में इस बात पर विशेष बल दिया है कि प्रतियोगिता यदि अमर्यादित होगी तो जनतांत्रिक परम्पराएं अक्षुण्ण नहीं रहेंगी, वरन लोकतन्त्र केवल तभी सफल होगा जब समूह प्रतियोगितारत रहते हुए भी परम्परागत नियमों व सीमाओं का ध्यान रखेंगे।

लोकतन्त्र में समूह बनाने की स्वतन्त्रता होती है। इसलिए लोकतान्त्रिक व्यवस्थाओं में व्यक्ति एक साथ ही युवक, जातीय, धार्मिक, क्षेत्रीय, व्यावसायिक, भाषायी, वर्गीय, लोकार्थी, उपभोक्ता, उत्पादक आदि अनेक प्रकार के संगठनों का सदस्य होता है। इन समूहों की उसकी सदस्यता औपचारिक भले ही न हो, किसी संकट या सरकार के अनावश्यक अत्याचार के समय उनकी सहानुभूति ऐसे संगठनों, जो संकट का सामना करने या अत्याचार का विरोध करने का कार्य करते हैं, के प्रति स्वतः जागृत हो जाती है तथा इस समर्थन से ऐसे समूहों की स्थिति इतनी अधिक शक्तिशाली हो जाती है कि कोई शासक या अन्य प्रभुत्वशील वर्ग दूसरे वर्गों के हितों की कीमत पर अपने हितों की पूर्ति वास्तविक तथा सम्भावित दोनों ही प्रकार के खतरे को मोल लिए बिना नहीं कर सकता है। अतः लोकतान्त्रिक व्यवस्था के संचालन में समूहों का महत्त्व अत्यन्त विशिष्ट है। दवाव समूह परस्पर प्रतियोगितारत रहते हुए विभिन्न तकनीकों से केवल शासकीय नीतियों को ही प्रभावित नहीं करते वरन वे सरकार पर प्रभावी अंकुश भी रखते हैं। इसलिए ही लोकतन्त्र के सफल क्रियान्वयन के लिए प्रतियोगी दबाव समूहों का अस्तित्व आवश्यक ही नहीं अनिवार्य बताया गया है।

दबाव समूह राजनीतिक समाज में उग्रता (extremism) के सशक्त अवरोधक रहते हैं। प्रत्येक राजनीतिक समाज में विविध समूहों के हित विविध प्रकार के होते हैं। ये समूह शासन की नीतियों को विविध दिशाओं में प्रभावित करने के लिए सचेष्ट रहते हैं।

अतः विविध समूहों में शासन को अपनी-अपनी ओर खींचने की प्रतियोगिता चलती रहती है। इन समूहों में यह प्रतियोगिता प्रायः सदा चलती रहती है और इस प्रतियोगिता के मैदान में नये-नये समूहों के उतरने की सम्भावना भी सदैव बनी रहती है। इस प्रतियोगिता के कारण विविध समूहों की कार्यप्रणाली की एक मर्यादा-सी बन जाती है जिसका पालन उन्हें प्रायः अनिवार्य रूप से करना पड़ता है। कोई भी समूह उग्र बनना चाहकर भी नहीं बन सकता है, क्योंकि किसी समूह के द्वारा उग्रता का प्रदर्शन तुरन्त ही उसके प्रतिद्वन्द्वी समूह को सचेत व सक्रिय कर देता है। यह प्रतिद्वन्द्वी समूह अपने हितों को खतरा देखकर उग्रवादी समूह के रास्ते में खड़ा हो जाता है जिससे उसको पुनः समूह-खेल की मर्यादाओं में लौटना पड़ता है। अतः दबाव समूह उग्रता पर प्रभावशाली रोक लगाकर लोकतन्त्र को सुरक्षित रखने की महत्त्वपूर्ण भूमिका अदा करते रहते हैं। इसी तरह, दबाव समूह शक्ति के संतुलक भी कहे जा सकते हैं, क्योंकि इनके कारण विभिन्न हितों के बीच संतुलन बना रहता है और यह हितों का संतुलन समाज में आर्थिक, सामाजिक और राजनीतिक शक्ति को भी संतुलन की अवस्था में रखता है। इस कारण कोई भी एकमात्र प्रभावशील सत्ता उदित नहीं हो पाती है। व्यापारी, श्रमिक, किसान, जातीय और धार्मिक समुदाय आदि सभी अपने हितों को प्राप्त करना चाहते हैं, किन्तु वे एक-दूसरे से प्रतियोगिता करने के लिए मजबूर हो जाते हैं जिसका अनिवार्य परिणाम यह निकलता है कि एक-दूसरे के मार्गों के बीच संतुलन स्थापित हो जाता है। यह संतुलन प्रवृत्ति समाज को उस स्थिति से बचाती है जिसमें व्यक्तिगत समुदाय ही सारी शक्ति को हथिया लेते हैं। अतः दबाव समूह समाज में शक्ति के संतुलन को बनाए रखने में सहायक होकर लोकतन्त्र को सुदृढ़ता प्रदान करते हैं।

इस तरह दबाव समूह लोकतन्त्र व्यवस्था के आधार स्तम्भ बन जाते हैं। यह दो चुनावों के अन्तराल में राजनीतिक गतिविधियों को गत्यात्मकता ही प्रदान नहीं करते हैं वरन शासकों को उत्तरदायित्व की अवस्था में रखने में सहायक होते हैं। यह सरकार की निरंकुशता में महत्त्वपूर्ण अवरोधक बने रहते हैं तथा सरकार को जनहितों के प्रति सजग व सचेत रखते हैं। अतः इनको लोकतन्त्र की 'जीवन-डोर' कहना ठीक ही माना जा सकता है। लोकतन्त्र व्यवस्था प्रायः उग्रता या किसी वर्ग विशेष में अनियन्त्रित शक्ति की केन्द्रता से ही खतरे में पड़ती है। दबाव समूह किसी भी समूह या वर्ग या संस्था द्वारा किए गए उग्रता के प्रयत्नों का शमन करके शक्ति संतुलन को बनाए रखते हैं। इससे लोकतन्त्र व्यवस्था सुस्थिर तथा सुदृढ़ रहती है।

दबाव समूह और जनमत
(PRESSURE GROUPS AND PUBLIC OPINION)

दबाव समूह शासकीय नीतियों को प्रभावित करने के लिए जन समर्थन का सहारा भी लेते रहते हैं। लोकतन्त्र व्यवस्थाओं में सरकार जनमत की अवहेलना नहीं कर सकती। अतः जनमत को अपने पक्ष में करके भी दबाव समूह शासकीय नीतियों को प्रभावित

करने एवं अपने हितों की पूर्ति करने का प्रयास करते हैं। शासनतन्त्र पर दबाव डालने में कभी-कभी जनमत की सहानुभूति बड़ी सहायक सिद्ध होती है, पर जनमत को अपने पक्ष में करने की युक्ति की सफलता संचार साधनों के प्रभावी उपयोग पर निर्भर करती है। इकबाल नारायण ने इस सम्बन्ध में ठीक ही लिखा है, "प्रचार या अन्य तकनीकों के द्वारा जनमत जाग्रत करने का अर्थ प्रायः जनमत की सहानुभूति प्राप्त करना होता है तथा कभी-कभी जनता स्वयं भी दबाव समूहों की ओर से आंदोलनों में भाग लेती है। अनेक बार ऐसा भी होता है कि एक दबाव समूह दूसरे दबाव समूह का समर्थन प्राप्त कर लेता है तथा सत्तारूढ़ दल पर दोनों मिलकर दबाव डालते हैं।"[27] दबाव समूह जनमत को अपने हितों के अनुरूप बनाने के प्रयत्न में, जनमत को निर्मित करने के महत्त्वपूर्ण साधन बन जाते हैं। वे जनता के सामने अपने-अपने हितों के रूप में अनेक विकल्प रखते रहते हैं जिससे जनसाधारण शिक्षित होता है और अपना मत अभिव्यक्त करने की अवस्था में आता है।

विभिन्न राजनीतिक व्यवस्थाओं में दबाव समूह
(PRESSURE GROUPS IN VARIOUS POLITICAL SYSTEMS)

राबर्ट सी० बोन की मान्यता है कि सभी दबाव समूह राजनीतिक व्यवस्था की विषय-परिधि में ही कार्य करते हैं। राजनीतिक व्यवस्था की संरचना, दबाव समूहों की गतिविधियों की निर्धारक और निरूपक होती है। अतः हर राजनीतिक व्यवस्था में दबाव समूह राजनीति की प्रकृति व प्रभाव भिन्न-भिन्न प्रकार का होता है। यहां हर राजनीतिक व्यवस्था में दबाव समूहों का अलग-अलग अध्ययन करना सम्भव नहीं होने के कारण हम सभी राजनीतिक व्यवस्थाओं को पांच प्रवर्गों में विभक्त करके, हर एक में दबाव समूह राजनीति की विशेषताओं का विवेचन करेंगे। राबर्ट सी० बोन ने सभी राजनीतिक व्यवस्थाओं को, उनमें मोटे लक्षणों की समानता के आधार पर, पांच श्रेणियों में विभक्त किया है—(क) आंग्ल-अमरीकी राजनीतिक व्यवस्थाएं, (ख) संघटित महाद्वीपी यूरोपीय व्यवस्थाएं, (ग) खण्डमयी महाद्वीपी यूरोपीय व्यवस्थाएं, (घ) सर्वाधिकारी राजनीतिक व्यवस्थाएं, और (ङ) विकासशील राष्ट्रों की राजनीतिक व्यवस्थाएं।

आंग्ल-अमरीकी राजनीतिक व्यवस्थाओं में दबाव समूह (Pressure Groups in the Anglo-American Political Systems)

दबाव समूह राजनीति के निर्धारकों में हमने यह देखा था कि राजनीतिक व्यवस्था की प्रकृति व विशेषताएं, दबाव समूहों की गतिविधियों का निर्धारण करती हैं। अतः विभिन्न राजनीतिक व्यवस्थाओं में दबाव समूहों की प्रकृति को राजनीतिक व्यवस्था के लक्षणों के संदर्भ में ही समझने का प्रयास करना आवश्यक है। आंग्ल-अमरीकी राज-

[27] Iqbal Narain, *op. cit.*, p. 432.

नीतिक व्यवस्थाओं में कुछ ऐसी राजनीतिक, सांस्कृतिक व आर्थिक विलक्षणताएं हैं कि इनके कारण, इन राजनीतिक व्यवस्थाओं में दबाव समूह राजनीति एक विशिष्ट प्रतिमान में ढल गई है। अतः हम इन विशेषताओं के संदर्भ में ही दबाव समूह राजनीति का विवेचन करेंगे। आमन्ड ने आंग्ल-अमरीकी राजनीतिक व्यवस्थाओं की राजनीतिक संस्कृति की निम्नलिखित विशेषताओं का उल्लेख किया है।[28] (1) राजनीतिक व्यवस्था में सम्मिलित सभी व्यक्ति साधनों व साध्यों पर एक से विचार रखते हैं। (2) राजनीतिक व्यवस्था की स्वीकृत परिचालन विधियों में नीतियों की परीक्षा-प्रणाली, सौदेबाजी तथा तर्क-सम्मत गणना (rational calculation) इत्यादि तकनीकें सम्मिलित हैं। (3) मूल्यों में बहुलता शासकीय, राजनीतिक व हितों के स्तर पर विभिन्नीकृत परन्तु स्थायी भूमिकाएं उत्पन्न करती है। (4) पारस्परिक अन्तःनिर्भरता के बावजूद यह सभी इकाइयां—शासकीय, राजनीतिक व हित समूह, स्वायत्त, संगठित तथा पूर्णकालिक पेशेवर अधिकारियों के द्वारा प्रशासित होती हैं। (5) प्रतियोगी इकाइयों में निरन्तर अन्योन्याश्रितता रहती है जिससे सत्ता या प्रभाव का बहुत अधिक केन्द्रीकरण नहीं होता है। (6) अधिकांश नागरिक, जो राजनीतिक प्रभावकारिता का शक्तिशाली बोध रखते हैं, यह मानते हैं कि वे राजनीतिक मामलों की अवस्था में इच्छित परिवर्तन ला सकते हैं।

आंग्ल-अमरीकी राजनीतिक व्यवस्थाओं में राजनीतिक संस्कृति की इन विशेषताओं के कारण इनमें दबाव-समूहों की प्रकृति विशिष्ट प्रकार की बन जाती है। इन देशों में दबाव समूहों के कुछ प्रमुख लक्षण उल्लेखनीय हैं। संक्षेप में, यह विशेषताएं निम्नलिखित हैं—

(1) बहुसंख्यक दबाव-समूह परिस्थिति-जन्य प्रकृति (situational in character) वाले होते हैं। आंग्ल-अमरीकी राजनीतिक समाजों में राजनीतिक खेल के आधारभूत सिद्धान्तों में सहमति के कारण, यहां अभिवृत्तात्मक दबाव समूहों का समाज में नगण्य स्थान रह जाता है। इन देशों में अधिकांश दबाव समूह अपने सदस्यों की अवस्था की सुरक्षा व उसके सुधार का लक्ष्य रखते हैं।

(2) कार्य विधि की दृष्टि से आंग्ल-अमरीकी दबाव समूह विधि-सम्मत प्रक्रियाओं का अनुसरण करने के कारण क्रांतिकारी परिवर्तनों की कोई आकांक्षा नहीं रखते हैं। वे प्रचलित ढांचे में ही कार्यरत रहना पसंद करते हैं, लेकिन इस विषय-परिधि में रहते हुए भी विभिन्न दबाव समूहों में सामान्यतया तीव्र और सुसंगत प्रतियोगिता चलती रहती है।

(3) अधिकंतर दबाव-समूह परिस्थितात्मक प्रकृति के होने के कारण, उनकी प्रेरक शक्ति बहुत कुछ स्व-हित ही रहती है। इस अर्थ में आंग्ल-अमरीकी दबाव समूह विशिष्ट हितवादी कहे जा सकते हैं। परिस्थिति-जन्य होने के कारण ऐसे दबाव समूह सामान्य

[28]Gabriel A. Almond, "Comparative Political Systems," *Journal of Politics*, Vol. XVIII, August 1956, p. 394.

हित साधना का लक्ष्य अंगीकृत नहीं कर सकते।

(4) विकसित और तकनीकी (technological) समाजों के संदर्भ में अधिकतर दबाव समूह संस्थात्मक तथा समुदायात्मक प्रकारों के ही होते हैं। ब्रिटेन और अमरीका में ऐसे ही संदर्भ के कारण असमुदायात्मक दबाव समूहों के निर्माण का आधार ही नहीं पाया जाता। अतः इन देशों में संस्थात्मक तथा समुदायात्मक प्रकार के दबाव समूहों का ही प्राधान्य है।

(5) आंग्ल-अमरीकी समाजों की अत्यधिक पेचीदगी के कारण इन राजनीतिक व्यवस्थाओं में दबाव समूह गहन विशिष्टीकरण (intensive specialization) के साथ ही साथ पेशेवर होते गए हैं। इनके सदस्य निरन्तर सक्रिय रहते हैं तथा उनका पूरे समय सदस्यों की हित रक्षा या वृद्धि का ही कार्य रहता है। दबाव समूहों की पेशेवरता तथा निरन्तरता आंग्ल-अमरीकी राजनीतिक व्यवस्थाओं में ही दृष्टिगोचर होती है। अन्यत्र ऐसे दबाव समूह कम ही पाए जाते हैं।

(6) इन देशों में दबाव समूहों के बीच नाजुक अन्तःनिर्भरता के साथ ही साथ सभी समूहों का सहयोगी प्रयत्न तथा उनमें आधारभूत आत्मसंयम रहता है। इसके कारण राजनीतिक व्यवस्था में कोई भी दबाव समूह बहुत अधिक प्रबल नहीं बन पाता है। दबाव समूह परस्पर विरोधी दृष्टिकोणों को भी अनुकूल या समायोजित करने का सतत प्रयास करते हुए पाए जाते हैं। अतः आंग्ल-अमरीकी दबाव समूह संतुलन-चक्र (balancing wheel) के रूप में विभिन्न संस्थाओं, व्यवस्थाओं व प्रक्रियाओं को संतुलित रखते हैं।

आंग्ल-अमरीकी राजनीतिक व्यवस्थाओं में पाए जाने वाले दबाव समूहों की इन विशेषताओं का यह अर्थ नहीं है कि दोनों देशों के दबाव समूह हर दृष्टि से एक समान हैं। वास्तव में इनमें काफी अन्तर भी पाए जाते हैं। इन दोनों देशों में सरकार की औपचारिक संरचनाओं व दलीय पद्धति के अन्तरों के कारण दबाव समूहों की प्रकृति, संगठन व लक्ष्यों में विविधता पाई जाती है। आंग्ल-अमरीकी दबाव समूहों में पाए जाने वाले कुछ अन्तर इस प्रकार हैं—

(1) अमरीका में दबाव समूह हमेशा ही कलंक या लांछन-युक्त रहे हैं जबकि ब्रिटेन में दबाव समूहों को शंका की दृष्टि से नहीं देखा जाता। राबर्ट सी० बोन ने इस संदर्भ में लिखा है, "अमरीकी दबाव समूह ऐसी राजनीतिक संस्कृति में परिचालित होते हैं कि एक अजीब विरोधाभाषी स्थिति उत्पन्न हो जाती है। एक तरफ तो सभी दबाव समूहों को अनुचित समझा जाता है तथा दूसरी तरफ उन्हें प्रभाव डालने के विचित्र अवसर उपलब्ध कराए जाते हैं।" अमरीका की राजनीतिक संस्कृति की यह भ्रांतिमय विलक्षणता है कि यहां सरकार व राजनीतिक दलों से किसी भी प्रकार की पहल करने की अपेक्षा नहीं की जाती है। इसके विपरीत यह माना जाता है कि अच्छी तरह से अवगत व सजग नागरिक स्वयं ही मांग करके सरकार व दलों को कुछ करने व समाधान निकालने के लिए आगाह करेंगे और नयी सरकार को मांगों के बारे में निर्णय करना होगा। इसमें वैसे तथ्य व सत्यता का अधिक अंश नहीं है। फिर भी इस आदर्शवादिता के कारण राजनीतिक व्यवस्था में दबाव समूह महत्त्वपूर्ण मान लिए जाते हैं। ये बहुमतों के

निर्णय-प्रयत्नों को विफल करने तथा अपने हितों के अनुरूप अनर्थकारी व दुष्ट कार्यक्रमों को प्रतिस्थापित करने वाले समझे जाने लगते हैं। दूसरी तरफ, संघात्मक व्यवस्था, शक्तियों का पृथक्करण तथा दलीय ठोसता का अभाव इनको प्रभाव डालने के अनगिनत अवसर सुलभ कराके इनके प्रति शंकाओं को बढ़ाने में सहायक होता है, परन्तु ब्रिटेन में दबाव समूहों को राजनीतिक प्रक्रिया के आवश्यक भाग माना जाता है। एकात्मक व्यवस्था, संसद की सर्वोच्चता तथा संसदीय शासन प्रणाली के कारण ब्रिटेन में राजनीतिक संस्कृति दबाव समूहों को अपने में लपेटे हुए रहती है। अत: यहां दबाव समूहों की भूमिका राजनीतिक व्यवस्था की पूरक मानी जाती है।

(2) अमरीका में दबाव समूह, राजनीतिक व्यवस्था की विशेष प्रकृति के कारण, राजनीतिक रिक्तता भरने का अवसर प्राप्त कर लेते हैं। इस प्रकार की राजनीतिक रिक्तता ब्रिटेन की राजनीतिक व्यवस्था में नहीं होने के कारण, दबाव समूह राजनीतिक प्रक्रिया में इस प्रकार का प्रवेश प्राप्त नहीं कर सकते जिस प्रकार अमरीका में दबाव समूह कर पाते हैं। इस तरह, अमरीका में दबाव समूह राजनीतिक व्यवस्था को सावयवी संरचना बनाने में योगदान देते हैं जबकि ब्रिटेन में दबाव समूहों की भूमिका इतनी आधारभूत नहीं होती है।

(3) अमरीका में दबाव समूह सरकार व राजनीतिक दलों द्वारा रूपान्तरण के लिए मांगों के निवेश (inputs of demands) प्रस्तुल करते हैं तथा समस्याओं व मसलों पर उनकी भिन्नता के कारण उनके सरलीकरण तथा स्पष्टीकरण में सहायक होते हैं। आज भी सक्रिय राज्य के विचार के बावजूद, अमरीकी दबाव समूह विभिन्न विचार-वस्तुओं व समस्याओं को परिष्कृत व सुस्पष्ट करने का कार्य करते हैं। ब्रिटेन में दबाव समूह, राजनीतिक व्यवस्था से मांगों के निवेश प्रस्तुत करने का कार्य बहुत सीमित रूप से ही करते हैं। संसदीय शासन प्रणाली में राजनीतिक दलों की विशेष स्थिति होती है। सरकारों के उत्थान-पतन में राजनीतिक दलों के उतार-चढ़ाव का हाथ प्रमुख होता है। अत: ऐसी व्यवस्था में, राजनीतिक दल ही राजनीतिक व्यवस्था में निवेश प्रस्तुत करते हैं। इस कारण ब्रिटेन में दबाव समूहों की भूमिका मांगों के निवेश प्रस्तुत करने में भी बहुत कुछ सीमित ही रहती है।

(4) अमरीका में आम जनता राजनीति से उदासीन रहती है। राष्ट्रपति के चुनावों में अवश्य ही मतदान प्रतिशत 60 प्रतिशत तक रहता है परन्तु अन्य सभी निर्वाचनों में यह 40 प्रतिशत से ऊपर नहीं जाता है। अनेक अध्ययनों द्वारा यह पुष्ट होता है कि अमरीका की एक-तिहाई जनता राजनीति से विरक्त ही रहती है तथा सक्रिय सहभागिता बहुत कम ही नागरिकों की रहती है। इस कारण, अमरीका में दबाव समूह राजनीतिक प्रक्रिया में नागरिकों को सहगामी बनाने में महत्त्वपूर्ण भूमिका निभाते हैं। ब्रिटेन में जनता की राजनीतिक सहभागिता दलों के माध्यम से ही अधिक व्यावहारिक बनती है।

(5) अमरीका में दबाव समूहों का एक नया प्रकार लोकप्रिय होने लगा है। कुछ सामान्य हितों की सिद्धि के लिए अमरीका में अभिवृत्तात्मक समूहों का गठन होने लगा है। बुद्धिपरक शिल्प-वैज्ञानिक समाज में प्रदूषण के सम्भावित खतरों के प्रति जनता की

चिंता बढ़ने के कारण इसकी रोकथाम के लिए दबाव समूह का औपचारिक गठन तथा वियतनाम युद्ध के विरोध में बने संगठन अभिवृत्तात्मक समूह थे। रंगभेद व मानव अधिकारों से सम्बन्धित दबाव समूह भी बढ़ते जा रहे हैं। ब्रिटेन में अभिवृत्तात्मक समूहों का गठन अभी भी विशेष व्यापकता नहीं प्राप्त कर सका है।

इस प्रकार आंग्ल अमरीकी दबाव समूहों में, राजनीतिक संरचनाओं व दलीय पद्धति की आंतरिक रचनाओं के अंतरों के कारण, काफी भिन्नता पाई जाती है। इन दोनों व्यवस्थाओं में दबाव समूह एक और महत्त्वपूर्ण भिन्नता रखते हैं। यह दबाव समूहों तथा सरकार के आपसी सम्बन्धों से सम्बन्धित है। ब्रिटेन में सरकार व दबाव समूहों के बीच सम्पर्कता को औपचारिक ढंग से संस्थागत रूप प्राप्त है। एक्सटीन[29] ने इसके चार प्रकार बताये हैं। यह हैं—(1) औपचारिक दबाव समूह शिष्टमंडल और वार्ता समितियां, (2) अनौपचारिक अर्ध-सामाजिक सम्पर्क व्यवस्थापिकाएं, (3) दबाव समूहों के मामलों से सम्बन्धित सरकारी समितियों में उनका प्रतिनिधित्व, (4) दबाव समूहों को सरकारी नीतियों के निश्चय में ही नहीं उनके वास्तविक प्रबन्ध में भी सम्मिलित किया जाता है। इस तरह ब्रिटेन में दबाव समूहों के प्रतिनिधियों तथा प्रशासकीय अधिकारियों के बीच सहयोग को बढ़ावा दिया जाता है जबकि अमरीका में इन दोनों के बीच हर सम्पर्क को शंका की दृष्टि से देखा जाता है। इसी कारण ब्रिटेन में संसद के सदस्य दबाव समूहों के हितों व दृष्टिकोण का प्रतिनिधित्व करने के कारण अनेक दबाव समूहों से नियमित तनख्वाह तथा चुनाव-अभियान में वित्तीय सहायता प्राप्त करते रहे हैं। एक्सटीन का कहना है कि ब्रिटेन में एक सौ से अधिक संसद सदस्य श्रम संघों से नियमित रूप से धन प्राप्त करते हैं। इसी तरह संसद सदस्य स्वयं भी दबाव समूहों के सक्रिय अवैतनिक सदस्य रहते हैं और समूह विशेष के दृष्टिकोण की सुरक्षा करने का कार्य करते हैं। परन्तु अमरीका में दबाव समूह ऐसा सम्बन्ध न प्रशासन से रख सकते हैं और न ही संसद सदस्यों को खुलकर वित्तीय सहायता देते हैं। अमरीका में अक्सर राजनीतिज्ञों का उज्ज्वल राजनीतिक पेशा, दबाव समूहों के द्वारा दी गई वित्तीय सहायता के भण्डाफोड़ से चौपट होता रहा है। अतः निष्कर्ष में यह कहा जा सकता है कि अमरीका की राजनीतिक संस्कृति में दबाव समूहों को शंका की दृष्टि से देखा जाता है जबकि ब्रिटेन में इन्हें राजनीतिक प्रक्रिया का स्वस्थ अंग माना जाता है। इस निष्कर्ष का यह अर्थ नहीं है कि दबाव समूहों की भूमिका अमरीका के मुकाबले में ब्रिटेन में अधिक है। वास्तव में सही बात इसके बिलकुल विपरीत है। ब्रिटेन में दबाव समूह राजनीति को राजनीतिक खेल का आवश्यक भाग बनाकर, दबाव समूहों की गतिविधियों को बहुत कुछ औपचारिक वसीमित बना दिया गया है। जबकि अमरीका में इनकी गतिविधियों में उत्तरोत्तर वृद्धि होती जा रही है।

आंग्ल-अमरीकी दबाव समूहों के बारे में एक बात यह भी विशेष लगती है कि दोनों ही देशों में कोई भी राजनीतिक दल किसी एक दबाव समूह के पूर्ण नियंत्रण व अधीनत

[29]Harry Eckstein, *op. cit.*, p. 11.

में नहीं है। फ्रांस व अन्य यूरोपियन राज्यों में कुछ दबाव समूह राजनीतिक दलों के भाग्य विधाता बने रहते हैं। यहां यह भी ध्यान रखना है कि अमरीका में दबाव समूहों की गतिविधियों के इतने अवसर प्रस्तुत होते हैं कि सम्पूर्ण राजनीतिक व्यवस्था में इनकी घुसपैठ हो जाती है। संघात्मक व्यवस्था के अन्तर्गत शक्ति का प्रादेशिक फैलाव, शक्तियों का पृथक्करण, दो समान शक्ति वाले परन्तु पृथक, व्यवस्थापिका सदन, कांग्रेस की समितियों को असीमित अधिकार तथा ठोस अनुशासन वाले राष्ट्रीय दलों का अभाव दबाव समूह राजनीति को उग्र, व्यापक तथा महत्त्वपूर्ण बना देते हैं। ब्रिटेन में ऐसी स्थितियों के अभाव के कारण दबाव समूह बहुत कुछ संयमित रहते हैं।

संघटित महाद्वीपी यूरोपीय राजनीतिक व्यवस्थाओं में दबाव समूह (Pressure Groups in the Integrated Continental European Systems)

इटली व फ्रांस को छोड़कर, पश्चिमी यूरोप के सभी राज्य-पश्चिमी जर्मनी, बेलजियम, नैदरलैण्डस, लग्जेमबर्ग, आस्ट्रिया, स्विट्ज़रलैंड तथा स्केन्डीनेवियन राज्य, संघटित महाद्वीप यूरोपीय राजनीतिक व्यवस्थाओं की श्रेणी में सम्मिलित किए जाते हैं। इन राजनीतिक व्यवस्थाओं में ऐसे लक्षण पाए जाते हैं जिनके कारण दबाव समूहों की प्रकृति मोटी समानता वाली कही जा सकती है। राबर्ट सी० बोन ने इन राजनीतिक व्यवस्थाओं की निम्नलिखित विशेषताओं का उल्लेख किया है—

(1) सामाजिक व आर्थिक विकास की एकरूपता।

(2) प्रचलित राजनीतिक व्यवस्था के संरचनात्मक तथा प्रकार्यात्मक पहलुओं पर आम सहमति।

(3) लम्बी अवधि से विद्यमान व काफी गंभीर सामाजिक व दार्शनिक विभाजन, जो आंग्ल-अमरीकी राजनीतिक व्यवस्थाओं की तरह राजनीतिक हितों का इस या उस रूप में समूहीकरण रोकते रहते हैं।

(4) 'जीओ और जीने दो' की परम्परा और इस बात पर पर्याप्त मतैक्य कि स्थायी सरकार तथा संयुक्त विपक्ष बनाया जा सकता है।

(5) विभिन्नीकृत तथा अराजनीतिक नौकरशाही और राजनीतिक दल व दबाव समूह जिनमें काफी मात्रा में अन्त:निर्भरता और परस्पर प्रवेश रहता है।

संघटित महाद्वीपी यूरोपीय राजनीतिक व्यवस्थाओं की इन विशेषताओं के कारण इन देशों में दबाव समूहों की राजनीति विशेष प्रकार की होती है। इन दोनों में पश्चिमी जर्मनी तो आंग्ल-अमरीकी राजनीतिक संस्कृति के अनुरूप ही राजनीतिक संस्कृति अपनाता जा रहा है। इसलिए यहां के दबाव समूह अधिकाधिक बड़े, संख्या में कम तथा अधिकतर परिस्थिति-जन्य बनते जा रहे हैं। यहां तक कि दोनों प्रमुख राजनीतिक दल—क्रिसचीयन डेमोक्रेटिक व सोशियल डेमोक्रेटिक, विविध दबाव समूहों के सहमिलन बन गए हैं। जर्मनी में राजनीति को 'सौदेबाजी की प्रक्रिया' मानने के कारण, दबाव समूहों की गतिविधियां खेल के नियमों के अनुरूप ही रहती हैं। दबाव समूह दल के कोषों में

धन देते हैं तथा वहां की संसद में 35-40 प्रतिशत सदस्य दबाव समूहों के प्रतिनिधियों के रूप में ही निर्वाचित होकर आते हैं। ऐसा अनुमान है कि क्रिसचीयन डेमोक्रेटिक दल के करीब 35 प्रतिशत तथा सोशियल डेमोक्रेटिक दल के 25 प्रतिशत संसद सदस्य सदा से ही दबाव समूहों के प्रतिनिधि रहे हैं। ब्रिटेन की तरह ही जर्मनी में भी सरकार के विभिन्न मंत्रालयों से सम्बन्धित सलाहकार समितियों में सम्बन्धित दबाव समूहों के सदस्य भी लिए जाते हैं। जर्मनी में निपुणता या विशेषज्ञता के साथ परम्परागत लगाव के कारण, दबाव समूहों को नीति निर्धारण में प्रभावी रहने दिया जाता है। इस रूप में यह अमरीकी दबाव समूहों के अधिक समीप हो जाते हैं।

फिनलैंड, स्वीडन, बेल्जियम, नींदरलैण्ड, लग्जेमबर्ग, आस्ट्रिया तथा स्विट्ज़रलैंड आदि राज्यों में राजनीतिक संस्कृतियां की समानता तथा एकता के कारण दबाव समूह गतिविधियां एक-सी ही पाई जाती हैं। सामाजिक तथा आर्थिक विकास की दृष्टि से इन देशों में असाधारण समरूपता पाई जाती है। इस कारण इन राजनीतिक व्यवस्थाओं में दबाव समूहों की गतिविधियों को सामान्य तथा स्वाभाविक रूप से स्वीकार किया जाता है। इन देशों में लगभग सभी कर्मचारी किसी न किनी दबाव समूह से सम्बन्धित रहते हैं तथा अधिकांश श्रमिक, श्रमिक संगठनों के सदस्य होते हैं। जर्मनी की तरह ही इन देशों में भी राजनीतिक दल, दबाव समूहों के प्रतिनिधियों को चुनावों में उम्मीदवार के रूप में स्वीकार करते हैं। इसी तरह सरकार नीति सम्बन्धी निर्णय लेते समय, उस नीति से प्रभावित होने वाले दबाव समूहों से विचार-विमर्श करती है। अनेक देशों में तो प्रस्तावित नीतियों पर दबाव समूहों से स्मरण-पत्र (memorandums) तक आमंत्रित किए जाते हैं। इस प्रकार, इन देशों में, दबाव समूह अपनी असाधारण शक्ति व संगठन के कारण एक अतिरिक्त संवैधानिक संतुलन व्यवस्था बनकर सम्पूर्ण राजनीतिक व्यवस्था के सुचारु संचालन में सहायक रहते हैं।

खण्डमयी महाद्वीपी यूरोपीय राजनीतिक व्यवस्थाओं में दबाव समूह (Pressure Groups in the Fragmented Continental European System)

इटली व फ्रांस की राजनीतिक व्यवस्थाओं को इसी श्रेणी में रखा जाता है। इन देशों में राजनीतिक व्यवस्थाओं की प्रकृति, संघटित महाद्वीपी यूरोपीय राजनीतिक व्यवस्थाओं की प्रकृति से पूर्णतया प्रतिकूल है। इन व्यवस्थाओं की राजनीतियों के प्रमुख लक्षणों के विवेचन से इस प्रतिकूलता का स्पष्टीकरण हो जाएगा। इन राजनीतिक व्यवस्थाओं की निम्नलिखित विशेषताएं दबाव समूह राजनीति की प्रकृति की नियामक हैं। संक्षेप में यह विशेषताएं इस प्रकार हैं—

(1) सामाजिक व राजनीतिक विकास में असमतलता (unevenness) या असमानता के कारण परस्पर विरोधी दावों व उप-संस्कृतियों के स्थायी संघर्ष।

(2) उप-संस्कृतियों की व्यापक असंगतता के कारण प्रचलित राजनीतिक व्यवस्था के प्रति अविश्वास तथा संदेह।

(3) उप-संस्कृतियों की विषय-परिधि में ही राजनीतिक भूमिकाओं का निष्पादन।

(4) स्वयं उप-संस्कृतियों में दीर्घकालिक व गहरे सामाजिक-राजनीतिक मतभेद जिससे समूह एक-दूसरे को अपने दुश्मन के रूप में देखते हैं तथा समझौता या सौदेबाजी का असम्भव नहीं तो अत्यन्त कठिन बन जाना है।

(5) मिली-जुली सरकारों का संदेह के वातावरण में संचालित होना और व्यवस्थापिकाओं व असंयती दबाव समूहों के रण-स्थल के रूप में प्रयोग करना।

(6) नौकरशाही में दलो व दबाव समूहों की घुसपैंठ के कारण उसकी शुद्ध तकनीकी प्रकृति व तटस्थता का लोप तथा सामान्यतया दबाव समूहो का राजनीतिक दलो या नियंत्रक दलो द्वारा दबाव समूहों का वैचारिक पिछलग्गू के रूप में प्रयोग।

राजनीतिक व्यवस्थाओं की इन विलक्षणताओं के कारण इन देशों में दबाव समूहों की प्रकृति विशेष प्रकार की बन गई है। फ्रांस में पांचवें गणतन्त्र के पहले सरकारों के अस्थायित्व तथा राजनीतिक दलों की कमजोरियों के कारण दबाव समूहों को ध्वंसात्मक राजनीतिक गतिविधियों के अनेक अवसर मिलते रहे हैं। दबाव समूह सामान्यतया विनाशक गतिविधियों में इसलिए भी उलझते रहे हैं क्योंकि उनकी मांगें राजनीतिक व्यवस्था के माध्यम से पूरी नहीं होती हैं। उप-संस्कृतियों की विपरीतता, वैचारिक तथा प्रादेशिक विलगन के कारण दबाव समूह केवल स्वयं के सीमित, संकुचित व स्वार्थी हितों से ही सरोकार रखते हैं। इस कारण दबाव-समूहों को जनसाधारण की नजरों में बहुत गिरा हुआ, हेय तथा दूषित माना जाता है। यहां दबाव समूहों की गतिवधियों की उग्रता, हिंसात्मकता तथा चमत्कारिक विरोध व अचानकता, सर्वत्र शंकाशील दृष्टि का आधार बन जाती है। उप-संस्कृतियों में भी विभिन्न दबाव समूह एक-दूसरे के प्रतिद्वन्द्वी होने के कारण स्वयं उप-संस्कृतियां तनावों व दबावों से युक्त रहती हैं। फ्रांस में दबाव समूह अपनी मांगों को नाटकीय ढंग से प्रस्तुत करते रहे हैं। वैसे भी यहां के दबाव समूह अपनी मांगों को इतने अतिवादी ढंग से प्रस्तुत करते हुए पाए जाते हैं कि उनमें किसी प्रकार का समझौता या सौदा असम्भव बन जाता है। अतः फ्रांस में पांचवें गणतन्त्र से पहले, दबाव समूहों में अभिवृत्तात्मक तथा परिस्थितात्मक प्रकारों का अजीब सम्मिश्रण पाया जाता था। अधिकतर दबाव समूह चमत्कारिक प्रकार के होते थे, परन्तु सार्वजनिक नीति को ढालने में केवल परिस्थिति-जन्य दबाव समूह ही प्रभावी होते हैं। अतः अभिवृत्तात्मक दबाव समूह बहुधा ध्वंसात्मक भूमिका से आगे नहीं बढ़ पाते हैं। यह काम बनाने के बजाय काम बिगाड़ने वाले समूहों के रूप में ही सक्रिय रहते हैं।

पांचवें गणतन्त्र के संविधान ने राजनीतिक शक्तियों का पुनः निर्धारण कर दिया है। अब शक्ति, व्यवस्थापिका के स्थान पर कार्यपालिका में केन्द्रित हो जाने के कारण दबाव समूहों की गतिविधियों तथा उनके कार्य करने के तरीकों में परिवर्तन आ गया है। अब दबाव समूहों को शक्तिशाली कार्यपालिका तथा पेशेवर नौकरशाही से कार्य निकलवाना होता है। अतः अब दबाव समूह परिस्थिति-जन्य बनकर विशेषीकृत पेशेवर कार्यकर्ताओं द्वारा संचालित होने लगे हैं। दबाव समूहों की कार्य-शैली में अब चमत्कारिता व नाटकीयता का अभाव पाया जाता है, परन्तु राजनीतिक संस्कृति में विभेदता, वैचारिक व प्रादेशिक मतभेद व मांगों की अनिवादिता के कारण फ्रांस के दबाव समूह नकारात्मक

कार्य-शैली के अलावा अन्य कोई कार्य-शैली अपनाने में लम्बी अवधि तक असमर्थ रहेंगे।

इटली में राजनीतिक संस्कृति की प्रकृति का उल्लेख करते हुए आमण्ड व वर्बा ने अपनी पुस्तक **सीविक कल्चर** में लिखा है, "यह अपेक्षाकृत अप्रशमित (unrelieved) राजनीतिक असंगतता या प्रतिकूलता तथा सामाजिक अलगाव और अविश्वास की विशेषताओं से युक्त है।"[30] इस प्रकार की राजनीतिक संस्कृति के कारण इटली में दबाव समूह फ्रांस की तरह ही विचित्र प्रकार के बन गये हैं। जोसेफ ला पालोम्बारा ने अपनी पुस्तक **इन्ट्रेस्ट ग्रुप्स इन इटालियन पोलिटिक्स** में यहां के दबाव समूहों की अनोखी प्रकृति के लिए इटली की 'अत्यधिक विखंडित तथा अलगावी राजनीतिक संस्कृति' को उत्तरदायी माना है। इसलिये ही इटली में दबाव समूहों की संख्या अनगिनत है। ला पालोम्बारा के अनुसार केवल रोम में तीन हजार ऐच्छिक संस्थाएं हैं जो राजनीतिक प्रक्रिया में हस्तक्षेप करती रहती हैं। फ्रांस की तरह ही, इटली के दबाव समूहों को न परिस्थिति-जन्य कहा जा सकता है और न ही इन्हें अभिवृत्तात्मक समूहों की श्रेणी में माना जा सकता है। सामान्यतया इटली के दबाव समूह दोनों ही प्रकार के लक्षण प्रदर्शित करते हैं। यहां के दबाव समूहों का राजनीतिक दलों पर भी नियंत्रण फ्रांस की तरह का ही पाया जाता है।

इस प्रकार, खण्डमयी महाद्वीपी यूरोपीय राजनीतिक व्यवस्थाओं में दबाव समूहों की प्रकृति, संगठन, गतिविधियां व कार्य-शैली बहुत कुछ विलक्षणता रखती है। इन व्यवस्थाओं के दबाव-समूहों को किसी प्रकार के प्रवर्ग में नहीं रखा जा सकता है। यह मिश्रित प्रकृति रखते हैं और कभी-कभी एक साथ परिस्थिति-जन्य व अभिवृत्तात्मक प्रवृत्ति प्रदर्शित करते हैं। इसी तरह ऐसी राजनीतिक व्यवस्थाओं में दबाव समूह, एक दूसरे के कट्टर विरोधी तथा केवल अपने ही दृष्टिकोण को सही मानने वाले होते हैं। यह राजनीतिक दलों पर छाये ही नहीं रहते वरन उनका पूर्ण रूप से नियंत्रण भी करने लगते हैं। इसी तरह अनेक दबाव समूह राजनीतिक दलों के वैचारिक पिछलग्गू बनकर अपने हितों की सिद्धि का प्रयास करते हैं। इन व्यवस्थाओं में दबाव समूहों की गतिविधियां अधिकतर राजनीतिक व्यवस्था की संयोजक नहीं रहकर उसकी भंजक ही रहती हैं। सम्पूर्ण व्यवस्था में दबाव समूहों की घुसपैठ के कारण, आम जनता इनको संशंकित दृष्टि से ही देखती है। यह राजनीतिक प्रक्रिया के स्वाभाविक व स्वीकृत अंग नहीं माने जाते हैं।

सर्वाधिकारी राजनीतिक व्यवस्थाओं में दबाव समूह (Pressure Groups in Totalitarian Political Systems)

सर्वाधिकारी शासन-व्यवस्थाएं परिभाषा की दृष्टि से केवल वही होती हैं जिनमें एक दल या एक नेता सभी नीति निर्णय लेने का असीमित व अनियंत्रित अधिकार रखता है। ऐसी व्यवस्थाओं में निर्मम शक्ति व आतंक के सहारे राजनीतिक प्रक्रिया को केवल एक ही केन्द्र से संचालित किया जाता है। अतः बाहर के किसी समूह की राजनीतिक प्रक्रिया

[30]Gabriel A. Almond and Sydney Verba, *The Civic Culture*, Princeton, Princeton University Press, 1963, p. 308.

में किसी भी प्रकार की भूमिका का प्रश्न ही नहीं उत्पन्न होता है। वास्तव में सर्वाधिकारी राजनीतिक व्यवस्था में दबाव समूह तो अपने आप में विरोधाभास लगते हैं। सर्वाधिकारी पद्धतियों में शासन किसी भी दबाव समूह की स्वतंत्र सक्रियता को खास तौर पर जब वह संगठित हो, कुचल देता है, क्योंकि इसके अस्तित्व का मतलब ही सरकार के अस्तित्व के लिए खतरा है। इन राज्यों में बल-प्रयोग पर जोर दिया जाता है। इस कारण, सर्वाधिकारी तथा स्वेच्छाचारी शासन पद्धतियों के अन्तर्गत दबाव समूहों की सक्रियता उस तरह नहीं चल सकती जैसे उदारवादी प्रजातन्त्रीय व्यवस्था वाले देशों में चलती है। परन्तु इस बात पर आम सहमति है कि सर्वाधिकारी शासन व्यवस्थाओं में भी दबाव समूहों का अस्तित्व तो होता है पर इनका औपचारिक रूप से संगठन इत्यादि नहीं होता। सारी समूह सक्रियता तया ट्रेड यूनियन जैसे संगठन स्पष्ट रूप से राज्य द्वारा नियंत्रित होते हैं।

नाजी जर्मनी में दल के विभिन्न गुटों, इन गुटों व स्वयं दल में, गुप्त पुलिस, सैनिक अधिकारी निकायों, नौकरशाही, बड़े व्यापारी हितों तथा हिटलर के इर्द-गिर्द सलाहकारों के बीच सतत प्रतिस्पर्द्धा व शक्ति नियंत्रण की होड़ लगी रहने के सबूत इस बात की पुष्टि करते हैं कि निरंकुश से निरंकुश व्यवस्थाओं में भी संस्थात्मक व समुदायात्मक प्रकार के दबाव समूह विद्यमान रहते हैं। अतः सर्वाधिकारी व्यवस्थाओं के जकड़नी दिखावे के पीछे दबाव समूहों के अनौपचारिक रूप निरन्तर सक्रिय व सत्ता के लिए संघर्षशील देखे गये हैं। यह दबाव समूह छिपाव-दुराव की कार्य-शैली के अलावा कभी-कभी चमत्कारिक व नाटकीय ढंग से राजनीतिक मंच पर अवतरित होते हैं।

साम्यवादी रूस में दलीय गुटों को पनपने की मनाही होने के साथ ही साथ कठोर सैनिक अनुशासन के अन्तर्गत ही दल को कार्य करना होता है। परन्तु व्यवहार में दल के अन्दर निरन्तर सत्ता व प्रभाव का संघर्ष चलता रहता है। साम्यवादी दल के उपकरणी प्रशासकों, उद्योगों के प्रबन्धकों तथा अदलीय शिल्प-वैज्ञानिकों में निरन्तर प्रतिस्पर्द्धा लगी रहती है कि सत्ता के वास्तविक संचालक केवल वही रहें। 1964 में ख्रुश्चेव का पतन इस प्रकार के सत्ता संघर्ष का पर्याप्त सबूत प्रस्तुत करता है। इसी तरह, रूस में दबाव समूहों के रूप में दल के अधिकारियों व बुद्धिजीवी अभिजनों के बीच चल रहे संघर्ष को लिया जा सकता है। रूस व चीन में सेनाएं एक महत्त्वपूर्ण दबाव समूह के रूप में उभर गई हैं। दल व सेना के बीच बराबर सत्ता संघर्ष का सबूत, रूस के सबसे बड़े युद्ध नायक मार्शल जुकोव का, दल द्वारा रक्षा मंत्री पद से हटाना कहा जा सकता है। चीन में मार्शल जिन पियाओं की दुर्गति भी इसी तरह का उदाहरण कही जा सकती हैं। 1966 की चीन की सांस्कृतिक क्रांति 1975 में चाउ-ऐन-लाई के देहान्त के बाद प्रधानमंत्री के पद के लिए हुआ शक्ति संघर्ष तथा 1976 में माओ त्से-तुंग की मृत्यु के बाद का सत्ता संघर्ष यह स्पष्ट करता है कि साम्यवादी व्यवस्थाओं में भी दबाव समूह विद्यमान रहते हैं।

आन्द्रे अमालरिक (Andrei Amalrik) ने अपनी हाल ही में प्रकाशित पुस्तक **विल दी सोवियट यूनियन सर्वाइव अन्टिल** 1984? में यह लिखा है कि "एक अवस्था में जब

रूस की सरकार की जनसाधारण को नियंत्रित रखने की क्षमता बहुत क्षीण हो तो प्रदर्शनात्मक दबाव समूह, भीमकाय पैमाने पर नाटकीय ढंग से प्रकट हो सकते हैं।" इस विवेचन से यह स्पष्ट है कि दबाव समूह केवल खुले समाजों के अन्तर्गत ही सक्रिय नहीं रहते वरन अधिनायकतन्त्रों में भी प्रभावी होते हैं। इसके अतिरिक्त निरंकुश व्यवस्थाओं में सांस्कृतिक, व्यावसायिक व मनोरंजन समूह बनाने की छूट कई बार अचानक ही प्रदर्शनात्मक दबाव समूहों के रूप में प्रकट होती रही है। अतः दबाव समूहों को सर्वत्र व्याप्त कहना ठीक माना जा सकता है।

विकासशील राष्ट्रों की राजनीतिक व्यवस्थाओं में दबाव समूह (Pressure Groups in the Political Systems of Developing Countries)

विकासशील राजनीतिक व्यवस्थाओं में राजनीतिक संरचनाएं व प्रक्रियाएं आज भी प्रवाह के दौर में से गुजर रही हैं। अधिकांश विकासशील राज्यों में राजनीतिक खेल के नियम अभी भी सुनिश्चितता की अवस्था में नहीं आ पाये हैं। इस कारण विकासशील राजनीतिक सभाओं की विशेषताओं को सामान्य लक्षणों के रूप में विवेचित करना अत्यन्त कठिन है। अतः इन देशों की सामान्य व मोटी समानताओं का विवेचन करके ही इन देशों की राजनीतिक संस्कृति व दबाव समूहों की प्रकृति को समझने का प्रयास करना उपयुक्त रहेगा। मोटे तौर पर इन राजनीतिक व्यवस्थाओं में निम्नलिखित सामान्य लक्षण पाए जाते हैं—

(1) साधन और साध्यों पर सहमति का पूर्ण अभाव है। इसके कारण अनेक उप-संस्कृतियां निरन्तर उग्र शक्ति संघर्ष में उलझी रहती हैं।

(2) राजनीतिक गतिविधियां अधिकांशतः अभिजनों तक ही सीमित रहती हैं। राजनीतिक सम्प्रेषण के साधनों के अभाव में जनता एक ऐसा तरंगी तत्त्व बन जाती है जो या तो किसी राजनीतिक परिस्थिति में कोई हस्तक्षेप ही न करे या प्रदर्शनात्मक हिंसा से उसको आमूल रूप से परिवर्तित करने की स्थिति उत्पन्न कर दे।

(3) नीति निर्धारण का कठोर वैचारिक या पक्षपाती आधार रहता है अर्थात नीति के निर्धारक या तो विचारधाराओं के दायरे में जकड़े होते हैं या फिर दल-विशेष या वर्ग-विशेष के हिमायती होने के कारण निष्पक्ष ढंग से नीति-निर्णय नहीं करते हैं।

(4) स्पष्ट भूमिका विभिन्नीकरण का अभाव होता है। इससे कौन-कौन-सी संस्थाएं किन-किन विधियों से क्या-क्या कार्य करेंगी इसकी अस्पष्टता बनी रहती है?

(5) राजनीतिक क्रिया विकासवादी विकास व क्रान्तिकारी उथल-पुथल के बीच में झूलती रहती हैं। इससे सैनिक शासनों व अराजक विघटन की सम्भावनाएं निरन्तर बनी रहती हैं।

इस प्रकार की विशेषताओं वाले राजनीतिक समाजों में दबाव समूहों की प्रकृति, गतिविधियों व कार्य-शैली का विचित्र होना स्वाभाविक है। इन देशों में दबाव समूहों के विलक्षण प्रकार पाए जाते हैं। परम्परागत समाज होने के कारण इन समाजों में असमुदायात्मक दबाव समूह राजनीतिक दलों के छद्मवेश में अपने कुलीय, जातीय, प्रादेशिक,

नृजातीय (ethnic), वर्गीय व गुटीय हितों को आगे बढ़ाने का कार्य करते हैं। इन्हीं समाजों में कुछ आधुनिकीकृत वर्गों की विद्यमानता के कारण संस्थात्मक दबाव समूहों का गठन भी होता है। सभी विकासशील देशों में राष्ट्रीय आन्दोलन के काल में ही ट्रेड यूनियन आन्दोलन प्रबल हो गये थे। इस कारण, राजनीतिक स्वतंत्रता प्राप्ति के बाद अधिकांश देशों में ट्रेड यूनियनों के रूप में संस्थात्मक दबाव समूह बहुत महत्त्वपूर्ण बन गये हैं।

विकासशील राज्यों में प्रदर्शनात्मक दबाव समूह अन्य राजनीतिक व्यवस्थाओं से कहीं अधिक पाये जाते हैं। हर राज्य में यह धमकी देने वाला ऐसा तथ्य बना रहता है जो नाटकीय ढंग से अचानक प्रचण्डता के साथ विस्फोटित होकर समस्याओं का निर्णायक बन जाता है। 1958 में इराक तथा 1966 में इण्डोनेशिया तथा 1971 में श्रीलंका में ऐसे समूह धमाके के साथ अवतरित हुए तथा उन्होंने इराक व इण्डोनेशिया में राजनीतिक विकास का मार्ग ही बदल दिया। श्रीलंका में युवकों का विद्रोह (insurgency) विफल हो गया अन्यथा वहां की राजनीतिक व्यवस्था में भी आमूल परिवर्तन आ जाते।

विकासशील राज्यों में सेनाओं से सम्बन्धित संस्थात्मक दबाव समूह अत्यन्त महत्त्व वाले होते हैं। सैनिक विवेकोन्मुखी तथा शिल्पवैज्ञानिकता का दृष्टिकोण रखते हैं। सैनिक नेतृत्व सामान्यतया भावनात्मक एकता और धार्मिक या वैचारिक प्रेरणा से युक्त मिशन (mission) के कारण राजनीतिक व्यवस्था में दबाव डालने का अनोखा साधन बन जाता है। इस प्रकार, विकासशील राज्यों में सेना एक ऐसा दबाव समूह है जो परिस्थिति-जन्य व अभिवृत्तात्मक समूहों का विचित्र मिश्रण कहा जा सकता है। सेना एक महत्त्वपूर्ण दबाव समूह के रूप में विकसित राज्यों में भी सक्रिय बनने लगी है, किन्तु विकासशील राज्यों में तो लम्बे काल तक सेना दबाव समूह के रूप में सक्रिय रहने का उज्ज्वल भविष्य रखती रहेगी, इस बात पर आम सहमती मानी जा सकती है।

विकासशील राज्यों में, विकास की गति के अनुपात में समुदायात्मक व संस्थात्मक दबाव समूहों की संख्या व महत्त्व बढ़ता जाएगा। परन्तु असमुदायात्मक दबाव समूहों का आधुनिकीकृत समाजों में महत्त्व धीरे-धीरे क्षीणतर होने की सम्भावनाएं लगती हैं। राजनीतिक व्यवस्थाओं में सुविकसित राजनीतिक दलों के अभाव के कारण प्रदर्शनात्मक दबाव समूहों का स्थान व महत्त्व बढ़ता हुआ दिखाई देता है। विद्यार्थियों के सामने विकसित राज्यों से कहीं अधिक विकासशील राज्यों में अंधकार होने के कारण इनका प्रदर्शनात्मक दबाव समूहों के रूप में अवतरित होना स्वाभाविक है। वैसे विद्यार्थी समूह अमरीका, जापान, फ्रांस व जर्मनी जैसे विकसित राज्यों में इसी दशाब्दी में कई बार राजनीतिक आतंक के कारण बन चुके हैं। विकासशील राज्यों में शिक्षा का प्रसार, अन्धविश्वासों व परम्परागत लगावों के बन्धनों में शिथिलता, विद्यार्थियों को अत्यधिक नाजुक स्थिति में ला देता है। राजनीतिक व्यवस्था में इनके रचनात्मक उपयोग की अधिक सहूलियतें न रहने के कारण, विद्यार्थियों के प्रदर्शनात्मक व अभिवृत्तात्मक दबाव समूहों के रूप में संगठित होने की अपार सम्भावनाएं विद्यमान रहती हैं। अतः विकासशील राजनीतिक व्यवस्थाओं में एक तरफ तो समुदायात्मक व संस्थात्मक दबाव समूहों के प्रचलन की परिस्थितियां बनती जा रही हैं तो दूसरी तरफ सेना व विद्यार्थियों के प्रदर्शनात्मक व

अभिवृत्तात्मक दबाव समूह बनने के लक्षण भी वृद्धि पर हैं। इन समाजों में राष्ट्रीय अह की खोज के प्रयत्न में समाज की परम्परागत जकड़नें बार-बार महत्त्वपूर्ण बनकर असमुदायात्मक दबाव समूहों का आधार स्थायी बनाती हुई पाई जाती हैं। विकासशील राजनीतिक व्यवस्थाओं में दबाव समूहों के बारे में निष्कर्षतः यही कहा जा सकता है कि इनकी संख्या में वृद्धि होगी तथा सभी प्रकार के दबाव समूह विद्यमान रहेंगे। इनकी कार्य-शैली बहुत कुछ अनिश्चित तथा परस्पर विरोध तथा संघर्ष के कारण सामान्य परिस्थितियों में इनका प्रभाव नगण्य ही रहेगा, परन्तु प्रदर्शनात्मक दबाव समूहों की नाटकीयता राजनीतिक व्यवस्था में अत्यन्त महत्त्वपूर्ण भूमिका निभाने वाली ही रहेगी। उदाहरण के लिए, भारत में 1976-77 में युवा कांग्रेस का अचानक ही महत्त्व बढ़ना, संजय गांधी का नाटकीय ढंग से देश की राजनीति पर छा जाना, प्रदर्शनात्मक समूहों का इन देशों में महत्त्व स्पष्ट करता है।

इस प्रकार, सभी राजनीतिक व्यवस्थाओं में दबाव समूह राजनीतिक प्रक्रिया के अभिन्न भाग बन गये हैं। किसी राजनीतिक व्यवस्था में इनकी भूमिका रचनात्मक तो किसी अन्य व्यवस्था में ध्वंसात्मक हो सकती है। राजनीतिक संस्कृति की प्रकृति में परिवर्तन के अनुसार दबाव समूहों की राजनीति में भी परिवर्तन आते रहते हैं। परन्तु आधुनिक समाज में व्यक्ति एक पृथक् इकाई के रूप में रहने में असमर्थ होने के कारण निरन्तर समूहों के प्राणी (a creature of groups) के रूप में ही रहेगा तथा दबाव समूहों का महत्त्व बढ़ता जाएगा। राजनीतिक विकास के साथ ही साथ दबाब समूहों की प्रकृति, गतिविधियों तथा कार्य-शैली में सुनिश्चितता आती जाएगी। पर भविष्य में दबाव समूहों की भूमिका के बारे में निश्चित रूप से कुछ कह सकना बहुत कठिन है। आंग्ल-अमरीकी राजनीतिक संस्कृतियों में भी प्रदर्शनात्मक तथा अभिवृत्तात्मक दबाव समूहों की बाढ़ इस बात की पुष्टि करती है कि दबाव समूह राजनीति की दिशाएं शायद अभी भी अनिश्चित हैं। सेनाओं का हर राजनीतिक व्यवस्थाओं में दबाव समूह के रूप में सक्रिय होना, दबाव समूह राजनीति के नये आयामों का संकेतक कहा जा सकता है। परिवर्तित राजनीतिक परिस्थितियों में राजनीतिक दलों के सहयोगी के रूप में दबाव समूहों का महत्त्व बढ़ता जाएगा। सर्वाधिकारी शासन-व्यवस्थाओं में लोकतन्त्र के अंकुर शायद दबाव समूहों के द्वारा ही प्रस्फुटित होंगे ? वैसे लोकतन्त्र को सबसे बड़ा खतरा दबाव समूहों से ही रहा है। पर यह राजनीतिक विकास के संक्रमण काल वाले राजनीतिक समाजों में ही हुआ है। अतः दबाव समूह राजनीतिक सहभागिता के महत्त्वपूर्ण साधन होने के कारण राजनीतिक व्यवस्थाओं के प्रमुख प्रेरक बने रहेंगे।

अध्याय 19

जनमत
(Public Opinion)

लोकमत सम्बन्धी प्रारम्भिक विचार-विमर्श केवल दार्शनिक ही होते थे। अधिकांश शासन-व्यवस्थाओं के प्रशासन में जनता की प्रत्यक्ष सहभागिता के अभाव में लोकमत की व्यावहारिक चर्चा का प्रश्न भी नहीं उठता था। जनतान्त्रिक व्यवस्थाओं के आगमन के बाद भी लोकमत का दार्शनिक दृष्टि से किया गया अर्थ ही प्रचलित रहा। टाक्विल, जैफरसन, यहां तक कि वाल्टर लिपमान ने भी लोकमत को परम्परागत ढांचे में ही समझने का प्रयास किया था। परन्तु 1930 के बाद विशेषकर गेलप पोलस (Gallup Polls) के शुरू होने के साथ ही लोकमत का नये अर्थों में प्रयोग होने लगा। इस नये अर्थ में सभी लोकतान्त्रिक शासन-व्यवस्थाओं में लोकमत को ही सरकारी अधिकारियों की गतिविधियों का नियामक व संचालक माना जाने लगा है। मतदान आचरण में लोकमत की अभिव्यक्ति का व्यावहारिक उपकरण प्राप्त हो जाने के कारण लोकमत का महत्त्व बढ़ता गया है, परन्तु लोकमत को केवल लोकतन्त्र व्यवस्था के साथ जोड़ना इसकी वास्तविक शक्ति की अनदेखी करना है। लोकमत की अधिनायकवादी शासन-व्यवस्थाओं में तो आधारभूत भूमिका रहती है। अधिनायकवादी शासक हमेशा ही लोकमत को अपने शासन के पक्ष में रखने पर ही शासन कर सके हैं। अतः लोकमत के प्रबल विरोध की अवस्था में कोई भी शासन-व्यवस्था लोकतान्त्रिक व अलोकतान्त्रिक, अधिक दिन टिकी नहीं रह सकती। ह्यूम ने लोकमत के महत्त्व को दर्शाते हुए ठीक ही लिखा है, "सभी सरकारें चाहे वे कितनी ही दूषित क्यों न हों, अपनी शक्ति के लिए लोकमत पर निर्भर होती हैं।"[1] अतः लोकतन्त्रात्मक सरकार के लिए तो लोकमत अपरिहार्य है ही, अन्य प्रकार के शासकों के लिए भी लोकमत की शासन से अनुरूपता आवश्यक है।

लोकमत का अर्थ व परिभाषा
(THE MEANING AND DEFINITION OF PUBLIC OPINION)

लोकमत को जन-इच्छा (will of the people) कहा गया है। परन्तु इससे न तो इसका अर्थ स्पष्ट होता है और न ही इसकी प्रकृति के बारे में कुछ ज्ञान होता है, क्योंकि जन-

[1]A. O. Hume, quoted by Iqbal Narain, *Rajneeti Shastra ke Mool Siddhant*, Agra, Ratan Prakashan Mandir, 1974, p. 438.

इच्छा या जनता की राय का अर्थ उतना ही अस्पष्ट है जितना लोकमत का अर्थ है। अनेक विद्वानों ने इसका अर्थ भिन्न-भिन्न प्रकार से समझाने का प्रयास किया है। उदाहरण के लिए, कुछ लोगों के अनुसार निर्वाचनों में चुनाव परिणाम, चुनाव अभियान के प्रमुख प्रश्नों पर, लोकमत की प्रत्यक्ष अभिव्यक्ति है। कुछ अन्य लोगों के अनुसार, लोकमत नागरिकों को अपने निर्वाचित प्रतिनिधियों से सम्प्रेषणता से उत्पन्न होता है। विद्वानों की एक श्रेणी, जैसे रूसो इत्यादि के लिए तो लोकमत एक रहस्यात्मक शक्ति है। वह इसे सामान्य इच्छा (general will) की अवधारणा में लिप्त करके सभी अच्छी व शुद्ध बातों के समर्थन में आधारभूत मानता है। वाल्टर लिपमान ने अपनी उत्कृष्ट पुस्तक **पब्लिक ओपिनियन**[2] में लोकमत को अनुभवातीत (transcendent phenomenon); जिसकी अपनी स्वयं की अनुभूति व जीवन है, से नीचे उतारकर जनता के व्यक्तिगत विचारों से जोड़ने का कार्य किया है। इसके साथ ही लोकमत का व्यावहारिक रूप में अर्थ किया जाने लगा है।

लॉर्ड ब्राइस ने लोकमत का अर्थ करते हुए लिखा है कि "समाज पर प्रभाव डालने वाले अथवा उसके हितों से सम्बन्धित प्रश्नों के विषय में मनुष्यों की जो धारणाएं होती हैं, उन्हीं के योग के अर्थ में साधारणतया इस शब्द (लोकमत) का प्रयोग किया जाता है। इस दृष्टि से यह सब प्रकार की भ्रान्त धारणाओं, विश्वासों, कल्पनाओं, विचारों तथा आकां-क्षाओं का एक सम्मिश्रण होता है।" ब्राइस ने लोकमत की उत्पत्ति का आधार लेते हुए भी इसका अर्थ समझाने का प्रयास किया है। उसने लिखा है कि "समाज के हित सम्बन्धी नियमों पर लोगों के कुछ विचार होते हैं। आरम्भ में वे असंगठित और अस्पष्ट होते हैं। विषय का भली भांति ज्ञान न होने के कारण जनता के विचारों में अस्थिरता भी रहती है। ज्यों-ज्यों विषय पर प्रकाश पड़ता है, विचारों में परिवर्तन होता रहता है। कुछ समय बाद कुछ समस्याएं सबको अपनी ओर खींच लेती हैं। उनके सम्बन्ध में पहले अस्थिर और अस्पष्ट विचार आगे चलकर निश्चित रूप धारण कर लेते हैं। जनता के विचारों के इस निश्चित रूप को यदि वह बहुमत द्वारा निर्धारित किया गया हो, लोकमत कहते हैं।" लोकमत का यह अर्थ, जनता के अर्थ के साथ जुड़ा हुआ है जो अपने आप में स्वयं ही अस्पष्ट है।[3] वैसे भी ब्राइस ने लोकमत की सुनिश्चित परिभाषा करने में अपने आपको असमर्थ पाने के कारण सार्वजनिक हित साधना के आधार पर लोकमत का अर्थ समझाने का प्रयासिकया है। इस विचार के अनुसार लोकमत जनता का निश्चित मत न होकर जन-समुदायों की ऐसी अस्पष्ट इच्छाओं, विश्वासों, नीतियों तथा रचनात्मक आकांक्षाओं का योग होता है जिनका आधार सार्वजनिक हित-साधना हो। यह अर्थ भी अस्पष्ट ही रहता है क्योंकि सार्वजनिक हित का अभिप्राय अपने आप में केवल सामान्य दिखाई देता है।

लोकमत को लेविस बहुमत का मत कहते हैं। परन्तु लावेल ने लेविस के मत से असह-मती प्रकट की है। उसका विचार है कि "लोकमत बनाने के लिए बहुमत काफी नहीं है।"

[2]Walter Lippmann, *Public Opinion*, New York, Macmillan, 1944, p. 37.

[3]James Bryce, *Modern Democracies*, Vol. II, London, Oxford University Press, 1924, p. 384.

वह लोकमत के लिए सर्वसम्मति भी आवश्यक नहीं मानता है क्योंकि सामान्यतया किसी भी समुदाय के विचारों में पूर्ण मतैक्य नहीं रहता है। अतः लावेल के अनुसार, "लोकमत विवेक और निस्वार्थ भावना के ऊपर आधारित वह विचार है जिसका लक्ष्य जाति अथवा वर्ग विशेष का हित न होकर सम्पूर्ण समाज का हित होता है।"[4] लेविस व लावेल द्वारा दिये गये लोकमत के अर्थ उतने ही अस्पष्ट हैं जितना अस्पष्ट ब्राइस द्वारा दिया गया अर्थ है, क्योंकि इनसे समाज का हित किसे कहेंगे यह स्पष्ट नहीं होता है। जिन्सबर्ग ने लोकमत को स्थायित्व व सामाजिकता के साथ जोड़ते हुए परिभाषित किया है। उसके शब्दों में, "लोकमत का अभिप्राय समाज में प्रचलित उन विचारों और निर्णयों के पुंज से होता है, जो न्यूनाधिक निश्चित रूप में प्रतिपादित होते हैं, जिनमें से कुछ में स्थायित्व होता है और जिनको मानने वाले लोग उन्हें इस अर्थ में सामाजिक समझते हैं कि वे अनेक मस्तिष्कों द्वारा एक साथ विचार किये जाने के परिणाम हैं।"[5] इस परिभाषा से भी लोकमत की अवधारणा का विशेष स्पष्टीकरण नहीं हो पाता है। कोरी व अब्राहम ने इस पर और अधिक गहराई से विचार करके इसका अर्थ स्पष्ट करने का प्रयास किया है। इन्होंने लोकमत जैसी विवादग्रस्त अवधारणा को समझने के लिए यह जान लेना आवश्यक माना है कि लोकमत क्या है? इन्होंने लोकमत को नकारात्मक व सकारात्मक दोनों ही दृष्टिकोणों से समझाने का प्रयास किया है।

कोरी तथा अब्राहम के अनुसार "लोकमत किसी भी रूप में अनिवार्यतः पूर्ण बहुमत की राय नहीं है, क्योंकि किसी भी विषय पर अनेक और विभिन्न लोकमत हो सकते हैं, और यह ज्ञात करना वास्तव में दुष्कर है कि एक सच्चे बहुमत की राय क्या है?"[6] अतः इन्होंने भी लोकमत को लावेल की तरह ही बहुमत को समानार्थी नहीं माना है। वे लोकमत को सबका मत भी नहीं मानते हैं, क्योंकि समाज में सभी का एकमत होना केवल कल्पनात्मक ही रहता है। इसलिए लोकमत को बहुमत या सर्वसम्मति का मत कहना भ्रांतिपूर्ण ही माना जाता है। लोकमत क्या नहीं है यह बताने के बाद कोरी तथा अब्राहम ने लोकमत क्या है यह समझाते का प्रयास किया है। उन्होंने लिखा है कि "यदि हम 'लोक' को 'मत' से पृथक करें तो 'लोक' का आशय एक समूह से है। यह वह समूह है जो किसी भी विवाद विशेष या समस्या विशेष पर अपना ध्यान देता है। अब हम 'मत' को लें तो यह विवाद विशेष पर लोगों की अभिवृत्ति की अभिव्यक्ति है। इस तरह 'लोकमत' समस्या विशेष पर व्यक्तियों के विभिन्न मतों का योग हुआ। इसमें केवल वे ही मत सम्मिलित होते हैं जो विवाद अथवा स्थिति विशेष से सम्बन्धित हों, लोगों के सभी प्रकार के मत इसमें सम्मिलित नहीं रहते हैं।" इस प्रकार लोकमत परस्पर भिन्न व संघर्षी विचारों का योग होता है। सरल शब्दों में लोकमत किसी समस्या विशेष पर समाज के विविध विचारों का

[4]Lowell, *Public Opinion and Popular Government* London, Oxford University Press, 1961, p. 171.

[5]Ginsburg, *The Psychology of Society*, New York. Oxford University Press, 1964, p. 141.

[6]Corry and Abraham, *Elements of Democratic Government*, 3rd edition. New York, Oxford University Press, 1958, p. 167.

अपेक्षाकृत स्थायी व समन्वयी मत होता है।

लोकमत की प्रकृति व विशेषताएं
(NATURE AND CHARACTERISTICS OF PUBLIC OPINION)

लोकमत के अर्थ व परिभाषा से इसकी प्रकृति व विशेषताओं का संकेत मिलता है। यह न सबका मत है और न ही कुछ व्यक्तियों का उग्र रूप से उच्चारित मत है। यह तो ऐसा मत है जो सम्पूर्ण समाज संदर्भी होने के साथ ही साथ तर्कपूर्ण व विवेकी होता है। इसका सम्बन्ध सम्पूर्ण समाज के मूल्य व्यवस्था व सार्वजनिक हित से होता है। लोकमत की विभिन्न परिभाषाओं में इसकी विशेषताओं का परिलक्षण होता है। इनमें से कुछ प्रमुख विशेषताएं यह हैं—

(1) लोकमत सामान्यतया जनसाधारण का मत होता है। किसी वर्ग या कुछ व्यक्तियों के मत को लोकमत नहीं कहा जाता है, परन्तु एक अवस्था में किसी वर्ग या कुछ व्यक्तियों के मत को अगर वह लोक-कल्याण की साधना के लक्ष्य से प्रेरित हो तो लोकमत कहा जा सकता है। इसी आधार पर सबका मत व बहुमत, अगर वह सार्वजनिक हित के लक्ष्य से विमुख हो तो लोकमत नहीं कहा जाता है। यही कारण है कि आधुनिक लोकतान्त्रिक शासन-व्यवस्थाओं में भारी बहुमतों पर आधारित सरकारों को भी अगर वे सार्वजनिक हितों की उपेक्षा करते हुए केवल बहुमत की हित-सांधना ही करती हों तो लोकमत की अभिव्यक्त सरकारें नहीं माना जाता है।

(2) लोकमत सार्वजनिक हित व लोक-कल्याण की भावना से उत्प्रेरित होता है। इसकी अभिव्यक्ति सम्पूर्ण समाज के हित में ही होती है। यह कुछ लोगों के हितों में अथवा कुछ के अहित में नहीं हो सकता है। इसके आधार पर पक्षपात या द्वेष भी नहीं किया जा सकता है। अन्यथा यह सार्वजनिक हित के स्थान पर कुछ के हित साधन का माध्यम बनकर लोकमत ही नहीं रह जाएगा। डा० बेनी प्रसाद ने लोकमत की मौलिक व सबसे महत्त्वपूर्ण विशेषता लोक-कल्याण की भावना को ही माना है। किसी भी मत को लोकमत बनाने में इस विशेषता की निर्णायकता रहती है। उसने इस सम्बन्ध में लिखा है, "वही मत वास्तविक लोकमत होता है, जो जन-कल्याण की भावना से प्रेरित होता है।" लावेल ने इसी आधार पर लोकमत को बहुमत व सर्वसम्मति से भिन्न माना है। उसके अनुसार लोकमत के लिए बहुमत यथेष्ट नहीं है और सर्वसम्मति की भी आवश्यकता नहीं है। किन्तु मत ऐसा होना चाहिए कि चाहे अल्प-संख्यकों ने उससे सहमति प्रकट न की हो, तब भी वे उसे भय से नहीं विश्वास से मानने के लिए तैयार हों।" परन्तु यह तभी सम्भव होता है, जब वह मत सार्वजनिक हित में हो। अतः सार्वजनिक हित की भावना लोकमत की आधारभूत विशेषता बन जाती है। इसी आधार पर हम अल्पमत, बहुमत, सर्वसम्मति व लोकमत के बीच अन्तर कर सकते हैं अन्यथा हर मत लोकमत बन जाएगा।

(3) लोकमत जनता का अपेक्षाकृत स्थाई मत होता है। यह तर्कपूर्ण तथा विवेक पर आधारित होने के कारण अस्थिर आवेगों व भावनाओं के उफानों से सम्बन्धित मत से

भिन्न होता है। हम ऊपर देख आये हैं कि लोकमत जन-कल्याण की भावना से प्रेरित होता है तथा जन-कल्याण की बातें क्षण-क्षण परिवर्तित होने के स्थान पर स्थायित्व के लक्षण से युक्त होती हैं। अत: जन-कल्याण पर आधारित मत भी स्थायी हो जाता है। यहां यह ध्यान रखना है कि स्थायित्व जड़ता का सूचक नहीं है। समाज की परिस्थितियां, आवश्यकताएं व आदर्श भी धीरे-धीरे बदलते जाते हैं और इसी के अनुरूप सार्वजनिक हित के लक्ष्य दब जाते हैं। अत: लोकमत जड़ता के स्थान पर गत्यात्मकता की ही विशेषता से युक्त कहा जा सकता है।

(4) लोकमत समाज की मूल्य व्यवस्था व आदर्शों से गठबन्धित होता है। सार्वजनिक हितों की व्याख्या वास्तव में समाज की मूल्य व्यवस्था के संदर्भ में ही की जा सकती है। हर उस बात को सार्वजनिक हित की साधक माना जाता है जो अन्तत: समाज के आदर्शों व गन्तव्यों तक पहुंचाने वाली होती है। लोकमत जन-कल्याण के लक्ष्य से प्रेरित होने के कारण ही समाज की मूल्य-व्यवस्था का सर्वाधिक महत्त्वपूर्ण रक्षक माना जाता है। इतिहास इस बात का साक्षी है कि जब-जब शासकों द्वारा समाज के मूल्यों का अतिक्रमण हुआ है तब-तब लोकमत ने लोगों को क्रांति के लिए तैयार किया है। अत: लोकमत नैतिकता और न्याय के आदर्शों से युक्त समाज की मूल्य व्यवस्था से गठबन्धित रहता है।

इस प्रकार लोकमत सामान्यतया जन साधारण का ऐसा मत है जो अपेक्षाकृत स्थायी, विवेकी व सार्वजनिक हित-साधन के लक्ष्य से उत्प्रेरित तथा समाज के आदर्शों का रक्षक होता है।

लोकमत का निर्माण तथा अभिव्यक्ति

(FORMATION AND EXPRESSION OF PUBLIC OPINION)

लोकमत का निर्माण किस प्रकार से होता है यह निश्चित रूप से कहा सकना कठिन है। समाज में व्यक्ति की सम्पर्कता इतने व्यक्तियों, समूहों, संस्थाओं व प्रक्रियाओं से होती है कि किसका किसी विचार विशेष के बनाने में कितना योगदान रहा है सुनिश्चित रूप से कह सकना असम्भव है। एक ही समस्या विशेष के बारे में एक व्यक्ति का विचार एक कारण से तो दूसरे व्यक्ति का विचार किसी अन्य कारण से प्रभावित हो सकता है। अत: लोकमत के निर्माण के बारे में यही कहा जा सकता है कि इसकी निर्माण-प्रक्रिया अत्यन्त ही जटिल है और इसमें मनुष्य के व्यक्तिगत लक्षणों से लेकर बाहर की समूह व्यवस्था, राजनीतिक संरचनाओं व प्रक्रियाओं तक का महत्त्वपूर्ण योगदान रहता है। यह स्वत: ही बनता है तथा छलयोजित भी किया जा सकता है। निरकुश शासन-व्यवस्थाओं में लोकमत को अपने पक्ष में बनाने के लिए तानाशाह सहमति का अभियंत्रण (engineering of consent) व छलयोजन (manipulation) तक करते रहे हैं, परन्तु लोकतान्त्रिक व्यवस्थाओं में लोकमत का विकास व निर्माण सामान्यतया स्वतन्त्रतापूर्वक तथा अनेक साधनों से होता है। इन साधनों व तत्त्वों में से प्रमुख का वर्णन नीचे दिया जा रहा है—

(क) मानव तत्त्व (Human elements)—लोकमत के निर्माण में सबसे महत्त्वपूर्ण

भूमिका मानवीय तत्वों की है। इसके निर्माण के अन्य साधनों की प्रभावकारिता भी बहुत कुछ मानव तत्त्व के ऊपर ही निर्भर करती है। उदाहरण के लिए, समाचारपत्रों की लोकमत के निर्माण में भूमिका इस अवस्था में आधारभूत हो जाती है जब समाज के नागरिक समाचारपत्र अनिवार्यतः पढ़ते हों तथा उनमें अभिव्यक्त विचारों को सोच-समझकर स्वीकार या अस्वीकार करते हों। इन्हीं की लोकमत के विकास में भूमिका उस समाज में नगण्य रह जाएगी जहां व्यक्ति साक्षर होते हुए भी समाचारपत्र पढ़ना पसंद नहीं करते हों। अतः मानव तत्त्व लोकमत के निर्माण के आधार स्थितियों का निरूपण करने के कारण अत्यन्त महत्त्वपूर्ण है। हर मानव समाज में तीन प्रकार के व्यक्ति होते हैं तथा इनमें से हर एक के लक्षण विशेष होने के कारण इनकी लोकमत के निर्माण में पृथक भूमिका हो जाती है। व्यक्तियों को हर समाज में मोटे रूप से इन तीन श्रेणियों में विभक्त किया जा सकता है—

(i) चिंतनशील व्यक्ति,
(ii) अध्ययनशील व्यक्ति,
(iii) कर्मशील व्यक्ति।

हर समाज में चिंतनशील या विचारवान व्यक्तियों के द्वारा ही नये विचार का जन्म होता है तथा प्रचलित विचारों का युक्ति-युक्त ढंग से परीक्षण व परिमार्जन होता है। यह सार्वजनिक मामलों में न केवल समझ रखते हैं वरन्, इनकी उनमें रुचि भी रहती है। ऐसे व्यक्तियों की संख्या कम ही होती है तथा सभी क्षेत्रों में अग्रणी चिंतक, कुछ नेता व विधायक और लेखक इस श्रेणी में आते हैं। यह समाज की मूल्य-व्यवस्था के जनक व रक्षक होने की अवस्था में होते हैं। यह अपने भाषणों व लेखों द्वारा सार्वजनिक मामलों के सम्बन्ध में युक्ति-युक्त ढंग से विचारपूर्ण मत प्रस्तुत करते हैं तथा इनकी सार्वजनिक-हितता की तार्किक पुष्टि प्रस्तुत करते हैं। इस श्रेणी में आदर्शवादी दार्शनिकों से लेकर शिक्षक व व्यवहारवादी विचारक तक आ जाते हैं। यह जनमत के निर्माण का धरातल तैयार करते हैं।

अध्ययनशील व्यक्ति स्वयं विचारवान नहीं हों ऐसी बात तो नहीं है। फिर भी यह व्यक्ति प्रचलित विचारों व मतों की परख करने के लिए सभी पहलुओं का अध्ययन करके अपना मत बनाते हैं। इनमें सार्वजनिक मामलों को निष्पक्ष रूप से समझने की क्षमता होती है। यह महत्त्वपूर्ण सार्वजनिक प्रश्नों पर निष्पक्षता से विचार बनाते हैं। इनके द्वारा चिंतनशील व्यक्तियों द्वारा प्रस्तुत विचार का परीक्षण व परिमार्जन होता है। उसके पक्ष व विपक्ष में विचार बनाने का काम इन्हीं द्वारा होता है। यह मुख्यतः राजनीति से दूर, विचारधाराओं से उन्मुक्त तथा स्वतन्त्रतापूर्वक विचार करने की स्थिति में होते हैं। अतः इनके द्वारा कुछ की बात, दृष्टिकोण व मत अनेक का मत बनने की अवस्था में आ जाता है।

कर्मशील व्यक्ति अपनी रोजी-रोटी कमाने में इतने उलझे होते हैं कि इन्हें अपने स्वतन्त्र विचार बनाने की न फुर्सत होती है तथा न ऐसा कर सकने के लिए आवश्यक शिक्षा व समझ होती है। यह प्रायः अपने से अधिक चतुर लोगों के द्वारा अभिव्यक्त मत

को ही अपना मत बना लेते हैं। इन्हीं के द्वारा लोकमत व्यापक आधार प्राप्त करता है तथा प्रभावी शक्ति का रूप धारण करता है। यहां यह बात ध्यान देने की है कि प्रथम दो श्रेणियों के व्यक्तियों के द्वारा अभिव्यक्त मत उनका स्वार्थी मत भी हो सकता है। ऐसी अवस्था में स्वस्थ जनमत के निर्माण के स्थान पर एकपक्षीय मत बन जाता है जिसे लोकमत नहीं कह सकते। वैसे ऐसा मत भी लोकमत के निर्माण का प्रणेता बन जाता है क्योंकि पक्षपात पूर्ण विचारों के साथ ही साथ अध्ययनशील व्यक्तियों द्वारा सार्वजनिक हित वाले विचारों का सृजन हो जाता है। इस प्रकार सबका सार्वजनिक हितकारी मत का निचोड़ अन्ततः लोकमत के रूप में प्रकट हो जाता है।

(ख) परिवार व प्राथमिक समूह (Family and primary groups)—परिवार व प्राथमिक समूहों में व्यक्ति के संस्कारों का निर्माण होता है? जीवन के प्रथम पाठ व्यक्ति को परिवार में ही पढ़ने होते हैं। उसका जीवन के प्रति दृष्टिकोण यहीं ढलता व बनता है। प्रत्यक्ष रूप से परिवार ही मनुष्य के प्रारम्भिक ज्ञान का स्रोत होता है। यहां वह अनेक प्रकार की कुण्ठाओं से युक्त या मुक्त बनता है। मां-बाप, भाई-बहन के विचारों का उसके दृष्टिकोण से नकारात्मक व सकारात्मक ढंग से, व्यक्ति के विचारों को ढालने व बनाने का कार्य करता है। अतः व्यक्ति जीवन के सबसे नाजुक काल में परिवार पर उसकी अनिवार्य आश्रितता उसके भविष्य के व्यवहार के लिए विशेष तैयारी कही जा सकती है। इसलिए ही परिवार जनमत के निर्माण की आधारभूत पाठशाला के रूप में जाना जाता है।

प्राथमिक समूहों में व्यक्ति की अन्य व्यक्ति से न केवल आत्मीयता रहती है वरन इनका उसके विचार विन्यास पर भी गहरा प्रभाव पड़ता है। यह व्यक्ति के समाजीकरण व राजनीतिकरण का प्रथम चरण कहे जा सकते हैं। यही वह समाज व समाज से सम्बन्धित सार्वजनिक मामलों पर अपने विचारों को बनाने की प्रेरणा प्राप्त करता है। पड़ोसियों तथा साथ-साथ खेलने वालों से लेकर व्यापक स्तर पर प्राथमिक समूह लोगों के विचारों को प्रभावित करते हुए पाए जाते हैं। इनसे व्यक्ति की ग्रहण की सीमाएं निर्धारित होने लगती हैं। व्यक्ति बाहर के विचारों के प्रति क्या अनुक्रिया करेगा इसका पाठ वह बहुत कुछ परिवार व प्राथमिक समूहों में ही सीखता है।

(ग) धर्म व धार्मिक संगठन (Religion and religious organisations)—मनुष्य अपने विकास के प्रारम्भिक साल में ही धर्म के प्रभाव में आ गया था। धीरे-धीरे धर्म का व्यक्ति के जीवन पर अधिकाधिक नियंत्रण होता गया है तथा आज वैज्ञानिकता के बावजूद धर्म का मानव जीवन पर अमिट प्रभाव बना हुआ है। अतः धर्म सदैव ही मानव मस्तिष्क पर प्रबल प्रभाव डालने वाला रहने के कारण, समाज के महत्त्वपूर्ण प्रश्नों पर उसके दृष्टिकोण का नियामक कहा जा सकता है। धर्म व्यक्ति के चरित्र व आंतरिक मानस को ढालने का महत्त्वपूर्ण साधन रहा है। धर्म का प्रभाव इतना अमिट होता है कि विवेक व तर्क द्वारा भी बदला नहीं जा सकता। व्यक्ति के आंतरिक संस्कारों का उसके चिंतन व व्यवहार पर निर्णायक प्रभाव पड़ता है। यद्यपि सामान्यतया धर्म एकपक्षीय दृष्टिकोण के विकास का ही प्रेरक होता है फिर भी इससे जनमत के निर्माण में योगदान

मिलता है। यह व्यक्ति के मत-निरूपण में बड़ा सहयोगी होता है। यह सही है कि धर्म की भूमिका अधिकतर नकारात्मक ही रहती है पर इस नकारात्मक भूमिका का स्वयं लोकमत के सही प्रतिपादन में गहरा हाथ रहता है।

इसी तरह, धार्मिक संगठन व समूह विभिन्न सार्वजनिक प्रश्नों पर अपने सदस्यों को शिक्षित करते हुए उन प्रश्नों पर उनके विचार निर्माण की भूमिका निभाते हैं। धार्मिक संगठन अन्य संगठनों से कहीं अधिक प्रभावी होते हैं। अन्य संगठनों द्वारा रखे गये विचार को तर्क की कसौटी पर कसा जा सकता है। इस आधार पर उसे स्वीकार या अस्वीकार किया जा सकता है, पर धार्मिक संगठन के द्वारा प्रेरित विचार तो देववाणी मानकर अंगीकार कर लिये जाते हैं। अत: धर्म व धार्मिक संगठन जनमत के निर्माण के प्रभावशाली उपकरण कहे जा सकते हैं। वैसे आधुनिक समय में धर्म के प्रभाव को अनेक विद्वान स्वीकार नहीं करते हैं तथा धर्मनिरपेक्षता की दुहाई देते हैं। पर शायद धर्मनिरपेक्षता के कारण धर्म व धार्मिक संगठन जन मानस को सार्वजनिक प्रश्नों पर और अधिक निरूपित करने वाले बन गये हैं। भारत में इसके प्रभाव के प्रत्यक्ष प्रभाव दिखाई पड़ते हैं।

(घ) शिक्षण संस्थाएं (Educational institutions)—लोकमत के निर्माण में शिक्षण-संस्थाओं का योगदान विवाद रहित है। देश के युवक व युवतियों को स्वयं सोचने, निर्णय करने या दूसरों को तर्कसंगत ढंग से समझाने में समर्थ करने वाली शिक्षण संस्थाएं ही हैं। व्यक्ति शिक्षित होकर ही सार्वजनिक मामलों में रुचि लेने लगता है। स्कूल, विद्यालय, महाविद्यालय तथा विश्वविद्यालय उत्तरोत्तर व्यक्ति की समझ में वृद्धि का साधन होते हैं। ये शिक्षण-संस्थाएं व्यक्ति के चरित्र निर्माण में आधारशिला का कार्य करती हैं और विद्यार्थियों में नागरिक-भाव और चेतना उत्पन्न करती हैं। शिक्षण संस्थाओं के द्वारा ही युवकों को देश की समस्याओं का ज्ञान कराया जाता है। कुल मिलाकर शिक्षण संस्थाएं व्यक्ति को शिक्षित करती हैं जिससे वह सार्वजनिक प्रश्नों पर अपना स्वयं का विचार बढ़ाने की अवस्था में आता है। वह शिक्षित होने के कारण ही अपने विचारों को अभिव्यक्त करना चाहता है तथा इस तरह लोकमत के निर्माण का साधन बन जाता है।

(च) सम्प्रेषण या संचार के साधन (Means of communication)—सम्प्रेषण के साधनों से विभिन्न दृष्टिकोणों में समन्वय की परिस्थितियां उत्पन्न होती हैं। एक विचार अनेक तक या सब तक संचार के साधनों से ही पहुंचाया जाता है। समाचारपत्र, रेडियो, टेलीविजन, सिनेमा इत्यादि ऐसे संचार साधन हैं जिनसे सार्वजनिक प्रश्नों पर एक विवाद सा चलता रहता है तथा विभिन्न विचार-विकल्पों में से किसी एक पर पहुंचा जाता है। अत: इनका लोकमत के निर्माण व उसको व्यावहारिक बनाने में बहुत बड़ा हाथ रहता है।

सम्प्रेषण के साधनों में समाचारपत्र लोकमत के निर्माण में अत्यधिक महत्त्वपूर्ण योग देते हैं। ये हमें राष्ट्रीय एवं अन्तर्राष्ट्रीय घटनाओं से अवगत कराते हैं। ये सरकार की राजनीतिक, सामाजिक व आर्थिक गतिविधियों से जनसाधारण को अवगत रखते हैं। समाचारपत्र ही सरकार की नीति की स्वस्थ आलोचना करते हैं और शासन की त्रुटियों को जनता तक पहुंचाते हैं। इसी तरह, ये जनता की आवाज को सरकार तक पहुंचाने का कार्य भी करते हैं। अत: समाचारपत्र सरकार व जनता के मध्य एक ऐसी कड़ी का काम

करते हैं जिससे सरकार की बात जनता तक व जनता की बात सरकार तक पहुंचती है। इससे सार्वजनिक प्रश्नों पर जनता का मत बनने में सहायता मिलती है, परन्तु यह केवल उन्हीं समाचारपत्रों के बारे में सही है जो निष्पक्ष होकर सरकार और जनता के बीच विचारों के आदान-प्रदान का कार्य करते हैं। सार्वजनिक हित से प्रेरित होकर कार्य करने वाले समाचारपत्र ही शुद्ध लोकमत के निर्माण में सहायक होते हैं। इसलिए ही स्वतन्त्र, निष्पक्ष एवं न्यायपूर्ण समाचारपत्रों को स्वस्थ जनमत का सजग प्रहरी और लोकतन्त्र का धर्म-ग्रंथ कहा जाता है।

समाचारपत्रों की तरह ही रेडियो व दूरदर्शन भी लोकमत के निर्माण में सहायक होते हैं। समाचारपत्र तो केवल शिक्षित व्यक्तियों व सरकार में ही आदान-प्रदान का माध्यम बनते हैं। पर रेडियो व दूरदर्शन से सरकार के कार्यक्रमों व नीतियों के बारे में सभी व्यक्तियों को अवगत कराया जा सकता है। रेडियो व दूरदर्शन मनोरंजन के साथ ही साथ, तत्कालीन राजनीतिक, सामाजिक और आर्थिक समस्याओं पर भाषण, टिप्पणियां, वार्ताएं व वाद-विवाद प्रसारित करके जनता व सरकार के बीच सम्पर्क स्थापित करने में सहायक होता है। लोकमत के निर्माण में इनकी भूमिका बहुत महत्त्वपूर्ण होती है क्योंकि मनोरंजन के माध्यम होने के कारण अधिकांश जनता इनसे प्रभावित व सूचित की जा सकती है। सिनेमा भी इसी प्रकार का योगदान करता है।

(छ) **राजनीतिक दल व दबाव समूह** (Political parties)—राजनीतिक दल लोकमत के निर्माण में सतत सक्रिय रहते हैं। दल राजनीतिक सत्ता प्राप्ति के उद्देश्य की पूर्ति करने के लिए अपने समर्थकों की संख्या में वृद्धि करने का भरसक प्रयत्न करते हैं। इसके लिए उन्हें राजनीतिक समस्याओं के विषय में अपने-अपने दृष्टिकोणों का व्यापक प्रचार करना पड़ता है। इससे जनता को उनके उद्देश्यों व दृष्टिकोणों का ज्ञान हो जाता है। राजनीतिक दल विचारों का प्रचार ही नहीं करते वरन यह विचारों की सार्वजनिक हितों से सम्बन्धता का भी स्पष्टीकरण करते हैं। यह लोकमत का निर्माण व संगठन भी करते हैं। वास्तव में बिखरे हुए विचारों को निश्चित सूत्रों में पिरोने का काम राजनीतिक दल ही कर सकते हैं। यह समस्याओं के प्रति जनता को सचेत करते हैं जिससे जन जागृति उत्पन्न होती है और लोकमत के निर्माण का मार्ग प्रशस्त होता है। वे जनता को तत्कालीन समस्याओं से अवगत कराते हैं और उनसे सम्बन्धित विभिन्न पहलुओं को जनता के समक्ष रखकर उसे उनके सम्बन्ध में अपना मत बनाने का अवसर प्रदान करते हैं। किसी समस्या के विषय में किसी राजनीतिक दल द्वारा अभिव्यक्त मत का समर्थन जब जनता का एक बड़ा भाग करने लगता है तब उस दल का कार्य लोकमत का प्रकाशक भी बन जाता है। राजनीतिक दल लोकमत के निर्माण के प्रयत्नों में निरन्तर लगे रहते हैं, क्योंकि लोकमत ही उन्हें सत्ता में बनाए रखने या सत्ता में लाने का साधन है।

दबाव समूह समाज में व्यक्तियों को विभिन्न हितों के लिए संगठित करने का कार्य करते हैं। यह अपने हितों की पूर्ति में जनमत को भी अपने पक्ष में करने का प्रयास करते हैं क्योंकि जनमत के समर्थन से इनके हितों की सरकार भी अवहेलना नहीं कर सकती है। यह विभिन्न समस्याओं पर जन शिक्षण व जन नेतृत्व का कार्य करके लोकमत के निर्माण

में सहायक बन जाते हैं।

(ज) व्यवस्थापिका सभाएं (Legislative assemblies)—व्यवस्थापिका सभाओं के द्वारा लोकमत की अभिव्यक्ति होती है तथा इसके निर्माण में भी योगदान मिलता है। यह वाद-विवाद का मंच, नीति-निर्धारण का माध्यम व जनता की आवाज को उठाने का महत्त्वपूर्ण स्थल होती है। देश से सम्बन्धित हर प्रश्न पर इनमें विचार हो सकता है। इन सभाओं में वाद-विवाद के द्वारा विभिन्न समस्याओं के सभी पहलुओं का ज्ञान जनता तक पहुंचता है जिससे देशव्यापी वाद-विवाद का श्रीगणेश होता है और लोकमत का निर्माण होने में सहायता मिलती है। इन सदनों में सभी प्रकार की विचारधाराओं का प्रतिनिधित्व होता है और अनेक विचारधाराओं के व्यवस्थित टकराव के माध्यम से एक मत के रूप में विचार बनते हैं जो लोकमत के प्रेरक बनते हैं। इसके अतिरिक्त विभिन्न भागों के प्रतिनिधि प्रस्तुत समस्याओं और प्रश्नों पर अपने क्षेत्र की जनता के मतों की अभिव्यक्ति करके ऐसा साधन बन जाते हैं जिससे विधान मण्डलों में सारे देश के लोगों के विचारों का आदान-प्रदान हो जाता है। इससे लोकमत के निर्माण के साथ ही साथ यह इसकी अभिव्यक्ति का माध्यम भी प्रस्तुत कर देती है।

(झ) मंच (Public platform)—मंच की लोकमत के निर्माण में भूमिका के सम्बन्ध में इकबाल नारायण ने लिखा है, "मंच लोकमत के निर्माण का एक उत्तम साधन है। सार्वजनिक समस्याओं पर वाद-विवाद होता है जिससे जनता राजनीतिक शिक्षा ग्रहण करती है। सरकारी नीति की आलोचना, प्रत्यालोचना, समालोचना और उसके गुण-दोष की विवेचना होती है। ऐसे भाषणों और सभाओं से महत्त्वपूर्ण प्रश्नों पर जनता की चेतना केन्द्रित होती है। इसके द्वारा जनता को अनेक समस्याओं का ज्ञान होता है और विभिन्न महत्त्वपूर्ण विषयों के सम्बन्ध में लोकमत का निर्माण होता है। सरकार के समर्थक सरकार के गुणों का उल्लेख करते हैं और उसके विरोधी उसकी त्रुटियों की ओर जनता का ध्यान आकर्षित करते हैं। इस प्रकार जनता को यह अवसर मिल जाता है कि वह दोनों पक्षों को देखकर अपना मत निर्धारित कर सके। इस सम्बन्ध में यह नहीं भूलना चाहिए कि मंच के ये लाभ जनता को तभी पूर्ण रूप से प्राप्त हो सकते हैं जब जनता शिक्षित हो और उसमें इतनी योग्यता हो कि वह भावावेश और विवेक में, सत्य और असत्य में, उचित और अनुचित में भेद कर सके। उसमें विचार-स्वातन्त्र्य की प्रवृत्ति होनी चाहिए और शासन की ओर से भी उसे इसका अवसर मिलना चाहिये।"

जनमत के निर्माण व अभिव्यक्ति के विभिन्न साधनों के विवेचन से यह स्पष्ट है कि इन सभी साधनों का दुरुपयोग करके सच्चे लोकमत के निर्माण का मार्ग अवरुद्ध भी किया जा सकता है। अतः जनमत का निर्माण व अभिव्यक्ति ठीक ढंग से तभी हो सकती है जब कुछ शर्तें पूरी हों? ऐसी कुछ पूर्व शर्तों का उल्लेख करना प्रासंगिक होगा। अतः कुछ प्रमुख पूर्व शर्तों का विवेचन किया जा रहा है।

स्वस्थ लोकमत के निर्माण की पूर्व शर्तें
(PRE-REQUISITES OF SOUND PUBLIC OPINION)

हर प्रकार की परिस्थितियों में स्वस्थ लोकमत का निर्माण नहीं हो सकता है। लोकमत के निर्माण तथा अभिव्यक्ति के सभी साधनों के किसी समाज में विद्यमान होने पर भी यह आवश्यक नहीं कि स्वस्थ लोकमत का वहां अनिवार्यत: विकास होगा। यह तो तभी विकसित हो सकता है जब लोकमत के निर्माण में आने वाली बाधाओं को समाप्त किया जाए। लोकमत का निर्माण अनेक व्यक्तियों, विचारों और परिस्थितियों की आपसी क्रिया-प्रतिक्रिया से बनता है। स्वस्थ लोकमत के निर्माण के लिए यह आवश्यक है कि समाज सम्बन्धी समस्याओं के विभिन्न पहलुओं पर ज्यादा से ज्यादा विचार प्रस्तुत हों तथा सही विचारों का प्रचार व प्रसार करने वाले व्यक्ति उच्च चरित्र के हों तथा जिन परिस्थितियों में ये विचार व व्यक्ति कार्य करें वे उन्हें स्वतन्त्रता और निर्भीकता के अधिकतम अवसर प्रदान कर सकें। इससे स्पष्ट है कि स्वस्थ जनमत के निर्माण में सबसे महत्त्वपूर्ण पूर्व,शर्त मनुष्यों से ही सम्बन्धित है। किसी भी राजनीतिक समाज में स्वस्थ लोकमत के निर्माण के लिए यह आवश्यक है कि इसके नागरिकों में निम्नलिखित लक्षण विद्यमान हों—

(1) जनता यह जानती हो कि वह क्या चाहती है?

(2) जनता जो चाहती हो उसमें उसकी रुचि भी हो।

(3) जनता जो चाहती हो उसे अभिव्यक्त कर सकती हो।

स्वस्थ लोकमत के निर्माण के लिए यह परमावश्यक है कि समाज के सदस्य क्या चाहते हैं इसका उनको सुस्पष्ट ज्ञान हो। इसके अभाव में वे अपना सुनिश्चित मत नहीं बना सकते हैं। अधिकांश विकासशील राज्यों में स्वस्थ जनमत के निर्माण की संरचनात्मक व्यवस्थाओं के होने पर भी लोकमत प्रकट रूप नहीं ले पाता है, क्योंकि जनसाधारण ठीक प्रकार से यही नहीं जानता है कि वह समाज के सक्रिय सदस्य के रूप में क्या प्राप्त करना चाहता है। लोकमत के विकास के लिए जनता की भिज्ञता ही पर्याप्त नहीं होती है, इसके लिए यह भी आवश्यक है कि लोग जो चाहते हैं उसमें रुचि रखते हों। रुचि के अभाव में जनता उदासीन बनी रहती है। उनके चारों तरफ कुछ भी घटित होता रहे, वे बेखबर बने रहना पसंद करते हों तो लोकमत का निर्माण होने में रुकावट पड़ती है। हर समाज में जनता को अगर जो वह चाहती है उसका ज्ञान हो तथा उसकी उस सबमें अत्यधिक रुचि भी हो तो भी स्वस्थ लोकमत तब तक सम्भव नहीं हो सकता जब तक कि उनको, उस सबकी जो वह चाहती है तथा जिसमें उसकी रुचि है, अभिव्यक्ति के अवसर प्राप्त नहीं हों। अत: स्वस्थ लोकमत के निर्माण में सबसे बड़ी रुकावटें उपरोक्त तीन बातों का न होना है। किसी समाज में जनता क्या चाहती है इसको तभी जान सकती है जबकि वह शिक्षित हो। इसी तरह नागरिक जो चाहते हैं उसका समझना तब तक निरर्थक है जब तक कि उनकी उस सबमें रुचि न हो तथा वे उसे अभिव्यक्त नहीं कर सकें। उदाहरण के लिए, सभी सार्वजनिक व राष्ट्रीय विषयों पर उदासीन जन समुदाय, अभि-

व्यक्ति के श्रेष्ठतम साधनों का भी प्रयोग नहीं करेगा। इससे स्पष्ट है कि स्वस्थ जनमत का निर्माण तभी हो सकता है जबकि जनता को इन तीन लक्षणों से युक्त करने के समुचित साधन समाज में विद्यमान हों अर्थात इन लक्षणों की प्राप्ति के मार्ग में आने वाली रुकावटों—निरक्षरता, निर्धनता, दूषित शिक्षा-प्रणाली, गैर जिम्मेदार समाचारपत्र, नागरिक उदासीनता और दलगत राजनीतिक दलों, का समाज में अभाव हो। अत: स्वस्थ लोकमत तभी बन सकता है जबकि नकारात्मक रूप से वे सब परिस्थितियां न हों जिनसे नागरिकों में उपरोक्त तीन गुण उत्पन्न होने में बाधाएं उत्पन्न होती हैं तथा सकारात्मक दृष्टि से वे सब परिस्थितियां हों जिनसे नागरिकों में तीन लक्षणों का उत्पन्न किया जा सके। संक्षेप में लोकमत के निर्माण में जन समुदाय की सार्थक भूमिका से सम्बन्धित लक्षणों के विकास व अभिव्यक्ति के लिए निम्नलिखित आवश्यक परिस्थितियों की विद्यमानता जरूरी है।

आदर्श व व्यावहारिक शिक्षा प्रणाली (Ideal and Practical Educational System)

स्वस्थ लोकमत के निर्माण के लिए यह आवश्यक है कि जनता सुशिक्षित, समझदार और सार्वजनिक मामलों में रुचि लेने वाली हो। उसमें राजनीतिक मामलों के प्रति जिज्ञासा हो तथा इस जिज्ञासा को शांत करने के लिए वे सभी साधनों से सूचनाएं प्राप्त कर अपना मत निश्चित करने की अवस्था में हों। इसके लिए सही ढंग से जनता को शिक्षित करने की व्यवस्था का होना आवश्यक है। उचित शिक्षा के अभाव में, शिक्षित व्यक्ति भी सार्वजनिक मामलों पर सही विचार नहीं बना सकता है। सार्वजनिक साक्षरता मात्र से व्यक्ति स्वस्थ लोकमत के निर्माण में सहायक नहीं बन जाता है। इसके लिए लोगों का राजनीतिक तथ्यों से परिचित होना ही काफी नहीं है वरन सच और झूठ, सही और गलत, उचित व अनुचित की पहचान कर ठीक बात का चयन करने की अवस्था में होना भी आवश्यक है। समाचारपत्रों, राजनीतिक दलों व अन्य संगठनों के द्वारा एक ही सार्वजनिक प्रश्न पर परस्पर विरोधी बातें कही जाती हैं। इनमें सही का निश्चय कर सकने की क्षमता होने पर ही व्यक्ति स्वस्थ लोकमत के विकास में सहायक होता है। अत: देश में ऐसी शिक्षा प्रणाली हो जो व्यक्ति में राजनीतिक परिपक्वता, विवेकशीलता तथा जागरुकता के साथ ही समाज, देश व अन्य नागरिकों के प्रति उसके कर्तव्य व उत्तरदायित्व का सही ज्ञान दे सके। अत: स्वस्थ लोकमत के निर्माण के लिए ऐसी आदर्श शिक्षा प्रणाली अनिवार्य है जो नागरिक को सार्वजनिक संदर्भ में सही ढंग से सोचने की अवस्था में ला सके जिससे वे संकुचित दृष्टिकोण के स्थान पर व्यापक दृष्टिकोण से युक्त बन सकें। शिक्षा प्रणाली की आदर्शता के साथ ही साथ इसकी व्यावहारिकता भी आवश्यक है। वस्तुत: शिक्षा इस प्रकार की होनी चाहिए जो जनता में राजनीतिक चेतना उत्पन्न करे और उसे अपने कर्तव्यों व अधिकारों का ज्ञान कराए। शिक्षा ऐसी हो जो जनता में सूझबूझ विकसित करे जिससे जनता सार्वजनिक मामलों को भली-भांति समझकर उन पर अपना उचित मत बना सकने की स्थिति न आ सके।

स्वस्थ लोकमत के निर्माण के लिए नागरिकों की विवेकशीलता ही पर्याप्त नहीं है। उनमें सहनशीलता भी होनी चाहिए जिससे वे ठंडे दिमाग से समस्याओं के सब पहलुओं पर केवल विचार ही नहीं कर सके वरन दूसरे के दृष्टिकोणों को समझने का प्रयास भी कर सकें। भावनाओं के आवेगों में बहने वाली जनता साक्षर होने पर भी शिक्षित नहीं मानी जा सकती। अत: शिक्षा प्रणाली ऐसी होनी चाहिए जो मनुष्य को सही अर्थों में शिक्षित बना सके। शिक्षित व्यक्ति हमेशा ही स्वस्थ लोकमत के निर्माण का आधार स्तम्भ रहता है। वह आकस्मिकताओं से चिंतित नहीं होता तथा व्यापक सार्वजनिक दृष्टिकोण से सभी प्रश्नों को परखकर अपना मत बनाता है। इसलिए किसी ने ठीक ही कहा है कि शिक्षित व्यक्ति ही यह जानता है कि वह क्या चाहता है? अत: आदर्श व व्यावहारिक शिक्षा प्रणाली से शिक्षित व्यक्ति तैयार होते हैं जो स्वस्थ लोकमत के निर्माण की ठोस व्यवस्था बन जाती है।

अभिव्यक्ति व विचारों की स्वतन्त्रता (Freedom of Thought and Expression)

स्वस्थ लोकमत का निर्माण केवल लोकतान्त्रिक शासन-व्यवस्थाओं में ही सम्भव है, क्योंकि लोकतन्त्र व्यवस्थाएं ही व्यक्तियों को अपने विचार प्रकट करने की स्वतन्त्रताएं व सुविधाएं उपलब्ध कराती हैं। लोकमत के लिए कुछ का विचार सब तक पहुंचाया जा सके इसकी छूट होनी चाहिए। अभिव्यक्ति और विचारों की स्वतन्त्रता समाज में ऐसी परिस्थिति उत्पन्न करती है जिसमें सभी लोग मिलकर राजनीतिक प्रश्नों पर मान्य निर्णयों की अवस्था में पहुंच सकते हैं। विचार स्वातन्त्र्य से नये-नये विचार ही उत्पन्न नहीं हो पाते हैं वरन परस्पर विरोधी व विविध विचार भी सामने आते हैं। इससे सभी राजनीतिक प्रश्नों पर स्वतन्त्र चिंतन व अनेक विचारों का मंथन होता है जो अन्तत: विवेकपूर्ण, स्थायी तथा सही निष्कर्षों तक ले जाने वाला बन जाता है। अत: स्वस्थ लोकमत के निर्माण की आवश्यक शर्त, विचारों व अभिव्यक्ति की स्वतन्त्रता का होना है।

निरंकुश व्यवस्थाओं में विचारों व अभिव्यक्ति की स्वतन्त्रता के अभाव में स्वस्थ लोकमत का निर्माण नहीं हो पाता है। तानाशाही के समर्थन में लोकमत तो हर तानाशाह द्वारा बनाने का प्रयास किया जाता है पर ऐसे मत को लोकमत नहीं कहा जा सकता क्योंकि यह जन-कल्याण की भावना से प्रेरित नहीं रहता है। निरंकुश व्यवस्थाओं में लोकमत स्वत: नहीं बनता यह तो बनाया जाता है। छलयोजन करके लोकमत के समर्थन का दिखावा किया जाता है। यही कारण है कि निरंकुश व्यवस्थाओं में भी कई बार धीरे-धीरे स्वस्थ जनमत बनकर तानाशाहों के विरुद्ध क्रान्ति का नारा बुलन्द करने में सफल हो जाता है। अत: लोकमत हर अवस्था में बनता है परन्तु उसके विकास में अभिव्यक्ति व विचारों की स्वतन्त्रता से बड़ा सहयोग मिलता है।

स्वतन्त्र व निष्पक्ष समाचारपत्र (Free and Impartial Press)

स्वस्थ लोकमत के निर्माण के लिए यह आवश्यक है कि समाचारों का संचारण निष्पक्ष

रूप से हो। सम्प्रेषण के अनेक साधन होते हैं परन्तु उनमें समाचारपत्रों की भूमिका सर्वाधिक महत्त्व की है। यह समाज में विचारों का नेतृत्व करते हैं तथा जनता को सब बातों से परिचित कराते हैं। सरकार, राजनीतिक दलों व अन्य समूहों के विचार जनता तक ले जाने का काम समाचारपत्रों द्वारा ही सम्पन्न होता है। इसी तरह एक व्यक्ति के विचार दूसरे व्यक्ति तक तथा समाज में प्रचलित सभी विचार व बातें सरकार तक समाचारपत्रों के द्वारा ही पहुंचती हैं। यह विचारों व समाचारों का आदान-प्रदान लोकमत के निर्माण की प्रक्रिया का अभिन्न अंग बन जाता है, परन्तु अगर बातों, सूचनाओं, खबरों व विचारों का यह सम्प्रेषण तोड़-मरोड़ कर होने लगे तो स्वस्थ जनमत के निर्माण में बाधा पड़ जाती है। अतः ऐसे समाचारपत्रों की आवश्यकता पड़ती है जो निष्पक्ष और ईमानदार हों और खबर को ज्यों की त्यों जनता तक पहुंचाने का माध्यम बने रहें। इससे जनता को सही मत बनाने में सहयोग मिलता है। समाचारपत्र निष्पक्षता से तभी समाचारों का संचारण कर सकते हैं जब वे स्वतन्त्र हों। उन पर सरकारी अथवा गैर सरकारी किसी प्रकार का दबाव नहीं होना चाहिए जिससे वे सार्वजनिक समस्याओं, सरकार के कार्यों, राजनीतिक दलों की नीतियों और कार्यक्रमों पर स्वतन्त्रतापूर्वक और निष्पक्ष विचार व्यक्त कर सकें। अतः स्वस्थ लोकमत का निर्माण करने में समाचारपत्रों की निष्पक्षता व स्वतन्त्रता का काफी महत्त्व है।

सामान्यतया समाचारपत्रों के समाचारपत्र (newspapers) के रूप में रहने पर ही स्वस्थ लोकमत निर्मित हो पाता है। जब समाचारपत्र 'विचारपत्र' (views papers) के रूप में कार्य करते हैं तो उनकी निष्पक्षता समाप्त हो जाती है तथा सभी समाचार विचार विशेष के रंग में रंग कर जनता तक पहुंचाए जाने लगते हैं। इससे आम जनता को वास्तविकताओं का पता ही नहीं चल पाता है तथा वह गुमराह होने लगती है। यह स्वस्थ जनमत के निर्माण में रुकावट की परिस्थिति हो जाती है। इसलिये समाचारपत्रों का स्वतन्त्र व निष्पक्ष होना स्वस्थ लोकमत के निर्माण की पहली शर्त है। इनकी निष्पक्षता के अभाव में लोकमत बन ही नहीं सकता।

राष्ट्रवादी राजनीतिक दल (Nationalistic Political Parties)

राजनीतिक दल समाज में सक्रियता के प्रमुख उत्प्रेरक होते हैं। समाज का प्रक्रियात्मक जीवन राजनीतिक दलों के द्वारा ही नियन्त्रित व निर्देशित रहने लगा है। जीवन के सभी पहलुओं पर इनका प्रभाव होता है। मानव विचारों को अच्छा या बुरा बनाने में इनकी प्रमुख भूमिका होती है। इनका सरकार पर तो पूर्ण नियन्त्रण होता ही है, यह समाज व सम्पूर्ण समूह जीवन पर भी छाये रहते हैं। अतः राजनीतिक दलों का मनुष्य के विचारों को मोड़ने में महत्त्वपूर्ण प्रभाव रहता है। यह प्रभाव सार्वजनिक कल्याण के अनुरूप होने पर राजनीतिक दलों को भी स्वस्थ जनमत के विकास में सहायक बना देता है। राजनीतिक दल केवल राष्ट्रवादी दृष्टिकोण रखने वाले होने चाहिए, क्योंकि ऐसे दृष्टिकोण वाले दल ही लोक-कल्याण की भावना से प्रेरित होकर कार्य कर सकते हैं। ऐसे दल ही जनता को सही विचार बनाने के लिए प्रेरित कर सकते हैं। संकुचित तथा सीमित

दृष्टिकोण वाले दल लोकमत के विकास में बाधा पहुंचाते हैं। ये जनता को सार्वजनिक हित के विचारों से विमुख करते हैं। इससे जनता राष्ट्रीय प्रश्नों पर सही दृष्टिकोण नहीं बना पाती है जो सही जनमत के विकास में रुकावट उत्पन्न करता है।

राष्ट्रीय गन्तव्यों पर मतैक्य (Consensus Over National Goals)

राजनीतिक समाज में परस्पर विरोधी व संघर्षरत हित विद्यमान रहते हैं तथा राजनीतिक प्रक्रियाओं के द्वारा इन हितों में समन्वय स्थापित रहता है। यह किसी समाज की सामान्य अवस्था में स्वतः ही होता रहता है, परन्तु इसके लिए यह आवश्यक है कि सम्पूर्ण समाज में राष्ट्रीय गन्तव्यों को लेकर मतैक्य बना रहे। जनता में राष्ट्रीय आदर्शों के विषय में एकता न होने की अवस्था में पारस्परिक कटुता और वैमनस्य इतना बढ़ जाएगा कि अराजकता फैलने की स्थिति आ जाएगी। ऐसी अवस्था में लोकमत के विकास का मार्ग अवरुद्ध ही होगा। लोकतन्त्र व्यवस्थाओं में शासन की नीतियों को लेकर सामान्य मतभेदों का होना स्वाभाविक है लेकिन ऐसे मतभेद घातक नहीं होते हैं। परन्तु राज्य के शासन का स्वरूप क्या हो, उसका उद्देश्य क्या हो, अथवा उसके उद्देश्यों की पूर्ति किन साधनों के प्रयोग द्वारा की जाए, इन बातों पर गहरे मतभेद से समाज में एकता नहीं रह पाती है तथा स्वस्थ जनमत का विकास असम्भव हो जाता है क्योंकि किसी भी प्रश्न पर कोई सहमति की स्थिति ही नहीं आएगी। अतः समाज में एकता तथा राष्ट्रीय प्रश्नों पर सहमति के लिए समाज में राष्ट्रीय गन्तव्यों पर मतैक्य अनिवार्यतः रहना चाहिये। केवल ऐसी ही अवस्था में स्वस्थ लोकमत का विकास सम्भव होता है।

निर्धनता व आर्थिक विषमता का अभाव
(ABSENCE OF POVERTY AND ECONOMIC DISPARITIES)

निर्धनता व्यक्तियों के सार्वजनिक विषयों पर विचार कर अपना अभिमत बनाने में बाधक पाई गई है। निर्धन व्यक्ति सामान्यतया रोटी-रोजी की चिन्ता में इतने डूबे रहते हैं कि उनकी स्वतन्त्र चेतना ही समाप्त हो जाती है। उनका अपना कोई मत ही नहीं रह जाता है। उनको थोड़े से लालच से इस या उस मत का समर्थक बनाया जा सकता है। ऐसे व्यक्ति निष्पक्ष विचार के अवसरों के अभाव में सार्वजनिक प्रश्नों पर उदासीन बन जाते हैं। यह उदासीनता स्वस्थ लोकमत की सबसे बड़ी शत्रु बन जाती है। अतः स्वस्थ जनमत के लिए यह आवश्यक है कि समाज में अपेक्षाकृत सम्पन्नता हो।

निर्धनता की तरह ही आर्थिक विषमताएं भी जनमत के बनने में बाधाएं उत्पन्न करती हैं। इससे समाज स्पष्टतया दो वर्गों में विभक्त हो जाता है। एक गरीबों का वर्ग बन जाता है तथा दूसरा साधन-सम्पन्न लोगों का वर्ग हो जाता है। गरीब लोगों के मूल्य, मान्यताएं, आकांक्षाएं तथा आवश्यकताएं अमीर वर्ग के लोगों से भिन्न बन जाती हैं। अमीर, गरीबों का शोषण ही नहीं करते हैं वरन उनको ऐसी स्थिति में धकेल देते हैं जिसमें जीवन की कठोर आवश्यकताओं की पूर्ति करने में असमर्थता के कारण उनका धर्म, ईमान, राज-

नीति सब कुछ रोटी ही हो जाती है। उनका अपना कोई मत नहीं बन पाने के कारण धनिक लोगों के मत की ही प्रधानता हो जाती है। यह लोकमत नहीं होकर केवल वर्ग-मत होता है तथा वर्ग संघर्ष का जनक बनता है। दोनों वर्गों में आपसी खींचतान के कारण वे किसी भी सार्वजनिक प्रश्न पर एकमत नहीं हो पाते हैं और लोकमत के विकास का मार्ग अवरुद्ध हो जाता है। अत: स्वस्थ जनमत के निर्माण के लिए आवश्यक है कि समाज में न निर्धनता हो और न ही बहुत अधिक आर्थिक विषमताएं हों।

उपरोक्त विवेचन से स्पष्ट है कि स्वस्थ जनमत का निर्माण एक विशेष प्रकृति की राजनीतिक संस्कृति में ही हो सकता है। ऐसी राजनीतिक संस्कृति में आदर्श व व्यवहारवादी शिक्षा प्रणाली, विचारों व अभिव्यक्ति की स्वतन्त्रता, स्वतन्त्र व निष्पक्ष समाचारपत्र, राष्ट्रवादी राजनीतिक दल, राष्ट्रीय गन्तव्यों पर जनता में सहमति तथा आर्थिक विषमताओं का अभाव हो, तभी स्वस्थ जनमत के विकास की परिस्थितियां प्रस्तुत होती हैं। यह व्यवस्थाएं होने पर किसी राजनीतिक समाज के सदस्यों के लिए यह जानना सम्भव हो जाता है कि वे क्या चाहते हैं? इन्हीं से जनता में जागरूकता आती है जिससे वह विचारों को अभिव्यक्त करने के लिए प्रेरित होते हैं और इन सबसे स्वस्थ लोकमत के विकास में सहायता मिलती है।

लोकतन्त्र और लोकमत
(DEMOCRACY AND PUBLIC OPINION)

लोकमत को जनता का, जनता के द्वारा व जनता के लिए शासन कहा गया है। यह जनता की इच्छा के अनुसार शासन है, परन्तु जनता की इच्छा के अनुसार शासन का अभिप्राय यह नहीं होता कि सरकार के प्रत्येक कार्य पर जनता का परामर्श लिया जाए। कोरी तथा अब्राहम के अनुसार जनता की इच्छा के अनुसार शासन का अभिप्राय यह होता है कि नियतकालिक चुनावों में जनता स्वतन्त्रतापूर्वक अपना विचार अभिव्यक्त कर सके और जनता द्वारा व्यक्त किये गये अभिमत के अनुसार सरकार का गठन व संचालन हो। समाज से सम्बन्धित सभी विवादास्पद प्रश्नों पर सरकार के निर्णय बहुमत की इच्छा के अनुरूप रहने की अवस्था में शासन जनता की इच्छा के अनुसार कहा जा सकता है बशर्ते कि बहुमत की इच्छा अल्पमत के अहित में नहीं हो। क्योंकि प्रजातन्त्र व्यवस्था में जन-हित की साधना का प्रमुख लक्ष्य रहता है। निर्वाचन में जनमत की अभिव्यक्ति होती है तथा सरकार का आधार वस्तुत: लोकमत बन जाता है। यह इसलिए सम्भव होता है, क्योंकि चुनावों में विभिन्न प्रत्याशी अपने कार्यक्रम व सार्वजनिक प्रश्नों पर अपने विचार जनता के सामने रखते हैं और जनता इनमें से जिसको उचित मानती है उसी के प्रस्तुत-कर्त्ता को चुनकर अपना मत व्यक्त कर देती है। अत: लोकतन्त्र में निर्वाचन लोकमत के प्रकाशन का माध्यम प्रस्तुत करते हैं तथा सरकार को केवल लोकमत पर ही आधारित करने की व्यवस्था करते हैं।

परन्तु निर्वाचन तो एक निश्चित अवधि के बाद होते हैं तथा निर्वाचित प्रतिनिधि भी

अपने उद्घोषित कार्यक्रमों से विमुख हो सकते हैं। ऐसी अवस्था में दो निर्वाचनों के बीच के काल में, सरकार व शासकों को जनता की इच्छा के अनुसार रखने का माध्यम लोकमत ही कहा जाता है। जनता समय-समय पर सार्वजनिक प्रश्नों पर अपना मत व्यक्त करती रहती है। समाचारपत्रों, राजनीतिक दलों व दबाव समूहों के द्वारा इस मत को लोकमत के रूप में विकसित करने में सहायता मिलती है तथा यह इन्हीं के द्वारा अभिव्यक्त होता है। सरकार इसके अनुसार ही अपने कार्यक्रमों व नीतियों को ढालने पर मजबूर रहती है। इस तरह लोकमत, लोकतन्त्र शासन को व्यवहार में हर समय जनता की इच्छा के अनुसार रखने का कार्य करके लोकतन्त्र का प्रहरी बन जाता है।

लोकतान्त्रिक शासन को उत्तरदायी शासन भी कहा जाता है। ऐसे शासन में सरकार अपने हर कार्य व गतिविधि के लिए जनता के प्रति उत्तरदायी रहती है। यह उत्तरदायित्व लोकमत के द्वारा ही व्यावहारिक बन पाता है। अतः प्रबुद्ध व सजग लोकमत, लोकतन्त्र की प्रथम अनिवार्यता है। यह सरकार के कुशल प्रहरी का कार्य करता है। लोकमत के प्रतिकूल होने पर लोकतान्त्रिक सरकार तो क्या निरंकुश से निरंकुश सरकार भी अधिक दिन नहीं टिक सकती। इसलिए सरकारों को सजग रखने व जन-इच्छा की अवहेलना करने से रोकने के लिए लोकमत ही एकमात्र सुरक्षा व्यवस्था कही जाती है।

लोकतन्त्र शासन जन-कल्याण की साधना का लक्ष्य रखता है। इसके लिए शासन का सार्वजनिक हित की दिशा में ही चलना आवश्यक है। जनमत का मत ही शासन को सार्वजनिक हित के प्रति सजग व सचेत रखता है। लोकमत के द्वारा सरकार के उन कार्यों की आलोचना होती है जो जनहित के प्रतिकूल होते हैं। इस आलोचना का अर्थ ही यह होता है कि सरकार ऐसे कार्य करने से बचे। लोकमत सरकार के हर कार्य की निरन्तर परख करते रहकर सरकार को केवल जनहित में ही कार्य करने के लिए सचेत करता है।

लोकतान्त्रिक शासन-व्यवस्था में नागरिकों के अधिकार व स्वतन्त्रताएं संविधान व साधारण विधि के द्वारा सुरक्षित होती हैं, परन्तु सरकारें संविधान में कानून में परिवर्तन व संशोधन का सभी राज्यों में अधिकार रखती हैं। अतः नागरिकों के अधिकारों व स्वतन्त्रताओं की सुदृढ़ रक्षा व्यवस्था कानूनी संरक्षण द्वारा ही नहीं हो पाती है। इनकी सुरक्षा स्वयं जनता ही कर सकती है। वह सरकार के हर उस कार्य का विरोध करके, जो जन-स्वतंत्रता का अतिक्रमण करता है तथा प्रभावशाली ढंग से सरकार के विरुद्ध लोकमत निर्मित करके अपने अधिकारों व स्वतंत्रताओं की रक्षा कर सकती है। इस तरह लोकमत नागरिकों के अधिकारों का प्रहरी भी रहता है।

लोकतन्त्र शासन व्यवस्थाओं में सामाजिक जीवन विभिन्न संगठनों व हित समूहों की अन्तःक्रिया से संचारित रहता है। इन संगठनों के कार्य व उद्देश्य बहुधा एक-दूसरे के विरोधी होते हैं। इनमें निरन्तर संघर्ष चलता रहता है। इनमें से कई समूह सार्वजनिक हित के प्रतिकूल भी कार्य करने लग जाते हैं। कई समूह अत्यधिक उग्रता धारण कर लेते हैं तो कई अन्य समूह सुस्थापित प्रक्रियाओं के प्रतिकूल आचरण करने लग जाते हैं। इन सबको नियंत्रित व नियमित करने का कार्य हर लोकतांत्रिक सरकार करती है। परन्तु सरकारें ऐसी गतिविधियों को जो विधिसम्मत हों नहीं रोक सकती हैं और इस कारण

कई समूह कानूनी परिधि के अन्तर्गत रहते हुए सार्वजनिक हितों के प्रतिकूल आचरण कर सकते हैं। इनके ऐसे कार्यों पर सशक्त रोक केवल लोकमत ही लगा सकता है। अतः लोकमत समाज की सम्पूर्ण समूह व्यवस्था का समन्वयकर्त्ता बनकर लोकतन्त्र को सुरक्षित व सुदृढ़ बनाने में सहायक होता है।

आधुनिक समय में लोकतान्त्रिक शासन-व्यवस्थाओं में एक गम्भीर समस्या कानूनी सम्प्रभु एवं राजनीतिक सम्प्रभु में तालमेल बनाए रखने की होती है। आम चुनावों में राजनीतिक सम्प्रभु अपनी सत्ता अपने प्रतिनिधियों में हस्तांतरित कर देता है। जनता द्वारा भेजे हुए प्रतिनिधि व्यवस्थापिका में जाकर कानून बनाने का अधिकार प्राप्त करते हैं। यह कानूनी सत्ता कानून बनाने में सर्वोच्च व अन्तिम होती है। इस कानूनी सत्ता को राजनीतिक सत्ता के अनुरूप केवल नियतकालिक चुनावों के द्वारा ही रखने की व्यवस्था होती है। परन्तु दो चुनावों के अन्तराल में इन दोनों सत्ताओं के बीच समन्वय रखने की कोई कानूनी व्यवस्था व्यवहारिक नहीं बन सकती है। अतः ऐसी अवस्था में इन दोनों सत्ताओं में तालमेल बनाए रखने की केवल अनौपचारिक व्यवस्था ही हो सकती है। कानूनी रूप से कानूनी राजसत्ता की आज्ञा सर्वोपरि होती है और उसके द्वारा बनाए गये कानूनों का पालन हर एक के लिए अनिवार्य होता है। यह कानूनी सत्ता जन-हित विरोधी कानून बनाकर सार्वजनिक कल्याण की उपेक्षा करने लगे तब क्या बचाव व्यवस्था हो? इसके राजनीतिक सम्प्रभु की इच्छा के प्रतिकूल कार्य करने पर दोनों सत्ताओं में संघर्ष की स्थिति आ जाती है। यह ऐसी विषम परिस्थिति है जिसमें कानूनी सत्ता संगठित, सुनिश्चित तथा अवपीड़न (coercive) की शक्ति से युक्त होती है, परन्तु राजनीतिक सत्ता न संगठित होती है और न ही उसके पास बाध्यकारी शक्ति रहती है। अतः दोनों में संघर्ष की स्थिति में कानूनी सत्ता की सर्वोपरिता स्थापित होने की अवस्था आ जाती है। परन्तु राजनीतिक सत्ता के प्रतिकूल कानूनी सत्ता की प्रधानता लोकतन्त्र की भावना के प्रतिकूल होती है और एक तरह से यह लोकतन्त्र का अन्त करने की व्यवस्था मानी जाती है। ऐसी स्थिति में कानूनी सत्ता का राजनीतिक सम्प्रभु पर हावी होने से रोकने की प्रभावी व्यवस्था केवल लोकमत की शक्ति ही हो सकती है। अतः लोकमत कानूनी सत्ता व राजनीतिक सत्ता में न केवल समन्वय स्थापित करता है वरन कानूनी सत्ता को अन्ततः राजनीतिक सत्ता के अधीन भी बनाए रखता है।

लोकतन्त्र शासन में सरकारें राजनीतिक दलों के नियन्त्रण व निर्देशन में संचालित रहती हैं: राजनीतिक दल कितने ही राष्ट्रवादी क्यों न हों, इनकी प्रमुख चिन्ता अपने को सत्ता में बनाए रखने की होती है। कई बार राजनीतिक दल, दलीय स्वार्थों की पूर्ति व रक्षण में, सार्वजनिक कल्याण की उपेक्षा करने का कार्य करने लग जाते हैं। इनके हाथ में सरकार की शक्ति होने के कारण इन्हें कानूनी व्यवस्थाओं के माध्यम से ऐसा करने से रोक सकना सम्भव नहीं है। ऐसे दल जो बहुमत प्राप्त करने के कारण राजनीतिक शक्ति के संचालक रहते हैं अक्सर स्वार्थों में पड़कर अल्पसंख्यकों व विपक्षी दलों के विरुद्ध कार्य करने के लालच में आ जाते हैं। यह ऐसी स्थिति है जिसमें सार्वजनिक हितों के रक्षक ही उनके भक्षक बन जाते हैं, अर्थात "बाड़ ही खेत को खाने" लगती है। इससे बचाव

व्यवस्था भी प्रबुद्ध व सचेत लोकमत ही करता है। यह राजनीतिक दलों को सार्वजनिक कल्याण के मार्ग से हटने से रोकता है। कोई भी सत्तारूढ़ राजनीतिक दल लोकमत के प्रतिकूल जाने का दुस्साहस नहीं कर सकता, क्योंकि इस दुस्साहस का सीधा परिणाम आने वाले चुनावों में अपनी हार होती है। अतः लोकमत ही राजनीतिक दलों को राष्ट्र-वादी तथा जन-कल्याणकारी बनाए रखता है।

हर समाज के अपने मूल्य, मान्यताएं व आदर्श होते हैं। लोकतान्त्रिक समाज में इनकी रक्षा व्यवस्था विभिन्न संस्थागत संरचनाओं के माध्यम से की जाती है। ऐसी रक्षा व्यवस्था द्वारा सुरक्षित आदर्श, समाज के प्रेरक व संयोजक होते हैं। यह संविधानवाद की अवस्था है। इसमें समाज का जनमानस परिलक्षित होता है। यह संविधानवाद, समाजों की जीवन शक्ति के रूप में सुस्थिर रहे इसके लिए इसकी सुरक्षा व्यवस्था अनिवार्य होती है। लोक-तन्त्र व्यवस्थाओं में इसकी रक्षा के लिए अनेक कानूनी व संवैधानिक बन्धनों की व्यवस्था रहती है। फिर भी कानूनी रूप से गठित सरकारें इन मूल्यों के प्रतिकूल कार्य करने के लिए बाहरी विचारधाराओं या दबावों से मजबूर हो सकती हैं। ऐसे प्रयत्नों से बचाव व्यवस्था भी अनौपचारिक ही हो सकती है और लोकमत ही यह करता है। अतः लोकमत संविधानवाद का रक्षक भी रहता है।

इस विवेचन से स्पष्ट है कि लोकतान्त्रिक शासन-व्यवस्थाओं में लोकमत, सरकारों को जनता की इच्छाओं के अनुरूप रखता है। सरकारों को उत्तरदायी रखने, जन-कल्याण की साधना के लिए ही कार्य करने और राजनीतिक सत्ता के अधीन बनाए रखने का कार्य भी लोकमत ही करता है। अतः लोकतन्त्र में लोकमत आधारभूत होता है। यह लोकतन्त्र का सजग प्रहरी व रक्षक रहता है। इसलिए ही प्रबुद्ध व सजग लोकमत, लोकतन्त्र की प्रथम अनिवार्यता कही गई है। जब कभी लोकमत की सजगता में कमी आती है तो लोकतन्त्र का अन्त अवश्य ही हो जाता है। अधिकांश विकासशील राज्यों में लोकतन्त्र का अन्त लोकमत की सजगता के अभाव के कारण ही हुआ है।

अधिनायकतन्त्र व लोकमत
(PUBLIC OPINION AND DICTATORSHIP)

निरंकुश व्यवस्थाओं में लोकमत के निर्माण व अभिव्यक्ति के साधनों पर तानाशाह का पूर्ण नियंत्रण होता है। इन व्यवस्थाओं में प्रतियोगी राजनीति का अभाव होता है। इनमें शासक के विरुद्ध किसी भी प्रकार की आवाज उठाने का साधन नहीं रहता है। समाज की समूह व्यवस्था पूरी तरह नियंत्रित रहती है तथा राजनीतिक शक्ति के द्वारा हर उस प्रयत्न को जो शासक के विरोध में किया जाता है, कुचल दिया जाता है। निरंकुश व्यवस्थाओं में एक ही व्यक्ति राजनीतिक व्यवस्था का संचालक रहता है। सेना या एका-धिकारी दल के माध्यम से सम्पूर्ण व्यवस्था ऐसे व्यक्ति के अधीन रखी जाती है। ऐसे राजनीतिक समाज में आतंक के द्वारा हर व्यक्ति को भयभीत रखा जाता है। इसमें कोई भी व्यक्ति शासक के विरुद्ध कुछ कहने की अवस्था में नहीं होता है, क्योंकि ऐसी बात

करने वाले को समाप्त कर दिया जाता है। अतः निरंकुश व्यवस्थाओं में लोकमत की शक्ति का अस्तित्व ही नहीं माना जाता है। तानाशाही राज्यों में संचार के सभी माध्यमों पर सरकार का प्रत्यक्ष नियंत्रण रहने के कारण व्यक्तियों के विचारों का आपस में आदान-प्रदान नियंत्रित रहता है। इससे यह भ्रांति होना स्वाभाविक है कि अधिनायकतन्त्र व लोकमत अपने आप में विरोधाभास है। इन दोनों की बेमेलता है। इन दोनों में सह-अस्तित्व असम्भव है, परन्तु वास्तविकता इसके बिल्कुल विपरीत है। सही बात यह है कि तानाशाही तो केवल लोकमत के सहारे ही टिक पाती है। तानाशाहों को भी नागरिक सहयोग की आवश्यकता होती है और यह सहयोग अनुकूल लोकमत होने पर ही मिल सकता है। अतः तानाशाह शासक सदैव ही लोकमत को अपने अनुकूल बनाए रखने का प्रयास करते हैं। इतिहास इस बात का साक्षी है कि प्रतिकूल लोकमत के आगे बड़े से बड़े तानाशाह को झुकना पड़ा है। यही कारण है कि निरंकुश व्यवस्थाओं में किसी न किसी प्रकार के निर्वाचकों का ढोंग करके लोकमत के समर्थन का दम्य भरा जाता है। पाकिस्तान के सैनिक शासक अय्यूब खां ने शायद इसी उद्देश्य से बहुत कुछ स्वतन्त्र चुनाव कराए थे। इसी तरह 1967 की बसंत ऋतु मे यूनान में फौजी कर्नलों ने सत्ता हथिया ली और अपने बलात राजपरिवर्तन को लोकमत के समर्थन के अनुरूप दिखाने के लिए 1968 तक उन्होंने चुनाव करवा लिये। इससे यही स्पष्ट है कि निरंकुश व्यवस्थाओं में लोकमत को छलयोजित (manipulate) किया जाता है जिससे अधिकांश जनता तानाशाह की समर्थक बन जाए। यही कारण है कि हर तानाशाही व्यवस्था में लोकमत का छलयोजन व अभियंत्रण (engineer) किया जाता है। मुसोलिनी व हिटलर ने क्रमशः इटली व जर्मनी में यही किया था। प्रेस, रेडियो, दूरदर्शन, मंच तथा सिनेमा के माध्यम से जनता की भावनाओं से इस तरह खेला जाता है कि अन्ततः जनता तानाशाह को अपना उद्धारक मान बैठती है। जो तानाशाह यह नहीं कर सकता उसका अन्त सुनिश्चित हो जाता है। पाकिस्तान में याह्या खां इसमें शायद सफल नहीं हो पाए और इसलिये उन्हें लोकमत के अनुरूप सत्ता एक 'सिविलियन' श्री भुट्टो को सौंपनी पड़ी थी। अतः लोकमत की शक्ति तानाशाही व्यवस्थाओं में भी विद्यमान रहती है परन्तु नियंत्रण व्यवस्थाओं के कारण इसकी अभिव्यक्ति केवल क्रांति में ही सम्भव होती है।

निरंकुश व्यवस्थाओं में छलयोजित व अभियंत्रित लोकमत को सही अर्थों में लोकमत नहीं कहा जा सकता है। इन व्यवस्थाओं में दो प्रकार का लोकमत बन जाता है। एक वास्तविक लोकमत जो नियंत्रण व्यवस्थाओं के कारण सुप्त अवस्था में रहता है तथा दूसरा छलयोजित लोकमत जो प्रकट रूप रखता है। इन दोनों में हमेशा ही प्रतिकूलता हो यह आवश्यक नहीं है। कई बार तानाशाह इतने अधिक सार्वजनिक हित के कार्य करते हैं कि सम्पूर्ण समाज उसका समर्थक व सहयोगी बन जाता है। तानाशाह के द्वारा कई बार राजनीतिक शक्ति का प्रयोग समाज के पुनर्गठन के लिए होता है। समाज के हित मे किए गये कार्यों से हर व्यक्ति के हित की साधना हो जाती है। ऐसी अवस्था में तानाशाह जनता के लिए देवतुल्य या मसीहा बन जाता है और छलयोजित लोकमत वास्तविक लोकमत बन जाता है। अतः यह मानना कि निरंकुश व्यवस्थाओं में सच्चा लोकमत

हो ही नहीं सकता, भ्रांतिपूर्ण है। दुनिया में अनेक तानाशाह इसी लोकमत के सहारे बेखटके वर्षों तक शासक बने रहे हैं, परन्तु लोकमत की कठोर पारिभाषिक कसौटी पर निरंकुश व्यवस्थाओं का छलयोजित लोकमत खरा नहीं उतरता है। अतः हम इसे लोकमत का नाम नहीं देकर लोकसमर्थन का नाम दें तो अधिक उपयुक्त रहेगा। वैसे सुप्त लोकमत की शक्ति हर तानाशाही व्यवस्था में विद्यमान रहती है जो सामान्यतया पूर्ण जनसमर्थन के अभाव के कारण तब तक प्रकट रूप नहीं ले पाती है जब तक कि छलयोजित जनसमर्थन स्वयं क्षीण नहीं हो जाय।

लोकमत और राजनीतिक दल
(PUBLIC OPINION AND POLITICAL PARTIES)

लोकमत के निर्माण व अभिव्यक्ति में राजनीतिक दलों की सबसे महत्त्वपूर्ण भूमिका होती है। निरंकुश व्यवस्थाओं में स्वस्थ व सही अर्थों में लोकमत का निर्माण केवल इसलिए ही नहीं होता है क्योंकि ऐसी व्यवस्थाओं में प्रतियोगी राजनीतिक दलों का अस्तित्व नहीं होता है। अगर किन्हीं व्यवस्थाओं में राजनीतिक दल होता है तो केवल एक और वह भी एकाधिकारवादी प्रकृति के कारण प्रतियोगी राजनीति का प्रणेता नहीं बन सकता है। राजनीतिक दल लोकमत के निर्माण में महत्त्वपूर्ण भूमिका निभा सकें इसके लिए आवश्यक है कि प्रतियोगी दल व्यवस्था हो। प्रतियोगी दलीय व्यवस्था के अभाव में राजनीतिक दल जनमत का संगठन करने का कार्य नहीं कर सकते हैं।

राजनीतिक दल व प्रबुद्ध लोकमत का 'चोली-दामन' का सम्बन्ध कहा जा सकता है। इसी तरह लोकतन्त्र व राजनीतिक दल भी घनिष्ठ रूप से सम्बन्धित माने जा सकते हैं, क्योंकि लोकतन्त्र बहुमत का शासन माना जाता है तथा इस बहुमत को व्यवहार में भी बहुमत बनाए रखने के लिए यह आवश्यक है कि यह लोकमत के अनुरूप बना रहे। राजनीतिक दल इस संदर्भ में महत्त्वपूर्ण भूमिका निभाते हैं। राजनीतिक दल जनसाधारण के विचारार्थ कुछ मसले प्रस्तुत करते हैं और जनता से पक्ष या विपक्ष में राय प्रकट करने का आग्रह करते हैं। किसी भी मसले पर जनमत प्रायः केवल हां या ना में स्वयंमेव प्रकट नहीं होता है। अतः राजनीतिक दलों के प्रयासों से विचारों के परस्पर आदान-प्रदान के कारण विविध विचारों का सामंजस्य और जनमत का संगठन व प्रकाशन हो जाता है। ईस्टन व कई राजनीतिशास्त्री राजनीतिक दलों के जनमत के संगठन सम्बन्धी कार्य को बड़ा महत्त्वपूर्ण मानते हैं तथा उनका मत है कि इससे विभिन्न राजनीतिक प्रश्नों पर निर्णय तीव्रतर व स्पष्टतर होते हैं किन्तु जी० सार्टोरी ईस्टन के मत से विपरीत मत रखता है। उसकी मान्यता है कि ''राजनीतिक दल वैचारिक सामंजस्य और समझौते के लिए जो कुछ करता है उससे निर्णय लेने व उन्हें क्रियान्वित करने में कठिनाई होती है।'' उसके अनुसार सामंजस्य का केन्द्र नकारात्मक मिलन बिंदु होता है। यह प्रेरणा-अभिकरण न होकर परित्यक्तों का समूह मात्र होता है तथा इस कारण केवल एक निष्क्रिय, गतिहीन तथा जड़ समूह जैसा होता है। इस विवाद में एक बात स्पष्ट है कि

राजनीतिक दल सकारात्मक ढंग से नहीं तो नकारात्मक ढंग से अवश्य ही जनमत का संगठन करते हैं। इस प्रकार जनमत संगठन का कार्य लोकतान्त्रिक व्यवस्थाओं में प्रतियोगी दलों के द्वारा ही सम्पन्न होता है।

राजनीतिक दल विभिन्न प्रकार के विचारों का प्रचार करके जनता के सामने अनेक विकल्प प्रस्तुत करते हैं। इन विचार-विकल्पों में विरोध भी हो सकता है तथा एकता भी सम्भव है, परन्तु यह सब बिखरे हुए होते हैं। इनको संगठित करना ही लोकमत का निर्माण करना है। राजनीतिक दलों के अभाव में विभिन्न व छितरे हुए विचारों का न संगठन हो सकता है और न ही उनमें सामंजस्य स्थापित किया जा सकता है। अतः राजनीतिक दल विशेष रूप से प्रतियोगी राजनीतिक दल लोकमत के निर्माण व अभिव्यक्ति में प्रमुख भूमिका निभाते हैं।

लोकमत व दबाव समूह
(PUBLIC OPINION AND PRESSURE GROUPS)

दबाव समूह नकारात्मक ढंग से ही लोकमत के निर्माण में सहायक होने के कारण लोकमत के प्रेरक नहीं माने जाते हैं। ऐसी मान्यता भी प्रबल है कि दबाव समूह समाज में विचारों के संयोजक न होकर उनको खण्डमय बनाने वाले होते हैं, परन्तु आधुनिक विचारक दबाव समूहों की लोकमत के निर्माण में सकारात्मक भूमिका को स्वीकार करते हैं, क्योंकि दबाव समूहों को राजकीय नीतियों को प्रभावित करने के लिए जन समर्थन का सहारा भी लेना होता है। लोकतन्त्र व्यवस्थाओं में कोई भी सरकार लोकमत की अवहेलना नहीं कर सकती। अतः लोकमत को अपने पक्ष में करके ही दबाव समूह शासकीय नीतियों को प्रभावित करने एवं अपने हितों की पूर्ति करने का प्रयास करते हैं। शासनतन्त्र पर दबाव डालने में कभी-कभी लोकमत की सहानुभूति बड़ी सहायक सिद्ध होती है, पर जनमत को अपने पक्ष में करने के प्रयत्न की सफलता संचार साधनों के प्रभावी उपयोग पर निर्भर करती है। यह कुछ राष्ट्रव्यापी दबाव समूह ही कर सकते हैं, क्योंकि राष्ट्रव्यापी व बृहतर दबाव समूहों की पहुंच राष्ट्रीय स्तर के संचार-साधनों तक होती है! वैसे भी राष्ट्रीय दबाव समूहों के हित, सार्वजनिक हितों से बहुत बेमेल नहीं होने के कारण, इन्हें जनमत का समर्थन आसानी से मिल जाता है जिससे यह लोकमत के प्रेरक बनकर इसके प्रकाशन में अग्रणी हो जाते हैं। दबाव समूह जनता के सामने अपने अपने हितों के रूप में अनेक विकल्प रखते रहते हैं जिससे जनसाधारण शिक्षित होता है और अपना मत अभिव्यक्त करने की अवस्था में आता है। इस तरह, दबाव समूह जनमत को अपने हितों के अनुरूप बनाने के प्रयत्न में लोकमत को निर्मित करने के महत्वपूर्ण साधन बन जाते हैं।

लोकमत का मापन
(MEASUREMENT OF PUBLIC OPINION)

लोकमत का उपरोक्त विवेचन इसे ऐसी शक्ति के रूप में प्रस्तुत करता है जिसकी अव-हेलना न सरकारें कर सकती हैं और न ही कोई अन्य संगठन ऐसा कर सकता है। यह लोकतान्त्रिक प्रक्रिया का आधार स्तम्भ माना जाता है तथा सभी प्रकार की सरकारों को सचेत व उत्तरदायी रखने का महत्त्वपूर्ण साधन है। यह राजनीतिक दलों, दबाव समूहों और समाज की सम्पूर्ण संस्थागत व्यवस्थाओं को लोक-कल्याण की साधना में संलग्न रखने की व्यवस्था करता है। यहां यह प्रश्न उठता है कि लोकमत की इस शक्ति का ज्ञान प्राप्त करने के लिए इसको किस प्रकार मापा जाए। इस सम्बन्ध में कोई परिमाणात्मक (quantitative) प्रविधि लम्बी अवधि तक विकसित नहीं हो पाई थी। परन्तु 1935 के आस-पास से 'गैलेप पोलस' का प्रचलन जनमत को नापने की वैज्ञानिक विधि का विकास कहा जा सकता है। यह परिमाणन पर आधारित होने के कारण सुनिश्चित कही जा सकती है। वैसे इसके अलावा भी अनेक विधियों का प्रयोग लोकमत के मापने में किया जाता है। इनमें से कुछ का यहां वर्णन किया जा रहा है।

निर्वाचन (Elections)

चुनाव लोकमत का माप करने में सहायक है यह प्रश्न बहुत विवादग्रस्त है। अनेक विद्वान चुनावों को केवल बहुमत का संकेत देने वाला साधन मानते हैं। इनके अनुसार चुनावों में बहुमत प्राप्त करने वाले राजनीतिक दल के द्वारा गठित सरकार लोकमत पर आधारित सरकार भी हो यह आवश्यक नहीं है। अनेक बार ऐसी बहुमती सरकारें जन-कल्याण की साधना करने के स्थान पर अपने-आप के समर्थकों के हितों की साधना से आगे नहीं बढ़ती हैं, किन्तु अनेक विद्वान यह मानते हैं कि चुनाव परिणामों को लोकमत के मापने की वैज्ञानिक विधि माना जा सकता है। चुनावों में विभिन्न राजनीतिक दलों द्वारा अलग-अलग विचार एवं कार्यक्रम जनता के निर्णय के लिए प्रस्तुत किए जाते हैं और जनता स्वतन्त्रतापूर्वक इनमें से किसी की पसंदगी मत-पत्र द्वारा अभिव्यक्त करती है। दल विशेष की विजय बहुमत के आधार पर होती है। अतः यह विजय यह स्पष्ट करती है कि अधिकांश जनता उस दल की नीतियां एवं कार्यक्रमों से सहमत है। इसी को लोकमत की अभिव्यक्ति तथा माप कहा जा सकता है।

लोकमत को मापने की यह विधि हर समय प्रयुक्त नहीं की जा सकती है। इस विधि से नियतकालिक चुनावों के बीच के अन्तराल में लोकमत की माप नहीं हो पाती है। इसी तरह, चुनावों में जनता राजनीतिक दलों के वैचारिक बंधनों से ऊपर उठकर राष्ट्रीय संदर्भ के आधार पर मत देती हो ऐसा नहीं कहा जा सकता है। चुनावों में भाव-नाओं व आवेगों के साथ खेलकर, मत प्राप्त कर लिए जाते हैं। अतः चुनाव लोकमत के माप की विशेष परिशुद्ध प्रविधि नहीं मानी जा सकती है।

लोकमत सर्वेक्षण या पोल्स (Public Opinion Surveys or Polls)

पश्चिमी लोकतान्त्रिक व्यवस्थाओं में लोकमत को मापने के लिए लोकमत सर्वेक्षणों का अधिकाधिक प्रयोग होने लगा है। अमरीका व ब्रिटेन में इनका सर्वाधिक प्रचलन है। इन सर्वेक्षणों में वैज्ञानिक विधियों का प्रयोग किया जाता है। सबसे पहले जनसंख्या का ऐसा भाग अध्ययन के लिए चुना जाता है जो विभिन्न लक्षणों की दृष्टि से समस्त देश की जनसंख्या का प्रतिनिधित्व करता हो। इसमें संख्या के स्थान पर गुणों का परिलक्षण विशेष महत्त्व का माना जाता है। यह सैम्पल (sample) या बानगी, छोटे पैमाने पर सम्पूर्ण जनसंख्या का प्रतिनिधित्व करने वाली होने के कारण इसके विचारों के अनुरूप ही सम्पूर्ण देश के विचार मान लिए जाते हैं। ऐसे सर्वेक्षणों से आम चुनावों के पहले ही यह भविष्यवाणी की जा सकती है कि कौन-सा राजनीतिक दल या प्रत्याशी निर्वाचित होगा। यहां यह ध्यान रखना है कि बहुत कुछ वैज्ञानिकता के बावजूद लोकमत 'पोलों' का परिणाम कई बार गलत हो जाता है। उदाहरण के लिए, अमरीका में 1948 में राष्ट्रपति के चुनाव सम्बन्धी भविष्यवाणियां पूर्णतया गलत हो गई थीं। इसी तरह ब्रिटेन में जून 1970 के आम चुनाव परिणाम विभिन्न मतदान सर्वेक्षणों के विपरीत रहे थे। भारत में भारतीय लोकमत संस्थान (Indian Institute of Public Opinion) के निदेशक डी० कोस्टा द्वारा किए गए मतव्यवहार सर्वेक्षण 1967 के चौथे आम चुनावों में गलत साबित हुए थे।

परन्तु कुल मिलाकर मत-व्यवहार सम्बन्धी सर्वेक्षण सही भविष्यवाणियां करने में सफल रहते हैं। इनमें कई सावधानियां रखनी होती हैं तथा थोड़ी-सी चूक से सारा परिणाम गलत होने का खतरा रहता है। वैसे सेम्पल के चयन से मत गणना तक के लिए परिशुद्ध प्रविधियां विकसित हो गई हैं तथा यह विकसित व विकासशील दोनों ही प्रकार की राजनीतिक व्यवस्थाओं में एक-सी शुद्धता के साथ प्रयुक्त की जा सकती हैं फिर भी इन सबका सम्बन्ध हर क्षण परिवर्तनशील चेतन व विचारवान प्राणी से होने के कारण शत-प्रतिशत परिशुद्धता का प्रयास करना ही निरर्थक है।

लोकमत को मापने के लिए लोकनिर्णय (referendum) का भी प्रयोग किया जाता है। यह सामान्यतया किसी प्रश्न विशेष को लेकर जनमत का माप करना है, परन्तु इन सभी विधियों में बहुत कुछ अतिसूक्ष्य (imponderable) तथ्यों के कारण निष्कर्ष गलत होने की सम्भावनाएं बढ़ जाती हैं इसलिए इनको लोकमत का शत-प्रतिशत सही मापक नहीं कहा जा सकता है।

अध्याय 20

प्रतिनिधित्व के सिद्धान्त, निर्वाचन प्रणालियां एवं मतदान आचरण
(Theories of Representation, Electoral Systems and Voting Behaviour)

प्राचीन काल में राज्य छोटे-छोटे थे और उनमें अधिकांशतः राजतन्त्रीय व्यवस्थाएं प्रचलित थीं। अतः ऐसे राज्यों के शासन संचालन में जनता का कोई हाथ नहीं रहता था। प्रायः राजा और उसके द्वारा नियुक्त कर्मचारी शासन का संचालन करते थे। यूनान के नगर राज्यों में तथा भारत में वैशाली जैसे छोटे प्रजातान्त्रिक राज्यों में अवश्य ही जनता प्रत्यक्ष रूप से शासन कार्य में भाग लेती थी, परन्तु आधुनिक युग में प्रजातान्त्रिक राज्यों का भौगोलिक रूप ही बदल गया है। विशाल जनसंख्या, विस्तृत भू-भाग तथा व्यापक कार्यक्षेत्र होने के कारण आधुनिक लोकतान्त्रिक राज्यों में जनसंख्या प्रत्यक्ष रूप से शासन कार्य में सम्मिलित हो ऐसा सम्भव नहीं है। इसके विकल्प के रूप में प्रतिनिधात्मक प्रजातन्त्र (representative democracy) का प्रचलन हुआ है। ऐसे प्रजातान्त्रिक राज्यों में जनता अपनी शासन शक्ति प्रतिनिधियों को चुनकर उनके माध्यम से प्रयोग में लेती है। इस तरह, प्रतिनिधित्व का महत्त्व लोकतन्त्र के विकास के साथ ही साथ बढ़ता गया है। लोकतन्त्र में राजनीतिक व्यवस्था से सम्बन्धित सत्ता जनता में निवास करती है। यह जनता प्रतिनिधियों को चुनकर अपनी तरफ से उन्हें शासन का अधिकार प्रदान करती है। इससे हर लोकतान्त्रिक राज्य व्यवस्था में प्रतिनिधि ही व्यवहार में शासन शक्ति के धारक और प्रयोगकर्त्ता बन जाते हैं। इस कारण, प्रतिनिधियों की भूमिका सम्पूर्ण शासन-व्यवस्था की नियामक बन जाती है। यही कारण है कि राजशास्त्र में प्रतिनिधित्व की धारणा विशेष आकर्षण का कारण बन गई है। राजनीतिक प्रतिनिधित्व का अर्थ और व्याख्या करने से पहले प्रतिनिधित्व का सामान्य अर्थ समझना आवश्यक है। अतः हम पहले इसका अर्थ कर रहे हैं।

प्रतिनिधित्व का अर्थ व प्रकार
(MEANING AND TYPE OF REPRESENTATION)

ए०एच० बिर्च[1] के अनुसार प्रतिनिधित्व के कई अर्थ और प्रकार होते हैं। परन्तु प्रमुखतया

[1]A. H. Birch, *Representative and Responsible Government*, London, Oxford University Press, 1964, pp. 13-17.

इसका तीन अर्थों में प्रयोग अधिक प्रचलित है। पहला, प्रदत्त प्रतिनिधित्व (delegated representation) दूसरा, सूक्ष्मतर प्रतिनिधित्व (microcosmic representation) तथा तीसरा प्रतीकात्मक प्रतिनिधित्व (symbolic representation) कहा जा सकता है। प्रदत्त प्रतिनिधित्व एक प्रवक्ता (spokesman) या एजेन्ट के द्वारा होता है। ऐसे प्रतिनिधित्व में प्रतिनिधि अपने मुखिया (principal) की तरफ से स्पष्ट निर्देशन व विस्तृत आदेश प्राप्त किए रहता है। उसे निश्चित हित साधन और स्पष्ट कर्तव्य निभाने का अधिकार प्राप्त होता है। उदाहरण के लिए, किसी पक्ष का वकील या बिक्री कर्मचारी प्रदत्त प्रतिनिधित्व की श्रेणी में ही आते हैं। सूक्ष्मतर प्रतिनिधित्व में प्रतिनिधि सम्पूर्ण वर्ग या जन-भाग व भू-भाग की सामान्य विशेषताएं अपने में परिलक्षित करता है। जैसे एक गांव उसके आस-पास अनेक गांवों के सभी सामान्य लक्षण परिलक्षित करने पर उस ग्राम-समूह का सूक्ष्मतर प्रतिनिधित्व करता हुआ माना जा सकता है। सर्वेक्षणों में सैम्पल (sample) सम्पूर्ण क्षेत्र का सूक्ष्मतर प्रतिनिधित्व ही करता है। प्रतीकात्मक प्रतिनिधित्व से एक समूह या श्रेणी विशेष का तात्पर्य लिया जाता है। कई प्रतीकों से सम्पूर्ण व्यवस्था और विस्तृत वास्तविकता का आभास मिलता है। जैसे हंसिया और हथोड़ा (hammer and sickle) साम्यवाद का आभास कराता है। तुला (scales) न्याय का प्रतीक मानी जाती है। राष्ट्रों के ध्वज व राष्ट्रीय चिह्न उनका प्रतीकात्मक बोध कराने के लिए ही होते हैं। प्रतिनिधित्व के इन प्रकारों के संक्षिप्त विवेचन से यह स्पष्ट होता है कि राजनीतिक प्रतिनिधित्व इनसे भिन्न प्रकार का अर्थ रखता है।

राजनीतिक प्रतिनिधित्व का अर्थ (Meaning of Political Representation)

राजनीतिक प्रतिनिधित्व से विशेष अर्थबोधन होता है। यह लोकतान्त्रिक व्यवस्थाओं में जनता द्वारा निर्वाचित व्यक्ति का संकेतक है। ए० एच० बिर्च ने अपनी पुस्तक **रिप्रेजेन्टेशन** (Representation) में राजनीतिक प्रतिनिधित्व का अर्थ बताते हुए लिखा है कि "राजनीतिक प्रतिनिधि एक ऐसा व्यक्ति है जो परम्परागत या कानून द्वारा एक राजनीतिक व्यवस्था में प्रतिनिधि का स्तर रखता है और प्रतिनिधि की भूमिका निभाता है।"[2] दूसरे शब्दों में, राजनीतिक प्रतिनिधि एक ऐसा व्यक्ति है जो किसी समाज विशेष में शासन की प्रक्रिया को प्रभावित करने और उसमें प्रत्यक्ष रूप से भाग लेने का विधिवत अधिकार रखता है। लोकतान्त्रिक व्यवस्थाओं में जन आधारित सम्प्रभु शक्ति राजनीतिक प्रतिनिधियों के माध्यम से ही व्यावहारिक बनती है। जनता किसी न किसी प्रकार की निर्वाचन प्रक्रिया का प्रयोग करके अपने में से ही कुछ व्यक्तियों को अपने राजनीतिक अधिकार प्रदान कर देती है और ये व्यक्ति जनता द्वारा प्रदान की गई सत्ता का प्रयोग उस राजनीतिक व्यवस्था में सम्मिलित रूप से करते हैं। ऐसी शक्ति से युक्त व्यक्ति राजनीतिक व्यवस्था में सरकार का गठन करते हैं और निश्चित अवधि तक

[2] *Ibid.*, p. 14.

शासन के संचालक बन जाते हैं। इससे स्पष्ट है कि किसी राजनीतिक व्यवस्था में अगर वह लोकतान्त्रिक प्रकृति की है, तो राजनीतिक शक्ति को जनता से प्राप्त करने वाले व्यक्ति को ही राजनीतिक प्रतिनिधि कहा जाता है।

राजनीतिक प्रतिनिधित्व के अर्थ से यह प्रश्न उठता है कि किसी राजनीतिक व्यवस्था में राजनीतिक प्रतिनिधियों का चुनाव किस प्रकार किया जाए ? क्या इनके निर्वाचन की किसी विशिष्ट विधि ही के अनुसरण से ऐसा प्रतिनिधित्व सम्भव होता है ? इनका चुनाव किस आधार पर तथा किस प्रकार किया जाए, यह प्रश्न पेचीदा है। चुनाव का आधार वास्तव में मताधिकार का आधार ही होता है। इसी तरह, चुनाव की विभिन्न व अनेक विधियां हो सकती हैं। इन प्रश्नों का उत्तर किसी राजनीतिक व्यवस्था की निर्वाचन प्रणालियों से ही सम्बन्धित है, इसलिए इनका यहां उल्लेख नहीं किया जा रहा है। आगे के पृष्ठों में निर्वाचन प्रणाली शीर्षक के अन्तर्गत इनका विस्तृत वर्णन किया जाएगा। राजनीतिक प्रतिनिधित्व के अर्थ से दो प्रश्न और सामने आते हैं। पहला, तो राजनीतिक प्रतिनिधि के कार्यों से सम्बन्धित है तथा दूसरा, राजनीतिक प्रतिनिधि का उन लोगों से, अर्थात निर्वाचकों (electorate) से, जिनका वह प्रतिनिधित्व करता है, क्या सम्बन्ध हो, से सम्बन्धित है। हम पहले राजनीतिक प्रतिनिधि के कार्यों का विवेचन करेंगे और इस वर्णन के आधार पर दूसरे प्रश्न का उत्तर ढूंढने का प्रयास करेंगे। वास्तव में प्रतिनिधि का निर्वाचकों से सम्बन्ध अत्यन्त विवाद का प्रश्न है और इस कारण इस बारे में कुछ निश्चयात्मक निष्कर्ष निकालना कठिन है, परन्तु प्रतिनिधि के कार्यों के सन्दर्भ से इस सम्बन्ध में तर्कसम्मत निष्कर्ष तथ्ययुक्त बन जाएंगे। इसलिए पहले राजनीतिक प्रतिनिधि के कार्यों का वर्णन किया जा रहा है।

राजनीतिक प्रतिनिधि के कार्य
(FUNCTIONS OF POLITICAL REPRESENTATIVE)

सामान्यतया राजनीतिक प्रतिनिधियों के दो कार्य माने जाते हैं। प्रथम कार्य प्रचलित राजनीतिक संस्थाओं की औचित्यता से सम्बन्धित है। राजनीतिक प्रतिनिधि सभी राजनीतिक संस्थाओं की विद्यमानता को न्यायोचित ठहराने का कार्य करता है। राजनीतिक व्यवस्था में इन संस्थाओं की उपयोगिता राजनीतिक प्रतिनिधि द्वारा ही जनसाधारण के सामने रखी जाती है। वही यह बताता है कि किन कारणों से यह संस्थाएं अन्य विकल्प-संस्थाओं से श्रेष्ठतर व लाभदायक हैं। 'राजनीतिक व्यवस्था में यही संस्थाएं बनी रहनी चाहिए या नहीं', इसका समुचित उत्तर भी प्रतिनिधियों द्वारा ही दिया जाता है। दूसरा कार्य, राजनीतिक विकास के लिए आवश्यक राजनीतिक सुधारों को प्रोत्साहित करने से सम्बन्धित है। राजनीतिक समाजों में तेजी से परिवर्तन होते रहते हैं तथा कई बार तेजी से परिवर्तन लाना आवश्यक हो जाता है। समाजों के पुनर्गठन व नवनिर्माण में राजनीतिक शक्ति की प्रमुख भूमिका आज सामान्यतया सभी स्वीकृत करने लगे हैं। ऐसी अवस्था में राजनीतिक सत्ता के धारक, राजनीतिक प्रतिनिधि से यह अपेक्षा भी की जाती

है कि वह विद्यमान राजनीतिक संस्थाओं की औचित्यता के कार्य के अलावा आवश्यक राजनीतिक सुधारों का प्रेरक भी बने। वह समाज को नई दिशाएं दिखाए और इन नवीन लक्ष्यों की प्राप्ति के लिए आवश्यक सुधारों का प्रेरणा स्रोत बने। यह दोनों कार्य एक विशेष सन्दर्भ में ही ठीक कहे जा सकते हैं। वास्तव में राजनीतिक प्रतिनिधि के यह कार्य ऐतिहासिक आधार पर ही ठीक माने जा सकते हैं। अमरीका व फ्रांस की क्रांतियों तथा ब्रिटेन की संसद के सुधार और उभरते लोकतन्त्र में निर्वाचन अधिकार में वृद्धि कराने के लक्ष्य को ध्यान में रखकर उन्नीसवीं शताब्दी की उदार लोकतान्त्रिक व्यवस्थाओं (liberal democratic systems) के सन्दर्भ में तत्कालीन राजनीतिक प्रतिनिधियों से यही अपेक्षाएं की गई थीं। इसलिए प्रतिनिधियों के केवल ये दो कार्य राजनीतिक व्यवस्था में उनकी औपचारिक भूमिका का ही निर्धारण करते हैं। उनकी पेचीदा और बहुमुखी गतिविधियों को इन दो कार्य की सीमाओं में नहीं समझा जा सकता है। बीसवीं शताब्दी में, विशेषकर दूसरे महायुद्ध के बाद अनेक राजनीतिक व्यवस्थाओं का राष्ट्रीय राज्यों के रूप में उदय, राजनीतिक प्रतिनिधियों के कार्यों में क्रान्तिकारी परिवर्तन लाने वाला कहा जा सकता है। आज की राजनीतिक व्यवस्थाएं बहुत जटिल बन गई हैं। राजनीतिक व्यवस्थाओं में मौलिक व संरचनात्मक (original and structural) परिवर्तन आए हैं। अब राजनीतिक व्यवस्थाओं को सामाजिक, आर्थिक व सांस्कृतिक व्यवस्थाओं में घुला-मिला देने वाली अनेक शक्तियां कार्यरत हैं। अतः इनको अलग-अलग देखना वास्तविकताओं की अनदेखी करना है। इस कारण राजनीतिक प्रतिनिधियों के कार्य केवल राजनीतिक ही नहीं रह गए हैं। उनके कार्य बहुमुखी हो गए हैं। इन कार्यों की चर्चा से पहले उन कारणों का उल्लेख करना आवश्यक है जिनसे इनकी भूमिका में आमूल परिवर्तन आ गया है। बिर्च ने इनकी भूमिका में निम्नलिखित परिवर्तनों को राजनीतिक प्रतिनिधि की भूमिका में क्रान्तिकारी परिवर्तन लाने के लिए उत्तरदायी माना है। संक्षेप में यह परिवर्तन इस प्रकार हैं—

(1) दलीय अनुशासन की बढ़ती हुई कठोरता।

(2) सरकार की गतिविधियों में अत्यधिक विस्तार।

(3) एकदलीय व निरंकुश राजनीतिक व्यवस्थाओं का प्रादुर्भाव।

(4) एशिया, अफ्रीका व लेटिन अमरीका में नये राज्यों का उदय।

(5) अधिकांश समाजों में हिंसा की बढ़ती हुई प्रकृति और आन्दोलनात्मक राजनीति (agitational politics) का बोलबाला।

(6) सैनिक तानाशाहियों के उतार-चढ़ाव।

इन विकासों का प्रतिनिधियों के कार्यों पर व्यापक प्रभाव पड़ा है। इनका वर्णन करके प्रतिनिधियों के कार्यों पर इनका प्रभाव समझना सरल होगा। अतः संक्षेप में इनके प्रभाव का मूल्यांकन करना आवश्यक है।

(1) दलीय व्यवस्थाएं केवल लोकतान्त्रिक राज्यों में ही नहीं पाई जाती हैं। निरंकुश व्यवस्थाओं में भी एकदलीय आधार पर शासन-व्यवस्थाएं राजनीतिक दल का सहारा लेती हैं। परन्तु एक बात सब प्रकार की राजनीतिक व्यवस्थाओं के दलों में समान है,

और वह है, दल के सदस्यों पर अनुशासन की कठोरता। बड़ी विचित्र बात है कि लोकतान्त्रिक व्यवस्था को व्यावहारिक रूप देने के साधन—राजनीतिक दल, अपनी कार्य प्रणाली में इतनी सख्ती और कठोरता का प्रयोग करते हैं कि इनका अपने सदस्यों पर पूर्ण नियन्त्रण रहता है। इससे आज की राजनीतिक व्यवस्थाओं में जनता के प्रतिनिधि वास्तव में दलीय अनुशासन के कारण दल की नीतियों को व्यावहारिक बनाने का यन्त्र मात्र रह जाते हैं। उनकी अपनी कोई स्वतन्त्रता नहीं रहती है। दल के विरुद्ध कोई भी कार्य सहन नहीं किया जाता है। भारतीय राष्ट्रीय कांग्रेस ने तो श्रीमती इन्दिरा गांधी को, जो प्रधान मन्त्री के सर्वोच्च पद पर थीं, दल विरोधी कार्य के कारण दल से निष्कासित तक कर दिया था। इससे स्पष्ट है कि कठोर दलीय अनुशासन के कारण राजनीतिक प्रतिनिधियों की भूमिका बहुत कुछ बदल गई है।

(2) राजनीतिक प्रतिनिधियों की भूमिका को सबसे अधिक तो सरकार की दिन प्रतिदिन बढ़ती हुई गतिविधियों ने प्रभावित किया है। आज के राज्य पुलिस राज्य (police states) नहीं रहे हैं। अब सरकारें केवल कानून व व्यवस्था तथा सुरक्षा का कार्य ही नहीं करती हैं बल्कि लोक-कल्याण का कार्य भी सरकारें करती हैं। इससे सरकारों के कार्यों में अप्रत्याशित वृद्धि ही नहीं हुई है, वरन मनुष्य-जीवन का कोई ऐसा पहलू शेष नहीं बचा है जिसमें सरकार का सहयोग और सहायता नहीं रहती हो। आज के युग में सरकारें आन्तरिक दृष्टि से ही नहीं बाहरी दृष्टि से भी अनेक कार्य करने लगी हैं। वैज्ञानिक व तकनीकी प्रगति ने विभिन्न राष्ट्रीय व्यवस्थाओं में सहयोग को इतना बढ़ा दिया है कि सरकारें विदेशों से विचार विनिमय का काम हर वक्त करती रहती हैं। सरकारों के कार्यों में यह वृद्धि, प्रतिनिधियों के कार्यों में भी वृद्धि और विविधता लाती जा रही है। निर्वाचित प्रतिनिधि दिन प्रतिदिन नये-नये कार्यों में जुटाए जा रहे हैं।

(3) निरंकुश व्यवस्थाओं में भी वैधता (legitimacy) की प्राप्ति के लिए राजनीतिक दलों का सहारा लिया जाता है, परन्तु इनसे भिन्न वह व्यवस्थाएं हैं जहां केवल एक ही दल बनाने की संवैधानिक व्यवस्था होती है। साम्यवादी देशों की ही यह विशेषता हो ऐसा नहीं कहा जा सकता है। अनेक नवोदित राज्यों में शासक दल अपना एकाधिकार संविधान में जोड़-तोड़ करके प्राप्त कर लेता है। बर्मा व बंगला देश (शेख मुजीब के समय) में ऐसे ही एकाधिकारवादी राजनीतिक दल संविधान द्वारा स्थापित हैं। ऐसी एकदलीय राजनीतिक व्यवस्थाओं में राजनीतिक प्रतिनिधित्व विशिष्ट प्रकार का बन जाता है। ऐसे राज्यों में प्रतियोगी राजनीति (competitive politics) का अभाव राजनीतिक प्रतिनिधियों के कार्यों को उन राजनीतिक व्यवस्थाओं के प्रतिनिधियों से, जहां प्रतिस्पर्धात्मकता विद्यमान होती है, भिन्न प्रकार का बना देती है।

(4) दूसरे महायुद्ध के बाद एशिया और अफ्रीका में नये राष्ट्रीय राज्यों का उदय इस शताब्दी की सबसे महत्त्वपूर्ण बात मानी गई है। इन राज्यों में राजनीतिक प्रणालियों की विविधता ही प्रमुख बात नहीं है। इन राज्यों में आर्थिक, सामाजिक व सांस्कृतिक विविधताएं इतनी अधिक हैं कि इन राज्यों की सरकारों के कार्य पाश्चात्य जगत की

सरकारों के कार्यों से बहुत पेचीदा तथा व्यापक बन गए हैं। इन राज्यों में समाजों के पुनर्गठन की चुनौतियों के साथ ही साथ आर्थिक व सांस्कृतिक समस्याएं भी कम भयंकर नहीं हैं। अनेक देशों में राजनीतिक विकास के प्रयत्न लोकतन्त्रों को ही खतरे में डालने वाले बनते जा रहे हैं। इसलिए ऐसे राज्यों में लोकतन्त्र की रक्षा का ही कार्य नहीं वरन नागरिकों में लोकतन्त्र की श्रेष्ठता का प्रचार भी महत्त्वपूर्ण बन जाता है। यही कारण है कि एशिया और अफ्रीका के राजनीतिक समाजों में राजनीतिक प्रतिनिधि बहुत ही कठिन भूमिका निभाने के लिए राजनीतिक अखाड़े में उतरने के लिए बाध्य-सा कर दिया जाता है।

(5) आज के राजनीतिक समाजों में हिंसा का प्रचलन बढ़ रहा है। आए दिन राजनीतिक नेताओं का अपहरण व हत्याएं होने लगी हैं। राजनीतिक प्रतिनिधियों के जीवन को धमकियों की गणना ही कठिन है। राष्ट्रीय स्तर से यह हिंसा का दौर अब अन्तर्राष्ट्रीय स्तर पर भी बढ़ने लगा है। इतना ही नहीं, आन्दोलनात्मक राजनीति ने लोकतन्त्रों का केवल एशिया व अफ्रीका में ही गला घोंटना शुरू नहीं किया है, वरन सुदृढ़ता से स्थापित लोकतन्त्रों में भी अपना प्रभाव दिखाना शुरू कर दिया है। यह नई चुनौती राजनीतिक प्रतिनिधियों की भूमिका में बहुत हेर-फेर के लिए जिम्मेदार है।

(6) सैनिक तानाशाही शासन, एशिया और अफ्रीका में आज आम बात बन गई है। इनकी विशेषता इस बात में है कि इनमें अत्यधिक अस्थिरता रहती है। एक के बाद दूसरा सैनिक तानाशाह सत्ता में आता रहता है। अब सैनिक उथल-पुथल कुछ राज्यों में तो इतनी आम हो गई है कि ऐसे परिवर्तन विशेष चिन्तित नहीं करते हैं, परन्तु इन राज्यों में अनेक सैनिक शासक संवैधानिकता का दिखावा करते रहे हैं। पाकिस्तान में राष्ट्रपति अय्यूब खां ने 1962 में संविधान बनाकर न केवल राष्ट्रपति के चुनाव ही कराए वरन एक राजनीतिक दल का भी गठन किया था। इस प्रकार की परिस्थितियों में राजनीतिक प्रतिनिधियों की भूमिका नया अर्थ ही नहीं रखती बल्कि बहुत कुछ विशेष भी बन जाती है।

इन कारणों व विकासों के विवेचन से स्पष्ट है कि राजनीतिक प्रतिनिधियों के कार्य न केवल बढ़े ही हैं बल्कि बहुत व्यापक और जटिल भीं बन गए हैं। इनकी भूमिका राजनीतिक व्यवस्था की प्रकृति से इतनी जुड़ी हुई है कि व्यवस्था में प्रकृति सम्बन्धी कोई भी परिवर्तन इनके कार्यों में भी परिवर्तन ला देता है। इसी कारण इनके कार्यों की सूची बनाना आसान नहीं लगता है। फिर भी कुछ लेखकों ने इस दिशा में प्रयत्न किया है। डेविड ऐप्टर[3] ने राजनीतिक प्रतिनिधियों के कार्यों की एक ऐसी ही सूची बनाई है, जो लोकतान्त्रिक व अलोकतान्त्रिक व्यवस्थाओं, आर्थिक विकास के सभी स्तरों के समाजों तथा राजनीतिक विकास के सभी स्तरों वाले समाजों में राजनीतिक प्रतिनिधियों पर समान रूप से लागू होती मानी गई है। ऐप्टर ने इनके तीन प्रमुख कार्य बताए हैं। पहला

[3]David E. Apter, *The Politics of Modernization*, Chicago, University of Chicago Press, 1965, p. 171.

कार्य है केन्द्रीय नियन्त्रण (central control), का दूसरा कार्य गन्तव्य निर्धारण (goal specifications) का तथा तीसरा कार्य संस्थात्मक साम्य (institutional coherence) का है।

(1) केन्द्रीय नियन्त्रण से ऐप्टर का तात्पर्य प्रतिनिधि द्वारा राजनीतिक व्यवस्था में अनुशासन बनाए रखने से है। कोई भी राजनीतिक व्यवस्था अनुशासन बिना अधिक दिन नहीं चल सकती है। अगर राजनीतिक प्रतिनिधि अनुशासन और व्यवस्था बनाए रखने में प्रभावशाली भूमिका अदा नहीं करते हैं तो उनको हटाने की पृष्ठभूमि बनने लगती है और जनता उसके लिए क्रान्ति तक का सहारा लेती है। वास्तव में राजनीतिक प्रतिनिधि होते ही इसलिए हैं कि समाज में व्यवस्था बनाए रखकर शान्तिपूर्ण परिवर्तन का साधन जुटाए। इसलिए राजनीतिक व्यवस्था की कैसी ही प्रकृति क्यों न हो, राजनीतिक प्रतिनिधियों को व्यवस्था के लिए केन्द्रीय नियन्त्रण का महत्त्वपूर्ण कार्य करना ही होता है। इस कार्य में उनकी सफलता ही उनके राजनीतिक कार्यकाल का निश्चायक होती है।

(2) गन्तव्य निर्धारण का कार्य भी समाज में राजनीतिज्ञों द्वारा ही होता है। हर राजनीतिक समाज के अपने मूल्य, मान्यताएं और आस्थाएं होती हैं। इनको ध्यान में रखकर सम्पूर्ण राजनीतिक समाज के लिए गन्तव्यों और उन गन्तव्यों तक पहुंचने के साधन के रूप में नीतियों का निश्चय भी राजनीतिक प्रतिनिधि ही करते हैं। उनका कार्य इस प्रकार के निश्चय तक ही सीमित नहीं होता है, वरन उन्हें ही विभिन्न नीति विकल्पों में से कुछ का चुनाव करना होता है। साथ ही अनेक कार्यक्रमों में, साधनों के अनुसार प्राथमिकताएं निश्चित करना भी आवश्यक होता है और इसमें भी उन्हीं की ही भूमिका प्रमुख रहती है। इस तरह राजनीतिक प्रतिनिधि हर राजनीतिक समाज के लिए लक्ष्यों, नीतियों व कार्यक्रमों का निर्णायक होता है और उन्हीं के द्वारा इनमें प्राथमिकताओं का क्रम तय होना होता है। इससे तात्पर्य उनकी नीति-निर्धारण में सहभागिता से है।

(3) राजनीतिक व्यवस्थाओं में अनेक प्रकार की राजनीतिक संस्थाएं होती हैं। यह संस्थाएं अनेक स्तरों पर, भी हो सकती हैं। साथ ही सामाजिक, धार्मिक आर्थिक व सांस्कृतिक संरचनाओं, संस्थाओं व व्यवस्थाओं का हर समाज में जाल-सा बिछा रहता है। इनमें अनेक संस्थाएं परस्पर अनन्य (exclusive) व कई बार बिरोधी लक्ष्य अपना लेती हैं इससे समाज में तनाव व खिचाव उत्पन्न होते हैं। ऐसी परिस्थितियां उत्पन्न नहीं हों, इसके लिए संस्थाओं का नव निर्माण, उनमें सुधार और बदली हुई परिस्थितियों से उनका अनुकूलन (adaptation) किया जाना आवश्यक हो जाता है। यह कार्य राजनीतिक शक्ति के धारकों द्वारा ही सम्भव हो सकता है, क्योंकि कई बार संस्थात्मक साम्य (institutional coherence) की स्थापना में शक्ति का प्रयोग करने की परिस्थितियां उत्पन्न हो जाती हैं। राजनीतिक प्रतिनिधि ही ऐसी शक्ति के प्रयोग का अधिकार रखने के कारण इस कार्य को कुशलतापूर्वक कर सकता है।

उपरोक्त कार्य राजनीतिक प्रतिनिधियों के द्वारा हर प्रकार की राजनीतिक व्यवस्था

में सम्पन्न होते हैं, परन्तु लोकतान्त्रिक व्यवस्थाओं में इनकी भूमिका इन कार्यों तक ही सीमित नहीं रहती है। वैसे भी उपरोक्त कार्य इतने सामान्य हैं कि इनके निष्पादन में राजनीतिक व्यवस्था के अन्य घटक भी महत्त्वपूर्ण योगदान देते हुए प्रतीत होते हैं। वैसे भी यह तीनों कार्य अपने आपमें इतने अस्पष्ट हैं कि इनमें सभी कार्य सम्मिलित किए जा सकते हैं। राजनीतिक प्रतिनिधियों के कार्य कुछ विशिष्ट ही होते हैं। ए० एच० बिर्च[4] की मान्यता है कि हर राजनीतिक प्रतिनिधि कुछ सामान्य कार्य तथा अनेक विशिष्ट कार्य करते हैं। यह कार्य इन शीर्षकों के अन्तर्गत विभक्त किए जा सकते हैं—(1) सामान्य कार्य (general functions), (2) विशिष्ट कार्य (specific functions)

राजनीतिक प्रतिनिधि के सामान्य कार्य (General Functions of a Political Representative)

राजनीतिक प्रतिनिधि द्वारा सम्पादित सामान्य कार्य मोटे रूप में तीन कहे जा सकते हैं।

पहला कार्य लोकप्रिय नियंत्रण (popular control) का है। सरकार जनता के लिए कार्य करती रहे यह राजनीतिक प्रतिनिधि द्वारा ही सम्भव बनाया जाता है। प्रतिनिधि जनता की सत्ता धरोहर के रूप में प्राप्त नहीं करता वरन उसे यह सत्ता निश्चित उद्देश्यों की पूर्ति के लिए दी जाती है। इस सत्ता का सरकार (यहां सरकार का प्रयोग कार्यपालिका के लिए किया गया है) दुरुपयोग नहीं करे इसके लिए सरकार पर नियंत्रण व्यवस्था अनिवार्य होती है। जनता का यह नियंत्रण, उसके द्वारा निर्वाचित प्रतिनिधियों के द्वारा ही रखा जाता है। इस प्रकार, राजनीतिक प्रतिनिधि सरकार की सत्ता के जनहित में ही प्रयोग की व्यवस्था का कार्य करता है। इस लक्ष्य से सरकार विमुख नहीं होने पाये इस दृष्टि से प्रतिनिधि उस पर नियंत्रण रखता है। यह नियंत्रण सामान्यतया समर्थन वापस लेने की धमकी द्वारा या कुछ विशेष अवस्थाओं में विरोध करके रखा जाता है। इस प्रकार, प्रतिनिधि जनता की तरफ से सरकार पर नियंत्रण रखने का कार्य अनिवार्यतः करने के लिए बाध्य ही होते हैं।

दूसरा कार्य नेतृत्व देने से सम्बन्धित है। आम व्यक्ति की न तो राजनीतिक कार्यों में विशेष रुचि होती है और न ही सब व्यक्ति शासन कार्य में हर समय सहभागी रह सकते हैं। ऐसी अवस्था में जनता के लिए नीति निर्धारण का कार्य प्रतिनिधियों के सहयोग से सरकार द्वारा ही किया जाता है। अतः प्रतिनिधियों को नीति निर्धारण में न केवल पहल (initiative) ही करनी होती है बल्कि उन्हें इस सम्बन्ध में समुचित नेतृत्व भी देना होता है।

तीसरा कार्य व्यवस्था बनाये रखने (system maintenance) का है। यह कार्य अपने आपमें बहुत महत्त्वपूर्ण दिखाई देता है। राजनीतिक समाजों में व्यवस्था का बना

[4]A. H. Birch, *op. cit.*, p. 17.

रहना अन्य सभी कार्यों की सुचारुता के लिए आधारभूत है। अगर समाज में व्यवस्था ही न रह पाए तो नेतृत्व व लोकप्रिय नियंत्रण का प्रश्न ही नहीं उठता है। इसलिए राजनीतिक प्रतिनिधि राजनीतिक व्यवस्था को सुदृढ़ रूप से चलाने और उसको बनाए रखने में जनता का समर्थन प्राप्त करने का कार्य करता है।

राजनीतिक प्रतिनिधि के विशिष्ट कार्य (Specific Functions of a Political Representative)

उपरोक्त सामान्य कार्यों का सम्पादन तो राजनीतिक प्रतिनिधि करता ही है पर उसको इनमें भी कुछ विशिष्ट कार्य भी करने होते हैं। इन्हीं कार्यों को लेकर राजनीतिक प्रतिनिधि जनता व सरकार के बीच की कड़ी बनता है। संक्षेप में यह कार्य इस प्रकार हैं—

(1) **अनुक्रियात्मकता** (responsiveness) **का कार्य**—इससे सरकार की, अर्थात नीति के निर्धारकों की, जनमत और जनहित के प्रति सचेतता का तात्पर्य है। यह राजनीतिक प्रतिनिधि का कार्य है कि वह सरकार को जनता के हित साधन का माध्यम बनाए रखे। प्रतिनिधि ही सरकार को सतर्क, सचेत व सावधान करते रहते हैं। जनता के बदलते तेवरों से सरकार को आगाह करते हैं और समर्थन वापस लेने की धमकी से सरकार को जनमत व जनहित के प्रति जागरुक रखते हैं।

(2) **जवाबदेही** (accountability) **का कार्य**—सरकार अपने अधिकारों का प्रयोग करते समय जो भी कार्य करती है उनके लिए उसको उत्तरदायी रखना आवश्यक है। सरकार की सचेतता ही काफी नहीं है। उसको अपने हर कार्य का उत्तरदायित्व भी निभाना होता है। अगर वह ऐसा नहीं करती है तो प्रतिनिधि उसको ऐसा करने की अवस्था में लाने का कार्य करते हैं। सरकार का जनता के प्रति उत्तरदायित्व लोकतान्त्रिक व्यवस्थाओं का आधार है क्योंकि ऐसी व्यवस्थाओं में सरकार, सत्ता के अन्तिम धारक —जनता की सेवक ही होती है। प्रतिनिधि उसको सेवक के रूप में रखने की व्यवस्था करे यह आवश्यक है।

(3) **नेताओं को शांतिपूर्वक ढंग से बदलने का कार्य** (Peaceful change of leaders)—अगर किसी राजनीतिक व्यवस्था में प्रतिनिधियों के सब प्रयत्न राजनीतिक नेताओं को जनहित के प्रति जागरूक व उत्तरदायी न रख सकें तो उनको बदलने की व्यवस्था अनिवार्य हो जाती है। जनहित की अवहेलना जन विरोध को इतना बढ़ा सकती है कि नेताओं को हटाने के लिए हिंसात्मक क्रांति का सहारा तक लिया जा सकता है। जनता स्वयं यह कदम उठाने के लिए बाध्य हो इससे पूर्व ही नेताओं में बदलाव की व्यवस्था करना राजनीतिक प्रतिनिधि का ही कार्य है। उनके द्वारा ऐसे नेताओं के स्थान पर दूसरे नेताओं को लाने का कार्य सम्पन्न होने पर ही राजनीतिक व्यवस्था को टूटने से रोका जा सकता है। प्रधानमंत्री और मंत्रिमण्डलों के हेर-फेर में प्रतिनिधियों की भूमिका बहुत महत्त्वपूर्ण रहती है। निश्चित अवधि वाले पदाधिकारियों को अवधि से पूर्व हटाने के लिए महाभियोग (impeachment) तक का सहारा प्रतिनिधि लेते रहे हैं। इससे

स्पष्ट है कि प्रतिनिधियों का कार्य आवश्यकता पड़ने पर सत्तारूढ़ नेताओं के स्थान पर नये नेताओं को लाने की सुव्यवस्था करना भी है।

(4) **नेतृत्व** (leadership) **का कार्य**—राजनीतिक प्रतिनिधि राजनीतिक नेताओं की भर्ती (recruitment of political leaders) और उसके लिए जनता का समर्थन उपलब्ध कराने के कार्य का नेतृत्व भी करता है। लोकतन्त्र में नेता अन्ततः जनता में से ही आते हैं। इसलिए भावी नेताओं का चयन व उनका शासन कार्य में प्रशिक्षण इन्हीं प्रतिनिधि नेताओं द्वारा होता है।

(5) **उत्तरदायित्व** (responsibility) **का कार्य**—यहां उत्तरदायित्व का अर्थ नेताओं की दूरगामी (long term) राष्ट्रीय हितों तथा तात्कालिक दबावों के प्रति संवेदनशीलता से है। नेता दूर के राष्ट्रीय उद्देश्यों को क्षण-क्षण पर आने वाले दबावों और मांगों के कारण भुला नहीं दें, इसके लिए उन्हें बराबर प्रोत्साहित करते रहने की आवश्यकता रहती है। प्रतिनिधि उनके इस कार्य में हाथ बढ़ाते हैं तथा जन समर्थन को अनुकूल रखने में सहायता करते हैं।

(6) **औचित्यता** (legitimacy) **बनाए रखने का कार्य**—कोई भी सरकार सत्ता की वैधता के अभाव में अधिक दिन नहीं चल सकती। राजनीतिक नेताओं की शासन सत्ता की वैधता प्रतिनिधि ही सम्भव बनाते हैं। प्रतिनिधि ही जनता में सरकार के नेताओं के प्रति आस्था और उनके शासन करने के अधिकार की वैधता का विचार प्रसारित व प्रचारित करते हैं। इस तरह प्रतिनिधि, सरकार को ऐसी वैधता से मुक्त बनाने का कार्य करते हैं जिससे सरकार की सत्ता को अनावश्यक चुनौतियों व विरोधों का सामना नहीं करना पड़े।

(7) **समर्थन या सहमति** (consent) **उपलब्ध कराने का कार्य**—सरकारों को विशिष्ट नीतियों व कार्यक्रमों पर जनता की सहमति का बना रहना आवश्यक है। प्रतिनिधि संचार की धाराओं (channels of communications) या माध्यमों की व्यवस्था करता है जिससे सरकार अपनी विशिष्ट नीतियों के लिए जनता का समर्थन प्राप्त करती रह सके। स्वयं प्रतिनिधि भी सरकार की नीतियों को समर्थन जुटाने का महत्त्वपूर्ण सम्प्रेषक रहता है।

(8) **दबाव शमन** (relief of pressures) **का कार्य**—राजनीतिक समाज में नागरिकों की शिकायतें दबाव शमन के अभाव में क्रांतिकारी रूप ग्रहण करने की सम्भावनाएं रखती हैं। प्रतिनिधि संतप्त (aggreived) नागरिकों की शिकायतों रूपी भाष्प (steam) को रचनात्मक गतिविधियों की तरफ प्रवाहित करने की सुरक्षा नली (safety valve) का कार्य करते हैं और सम्भावित क्रांतिकारियों को संवैधानिक गतिविधियों में व्यस्त करके उन्हें निहत्था कर देते हैं। प्रतिनिधियों द्वारा ही राजनीतिक व्यवस्था पर आने वाले दबावों का शमन हो सकता है क्योंकि उनकी जनता से सम्पर्कता होती है।

हर राजनीतिक व्यवस्था में प्रतिनिधि उपरोक्त विशिष्ट कार्य सम्पादित करते हैं, परन्तु जिस राजनीतिक व्यवस्था में प्रतिनिधित्व पूर्णतया विकसित होता है, वहां उन्हें यह कार्य लगातार करने होते हैं। इन कार्यों का समुचित सम्पादन होने पर ही राजनीतिक

व्यवस्था में स्थायित्व व गतिशीलता बनी रह सकती है। इन कार्यों द्वारा ही राजनीतिक व्यवस्था में विकास का वातावरण बनता है। राजनीतिक नेता वैद्य रहते हैं और से सम्पूर्ण व्यवस्थः सुचारु रूप से कार्य करती रहती है। राजनीतिक प्रतिनिधियों के कार्यों के वर्णन से यह प्रश्न उठता है कि प्रतिनिधि का निर्वाचकों के साथ क्या सम्बन्ध हो ? क्या प्रतिनिधि निर्वाचकों के हाथ में कठपुतली बना रहे और केवल वही कार्य करे जिन्हें करने का उसे निर्वाचक आदेश दें ? अगर वह ऐसा नहीं करे तो क्या वह सही अर्थों में उसका प्रतिनिधि बना रहेगा ? यह ऐसे जटिल प्रश्न हैं जिनका हां या ना में उत्तर नहीं दिया जा सकता । इस सम्बन्ध में किसी प्रकार का निष्कर्ष निकालने से पहले उन सिद्धान्तों का उल्लेख करना आवश्यक है जो प्रतिनिधियों के निर्वाचकों के साथ सम्बन्धों को लेकर प्रचलित हैं। यह सिद्धान्त हैं ।—(1) आदिष्ट प्रतिनिधित्व का सिद्धान्त (Theory of Instructed Representation), (2) आदेशहीन प्रतिनिधित्व का सिद्धान्त (Theory of uninstructed Representation)।

(1) **आदिष्ट प्रतिनिधित्व** का अर्थ प्रतिनिधि के, निर्वाचकों के आदेश के अनुसार, कार्य करने से लिया जाता है। ऐसे प्रतिनिधित्व में, प्रतिनिधि की अपनी इच्छा कुछ भी महत्त्व नहीं रखती है। वह केवल निर्वाचकों की इच्छा को अभिव्यक्त करता है। वह हर प्रकार का निर्णय निर्वाचकों की आज्ञा या स्पष्ट आदेश के अनुरूप ही कर सकता है। प्रतिनिधित्व का यह रूप, वर्तमान की तेजी से बदलती राजनीतिक परिस्थितियों में एक तरह से अव्यावहारिक बन गया है। वैसे भी प्रतिनिधित्व के इस सिद्धान्त को उचित नहीं कहा जा सकता, क्योंकि आज की विषम परिस्थितियों में प्रतिनिधियों को न तो विवेकपूर्ण आदेश दिए जा सकते हैं और अगर यह सम्भव भी हो तो यह आदेश किस तरह दिन प्रतिदिन देने की व्यवस्था हो, इसका कोई उपाय नहीं हो पाता है। इसके अलावा भी विधि निर्माण का कार्य इतना पेचीदा, कठिन और बढ़ गया है कि कोई भी प्रतिनिधि हर बात पर निर्वाचकों द्वारा निर्देशित नहीं हो सकता । द्रुत गति से परिवर्तित न होने वाली घटनाओं तथा समस्याओं के कारण प्रतिनिधियों को हर रोज नई परिस्थितियों का सामना करना पड़ता है। अतः चुनाव के समय निर्वाचकों के समक्ष की गई नीति सम्बन्धी घोषणाओं पर अटल रहना किसी भी प्रतिनिधि के लिए सम्भव नहीं होता है। इसके अलावा भी वर्तमान निर्वाचित प्रणाली के अन्तर्गत, आदिष्ट प्रतिनिधित्व का सिद्धान्त दलीय व्यवस्था के कारण निरर्थक बन जाता है। आधुनिक युग में चुनाव दलीय आधार पर होते हैं। मतदाता किसी व्यक्ति विशेष को नहीं, बल्कि राजनीतिक दलों के कार्यक्रमों के आधार पर मत देते हैं। दल अपनी नीतियों को जनता के सामने रखते हैं और विजयी उम्मीदवार वास्तव में उस दल की नीतियों का जनता ने समर्थन किया है, का संकेत मात्र होते हैं। विजयी दल अपनी नीतियों को क्रियान्वित करते हैं न कि हर मतदाता या प्रतिनिधि की नीतियों को। वैसे भी, मतदाताओं या प्रतिनिधियों की नीतियों का व्यावहारिक रूप दलीय माध्यम से ही प्रकट हो सकता है। अतः यह व्यावहारिक नहीं लगता कि कोई प्रतिनिधि निर्वाचकों के आदेश के अनुसार ही कार्य करे। यही कारण है कि आदिष्ट प्रतिनिधित्व का सिद्धांत हमेशा से ही अमान्य, न्यायविरुद्ध, असंगत, अवैधानिक व गलत माना

जाता रहा है।

(2) **आदेशहीन प्रतिनिधित्व** के सिद्धान्त के अनुसार प्रतिनिधिगण निर्वाचकों के अभिकर्त्ता (agent) मात्र नहीं रहते हैं। वे निर्वाचकों के अधीन होते हुए केवल उनके ही आदेश के अनुसार कार्य नहीं करते हैं। वैसे भी सैद्धान्तिक व व्यावहारिक दृष्टिकोणों से यह उचित नहीं लगता है कि कोई प्रतिनिधि हमेशा निर्वाचकों के आदेशों के अनुसार या निर्वाचकों के समक्ष की गई प्रतिज्ञाओं के अनुसार ही कार्य करे। इस कारण, वर्तमान धारणा के अनुसार आदेशहीन प्रतिनिधित्व का सिद्धान्त ही तर्क-सम्मत लगता है। प्रतिनिधि के कार्यों का वर्णन पहले ही किया जा चुका है। प्रतिनिधि इन विविध कार्यों को ठीक ढंग से तब ही कर सकता है जब उसको बहुत कुछ स्वतन्त्रता प्राप्त रहे, परन्तु इसका यह अर्थ नहीं है कि वह जो चाहे कर सकता है। वास्तव में दलीय अनुशासन की कठोरता के कारण प्रतिनिधियों की स्वतन्त्रता पहले ही बहुत कुछ बंध जाती है। इसको और प्रतिबन्धित करना तो प्रतिनिधित्व की भावना को ही खत्म करना होता है। इसलिए यही निष्कर्ष निकलता है कि प्रतिनिधि और निर्वाचकों के सम्बन्ध में कुछ सुनिश्चित रूप से निर्धारित करना अनावश्यक है। आने वाले चुनावों का डर प्रतिनिधि को सही अर्थों में प्रतिनिधित्व करने की ठोस व्यवस्था कही जा सकती है। इसी के कारण वह मनमानी स्वतन्त्रता के स्थान पर अपनी जिम्मेदारियां ठीक ढंग से पूरी करता रहता है। इसलिए आजकल प्रतिनिधि निर्वाचकों का केवल अभिकर्त्ता ही नहीं बल्कि उनकी हित साधना के लिए स्वेच्छित नीतियों का निर्धारक भी है।

प्रतिनिधित्व के अर्थ व प्रकारों के विवेचन से प्रतिनिधियों के कार्यों की व्यापकता का आभास मिलता है। कार्यों के विवेचन से यह और भी स्पष्ट हो जाता है कि राजनीतिक व्यवस्था में प्रतिनिधियों की भूमिका बहुत महत्त्वपूर्ण रहती है। ऐसी भूमिका अदा करने वाले प्रतिनिधियों के सम्बन्ध में यह प्रश्न उठता है कि इनका निर्वाचन किस प्रकार किया जाए ? निर्वाचन सम्बन्धी यह प्रश्न निर्वाचन प्रणालियों से सम्बन्धित है। इसलिए आगे के पृष्ठों में इस प्रश्न के उत्तर की प्राप्ति के लिए निर्वाचन की विभिन्न प्रणालियों का वर्णन किया जा रहा है।

निर्वाचन प्रणालियां : अर्थ व परिभाषा
(ELECTORAL SYSTEMS : MEANING AND DEFINATION)

लोकतन्त्र के उदय के साथ ही चुनावों का राजनीतिक प्रक्रिया में महत्त्व बढ़ने लगा था और इसके साथ ही निर्वाचन प्रणाली में हेर-फेर के परिणामों पर गम्भीरता से विचार होता आया है। आज की लोकतान्त्रिक व्यवस्थाओं में तो निर्वाचन प्रणाली की किसी विशेष व्यवस्था का प्रयोग कर सम्पूर्ण राजनीतिक व्यवस्था की प्रकृति को बदला जाने लगा है। राजनीतिक दलों के आधार पर चुनावों में मतदान ने निर्वाचन प्रणाली के प्रश्न को और भी पेचीदा बना दिया है, क्योंकि निर्वाचन प्रणालियां दलीय व्यवस्था की प्रकृति का भी निर्णायक होने लगी हैं। एक विशेष प्रकार का निर्वाचन प्रणाली का

उपयोग, राजनीतिक समाज में दल व्यवस्था के एक विशेष प्रकार के विकसित होने या समाप्त होने का मार्ग तैयार करता है। इस कारण विभिन्न निर्वाचन प्रणालियों का अध्ययन विस्तार से करना आवश्यक है, परन्तु इससे पहले कि निर्वाचन प्रणालियों के प्रकारों और उनके गुणों-अवगुणों का वर्णन करे, इसका अर्थ समझना उपयोगी रहेगा।

निर्वाचन प्रणाली की सीमित और विस्तृत दोनों ही रूपों में व्याख्या की जा सकती है संकुचित अर्थ में निर्वाचन प्रणाली किसी राजनीतिक व्यवस्था में स्थान या सीटों के वितरक के रूप में देखी जाती है। यह किसी राज्य में मत वितरण (distribution of votes) के आधार पर स्थानों का निर्धारण करने की व्यवस्था है। यह मतदाताओं को निर्वाचन क्षेत्रों में संगठित करने तथा वे किस प्रकार के नेताओं को शासकों के रूप में चाहते हैं इस सम्बन्ध में अपनी पसंदें (preferences) अभिव्यक्त करने की व्यवस्था है। इस अर्थ में निर्वाचन प्रणाली एक ऐसी प्रविधि है जिसके द्वारा किसी राजनीतिक समाज में निर्वाचक अपने मतों को अपनी इच्छानुसार अभिव्यक्त करते हैं। व्यापक या सामान्य अर्थ में निर्वाचन प्रणाली, निर्वाचकों द्वारा पूरी की जाने वाली शर्तों के साथ ही साथ चुनाव उम्मीदवारों व राजनीतिक दलों द्वारा पूरी की जाने वाली शर्तों के निश्चायक के रूप में देखी जाती हैं, अर्थात निर्वाचन प्रणाली इस बात का निश्चायक होती है कि किसी राजनीतिक समाज में मताधिकार किस-किस नागरिक को प्राप्त होगा तथा कौन-कौन सी शर्तें पूरी करने वाले व्यक्ति और राजनीतिक दल चुनाव में उम्मीदवार होने या उम्मीदवार खड़े करने का अधिकार रखेंगे। निर्वाचन प्रणाली के दोनों ही अर्थों से स्पष्ट है कि यह केवल स्थान वितरण व्यवस्था ही नहीं है बलिक इसके द्वारा मताधिकार के आधारों का निश्चय तथा चुनाव लड़ने की उन शर्तों का नियमन भी होता है जो चुनाव में उम्मीदवार बनने से पूर्व किसी व्यक्ति या राजनीतिक दल को अनिवार्यतः पूरी करनी होती हैं। इस प्रकार निर्वाचन प्रणाली की व्याख्या निम्नलिखित तीन रूपों में की जा सकती है—(क) निर्वाचन प्रणाली, निर्वाचकों द्वारा पूरी की जाने वाली शर्तों के निश्चायक के रूप में। (ख) निर्वाचन प्रणाली, चुनाव उम्मीदवारों व दलों द्वारा पूरी की जाने वाली शर्तों के निश्चायक के रूप में। (ग) निर्वाचन प्रणाली, स्थानों के वितरक के रूप में।

इन तीनों ही अर्थों में इसकी विस्तृत व्याख्या करने पर ही इसका महत्त्व व राजनीतिक व्यवस्थाओं पर इसका प्रभाव समझा जा सकता है।

निर्वाचकों द्वारा पूरी की जाने वाली शर्तों के निश्चायक के रूप में निर्वाचन प्रणाली (Electoral System as a Determinant of Conditions to be fulfilled by Electors)

निर्वाचकों द्वारा पूरी की जाने वाली शर्तों के निश्चायक के रूप में निर्वाचन प्रणाली 'सार्वजनिक मताधिकार' तथा 'सीमित मताधिकार' के आधारों की निर्णय व्यवस्था को कहते हैं। इसका तात्पर्य सबको या कुछ को मताधिकार देने के आधारों का स्पष्टीकरण करने से है। हर राजनीतिक व्यवस्था में यह प्रश्न उठता है कि क्या सभी व्यक्तियों को मत देने का अधिकार दिया जाए या कुछ व्यक्तियों तक ही इस अधिकार को सीमित

रखा जाए ? इस सम्बन्ध में दो विचार प्रचलित हैं। एक विचार के अनुसार मत देने का अधिकार राज्य के उन निवासियों को छोड़कर जिनकी दशा इतनी हीन हो कि उनकी अपनी कोई इच्छा ही न हो, सबको प्राप्त होना चाहिए । यह सार्वजनिक मताधिकार (universal suffrage) का समर्थक विचार है। दूसरे विचार के अनुसार मताधिकार ऐसा अधिकार है जो राज्य द्वारा प्रदान किया जाता है, अतः सबको प्राप्त नहीं होना चाहिए। इस विचार के अनुसार केवल विवेकशील व्यक्तियों को ही निर्वाचन में भाग लेने का अधिकार मिलना चाहिए । यह सीमित मताधिकार (limited suffrage) का विचार है। यहां दोनों विचारों के पक्ष या विपक्ष में तर्क प्रस्तुत करने की आवश्यकता नहीं है । आजकल सभी लोकतान्त्रिक राज्यों में सार्वजनिक मताधिकार का प्रचलन है । स्विट्ज़रलैंड में 1972 से पहले स्त्रियों को मत देने का अधिकार प्राप्त न होने के कारण सार्वजनिक व सीमित मताधिकार के पक्ष व विपक्ष में दलीलों का वर्णन आवश्यक कहा जा सकता था । 1972 से वहां भी स्त्रियों को इस अधिकार की प्राप्ति ने सीमित मताधिकार को आधुनिक लोकतान्त्रिक भावना के प्रतिकूल मानकर अमान्य कर दिया है। यहां सार्वजनिक मताधिकार का अर्थ समझना आवश्यक है । सामान्यतया इसका अर्थ हर व्यक्ति को मताधिकार देने से लिया जाता है। इस अर्थ में मताधिकार आज जन्मे शिशु से लेकर पागल व्यक्ति को प्राप्त माना जाएगा। किसी भी राजनीतिक व्यवस्था में सार्वजनिक मताधिकार की यह अवस्था आज नहीं मानी जाती है । कोई भी राजनीतिक व्यवस्था, बच्चों, अपराधियों व पागल व्यक्तियों को मताधिकार नहीं देती है। इससे स्पष्ट है कि सार्वजनिक मताधिकार भी व्यवहार में सीमित मताधिकार ही है । इसके अनुसार कुछ शर्तें पूरी करने वाला व्यक्ति ही किसी राजनीतिक व्यवस्था में मत देने का अधिकार रखता है, सभी व्यक्ति नहीं रखते हैं। मताधिकार को इन शर्तों का निर्वचन निर्वाचन प्रणाली कहलाता है। इन शर्तों को दो दृष्टिकोणों से देखा जा सकता है। प्रथम, योग्यताओं (entitlement) के दृष्टिकोण से तथा दूसरे, इन मताधिकार की योग्यताओं को व्यवहार में लागू करने के दृष्टिकोण से।

मताधिकार की योग्यताओं का हर निर्वाचन प्रणाली में नकारात्मक और सकारात्मक पक्ष पाया जाता है। नकारात्मक दृष्टि से कुछ योग्यताएं होने पर मताधिकार सीमित बनता है जबकि सकारात्मक दृष्टि से कुछ योग्यताएं मताधिकार को व्यापकतम बनाती हैं। इस तरह मताधिकार की योग्यताओं के आधार पर राजनीतिक व्यवस्थाएं व्यापकतम मताधिकार और सीमित मताधिकार के दो प्रतिमानों में श्रेणीबद्ध की जा सकती हैं। सामान्यतया व्यापकतम मताधिकार का माप निम्नलिखित संकेतकों (indicators) के द्वारा किया जा सकता हैं। संक्षेप में यह इस प्रकार हैं—

(क) वयस्कता—हर राज्य में मत देने का अधिकार केवल वयस्कों को ही दिया जाता है। सार्वजनिक मताधिकार का तात्पर्य वास्तव में वयस्क मताधिकार (adult franchise) से ही होता है। आधुनिक लोकतंत्रों में इस बात पर अब मतभेद नहीं है। सर्वत्र यह स्वीकार किया जा चुका है कि मताधिकार केवल वयस्कों को ही प्रदान किया जाए। पर वयस्कता की उम्र को लेकर सहमति नहीं है। कई राज्यों में यह 21 वर्ष

मानी जाती है तो कहीं 18 वर्ष में ही व्यक्ति को वयस्क मान लिया जाता है। आजकल वयस्कता की आयु कम करने की मांग बढ़ रही है। ब्रिटेन व अमरीका में इसे इसी दशाब्दी में घटाकर 18 वर्ष कर दिया गया है। भारत में भी इसे 21 से घटाकर 18 वर्ष करने की मांग बार-बार उठती रही है। वैसे 18 वर्ष की आयु वयस्कता के आधार के रूप में सर्वमान्य होने की सम्भावनाएं रखती है और निकट भविष्य में नहीं तो भी बहुत जल्दी यह सब राजनीतिक व्यवस्थाओं की निर्वाचन प्रणालियों में स्थान पा लेगी।

(ख) नागरिकता—मताधिकार की दूसरी योग्यता नागरिकता की है। व्यवहार में कोई भी लोकतान्त्रिक राज्य विदेशियों को मताधिकार प्रदान नहीं करता है। इस योग्यता के कारण केवल नागरिक ही राजनीतिक प्रक्रिया में सम्मिलित हो पाते हैं। विदेशियों (aliens) को मताधिकार से वंचित रखने का दर्शन उनकी अन्य राज्य व्यवस्था में निष्ठा में निहित है। वैसे भी विदेशियों को किसी अन्य राज्य में मत देना सैद्धान्तिक व व्यावहारिक दोनों ही दृष्टियों से उपयुक्त नहीं कहा जा सकता है। सैद्धान्तिक दृष्टि से तो यह आपत्ति उठती है कि किसी अन्य राजनीतिक व्यवस्था में रहने वाले व्यक्ति को अपनी व्यवस्था के अलावा मत देने का अधिकार उसके अनावश्यक हस्तक्षेप को आमंत्रण देना है। व्यावहारिक दृष्टि से, विदेशी व्यक्ति को मताधिकार न देने का कारण उनकी मताधिकार में अभिरुचि का नहीं होना है।

(ग) निवास—किसी भी राजनीतिक व्यवस्था में कोई भी व्यक्ति प्रवेश के साथ ही मत का अधिकारी नहीं बन जाता है। हर राज्य में कुछ समय तक निवास करने के बाद ही व्यक्ति को मत का अधिकार प्राप्त होता है, परन्तु निवास की अवधि अलग-अलग निर्वाचन प्रणालियों में अलग-अलग दिखाई देती है। एक तरफ कुछ राज्य, कुछ महीनों के निवास के बाद ही मताधिकार प्रदान कर देता है, तो दूसरी तरफ अनेक राज्यों में कुछ वर्षों के निवास के बाद ही मताधिकार प्राप्त हो सकता है। इस सम्बन्ध में कोई सर्वमान्य अवधि का विचार अभी तक नहीं बन पाया है। आज भी अलग-अलग राज्यों में यह अवधि अलग-अलग ही है।

(घ) अपराध—हर राज्य से अपराधियों को मताधिकार से वंचित रखा जाता है। वैसे कुछ राज्यों में कुछ श्रेणियों के अपराधियों को ही मताधिकार नहीं दिया जाता है तथा कुछ अन्य प्रकार के अपराधों से सम्बन्धित व्यक्ति मत का अधिकार रखते हैं। पर एक बात निश्चित है कि किसी भी निर्वाचन प्रणाली में हर तरह के अपराधी को मताधिकार नहीं दिया जाता है। अपराधों के प्रकारों व सजा की अवधि के अनुसार इसमें अन्तर दिखाई देता है। परन्तु सभी राज्यों में कारावास की अवधि के काल में अपराधी का मताधिकार स्थगित रहता है।

उपरोक्त योग्यताएं मताधिकार को व्यापकतम बनाने के साथ ही साथ व्यावहारिक व उपयोगी बनाने के उद्देश्य से ही हर निर्वाचन प्रणाली में व्यवस्थित की जाती हैं। आधुनिक लोकतन्त्रों में मताधिकार को सीमित करने के लिए प्रयुक्त होने वाली कुछ अन्य योग्यताओं—सम्पत्ति, शिक्षा, धर्म, नस्ल, लिंग तथा स्थान इत्यादि को अमान्य ठहराया जाने लगा है। किसी भी राजनीतिक व्यवस्था में मताधिकार को सीमित करने

की यह शर्तें, जो लोकतन्त्र की भावना का ही विलोम कही जाती हैं, आम चुनावों (general elections) में मताधिकार का आधार नहीं बनाई जाती हैं। कुछ राज्यों में इनमें से कुछ को (शिक्षा, धर्म व निवास स्थान) द्वितीय सदनों (second chambers) के निर्वाचनों में, मताधिकार को और अधिक सार्थक बनाने के लिए प्रयुक्त किया जाता है पर यह सामान्य प्रवृत्ति नहीं है। जहां यह प्रचलित है वहां भी इसे समाप्त करने की मांग बलवती बनती जा रही है और भविष्य में शायद ही किसी उदार लोकतान्त्रिक व्यवस्था (liberal democratic system) में इस आधार पर मताधिकार को सीमित रखा जाएगा।

निर्वाचकों की पूर्व शर्तों या योग्यताओं को व्यवहार में लागू करने में जोड़-तोड़ की बहुत सम्भावनाएं निहित हैं। यह जोड़-तोड़ कई बार जानबूझ कर भी की जा सकती है। इन सम्भावनाओं का मूल्यांकन मताधिकार की विविध पूर्व शर्तों को लागू करने की विधियों के विवेचन के द्वारा ही सम्भव है। हर निर्वाचन प्रणाली में मताधिकार की योग्यताओं को व्यवहार में लागू करने के लिए किसी संस्था विशेष द्वारा मतदाताओं के नामों के पंजीकरण (registration) की व्यवस्था होती है, अर्थात हर व्यक्ति के नाम इत्यादि मतदाता सूची (electoral lists) में दर्ज करने होते हैं। यह सूचियां सामान्यतया स्थायी होती हैं और हर चुनाव से पहले इन्हें संशोधित व पूर्ण करके प्रकाशित किया जाता है तथा नागरिकों को, अगर उनका नाम स्थान विशेष की सूची में नहीं है तो अपना नाम उस सूची में सम्मिलित कराने का अधिकार होता है। चुनाव के समय मतदान में ऐसी मतदाता सूचियों में दर्ज नाम वाले व्यक्ति ही भाग ले सकते हैं। यहां इस बात में जोड़-तोड़ की जा सकती है कि मतदाता सूचियों को चुनाव के कुछ पहले ही प्रकाशित किया जाए और नागरिकों द्वारा इसमें अपना नाम सम्मिलित न होने की अवस्था में अपना नाम दर्ज कराने की कम अवधि या कठिन प्रक्रिया निर्धारित कर दी जाए। इस तरह बहुत से व्यक्ति नये मतदाता बनने से वंचित रखे जा सकते हैं। उदाहरण के लिए, भारत में 1977 में हुए आम चुनावों के समय कुछ लोगों की यह शिकायत रही थी कि उन्हें अपना नाम मतदाता सूची में सम्मिलित कराने का बहुत कम समय दिया गया था।

मतदाता सूचियों में मतदाताओं का पंजीकरण व्यवहार में मतदान के स्थान का निश्चय भी करता है। मतदाता सूचियां, निर्वाचन क्षेत्रों (electoral constituency) में निश्चित मतदान केन्द्रों (polling booths) के आधार पर बनती हैं। इससे मतदाता पर यह बन्धन लग जाता है कि वह उसी स्थान के मतदान केन्द्र पर अपने मत का प्रयोग कर सकता है जिस मतदान केन्द्र की मतदाता सूची में उसका नाम सम्मिलित है। यह स्थान की पाबन्दी भी जोड़-तोड़ व धोखाधड़ी से बचाव व्यवस्था के रूप में लगाई जाती है। पर इससे वे व्यक्ति मत देने से वंचित रह जाते हैं जो मतदान के दिन उस स्थान से बाहर हों। इसके लिए डाक-मतपत्रों (postal ballot) की व्यवस्था की जाती है। पर यह केवल सरकारी कर्मचारियों तक ही सीमित रखनी होती है अन्यथा इससे परिणाम समय पर घोषित करना सम्भव ही नहीं रहेगा। हर व्यक्ति को जो मतदान के दिन

मतदान केन्द्र पर नहीं हो, मत देने की सुविधा डाक मतपत्रों से देना सम्भव नहीं होने के कारण अपेक्षा की जाती है कि हर व्यक्ति मतदान की पूर्व घोषित निश्चित तारीख को उस स्थान पर, जहां उसका नाम मतदाता सूची में सम्मिलित है, मत देने के लिए उपस्थित रहे। वैसे इसके समाधान के लिए कई राज्यों[5] में अनिवार्य मतदान (compulsory voting) की व्यवस्था की जाती है परन्तु अनिवार्य मतदान समस्या का उचित समाधान नहीं कहा जा सकता है। इससे और नई समस्याएं उत्पन्न हो जाती हैं। इस कारण अधिकांश राज्यों में नागरिकों को मतदान सूची में नाम सम्मिलित होने पर ही मतदान में सम्मिलित होने दिया जाता है। इसलिए स्थान का बंधन हर निर्वाचन प्रणाली में निर्वाचकों की योग्यताओं को लागू करने में लगाना ही होता है। इससे धोखाधड़ी या दो बार मत देने की सम्भावनाओं पर प्रभावशाली रोक भी लगती है।

चुनाव उम्मीदवारों व दलों द्वारा पूरी की जाने वाली शर्तों के निश्चायक के रूप में निर्वाचन प्रणाली (Electoral System as a Determinant of Conditions to be Fulfilled by Candidates and Parties)

चुनाव में खड़े होने वाले उम्मीदवारों व चुनाव लड़ने वाले राजनीतिक दलों द्वारा पूरी की जाने वाली शर्तों के निश्चायक के रूप में निर्वाचन प्रणाली की व्याख्या करना बहुत ही कठिन है। इस सम्बन्ध में उत्पन्न होने वाली समस्याएं, शर्तों के समान ही गम्भीर और पेचीदा हैं। इतना ही नहीं, यह शर्तें मत परिणाम को बहुत अधिक प्रभावित करने वाली होती हैं। जैसे एक उम्मीदवार चुनाव प्रचार में खर्च करने के लिए धन जुटा सकता है और दूसरा ऐसा नहीं कर सकता तो इस बात से चुनाव परिणाम बहुत कुछ प्रभावित पाए जाएंगे। इसलिए इन शर्तों के निश्चायक के रूप में निर्वाचन प्रणालियों द्वारा यह व्यवस्था की जाती है कि उम्मीदवारों व राजनीतिक दलों में नकारात्मक व सकारात्मक दोनों ही दृष्टियों से समानता रखी जाए। इन दोनों का संक्षेप में वर्णन करने पर ही इनकी गम्भीरता व प्रभाव का मूल्यांकन किया जा सकता है।

नकारात्मक दृष्टि से सभी उम्मीदवारों व दलों में समानता रखने की **पहली व्यवस्था** गुप्त मतदान (secret ballot) के माध्यम से की जाती है अर्थात मतदाता अपने मतपत्र पर अपनी पसंद का अंकन ऐसे स्थान पर कर सके जहां उसे कोई प्रभावित करने वाला न हो और जहां उसकी पसंद का किसी को आभास नहीं हो सके। आजकल सभी स्वतन्त्र चुनावों में गुप्त मतदान की व्यवस्था की जाती है। सोवियत रूस में पहले न केवल इसकी आलोचना की जाती थी वरन मतदान खुला ही होता था, परन्तु बाद में रूस द्वारा गुप्त मतदान का फिर अपनाना इस महत्त्व को स्वीकारना है। **दूसरी व्यवस्था** विविध प्रकार की धोखाधड़ी से बचाव के लिए की जाती है। वैसे धोखाधड़ी के इतने रूप हो सकते हैं कि इसको पूर्णतया समाप्त करना असम्भव-सा हो जाता है। मतदाताओं को धमकी, रिश्वत तथा अन्य विधियों से प्रभावित नहीं किया जा सके इसके लिए निर्वाचन

[5]Australia, Belgium, Austria and many Latin American Countries.

प्रणालियों में कोई ठोस व्यवस्था करना सम्भव नहीं है। दो बार मतदान देने से लेकर मतदाताओं को निजी वाहनों द्वारा मतदान केन्द्र तक पहुंचाना एक प्रकार से उम्मीदवारों में असमानता लाना है। इसलिए सामान्यतया हर निर्वाचन प्रणाली में इनसे बचाव की व्यवस्था कम या अधिक मात्रा में की जाती है, परन्तु यह सब इनके आमूल उन्मूलन में सफल होती हो ऐसा नहीं कहा जा सकता। मतगणना के समय किसी प्रकार का हेर-फेर नहीं हो इसके लिए मत पेटियां हर निर्वाचन क्षेत्र में नहीं खोलकर एक स्थान पर उम्मीदवारों व उनके प्रतिनिधियों के समक्ष खोली व मतों की गिनती की जाती है। पर यहां भी विरोधी दलों के वैध मतों को नष्ट करने की अनेक चालें अनदेखी ही रह सकती हैं और इसका कोई कारगर उपाय हो ही नहीं सकता। **तीसरी व्यवस्था** चुनावों के निष्पक्ष सम्पादन से सम्बन्धित है। सामान्यतया इसके लिए एक संवैधानिक व स्वतन्त्र आयोग का स्थायी रूप से गठन किया जाता है। सम्पूर्ण चुनाव व्यवस्था इसी की देखरेख में पूरी होती है। समानता की नकारात्मक विधियों के विवेचन से स्पष्ट है कि कानूनन असमानता का उन्मूलन बहुत कठिन है।

सकारात्मक दृष्टि से सभी उम्मीदवारों व राजनीतिक दलों को समान रखने की व्यवस्था करना व्यवहार में अधिक कठिन है। फिर भी आजकल हर निर्वाचन प्रणाली में ऐसी व्यवस्थाएं सम्मिलित रहती हैं जिससे यथार्थ में समानता बनाई रखी जा सके। इस सम्बन्ध में **पहली व्यवस्था** उम्मीदवारों द्वारा चुनाव अभियान (compaign) में खर्च की आने वाली धनराशि की सीमा निश्चित करना है। इसके साथ ही उम्मीदवारों को कुछ सुविधाएं देने की व्यवस्था भी कुछ राज्यों में की जाती है, परन्तु खर्च पर प्रतिबंध व्यवहार में प्रभावी नहीं रहता है। उम्मीदवारों व राजनीतिक दलों द्वारा विपुल धन-राशि खर्च की जाती है और इसको सीमित करने की व्यवस्थाओं को प्रभावहीनता के कारण असमानता आ जाती है। इसके समाधान के लिए उम्मीदवारों व राजनीतिक दलों को वित्तीय सहायता का विचार प्रस्तुत हुआ है। इसी तरह, **दूसरी व्यवस्था** चुनाव खर्च के लिए सरकारी सहायता देने की मानी गई है। परन्तु जर्मनी, फिनलैण्ड, स्वीडन व कुछ अन्य राज्यों को छोड़कर दलों को सरकारी कोष से सहायता की बात मान्य नहीं बन पाई है। अगर सब जगह यह स्वीकार कर ली जाए तब भी, क्या यह दलों को दी जाए या उम्मीदवारों को, यह प्रश्न उठता है? अगर यह सहायता उम्मीदवारों को दी जाए तो फिर चुनावों में खड़े होने वालों की बाढ़-सी आने की सम्भावना है तथा दलों को दी जाए तो इसका क्या आधार अपनाया जाए? यही कारण है कि अधिकांश निर्वाचन प्रणालियों में ऐसी व्यवस्था नहीं की जाती है। वैसे भी इस सहायता से समानता आएगी यह नहीं कहा जा सकता। निजी खर्च के साथ ही साथ संस्थाओं व संस्थानों से धनराशि दान व चंदों (donations) के रूप में प्राप्त की जाए तो उसको व्यवहार में रोक पाना कठिन है। इससे स्पष्ट है कि उम्मीदवारों व राजनीतिक दलों में गणितीय समानता लाना सम्भव ही नहीं है। साम्यवादी व्यवस्थाओं को छोड़कर अब तक किसी भी निर्वाचन प्रणाली में ऐसी व्यवस्था नहीं जा सकी है जो हर उम्मीदवार और राजनीतिक दल को चुनावों में समानता का आधार उपलब्ध करा सके।

स्थानों के वितरक के रूप में निर्वाचन प्रणाली (Electoral System as an Allocator of Seats)

निर्वाचन प्रणाली मत वितरण के आधार पर स्थानों के निर्धारण की व्यवस्था का नाम है। इस अर्थ में इसे निर्वाचन क्षेत्रों के आकार का निश्चायक भी कहा जा सकता है, क्योंकि स्थानों का निर्धारण निर्वाचन क्षेत्र के आकार पर भी आधारित किया जाता है। जहां तक स्थानों के निर्धारण की व्यवस्था करने का प्रश्न है, यह दो तरह से किया जाता है। पहला बहुमत या समाज विशेष में विविधताओं के अनुपात के आधार पर तथा दूसरा एक ही निर्वाचन क्षेत्र में अधिक स्थानों की व्यवस्था करके किया जाता है। इससे स्पष्ट है कि सीटों का निर्धारण जनसंख्या व निर्वाचन क्षेत्र के आकार पर भी आधारित किया जाता है। इस सम्बन्ध में निर्वाचन प्रणालियों में विविधताएं अधिक पाई जाती हैं। अधिकतर एक सदस्यीय निर्वाचन क्षेत्र (single member constituency) का ही प्रचलन है। बहुत समाजों में अल्पसंख्यकों के प्रतिनिधित्व (minority representation) की व्यवस्था करने के लिए बहुसदस्यीय निर्वाचन क्षेत्र (multi-member constituency) का प्रयोग किया जाता है। एक सदस्य वाली प्रणाली में सम्पूर्ण राज्य, क्षेत्रफल अथवा जनसंख्या के आधार पर समान आकार के अनेक निर्वाचन क्षेत्रों में विभाजित कर दिया जाता है और प्रत्येक निर्वाचन क्षेत्र से एक-एक सदस्य का निर्वाचन होता है। अनेक सदस्य वाली प्रणाली में एक निर्वाचन क्षेत्र से एक से अधिक सदस्य निर्वाचित किए जाते हैं। इसमें भी प्रत्येक क्षेत्र से चुने जाने वाले सदस्यों का निश्चय क्षेत्रफल अथवा जनसंख्या के आधार पर ही किया जाता है। इससे स्थानों का वितरण व निर्वाचन क्षेत्र का आकार आपस में सम्बन्धित हो जाता है। स्थानों का निर्धारण, मत वितरण और निर्वाचन क्षेत्र के आकार, दोनों को ध्यान में रखकर ही किया जाता है। इस आधार पर, मोटे रूप से निर्वाचन प्रणालियों को तीन श्रेणियों में विभक्त किया गया है। इनको निर्वाचन प्रणालियों के प्रतिमान कहा जाता है।

निर्वाचन प्रणालियों के प्रतिमान
(THE PATTERNS OF ELECTORAL SYSTEMS)

लोकतान्त्रिक व राजनीतिक व्यवस्थाओं में चुनावों की अनिवार्यता, निर्वाचन प्रणाली को भी अनिवार्य बना देती है। साधारणतया हर देश की निर्वाचन प्रणाली में कुछ न कुछ ऐसी व्यवस्थाएं होती हैं कि वह अन्य देशों की निर्वाचन प्रणालियों से भिन्न व अलग ही लगती हैं। वास्तव में निर्वाचन प्रणालियों के उतने ही प्रकार कहे जा सकते हैं जितने लोकतान्त्रिक या निर्वाचन की व्यवस्था करने वाले राज्य हैं। परन्तु कुछ आधारभूत बातों को लेकर निर्वाचन प्रणालियों में मोटी समानताएं भी दृष्टिगोचर होती हैं। इन्हीं समानताओं के आधार पर विभिन्न निर्वाचन प्रणालियों को तीन प्रतिमानों में विभक्त किया जा सकता है। पहला प्रकार बहुमत प्रणालियों का है। दूसरा प्रतिमान निरपेक्ष-बहुमत प्रणालियों का तथा तीसरा, आनुपातिक प्रतिनिधित्व प्रणालियों का है। संक्षेप

में इनका वर्णन इस प्रकार है—

बहुमत प्रणालियां (Majority Systems)

निर्वाचन की बहुमत प्रणालियों में निर्वाचन के लिए किसी विशेष बहुमत की आवश्यकता नहीं होती है। इन प्रणालियों में निर्वाचित प्रतिनिधि को सभी प्रत्याशियों में सर्वाधिक मत मिलना ही पर्याप्त होता है। अगर किसी निर्वाचन क्षेत्र में चुनाव प्रत्याशियों की संख्या बहुत अधिक है तो इनमें से निर्वाचित व्यक्ति कुछ मतदाताओं के बहुत कम मत प्रतिशत से ही निर्वाचित हो जाता है। बहुमत प्रणालियों के तीन प्रकार पाए जाते हैं। पहला प्रकार बहुत्व या सामान्य बहुमत प्रणाली का है। दूसरा, सीमित मत प्रणाली तथा तीसरा, एकल असंक्रमणीय मत प्रणाली का है। इनको समझने के लिए इनका विस्तृत वर्णन किया जा रहा है।

(क) बहुत्व या सामान्य बहुमत प्रणाली (Plurality or simple majority system)—यह प्रणाली ब्रिटेन की देन है। इस प्रणाली का प्रचलन यहीं से अन्यत्र हुआ है। इसमें एक निर्बाचन क्षेत्र से एक प्रतिनिधि सामान्य बहुमत द्वारा निर्वाचित होता है। हर निर्वाचन क्षेत्र से खड़े होने वाले अनेक उम्मीदवारों में, जिस उम्मीदवार को सर्वाधिक मत प्राप्त होते हैं, वही व्यक्ति उस निर्वाचन क्षेत्र से निर्वाचित होता है। इस प्रणाली में विजयी प्रत्याशी को कुल मतों का पूर्ण या निरपेक्ष (absolute) बहुमत मिलना आवश्यक नहीं है। उदाहरण के लिए, अगर एक निर्वाचन क्षेत्र में पांच उम्मीदवार एक स्थान के लिए चुनाव लड़ रहे हों और कुल एक लाख मत दिए गए हों तो यह एक लाख मत इन पांच उम्मीदवारों, क, ख, ग, घ और च को मिलेंगे। अगर मतगणना पर 'क' को पच्चीस हजार, 'ख' को बीस हजार, 'ग' व 'घ' को क्रमशः अठारह हजार व पन्द्रह हजार तथा 'च' को बाईस हजार मत प्राप्त हुए हों तो इस निर्वाचन क्षेत्र में 'क' को सर्वाधिक मत प्राप्त होने के कारण उसका सभी उम्मीदवारों में सामान्य बहुमत होगा और वह निर्वाचित घोषित होगा। इससे स्पष्ट है कि सामान्य बहुमत प्रणाली में निर्वाचित उम्मीदवार को दिए गए कुल मतों का पूर्ण बहुमत मिलना आवश्यक नहीं है। उपरोक्त उदाहरण में 'क' को केवल 25 प्रतिशत मतों का समर्थन ही उसे विजयी बना देता है तथा अन्य चार उम्मीदवारों में सम्मिलित रूप से 75 प्रतिशत मत विभक्त हो जाने के कारण वे हार जाते हैं।

यह उदाहरण स्पष्ट करता है कि सामान्य बहुमत व्यवस्था में अधिकांश मतदाताओं का प्रतिनिधित्व ही नहीं हो पाता है, परन्तु इस प्रणाली की सरलता के कारण यह ब्रिटेन के अलावा अमरीका, भारत, न्यूजीलैण्ड, दक्षिण अफ्रीका, श्रीलंका व बंगला देश इत्यादि अनेक देशों में प्रयोग में आती है। ब्रिटेन व अमरीका में द्विदलीय व्यवस्था के कारण इस प्रणाली के प्रयोग पर आपत्ति नहीं उठाई जाती है क्योंकि व्यवहार में विजयी उम्मीदवार को निरपेक्ष बहुमत मिल जाता है। परन्तु भारत जैसे राज्य में इसके स्थान पर कोई अन्य प्रणाली अपनाने की मांग बढ़ती जा रही है। अन्य राज्यों में भी इसको नहीं अपनाने के कारणों में इस प्रणाली की कमियों व अवगुणों का सहारा लिया जाता

रहा है। वैसे यह प्रणाली उन व्यवस्थाओं के लिए श्रेष्ठ है जहां चुनाव में केवल दो ही दल भाग लेते हों। ऐसी अवस्था में हर स्थान के लिए हर निर्वाचन क्षेत्र में दो ही प्रत्याशी होते हैं और उनमें से एक को अनिवार्यत: निरपेक्ष बहुमत प्राप्त हो जाता है। जहां बहुदलीय व्यवस्थाएं (multi-party system) हैं या निर्दलीय उम्मीदवार भी चुनाव में प्रत्याशी होते हैं, वहां इस प्रणाली के अवगुण स्पष्ट सामने आ जाते हैं। ब्रिटेन का उदार दल (Liberal Party) सामान्य बहुमत प्रणाली के कारण ही दूसरे विश्वयुद्ध के बाद पुन: सत्ता में आने के प्रयत्नों में असफल रहा है। 1955 व 1959 के ब्रिटिश आम चुनावों में इस दल को क्रमश: 2.70 व 6 प्रतिशत मत प्राप्त हुए थे। 1955 में 2.70 प्रतिशत मतों से इसे लोक सदन (House of Commons) में छ: स्थान प्राप्त हुए थे और 1959 में मत प्रतिशत में शत प्रतिशत की वृद्धि (2.70 से 6 प्रतिशत) होने पर भी लोकसदन इसे प्राप्त स्थानों की संख्या वही छ: ही रही थी। ब्रिटेन के एक निर्वाचन क्षेत्र में अनुदार दल (Conservative Party), श्रमिक दल (Labour Party) व उदार दल के उम्मीदवारों को मिले मतों के 1955 व 1959 के चुनावों के आंकड़ों के तुलनात्मक अध्ययन से सामान्य बहुमत प्रणाली की आधारभूत कमी का स्पष्ट संकेत मिल जाता है।

तालिका 1—ब्रिटेन के एक निर्वाचन के तुलनात्मक चुनाव परिणाम[6]

राजनीतिक दल	1955 के चुनाव में प्राप्त मत	1959 के चुनाव में प्राप्त मत
1. अनुदार दल का उम्मीदवार	10, 512	9, 311
2. श्रमिक दल का उम्मीदवार	7, 802	5, 309
3. उदार दल का उम्मीदवार	3, 614	7, 228

भारत में सामान्य बहुमत प्रणाली से किस तरह कांग्रेस दल को मिले मतों के प्रतिशत के अनुपात से कहीं अधिक स्थान उसे विभिन्न आम चुनावों में लोकसभा (House Of the People) में प्राप्त हुए हैं, यह नीचे दी गई तालिका द्वारा स्पष्ट किया गया है।

तालिका 2—भारत में कांग्रेस दल को आम चुनावों में प्राप्त मत व स्थान

लोकसभा के लिए चुनाव	1952	1957	1962	1967	1971	1977
प्राप्त स्थानों का प्रतिशत	72.4	70.5	73.2	55.0	67.6	28.2
प्राप्त मतों का प्रतिशत	45.0	47.8	44.7	40.8	43.6	34.5

उपरोक्त तालिका से स्पष्ट है कि लोकसभा के लिए हुए हर आम चुनाव में कांग्रेस दल के अलावा 12-15 अन्य राजनीतिक दल जो इन चुनावों में सम्मिलित होते रहे हैं,

[6]Jean Blondel, *An Introduction to Comparative Government*, London, Welden-fold, 1969, pp. 89-110.

कुल मतों का बहुत अधिक प्रतिशत प्राप्त करके भी स्थानों की दृष्टि से बहुत पीछे रहे हैं। जैसाकि उपरोक्त तालिका में दिखाया गया है। 1952 के आम चुनाव में कांग्रेस को 45.0 प्रतिशत मत प्राप्त होने पर भी स्थानों की प्राप्ति का प्रतिशत, 72.4 रहा तथा अन्य सभी दलों को 55 प्रतिशत मत मिलने पर भी लोकसभा में प्राप्त स्थान केवल 27.6 प्रतिशत ही रहे थे। इससे स्पष्ट है कि निर्वाचन की यह प्रणाली उन राजनीतिक समाजों के लिए उपयुक्त नहीं जहां बहुदलीय व्यवस्था हो और निर्दलीय उम्मीदवार चुनाव में खड़े होते हों। इसी आधार पर भारत में अनेक राजनीतिक दल निर्वाचन की इस प्रणाली के स्थान पर कोई अन्य व्यवस्था अपनाने की मांग करते रहे हैं जिससे प्राप्त मतों व प्राप्त स्थानों की संख्या में कोई विशेष अन्तर नहीं रहे।

इस निर्वाचन प्रणाली की कमियों को स्पष्ट करने वाले इन उदाहरणों से यह स्पष्ट होता है कि यह दलीय व्यवस्था की प्रकृति को प्रत्यक्ष रूप से प्रभावित करती है। राजनीतिक व्यवस्था पर भी इसका प्रभाव अवश्य परिलक्षित होता है। जहां तक दलीय व्यवस्था पर प्रभाव का प्रश्न है इसका सीधा परिणाम द्विदलीय व्यवस्था के विकास को प्रोत्साहन कहा जा सकता है। कनाडा, अमरीका व ब्रिटेन में द्विदलीय व्यवस्था का स्थायित्व इसी आधार पर समझा जा सकता है, परन्तु भारत के अनुभव में ऐसा नहीं हुआ है। वास्तव में, भारत के आम चुनावों में दलों के चुनाव गठबन्धन, दलों के विलय या नये राष्ट्रीय दलों के निर्माण से ऐसी प्रक्रिया प्रारम्भ होती दिखाई देती है जो अन्ततः द्विदलीय व्यवस्था का आधार तैयार कर सकती है। वैसे भी जहां शक्तिशाली क्षेत्रीय दल (regional parties) विद्यमान हों वहां यह व्यवस्था दो दलों के विकास में अधिक सहायक नहीं रहती है। भारत में अन्य कई तथ्यों के अलावा कुछ शक्तिशाली क्षेत्रीय दल, द्विदलीय व्यवस्था के विकास में इस निर्वाचन प्रणाली की भूमिका को क्षीण करते हैं। राजनीतिक व्यवस्था पर इस प्रणाली का प्रभाव व्यापक रूप से पड़ता है। इस प्रणाली से सरकार में स्थायित्व व राजनीतिक समाज में सामान्यतया एकता की स्थापना में सहायता मिलती है।

(ख) सीमित मत प्रणाली (Limited vote system)—यह प्रणाली सामान्य बहुमत प्रणाली की अपेक्षा प्रतिनिधित्व को अधिक व्यापक बनाती है। इस प्रणाली में निर्वाचन क्षेत्र अनेक सदस्यीय होता है तथा हर राजनीतिक दल को कुल स्थानों में से एक या दो स्थान कम पर उम्मीदवार खड़े करने होते हैं। इसके अन्तर्गत प्रत्येक मतदाता को उतने ही मत देने का अधिकार होता है जितने स्थानों पर हर राजनीतिक दल को चुनाव उम्मीदवार खड़े करने का अधिकार होता है। उदाहरण के लिए, यदि किसी निर्वाचन क्षेत्र से चार प्रतिनिधि चुने जाने हैं तो हर राजनीतिक दल केवल तीन स्थानों पर उम्मीदवार खड़े कर सकेगा तथा हर मतदाता भी तीन मत ही देगा और इन्हें भी अनिवार्यतः तीन प्रत्याशियों को देगा। इस प्रकार हर निर्वाचन क्षेत्र से बहुमत के अधिक से अधिक तीन प्रतिनिधि ही चुने जा सकेंगे और चौथा प्रतिनिधि अनिवार्यतः अल्पमत वाले दल का होगा, किन्तु इस सम्बन्ध में यह स्मरणीय है कि इस प्रणाली द्वारा केवल उन्हीं अल्पमत दलों को कुछ प्रतिनिधित्व मिल सकता है जो सुसंगठित हों। इसके

अतिरिक्त दलों की बहुत अधिक संख्या होने पर इस प्रणाली से सबको प्रतिनिधित्व दे सकना सम्भव नहीं है। जिस राजनीतिक समाज में केवल एक या दो ही अल्पमत दल हों वहीं इसका प्रयोग सफल हो सकता है। वैसे भी यह प्रणाली अनुपात में प्रतिनिधित्व की व्यवस्था नहीं करती है। जैसे एक निर्वाचन क्षेत्र में चार प्रतिनिधि निर्वाचित होने हैं और एक बहुमत दल तथा दूसरा अल्पमत दल है। मान लें प्रथम को 95 प्रतिशत का समर्थन प्राप्त है तथा दूसरे को केवल 5 प्रतिशत का समर्थन प्राप्त है तो इस प्रणाली द्वारा 95 प्रतिशत के समर्थन वाले दल को तीन स्थान तथा 5 प्रतिशत समर्थन वाले दल को एक स्थान प्राप्त हो जाएगा। इसी कमी के कारण इस प्रणाली का, मैक्सिको (Mexico) को छोड़कर अन्य राज्यों में राष्ट्रीय स्तर के चुनावों में, प्रयोग नहीं किया जाता है।

(ग) **एकल असंक्रमणीय मत प्रणाली** (Single non-transferable vote system)—एकल असंक्रमणीय मत प्रणाली, सीमित मत प्रणाली के समान ही है। केवल अन्तर इतना ही है कि इस प्रणाली में हर एक मतदाता का केवल एक ही मत होता है तथा निर्वाचन क्षेत्र में स्थानों की संख्या दो या इससे अधिक होती है जबकि सीमित मत प्रणाली में मतदाताओं को निर्वाचन क्षेत्र में कुल स्थानों की संख्या से एक या दो मत कम देने की व्यवस्था होती है। जैसे किसी निर्वाचन क्षेत्र में चार स्थानों के लिए चुनाव करना हो तो एकल असंक्रमणीय मत प्रणाली में हर निर्वाचक एकमत ही देगा पर सीमित मत प्रणाली में हर मतदाता दो या तीन मत देगा। एकल असंक्रमणीय मत प्रणाली में अल्पमत वाले दल (minority party) का एक उम्मीदवार अनिवार्यतः हर निर्वाचन क्षेत्र में निर्वाचित हो जाता है। जैसे एक निर्वाचन क्षेत्र में तीन स्थानों के लिए चुनाव करना है तथा 'क' व 'ख' दो राजनीतिक दल जिन्हें निर्वाचकों के क्रमशः 60 व 40 प्रतिशत का समर्थन प्राप्त है, चुनाव में अपने उम्मीदवार खड़े करते हैं। दोनों राजनीतिक दलों के इस निर्वाचन क्षेत्र में अधिक से अधिक तीन-तीन प्रत्याशी हो सकते हैं। परन्तु इनमें से 'क' दल के अधिक से अधिक दो उम्मीदवार ही निर्वाचित होंगे तथा 'ख' का एक उम्मीदवार अनिवार्यतः निर्वाचित हो जाएगा क्योंकि 'क' का तीसरा प्रत्याशी, 'ख' के प्रत्याशी से अधिक मत प्राप्त कर ही नहीं सकता है। एक प्रणाली व्यवहार में काफी पेचीदा है परन्तु इससे छोटे-छोटे दलों की संख्या कम होने पर उनके प्रतिनिधित्व की कुछ व्यवस्था अवश्य हो जाती है। यही कारण है कि जापान में इस प्रणाली का प्रयोग सफलतापूर्वक हो रहा है।

निर्वाचन की बहुमत प्रणालियों में सर्वाधिक प्रचलन बहुत्व या सामान्य बहुमत प्रणाली का है। यद्यपि सीमित मत प्रणाली तथा एकल असंक्रमणीय मत प्रणाली प्रतिनिधित्व की दृष्टि से श्रेष्ठतर हैं परन्तु इनकी पेचीदगी के कारण इनका व्यापक रूप से प्रयोग नहीं किया जाता है। अधिकांशतः राज्यों में—भारत, अमरीका, कनाडा, न्यूज़ीलैण्ड, दक्षिणी अफ्रीका व श्रीलंका में, सामान्य बहुमत प्रणाली ही प्रयोग में ली जाती है। इसकी सरलता तथा राजनीतिक व्यवस्था व दलीय व्यवस्था पर हितकारी प्रभावों की सम्भावनाओं के कारण अनेक राज्यों में इसका प्रचलन हुआ है।

पूर्ण बहुमत प्रणालियां (Absolute Majority Systems)

सामान्य बहुमत व्यवस्था से अनेक दलों वाली राजनीतिक व्यवस्था में निर्वाचन हमेशा ही अल्पमत के आधार पर होने के कारण प्रतिनिधित्व को अधिक व्यापक और न्यायोचित बनाने की विधियों की खोज की जाने लगी। लोकतन्त्र की भावना के अनुरूप प्रतिनिधि का निर्वाचन हो सके इसके लिए विजयी उम्मीदवार को पूर्ण या निरपेक्ष बहुमत प्राप्त होना आवश्यक माना जाने लगा। इसी लक्ष्य की प्राप्ति के लिए निर्वाचन की दो प्रणालियों का प्रयोग किया जाता है। एक द्वितीय मतदान प्रणाली (second ballot system) और दूसरी वैकल्पिक मत प्रणाली के नाम से जानी जाती है। इनका वर्णन संक्षेप में इस प्रकार है—

(क) **द्वितीय मतदान प्रणाली** (Second ballot system)—इस प्रणाली में एक निर्वाचन क्षेत्र में दो बार मतदान होता है। पहले मतदान में कई प्रत्याशी हो सकते हैं। प्रथम मतदान के परिणाम के बाद सर्वाधिक मत प्राप्त होने वाले दो उम्मीदवारों को छोड़कर शेष को निर्वाचन से हटा दिया जाता है और इन दो के लिए दुबारा मतदान होता है और इस बार जो उम्मीदवार बहुमत प्राप्त करता है, उसे निर्वाचित घोषित किया जाता है। इस प्रकार दूसरे मतदान में विजयी उम्मीदवार निरपेक्ष बहुमत द्वारा ही निर्वाचित होता है। फ्रांस में 1946-1958 के चौथे गणतन्त्र के काल में इस प्रणाली का प्रयोग होता था तथा 1962 के बाद फ्रांस में राष्ट्रपति के चुनाव में इसका प्रयोग होता है। इस निर्वाचन प्रणाली से छोटे-छोटे राजनीतिक दल दूसरे मतदान के समय अपने दल के निकटतम कार्यक्रम वाले उम्मीदवार को समर्थन देकर अपना महत्त्व बनाए रख पाते हैं और उनका भी प्रतिनिधित्व होने की सम्भावनाएं बढ़ जाती हैं, क्योंकि दूसरे मतदान में इनके समर्थन को प्राप्त किए बिना कोई उम्मीदवार विजयी नहीं हो सकता। इस तरह, द्वितीय मतदान प्रणाली, निर्वाचन प्रतिस्पर्द्धा में विविधता के साथ ही साथ पूर्ण बहुमत प्राप्त करने पर ही निर्वाचित होने की उत्तम व्यवस्था कही जा सकती है, परन्तु इसका सबसे बड़ा दोष इसका खर्चीलापन व दो बार मतदान की असुविधा है। इससे छोटे-छोटे राजनीतिक समूहों के निर्माण को प्रोत्साहन मिलता है तथा राष्ट्रीय स्तर के राजनीतिक दलों को इनसे अनिवार्य जोड़-तोड़ रखने की अवस्था उत्पन्न होती है। इस निर्वाचन प्रणाली को 'रन आफ' (run-off) व्यवस्था भी कहते हैं जो अमरीका में दलीय प्रारम्भिकाओं (party-primaries) के निर्वाचन में प्रयुक्त होती हैं।

(ख) **वैकल्पिक मत प्रणाली** (Alternative vote system)—निरपेक्ष बहुमत व्यवस्था में दूसरी पद्धति वैकल्पिक मत प्रणाली, जिसे पसंदगी मत व्यवस्था (preferential ballot) भी कहते हैं, की है। इसका प्रयोग केवल एक सदस्यीय निर्वाचन क्षेत्रों में ही किया जा सकता है। इसके अन्तर्गत मतदाता जिस उम्मीदवार को चुनना चाहता है उसे अपनी पहली पसंद और अन्य उम्मीदवारों को दूसरी, तीसरी आदि पसंदों का उल्लेख करके अपने वैकल्पिक मत भी व्यक्त करता है। मतगणना के समय सबसे पहले, पहली पसंदों की गणना की जाती है और अगर किसी उम्मीदवार को पूर्ण या निरपेक्ष बहुमत प्राप्त हो जाता है तो उसे निर्वाचित घोषित कर दिया जाता है। अगर

पहली पसंद की गणना में किसी को भी निरपेक्ष बहुमत प्राप्त नहीं होता है तो सबसे कम मत प्राप्त करने वाले उम्मीदवार का नाम काट दिया जाता है और उसकी पहली पसंद के मत पत्रों को मत पत्रों पर दी हुई दूसरी पसन्द के अनुसार अन्य उम्मीदवारों को बांट दिया जाता है। सबसे कम मत प्राप्त करने वाले उम्मीदवार के नाम काटने और उसके मतों को हस्तान्तरित करने की यह प्रक्रिया तब तक चलती रहती है जब तक किसी एक उम्मीदवार को निरपेक्ष बहुमत प्राप्त नहीं हो जाता है। इस प्रकार जिस उम्मीदवार को स्पष्ट बहुमत प्राप्त हो जाता है, उसे निर्वाचित घोषित कर दिया जाता है।

निरपेक्ष बहुमत व्यवस्था के अन्तर्गत चुनाव को द्वितीय मतदान प्रणाली तथा वैकल्पिक मत प्रणाली से निर्वाचित उम्मीदवार को अनिवार्यतः पूर्ण बहुमत प्राप्त होता है और इस कारण यह व्यवस्था लोकतन्त्र की भावना के अनुरूप प्रतिनिधित्व सम्भव बनाने वाली कही गई है परन्तु व्यवहार में दोनों ही निर्वाचन प्रणालियां कुछ कठिनाइयां उत्पन्न करती हैं और इस कारण इनका राष्ट्रीय स्तर के आम चुनावों में सामान्यतया प्रयोग नहीं किया जाता है। यह खर्चीली होने के साथ ही साथ निर्वाचनों तथा गणना में जटिल व असुविधाजनक भी है। इसके अलावा द्वितीय मतदान प्रणाली में, दूसरे मतदान के समय, दलों व निर्वाचकों को अपनी पसंदों का दलीय जोड़तोड़ के आधार पर पुनः निश्चय करना होता है, जो प्रथम मतदान में स्वतन्त्रतापूर्वक अभिव्यक्त मत से बेमेल ही कही जा सकती है। इसी तरह, वैकल्पिक मत प्रणाली में पहली, दूसरी पसंदों का निश्चय तथा इन प्रसंगों के आधार पर मतों का हस्तांतरण व्यवहार में कठिन होने के कारण इस प्रणाली की उपयोगिता भी सीमित ही कही जा सकती है। इस तरह, निरपेक्ष प्रणाली में हर उम्मीदवार को निर्वाचित होने के लिए पूर्ण बहुमत प्रदान करने की व्यवस्था होने पर भी चुनाव लोकतन्त्र की भावना के अनुरूप नहीं हो पाता है। इस प्रणाली में निर्वाचित व्यक्ति को बहुमत मिलता नहीं है, उसका बहुमत बनाया जाता है। द्वितीय मतदान प्रणाली में दूसरे मतदान के माध्यम से तथा वैकल्पिक मत प्रणाली में, दूसरी, तीसरी पसंदों के हस्तांतरण के द्वारा निर्वाचित उम्मीदवार के लिये पूर्ण बहुमत बनता है। प्रथम मतदान या प्रथम पसंद में किसी भी प्रत्याशी को पूर्ण बहुमत का नहीं मिलना सभी उम्मीदवारों के समर्थन आधार (support base) का पर्दाफाश कर देता है। इसके बाद किसी भी माध्यम—दूसरे मतदान या दूसरी, तीसरी पसंदों के हस्तांतरण, से ऐसे उम्मीदवारों में से किसी को भी पूर्ण बहुमत का बनाना, लोकतन्त्र की भावना के अनुरूप नहीं कहा जा सकता है।

निर्वाचन को निरपेक्ष बहुमत प्रणाली में छोटे-छोटे राजनीतिक दलों तथा अल्पसंख्यक हितों का सीधा प्रतिनिधित्व तो हो ही नहीं सकता है। परन्तु दूसरे मतदान के समय इनके समर्थन की प्राप्ति का प्रयत्न या दूसरी, तीसरी पसंदों के लिए जोड़-तोड़, सम्पूर्ण चुनावों को विषाक्त ही नहीं करती है, वरन राजनीतिक समाज में स्थायी दरारें भी उत्पन्न कर देती है। इस प्रणाली में चुनाव, सिद्धान्तों व कार्यक्रमों के स्थान पर समझौतों व सौदेबाजी के आधार पर ही होने लगता है। फ्रांस तथा भारत में राष्ट्रपति के चुनावों में ऐसी प्रवृत्तियों की झलक मिलने लगी है। निष्कर्षतः यही कहा जा सकता है कि

निर्वाचन की निरपेक्ष बहुमत प्रणाली व्यवहार में आकर्षक होते हुए भी सैद्धान्तिक दृष्टि से बहुत अधिक ठोसता-युक्त नहीं लगती है।

आनुपातिक प्रतिनिधित्व प्रणाली (Proportional Representation System)

आनुपातिक प्रतिनिधित्व प्रणाली में प्रतिनिधित्व को न केवल व्यापकतम बनाने का लक्ष्य होता है वरन प्रतिनिधित्व को अधिक न्यायोचित बनाने के लिए सभी वर्गों, दलों, हितों तथा समूहों को उनके समर्थन के अनुपात में प्रतिनिधित्व उपलब्ध कराने की व्यवस्था होती है। हर राजनीतिक समाज में अनेक हित व अल्पसंख्यक (minorities) होते हैं। इन हितों व अल्पसंख्यकों के आधार पर अनेक छोटे-छोटे दल व समूह हर राजनीतिक व्यवस्था में बनते रहते हैं। सामान्य बहुमत तथा निरपेक्ष बहुमत प्रणालियों द्वारा संपादित निर्वाचनों में ऐसे दलों व समूहों को उचित व उनके समर्थन के अनुपात में प्रतिनिधित्व नहीं मिल पाता है। इन्हें उचित तथा आनुपातिक प्रतिनिधित्व मिल सके इसके लिए निर्वाचन की आनुपातिक प्रतिनिधित्व प्रणालियों का प्रतिपादन हुआ है। यह प्रणाली, समाज के सभी हितों व वर्गों को न केवल प्रतिनिधित्व ही उपलब्ध कराती है, वरन उसका प्रतिनिधित्व आनुपातिक भी बनाती है। इस प्रणाली का कोई एक प्रतिमान नहीं है। ऐसा कहा जाता है कि आनुपातिक प्रतिनिधित्व प्रणाली के उतने ही प्रतिमान हैं जितने राज्यों में इसका प्रयोग होता है। हर राज्य में इसके प्रयोग में कुछ हेर-फेर के कारण, हर राज्य की आनुपातिक प्रतिनिधित्व प्रणाली विशिष्ट व विचित्र ही बन जाती है, परन्तु यह अन्तर प्रकार के नहीं मात्रा के हैं और मोटी समानताएं हर जगह दृष्टि-गोचर होती हैं। सामान्यतया आनुपातिक प्रतिनिधित्व की निम्नलिखित प्रणालियों का अधिक प्रयोग होता है। प्रथम प्रणाली को एकत्रीभूत मत प्रणाली कहा गया है। दूसरी प्रणाली एकल संक्रमणीय मत प्रणाली तथा तीसरी सूची प्रणाली है। इनका पृथक-पृथक वर्णन करके ही आनुपातिक प्रतिनिधित्व प्रणाली के बारे में निष्कर्ष निकाला जा सकता है।

(क) एकत्रीभूत मत प्रणाली (Cumulative vote system)—प्रतिनिधित्व को आनुपातिक व व्यापकतम बनाने के लिए एकत्रीभूत मत प्रणाली का प्रयोग किया जा सकता है। इस प्रणाली का उन्हीं निर्वाचन क्षेत्रों में प्रयोग किया जा सकता है जहां अनेक स्थानों के लिए चुनाव करना हो। एक सदस्यीय निर्वाचन क्षेत्र में इसका प्रयोग नहीं हो सकता है। इसके अनुसार प्रत्येक मतदाता को उतने मत देने का अधिकार होता है, जितने सदस्य किसी निर्वाचन क्षेत्र से चुने जाने हों। इसके अतिरिक्त उसे यह भी अधिकार होता है कि ये मत वह सभी उम्मीदवारों को बांटकर दे, अथवा किसी एक उम्मीदवार को ही सब मत दे दे। जैसे किसी निर्वाचन क्षेत्र से चार सदस्यों का निर्वाचन करना है तो हर मतदाता को चार मत प्राप्त होंगे जिन्हें वह चार उम्मीदवारों को या तीन व दो में बांटकर दे सकता है या केवल एक ही उम्मीदवार को चारों मत दे सकता है। इससे अल्पसंख्यकों के कम से कम एक या दो प्रतिनिधि हर निर्वाचन क्षेत्र से निर्वाचित हो जाते हैं।

इस प्रकार, एकत्रीभूत मत प्रणाली से प्रतिनिधित्व व्यापकतम होता है तथा उन अल्पसंख्यक दलों को भी प्रतिनिधित्व मिल जाता है, जिन्हें साधारण रीति से निर्वाचन में वह प्राप्त नहीं होता है। परन्तु इस प्रणाली से प्रतिनिधित्व का अनुपात शुद्ध नहीं होता है तथा इसमें बहुत छोटे दलों को कभी-कभी अनुपात से कहीं अधिक प्रतिनिधित्व प्राप्त हो जाता है। इसके अलावा भी इसका व्यावहारिक प्रयोग उतना सरल नहीं है जितना ऊपर से देखने पर लगता है। इसलिये ही इस निर्वाचन प्रणाली का कहीं भी प्रयोग नहीं होता है।

(ख) **एकल संक्रमणीय मत प्रणाली** (Single transferable vote system)—इस प्रणाली का प्रयोग भी अनेक सदस्यों वाले निर्वाचन क्षेत्र में ही किया जा सकता है। इसलिये इस प्रणाली के प्रयोग के लिए निर्वाचन क्षेत्र का आकार इतना बड़ा होना चाहिये कि उससे कई सदस्य चुने जा सकें। एक निर्वाचन क्षेत्र से चुने जाने वाले सदस्यों की संख्या चाहे कितनी ही हो, प्रत्येक मतदाता को एक मत देने का अधिकार प्राप्त होता है, परन्तु प्रत्येक मतदाता मतपत्र पर दिये हुए उम्मीदवारों के नामों के आगे अपनी पसन्द या वरीयता (preference) अभिव्यक्त करता है। सब उम्मीदवारों में से जिसे वह सबसे अधिक उपयुक्त समझता है, उसके नाम के आगे अपनी पहली पसंद अंकित कर देता है। इसी तरह आगे भी जितने सदस्य निर्वाचित होने हैं, उतनी पसन्द क्रमशः लिख देता है। जैसे किसी निर्वाचन क्षेत्र से पांच सदस्य निर्वाचित होने हैं तथा दस उम्मीदवार चुनाव लड़ रहे हैं तो प्रत्येक मतदाता इन दस उम्मीदवारों में से किन्हीं पांच नामों के आगे अपनी पहली, दूसरी तथा पांचवीं पसंद अंकित कर देता है। इस प्रणाली में प्रत्येक उम्मीदवार को निर्वाचित होने के लिए मतों की एक निश्चित संख्या प्राप्त करनी पड़ती है। मतों की इस संख्या को निकालने के प्रायः दो सूत्र काम में लाये जाते हैं।

प्रथम सूत्र आनुपातिक प्रतिनिधित्व प्रणाली के प्रवर्तक हेयर (Hare) द्वारा दिया गया है। इसे एन्ड्रे (Andrai) ने सन 1855 में पहले-पहल डेनमार्क में लागू किया इसलिए इसे एन्ड्रे प्रणाली भी कहा जाता है। इसके अनुसार प्रयुक्त किए गए मतों की संख्या को निर्वाचित होने वाले सदस्यों की संख्या से विभाजित करके निश्चित मत संख्या निकाली जाती है। दूसरा सूत्र ड्रूप (Droop) द्वारा प्रतिपादित किया गया है। इस सूत्र के अनुसार निश्चित मत संख्या प्रयुक्त किए गए मतों की संख्या को निर्वाचित होने वाले सदस्यों की संख्या में एक जोड़कर प्राप्त संख्या से भाग देकर तथा भजनफल में एक जोड़कर निकाली जाती है। उदाहरणस्वरूप यदि किसी निर्वाचन क्षेत्र में 88,000 मतदाताओं ने मत दिया हो और निर्वाचित होने वाले प्रतिनिधियों की संख्या दस हो तो किसी प्रतिनिधि को निर्वाचित होने के लिए प्रथम सूत्र के अनुसार $= \frac{88000}{10}$ 8800 मत प्राप्त करने होंगे

तथा दूसरे सूत्र के अनुसार $= \frac{88000+1}{10+1}$ 8001 मत प्राप्त करने होंगे।

हेयर प्रणाली का अब प्रयोग नहीं होता है क्योंकि हेयर द्वारा दिए गए सूत्र से कभी-कभी निर्वाचन के परिणाम शुद्ध नहीं निकलते हैं। अब अधिकतर ड्रूप द्वारा प्रतिपादित

सूत्र द्वारा ही निश्चित मत संख्या (quota) निकाली जाती है। इससे चुनाव परिणाम अधिक न्यायसंगत होते हैं।

एकल संक्रमणीय मत प्रणाली में मतों की गणना के लिए एक विशिष्ट विधि अपनायी जाती है। इसका आधार वरीयता या पसन्द के अनुसार मतों का एक प्रतिनिधि से दूसरे प्रतिनिधि को संक्रमण (transfer) है। पहले, प्रथम पसन्द के मतों की गणना होती है। यदि कोई उम्मीदवार निश्चित मत संख्या को प्राप्त कर लेता है तो उसे निर्वाचित घोषित कर दिया जाता है। अगर इस उम्मीदवार को निश्चित मत संख्या से अधिक पहली पसन्द के मत प्राप्त हुए हैं तो उन मतों को दूसरी पसन्द वाले उम्मीदवारों के नाम संक्रमित कर दिया जाता है। अतिरिक्त मत (surplus vote) को संक्रमित करने की यह विधि आगामी उम्मीदवार को उस समय तक जारी रहती है जब तक कि प्रतिनिधियों की आवश्यक संख्या का निर्वाचन नहीं हो जाता है। इस प्रकार, एक मतदाता की दूसरी, तीसरी आदि पसन्दगी के उम्मीदवार निर्वाचित हो सकते हैं चाहे उनकी प्रथम पसन्दगी के उम्मीदवार निर्वाचित नहीं भी हों। इससे प्रत्येक मतदाता उम्मीदवार किसी न किसी पसन्द के रूप में निर्वाचित हो जाता है। भारत में राज्यसभा के सदस्यों का निर्वाचन इसी प्रणाली से किया जाता है। भारत के राष्ट्रपति के चुनाव के लिए भी इसी विधि की बात कही जाती है परन्तु वह वैकल्पिक मत प्रणाली के द्वारा होता है, क्योंकि इस प्रणाली में निर्वाचन क्षेत्र का बहु सदस्यी होना अनिवार्य है जबकि भारत के राष्ट्रपति के चुनाव में निर्वाचन क्षेत्र एक सदस्य वाला होता है।

(ग) सूची प्रणालियां (The list systems)—राजनीतिक दलों के विकास के कारण आजकल चुनाव बहुत कुछ दलीय आधार पर होने लगा है। अब चुनावों में उम्मीदवार दलीय कार्यक्रम के आधार पर मतदाताओं से समर्थन प्राप्त करते हैं क्योंकि सभी उम्मीदवारों का चयन राजनीतिक दल ही करते हैं। वास्तव में, सुविकसित व सुस्थिर दलीय व्यवस्था वाली राजनीतिक व्यवस्थाओं में मतदाता विविध दलीय कार्यक्रमों व नीतियों में से एक का निश्चय कर उस दल के उम्मीदवार को मत देते हैं। ऐसी अवस्था में चुनाव में उम्मीदवारों का विशेष महत्त्व नहीं रहता वरन राजनीतिक दल ही निर्णय या निर्वाचन का आधार बन जाता है। इस कारण, ऐसे निर्वाचनों में एकल संक्रमणीय मत प्रणाली उपयुक्त नहीं रहती है तथा आनुपातिक प्रतिनिधित्व प्रणाली में सूची व्यवस्था का प्रयोग किया जाने लगा है। इसे सूची प्रणाली इसलिए कहा जाता है क्योंकि इसमें उम्मीदवार व्यक्तिगत रूप से चुनाव नहीं लड़ते वरन राजनीतिक दल की सूचियां चुनाव मैदान में होती हैं। इसमें मतदाता विभिन्न सूचियों में से किसी एक सूची को ही मत देता है। सूची प्रणाली में स्थानों का वितरण सूचियों को मिले मतों के आधार पर किया जाता है तथा इसके लिए सामान्यतया तीन विधियों का प्रयोग किया जाता है। यह विधियां हैं—

(i) अधिकतम शेषफल व्यवस्था (Largest Remainder System)

(ii) डी' होन्डट या उच्चतम औसत व्यवस्था (D'Hondt or Highest Average System)

(iii) पांच प्रतिशत धारा व्यवस्था (Five Per cent Clause System)

यह सभी विधियां सूची प्रणाली को अधिक आनुपातिक बनाने के प्रयास में प्रचलित हुई हैं, और इसलिए सूची प्रणाली के सामान्य विवेचन के बाद ही समझी जा सकती हैं। इसलिए इनका विवेचन सूची प्रणाली की सामान्य व्याख्या के बाद ही किया जाएगा।

सूची प्रणाली में निर्वाचन क्षेत्र बहुसदस्यक होता है लेकिन इसमें निर्वाचन का आधार व्यक्तिगत उम्मीदवार नहीं होता बल्कि दलीय आधार पर उम्मीदवारों की सूची होती है। विभिन्न दल अपने-अपने उम्मीदवारों की अलग-अलग सूची बनाते हैं। हर निर्वाचन क्षेत्र में मतदाता किसी व्यक्तिगत उम्मीदवार को मत नहीं देकर किसी दल की सूची के पक्ष में ही अपना मत देता है। हर सूची को प्राप्त मतों की गणना अलग-अलग की जाती है और प्राप्त मत संख्या के अनुपात में प्रत्येक दल की सूची को स्थान प्राप्त हो जाते हैं। हर निर्वाचन क्षेत्र में निश्चित मत संख्या प्राप्त होने पर एक स्थान मिलता है तथा यह मत संख्या सभी सूचियों को प्राप्त मतों के जोड़ में कुल स्थानों का भाग देकर निकाली जाती है। उदाहरणार्थ यदि किसी व्यवस्थापिका में एक सौ सीटें हों तथा कांग्रेस, साम्यवादी दल तथा जनसंघ की सूचियों को क्रमशः दस हजार, आठ हजार और दो हजार मत प्राप्त होते हैं तो निश्चित मत संख्या $= \frac{20000}{100}$ 200 होगी। हर सूची को प्रत्येक 200 मतों पर एक स्थान मिल जाएगा अर्थात कांग्रेस को पचास, साम्यवादी दल को चालीस तथा जनसंघ को दस सीटें प्राप्त होंगी परन्तु इस प्रणाली में उस समय स्थान वितरण में कठिनाई उत्पन्न हो जाती है जब किसी दल को जैसे उपरोक्त उदाहरण में जनसंघ को 2170 मत मिलें तो यहां 170 मत बेकार जाएंगे और इसके परिणामस्वरूप एक स्थान रिक्त रह जाएगा। इसी कठिनाई के समाधान के लिए अधिकतम शेष-फल व्यवस्था, डी' होन्डट व्यवस्था व पांच प्रतिशत धारा व्यवस्था का उपयोग किया जाता है।

अधिकतम शेष-फल व्यवस्था में मत संख्या के आधार पर स्थानों के वितरण के बाद रिक्त रहे स्थानों को भरने के लिए 'शेष-फल' मतों का आधार बनाया जाता है। जैसे उपरोक्त उदाहरण में अगर मत गणना पर विभिन्न दलों का परिणाम इस प्रकार हो तो शेष-फल मतों के आधार पर बची हुई दो सीटों का वितरण होगा।

राजनीतिक दल	प्राप्त मत	प्राप्त स्थान	शेष-फल
1. कांग्रेस दल	9,885	49	85
2. साम्यवादी दल	7,995	39	195
3. जनसंघ	2,120	20	120

इस विधि में जिस दल का शेष-फल अधिकतम होगा उसे एक स्थान और मिल जाएगा तथा दूसरे नम्बर पर जिसका शेष-फल होगा उसको दूसरा और तीसरे नम्बर वाले को तीसरा स्थान प्राप्त हो जाएगा। उपरोक्त तालिका में साम्यवादी दल का शेष-फल सर्वाधिक है अतः उसे एक सीट और मिल जाएगी तथा दूसरी सीट जनसंघ को,

जो शेष-फल के आधार पर दूसरे स्थान पर है, प्राप्त हो जाएगी।

उपरोक्त विवेचन से स्पष्ट है कि अधिकतम शेषफल प्रणाली के आधार पर खाली सीटों का वितरण किसी तर्कसंगत आधार पर नहीं होता है। इसलिए इस विधि द्वारा रिक्त स्थानों को भरने पर यह आवश्यक नहीं कि परिणाम आनुपातिक ही होंगे। इसी कमी को दूर करने के लिए रिक्त रहे स्थानों को भरने की अन्य विधि का प्रयोग किया जाता है जिसे डी' होन्डट या उच्चतम औसत व्यवस्था कहा जाता है। उच्चतम औसत व्यवस्था में राजनीतिक दलों की सूचियों में सीटों का वितरण उच्चतम औसत के आधार पर किया जाता है। उदाहरणार्थ, एक निर्वाचन क्षेत्र में अगर दस सीटें हैं तथा चुनाव में सात राजनीतिक दलों—क, ख, ग, घ, च, छ तथा ज ने अपनी सूचियां प्रस्तुत की हैं, तथा मतदान गणना में विभिन्न सूचियों को प्राप्त मतों की संख्या इस प्रकार रही—

1. सूची क	15,800
2. सूची ख	14,200
3. सूची ग	13,700
4. सूची घ	9,600
5. सूची च	6,500
6. सूची छ	3,200
7. सूची ज	1,800
कुल मत	64,800

इस व्यवस्था में भी निश्चित मत संख्या, सभी राजनीतिक दलों की सूचियों को प्राप्त कुल मतों के जोड़ में, निर्वाचन क्षेत्र में भरी जाने वाली कुल सीटों की संख्या का भाग देकर ही निकाली जाती है, जो इस उदाहरण में 64,800/10 = 6480 होगी। इस संख्या के आधार पर यहां सूची क, ख तथा ग में से प्रत्येक को दो स्थान और सूची ग और च को एक-एक स्थान प्राप्त हो जाएगा तथा सूची छ और ज को निश्चित मत संख्या (6480) के बराबर मत नहीं मिलने के कारण एक भी स्थान नहीं मिलेगा। इस प्रकार दस में से आठ स्थान वितरित हो जाएंगे। शेष दो स्थानों को उच्चतम औसत के आधार पर वितरित किया जाएगा। औसत निकालने के लिए हर सूची को, प्राप्त सीटों की संख्या में एक जोड़कर, जो जोड़ आएगा, उस संख्या का, उस सूची की कुल मत संख्या में भाग दिया जाता है, और जिस सूची का सर्वाधिक औसत है उसे अगली सीट दे दी जाती है। इस उदाहरण में सूची क, ख तथा ग की मत संख्या में तीन का भाग दिया जाएगा क्योंकि इन्हें दो-दो स्थान मिले हैं तथा दो में एक जोड़कर भाग दिया जाता है और सूची घ और च की मत संख्या में दो का भाग दिया जाएगा क्योंकि इन्हें एक-एक स्थान मिला है तथा एक में एक जोड़कर भाग देना होता है। इसका परिणाम इस प्रकार होगा—

1. सूची क 5266 $\left(\frac{15800}{2+1} = 5266\right)$ (नवीं सीट)

2. सूची ख	4733	$\left(\frac{14200}{2+1}=4733\right)$
3. सूची ग	4566	$\left(\frac{13700}{2+1}=4566\right)$
4. सूची घ	4800	$\left(\frac{9600}{1+1}=4800\right)$
5. सूची च	3250	$\left(\frac{6500}{1+1}=3250\right)$

इस तालिका में सर्वाधिक औसत, सूची 'क' का है इसलिए नवीं सीट 'क' सूची को ओर मिल जाएगी तथा दसवीं सीट के लिए फिर उसी प्रकार औसत निकाला जाएगा। इस बार सूची 'क' की कुल मत संख्या में चार का भाग दिया जाएगा तथा बाकी में भाग देने वाली संख्या वही रहेगी क्योंकि उनके स्थान उतने ही हैं। इसका परिणाम इस प्रकार होगा—

1. सूची क	3950	$\left(\frac{15800}{3+1}=3950\right)$
2. सूची ख	4733	$\left(\frac{14200}{2+1}=4733\right)$
3. सूची ग	4566	$\left(\frac{13700}{2+1}=4566\right)$
4. सूची घ	4800	$\left(\frac{9600}{1+1}=4800\right)$ (दसवीं सीट)
5. सूची च	3200	$\left(\frac{6500}{1+1}=3250\right)$

इस बार सर्वाधिक औसत, 'घ' सूची का होने के कारण दसवां स्थान इसे प्राप्त होगा और दस स्थान भर जाने के कारण परिणाम घोषित कर दिए जाएंगे तथा सूची क, ख, ग, घ तथा च को क्रमशः 3, 2, 2, 2 और 1 स्थान प्राप्त हो जाएगा।

एक उदाहरण और लेकर इसको स्पष्ट समझा जा सकता है। मान लें एक निर्वाचन क्षेत्र में नौ स्थान भरने हैं तथा क, ख, ग तथा घ राजनीतिक दलों की सूचियों को क्रमशः 63,000, 19,000, 19,000 तथा 19,000 मत प्राप्त हुए हों तो निश्चित मत संख्या 120000/9=13333 होगी और इस प्रकार क, ख, ग तथा घ को क्रमशः 4, 1, 1 तथा 1 स्थान प्राप्त हो जाएगा और रिक्त रहे दो स्थानों के लिए औसत निकाला जाएगा तो परिणाम इस प्रकार होगा—

1. सूची क	1,2600	(कुल मतों में पांच का भाग)	(4+1)
2. सूची ख	9,500	(कुल मतों में दो का भाग)	(1+1)
3. सूची ग	9,500	(कुल मतों में दो का भाग)	(1+1)
4. सूची घ	9,500	(कुल मतों में दो का भाग)	(1+1)

इस तालिका में सूची क का औसत सर्वाधिक है इसलिए आठवां स्थान क को मिल जाएगा और नवें स्थान के लिए फिर औसत निकालने पर परिणाम इस प्रकार होगा—

1.	सूची क	10,500	(कुल मतों में छः का भाग)	(5+1)
2.	सूची ख	9,500	(कुल मतों में दो का भाग)	(1+1)
3.	सूची ग	9,500	(कुल मतों में दो का भाग)	(1+1)
4.	सूची घ	9,500	(कुल मतों में दो का भाग)	(1+1)

उपरोक्त संख्या से स्पष्ट है कि इस बार भी सूची क का औसत सर्वाधिक है इसलिए नवां स्थान भी इसे ही मिल जाएगा और पूरे स्थान भर जाने के कारण परिणाम घोषित कर दिए जाएंगे। यहां क, ख, ग तथा घ को क्रमशः 6, 1, 1 तथा 1 स्थान प्राप्त होगा।

उपरोक्त दोनों उदाहरणों से स्पष्ट है कि उच्चतम औसत व्यवस्था में परिणामों का आनुपातिक रहना इस बात पर निर्भर करता है कि दलों का समर्थन सामान्यतया कम हेरफेर रखता हो। इसमें बहुत बड़े-बड़े दलों या एक दल के बड़े होने पर परिणाम आनुपातिक नहीं रहते हैं जैसे दूसरे उदाहरण में क दल को छः स्थान प्राप्त हुए हैं जबकि ख, ग और घ को केवल एक-एक स्थान ही मिला है यद्यपि क के कुल मत ख, ग और घ के मतों के तीन गुणा से कुछ अधिक ही हैं। इस प्रकार अधिकतम शेष-फल व्यवस्था में छोटे-छोटे दलों को अधिक स्थान मिल जाते हैं और उच्चतम औसत व्यवस्था में बड़े दलों को अधिक स्थान प्राप्त होते हैं। इस कारण एक नई विधि का प्रयोग किया जाने लगा है जिसे पांच प्रतिशत धारा व्यवस्था का नाम दिया जाता है।

पांच प्रतिशत धारा व्यवस्था में किसी भी राजनीतिक दल की सूची को स्थान प्राप्त करने के लिए कुल मतों का पांच प्रतिशत अनिवार्यतः प्राप्त करना होता है। जिन दलों की सूचियों को यह प्रतिशत नहीं मिलता उनको स्थान वितरण से वंचित कर दिया जाता है और शेष सूचियों में स्थानों का वितरण उच्चतम औसत विधि के आधार पर कर दिया जाता है। इससे छोटे-छोटे राजनीतिक दल चुनाव में स्थान ही नहीं पा सकने के कारण समाप्त हो जाते हैं। जैसे उपरोक्त उदाहरण में सात राजनीतिक दलों में से सूची घ, च, छ और ज को कुल मतों (64,800) का पांच प्रतिशत (12,960) नहीं मिलने के कारण स्थान वितरण से हटा दिया जाएगा और सूची क, ख तथा ग में ही दस स्थानों का वितरण किया जाएगा। निश्चित मत संख्या के आधार पर इनमें से प्रत्येक को दो-दो स्थान मिल जाएंगे और बाकी बचे चार स्थानों के लिए उच्चतम औसत को आधार बनाया जाएगा।

सूची क	5,266	(सातवां)	3,950	(दसवां)
सूची ख	4,733	(आठवां)	3,550	
सूची ग	4,566	(नवां)	3,425	

इस प्रकार सूची क, ख और ग को क्रमशः 4, 3 और 3 स्थान मिल जाएंगे तथा सूचियां घ, च, छ और ज चुनावों में पांच प्रतिशत का समर्थन नहीं जुटा पाने के कारण एक भी स्थान प्राप्त नहीं कर पाएंगी। इस प्रकार पांच प्रतिशत धारा व्यवस्था छोटे-छोटे राजनीतिक दलों को बनने से रोकने के साथ ही साथ आनुपातिकता का तथ्य भी रखती हुई दिखाई देती है।

डी' होन्डट व्यवस्था में सीटों के वितरण में एक दूसरी विधि का प्रयोग भी किया जाता है। इसमें मतगणना के बाद पहला स्थान अधिकतम आने वाली सूची को दिया जाता है और उसके कुल मतों को दो से भाग देकर उसके भागफल की अन्य सूचियों के कुल मतों से तुलना की जाएगी तथा दूसरी सीट इस बार जिस सूची के सर्वाधिक मत होंगे उसको मिलेगी और अब इसके कुल मतों में दो का भाग दिया जाएगा और उसके भागफल की अन्य सूचियों के कुल मतों से तुलना की जाएगी और तीसरा स्थान सर्वाधिक मत वाली सूची को वितरित कर दिया जाएगा और इस प्रकार अन्तिम स्थान के भरने तक औसत निकाला जाता रहेगा। नीचे की तालिका में यह स्पष्ट किया गया है—

1. सूची क	5800 1	–7900	7900	7900	7900 5	5266	5266	5266	5266 9	3950	3 स्थान
2. सूची ख	14200	14200 2	7100	7100	7100	7100 6	4733	4733	4733	4733	2 ,,
3. सूची ग	13700	13700	13700 3	6850	6850	6850	6850 7	4566	4566	4566	2 ,,
4. सूची घ	9600	9600	9600	9600 4	4800	4800	4800	4800	4800	4800 10	2 ,,
5. सूची च	6500	6500	6500	6500	6500	65006	500	6500 8	3250	3250	1 ,,
6. सूची छ	3200	3200	3200	3200	2000	3200	3200	3200	3020	3250	× ,,
7. सूची ज	1800	1800	1800	1800	180	1800	1800	1800	1800	1800	× ,,

उपरोक्त उदाहरण से स्पष्ट है कि उच्चतम औसत के कारण सूची 'क' को तीन स्थान मिले हैं अन्यथा इसके सूची 'ख' से कुल मत केवल 1600 ही अधिक हैं। दूसरे उदाहरण में स्थान वितरण की तालिका पृष्ठ 979 पर दिये अनुसार होगी—

1. सूची क	63000 1	31500 2	21000 3	15750	1 5750 7	12600 8	10500 9	{ 1, 2, 3 7, 8,9 वां स्थान तथा कुल6 सीटें
2. सूची ख	19000	19000	19000	19000 4	9500	9500	9500	{4 स्थान (1)सीट
3. सूची ग	19000	19000	19000	19000 5	9500	9500	9500	{5वां स्थान (1) सीट
4. सूची घ	19000	19000	19000	19000 6	9500	9500	9500	{6वां स्थान (1) सीट

आनुपातिक प्रतिनिधित्व प्रणाली में सूची प्रणालियों के इतने विविध रूप प्रचलित हैं कि सबका उल्लेख कर सकना भी सम्भव नहीं है। वैसे अधिकांश सूची प्रणालियां डी' होन्डट व्यवस्था का ही रिक्त स्थान के वितरण में प्रयोग करती हैं क्योंकि इस प्रणाली का तर्कसंगत आधार है। यही कारण है कि पश्चिमी जर्मनी, हालैण्ड, स्केन्डीनेविया, फ्रांस, इज़राइल, बेल्जियम और नीदरलैण्ड जैसे अनेक राज्यों में सूची प्रणाली के आधार पर निर्वाचित किए जाते हैं।

विभिन्न आनुपातिक प्रतिनिधित्व प्रणालियों के विवेचन से यह स्पष्ट है कि इनसे प्रतिनिधित्व न्यायपूर्ण होता है क्योंकि इनसे बहुसंख्यक व अल्पसंख्यक मतों अथवा दलों को उचित प्रतिनिधित्व प्राप्त हो जाता है। इसमें प्रतिनिधित्व अधिक यथार्थ और जनतन्त्रात्मक होता है, क्योंकि प्रत्येक मतदाता के मत की गणना का निर्वाचन फल पर प्रभाव पड़ता है। इसके फलस्वरूप व्यवस्थापिकाएं जनता का सही अर्थों में प्रतिनिधित्व

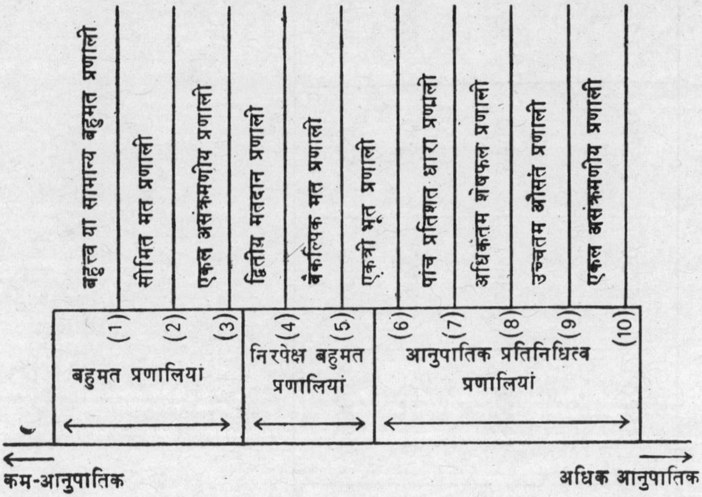

चित्र 20.1

करने वाली बन जाती हैं। यही कारण है कि इस प्रणाली को कोरी व अब्राहम "सही अर्थों में लोकतान्त्रिक प्रणाली" बताते हैं[7] परन्तु व्यवहार में आनुपातिक प्रतिनिधित्व की सभी प्रणालियां पेचीदा होने के कारण बड़ी जनसंख्या वाले राज्यों में इनका प्रयोग वांछित होते हुए भी संभव नहीं दिखाई देता है। इसलिए इन प्रणालियों की उपयोगिता आम चुनावों में बहुत कुछ सीमित ही कही जा सकती है।

ऊपर विवेचित विभिन्न निर्वाचन प्रणालियों का उनकी आनुपातिकता के आधार पर

[7]Corry and Abraham, *Elements of Democratic Government*, 3rd ed., New York, Oxford University Press, 1950, p. 171.

क्रम विन्यास इस प्रकार चित्रित किया जा सकता है।

चुनाव प्रणालियों के विवेचन से यह स्पष्ट है कि हर लोकतान्त्रिक राजनीतिक व्यवस्था में चुनाव प्रक्रियाओं की विशेष भूमिका रहती है। यह केवल प्रतिनिधियों के चुनाव का माध्यम मात्र ही नहीं हैं। इनका राजनीतिक व्यवस्था तथा राजनीतिक दलों से सावयवी सम्बन्ध होता है। इस सम्बन्ध का स्पष्टीकरण करने के लिए चुनावों के कार्यों का संक्षेप में वर्णन करना आवश्यक है।

चुनावों के कार्य
(FUNCTIONS OF ELECTIONS)

चुनाव ऐसे माध्यम हैं जिनके द्वारा किसी राजनीतिक व्यवस्था में जनता अपने प्रतिनिधियों को चुनती है और किसी अंश तक उन पर नियन्त्रण भी रखती है परन्तु चुनावों का यह अर्थ इस बहुत जटिल प्रक्रिया के प्रभावों की अनदेखी करता है। क्योंकि चुनाव किसी एक मुद्दे पर या कई स्पष्ट मुद्दों को एक साथ लेकर लड़े जाते हों ऐसा नहीं कहा जा सकता । वैसे भी अगर कोई स्पष्ट मुद्दा हो भी तो निर्वाचक समूह केवल उसी के आधार पर प्रतिनिधियों का चयन करते हों ऐसा नहीं माना जा सकता है। इसके अलावा भी उम्मीदवारों के चयन पर आधुनिक राजनीतिक दलों का नियन्त्रण होने के कारण प्रतिनिधियों का चयन दलों द्वारा और भी तोड़-मरोड़ दिया जाता है तथा चुनाव पद्धतियां जनता द्वारा प्रतिनिधियों के चयन को और भी विकृत कर सकती हैं। चुनावों की आवृत्ति (frequency) और चुनाव द्वारा भरे जाने वाले पदों की संख्या इस बात के महत्त्वपूर्ण सूचक हो सकते हैं कि किस अंश तक निर्वाचक समूह की इच्छाएं नीति निर्णयों में रूपांतरित हो सकती हैं। इससे स्पष्ट है कि चुनाव हर राजनीतिक व्यवस्था के अन्तर्गत कुछ महत्त्वपूर्ण कार्य सम्पन्न करते हैं। जिनमें से कुछ विशेष रूप से उल्लेखनीय हैं। संक्षेप में यह इस प्रकार हैं—

(1) चुनाव न्यूनतम राजनीतिक भागीदारी प्रदान करते हैं और शासितों के विशाल बहुमत के लिए राजनीति में हिस्सा लेने का एकमात्र साधन कहे जा सकते हैं। आम जनता राजनीति से उदासीन रहती है परन्तु चुनाव इन उदासीन नागरिकों को ऐसा अवसर प्रदान करते हैं जब वे सक्रिय ही नहीं होते हैं वरन राजनीति में भागीदार भी बनने के लिए प्रेरित होते हैं।

(2) चुनावों से सरकार के प्रति अपनेपन और सरकारी निर्णयों के प्रति एक हद तक दायित्व की भावना जन्म लेती है। आम जनता को चुनावों द्वारा निर्वाचित सरकार के प्रति श्रद्धा सी हो जाती है क्योंकि उसको भी सरकार के बनाने वाले प्रतिनिधियों के चयन का अवसर प्राप्त हुआ होता है। शायद यही कारण है कि सर्वाधिकारवादी शासन इस बात की कोशिश करते हैं कि प्रतिनिधियों के चुनाव में अधिक से अधिक मतदाता भाग लें।

(3) चुनाव सरकारों और शासितों के बीच राजनीतिक सम्पर्क का प्रभावशाली

माध्यम भी होते हैं। इनसे निर्वाचक समूह की बात सरकार तक तो पहुंचती ही है, साथ ही सरकार के विभिन्न कार्यक्रम व नीति विकल्प भी चुनावों में उम्मीदवारों के आधार पर जनता तक पहुंचते दिखाई देते हैं।

(4) चुनावों के कारण ही राजनीतिक निर्णय लेने वाले लोग निर्वाचक समूह की राजनीतिक मांगों के प्रति सचेत होते हैं। जनसाधारण की मांगों की उस राजनीतिक व्यवस्था में लम्बी अवधि तक अनदेखी नहीं की जा सकती जहां नियमित रूप से चुनाव होते हैं।

(5) चुनावों के माध्यम से ही शासकगण निर्वाचक समूह को 'शिक्षित' करने का अवसर पाते हैं। राजनीतिक व्यवस्था से सम्बन्धित सभी महत्त्वपूर्ण प्रश्न चुनाव के समय जनता की परख के लिए रखे जाते हैं तथा जनता इन पर विभिन्न विकल्प पाकर इनमें से कुछ का निर्णय करने की प्रक्रिया में 'शिक्षित' होने के अवसर पाती रहती है।

(6) चुनावों को शासकों के शासनाधिकार के वैधीकरण का साधन भी कहा गया है। यही कारण है कि क्रांति के बाद आम तौर पर क्रांतिकारी शासकों का भी पहला काम यही होता है कि चुनाव द्वारा, जनता को सहमति के आधार पर अपनी नई-नई सत्ता को न्यायसंगत ठहराए। पाकिस्तान में फौजी शासक मुहम्मद अय्यूब खां ने शायद इसी उद्देश्य से 1963 में चुनावों का सहारा लिया था। इसी तरह 1967 में यूनान (Greece) में फौजी कर्नलों ने सत्ता हथियाकर अपने बलात राजपरिवर्तन को वैध बनाने के लिए 1968 तक चुनाव करवा लिये थे।

माइकेल कर्टिस का कहना है कि चुनाव राजनीतिक समाज में प्रतिस्पर्द्धात्मक विचारों के अस्तित्व, उनको भी ध्यान में रखने तथा उन्हें निर्णयों का भाग बनाने की अनुमति देते हुए, लोक समाज या राजनीतिक शक्तियों को जोड़ने में सहायता करते हैं। यह राजनीतिक पदाधिकारियों में परिवर्तन तथा विपक्ष के रचनात्मक उपयोग की सुनिश्चित व्यवस्था करते हैं। यह शासकों के अपने कार्यों के लिए सामान्य उत्तरदायित्व निभाने के साथ ही साथ निर्वाचक समूह के प्रति सुस्पष्ट दायित्व निभाने का माध्यम होते हैं। अतः संक्षेप में यह कहा जा सकता है कि चुनाव, राजनीतिक समाज में नागरिकों को ऐसे व्यक्तियों को चुनने का अधिकारी बनाते हैं जो नीतियां बनाकर उन्हें लागू कर सकें और जिन्हें अपने कार्यों के लिए उत्तरदायी बनाया जा सके।

राजनीतिक व्यवस्था में चुनावों की भूमिका का विवेचन यह संकेत देता है कि अधिकांश नागरिक राजनीति में रुचि लेते हैं तथा मतदान करते समय उम्मीदवारों तथा राजनीतिक दलों द्वारा प्रस्तुत विभिन्न कार्यक्रमों और नीति विकल्पों में से कुछ का चयन समझ व तर्कसंगत ढंग से करते हैं। उपरोक्त विवेचन में यह भी आशय निहित दिखाई देता है कि आम व्यक्ति राजनीति के पेचीदा मुद्दों की परख करने की योग्यता तथा क्षमता रखता है क्योंकि ऐसा न होने पर चुनावों की भूमिका वैसी नहीं हो सकती जैसी कि सामान्यतया मान ली जाती है। इसलिए मतदान आचरण का चुनावों की भूमिका के साथ गहरा सम्बन्ध कहा जा सकता है। अतः चुनावों की भूमिका का सही मूल्यांकन मतदान आचरण के आधार पर ही किया जा सकता है। इसलिए मतदान आचरण का

संक्षेप में विवेचन करना आवश्यक है।

मतदान आचरण
(VOTING BEHAVIOUR)

राजनीतिक व्यवस्था में चुनावों की जटिल भूमिका को निर्वाचकों के मतदान आचरण के आधार पर ही स्पष्ट करना सम्भव होने के कारण, मतदान आचरण के अध्ययन अत्यधिक लोकप्रिय होने लगे हैं। यूरोप और अमरीका में तो हर आम चुनाव को लेकर ऐसे अध्ययन किये गये हैं तथा यह समझने का प्रयास किया गया है कि व्यक्ति का मतदान आचरण कब, क्यों और कैसे तथा किन-किन तथ्यों से प्रभावित रहता है ? सभी मतदान आचरण अध्ययनों का केन्द्रबिन्दु तथा प्रमुख उद्देश्यों का यह जानना रहा है कि मतदाता वोट देते समय किस तथ्य से सर्वाधिक प्रभावित रहता है। वह कौन सी बातें तथा मुद्दे हैं जो आम मतदान को अपना मत इधर या उधर देने के लिए प्रेरित करते हैं ? उन्हीं के सम्बन्ध में यहां संक्षिप्त वर्णन किया जा रहा है।

शास्त्रीय उदारवादी दृष्टि से देखा जाए तो यह कहा जा सकता है कि बुद्धिमान निर्वाचक को अपने आर्थिक हित, राष्ट्रहित, अपने विश्वासों तथा राजनीतिक मूल्यों के आधार पर अपना प्रतिनिधि चुनना चाहिये। उसे कई उम्मीदवारों के प्रतियोगी कार्यक्रमों में से एक का चुनाव करते समय न केवल अपने हितों का ही ध्यान रखना चाहिये वरन सम्पूर्ण समाज व्यवस्था की एकता, ठोसता, विकास और परिवर्तन का भी आधार रखना चाहिये। इसका तात्पर्य है कि मतदाता को वोट देते समय अपना हित ही नहीं देखना चाहिये बल्कि सम्पूर्ण समाज के संदर्भ को ध्यान में रखना चाहिये, परन्तु मतदान आचरण का यह दृष्टिकोण तथ्यों द्वारा पुष्ट नहीं किया जा सकता। यूरोप तथा अमरीका में किये गये अध्ययनों से यह स्पष्ट करने का प्रयास किया गया है कि मतदाता पर नीति सम्बन्धी मुद्दों का प्रभाव बहुत कम पड़ता है। निर्वाचकगण राष्ट्रहित व राजनीतिक मूल्यों का ध्यान भी रख पाते हों इसमें भी शंकाएं व्यक्त की गई हैं। एलेन बाल का अभिमत है कि विकसित और स्थिर लोकतांत्रिक व्यवस्थाओं में राजनीतिक दल मतदाताओं के मतदान आचरण के प्रमुख नियामक माने जाते रहे हैं। इतना ही नहीं, मतदाता अपने परिवारों से दल-निष्ठाएं विरासत में पाते हैं। आम तौर पर यह दल-निष्ठाएं सामाजिक वर्ग जैसे कारकों से निर्धारित होती हैं। पर इस पर सन्देह होता है कि वर्ग, निष्ठाओं का वास्तव में ही निर्धारण करते हैं। अगर ऐसा होता तो ब्रिटेन में चुनाव परिणाम, चुनावों से पहले ही विदित हो जाते। ब्रिटेन में किए गए सर्वेक्षणों से पता चलता है कि निर्वाचकों में किसी दल की नीतियों के बारे में ज्ञान और उनको स्वीकृति देने का स्तर बहुत निम्न कोटि का होता है। यही कारण है कि नीति सम्बन्धी मुद्दों के आधार पर वोट देने वालों का प्रतिशत नगण्य ही रहता है परन्तु इस बात से इनकार भी नहीं किया जा सकता कि दल-निष्ठाएं मतदान आचरण में प्रमुख नियामक होती हैं।

दल-निष्ठा को ध्यान में रखकर मतदान आचरण को समझने में सरलता के साथ ही

साथ तथ्यता भी दिखाई देती है। राजनीतिक दल ही चुनाव उम्मीदवार प्रस्तुत करते हैं। चुनाव प्रचार भी दलीय कार्यक्रमों के इर्द-गिर्द होता है। सामान्यतया मतदान राजनीतिक दलों के विभिन्न प्रतियोगी कार्यक्रमों में से एक का चयन भी बहुत कुछ दल-निष्ठा के आधार पर ही करता हुआ प्रतीत होता है। यद्यपि उम्मीदवारों का व्यक्तित्व और राष्ट्रीय प्रश्न निर्वाचक की दल-निष्ठा में परिवर्तन लाने वाले कारक हो सकते हैं, फिर भी यूरोप के और संयुक्त राज्य अमरीका जैसे राज्यों में दल-निष्ठा मतदान आचरण में प्रमुख रहती है।

मतदाताओं का एक बड़ा प्रतिशत ऐसे राज्यों में दल निष्ठा से प्रेरित रहता है। यहां मतदान आचरण में स्थिरता का प्रमुख कारण भी यही माना जाता है परन्तु चुनाव परिणाम में परिवर्तन का स्पष्टीकरण देने के लिए इससे आगे बढ़ना होगा। एलेन बाल का मत है कि हर राज्य में ढुलमुल मतदाताओं (floating voter) की भूमिका महत्त्वपूर्ण होती है। ऐसे मतदाता ही चुनाव परिणाम को परिवर्तित करने के लिए उत्तरदायी माने जाते हैं। इनके सामने राजनीतिक दलों की कोई साफ तस्वीर नहीं होती है और वे किसी भी दल के साथ अपने को जोड़ने में असफल होते हैं। ऐसे मतदाता राजनीतिक प्रश्नों पर अच्छी जानकारी नहीं रखते हैं और दलीय निष्ठा वाले स्थिर मतदाताओं की अपेक्षा राजनीति में उनकी कम दिलचस्पी होती है। अतः इनका मतदान आचरण बहुत निश्चित सा होता है और उसके नियामक तथ्य भी हर चुनाव तथा यहां तक कि हर निर्वाचन क्षेत्र में भिन्न-भिन्न हो सकते हैं।

एलेन बाल के अनुसार मतदान आचरण का अध्ययन करते समय दो बातों का और ध्यान रखना आवश्यक है। प्रथम तो इसका ध्यान रखना जरूरी है कि दलीय निष्ठा भी बदलती रहती है। विकासशील राज्यों में यह प्रवृत्ति अधिक प्राचीन है पर अमरीका व ब्रिटेन भी इससे मुक्त नहीं हैं। दूसरी बात यह कि दलीय निष्ठा सामाजिक वर्ग, धर्म, प्रगति और संस्कृति आदि कई घटकों से निर्धारित होती है। सामाजिक वर्ग चुनाव सम्बन्धी आचरण में एक स्पष्ट कारक है। विकासशील राज्यों में अधिकांशतः बहुल समाज (plural society) हैं। ऐसे समाजों में दलीय निष्ठा के घटक अनेक होते हैं। यहां जाति, शिक्षा, लिंग, भाषा, धर्म, आर्थिक अवस्था तथा क्षेत्रीयता इत्यादि अनेक कारक मतदान आचरण के नियामक हो सकते हैं। विकसित राज्यों में मतदाता सर्वेक्षणों में मतदान आचरण के जो सामान्यीकरण प्रस्तुत हुए हैं वे सब विकासशील राज्यों में खरे नहीं उतरते हैं। यहां अभी दलों के प्रतिमान ही सुनिश्चित नहीं हो पाए हैं तब दलीय निष्ठा और दलीय निष्ठा के आधार पर मतदान आचरण के स्पष्टीकरण का प्रश्न ही नहीं उठता है। भारत, पाकिस्तान, श्रीलंका, मलेशिया, वियतनाम और नेपाल में यही स्थिति है इसलिए यह जानना कठिन ही है कि मतदान आचरण किन-किन कारकों से कितना-कितना प्रभावित होता रहता है।

मतदान आचरण में आधारभूत बात मतदाताओं की राजनीतिक जागरूकता है। वे कितनी राजनीतिक समझ रखते हैं, राजनीति में कितनी रुचि लेते हैं और राजनीतिक सहभागिता के लिए कहां तक आगे बढ़ सकते हैं यह सब अत्यन्त महत्त्वपूर्ण है। राज-

नीतिक दलों की इन सबमें महत्त्वपूर्ण भूमिका रहती है इसे नकारा नहीं जा सकता पर सब कुछ राजनीतिक दल द्वारा नियमित होता हो ऐसा भी नहीं कहा जा सकता है। अतः यह विचार सही नहीं है कि निर्वाचकों के विशाल बहुमत का चुनाव आचरण स्थिर होता है और चुनाव अपेक्षाकृत छोटे, कम जानकारी रखने वाले और उदासीन अल्पसंख्यकों द्वारा तय होते हैं। निष्कर्षतः यही कहा जा सकता है कि मतदान आचरण में अस्थिरता का तत्त्व कहीं अधिक बड़ा है।

राजनीतिक जागरूकता का राजनीतिक जानकारी या अभिज्ञान से सीधा सम्बन्ध है तथा राजनीतिक जानकारी, राजनीतिक संचार (political communication) पर आश्रित है। इससे स्पष्ट है कि मतदान आचरण तथा राजनीतिक जानकारी के संचार के बीच सम्बन्ध है। अधिकांश मतदाता सार्वजनिक मामलों में रुचि नहीं रखते हैं। मतदान के समय को छोड़कर वे प्रत्यक्ष रूप से राजनीतिक प्रक्रिया से अलग रहते हैं तथा उनका राजनीतिक ज्ञान भी बहुत कम होता है। ऐसे राजनीतिक समाज में मतदान आचरण को समझना और भी कठिन होता है। यहां दल-निष्ठा का उसी अनुपात में अभाव पाया जाता है जिस अनुपात में राजनीतिक जानकारी का है। अतः यहां मतदान आचरण को दलीय निष्ठा के आधार पर समझना सम्भव नहीं हो पाता है। कहीं-कहीं यह भी देखा गया है कि अधिक राजनीतिक जागरूकता व राजनीतिक जानकारी भी मतदाताओं को मतदान में उदासीन बना देती है। ऐसे मतदाता यंत्रवत ही मत देते रहते हैं। इससे स्पष्ट है कि मतदान आचरण के अनेक नियामक हैं। सामाजिक वर्ग, धर्म, जाति-प्रजाति, लिंग, उम्र, राजनीतिक जागरूकता, राजनीतिक समझ, राजनीतिक जानकारी और दलीय निष्ठा कुछ ऐसे कारक हैं, जिनसे राजनीतिक व्यवस्था में, मतदाताओं का आचरण नियमित और प्रभावित रहता है। इनमें से किसका कितना प्रभाव होगा यह सब निश्चित रूप से कह सकना बहुत कठिन है।

मत व्यवहार के इस विवेचन में उम्मीदवार के व्यक्तित्व का उल्लेख करना आवश्यक है। एलेन बाल का कहना है कि कई बार उम्मीदवार का व्यक्तित्व ही निर्णायक होता है ऐसे चुम्बकीय आकर्षण वाले व्यक्ति चाहे किसी भी दल से क्यों न खड़े हों, चुनाव में विजयी होते हैं। ऐसी अवस्था में मतदान आचरण के उपरोक्त सभी कारक प्रभावहीन हो जाते प्रतीत होते हैं। ऐसा कहा जाता है कि अमरीका में 1956 में राष्ट्रपति के चुनावों में आईजन हॉवर (Eisen Hower) दोनों राजनीतिक दलों में से किसी के उम्मीदवार के रूप में खड़े होने पर भी निर्वाचित होते। यहां तक कि वे अगर निर्दलीय उम्मीदवार होते तो भी निर्वाचित हो जाते। इससे स्पष्ट है कि मतदान आचरण में उम्मीदवार का व्यक्तित्व भी निर्णायक भूमिका निभा सकता है। विकासशील राज्यों में, विशेषकर भारत व बंगला देश में, ऐसा व्यवहार हुआ है। 1977 में भारत में चुनावों के समय निश्चित रूप से श्रीमती इंदिरा गांधी का व्यक्तित्व सामान्य मतदाता के मतदान आचरण का प्रमुख नियामक रहा है। पाकिस्तान में जुल्फिकार अली भुट्टो का व्यक्तित्व जन समर्थन का महत्त्वपूर्ण तथ्य माना जाता है। विकासशील समाजों में व्यक्तित्व की भूमिका अभी भी महत्त्वपूर्ण दिखाई देती है। इतना ही नहीं, विकसित राजनीतिक व्यवस्थाओं में

भी दलीय निष्ठा के स्थान पर मतदान आचरण अधिकाधिक स्वतन्त्र निर्णय बनता जा रहा है। मतदाता ऐसे राज्यों में वोट देते समय दल की बजाय उम्मीदवार या ऐसे ही अन्य आधारों को ध्यान में रखने लगा है। यही कारण है कि मतदाता सर्वेक्षण चुनाव परिणामों की सही जानकारी देने में सीमित उपयोगता ही रखने लगे हैं।

चुनावों की भूमिका, मतदान आचरण तथा निर्वाचन प्रणालियों के उपरोक्त विवेचन से स्पष्ट है कि यह अब आपस में सम्बन्धित ही नहीं हैं वरन राजनीतिक प्रक्रिया की प्रकृति के निरूपक भी हैं। किसी भी राजनीतिक प्रक्रिया की व्यवस्था को ले लिया जाए, उसकी प्रकृति का बहुत कुछ संकेत निर्वाचन प्रणाली से मिल जाता है। प्रतिनिधित्व की सार्थकता भी इन्हीं के संदर्भ में स्पष्ट हो सकती है। अतः निर्वाचन प्रणाली लोकतान्त्रिक समाजों में राजनीतिक व्यवहार व सहभागिता का मुख्य प्रेरक कही जाने लगी है।

सन्दर्भ ग्रन्थसूची
(Select Bibliography)

Aiyar, S.P., *Federalism and Constitutional Change*, London: Oxford University Press, 1956.

Almond, G.A. and Coleman, J.S. (Eds.), *The Politics of Developing Areas*, Princeton: Princeton University Press, 1960.

— and Powell, G.B. (Eds.), *Comparative Politics: A Developmental Approach*, Boston; Little Brown and Co., 1966.

— and Verba, S., *The Civic Culture*, Princeton: Princeton University Press, 1963.

Andrews, W.G., *Constitutions and Constitutionalism*, Princeton: Von Nostrand, 1961.

Apter, D.E., *The Politics of Modernization*, Chicago: University of Chicago Press, 1965.

Ball, A.R., *Modern Politics and Government*, London: Macmillan, 1971.

Bentley, A.F., *The Process of Government*, San Antonio: Principia Press of Trinity University, 1949.

Binder, Leonard, *Iran: Political Development in a Changing Society*, Berkeley: University of California Press, 1962.

Birch, A.H., *Representative and Responsible Government*, London: Oxford University Press, 1964.

Black, C.E., *The Dynamics of Modernization*, New York: Harper and Row, 1966.

Blondel, Jean, *An Introduction to Comparative Government*, London: Weldon-fold, 1969.

Bone, Robert C., *Action and Organization: An Introduction to Contemporary Political Science*, New York: Harper and Row, 1972.

Charlesworth, C. (Ed.), *Contemporary Political Analysis*, New York: Free Press, 1967.

Coleman, James S. (Ed.), *Education and Political Development*, Princeton: Princeton University Press, 1965.

Corry and Abraham, *Elements of Democratic Government*, 3rd ed., New York: Oxford University Press, 1953.

Cristoph, James C., and others, *Cases in Comparative Politics*, Boston: Little Brown, 1965.

Curtis, M., *Comparative Politics*, Princeton: Princeton University Press, 1971.

Dahl, Robert A., *Modern Political Analysis, Englewood Cliffs*, New Jersey: Prentice Hall, 1963.

Davies, Morton R. and Vaughan Lewis A., *Models of Political System*; Delhi: Vikas Publications, 1971.

Duchacek, Ivo. D., *Comparative Federalism: The Territorial Dimension of Politics*, New York: Holt, Rinehart and Winston, Inc., 1970.

Duverger, Maurice (Trans.), *North, Barbara and Robert*, Political Parties, London: Methuen, 1954.

Easton, David, *The Political System*, New York: Knopf, 1953.

— *A Framework for Political Analysis*, Englewood Cliffs, New Jersey: Prentice Hall, Inc., 1965.

— *A Systems Analysis of Political Life*, New York: John Wiley, Inc., 1965.

Eckstein, Harry, *Pressure Group Politics*, London: Allen and Unwin, 1960.

Eldersveld, Samuel J., *Political Parties: A Behavioural Analysis*, Chicago: Rand McNally, 1964.

Finer, Herman, *Theory and Practice of Modern Government*, 4th ed., London, Methuen, 1961.

Finer, S.E., *Comparative Government*, London: Allen Lane Penguin Press, 1970.

Finkle, Jason, L. and Gable, Richard W. (eds.), *Political Development and Social Change*, New York: John Wiley, 1966.

Friedrich, Carl J., *Constitutional Government and Democracy*, Boston Ginn, 1950.

— *Trends of Federalism in Theory and Practice*, London, Pall Mall Press, 1968.

Fried, Robert C., *Comparative Political Institutions*, New York: Macmillan, 1966.

Greenstein, F.I., *The American Party System and the American People*, 2nd ed., Englewood Cliffs, New Jersey: Prentice Hall, 1970.

Haas, Michael and Kariel, Henry S., *Approaches to the Study of Political Science*, California: Chandler Publishers, 1970.

Huntington, S.P., *Political Order in Changing Societies*, New Haven and London: Yale University Press, 1968.

— *Authoritarian Politics in Modern Society*: The Dynamics of Established One Party Systems, New York: Basic Books, 1970.

Hyman, Herbert H., *Political Socialization*, New Delhi: American Publishing Co., 1972.

International Encyclopaedia of the Social Sciences, New York, Macmillan, 1968.

Jaguaribe, Helio, *Political Development: A General Theory and a Latin American Case Study*, New York: Harper and Row, 1973.

James, Macgregor Burns, *The Deadlock of Democracy: Four Party Politics in America*, New Jersey: Englewood Cliffs, 1963.

Key, V.O., *Politics, Parties and Pressure Groups*, 5th ed., New York: Crowell, 1958.

Kothari, Rajni, *Politics in India*, New Delhi: Orient Longmans, 1970.

La Palombara, J., *Politics Within Nations*, New York: Prentice Hall, 1974.

Lane, Robert E., and D.O. Seers, *Public Opinion*. New York: McGraw-Hill, 1964.

Lasswell, Harold D., *The Future of Political Science*, New York: Atherton, 1963.

Lippmann, Walter, *Public Opinion*, New York: Macmillan, 1944.

Loewenstein, Karl, *Political Power and the Governmental Process*, Chicago: University of Chicago Press, 1957.

McIlwain, Charles Howard, *Constitutionalism: Ancient and Modern*, Ithaca:- Cornell University Press, New York, 1958.

Macridic, Roy C. and Bernard E. Brown, *Comparative Politics: Notes and Readings*, 2nd ed., Homewood, Ill., Dorsey, 1964.

— *Modern Comparative Politics*, New York: Holt Rinehart and Winston, 1970.

Merkl, Peter, H., *Political Continuity and Change*, New York, Harper and Row, 1967.

Mogi, Sobei, *The Problem of Federalism: A Study in the History of Political Theory*. Vol. I and II, London: Allen & Unwin, 1931.

Neumann, Robert G., *European and Comparative Government*, 3rd ed., New York: Wiley, 1960.

Organski, A.F.K., *Stages of Political Development*, New York: Knopf, 1965.

Palmer, N.D., *Elections and Political Development: The South Asian Experience*, Delhi: Vikas Publications, 1976.

Pennock, J.R. and Smith, D.G., *Political Science: An Introduction*, New York: Macmillan, 1964.

Rienow, R., *Introduction to Government*, London, Macmillan, 1965.

Riker, William H., *Federalism*, Boston: Little Brown, 1964.

Rostow, W.W., *Politics and the Stages of Growth*, Cambridge, Mass: M.I.T. Press, 1972.

Sartori, Giovanni, *Democratic Theory*, Detroit: Wayne State University Press, 1962.

Shils, Edward, *Political Development in the New State*, The Heague: Mouton and Co., 1962.

Strong, C.F., *Modern Political Constitutions*, 8th ed., London: Sidgwick and Jackson, 1972.

Thorson, Thomas L., *The Logic of Democracy*, New York: Holt, Rinehart and Winston, 1962.

Truman, David, *The Governmental Process: Political Interests and Public Opinion*, New York: Alfred Knopf, 1951.

Varma, S.P., *Modern Political Theory: A Critical Survey*, Delhi: Vikas Publishing House, 1975.

Verney, Dougles, *The Analysis of Political Systems*, London: Routledge and Kegan Paul, 1959.

Ville, M.J.C., *Constitutionalism and Separation of Powers*, London: Oxford University Press, 1967.

Weiner, Myron, *The Politics of Scarcity: Public Pressures and Political Response in India*, Chicago: University of Chicago Press, 1962.

Welch, Claude E. (Ed.), *Political Modernization*, A Reading in Comparative Political Change, Belmont, California: Wadsworth Publishing Co., Inc., 1967.

Wheare, K.C., *Legislatures*, London: Oxford University Press, 1963.

Wheare, K.C.,—*Federal Government*, 4th ed., New York: Oxford University Press, 1964.

Wormuth, Francis D., *The Origins of Modern Constitutionalism* New York: Harper and Row, 1949.

Wriggins, W. Howard, *The Rulers Imperative: Strategies for Political Survival in Asia and Africa*, New York: Columbia University Press, 1968.